Guide des
Opéras de Wagner

Collection
LES INDISPENSABLES DE LA MUSIQUE

Guide de la musique symphonique sous la direction de François-René Tranchefort (Prix de l'Académie Charles Cros, 1986).

Guide de la musique de piano et de clavecin sous la direction de François-René Tranchefort.

Guide de l'opéra par Harold Rosenthal et John Warrack; édition française réalisée par Roland Mancini et Jean-Jacques Rouveroux.

Guide illustré de la musique (vol. 1) par Ulrich Michels.

Histoire de la musique occidentale sous la direction de Brigitte et Jean Massin.

OUVRAGES À PARAITRE

Guide de la musique de chambre.

Guide de la musique sacrée.

Guide de la musique d'orgue.

Guide des
OPÉRAS DE WAGNER

sous la direction de Michel Pazdro

avec la collaboration de

Jean Cabourg, Christophe Capacci, Michel Debrocq, Pierre Flinois,
Philippe Godefroid, Stéphane Goldet, François Grandsir,
Piotr Kaminski, Lucie Kayas, Fernand Leclercq,
Alain Poirier, Pascale Saint André

Introduction de Dominique Jameux

Traduction des livrets par

Dennis Collins, Françoise Ferlan, Philippe Godefroid,
Georges Pucher, Dominique Sila

Fayard

Les exemples musicaux ont été réalisés par Jean-Louis Sulmon

CE QUE CONTIENT CET OUVRAGE

Cet ouvrage s'adresse aux Mélomanes Curieux de Wagner. Ils disposent désormais d'un outil complet et pratique qui réunit trois éléments absolument indispensables à une véritable approche de l'œuvre wagnérien : texte, analyse et discographie. Chaque partie peut fonctionner soit en relation avec les deux autres, soit indépendamment.

Les livrets des dix opéras sont donnés dans de nouvelles traductions françaises, dont les auteurs ont soigné la clarté et la fidélité au texte allemand. A l'heure où les théâtres d'opéras commencent à s'intéresser à la projection des livrets en sous-titre pendant les représentations, leur (re)lecture reste plus que jamais d'actualité. Les chiffres figurant entre les colonnes des textes allemends et français renvoient au répertoire des leitmotive, ce qui permet de retrouver rapidement — sans interrompre l'écoute — les principales articulations musicales et dramaturgiques de l'œuvre.

Les analyses musicales et littéraires sont rédigées à l'intention des mélomanes à la recherche d'un guide d'écoute accessible et lisible, même en l'absence de partition. Ils trouveront ici les réponses concernant les correspondances entre l'action visible (ou imaginable) sur scène et sa traduction musicale, c'est-à-dire comment l'une prépare l'autre, comment naissent dans ces conditions nos propres émotions musicales dues aux couleurs, aux rythmes et à cette magie sonore caractéristique de l'univers wagnérien. Une place à part est consacrée aux profils musicaux et psychologiques des personnages. Le style des analyses varie d'un opéra à l'autre, selon les lois propres à chacun d'entre eux et aussi selon la sensibilité de leurs auteurs. Ainsi chaque analyse éclaire précisément le caractère et l'âme de l'œuvre commentée.

La discographie wagnérienne pourrait constituer à elle seule un volume de la taille de ce Guide. Nos commentateurs ont écouté et comparé des centaines de disques, noirs et compacts. Ils ont mis à jour leurs opinions pour présenter pour chaque opéra une appréciation personnelle. Fondé sur la liste exhaustive des versions intégrales, ce travail constitue une nouveauté absolue, attendue depuis longtemps tant en France comme à l'étranger. Le traitement reste chronologique, ce qui permet de suivre les grandes lignes de l'histoire du disque wagnérien. Un chapitre à part est consacré aux 78 tours. Je remercie les éditeurs de disques et les collectionneurs particuliers qui nous ont gracieusement aidés à réunir cette documentation.

Ce Guide voit le jour grâce à l'initiative et l'expérience de Jean Nithart. Pendant près de deux ans, dix sept collaborateurs ont traduit, analysé, écouté et comparé les opéras de Wagner. Pour cet immense travail, je les remercie tous sincèrement et amicalement.

Michel PAZDRO

LE LIVRE WAGNÉRIEN

par Dominique JAMEUX

L'échelle est connue : la bibliothèque wagnérienne, nous dit un auteur qui écrit son livre en 1960[1], comporte quarante-cinq mille volumes. Elargissons un peu ce chiffre près de trente ans plus tard. Gardons sans doute la même concurrence : Jésus-Christ et Napoléon. Tout auteur, tout éditeur d'un livre sur Wagner doit avoir le sentiment qu'il tombe sous le coup, sitôt publié, d'une question lassée : un de plus? Pour dire quoi qui n'ait déjà été dit ou écrit cent fois?

Le préfacier se voit alors implicitement chargé d'une mission impossible : justifier l'ajout. Un livre sur Wagner de plus. Un livre, et pourquoi pas, peut-être : LE livre sur Wagner, celui qui fait défaut, et qu'on attendait. Eh bien oui : celui-ci. Parce qu'à la prétention insensée qui précède s'ajoute la modestie (exigeante) du propos qu'il s'est donné : le texte de Wagner, bien traduit, bien commenté du double point de vue littéraire et musical. Voilà qui est circonspect : voilà qui est essentiel.

Le préfacier a fait son travail. Pas tout à fait. Devant en quelque sorte excuser le livre d'être, voilà qu'il éprouve le besoin de se demander pourquoi. Entendez : pourquoi cette bibliothèque wagnérienne inépuisable, depuis plus d'un siècle? Pourquoi un tel personnage enclenche ainsi sur lui et son oeuvre une telle écriture, suggère tant de débats, d'enquêtes, d'analyses? Et en soupçonnant dès l'abord que cette interrogation, même menée à bien, ne ferait qu'ajouter un matériau pour être immédiatement reposée, l'espoir fragile naît toutefois que de la réponse à *cette* question dépend l'éclaircie d'une part du mystère wagnérien lui-même.

Essayons.

PROSCRIPTION ET OFFICIALITE

La vie de Wagner n'est pas suffisamment méconnue pour être responsable du déferlement des écrits; ces dernières années, la publication de documents aussi importants que le *Braune Buch* (Carnet brun) des années 1865-1882, en 1975, ou des *Tagebücher* de Cosima[2], qui couvrent les années 1869 à 1883, auront complété ce que *Ma Vie,* dicté à Cosima de 1865 à 1870, ou les *Autobiographische Skizze* de 1834 comportaient de lacunaire et de biaisé. La vie de Wagner, au demeurant, fut continûment placée sous les projecteurs successifs de la proscription et de l'officialité. On connaît le lieu et la date de ses différents séjours, le programme de ses concerts, la suite des productions, les détails de ses entreprises, la nature de ses relations. La liste de ses maîtresses est presque sans faille! L'actuel biographe officiel du musicien a ainsi pu écrire, outre sa monographie[3], un petit ouvrage dont le titre n'est que partiellement abusif : *Wagner au jour le jour* [4]. Rien à voir avec d'autres musiciens, parfois, tel par exemple un quasi-contemporain, Frédéric Chopin, dont la petite quarantaine d'années de vie présente bien des mystères[5]. Un mystère wagnérien? Peut-être celui de sa naissance : on en reparlera.

---

1. Marcel SCHNEIDER, *Wagner,* le Seuil, « Solfèges », 1960, page 5.
2. Edition Martin Gregor-Dellin et Dietrich Mack, deux volumes, Munich, 1976, traduction française de Michel-François Demet sous le titre de *Journal,* quatre volumes, Gallimard, 1977.
3. Martin GREGOR-DELLIN, *Richard Wagner,* Munich, 1980, trad. fr., Paris, Fayard, 1981
4. *Wagner-Chronik. Daten zu Leben und Werk,* Munich, 1972, trad. fr. Raymond Barthe, Paris, Gallimard, 1976
5. Même quand l'activité est publique : on ne connaît pas exactement tous les programmes des concerts, peu nombreux, que Chopin donna durant sa vie.

La biographie ne suscite à vrai dire pas la curiosité par ses ombres, mais par la lumière crue, et presque naïve, qu'elle jette sur des contradictions bien connues mais inexplicables. Ainsi Wagner est le seul à pouvoir porter l'image romantique du compositeur maudit, recherché par la police, proscrit, pourchassé de plus par ses créanciers, maltraité par les officiels de la vie musicale, et à la recherche constante d'un « asile » amoureux qui se dérobe sans cesse après s'être donné, puis, à partir de 1864, à pouvoir substituer à cette image somme toute conforme celle d'un autre romantisme, de *signe* opposé : un prince de la musique élu par un prince tout court. De 1864 à sa mort, les incertitudes financières et les paris artistiques seront suffisamment forts pour relayer, nonobstant les privilèges royaux exorbitants (Bayreuth), l'image précédente du maudit. Symbolique sera dans cette perspective le héros wagnérien : hollandais volant et surtout errant au début, Fol en quête d'un Destin à la fin. Les autres héros déclineront la même incertitude.

Le même éclat éblouit d'une obscure clarté la relation, connue comme paradoxale aussi, de Wagner avec les juifs de son temps : un antisémitisme chevillé au corps, qui se module au gré des déconvenues professionnelles, trouve en Cosima la greffière obligeante des énormités proférées en pantoufles, et qui, très continûment aussi, admet la proximité des artistes juifs, des interprètes, des directeurs d'opéra, des éditeurs, des collaborateurs, du public, des idéologues, et bientôt des exégètes, tout ceci jusqu'à nos jours. Peu de musicien auront reçu pareil soutien : même pas Mendelssohn, même pas Schönberg!

Un syndrome commun unit-il ces deux paradoxes? La réponse ferait sans doute avancer la wagnérologie d'un grand pas, mais la question est éminemment complexe. La wagnérophilie juive s'adresse bien à celui qui, proscrit ou officiel, errant (au sens de Sue) ou *assis* (au sens de Rimbaud), Schmuyle ou Goldenberg, parvient à tenir dans la même trajectoire deux vies successives et opposées. Mais parler simplement d'antisémitisme wagnérien est insuffisant. Il y a un antisémitisme général au XIXe siècle, presque admis par les juifs cultivés eux-mêmes (même s'ils en souffrent) et dont on trouvera les traces « normales » chez les compositeurs les plus divers : Beethoven, Chopin encore, etc... Wagner aussi. Mais chez lui jouera en plus un phénomène spécifique, où une théorisation supplémentaire, à forts relents d'aigreur, vient contrebuter la judéophobie instinctive, irréfléchie, quasi-névrotique. Il n'est pas antisémite au sens où il partage sur les juifs de son temps et de son pays les griefs classiques : inassimilation de la langue allemande, position d'intermédiaires financiers et institutionnels, contrôle des circuits de l'influence et de l'information, esprit de négation et de dissolution des formes existantes. Il est *en plus* judéophobe, totalement, totalitairement : raison et instinct. L'un justifiant l'autre. L'autre expliquant l'un. On pourra là soupçonner quelques motivations qui touchent aux racines mêmes de l'être, et qui sont sans doute les mêmes que celles qui conduisent tant de juifs éminents à adhérer à Wagner. A reprendre plus tard.

ROUTINE ET TRADITION

Plus tard ou presque tout de suite : en partant d'une autre absence, celle de pratiquement toute incertitude quant au *texte*.

Musicologiquement, le texte wagnérien offre encore moins de mystères que sa biographie. Quant on songe aux problèmes posés par les éditions de Bach (*l'Art de la fugue* par exemple), ou de Scarlatti (le Catalogue, l'édition proprement dite), ou des Symphonies de Beethoven, ou des orchestrations de Schumann (qui peuvent légitimement être « revues » : Mahler), des oeuvres de Chopin (oeuvres posthumes, édition proprement dite), de Liszt (quant à son ampleur), de Bruckner, de Debussy, et de tant d'autres, on ne peut qu'être frappé par l'absence de Wagner de *ce* débat. Une édition scientifique est en cours[6], qui amènera une belle avancée de la musicologie wagnérienne, mais la représentation des oeuvres du compositeur, depuis 1876, n'est jamais passée par un débat sur le vrai texte à représenter. Il y a là comme une Loi qu'on ne remet pas en cause.

6. Chez l'éditeur Schott, à Mayence.

Cette intégrité du *corpus* est d'autant plus remarquable que le regard de Wagner, comme tout créateur authentique, porté sur son amont immédiat, implique quant à lui une réflexion sur l'authenticité du texte, et de là sur celle de la pensée musicale elle-même.

Se rejoue en effet chez Wagner cette scène primitive très caractéristique, par laquelle le musicien d'aujourd'hui récuse une pratique actuelle de la musique, que sous le nom de routine il affecte à un « hier » de son art, au profit de l'évocation d'un temps plus ancien, traditionnel, situé dans un avant-hier plus ou moins lointain, mais sur lequel il prétend se ressourcer pour pouvoir, alors, se projeter véritablement dans le futur.

Ainsi le « modernisme » d'un Bach s'appuie-t-il non sur une participation enthousiaste au développement contemporain de l'écriture homophone, mais à la référence à un stade « dépassé » de l'écriture : la polyphonie. Ainsi Mozart récuse-t-il le style galant pour invoquer Bach. Ainsi Beethoven vitupère-t-il déjà l'opéra italien à Vienne en en appelant à Gluck (et à *la Flûte enchantée,* et à *Don Juan*), ainsi Wagner reprend le procès contre les Italiens et le grand opéra à la française – les *Welches* ! – au nom du même Mozart et du même Gluck. Excessif là comme ailleurs, il cherche sa référence encore plus loin dans le passé : le théâtre grec, pour fonder une ambition encore plus loin dans l'avenir, ou plutôt, pour faire de l'avenir une valeur, ce à quoi ne songeaient les musiciens qui l'avaient précédé, en formulant un slogan publicitaire à l'efficacité singulière : *Zukunftsmusik,* la musique de l'avenir[7].

L'histoire de la musique continuera d'ailleurs, après Wagner, sur le même mode : récuser hier, au profit d'avant-hier, pour promouvoir demain. Schönberg en appelle à Bach (et à Wagner, et à Brahms) pour développer un système menacé par la musique de divertissement ; Boulez en appelera à Schönberg pour s'opposer à une certaine forme de la frivolité française récente. Dans cette stratégie, la position de Wagner, on l'a vu, est centrale : la référence ne sera jamais assez passée pour définir une oeuvre qui ne sera jamais assez future.

L'*Anneau du Nibelung,* d'une certaine manière, est un peu la parabole dramatique de cette idée. Voilà l'oeuvre qui se veut projection dans l'avenir : celle d'un héros nouveau, qui a rompu avec le vieux monde vermoulu des dieux. Il a cette fois échoué, lui comme Brünnhilde, mais non sans livrer la recette d'une future réussite : la rédemption par l'Amour. Dans le titre même du dernier volet de la Trilogie repose la promesse d'une aurore. Mais en même temps que l'oeuvre se projette ainsi vers un au-delà du rideau, qui dérobera à nos yeux le crépuscule des dieux, toute son architecture semble tendre désespérément vers un point originel situé le plus loin possible dans le passé : l'oeuvre a un Prologue, *l'Or du Rhin,* dont le premier tableau lui sert à son tour de prologue, introduit par un prélude, lancé par un son originel, le *mi* bémol initial. Et de même que l'imagination du spectateur est invité à rêver le lendemain de l'oeuvre, de même elle est conduite à penser que ce qu'il voit au lever du rideau est déjà le résultat d'une longue histoire[8].

Cette circulation dans le temps à travers la recherche d'une Loi, qui en fixerait les données, est une dimension d'autant plus forte de la dramaturgie (et de l'être) wagnérienne qu'elle contredit formellement une immédiateté de la personne du héros, qui est l'autre donnée essentielle de sa dramaturgie.

---

7. *La Musique de l'avenir,* écrit à Paris en 1860. L'opuscule était une réponse à une critique parisienne des concerts de 1860, selon laquelle Wagner était l'inventeur d'une musique de l'avenir, caractérisée par la disparition de la mélodie, du rythme, et de la forme. Wagner répliqua qu'il n'avait pas en tête quelque rénovation de la musique que ce soit, mais l'instauration du drame musical.

8. De fait, il y a un avant à l'*Or du Rhin* : tout ce qui a trait aux épisodes où Wotan s'abreuva à la Source de la sagesse, paya la redevance de la perte d'un oeil, qui diminua sa clairvoyance, puis rompit une branche du Frêne du monde pour s'en faire une lance, outil de sa toute-puissance, et comment le Frêne se mit à dépérir. Tout ceci est narré par la Première Norne du *Crépuscule.* Dans *la Walkyrie,* Wotan a déjà expliqué à Brünnhilde comment il a asservi le monde avec des Traités (*la Walkyrie,* II,1).

LA TRI-PARTITION DES OUVRAGES WAGNÉRIENS

Un détour est là nécessaire.

Si l'oeuvre de Wagner suscite tant d'exégèses, c'est en partie parce qu'elle est polémique, placée par son auteur dans une situation de combat contre la formule lyrique de son temps : l'opéra[9].

Or, si les considérations wagnériennes contre l'opéra italien ou français, contre également les formes de productions lyriques en honneur dans l'Allemagne de son temps, sont bien connues, le dossier plaidé par Wagner semble curieusement éluder un domaine précis : celui de l'organisation en acte. Wagner parle des sujets, de la nécessité du ressourcement *via* Gluck auprès du théâtre grec, a des idées sur l'architecture des salles, sur la formation des chanteurs, sur l'organisation des théâtres, sur la dignité de l'oeuvre théâtrale, sur la formulation d'une nouvelle mélodie, et ainsi de suite, mais ne dit rien de ce qui constitue sans doute une mutation fondamentale : l'organisation tripartite du drame musical.

Car il faut se rendre à l'évidence : l'organisation de l'oeuvre lyrique en trois actes n'est absolument pas la règle dans l'opéra antérieur à Wagner (et ne sera pas si fréquente après). Les grands Mozart sont en deux actes *(Don Juan, la Flûte enchantée, la Clémence de Titus)* ou en quatre *(Les Noces de Figaro)*. *Fidelio* est en deux actes. Auparavant, l'*Orfeo* de Monteverdi est en cinq actes (et un prologue). De même *le Retour d'Ulysse*. *La Servante maîtresse,* comme d'ailleurs *Cosi fan Tutte,* est en deux actes, comme les autres *buffa* italiens (*le Mariage secret,* la quasi-totalité des Rossini). De même Donizetti, Bellini, les premiers Verdi. L'opéra français est en cinq actes (*la Muette de Portici, Robert le diable,* et les autres Meyerbeer. La tri-partition apparaît une exception, sauf chez Haendel et Gluck, alors qu'elle est de règle quasi-absolue chez Wagner : tous ses ouvrages y défèrent à partir du *Vaisseau* jusqu'à *Parsifal* [10]. Il est intéressant de noter que la tri-partition, mise à part une partie du répertoire *seria* concerne avant Wagner des ouvrages pré-wagnériens, au sens où ils influencèrent à l'évidence Wagner, comme *le Freischütz* en 1821, ou postwagnériens comme *Wozzeck* ou le plus wagnérien des ouvrages de Strauss : *le Chevalier à la rose.* Notons enfin, toujours à titre de contre-preuve, que tous les Verdi (sauf *le Bal masqué* et *Falstaff*) refusent la tri-partition, tout comme le *Faust* de Gounod, *Carmen* de Bizet, ou *Pelléas et Mélisande.* Ainsi la tri-partition n'est ni la règle ni une « réforme » wagnérienne que le compositeur aurait imposée, mais représente à la fois une nouveauté et une caractéristique provisoire.

Il faut donc s'interroger sur elle, même si pour le coup, cette donnée pourtant importante, ne semble pas avoir été tellement relevée par le commentaire sur Wagner.

Elle résulte de cette référence à la dramaturgie grecque que Wagner proposa comme un des points de sa réforme. Adopter les trois actes, c'est concevoir l'action dramatique à la lumière de la succession exposition-péripétie-catastrophe.

On retrouve ici les deux tensions vers le passé, éventuellement le plus extrême, et l'avenir, au besoin le plus lointain. L'exposition narre à un moment les épisodes reculés qui ont amené le héros à se présenter devant nous ; la catastrophe scelle son sort pour l'éternité. On voit bien ce mécanisme à l'oeuvre dans *le Vaisseau fantôme* (récit du Hollandais à la scène 2 de l'acte I, récit terminal de la scène 2 de l'acte III), dans *Lohengrin,* dans *la Walkyrie, Tristan,* et même chez le Walther des *Maîtres Chanteur*s, sur un autre mode.

Ce dispositif explique en partie *l'allure* des actes wagnériens. Le compositeur réussit habituellement magistralement ses expositions au premier acte. La description du climat initial (orages du *Vaisseau fantôme,* de *la Walkyrie,* lumières de rêve de *Lohengrin* et *Parsifal,* didactie des ouvertures ou préludes de *Tannhäuser,* de *Tristan,* des *Maîtres Chanteurs,* etc...), la façon dont, surtout au début de sa trajectoire, il aime à montrer sa maîtrise de l'enchaînement récitatif/arioso/air/choeur (*Lohengrin,* I), la façon dont le héros se présente au terme d'une première avancée de l'oeuvre *(Vaisseau, Tannhäuser,*

9. Voir avant tout *Opéra et Drame* (1851).
10. Deux exceptions qui n'en sont pas : *l'Or du Rhin,* qui est le Prologue d'une Trilogie (dont chaque volet est en trois actes), et le *Crépuscule,* qui outre ses trois actes possède son propre Prologue

Lohengrin, Maîtres, Walkyrie, Parsifal...) et celle dont la réaction de la communauté, faisant conflit, va emporter tout l'acte dans un *accelerando* la plupart du temps magnifique : tout ceci fait des premiers actes wagnériens des modèles de construction.

Faisant pendant au premier acte, le troisième. Ici, Wagner joue de la durée, non sans imprudence : *Lohengrin*, et surtout *les Maîtres, Tristan, Siegfried, Crépuscule, Parsifal.* Avec imprudence, mais non sans maîtrise. Le temps s'étire, l'action s'étiole parfois. En fait, il n'y a plus guère d'action, au sens où les prémisses posées (acte I) entraînent les conséquences attendues (III). Pas de suspense. On pourrait d'ailleurs *rabouter* l'acte III à l'acte I comme le conséquent d'un antécédent[11]. La catastrophe est incluse dans l'exposition. Le héros wagnérien porte au front un stigmate de son Destin.

Cette élision imaginaire de l'acte central définit l'oeuvre comme *mythique,* alors que la tri-partition génère une logique *dramatique* [12]. Avec le génie de l'ambiguïté qui le caractérise, et qui n'est pas sans rapport avec l'abondance du commentaire suscité, Wagner joue à la fois de ces deux partis. Car, naturellement, il ne s'agit pas de suggérer que l'acte médian est inutile, ou, a fortiori, moins réussi que les actes extrêmes. C'est le lieu et le moment du colloque amoureux, tout comme le premier acte avait été construit autour de l'auto-présentation du héros. L'acte II de *Tristan* sert de « sigle » pour cette définition, et en retour irradie celle-ci à tous les ouvrages qui l'environnent : l'intervention brûlante d'Elisabeth à la face des chevaliers *(Tannhäuser)*, ou le colloque singulier de Parsifal et de Kundry, tout comme la réunion dans la nuit de Walther et d'Eva. Dans *la Walkyrie,* la scène de l'annonce de la Mort (II, 4) prend un sens second si on l'analyse comme une scène d'amour entre Brünnhilde et Siegfried – celui-ci encore dans le ventre de sa mère – *via* son père Siegmund, qui ne fait que remplir les devoirs que lui impose l'état-civil : représenter son fils mineur dans une affaire qui engage sa vie future. Dans *le Vaisseau fantôme,* pas de rencontre amoureuse directe non plus dans l'acte II, mais bien mieux : une Ballade de Senta où le rencontre est fantasmée ; une altercation de Senta et d'Erik en présence, toujours aussi fantasmatique, donc réelle, du Hollandais. Dans *Siegfried* la scène amoureuse est également présente à l'acte II, mais là encore de façon déviée : avant de rencontrer, à l'acte suivant, Brünnhilde, Siegfried évoque un visage de femme aimé et connu, sa mère.

Les deux exceptions majeures à ce dispositif concernent deux ouvrages, *Lohengrin* et le *Crépuscule des dieux,* dont l'acte médian est occupé non avant tout par un geste de dramaturgie authentiquement wagnérienne, mais plutôt par la traduction wagnérienne de ce qui constitue une manière propre au grand opéra historique à la française, ou à l'opéra verdien : le complot. Charme des ambiguïtés, là encore ; où nous voyons Wagner, au coeur de ces deux ouvrages dictés par la poétique la plus « allemande », déférer à un dispositif allogène, et pour tout dire : *Welche.*

L'acte III wagnérien n'est plus celui de l'action, on l'a dit, mais du constat. On constate que l'acte II n'a pu dévier le cours des choses tel qu'il s'esquissait à la fin de l'acte I (ce que nous appelons le caractère *mythique* du drame lyrique) malgré une action *dramatique* qui a bien fait son travail : donner une plausibilité, certes relative et théâtrale, au dénouement de l'intrigue. L'acte III culmine alors dans cette scène où le peuple entier est fait témoin du Destin du héros : embarquement du Hollandais, détresse puis rédemption de Tannhäuser, révélation de l'identité et départ de Lohengrin, départ conjoint de Tristan et d'Isolde *« in dem tönenden Schall* [13]», abandon de la Walkyrie au su de ses soeurs, sacrifice de Brünnhilde, épiphanie de Parsifal-roi. Et bien sûr, toujours décalé par le caractère particulier de l'oeuvre, l'apothéose de Walther.

---

11. De même dans les deux ouvrages post-wagnériens qu'on a cités : dans *Wozzeck,* la scène de la lecture de la Bible par la pécheresse Marie (III, 1), pourrait fort bien s'enchaîner à celle de la séduction (I, 5). Dans *le Chevalier à la rose,* c'est l'acte III, et l'acte II aussi, qui sont dramatiquement «inutiles», indépendamment naturellement de leurs réussites, par rapport à tout ce que le Ier acte révèle déjà d'essentiel sur ce qui se passera «un jour». Voir notre étude « Moments du *Chevalier* », in *l'Avant-Scène Opéra,* novembre-décembre 1984.
12. Cette distinction peut s'expliciter à partir des exemples de *Don Juan* (mythe), *Traviata, Tristan, Wozzeck* (drames), et *Lulu* (mythe).
13. «dans la respiration de l'univers» (Isolde : *mild und leise*).

QUI EST WALTHER?

Mais précisément : ne serait-ce pas à la pièce *anomique* de nous en dire plus sur la *règle*? Demander ainsi à la comédie de nous en apprendre plus sur le drame, sera après tout conforme à l'esprit de la dramaturgie grecque, qui a bien prévu qu'après *Tristan,* pièce tragique, viennent *les Maîtres Chanteurs,* pièce comique[14]. Ce que raconte la pièce, c'est au fond comment un héros passe d'une identité à une autre. Walther entre dans l'oeuvre comme un *Junker* encore un peu fol (ignorant), en sort comme un *Maître* déjà un peu sage. Lorsqu'il entonne *« Am stillen Herd »*, c'est un hobereau fauché qui ne peut plus faire réparer la toiture de son château en pleine campagne. Une victime de l'exode rural. Mal dégrossi. Son embryon de cour envers Eva, dans l'église, a été plutôt rustique. Il ne connaît rien à rien, c'est-à-dire rien aux règles du beau chant, et les comprend mal, alors qu'elles sont au fond assez simples. Mais il n'est pas *gelernt,* ou l'est de façon peu « classique », c'est-à-dire qu'il n'a pas appris dans les classes. C'est un autodidacte, qui est tombé sur un vieux livre qu'il a dévoré, avant de voir et d'entendre au printemps les oiseaux mettre en pratique les préceptes du vieux livre. Notons que ce recueil a pour auteur un « aïeul », en la personne de Walther von der Vogelweide, le *Minnesänger* très célèbre ; nous retrouvons l'idée que l'artiste doit récuser l'hier (les Maîtres routiniers) en en appelant à la tradition d'avant-hier, et que c'est dans ce mouvement que réside la chance d'un art de demain, c'est-à-dire d'un art nouveau. Chez Wagner, l'aujourd'hui est haïssable. Ainsi dans *les Maîtres,* le nom du héros, s'il est connu, n'est pas suffisant pour empêcher une instabilité qui est la condition même de l'action ; et la suite de l'oeuvre aura pour fonction de substituer à cette instabilité, cette incertitude, un nouvel équilibre, une nouvelle définition du héros. Il est, d'abord, devenu citadin : *les Maîtres* représentent un hymne à la ville, à la civilisation de la cité ; puis il a *appris,* il n'est plus ce fol impatient et mal élevé qu'on voit encore à l'acte II. Il a non seulement appris les règles du chant, mais est en train d'apprendre, sans doute, la valeur du compromis, que lui enseigne Sachs à la fin (mais Wagner toujours ambigu, ne nous montre pas si Walther accède à la demande de Sachs : les purs peuvent presque espérer encore en la fermeté intransigeante de leur héros). Ce qui constitue d'ailleurs *les Maîtres* en comédie n'est ni le ton de l'oeuvre, ni l'intrigue amoureuse avec *happy end,* ni la familière quotidienneté des paysages, des personnages et de leurs paroles, mais cet éloge du compromis auquel se résume la position de Sachs, qui prône ce qui devrait être la définition même de la démocratie : libéralisme politique, intransigeance artistique.

DES CONTRADICTIONS DE LA FORME

Si *les Maîtres* nous apparaissent être le drame didactique par excellence, c'est parce que la tri-partition de caractère dramatique ne joue pas en fait son rôle, et que s'y substitue un autre mouvement, qui, à un premier acte énonçant un édit (l'incapacité de Walther à s'agréger à la communauté des maîtres) fait se succéder un deuxième de même nature, même si de signe inverse (son concurrent Beckmesser ne dispose pas d'une *aura* indiscutable), tandis que le troisième change de stratégie polémique - ce terme entendu comme argument d'un combat - et accède à un plan supérieur du débat posé. La forme qui régit l'ensemble est le *Bar*, qui n'est pas seulement ici la structure rhétorique du beau chant telle qu'elle est enseignée à trois reprises à Walther (I, 2 ; I, 3 ; III, 2), mais celle qui porte aussi l'ouvrage entier comme ses différentes parties[15]. Or la forme du *Bar* porte aussi l'*analogue* dramatique des *Maîtres* qu'est *Tristan,* alors que ce dernier ouvrage ressort tout à fait au système exposition-péripétie-catastrophe. C'est ainsi qu'au centre de l'oeuvre wagnérien, nous voyons le couple *Tristan-les Maîtres* en position stratégique : l'idéal de la dramaturgie grecque où une pièce comique succède à une pièce

---

14. C'est au moins ce que montre le catalogue wagnérien. Mais cette idée remonte à 1845 : il s'agissait alors de faire se succéder ainsi *Tannhäuser* et *les Maîtres Chanteurs.* D'où l'idée, commune aux deux ouvrages, du concours de chant dont une jeune femme est le prix.

15. Cette organisation a été mise en évidence par Alfred LORENZ, *Der musikalische Aufbau von Richard Wagners « Die Meistersinger von Nürnberg »* [1930], édition fac-simile, Tutzing, 1966.

tragique de sujet semblable est confirmé par la commune utilisation de la forme en *Bar,* et accessoirement par le clin d'oeil que le compositeur, par citation interposée, se fait à lui-même[16], et conduit tout droit à l'achèvement de la Tétralogie, ou plutôt à la Trilogie précédée d'un Prologue, par quoi Wagner désignait l'*Anneau,* dont la structure et une partie de la thématique même renvoient au théâtre d'Eschyle et à son *Orestie* [17].

Si nous passons donc maintenant des *Maîtres* à *Tristan,* c'est pour s'interroger avant tout sur l'identité du héros tel qu'il se présente à nous au premier acte. Son identité d'état-civil n'est si claire que pour masquer son identité humaine. C'est le neveu de Marke. Et son vassal, en plus. Il semblerait que de récentes recherches[18] suggèrent qu'il n'est pas le neveu, mais le fils. Voilà qui corserait la situation de qui finalement ramènerait une femme pour son père, et l'on imagine assez bien la première réplique, apocryphe chez Wagner, de Tristan arrivant enfin à la demeure paternelle, Isolde à la mai : *« Darf ich eintreten?* [19]*»* . Mais de toute façon, Tristan a un passé, enfermé tout entier dans le nom fabriqué en *verlan* sous lequel il a été soigné jadis par Isolde : Tantris. L'obsession wagnérienne se précise. Un héros à l'identité problématique, sinon incertaine ; une femme qui l'a soigné, et disons-le, sauvé. Déjà! Encore! Du coup, nous devons bien avoir la même chose dans *les Maîtres.* Il suffit de chercher la femme. Eva? Ce n'est pas si simple. On peut certes dire que l'amour qu'elle porte à Walther fait accomplir à celui-ci un prodige : se civiliser. D'une certaine façon aussi, l'amour que lui porte la jeune femme l'a soigné, l'a guéri de cette rusticité catastrophique qui allait faire que l'art allait ne pas se régénérer. Et l'on a déjà suggéré que cette thérapie didactique, dont Eva est l'infirmière apparente, passait par une identification du héros à ses propres yeux, du *Junker* au *Meister.* On a envie de dire que c'est Sachs le docteur! Son épaisseur humaine vient ici se teinter d'un rôle supplémentaire : père social de la communauté, rival étouffé (auto-étouffé) de Walther dans le coeur d'Eva, père didactique de Walther, et même son *Erlöser,* rôle habituellement dévolu à une femme. Et l'on pensait que *les Maîtres* était une oeuvre simple!

QUI SUIS-JE?

A partir du couple central *Tristan/les Maîtres,* l'oeuvre wagnérien, avons-nous dit, se dispose avec logique. En amont immédiat, un autre couple : Siegmund et Siegfried. *La Walkyrie* et ce *Siegfried* interrompu au moment où le héros « visionne » sa mère. Le père et le fils, là encore. Un père qui s'interroge sur son nom ; un fils qui cherche qui était son père, qui était sa mère, qui il est lui-même. Pour cette « mini-rédemption » que représente pour Siegmund la découverte de son nom (*la Walkyrie,* I, 3), une mini-rédemptrice, Sieglinde, grâce à laquelle il est éclairé. Quant à Siegfried, sa propre rédemption passe par l'apprentissage non pas de qui il est, tout d'abord, mais de qui il n'est pas : le fils de Mime. Qui il est vraiment, il ne le découvrira qu'avec Brünnhilde, et il faut entendre, dans la célèbre et presque comique découverte qu'il fait de son corps : *« das ist kein Mann! »* comme le non-dit qu'il découvre alors de lui-même : *« er ist ein Mann. »* Brünnhilde, tout endormie qu'elle est, a rempli sa mission de « rédemptrice de l'inconnu ».

Continuons de remonter vers l'amont de l'oeuvre wagnérien. Voilà *Lohengrin.* La faveur qui entoure l'ouvrage dans une certaine forme de familiarité familiale, en Allemagne[20], et qui agrège

---

16. La citation de Tristan dans la bouche de Sachs : *Mein Kind...* (III, 4).
17. Lire sur ce point Michael EVANS, *Wagner and Aeschylus. The Ring and the Oresteia,* Londres, Faber & Faber, 1982.
18. Selon le dictionnaire *Richard Wagner. Leben. Werk. Wirkung,* établi par Martin Gregor Dellin et Michael von Soden, Hermes Handlexikon, Düsseldorf, 1983, article « Tristan ».
19. « Puis-je entrer ? » : c'est la première réplique de *Lulu,* dans la bouche d'Alwa, au moment d'entrer dans l'atelier du Peintre, où son père (Schön) assiste à une séance de pose de sa maîtresse (Lulu) : Alwa lui « succèdera » auprès d'elle, après qu'elle aura tué Schön, et comme amant, et comme victime
20. Pour le meilleur et pour le pire, *Lohengrin* a été un des ouvrages favoris de la propagande du IIIe Reich : apparition soudaine d'un héros à la fois libérateur et « guide » de son peuple. Voir Friedrich BASER, *Richard Wagner als Künder der arischen Welt,* 1933, cité par Josef WULF, *Musik im Dritten Reich,* Ullstein, 1966, édition 1982, p. 311.

l'exégète comme le petit enfant auquel on fait goûter le merveilleux wagnérien, tient à des causes multiples. Cette historicité de l'intrigue, toute ruisselante encore du Moyen Age (le « jugement de Dieu ») ; la fantasmagorie wagnérienne de l'arrivée et du départ du Cygne ; le symbolisme du clair contre l'obscur, qui concerne autant l'instrumentation que les costumes, les chants que les âmes ; ce complot, pittoresque presque, où méchants et bons se disposent dans un manichéisme encore plus tranché que dans *Tannhäuser* ; la continuité et la pertinence dans cette oeuvre des enchaînements et de la construction tant des scènes (intimité/groupes) que des manières de chant.

Mais le ressort dramatique de l'ouvrage, placé sur la question de l'identité de Lohengrin, donne spontanément la clé de l'interrogation wagnérienne qui semble décidément centrale. Disons tout de suite, réservant la question *Tannhäuser,* que le même ressort avait été déjà mis en place pour *le Hollandais.* L'obsession wagnérienne est plus *crue,* plus évidente encore, dans les ouvrages du début. L'idée que la malédiction qui frappe le héros, négative dans un cas, positive dans l'autre, ne puisse être levée que si la femme qui l'aime parvient à *ne pas* percer son identité, apparaît une *structure* trop prégnante du drame wagnérien pour qu'on ne soit pas tenté d'y voir, au-delà même de la dramaturgie wagnérienne, un des « universaux » de sa pensée. La femme se voit ainsi dotée d'une ambiguïté, certes non surprenante, mais qui amende sérieusement l'image de la petite « demoiselle inévitablement rédemptrice » dont se moquait Nietzsche. Rédemptrice parfois ; agent de la catastrophe souvent. Senta, ni Elsa, ne parviennent à sauver le Hollandais ou le Chevalier au cygne, lequel, pour sa part, ne trouve son salut que dans la fuite, tandis que le Hollandais ne trouvait sa perte que dans l'errance : figures symétriques et complémentaires.

Entre les deux, Tannhäuser. Là, pour une fois, pas d'interrogation sur le nom. Le héros est vite reconnu par ses anciens compagnons (I, 2). Sa malédiction est transférée : elle ne porte plus sur son identité à lui, mais sur celle du lieu où il a séjourné : le *Venusberg.* « Il a été au Venusberg » chantent les Chevaliers avec un effroi qu'on peut trouver comique, surtout en traduction française. Les activités auxquelles il a dû s'y livrer semblent compter moins que le fait d'y avoir été. Il y a une magie (noire) du lieu qui relaie celle, absente, de l'origine. La philologie pourrait peut-être nous en apprendre davantage sur ce héros, dont le nom parle de maisons et de sapin, décor terrestre comme entrevu dans l'enfance avant les égarements qui ont suivi vers des lieux qu'aucune description concrète ne sauraient apprivoiser : le Venusberg! La question de la paternité paraît en tout cas évacuée : ce que semble involontairement saluer Baudelaire lorsqu'il évoque, à propos de *Tannhäuser* bien sûr, les sentiments « presque paternels » que les membres du Jockey Club vouent habituellement aux danseuses d'un ballet maltraité, à cette occasion, par Wagner[21].

En aval maintenant du couple central *Tristan/Maîtres,* pour lequel la question de l'interrogation sur le nom et l'identité du héros joue de façon moins crue, on trouve inévitablement le *Ring.* Dans lequel elle se dissémine. Elle est partout et nulle part. Patente seulement pour Siegmund, nous avons dit. Mais présente dans les reproches que Fricka fait à Wotan : ne pas se conduire ainsi que sa nature de dieu le commanderait ; dans la nature exacte de l'attachement que le père porte à la fille (*la Walkyrie* III, 3), ou encore dans cette transmission des forces et des pouvoirs à laquelle nous fait assister la scène entre Alberich et son fils Hagen (*Crépuscule,* II, 1). Entre-temps, Siegfried a été invité, en vain, à connaître l'identité de son ascendance (scène avec le Voyageur, *Siegfried,* III, 2). L'essentiel est que l'habituelle interrogation du héros quant à son identité, est ici logiquement métamorphosée par la décision de l'héroïne de casser sa lignée : Brünnhilde agit de telle façon qu'elle ne sera plus Walkyrie, mais femme humaine et mortelle. Dans ce renversement même, Wagner rend hommage à sa propre formule obsessive.

---

21. « Que les hommes qui peuvent se donner le luxe d'une maîtresse parmi les danseuses de l'Opéra désirent qu'on mette le plus souvent possible en lumière les talents et les beautés de leur emplette, c'est là certes un sentiment presque paternel que tout le monde comprend et excuse facilement ; mais que ces mêmes hommes, sans se soucier de la curiosité publique et des plaisirs d'autrui, rendent impossible l'exécution d'un ouvrage qui leur déplaît parce qu'il ne satisfait pas aux exigences de leur protectorat, voilà ce qui est intolérable. Gardez votre harem et conservez-en religieusement les traditions ; mais faites-nous donner un théâtre où ceux qui ne pensent pas comme vous pourront trouver d'autres plaisirs mieux accommodés à leurs goûts. Ainsi nous serons débarrassés de vous, et vous de nous, et chacun sera content ». *Encore quelques mots* [sur Richard Wagner], Pléiade, O.C II, page 811.

Qu'il retrouve dès l'ouvrage suivant, l'ouvrage dernier. Qui est Parsifal? Qui est Kundry? Parsifal n'est pas seulement Perceval, il est surtout le *Fal Parsi*, le Fol dont les origines seront orientales[22] : voilà qui est plus intéressant pour le propos même de l'ouvrage, Wagner se gardant naturellement bien de trancher lui-même. Parsifal tient de Tristan par cette manie de jouer son identité dans le jeu de mot, et de Walther par cette lente appropriation de son Moi, par quoi l'oeuvre est tendue. A la dernière page de son grand Livre, le vieux musicien nous raconte une fois encore une histoire de héros sans attaches, innocent, un peu stupide ; de femme à la fois rédemptrice et destructrice ; d'identité mystérieuse de la mère ; de quête de l'origine. Parsifal tue un oiseau : serait-ce un cygne? Le voilà père de Lohengrin, sans doute par l'opération de ce Saint-Esprit qui volète au-dessus du Saint-Graal, à l'ultime image[23]. Comme on dit : la boucle est bouclée.

Pas du tout. L'avatar que connut *Parsifal* dans l'histoire de la représentation wagnérienne est encore une histoire d'identité. Voilà qu'une loi édictée par Cosima interdit l'oeuvre partout ailleurs qu'à Bayreuth, pendant trente ans après le mort du Maître. Cela nous met au 1er janvier 1914, où pour la première fois[24] on verra *Parsifal* ailleurs que dans son temple d'origine, et même, *horribile dictu*, dans cet autre temple de dépravation, véritable *Venusberg* et château de Klingsor à la fois qu'est cet Opéra de Paris, dont les petites danseuses avaient été le prétexte des outrages de 1861. Mais durant les trente années qui précédèrent, l'oeuvre fut invisible, ou visible au terme d'un pèlerinage : à Bayreuth. L'interrogation sur l'identité devint ainsi interrogation sur l'incarnation. Non pas « qui était Parsifal », le héros, mais : qu'est *Parsifal*, l'oeuvre. Semblable incertitude, cruelle, déclencha, on le sait, une iconographie unique[25], dont la répétitivité lassante tentait de remplacer la connaissance par la routine : *Parsifal* sera, de toutes les oeuvres de Wagner, celle dont l'évolution scénique aura été la plus imperceptible. Mais en même temps, la question après tout centrale : « qui est Wagner? » ne pouvait pas être laissée en friche, et obligeait, pour qu'il y soit répondu, à prendre connaissance de son oeuvre-testament. Au terme de sa vie, au-delà même de sa vie, presqu'avec ironie, la question se posait, lancinante.

QUI EST WAGNER?

Car évidemment : qui est le Hollandais? Qui est Lohengrin? Qui est Siegmund? Qui est Siegfried? Qui est Tristan? Qui est Walther? Qui est Sachs? Qui est Hagen? Qui est Parsifal? Qui est Kundry? – mais surtout : *qui est Wagner* ? Toutes les interrogations sur l'identité du héros wagnérien, qui scandent ce grand Livre par quoi, comme chez Mallarmé, se définit un oeuvre, ne sont là que pour révéler (ou masquer) la question que se pose le principal héros wagnérien : Wagner lui-même.

L'ORIGINE ET L'ECOLE

Il est en effet difficile de ne pas référer cette lancinante auto-interrogation du héros wagnérien sur lui-même du syndrome d'attitudes que Wagner adopte envers la question de ses propres origines, au sens large.

Pas seulement le strict « mystère de sa naissance ». On sait que son père nominal, Friedrich Wagner, mourut du typhus le 23 novembre 1813. Richard est âgé de six mois. Sa mère se remarie moins d'un an après avec Ludwig Geyer, un homme du spectacle, ami de longue date de la famille Wagner. Est-il le père réel de Richard? Rien ne l'atteste. Ce père éventuel serait-il par ailleurs juif? Rien ne le contredit vraiment[26].

---

22. Le *Fal Parsi* est la formulation « arabe » pour *Reine Tor* « pur Fol ». Rappelons que le château de Klingsor est sur le versant méridional du Montsalvat, et regarde ainsi vers l'Afrique.
23. Par exemple dans le décor de Roller pour Bayreuth, 1934-36.
24. La première fois autorisée : un *Parsifal* hors-la-loi (de Cosima) fut monté à New York en 1903.
25. Cf. Dominique Jameux, « Parsifal : l'imagerie et la résonance », Préface du catalogue de l'exposition *Parsifal*, Grand Théâtre de Genève, 1982.

Ce qui est important, dans cette affaire, n'est pas la classique question de la recherche en paternité, mais le fait que l'incertitude qui rode autour du cas Wagner quant à sa naissance s'accompagne d'une attitude de réticence du musicien vis à vis de l'école, de l'apprentissage, de la culture reçue, de la filiation culturelle, bref, d'un cordon ombilical rattachant l'artiste à un héritage, et faisant loi du passé.

Wagner est en large mesure autodidacte. Il étudie vaguement, du côté de ses quinze ans, *la Méthode de la basse chiffrée* de Johann Bernhard Logier, prend « secrètement » des leçons d'harmonie et de contrepoint auprès d'un membre du Gewandhaus de Leipzig[27]. Il précise, dans le *Rote Brieftasche*, durant l'été 1829 : « Laisse tomber tout le reste, ne m'occupe que de faire de la musique, *sans enseignement* » (c'est nous qui soulignons). Quelque temps plus tard, étant devenu tout de même l'élève du Cantor de la *Thomasschule*, il pourra noter, dans *Ma Vie*, que « l'art de composer ne s'enseigne pas[28]. »

De fait, le reproche le plus couramment fait à Wagner compositeur de musique sera son « dilettantisme ». Wagner n'est pas *gelernt*. Il faut convenir d'ailleurs que ses partitions de jeunesse, *Tannhäuser* compris, sont écrites « gros ». Les basses wagnériennes, par exemple, sont pour le courant du propos d'un simplisme amateur – une note de basse, un accord dans le médium, une note de basse, un accord dans le médium, etc... – qui se dissimule un peu par l'orchestration et surtout le feu de l'action, mais que les partitions pour piano de cette époque, notamment, révèlent cruellement. Le génie musical qui se manifeste ensuite, est comme déclenché, imposé, éveillé, par le propos dramatique. Il est fascinant de voir, alors, comment la dramaturgie wagnérienne va lui faire accomplir des progrès dans l'écriture, notamment avec l'envahissement progressif du contrepoint et la mise au point toujours plus complexe et « symphonique » des leitmotive. Mais cette imputation de dilettantisme, et même d'amateurisme restera[29].

Or Wagner ne manque pas de modèles, célèbres ou moins célèbres, dans l'Allemagne du XIXe siècle, à un moment où la connaissance du passé devient une valeur (qui mènera à l'historicisme viennois), pour souligner sa propre indigence. Mendelssohn sera l'un de ceux-là. En voilà un qui est *gelernt*, à tous points de vue. Et qui a une filiation (Moses Mendelssohn, son grand-père). Et qui est passé par les écoles. Et qui observe les formes, au propre comme au figuré : bref, qui se place sous une Loi. Sa judéité y est sans doute pour quelque chose, notamment aux yeux de Wagner. Il nous semble dès lors que ce que nous avons appelé le syndrome wagnérien joue, dans la complexité, une partie décisive : l'incertitude quant à la naissance, le refus de fait de l'enseignement et de la loi, la judéophobie – exacerbée par les difficultés institutionnelles, mais qui plonge ses racines plus profond – et la fabrication de ce héros wagnérien à la fois hanté par la question de ses racines, et qui propose de lui-même, à chaque fois qu'il est possible, le fantasme d'une naissance par génération spontanée : l'artiste.

Hanté par ses racines : car Wagner, qui récuse l'école, l'apprentissage, la loi, compense ce malaise éprouvé quant au passé de filiation par une passion presque névrotique pour le passé a-historique. Cet autodidacte compulse tous les ouvrages possibles sur la mythologie, les contes, les légendes. On sait le profit qu'il en tirera quant à ses livrets. Dès dix ans, il devient imbattable sur la mythologie grecque et romaine. On possède le relevé de sa bibliothèque de Dresde, pour la période 1842-1849[30] : les classiques anciens y côtoient la littérature « moderne » (Goethe, Tasso, Byron, Dante, Molière, Shakespeare), mais surtout les *Deutsche Gedichte des Mittelalters*, les *Deutsche Märchen*, les oeuvres des Grimm, les *Deutsche Sagen*, le *Nibelunglied*, la *Sagenbibliothek des Skandinavischen Alterthums* dans une traduction du danois publiée à Berlin en 1816, naturellement la Bible, le *Wunderhorn*, les oeuvres de Walther von der Vogelweide, etc... Cette passion du passé fait une fois de plus penser à

26. Cf. sur ce point, ainsi que sur l'ensemble du problème, le livre de Jacob KATZ, *Wagner et la question juive*, trad. Pierre Rusch, Hachette, 1985, et notre compte rendu du livre, revue *Pardès*, mai 1987.
27. *Wagner au jour le jour*, page 19.
28. Fin été 1831. Notons que cette opinion est aussi celle, exprimée à maintes reprises, par un musicien qui présente quelques points communs avec Wagner, Pierre Boulez.
29. Jusque chez Theodor W.ADORNO, *Essai sur Wagner*, 1962, trad. fr. Hans Hildenbrand et Alex Lindenberg, Gallimard, 1966.

cette invocation d'avant-hier pour mieux combattre hier, à laquelle nous faisions allusion. Le héros wagnérien, dont Wagner lui-même est le prototype, récuse l'école, mais cherche la tradition, la plus lointaine possible. Le Walther des *Maîtres* nous l'a déjà dit, mais le même mouvement de récusation du présent ou de la veille au profit d'un appel à la magie du passé et du souvenir tient en alerte le Hollandais comme Lohengrin, Tristan comme Tannhäuser, Siegmund comme Siegfried, Wotan comme Parsifal.

On comprend mieux dès lors pourquoi le mouvement d'assimilation de la communauté juive contemporaine de Wagner lui est insupportable. Lorsque un Moses Mendelssohn, qui se réclame des Lumières, et connaît Goethe, devient une figure emblématique du mouvement assimilationniste, la communauté juive privilégie l'hier sur l'avant-hier : la transmission d'une culture contemporaine, qui vient en l'occurrence droit du XVIIIe siècle et de l'idéal démocratique, *via* l'école, l'apprentissage, la didactie, contre le seul recours à la Loi du fond des siècles comme fondement des valeurs. L'infidélité (relative) de l'idéal assimilationniste à ce qui fonde une communauté juive en tant que telle est à la fois reçue, notamment par les membres de la Jeune Allemagne, vers 1830, comme impossible et outrecuidante. Le mouvement est d'ailleurs très ambigu. Ce qu'il entend par assimilation est en fait, maximum de son libéralisme, le changement des juifs en non-juifs, et l'on voit apparaître dès cette époque des formes d'analyses, sinon de programmes, qui anticipent singulièrement sur d'autres fort célèbres plus tard. Le baptême ne suffit pas à changer la nature juive des juifs – d'autant que la déchristianisation est en marche ; c'est le regard de l'autre qui constitue le juif en juif (cf. Sartre). Ou bien encore : la solution de la question juive, qui ne soit pas l'anéantissement (impossible), passe par le changement de l'ordre social existant (Bruno Bauer, et Karl Marx bien sûr, dont la *Question juive* paraît en 1848).

L'attitude de Wagner envers les juifs, telle qu'elle s'exprime sous pseudonyme en 1850 *(le Judaïsme dans la musique)* va donc très au-delà des griefs qu'il peut porter contre une institution musicale qui lui semblerait dominée par les juifs. Admirons le pseudonyme lui-même : *Freigedank.* Cela vous a un petit air de héros des *Maîtres Chanteurs.* L'auteur de la diatribe contre les juifs est parent de qui s'emporte contre les Maîtres ; et derrière le « *Doch diese Meister*! » lancé par un Walther *wütend,* il faut entendre *Doch diese Juden* qui non seulement occupent les places et les postes, mais trafiquent de l'art au moyen des règles de la Tabulature. Le mépris de l'autodidacte envers l'école, se mixe avec le regret du renard devant des raisins inatteignables : je n'ai pas accès à cette culture, donc je la méprise.

C'est bien ce qui fait de ces *Maîtres Chanteurs,* ouvrage anomique dans la production wagnérienne, le révélateur du reste. Par le truchement de la fiction esthétique, Wagner s'y exprime directement. Et comme toujours, de façon ambiguë. Car il est Walther, mais Sachs aussi – et peut-être Eva encore. Le Sachs qui plaide avec brio pour une « formation de compromis » ressemble au Wagner qui prend bien soin de ne pas rompre personnellement avec les juifs qui l'entourent, l'aident, le comprennent. En 1880, sollicité de signer une pétition antisémite adressée à Bismark, il refuse, pour des raisons de pure circonstance. Mais l'ouvrage entier est un portrait *inverse* de Wagner, tout autant que fidèle : une tentation démocratique s'y fait jour, à forte distance de l'anarchiste proudhonien des années 1850, comme du pessimiste du *Ring,* ou du « chrétien » *Parsifal.* Avant de goûter aux joies putatives de l'androgynie, Wagner a là expérimenté celles d'une *Spaltung* (diffraction) entre deux personnages opposés par nature : l'homme de l'instantanéité (Walther), et celui de la formation (Sachs).

LE LIVRE WAGNERIEN

Ainsi, compulsant l'oeuvre entier, du *Vaisseau* à *Parsifal,* a-t-on l'impression de lire un livre unique. Le Livre, entendu cette fois non comme un slogan publicitaire trop ambitieux, mais comme un ensemble à la fois clos et ouvert, et d'une homogénéité presqu'inquiétante. Comme son homologue mallarméen, la lecture peut se faire par feuillets séparés, intervertis, discontinus. La trajectoire wagné-

30. Kurt von WESTERNHAGEN, *Richard Wagners Dresdener Bibliothek 1842 bis 1849,* Wiesbaden, 1966

rienne est à la fois éminemment logique du premier au dernier ouvrage, mais l'institution opératique, à la scène comme au disque, autorise un commerce optionnel, des choix libres, des opérations de récurrence, des directionalités bouleversées : celui qui écoute le *Ring* en partant du *Crépuscule* pour terminer par *l'Or du Rhin* ne fait que suivre l'ordre dans lequel Wagner a pensé son poème. Ecouter *Lohengrin* après *Parsifal* n'est pas seulement reconstituer une filiation, mais entendre un ouvrage à la lumière sonore de ce qu'il produira bien des années après. Quel que soit l'ordre choisi ou suivi, l'unité de l'ensemble est telle que le Livre apparaîtra toujours ne poser qu'une question : *qui suis-je?* Il n'est guère étonnant, si tout écrit sur une oeuvre ou un auteur ne fait après tout que poser de manière toujours renouvelée la question de son identité, que la bibliothèque wagnérienne soit à ce point inépuisable.

LE TRIPTYQUE DE JEUNESSE

***Commentaire** par Fernand LECLERCQ*

***Discographie** par Philippe GODEFROID*

Commentaire

Au seuil de ce livre destiné à présenter quelques uns des ouvrages les plus imposants et les plus significatifs de l'histoire de la musique, attardons-nous aux premiers pas d'un futur géant : ce triplet contrasté d'opéras de jeunesse, souvenir d'une personnalité en formation, est bien plus qu'une simple trace archéologique, qu'une série d'esquisses mises en vitrine par des thuriféraires inconditionnels... Bien au contraire, l'ampleur des œuvres ultérieures occulte trop ces trois pièces adroitement écrites et qui témoignent d'emblée d'un sens très sûr du théâtre. Wagner y est-il un épigone? Certes. Mais plutôt que de considérer ce triptyque comme le reflet d'une période de formation, nécessaire mais guère exaltante musicalement, laissons-nous séduire par ces amours de jeunesse aux fruits si divers : une féerie romantique, une comédie haute en couleurs et un drame héroïque.

LES FÉES

Les biographes de Richard Wagner attestent de son engouement pour la musique et le théâtre dès son plus jeune âge, effet conjugué d'un cadre familial plutôt favorable et d'une indiscutable prédisposition. Plusieurs des sœurs du jeune Richard (cadet d'une famille de neuf enfants) devinrent comédiennes et, selon les mémoires d'enfance du compositeur[1], Weber fut, à plus d'une reprise, l'hôte de la maison à Dresde. A son entrée au gymnasium de Leipzig, en 1828, l'adolescent montrait le plus vif intérêt pour la musique mais aussi pour le théâtre shakespearien et pour Gœthe (il est des choix moins sûrs à cet âge!). Son premier grand texte est de nature dramatique, *Leubald* (1828), consciemment inspiré de *Hamlet* et du *Roi Lear*. On ne sait si Wagner l'avait conçu comme un livret ou comme un ouvrage parlé avec musique de scène.

C'est à Leipzig où il voulait étudier la musique à l'Université (et surtout, plus tard, avec l'aide de Weinlig, le Cantor de Saint-Thomas), qu'il acquit un bagage musical, avant de faire ses premiers pas dans le domaine lyrique, à Prague en 1832, avec un drame pastoral assez sombre, sans enjolivement, selon ses dires, *Die Hochzeit (les Noces)* sur son propre livret tiré de *Ritterzeit und Ritterwesen* de Büsching. Il en composa quelques numéros mais se détourna de ce travail et en détruisit sans doute une partie car la pièce avait été critiquée par sa sœur Rosalie, comédienne professionnelle et autorité morale de la maison. L'ouvrage, sous forme de fragments, a peut-être été joué à Wurzbourg en 1833. Il en reste une introduction, un chœur et un septuor (première exécution à Leipzig en 1938).

A la lecture d'un modeste livret amicalement proposé par Heinrich Laube (*Kosciuszko*), Wagner réalise que la composition d'un opéra forme un tout et qu'il ne saura composer que sur ses propres textes. Adaptant une pièce de Gozzi, *La Donna serpente (la Femme serpent)*, il composa *les Fées*, du début 1833 jusqu'en janvier 1834.

Proposé au théâtre de Leipzig, cet opus primum est rejeté. Il faut attendre 1888, après la mort du compositeur (qui s'était assez explicitement prononcé à la fin de sa vie contre la publication et l'exécution de telles œuvres de jeunesse ou de circonstance) et contre l'avis de Cosima, pour que l'ouvrage soit représenté à Munich, en partie grâce aux soins de Richard Strauss. Monté comme un opéra romantique à grand spectacle, *les Fées* séduisirent le public. Depuis lors, sans s'imposer réellement comme une œuvre de répertoire *Die Feen* ont fait l'objet de quelques bonnes productions, même au sein du « temple », à Bayreuth.

Le théâtre de Wurzburg, premier poste officiel de Wagner en tant que chef des chœurs durant cette année 1833, lui offrit aussi l'occasion de s'imprégner de quelques partitions du répertoire allemand qu'il dut aider à mettre au point, notamment celles de Marschner (Wagner composa même une aria traditionnelle pour *Der Wampyr* à l'intention de son frère Albert, ténor à Wurzbourg et ange gardien de Richard à cette époque), Beethoven, Weber mais aussi du domaine français avec Meyerbeer, Auber, Herold... Il y arriva le 17 février et l'on peut supposer que le livret (vrai-

1. R. WAGNER, *Ma Vie*, traduction de Martial Hulot, Paris, Buchet-Chastel, 1983.

semblablement approuvé par Rosalie, cette fois) était terminé. Le choix inattendu de Gozzi, une des plus fines plumes vénitiennes (et fournisseur d'autres livrets d'opéra, du *Roi Cerf* de Henze, à *l'Amour des trois oranges*, en passant par *Turandot*), peut s'appliquer au moins par deux raisons. D'abord, la familiarité présumée avec cette littérature par le jeune compositeur à travers l'érudit de la famille, l'oncle Adolf Wagner, qui avait notamment édité la traduction allemande du *Corbeau* de Gozzi en 1804. Ensuite par l'univers pittoresque, juxtaposant le tragique, l'épique, le comique et le picaresque si typique de l'aristocrate italien et qui devait séduire le jeune dramaturge épris de Shakespeare, qui adaptera bientôt *Measure for measure*. Hoffmann n'avait-il pas indiqué que Gozzi était une mine à livrets?

Il semble d'ailleurs, comme l'a fait remarquer Egon Voss (dans sa plaquette accompagnant l'excellent enregistrement de l'opéra par Sawallisch) que ce *Corbeau* ait pondu quelques œufs dans le nid de *la Femme serpent* : en effet, Ada, l'héroïne de la pièce est transformée en pierre (un avatar narré dans *le Corbeau*) et non en serpent comme dans le texte d'origine. Certains noms des *Fées* proviennent des *Noces*, ainsi le couple principal, Ada et Arindal et deux personnages latéraux, Lora et Harald (comme chez Claudel, la vocalité des noms imaginés par Wagner participe à l'évocation mythique)...

L'action se structure en dix-huit numéros répartis en trois actes et précédés d'une ouverture. Certains événements importants se sont passés avant le lever de rideau. Arindal, roi de Tramond, s'est retrouvé à l'issue d'une partie de chasse prisonnier du royaume des fées en compagnie de son serviteur Gernot. Il y tombe amoureux de la belle Ada, l'épouse rapidement et en a deux enfants. Il a cependant promis de ne rien demander à Ada sur ses origines durant huit années et, comme la future Elsa dans *Lohengrin*, il ne put tenir sa promesse. Chassé du royaume féerique, il doit renoncer à Ada qui, elle, souhaite le rejoindre en redevenant mortelle mais le roi des fées s'y oppose.

Au premier acte, le tableau initial (à la manière d'Obéron) nous met en contact avec deux fées qui manœuvrent pour empêcher Ada de rejoindre la vie terrestre. Dans son errance désespérée, Arindal et son serviteur rencontrent Günther et Morald, deux de ses vassaux partis à sa recherche car un danger menace Tramond : profitant de la vacance du pouvoir, Murold, leur ennemi, convoite à la fois le trône et la main de Lora, la sœur d'Arindal, promise à Morald. D'abord les deux chevaliers s'y prennent très mal pour convaincre Arindal de les suivre : ils comparent Ada à une vilaine sorcière et se déguisent en spectres... Enfin, s'en tenant simplement à la réalité des faits, ils emportent son approbation. Le dernier tableau nous ramène au royaume des fées. Ada, dont le père vient de mourir, est devenue reine. Il consent à s'incliner devant la nécessité du départ d'Arindal mais elle lui demande le serment de ne pas la maudire, quoiqu'il arrive.

Au deuxième acte, nous sommes au château de Tramont, où, malgré le courage de Lora, l'espoir de revoir Arindal faiblit face aux assauts de Murold. Enfin, Arindal et les siens réapparaissent et les couples se reforment, Morald et Lora, Drolla, sa servante et Gernot. Désespérée de la perte de son époux, Ada veut le rejoindre mais, ce faisant, la tradition féerique lui impose de courir un risque immense. Elle devra se présenter à Arindal en mère abominable et cruelle, précipitant ses enfants dans une fournaise. Elle tente cette épreuve. Meurtri par cette scène, désarçonné par les revers de son armée, Arindal ne peut s'empêcher de maudire sa femme. Elle lui révèle alors le subterfuge en lui rendant ses enfants mais il est trop tard. Les fées emportent Ada vers sa prison de pierre laissant Arindal au bord de la folie.

Le dernier acte nous conduira cependant vers un *happy end*. Il s'ouvre sur une scène de désespoir. Malgré l'évanouissement des périls antérieurs, personne ne se réjouit à Tramond car Arindal a sombré dans la démence. Dans une scène fantômatique nous découvrons le chevalier dans ses errements. En rêve, il perçoit la voix suppliante d'Ada. Croyant qu'Arindal sera incapable de vaincre le sortilège qui enchaîne leur Reine (et qui pourra leur être rendue par la même occasion), deux fées indiquent à Arindal le lieu où elle se trouve. Groma, un magicien favorable à la maison de Tramond, l'incite à la délivrer et le pourvoit d'une lyre et d'armes. Dans une sombre crevasse, des esprits de la terre et des hommes de bronze gardent Ada. Arindal les vainc grâce à la puissance magique de son bouclier et de son épée. Tel un nouvel Orphée, il délivre sa femme de sa gangue de pierre aux sons de sa lyre enchantée. Réjouissance finale et promotion d'Arindal au rang d'immortel : il vivra éternellement heureux aux côtés d'Ada laissant son royaume terrestre à Lora et Morald.

Profitant de son expérience wurzbourgeoise, Wagner avait pu sans guère de problème agencer cette intrigue complexe (l'opéra dure trois heures!) selon un schéma musical assez élaboré que Bauer[2] rapproche de celui d'*Euryanthe* et dans des couleurs orchestrales qui fuient la banalité. Wagner paie ses dettes explicitement à beaucoup de ses devanciers. D'abord à Mozart (dont il admirait profondément la *Symphonie Jupiter*) et à *la Flûte enchantée*, ne serait-

2. Oswald Georg BAUER, *Richard Wagner, opéras de la création à nos jours.*, Fribourg, Office du livre, 1983.

ce que dans la symbolique initiatique du livret, les épreuves rencontrées par le héros, la complémentarité des deux couples, le tempérament des nobles et la roture des serviteurs, mais aussi dans l'évocation fantastique à la Hoffmann (*Undine*, 1816), à Weber (*le Freischütz* mais aussi *Obéron*) sans oublier un compositeur trop oublié de nos jours, Marschner, célèbre pour ses évocations mystérieuses et pittoresques.

Wagner, dans ce cas précis, n'a pas résisté à la présentation de quelques scènes typiques de l'opéra romantique, un chœur des esprits et une grande aria de folie mais on aurait tort de ne pas l'en créditer, même si la construction musicale de l'ensemble n'échappe pas à une certaine confusion par excès de matière ; l'ouvrage réclame aussi le déploiement d'une grande mise en scène compliquée. La volonté d'unifier l'œuvre par des liens thématiques est bien présente dans la partition, comme cette formule mélodique pourvue d'une tierce destinée à Ada. La pratique vient sans doute de Weber mais il serait exagéré d'y voir un système de leitmotive. L'écriture vocale est exigente (ce fut d'ailleurs une des raisons du refus que la direction de l'Opéra de Leipzig invoqua pour ne pas représenter l'ouvrage) et, rétrospectivement, de manière très frappante, dans son esquisse autobiographique, Wagner n'a pas ménagé les critiques envers son style de jeunesse : il regrette de n'avoir pu donner une « mélodie indépendante qui seule permet au chanteur d'agir, alors que la déclamation minitieusement détaillée par le compositeur le prive de toute liberté d'action...). Reproches injustes du créateur vis-à-vis d'une palette expressive et d'une aisance d'écriture qui surpassent souvent ses modèles car il faut évidemment juger ce lyrisme « sculptural » en faisant abstraction de la mélodie infinie qui irrigue les opéras de la maturité. *Les Fées* montrent surtout avec quelle facilité Wagner put assimiler l'esprit et les règles d'un genre et tailler sur mesure les plus beaux atours.

LA DÉFENSE D'AIMER

Juin 1834. Durant un séjour à Teplitz, Wagner conçoit l'idée d'un troisième opéra (le deuxième qu'il achèvera) à partir de *Measure for measure* de Shakespeare.

Intitulé *Das Liebesverbot, la Défense d'aimer*, l'ouvrage s'articule en deux actes et commence par une scène de bagarre dans les faubourgs de Palerme. En effet, le gouverneur Friedrich a ordonné de fermer les lieux d'agréments. Le carnaval est interdit ; fornication et ivrognerie font encourir la peine de mort ! Les sbires de Brighella viennent d'ailleurs d'arrêter le tenancier d'une taverne et Claudio est emprisonné : il s'est montré trop galant... Il demande à son ami Luzio d'avertir sa sœur Isabella, novice au couvent de Sainte-Elisabeth, afin qu'elle puisse intercéder auprès du gouverneur tandis que souffle un vent de révolte parmi la foule.

Au couvent, Isabella s'entretient avec Marianna, une autre nonne; nous apprenons qu'elle est l'épouse répudiée du gouverneur. Survient Luzio qui réclame l'aide de la jeune fille pour sauver son frère prisonnier du tyran. Conquis par sa beauté, il lui demande sans ambage sa main... Mais pour l'instant, Isabella a d'autres soucis que de contenter un galant. Le tableau suivant est une salle d'audience, où Brighella, qui attend le gouverneur, s'amuse à le singer dans une parodie de procès; il tombe amoureux de Dorella, la jolie servante de l'aubergiste qu'il tente de « juger ». Dehors, on s'impatiente, la porte du tribunal est forcée et le hâbleur ne doit son salut qu'à l'arrivée de Friedrich.

Tenant à l'assemblée un discours puritain, il repousse une requête demandant de rétablir le carnaval. Il condamne à mort Claudio et son amie quand, soudain, apparaît Isabella. Elle obtient du gouverneur un entretien en aparté et chante si bien l'innocence du plaisir amoureux pour excuser les fredaines de son frère, qu'elle enflamme le tyran. Il lui offre la liberté de Claudio contre une nuit d'amour. D'abord offensée par le marché, elle en appelle à la vindicte populaire mais, se ravisant, elle machine un plan et feint d'accepter le rendez-vous de Friedrich.

Le second acte débute dans la cour de la prison. Claudio se désespère. Isabella l'informe du marché proposé par le gouverneur. Dans un premier temps, il accepte la mort plutôt que le déshonneur de sa sœur mais il se ravise. Outrée de sa futilité, Isabella le laisse à ses tourments sans lui faire part de son plan. Elle confie à Dorella une lettre pour Friedrich quand survient Luzio qui tente de la séduire à nouveau mais il est vite tourné en dérision par la collusion des deux femmes : il avait aussi promis le mariage à la servante... et à beaucoup d'autres. Elle soudoie le geôlier afin d 'intercepter l'ordre de libération de son frère et elle s'éloigne.

Fiévreux, Friedrich attend un mot d'Isabella. Il arrive enfin en l'invitant à se rendre masqué au Corso, ce qui revient à lui faire enfreindre deux fois sa propre loi : libertinage et carnaval. Le feu amoureux a rapidement raison des dernières hésitations du gouverneur. Sa raison chavire et, ne pouvant se résoudre à gracier Claudio, il décide de se tuer aussitôt après le rendez-vous. Dorella libérée répond aux avances pressantes de Brighella en lui fixant aussi un rendez-vous masqué...

Le finale débute dans un va-et-vient bigarré sur le Corso : réjouissances, libations et danses d'autant plus exaltées qu'interdites... Luzio chante son cantique du carnaval repris par le chœur quand surviennent Brighella et sa troupe de sbires. Luzio plaide un repli stratégique... ce qui convient bien au pandore amoureux. Commence le jeu des quiproquos ; d'abord Luzio, qui a reconnu Friedrich sous son déguisement, le nargue, ensuite apparaît Marianna déguisée en Isabella; comme dans la scène finale des *Noces de Figaro*, on démasque bien vite le gouverneur courtisant sa femme sous l'apparence d'un autre... L'hypocrite débusqué, son cas est aggravé par la découverte du pli livrant Claudio au bourreau. Mais comme chacun déclare sa loi caduque, on lui fait grâce. Claudio est libéré et porté en triomphe, Isabella consent à Luzio pendant que Brighella se fait accepter de Dorella. Friedrich, comme roi des fous, conduit le cortège de carnaval tandis qu'une musique militaire annonce le retour du prince.

Pour établir son livret, Wagner a certes taillé très adroitement dans la pièce de Shakespeare et évacué des anecdotes inutiles à l'opéra, mais il a surtout modifié les éléments de l'intrigue qui l'éclairent d'un jour nouveau. Dans *Mesure pour Mesure*, le rôle de « manipulateur » est laissé au prince qui agit dans l'ombre pour mettre à l'épreuve la probité du gouverneur. C'est lui qui a l'idée de la substitution des femmes sous le déguisement et c'est lui qui finalement épouse Isabella. Wagner a aussi évité quelques traits sordides du théâtre élisabéthain comme la tête d'un malfaiteur substituée à celle de Claudio : la comédie y prend le tour plus civilisé du XIXe siècle mais il est tout aussi possible d'y voir une apologie de la sensualité conjugée à la réaction contre l'autoritarisme absolutiste (des idées que Wagner partageait avec le poète et romancier Heinrich Laube), plutôt que la glorification de la justice du prince comme chez Shakespeare. Il écrit ainsi : « J'étais attiré par le sujet de *Mesure pour mesure* mais, en accord avec mon état d'esprit du moment, je pris beaucoup de libertés pour en faire un livret intitulé *la Défense d'aimer*. Sous l'influence de *la Jeune Europe* et d'*Ardinghello* (de Laube) et de l'attitude singulière que j'avais adoptée à l'égard de la musique classique d'opéra, j'entendis combattre l'infamie puritaine et écrire un livret qui serait une glorification hardie de la "liberté des sens". Je transformai donc l'austère livret de Shakespeare. Je mis l'accent sur le sombre gouverneur, intransigeant sur les principes de la morale, mais qui s'enflamme d'un amour passionné pour la belle novice venue implorer la grâce de son frère condamné à mort. Je passai sur ce que Shakespeare ne donne un si riche développement à ses défaillances que pour les faire peser plus lourd, en fin de compte, sur les plateaux de la justice. Je voulais fustiger l'hypocrisie coupable qui transgresse les lois naturelles dans la censure des mœurs. Je modifiai donc entièrement *Mesure pour mesure* pour que le châtiment de l'hypocrite vînt exclusivement de l'amour. Je transportai mon drame de la fabuleuse Vienne à la capitale de l'ardente Sicile (...). Je présume que, dans une certaine mesure, j'ai ici subi l'influence de *la Muette de Portici* et peut-être des *Vêpres siciliennes*. Quand je pense que Bellini lui-même, le doux Sicilien, compte parmi mes inspirateurs, je ne peux m'empêcher de sourire à l'idée de la singulière équivoque qui trouve son origine dans les malentendus les plus surprenants. »

L'élaboration de ce livret est contemporaine des premières rencontres avec Minna Planer, future Madame Wagner. Se remémorant une de ses tentatives malheureuses de rapprochement, il force le trait en ajoutant : « Mécontent et découragé, j'accentuai la licence de certaines situations de ma *Défense d'aimer* et le soir, accompagné de quelques fades compagnons, je m'en fus traîner au milieu des relents de saucisses grillées... » La composition s'étala sur l'année 1835 durant le séjour à Magdebourg. Wagner s'était hâté afin d'en récolter les fruits lors de représentations données à son profit. Il profita d'une négligence de la censure pour plaider le sérieux de son livret adapté de Shakespeare et il reçut l'« approbation » sous condition de modifier le titre jugé inconvenant en Semaine Sainte (l'ouvrage fut créé le 29 mars 1836), et il le modifia en *la Novice de Palerme*.

L'état lamentable des finances du théâtre compromit tout à fait les deux uniques exécutions de l'opéra : les répétitions durent être bâclées en dix jours : « A l'occasion des rares répétitions avec l'orchestre, je fis la preuve de mes précieuses capacités à aider les chanteurs et à leur donner une certaine aisance qui faisait illusion (...). Hélas, nous avions oublié qu'au moment des représentations, mes interventions se réduiraient nécessairement à des signes de baguette et des jeux de physionomie. Les chanteurs, principalement les hommes, étaient si peu sûrs d'eux-mêmes que leur timidité annihila leur bonne volonté... » Et plus loin : « Chose curieuse, lors de sa représentation au théâtre de Magdebourg, je n'avais pas eu à souffrir de ce caractère suspect du livret de mon opéra : en effet, à la suite de l'extrême flottement de l'interprétation, le sujet en avait échappé purement et simplement au public. » La seconde représentation fut encore plus catastrophique : On dut renvoyer les trois seuls spectateurs présents dans la salle à cause d'un pugilat en coulisses qui avait blessé Claudio.

Le sort postérieur de l'opéra ne fut guère plus reluisant. Persuadé que le caractère léger et l'exotisme de l'ouvrage plairait au public parisien, Wagner tenta sur les recommandations de Meyerbeer de l'imposer au Théâtre de la Renaissance mais son directeur sombra dans la faillite avant la représentation. A Munich, sa programmation après la mort de Wagner fut écartée à cause de l'immortalité du sujet et il fallut attendre 1923 pour voir l'ouvrage à l'affiche. Depuis lors, si elle apparaît parfois sur scène, cette *Novice de Palerme* souffre d'une... défense d'aimer due à son caractère enjoué et libertaire et ses tonalités lumineuses... si peu « wagneriennes ».

Même s'il attribue à l'influence du répertoire qu'il était oblié de diriger et au désir de composer un ouvrage léger pour plaire au public, son inclination vers l'esthétique italienne et, en part moindre, française, Wagner a bel et bien réussi en hybride plaisant, une musique moins ambitieuse que *les Fées* mais qui trahit un besoin de clarté autant qu'une rupture avec le mysticisme de son adolescence. A Magdebourg, il avait dirigé Bellini, Hérold, Rossini, Auber, Paisiello... L'ouverture de *la Défense d'aimer* retrouve le caractère enjoué de quelques uns de ces ouvrages : on pourrait facilement l'attribuer à Donizetti ou même, à un jeune Verdi. Elle débute par des castagnettes, tambours et triangle avant de se lancer dans une danse preste qui sera reprise au finale. Deux autres thèmes de l'opéra s'y retrouvent également. L'action est fermement cadrée et fait appel à quelques dialogues parlés. Les éléments répétés sont très nombreux, tant dans les chœurs que dans les airs, signature d'un art voulu plus populaire, ainsi d'ailleurs que les harmonies plus simples et plus franches. Les moments réservés au chant solo sont peu importants, la grande part étant laissée aux duos, fort adroitement écrits pour la voix, et aux scènes d'ensemble avec chœurs. L'ouvrage fait appel à deux couples principaux, le couple « disparate » du gouverneur (qui cèdera sa place à Luzio) et d'Isabella et le couple de valets, Dorella et Brighella (tous deux pour soprano et basse). S'y ajoutent les deux jeunes ténors de Claudio et de Luzio et quelques caractères secondaires comme l'épouse du gouverneur et un ténor bouffe, le geôlier. La coloration italienne de l'ouvrage est bien présente, à la fois dans la musique et dans l'intrigue (le carnaval avec ces mascarades proches de Gozzi et de Tiepolo) mais ce qui frappe le plus c'est la hargne avec laquelle Wagner s'en prend au potentat. Cette pièce légère garde donc romantiquement en elle la trace d'un appel incompressible à la liberté et explicitement une critique sociale. C'est aussi un des thèmes exprimés d'une manière plus politique dans le futur *Rienzi*. Quant à siuer la place de ce Wagner inattendu, laissons au compositeur le soin de la définir : « Les impressions reçues de la vie m'affectent seulement d'une manière générale et non particulière, ce qui explique pourquoi ma propre volonté créatrice est restée sous le joug de la musique (en général) plutôt qu'elle ne l'a assujettie. Même avant d'être portée sur le papier, la musique de *la Défense d'aimer* a déjà laissé son empreinte sur le sujet et son traitement, à tel point que cette musique n'était rien d'autre que le reflet des influences de l'opéra français moderne et – du point de vue de la mélodie – même de l'opéra italien sur ma faculté de perception qui s'éveillait à la sensualité. Quiconque comparant cette composition avec *les Fées* rencontrera indubitablement des difficultés pour comprendre comment, en un si court laps de temps, un virage aussi spectaculaire a pu s'accomplir. L'objet de mon développement artistique fut de porter ces deux pôles vers un équilibre. » (cité par Balling dans sa préface de la partition de *Das Liebesverbot*).

RIENZI

« L'impression artistique la plus marquante que m'avait laissée Berlin me vint d'une représentation de *Ferdinand Cortez* sous la direction personnelle de Spontini. L'interprétation proprement dite, et surtout celle des personnages de premier plan, dont aucun n'appartenait à l'élite de l'Opéra berlinois, me laissa froid (...). Mais la logique de l'ensemble, son organisation extraordinairement précise et vivante furent pour moi chose toute nouvelle. Je compris que les grandes représentations dramatiques pouvaient se hausser à un niveau incomparable grâce à un rythme précis. Cette impression resta profondément gravée en moi : en particulier, elle a dominé la conception de mon *Rienzi* de sorte que, sur le plan artistique, Berlin a laissé des traces dans mon évolution. »

C'est ainsi que le compositeur raconte comment il découvre en 1836, dans cette ville royale et prétentieuse, les fastes du grand opéra et des possibilités insoupçonnées du drame historique.

L'enthousiasme juvénil aidant, il va rêver de surpasser ses devanciers sur ce terrain et la découverte de l'histoire de *Rienzi* va très vite prendre le relai d'un autre projet contemporain, adapté d'un des contes de *Mille et Une Nuits*, appelé *l'Homme est plus rusé que la femme* ou encore *l'Histoire du deuxième Fou* et que Wagner aurait baptisé... *l'Heureuse famille des ours*.

Au plus fort moment de tension entre Minna Planer, maintenant devenue son épouse, et lui-même, Wagner trouve la traduction allemande de *Rienzi le dernier des tribuns*, roman de Bülwer-Lytton, l'auteur du peplum littéraire à grand succès *les Derniers jours de Pompei*. Ce sujet n'était pas entièrement original car le livre trouvait son inspiration dans un texte ancien au destin curieux : une chronique anonyme rédigée en latin vers 1357 analysant avec beaucoup de perspicacité les événements politiques et sociaux dans la Rome de la première moitié du XIVe siècle, notamment deux chapitres consacrés à la vie tumultueuse de Cola di Rienzo, « tribun du peuple romain », rapidement isolés du corps de la chronique par des érudits de la Renaissance et surtout connus dans leur traduction italienne.

Aidé par son expérience toute fraîche du théâtre et de l'efficacité dramatique des livrets à travers les quelques ouvrages qu'il avait montés dans ses fonctions de répétiteur ou de chef d'orchestre, Wagner élague le texte de Bülwer qui avait romancisé et parfois empâté la vigueur du trait de l'ouvrage médiéval et il en brosse rapidement des esquisses d'un livret (à Dresde, en juillet 1837) dont il termine les vers dès le début de son séjour à Riga au mois d'août suivant.

L'action se déroule à Rome durant cette période confuse de l'exil papal en Avignon agitée en permanence par les luttes entre familles aristocratiques rivales. Rienzi, un jeune homme fougueux d'extraction modeste, exalté par ses lectures, dépasse vite les prérogatives que lui confère sa fonction de notaire. Haranguant le peuple avec passion, il s'empare du Capitole et il prône le retour à un pouvoir et un régime dignes de la gloire romaine antique. Pour asseoir sa légitimité, il en a appelé au pape et aux princes voisins. Cette mise à l'écart de l'aristocratie locale lui vaut de solides inimitiés.

Le premier acte dépeint d'abord une tentative de rapt. Les Orsini tentent d'enlever Irène, la sœur de Rienzi, mais une deuxième faction, celle des Colonna s'interpose, notamment en la personne d'Adriano, secrètement épris d'Irène. La foule participe à ce tumulte lorsque Rienzi survient, outragé par le sort réservé à Irène. Le milieu de l'acte est un trio entre Adriano, Irène et Rienzi avivé par la fougue des deux hommes et qui se termine en duo d'espoir et d'amour entre la jeune fille et le Colonna. Le finale, annoncé par une trompette mystérieuse, se déroule devant la basilique du Latran et débute par un double Chœur des moines et du peuple. Soutenu par le légat du pape, Rienzi incite la foule à se révolter contre l'arrogance des aristocrates. Bien qu'il soit noble, Adriano se range du côté de la plèbe et le peuple, enflammé par l'ardeur et l'éloquence de Rienzi, se révolte. L'émeute réussit et les familles nobles sont contraintes à la soumission.

Au deuxième acte, un chœur des messagers de la paix est accueilli par Rienzi au Capitole; les patriciens vont marquer leur allégeance en la personne des deux chefs de famille, Orsini et Colonna. Mais ce n'est qu'une feinte – un trio entre les deux pères et Adriano nous l'apprend – car ils projettent d'assassiner Rienzi durant la cérémonie. Adriano, encourant le mépris des siens, avoue son amour pour Irène et se désolidarise du complot à la surprise de son père. A l'insu de tous, il avertit même Rienzi du danger. Ambassadeurs et sénateurs sont conviés à assister à une pantomime évoquant la gloire de la Rome antique, à travers l'épisode symbolique du viol de Lucrèce et de la chute des Tarquin. Ballet. Un Colonna tente de tuer le tribun mais son gilet d'acier le préserve de la mort. Résistant aux cris du peuple et cédant aux demandes d'Irène et d'Adriano, Rienzi pardonne. L'acte se termine dans une grande agitation : les volées de cloches se mêlent aux louanges du peuple et aux menaces voilées des nobles outragés par la clémence de Rienzi jugé humiliante.

Au troisième acte, les esprits ne se sont pas apaisés et les patriciens fomentent un nouveau complot. Sur la place du vieux Forum, Rienzi et le peuple réagissent : appel aux armes et nouveau tumulte. Resté seul, Adriano chante son désespoir en une ardente prière. L'entrée de Rienzi, harnaché et à cheval, sanctionne le début de la révolte qu'essaie en vain de calmer Adriano. Le départ est donné et divers groupes se dispersent à travers la ville. Laissés seuls avec les femmes, Adriano et Irène chantent un duo d'adieu. Les hostilités ne sont pas longues et Rienzi et le peuple reviennent victorieux. Adriano reconnaît le cadavre de son père parmi les morts et l'acte se clôt sur un chœur de triomphe à la liberté.

Le quatrième acte est assez bref. Nous sommes devant le portail de la basilique du Latran, la nuit. Les bourgeois ont appris des nouvelles alliances conclues entre Rienzi et l'empereur : l'indépendance de la ville est menacée et le peuple est prêt à se retourner contre Rienzi dont l'ambition fait naître des jalousies. Une tentative d'Adriano, meurtri par la mort des siens, de se venger de Rienzi et d'emmener Irène échoue. Rienzi tente d'entrer dans la basilique pour entendre un Te Deum. Ce sont des malédictions et les bans d'excommunication qui l'y attendent.

Le dernier acte débute par la prière de Rienzi au Capitole. Irène, mise en garde par Adriano, avertit son frère des dangers qui le menacent : seul face à la populace manipulée, il n'a guère de chance d'échapper à leur furie! Rienzi enjoint sa sœur de fuir avec Adriano mais elle refuse. Une dernière entrevue entre Irène et celui-ci la laisse déterminée à partager le sort de son frère. Rienzi ne parvient pas à se faire entendre de la plèbe déchaînée qui incendie alors le Capitole. Rienzi et Irène sont rejoints dans le brasier par Adriano.

« C'est au plus fort de l'été 1838 que je m'attaquai à la composition de *Rienzi* avec un enthousiasme qui prit, face à mes conditions réelles d'existence, le caractère d'une joie désespérée (...). Pour chaque air, j'adoptai les dimensions si démesurées que je me privai volontairement de toute possibilité de représenter mon œuvre ailleurs que sur l'une des grandes scènes de l'Europe. »

Mais Wagner tire le diable par la queue, étouffe à Riga et ambitionne la direction musicale du théâtre. De plus, on vient de donner à son ami Dorn la place de chef d'orchestre qu'il attendait... « Je fus assez habile pour profiter de l'émotion que la trahison de Dorn avait provoquée chez ma femme pour la familiariser avec l'idée insolite qui m'était venue de me rendre à Paris. Au moment où j'avais conçu *Rienzi*, je n'avais eu en vue que la plus grande des réalisations scéniques : à présent, je voulais brûler toutes les étapes et atteindre directement le centre du grand opéra en Europe. »

Bâclant une traduction d'un acte en français, travaillant d'arrache-pied à la composition du deuxième acte lesté d'un morceau de choix, le ballet-pantomime nécessaire aux habitués du théâtre parisien, Wagner tente d'établir des contacts sur place et décide son départ incognito.... Il s'agit aussi de fuir une armée de créanciers. C'est ce fameux voyage mouvementé, narré dans *Ma Vie* où le couple traverse la frontière en contrebandiers entre les postes russes et s'embarque sur un rafiot en route vers la France via l'Angleterre. Une étape d'un mois à Boulogne, mise à profit pour rencontrer Meyerbeer qui y villégiature, lui permet d'avancer dans l'orchestration et d'obtenir une bienveillante lettre d'introduction. Mais le séjour parisien, s'il lui permet, après des atermoiments de six mois (occupés en partie à des tâches à peine lucrative mais peu reluisantes : les réductions et transcriptions de *la Favorite*, des airs variés pour cornet à piston...), de se remettre à son *Rienzi, le dernier des tribuns, opéra héroïco-tragique en cinq actes* et, enfin, le 19 novembre 1840, de le terminer (après quelques semaines en prison pour dettes...), il n'y trouve pas l'occasion ni les recommandations pour l'y monter. Dès lors, il se tourne vers ses relations à Dresde : « J'allai même jusqu'à rédiger une requête en bonne et due forme destinée au roi de Saxe. » Dans l'attente de l'acceptation, il compose d'un seul jet, en sept semaines, son *Fliegende Holländer* dont il venait de vendre l'argument en version française sous un autre nom, *le Vaisseau fantôme*, à l'Opéra de Paris. Les délais imposés à la production de *Rienzi* à Dresde, pourtant officiellement accepté, le décide à quitter Paris au printemps 1842 : « J'étais bien certain que si je ne pouvais être personnellement présent à Dresde, on ne me jouerait jamais. Et comme le comte Redern, administateur de l'Opéra de Berlin, m'annonçait au mois de mars que mon *Hollandais volant* avait été accepté dans cette ville, je crus avoir les raisons suffisantes pour entreprendre le voyage de retour. » L'ouvrage est mis en répétition le 1er août et Wagner fait preuve de la plus grande diplomatie pour contrôler le mieux possible l'avancement de l'ouvrage. Il troque la bienveillance du chef d'orchestre-compositeur Reissiger contre un livret d'opéra et travaille assidûment avec la Schröder-Devrient, acquise à la cause wagnérienne, mais un peu blessée de n'avoir reçu qu'un rôle qu'elle jugeait secondaire (Wagner réparera l'« outrage » en lui confiant la création de Senta) et avec Tichatschek, le ténor très extraverti.

Passé un moment de stupeur devant la durée des actes et certaines difficultés de l'écriture, l'opéra trouve un accueil de plus en plus favorable auprès des chanteurs, des chœurs, de l'orchestre et de la direction à tel point que, poussé par cette réputation flatteuse, le public s'engouffre au Königlisches Hoftheater le 20 octobre 1942 à 18 heures. Immensément long (le spectacle ne se termine pas avant minuit!), l'ouvrage vaut à son compositeur un triomphe et Wagner, applaudi à chaque fin d'acte raconte avec émotion, comment, contrairement à toute attente, le public « résista » jusqu'au dernier accord : « Jamais, depuis lors, il ne m'a été donné de revivre de pareilles heures, ni même de trouver des sentiments analogues à ceux qui m'agitèrent quand j'assistai à la première de *Rienzi.* » Dans son ouvrage, Bauer, reprend une citation de l'acteur Ferdinand Heine contant l'ambiance de la première : « Wagner était un spectre, il riait et pleurait en même temps, il embrassait tous les gens qui se trouvaient sur son passage et, pendant ce temps, une sueur froide ne cessait de ruisseler sur son front. La première fois qu'on le rappela sur la scène, il refusa absolument de sortir; je dus lui donner une formidable bourrade qui le propulsa hors des coulisses... les hurlements du public le firent à nouveau reculer. Par bonheur, il a un nez absolument épatant... la partie gauche de l'assistance a pu au moins s'en régaler... »

Dissuadé de procéder à des coupures (qu'il jugeait maintenant indispensables) par Tichnatschek, Wagner autorise la direction à présenter l'ouvrage en deux soirées *la Grandeur de Rienzi* et *la Chute de Rienzi* mais elle doit y renoncer après trois de ces « doublets », le public n'acceptant pas de payer à deux reprises pour voir un seul opéra... Ce succès public vaut de beaux émoluements à son auteur, lui permettant de retrouver un peu d'aisance matérielle, ainsi que l'invitation expresse de créer à Dresde le nouvel opéra pourtant annoncé à Berlin, *Der Fliegende Holländer*... qui n'y recevra malheureusement pas le même succès, un événement qui incitera rétrospectivement Wagner à formuler quelques amères constatations : le malentendu entre l'originalité de sa création et les traits que prise le plus le public... essentiellement la voix claironnante de Tichatschek, un interprète guère attentif à trouver les accents sombres du héros abandonné par tous, et « l'animation colorée de l'action scénique ».

Le ballet lui-même suscite quelques acerbes remarques sur la qualité chorégraphique de la troupe locale : « Deux petites danseuses exécutaient pendant quelques mesures un pas ridicule; elles étaient suivies par une compagnie de soldats qui défilaient, en tenant leur bouclier au-dessus de leur tête, pour rappeler la *tesduto* romaine; enfin, le maître de ballet et ses assistants, vêtus de simples maillots couleur chair, sautaient sur ce toit de boucliers pour s'y renverser mutuellement plusieurs fois sur la tête, ce qui, dans leur esprit, devait figurer les combats de gladiateurs de l'ancienne Rome. Or c'étaient justement ces moments-là qui soulevaient dans la salle une tempête d'applaudissements... »

L'opéra est représenté en 1844 à Hambourg, « d'une manière assez médiocre » et quand il est enfin à l'affiche à Berlin, en 1847, Wagner l'a déjà en partie renié : *Tannhäuser* et *Lohengrin* sont terminés et ce « braillard » (comme le rappelle Bauer) est sorti de son univers. *Le Vaisseau* sera le premier opéra que

Wagner continuera à considérer comme entièrement sien, malgré les faiblesses qu'il y décelait. A la fin du siècle, quand il s'agira d'établir une version « acceptable » pour l'édition, Cosima, aidée par Julius Kniese, le chef des chœurs de Bayreuth, n'hésitera pas à retoucher certains passages de *Rienzi* pourvus de coloratures trop voyantes ou d'élaguer quelques répétitions jugées inopportunes. Le manuscrit est malheureusement perdu depuis la dernière guerre. Il avait été offert à Hitler qui vouait à ce tribun d'un autre temps une grande admiration. Selon Bauer, le Führer avait été profondément impressionné par une représentation à Linz en 1906...

Le petit coup de griffe de von Bülow assurant que *Rienzi* était le meilleur opéra de Meyerbeer (!) ne manque pas de pertinence dans son raccourci. Wagner avait lui-même avoué sa dette vis-à-vis du *Ferdinand Cortez* de Spontini et durant sa jeunesse et ses années de galère, il a, à plus d'une reprise, montré son intérêt, sinon souvent son admiration, devant le grand opéra à la française : *la Muette de Portici* d'Auber, *Joseph* de Mehul, *les Hugenots* (« l'opéra que j'avais vu ici (à Paris) m'avait ébloui... ») sans oublier *la Juive* et *la Reine de Chypre* de Halévy (« le vigoureux talent dont je m'étais forgé une opinion très favorable ») esthétique qu'il péfère de loin à la décadence italienne. Dans sa surenchère, *Rienzi* respecte les règles du genre et apporte la qualité musicale héritée de Weber et de Beethoven. Il récupère au passage quelques situations ou caractères adroitement remis en place : les musicologues ont souvent remarqué la parenté entre le Masaniello de *la Muette de Portici* et le tribun de *Rienzi*; *la Juive* lui fournit sans doute des modèles pour la prière du héros et la scène d'excommunication. Pourtant, l'ouvrage, remarquablement agencé et pourvu d'une musique très professionnellement écrite, montre une évolution vers le drame musical à venir par la fluidité des scènes où le mouvement général prime sur le découpage en numéros et l'intégration de quelques airs « séparables » dans la logique théâtrale d'une grande habileté. Certains retours thématiques dramatiquement « en situation » accentuent la cohérence comme l'ironique rappel de la musique du serment du premier acte au dernier tableau. La place prépondérante des chœurs ajoute des effets de masse spectaculaires mais on peut y trouver des accents préfigurant l'affrontement final du *Crépuscule* sinon les oppositons chœur/soliste à la Verdi.

L'ouvrage est écrit pour trois rôles principaux, un ténor et deux sopranos et des caractères secondaires, principalement des voix masculines graves, soit, au total, neuf emplois. Le rôle-titre s'adresse à un fort ténor aux accents guerriers (le récitatif d'entrée dans son expression vigoureuse impressionne autant le public que la foule romaine...) mais la prière du dernier acte (un sommet de l'opéra avec ses alternances caractéristiques de tensions et de détentes harmoniques) et les dialogues plus tendres en compagnie d'Irène infléchissent opportunément un parcours vocal qui eût été trop rectiligne. Le personnage le plus intéressant par sa complexité est le travesti d'Adriano confié à un soprano. Son conflit cornélien se traduit en une suite d'interventions contrastées et fougueuses où les déclarations les plus lyriques basculent douloureusement dans le grave du registre. Irène campe un héroïne altière et pure, première incarnation d'une future Sieglinde. L'orchestration de l'opéra est un chef-d'œuvre d'efficacité, moins dans ses effets très voyants que dans l'accompagnement des quelques scènes intimes ou dans l'adéquation de telle ou telle touche, comme cette clarinette meurtrie qui prolonge le drame d'Adriano au deuxième acte. L'ouverture, brillant morceau d'orchestre qui débute mystérieusement sur une lointaine sonnerie de cuivre, travaillle, à la manière de Weber, trois éléments du drame futur : la prière de Rienzi, une phrase bien caractéristique que l'on entendra au premier acte et un thème glorieux réservé au deuxième acte.

Si les dix opéras qui suivront accentueront l'originalité du compositeur, en radicalisant ses positions dramaturgiques et en développant un système de composition adapté (leitmotive, mélodie infinie), modelant progressivement l'opéra romantique en un drame musical cosmique, les prémisses en sont nettement affirmées dès les trois ouvrages de jeunesse dont la qualité intrinsèque n'a pas à rougir des comparaisons contemporaines, loin de là. Il est regrettable qu'ils ne figurent pas plus souvent à l'affiche. Ajoutons qu'ils n'ont guère eu droit à la sympathie des wagnériens de stricte obédience qui jugent d'un œil sévère ces amours de jeunesse, trop achevées pour n'exister qu'à titre d'épure... Il est aussi significatif et symbolique que Wagner ait retenu parmi ses premières sources deux auteurs majeurs, Gozzi et Shakespeare, à qui, à de multiples reprises, il fait allusion dans ses écrits. Ce goût très sûr, l'adéquation d'un beau sujet héroïque comme celui de *Rienzi* et d'un genre majeur, l'opéra historique, la réelle qualité musicale des partitions et le souci affirmé dès ses premiers pas de compositeur, de faire dériver drame et musique d'une unité supérieure devrait pouvoir effacer (nous l'espérons) au moins en partie la barrière placée entre *Rienzi* et *le Hollandais* dans les ouvrages musicologiques et admettre le triptyque de jeunesse à part entière dans l'œuvre wagnérienne, au même titre que *Lucio Silla* ou *la Finta giardiniera* ont leur place dans l'univers de Mozart.

Discographie

Abréviation :
(L) = *enregistrement live*
(S) = *enregistrement studio*

LA DÉFENSE D'AIMER

1962 - Robert Heger (L)
Anton Dermota (Claudio), Heinz Imdahl (Friedriech), Kunt Equiluz (Luzio), Hans Zadek (Antonio), Hanny Steffek (Isabelle), Christiane Sorell (Mariana), Chœur et Orchestre de l'O.R.T.F.
(Melodram)

1972 - John Bell (L)
Paul Whitmarsh (Claudio), Philip Gelling (Friedrich), Reinhold Kraüssel (Luzio), Klaus Peter Samson (Antonio), Doris Soffel (Isabella), Margarete Warncke (Mariana, acte I), Elaine Watts (Mariana, acte II), Bayreuth, Festival des Rencontres de la jeunesse.
(Mixtur)

LES FÉES

1967 - John Bell (L)
Hans-Reiner Schwazbeck (Roi des Fées), Hanna Rumovska (Ada), Miroslaw Frydlewicz (Arindal), Jill Gomez (Lora), Bayreuth, Festival des Rencontres Internationales de la Jeunesse.
(Colosseum)

1983 - Wolfgang Sawallisch (L)
Kurt Moll (Roi des Fées), Linda Esther-Gray (Ada), John Alexander (Arindal), June Anderson (Lora), Chœurs et Orchestre de la Bayerische Rundfunk.
(Orfeo, CD)

RIENZI

1942 - Johannes Schüler (L)
Max Lorenz (Rienzi), Hilde Scheppan (Irene), Robert von der Linde (Colonna), Margarete Klose (Adriano), Jaro Prohaska (Orsini), Chœur et Orchestre du Staatsoper de Berlin.
(Acanta)

1960 - Josef Krips (L)
Set Svanholm (Rienzi), Teresa Stich-Randal (Irene), Paul Schöffler (Colonna), Christa Ludwig (Adriano), Walther Berry (Orsini). Vienne
(Melodram)

1957 - Lovro von Matacic (L)
Wolfgang Windgassen (Rienzi), Paul Brivkalne (Irene), Gustav Neidlinger (Colonna), Josef Traxel (Adriano), Stuttgart (firme?)

1976 - Heinrich Hollreiser (S)
René (Rienzi), Siv Wennberg (Irene), Nikolaus Hillebrand (Colonna), Janis Martin (Adriano), Theo Adam (Orsini), Chœur du Staatsoper de Dresde et de la Radio de Leipzig, Staatskapelle de Dresde.
(EMI)

L'amateur s'amusera à retrouver dans ces partitions souvent très appliquées et d'intérêt très secondaire des motifs musicaux ou des formules rythmiques et harmoniques réutilisés ultérieurement par Wagner, quasi in extenso, jusque dans *Lohengrin.* Ce repérage n'est d'ailleurs pas simplement anecdotique, puisqu'il nous renseigne abondamment sur la formation du compositeur, son autocritique et les paliers de son évolution. Le disque remplit une de ses missions en permettant à tous l'accès à ces ouvrages. Les moyens mis à leur service laissent pourtant, en général à désirer.

Des *Noces*, inachevées et en partis détruites par Wagner lui-même, ne reste aux catalogues des bandes privées qu'une scène, ici mentionnée pour satisfaire l'appétit des collectionneurs acharnés.

Pour *la Défense d'aimer*, la version de Vienne de 1962, affligée de coupures, révèle un monde musical bouillonnant et plutôt sympathique, mais desservi par une direction plate et des chanteurs de second plan ou en fin de carrière.

Les Fées ne devraient guère mieux retenir l'attention. Une ancienne version gravée à Bayreuth en 1967 au cours des Rencontres de la Jeunesse, a longtemps servi de référence, en dépit de la circulation sous le manteau d'un concert donné à Radio France en 1972, peu inspiré, et d'un autre organisé par la BBC en 1976, (qui donna, cette année là, *la Défense* et *Rienzi* en prime). L'œuvre, en un sens, est plus riche d'enseignements sur le compositeur que les autres partitions de jeunesse : en raison de ses thèmes de chevalerie merveilleuse, comme de l'imitation besogneuse de Marschner, Mozart, Weber ou Beethoven, à laquelle s'échine Wagner. Le disque Orfeo, témoin d'un concert munichois de 1983 prestigieusement distribué et dirigé par Sawallisch avec beaucoup de foi, est globalement irréprochable : il ne sauve pas l'œuvre pour autant.

Rienzi enfin, en dépit d'une discographie plus abondante, n'est pas mieux traité au fond. Il faut évidemment connaître les extraits de Berlin 1942 publiés chez Acanta sous la baguette troupière de Schüler, en raison de la personnalité des interprètes. Leur style déclamatoire laisse en revanche à désirer, mais l'ensemble ne manque pas de grandeur. Le panache fait malheureusement défaut à la version moderne de l'ouvrage, confiée par EMI en 1976 à la battue très lourde de Hollreiser. A défaut de posséder un appareil critique très fiable, on peut la considérer comme une intégrale (elle couvre cinq disques serrés). Les interprètes y sont consciencieux, sans l'envergure, la juvénilité ou le style nécessaires. On préfèrera donc chercher les rares Vienne 1960 – mais le ténor y est faible – et Stuttgart 1957, ou encore la bande privée du concert Sawallisch à Munich en 1983, qui est peut-être ce que j'ai entendu de plus convaincant.

Le Vaisseau fantôme

Livret *traduit par Philippe Godefroid*

Commentaire *par Michel Debrocq*

Discographie *par Philippe Godefroid*

DER FLIEGENDE HOLLÄNDER

Romantische Oper in drei Aufzügen
Zum ersten Male, Königlich Sächsisches Hoftheater,
2 Januar 1843

Personen

Der Holländer *(Bariton)*
Daland, ein norwegischer Seefahrer *(Bass)*
Senta, seine Tochter *(Sopran)*
Erik, ein Jäger *(Tenor)*
Mary, Sentas Amme *(tiefer Sopran)*
Der Steuermann Dalands *(Tenor)*

Matrosen des Norwegers
Die Mannschaft des Fliegenden Holländers
Mädchen

Ort der Handlung: die norwegische Küste

Ouvertüre

ERSTER AUFZUG

ERSTER AUFTRITT

Steiles Felsenufer. Das Meer nimmnt den grössten Teil der Bühne ein; weite Aussicht auf dasselbe. Finsteres Wetter; heftiger Sturm. Das Schiff Dalands hat soeben dicht am Ufer Anker geworfen; die Matrosen sind in geräuschvoller Arbeit beschäftigt, die Segel aufzuhissen, Taue auszuwerfen usw. Daland ist an das Land gegangen; er ersteigt einen Felsen und sieht landeinwärts, die Gegend zu erkennen.

N° 1– Introduktion

MATROSEN *(während der Arbeit).*
Hojohe! Hallojo! Ho! He! Ja!
Hallojo! Hallojo! Ho! Ho! Ho!
Hallohe! Hallohe! Hallohohe!

DALAND
Kein Zweifel! Sieben Meilen fort
trieb uns der Sturm vom sichren Port.
So nah dem Ziel nach langer Fahrt
war mir der Streich noch aufgespart! *(bis)*

STEUERMANN *(vom Bord, durch die hohlen Hände rufend).*

Ho! Kapitän!

DALAND
An Bord bei euch, wie steht's?

STEUERMANN
Gut, Kapitän! Wir haben sichren Grund!

LE HOLLANDAIS VOLANT

Opéra romantique en trois actes
Créé au Théâtre Royal de la Cour à Dresde,
le 2 janvier 1843

Personnages

Le Hollandais *(baryton)*
Daland, un navigateur norvégien *(basse)*
Senta, sa fille *(soprano)*
Erik, un chasseur *(ténor)*
Mary, nourrice de Senta *(mezzo-soprano)*
Le pilote de Daland *(ténor)*

Marins norvégiens
L'équipage du Hollandais volant
Jeunes filles

L'action se déroule sur la côte norvégienne

Ouverture

PREMIER ACTE

SCÈNE I

Un rivage bordé de rochers escarpés. La mer occupe la plus grande partie de la scène; on a sur le large une vue dégagée. Le temps est sombre: une violente tempête fait rage. Le navire de Daland vient de jeter l'ancre au plus près du rivage; les matelots, bruyamment, carguent les voiles, jettent des cordages, etc. Daland est descendu à terre; il grimpe sur un rocher et scrute l'intérieur du pays afin de reconnaître la côte où il a abordé.

N° 1 - Introduction

LES MARINS *(tout en travaillant).*
Hojohe! Hallojo! Ho! He! Ha!
Hallojo! Hallojo! Ho! Ho! Ho!
Hallohe! Hallohe! Hallohohe!

DALAND
Pas de doute! Cette tempête nous a emportés
à sept bons milles de notre port d'attache.
Si près du but, après un long voyage,
ce mauvais coup m'était encore réservé. *(bis)*

LE PILOTE *(appelle du bateau, faisant un porte-voix de ses mains)*
Ho! Capitaine!

DALAND
A bord, vous autres, comment va?

LE PILOTE
Bien, capitaine! Nous avons assez de fond!

DALAND
Sandwike ist's! Genau kenn ich die Bucht.
Verwünscht! Schon sah am Ufer ich mein Haus!
Senta, mein Kind, glaubt' ich schon zu umarmen!
Da bläst es aus dem Teufelsloch heraus...

Wer baut auf Wind, baut auf Satans Erbarmen!

Wer baut auf Wind,
baut auf Satans Erbarmen,
baut auf Satans Erbarmen!
(An Bord gehend.)
Was hilft's? Geduld, der Sturm lässt nach;
wenn so er tobte, währt's nicht lang.
He, Bursche! Lange wart ihr wach;
Zur Ruhe denn! Mir ist nicht bang!
(Die Matrosen steigen in den Schiffsraum hinab.)
Nun, Steuermann, die Wache nimmst du wohl für mich?
Gefahr ist nicht, doch gut ist's, wenn du wachst.

STEUERMANN
Seid ausser Sorg'! Schlaft ruhig, Kapitän!
(Daland geht in die Kajüte. Der Steuermann allein auf dem Verdeck. Der Sturm hat sich etwas gelegt und wiederholt sich nur in abgesetzten Pausen; in hoher See türmen sich die Wellen. Der Steuermann macht noch einmal die Runde, dann setzt er sich am Ruder nieder. Er gähnt. Er rüttelt sich auf, als ihn der Schlaf ankommt.)
Mit Gewitter und Sturm aus fernem Meer-
mein Mädel, bin dir nah!
Über turmhohe Flut vom Süden her-
mein Mädel, ich bin da!
Mein Mädel, wenn nicht Südwind wär',
ich nimmer wohl käm' zu dir :
ach, lieber Südwind, blas noch mehr!
Mein Mädel verlangt nach mir.
Hohoje! Halloho! Jolohohoho!
(Eine Woge schwillt an und rüttelt heftig das Schiff. Der Steuermann fährt auf; er sieht nach, ob das Schiff Schaden genommen habe. Beruhigt setzt er sich wieder am Steuer nieder.)
Von des Südens Gestad', aus weitem Land-
ich hab an dich gedacht;
durch Gewitter und Meer vom Mohrenstrand-
hab dir was mitgebracht.
Mein Mädel, preis den Südwind hoch,
ich bring dir ein gülden Band;
ach, lieber Südwind, blase doch!
Mein Mädel hätt' gern den Tand.
Hohoje! Halloho!
(Er kämpft mit der Müdigkeit und schläft endlich ein. Das Meer wird von neuem unruhiger. Der Sturm beginnt von neuem heftig zu wüten; es wird finsterer. In der Ferne zeigt sich das Schiff des «Fliegenden Holländers» mit blutroten Segeln und schwarzen Masten. Es naht sich schnell der Küste nach der dem Schiffe des Norwegers entgegengesetzten Seite; mit einem furtchbaren Krach sinkt der Anker in den Grund. Der Steuermann Dalands fährt auf und sieht nach dem Steuer; überzeugt, dass nichts geschehen, setzt er sich wieder und brummt den Anfang seines Liedes.)
Mein Mädel, wenn nicht Südwind wär...

DALAND
Nous sommes à Sandwike! Je connais bien cette baie!
Malédiction! Déjà je voyais ma maison sur la rive!
Déjà j'imaginais Senta, mon enfant, entre mes bras!
Et voilà que nous charge cette tempête sortie des tanières du diable!
Qui fait confiance au vent
peut tout autant compter sur la miséricorde de Satan!
Qui fait confiance au vent
peut tout autant compter sur la miséricorde de Satan,
peut tout autant compter sur la miséricorde de Satan!
(Il remonte à son bord.)
A quoi bon se plaindre? Patience, la tempête s'apaisera;
quand elle gronde ainsi, elle ne dure jamais longtemps.
Ho, garçons! L'alerte vous a tenus longtemps en éveil :
Faisons donc relâche : je n'appréhende rien!
(Les matelots descendent dans la cale.)
Dis, pilote, tu prendras bien le quart pour moi?
Il n'y a pas de danger, mais il est bon que tu restes vigilant.

LE PILOTE
Soyez sans crainte! Dormez tranquille, capitaine!
(Daland va dans le rouf. Le pilote reste seul sur le pont. La tempête s'est quelque peu calmée et ne se ranime que par intervalles; au large se soulèvent de hautes vagues. Le pilote fait une dernière ronde puis s'assied auprès du gouvernail. Il baille. Le sommeil le gagne: il se secoue.)

9 Par les orages et les tempêtes, du confin des mers,
ma mie, je fais route vers toi!
Emporté sur d'immenses lames, j'arrive du sud,
ma mie, me voici!
Ma mie, s'il n'y avait le vent du sud,
jamais je ne pourrais te revenir :
cher vent du sud, ah! souffle plus fort,
ma mie se languit de moi.
Hohoje! Halloho! Jolohohoho!
(Une vague enfle et secoue rudement le navire. Le pilote saute
10 *sur ses pieds; il inspecte le bateau, inquiet de quelque dommage. Rassuré, il reprend sa place auprès du gouvernail.)*
9 Des rivages du sud, terres lointaines-
j'ai pensé à toi;
par les orages et par les mers, des côtes africaines-
je t'ai rapporté un présent.
Ma mie, rends grâces au vent du sud,
voici pour toi un collier d'or;
cher vent du sud, ah! souffle donc,
ma mie voudrait bien ce bijou.
Hohoje! Halloho!
(Il lutte contre la fatigue et finit par s'endormir. La mer recommence à s'agiter. La tempête s'enfle à nouveau violemment; l'obscurité s'épaissit. Au loin apparaît le vaisseau du Hollan-
1 *dais Volant, avec ses voiles rouge sang et ses mâts noirs. Il gagne rapidement vers la baie, du côté opposé au bâtiment norvégien; avec un effroyable vacarme, l'ancre touche au fond.*
10 *Le pilote de Daland sursaute dans son sommeil et jette un coup d'œil au gouvernail: convaincu qu'il n'est rien arrivé, il se rassied et marmonne le début de la chanson.)*

Ma mie, s'il n'y avait le vent du sud...

(und schläft von neuem ein. Stumm und ohne das geringste Geräusch hisst die gespenstische Mannschaft des Holländers die Segel auf.)

1 *(Il se rendort. Sans un mot, sans le moindre bruit, l'équipage fantômatique du Hollandais cargue les voiles.)*

ZWEITER AUFTRITT

Der Holländer kommt an das Land. Er trägt schwarze spanische Tracht.

N° 2 – Rezitativ und Arie

HOLLÄNDER *(immer mit verschränkten Armen und gesenktem Haupte. Die ersten Phrasen sind ohne die mindeste Leindenschaftlichkeit, wie von einem Ubermüden fast genau im Takte, wie überhaupt das ganze Rezitativ zu singen.)*

Die Frist ist um, und abermals verstrichen
sind sieben Jahr'. Voll Uberdruss wirft mich
das Meer ans Land... Ha, stolzer Ozean,
(Noch nicht eigentlich leidenschaftlich, den Kopf wie in Hohn halb nach dem Meere gewendet.)
in kurzer Frist sollst du mich wieder tragen!
Dein Trotz ist beugsam– doch ewig meine Qual!

(Er senkt wieder, wie müde und traurig, das Haupt.)
Das Heil, das auf dem Land ich suche, nie
werd ich es finden!– Euch, des Weltmeers Fluten,
bleib ich getreu, bis eure letzte Welle
sich bricht und euer letztes Nass versiegt!
– Wie oft in Meeres tiefsten Schlund
stürzt' ich voll Sehnsucht mich hinab :
doch ach! den Tod, ich fand ihn nicht!
Da, wo der Schiffe furchtbar Grab,
trieb mein Schiff ich zum Klippengrund:
doch ach! mein Grab, es schloss sich nicht!
Verhöhnend droht' ich dem Piraten,
im wilden Kampfe hofft' ich Tod;
«Hier– rief ich– zeige deine Taten!
Von Schätzen voll ist Schiff und Boot.»
Doch ach! des Meers barbar'scher Sohn
schlägt bang das Kreuz und flieht davon.
Wie oft in Meeres tiefsten Schlund
stürzt' ich voll Sehnsucht mich hinab :
Da, wo der Schiffe furtchbar Grab,
trieb mein Schiff ich zum Klippengrund :
Nirgends ein Grab! Niemals der Tod!
Dies der Verdammnis Schreckgebot. *(bis)*
Dich frage ich, gepriesner Engel Gottes, ⎤
der meines Heils Bedingung mir gewann : ⎥ *(bis)*
war ich Unsel'ger Spielwerk deines Spottes, ⎥
als die Erlösung du mir zeigtest an? ⎦
(Er richtet sich wütend auf.)
Vergebne Hoffnung! Furtchbar eitler Wahn!
Um ew'ge Treu' auf Erden– ist's getan!
Nur eine Hoffnung soll mir bleiben,
nur eine unerschüttert stehn:
so lang der Erde Keime treiben,
so muss sie doch zugrunde gehn.
Tag des Gerichtes! Jüngster Tag!

SCÈNE II

1 *Le Hollandais descend à terre. Il porte un vêtement noir de coupe espagnole.*

N° 2 - Récitatif et air

LE HOLLANDAIS *(toujours avec les bras croisés et la tête baissée. Les premières phrases sont à chanter sans la moindre passion, dans l'attitude d'un homme accablé de fatigue, presque exactement en mesure, comme d'ailleurs tout le récitatif.)*
Le délai est à terme, et une fois encore sept ans
viennent de s'écouler. Lassée de moi la mer
me rejette à la terre...Ha, orgueilleux océan,
(Encore sans véritable passion, la tête à demi tournée vers les flots, comme une bravade.)
dans peu de temps tu devras me porter à nouveau!
Tes forces indociles peuvent être soumises : mais j'expie pour l'éternité!
(Il baisse à nouveau la tête, comme un homme fatigué et triste.)
Le salut que je recherche à terre, jamais
je ne le trouverai! –A vous, vagues des océans du monde,
3 je resterai fidèle, jusqu'à ce que se brise la dernière des vôtres,
et que s'assèche sa dernière écume!
11 – Que de fois j'ai tenté, poussé par un désir ardent,
de me précipiter dans les abysses :
12 hélas, la mort, jamais ne l'ai trouvée!
11 Sur ces écueils où s'ouvrent, épouvantables, les tombeaux
des navires, j'ai jeté ma nef :
12b hélas, aucun linceul ne s'est fermé sur moi!
J'ai nargué, provoqué les pirates,
espérant succomber sous leurs farouches coups :
«Viens donc, criais-je, montre ce que tu vaux,
chaloupe et bateau regorgent de trésors!»
Hélas, le fils barbare des flots
se signait de terreur et s'enfuyait au large.
13 Que de fois j'ai tenté, poussé par un désir ardent,
de me précipiter dans les abysses!
Sur ces écueils où s'ouvrent, épouvantables, les tombeaux
des navires, j'ai jeté ma nef!
Nulle part une tombe! La mort, jamais!
Tel est de la damnation l'effroyable décret. *(bis)*
14 Je me tourne vers toi, ange sublime de Dieu, ⎤
toi qui m'obtins la condition de mon salut : ⎥
fus-je pas, malheureux, le jouet de ta raillerie, ⎥ *(bis)*
lorsque tu vins me proclamer la rédemption? ⎦
(Il se redresse avec rage.)
Inutile espérance! Illusion redoutable et futile!
D'une éternelle fidélité, sur terre, c'en est fait!
Un seul espoir doit me rester,
un seul, que rien n'ébranlera:
aussi longtemps que croissent les germes de la terre,
il faudra bien que celle-ci s'engloutisse et se perde.
Jour de justice ultime! O, Jugement dernier!

Wann brichst du an in meine Nacht?
Wann dröhnt er, der Vernichtungsschlag,
mit dem die Welt zusammenkracht?
Wann alle Toten auferstehn,
dann werde ich in Nichts vergehn.] *(bis)*
Ihr Welten, endet euren Lauf!
Ew'ge Vernichtung, nimm mich auf!

MANNSCHAFT DES HOLLÄNDERS
Ew'ge Vernichtung, nimm uns auf!

DRITTER AUFTRITT

Daland kommt aus der Kajüte; er sieht sich nach dem Winde um und erblickt das fremde Schiff. Er sieht sich nach dem Steuermann um.

N° 3– Szene, Duett und Chor.

DALAND
He! Holla! Steuermann!

STEUERMANN *(sich schlaftrunken halb aufrichtend)*
's ist nichts! 's ist nichts!
(Um seine Munterkeit zu bezeugen, nimmt er sein Lied auf.)
Ach, lieber Südwind, blas noch mehr,
mein Mädel...

DALAND *(rüttelt den Steuermann)*
Du siehst nichts?– Gelt, du wachest brav, mein Bursch!
Dort liegt ein Schiff... wie lange schliefst du schon ?

STEUERMANN *(rasch auffahrend)*
Zum Teufel auch! Verzeiht mir, Kapitän!
(Er setzt schnell das Sprachrohr an und ruft über Bord.)
Wer da?
(Lange Pause, man hört das Echo den Ruf zweimal wiederholen.)
Wer da?
(Lange Pause, abermaliges Echo.)

DALAND
Es scheint, sie sind gerad'
so faul als wir.

STEUERMANN *(wie vorher)*
Gebt Antwort! Schiff und Flagge?
(Geste Dalands, welcher den Holländer oben am Lande erblickt.)

DALAND
Lass ab! Mich dünkt, ich seh den Kapitän.
He! Holla! Seemann! Nenne dich! Wes Landes?

HOLLÄNDER *(ohne seine Stellung zu verlassen, nur den Kopf ein wenig hebend).*
Weit komm ich her : verwehrt bei Sturm und Wetter

Quand poindras-tu dans mes ténèbres?
Quand retentira-t-il, le coup exterminateur
sous lequel l'univers tout entier croulera?
Quand tous les morts seront ressuscités,
moi je m'enfoncerai dans le néant.] *(bis)*
O mondes, cessez votre course!
Eternel anéantissement, emporte-moi en ton sein!

1

L'EQUIPAGE DU HOLLANDAIS
1 Eternel anéantissement, emporte-nous en ton sein!

SCÈNE III

Daland sort du rouf; tandis qu'il prend le vent, il aperçoit le bateau étranger. Il cherche le pilote du regard.

N° 3 - Scène, Duo et Chœur

DALAND
Hé! Holla! Pilote!

LE PILOTE *(ivre de sommeil, se redressant à moitié)*
C'n'est rien! C'n'est rien!
(Pour prouver qu'il est bien éveillé, il reprend sa chanson.)
Cher vent du sud, ah! souffle plus fort,
ma mie…

DALAND *(le secouant)*
Tu ne vois rien? –Pour sûr, mon gars, tu montes bien la garde!
Un navire a mouillé là-bas… depuis combien de temps dors-tu?

LE PILOTE *(se levant d'un bond)*
Du diable, hé! Pardonnez-moi, capitaine!
(A la hâte il embouche le porte-voix et appelle depuis son bord).
Qui va là?
(Long silence; l'écho renvoie deux fois son appel).

Qui va là?
(Long silence, nouvel écho.)

DALAND
Ils semblent tout aussi
paresseux que nous.

LE PILOTE *(comme précédemment)*
Répondez! Le nom du bateau? Son pavillon?
(Geste de Daland, qui aperçoit le Hollandais à terre.)

DALAND
Laisse donc! Je crois que je vois leur capitaine.
Hé! Holla! Marin! Nomme-toi! De quel pays es-tu?

LE HOLLANDAIS *(sans changer de position, relevant seulement un peu la tête).*
Je viens de loin : m'interdirez-vous, par une telle tempête, de

ihr mir den Ankerplatz?

DALAND
Verhüt' es Gott!
Gastfreundschaft kennt der Seemann.– Wer bist du ?
(And das land gehend.)

HOLLÄNDER
Holländer.

DALAND
Gott zum Gruss!– So trieb auch dich
der Sturm an diesen nackten Felsenstrand?
Mir ging's nicht besser : wenig Meilen nur
von hier ist meine Heimat; fast erreicht,
musst' ich aufs neu mich von ihr wenden.
(Prüfender Blick auf das Schiff des Holländers.)
Sag,
woher kommst du? Hast Schaden du genommen?

HOLLÄNDER
Mein Schiff ist fest, es leidet keinen Schaden.
Durch Sturm und bösen Wind verschlagen,
irr auf den Wassern ich umher–
wie lange, weiss ich kaum zu sagen :
schon zähl ich nicht die Jahre mehr.
Unmöglich dünkt mich's, dass ich nenne
die Länder alle, die ich fand :
das eine nur, nach dem ich brenne,
ich find es nicht, mein Heimatland! *(bis)*
Vergönne mir auf kurze Frist dein Haus,
und deine Freundschaft soll dich nicht gereun.
Mit Schätzen aller Gegenden und Zonen
ist reich mein Schiff beladen : willst du handeln,
so sollst du sicher deines Vorteils sein.

DALAND
Wie wunderbar! Soll deinem Wort ich glauben ?
Ein Unstern, scheint' s, hat dich bis jetzt verfolgt.

Um dir zu frommen, biet ich, was ich kann.
Doch, darf ich fragen, darf ich fragen,
was dein Schiff enthält ?

HOLLÄNDER *(gibt der Wache seines Schiffes ein Zeichen, auf welches zwei Männer von demselten eine Kiste an das Land bringen)*
Die seltesten der Schätze sollst du sehn,
kostbare Perlen, edelstes Gestein.
Blick hin und überzeugze dich vom Werte
des Preises, den ich für ein gastlich Dach
dir biete!

DALAND *(voll Erstaunen den inhalt der Kiste übersehend).*
Wie? Ist' s möglich? Diese Schätze!
Wer ist so reich, den Preis dafür zu bieten ?

HOLLÄNDER
Den Preis? Soeben hab ich ihn genannt :
dies für das Obdach einer einz'gen Nacht!
Doch, was du siehst, ist nur der kleinste Teil

jeter l'ancre ici?

DALAND
A Dieu ne plaise!
Un vrai marin sait l'hospitalité. – Qui es-tu?
(Il va à terre.)

LE HOLLANDAIS
Hollandais.

DALAND
Dieu te bénisse! –Ainsi cette tempête t'a jeté,
toi aussi, sur ces rochers déserts?
Je n'ai pas eu plus de chance : à quelques milles d'ici
se trouve mon port d'attache ; je l'avais presque atteint
quand j'ai été contraint à ce nouveau détour.
(Il jauge le vaisseau du Hollandais.)
Dis,
D'où viens-tu? As-tu subi quelque avarie?

LE HOLLANDAIS
Mon vaisseau est robuste, il ne connaît point d'avarie.
Jouet captif des ouragans, des vents mauvais,
j'erre de par les eaux de l'univers–
depuis combien de temps, je ne saurais le dire en vrai:
je n'en suis déjà plus à compter par années.
Il me semble impossible de citer
tous les pays que j'ai touchés :
mais le seul que je brûle de voir,
je ne le trouve pas, c'est ma patrie! *(bis)*
Accorde-moi pour peu de temps ton hospitalité,
tu n'auras pas à regretter un accueil amical.
Mon bord regorge de trésors de toutes les contrées,
venus du monde entier : si tu veux traiter affaires,
sois-en certain, ce sera à ton avantage.

DALAND
Merveilleuses paroles! Dois-je y accorder foi ?
Une mauvaise étoile, apparemment, t'a poursuivi jusqu'à ce jour.
Pour te venir en aide, je ferai mon possible.
Mais : puis-je te demander, puis-je te demander,
ce que contient ton vaisseau ?

LE HOLLANDAIS *(donne un signal à l'homme de garde à son bord; aussitôt deux marins apportent une caisse à terre)*

Les plus rares trésors : tu vas les voir,
perles de prix, pierres précieuses sans pareilles.
Jette un coup d'œil, et convaincs-toi de la hauteur du prix que
pour être accueilli sous un toit amical
je suis prêt à t'offrir.

DALAND *(examinant, stupéfait, le contenu de la caisse)*
Quoi! Est-ce possible? De tels trésors!
Qui donc est assez riche pour les payer à leur valeur ?

LE HOLLANDAIS
Leur valeur? Je viens de la fixer :
tout ceci, pour l'hospitalité d'une nuit, une seule!
Mais ce que tu vois là n'est qu'une infime part des richesses

von dem, was meines Schiffes Raum verschliesst.
Was frommt der Schatz? Ich habe weder Weib
noch Kind, und meine Heimat find ich nie!
All meinen Reichtum biet ich dir, wenn bei
den Deinen du mir neue Heimat gibst.

DALAND
Was muss ich hören!

HOLLÄNDER
Hast du eine Tochter?

DALAND
Fürwahr, ein treues Kind.

HOLLÄNDER
Sie sei mein Weib!

DALAND *(freudig betroffen)*
Wie? Hör ich recht? Meine Tochter sein Weib?
Er selbst spricht aus den Gedanken...
Fast fürcht ich, wenn unentschlossen ich bleib,
er müsst'im Vorsatze wanken.
Wüsst ich, ob ich wach oder träume?
Kann ein Eidam willkommener sein?
Ein Tor, wenn das Glück ich versäume!
Voll Entzüken schlage ich ein.

HOLLÄNDER
Ach, ohne Weib, ohne Kind bin ich,
nichts fesselt mich an die Erde!
Rastlos verfolgt das Schicksal mich,
die Qual nur war mir Gefährte.
Nie werd ich die Heimat erreichen:
was frommt mir der Güter Gewinn?
Lässt du zu dem Bund dich erweichen,
oh! so nimm meine Schätze dahin!

DALAND
Wohl, Fremdling, hab ich eine schöne Tochter,
mit treuer Kindeslieb' ergeben mir;
sie ist mein Stolz, das höchste meiner Güter,
meinTrost im Unglück, meine Freud' im Glück. *(bis)*

HOLLÄNDER
Dem Vater stets bewahr' sie ihre Liebe;
ihm treu, wird sie auch treu dem Gatten sein.

DALAND
Du gibst Juwelen, unschätzbare Perlen,
das höchste Kleinod doch, ein treues Weib–

HOLLÄNDER
Du gibst es mir?

DALAND
Ich gebe dir mein Wort.
Mich rührt dein Los; freigebig, wie du bist,
zeigst Edelmut und hohen Sinn du mir;
den Eidam wünscht' ich so, und wär dein Gut
auch nicht so reich, wählt' ich doch keinen andren.

cachées dans le flanc de ma cale.
A quoi me servent ces trésors? Je n'ai ni femme, ni enfant, et n'ai jamais trouvé ma patrie!
Tous mes biens, je te les offre, si auprès des tiens tu me donnes une nouvelle patrie.

DALAND
Que dois-je entendre?

LE HOLLANDAIS
As-tu une fille?

DALAND
Pour sûr, d'un dévouement fidèle!

LE HOLLANDAIS
Qu'elle soit mon épouse!

DALAND *(avec une joyeuse surprise)*
Hein? Ai-je bien entendu? Ma fille, son épouse?
De son propre chef il en a exprimé l'idée…
Presque sûr, si je reste indécis, je crains
que sa résolution faiblisse.
Saurais-je dire, si je rêve ou je suis éveillé?
Peut-on souhaiter meilleur gendre?
Je serais fou de manquer cette chance!
Ravi, je vais toucher là!

LE HOLLANDAIS
Hélas, je n'ai ni femme ni enfant,
rien ne m'attache à la terre!
Inlassablement le destin m'a poursuivi,
la souffrance a été mon unique compagne.
Jamais je n'atteindrai ma patrie:
à quoi me sert d'amasser des trésors?
Si ton cœur s'est laissé attendrir, consent à cette union,
oh, prends alors tous mes trésors!

DALAND
Eh bien oui, étranger, j'ai une enfant fort belle,
qui m'est fidèlement soumise en son amour filial;
elle est tout mon orgueil, le plus grand de mes biens,
ma consolation dans le malheur, ma joie dans le bonheur. *(bis)*

LE HOLLANDAIS
Qu'à son père toujours elle reste attachée;
si elle lui est fidèle, elle sera fidèle aussi à son époux.

DALAND
Tu donne des joyaux, des perles inestimables,
mais le plus grand trésor, une femme fidèle-

LE HOLLANDAIS
Tu me le donnes?

DALAND
Tu as ma parole.
Je suis ému par ton destin; tu es généreux,
tu montres noblesse et hauteur de pensée :
je souhaitais un gendre tel que toi; et même si tes biens
n'étaient pas ce qu'ils sont, mon choix n'irait à aucun autre.

HOLLÄNDER
Hab Dank! Werd ich die Tochter heut noch sehn?

DALAND
Der nächste günst'ge Wind bringt uns nach Haus;
du sollst sie sehn, und wenn sie dir gefällt–

HOLLÄNDER
So ist sie mein...
(für sich)
Wird sie mein Engel sein?
Wenn aus der Qualen Schreckgewalten

die Sehnsucht nach dem Heil mich treibt,
ist mir's erlaubt, mich festzuhalten
an einer Hoffnung, die mir bleibt ?
Darf ich in jenem Wahn noch schmachten,
dass sich ein Engel mir erweicht ?
Der Qualen, die mein Haupt umnachten,
ersehntes Ziel hätt' ich erreicht ?
Ach, ohne Hoffnung, wie ich bin,
geb ich der Hoffnung doch mich hin!

DALAND
Gepriesen seid, des Sturms Gewalten,
die ihr an diesen Strand mich triebt!
Fürwahr, bloss brauch ich festzuhalten,
was sich so schön von selbst mir gibt.
Die ihn an diese Küste brachten,
ihr Winde, sollt gesegnet sein!
Ja, wonach alle Väter trachten,
ein reicher Eidam, er ist mein.
Ja, dem Mann mit Gut und hohem Sinn
geb froh ich Haus und Tochter hin!
(Das Wetter hat sich völlig aufgeklärt; der Wind ist umgeschlagen.)

STEUERMANN *(an Bord)*
Südwind! Südwind!
Ach, lieber Südwind, blas noch mehr!

MATROSEN *(die Mützen schwenkend.)*
Halloho! Hohohe! Halloho!

DALAND
Du siehst, das Glück ist günstig dir:
der Wind ist gut, die See in Ruh'.
Sogleich die Anker lichten wir
und segeln schnell der Heimat zu.

STEUERMANN UND MATROSEN *(die Anker lichtend und die Segel aufspannend)*
Hoho! Hallojo!

HOLLÄNDER
Darf ich bitten, segelst du voran;
der Wind ist frisch, doch meine Mannschaft müd.
Ich gönn ihr kurze Ruh' und folge dann.

DALAND
Doch, unser Wind ?

LE HOLLANDAIS
Merci! Donc, je verrai dès aujourd'hui ta fille?

DALAND
Le prochain vent favorable nous mènera chez moi;
tu la verras, et si elle te plaît–

LE HOLLANDAIS
Alors elle sera mienne...
(à part)
Sera-t-elle mon ange?
Quand le désir m'arrache à l'effroyable violence de mon tourment
et me pousse à chercher le salut,
m'est-il permis de m'accrocher
à l'unique espérance qui me reste ?
Puis-je, languissant, nourrir encore le fol espoir
qu'un ange me prenne en pitié ?
Aurais-je atteint le terme désiré des tortures
qui enténèbrent mon esprit ?
Hélas, moi qui n'espère plus rien,
voici que je m'abandonne à l'espérance!

DALAND
Je vous rends grâces, puissances des tempêtes,
qui m'avez jeté sur ce rivage!
Vraiment, je n'ai qu'à refermer la main
sur ce qui s'offre à moi si volontiers.
Vents qui l'avez porté sur cette côte,
soyez bénis!
Si fait, ce que recherchent tous les pères,
un gendre riche, j'en ai un.
Oui-da, à cet homme doté en biens et bel esprit,
je baille fille et maison de bon cœur!
(Le ciel s'est tout à fait éclairci; le vent a tourné.)

LE PILOTE *(à bord)*
Le vent du sud! Le vent du sud!
Cher vent du sud, ah! souffle plus fort!

LES MARINS *(agitant leurs bonnets.)*
Halloho! Hohohe! Halloho!

DALAND
Tu vois, le sort t'est favorable:
le vent est bon, la mer calmée.
Sur l'heure nous levons les ancres
et voguons vite vers la patrie.

LE PILOTE, LES MARINS *(levant l'ancre, hissant les voiles)*

Hoho! Hallojo!

LE HOLLANDAIS
Puis-je te prier de partir en avant ?
Le vent est frais, mon équipage cependant est las.
Je lui accorde un bref répit, puis je te suis.

DALAND
Mais, notre vent ?

HOLLÄNDER
Er bläst noch lang aus Süd!
Mein Schiff ist schnell, es holt dich sicher ein.

DALAND
Du glaubst? Wohlan, es möge denn so sein !
Leb wohl, mögst heute du mein Kind noch sehn !

HOLLÄNDER
Gewiss!

DALAND *(an Bord seines Schiffes gehend)*
Hei, wie die Segel schon sich blähn!
Hallo! Hallo!
(Er gibt ein Zeichen auf der Schiffspfeife.)
Frisch, Jungen, greifet an!

MATROSEN *(im Absegeln jubelnd).*
Mit Gewitter und Sturm aus fernem Meer–
mein Mädel bin dir nah! Hurra!
Über turmhohe Fluten vom Süden her–
mein Mädel, ich bin da! Hurra!
(Sie werfen die Mützen in die Luft.)
Mein Mädel, wenn nicht Südwind wär',
ich nimmer wohl käm' zu dir;
ach, lieber Südwind, blas noch mehr !
Mein Mädel verlangt nach mir.
Hohoho! Joloho!

(Der Holländer besteigt sein Schiff. Der Vorhang fällt.)

LE HOLLANDAIS
Du sud il soufflera longtemps encore.
Mon vaisseau est rapide: sois-en certain, il te rattrapera.

DALAND
Tu crois? Eh bien, pourvu qu'il en soit ainsi!
Porte-toi bien, puisses-tu voir ma fille aujourd'hui même!

LE HOLLANDAIS
Sans nul doute!

DALAND *(montant à bord de son bateau)*
Hei, comme les voiles se gonflent déjà!
Hallo! Hallo!
(Il donne le signal avec son sifflet de marine.)
Hardi, les gars, en avant!

LES MARINS *(joyeux, tandis que leur bateau s'éloigne)*
9 Par les orages et les tempêtes, du confin des mers,
ma mie, je fais route vers toi! Hourra!
Emporté sur d'immenses lames, j'arrive du sud,
ma mie, me voici! Hourra!
(Ils lancent leurs bonnets en l'air.)
Ma mie, s'il n'y avait le vent du sud,
jamais je ne pourrais te revenir:
cher vent du sud, ah! souffle plus fort,
ma mie se languit de moi.
Hohoje! Jolohohoho!

(Le Hollandais regagne son bord. Le rideau tombe).

ZWEITER AUFZUG

Ein grosses Zimmer im Hause Dalands; an der Wand Bilder von Seegegenständen, Karten, u.s.w. An der Hinterwand das Bildnis eines bleichen Mannes mit dunklem Barte und in schwarzer spanischer Tracht. Mary und die Mädchen sitzen um den Kamin herum und spinnen. Senta, in einem Grossvaterstuhle zurückgelehnt und mit untergeschlagenen Armen, ist im träumerischen Anschauen des Bildes im Hintergrunde versunken.

ERSTER AUFTRITT

N° 4 - Szene, Lied und Ballade

MÄDCHEN
Summ und brumm, du gutes Rädchen,
munter, munter, dreh dich um!
Spinne, spinne tausend Fädchen,
gutes Rädchen, summ und brumm!
Mein Schatz ist auf dem Meere draus,
er denkt nach Haus,

DEUXIÈME ACTE

Une vaste pièce dans la maison de Daland; aux murs latéraux sont accrochées des cartes, des marines, etc. Sur le mur du fond, le portrait d'un homme pâle à la barbe sombre, vêtu d'un costume noir à l'espagnole. Mary et les jeunes filles sont assises autour de la cheminée et filent. Senta, renversée en arrière dans le fauteuil de l'aïeul, les bras croisés, est plongée dans la contemplation rêveuse du portrait accroché au fond.

SCÈNE I

N° 4 - Scène, Chanson et Ballade

LES JEUNES FILLES
16 Bourdonne, ronronne, bon petit rouet,
gai, gai, tourne entre mes mains!
File, file, mille brins de laine,
bon petit rouet, bourdonne, ronronne!
Mon bien-aimé est au loin sur la mer,
il pense à sa maison,

ans fromme Kind ;
mein gutes Rädchen, braus und saus!
Ach! gäbst du Wind,
Er käm' geschwind.
Spinnt! Spinnt!
Fleissig, Mädchen!
Brumm! Summ!
Gutes Rädchen!

MARY
Ei! Fleissig, fleissig! Wie sie spinnen!
Will jede sich den Schatz gewinnen.

MÄDCHEN
Frau Mary, still! Denn wohl Ihr wisst,
das Lied noch nicht zu Ende ist.

MARY
So singt! Dem Rädchen lässt's nicht Ruh'.-

Du aber, Senta, schweigst dazu?

MÄDCHEN
Summ, und brumm, du gutes Rädchen,
munter, munter, dreh dich um!
Spinne, spinne tausend Fädchen,
gutes Rädchen, summ und brumm!
Mein Schatz, da draussen auf dem Meer,
im Süden er
viel Gold gewinnt;
ach, gutes Rädchen, saus noch mehr!
Er gibt's dem Kind,
wenn's fleissig spinnt.
Spinnt, spinnt!
Fleissig, Mädchen!
Brumm! Summ!
Gutes Rädchen!

MARY *(zu Senta)*
Du böses Kind, wenn du nicht spinnst,
vom Schatz du kein Geschenk gewinnst.

MÄDCHEN
Sie hat's nicht not, dass sie sich eilt;
ihr Schatz nicht auf dem Meer weilt.
Bringt er nicht Gold, bringt er doch Wild-
man weiss ja, was ein Jäger gilt!
(Sie lachen.)

SENTA *(singt leise einen Vers aus der folgenden Ballade vor sich hin)*

MARY
Da seht ihr's! Immer vor dem Bild!
(Zu Senta)
Willst du dein ganzes junges Leben
verträumen vor dem Konterfei?

SENTA *(ohne ihre Stellung zu verändern)*
Was hast du Kunde mir gegeben,
was mir erzählet, wer er sei?

à son amie qui prie:
bon petit rouet, bruisse et siffle!
Ah! Si tu lui tressais du vent,
comme il reviendrait vite.
Filez! Filez!
Jeunes filles, appliquez-vous!
Bourdonne! Ronronne!
Bon petit rouet!

MARY
Hé! Quel zèle! Quel zèle! Comme elles filent!
Chacune veut mériter son bien-aimé.

LES JEUNES FILLES
Dame Mary, chut! Vous savez bien
que la chanson n'est pas encore finie.

MARY
Eh bien, poursuivez-là! Qu'elle fasse tourner les rouets sans relâche.
Mais toi, Senta, tu restes silencieuse?

LES JEUNES FILLES
16 Bourdonne, ronronne, bon petit rouet,
gai, gai, tourne entre mes mains!
File, file, mille brins de laine.
bon petit rouet, bourdonne, ronronne!
Mon bien-aimé, là-bas sur la mer,
tout loin au sud,
gagne beaucoup d'or :
ah, bon petit rouet, bruisse plus fort!
Il le donnera à son amie
si elle s'applique à filer.
Filez, filez!
Jeunes filles, appliquez-vous!
16 Bourdonne! Ronronne!
Bon petit rouet!

MARY (A *Senta)*
Vilaine enfant, si tu ne files pas,
ton amoureux ne te récompensera pas.

LES JEUNES FILLES
L'ouvrage ne la presse pas;
son amoureux n'est pas en mer.
S'il ne rapporte pas d'or, il rapporte du gibier-
on sait bien ce que vaut un chasseur!
(Elles rient.)

SENTA *(chantonne pour elle-même le début de la Ballade qui suit.)*

MARY
Là, vous voyez! Toujours vissée face à ce tableau!
(à Senta)
As-tu l'intention de passer toute ta jeunesse à rêvasser devant ce portrait?

SENTA *(sans bouger)*
Alors pourquoi me l'as-tu fait connaître,
pourquoi m'avoir raconté, qui pouvait être cet homme?

(Seufzend.)
Der arme Mann!

MARY
Gott sei mit dir!

MÄDCHEN
Ei, ei! Ei, ei! Was hören wir!
Sie seufzet um den bleichen Mann!

MARY
Den Kopf verliert sie noch darum.

MÄDCHEN
Da sieht man, was ein Bild doch kann!

MARY
Nichts hilft es, wenn ich täglich brumm!
Komm, Senta! Wend dich doch herum!

MÄDCHEN
Sie hört Euch nicht- sie ist verliebt.
Ei, ei! Wenn's nur nicht Händel gibt.
Denn Erik hat gar heisses Blut-
dass er nur keinen Schaden tut!
Sagt nichts! Er schiesst sonst, wutentbrannt,
den Nebenbuhler von der Wand.
(Sie lachen.)

SENTA *(heftig auffahrend)*
O schweigt! Mit eurem tollen Lachen
wollt ihr mich ernstlich böse machen?

MÄDCHEN *(singen so stark wie möglich und drehen die Spinnräder mit grossem Geräusche, gleichsam, um Senta nicht Zeit zum Schmälen zu lassen).*
Summ und brumm! Du gutes Rädchen,
munter, munter dreh dich um!
Spinne, spinne tausend Fädchen,
gutes Rädchen, summ und brumm!

SENTA
Oh, macht dem dummen Lied ein Ende,
es brummt und summt nur vor dem Ohr!
Wollt ihr, dass ich mich zu euch wende,
so sucht was Besseres hervor!

MÄDCHEN
Gut, singe du!

SENTA
Hört, was ich rate:
Frau Mary singt uns die Ballade.

MARY
Bewahre Gott! Das fehlte mir!
Den fliegenden Holländer lasst in Ruh'!

SENTA
Wie oft doch hört' ich sie von dir!

(Dans un soupir.)
Le malheureux!

MARY
Dieu te protège!

LES JEUNES FILLES
Ei, ei! Ei, ei! Qu'entendons-nous?
Elle soupire après l'homme pâle?

MARY
Allons, elle en perd tout à fait la tête.

LES JEUNES FILLES
On voit bien là les pouvoirs d'une peinture.

MARY
J'ai beau me fâcher tous les jours, peine perdue!
Viens, Senta, tourne-toi vers nous!

LES JEUNES FILLES
Elles ne vous entend pas- son cœur est pris.
Ei, ei! Pourvu qu'il n'y ait pas de dispute!
Car il a le sang chaud, Erik-
prions qu'il ne commette pas l'irréparable!
Restons discrètes! Sinon dans sa fureur il fera feu,
et descendra son rival de son clou!
(Elles rient.)

SENTA *(se dressant d'un violent sursaut)*
Oh, taisez-vous! Avec vos fou rires,
voulez-vous me fâcher pour de bon?

LES JEUNES FILLES *(chantent aussi fort que possible et font tourner les rouets à grand bruit, toutes en même temps afin de ne pas laisser à Senta le temps de les invectiver).*
16 Bourdonne, ronronne! Bon petit rouet,
gai, gai, tourne entre mes mains!
File, file, mille brins de laine,
bon petit rouet, bourdonne, ronronne!

SENTA
Oh, finissez-en avec ce chant stupide,
on n'entend plus que bourdon et ronron!
Si vous voulez que vers vous je me tourne,
trouvez donc quelque meilleure chanson!

LES JEUNES FILLES
Eh bien chante, toi!

SENTA
Ecoutez ce que je propose:
que Dame Mary nous chante la Ballade.

MARY
1 Dieu m'en protège! Il ne manquerait plus que ça!
Qu'on laisse en paix le Hollandais Volant!

SENTA
Combien de fois pourtant l'ai-je entendue de ta bouche!

MARY
Bewahre Gott! Das fehlte mir !

SENTA
Ich sing sie selbst; hört, Mädchen, zu!
Lasst mich's euch recht zum Herzen führen!
Des Ärmsten Los, es muss euch rühren!

MÄDCHEN
Uns ist es recht.

SENTA
Merkt auf die Wort'!

MÄDCHEN
Dem Spinnrad Ruh' !

MARY *(ârgerlich)*
Ich spinne fort!
(Die Mädchen rücken, nachdem sie ihre Spinnräder beiseitegesetzt haben, die Sitze dem Grossvaterstuhle näher und gruppieren sich um Senta. Mary bleibt am Kamin sitzen und spinnt fort).

Ballade

I

SENTA *(im Grossvaterstuhl)*
Johohoe! Johohohoe! Johohoe! Johoe!
Traft ihr das Schiff im Meere an,
blutrot die Segel, schwarz der Mast?
Auf hohem Bord der bleiche Mann,
des Schiffes Herr, wacht ohne Rast.
Hui!- Wie saust der Wind!- Johohe!
Hui!- Wie pfeift's im Tau!- Johohe!
Hui! - Wie ein Pfeil fliegt er hin,
ohne Ziel, ohne Rast, ohne Ruh'!-
Doch kann dem bleichen Manne
Erlösung einstens noch werden,
fand' er ein Weib, das bis in den Tod
getreu ihm auf Erden!–
Ach, Wann wirst du, bleicher Seemann, sie finden?
Betet zum Himmel, dass bald
ein Weib Treue ihm halt'!
(Gegen das Ende der Strophe kehrt Senta sich gegen das Bild. Die Mädchen hören teilnahmsvoll zu; Mary hat aufgehört zu spinnen.)

II

Bei bösem Wind und Sturmes Wut
umsegeln wollt' er einst ein Kap;
er schwur und flucht' mit tollem Mut;
«In Ewigkeit lass ich nicht ab!»-
Hui!- Und Satan hört's- Johohe!
Hui!- und nahm ihn beim Wort!- Johohe!
Hui!- und verdammt zieht er nun
durch das Meer ohne Rast, ohne Ruh'!-
Doch, dass der arme Mann noch Erlösung fände auf Erden,
zeigt Gottes Engel an, wie sein Heil ihm einst könne werden!

MARY
Dieu m'en protège! Il ne manquerait plus que ça!

SENTA
Je la chanterai moi-même: vous, les filles, écoutez!
Prêtez-moi votre cœur: qu'il s'ouvre tout entier à ma voix!
Le sort du malheureux, oh, il doit vous toucher!

LES JEUNES FILLES
Voilà qui nous convient.

SENTA
Suivez bien les paroles!

LES JEUNES FILLES
Arrêtons les rouets!

MARY *(aigrement)*
Le mien tournera!
(Les jeunes filles, après avoir mis leurs rouets de côté, approchent leurs sièges du fauteuil de Senta, autour de laquelle elles se regroupent. Mary campe assise devant la cheminée et continue à filer).

Ballade

1 I

SENTA *(dans le fauteuil)*
1 Iohohoe! Iohohohoe! Iohohoe! Iohoe!
17 Qui a croisé sa nef en mer,
voiles sanglantes et mâture noire?
Sur le gaillardse tient un homme pâle,
il veille sans répit, c'est le maître du bord.
2 Hui!- Comme il gémit, le vent!- Iohohe!
Hui!- Comme il siffle aux cordages!- Iohohe!
Hui!- L'homme et la nef volent comme une flèche,
3 précipités sans but, sans répit, sans repos!
4 Un jour pourtant cet homme pâle
pourra gagner délivrance :
lorsqu'une femme il rencontrera, qui sur la terre
lui restera fidèle jusque dans la mort !–
Ha! Quand la trouveras-tu, mon pâle capitaine?
Priez le ciel pour que bientôt
une femme lui garde sa foi!
1 *(Vers la fin de cette strophe, Senta s'est tournée vers le portrait. Les jeunes filles l'écoutent avec compassion; Mary a cessé de filer.)*

II

17 Par vents mauvais, tempête en rage,
un jour il voulut doubler un cap :
il jura, blasphéma, en son audace folle :
«De toute éternité je ne renoncerai!»
2 Hui!- Et Satan l'entendit!- Iohohe!
Hui!- et le prit au mot!- Iohohe!
Hui!- et le voici maudit, jeté
à la surface des mers, sans répit, sans repos!-
4 Pourtant, l'ange de Dieu annonce au malheureux
qu'il peut trouver sa rédemption sur terre

Ach, könntest du, bleicher Seemann, es finden!
Betet zum Himmel, dass bald
ein Weib Treue ihm halt'!

DIE MÄDCHEN *(ergriffen)*
Ach, könntest du, bleicher Steemann, es finden!
Betet zum Himmel, dass bald
ein Weib Treue ihm halt'!

III

SENTA
Vor Anker alle sieben Jahr',
ein Weib zu frein, geht er ans Land:
er freite alle sieben Jahr',
noch nie ein treues Weib er fand.–
Hui!– «Die Segel auf!»– Johohe!
Hui! «Den Anker los»– Johohe!
Hui!–«Falsche Lieb', falsche Treu'!
Auf in See, ohne Rast, ohne Ruh'!»
(Senta, zu heftig angegriffen, sinkt in den stuhl zurück; die Mädchen singen nach einer Pause leise weiter.)

MÄDCHEN
Ach! Wo weilt sie, die dir Gottes Engel
einst könnte zeigen?
Wo triffst du sie, die bis
in den Tod dein bliebe
treueigen?

SENTA *(von plötzlicher Begeisterung hingerissen, springt vom Stuhle auf)*
Ich sei's, die dich durch ihre Treu' erlöse!
Mög Gottes Engel mich dir zeigen!
Durch mich sollst du das Heil erreichen!

MARY UND MÄDCHEN *(erschreckt aufspringend)*
Hilf, Himmel! Senta! Senta!
(Erik ist zur Tür hereingetreten und hat Sentas Ausruf vernommen.)

ERIK
Senta! Senta! Willst du mich verderben?

MÄDCHEN
Helft, Erik uns! Sie ist von Sinnen!

MARY
Ich fühl in mir das Blut gerinnen!
Abscheulich Bild, du sollst hinaus,
kommt nur der Vater erst nach Haus!

ERIK *(düster)*
Der Vater kommt!

SENTA (die in ihrer letzten Stellung verblieben und von allem nichts vernommen hatte, wie erwachend und freudig auffahrend)
Der Vater kommt?

et comment son salut, un jour, il obtiendra.
Ha, puisses-tu le trouver, mon pâle capitaine!
Priez le ciel pour que bientôt
une femme lui garde sa foi!

4

LES JEUNES FILLES *(émues)*
Ha, puisses-tu le trouver, mon pâle capitaine!
Priez le ciel pour que bientôt
une femme lui garde sa foi!

1

III

SENTA
17 Tous les sept ans il jette l'ancre,
pour prendre épouse il descend à terre:
tous les sept ans il s'est fiancé,
mais n'a jamais trouvé femme fidèle–
Hui!– «Hissez les voiles!» – Iohohe!
2 Hui !– «Levez l'ancre!»– Iohohe!
Hui!–«Amour menteur, fausse foi!
En mer, allons, sans répit ni repos!»
(Senta, vaincue par l'émotion, retombe dans le fauteuil: après une pause, les filles chantent doucement la suite.)

LES JEUNES FILLES
4 Ah, où est-elle, celle que l'ange de Dieu
pourrait un jour te désigner?
Où la rencontreras-tu, qui jusque
dans la mort restera tienne,
fidèlement tienne?

SENTA *(emportée par un enthousiasme subit, se lève d'un bond du fauteuil)*
4 Que je sois celle-là, que ma fidélité te sauve!
Puisse l'ange de Dieu me désigner à toi!
Par moi tu obtiendras ton salut!

4

MARY, LES JEUNES FILLES *(se lèvent, effrayées)*
Que le ciel nous assiste! Senta! Senta!
(Erik est entré, et, sur le pas de la porte, a entendu l'exclamation de Senta).

ERIK
Senta! Senta! Veux-tu ma perte?

LES JEUNES FILLES
Erik, aidez-nous! Elle a perdu la tête!

MARY
Mon sang se fige dans mes veines!
Portrait abominable, tu seras décroché,
sitôt le père de retour!

ERIK *(sombrement)*
Le père est de retour.

SENTA *(qui était restée dans sa dernière attitude et n'a rien entendu de tout ce qui s'est passé, se redresse joyeuse comme si elle s'éveillait)*
Le père est de retour?

ERIK
Vom Felsen sah sein Schiff ich nahn.

MÄDCHEN
Sie sind daheim!

MARY *(in grosser Geschäftigkeit)*
Nun seht, zu was eu'r Treiben frommt!
Im Hause ist noch nichts getan.

MÄDCHEN
Sie sind daheim! Auf, eilt hinaus!

MARY *(die Mädchen zurückhaltend)*
Halt, halt! Ihr bleibet fein im Haus!
Das Schiffsvolk kommt mit leeren Magen.
In Küch' und Keller! Säumet nicht!
Lasst euch nur von der Neugier plagen-
vor allem geht an eure Pflicht!

MÄDCHEN *(für sich)*
Ach! Wie viel hab ich ihn zu fragen!
Ich halte mich vor Neugier nicht.–
Schon gut! Sobald nur aufgetragen,
hält hier uns länger keine Pflicht.

(Mary treibt die Mädchen hinaus und folgt ihnen.)

ZWEITER AUFTRITT

Senta will ebenfalls fort; Erik hält sie zurück.

N° 5- Duett

ERIK
Bleib, Senta! Bleib nur einen Augenblick!
Aus meinen Qualen reisse mich ! Doch willst du,
ach, so verdirb mich ganz!

SENTA *(zögernd)*
Was ist...? Was soll?

ERIK
O Senta, sprich, was aus mir werden soll?
Dein Vater kommt: eh' wieder er verreist,
wird es vollbringen, was schon oft er wollte...

SENTA
Und was meinst du?

ERIK *(mit Entschluss und Verzweiflung)*
Dir einem Gatten geben.
Mein Herz, voll Treue bis zum Sterben,
mein dürftig Gut, mein Jägerglück–
darf so um deine Hand ich werben?
Stösst mich dein Vater nicht zurück?
Wenn dann mein Herz im Jammer bricht,
sag, Senta, wer dann für mich spricht?

ERIK
De la falaise j'ai vu approcher son bateau.

LES JEUNES FILLES
Ils sont rentrés!

MARY *(s'affairant)*
Voyez donc, à quoi sert votre agitation!
Rien n'est encore prêt dans la maison.

LES JEUNES FILLES
Ils sont rentrés! Vite, courons au port!

MARY *(retenant les filles)*
Halte! Halte! Vous allez sagement rester ici!
Tous nos marins reviennent le ventre vide.
Aux fourneaux! A la cave! Ne traînez pas!
Laissez-vous dévorer par la curiosité,
mais faites d'abord votre devoir!

LES JEUNES FILLES *(pour elles-mêmes)*
Ah, que de questions je vais avoir à lui poser!
La curiosité me tient par tous les bouts.–
Bon! Bon! Mais dès que tout sera apprêté,
aucun devoir ne nous retiendra plus ici.

(Mary pousse les filles dehors et les suit).

SCÈNE II

Senta veut sortir elle aussi; Erik la retient.

N° 5 - Duo

ERIK
Reste, Senta! Reste un instant seulement!
Arrache-moi à mes angoisses! Ou si tu veux en finir
avec moi, alors achève-moi d'un coup!

SENTA *(hésitant)*
Qu'est-ce que... Que faut-il...?

ERIK
O, Senta, parle, dis-le moi : que doit-il advenir de moi?
Ton père arrive : avant qu'il ne reparte,
il réalisera enfin ce vœu que si souvent déjà il a formé.

SENTA
Et qui serait, selon toi?...

ERIK *(résolu et désespéré)*
Te donner un mari.
18 Mon cœur, jusqu'à mourir fidèle,
mon maigre bien, ma fortune à la chasse–
puis-je, ainsi muni, prétendre à ta main?
Ton père ne me repoussera-t-il pas?
19 Et si alors mon cœur se brise de douleur,
dis, Senta, qui parlera en ma faveur?

Wenn dann mein Herz im Jammer bricht *(bis)*,
sag, Senta, wer dann für mich spricht?

SENTA *(mitleidig zu ihm aufblickend, dann ausweichend)*
Ach, schweige, Erik, jetzt! Lass mich hinaus,
den Vater zu begrüssen!
Wenn nicht, wie sonst, an Bord die Tochter kommt,
wird er nicht zürnen müssen ?

ERIK
Du willst mich fliehn?

SENTA
Ich muss zum Port.

ERIK
Du weichst mir aus?

SENTA
Ach, lass mich fort!

ERIK
Du weichst mir aus?

SENTA
Ach, lass mich fort!

ERIK
Du willst mich fliehn?

SENTA
Ich muss zum Port!

ERIK
Du weichst mir aus?

SENTA
Ach, lass mich fort!

ERIK
Du willst mich fliehn?
Fliehst du zurück vor dieser Wunde,
die du mir schlugst,
dem Liebeswahn?
Ach, höre mich zu dieser Stunde,
hör meine letzte Frage an:
wenn dieses Herz im Jammer bricht,
wird's Senta sein, die für mich spricht?
Wenn dieses Herz im Jammer bricht *(bis)*,
wird's Senta sein, die für mich spricht?

SENTA *(schwankend)*
Wie? Zweifelst du an meinem Herzen?
Du zweifelst, ob ich gut dir bin?
O sag, was weckt dir solche Schmerzen?
Was trübt mit Argwohn deinen Sinn?

ERIK
Dein Vater, ach!- nach Schätzen geizt er nur...
Und Senta, du? Wie dürft auf dich ich zählen?
Erfülltest du nur eine meiner Bitten?

Et si alors mon cœur se brise de douleur *(bis)*,
dis, Senta, qui parlera en ma faveur?

SENTA *(le regarde avec pitié, puis, évasivement)*
Ah, ne dis plus rien, Erik, pas maintenant.
Laisse-moi sortir pour saluer mon père!
Si sa fille ne vient pas à bord comme de coutume,
ne sera-t-il pas irrité ?

ERIK
Tu veux me fuir?

SENTA
Je dois aller au port.

ERIK
Tu m'évites ?

SENTA
Ah, laisse-moi sortir!

ERIK
Tu m'évites ?

SENTA
Ah, laisse-moi sortir!

ERIK
Tu veux me fuir ?

SENTA
Je dois aller au port!

ERIK
Tu m'évites ?

SENTA
Ah, laisse-moi sortir!

ERIK
Tu veux me fuir!
Fuis-tu devant cette blessure
que tu as ouverte en moi,
l'illusoire folie de l'amour ?
18 Ah, en cette heure écoute-moi,
entends bien la question qui les résume toutes:
et si alors mon cœur se brise de douleur,
Senta, seras-tu celle qui parlera pour moi?
19 Et si alors mon cœur se brise de douleur *(bis)*,
Senta, seras-tu celle qui parlera pour moi ?

SENTA *(ébranlée)*
Comment? Tu doutes de mon cœur?
Tu doutes, qu'il te veuille du bien?
O, dis, d'où te viennent pareilles souffrances?
Quel soupçon peut troubler ton esprit?

ERIK
Ton père, ah!- il ne pense qu'à l'argent…
Et toi, Senta? Comment miserais-je sur toi?
As-tu exaucé la moindre de mes prières?

Kränkst du mein Herz nicht jeden Tag?

SENTA
Dein Herz?

ERIK
Was soll ich denken?- Jenes Bild...

SENTA
Das Bild?

ERIK
Lässt du von deiner Schwärmerei wohl ab?

SENTA
Kann meinem Blick Teilnahme ich verwehren?

ERIK
Und die Ballade- heut noch sangst du sie!

SENTA
Ich bin ein Kind und weiss nicht, was ich singe...
O sag, wie? Fürchtest du ein Lied, ein Bild?

ERIK
Du bist so bleich... sag, sollte ich's nicht fürchten?

SENTA
Soll mich des Ärmsten
Schreckenslos nicht rühren?

ERIK
Mein Leiden, Senta, rührt es dich nicht mehr?

SENTA
O prahle nicht! was kann dein Leiden sein?
Kennst jenes Unglücksel' gen Schicksal du?
(Senta führt Erik dicht vor das Bild und deutet darauf.)
Fühlst du den Schmerz, den tiefen Gram,
mit dem herab er auf mich sieht?
Ach, was die Ruhe für ewig ihm nahm,
wie schneidend Weh durchs Herz mir zieht!

ERIK
Weh mir! Es mahnt mich mein unsel'ger Traum!
Gott schütze dich! Satan hat dich umgarnt!

SENTA
Was schreckt dich so?

ERIK
Senta! Lass dir vertraun:
ein Traum ist's! Hör ihn zur Warnung an!
Senta setzt sich erschöpft in den Lehnstuhl nieder; bei dem Beginn von Eriks Erzählung versinkt sie wie in magnetischen Schlaf, so dass es scheint, als träume sie den von ihm erzählten Traum ebenfalls. Erik steht an den Stuhl gelehnt zur Seite.)

ERIK *(mit gedämpfter Stimme)*
Auf hohem Felsen lag ich träumend,

Ne mortifies-tu pas mon cœur quotidiennement?

SENTA
Ton cœur?

ERIK
Que dois-je penser?- ce portrait...

SENTA
Le portrait?

ERIK
Vas-tu renoncer à tes rêves extravagants?

SENTA
Puis-je interdire à mon regard la compassion?

ERIK
Et la ballade,– aujourd'hui même tu l'as chantée!

SENTA
Je suis une enfant, je ne sais pas ce que je chante...
Oh, dis, comment: aurais-tu peur
d'une chanson, d'une peinture?

ERIK
Tu es si pâle... dis, devrais-je n'en rien craindre?

SENTA
Lui, entre tous malheureux,
est-il interdit que son horrible sort me touche?

ERIK
Ma souffrance à moi, Senta, ne te touche donc plus?

SENTA
Oh, ne te fais pas fier! Que peut bien être ta souffrance?
Mais son destin, son infortune, les sais-tu, les vis-tu?
(Elle conduit Erik tout près du tableau et le lui désigne.)
Ressens-tu le tourment, la profonde détresse,
du regard qu'il abaisse vers moi?
Ah! Ce qui lui a ravi pour toujours le repos
pénètre jusqu'à mon cœur et le déchire de douleur.

ERIK
Malheur à moi! Mon rêve funeste renouvelle son adjuration!
Dieu te protège! Satan t'a circonvenue!

SENTA
Qu'est-ce qui t'effraie tellement?

ERIK
Senta! Laisse-moi te le confier :
il s'agit d'un rêve! Entends-le, et qu'il te mette en garde.
(Senta, épuisée, retombe assise dans le fauteuil; au début du récit d'Erik, elle sombre dans un sommeil quasi-magnétique; il semble qu'elle se met à rêver elle-même le rêve raconté par Erik, qui se tient debout, appuyé de côté au fauteuil.)

ERIK *(d'une voix étouffée)*
J'étais couché, rêvant, sur la haute falaise,

sah unter mir des Meeres Flut ;
die Brandung hört' ich, wie sie schäumend
am Ufer brach der Wogen Wut.
Ein fremdes Schiff am nahen Strande
erblickt' ich, seltsam, wunderbar;
zwei Männer nahten sich dem Lande,
der ein', ich sah's, dein Vater war.

SENTA *(mit geschlossenen Augen)*
Der andre?

ERIK
Wohl erkannt' ich ihn;
mit schwarzem Wams, die bleiche Mien'...

SENTA *(wie zuvor)*
Der düstre Blick...

ERIK *(auf das Bild deutend)*
Der Seemann, er.

SENTA
Und ich?

ERIK
Du kamst vom Hause her,
du flogst, den Vater zu begrüssen;
doch kaum noch sah ich an dich langen,
du stürztest zu des Fremden Füssen-
ich sah dich seine Knie umfangen...

SENTA *(mit steigender Spannung)*
Er hub mich auf...

ERIK
An seine Brust;
voll Inbrunst hingst du dich an ihn-
du küsstest ihn mit heisser Lust-

SENTA
Und dann?

ERIK *(Senta mit unheimlicher Verwunderung anblickend)*
Sah ich aufs Meer euch fliehn.

SENTA *(schnell erwachend, in höchster Begeisterung)*
Er sucht mich auf! Ich muss ihn sehn!
Mit ihm muss ich zugrunde gehn!

ERIK
Entsetzlich! Ha, mir wird es klar!
Sie ist dahin! Mein Traum sprach wahr!

(Er stürzt voll Verzweiflung und Entsetzen ab. Senta nach dem Ausbruch ihrer Begeisterung in stummes Sinnen versunken, verbleibt in ihrer Stellung, den Blick auf das Bild geheftet.)

SENTA *(leise, aber tief ergriffen)*
Ach, möchtest du, bleicher Seemann, sie finden!
Betet zum Himmel, dass bald

tout au-dessous de moi je voyais l'océan;
j'écoutais le ressac, comment, contre la rive,
il brise la fureur des vagues en écumant.
Puis j'aperçus, tout proche, à l'ancre,
un navire inconnu, d'étrange aspect, surnaturel.
Deux hommes venaient vers la grève:
je vis que l'un était ton père.

SENTA *(les yeux fermés)*
Et l'autre?

ERIK
Je l'ai bien reconnu;
son pourpoint noir, son visage blême…

SENTA *(comme précédemment)*
Son regard sombre…

ERIK *(désignant le tableau)*
1 Le marin, lui!

SENTA
Et moi?

ERIK
Tu sortais de la maison,
courant, volant, pour saluer ton père;
mais à peine te vis-je arriver,
1 tu te jetais aux pieds de l'étranger-
je te vis étreindre ses genoux…

SENTA *(avec une émotion croissante)*
Il me releva…

ERIK
1 Te prit sur sa poitrine;
avec ferveur tu te pressais contre lui-
tu l'embrassais dans une joie brûlante.

SENTA
Et puis?

ERIK *(étonné, regarde Senta avec inquiétude)*
Je vous ai vus fuir sur la mer.

SENTA *(se réveillant brusquement, dans une exaltation extrême)*
4 Il est à ma recherche! Je dois le voir!
Avec lui je dois plonger dans le néant!

ERIK
Horreur! Ha, je comprends tout!
C'en est déjà fini d'elle! Mon rêve disait vrai!
(Il se rue au dehors, plein de désespoir et d'effroi. Senta, après l'explosion de son exaltation, s'est abîmée dans une réflexion muette et demeure dans la même position, les yeux rivés sur le
1 *tableau.)*

SENTA *(à voix basse, mais profondément émue)*
4 Ah, puisses-tu la trouver, mon pâle capitaine!
Priez le ciel pour que bientôt

ein Weib Treue ihm... Ha!
(Die Tür geht auf. Daland und der Holländer zeigen sich.)

DRITTER AUFTRITT

N° 6- Finale

Der Holländer ist sogleich eingetreten; Sentas Blick streift von dem Bilde auf ihn; sie stösst einen gewaltigen Schrei der Überraschung aus, und bleibt wie festgebannt am Platze, ohne ihr Auge vom Holländer abzuwenden. Daland bleibt unter der Tür stehen und scheint zu erwarten, dass ihm Senta entgegenkomme.
Der Holländer bleibt während der langen Dauer der Fermate regungslos unter der Türe stehen. Er schreitet langsam, die Augen auf Senta geheftet, nach dem Vordergrund... und hält (mit dem Akzent der Bässe) an. Gebärde Dalands, der an der Türe noch verwunderungsvoll auf Sentas Begrüssung harrt, und diese mit einer Bewegung der geöffneten Arme, gleichsam ungeduldig, dazu auffordert.
Der Holländer schreitet vollends bis in den äussersten Vordergrund zur Seite vor, wo er nun während des Folgenden regungslos stehen bleibt, sein Auge unverwandt auf Senta gerichtet.
Gesteigerte Wiederholung von Dalands Gebärde. Daland lässt von der Aufforderung ab und schüttelt verwundert den Kopf. Er geht nun selbst Senta zu.

DALAND *(sich allmählich Senta nähernd)*
Mein Kind, du siehst mich auf der Schwelle...
Wie bleibst gebannt an deiner Stelle-
verdien ich, Senta, solchen Gruss?

SENTA *(als Daland bei ihr anlangt, ergreift sie seine Hand).*

Gott dir zum Gruss!
Mein Vater, sprich!
(Ihn näher an sich ziehend.)
Wer ist der Fremde?

DALAND *(lächelnd)*
Drängst du mich?

Air

Mögst du, mein Kind, den fremden Mann willkommen heissen;

Seemann ist er gleich mir, das Gastrecht spricht er an.
Lang ohne Heimat, stets auf fernen, weiten Reisen,

in fremden Landen er der Schätze viel gewann.
Aus seinem Vaterland verwiesen,
für einen Herd er reichlich lohnt.
Sprich, Senta, würd' es dich verdriessen,
wenn dieser Fremde bei uns wohnt? *(bis)*
(Daland wendet sich zum Holländer.)

une femme lui garde sa foi... Ha!
(La porte s'est ouverte. Daland et le Hollandais entrent.)

SCÈNE III

N° 6 - Finale

Le Hollandais est entré immédiatement. Le regard de Senta dérive du portrait vers lui. Elle a poussé un profond cri de surprise et reste comme figée sur place, sans détourner les yeux du Hollandais. Daland reste sur le seuil et semble attendre que Senta vienne au-devant de lui.

Le Hollandais reste immobile devant la porte pendant toute la durée du point d'orgue. Il s'avance lentement vers le premier
21 *plan, les yeux fixés sur Senta, et s'arrête sur l'accent des basses. Gestes de Daland qui, sur le seuil, attend encore, surpris, un salut de Senta et qui, les bras tendus, l'y engage avec une certaine impatience.*

Le Hollandais arrive à l'avant-scène sur l'un des côtés. Pendant toute la suite il y restera immobile, le regard fixé sur Senta. Daland renouvelle son geste avec plus d'insistance. Enfin il renonce et secoue la tête, stupéfait. Il va de lui-même à Senta.

DALAND *(s'approchant de Senta)*
Mon enfant, tu me vois sur le seuil...
Comment? Tu ne viens pas dans mes bras?
Tu ne m'embrasses pas?
Tu restes figée sur place-
ai-je mérité, Senta, un tel accueil?

SENTA *(saisissant la main de Daland qui est arrivé près d'elle.)*
Dieu te bénisse!
Mon père, dis,
(Elle attire son père près d'elle)
21 qui est cet étranger?

DALAND *(souriant)*
Comme tu es pressante!

Air

22 Puisses-tu, mon enfant, considérer cet étranger comme le bienvenu:
c'est un marin, comme moi, et il demande l'hospitalité.
Depuis longtemps privé d'une patrie, sans cesse il a vogué de par le monde,
en des terres inconnues il a acquis des richesses immenses.
Banni de son pays natal,
il récompense richement qui lui offre un foyer.
Dis-moi, Senta, cconcevrais-tu du déplaisir
à voir cet étranger vivre sous notre toit? *(bis)*
(Daland se tourne vers le Hollandais)

Sagt, hab ich sie zuviel gepriesen?
Ihr seht sie selbst- ist sie Euch recht?
Soll ich von Lob noch überfliessen?
Gesteht, sie zieret ihr Geschlecht,
Gesteht, gesteht, sie ziehret,
Sie ziehret ihr Geschlecht.
(Der Holländer macht eine bejahende Bewegung. Daland wendet sich wieder zu Senta.)
Mögst du, mein Kind, dem Manne freundlich dich erweisen!
Von deinem Herzen auch spricht holde Gab' er an;
reich ihm die Hand, denn Bräutigam sollst du ihn heissen;
stimmst du dem Vater bei, ist morgen er dein Mann,
(Senta macht eine zuckende, schmerzliche Bewegung)
ist morgen er dein Mann.
(Daland zieht einen Schmuck hervor und zeigt ihn seiner Tochter.)
Sieh dieses Band, sieh diese Spangen!
Was er besitzt, macht dies gering.
Muss, teures Kind, dich's nicht verlangen?
Dein ist es, wechselst du den Ring.
(Senta, ohne ihn zu beachten, wendet ihren Blick nicht vom Holländer ab, so wie auch dieser, ohne auf Daland zu hören, nur in den Anblick des Mädchens versunken ist.)
Doch keines spricht... Sollt' ich hier lästig sein?
So ist's! Am besten lass ich sie allein.
(Er betrachtet den Holländer und Senta aufmerksam, und wendet sich dann zu dieser.)
Mögst du den edlen Mann gewinnen!
Glaub mir, solch Glück wird nimmer neu. *(bis)*

(Zum Holländer.)
Bleibt hier allein! Ich geh von hinnen.
Glaubt mir, wie schön, so ist sie treu! *(bis)*

(Daland entfernt sich langsam, indem er Senta und den Holländer in der neugierigen Erwartung, ob sie sich einander nähern werden, eine Zeitlang beobachtet; endlich geht er in verdriesslicher Verwunderung ab. Der Holländer und Senta sind allein, sie bleiben bewegungslos, in ihren gegenseitigen Anblick versunken, auf ihrer Stelle.)

Et bien, avais-je exagéré ses mérites?
Elle est devant vos yeux, vous convient-elle?
Dois-je poursuivre sa louange?
Convenez-en, elle est le fleuron de son sexe,
convenez-en, convenez-en, elle est le fleuron,
le fleuron de son sexe.
21 *(Le Hollandais approuve d'un geste. Daland revient à Senta.)*
22 Puisses-tu, mon enfant, te montrer aimable envers cet homme!
Car il demande aussi le doux présent de ton cœur ;
donne-lui la main,je veux que tu l'appelles ton fiancé ;
si tu te ranges à l'avis de ton père,
dès demain il sera ton époux,
(Senta fait un mouvement convulsif, douloureux.)
dès demain il sera ton époux.
(Daland sort une parure de sa poche et la montre à sa fille.)
Regarde ce collier, regarde ces bracelets!
Auprès de ce qu'il possède, ce sont là des babioles.
Cela ne doit-il pas, chère enfant, déterminer ton désir?
Tout est à toi, si tu échanges avec lui les anneaux.
(Senta, sans prêter attention à Daland, regarde fixement le Hollandais; celui-ci de même, sans écouter Daland, s'est plongé dans la contemplation de la jeune fille.)
Mais aucun ne dit mot... Serais-je ici de trop?
21 Il semble bien! Le mieux est de les laisser seuls.
(Il observe attentivement Senta et le Hollandais, puis se tourne vers sa fille.)
Puisses-tu conquérir ce noble parti!
Croix-moi, une pareille chance de bonheur
ne se représentera jamais. *(bis)*
(Au Hollandais.)
Restez seuls ici! Je me retire.
Croyez-moi, autant qu'elle est belle,
elle est fidèle, elle est fidèle! *(bis)*
*(Daland s'éloigne progressivement, tout en surveillant le couple dans l'attente curieuse de les voir se rapprocher; finale-
1 ment il sort, stupéfait et contrarié par leur attitude. Le Hollandais et Senta sont seuls; ils ne font pas un geste et demeurent,
4 sur place, perdus dans leur contemplation mutuelle.)*

Duett

HOLLÄNDER *(tief ergriffen).*
Wie aus der Ferne Längts vergangner Zeiten
spricht dieses Mädchens Bild zu mir;
wie ich's geträumt seit bangen Ewigkeiten,
vor meinen Augen seh ich's hier.
Wohl hub auch ich voll Sehnsucht meine Blicke
aus tiefer Nacht empor zu einem Weib:
ein schlagend Herz liess, ach! mir Satans Tücke,
dass eingedenk ich meiner Qualen bleib.
Die düstre Glut, die hier ich fühle brennen,
sollt' ich Unseliger sie Liebe nennen?
Ach nein! Die Sehnsucht ist es nach dem Heil:
würd'es durch solchen Engel mir zuteil! *(bis)*

SENTA
Versank ich jetzt in wunderbares Träumen,

Duo

LE HOLLANDAIS *(profondément ému).*
Comme du plus lointain d'âges depuis longtemps révolus,
l'image de cette jeune fille m'interpelle;
telle que je l'ai rêvée depuis des éternités d'angoisse,
telle je la découvre ici devant mes yeux.
Mon regard lui aussi s'est levé volontiers, plein de désir,
de ma profonde nuit vers une femme :
ce cœur sensible, hélas, Satan me l'a laissé par ruse,
afin que ne me quitte pas le souvenir de mes souffrances.
Le sombre feu qu'en moi je sens brûler,
me serait-il permis, à moi misérable, de le nommer Amour ?
Oh non! Ce désir est celui du salut:
s'il pouvait me venir d'un tel ange ! *(bis)*

SENTA
Ai-je sombré dans quelque rêve miraculeux?

was ich erblicke, ist es Wahn?
Weilt' ich bisher in trügerischen Räumen,
brach des Erwachens Tag heut an?
Er steht vor mir mit leidenvollen Zügen,
es spricht sein unerhörter Gram zu mir:
kann tiefen Mitleids Stimme mich belügen?
Wie ich ihn oft gesehn, so steht er hier.
Die Schmerzen, die in meinem Busen brennen,
ach! dies Verlangen, wie soll ich es nennen?
Wonach mit Sehnsucht es dich treibt- das Heil,
würd' es, du Ärmster, dir durch mich zuteil! *(bis)*

HOLLÄNDER
Wie aus de Ferne,usw.

SENTA
Wonach mit Sehnsucht, etc.

HOLLÄNDER
Ach nein, etc.

(Sich Senta etwas nähernd.)
Wirst du des Vaters Wahl nicht schelten?
Was er versprach, wie?- dürft' es gelten?
Du könntest dich für ewig mir ergeben
und deine Hand dem Fremdling reichtest du?
Soll finden ich nach qualenvollem Leben
in deiner Treu' die langersehnte Ruh'?
In deiner Treu', in deiner Treu', die langersehnte Ruh'?

SENTA
Wer du auch seist und welches das Verderben,
dem grausam dich dein Schicksal konnte weihn-
was auch das Los, das ich mir sollt' erwerben:
gehorsam stets werd ich dem Vater sein!

HOLLÄNDER *(in grosser Rührung).*
So unbedingt, wie? konnte dich durchdringen
für meine Leiden tiefstes Mitgefühl?

SENTA *(für sich)*
Oh, welche Leiden! Könnt' ich Trost dir bringen!

HOLLÄNDER *(hat Sentas Ausruf vernommen, in staunender Verwunderung erbebend).*
Welch holder Klang im nächtlichen Gewühl!
(Hingerissen, seiner kaum mehr mächtig.)
Du bist ein Engel! Eines Engels Liebe
Verworfne selbst zu trösten weiss.
Oh, wenn Erlösung mir zu hoffen bliebe,
Allewiger, durch diese sei's!
(Auf die Knie stürzend.)
Allewiger, durch diese sei's,
durch diese sei's!

SENTA *(für sich)*
Ach, wenn Erlösung ihm zu hoffen bliebe,
Allewiger, durch mich nur sei's!

HOLLÄNDER *(er reisst sich heftig vom Boden auf).*
Oh, könntest das Geschick du ahnen,

Ce que je vois, n'est-ce qu'une chimère?
Jusqu'à ce jour je n'ai connu qu'un monde d'illusions,
l'aube de mon réveil vient-elle donc de poindre?
Il se tient devant moi, ses traits sont douloureux,
sa souffrance inouïe interpelle mon cœur:
pourrais-je m'égarer en écoutant monter la voix de la pitié?
4 Tel que souvent je l'ai vu il est là face à moi.
La douleur qui brûle en ma poitrine, ah,
ce désir, quel nom lui donnerai-je?
Ce que tu cherches avidement,- le salut,
puisses-tu, malheureux, l'obtenir grâce à moi! *(bis)*

LE HOLLANDAIS
Comme émanant d'âges lointains, etc.

SENTA
Ce que tu cherches avidement, etc.

LE HOLLANDAIS
Oh non! Ce désir, etc.

(Il se rapproche de Senta.)
Ne vas-tu pas récuser le choix de ton père?
Tout ce qu'il promettait, quoi, serait donc vérité?
Tu pourrais, à jamais, t'abandonner à moi,
tu donnerais ta main à l'étranger?
Après une vie de tourments, me sera-t-il offert
de trouver en ta foi le repos si longtemps désiré?
En ta foi, en ta foi, le repos si longtemps désiré?

SENTA
Qui que tu sois, quelle que soit la perdition
à laquelle, cruel, ton destin t'a voué,
et quel que soit le sort que je devrai mériter,
j'obéirai sans faillir à mon père!

LE HOLLANDAIS *(très ému)*
Sans restriction? Quoi: la plus extrême compassion
pour mes douleurs habiterait ton âme?

SENTA *(pour elle-même)*
Oh, ces douleurs! Si je pouvais les consoler!

LE HOLLANDAIS *(a entendu l'exclamation de Senta. Stupéfait, émerveillé, tremblant).*
4 Quelle sublime voix s'élève parmi les clameurs de la nuit?
(Exalté, se contenant à peine.)
Tu es un ange! L'amour d'un ange
sait consoler même les réprouvés.
23 Oh, si vraiment je puis encore espérer rédemption,
Dieu Tout Puissant, que ce soit grâce à elle!
(Il tombe à genoux.)
Dieu Tout Puissant, que ce soit grâce à elle,
que ce soit grâce à elle!

SENTA
Ah, si vraiment il peut encore espérer rédemption,
Dieu Tout Puissant, que ce soit grâce à moi seule!

3 LE HOLLANDAIS *(se redressant, avec violence)*
Oh, si tu pouvais pressentir le destin

dem dann mit mir du angehörst,
dich würd' es an das Opfer mahnen,
das du mir bringst, wenn Treu' du schwörst.
Es flöhe schaudernd deine Jugend
dem Lose, dem du sie willst weihn,
nennst du des Weibes schönste Tugend,
nennst ew'ge Treue du nicht dein! *(bis)*

auquel désormais tu es vouée avec moi,
tu serais avertie du sacrifice que tu me consens
en me jurant fidélité.
Que ta jeunesse, fuie loin, horrifiée,
du sort auquel tu veux la consacrer,
si la plus belle vertu d'une épouse,
son éternelle fidélité, tu ne la peux revendiquer! *(bis)*

SENTA
Wohl kenn ich Weibes heil'ge Pflichten,
sei drum getrost, unsel'ger Mann!
Lass über die das Schicksal richten,
die seinem Spruche trotzen kann!
In meines Herzens höchster Reine
kenn ich der Treue Hochgebot:
wem ich sie weih, schenk ich die eine,
die Treue bis zum Tod!
(Der Holländer richtet sich in feierlicher Rührung und Erhebung hoch auf.)

SENTA
Je connais bien les saints devoirs de l'épousée;
que ce serment, ô malheureux, te réconforte!
Abandonne au destin de juger
3 celle qui osera défier son arrêt!
Dans l'infinie pureté de mon cœur,
je sais l'ordre suprême de la fidélité:
à qui je jure la mienne, j'offre la seule sacrée :
je te serai fidèle jusqu'à la mort.
(Le Hollandais se redresse, solennel, ému, exalté.)

HOLLÄNDER
Ein heil'ger Balsam meinen Wunden,
dem Schwur, dem hohen Wort entfliesst.
Hört es, mein Heil, mein Heil hab' ich gefunden !
Mächte, ihr Mächte die ihr zurück mich stiesst!
Hört es, ihr Mächte, hört es,
ihr Mächte, die ihr zurück mich stiesst!
Hört es: mein Heil, mein Heil hab' ich gefunden
Mächte, ihr Mächte, die ihr zurück mich stiesst! *(bis)*
Du, Stern des Unheils, sollst erblassen,
Licht meiner Hoffnung, leuchte neu!
Ihr Engel, die mich einst verlassen,
stärkt jetzt dies Herz in seiner Treu, *(ter)*
stärkt jetzt dies Herz in seiner Treu!

LE HOLLANDAIS
Baume sacré sur mes blessures répandu
par ce serment, cette sublime parole!
Entendez tous, mon salut, mon salut, je l'ai trouvé!
Puissances, ô vous, Puissances qui m'avez repoussé!
Entendez bien, Puissances, entendez bien,
ô vous, Puissances qui m'avez repoussé!
Entendez bien: mon salut, mon salut, je l'ai trouvé!
Puissances, ô vous, Puissances qui m'avez repoussé! *(bis)*
Etoile du malheur, tu vas devoir pâlir!
Lumière de mon espérance, brille à nouveau!
Anges qui autrefois m'avez abandonné,
confortez aujourd'hui ce cœur dans sa fidélité, *(ter)*
confortez aujourd'hui ce cœur dans sa fidélité!

SENTA
Von mächt'gem Zauber überwunden,
reisst mich's zu seiner Rettung fort:
hier habe Heimat er gefunden,
hier ruh sein Schiff in sichrem Port!
Hier ruh sein Schiff *(bis)*
in sichrem Port!
Hier ruh sein Schiff in sichrem Port!
Was ist's, das mächtig in mir lebet?
Was schliesst berauscht mein Busen ein? *(bis)*
Allmächt'ger, was mich hoch erhebet,
lass es die Kraft der Treue sein.
Allmächtiger! *(bis)*
Was so hoch mich erhebet,
lass es die Kraft der Treue sein. *(bis)*

SENTA
Vaincue par un puissant sortilège
je me sens entraînée à le sauver:
qu'il trouve ici sa patrie,
qu'ici repose son vaisseau, en sûreté, au bon port.
Qu'ici repose son vaisseau *(bis)*,
en sûreté, au bon port!
Qu'ici repose son vaisseau, en sûreté, au bon port!
Quelle est cette force qui palpite en moi, puissante?
Que renferme mon cœur enivré? *(bis)*
Dieu Tout Puissant, fais que ce qui m'exalte
soi la force de la fidélité!
Dieu Tout Puissant! *(bis)*
Fais que ce qui m'exalte
soit la force de la fidélité! *(bis)*

Terzett

Trio

Daland tritt wieder auf und bleibt in angemessener Entfernung stehen.

Daland rentre et s'arrête à une certaine distance.

DALAND
Verzheit! Mein Volk hält draussen sich nicht mehr;
nach jeder Rückkunft, wisset, gibt's ein Fest:

DALAND
Mille pardons! Mon petit monde, là dehors, ne se contient plus;
à chaque retour, voyez-vous, on donne une fête.

verschönern möcht ich's, komme deshalb her,
ob mit Verlobung sich's vereinen lässt?
(Zum Holländer)
Ich denk, Ihr habt nach Herzenswunsch gefreit?

(Zu Senta)
Senta, mein Kind, sag, bist auch du bereit?

SENTA *(mit feierlicher Entschlossenheit).*
Hier meine Hand! Und ohne Reu'
bis in den Tod gelob ich Treu'.
Bis in den Tod *(bis)*
gelob ich Treu!
Ja, ohne Reu, usw.

HOLLÄNDER
Sie reicht die Hand! Gesprochen sei
Hohn, Hölle, dir durch ihre Treu'!
Hohn, Hölle, dir!
Durch ihre Treu.
Sie reicht die Hand, usw.

DALAND
Euch soll des Bündnis nicht gereun!
Euch soll es nicht gereun! *(bis)*
Zum Fest! *(bis)* Heut soll sich alles freun! *(bis)*
Euch soll, usw.

(Alle ab. Der Vorhang fällt.)

Je voudrais l'embellir, c'est pour cela que me voici:
savoir si nous pourrions fêter en même temps des fiançailles?
(Au Hollandais)
Je pense que vous avez su gagner celle que cherchait votre cœur?
(A Senta)
Senta, mon enfant, es-tu prête, toi aussi?

SENTA *(avec une résolution solennelle)*
Voici ma main, et sans crainte d'engager mon âme,
je jure fidélité jusque dans la mort.
Jusque dans la mort *(bis)*
je jure fidélité!
Oui, sans craindre d'engager mon âme, etc.

LE HOLLANDAIS
Elle offre sa main! Que sa fidélité,
Enfer, prononce ta déchéance!
La honte soit sur toi, Enfer!
Par sa fidélité.
Elle offre sa main, etc.

DALAND
Vous ne regretterez pas cette union!
Vous ne la regretterez pas! *(bis)*
A la fête! *(bis)* Et qu'aujourd'hui chacun s'amuse! *(bis)*
Vous ne le regretterez pas, etc.

(Ils sortent tous. Le rideau tombe)

DRITTER AUFZUG

Seebucht mit felsigem Gestade: das Haus Dalands zur Seite im Vordergrunde.
Den Hintergrund nehmen, ziemlich nah beieinander liegend, die beiden Schiffe, das des Norwegers und des Holländers, ein. Helle Nacht: das norwegische Schiff ist erleuchtet; die Matrosen desselben sind auf dem Verdeck: Jubel und Freude. Die Haltung des holländischen Schiffes bietet einen unheimlichen Kontrast: es herrscht Totenstille auf ihm.

TROISIÈME ACTE

Une baie au rivage rocheux. Au premier plan, de côté, la maison de Daland.
Les deux bateaux, le norvégien et le hollandais, amarrés assez près l'un de l'autre, occupent le fond de la scène. La nuit est claire: le bateau norvégien est illuminé, les matelots se tiennent sur le pont, chantent et manifestent leur joie. L'aspect du bateau hollandais offre un contraste inquiétant. Une obscurité qui n'a rien de naturel l'enveloppe, un silence de mort règne.

ERSTER AUFTRITT

Matrosen. Steuerman. Mädchen.

SCÈNE I

Les Marins. Le Pilote. Les Jeunes-filles.

N° 7- Szene und Chor.

24

N° 7 - Scène et Chœur

MATROSEN DES NORWEGERS *(auf ihrem Schiffe).*
Steuermann, lass die Wacht!
Steuermann, her zu uns!
Ho! He! Je! Ha!

LES MARINS NORVÉGIENS *(sur leur bateau)*
Pilote, quitte ton quart!
Pilote, joins-toi à nous!
Ho! He! Je! Ha!

Hisst die Segel auf! Anker fest!
Steuermann, her!
Fürchten weder Wind noch bösen Strand,
wollen heute mal recht lustig sein!
Jeder hat sein Mädel auf dem Land,
herrlichen Tabak und guten Branntewein.
Hussassahe!
Klipp' und Sturm draus-
Jollohohe!
Lachen wir aus!
Hussassahe!
Segel ein! Anker fest!
Klipp' und Sturm lachen wir aus!
Steuermann, lass die Wacht!
Steuermann, her zu uns!
Ho! He! Je! Ha!
Steuermann, her! Trink mit uns!
Ho! He! Je! Ha!
Klipp' und Sturm, he!
Sind vorbei, he!
Hussahe! Hallohe!
Hussahe! Steuermann! Ho!
Her, komm und trink mit uns!
(Sie tanzen auf dem Verdeck, indem sie den Niederschlag jeden Taktes mit starkem Aufstampfen der Füsse begleiten. Die Mädchen kommen aus dem Hause, sie tragen Körbe mit Speisen und Getränken.)

MÄDCHEN
Mein, seht doch an! Sie tanzen gar!
Der Mädchen bedarf's da nicht fürwahr.
(Sie gehen auf das holländische Schiff zu.)

MATROSEN
He! Mädel! Halt! Wo geht ihr hin?

MÄDCHEN
Steht euch nach frischem Wein der Sinn?
Eur nachbar dort soll auch was haben!
Ist Trank und Schmaus für euch allein?

STEUERMANN
Fürwahr! Tragt's hin den armen Knaben!
Vor Durst, vor Durst, sie scheinen matt zu sein!

MATROSEN
Man hört sie nicht!

STEUERMANN
Ei, seht doch nur!
Kein Licht! Von der Mannschaft keine Spur!

MÄDCHEN *(dicht am Ufer in des holländische Schiff hineinrufend)*
He, Seeleut'! He! Wollt Fackeln ihr?
Wo seid ihr doch? Man sieht nicht hier!

MATROSEN *(lachend)*
Hahaha!
Weckt sie nicht auf! Sie schlafen noch.

Hissez les voiles! Assurez l'ancre!
Pilote, viens!
Nous ne craignons ni vent ni côtes dangereuses,
aujourd'hui nous voulons nous amuser!
Chacun a une fille à terre,
de l'excellent tabac, de la bonne eau-de-vie.
Hussassahe!
Écueils, et tempête au dessus,–
Jollohohe!
Nous en rions!
Hussassahe!
Ramenez les voiles! Assurez l'ancre!
Écueils, tempêtes, nous en rions!
Pilote, quitte ton quart!
Pilote, joins-toi à nous!
Ho! He! Je! Ha!
Pilote, viens, trinque avec nous!
Ho! He! Je! Ha!
Écueils tempêtes, he!
Sont dépassés, he!
Hussahe! Hallohe!
Hussahe! Pilote! Ho!
Viens, allons, trinque avec nous!
10 *(Ils dansent sur le pont, marquant les temps forts en tapant énergiquement des pieds. Les filles arrivent de la maison avec des paniers pleins de victuailles et de boissons.)*

LES JEUNES FILLES
Oh, regardez-les donc! Les voilà qui dansent!
Ils n'ont vraiment pas besoin de filles pour ça!
(Elles se dirigent vers le bateau hollandais.)

LES MARINS NORVÉGIENS
Hé! Les filles! Halte! Où allez-vous?

LES JEUNES FILLES
Vous avez envie de vin frais?
Votre voisin mérite aussi d'en goûter!
Boissons et provisions ne sont pas pour vous seuls.

LE PILOTE
Pour sûr, portez-en à ces pauvres garçons!
De soif, de soif, ils semblent avoir péri!

LES JEUNES FILLES
On ne les entend pas!

LE PILOTE
Regardez donc!
Pas un feu, de l'équipage, aucune trace!

LES JEUNES FILLES *(sur le rivage, hélant le vaisseau hollandais)*
Hé! Marins! Hé! Voulez-vous des flambeaux?
Où êtes-vous donc? On ne voit rien, ici.

LES MARINS NORVÉGIENS *(riant)*
Hahaha!
Ne les réveillez pas! Ils dorment encore.

MÄDCHEN
He, Seeleut'! He! Antwortet doch!
(Grosse Stille.)

MATROSEN
Haha!
(Spöttisch, mit affektierter Traurigkeit.)
Wahrhaftig! Sie sind tot:
sie haben Speis und Trank nicht not!

MÄDCHEN *(in das holländische Schiff hineinrufend).*
Ei, Seeleute? Liegt ihr so faul schon im Nest?
Ist heute für euch denn nicht auch ein Fest?

MATROSEN *(wie vorher)*
Sie liegen fest auf ihrem Platz,
wie Drachen hüten sie den Schatz.

MÄDCHEN
He, Seeleute! Wollt ihr nicht frischen Wein?
Ihr müsset wahrlich doch durstig auch sein!

MATROSEN
Sie trinken nicht, sie singen nicht;
in ihrem Schiffe brennt kein Licht.

MÄDCHEN
Sagt! Habt ihr denn nicht auch ein Schätzchen am Land?
Wollt ihr nicht mit tanzen auf freundlichem Strand?

MATROSEN
Sie sind schon alt und bleich statt rot!
Und ihre Liebsten, die sind tot!

MÄDCHEN *(immer stärker und ängstlicher rufend).*

He, Seeleut'! Seeleut'! Wacht doch auf!
Wir bringen euch Speise und Trank zuhauf!

MATROSEN
He, Seeleut'! Seeleut'!

MÄDCHEN, MATROSEN.
Seeleut'! Seeleut'! Wacht doch auf! Wacht doch auf!
(Pause.)
Seeleut'! Seeleut'! Wacht doch auf!
(Lange Pause.)

MÄDCHEN *(betroffen und furchtsam).*
Wahrhaftig, ja! Sie scheinen tot.
Sie haben Speis und Trank nicht not.

MATROSEN *(mit steigender Ausgelassenheit).*

Vom fliegenden Holländer wisst ihr ja!
Sein Schiff, wie es leibt, wie es lebt, seht ihr da!

MÄDCHEN
So weckt die Mannschaft ja nicht auf:
Gespenster sind's, wir schwören drauf!

LES JEUNES FILLES
Hé! Marins! Répondez donc!
(Grand silence.)

LES MARINS NORVÉGIENS
4 Haha!
(Moqueurs, feignant la tristesse.)
En vérité! Ils sont morts:
ils n'ont plus besoin de boire et de manger!

LES JEUNES FILLES *(hélant le vaisseau hollandais)*
Eh bien, les gars? Etes-vous déjà couchés, gros paresseux?
N'est-ce pas fête aussi pour vous ce soir?

LES MARINS NORVÉGIENS *(comme plus haut)*
Ils se sont tous couchés à leur poste,
tels des dragons ils gardent leur trésor.

LES JEUNES FILLES
Hé, les marins! Ne voulez-vous pas de vin frais?
Vous devez pourtant avoir soif, vous aussi!

LES MARINS NORVÉGIENS
Ils ne boivent pas, ils ne chantent pas:
aucun falot n'éclaire leur bateau.

LES JEUNES FILLES
Dites! N'avez-vous pas de bonne amie à terre?
Ne voulez-vous pas danser avec nous sur ce gentil rivage?

LES MARINS NORVÉGIENS
Ils sont déjà vieux, leurs joues sont pâles et non plus rouges,
et quant à leurs amies, elles sont mortes!

LES JEUNES FILLES *(appelant toujours plus fort, avec une crainte grandissante)*
Hé! Marins! Marins! Réveillez-vous, à la fin!
Nous vous portons boire et manger en quantité!

LES MARINS NORVÉGIENS
Hé! Marins! Marins!

LES JEUNES FILLES, LES MARINS NORVÉGIENS
Marins! Marins! Réveillez-vous! Réveillez-vous!
(Pause).
Marins! Marins! Réveillez-vous donc!
(Long silence.)

4 LES JEUNES FILLES *(frappées par la scène, craintives)*
Vraiment, oui, ils paraissent bien morts.
Ils n'ont pas besoin de boire et de manger.

LES MARINS NORVÉGIENS *(avec une exubérance croissante)*
25 Vous savez, l'histoire du Hollandais Volant!
Eh bien, sa nef, pour de vrai la voici!

LES JEUNES FILLES
Gardez-vous bien d'en réveiller l'équipage!
Ce sont tous des fantômes, parole!

MATROSEN
Wieviel hundert Jahre seid ihr zur See?
Euch tut ja der Sturm und die Klippe nicht weh!

MÄDCHEN
Sie trinken nicht! Sie singen nicht!
In ihrem Schiffe brennt kein Licht.

MATROSEN
Habt ihr keine Brief', keine Aufträg' fürs Land?
Unsren Urgrossvätern wir bringen's zur Hand!

MÄDCHEN
Sie sind schon alt und bleich statt rot!
Und ihre Liebsten, ach, sind tot!

MATROSEN *(lärmend)*
Hei, Seeleute! Spannt eure Segel doch auf
und zeigt uns des fliegenden Holländers Lauf!

MÄDCHEN *(entfernen sich furchtsam aus der Nähe des holländischen Schiffes)*
Sie hören nicht! Uns graust es hier!
Sie wollen nichts- was rufen wir?

MATROSEN
Ihr Mädel, lasst die Toten ruhn!
Lasst's uns Lebend'gen gütlich tun!

MÄDCHEN *(den Matrosen ihre Körbe über Bord reichend)*

So nehmt! Der Nachbar hat's verschmäht.

STEUERMANN
Wie? Kommt ihr denn nicht selbst an Bord?

MATROSEN
Wie? Kommt ihr denn nicht selbst an Bord?

MÄDCHEN
Ei, jetzt noch nicht! Es ist ja nicht spät!
Wir kommen bald! Jetzt trinkt nur fort,
und, wenn ihr wollt, so tanzt dazu,
nur gönnt dem müden Nachbar Ruh'. *(bis)*
(Sie geben ab.)
Lasst sie ruhn! *(ter)*

MATROSEN *(öffnen und leeren die Körbe)*

Juchhe! Juchhe! Da gibt's die Fülle!
Lieb Nachbar, habe Dank!

STEUERMANN
Zum Rand sein Glas ein jeder fülle!
Lieb Nachbar liefert uns den Trank.

MATROSEN
Hallohohoho!
Lieb Nachbarn, habt ihr Stimm' und Sprach',
so wachet auf und macht's uns nach!

LES MARINS NORVÉGIENS
Depuis combien de siècles êtes-vous sur les mers?
C'est vrai que les tempêtes et les écueils ne vous font point de mal!

LES JEUNES FILLES
Ils ne chantent pas, ils ne boivent pas!
Aucun falot n'éclaire leur bateau!

LES MARINS NORVÉGIENS
Avez-vous des lettres, des commissions à porter à terre?
Nous les remettrons à nos arrières-grands-pères!

LES JEUNES FILLES
Ils sont déjà vieux, leurs joues sont pâles et non plus rouges!
Et quant à leurs amies, hélas, elles sont mortes!

LES MARINS NORVÉGIENS *(bruyamment)*
Hé! Les marins! Hissez donc vos voiles!
1 Et montrez-nous comment décolle le Hollandais Volant!

LES JEUNES FILLES *(s'éloignent, apeurées, du bateau hollandais)*
Ils n'entendent pas! Nous avons peur, ici!
Ils ne veulent rien-à quoi bon appeler?

LES MARINS NORVÉGIENS
Fillettes, laissez les morts en paix!
Entre vivants nous allons gentiment partager vos cadeaux!

LES JEUNES FILLES *(tendant les corbeilles par dessus bord aux matelots)*
Prenez donc! Votre voisin les a dédaignés.

LE PILOTE
Quoi? Vous ne montez pas vous-mêmes à bord?

LES MARINS NORVÉGIENS
Quoi? Vous ne montez pas vous-mêmes à bord?

LES JEUNES FILLES
Hé, non, pas encore! Il n'est pas bien tard!
Nous viendrons bientôt! Contentez-vous de boire en attendant,
et dansez si le cœur vous en dit,
mais sans déranger vos voisins fatigués. *(bis)*
(Elles sortent).
Laissez-les en paix! *(ter)*

LES MARINS NORVÉGIENS *(ouvrant et vidant les corbeilles)*
Hourrah! Hourrah! Quelle bombance!
Chers voisins, grand-merci!

LE PILOTE
Que chacun remplisse son verre à ras!
Nos chers voisins nous offrent la boisson!

LES MARINS NORVÉGIENS
Hallohohoho!
Chers voisins, si vous avez langue et voix,
réveillez-vous et suivez notre exemple!

(Von hier an beginnt es sich auf dem holländischen Schiffe zu regen.)
Wachet auf! Wachet auf!
Auf, macht's uns nach!
Hussa!
(Sie trinken aus und stampfen die Becker heftig auf.)
Steuermann, lass die Wacht,

(A partir de cet instant, la vie commence à naître à bord du Hollandais.)
Réveillez-vous! Réveillez-vous!
1 Debout, faites comme nous!
Hussa!
(Ils boivent et trinquent énergiquement avec leurs gobelets.)
24 Pilote, quitte ton quart...

(Usw bis zum Ende des Lieds.)
... komm und trink mit uns!
(Das Meer, welches sonst überall ruhig bleibt, hat sich im Umkreis des holländischen Schiffes zu heben begonnen; eine dunkel blaüliche Flamme lodert in diesem als Wachtfeuer auf. Sturmwind pfeit durch die Taue; die Mannschaft, von der man zuvor nichts sah, hat sich beim Leuchten der Flamme belebt.)

(Ils reprennent leur chanson en entier)
...Viens, allons, et trinque avec nous!
(La mer, qui reste calme partout ailleurs, a commencé à se soulever autour du vaisseau hollandais; une flamme bleuâtre, lugubre, s'allume à bord de celui-ci comme un fanal. Un vent de tempête siffle dans les cordages. L'équipage, invisible
10 *jusque là, s'est ranimé au signal de la flamme.)*

DIE MANNSCHAFT DES HOLLÄNDERS
Johohoe! Johohohoe! Hojohohoe! Hoe! Hoe! Hoe!
Hoe! Hoe! Hoe! Hoe! Huissa!
Nach dem Land treibt der Sturm,
Huissa!
Segel ein! Anker los!
Huissa!
In die Bucht laufet ein!
Schwarzer Hauptmann, geh ans Land,
sieben Jahre sind vorbei!
Frei' um blonden Mädchens Hand!
Blondes Mädchen, sei ihm treu!
Lustig heut, hui!
Bräutigam! Hui!
Sturmwind heult Brautmusik- Ozean tanzt dazu!
Hui!- Horch, er pfeift!-
Kapitän, bist wieder da?
Hui!- Segel auf!-
Deine Braut, sag, wo sie blieb?
-Hui!- Auf, in See!-
Kapitän! Kapitän! Hast kein Glück in der Lieb'!
Hahaha!
Sause, Sturmwind, heute zu!
Unsren Segeln lässt du Ruh'!
Satan hat sie uns gefeit,
reissen nicht in Ewigkeit. Hoe!
Hohoe! nicht in Ewigkeit.
(Während des Gesanges der Holländer wird ihr Schiff von den Wogen auf und abgetragen; furchtbarer Sturmwind heult und pfeit durch die nackten Taue. Die Luft und das Meer bleiben übrigens, ausser in der nächsten Umgebung des holländischen Schiffes, ruhig wie zuvor.)

L'ÉQUIPAGE DU HOLLANDAIS
1 Iohohoe! Iohohohoe! Hojohohoe! Hoe! Hoe! Hoe!
Hoe! Hoe! Hoe! Hoe! Huissa!
La tempête nous rejette à terre,
Huissa!
Ramenez les voiles, jetez l'ancre!
Huissa!
Entrez dans la baie!
26 Noir capitaine, va à terre,
sept ans sont écoulés!
Demande la main d'une blonde!
Blonde enfant, sois-lui fidèle!
Amuse-toi aujourd'hui, hui,
fiancé, hui!
L'ouragan hurle ta marche nuptiale-et l'océan danse!
Hui!-Ecoutez, il siffle!-
Capitaine, déjà de retour?
Hui!-Larguez les voiles!-
Ta fiancée, dis, où est-elle restée?
Hui-prenons la mer!-
Capitaine! Capitaine! En amour tu n'as pas de chance!
Hahaha!
Déferle, ouragan, aujourd'hui!
Nos voiles ne craignent rien!
Satan les a rendues invulnérables,
de toute éternité elles ne se déchireront. Hoe!
Hohoe! De toute éternité!
(Pendant le chant des Hollandais, leur vaisseau est secoué et soulevé par des vagues, un terrible ouragan hurle et siffle dans les cordages dégarnis. Hors du voisinage immédiat du Hollandais, le temps et la mer restent calmes comme auparavant.)

DIE NORWEGISCHEN MATROSEN *(die erst mit Verwunderung, dann mit Entsetzen zugehört und zugesehen)*
Welcher Sang? Ist es Spuk?- Wie mich's graut!
Stimmet an- unser Lied!- Singet Laut!
Steuermann, lass die Wacht!
Steuermann, her zu uns!
Ho! He! Je! Ha!
Singet laut! Lauter!
Steuermann, lass die Wacht!
Steuermann!
Ho! He! Je! Ha!
Steuermann, her zu uns!

LES MARINS NORVÉGIENS *(qui ont écouté, d'abord stupéfaits, puis épouvantés)*
Quel est ce chant? Des spectres? Nous tremblons!
Entonnons-nos couplets! A pleine voix!
24 Pilote, quitte ton quart!
Pilote, joins-toi à nous!
Ho! He! Je! Ha!
Chantez fort! Plus fort!
Pilote, quitte ton quart!
Pilote!
Ho! He! Je! Ha!
Pilote, joins-toi à nous!

Singet laut! Lauter!
Fürchten weder Wind noch bösen Strand!
Singet laut! Lauter!
Steuermann, lass die Wacht!

DIE MANNSCHAFT DES HOLLÄNDERS
Huissa!
Johohoe! Johohoe!
Huissa! Johohoe! Johohoe! Huissa!
Johohohe! Johohoe! Johohe! Joho!
Johohe! Johohehoe!
Sause, Südwind, heute zu!
Unsren Segeln lässt du Ruh'! *(bis)*
Satan hat sie uns gefeit,
reissen nicht in Ewigkeit! *(bis)*
Johoe! Johohe! Johohohoe!
Huissa! *(ter)*
Johoe! Hahahahahaha!
(Die Norweger haben versucht, den Gesang der Mannschaft des Holländers mit ihrem Liede zu übertäuben; nach vergeblichen Versuchen bringt sie das Tosen des Meeres, das Sausen, Heulen und Pfeifen des unnatürlichen Sturmes sowie ser immer wilder werdende Gesang der Holländer zum Schweigen. Sie ziehen sich zurück, schlagen das Kreuz und verlassen das Verdeck; die Holländer, als sie dies sehen, erheben ein gellendes Hohngelächter. Sodann herrscht mit einem Male auf ihrem Schiffe wieder die erste Totenstille; Luft und Meer werden in einem Augenblick ruhig, wie zuvor.)

Chantez fort! Plus fort!
Nous ne craignons ni vent ni côtes dangereuses!
Chantez fort! plus fort!
Pilote, quitte ton quart!

L'ÉQUIPAGE HOLLANDAIS
Huissa!
Iohohoe! Iohohoe!
Huissa! Iohohoe! Iohohoe! Huissa!
Iohohohe! Iohohoe! Iohohe! Ioho!
Iohohe! Iohohehoe!
Déferle, ouragan, aujourd'hui!
Nos voiles ne craignent rien! *(bis)*
Satan les a lui-même ensorcelées,
de toute éternité elles ne se déchireront! *(bis)*
1 Iohoe! Iohohe! Iohohohoe!
Huissa! *(ter)*
Iohoe! Hahahahahaha!
4 *(Les Norvégiens ont essayé de couvrir le chant des Hollandais, en vain: le vacarme de la mer, les hurlements et les sifflements de cette tempête surnaturelle ainsi que le déchaînement croissant du chant des Hollandais, les contraignent au silence. Ils se retirent en se signant, abandonnant leur pont. Les Hollandais, voyant cela, ont lancé des rires stridents et moqueurs. Puis, tout d'un coup un silence de mort règne à nouveau à leur bord. En un instant, le temps et la mer retrouvent leur calme premier.)*

ZWEITER AUFTRITT

Senta kommt bewegten Schrittes aus dem Hause; ihr folgt Erik in höchster Aufregung.

SCÈNE II

Senta sort de la maison à pas pressés; Erik la suit, en proie à la plus vive agitation.

N° 8 - Finale

28

N° 8 - Finale

ERIK
Was musst' ich hören, Gott, was musst' ich sehen!
Ist's Täuschung, Wahrheit? Ist es Tat?

SENTA
Oh, frage nicht! Antwort darf ich nicht geben.

ERIK
Gerechter Gott! Kein Zweifel! Es ist wahr!
Welch unheilvolle Macht riss dich dahin?
Welche Gewalt verführte dich so schnell,
grausam zu brechen dieses treuste Herz!
Dein Vater– ha! den Bräut'gam bracht' er mit...
Wohl kenn ich ihn... mir ahnte, was geschieht !
Doch du... ist's möglich!– reichest deine Hand
dem Mann, der deine Schwelle kaum betrat !

SENTA *(in heftigem inneren Kampfe)*
Nicht weiter! Schweig! Ich muss, ich muss!

ERIK
O des Gehorsams, blind wie deine Tat!

ERIK
Qu'ai-je dû entendre, ô Dieu, qu'ai-je dû voir!
Est-ce illusion, vérité? Est-ce bien arrivé?

SENTA
27 Oh, ne m'interroge pas! Je ne puis te donner de réponse!

ERIK
Dieu de justice! Aucun doute! C'est bien vrai!
Quelle puissance maligne t'entraîna jusque-là?
Quelles forces ont donc pu si vite t'inciter
à briser cruellement ce cœur fidèle entre tous!
Ton père–ha! il ramenait le fiancé avec lui…
Je ne le connais que trop… je pressentais ce qui arrive!
Mais toi… est-ce possible?–Tu as donné ta main
à un homme qui venait à peine de franchir ton seuil!

SENTA *(luttant avec elle-même)*
Assez! Tais-toi! Je le dois, je le dois!

ERIK
Ah! Ton obéissance, aveugle comme ton acte!

Den Wink des Vaters nanntest du willkommen,
mit einem Stoss vernichtest du mein Herz!

SENTA
Nicht mehr! Nicht mehr! Ich darf dich nicht mehr sehn,
nicht an dich denken: hohe Pflicht gebeut's.

ERIK
Welch hohe Pflicht? Ist's höhre nicht zu halten,
was du mir einst gelobtest, ewige Treue?

SENTA *(heftig erschrocken)*
Wie? Ew'ge Treue hätt ich dir gelobt?

ERIK *(mit Schmerz)*
Senta, o Senta, leugnest du?

Kavatine

ERIK
Willst jenes Tags du nicht dich mehr entsinnen,
als du zu dir mich riefest in das Tal?
Als, dir des Hochlands Blume zu gewinnen,
mutvoll ich trug Beschwerden ohne Zahl?
Gedenkst du, wie auf steilem Felsenriffe
vom Ufer wir den Vater scheiden sahn?
Er zog dahin auf weiss beschwingtem Schiffe
und meinem Schutz vertraute er dich an,
ja, meinem Schutz vertraute er dich an.
Als sich dein Arm um meinen Nacken schlang,
gestandest du mir Liebe nicht aufs neu?
Was bei der Hände Druck mich hehr durchdrang,
Sag, war's nicht die Versicherung deiner Treu'? *(bis)*
Was bei der Hände Druck mich hehr durchdrang,
Sag, war's nicht die Versicherung,
die Versicherung deiner Treu'?

Finale

(Der Holländer hat ungesehen den Auftritt belauscht: in furchtbarer Aufregung bricht er jetzt hervor.)

HOLLÄNDER
Verloren! Ach, verloren! Ewig verlornes Heil!

ERIK *(entsetzt zurücktretend)*
Was seh ich? Gott!

HOLLÄNDER
Senta, leb wohl!

SENTA *(sich dem Höllander in den Weg werfend).*
Halt ein, Unsel'ger!

ERIK *(zu Senta)*
Was beginnst du?

Cette suggestion de ton père, tu l'as accueillie volontiers
et d'un seul coup tu m'a brisé le cœur!

SENTA
Plus jamais! Plus jamais! Je ne dois plus te voir,
ne plus penser à toi: un noble devoir me l'ordonne.

ERIK
Quel noble devoir? Est-il devoir plus noble
que de tenir ce que tu m'as promis,
ton éternelle fidélité?

SENTA *(saisie de frayeur)*
Comment? Je t'aurais promis fidélité éternelle?

ERIK *(douloureusement)*
Senta, ô, Senta, le nieras-tu?

4 **Cavatine**

ERIK
29 Ne veux-tu plus te souvenir du jour
où tu m'appelas à te rejoindre dans la vallée?
Quand, voulant cueillir pour toi des fleurs dans la montagne,
avec courage j'avais surmonté des épreuves sans nombre?
Te rappelles-tu? Du haut d'une falaise escarpée,
nous avons regardé ton père s'éloigner du rivage.
Il s'en allait sur son navire à la voilure blanche,
et il t'avait confiée à ma protection,
oui, c'est à moi qu'il t'avait confiée.
Lorsque ton bras se noua à mon cou,
n'est-ce pas ton amour que tu me répétas?
Ce que je ressentis lorsque nos mains se prirent,
dis, n'était-ce pas l'assurance de ta fidélité? *(bis)*
Ce que je ressentis lorsque nos mains se prirent,
dis, n'était-ce pas l'assurance,
l'assurance de ta fidélité?

Finale

(Le Hollandais a épié cette scène sans qu'on le voie. Il s'avance soudain à cet instant en proie à une terrible exaltation.)

LE HOLLANDAIS
Perdu! Hélas, perdu! Mon salut est perdu pour l'éternité!

ERIK *(reculant avec effroi)*
Que vois-je? Dieu!

LE HOLLANDAIS
Adieu, Senta!

SENTA *(barrant la route du Hollandais)*
Arrête, malheureux!

ERIK *(à Senta)*
Qu'entreprends-tu là?

HOLLÄNDER
In See! In See– für ew'ge Zeiten!
(Zu Senta.)
Um deine Treue ist's getan,
um deine Treue– um mein Heil!
Leb wohl, ich will dich nicht verderben!

ERIK
Entsetzlich! Dieser Blick...!

SENTA *(wie vorher)*
Halt ein!
Von dannen sollst du nimmer fliehn!

HOLLÄNDER *(gibt ein gellendes Zeichen auf seiner Pfeife und ruft der Mannschaft seines Schiffes zu).*
Segel auf! Anker los!
Sagt Lebewohl für Ewigkeit dem Lande!

SENTA
Ha! Zweifelst du an meiner Treue!
Unsel'ger, was verblendet dich?

ERIK
Was hör ich! Gott, was muss ich sehen!
Muss ich dem Ohr, dem Auge traun?

HOLLÄNDER
Fort auf das Meer treibt's mich aufs neue! *(bis)*
Ich zweif', an dir, ich zweif' an Gott!
Ich zweif' an dir, ich zweif' an Gott!
Dahin! Dahin ist alle Treue!
Was du gelobtest, war dir Spott!
Das war dir Spott!
Fort auf das Meer, usw.

SENTA
Halt ein! Halt ein! Halt ein!
Das Bündnis nicht bereue!
Was ich gelobte, halte ich!
Ha! Zweifelst du, usw.

ERIK
Was hör' ich? Gott! Senta!
Willst du zugrunde gehen?
Zu mir! Zu mir!
Du bist in Satans Klaun!
Was hör' ich? Gott! Muss ich, usw.

HOLLÄNDER
Erfahre das Geschick, vor dem ich dich bewahre!
Verdammt bin ich zum grässlichsten der Lose :
zehnfacher Tod wär' mir erwünschte Lust!
Vom Fluch ein Weib allein kann mich erlösen,
ein Weib, das Treu' bis in den Tod mir hält...
Wohl hast du Treue mir gelobt, doch vor
dem Ewigen noch nicht: dies rettet dich!
Denn wiss', Unsel'ge, welches das Geschick,
das jene trifft, die mir die Treue brechen ;
ew'ge Verdammnis ist ihr Los!
Zahllose Opfer fielen diesem Spruch

LE HOLLANDAIS
1 En mer! En mer–pour l'éternité!
(A Senta)
C'en est fait de ta fidélité,
de ta fidélité–de mon salut!
Adieu! Je ne veux pas causer ta perte!

ERIK
Horreur! Ce regard!

SENTA *(comme ci-dessus)*
Arrête!
Tu ne dois pas fuir ce rivage, jamais!

LE HOLLANDAIS *(donne un signal strident sur son sifflet de marine et crie à l'intention de son équipage).*
Hissez les voiles! levez l'ancre!
Dites à tout jamais votre adieu à la terre!

SENTA
Ha! Doutes-tu de ma fidélité?
Malheureux, qu'est-ce qui t'aveugle?

27 ERIK
Qu'entends-je? Dieu! Que dois-je voir?
Dois-je en croire mes yeux, mes oreilles?

LE HOLLANDAIS
Une force à nouveau me jette sur les mers. *(bis)*
Je doute de toi, je doute de Dieu!
Je doute de toi, je doute de Dieu!
C'en est fini! C'en est fini de toute fidélité!
Ta promesse n'était qu'un jeu!
Un simple jeu!
Une force à nouveau, etc.

SENTA
Arrête! Arrête! Arrête!
Ne regrette pas notre union!
Ce que j'ai promis, je le tiendrai.
Ha! Doutes-tu, etc.

ERIK
Qu'entends-je? Dieu! Senta!
Veux-tu courir à ta perte?
Viens avec moi! Viens avec moi!
Tu es dans les griffes de Satan!
Qu'entends-je? Dieu! Dois-je, etc.

LE HOLLANDAIS
Apprends le devenir que je t'épargne!
Une malédiction me condamne au plus horrible sort :
j'aimerais mieux mourir dix fois!
Seule une femme peut m'en délivrer,
une femme qui me garderait sa foi jusque dans la mort…
Tu m'as bien juré fidélité, mais pas
encore devant l'Eternel: c'est ce qui te sauve!
Car sache, infortunée, quel est le destin
de celles qui manquent à leur parole :
la damnation éternelle, tel est leur sort!
Sous le coup de cette sentence, d'innombrables victimes

durch mich! Du aber sollst gerettet sein.
Leb wohl! Fahr hin, mein Heil, in Ewigkeit!

ERIK *(in furchtbarer Angst nach dem Hause und dem Schiffe zu rufend)*
Zu Hilfe! Rettet! Rettet sie!

SENTA
Wohl kenn ich dich! Wohl kenn ich dein Geschick!
Ich kannte dich, als ich zuerst dich sah!
Das Ende deiner Qual ist da!- Ich bin's,
durch deren Treu'dein Heil du finden sollst!
(Auf Eriks Hilferufe sind Daland, Mary und die Mädchen aus dem Hause, die Matrosen von dem Schiffe herbeigeeilt.)

ERIK
Helft ihr! Sie ist verloren!

DALAND, MARY UND CHOR
Was erblick ich!

DALAND
Gott!

HOLLÄNDER *(zu Senta)*
Du kennst mich nicht, du ahnst nicht, wer ich bin!
(Er deutet auf sein schiff, dessen blutige Segel aufgespannt werden, und dessen Mannschaft in gespenstischer Regsamkeit die Abfahrt vorbereitet.)
Befrag die Meere aller Zonen,
befrag den Seemann, der den Ozean durchstrich,
er kennt dies Schiff, das Schrecken aller Frommen :
den fliegenden Holländer nennt man mich!

DIE MANNSCHAFT DES HOLLÄNDERS
Johohe! Johohoe! Hoe! Huissa!
(Der Holländer gelangt mit Blitzesschnelle an Bord seines Schiffes, welches augenblicklich die Küste verlässt und in See geht. Senta will dem Holländer nacheilen. Daland, Erik und Mary halten sir zurück.)

DALAND, ERIK, MARY UND CHOR
Senta! Senta! Was willst du tun ?
(Senta hat sich mit wütender Gewalt losgerissen und erreicht ein in das Meer vorstehendes Felsenriff ; von da ruft sir mit aller Kraft dem absegelnden Holländer nach.)

SENTA
Preis deinen Engel und sein Gebot!
Hier steh ich, treu dir bis zum Tod!

(Sie stürzt sich in das Meer; sogleich versinkt das Schiff des Holländers mit aller Mannschaft. Das Meer schwillt hoch auf und sinkt in einem Wirbel wieder zurück. Im Glührot der aufgehenden Sonne sieht man über den Trümmern des Schiffes die verklärten Gestalten Sentas und des Holländers sich umschlungen haltend dem Meere entsteigen und aufwärtsschweben.)

ont déjà succombé-à cause de moi!
Toi, cependant, tu dois être sauvée!
Adieu! Toi, mon salut, disparais dans l'éternité!

ERIK *(terrifié, crie en direction de la maison et du bateau)*
A l'aide! Sauvez-la! Sauvez-la!

SENTA
Je sais bien qui tu es, et je connais ton sort!
Je t'ai reconnu dès que je t'ai vu.
Voici venue la fin de tes tourments: c'est moi,
par ma fidélité, qui au salut te conduirai!
(Attirés par les cris d'Erik, Daland, Mary et les jeunes filles accourent de la maison. Les marins sont descendus du bateau.)

ERIK
Venez-lui en aide! Elle est perdue!

DALAND, MARY, CHŒUR
Que vois-je?

DALAND
Dieu!

LE HOLLANDAIS *(à Senta)*
Tu ne me connais pas! Et qui je suis, tu n'en pas idée!
(Il montre son vaisseau dont les voiles rouges sont dépliées et dont l'équipage prépare l'appareillage avec une rapidité fantomatique.)
Interroge les mers de toutes les contrées,
Interroge le marin qui a croisé toutes les routes.
On connaît ce vaisseau, l'effroi de tous les croyants :
on m'appelle le Hollandais Volant.

L'ÉQUIPAGE HOLLANDAIS
1 Iohohe! Iohohoe! Hoe! Hussa!
(Avec la vitesse de l'éclair, le Hollandais saute à son bord. Le navire quitte immédiatement le rivage et prend la mer. Senta tente de suivre le Hollandais. Daland, Erik et Mary la retiennent.)

DALAND, ERIK, MARY
Senta! Senta! Que veux-tu faire?
(Avec force et rage, Senta s'est dégagée et parvient à un rocher surplombant la mer. De là, elle crie de toutes ses forces en direction du Hollandais qui gagne le large.)

SENTA
Rends grâces à ton ange et à son commandement!
Me voici, fidèle à toi jusqu'à la mort!

4

(Elle se jette dans les flots. Aussitôt le vaisseau hollandais sombre avec tout son équipage. La mer s'enfle et retombe dans
1 *un tourbillon. Dans le rougeoiement du soleil levant, les silhouettes enlacées de Senta et du Hollandais surgissent transfigurées de la mer au-dessus de l'épave, et s'élèvent dans*
4 *les cieux).*

Commentaire

INTRODUCTION

Le *Vaisseau fantôme* est arrivé à bon port à Dresde, où il a été créé le 2 janvier 1843. Mais la traversée a été longue et périlleuse, depuis ce jour de 1838 où la légende a commencé de dériver dans l'imagination de Wagner.

1838, c'est la première étape, à Riga : la lecture des *Memoiren des Hernn von Schnabelewopski*, dans le premier tome du *Salon* de Heinrich Heine. Au début, donc, était la légende... mais où se situe le début? La fable du *Hollandais volant* et de son *Vaisseau fantôme* semble n'avoir fait son entrée en littérature qu'au XIXe siècle. Heine prétendait avoir entendu parler de cette histoire à Amsterdam.

Dans un livre passionnant consacré à Richard Wagner, Martin Gregor-Dellin cite quelques sources probables : « Il est plus vraisemblable que ce fut au théâtre Adelphi de Londres, en 1827, où l'on jouait une pièce très différente quant au fond : *The flying Dutchman or the Phantom Ship* (le Hollandais volant ou le Vaisseau fantôme) d'Edward Fitzball. Cette pièce se fondait sur diverses sources anglaises, dont la plus ancienne était un poème de Thomas Moore, qui avait lui-même pour origine un récit de marin datant de 1804. Les recherches sur Heine donnent la préférence à une autre source. Heinrich Heine s'est vraisemblablement inspiré des *Bruchstücke aus Karl Bertholds Tagebuch* (Fragments du journal de K. B.), édité par Oswald à Berlin en 1826. A la page 317, on y trouve, en quelques lignes, la légende du Hollandais volant. Les choses se passent toujours ainsi : si on y ajoute l'histoire des pirates de Walter Scott, *Rockeby*, de 1821, une ballade de Thomas Campbell de 1825, les romans de Fenimore Cooper *The Pilot* (le Pilote) (1823) et *The Red Rover* (le Corsaire rouge) de 1828, la concentration de ces œuvres dans une période définie montre bien que la légende du capitaine disparu se déroule sur un fond de rivalités maritimes entre l'Angleterre et la Hollande[1] ».

C'est donc grâce à l'entremise de ces différents récits que, en 1833, un certain seigneur de Schnabelewopski a pu raconter cette histoire, dans le style de Heine. Dans ces Mémoires imaginaires, le héros relate une pièce de théâtre vue à Amsterdam, dans laquelle le Hollandais en personne joue sa propre légende sur scène. Errance et rédemption..., le thème du futur livret de Wagner est là.

Condamné par le diable à errer sur les mers parce qu'il a, un jour, osé défier la tempête soulevée contre lui par les dieux, le Hollandais ne peut espérer trouver le salut que dans la fidélité d'une femme. Tous les sept ans, il lui est permis de faire escale à terre pour poursuivre sa quête. Au cours d'une de ces étapes, il rencontre un marin écossais avec lequel il se lie d'amitié et lui propose d'épouser sa fille.

Dans la maison de son père, la jeune fille attend son fiancé, absorbée dans la contemplation d'un vieux tableau, portrait fidèle du Hollandais volant tel qu'on l'avait vu en Ecosse cent ans plus tôt. Lorsqu'il paraît enfin devant elle, elle devine son secret et jure de lui être fidèle jusqu'à la mort. A la dernière scène, le Hollandais avoue son terrible destin à sa femme et veut la quitter pour ne pas l'entraîner à sa perte. Mais, pour l'assurer de sa fidélité jusque dans la mort, elle se jette à la mer, mettant un terme à la malédiction. Le Hollandais volant est délivré et le vaisseau fantôme disparaît dans les flots.

Wagner est enthousiasmé par le sujet, mais il ne rédige pas immédiatement d'esquisse en prose. Un an plus tard, en 1839, il décide d'aller courir sa chance à Paris. Accompagné de sa femme, Minna, et d'un encombrant terre-neuve nommé Robber, il quitte Riga en cachette pour échapper à ses créanciers. C'est le début d'un voyage mouvementé qui va profondément marquer la sensibilité créatrice de Wagner. La famille embarque sur un navire de commerce de petit tonnage, la Thetys, en direction de l'Angleterre. Le 27 juillet, une effroyable tempête s'élève et deux jours plus tard, le capitaine du navire est forcé de faire escale dans un fjord norvégien : Sandwike. C'est là que Wagner entend retentir le rythme bref du cri des matelots se répercutant sur les parois de granit, prémonition du

1. Martin GREGOR-DELLIN, *Richard Wagner*, Paris, Fayard, 1981.

futur chant des marins de son opéra (« à ce moment, j'avais déjà dans l'esprit un thème qui, sous l'effet de cette impression, prit forme et couleur[2] »). A Sandwike, Wagner entend souvent interpeller une certaine « tjenta ». Ce mot, qui signifie « servante », deviendra le nom de l'héroïne de l'opéra, Senta (elle s'appelait Catherine dans la nouvelle de Heine).

La traversée se poursuit et, après moult autres aventures, le voilier aborde enfin les côtes anglaises le 9 août. Après un très bref séjour à Londres, les Wagner embarquent pour Paris. La capitale française ne leur apportera guère que des désillusions. Wagner n'oublie pas son Hollandais volant. Dès 1840, il en prépare le texte, ramenant son sujet aux dimensions d'un acte unique, pensant que, s'il y avait une chance de faire accepter son travail, « il fallait en faire un spectacle en un acte comme en donnait souvent le Grand Opéra avant un ballet, sous la forme de ce qu'on appelait un lever de rideau[3] .

A la fin de l'hiver 1840, espérant une audition, il compose la musique de la ballade de Senta, du chant des matelots norvégiens et du chœur des marins hollandais..., mais rien ne vient. Un peu plus tard, un faible espoir semble luire : Léon Pillet, directeur du Grand Opéra, fait savoir qu'il est séduit par l'idée du *Hollandais volant*..., mais demande à Wagner de lui céder son plan, pour en confier le livret à Paul Foucher (beau-frère de Victor Hugo) et la musique à Louis-Philippe Dietsch. C'est la fin des illusions parisiennes. Wagner abandonne son *Vaisseau fantôme* à la France et nourrit aussitôt le projet de composer le livret et la musique d'un *Hollandais volant* pour l'Allemagne. Le manuscrit original voit le jour entre le 18 et le 28 mai 1841. Le 2 juillet, il cède au Grand Opéra son esquisse française du *Vaisseau*. La somme touchée pour cette vente (500 francs) le met provisoirement à l'abri du besoin et la première dépense est destinée à la location d'un piano. « Une fois le piano entré dans notre maison d'été, je n'osai pas y toucher de toute la journée : j'avais peur de m'apercevoir que je n'avais plus d'idées. Il me vint soudain à l'esprit que j'avais oublié de recopier la chanson du timonier, au premier acte; mais je n'arrivai pas à me rappeler si j'en avais déjà conçu la musique, car je venais tout juste d'en composer les vers. Je m'attaquai donc à cette tâche et je fus satisfait du résultat. Il en fut de même pour le chœur des fileuses. Après réflexion, je fus bien obligé de conclure que je venais d'écrire de la musique entièrement nouvelle et cette découverte me combla de joie. Il me fallut sept semaines pour composer toute la musique du *Hollandais volant*, orchestration comprise[4] ».

A ce moment, l'histoire se déroule encore sur la côte écossaise ; plus tard, le souvenir de ses propres expériences maritimes incitera Wagner à la transporter sur le littoral norvégien.

Le 5 novembre 1841, l'ouverture est terminée, sans le thème de la rédemption qui ne fera son apparition qu'en 1860, lors d'un concert donné à Paris.

L'œuvre est accomplie : il faut la faire jouer. Accueilli avec défiance, refusé à Leipzig, Munich et Berlin, l'opéra errant trouve enfin un havre à Dresde. Il ne tiendra l'affiche que le temps de quatre représentations, malgré l'enthousiasme du public. Wihelmine Schröder-Devrient chante et joue le rôle de Senta. Elle est sans doute la seule actrice réellement convaincante de la distribution. Wagner tire la leçon de ce demi-échec : « J'avais pensé que ma musique pouvait défendre (l'opéra) toute seule et que les qualités scéniques de mes chanteurs étaient d'importance secondaire... La conclusion qui s'imposa à moi fut qu'il était désormais nécessaire d'apporter un soin plus attentif à l'interprétation dramatique de mes œuvres[5] ».

ARGUMENT

Acte I

C'est le diable qui ouvre le rideau... il a pris les traits d'une violente tempête qui force l'équipage d'un navire norvégien à interrompre son voyage tout près du but et à jeter l'ancre dans la baie de Sandwike, un rivage rocheux et escarpé. Les éléments ont fait leur œuvre, la tempête se calme peu à peu. Daland, le capitaine du navire, descend se reposer dans la cale avec les matelots, abandonnant la garde du pont au pilote. Après une dernière ronde, celui-ci chante son impatience de revoir enfin sa bien-aimée... puis il s'endort, vaincu par la fatigue. La tempête déferle à nouveau, portant sur son écume un étrange vaisseau aux voiles rouge sang. C'est le vaisseau fantôme ; il s'approche rapidement et vient mouiller dans la baie, à côté du navire norvégien. Son capitaine, le Hollandais, descend à terre et conte la malédiction dont il est prisonnier : l'errance interminable sur les flots, à laquelle seule pourrait mettre fin la fidélité absolue d'une femme. Tous les sept ans, la mer le rejette pour qu'il puisse mener à bien sa quête. Daland sort de la cale. Il aperçoit le vaisseau mystérieux, puis son énigmatique capitaine. Aux questions qui lui sont posées, ce dernier répond évasivement. Au

2. Richard WAGNER , *Ma vie*, Paris, Buchet-Chastel, 1983 (traduction de Martial Hulot).
3. *Ibid.*
4. *Ibid.*
5. *Ibid.*

comble de la lassitude, il en vient à proposer au Norvégien d'insoupçonnables richesses pour prix de l'hospitalité d'une seule nuit. Daland n'en croit pas ses oreilles, mais son étonnement croît encore lorsque le Hollandais lui offre d'épouser sa fille, Senta. Les deux hommes se réjouissent de l'accord qu'ils viennent de conclure : Daland pour les raisons matérielles que l'on devine, le Hollandais parce qu'il caresse l'espoir d'atteindre enfin au salut tant espéré. La tempête n'a plus aucune raison d'être. Le vent du sud se lève et emporte les deux navires vers le port voisin.

Acte II

Dans la maison de Daland, les fileuses chantent leur hâte de voir le retour des marins. Senta ne partage pas leur effervescence, toute absorbée qu'elle est dans la contemplation d'un vieux tableau représentant le Hollandais volant. Aux taquineries de ses compagnes, elle répond en chantant la ballade qui hante ses rêves… et qu'elle termine en clamant sa détermination d'être celle qui, par sa fidélité, sauvera le « pâle marin ». Entre alors Erik, son fiancé. Il annonce le retour de Daland, empêche Senta d'accompagner les jeunes filles au port et l'interroge sur les raisons de son attitude étrange. Il l'aime, il lui chante sa passion et ses souffrances. Aiguillonné par l'inquiétude, il relate à Senta son rêve étrange et prémonitoire. La porte s'ouvre, Daland et le Hollandais paraissent. Le Norvégien joue les entremetteurs, mais nul ne l'écoute. Restés seuls, Senta et le Hollandais se découvrent peu à peu et leur duo aboutit à l'affirmation de leur volonté réciproque, l'union de leurs destinées solitaires. Daland surgit à point nommé et transforme en fiançailles la fête qui va saluer le retour des marins au bercail.

Acte III

Les deux vaisseaux sont côte à côte. Le navire norvégien est tout illuminé et résonne de la joie débridée des matelots. Du vaisseau hollandais, plongé dans une obscurité surnaturelle, ne sourd que la sombre angoisse du silence. Les Norvégiens et les jeunes filles interpellent l'équipage fantôme, l'invitant à goûter à l'insouciance de leurs réjouissances, provoquant les marins silencieux par leurs allusions à la légende. Une tempête se lève subitement et les Hollandais entonnent un chœur sinistre qui effraie les marins norvégiens. Leur tentative de s'interposer reste vaine et ils se retirent, sous les rires moqueurs des navigateurs fantômes. Un silence de mort règne à nouveau sur le vaisseau mystérieux.

Senta sort de la maison, Erik sur ses talons. Il tente une ultime fois d'infléchir le cours des événements en réaffirmant sa passion à la jeune fille. Le Hollandais a épié la scène. Convaincu de l'infidélité de Senta, il lui explique la malédiction qui le condamne, la délie de son serment et clame sa résolution de retrouver la mer pour l'éternité. Mais Senta ne semble pas résignée à échapper à un sort qu'elle a délibérément choisi. Elle s'arrache à l'étreinte de ceux qui veulent la retenir et, au moment même où le navire hollandais est englouti par l'océan, elle se jette dans les flots. La rédemption s'accomplit et, dans le rougeoiement du soleil levant, Senta et le Hollandais surgissent de la mer et s'élèvent dans le ciel, transfigurés.

PROFILS MUSICAUX DES PERSONNAGES

SENTA

Isolée dans un univers qui ne la comprend pas et qu'elle ne comprend pas, Senta est un être qui fuit la réalité et cherche refuge dans le surnaturel. Mais sa sensibilité fragile abrite une détermination indomptable : « Ce désir de sauver le damné se manifeste en elle comme une folie pleine de force, qui ne peut appartenir qu'à des natures vraiment tout-à-fait naïves[6] ». La tessiture est éprouvante : les notes graves (jusqu'au *Si* bémol) foisonnent dans la partition, mais la voix doit aussi pouvoir faire briller l'éclat d'un *Si* aigu au milieu des stridences d'un orchestre tonitruant. L'écriture est souvent tendue, symbole de cette ligne de rupture sur laquelle marche Senta, les yeux fixés sur le gouffre. Rôle exigeant, il nécessite une grande voix de soprano lyrique, qui puisse laisser le rêve envelopper de son mystère impalpable une présence dramatique bien réelle. Difficile alchimie!

LE HOLLANDAIS

Personnage intemporel, son univers est le mythe. Il est dans une attente perpétuelle d'une chose qu'il croit impossible et toujours sur le point de reprendre la mer avec ses espoirs. Ses colères doivent laisser percevoir quelque chose de sa lassitude, mais son accablement ne peut jamais s'épancher en de mièvres soupirs. Semer la tempête et confier d'insondables secrets… il faut pour cela une voix ductile, capable sans se rompre de passer d'un abîme à l'autre. Le rôle est écrit pour un baryton aux aigus généreux. Il doit pouvoir contenir au maximum les éclats de son timbre et l'ampleur de ses mouvements pour mieux laisser échapper toute la violence de son désespoir aux endroits (peu fréquents) où le demande le compositeur.

6. R. WAGNER : Notes concernant la mise en scène, figurant dans la partition des Editions Peters.

DALAND

Daland, c'est la figure du père, gardien de la moralité et des valeurs de la société. Attiré par l'or, il « vend » pourtant sa fille à un marin inconnu. Cet acte n'est pas en contradiction avec l'ordre qu'il incarne : dans la société bourgeoise, les pères ne vendent-ils pas toujours leurs filles à des hommes riches? Daland n'est pas un scélérat, « il est épouvantablement normal[7] ». C'est dans ses airs que subsistent le plus de traces des conventions de ce « grand opéra » que Wagner n'a pas encore définitivement rangées au placard. Les fantômes de Meyerbeer, Donizetti ou Bellini traversent le chant de ce réactionnaire qu'est Daland. La basse wagnérienne ne doit pas craindre de s'abandonner ici aux coquetteries du bel canto.

ERIK

Si Daland représente l'ordre bourgeois, Erik est l'incarnation de l'amour « normal » (donc banal) dont ne peut en aucun cas se satisfaire Senta. Il est l'amant malheureux. Attention, il ne faut toutefois pas le doter d'une sentimentalité trop larmoyante : « au contraire, il est impulsif, violent, sombre, comme le sont les solitaires, particulièrement sur les hautes terres nordiques[8] ». On ne peut s'empêcher de constater combien il est délicat, cependant, de traduire la virilité d'un homme qui préfère la Cavatine au duel (ils le savent bien, les interprètes mozartiens qui chantent Don Ottavio!). Il faut pour Erik un ténor lyrique au timbre juvénile et fougueux, mais capable de commencer le récit de son rêve d'une voix éteinte par l'angoisse.

LE PILOTE

Voici un rôle qui ne semble avoir été inventé que pour le plaisir du beau chant. Son intervention, au premier acte, ne nous apporte apparemment rien d'autre que le charme nostalgique d'une mélodie apaisante. Mais son importance psychologique se révèle être plus riche d'intentions. Le pilote est le gardien du navire (donc des hommes) : lorsqu'il s'endort, la rationalité s'évanouit et le monde bascule dans la légende par cette faille entrouverte. Quoiqu'il en soit, la luminosité du timbre est primordiale : elle impose le choix d'un ténor léger aux inflexions d'une pureté très mozartienne, capable d'atteindre sans peine un périlleux et héroïque *Si* bémol aigu.

MARY

Mary est la nourrice, celle qui nourrit, mais aussi celle qui instruit. Par opposition à Senta (femme libérée, « femme de l'avenir »), elle veille au respect des conventions sociales en gardant à l'œil le troupeau des fileuses soumises. Ses interventions ne se déroulent jamais en marge du groupe dont elle assume la responsabilité. C'est dire que, bien que le rôle soit court (et la tessiture exempte de pièges sournois), il nécessite toutefois une voix d'alto puissante, qui peut s'imposer au milieu d'un chœur ou face à un orchestre massif.

ANALYSE

Ouverture

« Tout est dans tout, et réciproquement ». Citation quelque peu impertinente que cet aphorisme de Pierre Dac pour commencer l'analyse d'une œuvre telle que *le Vaisseau fantôme*. Parlons, plus poétiquement, de la mer et du ciel, image d'une même réalité qui s'inverse dans le miroir de l'horizon. De même, Senta se mire dans le mythe autant que le mythe se reflète dans Senta. Telle une mise en abîme de tout l'opéra, la ballade du deuxième acte renferme l'œuvre tout entière dans le même temps qu'elle est une partie de cette œuvre. Le fait que Wagner ait commencé la composition de son opéra par cette ballade est en soi suffisamment révélateur. Où est le début, où est la fin? La légende devient-elle réalité, ou la réalité est-elle absorbée par la légende? L'existence du mythe est antérieure à celle de la conscience individuelle, mais le mythe n'est rien en dehors de cette prise de conscience. Se peut-il que Senta ait rêvé toute l'histoire, que le Hollandais n'existe que dans son imagination? C'était l'option défendue par la mise en scène de Harry Kupfer en 1978 à Bayreuth, vision réductionniste, sans doute, mais qui montre bien que le vrai sujet de l'œuvre n'est autre que la lutte entre la réalité et l'idéalité. Toute la partition est parcourue de motifs issus de cette ballade et qui renvoient sans cesse à elle.

Dernière partie à avoir été composée, l'ouverture se veut un résumé de tout l'opéra. Ce tableau symphonique d'une dizaine de minutes canalise le flot de sa puissance évocatrice dans la rigueur d'une forme tripartite nettement dessinée. Les mesures 1 à 96 présentent l'exposition de motifs attachés aux deux personnages principaux. Tout commence en *ré* mineur, dans la délicieuse ambiguïté d'une harmonie qui omet soigneusement la tierce (ah! cette quinte à vide qui ouvre la *Neuvième Symphonie* de Beethoven, obsession mystique avouée par Wagner). Harmonie de l'errance qui se dérobe à toute identification modale (elle peut être indifféremment majeure ou mineure selon la tierce qui

---

7. Harry KUPFER : « Mettre en scène le Vaisseau », « *L'Avant-Scène Opéra* » n° 30, Paris, 1980.
8. R. WAGNER : *Ibid.*

la complète), elle symbolise la vacuité des tribulations du Hollandais et précèdera chaque apparition du vaisseau fantôme. Mélodiquement, cela donne dès la mesure trois le motif du Hollandais exposé par les cors et bassons *forte, molto marcato* (1).

Ce motif est construit à partir des seuls intervalles de quarte et de quinte (son double renversé). Dans le courant de l'œuvre, ces intervalles caractéristiques suffiront bien souvent à évoquer la figure du Hollandais, ou le poids de la malédiction. L'utilisation du leitmotiv n'est encore que l'ébauche de ce qu'elle deviendra dans les opéras ultérieurs : peu de transformations mélodiques ou harmoniques, pas d'interactions révélatrices. Le motif est la plupart du temps utilisé sous forme de citation, il n'a pas de fonction structurale au niveau de l'opéra entier parce qu'il n'est pas encore un facteur de développement psychologique.

Evocation de la tempête prochaine (dont le vent secouera aussi la ballade), viennent ensuite sept mesures de chromatisme ascendant, déclamé en *crescendo* par les cordes graves. Eclate alors le *fortissimo* d'une septième diminuée qui installe la tonalité pendant huit mesures sur la dominante de *do* dièse mineur, un demi-ton plus bas que la tonique initiale, alors que résonne aux cuivres un appel anapestique (2) qui retentira lui aussi dans la ballade, dans le même contexte modulatoire d'un demi-ton. L'utilisation de l'accord de septième diminuée pour traduire l'effroi est une pratique courante depuis l'époque baroque (pensons aux cantates de Bach), de même qu'un certain type de chromatisme a de tout temps été associé à l'angoisse. Il n'y a pas dans le *Vaisseau fantôme* d'innovations harmoniques extraordinaires, de résolutions inouïes ou d'accords inusités. Le philtre de Tristan est toujours dans l'athanor et la désagrégation par le chromatisme n'a pas encore fait son œuvre. La « révolution » wagnérienne se situe au niveau des rapports de tonalités, des modulations brusques qui élargissent le champ tonal.

Il existe dans l'œuvre une symbolique des tonalités, qui est plutôt une symbolique des correspondances entre les tonalités. On remarque, par exemple, que le ton de *si* mineur est souvent associé au motif du Hollandais dans ce qu'il a de plus inquiétant : première apparition du navire fantôme, chœur des marins hollandais au troisième acte... L'opposition de deux tonalités à un demi-ton d'intervalle sera réservée à des moments de tension intense, l'exemple le plus frappant étant le chœur du troisième acte, où s'affrontent les marins norvégiens (*do* majeur) et hollandais (*si* mineur). De nombreux exemples de ce type seront évoqués dans le courant de l'analyse.

A la mesure 26, le retour en *ré* mineur marque l'apparition du motif associé à l'errance du Hollandais (3). Une pédale de dominante aux cordes graves clôt cette première section sur des rappels en *decrescendo* du motif du Hollandais (1), bientôt réduit à sa quintessence : l'appel de quarte caractéristique qui résonne comme une interrogation angoissée. Dans la douce luminosité d'un *andante* en *fa* majeur (relatif du ton principal), un cor anglais solo soutenu par les bois chante une mélodie apaisée (4) qui sera le motif de la délivrance (ou du salut) dans la ballade de Senta au deuxième acte. Cet épisode pastoral, confié aux seuls bois, assure le retour en *ré* mineur, tonalité initiale dans laquelle s'achève cette première partie sur des rappels du motif du Hollandais.

La deuxième partie de l'ouverture s'étend des mesures 97 à 329. C'est un développement au sens classique (entendez « beethovénien ») du terme, qui soumet les motifs de l'exposition à la houle de modulations nombreuses, favorisées par l'ambiguïté tonale de l'accord de septième diminuée. Depuis Beethoven, le développement est le lieu par excellence des conflits et des tensions, le siège des joutes dialectiques chères à la forme sonate. Ces affrontements thématiques échappent ici à l'abstraction pure : Wagner « met en scène » les motifs tirés de l'exposition et leur cheminement symbolique synthétise toute l'action à venir. Le motif de l'errance (3) s'empare de l'espace sonore, générant dans son sillage deux éléments thématiques qui seront utilisés dans le grand air du Hollandais au premier acte : le découragement désabusé devant l'impossibilité de trouver la mort (5) sera un des sujets de cet air (voir le motif 12, sur les mots : « *doch, ach! den Tod, ich fand ihn nicht* »). Sa répétition d'un demi-ton plus bas n'est pas une simple coquetterie harmonique, nous en découvrirons la signification lors de l'analyse de ce passage de l'air. Le deuxième motif, arpège descendant de septième diminuée (6) précèdera dans l'air le cri désespéré : « *nirgends ein Grab!* » (voir le motif 13). Solitude et désir de la mort... le début de ce développement expose les conflits internes du Hollandais. Quelques mesures plus loin, le motif de la future chanson des marins au début du troisième acte fait son apparition (7), avant d'être à son tour happé par la marche implacable du développement. Cette anticipation de la future rencontre entre Norvégiens et Hollandais au début de l'acte III est le signe de l'impossible cohabitation entre les mondes de la réalité et de la légende : le Hollandais n'a nul espoir de trouver une quelconque chance de salut chez les humains. Parvenue à ce point névralgique de son cheminement, la musique se crispe davantage. Mais sa marche haletante se brise à quatre reprises sur le motif de la délivrance (4), clamé *fortissimo* et *ritenuto*. Senta est la femme qui mettra fin à cette errance désespérée. Son apparition met un terme aux conflits du développement et annonce la partie conclusive de cette ouverture, transmutation de la substance musicale plutôt que réexposition classique.

Celle-ci s'ouvre à la mesure 322 sur un changement d'armure, signe de la transfiguration qui s'est opérée à l'issue des épreuves subies tout au long du développement. Dans la lumière franche du ton de *ré* majeur, les motifs de Senta (4) et du Hollandais (3) s'enchaînent dans l'union symbolique qui marque l'accomplissement de la légende. *Ré* mineur transcendé par *ré* majeur, ténèbres vaincues par la lumière... ainsi prendra fin l'opéra quand, réunis au-delà de la mort, Senta et le Hollandais s'élèveront dans le ciel à l'issue du troisième acte.

Acte I

N° 1 – INTRODUCTION

Le premier acte s'ouvre sur les derniers sursauts d'une violente tempête prenant les accents d'un sombre *si* bémol mineur. Ressac des cuivres, hululement des cordes en *trémolos*, accords de septièmes diminuées éclatant en gammes chromatiques qui sifflent dans les cordages : l'orchestre traduit la fureur des éléments. La mer occupe la plus grande partie de la scène. Bien plus qu'un simple décor de référence, elle est cet océan qui ceinture le monde, puissance intemporelle, berceau des mythes et des légendes qui échappent à l'emprise de la rationalité. On pense, bien sûr, aux vastes évocations des *Tableaux de voyage* de Heine, ou à la nature indomptée et incantatoire du *Freischütz* de Weber, deux références chères à Wagner. Le chœur des matelots au travail est la première manifestation d'une présence humaine au milieu de la tourmente. L'appel des marins sur un saut d'octave ascendante préfigure celui de la ballade de Senta au deuxième acte. La deuxième partie de cet appel, tierce descendante martelée, reprise en double écho par six cors placés sur la scène, annonce clairement le début du chœur au troisième acte (24). Le rythme en a directement été inspiré à Wagner par le cri des matelots de la Thétis se répercutant sur les parois de granit dans le fjord de Sandvig, un certain 29 juillet 1839! Après une nouvelle vague chromatique rageuse, le chœur ahane longuement sur une cellule rythmique (8) dont la scansion trochaïque n'est pas sans rappeler la dernière mesure du motif de la délivrance. Le chœur conclut en *fa* majeur, dominante du ton principal.

Daland, le capitaine du vaisseau norvégien, exprime alors son dépit d'avoir été emporté par la tempête à sept milles du port ; sept, chiffre fatidique, qui marque aussi la fréquence des escales du Hollandais... comment indiquer plus clairement que tous les éléments sont réunis par le destin pour préparer l'irruption du fantastique? Après avoir reconnu la baie de Sandwike, Daland s'exclame : « *Verwünscht!* » (Malédiction!) sur un saut de quarte qui est précisément le début du motif du Hollandais (1). La ligne mélodique est hachée, coupée de silences, tandis que l'orchestre gronde toujours du souvenir de la tempête. Dans une phrase plus lyrique en *mi* bémol majeur, il nomme sa fille, Senta, évocation de la douceur du foyer espéré. Trois allusions à Satan (étrange proximité), responsable de la tempête, ramènent les inquiétudes du présent. Daland confie la garde du vaisseau au Pilote et descend se reposer dans la cale avec les matelots. La tempête s'est peu à peu calmée et le Pilote s'abandonne à la rêverie. Son chant s'articule en trois parties distinctes. La première est un grand élan *a cappella*, habillé d'une harmonie des bois au moment de la cadence (9). Par sa coupe, cette phrase à voix nue semble préfigurer celle que chantera le jeune marin à la première scène de l'acte I de *Tristan*, avec une expression beaucoup plus désolée toutefois, très éloignée de cette nostalgie apaisée qui baigne pour l'heure le navire de Daland.

La deuxième partie débute dans un tempo plus rapide et est accompagnée par les cordes. Les inflexions modales de l'harmonie évoquent une trame populaire (Wagner a avoué avoir utilisé des chansons folkloriques pour la composition de certaines mélodies). Deux mesures, *moderato*, concluent sur une cadence en *Si* bémol majeur.

La troisième partie se compose de neuf mesures d'appels, réminiscences du chant d'entrée des marins : sauts d'octaves caractéristiques et cellule rythmique tirée du (8).

L'atmosphère s'assombrit de signes prémonitoires de la tournure prochaine des événements : dans un dernier saut, la voix atteint la note la plus aiguë de sa tessiture (*si* bémol) tandis qu'une vague chromatique porteuse d'angoisse s'enfle à l'orchestre. Deux mesures de rythmes heurtés, *fortissimo*, secouent violemment le navire sous les coups de boutoir d'un accord de septième diminuée. Le cor émerge alors pour lancer le motif de la future danse des marins à la première scène du troisième acte, motif qui introduira aussi le chœur des Hollandais (10).

Ce motif est repris, puis une dernière vague chromatique montante clôt cette première strophe sur la dissonance d'un accord de neuvième de dominante mineure. Le Pilote entonne la deuxième strophe de son chant. La thématique en est identique à celle de la première, mais l'orchestre est peu à peu agité de soubresauts annonciateurs : déferlements chromatiques, accords de septièmes diminuées. Dernier garant de la rationalité humaine, le marin finit par s'endormir et le fantastique prend la scène d'assaut. La tempête secoue l'orchestre et, porté par les stridences des quintes à vide des violons et des bois, le vaisseau fantôme fait son apparition sur le motif du Hollandais (1) martelé par les cors et bassons en *si* mineur. Repris *fortissimo* par les cuivres, ce motif explose sur deux mesures d'un accord de septième diminuée clamé par tout l'orchestre, tandis que l'ancre du vaisseau maudit heurte le fond dans le vacarme assourdissant d'un coup de tam-tam. Rapide *decrescendo*, reprise, *piano*, du motif (10) par le basson, dernier balbutiement du pilote (sept mesures de *si* bémol majeur, autre exemple d'opposition tonale à distance d'un demi-ton renforçant les moments de tension)..., l'irrationnel s'est irrémédiablement engouffré dans la réalité (ou le contraire). Le retour du ton de *si* mineur fait entendre la cellule trochaïque du motif (8) et, sur une pédale de dominante roulée aux timbales, le motif du Hollandais (1) est chuchoté aux trompettes, puis aux cors.

N° 2 – RÉCITATIF ET AIR

Le Hollandais émerge de l'ombre avec une lenteur pénible, chacun de ses pas étant indiqué par Wagner lui-même dans la partition : premier pas à la mesure 1, deuxième à la mesure 3, troisième à la mesure 8... Verdi n'agira-t-il pas de la sorte au moment où Otello, sortant des ténèbres d'une porte secrète, vient tuer Desdémone en messager d'un Destin qui lui échappe?

L'orchestre est traversé d'accents douloureux : motif plaintif des cordes graves –avatar du motif de l'errance (3)–, appel de cor à la quarte triton (*Si-Mi* dièse). L'harmonie est ambiguë, constituée essentiellement des intervalles caractéristiques de l'accord de septième diminuée (tierce mineure, quarte triton). Se constituant avec peine, la ligne vocale du Hollandais reflète cette lenteur, cette instabilité tonale qui est le signe de sa quête hasardeuse. Le récitatif s'anime quelque peu (*piu moto*) quand il s'adresse à l'océan (saut de quarte ascendante se posant sur une *appoggiature* dissonante sur les mots « *dein Trotz* », « ton obstination »). Après huit mesures *allegro*, la voix se brise sur un *sol* grave, image de la dernière vague dont elle vient de chanter le tarissement (« *und euer letzte NaB versiegt* »). Directement enchaîné à ce récitatif mouvant, l'air est clairement écrit en *do* mineur et s'articule distinctement en quatre parties qui structurent le cheminement de la pensée du Hollandais : quête de la mort, interrogation fervente, vanité de l'espérance, unique espoir de salut dans l'anéantissement de l'univers. Récit des défis successifs lancés à la mort par le navigateur fantôme, la première partie est notée *allegro molto agitato*, mais Wagner note lui-même qu'elle doit être « description de ses souffrances plus qu'explosion véritable de son désespoir ». Huit mesures affirment la dominante de *do* mineur. Les traits en doubles croches des cordes annoncent le motif qui accompagnera l'entrée de la voix, celui symbolisant l'errance du Hollandais (3). Une cadence parfaite, renforcée par les timbales, assied la tonalité par l'affirmation de son saut de quarte ascendante, premier intervalle de la partie chantée qui suit, tête caractéristique du motif du Hollandais (1). La ligne mélodique est fermement accrochée à un arpège descendant de *do* mineur, signe de la résolution farouche mais désespérée du marin (11).

Elle n'est pas sans annoncer la fermeté qui caractérise le début de la ballade de Senta (cf. 17). La phrase est construite en deux périodes de huit mesures. La première conclut classiquement à la dominante (*sol* mineur) après l'énoncé d'un motif (12) qui traduit la lassitude du Hollandais face à cette mort qui se refuse sans cesse à lui (« *doch, ach! den Tod, ich fand ihn nicht* »). La fin de la deuxième période nous offre la surprise d'une modulation inattendue en *sol* bémol majeur (12 bis). Ce type de clivage à distance d'un demi-ton, auquel il a déjà été fait allusion plus haut, intervient à nouveau pour souligner un moment poignant du texte, celui où le marin regrette que la tombe ne se soit pas refermée sur lui (« *ach! mein Grab, es schloss sich nicht!* »). Mais les subtilités enharmoniques de l'accord de septième diminuée ont tôt fait de noyer toute évidence tonale (Wagner n'hésite pas un instant à user des bonnes vieilles « recettes » laissées par Beethoven!). Striée de rafales chromatiques des cordes graves, cette harmonie androgyne par excellence soutient la deuxième phrase du Hollandais (« *Verhöhnend droht ich dem Piraten* »). La tonalité est alors secouée de remous hésitants et la reprise de la phrase initiale (« *Wie oft in Meeres tiefsten Schlund* ») utilise ce motif déjà rencontré dans l'ouverture (6), construit sur un arpège descendant de septième diminuée (13).

L'affirmation désabusée : « *Nirgends ein Grab, niemals der Tod!* conduit la voix aux limites de sa tessiture (*Mi* bécarre, *Fa*). Une pédale de dominante assure alors le retour au ton de *do* mineur dans lequel se clôt, *pianissimo*, cette première partie de l'air qui nous a présenté le Hollandais comme une personnification de l'errance, un amalgame d'Ulysse et d'Ahasvérus. La deuxième section est un *maestoso* en *la* bémol mineur (relatif de *do* bémol majeur, un demi-ton plus bas que la tonique initiale, *Do* : nouvel exemple de chromatisme modulatoire). Question fervente, non sans une pointe d'ironie, à l'ange divin qui ménagea une « chance » de salut au navigateur errant, elle offre le contraste d'une ligne mélodique plus périlleuse dans son apparente simplicité (14 - « *Dich frage ich, gepriesner Engel Gottes* »).

Aboutissant à un accord de *la* bémol majeur, l'interrogation s'ouvre en *crescendo* sur la fureur révoltée du Hollandais, objet de la brève troisième section (« *Vergebne Hoffnung!* »). Le dernier mot (« *getan* ») fait éclater à l'orchestre un accord de *la* majeur, *feroce*... nouvel exemple de distorsion chromatique évocatrice de conflits. Quatre mesures plus loin, un *piano* subit ramène le ton de *do* mineur dans des sonorités graves.

Plus développée, la quatrième partie porte l'indication *molto passionato*. Le Hollandais y exprime son ultime espoir, celui de la rédemption accordée le jour de la fin du monde. La mélodie s'élève lentement par paliers (« *Nur eine Hoffnung...* ») pour atteindre son premier sommet expressif sur les mots « *Tag des Gerichtes* ». L'évocation terrible « *Mit dem die Welt Zusammen Kracht* » est chantée *a cappella*, après que l'orchestre ait rétabli une tonalité de *do* mineur chancelante par un accord parfait puissamment martelé. Après une nouvelle allusion au jour de la résurrection des morts, le climax de l'air est atteint avec les deux dernières phrases : un saut de quarte perche la voix sur un *Fa* aigu (« *Ihr Welten* »), le registre reste tendu alors que l'orchestre accumule les septièmes diminuées. La voix conclut dans l'éclat d'un accord de *do* majeur rayonnant. Cette transformation du *do* mineur en *do* majeur est bien sûr symbolique : la mort tant attendue est en fait espérance de salut. Le Hollandais ignore encore que cette délivrance improbable prendra bientôt les traits de Senta, mais Wagner nous l'indique par un subtil rapport de tonalités. Il faut savoir, en effet, que la ballade de Senta au deuxième acte a été composée à l'origine dans le ton de *la* mineur (elle a ensuite été transposée un ton plus bas à la demande de Wihelmine Schröder-Devrient, la créatrice du rôle). Dans ce contexte, le motif du salut (4 et 13) apparaît précisément en *do* majeur. Ce type de symbolisation tonale permet à Wagner de donner à son opéra une cohérence psychologique rare, elle illustre clairement son désir de créer une musique entièrement au service du drame. Il est indéniable que l'influence de Weber est encore bien apparente dans l'écriture qui n'est pas tout à fait détachée d'un certain traditionalisme. Nous en trouvons des traces tout au long de l'œuvre. Mais il est tout aussi évident que Wagner est à la recherche d'un type d'expression nouveau, plus à même de traduire ses idées poétiques et dramatiques. Son *Vaisseau fantôme* pourrait arborer à la proue une figure de Janus, regardant à la fois vers le passé et l'avenir.

Les dernières paroles du Hollandais sont reprises, *pianissimo*, par l'équipage du vaisseau fantôme (*mi* mineur/*mi* majeur, éclairage modal identique à celui de l'air qui précède, dans l'incise irréelle d'une tonalité éloignée). La scène s'achève en *do* mineur, ton initial, sur une ultime réminiscence du motif du Hollandais (1) au cor solo.

N°3 - SCÈNE, DUO ET CHŒUR

Daland réveille alors le Pilote et lui fait remarquer la présence du navire étranger. La double interpellation reste sans réponse. Succédant à un nouveau silence, les cordes graves énoncent le motif rampant décrivant la solitude du Hollandais, dont la dernière note est harmonisée par un accord de septième diminuée aux cuivres (15 - *pianissimo* lourd d'intentions!).

La première partie du dialogue fait alterner les interrogations empressées de Daland et les réponses énigmatiques du Hollandais soutenues par les sonorités mystérieuses de l'orchestre. L'air de ce dernier (*sol* mineur, *moderato*) est structuré classiquement en périodes de huit mesures : le Hollandais cherche d'abord à gagner la confiance de Daland. Puis, en treize mesures de *lento*, il appâte le Norvégien en lui offrant des richesses contre l'hospitalité de sa maison. La réponse enthousiaste de Daland est introduite par une modulation en *sol* majeur, tonalité « légère » utilisée à plusieurs reprises dans la suite de la scène, et est accompagnée de fluides sextolets de croches aux violons. Il faut insister une première fois sur le fait que Daland n'est absolument pas un personnage ridicule, ou falot. Il symbolise la conscience bourgeoise de la société en marge de laquelle évoluent Senta et le Hollandais, et oppose à l'irrationalité de la légende le poids de son bon sens matérialiste. Nous ne nous étonnerons donc pas que Wagner le dessine musicalement d'une façon assez conventionnelle, ce qu'il fera également pour le personnage d'Erik au deuxième acte. Pour la première fois, le motif de la solitude (15) fait son apparition dans la ligne vocale aux mots du Hollandais : « *Ich habe weder Weib noch Kind* ». La suite se déroule très vite : après un accord dissonant (septième de dominante sur tonique en *fa* dièse majeur), la question fatidique est posée *a cappella* (« *Hast du eine Tochter?* »). La musique s'anime et le duo commence dans une atmosphère enjouée. Mouvement simultané de deux pensées distinctes, ce passage sacrifie à la grande tradition de l'opéra italien. Et, tandis que la ligne mélodique s'offre le luxe surrané de quelques *grupettos* expressifs, l'orchestre se prête volontiers au jeu : doublures des violons, arpèges en *pizzicati*, harmonies en battues ternaires. Mais Wagner demande expressément que l'on évite le piège de la caricature : la scène décrit certes une réjouissance un peu forcée, mais elle n'est cependant pas comique, et Daland n'est pas Bartolo! Un *animato* en quatre temps (*mi* bémol majeur), caractérisé par un motif pointé montant en tierces parallèles, permet à Daland de vanter les mérites de sa fille. La question cruciale (« *Du gibt es mir?* ») est posée par le Hollandais sur un saut de quarte ascendante accompagnée de la figure enjouée en tierces parallèles : le navigateur solitaire frémit à l'idée d'un havre possible. Un accord de septième diminuée marque un bref moment d'angoisse, mais la réponse affirmative de Daland résonne franchement sur une cadence parfaite en *do* majeur (le ton de la délivrance, cf. plus haut). Le bref duo qui s'ensuit superpose deux sentiments différenciés : espoir de salut pour le Hollandais, joie matérialiste du Norvégien. Le mouvement s'anime (*vivace*) et le Pilote annonce le vent du sud tant espéré. Le chœur des matelots reprend alors le chant du Pilote au début de l'acte et la scène prend fin dans l'allégresse la plus jubilatoire.

Acte II

N° 4 - SCÈNE, CHANSON ET BALLADE

Le deuxième acte s'enchaîne au premier sans coupure : le vent qui gonfle les voiles des marins voguant vers le bercail fait aussi tourner le rouet des jeunes filles qui attendent leur retour. La formule rythmique qui caractérise leur chant de travail (16) rappelle d'ailleurs nettement celle des matelots (8) occupés à carguer les voiles au premier acte.

Cette analogie renforce l'identité sociale qui unit les divers témoins du futur drame ; par conséquent, elle n'en souligne que mieux l'isolement des deux marginaux que sont Senta et le Hollandais. En ce début d'acte, l'humeur est joyeuse et le chœur, écrit dans la claire tonalité de *la* majeur, brille de chatoiements que n'aurait pas reniés un Mendelssohn. Deux brèves interventions de Mary, la nourrice, nous renseignent sur le mutisme et l'immobilité de Senta, tandis que les jeunes filles nous apprennent l'existence de son fiancé, Erik. Il est chasseur et non marin, cause supplémentaire de l'esseulement de Senta au milieu de ses compagnes dont elle ne peut même pas feindre de partager l'impatience. A leurs taquineries, elle répond en chantonnant à voix basse le motif de la délivrance (4) qui résonnera bientôt dans la ballade. Mais elle est perdue dans sa rêverie et ne s'adresse encore qu'à elle-même : l'orchestre seul se fait entendre, *pianissimo*, au cours de ces quatre mesures écrites dans la tonalité inattendue de *do* majeur. Wagner nous éclaire cependant très vite sur le sens de ce raffinement harmonique : *do* majeur, c'est le relatif de *la* mineur (tonalité initiale de la ballade) et c'est en *la* mineur que Mary fait une première allusion au portrait du Hollandais que contemple Senta, arrachant à la jeune fille ses premières paroles auxquelles le basson et le hautbois ajoutent la mélancolie de leur doublure à l'unisson (« *Was hast du Kunde mir gegeben* »). Senta a rompu son silence sur un intervalle de quarte descendante (intervalle introductif de la ballade), signe du caractère obsessionnel, voire névrotique, de son humeur. Les nouvelles plaisanteries des fileuses provoquent sa colère par leur frivolité et l'imminence de la ballade aiguillonne la musique : motif du Hollandais au basson solo sous le refus apeuré de Mary (« *Den Fliegenden Holländer lasst in Ruh* »), tête du motif chanté par Senta lorsqu'elle veut capter l'attention de ses compagnes (« *Hört, Mädchen, zu* » et « *Merkt auf die Wort* »). De brefs souvenirs de la chanson des jeunes filles se diluent dans le *pianissimo* du ton de *la* majeur initial.

BALLADE

C'est donc ici que, rompant avec la luminosité du mode majeur, devait se stabiliser le ton de *la* mineur initialement prévu pour la ballade. Divers éléments ont déjà été exposés dans le courant de cette analyse, expliquant la logique dramatique et musicale du choix de cette tonalité, que Wagner a transposée d'un ton vers le bas pour satisfaire Wihelmine Schröder-Devrient. Ajoutons-en une dernière. L'opéra commence en *ré* mineur (Ouverture) et s'achève en *ré* majeur. Nous avons déjà évoqué la symbolique de cette transformation tonale. Au centre du *Vaisseau* s'érige la ballade, image concentrée de tout le drame, germe de son matériau thématique. L'écrire en *la* mineur (ton de la dominante de *ré*), c'est la placer au sommet expressif de l'immense arche qui relie les deux pôles extrêmes, la dominante représentant un état de tension et de mouvement par opposition au repos caractérisé par la tonique. Cette zone d'instabilité harmonique figurée par la dominante est bien celle où doit évoluer Senta, femme qui engendre la tension par son refus du quotidien et la résout par son sacrifice final. Mais, puisque la tonalité originale semble définitivement écartée (et pourtant, il suffirait pour la rétablir de supprimer une seule et unique mesure de transition harmonique qui permet, à la fin de la ballade, de préparer l'entrée d'Erik... en *la* mineur), goûtons donc à la brusque irruption d'un *sol* mineur totalement imprévu dans le contexte tonal du début de cet acte. Sur les *trémolos* des quintes à vide des violons, les cuivres graves exposent, *molto marcato*, le motif du Hollandais (1). Senta lance ensuite un appel de quatre mesures *a cappella* sur ce même motif : le silence se fait autour d'elle, la ballade peut commencer. Les deux premières strophes en sont identiques, elles opposent au récit des errances mouvementées du Hollandais l'évocation apaisée du salut par la fidélité de l'amour. La première idée est soutenue par un accompagnement massif de l'orchestre dans lequel domine la lourde homorythmie des cordes (« *Traft ihr das Schiff im Meere an* »). La ligne mélodique répète à quatre reprises un arpège descendant (17) qui n'est pas sans rappeler l'air chanté par le Hollandais au premier acte (11). Cette ressemblance est un signe de plus : la similitude de leur quête doit inévitablement provoquer la rencontre des deux personnages principaux. La description du vent soufflant dans les cordages du bateau (« *Hui! Wie saust der Wind!* ») déchaîne des traits chromatiques rageurs aux cordes, sur fond d'accord de septième diminuée. L'emprunt au ton de *fa* dièse mineur (un demi-ton plus bas que la tonique, *Sol*) et l'appel anapestique qui suit renvoient au motif (2) de l'ouverture.

Senta termine cette première partie par une descente chromatique sur un intervalle de quarte (« *Hui! Wie ein Pfeil fliegt er hin...* »), combinant ainsi en une seule phrase deux éléments essentiels de la thématique de l'œuvre au moment où elle évoque la course sans trêve du navigateur fantôme. Résonne alors aux cordes le motif de l'errance (3) qui se stabilise sur un accord de dominante du ton principal (*sol* mineur). Un changement de tempo (*piu lento*) introduit le motif de la délivrance (4) dans le ton relatif, *si* bémol majeur (« *Doch kann dem bleichen Manne...* »).

L'accompagnement orchestral s'est allégé : douce sonorité des bois, auxquels s'ajoutent les *trémolos* des cordes dans la deuxième phrase (« *Ach! Wann wirst du, bleicher Seemann, sie finden?* »). Après une cadence qui confirme le retour en *sol* mineur, le motif du Hollandais (1) est à nouveau martelé aux basses et la première strophe se clôt sur cet appel inquiet.

La deuxième strophe est la stricte répétition musicale de la première. Mais l'émotion gagne l'auditoire et le chœur des jeunes filles accompagne Senta dans la deuxième phrase du *piu lento* (« *Ach! könntest du, bleicher Seemann, es finden!* »).

La troisième strophe commence comme les deux premières, marquant l'aspect répétitif de l'errance du Hollandais et la lassitude qui s'ensuit. La première partie du motif de la délivrance (4) est chantée, *molto piu lento* et *pianissimo* par le chœur (« *Ach! Wo weilt sie, die dir Gottes Engel...* »), alors que Senta s'est effondrée, vaincue par l'émoi. Mais elle bondit soudain (*allegro con fuoco*) et clame sa détermination (« *Durch mich sollst du das Heil erreichen* ») tandis que le motif du salut (4) éclate en fanfare dans un orchestre tonitruant (le contraste est saisissant, avec la douceur du chœur *a cappella* qui précédait). Un accord de septième diminuée placé sur la tonique, *Sol*, traduit l'effroi des jeunes filles et de la nourrice. En quelques mesures, le cercle de l'errance s'est brisé et, sans savoir que le mythe a déjà pris possession de la réalité au premier acte, Senta vient délibérément de faire basculer la réalité dans le mythe à l'issue de sa ballade. Dès cet instant, tout est joué et ce n'est qu'à ce moment qu'entre Erik. Son premier mot, « *Senta* », est chanté sur une quarte descendante (premier intervalle de la ballade) et il annonce l'arrivée de Daland (et donc de son mystérieux compagnon), « *Der Vater kommt* », sur une quarte montante (premier intervalle du motif du Hollandais)... proximité éminemment évocatrice! La nouvelle du retour tonne comme un coup de canon et, dans l'agitation joyeuse du *la* majeur retrouvé (tonalité du début de l'acte), les jeunes filles chantent leur bonheur de revoir ceux qu'elles aiment au cours d'un bref chœur trépignant *prestissimo possibile*. Senta veut les suivre au port mais Erik la retient : une brusque rupture harmonique en *si* bémol majeur brise net son mouvement, nouvel exemple de clivage tonal à distance d'un demi-ton utilisé lors d'un accroissement de la tension.

N° 5 - DUO

Les deux jeunes gens restent face à face. Erik est bouleversé (sublime chute de septième qui tente d'enfermer l'éternité dans l'espace d'un « *Augenblick* »...), Senta visiblement mal à l'aise. Le chasseur laisse s'épancher sa passion au gré d'une ligne intensément lyrique (18) (« *Mein Herz voll Treue bis zum sterben* ») que quelques sanglots chromatiques (19) viennent secouer lorsqu'il évoque la douleur de son cœur (« *Wenn dann mein Herz im Jammer bricht* »).

Ne cherchant qu'à échapper aux reproches de son fiancé, Senta répond évasivement (en *sol* bémol majeur... L'opposition des deux tonalités montre clairement que les deux jeunes gens ne parlent pas la même langue). Le rythme des répliques s'accélère jusqu'au *fortissimo* pathétique d'un accord de neuvième de dominante mineure sur le dernier mot de la question angoissée : « *Du willst mich fliehn?* ». Senta n'est pas cruelle, elle est (Wagner le précise) « foncièrement naïve » et ne comprend manifestement rien à la détresse de son fiancé. Erik n'est ni anodin, ni insignifiant. Wagner a inventé ce personnage pour nous faire mieux comprendre encore l'isolement de Senta : elle se refuse à lui parce qu'elle sait que l'amour d'un homme est incapable de la combler. Son inquiétude indique qu'Erik en est vaguement conscient et l'évocation de « l'illusoire folie de l'amour » (« *Liebeswahn* ») ouvre dans le *si* bémol majeur de son chant une brèche de deux mesures d'un chimérique *ré* majeur, espoir désabusé qu'exprime le ton de la rédemption finale. Au comble de l'affliction, il pose à la jeune fille une question brûlante (« *wird's Senta sein, die für mich spricht?* »). Elle s'esquive à nouveau et l'anxiété d'Erik se précise par l'allusion directe au portrait et à la ballade. Senta se réfugie dans une ingénuité puérile (« *Ich bin ein Kind...* ») et ne veut rien savoir de cette souffrance (« *Mein Leiden* ») qu'elle entend clamée sur un triton descendant (intervalle puissamment tendu, le *diabolus in musica* du Moyen Age). Elle ne répond qu'en lui opposant celle qui émane du portrait, dans un bref épisode *lento* en *sol* mineur (20) où foisonne une diminution de la cellule trochaïque qui clôt le motif du salut (4).

Dès la cinquième mesure, la tête de ce motif est clairement citée (doublée par les violons) lorsque Senta avoue assumer la douleur du Hollandais (« *Ach! was die Ruhe...* »).

Le récit du rêve d'Erik marque l'ultime étape de la progression du surnaturel, celle qui lève les derniers doutes de Senta. Sur un tapis de cordes en *trémolos*, quatre cors soufflent *pianissimo* le mystère d'une ombre impalpable qui abrite le sommeil magnétique où vient de sombrer Senta. Erik commence d'une voix éteinte, en *si* bémol mineur. Des rappels du motif du Hollandais (1) traversent l'orchestre, suscitant une émotion croissante chez la jeune fille qui semble se mettre à rêver elle-même le récit qu'on lui fait. Le moment crucial, l'évocation du portrait (saut de quinte ascendante martelée : « *der Seemann, er* ») arrache Senta à sa prostration. La tension monte (*accelerando, crescendo*) ; trois interventions de la jeune fille sur une quarte ascendante (tête du motif (1)) précipitent l'action. La conclusion est murmurée par Erik *a cappella* (« *Sah ich aufs Meer euch fliehn* »). Plus d'hésitations, dans l'*allegro con fuoco* qui suit : le motif de la délivrance (4) résonne *fortissimo* à l'orchestre et Senta, dans une exaltation extrême, proclame son impatience de voir le mystérieux compagnon de son père. Elle sait que le rêve et la réalité sont maintenant confondus. Une ultime contemplation du portrait se brise sur le cri d'une cadence rompue : Daland et le Hollandais sont entrés dans la pièce.

N° 6 - FINALE

La scène finale du deuxième acte commence dans le flottement cotonneux d'un temps suspendu. Le jeu des regards est rythmé par d'obscurs roulements de timbales et un motif ondulant, exposé en tierces parallèles aux cordes, traduit l'expectative où se trouvent les deux personnages principaux (21).

Senta répond très évasivement aux sollicitations de son père : elle n'a d'yeux que pour « l'étranger » qui l'accompagne. Dans l'air qui s'ensuit, Daland retrouve la joie un peu superficielle qui caractérisait ses interventions à la fin du premier acte : le côté surnaturel de la confrontation lui échappe tout à fait, ce qu'indique clairement la légèreté de sa mélodie (22) en *ré* majeur (« *Mögst du mein Kind...* »).

L'influence du bel canto y est encore très audible et Wagner ne se refuse même pas la coquetterie d'une courte cadence *ad libitum*, parure supplémentaire à la description flatteuse que Daland fait de sa fille (« *Sie zieret ihr Geschlecht* »). Le père joue les entremetteurs et son souci majeur est de mener à bien le pacte matériellement intéressant conclu avec le Hollandais. Les interventions silencieuses de ce dernier, ainsi que celles de Senta, se font sur le motif en tierces (21). Ne parvenant pas à les sortir de leur mutisme, Daland les laisse seuls et les deux motifs principaux (celui du Hollandais et celui du salut) s'enchaînent dans la douceur d'un orchestre *pianissimo*. Nous sommes en *si* mineur, ton de la première apparition du navire fantôme à l'acte précédent. En quelques mesures (la tonalité a modulé en *mi* mineur), le Hollandais chante, *mezza voce* et presque entièrement *a cappella*, son émotion de se trouver face à la jeune fille de ses rêves. Changement d'armure : la musique passe en *mi* majeur, éclairage tonal qui souligne la gradation de l'espoir. La phrase qui suit doit cependant être dite, indique Wagner dans ses notes, avec un sentiment profond mais dans une attitude parfaitement calme (« *Wohl hub auch ich voll Sehnsucht...* »). C'est le désir de salut qui s'exprime ici, plus que les éclats torturés de la passion amoureuse. Senta répond sur le même ton empreint de réserve noble. Le duo qui s'ébauche n'est pas encore un authentique dialogue, mais la superposition de deux méditations solitaires. Le parallélisme de plus en plus accentué des deux lignes indique toutefois que la symbiose est imminente : à l'issue de deux mesures *a cappella*, la dernière phrase est d'ailleurs reprise en parfaite homorythmie et les deux voix marquent en même temps la cadence parfaite sur le mot « *zuteil* ». Le motif du salut (4) est alors repris, *dolce*, dans l'aigu des instruments à vent. Changement de tempo (*meno sostenuto*) et d'armure (*mi* mineur) : c'est avec une certaine inquiétude que le Hollandais s'approche timidement de Senta et lui adresse directement la parole (« *Wirst du des Vaters Wahl...* »). La référence à l'obéissance due au père chaperonne cette approche hésitante, mais le tempo s'anime dès les premières paroles de Senta. Certains commentateurs se sont plu à souligner que le vers « *Wer du auch seist* » est textuellement repris de *Fidelio*... Senta et Léonore ne partagent-elles pas cette même foi dans le salut par la fidélité? (Rappelons aussi l'admiration sans borne portée par Wagner à l'œuvre de Beethoven, ainsi que l'événement bouleversant que fut pour lui la représentation de cet opéra avec Wihelmine Schröder-Devrient en 1829). L'émotion croît, portée par une progression chromatique ascendante. Sur une quarte montante (tête du motif du Hollandais), Senta exprime à deux reprises sa détermination à distance d'un demi-ton (*mi*, puis *fa* majeur) : « *Wer du auch seist...* » et « *was auch das Los...* ». La tonalité se hisse ensuite jusqu'à *fa* dièse mineur (éclairage plus tourmenté) pour marquer la stupéfaction du Hollandais : « *So unbedingt, wie?* ». La musique s'enflamme (*piu animato*) mais c'est *pianissimo*, en *do* dièse majeur, que s'élève la première phrase d'espoir du marin (« *Welch holder Klang im nächtlichen Gewühl!* »), accompagnée par le motif du salut (4) dans l'aigu des instruments à vent. Cette tonalité de *do* dièse majeur peut être interprétée dans le cadre d'une ascension chromatique (donc inquiète et difficile) vers la lumière. C'est en effet sur un accord de *do* majeur que le Hollandais clame, à la fin de son

grand air au premier acte, son espérance de salut dans la mort. Ici, il connaît le premier et fragile émerveillement face à Senta et la musique le traduit un demi-ton plus haut. Cette transmutation chromatique se stabilisera en *ré* majeur (ultime ascension d'un demi-ton) à la fin de l'acte III quand, au bout du voyage, le rideau tombera sur une rédemption enfin atteinte par-delà la mort. Les deux cas particuliers de chromatisme que nous venons de rencontrer montrent comment Wagner use des rapports symboliques de tonalités comme ferment d'unité psychologique :
– au niveau d'une scène (le passage de *mi* majeur à *fa* dièse mineur cité un peu plus haut)
– au niveau de l'opéra tout entier (le passage de *do* à *ré* majeur auquel il vient d'être fait allusion).

Une nouvelle accélération du tempo (*molto piu mosso*) fait monter l'exaltation d'un cran. « *Du bist ein Engel* », s'exclame le Hollandais... s'est-il fait chair, l'ange divin invoqué dans l'air (14) du premier acte? Une parenté thématique avec ce passage précis semble nous l'indiquer : doublée d'abord à l'unisson par les seules cordes, la phrase suivante (« *Ach, wenn Erlösung...* ») rapproche les deux personnages dans un même élan fervent et passionné (23).

Mais l'espoir est toujours précaire : un *agitato* introduit le motif de l'errance (3) et de violentes hésitations agitent le Hollandais à l'évocation du destin terrible qui attend la jeune fille si elle lui jure fidélité (« *Oh, könntest das Geschick...* »). Nous sommes en *si* mineur, ton de l'angoisse associée à la première apparition du vaisseau fantôme à l'acte I. La réponse de Senta confirme sa confiance inébranlable (en *si* majeur, éclairage tonal éloquent) alors que le motif même de l'errance (chanté, *dolce* par les violons) est transfiguré par l'affirmation de sa pureté angélique. Une ultime accélération du tempo (*allegro molto*) voit naître un duo en *mi* majeur dont la joie extravertie balaie les dernières inquiétudes qui pouvaient subsister : les deux « amoureux » sont vaincus par l'intensité de leurs sentiments. Mais remarquons, une fois de plus, que les textes chantés ne sont pas identiques : l'union véritable n'est pas accomplie et doit encore attendre la purification par la mort. La communion à venir est toutefois indiquée par le parallélisme de plus en plus accentué des deux lignes mélodiques qui se superposent à deux reprises (soit à la sixte, soit à la tierce) lors de la répétition de la dernière phrase, celle qui exalte la force de la fidélité.

Daland fait alors sa réapparition au son des éclatantes fanfares d'une marche enjouée. Trois mesures *a cappella* renferment toute l'angoisse de la question adressée à Senta : « *Sag, bist auch du bereit?* ». La jeune fille réaffirme sa résolution avec noblesse. Le trio de réjouissance qui s'ensuit termine l'acte dans un tourbillon brillant et échevelé.

Acte III

N° 7 - SCÈNE ET CHŒUR

Sans aucune coupure, le début du troisième acte prolonge cette atmosphère de fête. Les éléments de décor des deux actes précédents sont réunis dans un lieu unique : la maison de Daland (acte II) et les deux bateaux l'un près de l'autre (acte I). Pendant la brève introduction, la musique passe de *mi* en *do* majeur : tonalité volontiers associée à des sentiments positifs depuis le début de l'œuvre (motif du salut dans la version originale de la ballade de Senta, par exemple), elle stimule ici la joie des marins enfin de retour au port. Un bref motif traverse les cordes, celui de la future danse des marins. Nous l'avons déjà rencontré dans la scène de la chanson du Pilote au premier acte (10). Après quelques mesures de lancement, l'orchestre expose en entier le motif du chant dansé (24) déjà entendu dans l'ouverture (7). Le caractère rustique de la danse (dont le rythme n'est pas sans évoquer celui d'une polka un peu gauche) est accusé par divers éléments : carrure régulière, accentuation puissante des temps forts, élan sur les temps faibles (le saut), harmonisation fermement charpentée par l'utilisation de nombreuses cadences parfaites. Mais cette tierce, reprise en augmentation, qui lance le motif... comment ne pourrait-elle pas nous faire penser à celle qui ouvre également le motif du salut dans la ballade de Senta? Cette parenté, qui renforce l'unité thématique de l'œuvre et souligne la force génératrice de la ballade, n'est-elle pas propice à traduire l'apaisement des marins après les tourments de la tempête passée? Mais cette joie sera de courte durée : nous allons voir comment l'éclat du *do* majeur présent va bientôt être vaincu par l'angoissant *si* mineur des marins hollandais... Cela conforte notre sentiment que le ton de *do* majeur véhicule une image fragile et précaire de la notion de salut : celle qui, inquiète et tourmentée, irise discrètement les brumes de la ballade.

Mais pour l'instant, les Norvégiens sont tout à leur gaieté et ils entonnent énergiquement leur chant, invitation à la réjouissance ponctuée d'une danse instrumentale de seize mesures, construite sur le motif (10). Les jeunes filles sortent alors de la maison, leurs paniers chargés de victuailles. Le bref échange avec les marins se déroule en *mi* mineur. Les voyant trop occupés à danser entre eux, elles se dirigent vers le vaisseau hollandais. Leur premier appel comporte deux questions. La première est exprimée en *do* majeur (« *He, Seeleut! Wollt Fackeln ihr?* »), tonalité propice à éclairer le navire fantôme resté jusque là dans une obscurité lugubre. Mais l'inquiétude s'installe et leur deuxième question (« *Wo seid ihr doch? Man sieht nicht hier* ») est portée par un accord de septième diminuée que soutiennent les cordes en *trémolos*. Moqueries des Norvégiens, deuxième appel des filles, en *do* majeur... l'angoissant silence qui s'ensuit est murmuré par un sombre accord de *do* dièse mineur (deux cors bouchés et basson, *pianissimo*). Ce type de décalage chromatique porteur d'anxiété a déjà été décrit à plus d'une reprise ; nous le retrouverons fréquemment encore par la suite. Le retour en *do* majeur est tout aussi soudain : les cordes exposent, *piano*, le motif du salut, alors que s'installe un *allegretto* en trois temps, longue scène de répliques alternées entre les marins norvégiens et les jeunes filles.

Cet épisode est construit en deux parties, la seconde étant le miroir de la première. Dans un premier temps, les injonctions des jeunes filles s'adressent à l'équipage hollandais. Elles sont toutes écrites en *do* majeur, tonalité de l'espoir inquiet qu'elles manifestent en invitant le mystérieux équipage à partager les plaisirs terrestres (nourriture, boisson, amour). Les marins norvégiens commentent en raillant, chacune de leurs interventions se déroulant dans une tonalité différente (*mi* mineur, *fa* mineur, *la* bémol majeur). A la huitième réplique, les deux groupes se superposent pour héler le navire fantôme (« *Seeleut', Seeleut'! Wacht doch auf* ») sur un accord de septième diminuée que l'orchestre ponctue de traits chromatiques prémonitoires. Seul répond le chuchotement d'un accord de *fa* dièse mineur (deux cors bouchés et basson, *pianissimo*, « coloration » du silence identique à celui qui suivait le tout premier appel des jeunes filles, un peu plus haut). Le malaise croît, ce qu'indique une répétition de l'appel (« *Seeleut'! Wacht doch auf* ») prolongé de son mystérieux accord mineur, le tout un demi-ton plus haut (procédé de clivage chromatique dont l'efficacité semble tout particulièrement séduire Wagner). C'est alors que le processus s'inverse : les Norvégiens interpellent les marins hollandais, chaque fois en *do* majeur, tandis que les jeunes filles commentent dans des tonalités changeantes (mais leurs répliques sont plus craintives que moqueuses). Les marins font cette fois directement référence à la légende du Hollandais volant et leur exubérance se teinte de défi. Puissamment dessinée, la ligne mélodique se pare d'une simple doublure d'octave qui met mieux en évidence encore les intervalles caractéristiques du motif du Hollandais : double saut de quarte au début de la réplique (« *Vom fliegenden Holländer wisst ihr ja...* ») (25).

La provocation se précise : les marins incitent les Hollandais à hisser les voiles (« *Hei, Seeleute! Spannt eure Segel doch auf* »). La phrase conduit à un *fortissimo* (« *...Holländers lauf* ») et, sous les quintes à vide du reste de l'orchestre, les trombones entonnent la tête du motif du Hollandais (1) clamé au maximum de sa puissance évocatrice, dans la soudaine irruption du ton de *si* mineur (suggérée à plus d'une reprise dans le courant de cette analyse, l'angoisse véhiculée par cette tonalité va bientôt éclater dans toute son horreur). De plus en plus apeurées, les jeunes filles s'éloignent et quittent la scène. Changement de tempo (*molto vivace*) et de tonalité (*la* bémol, puis *ré* bémol majeur) : les marins se ruent sur les victuailles apportées par les filles, non sans défier une ultime fois l'équipage du vaisseau voisin (« *Wachet auf! Wachet auf!* »). Ils reprennent alors, en *do* majeur, la chanson dansée avec laquelle ils avaient ouvert l'acte (24). Mais des signaux inquiétants traversent l'orchestre : traits chromatiques en triples-croches, appels de trombone sur la tête du motif (1)... la mer commence à s'agiter autour du vaisseau hollandais. Le motif de la danse (10) fait une apparition furtive, un coup de tamtam instaure un brusque ton de *si* mineur dans une mesure 6/8 et le chœur des marins fantômes fait exploser le motif du Hollandais, trois piccolos et une machine à vent le secondant dans son œuvre de panique. Le profil mélodique de leur chant (« *Schwarzer Hauptmann, geh ans Land* ») a d'ailleurs de quoi glacer les âmes les mieux trempées (26).

Une effroyable tempête secoue leur vaisseau alors que, tout autour, la mer reste calme. Les marins norvégiens tentent d'exorciser leur peur en reprenant leur chant en *do* majeur, mais l'armada des éléments en furie les perturbe sans cesse : traits chromatiques, septièmes diminuées, sifflements rageurs des marins fantômes. Ecartelée entre les tons de *do* majeur (Norvégiens) et *si* mineur (Hollandais), l'harmonie participe à cette mêlée sauvage et en révèle tout l'aspect symbolique. Il se confirme que *si* mineur est bien la tonalité de l'angoisse surnaturelle et que l'espoir optimiste qui habite le ton de *do* majeur est de plus en plus précaire. Notons aussi que cette lutte farouche est figurée par l'opposition violente de deux tonalités à un demi-ton d'intervalle : c'est l'exemple le plus criant de la force émotionnelle que revêt pour Wagner ce type de distorsion chromatique rencontrée tout au long de l'opéra. C'est le *si* mineur qui l'emporte et le ton de *do* majeur, anéanti définitivement par les rires moqueurs de l'équipage hollandais, n'osera plus risquer une seule apparition dans la suite de l'acte. Le calme revient : les cors exposent une fois encore le motif du Hollandais (1), puis, signe que l'espoir n'est cependant pas tout à fait mort, le motif du salut (4) flotte dans le *pianissimo* des instruments à vent. Seul le spectre d'un *Si* erre ensuite parmi les cordes et les timbales. Il s'évanouit sur un accord de *do* mineur, chuchoté *pianissimo* par deux cors bouchés et un basson. Le timbre particulier de cette ultime opposition chromatique rappelle bien sûr le silence angoissant qui répondait aux injonctions des jeunes filles s'adressant à l'équipage hollandais. C'est la leçon qu'il faut tirer de cette scène terrifiante : nul échange autre que l'affrontement n'est possible entre les mondes du réel et du surnaturel. Parce qu'elle s'est ouverte au mythe, Senta sera le seul point de jonction entre ces deux univers... mais il fallait d'abord que meure le ton de *do* majeur, porteur des illusoires espoirs terrestres. Le véritable visage de l'espérance n'apparaîtra qu'à la fin de l'œuvre, en *ré* majeur, après une autre mort symbolique. Car c'est bien de cela qu'il est question en fait : de cette mort-renaissance, nuit transfigurée chère déjà à Novalis. Toute la symbolique tonale du *Vaisseau fantôme* s'y rattache avec une logique stupéfiante... à tel point qu'il est fort tentant de découvrir dans l'œuvre une mise en scène d'authentiques « personnages harmoniques ». L'opéra narre en effet un voyage initiatique : celui qui conduit du *ré* mineur de l'ouverture au *ré* majeur final, immense arche qui passe par le *la* mineur de la ballade.. Ce saut de cadence du *La* au *Ré* ultime n'est-il pas l'image la plus parfaite du plongeon de Senta, sacrifice par lequel arrivera le salut? Le ton de *do* majeur, quant à lui, est donc celui des espoirs terrestres : aspiration à la mort d'un homme déçu par l'errance (fin de l'air du Hollandais au premier acte), attente trouble d'une jeune fille perdue dans ses rêves (motif du salut dans la ballade au deuxième acte), tentative avortée de communication avec l'au-delà (marins norvégiens au troisième acte). A l'issue d'un violent combat, *do* majeur vient d'être anéanti par *si* mineur, tonalité associée à l'angoisse depuis la première apparition du navire fantôme au premier acte. Mais qu'est *si* mineur, sinon le ton relatif de *ré* majeur? Comment indiquer plus clairement que la mort porte en elle la clé (et même l'armure de la clé) de la renaissance finale?

N° 8 - FINALE

Mais l'utopique confiance humaine n'a pas dit son dernier mot : Senta est une ultime fois confrontée à Erik, image même de l'amour terrestre. L'intensité concrète de son désir et de sa colère éclate dans un récitatif fébrile, en *fa* mineur (tonalité bien « terrienne », dont le poids des bémols n'est pas sans évoquer le sombre *si* bémol mineur dans lequel Daland nous confiait ses inquiétudes au début du premier acte). Senta lui répond d'abord (« *O frage nicht* ») sur un bref motif descendant (27) qui rappelle celui par lequel elle décrivait au deuxième acte la seule douleur digne à ses yeux de compassion, celle du Hollandais (20). Le récitatif est tendu, traversé par un motif haletant (28) dont le hoquet répété figure le trouble qui habite les jeunes gens. La souffrance d'Erik atteint son sommet lors de l'invocation affligée : « *Senta, o Senta, leugnest du?* », quatre mesures quasi *a cappella* qui se brisent sur le sanglot d'une quinte diminuée descendante. Le jeune chasseur laisse s'épancher sa mélancolie au gré d'une brève cavatine où l'évocation des instants de bonheur passés tente d'arracher Senta à la folie de sa passion. L'air est introduit par l'incantation expressive du hautbois solo, transformation déchirante du motif de la rédemption (4). Dans ses confidences autobiographiques, Wagner nous instruit sur la notion de tragique qu'il ne pouvait s'empêcher d'associer au timbre du hautbois, cette « exhortation venue du monde des esprits ». Erik n'est-il pas obligé de chercher son salut parmi les fantômes des heures maintenant révolues? Mais un ultime espoir le tenaille malgré tout : c'est ce qu'indique la tonalité de *fa* majeur dans laquelle est écrite cette cavatine, par opposition au *fa* mineur du récitatif qui la précède. Cette page déploie une mélodie dont le lyrisme intense et chaleureux se porte garant de la sincérité du jeune homme (29).

Comme au deuxième acte, il tente d'infléchir le cours des événements en émouvant Senta par l'authenticité de son amour : le début de son chant rappelle d'ailleurs nettement, par son profil mélodique, l'air par lequel il tentait de retenir Senta à l'acte précédent (18), marque évidente de la constance de ses sentiments. Mais sa dernière question restera sans réponse.

FINALE

Le Hollandais a épié la scène sans qu'on le voie. Il surgit sur un accord de septième diminuée dont l'éclat féroce marque à deux reprises son exaltation, par une progression ascendante à intervalle de demi-ton (chromatisme révélateur). Pendant huit mesures, la tonalité semble s'accrocher à *ré* mineur, ton de l'errance intemporelle que conte le début de l'ouverture. Le Hollandais veut fermer la boucle et retourner à l'océan : ses exhortations au départ (« *In See!* ») empruntent deux fois la tête caractéristique du motif (1) originel, le saut de quarte *La-Ré* (c'est sur ce même intervalle que s'ouvre également le motif associé à l'errance sur les mers). La troisième injonction glisse chromatiquement sur *mi* bémol majeur, progression de la tension qui soumet dès lors la tonalité à des fluctuations indécises, à l'image du désarroi habitant les brèves répliques entre les trois personnages. Mais la volonté du Hollandais semble inébranlable : sur une dominante de *ré* mineur suggérée par les glissements chromatiques des cordes, il incite à deux reprises son équipage à lever l'ancre (« *Segel auf! Anker los!* »), deux sauts de quinte qui émanent du motif (1). Et c'est sur une septième diminuée que le marin veut, *a cappella* cette fois, faire ses adieux à la terre (« *Sagt Lebewohl...* »).

L'agitation croît : les sentiments des trois personnages se superposent alors au cours d'un *molto agitato* en *fa* mineur (tonalité tourmentée qui avait opposé Senta et Erik au début de la scène), dans lequel la douloureuse cellule du motif (27) refait son apparition. Senta supplie le marin qui ne pense plus qu'à fuir en mer (« *Fort auf das Meer* »), Erik la presse d'échapper à cette emprise diabolique. Les voix s'entrelacent en un contrepoint serré et rythmiquement tendu, usant le plus souvent d'intervalles disjoints. L'orchestre participe à cette confusion savamment organisée (dont la véhémence n'est pas sans évoquer l'impétuosité d'un Giuseppe Verdi) en alternant traits chromatiques, accords puissants, doublures de bribes mélodiques.

Après une cadence fortement appuyée en *fa* mineur et un dernier déchaînement orchestral, le récitatif du Hollandais (« *Erfahre das Geschick* ») commence *a cappella*, en *ré* bémol majeur. Il donne à Senta les raisons de sa fuite, en lui expliquant le poids énorme du serment dont il cherche à la délivrer. Le Hollandais croit-il réellement à l'infidélité de Senta, après avoir surpris son duo avec Erik? Devons-nous nécessairement souscrire à ce qu'il faut bien appeler une maladresse du scénario? Il est plus tentant de penser que le véritable moteur de cette fuite n'est autre que la conscience du destin tragique où veut s'enfermer la jeune fille. Et ce salut qu'il venait d'effleurer, qu'il avait presque touché déjà, il y renonce à jamais en se condamnant à l'errance éternelle. Ce bref récitatif (deux phrases *a cappella*, ponctuées d'éclats chromatiques descendants et d'un superbe accord de neuvième de dominante mineure sur le mot « *Tod* ») aboutit à un court *arioso* en *sol* bémol majeur, *lento*, allusion nostalgique à la fidélité rédemptrice (« *Vom Fluch ein Weib...* »). Le rappel de la promesse de Senta est brisé net par le retour en *ré*, puis en *mi* bémol majeur de la cellule chromatique descendante du récitatif. L'évocation de la damnation éternelle (« *Ewige Verdamnis* ») appelle, procédé classique, une chute d'octave évocatrice, depuis un *Mi* aigu. L'adieu est clamé *a cappella* et pose la voix sur un *fa* aigu avant de conclure sur une cadence en *ré* mineur (ton de l'errance). Erik appelle alors à l'aide, prétexte à réunir tous les personnages du drame dans un final grandiose. Mais Senta retient le Hollandais et réaffirme sa détermination (« *Ich bin's, durch...* ») sur un éclatant accord de *Ré* majeur, tentative désespérée de dissiper les brumes de l'errance. Le mot « *Treue* » (fidélité) pose la voix sur un *Si* aigu, note limite de sa tessiture, que l'orchestre appuie d'un accord massif de neuvième de dominante. Le Hollandais tente une ultime fois de la dissuader et décline clairement sa terrible identité (« *den fliegenden Holländer nennt man mich* »), ce qui provoque l'intervention de ses marins, en *si* mineur, sur la tête du motif (1) (tous les éléments sont réunis pour provoquer l'effroi de la jeune fille). Mais Senta n'en a cure et, au plein cœur du tumulte, elle s'arrache à l'emprise de ceux qui veulent la retenir.

Après avoir une ultime fois proclamé sa fidélité en *ré* majeur (le même mot « *Treue* » appelle le même *Si* aigu que quelques mesures auparavant), elle se précipite dans la mer, engloutie par le tourbillon des traits chromatiques descendants, tandis que le vaisseau fantôme s'engouffre dans les flots. L'acte du plongeon purificateur, cher à de nombreux mythes depuis l'antiquité, est bien sûr celui qui appelle cette mort-renaissance à laquelle il a été fait allusion plus haut. Le motif du salut (4) s'élève alors, *piano*, à l'orchestre et s'enfle jusqu'à un *fortissimo* flamboyant. La sourde angoisse de l'errance s'apaise dans la lumière du ton de *ré* majeur conclusif où le motif du Hollandais, transfiguré, fait une apparition éclatante avant de céder une dernière fois la place à celui du salut. C'est l'aboutissement de la légende : dans le rougeoiement du soleil levant, la vie renaît de la mort et les silhouettes enlacées de Senta et du Hollandais s'élèvent dans les cieux.

REPERTOIRE DES LEITMOTIVE

1. Le Hollandais

2.

3. Errance du hollandais

4. Délivrance (le salut)

5. Découragement

6. Désir de la mort

7. Marins

8. Marins

9. Pilote

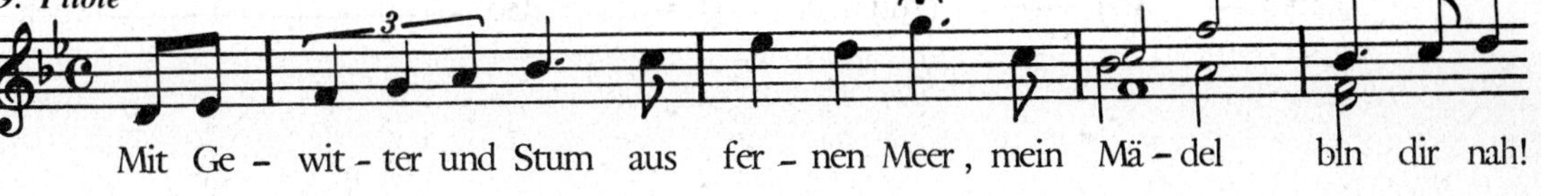

10. Danse des marins norvégiens

11. Hollandais

12. Hollandais (Lassitude)

12 bis. Hollandais

13. Hollandais

14. Hollandais

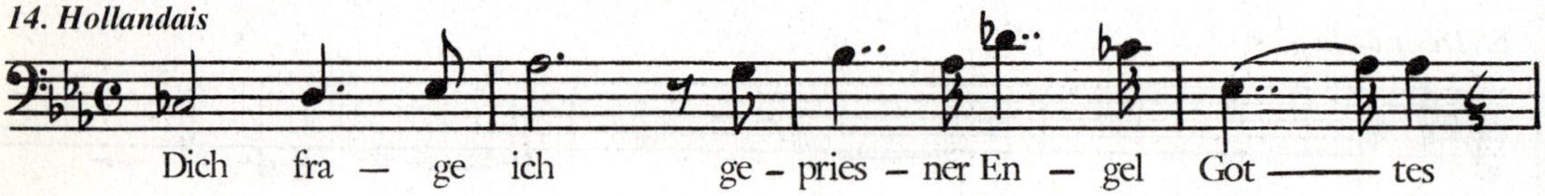

15. Solitude

16. Chœur des jeunes filles

17. Senta. Ballade

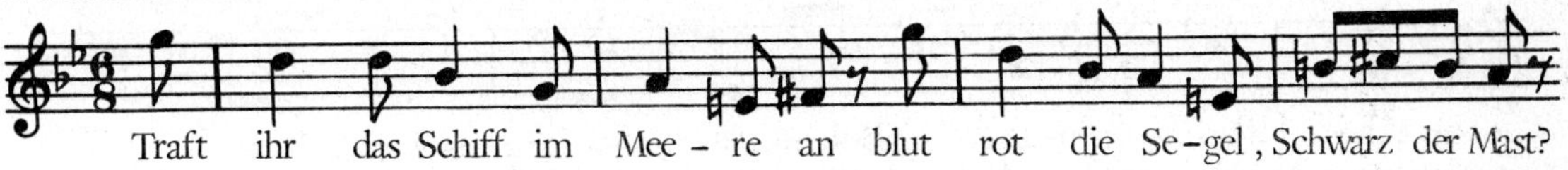

18. Erik

19. Erik

20. Senta (la compassion)

21. Jeu des regards

22. Daland

23. Senta. Hollandais

24. Le chant dansé

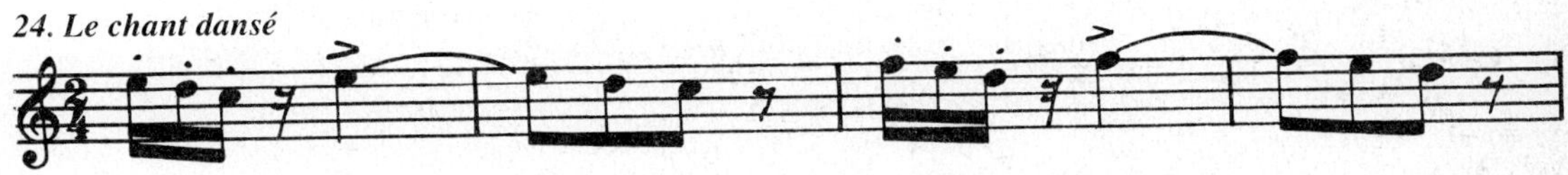

25. Matelots norvégiens

26. Marins hollandais

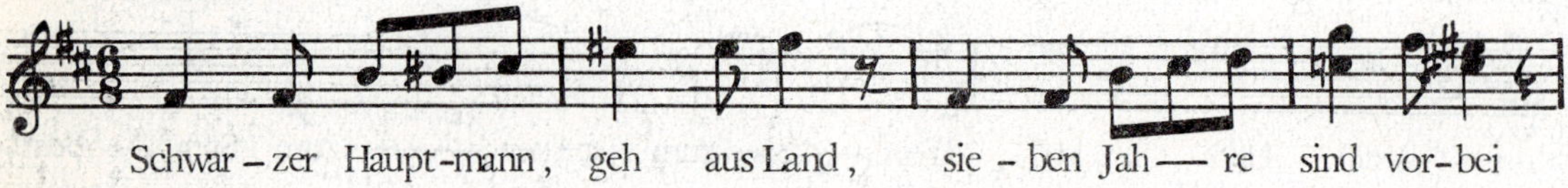

27. Senta

28.

29. Erik

Discographie

Le classement est chronologique. Le texte qui précède chaque commentaire précise dans l'ordre:

Date - Direction musicale
Les rôles : le Hollandais volant (H), Senta (S), Daland (D), Erik (E), Mary (M), le Pilote (P), choeurs, Orchestre ou Théâtre.
(Edition)

Abréviations:
(L) = *enregistrement live, c'est-à-dire sur le vif: scène ou concert*
(S) = *enregistrement studio*
(E) *signifie, pour les versions studio, qu'il s'agit de la date d'enregistrement.*
(CD) *signifie que la version est déjà disponible en compact disque (à la date du bouclage du livre)*

Premier des « grands » opéras de Wagner, *le Vaisseau Fantôme* demeure difficile à cerner dans sa double vérité musicale et théâtrale : d'une part comme héritier du répertoire allemand allant de Weber (évidemment) à Marschner et Lortzing ou Flotow, d'autre part en tant que coup d'audace et de génie portant en germe l'auteur d'après *Lohengrin* ; sans oublier les influences diverses exercées sur le jeune chef compositeur par les auteurs qu'il dirigeait ou enviait (elles sont moins abondantes cependant ici que dans *Tannhäuser* et *Lohengrin*).

Au disque, à dire vrai, ce débat ne concerne presque personne dès lors que la plupart des interprètes appartiennent à la catégorie des « grands wagnériens » (ou chantent comme si tel était le cas) et que la plupart des chefs (dont aucun ne « rate » vraiment l'ouvrage) tirent leur orchestre vers des climats plus « mûrs ».

Peu d'absents, par ailleurs, au sein d'une discographie qui nous permet de suivre pas à pas le Nouveau Bayreuth (où manque seulement Mc Intyre) et nous offre le témoignage de tous les chefs marquants de l'industrie phonographique wagnérienne d'après 50. On déplorera cependant que ne subsistent des représentations à Bayreuth en 39 avec Müller que des bribes (Acanta), et surtout de ne rien posséder de Furtwängler dont *le Freischütz*, ouvrage cousin, nous permet de rêver à des merveilles inouïes. Quant aux « pirates », dont beaucoup sont devenus officiels, ils n'offrent globalement hors Festspielhaus qu'un intérêt documentaire, les scènes anglo-américaines ayant peu fourni de matière.

On constatera enfin la quasi-absence d'une Senta vraiment performante, phénomène rare en définitive sur une discographie.

1937 - Fritz Reiner (L)
Herbert Janssen (H), Kirsten Flagstad (S), Ludwig Weber (D), Max Lorenz (E), Marry Jarred (M), Ben Williams (P). Covent Garden
(Rococo)

Cette très large sélection a toujours bénéficié d'une bonne réputation, en dépit d'un son inégal et d'un souffleur déclamatoire. Exceptionnel en effet Weber, qu'il faut entendre en ses rôles avant la réouverture de Bayreuth où il achevait sa carrière. Exceptionnel, encore, le duo « *Wie aus der Ferne* » où deux immenses musiciens donnent une leçon de chant. Sinon, la direction de Reiner gâche bien des choses : pour la virtuosité des cordes, on doit supporter un tempo sec et précipité, dont l'instabilité ne crée ni les conditions d'un phrasé ni celles d'une théâtralité. Flagstad, admirable par sa manière d'alléger la voix et de capter les couleurs ambiantes, de profiter de la moindre respiration, de surcroît très jeune de caractère (peu le seront comme elle), en souffre autant que Janssen dont le chef déconstruit le monologue. Janssen, au demeurant, était-il si à sa place en ce rôle dont il n'a, ici, pas le grave ? Le grain n'est pas des plus attachants, la personnalité presque strictement musicale dans les limites imposées par Reiner, et l'impression générale celle d'un rendez-vous très espéré, mais manqué. Lorenz chante un Erik exalté sans trop de scrupules stylistiques, et le choeur est moyen.

1944 - Clemens Krauss (L)
Hans Hotter (H), Viorica Ursuleac (S), Georg Hann (D), Karl Ostertag (E), Elisa Willer (M), Franz Klarwein (P). Opéra de Munich
(Acanta ou Laudis, 2 CD)

Le modèle, la référence absolue. L'ouverture, déjà, est exemplaire par l'attaque, le soutien du tempo, la profusion des couleurs, le refus des attendrissements comme des gros effets, le sentiment de menace et de fuite, le déferlement d'une nature indomptable. Au lever du rideau, hallucinant, on hurlerait de peur dans l'orage. Et ainsi jusqu'au dernier accord. Le chant n'est pas sacrifié, loin de là, à la vision du chef : nous avons même une équipe, d'autant mieux soudée qu'on y retrouve deux ténors formés par Clemens Krauss, la propre femme de celui-ci, Hotter qu'il découvrit et Hann qu'il distribuait volontiers. On l'a écrit partout, et c'est vrai : Hotter est le plus complet, le plus génial des Hollandais, voilà tout. Hann est resté pendant longtemps un modèle, pour sa diction mordante, sa rondeur : simplement, le style nous paraîtra aujourd'hui un peu vieux, le personnage trop comédien, et puis il parle autant qu'il chante... Ostertag ne possède pas un timbre des plus attachants, et manifeste quelque hésitation sur la technique à adopter : mais on ne retrouvera que chez Traxel et Kozub une telle élégance, une telle chaleur, une telle diversité, pour camper un Erik d'une tristesse et d'une pudeur rares. Willer et Klarwein sont excellents et en définitive la seule erreur de distribution concerne Ursuleac, hors sujet vocalement et théâtralement. Tant pis : c'est malgré tout Wagner qui gagne. Le repiquage Laudis, en compact disque, l'emporte sur tous les microsillons, même le plus fidèle d'entre eux, victimes de saturations.

1950 - Wilhelm Schüchter (L)
Hans Hotter (H), Helene Werth (S), Kurt Boehme (D), Bernd Aldenhoff (E), Res Fischer (M), Helmut Krebs (P). Choeur et Orchestre de la Norddeutsche Rundfunk
(Melodram)

Hotter, noble de ton et de stature mais de voix mate et d'expression figée, domine sans difficulté une distribution de deuxième ordre : un Erik débraillé, caricatural, une Senta à l'éloquence étriquée, un Daland brut et vulgaire. Que faisait Krebs dans cette galère ?

1950 - Fritz Reiner (L)
Hans Hotter (H), Astrid Varnay (S), Sven Nilsson (D), Set Svanholm (E), Herta Glaz (M), Thomas Hayward (P). Metropolitan de New York
(Raritas)

Voici la vraie rencontre avec Reiner ! Dirigeant à vent et à tempête, il emporte tous les solistes dans un sillage d'écume époustouflant. Ainsi, Daland, Erik, ne possèdent assurément pas les plus belles voix du monde, ni les moyens les plus jeunes, mais s'engagent supérieurement. Varnay, en excellente forme, de timbre homogène et vibrant, donne ici sa meilleure Senta gravée. Hotter, apparemment souffrant, arrache à une émission encombrée l'héroïsme de la tessiture et impose un Hollandais violent, acharné, d'un pessimisme destructeur bouleversant, très au-dessus des extraits conservés par UORC d'une représentation dirigée par Reichwein en 42. Quand on saura que Hayward et Glaz sont parmi les plus convaincants en deux rôles ingrats dont ils font des présences absolues (elle, surtout), on regrettera que l'édition intégrale, un temps annoncée, n'ait pas encore vu le jour : à surveiller !

1952 - Ferenc Fricsay (S)
Josef Metternich (H), Annelies Kupper (S), Josef Greindl (D), Wolfgang Windgassen (E), Sieglinde Wagner (M), Ernst Haefliger (P). Choeur et Orchestre de la RIAS
(DGG)

La redécouverte de Fricsay tarde à venir. Malgré ses défauts, cette version mériterait cependant une présence régulière au catalogue, pour la direction hoffmannienne du chef, d'un romantisme précoce avec brumes et feux de Saint Elme. La mystique de l'oeuvre, la profondeur de sa méditation, cèdent évidemment tout le terrain à cette animation directement issue de Lortzing, de Marschner ou Weber : c'est là l'originalité de la vision, unique en son genre au disque. C'est là, aussi, la limite d'un plateau vocal plutôt terne. Metternich est un baryton d'opéra, au grave bien pâle ; Greindl, un loup de mer efficace mais bruyant ; Kupper, une Senta sensible sans les moyens vocaux du rôle. On retrouvera à Bayreuth l'Erik juvénile de Windgassen et trop souvent, hélas, la quelconque Mary de Wagner.

1955 - Hans Knappertsbusch (L)
Hermann Uhde (H), Astrid Varnay (S), Ludwig Weber (D), Wolfgang Windgassen (E), Elisabeth Schärtel (M), Josef Traxel (P). Festival de Bayreuth
(Melodram, 2 CD ; Music et Arts, 2 CD)

Une marine fortement brassée, d'une pâte généreuse et robuste, dont la construction fait très souvent merveille (tout l'acte III) en conservant énergie et souplesse. Weber, vocalement débraillé, promène sur le plateau son immense carcasse d'acteur, tandis que Uhde, pas toujours très rigoureux lui non plus, engage une émission altière et caverneuse dans une incarnation parfois un peu outrée. Mais Varnay frémissante et Windgassen électrisé par un rôle lui collant à la voix, entraînent la soirée vers le mémorable.

1955 - Joseph Keilberth (L)
Hermann Uhde (H), Astrid Varnay (S), Ludwig Weber (D), Rudolf Lustig (E), Elisabeth Schärtel (M), Josef Traxel (P). Festival de Bayreuth
(Decca)

Réalisée à partir des deux dernières représentations de l'ouvrage - et, pour l'Erik épais, geignard de Lustig, une seule -, cette intégrale officielle a pâti de la publication de la précédente. Keilberth ne démérite pas, jamais indifférent ni ennuyeux, mais ne révèle rien non plus de la pièce. Uhde, sobre et mâle, d'un lyrisme noir, préfère surveiller son style et gomme les emportements de la première - où il était au demeurant plus frais, évidemment. Weber resserre pareillement les vis d'un chant qui l'abandonne : mais autant Uhde gagne à son travail d'épure, autant Weber, qui ne pouvait plus faire illusion, sacrifie là un peu de son volume d'acteur. Varnay, sans être en difficulté vraie, manifeste une fatigue responsable d'un certain alourdissement du chant et de la vision.

1956 - Joseph Keilberth (L)
George London (H), Astrid Varnay (S), Arnold Van Mill (D), Josef Traxel (E), Elisabeth Schärtel (M), Jean Cox (P). Festival de Bayreuth
(Melodram)

Voici une direction hantée. Sur un rythme obstiné, puissamment martelé, appuyé sur un superbe travail de cordes graves et de bois, Keilberth impose jusqu'au bout sans chute de tension un dramatisme noir, une violence contenue comme un orage sans fin, une atmosphère lourde et tellurique, qui n'excluent ni la souplesse lyrique accordée aux voix, ni des moments d'animation qui laissent pantelant (la fin de l'acte I, le choeur des matelots...). London s'inscrit admirablement au sein de cette battue douloureuse et immense, qui n'est pas sans rappeler la manière dont Furtwängler avait abordé *le Freischütz*. Son Hollandais est royal, d'une intensité physique et d'un poids sur les mots (économe d'effets, visionnaire !) comme arrachés au plus profond du mythe. Varnay, d'emblée très dramatique, construit une Senta plus héroïque que nature, attentive pourtant à préserver la lumière intérieure du rôle par un beau jeu de souffle et de couleur entre médium et aigu. On trouvera des duos intrinséquement mieux chantés : ici, sur un tempo lent mais dynamique et porteur, on atteint une force, une ferveur, une progression, quasiment tristanesques. Traxel s'impose pour sa part comme l'un des tout premiers Erik de la discographie (sinon le premier) : par la souplesse italianisante du phrasé, le charme et la virilité du timbre, l'épanouissement de toute la tessiture, et l'excellente compréhension qu'il manifeste du rôle. Un même souci de qualité et d'engagement anime les autres protagonistes, avec des moyens moins riches il est vrai. A connaître absolument.

1959 - Wolfgang Sawallisch (L)
George London (H), Leonie Rysanek (S), Josef Greindl (D), Fritz Uhl (E), Res Fischer (M), Georg Paskuda (P), Festival de Bayreuth
(Melodram, 2 CD)

Wieland Wagner, comme plus tard Kupfer le fera, avait choisi la partition originelle, sans l'accent mis sur la rédemption, où il osa quelques coupures traditionnelles partout mais un peu choquantes dans un festival Wagner. Dès l'ouverture, la direction de Sawallisch énonce l'option théâtrale : une violence nerveuse, emportée, une précipitation déferlante n'esquivant pas un réalisme brutal ni le burin de quelques « trognes vocales » (Greindl, Paskuda). Le tout manque sans doute de grandeur, de dimension autre qu'immédiate, mais la pratique du coup de poing a ses adeptes. London est en bonne forme, avec toujours quelques incertitudes de justesse : enragé, véhément, dans les limites stylistiques permises par le chef, mais peut-être trop d'une autre génération que celle souhaitée par le théâtre de Wieland à cette époque (ce sont les débuts de l'ère Silja, premier tournant du nouveau Bayreuth). Rysanek elle-même réalise une manière de performance musicale dans ce contexte où son éloquence héroïque, ses sons filés, sa compassion douloureuse, paraissent déplacés : il n'est que d'écouter le chœur des filles, très vert de ton, pour comprendre le décalage et mesurer comment, assez systématiquement, Wieland confiait à des chanteurs confirmés le soin d'imposer et roder des conceptions scéniques conçues pour d'autres qu'eux. Uhl, sonore, encore souple et clair, ébrèche malheureusement ses qualités de timbre sur les arêtes du rôle et de la direction, qui le contraignent progessivement à grossir et raidir l'émission. Dans cet assaut d'empoignades frénétiques (le finale est tellement rapide qu'il en deviendrait gai !), il reste une sorte de thriller sec de mystique et d'érotique.

1960 - Franz Konwitschny (S)
Dietrich Fischer-Dieskau (H), Marianne Schech (S), Gottlob Frick (D), Rudolf Schock (E), Sieglinde Wagner (M), Fritz Wunderlich (P). Choeur et Orchestre de la Staatsoper de Berlin
(EMI)

Comme les prises de son étaient chaleureuses à l'époque ! Konwitschny déploie un jeu instrumental superbe (les cordes surtout), charpenté, poétique, au lyrisme soutenu et puissant, aux plans bien colorés. Bâtie autour du baryton, la distribution a moins bien vieilli. Schech manque d'aigu et d'imagination, en dépit d'une teinte heureuse sur la tessiture. Wunderlich, bien chantant, n'est que sympathique, tandis que Frick ne surprend guère dans son numéro de basse noire. Schock en revanche est très convaincant, riche de timbre, de legato et d'intentions. Le Hollandais de Fischer-Dieskau relève trop de l'explication de texte pour faire oublier une émission calculée, une couleur fuyante, le manque d'ampleur comme de grave : insuffisances qui handicapent la personnalité de l'incarnation, à la limite trop chargée pour un soutien vocal trop mince.

1961 - Wolfgang Sawallisch (L)
Franz Crass (H), Anja Silja (S), Josef Greindl (D), Fritz Uhl (E), Res Fischer (M), Georg Paskuda (P). Festival de Bayreuth
(Philips)

La direction de Sawallisch, toujours aussi débridée, parvient à un meilleur équilibre des tempi sans gagner pour autant en arrière-plans. Silja a remplacé Rysanek : avec sa voix dure et acide, elle chante de manière hallucinée (et dans le ton d'origine), sur un registre de violence mystique et adolescente qu'elle ne mettra pas au service d'Elisabeth l'année suivante. Crass, stentor noir et sonore, canonne un Hollandais dont tous les mots ont la même valeur, portés qu'ils sont par la seule énergie physique de l'émission. Uhl hors forme, Greindl plus vulgaire que truculent, et Paskuda en excellente santé, maintiennent le théâtre selon Wieland Wagner à un niveau musical indigne des visions qu'il suscitait. Mais le choeur est splendide, surtout les filles.

1961 - Antal Dorati (S)
George London (H), Leonie Rysanek (S), Giorgio Tozzi (D), Karl Liebl (E), Rosalind Elias (M), Richard Lewis (P). Choeur et Orchestre de Covent Garden.
(RCA)

Une belle marine, un peu académique, desservie par une prise de son lointaine en ce qui concerne l'orchestre. Rysanek n'y est pas à son meilleur techniquement, émoussant sa spontanéité sur la direction trop patinée de Dorati. London connaît pareillement des incertitudes d'émission comme d'intonation, tandis que le timbre de Tozzi est décidément trop clair pour Daland. Liebl, aimable, reste conventionnel, tandis que Lewis campe un Pilote rêveur.

1968 - Otto Klemperer (S)
Theo Adam (H), Anja Silja (S), Marti Talvela (D), Ernst Kozub (E), Annelies Burmeister (M), Gerhard Unger (P). New Philharmonia Orchestra, BBC Chorus
(EMI)

L'une des directions les plus prenantes et les plus originales, par l'un des derniers monstres sacrés de l'école allemande : l'arche est splendide (bien qu'en trois actes), toute de grandeur tragique, avec un sens de l'espace étonnant donnant mystère, lyrisme et profondeur, servie par un orchestre aux couleurs riches, aux traits élégants, très homogène de timbres. En ce cadre visionnaire, Adam s'inscrit de manière un peu terne et pesante, offrant un chant sans vraies arêtes, imprécis dans la recherche des nuances, plus heureux pour une véhémence assez courte pourtant de moyens. Silja dialogue mieux avec Klemperer, développant sa conception fragile et fervente, passionnée et hallucinée, de Senta : le son est malheureusement toujours aussi sec et blanc, la voix connaît les mêmes stridences, le timbre manque toujours autant de corps. Kozub, trop tôt disparu, trouve pour Erik un phrasé énergique et distingué, d'une belle intelligence, finement varié - bien qu'il savonne un peu sur les portées en haut registre. Talvela, uniforme, et Unger, fatigué, restituent cependant l'essentiel de leurs rôles. Malgré ces réserves, on doit considérer cette version comme un classique indispensable - peut-être même comme la version de base.

1971 - Karl Böhm (L)
Thomas Stewart (H), Gwyneth Jones (S), Karl Ridderbusch (D), Hermin Esser (E), Sieglinde Wagner (M), Harald Ek (P). Festival de Bayreuth
(DGG)

D'un orchestre au creux de la vague, Böhm tire le maximum en une lecture souple, dynamique, variée, d'un romantisme élancé et bien accentué mais peut-être pas très tragique ni très mystique. Le plateau, réuni pour les besoins de la cause, est fort en peine de fournir un supplément d'âme. Stewart est expressif mais pas grand, Ridderbusch excellent musicien... Esser et Jones calamiteux. Des générations de commentateurs continueront à louer le Pilote de Ek : c'est peu.

1977 - Georg Solti (S)
Norman Bailey (H), Janis Martin (S), Marti Talvela (D), René Kollo (E), Isola Jones (M), Werner Krenn (P). Choeur et Orchestre symphonique de Chicago
(Decca, CD)

Quel fabuleux orchestre ! Emporté, bouillonnant, brillant, d'une richesse de traits, de détails, de couleurs inouïe. Pourtant, au bout du compte, aucun climat, aucune action : comme un festin époustouflant de goûts et sensations servi sans le premier des arts, celui de la succession des plats. Tout Solti réside dans cette boulimie sonore inattentive de surcroît à la définition par le chef d'un style vocal, sinon d'un sens dramaturgique et musical. Le phénomène frappe ici davantage dès lors que la distribution est loin d'être satisfaisante. Bailey, affligé d'un accent ... perfectible et d'un vibrato distendu dans le registre haut, où la voix se blanchit, chante d'une seule foulée, n'articulant jamais la progression du personnage au sein des airs ou sur l'ensemble. Talvela, en panne de legato, éraille brutalement son timbre et ses aigus. Kollo est efflanqué, Martin d'une placidité désolante et Isola Jones vraiment indigne. Le choeur enfin, fait rarissime au disque pour cette oeuvre, attend sans doute encore qu'on lui explique de quoi il s'agit.

1981-83 (e) - Herbert Von Karajan (S)
José Van Dam (H), Dunja Vejzovic (S), Kurt Moll (D), Peter Hofmann (E), Kaja Borris (M), Thomas Moser (P). Choeur de l'Opéra de Berlin, Orchestre Philharmonique de Berlin
(EMI, 2 CD)

Une fois encore, on reste abasourdi devant le travail orchestral. Les mots manquent pour commenter une telle puissance, une telle richesse de sonorité, une telle intelligence dramaturgique de la musicalité, tant de violence et de passion. Plongé dans ce bain en fusion, le chant tout à la fois se trempe et devient, entre les mains du chef, un matériau théâtral intense et malléable. C'est le cas du choeur, parfaitement introduit dans la vision jusqu'à cet acte III halluciné, allant à la limite des possibilités expressives exigées par le parti pris choisi, celui d'une nature rompant les digues du raisonné. C'est aussi le cas des solistes. Moser est excellent, Moll absolument exemplaire musicalement, de ton très personnel et très accompli. Hofmann lui-même arrache l'admiration par son application et par sa conviction à négocier la technique et la vérité d'un rôle difficile pour le type de ténor qu'il est devenu. Il doit beaucoup à l'aide de Karajan, mais moins sans doute que Van Dam (dont la musicalité, racée, est pourtant autrement spontanée) et Vejzovic. Ces deux solistes, en effet, tirent du chef l'essentiel de leur incarnation. Van Dam, au timbre intrinséquement moins évocateur que d'autres plus noirs, se plie fidèlement aux indications de Karajan, lequel bâtit instrumentalement la théâtralité de son interprète en un contrepoint voix-orchestre dont la cohérence inspirée compense largement le manque d'initiative concertante du soliste. Le cas de Vejzovic est assez différent : le chef et les micros se préoccupent surtout de lui ménager l'accès au rôle, qu'elle sert avec une scrupuleuse probité mais dont elle ne peut endosser la dimension, la nécessaire liberté d'engagement, la variété expressive, sous peine de se mettre en danger. Aucune autre Senta dans la discographie, cependant, ne suscite une adhésion sans réserve : alors, n'hésitez pas un instant à pénétrer jusqu'à l'oeil du cyclone !

1985 (e) - Woldemar Nelsson (S)
Simon Estes (H), Lisbeth Balslev (S), Matti Salminen (D), Robert Schunk (E), Anny Schlemm (M), Graham Clark (P). Festival de Bayreuth
(Philips, 2 CD)

Cet enregistrement constitue la bande sonore du film Unitel réalisé à partir de la production de Harry Kupfer ; celle-ci, entre 1978 et 1985, s'imposa comme l'une des plus originales conçues depuis longtemps à Bayreuth et connut, fait rarissime, un seul changement de distribution en sept saisons : encore n'affecta-t-il que le Pilote. C'est donc une équipe qui défendit jusqu'au bout le spectacle, sans que l'alternance des chefs (aux tempi pourtant fort disparates) modifie en rien l'intérêt scénique des représentations ni, il faut le reconnaître, la qualité de l'accompagnement orchestral... Publiée en vidéodisque, cette version sera indispensable, l'image compensant largement les défauts de l'exécution musicale, ici cruellement exposés en une série d'absences - ce qui est un comble. Absence de chef tout d'abord. La direction de Nelsson rappelle la précipitation des premiers Sawallisch, sans la dynamique ni le même soin mis aux respirations, avec un orchestre où les cuivres dominent des cordes lisses et peu précises. Absence de performance vocale en second lieu : Balslev, plutôt en meilleure forme que lors des « vraies » représentations, se montre fort prudente (dans le ton d'origine) et, comme tous les autres, peu intéressée par les mots. La gestique, en effet, comptait davantage dès lors que le parti-pris était d'abord technique et anti-psychologique (sinon s'agissant du rôle d'Erik, bien défendu par Schunk avec éclat à défaut d'élégance). Salminen, qui au fil des années malmène toujours plus son organe, chante sans legato, en force et sur la trame d'une voix qui se détimbre. Estes, très préoccupé de concentrer l'émission, de surveiller son accent et maîtriser le souffle, délivre une interprétation très crispée guère en phase avec le chef, où la brillance indéniable du matériau vocal contraste avec la sécheresse théâtrale de l'incarnation, l'une des moins prenantes de la discographie– mais il faut savoir que la mise en scène le tenait à l'écart de l'action directe. Clark est étriqué, grelottant et nasillard, et Schlemm au disque risque de faire sourire alors que cette voix de caractère était admirable à voir. Le choeur est bon, surtout les dames. Ajoutons une prise de son mieux faite elle aussi pour l'image, bouleversant les plans au détriment de tout un chacun : Balslev souvent noyée, Estes changeant selon les séquences, équilibre fosse-plateau fluctuant.

Divers

La meilleure sélection est française : il est indispensable d'entendre Blanc et Sarrocca, sous la baguette de Löwlein (DGG), lequel, pour le même éditeur, gravait la même année (64) une identique sélection en allemand avec Stewart, Lear et Borg (D).
Si l'on peut négliger les extraits Schüchter 52 avec Bjoerling et Rysanek (Columbia), on entendra absolument le duo Nilsson-Hotter conduit par Leopold Ludwig en 58 (HMV).

TANNHÄUSER

Livret *traduit par Philippe* GODEFROID

Commentaire *par Lucie* KAYAS

Discographie *par Jean* CABOURG

LIVRET EN DEUX VERSIONS

Le texte présenté ici est celui de la partition dite de Paris (1861), identique à celui de la partition dite de Vienne (1875), tel que gravé dans la partition d'orchestre Eulenburg. Il s'agit donc du livret de l'opéra dans sa dernière révision par Wagner, laquelle devrait être dès lors considérée comme l'unique autorisée. Ce caractère définitif n'a cependant pas été formellement reconnu par l'auteur lui-même. En dépit des assurances et de l'exemple donnés par sa veuve lorsqu'elle introduisit l'ouvrage au festival de Bayreuth, l'habitude s'est conservée de faire appel à des « mélanges » empruntant aux successives versions dites « de Dresde » (1847 pour les actes I et II, 1845-46 pour l'acte III). Si musicalement la plus-value des partitions tardives est indéniable, la dramaturgie de la pièce évolue de façon assez considérable selon la version choisie.
Nous avons donc rétabli, aux endroits correspondants, les passages des « versions de Dresde » en les séparant du reste par les filets horizontaux. En outre, les passages figurant uniquement dans la version dite de Paris sont signalés par les barres obliques : /....../. Les passages figurant uniquement dans la version dite de Dresde sont signalés par les crochets [......].

TANNHÄUSER UND DER SÄNGERKRIEG AUF DER WARTBURG

Romantische Oper in drei Aufzügen

Personen

Der Landgraf Hermann von Thüringen *(Bass)*
Elisabeth seine Nichte *(Sopran)*
Tannhäuser Heinrich *(Tenor)*

Die Minnesänger
Wolfram von Eschenbach *(Bariton)*
Walter von der Volgelweide *(Tenor)*
Heinrich der Schreiber *(Tenor)*
Biterolf *(Bass)*
Reinmar von Zweter *(Bariton)*

Venus, Göttin der Liebe *(Mezzo-Sopran)*
Ein Hirt *(Sopran)*
Vier Edelknaben *(Sopran)*

Pilger, Ritter, Edel und Edelfrauen, Sirenen

Die Lage ist bei Eisenach, Thüringen, im 13. Jahrhundert.

Ouvertüre

ERSTER AUFZUG

ERSTER AUFTRITT

Im Innern des Venusberg (in der gesamten Welt Hörselberg gennant – bei Eisenach. Wie die deutsche Romantik des 19. Jahrhundert berichtet, hatte Venus, die Göttin der Liebe, sich bei dem Verfall der alten Götter hierhin geflüchtet).

Weite Grotte, welche sich im Hintergrunde durch eine Biegung nach rechts wie unabsehbar dahinzieht. Aus einer zerklüfleten Offnung, durch welche mattes Tageslicht hereinscheint, stürzt sich die ganze Höhe der Grotte entlang ein grünlicher Wasserfall herab, wild über Gestein schäumend; aus dem Becken, welches das Wasser auffängt, fliesst nach dem ferneren Hintergrunde der Bach hin, welcher dort

TANNHÄUSER ET LE TOURNOI DES CHANTEURS À LA WARTBURG

Opéra romantique en trois actes

Personnages

Le Landgrave, Hermann de Thuringe *(basse)*
Elisabeth, sa nièce *(soprano)*
Tannhäuser, Henri *(ténor)*

Les Minnesänger
Wolfram von Eschenbach *(baryton)*
Walter von der Vogelweide *(ténor)*
Heinrich der Schreiber *(ténor)*
Biterolf *(basse)*
Reinmar von Zweter *(baryton)*

Vénus, déesse de l'Amour *(mezzo-soprano)*
Un pâtre *(soprano)*
Quatre pages *(soprani)*

Pèlerins, chevaliers, nobles seigneurs et nobles dames, sirènes.

L'action se déroule en Thuringe, près d'Eisenach, au XIIIe siècle.

Ouverture

PREMIER ACTE

SCÈNE I

À l'intérieur du Venusberg (universellement situé au Hörselberg, près d'Eisenach. C'est là, selon la tradition romantique du XIXe siècle, que Vénus, la déesse de l'Amour, se réfugia lorsque les dieux de l'Antiquité durent céder au Christianisme).
Le décor représente une vaste grotte s'incurvant dans le fond vers la droite, comme si elle se prolongeait à perte de vue. Par une crevasse dans les rochers, d'où tombe un jour pâle, une cascade jaillit et chute sur toute la hauteur de la grotte, écumant sauvagement sur les pierres; du bassin qui recueille l'eau, un ruisseau coule vers le lointain et y forme un lac où se baignent des naïades et sur la rive duquel sont

sich zu einem See sammelt, in welchem man die Gestalten badender Najaden und an dessen Ufern gelagerte Sirenen gewahrt. Zu beiden Seiten der Grotte Felsenvorsprünge von unregelmässiger Form, mit wunderbaren, korallenartigen tropischen Gewächsen bewachsen.

Vor einer nach links aufwärts sich dehnenden Grottenöffnung, aus welcher ein zarter, rosiger Dämmer herausscheint, liegt im Vordergrunde Venus auf einem reichen Lager, vor ihr, das Haupt in ihrem Schosse, die Harfe zur Seite, Tannhäuser halb kniend. Das Lager umgeben, in reizender Verschlingung gelagert, die drei Grazien. Zur Seite und Hinter dem Lager zahlreiche schlafende Amoretten, wild über– und nebeneinander gelagert, einen verworenen Knäuel bilbend, wie Kinder, die, von einer Balgerei ermatet, eingeschlafen sind. Der ganze Vordergrund ist von einem zauberhaflen, von unten durchscheinenden, rötlichen Lichte beleuchtet, durch welches das Smaragdgrün des Wasserfalls, mit dem Weiss seiner schäumenden Wellen, stark durchbricht; der ferne Hintergrunde mit den Seeufern ist von einem verklärt blauen Duft mondscheinartig erhellt.

Beim Aufzuge des Vorhangs sind, auf den erhöhten Vorsprüngen, bei Bechern noch die Jünglinge gelagert, welche jetzt sofort den verlockenden Winken der Nymphen folgen und zu diesen hinabeilen; die Nymphen hatten um das schäumende Becken des Wasserfalls den auffordernden Reihen begonnen, welcher die Jünglinge zu ihnen führen sollte : die Paare finden und mischen sich; Suchen, Fliehen und reizendes Necken beleben den Tanz. Aus dem ferneren Hintergrunde naht ein Zug von Bacchantinnen, welcher durch die Reihen der liebenden Paare, zu wilder Lust auffordernd, daherbraust. Durch Gebärden begeisterter Trunkenheit reizen die Bacchantinnen die Liebenden zu wachsender Ausgelassenheit hin. Satyre und Faune sind aus den Klüflen erschienen und drängen sich jetzt mit ihrem Tanze zwischen die Bacchanten und liebeden Paare.

Sie vermehren durch ihre Jagd auf die Nymphen die Verwirrung; der allgemeine Taumel steigert sich zur höchsten Wut. Hier, beim Ausbruche der höchsten Raserei, erheben sich entsetzt die drei Grazien. Sie suchen den Wütenden Einhalt zu tun und sie zu entfernen. Machtlos fürchten sie selbst mit fortgerissen zu werden : sie wenden sich zu den schlafenden Amoretten, rütteln sie auf und jagen sie in die Höhe. Diese flattern wie eine Schar Vögel aufwärts auseinander, nehmen in der Höhe, wie in Schlachtordnung, den ganzen Raum der Höhle ein und schiessen von da ab herab einen unaufhörlichen Hagel von Pfeilen auf das Getümmel in der Tiefe. Die Verwundeten, von mächtigem Liebessehnen ergriffen, lassen vom rasenden Tanze ab und sinken in Ermattung.

Die Grazien bemächtigen sich der Verwundeten und suchen, indem sie die Trunkenen zu Paaren fügen, sie mit sanfler Gewalt nach dem Hintergrund zu zerstreuen. Dort nach den verschiedensten Richtungen hin entfernen sich (zum Teil auch von der Höhe herab durch die Amoretten verfolgt) die Bacchanten, Faune, Satyren, Nymphen und Jünglinge. Ein immer dichterer rosiger Duft senkt sich herab; in ihm verschwinden zunächst die Amoretten; dann bedeckt er den ganzen Hintergrund, so dass endlich, ausser Venus un Tannhäuser, nur noch die drei Grazien sichtbar zurückbleiben. Diese wenden sich jetzt nach dem Vordergrunde zurück; in anmutigen Verschlingungen nahen sie sich Venus, ihr gleichsam von dem Siege berichtend, den sie über die wilden Leidenschaflen der Untertanen ihres

étendues des sirènes. Des deux côtés de la grotte, des saillies de roches aux formes irrégulières où croissent des plantes tropicales merveilleuses, semblables à des coraux.

À gauche, la grotte s'ouvre vers le haut : une douce vapeur rosée tombe de cet orifice, sous lequel, à l'avant-plan, Vénus est étendue sur une couche richement parée; Tannhäuser est devant elle, à demi agenouillé, la tête reposant sur le sein de la déesse, sa harpe à côté de lui. Les trois Grâces, exquisement enlacées, entourent cette couche. À côté du lit, et derrière lui, de nombreux petits cupidons assoupis, étendus en désordre les uns par-dessus les autres, forment un amas inextricable, comme des enfants qui se seraient endormis fatigués de leurs ébats. Tout le premier plan baigne dans une lumière rougeâtre venant du sol, au travers des laquelle se découpent nettement le vert émeraude de la cascade et l'argent des vagues écumantes; le lointain et les rives du lac sont éclairés comme par un clair de lune, d'un brouillard bleuté et limpide.

Au lever du rideau, les éphèbes sont encore étendus, leurs coupes auprès d'eux, sur les saillies des rochers. Ils répondent sans retard à l'appel séducteur des nymphes et se hâtent de les rejoindre en bas. Les nymphes avaient en effet commencé, autour du bassin écumant de la cascade, une danse provocante destinée à attirer les jeunes gens vers elles; les couples se mêlent et se forment; la danse s'organise autour de ces recherches, fuites et charmantes agaceries. Un cortège de bacchantes débouche du lointain et se rue dans les rangs des couples amoureux, les invitant à de fougueux ébats. Par des gestes d'enthousiasme et d'ivresse, les bacchantes entraînent les amants à un déchaînement croissant. Au travers des fentes du rocher sont apparus satyres et faunes, qui s'élancent maintenant en dansant parmi les bacchantes et les couples.

En pourchassant les nymphes, ils accroissent le désordre; l'ivresse générale se transforme en recherche effrénée du plaisir. Au paroxysme de cette orgie, les trois Grâces se lèvent effrayées. Elles tentent de contenir les transports furieux des danseurs et d'éloigner ceux-ci. Impuissantes, elles craignent d'être entraînées à leur tour; elles s'adressent alors aux amours endormis, les secouent pour les éveiller et les chassent vers les airs. Ils s'envolent comme une nuée d'oiseaux, se dispersent, occupent bientôt tout l'espace dans le haut de la grotte; là, ils se rangent comme en ordre de bataille et font pleuvoir une grêle de flèches sur les groupes qui se démènent en bas. Ceux qui en sont blessés, saisis d'un violent désir amoureux, quittent la danse forcenée et vont tomber un peu à l'écart épuisés.

Les grâces s'emparent des blessés et tentent de les disperser vers le fond de la grotte, leur faisant une douce violence, tandis qu'elles groupent par couples ceux que l'ivresse a saisis. Les bacchantes, les faunes, les satyres, les nymphes et les jeunes gens s'éloignent en tous sens, en partie poursuivis par les amours venant des hauteurs. Une nuée rose, toujours plus dense, descend; elle recouvre d'abord les amours, qui y disparaissent, puis tout le fond : si bien que finalement, en dehors de Vénus et de Tannhäuser, seules les trois Grâces demeurent visibles. Celles-ci se dirigent alors à nouveau vers le premier plan : aimablement enlacées, elles s'approchent de Vénus comme pour lui annoncer la victoire qu'elles ont remportée sur les passions déchaînées des sujets de son royaume. –Vénus les remercie d'un

Reiches gewonnen. – Venus blickt dankend zu ihnen.

GESANG DER SIRENEN *(unsichtbar).*
Naht euch dem Strande
naht euch dem Lande,
wo in den Armen
glühender Liebe
selig Erwarmen
still eure Triebe!
(Der dichte Duft im Hintergrunde zerteilt sich; ein Nebelbild zeigt die Entführung der Europa, welche auf dem Rücken des mit Blumen geschmückten weissen Stieres, von Tritonen und Nereiden geleitet, durch das blaue Meer dahinfährt. Der rosige Duft schliesst sich wieder, das Bild verschwindet, und die Grazien deuten nun durch einen anmutigen Tanz den geheimnisvollen Inhalt des Bildes als ein Werk der Liebe an. Von neuem teilt sich der Duft. Man erblickt in sanfter Mondesdämmerung Leda, am Waldesteiche ausgestreckt; der Schwan schwimmt auf sie zu und birgt schmeichelnd seinen Hals an ihren Busen. Allmählich verbleicht auch dieses Bild. Der Duft verzieht sich endlich ganz und zeigt die ganze Grotte einsam und still. Die Grazien verneigen sich schelmisch vor Venus und entfernen sich langsam nach der Liebesgrotte. Tiefste Ruhe. Unveränderte Gruppe der Venus und Tannhäusers.)

regard.

LES SIRÈNES *(invisibles)*
12 Approchez de la plage!
Approchez du rivage,
où dans une étreinte ardente
la bienheureuse chaleur de l'Amour
apaisera vos transports!

(La brume épaisse qui masquait le fond se dissipe; on voit, dans un brouillard, un tableau représentant l'Enlèvement d'Europe qui, sur le dos d'un taureau blanc, escortée de tritons et de néréides, est emportée sur les flots bleus de la mer. La brume rose retombe, la vision disparaît et les Grâces, en une danse pleine de charme, en commentent le sens : il s'agit d'une des manifestations de l'Amour dans ses œuvres. À nouveau les brouillards se dissipent et on l'aperçoit, dans un doux crépuscule lunaire, Leda étendue près d'un étang dans la forêt; le cygne s'approche d'elle et pose, caressant, son cou sur la poitrine de la nymphe. Bientôt cette vision pâlit elle aussi. La brume finit par se dissiper entièrement et toute la grotte apparaît, solitaire et tranquille. Les Grâces s'inclinent, souriantes, devant Vénus, puis s'éloignent lentement vers la grotte de l'Amour. Calme profond. Vénus et Tannhäuser n'ont pas bougé.)

La description du décor est identique, sauf la mention de la cascade. L'orgie est pour sa part narrée avec bien moins de précision, et ne fait d'ailleurs pas appel à autant de protagonistes : les Grâces, les cupidons, les faunes et les satyres en sont absents, ce qui prive l'épisode de la « bataille amoureuse » organisée pour Paris. Les nymphes et leurs amants, excités par le cortège des bacchantes, sombrent bientôt dans une frénétique orgie.
Après avoir atteint son paroxysme, l'orgie cède à une douce lassitude. Tout disparaît dans une brume rose qui laisse seuls visibles à leur place Vénus et Tannhäuser.

[SIRENEN *(ihr gesang verhallt in weiter Ferne).*
Naht euch dem Strande!
Naht euch dem Lande!]

[LES SIRÈNES *(leur chant se perd dans le lointain)*
Approchez de la plage!
Approchez du rivage!]

ZWEITER AUFTRITT

Tannhäuser zuckt mit dem Haupte empor, als fahre er aus einem Traume auf. – Venus zieht ihn schmeichelnd zurück. Tannhäuser führt die Hand über die Augen, als ob er ein Traumbild festzuhalten suche.

VENUS
Geliebter, sag, wo weilt dein Sinn?

TANNHÄUSER *(schnell)*
Zu viel! Zu viel!
(langsamer und leise)
Oh, dass ich nun erwachte!

VENUS *(ruhig und schmeichelnd)*
Sag mir, was dich mühet?

TANNHÄUSER
Im Traum war mir's als hörte ich –
was meinem Ohr so lange fremd!
als hörte ich der Glocken frohes Geläute! –
Oh, sag! Wie lange hört' ich's doch nicht mehr?

SCÈNE II

Tannhäuser tressaille, redressant la tête comme s'il sortait d'un rêve. Il couvre ses yeux de sa main, comme s'il cherchait à en fixer l'image. Vénus l'attire contre elle caressante.

VENUS
Mon bien-aimé, dis-moi, où erre ton esprit?

TANNHÄUSER *(vivement)*
Je n'en peux plus! Je n'en peux plus!
(Plus lentement, à voix basse)
Oh, si je pouvais me réveiller à l'instant !

VENUS *(calme, caressante)*
Épanche-toi, quel est l'objet de ta peine?

TANNHÄUSER
Je rêvais, et voici que j'ai cru entendre –
pour la première fois depuis longtemps –
le son des cloches, en carillon joyeux! –
Oh, dis-le moi : depuis combien de temps
L'avais-je donc plus entendu?

VENUS
Was fasst dich an?
Wohin verlierst du dich?
(Sie führt die Hand über seine Stirne.)

TANNHÄUSER
Die Zeit, die hier ich verweil,
ich kann sie nicht ermessen.
Tage, Monde – gibt's für mich nicht mehr,
denn nicht mehr sehe ich die Sonne,
nicht mehr des Himmels freundliche Gestirne;
(weich)
den Halm seh ich nicht mehr, der frisch ergrünend
den neuen Sommer bringt; die Nachtigall
hör ich nicht mehr, die mir den Lenz verkünde.
Hör ich sie nie, seh ich sie niemals mehr?

VENUS *(mit ruhiger Verwunderung)*
Ha! Was vernehm ich? Welche tör'ge Klage!
Bist du so bald der holden Wunder müde,
die meine Liebe dir bereitet? – Oder wie?
Reut es dich so sehr, ein Gott zu sein?
Hast du so bald vergessen, wie du einst
gelitten, während jetzt du dich erfreust? –
(Sie erhebt sich.)
Mein Sänger auf!
Ergreife deine Harfe!
(Sie nimmt die Harfe und hält sie ihm vor.)
Die Liebe feire, die so herrlich du besingst,
dass du der Liebe Göttin selber dir gewannst!
Die Liebe feire, da ihr höchster Preis dir ward!

TANNHÄUSER *(zu einem plötzlichen Entschlusse ermannt, nimmt die Harfe und stellt sich feierlich vor Venus hin)*
Dir töne Lob! Die Wunder sei'n gepriesen,
die deine Macht mir Glücklichem erschuf!
Die Wonnen süss, die deiner Huld entspriessen,
erheb' mein Lied in lautem Jubelruf!
Nach Freude, ach! Nach herrlichem Geniessen,
verlangt' mein Herz, es dürstete mein Sinn;
da, was nur Göttern einstens du erwiesen,
gab deine Gunst mir Sterblichem dahin.
Doch sterblich, ach! Bin ich geblieben,
und übergross ist mir dein Lieben.
Wenn stets ein Gott geniessen kann,
bin ich dem Wechsel untertan;
nicht Lust allein liegt mir am Herzen,
aus Freuden sehn ich mich nach Schmerzen.
Aus deinem Reiche muss ich fliehn –
O Königin, Göttin! Lass mich ziehn!

VENUS *(wie aus einem Traume erwachend)*
Was muss ich hören? Welch ein Sang!
Welch trübem Ton verfällt dein Lied?
Wohin floh die Begeistrung dir,
die Wonnesang dir nur gebot?
Was ist's? Worin war meine Liebe lässig?
Geliebter, wessen klagest du mich an?

TANNHÄUSER
Dank deiner Huld! Gepriesen sei dein Lieben!
Beglückt für immer, wer bei dir geweilt!
Ewig beneidet, wer mit warmen Trieben

VENUS
De quelle angoisse es-tu saisi?
Où ta pensée s'égare-t-elle?
(Elle passe la main sur le front de Tannhäuser.)

TANNHÄUSER
Le temps que j'ai passé ici,
j'en ai perdu toute notion.
Nuits, jours, il n'en est plus pour moi,
depuis que je ne vois plus le soleil
ni dans le ciel aucune des étoiles que j'aimais;
(avec tendresse)
je ne vois plus les prés fraîchement reverdis
qui m'annonçaient l'été nouveau; le rossignol,
messager du printemps, je ne l'entends plus.
Ne l'entendrai-je, ne les verrai-je plus jamais?

VENUS *(stupéfaite, mais se contenant)*
Ha! Que dois-je comprendre? Quelle plainte insensée!
Es-tu si vite las des doux prodiges
qu'apprête pour toi mon amour? – Ou bien quoi?
Être élevé au rang d'un Dieu pourrait tant t'accabler?
Oublias-tu si vite un passé de souffrances
tandis qu'ici tu vivais dans la joie?
(Elle se lève.)
Redresse-toi, mon ménestrel!
Reprends ta harpe!
(Elle prend la harpe et la lui présente.)
Allons, célèbre l'Amour qui t'inspire si bien
que tu conquis jadis sa déesse elle-même!
Célèbre l'Amour, qui t'a comblé de sa faveur suprême!

TANNHÄUSER *(se ressaisit, comme sous l'emprise d'une résolution soudaine; il prend sa harpe et, solennellement, devant Vénus)*
8 Louange à toi! J'exalte les prodiges
que ton pouvoir pour mon bonheur a su créer!
Puisse mon chant, ravi, proclamer hautement
les douces voluptés que je dois à ta grâce!
La joie, ces plaisirs magnifiques, ah!
Mon cœur les désirait, mes sens en avaient soif :
et toi, ce qu'aux Dieux seuls tu réservais jadis,
par ta faveur tu m'y as fait goûter, à moi, simple mortel.
13 Simple mortel, hélas, je le suis demeuré,
et ton amour est excessif pour moi.
Un Dieu, sans se lasser, peut vivre de plaisir,
mais moi, je suis sujet au changement;
la joie n'habite pas, seule, en mon cœur,
dans le bonheur j'aspire à la douleur.
14 Ton royaume, je dois le fuir –
O, reine, Déesse, laisse-moi partir!

VENUS *(comme si elle sortait d'un rêve)*
15 Que dois-je entendre? Quel chant!
À quels sombres accents s'abandonne ton hymne?
Où donc a fui la muse
qui t'inspirait uniquement des chants heureux?
Qu'y a-t-il donc? En quoi mon amour se fit-il négligent?
Mon bien-aimé, que me reproches-tu?

TANNHÄUSER
8 Grâces à ta bienveillance! Loué soit ton amour!
Heureux pour toujours qui près de toi a séjourné!
Toujours digne d'envie, celui qui dans tes bras,

in deinen Armen Götterglut geteilt!
Entzückend sind die Wunder deines Reiches,
Zauber aller Wonnen atm' ich hier;
kein Land der weiten Erde bietet gleiches,
was sie besitzt, scheint leicht entbehrlich dir.
Doch ich aus diesen ros'gen Düften,
verlange nach des Waldes Lüften,
nach unsres Himmels klarem Blau,
nach unsrem frischen Grün der Au,
nach unsrer Vöglein liebem Sange,
nach unsrer Glocken trautem Klange.
Aus deinem Reiche muss ich fliehn –
O Königin, Göttin! Lass mich ziehn!

VENUS *(von ihrem Lager aufspringend).*
Treuloser! Weh! Was lässest du mich hören?
Du wagest meine Liebe zu verhöhnen?
Du preisest sie und willst sie dennoch fliehn?
Zum Überdruss ist dir mein Reiz gediehn?

TANNHÄUSER
Ach! Schöne Göttin! Wolle mir nicht zürnen!

VENUS
Zum Überdruss ist dir mein Reiz gediehn?

TANNHÄUSER
Dein übergrosser Reiz ist's, den ich fliehe!

VENUS
Weh dir! Verräter!
Heuchler! Undankbarer!

TANNHÄUSER
Nie war mein Lieben
grösser...

VENUS
Ich lass dich nicht!

TANNHÄUSER
... niemals wahrer,...

VENUS
Du darfst nicht von hier ziehen!

TANNHÄUSER
... als jetzt...

VENUS
Ich lass
dich nicht! Nein! Nein! Ach!

TANNHÄUSER
... da ich für ewig dich muss fliehn!
(Venus hat sich mit einem Schrei abgewandt, ihr Gesicht in den Händen bergend. Langes Stillschweigen. Venus sucht allmählich wieder Tannhäusers Blick, dem sie plötzlich mit verführerischem Lächeln sich zuwendet. Auf ihren Wink erscheint eine zauberische Grotte, auf welche sie deutet.)

VENUS
Geliebter, komm! Sieh dort die Grotte,
von ros'gen Düften mild durchwallt!

en un transport brûlant a partagé l'ardeur d'un Dieu!
Ton royaume est merveille, enchantements,
ensorcelantes voluptés dont j'ai connu tous les éthers;
aucun pays de par le vaste monde n'offre pareils trésors :
auprès des tiens ils n'ont pas de valeur.
13 Mais moi, dans ces vapeurs rosées,
je pense avec regret à l'air de nos forêts,
au clair azur de notre ciel,
à nos campagnes fraîches et vertes,
au doux babil de nos petits oiseaux,
au tintement familier de nos cloches.
14 Ton royaume, je dois le fuir –
O reine, Déesse, laisse-moi partir!

VENUS *(bondissant de sa couche)*
Perfide! Hélas! Que me fais-tu entendre?
Tu oses faire honte à mon amour?
Tu le célèbres et pourtant veux le fuir?
16 Es-tu lassé de mes attraits?

TANNHÄUSER
Ah! Belle Déesse! Je t'en prie, ne t'irrite pas!

VENUS
Es-tu lassé de mes attraits?

TANNHÄUSER
Leur démesure, c'est elle que je fuis!

VENUS
Malheur sur toi! Traître!
Hypocrite! Ingrat!

TANNHÄUSER
Jamais mon amour n'a été
plus ardent,...

VENUS
Je m'oppose à ta fuite!

TANNHÄUSER
... jamais plus sincère,...

VENUS
D'ici tu ne dois point partir.

TANNHÄUSER
... qu'aujourd'hui...

VENUS
Je m'oppose
à ta fuite! Non! Non! Ah!

TANNHÄUSER
... où pour toujours je dois te fuir!
(Vénus, dans un cri, s'est détournée, cachant son visage entre ses mains. Long silence. Puis, progressivement, elle
4 *cherche à nouveau le regard de Tannhäuser, vers lequel elle se retourne soudain avec un sourire séducteur. Sur un signe d'elle apparaît une grotte magique, qu'elle lui désigne.)*

VENUS
9 Bien-aimé, viens! Vois là-bas cette grotte,
où flotte doucement une brume rosée!

Entzücken böt' selbst einem Gotte
der süss'ten Freuden Aufenthalt.
Besänftigt auf dem weichsten Pfühle
flieh deine Glieder jeder Schmerz,
dein brennend Haupt umwehe Kühle,
wonnige Glut durchschwelle dein Herz.
(indem sie ihn sanft nach sich zu ziehen sucht.)
Komm, süsser Freund, komm, folge mir!
Komm!

/SIRENEN *(unsichtbar)*/
/Naht euch dem Strande!/

VENUS
Aus holder Ferne mahnen süsse Klänge,
dass dich mein Arm in trauter Näh' umschlänge
von meinen Lippen, /aus meinen Blicken,/
schlürfst du Göttertrank,
aus meinen Augen strahlt dir der Liebesdank :
ein Freudenfest soll unsrem Bund entstehen,
der Liebe Feier lass uns froh begehen!
Nicht sollst du ihr ein scheues Opfer weihn, –
nein! – mit der Liebe Göttin schwelge im Verein.

[SIRENEN]
[Naht euch dem Strande!]

VENUS
/Sag, holder Freund, sag, mein Geliebter!/
Willst du fliehn?

TANNHÄUSER *(auf das äusserste hingerissen nochmals die Harfe ergreifend)*
Stets soll nur dir, nur dir mein Lied ertönen!
Gesungen laut sei nur dein Preis von mir!
Dein süsser Reiz ist Quelle alles Schönen,
und jedes holde Wunder stammt von dir.
Die Glut, die du mir in das Herz gegossen,
als Flamme lodre hell sie dir allein!
Ja, gegen alle Welt will unverdrossen
fortan ich nun dein kühner Streiter sein.
Doch hin muss ich zur Welt der Erden,
bei dir kann ich nur Sklave werden;
nach Freiheit doch verlangt es mich,
nach Freiheit, Freiheit dürste ich;
zu Kampf und Streite will ich stehn,
sei's auch auf Tod und Untergehn :
Drum muss aus deinem Reich ich fliehn –
O Königin, Göttin! Lass mich ziehn!

VENUS *(im heftigsten Zorne).*
Zieh hin, Wahnbetörter, zieh hin! Geh!
Verräter, sieh, nicht halt ich dich!
Flieh! Ich geb dich frei – Zieh hin!
Was du verlangst, das sei dein Los!
Zieh hin! Zieh hin!
Hin zu den kalten Menschen flieh,
vor deren blödem, trübem Wahn
der Freude Götter wir entflohn
tief in der Erde wärmenden Schoss.

Zieh hin, Betörter! Suche dein Heil,
suche dein Heil – und find es nie!

Ce séjour aux plaisirs les plus doux
enchanterait un Dieu lui-même.
Sur les coussins les plus moelleux,
toute douceur fuira tes membres apaisés;
pour rafraîchir ton front brûlant, que fraîchisse une brise
9 et qu'une délicieuse ardeur fasse vibrer ton cœur.
(Elle essaie de l'attirer doucement à elle)
Viens, doux ami, viens, suis-moi!
Viens!

/LES SIRÈNES *(invisibles)*/
12 /Approchez de la plage! /

VENUS
Dans ce lointain où règne la douceur, de suaves accents
m'exhortent à t'enlacer en une étreinte intime;
entre mes lèvres, /dans mes yeux/
coule pour toi le nectar des divins;
illuminé d'amour mon regard ploie sous la reconnaissance :
que notre union soit liesse, allégresse,
sacrifions à l'Amour dans la joie!
Ne t'offre pas en victime timide, – non!
9 Avec la Déesse de l'Amour, jouis d'un même élan!

[LES SIRÈNES]
12 [Approchez de la plage!]

VENUS
/Dis, tendre ami, mon bien-aimé, dis-moi! /
Veux-tu vraiment t'enfuir?

TANNHÄUSER *(au comble du ravissement, saisit à nouveau sa harpe)*
8 Toi seule pour toujours, toi seule inspireras mon chant!
De nulle autre que toi je ne proclamerai le prix!
Tout ce qui est beauté prend source à ta douceur gracieuse,
chaque merveille aimable est comme un œil
où ta sève s'exprime!
La braise qu'en mon cœur tu ranimas
brûlera, flamme claire, en ton unique honneur!
Oui, face au monde entier, je serai désormais,
je le veux, ton champion valeureux, infaillible.
Mais je dois retourner vers le monde terrestre,
auprès de toi je ne serais qu'esclave;
or c'est la liberté que je désire,
la liberté, la liberté, ah! j'en ai soif;
14 je rêve joutes et j'aspire aux combats,
dussé-je y trouver mort, revenir au néant :
et c'est pourquoi je dois fuir ton royaume –
O reine, Déesse, laisse-moi aller!

VENUS *(animée de la plus violente colère)*
Va-t-en, insensé! Va-t-en! Pars!
Traître, vois, je ne te retiens pas!
Fuis! Ta liberté, je te l'accorde – Va-t-en!
Que se noue ton destin tel que tu le réclames!
17 Va-t-en! Va-t-en!
Va retrouver ces froids mortels
dont nous, Dieux de la joie, avons fui
les délires mesquins, saturniens,
pour chercher la chaleur au plus profond
du ventre de la terre.
Va-t-en, hypocrite! Cherche ton salut,
cherche ton salut – et ne le trouve jamais!

La version de Dresde qui enchaîne sur ce vers se trouve à la fin de cette scène (« Bientôt l'orgueil »).

/VENUS
Sie, die du siegend einst verlachtest,
die jauchzenden Mutes du verhöhnst,
nun fleh sie an um Gnade;
wo du verachtest, jammre nun um Huld!
Dann leuchte deine Schande,
der hellen Schmach wird dann ihr Spott!
Gebannt, verflucht, ha!
Wie seh ich schon dich mir nahn,
tief das Haupt zur Erde.
– « O, fändest du sie wieder,
die einst dir gelächelt!
ach, öffnete sie dir wieder
Die Tore ihrer Wonnen! »
Auf der Schwelle, sieh da,
ausgestreckt liegt er nun,
dort wo Freude einst ihm geflossen!
Um Mitleid fleht er bettelnd,
nicht um Liebe!
Zurück! Entweich! Bettler!
Knechten nie, nur Helden
öffnet sich mein Reich!

TANNHÄUSER
Nein, mein Stolz soll dir den Jammer sparen,
mich entehrt je dir nah zu sehn.
Der heut von dir scheidet,
o Göttin, der kehret nie zu dir zurück!

VENUS *(mit einem Schrei)*
Ha! Du kehrtest nie zurück! –
Wie sagt' ich? – Wie sagte er? –
Nie mir zurück?
Wie sollt' ich es denken? Wie es erfassen?
Mein Geliebter ewig mich fliehn? –
Wie hätt' ich das erworben?
Wie träf' mich solch Verschulden,
dass mir die Lust geraubt,
den Trauten zu verzeihn?
Der Königin der Liebe,
der Göttin aller Hulden,
wär einzig dies versagt,
Trost dem Freunde zu weihn?
Wie einst, lächelnd unter Tränen,
ich sehnsuchtsvoll dir lauschte,
den stolzen Sang zu hören,
der rings so lang mir verstummt.

O sag, wie könntest je du wähnen,
dass ungerührt ich bliebe,
dräng' zu mir einst deiner Seele Seufzen,
hört ich dein Klagen?
Dass letzte Tröstung in deinen Armen ich fand,
o lass des mich nicht entgelten,
verschmäh einst auch du nicht meinen Trost! –
(in Verzweiflung ausbrechend.)
Kehrst du mir nicht zurück,
so treffe Fluch die ganze Welt;
und für ewig sei öde sie,
sie, aus der die Göttin wich!

/VENUS
Près de ceux que, vainqueur, autrefois tu moquas,
ceux que bafoue ton exultant courage,
va donc implorer ton pardon, ravale ton dédain
et gémis pour ta grâce!
Qu'alors ton infamie apparaisse au grand jour
et qu'ils rient de ta honte ardente!
Banni, maudit, ha!
Je te vois déjà
revenir vers moi, tête basse :
« Oh, si je la retrouvais,
qui me souriait naguère!
18 Ah! Si elle me rouvrait
les portes du plaisir! »
Sur le seuil, vois donc!
Prostré au sol il git,
là où jadis la joie coulait pour lui!
C'est pour un peu de pitié, qu'il tend la main
en suppliant, pas pour l'amour!
7 Arrière! Disparais, mendiant!
Aux esclaves jamais, aux héros seuls
s'ouvrent les portes de mon royaume!

TANNHÄUSER
17 Non! Ma fierté t'épargnera d'avoir à déplorer
de me voir, près de toi, tout honneur déposé.
Celui qui aujourd'hui se sépare de toi, ô Déesse,
jamais vers toi ne reviendra!

VENUS *(dans un cri)*
Ha! Tu ne reviendrais plus!
Qu'ai-je dit? Qu'a-t-il dit?
Plus jamais mien?
Comment pourrais-je l'imaginer? Le concevoir?
19 Mon bien-aimé, s'enfuir à tout jamais?
Comment l'aurais-je mérité?
Pour quelle faute subirais-je cette peine,
qui me déroberait la joie
de pardonner à mon amant?
La reine de l'Amour,
Déesse de toutes les grâces,
se verrait, seule, refusée de consacrer son propre sacrifice
offert pour consoler son ami?
Autrefois, en souriant parmi mes larmes,
toute emplie de désir je guettais
19 de ton chant les accents orgueilleux
me rendre cet hommage que l'univers me refusait depuis longtemps.
Oh, dis : pouvais-tu croire un seul instant
que je demeurerais insensible
en écoutant tes reproches,
quand les soupirs de ton âme jadis avaient ému mon cœur?
J'ai trouvé dans tes bras l'ultime réconfort :
oh, ne m'en fais rien mépriser,
et toi, ne dédaigne jamais celui que je pourrais t'offrir.
(Dans un éclat désespéré.)
Si tu ne reviens pas,
que soit maudit le monde entier;
qu'en un désert pour toujours il se change,
abandonné de mes divins bienfaits!

(verzweiflungsvoll flehend).
O kehr, kehr wieder!
Trau meiner Huld, meiner Liebe!

TANNHÄUSER
Wer, Göttin, dir entfliehet,
flieht ewig jeder Huld!

VENUS
Nicht wehre stolz deinem Sehnen,
wenn zurück zu mir es dich zieht.

TANNHÄUSER
Mein Sehnen drängt zum Kampfe;
nicht such ich Wonn' und Lust.
Ach, mögest du es fassen, Göttin!
Hin zum Tod, den ich suche,
zum Tode drängt es mich!

VENUS
Kehr zurück, wenn der Tod selbst dich flieht,
wenn vor dir das Grab selbst sich schliesst.

TANNHÄUSER
Den Tod, das Grab hier im Herzen ich trag,
durch Buss' und Sühne wohl
find ich Ruh' für mich!

VENUS
Nie ist Ruh' dir beschieden,
nie findest du Frieden!
Kehr wieder zu mir,
suchst einst du dein Heil!

TANNHÄUSER
Göttin der Wonn' und Lust,
nein! Ach, nicht in dir
find ich Frieden und Ruh'!
Mein Heil liegt in Maria!/

(Au comble du désespoir, elle supplie.)
O, reviens, reviens sur tes pas;
aie foi en ma grâce, en mon amour!

TANNHÄUSER
Celui qui te fuit, ô Déesse,
renonce pour toujours à la moindre faveur!

VENUS
N'étouffe point par orgueil ton désir,
s'il te ramène vers moi.

TANNHÄUSER
8 Il me pousse au combat;
Je ne recherche volupté ni joie.
Ah, puisses-tu le comprendre, Déesse!
C'est vers la mort, ma seule quête,
c'est vers la mort qu'il me presse d'aller!

VENUS
Reviens, si la mort se dérobe elle-même,
si devant toi la tombe elle aussi se referme.

TANNHÄUSER
Ma mort, ma tombe, je les porte en mon cœur;
par pénitence et repentir
je trouverai sans faute mon repos!

VENUS
Repos jamais ne t'écherra,
jamais la paix ne trouveras!
Reviens vers moi,
si quelque jour tu cherches ton salut!

TANNHÄUSER
Déesse de la volupté et du plaisir,
non! ah, ce n'est pas en toi
que j'obtiendrai la paix ni le repos!
Mon salut repose en Marie! /

[VENUS
Bald weicht der Stolz aus deiner Seel',
demütig seh ich dich mir nahn,
zerknirscht, zertreten suchst du mich auf,
Flehst um die Zauber meiner Macht!

TANNHÄUSER
Ach, schöne Göttin, lebe wohl!
Nie kehr ich je zu dir zurück!

VENUS
Ha! Kehrtest du mir nie zurück?
(Verzweiflungsvoll.)
Kehrst du nicht wieder, ha! So sei verfluchet
von mir das ganze menschliche Geschlecht!
Nach meinen Wundern dann vergeblich suchet!
Die Welt sei öde, und ihr Held ein Knecht!
Kehr wieder, kehre mir zurück!

TANNHÄUSER
Nie mehr erfreu mich Liebesglück!

VENUS
Kehr wieder, wenn dein Herz dich zieht!

[VÉNUS
Bientôt l'orgueil désertera ton âme,
alors je te verrai revenir humblement,
contrit, brisé, tu me rechercheras,
pour ses merveilles implorant ma puissance!

TANNHÄUSER
Ah, belle Déesse, adieu!
Jamais je ne retournerai vers toi!

VENUS
Ha! Vers moi tu pourrais ne plus t'en retourner?
(Au comble du désespoir.)
Si tu ne reviens pas, ha! je maudirai alors
toute la race humaine!
En vain dès lors chercherez-vous mes enchantements!
Le monde sera désert, son héros – un esclave!
Reviens, reviens auprès de moi!

TANNHÄUSER
Je ne veux plus jouir du bonheur de l'amour!

VENUS
Reviens, si ton cœur t'y incite!

TANNHÄUSER
Für ewig dein Geliebter flieht.

TANNHÄUSER
C'est pour toujours que ton amant s'enfuit!

VENUS
Wenn alle Welt dich von sich stösst?

VENUS
Et si le monde entier te rejette?

TANNHÄUSER
Vom Bann werd' ich durch Buss' erlöst.

TANNHÄUSER
Proscrit, c'est dans la pénitence
que je trouverai ma délivrance.

VENUS
Nie wird Vergebung dir zuteil!
Kehr wieder, schliesst sich dir das Heil!

VENUS
Jamais l'absolution ne sera ton partage!
Reviens, si le salut se ferme devant toi!

TANNHÄUSER
Mein Heil! Mein Heil ruht in Maria!

TANNHÄUSER
Mon salut, mon salut repose en Marie!]

Venus verschwindet. Schnelle Verwandlung.

Vénus disparaît. Rapide changement de décor.

DRITTER AUFTRITT

Tannhäuser, der seine Stellung nicht verlassen, findet sich plötzlich in ein schönes Tal versetzt. Blauer Himmel, heitere Sonnenbeleuchtung. – Rechts im Hintergrunde die Wartburg; durch die Talöffnung nach links erblickt man den Hörselberg. – Rechts führt auf der halben Höhe des Tales ein Bergweg von der Richtung der Wartburg her nach dem Vordergrunde zu, wo er dann seitwärts abbiegt; in demselben Vordergrunde ist ein Muttergottesbild, zu welchem ein niedriger Bergvorsprung hinaufführt. – Von der Höhe links vernimmt man das Geläute von Herdenglocken; auf einem hohen Vorsprunge sitzt ein junger Hirt mit der Schalmei.

SCÈNE III

Tannhäuser, qui n'a pas quitté sa place, se trouve soudain transporté dans une belle vallée. Le ciel est bleu, un clair soleil resplendit. À droite, au lointain, la Wartburg; à gauche, dans l'ouverture du vallon, on aperçoit le Hörselberg. À mi-hauteur de la vallée, sur la droite, un chemin de montagne venant de la Wartburg descend vers le premier plan, où il oblique vers la coulisse; à cet endroit se trouve dressée une statue de la Vierge, à laquelle un petit monticule rocheux permet d'accéder. On entend les clochettes d'un troupeau qui paisse sur la hauteur de gauche; sur un escarpement, un jeune pâtre est assis, tenant un chalumeau.

HIRT
Frau Holda kam aus dem Berg hervor,
zu ziehn durch Fluren und Auen;
gar süssen Klang vernahm da mein Ohr,
mein Auge begehrte zu schauen.
Da träumt' ich manchen holden Traum,
und als mein Aug' erschlossen kaum,
da strahlte warm die Sonnen,
der Mai, der Mai war kommen.
Nun spiel ich lustig die Schalmei,
der Mai ist da, der liebe Mai!
(Er spielt auf der Schalmei. Man hört den Gesang der älteren Pilger, welche, von der Richtung der Wartburg herkommend, auf dem Bergwege sich nähern.)

LE PÂTRE
Dame Holda sortait de la montagne
pour s'en aller par les prés, par les champs;
bien doux accents parvinrent à mes oreilles,
mes yeux avaient le désir de la voir.
Alors je fis maint rêve merveilleux,
et dès que j'eus rouvert mes paupières,
un chaud soleil dardait ses feux :
le mois de mai, le mois de mai était venu.
À présent tout heureux je souffle dans mon chalumeau :
le moi de mai est là, le joli mois de mai!
(Il joue du chalumeau. On entend le chant des pèlerins; les plus âgés, qui, venant de la Wartburg, approchent sur le chemin à flanc de coteau.)

DIE ÄLTEREN PILGER
Zu dir wall ich, mein Jesus Christ,
der du des Pilgers Hoffnung bist!
Gelobt sei, Jungfrau süss und rein,
der Wallfahrt wolle günstig sein!
(Der Hirt, den Gesang vernehmend, hält auf der Schalmei ein und hört andächtig zu.)
Ach, schwer drückt mich der Sünden Last,
kann länger sie nicht mehr ertragen;
drum will ich auch nicht Ruh noch Rast
und wähle gern mir Müh und Plagen.
Am hohen Fest der Gnad und Huld
in Demut sühn ich meine Schuld;
gesegnet, wer im Glauben treu :

LES PÈLERINS ÂGÉS
20a Vers toi je marche, mon Christ Jésus,
espoir du pèlerin!
O, Vierge pure et douce, sois louée,
à notre route sois propice!
(Le pâtre, entendant le chant, cesse de jouer et écoute, recueilli.)
2 Ha, le poids de mes péchés m'oppresse,
je ne le puis supporter plus longtemps;
aussi sans trêve ni repos
j'accepte volontiers les fatigues et les peines.
20b À la sublime fête du pardon, de la grâce,
humblement j'expierai mes fautes;
béni, qui se garde fidèle à sa foi :

er wird erlöst durch Buss und Reu.

HIRT *(als die Pilger auf der ihm gegenüber liegenden Höhe angekommen sind, ruft ihnen, die Mütze schwenkend, laut zu)*
Glück auf! Glück auf nach Rom!
Betet für meine arme Seele!

TANNHÄUSER *(sinkt heftig erschüttert auf die Knie)*
Allmächt'ger, dir sei Preis!
Gross sind die Wunder deiner Gnade!
(Der Zug der Pilger biegt von hier an auf dem Bergwege bei dem Muttergottesbilde links ab und verlässt so die Bühne; der Hirt entfernt sich ebenfalls mit der Schalmei rechts von der Höhe; man hört die Herdenglocken immer entfernter).

DIE ÄLTEREN PILGER
Zu dir wall ich, mein Jesus Christ,
der du des Pilgers Hoffnung bist!
Gelobt sei, Jungfrau süss und rein,
der Wallfahrt wolle günstig sein!

TANNHÄUSER *(auf den Knien, wie in brünstiges Gebet versunken)*
Ach, schwer drückt mich der Sünden Last, 2
kann länger sie nicht mehr ertragen;
drum will ich auch nicht Ruh noch Rast
und wähle gern mir Müh und Plagen.
(Tränen ersticken seine Stimme, er neigt das Haupt tief zur Erde und scheint heftig zu weinen. Aus dem Hintergrunde, sehr entfernt, hört man Glockengeläute.)

DIE ÄLTEREN PILGER *(sehr entfernt)*
Am hohen Fest der Gnad und Huld
in Demut sühn ich meine Schuld;
gesegnet, wer im Glauben treu!
(Der Gesang verliert sich hier gänzlich. Während sich der Klang von Jagdhörnern immer mehr nähert, schweigt das entfernte Glockengeläute).

VIERTER AUFTRITT

Von der Anhöhe links aus einem Waldwege treten der Landgraf und die Sänger, in Jägertracht, einzeln auf.

LANDGRAF *(auf halber Höhe Tannhäuser erblickend)*
Wer ist der dort im brünstigen Gebete?

WALTER
Ein Büsser wohl.

BITEROLF
Nach seiner Tracht ein Ritter.

WOLFRAM *(eilt auf Tannhäuser und erkennt ihn).*
Er ist es!

ALLE SÄNGER
Heinrich! Heinrich!

par repentir et pénitence il sera racheté.

LE PÂTRE *(lorsque les pèlerins sont arrivés sur la hauteur en face de lui, leur crie, en agitant son chapeau)*

Bonne route! Bonne route, jusqu'à Rome!
Priez pour ma pauvre âme!

TANNHÄUSER *(tombe à genoux, profondément ému)*
Dieu Tout Puissant, louange à toi!
Si grands, sont les miracles de ta grâce!
(À partir d'ici, le cortège des pèlerins parvenu devant la statue de la Vierge tourne vers la gauche et quitte la scène; le pâtre s'éloigne également par la hauteur, du côté droit, avec son chalumeau; on entend les cloches du troupeau s'éloigner progressivement.)

LES PÈLERINS ÂGÉS
Vers toi je marche, mon Christ Jésus,
espoir du pèlerin!
O, Vierge pure et douce, sois louée,
à notre route sois propice!

TANNHÄUSER *(agenouillé, comme plongé dans une fervente prière)*
Ha, le poids de mes péchés m'oppresse,
je ne le puis supporter plus longtemps;
aussi sans trêve ni repos
j'accepte volontiers les fatigues et les peines.
(Les larmes étouffent sa voix, il baisse la tête jusqu'à terre, secoué de sanglots. De très loin, à l'arrière plan, on entend des cloches sonner.)l

LES PÈLERINS ÂGÉS *(très éloignés)*
À la sublime fête du pardon, de la grâce,
humblement j'expierai mes fautes;
béni, qui demeure fidèle à sa foi!
(Leur chant se perd entièrement. Tandis que des appels de cors de chasse se rapprochent, la lointaine sonnerie de cloches cesse.)

SCÈNE IV

De la hauteur de gauche, descendant par un chemin forestier, le Landgrave et les minnesänger entrent en scène un à un, en costumes de chasse.

LE LANDGRAVE *(à mi-hauteur, découvrant Tannhäuser)*
Qui donc est là, en fervente prière?

WALTER
Sans doute un pénitent.

BITEROLF
À son costume, un chevalier.

WOLFRAM *(court vers Tannhäuser et le reconnaît)*
C'est lui!

TOUS LES MINNESÄNGER
Heinrich! Heinrich!

WOLFRAM
Er ist es!

DIE ÜBRIGEN SÄNGER
Seh ich recht?
(Tannhäuser, der überrascht schnell aufgefahren ist, ermannt sich und verneigt sich stumm gegen den Landgrafen, nachdem er einen flüchtigen Blick auf ihn und die Sänger geworfen.)

LANDGRAF
Du bist es wirklich? Kehrest in den Kreis
zurück, den du in Hochmut stolz verliessest?

BITEROLF
Sag, was uns deine Wiederkehr bedeutet?

LANDGRAF, WALTER, HEINRICH, REINMAR
Sag es an!

BITEROLF
Versöhnung? Oder gilt's erneutem Kampf?

WALTER
Nahst du als Freund uns oder Feind?

DIE SÄNGER *(ausser Wolfram)*
Als Feind?

WOLFRAM
O fraget nicht! Ist dies des Hochmuts Miene? –

(Er geht freundlich auf Tannhäuser zu.)
Gegrüsst sei uns, du kühner Sänger,
der, ach! So lang in unsrer Mitte fehlst!

WALTER
Willkommen, wenn du friedsam nahst!

BITEROLF
Gegrüsst, wenn du uns Freunde nennst!

DIE SÄNGER AUSSER WOLFRAM
Gegrüsst! Gegrüsst sei uns!

LANDGRAF
So sei willkommen denn auch mir!
Sag an, wo weiltest du so lang?

TANNHÄUSER
Ich wanderte in weiter, weiter Fern' –
da, wo ich nimmer Rast noch Ruhe fand.
Fragt nicht! Zum Kampf mit euch kam ich nicht her.
Seid mir versöhnt und lasst mich weiterziehn!

LANDGRAF
Nicht doch! Der unsre bist du neu geworden.

WALTER
Du darfst nicht ziehn.

BITEROLF
Wir lassen dich nicht fort.

WOLFRAM
C'est lui!

LES AUTRES MINNESÄNGER
Dois-je en croire mes yeux?

(Tannhäuser se redresse d'un bond, surpris; il se domine et s'incline, muet, devant le Landgrave, après avoir jeté un regard rapide sur ce dernier et les minnesänger.)

LE LANDGRAVE
Est-ce bien toi? Rejoins-tu notre cercle, que, poussé
par ta superbe, tu avais orgueilleusement quitté?

BITEROLF
Dis, comment devons-nous comprendre ton retour?

LE LANDGRAVE, WALTER, HEINRICH, REINMAR
Réponds!

BITEROLF
Veux-tu la réconciliation? Ou ranimer notre querelle?

WALTER
Viens-tu en ami ou bien en ennemi?

LES MINNESÄNGER, SAUF WOLFRAM
En ennemi?

WOLFRAM
O, cessez vos questions! Vraiment, vous semble-t-il arrogant?
(Il va à Tannhäuser comme un ami)
21 Salut à toi, valeureux chanteur,
qui si longtemps, hélas, nous a manqué!

WALTER
Sois le bienvenu, si tu reviens en paix!

BITEROLF
Salut à toi, si tu nous veux pour amis!

LES MINNESÄNGER, SAUF WOLFRAM
Salut! Salut à toi!

LE LANDGRAVE
Je te souhaite donc également la bienvenue!
Mais dis : où séjournas-tu si longtemps?

TANNHÄUSER
22 J'ai voyagé en des contrées lointaines – lointaines,
sans jamais y trouver la paix ni le repos.
Ne me questionnez pas! Je ne viens pas vous défier.
Donnez-moi votre paix, et laissez-moi poursuivre mon chemin!

LE LANDGRAVE
Non pas! Tu es redevenu des nôtres.

WALTER
Tu ne dois pas nous quitter.

BITEROLF
Nous ne te laisserons pas repartir.

DIE SÄNGER
Bleib bei uns!

TANNHÄUSER
Lasst mich! Mir frommet kein Verweilen,...

DIE SÄNGER, DER LANDGRAF
O bleib! O bleib!

TANNHÄUSER
... und nimmer kann ich rastend stehn!

DIE SÄNGER, DER LANDGRAF
O bleib! Bei uns sollst du verweilen,
wir lassen dich nicht von uns gehn.

TANNHÄUSER
Mein Weg heisst mich nur vorwärts eilen,
und nimmer darf ich rückwärts sehn.

DIE SÄNGER, DER LANDGRAF
Du suchtest uns,
du suchtest uns, warum enteilen?

TANNHÄUSER
Mein Weg heisst mich nur
vorwärts eilen,...

DIE SÄNGER, DER LANDGRAF
Nach solchem kurzen,
solchem kurzen Wiedersehn?

TANNHÄUSER
... und nimmer darf ich
rückwärts sehn!
Ach nimmer darf ich rückwärts sehn!

DIE SÄNGER, DER LANDGRAF
Warum enteilen? Nach solchem
kurzen Wiedersehn?
O bleib! O bleib!
O bleib bei uns!
Bei uns sollst du verweilen!

TANNHÄUSER
Nein, rückwärts darf ich
niemals, niemals sehn!
Fort, fort von hier! Lasst mich, lasst mich!
Fort von Hier! Fort! Fort!

DIE SÄNGER, DER LANDGRAF
Warum so schnell enteilen?
Bleib, o bleib! O bleibe bei uns!
Bei uns verweile jetzt!
Bleib, bleib bei uns!

WOLFRAM *(Tannhäuser in den Weg tretend, mit erhobener Stimme)*
Bleib bei Elisabeth!

TANNHÄUSER *(heflig und freudig ergriffen bleibt wie festgebannt stehen)*
Elisabeth! O Macht des Himmels,
rufst du den süssen Namen mir?

LES MINNESÄNGER
Demeure auprès de nous!

TANNHÄUSER
Laissez-moi! Aucune halte ne m'est bonne…

LES MINNESÄNGER, LE LANDGRAVE
O reste! O reste!

TANNHÄUSER
16 … et nulle part je ne puis séjourner en repos!

LES MINNESÄNGER, LE LANDGRAVE
O reste! Parmi nous tu dois demeurer,
nous ne te laisserons pas nous quitter.

TANNHÄUSER
Sur le chemin qui est le mien, je dois uniquement
pousser toujours plus loin en toute hâte.

LES MINNESÄNGER, LE LANDGRAVE
Tu nous cherchais,
tu nous cherchais : pourquoi partir si vite?

TANNHÄUSER
Sur le chemin qui est le mien, je dois uniquement
pousser toujours plus loin en toute hâte,…

LES MINNESÄNGER, LE LANDGRAVE
Après de si courtes,
si courtes retrouvailles?

TANNHÄUSER
… et jamais je ne dois
regarder en arrière!
Ah non, jamais je ne devrai me retourner!

LES MINNESÄNGER, LE LANDGRAVE
Pourquoi partir si vite, après
de si courtes retrouvailles?
O reste! O reste!
O reste auprès de nous!
Auprès de nous tu dois faire halte!

TANNHÄUSER
Non, regarder en arrière, je ne le dois
jamais! Jamais!
Partir, partir d'ici! Laissez-moi! Laissez-moi!
Partir d'ici! Partir! Partir!

LES MINNESÄNGER, LE LANDGRAVE
Pourquoi partir si vite?
Reste, o reste! O reste auprès de nous!
Auprès de nous repose-toi maintenant!
Reste, reste auprès de nous!

WOLFRAM *(barrant la route de Tannhäuser, d'une voix forte)*
Reste auprès d'Elisabeth!

TANNHÄUSER *(reste cloué sur place, saisi d'une violente joie)*
Elisabeth! O, Puissance céleste,
m'as-tu crié ce nom chéri?

WOLFRAM
Nicht sollst du Feind mich schelten,
dass ich ihn gennant!
(Zum Landgrafen)
Erlaubest du mir, Herr, dass ich
Verkünder seines Glücks ihm sei?

LANDGRAF
Nenn ihm den Zauber, den er ausgeübt,
und Gott verleih ihm Tugend,
dass würdiger ihn löse!

WOLFRAM
Als du in kühnem Sange uns bestrittest,
bald siegreich gegen unsre Lieder sangst,
durch unsre Kunst Besiegung bald erlittest :
ein Preis doch war's, den du allein errangst. (*bis*)
War's Zauber, war es reine Macht,
durch die solch Wunder du vollbracht,
an deinen Sang voll Wonn und Leid] *(bis)*
gebannt die tugendreichste Maid?]
Denn, ach! Als du uns stolz verlassen,
verschloss ihr Herz sich unsrem Lied;
wir sahen ihre Wang' erblassen,
für immer unsern Kreis sie mied.
Ach, für immer unsern Kreis sie mied!
O kehr zurück, du kühner Sänger,
dem unsren sei dein Lied nicht fern.
Den Festen fehle sie nicht länger,
aufs neue leuchte uns ihr Stern!

WALTER
Sei unser, Heinrich!

WOLFRAM
O kehr zurück, du kühner Sänger! O kehr zurück!
Vereint ertönen unsre Lieder,
und Brüder nenne uns fortan! usw.

DIE ÜBRIGEN SÄNGER
Sei unser, Heinrich, kehr uns wieder!
Zwietracht und Streit sei abgetan! usw.

DER LANDGRAF
O kehr zurück!
O kehr uns wieder! usw.

TANNHÄUSER *(von innigster Rührung ergriffen, stürzt sich in Wolframs Arme, begrüsst der Reihe nach jeden der Sänger und verneigt sich innig dankend vor dem Landgrafen)*
Zu ihr! Zu ihr!
Oh, führet mich zu ihr!

DER LANDGRAF
Er kehrt zurück!

DER LANDGRAF, DIE SÄNGER
Er kehrt zurück, den wir verloren!

TANNHÄUSER
Ha, jetzt erkenne ich sie wieder,...

WOLFRAM
Ce n'est point par inimitié, tu vas t'en assurer,
que je l'ai prononcé!
(Au Landgrave)
Me permets-tu, Seigneur,
d'être le messager de son bonheur?

LE LANDGRAVE
Enseigne-lui quel charme il a noué,
et que Dieu lui accorde la vertu
de le délier dignement.

WOLFRAM
23 Au temps où tu nous affrontais par tes hymnes vaillants,
et que tantôt tes chants étaient vainqueurs,
tantôt cédaient devant les nôtres,
il fut un prix pourtant que seul tu remportas. *(bis)*
24 Usas-tu de magie, ou bien de forces pures,
pour accomplir un tel prodige :
captiver par ton chant, vibrant de joies et de douleurs] *(bis)*
la plus riche en vertu des damoiselles?]
Car hélas, lorsque dans ta fierté tu nous quittas,
son cœur à nos poèmes devint sourd;
nous vîmes pâlir ses joues,
et devant nous elle ne parut plus!
24 Ah! Devant nous elle ne parut plus!
O reviens, valeureux chanteur,
mêle à nouveau ta voix aux nôtres,
qu'à nos concours Elisabeth réapparaisse,
que son étoile à nouveau resplendisse sur nous!

WALTER
Sois des nôtres, Heinrich!

WOLFRAM
O reviens, valeureux chanteur! O reviens!
24 Que nos chants montent à l'unisson
et qu'à nouveau nous soyons frères! etc.

LES AUTRES MINNESÄNGER
Sois des nôtres, Heinrich, reviens-nous!
Trêve aux conflits et aux disputes! etc.

LE LANDGRAVE
O reviens!
O reviens-nous! etc.

TANNHÄUSER *(profondément ému, se jette dans les bras de Wolfram, puis salue tour à tour chacun des minnesänger avant de s'incliner devant le Landgrave, animé d'une profonde gratitude)*
Vers elle! Vers elle!
Oh, conduisez-moi vers elle!

LE LANDGRAVE
Il revient parmi nous!

LE LANDGRAVE, LES MINNESÄNGER
Il revient, lui que nous avions perdu!

TANNHÄUSER
25 Ah! À présent je te retrouve,...

WOLFRAM
Er kehrt zurück!

TANNHÄUSER
... die schöne Welt, der ich entrückt!

DER LANDGRAF, DIE SÄNGER
Ein Wunder hat ihn hergebracht!

TANNHÄUSER
Der Himmel blickt auf mich hernieder,
die Fluren prangen reich geschmückt.
Der Lenz mit tausend holden Klägen
zog jubelnd in die Seele mir;
in süssem, ungestümen Drängen
ruft laut mein Herz : zu ihr, zu ihr!
Führt mich zu ihr!

DER LANDGRAF, DIE SÄNGER
Die ihm den Übermut beschworen,
gepriesen sei die holde Macht!
Nun lausche unsren Hochgesängen
von neuem der Gepriesnen Ohr!
Es tön in frohbelebten Klängen
das Lied aus jeder Brust hervor!

(Während des Vorhergehenden hat sich nach und nach der ganze Jagdtross des Landgrafen mit Falkenträgern usw. auf der Bühne versammelt. Die Jäger stossen in die Hörner. Das ganze Tal wimmelt jetzt vom immer stärker anwachsenden Jagdtross. Der Landgraf und die Sänger wenden sich den Jägern zu. Der Landgraf stösst in sein Horn : lautes Horngeschmetter und Rüdengebell antworten ihm. Während der Landgraf und die Sänger Pferde besteigen, welche man ihnen von der Wartburg her entgegengeführt hat, fällt der Vorhang.)

WOLFRAM
Il revient parmi nous!

TANNHÄUSER
… monde splendide qui m'était dérobé!

LE LANDGRAVE, LES MINNESÄNGER
Un miracle nous l'a rendu!

TANNHÄUSER
Le ciel se penche vers moi,
les prairies resplendissent dans leurs plus beaux atours.
Le printemps, jubilant, est entré dans mon âme,
accompagné de mille chants ravissants;
un cri transporte mon cœur,
impétueux et doux : vers elle! Vers elle!
Conduisez-moi vers elle!

LE LANDGRAVE, LES MINNESÄNGER
Bénie soit la douce puissance,
qui sut conjurer sa fierté!
Qu'à nouveau l'Adorée prête son ouïe
à nos hymnes exaltant sa noblesse!
Et que ceux-ci, pleins d'une ardeur nouvelle,
jaillissent de nos poitrines!

(Pendant ce qui précède, peu à peu, toute l'escorte de la chasse du Landgrave – avec ses fauconniers, etc – s'est rassemblée en scène. Les chasseurs embouchent leurs cors. Toute la vallée fourmille d'une foule de plus en plus nombreuse. Le Landgrave donne un signal avec son cor : de puissantes sonneries et les aboiements de la meute lui répondent. Tandis que le Landgrave et les minnesänger enfourchent les chevaux qu'on leur a amenés de la Wartburg, le rideau tombe.)
25

ZWEITER AUFZUG

Die Sängerhalle auf der Wartburg.
Nach hinten freie Aussicht auf den Burghof und das Tal.

ERSTER AUFTRITT

ELISABETH *(tritt freudig bewegt ein)*
Dich, teure Halle, grüss ich wieder,
froh grüss ich dich, geliebter Raum!
In dir erwachen seine Lieder
und wecken mich aus düstrem Traum.
Da er aus dir geschieden,
wie öd erschienst du mir!
Aus mir entfloh der Frieden,
die Freude zog aus dir.
Wie jetzt mein Busen hoch sich hebet,
so scheinst du jetzt mir stolz und hehr.
Der dich und mich so neu belebet,
nicht länger weilt er ferne mehr.
Sei mir gegrüsst! Sei mir gegrüsst!
Du teure Halle, sei mir gegrüsst!

DEUXIÈME ACTE

26 *La salle des chanteurs à la Wartburg. Au fond, la vue*
25 *s'étend librement sur la cour du château et la vallée.*

SCÈNE I

ELISABETH *(entre, en proie à une joyeuse animation)*
O salle aimée, je reviens te saluer,
de tout mon cœur je te salue, lieu bien-aimé!
Entre tes murs vont renaître ses chants
pour dissiper mes sombres rêves.
Car lorsqu'il te quitta,
combien tu me semblas désertée!
Toute paix m'avait fuie,
de toi la joie s'était soudain retirée.
26 Mais aujourd'hui mon cœur bondit en ma poitrine,
et tout ici me semble noble et beau!
Celui qui nous ranime toutes deux
ne tardera plus à paraître.
27a Je te salue! Je te salue!
O salle aimée je te salue! Je te salue,
25 ô salle aimée, je te salue.

ZWEITER AUFTRITT

Wolfram und Tannhäuser erscheinen im Hintergrunde.

WOLFRAM
Dort ist sie; nahe dich ihr ungestört!
(Er bleibt, an die Mauerbrüstung gelehnt, im Hintergrunde.)

TANNHÄUSER *(unsgestüm zu den Füssen Elisabeths stürzend)*
O Fürstin!

ELISABETH *(in schüchterner Verwirrung).*
Gott! Stehet auf! Lasst ich! Nicht darf
ich Euch hier sehn!
(Sie will sich entfernen.)

TANNHÄUSER
Du darfst! O bleib und lass
zu deinen Füssen mich!

ELISABETH *(sich freundlich zu ihm wendend)*
So stehet auf!
Nicht sollet hier Ihr knien, denn diese Halle
ist Euer Königreich. Oh, stehet auf!
Nehmt meinen Dank, dass Ihr zurückgekehrt! –
Wo weiltet Ihr so lange?

TANNHÄUSER *(sich langsam erhebend)*
Fern von hier
in weiten, weiten Landen. Dichtes Vergessen
hat zwischen Heut und Gestern sich gesenkt.
All mein Erinnern ist mir schnell geschwunden,
und nur des einen muss ich mich entsinnen,
dass nie mehr ich gehofft, Euch zu begrüssen,
noch je zu Euch mein Auge zu erheben.

ELISABETH
Was war es dann, das Euch zurückgeführt?

TANNHÄUSER
Ein Wunder war's
ein unbegreiflich hohes Wunder!

ELISABETH *(freudig aufwallend)*
Ich preise dieses Wunder
aus meines Herzens Tiefe!
(Sich mässigend, in Verwirrung.)
Verzeiht, wenn ich nicht weiss, was ich beginne!
Im Traum bin ich und tör'ger als ein Kind,
machtlos der Macht der Wunder preisgegeben.
Fast kenn ich mich nicht mehr; oh, helfet mir,
dass ich das Rätsel meines Herzens löse!
Der Sänger klugen Weisen
lauscht' ich sonst gern und viel;
ihr Singen und ihr Preisen
schien mir eine holdes Spiel.
Doch welch ein seltsam neues Leben
rief Euer Lied mir in die Brust!
Bald wollt' es mich wie Schmerz durchbeben,
bald drang's in mich wie jähe Lust.
Gefühle, die ich nie empfunden!
Verlangen, das ich nie gekannt! –

SCÈNE II

Wolfram et Tannhäuser apparaissent à l'arrière-plan.

WOLFRAM
Elle est ici; aborde-la sans crainte d'importuns.
(Il reste au loin, adossé à la muraille)

TANNHÄUSER *(se jetant impétueusement aux pieds d'Elisabeth)*
O, Princesse!

ELISABETH *(troublée, intimidée)*
Seigneur Dieu! Relevez-vous! Laissez-moi!
Je ne puis vous rencontrer ici!
(Elle veut s'éloigner)

TANNHÄUSER
Tu le peux! O, reste,
et laisse-moi à tes pieds!

ELISABETH *(se tournant vers lui avec amitié)*
27b Alors, relevez-vous!
Il ne vous convient pas d'être à genoux ici,
car cette salle est votre royaume. Oh, relevez-vous!
Et soyez remercié d'être enfin revenu!
Où êtes-vous demeuré si longtemps?

TANNHÄUSER *(se relevant lentement)*
21 Bien loin d'ici,
en des contrées reculées et perdues. Un voile épais
d'oubli s'est étendu entre hier et aujourd'hui,
toute mémoire en moi s'est bien vite évanouie,
et je ne dois plus rien me rappeler,
sinon que je n'espérais plus vous saluer un jour,
ni même au moins lever les yeux sur vous.

ELISABETH
À quoi, dès lors, dois-je votre retour?

TANNHÄUSER
À un miracle,
un pur, un inconcevable miracle!

ELISABETH *(faisant, joyeuse, quelques pas)*
Je rends grâces à ce miracle,
du plus profond de mon cœur!
(Confuse, elle se modère aussitôt.)
Pardonnez-moi de ne savoir contenir cet élan!
Je vis un rêve, et plus stupide qu'un enfant,
reste sans force, émerveillée par sa puissance.
À peine, si je me reconnais : ô, aidez-moi
28 à déchiffrer l'énigme de mon cœur!
Jadis j'écoutais volontiers, longuement,
les mélodies subtiles des trouvères;
leurs poèmes et leurs louanges
me paraissaient un jeu charmant.
Mais quelle étrange vie nouvelle
votre art fit naître en ma poitrine!
Tantôt je tremblais de douleur,
tantôt la joie soudainement me submergeait.
Jamais je n'avais ressenti tels émois,
jamais, cette impérieuse attente,

Was sonst mir lieblich, war verschwunden
vor Wonnen, die noch nie genannt!
Und als Ihr nun
von uns gegangen –
war Frieden mir und Lust dahin;
die Weisen, die die Sänger sangen,
erschienen matt mir, trüb ihr Sinn.
Im Traume fühlt' ich dumpfe Schmerzen,
mein Wachen ward trübsel'ger Wahn;
die Freude zog aus meinem Herzen –
Heinrich! Heinrich! Was tatet Ihr mir an?

TANNHÄUSER *(begeistert)*
Der Gott der Liebe sollst du preisen,
er hat die Saiten mir berührt,
er sprach zu dir aus meinen Weisen,
zu dir hat er mich hergeführt!

TANNHÄUSER, ELISABETH
Gepriesen sei die Stunde,
gepriesen sei die Nacht,
die mir so holde Kunde
aus deinem Mund gebracht!
von Eurer Näh' gebracht!
Gepriesen sei die Stunde, usw.

TANNHÄUSER
Dem neu erkannten Leben
darf ich mich mutig weihn;
ich nenn in freud'gem Beben
sein schönstes Wunder mein! usw.

ELISABETH
Von Wonneglanz umgeben
lacht mir der Sonne Schein;
erwacht zu neuem Leben,
nenn ich die Freude mein! usw.

WOLFRAM *(im Hintergrunde)*
So flieht für dieses Leben
mir jeder Hoffnung Schein!

TANNHÄUSER, ELISABETH
Ha, gepriesen sei die Stunde, usw.

(Tannhäuser trennt sich von Elisabeth; er geht auf Wolfram zu, umarmt ihn und entfernt sich mit ihm über die Treppe. Elisabeth blickt Tannhäuser vom Balkon aus nach.)

DRITTER AUFTRITT

Der Landgraf tritt aus einem Seitengange auf; Elisabeth eilt ihm entgegen und birgt ihr Gesicht an seiner Brust.

LANDGRAF
Dich treff ich hier in dieser Halle, die
so lange du gemieden? Endlich denn
lockt dich ein Sängerfest, das wir bereiten?

ELISABETH
Mein Oheim! O mein güt'ger Vater!

et ce bonheur nouveau que je ne sus nommer
éclipsa mes anciens agréments!
Mais dès que vous fûtes loin de nous,
mes rires et ma félicité disparurent aussi;
l'inspiration des autres chants
me parut terne et d'esprit confus.
Mes rires s'alourdirent de douleurs diffuses,
mes veilles se tissèrent d'illusions et de troubles chagrins.
La joie avait abandonné mon cœur.
Heinrich! Heinrich! Que m'aviez-vous donc fait?

TANNHÄUSER *(enthousiaste)*
Tu dois bénir le Dieu d'Amour,
c'est lui qui inspirait mes vers,
lui qui te parlait par mes chants,
lui qui m'a ramené vers toi!

TANNHÄUSER, ELISABETH
Béni soit cet instant,
bénie soit la puissance,
qui par ta bouche me révèle
qui par ta présence m'enseigne
un si doux secret!
Béni soit cet instant, etc.

TANNHÄUSER
O vie, je renais à ton existence,
et dois lui vouer tout mon courage;
oui, je dois lui vouer mon courage.
Je reconnais pour mien, en tremblant d'allégresse,
son miracle le plus beau, etc.

ELISABETH
Auréolé d'une splendeur radieuse,
un soleil éclatant rit pour moi;
éveillée à une vie nouvelle,
je reconnais la joie pour ma compagne, etc.

WOLFRAM *(à l'arrière-plan)*
Ainsi, en cette vie,
aucun espoir ne luira plus pour moi!

TANNHÄUSER, ELISABETH
Ah, béni soi cet instant, etc.

(Tannhäuser se sépare d'Elisabeth; il rejoint Wolfram, le serre dans ses bras et s'éloigne avec lui par l'escalier. Par
27b *le balcon, Elisabeth le suit des yeux.)*

SCÈNE III

Le Landgrave entre par un des couloirs de côté; Elisabeth court à sa rencontre et cache son visage sur sa poitrine.

LE LANDGRAVE
Je te rencontre en cette salle,
que si longtemps tu évitas? Enfin,
l'un des tournois de chant que nous organisons
parvient à t'attirer?

ELISABETH
Mon oncle! O vous, le meilleur des pères!

LANDGRAF
Drängt
es dich, dein Herz mir endlich zu erschliessen?

ELISABETH
Blick mir ins Auge! Sprechen kann ich nicht.

LANDGRAF
Noch bleibe denn unausgesprochen
dein süss Geheimnis kurze Frist;
der Zauber bleibe ungebrochen,
bis du der Lösung mächtig bist. –
So sei's! Was der Gesang so Wunderbares
erweckt und angeregt, soll heute er
enthüllen und mit Vollendung krönen.
Die holde Kunst, sie werde jetzt zur Tat!
(Man hört Trompeten im Hintergrunde tief, wie im Schlosshof.)
Schon nahen sich die Edlen meiner Lande,
die ich zum seltnen Fest hieher beschied;
zahlreicher nahen sie als je, da sie
gehört, dass du des Festes Fürstin seist.

(Der Landgraf und Elisabeth treten an den Balkon, um nach der Ankunft der Gäste zu sehen. Vier Edelknaben treten auf und melden an. Sie erhalten vom Landgrafen Befehl für den Empfang usw.)

VIERTER AUFTRITT

Die Ritter und Grafen treten einzeln mit Edelfrauen und Gefolge, welches im Hintergrunde bleibt, ein und werden vom Landgrafen und Elisabeth empfangen.

CHOR
Freudig begrüssen wie die edle Halle,
wo Kunst und Frieden immer nur verweil'
wo lange noch der frohe Ruf erschalle :
Thüringens Fürsten, Landgraf Hermann, Heil! (usw)
(Die Versammelten haben alle die ihnen angewiesenen, einen grossen Halbkreis bilbenden Plätze eingenommen. Trompeten. – Die Sänger treten auf, begrüssen feierlich die Versammlung und werden von den Edelknaben nach ihren Sitzen geleitet.)

LANDGRAF *(erhebt sich)*
Gar viel und schön ward hier in dieser Halle
von euch, ihr lieben Sänger, schon gesungen;
in weisen Rätseln wie in heitren Liedern
erfreutet ihr gleich sinnig unser Herz.
Wenn unser Schwert in blutig ernsten Kämpfen
stritt für des deutschen Reiches Majestät,
wenn wir dem grimmen Welfen widerstanden
und dem verderbenvollen Zwiespalt wehrten :
so ward von euch nicht mindrer Preis errungen.
Der Anmut und der holden Sitte,
der Tugend und dem reinen Glauben
erstrittet ihr durch eure Kunst
gar hohen, herrlich schönen Sieg. –
Bereitet heute uns denn auch ein Fest,
heut, wo der kühne Sänger uns zurück–
gekehrt, den wir so ungern lang vermissten.
Was wieder ihn in unsre Nähe brachte,
ein wunderbar Geheimnis dünkt es mich.

LE LANDGRAVE
Souhaites-tu enfin m'ouvrir ton cœur?

ELISABETH
Lisez dans mes yeux! Parler, je ne le puis.

LE LANDGRAVE
Eh bien : que pour un bref moment ta bouche
taise encore ton doux mystère;
que le secret en demeure inviolé,
jusqu'à ce que tu sois maîtresse de le délier.
Allons! Qu'aujourd'hui même le prodige
suscité, inspiré par le Chant,
soit par le Chant dévoilé, parfait et couronné.
Jeu d'un art très gracieux, deviens ici réalité!
(On entend des trompettes dans le lointain, comme venant de la cour de la forteresse.)
Voici déjà que se présentent les nobles du comté;
je les ai invités à ce tournoi unique;
ils sont venus plus nombreux qu'autrefois,
ayant su qu'aujourd'hui tu règnerais sur le concours.

(Le Landgrave et Elisabeth montent sur le balcon pour surveiller l'entrée des invités. Quatre pages entrent et annoncent les hôtes. Le Landgrave leur donne des ordres pour l'accueil et la cérémonie s'organise.)

SCÈNE IV

Les chevaliers et les comtes entrent un à un avec les nobles dames et leur suite, cette dernière restant à l'arrière-plan. Le Landgrave et Elisabeth les accueillent.

CHŒUR
29 Joyeux nous saluons la noble enceinte où de tous temps
30 l'art et la paix ont seuls régné;
31 que pour longtemps encore ce cri joyeux y puisse retentir :
32 « Gloire au Landgrave Hermann, le prince de Thuringe! » (etc.)
(Tous les invités ont occupé les places qui leur ont été assignées dans un vaste demi-cercle. Trompettes. – Les chanteurs font leur entrée, saluent solennellement l'assemblée et sont conduits par les pages jusqu'à leurs sièges respectifs.)

LE LANDGRAVE *(se levant)*
Bien souvent cette salle a déjà renvoyé,
amis chanteurs, l'écho de vos vers admirables;
vos savantes énigmes et vos refrains joyeux
ont su également charmer nos cœurs par leur esprit.
Tandis que par l'épée, en des combats sanglants et âpres,
nous défendions l'honneur de l'Empire Allemand,
faisions échec à la fureur des Guelfes
et désarmions de pernicieuses dissensions,
pour votre part vous saviez conquérir des prix tout aussi nobles.
En luttant par votre art
et pour la grâce et pour nos mœurs courtoises,
pour la vertu comme pour la vraie foi,
vous avez remporté belles et hautes victoires.
33 Apprêtez donc pour nous une nouvelle fête,
en ce jour où revient parmi nous le valeureux chanteur
que nous fûmes fâchés de perdre si longtemps.
24 Or c'est je crois un merveilleux secret

Durch Liedes Kunst sollt ihr es uns enthüllen,
deshalb stell ich die Frage jetzt an euch :
könnt ihr der Liebe Wesen mir ergründen?

Wer es vermag, wer sie am würdigsten
besingt, dem reich' Elisabeth den Preis,
er fordre ihn, so hoch und kühn er wolle,
ich sorge, dass sie ihn gewähren solle. –
Auf, liebe Sänger! Greifet in die Saiten!
Die Aufgab' ist gestellt, kämpft um den Preis
und nehmet all im voraus unsren Dank!
(Trompeten.)

RITTER, EDELFRAUEN, EDELLEUTE, EDELKNABEN
Heil! Heil! Heil! Thüringens Fürsten Heil!
Der holden Kunst Beschützer Heil! Heil!

(Alle setzen sich. Die Vier Edelknaben treten vor, sie sammeln in einem goldenen Becher von jedem Sänger seinen auf ein zusammengerolltes Blättchen gezeichneten Namen ein und reichen ihn Elisabeth, welche eines der Blättchen herauszieht und es wiederum den Edelknaben reicht. Diese, nachdem sie den Namen gelesen, treten feierlich in die Mitte.)

VIER EDELKNABEN
Wolfram von Eschenbach, beginne!

(Wolfram erhebt sich. Tannhäuser stützt sich auf seine Harfe und scheint sich in Träumen zu verlieren.)

WOLFRAM
Blick ich umher in diesem edlen Kreise,
welch hoher Anblick macht mein Herz erglühn!
So viel der Helden, tapfer, deutsch und weise,
ein stolzer Eichwald, herrlich, frisch und grün.
Und hold und tugendsam erblick ich Frauen,
lieblicher Blüten düftereichsten Kranz.

Es wird der Blick wohl trunken mir vom Schauen,
mein Lied verstummt vor solcher Anmut Glanz. –
Da blick ich auf zu einem nur der Sterne,
der an dem Himmel, der mich blendet, steht :
es sammelt sich mein Geist aus jeder Ferne,
andächtig sinkt die Seele in Gebet.
Und sieh! Mir zeiget sich ein Wunderbronnen,
in den mein Geist voll hohen Staunens blickt :
aus ihm er schöpfet gnadenreiche Wonnen,
durch die mein Herz er namenlos erquickt.
Und nimmer möcht ich diesen Bronnen trüben,
berühren nicht den Quell mit frevlem Mut :
in Anbetung möcht' ich mich opfernd üben,
vergiessen froh mein letztes Herzensblut. –
Ihr Edlen mögt in diesen Worten lesen,
wie ich erkenn der Liebe reinstes Wesen!
(Er setzt sich.)

DIE RITTER UND FRAUEN *(in beifälliger Bewegung)*

So ist's! So ist's! Gepriesen sei dein Lied!
(Tannhäuser fährt wie aus dem Traume auf; seine trotzige Miene nimmt sofort den Ausdruck der Entzückung an, mit welchem er in die Luft vor sich hinstarrt; ein leises Zittern

qui l'a conduit à nouveau dans nos murs.
Mais par votre art vous devriez le percer,
c'est pourquoi je soumets à vos chants la question :
quelle est l'essence de l'Amour, sauriez-vous m'en instruire?
Qui d'entre vous y parviendra, qui en célèbrera au mieux
la dignité, – Elisabeth lui remettra le prix.
Qu'il le fixe lui-même, aussi haut qu'il voudra,
je veillerai moi-même à ce qu'il le reçoive d'elle.
Allons, amis chanteurs! Prenez vos harpes!
J'ai fixé le sujet, combattez pour le prix!
D'avance, à tous, merci!
(Trompettes)

CHEVALIERS, NOBLES ET NOBLES DAMES, PAGES
Gloire! Gloire! Gloire au Prince de Thuringe!
À toi le protecteur de l'art courtois, gloire! Gloire!
33 Gloire!
Tous s'asseoient. Quatre pages avancent, recueillent dans une coupe d'or le nom des chanteurs, inscrit par chacun d'eux sur une feuille roulée; ils la présentent à Elisabeth qui tire l'une des feuilles au sort et la leur tend. Après voir pris connaissance du nom, les pages viennent solennellement au milieu de la scène et l'annoncent.)

QUATRE PAGES
Wolfram von Eschenbach, commence!

(Wolfram se lève. Tannhäuser, appuyé sur sa harpe, semble perdu dans ses rêves.)

WOLFRAM
Où que mes yeux se portent en votre noble cercle,
combien mon cœur s'embrase à son auguste aspect!
J'y vois tant de héros, des allemands vaillants et sages,
fière, insigne chênaie de sève vive et verte!
Par tant de grâce et par tant de vertu
s'en distinguent ses Dames,
couronne aux cent parfums de fines fleurs aimables!
Je sens que mon regard s'enivre à cette vue,
mon chant se tait, charmé d'un tel éclat.
Alors se lève mon regard vers une étoile unique,
à l'empyrée de cet éblouissant firmament.
Mon esprit se recueille, observant cette distance,
mon âme se prosterne et s'abîme en prière.
Et, voyez! Voici que m'apparaît une fontaine merveilleuse :
sa vue emporte mon esprit vers le plus haut ravissement,
34 et à sa source il puise les délices de l'indulgence la plus sainte,
baume ineffable dont il rafraîchit mon cœur.
Jamais je ne voudrais souiller cette fontaine,
en troubler le jaillissement par quelque audace impie :
mais j'aimerais, par dévotion, me sacrifier pour son service,
verser joyeusement pour elle le dernier sang de mon cœur.
Qu'il plaise à Vos Seigneuries de lire en ces paroles
quelle est pour moi la pure essence de l'Amour!
(Il se rassied.)

CHEVALIERS, NOBLES DAMES *(avec des mouvements d'approbation)*
C'est bien cela! C'est bien cela! Ton chant mérite éloges!
3 *(Tannhäuser a un sursaut, comme s'il sortait d'un rêve; ses traits pleins de défi prennent aussitôt une expression intensément ravie, avec laquelle il regarde, hébété, devant lui;*

der Hand, die bewusstlos nach den Saiten der Harfe sucht, ein unheimliches Lächeln des Mundes zeigen an, dass ein fremder Zauber sich seiner bemächtigt. Als er dann, wie erwachend, kräftig in die Harfe greift, verrät seine ganze Haltung, dass er kaum mehr weiss, wo er ist, und namentlich Elisabeth nicht mehr beachtet.)

un léger tremblement de sa main, qui cherche inconsciemment les cordes de sa harpe, un sourire inquiétant né sur ses lèvres, montrent qu'une magie étrange s'est emparée de son être. Puis à l'instant où, comme s'éveillant, il saisit résolument son instrument, toute son attitude trahit qu'il sait à peine où il se trouve et notamment qu'il ne fait plus la moindre attention à Elisabeth.)

[TANNHÄUSER
Auch ich darf mich so glücklich nennen
zu schaun, was, Wolfram, du geschaut!
Wer sollte nicht den Bronnen kennen?
Hör, seine Tugend preis ich laut!
Doch ohne Sehnsucht heiss zu fühlen
ich seinem Quell nicht nahen kann.
Des Durstes Brennen muss ich kühlen,
getrost leg ich die Lippen an :
in vollen Zügen trink ich Wonnen,
in die kein Zagen je sich mischt,
denn unversiegbar ist der Bronnen,
wie mein Verlangen nie erlischt.
So, dass mein Sehnen ewig brenne,
lab an dem Quell ich ewig mich.
Und wisse, Wolfram, so erkenne
der Liebe wahrstes Wesen ich!
(Er setzt sich. Elisabeth macht eine Bewegung, ihren Beifall zu bezengen; da aber alle Zuhörer in ernstem Schweigen verharren, hält sie sich schüchtern zurück.)

[TANNHÄUSER
Moi aussi, Wolfram, je puis me targuer du bonheur
de contempler ce que tes yeux ont contemplé.
Qui donc ne reconnaîtrait cette fontaine?
Entends-le bien, je célèbre hautement sa vertu!
Pourtant, sans un ardent désir
je ne puis approcher de sa source.
Alors la soif qui me dévore, il me faut l'apaiser :
résolument, je trempe mes lèvres à son onde,
et à pleins traits m'abreuve de ses délices,
sans ressentir jamais la moindre appréhension,
car jamais ne tarit cette fontaine,
tout comme mon désir demeure inextinguible.
Ainsi, brûlant d'une éternelle envie,
je trouve en cette source éternel réconfort.
Sache-le bien, Wolfram, telle est pour moi
la plus authentique essence de l'Amour!
(Il se rassied. Elisabeth fait un mouvement pour montrer son approbation; mais, voyant que tous les autres auditeurs persistent dans un silence sombre, elle se retient timidement.)

WALTER VON DER VOGELWEIDE
Den Bronnen, den uns Wolfram nannte,
ihn schaut auch meines Geistes Licht;
doch, der in Durst für ihn entbrannte,
du, Heinrich, kennst ihn wahrlich nicht.
Lass dir denn sagen, lass dich lehren :
der Bronnen ist die Tugend wahr.
Du sollst in Inbrunst ihn verehren
und opfern seinem holden Klar.
Legst du an seinen Quell die Lippen,
zu kühlen frevle Leidenschaft,
ja, wolltest du am Rand nur nippen,
wich' ewig ihm die Wunderkraft!
Willst du Erquickung aus dem Bronnen haben,
musst du dein Herz, nicht deinen Gaumen laben.
(Er setzt sich.)

WALTER
La fontaine, que Wolfram a décrite pour nous,
se manifeste aussi au feu de mon esprit.
Mais toi, qui devant elle te consumes de soif,
toi, Heinrich, vraiment tu ne la connais pas.
Laisse-moi te le dire, pour ton enseignement :
en vérité cette fontaine est la Vertu.
Avec ferveur tu dois la révérer,
te sacrifier pour que rien ne la trouble.
Mais si tu trempes à sa source tes lèvres,
pour rafraîchir ta passion sacrilège,
oh oui, ne ferais-tu qu'en effleurer le bord,
pour toujours s'en irait sa force miraculeuse!
Si de son eau tu attends réconfort,
désaltère ton cœur et non pas ton palais!
(Il se rassied.)

RITTER UND FRAUEN
Heil Walther! Preis sei deinem Liede!]

CHEVALIERS, NOBLES DAMES
Gloire à toi, Walter! Ton chant mérite récompense!]

TANNHÄUSER *(erhebt sich mit Heftigkeit).*
O /Wolfram/ [Walter], der du also sangest,
du hast die Liebe arg entstellt!
Wenn du in solchem Schmachten bangest,
versiegte wahrlich wohl die Welt.
Zu Gottes Preis in hoch erhabne Fernen,
blickt auf zum Himmel, blickt auf zu seinen Sternen!
Anbetung solchen Wundern zollt,
da ihr sie nicht begreifen sollt!
Doch was sich der Berührung beuget,
mir Herz und Sinnen nahe liegt,
was sich, aus gleichem Stoff erzeuget,
in weicher Formung an mich schmiegt,
/Ich nah' ihm kühn, dem Quell der Wonnen,

TANNHÄUSER *(se lève d'un mouvement violent)*
O /Wolfram/[Walter] à entendre ton chant,
combien l'amour m'est apparu fâcheux!
Si chacun languissait en tremblant comme toi,
assurément le monde entier bientôt serait tari.
Pour louer Dieu, lointain dans ses hauteurs célestes,
levez les yeux au ciel, contemplez les étoiles!
L'adoration convient à de telles merveilles,
puisqu'elles sont insaisissables!
Mais ce qui s'offre à vos caresses,
ce cœur, ces sens, tout près des vôtres,
ce corps fait de la même chair
qui se blottit tout contre vous en une douce étreinte :
/ô source délicieuse, hardiment me voici,

in die keine Zagen je sich mischt,
denn unversiegbar ist der Bronnen,
wie mein Verlangen nie erlischt :
so, dass mein Sehnen ewig brenne,
lab' an dem Quell ich ewig mich! –
Und wisse, Wolfram, so erkenne
der Liebe wahrstes Wesen ich./
[Dem ziemt Genuss in freud'gem Triebe,
und im Genuss nur kenn' ich Liebe!]
(Allgemeines Erstaunen : Elisabeth in Widerstreit mit Hingerissenheit und banger Befremdung.)

BITEROLF *(erherbt sich schnell und zornig)*
Heraus zum Kampfe mit uns allen!
Wer bliebe ruhig, hört er dich?
Wird deinem Hochmut es gefallen,
so höre, Lästrer, nun auch mich!
Wenn mich begeistert hohe Liebe,
stählt sie die Waffen mir mit Mut;
dass ewig ungeschmäht sie bliebe,
vergöss' ich stolz mein letztes Blut.
Für Frauenehr' und hohe Tugend
als Ritter kämpf ich mit dem Schwert;
doch, was Genuss beut deiner Jugend,
ist wohlfeil, keines Streiches wert.

RITTER UND FRAUEN *(in tobendem Beifalle)*
Hiel, Biterolf!

DIE RITTER
Hier unser Schwert! Hier unser Schwert!

TANNHÄUSER *(mit immer steigender Hitze auffahrend)*
Ha, tör'ger Prahler Biterolf!
Singst du von Liebe, grimmer Wolf?
Gewisslich hast du nicht gemeint,
was mir geniessenswert erscheint.
Was hast du, Ärmster, wohl genossen?
Dein Leben war nicht liebereich,
und was von Freuden dir entsprossen,
das galt wohl wahrlich keinen Streich!

DIE RITTER *(in grösster Aufregung)*
Lasst ihn nicht enden! Wehret seiner Kühnheit!

LANDGRAF *(zu Biterolf, der das Schwert zieht)*
Zurück das Schwert! Ihr Sänger, haltet Frieden!

WOLFRAM *(erhebt sich. Bei seinem Beginn tritt sogleich die grösste Ruhe wieder ein)*
O Himmel, lass dich jetzt erflehen,
gib meinem Lied der Weihe Preis!
Gebannt lass mich die Sünde sehen
aus diesem edlen, reinen Kreis!
Dir, hohe Liebe, töne
begeistert mein Gesang,
die mir in Engelsschöne
tief in die Seele drang!
Du nahst als Gottgesandte,
ich folg aus holder Fern' –
so führst du in die Lande,
wo ewig strahlt dein Stern.

toi qui jamais n'a coulé pour le lâche!
Car ta fontaine ne saurait tarir,
et mon désir a toujours soif.
Ainsi, brûlant d'une éternelle envie,
je trouve à cette source éternel réconfort.
Sache-le bien, Wolfram, telle est pour moi
la plus authentique essence de l'Amour./
[en un transport joyeux, avec lui il convient de jouir;
là seulement, dans ce plaisir, je sais ce qu'est l'Amour.]
(Stupeur générale. Elisabeth est partagée entre l'admiration et une réserve inquiète.)

BITEROLF *(se lève rapidement, avec colère)*
Sors, et viens nous affronter tous!
Qui garderait son calme en t'entendant?
N'en déplaise à ta morgue,
c'est ton tour, blasphémateur, de m'écouter!
Sublime Amour, sous ta bannière
mes armes et mon courage se font plus acérés;
avec fierté je perdrais tout mon sang
pour t'éviter le moindre outrage.
Pour défendre l'honneur et la vertu des Dames,
en chevalier je sais croiser le fer;
mais les plaisirs à vil prix que poursuit ta jeunesse
ne valent pas un coup d'épée.

CHEVALIERS ET NOBLES DAMES *(applaudissant à tout rompre)*
Bravo! Biterolf!

LES CHEVALIERS
3 Voici notre épée! Voici notre épée!

TANNHÄUSER *(avec une chaleur toujours croissante, d'un bond)*
Ha, Biterolf, imbécile bravache!
Loup enragé, as-tu parlé d'amour?
Assurément tout ce qui m'apparaît plaisir
n'éveille en toi aucun écho.
Pauvre bonhomme, sais-tu seulement jouir?
Envers l'amour ta vie fut chiche,
et quant aux joies que tu connus,
elles, pour sûr, ne valent pas un coup de braquemart!

LES CHEVALIERS *(dans la plus grande agitation)*
Empêchez-le d'en dire plus! Enrayez son audace!

LE LANDGRAVE *(à Biterolf, qui a dégainé)*
À bas l'épée! Chanteurs, demeurez dans la paix!

WOLFRAM *(se lève. Dès qu'il commence à chanter, un profond silence s'établit)*
O ciel sois favorable à ma prière!
Fais souffler sur mon chant ton esprit!
Accorde-moi de voir le mal chassé
hors de cette assemblée noble et pure!
O toi, qui pour ravir mon âme
m'es apparu beau comme un ange,
Amour Sublime, inspire-moi,
vers toi monte mon chant!
34 Tu viens de Dieu, tu es son envoyé,
respectueusement je te suis à distance –
car c'est ainsi qu'avec toi l'on pénètre
en ces domaines où ton étoile à tout jamais rayonne.

TANNHÄUSER *(in äusserster Verzückung, springt auf)*
Dir, Göttin der Liebe, soll mein Lied ertönen!
Gesungen laut sei jetzt dein Preis von mir!
Dein süsser Reiz ist Quelle alles Schönen,
und jedes holde Wunder stammt von dir.
Wer dich mit Glut in seine Arme geschlossen,
was Liebe ist, kennt er, nur er allein –
Armsel'ge, die ihr Liebe nie genossen,
zieht hin, zieht in den Berg der Venus ein!
(Allgemeiner Aufbruch und Entsetzen.)

ALLE
Ha, der Verruchte! Fliehet ihn!
Hört es! Er war im Venusberg!

DIE EDELFRAUEN
Hinweg! Hinweg aus seiner Näh'!
(Die Frauen verlassen in grösster Bestürzung unter Gebärden des Abscheus die Halle. Nur Elisabeth, welche dem Verlaufe des Streites in furchtbar wachsender Angst zuhörte, bleibt von den Frauen allein zurück, bleich, mit dem grössten Aufwand ihrer Kraft an einer der hölzernen Säulen des Baldachins sich aufrecht erhaltend. – Der Landgraf, alle Ritter und Sänger haben ihre Sitze verlassen und treten zusammen. Tannhäuser, zur äussersten Linken, verbleibt noch eine Zeitlang wie in Verzückung.)

WOLFRAM
Ihr habt's gehört!

LANDGRAF, SÄNGER UND RITTER

Ihr habt's gehört! Sein frevler Mund
tat das Verbrechen schrecklich kund.
Er hat der Hölle Lust geteilt,
im Venusberg hat er geweilt! –
Entsetzlich! Scheusslich! Fluchenswert!
In seinem Blute netzt das Schwert!
Zum Höllenpfuhl zurückgesandt,
sei er gefemt, sei er gebannt!
(Alle dringen mit gezücktem Schwerte auf Tannhäuser ein).

ELISABETH *(stürzt dazwischen)*
Haltet ein!
(Alle halten in grösster Betroffenheit an.)

WALTER, BITEROLF, REINMAR
Was hör ich?

LANDGRAF, RITTER UND SÄNGER

Wie? Was seh ich? Elisabeth!
Die keusche Jungfrau für den Sünder?

ELISABETH *(Tannhäuser mit ihrem Körper deckend).*

Zurück! Des Todes achte ich sonst nicht!
was ist die Wunde eures Eisens gegen
den Todesstoss, den ich von ihm empfing?

LANDGRAF, RITTER UND SÄNGER

Elisabeth! Was muss ich hören?
Wie liess dein Herz sich so betören,

TANNHÄUSER *(se lève dans un état d'exaltation extrême)*
8 Moi, Reine de l'Amour, c'est pour toi que je chante!
Comme je l'ai promis, j'exalterai ton prix!
Sources de la Beauté, ton charme, ta tendresse,
créent les enchantements des instants les plus doux.
Seul qui avec ardeur t'a serrée dans ses bras
connaît ce qu'est l'amour – lui seul peut le savoir.
Tristes indigents, qui ignorez comment elle aime,
allez, allez dans la montagne de Vénus!
(Tous se lèvent; consternation générale)

TOUS
Ha! L'infâme! Fuyez-le!
Ecoutez donc! Il vient du Venusberg!

NOBLES DAMES
Arrière! Arrière! Hors de sa vue!
(Les Dames quittent la salle dans la plus grande consternation avec des gestes horrifiés. Seule parmi elles Elisabeth, qui a suivi avec une peur croissante la dispute des chanteurs, reste en scène; pâle, elle ne se tient debout qu'au prix d'un effort extrême, appuyée à l'une des colonnes de bois du baldaquin. – Le Landgrave, tous les chevaliers et les chanteurs, ont quitté leurs sièges et se sont regroupés. Tannhäuser, à l'extrême gauche, reste un moment encore comme en extase.)

WOLFRAM
Vous avez entendu!

LE LANDGRAVE, LES CHEVALIERS, LES MINNESÄNGER
Vous avez entendu! Ses lèvres impies
ont reconnu son crime épouvantable.
Il a goûté aux plaisirs des démons,
il a vécu au Venusberg! –
O abomination! Hideur digne de l'anathème!
Plongez vos glaives dans son sang!
Renvoyez-le à ces boues infernales,
qu'il leur soit voué, là-bas qu'il soit banni!
(Tous s'élancent sur Tannhäuser, l'épée haute.)

ELISABETH *(s'interposant dans un élan)*
Arrêtez!
(Tous, saisis de stupeur, s'immobilisent.)

WALTER, BITEROLF, REINMAR
Qu'entends-je?

LE LANDGRAVE, LES CHEVALIERS, LES MINNESÄNGER
Comment? Que vois-je? Elisabeth,
la chaste vierge, intercède pour le pécheur?

ELISABETH *(faisant à Tannhäuser un rempart de son corps)*
Arrière! La mort, je ne la crains plus!
Que serait la blessure de vos glaives,
auprès du coup mortel que j'ai reçu de lui?

LE LANDGRAVE, LES CHEVALIERS, LES MINNESÄNGER
Elisabeth! Que dois-je entendre?
Comment ton cœur a-t-il pu t'égarer,

von dem die Strafe zu beschwören,
der auch so furchtbar dich verriet?

ELISABETH
Was liegt an mir? Doch er – sein Heil!
Wollt ihr sein ewig Heil ihm rauben?

LANDGRAF, RITTER UND SÄNGER

Verworfen hat er jedes Hoffen,
niemals wird ihm des Heils Gewinn!
Des Himmels Fluch hat ihn getroffen;
in seinen Sünden fahr er hin!
(Sie dringen von neuem auf Tannhäuser ein.)

ELISABETH
Zurück von ihm! Nicht ihr seid seine Richter!
Grausame! Werft von euch das wilde Schwert
und gebt Gehör der reinen Jungfrau Wort!
Vernehmt durch mich, was Gottes Wille ist!
Der unglücksel'ge, den gefangen
ein furchtbar mächt'ger Zauber hält,
wie, sollt' er nie zum Heil gelangen
durch Sühn' und Buss in dieser Welt?
Die ihr so stark im reinen Glauben,
verkennt ihr so des Höchsten Rat?
Wollt ihr des Sünders Hoffnung rauben,
so sagt, was euch er Leides tat?
Seht mich, die Jungfrau, deren Blüte
mit einem jähen Schlag er brach,
die ihn geliebt tief im Gemüte,
der jubelnd er das Herz zerstach!
Ich fleh für ihn, ich flehe für sein Leben,
reuvoll zur Busse lenke er den Schritt!
Der Mut des Glaubens sei ihm neu gegeben,
dass auch für ihn einst der Erlöser litt!

TANNHÄUSER *(in furchtbarer Zerknirschung zusammenstürzend).*
Weh! Weh, mir Unglücksel'gem!

LANDGRAF, SÄNGER UND RITTER
(allmählich beruhigt und gerührt).
Ein Engel stieg aus lichtem Aether,
zu künden Gottes heil'gen Rat. –
Blick hin, du schändlicher Verräter,
werd inne deiner Missetat!
Du gabst ihr Tod, sie bittet für dein Leben;
wer bliebe rauh, hört er des Engels Flehn?

Darf ich auch nicht dem Schuldigen vergeben,
dem Himmelswort kann ich nicht widerstehn.

TANNHÄUSER
Zum Heil den Sündigen zu führen,
die Gottgesandte nahte mir!
Doch, ach, sie frevelnd zu berühren
hob ich den Lästerblick zu ihr!
O du, hoch über diesen Erdengründen,
die mir den Engel meines Heils gesandt,
erbarm dich mein, der, ach! so tief in Sünden,
schmachvoll des Himmels Mittlerin verkannt!
Erbarm dich mein! Ach, erbarm dich mein! usw

au point que tu adjures d'épargner celui-ci,
dont la traîtrise t'a pourtant frappée si vilement?

ELISABETH
S'agit-il donc de moi? Mais lui – son salut!
Voulez-vous lui ravir son salut éternel?

LE LANDGRAVE, LES CHEVALIERS, LES MINNESÄNGER
Il a abjuré tout espoir,
jamais il ne saura gagner son salut!
La malédiction divine s'est abattue sur lui,
qu'il meure dans son péché!
(Ils avancent à nouveau sur Tannhäuser.)

ELISABETH
Écartez-vous de lui! Vous n'êtes pas ses juges!
Barbares! Jetez ces fers sauvages
et écoutez la vierge sans tache!
Apprenez par ma voix la volonté de Dieu!
Ce malheureux que tient captif
en ses terribles rets un puissant maléfice,
au nom de quoi se verrait-il privé d'aspirer au salut
que l'on gagne ici-bas par pénitence, expiation?
Vous, qui vous proclamez si forts dans la vraie foi,
méconnaîtriez ainsi l'enseignement du Tout-Puissant?
Pour qu'au pécheur vous désiriez ravir l'espoir,
dites, quel mal vous a-t-il fait?
Mais moi, voyez, la vierge dont il a,
d'un coup brutal, brisé la fleur,
moi qui l'aimais du plus profond de l'âme,
et dont il a percé le cœur en clamant son plaisir,
j'intercède pour lui, je supplie pour qu'il vive,
afin que, repentant, il trouve son chemin de pénitent!
Lui soit rendue la force de la foi en notre Rédempteur,
qu'il croie que celui-ci souffrit jadis aussi pour lui!

TANNHÄUSER *(s'effondrant sous le poids du repentir)*

Hélas, malheur sur moi, misérable!

LE LANDGRAVE, LES CHEVALIERS, LES MINNESÄNGER *(s'apaisant progressivement)*
De l'éther lumineux un ange est descendu
nous proclamer le saint arrêt de Dieu!
Regarde, traître, infâme,
et prends conscience de ton forfait!
Tu lui as donné la mort, elle intercède pour ta vie :
qui ne se laisserait aller à la clémence,
sur la prière de cet ange?
Car si je ne saurais pardonner au coupable,
je ne puis m'élever contre la voix des cieux.

TANNHÄUSER
Pour me conduire, pécheur, vers le salut,
elle est venue vers moi, de Dieu la messagère.
Mais moi, hélas, plein d'un désir abject,
sur elle j'ai osé lever le regard d'un impie!
O toi qui règnes au-delà des abîmes terrestres,
et qui pour mon salut me déléguas un ange,
prends pitié de moi, car ah! rongé par le péché,
honteusement j'ai méconnu l'intercesseur céleste.
Prends pitié de moi! Ah, prends pitié de moi, etc.

LANDGRAF, SÄNGER UND RITTER

Darf ich auch nicht dem Schuldigen vergeben,
dem Himmelswort kann ich nicht widerstehn.
Du gabihr Tod, usw.

ELISABETH
Ich fleh für ihn, ich flehe für sein Leben, usw.

LANDGRAF *(feierlich in die Mitte tretend)*
Ein furchtbares Verbrechen ward begangen.
Es schlich mit heuchlerischer Larve sich
zu uns der Sünde fluchbeladner Sohn.
Wir stossen dich von uns – bei uns darfst du
nicht weilen; schmachbefleckt ist unser Herd
durch dich, und dräuend blickt der Himmel selbst
auf dieses Dach, das dich zu lang schon birgt.
Zur Rettung doch vor ewigem Verderben
steht offen dir ein Weg; von mir dich stossend,
zeig ich ihn dir. Nütz ihn zu deinem Heil!
Versammelt sind aus meinen Landen
bussfert'ge Pilger, stark an Zahl.
Die ältren schon voran sich wandten,
die jüngren rasten noch im Tal.
Nur um geringer Sünde willen
ihr Herz nicht Ruhe ihnen lässt,
der Busse frommen Drang zu stillen,
ziehn sie nach Rom zum Gnadenfest.

LANDGRAF, SÄNGER UND RITTER

Mit ihnen sollst du wallen
zur Stadt der Gnadenhuld,
im Staub dort niederfallen
und büssen deine Schuld!
Vor ihm stürz dich darnieder,
der Gottes Urteil spricht;
doch kehre nimmer wieder,
ward dir sein Segen nicht!
Musst' unsre Rache weichen,
weil sie ein Engel brach,
dies Schwert wird dich erreichen,
harrst du in Sünd und Schmach!
Dies Schwert wird dich erreichen!

ELISABETH
Lass hin zu dir ihn wallen,
du Gott der Gnad und Huld!
Ihm, der so tief gefallen,
vergib der Sünden Schuld!
Für ihn nur will ich flehen,
mein Leben sei Gebet;
Lass ihn dein Leuchten sehen,
eh'er in Nacht vergeht!
Mit freudigem Erbeben
lass dir ein Opfer weihn!
Nimm hin, o nimm mein Leben :
nicht nenn ich es mehr mein!

TANNHÄUSER
Wie soll ich Gnade finden,
wie büssen meine Schuld?
Mein Heil sah ich entschwinden,
mich flieht des Himmels Huld.

LE LANDGRAVE, LES CHEVALIERS, LES MINNESÄN-GER
Car si je ne saurais pardonner au coupable,
je ne puis m'élever contre la voix des cieux.
Tu lui as donné la mort, etc.

ELISABETH
J'intercède pour lui, etc.

LE LANDGRAVE *(s'avance solennellement au centre)*
Un crime abominable vient d'être commis.
Chargée de malédictions, sous un masque hypocrite,
la géniture du péché s'est glissée parmi nous.
Nous te chassons de notre groupe – t'interdisons
de demeurer auprès de nous; notre foyer, par toi,
a été profané; le ciel lui-même observe,
menaçant, ce toit qui t'a déjà trop abrité.
Pourtant, au seuil de l'éternelle damnation, un chemin
reste ouvert qui mène à ton salut : en te chassant
je te l'indique. Suis-le, pour le rachat de ton âme!
20a De nombreux pèlerins, venus de mes domaines,
sont rassemblés ici, avides d'expier.
Les plus âgés, déjà, ont pris la route,
les autres font halte encore dans la vallée.
Pour confesser leurs fautes, pourtant des plus vénielles,
leur cœur ne leur accorde aucun repos.
Pour apaiser leur pieux désir de pénitence,
ils se rendent à Rome aux fêtes du pardon.

LE LANDGRAVE, LES CHEVALIERS, LES MINNESÄN-GER
20a Ton devoir est d'aller avec eux
vers la Cité de Rémission,
t'agenouiller là-bas dans la poussière,
afin d'expier ton péché!
Prosterne-toi devant celui
qui proclame la sentence divine;
mais ne reviens jamais
s'il ne t'accorde point absolution!
3 Notre colère a dû se détourner
parce qu'un ange l'a brisée :
mais cette épée te frappera
si tu persistes dans la honte et le péché!
Cette épée te frappera!

ELISABETH
20a Accorde-lui d'aller vers toi,
Dieu de la Grâce et du pardon!
À lui, tombé si bas,
remets le poids de ses péchés!
Pour lui seul je te veux implorer,
que ma vie désormais soit prière;
montre-lui ta lumière,
avant qu'il ne se perde dans la nuit!
Accepte ce sacrifice
avec un tressaillement d'allégresse!
Prends ma vie, oh! prends-la :
à mes yeux elle n'est plus mienne, etc.

TANNHÄUSER
Comment pourrai-je obtenir rémission,
comment expierai-je ma faute?
J'ai vu s'évanouir mon salut,
la grâce divine me fuit.

Doch will ich büssend wallen,
zerschlagen meine Brust,
im Staube niederfallen –

Zerknirschung sei mir Lust.
Oh, dass nur er versöhnet,
der Engel meiner Not,
der sich, so frech von mir verhönet,
zum Opfer doch mir bot!

LANDGRAF, SÄNGER UND RITTER

Musst' unsre Rache, usw.

GESANG DER JÜNGEREN PILGER *(aus dem Tale heraufschallend)*
Am hohen Fest der Gnad und Huld
in Demut sühn ich meine Schuld!
Gesegnet, wer im Glauben treu :
er wird erlöst durch Buss und Reu.
(Alle haben unwillkürlich ihre Gebärden gemässigt : Elisabeth, wie um Tannhäuser nochmals zu schützen, hatte sich den von neuem andringenden entgegengestellt; sie verweist jetzt auf den verheissungsvollen Gesang der jungen Pilger. – Tannhäuser hält plötzlich in den Bewegungen der leidenschftlichsten Zerknirschung ein und lauscht den Gesange. Ein jäher Hoffnungsstrahl leuchtet ihm; er stürzt sich mit krampfhafter Heftigkeit zu Elisabeths Füssen, küsst inbrünstig, hastig den Saum ihres Gewandes und bricht dann, von ungeheurer Erregung taumeld, auf mit dem Rufe :)

TANNHÄUSER
Nach Rom!
(Eilt ab.)

DIE ÜBRIGEN *(alle rufen ihm nach).*
Nach Rom!

(Der Vorhang fällt.)

Pour mon rachat je veux partir en pèlerin,
me frapper la poitrine,
ramper dans la poussière –
ma contrition sera ma jouissance.
Oh, que me pardonne seulement
l'ange de ma détresse,
lui qui, impudemment déshonoré,
impudemment déshonoré par moi,
s'est pourtant sacrifié pour mon âme, etc.

LE LANDGRAVE, LES CHEVALIERS, LES MINNESÄNGER
Notre colère a dû, etc.

LES JEUNES PÈLERINS *(leur voix vient de la vallée)*

À la sublime fête du pardon, de la grâce,
20b humblement j'expierai mes fautes!
Béni, qui se garde fidèle à sa foi :
par pénitence et repentir il sera délivré.
(Les jeunes pèlerins traversent la vallée en chantant. Involontairement, tous ont modéré leurs gestes. Comme pour protéger encore Tannhäuser, Elisabeth s'était jetée devant lui. Elle rend chacun attentif au chant des pèlerins, plein de promesses. Tannhäuser cesse subitement ses mouvements passionnés de contrition et écoute le cantique. Un soudain rayon d'espoir l'illumine. Avec une violence frénétique, il se jette aux pieds d'Elisabeth, couvrant le bas de sa robe de baisers fervents et rapides. Puis il se met en route, chancelant d'émotion et s'écriant :)

TANNHÄUSER
À Rome!
(Il sort rapidement.)

TOUS LES AUTRES *(en direction de Tannhäuser)*
À Rome!

(Le rideau tombe.)

DRITTER AUFZUG

Eine Orchestereinleitung beschreibet Tannhäusers Pilgerfahrt.
Tal vor der Wartburg, links der Hörselberg. Wie am Schlusse des ersten Aufzugs, nur in herbstlicher Färbung. Der Tag neigt sich zum Abend.

ERSTER AUFTRITT

Auf dem kleinen Bergvorsprunge rechts, vor dem Marienbilde, liegt Elisabeth in brünstigem Gebete dahingestreckt. – Wolfram kommt links von der waldigen Höhe herab. Auf halber Höhe hält er an, als er Elisabeth gewahrt.

WOLFRAM
Wohl wusst' ich hier sie im Gebet zu finden,
wie ich so oft sie treffe, wenn ich einsam

TROISÈME ACTE

Un prélude orchestral décrit le pèlerinage de Tannhäuser à Rome.
Le décor est celui du deuxième tableau du premier acte, mais paré des couleurs de l'automne. Le jour décline.

SCÈNE I

Sur le petit promontoire rocheux de droite, Elisabeth est prosternée devant la statue de Marie, plongée dans une fervente prière. – Wolfram descend de la hauteur boisée à gauche. À mi-hauteur il s'arrête, apercevant Elisabeth.

WOLFRAM
Je savais bien qu'ici je la trouverais en prière;
souvent déjà je l'ai surprise ainsi quand, solitaire,

aus wald'ger Höh' mich in das Tal verrire. –
Den Tod, den er ihr gab, im Herzen,
dahingestreckt in brünst'gen Schmerzen,
fleht für sein Heil sie Tag und Nacht :
o heil'ger Liebe ew'ge Macht! –
Von Rom zurück erwartet sie die Pilger.
Schon fällt das Laub, die Heimkehr steht bevor.
Kehrt er mit den Begnadigten zurück?
Dies ist ihr Fragen, dies ihr Flehen –
ihr Heil'gen, lasst erfüllt es sehen!
Bleibt auch die Wunde ungeheilt,
oh, würd' ihr Lindrung nur erteilt!
(Als er tiefer in das Tal hinabsteingen will, vernimmt er aus der Ferne den Gesang der älteren Pilger sich nähern; er hält an.)

DIE ÄLTEREN PILGER
Beglückt darf ich nun, o Heimat, ich schauen...

ELISABETH *(erhebt sich, dem Gesange lauschend).*
Dies ist ihr Sang –

WOLFRAM *(während der Gesang sich langsam nähert)*
Die Pilger sind's!

ELISABETH
Sie sind's!

WOLFRAM
Es ist die fromme Weise,
die der empfangenen Gnade Heil verkündet.

DIE ÄLTEREN PILGER
... und grüssen froh deine lieblichen Auen;
nun lass ich ruhn
den Wanderstab...

ELISABETH
Sie kehren heim!

DIE ÄLTEREN PILGER
... weil Gott getreu ich gepilgert hab.

ELISABETH
Ihr Heiligen,
zeigt mir jetzt mein Amt,
dass ich mit Würde es erfülle!

WOLFRAM
O Himmel, stärke jetzt ihr Herz
für die Entscheidung ihres Lebens!

DIE ÄLTEREN PILGER
Durch Sühn und Buss hab ich versöhnt
den Herren, dem mein Herze frönt,
der meine Reu' mit Segen krönt,
den Herren, dem mein Lied ertönt.

(Hier betreten die Pilger die Bühne von rechts im Vordergrunde her; sie ziehnen während des Folgenden an dem Bergvorsprunge vorbei langsam das Tal entlang dem Hintergrunde zu).
Der Gnade Heil ist dem Büsser beschieden,

je descends au hasard des forêts vers ce val.
Elle porte en son cœur la mort qu'il y sema,
sa douleur est cuisante,
et elle prie ainsi, jour et nuit, pour son salut :
34 ô éternelle puissance d'un amour sanctifié!
20a Elle attend le retour des pèlerins partis pour Rome.
Déjà les feuilles tombent, ils ne tarderont plus.
Reviendra-t-il comme eux, absous?
C'est sa seule inquiétude, son unique prière –
ô Saints, exaucez-la!
Même si rien ne peut refermer sa blessure,
au moins, accordez-lui cette consolation!
(Comme il s'apprête à descendre, il entend au loin le chant des pèlerins les plus âgés et s'arrête.)

LES PÈLERINS ÂGÉS
1 O ma patrie, il m'est enfin permis de t'embrasser
d'un œil comblé par la béatitude...

ELISABETH *(se relève et écoute le chant)*
C'est leur chant!

WOLFRAM *(tandis que le chœur s'approche lentement)*
Ce sont les pèlerins!

ELISABETH
Ce sont eux!

WOLFRAM
Ce pieux cantique annonce
ceux qu'a secourus la Grâce du Très Haut!

LES PÈLERINS ÂGÉS
... et de saluer, joyeux, tes charmantes prairies;
désormais, que repose
mon bâton de pèlerin...

ELISABETH
Ils sont de retour.

LES PÈLERINS ÂGÉS
car fidèle au Seigneur j'ai accompli mon vœu.

ELISABETH
O Saints,
à présent montrez-moi mon devoir,
afin que je puisse l'accomplir dignement!

WOLFRAM
O Ciel, conforte son cœur en cet instant
où sa vie se décide!
2

LES PÈLERINS ÂGÉS
J'ai offert au Seigneur
ma contrition, ma pénitence.
Mon cœur lui appartient, car sa bénédiction
a couronné mon repentir.
Louange à toi, Seigneur!
(Ici, les pèlerins entrent en scène, venant du premier plan à droite; pendant la suite du chœur, ils passent lentement devant le rocher d'Elisabeth, longent la vallée et se dirigent vers le fond.)
1 Tu accordes au pécheur le secours de ta Grâce,

er geht einst ein in der Seligen Frieden!
Vor Höll und Tod ist ihm nicht bang,
drum preis ich Gott mein Leben lang.
Halleluja in Ewigkeit!
Halleluja in Ewigkeit!
(Elisabeth hat von ihrem erhöhten Standpunkte aus mit grosser Aufregung unter den vorüberziehenden Pilgern nach Tannhäuser geforscht.
Die Pilger entfernen sich unter dem Folgenden immer mehr und verschwinden durch die Talöffnung rechts).

ainsi un jour il goûtera la paix des Bienheureux!
Enfer et mort ne m'effraient plus,
toute ma vie je chanterai le nom de Dieu.
Alleluia! Alleluia! Pour les siècles des siècles!

(De son promontoire, Elisabeth cherche Tannhäuser des yeux parmi les pèlerins qui défilent, en proie à une grande agitation. Pendant la scène qui suit, les pèlerins s'éloignent de plus en plus et disparaissent finalement dans l'ouverture de la vallée sur la droite.)

ELISABETH *(in schmerzlicher, aber ruhiger Fassung)*
Er kehret nicht zurück!

ELISABETH *(avec un calme douloureux)*
Lui – n'est pas de retour!

DIE ÄLTEREN PILGER
Beglückt darf nun dich, o Heimat, ich schauen
und grüssen froh deine lieblichen Auen;

(verhallend.)
nun lass ruhn den Wanderstab...

LES PÈLERINS ÂGÉS
1 O ma patrie, il m'est enfin permis de t'embrasser
d'un œil comblé par la béatitude,
et de saluer, joyeux, tes charmantes prairies;
(Les voix se perdent dans le lointain.)
désormais, que repose mon bâton de pèlerin...

ELISABETH *(senkt sich mit grosser Feierlichkeit auf die Knie).*
Allmächt'ge Jungfrau, hör mein Flehen!
Zu dir, Gepriesne, rufe ich!
Lass mich in Staub vor dir vergehen, *(bis)*
oh, nimm von dieser Erde mich!
Mach, dass ich rein und engelgleich
eingehe in dein selig Reich!] *(bis)*
Wenn je, in tör'gem Wahn befangen,
mein Herz sich abgewandt von dir,
wenn je ein sündiges Verlangen,
ein weltlich Sehnen keimt' in mir,
so rang ich unter tausend Schmerzen,
dass ich es töt' in meinem Herzen!
Doch, konnt' ich jeden Fehl nicht büssen,
so nimm dich gnädig meiner an,
dass ich mit demutsvollem Grüssen
als würd'ge Magd dir nahen kann :
um deiner Gnaden reichste Huld
nur anzuflehn für seine Schuld!] *(bis)*
(Sie verbleibt eine Zeitlang wie in andächtiger Entrückheit; als sie sich dann langsam rehebt, erblickt sie Wolfram, welcher sich nähert, um sie anzureden. Sie bittet ihn durch eine Gebärde, nicht mit ihr zu sprechen.)

ELISABETH *(tombe à genoux avec une grande solennité)*

Vierge Toute Puissante, écoute ma prière!
38 Pleine de gloire, mon cri monte vers toi!
Laisse-moi, devant toi, m'effacer dans la poussière,
oh, emporte-moi de cette terre! *(bis)*
39 Fais que, pure et pareille à tes anges,
40 j'entre en ton Saint Royaume!] *(bis)*
À chaque fois que, prisonnier de folles illusions,
mon cœur se détourna de toi,
si un désir malin, trop d'attrait pour les plaisirs du monde
s'insinuaient en mon esprit,
je me suis efforcée, souffrant mille douleurs,
de les tuer en mon sein.
Si pourtant, je n'ai su expier chaque faute,
alors prends-moi en ta pitié *(bis)*
afin que, te rendant très humblement hommage,
dignement je puisse d'approcher en fidèle servante :
et seulement, Très Miséricordieuse et Douce,
40 implorer ton pardon pour son crime.] *(bis)*
(Elle demeure un moment dans une fervente extase; quand elle se relève lentement, elle aperçoit Wolfram qui s'approche d'elle dans l'intention de l'aborder. D'un geste, elle le prie de ne pas ouvrir la bouche.)

WOLFRAM
Elisabeth, dürft' ich dich nicht geleiten?

WOLFRAM
Elisabeth, n'accepterais-tu pas que je t'accompagne?

(Elisabeth drückt ihm abermals durch Gebärden aus, sie danke ihm und seiner treuen Liebe aus vollem Herzen; ihr Weg führe sie aber gen Himmel, wo sie ein hohes Amt zu verrichten habe; er solle sie daher ungeleitet gehen lassen, ihr auch nicht folgen. Sie besteigt die halbe Berghöhe und verschwindet allmählich auf dem Fussteige, welcher von dieser nach der Wartburg führt, nachdem man ihre Gestalt lange noch in der Entfernung erblickt hat).

(Elisabeth lui fait encore comprendre, par gestes, qu'elle lui
35 *est reconnaissante du fond du cœur de son fidèle amour; que sa voie la conduit vers le ciel où elle doit accomplir une noble tâche; qu'elle le prie de la laisser partir sans l'accompagner, sans même la suivre. Elle monte le sentier à mi-hauteur du coteau qui conduit vers la Wartburg; peu à*
16 *peu elle disparaît, après que sa silhouette soit demeurée*
35 *longtemps visible au loin.)*

ZWEITER AUFTRITT

WOLFRAM *(der Elisabeth lange noch mit den Augen verfolgt hat, setzt sich am Fuss des linken Talhügels nieder und beginnt auf der Harfe zu spielen)*

SCÈNE II

WOLFRAM *(qui a longtemps suivi d'Elisabeth des yeux, s'assied au pied de la colline s'élevant sur la gauche, et*

Wie Todesahnung Dämmrung deckt die Lande,
umhüllt das Tal mit schwärzlichem Gewande;
der Seele, die nach jenen Höhn verlangt,
vor ihrem Flug durch Nacht und Grausen bangt.
Da scheinest du, o lieblichster der Sterne,
dein sanftes Licht entsendest du der Ferne;
die nächt'ge Dämmrung teilt dein lieber Strahl,
und freundlich zeigst den Weg du aus dem Tal.
O du, mein holder Abendstern,
wohl grüsst' ich immer dich so gern :
vom Herzen, das sie nie verriet,
grüsse sie, wenn sie vorbei dir zieht,
wenn sie entschwebt dem Tal der Erden,
ein sel'ger Engel dort zu werden! *(bis)*
(Er verbleibt mit gen Himmel gerichteten Augen, auf der Harfe spielend.)

commence à jouer de la harpe)
Prémonition funèbre, le crépuscule couvre la lande,
enveloppant le val de sa cape de cendre,
et l'âme qui voudrait s'élancer vers les cieux
tremble d'ouvrir les ailes en cette nuit lugubre.
Mais tu parais alors, ô toi la plus charmante des étoiles,
tu nous envoies, de loin, le réconfort de ta lumière,
ton cher rayon perce le crépuscule et ses ténèbres
et tu nous montres, amie, où sortir du vallon.
41 O douce étoile du berger,
toi que toujours j'aimai saluer,
41 du fond d'un cœur qu'elle n'a pas trahi,
salue, si elle passe près de toi,
celle qui va quitter les terres de ce val
pour devenir au ciel un ange bienheureux. *(bis)*
41 *(Il continue à jouer de la harpe, les yeux fixés vers le ciel.)*

DRITTER AUFTRITT

Es ist gänzlich Nacht geworden. Tannhäuser tritt auf. Er trägt zerrissene Pilgerkleidung, sein Gesicht ist bleich und entstellt; er wankt matten Schrittes an seinem Stab gestützt.

TANNHÄUSER *(mit matter Stimme)*
Ich hörte Harfenschlag – wie klang er traurig!
Der kam wohl nicht von ihr. –

WOLFRAM
Wer bist du, Pilger,
der du so einsam wanderst?

TANNHÄUSER
Wer ich bin?
Kenn ich doch dich recht gut; – Wolfram bist du,
(höhnisch)
der wohlgeübte Sänger.

WOLFRAM *(heftig auffahrend)*
Heinrich! Du?
Was bringt dich her in diese Nähe? Sprich!
Wagst du es, unentsündigt noch den Fuss
nach dieser Gegend herzulenken?

TANNHÄUSER
Sei ausser Sorg', mein guter Sänger!
Nicht such ich dich noch deiner Sippschaft einen.
Doch such ich wen, der mir den Weg wohl zeige,

den Weg, den einst so wunderleicht ich fand –

WOLFRAM
Und welchen Weg?

TANNHÄUSER *(mit unheimlicher Lüsternheit)*

Den Weg zum Venusberg!

WOLFRAM
Entsetzlicher! Entweihe nicht mein Ohr!
Treibt es dich dahin?

SCÈNE III

42 *La nuit est complètement tombée. Tannhäuser entre en scène. Il porte, déchirés, ses vêtements de pèlerin; son visage est pâle et défait; il avance en chancelant, épuisé, s'appuyant sur son bâton.*

TANNHÄUSER *(d'une voix éteinte)*
J'entendais les accents d'une harpe – mais si tristes!
Pour sûr, ils ne venaient pas de chez elle!

WOLFRAM
Qui es-tu, pèlerin,
qui t'en viens solitaire?

42

TANNHÄUSER
Qui je suis?
Moi, je te connais bien, pourtant; – tu es Wolfram,
(Sarcastique)
le champion des chanteurs!

WOLFRAM *(réagissant violemment)*
Heinrich! Toi?
Que viens-tu faire en ces parages! Parle!
Comment peux-tu oser revenir en ces lieux
si tes péchés ne sont absous?

TANNHÄUSER
Rassure-toi, vertueux ménestrel!
Je ne te cherche pas, ni aucun autre de ton clan.
42 Mais je cherche celui qui voudrait bien m'indiquer le chemin,
3 ce chemin qu'autrefois je découvris, ô merveille! sans peine.

WOLFRAM
Et quel chemin?

TANNHÄUSER *(avec une effrayante expression de lascivité)*
4 Celui du Venusberg!

WOLFRAM
Ah! mécréant! Ne profane pas mes oreilles!
Tu brûles de retourner là-bas?

TANNHÄUSER
Kennst du wohl den Weg?

WOLFRAM
Wahnsinn'ger! Grauen fasst mich, hör ich dich!
Wo warst du? Sag, zogst du denn nicht nach Rom?

TANNHÄUSER *(wütend)*
Schweig mir von Rom!

WOLFRAM
Warst nicht beim heil'gen Feste?

TANNHÄUSER
Schweig mir von ihm!

WOLFRAM
So warst du nicht? –
Sag, ich beschwöre dich!

TANNHÄUSER *(wie sich besinnend, mit schmerzlichem Ingrimm)*
Wohl war auch ich in Rom –

WOLFRAM
So sprich! Erzähle mir, Unglücklicher!
Mich fasst ein tiefes Mitleid für dich an.

TANNHÄUSER *(betrachetet Wolfram lange mit gerührter Verwunderung)*
Wie sagst du, Wolfram? Bist du denn nicht mein Feind?

WOLFRAM
Nie war ich es, solang ich fromm dich wähnte! –
Doch sprich! Du pilgertest nach Rom?

TANNHÄUSER
Nun denn!
Hör an! Du, Wolfram, du sollst es erfahren.
(Er setzt sich erschöpft am Fusse des Bergvorsprunges nieder. Wolfram will sich an seiner Seite ebenfalls niederlassen).
Zurück von mir! Die Stätte, wo ich raste, ist verflucht.
– Hör an, Wolfram, hör an!
(Wolfram bleibt in geringer Entfernung vor Tannhäuser stehen.)
Inbrunst im Herzen, wie kein Büsser noch
sie je gefühlt, sucht' ich den Weg nach Rom.
Ein Engel hatte, ach! der Sünde Stolz
dem übermütigen entwunden :
für ihn wollt' ich in Demut büssen,
das Heil erflehn, das mir verneint,
um ihm die Träne zu versüssen,
die er mir Sünder einst geweint! –
Wie neben mir der schwerstbedrückte Pilger
die Strasse wallt', erschien mir allzu leicht : –

betrat sein Fuss den weichen Grund der Wiesen,
der nackten Sohle sucht' ich Dorn und Stein;
liess Labung er am Quelle den Mund geniessen,
sog ich der Sonne heisses Glühen ein;
wenn fromm zum Himmel er Gebete schickte,
vergoss mein Blut ich zu des Höchsten Preis;

TANNHÄUSER
Connaîtrais-tu le chemin?

WOLFRAM
Insensé! L'effroi me glace, à t'écouter!
Où étais-tu? Dis, n'es-tu donc pas allé à Rome?

TANNHÄUSER *(avec rage)*
Ne me parle pas de Rome!

WOLFRAM
N'étais-tu pas au jubilé?

TANNHÄUSER
Ne m'en parle pas!

WOLFRAM
Tu n'y étais donc pas? –
Réponds, je t'en conjure!

TANNHÄUSER *(comme si ce souvenir ranimait en lui un douloureux ressentiment)*
Rome, oh oui! J'y étais, moi aussi –

WOLFRAM
Alors, parle! Raconte-moi, infortuné!
35 Une immense pitié m'étreint à ton endroit!

TANNHÄUSER *(observe Wolfram longuement, étonné et ému)*
Que dis-tu, Wolfram? N'es-tu donc pas mon ennemi?

WOLFRAM
Jamais je ne le fus, tant que je te crus pieux!
Mais dis : as-tu fait le pèlerinage à Rome?

TANNHÄUSER
Eh bien! Écoute! Toi, Wolfram, tu sauras tout.

(Il s'assied, épuisé, au pied du rocher. Wolfram veut s'installer à son côté.)

42 Ecarte-toi! Les lieux, où je m'attarde, sont maudits.
36 Ecoute, Wolfram! Ecoute!
(Wolfram reste debout à quelque distance de Tannhäuser.)

Le cœur brûlant d'une ferveur comme aucun pénitent
n'en ressentit jamais, je cherchai la route de Rome.
Moi, l'arrogant, j'avais perdu cet orgueil du pécheur
qu'un ange, ah! m'était venu arracher;
pour lui, humblement, je voulais expier,
implorer ce pardon que l'on me refusait,
afin de rendre moins amères
les larmes que jadis il versa sur mon crime! –
36 Je regardai marcher à mon côté celui des pèlerins
qui s'accablait le plus : mais son fardeau me parut trop léger : –
alors, quand il foulait l'herbe tendre des plaines,
mes pieds nus recherchaient les épines et les pierres;
quant à ses lèvres il accordait la fraîcheur d'une source,
j'appelais sur les miennes la brûlure du soleil;
quand pieusement il adressait une prière aux cieux,
moi, c'est mon sang que je faisais couler en l'honneur du Très Haut;

als im Hospiz der Müde sich erquickte,
die Glieder bettet' ich in Schnee und Eis.
Verschlossnen Augs, ihr Wunder nicht zu schauen,
durchzog ich blind Italiens holde Auen.
Ich tat's – denn in Zerknirschung wollt' ich büssen,
um meines Engels Tränen zu versüssen! –
Nach Rom gelangt' ich so zur heil'gen Stelle,
lag betend auf des Heiligtumes Schwelle.
Der Tag brach an : – da läuteten die Glocken,
hernieder tönten himmlische Gesänge;
da jauchzt' es auf in brünstigem Frohlocken,
denn Gnad und Heil verhiessen sie der Menge.
Da sah ich ihn, durch den sich Gott verkündigt,
vor ihm all Volk im Staub sich niederliess;
und Tausenden er Gnade gab, entsündigt
er Tausende sich froh erheben hiess –
Da naht' auch ich; das Haupt gebeugt zur Erde,
klagt' ich mich an mit jammernder Gebärde
der bösen Lust, die meine Sinn' empfanden,
des Sehnens, das kein Büssen noch gekühlt;
und um Erlösung aus den heissen Banden
rief ich ihn an, von wildem Schmerz durchwühlt.
Und er, den so ich bat, hub an :
« Hast du so böse Lust geteilt,
dich an der Hölle Glut entflammt,
hast du im Venusberg geweilt :
so bist nun ewig du verdammt!
Wie dieser Stab in meiner Hand
nie mehr sich schmückt mit frischem Grün,
kann aus der Hölle heissem Brand
Erlösung nimmer dir erblühn! –
Da sank ich in Vernichtung dumpf darnieder,
die Sinne schwanden mir. – Als ich erwacht',
auf ödem Platze lagerte die Nacht,
von fern her tönten frohe Gnadenlieder.
Da ekelte mich der holde Sang –
von der Verheissung lügnerischem Klang,
der eiseskalt mir durch die Seele schnitt,

trieb Grausen mich hinweg mit wildem Schritt.
Dahin zog's mich, wo ich der Wonn und Lust
so viel genoss, an ihre warme Brust! –

quand sa fatigue trouvait un asile à l'hospice,
moi je couchais mon corps dans la neige et la glace.
Les yeux fermés, pour ne rien voir de leurs beautés,
j'ai traversé comme un aveugle les plaines douces d'Italie.
J'ai fait tout cela – voulant m'anéantir pour expier,
afin de rendre moins amères les larmes de mon ange! –
Et c'est ainsi que je parvins à Rome, la Ville Sacrée;
je m'étendis, priant, sur le seuil du Saint Lieu.
37 Le jour pointa : – les cloches carillonnèrent,
et des hymnes célestes parvinrent jusqu'à nous;
nous exultâmes avec ferveur et allégresse,
car ils nous promettaient le pardon, le salut!
Alors il m'apparut, lui, qui proclame l'oracle de Dieu,
et devant lui chacun se prosterna dans la poussière;
38 à des milliers il donna son pardon,
à des milliers, ravis, il ordonna d'aller en paix. –
36 À mon tour j'avançai et, le front jusqu'à terre,
avec des gestes déchirants je m'accusai
de ce plaisir malin qu'avaient connu mes sens,
de ce désir qu'aucune pénitence encore n'avait pu entamer;
pour être délivré de ces chaînes brûlantes,
j'implorai son secours, tenaillé de sauvages souffrances.
Et lui, qu'ainsi je suppliais, me repoussa ainsi :
42 « Puisque tu as goûté des joies si noires,
attisé tes passions aux flammes infernales,
puisque tu as vécu au Venusberg,
alors à tout jamais tu es damné!
Tel ce bâton, là, dans ma main,
ne reverdira plus, n'aura plus de rameaux,
ainsi sur les tisons qui brûlent en Enfer
42 jamais aucune rédemption ne fleurira pour toi! »
Alors je m'effondrai, brisé; le néant me saisit;
37 je perdis tous mes sens. – À mon réveil,
sur la place déserte s'étendait la nuit;
on entendait au loin de joyeux cantiques de grâces.
Leurs chœurs si doux me dégoûtèrent!
Pour fuir l'écho de ces promesses mensongères
dont les accents, froids comme glace,
me tailladaient l'âme,
3 épouvanté, je pris la route comme un fou!
poussé vers celle qui, sur sa poitrine ardente,
4 me rassasiait jadis de bonheur et de joie!

[Ici tout ou partie du final original de 1845-46 est parfois utilisé. On le trouvera ci-après en appendice.]

(In grauenhafter Begeisterung.)
Zu dir, Frau Venus, kehr ich wieder,
in deiner Zauber holde Nacht;
zu deinem Hof steig ich darnieder,
wo nun dein Reiz mir ewig lacht!

WOLFRAM
Halt ein! Halt ein!
Unseliger!

TANNHÄUSER
Ach, lass mich nicht
vergebens suchen!

WOLFRAM
Halt ein!

(Avec une effroyable exaltation.)
9 Dame Vénus, je redescends vers toi,
vers la douce nuit de tes enchantements;
à ta cour je reviens,
où pour toujours ton charme désormais me sourira!

WOLFRAM
Arrête! Arrête!
Malheureux!

TANNHÄUSER
Ah, ne me laisse pas
te chercher vainement!

WOLFRAM
Arrête!

TANNHÄUSER
Wie leicht fand ich doch einstens dich!

WOLFRAM
Unseliger!

TANNHÄUSER
Du hörst, dass mir die Menschen fluchen –
nun, süsse Göttin, leite mich!
(Finstere Nacht : leichte Nebel verhüllen allmählich die Szene).

WOLFRAM *(in hefligem Grausen)*
Wahnsinniger, wen rufst du an?

TANNHÄUSER
Ha! Fühlest du nicht milde Lüfte?

WOLFRAM
Zu mir! Es ist um dich getan!

TANNHÄUSER
Und atmest du nicht holde Düfte?
Hörst du nicht die jubelnden Klänge?
(De Nebel beginnen in rosiger Dämmerung zu erglühen).

WOLFRAM
In wildem Schauer bebt die Brust!

TANNHÄUSER *(immer aufgeregter, je näher der Zauber kommt)*
Das ist der Nymphen tanzende Menge! –
Herbei, herbei zu Wonn und Lust!
(Wirre Bewegungen tanzender Nymphen werden erkennbar).

WOLFRAM
Weh, böser Zauber tut sich auf!
Die Hölle naht mit wildem Lauf.

TANNHÄUSER
Entzücken dringt durch meine Sinne,
gewahr ich diesen Dämmerschein;
Dies ist das Zauberreich der Minne, *(ausser sich)*
im Venusberg drangen wir ein!
(In einer hellen, rosigen Beleuchtung erscheint Venus, auf ihrem Lager ruhend).

VENUS
Willkommen, ungetreuer Mann!
Schlug dich die Welt mit Acht und Bann?
Und findest nirgends du Erbarmen,
suchst Liebe du in meinen Armen?

TANNHÄUSER
Frau Venus, o Erbarmungsreiche!
Zu dir, zu dir zieht es mich hin!

WOLFRAM
Zauber der Hölle, weiche, weiche!
Berücke nicht des Reinen Sinn!

VENUS
Nahst du dich wieder meiner Schwelle,

TANNHÄUSER
Jadis, combien j'avais trouvé facilement ton seuil!

WOLFRAM
Malheureux!

TANNHÄUSER
Tu entends, les hommes me maudissent –
alors, douce Déesse, guide-moi!
(La nuit est noire; de légères brumes voilent peu à peu la scène.)

4 WOLFRAM *(frémissant d'horreur)*
Insensé, qui donc invoques-tu?

3 TANNHÄUSER
Ha! Ne sens-tu pas comme l'air devient doux?

6b WOLFRAM
5 Reviens vers moi! Ou c'en est fait de toi!

TANNHÄUSER
Et ces parfums suaves, ne les sens-tu pas?
N'entends-tu pas ces joyeuses clameurs?
(Les brumes rosissent dans une lueur crépusculaire.)

WOLFRAM
6ab Mon cœur frémit d'une atroce terreur!

TANNHÄUSER *(de plus en plus exalté au fur et à mesure que l'enchantement se matérialise)*
3 Voici la danse du cortège des nymphes!
Par ici! Par ici! Vers la joie, les plaisirs!
(On distingue maintenant les mouvements confus des nymphes qui dansent.)

WOLFRAM
Malheur, l'Enfer ouvre sa gueule et vomit sa magie!
J'entends se rapprocher la course des démons furieux!

7 TANNHÄUSER
Livresse chavire tous mes sens,
à la vue de ces lueurs de crépuscule :
voici l'empire magique de Minne! *(Hors de lui)*
Nous avons pénétré au Venusberg!
12 *(Vénus apparaît dans une vive lumière rose, étendue sur sa couche.)*

VENUS
Bienvenue, compagnon infidèle!
Ainsi le monde t'a banni, rejeté?
Et ne trouvant nulle part de pitié,
Viens-tu chercher l'amour entre mes bras?

TANNHÄUSER
Dame Vénus, ô pleine de miséricorde!
Vers toi, vers toi tout me pousse!

7

WOLFRAM
Enchantements du diable, disparaissez! Disparaissez!
Ne troublez pas le cœur d'un pur!

VENUS
Puisqu'à nouveau te voici sur mon seuil,

sei dir dein Übermut verziehn;
ewig fliess' dir der Freuden Quelle,
und nimmer sollst du von mir fliehn!

TANNHÄUSER *(indem er sich mit wilder Entschlossenheit von Wolfram losreisst)*
Mein Heil,
mein Heil hab ich verloren!

WOLFRAM
Allmächt'ger, steh dem...

TANNHÄUSER
Nun sei der Hölle...

WOLFRAM *(er hält Tannhäuser von neuem).*
... Frommen bei!

TANNHÄUSER
... Lust erkoren!

WOLFRAM
Heinrich!

VENUS *(in keimender Angst).*
Oh, komm!

WOLFRAM
Ein Wort!

VENUS
Oh, komm!

WOLFRAM
Ein Wort...

VENUS
Auf ewig...

WOLFRAM
... es macht dich frei!

TANNHÄUSER *(zu Wolfram).*
Lass ab.

VENUS
... sei nun mein!

WOLFRAM
Dein Heil!

TANNHÄUSER
Lass ab von mir!

WOLFRAM
Noch soll das Heil dir Sünder werden!

TANNHÄUSER
Nie, Wolfram, nie! Ich muss dahin!
(Tannhäuser und Wolfram ringen heflig.)

WOLFRAM
Ein Engel bat für dich
auf Erden, bald...

je te pardonnerai ton insolence;
la source de la joie sera tienne à jamais,
et pour l'éternité tu ne me fuiras plus!

TANNHÄUSER *(s'arrachant résolument et brutalement à Wolfram)*
Mon salut,
j'ai perdu mon salut!

WOLFRAM
4 Dieu Tout Puissant, viens en aide à celui...

TANNHÄUSER
Désormais je choisis l'Enfer.

WOLFRAM *(retenant à nouveau Tannhäuser)*
... qui crut toujours en toi!

TANNHÄUSER
... et ses plaisirs!

WOLFRAM
Heinrich!

VENUS *(la peur germe en elle)*
Oh, viens!

WOLFRAM
Un mot!

VENUS
Oh, viens!

WOLFRAM
D'un seul mot...

VENUS
4 Pour toujours...

WOLFRAM
... tu es libre!

TANNHÄUSER *(à Wolfram)*
Laisse-moi!

VENUS
... sois donc mien!

WOLFRAM
Ton salut!

TANNHÄUSER
Laisse-moi donc!

WOLFRAM
Tu peux encore, pécheur, faire le salut de ton âme!

TANNHÄUSER
7 Non, Wolfram! Plus jamais! Je dois descendre vers elle!
(Lutte violente entre les deux hommes)

WOLFRAM
Un ange intercéda pour toi sur cette
terre, bientôt...

VENUS
Komm, oh komm!

TANNHÄUSER *(zu Wolfram).*
Lass mich!

WOLFRAM
... schwebt er segnend über dir –

VENUS
Zu mir! Zu mir! Komm, o komm!

WOLFRAM
Elisabeth!

TANNHÄUSER *(der sich soeben von Wolfram losgerissen, bleibt plötzlich wie an die Stelle geheftet)*
Elisabeth! –

SÄNGER UND MÄNNERCHOR *(hinter der Szene).*

Der Seele Heil, die nun entflohn
dem Leib der frommen Dulderin!
(Die Nebel verfinstern sich allmählich : heller Fackelschein leuchtet dann durch sie auf).

WOLFRAM *(in erhabener Rührung)*
Dein Engel fleht für dich an Gottes Thron –
er wird erhört!
Heinrich! Du bist erlöst!

VENUS
Weh! Mir verloren!
(Sie verschwindet und mit ihr die ganze zauberische Erscheinung. Das Tal, vom Morgenrot erleuchtet, wird wieder sichtbar : von der Wartburg her geleitet ein Trauerzug einen offenen Sarg)

SÄNGER UND MÄNNERCHOR
Ihr ward der Engel sel'ger Lohn,
himmlischer Freuden Hochgewinn.

WOLFRAM *(Tannhäuser sanft umschlungen haltend)*
Und hörst du den Gesang?

TANNHÄUSER *(ersterbend).*
Ich höre!
(Von hier an betritt der Trauerzug die Tiefe des Tales, die älteren Pilger voran; den offenen Sarg mit der Leiche Elisabeths tragen Edle, und die Sänger geleiten ihn zur Seite. Grafen und Edle folgen).

SÄNGER UND MÄNNERCHOR
Heilig die Reine, die nun vereint
Göttlicher Schar vor dem Ewigen steht!
Selig der Sünder, dem sie geweint,
dem sie des Himmels Heil erfleht!
(Auf Wolframs Bedeuten ist der Sarg in der Mitte der Bühne niedergesetzt worden. Wolfram geleitet Tannhäuser zur Leiche, an welcher dieser niedersinkt.)

TANNHÄUSER
Heilige Elisabeth, bitte für mich!
(Er stirbt.)

VENUS
Viens, oh viens!

TANNHÄUSER *(à Wolfram)*
Laisse-moi!

WOLFRAM
... pour te bénir il te prendra sous son aile : –

VENUS
Viens avec moi! Viens avec moi!

WOLFRAM
Elisabeth!

TANNHÄUSER *(s'est dégagé de l'étreinte de Wolfram et reste soudain comme cloué sur place)*
Elisabeth!

LES MINNESÄNGER, CHŒUR D'HOMMES *(en coulisses)*
Sainte martyre, paix à ton âme
délivrée de ton corps!
(Les nuées s'obscurcissent progressivement; une vive lueur de torches apparaît au travers de la brume.)

WOLFRAM *(avec une émotion sublime)*
Pour toi ton ange est à genoux
devant le trône de Dieu : sa prière est exaucée : –
Heinrich! Tu es sauvé!

VENUS
Malheur! Perdu pour moi!
(Elle disparaît, et avec elle s'évanouissent tous les enchantements. La vallée, éclairée par le soleil levant, redevient visible : un cortège funèbre débouche, venant de la Wartburg, escortant un cercueil ouvert.)

LES MINNESÄNGER, CHŒUR D'HOMMES
Elle a gagné la joie des Bienheureux,
suprême récompense des anges dans les cieux!

WOLFRAM *(étreignant tendrement Tannhäuser)*
Et entends-tu ces chants?

TANNHÄUSER *(agonisant)*
Je les entends.
(À ce moment, le cortège funèbre arrive au fond de la vallée. Les pèlerins les plus âgés sont en tête; des nobles portent le cercueil où repose Elisabeth, qu'entourent les minnesänger. Comtes et nobles les suivent.)

LES MINNESÄNGER, CHŒUR D'HOMMES
37 Que soit béatifiée la Pure, qui maintenant
contemple l'Éternel dans la communion des Saints!
35 Bienheureux le pécheur pour qui elle a pleuré,
auquel elle a gagné le pardon du Très Haut!
(Sur un signe de Wolfram, le cercueil est amené et posé au milieu de la scène. Wolfram conduit Tannhäuser vers la dépouille, sur laquelle celui-ci s'effondre.)

TANNHÄUSER
Sainte Elisabeth, prie pour moi!
(Il meurt. Tous éteignent leurs torches en les abaissant à

(Alle senken die Fackeln zur Erde und löschen sie so aus. Morgenrot erhellt vollends die Szene.)

DIE JÜNGEREN PILGER *(auf dem vorderen Bergvorsprunge einherziehend in ihrer Mitte einen neu ergrünten Priesterstab tragend)*
Heil! Heil! Der Gnade Wunder Heil!
Erlösung ward der Welt zuteil.
Es tat in nächtlich heil'ger Stund'
der Herr sich durch ein Wunder kund.
Den dürren Stab in Priesters Hand
hat er geschmückt mit frischem Grün :
Dem Sünder in der Hölle Brand
soll so Erlösung neu erblühn!
Ruft ihm es zu durch alle Land',
der durch dies Wunder Gnade fand!
Hoch über aller Welt ist Gott,
und sein Erbarmen ist kein Spott!

ALLE *(in höchster Ergriffenheit)*
Der Gnade Heil ward dem Büsser beschieden,
nun geht er ein in der Seligen Frieden!

DIE JÜNGEREN PILGER
Halleluja! Halleluja!

(Ende des Oper)

terre. Le soleil levant éclaire complètement la scène.)

LES JEUNES PÈLERINS *(s'avancent au premier plan sur le contrefort rocheux. Ils portent, visible au milieu d'eux, une crosse épiscopale couverte de feuillage vert)*
Sauvé! Sauvé! Sauvé par le miracle de la Grâce!
Le monde a reçu Rédemption en partage!
À l'Heure Sainte de la nuit,
le Seigneur s'est manifesté par un miracle.
Le bâton, sec dans la main du pontife,
il l'a fait reverdir, l'a paré de rameaux;
ainsi pour le pécheur sur les bûchers d'Enfer
peut refleurir un jour la rédemption!
Allez, dans toutes les contrées, le proclamer pour lui,
lui qui, par ce miracle, a trouvé son salut!
Dieu trône au-dessus de ce monde,
et sa miséricorde n'est pas un vain mot!

TOUS *(avec la plus profonde émotion)*
Le pénitent a reçu en partage le salut de la Grâce,
il entre désormais dans la paix des Bienheureux!

LES JEUNES PÈLERINS
Alleluia! Alleluia!

(Fin de l'opéra)

ANHANG

Schluss des Tannhäuser in der ältesten Fassung (vor 1847)

TANNHÄUSER *(in grauenhafler Begeisterung)*
Zu deinem Hof, Frau Venus, steigt ich nieder,
wo nun dein Reiz mir ewig lacht!
Ach! Kaum erkennst den Buhlen du wohl wieder.
Der Ärmste! Sieh, was sie aus ihm gemacht!
(Er sinkt erschöpft zusammen.)

WOLFRAM *(dumpf vor sich hin)*
Entsetzlich! Ist's ein Traum, was ich erlebe?

TANNHÄUSER *(sehr matt beginnend und sich immer mehr steigernd)*
Nun wandr' ich Tag und Nacht, den holden Berg
zu finden, die süssen Töne zu vernehmen,
die mich das erstemal zo zaubertrunken
geleitet in das Reich der Freud und Lust.
Hast, Wolfram, du die Klänge nie gehört?

WOLFRAM *(mit feierlichem Entschluss)*
Unsel'ger! Halt! Hier sei der Irrfahrt Ziel!
Wehr der Versuchung, blicke auf zu Gott!

TANNHÄUSER
Oh! Spotte mein! Du weisst, ich bin verflucht!

WOLFRAM
Verflucht bist du, wenn du der Hölle
Zauber nicht kräftig widerstehst!

APPENDICE

Finale dans la plus ancienne version (antérieure à 1847)

TANNHÄUSER *(dans une effrayante exaltation)*
Dame Vénus, je redescends vers ta cour,
où pour toujours me sourira ton charme!
Ah! Sans doute reconnais-tu à peine ton amant.
Le malheureux! Regarde, ce qu'ils ont fait de lui!
(Il s'effondre, épuisé.)

WOLFRAM *(d'une voix étouffée, pour lui-même)*
Horreur! Ce qui m'arrive, est-ce un rêve?

TANNHÄUSER *(semblant d'abord épuisé, puis s'animant de plus en plus)*
Je marcherai désormais nuit et jour pour retrouver
cette montagne aimée, guettant cette douce musique
qui la première fois, ivre d'enchantements,
m'avait guidé vers l'empire des joies et de la volupté.
N'as-tu jamais, Wolfram, entendu ses accents?

WOLFRAM *(avec une fermeté solennelle)*
Malheureux! Arrête! Qu'ici ton errance prenne fin!
Résiste à la tentation! Lève les yeux vers Dieu!

TANNHÄUSER
Oh! Tu ris de moi! Tu le sais bien, je suis maudit!

WOLFRAM
Maudit, tu le seras, si tu ne t'efforces pas
de résister vaillamment à l'infernal enchantement.

TANNHÄUSER
Kein Widerstand!
Der Zauber ist so hold : – willst du ihn kennen?
Komm mit, Wolfram! Lass dich von mir geleiten,
zu namenlosen Wonnen führ ich dich!
(Der Hörselberg, der in immer zunehmender rosiger Glut erglüht, erscheint nach und nach durchsichtig, so dass man in ihm wie tanzende Gestalten zu erblicken vermag.)
Horch! Vernimmst du nicht die jubelden Klänge?
Atmest du nicht entzückend holde Düfte?
Sieh dort! Dort! Ich geleite dich schnell :
das ist der Berg, der süsse Venusberg!

WOLFRAM
Allmächt'ger, steh dem Frommen bei!
Dem Himmel beut die Hölle Spott!
Getrotzt sei ihrer Zauberei!
Auf, Heinrich! Wende dich zu Gott!

TANNHÄUSER *(dem Berge zugewendet)*
Frau Venus! O Erbarmungsreiche!
Dein Buhle naht – zu dir, zu dir!

WOLFRAM *(Tannhäuser heftig zurückhaltend)*
Verzweiflungs–Wahnsinn! Weiche, weiche!
Heinrich! Dein Heil!

TANNHÄUSER *(sich wehrend)*
Lass ab von mir!

WOLFRAM
Noch soll das Heil dir Sünder werden!

TANNHÄUSER
Nie, Wolfram! Nie! Ich muss zu ihr!

WOLFRAM
Ein Engel bat für dich auf Erden,
bald schwebt er segnend über dir :
Elisabeth!

TANNHÄUSER *(wie von einem Schlage gelähmt, festgewurzelt stehenbleibend)*
Elisabeth!
(Die zauberische Erscheinung des Hörselberges erbleicht allmählich vor der anbrechenden Morgendämmerung.)

WOLFRAM
Dein Engel fleht für dich vor Gottes Thron,
er wird erhört : Heinrich! Du bist erlöst!

MÄNNERCHOR *(gleichzeitg, auf der Wartburg)*
Der Seele Heil, die nun entflohn
dem Leib der frommen Dulderin!
Ihr wird der Engel sel'ger Lohn,
himmlischer Freuden Hochgewinn!
(Fackelschein leuchtet aus dem Hofe der Wartburg auf; man hört von dorther während des Chorgesanges das Totenglöcklein Läuten.)

TANNHÄUSER *(sinkt in Wolframs Armen langsam zur Erde)*
Heilige Elisabeth, bitte für mich!

TANNHÄUSER
Point de résistance!
L'enchantement est si doux : – veux-tu le connaître?
Viens avec moi, Wolfram! Laisse-moi te guider,
vers d'ineffables voluptés je saurai te conduire!
(Le Hörselberg s'illumine d'une clarté rose croissante; il apparaît transparent, si bien que l'on peut apercevoir dans les flancs de la montagne des silhouettes dansantes.)
Ecoute! N'entends-tu pas ces accents joyeux?
Ne respires-tu pas d'enivrants parfums?
Vois donc, là! Là! Je te guide vite :
c'est la montagne, mon doux Venusberg!

WOLFRAM
Dieu Tout Puissant, assiste-moi, qui crois en toi!
L'Enfer ose railler le Ciel!
Que ses enchantements soient bravés!
Heinrich, allons! Tourne-toi vers Dieu!

TANNHÄUSER *(tourné vers la montagne)*
Dame Vénus! O reine de miséricorde!
Ton amant approche – de toi! De toi!

WOLFRAM *(retenant Tannhäuser)*
Folie du désespoir! Disparais! Disparais!
Heinrich! Ton salut!

TANNHÄUSER *(se débattant)*
Laisse-moi!

WOLFRAM
Tu peux encore, pécheur, obtenir le salut!

TANNHÄUSER
Jamais, Wolfram! Jamais! Je dois aller vers elle!

WOLFRAM
Sur cette terre un ange a prié pour toi;
bientôt, pour te bénir, il te prendra sous son aile :
Elisabeth!

TANNHÅUSER *(reste cloué sur place, comme paralysé)*

Elisabeth!
(L'apparition magique du Hörselberg pâlit peu à peu, cédant aux premières lueurs de l'aurore.)

WOLFRAM
Pour toi ton ange est à genoux
devant le trône de Dieu : sa prière est exaucée :
Heinrich, tu es sauvé!

CHŒUR D'HOMMES *(en même temps, dans la Wartburg)*
Sainte Martyre, paix à ton âme
délivrée de ton corps!
Tu as gagné la joie des Bienheureux,
suprême récompense des anges dans les cieux!
(Une lueur de torches est visible, allumées dans la cour de la Wartburg. Pendant le chœur, on entend le glas qui sonne dans la forteresse.)

TANNHÄUSER *(tombe à terre, soutenu par Wolfram)*

Sainte Elisabeth, prie pour moi.

(Er stirbt.)

DIE JÜNGEREN PILGER *(nähern sich der Bühne, treten dann rechts auf und ziehen während des Sonnenaufganges das Tal entlang)*
Heil! Heil! Der Gnade Wunder Heil!
Erlösung ward der Welt zuteil.
Es tat in nächtlich heil'ger Stund'
der Herr sich durch ein Wunder kund.
Den dürren Stab in Priesters Hand
hat er geschmückt mit frischem Grün :
dem Sünder in der Hölle Brand
soll so Erlösung neu erblühn!
Ruft ihm es zu durch alle Land',
der durch dies Wunder Gnade fand!
Hoch über aller Welt ist Gott,
und sein Erbarmen ist kein Spott!
Halleluja! Halleluja! Halleluja!

(Die Sonne geht auf, die ganze Gegend erglüht im feurigsten Morgenrot. Die jüngeren Pilger, von denen eine Anzahl auf dem Seitenwege bei dem Marienbilde aufgetreten ist, verteilen sich über Tal und Anhöhe, so dass beides von ihnen angefüllt ist. Von der Wartburg her auf dem Bergwege sieht man die älteren Pilger ihnen entgegenziehen. Wolfram kniet neben Tannhäusers Leiche, betend, die Augen gen Himmel gerichtet.)

(Il meurt.)

LES JEUNES PÈLERINS *(approchent de la scène, apparaissent par la droite et longent la vallée pendant que le soleil se lève)*

L'intervention des jeunes pèlerins, jusqu'à Alleluia, est identique à celle des versions postérieures (depuis « sauvé! sauvé! »).

(Le soleil se lève, toute la vallée s'illumine dans une aurore rouge. Les jeunes pèlerins, dont une partie est entrée par le chemin qui passe devant la statue de la Vierge, se répartissent dans le val et sur les hauteurs, emplissant toute la scène. Venant de la Wartburg, on voit les pèlerins plus âgés les rejoindre. Wolfram s'agenouille devant le cadavre de Tannhäuser, prie, les yeux levés au ciel.)

Commentaire

INTRODUCTION

« Il dit qu'il n'a pas encore donné au monde le *Tannhäuser* qu'il lui doit [1].» rapporte Cosima dans son Journal, le 23 janvier 1883, soit quelques semaines à peine avant la mort de Richard Wagner. Ce seul témoignage suffirait à montrer l'attachement particulier que le maître vouait à cette œuvre. Aucune autre, d'ailleurs, ne subira autant de retouches et de modifications de la part du compositeur, qui n'aura pas l'occasion de concrétiser la vision idéale qu'on lui suppose s'être forgée de *Tannhäuser*.

Le choix du thème remonte à l'année 1842. Wagner est à Paris pour tenter sa chance comme compositeur d'opéra. Pour la seconde fois – après *le Vaisseau fantôme* – il entreprend d'écrire lui-même un livret, en même temps qu'il travaille d'arrache-pied à des arrangements d'opéras pour l'éditeur Schlesinger. Feuilletant une Histoire des Hohenstaufen, il se penche sur l'histoire allemande et racontera dans *Ma vie* comment différentes sources lui ont fait découvrir Tannhäuser : « [...] je fus très vivement séduit par un autre thème, qu'un livre populaire sur le Venusberg, tombé par hasard entre mes mains m'avait fait connaître. J'eus soudain la révélation de ce qu'était l'esprit allemand, avec cette légende racontée en toute simplicité à partir du vieux chant familier de Tannhäuser[2]. Certes, j'avais déjà lu le conte de Tieck, dans son *Phantasus*, mais sa façon de traiter le même sujet touchait plutôt au fantastique. Je connaissais également le conte d'Hoffmann qui fait partie des *Frères Sérapion* ; mais je sentais qu'ici, le vieux thème n'était parvenu au poète que très déformé; je cherchais donc à retrouver la forme authentique de cette belle légende. C'est alors que Lehrs[3] m'apporta un des numéros des Cahiers annuels de la Société allemande de Koenigsberg, dans lequel Lukas dissertait en détails de *la Guerre de la Wartburg*, dont il donnait le texte dans la langue d'origine. Si je ne pus rien tirer matériellement de ce texte en vue des objectifs que je poursuivais, il me révéla du moins le Moyen Age allemand sous des couleurs expressives que je n'avais encore jamais soupçonnées... Ainsi, un monde entièrement nouveau venait de s'ouvrir à moi[4]. »

Wagner se montre intéressé par trois différents aspects de son sujet. 1. L'événement historique : un concours de chant à la cour du Landgrave de Thuringe mettant en scène plusieurs chanteurs célèbres (Walther von der Vogelweide, Wolfram von Eschenbach, Reinmar von Zweter, Heinrich von Ofterdingen). Le caractère historique du fait est aujourd'hui contestable car nous ne connaissons ces concours que par les récits que les Minnesänger du XIIe siècle en ont fait. 2. La légende dans ses versions les plus authentiques (*Des Knaben Wunderhorn, la Guerre des chanteurs de la Wartburg*). 3. Les versions que le romantisme allemand, à la recherche de ses racines, avait tiré des sources précédentes. Il faudrait encore ajouter deux textes : *Der Tannhäuser* de Heinrich Heine et *Heinrich von Ofterdinger* de Novalis.

Si l'on relit ces récits, on constate que Wagner y a puisé plus qu'il ne le prétend, non pas en ce qui concerne la conception globale de la légende, mais pour quelques détails qui ont leur importance. Ainsi, le récit du pèlerinage vient de Tieck, l'importance du personnage de Wolfram et la métaphore de l'étoile de Hoffmann. Quant à Tannhäuser il reprendra les traits de l'autre Minnesänger célèbre, Heinrich von Ofterdingen. Mais Wagner poursuit son chemin de poète en interprétant à sa manière l'élément mythologique contenu dans la légende. Vénus est une déesse romaine et appelle donc à elle toutes les références possibles de la culture antique. Le poète veut se débarrasser de la vision chrétienne des mythes, « de l'essence pleine de contradictions de cette influence, afin que

1. Cosima WAGNER : *Journal*, Paris, Gallimard, 1977-1979.
2. ARNIM/BRENTANO : *Des Knaben Wunderhorn.*
3. LEHRS était philologue.
4. R. WAGNER, : *Ma vie*, Paris, Buchet-Chastel, 1983 (traduction de l'allemand par Martial Hulot), p. 150.

nous puissions reconnaître en eux *le poème purement humain*, éternel [...]. De même que le trait fondamental du mythe du Hollandais volant nous montre dans l'Ulysse hellénique une de ses incarnations antérieures et encore insaisissable; de même Ulysse, en s'arrachant des bras de Calypso, en fuyant devant les enchantements, en soupirant après la femme confiante de la patrie terrestre, exprimait pour le génie hellène les traits principaux d'un désir que nous retrouvons infiniment plus exalté et enrichi dans son contenu chez Tannhäuser[5]. »

La présence de la mythologie antique dans la littérature allemande n'était pas une nouveauté; elle n'avait quasiment jamais cessé. Avant Wagner, Goethe avait peuplé son second *Faust* de multiples références à l'antiquité, faisant revivre divers héros et personnages légendaires, dont Hélène. Vénus/Hélène, Tannhäuser/Faust, Elisabeth/Marguerite, les parallèles sont multiples et frappants.

GENÈSE

Si Heine avait ouvert la légende sur l'histoire contemporaine de l'Allemagne, Wagner y projettera souvenirs, fantasmes et expériences personnelles. Ainsi, le décor est inspiré par ses souvenirs de voyage entre Dresde et Paris en 1842 : « Je crus revoir la lumière quand je me trouvai en présence de la Wartburg, devant laquelle nous connûmes le seul moment ensoleillé de ce voyage. Je ressentis une impression extraordinaire à contempler ce château qui, lorsqu'on vient de Fulda, se montre sous un aspect grandiose; je construisis alors en esprit la scène du troisième acte de mon *Tannhäuser*; c'est sous cette forme que j'en ai gardé l'image depuis lors, et c'est d'après cette image que, plus tard pour la scène, j'ai donné mes instructions au peintre – décorateur parisien Desplechin. Cette première vision de la Wartburg, si émouvante dans son passé historique et mythique, me réconforta comme un heureux présage jusqu'aux fibres les plus secrètes de mon cœur[6]. » Histoire, légende, mythologie et autobiographie fusionneront dans le livret, donnant naissance à une nouvelle version d'un thème déjà maintes fois traité, mais sans doute jamais avec autant de richesse.

Une différence majeure distingue la vision wagnérienne de celles qui l'avaient précédée : le personnage d'Elisabeth. En effet, si la nièce du Landgrave est bien un personnage présent dans les autres sources littéraires, il porte généralement le nom de Mathilde et joue un rôle essentiellement passif. Wagner s'inspira sans doute de sainte Elisabeth de Hongrie qui séjourna aussi à la Wartburg. Elle se fond avec Mathilde pour créer le personnage d'Elisabeth. Plus encore que Senta dans *le Vaisseau fantôme*, elle incarne la rédemption par l'amour, le sacrifice de la femme sans laquelle le héros ne saurait être racheté. Qui connaît le triste contexte de la vie commune que Wagner menait avec son épouse Minna lira, en filigranes, l'aspiration profonde du compositeur à voir s'incarner dans une femme son besoin d'amour au sens le plus noble du terme, l'amour lié à son art. Les lettres échangées entre Liszt et Wagner au cours de l'année 1853 sont très explicites à ce sujet : « Sincèrement, cher ami, il m'a fallu attendre l'âge de trente-cinq ans pour comprendre que je n'ai pas encore du tout vécu. Il a fallu que ce soit mon art qui, le premier, me fasse découvrir quelle vie misérable, dénuée de toute joie et de tout amour, j'ai jusqu'ici menée. Que diras-tu quand tu apprendras que je n'ai pas encore vécu le vrai bonheur de l'amour? Mon existence se déroule tout entière entre la privation et les ménagements résignés que je garde pour l'étroitesse de mon entourage le plus immédiat qui, de plus en plus chaque jour, s'avère incapable de concevoir mes ambitions et de me comprendre[7]. » Le message est on ne peut plus clair et concerne tout-à-fait la période où fut composé *Tannhäuser*. La femme tant espérée était encore à venir. Il fallait attendre Cosima... La réponse de Liszt mérite également d'être citée : « Très cher ami, tes lettres sont tristes, et ta vie est plus triste encore! Tu veux courir le monde, tu veux jouir, faire des folies! Ah! comme je serais heureux si tu pouvais le faire! Mais ne sens-tu pas que le fer et la blessure que tu portes dans le cœur te suivront partout et que la plaie est à jamais incurable? Ta grandeur fait aussi ta misère, toutes deux sont unies par un lien indissoluble; tu seras fatalement tourmenté, torturé par elles... jusqu'à ce que, prosterné dans la foi, tu t'affranchisses de l'une et de l'autre[8]! » Liszt était en train de monter *Tannhäuser* à Weimar et, dans ces lignes, on croit lire l'interprétation philosophique, ô combien perspicace, qu'il en a tirée.

Wagner se projette aussi dans son livret en tant que créateur. Il s'offusquera, d'ailleurs, de ce que les exégètes n'aient vu dans *Tannhäuser* que le conflit chrétien entre l'esprit et la chair. Le défi que Tannhäuser lance à la société chevaleresque en renonçant à l'amour courtois reflète l'attitude de Wagner bravant la société de son temps par ses choix esthétiques; il

5. R. WAGNER : *Une communication à mes amis*, Plan de la Tour, Editions d'Aujourd'hui, 1976, p. 57.
6. R. WAGNER : *Ma vie*, p. 163.
7. R. WAGNER/F. LISZT : *Correspondance*, Paris, 1943, réed. 1976, lettre de Wagner à Liszt du 30 mars 1853.
8. *Id.*, Lettre de Liszt à Wagner du 8 avril 1853.

saura néanmoins plus tard se rallier ses faveurs. Ce sera l'épisode Bayreuth. Tannhäuser rejetant les plaisirs sensuels du Venusberg, n'est-ce pas Wagner récusant ce qu'il appelle le sol hideux de la sensualité moderne et son corollaire, le goût du public? Dans *Une communication à mes amis* il explique comment, échappant à cette frivolité, il avait recherché pureté et chasteté et découvert la Femme qui « dans le *Tannhäuser* montrait comme une étoile le chemin vers les hauteurs, loin des antres voluptueux du Venusberg...[9] ». Wagner raconte encore dans quelles dispositions il composa la musique de cet opéra : « [...] ce fut dans une surexcitation déchirante, exubérante, qui tint mon sang et mes nerfs dans un bouillonnement fiévreux que j'esquissai et composai la musique du *Tannhäuser*. Ma véritable nature, qui m'avait à nouveau dégoûté du présent et me poussait vers un monde plus noble, le plus noble, entourait comme d'un enlacement ardent et passionné les créations matérielles de mon imagination, qui se jetaient toutes dans *un* même torrent : le suprême désir d'amour. – Avec cette œuvre, j'écrivis ma condamnation à mort : je ne pouvais plus espérer la vie du monde moderne de l'art. Cela je le sentais, mais je ne le savais pas encore avec évidence. – J'avais encore cette science à acquérir[10]. » La partition fut achevée au cours de l'hiver 1844 avec, pour le compositeur, le sentiment d'avoir échappé à un danger mortel...

Par tout cela, *Tannhäuser* occupe une place unique dans la production wagnérienne. Situé après le succès de *Rienzi* et l'échec du *Vaisseau fantôme*, il constitue une tentative de ne pas rompre avec les acquis musicaux et dramatiques mis en œuvre dans *le Vaisseau*, tout en conservant des éléments hérités du grand opéra afin de s'assurer l'approbation du public. Dans les années suivantes, toute une série d'écrits théoriques verront le jour, formulant une véritable théorie du drame lyrique tel qu'on le voit ébauché dans *Tannhäuser* et *le Vaisseau fantôme*. 1849, *Art et Révolution* et *l'Œuvre d'art de l'avenir; 1850, Opéra et drame*; 1851, *Une communication à mes amis*.

Dès lors, le lecteur comprendra aisément que l'analyse qui va suivre soit autant littéraire que musicale et psychologique, voire philosophique. C'est l'essence de l'œuvre qui le demande, ainsi que la volonté exprimée par Wagner d'être considéré tant comme poète que comme compositeur, d'être compris jusque dans ses intentions. Si l'opéra s'achemine vers « l'œuvre d'art totale » (Gesamtkunstwerk), le commentaire doit le suivre...

On constate également que la plupart des thèmes qui habiteront Wagner jusqu'à *Parsifal* se trouvent ici en germe : ainsi, l'idée du chant, de l'art comme sujet principal d'un opéra, sera repris dans *les Maîtres Chanteurs*, dont le concours du dernier acte doit beaucoup à celui de *Tannhäuser* – bien qu'en 1862 (date d'achèvement du livret) Wagner ait beaucoup approfondi sa connaissance de la littérature allemande du Moyen Age. Elisabeth, la femme qui par son sacrifice offre la rédemption, trouvera son prolongement dans le personnage de Brünnhilde. Quant à la scène du premier acte entre Vénus et Tannhäuser, elle mène directement au second acte de *Parsifal* où, de la même manière, Parsifal tente de se dégager de l'emprise de Kundry dont on ne sait si elle est plutôt femme ou démon. Un thème plus philosophique sera aussi appelé à se développer : celui de l'aspiration à la mort, à la douleur et au néant. Il deviendra central quand Wagner aura pris connaissance de l'œuvre de Schopenhauer dont l'ombre plane sur l'ensemble de *l'Anneau du Nibelung*.

On comprend mieux, à présent, l'attachement de Wagner pour *Tannhäuser*, œuvre de jeunesse (Wagner avait 32 ans) porteuse des promesses de tout un avenir opératique.

LES DIFFÉRENTES VERSIONS

Nous connaissons l'opéra *Tannhäuser* à travers plusieurs versions qui méritent d'être caractérisées avec un peu de précision. On peut globalement les classer sous deux rubriques : Dresde et Paris.

La première, destinée à Dresde, date de 1845 mais, dès 1847, Wagner y apporte quelques modifications : Vénus apparaît désormais au troisième acte. Il est convenu d'appeler « version de Dresde » celle de 1847, Wagner ayant totalement renoncé au premier état de sa partition. De nouvelles variantes seront ajoutées en 1861, à l'occasion de la création de l'œuvre à l'Opéra de Paris. Rappelons que traditionnellement, toute œuvre représentée sur cette scène devait comporter un ballet au second acte. Or rien de tel n'existait dans *Tannhäuser*. Wagner dut se plier à cette convention, à ceci près que le ballet figura au premier acte, en prolongement de l'ouverture pour laquelle il avait déjà imaginé une chorégraphie. L'ensemble du premier acte fut donc remanié et il est frappant de constater que Wagner a profité de cette occasion pour tirer parti des techniques de composition qu'il avait mises au point avec *Tristan et Isolde*, achevé en 1859. L'évocation du Venusberg et le personnage de Vénus – très développé – y gagnent incontestablement, mais l'œuvre perd de sa cohésion stylistique : le premier acte devient hétérogène

8. *Id.*, Lettre de Liszt à Wagner du 8 avril 1853.
9. *Une communication*, p. 104-105.
10. *Id.* p. 79.

dans sa manière de mêler deux systèmes dramaturgiques et deux styles d'écriture nettement différenciés.

Telle est pour nous l'explication de l'éternelle insatisfaction de Wagner à l'égard de cet opéra qu'il sous-titra « opéra romantique ». Ce qu'il devait peut-être encore au monde et à lui-même, c'était une version définitive de *Tannhäuser* qui lui aurait restitué sa cohésion esthétique. Mais qu'aurait-il composé sur ce thème après *Parsifal* où il semble que tout ait été dit ?

LES CRÉATIONS

Le 19 octobre 1845, la création de l'opéra à Dresde mettait à contribution deux chanteurs remarquables de l'époque : Wilhelmine Schröder-Devrient dans le rôle de Vénus et Joseph Tichatschek dans celui de Tannhäuser; Johanna Wagner complétait le plateau en Elisabeth. Pourtant, le public « sortit de la première représentation de *Tannhäuser* dérouté et mécontent[11] », témoignant par là qu'il n'avait pas été séduit par le compromis tenté entre *Rienzi* et *le Vaisseau fantôme*. Wagner en fut fort affecté, ce qui ne le rendit que plus sensible aux efforts témoignés par Liszt pour monter l'œuvre à Weimar quelques années plus tard (1852).

En 1861, Wagner était convaincu que la création parisienne (le 13 mars 1861) s'annonçait sous les meilleurs auspices. Il espérait obtenir un ballet digne de sa bacchanale en s'assurant la collaboration de Marius Pepita, mais dut bientôt se ranger à l'évidence et admettre qu'il n'en serait rien. On connaît la suite. Les représentations souffrirent d'une double cabale : les membres du Jockey-Club sifflaient car le ballet n'était pas à sa place traditionnelle (au second acte) et une autre partie du public manifestait son opposition à Napoléon III qui, sous la pression de son entourage, avait donné l'ordre que l'œuvre soit représentée à l'Opéra. Au bout de trois représentations cahotiques Wagner, indigné, retira son œuvre de l'affiche et tira les conclusions qui s'imposaient au sujet de la scène de l'Opéra de Paris : « Qui savait mieux que moi que ce grand théâtre d'Opéra avait renoncé depuis longtemps à toute visée d'art sérieux, que des exigences tout autres que celles de la musique dramatique y avaient prévalu, et que l'opéra même n'y servait plus que de prétexte au ballet.[12] » Heureusement, il se trouva quelques brillants esprits pour racheter cet affront qui éloigna pour longtemps les œuvres de Wagner de la scène parisienne. Nous pensons bien évidemment à Baudelaire qui consacra un long article élogieux au compositeur dans la Revue européenne[13].

On a beaucoup parlé – et écrit! – sur les créations de Dresde et de Paris, alors qu'il aurait sans doute mieux fallu s'attarder sur les représentations de Weimar sous la baguette éclairée de Franz Liszt. La correspondance entre les deux compositeurs à ce sujet fournit une foule de renseignements sur la pensée wagnérienne. C'est là – et dans le texte intitulé *Sur la représentation de Tannhäuser, une communication aux chefs d'orchestre et aux interprètes de cet opéra* – que l'on lira les propos les plus pertinents et les plus précis que Wagner ait écrit à propos de *Tannhäuser*[14]. Ces indications nous renseignent particulièrement sur les difficultés propres à certains rôles, difficultés qui ne datent pas d'aujourd'hui.

ARGUMENT

Acte I

Tannhäuser, le valeureux chanteur, se languit au Venusberg, dans la grotte souterraine où la déesse de l'amour s'est réfugiée depuis que le monde antique n'est plus. Par trois fois, le chant du Minnesänger s'élève, rendant grâce à Vénus mais témoignant sa lassitude de tant de volupté. Sa nostalgie du monde, de la nature et de la condition humaine le poussent à s'arracher à ce divin séjour. Vénus déploiera tous les moyens qui sont en son pouvoir – séduction, pitié, magie – mais en vain. Maudit par la déesse et assuré d'être également rejeté du monde réel, Tannhäuser prononce le nom de Marie, en qui il place l'espérance de son salut, et le miracle s'accomplit. Le Venusberg disparaît, entraînant avec lui les créatures de rêve qui le peuplaient. Comme par enchantement, le héros se retrouve à l'air libre, dans la vallée de la Wartburg. Un jeune pâtre chante le retour du printemps et joue du pipeau. De loin, des pèlerins s'avancent, en route vers Rome où ils imploreront le pardon du Pape. Tannhäuser retrouve dans leur chant des émotions humaines et s'écroule en prière. Mais de nouveaux sons l'arrachent à son recueillement : ce sont les sonneries de chasse qui annoncent l'approche du Landgrave et de sa suite. Voyant celui qu'ils prennent pour un pèlerin, les chevaliers et les chanteurs s'arrêtent et, très vite, Wolfram von Eschenbach reconnaît en lui Heinrich, le talentueux

11. *Ibid.*
12. R. WAGNER : *Souvenirs*, Paris, Charpentier, 1884, p. 162.
13. Charles BAUDELAIRE : *Richard Wagner et Tannhäuser à Paris*, Paris, Seuil 1968, *Œuvres complètes*, p. 510.
14. R. WAGNER : *Sur la représentation de Tannhäuser : une communication aux chefs d'orchestre et aux interprètes de cet opéra*, Plan de la Tour, Editions d'Aujourd'hui.

chanteur qui les avait quittés sans raison apparente. Tannhäuser ne résistera pas à l'appel du monde; il fléchira surtout quand le nom magique d'Elisabeth sera prononcé. Les chanteurs, enfin réunis, le mèneront vers elle.

Acte II

Un seul décor : la salle du concours de chant dans le château de la Wartburg. Elisabeth revient saluer le lieu de ses émotions de jeune fille, cette salle qui verra bientôt le retour de celui qui avait su toucher son cœur par son chant. Voici Wolfram, qui l'introduit. L'aveu d'une inclination réciproque plonge Elisabeth et Tannhäuser dans le bonheur. Entre alors le Landgrave, surpris de revoir sa nièce en ces lieux qu'elle avait désertés, mais heureux d'en deviner la raison. Il annonce qu'un nouveau concours célèbrera le retour de Tannhäuser, concours dont elle sera la reine. Et toute la cour pénètre dans la salle en grande pompe. Le Landgrave énonce le sujet du concours – l'essence de l'amour – et Elisabeth tire au sort le nom de celui des chanteurs qui s'exprimera le premier : Wolfram von Eschenbach. A la conception de l'amour courtois que celui-ci défend, Tannhäuser opposera son goût pour un amour plus sensuel. Walther et Biterolf poursuivront dans le même sens que Wolfram, mais Tannhäuser – qui se marginalise de plus en plus – ira jusqu'à chanter devant cette noble assemblée la dernière strophe de l'hymne à Vénus entendu dans l'acte précédent. Dans la stupeur et la confusion générale, les dames quittent la salle tandis que les chevaliers s'apprêtent à brandir leurs épées pour punir le parjure. La stupéfaction est à son comble quand Elisabeth s'interpose. Ce n'est pas sans mal qu'elle parvient à se faire entendre : elle implore – au nom de Dieu – le droit au pardon pour celui qu'elle aime. Tannhäuser, accablé, fait acte de contrition avant que le Landgrave l'exhorte à suivre les pèlerins vers Rome pour y obtenir son pardon.

Acte III

C'est désormais l'automne dans la vallée de la Wartburg. Elisabeth est agenouillée devant la statue de la Vierge et attend le retour des pèlerins qui lui révèlera son destin; Wolfram l'accompagne, légèrement à distance. Arrive le çortège des pèlerins, mais Tannhäuser n'est pas parmi eux. Dans une calme résignation, Elisabeth élève vers la Vierge son ultime prière : elle implore la mort, son pardon et celui de l'homme qu'elle aime toujours, puis remonte lentement vers la Wartburg, et Wolfram resté seul contemple la nature et l'étoile du berger qui vient de paraître.

Un pèlerin survient; c'est Tannhäuser à la recherche du chemin du Venusberg. Tout d'abord effrayé, Wolfram devine ce qui s'est passé et exhorte son ami à raconter son pèlerinage. Tannhäuser fait donc le récit de son voyage, de l'arrivée à Rome et finalement, de la condamnation du Pape qui prit à témoin sa crosse qui jamais ne refleurira, de même que jamais Tannhäuser ne sera pardonné. Celui-ci, désespéré, invoque une dernière fois Vénus qui paraît, telle une vision maléfique. Un véritable combat s'engage, car Wolfram fait tout pour arracher Tannhäuser à l'apparition infernale. Alors, le prodige du nom se reproduit : « Elisabeth », s'écrie Wolfram. Et Vénus disparaît aussi mystérieusement qu'elle avait surgi.

On voit le cortège funèbre d'Elisabeth descendre de la Wartburg. Avant de mourir, Tannhäuser aura encore le temps d'invoquer la sainte pour son salut, et d'entendre le chant des pèlerins annoncer qu'un miracle s'est accompli : le bâton du Pape a refleuri ; le pardon divin a été ainsi accordé au pécheur.

PROFILS MUSICAUX DES PERSONNAGES

Comme nous l'avons vu, l'œuvre se situe à mi-chemin entre le grand opéra et le drame lyrique. L'influence de l'opéra romantique tel que Weber avait pu le concevoir s'y fait également sentir. Presque tous les rôles sont tiraillés entre différents pôles : les chanteurs doivent être capables d'adopter successivement le style du bel canto, du lied, ou celui de la déclamation wagnérienne telle qu'on peut la concevoir à partir de *la Tétralogie*.

TANNHAÜSER

Il en est l'exemple type : les aptitudes requises pour chanter le premier acte et l'hymne à Vénus en particulier – souplesse vocale, aisance dans l'aigu, enthousiasme juvénile – sont très éloignées de celles qu'exige le récit du pèlerinage à Rome – puissance dramatique et sens de la déclamation. Rares sont les ténors qui parviennent à allier toutes ces qualités vocales et psychologiques pour camper un Tannhäuser plausible et convaincant, tant musicalement que dramatiquement. Wagner décrit très bien la psychologie de son personnage : « Je signale comme trait le plus essentiel pour moi, de ce caractère, la plénitude, sans cesse et immédiatement agissante, exaltée au suprême degré, de l'impression qu'il reçoit du moment présent et la vivacité de la réaction que produit la manifestation de cette impression à tout changement brusque de situation. Jamais ni nulle part Tannhäuser ne se contente d'être « un peu », il est entièrement et complètement[15]. » Mais comment être entièrement un personnage aussi absolu dans ses contradictions ?

WOLFRAM

Il est en quelque sorte l'antithèse de Tannhäuser : « Ses sens moins immédiatement impulsifs lui ont permis d'appliquer sa pensée et son cœur aux impressions de la vie; il est donc poète et artiste, tandis que Tannhäuser est homme avant tout. Sa situation vis-à-vis d'Elisabeth, qu'une fierté virile lui fait supporter avec tant de dignité, et sa pitié infiniment profonde pour Tannhäuser, qu'il ne comprend certes pas, font de lui un des personnages les plus intéressants[16]. » Quoi qu'on en pense, Wolfram n'est pas le rival un peu falôt de Tannhäuser, l'incontournable tiers qui sépare les deux amants ou, plus exactement, il est beaucoup plus que cela dans son humanité. Le problème naît de la difficulté à restituer le caractère très contenu de l'expression de son chant sans le rendre conventionnel puisque, d'un point de vue dramatique, tel n'est pas son rôle. Le style requis, dans la couleur vocale d'un baryton, se situe dans la mouvance de l'art vocal italien et du lied : point de déclamation, ou bien peu, mais un chant simple et naturel.

ELISABETH ET VÉNUS

Elles portent également dans leur vocalité la trace de ces contradictions. Le profil d'Elisabeth semble simple au premier abord : elle est une soprano lyrique qui possède la clarté et la fraîcheur de la jeunesse, un peu à la manière d'Agathe dans *le Freischütz* de Weber. Pourtant, dès la fin du concours de chant, on constate qu'une certaine puissance lui est nécessaire pour pouvoir braver tout l'orchestre et le chœur. Au moment de la prière (troisième acte), elle acquiert la profondeur d'une femme et l'élévation d'une sainte bien éloignée de la jeune fille exaltée que révélait son premier air « *Dich teure Halle* ». Vénus est quant à elle partagée entre la déesse et la femme, tour à tour amoureuse et séductrice. Sa tessiture de mezzo est largement tournée vers l'aigu. Rien de sombre dans cette voix, mais des accents qui vont des imprécations de l'opéra *seria* – ce qui la rapproche de la Reine de la Nuit de *la Flûte enchantée* – à des inflexions sensuelles et enchanteresses qui préfigurent à la fois Isolde et Kundry. Dans la version de Dresde, le personnage est beaucoup plus simple : c'est la déesse qui prédomine, avec une certaine froideur, une hauteur divine qu'elle perdra sensiblement dans la version de Paris.

LE LANDGRAVE

Avec une voix de basse profonde, il est le seul personnage de l'opéra à posséder une tessiture grave. Lors de l'entrevue avec Elisabeth, sa couleur vocale se rapproche de celle de Sarastro de *la Flûte enchantée*. Cette tessiture le situe en marge, ce qui correspond à sa situation sociale : représentant de l'ordre tant moral que politique, il incarne la puissance de la Thuringe et de l'Allemagne ainsi que leur majesté.

ANALYSE

Premier acte

OUVERTURE ET SCÈNE I

Ouverture ou prélude? Suivant les versions, on adoptera plus volontiers l'un ou l'autre des deux termes. Qui dit Dresde dit ouverture, pages symphoniques indépendantes; qui dit Paris pense prélude, au sens où Wagner l'entendra dans ses œuvres à venir, c'est-à-dire une introduction qui se fond dans le premier acte sans que l'on puisse déterminer nettement où elle s'achève et où la première scène commence.

La version parisienne sera ici commentée de préférence à celle de Dresde. On aura soin d'ajouter quelques remarques concernant cette dernière quand les différences seront saillantes et significatives.

« Tannhäuser représente la lutte de deux principes qui ont choisi le cœur humain pour principal champ de bataille, c'est-à-dire de la chair contre l'esprit, de l'enfer avec le ciel, de Satan avec Dieu [17] », nous dit Baudelaire.

Au cours de l'introduction, quelle que soit la version choisie, les deux principes s'affrontent, s'opposent musicalement sans jamais se mêler. Le premier d'entre eux incarne le divin : c'est un chœur des cuivres et des bois, presque un choral (1). Premier motif et premier leitmotiv, il rassemble toutes les caractéristiques de l'équilibre, aussi bien du point de vue de l'harmonie que de celui du déroulement formel. Dans la version de Dresde, il campe les piliers d'un portique à l'intérieur duquel l'opéra entier est dévoilé sous forme d'un microcosme. Ce sera encore lui qui concluera l'opéra et, si on l'étudie intrinsèquement, ce thème des pèlerins apparaît en lui-même comme un cercle parfait : Wagner l'énonce d'abord

15. *Ibid.*
16. R. WAGNER : *Programme : Ouverture de Tannhäuse*r, Plan de la Tour, Editions d'Aujourd'hui.
17. BAUDELAIRE, op. cit. p. 517.

dans sa sobriété (deux clarinettes, deux cors et deux bassons), puis entrent les cordes qui tissent le motif du repentir (2). Cinq mesures de transition, conduites par le rythme des triolets, mènent à la seconde présentation du thème des pèlerins, désormais triomphant : il retentit aux trombones et au tuba basse, tandis que les cordes l'animent rythmiquement. Les carrures régulières du choral sont toujours respectées dans cette magnificence du timbre mais, préservant la mise en relief réciproque des deux principes énoncés par Baudelaire, Wagner nous fait réentendre le choral sous sa forme originelle d'une sereine polyphonie à cinq parties. Jusqu'alors, tout était simple harmoniquement, affirmant *mi* majeur en pleine majesté. Mais voici que l'édifice s'écroule, se défait, dès que le second principe musical de cette ouverture entre en jeu (3). Jailli des altos, il est la parfaite antithèse de ce qui l'a précédé. A la stabilité harmonique du choral s'oppose l'accord de septième diminuée, exprimé aussi bien mélodiquement qu'harmoniquement; à son ambitus restreint s'oppose une tessiture qui se déploie sur deux octaves en deux mesures. Il y a quelque chose de débridé dans ce thème du Venusberg, comme s'il symbolisait le désir à l'état brut, instinctif, le plaisir sans l'amour. On remarque aussitôt la multitude de motifs secondaires (4, 5, 6, 7) qui l'accompagnent; tous ont en commun le rythme pointé et la stridence du registre aigu qu'accentue le timbre du piccolo. Ce n'est qu'après l'apparition de tous les motifs secondaires que le thème du Venusberg (3) nous sera présenté intégralement, avec son conséquent. Attaqué par les altos et la clarinette, il se poursuit dans l'aigu, prolongé par les hautbois et les clarinettes.

Une pédale de *Si* prépare l'entrée d'un nouvel élément qui semble naître de la tension créée par la superposition du premier motif secondaire (4) et d'une cellule chromatique en sextolets; ces deux motifs s'attirent mélodiquement, et, de leur rencontre surgit le futur hymne de Tannhäuser à Vénus (8), réponse à l'insistante supplication précédente. La pédale de dominante est devenue tonique, et nous voici en *si* majeur pour cette première évocation du personnage de Tannhäuser. Il apparaît très chevaleresque, un peu trop sûr de lui et caracolant. Notes piquées, multiples accents, contours heurtés du phrasé brossent le portrait d'un chevalier fier et exalté. Les motifs secondaires liés au Venusberg (4, 5, 6, 7) ramènent le thème lui-même en un jeu de septièmes diminuées et de chromatisme.

Changement complet d'atmosphère : après la tension exacerbée dans l'aigu, voici une plage de calme et de poésie. Le temps dramatique de l'action symphonique est momentanément suspendu. Une phrase de clarinette se dessine sur la trame des violons divisés à l'extrême, comme une apparition enchanteresse (9). Elle s'enroule autour d'intervalles très typés : quarte juste ascendante, quinte diminuée et quarte augmentée descendante. Très vite, on la sent liée au Venusberg puisque les motifs qui le caractérisent (3, 4, 5) s'insinuent parmi les premiers violons. Partis de *ré* majeur, nous voici en *fa* dièse majeur qui, devenu dominante, de *si* qui mène à *mi*, ramènera l'hymne à Vénus (8) de la même manière que précédemment. Ce retour au ton principal marque, dans la version de Dresde, le point de départ d'une réexposition inversée en forme d'arche, qui fera conclure l'ouverture par le thème des pèlerins et dévoile intégralement le parcours dramatique de l'opéra. Wagner s'est expliqué sur le contenu implicite de l'ouverture de la version de Dresde dans un texte de programme[18]. Sa vision de la conclusion est quelque peu différente : « [...] jusqu'à ce qu'enfin, au lever du soleil, resplendissant, quand le chant des pèlerins, dans un enthousiasme puissant, annonce au monde entier et à tout ce qui vit la rédemption, il devienne le tumulte voluptueux d'une flamme sublime. C'est le cri de joie du Venusberg lui-même, racheté de la malédiction du péché, que nous entendons à ce chant divin. Toutes les pulsations de la vie battent et trépident dans ce chant de rédemption; et les deux éléments opposés, esprit et matière, Dieu et nature, s'embrassent et se fondent dans le baiser sacré de l'amour ». Le compositeur redira à Franz Liszt dans une lettre datée du 29 mai 1852 que cette explication est indispensable « parce qu'elle donne sous une forme serrée l'idée du sujet du poème, lequel est conçu tout autrement dans l'ouverture que dans l'opéra lui-même ». Puisse le lecteur nous pardonner de ne pas voir très clairement dans la musique la réconciliation des extrêmes que Wagner voulut rendre sensible...

Quand en 1860 Wagner reprit le premier acte de *Tannhäuser* pour la création parisienne (1861), il avait un projet beaucoup plus ambitieux que celui d'ajouter un ballet à son œuvre et ne put s'empêcher de mettre en œuvre sa théorie du drame musical élaborée entre-temps. Ainsi l'ouverture devient prélude qui se fond dans la bacchanale, laquelle introduit l'entrée de deux personnages : Vénus et Tannhäuser.

SCÈNE I

Qu'en est-il de cette bacchanale qui fit scandale? Considérons tout d'abord le décor et la description qu'en donne le poète-compositeur. Nous sommes au Venusberg, grotte dans laquelle le romantisme allemand a imaginé que la déesse antique s'était réfugiée. Le goût que Wagner témoignera pour la mythologie est déjà présent ici mais cette mythologie est pour

18. WAGNER, op. cit.

l'instant plus antique que profondément germanique! Et pourtant! Comment ne pas voir dans ce décor l'écho du même lieu décrit par Hoffmann dans le récit des *Frères Sérapion* intitulé *Der Kampf der Sänger*? Nasias, qui n'est autre qu'un envoyé du magicien Klingsor, décrit le Venusberg et la belle Hélène dans un décor semblable. La présence d'Hélène tisse une seconde filiation, cette fois avec le second *Faust* de Goethe. Grâce au trépied magique, Faust fait apparaître Pâris, puis Hélène qui lui suggère les vers suivants :

« C'est toi qui stimules toutes les énergies
Qui résumes toute passion
A toi je voue sympathie, amour, adoration, folie[19] »

Comme Vénus, Hélène incarne la beauté parfaite et mythique, idéale dans sa sensualité. Sommes-nous au Venusberg ou dans la grotte de Calypso? Les références mythologiques se bousculent. Relisons la description par Homère de la caverne de « l'auguste déesse » : « Un bois luxuriant avait poussé tout autour de la grotte : aune, peuplier noir, odorant cyprès; et sous les branches nichaient des oiseaux de large envergure, chouettes, faucons, tapageuses corneilles marines qui besognent sur la mer. Aux parois de la grotte, une vigne déployait ses rameaux vivaces, d'où les grappes pendaient en abondance. Quatre fontaines versaient une eau claire; elles étaient voisines et dirigées en sens divers. Tout autour, de molles prairies de violettes et de persil étaient en fleur. Un immortel même, entrant là, se fut émerveillé du spectacle et réjoui dans son esprit[20]. » Décidément le Venusberg n'est pas loin. Par ailleurs les sirènes wagnériennes font écho à un autre épisode célèbre de *l'Odyssée*. Chez Wagner, les trois Grâces complètent ce tableau allégorique.

Dans ce cadre féerique et fastueux, les nymphes commencent une danse provocante pour attirer les jeunes gens. Dès l'entrée des bacchantes, la bacchanale proprement dite commence. Déchaînement dionysiaque par excellence, elle n'en est pas moins construite dramatiquement et musicalement, et se divise en trois moments : l'arrivée des bacchantes, le combat entre les satyres, les nymphes et les amours, puis le retour au calme après l'intervention des trois Grâces.

La première partie combine tous les éléments thématiques liés au Venusberg (3 à 7), auxquels s'ajoute un nouveau motif qui paraît avec les bacchantes (10). Il nous renvoie avec ivresse et démesure d'un extrême à l'autre d'un accord de neuvième de dominante traité mélodiquement. Les dominantes pourront désormais s'enchaîner à un rythme endiablé : en *fa* (10) *mi* (5 puis 10), de la même manière en *ré*. La tension croît par l'accumulation de ces enchaînements qui se répètent tout en modulant. De l'excitation grandissante jaillit un dernier élément à nouveau fondé sur l'harmonie de neuvième de dominante et celle de septième diminuée qui en est déduite (11). Le prolongement chromatique de la fin du motif sera le moteur de l'évolution harmonique qui conduit à l'entrée des faunes et des satyres.

Ici débute la seconde partie de la bacchanale, marquée par le retour du thème du Venusberg (3), désormais *molto staccato*. La première section avait vu l'exacerbation des principes harmoniques; le rythme prend le relais, accompagné d'un nouveau timbre qui ne fait que le renforcer : celui des castagnettes. La danse devient frénétique, trépidante, et si le rythme prédomine, il ne constitue pas pour autant un nouvel élément puisqu'on le déduit logiquement du thème du Venusberg. La scansion passe au premier plan du fait de l'intervention d'un pupitre de percussions grandissant – castagnettes, puis triangle, tambourin, cymbales et timbales – aux touches exotiques. Nous approchons du paroxysme tandis que, sur scène, amours, nymphes et bacchantes livrent une bataille effrénée...

Un appel de quarte aux cuivres et aux bois amène cette apogée tout en laissant pressentir la résolution qui s'ensuivra. Aux trois instruments (hautbois, trompette et clarinette) pourraient correspondre les trois personnages qui s'interposent : les trois Grâces. Pour parfaire cette transition rapide, l'harmonie glisse chromatiquement d'une dominante de *si* à une dominante de *si* bémol. La pédale de *Fa* dièse, devenu *Fa* naturel par cette modulation, se prolonge et laisse planer l'idée d'un passage vers *si* bémol et *mi* bémol. La déroute des nymphes et des satyres s'effectue sur un accord de neuvième diminuée, dans un rythme caractéristique de la fuite.

Le ton de *mi* bémol s'établit alors nettement sur le motif des sirènes (12). Nous atteignons maintenant la troisième phase du ballet, consacrée aux trois Grâces annonçant à Vénus qu'elles ont remporté la victoire. Le spectateur verra encore deux figurations allégoriques : l'enlèvement d'Europe puis l'apparition de Léda et du cygne. Cette pantomime ne serait-elle pas héritée de l'opéra français du XVIIIe siècle dont la tradition se serait transmise à Wagner par l'intermédiaire de Gluck? Elle sera rythmée par les interventions chantées du chœur des sirènes qui séparent les différents tableaux. Nous sommes en pleine féerie et l'on se prend à imaginer que le Venusberg lui-même pour-

19. GOETHE, *Le Second Faust*. Traduit de l'allemand par Henri Lichtenberger, Paris, Aubier Montaigne, 1980, vers 6498-6500, p. 63.
20. HOMÈRE, *L'Odyssée*. Chant E.

rait n'être qu'un fabuleux mirage. Les visions se dissipent et seuls demeurent Vénus et Tannhäuser. La bacchanale de la version de Dresde était beaucoup moins débridée et développée. Elle évitait surtout l'effet de redondance produit par l'épisode de l'apparition de la grotte ne survenant que dans la scène suivante entre Vénus et Tannhäuser.

SCÈNE II

Poursuivant sa pensée d'un drame continu, Wagner ménage subtilement le passage de l'allégorie à l'action dramatique de l'opéra. L'écriture des cordes en récitatif instrumental prélude à l'intervention des personnages, tandis que deux clarinettes laissent planer le souvenir du motif des sirènes qui s'évanouit (12). Le retour du chœur des sirènes, au cours de la seconde scène, tissera un lien structurel entre le dialogue Vénus/Tannhäuser et la bacchanale précédente. Wagner brouille si bien les cartes que la frontière entre réel et irréel devient de plus en plus floue. Est-ce la réalité qui entre en scène ou la fantasmagorie qui se poursuit? Toujours est-il que dans la version de Paris, l'ensemble dramatique qui se déroule au Venusberg – prélude, bacchanale et deuxième scène – forme un tout indissociable, profondément unifié par la facture thématique.

Vénus et Tannhäuser sont seuls en scène. L'objet de leur dialogue sera l'arrachement de Tannhäuser à la déesse, construit autour des trois strophes de l'hymne à Vénus. D'emblée, chaque personnage est caractérisé par un système d'accompagnement qui lui est propre : notes répétées de la petite harmonie pour Vénus, oscillations de quarte sur une longue ligne de basse descendante pour Tannhäuser. Celui-ci s'éveille d'un rêve et ses premiers mots – « *Zu viel, zu viel!* » – crient la satiété qu'il éprouve des plaisirs du Venusberg. La vision qu'il vient d'avoir n'a fait qu'accentuer ce sentiment de douloureuse saturation. Comme Ulysse chez Calypso, « il lui fallait bien reposer auprès d'elle dans la grotte creuse; mais ses désirs ne répondaient plus aux siens[21] ». Le son des cloches, entendu en rêve, rapproche Tannhäuser d'un autre héros mythique, ramené à l'existence par le son des cloches de Pâques :

« Et pourtant ces sons, familiers à mon enfance
Me rappellent aujourd'hui encore à la vie…
Ce chant annonçait les jeux allègres de la jeunesse,
Le libre bonheur de la fête du printemps ;
Et le souvenir aujourd'hui, ranimant en moi
les sentiments de l'enfance
M'arrête au moment d'accomplir la grave
et suprême démarche.
O résonnez encore, doux cantiques célestes !
Une larme a jailli, la terre m'a reconquis[22] »

Si Faust retrouve la vie par le sentiment qu'évoque en lui le son des cloches, Tannhäuser est poussé encore plus impérieusement par la nostalgie du réel que son rêve lui a révélé… Il veut s'éveiller de son rêve, ou plutôt du cauchemar qu'est devenu pour lui le Venusberg. De son récit *arioso*, trois mots clés se détachent : « *die Sonne* » (le soleil), « *der Halm* » (les prés), *die Nachtigall* (le rossignol). Ils ponctuent l'élévation progressive et douloureuse de la ligne vocale, de *Mi* bémol à *Fa*, puis *Sol*. Wagner poète reprend ici un thème très cher aux romantiques allemands, celui de la nature liée à la nostalgie (*die Sehnsucht*). Le dépouillement de l'accompagnement souligne encore le manque ressenti par Tannhäuser, un vide peuplé de septièmes diminuées qui traduisent mélancolie et lassitude. La réaction de Vénus ne se fait pas attendre. Elle est plus développée dans la version de Paris, et surtout davantage humaine, amoureuse, ce qui donne une ligne vocale plus *legato* et plus chromatique. On apprend alors comment, par le pouvoir de son chant, Tannhäuser est entré au Venusberg, tel Orphée pénétrant aux enfers. En lui, le héros et l'artiste se confondent et donnent doublement la parole à Wagner qui semble ici nous livrer indirectement sa philosophie du moment sur la position et le rôle du créateur dans le monde.

C'est encore le pouvoir du chant qui fera sortir Tannhäuser du Venusberg. Quand Vénus exhorte Tannhäuser à prendre sa harpe – l'emblème du Minnesänger – elle ne sait pas qu'elle court à sa perte, mais le découvrira au fur et à mesure des répétitions de l'hymne qui se hausse d'un demi-ton à chacune de ses apparitions (9). L'hymne à Vénus conduit le déroulement harmonique et sera donc le maître de l'évolution dramatique, quels que soient les détours empruntés pour arriver au but. Sa structure est immuable, de même que son parcours tonal interne. La première partie reprend intégralement l'hymne à Vénus de l'ouverture (8) qui exprime le caractère fier et chevaleresque de Tannhäuser, et son attachement à Vénus. Par delà l'exaltation de l'expression, on remarque la découpe très régulière des carrures. La seconde partie (13) s'infléchit vers le ton de la sous-dominante mineure; elle révèle l'autre face du personnage, qui éprouve une profonde nostalgie de la condition humaine sous toutes ses acceptions. Comme Faust, il pourrait s'exclamer : « *Swei Seelen wohnen ach! in meiner Brust* » (« Deux âmes, hélas,

21. HOMÈRE, *ibid.*
22. GOETHE, *ibid.*

habitent dans ma poitrine [23].») Chacune d'elles s'exprime dans une section de l'hymne. Dans la seconde, l'harmonie s'enrichit considérablement en septièmes diminuées qui s'opposent à la franche affirmation tonale de la première partie. La conclusion logique vers laquelle tendra chaque strophe sera toujours identique, comme le vers refrain d'une ballade : « *Aus deinem Reiche muss ich fliehn! O Königin, Göttin, lass mich ziehn !* ». La phrase ascendante correspondant au premier vers (14) montre que si Tannhäuser veut partir, il souhaite aussi s'élever. Sa supplication se hausse en trois étapes vers l'aigu de sa tessiture : *Mi* pour *Königin*, *Fa* dièse pour *Göttin*, et *Sol* pour «*lass mich ziehn* »(« laisse-moi partir »). Un premier sentiment le pousse à quitter Vénus, le désir d'assumer à nouveau la condition de mortel. Lassé de tant de jouissance, il aspire désormais à la souffrance. Vénus croit rêver : l'orchestre le dira avant elle, dans une phrase des premiers violons qui descendent les tierces mineures successives d'un accord de septième diminuée (15). Une sourde inquiétude traverse le personnage dont la stupeur a pour conséquence de faire glisser la tonalité vers *fa* dièse mineur, le *Ré* bémol devenant *Do* dièse par enharmonie.

D'un nouvel élan chevaleresque (trait ascendant des violons) Tannhäuser se lance dans la seconde strophe de son chant, un demi-ton plus haut que précédemment, soit en *ré* majeur. Le tempo est légèrement plus rapide (*belebt*), l'orchestration plus fournie puisque les cordes se joignent à la harpe. Après la louange de Vénus, Tannhäuser expose la seconde raison qui le pousse à partir : la nostalgie de la nature, qui ressortait déjà du récit de son rêve. Vénus réagit alors beaucoup plus violemment : l'amante trahie et la femme prennent le pas sur la déesse qui, dans une fureur digne de la Reine de la Nuit, emprunte ses tournures vocales à l'opéra *seria* (16). Tannhäuser tente de tempérer sa colère et de leur altercation émerge un duo contradictoire à l'italienne : les voix sont unies mais les paroles totalement divergentes. Vénus s'interrompt dans un cri qui réunit les personnages dans le registre aigu de leurs tessitures; changeant brutalement d'attitude, elle fait littéralement volte-face : puisque la persuasion ne suffit pas, elle emploiera la ruse et les pouvoirs magiques que lui confère son statut de déesse. Elle jette tout d'abord sur Tannhäuser un long regard amoureux que l'on retrouvera avec Isolde, puis avec Sieglinde. Les enchaînements harmoniques qui s'ensuivent pourraient tout à fait appartenir à *Tristan* par leurs jeux d'appoggiatures chromatiques. Cette transition vers l'épisode de la grotte est beaucoup plus élaborée, plus subtile, dans la version de Paris que dans celle de Dresde. Ici l'apparition de la grotte devient musicalement sensuelle. A travers l'harmonie, passent quelques motifs du Venusberg (3, 4). Les violons établissent clairement *fa* majeur pour cet enchantement qui semble une redite du passage final de la bacchanale (la version de Dresde échappe à ce travers). Tandis que les flûtes déroulent d'enjôleuses guirlandes, Vénus invite Tannhäuser à pénétrer dans la grotte : la voix emprunte la mélodie de clarinette de l'ouverture (9) que nous avions réentendue au début de la section allégorique de la bacchanale, phrase qui sera désormais perçue comme liée à la féerie et au pouvoir séducteur de Vénus. C'est ici qu'elle prend son sens de *leitmotiv*. Le lien avec la bacchanale est d'autant plus frappant que le chœur des sirènes reparaît également. L'« air » de Vénus se déploie autour du centre constitué par l'intervention des sirènes, suivant le schéma tonal suivant : *fa* majeur/*do* majeur/*fa* majeur. Après tant de prodiges de suavité, Tannhäuser désire-t-il toujours fuir? Mieux que le verbe la rapidité de la transition harmonique montre que l'enchantement n'a en rien entamé sa détermination : le passage d'une dominante de *fa* à celle de *mi* bémol se fait par l'intermédiaire d'un accord de septième diminuée, et Tannhäuser entonne la dernière strophe de son hymne, en *mi* bémol majeur. Par rapport aux deux strophes précédentes, l'orchestre s'est à nouveau enrichi : la clarinette double la voix et la partie de harpe acquiert une souplesse et une fluidité qu'on ne lui connaissait pas. Les paroles de cette dernière strophe sont sûrement les plus importantes de l'ensemble de l'hymne, tant pour ce qu'elles révèlent de la psychologie de Tannhäuser que pour les conséquences qu'elles auront dans la suite de l'opéra. Tannhäuser affirme que seule la déesse inspirera son chant, qu'il le proclamera même à la face du monde. Il revient ensuite sur son désir de rejoindre une existence terrestre et ses aspirations se révèlent toujours plus profondes : il veut retrouver la liberté, fût-ce au prix de la mort. La quête d'un nouvel absolu l'entraîne irrésistiblement à quitter le Venusberg. Vénus l'a bien compris et joue désormais sa dernière carte – la malédiction – prouvant par là qu'elle prend acte d'une inéluctable défaite. Les grands intervalles et les imprécations répétées de son chant seraient dignes de l'opéra *seria*. « *Zieh hin* » s'écrie-t-elle sur un intervalle de septième diminuée qui donne le départ de l'air proprement dit : « *Hin zu den kalten Menschen flieh* » en *si* bémol mineur (17). Elle prophétise ensuite le destin de Tannhäuser : chercher son salut dans le monde sans jamais le trouver. A partir de là, les deux versions de l'opéra se différencient nettement. Dans celle de Dresde, on s'achemine rapi-

23. GOETHE, *Faust*. Traduit de l'allemand par Henri Lichtenberger. Paris, Montaigne, 1976, vers 112, p. 37.

dement vers le cri final de Tannhäuser; dans celle de Paris, Vénus – plus proche de la femme blessée que de la déesse souveraine – résistera plus longuement (à partir de « *Sie die du siegen* »). La prophétie se précise : Tannhäuser devra ravaler sa fierté pour implorer son pardon dans le monde et, ne l'obtenant pas, revenir vers Vénus en suppliant. L'accompagnement se réduit aux cordes sur la phrase « *O'fändest du sie wieder* » qui parcourt une fois de plus un accord de septième diminuée (18); Vénus atteint les limites de son registre dans le grave quand elle imite la voix de Tannhäuser, tandis que les cordes lui répondent en imitation. La déesse insiste sur le fait qu'il ne cherchera plus auprès d'elle l'amour, mais la pitié (*Mitleid*), ce à quoi elle ne saurait se résoudre. Dans l'orchestre, le thème secondaire du Venusberg dont on avait souligné le caractère suppliant, resurgit dans un chromatisme prolongé (7).

Deux mesures de transition au cours desquelles l'orchestre énonce une variante de l'air de malédiction (17) remettent Tannhäuser en scène : il est inflexible et si la déesse comprend qu'il est perdu pour elle, la femme se sent abandonnée et ne parvient pas à s'y résoudre. Un nouveau monologue se développe au cours duquel Vénus laisse libre cours à son désespoir amoureux : une fois encore, l'orchestre se dépouille, s'efface devant l'expression du mot, le chromatisme d'une seule ligne mélodique que prolonge la clarinette (19). Tout se passe comme si Tannhäuser n'était plus présent; le sentiment de Vénus occupe tout l'espace. On s'émerveille devant une telle maîtrise musicale et psychologique acquise par Wagner en écrivant *Tristan*. Mots, harmonie, mélodie et tempo s'épousent dans la plénitude. Epanchement d'une âme humaine ou suprême artifice pour séduire en apitoyant, comme tentera de le faire Kundry? Autre malédiction : maudit soit le monde si Tannhäuser ne revient pas. Elle s'enchaîne à une nouvelle supplication à l'adresse de Tannhäuser; le chantage est subtil mais plus rien ne retient le chanteur qui formule une dernière fois son aspiration à la mort. Les répliques se resserrent jusqu'à ce qu'un cri échappe à Tannhäuser – « Maria » – qui établit enfin clairement un repère tonal sur une dominante de *ré* majeur. Le pouvoir du mot est miraculeux : à ce seul nom, un monde entier s'effondre, comme si l'évocation venait de rompre un sortilège maléfique. Le Venusberg était-il réalité ou apparition satanique ?

Le pouvoir du nom hantera toute la production wagnérienne qui suivra *Tannhäuser*; nombreux sont les héros qui, de *Lohengrin* à *Parsifal*, auront oublié leur identité et, baptisés d'un nouveau nom, commenceront une nouvelle existence. Nous ne sommes pas loin de l'importance biblique du nom, dans l'Ancien Testament en particulier : souvenons-nous du Dieu de la *Genèse* (chapitre I) qui nomme une à une les choses qu'il crée comme pour leur conférer l'existence. « Au commencement était la Parole et la Parole était avec Dieu, et la Parole était Dieu » reprendra l'évangéliste Jean (I). Dans *Tannhäuser* on ne nomme pas, mais on invoque de manière beaucoup plus païenne. Pouvoir incantatoire du mot.

SCÈNE III

Le nom de Marie fait disparaître un monde au profit d'un autre. Sans transition autre que symphonique, la vallée de la Wartburg se substitue au Venusberg. Le passage de *ré* majeur à *sol* majeur pourrait se faire en un simple enchaînement du ton de la dominante à celui de la tonique mais la magie exigeait plus de subtilité : la tonalité s'élève de *ré* à *fa*, puis de *la* bémol – ton de la sixte napolitaine par rapport à *sol* auquel elle reviendra par une succession chromatique de quatre accords de septième diminuée. Les cordes dissolvent dans l'aigu une septième de dominante de *sol* majeur, laissant la parole au chalumeau du pâtre.

Aux brumes artificielles du Venusberg succèdent la transparence et la pureté de l'air du mois de mai, symbolisées par la clarté du ton de *sol* majeur. Plus d'harmonies recherchées mais la simplicité monodique et populaire d'un dialogue entre clarinette et cor anglais qui se poursuit par le chant du pâtre. Qui connaît l'œuvre de Wagner y percevra la préfiguration du prélude du troisième acte de *Tristan*.

L'espace du Venusberg était souterrain, enfermé ; désormais l'on respire, la scène s'ouvre à de nouvelles dimensions. Tout ce dont Tannhäuser avait exprimé la nostalgie est là. Serait-ce la scène qu'il vît en rêve ?

L'espace sonore s'élargit quand au chant des pèlerins, venu du lointain, se superpose la mélodie du cor anglais, au premier plan. Les pèlerins se rapprochent (20 a-b).

A leur passage, le pâtre, qui s'était tu, leur souhaite bonne route. En un effet de gros plan sur Tannhäuser, la musique ramène notre regard vers ce qui, sur scène, reste fixe. Emu par ce chant sacré, Tannhäuser s'est agenouillé et rend grâce à Dieu. Le cortège des pèlerins s'éloigne ensuite, soutenu par un mouvement continu des cordes, image de leur progression lente et sereine. Tannhäuser reprendra lui-même la seconde partie de ce chœur entendu dans l'ouverture : motif du repentir qui le pénètre peu à peu (2). Une dernière fois, le chant des pèlerins lui fait écho à l'arrière plan, bientôt relayé par des cors. Ils sont l'emblème d'une nouvelle communauté qui s'avance : celle des chevaliers et des Minnesänger.

SCÈNE IV

Après le monde de la pureté et du sacré nous voilà confrontés à un troisième univers, terrestre lui : la société chevaleresque du Moyen Age. Le chant du pâtre comme celui des pèlerins, n'auront été qu'une étape transitoire.

En trois mesures d'un récitatif instrumental, les cordes annoncent l'entrée du Landgrave et de sa suite. On remarque la dualité de ce passage où le *legato* des sextolets s'oppose aux *pizzicatos* sur un rythme pointé : l'élan s'unit à la majesté et à la convention. Les sextolets mènent le mouvement joyeux de la reconnaissance de Tannhäuser par les chanteurs et par Wolfram qui le nommeront Heinrich; c'est le prénom de Faust : coïncidence fortuite qui font se rencontrer en un seul homme Tannhäuser, Heinrich von Ofterdinger et Faust...

Le quatuor qui résulte de cette découverte nous montre les chanteurs encore sur la défensive : que signifie ce retour? Tannhäuser s'était exclu de la société et il demeure en marge. C'est Wolfram qui comprendra les dispositions pacifiques de son ami et lui adressera les premières paroles de bienvenue. Son chant respire la générosité (21). Il restitue l'amitié et avec elle la tonalité de *fa* majeur qui sera celle de tout le passage. Les autres Minnesänger se joignent à lui, bientôt suivi du Landgrave qui intervient en dernier – comme l'exige son statut social. Mais Tannhäuser marque une nouvelle fois sa réserve en restant très évasif sur les raisons de son absence (22). La tonalité évolue vers *sol* mineur tandis que les *pizzicatos* des cordes accentuent le laconisme du personnage. La communauté des Minnesänger se soude en un ensemble vocal pour l'inviter à revenir parmi eux, mais la voix de Tannhäuser reste extérieure à cette cohésion. Sur un motif emprunté à Vénus (16), il exprime son besoin d'aller toujours de l'avant; la déesse représente ce passé sur lequel il ne veut à aucun prix se retourner. Wolfram parviendra à trouver une raison suffisamment forte pour le retenir malgré lui : « *Bleib bei Elisabeth* » s'exclame-t-il dans le ton de *ré* majeur qui fut celui du cri de Tannhäuser sur le seuil du Venusberg (Maria). Seconde invocation, donc second miracle. Le charme opère et Tannhäuser semble converti dès qu'il entend ce nom. Wolfram reprend la parole pour raconter quelle langueur s'empara d'Elisabeth quand Tannhäuser les eût quittés. Son récit s'intègre à un air qui adopte la forme ABB'. La première section rappelle par son rythme pointé les « hymnes vaillants » que Tannhäuser chantait autrefois (23). La seconde (B), concerne l'influence unique que le chant de Tannhäuser exerçait sur Elisabeth (24). Elle évolue dans un tempo plus lent et l'accompagnement des cordes, très fluide au départ, deviendra syncopé pour décrire la jeune fille que la vie quittait peu à peu. Notons la plastique de la ligne mélodique de Wolfram et soulignons au passage que c'est sans doute à tort que l'on classe ce personnage dans la convention. Soit, il n'a pas l'originalité de Tannhäuser mais son chant, d'une expression contenue, n'en est pas moins émouvant. Il incarne l'équilibre, la mesure mais aussi l'humanité, comme on le verra plus nettement par la suite. La reprise B' est colorée par le timbre du hautbois qui double la voix ; Wolfram y exhorte Tannhäuser à revenir parmi eux et le chœur reprend dans le style du grand opéra. Le héros se joint finalement à la communauté pour chanter avec flamme ce monde qu'il retrouve avec bonheur, en même temps que l'on réintègre la tonalité de *fa* majeur (25). Un grand ensemble nous emmène vers le second acte, conduit par ce thème plein d'élan qui conclut la scène avant que les fanfares du Landgrave n'en fassent une entité fermée (elles encadrent l'ensemble de la scène du retour de Tannhäuser au sein de la communauté des chevaliers et des chanteurs). La musique ne poursuit qu'un seul but : Elisabeth.

Acte II

INTRODUCTION ET SCÈNE I

L'introduction nous projette au cœur d'un nouvel espace sonore et théâtral qui constitue à lui seul un personnage plus qu'un décor : la salle du concours. L'introduction et l'air d'Elisabeth ne sont qu'une seule entité, un mouvement d'irrésistible enthousiasme, qui répond à l'élan de Tannhäuser à la fin de l'acte précédent.

Sol majeur impose sa clarté tandis que le frémissement des bois prépare l'entrée d'un thème qui traverse l'arpège du ton, propulsé vers l'aigu par un triolet de croches (26). L'accompagnement syncopé des altos entretient rythmiquement cette agitation fiévreuse qui sera l'unique climat de la scène. Ce sera le premier thème de l'air d'Elisabeth. Le motif qui lui répond n'est autre que le thème de Tannhäuser qui s'élance vers Elisabeth (25). Il s'enrichit d'un dialogue entre hautbois et violon qui pourrait appartenir à Weber. Survient alors un élément étranger au monde d'Elisabeth : ombre jetée au tableau par le hautbois qui nous ramène à la malédiction de Vénus (17 fin). Wagner a donc dramatisé son introduction : le double élan d'Elisabeth et de Tannhäuser les pousse irrésistiblement l'un vers l'autre. La rencontre sera d'ailleurs l'objet de la scène suivante. Cependant, le mouvement général ne s'interrompt pas, et Elisabeth entre, précédée du frémissement des bois qui avait ouvert l'acte et signalera les articulations de l'air. Celui-ci adopte un déroulement proche de la traditionnelle succession récitatif/air/cabalette, et pourtant il semble ne faire que peu de concessions au goût du jour. Wagner se refuse aussi bien au *tempo recitativo* qu'au *portamento* et l'indique très précisément sur la partition. L'écriture vocale évolue nettement de la parole vers l'aria et la salutation ressemble beaucoup à un récitatif même si le tempo doit en être strictement mesuré. Elisabeth pousse un cri de joie, d'une fraîcheur que l'on ne retrouvera nulle part ailleurs dans cette œuvre. On imagine qu'elle salue ici aussi bien la salle du concours (personnification d'Elisabeth) qu'elle-même : sa féminité que le départ de Tannhäuser avait reléguée dans l'ombre revit enfin. Le choix du mot *Raum* (espace) après celui de *Halle* (salle) montre bien l'importance attachée à ce lieu qui semble l'image d'un espace vital intérieur qui s'est reconstruit. L'assimilation de la salle à la femme sera textuelle au cours de la modulation en *mi* mineur évoquant l'absence de Tannhäuser et soulignée encore par la rime intérieure *mir/dir* (moi/toi) :

« Aus mir entfloh der Frieden
die Freude zog aus dir ».

Le retour de la thématique de départ (26) signe le passage à une écriture plus *arioso* quand Elisabeth abandonne ses mélancoliques souvenirs pour un présent euphorique. L'*aria* se déroulera sur le même texte que l'*arioso* (« *Wie jetzt mein Busen* ») et la même thématique orchestrale, désormais épousée par la voix. Ce sont les trémolos des bois qui délimitent l'air proprement dit. L'exaltation va céder le pas à la tendresse pour les dernières salutations successives qui s'élèvent par tierces (27). Elles encadrent la forme littéraire de l'air en dépit d'une forme musicale sans retour en arrière. C'est pourtant ce dernier motif qui restera comme souvenir de l'air d'Elisabeth et sera réutilisé à la manière d'un leitmotiv. Il n'y aura pas de véritable conclusion mais plutôt une transition vers la scène suivante. En effet, elle utilise très habilement un thème propre à Tannhäuser (25) qui avait préludé à l'entrée d'Elisabeth. On devine donc que c'est le valeureux chanteur qui va maintenant pénétrer dans la salle.

Signalons au passage que Tannhäuser n'entre pas seul mais est introduit par Wolfram. Celui-ci fait le trait d'union entre Elisabeth et Tannhäuser tout en demeurant le témoin muet de l'action. L'envolée des cordes suggère un mouvement scénique et l'empressement passionné avec lequel Tannhäuser se jette aux pieds d'Elisabeth qui le prie de se relever. La raison qu'elle invoque est beaucoup plus significative qu'elle ne le paraît de prime abord : « Cette salle est votre royaume » dit-elle. Relues à la lumière de l'air précédent, ces simples paroles deviennent une déclaration d'amour. Si la salle est l'incarnation de sa féminité, il y a ici l'aveu voilé que Tannhäuser règne non seulement sur la salle mais surtout sur son cœur. La clarinette joue pendant ce temps des réminiscences de l'air précédent (27) ornementées à l'italienne et dont on se remémore les paroles de salutation qui les accompagnaient. Elisabeth salue en effet ici Tannhäuser sans savoir besoin de prononcer un mot, ce qui correspond parfaitement à sa psychologie de jeune fille émue et intimidée par ce tête-à-tête secrètement désiré. Elisabeth peut parler, mais l'orchestre lit dans son âme. A la question « où avez-vous séjourné si longtemps », elle obtiendra la même réponse évasive et douloureuse que le Landgrave, mais l'amour la rend respectueuse de ce secret, et sa tendresse transparaît dans une autre question : «*War war es dann, das euch zurückgeführt?* » (« A quoi, dès lors, dois-je votre retour? »). « A un miracle... » lui répond Tannhäuser; il faudra se souvenir de ce mot.

La confiance établie entre les deux personnages, Elisabeth peut, sans médiateur orchestral, livrer les secrets de son cœur : « O, aidez-moi à déchiffrer l'énigme de mon cœur », laisse-t-elle échapper. Une pulsation régulière s'établit dans la partie d'alto. La voix prolongera le thème (28) qu'avaient proposé les premiers violons : instrument vocal ou voix instrumentale? De plus en plus, Wagner jouera sur cette ambiguïté.

Plus l'aveu se précise, plus la fièvre intérieure transparaît à travers un tempo qui s'accélère... L'émoi d'Elisabeth est analogue à celui de Chérubin. Tous deux découvrent dans l'amour des sentiments et des désirs très contradictoires. La modulation en *mi* mineur traduit la mélancolie d'Elisabeth durant l'absence de Tannhäuser, mélancolie qui se prolonge par le trouble qu'elle éprouve à présent devant la révélation de l'amour. L'orchestre s'efface pour un aveu ému : « *Heinrich! Was tatet Ihr mir an?* » (« Heinrich ! Que m'avez-vous donc fait? »). Ce prénom nous renvoie à Faust et au désarroi d'une autre femme devant la même découverte : « *Meine Ruhe ist hin* » chantait déjà Marguerite (Schubert : *Gretchen am Spinnrad* sur un texte de Goethe).

En *mi* bémol majeur – le ton du sacré – Tannhäuser évoque le Dieu de l'amour qui a su inspirer son chant et le ramener vers Elisabeth. De cet amour partagé naît un duo, le seul de l'opéra, mais aussi une de ses pages les plus conventionnelles et italianisantes. Il y a là quelque chose d'artificiel et de plaqué, comme si Wagner cédait à l'obligation de faire chanter à ses personnages le numéro traditionnel du duo d'amour. Wolfram, resté dans l'ombre, comprend qu'il lui faut renoncer à son amour pour Elisabeth.

L'intérêt remonte lors de la transition suivante qui mène à la brève entrevue entre Elisabeth et son oncle, le Landgrave. La clarinette conduit le discours musical avec un thème emprunté au personnage d'Elisabeth saluant le retour de Tannhäuser (27 b). Après l'entrée du Landgrave sur un rythme pointé qui reste la caractéristique musicale du monde de la chevalerie, le dialogue se poursuit entre hautbois et violoncelles. La figure quasi-paternelle du Landgrave ainsi que son expression vocale le rapprochent du Sarastro de *la*

Flûte enchantée. Respectant le silence d'Elisabeth que l'émotion laisse sans voix, il annonce le concours.

Au son des trompettes, les invités entrent solennellement, envahissant progressivement la salle jusqu'à ce que toute la société médiévale soit représentée. Cette marche s'organise autour de quatre thèmes, tous résolument en *si* majeur et intrinsèquement liés par le rythme pointé. Le premier, étonnamment proche du thème de la marche de Rakoczi, fait songer à Berlioz (29). Le second élément est reconnaissable à son *gruppetto* qui suggère le matériau musical des retrouvailles entre Elisabeth et Tannhäuser. Il sera repris plus tard par le cœur des chevaliers (30). Le suivant sera affecté aux nobles dames : on le croirait échappé de l'ouverture du *Freischütz* si ce n'était le rythme pointé (31). Wagner rend ici hommage à celui qu'il considérait comme le père de l'opéra allemand, Carl Maria von Weber, auquel il avait déjà emprunté le sous-titre « opéra romantique ». Le dernier thème est confié aux cuivres (32); il représenterait la grandeur de la Thuringe, incarnée par l'héroïsme des chevaliers. On peut lui reprocher d'être porteur d'un message peut-être un peu trop patriotique...

Il introduit l'ensemble en deux présentations successives, respectivement en *fa* dièse mineur et en *si* mineur. L'orchestration se fait plus subtile comme pour atténuer la régularité de la marche : le thème se partage entre bois et cordes auxquels le triangle ajoute une connotation festive. La fin de phrase en triolet assouplit encore le déroulement pointé du reste de la thématique. Tous les éléments seront repris par les chœurs, suivant le même agencement cérémonieux : les chevaliers seront suivis des nobles dames, puis la société se soudera pour célébrer la Thuringe et son Landgrave. Le tout pourrait sembler lourd et dépourvu d'intérêt dramatique. Cependant, il manifeste avec grandeur l'équilibre de cette société. Après avoir présenté individuellement les personnages, il fallait pouvoir suggérer la multitude, la masse, et préparer en même temps l'espace du concours de chant. C'est chose faite quand finalement entrent les chanteurs qui occupent une place sociale et musicale de choix. Pour eux, la pompe disparaît au profit d'une noblesse plus intérieure, suggérée par les cordes seules. Ils ne chanteront pas avant le concours (33).

La marche se poursuit, empruntant les motifs précédents mais la tonalité de *mi* mineur, ainsi que l'indication *gebunden und gehalten* (« lié et retenu ») distinguent cette entrée déjà mise en relief par sa situation en fin de cérémonie, comme pour une apothéose.

L'intervention finale du Landgrave le fait apparaître comme le représentant de la grandeur allemande et le gardien des valeurs sociales, morales et spirituelles. Il définit le sujet du concours à savoir, l'essence de l'amour, et annonce qu'Elisabeth elle-même remettra le prix au vainqueur. Trompettes et chœur concluent pendant qu'Elisabeth tire au sort le nom de celui qui le premier prendra la parole (33) : « Wolfram von Eschenbach » annoncent les quatre pages, descendants directs des trois garçons de la *Flûte enchantée*.

LE CONCOURS DE CHANT

Comment expliquer que le drame se noue au cœur d'une manifestation artistique, musicale? Wagner répond partiellement dans *Ma Vie*[24] lorsqu'il décrit le dénouement dramatique du concours et de l'action comme « la conclusion logique d'une démarche psychologique ». Nul besoin de la théâtralité du grand opéra à la Meyerbeer : l'action se situe à l'intérieur de chaque personnage. On découvrira que le drame de Tannhäuser ne concerne pas seulement l'amour, mais également l'art, dans l'accueil qu'il trouve auprès de la société. En cela, l'épisode du concours constitue un coup de génie qui permet de concentrer en une seule scène tous les conflits intérieurs et extérieurs du personnages central.

On mesure mieux la nécessité qu'il avait de faire défiler la société devant les spectateurs quand on voit l'importance qui sera donnée au chœur en tant qu'incarnation musicale du tissu social. La foule, au cours de cette scène, poursuit sa fonction de personnage à part entière, dont l'innovation revient à Berlioz en 1838 dans *Benvenuto Cellini*. La leçon aurait-elle porté outre Rhin ?

Le concours proprement dit n'occupe que la première partie de ce grand panneau très structuré; la seconde sera centrée sur Elisabeth, opposée au chœur ; la troisième sur Tannhäuser, puis sur Elisabeth dans une situation très marginale par rapport à la communauté sociale. La dernière section consacre le Landgrave et les valeurs qu'il représente. Elle ouvre sur le pèlerinage qui occupera l'acte suivant.

I. Les chanteurs vont donc exposer tour à tour leur conception de l'amour et obtiendront ou non les faveurs de la foule. Tannhäuser aura de plus en plus tendance à s'interposer, débordé par son caractère impulsif mais sincère.

Wolfram commence par préluder en s'accompagnant sur la harpe. Son chant – texte et musique confondus – frappe par sa retenue et son émotion contenue. Le caractère est celui du lied (« *Mein Lied verstummt* »). Cette courte entrée en matière établit la tonalité de *mi* bémol majeur qui évolue vers *la* bémol lors de la première métaphore se rapportant à l'amour. L'image de l'étoile représentant la femme aimée

24. R. WAGNER : *Ma Vie*.

demeurera profondément liée au personnage de Wolfram, jusqu'à la « Romance de l'étoile » du troisième acte. Le caractère céleste de l'astre inaccessible met en parallèle l'amour et la prière qui s'élève aussi vers l'impénétrable. Pour mieux évoquer la fontaine de la seconde image poétique, l'accompagnement de la harpe et des cordes devient plus fluide et le chant plus *arioso*. La passion sera vite tempérée par le renoncement à l'accomplissement physique de l'amour, en une phrase souvent réévoquée (34). Elle se définit par la modulation au relatif mineur ainsi que par un élan de sixte qui se résout dans une descente chromatique très maîtrisée. Les acceptions charnelles de l'amour sont totalement éclipsées par les termes religieux qui en sont une sublimation. Wolfram se pose en parfait défenseur de l'amour courtois ce qui lui vaut l'approbation de l'assistance. Dès que Tannhäuser se lève pour lui répondre, le thème du Venusberg (3) se profile fugitivement parmi les cordes. La tonalité s'éloigne vers *fa* majeur alors que le héros se dresse vivement contre cette conception désincarnée de l'amour. S'il comprend sa nature divine, il se refuse à la dissocier de la sensualité et de la tendresse. La fontaine est pour lui celle du plaisir mêlée au désir dont la passion emplit son chant ; le ton en est beaucoup plus combatif que celui de Wolfram. Le tempo en témoigne, comme la plastique de la ligne vocale faite d'intervalles beaucoup plus distendus. La différence entre ces deux conceptions, reflétant deux psychologies, se lit clairement dans la phrase conclusive de chacun des chanteurs : Wolfram parle de la pure essence de l'amour, tandis que Tannhäuser s'attache à son essence la plus authentique. Ce dernier mot révèle un trait majeur de la psychologie du personnage : Tannhäuser ne cherche pas la sensualité pour elle-même. Il est en quête d'authenticité et, comme Faust, a soif de tout connaître. C'est cela même qui l'avait incité à quitter le Venusberg. Pourquoi ne se reconnaîtrait-il pas dans ces vers du premier Faust ?

« Tu entends bien, il n'est pas question ici de plaisir
Je me voue au vertige, à la jouissance la plus douloureuse
A la haine amoureuse, au dégoût réconfortant
Mon cœur, guéri de la soif du savoir
Ne doit désormais se fermer à aucune souffrance.
Je veux jouir dans mon moi intime
Etreindre en mon cœur ses joies et ses douleurs
Elargir mon moi jusqu'aux limites de son moi
Et comme elle, tomber moi aussi, enfin au gouffre[25] . »

Cette intervention ne suscitera aucune réaction : le chœur muet ne donne pas suite au mouvement ébauché par les cordes. Walter prend la parole comme s'il voulait faire diversion, éludant la modulation vers *ré* pour revenir dans une tonalité relevant de l'univers de Wolfram : *si* bémol majeur (cette réplique a été supprimée dans la version de Paris). Il reprend la métaphore de la fontaine qui symbolise pour lui la vertu : seul le cœur peut s'y désaltérer. A partir de là, le concours se transforme en véritable combat que le titre allemand annonçait explicitement : *Sängerkrieg* (la guerre des chanteurs). Tannhäuser, de plus en plus isolé, fait figure d'accusé. Ses réponses se font de plus en plus agressives et sacrilèges, comme si la conception idéalisée de l'amour prônée par tous, le mettait hors de lui au point de radicaliser sa position. Ses interventions s'orientent toujours plus vers la sensualité tandis que dans l'orchestre, les motifs liés au Venusberg se multiplient (3, 4). Alors que le scandale est imminent, Biterolf se dresse avec agressivité : il sera le représentant de l'ordre social, aussi bien en paroles que dans la musique qui les accompagne. L'orchestre se charge de motifs de trompette issus des sonneries qui avaient annoncé le Landgrave et sa suite. Tous s'apprêtent à brandir leur épée contre Tannhäuser devenu l'ennemi à abattre tant son discours menace l'ordre établi. Dans la bouche de Biterolf, ce combat prend l'allure d'une véritable croisade. La répartie provocante de Tannhäuser obligera le Landgrave à intervenir pour rétablir le calme parmi les chanteurs. Entre-temps, la tonalité est passée de *ré* à *ré* bémol, signifiant que l'organisation tonale se trouve elle aussi bouleversée et mise en péril. Wolfram tentera de faire oublier l'ampleur de la querelle par son intervention; poursuivant dans ce sens, la tonalité renoue alors avec la progression précédente. Wolfram n'attaque pas ici directement Tannhäuser, mais élève une prière afin que la cohésion sociale soit préservée. Nous retrouvons l'esprit de l'ouverture du concours, la tonalité de *mi* bémol et un discours religieux invitant la société à demeurer fidèle à ses traditions. La métaphore de l'étoile conclut cette intervention : la boucle est bouclée.

Deux mesures d'orchestre préparent l'irruption de l'hymne à Vénus chanté par Tannhäuser. Deux mondes se juxtaposent comme dans l'ouverture de l'opéra : amour sacré et jouissance. La progression chromatique du ton de *mi* bémol à celui de *mi* naturel symbolise musicalement l'affrontement de deux ordres, sans médiateur possible : celui des dièses et celui des bémols. Dans le premier acte, les trois strophes de l'hymne à Vénus avaient été présentées en progression chromatique, *ré* bémol, *ré* bécarre, *mi* bémol majeur. Voici l'étape ultime, en *mi* majeur. L'orchestration rappelle celle de la troisième strophe, à deux exceptions près : la permanence des trémolos de violons qui traduisent l'excès d'exaltation du personnage, et le hautbois qui, d'un bout à l'autre, double la voix.

25. GOETHE, *Faust*, p. 58, vers 1765-1776.

La fin de l'hymne constitue un débordement du chant vers le cri : « *zieht hin, zieht in den Berg der Venus* » ; Tannhäuser se laisse totalement griser par l'excitation que la transgression lui procure. En dépit de la présence d'Elisabeth, il se lance dans une gigantesque provocation dont il ne mesure pas les conséquences qui seront immédiates et radicales.

II. Horreur et bannissement : la panique générale égale le désarroi de la tonalité qui, le temps de quelques mesures, chavire le long d'une descente chromatique appuyée sur un accord de septième diminuée. Après un passage d'une écriture verticale, donc unanime sur « l'infâme », l'ensemble des chanteurs, des chevaliers et des nobles dames éclate en imitations à la manière d'un chœur de fuite, toujours sur des harmonies de septièmes diminuées. Les dames s'enfuient et le silence s'établit, d'un poids dramatique incomparable. Tout reste en suspens sur un roulement de timbales, le temps que la communauté se rassemble à nouveau. Seuls demeurent isolés Tannhäuser, d'une part, et Elisabeth, de l'autre, unique présence féminine sur scène. Le chœur reprend et accomplit le parcours inverse, de l'éclatement vers la cohésion. Il parle désormais au nom de la vengeance et du bannissement. Toutes les épées sortent de leur fourreau. Coup de théâtre : le cri d'Elisabeth, « *Haltet ein !* ». L'assistance reste bouche-bée devant cette femme, vierge pure qui ose prendre la défense de celui que tous frappent d'anathème. Elisabeth, immobile et muette depuis le début d'un concours dont elle était pourtant le secret objet, s'interpose physiquement pour protéger Tannhäuser de son propre corps, signifiant par là qu'ils ne sont qu'un seul être. Nul n'atteindra plus l'un sans toucher l'autre. L'effet produit par cette unique voix de femme, qui subitement domine le chœur et l'orchestre, est saisissant. Il lui faudra braver par trois fois cet ensemble avant d'être entendue. Le chœur passe d'abord de l'horreur à la stupéfaction tandis que la basse descend d'un demi-ton. La seconde intervention d'Elisabeth respire la noblesse et l'autorité des personnages de l'opéra *seria* : elle n'est plus la jeune fille exaltée du début de l'acte, mais une femme dont rien n'entame la détermination, pas même la mort qui fait son entrée en *ré* mineur. L'opéra bascule alors vers l'oratorio. Avec la mort, c'est le sacré qui s'impose et tous le ressentent, même si l'incompréhension à l'égard d'Elisabeth demeure générale. A sa troisième intervention (« *Zurück von ihm* ») elle obtient enfin le droit à la parole et, refusant à la communauté le droit de juger le pécheur, elle se pose en incarnation terrestre de la parole divine. Ici s'esquisse la transfiguration d'Elisabeth en sainte Elisabeth de Hongrie. Sur le mot de « volonté divine », elle atteint, en *si* mineur, la limite grave de sa tessiture. Elle occupe désormais tout l'espace scénique, et mène l'auditoire à travers les étapes de son intercession pour la vie de Tannhäuser. L'attention de l'assistance semble se concentrer au fur et à mesure du ralentissement progressif du tempo à partir de « *Der Unglückseľge* ». Elle sent Tannhäuser prisonnier d'un sortilège comme les chevaliers dans le jardin enchanté de Klingsor. De là naît un motif rythmique (aux cordes) qui sous-tendra toute la fin de la scène. On le sent lié au repentir qui emplit peu à peu le cœur de Tannhäuser. La force de l'argumentation d'Elisabeth vient de ce qu'elle s'appuie sur les valeurs mêmes que la société a crues mises en péril par l'hymne à Vénus. Le tempo se ralentit quand elle se met en avant : bien qu'ayant été directement offensée, elle pardonne dans sa miséricorde. Au nom de quoi les hommes peuvent-ils refuser le repentir du pécheur? Sa prière s'élève avec calme et ferveur (35) et révèle, grâce à sa parenté avec le motif de salutation (27), que la miséricorde vient de l'amour. Elle intercède pour la vie de Tannhäuser, pour son salut. Du motif rythmique des cordes jaillit le cri de repentir de Tannhäuser sur une dominante de *si* majeur.

III. Le centre de gravité se déplace aussitôt vers le pécheur envahi par le repentir et le chœur que la prière d'Elisabeth a su émouvoir. A six reprises, Tannhäuser implorera la pitié divine. Son chant se lie à l'intercession d'Elisabeth et à la soumission du chœur à la volonté divine. Dans la version de Paris, les chœurs n'interviennent pas; les lignes vocales des deux personnages n'en sont que plus lisibles mais l'ensemble perd de sa grandeur religieuse.

IV. Quatre mesures des cordes sur un rythme pointé introduisent l'intervention du Landgrave, comme au début de l'acte. Il n'est plus arbitre mais juge, et prononce le bannissement de Tannhäuser de la communauté sociale à laquelle il avait cru un instant pouvoir revenir en sortant du Venusberg. Le Landgrave lui indique sa dernière chance de salut : suivre les pèlerins qui se rassemblent avant de partir pour Rome. A ces mots, les violoncelles établissent un mouvement perpétuel déjà entendu lors de la première apparition des pèlerins au début du second acte. Au cours d'un air en *sol* majeur, le Landgrave développe cette invitation au pèlerinage qui sera amplifiée par le chœur rassemblant chevaliers et chanteurs.

Acte III

INTRODUCTION : LE PELERINAGE DE TANNHÄUSER

Si l'introduction orchestrale du second acte s'enchaînait à l'air d'Elisabeth en une parfaite continuité, celle du troisième acte constitue un court poème symphonique qui établit un nouveau climat dramatique et musical. Il présente une nouvelle thématique et décrit, de manière abstraite, ce pèlerinage dont Tannhäuser nous fera le récit par la suite. Wagner saisit l'occasion de rendre vraisemblable le déroulement temporel de l'opéra en rendant perceptible le temps qui s'est écoulé entre la fin du concours de chant et le retour des pèlerins.

Après la grandeur extérieure du drame qu'a représenté le concours de chant à la fin du second acte, la profondeur de son intériorité se révèle désormais. Cette page orchestrale n'est qu'une grande méditation sur le drame humain vécu par Tannhäuser. Tout est intériorisé, y compris la formation orchestrale concentrée en ce qu'elle a de plus essentiel : le quintette à cordes, rehaussé des bois et ponctuellement de quelques cuivres. Le climat d'austérité dans lequel il nous plonge doit certainement beaucoup aux derniers quatuors de Beethoven.

L'ensemble évolue dans la tonalité de *mi* bémol majeur, traçant en filigrane une filiation entre l'univers de sacré de *la Flûte enchantée* de Mozart et la quête d'absolu de Tannhäuser. La découpe ternaire de l'introduction s'organise autour de sa partie centrale qui traduit l'espérance du pardon à laquelle répond le thème de la rédemption. Trois groupes thématiques forment la première section : 1. le motif de l'intercession d'Elisabeth (35) joué par hautbois et clarinettes, alterne avec des incises d'une écriture chorale empruntées au chant des pèlerins (20 b) qu'énoncent les bois graves. Cette opposition paraît en elle-même significative : comment ces deux extrêmes pourront-ils se rejoindre? Concret et immatérialité se côtoient. L'élément suivant, confié au quatuor à cordes, frappe par une écriture très contrapuntique (36) dont la gravité et l'austérité sont encore accentuées par la modulation au ton de *sol* mineur, relatif du ton de la sous-dominante. L'habileté de Wagner réside dans le maintien du principe d'alternance avec les incises du choral utilisées précédemment, ce qui permet d'unifier l'écriture tout en diversifiant la thématique. Aux cordes répondent les vents qui empruntent aux pèlerins le motif du repentir (2). Le dernier élément de ce dialogue entre deux familles instrumentales, images sonores de deux mondes, tient à la fois du choral des pèlerins et du motif de la rédemption (37), pierre de touche de ce prélude. L'éclat dont le pare le retour du ton de *mi* bémol majeur est préparé par une expression nouvelle dans ce contexte tendu : les cordes nous transmettent une sensation de mouvement, lié à un irrésistible désir d'ascension mélodique et spirituelle. On imagine quel sentiment d'espérance s'est emparé de Tannhäuser quand la ville sainte apparut devant ses yeux. Il se dégage de l'orchestre un empressement jubilatoire que nous entendons comme l'aspiration du héros au pardon. Par deux fois, le thème de la rédemption y répond, clamé triomphalement par les cuivres d'où se dégagent les trombones et le tuba basse. A la troisième invocation, point de réponse mais plutôt une amorce avortée dont l'échec est lourd de signification. Ce thème de la rédemption (37 a) figure le premier état d'un élément qui traversera toute l'œuvre de Wagner. Il aboutira, quasi-inchangé mais magnifié, dans le testament musical du compositeur que sera *Parsifal* (37 b).

La conclusion de ce poème symphonique voit le retour du dépouillement : un solo de hautbois, ponctué par les clarinettes, suivi du retour du motif de l'intercession (35) qui se perd dans un espace céleste. Une simple phrase de violoncelle clôt cette méditation, traversant toute la tessiture de l'instrument pour s'éteindre dans le grave, sur cet accord sacré de *mi* bémol majeur.

SCÈNE I

Retour au paysage de la vallée de la Wartburg qui fut le décor de la fin du premier acte. C'est désormais l'automne, et la nature s'apprête à se dépouiller, image visible et reflet du paysage intérieur de l'âme de Tannhäuser. Après l'évocation du Venusberg et l'épisode du concours, l'action disparaît au profit d'une atmosphère ni féerique ni réelle, mais psychologique : un cœur mis à nu, ...trois cœurs mis à nu.

Le rideau se lève sur Elisabeth en prière, que Wolfram accompagne à distance, en ami protecteur. Dès lors, Elisabeth ne s'adressera plus au monde, elle ne dialoguera plus avec qui que ce soit. C'est donc Wolfram qui nous la décrit retirée en elle-même, priant et souffrant pour le salut de celui qu'elle aime et dont elle attend le retour. Le récitatif très retenu de Wolfram est accompagné par les cordes; l'unique intervention des bois fait référence au chant d'ouverture du concours du même personnage, qui y exprimait déjà une forme de renoncement à l'amour (34) charnel. Le recueillement de la jeune femme envahit le chant de Wolfram qui s'écrie sur une intonation proche du grégorien : « *Kehrt Er mit den Begnädigten zurück* ». Sa tendresse pour Elisabeth transparaît néanmoins dans les appoggiatures expressives sur le mot « *Lindrung* »(apaisement). L'entrée des pèlerins constitue alors la suite logique de cette attente fervente. La sensation d'espace ne provient pas seulement de l'effet de rapprochement produit par le *crescendo*, mais aussi par la mise en relief des interventions des deux personnages sur le fond choral. Le chant des pèlerins apparaît ici pour la première fois dans son intégralité depuis l'ouverture, cette fois sous une forme entièrement vocale. La seconde incise (2) porte les paroles qui justifient le nom du motif (« Par la pénitence j'ai mérité le pardon du Seigneur »), mais ne pouvait intervenir avant le retour de Rome : le temps de la pénitence est arrivé, presque dépassé. L'ouverture utilisait déjà un procédé d'amplification consistant en une double exposition du chant des pèlerins, d'abord énoncé par une petite formation, puis repris triomphalement par les cuivres accompagnés de l'orchestre. Même principe ici, mais appliqué à des masses chorales empruntant exactement la musique de l'ouverture sur les paroles de « *Der Gnade Heil.* » Durant l'envahissement progressif de la scène par les pèlerins, on imagine le regard d'Elisabeth cherchant Tannhäuser parmi cette foule, sans le trouver. Le calme de son attitude d'une dignité admirable atteste son double renoncement chrétien à l'amour et au monde. Sa prière s'élève alors très naturellement, tandis que les pèlerins s'éloignent et qu'une dominante de *sol* glisse vers celle de *sol* bémol. Verdi se souviendra peut-être de cette prière quand il écrira l'Ave Maria de Desdémone (*Otello*), mais sans la force dramatique contenue dans cette scène, dernière étape de l'évolution psychologique d'Elisabeth. Verdi en fera le sourd pressentiment d'une action à venir, – le meurtre de Desdémone par Otello – tandis qu'Elisabeth prie ici en toute conscience, connaissance et acceptation de son destin.

Instrument de prédilection, la clarinette basse devient le prolongement expressif du chant d'Elisabeth. Sans cesse il lui fait écho ou anticipe ses invocations à la manière d'un personnage instrumental. On est frappé par l'absence des cordes : le violoncelle n'interviendra que dans l'épilogue, à la même fin conclusive que dans le prélude de cet acte.

La sobriété de l'orchestration est à l'image du nouvel état d'âme d'Elisabeth qui appelle la mort.

Son chant s'inscrit dans une forme ternaire suivant le schéma ABA'. Elle implore la grâce de la Vierge Marie et peut-être aussi la compréhension de cette mère qui a perdu ce qu'elle avait de plus cher. Deux strophes de prière encadrent la partie centrale au cours de laquelle Elisabeth fait acte de contrition personnelle. La première exprime son souhait de disparaître, de retourner à la poussière originelle. Son chant supplie par appoggiatures successives, toujours chromatiques (39). La voix qui s'était élevée avec peine par quarte, quinte, ou sixte, s'infléchit vers le grave, relayée par la clarinette basse traduisant cette lassitude nostalgique qu'Elisabeth ne saurait exprimer (39). Au cours d'une dernière phrase, l'appel d'une transfiguration vers la pureté redonne à son chant un élan ascendant, mais la tonalité ne parvient pas à se maintenir dans le mode majeur, et *mi* bémol mineur passe fugitivement.

Au cours de la partie centrale (B), Elisabeth énonce les fautes qu'elle a commises, la musique va de cadence évitée en cadence évitée : nul repos pour cette âme tant que tout ne lui sera pas pardonné. Le tempo légèrement plus allant ainsi que l'accompagnement syncopé des cordes laissent affleurer la difficulté de tous ces renoncements. Le précédent motif de clarinette (39) ramène la thématique de la prière, qui transite une fois encore par *mi* bémol mineur. Elisabeth n'implore plus pour elle-même : si elle n'est pas digne d'être rachetée, qu'il lui soit au moins donné d'intercéder en faveur de celui qu'elle aime. La musique est celle de la prière pour sa propre rédemption (40) ; refrain musical de l'ensemble du passage. Les deux amants jusqu'à présent séparés pourront enfin être réunis dans la mort. Telle est la justification de la mort conjointe d'Elisabeth et de Tannhäuser, seule réalisation possible de leur amour.

Une succession d'accords parfaits joués par un sextuors de bois (trois flûtes, deux hautbois et une clarinette) suggère une musique de transfiguration : Elisabeth quitte son personnage terrestre pour se fondre avec la figure de sainte Elisabeth de Hongrie.

Au cours du postlude inauguré par la phrase de violoncelle, Wolfram, jusque là muet, tente de rétablir un dialogue humain avec Elisabeth, mais en vain. Tous les liens terrestres sont abolis, pour elle. Pour un dernier adieu au monde, la clarinette rejoue le thème entendu lors des retrouvailles de Tannhäuser et d'Elisabeth sur : « Oh! aidez-moi à déchiffrer l'énigme de mon cœur ». Différents thèmes significatifs se succèdent tandis qu'Elisabeth se dirige vers la Wartburg en une ascension symbolique : celui de l'intercession (35) et celui du renoncement à l'amour incarné par Wolfram (34).

Cette scène se fond dans la seconde quand Wolfram, suivant des yeux Elisabeth, prend sa harpe et commence à jouer.

SCÈNE II

La nuit tombe et Wolfram voit dans l'obscurité qui recouvre la nature un sombre pressentiment traduit par les timbres mêlés des trombones et du tuba basse. Nous retrouvons la couleur orchestrale utilisée au moment du verdict sans appel du Pape. Wagner avait sans doute gardé en mémoire le souvenir d'une autre nuit de pressentiment : celle du premier air d'Agathe dans *le Freischütz* de Weber. En renouant avec le sentiment de la nature, le compositeur s'inscrit dans la tradition de l'opéra romantique allemand que le sous-titre de *Tannhäuser* annonçait.

De la nature surgit l'angoisse, mais également le réconfort quand paraîtra l'étoile du berger qui élargit l'espace au ciel. Et le ton de *sol* mineur cède le pas à un *sol* majeur apaisé. Deux timbres colorent cette romance qui tient à la fois du lied et de l'opéra italien tant pour ses tournures mélodiques que pour la découpe récit/air : la harpe, symbole du chanteur, appartient désormais au seul Wolfram (et non plus à Tannhäuser) tout comme le violoncelle. On se souvient du thème poétique de l'étoile lié au personnage de Wolfram depuis le concours de chant au cours duquel il avait choisi l'astre céleste comme symbole de la bien-aimée lointaine. Un doute s'établit ici : s'adresse-t-il à l'étoile du berger ou à Elisabeth, la femme aimée doublement inaccessible? La mélodie descendante et chromatique maintes fois esquissée s'épanouit ici dans son intégralité (41). La phrase se déroule régulièrement sur huit mesures et, dès la seconde incise, voix et violoncelle se confondent. Puis, par l'intermédiaire de l'étoile, Wolfram salue Elisabeth transfigurée. Pas de reprise ici pour la voix mais pour l'orchestre et pour le violoncelle, double de Wolfram, qui se confond avec cette nuit étoilée. L'équilibre et la perfection sereine de cette romance en *sol* majeur laisse à penser qu'elle est l'expression même de l'humanité accomplie, assumant ses renoncements. En cela, Wolfram est l'antithèse de Tannhäuser, mais aussi le seul personnage humain qui puisse vivre. On aurait tort de ne voir en lui – comme en Ottavio dans le *Don Giovanni* de Mozart – que l'amoureux déçu et impuissant. Il représente la mesure, l'apollinien face au dionysiaque, au même titre qu'Elisabeth incarne la sublimation de la déesse de l'amour, qui figurait la démesure. Wolfram est en plus un artiste, un poète et non des moindres, puisqu'il est l'auteur de la légende de Parsifal dont on connaît l'influence sur Wagner.

SCÈNE III

Un accord de septième diminuée, qui sonne comme un glas funèbre, annonce l'entrée de Tannhäuser : une cellule chromatique des cordes répond à la scansion des cors bouchés, à intervalle de quarte augmentée. C'est le motif du bannissement qui, implacable, sépare toutes les phrases de Tannhäuser jusqu'à ce qu'il reconnaisse Wolfram (42). Il entend une harpe, souvenir de la romance, mais constate que la tristesse de la mélodie qui s'en échappe ne peut venir d'Elisabeth. Wolfram, quant à lui, ne reconnaît pas en ce pèlerin misérable un Tannhäuser devenu méconnaissable, au sens propre du terme. Voici donc le pendant de la scène de reconnaissance du premier acte, mais les rôles sont ici inversés. Wolfram réagit d'abord avec véhémence, furieux que Tannhäuser ose seulement se présenter sans avoir accompli son pèlerinage, sans avoir été pardonné. Mais celui-ci, aigri, ne cherche que le Venusberg. A ce mot, les motifs qui lui sont liés resurgissent dans l'orchestre (3, 4). Wolfram presse alors le héros de questions jusqu'à ce qu'il devine les faits et que son humanité s'exprime à nouveau dans la phrase suivante (*«Mich fasst ein tiefes Mitleid für dich an »*), anticipation de celle que l'on trouvera dans *Parsifal* (« *Durch Mitleid wissend* »). La pitié ouvre la porte de la connaissance. Dans le pupitre des bois, le motif de l'intercession lui répond (35). Révélation pour Tannhäuser qui découvre en Wolfram un autre être : il n'est pas le champion des chanteurs qu'il vient de railler, pas plus que l'incarnation du monde social qui l'a banni, mais un homme, un ami dont la pitié va lui permettre de se raconter, donc d'exorciser en partie son destin tragique.

Nouveau renversement de situation par rapport au second acte cette fois : c'est Tannhäuser lui-même qui se déclare maudit avant de raconter son pèlerinage.

Tout converge vers ce récit, centre dramatique du troisième acte, et tout s'enchaîne jusqu'à la fin de l'opéra. L'apparition de Vénus et le combat ultime pour lui arracher Tannhäuser en seront les conséquences logiques. Wagner déploie avec brio son génie dramatique, transformant ce récit en drame comme il l'avait fait pour le concours de chant. Le récit culminera sur l'entrevue avec le Pape et l'ensemble s'articule de la manière suivante :

1. le chemin vers Rome ;
2. l'arrivée à Rome, l'entrevue avec le Pape et son verdict ;
3. le retour et l'apparition de Vénus.

Sur un accord de *la* mineur qui fixe le ton du discours, Tannhäuser interpelle Wolfram et commence : « *Hör an, Wolfram, hör an !* »

I. C'est en fait le quatuor qui entraîne le récit. Il sera l'instrument de Tannhäuser comme la clarinette avait été celui d'Elisabeth et reprend le motif énoncé dans l'introduction du troisième acte (36); le soliste se fond dans ses appoggiatures. Au cours d'une première strophe (*«…Sünder einst geweint »*), Tannhäuser décrit l'état d'esprit dans lequel il avait entrepris ce pèlerinage qui nous apparaît désormais comme le signe de son sacrifice pour Elisabeth : on croit entendre l'envers de la prière d'Elisabeth. Tannhäuser ne la voit plus comme femme, mais comme son divin intercesseur, l'ange dont la pureté rayonne en *fa* majeur. L'humilité nouvelle de Tannhäuser se traduit par un infléchissement tonal vers *sol* mineur sur le mot « *Demut* »- (humilité) en un enchaînement de type rompu avec appoggiature de la quinte. Quand on songe à l'élan exalté et héroïque de l'hymne à Vénus, on mesure le chemin intérieur parcouru par le personnage. Il est presque devenu digne d'Elisabeth et emprunte à sa prière l'idée d'un « vers-refrain » où le texte et la musique sont réunis : *«um ihm die Träne zu versüssen »*. La première strophe s'achève par le retour du motif des cordes (36) qui ramène le ton de *la* mineur tout en introduisant la seconde strophe du récit. Tannhäuser parle de son attitude et de ses comportements comparés à ceux des autres pèlerins. Texte et musique adoptent la même rhétorique : au texte littéraire, opposant un vers concernant Tannhäuser à un autre se rapportant aux pèlerins, correspond sur le plan musical une alternance systématique du majeur (les pèlerins) et du mineur (Tannhäuser). Le masochisme de Tannhäuser n'en est que plus frappant. L'excès de son tempérament s'exprime jusque dans cette complaisance inouïe dans la souffrance. La conclusion littéraire et musicale sera la même que celle de la première strophe : tout cela a été accompli pour rendre moins amères les larmes d'Elisabeth. Entre-temps, l'accompagnement est devenu plus fluide. Pour ménager la continuité au-delà des deux strophes, Wagner ne modifie son système qu'une fois la seconde strophe entamée et crée par là un fondu-enchaîné purement musical. Du ton de *fa* majeur affecté à Elisabeth, l'orchestre passe tout naturellement à la formule d'espérance du salut rencontrée dans le prélude du troisième acte. La logique n'est pas musicale mais bien psychologique : sans Elisabeth, l'espoir du salut n'aurait pu être concevable ; elle seule en est la source.

II. L'arrivée à Rome éclate en *ré* bémol majeur. Wagner reprend alors la dialectique que nous avions décrite dans le prélude : par deux fois, le thème de la rédemption (37) répond à l'élan ascendant et palpitant des cordes, mais la modification de l'orchestration marque la direction dramatique prise par le récit. La première version du thème de la rédemption est énoncée par le groupe des bois choisi pour figurer l'élévation d'Elisabeth, tandis que la seconde résonne aux trombones et au tuba basse, en prémonition de l'inflexibilité du Pape et en souvenir du motif de la damnation entendu au commencement du récit de Tannhäuser (42). Il n'y aura pas de troisième élan vers la grâce, mais le retour du thème douloureux des cordes (36). L'accélération du tempo sur les *trémolos* des cordes nous mène droit à l'intervention du Pape. Le motif de la damnation apparaît dans une « orchestration vocale » : ce qui était scansion rythmique implacable revient au Pape (42 a), la réponse chromatique à intervalle de triton étant confiée au quatuor à cordes (42 b). Le verdict du Pape se déroule à découvert, sans l'ombre d'une mélodie ou d'un accompagnement : aucune trace d'humanité ou de compassion mais une sentence qui tombe comme un couperet. Bien que représentant de Dieu sur terre, le Pape ne croit plus au miracle. Pour lui, jamais la verge d'Aaron ne refleurira[26], jamais le figuier stérile ne portera de fruit[27] et il en sera de même pour son propre bâton. Devant tant de dureté, Tannhäuser perd symboliquement connaissance : il ne sera plus jamais le même car l'espoir est mort.

III. Après ce choc psychologique et métaphysique, le monde lui fait horreur, et plus encore la foule de ceux qui ont été pardonnés. Le thème de la rédemption (37) lui devenant insupportable, il se tourne vers l'antithèse du salut, le Venusberg. L'orchestre nous le fait comprendre très clairement avant que Tannhäuser n'en parle (3, 4). Puis il y aura l'invocation de Vénus sur le thème de clarinette de l'ouverture, thème que Vénus avait repris lors de l'apparition de la grotte (9), mais ici en *fa* dièse majeur. Les imprécations de Wolfram – jusque-là silencieux comme il l'avait été durant la prière d'Elisabeth – n'empêcheront pas la bacchanale de resurgir, comme aimantée par l'appel de Tannhäuser. La prophétie de Vénus se réalise; elle-même surgit au cœur de cette nuit fantomatique.

On ne peut parler de trio mais plutôt d'un combat au cours duquel Wolfram tente d'arracher Tannhäuser à l'emprise de la divinité qui incarne désormais davantage le mal que la sensualité ou l'amour. Wolfram lutte pour le salut de « l'homme », mais ce mot sera impuissant. Il faudra (comme au premier acte) invoquer le nom d'Elisabeth pour que le sortilège se dissipe, laissant place au chœur annonçant sa mort et sa résurrection ainsi que celle de Heinrich. On croirait assister à la mort de Faust que les esprits s'arrachent jusqu'à ce que retentisse le chœur final de rédemption par l'Eternel Féminin[28].

Le cortège mortuaire descend de la Wartburg et avant de mourir à son tour, Tannhäuser entend le chœur chanter le salut d'Elisabeth. Les derniers mots du héros ne seront adressés ni à Marie, ni à Elisabeth, mais à sainte Elisabeth, intermédiaire entre la femme et la vierge immaculée, celle par qui le salut lui sera accordé. Cette fin est en tous points comparable à celle d'un oratorio, tant par le contenu poétique que par l'utilisation des chœurs.

La société prend acte du rachat de la transgression opérée par Tannhäuser : c'est le chœur des chanteurs. Puis les pèlerins apportent la nouvelle du miracle sur le thème du choral (1) en *mi* bémol majeur : la crosse du Saint-Père a refleuri. La miséricorde divine serait donc au-dessus de tout ce que l'homme pourrait imaginer, ou plutôt de tout ce que la société veut bien concéder. Seule Elisabeth possédait cette espérance inouïe, cette foi, car seul l'amour pouvait la porter. On comprend maintenant la fonction essentielle du chœur des pèlerins : il avait fait de l'ouverture une pièce fermée; en concluant l'opéra il lui confère la perfection du cercle que l'ouverture contenait en microcosme.

26. *La Bible*, Nombres XVII (1-8).
27. *La Bible*, Luc XIII (6-9).
28. *Le second Faust* (fin).

REPERTOIRE DES LEITMOTIVE

N° 1. Chœur des Pèlerins

N° 2. Thème du repentir

N° 3. Thème I du Venusberg

N° 4. Thème II du Venusberg

N° 5. Thème III du Venusberg

N° 6. Thème des Sirènes

N° 7.

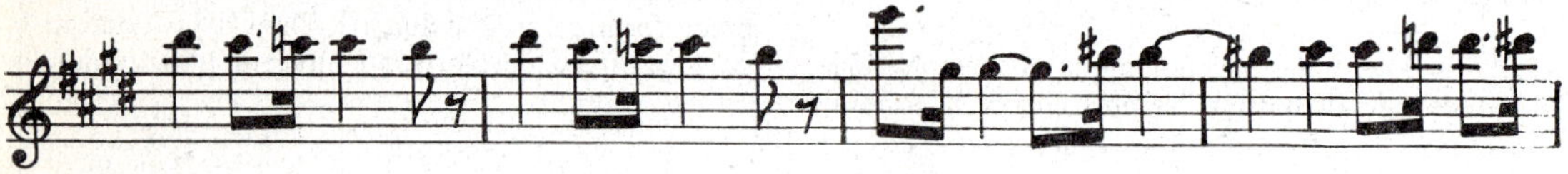

N° 8. Hymne à Vénus

N° 9.

N° 10.

N° 11.

N° 12. Chœur des Sirènes

N° 13.

N° 14.

N° 15.

N° 16.

N° 17.

N° 18.

N° 19.

N° 20a.

N° 20b.

N° 21.

N° 22.

N° 23.

N° 24.

N° 25.

N° 26.

N° 27a. Motif de salutation d'Elisabeth

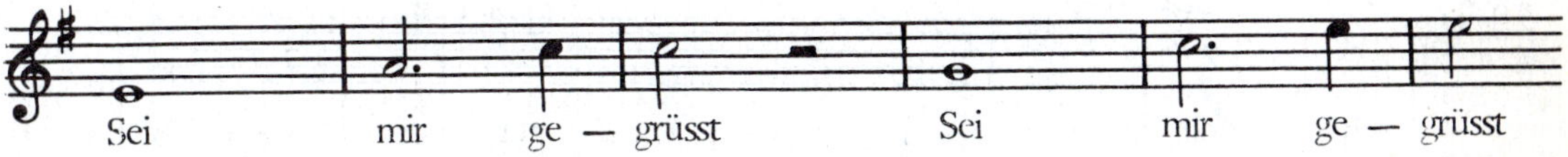

N° 27b.

N° 28.

N° 29.

N° 30.

N° 31.

N° 32.

N° 33.

N° 34.

N° 35. Thème de l'intercession d'Elisabeth

N° 36. Motif du pèlerinage

N° 37a. Thème de la rédemption

N° 37b.

N° 38.

N° 39.

N° 40.

N° 41. Romance à l'Étoile

N° 42.

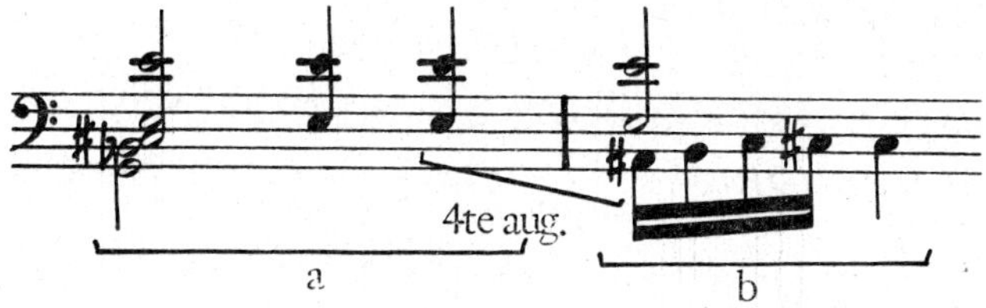

Discographie

Le classement est chronologique. Le texte qui précède chaque commentaire précise dans l'ordre :

Date - Direction musicale
les rôles : Tannhäuser (T), Elisabeth (E), le Landgrave Hermann (H), Wolfram von Eschenbach (WE), Venus (V), Biterolf (B), Heinrich der Schreiber (HS), Walter von der Wogelweide (Wv), Le Pâtre (j.H), Choeurs, Orchestre ou Théâtre.
(Edition)

Abréviations :
(L) = *enregistrement live, c'est-à-dire sur le vif : scène ou concert*
(S) = *enregistrement studio*
(e) = *signifie, pour les versions studios, qu'il s'agit de la date d'enregistrement.*
Pa. = *version de Paris*
Dr. = *version de Dresde*
(CD) *signifie que la version est déjà disponible en compact disque (à la date du bouclage du livre)*

Dresde, Paris, Vienne, avec ou sans coupures, panachages divers : d'un enregistrement à l'autre la version retenue varie notablement. Nous indiquerons pour chacun le choix opéré par le chef. Au-delà de cette question, qui n'est pas mince (voir commentaire musical) il convient d'avertir le lecteur : qu'il n'aille pas rechercher ici « la version idéale » d'un opéra luimême imparfait, au sens étymologique du terme c'est-à-dire inachevé.

Oeuvre de transition, à bien des égards moins audacieux que *le Vaisseau* et pourtant riche d'accomplissements futurs, elle cumule deux ordres de difficultés d'interprétation.

Celles d'abord qui découlent de son défaut de cohérence interne et qui affectent l'équilibre de la direction musicale.

Celles ensuite relatives à son écriture vocale hybride, teintée d'italianisme et cependant accordée au style proprement germanique de la geste épique. Puissance donc et fragilité, ampleur et souplesse, élan et ligne, soleil et ombres. Des *la* aigus du premier acte aux larges périodes du retour de Rome plus d'un ténor aura peiné sur le chemin du pélerinage wagnérien.

Les périls y sont si nombreux, dans la fosse comme sur le plateau que l'on devra se contenter d'instants privilégiés à défaut de vérité absolue.

Dès lors aucun enregistrement, *live* ou de studio, n'est indifférent, puisqu'aucun n'est vraiment convaincant.

1930 - Karl Elmendorff (S) Pa.
Sigismund Pilinsky (T), Maria Müller (E), Ivar Andresen (H), Herbert Janssen (WE), Ruth Jost-Arden (V), Georg von Tschurtschenthaler (B), Joachim Sattler (H.S), Geza Belti Pilinsky (WV), Carl Stralendorf (RZ), Erna Berger (jH), Orchestre et Choeurs du Festival de Bayreuth.
(EMI)

La production de Siegfried Wagner voit en cette année 1930 l'irruption spectaculaire de Toscanini dans le sérail de Bayreuth. Le maestrissime aurait dû logiquement graver au studio cette version d'importance, la seule « intégrale » depuis l'essai héroïque de 1909 réalisé autour du ténor Walter Kirschoff. Pour de sordides problèmes d'exclusivité (Toscanini était un artiste Victor) le latin céda sa place à Elmendorff, hôte de Bayreuth depuis 1927. Le plateau demeurait néanmoins celui de la première et l'orchestre portait encore l'empreinte toscaninienne.

La version retenue est celle de Paris, incomplète aux actes II et III. De son très acceptable ces disques pourraient constituer une référence si le protagoniste n'en était, pour l'époque, aussi quelconque. La direction d'Elmendorff apparaît bien charpentée, rigoureuse et alerte, respectueuse d'une dignité vocale et dramatique auxquelles la patine du temps et le charme désuet des glissandis de cordes confèrent une indéniable séduction.

Nous avons dit le peu de relief du ténor, clair de timbre mais volontiers geignard, limité, dans un chant aux intentions pourtant louables. Faiblesses d'autant plus évidentes qu'autour de lui on multiplie les miracles. Ceux de Ruth Jost-Arden méritent d'être soulignés, d'une grande voix policée par l'école du lied, étoffée mais transparente, Salomé aux élans stylisés. Ingrat qui osera résister à son sublime « *Ha! Du kehrtest nie zurück!* » . A miracle miracle et demi, le Wolfram de Janssen, légendaire digne de sa légende, distingué sans affectation, délié mais viril, noble chevalier poète. Ses airs sont anthologiques, son « *Bleib bei Elisabeth* » illumine comme une épée de lumière transcendante.

Enthousiasme plus mesuré pour le Landgrave d'Andresen, monolithe bougonnant, néanmoins de fière stature, et surtout pour le pâtre d'Erna Berger, immature plutôt que juvénile.

L'Elisabeth de Maria Müller, égérie d'une certaine Allemagne des années 30, laisse partagé. Son entrée agresse quelque peu, par le métal, la déclamation appuyée, la froideur, avant un « *So stehet auf !*» attendri sinon attendrissant, et, plus tard, une Prière pudique, enveloppée dans un tempo élargi favorisant le legato. Une Elisabeth plus fière que sensible. Une lumière qui éblouit. Ajoutons que cette belle réalisation ne culmine pas avec le retour de Rome, Pilinski demeurant un piètre héros, surtout au regard des standards de cette haute époque. Dommage car couronnée par un troisième acte ouvert sur la geste métaphysique cette « presque intégrale » eût été sans rivale.

1941 - Erich Leinsdorf (L) Dr.
Lauritz Melchior (T), Kirsten Flagstad (E), Emmanuel List (H), Herbert Janssen (WE), Kerstin Thorborg (V), Choeur et Orchestre du Metropolitan Opera de New York.

1942 - Georg Szell (L) Pa.
Lauritz Melchior (T), Helen Traubel (E), A. Kipnis (H), Herbert Janssen (WE), Kirstin Thorborg (V), Osie Hawkins (B), Emery Darcy (HS), John Garris (WV), John Gurney (RZ), Choeur et Orchestre du Met.
(Melodram)

1944 - Paul Breisach (L) Dr.
Lauritz Melchior (T), Astrid Varnay (E), Alexandre Kipnis (H), John Huehn (WE), Marjorie Lawrence (V), M. Harrell (B), Emery Darcy (HS), John Garris (WV), John Gurney (RZ), Choeur et Orchestre du Met.
(UORC)

De Siegfrid à Wieland, vingt ans s'écouleront sans que Bayreuth sacrifie à Tannhäuser, non plus que les studios. Force est alors de se retourner vers le Nouveau Monde et le Met, où dans la même période l'immense Melchior incarnait sans relâche le pélerin de Rome. Trois « pirates » nous permettent de juger de la formidable autorité de son chant, sinon de celle de l'orchestre maison, souvent médiocre, quand le reste des distributions réserve bonnes et mauvaises surprises.

Qui parviendra à se procurer la version Leinsdorf tiendra là sans doute la meilleure des trois. Melchior y est digne des meilleurs 78 tours de ses débuts (ceux de 1926 et 30), avec le plus qu'offre la scène, son espace, son engagement. Toujours un peu lourd à l'acte du Venusberg, anticipant déjà le format épique du troisième acte, nous l'entendons néanmoins nuancer au mieux, colorer son phrasé des demi teintes les plus subtiles, au rythme d'un élan proprement juvénile. Si son « *Dir töne Lob* », assez retenu, manque de la facilité et de la flamme qu'y mettra un Max Lorenz, chanteur au demeurant plus débraillé, toutes les pages finales du Récit de Rome révèlent un état de grâce ; l'espoir, la fougue éperdue, la déréliction s'y parent des accents les plus géniaux, avec cette finesse dans le titanesque qui est la marque du plus grand Melchior. Ni la version Szell, ni celle de Breisach n'offriront un tel accomplissement. De l'une à l'autre toutefois les raretés ne manquent pas. Leinsdorf, remarquablement actif, présent, attentif, offre Flagstad en Elisabeth, une héroïne surdimensionnée certes, Brünnhilde à l'étroit dans ce rôle plus ingénu, mais d'un tel rayonnement vocal, en dépit des pesanteurs ou des aigus tirés, tellement souveraine de timbre, d'élan, de ton. Wolfram est de nouveau Janssen, plus oppressé que naguère, néanmoins superbe, racé, d'une sobre distinction. Si Vénus indiffère (nous perdrons beaucoup à ne pas entendre ici Branzell), si le Landgrave d'Emmanuel List paraît fatigué, charbonneux, cette soirée du Met, à défaut d'offrir un Tannhäuser totalement exhaustif ou cohérent, prend place dans l'Histoire.

Un an plus tard, Szell remplace Leinsdorf sans que l'on gagne au change tant il semble parfois s'absenter (il faut dire qu'avec un tel orchestre...). Melchior affiche une forme moins insolente (on l'écoutera par exemple pousser son « *Ein Engel hatte* », *ach!* hier si facile), mais le troisième acte atteint de nouveau au grandiose. Kerstin Thorborg, plus Rubens que nature, s'impose sans séduire, comme à sa manière le Landgrave décevant de Kipnis, alors qu'Helen Traubel, Elisabeth à l'échelle de ce cast de géants, épanouit sa voix radieuse d'admirable façon. Femme-femme plus que vierge frémissante elle arrache au ténor un miraculeux « *Ein Wunder war's* » et obtient des cordes la plus amoureuse des connivences durant son récit « *Ich preise...*» . Avec Flagstad et Lehmann, (avec qui elle alternait à New York) une inoubliable Elisabeth à majuscule.

Le troisième document du Met est aussi le moins captivant. Le son est encore médiocre, avec des variations de vitesse pouvant aller jusqu'au demi-ton (ex : « *Dir töne Lob!* »), l'orchestre et les choeurs prêtent à sourire, Melchior force davantage le trait et la voix. Emotion toutefois devant la Venus de Marjorie Lawrence, dont on sait qu'à demi paralysée elle chantait alors assise et dont la voix de falcon est injustement durcie par la prise de son, laquelle ne favorise pas Kipnis, pourtant plus engagé qu'avec Szell, et encore moins le Wolfram rudimentaire de Huehn. On peut aimer l'insolence de la jeune Astrid Varnay. Ce n'est pas notre cas, en raison de la rigidité métallique de ses traits.

1949 - Leopold Ludwig (L) Dr.
Ludwig Suthaus (T), M. Musial (E), Josef Greindl (H), Dietrich Fischer-Dieskau (WE), P. Buchner (V), H.H Nissen (B), E. Zimmermann (HS), W. Liebing (WV), W. Hiller (RZ), Orchestre et Choeur de l'Opéra de Berlin.
(Melodram)

Retour en Allemagne pour un document *live* d'une moindre importance, celui que dirige de la manière la plus militaire et caricaturale qui soit un chef sans âme ni vraie rigueur. Au passif, encore, une Vénus dépoitraillée au sens le moins érotique qui soit, un Suthaus sans Furtwängler, tendu, scabreux, incohérent, crevant l'écran mais à quel prix, et une Elisabeth détestable, bref ce que peut produire de pire le chant wagnérien saisi par la démence du cri à l'état brut.

Sous le regard froid de Greindl autrement digne jusque dans sa rigidité, le jeune Fischer-Dieskau (il n'a alors que 24 ans, et vient de débuter en ce même opéra de Berlin, en Posa) délivre une vraie leçon de chant. Certes il n'est pas encore totalement accompli, sa voix alterne dureté et sons blancs, son phrasé souffre d'une adolescente impatience, mais grâce à lui Wagner redevient ce qu'il ne devrait jamais cesser d'être : un poète, et l'auteur d'un opéra romantique.

1950 - Kurt Schröder (S) Dr.
Günter Treptow (T), Trude Eipperle (E), Otto von Rohr (H), Heinrich Schlusnus (WE), Aga Joesten (V), George Stern (B), Herbert Ness (HS), Joachim Stein (WV), Wolfram Zimmermann (RZ), Maria Madlen Madsen (j.H), Orchestre et Choeur de la Radio de Hess.
(Heliodor)

A l'aube du LP le studio s'intéresse de nouveau à Wagner. Le premier fruit de ces nouvelles amours ne retiendra l'attention qu'en raison de la présence en Wolfram de l'admirable Schlusnus. Quinze ans plus tôt il rayonnait certes davantage sous la baguette de Clemens Krauss. Mal soutenu ici par un orchestre aux accents stéréotypés, la soixantaine passée, il conserve néanmoins une appréciable noblesse vocale, dénuée de toute préciosité, mâle d'accent, pudique et noble. Wagnérien, verdien, liedersänger comme Dieskau, il en est comme toujours l'exacte antithèse. Autour, la routine (Vénus, Elisabeth, Landgrave) ou l'usure précoce (Tannhäuser).

1951 - Robert Heger (S) Dr.
August Seider (T), Marianne Schech (E), Otto von Rohr (H), Karl Ostertag (HS), Franz Klarwein (WV), Rita Streich (jH), Choeur et Orchestre de Bavière.
(Joker)

On a vite fait de ranger au placard cet enregistrement faussement stéréophonique. Robert Heger est pourtant un bon chef wagnérien et deux noms méritent un brin d'attention. Celui de Rita Streich dont le pâtre, tout de pureté cristalline ne manquera pas de séduire. Celui ensuite de Marianne Schech, voix projetée et généreuse à défaut d'être authentiquement stylée, et qui en Elisabeth vaut bien d'autres plus célèbres et est infiniment plus en règle que la Vénus de Margaret Baümer (et non Helena Braun comme l'indique la pochette), Vénus aux impossibles accents roturiers.

1953 - Artur Rodzinski (L) Dr.
Set Svanholm (T), Herta Wilfert (E), Arnold van Mill (H), Heinz Imdahl (WE), Margarita Kenney (V), Richard Bitterauf (B), Karl Albrecht (HS), Hans Blessin (WV), Heinrich Nillius (RZ), Orchestre et Choeur du Comunale de Florence.
(Melodram)

Est-ce encore notre pain noir que cette version *live*, reflet de la soirée d'ouverture du Mai Florentin 1953? La seule direction orchestrale de Rodzinski suffit à repousser cette crainte. D'un orchestre qui ne fut jamais exceptionnel le chef parvient à obtenir une unité optimale, galvanise des troupes prêtes à se défaire à tout moment ; direction cursive qui bannit l'alanguissement sans d'ailleurs éviter la pompe, direction théâtrale en un mot, d'une vitalité roborative.

Le ténor Svanholm (en petite forme ce soir-là dit-on) possède virtuellement les qualités de timbre, de clarté, de lumière, qu'exige l'emploi. Il s'essaie à de vraies demi-teintes expressives mais demeure tout au long de la soirée trop nasal, étriqué et court. Future Vénus à Bayreuth, Herta Wilfert traîne ses sons, force le haut médium, effleure l'aigu quand elle ne le brutalise pas et, en dépit d'un timbre suggestif, motive à posteriori notre indulgence pour une Marianne Schech. Un bien modeste ensemble vocal en tout état de cause.

1954 - Joseph Keilberth (L) Dr.
Ramon Vinay (T), Gre Brouwenstijn (E), Josef Greindl (H), Dietrich Fischer-Dieskau (WE), Herta Wilfert (V), Toni Blankenheim (B), Gerhard Stolze (HS), Joseph Traxel (WV), Theo Adam (RZ), Volker Horn (jH), Orchestre et Choeur du Festival de Bayreuth.
(Melodram)

Voici un document capital sur le Nouveau Bayreuth, celui d'un Wieland Wagner installant sur scène la rigueur (le fameux échiquier où s'affrontent mathématiquement les forces du sexe et celles de la foi salvatrice), mais s'autorisant une distribution inattendue, hors standards, et le choix d'une partition 1845 métissée 60! La direction toscaninienne que nous évoquions dès 1930, Keilberth nous l'offre. Il est le narrateur cursif autant que le démiurge, celui qui impulse mais contrôle, équilibre, dose, respire, ménage des plages de méditation au sein des envolées les plus épiques, bref il replace la partition à son niveau dramatique et musical le plus haut.

Son héros n'était pas forcément celui qu'on aurait pu attendre ici. Force est de constater qu'il s'efforce de plier ses moyens plutôt rétifs au chant le plus surveillé en même temps qu'inspiré et qu'il emporte l'adhésion. Malgré une voix foncièrement pesante et en arrière, malgré le « savonnage » habituel du « *Dir töne Lob!* » ce Tannhäuser viril transcende son chant d'admirable manière. Son retour de Rome est en ce sens impressionnant, rayonnant, rougeoyant. L'Elisabeth de Gre Brouwenstijn propulsée sur le devant de la scène par les cordes battantes de Keilberth offre un timbre d'une belle maturité, animé (au sens d'anima) d'un vibrato poétique, sa diction légèrement couverte nous évitant les stridences d'une Müller voire d'une Nilsson. Si le chef ne laisse pas s'attarder son « *Nicht sollet hier* », la sensualité de ce chant fait merveille dans *Ich preise* exemplaire de ligne et de sentiment, comme dans l'ensemble du duo, fouetté par le chef. Et que dire de l'ardeur de son cri d'amour à l'acte du concours, « *Zurück* », ou de la pénétration de sa prière, d'une infinie persuasion...

Les joies de cette soirée sont multiples. Celles que dispense un Fischer-Dieskau plus abouti qu'en 49, réverbéré par l'acoustique de Bayreuth, tenu en lisière par le chef, plus sobre donc, plus mordant aussi, sans rien céder de l'esprit du lied et de son phrasé introverti qui fait de la romance une pure vision intemporelle. L'autorité péremptoire de Landgrave de Greindl, le tranchant de ses mots, l'éloquence de son *Gar viel* crèvent l'écran. Si la Vénus de Wilfert laisse perplexe comme hier son Elisabeth, Walther trouve en Joseph Traxel son meilleur défenseur. Alors oublions qu'au plus fort de son égarement, Vinay, à la reprise de son hymne à Vénus martyrise son chant et nos oreilles ; le reste est si prenant !

1955 - Rudolf Kempe (L) Dr.
Ramon Vinay (T), Astrid Varnay (E), Jerome Hines (H), George London (WE), Blanche Thebom (V), C. Harvuot (B), P. Franke (HS), G. Gari (WV), Orchestre et Choeur du Met.
(Melodram)

Si l'orchestre, lourdement dirigé, et les choeurs, calamiteux et mal captés ne dissuadent pas l'auditeur d'entreprendre le voyage il sera récompensé par un retour de Rome de grande allure, grâce cette fois encore à Vinay, moins à l'aise encore que l'année précédente avec son aigu mais d'un impressionnant charisme. Astrid Varnay s'est encore durcie, son javelot vocal est assassin, quand bien même l'idée wagnérienne y serait. Les voix de Hines et de London sont trop cousines, monochromes, redondantes, pour vraiment captiver, ce que ne réussit pas davantage la placide Venus de Blanche Thebom. Vinay seul...

1957 - Artur Rodinzki (L) Dr.
Karl Liebl (T), Gré Brouwenstijn (E), Deszö Ernster (H), Eberhard Wächter (WE), Herta Wilfert (V), Alois Pernerstorfer (B), Walter Brunelli (HS), Murray Dickie (Walter), Peter Harrover (RZ), Rosl Schwaiger (jH), Choeur et Orchestre de la RAI de Rome.
(Melodram)

Nous avons eu l'occasion de relever les mérites du chef Rodinzki à propos du document de Florence 53. Nous les retrouvons ici, l'orchestre de la RAI romaine rejoignant celui du Comunale dans une relative pauvreté. Plus que l'Elisabeth de Gré Brouwenstijn, décidément excellente, projetée, vibrante, c'est la présence de Karl Liebl en Tannhäuser qui fait l'originalité de ces faces par ailleurs dénuées de bouleversantes révélations, Eberhard Wächter y faisant figure, un an avant son entrée à Bayreuth, de jeune premier un peu frustre. Le ténor Liebl ne figure pas dans les dictionnaires d'opéra ni dans les anthologies. Sans doute ne possède-t-il aucune des ces qualités ou de ces défauts sublimés qui font les stars. Qu'on écoute cependant son hymne à Vénus, « *Dir töne Lob* ». C'est celui d'un Lohengrin, d'un Walter von Stolzing, clair, timbré, non savonné, sachant chanter piano et conduire sa phrase. Que la suite du rôle lui réserve bien des épreuves c'est certain mais alors qu'un René Kollo fait parfois illusion, ce sans grade mérite un brin de respect. Une intégrale qui ne remet rien en cause mais s'impose à l'attention par bien des aspects, y compris les moins tapageurs.

1960 - Franz Konwitschny (S) Dr.
Hans Hopf (T), Elisabeth Grümmer (E), Gottlob Frick (H), Dietrich Fischer-Dieskau (WE), Marianne Schech (V), Rudolf Gonszar (HS), Fritz Wunderlich (WV), Reiner Süss (RZ), Lisa Otto (jH), Orchestre et Choeur de l'Opéra de Berlin.
(EMI, Collection Références)

Un classique de la discographie wagnérienne, à l'aube de la stéréophonie. Le testament d'un chef de grande tradition, pondéré, classique dans son respect de l'équilibre, mais valide, présent et bénéficiant d'un son excellent quoique légèrement métallique. Le maillon le plus faible d'une équipe globalement exemplaire en est le ténor. *Helden* au sens abâtardi du mot, puissant mais sommaire, solide mais sans aura, mis à l'épreuve par les *la* du premier acte, contraint et nerveux au dernier, cet héritier des grands dilapide l'héritage!

Un regret, celui d'entendre en Vénus une Marianne Schech que nous persistons préférer en Elisabeth...dix ans plus tôt. Lisa Otto en jeune pâtre est parfaite, comme l'incomparable Wunderlich en Walther, un des joyaux de cette couronne. Précédé du Landgrave charbonneux de Gottlob Frick, toujours rocailleux, un peu convenu dans ses accents protecteurs, Fischer-Dieskau est au sommet de ses moyens vocaux et expressifs, encore valorisés par le studio. Son « *Als du* » a du récit la liberté, l'articulation, l'insinuation, et son évocation gourmande et envieuse de la volupté et des jeunes filles est d'un connaisseur...

Ineffables encore ses implorations du troisième acte avant la première prière d'Elisabeth et une Romance à l'étoile anthologique, idéalement posée sur le souffle, phrasée comme un lied schubertien.

Autre diamant : Elisabeth Grümmer. Si son air d'entrée déçoit par une projection un peu courte, wébérienne si l'on préfère, son « *Ich preise* » finement détaillé et frémissant, pudique, palpitant, est expression de l'âme, pure poésie vocale, devant un ténor doublement désarmé. Quand cette Elisabeth s'interposera, au coeur du tournoi de chant, ce sera avec la même retenue, celle mise au service d'une prière elle aussi anthologique.

Avec le Wolfram de Dieskau et grâce à la grande pureté de la lecture orchestrale, cette Elisabeth concourt à l'accomplissement le plus satisfaisant de ce que doit être un romantisme maîtrisé, classique pour ainsi dire. A d'autres le format épique, visionnaire, cette version dresdoise regarde ouvertement vers le passé, mais Dieu que la nostalgie est belle !

1961 - Wolfgang Sawallisch (L) Dr.
Wolfgang Windgassen (T), Victoria de Los Angeles (E), Josef Greindl (H), Dietrich Fischer-Dieskau (WE), Grace Bumbry (V), Franz Crass (B), G. Paskuda (HS), Gerhard Stolze (WV), Theo Adam (RZ), E.M Gardelli (jH), Orchestre et Choeur du festival de Bayreuth.
(Melodram)

A défaut des soirées de 64/65 marquées par l'incomparable présence de Leonie Rysanek on s'intéressera à la précédente production. Un *live* stéréo du Bayreuth de Wieland Wagner, iconoclaste devant l'Eternel, qui scandalise les fidèles avec une bacchanale « osée » de Béjart et la Vénus noire de Grace Bumbry. Grand chef à l'écart des modes journalistiques, Sawallisch sera jugé classique par les uns, académique et plat par les autres. A son actif la belle cohésion de l'orchestre, principalement en ses cordes (sauf à l'entrée d'Elisabeth !), une lecture nerveuse de l'acte II. Au passif un manque certain d'appétits métaphysiques surtout préjudiciable à l'envol de l'acte III, ici musicalement très prosaïque. Windgassen y est pourtant suprêmement intelligent, tirant un parti diabolique de ses limites vocales si gênantes au premier acte. Seul Tannhäuser marquant de sa génération, le ténor wagnérien le plus éclectique de l'époque aborde l'ouvrage dans un état de fatigue vocale évident, à bout de souffle, bas d'intonation. La clarté du timbre ne peut empêcher que ce héros soit plus geignard et oppressé qu'exalté, même si l'articulation, exemplaire, sert magnifiquement le texte.

Victoria de Los Angeles ne renouvelle pas le miracle de son « *Dich, teure Halle* » de 1950 (78 tours). Le présent est d'une justesse asymptotique, la ligne en est contrariée par l'affèterie des mots. Cette Elisabeth catholique et romaine ne convainc pas. Venus quant à elle tient paradoxalement sa proie à distance, plus péremptoire qu'incandescente, projetée mais trop fière, en ces brèves interventions que lui concède la version de Dresde. Face au Landgrave toujours fier, un tantinet rigide et nasal de Greindl, et au Biterolf insolent de jeunesse vocale de Franz Crass, Fischer-Dieskau impose encore une fois sa classe, avec cette fois une sophistication plus prononcée.

Au total une production qui ne trouvait sans doute son centre de gravité qu'à la scène et qui tend, au disque, à se disloquer.

1962 - Wolfgang Sawallisch (L) Dr.
Wolfgang Windgassen (T), Anja Silja (E), Josef Greindl (H), Eberhard Waechter (WE), Grace Bumbry (V), Franz Crass (B), Georg Paskuda (HS), Gerhard Stolze (WV), Gerd Nienstedt (RZ), Else Margrete Gardelli (jH), Orchestre et Choeur du Festival de Bayreuth.
(Philips, 3CD)

Reprise de la production de l'année précédente, celle-ci resplendit de tout l'éclat du laser lequel donne au superbe orchestre de Bayreuth et aux choeurs exemplaires de Wihlelm Pitz un maximum de beauté sonore. Le changemement de distribution le plus significatif est celui qui affecte le rôle d'Elisabeth. On a peine à croire qu'une même conception dramaturgique ait pu conserver sa logique en intégrant l'Elisabeth fulgurante d'Anja Silva en lieu et place de la placide Victoria de Los Angeles. C'est poutant le théâtre plus que les intonations scabreuses de cette Elisabeth, qui prime ici. Une femme dévorée d'amour, offerte, un double positif de la Vénus péremptoire de Grace Bumbry, un temps fort sans aucun doute de la scène allemande, dont l'écho sonore donne une idée assez juste au point de faire taire certaines réserves à l'endroit de la pure vocalité.

Waechter se substituant à Dieskau modifie également l'éclairage du personnage, hier à la limite de la préciosité, aristocratique, châtié, contemplatif, aujourd'hui mâle conquérant peu soucieux de raffinements vocaux ou psychologiques.

La cohérence de l'ensemble se trouve plutôt renforcée par ce double recentrage. Aux angles vifs d'un Tannhäuser aux reflets d'acier répond une Elisabeth portée à incandescence, sous le regard d'une Venus de glace et de feu, d'un Landgrave à la raideur germanique et du Wolfram volontiers brutal de Waechter. La direction de Sawallisch, la mise en scène de Wieland trouvent leur récompense dans une unité absente de l'enregistrement de 61.

1963 - Herbert von Karajan (L) Dr. + Pa.
Hans Beirer (T), Gré Brouwenstijn (E), Gottlob Frick (H), Eberhard Wächter (WE), Christa Ludwig (V), Kurt Equiluz (HS), Waldemar Kmentt (WV), Gundula Janowitz (jH), Choeur et Orchestre de l'Opéra de Vienne.
(Melodram, 3CD)

Si seulement Beirer avait pû être remplacé ce 8 janvier, nous tenions avec cette magistrale lecture de la version de Dresde enrichie d'emprunts à la version de Paris, une intégrale majeure de l'opéra, restituée dans un son acceptable malgré son acidité. La direction de Karajan embrasse la partition dans sa diversité, tirant le meilleur parti de ses ruptures de ton et de climat, déplaçant son miroir orchestral au long du chemin en épousant ses contrastes, portant ses chanteurs comme personne, fouettant ses cordes et ses rythmes, impulsant ses tempis, multipliant ses éclairages. Quel dommage alors que Beirer soit si affligeant de lourdeur, de gaucherie, court de souffle, fatigué, fatigant. Christa Ludwig se voit offrir ce que Solti lui refusera, les mélismes insinuants de la version de Paris. Ineffable d'intelligence vocale, elle déploie les séductions les plus langoureuses, dans le respect absolu de la ligne vocale, petites notes comprises, soudain vengeresse au moment de morigéner son inconstant adorateur. Le son prime certes le mot, le dire, mais ce chant est magique. Gundula Janowitz en jeune pâtre c'est un luxe dont personne ne se plaindra, encore que Lisa Otto y soit plus légère. Autre grande, Gré Brouwenstijn nous semble, à l'approche de la cinquantaine, inférieure à ses Elisabeth de 1957 et surtout de 54 avec Keilberth, vocalement parlant du moins. Eberhard Wächter appuie toujours autant le dessin de son personnage, trop uniforme, le reste de la distribution dominé par le rocailleux Gottlob Frick est de très bon niveau. On est sans doute passé là très près d'une très grande soirée...

1969 - Otto Gerdes (S) Dr.
Wolfgang Windgassen (T), Birgit Nilsson (E), Theo Adam (H), Dietrich Fischer-Dieskau (WE), Birgit Nilsson (V), Klaus Hirte (B), Friedrich Lenz (HS), Horst R. Laubenthal (WV), Hans Sotin (RZ), Caterina Alda (jH), Orchestre et Choeur de l'Opéra de Berlin.
(DGG)

Le studio accueille enfin, bien tard, le Tannhäuser de Windgassen, désormais décati, réduit aux seuls expédients de son métier vocal lequel dans le Retour de Rome ne peut le sauver du parlando nasal et torturé. Etre tout à la fois Elisabeth et Venus, le disque l'autorise et la symbolique profonde, « Girardienne » , de l'oeuvre s'en trouve renforcée. Encore faut-il réussir ce jeu des doubles. Birgit Nilsson trop froide pour composer une Venus plausible ne prête à Elisabeth qu'une transparence minérale, une rigidité désespérante. Ce n'est certes pas la battue sans imagination de Gerdes qui peut conférer à ces disques un supplément d'âme, en dépit d'un ensemble orchestral et choral de toute beauté, magnifiquement enregistré. Fischer-Dieskau alors? Un soupçon décoloré, rigide, plus appuyé, et partant, plus maniéré. Infiniment préférable toutefois au Landgrave impersonnel et étroit de Theo Adam. Un Wolfram et quelques éclairs de Tannhäuser : c'est bien peu pour une intégrale.

1971 - Georg Solti (S) Pa.
René Kollo (T), Helga Dernesch (E), Hans Sotin (H), Victor Braun (WE), Christa Ludwig (V), Manfred Jungwirth (B), Kurt Equiluz (HS), Werner Hollweg (WV), Norman Bailey (RZ), Choeur de l'Opéra de Vienne, Orchestre philharmonique de Vienne.
(Decca, 3 CD)

Enfin la version de Paris intégrale (si l'on accepte les coupures opérées par Wagner lui-même), servie par un chef d'envergure, dans un son brillantissime. L'aurions nous enfin conquis ce chef-d'œuvre inconnu? La question mérite pour le moins d'être posée et examinée.

Dès l'ouverture Solti joue la carte de la majesté, de la profusion sonore. L'avers en est une belle générosité de ligne, le revers son habituel propension aux climax rythmiques et instrumentaux, flattés par les preneurs de son diaboliques de la Decca. Le souffle de l'auditeur en est coupé mais, l'esprit critique reprenant le dessus, affleure le sentiment d'avoir été floué par la technique. La suite confirmera ce primat de l'effet sur l'idée, de l'instant sur la continuité, du son sur le sentiment.

Bonheur sans réserve en revanche d'entendre une Venus aussi enveloppante, ensorcelante, voluptueusement grave, plus mûre et surtout mieux enregistrée qu'avec Karajan, toujours aussi souveraine. Un tel velours souligne encore la ténuité de René Kollo. Ce dernier, alors jeune de timbre et d'élan, mais éternel Tamino égaré au Venusberg, à la ligne hachée par défaut de souffle, humainement immature. Comment croire que son cœur appelle la souffrance? Celle-ci étant venue, au dernier acte, ce Tannhäuser pour temps de crise vient se réfugier dans l'ouverture des voyelles, plafonne dans l'aigu. Ses cris ne sont alors que des cris. Un Windgassen blessé demeurait fier, Kollo n'est que sincère. Autre point faible de cette réalisation par ailleurs très soignée et portée par l'inimitable phalange orchestrale et chorale de Vienne, le Wolfram de Victor Braun à l'élégance si impersonnelle, au vibrato si encombrant.

A l'acte II le couple formé par l'Elisabeth courte d'aigu et notre ténor ne doit son équilibre qu'à une commune fragilité vocale corrigée par la chaleur du médium de l'un et de l'autre, à leur fraîcheur sentimentale et à la relative banalité de ces pages. A défaut d'une caractérisation Hans Sotin apporte lui une grande correction vocale à son Landgrave.

Du dernier acte nous avons suggéré les faiblesses. Cette intégrale est en fait un pur produit de nos studios modernes (et les choses se sont aggravées depuis 1971!) : la perfection technique y est censée pallier les insuffisances du chant, ici notoires même si la jeunesse des voix les fait quelque peu oublier et si la présence de la meilleure Vénus à ce jour enregistrée justifie à elle seule l'achat de ces disques. Mais Dieu qu'Elmendorff avait du charme !

1985 - Bernard Haitink (S) Dr.
Klaus König (T), Lucia Popp (E), Kurt Moll (H), Bernd Weikl (WE), Waltraud Meier (V), Walter Groenroos (B), Donald Litaker (HS), Siegfried Jerusalem (WV), Rainer Scholze (RZ), Gabriele Sima (jH), Orchestre et Choeur de la Radio bavaroise.
(EMI, 3 CD)

Faute d'interprètes à sa mesure Tannhäuser n'aura été tenté qu'une seule fois depuis l'événement Solti. Encore est-ce à partir de la version Dresde (enrichie de la bacchanale de 1860). En la confiant à Bernard Haitink on savait pouvoir compter sur une cohérence orchestrale irréprochable, sur une totale honnêteté musicale, loin des fulgurances mais également des excès du bouillant Solti.

Le son digital fait briller l'ensemble sans corrompre l'équilibre. La distribution est quant à elle dépourvue d'éclat. Le ténor Klaus König illustre malheureusement le déclin vocal qui affecte aujourd'hui l'Allemagne autant et plus que les autres pays européens. Son Tannhäuser est vieux avant d'avoir été jeune, son émission incohérente, son aigu pénible, la justesse soumise à de dangereuses épreuves. On pressent que ce timbre déjà usé et court sera mieux en situation au dernier acte, accordé à la déréliction du personnage,et non exposé aux tensions du premier. De fait l'écriture plus centrale lui permet de terminer honorablement une partie mal engagée. Sa Venus est l'étoile montante du chant wagnérien, Waltraud Meier, belle voix légèrement trémulante dans le haut médium et embarrassée par le jeu de ses registres quand vient à éclater la fureur de ses « *Zieh hin...*» Lucia Popp aborde de même le rôle d'Elisabeth avec quelque légèreté au double sens de l'expression. Sa luminosité, la spontanéité de ses accents juvéniles, son naturel emportent néanmoins l'adhésion, sa ligne est constamment fluide, son aigu s'épanouit librement. Tout au plus aimerait-on deviner derrière ce chant au premier degré un soupçon d'idéalisation, d'inquiétude, quelques nuages sur ce ciel trop bleu.

On ne s'étonnera pas de rencontrer en Kurt Moll un Landgrave somptueux, véritable contrebasse à cordes, chant à l'archet, et qui plus est, persuasif. « *Noch bleibe denn...*» et «*Gar viel* » sont ainsi deux moments d'exception, de pure beauté vocale. On craignait d'avoir à regretter le choix de Bernd Weikl pour incarner Wolfram, tant ce chanteur est d'ordinaire élémentaire et parfois roturier. Sa prestation ne prétend ni à la complexité d'un Dieskau ni à la grandeur innée d'un Schlusnus mais rien ici ne le désigne à la vindicte. La pâte vocale est souple, le chant de concours acceptable et si la Romance s'étiole sans atteindre à l'éther le chant reste digne et soigné. Signalons le Walther de Siegfried Jerusalem, trop prosaïque dans sa générosité. Du bon travail en somme que cette intégrale mais l'aile du génie n'effleure personne.

Annexe : deux documents

Notre panorama serait incomplet si nous ne mentionnions pour finir deux documents, l'un, exceptionnel, de 1943, offre des extraits des actes II et III avec l'incomparable Tannhäuser de Max Lorenz, l'autre, plus anecdotique mais intégral, reflète une soirée de l'opéra de Rome en 1949, avec Tebaldi, Tagliabue et Christoff.

1943 - Arthur Rother
Max Lorenz (T), Maria Reining (E), Ludwig Hofmann (H), Karl Schmidt-Walter (WE), Margaret Baümer (V), Walter Grossmann (B), A. Frey (HS), Walter Ludwig (WV), W. Ulbricht (RZ), Orchestre de Radio Berlin.
(Basf-Acanta)

Max Lorenz, à certains égards antithèse vocale de Melchior, possèdait l'exacte couleur, irradiante, du Tannhäuser impétueux de l'acte I. Nos regrets sont d'autant plus vif de ne le rencontrer ici que dans les deux derniers. Pour compléter en partie le puzzle on peut toutefois se reporter au 78 tours de 1929 ou de 1942 (repris dans les Introuvables du chant wagnérien chez EMI). Ce qui nous est offert dans le présent document comporte l'air d'entrée d'Elisabeth, la scène Landgrave/Wolfram et Chœurs, la Prière, la Romance à l'étoile et le Retour de Rome. De quoi juger de la flamme irrésistible du ténor, de son ardeur, de la présence quasi cinématographique de son personnage, face à une Elisabeth viennoise, un peu détachée et vite à court d'aigu mais d'une appréciable pureté, tandis que le Landgrave bénéficie du timbre unique de Ludwig Hoffmann.

1949 - Karl Böhm (L)
Hans Beirer? (T), Renata Tebaldi (E), Boris Christoff (H), Carlo Tagliabue (WE), Orchestre de l'Opéra de Rome.
(HRE)

Cette version chantée en italien à l'exception du rôle titre donné lui en allemand, mérite plus d'intérêt qu'on ne lui en accorde d'ordinaire, sans doute parce qu'il est difficile de se la procurer et de vraiment l'écouter. L'audition attentive soulève un problème épineux : le ténor est-il réellement celui annoncé? La clarté de son métal, la hauteur de son émission, sa vaillance et son délié font naître un doute. Aucun nom plausible ne venant alors à l'esprit, le doute persiste. Au lecteur éventuellement de le lever. Notre inconnu est en tout état de cause valide et remarquable. Plus lyrique que dramatique, légèrement contrainte dans l'aigu, la Tabaldi est toute de lumière, de chaude transparence, de latinité aussi, et si l'italien travestit quelque peu le propos, les gruppettis de la ligne vocale sont eux exécutés comme trop rarement. Boris Christoff apporte une note supplémentaire d'exotisme avec son Hermann ouvertement slave (et contrarié par les irrégularités de la vitesse de rotation...), sa classe n'en inspire pas moins un grand respect. Tagliabue est quant à lui parfait, italien ou pas. Karl Boehm veillant à l'orthodoxie, au classicisme de la lecture musicale ces faces aujourd'hui rares sont plus qu'un objet de curiosité.

LOHENGRIN

Livret *traduit par Dennis COLLINS*

Commentaire *par Pascale SAINT ANDRÉ*

Discographie *par Philippe GODEFROID*

LOHENGRIN

Romantische Oper in drei Akten

Personen

Heinrich der Vogler, deutscher König *(Bass)*
Lohengrin *(Tenor)*
Elsa von Brabant *(Sopran)*
Herzog Gottfried, ihr Bruder
Friedrich von Telramund, brabantischer Graf *(Bariton)*
Ortrud, seine Gemahlin *(Mezzo-Sopran)*
Der Heerrufer des Königs *(Bass)*
Vier brabantische Edle *(Tenor und Bass)*
Vier Edelknaben *(Soprane und Alt)*

Sächsische und thüringische Grafen und Edle. Brabantische Grafen und Edle. Edelfrauen. Edelknaben. Mannen, Frauen, Knechte.

Antwerpen. Erste Hälfte des zehnten Jahrhunderts.

ERSTER AUFZUG

Eine Aue am Ufer der Schelde bei Antwerpen. Der Fluss macht dem Hintergrunde zu eine Biegung.

ERSTE AUFTRITT

Im Vordergrunde links sitzt König Heinrich unter einer mächtigen alten Eiche (Gerichtseiche); ihm zunächst stehen sächsische und thüringische Grafen, Edle und Reisige, welche des Königs Heerbann bilden. Gegenüber stehen die brabantischen Grafen und Edlen, Reisige und Volk, an ihrer Spitze Friedich von Telramund, zu dessen Seite Ortrud. Der Heerrufer des Königs und vier Heerhornbläser schreiten in die Mitte. Die Bläser blasen den Königsruf.

DER HEERRUFER
Hört! Grafen, Edle, Freie von Brabant!
Heinrich, der Deutschen König, kam zur Statt,
mit euch zu dingen nach des Reiches Recht.
Gebt ihr nun Fried' und Folge dem Gebot?

DIE BRABANTER
Wir geben Fried' und Folge dem Gebot!
(An die Waffen schlagend.)
Willkommen, willkommen, König, in Brabant!

KÖNIG HEINRICH *(erhebt sich)*
Gott grüss' euch, liebe Männer von Brabant!
Nicht müssig tat zu euch ich diese Fahrt!
Der Not des Reiches seid von mir gemahnt!

LOHENGRIN

Opéra romantique en trois actes

Personnages

Henri l'Oiseleur, roi de Germanie (*basse*)
Lohengrin (*ténor*)
Elsa de Brabant (*soprano*)
Le duc Gottfried, son frère (*rôle muet*)
Frédéric de Telramund, comte brabançon (*baryton*)
Ortrude, sa femme (*mezzo-soprano*)
Le héraut du roi (*basse*)
Quatre nobles brabançons (*ténors et basses*)
Quatre pages (*soprani et alti*)

Comtes et nobles de Saxe et de Thuringe. Comtes et nobles de Brabant. Dames d'honneur, pages, hommes, femmes et serviteurs.

Anvers. Première moitié du Xe siècle.

PREMIER ACTE

Une prairie au bord de l'Escaut, près d'Anvers. Le fleuve fait un coude à l'arrière-plan.

SCÈNE I

Devant, à gauche, le roi Henri est assis sous un vieux chêne imposant (le chêne de la justice); auprès de lui se tiennent les comtes de Saxe et de Thuringe, les nobles et les écuyers qui forment le ban du roi. En face, les comtes et nobles, les écuyers et le peuple de Brabant, avec à leur tête Frédéric de Telramund, et à ses côtés Ortrude. Le héraut du roi et quatre trompettes s'avancent au milieu. Les trompettes son-
4 *nent l'appel royal.*

LE HERAUT
Ecoutez! Comtes, nobles, hommes libres de Brabant!
Henri, roi de Germanie, vient en ce lieu
débattre avec vous, suivant la loi de l'empire.
Accordez-vous respect et obéissance à son commandement?

LES BRABANÇONS
Nous accordons respect et obéissance à son commandement !
(Frappant sur leurs armes.)
4 Bienvenue, bienvenue, ô roi, en Brabant!

LE ROI HENRI *(en se levant)*
Dieu vous garde, hommes bien-aimés de Brabant!
Ce n'est pas en vain que je fis ce voyage vers vous!
Puissé-je vous apprendre le péril qui menace l'empire!

(Feierliche Aufmerksamkeit.)
Soll ich euch erst der Drangsal Kunde sagen,
die deutsches Land so oft aus Osten traf?
In fernster Mark hiesst Weib und Kind ihr beten :
«Herr Got, bewahr uns vor der Ungarn Wut!»
Doch mir, des Reiches Haupt, muss't es geziemen,
solch wilder Schmach ein Ende zu ersinnen;
als Kampfes Preis gewann ich Frieden auf
neun Jahr' – ihn nützt' ich zu des Reiches Wehr :
Beschirmte Städt' und Burgen liess ich baun,
den Heerbann übte ich zum Widerstand.
Zu End' ist nun die Frist, der Zins versagt
mit wildem Drohen rüstet sich der Feind.
Nun ist es Zeit, des Reiches Ehr' zu wahren;
ob Ost, ob West, das gelte allen gleich!
Was deutsches Land heisst, stelle Kampfesscharen,
dann schmäht wohl niemand mehr das Deutsche Reich!

DIE SACHSEN UND THÜRINGER *(an die Waffen schlagend)*
Wohlauf! Mit Gott für Deutschen Reiches Ehr!

KÖNIG *(hat sich wieder gesetzt)*
Komm' ich zu euch nun, Männer von Brabant,
zur Heeresfolg' nach Mainz euch zu entbieten,
wie muss mit Schmerz und Klagen ich ersehn,
dass ohne Fürsten ihr in Zwietracht lebt!
Verwirrung, wilde Fehde wird mir kund;
drum ruf' ich dich, Friedrich von Telramund!
Ich kenne dich als aller Tugend Preis,
jetzt rede, dass der Drangsal Grund ich weiss.

FRIEDRICH *(feierlich)*
Dank, König, dir, dass du zu richten kamst!
Die Wahrheit künd' ich, Untreu' ist mir fremd.
Zum Sterben kam der Herzog von Brabant
und meinem Schutz empfahl er seine Kinder,
Elsa, die Jungfrau, und Gottfried, den Knaben;
mit Treue pflog ich seiner grossen Jugend,
sein Leben war das Kleinod meiner Ehre.
Ermiss nun, König, meinen grimmen Schmerz,
als meiner Ehre Kleinod mir geraubt!
Lustwandelnd führte Elsa einst den Knaben
zum Wald, doch ohne ihn kehrte sie zurück;
mit falscher Sorge frug sie nach dem Bruder,
da sie, von ungefähr von ihm verirrt,
bald seine Spur – so sprach sie – nicht mehr fand.
Fruchtlos war all Bemühn um den Verlornen;
als ich mit Drohen nun in Elsa drang,
da liess in bleichem Zagen und Erbeben
der grässlichen Schuld Bekenntnis sie uns sehn.
Es fasste mich Entsetzen vor der Magd;
dem Recht auf ihre Hand, vom Vater mir
verliehn, entsagt' ich willig da und gern
und nahm ein Weib, das meinem Sinn gefiel,
(Er stellt Ortrud vor, diese verneigt sich vor dem König.)
Ortrud, Radbods, des Friesenfürsten Spross.
Nun führ' ich Klage wider Elsa von
Brabant; des Brudermordes zeih' ich sie.
Dies Land doch sprech' ich für mich an mit Recht,
da ich der Nächste von des Herzogs Blut,
mein Weib dazu aus dem Geschlecht, das einst
auch diesem Lande seine Fürsten gab.
Du hörst die Klage, König! Richte recht!

(Avec une attention solennelle.)
Dois-je d'abord vous dire les maux
qui si souvent de l'est frappèrent la terre germanique?
Dans les contrées les plus lointaines femmes et enfants priaient :
«Seigneur Dieu, protège-nous de la fureur des Hongrois!»
Et moi, tête de l'empire, je devais trouver le moyen
de mettre un terme à un si violent outrage;
au prix des armes j'obtins la paix neuf années durant -
et m'en servis pour défendre l'empire :
je fis construire des villes et des châteaux fortifiés,
j'exerçai l'armée à la résistance.
La trêve est maintenant finie, le tribut refusé -
proférant de sauvages menaces, l'ennemi se prépare.
L'heure est venue de sauver l'honneur de l'empire;
à l'est comme à l'ouest, que tous m'entendent!
Sur tout le sol germanique, que les troupes se lèvent,
et personne n'outragera plus l'empire germanique!

LES SAXONS ET LES THURINGIENS *(frappant sur leurs armes)*
Debout! Avec Dieu pour l'honneur de l'empire germanique!

LE ROI *(après s'être rassis)*
Je viens aujourd'hui à vous, hommes de Brabant,
pour vous demander de me suivre à Mayence,
et je vois avec tristesse et regret
que vous vivez sans chef et dans la discorde!
On me parle de troubles, de violentes querelles;
j'en appelle donc à toi, Frédéric de Telramund!
Je te sais prince de toutes les vertus,
parle maintenant, que je sache la cause de cette tourmente.

FREDERIC *(solennel)*
Merci à toi, ô roi, d'être venu en juge!
Je dirai la vérité, car le mensonge m'est étranger.
En mourant, le duc de Brabant
confia à ma garde ses enfants,
Elsa, la jeune fille, et Gottfried, le garçon;
fidèlement je veillai sur lui en sa longue enfance,
sa vie était le joyau de mon bonheur.
Mesure donc, ô roi, ma vive douleur,
lorsque me fut dérobé de mon honneur le joyau!
Elsa un jour mena le garçon promener
dans les bois, mais sans lui elle revint;
avec une feinte inquiétude elle demanda où était son frère,
qui par hasard s'était éloigné d'elle,
et dont bientôt – ainsi parla-t-elle – elle perdit la trace.
Tous nos efforts pour retrouver l'égaré furent vains;
lorsque j'interrogeais Elsa d'un ton menaçant,
nous vîmes en ses hésitations et tremblements
l'aveu de son effroyable forfait.
Je fus saisi d'horreur devant la jeune fille;
à sa main, accordée par son père,
je renonçai aussitôt volontiers,
et pris femme plus à mon goût :
(Il présente Ortrude, qui s'incline devant le roi.)
Ortrude, fille de Radbod, prince de Frise.
5 Je porte plainte ici contre Elsa de Brabant.
Je l'accuse du meurtre de son frère.
Cette terre je la réclame donc de droit,
Etant le plus proche parent du duc;
mon épouse est en outre de la lignée
qui autrefois donnait à ce pays ses princes.
5 Tu entends la plainte, ô roi! Sois bon juge!

ALLE MÄNNER
Ha, schwerer Schuld zeiht Telramund!
Mit Graun werd' ich der Klage kund!

KÖNIG
Welch fürchterliche Klage sprichst du aus!
Wie wäre möglich solche grosse Schuld?

FRIEDRICH
O Herr, traumselig ist die eitle Magd,
die meine Hand voll Hochmut von sich stiess.
Geheimer Buhlschaft klag' ich drum sie an :
Sie wähnte wohl, wenn sie des Bruders ledig,
dann könnte sie als Herrin von Brabant
mit Recht dem Lehnsmann ihre Hand verwehren
und offen des geheimen Buhlen pflegen.

KÖNIG
Ruft die Beklagte her!
Beginnen soll nun das Gericht!
Gott lass mich weise sein!

DER HEERRUFER *(schreitet feierlich in die Mitte)*
Soll hier nach Recht und Macht Gericht gehalten sein?

KÖNIG *(hängt mit Feierlichkeit den Schild an der Eiche auf)*
Nicht eh'r soll bergen mich der Schild,
bis ich gerichtet streng und mild!

ALLE MÄNNER *(die Schwerter entblössend)*
Nicht eh'r zur Scheide kehr' das Schwert,
bis ihm das Urteil Recht gewährt!

HEERRUFER
Wo ihr des Königs Schild gewahrt,
dort Recht durch Urteil nun erfahrt!
Drum ruf' ich klagend laut und hell :
Elsa, erscheine hier zur Stell'!

ZWEITER AUFTRITT

Elsa tritt auf in einem weissen, sehr einfachen Gewande; sie verweilt eine Zeitlang; dann schreitet sie sehr langsam und mit grosser Verschämtheit der Mitte des Vordergrundes zu; Frauen, sehr einfach weiss gekleidet, folgen ihr.

DIE MÄNNER
Seht hin! Sie naht, die hart Beklagte!
Ha! Wie erscheint sie so licht und rein!
Der sie so schwer zu zeihen wagte,
wie sicher muss der Schuld er sein!

KÖNIG
Bist du es, Elsa von Brabant?
(Elsa neigt das Haupt bejahend.)
Erkennst du mich als deinen Richter an?
(Elsa wendet ihr Haupt nach dem König, und bejaht.)

So frage
ich weiter : ist die Klage dir bekannt,
die schwer hier wider dich erhoben?
(Elsa erblickt Freidrich und Ortrud, erhebt, und bejaht.

Was entgegnest du der Klage?

TOUS LES HOMMES
Ah! grave crime que dénonce Telramund!
Avec effroi j'entends l'accusation!

LE ROI
Quelle terrible accusation tu portes là!
Comment un si grand crime est-il possible?

FREDERIC
O Seigneur, cette vaniteuse jeune fille
qui vit en ses rêves avec dédain a repoussé ma main.
Je l'accuse d'une passion secrète :
elle s'imaginait, débarrassée de son frère,
qu'elle pourrait, en souveraine du Brabant,
refuser à bon droit au vassal sa main,
et ouvertement s'abandonner à son secret amour.

LE ROI
Faites venir l'accusée!
Que le procès commence!
4 Et que Dieu me prête sagesse!

LE HERAUT *(s'avançant solennellement au milieu)*
Va-t-on rendre ici justice selon le droit et le pouvoir?

LE ROI *(suspendant solennellement son bouclier au chêne)*
Cet écu ne me protègera plus,
que je n'aie rendu mon jugement, sévère et clément!

TOUS LES HOMMES *(dégainant leur épée)*
Cette épée ne retournera au fourreau,
que justice n'ait fait prévaloir le droit.

LE HERAUT
Là où vous voyez l'écu du roi,
la justice vous fera connaître le droit.
Je clame l'accusation à haute et intelligible voix :
Elsa, montre-toi!

SCÈNE II

Elsa apparaît, dans une très simple robe blanche; elle hésite pendant quelque temps; puis elle s'avance très lentement, avec une grande peur, jusqu'à l'avant-scène, au centre; des femmes, en vêtements blancs très simples, la suivent.

6

LES HOMMES
7 Voyez! Elle s'approche, l'accusée!
Ah! Comme elle semble lumineuse et pure!
7 Celui qui a osé lui reprocher un crime si grave
doit être sûr qu'elle est coupable!

6

LE ROI
Es-tu Elsa de Brabant?
(Elsa répond oui de la tête.)
M'acceptes-tu comme juge?
7 *(Elsa tourne la tête vers le roi, et répond oui d'un geste confiant.)*
6 Je te le demande donc :
Sais-tu la grave accusation
6 portée ici contre toi?
(Elsa regarde Frédéric et Ortrude, tremble, baisse la tête et acquiesce.)
Qu'opposes-tu à cette accusation?

(Elsa durch eine Gebärde «Nichts!»)
So bekennst
du deine Schuld?

ELSA
Mein armer Bruder!

ALLE MÄNNER
Wie wunderbar! Welch seltsames Gebaren!

KÖNIG
Sag, Elsa! Was du mir zu vertraun?
(Erwartungsvolles Schweigen.)

ELSA *(in ruhiger Verklärung vor sich hinblickend)*
Einsam in trüben Tagen
hab' ich zu Gott gefleht,
des Herzens tieftes Klagen
ergoss ich im Gebet
Da drang aus meinem Stöhnen
ein Laut so klagevoll,
der zu gewalt'gem Tönen
weit in die Lüfte schwoll.
Ich hört' ihn fernhin hallen,
bis kaum mein Ohr er traf;
mein Aug' ist zugefallen,
ich sank in süssen Schlaf.

ALLE MÄNNER
Wie sonderbar! Träumt sie? Ist sie entrückt?

KÖNIG
Elsa, verteid'ge dich vor dem Gericht!
(Elsas Mienen gehen von dem Ausdruck träumerischen Entrücktseins zu dem Schwärmerischer Verklärung über.)

ELSA
In lichter Waffen Scheine
ein Ritter nahte da,
so tugendlicher Reine
ich keinen noch ersah :
ein golden Horn zur Hüften,
gelehnet auf sein Schwert,
so trat er aus den Lüften
zu mir, der Recke wert;
mit züchtigem Gebaren
gab Tröstung er mir ein;
des Ritters will ich wahren,
er soll mein Streiter sein!

ALLE MÄNNER *(sehr gerührt)*
Bewahre uns des Himmels Huld,
dass klar wir sehen, wer hier schuld!

KÖNIG
Friedrich, du ehrenwerter Mann,
bedenke wohl, wen klagst du an?

FRIEDRICH
Mich irret nicht ihr träumerischer Mut;
ihr hört, sie schwärmt von einem Buhlen!
Wess' ich sie zeih', dess' hab' ich sichren Grund.
Glaubwürdig ward ihr Frevel mir bezeugt;
doch eurem Zweifel durch ein Zeugnis wehren,

(Elsa répond d'un geste : «Rien!»)
Tu reconnais
donc ta faute?

ELSA
Mon pauvre frère!

TOUS LES HOMMES
Etonnant! Quelle étrange conduite!

LE ROI
Parle, Elsa! Qu'as-tu à me confier?
(Silence expectatif.)

ELSA *(calme, transfigurée, regardant devant elle)*
Seule, dans les jours de malheur,
j'en ai appelé à Dieu,
lui confiant dans la prière
la profonde détresse de mon cœur.
Alors de mes soupirs
monta un cri si plaintif
que ses échos puissants
enflèrent dans les airs;
Je l'entendis résonner au loin
jusqu'à ce qu'il ne parvint plus à mon oreille;
mes yeux se refermèrent
et je sombrai en un profond sommeil.

TOUS LES HOMMES
Etrange! Rêve-t-elle? Est-elle folle?

LE ROI
Elsa, défends-toi devant la justice!
(L'expression d'Elsa passe de la rêverie à la transfiguration exaltée.)

2

ELSA
Dans l'éclat de ses armes étincelantes,
un chevalier s'approcha,
8 plus vertueusement pur
que je n'en eusse jamais vu :
un cor doré à la taille,
9 appuyé sur son épée,
ainsi, surgi des airs,
vers moi le vaillant héros s'avança,
et de ses gestes vertueux
7, 10 il sut me consoler;
De ce chevalier je veux la protection,
qu'il soit mon défenseur!

TOUS LES HOMMES *(très émus)*
10 Que la grâce céleste nous guide,
que nous voyions qui est coupable!

LE ROI
Frédéric, ô homme honorable,
Vois-tu bien qui tu accuses?

FREDERIC
Sa pensée chimérique ne me trompe point;
vous entendez, elle rêve d'un amant!
Pour l'accuser ainsi j'ai de solides raisons,
son forfait m'est prouvé sans doute aucun;
Vous donner une preuve qui dissipe votre doute,

das stünde wahrlich übel meinem Stolz!
Hier steh' ich, hier mein Schwert! Wer wagt von euch
zu streiten wider meiner Ehre Preis?

DIE BRABANTER
Keiner von uns! Wir streiten nur für dich!

FRIEDRICH
Und, König, du! Gedenkst du meiner Dienste,
wie ich im Kampf den wilden Dänen schlug?

KÖNIG
Wie schlimm, liess' ich von dir daran mich mahnen!
Gern geb' ich dir der höchsten Tugend Preis;
in keiner andern Hut, als in der deinen,
möcht' ich die Lande wissen.
(Mit feierlichem Entschluss.)
Gott allein
soll jetzt in dieser Sache noch entscheiden!

ALLE MÄNNER
Zum Gottesgericht! Zum Gottesgericht!

KÖNIG *(zieht sein Schwert und stösst es vor sich in die Erde.)*
Dich frag' ich, Friedrich, Graf von Telramund!
Willst du durch Kampf auf Leben und auf Tod
im Gottesgericht vertreten diene Klage?

FRIEDRICH
Ja!

KÖNIG
Und dich nun frag' ich, Elsa von Brabant!
Willst du, dass hier auf Leben und auf Tod
im Gottesgericht ein Kämpe für dich streite?

ELSA *(ohne die Augen aufzuschlagen)*
Ja!

KÖNIG
Wen wählest du zum Streiter?

FRIEDRICH *(hastig)*
Vernehmet jetzt den Namen ihres Buhlen!

DIE BRABANTER
Merket auf!

ELSA *(hat Stellung und schwärmerische Miene nicht verlassen)*
Des Ritters will ich wahren,
er soll mein Streiter sein!
Hört, was dem Gottgesandten
ich biete für Gewähr :
in meines Vaters Landen
die Krone trage er;
mich gücklich soll ich preisen,
nimmt er mein Gut dahin
will er Gemahl mich heissen,
geb' ich ihm, was ich bin!

ALLE MÄNNER *(für sich)*
Ein schöner Preis, stünd' er in Gottes Hand!
Wer um ihn stritt', wohl setzt' er schweres Pfand!

ce serait me blesser dans mon orgueil!
Me voici, et voici mon épée! Qui d'entre vous ose
contester le prix de mon honneur?

LES BRABANÇONS
Aucun d'entre nous! Pour toi seul nous combattrons.

FREDERIC
Et toi, ô roi! Te rappelles-tu mes services,
et comment je défis les cruels Danois?

LE ROI
Il serait malheureux que tu dusses me le rappeler!
Je t'accorde volontiers les plus hautes vertus;
Sous aucune autre garde que la tienne
je n'aimerai savoir ce pays.
(Avec une solennelle résolution.)
Dieu seul
décidera maintenant en cette affaire!

TOUS LES HOMMES
Que Dieu soit juge! Que Dieu soit juge!

11

LE ROI *(tirant son épée et la plantant en terre devant lui)*
Je te le demande, Frédéric, comte de Telramund!
Veux-tu, par un combat pour la vie ou la mort,
confier ton accusation au jugement de Dieu?

FREDERIC
11 Oui!

LE ROI
Et maintenant, je te le demande, Elsa de Brabant!
Veux-tu qu'ici, pour la vie ou la mort
un champion se batte pour toi, soumis au jugement divin?

ELSA *(sans ouvrir les yeux)*
Oui!

LE ROI
Qui choisis-tu comme défenseur?

FREDERIC *(s'emportant)*
Apprenez maintenant le nom de son amant!

LES BRABANÇONS
Ecoutons!

ELSA *(sans changer d'attitude, avec le même air passionné)*
10 De ce chevalier, je veux la protection,
Qu'il soit mon défenseur!
Ecoutez, ce qu'à l'envoyé de Dieu
j'offre comme récompense :
sur les terres de mon père
il portera la couronne;
je me trouverai heureuse,
s'il accepte mon bien.
S'il me veut pour épouse,
je lui donne ce que je suis!

TOUS LES HOMMES *(pour eux)*
Belle récompense, s'il est entre les mains de Dieu!
Pour qui voudra l'emporter, le gage sera lourd!

KÖNIG
Um Mittag hoch steht schon die Sonne :
so ist es Zeit, dass nun der Ruf ergeh'!
(Der Heerrufer tritt mit den vier Heerhornbläsern vor, die er, den vier Himmelsgegenden zugewendet, vorschreiten und so den Ruf blasen lässt.)

DER HEERRUFER
Wer hier im Gotteskampf zu streiten kam
für Elsa von Brabant, der trete vor!
(Langes Stillschweigen. Elsa zeigt entstehende Unruhe der Erwartung.)

ALLE MÄNNER
Ohn' Antwort ist der Ruf verhallt!
Um ihre Sache steht es schlecht!

FRIEDRICH *(auf Elsa deutend)*
Gewahrt, ob ich sie fälschlich schalt?
Auf meiner Seite bleibt das Recht!

ELSA *(etwas näher zum König tretend.)*
Mein lieber König, lass dich bitten,
noch einen Ruf an meinen Ritter!
Wohl weilt er fern und hört' ihn nicht.

KÖNIG *(zum Heerrufer)*
Noch einmal rufe zum Gericht!

DER HERRUFER
(Auf das Zeichen des Heerrufers richten die Heerhornbläser sich wieder nach den vier Himmelsgegeden.)
Wer hier im Gotteskampf zu streiten kam
für Elsa von Brabant, der trete vor!
(Wiederum langes, gespanntes Stillschweigen.)

ALLE MÄNNER
In düstrem Schweigen richtet Gott!
(Elsa sinkt zu inbrünstigem Gebet auf die Knie.)

ELSA
Du trugest zu ihm meine Klage,
zu mir trat er auf dein Gebot :
o Herr, nun meinem Ritter sage,
dass er mir helf' in meiner Not!
Lass mich ihn sehn, wie ich ihn sah,
wie ich ihn sah, sei er mir nah!

DIE FRAUEN *(kniend)*
Herr! Sende Hilfe ihr!
Herr Gott, höre uns!
(Die auf einer Erhöhung dem Ufer des Flusses zunächststehenden Männer gewahren zuerst die Ankunft Lohengrins, welcher in einem Nachen, von einem Schwan gezogen, auf dem Flusse in der Ferne sichtbar wird. Die vom Ufer entfernter stehenden Männer im Vodergrunde wenden sich, mit immer regerer Neugier fragend an die dem Ufer näher stehenden.)

DIE MÄNNER
Seht! Seht! Welch ein seltsam Wunder!
Wie? Ein Schwan?
Ein Schwan zieht einen Nachen dort heran!
Ein Ritter drin hochaufgerichtet steht!

LE ROI
À midi le soleil est déjà haut :
il est temps de sonner l'appel!

(Le héraut s'avance avec les quatre trompettes, qu'il place
11 *aux quatre points cardinaux pour qu'ils sonnent l'appel.)*

LE HERAUT
Celui qui est venu livrer combat divin
pour Elsa de Brabant, qu'il s'avance!
(Long silence. Elsa trahit le trouble que provoque cette attente.)

TOUS LES HOMMES
L'appel s'éteint sans réponse!
Sa cause paraît mauvaise!

FREDERIC *(montrant Elsa)*
Voyez, l'ai-je accusée à tort?
Le droit demeure de mon côté.

ELSA *(s'approchant du roi)*
O roi bien-aimé, laisse-moi te le demander,
encore un appel pour mon chevalier!
Peut-être demeure-t-il au loin et ne l'entend-il pas.

LE ROI *(au héraut)*
Appelle encore une fois en justice!

LE HERAUT
(Sur un signe du héraut les quatre trompettes se dirigent à nouveau vers les quatre points cardinaux.)
Celui qui est venu livrer combat divin
pour Elsa de Brabant, qu'il s'avance!
(Nouveau long silence tendu.)

TOUS LES HOMMES
Par ce sombre silence, Dieu rend justice!
(Elsa tombe à genoux et se met à prier avec ferveur.)

ELSA
Tu lui portas mes plaintes,
et sur ton ordre il vint à moi :
O Seigneur, dis à mon chevalier
de me secourir en ma détresse!
Laisse-moi le voir tel que je le vis.
Tel que je le vis, qu'il soit auprès de moi!

LES FEMMES *(à genoux)*
Seigneur! Accorde ton aide!
Seigneur Dieu, entends-nous!
(Les hommes, sur une éminence près de la rive du fleuve, voient arriver Lohengrin, qui apparaît sur le fleuve au loin dans une nacelle tirée par un cygne. Les hommes les plus éloignés de la rive, à l'avant-plan, se tournent, pour interroger avec une curiosité croissante ceux qui sont près du fleuve.)

LES HOMMES
8 Voyez! Voyez! Quelle étrange merveille!
Quoi? Un cygne?
9 Un cygne qui tire une nacelle!
Un chevalier qui s'y dresse debout!

Wie glänzt sein Waffenschmuck! Das Aug' vergeht
vor solchem Glanz! Seht, näher kommt er schon heran!
An einer goldnen Kette zieht der Schwan!
(Im Vordergrunde bleiben der König, Elsa, Friedrich, Ortrud und die Frauen. Von seinem erhöhten Platze aus überblickt der König alles : Friedrich und Ortrud sind durch Schreck und Staunen gefesselt; Elsa, die mit steigender Entzückung den Ausrufen der Männer gelauscht hat, verbleibt in der Mitte der Bühne; sie wagt gleichsam nicht, sich umzublicken.)

ALLE MÄNNER
Ein Wunder! Ein Wunder!
Ein Wunder ist gekommen,
ein unerhörtes, nie gesehnes Wunder!

DIE FRAUEN *(auf die Knie sinkend)*
Dank, du Herr und Gott, der die Schwache beschirmet!
(Hier wendet sich der Blick aller wieder erwartungsvoll nach dem Hintergrunde.)

DRITTER AUFTRITT

Die Vorigen. Lohengrin.

ALLE MÄNNER UND FRAUEN
Sei gegrüsst, du gottgesandter Mann!
(Der Nachen, vom Schwan gezogen, erreicht in der Mitte des Hintergrundes das Ufer; Lohengrin, in glänzender Silberrüstung, den Helm auf dem Haupte, den Schild im Rücken, ein kleines goldnes Horn zur Seite, steht, auf sein Schwert gelehnt, darin. Alles entblösst in höchster Ergriffenheit das Haupt. Sowie Lohengrin die erste Bewegung macht, den Kahn zu verlassen, tritt bei allen sogleich das gespannteste Schweigen ein.)

LOHENGRIN *(mit einem Fuss noch im Nachen, neigt sich zum Schwan)*
Nun sei bedankt, mein lieber Schwan!
Zieh durch die weite Flut zurück,
dahin, woher mich trug dein Kahn,
kehr wieder nur zu unsrem Glück!
Drum sei getreu dein Dienst getan!
Leb wohl, leb wohl, mein lieber Schwan!
(Der Schwan wendet langsam den Nachen und schwimmt den Fluss zurück. Lohengrin sieht ihm eine Weile wehmütig nach.)

DIE MÄNNER UND FRAUEN
Wie fasst uns selig süsses Grauen!
Welch holde Macht hält uns gebannt!
Wie ist er schön und hehr zu schauen,
den solch ein Wunder trug ans Land!

LOHENGRIN *(verneigt sich vor dem König.)*
Heil, König Heinrich! Segenvoll
mög' Gott bei deinem Schwerte stehn!
Ruhmreich und gross dein Name soll
von dieser Erde nie vergehn!

KÖNIG
Hab Dank! Erkenn' ich recht die Macht,
die nicht in dieses Land gebracht,
so nahst du uns von Gott gesandt?

Comme son armure étincelle! L'œil est ébloui
par un tel éclat! Voyez, il s'approche déjà!
Le cygne tire sur une chaîne d'or!
(À l'avant demeurent le roi, Elsa, Frédéric, Ortrude et les femmes. De sa place, en hauteur, le roi voit tout : Frédéric et Ortrude sont saisis de peur et d'étonnement; Elsa, qui a entendu les exclamations des hommes avec un ravissement croissant, reste au milieu de la scène; elle ose à peine regarder autour d'elle.)

TOUS LES HOMMES
Un miracle! Un miracle!
Un miracle est arrivé.
Un miracle inouï, jamais vu!

LES FEMMES *(tombant à genoux)*
Merci Seigneur et Dieu, qui protèges les faibles!
(Ici tous les regards se tournent à nouveau, impatients, vers le fond.)

SCÈNE III

Les mêmes, Lohengrin.

TOUS LES HOMMES ET LES FEMMES
8 Salut à toi, ô homme envoyé par Dieu!
(La nacelle, tirée par le cygne, atteint la berge au milieu de la scène, au fond; Lohengrin s'y tient debout, revêtu d'une étincelante armure d'argent, le casque sur la tête, le bouclier dans le dos, un petit cor doré à la taille, appuyé sur son épée. Tous se découvrent, très émus. Dès que Lohengrin fait le premier geste pour quitter son embarcation, chacun observe le silence le plus intense.)

2 LOHENGRIN *(un pied encore dans la nacelle, se penchant vers son cygne)*
Sois remercié, mon cygne bien-aimé!
Repars à travers les flots lointains,
12 là d'où ta barque m'a porté,
ne reviens que pour notre bonheur!
Ta tâche sera alors fidèlement accomplie!
Adieu, adieu, mon cygne bien-aimé!
(Le cygne fait lentement tourner la nacelle et repart sur le fleuve. Lohengrin le suit des yeux avec mélancolie.)

LES HOMMES ET LES FEMMES
Quelle douce et bienheureuse frayeur nous saisit!
13 Quelle tendre force nous tient sous son charme!
Qu'il est beau et noble,
celui qu'un tel miracle porte en ce pays!

LOHENGRIN *(s'inclinant devant le roi)*
Salut, roi Henri! Que Dieu
accorde sa bénédiction à ton épée!
Que ton nom grand et célèbre
ne disparaisse jamais de cette terre!

LE ROI
Sois remercié! Si je reconnais bien la puissance
qui t'a conduit en ce pays,
tu viens à nous envoyé par Dieu?

LOHENGRIN
Zum Kampf für eine Magd zu stehn,
der schwere Klage angetan,
bin ich gesandt. Nun lasst mich sehn,
ob ich zu Recht sie treffe an!
So sprich denn, Elsa von Brabant :
Wenn ich zum Streiter dir ernannt,
willst du wohl ohne Bang' und Graun
dich meinem Schutze anvertraun?

LOHENGRIN
2 Pour prendre la défense d'une jeune fille,
qui s'est vue gravement accusée,
je suis envoyé! Laissez-moi voir
si je suis venu à elle à bon droit!
Parle donc, Elsa de Brabant :
Si je suis nommé ton défenseur,
Veux-tu sans doutes ni frayeurs
22 te confier à ma protection?

ELSA *(sinkt, in überwältigend wonnigem Gefühle zu seinen Füssen.)*
Mein Held, mein Retter! Nimm mich hin;
dir geb' ich alles, was ich bin!

ELSA *(tombant à ses pieds, subjuguée et exaltée)*
Mon héros, mon sauveur! Emmène-moi;
je te donne tout ce que je suis!

LOHENGRIN
Wenn ich im Kampfe für dich siege,
willst du, dass ich dein Gatte sei?

7 LOHENGRIN
Si je remporte pour toi ce combat,
2 veux-tu que je sois ton époux?

ELSA
Wie ich zu deinen Füssen liege,
geb' ich dir Leib und Seele frei.

ELSA
Comme je suis à tes pieds,
je me donne à toi corps et âme.

LOHENGRIN
Elsa, soll ich dein Gatte heissen,
soll Land und Leut' ich schirmen dir,
soll nichts mich wieder von dir reissen,
musst eines du geloben mir :
(Sehr langsam.)
Nie sollst du mich befragen,
noch Wissens Sorge tragen,
woher ich kam der Fahrt,
noch wie mein Nam' und Art!

LOHENGRIN
Elsa, si je dois devenir ton époux,
si je dois protéger ton pays et ton peuple,
si rien ne doit plus me séparer de toi,
il te faut me faire une promesse :
(très lentement.)
14 Jamais tu ne me demanderas,
ni n'essaieras de savoir,
d'où je viens,
ni mon nom, ni ma race.

ELSA *(leise, fast bewusstlos)*
Nie, Herr, soll mir Frage kommen!

ELSA *(à voix basse, presque inconsciente)*
Jamais, Seigneur, je ne poserai ces questions!

LOHENGRIN *(gesteigert, sehr ernst)*
Elsa! Hast du mich wohl vernommen?
(Noch bestimmter.)
Nie sollst du mich befragen,
noch Wissens Sorge tragen,
woher ich kam der Fahrt,
noch wie mein Nam' und Art!

LOHENGRIN *(plus fort, très grave)*
Elsa! M'as-tu bien compris?
(Encore plus résolu.)
14 Jamais tu ne me demanderas,
ni n'essaieras de savoir,
d'où je viens,
ni mon nom, ni ma race.

ELSA *(mit grosser Innigkeit zu ihm aufblickend)*
Mein Schirm! Mein Engel! Mein Erlöser,
der fest an meine Unschuld glaubt!
Wie gäb' es Zweifels Schuld, die grösser,
als die an dich den Glauben raubt?
Wie du mich schirmst in meiner Not,
so halt' in Treu' ich dein Gebot!

ELSA *(portant sur lui un regard d'une grande ferveur)*
Mon bouclier! Mon ange! Mon sauveur,
qui crois fermement en mon innocence!
Comment pourrait-il y avoir de doute plus coupable
que celui qui m'ôterait la foi en toi?
Comme tu me protèges en ma détresse,
je serai fidèle à ton ordre!

LOHENGRIN *(entzückt sie an seine Brust erhebend.)*
Elsa, ich liebe dich!
(Beide verweilen eine Zeitlang in der angenommenen Stellung.)

LOHENGRIN *(l'attirant sur sa poitrine, extasié)*
Elsa, je t'aime!
(Tous deux restent quelque temps dans cette attitude.)

DIE MÄNNER UND FRAUEN
Welch holde Wunder muss ich sehn?
Ist's Zauber, der mir angetan?
Ich fühl' das Herze mir vergehn,
schau' ich den hehren, wonnvollen Mann!

LES HOMMES ET LES FEMMES
13 Quel doux miracle aperçois-je?
Est-ce un sort qu'on m'a jeté?
Je sens mon cœur qui défaille,
à la vue de cet homme majestueux et radieux!

LOHENGRIN *(geleitet Elsa zum König, dann schreitet er feierlich in die Mitte des Kreises)*
Nun hört! Euch, Volk und Edlen, mach' ich kund :
frei aller Schuld ist Elsa von Brabant!
Dass falsch dein Klagen, Graf von Telramund,
durch Gottes Urteil werd' es dir bekannt!

BRABANTISCHE EDLE *(heimlich zu Friedrich)*
Steh ab vom Kampf! Wenn du ihn wagst,
zu siegen nimmer du vermagst!
Ist er von höchster Macht geschützt,
sag, was dein tapfres Schwert dir nützt,
Steh ab! Wir mahnen dich in Treu'!
Dein harret Unsieg, bittre Reu'!

FRIEDRICH
Viel lieber tot als feig!
Welch Zaubern dich auch hergeführt,
Fremdling, der mir so kühn erscheint;
dein stolzes Drohn mich nimmer rührt,
da ich zu lügen nie vermeint.
Den Kampf mit dir drum nehm' ich auf
und hoffe Sieg nach Rechtes Lauf!

LOHENGRIN
Nun, König, ordne unsern Kampf!
(Alles begibt sich in die erste Gerichtsstellung.)

KÖNIG
So tretet vor zu drei für jeden Kämpfer
und messet wohl den Ring zum Streite ab!
(Drei sächsische Edle treten für Lohengrin, drei brabantische für Friedrich vor, sie messen mit feierlichen Schritten den Kampfplatz aus und stecken ihn, einen vollständigen Ring bildend, durch ihre Speere ab.)

DER HEERRUFER *(in der Mitte des Kampfringes)*
Nun höret mich und achtet wohl :
den Kampf hier keiner stören soll!
Dem Hage bleibet abgewandt,
denn wer nicht wahrt des Friedens Recht,
der Freie büss' es mit der Hand,
mit seinem Haupte büss' es der Knecht!

ALLE MÄNNER
Der Freie büss' es mit der Hand,
mit seinem Haupte büss' es der Knecht!

DER HEERRUFER *(zu Lohengrin und Friedrich)*
Hört auch, ihr Streiter vor Gericht!
Gewahrt in Treue Kampfes Pflicht!
Durch bösen Zaubers List und Trug
stört nicht des Urteils Eigenschaft!
Gott richtet euch nach Recht und Fug,
so trauet ihm, nicht eurer Kraft!

LOHENGRIN UND FRIEDRICH *(ausserhalb des Kampfkreises stehend)*
Gott richte mich nach Recht und Fug!
So trau' ich ihm, nicht meiner Kraft!

DER KÖNIG *(mit grosser Feierlichkeit in die Mitte vorschreitend)*
Mein Herr und Gott, nun ruf' ich dich,

LOHENGRIN *(Il conduit Elsa auprès du roi, puis s'avance solennellement au milieu du cercle)*
Ecoutez donc! Peuple et nobles, je vous le dis :
Elsa de Brabant est vierge de toute faute!
Ton accusation est mensongère, comte de Telramund,
le jugement de Dieu te le fera savoir.

NOBLES BRABANÇONS *(secrètement à Frédéric)*
Renonce au combat! Si tu le défies,
jamais tu ne pourras vaincre!
S'il est protégé par la plus haute puissance,
à quoi te servira ta vaillante épée?
Renonce! Nous te parlons en fidèles!
La défaite t'attend, et l'amer repentir!

FREDERIC
Plutôt mort que lâche!
Quelle que soit la magie qui te porte,
étranger, qui me sembles bien téméraire,
tes fières menaces ne me touchent point,
car jamais je n'ai menti.
J'accepte donc le combat avec toi,
et espère que la victoire épousera la cause du droit!

LOHENGRIN
Maintenant, ô roi, ordonne le combat.
(Tous reviennent à la disposition initiale.)

LE ROI
Que trois hommes s'avancent pour chaque combattant
et délimitent le cercle où tenir le combat.
(Trois nobles saxons pour Lohengrin et trois nobles brabançons pour Frédéric s'avancent, mesurent à pas solennels la lice qu'ils délimitent avec leurs lances, formant un cercle.)

LE HERAUT *(au milieu de la lice)*
Ecoutez-moi et prêtez attention :
11 que personne ne vienne ici troubler le combat!
11 Restez hors de la lice,
car quiconque ne respecte pas cette paix
11 s'il est libre le paiera de sa main,
s'il est serf le paiera de sa tête.

LES HOMMES
11 S'il est libre le paiera de sa main,
s'il est serf le paiera de sa tête.

LE HERAUT *(à Lohengrin et Frédéric)*
11 Ecoutez aussi, champions devant la justice!
Respectez les lois du combat loyal!
Par les artifices et la ruse d'une maléfique magie,
ne troublez pas la pureté du jugement!
Dieu vous juge en toute équité,
fiez-vous à lui, et non à votre force.

LOHENGRIN ET FREDERIC *(à l'extérieur de la lice)*

Dieu me juge en toute équité!
Je me fie à lui, et non à ma force.

LE ROI *(s'avançant solennellement au centre)*

Mon Seigneur et mon Dieu, j'en appelle à toi.

(Alle entblössen das Haupt und lassen sich zur feierlichsten Andacht an.)
dass du dem Kampf zugegen seist!
Durch Schwertes Sieg ein Urteil sprich,
das Trug und Wahrheit klar erweist!
Des Reinen Arm gib Heldenkraft,
des Falschen Stärke sei erschlafft!
So hilf uns, Gott, zu dieser Frist,
weil unsre Weisheit Einfalt ist!

(Tous se découvrent et se recueillent profondément.)
Préside à ce combat!
Par la victoire du glaive, rends ton jugement,
montre-nous clairement où est le mensonge et où la vérité!
Donne au bras du juste la puissance du héros,
et qu'au traître la force vienne à manquer!
Aide-nous, ô Dieu, en cet instant,
Car notre sagesse n'est que candeur!

ELSA UND LOHENGRIN
Du kündest nun dein wahr' Gericht,
mein Gott und Herr, drum zag' ich nicht!

ELSA ET LOHENGRIN
Tu ne prononceras qu'un juste jugement,
mon Seigneur et mon Dieu, je ne tremble donc pas!

FRIEDRICH
Ich geh' in Treu' vor dein Gericht!
Herr Gott, nun verlass mein' Ehre nicht!

FREDERIC
Je vais confiant au devant de ton jugement!
Seigneur Dieu, n'abandonne pas mon honneur!

ORTRUD
Ich baue fest auf seine Kraft,
die, wo er kämpft, ihm Sieg verschafft.

ORTRUDE
J'ai toute confiance en sa force,
qui, où qu'il combatte, lui donne la victoire.

HEERRUFER UND ALLE MÄNNER
Des Reinen Arm gib Heldenkraft,
des Falschen Stärke sei erschlafft :
so künde uns dein wahr' Gericht,
du Herr und Gott, nun zögre nicht!

LE HERAUT ET TOUS LES HOMMES
Donne au bras du juste la puissance du héros,
et qu'au traître la force vienne à manquer!
Fais-nous connaître ton juste jugement
ô Seigneur et Dieu, ne tarde plus!

ALLE FRAUEN
Mein Herr und Gott, segne ihn!
(Die sechs Kampfzeugen bleiben bei ihren Speeren dem Ringe zunächst, die übrigen Männer stellen sich in geringer Weite um ihn her. Auf des Heerrufers Zeichen blasen die Heerhornbläser den Kampfruf : der König zieht sein Schwert aus der Erde und schlägt damit dreimal auf den an der Eiche aufgehängten Schild : beim ersten Schlage nehmen Lohengrin und Friedrich die Kampfstellung ein; beim zweiten ziehen sie die Schwerter und legen sich aus; beim dritten Schlage beginnen sie den Kampf. Lohengrin greift zuerst an. Nach mehreren ungestümen Gängen streckt Lohengrin mit einem weitausgeholten Streiche seinen Gegner zu Boden. Friedrich versucht sich wieder zu erheben, taumelt einige Schritte zurück und stürzt zu Boden. Der König nimmt seinen Schild von der Eiche.)

TOUTES LES FEMMES
Mon Seigneur et Mon Dieu, bénis-le!
(Les six témoins du combat restent auprès de leur lance, autour du cercle; les autres hommes se placent non loin de là, autour d'eux. Au signal du héraut les trompettes sonnent
4 *l'appel au combat : le roi tire son épée de terre et frappe trois fois le bouclier suspendu au chêne : au premier coup Lohengrin et Frédéric prennent position; au deuxième ils*
11 *tirent leur épée et se mettent en garde; au troisième ils commencent le combat. Lohengrin attaque le premier. Après quelques violents échanges, Lohengrin, d'un coup féroce, étend son adversaire au sol. Frédéric essaie de se relever,*
8 *recule de quelques pas en chancelant et s'effondre. Le roi décroche son bouclier du chêne.)*

LOHENGRIN *(das Schwert auf Friedrichs Hals setzend)*
Durch Gottes Sieg ist jetzt dein Leben mein :
(Von ihm ablassend)
Ich schenk' es dir, mögst du der Reu' es weihn!
(Alle Männer stossen ihre Schwerter in die Scheiden. Die Kampfzeugen ziehen die Speere aus der Erde.)

LOHENGRIN *(posant son épée sur la gorge de Frédéric)*
Par la victoire de Dieu, ta vie maintenant m'appartient.
(S'écartant de lui.)
Je te la donne, consacre-la au repentir!
(Tous les hommes remettent leur épée au fourreau. Les témoins du combat reprennent leur lance fichée en terre.)

MÄNNER UND FRAUEN
Sieg! Sieg! Sieg! Heil dir, Held!
(Der König führt Elsa Lohengrin zu.)

LES HOMMES ET LES FEMMES
Victoire! Victoire! Victoire! Salut à toi, héros!
(Le roi conduit Elsa vers Lohengrin.)

ELSA
O fänd' ich Jubelweisen,
deinem Ruhme gleich,
dich würdig zu preisen,
an höchstem Lobe reich!
In dir muss ich vergehen,
vor dir schwind' ich dahin,
soll ich mich selig sehen,

ELSA
15 Puissé-je trouver un chant de jubilation
pareil à ta gloire,
digne de te louer,
riche de la plus haute louange!
En toi je veux me perdre,
devant toi m'effacer,
je serai bien heureuse,

nimm alles, was ich bin!

LOHENGRIN (*Elsa von seiner Brust erhebend*)
Den Sieg hab' ich erstritten
durch deine Rein' allein;
nun soll, was du gelitten,
dir reich vergolten sein!

FRIEDRICH (*sich am Boden quavoll windend*)
Weh, mich hat Gott geschlagen,
durch ihn ich sieglos bin!
Am Heil muss ich verzagen,
mein Ruhm und Ehr' ist hin!

ORTRUD (*den finsteren Blick unverwandt auf Lohengrin geheftet.*)
Wer ist's, der ihn geschlagen,
vor dem ich machtlos bin?
Sollt' ich vor ihm verzagen,
wär' all mein Hoffen hin?

DER KÖNIG UND DIE MÄNNER
Ertöne, Siegesweise,
dem Helden laut zum höchsten Preise!
Ruhm deiner Fahrt!
Preis deinem Kommen!
Heil deiner Art,
Schützer der Frommen!
Du hast gewahrt
das Recht der Frommen,
Preis deinem Kommen!
Heil deiner Art!
Dich nur besingen wir,
dir schallen unsre Lieder!
Nie kehrt ein Held gleich dir
zu diesen Landen wieder!

DIE FRAUEN
Wo fänd' ich Jubelweisen,
seinem Ruhme gleich,
ihn würdig zu preisen,
an höchstem Lobe reich!
Du hast gewahrt
das Recht der Frommen,
Preis deinem Kommen!

(*Junge Sachsen erheben Lohengrin auf seinem Schild und Brabanter Elsa auf den Schild des Königs, auf welchen zuvor mehrere ihre Mäntel gebreitet haben : Friedrich sinkt zu Ortruds Füssen ohnmächtig zusammen.*)

prends tout ce que je suis!

LOHENGRIN (*relevant Elsa, appuyée sur sa poitrine*)
J'ai emporté la victoire,
grâce à ta seule innocence;
de tout ce que tu as souffert,
sois maintenant récompensée!

FREDERIC (*se tordant plaintivement au sol*)
Hélas, Dieu m'a frappé,
par lui je suis défait!
De mon salut je désespère,
ma gloire et mon honneur sont perdus!

ORTRUDE (*fixant son regard sinistre sur Lohengrin*)

Qui est-il, celui qui l'a vaincu
devant qui je suis impuissante?
Dois-je désespérer devant lui,
tous mes espoirs seraient-ils perdus?

LE ROI ET LES HOMMES
8, 9 Résonnez, chants de victoire,
proclamez les plus hautes louanges du héros!
Gloire à ton voyage!
Louée soit ta venue!
Bénie soit ta race,
protecteur des innocents!
Tu as sauvé
le droit des innocents!
Louée soit ta venue!
Bénie soit ta race!
Toi seul nous chantons,
pour toi résonnent nos chants!
Jamais héros pareil à toi
ne reviendra en ce pays!

LES FEMMES
15 Puissé-je trouver un chant de jubilation
pareil à ta gloire,
digne de te louer,
riche de la plus haute louange!
Tu as sauvé
le droit des innocents!
Louée soit ta venue!

(*De jeunes saxons élèvent Lohengrin sur son bouclier, et des Brabançons Elsa sur le bouclier du roi, sur lequel ils ont auparavant étendu leurs manteaux. Frédéric tombe*
8 *inanimé aux pieds d'Ortrude.*)

Orchestervorspiel

ZWEITER AUFZUG

In der Burg von Antwerpen.

In der Mitte des Hintergrundes der Palas (Ritterwohnung), links im Vordergrunde die Kemenate (Frauenwohnung); rechts im Vordergrunde die Pforte des Münsters; es ist Nacht. Die Fenster des Palas sind hell erleuchtet : aus dem

Prélude orchestral

DEUXIÈME ACTE

Au château d'Anvers.

Au centre, à l'arrière-plan, le palais (demeure des chevaliers); à gauche, à l'avant, la Kemenate (demeure des femmes); à droite, à l'avant, le portail de l'église. Il fait nuit. Les fenêtres du palais sont bien éclairées; venant du

Palas hört man jubelnde Musik, Hörner und Posaunen klingen lustig daraus her.

(16, 17, 14, 16, 17, 14, 17, 7, 16, 17)

ERSTER AUFTRITT

Auf den Stufen zur Münsterpforte sitzen Friedrich und Ortrud, beide in düsterer, ärmlicher Kleidung. Ortrud, die Arme auf die Knie gestützt, heftet unverwandt ihr Auge auf die leuchtenden Fenster des Palas; Friedrich blickt finster zur Erde.
Langes düsteres Schweigen.

FRIEDRICH *(erhebt sich rasch.)*
Erhebe dich, Genossin meiner Schmach!
Der junge Tag darf hier uns nicht mehr sehn.

ORTRUD *(ohne ihre Stellung zu ändern)*
Ich kann nicht fort, hieher bin ich gebannt.
Aus diesem Glanz des Festes unsrer Feinde
lass saugen mich ein furchtbar tödlich Gift,
das unsre Schmach und ihre Freuden ende!

FRIEDRICH *(finster vor Ortrud hintretend)*
Du fürchterliches Weib, was bannt mich noch in deine Nähe?
(Mit schnell wachsender Heftigkeit.)
Warum lass' ich dich nicht
allein, und fliehe fort, dahin, dahin,
(Schmerzlich.)
wo mein Gewissen Ruhe wieder fänd'!
(Im heftigsten Ausbruch schmerzlicher Leidenschaft und Wut.)
Durch dich musst' ich verlieren
mein' Ehr, all meinen Ruhm;
nie soll mich Lob mehr zieren,
Schmach ist mein Heldentum!
Die Acht ist mir gesprochen,
zertrümmert liegt mein Schwert,
mein Wappen ward zerbrochen,
verflucht mein Vaterherd!
Wohin ich nun mich wende,
geflohn, gefemt bin ich,
dass ihn mein Blick nicht schände,
flieht selbst der Räuber mich.
O hätt' ich Tod erkoren,
(Fast weinend.)
da ich so elend bin!
(In höchster Verzweiflung.)
Mein' Ehr' hab' ich verloren,
mein' Ehr', mein' Ehr' ist hin!
(Er stürzt, von Schmerz überwältigt, zu Boden. Musik aus dem Palas.)

ORTRUD *(immer in ihrer ersten Stellung, während Friedrich sich erhebt.)*
Was macht dich in so wilder Klage doch vergehn?

FRIEDRICH
Dass mir die Waffe selbst geraubt,
(Mit einer heftigen Bewegung gegen Ortrud.)
mit der ich dich erschlüg'!

ORTRUD *(mit ruhigem Hohn)*
Friedricher Graf von Telramund!

palais on entend une musique joyeuse; cors et trombones résonnent gaiement.

SCÈNE I

Frédéric et Ortrude, vêtus d'habits sombres et pauvres, sont assis sur les marches qui mènent aux portes de l'église. Ortrude, les bras appuyés sur les genoux, ne quitte pas des yeux les fenêtres éclairées du palais; Frédéric, l'air sombre, baisse la tête.

FREDERIC *(se levant rapidement)*
Lève-toi, compagne de ma honte!
Le jour naissant ne doit plus nous voir ici.

ORTRUDE *(sans changer d'attitude)*
Je ne puis bouger, je suis clouée ici.
Dans cet éclat des fêtes de nos ennemis
laisse-moi puiser un terrible poison mortel,
qui mette un terme à notre honte et à leur joie.

FREDERIC *(sombre, s'approchant d'Ortrude)*
O femme redoutable, qu'est-ce qui me retient encore auprès de toi?
(S'emportant de plus en plus.)
Pourquoi ne te laissé-je pas
seule, pour fuir loin, loin d'ici?
(Douloureusement.)
Là où ma conscience retrouverait le repos!
(Dans un violent éclat de passion douloureuse et de rage.)

À cause de toi je dois perdre
mon honneur et toute ma gloire;
plus jamais je ne serai couvert de louanges!
5' Mon héroïsme est une honte!
Le mépris m'est promis.
Mon épée est brisée,
mon blason détruit,
mes ancêtres maudits!
Où que je me tourne,
je suis chassé et exclu,
pour ne pas souffrir ma vue,
même le bandit me fuit.
Que n'ai-je trouvé la mort!
(Pleurant presque.)
Je suis si malheureux!
(Au comble du désespoir.)
J'ai perdu mon honneur,
Mon honneur, mon honneur est parti!
(Terrassé par la douleur, il s'effondre. Musique provenant du palais.)

ORTRUDE *(toujours dans la même attitude, tandis que Frédéric se relève)*
Pourquoi te perdre en de si cruels tourments?

FREDERIC
On m'a même volé l'arme,
(Avec un geste violent à l'encontre d'Ortrude.)
avec laquelle j'aurais pu te frapper!

ORTRUDE *(avec calme et mépris)*
Paisible comte de Telramund!

Weshalb misstraust du mir?

FRIEDRICH
Du fragst?
War's nicht dein Zeugnis, deine Kunde,
die mich bestrickt, die Reine zu verklagen?
Die du im düstren Wald zu Haus, logst du
mir nicht, von deinem wilden Schlosse aus
die Untat habest du verüben sehn
mit eignem Aug', wie Elsa selbst den Bruder
im Weiher dort ertränkt? – Umstricktest du
mein stolzes Herz durch die Weissagung nicht,
bald würde Radbods alter Fürstenstamm
von neuem grünen und herrschen in Brabant?
Bewogst du so mich nicht, von Elsas Hand,
der Reinen, abzustehn und dich zum Weib
zu nehmen, weil du Radbods letzter Spross?

ORTRUD *(leise, doch grimmig)*
Ha, wie tödlich du mich kränkst!
(Laut.)
Dies alles, ja, ich sagt' und zeugt' es dir!

FRIEDRICH *(sehr lebhaft.)*
Und machtest mich, dess' Name hochgeehrt,
dess' Leben aller höchsten Tugend Preis,
zu deiner Lüge schändlichem Genossen?

ORTRUD *(trotzig)*
Wer log?

FRIEDRICH
Du! – Hat nicht durch sein Gericht
Gott mich dafür geschlagen?

ORTRUD *(mit füchterlichem Hohne)*
Gott?

FRIEDRICH
Entsetzlich!
Wie tönt aus deinem Mund furchtbar der Name!

ORTRUD
Ha, nennst du deine Feigheit Gott?

FRIEDRICH
Ortrud!

ORTRUD
Willst du mir drohn? Mir, einem Weibe drohn?
O Feiger! Hättest du so grimmig ihm
gedroht, der jetzt dich in das Elend schickt,
wohl hättest Sieg für Schande du erkauft!
(Langsam.)
Ha, wer ihm zu entgegnen wüsst', der fänd'
ihn schwächer als ein Kind!

FRIEDRICH
Je schwächer er,
desto gewalt'ger kämpfe Gottes Kraft!

ORTRUD
Gottes Kraft? Ha, ha!
Gib hier mir Macht, und sicher zeig' ich dir,

Pourquoi n'as-tu pas confiance en moi?

FREDERIC
Tu oses le demander?
N'est-ce pas ton témoignage, ton récit,
Qui m'ont conduit à accuser l'innocente?
Ne m'as-tu pas menti, chez toi, dans la sombre forêt,
en disant que de ton sauvage château
tu avais vu s'accomplir le forfait
de tes propres yeux, et Elsa elle-même noyer
son frère dans l'étang? – N'as-tu pas pris
mon fier cœur au piège de tes prédictions,
selon quoi l'ancienne lignée princière de Radbod
allait renaître et régner en Brabant?
Ne m'as-tu pas poussé à renoncer à la main
d'Elsa la pure, et à te prendre pour épouse,
puisque tu étais la dernière descendante de Radbod?

ORTRUDE *(à voix basse, mais méchamment)*
Ah! Tu me blesses mortellement!
(À haute voix.)
Tout cela, oui, je te l'ai dit et prouvé!

FREDERIC *(très animé)*
Et n'as-tu pas fait de moi, dont le nom était estimé,
dont la vie était le modèle des plus hautes vertus,
l'infâme complice de tes mensonges?

ORTRUDE *(obstinée)*
Qui a menti?

FREDERIC
Toi! Par son jugement
Dieu ne m'en a-t-il pas puni?

ORTRUDE *(avec un redoutable mépris)*
Dieu?

FREDERIC
Horreur!
Comme ce nom paraît terrible sur tes lèvres!

ORTRUDE
Ah! Ta lâcheté s'appelle-t-elle Dieu?

FREDERIC
Ortrude!

ORTRUDE
Oserais-tu me menacer? Me menacer moi, une femme?
O lâche! Si tu avais si férocement
menacé celui qui t'a précipité dans le malheur,
tu aurais remporté la victoire et non la honte!
(Lentement.)
Ah! Celui qui saurait l'affronter le trouverait
plus faible qu'un enfant!

FREDERIC
Plus il est faible,
plus la force de Dieu exerce sa puissance!

ORTRUDE
La force de Dieu? Ah, ha!
Donne-moi le pouvoir, et je te montrerai sûrement,

welch schwacher Gott es ist, der ihn beschützt.

FRIEDRICH *(von Schauer ergriffen, mit leiser, bebender Stimme)*
Du wilde Seherin, wie willst du doch
geheimnisvoll den Geist mir neu berücken?

ORTRUD *(auf den Palas deutend, in dem das Licht verlöscht ist)*
Die Schwelger streckten sich zur üpp'gen Ruh'.
Setz dich zur Seite mir! Die Stund' ist da,
wo dir mein Seherauge leuchten soll!
(nähert sich Friedrich, wie unheimlich von ihr angezogen, Ortrud immer mehr und neigt sein Ohr zu ihr herab.)
Weisst du, wer dieser Held, den hier
ein Schwan gezogen an das Land?

FRIEDRICH
Nein!

ORTRUD
Was gäbst du doch, es zu erfahren,
wenn ich dir sag' : ist er gezwungen,
zu nennen, wie sein Nam' und Art,
all seine Macht zu Ende ist,
die mühvoll ihm ein Zauber leiht?

FRIEDRICH
Ha! Dann begriff' ich sein Verbot!

ORTRUD
Num hör! Niemand hier hat Gewalt,
ihm das Geheimnis zu entreissen,
als die, der er so streng verbot,
die Frage je an ihn zu tun.

FRIEDRICH
So gält' es, Elsa zu verleiten,
dass sie die Frag' ihm nicht erliess'?

ORTRUD
Ha, wie begreifst du schnell und wohl!

FRIEDRICH
Doch wie soll das gelingen?

ORTRUD
Hör!
Vor allem gilt's, von hinnen nicht
zu fliehn; drum schärfe deinen Witz!
Gerechten Argwohn ihr zu wecken,
tritt vor,
(Sehr bestimmt.)
klag ihn des Zaubers an,
mit dem er das Gericht getäuscht!

FRIEDRICH *(mit fürchterlich wachsender innerer Wut)*

Ha! Trug und Zaubers List!

ORTRUD
Miss glückt's
so bleibt ein Mittel der Gewalt!

comme le Dieu qui le protège est faible.

FREDERIC *(saisi de frayeur, d'une voix basse et tremblante)*
Sauvage prophétesse, cherches-tu donc encore
à charmer mystérieusement mon âme?

ORTRUDE *(montrant le palais où la lumière s'est éteinte)*
17 Les débauchés se sont étendus pour un voluptueux repos.
Assieds-toi à mes côtés. Le moment est venu,
pour mon œil visionnaire de t'éclairer!
(Frédéric s'approche de plus en plus d'Ortrude, comme mystérieusement attiré par elle, et tend l'oreille.)
18 Sais-tu qui est ce héros,
qu'un cygne a conduit en ce pays?

FREDERIC
Non!
16

ORTRUDE
17 Que donnerais-tu donc pour le savoir?
Si je te disais : qu'il soit contraint
de dire son nom et sa race,
et c'en est fini de toute sa puissance
qu'un magicien lui a péniblement prêtée.

FREDERIC
14 Ah! Je comprends alors son interdiction!

ORTRUDE
Ecoute! Personne ici n'a le pouvoir
16 de lui arracher son secret.
Hormis celle à qui il a si rigoureusement défendu
de jamais lui poser ces questions.

FREDERIC
17 Il faut donc amener Elsa
à ne pas refuser de le questionner?

ORTRUDE
Ah, comme tu comprends vite et bien!

FREDERIC
Mais comment y réussir?

ORTRUDE
Ecoute!
Avant tout, il s'agit de ne pas fuir
d'ici; affûte donc ton esprit!
Pour éveiller sa juste méfiance,
avance-toi,
(Très décidée.)
accuse-le d'avoir par magie
trompé la justice!

FREDERIC *(avec une effroyable rage intérieure, qui va croissant)*
5' Ah! Fraude et ruse de magie!

ORTRUDE
Si cela échoue,
il reste le moyen de la puissance!

FRIEDRICH
Gewalt?

ORTRUD
Umsonst nicht bin ich in
geheimsten Künsten tief erfahren;
drum achte wohl, was ich dir sage!
Jed' Wesen, das durch Zauber stark,
wird ihm des Leibes kleinstes Glied
entrissen nur, muss ich sich alsbald
ohnmächtig zeigen, wie es ist.

FRIEDRICH
Ha, sprächst du wahr!

ORTRUD
O hättest du
im Kampf nur einen Finger ihm,
ja, eines Fingers Glied entschlagen,
der Held – er war in deiner Macht!

FRIEDRICH *(ausser sich)*
Entsetzlich! Ha, was lässest du mich hören!
Durch Gott geschlagen wähnt' ich mich :
(Mit furchtbarer Bitterkeit.)
Nun liess durch Trug sich das Gericht betören,
durch Zaubers List verlor mein' Ehre ich!
Doch meine Schande könnt' ich rächen,
bezeugen könnt' ich meine Treu'?
Des Buhlen Trug, ich könnt' ihn brechen,
und meine Ehr' gewönn' ich neu!
O Weib, das in der Nacht ich vor mir seh'
betrügst du mich jetzt noch, dann weh dir! Weh!
Ha, wie du rasest! Ruhig und besonnen!
So lehr ich dich der rache süsse Wonnen!

ORTRUD UND FRIEDRICH
Der Rache Werk sei nun beschworen
aus meines Busens wilder Nacht!
Die ihr in süssem Schlaf verloren,
wisst, dass für euch das Unheil wacht!

ZWEITER AUFTRITT

Elsa, in weissen Gewande, erscheint auf dem Söller; Friedrich und Ortrud ihr gegenüber auf den Stufen des Münsters sitzend.

ELSA
Euch Lüften, die mein Klagen
so traurig oft erfüllt,
euch muss ich dankend sagen,
wie sich mein Glück enthüllt!
Durch euch kam er gezogen,
ihr lächeltet der Fahrt;
auf wilden Meereswogen
habt ihr ihn treu bewahrt.
Zu trocknen meine Zähren,
hab' ich euch oft gemüht;
wollt Kühlung nun gewähren
der Wang', in Lieb' erglüht!

ORTRUD
Sie ist es!

FREDERIC
5' La puissance?

ORTRUDE
Ce n'est pas en vain que je
me suis plongée dans les arts les plus secrets;
prends bien garde à ce que je te dis!
Quiconque doit sa force à la magie,
16 si on lui ôte ne serait-ce que la plus petite partie
du corps, se révèle aussitôt
17 impuissant, tel qu'il est.

FREDERIC
Ah, puisses-tu dire vrai!

ORTRUDE
Si tu lui avais
au combat tranché un doigt,
ou même une phalange,
le héros était en ton pouvoir!

FREDERIC *(hors de lui)*
Horreur! Que me donnes-tu à entendre!
Je me pensais frappé par Dieu!
(Terriblement amer.)
Le jugement fut donc faussé par une fraude,
par une ruse magique j'ai perdu mon honneur!
Je pourrais donc venger ma honte,
je pourrais prouver ma bonne foi?
Je pourrais briser la fraude de l'amant,
et retrouver mon honneur!
O femme que je vois devant moi dans la nuit,
18 si maintenant tu me dupes encore, malheur à toi! Malheur!
Calme ta rage! En moi prends confiance,
Sache combien est douce la vengeance!

16 ORTRUDE ET FREDERIC
Que le serment soit fait d'accomplir cette vengeance
venue de la nuit cruelle de mon cœur!
Vous qui êtes perdus dans le doux sommeil,
sachez que le malheur veille sur vous!

SCÈNE II

Elsa, vêtue de blanc, apparaît sur la terrasse; Frédéric et Ortrude sont assis en face d'elle sur les marches de l'église.

ELSA
O brises, que ma plainte
a souvent emplies de tant de tristesse,
je dois vous dire, reconnaissante,
comment mon bonheur éclot!
Il est venu poussé par vous,
vous avez souri à son voyage;
sur les houles sauvages,
vous l'avez fidèlement protégé.
Pour sécher mes larmes,
je vous ai souvent mis en peine;
venez maintenant rafraîchir
mes joues brûlantes d'amour!

ORTRUDE
C'est elle!

FRIEDRICH
Elsa!

ORTRUD
Der Stunde soll sie fluchen,
in der sie jetzt mein Blick gewahrt. – Hinweg!
Entfern' ein kleines dich von hier!

FRIEDRICH
Warum?

ORTRUD
Sie ist für mich... ihr Held gehöre dir!
(Friedrich entfernt sich und verschwindet im Hintergrunde. Ortrud in ihrer bisherigen Stellung verbleibend, laut, mit klagendem Ausdruck.)
Elsa!

ELSA *(nach einem Schweigen)*
Wer ruft? – Wie schauerlich und klagend
ertönt mein Name durch die Nacht?

ORTRUD
Elsa!
Ist meine Stimme dir so fremd?
Willst du die Arme ganz verleugnen,
die du ins fersnte Elend schickst?

ELSA
Ortrud! Bist du's! -
Was machst du hier unglücklich Weib?

ORTRUD
... «Unglücklich Weib!»
Wohl hast du recht, so mich zu nennen!
In ferner Einsamkeit des Waldes,
wo still und friedsam ich gelebt;
was tat ich dir? Was tat ich dir?
Freudlos, das Unglück nur beweinend,
das lang belastet meinen Stamm,
was tat ich? Was tat ich dir?

ELSA
Um Gott, was klagest du mich an?
War ich es, die dir Leid gebracht?

ORTRUD
Wie könntest du füwahr mir neiden
das Glück, dass mich zum Weib erwählt
der Mann, den du so gern verschmäht?

ELSA
Allgütger Gott! Was soll mir das?

ORTRUD
Musst' ihn unsel'ger Wahn betören,
dich Reine einer Schuld zu zeihn,
von Reu' ist nun sein Herz zerrissen,
zu grimmer Buss' ist er verdammt.

ELSA
Gerechter Gott!

FREDERIC
Elsa!

ORTRUDE
Elle maudira cet instant
où elle affronte maintenant mon regard. Va-t-en!
Eloigne-toi un peu d'ici!

FREDERIC
Pourquoi?

ORTRUDE
Elle est à moi… son héros t'appartient!
(Frédéric s'éloigne et disparaît au fond. Ortrude, conservant la même attitude, à haute voix, avec une expression plaintive.)
Elsa!

ELSA *(après un silence)*
Qui m'appelle? Sinistre et plaintif,
mon nom résonne dans la nuit?

ORTRUDE
Elsa!
Ma voix t'est-elle si étrangère?
Renieras-tu la pauvre femme
que tu as plongée dans le plus profond malheur?

ELSA
Ortrude! Est-ce toi?
Que fais-tu ici, malheureuse femme?

ORTRUDE
«Malheureuse femme!»
Tu as bien raison de m'appeler ainsi!
Dans l'isolement lointain de la forêt,
où je vivais tranquille et paisible,
que t'ai-je fait? Que t'ai-je fait?
Sans joie, pleurant le malheur
qui frappe depuis longtemps ma race,
que t'ai-je fait? Que t'ai-je fait?

ELSA
Mon Dieu, que me reproches-tu?
Est-ce moi qui t'ai apporté la souffrance?

ORTRUDE
Comment pourrais-tu m'envier
le bonheur d'avoir été choisie comme épouse par
l'homme que tu as si volontiers humilié?

ELSA
Dieu de bonté! Qu'y puis-je?

ORTRUDE
Si quelque malheureuse folie l'a conduit
à t'accuser à tort d'une faute,
son cœur est maintenant déchiré de remords,
il est condamné à un redoutable châtiment.

ELSA
Juste ciel!

ORTRUD
O, du bist glücklich!
Nach kurzem, unschuldsüssen Leiden
siehst lächeln du das Leben nur;
von mir darfst selig du dich scheiden,
mich schickst du auf des Todes Spur,
dass meines Jammers trüber Schein
nie kehr' in deine Feste ein!

ORTRUDE
Oh, tu es heureuse!
Après la brève souffrance imméritée
tu vois la vie te sourire;
de moi tu dois écarter ton bonheur
tu m'envoies sur la voie de la mort,
en sorte que la vue de mon chagrin
jamais ne trouble tes fêtes.

ELSA *(sehr bewegt)*
Wie schlecht ich deine Güte priese,
Allmächt'ger, der mich so beglückt,
wenn ich das Unglück von mir stiesse,
das sich im Staube vor mir bückt!
O nimmer! Ortrud! Harre mein!
Ich selber lass dich zu mir ein!
(Sie eilt in die Kemenate zurück.)

ELSA *(très émue)*
Comme j'estimerais mal tes bontés,
Tout-puissant qui m'as tant comblée,
si je rejetais loin de moi le malheur
qui s'incline devant moi dans la poussière!
Non jamais! Ortrude! Attends-moi,
moi-même je vais te laisser entrer
(Elle se hâte de rentrer dans la Kemenate.)

ORTRUD *(springt in wilder Begeisterung von den Stufen auf.)*
Entweihte Götter! Helft jetzt meiner Rache!
Bestraft die Schmach, die hier euch angetan!
Stärkt mich im Dienste eurer heil'gen Sache!
Vernichtet der Abtrünn'gen schnöden Wahn!
Wodan! Dich Starken rufe ich!
Freia! Erhabne, höre mich!
Segnet mir Trug und Heuchelei,
dass glücklich meine Rache sei!

ORTRUDE *(se levant sur les marches, avec un fol enthousiasme)*
Dieux humiliés! Aidez-moi à me venger!
Punissez la honte qui vous a été infligée!
Donnez-moi la force au service de votre sainte cause!
Anéantissez les viles croyances des apostats!
Wodan le fort! J'en appelle à toi!
Freia la sublime! Entends-moi!
Accordez-moi la ruse et la fourberie,
que ma vengeance s'accomplisse!

ELSA *(noch ausserhalb)*
Ortrud, wo bist du?
(Elsa und zwei Mägde mit Lichtern treten aus der unteren Tür der Kemenate auf.)

ELSA *(encore à l'extérieur)*
Ortrude, où es-tu?
(Elsa et deux servantes portant des flambeaux sortent par la porte du bas de la Kemenate.)

ORTRUD *(sich demütig vor Elsa niederwerfend)*
Hier zu deinen Füssen.

ORTRUDE *(se jetant humblement aux pieds d'Elsa)*
Ici, à tes pieds.

ELSA *(bei Ortruds Anblick erschreckt zurücktretend.)*
Hilf Gott! So muss ich dich erblicken,
die ich in Stolz und Pracht nur sah!
Es will das Herze mir ersticken,
seh' ich so niedrig dich mir nah!
Steh auf! O spare mir dein Bitten!
Trugst du mir Hass, verzieh ich dir;
was du schon jetzt durch mich gelitten,
das, bitte ich, verzieh auch mir!

ELSA *(reculant avec effroi.)*
Grand Dieu! Dois-je te voir ainsi,
toi dont je n'ai vu que la fierté et le faste!
Mon cœur étouffe
de te voir si basse près de moi!
Lève-toi! Epargne-moi tes suppliques!
Si tu m'as voué ta haine, je te pardonne;
ce que tu as déjà souffert par moi,
pardonne-le moi aussi, je t'en prie!

ORTRUD
O habe Dank für so viel Güte!

ORTRUDE
Sois remerciée de tant de bonté!

ELSA
Der Morgen nun mein Gatte heisst,
anfleh' ich sein liebreich Gemüte,
dass Friedrich auch er Gnad' erweist.

ELSA
celui qui dès demain sera mon époux,
je demanderai qu'en son cœur affectueux
Frédéric trouve grâce lui aussi.

ORTRUD
Du fesselst mich in Dankes Banden!

ORTRUDE
Tu m'enchaînes dans les liens de la reconnaissance.

ELSA *(mit immer gesteigerter heiterer Erregtheit)*
In Frühn lass mich bereit dich sehn;
gesmückt mit prächtigen Gewanden
sollst du mit mir zum Münster gehn :
Dort harre ich des Helden mein,
(Freudig stolz.)

ELSA *(dans une agitation croisante)*
Dès l'aube, laisse-moi te voir prête,
parée de somptueux vêtements
tu iras avec moi à l'église :
J'attends là mon héros,
(Joyeuse et fière.)

vor Gott sein Eh'gemahl zu sein.

ORTRUD
Wie kann ich solche Huld dir lohnen,
da machtlos ich und elend bin?
Soll ich in Gnaden bei dir wohnen,
stets bleibe ich die Bettlerin!
(Immer näher zu Elsa tretend.)
Nur eine Kraft ist mir gegeben,
sie raubte mir kein Machtgebot;
durch sie vielleicht schütz' ich dein Leben,
bewahr' es ver der Reue Not!

ELSA *(unbefangen und freundlich)*
Wie meinst du?

ORTRUD *(heftig)*
Wohl, dass ich warne,
(Sich mässigend.)
zu blind nicht deinem Glück zu traun;
dass nicht ein Unheil dich umgarne,
lass mich für dich zur Zukunft schaun.

ELSA *(mit heimlichem Grauen)*
Welch Unheil?

ORTRUD *(sehr geheimnisvoll)*
Könntest du erfassen,
wie dessen Art so wundersam,
der nie dich möge so verlassen,
wie er durch Zauber zu dir kam!

ELSA *(von Grausen erfasst, wendet sich unwillig ab; voll Trauer und Mitleid wendet sie sich dann wieder zu Ortrud)*
Du Armste kannst wohl nie ermessen,
wie zweifellos mein Herze liebt?
Du hast wohl nie das Glück besessen,
das sich uns nur durch Glauben gibt?
(Freundlich.)
Kehr' bei mir ein! Lass mich dich lehren,
wie süss die Wonne reinster Treu'!
Lass zu dem Glauben dich bekehren :
es gibt ein Glück, das ohne Reu'!

ORTRUD *(für sich)*
Ha! Dieser Stolz, er soll mich lehren,
wie ich bekämpfe ihre Treu'!
Gen ihn will ich die Waffen kehren,
durch ihren Hochmut werd' ihr Reu'!
(Sie tritt, von Elsa geleitet, mit heuchlerischem Zögern durch die kleine Pforte ein; die Mägde leuchten voran und schliessen. Erstes Tagesgrauen.)

FRIEDRICH *(tritt aus dem Hintergrunde vor)*
So zieht das Unheil in dies Haus!
Vollführe, Weib, was deine List ersonnen;
dein Werk zu hemmen fühl' ich keine Macht!
Das Unheil hat mit meinem Fall begonnen,
nun stürzet nach, die mich dahin gebracht!
Nur eines seh' ich mahnend vor mir stehn :
der Räuber meiner Ehre soll vergehn!
(Nachdem er den Ort erspäht, der ihn vor dem Zulaufe des Volkes am güngstigsten verbergen könnte, tritt er hinter einen Mauervorsprung des Münsters.)

Pour être, devant Dieu, son épouse.

ORTRUDE
Comment puis-je te rendre une telle clémence,
impuissante et pitoyable comme je suis?
Si je dois vivre en ta merci,
je resterai toujours mendiante!
(S'approchant de plus en plus d'Elsa.)
Un seul pouvoir m'est donné
qu'aucun décret ne peut m'ôter;
Par lui je protègerai peut-être ta vie,
et la sauverai de la détresse du remords!

ELSA *(d'un air naturel et amical)*
Que veux-tu dire?

ORTRUDE *(violemment)*
Il est bon que je t'avertisse
(Se modérant.)
de ne pas te fier aveuglément à ton bonheur;
17 de crainte qu'un malheur ne te frappe,
laisse-moi regarder pour toi l'avenir.

ELSA *(avec un étrange frisson)*
Quel malheur?

ORTRUDE *(très mystérieuse)*
14 Puisses-tu comprendre
que cet homme d'origine si mystérieuse
pourrait un jour te quitter
comme il est venu à toi, par magie!

ELSA *(saisie d'horreur, elle se détourne malgré elle, puis, emplie de tristesse et de compassion, se retourne vers Ortrude)*
Misérable, tu ne pourras jamais savoir
à quel point mon cœur aime sans douter?
Tu n'a jamais connu le bonheur
qui ne se donne à nous que par la foi?
(Amicale)
19, 20 Entre auprès de moi! Laisse-moi t'apprendre
les doux plaisirs de la plus pure fidélité!
Laisse-moi te convertir à cette croyance :
il existe un bonheur sans nul remords.

ORTRUDE *(à part)*
Ah! C'est cette fierté qui va m'apprendre
comment combattre sa fidélité!
Contre elle je vais retourner les armes,
et lui faire regretter sa superbe!
(Conduite par Elsa, elle entre par la petite porte, après avoir feint d'hésiter; les servantes les éclairent et ferment
20 *ensuite la porte. Premières lueurs de l'aube.)*
16

FREDERIC *(s'avançant du fond)*
Ainsi le malheur entre en cette maison!
Accomplis, femme, ce qu'a conçu ta ruse;
je ne me sens aucun pouvoir d'empêcher ton œuvre!
Le malheur a commencé avec ma chute;
tombez, vous qui l'avez provoquée :
Je sens au fond du cœur un seul désir :
celui qui m'a dérobé mon honneur doit périr!
(Après avoir cherché l'endroit où il pourra le mieux se cacher avant l'arrivée du peuple, il se rend derrière une avancée du mur de l'église.)

DRITTER AUFTRITT

Allmählicher Tagesanbruch. Zwei Wächter blasen vom Turm das Morgenlied; von einem entfernteren Turme hört man antworten. Die Pforte des Palas öffnet sich, die vier Heerhornbläser des Königs schreiten heraus und blasen den Ruf. Die Heerhornbläser treten in den Palas zurück. Aus dem Burghofe und durch das Turmtor kommen nun immer zahlreicher brabantische Edle und Mannen vor dem Münster zusammen; sie begrüssen sich in heiterer Erregtheit.

DIE EDLEN UND MANNEN
In Frühn versammelt uns der Ruf,
gar viel verheisset wohl der Tag.
Der hier so hehre Wunder schuf,
manch neue Tat vollbringen mag.
(Der Heerrufer schreitet aus dem Palas. Der Königsruf wird wiederum geblasen.)

DER HEERRUFER *(auf der Höhe vor der Pforte des Palas)*
Des Königs Wort und Will' tu' ich euch kund;
drum achtet wohl, was euch durch mich er sagt!
In Bann und Acht ist Friedrich Telramund,
weil untreu er den Gotteskampf gewagt.
Wer sein noch pflegt, wer sich zu ihm gesellt,
nach Reiches Recht derselben Acht verfällt.

DIE MÄNNER
Fluch ihm, dem ungetreuen,
den Gottes Urteil traf!
Ihn soll der Reine scheuen,
es flieh' ihn Ruh' und Schlaf!
(Beim Rufe der Heerhörner sammelt sich das Volk wieder zur Aufmerksamkeit.)

DER HEERRUFER
Und weiter kündet euch der König an,
dass er den fremden, gottgesandten Mann,
den Elsa zum Gemahle sich ersehnt,
mit Land und Krone von Brabant belehnt.
Doch will der Held nicht Herzog sein gennant
ihr sollt ihn heissen : Schützer von Brabant!

DIE MÄNNER
Hoch der ersehnte Mann!
Heil ihm, den Gott gesandt!
Treu sind wir untertan
dem Schützer von Brabant!
(Neuer Ruf der Heerhornbläser.)

DER HEERRUFER
Nun hört, was er durch mich euch sagen lässt :
Heut feiert er mit euch sein Hochzeitsfest;
doch Morgen sollt ihr kampfgerüstet nahn,
zur Heeresfolg' dem König untertan;
er selbst verschmäht der süssen Ruh' zu pflegen,
(Mit Wärme.)
er führt euch an zu hehren Ruhmes Segen!

(Er geht nach einiger Zeit mit den vier Heerhornbläsern in den Palas zurück.)

SCÈNE III

Le jour se lève. De la tour, deux gardiens sonnent le réveil; on leur répond d'une tour distante. La porte du palais s'ouvre, les quatre trompettes du roi sortent, et sonnent l'appel. Les trompettes rentrent dans le palais. Venant de la cour du château et de la porte de la tour, les nobles et les hommes de Brabant se rassemblent de plus en plus nom-
4 *breux devant l'église; ils se saluent dans une joyeuse agitation.*

LES NOBLES ET LES HOMMES
L'appel nous rassemble à l'aube,
le jour est riche de promesses.
Celui qui fit ici un sublime miracle
pourrait accomplir maints nouveaux exploits.
(Le héraut sort du palais. L'appel du roi retentit à nouveau.)

4

LE HÉRAUT *(en haut, devant la porte du palais)*

Je vous annonce la parole et la volonté du roi;
écoutez bien ce qu'il vous dit par ma bouche!
Frédéric de Telramund est banni et exilé;
car, déloyal, il a osé livrer le combat divin.
Quiconque l'accueille, quiconque se lie à lui,
encourt le même exil, selon le droit de l'empire.

LES HOMMES
Maudit soit l'infidèle,
frappé par le jugement de Dieu!
Que les purs s'en écartent,
que le repos et le sommeil le fuient!
4 *(A l'appel des trompettes le peuple s'assemble de nouveau et se fait attentif.)*

LE HÉRAUT
Le roi vous fait encore savoir
que l'étranger, l'envoyé de Dieu,
qu'Elsa désire comme époux,
est investi de la terre et de la couronne de Brabant.
Mais le héros ne veut être nommé duc,
vous l'appellerez donc : protecteur du Brabant.

LES HOMMES
Gloire à l'homme attendu!
Salut à lui, l'envoyé de Dieu!
Nous sommes fidèlement soumis
au protecteur du Brabant!
2 *(Nouvel appel des trompettes du roi.)*

LE HÉRAUT
Ecoutez ce qu'il vous fait dire par ma bouche :
Aujourd'hui il célèbre avec vous ses noces;
mais demain vous viendrez armés
pour servir dans l'armée du roi;
quant à lui, il dédaigne le doux repos,
(Avec chaleur)
et vous conduira au bonheur de la noble gloire!

(Après un temps, il rentre au palais avec les quatre trompettes.)

DIE MÄNNER *(mit Begeisterung)*
Zum Streite säumet nicht,
führt euch der Hehre an!
Wer mutig mit ihm ficht,
dem lacht des Ruhmes Bahn.
Von Gott ist er gesandt
zur Grösse von Brabant!
(Während das Volk freudig durcheinander wogt, treten im Vordergrunde vier Edle, Friedrichs sonstige Lehnsmannen, zusammen.)

DER DRITTE EDLE
Nun hört, dem Lande will er uns entführen!

DER ZWEITE EDLE
Gen einen Feind, der uns noch nie bedroht?

DER VIERTE EDLE
Solch kühn Beginnen sollt' ihm nicht gebühren!

DER ERSTE EDLE
Wer wehret ihm, wen er die Fahrt gebot?

FRIEDRICH *(ist unbemerkt unter sie getreten.)*
Ich!
(Er enthüllt sein Haupt.)

DIE VIER EDLEN *(fahren entsetzt zurück)*
Ha! Wer bist du? – Friedrich!

DER VIERTE EDLE
Seh' ich recht?

DIE VIER EDLEN
Du wagst dich her, zur Beute jedem Knecht?

FRIEDRICH
Gar bald will ich wohl weiter noch mich wagen,
vor euren Augen soll es leuchtend tagen!
Der euch so kühn die Heerfahrt angesagt,
der sei von mir des Gottestrugs beklagt!

DIE VIER EDLEN
Was hör' ich? Rasender! Was hast du vor?
Verlorner du, hört dich des Volkes Ohr!
(Sie drängen Friedrich nach dem Münster, wo sie ihn vor dem Blicke des Volkes zu verbergen suchen. Vier Edelknaben treten aus der Tür der Kemenate auf den Söller, Laufen munter den Hauptweg hinab und stellen sich vor dem Palas auf der Höhe auf. Das Volk, das die Knaben gewahrt, drängt sich mehr nach dem Vordergrund.)

EDELKNABEN
Macht Platz für Elsa, unsre Frau :
die will in Gott zum Münster gehn.
(Sie schreiten nach vorn, indem sie durch die willig zurückweichenden Edlen eine breite Gasse bis zu den Stufen des Münsters bilden, wo sie dann sich selbst aufstellen. Vier andere Edelknaben treten gemessen und feierlich aus der Tür der Kemenate auf den Söller und stellen sich daselbst auf, um den Zug der Frauen, den sie erwarten, zu geleiten.)

LES HOMMES *(avec enthousiasme)*
8 Au combat sans tarder,
le héros nous conduit!
Qui se bat vaillamment avec lui,
verra s'ouvrir le chemin de la gloire.
Par Dieu il est envoyé
pour la grandeur du Brabant!
8 *(Pendant que le peuple s'agite gaiement, quatre nobles, qui faisaient autrefois partie de la suite de Frédéric, s'avancent en même temps au premier plan.)*

LE TROISIÈME NOBLE
Ecoutez! Il veut nous éloigner du pays!

LE DEUXIÈME NOBLE
Contre un ennemi qui ne nous menace pas encore?

LE QUATRIÈME NOBLE
Une telle audace ne lui réussira pas!

LE PREMIER NOBLE
Qui le contredira, s'il ordonne le départ?

FREDERIC *(s'étant glissé subrepticement parmi eux)*
Moi!
(Il dévoile son visage.)

LES QUATRE NOBLES *(reculant, effrayés)*
Ah! Qui es-tu? Frédéric?

LE QUATRIÈME NOBLE
Que vois-je?

LES QUATRE NOBLES
Tu oses te montrer ici, la proie de ce valet!

FREDERIC
Et bientôt j'oserai bien plus encore,
à vos yeux le jour éclatera!
Celui qui vous a si fièrement annoncé cette campagne,
je l'accuse de parjure!

LES QUATRE NOBLES
Qu'entends-je? Enragé! Que veux-tu?
Tu es perdu si l'oreille du peuple t'entend.
(Ils poussent Frédéric vers l'église, où ils cherchent à le soustraire à la vue du peuple. Quatre pages sortent sur la terrasse, par la porte de la Kemenate, descendent vivement par l'allée principale, et s'arrêtent en hauteur devant le palais. La foule, qui aperçoit les pages, se presse vers l'avant de la scène.)

LES PAGES
Faites place pour Elsa, notre dame :
Elle va en l'église prier Dieu.
(Ils s'avancent, en formant, grâce aux nobles qui s'écartent volontiers, une large haie jusqu'aux marches de l'église, où ils viennent eux-mêmes s'arrêter. Quatre autres pages sortent d'un pas solennel et mesuré par la porte de la Kemenate et attendent sur la terrasse le cortège des femmes, pour l'accompagner.)

VIERTER AUFTRITT

Ein langer Zug von Frauen in prächtigen Gewändern schreitet langsam aus der Pforte der Kemenate auf den Söller; er wendet sich links auf dem Hauptwege am Palas vorbei und von da wieder nach vorn dem Münster zu, auf dessen Stufen die zuerst Gekommenen sich aufstellen.

DIE EDLEN UND MANNEN *(während des Aufzuges)*
Gesegnet soll sie schreiten,
die lang in Demut litt!
Gott möge sie geleiten,
Gott hüte ihren Schritt.
(Die Edlen weichen hier vor den Edelknaben auf's neue zurück, welche dem Zuge, Bahn machen. Elsa ist, prächtig geschmückt, im Zuge aufgetreten und hier auf der Erhöhung vor dem Palas angelangt; alle können Elsa sehen, welche eine Zeitlang verweilt.)
Sie naht, die Engelgleiche,
von keuscher Glut entbrannt!
(Von hier an schreitet sie aus dem Hintergrunde langsam nach vorn durch die Gasse der Männer.)

MÄNNER UND FRAUEN
Heil dir, o Tugendreiche!
Heil Elsa von Brabant!
(Hier sind die vordersten Frauen bereits auf der Treppe des Münsters angelangt; unter den Frauen, geht Ortrud, ebensfalls reich gekleidet; die Frauen halten sich voll Scheu und wenig verhaltenem Unwillen von ihr entfernt. Als Elsa unter dem lauten Zurufe des Volkes eben den Fuss auf die erste Stufe zum Münster setzen will, tritt Ortrud, heftig hervor, schreitet auf Elsa zu, stellt sich auf derselben Stufe ihr entgegen und zwingt sie so, vor ihr wieder zurückzutreten.)

ORTRUD
Zurück, Elsa! Nicht länger will ich dulden,
dass ich gleich einer Magd dir folgen soll!
Den Vortritt sollst du überall mir schulden,
vor mir dich beugen sollst du demutsvoll!

DIE EDELKNABEN UND DIE MÄNNER
Was will daw Weib? Zurück!

ELSA *(erschroken)*
Um Gott! Was muss ich sehn?
Welch jäher Wechsel ist mit dir geschehn?

ORTRUD *(wird von den Edelknaben nach der Mitte der Bühne zurückgedrängt)*
Weil eine Stund' ich meines Werts vergessen,
glaubst du, ich müsste dir nur kriechend nahn?
Mein Leid zu rächen will ich mich vermessen,
was mir gebührt, das will ich nun empfahn!
(Lebhaftes Staunen und Bewegung aller.)

ELSA
Weh, liess ich durch dein Heucheln mich verleiten,
die diese Nacht sich jammernd zu mir stahl.
Wie willst du nun in Hochmut vor mir schreiten,
du eines Gottgerichteten Gemahl!

ORTRUD
Wenn falsch Gericht mir den Gemahl verbannte,

SCÈNE IV

Un long cortège de femmes, en habits somptueux, sort len-
21 *tement par la porte de la Kemenate sur la terrasse; il se*
a *dirige vers la gauche et passe devant le palais, puis de là à*
b *nouveau vers l'avant, en direction de l'église, sur les*
7 *marches de laquelle se tiennent les premiers arrivants.*

LES NOBLES ET LES SOLDATS *(pendant la procession)*
21b Qu'elle s'avance bénie,
celle qui a longtemps souffert dans l'humilité!
Que Dieu l'accompagne,
que Dieu protège ses pas.
(Les nobles s'effacent à nouveau devant les pages qui ouvrent la voie au cortège. Elsa, somptueusement vêtue, est entrée dans le cortège et est arrivée sur la hauteur devant le palais : tous peuvent voir Elsa, qui s'arrête un instant.)

Elle s'approche, l'angélique,
embrasée de sa chaste flamme!
(De là elle s'avance lentement du fond vers l'avant, le long de la haie formée par les hommes.)

LES HOMMES ET LES FEMMES
21a Salut à toi, ô vertueuse!
Salut à toi, Elsa de Brabant!
(Les premières femmes sont maintenant parvenues aux marches de l'église; parmi elles se trouve Ortrude, elle aussi richement vêtue; les autres femmes, emplies de crainte et d'indignation mal contenue, la tiennent à distance. Lorsqu'Elsa, au milieu des exclamations du peuple, va poser le pied sur la première marche de l'église, Ortrude s'avance énergiquement, se dirige vers Elsa et monte sur la même marche, face à elle, l'obligeant ainsi à reculer.)

ORTRUDE
Arrière, Elsa! Je ne souffrirai pas plus longtemps
de devoir te suivre comme une servante!
Tu dois partout m'accorder la préséance,
tu dois humblement t'incliner devant moi!

LES PAGES ET LES HOMMES
Que veut cette femme? Arrière!

ELSA *(effrayée)*
Dieu! Que vois-je?
Quel soudain changement s'est-il produit en toi?

ORTRUDE *(repoussée par les pages au milieu de la scène)*

Pour avoir une heure durant oublié mon rang,
crois-tu que je ne doive t'approcher qu'en rampant?
Je vais m'employer à venger ma souffrance,
et ce qui me revient, je vais maintenant l'exiger.
(Vif étonnement et agitation de tous.)

ELSA
Hélas, je me suis laissée duper par ton hypocrisie
quand cette nuit tu es venue te lamenter devant moi.
Comment, dans ton arrogance, peux-tu vouloir me précéder
toi l'épouse d'un condamné de Dieu!

ORTRUDE
Si un faux jugement a banni mon époux,

war doch sein Nam' im Lande hoch geehrt;
als aller Tugend Preis man ihn nur nannte,
gekannt, gefürchtet war sein tapfres Schwert.
Der deine, sag, wer sollte hier ihn kennen,
vermagst du selbst den Namen nicht zu nennen!

MÄNNER
Was sagt sie? Ha, was tut sie kund?

FRAUEN UND EDELKNABEN
Sie lästert!

ALLE
Wehret ihrem Mund!

ORTRUD
Kannst du ihn nennen, kannst du uns es sagen,
ob sein Geschlecht, sein Adel wohl bewährt?
Woher die Fluten ihn zu dir getragen,
wann und wohin er wieder von dir fährt?
Ha, nein!
(Mit grosser Kraft.)
Wohl brächte es ihm schlimme Not,
der kluge Held...
(Etwas gedehnt.)
die Frage drum verbot!

MÄNNER, FRAUEN UND KNABEN
Ha, spricht sie wahr? Welch schwere Klagen!
Sie schmähet ihn! Darf sie es wagen?

ELSA *(nach grosser Betroffenheit sich ermannend)*
Du Lästerin! Ruchlose Frau!
Hör', ob ich Antwort mir getrau'!
So rein und edel ist sein Wesen,
so tugendreich der hehre Mann,
dass nie des Unheils soll genesen,
wer seiner Sendung zweifeln kann!

DIE MÄNNER
Gewiss! Gewiss!

ELSA
Hat nicht durch Gott im Kampf geschlagen
mein teuer Held den Gatten dein?
(Zum Volke.)
Nun sollt nach Recht ihr alle sagen,
wer kann da nur der Reine sein?

MÄNNER
Nur er! Nur er!

FRAUEN, KNABEN UND MÄNNER
Dein Held allein!

ORTRUD *(Elsa verspottend)*
Ha, diese Reine deines Helden,
wie wäre sie so bald getrübt,
müsst' er des Zaubers Wesen melden,
durch den hier solche Macht er übt!
Wagst du ihn nicht darum zu fragen,
so glauben alle wir mit Recht,
du müsstest, selbst in Sorge zagen,
um seine Reine steh' es schlecht!

son nom est pourtant hautement respecté en ce pays;
on le tenait pour le prince de toutes les vertus,
on connaissait et craignait sa vaillante épée.
Mais toi, ton époux, qui ici le connaît?
Toi-même tu ne saurais par son nom l'appeler.

LES HOMMES
Que dit-elle? Ah! Qu'affirme-t-elle?

LES FEMMES ET LES PAGES
Calomnie!

TOUS
Faites-la taire!

ORTRUDE
Peux-tu le nommer, peux-tu nous dire
si sa lignée, si sa noblesse sont bien attestées?
D'où les flots te l'ont apporté,
quand il va te quitter, et pour aller où?
Ah, non!
(Avec force.)
Cela le mettrait en péril,
le rusé héros,...
(Un peu retenue.)
qui a donc interdit la question!

LES HOMMES, LES FEMMES ET LES ENFANTS
Ah, dit-elle vrai? Quelle grave accusation!
Elle l'outrage! Comment peut-elle oser?

ELSA *(se resaisissant, après un grand trouble)*
Calomniatrice! Scélérate!
Ecoute comment j'ose te répondre!
Sa nature est si pure et si noble,
si vertueux est cet homme vénérable,
que jamais n'échappera au malheur
celui qui osera douter de sa mission!

LES HOMMES
Soyons-en sûrs!

ELSA
Mon cher héros n'a-t-il pas grâce à Dieu
vaincu ton époux en combat?
(Au peuple.)
En toute justice, dites-moi donc maintenant,
lequel des deux est l'innocent?

LES HOMMES
Lui seul! Lui seul!

LES FEMMES, LES ENFANTS ET LES HOMMES
Seul ton héros!

ORTRUDE *(se moquant d'Elsa)*
Ah, cette pureté de ton héros,
comme elle serait bientôt ternie
s'il devait avouer la nature magique
du pouvoir qu'il détient ici!
Si tu n'oses l'interroger
nous croirons tous à bon droit
que toi-même tu frémis d'inquiétude
et vois son innocence compromise!

DIE FRAUEN *(Elsa unterstützend)*
Helft ihr vor der Verruchten Hass!
(Der Palas wird geöffnet, die vier Heerhornbläser des Königs schreiten heraus und blasen.)

DIE MÄNNER *(dem Hintergrunde zu blickend)*
Macht Platz! Macht Platz! Der König naht!

FÜNFTER AUFTRITT

Der König. Lohengrin und die sächsischen Grafen und Edlen sind in feierlichem Zuge aus dem Palas getreten; durch die Verwirrung im Vordergrunde wird der Zug unterbrochen. Der König und Lohengrin dringen durch die verwirrten Haufen lebhaft vor.

DIE BRABANTER
Heil! Heil dem König!
Heil dem Schützer von Brabant!

KÖNIG
Was für ein Streit?

ELSA *(sehr aufgeregt an Lohengrins Brust stürzend)*
Mein Herr! O mein Gebieter!

LOHENGRIN
Was ist?

KÖNIG
Wer wagt es hier, den Kirchengang
zu stören?

DES KÖNIGS GEFOLGE
Welcher Streit, den wir vernahmen?

LOHENGRIN *(Ortrud erblickend)*
Was seh' ich! Das unsel'ge Weib bei dir?

ELSA
Mein Retter! Schütze mich vor dieser Frau!
Schilt mich, wenn ich dir ungehorsam war!
In Jammer sah ich sie vor dieser Pforte,
aus ihrer Not nahm ich sie bei mir auf.
Nun sieh, wie furchtbar sie mir lohnt die Güte!
(Etwas zurückhaltend.)
sie schilt mich, dass ich dir zu sehr vertrau'!

LOHENGRIN *(den Blick fest und bannend auf Ortrud heftend, welche vor ihm sich nicht zu regen vermag.)*
Du fürchterliches Weib, steh an von ihr!
Hier wird dir nimmer Sieg!
(Er wendet sich freundlich zu Elsa.)
Sag, Elsa, mir,
vermocht' ihr Gift sie in dein Herz zu giessen?
(Elsa birgt ihr Gesicht weinend an seiner Brust.)

LOHENGRIN *(nach dem Münster deutend)*
Komm, lass in Freude dort diese Tränen fliessen!
(Er wendet sich mit Elsa und dem König dem Zuge voran nach dem Münster; alle lassen sich an, wohlgeordnet zu folgen. Friedrich tritt auf der Treppe des Münsters hervor.)

LES FEMMES *(soutenant Elsa)*
Gardez-la de la haine de cette enragée!
(La porte du palais s'ouvre, les quatre trompettes du roi sortent et sonnent.)

LES HOMMES *(regardant vers le fond)*
Faites place! Faites place! Le roi arrive!

SCÈNE V

Le roi, Lohengrin et les comtes et nobles saxons sortent du palais en cortège solennel; celui-ci est interrompu par le désordre qui règne à l'avant de la scène. Le roi et Lohengrin se précipitent à travers la foule.

LES BRABANÇONS
4 Salut! Salut au roi!
8 Salut au protecteur du Brabant!

LE ROI
Quelle est cette querelle?

ELSA *(très agitée, se précipitant contre Lohengrin)*
Mon seigneur! O mon maître!

LOHENGRIN
Qu'est-ce?

LE ROI
Qui ose ainsi troubler les pas
de ceux qui se rendent à l'église?

LA SUITE DU ROI
Quelle est cette querelle que nous découvrons?

LOHENGRIN *(regardant Ortrude)*
Que vois-je! Cette femme de malheur auprès de toi!

ELSA
Mon sauveur! Protège-moi de cette femme!
Réprimande-moi si je t'ai désobéi!
En pleurs je l'ai trouvée devant cette porte,
voyant sa détresse, je l'ai prise à mes côtés.
Vois donc comme elle me rend mal ma bonté!
(Quelque peu hésitante.)
Elle me reproche d'avoir trop confiance en toi!

LOHENGRIN *(fixant un regard résolu et envoûtant sur*
16 *Ortrude, qui ne se laisse pas troubler par lui)*
O femme effroyable, écarte-toi d'elle!
Ici tu ne connaîtras plus jamais le triomphe!
(Il se tourne affectueusement vers Elsa.)
Dis-moi, Elsa,
Son poison a-t-il réussi à se répandre en ton cœur?
(Elsa cache son visage en larmes sur sa poitrine.)

LOHENGRIN *(montrant l'église)*
Viens, laisse couler là des larmes de joie!
(À la tête du cortège, avec Elsa et le roi, il se dirige vers l'église; tous s'apprêtent à le suivre, en bon ordre. Frédéric s'élance sur les marches de l'église.)

FRIEDRICH
O König! Trugbetörte Fürsten! Haltet ein!

KÖNIG
Was will der hier?

DIE MÄNNER
Was will der hier?
Verfluchter, weich von dannen!

FRIEDRICH
O hört mich an!

KÖNIG
Zurückt! Weiche von dannen!

DIE MÄNNER
Hinweg! Du bist des Todes, Mann!

FRIEDRICH
Hört mich, dem grimmes Unrecht ihr getan!

KÖNIG
Hinweg!

DIE MÄNNER
Hinweg! Weich von dannen!

FRIEDRICH
Gottes Gericht, es ward entehrt, betrogen!
Durch eines Zaubers List seid ihr belogen!

DIE MÄNNER
Greift den Verruchten!

KÖNIG
Greift den Verruchten!

DIE MÄNNER
Hört! Er lästert Gott!

FRIEDRICH *(mit der fürchterlichsten Anstrengung)*
Den dort im Glanz ich vor mir sehe,
den klage ich des Zaubers an!
Wie Staub vor Gottes Hauch verwehe
die Macht, die er durch List gewann!
Wie schlecht ihr des Gerichtes wahrtet,
das doch die Ehre mir benahm,
da eine Frag' ihr ihm erspartet,
als er zum Gotteskampfe kam!
Die Frage nun sollt ihr nicht wehren,
dass sie ihm jetzt von mir gestellt :
(In gebieterischer Stellung.)
Nach Namen, Stand und Ehren
frag' ich ihn laut vor aller Welt!
Wer ist er, der ans Land geschwommen,
gezogen von einem wilden Schwan?
Wem solche Zaubertiere frommen,
dess' Reinheit achte ich für Wahn!
Nun soll der Klag' er Rede stehn;
vermag er's, so geschah mir recht,
wo nicht, so sollet ihr ersehn,
um seine Reine steh' es schlecht!

FREDERIC
O roi! O princes leurrés! Arrêtez!

LE ROI
Que veut-il?

LES HOMMES
Que veut-il?
Va-t'en d'ici, homme maudit!

FREDERIC
Oh, écoutez-moi!

LE ROI
Arrière! Va-t'en d'ici!

LES HOMMES
Arrière! Tu vas à la mort!

FREDERIC
Ecoutez-moi! Vous m'avez fait trop grand tort!

LE ROI
Arrière!

LES HOMMES
Arrière! Va-t'en d'ici!

FREDERIC
Le jugement de Dieu a été profané et faussé!
Vous avez été trompés par une ruse de magicien!

LES HOMMES
Saisissez l'enragé!

LE ROI
Saisissez l'enragé!

LES HOMMES
Ecoutez! Il blasphème!

FREDERIC *(au prix des plus terribles efforts)*
11 Celui que je vois radieux devant moi,
je l'accuse de magie!
Comme poussière devant le souffle de Dieu,
que s'envole la force qu'il obtint par artifice!
Comme vous avez mal compris ce jugement
qui m'a pourtant ravi mon honneur;
car vous lui avez épargné une question,
lorsqu'il se présenta au combat divin!
Cette question, vous ne pouvez maintenant
m'empêcher de la lui poser :
11 *(Dans une attitude impérieuse.)*
À voix haute, devant le monde entier,
je lui demande son nom, son rang, sa race!
Qui est-il, celui venu en cette terre
conduit par un cygne sauvage?
Si cet animal enchanté lui est dévoué,
je tiens son innocence pour folie!
L'accusé doit maintenant me répondre;
s'il le fait, ce qui m'arriva est juste.
Sinon, il vous faut estimer
que son innocence est bien compromise!

KÖNIG, DIE MÄNNER
Welch harte Klagen!

FRAUEN, KNABEN UND MÄNNER
Was wird er ihm entgegnen?

LOHENGRIN
Nicht dir, der so vergass der Ehren,
hab' not ich Rede hier zu stehn!
Des Bösen Zweifel darf ich wehren,
vor ihm wird Reine nie vergehn!

FRIEDRICH
Darf ich ihm nicht als würdig gelten,
dich ruf' ich, König, hoch geehrt!
Wird er auch dich unadlig schelten,
dass er die Frage dir verwehrt?

LOHENGRIN
Ja, selbst dem König darf ich wehren
und aller Fürsten höchstem Rat!
Nicht darf sie Zweifels Last beschweren,
sie sahen meine gute Tat!
Nur eine ist's, der muss ich Antwort geben :
Elsa...
(Er hällt betroffen an, als er, diese mit heftig wogender Brust in wildem innerem Kampfe vor sich hinstarren sieht.)
Elsa! – Wie seh' ich sie erbeben!
in wildem Brüten muss ich sie gewahren!
Hat sie betört des Hasses Lügenmund?
O Himmel! Schirm ihr Herz vor den Gefahren!
Nie werde Zweifel dieser Reinen Kund!

FRIEDRICH UND ORTRUD
In wildem Brüten darf ich sie gewahren,
der Zweifel keimt in ihres Herzens Grund;
der mir zur Not in dieses Land gefahren,
er ist besiegt, wird ihm die Frage kund!

KÖNIG UND ALLE MÄNNER
Welch ein Geheimnis muss der Held bewahren?
Bringt es ihm Not, so wahr' es treu sein Mund!
Wir schirmen ihn, den Edlen, vor Gefahren;
durch seine Tat ward uns sein Adel kund.

ELSA
Was er verbirgt, wohl brächt es ihm Gefahren,
vor aller Welt spräch' es hier aus sein Mund;
die er errettet, weh mir Undankbaren!
Verriet ich ihn, dass hier es werde kund.
Wüsst' ich sein Los, ich sollt' es treu bewahren!
Im Zweifel doch erbebt des Herzens Grund!

KÖNIG
Mein Held, entgegne kühn dem Ungetreuen!
Du bist zu hehr, um, was er klagt, zu scheuen!

DIE MÄNNER *(sich an Lohengrin drängend)*
Wir stehn zu dir, es soll uns nicht gereuen,
dass wir der Helden Preis in dir erkannt!
Reich uns die Hand! Wir glauben dir in Treuen,
dass hehr dein Nam', auch wenn er nicht genannt.

LE ROI, LES HOMMES
11 Quelle accusation sévère!

LES FEMMES, LES ENFANTS ET LES HOMMES
Que va-t-il lui répondre?

LOHENGRIN
Je n'ai pas à te répondre ici, à toi
qui as tant oublié ton honneur!
Je puis récuser les soupçons du méchant,
devant lui l'innocent ne cèdera jamais!

FREDERIC
Si je ne lui semble pas digne,
j'en appelle à toi, ô roi vénéré!
Va-t-il aussi contester ta noblesse,
et t'interdire la question?

LOHENGRIN
Oui, au roi lui-même je la refuse
ainsi qu'au conseil suprême de tous les princes!
Ils n'ont pas à porter le fardeau du doute,
ils ont vu mon bel exploit!
Il n'en est qu'une à qui je doive répondre :
Elsa...
17 *(Il s'arrête, frappé de la voir, le regard fixe, le cœur palpitant, dans ce cruel combat intérieur.)*
Elsa! Comme je la vois trembler!
14 Faut-il qu'elle soit la proie de ces cruelles pensées?
16 Les paroles de mensonge et de haine l'ont-elle troublée?
O ciel! Protège son cœur des dangers!
Que jamais son innocence ne connaisse le doute!

FREDERIC ET ORTRUDE
17 Faut-il qu'elle soit la proie de ces cruelles pensées,
le doute a germé au fond de son cœur;
celui qui est venu en ce pays faire mon malheur
est vaincu, si on lui pose la question.

LE ROI ET TOUS LES HOMMES
16 Quel secret le héros doit-il préserver?
S'il lui apporte un malheur, que sa bouche le taise fidèlement!
Nous protègerons des dangers ce seigneur
dont les exploits nous ont proclamé la noblesse.

ELSA
Ce qu'il cache le mettrait sûrement en danger,
Ses lèvres dussent-elles le dévoiler au monde entier.
Malheur à moi, ingrate qu'il a sauvée,
si je le trahissais pour qu'il le fît connaître!
Si je savais sa destinée, je la tairais fidèlement!
Le doute s'élève pourtant du fond de mon cœur!

14

LE ROI
Mon héros, réponds avec audace à l'infidèle!
Tu es trop noble pour craindre ses accusations!

LES HOMMES *(se pressant autour de Lohengrin)*
Nous sommes à tes côtés, et point ne regretterons
d'avoir reconnu en toi le prince des héros!
Tends-nous la main! Nous avons foi en toi!
Noble est ton nom, fût-il secret.

LOHENGRIN
Euch Helden soll der Glaube nicht gereuen,
werd' euch mein Nam' und Art auch nie genannt!
(Während Lohengrin, von den Männern, in deren dargereichte Hand er jedem einschlägt, umringt, etwas tiefer im Hintergrund verweilt – drängt sich Friedrich unbeachtet an Elsa, welche bisher vor Unruhe, Verwirrung und Scham noch nicht vermocht hat, auf Lohengrin zu blicken, und so, mit sich kämpfend, noch einsam im Vordergrunde steht.)

FRIEDRICH *(leise, sich zu Elsa neigend)*
Vertraue mir! Lass dir ein Mittel heissen,
das dir Gewissheit schafft!

ELSA *(erschroken, doch leise)*
Hinweg von mir!

FRIEDRICH
Lass mich das kleinste Glied ihm nur entreissen,
des Fingers Spitze, und ich schwöre dir,
was er dir hehlt, sollst frei du vor dir sehn,
dir treu, soll nie er dir von hinnen gehn!

ELSA
Ha! Nimmermehr!

FRIEDRICH
Ich bin dir nah zur Nacht
rufst du, ohn' Schaden ist es schnell vollbracht.

LOHENGRIN *(schnell in den Vordergrund tretend)*
Elsa, mit wem verkehrst du da?
(Elsa wendet sich mit einem zweifelvoll Schmerzlichen Blick von Friedrich ad un sinkt tief erschüttert zu Lohengrins Füssen.)
(Mit fürchterlicher Stimme zu Friedrich und Ortrud.)
Zurück von ihr, Verfluchte!
Dass nie mein Auge je
euch wieder bei ihr seh'!
Elsa, erhebe dich! – In deiner Hand,
in deiner Treu' liegt alles Glückes Pfand!
Lässt nicht des Zweifels Macht dich ruhn?
Willst du die Frage an mich tun?

ELSA
Mein Retter, der mir Heil gebracht!
Mein Held, in dem ich muss vergehn!
(Mit Bedeutung und Entschluss.)
Hoch über alles Zweifels Macht
soll meine Liebe stehn!
(Sie sinkt an seine Brust.)
(Die Orgel ertönt aus dem Münster; Glockengeläute.)

LOHENGRIN
Heil dir, Elsa! Nun lass vor Gott uns gehn!

DIE MÄNNER *(in begeisterter Rührung)*
Seht, er ist von Gott gesandt!
(Lohengrin führt Elsa feierlich an den Edlen vorüber zum König.)
Heil euch! Heil Elsa von Brabant!
(Von dem König geleitet, schreiten Lohengrin und Elsa langsam dem Münster zu.)
Gesegnet sollst du schreiten!

LOHENGRIN
O héros, vous ne regretterez pas votre foi,
même si mon nom et ma race restent à jamais secrets!
(Tandis que Lohengrin, serrant la main tendue par chacun des hommes qui l'entourent, reste un peu plus loin à l'arrière-plan, Frédéric s'approche discrètement d'Elsa, qui, dans son agitation, son trouble et sa honte, n'a pas encore réussi à regarder Lohengrin et qui demeure donc seule à l'avant-plan, luttant contre elle-même.)

FREDERIC *(à voix basse, penché vers Elsa)*
17 Fais-moi confiance! Laisse-moi te dire un moyen
qui te donnera la certitude!

ELSA *(effrayée, mais à voix basse)*
Eloigne-toi de moi!

FREDERIC
Laisse-moi lui enlever lc plus petit de ses membres,
la pointe d'un doigt, et je te le jure :
ce qu'il te cache, tu le verras dévoilé devant toi;
fidèle à toi, jamais il ne te quittera!

ELSA
Ah! Jamais!

FREDERIC
Cette nuit je serai près de toi;
appelle-moi, et tout se passera vite et sans dommage.

LOHENGRIN *(arrivant rapidement au premier plan)*
Elsa, à qui parles-tu donc là?
(Elsa se détourne de Frédéric avec un douloureux regard empli de doute et s'effondre, profondément bouleversée, aux pieds de Lohengrin.)
(D'une voix redoutable, à Frédéric et Ortrude.)
Eloignez-vous d'elle, maudits!
Que plus jamais mes yeux
ne vous voient auprès d'elle!
Elsa, relève-toi! En ta main,
en ta fidélité reposent les gages de tout bonheur!
Ne te laisses-tu pas troubler par la force du doute?
Veux-tu me poser la question?

22

ELSA
Mon sauveur, qui m'as apporté le salut!
Mon héros, en toi je dois me perdre!
(Ferme et résolue.)
Mon amour sera bien au-dessus
de toutes les forces du doute!
(Elle s'appuie sur sa poitrine.)
(On entend l'orgue venant de l'église et les cloches.)

LOHENGRIN
Salut à toi, Elsa! Allons maintenant devant Dieu.

21a LES HOMMES *(dans un mouvement d'enthousiasme)*
Voyez, il est envoyé par Dieu!
(Lohengrin conduit solennellement Elsa auprès du roi, passant devant les nobles.)
Salut à vous! Salut, Elsa de Brabant!
(Conduits par le roi, Elsa et Lohengrin s'avancent lentement vers l'église.)
Bénis soient tes pas!

Gott möge dich geleiten!

Que Dieu t'accompagne!

DIE MÄNNER, FRAUEN UND KNABEN
Heil dir, o Tugendreiche!
Heil Elsa von Brabant!

LES HOMMES, LES FEMMES ET LES ENFANTS
Salut à toi, ô vertueuse!
Salut, Elsa de Brabant!

(Als der König mit dem Brautpaar die höchste Stufe erreicht, wendet sich Elsa in grosser Ergriffenheit zu Lohengrin, dieser empfängt sie in seinen Armen. Aus dieser Umarmung blickt sie mit scheuer Besorgnis rechts von der Treppe hinab und gewahrt Ortrud, welche den Arm gegen sie erhebt, als halte sie sich des Sieges gewiss; Elsa wendet erschreckt ihr Gesicht ab. Als Elsa und Lohengrin, wieder vom König geführt, dem Eingang des Münsters weiter zuschreiten, fällt der Vorhang.)

(Lorsque le roi parvient à la plus haute marche avec les deux fiancés, Elsa se tourne, très émue, vers Lohengrin qui la prend dans ses bras. Au moment de cette étreinte, elle regarde en bas à droite des marches et, avec une épouvantable appréhension, aperçoit Ortrude, qui lève le bras contre elle, comme si elle était sûre de la victoire; Elsa, effrayée, détourne le visage. Au moment où Elsa et Lohengrin, toujours conduits par le roi, s'apprêtent à entrer dans l'église, le rideau tombe.)

Orchestervorspiel

DRITTER AUFZUG

Prélude orchestral

TROISIÈME ACTE

Die einleitende Musik schildert das prächtige Rauschen des Hochzeitsfestes. Als der Vorhang aufgeht, stellt die Bühne das Brautgemach dar, in der Mitte des Hintergrundes das reichgeschmückte Brautbett; an einem offenen Erkerfenster ein niedriges Ruhebett Musik hinter der Bühne; der Gesang ist erst entfernt, dann näherkommend.

La musique d'introduction dépeint les sonorités brillantes de la noce. Au lever du rideau, la scène représente la chambre nuptiale, avec, dans le fond, au milieu, le lit nuptial somptueusement paré; près d'un oriel, un lit de repos. Musique derrière la scène; le chant, d'abord lointain, se rapproche.

(23a, b, c)

ERSTER AUFTRITT

In der Mitte des Liedes werden rechts und links im Hintergrunde Türen geöffnet, rechts treten Frauen auf, welche Elsa, links die Männer mit dem Könige, welche Lohengrin geleiten. Edelknaben mit Lichtern voraus.

SCÈNE I

Au milieu du chant nuptial, des portes s'ouvrent au fond à droite et à gauche; de la droite arrivent des femmes qui conduisent Elsa; à gauche, les hommes, avec le roi, qui accompagnent Lohengrin. À l'avant, des pages avec des flambeaux.

DER MÄNNER UND FRAUEN *(Brautlied)*
Treulich geführt ziehet dahin,
wo euch der Segen der Liebe bewahr'!
Siegreicher Mut, Minnegewinn
eint euch in Treue zum seligsten Paar.
Streiter der Jugend, schreite voran!
Zierde der Jugend, schreite voran!
Rauschen des Festes seid entronnen,
Wonne des Herzens sei euch gewonnen!
Duftender Raum, zur Liebe gesmückt,
nehm' euch nun auf, dem Glanze entrückt.
Treulich geführt ziehet nun ein,
wo euch der Segen der Liebe bewahr'!
Siegreicher Mut, Minne so rein
ein' euch in Treue zum seligsten Paar.
(Als die beiden Züge in der Mitte der Bühne sich begegneten ist Elsa von den Frauen Lohengrin zugeführt worden; sie umfassen sich und bleiben in der Mitte stehen. Edelknaben entkleiden Lohengrin des reichen Obergewandes, gürten ihm das Schwert ab und legen dieses am Ruhebette nieder; Frauen entkleiden Elsa ebenfalls ihres kostbaren Obergewandes.)

LES HOMMES ET LES FEMMES *(Chant nuptial)*
Sous notre fidèle conduite, entrez
là où vous attend la bénédiction de l'amour.
Courage triomphant, amour victorieux
vous unissent fidèlement dans le plus heureux des couples.
Défenseur de la jeunesse, avance-toi!
Fleur de la jeunesse, avance-toi!
Que les bruits de la fête s'éteignent,
que vos cœurs s'enivrent!
Que la chambre parfumée, parée pour l'amour,
vous accueille à présent, loin de toute pompe.
Sous votre fidèle garde, entrez
là où vous attend la bénédiction de l'amour
Courage triomphant, amour si pur
vous unissent fidèlement dans le plus heureux des couples.
(Lorsque les deux cortèges se rencontrent au milieu de la scène, les femmes conduisent Elsa auprès de Lohengrin; les deux fiancés s'embrassent et restent debout au milieu. Les pages enlèvent le somptueux manteau de Lohengrin, lui retirent son épée et la posent près du lit de repos; les femmes enlèvent à Elsa son fastueux manteau.)

ACHT FRAUEN
Wie Gott euch selig weihte,
zu Freuden weihn euch wir.
In Liebesglücks Geleite
denkt lang der Stunde hier!
(König umarmt und segnet Lohengrin und Elsa. Die Edelknaben mahnen zum Aufbruch. Die Züge ordnen sich wieder, und während des Folgenden schreiten sie an den Neuvermählten vorüber, so dass die Männer rechts, die Frauen links das Gemach verlassen.)

HUIT FEMMES
De même que Dieu vous a bénis,
nous vous souhaitons la joie.
Au fil de votre bonheur d'amour,
rappelez-vous toujours cette heure!
(Le roi embrasse et bénit Lohengrin et Elsa. Les pages donnent le signal du départ. Les cortèges se reforment, et, pendant ce chant nuptial qui suit, passent devant les jeunes mariés, les hommes quittant la chambre par la droite et les femmes par la gauche.)

BRAUTLIED
Treulich bewacht bleibet zurück,
wo euch der Segen der Liebe bewahr'!
Siegreicher Mut, Minne und Glück
eint euch in Treue zum seligsten Paar.
Streiter der Tugend, bleibe daheim!
Zierde der Jugend, bleibe daheim!
Rauschen des Festes seid entronnen,
Wonne des Herzens sei euch gewonnen!
Duftender Raum, zue Liebc gesmückt,
nahm euch nun auf, dem Glanze entrückt.

(Hier haben die Züge die Bühne gänzlich verlassen; die Türen werden von den letzten Knaben geschlossen. In immer weiterer Ferne verhallt der Gesang. Elsa ist, wie überselig Lohengrin an die Brust gesunken. Lohengrin setzt sich, auf einem Ruhebett nieder, indem er Elsa sanft nach sich zieht.)

CHANT NUPTIAL
24 Sous notre fidèle garde, entrez
là où vous attend la bénédiction de l'amour.
Courage triomphant, amour et bonheur
vous unissent fidèlement et vous font le plus heureux des couples.
Défenseur de la jeunesse, reste là!
Fleur de la jeunesse, reste-là!
Quc les bruits de la fête s'éteignent,
que vos cœurs s'enivrent!
Que la chambre parfumée, parée pour l'amour,
vous accueille à présent, loin de toute pompe.
(Les cortèges ont maintenant quitté la scène; les derniers pages ferment les portes. Le chant nuptial, de plus en plus lointain, s'éteint. Elsa, en extase, est appuyée sur la poitrine de Lohengrin. Lohengrin s'asseoit sur le lit de repos et attire doucement Elsa contre lui.)

ZWEITER AUFTRITT

SCÈNE II

LOHENGRIN
Das süsse Lied verhallt; wir sind allein,
zum erstenmal allein, seit wir uns sahn.
Nun sollen wir der Welt entronnen sein,
kein Lauscher darf des Herzens Grüssen nahn.
Elsa, mein Weib! Du süsse, reine Braut!
Ob glücklich du, das sei mir jetzt vertraut!

LOHENGRIN
Le doux chant s'éteint; nous sommes seuls,
pour la première fois seuls depuis que nous nous vîmes.
Nous allons nous détacher du monde,
qu'aucun auditeur ne surprenne les saluts du cœur.
Elsa, ma femme! O douce et pure épouse!
Confie-moi maintenant que tu es heureuse!

ELSA
Wie wär' ich kalt, mich glücklich nur zu nennen,
besitz' ich aller Himmel Seligkeit!
Fühl' ich zu dir so süss mein Herz entbrennen,
atme ich Wonnen, die nur Gott verleiht!

ELSA
Je serais bien froide de ne me dire qu'heureuse,
alors que je possède la félicité de tous les cieux!
25 Lorsque je sens mon cœur brûler pour toi d'un feu si doux,
je respire le bonheur que Dieu seul accorde!

LOHENGRIN *(feurig)*
Vermagst du, Holde, glücklich dich zu nennen,
gibst du auch mir des Himmels Seligkeit!
(zärtlich)
Fühl' ich zu dir so süss mein Herz entbrennen,
atme ich Wonnen, die nur Gott verleiht!
Wie hehr erkenn' ich unsrer Liebe Wesen!
Die nie sich sahn, wir hatten uns geahnt;
war ich zu deinem Streiter auserlesen,
hat Liebe mir zu dir den Weg gebahnt :
dein Auge sagte mir dich rein von Schuld,
mich zwang dein Blick, zu deinen deiner Huld.

LOHENGRIN *(enflammé)*
Si toi, ma douce, tu puis te dire heureuse,
tu me donnes aussi la félicité céleste!
(Tendrement)
Lorsque je sens mon cœur brûler pour toi d'un feu si doux,
je respire le bonheur que Dieu seul accorde!
Comme l'essence de notre amour me paraît grande!
Sans nous être jamais vus, nous nous aimions déjà;
si je fus choisi pour être ton défenseur,
c'est l'amour qui m'a ouvert la voie vers toi :
tes yeux te proclamaient vierge de toute faute,
ton regard me contraignait à servir ta grâce.

ELSA
Doch ich zuvor schon hatte dich gesehen,
in sel'gem Traume warst du mir genaht;
als ich nun wachend dich sah vor mir stehen,
erkannt' ich, dass du kamst auf Gottes Rat.

ELSA
Mais moi, je t'avais déjà vu auparavant,
dans ce rêve bienheureux tu étais venu à moi;
8 lorsqu'éveillée je te vis, devant moi, debout,
je sus que tu venais sur ordre de Dieu.

Da wollte ich vor deinem Blick zerfliessen,
gleich einem Bach umwinden deinen Schritt,
gleich einer Blume, duftend auf der Wiesen,
wollt' ich entzückt mich beugen deinem Tritt.
Ist dies nur Liebe? – Wie soll ich es nennen,
dies Wort, so unaussprechlich wonnevoll,
wie ach! Dein Name – den ich nie darf kennen,
bei dem ich nie mein Höchstes nennen soll!

LOHENGRIN *(schmeichelnd)*
Elsa!

ELSA
Wie süss mein Name deinem Mund entgleitet!
(Etwas zögernd.)
Gönnst du des deinen holden Klang mir nicht?
Nur, wenn zur Liebesstille wir geleitet,
sollst du gestatten, dass mein Mund ihn spricht.

LOHENGRIN
Mein süsses Weib!

ELSA
Einsam, wenn niemand wacht;
nie sein der Welt er zu Gehör gebracht!

LOHENGRIN *(sie freundlich umfassend und durch das offene Fenster auf den Blumengarten deutend)*
Atmest du nicht mit mir die süssen Düfte?
O wie so hold berauschen sie den Sinn!
Geheimnisvoll sie nahen durch die Lüfte,
fraglos geb' ihrem Zauber ich mich hin.
(Mit erhobener Stimme.)
So ist der Zauber, der mich dir verbunden,
da als ich zuerst, du Süsse, dich ersah;
nicht deine Art ich brauchte zu erkunden,
dich sah mein Aug' – mein Herz begriff dich da.
Wie mir die Düfte hold den Sinn berücken,
nahn sie mir gleich aus rätselvoller Nacht :
so deine Reine musste mich entzücken,
traf ich dich auch in schwerer Schuld Verdacht.

ELSA *(indem sie sich demütig an ihn schmiegt)*
Ach, könnt' ich deiner wert erscheinen,
müsst' ich vor dir nicht bloss vergehn;
könnt' ein Verdienst mich dir vereinen,
dürft' ich in Pein für dich mich sehn!
Wie du mich trafst vor schwerer Klage,
o wüsste ich auch dich in Not;
dass mutvoll ich ein Mühen trage,
kennt' ich ein Sorgen, das dir droht!
Wär' das Geheimnis so geartet,
das aller Welt verschweigt dein Mund?
Vielleicht, dass Unheil dich erwartet,
würd' aller Welt es offen kund?
O, wär' es so und dürft' ich's wissen,
dürft' ich in meiner Macht es sehn,
durch keines Drohn sei mir's entrissen,
für dich wollt' ich zum Tode gehn!

LOHENGRIN
Geliebte!

Je voulus fondre devant ton regard,
comme un ruisseau, accompagner tes pas,
comme une fleur parfumant la prairie,
je voulus, ravie, m'incliner devant ta venue.
N'est-ce qu'amour? Comment doit-je le nommer,
ce bonheur indicible,
tel, hélas! ton nom – que jamais je ne saurai,
par quoi jamais n'appellerai mon très haut!

LOHENGRIN *(caressant)*
Elsa!

ELSA
Qu'il est doux, mon nom qui s'échappe de tes lèvres!
(Hésitant quelque peu.)
Ne connaîtrai-je pas le doux son du tien?
Maintenant que nous sommes dans le silence de l'amour,
permets-tu à mes lèvres de le prononcer?

LOHENGRIN
Ma douce femme!

ELSA
Nous sommes seuls, alors que personne ne veille :
jamais il ne parviendra aux oreilles du monde!

LOHENGRIN *(l'enlaçant affectueusement et montrant par la fenêtre le jardin en fleurs)*
26 Ne respires-tu point avec moi les doux parfums?
Oh, comme ils enivrent doucement nos sens!
En secret, ils s'approchent dans les airs,
et sans questions je me livre à leur charme.
(D'une voix plus forte.)
Tel est le charme qui m'unit à toi
quand je te vis, ma douce, pour la première fois;
je n'eus nul besoin de connaître ta race,
mes yeux te voyaient, mon cœur te comprenait.
25 Comme ces parfums qui captivent doucement mes sens,
26 qui viennent à moi de la mystérieuse nuit,
ton innocence ne pouvait que me ravir,
alors même que je te rencontrai soupçonnée d'un grave crime.

ELSA *(se blotissant humblement contre lui)*
Ah! Si je pouvais paraître digne de toi,
si je ne devais pas simplement m'effacer devant toi;
si quelque service à toi pouvait m'unir,
si je pouvais pour toi me voir souffrir!
De même que tu m'as vue affronter de graves accusations,
j'aimerais moi aussi te savoir en détresse;
que courageusement je pusse porter un fardeau,
partager un souci qui te menace!
14 Ton secret est-il tel
que devant le monde entier ta bouche se taise?
Irait-il causer ton malheur
s'il était livré au public?
Oh, s'il était tel et que je puisse le connaître,
si je pouvais le voir sous ma garde,
aucune menace ne viendrait me l'arracher,
pour toi je voudrais aller jusqu'à la mort!

LOHENGRIN
Bien-aimée!

ELSA *(immer leidenschaftlicher)*
O, mach mich stolz durch dein Vertrauen,
dass ich Unwert nicht vergeh'!
Lass dein Geheimnis mich erschauen,
dass, wer du bist, ich offen seh'!

LOHENGRIN
Ach, schweige, Elsa!

ELSA *(immer drängender)*
Meiner Treue
enthülle deines Adels Wert!
Woher du kamst, sag ohne Reue,
durch mich sei Schweigens Kraft bewährt!

LOHENGRIN *(streng und ernst)*
Höchstes Vertraum hast du mir schon zu danken,
da deinem Schwur ich Glauben gern gewährt;
wirst nimmer du vor dem Gebote wanken,
hoch über alle Fraun dünkst du mich wert!
(Er wendet schnell sich wieder libevoll zu Elsa.)
An meine Brust, du Süsse, Reine!
Sei meines Herzens Glühen nah,
dass mich dein Auge sanft bescheine,
in dem ich all mein Glück ersah!
O gönne mir, dass mit Entzücken
ich deinen Atem sauge ein;
lass fest, ach! Fest an mich dich drücken,
dass ich in dir mög' glücklich sein!
Dein Lieben muss mir hoch entgelten
für das, was ich um dich verliess;
kein Los in Gottes weiten Welten
wohl edler als das meine hiess.
Böt' mir der König seine Krone,
ich dürfte sie mit Recht verschmähn.
Das einz'ge, was mein Opfer lohne,
muss ich in deiner Lieb' ersehn!
Drum wolle stets den Zweifel meiden,
Dein Lieben sei mein stolz Gewähr!
Denn nicht komm' ich aus Nacht und Leiden,
aus Glanz und Wonne komm' ich her!

ELSA
Hilf Gott, was muss ich hören!
Welch Zeugnis gab dein Mund!
Du wolltest mich betören,
nun wird mir Jammer kund!
Das Los, dem du entronnen,
es war dein höchstes Glück;
du kamst zu mir aus Wonnen
und sehnest dich zurück!
Wie soll ich Armste glauben,
dir g'nüge meine Treu'?
Ein Tag wird dich mir rauben
durch deiner Liebe Reu'!

LOHENGRIN
Halt ein, dich so zu quälen!

ELSA
Was quälest du mich doch!
Soll ich die Tage zählen,
die du mir bleibest noch?
In Sorg' um dein Verweilen

ELSA *(de plus en plus passionnément)*
Oh, rends-moi fière par ta confiance,
que je ne disparaisse pas indigne!
Laisse-moi partager ton secret,
que je sache vraiment qui tu es!

LOHENGRIN
Ah, Elsa, tais-toi!

ELSA *(de plus en plus pressante)*
À ma confiance
dévoile ton noble lignage!
Dis-moi sans remords d'où tu viens,
que je prouve la force du silence!

LOHENGRIN *(sévère et grave)*
Tu me sais déjà gré de la plus haute confiance,
puisque j'ai voulu croire en ton serment;
si jamais tu ne chancelles devant l'interdiction,
je t'estimerai bien au-dessus de toutes les femmes!
27 *(Se tournant rapidement vers Elsa, plein d'affection.)*
Viens sur mon sein, ma douce innocente!
Sois proche de l'ardeur de mon cœur,
que tendrement sur moi rayonne ton regard,
en quoi j'aperçus tout mon bonheur!
27 Laisse-moi, dans l'extase,
boire ton souffle;
laisse-moi te serrer tout près contre moi,
que je puisse être heureux en toi!
23c Ton amour me récompensera largement
de ce que j'ai perdu pour toi;
23c nulle destinée dans le vaste monde de Dieu,
ne peut se dire plus noble que la mienne.
Si le roi m'offre sa couronne,
j'aurais raison de la dédaigner.
En ton amour je verrai
le seul prix de mon sacrifice!
16 Rejette à jamais le doute,
14 que ton amour soit mon orgueilleuse caution!
Car je ne viens pas de la nuit et de la souffrance;
Je viens de la lumière et du bonheur!

ELSA
17 O Ciel, que faut-il entendre?
Quelle preuve m'est donnée par tes lèvres!
Tu voulais me séduire,
et maintenant je découvre mon malheur!
La destinée à laquelle tu as renoncé
était ton bonheur suprême;
Tu es venu à moi de la félicité
et il te tarde d'y retourner!
17 Comment croire, malheureuse que je suis,
que ma confiance te suffisait?
Un jour tu me seras enlevé
par le regret de m'avoir aimée!

LOHENGRIN
Cesse de te tourmenter ainsi!

ELSA
C'est toi qui me tourmentes!
Faut-il compter les jours
qu'il te reste à passer près de moi?
De peur que tu ne partes,

verblüht die Wange mir,
dann wirst du mir enteilen,
im Elend bleib' ich hier!

LOHENGRIN
Nie soll dein Reiz entschwinden,
bleibst du von Zweifel rein!

ELSA
Ach, dich an mich zu binden,
wie sollt' ich mächtig sein?
Voll Zauber ist dein Wesen,
durch Wunder kamst du her;
wie sollt' ich da genesen,
wo fänd' ich dein Gewähr?
(Sie schreckt in heftigster Aufregung zusammen und hält an, wie um zu lauschen.)
Hörtest du nichts? Vernahmest du kein Kommen?

LOHENGRIN
Elsa!

ELSA
Ach nein!
(Vor sich hinstarrend.)
Doch dort – der Schwan – der Schwan!
Dort kommt er auf der Wasserflut geschwonnen.
Du rufest ihm – er zieht herbei den Kahn!

LOHENGRIN
Elsa! Halt ein! Beruh'ge deinen Wahn!

ELSA
Nichts kann mir Ruhe geben,
dem Wahn mich nichts entreisst,
als – gelt' es auch mein Leben,
zu wissen, wer du seist!

LOHENGRIN
Elsa, was willst du wagen?

ELSA
Unselig holder Mann,
hör, was ich dich muss fragen!
Den Namen sag mir an!

LOHENGRIN
Halt ein!

ELSA
Woher die Fahrt?

LOHENGRIN
Weh dir!

ELSA
Wie deine Art?

LOHENGRIN
Weh uns, was tatest du!
(Elsa, die vor Lohengrin steht, gewahrt Friedrich und seine vier Genossen, welche mit gezückten Schwertern durch eine hintere Tür hereinbrechen.)

mes joues vont se faner.
Alors tu me fuiras,
et je resterai dans la misère!

LOHENGRIN
Jamais ton charme ne disparaîtra,
tant que tu resteras pure de tout doute.

ELSA
17 Ah! pour t'attacher à moi
où prendrai-je la force?
Ton être est empli de magie,
par miracle tu es venu ici;
comment m'en libérer,
où trouver ta caution?
(En proie à une grande agitation, elle s'arrête, comme pour écouter.)
N'entends-tu rien? Ne vois-tu rien venir?

LOHENGRIN
Elsa!

ELSA
Ah non!
12 *(Le regard fixé devant elle.)*
Mais là-bas, le cygne, le cygne!
Il arrive en glissant sur les flots.
Tu l'appelles – il tire la barque!

LOHENGRIN
Elsa! Cesse! Calme ta folie!

ELSA
Rien ne peut me donner le repos,
rien ne m'ôtera l'illusion,
si ce n'est – fût-ce au prix de ma vie –
14 savoir qui tu es!

LOHENGRIN
Elsa, que veux-tu oser?

ELSA
O malheureux et tendre époux,
écoute ce qu'il me faut te demander!
Dis-moi ton nom!

LOHENGRIN
Cesse!

ELSA
D'où es-tu venu?

LOHENGRIN
Malheur à toi!

ELSA
Quelle est ta race?

LOHENGRIN
Malheur à nous! Qu'as-tu fait?
(Elsa, debout devant Lohengrin, aperçoit Frédéric et ses quatre compagnons, qui pénètrent par une porte du fond, l'épée tirée.)

ELSA *(nach einem fürchterlichen Schrei)*
Rette dich! Dein Schwert, dein Schwert!
(Sie reicht das am Ruhebett angelehnte Schwert hastig Lohengrin. Lohengrin streckt Friedrich, welcher nach ihm ausholt, mit einem Streiche tot zu Boden; den entsetzten Edlen entfallen die Schwerter, sie stürzen zu Lohengrins Füssen auf die Knie. Elsa, sinkt ohnmächtig langsam an ihm zu Boden. Langes Stillschweigen.)

LOHENGRIN
Weh, nun ist all unser Glück dahin!
(Er neigt sich zu Elsa hinab, erhebt sie sanft und lehnt sie auf das Ruhebett.)

ELSA
Allewiger, erbarm dich mein!
(Der Tag ist in allmählichem Anbruche begriffen; die Kerzen drohen zu verlöschen. Auf Lohengrins Zeichen erheben sich die vier Edlen.)

LOHENGRIN
Tragt den Erschlagnen vor des Königs Gericht!
(Die Edlen nehmen die Leiche Friedrichs auf und entfernen sich mit ihr durch eine Tür des Hintergrundes. Lohengrin läutet an einem Glockenzuge; vier Frauen treten von links ein.)

LOHENGRIN
Sie vor den König zu geleiten,
schmückt Elsa, meine süsse Frau!
Dort will ich Antwort ihr bereiten,
dass sie des Gatten Art erschau'!
(Er entfernt sich mit traurig feierlicher Haltung durch die Tür rechts. – Die Frauen geleiten Elsa, die keiner Bewegung mächtig ist, nach links ab. Der Tag hat langsam begonnen zu grauen; die Kerzen sind verloschen. Ein zusammenfallender Vorhang schliesst im Vordergrunde die ganze Szene. Wie aus dem Burghofe herauf hört man Heerhörner einen Aufruf blasen.
Verwandlung.
Als der vordere Vorhang wieder aufgezogen wird, stellt die Bühne die Aue am Ufer der Schelde dar, wie im ersten Aufzug. – Glühende Morgenröte, allmählicher Anbruch des vollen Tages.

DRITTER AUFTRITT

Als die Trompeten des Königs vernommen werden, eilt alles, sich um die Banner zu ordnen. Der König mit seinem sächsischen Heerbann zieht von links ein.

ALLE MÄNNER *(an die Schilde schlagend, als der König unter der Eiche angelangt ist)*
Heil König Heinrich!
König Heinrich Heil!

KÖNIG *(unter der Eiche stehend)*
Habt Dank, ihr Lieben von Brabant!
Wie fühl' ich stolz mein Herz entbrannt,
find' ich in jedem deutschen Land
so kräftig reichen Heerverband!
Nun soll des Reiches Feind sich nahn,
wir wollen tapfer ihn empfahn :
aus seinem öden Ost daher

ELSA *(après un cri effroyable)*
Défends-toi! Ton épée, ton épée!
(Elle tend précipitamment à Lohengrin l'épée posée sur le lit de repos. Lohengrin tue d'un coup Frédéric qui s'était élancé contre lui. Les nobles, épouvantés, laissent tomber leur épée et se jettent à genoux aux pieds de Lohengrin. Elsa s'effondre, inanimée, auprès de lui. Long silence.)

LOHENGRIN
Hélas, tout notre bonheur est enfui!
(Il se penche vers Elsa, la relève doucement et l'appuie contre le lit de repos.)

25 ELSA
Eternel, aie pitié de moi!
(Le jour se lève peu à peu; les chandelles sont sur le point
11 *de s'éteindre. Au signe de Lohengrin les quatre nobles se lèvent.)*

LOHENGRIN
Portez le mort devant la justice du roi!
(Les nobles soulèvent la dépouille de Frédéric et s'éloi-
16 *gnent par une porte du fond. Lohengrin sonne une cloche; quatre femmes entrent par la gauche.)*

LOHENGRIN
Pour l'accompagner devant le roi,
parez Elsa, ma douce femme!
14 Là, je lui donnerai la réponse,
qu'elle sache la race de son époux!
(Il s'éloigne d'un pas triste et solennel par la porte de droite. Les femmes emmènent Elsa, incapable du moindre mouvement, par la gauche. Le jour a lentement commencé à
14 *poindre. Les chandelles sont éteintes. Un rideau qui tombe au premier plan cache toute la scène. On entend les cuivres*
2 *du roi sonner un appel qui semble provenir de la cour du château.*
Changement de décor.
Lorsque le rideau se relève, la scène représente la prairie au bord de l'Escaut, comme au premier acte. Lueur de l'aube, puis, peu à peu, lever du jour.)

SCÈNE III

En entendant les trompettes du roi, tous viennent se ranger
28 *rapidement sous leur bannière. Le roi, avec les saxons qui*
4 *forment le ban du roi, entre par la gauche.*

TOUS LES HOMMES *(frappant sur leur bouclier, tandis que le roi est arrivé sous le chêne)*
Salut, ô roi Henri!
O roi Henri, salut!

4 LE ROI *(debout sous le chêne)*
Soyez remerciés, chers sujets de Brabant!
Comme je sentirais mon cœur brûler d'orgueil,
en trouvant dans chaque pays germanique
une si puissante armée!
Que l'ennemi de l'empire s'approche,
nous l'affronterons vaillamment :
de ses déserts de l'est

soll er sich nimmer wagen mehr!
Für deutsches Land das deutsche Schwert!
So sei des Reiches Kraft bewährt!

ALLE MÄNNER
Für deutsches Land das deutsche Schwert!
So sei des Reiches Kraft bewährt!

KÖNIG
Wo weilt nun der, den Gott gesandt
zum Ruhm, zur Grösse von Brabant?
(Ein scheues Gedränge ist entstanden; die vier brabantischen Edlen bringen auf einer Bahre Friedrichs verhüllte Leiche getragen und setzen sie in der Mitte der Bühne nieder. Alles blickt sich unheimlich fragend an.)

MÄNNER
Was bringen die?

ANDERE
Was tun sie kund?

DRITTE
Die Mannen sind's des Telramund!

KÖNIG
Wen führt ihr her? Was soll ich schaun?
Mich fasst bei eurem Anblick Graun!

DIE VIER EDLEN
So will' s der Schützer von Brabant :
wer dieser ist, macht er bekannt.
(Elsa, mit grossem Gefolge von Frauen, tritt auf und schreitet langsam, wankenden Schrittes in den Vordergrund.)

MÄNNER
Seht! Elsa naht, die tugendreiche!

EINIGE ANDERE
Wie ist ihr Antlitz trüb und bleiche!

KÖNIG *(der Elsa entgegengegangen ist.)*
Wie muss ich dich so traurig sehn!
Will dir so nah die Trennung gehn?
(Elsa versucht vor ihm aufzublicken, vermag es aber nicht.Grosses Gedränge entseht im Hintergrunde.)

EINIGE
Macht Platz dem Helden von Brabant!

ALLE MÄNNER
Heil! Heil dem Helden von Brabant!
(Der König hat seinen Platz unter der Eiche wieder eingenommen. – Lohengrin, ganz so gewaffnet wie im ersten Aufzuge, ist ohne Gefolge, feierlich und traurig, aufgetreten und schreitet ernst in den Vordergrund.)

KÖNIG
Heil deinem Kommen, teurer Held!
Die du so treulich riefst ins Feld,
die harren dein in Streites Lust,
von dir geführt, des Siegs bewusst.

il n'osera plus jamais sortir!
Pour la terre germanique, l'épée germanique!
Que soit ainsi préservée la force de l'empire!

TOUS LES HOMMES
Pour la terre germanique, l'épée germanique!
Que soit ainsi préservée la force de l'empire!

LE ROI
Où est donc celui que Dieu envoya
pour la gloire, pour la grandeur du Brabant?
(Un tumulte mêlé de crainte s'élève; les quatre nobles brabançons apportent sur une civière le corps de Frédéric couvert d'un voile et le posent au milieu de la scène. Tous regardent d'un air mystérieux et interrogateur.)

DES HOMMES
Qu'apportent-ils?

D'AUTRES HOMMES
Que nous apprennent-ils?

D'AUTRES
Ce sont les hommes de Telramund!

LE ROI
Qui portez-vous? que vois-je?
Je suis saisi de terreur à votre vue!

LES QUATRE NOBLES
Telle est la volonté du protecteur du Brabant :
Il va faire savoir qui il est.
14 *(Elsa, suivie d'un long cortège de femmes, entre et avance à pas lents et hésitants au premier plan.)*

DES HOMMES
Voyez! Elsa, la vertueuse, s'avance.

QUELQUES AUTRES
17 Comme son visage est pâle et défait!

LE ROI *(parti au devant d'Elsa)*
Pourquoi faut-il te voir si triste!
La séparation est-elle si près de toi?
7 *(Elsa essaie de le regarder mais n'y parvient pas. Grand tumulte dans le fond.)*

QUELQUES HOMMES
Faites place au héros du Brabant!

8 TOUS LES HOMMES
Salut! Salut à toi, héros du Brabant!
(Le roi a repris sa place sous le chêne. Lohengrin, armé comme au premier acte, arrive sans suite, solennel et triste, et s'avance d'un pas grave au premier plan.)

LE ROI
Sois le bienvenu, ô précieux héros
ceux que tu as fidèlement appelés à la guerre
t'attendent dans la joie du combat,
conduits par toi, sûrs de la victoire.

DIE BRABANTER
Wir harren dein in Streites Lust,
von dir geführt, des Siegs bewusst.

LOHENGRIN
Mein Herr und König, lass dir melden :
die ich berief, die kühnen Helden,
zum Streit sie führen darf ich nicht!
(Alle drücken höchste Betroffenheit aus.)

KÖNIG UND MÄNNER
Hilf Gott! Welch hartes Wort er spricht!

FRAUEN
Hilf Gott!

LOHENGRIN
Als Streitgenoss bin nicht ich hergekommen;
als Kläger sei ich jetzt von euch vernommen;
(Er enthüllt Friedrichs Leiche, von deren Anblick sich alle mit Abscheu abwenden.)
zum ersten klage laut ich vor euch allen
und frag' um Spruch nach Recht und Fug :
da dieser Mann zur Nacht mich überfallen,
sagt, ob ich ihn mit Recht erschlug?

KÖNIG UND ALLE MÄNNER *(die Hand feierlich nach der Leiche ausstreckend.)*
Wie deine Hand ihn schlug auf Erden,
soll dort ihm Gottes Strafe werden!

LOHENGRIN
Zum andern aber sollt ihr Klage hören,
denn aller Welt nun klag' ich laut,
dass zum Verrat an mir sich liess betören
das Weib, das Gott mir angetraut!

KÖNIG
Elsa! Wie konntest du dich so vergehn?

DIE MÄNNER
Elsa! Wie mochte das geschehn?
Wie konntest du dich so vergehn?

DIE FRAUEN
Wehe dir, Elsa!

LOHENGRIN
Ihr hörtet alle, wie sie mir versprochen,
dass nie sie wollt' erfragen, wer ich bin?
Nun hat sie ihren teuren Schwur gebrochen,
treulosem Rat gab sie ihr Herz dahin!
(Alle drücken die heftigste Erschütterung aus.)
Zu lohnen ihres Zweifels wildem Fragen,
sei nun die Antwort länger nicht gespart :
des Feindes Drängen durft' ich sie versagen,
nun muss ich künden, wie mein Nam' und Art.
(Mit immer steigender Verklärung seiner Mienen.)
Jetzt merket wohl, ob ich den Tag muss scheuen :
vor aller Welt, vor König und vor Reich
enthülle mein Geheimnis ich in Treuen.
So hört, ob ich an Adel euch nicht gleich!

LES BRABANÇONS
Nous t'attendons dans la joie du combat,
conduits par toi, sûrs de la victoire.

LOHENGRIN
Mon seigneur et roi, laisse-moi te dire :
ces vaillants héros que j'ai appelés,
je ne puis les mener au combat.
(Tous expriment leur vive stupéfaction.)

LE ROI ET LES HOMMES
Dieu nous aide! Quelles cruelles paroles!

LES FEMMES
Dieu nous aide!

LOHENGRIN
Je ne suis pas venu en compagnon d'armes;
C'est en accusateur que vous me voyez devant vous;
(Il dévoile le corps de Frédéric, dont tous se détournent avec horreur.)
Tout d'abord je me plains à voix haute devant tous
et demande un arrêt conforme à la loi :
cet homme m'a assailli de nuit;
dites-moi si j'étais en droit de le tuer?

LE ROI ET TOUS LES HOMMES *(étendant solennellement la main vers la dépouille)*
Comme ta main l'a frappé sur terre,
qu'il reçoive le châtiment de Dieu!

LOHENGRIN
Mais il vous faut entendre une autre plainte,
car je proclame devant le monde entier
que la femme que Dieu me confia
s'est laissée amenée à me trahir!

LE ROI
Elsa! Comment as-tu pu ainsi pécher?

LES HOMMES
Elsa! Comment cela a-t-il pu se produire?
Comment as-tu pu ainsi pécher?

LES FEMMES
Malheur à toi, Elsa!

LOHENGRIN
Vous avez tous entendu comme elle m'avait promis
de ne jamais demander qui je suis?
Voici qu'elle a rompu son précieux serment,
et livré son cœur au perfide conseil!
(Tous sont saisis de la plus vive émotion.)
À la cruelle question dictée par son doute,
la réponse ne se fera pas attendre plus longtemps :
Je pouvais la refuser à la pression ennemie,
mais maintenant je dois proclamer mon nom et ma race.
(Avec une expression de plus en plus transfigurée.)
Voyez donc si je dois craindre le jour :
devant le monde entier, devant le roi et l'empire,
je dévoile mon secret en toute franchise.
Ecoutez si je ne suis d'une noblesse égale à la vôtre!

KÖNIG UND ALLE MÄNNER
Welch Unerhörtes muss ich nun erfahren?
O könnt' er die erzwungne Kunde sich ersparen!

LE ROI ET TOUS LES HOMMES
Que vais-je apprendre d'inouï?
Oh, puisse-t-il s'épargner cet aveu forcé!

LOHENGRIN *(in feierlicher Verklärung vor sich hinblickend.)*
In fernem Land, unnahbar euren Schritten,
liegt eine Burg, die Monsalvat gennant;
ein lichter Tempel stehet dort immitten,
so kostbar, als auf Erden nichts bekannt;
drin ein Gefäss von wundertät'gem Segen
wird dort als höchstes Heiligtum bewacht :
es ward, dass sein der Menschen reinste pflegen,
herab von einer Engelschar gebracht;
alljährlich naht vom Himmel eine Taube,
um neu zu stärken seine Wunderkraft :
es heisst der Gral, und selig reinster Glaube
erteilt durch ihn sich seiner Ritterschaft.
Wer nun dem Gral zu dienen ist erkoren,
den rüstet er mit überird'scher Macht;
an dem ist jedes Bösen Trug verloren,
wenn ihn er sieht, weicht dem des Todes Nacht.
Selbst wer von ihm in ferne Land' entsendet,
zum Streiter für der Tugend Recht ernannt,
dem wird nicht seine heil'ge Kraft entwendet,
bleibt als sein Ritter dort er unerkannt.
So hehrer Art doch ist des Grales Segen,
enthüllt – muss er des Laien Auge fliehn;
des Ritters drum sollt Zweifel ihr nicht hegen,
erkennt ihr ihn – dann muss er von euch ziehn.
Nun hört, wie ich verbother Frage lohne!
Vom Gral ward ich zu euch daher gesandt :
mein Vater Parzival trägt seine Krone,
sein Ritter ich – bin Lohengrin gennant.

1 LOHENGRIN *(regardant devant lui, solennel et transfiguré)*
En un lointain pays, inaccessible à vos pas,
gît un château appelé Monsalvat;
un temple lumineux se trouve en son centre,
d'une splendeur telle que la terre n'en connaît point.
2 Un vaisseau aux vertus miraculeuses
y est gardé comme la sainteté suprême :
pour être confié en toute pureté aux hommes,
il fut descendu par une légion d'anges;
chaque année une colombe vient du ciel
pour renouveler sa force miraculeuse :
il a nom le Graal, et une foi sainte et pure
se répand grâce à lui sur sa chevalerie.
2 Quiconque est choisi pour servir le Graal
est investi d'une force surnaturelle;
face à lui tout artifice du mal est vain,
la nuit de la mort s'efface devant qui le voit.
Quiconque est envoyé par lui en pays lointain,
appelé pour défendre les droits de la vertu,
ne se voit point privé de sa force sacrée,
si on ne sait pas qu'il en est chevalier.
La bénédiction du Graal est d'une si sublime nature,
que, voilée, elle doit fuir les regards profanes;
vous ne pouvez donc douter de son chevalier,
une fois reconnu, il est contraint de partir.
Ecoutez maintenant la réponse à la question interdite!
Par le Graal je fus envoyé à vous :
mon père Parsifal en porte la couronne
8 son chevalier je suis, et j'ai nom Lohengrin.
3

KÖNIG, MÄNNER UND FRAUEN *(voll Staunens und in höchster Rührung auf ihn hinblickend)*
Hör' ich so seine höchste Art bewähren,
entbrennt mein Aug' in heil'gen Wonnezähren.

LE ROI, LES HOMMES ET LES FEMMES *(emplis d'étonnement, ils le regardent avec la plus vive émotion)*
En l'entendant révéler sa suprême noblesse,
des larmes de douleur me viennent brûler les yeux.

ELSA *(wie vernichtet)*
Mir schwankt der Boden! Welche Nacht!
O Luft! Luft der Unglücksel'gen!
(Sie droht umzusinken.)

ELSA *(comme anéantie)*
Le sol se dérobe! Quelle obscurité!
De l'air! De l'air pour la malheureuse que je suis!
(Elle est sur le point de s'effondrer.)

LOHENGRIN *(fasst sie in seine Arme.)*
O Elsa! Was hast du mir angetan?
Als meine Augen dich zuerst ersahn,
zu dir fühlt' ich in Liebe mich entbrannt
und schnell hatt' ich ein neues Glück erkannt :
die hehre Macht, die Wunder meiner Art,
die Kraft, die mein Geheimnis mir bewahrt,
wollt' ich dem Dienst des reinsten Herzens weihn :
was rissest du nun mein Geheimnis ein?
Jetzt muss ich, ach! Von dir geschieden sein!

LOHENGRIN *(prenant Elsa dans ses bras)*
O Elsa! Que m'as-tu fait?
Quand mes yeux te virent pour la première fois,
je me sentis brûler d'amour pour toi,
et connus bientôt un bonheur nouveau :
mon noble pouvoir, le miracle de ma race,
la force que me prêtait mon secret,
je voulus les vouer au service du cœur le plus pur :
que m'as-tu arraché mon secret?
Je dois maintenant, hélas, me séparer de toi!

KÖNIG UND ALLE MÄNNER
Weh! Wehe! Musst du von uns ziehn,
du hehrer, gottgesandter Mann!
Soll uns des Himmels Segen fliehn,
wo fänden dein wir Tröstung dann?

LE ROI ET TOUS LES HOMMES
Malheur! Malheureux! Dois-tu nous quitter,
homme sublime, envoyé par Dieu?
Si la bénédiction du ciel nous fuit,
où trouverons-nous alors consolation?

ELSA *(in heftigste Verzweiflung ausbrechend)*
Mein Gatte, nein! Ich lass' dich nicht von hinnen!

ELSA *(laissant éclater le plus profond désespoir)*
Mon époux, non! Je ne te laisserai point partir!

Als Zeuge meiner Busse bleibe hier!
Nicht darfst du meiner bittern Reu entrinnen;
dass du mich strafest, liege ich vor dir!

DIE FRAUEN
Weh, nun muss er von dir ziehn!

LOHENGRIN
Ich muss, ich muss! Mein süsses Weib!
Schon zürnt der Gral, dass ich ihm ferne bleib'!

ELSA
Bist du so göttlich, als ich dich erkannt,
sei Gottes Gnade nicht aus dir verbannt!
Büsst sie in Jammer ihre schwere Schuld,
nicht flieh' die Ärmste deiner Nähe Huld!
Verstoss mich nicht, wie gross auch mein Verbrechen!
Verlass mich, ach! Verlass mich Ärmste nicht!

LOHENGRIN
Nur eine Strafe gibt's für dein Vergehn,
ach! Mich wie dich trifft ihre herbe Pein!
Getrennt, geschieden sollen wir uns sehn :
dies muss die Strafe, dies die Sühne sein!
(Elsa sinkt mit einem Schrei zu Boden.)

KÖNIG UND DIE EDLEN *(Lohengrin umringend)*
O bleib! O zieh uns nicht von dannen!
Des Führers harren deine Mannen!

LOHENGRIN
O König, hör! Ich darf dich nicht geleiten!
Des Grales Ritter, habt ihr ihn erkannt,
wollt' er in Ungehorsam mit euch streiten,
ihm wäre alle Manneskraft entwandt!
Doch, grosser König, lass mich dir weissagen :
dir Reinem ist ein grosser Sieg verliehn!
Nach Deutschland sollen noch in fernsten Tagen
des Ostens Horden siegreich nimmer ziehn!
(Lebhafte Erregung. Vom Hintergrunde her verbreitet sich der Ruf : «Der Schwan! Der Schwan!»
Man sieht auf dem Flusse den Schwan mit dem leeren Nachen auf dieselbe Weise wie bei Lohengrins erstem Erscheinen anlangen.)

DIE MÄNNER
Der Schwan! Der Schwan!
Seht dort ihm wieder nahn!

DIE FRAUEN
Der Schwan! Weh, er naht!

ELSA *(aus ihrer Betäubung erweckt, erhebt sich, auf den Sitz gestützt, und blickt nach dem Ufer.)*
Entsetzlich! Ha, der Schwan!
(Sie verbleibt lange Zeit wie erstarrt in ihrer Stellung.)

LOHENGRIN *(erschüttert)*
Schon sendet nach dem Säumigen der Gral!
(Unter der gespanntesten Erwartung der übrigen tritt Lohengrin dem Ufer näher und neigt sich zu dem Schwan, ihn wehmütig betrachtend.)
Mein lieber Schwan!
Ach, diese letzte traur'ge Fahrt,

Reste ici en témoin de mon remords!
Tu ne peux fuir mon amer repentir;
je suis à tes pieds pour que tu me punisses!

LES FEMMES
Malheur, il doit maintenant te quitter!

LOHENGRIN
Il le faut, il le faut! Ma douce femme!
Le Graal s'irrite déjà de ce que je reste loin de lui!

ELSA
Si tu es aussi divin que je te sais,
que la grâce de Dieu ne soit point bannie de toi!
Si elle expie dans la douleur sa lourde faute,
que la faveur de ta présence ne fuie pas la malheureuse!
Ne me repousse pas, ah! Ne quitte pas la malheureuse que je suis!

LOHENGRIN
Il n'est qu'un châtiment pour ton méfait,
et son amère douleur me frappe comme toi!
Nous serons séparés, nous serons désunis :
tel est le châtiment, telle est l'expiation!
(Elsa s'effondre en criant.)

LE ROI ET LES NOBLES *(entourant Lohengrin)*
Oh reste! Ne nous abandonne point!
Tes soldats attendent leur chef!

LOHENGRIN
O roi, écoute-moi! Je ne puis t'accompagner!
Le chevalier du Graal, une fois reconnu,
s'il voulait désobéir et combattre avec vous,
se verrait privé de toute force humaine!
Et pourtant, ô grand roi, laisse-moi te le prédire :
à toi, le pur, une grande victoire est promise!
Sur l'empire germanique, même aux jours les plus lointains,
les hordes orientales jamais ne l'emporteront!
(Vive agitation. Venu du fond, un cri se propage : «Le cygne! Le cygne!»
On aperçoit sur le fleuve le cygne avec la nacelle vide, de la même manière que lors de la première apparition de Lohengrin.)

LES HOMMES
Le cygne! Le cygne!
Voyez comme il revient!

LES FEMMES
Le cygne! Le cygne! Il s'approche!

8 ELSA *(réveillée de sa torpeur, elle se relève, appuyée sur le siège, et regarde vers le rivage)*
Horreur! Ah! Le cygne!
(Elle reste longtemps comme figée dans son attitude.)

LOHENGRIN *(ému)*
Le Graal envoie déjà chercher celui qui s'attarde!
12 *(Tandis que les autres attendent, bouleversés, Lohengrin s'approche de la rive et se penche vers le cygne qu'il contemple avec tristesse.)*
O mon cygne bien-aimé!
Ah, ce dernier, ce triste voyage,

wie gern hätt' ich sie dir erspart!
In einem Jahr, wenn deine Zeit
im Dienst zu Ende sollte gehn;
dann durch des Grales Macht befreit,
wollt' ich dich anders wieder sehn!
(Er wendet sich im Ausbruch heftigen Schmerzes zu Elsa zurück.)
O Elsa! Nur ein Jahr an deiner Seite
hatt' ich als Zeuge deines Glücks ersehnt!
Dann kehrte, selig in des Grals Geleite,
dein Bruder wieder, den du tot gewähnt.
(Alle drücken ihre lebhafte Uberraschung aus.
Lohengrin während er sein Horn, sein Schwert und seinen Ring Elsa überreicht.)

Kommt er dann heim, wenn ich ihm fern im Leben,
dies Horn, dies Schwert, den Ring sollst du ihm geben.
Dies Horn soll in Gefahr ihm Hilfe schenken,
in wildem Kampf dies Schwert ihm Sieg verleiht :
doch bei dem Ringe soll er mein gedenken,
der einstens dich aus Schmach und Not befreit!
(Während er Elsa, die keins Ausdrucks mächtig ist, wiederholt küsst.)
Leb wohl! Leb wohl! Leb wohl! Mein süsses Weib!
Leb wohl! Mir zürnt der Gral, wenn ich noch bleib'!
(Elsa hat sich krampfhaft an ihm festgehalten; endlich verlässt sie die Kraft, sie sinkt ihren Frauen in die Arme, denen sie Lohengrin übergibt, wonach dieser schnell dem Ufer zueilt.)

KÖNIG, MÄNNER UND FRAUEN *(die Hände nach Lohengrin ausstreckend)*
Weh! Weh! Du edler, holder Mann!
Welch harte Not tust du uns an!

ORTRUD *(tritt im Vordergrunde auf, mit jubelnder Gebärde)*
Fahr heim! Fahr heim, du stolzer Helde,
dass jubelnd ich der Törin melde,
wer dich gezogen in dem Kahn!
Am Kettlein, das ich um ihn wand,
ersah ich wohl, wer dieser Schwan :
es ist der Erbe von Brabant!

ALLE
Ha!

ORTRUD *(zu Elsa)*
Dank, dass den Ritter du vertrieben!
Nun gibt der Schwan ihm Heimgeleit :
der Held, wär' länger er geblieben,
den Bruder hätt' er auch befreit!

ALLE *(in äusserster Entrüstung)*
Abscheulich Weib! Ha, welch Verbrechen
hast du in frechem Hohn bekannt!

ORTRUD
Erfahrt, wie sich die Götter rächen,
von deren Huld ihr euch gewandt!
(Sie bleibt in wilder Verzückung hoch aufgerichtet stehen. Lohengrin, bereits am Ufer angelangt, hat Ortrud genau vernommen und sinkt jetzt zu einem stummen Gebet feierlich auf die Knie. Aller Blicke richten sich in gespannter

comme j'aurais voulu te l'épargner!
Dans un an, lorsque ton temps
de service devait prendre fin,
je t'aurai alors vu autrement!
Libéré par la force du Graal.
(Il se retourne vers Elsa, laissant éclater sa grande douleur.)
O Elsa! Rien qu'un an à tes côtés,
témoin de ton bonheur, j'aurais voulu passer!
Alors revenait, bienheureux sous la conduite du Graal,
ton frère, que tu croyais mort.
(Tous manifestent un vif étonnement. Tandis que Lohengrin tend à Elsa son corps, son épée et son anneau.)

S'il revient, alors que je vis loin de lui,
tu lui donneras ce cor, cette épée, cet anneau.
Ce cor lui portera secours en danger,
cette épée lui donnera la victoire lors de cruels combats.
Quant à l'anneau, il lui fera penser à moi,
qui un jour te libéra de la honte et de la détresse!
(Tandis qu'il embrasse à nouveau Elsa, incapable de rien dire.)
Adieu! Adieu! Adieu! Ma douce épouse!
Adieu! Le Graal m'en voudrait de rester encore!
(Elsa s'est agrippée à lui; ses forces finissent par l'abandonner, et elle tombe dans les bras des femmes à qui Lohengrin la confie, après quoi il s'empresse de gagner la rive.)

LE ROI, LES HOMMES ET LES FEMMES *(les mains tendues vers Lohengrin)*
Malheur! Malheur! O noble et gracieux homme!
Quelle cruelle détresse nous causes-tu!

ORTRUDE *(s'avançant au premier plan, d'un air triomphant)*
Rentre chez toi, ô fier héros!
Qu'en exultant je dise à cette folle!
Qui te tire en ta nacelle!
À la chaîne que je lui passai
je vois bien qui est ce cygne :
Il est l'héritier du Brabant.

TOUS
Ah!

ORTRUDE *(à Elsa)*
Merci d'avoir chassé le chevalier!
Le cygne le conduit maintenant chez lui!
Le héros, s'il était resté plus longtemps,
aurait libéré ton frère lui aussi!

TOUS *(avec la plus vive indignation)*
O femme effroyable! Ah! Quel crime
as-tu avoué en ton éhonté mépris!

ORTRUDE
Apprenez comment se vengent les dieux
dont vous avez refusé la faveur!
2 *(Elle demeure immobile, dans une exultation sauvage. Lohengrin, déjà parvenu au rivage, a parfaitement entendu Ortrude et s'agenouille solennellement pour prier en silence. Tous les regards se tournent vers lui, brûlants d'impa-*

Erwartung au ihn. – Die weisse Gralstaube schwebt über den Nachen herab. Lohengrin erblickt sie; mit einem dankenden Blicke springt er auf und löst dem Schwan die Kette. An seiner Stelle hebt Lohengrin einen schönen Knaben in glänzendem Silbergewande – Gottfried – aus dem Flusse an das Ufer.)

LOHENGRIN
Seht da den Herzog von Brabant!
Zum Führer sei er euch ernannt!
(Ortrud sinkt bei Gottfrieds Anblick mit einem Schrei zusammen. Lohengrin springt schnell in den Kahn, den die Taube an der Kette gefasst hat und sogleich fortzieht. Elsa blickt mit letzter freudiger Verklärung auf Gottfried, welcher nach vorn schreitet und sich vor dem König verneigt. Alle betrachten ihn mit seligem Erstaunen, die Brabanter senken sich huldigend vor ihm auf die Knie. Dann eilt Gottfried in Elsas Arme; diese, nach einer kurzen freudigen Entrückung, wendet hastig den Blick nach dem Ufer, wo sie Lohengrin nicht mehr erblickt.)

ELSA
Mein Gatte! Mein Gatte!
(In der Ferne wird Lohengrin wieder sichtbar. Er steht mit gesenktem Haupte traurig auf seinen Schild gelehnt im Nachen.)

KÖNIG, MÄNNER UND FRAUEN
Weh!

(Elsa gleitet langsam entseelt in Gottfrieds Armen zu Boden. Während Lohengrin immer ferner gesehen wird, sinkt langsam der Vorhang.)

tience. La blanche colombe du Graal plane au-dessus de la nacelle. Lohengrin l'aperçoit; avec un regard de reconnaissance il se dresse et libère le cygne de sa chaîne. À sa place Lohengrin fait monter sur la rive un beau jeune homme en habit d'argent étincelant : Gottfried.)

LOHENGRIN
Voici le duc de Brabant!
Qu'il soit nommé votre chef!
8 *(À la vue de Gottfried, Ortrude s'effondre en criant.*
9 *Lohengrin bondit rapidement dans la barque, que la colombe a saisie par la chaîne, et s'éloigne aussitôt. Elsa, dans un dernier mouvement de joie, regarde Gottfried qui s'avance et s'incline devant le roi. Tous le regardent avec joie et stupéfaction; les Brabançons s'agenouillent devant lui en hommage. Gottfried se précipite alors dans les bras d'Elsa; celle-ci, après un bref transport de joie, tourne vite les yeux vers la rive, où elle ne voit plus Lohengrin.)*

ELSA
Mon époux! Mon époux!
(Lohengrin apparaît de nouveau au loin, debout dans la nacelle, la tête baissée, tristement appuyé sur son bouclier.)
8

LE ROI, LES HOMMES ET LES FEMMES
Malheur!

(Elsa s'effondre inanimée dans les bras de Gottfried. Le
2 *rideau tombe lentement, tandis qu'on voit Lohengrin s'éloigner de plus en plus.)*

Commentaire

INTRODUCTION

Au sein de l'oeuvre wagnérien qui concentre en un faisceau indissoluble la poésie, la musique et l'art de la tragédie, *Lohengrin*, plus que tous les drames qui le précèdent, prépare – futur accomplissement – l'éclosion mûrie d'un style et d'une pensée.

Les préceptes esthétiques véhiculés dans *l'Oeuvre d'art de l'avenir* (1849) et *Opéra et Drame* (1851) – justification théorique de *l'Anneau du Nibelung* – suite à une longue et intense période de réflexion, prennent leur forme définitive vers 1849, soit deux années après l'achèvement de *Lohengrin*. « C'est pour moi une nécessité absolue que de me consacrer à ces travaux et de les donner à connaître au monde avant de continuer à produire des oeuvres d'art proprement dites, confie Wagner, il faut que je consente à me faire entendre précisément, car sinon nous tâtonnerons éternellement tous ensemble dans une demi-obscurité insupportable qui est pire que la nuit complète à l'horizon bornée, où l'on ne voit absolument rien et où il n'y a plus qu'à continuer de s'agripper pieusement au garde-fou des vieilles habitudes[1]. »

Lohengrin, s'inscrivant dans le parcours de cette révolution dramatique, bien que sous-titré « opéra romantique », s'avère être la charnière, le catalyseur qui occasiana une prise de conscience de l'artiste et propulsa le dramaturge vers les astres de son devenir.

L'ASPIRATION DRAMATIQUE

Wagner découvre la légende de *Lohengrin* en 1840/1841, lors de ses recherches sur *Tannhäuser* à Paris, lorsque Samuel Lehrs lui fournit un volume des *Etudes historiques et littéraires* de la Société Royale Allemande de Königsberg (1838). Cet ouvrage contenait un chapitre du professeur C. T. L. Lucas relatant le tournoi de chanteurs de la Wartbourg, joute « poético-lyrique » qui s'achevait par une sorte de duel d'érudition, surajouté vers la fin du XIIIe siècle par un jongleur originaire de Bavière, où Klingsor interrogeait, sur Artus et la table ronde, Wolfram d'Eschenbach qui ripostait par l'épopée de Lohengrin.

Mais au premier abord, le récit bavarois ne satisfit pas Wagner qui en jugea la narration trop embarassée de tournures mystiques. En effet, depuis *Rienzi,* l'unique et l'essentiel qui importaient au dramaturge étaient la représentation de la nature humaine la plus vraie, et ce n'est que lorsqu'il perçut la légende de *Lohengrin* dépouillée de ces ornements superflus pour la découvrir comme une noble épopée du désir ardent de l'homme, qui ne prend pas sa source seulement dans l'aspiration chrétienne au surnaturel, que cette figure lui devint de plus en plus familère. « L'envie de m'en rendre maître, confie-t-il, au profit de la manifestation de mon propre désir intérieur, devint de plus en plus fort, de sorte qu'à l'époque où j'achevais mon *Tannhäuser* ce désir devint immédiatement la nécessité la plus impérieuse qui écarta de moi définitivement toute vélléité de me dérober à sa puissance[2]. »

Si Wagner semble appréhender avec autant d'intensité l'épopée de *Lohengrin,* c'est qu'elle se faisait l'écho de résonances intimes de plus en plus pressantes.

D'une part, avec *Tannhäuser*, Wagner s'était élevé sur le sommet recherché de la chasteté et de la pureté. L'aspiration qui l'avait porté sur cette hauteur, écrit-il, était « une aspiration artistique sensuellement humaine »; il ne voulait pas s'évader « du chaud foyer de la vie, mais de l'atmosphère bouillonnante et fangeuse de la triviale sensualité d'une certaine vie, de la vie du présent moderne. » Mais bientôt de cette bienheureuse solitude s'éveilla en lui une aspiration nouvelle, qui le subjuguait indiciblement, « l'aspiration à descendre des hauteurs vers les profondeurs, de la splendeur solaire de la chasteté la plus pure vers l'ombre intime de l'étreinte de l'amour humain[3]. »

Ainsi, il s'imprégna de la légende de *Lohengrin* qui révélait, en accord avec son évolution créatrice, le caractère le plus essentiel de la nature humaine et qui devenait également le caractère le plus essentiel de son évolution psychologique : le besoin d'aimer dans sa manifestation la plus vraie c'est à dire « l'aspiration à la réalité la plus absolument matérielle, (aspiration) à la

---

1. R. Wagner : *Lettre à Theodor Uhlig,* 16 septembre 1849.
2. R. Wagner : *Une communication à mes amis* (1851), pages 94-95, Edition d'Aujourd'hui, 1976.
3. *Ibid.*, page 104.

possession d'un objet à saisir par tous les sens, à embrasser fortement et intimement dans toute la force de l'être réel[4]. »

D'autre part, le thème central du mystère des origines – noeud dramatique de la légende – n'est pas étranger au dramaturge. Déjà, il apparaît sous une forme quasi-analogue dans l'opéra *les Fées* : Arindal devant demeurer dans l'ignorance des origines d'Ada durant huit années. Plus précisément il se fera jour sous le motif du père inconnu dans presque tous les drames à venir : Tristan, Siegmund, Siegfried, Parsifal seront des héros en quête de paternité. Représentation symbolique d'un choc infantile... Wagner se libérait, au travers de ses créations imaginaires, d'une détresse existentielle devenue plus profonde. *Lohengrin* déplaça le mystère sur la question interdite mais cristallisa définitivement le thème au sein de l'oeuvre wagnérien de par son ampleur dramatique dans cet ouvrage.

Lohengrin, écho de désirs intimes plus ou moins révélés à la conscience où Wagner s'identifiait tout entier dans sa fantaisie créatrice, devait également étayer des réflexes artistiques de plus en plus prégnants.

Dès son retour à Dresde en 1842, dans un désir délibérément tourné vers l'élément originel de sa patrie, Wagner se consacre à l'antiquité germanique devenue son thème de prédilection, et découvre parallèlement les drames d'Eschyle et de Sophocle dont les sujets étaient tous issus de la mythologie ou de la légende héroïque. En ces temps reculés, la tragédie prenait dans la vie du peuple grec une importance exceptionnelle, et très vite Wagner y vit le reflet de cet idéal de drame qui se forgeait progressivement dans son esprit. Depuis *le Vaisseau fantôme*, le dramaturge abandonnait définitivement les arguments historico-politiques au profit des légendaires, mais c'est précisément à l'époque de Dresde où simultanément naissait peu à peu l'idée d'une adaptation dramatique de la légende de *Lohengrin*, que Wagner prend réellement conscience de la portée révolutionnaire de tels sujets.

Le mythe en tant que représentation condensée de la nature telle qu'elle se forme dans l'imaginaire populaire, de par son essence spontanée et son contenu purement humain et universel, devait ainsi favoriser notre adhésion comme notre participation active au drame par sympathie à l'égard de ces motifs. « Plus Wagner est légendaire, écrivait Proust à Reynaldo Hahn, plus je le trouve humain et le plus splendide artifice de l'imagination ne m'y semble que le langage symbolique et saisissant de vérités morales. »

Lohengrin – incarnation sublime du désir d'amour de l'être humain – s'inscrivait ainsi plus que jamais dans la démarche sociologique et universelle du compositeur; mais compte tenu de ses nombreuses occupations de l'époque, à savoir la réalisation artistique de *Tannhäuser* et son adaptation à son nouveau poste de chef d'orchestre à la cour, l'élaboration du drame ne se fit que plus tard, durant l'été 1845 lors d'un séjour à Marienbad.

LE MYTHE IDÉAL

Jusqu'alors, pour adapter un sujet légendaire en drame musical, Wagner, d'une part simplifiait l'action extérieure pour n'en conserver que les traits essentiels et, d'autre part dégageait le contenu sensible et symbolique du mythe. A partir de *Lohengrin*, ce travail d'épuration s'accompagne d'une ambition nouvelle : une méthode philologique d'investigation qui se perpétuera sur toute l'oeuvre à venir. Il s'agissait de retrouver l'essence authentique et primordiale de la légende par l'étude approfondie des différentes versions allemandes et étrangères. Wagner écartait les ornements superflus des divers récits plus ou moins altérés, transmis par la tradition, en extrayait les substances originales dans le but de créer, fruit d'une synthèse minutieuse et intuitive, la légende unique et idéale.

Les sources de Wagner, conformément à cette nouvelle aspiration, sont donc multiples. Il puise cependant l'essentiel de son inspiration dans le *Parzival* de Wolfram d'Eschenbach, datant du début du XIIIe siècle – poème qui rattache la légende du *Saint-Graal* à celle du *Chevalier au cygne* -, qu'il étudie dans les traductions de Simrock et San Marte (1836-41) et dans l'épopée anonyme de *Lohengrin* parue dans l'édition d'Heidelberg (1813) avec la remarquable introduction de Görres, sans oublier *les Légendes allemandes* des frères Grimm (publiées en deux volumes 1816-18), la légende de *Lohengrin* n'étant qu'une version particulière de celle plus répandue du *Chevalier au cygne*.

Le thème central du mystère des origines, lié à la fatale question interdite obligeant la douloureuse séparation des amants, apparaît de façon plus ou moins développée dans l'ensemble des versions. « Un trait de la plus haute antiquité et reproduit sous différentes formes traverse les légendes des peuples qui habitèrent au bord de la mer ou à l'embouchure des fleuves, écrit Wagner; sur le miroir azuré des flots, s'approchait d'eux un inconnu, de la grâce la plus noble et de la vertu la plus pure, il entraînait tout à sa suite et gagnait tous les coeurs par un charme irrésistible; il était le voeu accompli de l'homme chargé de désirs, le bonheur qu'il se forgeait sur le miroir des mers, dans ce pays qu'il ne pouvait connaître. L'inconnu disparaissait de nouveau, et repartait sur les flots de la mer sitôt qu'on cherchait (à connaître) sa nature[5]. »

4. *Ibid.*, page 97.
5. *Ibid.*, page 98.

Les autres configurations du drame sont, elles, issues de sources plus éparses regroupées par le compositeur. Du *Parzival* d'Eschenbach, il retient notamment le thème de la vertueuse duchesse du Brabant qui ne consent à donner sa main qu'à l'unique envoyé de Dieu; *le Chevalier au cygne* de Conrad de Wurtzbourg offrant un long développement sur le motif de l'accusation lui permet alors d'affiner ce complexe dramaturgique. Quant à l'introduction de Görres à l'épopée anonyme de *Lohengrin*, elle lui fournit maints détails supplémentaires; en particulier, le thème de la métamorphose issu de la légende des *Enfants-cygnes*, qu'il utilise pour le jeune duc Gottfried, et celui de la mutilation qui apparaît dans le *Titurel* d'Albrecht où Belaye conseille de couper un morceau de chair à Lohengrin afin de rompre son charme.

D'autres ouvrages, en apparence éloignés du sujet, inspirèrent toutefois, imperceptiblement, son intuition synthétique. Ainsi, la légende d'*Euryanthe* où il trouve l'idée première du personnage d'Ortrud en Hondrée; la querelle de Kriemhilde et Brünnhilde du Nibelungenlied pour le débat de préséance entre Elsa et la magicienne; et, la scène d'amour de Merlin et Niniane du Merlin d'Immermann pour le dialogue post-nuptial entre Lohengrin et Elsa. Plus proche encore, *l'Euryanthe* de Weber initia sans doute plus ouvertement le dramaturge au thème de la calomnie et du maléfice, comme la scène finale du jugement de Dieu des *Templiers et la Juive* de Marschner laissa probablement quelques traces dans son imagination fertile.

Enfin, parachevant son entreprise, il consulte *les Coutumes et les Origines du Droit Allemand* de Jacob Grimm. Il y recueille des informations précieuses sur les règles et les terminologies juridiques des procédures de l'ordalie de l'ancienne Allemagne qui dicteront, en partie, sa rédaction pour certains passages de *Lohengrin*. Cette ambition scientifique, qui naît à l'époque de Dresde en parallèle avec celle de la philologie, se perpétuera dorénavant sur tous les drames à venir.

LA PLUME ET LA LYRE

Ainsi, nourri de ces fructueuses recherches, Wagner achève le plan détaillé du drame le 16 juillet 1845, mettant un point final à la version en prose le 3 août. La mise en vers réalisée durant l'automne, le poème put être soumis à la lecture le 17 novembre au club Engel en présence des compositeurs Schumann et Hiller, de l'architecte Semper, de l'homme de lettres Franck, des sculpteurs Hähnel et Rietschel, des peintres Julius Schnorr, Pecht et Carolsfeld et de diverses personnalités éminentes de l'époque.

Là chacun s'enthousiasma des multiples qualités littéraires du texte. Mais passé ce domaine, les concepts philosophiques véhiculés par le drame ne firent guère l'unanimité; quant à la possibilité d'une réalisation musicale, certains dont Schumann émirent quelques réserves. A ce sujet, Tieck questionnera d'ailleurs le compositeur venu lui rendre visite à Berlin. « La seule chose qu'il ne comprit pas, explique Wagner dans *Ma Vie*, c'était comment cela pouvait être mis en musique sans une transformation complète des principes qui avaient régi l'opéra jusqu'à ce moment, et à ce propos, il exprima notamment des doutes sur des scènes telles que celle d'Ortrud et de Frédéric, au début du second acte. J'eus l'impression de susciter en lui une véritable excitation quand je lui donnai connaissance de mes idées sur l'idéal du drame musical en général[6]. »

Le principal grief que formulait Wagner contre les opéras contemporains était le manque d'homogénéité entre les arts. « Le musicien, qui était en général le personnage principal de l'association, obligeait le poète à lui fournir un certain nombre de situations lyriques propres à être illustrées par la musique; il lui fallait des prétextes pour faire chanter ses premiers sujets soit seuls soit à plusieurs ensemble, des prétextes pour amener un choeur ou pour permettre à l'orchestre de déployer ses ressources, et en conséquence le librettiste se voyait obligé de sacrifier l'intérêt de son sujet en développant sa pièce non point selon les exigences de la logique dramatique mais d'après celles du compositeur[7]. » De l'autre côté, le librettiste, malgré sa bonne volonté, embarrassait parfois le musicien par les exposés obligés de faits et de circonstances, afin de rendre intelligible l'intrigue des sujets historico-politiques en vogue à l'époque, et imposait ainsi au musicien d'imaginer quelques récitatifs plus ou moins banals pour accompagner les paroles du poète.

Toujours à l'imitation des anciens, dont les tragédies résultaient du concours fraternel des arts, Wagner souhaitait élaborer, dès lors, avec plus de réalisme, ce que son intuition pressentait déjà depuis *le Vaisseau fantôme* : une création artistique qui impliquait la fusion intime de la poésie et de la musique, dirigeant le genre vers les véritables voies du drame musical. « Je dessinai dans *le Hollandais volant* avec les contours les plus lâches et les plus vagues, écrit-il, ce que dans le *Tannhäuser* et finalement dans le *Lohengrin*, je créai avec plus de sûreté, dans une précision de plus en plus grande[8]. »

---

6. R. WAGNER : *Ma Vie* (1865-1880), page 228, Ed. Buchet-Chastel, 1978.
7. Henri LICHTENBERGER : *Richard Wagner Poète et Penseur*, page 185, P.U.F, 1937.
8. R. WAGNER : *Une communication à mes amis*, (1851), page 141, Edition d'Aujourd'hui, 1976.

Pour Wagner cette alliance ne pouvait être fructueuse sans une complète révolution de l'art dramatique en général. Ainsi, les sujet historico-politiques non seulement étaient impropres à traduire ce « purement humain » qu'il souhaitait développer dans ses drames – la descriptions des contingences qu'ils nécessitaient rendant impossible la représentation sensible du sentiment – mais s'accommodaient mal de l'expression musicale dans son essence. « Ce que peut exprimer la langue musicale, explique le compositeur, est fait uniquement de sentiments et d'impression, elle exprime surtout dans une plénitude absolue le contenu sentimental de la langue purement humaine, dégagé de notre langue verbale, qui est devenue un simple organe de l'entendement[9]. » C'est pourquoi il se tournait maintenant de manière impérative vers les sujets légendaires qui par leur nature favorisaient le langage du coeur, instinctif et poétique, relevant le livret d'opéra, dans sa valeur artistique, au niveau du projet musical.

Si la langue musicale s'attachait dorénavant à ce qui, « dans la langue des mots, a de l'affinité avec elle, la liaison se faisait d'elle-même au moment précis où, dans la langue des mots, se manifestait une aspiration irrésistible vers une expression de sentiment réelle, sensuelle[10]. » Détaché des contraintes, le poète qu'il était devenu, « conscient à l'avance du pouvoir d'expression musicale pour l'achèvement de ses poèmes... pouvait » désormais « élaborer ses esquisses volontairement avec plus de liberté même, d'après la nécessité poétique[11]. »

Plus que tout autre le livret de *Lohengrin* se départait des répétitions obligées par la forme musicale qui freinaient le mouvement dramatique, et dont souffraient jusqu'alors les livrets d'opéra, mais par son mérite littéraire plaçait également son auteur parmi les écrivains hautement doués du sens tragique. « A côté des vers du sentiment le plus touchant, des exclamations les plus heureusement trouvées, d'un dialogue où les secrètes impulsions des personnages sont trahies par un serpentement de pensée très habiles, confiait Liszt, la versification en est non seulement sonore et belle, le style élevé et approprié aux caractères, mais de plus ce drame emprunte un singulier reflet de Moyen Age à la reproduction du vieux langage allemand, à l'emploi de ces anciennes tournures, au fréquent retour de ces mots d'autrefois, qui sans être complètement oubliés, portent cependant un cachet de vétusté[12]. » Plus tardivement Thomas Mann s'exprima en ces termes : « à propos de ces génialités verbales semées avec un audacieux dilettantisme, je pense à la *Tétralogie*, à *Lohengrin*, qui en tant que création verbale est peut-être ce que Wagner a réussi de plus pur, de plus noble et de plus beau[13]. »

VERS LA « FOSSE MYSTIQUE »

Pour que cette union de la poésie et de la musique soit fertile dans son plein épanouissement, il fallut également se débarrasser des contingences de la facture musicale traditionnelle qui, par son agencement en récitatif-air, confinait la dramaturgie à une expression plus ou moins découpée en action-passion. Il fallut retrouver la langue naturelle des sons qui était toute entière de sentiment, et suivre ainsi pas à pas en images successives ou simultanées, tels de sensibles miroirs, le caractère, l'action, l'idée ou le sentiment qui se côtoyaient intimement au coeur de la poésie.

Avec *Lohengrin* Wagner expérimente, plus que dans *Tannhäuser*, qui subit encore partiellement un découpage en numéro, le principe de la mélodie continue. D'une part plusieurs scènes sont heureusement reliées par un fondu-enchaîné qu'implique le texte dramatique, acheminant ainsi le discours musical vers une structure plus large; d'autre part l'habituelle succession en récitatif-air-ensemble-choeur tend à disparaître au profit d'une fusion subtile de ces divers éléments. L'arioso, la déclamation priment; tout se lie, s'enchaîne, se gradue comme les mailles d'un réseau où tout est inhérent au sujet et ne saurait en être séparé; les dialogues entre les personnages se déroulent sans césure; rares sont les cadences conclusives qui freinent le fil de la dramaturgie. Si parfois certaines structures revêtent l'aspect plus traditionnel de l'air (le récit du Graal entre autres), c'est bien souvent à des fins dramatiques : *Lohengrin*, notamment, qui est une entité, s'accommode plus favorablement de cette structure fermée; c'est par un « air » qu'il dévoile son essence au monde terrestre. Les derniers vestiges du conventionnel sont ainsi habilement dissimulés sous le masque d'une expression signifiante. Quelques ensembles subsistent, mais en revanche les choeurs, qui font partie intégrante de la tragédie – à l'imitation des grecs –, s'infiltrent spontanément dans la trame musicale au gré du contexte dramatique : soit commentaire, soit détonateur d'une action ou d'un sentiment.

Pour favoriser ce principe de la mélodie continue, il convenait d'enrichir le discours musical tant du point de vue harmonique que dans la conception plus élaborée du leitmotiv. Si *Lohengrin* nous présente, de façon

9. *Ibid.*, page 138.
10. *Ibid.*, page 139
11. *Ibid.*, page 137
12. F. LISZT : *Lohengrin et Tannhäuser* (1851), page 116, Ed. Albatros, 1980.
13. Thomas MANN : *Wagner et notre temps*, page 72, Ed. Pluriel, 1977.

saisissante, l'inévitable dualité entre écriture consonante liée au divin, à la vertu d'une part, et écriture chromatique liée aux forces du mal d'autre part, on peut constater que cette dernière est ici particulièrement travaillée et subtile. C'est elle qui, dans la scène entre Frédéric et Ortrud au début du deuxième acte, permet un flux musical continu et rend possible, par de multiples modulations, la totale adéquation de la musique aux moindres nuances du texte. Quant au leitmotiv, même si dans l'ensemble de l'oeuvre il n'est pas encore générateur du tissu musical, Wagner l'exploite déjà dans cette future ressource au coeur de la scène de Frédéric et Ortrud qui apparaît ainsi de nouveau comme éminemment prémonitoire, annonçant les drames de l'avenir.

En outre, si l'ensemble concourt au reflet des diverses expressions dramatiques, Wagner, par l'intermédiaire du leitmotiv dirige l'accomplissement sublime de cette fusion intime de la poésie et de la musique vers le langage révélé du sens conscient et inconscient. Ainsi, s'il n'incarne point encore le Mythique dans sa substance, le leitmotiv fait déjà intervenir les fonctions les plus subjectives de l'être, la mémoire, le rêve et l'imagination. Par ailleurs, sensibles prémices, il trahit parfois les pulsions inconscientes des êtres et surtout, il tend par des biais associatifs – affinités rythmique ou mélodique avec d'autres motifs ou des courbes musicales indépendantes – à révéler les mutations profondes d'un complexe symbolique. Il s'avère ainsi subtil indice psychologique, au-delà du simple motif de réminiscence.

Dans le même état d'esprit, Wagner développe une véritable symbolique des tonalités comme caractérisation de personnages, d'idées, de sentiments ou de concepts. Il élabore même un jeu de miroir entre les modes majeur et mineur d'une même tonalité, révélant les antagonismes ou les paradoxes essentiels de l'oeuvre qui s'éveillent à notre conscience auditive au fil du déroulement dramatique.

Pourtant, malgré toutes ces tentatives, c'est dans l'orchestre que réside l'apport principal de *Lohengrin* à l'oeuvre wagnérien, car c'est essentiellement par l'orchestre, qui se fait l'écho subtil de la vibration des coeurs, que le compositeur réalise cette idéale fusion des arts mais aussi pousse au plus loin, de par une nouvelle dimension de coloriste, la révolution de son langage.

Ainsi on constate « la division très marquée qu'il fait de l'orchestre en trois groupes différents : celui des instruments à cordes, des instruments à vent, et des cuivres. Au lieu de les réunir ou de les partager selon des exigences conventionnelles ou arbitraires, il les réunit ou les partage par corps, appropriant soigneusement le caractère des timbres à celui des situations et des personnages de son drame. Cette distribution est une des innovations les plus saillantes dans sa manière d'écrire, une de celles qui se font d'abord remarquer... La poursuite de ce parallélisme de sonorité a dû nécessairement conduire Wagner à fondre dans son orchestration des instruments qui en général avaient été employés individuellement[14]. » Pour la première fois, Wagner triple les bois, « système ternaire qui, entre autres avantages, a celui d'attaquer et de soutenir l'accord entier par les mêmes timbres, ce qui éclaire et nuance son instrumentation d'un jour, qu'il dispose avec un art exquis, qu'il peut mélanger et harmoniser avec la déclamation d'une manière aussi neuve qu'expressive ». Toujours dans le même démarche « au lieu de s'emparer de l'orchestre comme d'une masse à peu près homogène, il le sépare en fuseaux de couleurs variées[15] » – subtile fusion de sons combinés, éloignant par ce mixage les sonorités de leur timbre d'origine.

Le nouvel univers sonore qui s'ouvrait à Wagner éveilla en lui l'idée de la future « fosse mystique » de Bayreuth. Cette dimension de coloriste, loin d'être purement décorative, nous prépare déjà à la fonction psychologique de l'orchestre des drames ultérieurs.

LA COMPOSITION

C'est ainsi, armé de ses conceptions originales sur le drame de l'avenir, qu'il esquissa, à grands traits, la composition de *Lohengrin* du 15 mai au 30 juillet 1846, lors d'un voyage à Gross-Graupa, n'entreprenant l'orchestration proprement dite qu'à partir du 9 septembre, de retour à Dresde. Il commença ce travail par le troisième acte – coeur dramatique et substantifique moelle musicale de l'oeuvre en raison des motifs qui apparaissent dans la légende du Graal durant la scène finale. Achevant cette orchestration le 5 mars 1847, suite à de nombreuses interruptions, il s'attacha alors au premier acte – miroir symbolique du troisième – du 12 mai au 6 juin. La boucle ainsi fermée, il orchestra le second acte du 18 juin au 2 août, se réservant le prélude comme point final à ce travail de longue haleine qu'il paraphera le 28 août 1847.

Les événement de 1848 et le soulèvement de mai 1849, auquel Wagner prit part, empêchant la création de *Lohengrin* à l'Opéra de Dresde, la première n'eut lieu que le 28 août 1850 à Weimar, soit trois ans après l'achèvement de la composition.

Exilé d'Allemagne, le dramaturge avait confié son oeuvre à son ami et fidèle serviteur Franz Liszt. L'abreuvant d'un courrier régulier pour régler maints

---

14. F. Liszt : *Lohengrin et Tannhäuser* (1851), page 122, Ed. Albatros, 1980.
15. *Ibid.*, page 123.

détails de la représentation, il lui indique notamment une coupure concernant la deuxième partie du récit de Lohengrin dans la grande scène finale. « Je me suis souvent débité toutes les scènes, dit-il, et je me suis convaincu que cette seconde partie du récit produirait forcément une impression de froid. Par suite, ce passage devra aussi disparaître immédiatement des librettos[16]. » Ce passage, de cinquante-six mesures, relatait comment les plaintes de la douce Elsa s'élevèrent jusqu'au pays du Monsalvat et comment un cygne, venu le chercher pour secourir la malheureuse, fut reconnu par son père Parsifal...

Préférant interrompre la tirade de *Lohengrin* sur la révélation de ses origines et de son nom, Wagner, en dramaturge, ménage ainsi deux coups de théâtre successifs qu'une prolongation du récit aurait sans doute amoindris : celui du mystère du chevalier, devenant par cette entremise l'épanouissement final de la tirade de Lohengrin, et celui de la transformation du jeune duc Gottfried en cygne, que seul nous révèle maintenant l'ultime dénouement sous les invectives d'Ortrud.

LES CRITIQUES

Pour célébrer cette manifestation hors pair, Liszt choisit l'occasion de la fête en l'honneur de Goethe et de Herder; mais malgré ses efforts, dirigeant magistralement la partie musicale, la mise en scène de Edouard Genast comme les capacités théâtrales des chanteurs restèrent malheureusement au-dessous de leur tâche.

« Très cher ami, votre *Lohengrin* est un ouvrage sublime d'un bout à l'autre : les larmes m'en sont venues dans maints endroits. Tout l'opéra étant une seule et indivisible merveille, je ne saurais m'arrêter à vous détailler tel passage, telle combinaison, tel effet. Ainsi qu'il est arrivé à un pieux ecclésiastique de souligner mot par mot *l'Imitation de Jésus-Christ*, il pourrait bien advenir que je souligne note par note votre *Lohengrin* [17]. »

Telle est l'expression des plus sincères éloges que Liszt adressa à Wagner suite à cette Première. Les critiques furent cependant mitigés et seuls quelques prophètes, dont Gérard de Nerval, encensèrent la représentation de ce drame moderne. Il est vrai que pour apprécier cette nouvelle forme d'art dramatique il convenait, comme le dit Liszt, de « battre en brèche la vieille routine de la critique, les longues oreilles et les courtes vues du " Philisterium " (des petits bourgeois), ainsi que la sotte jactance de cette fraction décisive du public qui se croyait par droit de naissance le juge-né des oeuvres d'art. L'ennemi devant lequel il n'était pas permis de capituler... ne se trouvait pas seulement dans le gosier des chanteurs, mais encore et surtout dans les habitudes déplorables et en même temps tyranniques des auditeurs[18]. »

Toutefois, Liszt tint promesse et l'article fleuve qu'il consacra en français à *Lohengrin* (paru dans *l'Illustrierte Zeitung* et traduit par Wagner lui-même), suite à la quatrième représentation du 11 avril 1851, favorisa le tournant décisif de la carrière du dramaturge car en fait, avant 1849, Wagner ne remporta que des succès locaux dont le retentissement ne dépassa jamais Dresde ou Kassel. Il s'agissait de l'analyse d'opéra la plus importante encore jamais écrite tant par ses dimensions que par son sens critique; aussi, sa publication dans un journal à grand tirage favorisa l'éveil d'un intérêt pratiquement immédiat et chacun se déplaça bientôt à Weimar pour y découvrir ce nouveau genre dramatique dont on parlait.

Parmi le public qui assista à la dernière représentation du 11 mai 1851, se trouvait un philologue classique de renommée internationale, grand amateur d'art et de littérature : Adolf Stahr. Enthousiasmé par le spectacle, il ne tarda pas à publier un éditorial dans le *Nazional Zeitung* de Berlin (paru en feuilleton dans les éditions du matin des 27 et 28 mai, n° 243 et 245).

Naturellement, Stahr déploya l'essentiel de son arsenal critique vers son domaine de prédilection : le livret – la substance musicale ayant été traitée avec pertinence par le maître de Weimar. Il notifia l'importance suprême de cet événement pour le monde de l'opéra, mais malgré ses nombreux éloges, il émit cependant quelques réserves – celles même qui avaient déjà suscité des polémiques lors de la lecture du poème au cercle Engel. Stahr, tout comme Semper auparavant, reproche à Wagner le recours au surnaturel qui légitimait implicitement la prééminence du christianisme (contraire aux idéaux libéraux diffusés en Allemagne vers les années 1850). D'autre part, sur les mêmes bases que le Dr Hermann Franck autrefois, il s'insurge contre la nature égoïste du chevalier. Pour lui, ce n'est pas Elsa qui a failli mais bien Lohengrin. Au-delà des intrigues d'Ortrud , cette amoureuse exaltée est en droit de poser la question car la connaissance des origines, en amour, est un intérêt réciproque nécessaire et parfaitement justifié. Par contre, ce demi-dieu, soldat céleste cruel, aurait dû renoncer à sa nature divine pour devenir véritablement humain et annihiler ainsi la douloureuse séparation.

Ces critiques, dans un premier temps, immiscèrent le doute dans l'esprit du compositeur. Le 31 mai 1851, envoyant une lettre de remerciement à Stahr, il déclare que *Lohengrin* appartient au passé, à l'époque de

---

16. WAGNER : *Lettre à Franz Liszt*, 2 juillet 1850.
17. F. LISZT : *Lettre à Richard Wagner*, 2 septembre 1850.
18. F. LISZT : *Lettre à Richard Wagner*, 16 septembre 1850.

Dresde et qu'il s'irrite presque que cette oeuvre soit encore montrée au grand jour. Cinq ans auparavant, lors d'une phase d'incertitude suite à son entretien avec Franck, il cherchait notamment à modifier le dénouement afin de faire l'économie d'une cruelle séparation. Mais très vite, il abandonnait cette idée; tout comme maintenant il se rétractait avec la même conviction. « J'eus la légèreté de donner presque ouvertement raison à Stahr dans une lettre que j'avais conçue hâtivement, écrit-il dans *Ma Vie*, Stahr a tort, Lohengrin a raison[19]. »

VERS LA SUPRÊME RÉDEMPTION

Ces querelles, loin d'être anodines,nous éclairent au contraire sur la démarche philosophique et psychologique du dramaturge; en effet, relevant le défi, par courrier et dans l'importante *Communication à mes Amis* de 1851, Wagner confie et justifie ses sentiments intimes.

En philologue, il revendique, d'une part la substantielle intégrité du mythe. Qu'aurait-il pu faire d'un sujet, si par pur opportunisme, il devait en soustraire le coeur médiéval essentiel et dénaturer ainsi la légende au profit d'un opéra rationaliste dont il ne voulait à aucun prix? D'autre part, pour lui, Lohengrin n'est pas un poème issu de la seule conception chrétienne, mais bien plus – valorisation de son cheminement artistique en faveur du légendaire – un poème purement humain et éternel qui remonte aux origines de l'humanité. En effet, qui ne connaît Zeus et Sémelé? Sémelé, pour avoir vu Zeus dans tout l'éclat de sa gloire, fut également consumée par le feu divin. En fait, c'est l'homme qui inventa le mythe – intime reflet de sa nature –, et la séparation irrévocable des deux amants prenait racine dans les tréfonds de l'inconscient.

« L'homme, dit Wagner, aspire à élever son inspiration au-dessus du sol terrestre qui lui est familier » et « des sphères sublimes où il peut se guider par la force de son aspiration, il ne peut finalement en retour exiger que l'élément purement humain[20] », rejetant toute intervention du miraculeux qui lui est – fatale réalité – inaccessible. Le seul symbole de la fable à retenir, confiait-il à Franck le 30 mai 1846, c'est « le contact d'une apparition transcendante avec la nature humaine et l'impossibilité de sa durée ».

D'un autre côté, « Lohengrin cherchait la femme qui crût en lui, qui ne demandât pas qui il était ni d'où il venait, mais qui l'aimât tel qu'il serait et parce qu'il était tel qu'il lui apparaissait. Il cherchait la femme à laquelle il n'eût pas à se faire connaître, à se justifier, mais qui l'aimât sans condition. Il lui fallait pour cela dissimuler sa nature supérieure car, en ne découvrant pas, en ne révélant pas cette nature supérieure, – où pour mieux dire : surélevée, – résidait pour lui l'unique garantie qu'il n'était pas seulement admiré et regardé avec étonnement pour l'amour de cette nature, – ou bien qu'il était honoré et adoré – comme un être incompris, – alors que ce qu'il cherchait précisément, ce n'était pas l'admiration ni l'adoration, mais l'unique chose qui pût le libérer de son isolement, et apaiser son désir, – l'amour, être aimé, être compris par l'amour[21]. » Lohengrin aspirait à l'amour, aspirait à l'humanité, il voulait devenir un homme complet, un homme avant tout et non un Dieu, mais en lui persistait « l'auréole révélatrice de la nature supérieure » et lorsque le doute de la femme aimante le persuade qu'il n'a pas été compris mais seulement adoré, lui arrachant « l'aveu de sa divinité, anéanti par cet aveu, il retourne dans sa solitude ».

Ainsi, ce n'est pas la question en tant que telle qui provoque le châtiment; cette question n'est que le point final d'une longue crise de confiance et donc la conséquence d'une situation qui ne peut trouver de solution que dans la séparation.

Conscient de son isolement absolu comme artiste, suite à l'accueil froid que la critique tatillonne avait manifesté au *Vaisseau fantôme* et encore au *Tannhäuser*, Wagner avait souhaité réaliser avec *Lohengrin* une communication intelligible mais des plus passionnées, où le public devait se reconnaître dans ce thème universel de l'étreinte amoureuse dans sa manifestation la plus vraie – le besoin d'aimer et d'embrasser l'être cher dans toute la force de l'être réel. Mais il reconnut très vite, avec l'évidence la plus nette, du fait de son isolement, le caractère et la situation de cette oeuvre comme le tragique de la vie moderne de l'artiste – situation qui se révélait maintenant sous une forme artistique au coeur de *Lohengrin* et qui ne pouvait se manifester que sous un mode nostalgique.

Tout comme Lohengrin, Wagner cherchait à être aimé et être compris par l'amour, car pour lui le désir le plus pressant et le plus naturel de l'artiste était d'être accepté et compris sans arrière-pensée par le seul biais du sentiment, et non de se livrer presque uniquement, comme l'obligeait la vie moderne de l'art, à l'appréciation volontaire de la raison critique.

« *Lohengrin* montre, écrit-il à Roeckel en 1854, cet élan d'amour qui pousse vers la foule obscure les natures élevées, et en même temps l'impossibilité pour ces grandes âmes de trouver dans le monde réel moderne l'amour qu'elles viennent y chercher. » Wagner personnifia en Lohengrin l'élément divin de sa

19. WAGNER : *Ma Vie* (1865-1880), Ed. Buchet-Chastel, 1978.
20. WAGNER : *Une communication à mes amis* (1851), page 96, Edition d'Aujourd'hui, 1976.
21. *Ibid.*, page 105.

nature, l'ardent désir qui le poussait à apporter cet idéal à l'humanité souffrante, afin de la délivrer et de la régénérer et d'autre part il l'investit également de ce sentiment douloureux de son complet isolement. Ainsi, « celui qui, dans le *Lohengrin*, disait Wagner, ne voit pas plus loin que la catégorie romantico-chrétienne, ne comprend que des dehors contingents, mais non l'essence de son phénomène[22]. »

Lohengrin est le drame wagnérien le plus pessimiste et le plus mélancolique, d'où un échec programmé au niveau musical dès les premiers instants. Mais plus tardivement, Wagner devait ressentir avec une force encore plus inéluctable la nécessité de cette séparation. Le thème de la femme qui, sous le poids de la tentation – incarnée symboliquement par le personnage d'Ortrud -, lève le voile de la connaissance interdite et entraîne ainsi l'homme à sa perte est bien connu. Mais Wagner oppose bientôt au motif biblique « Tentation-Connaissance-Punition » celui de « Tentation-Connaissance-Rédemption ». La séparation, bien que douloureuse, n'est plus tragique mais bénéfique.

Pour lui, Elsa était l'inconscient, l'involontaire en quoi l'essence consciente, volontaire de Lohengrin aspirait à s'affranchir. Mais Elsa, la femme, avec toute l'intelligence de la nature féminine, saisit le désir caché de l'homme et comprit qu'au-delà de son antithèse, elle était ce complément nécessaire, désirable pour lui de son essence masculine particulière. Empruntant les trace du « véritable féminin » qui doit apporter le salut au monde entier, Elsa, lui posant la question interdite, tend à lui révéler l'essence absolue de l'amour : l'étreinte de l'amant, entièrement, dans un désir illimité de connaissance. Cette femme qui peut aimer ainsi et non autrement, par sa disparition, révélait à Lohengrin cette essence qu'il ignorait encore. « Voilà ce que maintenant j'avais découvert, explique Wagner, et cette flèche perdue que je lançais vers ce but deviné, noble mais non encore découvert c'était mon Lohengrin; je devais amener sa perte afin de suivre les traces du véritable féminin, qui doit apporter le salut à moi et au monde entier, lorsque l'égoïsme masculin, même sous sa forme la plus noble, s'anéantissant soi-même, sera brisé par lui... Elsa était l'esprit du peuple, dont j'attendais même comme artiste ma rédemption... Ce savoir heureusement acquis vécut d'abord en silence dans mon coeur solitaire : ce n'est que peu à peu qu'il grandit jusqu'à l'aveu à haute voix [23]. »

Pour lors, tout comme son Lohengrin, il ne pouvait se départir de l'auréole de sa nature supérieure; mais anéanti sous le poids de cette solitude insupportable de l'artiste – également inhérente au tragique de l'oeuvre – il voulut entraîner à sa suite ses contemporains vers les astres de la contemplation idéale de l'art. Et, il comprit enfin qu'il ne pouvait s'accorder avec le monde qu'en renonçant à son élément divin, ainsi, il appréhenderait pleinement l'amour humain. La séparation des amants incarnait le chemin obligé de cette suprême rédemption.

Lohengrin, s'inscrivant dans la démarche philosophico-poétique et musicale de Wagner, dirige l'opéra romantique vers la voie du drame musical, mais surtout catalyse une prise de conscience absolue de l'artiste au sein de la société comme au sein de son art.

Bientôt, Wagner livrera les secrets de sa création dans les oeuvres théoriques; puis, libéré de cet aveu, l'exorcisera au coeur de la fantaisie créatrice. Siegfried ou Parsifal – héros spontanés – dégagés de toute divinité, « s'élèveront jusqu'au plus haut sommet de l'amour et réussiront dans le tâche où Lohengrin a échoué[24]. » La *Tétralogie*, dans son ultime conclusion, célèbrera le crépuscule des dieux par l'avènement de l'amour humain. Parsifal glorifiera le suprême renoncement libérateur...

ARGUMENT

Acte I

Les rives de l'Escaut, aux environs d'Anvers.

Sous le chêne séculaire de la justice, le roi Henri l'Oiseleur, entouré des comtes de Saxe et de Thuringe, expose à ses féaux les dangers encourus par l'Empire allemand et interroge le comte de Telramund sur les discordes survenues dans le duché du Brabant. La disparition du jeune duc Gottfried, héritier du trône, en est la cause. Frédéric accuse Elsa de fratricide, crime machiavélique commis dans le but de régner au côté d'un amant secret. En tout honneur, il réclame alors justice et revendique la terre du Brabant au nom de sa femme, Ortrud, descendante des premiers princes de ce pays.

Invitée à se défendre, Elsa ne répond que par des gestes résignés. Mais, dans une exaltation transfigurée, elle évoque ce chevalier pur et vertueux qui lui fut révélé en une vision onirique lorsque accablée de douleur elle adressait à Dieu une supplication fervente. Le roi, ému et désemparé, s'en remet au suprême jugement divin ordonnant un combat singulier entre Frédéric et le mystérieux chevalier choisi comme défenseur. Les trompettes sonnent deux appels succes-

22. *Ibid.*, page 109.
23. *Ibid.*, page 114.
24. Henri LICHTENBERGER : *Richard Wagner: Poète et penseur*, page 103, P.U.F, 1931.

sifs qui restent sans réponse; seule l'ardente prière d'Elsa engendre le miracle : Lohengrin, étincelant, apparaît sur le fleuve dans une nacelle tirée par un cygne.

Extasiée, Elsa donne sa main et la couronne du Brabant à son protecteur et prête serment, sous son impérieuse demande, de ne jamais percer le mystère de ses origines et de son nom. Après un bref duel, Lohengrin triomphe, épargne la vie de Frédéric et proclame définitivement l'innocence et la vertu d'Elsa. L'acte s'achève sur des chants d'allégresse tandis que Ortrud, haineuse, s'interroge sur la secrète identité du vainqueur.

Acte II

Le château d'Anvers.

Dans la nuit, Frédéric et Ortrud, bannis, méditent sombrement. Frédéric, meurtri, maudit sa fielleuse compagne qui, lui ayant insinué les accusations calomnieuses contre Elsa, est responsable de son honneur bafoué. Ortrud, pleine de malice et animée par la vengeance, éveille alors en lui une nouvelle suspicion : le chevalier faussa le jugement de Dieu par la détention d'un pouvoir magique, pouvoir qui s'éteindrait dès révélation de ses origines. Le plan perfide d'Ortrud consiste à démasquer Lohengrin en jetant le trouble dans l'esprit d'Elsa afin qu'elle brise son serment. Celle-ci paraît à son balcon remerciant le Seigneur de son immense bonté. Ortrud amorce alors son entreprise diabolique. Elle implore hypocritement la pitié d'Elsa qui, émue, la convie à pénétrer dans la suite nuptiale et consent à plaider sa grâce auprès de Lohengrin. La magicienne, par des propos insidieux, lui conseille enfin de se méfier de son chevalier; mais la foi d'Elsa semble pour lors inflexible.

Le jour se lève. La foule se rassemble tandis que le héraut du roi annonce les derniers arrêtés : le bannissement de Frédéric, la volonté du roi qui nomme Lohengrin protecteur du Brabant, son mariage avec Elsa et enfin le départ imminent des armées que le chevalier conduira à la plus haute gloire.

La mariée s'avance suivie de son cortège. Ortrud s'interpose alors, violente, et met Elsa au défi de prouver la pureté et la noblesse de son fiancé dont les origines sont inconnues.

L'arrivée du roi et de Lohengrin interrompt ce scandale. Mais Frédéric intervient à son tour accusant le chevalier d'imposture et le somme de révéler son identité. Celui-ci refuse fermement, le juste ne cède devant le félon; seule Elsa serait en droit de l'interroger. La jeune fille, profondément troublée, vacille un instant assaillie par les sollicitations de l'intrus. Puis, se ressaisissant, elle assure Lohengrin de sa confiance et de son amour inébranlable. Au son des cloches, le couple se dirige enfin vers l'église sous un dernier geste menaçant d'Ortrud.

Acte III

La chambre nuptiale.

Des hommes et des femmes célèbrent le bonheur des époux en un épithalame laudatif précédant la bénédiction du roi.

Enfin isolés du monde, Lohengrin et Elsa, extasiés, se déclarent mutuellement leur amour d'essence divine. Mais, peu à peu, naît le trouble. Elsa, invoquant le sentiment suprême de l'amour, aspire à la connaissance sans limites de son chevalier au cygne. Les arguments de Lohengrin, qui tente de freiner sa curiosité, ne font qu'exciter davantage son ardeur et, dans un demi-délire, l'inconsciente pose les questions fatales. Frédéric surgit soudain de l'ombre avec quatre complices, mais Lohengrin déjoue le plan criminel et abat d'un seul coup d'épée son adversaire.

Les rives de l'Escaut.

Devant les armées réunies du Souverain, Lohengrin s'avance, accusateur : Elsa a brisé le serment. Aussi dévoile-t-il, maintenant, son secret : « Par le Graal je fus envoyé à vous, mon père Parsifal en porte la couronne, je suis son chevalier, mon nom est Lohengrin. » Au comble de l'émotion, chacun prie instamment Lohengrin de rester, mais la séparation est irrévocable : ses origines révélées, il doit s'en retourner vers les régions sacrées du Monsalvat. L'envoyé de Dieu prédit la victoire de l'Allemagne lorsque déjà se dessine au loin la nacelle... Le coeur plein de tristesse, il adresse des adieux déchirants à l'aimée qui tombe, sans force, horrifiée, aux pieds de son chevalier. Alors, victorieuse et jubilante, Ortrud clame à l'assistance épouvantée son crime diabolique : la métamorphose du jeune duc en cygne. Mais Lohengrin s'agenouille en une prière muette et bientôt une blanche colombe plane au-dessus de la nacelle délivrant le cygne du charme maléfique. Tandis que chacun contemple avec joie le jeune Gottfried, Lohengrin disparaît au loin, Ortrud s'effondre en criant et Elsa sombre inanimée dans les bras de son frère.

PROFILS MUSICAUX DES PERSONNAGES

HENRI L'OISELEUR
Roi de Germanie, *basse*.

Henri l'Oiseleur, personnage historique de grand prestige, symbolise la justice, la solennité et l'héroïsme, comme la ferveur et la bonté.

La traduction musicale de ce fin complexe psychologique nécessite une voix à l'étendue très large (du *Mi*^{1} au *Fa*^{3}), à la fois puissante et nuancée, capable d'alterner entre ces diverses colorations tout en déployant de belles lignes soutenues et legato.

Les sentiments héroïques, tels l'exaltation patriotique ou l'appel au jugement de Dieu, sollicitent le registre aigu de la basse vaillante, tandis que les ressources de la basse noble sont utilisées dans les phases de recueillement intense pouvant atteindre une tessiture très grave, telles la prière ou l'ensemble qui précède le combat au premier acte.

Représentation de l'autorité suprême dont le rôle est d'arbitrer, Henri l'Oiseleur dépasse cependant ce cadre par ses dimensions humaines annonçant ainsi, en filigrane, le roi Marke de *Tristan et Isolde*.

LOHENGRIN

Chevalier du Graal, fils de Parsifal, *ténor*.

Lohengrin, figure miraculeuse de l'opéra, incarne la pureté et l'héroïsme. Preux chevalier du Saint-Graal, il aspire également à l'amour et témoigne de grandes capacités émotives : douceur des adieux au cygne au premier acte ou chaleur du dialogue avec Elsa au troisième acte.

Son essence quasi divine exige un timbre clair, sa bravoure, un timbre brillant, tous deux étrangers aux couleurs sombres que nécessite le rôle de Tristan ou même celui de Tannhäuser. Mais l'interprète doit de plus posséder des qualités expressives aux nuances très subtiles pouvant traduire la noblesse du caractère, la fermeté du tempérament, comme la délicatesse, la tendresse ou la passion ardente.

Bien que Lohengrin n'affronte pas un orchestre aussi puissant que les futurs ténors wagnériens, la sollicitation permanente du haut-médium et de l'aigu requiert de cette voix à mi-chemin entre le ténor lyrique et le ténor dramatique une vaillance peu commune (étendue du *Ré* bémol^{2} au *La*^{3}).

ELSA DE BRABANT

Fille héritière du duc de Brabant, *soprano*.

Elsa, jeune fille pure, innocente du crime odieux dont elle est accusée, est l'incarnation même de la foi exaltée et de l'idéal féminin dans son dévouement amoureux; toutefois, sa nature fragile et crédule l'expose au fiel redoutable d'Ortrud.

La constance des lignes mélodiques souples et jubilatoires, en harmonie avec sa nature fervente, réclame de ce grand soprano lyrique (étendue du *Do*^{3} au *Si*^{4}), aux puissances expressives, une voix agile et un timbre clair.

Mais sous la douceur candide veille parfois une détermination inflexible. Ainsi dans l'affrontement avec Ortrud au second acte, quand sa confiance envers Lohengrin reste inébranlable, comme au troisième acte lorsqu'elle brise son serment, posant au mystérieux chevalier la question interdite. Là se devinent les accents d'un soprano dramatique : fermeté et âpreté du ton, la voix devant affronter un orchestre plus étoffé – le pupitre des bois demeurant néanmoins son accompagnement léger de prédilection.

Son envergure vocale et sa virginale candeur placent Elsa dans la lignée de l'Agathe du *Freischütz* et de l'Elisabeth de *Tannhäuser*.

FREDERIC DE TELRAMUND

Comte brabançon, *baryton*.

La réelle personnalité de Frédéric n'apparaît que peu à peu au cours de l'oeuvre. L'homme d'arme vertueux et courageux qui attache une importance extrême à son honneur se dévoile, manipulé par sa femme, sous un jour de plus en plus odieux : ambitieux, faible et plein de rancune envers Elsa qui a repoussé sa main.

Fasciné et terrifié par Ortrud, sa fureur impuissante s'exprime par des récitatifs hachés, des éclats de voix, des murmures horrifiés, son état quasi-permanent d'exaltation nerveuse par l'utilisation fréquente du registre le plus aigu du baryton.

Cette tessiture extrêmement tendue liée à la violence déclamatoire exige de l'interprète, qui doit soutenir subtilement la richesse psychologique du personnage, une énergie exceptionnelle.

(Étendue du *Si* bémol^{1} au *Sol*^{3}).

ORTRUD

Épouse de Frédéric, *mezzo-soprano*.

« Ortrud, explique Wagner, est une femme qui ne connaît pas l'amour... Le trait dominant de sa nature, c'est la politique. Un homme politique est repoussant, une femme politique est un monstre effroyable. C'est un pareil monstre que j'ai dû représenter. Il y a dans cette femme, une passion, la passion du passé, des générations disparues, la passion outrée jusqu'à la folie de l'orgueil de race, qui ne peut se manifester que sous la forme de la haine pour tout ce qui vit, tout ce qui existe réellement... Ainsi l'orgueil de race, l'amour du passé se transforment chez elle en fanatisme meurtrier[25]. »

Ortrud est, avec Hagen, le personnage le plus noir de l'oeuvre wagnérien; magicienne qui voue un culte aux dieux païens, elle se présente comme une entité :

25. WAGNER : *Lettre à Franz Liszt, Zurich*, 30 janvier 1852.

incarnation du mal aux antipodes de Lohengrin. Elle tire les ficelles du drame par des moyens détournés, en accord avec sa nature machiavélique, utilisant les faiblesses de Frédéric et d'Elsa – instruments de sa lutte pour le pouvoir.

Ses variations d'attitude envers les autres protagonistes nécessitent une voix douée de multiples colorations. Le charme, la soumission hypocrite, les insinuations fielleuses, comme la fureur, la haine ou la violence invocatoire sont autant de facettes que l'interprète doit pouvoir exprimer avec finesse malgré la constance du timbre sombre que le rôle exige. Le visage fourbe d'Ortrud se traduit dans le registre médium (les ensembles ou le dialogue avec Elsa, acte II scène 2) tandis que sa vraie nature éclate dans le registre aigu (invocation aux dieux païens, acte II scène 2 et scène finale). Ortrud, par l'ampleur de sa voix et sa tessiture à mi-chemin entre le mezzo et le soprano dramatique, annonce les futures grandes incarnations wagnériennes.

(Etendue du *Si* bémol^2 au *Si* bémol^4.)

LE HÉRAUT DU ROI
Basse.

Ce rôle est purement fonctionnel. Ses interventions épisodiques n'ont aucune dimension psychologique, à l'exception peut-être de ses derniers mots (acte II scène 3) – lorsqu'il évoque Lohengrin : « il... vous conduira au bonheur de la noble gloire », Wagner indique « avec chaleur », humanisant ainsi son personnage. De par sa fonction d'annonceur, sa voix au médium et à l'aigu puissants doit être sonore et porter loin. (Etendue du *Ré*^{2} au *Fa*^{3}.)

ANALYSE DE L'ŒUVRE

Prélude

Loin d'ébaucher le résumé détaillé du drame, Wagner en exprime ici la quintessence.

Les premiers « sons harmoniques » (1) en longues tenues dans les registres suraigus des violons divisés en huit parties – hors des cadres habituels de l'instrument –, ouvraient l'univers wagnérien à une nouvelle dimension de coloriste. Mais bien plus, cette beauté bleu-argent, dont parlait Thomas Mann, élevait d'emblée le prélude au-dessus de la simple illustration, incarnant dans cette résonance symbolique quasi-immatérielle l'essence même de ce monde vertueux et divin qu'il devait représenter.

Zénith de cette unicité, le motif du Graal (2), vase aux pouvoirs miraculeux, génère toute l'écriture de la page symphonique. Exposé d'abord dans la tessiture aiguë des violons, toujours divisés en huit parties (*la* majeur), il s'adjoint ensuite au contrepoint par les bois (*mi* majeur), puis s'infiltrant davantage au coeur des profondeurs sonores, il s'étoffe aux cors, altos et violoncelles (*la* majeur), avant de retentir, majestueux et *forte*, à tout l'orchestre homophone (*ré* majeur) auquel s'ajoutent les trompettes et les trombones.

Cette entrée successive des instruments occasionne une extension progressive du registre vers le grave et un gonflement graduel de l'intensité jusqu'à ce point culminant où éclate finalement en tutti orchestral la nuance *fortissimo* créant ainsi une dynamique magistrale d'où point déjà toute l'envergure des futurs préludes de *Tristan*, *l'Or du Rhin* et *Parsifal*.

Le retour à la nuance *piano* s'accompagne d'un nouveau motif (3) gamme descendante en *la* majeur, qui achemine le prélude à sa conclusion : réminiscence des couleurs initiales par la répétition des premiers sons harmoniques (1) suivis de la tête du motif du Graal (2).

Selon Wagner, cet effluve magique de sons est la représentation même des anges qui descendirent des cieux vers les régions sacrées du Monsalvat pour confier le Saint-Graal au soin des plus purs. Le monde vivait alors dans la haine et la discorde et aspirait, dans son indestructible désir d'amour inhérent au coeur humain. à reconquérir le vase sacré, source d'amour impérissable. Ainsi, insensiblement, l'apparition se révéla et plana de plus en plus visible sur la vallée terrestre et lorsqu'elle fut enfin dévoilée, dans toute sa nudité, une grâce miraculeuse se répandit sur les preux chevaliers élus. La bénédiction ainsi dispensée, comme un souffle de volupté indicible, l'essaim sacré des anges repartit vers la lumière céleste d'où il était descendu.

Mais au-delà du symbole, ce prélude révèle peut-être en métaphore la substance même du drame. En effet, Lohengrin, chargé du désir d'amour, descendit également d'une hauteur lumineuse sur le sein réchauffant de la terre et alors qu'il venait venger la vertu bafouée de la femme, l'extase amoureuse envahit son coeur ardent comme elle transfigura la pure Elsa. Et ce motif en gamme descendante de *la* majeur (3) qui réapparaîtra dans le récit du Graal (acte III), suite à la révélation des origines, n'indique-t-il pas l'inévitable destin? Là où la transcendance se confronte à l'irréductible désir de connaissance de la femme aimante, l'interdit frappe et ce chevalier, l'âme en peine, doit s'en retourner vers le pays inaccessible d'où il vint...

Acte I

SCÈNE 1

Le rideau se lève sur les ultimes résonances diaphanes du prélude.

Une fanfare classique (4) – fondée sur un accord parfait arpégé de *do* majeur et sonnée par quatre trompettes sur scène – nous projette immédiatement des sphères célestes vers les contingences terrestres. Il s'agit du motif de « cérémonie du roi », Henri l'Oiseleur, annoncé en grand protocole par le héraut et glorifié par les Brabançons qui lui jurent respect et obéissance en un court coeur homophone et martial.

Première peinture et valeur éminente du drame, c'est l'héroïsme que Wagner choisit d'exalter en guise d'introduction. Le souverain interpelle son peuple en une large déclaration patriotique où la vaillance du récit se reflète, tendue, dans la sollicitation du registre aigu de la basse sur des ponctuations énergiques des cuivres. Toujours plus stoïque, l'appel final, conviant à la levée des troupes allemandes, déclenche alors l'exacerbation : le roi atteint le sommet de son ambitus (*Fa* ^{3}), le mouvement s'accélère, les sonneries de trompettes se rapprochent, et les cordes scandent de violents accords – paroxysme couronné de l'approbation des hommes d'arme de Saxe et de Thuringe.

Puis, soucieux, se rasseyant sous l'arbre de la justice, il interroge le comte de Telramund, exemple de toutes vertus, sur la situation troublée du Brabant privé momentanément d'un prince.

Frédéric répond par un long réquisitoire, coeur dramatique de cette première scène, où la déclamation s'enfle de son écho orchestral. Un tempo vif, de brusques traits descendants en quadruples croches aux cordes, doublés d'accords *fortissimo,* illustrent la douleur terrible que lui infligea la disparition du jeune Gottfried, héritier du trône et joyau de son honneur, que le duc du Brabant lui avait confié en mourant; plus tragique encore, intensifié par les tremolos des cordes sur des septièmes diminuées, un récitatif nerveux et haché commente le rapt de l'enfant perpétré par Elsa lors d'une promenade en forêt; au contraire la présentation élogieuse de sa femme, Ortrud, pacifie un instant sa réplique sur un accompagnement fluctuant de notes répétées en syncopes.

Mais bientôt, catalyseur du drame, s'abat, fatale et sévère, « l'accusation » de fratricide contre Elsa. Un motif spécifique (5), funeste, en *mi* bémol mineur, naît alors aux violoncelles et contrebasses et s'achève *marcato*, implacable, à la voix.

Un procédé d'écriture, empreinte caractéristique de l'oeuvre – le miroir modal autour d'une tonalité pivot, utilisée comme éclairage de facettes antagonistes –, officie ici pour éveiller, en prémonition, la calomnie.

Alors que l'honneur vertueux, assoiffé de vérité, revêtait au début du réquisitoire les couleurs de *mi* bémol majeur, l'accusation, par sa minorisation, révèle en paradoxe le parjure – bien que pour lors étranger à Frédéric qui accuse en toute bonne foi.

Enfin, terme de cette tirade, le délateur, s'en remettant à la justice royale, réclame la terre du Brabant et le motif de « l'accusation » (5) résonne encore une fois, impitoyable.

La réaction angoissée des hommes, au moyen d'un langage nouvellement chromatique, comme celle troublée du roi, par opposition à l'héroïsme initial magnifié en *do* majeur, s'exprime alors en un sombre *do* mineur. Mais cet étonnement effarouché, loin de calmer l'ardeur de Frédéric, provoque son amertume. Plus violent, sur un fond de septièmes diminuées en *tremolo*, il redouble sa plainte : Elsa, fière de son crime odieux, s'imaginant devenir la maîtresse légitime du Brabant, repoussa sa main pour s'offrir à un amant secret.

Au comble de la stupéfaction, Henri l'Oiseleur, d'un geste impérieux, interrompt finalement la passion de Frédéric et proclame l'ouverture du jugement qui clôt en grande cérémonie cette première scène. Les quatre trompettes sonnent le motif du roi (4); le héraut s'interroge sur l'équité du futur procès, son récitatif psalmodique (proche du langage parlé, sur une seule note), créant un frottement avec la mouvance chromatique de l'harmonie, évoque l'incertitude du dénouement; le roi, entouré de ses vassaux, célèbre solennellement les rites judiciaires; puis, théâtral, un grand accord retentit à tout l'orchestre et le héraut appelle l'accusée, gravement et *a cappella*, dans le silence le plus absolu de l'auditoire.

SCÈNE 2

Elsa et sa suite paraissent, vêtues de tenues blanches, très sobres. Témoin de son désespoir, une mélodie déclinante, d'une douceur infinie, en *la* bémol mineur (6), colorée par les timbres mélancoliques des hautbois et du cors anglais, encadre un motif plus lumineux (7), symbole d'espoir, éclairé des sonorités plus limpides de la flûte et de la clarinette, qui module par enharmonie en *la* majeur – écho de la tonalité du Saint-Graal reflétant, en substance, la foi et la pureté de l'accusée.

Le contraste entre l'horreur de ses crimes supposés et sa virginale candeur subjugue littéralement l'assistance. Un choeur d'hommes, *pianissimo*, aux accents éthérés, sur une harmonie d'accords parfaits, commente l'apparence lumineuse de la jeune fille.

Le souverain, perplexe, s'enquiert de sa défense; mais ses questions restent sans réponses. Les deux motifs « Désespoir » et « Espérance » (6 et 7) qui accompagnaient la venue d'Elsa soulignent alternativement son attitude silencieuse, fragile, empreinte toutefois d'une certaine fierté. Seuls quelques gestes de la tête, un regard effrayé jeté vers Frédéric et Ortrud, qu'accuse un brusque accord *forte*, et un « Mon pauvre frère », timide et désolé, relient cette créature éperdue au monde extérieur, accentuant le trouble toujours plus grand de l'assemblée.

D'emblée ce tableau plonge le spectateur dans une atmosphère musicale et scénique totalement différente. La présence nouvelle des femmes sur scène, les mélodies délicates, la formation orchestrale réduite tranchent nettement avec les motifs martiaux, l'utilisation fréquente des cuivres et les *tutti* symphoniques conditionnés par l'univers masculin et héroïque de la première scène. Aussi, la prédominance des bois, teintant de leurs diverses couleurs en fusion l'entrée d'Elsa, caractérise dorénavant d'un point de vue instrumental ce personnage.

Enfin, transfigurée et calme, en un noble *arioso* en *la* bémol majeur, soutenu par le pupitre des bois et les *tremolos pianissimos* des cordes, Elsa consent, en guise de justification, à confier la plainte déchirante qu'elle adressa à Dieu dans sa grande détresse. Les courbes mélodiques, amples, s'épanouissent en une exultation suprême sur un *la* bémol^{4} aigu, *fortissimo*, jusqu'à l'évocation du sommeil libérateur où en une conclusion fébrile, elles déclinent peu à peu, interrompues un instant par le commentaire ébahi des hommes et du roi.

En l'espace de quelques mesures, Wagner présente deux facettes complémentaires et intrinsèques au psychisme de la jeune fille. Jouant encore d'une antinomie modale, *la* bémol mineur peint son désespoir, sa prostration face au monde terrestre qui la calomnie, tandis que *la* bémol majeur transcende et exalte sa confiance fervente liée au monde céleste et vertueux qui l'attire irrésistiblement.

Puis, expression de la grâce divine qui touche ne serait-ce qu'un instant éphémère cette créature virginale, le thème du « Graal » (2) s'irise à découvert dans la tonalité fervente d'Elsa (*la* bémol majeur) et assure symboliquement la transition avec le récit de son rêve miraculeux où un pur chevalier lui apparut dans tout l'éclat de ses armes.

Hallucinée et sur un rythme martial doublement pointé, caractéristique de la déclamation wagnérienne héroïque, Elsa conte l'image onirique sous le halo des violons maintenus dans le registre aigu, mais en *tremolo*. « Chevalerie vertueuse » et « héroïsme glorieux », futures représentations de Lohengrin, sont successivement loués et illustrés de leur motif (8 et 9). Introduits par le pupitre des bois en *la* bémol majeur, ils reflètent, pour lors, la vision de Lohengrin à travers les propres yeux d'Elsa. Ce chevalier de songe apaisa ses souffrances, aussi voit-elle en lui son défenseur; les altos énoncent alors « l'espérance » (7) tandis que son chant, en un ultime élan, épanche, signe de « consolation », un dernier motif issu du précédent (10).

Ainsi, nulle calomnie ne saurait atteindre la fierté et la pureté de la jeune fille; celle-ci n'éprouve comme souci de défense que le désir d'opposer au parjure sa foi en son Dieu protecteur. Et déjà, l'affinité rythmique (valeur doublement pointée), qui unit secrètement « l'espérance » (7) et la « consolation » (10) avec « l'héroïsme glorieux » de Lohengrin (9), présage d'une future victoire du chevalier en célébration de la vertu et de l'innocence d'Elsa.

Les Brabançons émus par cette extase transfigurée ne contiennent plus leur trouble; empruntant le motif de la « consolation » (10), ils invoquent la lumière divine afin d'éclairer le soupçon qui pèse sur cette créature si candide et Henri l'Oiseleur, indécis, renouvelle ses doutes, questionnant avec empressement Frédéric.

Railleur et indigné, le comte de Telramund offre de soutenir son accusation les armes à la main; son récitatif vaillant, dans une tessiture aiguë, accompagné de septièmes diminuées, de brusques alternances de *forte-piano*, de gammes rapides aux cordes et de sombres *tremolos* de violoncelles, traduit tout aussi bien l'envergure de son héroïsme que son profond désarroi, première atteinte à son honneur, provoqué par l'incertitude du roi.

Chacun s'exclame, la nervosité s'accroît; alors, en une large déclamation, la voix du souverain s'élève, solennelle, jusqu'à l'ultime invocation : « Dieu seul décidera maintenant en cette affaire! ». Celle-ci, précédée d'un silence dramatique et encadrée d'accords *fortissimo* à tout l'orchestre, éclate majestueuse, amorcée dans toute la force de l'émotion sur un *Fa* ^{3} aigu – difficulté très périlleuse pour une basse. L'arrêté déclenche la frénésie générale, les hommes clamant la décision royale avec gravité sur un accompagnement de violoncelles et de contrebasses. Enfin, couronnement de cette tension théâtrale, par un effet saisissant de modulation (passage entre deux tonalités éloignées : *ré* bémol à *la* majeur, sans aucune transition musicale), Wagner introduit, magistral et *marcato*, le thème du « jugement de Dieu » (11).

Celui-ci, résonnant aux trombones et tubas, présente des analogies d'une part avec la « cérémonie du roi » (4) – utilisation des cuivres et de l'accord parfait arpégé –, en signe de passation de pouvoir, et d'autre part, plus imperceptiblement, avec « l'accusation » (5) – emploi du saut d'octave, mais cette fois-ci symboliquement inversé...

Protocolaire, le souverain demande respectivement à Frédéric et Elsa leur approbation à la procédure judiciaire; son récitatif, évoluant dans un ambitus large (*La* ^{1} au *Mi* ^{3}), favorise l'emprunt fréquent du saut d'octave en corrélation avec le « jugement de Dieu » (11) qui réapparaît textuellement entre les deux réponses affirmatives des interpellés.

Mais qui sera le champion d'Elsa? Sous l'invective frénétique et violente de Frédéric : « Apprenez maintenant le nom de son amant! », la jeune fille déterminée et passionnée, élit de nouveau ce chevalier de rêve qui lui fut révélé par Dieu. C'est tout entière, sans restriction, qu'elle se donnera à lui; l'instrumentation se colore naturellement des bois, le tempo devient plus lent, la « consolation » (10) s'immisce dans la trame musicale, toujours dans la tonalité de *la* bémol majeur, son récitatif ferme s'élève exalté jusqu'au *La* bémol[4] lors du voeu de mariage : tout révèle sa dignité comme sa foi et son dévouement envers son futur bienfaiteur.

Le soleil de midi atteignant son zénith, le souverain proclame enfin l'ouverture du cérémonial. Quatre trompettes sur scène, en *do* majeur et à l'unisson, sonnent le « jugement de Dieu » (11) – nouvelle configuration, en liaison plus intime avec la « cérémonie du roi » (4) associant davantage l'équité royale à la sainte justice.

Le héraut, *a cappella* et psalmodique – effet fréquent chez Wagner dans ce genre de prérogative – ordonne au mystérieux défenseur d'Elsa de comparaître. Mais l'assignation reste sans réponse; seuls quelques *pizzicati* des cordes et de brefs commentaires des hommes et de Frédéric rompent un lourd silence. Elsa, fébrile, supplie le roi de renouveler l'appel. Le scénario similaire s'intensifie toutefois, dramatique : le héraut s'exprime un demi-ton au-dessus, plus tendu; les silences s'étirent, plus angoissants; des battements sourds à la timbale paralysent l'attente.

Puis, sinistre, un accord de septième altéré résonne étouffé aux trombones et tuba – instrumentation de la première audition du « jugement de Dieu » (11) – introduisant d'une façon signifiante la réaction de l'assemblée confinée jusqu'ici au mutisme : « Par ce sombre silence Dieu rend justice ».

Eperdue, mais transportée par sa foi, Elsa implore alors le ciel de lui envoyer le chevalier promis; la ligne mélodique dessine quasiment les mêmes mouvements que le « désespoir » (6) en *la* bémol mineur, puis la certitude chassant la résignation, son invocation au Seigneur « *O Herr* » provoque la modulation lumineuse de *la* bémol majeur sur un *fortissimo* d'orchestre, le coeur des femmes s'unissant à cette ultime requête.

Enfin, tel un miracle, sur l'accompagnement symbolique des violons en *tremolo* dans le registre aigu, une nacelle tirée par un cygne se profile à l'horizon; un chevalier, dans toute sa splendeur s'y dresse, éblouissant, tandis que le motif de la « chevalerie vertueuse » (8) retentit, brillant, aux trompettes dans la tonalité divine du Saint-Graal (*la* majeur). Ce chevalier, source d'espoir, est bien l'envoyé de Dieu et le lien sémantique qui unit rétrospectivement le motif de « Lohengrin » (8) avec ceux de « l'espérance » (7) et du « jugement de Dieu » (11), donnés lors de leur première apparition dans le même ton (*la* majeur), réaffirme ainsi l'innocence de la jeune fille.

Les hommes, partagés en deux choeurs de quatre parties chacun, commentent avec émotion l'apparition miraculeuse : au fur et à mesure que la nacelle approche, l'exaltation s'accroît, l'intensité de la symphonie chorale décuple, l'orchestre, enrichi du motif rayonnant de « l'héroïsme glorieux » de Lohengrin (9) qui retentit aux trompettes, gonfle de plus en plus son volume sonore, la tension monte, grandiose, jusqu'à atteindre un éclat des plus magnifiques que « l'art de la musique ait jamais produit [26] ».

« La plupart des choeurs wagnériens sont écrits à huit parties réelles, explique Liszt, et celui-ci, qui est le plus étonnamment conçu et le plus heureusement gradué, se fait en outre remarquer par la vraisemblance pittoresque qui résulte de ces voix partagées. La curieuse surprise des uns, la pieuse et naïve foi de l'ébahissement des autres, la terreur de ceux-ci, le saisissement de tous, s'expriment comme des exclamations individuelles, et le motif de « l'héroïsme glorieux » (9), plein de pompe et de majesté, acquiert dans le *crescendo* de cet immense développement, une puissance qui donne peut-être à cet instant l'intérêt le plus éminent, et le plus dramatique de la pièce [27]. »

Enfin, au paroxysme de cet énorme *crescendo*, un grand accord *fortissimo* souligne les exclamations des Brabançons qui crient au miracle tandis que le choeur des femmes se joint à l'homophonie en valeurs plus longues colorant ce tableau final de leur timbre élégiaque et serein.

SCÈNE 3

Etayant déjà l'un des points fondamentaux du drame idéal, Wagner réalise ici un superbe fondu enchaîné entre les deux scènes, assurant la continuité du discours musical par un large pont choral, tonal et rythmique en parfaite harmonie avec le déroulement dramatique. Ainsi, au comble de l'émotion, l'assistance salue l'envoyé de Dieu avec magnificence tandis que le thème de la « chevalerie vertueuse » (8) par un *tutti* orchestral *fortissimo* couronne en apothéose l'arrivée miraculeuse du chevalier sur la berge.

Un bref rappel du motif du Graal (2) évoque le pays de lumière qu'il vient de quitter et introduit avec nostalgie « les adieux au cygne ». Mélodie suave et mélancolique, pratiquement *a cappella*, ce motif spécifique (12), dans la tonalité symbolique de *la* majeur, se déploie en un souple arioso jusqu'à l'épanouissement final où des harmonies, issues du thème du Graal, colorent aux hautbois, clarinettes et cors anglais – subtil mélange de sonorités – le départ de l'animal sacré (en réminiscence, cet enchaînement harmonique accompagnera les derniers soupirs du cygne au premier acte de *Parsifal*).

Ultimes accents de merveilleux avant l'entrée définitive de Lohengrin sur cette « terre de combats et

26. F. Liszt : *Lohengrin et Tannhäuser* (1851), p. 75, Ed. Albatros, 1980.
27. *Ibid.*, page 75.

d'innocence persécutée[28] », les Brabançons, émus d'un tel miracle, louent la prodigieuse beauté de ce mystérieux chevalier (13).

Lohengrin s'avance, s'incline solennellement devant le roi – salutation soutenue par une petite fanfare de trompettes – puis, en une phrase vaillante, rend bientôt hommage à la gloire du souverain.

Rapidement, Wagner a présenté ici les aspects fondamentaux du personnage de Lohengrin, tout comme il l'avait fait pour Elsa. L'apparition miraculeuse, les adieux au cygne ou les hommages au roi ont ainsi réfléchi, tels les fragments mobiles du kaléidoscope, le divin, l'élégiaque, le sentimental, le chevaleresque et le glorieux : divers éléments constitutifs de sa profonde nature.

Le roi à son tour salue Lohengrin, reconnaît en lui l'envoyé de Dieu et, expression de son intense émotion, pour la première fois depuis le début de l'opéra, sa voix s'enfonce au coeur des registres graves exploitant ainsi les ressources de la basse noble.

Enfin, Lohengrin s'adresse à Elsa. C'est pour défendre une jeune fille injustement calomniée qu'il fut envoyé au pays du Brabant – le thème du Graal (2), soutenant cette assertion, éveille tout autant les origines saintes de Lohengrin que l'innocence de la vertueuse Elsa. Se confiera-t-elle à sa protection? Malgré son affirmation fervente, une petite phrase chromatique descendante au hautbois (22) sous les termes « sans doute ni frayeur » de l'interrogation de Lohengrin suggère imperceptiblement l'inévitable échec de leur union.

En revanche, la question « si je remporte pour toi ce combat, veux-tu que je sois ton époux », introduite par « l'espérance » (7) aux flûtes et hautbois et soutenue par le thème du Graal (2) aux cordes dans la tonalité de *la* bémol majeur, annonce inexorablement la future disculpation de l'accusée par la victoire de Lohengrin.

Avec une adoration passionnée, Elsa se voue corps et âme à son défenseur. Mais Lohengrin réclame davantage : il attend d'Elsa une foi sans défaillance, une foi qui se détournera de l'illimité désir de connaissance, une foi qui se contentera de croire et d'aimer au-delà du Savoir. Jamais l'aimée ne devra percer le mystère de ses origines et de son nom. Telle est la requête impérieuse du chevalier. L'interdit s'énonce gravement sur le motif du « mystère des origines » (14). Deux fois la voix de Lohengrin s'élève, austère, et se dégage nettement sur un accompagnement léger des bois – la réitération s'énonçant, toujours plus ferme, un demi-ton au-dessus.

Alors qu'il empruntait successivement les tonalités de *la* bémol mineur et *la* mineur, Elsa, contemplative, réplique en des *la* bémol majeur et *la* majeur lumineux; son chant aérien s'éternise sur sa foi en son « sauveur » par un *La* qui se prolonge, extatique, dans les cimes de l'aigu. Si la musique, quelques mesures auparavant, trahit les premières prémices du doute, rien cependant n'altère la sincérité de la jeune fille.

Extasié, Lohengrin déclare son amour à sa protégée : « Elsa » résonne, grandiose, tandis que le « Je t'aime », *pianissimo*, s'étire aux confins de la confidence; secret encore inavoué, ce preux chevalier venu venger l'outragée serait-il en quête de l'Amour? « Lohengrin se révélant déjà comme un demi-dieu par sa miraculeuse intervention, nous découvre ainsi dès l'abord, écrit Liszt, que la puissance qui a doué son bras d'une force surnaturelle, n'étouffe point dans le coeur de ses élus, ni les aspirations ni les tendresses de l'Amour[29]. » Et bientôt, les hommes et les femmes, à la limite de l'envoûtement, sur « l'émotion devant le miracle » (13) s'émerveillent de cette prodigieuse union.

Enfin, conduisant solennellement Elsa vers le roi, Lohengrin proclame à l'assemblée son innocence : « Ton accusation est mensongère, comte de Telramund » – assertion inflexible renforcée par un déferlement de triples croches aux cordes et un accompagnement de septièmes diminuées devant la magie du recueillement.

Les nobles Brabançons, ébranlés par un tel courroux, suggèrent à Frédéric de renoncer au combat. Un choeur de treize voix divisé en six parties contrapuntiques avec une prédominance des basses (neuf pour quatre), une harmonie mouvante sur pédale et une écriture chromatique exprime toute l'intensité de leur désarroi et s'oppose aux homophonies magnifiques qui caractérisaient jusqu'à présent leurs interventions.

Mais, violent et haletant, Frédéric affirme son bon droit : plutôt la mort que la lâcheté, le frottement occasionné par les secondes majeures et mineures, en alternance sur des triolets de croches en notes répétées, illustre la tragédie intérieure du personnage et annonce déjà le futur langage du *Crépuscule des dieux*.

Versant antagoniste, la requête de Lohengrin demandant au souverain d'ordonner le duel décisif sur un accompagnement d'harmonies consonantes que résout naturellement une cadence parfaite en *sol* bémol majeur, contraste brutalement avec cette écriture dissonante qui s'associera toujours plus ouvertement dans le déroulement dramatique au délateur.

L'heure a sonné, l'innocence doit être vengée et le coupable découvert. Les préparatifs au combat s'organisent peu à peu; un passage orchestral dépeint davantage la gravité et la gloire de l'éminente justice que les mouvements de mise en scène, et le héraut, fermement, ponctué par le motif du « jugement de Dieu »

28. *Ibid.*, page 76.
29. *Ibid*, page 79.

(11), énonce les lois rituelles. Il s'adresse en premier lieu au peuple qui acquiesce puis, se tournant vers les deux adversaires, réitère les règles sacrées de l'honneur auxquelles Lohengrin et Frédéric en un duo homophone jurent respect, confiant à Dieu l'issue du combat.

Alors, rompant l'action au profit de l'épanouissement du sentiment, Wagner valorise bientôt la Sainte Sagesse en une large scène lyrique où chacun s'extasie en prière à la gloire de la justice divine.

Le souverain invoque son Dieu suprême. Deux accords *fortissimo* encadrent, théâtraux, son brillant appel, puis en une louange solennelle – aria majestueuse en *mi* bémol majeur qui rappelle les accents de Sarastro dans la *Flûte enchantée* de Mozart – sa voix s'enfonce de nouveau, profonde et recueillie, au sein des registres graves.

Bientôt, ces transports fervents s'étoffent des sentiments des autres protagonistes formant ainsi, épanouissement sublime, un quintette expressif et chatoyant – premier réel ensemble de l'opéra qui accueille la première intervention vocale d'Ortrud et laisse poindre la future splendeur du quintette des *Maîtres chanteurs*. Elsa, Lohengrin et le roi exaltent leur foi infaillible en l'équité du jugement de Dieu tandis qu'Ortrud, se fiant à l'unique force de Frédéric, imperceptiblement plus agitée, s'immisce au coeur de cette glorification sans que rien ne dévoile encore nettement sa perfidie. Frédéric, inquiet pour son honneur, prie le Seigneur de lui accorder sa protection, mais rapidement son angoisse éclate violente, à nue, interrompant brutalement cette imploration de la grâce divine.

Après quelques modulations, le retour au *mi* bémol majeur s'accompagne de l'entrée successive du héraut, des choeurs et de l'orchestre qui couronnent en apothéose, par un subtil agencement de la dynamique, cette large scène extatique. Le quintette débutait *piano* et *a cappella*, puis progressivement s'enflait, *crescendo*, jusqu'à l'explosion du cri nerveux de Frédéric; l'entrée graduée du choeur d'hommes dont la division favorise un enrichissement harmonique exceptionnel, puis des divers pupitres d'instruments soutenus par l'impulsion rythmique en triolets de croches des cors et des cordes, et enfin du coeur élégiaque des femmes engendre l'ultime élévation de cette effusion laudative.

Suite au recueillement, commence l'action finale. Une page symphonique, puissante, en *do* majeur, soutient les derniers préparatifs protocolaires, les trompettes sur scène sonnent la « cérémonie du roi » (4), puis silence dramatique, trois coups d'épée symboliques sur le bouclier et enfin l'ouverture définitive du combat.

Pour soutenir cette lutte cruciale, Wagner choisit de traiter le « jugement de Dieu » (11) en trois canons successifs de deux voix chacun, dévoilant ainsi ses qualités de contrapuntiste avant la lettre – la bastonnade des *Maîtres chanteurs* et la *Tétralogie* se révélant plus tard des sommets dans cet art. Chaque canon s'agence autour d'un jumellement de timbres particuliers; le premier, en *fa* mineur, s'organise entre le pupitre des trombones et les sonorités combinées des bassons, cors, violoncelles et contrebasses, le deuxième, en *sol* dièse mineur, ajoute les trompettes à la première voix et le troisième, en *si* mineur, ne conserve que les trompettes pour la première voix associant le tuba à la seconde – leur succession à intervalle de tierce mineure formant l'accord de quinte diminuée, significatif par son instabilité... Traduction élaborée des quelques échanges fougueux, mais c'est avec célérité que Lohengrin, d'un coup terrible, renverse son adversaire. Une modulation rapide, au terme du troisième canon, introduit la tonalité rayonnante de *la* majeur immédiatement suivie du motif de la « chevalerie vertueuse » (8), célébrant, éclatante, la victoire de l'envoyé de Dieu.

L'épée sur la gorge de Frédéric, pratiquement *a cappella*, Lohengrin soumet le vaincu à son verdict... profond silence... en juge magnanime mais toutefois sentencieux, le chevalier épargne la vie du calomniateur le sommant de la consacrer au repentir.

Les hommes et les femmes exultent et Elsa, en une large phrase jubilatoire (15) qui s'élève avec enthousiasme jusqu'au *Si* bémol[4], adresse la plus haute louange à son protecteur.

Puis, reflet de l'intense émotion qui précédait le duel, un nouvel ensemble choral, ponctué des diverses réactions des personnages, clôt en un final somptueux ce premier acte. Alors que la gloire de la sainte Justice s'exaltait en *mi* bémol majeur, contrecarrant le *mi* bémol mineur du motif de l'accusation, celle du chevalier élu se magnifiera – symbole de la plus haute vertu – une quinte au-dessus, en *si* bémol majeur (tonalité de la jubilation d'Elsa).

Ainsi, le roi et le choeur des Brabançons, soutenus par un *tutti* orchestral et une fanfare de triomphe aux trombones, célèbrent, au comble de la joie, la venue de l'envoyé de Dieu sur les motifs de Lohengrin (8 et 9); Ortrud, haineuse, lançant un regard sinistre vers le chevalier, s'interroge en un murmure sur l'identité du héros; puis le choeur des femmes, sur la mélodie jubilatoire d'Elsa (15), loue le salvateur tandis que celui-ci, introduisant la modulation éphémère de *la* majeur, en une phrase vaillante qui perce la voûte chorale, bénit l'innocence d'Elsa, source de sa victoire.

Enfin, péroraison de ce brillant final en *si* bémol majeur, sur la « jubilation d'Elsa » (15) et les thèmes de Lohengrin (8 et 9), tous les personnages ainsi que l'assemblée brabançonne exaltent, ultime magnificence, le bonheur inouï qui les envahit; tandis qu'Ortrud persiste dans sa rage et Frédéric suffoqué par la douleur pleure son honneur perdu.

Terme de cette effusion d'allégresse, Lohengrin et Elsa sont portés glorieusement sur le bouclier de la justice alors que résonne, dans tout son éclat, la « chevalerie vertueuse » de Lohengrin (8).

Acte II

SCÈNE 1

D'emblée, le prélude du second acte plonge l'auditeur dans une atmosphère totalement différente du final fastueux du premier acte.

Le climat mystérieux de Frédéric et Ortrud, seuls dans la nuit, vêtus d'habits sombres et misérables, contraste avec les lumières éclatantes du chevalier au cygne, l'abondance des personnages et la somptuosité des cortèges du premier acte.

Malgré l'absence d'une tonalité bien définie, *fa* dièse mineur, ton relatif de *la* majeur qui symbolise les splendeurs sacrées du Monsalvat et la pureté de Lohengrin, imprègne, par antinomie, tout le prélude et la première scène du second acte. En outre, l'exploitation systématique des registres graves, l'écriture volontairement chromatique et l'utilisation du contrepoint qui tisse son discours de lignes épurées, sans harmonies, s'opposent d'une manière tout aussi signifiante avec la tessiture aiguë du thème du Graal (2), le langage consonant lié aux interventions de Lohengrin et les grands *tutti* orchestraux du premier acte.

Deux thèmes principaux, en parenté musicale et symbolique, génèrent l'écriture du prélude : le motif des « projets ténébreux » et celui de la « tentation » qui en découle directement (16 et 17).

Sous leur premier visage, ils se meuvent successivement, sinistres, en spirales chromatiques autour de la septième diminuée, dans les registres graves, introduits par les violoncelles auxquels s'ajoutent les bassons pour la « tentation » (17) – instrumentation plus conforme aux couleurs d'Elsa. Puis, en première ébauche du futur processus wagnérien de transformation des thèmes, ils varient leurs courbes, subtile résonance d'un maléfice insinuant, où s'immisce subreptiucement le « mystère des origines » (14), outil du mal tentateur. Enfin dernière touche à ce climat lugubre, les accents des cors bouchés, les roulements de timbale ainsi que les *tremolos* des altos divisés en quatre qui agrémentent, au centre de la page, la « tentation » (17) – reflet, en négatif, de la division des violons, dans le registre aigu du thème du Graal (2).

Au terme du prélude, accentuant davantage la loi des contraires, un ensemble à vents, trois trompettes, une timbale et un *becken*, derrière la scène, illustrent, en une joyeuse fanfare, la fête qui règne au palais et épanchent, serein, le motif de « l'espérance d'Elsa » (7). Puis, en fondu enchaîné, les figures sombres du violoncelle surgissent à nouveau, introduisant les premières paroles de Frédéric qu'accuse un brusque accord *forte*.

Pratiquement *a cappella*, il convie sa compagne à fuir ce pays de honte. Mais celle-ci, soutenue par un accompagnement en *tremolo* des cordes, refuse énergiquement, préférant, en oiseau de malheur, fomenter un terrible poison de mort. Son chant, *marcato*, tout en contenant sa fureur, s'habille du *diabolus in musica* (intervalle de quarte augmentée), tandis que les violoncelles tissent la toile d'araignée du futur stratagème maléfique d'Ortrud à partir des fibres issues des motifs des « projets ténébreux » (16) et de la « tentation » (17).

Alors, douloureusement, en un récitatif décousu, parsemé de modulations rapides, Frédéric maudit son épouse, et bientôt, pleurant son honneur perdu, exhale avec fureur son désespoir. Pour traduire ce violent déchaînement de passion, Wagner choisit la forme plus traditionnelle de l'arioso; les carrures se précisent, l'ambitus du chant s'élargit et la tonalité, *fa* dièse mineur, s'affermit. Là, l'exaltation de Frédéric atteint son paroxysme; les courbes s'élèvent, frénétiques, dans les registres aigus atteignant le sommet de son ambitus (*Sol* ^{3}) tandis que, réminiscence symbolique, l'accompagnement des cordes, en triolets de croches saccadés, rappelle l'émotion de la scène III, acte I, lorsque fier de son héroïsme il préférait la mort à la lâcheté et, mémoire amère, les violoncelles et contrebasses dessinent une petite cellule (5bis), issue du motif de « l'accusation » (5) – hier germe de son honneur, aujourd'hui fruit de sa honte. Puis écrasé de douleur, il tombe à terre et, contraste déchirant, les échos de la fête du palais résonnent à nouveau dans le lointain.

Ortrud, sans agitation, s'étonne d'une telle hargne; alors, nerveux, Frédéric se redresse et menace, *a cappella*, sa fielleuse compagne qui, dans un calme haineux et investigateur, lui conseille cependant de se fier à son jugement.

Mais Frédéric accuse, nouveau réquisitoire : c'est elle, Ortrud, qui lui insinua l'accusation calomnieuse. La déclamation rapide, parsemée de septièmes diminuées, évoque avec cynisme son trouble comme son désir passé et illusoire de régner sur le Brabant. Le comte de Telramund, l'homme de toutes les vertus, apparaît enfin sous son vrai jour, irresponsable, dépendant et crédule.

Ce dialogue, prémices du futur style en mélodie continue des drames de la maturité, se poursuit durant toute la première scène – la déclamation épousant toujours avec justesse les accents intimes du discours. Ici, Ortrud, magicienne diabolique, pose insidieusement les jalons de son entreprise dont Frédéric se fera de nouveau l'instrument.

Ainsi récuse-t-elle l'accusation; une cadence rompue (le repos sur la tonique étant évité par l'enchaînement au sixième degré ou plutôt premier degré d'un nouveau ton), typique chez Wagner, en particulier dans les oeuvres ultérieures, illustre symboliquement sa proclamation fallacieuse – effet favorisant également la continuité du flux musical sans rupture cadentielle. Frédéric, toujours agité, vocifère; aussi Ortrud insinue, arrogante : « Qui a menti? », son chant, acerbe, accusant une chute de septième diminuée (*Mi* bémol–*Fa* dièse). Mais Frédéric ne fléchit pas, il réitère et invoque le jugement de Dieu – « *Gott* » s'étirant dans l'aigu accompagné d'une violente septième altérée, fortissimo.

Excédée, la magicienne se démasque : avec mépris crie-t-elle un « *Gott* » terrible et vindicatif; alors, un immense silence obscurcit l'atmosphère déjà si tendue, et Frédéric, terrifié par cette brutale imprécation, murmure soudain, anéanti.

Ortrud, fielleuse, retourne bientôt la situation; « Ah! Ta lâcheté s'appelle-t-elle Dieu? », à peine si Frédéric, touché à vif en son point sensible, rétorque par ce cri « Ortrud » dont la chute de septième diminuée (*Mi* bémol–*Fa* dièse) éclaire davantage l'invective précédante de la magicienne : « Qui a menti? » basée sur le même intervalle. Mais celle-ci se montre toujours plus menaçante, sa déclamation, *marcato*, avec de nombreux sauts d'octave, s'amplifie et s'élève jusqu'à atteindre le *La* 4 sur le terme « honte », rejetant, cruelle, la défaite sur la faiblesse de Frédéric. Enfin, manipulatrice, en un débit plus lent sur des tenues *pianissimos* aux trombones et tuba, introduit-elle une possibilité de vaincre le chevalier, source de leur malheur.

Frédéric ne peut croire, plus forte encore serait l'aide du Seigneur et plus dur leur échec; son chant culmine de nouveau, *crescendo*, vers les aigus stridents. Mais c'est avec une sauvage ironie qu'Ortrud, la païenne, rejette l'éminente puissance de Dieu; son rire sarcastique s'étoffe de grands accords *fortissimo* puis, énergique et *marcato*, par une phrase déclinante, presque *a cappella*, elle suggère, malicieuse, son savoir; cet envoyé de Dieu pourrait-il faillir? Frédéric, épouvanté, à voix basse et tremblante, tente en vain de lutter; cette sorcière voudrait-elle le duper? La flûte dessine une phrase chromatique descendante sur pédale (*Fa* dièse) aux timbales, mais déjà, la tonalité *fa* dièse s'éclaire du majeur, Ortrud a repris son ascendant.

Alors, envoûtante, s'apprête-t-elle à exposer son plan diabolique; le cor anglais puis la clarinette énoncent la « tentation » (17) et, dans la tonalité ténébreuse de *fa* dièse mineur, sa question : « Sais-tu qui est ce héros? » emprunte les lignes du motif du « mystère des origines », prolongées d'une petite cellule à l'orchestre (18), qui s'avèrera être le symbole de la vengeance d'Ortrud et dont la première apparition intervenait dans le prélude du second acte, suite au motif de la « tentation » (17).

Le cadre est posé, jeu subtil de mémoire auditive et de mutation des thèmes, cher à Wagner, avant que n'opère, dans tout son pouvoir, le dire signifiant.

Arracher au mystérieux chevalier le secret de ses origines lui ôterait toute puissance qu'une magie lui donne à grand peine; cette assertion de la prophétesse s'entremêle, logique, des motifs des « projets ténébreux » (16) et de la « tentation » (17) qui s'infiltrent symboliquement par l'intermédiaire des bois. Puis, Frédéric, de plus en plus crédule, commente la révélation : « Ah! je comprends alors son interdiction! » ponctué naturellement par le « mystère des origines » (14) aux bois.

Mais seule Elsa peut poser la question fatale; nouvelle révélation d'Ortrud qui débute, transposée une tierce mineure au-dessus, par les mêmes courbes que sa précédente question : « Sais-tu qui est ce héros? ». La tonalité a modulé en *la* mineur (ton de l'interdiction au premier acte) et le thème des « projets ténébreux » (16) serpente, sombre, aux clarinettes.

Le tour est joué. Peu à peu Wagner a jonché le parcours musical de liens sémantiques; entre-temps, la magicienne distilla habilement son venin. Maintenant tout est clair, Elsa (d'où l'utilisation systématique du pupitre des bois) sera l'instrument de la haine, elle devra rompre son serment, vaincre l'interdit et lever le mystère qui entoure son chevalier miraculeux.

A partir de cet instant, tout bascule, Frédéric, dupé une nouvelle fois, reflet de sa grande ambition, retrouve son courage jusqu'ici réduit à néant; la « tentation » (17), toujours aux bois, s'entremêlera aux répliques à venir, mutant au gré du maléfice, et le ton montera jusqu'à la sollicitation impérieuse d'Ortrud : « Accuse-le d'avoir par magie trompé la justice ».

Furieux de la prétendue fourberie de Lohengrin, Frédéric vocifère, terrible, tandis que la réapparition du « déshonneur » (5 bis), emblème d'une victoire espérée par l'intermédiaire d'une accusation (mais source de déshonneur), trahit déjà le futur écueil – l'outrage ne pouvant triompher de la vertu.

Toujours plus maléfique, la magicienne a prévu jusqu'à l'échec; aussi reste-t-il un autre moyen de vaincre. Frédéric, avide de pouvoir, s'écrie de nouveau, toujours accompagné du motif du « déshonneur », symbole de sa perte. Une simple mutilation anéantirait à tout jamais Lohengrin. Frédéric ne contient plus son désir de vengeance, mais sa compagne, rusée et sentencieuse, le pousse davantage dans ses retranchements; l'excitation monte, le débit est plus vif, et ses élans vers l'aigu, vertigineux, déclenchent un véritable ouragan orchestral. Frédéric, fier de recouvrer son prestige annihilé, en une large déclamation extrêmement tendue, soutenue d'accords *forte* en septièmes diminuées et de violents traits en doubles croches aux cordes affirme, amer, son engagement. Une suspicion cependant : une possible trahison d'Ortrud; aussi profère-t-il des menaces acerbes contre sa compagne.

Mais celle-ci, souveraine, aura le dernier mot; lui fera-t-elle goûter les joies de la vengeance? Déjà elle l'entraîne dans son enthousiasme haineux. En un petit duo, tout deux prêtent serment; introduites par le motif de la « vengeance » (18), qui annonce, implacable, celui de la « malédiction » dans la *Tétralogie*, et immédiatement suivi des « projets ténébreux » (16), leurs voix se mêlent, à l'unisson de leur coeur noir et farouche, exaltant en de grands sauts d'intervalle l'oeuvre diabolique.

SCÈNE 2

Alors que la malicieuse Ortrud exploitait, durant la première scène, la crédulité de Frédéric, maintenant va-t-elle utiliser celle d'Elsa pour mener à bien sa néfaste entreprise : régner, en maîtresse païenne sur le Brabant.

Elsa paraît à son balcon, en contraste, vêtue de blanc et, exhalant son bonheur tout neuf, loue, reconnaissante, la sainte Nature qui guida les pas de son protecteur. En aparté, Frédéric et Ortrud dialoguent; bientôt Frédéric s'éloigne abandonnant la créature virginale en proie à la magicienne.

C'est d'une voix plaintive, encadrée de sourds accords en tierce mineure aux cors bouchés, hautbois et flûtes, qu'Ortrud interpelle la jeune fille – brusque changement d'atmosphère qu'accroît un lourd silence. Interloquée, Elsa s'interroge, d'où vient cette plainte sinistre? Ortrud appelle de nouveau, plus désespérée. Avec étonnement Elsa reconnaît enfin la damnée.

Alors, enjôleuse, la magicienne sollicite sa compassion. En *sol* mineur (tonalité relative au chant de louange qu'Elsa adressait à la nature en *si* bémol majeur), sa plainte, chromatique, s'habille, dans un premier temps, des arabesques des bois pour bientôt, affichant son vrai visage, revêtir la couleur plus charnelle des cordes sur ses mots : « Que t'ai-je fait? » qu'elle scande de nouveau, un ton au-dessus, avec insistance.

Dans sa réponse, Elsa, profondément troublée, emprunte des courbes chromatiques, comme déjà happée par la duplicité de la diablesse. Plus pressante, celle-ci poursuit son projet perfide, à nouveau masquée de la sonorité volatile des bois. La jeune fille, blessée par l'accusation, invoque alors son Dieu. Mais Ortrud implore sa pitié d'un ton mélodramatique sur un tapis de septièmes diminuées : le châtiment est bien cruel pour cet homme qu'une malheureuse folie poussa au blasphème.

A peine Elsa s'écrie : « Juste ciel! » que la magicienne voilant toujours sa face, évoque, hypocrite, le bonheur rayonnant d'Elsa que sa présence affligée par le chagrin risquerait de ternir. Son chant plus souple et plus calme épouse, signifiant, son propos; ainsi une broderie sur la vie qui sourit à la candide jeune fille, ainsi une chute vers le grave sur son chemin de mort...

A ces mots, Elsa la vertueuse, Elsa la crédule, émue par l'infortune de la bannie, exalte en une large élancée vers les aigus sa compassion, accentuée des sextolets en doubles croches aux cordes qui illustrent, symboliques, l'éclosion du rapprochement.

Tandis qu'Elsa regagne ses appartements pour rejoindre la malheureuse, Ortrud, enfin seule, triomphante, se dresse sur les marches de l'église, dévoilant pour la première fois depuis le début de l'opéra sa véritable essence : magicienne vouée au culte des dieux païens. « Dans un accès de délire digne des hordes qui s'enivraient de sang, écrit Liszt, comme une prêtresse habituée à plonger le couteau dans le sein des victimes humaines, elle appelle ses dieux, ses dieux reniés de leurs anciens adorateurs. Elle invoque Wodan et son tonnerre! Freia l'enchanteresse! elle les adjure de protéger sa trahison qui doit perdre les chrétiens! Et tant de passion, tant de colère, tant de fiel, s'exhale de son âme, que tout le Pandaemonium pourrait se plonger avec délice, dans ce torrent de rage![30] » En effet, la violence de ce large arioso invocatoire dépasse ici tous les accès de fureur déjà exaltés dans l'oeuvre. L'expression de sa passion vengeresse sollicite le registre aigu de sa tessiture qui atteint son sommet (*La* dièse^{4}) au paroxysme de son agitation; sa déclamation agressive, dans la tonalité de *fa* dièse, des projets funestes, s'accentue d'une harmonie en septièmes diminuées qui alterne entre les modes majeur et mineur, symboles de victoire et de maléfice; l'ensemble soutenu par l'accompagnement en rapides *tremolos* des cordes qu'accentuent, par instant, de grands accords martelés à tout l'orchestre – explosion de sa vraie nature qui laisse entrevoir toute la puissance d'un grand soprano dramatique digne des futurs éclats de Kundry ou même d'Isolde ou Brünnhilde.

L'air s'achevait sur une cadence parfaite, une septième diminuée réintroduit la tonalité de *sol* majeur attachée à la compassion d'Elsa. Alors que la jeune fille cherche l'infortunée, celle-ci se jette humblement à ses pieds. Mais la vertu et la noblesse ne peuvent se réjouir de l'humiliation; aussi permet-elle à Ortrud de retrouver sa fierté en lui accordant son pardon et regrette même, dans sa grande félicité, les souffrances qu'elle a pu lui occasionner. Son chant, conjoint, de rythmique simple et sur un accompagnement très sobre dénote toute sa candeur virginale.

---

30. *Ibid.*, page 86.

Ortrud, sournoisement, remercie tant de bonté, mais un *sol* mineur et des dessins chromatiques aux flûtes trahissent tout son fiel.

Elsa, joyeuse, promet de quérir la grâce de Frédéric auprès de son futur époux; malgré une brève intervention d'Ortrud, son émotion s'exhale, toujours croissante, évoquant les noces où la magicienne devra paraître, vêtue de somptueux atours.

Un pas décisif est franchi; la confiance d'Elsa conquise, dorénavant il faut jeter le trouble dans son esprit, immiscer le doute afin que la tentation soit plus forte que l'amour.

Ainsi Ortrud voue sa gratitude à Elsa, mais enchaînée par cette reconnaissance ne resterait-elle pas mendiante? Aussi suggère-t-elle ses pouvoirs auxquels la jeune épouse pourrait, dans un proche avenir, avoir recours pour protéger sa vie. Des notes répétées en triolets de croches aux altos, issues de l'accompagnement de son invocation brillante aux dieux païens, soutiennent tout du long ce récit, favorisant la continuité du discours en fondu enchaîné rythmique, malgré la transformation du caractère de la déclamation, nécessaire à ce travail de subversion psychologique – procédé annonçant, en filigrane, le thème de la destruction des Nibelungen (en notes répétées dans le grave).

« Que veux-tu dire? » réplique d'un air naturel et amical l'innocente. Violemment, la prêtresse réitère : « Il est bon que je t'avertisse », mais bientôt se ressaisit et incite calmement Elsa à la laisser – sève de sa force magique – lire dans son avenir. Alors tel le venin haineux, le motif de la « tentation » (17) ressurgit, fatal.

Elsa, avec un étrange frisson, s'écrie : « Quel malheur? », et déjà le dessein maléfique opère son redoutable charme, le « mystère des origines » (14), cette fois dans la tonalité ténébreuse de *fa* dièse mineur, introduit et soutient les nouvelles insinuations d'Ortrud : « Cet homme d'origine si mystérieuse pourrait un jour te quitter comme il est venu à toi par magie. »

Saisie d'horreur, Elsa se détourne brusquement, puis envahie par la pitié qui anime les âmes pures, affirme son amour sans faille que nul doute ne saurait atteindre; aussi tente-t-elle de convertir l'irréductible aux doux plaisirs de la « fidélité » (19), motif spécifique qu'égrène souplement le hautbois. Portée par l'extase de sa confiance fervente, qu'illustre encore un nouveau motif (20), Elsa poursuit sa tentative tandis qu'Ortrud, en aparté, fomente son stratagème : la fierté amoureuse de la future épouse sera l'arme de sa perte – duo, en *sol* majeur où Elsa lyrique exhale son bonheur sur le motif de la « confiance fervente » (20), Ortrud se greffant en contrepoint dans la trame musicale avec des lignes chromatiques et un rythme plus irrégulier.

Une cadence parfaite clôt l'ensemble et les deux femmes pénètrent dans le palais. Célébration sublime, les violons, en un court passage orchestral, épanchent de nouveau la « confiance fervente » (20). Elsa n'a pas failli, mais Ortrud« a passé le seuil de cette porte que la miséricorde et le pardon [31]» ouvrent à son indignité.

Aux premières lueurs de l'aube, Frédéric apparaît, enfin conscient du machiavélisme venimeux de son épouse, mais impuissant contre l'entreprise diabolique, il s'avoue vaincu; un seul désir anime son âme blessée, celui de la vengeance : que périsse ce chevalier qui lui déroba son honneur. Le motif des « projets ténébreux» (16) distille encore une fois son poison de mort et, tandis que l'orchestre exprime la volonté de destruction de Lohengrin en une gamme chromatique ascendante et crescendo aux cordes, pour la première fois depuis le début de l'opéra – signe de résignation – le récitatif du félon s'écoule en un flux calme et anéanti.

SCÈNE 3

Après le maléfice, l'exultation. Avec la troisième scène, Wagner ménage un temps de repos dont les accents de fête et de cérémonie en préparation du mariage éclairent – réminiscence de la pompe luxueuse du premier acte – cette atmosphère assombrie du fiel insinuant d'Ortrud – véritables noeud et tension dramatique du second acte.

Le jour commence à poindre. Deux sentinelles, du haut d'une tour, sonnent le réveil en une courte fanfare, puis, écho pittoresque, le son de leurs trompettes se répète au loin; alors, en un crescendo d'animation qui correspond à l'éclat de la matinée qui s'avance, sur une pédale de *Ré* aux cordes, les instruments à vent entrent successivement et bientôt les portes de la ville s'ouvrent à cette radieuse journée. Tandis que quatre trompettes, aux marches du palais, font retentir, magnifique, la « cérémonie du roi » (4), peu à peu, vassaux, nobles et soldats s'avancent sur la place – mouvement de foule dont les brillantes fanfares et les guirlandes rapides aux cordes illustrent parfaitement l'agitation. Touchés par la même émotion qui les habitait au final du premier acte, ils louent bientôt, dialoguant en canon, le miraculeux chevalier.

Enfin, solennel, le héraut sort du palais, accompagné des quatre trompettes qui sonnent de nouveau le motif du roi (4), et proclame haut et fort, en un simple récitatif, les derniers arrêtés du souverain – décrets qui, ponctués des réactions de la foule, s'accompagnent d'un langage orchestral aux accents imagés.

31. *Ibid.*, page 87.

Ainsi, le bannissement de Frédéric de Telramund, première annonce, revêt les couleurs de la septième diminuée sur roulement de timbale que redouble l'approbation violente des hommes en un sombre *sol* mineur – versant opposé au ton de la compassion : *sol* majeur -; le titre de protecteur du Brabant assigné à Lohengrin, deuxième annonce, suscite le retour à une harmonie consonante et la réapparition du motif du Graal (2) après l'intervention louangeuse de l'assistance. En célébration de la cohabitation solennelle de l'envoyé de Dieu avec l'humanité que la grâce divine a touchée, le Saint motif, cette fois-ci, résonne en *do* majeur par les quatre trompettes du roi. Enfin, dernière annonce, l'appel patriotique de Lohengrin qui conduira à la plus haute gloire les armées du Brabant déclenche des fanfares de triomphe aux trombones et les choeurs vaillants des futurs combattants où s'immisce, au sein du crescendo d'allégresse, le motif de la « chevalerie vertueuse » (8).

Pendant que la foule manifeste sa joie, quatre nobles de la suite du comte de Telramund se rassemblent; et tandis qu'ils conspirent contre le nouveau protecteur du Brabant, Frédéric traverse furtivement la place pour les rejoindre et les informer du prétendu parjure de Lohengrin. Mais il ne recueille, ici, qu'épouvante.

Alors que les nobles poussent Frédéric vers l'église pour le dérober aux regards du peuple, quatre pages se dirigent vers le palais pour faire place, au coeur de la foule, au cortège d'Elsa – reflet de pureté et de candeur, leur annonce, homophone, *a cappella*, s'harmonise de consonances naturelles. Puis, quelques arpèges aux cordes simulent les mouvements de l'assemblée qui s'écarte et, imperceptiblement, les bois évoquent – mémoire sereine – le rythme du motif de « l'espérance » (7).

SCÈNE 4

La procession d'Elsa qui, recueillie, se dirige vers l'église, s'accompagne d'une page symphonique et chorale aux accents heureusement appropriés aux élans d'amour et de foi de la virginale jeune fille.

Deux motifs (21a et 21b), « consécration de l'amour », conditionnent l'introduction orchestrale; leurs lignes s'élèvent, élégiaques et solennelles, des sonorités combinées des bois et des cors jusqu'au motif de « l'espérance » (7) qui rayonne ici dans tout l'éclat d'un désir pieusement assouvi. Puis, deux choeurs d'hommes, de quatre voix chacun, sur la « bénédiction » (21b), louent la chaste flamme qui anime le coeur de cette candide créature injustement calomniée et, sur la « vertu » (21a), qui revêt la première cellule rythmique du « désespoir » passé (6), mais cette fois inversé en une courbe ascendante, les hommes et les femmes, en un transport exalté, accueillent enfin, émus, la pure jeune fille.

Mais soudain, un accord de septième altérée rompt brutalement l'épanouissement final de cette effusion de louange et, dans un accès de colère incontrôlée, Ortrud surgit du cortège nuptial et s'interposant – rébellion décisive – revendique son droit de préséance sur Elsa. *Tremolos* de septièmes diminuées aux cordes, chant *marcato* et chromatique, tout l'arsenal du maléfice se déverse ici sur la jeune fille qui, effrayée par ce brusque changement d'attitude, ne contient pas sa stupeur, à peine soutenue par une assistance au comble de la perplexité.

Toujours plus hargneuse, la magicienne, à la limite du cri, profère des menaces qu'un fiel véhément souligne davantage dans toute l'horreur de la vengeance. Tout juste si Elsa peut exprimer sa vive déception qu'Ortrud, pleine de malice, tente d'immiscer le doute en son esprit : qui peut jurer de la vertu du chevalier dont les origines sont si mystérieusement inconnues?

Alors que ces mots suscitent une violente réaction de l'assistance sur un déchaînement de gammes rapides aux cordes sur septièmes diminuées, Elsa, touchée à vif par le blasphème, reste muette, abasourdie.

Voilée hypocritement sous la forme d'un arioso (élément plus approprié au langage d'Elsa ou de Lohengrin), Ortrud réitère, perverse, par une large phrase mélodique qui se répète un demi-ton au-dessus, toujours plus pressante – le tapis de notes répétées, aux violons et altos, qui soutient son discours exprimant, par son mouvement perpétuel, toute la tension d'un doute qui se distille peu à peu, tentateur. Puis, avec force, persifle-t-elle sur les périls qu'encouraient le chevalier dès révélation de ses origines; n'est-ce pas lui qui proféra l'interdit? Un jour celui dont on ne sait rien pourrait quitter Elsa!

L'assistance, choquée d'un tel outrage, intervient de nouveau, violente; et Elsa, que le trouble avait un instant anéantie, se ressaisit soudain et s'insurge, sûre de sa foi, contre la calomnie de la scélérate. Affirmant la pureté et la haute noblesse de son protecteur, élu de Dieu, la jeune fille, d'un ton ferme, comme jamais auparavant, revêt sensiblement l'envergure d'un soprano dramatique dont les accents s'élèvent, énergiques, suite à une brève intervention du choeur, jusqu'au *Si* bémol[4] aigu – confins de la jubilation, son arioso s'italianise alors sur une septième de dominante cadentielle en *mi* bémol majeur avec point d'orgue.

Entremêlée des propos de la foule qui tente de protéger Elsa de sa haine enragée, Ortrud rétorque cependant, imperturbable, et met au défi la fière jeune fille de poser la question interdite; tout en s'illustrant d'une écriture symboliquement fielleuse, son discours se masque toutefois, démon de la tentation, sous la même cadence italianisante qu'Elsa empruntait quelques mesures plus haut, mais cette fois, miroir révélateur, en *mi* bémol mineur.

SCÈNE 5

Ainsi l'injure et l'outrage tombèrent des lèvres de la diffamatrice comme « des étincelles de feu sur les pâles joues d'Elsa[32] »; pour lors, répond-elle en amante; mais seule l'arrivée du cortège royal et de Lohengrin semble pouvoir mettre un terme à ces violentes altercations.

Alors que le peuple salue respectivement le souverain et le protecteur du Brabant, les motifs de « cérémonie du roi » (4) et de la « chevalerie vertueuse » (8) retentissent glorieusement (une septième diminuée ayant assuré la liaison entre la quatrième et la cinquième scène favorisant la modulation en *do* majeur, tonalité du motif du roi). Puis, en une déclamation tantôt parlando, tantôt plus lyrique, chacun s'interroge et se trouble du désordre qui règne sur la place.

Tous les regards sont tendus vers Elsa... Confuse et abandonnée, elle supplie son chevalier de lui accorder sa protection; son chant, dans le registre aigu et *forte*, s'étire en un sublime épanchement; lui confie-t-elle sa crédule bonté, l'élocution épouse le débit narratif; mais bientôt, premier émoi d'un doute, elle avoue à la limite de la réticence, les conseils fallacieux d'Ortrud.

Résolu et sentencieux, Lohengrin éloigne du chemin de sa fiancée la perverse magicienne et, comme si sa prescience pénétrait les vils sentiments de la diablesse, le motif des « projets ténébreux » (16) sourd des sombres sonorités du basson et de la clarinette basse sous les tenues dramatiques des trombones et du tuba. Alors se tournant affectueusement vers Elsa, il questionne : « Son poison a-t-il réussi à se répandre en ton coeur? » Si Lohengrin, toutefois troublé, n'est pas encore déchiré par la crainte, car ses paroles s'éclairent du *do* majeur, Elsa, elle, cache son visage de larmes qu'une incertitude tonale dévoile déjà comme les traces d'une douloureuse tentation. Toujours serein, Lohengrin entraîne cependant sa fiancée vers l'édifice où ils doivent célébrer leur union et, derniers instants d'une communion mutuelle, une grande phrase jubilatoire en *do* majeur, dont les courbes ascendantes rappellent les thèmes de la « confiance fervente » (20) et de la « vertu d'Elsa » (21a), accompagne la procession.

Mais brusquement, le charme est à nouveau rompu, le banni, comte de Telramund, surgit du fond de l'église. Aux prix des plus terribles efforts, chacun tentant de freiner ses ardeurs profanatrices, il parvient cependant à s'imposer et accuse violemment le chevalier : c'est par sortilèges qu'il remporta le combat et lui ravit son honneur, aussi que l'indigne révèle maintenant à l'assemblée son nom, son rang, sa race... Seul cet aveu pourrait réhabiliter son innocence compromise – derniers mots, fatals, que vociférait déjà, hargneuse, la magicienne. Sa déclamation, expressive, *a cappella* au terme de la sommation, s'accentue, cruelle, des ponctuations en accords *forte* de l'orchestre ou encore des triolets de croches en notes répétées, obstinées, aux cordes qui s'associent toujours davantage à la colère du félon – tension dramatique que renforce le motif du « jugement de Dieu » (11) qui retentit par deux fois, tonitruant, aux trombones et au tuba. Bien que l'harmonie, en écho de la diffamation, module, chromatique et chargée de septièmes diminuées, la tirade débute et s'achève en *la* mineur – minorisation symbolique de la tonalité des motifs de « l'élu de Dieu ».

Précédés du « jugement de Dieu » (11) qui clôt une nouvelle fois les invectives de Frédéric, le roi ainsi que l'assistance s'exclament et se tournent, empressés, vers le chevalier.

Mais Lohengrin refuse de se plier à la sommation; son chant vaillant et *marcato*, introduit par une petite fanfare et soutenu par des harmonies consonantes, illustre toute la détermination du juste : jamais l'innocent ne cédera devant les outrages du félon.

Frédéric en appelle-t-il au droit souverain que déjà Lohengrin réplique : seule Elsa, la vertueuse, peut poser la question interdite; sa voix s'élève alors, dramatique, sur un *La*³ aigu – point culminant de son ambitus. Mais soudain, il s'interrompt, frappé de la voir se débattre en un terrible combat intérieur; l'accord de septième de dominante, *forte*, qui ponctuait la fin de son discours, mute, transfiguré en écho tragique, étouffé dans le grave aux trombones et timbales – effet saisissant de métamorphose qu'affectionnait tout particulièrement Wagner. Et tandis que le coeur d'Elsa palpite cruellement, la « tentation » (17) serpente, maléfique, jusqu'à l'interrogation de Lohengrin que souligne le thème du « mystère des origines » (14) aux bois : l'interdit serait-il la proie des pensées de l'aimée?

Au paroxysme de cette tension, nouveau temps d'arrêt, temps de passion et de trouble où s'entrechoquent, palpitants, les espérances de Lohengrin, du roi et des hommes, les tourments d'Elsa et les arrogances du couple criminel. Nouvelle page de symphonie et de choeurs assombrie par la tonalité de *do* mineur et envenimée des « projets ténébreux » (16) et de la « tentation » (17). Seules lueurs d'espoir, auxquelles Ortrud, fielleuse, et Elsa, envahie par le doute, ne semblent vouloir se joindre, cet ensemble d'hommes *a cappella* et en *do* majeur. Mais bientôt l'orchestre, Ortrud, Elsa et les femmes dont les intuitions avaient, funeste oraison, freiné leurs différentes ardeurs, font de nouveau leur entrée, accompagnés des « projets ténébreux » (16); et tandis que cette effusion, à la fois recueillie et haletante, atteint son apogée en un tutti

32. *Ibid.*, page 91.

fortissimo le « mystère des origines » (14) retentit en *fa* mineur présageant de l'inévitable écueil.

Tout s'amenuise, et le souverain, par un court arioso en *fa* majeur, comme pour contrarier le cruel destin, soutient avec chaleur et solemnité son héros : « Tu es trop noble pour craindre ses accusations! » Puis, les hommes, partagés en deux choeurs de quatre voix chacun, prêtent serment de fidélité envers Lohengrin qui bientôt, remercie cet élan de ferveur en un chant vaillant qui s'exhale au-dessus de la masse chorale dans les cimes de l'aigu.

Profitant de cet instant d'inattention de Lohengrin, Frédéric se penche vers Elsa et lui murmure sournoisement qu'une légère mutilation démasquerait son chevalier qui, à tout jamais, lui resterait ainsi fidèle. Malgré les efforts désespérés de la jeune fille pour fuir les insinuations calomnieuses du maudit, le *fa* majeur lumineux qui enveloppait l'hymne de foi et de confiance des hommes et de Lohengrin s'assombrit soudain d'un *si* bémol mineur d'où point, venimeux, le motif de la « tentation » (17) aux courbes modulantes et chromatiques.

Lohengrin apercevant Frédéric près de sa fiancée se précipite, réprimande l'aimée sur un accord de septième diminuée à tout l'orchestre et chasse le couple maudit d'une voix redoutable. Puis, relevant Elsa qui, bouleversée, s'était effondrée à ses pieds, il s'enquiert auprès d'elle, qui seule maintenant détient les clés de leur bonheur : « Veux-tu me poser la question? » L'accompagnement modulant et chromatique des cordes, en contraste avec le langage consonant habituellement associé à Lohengrin, révèle ici, pour la première fois, un profond désarroi du chevalier.

Malgré la réponse extasiée d'Elsa qui, ferme et décidée, pratiquement *a cappella* et en *do* majeur, jure son amour plus haut que les forces du doute, le petit motif chromatique descendant au hautbois (22) introduisant sa flamme et qui, au premier acte déséquilibrait déjà la requête de Lohengrin : « Veux-tu te confier à ma protection, sans doute ni frayeur? » prend ici tout le poids d'un doute inconscient.

Enfin, terme de ce second acte où les projets néfastes d'Ortrud ont posé les jalons d'un échec inévitable, Lohengrin invite sa fiancée à pénétrer dans l'enceinte sacrée tandis que les hommes, dans un mouvement d'enthousiasme, soutenus par les accords consonants de l'orgue, reconnaissent à nouveau leur protecteur comme l'envoyé de Dieu; le cortège nuptial, recueilli, se dirige vers l'église sous les louanges de l'assemblée qui emprunte le motif de la vertu (21a) et, point ultime de la célébration , solennelle, la « cérémonie du roi » (4) retentit dans tout son éclat au coeur d'un essaim de fanfare; alors qu'ils atteignent la plus haute marche, Lohengrin avec une grande émotion prend Elsa dans ses bras sur l'accompagnement *pianissimo* de l'orgue, mais rupture tragique de l'étreinte, la jeune fille, envahie par une redoutable appréhension, aperçoit un dernier geste de menace et de triomphe de la magicienne et, le motif du « mystères des origines » (14), outil du mal tentateur, vient rompre une nouvelle fois ce havre de paix, résonnant grandiose aux trompettes et trombones dans la tonalité de *fa* mineur. Tandis que le rideau tombe, dix trompettes en fanfare, sur un grand accord de *do* majeur, célèbrent enfin, en apothéose, l'entrée du couple dans l'église.

Acte III

SCÈNE 1

Toujours en contraste, cette fois avec la violence lugubre et haineuse du second acte, le prélude du troisième acte, en *sol* majeur, respire par ses mélodies, tantôt brillantes sous le scintillement des cuivres (23a et 23b), tantôt gracieuses sous les accents des bois (23c), toute l'émotion et la joie qui règne au Brabant en célébration des noces de Lohengrin et Elsa.

Alors que les jeunes époux s'apprêtent à recevoir la bénédiction du roi, des chants de louanges emplissent l'atmosphère d'un nuage de félicité qui enveloppe, serein, l'ensemble de la première scène. Celle-ci, construite en une large forme lied (A : épithalame, B : bénédiction du roi, A' : retour de l'épithalame), alimente un heureux effet de crescendo-decrescendo-couronnement suave de la bénédiction.

Le premier épithalame (24), grand hymne à l'amour, agencé en trois parties (a-b-a), grâce au mouvement du choeur qui s'approche progressivement et à l'échange de la symphonie entre les instruments derrière la scène et ceux de la fosse au retour de « a », gradue le gonflement de l'intensité – enthousiasme débordant, immédiatement suivi d'un choeur de femmes *a cappella* dont l'expansion lyrique se prolonge d'une large phrase orchestrale au moment de la bénédiction.

C'est le retour de l'épithalame qui, procédant en mouvement inverse du premier, occasionne le decrescendo progressif jusqu'à l'amenuisement total dans la nuance *pianissimo*, abandonnant le couple recueilli à son intimité.

SCÈNE 2

Enfin isolés du monde, Lohengrin et Elsa, par de sublimes hyperboles, se déclarent mutuellement leur flamme d'essence divine; et bientôt, leur voix se mêlent, extasiées, sur la « félicité amoureuse » (25), qui s'épanouira, au terme du duo, en un immense crescendo orchestral. Du fait de la parenté mélodique entre ce motif (25) et les courbes qui accompagnaient la phrase, pleine de discernement de Lohengrin : « Nous allons nous détacher du monde », Wagner exprime – a contrario d'un échec jusqu'ici volontairement programmé – la seule issue optimiste de leur union : le rejet de toute tentation extérieure.

Puis, épanchement d'un coeur qui s'avoue, Lohengrin révèle à Elsa que seul l'amour le conduisit à elle pour devenir son défenseur et l'assura, dès leur premier regard, de son innocence.

A ces mots Elsa s'enivre de passion; déjà révélé à elle en une vision onirique, elle le reconnut enfin comme l'envoyé de Dieu lorsqu'il débarqua sur le rivage. Sa voix s'étoffe peu à peu, de plus en plus ample, et le motif de la « chevalerie vertueuse » (8) - évocation lointaine d'un récit passé – scintille, *pianissimo*, aux flûtes, hautbois et clarinette sur *tremolos* des cordes. Aussi, dès les premiers instants, désirait-elle se fondre en l'aimé; là l'exaltation amoureuse se condense en un arioso de *ré* bémol majeur jusqu'au temps d'arrêt extatique : « N'est-ce qu'amour? » – poids douloureux d'une question qui module par enharmonie en *do* dièse mineur malgré l'éclairage du *la* majeur sur le terme amour. En effet, comment doit-elle le nommer ce bonheur indicible? Elle qui ne connaît rien de l'aimé, ses lèvres prononceront-elles un jour le nom de son chevalier?

Sous les pressions encore hésitantes d'Elsa que souligne une incertitude tonale, Lohengrin, caressant, freine ses ardeurs, et bientôt l'enlace affectueusement et lui chante, grand hymne à la nature, les joies d'une confiance absolue. C'est au sein de la Nature qu'Elsa, effondrée, vit en rêve son chevalier; c'est à la Nature qu'elle adressait au second acte une louange de remerciement; c'est par la Nature que Lohengrin tente maintenant de guider ses pas égarés. Empruntant la forme de l'air, aux structures plus nettes, sur un simple accompagnement en triolets de croches aux cordes, sa voix s'exhale au gré de la confidence sur la « confiance absolue » (26), relayé – douce réminiscence – par le motif de la « félicité amoureuse » (25) qui unissait, il y a quelques instants, leur coeur d'un même élan.

Mais Elsa se fait plus pressante; invoquant le suprême dévouement amoureux, elle souhaiterait partager ce terrible secret qui le menace, comme lui affronta les graves accusations qui l'avaient elle-même mise en péril. Son arioso s'agite, toujours plus haché, altéré à la fois par la peine et l'avide anxiété qui envahissent son âme, et le thème du « mystère des origines » (14) s'immisce à nouveau dans la trame musicale comme pour exciter un désir de plus en plus ardent. Le secret du chevalier serait-il si affreux qu'il ne puisse être révélé? Ses mots s'accentuent de tout le poids de l'incertitude sur la succession des accords en progression chromatique. Malgré les brèves interventions de Lohengrin qui tente en vain de la calmer, Elsa de plus en plus passionnée invoque la confiance réciproque : que son chevalier lui confie le douloureux secret et elle lui prouvera la force de son silence. Sa voix s'élève peu à peu jusqu'au *la*^{4}, l'accompagnement se trouble, syncopé, et les septièmes diminuées émergent de nouveau, assombrissant désormais cette nuit nuptiale qui court à sa perte.

Avec une force héroïque encore jamais déployée depuis le début de l'acte (sauts d'octave et chant marcato dans l'aigu), Lohengrin réplique, sévère et grave : « Tu me sais déjà gré de la plus haute confiance, puisque j'ai voulu croire en ton serment »; plus haut que toutes les femmes, estimerait-il Elsa si elle ne chancelait devant l'interdiction; la tonalité module en *la* majeur – symbole d'une estime sacrée – puis Lohengrin, d'un chant plus souple et plus poétique, mêlé de légères broderies, exalte son bonheur sur le motif de « l'ardeur amoureuse » (27), dont la courbe déclinante trahit cependant l'inévitable échec. Seul l'amour d'Elsa le récompenserait de ce qu'il délaissa pour elle; alors emprunte-t-il le motif de la fête nuptiale (23c), ultime réveil des réjouissances. Puis, accompagné du thème des projets ténébreux (16) immédiatement suivis de celui du « mystère des origines » (14), il somme Elsa de rejeter à tout jamais le doute; son chant de nouveau vaillant culmine dans les aigus jusqu'au *la* ^{3} et à peine peut-il affirmer à l'aimée qu'il ne vient pas de la nuit mais de la lumière que celle-ci, introduite par une septième diminuée, s'écrie, dévorée par la tentation et la crainte.

Les splendeurs qu'il délaissa pour elle le reconquerront et il partira, un jour, comme il est venu... par magie. Interrompue fréquemment par la voix de l'aimé dont les tentatives resteront inefficaces, Elsa court désormais à sa perte. Tonalité de *mi* mineur – miroir inversé du *mi* majeur associé au motif de la « félicité amoureuse » -, septièmes diminuées, rythme haletant : tout dépeint son désarroi comme son agitation. Elsa fragile et désemparée, Elsa avide de connaissance, piquée par le venin d'Ortrud; Elsa dont les courbes exaltées de sa frayeur épouse les fibres chromatiques de la « tentation » (17) qui serpente – maléfice insinuant – au coeur du drame. Au paroxysme du tourment et de l'injonction : « Où trouver ta caution? », sa voix, portée par un immense crescendo orchestral culmine au sommet de son ambitus (*si* ^{4}) alors qu'hallucinée, l'angoisse la saisit soudain : « N'entends-tu rien? ». *Langsam*, encadrées par des septièmes diminuées en tremolos aux cordes, les « harmonies » du cygne (12) vibrent cruellement aux flûtes, hautbois et clarinettes – effluves douloureux du délire de la jeune fille qui, le regard fixe, voit déjà la nacelle symbolique du départ du chevalier.

Lohengrin, affligé et meurtri, tente de calmer la folie de son aimée, mais Elsa ne peut plus que s'abandonner à son illusion fatale. Le « mystère des origines » (14) éclate, funeste, en *la* mineur, *fortissi-*

mo et *marcato* au pupitre d'instruments qui lui est dévolu et, effet saisissant de la tension dramatique - procédé que Wagner développera dans les oeuvres ultérieures -, sur une grande pédale de *mi* en tremolos aux violons et une implacable ascension chromatique à tout l'orchestre, Elsa brise son serment et pose les questions interdites : Quel est ton nom? Quel est ta race? Avec une détermination farouche la voix de l'inconsciente s'élève alors de nouveau jusqu'au *si* ^{4}.

Tandis que Lohengrin s'exclame dans un cri de douleur, coup de théâtre, Frédéric surgit brusquement, criminel. Elsa, remplie d'effroi, tend son épée à son chevalier – angoisse que souligne une gamme chromatique ascendante... Un grand accord *fortissimo* en *ré* mineur... Une gamme chromatique descendante... Et Lohengrin tue d'un seul coup son adversaire. La suite du félon, épouvantée, se jette aux pieds du chevalier. Elsa, inanimée, s'effondre. Un long silence envahit toute l'atmosphère.

Alors, terme du bonheur, sur un roulement impitoyable des timbales, Lohengrin se penche sur Elsa, le motif de la « félicité amoureuse » (25), souvenir amer, vibre une dernière fois à la clarinette et la malheureuse qui sort enfin de son délire frénétique implore la pitié de l'éternel.

Mais le destin s'avance désormais, irréversible; le thème du « jugement de Dieu » (11) introduit les paroles sentencieuses de Lohengrin : « Portez le mort devant la justice du roi »; celui des « projets ténébreux » (16) surgit violent et triomphant; Lohengrin demande aux femmes de conduire Elsa devant le roi, là il donnera sa réponse et le « mystère des origines » (14) enveloppe une nouvelle fois l'atmosphère. Tandis qu'il s'éloigne d'un pas triste et solennel, des fanfares résonnent au loin et, symbole du secret qui bientôt se livrera aux yeux de l'humanité, le thème du Graal (2) retentit, à découvert, dans la tonalité du motif du roi : *do* majeur.

SCÈNE 3

L'interlude orchestral qui précède la troisième scène, rapide, généré par le motif de la « bannière » (28), plonge l'auditeur dans l'atmosphère héroïque et patriotique qui régnait dans la première scène du premier acte. Bientôt, celui de « cérémonie du roi » (4), de même, retentit sous l'acclamation brillante et martiale des hommes d'armes qui saluent l'arrivée du souverain. Ce dernier, en un large arioso en *fa* majeur, exalte de nouveau l'épée germanique qui conduira à la victoire ses armées.

Alors qu'il s'interroge : « Où est donc celui que Dieu envoya pour la gloire, pour la grandeur de Brabant? » la dépouille de Frédéric, couverte d'un voile, est apportée à ses pieds; un vent de mystère souffle soudain sur l'assistance dont l'angoisse grandit peu à peu et l'harmonie se charge d'accords altérés sous les graves sonorités des trombones et du tuba.

Puis Elsa, hésitante, s'avance; le « mystère des origines » (14) pour la dernière fois s'infiltre aux sons des hautbois, cor anglais et clarinettes – instrumentation réveillant, de même que la tonalité de *la* bémol mineur, le désespoir qui accompagnait ses pas au premier acte. « Elsa par cette foi qui est la certitude du coeur s'était égalée à son fiancé de nature surhumaine », elle bascula, aspirée par la tentation, mais « aussitôt que le tentateur apparut pour satisfaire sa curiosité, à sa vue, elle reconnut l'erreur qui l'avait associée au Doute... Maintenant elle refuse de savoir... Elle veut ignorer... Elle sent la supériorité de son ignorance croyante[33]. »

Sous le commentaire des hommes, ébahis de la voir si pâle, le motif de la « tentation » (17) – terme du maléfice triomphant – serpente une dernière fois, cruel, et tandis qu'Elsa tente de répondre en vain à l'anxiété du souverain, celui de « l'espérance » (7) se colore – poids du bonheur qui s'enfuit – de la tonalité de *la* bémol mineur.

Brusquement, le héros du Brabant apparaît et la « chevalerie vertueuse » (8) résonne en *la* majeur à tous les vents tandis que des cris de joie l'accueillent vaillamment. Pourtant, celui-ci ne pourra répondre à l'ardeur de leur héroïsme, il ne les conduira pas au combat. Chacun exprime sa stupéfaction, mais Lohengrin accuse : il dévoile le corps de Frédéric et le « jugement de Dieu » (11), *fortissimo*, retentit implacable et grave aux trombones, tuba, violoncelles et contrebasses. Les hommes approuvent le verdict fatal de Lohengrin, mais il leur faudra entendre une autre plainte.

La voix de Lohengrin, toujours *marcato*, s'élève dans les aigus et accuse de nouveau; cette fois, c'est Elsa la coupable, celle que Dieu lui confia s'est laissée amener à le trahir. Chacun s'attriste, stupéfait, mais Lohengrin poursuit inexorablement; selon les désirs de l'aimée, il révèlera à l'humanité son nom, sa race, sa noblesse. La tonalité a modulé en *si* mineur, la dynamique s'est violemment contrastée, puis progressivement les tremolos des cordes se sont élevés, *pianissimo*, vers le registre aigu retrouvant, symbolique, la tonalité de *la* majeur. Les hommes et le roi, aux accents éthérés, redoutent la future révélation; mais déjà, les harmonies initiales (1) scintillent aux violons divisés en huit parties, célébrant le récit du Graal, grand air de Lohengrin et éclosion du noeud dramatique.

En un pays lointain, le Graal, vase sacré aux vertus miraculeuses, répand une foi sainte et pure; « un oubli

33. *Ibid.*, page 103.

graduel du monde qui l'environne semble s'emparer de lui et dans une sorte de ravissement extatique, il raconte, sur un mode d'une suavité pénétrante et enivrée[34]. » Là, le thème du Graal (2), en écho du récit, vibre lumineux bien que plus pathétique, les altos se joignant aux effluves des violons. Le serviteur du Graal est investi d'une force surnaturelle, devant lui les artifices du mal sont vains; mais cette fois, l'affirmation s'épanche aux sons du motif du Graal (2) transposé dans la tonalité de *fa* dièse majeur, symbole d'un maléfice triomphant. Et bientôt, l'harmonie module, la voix plus tendue s'élève, crescendo – expression d'un déséquilibre intérieur. L'heure de la séparation a sonné, car seul celui dont les origines demeurent inconnues n'est point privé de sa force sacrée; alors une fois reconnu, il est contraint de partir. Une courte fanfare de trompettes annonce enfin, au terme d'un grand crescendo sur des accords syncopés, la révélation fatidique. Un accord *fortissimo* de *la* majeur, puis, pratiquement *a cappella*, sa voix culminant au sommet de son ambitus, le chevalier confie sa race : fils de Parsifal, son rang : chevalier du Saint-Graal, son nom : Lohengrin – douloureux aveu d'un interdit que souligne le motif de la « chevalerie vertueuse » (8) mais d'où point déjà celui de la « plainte de la séparation » (3).

A ces mots, l'assistance, au comble de l'émotion, emprunte le motif de la « plainte de la séparation » (3), commentant la dangereuse révélation; puis Elsa, sur un tapis de tremolos aux cordes accentué des roulements tragiques des timbales, s'exclame, la voix haletante, entrecoupée de silences; le sol se dérobe sous elle, rien n'arrêtera la course effrénée de l'impitoyable destin.

Lohengrin, comme jamais anéanti, exhale alors une douleur aux confins d'un sentiment qui s'humanise; son arioso – revers symbolique du motif de la jubilation et de la louange de remerciement à la nature d'Elsa en *si* bémol majeur – revêt les couleurs de *si* bémol mineur et comme jamais depuis le début de l'opéra, en contraste avec le récit du Graal tout empreint des consonances sacrées du Monsalvat, son harmonie se chromatise sur un accompagnement syncopé aux cordes. Ce demi-dieu venu en quête d'amour le recueillit dans toute son essence : l'illimité désir de connaissance.

Elsa suppliera, prête à expier dans la souffrance sa lourde faute, mais que l'aimé ne fuit pas la malheureuse. Malgré l'immense désespoir qui envahit son âme, Lohengrin ne peut se résoudre à abandonner sa force divine; il doit partir, retourner à sa solitude.

Chacun implore cependant – nouvel ensemble choral mêlé des divers sentiments des personnages. Mais rien ne pourra faire fléchir Lohengrin; ce chevalier, lié de droit divin aux lois sacrées du Saint-Graal, est obligé de partir. Rien, pas même ce choeur éploré des hommes qui, en réminiscence du choeur : « Pour toi seul résonnent nos chants de victoire » du final du premier acte, le supplient de défendre à leur côté l'Empire en péril.

Alors, pathétique, sur un accompagnement de septièmes diminuées, ultime confidence, Lohengrin s'épanche : même sa force humaine lui serait retirée s'il demeurait à leur côté; pourtant l'Allemagne sortira victorieuse de la bataille. Là, la prophétie s'habille d'un *si* majeur rayonnant que couronnent avec éclat les sonorités des trompettes et un bref rappel à l'orchestre des chants de glorification à l'épée allemande du début de la troisième scène en *ré* majeur.

Mais soudain, une vive agitation s'empare de la foule; un cri se propage : le cygne! le cygne! Puis, douloureusement, pour la première fois depuis le début de l'opéra, le motif de la « chevalerie vertueuse » (8) se teinte en mineur distillé au coeur de l'effroi par le pupitre d'instruments associé à Elsa – catalyseur de la séparation.

La jeune fille réveillée de sa torpeur, crie à son tour, horrifiée; et, c'est rempli d'une tristesse infinie que Lohengrin accueille l'animal sacré qui, envoyé par le Graal, doit reconduire au Monsalvat celui qui s'attarde. Introduit par les harmonies du cygne, son chant, très conjoint, sur le motif du cygne (12) soutenu par le tressaillement des violons divisés en quatre parties, s'agrémente toutefois d'une harmonie plus riche et plus modulante qu'au premier acte – reflet de son indicible souffrance.

Hier, Lohengrin remerciait son cygne par des adieux élégiaques; aujourd'hui, il le rejoint, l'âme en peine; et c'est à Elsa, l'aimée qui occasionna sa venue, qu'il adresse maintenant des adieux déchirants. Les cordes reprennent leur fébrile balancement syncopé, la voix de Lohengrin perce les cimes de l'aigu et, nouvelle révélation, il annonce que le retour du jeune duc Gottfried aurait été la récompense d'un an de bonheur passé au côté de son élue... Ecueil d'un espoir à jamais abandonné, mais soudain la tonalité module en *sol* majeur – réveil d'un sentiment compatissant – et Lohengrin tend à Elsa son cor, son épée et son anneau. Alors, en une petite aria enjolivée d'un accompagnement en forme de ritournelle aux premiers violons, il confie ses derniers enseignements : si les astres favorisaient le retour du jeune duc en Brabant, qu'Elsa lui remette ces présents aux multiples pouvoirs en souvenir de celui qui un jour la libéra de la honte et de la détresse. Puis, dernier souffle, fébrile, sa voix, sur le roulement pianissimo des timbales, alterne avec de douloureuses appoggiatures aux bois – écho de l'âme d'Elsa qui se meurt – et en un ultime adieu sur un *la*

34. *Ibid.*, page 107.

bémol[3] qui s'étire inexorablement, il embrasse tendrement l'aimée avant de gagner le rivage avec empressement.

La tonalité a modulé en *do* mineur, le roi, les hommes et les femmes, par une homophonie aux accents *marcato*, tentent de retenir le chevalier, mais subitement Ortrud, qui avait disparu, s'avance d'un air triomphant.

Fa dièse mineur, harmonie chromatique, figures rapides en triolets de croches aux cordes, martèlement d'accords aux vents, sollicitation du registre aigu, tout l'arsenal du maléfice et de l'imprécation de la magicienne se déploie sous son râle glapissant. Ortrud ne put entacher la pureté de l'envoyé de Dieu, mais elle suffoque d'une joie monstrueuse de voir s'en retourner le héros; dans un accès de jubilation, elle révèle enfin sa victoire : c'est elle, Ortrud, qui transforma le jeune duc Gottfried en cygne; ce cygne qui se profile à l'horizon, Lohengrin l'aurait libéré de ses chaînes s'il était demeuré plus longtemps en Brabant, maintenant tout espoir est vain.

A ces mots, chacun exprime son indignation, mais la fielleuse exulte, sauvage; elle invoque bientôt ses dieux, en prêtresse païenne, et sa voix, plus solennelle, s'élève souveraine, célébrée – derniers accents de triomphe – par la tonalité de *fa* dièse majeur.

Le Mal aura-t-il raison du Juste? Lohengrin, déjà parvenu au rivage, ayant entendu les invectives d'Ortrud, s'agenouille soudain en prière et le thème du Graal (2), dans la tonalité victorieuse de la magicienne (*fa* dièse majeur), enveloppe l'atmosphère, puis progressivement, s'amenuise dans l'aigu... La blanche colombe du Graal plane au-dessus de la nacelle et Lohengrin se dresse soudain libérant le cygne du charme diabolique; alors, étincelant, en habit d'argent, paraît le jeune duc Gottfried, les violons divisés en quatre parties couronnant, de leur vibration en tremolos dans la tonalité de *la* majeur, la magie de la mutation.

C'est la force de Lohengrin sous l'impulsion du Graal qui libère le cygne du maléfice, de même les harmonies du cygne, symboliquement, enchaînaient l'accord de *fa* dièse mineur à celui de *la* majeur.

Lohengrin présente au peuple son futur chef; la « chevalerie vertueuse » (8) et « l'héroïsme glorieux » (9) éclatent alors en tutti orchestral – Lohengrin part mais laisse derrière lui un héros élu de Dieu.

A sa vue Ortrud, enfin anéantie, s'effondre en criant tandis qu'Elsa dans un dernier mouvement de joie accueille son jeune frère. Mais le chevalier vogue déjà sur le fleuve et la malheureuse, éplorée, appelle en un ultime cri désespéré son époux; celui-ci lui témoigne une expression d'une douleur égale à la sienne et le motif de la « chevalerie vertueuse » (8) résonne une dernière fois en *la* mineur.

Tandis que Lohengrin s'éloigne, s'effaçant progressivement à l'horizon, Elsa sombre inanimée dans les bras de Gottfried et le thème du Graal (2) retentit dans tout son éclat en un dernier tutti orchestral – ultimes accents sacrés et terme mélancolique du drame.

REPERTOIRE DES LEITMOTIVE

1. Sons harmoniques du Graal

2. Graal

3. Plainte de la séparation

4. Cérémonie du roi

5. Accusation

5bis. Déshonneur

6. Désespoir

7. Espérance

8. Chevalerie vertueuse

9. Héroïsme glorieux

10. Consolation

11. Jugement de Dieu

12a. Adieu au cygne

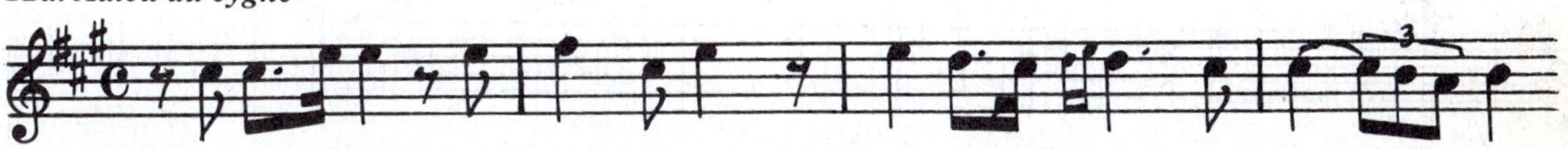

12b. Harmonies du cygne

13. Émotion devant le miracle

14. Mystère des origines

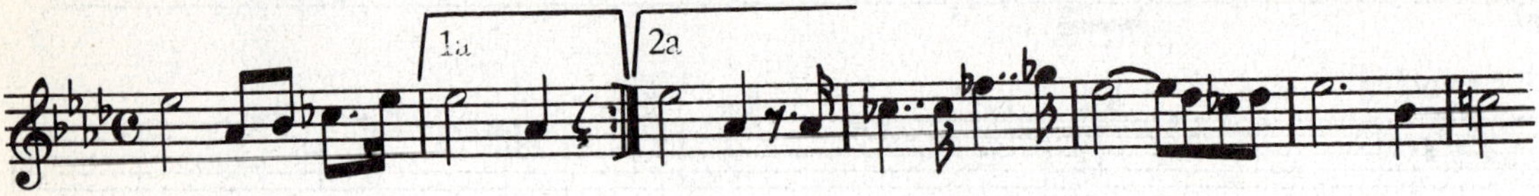

15. Jubilation d'Elsa

16. Projets ténébreux

17. Tentation

18. Vengeance

19. Fidélité

20. Confiance fervente

21. Consécration de l'amour
21a. Vertu d'Elsa

21b. Bénédiction d'Elsa

22. Doute inconscient

23. Fête nuptiale

23a.

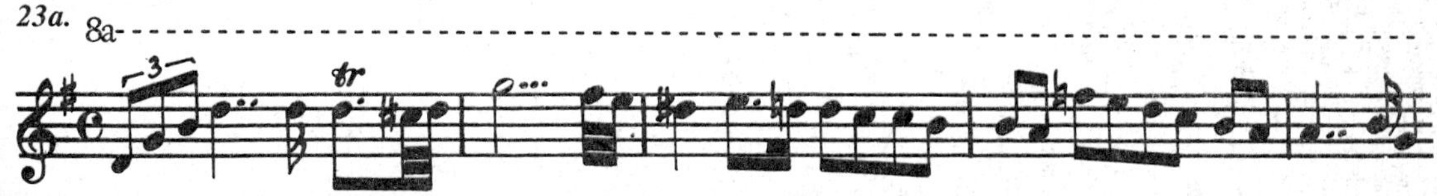

23b.

23c.

24. Chant nuptial

25. Félicité amoureuse

26. Confiance absolue

27. Ardeur amoureuse

28. Bannière

Discographie

Le classement est chronologique. Le texte qui précède chaque commentaire précise dans l'ordre:

Date - Direction musicale
Les rôles: Lohengrin (L), Elsa de Brabant (E), Le Roi Henri l'Oiseleur (R), Ortrud (O), Telramund (T), le Héraut (H), Choeurs, Orchestre ou Théâtre.
(Edition)

Abréviations:
(L) = *enregistrement live, c'est-à-dire sur le vif: scène ou concert*
(S) = *enregistrement studio*
(e) *signifie, pour les versions studio, qu'il s'agit de la date d'enregistrement.*
(CD) *signifie que la version est disponible en compact disque (à la date du bouclage du livre)*

Une discographie reflète souvent la carrière des oeuvres. Or *Lohengrin* est l'un des opéras préférés des Allemands. Parmi ceux de Wagner, il est également le mieux admis sans doute du public lyrique non spécifiquement voué au culte de son auteur. On l'en programme donc plus aisément, d'autant qu'il bénéficie d'une réputation un peu exagérée d'ouvrage simple à distribuer dès lors que l'on dispose d'un fond de troupe. Et il est vrai que, s'il ne se trouve pas tous les jours d'authentiques Ortrud ou Telramund, le caractère des rôles fait appel à un talent théâtral compensateur; en outre, même s'il s'agit de tessitures difficiles (on dit même, pour Telramund, « impossible », ce qui excuse tout par avance...!), les parties de la pièce apparaissent plus « normales » que celles du héros du *Ring* ou de *Tristan*.

Plus fondamentalement, un faisceau de raisons contribue au succès de cette partition : la construction extrêmement classique des actes, nantis de nombreux repères (airs, duos, ensembles, choeurs...) et dépourvus de monologues interminables; la veine mélodique, plutôt mieux variée que dans les autres oeuvres du Maître; l'absence de vraies difficultés scéniques ou orchestrales : l'apparition du cygne, la transition du III, appartiennent à ces moments toujours branlants du genre lyrique; la durée normale (!), enfin, d'un drame où l'on coupe traditionnellement tout ce qui gêne sans encourir les foudres des puristes et où l'on ne se sent pas tenu au message métaphysique.

Tout cela nous vaut une discographie des plus abondantes en intégrales, sélections, airs séparés, chantés en toutes langues (Bayreuth a toujours fait de cet ouvrage, dès 1891, celui où pourraient s'exprimer les voix étrangères). Bien entendu, cette quantité ne se traduit hélas pas par une qualité proportionnelle, à tel point qu'au bout du compte le choix de versions recommandables sera des plus aisés.

1934 – Arthur Bodanzky (L)
Lauritz Melchior (L), Elisabeth Rethberg (E), Ludwig Hofmann (R), Maria Olczewska (O), Leo Schützendorf (T), George Cehanovsky (H), Metropolitan de New York.
(Golden Age Opera)

Voici un introuvable dont la restitution serait essentielle, en dépit d'un son incertain. On connaît les qualités et les limites du chef, ici à son aise. Mais le plateau est de toute beauté, sans doute inégalé. Melchior et Rethberg rayonnent, de vaillance et de poésie. Olczewska est monumentale, Hofmann... royal (mais le rôle subit les coupes habituelles) et l'on retrouve en Telramund rien moins que le grand Schützendorf. Bon Héraut, enfin, de Cehanovsky (qui épousera Rethberg en 57). Un pan d'histoire.

1936 – Fritz Busch (L)
René Maison (L), Germaine Hoerner (E), Alexandre Kipnis (R), Marjorie Lawrence (O), Fred Destal (T), Fritz Krenn (H). Buenos Aires
(Melodram)

La qualité sonore de ce document le réserve à des connaisseurs. Autant qu'on peut en juger, Busch dirige un orchestre anonyme; Kipnis, qui ne faisait pas toujours beaucoup d'efforts, est noyé dans le grésillement, où l'on aurait laissé sombrer Krenn et Destal, simplement locaux. Lawrence surprend, comme toujours, par la clarté, la juvénilité de la voix et de l'incarnation, qui en font presque l'héroïne positive de la soirée – belle comme elle était et âgée de 27 ans, ce dut en scène être le cas. Maison, moins servi par le disque que par les scènes américaines, n'est ni stylistiquement remarquable ni de timbre bien pur : à son actif en revanche une efficace quinte aiguë et une présence théâtrale immédiatement prenante. Tout cela serait peu sans l'absolue rareté que constitue le témoignage de Germaine Hoerner, simplement enthousiasmante. Voix ample, homogène, rayonnante, de timbre pur et laiteux, d'un naturel confondant, aux aigus épanouis, jeune (31 ans) et juvénile elle aussi de surcroît : un rêve, en somme, quand on songe qu'elle était française...

1937 – Maurice Abravanel (L)
René Maison (L), Kirsten Flagstad (E), Ludwig Hofmann (R), Karin Branzell (O), Julius Huehn (T), Arnold Gabor (H), Metropolitan de New York.
(UORC)

Toujours la même production du Met, avec les mêmes coupures et les mêmes bruits de scène. La direction d'Abravanel est remarquable, épique et chaleureuse, dotée de belles qualités poétiques et instrumentales. Flagstad, dont ce sont les grandes années, domine le plateau. Il faut entendre ce que peut une grande voix dans Elsa, et toutes les occasions sont bonnes de réformer l'image d'une Flagstad imposante et statufiée. L'ampleur est là comme une dimension supplémentaire, pas comme un corset, avec un sens visionnaire, un charme héroïque, une capacité d'abandon, une sensibilité de la respiration, une jeunesse enfin, exemplaires – jusque dans ce très grand génie de savoir capter les inflexions et la moindre lumière, couleur, des partenaires et de l'orchestre. René Maison n'est pas le plus poétique des Lohengrin. Avec un timbre moins ingrat qu'en d'autres occasions, il subit l'émulation de Flagstad et convainc par sa vaillance mâle, sa noblesse, sa stature, et l'émotion constante de l'incarnation. Branzell est pour sa part étonnante par l'ampleur et le phrasé, la richesse du médium et du grave; tant pis si l'aigu demeure incertain, tant pis (tant mieux?) si elle transpose le final : ses affrontements avec Flagstad, au II, sont anthologiques. Huehn, l'un des plus ardents Telramund, et Hofmann, dont le rôle est mutilé, donnent d'excellentes répliques. Au total, l'un des témoignages sur le vif les plus accomplis, à rééditer d'urgence. (De 1938 existe l'acte II, avec Melchior et les mêmes).

1940 – Erich Leinsdorf (L)
Lauritz Melchior (L), Elisabeth Rethberg (E), Emmanuel List (R), Kerstin Thorborg (O), Julius Huehn (T), Leonard Warren (H), Metropolitan de New York.
(UORC)

Encore une soirée d'anthologie. Leinsdorf, tonique jusqu'à une certaine brutalité, sait accompagner les solistes et, au besoin, les solliciter. Rethberg rayonne moins qu'en 34; la voix commence à s'abîmer, (deux ans plus tard elle quittera la scène) mais il demeure une énergie musicale proche en esprit de celle d'une ... Silja (!), et de sublimes passages lumineux. Melchior, au meilleur de sa forme d'alors, s'applique sur toutes les notes, la ligne et les nuances, avec sa voix d'airain et des aigus impériaux. Thorborg est excellente, encore que le registre haut ne lui vient pas tout seul, Huehn et List quelque peu dépassés par les événements. Mais le tout saura mieux vous convaincre que chaque élément pris séparément.

1942 – Robert Heger (L)
Franz Völker (L), Maria Müller (E), Ludwig Hofmann (R), Margarete Klose (O), Jaro Prohaska (T), Walter Grossmann (H), Berlin
(Editeur anonyme)

Ces disques sont mythiques, sans être aussi parfaits que l'on dit. Le chef déçoit, par ses fluctuations de tempi, les décalages qu'il laisse subsister, notamment avec des choeurs très incertains où les ténors sont des plus médiocres. Hofmann s'autorise bien des libertés avec les durées, mais peu de basses ont eu ce grain noir et concentré, cette clarté d'aigu, cette émission autoritaire (jusqu'à la caricature du recruteur – l'époque le voulait peut-être). Prohaska ne tient pas mieux que d'autres la tessiture de Telramund, mais ses moyens sont tellement supérieurs qu'on en oublie le caractère assez borné de l'incarnation. Müller, Elsa blonde de rêve, chante à un autre niveau (même si elle aborde les actes un peu bas) : le legato, les piani, les phrases sur le souffle décomposées et tremblantes, l'énergie lumineuse et le timbre richement doré, invitent irrésistiblement à souhaiter la protéger. Klose, dont la véhémence est un peu hachée par le chef, déploie une sonorité ample et claire et des aigus percutants, dans un style classique dont la leçon s'est perdue. L'acte III justifie à lui seul la légende; orchestre et choeurs trouvent leurs marques, Heger se souvient de son beau lyrisme et Völker, qui au I et au II restait sur une voix étrangement grise et fatiguée, rayonne alors d'un style, d'une intensité poétique, d'un éclat, qui le rendent exemplaire : par le phrasé, les jeux sur le timbre, le souffle, la couleur, la projection des aigus dans le masque, enivrés à la manière de Lorenz, le tout dans un legato parfait de distinction et de sensibilité. Il faut savoir pourtant qu'il a toujours chanté ainsi Wagner, sans surprise; on le retrouvera dans les extraits de Bayreuth 36 dirigés par Tietjen ou Furtwängler, entouré des mêmes partenaires : eux comme lui y sont intrinsèquement supérieurs, mais l'attrait d'une intégrale... Il existe cependant de la soirée un sélection en deux disques chez Acanta.

1943 – Erich Leinsdorf (L)
Lauritz Melchior (L), Astrid Varnay (E), Norman Cordon (R), Kerstin Thorborg (O), Alexander Sved (T), Mack Harrell (H), Metropolitan de New York.
(UORC)

A nouveau Leinsdorf, tout à la fois martial et peu certain de ses tempi (on est en matinée, cela s'entend). Melchior ajoute au désordre, empoigne Lohengrin sans trop s'embarrasser ici de style ni de précision : la routine, mais des moyens tellement fabuleux qu'il en fait ce qu'il veut : « *Elsa, ich liebe dich* » craquant, récit du Graal comme à la parade, Adieux bouleversants par la façon dont le ténor ose se briser la voix comme un Paillasse sans attenter à la ligne, à la qualité vocale, à la dimension du personnage. Varnay, appliquée, tire déjà vers des rôles d'un autre caractère : l'aigu soyeux, pur et rayonnant, contraste avec les accents donnés dans le médium et le grave, déjà dignes d'une Ortrud. En ce rôle, Thorborg, âgée de 47 ans, est moins monumentale que prévu, adoucissant les angles (et les aigus) au profit d'une incarnation plus sensible, de son plein, à laquelle la gravure rend mal justice (il faut d'ailleurs se méfier de la hauteur exacte au sein de chaque face). Son partenaire Sved, consonnant et plus noir que bien des Telramund, campe avec l'aide constante du souffleur un réitre brutal assez impressionnant. Les autres assurent leur service. (On trouve, de 42, avec Melchior, Varnay, Thorborg et Herbert Janssen en Telramund, une intégrale elle aussi dirigée par Leinsdorf).

1947 – Fritz Busch (L)
Lauritz Melchior (L), Helen Traubel (E), Deszö Ernster (R), Margareth Harshaw (O), Osie Hawkins (T), Mack Harrell (H), Metropolitan de New York.
(Cetra)

Dans un son plutôt médiocre, un témoignage inutile. Hawkins prête à rire, Héraut et Roi sont de troisième ordre, Harshaw en bonne voix mais sans relief particulier. Melchior, peut-être indisposé, pousse le chef à précipiter l'allure, chante dur et haché avec un aigu serré et tramé. Traubel, magnifique chanteuse, paraît confondre Elsa et Sieglinde ou Brünnhilde.

195? Samuel Samoussoud (S)
Ivan Koslowsky (L), Elisaweta Schumskaja (E), Guennadi Troitsky (R), Eugenia Smolenskaja (O), Ivan Bogdanov (T), Youri Galaïne (H), Choeur et Orchestre de la Radio nationale soviétique.
(Melodya)

Vous avez peu de chance de rencontrer ce coffret 33D04734-41 au tirage limité et dirigé avec une lenteur déclamatoire et solennelle des plus guindées. Koslowsky possède la voix russe typique, tout à la fois virile et efféminée, aux appuis rejetés en arrière, aux aigus serrés, sans éclat, mais précis. Schumskaja, fraîche et terrienne, touche aux limites de son authentique colorature. Smolenskaja offre à Ortrud un beau grain dramatique, mais paraît manquer d'ampleur. Les autres sont corrects, quoique empruntés, sauf Telramund très usé. Wagner, en russe, souffre du pullulement de consonnes étranges venant hacher le phrasé. En cas de réédition, Melodya voudra bien supprimer les pré et post-échos abondants et préciser une date d'enregistrement tirée ici de l'âge vraisemblable des principaux solistes et de la période (53-57) durant laquelle Samossoud oeuvra à la radio.

1950 – Fritz Stiedry (L)
Lauritz Melchior (L), Helen Traubel (E), Dezsö Ernster (R), Astrid Varnay (O), Herbert Janssen (T), Frank Guerrera (H), Metropolitan de New York.
(Danacord)

Etait-ce bien nécessaire quand, de Melchior, on trouve plus jeune et plus historique à rééditer, et quand, de Traubel, on aimerait mieux retrouver la soirée de 1945 dirigée par Busch avec Thorborg, Ralf et Janssen? Le ténor a ici 60 ans. Ses moyens sont toujours exceptionnels, mais le masque s'est évidemment durci, le rayonnement raccourci. Traubel, moins musicale qu'en 47, n'est décidément pas mon Elsa : trop soprano dramatique, trop imposante. Varnay, dont les accents sont parfois d'une acidité vulgaire, n'a pas encore rencontré son personnage. Janssen, très prudent sur la tessiture, campe un Telramund velléitaire à souhait, donnant envie d'être vu. Le reste est routine.

1950 – Richard Krauss (L)
Peter Anders (L), Trude Eipperle (E), Josef Greindl (R), Helena Braun (O), Carl Kronenberg (T), Günther Ambrosius (H); Choeur et Orchestre de la Radio de Cologne.
(Rococo)

Le rôle de Lohengrin n'ajoute rien à la gloire de Peter Anders, que l'on préférera retrouver en des emplois moins lourds. Le reste du plateau réuni pour ce concert radiophonique, Greindl excepté, demeure très anonyme. Braun surtout déçoit, qui piaille Ortrud comme une soubrette. La direction énergique de Krauss se brise sur l'insuffisance des musiciens et du choral.

1951 – Rudolf Kempe (S)
George Vincent (L), Marianne Schech (E), Kurt Böhme (R), Margarete Klose (O), Andreas Boehm (T), Willi Wolf (H). Opéra de Munich
(Acanta)

A la différence de son intégrale EMI, Kempe joue ici le jeu d'un théâtre d'excellent répertoire, combatif, vaillant, où le plaisir de s'engager est audible. Vincent est un très honnête ténor, de couleur fort sympathique, lui aussi dynamique, non sans noblesse. Jusqu'à l'usure du timbre, un peu éraillé, qui lui confère un certain charme! Ne cachons pourtant pas que son interprétation est d'une pièce. Marianne Schech, après une entrée chevrotante de justesse approximative, retiendra surtout l'attention par sa composition de la Gretchen blonde absolue, petite fille en lutte avec les méchants, totalement soumise et abandonnée à son héros, typique d'une très forte tradition. Klose est autrement royale, avec sa sonorité ample, sa noblesse, son classicisme, sa sculpturalité, la clarté de l'émission, la beauté de l'aigu comme du legato, sa subtilité enfin. Toutes ces qualités sont un peu moins directes qu'en 36 ou 42, mais l'interprétation est peut-être plus accomplie, de telle sorte qu'il ne s'agit en rien de « beaux restes ». Böhme, voix brute, pontifie, et Boehm, de timbre clair mais nourri et sonore, campe un Telramund mordant et efficace. La restitution est excellente de présence, attentive aux couleurs orchestrales (bois notamment).

1953 – Joseph Keilberth (L)
Wolfgang Windgassen (L), Eleanor Steber (E), Josef Greindl (R), Astrid Varnay (O), Hermann Uhde (T), Hans Braun (H). Festival de Bayreuth
(Decca)

Pendant longtemps unique témoignage du nouveau Bayreuth, et donc notamment de l'Ortrud selon Varnay, cette intégrale a maintenant perdu son caractère incontournable et avoue des insuffisances sur lesquelles on passe moins vite. A l'actif, une belle pâte d'orchestre et de choeurs (très avantagés par la prise de son), chaudement cuivrée : mais la direction, efficace, n'appelle en soi aucun commentaire. Steber, dotée d'un grain de voix intéressant et assez heureuse théâtralement, peut déplaire par un vibrato intense et très serré, comme une certaine opacité du timbre, défauts qui s'atténuent selon les prises (il s'agit du montage de plusieurs soirées). Uhde, sonore, en fait beaucoup mais allège le registre aigu. Greindl, dans un rôle où il n'a rien à dire, joue la basse avec conscience et bonne voix sans trop entamer ses réserves. Windgassen est d'une honnêteté bien tempérée, et l'on retrouvera Varnay plus inspirée et en meilleure forme ailleurs.

1953 – Wilhelm Schüchter (S)
Rudolf Schock (L), Maud Cunitz (E), Gottlob Frick (R), Margarete Klose (O), Josef Metternich (T), Horst Günther (H), Choeur et Orchestre Symphonique de la Norddeutsche Rundfunk.
(EMI)

Le charme et les limites de la province allemande : solide direction de répertoire, une Elsa de troupe, un bon baryton allemand sorti des choeurs à trente ans huit ans auparavant, sans faiblesse ni génie, une basse déjà consacrée avant-guerre, aux aigus ennuyés, et la mezzo berlinoise des années 30 et 40, évidemment moins essentielle que sur des faces plus anciennes. Au beau milieu, la coqueluche médiatique de l'époque, héritier pour partie de Tauber et Roswaenge : Rudolf Schock, fabuleux interprète d'opérettes, prince du film et des sillons discographiques. Encore un chanteur d'avant-guerre que la guerre, justement, préservera en interrompant le développement normal de sa carrière et qui n'éclata qu'en 1950, à quarante ans, osant (à la cire, mais avec un talent fou) quasiment tout le répertoire. Ici, en dépit de l'adéquation du timbre au micro, on le sent cependant à la peine, contraint de « faire du son » au détriment du legato, du brillant, avec une voix bien dure. Une paille, en comparaison des poutres à déplorer aujourd'hui chez ceux qui monopolisent le rôle...

1954 – Eugen Jochum (L)
Wolfgang Windgassen (L), Birgit Nilsson (E), Theo Adam (R), Astrid Varnay (O), Hermann Uhde (T), Dietrich Fischer-Dieskau (H). Festival de Bayreuth
(Cetra, Melodram CD)

La gravure rend mal justice à la direction aérée, raffinée et nerveuse de Jochum, l'un des rares en cette oeuvre à avoir su domestiquer l'acoustique du Festspielhaus. Les voix en revanche sont tout à fait présentes. Wolfgang Wagner pouvait s'enorgueillir d'avoir introduit Nilsson à Bayreuth, en un rôle qui peut aujourd'hui nous paraître exotique mais qui ne l'était point à l'époque. Nilsson en effet, née comme Varnay en 1918, débuta bien plus tard et prit le temps de laisser évoluer sa voix des emplois lyriques vers ceux de grand soprano dramatique. Pour elle, l'année 54 sera sans doute restée celle des triomphes à Munich en Brünnhilde et Salomé. Son Elsa bénéficie en tout cas de la clarté d'intonation, très pure, de l'éclat lumineux du timbre, argenté, qu'elle sut mettre à toutes ses interprétations jusqu'à la fin des années 50. Simplement peut-on regretter un certaine absence théâtrale – encore Wolfgang, metteur en scène de la production, n'eut-il jamais le talent de son frère pour révéler des acteurs. Peu conscient qu'il chantait là avec celle qui deviendrait sa partenaire attitrée, Windgassen ne se sent guère mieux inspiré par le rôle qu'en 53, ni plus distingué, ni plus vaillant – toujours honnête et, tout de même, plutôt émouvant aux Adieux. Adam et Fischer-Dieskau ont du style, de l'élégance et de l'intelligence. Mais les triomphateurs de la soirée sont sans conteste Uhde et Varnay (elle, surtout), absolument géniaux.

1954 – Gabriele Santini (L)
Gino Penno (L), Renata Tebaldi (E), Giulio Neri (R), Elena Nicolai (O), Giangiacomo Guelfi (T). Naples
(HRE)

En italien, Wagner prend aussitôt l'allure d'un peplum mal doublé, tant la langue accentue la convention de certaines situations. La nature de l'engagement musical et théâtral d'interprètes formés à Puccini et Verdi, leurs habitudes d'école comme d'accent, reprennent le dessus. Ainsi la Tebaldi multiplie finalement les « à la manière de », tandis que le reste du plateau, Guelfi excepté, n'a vraiment rien de mémorable. La partition est affligée de multiples coupures, le son et le montage défectueux.

1958 – André Cluytens (L)
Sandor Konya (L), Leonie Rysanek (E), Kieth Engen (R), Astrid Varnay (O), Ernest Blanc (T), Eberhard Wächter (H). Festival de Bayreuth
(Replica)

Le *Lohengrin* selon Wieland Wagner, dont c'est ici la première année, a servi pendant très longtemps (et pour de mauvaises raisons) de référence pour définir le style visuel du Nouveau Bayreuth, « dépouillé, immobile, gris-bleu ». Ce fut effectivement l'une des réalisations les plus élégantes, de lignes pures et fortes, que conçut Wieland. La direction de Cluytens, ample et souple, extrêmement classique de ton et de construction, fervente et bien accentuée dramatiquement, ajouta à sa profonde noblesse. Quant au plateau, il était de rêve. Konya, chanteur au grain naturellement prenant et envoûtant, débutait. La voix a quelque chose d'unique par sa beauté, son charme, la souplesse du phrasé, l'aisance lumineuse de l'aigu et l'intensité poétique de l'incarnation. Encore un peu hésitant, réservé par souci de bien faire, il gagne même en mystère et pudeur. Autre débutant : Blanc, lui non plus pas totalement décontracté, mais superbe de projection, de moyens, de poids. Varnay, toujours impériale dans la véhémence et l'autorité de la vision, ne renouvelle quand même pas sa prestation de 54. Wächter est excellent d'engagement, voix et ton. Engen, en Roi, manquera quelque peu de personnalité (dans le timbre, l'ampleur, plus que les intentions). Rysanek enfin, exceptionnelle d'approche vocale et théâtrale, assume pleinement l'héritage de l'âge d'or (peu l'ont détenu comme elle) et les exigences sensibles de Wieland. Nulle discothèque ne peut l'ignorer.

1959 – Lovro von Matacic (L)
Sandor Konya (L), Elisabeth Grümmer (E), Franz Crass (R), Rita Gorr (O), Ernest Blanc (T), Eberhard Wächter (H). Festival de Bayreuth
(Melodram)

Lohengrin est une affaire d'hommes et de pouvoir. Face à la crise du Brabant, Crass va droit au but, monumental et combatif, imposant son autorité physique plus que spirituelle, dont Wächter se fait le porte-parole idéal (le couple est aussi bien assorti que celui que formaient Adam et Fischer-Dieskau). Blanc, mémorable, projette d'admirables moyens noirs et nobles contre un Konya au timbre toujours aussi élégant, mais tenu à son tour de s'incarner davantage, quitte à accentuer systématiquement comme il le fait tous les temps forts de sa partie. L'Ortrud de Rita Gorr a bien compris l'enjeu : en dépit de certaines stridences, elle s'impose par sa véhémence, sa folie de pouvoir, à l'Elsa exquise de Grümmer, toute de pudeur et d'intériorité, vivant un rêve dont elle refuserait le dérapage cauchemardesque en se réfugiant dans sa naïveté. Von Matacic anime le tout avec poigne, sans créer trop les conditions de la poésie. Le complément indispensable de la version 58.

1959 – Eugen Jochum (S)
Lorenz Fehenberger (L), Annelies Kupper (E), Otto von Rohr (R), Helena Braun (O), Ferdinand Frantz (T), Hans Braun (H), Choeur et Orchestre de la Bayerische Rundfunk.
(DGG)

On sent vraiment l'enregistrement de studio, un peu guindé dans la mise en place. Le plateau réuni, au demeurant, est terne : entre Frantz vieilli, von Rohr promis aux utilités nobles, Fehenberger charmant mais très tôt dans les cordes, Kupper et Braun instables. Négligeons, mais sachons que ce fut là, pendant longtemps, le quotidien du répertoire outre-Rhin : si le disque peut en perdre la mémoire, le théâtre vivant, lui, a besoin de tels serviteurs.

1960 – Lorin Maazel (L)
Wolfang Windgassen (L), Aase Nordmo-Loevberg (E), Theo Adam (R), Astrid Varnay (O), Gustav Neidlinger (T), Eberhard Wächter (H). Festival de Bayreuth
(Melodram)

Est-ce la prise de son? A-t-il cherché à clarifier le discours orchestral et s'est-il retrouvé piégé par la fosse du Festspielhaus où il débutait? Toujours est-il que Maazel paraît lointain, cotonneux, sans dynamique. Lent, en tout cas, et d'approche sensible bien convenue. Rien de sublîme non plus sur la scène. Un Windgassen, paresseux, épais, donne une réplique appliquée à la nouvelle Elsa des lieux – tendue, à la limite du cri dans l'aigu, peu sûre des ses hauteurs. Adam et Neidlinger ne sont pas au meilleur de leur forme, tandis que Varnay cherche en vain un partenaire pour inventer de nouveaux accents.

1962 – Wolfgang Sawallisch (L)
Jess Thomas (L), Anja Silja (E), Franz Crass (R), Astrid Varnay (O), Ramon Vinay (T), Tom Krause (H). Festival de Bayreuth
(Philips)

Sans les nécessités commerciales d'une intégrale Bayreuth chez l'éditeur, ce *Lohengrin* serait resté dans les archives où Philips l'avait laissé dormir. Le chef n'est pas en cause, dont la plasticité, la variété, l'équilibre dynamique, ne sont pas sans rappeler l'excellent Tietjen. Mais le plateau! Thomas est effondré, Silja d'une verdeur stridente, Varnay fatiguée, Vinay (qui renouait avec les emplois de baryton) exsangue, Crass empoigne l'Oiseleur sans ménagement aucun... Pourtant, un souffle court de bout en bout sur la soirée, un engagement total des acteurs dans le genre « ça casse, mais ça passe ». Alors, devant une telle rage d'interpréter, l'auditeur peut aussi déposer les armes de la raison et trépigner à son tour.

1964 – Rudolf Kempe (S)
Jess Thomas (L), Elisabeth Grümmer (E), Gottlob Frick (R), Christa Ludwig (O), Dietrich Fischer-Dieskau (T), Otto Wiener (H), Choeur de l'Opéra de Vienne.
(EMI, CD)

Pour longtemps sans doute ces disques demeuront exemplaires, par l'équilibre obtenu entre les différentes influences et contraintes de la partition, par l'alternance heureuse et cohérente des climats imposés. On pourrait souhaiter plus de liaison encore entre séquences d'action et développements plus strictement musicaux, mais c'est la rançon du studio et aussi la nature de l'oeuvre. Clarté du discours, fluidité du phrasé, raffinement des pupitres, énergie et poésie, grandeur simple de la construction : voilà quoi qu'il en soit des qualités que nulle autre version n'offre à ce point réunies et qui font de cette interprétation un classique. L'Ortrud de Ludwig, génialement sollicitée et soutenue par le chef, domine la distribution : voix, style et diction relèvent d'un art d'actrice et de chanteuse absolu, historique. Fischer-Dieskau souffre en définitive beaucoup (et plus que les autres solistes) d'une présence aussi forte et complète à ses côtés, laquelle souligne tout ce qui fait défaut à son Telramund shakespearien : la liberté et la sincérité de ton que confère la maîtrise des moyens d'un rôle. Grümmer, enregistrée presque un peu tard, doit composer au premier acte avec l'austérité de Kempe, mais cisèle aux deux autres une Elsa blessée, progressivement recroquevillée dans sa douleur et son insuffisance de femme. Une science du chant forgée aux meilleures sources, une exemplaire musicalité, lui permettent de conduire la belle lumière de son timbre très pur jusqu'à des exigences vocales et théâtrales qui constituent sans doute sa limite : mais cela aussi, c'était l'enseignement de l'âge d'or. Thomas, jouant d'un médium riche avec grâce et pudeur, négocie plutôt bien ses propres difficultés à soutenir l'éclat ou la tension des passages héroïques, sans éviter pourtant quelques durcissements de l'émission et quelques notes à la lisière du cri. Frick, privé d'aigu et vulgaire d'accent, comme Wiener très plat, ternissent l'élégance de l'ensemble.

1966 – Erich Leinsdorf (S)
Sandor Konya (L), Lucine Amara (E), Jerome Hines (R), Rita Gorr (O), William Dooley (T), Calvin Marsh (H), Choeur et Orchestre Symphonique de Boston.
(RCA)

On retrouve Leinsdorf au studio tel que les *live* nous ont appris à le connaître : dynamique, équilibré, poussant devant lui le théâtre et sachant accompagner les solistes avec, ici, un sens très romantique de l'épique. Konya possède toujours sa voix d'argent, sa poésie mystérieuse et noble : moins de jeunesse qu'à Bayreuth cependant, moins de nuances sur le timbre, et davantage de sons ouverts. Les autres, même Gorr, vont du banal (Hines) à l'insuffisant (Amara, Dooley). Noter que cette version propose le Récit du Graal dans son intégralité.

1971 – Rafaël Kubelik (S)
James King (L), Gundula Janowitz (E), Karl Ridderbusch (R), Gwyneth Jones (O), Thomas Stewart (T), Gerd Nienstedt (H), Choeur et Orchestre de la Bayerische Rundfunk.
(DGG)

La conception de Kubelik, entre vitrail et blason, a ses fervents. Je n'en suis pas. Indéniables, la finesse, la variété de couleurs, la dynamique souple de la construction, s'inscrivent selon moi dans un ensemble ment musicaux – ce qu'accentue le traitement du choeur en oratorio. Il était de bon ton, à l'époque, de ravaler la cathédrale Wagner : la pierre en devient là un peu trop lisse. L'écrin, quoi qu'il en soit, convient parfaitement à Janowitz, toute de grâce, de lumière, de pureté... de désincarné. King, plus sonore que brillant, avec un timbre durci, manque de rêve; Stewart est incisif, Judas mais noble chanteur; Ridderbusch excellent, voix pleine et riche, encore que son Oiseleur semble sortir d'Epinal. Tous, ils appartiennent au projet du chef, sauf Jones à nouveau détestable musicalement : couleur terne, vibrato affolé, cris, hauteurs incertaines... ce chant défiguré handicape à lui seul la réussite ou tout du moins la cohérence de l'ensemble.

1974 – Hans Swarowsky (S)
Herbert Schachtschneider (L), Eleonore Kirchstein (E), Walter Kreppel (R), Ruth Hesse (O), Heinz Imdahl (T), Hans Helm (H), Choeur de l'Opéra de Vienne, Orchestre de la Süddeutsche Oper.
(Westminster)

Servi par un orchestre de qualité inattendue, cet enregistrement souffre d'un plateau médiocre avec le Lohengrin épais de Schachtschneider, une Elsa trémulante et une Ortrud vieillissante.

1976-82 (e) – Herbert von Karajan (S)
René Kollo (L), Anna Tomowa-Sintow (E), Karl Ridderbusch (R), Dunja Vejzovic (O), Siegmund Nimsgern (T), Robert Kerns (H), Choeur de l'Opéra de Berlin, Orchestre Philharmonique de Berlin.
(EMI, CD)

On le sait, Karajan place désormais la dimension et la grandeur des partitions wagnériennes où il estime qu'elle peut encore trouver à s'exprimer, entendons à l'orchestre, et les voix n'en seront que l'unité de mesure, en quelque sorte. Mais la façon dont Berlin se fera flot ou filet de lumière, se taira pour les solistes ou les provoquera, enlacera les voix ou les soulèvera comme une lame, est admirable de bout en bout : dès le Prélude, exemplaire de fondu, de puissance, proclamant le Graal avec grandeur (pas violence, pas emphase). Le renouvellement permanent des couleurs, des tensions, l'énergie de la battue, la netteté et la virtuosité des jeux instrumentaux, font une théâtralité incontestable : parce que le « miracle » Karajan, selon moi, tient à l'évidence de ses respirations, à l'équilibre de l'arche comme aux équilibres relatifs d'une dynamique tirée au nombre d'or auditif. La distribution est ce qu'elle pouvait être, fermement invitée à faire effort de style. Une fois admis que Karajan eût pu s'offrir Héraut plus éclatant et plus précis sur les hauteurs, il faut souligner les prestations de deux artistes un peu inattendus. Karl Ridderbusch manisfestait les premiers symptômes de son rapide déclin : la stature humaine et vocale de son Roi, grandiose, arrachée à l'inéluctable, n'en est plus impressionnante (à la hauteur du Hagen qu'il concédera à Boulez et Chéreau). Dunja Vejzovic renouvelle pour sa part largement l'approche d'Ortrud : irréprochable sur les notes et les mots, elle irradie une beauté, une souplesse et un tranchant de fouet sans doute inouïs depuis Marjorie Lawrence. Nimsgern, sonore et mordant, réussit à demeurer sobre et scrupuleux devant la partition. Anna Tomowa-Sintow déçoit un peu : un vibrato trop prononcé, un manque audible d'harmoniques supérieures à l'acte I, ne sont pas totalement rachetés par la bonne musicalité du III; surtout, on a connu Elsa à la diction plus inspirée, à l'expression plus variée. Reste René Kollo, dont Lohengrin fut un rôle fétiche. Par suite d'une mésentente avec le chef, cet enregistrement entrepris en 1976 fut abandonné, puis repris. On y entend donc « plusieurs » Kollo, d'avant et après la crise vocale due à l'élargissement définitif du répertoire vers les rôles lourds. A l'actif : un duo de l'acte III de belle tenue, la rondeur soyeuse de la mezza-voce et, en ces instants heureux, quelques beaux aigus. L'effort pour contrôler le phrasé est louable : le résultat parfois moins. Au passif : une émission peu homogène, un timbre partiellement court et acide, un vibrato laissant craindre, dans les passages soutenus, pour la stabilité de la voix, quelques éclats difficiles en aigu, et une conception du personnage assez peu rayonnante. En dépit de ces réserves, peut-on faire l'économie de cette version? Je ne le pense pas.

1982 (e) – Woldemar Nelsson (S)
Peter Hofmann (L), Karen Armstrong (E), Siegfried Vogel (R), Elizabeth Connell (O), Leif Roar (T), Bernd Weikl (H). Festival de Bayreuth
(CBS)

Bande sonore du film Unitel réalisé à partir de la production due à Götz Friedrich, ces disques auraient gagné à ne jamais quitter leur mise en image. Le vibrato insupportable d'Armstrong, son aigu faillible, son irrespect de la partition, répondent à la monochromie impersonnelle de Connell, au chant étranglé, sans aigu ni consonnes, de Roar, à la banalité de Vogel, à la symphatique routine du chef. Tout tournait cependant autour de Lohengrin de Hofmann, dont la beauté loubarde ne rend quand même pas sourd. Les deux premiers actes trouvent notre héros prisonnier d'une grosse voix barytonnante, où la nuance s'opère par étranglement de souffle, l'aigu par paliers. A l'acte III, heureusement, il reconquiert du naturel, un certain style et une indéniable vertu sensible. Il est bien tard, alors, pour compenser la médiocrité de l'ensemble.

1985-86 (e) – Georg Solti (S)
Placido Domingo (L), Jessye Norman (E), Hans Sotin (R), Eva Randova (O), Siegmund Nimsgern (T), Dietrich Fischer-Dieskau (H), Choeur de l'Opéra de Vienne, Orchestre Philharmonique de Vienne.
(Decca, CD)

Solti aborde *Lohengrin* comme ses autres Wagner : orchestre plus étincelant que profond, animation très réussie des scènes transitoires (les « grandes scènes » restent assez guindées sans trouver leur grandeur, l'orchestre seul assurant la continuité de l'intérêt), priorité donnée à la sonorité sur le théâtre ou le dialogue avec les voix, distribution de studio ne prétendant jamais constituer une équipe. L'engagement de Domingo constitue ici l'idée d'appel. Legendary Recordings nous avait conservé sa prise du rôle à Hambourg en 1968, aux côtés de Sotin, déjà (superbe), et d'Arlène Saunders, sorte de Mödl blonde mais meilleure technicienne. L'évidente qualité du timbre et la souplesse un peu abandonnée de l'émission y contrastaient avec le manque de variété de l'approche héroïque, comme si le rôle était connu de façon purement musicale et phonétique, limité à une ligne de chant abstraite – ce que semblait confirmer un legato permanent mais peu accroché aux mots. Presque vingt ans plus tard, le matériau a naturellement pâli : absence de nuance sur un timbre en perte de rondeur, accent moins attentif qui vulgarise un peu l'incarnation. En revanche, Domingo persiste dans une vaillance de chaque instant correspondant bien mal à ses moyens comme à la réalité du phrasé wagnérien. On a envie d'informer l'artiste, dont les accès fiévreux n'ont pas ici loisir de s'exprimer à plein, que Lohengrin n'appelle pas tant d'efforts, lesquels ne démontrent rien d'exemplaire, mais d'autres efforts. Chaussé de si gros sabots, il contraste furieusement avec l'Elsa prodigieusement mobile et noble de Jessye Norman, qui se hisse au niveau des meilleures réussites de la discographie. L'unité de la ligne étant supérieurement dominée, Norman nous offre un foisonnement de jeux sur la couleur, le souffle et la lumière d'une intelligence absolue, d'une richesse de timbre rare. Il ne manque en définitive à ce modèle que l'écho, le miroir, d'un chef et de partenaires pareillement inspirés. Or Sotin, méconnaissable d'un acte sur l'autre, Fischer-Dieskau égaré en des subtilités tournant à vide faute de rôle et moyens vocaux, Randova routinière et Nimsgern en brailleur de service, sont malheureusement à court d'une réplique convenable. Le choeur, en revanche, atteint des sommets.

Divers

Les différentes sélections (Suitner, Kraus, Steinberg, Bamberger), de diffusion locale, ne présentent guère d'intérêt. On retiendra en revanche l'introuvable Weigert berlinois de 1933, pour le très rare Fritz Wolff, et le Klemperer 1948 à Budapest, célèbre pour avoir conservé la trace d'un scandale causé par le chef, furieux des applaudissements après le « Récit du Graal ». Noter encore les duos gravés par Angerer (E) et Piccaver (L) en 28 et 29 (Lebendige Vergangenheit).

TRISTAN ET ISOLDE

Livret *traduit par Dominique* SILA

Commentaire *par François* GRANDSIR

Discographie *par Christophe* CAPACCI

TRISTAN UND ISOLDE

Handlung in drei Aufzügen

Personen

Tristan *(Tenor)*
Isolde *(Sopran)*
Brangäne *(Sopran)*
Kurxenal *(Bariton)*
König Marke *(Bass)*
Melot *(Tenor)*
Ein Hirt *(Tenor)*
Ein junger Seeman *(Tenor)*
Ein Steuermann *(Bariton)*

Schiffsvolk, Ritter
und Knappen

Schauplatz

Erster Aufzug: *Zur See auf dem Verdeck von Tristans Schiff, während der Überfahrt von Irland nach Kornwall*
Zweiter Aufzug: *In der königlichen Burg Markes in Kornwall*
Dritter Aufzug: *Tristans Burg in der Bretagne*

ERSTER AUFZUG

Vorspiel

(1b, 10,16, 2, 3, 4, 5)

Zeltartiges Gemach auf dem Vorderdeck eines Schiffes reich mit Teppichen behangen, beim Beginn nach dem Hintergrunde zu gänzlich geschlossen; zur Seite führt eine schmale Treppe in den Schiffsraum hinab.
Isolde auf einem Ruhebett, das Gesicht in die Kissen gedrückt. Brangäne, einen Teppich zurückgeschlagen haltend, blickt zur Seite über Bord

ERSTE SZENE

STIMME EINES JUNGEN SEEMANNS *(aus der Höhe, wie vom Mast her, vernehmbar)*
Westwärts
schweift der Blick:
ostwärts
streicht das Schiff.
Frisch weht der Wind
der Heimat zu:
mein irisch Kind,
wo weilest du?
Sind's deiner Seufzer Wehen,
die mir die Segel blähen?
Wehe, wehe, du Wind!
Weh', ach wehe, mein Kind!
Irische Maid,
du wilde, minnige Maid!

TRISTAN ET ISOLDE

Opéra en trois actes
Création: Hoftheater de Munich, le 10 juin 1865

Personnages

Tristan *(ténor)*
Isolde *(soprano)*
Brangäne *(soprano)*
Kurwenal *(baryton)*
Le roi Marke *(basse)*
Melot *(ténor)*
Un berger *(ténor)*
Un jeune marin *(ténor)*
Un pilote *(baryton)*

Matelots, chevaliers,
écuyers

Lieu de l'action

Premier acte: *En mer, sur le navire de Tristan pendant la traversée d'Irlande en Cornouailles*
Deuxième acte: *Dans le château du roi Marke, en Cornouailles*
Troisième acte: *Le château de Tristan à Karéol en Bretagne*

PREMIER ACTE

Prélude orchestral

Un abri en forme de tente, dressé sur le pont avant d'un navire et orné de riches tentures, d'abord entièrement fermé dans sa partie arrière; sur le côté un étroit escalier mène dans les entrailles du navire.
Isolde est étendue sur un lit de repos, visage enfoui dans les coussins. Brangäne, soulevant une des tentures, regarde de côté, par-dessus bord.

SCÈNE I

VOIX D'UN JEUNE MARIN *(qui semble provenir du haut du mât)*
Vers l'occident
le regard fuit:
vers l'orient
le vaisseau vogue.
6 Un vent frais souffle
vers la terre natale:
fille de la verte Érin,
où t'es-tu réfugiée?
Est-ce le souffle de tes soupirs
qui gonfle ainsi mes voiles?
Souffle, souffle, ô vent!
Soupire, oh soupire, enfant!
Vierge d'Irlande,
vierge tendre et farouche!

ISOLDE *(jäh auffahrend)*
Wer wagt mich zu höhnen?
(Sie blickt verstört um sich.)
Brangäne, du? Sag,
- wo sind wir?

2 ISOLDE *(tressaillant vivement)*
Qui ose me narguer?
7 *(Elle jette autour d'elle des regards troublés.)*
Brangäne, est-ce toi? dis,
où sommes-nous?

BRANGÄNE *(an der Öffnung)*
Blaue Streifen
stiegen im Westen auf;
sanft und schnell
segelt das Schiff:
auf ruhiger See vor Abend
erreichen wir sicher das Land.

BRANGÄNE *(devant l'ouverture de la tente)*
6 Des sillons bleus
surgissent à l'occident;
léger et vif,
le navire fait voile:
sur la mer apaisée, avant le soir,
nous aurons sûrement rejoint la terre.

ISOLDE
Welches Land?

ISOLDE
Quelle terre?

BRANGÄNE
Kornwalls grünen Strand.

BRANGÄNE
Les rives vertes de Cornouailles.

ISOLDE
Nimmermehr!
Nicht heute, noch morgen!

ISOLDE
Plus jamais!
Aujourd'hui ni demain!

BRANGÄNE *(lässt den Vorhang zufallen und eilt bestürzt zu Isolde)*
Was hör' ich! Herrin! Ha!

BRANGÄNE *(elle laisse retomber la tenture et, stupéfaite, se précipite vers Isolde)*
Qu'ai-je entendu? Ma maîtresse! Ah!

ISOLDE *(wild vor sich hin)*
Entartet Geschlecht!
Unwert der Ahnen!
Wohin, Mutter,
vergabst du die Macht,
über Meer und Sturm zu gebieten?
O zahme Kunst
der Zauberin,
die nur Balsamtränke noch braut!
Erwache mir wieder,
kühne Gewalt;
herauf aus dem Busen,
wo du dich bargst!
Hört meinen Willen,
zagende Winde!
Heran, zu Kampf
und Wettergetös' !
Zu tobender Stürme
wütendem Wirbel!
Treibt aus dam Schlaf
Dies träumende Meer,
weckt aus dem Grund
seine grollende Gier!
Zeigt ihm die Beute,
die ich ihm biete!
Zerschlag' es dies trotzige Schiff,
des zerschellten Trümmer, verschling's!
Und was auf ihm lebt,
den wehenden Atem,
den lass ich euch Winden zum Lohn!

ISOLDE *(avec emportement)*
Race dégénérée!
Indigne de ses pères!
6 A qui donc, ô mère,
as-tu livré la puissance
qui dompte la mer et l'orage?
1a oh, art abâtardi
d'une magicienne
ne brassant plus que liqueurs balsamiques!
6 Réveille-toi,
mon intrépide violence;
surgis du sein
où tu étais celée!
Écoutez mon vœu,
ô vents indécis!
Venez dans la mêlée,
le vacarme des éléments!
1a Les tourbillons rageurs
des tempêtes hurlantes!
Tirez de son sommeil
cette mer perdue dans un songe,
éveillez du gouffre
6 sa grondante voracité!
Désignez-lui la proie
que je l'exhorte à prendre!
Qu'elle brise ce navire arrogant,
1a Happe les débris fracassés!
Et ce qui vit à bord,
ce qui exhale un souffle,
ô vents, je vous le cède pour salaire!

BRANGÄNE *(im äussersten Schreck, um Isolde sich bemühend)*
O weh!
Ach! Ach
des Übels, das ich geahnt!

BRANGÄNE *(avec effroi, s'empressant auprès d'Isolde)*
Oh douleur!
1a Ah! ah!
Du mal que je devinais déjà!

Isolde! Herrin!
Teures Herz!
Was bargst du mir so lang?
Nicht eine Träne
weintest du Vater und Mutter;
kaum einen Gruss
den Bleibenden botest du.
Von der Heimat scheidend
kalt und stumm,
bleich und schweigend
auf der Fahrt!
ohne Nahrung,
ohne Schlaf;
starr und elend,
wild verstört:
wie ertrug ich,
so dich sehend,
nichts dir mehr zu sein,
fremd vor dir zu stehn?
Oh, nun melde,
was dich müht?
Sage, künde,
was dich quält?
Herrin Isolde,
trauteste Holde,
soll sie wert sich dir wähnen,
vertraue nun Brangänen!

Isolde! Ma maîtresse!
Chère âme!
Que m'as-tu celé si longtemps?
Pas même une larme
pour pleurer père et mère;
à peine un salut
pour ceux qui demeuraient.
Quittant le pays,
8,2 froide et muette,
blême et taciturne
au cours du voyage;
fuyant la nourriture,
fuyant le sommeil;
figée et misérable,
6 hagarde:
comment ai-je souffert,
en te voyant ainsi,
de n'être plus rien pour toi,
de te servir en étrangère?
1a, 1b Oh! révèle à présent
ce qui t'afflige!
Parle, dévoile
ce qui te peine!
Ma maîtresse, Isolde,
ma gracieuse amie,
si tu l'en juges digne,
confie-toi à Brangäne!

ISOLDE
Luft! Luft!
Mir erstickt das Herz!
Öffne! Öffne dort weit!
(Brangäne zieht eilig die Vorhänge in der Mitte auseinander.)

ISOLDE
8 De l'air, de l'air!
Un poids m'oppresse le cœur!
Ouvre, ouvre tout grand!
(Brangäne écarte précipitamment les tentures.)

ZWEITE SZENE

Man blickt dem Schiff entlang bis zum Steuerbord, über den Bord hinaus auf das Meer und der Horizont. Um den Hauptmast in der Mitte ist Seevolk, mit Tauen beschäftigt, gelagert; über sie hinaus gewahrt; man am Steuerbord Ritter und Knappen, ebenfalls gelargert; von ihnen etwas entfernt Tristan, mit verschränkten Armen stehend, und sinnend in das Meer blickend; zu Füssen ihm, nachlässig gelagert, Kurwenal.
Vom Maste her, aus der Höhe, vernimmt man wieder die Stimme des jungens Seemanns.

SCÈNE II

On peut voir le navire dans toute sa longueur, jusqu'au gouvernail, et, au-delà la mer et l'horizon. Autour du grand mât, au centre, les matelots couchés sur le point travaillent aux cordages. Vers l'avant, à tribord, des chevaliers et des écuyers dans la même position; non loin d'eux, Tristan se tient, les bras croisés, songeur, le regard tourné vers la mer; à ses pieds Kurwenal est étendu avec nonchalance.

Du haut du mât on perçoit à nouveau la voix du jeune marin.

STIMME DES JUNGEN SEEMANNS *(auf dem Maste, unsichtbar)*
Frisch weht der Wind
der Heimat zu:
mein irisch Kind,
wo weilest du?
Sind's deiner Seufzer Wehen,
die mir die Segel blähen?
Wehe, wehe, du Wind!
Weh', ach wehe, mein Kind!

VOIX DU JEUNE MARIN *(invisible, perché en haut du mât)*
Un vent frais souffle
6 vers la rive natale:
fille de la verte Érin,
où t'es-tu réfugiée?
Est-ce le souffle de tes soupirs
qui gonfle ainsi mes voiles?
Souffle, souffle, ô vent!
Soupire, oh soupire, enfant!

ISOLDE *(deren Blick sogleich Tristan fand, und starr auf ihn geheftet blieb, dumpf für sich).*

Mir erkoren,
Mir verloren,

ISOLDE *(dont le regard s'est aussitôt posé sur Tristan et demeure fixé sur son visage, d'une voix sourde, comme à part soi-même).*
1a, 1b Pour moi élu,
pour moi perdu,

hehr und heil,
kühn und feig!
Todgeweihtes Haupt!
Todgeweihtes Herz!

(Zu Brangäne, unheimlich lachend.)
Was hältst du von dem Knechte?

BRANGÄNE *(ihrem Blicke folgend)*
Wen meinst du?

ISOLDE
Dort den Helden,
der meinem Blick
den seinen birgt,
in Scham und Scheue
abwärts schaut.
Sag', wie dünkt er dich?

BRANGÄNE
Fragst du nach Tristan,
teuere Frau,
dem Wunder aller Reiche,
dem hochgepriesnen Mann,
dem Helden ohne Gleiche,
des Ruhmes Hort und Bann?

ISOLDE *(sie verhöhnend)*
Der zagend vor dem Streiche
sich flüchtet, wo er kann,
weil eine Braut er als Leiche
für seinen Herrn gewann!
Dünkt es dich dunkel,
mein Gedicht?
Frag ihn denn selbst,
den freien Mann,
ob mir zu nahn er wagt?
Der Ehren Gruss
und zücht'ge Acht
vergisst der Herrin
der zage Held,
dass ihr Blick ihn nur nicht erreiche,
den Helden ohne Gleiche!
Oh, er weiss
wohl, warum!
Zu dem Stolzen geh,
meld ihm der Herrin Wort!
Meinem Dienst bereit,
schleunig soll er mir nahn.

BRANGÄNE
Soll ich ihn bitten,
dich zu grüssen?

ISOLDE
Befehlen liess
dem Eigenholde
Furcht der Herrin
ich, Isolde!

(Auf Isoldes gebieterischen Wink entfernt sich Brangäne und schreitet verschämt dem Deck entlang dem Steuerbord zu, an den arbeitenden Seeleuten vorbei. Isolde, mit starrem Blicke ihr folgend, zieht sich rücklings nach dem Ruhebett zurück, wo sie sitzend während des Folgenden bleibt, das

superbe et sain,
9 hardi et veule!
Tête à la mort vouée,
cœur à la mort voué!

(a Brangäne, avec un rire inquiétant)
Que dis-tu de ce valet?

BRANGÄNE *(suivant son regard)*
1c De qui parles-tu?

ISOLDE
De ce héros-là
2 qui à mon regard
dérobe le sien,
de honte et de peur
détourne les yeux:
Dis-moi, que t'en semble?

BRANGÄNE
T'enquières-tu de Tristan,
chère dame,
ce prodige de tous les royaumes,
cet homme partout loué,
preux sans pareil,
rempart et appât de la gloire?

ISOLDE *(la raillant)*
Celui qui, esquivant les coups,
s'enfuit là où il peut,
ayant conquis comme un corps sans vie,
1a une fiancée pour son maître!
Mon discours
te semble-t-il obscur?
Va donc lui demander,
à cet homme libre,
s'il ose m'approcher!
L'hommage à rendre
et l'égard à montrer
à sa suzeraine, il les oublie,
lui, le craintif héros,
tremblant que son regard ne le rencontre,
le héros sans pareil!
Oh, il sait
bien pourquoi!
Va donc vers l'orgueilleux,
transmets-lui ce qu'a dit sa suzeraine!
Que prêt à me servir,
il me rejoigne sans tarder.

BRANGÄNE
Dois-je le prier
de te rendre hommage?

ISOLDE
J'ai ordonné
au vassal
de craindre sa suzeraine,
6 moi, Isolde!

(Sur un geste impératif d'Isolde, Brangäne s'éloigne, confuse, le long du pont, vers tribord, passant devant les marins au travail. Le regard fixe, Isolde la suit des yeux, puis recule vers son lit de repos où elle restera assise pendant la scène suivante, l'œil toujours fixé sur tribord.)

Auge unabgewandt nach dem Steuerbord gerichtet.)

KURWENAL *(der Brangäne kommen sieht, zupft, ohne sich zu erheben, Tristan am Gewande)*
Hab' Acht, Tristan!
Botschaft von Isolde!

KURWENAL *(qui voit venir Brangäne et, sans se lever, tire Tristan par un pan de son vêtement)*
Prends garde, Tristan!
Un message d'Isolde!

TRISTAN *(auffahrend)*
Was ist? Isolde?
(Er fasst sich schnell, als Brangäne vor ihm anlangt und sich verneigt.)
Von meiner Herrin?
Ihr gehorsam,
was zu hören
meldet höfisch
mir die traute Magd?

TRISTAN *(tressaillant)*
1c Qu'est-ce? Isolde?
(Il se ressaisit aussitôt, tandis que Brangäne s'avance vers lui et s'incline.)
De ma suzeraine?
Au vassal docile
quel ordre
mande gracieusement
sa fidèle servante?

BRANGÄNE
Mein Herre Tristan,
euch zu sehen
wünscht Isolde,
meine Frau.

BRANGÄNE
Seigneur Tristan,
c'est vous voir
que souhaite Isolde
ma dame.

TRISTAN
Grämt sie die lange Fahrt,
die geht zu End';
eh' noch die Sonne sinkt,
sind wir am Land.
Was meine Frau mir befehle,
treulich sei's erfüllt.

TRISTAN
Ce long voyage l'accable-t-il?
Il touche à sa fin!
avant que le soleil ne sombre
nous serons à terre.
Ce que ma reine ordonne
sera fidèlement accompli.

BRANGÄNE
So mög' Herr Tristan
zu ihr geh'n:
das ist der Herrin Will'.

BRANGÄNE
Que Messire Tristan veuille bien
se rendre auprès d'elle:
tel est le vœu de ma maîtresse.

TRISTAN
Wo dort die grünen Fluren
dem Blick noch blau sich färben,
harrt mein König
meiner Frau:
zu ihm sie zu geleiten,
bald nach' ich mich der Lichten:
keinem gönnt' ich
diese Gunst.

TRISTAN
Là où les vertes plaines
bleuissent encore sous le regard,
mon souverain attend
ma souveraine:
pour la guider jusqu'à lui,
bientôt je m'approcherai de sa lumière:
je ne cèderais à nul autre
ce privilège.

BRANGÄNE
Mein Herre Tristan
höre wohl:
deine Dienste
will die Frau,
dass du zur Stell' ihr nahtest,
dort, wo sie deiner harrt.

BRANGÄNE
Tristan, mon seigneur,
entends-moi bien:
c'est te voir la servir
que veut ma maîtresse,
que tu t'approches du lieu même
où elle t'attend.

TRISTAN
Auf jeder Stelle
wo ich steh',
getreulich dien' ich ihr,
der Frauen höchster Ehr';
liess' ich das Steuer
jetzt zur Stund',
wie lenkt' ich sicher den Kiel
zu König Markes Land?

TRISTAN
En quelque lieu
que je sois,
fidèlement je la sers,
elle, la gloire de toutes les femmes;
mais si pour l'heure
je laissais le timon,
comment gouverner sûrement le navire
10 jusqu'à la terre du roi Marke?

BRANGÄNE
Tristan, mein Herre!
Was höhnst du mich?
Dünkt dich nicht deutlich
die tör'ge Magd,
hör' meiner Herrin Wort!
So hiess sie, sollt' ich sagen:
befehlen liess
dem Eigenholde
Furcht der Herrin
sie, Isolde!

KURWENAL *(aufspringend)*
Darf ich die Antwort sagen?

TRISTAN *(ruhig)*
Was wohl erwidertest du?

KURWENAL
Das sage sie
der Frau Isold'!
Wer Kornwalls Kron'
und Englands Erb'
an Irlands Maid vermacht,
der kann der Magd
nicht eigen sein,
die selbst dem Ohm er schenkt.
Ein Herr der Welt
Tristan der Held!
Ich ruf's: du sag's, und grollten
mir tausend Frau Isolden!
(Da Tristan durch Gebärden ihm zu wehren sucht, und Brangäne entrüstet sich zum Weggehen wendet, singt Kurwenal der zögernd sich Entfernenden mit höchster Stärke nach.)
«Herr Morold zog
zu Meere her,
in Kornwall Zins zu haben;
ein Eiland schwimmt
auf ödem Meer,
da liegt er nun begraben!
Sein Haupt doch hängt
im Irenland,
als Zins gezahlt
von Engeland:
Hei! Unser Held Tristan,
wie der Zins zahlen kann!»
(Kurwenal, von Tristan forgescholten, ist in den Schiffsraum hinabgestiegen; Brangäne in Bestürzung zu Isolde zurückgekehrt, schliesst hinter sich die Vorhänge, während die ganze Mannschaft aussen sich hören lässt.)

ALLE MÄNNER
Sein Haupt doch hängt
im Irenland,
als Zins gezahlt
von Engeland:
Hei! Unser Held Tristan,
wie de Zins zahlen kann!

DRITTE SZENE

Isolde und Brangäne allein, bei vollkommen wieder geschlossenen Vorhängen. Isolde erhebt sich mit ver-

BRANGÄNE
Tristan, mon Seigneur,
pourquoi me railler ainsi?
Si les propos d'une sotte servante
te semblent confus,
écoute ceux de ma maîtresse!
Elle m'a commandé de te dire ceci:
j'ai ordonné
à mon vassal
de craindre sa suzeraine,
moi, Isolde!

KURWENAL *(bondissant)*
Puis-je donner la réponse?

TRISTAN *(calmement)*
Que vas-tu rétorquer?

KURWENAL
Qu'elle dise ceci
à Dame Isolde:
qui cède la couronne de Cornouailles
et l'héritage d'Angleterre
à la vierge d'Irlande,
ne peut être sujet
de la servante
par lui-même offerte à son oncle!
Un maître du monde,
Tristan le héros!
Je le proclame: dis-le, et que tonnent
contre moi mille Isolde!
(Comme Tristan s'efforce de l'arrêter par des gestes et que Brangäne fait mine de se retirer, Kurwenal se met à chanter à tue-tête à l'adresse de celle qui s'éloigne, hésitante.)

«Sire Morold accourut,
traversant la mer,
lever tribut en Cornouailles;
là où flotte une île à présent,
sur la mer désolée
il gît, enseveli!
Mais sa tête est pendue
dans la verte Érin,
payée comme tribut
par l'Angleterre:
11 Hé! Tristan, notre preux,
comme il sait payer tribut!»
(Rabroué par Tristan, Kurwenal est descendu à l'intérieur du navire; déconcertée, Brangäne revenue auprès d'Isolde, laisse retomber la tenture derrière elle, tandis que l'équipage reprend en chœur la chanson.)

TOUS LES HOMMES
Mais sa tête est pendue
dans la verte Érin,
payée comme tribut
par l'Angleterre:
11 Hé! Tristan, notre preux,
comme il sait payer tribut!

SCÈNE III

Isolde et Brangäne seules, protégées par les tentures à nouveau fermées. Isolde se relève avec un geste de colère et de zweiflungsvoller Wutgebärde. Brangäne stürzt ihr zu Füssen.

BRANGÄNE
Weh, ach wehe!
Dies zu dulden!

ISOLDE *(dem furchtbarsten Ausbruche nahe, schnell sich zusammenraffend)*
Doch nun von Tristan!
Genau will ich's vernehmen.

BRANGÄNE
Ach, frage nicht!

ISOLDE
Frei sag's ohne Furcht!

BRANGÄNE
Mit höf'schen Worten
wich er aus.

ISOLDE
Doch als du deutlich mahntest?

BRANGÄNE
Da ich zur Stell'
ihn zu dir rief:
wo er auch steh',
so sagte er,
getreulich dien' er ihr,
der Frauen höchster Ehr';
liess' er das Steuer
jetzt zur Stund',
wie lenkt' er sicher den Kiel
zu König Markes Land?

ISOLDE *(schmerzlich bitter)*
«Wie lenkt' er sicher den Kiel
zu König Markes Land?»
(grell und heftig)
Den Zins ihm auszuzahlen,
den er aus Irenland zog!

BRANGÄNE
Auf deine eig'nen Worte,
als ich ihm die entbot,
liess seinen treuen Kurwenal...

ISOLDE
Den hab ich wohl vernommen,
kein Wort, das mir entging.
Erfuhrest du meine Schmach,
nun höre, was sie mir schuf.
Wie lachend sie
mir Lieder singen,
wohl könnt' auch ich erwidern
von einem Kahn,
der klein und arm
in Irlands Küste schwamm,
darinnen krank
ein siecher Mann
elend im Sterben lag.
Isoldes Kunst
ward ihm bekannt;

désespoir. Brangäne se précipite à ses pieds.

BRANGÄNE
Douleur, oh douleur!
1a, 1b Souffrir cela!

ISOLDE *(près d'éclater, se ressaisit aussitôt)*

Eh bien? Qu'en est-il de Tristan?
Je veux tout entendre.

BRANGÄNE
Ah! n'interroge pas!

ISOLDE
1a Dis-le librement et sans crainte!

BRANGÄNE
Avec des mots courtois
il s'est esquivé.

ISOLDE
Mais quand tu l'avertis clairement?

BRANGÄNE
Lorsque je l'invitai
à se rendre auprès de toi:
en quelque lieu qu'il soit –
dit-il –
fidèlement il la servira,
elle, la gloire de toutes les femmes;
mais si pour l'heure
il laissait le timon,
comment gouverner sûrement le navire
10 jusqu'à la terre du roi Marke?

ISOLDE *(pleine d'une douloureuse amertume)*
«Comment gouverner sûrement le navire
10 jusqu'à la terre du roi Marke?»...
(avec vivacité et violence.)
11 Afin de payer le tribut
qu'il a accueilli en Irlande!

BRANGÄNE
A tes propres paroles
que je lui ai mandées,
il a laissé son fidèle Kurwenal...

ISOLDE
Je l'ai bien entendu,
aucun mot qui m'ait échappé.
Tu as appris ma honte:
12 sache à présent ce qui l'a suscitée.
Tandis qu'en riant
ils me chantent ces chants,
12 je pourrais leur répondre
en parlant d'un esquif,
pitoyable et chétif,
voguant vers les côtes irlandaises;
malade, tout au fond,
un homme meurtri,
misérable, gisait moribond.
1a La science d'Isolde
lui fut révélée;

mit Heilsalben
und Balsamsaft
der Wunde, die ihn plagte,
getreulich pflag sie da.
Der «Tantris»
mit sorgender List sich nannte,
als Tristan
Isold' ihn bald erkannte,
da in des Müss'gen Schwerte
eine Scharte sie gewahrte,
darin genau
sich fügt' ein Splitter,
den eins im Haupt
des Irenritter,
zum Hohn ihr heimgesandt,
mit kund'ger Hand sie fand.
Da schrie's mir auf
aus tiefstem Grund!
Mit dem hellen Schwert
ich vor ihm stund,
an ihm, dem Überfrechen,
Herrn Morolds Tod zu rächen.
Von seinem Lager
blickt' er her, –
nicht auf das Schwert,
nicht auf die Hand, –
er sah mir in die Augen.
Seines Elendes jammerte mich; –
das Schwert – ich liess es fallen.
Die Morold schlug, die Wunde,
sie heilt' ich, dass er gesunde,
und heim nach Hause kehre, –
mit dem Blick mich nicht mehr beschwere!

BRANGÄNE
O Wunder! Wo hatt' ich die Augen?
Der Gast, den einst
ich pflegen half?

ISOLDE
Sein Lob hörtest du eben:
«Hei! Unser Held Tristan» –
der war jener traur'ge Mann.
Er schwur mit tausend Eiden
mir ew'gen Dank und Treue!
Nun hör', wie ein Held
Eide hält!
Den als Tantris
unerkannt ich entlassen,
als Tristan
kehrt' er kühn zurück;
auf stolzem Schiff,
von hohem Bord,
Irlands Erbin
begehrt' er zur Eh'
für Kornwalls müden König,
für Marke, seinen Ohm.
Da Morold lebte,
wer hätt' es gewagt
uns je solche Schmach zu bieten?
Für der zinspflicht'gen
Kornen Fürsten
um Irlands Krone zu werben!
Ach, wehe mir!

1b avec des onguents,
des liqueurs balsamiques,
12 elle soigna fidèlement
la plaie qui la tourmentait.
11 Celui qui par une feinte soigneuse
se nommait lui-même Tantris
fut bientôt reconnu d'Isolde:
c'était Tristan;
car dans l'épée du blessé
elle observa une brèche
à laquelle exactement
s'adaptait un éclat
qu'autrefois dans la tête
du chevalier d'Irlande
envoyée chez elle par dérision
sa main avertie avait trouvé.
12 Un cri jaillit alors
du tréfonds de mon être!
L'épée lumineuse à la main,
je me tenais là devant lui,
prête, dans le sang de l'insolent,
à venger la mort de Messire Morold.
De sa couche
il porta le regard
non vers l'épée,
1a non vers la main;
2 il me regarda dans les yeux.
Sa détresse me fit pitié;
l'épée, je la laissai choir.
Et la blessure infligée par Morold,
12 je la guéris, afin que rétabli,
il s'en allât chez lui,
2 que son regard ne me troublât plus!

BRANGÄNE
12 O prodige! où avais-je les yeux?
L'hôte qu'autrefois
j'aidais à soigner?

ISOLDE
11 Tu viens d'entendre son éloge:
«Hé! Tristan, notre preux!» -
12 C'était cet homme en triste état!
Il me voua par mille serments
7 gratitude et fidélité éternelles!
Entends à présent comment un héros
respecte son serment!
Celui qui s'appelait Tantris
et que je fis partir, feignant de l'ignorer,
sous le nom de Tristan,
retourne, téméraire;
sur un fier navire
1a de haut bord,
c'est l'héritière d'Irlande
qu'il demande en mariage
pour le vieux roi de Cornouailles,
7 pour son oncle Marke.
Si Morold vivait
qui donc eût osé
nous infliger pareille honte?
Un prince de Cornouailles
payant tribut
prétendre à la couronne irlandaise!
Ah! Malheur à moi!

Ich ja war's,
die heimlich selbst
die Schmach sich schuf.
Das rächende Schwert,
statt es zu schwingen,
machtlos liess ich's fallen!
Nun dien' ich dem Vasallen!

BRANGÄNE
Da Friede, Sühn' und Freundschaft
von allen ward beschworen,
wir freuten uns all' des Tag's;
wie ahnte mir da,
dass dir es Kummer schüf?

ISOLDE
O blinde Augen!
Blöde Herzen!
Zahmer Mut,
verzagtes Schweigen.
Wie anders prahlte
Tristan aus,
was ich verschlossen hielt!
Die schweigend ihm
das Leben gab,
vor Feindes Rache
ihn schweigend barg;
was stumm ihr Schutz
zum Heil ihm schuf, –
mit ihr gab er es preis!
Wie siegprangend
heil und hehr,
laut und hell
wies er auf mich:
«Das wär' ein Schatz,
mein Herr und Ohm;
wie dünkt Euch die zur Eh'?
Die schmucke Irin
hol' ich her;
mit Steg' und Wegen
wohlbekannt,
ein Wink, ich flieg'
nach Irenland:
Isolde, die ist Euer!
Mir lacht das Abenteuer!»
Fluch dir, Verruchter!
Fluch deinem Haupt!
Rache! Tod!
Tod uns beiden!

BRANGÄNE *(mit ungestümer Zärtlichkeit auf Isolde stürzend)*
O Süsse! Traute!
Teure! Holde!
Goldne Herrin!
Lieb Isolde!
(Sie zieht Isolde allmählich nach dem Ruhebett.)
Hör mich! Komme!
Setz dich her!
Welcher Wahn,
welch eitles Zürnen!
Wie magst du dich betören,
nicht hell zu seh'n noch hören?
Was je Herr Tristan

12 C'est bien moi-même
qui secrètement
me suis suscité cette honte!
L'épée vengeresse,
au lieu de la brandir,
2 impuissante, je l'ai fait choir!
12 A présent, je sers un vassal!

BRANGÄNE
Tandis que paix, pardon, amitié
étaient jurés par tous,
nous nous réjouissions de ce jour;
comment aurais-je pressenti
qu'il susciterait ces tourments?

7 ISOLDE
Ô prunelles aveugles!
Cœurs veules,
humeur servile,
silence vile.
Pourtant, comme Tristan
a proclamé
ce que je tenais celé!
Celle qui, se taisant,
lui donna la vie,
à la vengeance de l'ennemi,
se taisant, le dissimula,
7 ce que son secours silencieux
fit pour son salut,
11 il les a livrés tous les deux!
Tout rayonnant de sa victoire,
sain et superbe,
à voix sonore et claire
il m'a désignée:
«quel trésor ce serait,
Seigneur mon oncle,
que diriez-vous d'elle pour épouse?
12 Je m'en vais quérir
la gracieuse Irlandaise;
les routes et les chemins
me sont familiers,
un seul signe et je vole
vers la verte Érin!
11 Isolde est en vos mains!
L'aventure me sourit!».
Malédiction sur toi, misérable,
malédiction soit sur ta tête!
Vengeance! Mort!
Mort à nous deux!

BRANGÄNE *(se précipitant vers Isolde dans un élan de tendresse irrépressible)*
Oh ma douce! bien aimée!
7 Ma chère! Ma gracieuse,
ma précieuse souveraine!
Isolde adorée!
(Elle entraîne peu à peu Isolde vers son lit de repos.)
Écoute-moi! Viens!
Assieds-toi là!
Quel délire,
Quelle vaine fureur!
Peux-tu t'égarer au point
de ne plus voir, ne plus entendre?
Ce que Messire Tristan

dir verdankte,
sag, konnt' er's höher lohnen
als mit der herrlichsten der Kronen?
So dient' er treu
dem edlen Ohm;
dir gab er der Welt
begehrlichsten Lohn:
dem eignen Erbe,
echt und edel,
entsagt' er zu deinen Füssen,
als Königin dich zu grüssen!
(Isolde wendet sich ab.)
Und warb er Marke
dir zum Gemahl,
wie wolltest du die Wahl doch schelten,
muss er nicht wert dir gelten?
Von edler Art
und mildem Mut,
wer gliche dem Mann
an Macht und Glanz?
Dem ein hehrster Held
so treulich dient,
wer möchte sein Glück nicht teilen,
als Gattin bei ihm weilen?

ISOLDE *(starr vor sich hinblickend)*
Ungeminnt
den hehrsten Mann
stets mir nah' zu sehen,
wie könnt' ich die Qual bestehen?

BRANGÄNE
Was wähnst du, Arge?
Ungeminnt? –
(Sie nähert sich schmeichelnd und kosend Isolden.)
Wo lebte der Mann,
der dich nicht liebte?
der Isolden säh',
und in Isolden
selig nicht ganz verging'?
Doch, der dir erkoren,
wär' er so kalt,
zög' ihn von dir
ein Zauber ab:
den bösen wüsst' ich
bald zu binden,
ihn bannte der Minne Macht.
(mit geheimnisvoller Zutraulichkeit ganz nahe zu Isolden)
Kennst du der Mutter
Künste nicht?
Wähnst du, die alles
klug erwägt,
ohne Rat in fremdes Land
hätt' sie mit dir mich entsandt?

ISOLDE *(düster)*
Der Mutter Rat
gemahnt mich recht;
willkommen preis' ich
ihre Kunst:
Rache für den Verrat,
Ruh' in der Not dem Herzen!
Den Schrein dort bring mir her!

te devait,
dis-moi, pouvait-il mieux te le rendre
qu'en t'offrant la plus glorieuse couronne?
Car il servait ainsi loyalement
son noble parent
et t'offrait la récompense
la plus désirable du monde:
son propre héritage,
authentique et noble,
il s'en défait et le met à tes pieds
pour te rendre hommage comme à une reine!
(Isolde se détourne.)
Et s'il t'a choisi Marke
pour époux,
veux-tu désavouer ce choix,
pourrait-il paraître indigne de toi?
De race noble
et de cœur clément,
qui pourrait égaler cet homme
en puissance et en éclat?
Celui qu'un héros glorieux entre tous
sert si fidèlement,
qui ne voudrait partager son bonheur,
vivre auprès de lui comme épouse?

2 ISOLDE *(regardant fixement devant elle)*
Sans être aimée
voir cet homme glorieux entre tous
toujours à mes côtés,
comment pourrais-je souffrir ce tourment?

BRANGÄNE
Que vas-tu inventer, cruelle?
Sans être aimée?
(Elle s'approche d'Isolde, flatteuse et caressante.)
Où vit l'homme
qui ne t'aimerait pas?
Qui verrait Isolde
et en Isolde
ne pourrait, bienheureux, s'anéantir?
Pourtant, si celui que tu as élu
montrait tant de froideur,
si de toi quelque charme
le détournait:
je saurais prestement
soumettre le perfide,
le pouvoir de la passion l'emprisonnerait.
(d'un ton de confidence mystérieuse, tout près d'Isolde.)
1a Ne sais-tu donc rien
de la science de ta mère?
Crois-tu que, pesant tout
avec sagesse,
sans conseil, en terre étrangère,
elle m'aurait envoyée avec toi?

ISOLDE *(sombre)*
Le conseil de ma mère
m'avertit à bon escient;
je salue et je loue
sa science:
9 vengeance pour la trahison,
paix au cœur en détresse!
Apporte-moi le coffret qui est là!

BRANGÄNE
Er birgt, was Heil dir frommt.
(Sie holt eine kleine goldne Truhe herbei, öffnet sie und deutet auf ihren Inhalt.)
So reihte sie die Mutter,
die mächt'gen Zaubertränke.
Für Weh und Wunden
Balsam hier;
für böse Gifte
Gegengift.
(Sie zieht ein Fläschchen hervor.)
Den hehrsten Trank,
ich halt' inh hier.

BRANGÄNE
2 Il contient le secret de ton salut!
(Elle apporte une cassette dorée, l'ouvre et en désigne le contenu.)
5 Ta mère y a rangé
de puissants philtres magiques.
1a Pour peines et plaies
voici ce baume;
pour les poisons nocifs
1c ce contrepoison.
(Elle sort une fiole.)
3 Et le philtre suprême,
4 je le tiens ici.

ISOLDE
Du irrst, ich kenn' ihn besser;
ein starkes Zeichen
schnitt ich ihm ein.
(Sie ergreift ein Fläschchen und zeigt es.)
Der Trank ist's, der mir taugt!

ISOLDE
Tu te trompes, je le connais mieux;
j'y ai gravé
une entaille profonde.
(Elle saisit une autre fiole et la montre.)
Voici le philtre qu'il me faut!

BRANGÄNE *(weicht entsetzt zurück)*
Der Todestrank!
(Isolde hat sich vom Ruhebett erhoben und vernimmt mit wachsendem Schrecken den Ruf des Schiffsvolks.)

BRANGÄNE *(recule, effrayée)*
Le philtre de la mort!
(Isolde s'est levée de sa couche et prête l'oreille avec une angoisse croissante aux appels des matelots.)

SCHIFFSVOLK *(ausser)*
Ho! He! Ha! He!
Am Untermast
die Segel ein!
Ho! He! Ha! He!

LES MARINS *(du dehors)*
Ho! Hé! Ha! Hé!
Mettez la voile
au mât d'artimon!
Ho! Hé! Ha! Hé!

ISOLDE
Das deutet schnelle Fahrt.
Weh mir! Nahe das Land!

ISOLDE
6 Voilà qui annonce la fin du voyage.
Malheur à moi! La rive est proche!

VIERTE SZENE

(Durch die Vorhänge tritt mit Ungestüm Kurwenal herein.)

SCÈNE IV

(Écartant les tentures, Kurwenal fait irruption.)

KURWENAL
Auf! Auf! Ihr Frauen!
Frisch und froh!
Rasch gerüstet!
Fertig nun, hurtig und flink!
(gemessener)
Und Frau Isolden
sollt' ich sagen
von Held Tristan,
meinem Herrn:
Vom Mast der Freude Flagge,
sie wehe lustig ins Land;
in Markes Königsschlosse
mach' sie ihr Nah'n bekannt.
Drum Frau Isolde
bät' er eilen,
fürs Land sich zu bereiten,
dass er sie könnt' geleiten.

KURWENAL
Debout! Debout, les femmes!
6 Fraîches et fringantes!
Habillez vous en hâte!
Vite prêtes, prestes et alertes!
(avec plus de modération)
Et je dois dire
à Dame Isolde
de la part du preux Tristan
mon Seigneur:
qu'au haut du mât le pavillon de fête
flotte joyeusement à l'approche des terres,
annonçant notre arrivée
au château royal de Marke.
6 Que Dame Isolde donc
veuille bien se hâter
et s'apprêter à débarquer
afin qu'il puisse l'escorter.

ISOLDE *(nachdem sie zuerst bei der Meldung in Schauer zusammengefahren, gefasst und mit Würde)*
Herrn Tristan bringe
meinen Gruss,
und meld' ihm, was ich sage:

ISOLDE *(frémit d'abord à cette annonce, puis se ressaisit et, avec dignité)*
Au Seigneur Tristan va porter
mon salut,
et transmets ces paroles:

Sollt' ich zur Seit' ihm gehen,
vor König Marke zu stehen,
nicht möcht' es nach Zucht
und Fug gescheh'n,
empfing ich Sühne
nicht zuvor
für ungesühnte Schuld: –
drum such' er meine Huld
(Kurwenal macht eine trotzige Gebärde. Isolde fährt mit Steigerung fort.)
Du merke wohl,
und meld' es gut!
Nicht woll' ich mich bereiten,
ans Land ihn zu begleiten;
nicht werd' ich zur Seit' ihm gehen,
vor König Marke zu stehen;
begehrte Vergessen
und Vergeben
nach Zucht und Fug
er nicht zuvor
für ungebüsste Schuld: –
die böt' ihm meine Huld!

KURWENAL
Sicher wisst,
das sag' ich ihm;
nun harrt, wie er mich hört!
(Er geht schnell zurück. Isolde eilt auf Brangäne zu und umarmt sie heftig.)

ISOLDE
Nun leb wohl, Brangäne!
Grüss mir die Welt,
grüsse mir Vater und Mutter!

BRANGÄNE
Was ist? Was sinnst du?
Wolltest du fliehn?
Wohin soll ich dir folgen?

ISOLDE *(fasst sich schnell)*
Hörtest du nicht?
Hier bleib' ich,
Tristan will ich erwarten.
Getreu befolg,
was ich befehl',
den Sühnetrank
rüste schnell;
du weisst, den ich dir wies?
(Sie entnimmt dem Schrein das Fläschchen.)

BRANGÄNE
Und welchen Trank?

ISOLDE
Diesen Trank!
In die goldne Schale
giess ihn aus;
gefüllt fasst sie ihn ganz.

BRANGÄNE *(voll Grausen das Fläschchen empfangend)*
Trau' ich dem Sinn?

je devrais marcher à ses côtés
jusqu'au devant du roi Marke:
mais cela ne pourrait, selon l'usage
et la décence, se faire
que si j'obtenais d'abord
satisfaction
12 pour une faute inexpiée:
qu'il requière ainsi ma grâce.
(Kurwenal a un geste d'impatience, mais Isolde poursuit avec plus de conviction encore.)
Ecoute attentivement
Et transmets fidèlement:
je ne m'apprêterai pas
pour l'accompagner jusqu'à terre,
à ses côtés je n'irai guère
jusqu'au devant du roi Marke,
à moins qu'il ne sollicite d'abord
l'oubli
et le pardon,
9 selon l'usage et la décence,
pour une faute inexpiée:
il obtiendra alors ma grâce!

KURWENAL
Soyez-en sûre,
je vais le lui dire:
mais vous verrez comme il m'écoutera!
(Il se retire en hâte. Isolde se précipite vers Brangäne et l'embrasse avec fougue.)

ISOLDE
Et maintenant, adieu, Brangäne!
Salue pour moi le monde,
salue pour moi mère et père!

BRANGÄNE
Qu'y a-t-il? A quoi songes-tu?
Voudrais-tu fuir?
4 Où devrais-je te suivre?

ISOLDE *(se ressaisissant aussitôt)*
1c, 13 N'as-tu pas entendu?
Je reste ici,
4 je vais attendre Tristan.
Accomplis fidèlement
ce que j'ordonne,
apprête vite
le philtre de l'expiation;
tu sais bien, je te l'ai montré!
(Elle retire la fiole du coffret.)

BRANGÄNE
Eh bien, quel philtre?

ISOLDE
Ce philtre-ci!
Dans la coupe d'or
verse-le;
elle le contiendra tout entier.

BRANGÄNE *(épouvantée, recevant la fiole)*
Mes sens m'abusent-ils?

ISOLDE
Sei du mir treu!

BRANGÄNE
Der Trank – für wen?

ISOLDE
Wer mich betrog –

BRANGÄNE
Tristan?

ISOLDE
- trinke mir Sühne!

BRANGÄNE *(zu Isoldes Füssen stürzend)*
Entsetzen! Schone mich Arme!

ISOLDE *(sehr heftig)*
Schone du mich,
untreue Magd!
Kennst du der Mutter
Künste nicht?
Wähnst du, die alles
klug erwägt,
ohne Rat in fremdes Land
hätt' sie mit dir mich entsandt?
Für Weh' und Wunden
gab sie Balsam,
für böse Gifte
Gegen-Gift:
für höchstes Leid –
gab sie den Todestrank.
Der Tod nun sag' ihr Dank!

BRANGÄNE *(kaum ihrer mächtig)*
O tiefstes Weh'!

ISOLDE
Gehorchst du mir nun?

BRANGÄNE
O höchstes Leid!

ISOLDE
Bist du mir treu?

BRANGÄNE
Der Trank?

KURWENAL *(eintretend)*
Herr Tristan!
(Brangäne erhebt sich erschrocken und verwirrt. Isolde sucht mit furchtbarer Anstrengung sich zu fassen.)

ISOLDE *(zu Kurwenal)*
Herr Tristan trete nah'!

FÜNFTE SZENE

Kurwenal geht wieder zurück. Brangäne, kaum ihrer mächtig, wendet sich in den Hintergrund. Isolde, ihr ganzes Gefühl zur Entscheidung zusammenfassend, schreitet langsam, mit grosser Haltung, dem Ruhebett zu, auf dessen

ISOLDE
Sois-moi fidèle!

BRANGÄNE
Ce philtre... pour qui donc?

ISOLDE
Celui qui m'a trompée...

BRANGÄNE
Tristan?

ISOLDE
Qu'il le boive en expiation!

BRANGÄNE *(se jetant aux pieds d'Isolde)*
Horreur! Épargne la pauvre Brangäne!

ISOLDE *(avec véhémence)*
Épargne-moi toi plutôt,
servante infidèle!
1a Ne sais-tu donc rien
de la science de ma mère?
Crois-tu que, pesant tout
avec sagesse,
sans conseil en terre étrangère
elle m'aurait envoyée avec toi?
Contre peines et plaies,
elle a donné ce baume,
4 pour les poisons nocifs,
1a ce contrepoison.
Et pour la suprême souffrance
9 elle a donné le philtre de la mort.
Que la mort donc la remercie!

BRANGÄNE *(manquant défaillir)*
9, 1a Oh douleur extrême!

ISOLDE
Vas-tu donc m'obéir?

BRANGÄNE
Oh souffrance infinie!

ISOLDE
Me seras-tu fidèle?

BRANGÄNE
Le philtre?

KURWENAL *(entrant)*
7 Messire Tristan!
(Brangäne se lève, effrayée et profondément troublée. Isolde tende de se ressaisir au prix d'un terrible effort.)

ISOLDE *(à Kurwenal)*
1a Que Messire Tristan approche!

SCÈNE V

Kurwenal se retire à nouveau. Brangäne se maîtrisant à peine, se tourne vers le fond de la scène. Isolde, concentrant tous ses sens sur une seule résolution, avance avec une solennelle lenteur vers le lit de repos au chevet duquel

Kopfende sich stützend sie den Blick fest dem Eingange zuwendet. – Tristan tritt ein und bleibt ehrerbietig am Eingange stehen. – Isolde ist mit furchtbarer Aufregung in seinen Anblick versunken. –Langes Schweigen.

TRISTAN
Begehrt, Herrin,
was ihr wünscht.

ISOLDE
Wüsstest du nicht,
was ich begehre,
da doch die Furcht,
mir's zu erfüllen,
fern meinem Blick dich hielt?

TRISTAN
Ehrfurcht
hielt mich in Acht.

ISOLDE
Der Ehre wenig
botest du mir;
mit off'nem Hohn
verwehrtest du
Gehorsam meinem Gebot.

TRISTAN
Gehorsam einzig
hielt mich in Bann.

ISOLDE
So dankt' ich Geringes
deinem Herrn,
riet dir sein Dienst
Unsitte
gegen sein eigen Gemahl?

TRISTAN
Sitte lehrt,
wo ich gelebt:
zur Brautfahrt
der Brautwerber
meide fern die Braut.

ISOLDE
Aus welcher Sorg'?

TRISTAN
Fragt die Sitte!

ISOLDE
Da du so sittsam,
mein Herr Tristan,
auch einer Sitte
sei nun gemahnt:
den Feind dir zu sühnen,
soll er als Freund dich rühmen.

TRISTAN
Und welchen Feind?

ISOLDE
Frag deine Furcht!

elle s'appuie, fixant ses regards sur l'entrée. Tristan paraît
13 *et demeure respectueusement sur le seuil. Saisie d'une*
4 *intense émotion, Isolde est absorbée dans son regard.*
Long silence.

TRISTAN
Demandez, suzeraine,
ce que vous souhaitez.

ISOLDE
13 Ne savais-tu pas
ce que je demandais,
alors que la crainte
d'accomplir mon vœu
te tenait loin de mon regard?

TRISTAN
C'est le respect
qui m'a tenu à distance.

ISOLDE
Bien pauvres, les égards
que tu m'as témoignés:
avec un mépris manifeste,
tu a refusé
obéissance à mon ordre.

TRISTAN
C'est l'obéissance seule
qui m'a tenu à l'écart.

ISOLDE
J'ai donc peu de reconnaissance
pour ton Seigneur,
si son service t'a incité
à pareille inconvenance
envers sa propre épouse!

TRISTAN
Les convenances enseignent ceci
là où j'ai vécu:
durant un tel voyage,
celui qui escorte la fiancée
doit la fuir.

ISOLDE
13 Dans quel souci?

TRISTAN
7 Interroge la coutume!

ISOLDE
13 Puisque tu es si soucieux des coutumes,
Messire Tristan,
qu'une autre coutume
te soit rappelée:
offre satisfaction à ton ennemi
si tu veux qu'il te loue en ami.

TRISTAN
Quel ennemi?

ISOLDE
Interroge ta crainte!

Blutschuld
schwebt zwischen uns.

TRISTAN
Die ward gesühnt.

ISOLDE
Nicht zwischen uns!

TRISTAN
Im offnen Feld
vor allem Volk
ward Urfehde geschworen.

ISOLDE
Nicht da war's,
wo ich Tantris barg,
wo Tristan mir verfiel.
Da stand er herrlich,
hehr und heil;
doch was er schwur,
das schwur ich nicht:
zu schweigen hatt' ich gelernt.
Da in stiller Kammer
krank er lag,
mit dem Schwerte stumm
ich vor ihm stund:
schwieg da mein Mund,
bannt' ich meine Hand, –
doch was einst mit Hand
und Mund ich gelobt,
das schwur ich schweigend zu halten.
Nun will ich des Eides walten.

TRISTAN
Was schwurt ihr, Frau?

ISOLDE
Rache für Morold!

TRISTAN
Müht euch die?

ISOLDE
Wagst du zu höhnen?
Angelobt war er mir,
der hehre Irenheld;
seine Waffen hatt' ich geweiht;
für mich zog er zum Streit.
Da er gefallen,
fiel meine Ehr':
in des Herzens Schwere
schwur ich den Eid,
würd' ein Mann den Mord nicht sühnen,
wollt' ich Magd mich des erkühnen.
Siech und matt
in meiner Macht,
warum ich dich da nicht schlug?
Das sag' dir selbst mit leichtem Fug.
Ich pflag des Wunden,
dass den Heilgesunden
rächend schlüge der Mann,
der Isolden ihn abgewann.
Dein Los nun selber

9 Une dette de sang
demeure entre nous.

TRISTAN
Elle a été payée.

ISOLDE
Pas entre nous!

TRISTAN
Sur la place publique,
devant le peuple entier,
un serment de paix fut prononcé.

ISOLDE
7 N'était-ce pas alors
que je cachais Tantris
et que m'échut Tristan?
12 Il se tenait là, superbe,
sublime et sain,
mais le serment qu'il fit,
je m'abstins de le faire:
j'avais appris à me taire.
Lorsque dans la chambre paisible
il reposait, malade,
muette, l'épée en main,
je me tenais devant lui:
je fis taire ma bouche,
13 j'arrêtai mon bras,
mais ce qu'un jour ce bras,
cette bouche avaient résolu,
je jurai en silence de le tenir:
ce vœu, je voudrais enfin l'accomplir.

TRISTAN
13 Qu'aviez-vous juré, ma dame?

ISOLDE
Vengeance pour Morold!

TRISTAN
Est-ce là ce qui vous afflige?

ISOLDE
13 Oses-tu me narguer?
Il m'était promis,
ce haut héros d'Irlande;
j'avais béni ses armes;
c'est pour moi qu'il allait se battre.
13 Et ainsi, sa fin
fut la fin de mon honneur:
dans un serrement de cœur
j'ai prononcé le serment
que si nul homme ne vengeait le meurtre,
moi, une fille, j'oserais le faire.
Malade et abattu,
entre mes mains,
pourquoi ne t'ai-je pas frappé?
Je puis te le dire aisément:
j'ai soigné la plaie
afin que, rétabli,
tu sois frappé par le héros vengeur
qui t'aurait arraché à ma main.
7 Veuille à présent toi-même

magst du dir sagen!
Da die Männer sich all' ihm vertragen,
wer muss nun Tristan schlagen?

décider de ton sort!
Si tous les hommes pactisent avec lui,
qui doit frapper Tristan désormais?

TRISTAN *(bleich und düster)*
War Morold dir so wert,
nun wieder nimm das Schwert,
und führ' es sicher und fest,
dass du nicht dir's entfallen lässt!
(Er reicht ihr sein Schwert dar.)

2 TRISTAN *(pâle et sombre)*
Si Morold t'était si cher,
reprends à présent l'épée,
et brandis-la d'une main sûre et ferme,
qu'elle ne t'échappe plus jamais!
12 *(Il lui tend son épée.)*

ISOLDE
Wie sorgt' ich schlecht
um deinen Herren;
was würde König Marke sagen,
erschlüg' ich ihm
den besten Knecht,
der Kron' und Land ihm gewann,
den allertreusten Mann?
Dünkt dich so wenig,
was er dir dankt,
bringst du die Irin
ihm als Braut,
dass er nicht schölte,
schlüg' ich den Werber,
der Urfehde-Pfand
so treu ihm liefert zu Hand?
Wahre dein Schwert!
Da einst ich's schwang,
als mir die Rache
im Busen rang,
als dein messender Blick
mein Bild sich stahl,
ob ich Herrn Marke
taug' als Gemahl:
Das Schwert – da liess ich's sinken.
Nun lass uns Sühne trinken!
(Sie winkt Brangäne. Diese schaudert zusammen, schwankt und zögert in ihrer Bewegung. Isolde treibt sie mit gesteigerter Gebärde an. Brangäne lässt sich zur Bereitung des Trankes an.)

ISOLDE
Ce serait bien mal me soucier
de ton Seigneur;
que dirait le roi Marke
si je mettais à mort
son plus sûr serviteur
qui conquit pour lui trône et terre,
L'homme fidèle entre tous?
Crois-tu de peu de prix
ce qu'il te doit,
alors que tu viens lui offrir
comme fiancée l'Irlandaise,
crois-tu qu'il serait sans blâme
si je frappais le messager
qui remet, fidèle, en ses mains
le gage du serment de paix?
12 Garde ton épée!
Je l'ai brandie autrefois,
13 lorsque la vengeance
s'agitait dans mon sein,
2 quand ton regard inquisiteur
s'emparait de mon image
pour savoir si j'était digne
d'être l'épouse du roi Marke:
2 cette épée, je l'ai laissé choir.
12 Eh bien, buvons à notre réconciliation!
(Elle fait signe à Brangäne qui tremble, chancelle et ne peut
4 *se décider. Isolde la presse, d'un geste plus impérieux enco-*
13 *re. Brangäne s'active alors à la préparation du philtre.)*

SCHIFFSVOLK *(von aussen)*
Ho! He! Ha! He!
Am Obermast
die Segel ein!
Ho! He! Ha! He!

LES MARINS *(du dehors)*
Ho! Hé! Ha! Hé!
Au mât de hune
fixez la voile!
Ho! Hé! Ha! Hé!

TRISTAN *(aus düsterem Brüten auffahrend)*
Wo sind wir?

TRISTAN *(s'arrachant à de sombres pensées)*
6 Où sommes-nous?

ISOLDE
Hart am Ziel!
Tristan, gewinn' ich Sühne?
Was hast du mir zu sagen?

ISOLDE
9 Près du but!
Tristan, aurai-je satisfaction?
Qu'as-tu à me dire?

TRISTAN *(finster)*
Des Schweigens Herrin
heisst mich schweigen: –
fass' ich, was sie verschwieg,
verschweig' ich, was sie nicht fasst!

TRISTAN *(sombre)*
8 La reine du silence
au silence m'exhorte:
si je saisis ce qu'elle a tu,
je tais ce qu'elle ne saisit guère!

ISOLDE
Dein Schweigen fass ich,

ISOLDE
Je saisis ton silence,

weichst du mir aus.
Weigerst du die Sühne mir?

SCHIFFSVOLK *(von aussen)*
Ho! He! Ha! He!
(Auf Isoldes ungeduldigen Wink reicht Brangäne ihr die gefüllte Trinkschale.)

ISOLDE *(mit dem Becher zu Tristan tretend, der ihr starr in die Augen blickt).*
Du hörst den Ruf?
Wir sind am Ziel: –
in kurzer Frist
steh'n wir –
(mit leisem Hohne)
vor König Marke.
Geleitest du mich,
dünkt dich's nicht lieb,
darfst du so ihm sagen:
«Mein Herr und Ohm,
sieh' die dir an:
ein sanft'res Weib
gewännst du nie.
Ihren Angelobten
erschlug ich ihr einst,
sein Haupt sandt' ich ihr heim;
die Wunde, die
seine Wehr mir schuf,
die hat sie hold geheilt;
mein Leben lag
in ihrer Macht: –
das schenkte mir
die milde Magd,
und ihres Landes
Schand' und Schmach,
die gab sie mit darein,
dein Ehgemahl zu sein.
So guter Gaben
holden Dank
schuf mir ein süsser
Sühnetrank;
den bot mir ihre Huld,
zu sühnen alle Schuld.»

SCHIFFSVOLK *(aussen)*
Auf das Tau!
Anker ab!

TRISTAN *(wild auffahrend)*
Los den Anker!
Das Steuer dem Strom!
Den Winden Segel und Mast! –
(Er entreisst ihr die Trinkschale.)
Wohl kenn' ich Irlands
Königin
und ihrer Künste
Wunderkraft.
Den Balsam nützt' ich,
den sie bot:
den Becher nehm ich nun,
dass ganz ich heut genese.
Und achte auch
des Sühneeides

tu te dérobes.
Me dénies-tu la réconciliation?

LES MARINS *(du dehors)*
Ho! Hé! Ha! Hé!
(Sur un signe impatient d'Isolde, Brangäne lui tend la coupe pleine.)

ISOLDE *(s'approchant, coupe en main, de Tristan qui la regarde droit dans les yeux)*
Entends-tu l'appel?
Nous touchons au but:
très bientôt,
9 nous serons -
(avec une légère raillerie)
devant le roi Marke.
Puisque tu m'accompagnes,
ne te plairait-il pas
de pouvoir lui parler ainsi:
«Mon Seigneur et mon oncle,
regarde-la bien:
plus douce femme
tu ne saurais trouver.
Son fiancé,
je l'ai tué jadis
et lui ai fait porter sa tête.
La blessure infligée
par son arme gracieuse,
elle l'a guérie;
ma vie était
entre ses mains:
elle m'en fit don,
la douce fille,
et me donna de surcroît
la honte et l'humiliation
de son pays
pour être son épouse.
4 L'aimable remerciement
1b de si grands bienfaits
4 me provint d'un doux
philtre de réconciliation;
c'est sa bonté qui me l'offrit
pour expier toute faute.»

LES MARINS *(au dehors)*
Lâchez les amarres,
jetons l'ancre!

TRISTAN *(tressaillant violemment)*
Mouillez l'ancre!
La barre au courant!
Voiles et mât au vent!
(il lui arrache la coupe.)
Je connais bien la reine
de l'Irlande
et la puissance miraculeuse
de son art.
J'ai profité du baume
qu'elle m'a offert:
je prends à présent la coupe
7 pour guérir tout à fait en ce jour.
Mais considère aussi
ce serment d'expiation

den ich zum Dank dir sage!
Tristans Ehre –
höchste Treu'!
Tristans Elend –
kühnster Trotz!
Trug des Herzens!
Traum der Ahnung!
Ew'ger Trauer
einz'ger Trost:
Vergessens güt'ger Trank,
dich trink' ich sonder Wank!
(Er setzt an und trinkt.)

13 que je te fais par gratitude.
Honneur de Tristan,
suprême loyauté!
Douleur de Tristan,
intrépide fierté!
Mensonge du sentiment,
songe du pressentiment!
Seule consolation
d'une éternelle souffrance:
9 suave philtre d'oubli,
sans frémir je te bois!
(Il porte la coupe à ses lèvres et boit.)

ISOLDE
Betrug auch hier?
Mein die Hälfte!
(Sie entwindet ihm den Becher.)
Verräter! Ich trink' sie dir!

ISOLDE
Tromperie là aussi?
La moitié est à moi!
(Elle lui arrache la coupe.)
2 Traître! je bois à toi!

(Sie trinkt. Dann wirft sie die Schale fort. Beide, von Schauder erfasst, blicken sich mit höchster Aufregung, doch mit starrer Haltung, unverwandt in die Augen, in deren Ausdruck der Todestrotz bald der Liebesglut weicht. Zittern ergreift sie. Sie fassen sich krampfhaft an das Herz und führen die Hand wieder an die Stirn. Dann suchen sie sich wieder mit dem Blick, senken ihn verwirrt und heften ihn wieder mit steigender Sehnsucht aufeinander.)

(Elle boit, puis jette la coupe au loin. Pris de tremblements,
tous deux se regardent fixement, sans bouger, au comble de
1a *l'émoi, les yeux dans les yeux; dans leur regard le défi à la*
1b *mort cède bientôt la place à une flambée de passion.*
1c *Ils sont saisis de frissons. Ils portent convulsivement la*
main au cœur, puis au front. Enfin, leurs yeux se cherchent
à nouveau, puis se baissent, troublés et se fixent une fois encore l'un sur l'autre avec un désir de plus en plus ardent.)

ISOLDE *(mit bebender Stimme)*
Tristan!

ISOLDE *(d'une voix tremblante)*
2 Tristan!

TRISTAN *(überströmend)*
Isolde!

TRISTAN *(débordant de passion)*
Isolde!

ISOLDE *(an seine Brust sinkend)*
Treuloser Holder!

ISOLDE *(s'affaissant sur sa poitrine)*
Infidèle ami!

TRISTAN *(mit Glut sie umfassend)*
Seligste Frau!
(Sie verbleiben in stummer Umarmung.)

TRISTAN *(l'étreignant avec ardeur)*
1c Bienheureuse femme!
(Ils restent enlacés sans mot dire.)

Aus der Ferne vernimmt man Trompeten, von aussen auf dem Schiffe den Ruf der

Au loin, on entend le son des trompettes et, au dehors, sur le navire, l'appel des

MÄNNER
Heil! König Marke Heil!

HOMMES
Gloire! Gloire au roi Marke!

BRANGÄNE *(die, mit abgewandtem Gesicht, voll Verwirrung und Schauder sich über den Bord gelehnt hatte, wendet sich jetzt dem Anblick des in Liebesumarmung versunkenen Paares zu, und stürzt händeringend voll Verzweiflung in den Vordergrund)*
Wehe! Weh'!
Unabwendbar
ew'ge Not
für kurzen Tod!
Törg'er Treue
trugvolles Werk
blüht nun jammernd empor!
(Tristan und Isolde fahren aus der Umarmung auf.)

BRANGÄNE *(qui, le visage détourné, tremblante, en plein désarroi, s'était appuyée au bastingage, tourne à présent les yeux vers le couple absorbé dans son étreinte amoureuse et, se tordant les mains de désespoir, se précipite sur le devant de la scène)*
Malheur! Malheur!
Détresse éternelle,
inéluctable,
au lieu d'une mort prompte!
Le fruit fallacieux
d'une fidélité stupide
éclôt à présent, pitoyable!
(Tristan et Isolde s'arrachent à leur étreinte.)

TRISTAN *(verwirrt)*
Was träumte mir
von Tristans Ehre?

3 TRISTAN *(comme égaré)*
Qu'avais-je donc rêvé
de l'honneur de Tristan?

ISOLDE
Was träumte mir
von Isoldes Schmach?

TRISTAN
Du mir verloren?

ISOLDE
Du mich verstossen?

TRISTAN
Trügenden Zaubers
tückische List!

ISOLDE
Törigen Zürnens
eitles Dräu'n!

TRISTAN
Isolde!

ISOLDE
Tristan!

TRISTAN
Süsseste Maid!

ISOLDE
Trautester Mann!

BEIDE
Wie sich die Herzen
wogend erheben!
Wie alle Sinne
wonnig erbeben!
Sehnender Minne
schwellendes Blühen,
schmachtender Lieber
seliges Glühen!
Jach in der Brust
jauchzende Lust!
Isolde! Tristan!
Welten-entronnen,
du mir gewonnen!
Du mir einzig bewusst,
höchste Liebeslust!

(Die Vorhänge werden weit auseinandergerissen; das ganze Schiff ist mit Rittern und Schiffsvolk bedeckt, die jubelnd über Bord winken, dem Ufer zu, das man, mit einer hohen Felsenburg gekrönt, nahe erblickt.

Tristan und Isolde bleiden, in ihrem gegenseitigen Anblick verloren, ohne Wahrnehmung des um sie Vorgehenden.)

BRANGÄNE *(zu dem Frauen, die auf ihren Wink aus dem Schiffsraum heraufsteigen)*
Schnell, den Mantel,
den Königsschmuck!
(zwischen Tristan und Isolde stürzend.)
Unsel'ge! Auf!
Hört, wo wir sind!
(Sie legt Isolde, die es nicht gewahrt, den Königsmantel an.)

ISOLDE
Qu'avais-je donc rêvé
de la honte d'Isolde?

TRISTAN
1a Perdue pour moi?

ISOLDE
Repoussée par toi?

TRISTAN
Funeste artifice
d'un charme mensonger!

ISOLDE
Menace infructueuse
d'une fureur absurde!

TRISTAN
1c Isolde!
2

ISOLDE
Tristan!

TRISTAN
La plus douce des filles!

ISOLDE
Le plus précieux des hommes!

LES DEUX
Comme nos cœurs
se gonflent, agités!
Comme les sens
vibrent de volupté!
5 Floraison profuse
d'un désir ardent,
embrasement radieux
1a d'un amour dévorant!
Sein exultant
d'une joie soudaine!
Isolde! Tristan!
3 Soustrait aux mondes,
soumis à toi!
De toi seule j'ai conscience,
suprême joie d'aimer!

(Les tentures s'ouvrent largement; le navire entier grouille de chevaliers et de marins qui, penchés par-dessus bord, poussant des cris d'allégresse, saluent le rivage que l'on aperçoit tout près, avec son rocher couronné par une forteresse.
Tristan et Isolde restent, perdus, les yeux dans les yeux, sans prendre conscience de ce qui se passe autour d'eux.)

BRANGÄNE *(aux femmes qui, sur un signe d'elle, sortent de l'intérieur du navire)*
Vite, le manteau,
la parure royale!
(s'interposant entre Tristan et Isolde.)
Malheureux! Prenez garde!
Voyez où nous sommes!
(Elle jette le manteau royal sur les épaules d'Isolde qui ne s'en aperçoit même pas.)

ALLE MÄNNER
Heil! Heil! Heil!
König Marke Heil!
Heil dem König!

KURWENAL *(lebhaft herantretend)*
Heil Tristan,
glücklicher Held!
Mit reichem Hofgesinde
dort auf Nachen
naht Herr Marke.
Hei, wie die Fahrt ihn freut,
dass er die Braut sich freit!

TRISTAN *(in Verwirrung aufblickend)*
Wer naht?

KURWENAL
Der König!

TRISTAN
Welcher König?
(Kurwenal deutet über Bord.)

ALLE MÄNNER *(die Hüte schwenkend)*
Heil! König Marke Heil!
(Tristan starrt wie sinnlos nach dem Lande.)

ISOLDE *(in Verwirrung)*
Was ist, Brangäne?
Welcher Ruf?

BRANGÄNE
Isolde! Herrin!
Fassung nur heut!

ISOLDE
Wo bin ich? Leb' ich?
Ha! welcher Trank?

BRANGÄNE *(verzweiflungsvoll)*
Der Liebestrank.

ISOLDE *(starrt entsetzt auf Tristan)*
Tristan!

TRISTAN
Isolde!

ISOLDE
Muss ich leben?
(Sie stürzt ohnmächtig an seine Brust.)

BRANGÄNE *(zu den Frauen)*
Helf der Herrin!

TRISTAN
O Wonne voller Tücke!
O truggeweihtes Glücke!

ALLE MÄNNER *(Ausbruch allgemein Jauchzens).*
Kornwall Heil!

(Trompeten vom Lande her.)

TOUS LES HOMMES
Gloire! Gloire! Gloire!
Gloire au roi Marke!
6 Gloire à notre roi!

KURWENAL *(faisant irruption)*
Gloire à Tristan,
héros fortuné!
Avec sa riche escorte,
là, sur sa barque,
Messire Marke approche.
Comme il se réjouit de la traversée
qui le mène à sa fiancée!

TRISTAN *(levant les yeux avec égarement)*
Qui donc s'approche?

KURWENAL
Le roi!

TRISTAN
Quel roi?
(Kurwenal esquisse un geste par-dessus bord.)

TOUS LES HOMMES *(agitant leur coiffure)*
Gloire! Gloire au roi Marke!
(Tristan regarde fixement le rivage, comme perdu.)

ISOLDE *(troublée)*
1a Qu'est-ce là, Brangäne?
3 Quels sont ces cris?

BRANGÄNE
Isolde, ma reine!
Ressaisis-toi pour aujourd'hui!

ISOLDE
Où suis-je? Je vis donc?
Ha! Quel était ce philtre?

BRANGÄNE *(au comble du désespoir)*
Le philtre de l'amour!

ISOLDE *(regardant fixement Tristan, épouvantée)*
3 Tristan!

TRISTAN
Isolde!

ISOLDE
Faut-il vivre?
(Elle s'affaisse sur sa poitrine, sans connaissance.)

BRANGÄNE *(aux femmes)*
Secourez votre maîtresse!

TRISTAN
Oh volupté pleine de perfidie!
Félicité vouée à l'illusion!

TOUS LES HOMMES *(dans une explosion générale d'allégresse)*
6 Gloire au royaume de Cornouailles!
1a *(Trompettes sur le rivage.)*

(Leute sind über Bord gestiegen, andere haben eine Brücke ausgelegt, und die Haltung aller deutet auf die soeben bevorstehende Ankunft der Erwarteten, als der Vorhang schnell fällt.)

(Quelques hommes ont sauté par-dessus bord, d'autres ont déployé une passerelle; leur attitude à tous fait pressentir l'arrivée imminente de ceux que l'on attend, tandis que le rideau tombe rapidement.)

ZWEITER AUFZUG

DEUXIÈME ACTE

Vorspiel

Prélude orchestral

Garten mit hohen Bäumen vor dem Gemach Isoldes zu welchem, seitwärts gelegen, Stufen hinaufführen. Helle, anmutige Sommernacht. An der geöffneten Türe ist eine brennende Fackel aufgesteckt. – Jagdgetön. Brangäne, auf den Stufen am Gemach, späht dem immer entfernter vernehmbaren Jagdtrosse nach. Brangäne blickt ängstlich in das Gemach zurück, darin sie Isolde nahen sieht. Isolde tritt, feurig bewegt, aus dem Gemach zu Brangäne.

Un jardin orné de grands arbres devant l'appartement
d'Isolde auquel on accède par quelques marches latérales.
11a *Nuit d'été claire et agréable. Une torche est fixée devant la*
14 *porte ouverte. Sonneries de chasse. Brangäne, debout sur*
15 *les marches de l'appartement, prête l'oreille au bruit de*
1a *l'équipage de chasse, s'estompant peu à peu. Pleine*
16 *d'appréhension, elle tourne le regard vers l'appartement,*
voyant Isolde s'approcher. Sortant de l'appartement, en
proie à une vive agitation, Isolde s'avance vers Brangäne.

ERSTE SZENE

SCÈNE I

ISOLDE
Hörst du sie noch?
Mir schwand schon fern der Klang.

ISOLDE
15, 1a Les entends-tu toujours?
16 Les sons m'ont semblé déjà lointains.

BRANGÄNE *(lauschend)*
Noch sind sie nah'; –
deutlich tönt's daher.

BRANGÄNE *(tendant l'oreille)*
Ils sont encore tout près.
Leur bruit me parvient clairement.

ISOLDE *(lauschend)*
Sorgende Furcht
beirrt dein Ohr.
Dich täuscht des Laubes
säuselnd Getön',
das lachend schüttelt der Wind.

ISOLDE *(tendant l'oreille)*
15 Une crainte excessive
égare ton oreille.
Ce qui t'abuse c'est l'écho
15 frémissant de tous ces feuillages
1a que le vent secoue en riant.

BRANGÄNE
Dich täuscht des Wunsches
Ungestüm,
zu vernehmen, was du wähnst.
(sie lauscht.)
Ich höre der Hörner Schall.

BRANGÄNE
16 Ce qui t'abuse c'est la fougue
de ton désir,
qui te fait percevoir un leurre.
(elle tend l'oreille.)
J'entends le son des cors.

ISOLDE *(wieder lauschend)*
Nicht Hörnerschall
tönt so hold,
des Quelles sanft
rieselnde Welle
rauscht so wonnig daher.
Wie hört' ich sie,
tosten noch Hörner?
Im Schweigen der Nacht
nur lacht mir der Quell.
Der meiner harrt
in schweigender Nacht,
als ob Hörner noch nah dir schallten,
willst du ihn fern mir halten?

ISOLDE *(tendant l'oreille à nouveau)*
Non, ce n'est pas le son du cor
qui sonne si doux,
c'est l'onde qui jaillit
suavement de la source
et bruit joyeusement.
Comment pourrais-je l'entendre
15 si les cors tonnaient toujours?
Dans le silence de la nuit
seule la source rit.
Celui qui m'attend
dans la nuit silencieuse,
16 voudrais-tu le retenir loin de moi,
comme si les cors sonnaient près de toi?

BRANGÄNE
Der deiner harrt –
o hör mein Warnen! –
des harren Späher zur Nacht.
Weil du erblindet,
wähnst du den Blick
der Welt erblödet für euch?
Da dort an Schiffes Bord
von Tristans bebender Hand
die bleiche Braut,
kaum ihrer mächtig,
König Marke empfing,
als alles verwirrt
auf die Wankende sah,
der güt'ge König,
mild besorgt,
die Mühen der langen Fahrt,
die du littest, laut beklagt':
ein einz'ger war's,
ich achtet' es wohl,
der nur Tristan fasst' ins Auge.
Mit böslicher List,
lauerndem Blick
sucht' er in seiner Miene
zu finden, was ihm diene.
Tückisch lauschend
treff' ich ihn oft: –
der heimlich euch umgarnt,
vor Melot seid gewarnt!

ISOLDE
Meinst du Herrn Melot?
O, wie du dich trügst!
Ist er nicht Tristans
treuester Freund?
Muss mein Trauter mich meiden,
dann weilt er bei Melot allein.

BRANGÄNE
Was mir ihn verdächtig,
macht dir ihn teuer!
Von Tristan zu Marke
ist Melots Weg; –
dort sät er üble Saat.
Die heut' im Rat
dies nächtliche Jagen
so eilig schnell beschlossen,
einem edlern Wild,
als dein Wähnen meint,
gilt ihre Jägerslist.

ISOLDE
Dem Freund zulieb'
erfand diese List
aus Mitleid
Melot, der Freund.
Nun willst du den Treuen schelten?
Besser als du
sorgt er für mich;
ihm öffnet er,
was mir du sperrst.
O spare mir des Zögerns Not!
Das Zeichen, Brangäne!
O gib das Zeichen!

BRANGÄNE
15 Celui qui t'attend–
entends mon avertissement!–
des espions le guettent à la nuit.
Étant toi-même aveuglée,
crois-tu que le regard
du monde s'est voilé pour vous?
Lorsqu'à bord du navire,
des mains tremblantes de Tristan
le roi Marke reçut
la pâle fiancée
prête à défaillir,
lorsque tous, confondus,
la virent chanceler,
que le roi bienveillant,
plein d'un tendre souci,
déplora tout haut les tourments
du long trajet que tu subis:
il n'en était qu'un,
je l'ai bien observé,
dont l'œil ne fixait que Tristan.
La fourberie au cœur,
le regard fureteur,
il s'efforçait dans son visage
de déceler ce qui pût le servir…
Je le vois souvent
épier sournoisement:
prenez garde à Melot
15 qui en secret autour de vous tend ses rets.

ISOLDE
Veux-tu parler de Messire Melot?
Oh! comme tu te trompes!
N'est-il pas l'ami
le plus fidèle de Tristan?
Lorsque le bien-aimé doit m'éviter,
c'est aux côtés de Melot qu'il demeure.

BRANGÄNE
Ce qui me le rend suspect
te le rend cher!
De Tristan à Marke
Melot s'est tracé un chemin:
il y sème une vile semence.
Ceux qui pendant le conseil aujourd'hui
décidèrent avec tant de hâte
cette chasse nocturne,
cherchent un gibier plus noble que celui
qu'il te plaît d'imaginer,
en déployant leurs ruses de chasseurs.

ISOLDE
C'est pour plaire à son ami,
par compassion pour lui,
que Melot le fidèle
a conçu cette ruse.
Vas-tu blâmer l'ami?
16 Bien mieux que toi
il se soucie de moi;
il ouvre pour lui
la porte que tu m'interdis.
Épargne-moi les affres de l'hésitation!
15 Le signal, Brangäne!
Oh donne le signal!

Lösche des Lichtes
letzten Schein!
Dass ganz sie sich neige,
winke der Nacht.
Schon goss sie ihr Schweigen
durch Hain und Haus,
schon füllt sie das Herz
mit wonnigem Graus.
O lösche das Licht nun aus,
lösche den scheuchenden Schein!
Lass meinen Liebsten ein!

BRANGÄNE
O lass die warnende Zünde,
lass die Gefahr sie dir zeigen!
O Wehe! Wehe!
Ach, mir Armen!
Des unseligen Trankes!
Dass ich untreu
einmal nur
der Herrin Willen trog!
Gehorcht' ich taub und blind,
dein Werk
war dann der Tod.
Doch deine Schmach,
deine schmählichste Not
mein Werk,
muss ich Schuld'ge es wissen!

ISOLDE
Dein Werk?
O tör'ge Magd!
Frau Minne kenntest du nicht?
Nicht ihres Zaubers Macht?
Des kühnsten Mutes
Königin?
Des Weltwerdens
Walterin?
Leben und Tod
sind untertan ihr,
die sie webt aus Lust und Leid,
in Liebe wandelnd den Neid.
Des Todes Werk,
nahm ich's vermessen zur Hand,
Frau Minne hat es
meiner Macht entwandt.
Die Todgeweihte
nahm sie in Pfand,
fasste das Werk
in ihre Hand.
Wie sie es wendet,
wie sie es endet,
was sie mir küre,
wohin mich führe,
ihr ward ich zu eigen:
nun lass mich gehorsam zeigen!

BRANGÄNE
Und musste der Minne
tückischer Trank
des Sinnes Licht dir verlöschen,
darfst du nicht sehen,
wenn ich dich warne:
nur heute hör',

Éteins de la lumière
l'ultime lueur!
Fais signe à la nuit
de tomber tout à fait.
Déjà elle a répandu son silence
sur le foyer, sur la forêt,
déjà elle a rempli le cœur
d'une frayeur exquise.
Oh éteins vite à présent la lumière,
éteins cette lueur qui le fait fuir!
Laisse approcher mon bien-aimé!

BRANGÄNE
Oh laisse cette torche vous avertir,
laisse-la te montrer le danger!
11a Malheur! Malheur!
Ah pauvre de moi!
1a Ce philtre funeste!
Qu'ai-je donc, infidèle,
pour une unique fois,
4 failli au vœu de ma maîtresse!
Si j'avais obéi, aveugle et sourde,
9 la mort eût été infailliblement
ton ouvrage.
Mais ton humiliation,
la plus humiliante détresse,
mon ouvrage...
Je dois m'en avouer coupable!

ISOLDE
Ton ouvrage?
Oh fille insensée!
Ne connais-tu pas Dame Amour
1a ni la puissance de ses charmes?
Celle qui règne
sur le cœur le plus téméraire?
Celle qui gouverne
le devenir de l'univers?
9 La mort et la vie
sont ses sujets,
1a tissés avec le plaisir et la peine,
9 elle transforme en passion l'envie.
L'ouvrage de la mort
que, présomptueusement, j'avais pris en main,
Dame Amour l'a
4 dérobé à mon pouvoir.
Elle a pris comme gage
un être voué à la mort,
elle a saisi l'ouvrage
1a entre ses mains.
17 De quelque façon qu'elle l'infléchisse,
de quelque façon qu'elle l'accomplisse,
quoi qu'elle choisisse pour moi,
où qu'elle conduise mes pas,
je me suis vouée toute entière à elle,
laisse-moi lui montrer ma soumission!

BRANGÄNE
S'il faut que le philtre perfide
de l'amour
éteigne en toi la lumière de l'esprit,
si tu ne peux ouvrir les yeux
lorsque je t'avertis:
entends aujourd'hui seulement,

o hör' mein Flehen!
Der Gefahr leuchtendes Licht,
nur heute, heut'!
die Fackel dort lösche nicht!

ISOLDE
Die im Busen mir
die Glut entfacht,
die mir das Herze
brennen macht,
die mir als Tag
der Seele lacht, –
Frau Minne will:
es werde Nacht,
dass hell sie dorten leuchte,
(während sie auf die Fackel zueilt)
wo sie dein Licht verscheuchte.
(Sie nimmt die Fackel von der Tür.)
Zur Warte du:
dort wache treu!
Die Leuchte,
und wär's meines Lebens Licht, –
lachend
sie zu löschen zag' ich nicht!
(Sie wirft die Fackel zur Erde, wo sie allmählich verlischt.)

Brangäne wendet sich bestürzt ab, um auf einer äusseren Treppe die Zinne zu ersteigen, wo sie langsam verschwindet.

ZWEITE SZENE

Isolde lauscht und späht, zunächst schüchtern, in einen Baumgang. Von wachsendem Verlangen bewegt schreitet sie dem Baumgang näher und späht zuversichtlicher. Sie winkt mit einem Tuche, erst seltener, dann häufiger, und endlich, in leidenschaftlicher Ungeduld, immer schneller. Eine Gebärde des plötzlichen Entzückens sagt, dass sie den Freund der Ferne gewahr geworden. Sie streckt sich höher und höher, und, um besser den Raum zu übersehen, eilt sie zur Treppe zurück, von deren oberster Stufe aus sie dem Herannahenden zuwinkt.

TRISTAN *(stürzt herein)*
Isolde! Geliebte!

ISOLDE *(ihm entgegenspringend)*
Tristan! Geliebter!
(Stürmische Umarmungen beider, unter denen sie in den Vordergrund gelangen.)
Bist du mein?

TRISTAN
Hab' ich dich wieder?

ISOLDE
Darf ich dich fassen?

TRISTAN
Kann ich mir trauen?

ISOLDE
Endlich! Endlich!

---

entends ma supplication!
La lumière éclairant le danger,
aujourd'hui seulement, aujourd'hui!
ce flambeau-là, ne l'éteins pas!

ISOLDE
Celle qui dans mon sein
allume cette ardeur,
celle qui en mon cœur
créé cet embrasement,
celle qui en mon âme
rit ainsi que le jour,
elle veut, Dame Amour,
qu'il fasse enfin nuit,
16 afin qu'elle resplendisse avec éclat
(pendant qu'elle se précipite sur la torche)
là où ta lumière la faisait fuir.
(Elle prend la torche fixée à la porte.)
À ton poste, toi!
Veille fidèlement!
15 Ce flambeau,
fût-ce la flamme de ma vie,
en riant
je n'hésite pas à l'éteindre!
9 *(Elle jette à terre la torche qui s'éteint peu à peu.)*

14 *Brangäne se détourne, consternée, pour gravir un escalier extérieur, en direction des créneaux, où elle disparaît lentement.*

SCÈNE II

Isolde tend l'oreille, et guette, d'abord timidement, en direction d'une allée bordée d'arbres. Mue par un désir croissant, elle fait encore quelques pas vers l'allée et, plus confiante, tend à nouveau l'oreille. Avec une écharpe elle fait des signes, d'abord espacés, puis plus fréquents, et enfin de plus en plus rapides à mesure que passion se fait plus impérieuse. Un geste soudain d'enthousiasme annonce qu'elle vient d'apercevoir au loin son bien-aimé. Elle se dresse sur la pointe des pieds, puis, pour mieux dominer du regard les environs, gravit en courant l'escalier et là, sur la plus haute marche, fait signe à celui qui s'avance vers elle.

TRISTAN *(il entre en courant)*
Isolde! Bien-aimée!

ISOLDE *(bondissant à sa rencontre)*
Tristan! Bien-aimé!
(Étreinte impétueuse des amants qui s'avancent sur la scène.)
1a Es-tu mien?

TRISTAN
T'ai-je à nouveau?

ISOLDE
Puis-je t'enlacer?

TRISTAN
Devrais-je y croire?

ISOLDE
Enfin! Enfin!

TRISTAN
An meiner Brust!

ISOLDE
Fühl' ich dich wirklich?

TRISTAN
Seh' ich dich selber?

ISOLDE
Dies deine Augen?

TRISTAN
Dies dein Mund?

ISOLDE
Hier deine Hand?

TRISTAN
Hier dein Herz?

ISOLDE
Bin ich's? Bist du's?
Halt' ich dich fest?

TRISTAN
Bin ich's? Bist du's?
Ist es kein Trug?

BEIDE
Ist es kein Traum?
O Wonne der Seele,
o süsse, hehrste,
kühnste, schönste,
seligste Lust!

TRISTAN
Ohne Gleiche!

ISOLDE
Überreiche!

TRISTAN
Überselig!

ISOLDE
Ewig!

TRISTAN
Ewig!

ISOLDE
Ungeahnte,
nie gekannte!

TRISTAN
Überschwenglich
hoch erhabne!

ISOLDE
Freudejauchzen!

TRISTAN
Lustentzücken!

TRISTAN
Sur ma poitrine!

ISOLDE
Est-ce vraiment toi que je sens?

TRISTAN
Est-ce toi-même que je vois?

ISOLDE
Ceci tes yeux?

TRISTAN
Ceci ta bouche?

ISOLDE
Ici ta main?

TRISTAN
Ici ton cœur?

ISOLDE
Est-ce moi? Est-ce toi?
Est-ce toi que j'étreins?

TRISTAN
Est-ce moi? Est-ce toi?
N'est-ce pas un leurre?

TOUS LES DEUX
1a, 1b N'est-ce pas un songe?
17 Oh délice de l'âme,
oh douce, sublime,
intrépide, splendide,
céleste allégresse!

TRISTAN
Sans égale au monde!

ISOLDE
Infiniment féconde!

TRISTAN
Infiniment radieuse!

ISOLDE
Éternelle!

TRISTAN
Éternelle!

ISOLDE
Non encore pressentie,
jamais ressentie!

TRISTAN
Inépuisable,
généreuse et sublime!

ISOLDE
Explosion d'allégresse!

TRISTAN
Flot puissant d'ivresse!

BEIDE
Himmelhöchstes
Weltentrücken!
Mein Tristan!
Isolde mein!
Mein und dein!
Ewig,ewig ein!

ISOLDE
Wie lange fern!
Wie fern so lang'!

TRISTAN
Wie weit so nah'!
So nah' wie weit!

ISOLDE
O Freundesfeindin,
böse Ferne!
Träger Zeiten
zögernde Länge!

TRISTAN
O Weit' und Nähe,
hart entzweite!
Holde Nähe!
öde Weite!

ISOLDE
Im Dunkel du,
im Lichte ich!

TRISTAN
Das Licht! Das Licht!
O dieses Licht,
wie lang verlosch es nicht!
Die Sonne sank,
der Tag verging,
doch seinen Neid
erstickt' er nicht:
sein scheuchend Zeichen
zündet er an,
und steckt's an der Liebsten Türe,
dass nicht ich zu ihr führe.

ISOLDE
Doch der Liebsten Hand
löschte das Licht;
wes die Magd sich wehrte,
scheut' ich mich nicht:
in Frau Minnes Macht und Schutz
bot ich dem Tage Trutz!

TRISTAN
Dem Tage! dem Tage!
dem tückischen Tage,
dem härtesten Feinde
Hass und Klage!
Wie du das Licht,
o könnt' ich die Leuchte,
der Liebe Leiden zu rächen,
dem frechen Tage verlöschen!
Gibt's eine Not,
gibt's eine Pein,

TOUS LES DEUX
Sublime et céleste
délivrance du monde!
17 À moi, Tristan!
Isolde à moi!
À moi et à toi,
à jamais, à jamais unis.

ISOLDE
Si longtemps si loin!
Si loin si longtemps!

TRISTAN
Si lointains, si proches!
Si proches, si lointains!

ISOLDE
Oh ennemi du bien-aimé,
éloignement mauvais,
longueur irrésolue
des minutes indolentes!

TRISTAN
Oh éloignement et proximité
durement divisés!
15 Suave proximité!
Sinistre éloignement!

ISOLDE
Toi dans les ténèbres,
moi dans la lumière!

TRISTAN
La lumière! La lumière!
Oh cette lumière,
comme elle a tardé à s'éteindre!
Le soleil sombrait,
Le jour finissait
sans pouvoir étouffer
sa jalousie:
il a alors allumé
le signal qui fait fuir,
11a le fixant sur le seuil de ma bien-aimée
pour m'empêcher d'aller vers elle.

ISOLDE
Mais la main de la bien-aimée
a éteint la lumière:
ce que défendait la servante
ne pouvait m'effrayer:
Encouragée et protégée par Dame Amour,
j'ai lancé un défi au jour!

TRISTAN
11a Le jour! Le jour!
Le jour perfide,
le plus rude des adversaires,
que haine et protestation lui soient vouées!
Ainsi que tu le fis pour la lumière,
si je pouvais étouffer les lueurs
de ce jour insolent
pour venger les tourments de l'amour!
11a Est-il une détresse,
Est-il un chagrin

die er nicht weckt
mit seinem Schein?
Selbst in der Nacht
dämmernder Pracht
hegt ihn Liebchen am Haus,
streckt mir drohend ihn aus!

ISOLDE
Hegt ihn die Liebste
am eig'nen Haus,
im eig'nen Herzen
hell und kraus
hegt' ihn trotzig
einst mein Trauter:
Tristan, der mich betrog!
War's nicht der Tag,
der aus ihm log,
als er nach Irland
werbend zog,
für Marke mich zu frein,
dem Tod die Treue zu weihn?

TRISTAN
Der Tag! der Tag!
der dich umgliss,
dahin, wo sie
der Sonne glich,
in höchster Ehren
Glanz und Licht
Isolde mir entrückt'.
Was mir das Auge
so entzückt',
mein Herz tief
zur Erde drückt',
in lichten Tages Schein
wie war Isolde mein?

ISOLDE
War sie nicht dein,
die dich erkor?
Was log der böse
Tag dir vor,
dass, die für dich beschieden,
die Traute du verrietest?

TRISTAN
Was dich umgliss
mit hehrster Pracht,
der Ehre Glanz,
des Ruhmes Macht,
an sie mein Herz zu hangen,
hielt mich der Wahn gefangen.
Die mit des Schimmers
hellstem Schein
mir Haupt und Scheitel
licht beschien,
der Welten-Ehren
Tages-Sonne,
mit ihrer Strahlen
eitler Wonne,
durch Haupt und Scheitel
drang mir ein,
bis in des Herzens
tiefsten Schrein.

qu'il n'éveille guère
1a de toute sa clarté?
1b Jusque dans la splendeur
crépusculaire de la nuit
ma bien-aimée le garde en son foyer
et brandit vers moi sa menace!

ISOLDE
Si la bien-aimée
le garde en son propre foyer,
11 en son propre cœur,
clair et haut,
jadis mon bien-aimé
le gardait avec arrogance!
11a Tristan me trompait!
N'était-ce pas le jour
qui mentait dans son âme,
lorsqu'en Irlande
il alla me quérir
1a, 1b pour me faire épouser le roi Marke,
1a pour vouer la fidèle à la mort!
(9)

TRISTAN
11a Le jour! Le jour
qui t'auréolait de lumière,
là même où Isolde
égalant le soleil,
dans l'éclat et la splendeur
des plus hauts honneurs
me dérobait Isolde,
ce qui ravissait ainsi
mon regard
rivait lourdement
mon cœur à la terre,
dans l'éblouissante clarté du jour
Isolde pouvait-elle être mienne?

ISOLDE
17 N'était-elle pas tienne,
celle qui t'avait élu?
11a Quel mensonge le jour
perfide te fit-il
pour que tu trahisses la bien-aimée
qui t'était destinée?

TRISTAN
Ce qui t'auréolait
d'une splendeur sublime
le lustre des honneurs,
les vertus de la gloire,
je les pris à cœur
trompé par l'illusion qui m'entravait.
Celui qui des reflets
aveuglants de son faux éclat
éclairait vivement
mon visage et mon front,
le soleil diurne
des honneurs du monde,
avec ses rayons
de vaine volupté
m'a envahi,
11a, 1b traversant mon visage et mon front,
atteignant les tréfonds
de mon cœur.

Was dort in keuscher Nacht
dunkel verschlossen wacht',
was ohne Wiss' und Wahn
ich dämmernd dort empfah'n:
ein Bild, das meine Augen
zu schau'n sich nicht getrauten,
von des Tages Schein betroffen
lag mir's da schimmernd offen.
Was mir so rühmlich
schien und hehr,
das rühmt' ich hell
vor allem Heer;
vor allem Volke
pries ich laut
der Erde schönste
König-Braut.
Dem Neid, den mir
der Tag erweckt';
dem Eifer, den
mein Glücke schreckt';
der Missgunst, die mir Ehren
und Ruhm begann zu schweren:
denen bot ich Trotz,
und treu beschloss,
um Ehr' und Ruhm zu wahren,
nach Irland ich zu fahren.

ISOLDE
O eitler Tagesknecht!
Getäuscht von ihm,
der dich getäuscht,
wie musst' ich liebend
um dich leiden,
den, in des Tages
falschem Prangen,
von seines Gleissens
Trug befangen,
dort, wo ihn Liebe
heiss umfasste,
im tiefsten Herzen
hell ich hasste.
Ach, in des Herzens Grunde
wie schmerzte tief die Wunde!
Den dort ich heimlich barg,
wie dünkt' er mich so arg,
wenn in des Tages Scheine
die treu gehegte Eine
der Liebe Blicken schwand,
als Feind nur vor mir stand!
Das als Verräter
dich mir wies,
dem Licht des Tages
wollt' ich entfliehn,
dorthin in die Nacht
dich mit mir ziehn,
wo der Täuschung Ende
mein Herz mir verhiess;
wo des Trugs geahnter
Wahn zerrinne;
dort dir zu trinken
ew'ge Minne,
mit mir dich im Verein
wollt' ich dem Tode weihn.

Ce qui là-bas veillait enclos
dans l'ombre d'une chaste nuit,
ce que sans savoir et sans leurre
j'avais perçu obscurément là-bas,
l'image que mes yeux
n'avaient pas osé contempler,
atteinte par l'éclat du jour
me fut révélée dans sa splendeur.
Ce qui me semblait
si glorieux, si sublime,
je le glorifiai à voix claire
devant l'armée entière;
dans le peuple entier,
je louai à voix haute
la reine-fiancée
la plus belle au monde.
L'envie que le jour
éveillait envers moi;
la jalousie
que mon bonheur affolait,
la disgrâce que déjà les honneurs
et la gloire faisaient peser sur moi;
je les ai défiés,
et, fidèlement, j'ai décidé
afin de préserver honneur et gloire,
de partir moi-même en Irlande.

ISOLDE
7 Oh vaniteux valet du jour!
11a, 17 Leurré par celui-là même
qui t'avait leurré,
comme il m'a fallu,
t'aimant, souffrir pour toi
qui, dans le fallacieux
éclat du jour
demeurait prisonnier
du mirage de sa clarté,
là où l'amour
ardemment t'étreignait,
dans le tréfonds du cœur,
je t'ai haï, lucide.
1b Ah, tout au fond du cœur,
12 comme la plaie saignait!
11a Celui que j'avais gardé secrètement chez moi,
comme il me sembla cruel,
lorsqu'à la lueur du jour
l'objet de mes soins fidèles
s'évanouit aux regards de l'amour,
ne fut plus devant moi qu'ennemi!
Celle qui dénonçait en toi
un traître,
la lumière du jour,
je voulus la fuir,
et là-bas dans la nuit
t'entraîner avec moi,
1b où mon cœur promettait
11a la fin de l'illusion,
là où mourait le leurre
9 pressenti de la trahison;
afin de boire à toi
un amour éternel,
étroitement unie à toi,
j'ai voulu te vouer à la mort.

TRISTAN
In deiner Hand
den süssen Tod,
als ich ihn erkannt
den sie mir bot;
als mir die Ahnung
hehr und gewiss
zeigte, was mir
die Sühne verhiess:
da erdämmerte mild
erhab'ner Macht
im Busen mir die Nacht;
mein Tage war da vollbracht.

TRISTAN
Dans ta main
lorsque je reconnus
la douce mort
qu'elle m'offrait:
lorsqu'un pressentiment
sublime et sûr
me montra ce que
le pardon promettait:
19 alors, doucement la nuit
et sa généreuse puissance
descendirent en mon sein:
1a mon jour était accompli!

ISOLDE
Doch ach, dich täuschte
der falsche Trank,
dass dir von neuem
die Nacht versank:
dem einzig am Tode lag,
den gab er wieder dem Tag!

ISOLDE
Pourtant, hélas, tu fus trompé
par ce breuvage fallacieux,
et pour toi de nouveau
la nuit se dissipa:
9 celui qui n'était voué qu'à la mort,
le philtre le rendit au jour!

TRISTAN
O Heil dem Tranke!
Heil seinem Saft!
Heil seines Zaubers
hehrer Kraft!
Durch des Todes Tor,
wo er mir floss,
weit und offen
er mir erschloss,
darin ich sonst nur träumend gewacht,
das Wunderreich der Nacht.
Von dem Bild in des Herzens
bergendem Schrein
scheucht' er des Tages
täuschenden Schein,
dass nachtsichtig mein Auge
wahr es zu sehen tauge.

TRISTAN
1a Oh gloire à ce breuvage!
Gloire à son essence!
Gloire à la vertu
sublime de sa magie!
Aux portes de la mort
où il coula pour moi,
il m'a découvert
dans son immensité
11a le pays merveilleux de la nuit
où je n'avais veillé qu'en rêve.
De l'image cachée
dans le secret du cœur
il a chassé la clarté
fallacieuse du jour,
1a afin que mes yeux dans la nuit
17 puissent en voir la vérité.

ISOLDE
Doch es rächte sich
der verscheuchte Tag;
mit deinen Sünden
Rat's er pflag:
was dir gezeigt
die dämmernde Nacht,
an des Tag-Gestirnes
Königsmacht
musstest du's übergeben,
um einsam
in öder Pracht
schimmernd dort zu leben.
Wie ertrug ich's nur?
Wie ertrag' ich's noch?

ISOLDE
17, 11a Mais le jour chassé
a pris sa revanche;
de tes péchés
il a tiré parti:
ce que t'avait montré
la nuit qui s'annonçait,
tu as dû le livrer
à la face du jour,
à sa force royale,
pour vivre, rayonnant,
et solitaire,
nimbé d'un lugubre éclat.
Comment l'ai-je alors souffert?
Comment puis-je encore le souffrir?

TRISTAN
Oh, nun waren wir
Nacht-Geweihte!
Der tückische Tag,
der Neid-bereite,
trennen konn't uns sein Trug,
doch nicht mehr täuschen sein Lug!
Seine eitle Pracht,

TRISTAN
Oh! dès lors nous étions
voués à la nuit!
Le jour perfide
enclin à la jalousie
pouvait nous séparer par son leurre
sans plus nous abuser par son mensonge!
11a De sa vaine magnificence,

seinen prahlenden Schein
verlacht, wem die Nacht
den Blick geweiht:
seines flackernden Lichtes
flüchtige Blitze
blenden uns nicht mehr.
Wer des Todes Nacht
liebend erschaut,
wem sie ihr tief
Geheimnis vertraut:
des Tages Lügen,
Ruhm und Ehr,
Macht und Gewinn,
so schimmernd hehr,
wie eitler Staub der Sonnen
sind sie vor dem zersponnen!
In des Tages eitlem Wähnen
bleibt ihm ein einzig Sehnen –
das Sehnen hin
zur heil'gen Nacht,
wo urewig,
einzig wahr
Liebeswonne ihm lacht!
(Tristan zieht Isolde sanft zur Seite auf eine Blumenbank nieder, senkt sich vor ihr auf die Knie und schmiegt sein Haupt in ihren Arm.)

1a de sa clarté ostentatoire,
celui dont la nuit
a consacré le regard, se rit:
les éclairs fugitifs
de sa lumière vacillante
ne nous aveuglent plus.
Celui qui d'un regard aimant
9 contemple la nuit de la mort,
celui à qui elle confie
11a son profond secret
voit le mensonge du jour,
gloire et honneur,
puissance et gain -
1a si superbe soit leur éclat -
se dissiper sous ses yeux
comme vaine poussière de soleils.
15 Dans le vain mirage du jour
un seul désir pour lui demeure:
18a, 18b le désir
18b de la nuit sacrée
où de toute éternité,
unique vérité,
1a la volupté de l'amour lui sourit!
16 *(Tristan attire doucement Isolde vers un banc de fleurs,*
11a *tombe à ses pieds et blottit le visage dans ses bras.)*

BEIDE
O sink hernieder,
Nacht der Liebe,
gib Vergessen,
dass ich lebe;
nimm mich auf
in deinen Schoss,
löse von
der Welt mich los!

TOUS LES DEUX
19 Descends jusqu'ici,
nuit de l'amour,
offre-moi l'oubli
de cette vie,
accueille-moi
dans ton sein,
délivre-moi
du monde!

TRISTAN
Verloschen nun
die letzte Leuchte;

11a TRISTAN
Les dernières lueurs
s'éteignent à présent;

ISOLDE
was wir dachten,
was uns deuchte;

ISOLDE
Ce que nous songions,
ce que nous sentions,

TRISTAN
all' Gedenken, –

TRISTAN
toute souvenance, –

ISOLDE
all' Gemahnen, –

ISOLDE
toute réminiscence, –

BEIDE
heil'ger Dämm'rung
hehres Ahnen
löscht des Wähnens Graus
welterlösend aus.

TOUS LES DEUX
le sublime pressentiment
d'un crépuscule sacré
étouffe l'horreur du mirage,
nous délivrant du monde.

ISOLDE
Barg im Busen
uns sich die Sonne,
leuchten lachend
Sterne der Wonne.

ISOLDE
20 Dans notre sein
le soleil s'est dissimulé,
les astres de la volupté
resplendissent en riant.

TRISTAN

TRISTAN

Von deinem Zauber
sanft umsponnen,
vor deinen Augen
süss zerronnen;

ISOLDE
Herz an Herz dir,
Mund an Mund;

TRISTAN
eines Atems
ein'ger Bund; –

BEIDE
bricht mein Blick sich
wonn' erblindet,
erbleicht die Welt
mit ihrem Blenden:

ISOLDE
die uns der Tag
trügend erhellt,

TRISTAN
zu täuschendem Wahn
entgegengestellt,

BEIDE
selbst dann
bin ich die Welt:
Wonne-hehrstes Weben,
Liebe-heiligstes Leben,
Nie-wieder-erwachens
wahnlos
hold bewusster Wunsch.
(Tristan und Isolde versinken wie in gänzliche Entrücktheit, in der sie, Haupt an Haupt auf die Blumenbank zurückgelehnt, verweilen.)

BRANGÄNE *(von der Zinne her, unsichtbar)*
Einsam wachend
in der Nacht,
wem der Traum
der Liebe lacht,
hab' der einen
Ruf in Acht,
die den Schläfern
Schlimmes ahnt,
bange zum
Erwachen mahnt.
Habet Acht!
Habet Acht!
Bald entweicht die Nacht.

ISOLDE *(leise)*
Lausch, Geliebter!

TRISTAN *(ebenso)*
Lass mich sterben!

ISOLDE *(allmählich sich ein wenig erhebend)*
Neid'sche Wache!

Par ta magie
tendrement encerclé,
sous ton regard
doucement anéanti;

ISOLDE
21 Mon cœur sur le tien,
ma bouche sur la tienne;

TRISTAN
Unique lien
d'une seule haleine;

TOUS LES DEUX
Mon regard se brise,
ébloui par l'extase,
avec son éblouissement
le monde se dissipe

ISOLDE
11a que le jour
éclairait, fallacieux,

TRISTAN
nous opposant
son mirage trompeur.

TOUS LES DEUX
Ainsi, moi-même
je suis le monde:
1a sublime tissu d'extase,
20 vie par l'amour sanctifiée,
18c désir suavement conscient,
sans leurre,
de ne plus jamais s'éveiller.
(Tristan et Isolde s'abîment dans un total ravissement, pendant lequel ils demeurent enlacés, visage contre visage, sur le banc de fleurs.)

BRANGÄNE *(depuis les créneaux, invisible)*
11a Tandis que je veille seule
dans la nuit,
que ceux à qui sourit
le songe de l'amour
prennent garde
à mon appel,
j'ai de sombres pressentiments
pour les dormeurs,
angoissée, je les presse
de s'éveiller.
Prenez garde!
Prenez garde!
Bientôt la nuit va s'achever!

21
ISOLDE *(doucement)*
Écoute, bien-aimé!

TRISTAN *(de même)*
18c Laisse-moi mourir!

ISOLDE *(se redressant peu à peu)*
21 Garde jalouse!

TRISTAN *(zurückgelehnt bleibend)*
Nie erwachen!

ISOLDE
Doch der Tag
muss Tristan wecken?

TRISTAN *(ein wenig das Haupt erhebend)*
Lass den Tag
dem Tode weichen!

ISOLDE.
Tag und Tod
mit gleichen Streichen
sollten unsre
Lieb' erreichen?

TRISTAN *(sich mehr aufrichtend)*
Unsre Liebe?
Tristans Liebe?
Dein' und mein',
Isoldes Liebe?
Welches Todes Streichen
könnte je sie weichen?
Stünd' er vor mir,
der mächt'ge Tod,
wie er mir Leib
und Leben bedroht',
die ich so willig
der Liebe lasse,
wie wäre seinen Streichen
die Liebe selbst zu erreichen?
(Immer inniger mit dem Haupt sich an Isolde schmiegend.)

Stürb' ich nun ihr,
der so gern ich sterbe,
wie könnte die Liebe
mit mir sterben,
die ewig lebende
mit mir enden?
Doch, stürbe nie seine Liebe,
wie stürbe dann Tristan
seiner Liebe?

ISOLDE
Doch uns're Liebe,
heisst sie nicht Tristan
und – Isolde?
Dies süsse Wörtlein: und,
was es bindet,
der Liebe Bund,
wenn Tristan stürb',
zerstört' es nicht der Tod?

TRISTAN
Was stürbe dem Tod,
als was uns stört,
was Tristan wehrt,
Isolde immer zu lieben,
ewig ihr nur zu leben?

ISOLDE
Doch dieses Wörtlein: und, –
wär' es zerstört,

TRISTAN *(restant appuyé en arrière)*
18c Ne jamais s'éveiller!

ISOLDE
21 le jour cependant
doit éveiller Tristan?

TRISTAN *(relevant légèrement la tête)*
18c Laisse le jour
21 céder devant la mort!

ISOLDE
Mort et jour,
par des coups semblables
devraient-ils frapper
notre amour?

TRISTAN *(se redressant encore)*
Notre amour?
L'amour de Tristan?
Le tien et le mien,
11a, 1a l'amour d'Isolde?
Quel coup de la mort
18c pourrait les faire céder?
Se tiendrait-elle devant moi,
9 cette mort puissante,
menaçant ce corps
et cette existence,
que de plein gré
j'abandonne à l'amour,
comment ses coups pourraient-ils
21 atteindre l'amour lui-même?
(appuyant avec une ardeur croissante sa tête contre la poitrine d'Isolde.)
Mourrais-je de cet amour
dont je meurs si consentant
comment pourrait cet amour
mourir avec moi,
éternellement vivant,
finir avec moi?
Et si son amour ne mourait jamais,
comment mourrait-il, Tristan
21, 1a à son amour?

ISOLDE
21 Pourtant notre amour
n'a-t-il pas nom Tristan
et – Isolde?
Ce petit mot tendre: "et",
ce qu'il lie,
ce lien d'amour,
si Tristan mourait,
la mort ne le détruirait-il pas?

TRISTAN
Qu'est-ce qui mourrait à la mort,
sinon ce qui nous entrave,
ce qui à Tristan interdit
d'aimer toujours Isolde,
pour elle seule de vivre à jamais?

ISOLDE
Pourtant ce petit mot "et" –
s'il était détruit,

wie anders als
mit Isoldes eig'nem Leben
wär' Tristan der Tod gegeben?
(Tristan zieht, mit bedeutungsvoller Gebärde, Isolde sanft an sich.)

TRISTAN
So stürben wir,
um ungetrennt,
ewig einig
ohne End',
ohn' Erwachen,
ohn' Erbangen,
namenlos
in Lieb' umfangen,
ganz uns selbst gegeben,
der Liebe nur zu leben!

ISOLDE *(wie in sinnender Entrücktheit zu ihm aufblickend)*
So stürben wir,
um ungetrennt –

TRISTAN
ewig einig
ohne End' –

ISOLDE
ohn' Erwachen –

TRISTAN
ohn' Erbangen –

BEIDE
namenlos
in Lieb' umfangen,
ganz uns selbst gegeben,
der Liebe nur zu leben!
(Isolde neigt wie überwältigt das Haupt an seine Brust.)

BRANGÄNES STIMME *(wie vorher)*
Habet Acht!
Habet Acht!
Schon weicht dem Tag die Nacht.

TRISTAN *(lächelnd zu Isolde geneigt)*
Soll ich lauschen?

ISOLDE *(schwärmerisch zu Tristan aufblickend)*
Lass mich sterben!

TRISTAN
Muss ich wachen?

ISOLDE
Nie erwachen!

TRISTAN *(drängender)*
Soll der Tag
noch Tristan wecken?

ISOLDE
Lass den Tag
dem Tode weichen!

comment sinon
1b par la vie même d'Isolde
la mort serait-elle à Tristan donnée?
(D'un geste grave Tristan attire doucement Isolde à lui.)

TRISTAN
22 Nous mourrions ainsi,
afin que jamais séparés,
éternellement unis,
sans fin,
sans éveil,
sans angoisse,
privés de nom,
dans l'amour embrassés,
l'un à l'autre voués,
nous puissions ne plus vivre qu'à l'amour!

ISOLDE *(levant les yeux vers lui, comme en une extase rêveuse)*
Nous mourrions ainsi,
afin que, jamais séparés,

TRISTAN
éternellement unis,
sans fin,

ISOLDE
sans éveil

TRISTAN
sans angoisse,

TOUS LES DEUX
privés de nom,
dans l'amour embrassés,
l'un à l'autre voués,
nous puissions ne plus vivre qu'à l'amour!
(Isolde, comme subjuguée, incline la tête sur sa poitrine.)

VOIX DE BRANGÄNE *(comme plus haut)*
Prenez garde!
Prenez garde!
Déjà la nuit fait place au jour.

21 TRISTAN *(penché vers Isolde et lui souriant)*
Dois-je écouter?

ISOLDE *(levant les yeux vers Tristan, avec passion)*
18c Laisse-moi mourir!

TRISTAN
21 Dois-je veiller?

ISOLDE
18c Ne plus se réveiller!

TRISTAN *(plus pressant)*
21 Le jour doit-il
encore éveiller Tristan?

ISOLDE
18c Laisse le jour
21 faire place à la mort!

TRISTAN
Des Tages Dräuen
nun trotzen wir so?

TRISTAN
Irions-nous défier
11a la menace du jour?

ISOLDE *(mit wachsender Begeisterung)*
Seinem Trug ewig zu fliehn.

ISOLDE *(avec un enthousiasme croissant)*
16 Pour à jamais fuir son mirage.
21

TRISTAN
Sein dämmernder Schein
verscheuchte uns nie?

TRISTAN
Son éclat crépusculaire
nous fit-il jamais peur?

ISOLDE *(mit grosser Gebärde ganz sich erhebend)*
Ewig währ' uns die Nacht!
(Tristan folgt ihr, sie umfangen sich in schwärmerischer Begeisterung.)

ISOLDE *(avec de grands gestes, se levant tout à fait)*
11a Que la nuit dure éternellement pour nous!
16 *(Tristan l'imite, ils s'étreignent avec une exaltation de plus en plus grande.)*

BEIDE
O ew'ge Nacht,
süsse Nacht!
Hehr erhabne
Liebesnacht!
Wen du umfangen,
wem du gelacht,
wie wär' ohne Bangen
aus dir er je erwacht?
Nun banne das Bangen,
holder Tod,
sehnend verlangter
Liebestod!
In deinen Armen,
dir geweiht,
ur-heilig Erwarmen,
von Erwachens Not befreit!

TOUS LES DEUX
18c Oh nuit éternelle,
douce nuit!
sublime et généreuse
nuit d'amour!
Ceux que tu environnes,
ceux à qui tu souris,
comment seraient-ils sans angoisse
par l'éveil arrachés à toi?
18b Chasse à présent l'angoisse,
tendre mort,
18c mort d'amour
si fiévreusement désirée!
18b Dans tes bras,
à toi consacrés,
antique ardeur sacrée
délivrée des tourments du réveil!

TRISTAN
Wie sie fassen,
wie sie lassen,
diese Wonne,

TRISTAN
22 Comment l'embrasser,
comment la laisser,
cette volupté,

BEIDE
Fern der Sonne,
fern der Tage
Trennungsklage!

TOUS LES DEUX
11a loin de la clarté,
loin des lamentations
des jours de séparation!

ISOLDE
Ohne Wähnen

ISOLDE
22 Sans illusions,

TRISTAN
sanftes Sehnen;

TRISTAN
11a, 23 tendre langueur;

ISOLDE
ohne Bangen

ISOLDE
22 sans angoisse,

TRISTAN
süss Verlangen;
ohne Wehen

TRISTAN
11a, 23 suave désir;
sans douleurs,
22

BEIDE
hehr Vergehen;

TOUS LES DEUX
23 sublime effacement;

ISOLDE
ohne Schmachten

ISOLDE
22 sans dépérissement,

BEIDE
hold Umnachten;

TRISTAN
ohne Meiden,

BEIDE
ohne Scheiden,
traut allein,
ewig heim,
in ungemess'nen Räumen
übersel'ges Träumen:

TRISTAN
Tristan du,
ich Isolde,
nicht mehr Tristan!

ISOLDE
Du Isolde,
Tristan ich,
nicht mehr Isolde!

BEIDE
Ohne Nennen,
ohne Trennen,
neu' Erkennen,
neu' Entbrennen;
ewig endlos,
ein-bewusst:
heiss erglühter Brust
höchste Liebeslut!

DRITTE SZENE

Brangäne stösst einen grellen Schrei aus.
Tristan und Isolde bleiben in verzückter Stellung.
Kurwenal stürzt mit entblösstem Schwerte herein.

KURWENAL.
Rette dich, Tristan!
(Er blickt mit Entsetzen hinter sich in die Szene zurück.)

Marke, Melot und Hofleute, in Jägertracht, kommen aus dem Baumgange lebhaft nach dem Vordergrunde und halten entsetzt der Gruppe der Liebenden gegenüber an. Brangäne kommt zugleich von der Zinne herab und stürzt auf Isolde zu. Diese, von unwillkürlicher Scham ergriffen, lehnt sich, mit abgewandtem Gesicht, auf die Blumenbank. Tristan, in ebenfalls unwillkürlicher Bewegung, streckt mit dem einen Arm den Mantel breit aus, so dass er Isolde vor den Blicken der Ankommenden verdeckt. In dieser Stellung verbleibt er längere Zeit, unbeweglich den starren Blick auf die Männer gerichtet, die in verschiedener Bewegung die Augen auf ihn heften. Morgendämmerung.

TRISTAN *(nach längerem Schweigen)*
Der öde Tag
zum letztenmal!

MELOT *(zu Marke)*
Das sollst du, Herr, mir sagen,
ob ich ihn recht verklagt?
Das dir zum Pfand ich gab,

TOUS LES DEUX
23 douce ombre environnante;

TRISTAN
sans évasion,

TOUS LES DEUX
sans division,
22 solitaires époux,
à jamais chez eux
dans les espaces illimités,
songe de suprême félicité:

TRISTAN
23 Tristan toi,
moi, Isolde,
plus de Tristan!

ISOLDE
Toi Isolde,
Tristan moi,
plus d'Isolde!

TOUS LES DEUX
Sans désignation,
sans séparation,
nouvelle connaissance,
nouvelle incandescence,
23 éternelle, infinie,
16 en la conscience unis,
dans un cœur embrasé,
suprême joie d'aimer!

SCÈNE III

Brangäne pousse un cri perçant.
Tristan et Isolde demeurent figés dans leur extase.
Kurwenal fait irruption, l'épée à la main.

KURWENAL
Sauve-toi, Tristan!
14 *(Il regarde avec effroi derrière lui, sur la scène.)*

Marke, Melot et les courtisans en costumes de chasse: sortant de l'allée bordée d'arbres, se dirigent vivement vers le devant de la scène et font halte, stupéfaits, devant les amants. Brangäne descend aussitôt des créneaux et se précipite vers Isolde. Prise d'une honte instinctive, celle-ci s'appuie sur le banc de fleurs et détourne le visage. Avec la
22 *même spontanéité Tristan déploie sur elle son manteau d'un geste large, afin de la dissimuler aux regards des arrivants.*
23 *Il reste figé dans cette pose un temps assez long, immobile, le regard fixé sur les hommes qui, en proie à des émotions diverses, demeurent les yeux rivés sur eux. L'aube point.*

11a TRISTAN *(après un long silence)*
Le morne jour
pour la dernière fois!

MELOT *(à Marke)*
Tu dois, seigneur, me dire
si je l'ai accusé à bon escient.
Si j'ai sauvé ma tête

ob ich mein Haupt gewahrt?
Ich zeigt' ihn dir
in offner Tat:
Namen und Ehr'
hab' ich getreu
vor Schande dir bewahrt.

MARKE *(nach tiefer Erschütterung, mit bebender Stimme)*
Tatest du's wirklich?
Wähnst du das?
Sieh ihn dort,
den treuesten aller Treuen;
blick' auf ihn,
den freundlichsten der Freunde:
seiner Treue
frei'ste Tat
traf mein Herz
mit feindlichstem Verrat!
Trog mich Tristan,
sollt' ich hoffen,
was sein Trügen
mir getroffen,
sei durch Melots Rat
redlich mir bewahrt?

TRISTAN *(krampfhaft heftig)*
Tagsgespenster!
Morgenträume!
Täuschend und wüst!
Entschwebt! Entweicht!

MARKE *(mit tiefer Ergriffenheit)*
Mir dies?
Dies, Tristan, mir? –
Wohin nun Treue,
da Tristan mich betrog?
Wohin nun Ehr'
und echte Art,
da aller Ehren Hort,
da Tristan sie verlor?
Die Tristan sich
zum Schild erkor,
wohin ist Tugend
nun entfloh'n,
da meinen Freund sie flieht,
da Tristan mich verriet?
(Tristan senkt langsam den Blick zu Boden; in seinen Mienen ist, während Marke fortfährt, zunehmende Trauer zu lesen.)
Wozu die Dienste
ohne Zahl,
der Ehren Ruhm,
der Grösse Macht,
die Marken du gewannst;
musst' Ehr und Ruhm,
Gröss' und Macht,
musste die Dienste
ohne Zahl
dir Markes Schmach bezahlen?
Dünkte zu wenig
dich sein Dank,
dass, was du ihm erworben,
Ruhm und Reich,
er zu Erb' und Eigen dir gab?

que je t'avais donnée en gage.
Je te l'ai montré;
tu l'as pris sur le fait:
ton nom et ton honneur,
je les ai fidèlement
préservés de l'humiliation.

MARKE *(profondément bouleversé, d'une voix tremblante)*
As-tu vraiment fait cela?
Te leurres-tu?
Vois-le donc,
le plus fidèle des fidèles;
regarde-le,
le plus amical des amis:
l'exploit le plus franc
de sa fidélité
m'a frappé au cœur
de la plus perfide des trahisons!
Si Tristan m'a trompé,
pouvais-je espérer
que l'honneur que sa tromperie
a ébranlé en moi
loyalement fût préservé
par le conseil de Melot?

11a TRISTAN *(avec une violence convulsive)*
Spectres du jour!
Songes de l'aube!
Illusoires et désolés!
1a, 1b Envolez-vous, enfuyez-vous!

MARKE *(profondément bouleversé)*
A moi, ceci?
Ceci, Tristan à moi?
Où est désormais la fidélité
si Tristan m'a trompé?
où est désormais l'honneur
et le bel usage,
si le rempart de tous les honneurs,
Tristan lui-même les a perdus?
Celle qui avait élu
Tristan pour bouclier,
la vertu, où s'est-elle
enfuie désormais,
si elle a fui mon ami,
si Tristan m'a trahi?
(Tristan baisse lentement les yeux au sol; à mesure que
24 *Marke poursuit on peut lire sur son visage une tristesse de plus en plus grande.)*
À quoi bon les services
sans nombre,
le renom des honneurs,
la puissance de la grandeur
que tu as conquis pour Marke;
si honneur et renom,
grandeur et puissance,
si ces services
sans nombre doivent
être payés par la honte de Marke?
Sa gratitude t'a-t-elle semblé
si peu de chose,
alors que le trésor que lui conquis,
renommée et royaume,
il te l'a donné pour legs et fief?

Da kinderlos einst
schwand sein Weib,
so liebt' er dich,
dass nie aufs neu'
sich Marke wollt' vermählen.
Da alles Volk
zu Hof und Land
mit Bitt' und Dräuen
in ihn drang,
die Königin dem Lande,
die Gattin sich zu kiesen;
da selber du
den Ohm beschworst,
des Hofes Wunsch,
des Landes Willen
gütlich zu erfüllen;
in Wehr wider Hof und Land,
in Wehr selbst gegen dich,
mit List und Güte
weigerte er sich,
bis, Tristan, du ihm drohtest,
für immer zu meiden
Hof und Land,
würdest du selber
nicht entsandt, dem König die Braut zu frein.
Da liess er's denn so sein. –
Dies wundervolle Weib,
das mir dein Mut gewann,
wer durft' es sehen,
wer es kennen,
wer mit Stolze
sein es nennen,
ohne selig sich zu preisen?
Der mein Wille
nie zu nahen wagte,
der mein Wunsch
ehrfurchtscheu entsagte,
die so herrlich
hold erhaben
mir die Seele
musste laben,
trotz Feind und Gefahr,
die fürstliche Braut
brachtest du mir dar.
Nun, da durch solchen
Besitz mein Herz
du fühlsamer schufst
als sonst dem Schmerz,
dort wo am weichsten,
zart und offen,
würd' ich getroffen,
nie zu hoffen,
dass je ich könnte gesunden:
warum so sehrend,
Unseliger,
dort nun mich verwunden?
Dort mit der Waffe
quälendem Gift,
das Sinn und Hirn
mir sengend versehrt,
das mir dem Freund
die Treue verwehrt,
mein off'nes Herz
erfüllt mit Verdacht,

Lorsque sans enfants autrefois
son épouse mourut,
Marke t'aima au point
qu'il ne voulut plus
jamais se marier.
Alors le peuple entier,
à la cour, aux campagnes,
suppliant, menaçant,
le pressa
d'élire une reine pour le pays,
une épouse pour lui;
alors ce fut toi-même
qui adjuras ton oncle
de bien vouloir exaucer
le vœu de la cour,
la volonté des campagnes;
se défendant contre cour et campagnes,
se défendant contre toi aussi,
avec ruse et bonté,
il se déroba jusqu'au moment
où, Tristan, tu le menaças
de fuir à jamais
cour et campagnes
s'il ne t'envoyait toi-même
quérir une fiancée pour le roi.
24 Alors il laissa faire.
Cette femme merveilleuse
que ton courage m'a conquis,
qui pourrait la voir,
qui pourrait la connaître,
qui, avec fierté,
pourrait la nommer sienne
sans s'estimer au comble du bonheur?
Celle que ma volonté
n'osait jamais approcher,
celle à qui mon désir
renonçait par respect,
celle qui, splendide,
gracieuse et sublime,
devait réjouir
mon âme,
cette fiancée princière,
bravant l'ennemi et les dangers,
tu me l'as ramenée.
A présent que par une telle
possession tu as rendu
mon cœur plus sensible
à la souffrance que jadis,
tu m'as atteint
au point le plus fragile,
le plus tendre et le plus vulnérable
sans que je puisse espérer
jamais en guérir:
pourquoi donc malheureux,
si grièvement
me blesser là?
Là, avec le poison
douloureux de l'arme
qui consume et meurtrit
8 mes sens et mon esprit,
qui m'interdit de vouer
fidélité à l'ami,
emplit de suspicion
un cœur sincère,

dass ich nun heimlich
in dunkler Nacht
den Freund lauschend beschleiche,
meiner Ehren Ende erreiche?
Die kein Himmel erlöst,
warum mir diese Hölle?
Die kein Elend sühnt,
warum mir diese Schmach?
Den unerforschlich tief
geheimnisvollen Grund,
wer macht der Welt ihn kund?

TRISTAN *(mitleidig das Auge zu Marke erhebend)*
O König, das
kann ich dir nicht sagen;
und was du frägst,
das kannst du nie erfahren.
(Er wendet sich zu Isolde, die sehnsüchtig zu ihm aufblickt.)
Wohin nun Tristan scheidet,
willst du, Isold', ihm folgen?
Dem Land, das Tristan meint,
der Sonne Licht nicht scheint:
es ist das dunkel
nächt'ge Land,
daraus die Mutter
mich entsandt,
als, den im Tode
sie empfangen,
im Tod sie liess
an das Licht gelangen.
Was, da sie mich gebar,
ihr Liebesberge war,
das Wunderreich der Nacht,
aus der ich einst erwacht:
das bietet dir Tristan,
dahin geht er voran:
ob sie ihm folge
treu und hold –
das sag ihm nun Isold'!

ISOLDE
Als für ein fremdes Land
der Freund sie einstens warb,
dem Unholden
treu und hold
musst' Isolde folgen.
Nun führst du in dein Eigen,
dein Erbe mir zu zeigen;
wie flöh' ich wohl das Land,
das alle Welt umspannt?
Wo Tristans Haus und Heim,
da kehr' Isolde ein:
auf dem sie folge
treu und hold,
den Weg nun zeig Isold'!
(Tristan neigt sich langsam über sie und küsst sie sanft auf die Stirn. – Melot fährt wütend auf.)

MELOT *(das Schwert ziehend)*
Verräter! Ha!
Zur Rache, König!
Duldest du diese Schmach?
(Tristan zieht sein Schwert und wendet sich schnell um.)

si bien qu'en secret à présent,
je me glisse dans la nuit sombre
afin d'espionner un ami
7 et voir mon honneur mourir?
Pourquoi donc cet enfer
qu'aucun ciel ne rachète,
pourquoi donc cette honte
24 qu'aucun tourment ne lave?
La raison secrète et profonde,
insondable de ce qui fut,
qui la révèlera au monde?

1b TRISTAN *(levant les yeux vers Marke avec compassion)*
1a Oh roi,
je ne puis te le dire:
1b et ce que tu demandes,
1a jamais tu ne pourras l'apprendre!
1c *(Il se tourne vers Isolde qui le regarde avec passion.)*
21 Là où Tristan s'éloigne,
18c veux-tu, Isolde, le suivre?
11a Le pays auquel Tristan songe
25 ignore l'éclat du soleil:
19 c'est le ténébreux
pays de la nuit,
d'où ma mère
me fit venir,
lorsqu'à sa mort
elle abandonna
celui que dans la mort
elle avait conçu,
25 ce qui, lorsqu'elle m'enfanta
était pour elle haut lieu d'amour,
et d'où je m'éveillai,
le merveilleux royaume de la nuit,
21 c'est ce que Tristan t'offres,
c'est là qu'il se rend d'abord;
18c qu'Isolde à présent lui dise,
si fidèle et docile,
elle va le suivre!

11a ISOLDE
Lorsque pour la mener en pays étranger,
l'ami jadis vint la quérir,
Isolde a bien dû suivre,
fidèle et docile,
l'émissaire hostile.
25 Tu me guides à présent jusqu'à ton domaine,
pour me montrer ton héritage;
comment pourrais-je fuir le pays
qui ceint l'univers tout entier?
21 Là où sont la demeure et le foyer
de Tristan qu'Isolde aille:
18c le chemin qu'elle doit suivre,
fidèle et docile,
montre-le enfin à Isolde!
1a *(Tristan se penche lentement vers elle et l'embrasse douce-*
16 *ment sur le front. Melot a un sursaut de rage.)*
23

MELOT *(dégainant son épée)*
Traître! ha!
Vengeance, roi!
Vas-tu souffrir cette honte?
(Tristan tire aussi son épée et se retourne brusquement vers Melot.)

TRISTAN
Wer wagt sein Leben an das meine?
(Er heftet den Blick auf Melot.)
Mein Freund war der,
er minnte mich hoch und treuer;
um Ehr' und Ruhm
mir war er besorgt wie keiner.
Zum Übermut
trieb er mein Herz;
die Schar führt' er,
die mich gedrängt,
Ehr' und Ruhm mir zu mehren,
dem König dich zu vermählen!
Dein Blick, Isolde,
blendet' auch ihn;
aus Eifer verriet
mich der Freund –
dem König, den ich verriet!
(Er dringt auf Melot ein.)
Wehr' dich, Melot!

Als Melot ihm das Schwert entgegenstreckt, lässt Tristan das seinige fallen und sinkt verwundet in Kurwenals Arme. Isolde stürzt sich an seine Brust. Marke hält Melot zurück.

Der Vorhang fällt schnell.

TRISTAN
Qui risque sa vie pour la mienne?
(Il fixe les yeux sur Melot.)
C'était là mon ami,
il m'aimait d'un cœur loyal,
de mon honneur et de ma gloire,
il se souciait comme nul autre.
Il poussa mon cœur
à la témérité;
il mena le bataillon
de ceux qui m'incitèrent,
11a afin d'accroître honneur et gloire,
1a à te faire épouser le roi!
Ton regard, Isolde,
l'a aveuglé, lui aussi:
par jalousie il m'a trahi -
cet ami -
auprès du roi que j'ai trahi!
(il s'élance vers Melot.)
Défends-toi, Melot!

Lorsque Melot lui oppose son épée, Tristan laisse tomber la sienne et s'affaisse, blessé dans les bras de Kurwenal.
24 *Isolde se jette sur sa poitrine. Marke retient Melot.*

Le rideau tombe rapidement.

DRITTER AUFZUG

Vorspiel

Burggarten. Zur einen Seite hohe Burggebäude, zur andren eine niedrige Mauerbrüstung, von einer Warte unterbrochen; im Hintergrunde das Burgtor. Die Lage ist auf felsiger Höhe anzunehmen; durch Öffnungen blickt man auf einen weiten Meereshorizont. Das Ganze macht den Eindruck der Herrenlosigkeit, übel gepflegt, hie und da schadhaft und bewachsen.

Im Vordergrunde, an der inneren Seite, liegt Tristan, unter dem Schatten einer grossen Linde, auf einem Ruhebett schlafend, wie leblos ausgestreckt. Zu Häupten ihm sitzt Kurwenal, in Schmerz über ihn hingebeugt und sorgsam seinem Atem lauschend. Von der Aussenseite her hört man., beim Aufziehen des Vorhanges, einen Hirtenreigen, sehnsüchtig und traurig auf einer Schalmei geblasen. Endlich erscheint der Hirt selbst mit dem Oberleibe über der Mauerbrüstung und blickt teilnehmend herein.

TROISIÈME ACTE

Prélude orchestral

Le jardin d'un château-fort. D'un côté, les bâtiments imposants du château lui-même, de l'autre un mur d'enceinte moins élevé, muni d'une tour de guet; à l'arrière-plan on aperçoit les portes de la forteresse qui apparaît située sur un pinacle rocheux; quelques échappées laissent voir un vaste horizon marin. Le tout, endommagé et çà et là envahi par les mauvaises herbes, donne une impression d'abandon et de négligence.

Au premier plan, à l'intérieur, Tristan, endormi et sans vie,
26 *dirait-on, repose sur une couche, à l'ombre d'un grand*
27 *tilleul. Assis à son chevet Kurwenal se penche avec douleur*
28 *au-dessus de lui et, plein d'angoisse, épie sa respiration. De l'extérieur, au lever du rideau, monte la mélopée langoureuse et triste d'un berger jouant sur son chalumeau. Enfin le berger lui-même apparaît à mi-corps au dessus du mur d'enceinte et regarde vers l'intérieur avec compassion.*

ERSTE SZENE

HIRT *((leise)*
Kurwenal! He!
Sag, Kurwenal!
Hör doch, Freund!
(Kurwenal wendet ein wenig das Haupt nach ihm.)

SCÈNE I

28b LE BERGER *(à voix basse)*
Kurwenal, hé!
Dis, Kurwenal!
écoute donc, l'ami!
(Kurwenal tourne légèrement la tête vers lui)

Wacht er noch nicht?

N'est-il pas encore réveillé?

KURWENAL *(schüttelt traurig mit dem Kopf)*
Erwachte er,
wär's doch nur,
um für immer zu verscheiden:
erschien zuvor
die Ärztin nicht,
die einz'ge, die uns hilft. –
Sahst du noch nichts?
Kein Schiff noch auf der See?

26a KURWENAL *(hochant tristement la tête)*
S'il s'éveillait,
ce ne serait
27 que pour rendre l'âme,
à moins que n'apparaisse d'abord
la guérisseuse,
26a, 26b la seule qui puisse nous aider:
n'as-tu rien vu encore,
aucun navire sur la mer?

HIRT
Eine andre Weise
hörtest du dann,
so lustig, als ich sie nur kann.
Nun sag auch ehrlich,
alter Freund:
was hat's mit unserm Herrn?

LE BERGER
28b Tu entendrais alors
une autre mélodie,
aussi joyeuse que je le pourrais.
Mais dis-moi sincèrement,
vieil ami:
qu'est-il arrivé à notre maître?

KURWENAL
Lass die Frage:
du kannst's doch nie erfahren.
Eifrig späh,
und siehst du ein Schiff,
so spiele lustig und hell!
(Der Hirt wendet sich und späht, mit der Hand überm Auge, nach dem Meer aus)

KURWENAL
26a Renonce à ta question:
tu ne pourras jamais l'apprendre.
Guette avec zèle,
et si tu vois un navire,
26b joue un air joyeux et sonore!
(Le berger se retourne, et, la main devant les yeux, guette vers le large)

HIRT
Öd' und leer das Meer!
(Er setzt die Schalmei an den Mund und entfernt sich blasend.)

LE BERGER
28 La mer est vide et désolée.
(Il porte le chalumeau à ses lèvres et s'éloigne en jouant)

TRISTAN *(bewegungslos, dumpf)*
Die alte Weise –
was weckt sie mich?

TRISTAN *(sans bouger, d'une voix sourde)*
28b Cet air ancien,
pourquoi m'éveille-t-il?

KURWENAL *(fährt erschrocken auf).*
Ha!

KURWENAL *(il tressaille, effrayé)*
Ha!

TRISTAN *(schlägt die Augen auf und wendet das Haupt ein wenig)*
Wo bin ich?

TRISTAN *(il ouvre les paupières et tourne légèrement la tête)*
Où suis-je?

KURWENAL
Diese Stimme!
Seine Stimme!
Tristan! Herre!
Mein Held! Mein Tristan!

KURWENAL
Cette voix!
Sa voix!
Tristan! Seigneur!
29 Mon héros! Mon Tristan!

TRISTAN *(mit Anstrengung)*
Wer ruft mich?

TRISTAN *(avec effort)*
Qui donc m'appelle?

KURWENAL
Endlich! Endlich!
Leben, o Leben!
Süsses Leben,
meinem Tristan neu gegeben!

30 KURWENAL
Enfin! Enfin!
Vie, oh vie,
douce vie,
rendue à mon Tristan!

TRISTAN *(ein wenig auf dem Lager sich erhebend, matt)*
Kurwenal – du?
Wo war ich?
Wo bin ich?

TRISTAN *(se soulevant légèrement sur sa couche, épuisé)*
Kurwenal, toi?
Où étais-je?
Où suis-je?

KURWENAL
Wo du bist?
In Frieden, sicher und frei!
Kareol, Herr:
kennst du die Burg
der Väter nicht?

TRISTAN
Meiner Väter?

KURWENAL
Sieh dich nur um!

TRISTAN
Was erklang mir?

KURWENAL
Des Hirten Weise
hörtest du wieder;
am Hügel ab
hütet er deine Herde.

TRISTAN
Meine Herde?

KURWENAL
Herr, das mein' ich!
Dein das Haus,
Hof und Burg!
Das Volk, getreu
dem trauten Herrn,
so gut es konnt',
hat's Haus und Hof gepflegt,
das einst mein Held
zu Erb' und Eigen
an Leut' und Volk verschenkt,
als alles er verliess,
in fremde Land' zu zieh'n.

TRISTAN
In welches Land?

KURWENAL
Hei! Nach Kornwall:
kühn und wonnig
was sich da Glanzes,
Glückes und Ehren
Tristan, mein Held, hehr ertrotzt!

TRISTAN
Bin ich in Kornwall?

KURWENAL
Nicht doch: in Kareol!

TRISTAN
Wie kam ich her?

KURWENAL
Hei nun! Wie du kamst?
Zu Ross rittest du nicht;
ein Schifflein führte dich her:
doch zu dem Schifflein
hier auf den Schultern

30 KURWENAL
Où es-tu?
En paix, en sûreté, libre!
Kareol, maître:
ne reconnais-tu pas
le château de tes pères?

TRISTAN
De mes pères?

KURWENAL
Regarde autour de toi!

TRISTAN
Qu'est-ce qui résonnait à mes oreilles?

KURWENAL
C'est la mélodie du berger
que tu entendais de nouveau,
au pied de la colline
il garde ton troupeau.

TRISTAN
Mon troupeau?

KURWENAL
C'est bien cela, seigneur,
la maison est à toi,
le domaine et le château!
Le peuple fidèle
au maître bien-aimé,
du mieux qu'il a pu,
a soigné maison et domaine
qu'autrefois mon héros a offerts
en legs et propriété
à ses gens, à son peuple,
lorsqu'il a tout quitté
pour partir en terre étrangère.

TRISTAN
Quelle terre?

KURWENAL
Allons! En Cornouailles:
Intrépide et superbe,
quel éclat,
11 quelle félicité et quels honneurs
Tristan mon héros n'a-t-il pas conquis?

TRISTAN
Suis-je en Cornouailles?

KURWENAL
26b Mais non: à Kareol.

TRISTAN
Comment suis-je venu ici?

KURWENAL
Allons! Comment tu es venu ici?
Ce n'est pas un cheval, mais
un frêle esquif qui t'y a mené:
jusqu'à cet esquif
c'est sur mes épaules

trug ich dich; – die sind breit:
sie trugen dich dort zum Strand.
Nun bist du daheim, daheim zu Land;
im echten Land,
im Heimatland;
auf eigner Weid' und Wonne,
im Schein der alten Sonne,
darin von Tod und Wunden
du selig sollst gesunden.
(Er schmiegt sich an Tristans Brust.)

TRISTAN *(nach einem kleinen Schweigen)*
Dünkt dich das?
Ich weiss es anders,
doch kann ich's dir nicht sagen.
Wo ich erwacht –
weil' ich nicht;
doch, wo ich weilte,
das kann ich dir nicht sagen.
Die Sonne sah ich nicht,
noch sah ich Land und Leute:
doch, was ich sah,
das kann ich dir nicht sagen.
Ich war,
wo ich von je gewesen,
wohin auf je ich geh':
im weiten Reich
der Weltennacht.
Nur ein Wissen
dort uns eigen:
göttlich ew'ges
Urvergessen!
Wie schwand mir seine Ahnung?
Sehnsücht'ge Mahnung,
nenn' ich dich,
die neu dem Licht
des Tags mich zugetrieben?
Was einzig mir geblieben,
ein heiss-inbrünstig Lieben,
aus Todes-Wonne-Grauen
jagt's mich, das Licht zu schauen,
das trügend hell und golden
noch dir, Isolden, scheint!
(Kurwenal birgt, von Grausen gepackt, sein Haupt. Tristan richtet sich allmählich immer mehr auf.)
Isolde noch
im Reich der Sonne!
Im Tagesschimmer
noch Isolde!
Welches Sehnen!
Welches Bangen!
Sie zu sehen,
welch' Verlangen!
Krachend hört' ich
hinter mir
schon des Todes
Tor sich schliessen:
weit nun steht es
wieder offen,
der Sonne Strahlen
sprengt' es auf;
mit hell erschloss'nen Augen
muss ich der Nacht enttauchen, –
sie zu suchen,

29 que je t'ai porté – elles sont larges –
elles t'ont porté aussi jusqu'au rivage.
Te voici à présent chez toi, au pays;
30 dans ton vrai pays,
ton pays natal;
sur tes propres prairies et possessions,
à la clarté du vieux soleil
qui doit heureusement
te guérir de la mort et des plaies.
(Il se serre contre la poitrine de Tristan.)

TRISTAN *(après un court silence)*
Le crois-tu vraiment?
Je sais qu'il en est autrement,
26a pourtant je ne puis te le dire.
Le lieu où je me suis éveillé
n'est pas ma demeure,
mais je ne puis te dire
où je demeurais,
je ne voyais pas le soleil,
je ne voyais pas non plus la terre ni les hommes:
mais ce que j'ai vu là,
je ne puis te le dire.
J'étais
25 où depuis toujours j'avais été,
où pour toujours je vais:
19 dans le vaste royaume
de la nuit des mondes.
Un seul savoir
11a là-bas nous appartient:
le divin, l'éternel,
l'immémorial oubli!
1a Comment son pressentiment s'est-il évanoui?
nostalgique avertissement:
ainsi vais-je te nommer,
toi qui, de nouveau, m'a poussé
vers la lumière du jour.
18a, 18b Ce qui seul m'était resté,
un amour brûlant et fervent,
me chassa loin de l'horreur ivre
de la mort, pour voir la lumière
11a qui fallacieusement, claire et dorée,
18a, 18b pour toi luit encore, Isolde!
(Kurwenal, saisi d'épouvante, se cache le visage. Tristan se redresse peu à peu.)
11a Isolde encore,
au royaume du soleil!
Dans l'éclat du jour
encore Isolde!
8, 2 Quelle fièvre,
quelle angoisse,
de la voir
quelle impatience!
9 J'entendais déjà
derrière moi
se refermer avec fracas
les portes de la mort:
les voici de nouveau
grandes ouvertes,
11a forcées
18b par les rayons du soleil:
les yeux ouverts à la lumière,
il me faut émerger de la nuit;
21 la chercher,

sie zu sehen;
sie zu finden,
in der einzig
zu vergehen,
zu entschwinden
Tristan ist vergönnt.
Weh', nun wächst'
bleich und bang,
mir des Tages
wilder Drang;
grell und täuschend
sein Gestirn
weckt zu Trug
und Wahn mir das Hirn!
Verfluchter Tag
mit deinem Schein!
Wachst du ewig
meiner Pein?
Brennt sie ewig,
diese Leuchte,
die selbst nachts
vor mir mich scheuchte?
Ach, Isolde,
süsse Holde!
Wann endlich
wann, ach wann
löschtest du die Zünde,
dass sie mein Glück mir künde?
Das Licht – wann löscht es aus?
(Er sinkt erschöpft leise zurück.)
Wann wird es Nacht im Haus?

la voir,
la trouver,
en elle seule
s'éteindre,
s'effacer:
26 à Tristan cette grâce est accordée.
Malheur! à présent pèse
sur moi, pâle et oppressante,
la pression croissante
et féroce du jour;
aveuglant et trompeur,
son astre
éveille au leurre
et à l'illusion mon esprit!
11a Jour maudit,
avec ta clarté,
vas-tu pour l'éternité
accroître mon tourment?
Brûlera-t-il éternellement,
ce flambeau
qui même la nuit
15 me faisait fuir loin d 'elle?
Ah! Isolde,
douce Isolde,
quand enfin,
quant, oh! quand
1a éteindras-tu cette torche,
la laissant m'annoncer mon bonheur?
16 La lumière – quand s'éteindra-t-elle?
(Épuisé, il retombe doucement sur sa couche.)
1a Quand fera-t-il nuit dans la maison?

KURWENAL *(nach grosser Erschütterung aus der Niedergeschlagenheit sich aufraffend)*
Der einst ich trotzt',
aus Treu' zu dir,
mit dir nach ihr
nun muss ich mich sehnen.
Glaub meinem Wort:
du sollst sie sehen
hier und heut;
den Trost kann ich dir geben –
ist sie nur selbst noch am Leben.

KURWENAL *(profondément bouleversé, surmontant son abattement)*
Celle que j'ai défiée jadis
par fidélité envers toi,
je dois maintenant avec toi
fiévreusement l'attendre.
Fie-toi à ma parole,
tu vas la voir
ici même et aujourd'hui!
je puis t'offrir ce réconfort –
si elle-même est encore en vie.

TRISTAN *(sehr matt)*
Noch losch das Licht nicht aus,
noch ward's nicht Nacht im Haus:
Isolde lebt und wacht;
sie rief mich aus der Nacht.

TRISTAN *(d'une voix éteinte)*
La lumière ne s'est pas encore éteinte,
il ne fait pas encore nuit dans la maison:
11a Isolde vit et veille,
1a son appel m'a tiré de la nuit.

KURWENAL
Lebt sie denn,
so lass dir Hoffnung lachen!
Muss Kurwenal dumm dir gelten,
heut sollst du ihn nicht schelten.
Wie tot lagst du
seit dem Tag,
da Melot, der Verruchte,
dir eine Wunde schlug.
Die böse Wunde,
wie sie heilen?
Mir tör' gem Manne
dünkt' es da,
wer einst dir Morolds

KURWENAL
Si elle vit donc,
29 laisse l'espoir te sourire!
Si Kurwenal te semble stupide,
tu ne dois pas l'en blâmer aujourd'hui.
Tu gisais comme mort
depuis le jour
où Melot le maudit
12 t'infligea cette blessure.
Cette plaie pernicieuse,
comment la guérir?
A moi, stupide,
il me sembla
17 que celle qui jadis

Wunder schloss,
der heilte leicht die Plagen,
von Melots Wehr geschlagen.
Die beste Ärztin
bald ich fand;
nach Kornwall hab' ich
ausgesandt:
ein treuer Mann
wohl übers Meer
bringt dir Isolden her.

TRISTAN *(ausser sich)*
Isolde kommt!
Isolde naht!
(Er ringt gleischsam nach Sprache.)
O Treue! Hehre,
holde Treue!
(Er zieht Kurwenal an sich und umarmt ihn.)
Mein Kurwenal,
du trauter Freund!
Du Treuer ohne Wanken,
wie soll dir Tristan danken?
Mein Schild, mein Schirm
in Kampf unt Streit,
zu Lust und Leid
mir stets bereit:
wen ich gehasst,
den hasstest du;
wen ich geminnt
den minntest du.
Dem guten Marke,
dient' ich ihm hold,
wie warst du ihm treuer als Gold!
Musst' ich verraten
den edlen Herrn,
wie betrogst du ihn da so gern!
Dir nicht eigen,
einzig mein,
mit leidest du,
wenn ich leide:
nur was ich leide,
das kannst du nicht leiden!
Dies furchtbare Sehnen,
das mich sehrt;
dies schmachtende Brennen,
das mich zehrt;
wollt' ich dir's nennen,
könntest du's kennen:
nicht hier würdest du weilen,
zur Warte müsstest du eilen, –
mit allen Sinnen
sehnend von hinnen
nach dorten trachten und spähen,
wo ihre Segel sich blähen,
wo vor den Winden,
mich zu finden,
von der Liebe Drang befeuert,
Isolde zu mir steuert! –
Es naht! Es naht
mit mutiger Hast!
Sie weht, sie weht –
die Flagge am Mast.
Das Schiff! Das Schiff!
Dort streicht es am Riff!

12 referma la plaie de Morold
guérirait aisément les blessures
1a faites par l'arme de Melot.
La plus habile guérisseuse,
je l'ai bientôt trouvée,
j'ai envoyé un messager
en Cornouailles:
un homme fidèle
par-delà la mer
31 te ramènera Isolde.

TRISTAN *(hors de lui)*
Isolde arrive,
Isolde approche!
(Il fait un violent effort pour parler)
Oh fidélité! Sublime,
bonne fidélité!
(Il attire à lui Kurwenal et l'étreint.)
31 Mon Kurwenal,
ami tant aimé,
toi, fidèle sans défaillance,
Tristan peut-il te remercier?
Mon bouclier, ma protection
dans la bataille et dans la lutte,
dans la joie et dans l'affliction,
toujours prêt à mes côtés:
31 celui que je haïssais,
tu le haïssais aussi,
celui que j'aimais,
27 tu l'aimais aussi.
Tant que je servais avec dévouement
le bon roi Marke
27 tu lui fus plus fidèle que l'or,
mais lorsque je dus trahir
ce noble seigneur,
comme tu le trompas sans hésiter!
31 Ne t'appartenant pas,
à moi seul dévoué,
27 tu souffres avec moi
lorsque je souffre,
mais ce que je souffre,
18a tu ne peux le souffrir!
18b Cette fièvre effrayante
qui m'embrase,
cette ardeur dévorante
qui me brûle,
si je voulais te les nommer
et si tu pouvais les connaître,
27 tu ne resterais pas ici,
il te faudrait courir au guet
et de tous tes sens en éveil,
impatient, du rivage
vers le large guetter,
là où les voiles se gonflent,
là où sous les vents,
pour me retrouver,
poussée par sa passion brûlante,
Isolde vers moi se dirige!
Il approche, il approche,
avec une hâte intrépide,
il flotte, il flotte,
au mât le pavillon,
le navire, le navire!
Il frôle le récif!

Siehst du es nicht?
(heftig)
Kurwenal, siehst du es nicht?

(Als Kurwenal, um Tristan nicht zu verlassen, zögert, und dieser in schweingender Spannung auf ihn blickt, ertönt, wie zu Anfang, näher, dann ferner, die klagende Weise des Hirten.)

KURWENAL *(nieder geschlagen)*
Noch ist kein Schiff zu sehn!

TRISTAN *(hat mit abnehmender Aufregung gelauscht und beginnt nun mit wachsender Schwermut)*
Muss ich dich so verstehn,
du alte ernste Weise,
mit deiner Klage Klang?
Durch Abendwehen
drang sie bang,
als einst dem Kind
des Vaters Tod verkündet.
Durch Morgengrauen
bang und bänger,
als der Sohn
der Mutter Los vernahm.
Da er mich zeugt' und starb,
sie sterbend mich gebar.
Die alte Weise
sehnsuchtbang
zu ihnen wohl
auch klagend drang,
die einst mich Frug
und jetzt mich frägt:
zu welchem Los erkoren,
ich damals wohl geboren?
Zu welchem Los?
Die alte Weise
sagt mir's wieder:
mich sehnen – und sterben!
Nein! Ach nein!
So heisst sie nicht!
Sehnen! Sehnen!
Im Sterben mich zu sehnen,
vor Sehnsucht nicht zu sterben!
Die nie erstirbt,
sehnend nun ruft
um Sterbens Ruh'
sie der fernen Ärztin zu. –
Sterbend lag ich
stumm im Kahn,
der Wunde Gift
dem Herzen nah':
Sehnsuchtklagend
klang die Weise;
den Segel blähte der Wind
hin zu Irlands Kind.
Die Wunde, die
sie heilend schloss,
riss mit dem Schwert
sie wieder los;
das Schwert dann aber –
liess sie sinken;
den Gifttrank gab sie
mir zu trinken;

Ne le vois-tu pas?
28 *(avec violence)*
Kurwenal, ne le vois-tu pas?

(Comme Kurwenal hésite, de peur de quitter Tristan et que celui-ci, plein d'une tension muette, lève le regard vers lui – de même qu'au début, plus proche, puis plus éloignée, monte la mélopée du berger.)

KURWENAL *(abattu)*
28 Aucun navire n'est encore en vue!

TRISTAN *(a écouté avec une émotion qui s'atténue peu à peu et commence, avec une mélancolie croissante)*
Faut-il ainsi te comprendre,
antique et grave mélodie,
avec ton plaintif écho?
À travers la brise du soir,
28 pleine d'angoisse elle perçait
lorsque jadis elle annonçait
à l'enfant la mort de son père.
À travers la brume de l'aube,
toujours plus angoissée,
lorsque le fils
sut le sort de sa mère.
M'ayant engendré il mourut,
en mourant elle me mit au monde.
L'antique mélodie
emplie d'une attente angoissée,
dans leur cœur aussi
fit pénétrer ses plaintes,
jadis elle m'avait demandé,
aujourd'hui encore elle me demande:
pour quelle destinée
suis-je alors né?
28 Pour quelle destinée?
11a L'antique mélodie
me le redit:
brûler de désir et mourir.
Non! Ah non!
Tel n'est pas son sens!
18b Désirer! Désirer!
1a Dans la mort brûler de désir,
28 non de désir mourir!
Elle qui jamais ne meurt
appelle à présent, pleine d'ardeur
pour le repos de la mort
12, 28 de la lointaine guérisseuse. –
Mourant je gisais,
muet dans l'esquif,
le poison de la plaie
28, 11a tout près du cœur:
ardente et plaintive
monta la mélodie,
28, 11a le vent gonflait la voile
vers la fille d'Irlande.
12 La plaie qu'elle avait
refermée par ses soins,
elle la rouvrit
avec une épée;
mais cette épée alors
4 elle la laissa choir;
elle me donna à boire
le philtre empoisonné;

wie ich da hoffte		alors que j'espérais
ganz zu genesen,		guérir tout à fait,
da ward der sehrendste	**1b, 18a**	le plus pernicieux
Zauber erlesen:	**28, 18b**	des charmes fut choisi:
dass nie ich sollte sterben,	**1a**	pour que jamais je ne périsse,
mich ew'ger Qual vererben!		gagnant un éternel supplice.
Der Trank! Der Trank!		Le philtre, le philtre!
Der furchtbare Trank!		L'effroyable philtre!
Wie vom Herz zum Hirn		Du cœur au cerveau
er wütend mir drang!		sa fureur m'envahit.
Kein Heil nun kann,		Nul salut à présent,
kein süsser Tod		nulle mort clémente
je mich befrei'n		ne peuvent me délivrer
von der Sehnsucht Not:		de la détresse du désir:
nirgends, ach nirgends		nulle part, ah! nulle part
find' ich Ruh:	**11a, 28**	je ne trouve de repos:
mich wirft die Nacht		la nuit me rejette
dem Tage zu,		aux rives du jour,
um ewig an meinen Leiden		pour que l'œil du soleil se repaisse
der Sonne Auge zu weiden.		à jamais de mes souffrances!
O dieser Sonne	**26, 11a**	Oh, le rayon incendiaire
sengender Strahl,		de ce soleil,
wie brennt mir das Hirn		comme il embrase mon cerveau
seine glühende Qual!		d'un supplice ardent!
Für dieser Hitze	**28c,1a**	Contre la fièvre brûlante
heisses Verschmachten,	**28a**	de cette fournaise,
ach, keines Schattens		ah! nulle ombre n'étend
kühlend Umnachten!		sa nocturne fraîcheur alentour,
Für dieser Schmerzen		contre la torture effroyable
schreckliche Pein,		de ces maux,
welcher Balsam sollte		quel baume pourrait
mir Lindrung verleihn?		m'apporter un soulagement?
Den furchtbaren Trank,		Ce philtre effrayant
der der Qual mich vertraut,		qui me livre au tourment,
ich selbst – ich selbst,		c'est moi-même, moi-même,
ich hab' ihn gebraut!	**32**	c'est moi qui l'ai brassé!
Aus Vaters Not		Avec la détresse de mon père
und Mutterweh,		et la douleur de ma mère,
aus Liebestränen		avec les larmes d'amour
eh und je –		depuis toujours.
aus Lachen und Weinen,		Dans les rires et les pleurs,
Wonnen und Wunden		dans les joies et les plaies,
hab'ich des Trankes		j'ai trouvé les poisons
Gifte gefunden!	**1a**	du breuvage!
Den ich gebraut,		Toi que j'ai brassé,
der mir geflossen,		toi qui as coulé en moi,
den wonneschlürfend		toi dont j'ai savouré l'ivresse
je ich genossen –	**28**	avec une pure jouissance,
verflucht sei, furchtbarer Trank!	**32**	sois maudit, philtre effroyable!
Verflucht, wer dich gebraut!	**1a**	Maudit celui qui t'a brassé!
(Er sinkt ohnmächtig zurück)	**11a**	*(il s'affaisse sans connaissance)*
KURWENAL *(der vergebens Tristan zu mässigen suchte, schreit entsetzt auf)*		KURWENAL *(après avoir cherché en vain à modérer Tristan, crie, effrayé)*
Mein Herre Tristan!	**32**	Mon maître Tristan!
Schrecklicher Zauber!		Charme effrayant!
O Minnetrug!		Oh leurre de l'amour,
O Liebeszwang!		oh contrainte de la passion!
Der Welt holdester Wahn,		La plus douce illusion du monde,
wie ist's um dich getan!		ainsi, c'en est fait de toi!
Hier liegt er nun,		Ici gît maintenant
der wonnige Mann,		cet homme sublime
der wie keiner geliebt und geminnt.		aimé et chéri comme nul autre!
Nun seht, was von ihm		Voyez maintenant la gratitude

sie Dankes gewann,
was je Minne sich gewinnt!
(mit schluchzender Stimme)
Bist du nun tot?
Lebst du noch?
Hat dich der Fluch entführt?
(Er lauscht seinem Atem.)
O Wonne! Nein!
Er regt sich, er lebt! –
Wie sanft er die Lippen rührt!

TRISTAN *(langsam wieder zu sich kommend)*
Das Schiff? Siehst du's noch nicht?

KURWENAL
Das Schiff? Gewiss,
es naht noch heut';
es kann nicht lang' mehr säumen.

TRISTAN
Und drauf Isolde,
wie sie winkt, –
wie sie hold
mir Sühne trinkt:
siehst du sie?
Siehst du sie noch nicht?
Wie sie selig,
hehr und milde
wandelt durch
des Meers Gefilde?
Auf wonniger Blumen
sanften Wogen
kommt sie licht
ans Land gezogen.
Sie lächelt mir Trost
und süsse Ruh',
sie führt mir letzte
Labung zu.
Ach, Isolde, Isolde!
Wie schön bist du!
Und Kurwenal, wie,
du sähst sie nicht?
Hinauf zur Warte,
du blöder Wicht!
Was so hell und licht ich sehe,
dass das dir nicht entgehe!
Hörst du mich nicht?
Zur Warte schnell!
Eilig zur Warte!
Bist du zur Stell'?
Das Schiff? Das Schiff?
Isoldens Schiff?
Du musst es sehen,
musst es sehen!
Das Schiff? Sähst du's noch nicht?
(Während Kurwenal noch zögernd mit Tristan ringt, lässt der Hirt von aussen die Schalmei ertönen. Kurwenal springt freudig auf.)

KURWENAL
O Wonne! Freude!
(Er stürzt auf die Warte und späht aus.)
Ha! Das Schiff!
Von Norden seh' ich's nahen.

que l'amour lui a value,
celle que l'amour toujours récolte!
(avec des sanglots dans la voix)
Es-tu mort à présent?
Vis-tu encore?
1a La malédiction t'a-t-elle emporté?
(il épie sa respiration.)
Oh joie! Non!
Il bouge, il vit!
Comme il remue doucement les lèvres!

TRISTAN *(revenant lentement à lui)*
Le navire? Ne le vois-tu pas?

KURWENAL
Le navire? Certainement,
il approche aujourd'hui même,
il ne peut tarder davantage.

TRISTAN
À son bord Isolde,
3, 11a comme elle me fait signe,
comme avec grâce elle boit
pour notre réconciliation!
La vois-tu?
1a, 21 Ne la vois-tu pas encore?
Comme radieuse,
sublime et tendre,
elle glisse à travers
les champs de la mer?
Sur les vagues douces
aux efflorescences exquises,
lumineuse, elle avance,
poussée vers le rivage.
Son sourire m'annonce
apaisement et doux repos,
elle m'apporte l'ultime
consolation.
Ah, Isolde! Isolde!
20a Comme tu es belle!
Et toi, Kurwenal, comment
ne la vois-tu pas?
Vite au guet,
misérable aveugle!
20a Ce que je vois avec tant de clarté
ne doit pas t'échapper!
Ne m'entends-tu pas?
Au guet, sans tarder!
Vite, au guet!
Es-tu à ton poste?
Le navire? Le navire?
Le navire d'Isolde?
Tu dois le voir,
tu dois le voir,
le navire? Ne le vois-tu pas?
(Tandis que Kurwenal, encore hésitant, lutte avec Tristan, dehors le berger fait entendre son chalumeau. Kurwenal bondit joyeusement.)

KURWENAL
Oh ivresse! Oh joie!
(Il se précipite vers le donjon et scrute l'horizon.)
Ah! le navire!
20a Du nord je le vois approcher.

TRISTAN *(in wachsender Begeisterung)*
Wusst' ich's nicht?
Sagt' ich's nicht,
dass sie noch lebt,
noch Leben mir webt?
Die mir Isolde
einzig enthält,
wie wär' Isolde
mir aus der Welt?

TRISTAN *(avec une exaltation croissante)*
Ne le savais-je pas?
Ne le disais-je pas?
Elle vit encore
et tisse toujours les fils de ma vie!
Puisque pour moi
il ne contient qu'Isolde,
comment Isolde serait-elle
en dehors de ce monde?

KURWENAL *(von der Warte zurückrufend, jauchzend)*
Heiha! Heiha!
Wie es mutig steuert!
Wie stark der Segel sich bläht!
Wie es jagt, wie es fliegt!

KURWENAL *(exultant depuis la tour de guet)*
Heiha! Heiha!
Comme la nef navigue hardiment!
Comme la voile se gonfle puissamment!
Comme elle court, comme elle vole!

TRISTAN
Die Flagge? Die Flagge?

TRISTAN
Le pavillon? Le pavillon?

KURWENAL
Der Freude Flagge
am Wimpel lustig und hell!

KURWENAL
Le pavillon de joie
au mât, joyeux et clair!

TRISTAN *(auf dem Lager hoch sich aufrichtend)*
Hahei! Der Freude!
Hell am Tage
zu mir Isolde!
Isolde zu mir!
Siehst du sie selbst?

TRISTAN *(se redressant sur sa couche)*
Hahei! oh joie
claire, au grand jour,
à moi Isolde!
Isolde à moi!
La vois-tu elle-même?

KURWENAL
Jetzt schwand das Schiff
hinter dem Fels.

KURWENAL
À présent le navire a disparu
derrière la falaise.

TRISTAN
Hinter dem Riff?
Bringt es Gefahr?
Dort wütet die Brandung,
scheitern die Schiffe!
Das Steuer, wer führt's?

TRISTAN
Derrière le récif?
y a-t-il danger?
Là le ressac fait rage,
les navires échouent!
Qui tient la barre?

KURWENAL
Der sicherste Seemann.

KURWENAL
Le marin le plus sûr.

TRISTAN
Verriet' er mich?
Wär' er Melots Genoss?

TRISTAN
Me trahirait-il?
Serait-ce un complice de Melot?

KURWENAL
Trau' ihm wie mir!

KURWENAL
Fie-toi à lui comme à moi!

TRISTAN
Verräter auch du!
Unsel'ger!
Siehst du sie wieder?

TRISTAN
Traître toi aussi!
Malheureux!
Les vois-tu de nouveau?

KURWENAL
Noch nicht.

KURWENAL
Pas encore!

TRISTAN
Verloren!

TRISTAN
Perdus!

KURWENAL *(jauchzend)*
Heiha! Hei ha ha ha!

KURWENAL *(exultant)*
Heia! Hei ha ha ha!

Vorbei! Vorbei!
Glücklich vorbei!

TRISTAN *(jauchzend)*
Hei ha ha ha! Kurwenal,
treuester Freund!
All' mein Hab' und Gut
vererb' ich noch heute.

KURWENAL
Sie nahen im Flug.

TRISTAN
Siehst du sie endlich?
Siehst du Isolde?

KURWENAL
Sie ist's! Sie winkt!

TRISTAN
O seligstes Weib!

KURWENAL
Im Hafen der Kiel!
Isolde, ha!
mit einem Sprung
springt sie vom Bord ans Land.

TRISTAN
Herab von der Warte,
müssiger Gaffer!
Hinab! Hinab
an den Strand!
Hilf ihr! Hilf meiner Frau!

KURWENAL
Sie trag' ich herauf:
trau' meinen Armen!
Doch du, Tristan,
bleib' mir treulich am Bett!
(Kurwenal eilt fort.)

ZWEITE SZENE

TRISTAN *(in höchster Aufregung auf dem Lager sich mühend)*
O diese Sonne!
Ha, dieser Tag!
Ha, dieser Wonne
sonnigster Tag!
Jagendes Blut,
jauchzender Mut!
Lust ohne Massen,
freudiges Rasen!
Auf des Lagers Bann
wie sie ertragen?
Wohlauf und daran,
wo die Herzen schlagen!
Tristan der Held,
in jubelnder Kraft,
hat sich vom Tod
emporgerafft!
(Er richtet sich hoch auf.)
Mit blutender Wunde

Passés! Passés!
Heureusement passés!

TRISTAN *(exultant)*
Hei ha ha ha! Kurwenal,
le plus fidèle des amis!
Tout mon avoir et tous mes biens,
je te les lègue aujourd'hui même!

KURWENAL
Ils approchent en grande hâte.

TRISTAN
La vois-tu enfin?
Vois-tu Isolde?

KURWENAL
C'est elle! Elle nous fait signe!

TRISTAN
20a Oh bienheureuse femme!

KURWENAL
Le navire est au port!
Isolde, ha!
D'un bond
elle saute du bord sur le sol.

TRISTAN
Quitte ton guet,
paresseux badaud!
Descends! Descends
jusqu'au rivage
Aide-la! Aide ma dame!

KURWENAL
Je la porterai jusqu'ici,
12 fie-toi à mes bras!
Mais toi, Tristan,
confiant, reste couché.
(Kurwenal s'éloigne en hâte.)

SCÈNE II

TRISTAN *(au comble de l'excitation, il s'agite vivement sur sa couche)*
20a Oh ce soleil!
17 Ah ce jour!
18c Ah! jour ensoleillé
5 de cette extase!
Sang qui bouillonne,
cœur qui jubile!
Bonheur sans mesure,
20a joyeuse fureur!
21 cloué sur cette couche,
comment les supporter?
Debout! et courons
là où battent les cœurs!
Tristan le héros,
de sa force exultante,
s'est relevé
20 de la mort!
(Il se redresse de toute sa taille.)
Avec une plaie sanglante

bekämpft' ich einst Morolden,
mit blutender Wunde
erjag' ich mir heut' Isolden!
(Er reisst sich den Verband der Wunde auf.)
Heia, mein Blut!
Lustig nun fliesse!
(Er springt vom Lager herab und schwankt vorwärts.)
Die mir die Wunde
auf ewig schliesse –
sie naht wie ein Held,
sie naht mir zum Heil!
Vergeh' die Welt
meiner jauchzenden Eil'!
(Er taumelt nach der Mitte der Bühne.)

ISOLDE *(von aussen)*
Tristan! Geliebter!

TRISTAN *(in der furchtbarsten Aufregung)*
Wie, hör' ich das Licht?
Die Leuchte, da!
Die Leuchte verlischt!
Zu ihr! Zu ihr!

(Isolde eilt atemlos herein. Tristan, seiner nicht mächtig, stürzt sich ihr schwankend entgegen. In der Mitte der Bühne begegnen sie sich; sie empfängt ihn in ihren Armen. Tristan sinkt langsam in ihren Armen zu Boden.)

ISOLDE
Tristan! Ha!

TRISTAN *(sterbend zu ihr aufblickend)*
Isolde!

ISOLDE
Ha! Ich bin's, ich bin's,
süssester Freund!
Auf, noch einmal
hör' meinen Ruf!
Isolde ruft:
Isolde kam,
mit Tristan treu zu sterben!
Bleibst du mir stumm?
Nur eine Stunde,
nur eine Stunde
bleibe mir wach!
So bange Tage
wachte sie sehnend,
um eine Stunde
mit dir noch zu wachen:
betrügt Isolden,
betrügt sie Tristan
um dieses einzige,
ewig kurze
letzte Weltenglück?
Die Wunde? Wo?
Lass sie mich heilen!
Dass wonnig und hehr
die Nacht wir teilen;
nicht an der Wunde,
an der Wunde stirb mir nicht:
uns beiden vereint
erlösche das Lebenslicht!

jadis j'ai combattu Morold,
avec une plaie sanglante
21 aujourd'hui j'ai conquis Isolde!
(Il arrache le bandage de ses blessures.)
Heia, mon sang!
Coule enfin, joyeux!
(Il bondit de sa couche et s'avance en titubant.)
Celle qui va refermer
pour toujours ma blessure
s'avance comme un héros,
s'avance pour mon salut!
Que le monde s'efface
devant cette hâte exultante!
(Il avance en chancelant vers le milieu de la scène.)

15 ISOLDE *(du dehors)*
Tristan! Bien-aimé!

TRISTAN *(en proie à une terrible excitation)*
Quoi? J'entends la lumière?
Le flambeau, là!
Le flambeau s'éteint!
9 Vers elle! Vers elle!

(Isolde entre, à bout de souffle. Tristan, ne se dominant plus se précipite vers elle en titubant. Ils se rencontrent au
1b *milieu de la scène; elle le reçoit dans ses bras. Tristan*
1a *s'affaisse lentement dans ses bras jusqu'à terre.)*

ISOLDE
1c Tristan! Ah!

2 TRISTAN *(expirant, le regard levé vers elle)*
Isolde!

ISOLDE
Ah! me voici, me voici,
le plus doux des amis!
Lève-toi encore,
33a entends mon appel!
Isolde appelle:
Isolde est venue
33b mourir, fidèle, avec Tristan!
Restes-tu muet?
Une heure seulement,
une heure seulement
27 veille avec moi!
Durant tant de jours angoissés
elle-même a veillé en soupirant,
pour avec toi
veiller encore une heure!
Tristan trompera-t-il Isolde,
la trompera-t-il
1a pour cet unique,
18c cet éternel, ce bref
et ultime bonheur terrestre?
33 La plaie? Où est-elle?
22 Laisse-moi la guérir!
Afin qu'avec extase et majesté
18b nous partagions la nuit;
23 de cette plaie,
de cette plaie ne meurs pas!
3 Que la clarté de la vie s'éteigne
33a sur nous deux réunis!

Gebrochen der Blick!
Still das Herz!
Nicht eines Atems
flücht'ges Weh'n! –
Muss sie nun jammernd
vor dir steh'n,
die sich wonnig dir zu vermählen
mutig kam übers Meer?
Zu spät!
Trotziger Mann!
Strafst du mich so
mit härtestem Bann?
Ganz ohne Huld
meiner Leidensschuld?
Nicht meine Klagen
darf ich dir sagen?
Nur einmal, ach!
nur einmal noch! –
Tristan! – Ha! –
Horch! Er wacht!
Geliebter!
(Sie sinkt bewusstlos über der Leiche zusammen.)

33b Brisé le regard!
33 Silencieux le cœur!
Pas même la brise fugace
d'une respiration!
Doit-elle à présent, désolée,
se tenir devant toi,
23 celle qui pour t'épouser dans l'extase
vaillamment a traversé la mer?
33 Trop tard!
Homme arrogant!
M'as-tu châtiée ainsi
par l'exil le plus dur?
Sans la moindre indulgence
pour ma dette de souffrance?
Ne puis-je devant toi
33 pousser mes plaintes?
Une seule fois, ah!
Une fois encore!
Tristan! ah!
écoute! Il veille!
22 Bien-aimé!
(Elle s'effondre sans connaissance sur le corps de Tristan.)

DRITTE SZENE

Kurwenal war sogleich hinter Isolde zurückgekommen; sprachlos in furchtbarer Erschütterung hat er dem Auftritte beigewohnt und bewegungslos auf Tristan hingestarrt. Aus der Tiefe hört man jetzt dumpfes Gemurmel und Waffengeklirr. Der Hirt kommt über die Mauer gestiegen.

HIRT *(hastig und leise sich zu Kurwenal wendend)*

Kurwenal! Hör!
Ein zweites Schiff.
(Kurwenal fährt heftig auf und blickt über die Brüstung, während der Hirt aus der Ferne erschüttert auf Tristan und Isolde sieht.)

KURWENAL *(in Wut ausbrechend)*
Tod und Hölle!
Alles zur Hand!
Marke und Melot
hab' ich erkannt.
Waffen und Steine!
Hilf mir! Ans Tor!
(Er eilt mit dem Hirten an das Tor, das sie in der Hast zu verrammeln suchen.)

DER STEUERMANN *(stürzt herein)*
Marke mir nach
mit Mann und Volk:
vergebne Wehr!
Bewältigt sind wir.

KURWENAL
Stell dich und hilf!
Solang ich lebe,
lugt mir keiner herein!

BRANGÄNES STIMME *(aussen, von unten her)*
Isolde! Herrin!

SCÈNE III

Profondément bouleversé, revenu aussitôt à la suite d'Isolde, Kurwenal a été le témoin silencieux de cette scène, et reste les yeux fixés sur Tristan. Au loin on entend à présent un tumulte sourd et un cliquetis d'armes. Le berger grimpe sur le mur d'enceinte.

LE BERGER *(à voix basse, se dirigeant en hâte vers Kurwenal)*
Kurwenal! écoute!
Un autre navire!
(Kurwenal bondit et regarde par-dessus le mur, tandis que le berger, bouleversé, contemple de loin Tristan et Isolde.)

29 KURWENAL *(éclatant de fureur)*
30 Enfer et mort!
Tenez-vous prêts!
J'ai reconnu
Marke et Melot!
31 Des armes, des pierres!
28c Aidez-moi! Tous aux portes!
(Avec le berger il se précipite vers les portes qu'ils essaient de barricader en toute hâte.)

LE TIMONIER *(faisant irruption)*
Marke est à mes trousses,
avec ses gardes et ses gens,
toute défense est vaine,
nous sommes vaincus!

KURWENAL
28c Reste à ton poste, aide-nous!
Tant que je vivrai,
nul n'ira ici m'épier!

VOIX DE BRANGÄNE *(du dehors, en contrebas)*
Isolde! Ma maîtresse!

KURWENAL
Brangänen's Ruf?
(hinabrufend)
Was suchst du hier?

BRANGÄNE
Schliess' nicht, Kurwenal!
Wo ist Isolde?

KURWENAL
Verrät'rin auch du?
Weh' dir, Verruchte!

MELOT *(ausserhalb)*
Zurück, du Tor!
Stemm' dich nicht dort!

KURWENAL *(wütend auflachend)*
Heiahaha! Dem Tag,
an dem ich dich treffe!
(Melot, mit gewaffneten Männern, erscheint unter dem Tor; Kurwenal stürzt sich auf ihn und streckt ihn zu Boden.)

KURWENAL
Stirb, schändlicher Wicht!

MELOT
Weh' mir! Tristan!
(Er stirbt.)

BRANGÄNE *(noch ausserhalb)*
Kurwenal! Wütender!
Hör', du betrügst dich!

KURWENAL
Treulose Magd!
(zu den Seinen)
Drauf! Mir nach!
Werft sie zurück!
(Sie kämpfen)

MARKE *(ausserhalb)*
Halte, Rasender!
Bist du von Sinnen?

KURWENAL
Hier wütet der Tod!
Nichts andres, König,
ist hier zu holen:
willst du ihn kiesen, so komm'!
(Er dringt auf Marke und dessen Gefolge ein .)

MARKE *(unter dem Tor mit Gefolge erscheinend)*
Zurück! Wahnsinniger!

BRANGÄNE *(hat sich seitwärts über die Mauer geschwungen und eilt in den Vordergrund)*
Isolde! Herrin!
Glück und Heil!
Was seh ich! Ha!
Lebst du? Isolde!
(Sie müht sich um Isolde. Marke mit seinem Gefolge hat Kurwenal mit dessen Helfern vom Tore zurückgetrieben und dringt herein.)

KURWENAL
Un appel de Brangäne?
(Criant vers le bas)
Que cherches-tu ici?

BRANGÄNE
Ne ferme pas, Kurwenal!
Où est Isolde?

KURWENAL
Vas-tu trahir, toi aussi?
Malheur à toi, maudite!

MELOT *(du dehors)*
Arrière, insensé!
Ne tiens pas tête!

31 KURWENAL (éclatant d'un rire furieux)
Heiahaha! pour le jour
où je t'ai rencontré!
(Melot, escorté d'hommes en armes, apparaît sous les portes; Kurwenal se rue sur lui et le cloue au sol.)

KURWENAL
29, 30 Meurs, misérable!

MELOT
Malheur à moi! Tristan!
28c *(Il meurt)*

BRANGÄNE *(encore à l'extérieur)*
Kurwenal! Enragé!
écoute, tu te trompes!

KURWENAL
Servante infidèle!
(aux siens)
En avant! Suivez-moi!
29 Repoussez-les!
(Ils se battent)

MARKE *(du dehors)*
Arrête, furieux!
As-tu perdu l'esprit?

KURWENAL
Ici la mort fait rage!
32 Oh roi, rien d'autre
à chercher en ce lieu:
31 Si tu l'as choisie, viens!
(Il s'élance vers Marke et son escorte.)

MARKE *(apparaissant sous les portes avec ses hommes)*
28c, 31 Arrière, dément!

BRANGÄNE *(enjambant le muret, sur le côté, se précipite vers le devant de la scène)*
Isolde! Ma maîtresse!
Bonheur et salut!
33 Que vois-je? Ah!
Vis-tu? Isolde?
(Elle s'empresse auprès d'Isolde. Ayant repoussé du portail Kurwenal et ses aides, Marke et son escorte font irruption.)

MARKE
O Trug und Wahn!
Tristan, wo bist du?

MARKE
Oh tromperie et illusion:
Tristan où es-tu?

KURWENAL *(schwer verwundet, schwankt vor Marke her nach dem Vordergrund)*
Da liegt er –
hier – wo ich – liege.
(Er sinkt bei Tristans Füssen zusammen.)

KURWENAL *(grièvement blessé, il s'avance sur la scène, vers Marke en titubant)*
Il git là –
ici – où je gis moi-même.
(Il s'effondre aux pieds de Tristan.)

MARKE
Tristan! Tristan!
Isolde! Weh!

MARKE
Tristan! Tristan!
Isolde! Malheur!

KURWENAL *(nach Tristans Hand fassen)*
Tristan, Trauter,
schilt mich nicht,
dass der Treue auch mitkommt!
(Er stirbt.)

KURWENAL *(saisissant la main de Tristan)*
31 Tristan, tendre ami,
30 ne me blâme pas
23 si, fidèle, je t'accompagne!
1a *(Il meurt.)*

MARKE
Tot denn alles!
Alles tot!
Mein Held, mein Tristan!
Trautester Freund,
auch heute noch
musst du den Freund verraten?
Heut, wo er kommt,
dir höschte Treu' zu bewähren?
Erwache! Erwache!
Erwache meinem Jammer!
(Schluchzend über die Leiche sich herabbeugend.)
Du treulos treuster Freund!

33 MARKE
Ils sont tous morts!
24 Morts, tous!
Mon héros, mon Tristan!
Le plus tendre des amis,
ah! faut-il aujourd'hui
encore que tu trahisses ton ami?
Aujourd'hui même alors qu'il vient
33 te témoigner sa suprême fidélité?
Éveille-toi! éveille-toi,
24 éveille-toi à mes lamentations!
(Se penchant en sanglotant sur le corps)
22 Ami fidèle et infidèle!

BRANGÄNE *(die in ihren Armen Isolde wieder zu sich gebracht)*
Sie wacht! Sie lebt!
Isolde! Hör mich,
vernimm meine Sühne!
Des Trankes Geheimnis
entdeckt' ich dem König:
mit sorgender Eil'
stach er in See,
dich zu erreichen,
dir zu entsagen,
dir zuzuführen den Freund!

BRANGÄNE *(qui a pris Isolde dans ses bras et la ranime)*
1a, 1b Elle veille! Elle vit!
Isolde! Entends-moi!
Écoute, j'ai tout réparé!
Le secret du philtre,
je l'ai découvert au roi:
plein d'une hâte soucieuse
1c il a pris la mer
pour te rejoindre,
pour renoncer à toi,
22 pour te rendre l'ami!

MARKE
Warum, Isolde,
warum mir das?
Da hell mir enthüllt,
was zuvor ich nicht fassen konnt',
wie selig, dass den Freund
ich frei von Schuld da fand!
Dem holden Mann
dich zu vermählen,
mit vollen Segeln
flog ich dir nach.
Doch Unglückes
Ungestüm,
wie erreicht es, wer Frieden bringt?
Die Ernte mehrt' ich dem Tod:
der Wahn häufte die Not!

MARKE
Pourquoi, Isolde,
pourquoi m'avoir fait cela?
Lorsque me fut en toute clarté dévoilé
ce que je n'avais pas pu saisir plus tôt,
avec quelle félicité j'ai trouvé
l'ami exempt de toute faute!
Et pour t'unir
au bien-aimé,
à pleines voiles
j'ai vogué vers toi.
Mais celui qui apporte la paix,
peut-il rattraper le malheur
dans sa course?
J'ai gonflé la moisson de la mort:
22 l'illusion a accru la détresse!

BRANGÄNE
Hörst du uns nicht?
Isolde! Traute!
Vernimmst du die Treue nicht?

(Isolde, die nichts um sich her vernommen, heftet das Auge mit wachsender Begeisterung auf Tristans Leiche.)

ISOLDE
Mild und leise
wie er lächelt,
wie das Auge
hold er öffnet, –
seht ihr's, Freunde?
Säht ihr's nicht?
Immer lichter
wie er leuchtet,
Stern-umstrahlet
hoch sich hebt?
Seht ihr's nicht?
Wie das Herz ihm
mutig schwillt,
voll und hehr
im Busen ihm quillt?
Wie den Lippen,
wonnig mild,
süsser Atem
sanft entweht: –
Freunde! Seht!
Fühlt und seht ihr's nicht?
Höre ich nur
diese Weise,
die so wunder-
voll und leise,
Wonne klagend,
alles sagend,
mild versöhnend
aus ihm tönend,
in mich dringet,
auf sich schwinget,
hold erhallend
um mich klinget?
Heller schallend,
mich umwallend,
sind es Wellen
sanfter Lüfte?
Sind es Wogen
wonniger Düfte?
Wie sie schwellen
mich umrauschen,
soll ich atmen,
soll ich lauschen?
Soll ich schlürfen,
untertauchen?
Süss in Düften
mich verhauchen?
In dem wogenden Schwall,
in dem tönenden Schall,
in des Welt-Atems
wehendem All –
ertrinken,
versinken –
unbewusst –

BRANGÄNE
Es-tu sourde à nos voix?
Isolde! Tendre amie!
N'entends-tu pas celle qui t'est fidèle?

(Isolde qui n'a rien perçu de ce qui se passe autour d'elle, fixe les yeux avec une exaltation croissante sur le corps de Tristan.)

ISOLDE
22 Doux et serein,
comme il sourit,
comme il ouvre
avec grâce les yeux!
Le voyez-vous, amis?
Ne le voyez-vous pas?
Toujours plus lumineux,
comme il illumine,
auréolé d'étoiles,
s'élève dans les cieux!
22 Ne le voyez-vous pas?
Comme son cœur
se gonfle avec ardeur,
sublime et plein,
s'exalte dans son sein!
23 Comme de ses lèvres
22 douces et délicieuses,
23 un souffle suave
s'exhale lentement!
Amis! Voyez!
Ne le sentez-vous pas? Ne le voyez-vous pas?
Suis-je seule à entendre
cette mélodie
subtile et merveilleuse,
exquise et langoureuse,
si éloquente,
doucement réconciliante,
qui, jaillissant de lui,
s'infiltre dans mon être,
prend son essor,
avec douceur résonne
16, 23 et vibre autour de moi?

Plus clairs et sonores,
me cernant de leurs vagues,
sont-ce des flots
de vents caressants?
Sont-ce des ondes
d'effluves enivrants?
Comme elles se gonflent,
et murmurent alentour!
Dois-je respirer,
dois-je les épier,
16 dois-je les humer,
m'immerger?
M'évaporer
en suaves senteurs?
Dans le flux frémissant,
l'écho retentissant,
le flot universel
11a de la respiration du monde,
que je m'engloutisse,
que je me noie,
sans conscience,

höchste Lust!

Isolde sinkt, wie verklärt, sanft auf Tristans Leiche. Rührung und Entrückhteit unter den Umstehenden. Marke segnet die Leichen. Der Vorhang fällt langsam.

suprême joie!

Comme transfigurée, Isolde s'affaisse doucement sur le
1a *corps de Tristan. émotion et saisissement de tous les assistants. Marke bénit les cadavres. Le rideau tombe lentement.*

Commentaire

INTRODUCTION

Telle est la blessure d'amour : une béance radicale (aux « racines » de l'être), qui n'arrive pas à se fermer, et d'où le sujet s'écoule, se constituant comme sujet dans cet écoulement même.

ROLAND BARTHES : Fragments d'un discours amoureux.

ELABORATION

Dès la période de Dresde (1842-1849), Richard Wagner a réuni la quasi-totalité des sujets de ses opéras. Cela, à cause d'un approfondissement de ses théories qu'il développera en 1851 dans son ouvrage *Opéra et drame*, et d'une culture tous azimuts qu'a révélée l'étude de sa bibliothèque d'alors.

En ce qui concerne *Tristan et Isolde*, on sait aujourd'hui qu'il en possédait et connaissait toutes les versions disponibles, y compris celles en langue étrangère. De plus, ces livres portent les traces d'une manipulation intense. L'élaboration maillée d'une oeuvre conçue dans sa totalité très tôt et déployée en entrelacs sur une quarantaine d'années se trouve confirmée même pour cette oeuvre particulière, dont le surgissement a longtemps paru fulgurant, voire imprévisible.

Il faut attendre 1854 pour retrouver la trace de la légende dans les préoccupations de l'artiste. A cette époque, il vit à Zurich où il s'est exilé après l'échec de la révolution de 1849. Il est en pleine élaboration de *la Tétralogie*.

Sans tenir compte de la lassitude éprouvée par le compositeur pour un projet énorme, dont il n'entrevoit aucune possibilité de réalisation, lassitude combinée à une sorte de panique psychique de perfectionnisme artistique, on peut relever trois événements d'inégale importance qui catalysent la décision de traiter la légende.

Le premier qu'on situe aux alentours de septembre ou octobre 1854, est la lecture éblouie, reprise plusieurs fois, de l'ouvrage du philosophe Schopenhauer, *le Monde comme volonté et comme représentation* (1818). Dans le cadre de cette étude, nous ne pouvons pas analyser le détail des effets de cette rencontre. Reste que l'impact est déterminant, même s'il faut reconnaître que l'oeuvre musicale est ambiguë, en face des thèses pessimistes du philosophe et jusque dans sa composante mortifère. Chez Wagner, il y a un brassage idéologique plus complexe, qui mêle christianisme, bouddhisme, orientalisme, anarchisme et romantisme (Novalis, Schlegel, Von Platen). « Il est l'homme vraiment qui ramasse dans son poing l'histoire[1]. »

Le deuxième élément est une superbe anecdote, où s'entrevoit la jouissance polémique de l'individu Wagner. Au cours d'une promenade avec son ami Karl Ritter, toujours en octobre 1854, Wagner est piqué au vif par le projet de son ami, littérateur dilettante, sur ce même sujet. Au retour, Wagner couche sur le papier un scénario en trois actes, où figure la voile noire de la légende et où apparaît Parsifal au cours de l'acte III, Tristan-blessé étant la préfiguration d'Amfortas.

Le troisième élément, le plus connu, le plus romanesque, est Malthilde Wesendonk. Richard Wagner et sa femme Minna connaissent Otto et Mathilde depuis 1852. Otto Wensendonk est un homme d'affaires, immensément riche, qui sera le mécène bienveillant de l'artiste pendant ces années et même au-delà de la crise de 1858. Avec Mathilde, c'est l'étonnante adhérence d'une histoire d'amour et d'une oeuvre dont les liens de cause à effet, aller-retour, difficiles à démêler, amusent ceux qui s'étonnent des relations spéculaires de l'existence, du travail, du désir. En fait, nous ne saurons jamais où se situe la préséance dans cet ajustage subtil des passes du désir. Merveilleux tour !

En tout cas, la catalyse s'opère en cette fin d'année 1854, et Wagner, dans une lettre adressée à Liszt le 16 décembre 1854 l'exprime avec émotion en ces termes : « Or, comme je n'ai dans mon existence jamais connu le vrai bonheur de l'amour, je veux encore élever au plus beau de tous les rêves un monument où, depuis le commencement jusqu'à la fin, cet amour s'accomplira cette fois vraiment jusqu'à saturation : j'ai dans la tête l'ébauche d'un *Tristan et Isolde*, le projet musical le

---

1. Marcel BEAUFILS : *Wagner et le wagnérisme*, Paris, Aubier, 1980.
2. Martin GREGOR-DELLIN : *Richard Wagner*, Paris, Fayard, 1981.

plus simple, mais aussi le plus rempli de sève qui soit. Puis de ce pavillon noir qui flotte à la fin, je me couvrirai pour mourir [2].»

Ce texte suffirait à démarquer l'oeuvre de Schopenhauer. Quant à « ce drapeau noir », on sent déjà le déplacement métonymique s'y opérer : il deviendra la thème nocturne et mortifère qui le rendra inutile. Plus encore, cette manière de déni sur l'oeuvre à faire qui s'exprime contradictoirement : (« le plus simple qui soit, mais aussi le plus rempli de sève »). Au début de sa réalisation, Wagner la pense comme une diversion salutaire qui sera rapidement menée à bien. Le travail d'épure, de condensation de la légende, il le pense d'un point de vue commercial, comme une simplification qui rendra l'oeuvre facile à monter et à vendre. Il est même d'accord avec la proposition qui lui est faite le 9 mars 1857 par le consul du Brésil d'en faire un opéra italien pour Rio. Mais « la sève » va l'engloutir. On mesure l'abîme quand, dans le Journal adressé à Mathilde, il écrit le 8 décembre 1858 : « Depuis hier je m'occupe à nouveau de Tristan. Je n'en suis toujours qu'au deuxième acte. Mais quelle musique cela va être ! [...] Jamais je n'ai encore rien fait de tel. Mais je me consume complètement dans cette musique ; je ne veux pas savoir quand j'en aurai terminé. Je vis éternellement en elle[3].» Et à Lucerne en 1859 : « Ce Tristan devient quelque chose d'effroyable [4]!» Enfin, cette lettre adressée à Liszt le 8 mai 1859 : « Quelle pitoyable impression j'ai de ma musique, je ne puis assez te le dire ; de tout mon coeur j'ai le sentiment de n'être rien qu'un bousilleur.[...] Quelle intime conviction de ma médiocrité de musicien [5].»

L'amour avec Mathilde, à peine ébauché, se rompt et l'oeuvre s'élabore en échange. Jusqu'au mois de mars 1856, Wagner termine *la Walkyrie*, travail ralenti par une série de concerts à Londres, l'esquisse d'un drame indien, *les Vainqueurs*, qui préoccupera l'artiste jusqu'à la fin de sa vie et des problèmes de santé. Vers la fin de l'année 1856, la composition de *Siegfried* est en route. C'est pendant cette période que Wagner note le motif chromatique et quelques ébauches de thèmes qui seront ceux du duo de l'acte II de *Tristan*. Il se plaint du bruit ambiant et songe à déménager. Alors qu'il a achevé le premier acte de *Siegfried* au début de 1857, Otto Wesendonk achète une propriété et un terrain avec une maison attenante pour éviter qu'on y édifie un asile d'aliénés. Il les propose à Wagner qui emménage à « l'Asile », avec sa femme Minna le 18 avril 1857. En mai, il commence le deuxième acte de *Siegfried*. Or le 18 juin, dans son journal, il note : « Tristan déjà décidé[6].» Cependant, il reprend le travail et achève l'esquisse orchestrale du deuxième acte de *Siegfried*. Il s'arrête définitivement le 9 août 1857.

L'ajustage se perfectionne. Le 20 août 1857, Wagner ébauche, en prose, le poème de *Tristan et Isolde*, et c'est deux jours après que les Wesendonk s'installent dans la propriété voisine. On sait qu'alors Wagner lit quotidiennement Calderon. Le 18 septembre, il achève le texte premier du poème qu'il offre à Mathilde ; au cours de la soirée se fixe ce qui s'écrit parallèlement.

Le 1er octobre 1857, Wagner commence la composition du premier acte, en menant de front les trois stades du travail : ébauche compositionnelle, ébauche orchestrale, partition définitive. Ce premier acte sera achevé le 3 avril 1858. C'est durant cette période de six mois qu'il compose les lieder sur des poèmes de Mathilde qui serviront de matériau pour l'opéra ; six mois entrecoupés, du 14 janvier au 6 février 1858, par un voyage à Paris qui lui permet d'esquiver un moment la rumeur publique qui va bon train à Zurich sur sa liaison avec Mathilde.

A peine vient-il d'achever le premier acte que le scandale éclate le 7 avril 1858 : Minna intercepte un mot adressé à Mathilde par Wagner. C'est la crise qui provoque le départ en voyage des Wesendonk et la détérioration finale des relations entre Richard et Minna. Cela ne l'empêche pas, sous le coup de l'émotion provoquée par l'arrivée de son nouveau piano, cadeau de madame Erard, de se mettre au travail pour la composition du deuxième acte. C'est le 4 mai 1858. Début juin, alors qu'il travaille au grand moment de « transition » du duo qui mène les amants à l'extase mortifère, les Wesendonk sont de retour. Les choses allant de mal en pis, il décide de tout quitter, et part seul vers le Sud, le 17 août 1858, sans destination précise.

Douze jours plus tard, il est à Venise, où il loue le palais Giustiniani sur le grand Canal. Le piano Erard l'y rejoindra, et c'est là qu'il achevera le deuxième acte le 18 mars 1859. Son travail est laborieux, car c'est aussi celui du deuil dont la trace douloureuse nous est connue dans un journal, adressé à Mathilde. Elle en prendra connaissance beaucoup plus tard. Les tracasseries policières et la situation politique l'obligent à quitter Venise le 24 mars 1859.

Il s'arrête à Lucerne et loue une chambre d'hôtel le 28 mars 1859. C'est là qu'il composera le troisième acte, non sans peine. L'étude de Bach, reprise alors, lui permet de surmonter des blocages terribles. Il achève la partition le 6 août 1859. Au cours de cette période, il a revu les Wesendonk à Zurich. La déception qui en

---

3. R WAGNER : *Journal et lettres à Mathilde Wesendonk*, Paris, Parution, 1986.
4. *Ibid.*
5. Thomas MANN : *Wagner et notre temps*, Paris, Hachette/Pluriel, 1982.
6. Martin GREGOR-DELLIN : *op. cit.*

est résultée explique l'arrêt de son journal. A noter également qu'il renoue alors avec *Siegfried* et commence à penser intensément à *Parsifal*.

CRÉATION

Les années qui suivent sont des années d'errance. En 1860 et 1861, il est à Paris pour la création de *Tannhäuser;* la Bacchanale du Venusberg qu'il ajoute alors porte les traces de *Tristan et Isolde*. Au cours de concerts publicitaires, il fait jouer l'introduction de l'acte I et la version orchestrale de la mort d'Isolde. D'avril à octobre 1861, il est question de créer *Tristan* à Karlsruhe puis à Vienne. Cela n'aboutit pas, mais ne l'empêche nullement de se lancer dans l'élaboration des *Maîtres Chanteurs*.

En septembre 1862, de nouvelles espérances de monter Tristan à Vienne sont déçues. Alors commence une longue période d'espoirs successivement démentis, toujours à Vienne, jusqu'au mois de mars 1864, où l'oeuvre est définitivement retirée du programme.

Croulant sous les dettes, il se réfugie à Munich, où il arrive le 25 mars 1864. Le miracle se produit avec l'entrée en scène de Louis II au mois de mai suivant.

C'est au milieu d'intrigues politico-artistiques exténuantes qu'il parvient à imposer de monter l'oeuvre à Munich. Les répétitions commencent en mars 1865. Il s'est acquis le concours d'interprètes exceptionnels : Malvina et Ludwig Schnorr von Carolsfeld pour les rôles d'Isolde et de Tristan, et pour la direction orchestrale, son ami Hans von Bülow, mari de Cosima.

La générale a lieu le 11 mai 1865. A cause d'un ennui de santé de Malvina Schnorr von Carolsfeld, la première est reportée au 10 juin 1865. En tout, il y aura quatre représentations dont la dernière à la demande expresse de Louis II. Le public averti, international, est complètement abasourdi et bouleversé. Wagner au comble de l'exaltation s'écrie le soir de la troisième : « Plus jamais! » Les critiques acerbes sont génialement stupides. Il y aurait un fabuleux roman à écrire sur cette création, où la fusion des artistes fut belle et totale, mais hélas, endeuillée peu après par la mort de Ludwig Schnorr von Carolsfeld. Cette disparition affecta terriblement Wagner, qui regardait déjà Cosima.

ARGUMENT

Acte I

Sur le pont d'un navire, une tente est aménagée pour Isolde et sa suivante Brangäne : c'est l'espace clos des femmes. Isolde apparaît magicienne furieuse, femme outragée dont les imprécation sauvages sont incompréhensibles pour Brangäne. Après qu'Isolde a fait ouvrir les tentures, l'avant du bateau découvert, rend visible le monde des hommes. Isolde envoie Brangäne en délégation auprès de Tristan, qui refuse de rendre visite à Isolde. Il apparaît réservé et poli. Le dépit de Brangäne est persiflé par Kurwenal, écuyer de Tristan.

Les tentures refermées, Isolde fait des confidences à Brangäne : princesse d'Irlande, elle était fiancée à Morold qui fut tué par Tristan de Cornouailles; ce dernier, blessé par l'arme empoisonnée de Morold, s'est laissé dériver dans une barque. Sous le nom de Tantris, il fut recueilli et soigné par Isolde. Reconnaissant en lui le meurtrier de Morold, elle renonça à le tuer à la suite d'un échange de regards. Son dépit vient de ce que Tristan est venu la chercher pour la livrer en mariage à son oncle, le roi Marke, mariage qui doit sceller un traité de réconciliation entre les deux pays. La vraie raison, c'est qu'Isolde aime Tristan. Brangäne ne le comprend pas, et conseille de faire usage d'un philtre d'amour avec le roi Marke. Or Isolde choisit le philtre de mort pour elle et Tristan sur le champ.

Kurwenal vient annoncer l'arrivée du bateau. Isolde profite de l'occasion pour faire venir Tristan. Elle demande à Brangäne de préparer le philtre de mort. Cette frontière du féminin et du masculin est enfin franchie à la scène V, par l'arrivée de Tristan. Isolde parvient à lui faire lâcher prise. Tristan s'offre à la mort. Isolde refuse l'épée tendue et propose la boisson de réconciliation. Tristan comprend et, au milieu de l'agitation grandissante de l'équipage, boirait tout le contenu si Isolde ne lui arrachait la coupe pour boire aussi. L'effet du philtre d'amour, versé par Brangäne, ne se fait pas attendre : croyant leur mort arrivée, les deux personnages s'étreignent, bientôt égarés, dans la liesse générale de l'arrivée.

Acte II

La nuit, au fond de la forêt, dans le parc royal, avec Brangäne, Isolde est attentive aux sonneries de chasse au loin. Alors que Brangäne la met plusieurs fois en garde contre Mélot, ami de Tristan, qu'elle soupçonne de trahison, Isolde s'abandonne à l'amour, et finit par éteindre elle-même la torche, signal convenu.

Aussitôt Tristan arrive. L'étreinte passionnée des deux amants se transforme peu à peu en une conversation sur les thèmes du jour et de la nuit, puis en une extase mystique mortifère.

Malgré les deux avertissements de Brangäne, ils sont surpris par Mélot, le roi Marke et sa suite. A la peine noble de Marke, Tristan ne répond pas. Toujours extatique, il propose à Isolde de le suivre dans la nuit éternelle. Elle consent. Mélot provoque Tristan en duel. Eperdu de douleur par cette trahison et cédant à la jouissance suicidaire, Tristan se laisse volontairement blesser mortellement.

Acte III

A Karéol, en Bretagne, où l'a ramené Kurwenal, Tristan est à l'agonie. Un berger doit signaler sur son chalumeau l'arrivée d'Isolde la guérisseuse, prévenue par Kurwenal.

Tristan, d'abord comme égaré, revit peu à peu les événements. Apprenant par Kurwenal l'arrivée imminente d'Isolde, il est en proie à une première hallucination que vient démentir la mélodie du chalumeau. Il retrace sa destinée et au comble de la douleur, maudissant le philtre d'amour, exténué, s'évanouit.

Ayant repris connaissance, une seconde hallucination conduit au signal joyeux de l'arrivée du bateau. Alors que Kurwenal est allé à la rencontre d'Isolde, Tristan s'abandonne à un délire extatique et mortifère. Il meurt dans les bras d'Isolde, qui se lamente avant de s'évanouir.

Brangäne, le roi Marke et sa suite arrivent sur un deuxième bateau. Se méprenant sur leurs intentions, Kurwenal tue Mélot et blessé meurt à son tour. Brangäne et le roi Marke, venu pour le pardon, assistent, impuissants à la mort d'amour d'Isolde.

PROFILS MUSICAUX DES PERSONNAGES

ISOLDE

Elle apparaît dans le répertoire comme première figure limite de la féminité vocalisée. La largeur de l'étendue (*La*^{2} et *Do*^{5}) permet l'entremêlement des codes typologiques : du mezzo-soprano, en passant par l'ampleur du soprano dramatique, aux excès foudroyants et parcimonieux des coloratures. Et pourtant, cette figure de la femme celtique ne s'excentre jamais d'une cohérence générale. Elle n'est pas le lieu de métamorphoses même si sans cesse elle se modifie : pour l'extrême aigu, deux fois la véhémence d'indignation (*Si*, acte I), ou de jouissance (*Do*, acte II) et pour l'extrême grave, la tendance mortifère une fois (*La*, acte I). Elle est voix déchaînée des imprécations magiques ou de la volupté, voix onctueuse et liée du récit, du lied ou de la plainte, voix italianisante du sarcasme ou du rêve, voix tendue des décisions, voix sourde et grave des aveux et des caresses nocturnes. Elle est toutes ces voix dans la voix de l'extase. Cette voix se donne sans ménagement, et c'est ce qui fait son unité, car elle est celle de la femme initiée et initiatrice. C'est dire combien ce rôle est écrasant pour la chanteuse qui doit souvent tenir la voix au summum de sa puissance tout en gardant la possibilité de la rendre mouvante.

BRANGÄNE

Suivante d'Isolde, elle correspond au profil du soprano dramatique. Sa tessiture est légèrement plus étroite que celle d'Isolde. Mais par un jeu renouvelé d'enchevauchement orchestral qui renforce la confusion des relais entre les deux femmes, Wagner en fait une voix mimétique d'Isolde, qui se joue d'ailleurs de ce mimétisme (acte I). Les moments où Brangäne gagne son autonomie sont peu nombreux : à l'acte I, c'est celui de la rondeur maternelle du lied apaisant où l'allégement orchestral permet de donner à la voix une couleur plus lyrique; à l'acte II, c'est celui du soupçon puis de la chanson d'aube, où sa voix semble plutôt la résonance cosmique de l'extase amoureuse d'Isolde; enfin à l'acte III ses quelques interventions sont cruellement dessaisies de ce mimétisme majeur. La voix de Brangäne s'y trouve réduite à des tournures plus archaïques qui servent de tremplin à l'envolée extatique d'Isolde.

TRISTAN

Il est globalement le grand ténor dramatique. Mais comme c'est en lui que s'inscrit le parcours initiatique il faut qu'il soit d'abord un ténor de demi-caractère à la voix plus melliflue. Ainsi pendant la majeure partie de l'acte I, le chanteur doit être capable de donner cette couleur sans laisser passer la trace d'une voix de fond qui serait à pressentir, malgré un ambitus large (*Do* dièse^{3} à *La*^{4}), qui y est déjà employé, mais dilué dans des lignes souples et suaves au souffle court. Ce n'est qu'à la cinquième scène que tombe le masque et qu'apparaissent avec force la gravité oraculaire et les zigzags paroxystiques. Tristan s'y donne tout à coup en donnant de la voix. A partir de ce moment, la fêlure est irrémédiable. Comme pour Isolde, la voix, contrastée dans ses couleurs, y est tenue jusqu'à la fin; à l'acte III, le médium et le grave sont rumeur déchirée avant que la voix ne retrouve ses circonvolutions aigues proprement essoufflantes. Ce rôle est périlleux car si Tristan doit être deux, il faut que le ténor dramatique soit capable de se masquer sans que cela apparaisse comme un calcul purement technique. L'émotion du revirement est à ce prix.

KURWENAL

Ecuyer de Tristan; il a un ambitus très large mais sa voix est constamment tendue vers le haut de son étendue. Il y a en lui le ton chaleureux et radieux du *Volkslied*, lié au code de la fraternité masculine et du lien féodal; à l'acte III, le ton devient plus lyrique. La voix codée se dessille et devant l'agonie de Tristan, par mimétisme, elle devient lieu de souffrance et d'écartèlement.

MARKE

Il représente la loi du Père et est étrangement une basse chantante, maintenue dans le haut de sa tessiture. Seul le Sol grave est atteint une seule fois, pour un jeu figuraliste sur « *Den unerferschlichtief* ». En fait, Wagner n'a pas voulu nous faire entendre le code de la Paternité (basse noble). Il est trop tard. La voix de Marke est donc la voix mélodieuse à peine rompue par les intervalles de septième, surtout descendante, dépressive. Elle relate en un ressassement ininterrompu les termes d'une catastrophe irréparable. D'abord fragmentée, elle vise une sorte de continuum qui serait berceuse cajolante de la douleur, si la tension frémissante ne venait y rompre le jeu des symétries où elle tente de s'installer.

ANALYSE

Il importe de souligner d'entrée de jeu que cette analyse de Tristan et Isolde n'a pour fonction que d'en susciter une résonance lointaine. En effet, il est impossible de tenir dans la linéarité analytique et à tout moment les composantes multiples d'un style qui travaille en permanence à la cohérence de chacune et de l'ensemble.

Avant de commencer quelques remarques préliminaires.

– Première remarque, concernant la forme globale de l'opéra. La mise en jeu formelle tend à apiquer la tension maximale au troisième acte, comme déjà pour certaines oeuvres des classiques viennois. Le premier acte est le plus aéré. Certes les motifs y sont présentés et entrelacés mais la scansion tension / détente qui les sous-tend est plus rapide, de même que celle des formes utilisées : récitatif, arioso, lied etc. Cette fluidité formelle, qui semble répondre au regard fuyant de Tristan, est balisée par des périodes d'aphorismes motiviques, qui la suspendent à l'énoncé du lien désir / mort (motif 9). La scène finale de confrontation des deux héros joue le rôle d'une péroraison cohésive. Puisqu'enfin les regards s'y joignent et le désir s'y exprime, tout y est ressemé dans le cadre d'une résurgence cataclysmique. Le deuxième acte est plus concentré. La surtension initiale s'épanouit dans l'exhalaison d'un lied gigantesque dont la densité lyrique se resserre peu à peu et pourrait se clôturer si ne venait s'y télescoper la scène finale, l'intervention du Roi Marke. Le troisième est résolument touffu et excessif. Tous les motifs antérieurs s'y retrouvent, avec quelques motifs nouveaux, appropriés par la densité de l'écriture à une saturation formelle et expressive dont le paroxysme n'est jamais dilué. A la toute fin, la mort extatique d'Isolde sert d'ancrage cadentiel, celui qui fut différé à l'acte II. Cet achèvement creuse l'émotion au moment où la concentration et la surabondance de l'oeuvre devenaient pensables à l'infini. Du coup, cette résolution cadentielle tonale a pour effet de projeter imaginairement l'oeuvre hors de ses propres limites.

– Deuxième remarque concernant l'étiquetage des leitmotive. C'est une pratique d'intitulé qui atrophie souvent leur expansion sauvage et narrative. Leur récurrence, liée souvent au poème lui-même, relève plus de la résonance que du raisonnement. Ce qui compte, c'est la solennité du geste où ils s'engluent parfois à plusieurs et qui reste intraduisible. Tout de même nous nommerons ces lieux où ils émergent, en simplifiant au maximum, pour respecter cet « art du silence », dont parle Wagner lui-même. Henry Barraud a fort bien dit ce qu'il faut en penser : « [...] la plupart (des motifs) forment simplement le tissu d'un rêve vécu au niveau d'une subconscience infiniment malléable[7]. » ; ou encore : « Il (le motif) est avant tout une charge musicale (une charge au sens d'une charge d'électricité positive ou négative), un potentiel qui vient prendre sa place dans un champ de forces magnétiques, en modifiant par sa seule présence son équilibre et son dynamisme.[8] » Cela, pour rassurer le lecteur qui serait pris de vertige et lui dire que ce vertige est aussi celui de l'analyste qui s'est parfois exagérément englué.

– Troisième remarque concernant le « bar », processus formel typiquement wagnérien. Nous n'avons pas voulu alourdir cette analyse par le repérage systématique de cette forme qui ne suffit pas à rendre compte de tous les processus formels chez Wagner, mais qui hante majoritairement l'œuvre du compositeur des microstructures aux macrostructures. Dans son opéra à venir, *les Maîtres Chanteurs*, ce processus est lui-même élevé à la dignité d'un personnage à part entière. C'est une forme tripartite où deux strophes (*stollen*) quasi-identiques sont lestées d'un envoi (*Abgesang*) plus ou moins développé. De nombreuses phrases obéissent à cette articulation qui régit aussi des séquences plus vastes comme par exemple le récit d'Isolde à l'acte I (troisième séquence). Nous renvoyons le lecteur à la superbe analyse de Dominique Jameux[9] qui aborde la question de façon plus systématique en insistant, au demeurant, sur la fusion du

7. Henry BARRAUD : *Les cinq grands opéras*, Paris, Seuil, 1972.
8 *Ibid.*
9. Dominique, JAMEUX : *Tristan et Isolde*, Paris, L'Avant-Scène Opéra , n° 34-35, 1981

poème et de la musique dans le cadre de cette élaboration. Ajoutons tout de même que pour nous, c'est une histoire de syntaxe qui touche au problème du temps musical dans l'oeuvre de Wagner. Le temps des strophes est scandé par le redoublement et permet d'édifier le récit. L'envoi permet de s'en dérober et propulse dans un au-delà narratif qui n'a rien à voir avec le temps des actions du récit lui-même. C'est ainsi que le temps musical wagnérien s'épand en une dérive illimitée, pas seulement à cause d'un système subtil où s'entremêlent accélération et ralentissement dans le cadre harmonique de la tonique différée.

Une introduction ouvre le temps de l'acte. C'est une lente et inexorable surrection lyrique d'un seul tenant, où l'on voit mal le schéma tripartite s'appliquer, malgré l'aspect suspensif des premières mesures et le rapide émiettement final. Ce qui s'impose, c'est un chant d'amour à l'exaspération douloureuse. L'orchestre utilise toutes ses forces. Pourtant la couleur dominante est celle des cordes. Le balisage harmonique, dégagé des méandres de la technique romantique de tonique différée, qui est appliquée partout, s'organise autour d'un seul accord, Janus enharmonique qui permet le rapport antipodique des tonalités de *la* et *mi* bémol. C'est le fameux accord tristanien : *Fa* – *Si* – *Ré* dièse – *Sol* dièse dont l'interprétation reste problématique quant au choix des notes de passage. Au paroxysme orgasmatique il devient : *Fa* – *Do* bémol – *Mi* bémol – *La* bémol, accord classé, très utilisé dans le jeu des modulations : c'est l'accord de septième du deuxième degré avec abaissement du sixième degré, ici dans le cadre de la tonalité de *mi* bémol. Au sommet du climax, un admirable fondu enchaîné orchestral permet à cet accord de retrouver son premier visage, mais la tonalité de *la,* toujours différée, est subvertie par celle de *do*. Le rythme obéit en grande partie au ressassement varié d'une cellule (brève – longue – brève) qui contamine tout le morceau. Cette force cumulative d'une séquence rythmique est résurgence, dans la technique romantique, d'un procédé baroque. Associée à l'errance de la tonique différée, expression préférable à celle de modulation continue, elle permet de projeter la forme dans un temps ralenti et illimité que les fins d'acte ou de séquence viennent douloureusement fracturer (sauf à la fin de l'acte III où se joue le rêve, seulement le rêve, de la clôture formelle).

Ces différents éléments sont directement liés à un entremêlement motivique qui tuile des éléments plus ou moins complexes dans une continuité sans déchirure. Tout semble se ramener à tout par des dénominateurs communs, qui trament des motifs jusqu'à l'ambiguïté. Dans *Tristan et Isolde*, c'est un travail d'extensibilité qui prévaut dans l'élaboration des motifs à partir d'éléments simples, relevant souvent d'un code figuraliste éprouvé de longue date. Ainsi se trouve assurée une cohérence d'une puissance unifiante indéniable. Donc, au commencement une chose très simple : la conjonction de deux figures chromatiques évoluant en sens inverse, ascendante pour la tension, descendante pour la dépression. Le premier motif, celui que nota très vite Wagner, est le célèbre *Sol* dièse – *La* – *La* dièse – *Si* – au hautbois, tension inassouvie du « désir » (1a – pour ascendant). Ce « souffle » qui « trouble la clarté »[10] vient de ficher sur son image inversée, *Fa* – *Mi* – *Ré* dièse – *Ré* bécarre, propulsé par un saut de sixte mineure *La* – *Fa* aux violoncelles pour les trois premières notes et au cor anglais pour terminer. C'est l'image dépressive de ce même désir (1b – pour baisser).

Cette conjonction en éventail permet la déchirure de l'accord tristanien déjà évoqué, et à la fin la suspension harmonique sur dominante de la tonalité de *la* qui inaugure un commencement flottant. Tout de suite, réglons la question de la modernité ou non de Wagner. Toute cette séquence est référée à la tonalité de *la* mineur. Preuve en sont les accommodations de ses deux reprises : à la première la sixte devient majeure pour le *Sol* dièse et l'ensemble se suspend sur la dominante du relatif majeur, et à la seconde un décalage rythmique permet le passage du *Si* bémol pour un retour vers le ton de la dominante de *la.* Le radicalisme n'est que dans la technique de tonique différée, et une revalorisation du contrepoint, appliqué aussi aux timbres. De plus toutes ces mesures initiales ménagent un suspense très classique jusque dans l'emploi des silences, et du ressassement des deux dernières notes : *Mi* dièse – *Fa* dièse. Ce qui est nouveau, c'est la butée de cette indécision initiale : point cadentiel qui par le truchement d'une cadence rompue instaure une dérive infinie de la tonalité (1c – pour cadence).

Ce motif de décharge cadentielle est capital, surtout à la ligne mélodique supérieure, par le saut de tierce ascendante qui permet l'appogiature supérieure *Si* – *La*. Ce type d'appoggiature, associé ou non au saut de tierce, sera à l'origine d'autres motifs à partir d'autres effets cadentiels différés, par exemple sous forme de cadence plagale. Ici, l'effet de cadence rompue permet la relance d'une superbe mécanique de mélodie infinie, que Mozart avait déjà mise en place à la fin de sa vie. Au moment où sur le deuxième temps de la mesure le *Si,* en dissonance de triton avec la basse *Fa,* rejoint le *La,* se tuile aux violoncelles un nouveau motif (2), appelé communément « regard », dont l'expansion lyrique inaugure pour l'auditeur une émergence primordiale. Son large déploiement ascensionnel, combiné au rythme brève – longue – brève, étanche l'inas-

10. R WAGNER : *op. cit.*

souvissement du début. Une chute de septième sert d'appui à un développement ou bientôt une septième ascendante, qui semble une variation de 1c, épanouit et permet la dépression. La chute de septième fait partie de ces dénominateurs minimaux qui hantent l'oeuvre, et c'est elle qui permet de tuiler un nouveau motif (3), qui semble aller à rebours du précédent. C'est le « philtre d'amour », dont il faut regarder la note traînante finale, autre dénominateur minimal, qui provoque l'affaissement de la répétition du motif. Alors, sourd des basses un très court motif (4), qui sert ici de conduit. A peine remarqué, une deuxième fois sous les volutes supérieures, qui amorcent un processus ascensionnel (*La – Do – La – Do* dièse), il sera associé au « philtre de mort », et donne l'exemple de l'ambiguïté motivique : intervalle chromatique ascendant sur deux notes (1a), suivi d'une chute de septième diminuée (2). Wagner utilisera à maintes reprises l'ostinato des deux premières notes pour souligner les mouvements d'indignation d'Isolde ou de Brangäne. Puis tout recommence avec le « regard », dans une texture orchestrale plus épaisse; une légère incise où, en répons aux cordes et vents, s'alternent la tête du motif du « regard » et une variation, relance de nouveau les « philtre d'amour et de mort » ; le jeu ascensionnel des volutes supérieures s'y accroît, tandis que s'épanouit aux cordes à nouveau le « regard », dont la dépression chromatique (1b varié) est agrandie et vient se superposer commecontre-sujet à sa réponse aux vents. Cet épisode contrapunctique sera réutilisé au cours de l'acte I. Ici cet entrelacs toujours référé à la tonalité de *la,* aboutit à un nouvel épisode de relance : une pédale, sur laquelle se fiche un motif plus diatonique (5), surchauffe le morceau. Après une fusée, le motif s'accomplit, toujours sur le même rythme, selon une courbe qui s'interrompt sur un effet d'appoggiature inférieure cette fois. S'y inscrit le « désir » sous sa forme 1a. Impossible de nommer ce motif utilisé parcimonieusement. L'effet de surchauffe est accru par le retour du « regard », qui vient se ficher directement sur le premier temps de la mesure, au moment où le 1c s'épanouit à nouveau. La texture orchestrale est arrivée à son point d'épaississement maximal et l'entrelac varié des lignes conduit rapidement au climax : l'accord tristanien dans sa version référée à la tonalité de *mi* bémol. Alors s'opère cet admirable fondu enchaîné harmonique déjà signalé, où l'accord retrouve son visage référé à la tonalité antipodique de *la.*

La trentaine de mesures finales est une sorte de reprise du début où les motifs du « désir » (1a, 1b et 1c) se déploient en lambeaux, interpolés par la tête du « regard » et ses variations en répons : le « regard » est déployé à partir des mêmes notes, subverti harmoniquement par les notes *Sol* et *La* bémol qui l'orientent vers la tonalité de *Do.* Le même sort est dévolu à la reprise de 1a et 1b. A la toute fin, les basses autour de la note Sol enroulent mélodiquement les notes de l'accord tristanien : successivement, *La* bémol (*Sol*) – *Mi* bémol – *Si* – *Fa* – *La* bémol (*Sol*, trois fois, premier signal d'une triade fatale pendant laquelle s'ouvre le rideau).

ACTE I

SCÈNE 1

Première séquence (tonalité dominante : mi *bémol majeur).*

A chaque début d'acte, Wagner agrandit l'espace scénique, en le décadrant acoustiquement. D'en haut, et *a cappella* une voix d'homme chante et ce chant crée un nouveau flottement des signes, d'autant que sa forme joue sur le caractère improvisé des différentes phrases. Ce n'est qu'une impression, car l'élément déterminant de la structure compositionnelle y est présent : le rapport chromatisme-diatonisme. Dans l'opéra, la norme, c'est le chromatisme et nous verrons comment Wagner élargit du même coup les codes expressifs du diatonisme. Le début est magistral : pour l'« Occident », là où le soleil se couche, la nuit, le monde des femmes, chromatisme anguleux de la mélodie qui reproduit l'intervalle de sixte mineure de 1b et le triton *Do – Fa* dièse qui sous-entend les harmonies de 1a-1b. Pour l'« Orient », là où le soleil se lève, le jour, le monde des hommes, diatonisme de la mélodie qui préfigure les motifs de Tristan-héros et du jour. Capital, le joint qui s'effectue sur la dépression *Fa* dièse – *Fa* bécarre puisque, outre son effet expressif d'entaille, il annonce celle du solo de cor anglais de l'acte III (*sol* bémol – *fa*). Cette vadrouille initiale n'est pas fortuite; elle annonce la vacillation initiatique de tout l'opéra : Tristan doit choisir.

La phrase qui suit constitue la motif de la « mer » (6). La première fois, la désinence est diatonique, la deuxième fois, chromatique pour la « fille de la verte érin ». Même principe inversé pour la phrase suivante. Enfin, pour le jeu de mots « *Wehe* », alternance diatonique et chromatique qui aboutit de nouveau au joint *fa* dièse – *fa* bécarre pour un dernier déploiement diatonique.

Coup de fouet terrible de l'orchestre où en imitations aux cordes puis à la voix se propage la tête du motif du « regard ». Une femme (Isolde, nous le saurons plus tard) semble s'éveiller d'une perte de connaissance. Surtout ne pas épiloguer sur le lien de cause à effet

11. Marcel BEAUFILS : *op. cit.*

de la chanson à cet éveil. Faut-il plutôt penser que l'orchestre dit autre chose, car bien malin l'auditeur qui reconnaît , le « regard », dont la chute de septième, diminuée ici, est aussi celle du « philtre de mort », regard empoisonné. Plus simplement, la crispation intérieure d'un éveil après une perte de connaissance dont l'origine reste obscure. Aussitôt, comme un essoufflement, apparaît un motif en lignes courbes (7) qui mêle au chromatisme du « désir » (1a) le profil malmené de la « mer » (6). Communément appelé la « colère », ce motif réapparaîtra souvent tel quel, sa torsion chromatique lui permettant d'assumer la fonction d'un simple conduit. Colère, pourquoi pas, en tout cas spasme psychologique. Pour la fin de ce court récitatif où le personnage ne se reconnaît qu'en nommant l'autre, Brangäne, une figure quasi-motivique de trémolo avec dépression harmonique chromatique qui hantera l'opéra, n'est pas qu'un simple procédé de remplissage.

La réponse de Brangäne décrivant le paysage (nous savons alors que nous sommes sur un navire) est introduite aux basses, par une augmentation du 7. Une pédale de *Si* bémol soutient le balancement répété du motif de la « mer ». A noter que la présence de la mer dans tout ce premier acte s'opère de deux façons : la première « ménage des échappées d'air libre et d'horizon[11] », la seconde s'imprime dans les tressaillements des personnages eux-mêmes. Et c'est ce qui arrive tout de suite ici même. A cette manière de lied qui s'ébauche dans la tonalité de *mi* bémol majeur vient s'ajuster par un trait disruptif des cordes, l'imprécation de femme-sorcière, Isolde, où la « mer » est rendue méconnaissable par une variation rythmique et chromatique, qui s'enfle peu à peu par des imitations, l'interpolation variée des motifs du « désir » (1a surtout et 1b), et l'ostinato des deux notes ascendantes du « philtre de mort ». Wagner parvient à suspendre deux fois cette houle terrible, lui imprimant ainsi deux secousses qui amplifient la violence de cette voix surtendue, et c'est dans l'élan même de cette houle que la voix de Brangäne prend le relais sur la même note, ruinant volontairement la délimitation des personnages. Brangäne veut apaiser et demande confidence au long d'une séquence où un motif (8) intitulé « le silence d'Isolde », s'entrelace à la tête du « regard » avec sa chute de septième diminuée (le regard empoisonné). Il faut noter dès à présent que cette page, moyennant quelques modifications, sera réutilisée, plus tard à l'acte III, dans un autre contexte et dégagée de cet intitulé. Ici, prévalent davantage les morsures initiales de double croches, sans compter que ce qui caractérise ce motif est un saut de septième ascendante qui répond à celle, descendante, du « regard ». Une augmentation rythmique du « désir » (1a et 1b « *was dich mücht* ! » et « *was dich quält*! ») permet l'apaisement. Mais une variation crispée du « silence d'Isolde » dément brutalement la retraite d'Isolde, qui suffoque et demande d'ouvrir les tentures. Cet effet de scénographie est proprement génial : en dédoublant l'espace scénique par cette deuxième ouverture qui découvre l'étrave du navire et les hommes qui s'y tiennent, Wagner relie l'espace des femmes et celui du spectateur-auditeur plongé dans l'obscurité. Ce n'est donc pas par hasard que le décadrement acoustique initial est reproduit, amplifié par les graves trémolos des violoncelles et contrebasses.

SCÈNE 2

Toujours *mi* bémol majeur. La reprise de la chanson, délestée de sa première phrase, prépare la période emblématique qui va suivre. Isolde a les yeux fixés sur Tristan, et ce sont, en aparté, seize mesures capitales; antécédent où la voix d'Isolde exprime le dépit en une lente ascension des douze sons chromatiques de *Ré* à *Ré* par agrandissement du « désir » (1a et 1b). La voix en y abandonnant ses premières embardées provoque l'apparition d'un motif aphoristique, apogée de cette première séquence (9), conséquent mélodique sur lequel il vaut la peine de s'appesantir; il est lié à l'énoncé de la « mort ». La voix s'y abîme en octaves descendantes que nous verrons associées autrement à l'idée d'anéantissement. Dans sa première partie, la collision terrible de *la* bémol majeur et de *la* majeur que rehausse celle des timbres, bois puis cuivres et timbales, permet de lier le rapport antipodique fondamental, *mi* bémol et *la*. Dans sa deuxième partie, belle duplicité : le parcours harmonique est celui du désir (1a et 1b), tandis que la ligne mélodique qui pourrait être *Si – Do – Do* dièse – *Ré* (1a) s'incurve selon 1c, *Si Do – Mi* bémol – *Ré*, par saut de tierce ascendante et appoggiature supérieure. Cette suspension sur la dominante de *do* clôt le surplomb abyssal qui lie, dans une résonance grave et sombre, désir et mort, en découvrant le ressort ambigu de la colère d'Isolde : l'amour de Tristan.

Dans la tonalité de *do*, la séquence se poursuit selon un principe d'étiolement où la texture orchestrale s'allège en même temps que le style arioso cède la place au récitatif. La conversation des deux femmes s'y poursuit sur le « désir » (1c) puis sur le « regard » (dont il est question), peu à peu allongé et varié. Première grimace diatonique pour l'admiration naïve de Brangäne à l'égard de Tristan, reprise ironiquement par Isolde, sans attendre la fin de l'intervention de Brangäne. Pendant qu'Isolde enjoint Brangäne à une délégation auprès de Tristan, de nouveau le « désir », et à la toute fin une sorte de variation démaigrie de la « mort », alors qu'Isolde semble se jouer du rapport de vassalité. Fin de la première séquence : la tonalité de *do* retrouvée permet le passage à *fa*.

Deuxième séquence (tonalité dominante : fa *majeur).*

Réapparaissant, dans la tonalité de *fa,* avec le même effet de pédale stabilisante, rendue plus âpre par la rugosité ornementale, la « mer » (via cors et bassons) ouvre cette séquence et accompagne l'arrivée malaisée de Brangäne parmi les hommes. Déjà, se dégage le sentiment d'une machinerie diatonique obtuse qui tourne à vide, et prépare par le jeu codé des timbres un simulacre des présences.

Juste au moment où Kurwenal, écuyer de Tristan, le prévient de l'arrivée de Brangäne, point un tressaillement fugace du « désir » sous sa forme cadentielle (1c). Il hantera plus ou moins la séquence, sous une forme achromatique qui le rend méconnaissable. Le dialogue de Brangäne et de Tristan évolue du récitatif à l'arioso dans l'atmosphère suave des altos et violoncelles divisés et celle plus aigre des vents, annonciatrice de la suspicion de Brangäne à l'égard de Mélot à l'acte II. Cette séquence doucereuse se joue admirablement du code de l'italianité vocale, dévolue à Tristan par bouffées, servant admirablement sa rétention polie. Alors que la première séquence présentait la femme comme déchirure, outrance, densité, désir, celle-ci présente l'homme, comme au degré zéro d'une identité émiettée dans le code de la politesse. Cette « attitude plastique[12] » ne dérive d'elle-même qu'au moment où Tristan évoque la terre du roi Marke (« *zu König Marke's Land* ») : un effet de mordant amorce une phrase qui s'épanouit sur le motif, suggérant « le royaume de Marke » (10). Il sera intégré à l'acte II, à l'un des thèmes de la « Nuit », l'autre royaume. Ce motif active secrètement et tendrement cette identité blafarde, la met soudain en perspective dans l'aspiration à l'autre, ici le roi Marke, plus tard la Nuit. Cette ambiguïté motivique montre bien qu'en deçà du romantisme suicidaire, Wagner a bien aperçu le sens fondamental de la légende celtique : ce n'est pas une banale histoire de conflit entre devoir et amour, du qu'en dira-t-on, mais une dialectique initiatique de libération de l'homme par la femme, du passage d'un rapport de vassalité hétéronome à un autre supérieur et autonome.

L'indignation de Brangäne permet une animation chromatique ascendante et la redite des paroles d'Isolde se fait sur la même musique que précédemment (cf. variation amaigrie de la « mort » (9)). Plus curieusement, ces deux phrases semblent répondre, comme un écho lointain, à l'aphorisme motivique analysé plus haut. Tristan ne répond pas et laisse place au persiflage de Kurwenal. C'est un *Volkslied* qui constitue l'apogée diatonique de cette séquence, cabalette au cours de laquelle Kurwenal conteste le rapport de vassalité de Tristan et Isolde, en rappelant sa victoire sur Morold. A la toute fin apparaît un « salut à Tristan-héros[13] », qui était préfiguré dans la chanson initiale et est appelé à une grande récursivité dans la suite de l'opéra. Ici, il passe sans plus de poids qu'une simple ritournelle triviale. La fin de la chanson est reprise par une touche de choeur, une tierce majeure au-dessus : de *si* bémol majeur, *ré* majeur répétitif et grinçant.

SCÈNE 3

Le retour de Brangäne et la fermeture des tentures s'accomplissent sur le fracas des motifs 1a et 1b, dont l'extension a déjà scindé l'intervention de Kurwenal. Résonne de nouveau à l'orchestre « Tristan-héros » (11), comme un pied de nez. Sur l'éventail varié du « désir » (1a et 1b), Brangäne fait le rapport de sa délégation. Une condensation de la musique de la scène précédente s'achève sur la reprise quasi-textuelle de la séquence qui a présidé à l'apparition du motif du « royaume » (10). Gravement précédé d'une descente chromatique aux basses, Isolde le répète avec « une douloureuse amertume »; Wagner, au-delà d'une notation psychologique, veut par cette indication magnifier ce motif d'une prémonition inconsciente en l'ancrant dans la mémoire. C'est bien là le terme de ce parcours initiatique, et c'est pourquoi le sursaut indigné d'Isolde sur « Tristan-héros » éclate dans la tonalité antipodique de *si* majeur. Tristan-héros est l'image même de l'inachèvement du héros. Alors que Brangäne reprend son rapport dans le style d'un récitatif, Isolde l'interrompt brutalement. Tandis qu'à l'orchestre revient l'ostinato caractéristique sur deux notes, sa voix monte jusqu'au *La* bémol, pour l'annonce du récit qui va suivre. Fin de la deuxième séquence.

Troisième séquence (tonalité dominante : mi *mineur).*

Pour ce faire, Wagner utilise la ballade comme forme narrative du récit dans le récit. Il y utilise un nouveau motif (12): « Tristan blessé ». Ce leitmotiv de la légende elle-même, la blessure saignante, ponctue le récit et balise le parcours initiatique de Tristan. Sa signification féminisante, constitutive de Tristan n'a pas échappé à Wagner qui en tire un leitmotiv musical majeur. De cet écoulement, par le jeu d'un simple figuralisme dépressif (variation de 1b), Wagner suscite une « hantise d'ambiance[13] ». Pendant le récit d'Isolde, ce motif va servir de relance pour la forme quasi-strophique de la ballade qui impose son temps antécédent : il était une fois... Wagner a condensé la légende, mais il en a

12. *Ibid.*
13. *Ibid.*

gardé la trame essentielle : Tristan a combattu et tué Morold, dont Wagner fait un fiancé-prétexte d'Isolde. Au cours de ce combat il a été blessé par l'arme empoisonnée de Morold. C'est ensuite la dérive de la barque, propre à de nombreux mythes, qui l'amène en Irlande, où il est recueilli et soigné par Isolde. L'inversion de son nom en Tantris signale la possibilité en lui d'une réversibilité au-delà de l'anecdote, et Wagner se joue de cette inversion en utilisant celle de l'intervalle de quinte, associée en même temps à l'utilisation des tonalités de *la* bémol majeur et de *la* majeur, celles de la collision harmonique de la « mort ». Isolde, à cause de l'ébréchure de l'épée de Tristan qui s'adapte au fragment retrouvé sur Morold, reconnaît son assassin mais le regard, échangé alors, suspend le geste vengeur. Cette naissance de l'amour, bien avant l'épisode du philtre, est en tous points conforme à la légende.

Le récit est cimenté par « Tristan blessé » (12), qui se termine sur une cadence dilatoire; au fur et à mesure d'épisodes ralentis, il relance le récit en se propulsant de l'intérieur de plus en plus haut. Cette alternance est combinée à des développements à partir du « désir » (1a, 1b) et de « Tristan-héros » (11), d'une figure d'accompagnement en triolets qui acquiert peu à peu une autonomie motivique, et surtout des motifs la, 1c (délesté de l'appoggiature) et du « regard » (2), au moment fatal de l'échange des regards : effet bouleversant du solo d'alto (2) sur lequel la voix enchevauche le motif 1b, dont la désinence chromatique, comme dans l'introduction, exhale l'intimité de la compassion (« *Seines Elendes Jammerte mich* »).

La courte intervention de Brangäne s'opère sur « Tristan blessé » (12), qui confirme la confusion élocutoire. Après la réponse sarcastique d'Isolde à laquelle sont accolés « Tristan-héros » et « Tristan blessé », un trait disruptif aux violons sert de lancée à un épisode qui prend l'allure d'un développement : la tonalité de *mi* mineur est abandonnée pour une dérive modulante où viennent s'articuler rapidement la « colère », lestée d'un dessin ascendant, puis un épisode syncopé où le jeu d'inversion sur Tantris et Tristan est reproduit avec le même effet de collision harmonique, tandis que gronde aux basses le dessin de la « colère » transformé peu après en mouvement chromatique ascendant (1a). A la fin de ce dépit d'Isolde qui s'exprime par le truchement d'un discours politique, réapparaît le motif de « Tristan blessé » (12) en augmentation, puis la tête de celui du « regard »(2), enfin de nouveau le 12 étiolé et hoquetant. La séquence redémarre avec le même thème de lancée des violons, un demi-ton plus haut pour la stupéfaction de Brangäne. Un ostinato sur la « colère » relance l'intervention plus complexe d'Isolde que la question du silence non respecté par Tristan. Sur le dessin en triolets, la voix se surtend dans l'aigu. Une amorce de lied où circule toujours la figure de triolets et à la voix une descente chromatique (cf. 1b) attendrit l'évocation du silence respecté par Isolde, mais la « colère » (7) rompt rapidement cette embellie. La voix se propulse au *Si* aigu, tandis que le motif de « Tristan-héros », couronné de triolets et de trilles, introduit une période diatonique grinçante et doucereuse, pendant laquelle Isolde rapporte les paroles du traître Tristan. « Tristan blessé » (12) y reparaît, enchâssé de tournures diatoniques. Le retour de « Tristan-héros » (11) permet une fois encore l'envolée de la voix au *Si* aigu, et la cadence dans la tonalité de *mi* est désamorcée par l'irruption d'un nouveau motif, variation de 1b, fracas de « malédiction », dont la fonction signalétique est assurée par sa reprise en montée anguleuse de tierces mineures. Associé à de violents mouvements chromatiques, à la « colère » quasiment inversée et à sa flexion ascendante, il soutient les longues tenues de la voix dans le registre aigu, et ses chutes d'octaves où s'énonce encore le ressort véritable de ce flamboiement de malédiction : « *Tod uns Beiden* ». C'est le même matériau varié et ralenti peu à peu agogiquement qui soutient toujours les appels à l'apaisement de Brangäne.

Quatrième séquence (tonalité dominante : mi *bémol majeur).*

C'est le lied de Brangäne, où le jeu des appoggiatures associé aux accords en position de sixte suscite une atmosphère caressante, schumannienne. Se méprenant sur les raisons de la débâcle d'Isolde, la voix maternante de Brangäne dissémine sa berceuse, en lignes ascendantes et rondeurs italianisantes. S'y obstine un petit motif syncopé et, méconnaissable, du « regard », en imitations. Tout ici, en fait, obéit à un calcul de parenthèse où tout le matériel connu s'efface, s'ensommeille, à la mesure de sa précarité; la deuxième strophe est haussée d'un ton, en *fa* majeur, vanité de surchauffe que vient soudainement démentir la lente exhalaison du motif du « regard », une de ses variations, puis du « désir » (1a), sur laquelle, dans le registre grave et en longues tenues, la voix d'Isolde, brisée, énonce, l'aveu majeur : « *Ungeminnt...* ».

De nouveau méprise de Brangäne, qui tente un dernier apaisement dans une superbe variation de son lied, arrondie par une mesure à trois temps, et par le retour à la tonalité de mi bémol. Le discours de Brangäne n'est pas terminé, mais la séquence musicale s'achève, elle, sur une cadence rompue.

Cinquième séquence (dérive tonale à partir de la *et aboutissant à* fa).

Triple tressaillement autour de la note *si*, triade fatale déjà entendue à la fin de l'introduction, et qui va ponctuer l'épisode des philtres. Par altérations successives, cette triple scansion ramène la musique initiale, le « désir » (1a), qui ponctue l'intervention de Brangäne. Les mêmes éléments sont reproduits dans de nouvelles tonalités pour la réponse d'Isolde, qui s'achève sur l'aphorisme motivique de la « mort » ; cette apparition sépulcrale, qui surgit d'une ténuité de texture, réévalue le malentendu des deux femmes. L'animation joyeuse de Brangäne est soutenue par l'animation lyrique des motifs, de l'introduction : variation du « regard » (2) et du motif le « désir » (5), (1a de nouveau, 1c) et enfin le « philtre d'amour » (3), qui permet l'extension motivique du « philtre de mort » (4) : sa désignation par Isolde. La surprise épouvantée de Brangäne se fiche sur le motif de « malédiction », dont la montée violente débouche sur une nouvelle touche de choeur, qui signale l'imminence de l'arrivée au port (*Ré – Mi- Ré – La*). Isolde se lamente enchevauchant les choeurs, puis sur le rappel de la « mer », suivi de la flexion ascendante associée jusque là à la « colère ».

SCÈNE 4

Sur la luminescence radieuse de l'arrivée au port, alternée avec le thème de la mer en version ternaire, l'irruption de Kurwenal qui vient demander aux femmes de se préparer, impose un épisode diatonique, qui prépare celui de la fin de l'acte. Il y a certes effet de dissonance, mais l'orchestration est si radieuse que s'y insinue dans l'exaltation de Kurwenal une émotion vraiment lyrique. Les mots « *und Frau Isolde...* » sont soulignés par un accord de quinte augmentée qui inaugurera peu après la réponse d'Isolde; la triade fatale lance une scansion rythmique de triolets, où la trame déchirée des harmonies sur degrés faibles sert en même temps la continuité : noblesse d'une détresse posturale pour la convocation de Tristan par Isolde. Fugaces, y passent les motifs du « désir » (la), de « Tristan blessé » (12) et à la fin encore de la « mort » (9). Au moment de la sortie de Kurwenal, un nouveau trait disruptif des cordes pour un apogée fracassant : l'adieu d'Isolde. S'y entassent pêle-mêle une variation du thème de la « colère » (7), et des bribes de traits violents que Wagner varie infiniment. Ce tournoiement frénétique doit son émotion à sa brièveté, son mélodisme tendu, et la vacillation harmonique qui fait glisser la tonalité de *do* mineur vers *mi* bémol mineur. Les atermoiements de Brangäne et les ordres d'Isolde pour le « philtre d'expiation » sont soutenus par le « philtre de mort » (4), la mélodie du « désir » (1c) au cor anglais qui préfigure la métamorphose motivique de la scène V, l'extension du « philtre de mort » (4) et des bribes de 1b. Puis de nouveau, c'est la frénésie de l'adieu d'Isolde un ton plus haut où s'englue la voix des deux femmes. Pour terminer la séquence, l'ironie d'Isolde se développe sur la reprise mimétique et grinçante du début de la séquence dévolue alors à Brangäne. Suit l'extension nouvelle du « philtre de mort » (4) avec ralenti; la voix grave, chante le « désir » (1a), puis se suspend un instant sur le mot « *Weh* », avec la morsure des hautbois et du cor anglais. Sur la reprise du motif de la « mort » (9), la voix d'Isolde s'y distend d'une octave supplémentaire lui faisant atteindre le *la* grave. L'atermoiement de Brangäne s'exprime une dernière fois, sur la musique ralentie du « philtre de mort » (4) avec la même mélodie que celle d'Isolde (1a): s'y contrepointent un motif hésitant du hautbois et les injonctions d'Isolde. Lorsque Kurwenal annonce l'arrivée de Tristan, le trait disruptif des cordes de l'adieu au monde s'élance puis se brise sur celui de la « colère ». Un grand ralentissement agogique où se déchiquette le motif 1a prépare l'entrée de Tristan.

SCÈNE 5

Sixième séquence (tonalité dominante : si *mineur puis longue dérive vers* mi *bémol).*

La scène s'ouvre sur une véritable introduction orchestrale. Cette confrontation terrible est annoncée par un nouveau motif (13a et b) qui comporte deux éléments contrastés : un antécédent où, à partir d'une longue tenue, bois et cuivres s'élancent en dessinant une variation du « désir » (1c) et de la « mort » (9) (deuxième partie) par un saut de tierce mineure ascendante, avec appoggiature supérieure, puis un conséquent, aux cordes, dont la scansion dépressive vient déchirer la tenue finale de la vague désirante et mortifère des vents. Rappelons en effet que le dessin de 1c et de 9 n'est lui aussi qu'une variation de 1a. Ce qu'on pourrait appeler « désir de mort » (13), permet en deux reprises ascendantes de tierce mineure d'atteindre la tonalité de *si* mineur. L'entrée de Tristan s'effectue sur le retour de la triade fatale du « philtre de mort » (4), et sur l'antécédent du 13. Les premières répliques échangées font alterner pour Tristan le style récitatif blafard que nous connaissons, puis des tournures diatoniques, que de petits motifs viennent animer en fanfares, et pour Isolde, une tension qui lui fait épouser les contours du « désir de mort » (13). Seule l'allusion au roi Marke (« *deinem Herrn* ») trahit l'agacement par un jeu de volutes italianisant, tandis qu'un peu plus loin rampe *pianissimo* la « colère ». Au comble de l'exaspération en face de ces facéties de convenances, Isolde lâche le morceau sur le thème de la « mort », délesté de sa cadence habituelle parce que justement son profil est celui du début du 13, que Wagner met en réserve (« *Blutschuld swebt* »). Tristan résiste encore dans une secousse diatonique qui a l'allure d'un masque. Alors l'animation rythmiques s'accroît et c'est sur la

« colère », diatonisée étrangement, qu'Isolde abat sa dernière carte, avec le retour de l'évocation de « Tristan blessé » (12), et du respect du silence. Une nouvelle accélération du tempo est accrue par l'utilisation de la tête du « désir de mort » (13), diminuée et enroulée sur elle-même de tierce en tierce mineure. Sur les paroles « *Nun will ich des Eides walten* » passe, comme en lambeaux, la « mort », dont ne subsiste qu'une vague couleur de timbres. Tristan est acculé à une maladresse fatale, qui conduit Isolde à parler de ses fiançailles avec Morold dans un épisode nuptial, marche tissée par une déduction de 1b ou une préfiguration de plusieurs thèmes d'amour de l'acte II.

Là, Wagner va subtilement différer la tension maximale, tout en maintenant la surchauffe, bien que la matière musicale s'amaigrisse par un jeu de silences expectants. Hormis la présence du « désir de mort » et de la « colère » sur des harmonies aérées, lointaines, (« *Dein los nun selber magst du dir sagen !* »), c'est le petit motif en triolets, réapparu comme figure d'accompagnement de « Tristan blessé » qui regagne son autonomie et suscite l'émergence d'un nouveau motif. La morsure initiale du triolet s'abîme aussitôt en une descente (variation de 1b et de 12), elle-même dissoute dans le silence : c'est l'image figuraliste du sentiment contradictoire d'Isolde où se mêlent vengeance et compassion. Au sommet de l'exaspération, à l'illusion de la communauté masculine, la voix s'élance à partir d'un saut de sixte, celui de 1b, puis la phrase déclive se déploie dans une atmosphère étonnamment berliozienne jusque dans le silence qui la rompt.

La phase finale de cette séquence est celle du revirement de Tristan. Il accepte la mort. Isolde refuse l'épée et propose le philtre. Tristan n'est pas dupe. Musicalement, cette fin de séquence est un développement où l'amalgame motivique vaut par la submersion qui en résulte. Cependant, essayons d'en baliser le parcours et nommons certains de ses ancrages.

Au point où nous sommes arrivés, la clarinette basse dans un tempo ralenti énonce la tête du motif du « regard » (2), et c'est sur l'atmosphère sépulcrale d'harmonies et de timbres, hantés par la « mort » que la voix de Tristan s'élève, désencombrée de sa platitude antécédente. Il s'offre à l'épée qu'Isolde refuse sur une variation du lied nuptial, puis tristement, c'est la résurgence de motifs où passe même l'ironie diatonique déployée auparavant au sujet du roi Marke. Le mimodrame de la préparation du philtre par Brangäne permet de poursuivre cet enchevêtrement motivique, jusqu'à l'irruption de la touche de choeur déjà connue. Tristan, comme Isolde au début de l'acte, est proprement égaré. La réponse aphoristique (9) d'Isolde permet la relance de la précédente intervention de Tristan, formulation sybilline qui est consentement au pacte proposé, et qui est enchâssée dans une variation de « Tristan blessé » (12) et du « silence d'Isolde » (8). Une nouvelle touche de choeur lestée de la « malédiction » permet la réapparition fulgurante de la scansion en triolets (cf. scène IV), puis un développement diatonique du motif contradictoire décrit plus haut permet un dernier repli, où réapparaît l'ironie grinçante d'Isolde. Wagner y mêle subtilement un écho mélodique de son adresse à Kurwenal sur les mots : « *sein Haupt sandt ich ihr heim* ». Ces sarcasmes s'enracinent à la fin dans le retour aéré du « désir » (1b) et du « philtre de mort » (4). Une nouvelle touche de choeur pour les manoeuvres d'abordage surgit sur les houles des cordes, qui s'articulent sur la collision harmonique de la « mort » (tonalités de *la* bémol majeur et de *la* majeur). La voix de Tristan s'y débride sauvagement. La coupe est saisie sur une variation de la « malédiction » ; l'amalgame motivique reprend tandis qu'éperdue, sur un texte allitératif, en lambeaux, la voix de Tristan s'y incurve en chromatismes dépressifs avant de s'épanouir pour la première fois sur la « mort ». Isolde arrache la coupe sur le « regard », et boit à son tour sur l'augmentation du « désir » (1b) qui se fracasse sur l'accord tristanien dans sa version de *mi* bémol. Ce climax permet le même effet de fondu enchaîné que dans l'introduction où l'accord retrouve le « désir » (1a) et la tonalité de *la* mineur .

Septième séquence (tonalités dominantes : la *mineur-majeur puis* do *majeur).*

On y reconnaît les éléments de l'introduction, ordonnés de la même manière, mais agrandis de l'intérieur, d'abord par une sourde descente chromatique, qui s'achève par la scansion de la triade fatale et une bouffée mélodique qui aboutit à la désinence de la « mort » (9), puis par un motif chaotique et violent (bois et cordes) qui sera associé au philtre à l'acte III, enfin par un effet d'écho en trémolos aigus aux cordes. C'est sur l'énoncé intégral du « regard » qu'Isolde puis Tristan se nomment amoureusement. Dans la légende, le philtre d'amour bu par mégarde est à relier à l'accomplissement magique d'un « *geis* » dont la nouveauté consiste en ce qu'il s'impose aux deux personnages également et n'est que le moyen de porter à un niveau supérieur un sentiment réciproque déjà préexistant. Si Wagner imagine une situation plus volontariste et l'existence des deux philtres, c'est pour mettre l'accent sur le rôle de révélateur psychologique du philtre. Croyant boire le philtre de mort, Tristan et Isolde laissent tomber leurs inhibitions. Ceci étant, l'idée de mort est présente aussi dans la légende, car lorsque Brangäne s'aperçoit de la méprise, elle s'écrie : « c'est votre mort que vous avez bue ! ». Dans l'opéra, le philtre d'amour devient l'accession à la vraie mort, car au-delà des masques qui tombent, c'est la possibilité de l'accomplissement initiatique qui s'entrevoit.

C'est au moment de l'ancrage du navire que le désir lâche les amarres, et Wagner de lâcher aussi tous ses motifs dans des entrelacs horizontaux, où le passage de l'un à l'autre devient impossible à repérer dans le tourbillons des ostinatos. Le tempo s'anime soudainement, sur une variation du « regard », puis sur le « désir » (1a et 1c), qui, en ostinato, soutient une nouvelle touche de choeur, signalant l'arrivée du roi Marke. Brangäne laisse éclater son désespoir, la voix distendue par de grands intervalles. Puis tous les thèmes de l'introduction s'enchaînent en figures obstinées et variations rythmiques (1a, 3, 1c, 2 et 5), qui trament le premier duo de Tristan et Isolde. C'est la jubilation d'une transe charnelle, où les voix d'abord alternées, finissent par s'enchevaucher, s'imiter, se rejoindre en effets dynamiques éruptifs avant de s'épanouir ensemble sur un *La* aigu (« *Liebeslust* ! »). A l'orchestre, le premier motif du choeur puis un nouveau, plus rugueux, soutiennent l'intervention de Brangäne. Peu après, alors que réapparaît le motif de la « mer » (6), l'intervention de Kurwenal ajoute à l'émotion par le lyrisme tendre et chaleureux du diatonisme de cette période, où s'exhale sa joie. Egarement terrible de Tristan puis d'Isolde, après le retour étonnant de l'accord tristanien d'où émerge (1a). Dans l'animation croissante, Isolde s'évanouit, puis Tristan sur de longues harmonies laisse éclater sa douleur. Très rapidement, l'animation atteint son apogée qui se dissout brutalement dans le hurlement des fanfares de trompettes. Le rideau tombe sur ce poème de la mer.

ACTE II

INTRODUCTION

Einleitung. Encore une Introduction qui ouvre le temps de l'acte, mais plus prompte à nous rendre visible une action déjà commencée avant le lever du rideau : un mimodrame d'attente. Dans le ton de *si* bémol majeur, c'est d'abord, ex abrupto, la douloureuse entaille du motif du « jour » (11 a) déduction de « Tristan-héros » (11) dont la septième majeure harmonique initiale non résolue accentue la déchirure. Ce court motif est appelé à une récursivité majeure dans les deux actes à venir, souvent sous une forme moins dissonante par rétrécissement de l'intervalle de quinte initiale. Aussitôt énoncé *fortissimo,* il est ombré par un frémissement de trémolos; coloré de l'intérieur par un chromatisme descendant, il est déjà apparu à l'acte I. Dans l'acte II, il sera souvent associé à l'évocation de la torche. Aussitôt, la trame se resserre autour d'un nouveau motif ascendant aux basses (14) suspendu deux fois sur la dominante, coiffé du halètement de triolets décapités. C'est le motif de « l'attente » qui est développé pendant seize mesures; mais déjà sur les quatre dernières, dans le registre aigu de la flûte, est apparu un nouveau motif (15), que les quatre premières notes rattachent au « désir » (1b). Il est couramment intitulé « ardeur », ou « ardent appel »; des circonvolutions ascendantes le ramènent à son point de départ et ce sont maintenant des trémolos sur septième diminuée qui le sous-tendent. Une flexion plus longue dessine un large mouvement descendant à l'issue duquel on retrouve le « désir » (1a), dont la répétition serrée trahit aussitôt un effet de relance qui s'accomplit, à partir d'un ostinato de deux notes sur un dessin similaire au 1c : même saut de tierce ascendante et d'appoggiature supérieure, mais sur cadence plagale cette fois. L'effet d'appoggiature est happé dans un sinuement curviligne de croches que scande un énergique rythme pointé. Il s'agit d'un nouveau motif appelé, moyennant quelques modifications, à devenir celui de la « mort d'amour ». Ici, il est encore « félicité passionnée » (16), ou en tout cas « torsion érotique ». Et toute la séquence depuis « l'ardeur » (15) se répète, propulsée un ton plus haut. A la fin, « l'appel ardent » n'est plus seulement amour, mais rage. Enfin, il s'enfonce dans le grave de l'orchestre pendant que s'ouvre le rideau.

SCÈNE 1

Première séquence (tonalités d'ancrage : si *bémol majeur et* ré *bémol majeur).*

Après le poème de la mer, c'est le poème de la forêt qui commence, dédié à la Dame du verger. C'est la nuit. Comme au premier acte, la scène, en vue, est immédiatement décadrée acoustiquement. Ici, l'agrandissement de l'espace au-delà du visible est suscité par l'ambiance cynégétique de deux fanfares de cors, sur un magnifique étagement de neuvième de dominante permettant la superposition de deux quintes. Du point de vue opératique, cet effet du rapport scène / coulisses ou cintres avec orchestre ou voix est aussi un vestige baroque, qui focalise l'attention sur la scène en la décentrant. Que Wagner en systématise l'emploi pour chaque début d'acte dans *Tristan et Isolde* est à relier aussi au symbolisme spatial de la légende, où mer et forêt (celle du Morois) sont à la fois illimitées et limitées pour propulser la passion amoureuse dans l'illimité initiatique de sa réalisation.

Les premières échanges d'Isolde et de Brangäne soulignent un conflit que la suite de la scène en longs détours lyriques ne fera qu'accentuer : l'impatience sans crainte d'Isolde et la méfiance suspicieuse de Brangäne qui souhaite différer le rendez-vous. Dans un style proche de la forêt de *Siegfried,* c'est la première amorce d'un lied d'Isolde pour l'évocation de la source (« *Nicht Hörnerschall tönt so hold* ») : sur le bruissement contrarié des clarinettes et des cordes, enrobé de cors, la voix d'Isolde rendue flottante par une magique neuvième de dominante de *ré* bémol majeur, se déploie dans une atmosphère fauréenne. « L'ardeur » y est réinjecté, toujours en *ré* bémol, puis en *si* bémol, ce qui permet une nouvelle fois l'éruption de la « félicité passionnée » (16). La mise en garde de Brangäne à propos de la trahison de Mélot, en qui sont condensés les barons félons de la légende, permet une séquence où s'opère l'effacement apparent de tout motif, pour une musique du soupçon. La forme qui évolue du récitatif à l'arioso permet par l'allégement de texture, l'alternance de plusieurs effets de timbres : après une ligne ascendante articulée sur le rythme de « l'ardeur » (15), s'opposent cahots des cors et cordes, tenues aigres des bois, claquements cuivrés des cors, et trémolos des cordes, tandis qu'à la voix passe deux fois le profil du « regard », pour ce récit où épier est le ressort. Mais épier les motifs est peut-être aussi un malentendu. C'est un effet majeur de l'art wagnérien que de pouvoir opérer un repli détendu, par rapport à la tension sans relâche de tout le début, en maintenant le suspense par un jeu codé qui chez un autre aurait pu devenir trivialité ou calcul facile. Le retour plus diatonique de « l'ardeur » (15) sous-tend l'étonnement d'Isolde que Brangäne contre aussitôt en y dénonçant le calcul politique de Mélot, toujours dans cette atmosphère de soupçon où s'exhale encore la fanfare des cors, qui se dilue en un dernier claquement cuivré. Isolde s'obstine.

Deuxième amorce de lied dans la tonalité de *ré* bémol majeur, avec une magie orchestrale initiale : ce sont les bois de l'orchestre qui prennent le relais des fanfares, tandis qu'un cor solo enroule un large motif berceur. Les reproches d'Isolde sont animés par le retour du motif de la « félicité » (16), qui ramène la version fracassante sur septième diminuée de celui de « l'ardeur » : c'est le moment de l'objurgation d'éteindre la torche, signal convenu; la voix qui y épouse le profil malmené du « jour » (11 a) atteint quatre fois le *Sol* aigu. Wagner continue de jouer la confusion des genres avec une troisième amorce de lied. A partir du motif de « l'ardeur » déployé et par lequel est réinstallée la tonalité de *si* bémol, s'installe un ostinato mélodique scandé par des figures ternaires aux cors, celles de « l'hymne à la nuit » à venir, et qui va servir d'accompagnement à l'évocation de la nuit. La voix s'y étale en valeurs longues dans le registre grave; un calcul périodique de resserrement progressif, quatre mesures puis deux puis une, permet en même temps qu'une pédale harmonique de surchauffer peu à peu cet alanguissement rêveur, et en remontant vers le registre aigu de soutenir une nouvelle objurgation, sur un redéploiement de « l'ardeur », renouvelé harmoniquement. La voix y éclate encore deux fois sur le *Sol* aigu.

La mise en garde de Brangäne se fait plus pressante. Sur « *Wehe* » éclate la septième majeure du « jour » (11a), avant un affaissement terrible de la matière sonore, qui aboutit à l'accord tristanien dans sa version de *la*. A noter que la voix au même moment, fait entendre les sons du même accord mais dans la version de *mi* bémol (« *Des unseligen Trankes !* »). Retour du « désir » (la) du « philtre de mort » (4) et de la « mort » (9), puis d'un motif ternaire à la morsure initiale de doubles croches, qui rappelle le silence mais préfigure la trahison de Mélot, pour un arioso où Brangäne déplore son action de substitution des philtres.

Scandée deux fois par la flexion ascendante de la « colère », la réplique d'Isolde est un grand lied en deux sections, hymne lyrique à l'amour, « *Frau Minne* ». Première section : à partir de l'accord tristanien surmonté du « désir » (1a) qui s'étire sur une note répétée, celle du philtre d'amour, s'achevant sur une volute ternaire, la voix s'étale voluptueusement sur cette ductilité, en épousant parfois les contours. Dans la trame passent, méconnaissables, la « mort » deux fois, et le « philtre de mort ». Un conduit sur le « désir » (la) mène à la deuxième section qui s'ouvre sur un nouveau motif (17), que nous appellerons « soumission à l'amour ». C'est un nouveau dérivé de la forme déclive du désir (1b), où s'entrelace la volute ternaire de la première section. Et c'est sur une variation tourmentée de ce motif, qui s'obstine sur sa syncope et qui est distordu par son entremêlement avec un petit motif ternaire déduit de 1 a, que Brangäne supplie une dernière fois. A la fin de son intervention, la désinence de « l'ardeur » (15) sert de conduit. Le refus d'Isolde et sa soumission à l'amour est exprimée sur le même effet de variation de 17, véritable transe qui ouvre sur l'un des plus beaux climax qui soient : au moment où la voix atteint le *Sol* aigu, de nouveau, sur le mot « *Nacht* », c'est le thème de la « *félicité* » (16) qui réapparaît, transfiguré par l'augmentation rythmique et surtout une simplification harmonique irradiante qui, en permettant l'évitement du saut de tierce ascendante, étire l'effet d'appoggiature (*La – Sol*), et dilue la torsion érotique en lentes circonvolutions extatiques (« *dass hell sie dorten leuchte* »), qui à la fin butent sur un trémolo. Comme à l'acte III l'ordre de Tristan à Kurwenal, l'ordre donné à Brangäne par Isolde de faire le guet sur ce trémolo paraît sans appel. Isolde, au comble de l'exaltation, sur l'effet agrandi par des alternances dynamiques de « l'ardeur » (15) sur septième diminuée, éteint la torche. Alors se produit le premier grand effet cataclysmique d'écroulement fatal de la matière sonore : liquidation terrifiante de « l'ardeur » qui chute inexorablement dans le grave tandis que s'y mêle, hurlé furieusement par les trompettes, la « mort » (9).

Ce jeu d'extinction au propre et figuré aboutit, *pianissimo*, à la relance initiale, délestée du motif du jour (11 a), par la reprise de « l'attente ».

Deuxième séquence (tonalités d'ancrage : si *bémol majeur et* do *majeur*).

Cette reprise, sur laquelle se joue le mimodrame de l'arrivée de Tristan, est détournée de son expansion initiale (début de l'acte II), par l'incrustation d'un petit motif au bois qui en se resserrant progressivement aboutit au *fortissimo* de la neuvième de dominante de *si* bémol. Une deuxième vague introduite par une volute dont le dessin semble calqué sur la « félicité passionnée » (16), est gonflée peu à peu par un petit motif ascensionnel, où vient peu après s'enchâsser aux basses la tête de celui de « l'attente » (14). L'effet de saturation est formidablement maintenu par un resserrement de texture dans l'aigu, accentué par la palpitation rythmique et harmonique. Ces gorges serrées n'ont plus qu'à lâcher le cri de jouissance, dans la nomination de l'autre : successivement, Tristan sur une cadence de *ré* bémol, puis Isolde sur une cadence de *si* bémol; ainsi se retrouvent soudainement en collision brutale, les deux tonalités qui ont balisé la première séquence. Ce rapport modulant de tierce deviendra un élément primordial par la suite.

Après que les deux voix s'associent pour un dernier cri, c'est la ruade énorme de tout l'orchestre sur la « félicité » (16) que vient hanter à la fin aux vents le thème du « désir » (1a), qui provoque la butée. Aussitôt, le duo commence, plus vite et piano, dans un échange en lambeaux, une sorte de débâcle élocutoire, convulsive, où la trame du reconnaissable est entièrement défaite. Reste une transe érotique, dont la luminescence est seule visible par le jeu virtuose des voix, alternées mélodiquement et rythmiquement de manière inouïe et comme irraisonnée. Du coup, c'est à peine si nous percevons le retour du « désir », sous sa forme double (1a et 1b), qui permet aux deux voix de s'unir : « *Ist es kein Traum ?* ». La flûte cependant poursuit le dessin de 1a, qui vient se perdre dans l'entremêlement motivique du « philtre d'amour », sous sa forme convulsive, et de « la soumission à l'amour », sur lesquels planent les deux voix sur un *Sol* aigu (« *Wonne* »), avant que celle d'Isolde ne se distende, jubilatoire, en un périlleux saut de dixième ascendante, qui la propulse au *Do* aigu. Puis, c'est la relance de cette transe érotique avec le petit motif ascensionnel. Les voix s'y alternent avant de se planter de nouveau ensemble sur le *Sol* aigu (« *Mein* ! »). En chevauchant le petit motif aux vents, la « soumission à l'amour » (17) se déploie, ressassé, tandis que les voix atteignent successivement *La* bémol, *La* naturel et de nouveau *Sol* (« *Ewig, ewig ein !* »). Ensuite, la tension va peu à peu décroître sans qu'il soit possible de savoir où exactement s'opère ce revirement, parce qu'il n'est pas installé soudainement, et de façon uniforme, mais aussi parce qu'après coup, on ne sait pas où a eu lieu le point du paroxysme orgasmatique. C'est un calcul sans failles qui suscite un effet rétroactif diffus, comme sans attaches.

Wagner était très conscient de cette mise en forme. C'est ce qu'il exprime admirablement, à Paris, le 29 octobre 1859, dans son journal, adressé à Mathilde : « Mon art le plus subtil et le plus profond, je voudrais pouvoir l'appeler l'art de la transition, car tout mon oeuvre artistique est composé de telles transitions : la brusquerie, les heurts me sont devenus antipathiques; souvent ils sont inévitables et nécessaires, mais alors même on ne doit les employer que si l'état d'âme est assez formellement préparé à cette brusque transition pour la réclamer de lui-même. Mon chef d'oeuvre dans l'art subtil de la gradation est sans doute la grande scène du deuxième acte de *Tristan et Isolde*. Le début de la scène exprime la vie débordante en ses passions les plus véhémentes; la fin, le désir le plus solennel, le plus profond de la mort. Ce sont là les piliers : voyez un peu maintenant, mon enfant, comment je les ai reliés, comment l'on passe de l'un à l'autre! Là gît le mystère de ma forme musicale, et, je l'affirme hardiment, jamais pareil accord, pareille ordonnance où se disposent clairement tous les détails, n'avait jusqu'à ce jour été seulement pressentis[14]. »

Troisième séquence (dérive tonale)

Arbitraire est ce découpage, mais le texte nous fournit l'indice de cette « transition », par l'allongement progressif des répliques. Musicalement, dans la continuité, s'opère un subtil basculement : l'harmonie s'obscurcit, la « soumission à l'amour » (17), toujours ressassé, subit un jeu d'alternance de registration qui est comme le signal d'un développement. Plus étonnant, le monnayage de ce motif en « l'ardeur » (15), par un subtil jeu d'enchâssement et de contrepoint (vents / cordes), qui s'effectue en quatre mesures, sous les paroles de Tristan : « *O Weit' und Nähe ! Hart entzweite !* ».

La conversation s'installe. Vont parler et chanter les mots de chacun sur le battement antinomique, jour/nuit, où la confusion des figures dans le jeu des rappels, des préfigurations sert de transition vers la communion extatique. Injustes ces reproches de longueurs à propos d'un épisode où les voix incarnées dans les corps doivent s'en décoller pour l'unisson lyrique final.

Donc, c'est la reprise de « l'attente », qui cimente le thème même de ce début de conversation. C'est Isolde qui introduit celui du jour et de la nuit, par l'allusion à la torche : « *Im Dunkel du, im Lichte ich !* ». Et la voix dessine le motif du « jour » (11 a) sur la désinen-

14. R WAGNER : *op. cit.*

ce de « l'ardeur » (15). Le sursaut indigné de Tristan est l'écho des objurgations d'Isolde; la voix s'y abîme chromatiquement (1b), douloureuse dans le reproche. Les valeurs sont allongées et injectent un ralenti, même si les altos y frémissent encore sur le petit motif ascensionnel. Le « jour » commence ici sa longue récursivité, dans une version moins dissonante et sous-tendue par une dépression harmonique caracté-ris-tique : dominante transformée en deuxième degré avec quinte diminuée.

La triple malédiction du jour, nouveau sursaut de Tristan, permet le retour de la version dissonante qu'un décalage syncopé aiguise. Cette malédiction est déployée plus amplement et y apparaît la première balise nocturne (« *Wie du das Licht...* ») : c'est l'appoggiature supérieure qui s'étend à un accord; accord-appoggiature que nous ne pourrons que reconnaître alors le moment venu, sans pouvoir en situer l'émergence. A noter également, juste après, les morsures imitatives du « jour » (11 a), dont la diminution rythmique le réfère à celui de « Tristan-héros » (11). Elles débouchent sur une nouvelle présentation harmonique de l'éventail du désir (1a – 1b) sur les paroles : « *Selbst in des Nacht dämmernder Pracht.* » Bien entendu, c'est le motif du « salut » (11) qui réapparaît couronné de triolets et de trilles à l'évocation par Isolde de Tristan-héros. Et lorsque le « jour » est réintroduit dans la version non-dissonante, on remarque à peine, aux seconds violons et altos un *Fa* syncopé, deuxième balise nocturne à venir, qui, ici, fugace, participe à la stratégie du ralentissement. L'enchaînement motivique dans le sens du tuilage mélodique continue de se mettre en place; tout devient possible : ainsi à la nouvelle figure (1a – 1b déjà notée plus haut), s'attache le motif du « désir » (cor anglais / basson), qui débouche lui-même sur la cadence de la « mort » (9) (« *für Marke mich zu frei'n dem Tod die Treue zu weihn?* »). Nouvelle variation harmonique du 11a pour Tristan. Puis, pour Isolde, nouvelle houle de la « soumission à l'amour » (17), qui débouche sur une nouvelle ambiguïté (11 et 11a), dont le schéma harmonique d'enchaînement de tierce est appelé à une grande récursivité. Du coup, le diatonisme s'impose tandis que chacun se renvoie la confusion de ses images diurnes. C'est au cours de ce développement qu'au moment où Tristan déclare « *durch Haupt und Scheitel drang mir ein, bis in des Herzens tiefsten Schrein* », le motif du « jour » (11a) s'ombre : ralentissement agogique, présence du « désir » (1b), relais en tons chauds des timbres (hautbois / clarinette / cor), forme non-dissonante du motif, pédale syncopée sur *La* bémol produisent un effet d'apaisement signalétique. Le « jour » aura beau se réanimer, il sera nécessairement enténébré par une barde chromatique et dépressive. Il est bel et bien liquidé sur l'exclamation d'Isolde « *O eitler Tagesknecht !* », ce que vient souligner le motif de la « colère » (7).

L'intervention d'Isolde (« *Getaüscht von ihm,...* ») donne lieu à une reprise de vitesse que hante un mouvement quasi-ininterrompu de syncopes. Les premiers effets de contrepoint motivique s'y esquissent : motif du « jour » superposé à la « soumission à l'amour » par exemple. Il y a distillation subtile de dissonances, par effet d'appoggiatures non-résolues. Il y a reprise à la voix, à partir du registre grave (« *Herzens Grunde* ») du 1b avec son saut de sixte pour l'évocation de la blessure, voire même une préfiguration distendue, juste après, d'un des motifs nocturnes. Le travail de mixage se poursuit jusqu'au retour varié de la « mort ». Les paroles de Tristan chargent d'une animation renouvelée (1a et 1b sous sa forme de « malédiction ») le rappel du philtre qui sur un effet d'accord-appoggiature aboutit à l'énoncé du premier grand motif nocturne à venir (19). Ici, la voix le quitte aussitôt pour une lente montée chromatique émotionnelle (*Mi* bémol – *Mi* naturel – *Fa* – *Fa* dièse – *Sol).*

Maintenant, ça se tisse dans les deux sens : horizontal et vertical, par exemple le « jour » s'incruste dans le « philtre » sous sa forme torsadée en doubles croches. Isolde y dit la duplicité des deux philtres dans le parcours initiatique : « *Dem einzigam Tode Lag den Gab er wieder dem Tag !* ». Au passage, la voix de Tristan varie le motif nocturne (19) sur « *darin ich sonst nur...* ». Une dernière fois, le motif du jour chargé chromatiquement conduit à un grand effet de ralenti par le jeu des augmentations et des silences, avant l'accord climax sur « *Nacht geweihte* », où la voix de Tristan chute d'une octave, motif de l'anéantissement.

Cette transition s'achève sur des effets de variations orchestrales, allégements et frémissements de l'extinction motivique que vient briser au centre sur la « mort » (9) cette déclaration initiatique de Tristan : « *Wer des Todes Nacht Liebend erschaut...* », et que vient clore à la toute fin (« *das Schnen hin....* ») l'apparition sépulcrale d'un motif capital (18a et b).

« L'amour dans la nuit », formé de deux éléments : antécédent (18a) conséquent (18b) qui se déploient sur d'étranges septièmes. Le motif 1a s'y inscrit et mène à l'augmentation de la « félicité » (16) par cadence plagale, l'appoggiature étant lancée par un trille qui annonce la métamorphose finale. Un dernier rappel du « jour », où l'alliage du cor anglais et du cor rappelle le *Roméo et Juliette* de Berlioz, et où s'installe le rythme syncopé, inamovible, qvoile définitivement la conversation. Les deux amants ont rejoint un banc pour l'exhalaison de la fusion mystique.

Quatrième séquence (tonalités d'ancrage : la *bémol majeur et* si *majeur).*

Ce centre narratif de l'oeuvre exacerbe le gel des actions enchaînées (l'épique). Cette intimité fusionnelle et extatique mêle deux formes : celle du lied, et du mouvement lent classique (pour le développement de la forme-sonate), dans un effet d'intériorisation expressive qui semble s'agrandir au creux d'elle-même. Tout le matériau y est nouveau, bien qu'ayant été préfiguré auparavant. Cela commence par un « hymne à la nuit » (19, énoncé auparavant) où les deux voix s'entrelacent, et dont les notes *Mi* bémol – *Fa* – *La* bémol et *Do* bémol sont celles de l'accord tristanien. Tout de suite, l'effet de suspension extatique est installé par l'emploi du style de la mélodie accompagnée. De fait l'orchestre accompagne, et l'esprit du lied (rappelons que le matériau de cette séquence est issu des *Wesendonklieder*) s'impose immédiatement à cause de l'isorythmie syncopée, annoncée elle aussi. Neutralisée, la technique motivique n'y est pourtant pas abandonnée, car sur un groupe de quatre accords-appoggiatures, eux aussi préfigurés, plane une douce flexion d'appoggiature mélodique supérieure, issue du « désir » (1c), de la « mort » (9) et de la « félicité » (16), et qui, en accroissant la berceuse, acquiert une autonomie motivique pour tout ce qui est à venir (clarinette). Dans cette diaphanéité, le « jour » (11a) aux vents passe doucement par le tamis des cordes, et l'évocation de la délivrance du monde se fait sur augmentation de l'appoggiature propulsée par un saut de sixte ascendante (1b, aux violons).

Le problème est de maintenir cette dérive extatique. Un nouveau motif (20) n'est qu'une variation du précédent, par degrés conjoints avec animation rythmique. Bien qu'il soit sous-tendu par la tonalité de *la* bémol, le rythme syncopé, l'effet d'accord-appoggiature, un glissement enharmonique permet d'y introduire une scansion harmonique légère qui va tendre peu à peu l'atmosphère. Les voix s'y sont préparées mais un nouveau mélisme sur « *Herz an Herz* », la tête d'un motif à venir, permet par un jeu d'imitations de plus en plus serrées la conjonction des voix, après un retour du « jour », sur le mot « *Welt* » (*la* bémol aigu), où le fusionnement au monde s'entend de nouveau sur l'accord climax, d'où surgissent le « désir » (1a) puis la « nuit » (20). L'irrésistible montée aboutit à une forme nouvelle de « l'amour dans la nuit » (18c) qui acquiert ici et pour longtemps une fonction d'ancrage cadentiel et aphoristique au même titre que la « mort » (9). Après cette double secousse extatique, les voix s'enfoncent, rêveuses, dans la contemplation, sur une coda au chromatisme vacillant où se renouvelle l'isorythmie initiale.

Et c'est sur la série des quatre accords-appoggiatures surmontés de l'appoggiature mélodique que la dérive reprend. Mais la voix de Brangäne au loin qui vient s'y greffer en valeurs très longues sur le dessin méconnaissable du « jour » (chanson d'aube), nous fait pressentir une métamorphose. Cette première mise en garde élargit l'effet harmonique qui s'amplifie en éventail. L'armature de quatre bémols passe à trois dièses. Elle creuse cet état de flottabilité métaphysique par un décadrage dont le lyrisme prend une dimension cosmique, au-delà des limites de la forêt. Y sont drainés la « nuit » et un motif à venir (21), enfin une série de volutes aux violons, préfigurant un « élément » d'apothéose » (23). Cette césure permet la relance pour une section centrale, où vont émerger deux nouveaux motifs.

Tout d'abord un motif, dont nous connaissons la tête (21) et dont l'intitulé pourrait être « le repos dans la nuit ». Son dessin se joue des appoggiatures comme l'arrondi d'une caresse. Trame de cette section, il est suspendu par l'ancrage cadentiel (18c). Cette alternance permet celle d'Isolde et de Tristan, échange qui sera inversé plus tard. Tristan est définitivement acquis à la vision mortifère de l'amour, mais c'est pour mieux en dire l'éternité au-delà de la mort, dans un développement qui s'opère sur le motif 21 avec rappels, entre autres, du « jour », de la « mort » (9). Le mot « *Liebe* » est par deux fois rehaussé par un effet d'appoggiature supérieure. Un conduit motivique sur « désir » (1a) introduit une couleur religieuse des timbres (clarinettes et cors). C'est un questionnement d'Isolde sur « *und* » qui permet à Tristan d'affirmer la mort comme délivrance et réalisation de l'amour. Ce mélisme ouvre l'apparition du « chant de mort » (22), qui est le véritable hymne nocturne, avec son saut initial de quarte ascendante, son rythme ample et calme, ses périodes régulières de quatre mesures. Il paraît entièrement nouveau, ne serait-ce que par le caractère diatonique de l'intervalle de quarte et pourtant son expression oraculaire déclenche inconsciemment un sentiment d'épanouissement terminal de tout ce qui a précédé : il est de fait le calque malmené de l'inversion du « jour » dans sa version non-dissonante. Le texte et la musique sont repris en alternance par les deux voix, avec agrandissement orchestral et effet strophique. Un tuilage rythmique permet un retour de la phase terminale de la mise en garde de Brangäne, nouvelle césure qui ouvre la section finale, à la fois reprise et péroraison.

Le motif 21 lesté de 18c est repris avec l'échange inversé des deux protagonistes. Puis la trame est resserrée deux fois par la flexion ascendante connue, le motif du « jour » clamé *forte* et la « félicité » (16), qui la deuxième fois est projetée dans un deux temps rapide qui inaugure la péroraison en *si* majeur. « *O ew'ge Nacht !* », sur « l'amour de la nuit » (18a) est le signal de l'avancée la plus intense vers la « *Liebestod* » (« mort d'amour »). L'allusion au jour se fait sur le retour de 11a, mais la désinence en est subvertie par l'effet 1c. Subrepticement, à l'orchestre paraît, « l'apothéose » (23) ou « mort d'amour » qui, malgré le *grupetto* qui lui sert d'élan, paraît dans cette texture n'être qu'une figuration variée. Le « jour » disparaît quand la voix d'Isolde s'empare de « l'apothéose » sur « *hehr Vergehen* ». Cet entrelacs d'une tension irrépressible se poursuit et le « chant de mort » (22) y reparaît en *Si* majeur sans subir d'effet modulant. « L'apothéose » (23) ensemence l'épisode par un jeu d'imitations à l'orchestre surmonté par celui, en augmentation, des voix. La reprise du mélisme dérivé de 1c sous-tendu par une descente chromatique, comme déjà à « *ohne Meiden* » de Tristan, ici « *ohne Nennen* » d'Isolde, est agrandi pour aboutir à la métamorphose finale de la « félicité » (16). Une trille préfigurée lance ce tournoiement infini du motif . Les voix y entrelacent leur jeu d'imitations précédent sur « l'apothéose » (23) avant de le rejoindre dans son mouvement ascensionnel de vrille. Alors que nous attendons le retour de la « félicité » (16) par cadence plagale et saut de tierce ascendante avec appoggiature supérieure (*Do* dièse – *Si*), le *Do* dièse est bien atteint mais brutalement sali par un accord dissonant, où s'englue le hurlement de Brangäne. Tout est différé, comme la tonique et il nous faudra atteindre la fin de l'acte III pour la retrouver : procédés compositionnels et dramaturgie sont inexorablement liés. Le temps de l'œuvre est dérive chromatique illimitée; l'issue sera la résolution tonale cadentielle in extremis du troisième acte.

SCÈNE 3

Cinquième séquence (souvent ré *mineur et* ré *majeur).*

Kurwenal aussi prévient, mais il est trop tard. Surgissent Marke, Mélot et l'équipage de chasse. Se dévident rapidement un rappel de la fanfare, une variation hoquetante et chromatique de « l'attente » (14). Un grand geste orchestral en éventail n'est pas inutile. Il est neutre et tapageur pour permettre l'effet douloureux qui suit : dislocation et éloignement du « chant de la mort » (22) et de « l'apothéose » (23) abîmés par l'harmonie. Le motif du « jour » réapparaît au cor avec la blessure d'un râle cuivré et un retour progressif à la version dissonante sur laquelle s'exhale la plainte de Tristan. La suffisance flagorneuse de Mélot est soutenue par ce motif tandis qu'aux violoncelles rampent les syncopes du duo noyées par les trémolos et les morsures de triple croches des cordes, déjà repérées pour le silence d'Isolde et la suspicion de Brangäne.

Arrêtons-nous un instant avant d'analyser cette fin de l'acte II. Dans la légende celtique, la mort des amants est issue fatale d'un dénouement initiatique.

L'initiation, c'est celle de Tristan, d'où l'importance considérable de l'autre Yseult aux blanches mains. Tristan défaille et consent aux codes du Père, mais il ne peut s'y plier totalement, c'est pourquoi le mariage ne sera pas consommé. Sa mort résulte de cette symbolique de la blessure qui le rend à la féminité. Mais, il n'y a pas de volontarisme mortifère dans la conscience des deux amants. Wagner a rendu son Tristan plus héroïque. Pas d'hésitation pour lui. Il a choisi. C'est pourquoi la longue déploration de Marke ne le fait pas vaciller, et c'est pourquoi il s'offre immédiatement et volontairement à la mort. Donc, même hors de tout schopenhauerisme ou bouddhisme, la mort volontaire est rendue possible par la condensation du dénouement initiatique et réciproquement. Là où Wagner reste entièrement attaché à la légende, c'est dans la longue déploration de Marke où le lien de vassalité est au centre du long monologue. Et il lui fallait du temps pour ne pas risquer d'enfermer ce personnage dans le rôle du mari trompé. Car ce qui est trompé, c'est l'amour de Tristan et d'Isolde par un mariage que la loi du Père a forcé, et auquel Isolde n'a pas consenti.

Reprenons. La fin de l'intervention de Mélot est scandée par un récitatif qui permet la dilution orchestrale. Les interrogations douloureuses de Marke sont encadrées, puis développées par un nouveau motif à la clarinette basse. Sa forme déclive l'apparente à 1b. Facilement repérable à cause de la texture, nous ne le répertorions pas. L'écriture vocale de Marke installe immédiatement une couleur : même tendance descendante constamment relancée vers le haut. La « violence convulsive » de Tristan est l'occasion de réutiliser une période de la troisième séquence : imitations dissonantes du « jour », qu'une forme brutale de l'éventail 1a-1b vient dissoudre.

Le long monologue de Marke commence par une période en récitatif, que viennent hanter quelques traînées chromatiques. La voix y évolue toujours avec la même tendance déclinante, contrecarrée par des élans ascendants : sur « Tristan » en particulier, où la deuxième fois, la voix ayant atteint le *Ré* aigu tombe d'une septième mineure et par deux fois encore un peu après (... « *sie flieht, da Tristan* »).

L'indication que Tristan « baisse les yeux » impose un deuxième motif attaché à Marke (24) dont la linéarité curviligne s'enroule autour d'appoggiatures inférieure et supérieure, dérivées du motif 21 (nostalgie de tendresse? ce qui justifierait cet intitulé traditionnel), avant de s'achever par une chute de septième mineure, qui va tramer de sa dépression la ligne vocale elle-même. Le style est maintenant celui d'un arioso où est injecté le motif du « royaume » (10) (...« *Marken du gewannst* »), dont est balisée ainsi la prochaine destination. Ses éléments variés et développés, par exemple au cor pour renforcer la nostalgie (24), serrent les mailles des souvenirs.

L'éloge d'Isolde, qui constitue une troisième période, joue sur le timbre du hautbois, déjà associé à Isolde, mais sans systématicité, la note répétée (cf. le « philtre d'amour » et le lied à « *Frau Minne* »), et la variation au centre la « nostalgie » (24), où la quinte s'arrondit en sixte. L'animation qui en résulte est soudain court-circuitée par l'atmosphère schumannienne d'un dévidement régulier de croches aux violoncelles (« Der mein Wille nie zu nahen wagte...»). Cette retenue grave et lyrique permet l'exhalaison intense de la voix jusqu'au *Mi* aigu (« *Braut* »).

La dernière période du monologue est marquée par un changement de tempo (« *Wieder bewegter* ») où le motif de la « nostalgie » (24) s'englue dans le premier motif (« la douleur »). Cette ère du soupçon qu'évoque Marke est soulignée par des trémolos et des traits disruptifs de violoncelles et de clarinette basse. Après un écho du motif du silence, une longue montée chromatique se défait sur la morsure aigre des vents, qui rappelle la suspicion de Brangäne, mais en même la note tenue et syncopée subvertie ici par dissonance harmonique et dissonance de timbres. Préparé par les traits des violoncelles et de clarinette basse, le motif de la « colère » ouvre la plainte terrible de Marke que clôt, à la clarinette basse, le motif 24 précédé de la note répétée et noyé dans la « douleur ».

Sixième séquence (tonalités dominantes : la *mineur, la bémol mineur et* ré *mineur).*

La « compassion » de Tristan qui réaffirme l'impossibilité d'assigner un sens, s'énonce sur le retour du « désir » (1a et 1b, aux bois). Cette dramaturgie qui est apparue à maintes reprises, va prendre à l'acte III des proportions plus vastes. Elle est propre à tout parcours initiatique, ne correspond à un effet de masque, mais à la ruse d'une valeur, ici un pacte d'amour, qui pour s'énoncer a besoin de cette défaite du discursif chez les protagonistes.

Retour du « désir » (1c) également, mais l'effet cadentiel est suspendu pour permettre un glissement enharmonique vers *la* bémol. Tristan s'adresse à Isolde. Tous deux sont perdus pour le monde. Cette invitation mortifère après un rappel du jour (11a) s'énonce sur un dernier motif nocturne, « la nuit éternelle » (25), dont la solennité funèbre en *la* bémol mineur est accentuée par l'ondoiement des basses. C'est au coeur de ce motif qu'est inséré le mélisme motivique du « royaume » (10), ici de la nuit. Aussitôt, le mouvement syncopé réintroduit « l'hymne à la nuit » (19), largement développé. La reprise de la « nuit éternelle » (25) subit, cette fois, les mutations enharmoniques de la « nuit » (20), qui aboutissent à une variation très libre du 21 de nouveau projeté sur « l'amour de la nuit » (18c).

L'épisode du baiser sur le front est soutenu par l'extension du « désir » (1a) qui s'accomplit sur la « félicité » (16), tout de suite incurvé vers « l'apothéose » (23) qui est réénoncée deux fois.

Mélot, secoué de rage sur un dessin chromatique descendant (1b), accélère la fin de cet acte. Les morsures de double et triple croches, le rythme ternaire s'épanouissent enfin sur la déploration finale de Tristan. Le « jour » dans sa version chromatisée y fait irruption sur les mots « *Ehr und Ruhen mir zu mehren* ». Et surtout à partir du retour déchirant du « désir » (1a), le soulèvement douloureux et éperdu de Tristan (« *Dein Blick, Isolde,...* ») détend mortellement l'animation qui reprend aussitôt après par le mimodrame final. Le geste suicidaire de Tristan qui laisse tomber son épée est traduit à l'orchestre après un trait ascendant, par une série d'accords désarticulés rythmiquement. La tête du motif de Marke (24) enfonce la matière musicale dans la douleur et le déchirement par un jeu de tuilages de timbres où s'enchevêtrent les formes diminuées et augmentées du motif. Terrible accélération et ralentissement d'une interminable résonance de la blessure fatale, que rompt abruptement la couperet de l'accord final en *ré* mineur.

ACTE III

Ici, une introduction orchestrale qui n'a pas de nom. La rétention orchestrale, pénurie des timbres, est inversement proportionnelle à l'expression qui s'en dégage, celle d'un accablement ancré dans la mort. Cela semble si simple, si évident qu'aussitôt nous comprenons la maîtrise, la générosité de Wagner : alors que les deux actes précédents ont dispensé sans compter des trésors de beauté et d'émotion, le troisième va en constituer l'efflorescence. Ce sera l'apogée où l'art du compositeur va atteindre un paroxysme dont il s'étonne lui-même : « Mon enfant, ce Tristan devient quelque chose de terrible ! Ce dernier acte! Je crains que cet opéra ne soit interdit[15] – à moins que la mauvaise représentation ne le parodie : seules des représentations médiocres peuvent me sauver ! De parfaitement bonnes rendront l'auditoire fou, – je ne puis penser autrement. C'est à cela que je devais aboutir une fois de plus!!! Malheureux que je suis[15]!» ou « C'est une terrible histoire ! Le maître a encore une fois bien travaillé ! Je viens de jouer la première moitié de mon acte, et j'ai dû me dire ce que le bon Dieu déclara un jour, en vérifiant que tout était bien ! Je n'ai personne pour me louer, tout comme le bon Dieu ce jour-là – il y a environ 6000 ans, et je me dis donc entre autres choses : Richard, tu es un diable d'homme[16] ! » Ce travail du deuil que Wagner met en

15. *Ibid.*
16. *Ibid.*

scène dans l'absence de l'autre, il l'accomplit, dans la figure de Tristan gisant et attendant avec le risque du gel absolu de toute action. Le lyrisme tendu d'une blessure incompressible s'élabore avec quelques éléments nouveaux, dans le renouvellement intérieur des précédents les soumettant à un traitement de violence contrapunctique, où s'entremêlent des procédés de lacérations, tuilages, variations. Plus le temps de l'oeuvre paraît ne pas pouvoir être délimité par l'oeuvre elle-même, si ce n'est à la toute fin, par le chant d'Isolde qui, en s'articulant sur une péroraison stabilisante, joue le code d'une détente cadentielle, différée au deuxième acte. Ce couronnement reste une résolution équivoque qui suspend un matériau dont la manipulation infinie reste pensable. C'est un post-scriptum qui nous projette, en plein rêve, dans l'au-delà achevé de l'oeuvre et de la légende.

Dans l'introduction, très simplement, deux motifs sont alternés; chacun obéit à cette forme tripartite du « bar » chère à Wagner : deux strophes identiques (*Stollen*) et un envoi plus ou moins développé (*Abgesang*). Par un procédé d'emboîtement, cette forme sous-tend l'articulation globale du morceau.

Le premier motif, aux cordes, (26a et b) est l'ombre douloureuse du « désir » (1a) dépouillé de son chromatisme. Cette « déréalisation » diatonique qui s'opère sur un schéma harmonique simple (sous-dominante et dominante sur tonique en *fa* mineur) et sur l'utilisation du registre grave des cordes (belle morsure du *Sol* grave des violons sur le *Fa* des altos) montre parfaitement cette capacité de Wagner à traduire la douleur du monde en quelques mesures (cf. Nietzsche). La répétition « strophique » de ce premier élément a est réalisée sur un déboîtement dynamique avant que l'envoi (*Abgesang*) b ne se dissolve dans un mouvement ascensionnel de tierces et quartes, suspendu dans le suraigu, après délestage des basses. « Perte et abandon » conviennent mieux que l'intitulé classique, « solitude ».

Le deuxième motif (la « détresse ») en contraste, est d'un chromatisme dépressif (27). La ligne mélodique s'incurve par le haut et le bas de mouvements de notes de passage et d'appoggiatures qui sont déjà le plus petit commun dénominateur des motifs de la « nostalgie » (24) et du « repos dans la nuit » (21). La sonorité est celle de la musique de chambre pour l'intimité de la douleur; la continuité mélodique assurée par un violoncelle solo est délicatement déchirée par l'échange des cors qui le doublent.

L'alternance des deux motifs se reproduit et constitue une deuxième strophe pour le « bar » général. Pour le premier motif, les nuances dynamiques sont changées et pour le deuxième, dans une autre tonalité, est accentuée la déchirure des timbres par les relais successifs de la clarinette, du hautbois et du cor, qui constituent une véritable « mélodie de timbres », tramée toujours par le violoncelle solo.

L'*Abgesang* général du morceau est un développement tourmenté du motif « perte et abandon » (26 a). En fin de parcours, alors que s'ouvre le rideau, la montée (26 b) s'infléchit lentement en faisant sonner au passage le *Sol* bémol (degré napolitain) qui va constituer l'épine dorsale du solo de cor anglais, qui vient s'y ficher.

SCÈNE 1

Première séquence (tonalités principales : fa *mineur et* fa *majeur).*

« La mer est la mort, et quand on s'engage sur elle, on découvre la vie. La mer est la vie, et quand on attend devant elle, on reçoit le désespoir et la mort[17]. » Ainsi par ce solo de cor anglais, une fois de plus, il y a décadrage acoustique et focalisation de la scène. On ne peut s'empêcher maintenant de relier cet effet à la dramaturgie spatiale du mythe lui-même : l'amour-passion se déploie dans les lieux de la démesure.

Et surtout, comme est génialement inconvenante la durée de ce solo qui nous donne à voir l'image immobile de l'agonie ! Au-delà de l'anecdote, si elle est connue, « c'est la mélodie triste du pâtre qui ne voit rien venir sur la mer », ce solo permet le surgissement d'une turbidité rêveuse, où se mêlent des réseaux de mémoires : celle du drame – mais où sommes-nous ? et tant pis pour la logique trouée des événements – et insidieusement celle, intersubjective, des personnages et de nous, auditeurs, dans la même obsession des déchirures.

C'est une résonance pure, comme sans objet, d'une ritournelle dont on ne perçoit plus que la brisure, *Sol* bémol – *Fa*, qui répond au *Fa* dièse – *Fa* naturel de la chanson du premier acte. Cette mélodie, comme improvisée, s'articule autour de trois éléments (28 a, b et c). 28 a, caractérisé par un saut de quinte initiale qui offrira la possibilité plus tard de l'entrelacer au « jour » (11a) ainsi que par une flexion amorcée par saut de tierce ascendante et appoggiature supérieure (cf. 1c , 9 et 16). Au passage, deux fois son image renversée. 28 b, dont les triolets tracent une ligne qui va du diatonique au chromatique. 28 c, au furieux balancement interne qui intensifie la relation *Sol* bémol – *Fa*.

Sur un trémolo des cordes qu'entaille mystérieusement l'élément 28 b aux basses, s'amorce un dialogue entre Kurwenal et un berger. Pour ce dernier, un récitatif naïf hanté soudainement par les mouvements de tierces aux deux bassons (26 b). Puis à Kurwenal, une gravité de ton accentuée par la reprise variée des

---

17. Michel CAZENAVE : *Le philtre et l'Amour*, Paris, Librairie José Corti, 1969.

motifs de l'introduction (26 et 27). Ce dialogue préfigure déjà le jeu de questions sans réponses à venir et que nous avons vu apparaître aux actes précédents.

Alors que le solo de cor anglais dévide ses éléments dans le désordre, un tracé de timbres, comme en pointillé sur 28 b (cor anglais/cor/clarinette basse) soutenu aux basses par la « perte et abandon » (26) à nu, élargit étrangement l'espace acoustique, déchirure accentuée par le passage de *mi* bémol majeur à *la* majeur, tonalités antipodiques. Ce sont six mesures de dissonance généralisée sur lesquelles s'inscrit la voix éteinte de Tristan. Comme Isolde au premier acte, il s'éveille d'une perte de connaissance. Il est nulle part et seule une mémoire exsangue, sans savoir, le rend à lui-même. le « *Ha* » du Kurwenal annonce celui d'Isolde. A Kurwenal, comme Brangäne au premier acte, est dévolu le rôle de rendre cette mémoire perdue.

C'est le ressort du dialogue qui suit : la rétention sépulcrale du chant de Tristan fige constamment les élans exaltés ou tendrement lyriques de Kurwenal. Tristan est sonné. Détimbrée, sa voix est celle d'un revenant.

Plusieurs motifs ponctuent les interventions de Kurwenal. Tout d'abord son « exaltation » (29), au rythme ternaire de chevauchée, tournant sur place en accumulations trépidantes. S'y oppose aussitôt le bégaiement hagard de Tristan soutenu par de longs accords dépressifs où s'entremêlent dans le grave cors, clarinettes et bassons. Nouveau motif aussitôt pour Kurwenal : c'est l'évocation de Karéol, terre natale de Tristan (30).

Parfois un brouillage de style gère l'échange des deux hommes : par exemple lorsque la tête du motif de « Karéol » (quarte descendante pour quinte ascendante) permet l'enchaînement sur la désinence du solo de cor anglais (28 a) (« *Was erklang mir*? »), c'est le récitatif/arioso qui contamine l'ensemble (« *Meiner Väter ?* »...) Cet échange se poursuit avec la même alternance. Pour Kurwenal cependant, avec la réapparition d'éléments du *Volkslied* du premier acte, de larges expansions émotionnelles. A la toute fin, sept mesures de virtuosité orchestrale où le motif de « Karéol » est éliminé dans un effet d'éloignement qui fait songer à Bizet.

Deuxième séquence (tonalité d'ancrage : fa *mineur/majeur et dérive tonale).*

C'est dans la plus grande pénurie, à peine désancrée de la mort, que commence le monologue de Tristan. N'y voyons pas « un certain embarras[18] ». Si le diatonisme jusque dans la chaleur émotionnelle de Kurwenal, qui annonce *les Maîtres Chanteurs*, s'est accumulé, c'est que Wagner s'est efforcé à jouer de l'aphasie du chromatisme. Il le tient en réserve, au degré zéro, pour le faire ressurgir atrocement. Cette hébétude initiale est sertie dans un style récitatif distendu, musique sombre, trouée, arythmique où vient de nouveau ramper la nudité du motif 26 a dans l'extrême grave. Cette défaite du discursif (texte / musique) devant la mort ne pouvait se faire entendre qu'à la bordure du silence, seule part qui reste pour dire l'innommable dans la vie. Et c'est par la métaphore de la Nuit que le discours peut se tisser de nouveau : sur la version déclinante de la « perte et abandon » (26 a) (cf. 1b), c'est la réapparition, à reculons, des hymnes nocturnes (25 puis 19), étrangement éclairé d'un *Ré* bémol au lieu du *Do* bémol attendu (« *Welten Nacht.* »). Passe le « jour » (lesté de 26 a), qui mène à un *Ré* naturel, et comme sur « *welten* », ici sur « *Unvergessen* », c'est la chute d'octave de l'anéantissement, mystérieusement colorée, *ppp*, de la vacillation *ré* majeur/mineur. Insensiblement, la trame se tend vers l'arioso au moyen du « désir » (1a) qui, via une accélération et un ostinato qui fait pressentir la « félicité » (16), mène en fait, à « l'amour dans la nuit (18) où sont joints ses deux éléments a et b; toujours cette reculée des thèmes nocturnes, jusqu'à ce que réapparaisse le motif du « jour » qui sous-tend le nom d'Isolde.

Beauté du texte et de la musique dans cette ambivalence fondamentale du jour et de la nuit ! Le parcours initiatique se complique ici d'une ambiguïté de sens. La vraie mort ne peut s'accomplir que par un brouillage où le passage obligé au jour joint l'image d'Isolde à celle de la déesse solaire celtique, dont la chevelure blonde est la trace métonymique. A reculons, Tristan est ramené à la case départ; il retourne au désir premier. Et c'est cette souffrance qui s'entend dans ce dérapage constant du texte et de la musique où s'enchevauchent frénétiquement « l'amour dans la nuit » (18) et « jour » (11a), « silence d'Isolde » (8) et « regard » (2) (cf séquence de l'acte I) ensuite la « mort » (9) animée par le rythme ternaire de la « trahison de Mélot », le chromatisme du « désir » (1a et 1b) qui tend la ligne vocale, enfin le « repos dans la nuit » (21). Le chromatisme s'étend et c'est le retour de la « perte et abandon » (26), dans sa version tourmentée de l'*Abgesang* de l'introduction, dissoute dans un éventail chromatique intense, qui aboutit à la malédiction du jour. La voix s'y déploie sur le *Sol* aigu, et le *La* bémol aigu. Cette ivresse mortifère resserre enfin la métaphore sur l'anecdote de la torche du deuxième acte, qui retrace l'enchaînement motivique du début de l'acte II dans ce parcours à reculons : trémolos des cordes, retour de « l'appel ardent » (15) de 1a qui lance 16 dont le dévidement augmenté signale l'exténuation de Tristan : « *Wann wird es Ruh' im Haus*? ».

18.Hans MAYER: *Sur Richard Wagner*, Paris, l'Arche, 1972

Juste une remarque avant de poursuivre : dans cet acte III, comme on a pu l'observer, il y a un télescopage terrible qui rend arbitraire le repérage séquentiel à l'intérieur d'une forme toujours propulsée de l'avant dans une déroute où les reculades sont savamment calculées.

Troisième séquence (parfois mi *mais surtout dérive tonale).*

Le retour d'une variation du « désir » de (1a) avec accélération de tempo sous-tend la promesse de la venue d'Isolde par Kurwenal, de même qu'un ralentissement agogique et un chromatisme descendant troublent le doute qui y est distillé. Tristan, toujours hébété, poursuit son discours sur la torche, dont le frémissement puis le motif du « jour » ponctuent la rhétorique blême.

Sur la reprise des motifs du « désir » (1a) puis de « l'exaltation » (29), Kurwenal intervient à nouveau et évoque la blessure guérie; l'orchestre draîne d'anciens motifs, ceux attachés à l'amour qui veut encore s'exhaler hors de l'anéantissement : le « Tristan blessé » (12) la « soumission à la mort » (17) et toujours cette variation fébrile du « désir », qui en se renversant dans sa forme dépressive (1b) prépare par son rythme pointé l'irruption fracassante du motif de la « joie désespérée » (31) dont les secousses sont celles de la frénésie du début du duo de l'acte II. Ainsi Tristan est-il bien ramené de nouveau au point de départ initiatique : de nouveau l'amour pour la mort. En même temps, une étrange dépression harmonique déjà signalée (V devient II avec quinte altérée) s'y inscrit : joie et reconnaissance, comme désespérées, où la voix de Tristan atteint par deux fois le la aigu. Un large étalement harmonique creuse l'émotion, comme celui de la toute fin de l'acte I, sur l'idée de fidélité. Un trait disruptif des violons pendant l'embrassement des deux amis ouvre une période où sur un ralentissement progressif du tempo « la joie désespérée » (31) ne retrouvera jamais sa frénésie initiale malgré le mouvement syncopé de l'accompagnement. Wagner excelle dans cette nostalgie du plus jamais. Et pourtant dans ce ralentissement du motif 31 s'installe une surchauffe due à plusieurs télescopages. D'abord, un épisode diatonique en fanfare pour le rappel des faits d'armes et surtout celui, inouï, du motif de « détresse » (27), le deuxième motif de l'introduction jamais réutilisé depuis), complètement métamorphosé par un caractère de relance héroïque surtout lorsque la troisième fois, la voix s'y joint (*molto ritenuto*) douloureusement tendue : « *mit leidest du, wenn ich leide* » Mais la solitude de la souffrance non-partagée casse brutalement cette expansion lyrique.

Aussitôt, cela repart vivement dans une ambiance hallucinée qui distord les motifs : c'est « l'amour dans la nuit » (18 a et b), vrille douloureuse et obstinée à peine reconnaissable, puis « détresse » (27) en tournoiements ininterrompus. L'hallucination prend corps soudain pour Tristan (« *Es naht !* »), avec le retour fracassant de chacun des quatre accords-appoggiatures du duo nocturne. Chacun avec l'appoggiature mélodique supérieure est clamé *fortissimo* dans un resserrement périodique de trois puis deux mesures, qui en prolonge la résonance. Cette lacération terrifiante qui scande l'hallucination s'abîme soudainement sur le trémolo aigu des violons (*Si* bémol) qui soutient l'interrogation comme l'acte II l'ordre d'Isolde à Brangäne de faire le guet.

Quatrième séquence (tonalité dominante : fa *mineur).*

Aussitôt et toujours sous le trémolo, la réponse est celle du solo de cor anglais (28 c puis a et b), réponse fatale qui est similaire à l'effet de la chanson du premier acte sous-tendue dans le grave par le trémolo des basses, et que confirme Kurwenal. Maintenant la relance va prendre l'allure distillée de l'hypnose lente de la fièvre qui aboutira, cette fois, à l'apparition réelle du navire attendu. La mélodie du cor anglais reprend son cours (a, b, c), mais va être développée longtemps pour le ressac de la mémoire; la voix de Tristan s'y accole, affligée, épuisée à l'évocation de la mort de ses parents. Présageant sa propre mort (« *mich sehnen und storben* »), la voix varie l'octave de l'anéantissement. Tout au long de cette période, la mélopée est accompagnée de trémolos chromatiques descendants (cf.ceux du philtre bu à l'acte I), relayée par instant à l'orchestre (clarinette / hautbois / cor) pour un effet acoustique d'agrandissement cher à Wagner (cela évite la monotonie d'un seul timbre, en permettant une résonance psychique, qui accroît en contraste le retour obsédant du cor anglais), et hantée par les râles cuivrés des cors.

Maintenant nous sommes au seuil de l'amalgame motivique majeur.

Le mouvement de révolte de Tristan (« *Nein ! ach nein !* ») provoque une déchirante clameur orchestrale où s'entrelacent, aux vents, le « jour » (11a) et la mélopée (28) par l'image renversée des quintes, clameur que les cordes chargent de traits cahotants. S'y insèrent « *l'amour dans la nuit* » (18b) et le « *désir* » (1a). La voix se tend successivement sur les *Sol* bémol, *Sol* naturel, *La* bémol et *La* naturel aigus. Après un retour apaisé de la mélopée (28), l'évocation de la guérisseuse permet la réinjection du « Tristan blessé » (12), qui s'y entrelace. Et c'est là qu'apparaît le miracle de juxtaposition contrapunctique dans une douce ambiance diatonique dont Wagner signale lui-même la virtuosité : aux basses, le motif du « jour » (11a), aux seconds violons et altos « Tristan blessé » (12), aux flûtes et hautbois l'élément (a) de la mélopée (28) et aux hautbois, clarinette et cor l'élément b du même motif, tout cela piano, doucement soutenu par un roulement de timbales juste après les mots : « ... *hin zu Irlands Kind* ».

Ainsi s'exhale cette obsession de la blessure que Tristan associe bientôt au philtre puis au soleil dans un entremêlement motivique horizontal et vertical, où voix et orchestre se relaient. Ce malaxage vaut plus pour lui-même que pour le détail de chacun des motifs. Citons rapidement « Tristan blessé » (12), la mélopée (28a) (tierce et appoggiature), le philtre de mort (4) relayé plus loin par sa version sinueuse, « l'amour dans la nuit » (18a et b), le « désir » (1a).

Et cette souffrance atteint son paroxysme avec le retour de la version tourmentée de « perte et abandon » (26a) sur laquelle la voix profile le dessin diminué du « jour ». Après une montée chromatique (1a), l'élément c de la mélopée (28) devient ostinato houleux, hallucinatoire; s'y incrustent 28a et le « désir » (1a). Puis après le retour à l'orchestre et à la voix de 1b, sur la phrase « *ich selbst ich hab' ihn gebraut* » (« c'est moi qui l'ai brassé ») un nouveau motif (32), la « malédiction du philtre », est aussitôt repris par l'orchestre sur l'accord tristanien (forme mi bémol). Ce nouveau motif qui va hanter toute la fin de la scène est un des plus étranges. Il est nouveau mais condense en lui un effet de dépression irréversible, qu'il semble tirer d'autres motifs. Du coup, il est un de ceux qui porte en lui, dans le profil descendant, une identité trouble de trace qui le rend difficilement perceptible au sens de la signalétique, mais nécessaire comme résonance clôturante. Il circule dans cette malédiction, entrelacés à d'autres motifs, (12, 11a, 1a, 1b et 28a) dans un système de carrures brisées qui suscite l'illusion d'un ralentissement : l'asphyxie. Tristan s'évanouit.

Cinquième séquence (parfois mi *puis* do *majeur).*

L'affolement de Kurwenal et sa malédiction de l'amour sont marqués par des variations rythmiques du même motif (32). Puis le mouvement s'apaisant, l'accord tristanien, tel qu'il était pulsé au début du duo de l'acte II, revient, lacéré, troué avant de retrouver sa régularité (figuralisme cardiaque et apaisement) sur laquelle vient se ficher le 1a (« un souffle trouble la clarté du ciel [19]»).

Tristan reprend son récit halluciné, mais le gros plan sur Isolde suscite un bercement iridescent de musique de chambre où un tuilage mélodique ambigu se déploie dans un subtil relais de timbres : hautbois (la, *grupetto* de 23 qui lance le saut de tierce et l'appoggiature supérieure de 16, mais c'est 32 qui prend la place) clarinette (de nouveau 32), hautbois (chute de 32 mais la remontée indique 21 en passant, et c'est le « désir » (1a) qui est agrandi), violon (vague profil de « l'apothéose » sans grupetto), puis le motif du « philtre d'amour » (3) permet la transition. Ce tuilage sert en partie pour mettre à jour l'extrême étrangeté du motif 32, en explicitant certains de ses contours. Et le motif 21 s'épanouit de nouveau pour compléter la vision qui s'intensifie au présent. Le motif 21 se tend par le centre et sur une variation distendue, alors que le sous-tend une variation de 1b, aux violons apparaît un motif que nous ne répertorions pas, « l'appel d'Isolde », qui est une sorte d'agrandissement de l'appoggiature mélodique sur accord appoggiaturé de l'acte II. On songe au Venusberg de *Tannhäuser* que Wagner réécrira pour les représentations de Paris (1861). La voix s'y étale voluptueuse et déchirante, peu après : « *Ach, Isolde* ! », et c'est la « félicité » (16) ou « désir » (1c) qui expire sans soutien cadentiel.

Soudain, une atmosphère de scherzo s'installe avec, toujours à reculons, la reprise d'un thème nocturne (20) que la vitesse rend méconnaissable, et dans lequel une nouvelle flexion (20a), par saut de sixte et chute mélodique semble chavirer sur le dessin de « l'apothéose » (23). Par ailleurs, le registre grave l'apparente à « l'attente » (14). Le motif d'appel s'y entrelaçant, c'est par l'obstination ascendante de l'intervalle de sixte que se prépare la mélodie du pâtre qui éclate aussitôt, concrétisant le trajet de cette deuxième hallucination. La frénésie emporte cette mélodie, ses variations, le motif 20a, jusqu'à une cassure harmonique qui ombre l'atmosphère pour l'épisode du récif. Il sert de diversion contrastée : y circule le 20a inversé. Ainsi se trouve renforcé le retour du premier épisode qui porte l'exaltation des deux hommes au paroxysme. La soudaine butée sur le récitatif permet la transition : la sortie de Kurwenal qui, sur une augmentation de « Tristan blessé » (12), lui demande de rester tranquille.

SCÈNE 2

Sixième séquence (dérive vers la tonalité de la*)* .

Et c'est le grand naufrage du sens : écholalies – « Soleil », « jour », « sang » – Tristan parle de s'arracher à la mort, alors qu'il y court dans l'allégresse diurne ? Et passent les motifs, trop rapidement, distordus comme en un collage esquinté, qui échappe à toute prise. D'abord, cette carrure instable où s'enchaînent trois, quatre ou cinq temps. Et c'est le motif 20a déboîté, ponctué sinistrement par les vents, puis le thème d'amour (17) réduit à un conduit qui s'abîme en 18c, puis le motif 5, qui a si peu servi, méconnaissable ici, et surtout sur le cinq temps, le « repos dans la nuit » (21), malmené par la vitesse. Plus loin « l'appel

19.R WAGNER: *op. cit.*

d'Isolde », qui s'exaspère et c'est, sur les pansements arrachés, la jubilation extatique, féminine, du sang qui se répand, le retour de 21. Cette présence à laquelle il aspire pour l'anéantissement, la voix d'Isolde l'annonce par le retour sur septième diminuée en trémolos de « l'appel ardent » (15), et c'est, comme à l'acte II, au moment de l'extinction de la torche, le grand fracas fatal où la matière musicale s'enfonce, se brise sur l'entremêlement des motifs 15 et de « mort » (9) hurlé par les trompettes. Le redéploiement de la musique initiale de l'opéra [1b puis 1a et 1c où se joue l'ambiguïté de 16 et enfin le « regard » (2)] enchevauche cet écrasement au moment du retour de l'accord tristanien. Ce retour est ici varié de l'intérieur par le chromatisme dépressif des cordes. Comme à l'acte I, la nomination de l'autre sur le motif du « regard », ordonne l'embrassement et ce regard qui donne la mort s'abîme en une douce dissonance que ponctue le « *Ha* » d'Isolde (déjà *Fa* dièse du « *Lust* » final). La mort réelle, non plus discours, mais événement est béance, vide, sans résonance, sans écho. Wagner a su y suspendre tout geste rhétorique.

Septième séquence (tonalité d'ancrage : sol *mineur).*

La plainte d'Isolde qui s'exhale jusqu'à l'évanouissement oscille du récitatif à l'arioso, et introduit au hautbois un dernier motif, « plainte d'Isolde », (33, a et b) dont la note syncopée et répétée (a) est celle du « philtre d'amour » (3), et aussi du monologue de Marke à la fin de l'acte II. Cet antécédent trouve sa conséquence (b) dans une désinence où l'on retrouve l'écho de la ligne de 18b, sous-tendue d'une dépression harmonique déjà décrite (V devient II avec quinte altérée), puis de celle du saut de tierce ascendante et appoggiature supérieure sur cadence suspendue (cf. 1c, 9 et 16). La mosaïque motivique qui s'étoile autour de ce motif fait entendre 27, des pulsations ternaires, 1a lesté de 18c, puis c'est 22 et 23 en lieu et place de 12 sur le retour du thème de la blessure. Et encore, le « philtre d'amour » (3) et le « philtre de mort » (4). Accélération et décélération de la « plainte d'Isolde » (33) trament la fin de cette séquence où Isolde s'abîme dans un morcellement halluciné. Cette accumulation de sons et de mots, en pure perte, est relayée par le murmure diaphane, berceuse de mort, du « chant de mort » (22), dont cette deuxième réapparition laisse prévoir l'imminent retour achevé.

A remarquer que Wagner, comme Berlioz pour *Roméo et Juliette*, a permis cette rencontre ultime par la suppression d'Yseult aux blanches mains et de la voile noire dont le symbolisme nocturne devenait inutile dans sa dramaturgie.

SCÈNE 3

Huitième séquence (dérive puis la *bémol majeur et* si *majeur).*

L'arrivée d'un second navire, les malentendus, les combats, la mort de Mélot puis de Kurwenal qui en résultent, sont souvent jugés comme une diversion malencontreuse dans le cadre du gel des actions. Cette accumulation rapide est loin d'être inutile : elle permet de déjeter comme dans la jubilation mortifère de Tristan, une série de motifs. C'est un naufrage rhapsodique qui, en se jouant de l'irréparable fragmentation du matériau musical, du sentiment nostalgique qui s'en dégage, prépare l'au-delà linéaire et incoercible de l'extase mortelle d'Isolde.

Signalons rapidement les balises de cette secousse : 28c puis 29 et 30 (motifs de Kurwenal), étrangement mêlés dans une harmonie de quintes augmentées, puis l'exaltation du motif 31. Alternés de nouveau, réduits à des effets rythmiques ou de timbres, butant sur des fragments de récitatifs, la voix de Kurwenal au sommet d'une exaltation mortifère y déploie la « malédiction du philtre » (32) sur les mots : «...*König, ist hier zu holen:* ». La mort de Mélot est scandée par des accords déboîtés, échos de ceux de la fin de l'acte II. L'arrivée de Brangäne et de Marke ramène le motif 33. La mort de Kurwenal s'opère sur l'effacement ralenti du motif 31, que suspend l'écho de la tête du motif de « Karéol » (30), enchevauché par le grupetto du motif 23 et le motif 1a (clarinette basse).

Après cette période déchaînée, c'est un ralentissement progressif qui s'installe, avec la déploration de Marke qui file de nouveau à la voix les chutes de septième, à l'orchestre le motif 33 (« plainte d'Isolde ») et le motif attaché à Marke à la fin de l'acte II (24), que la voix épouse également. Une animation qui resserre les valeurs de la « plainte » (33), soutient l'injonction désespérée « *Erwache* » sur le *Mi* aigu. Un nouveau réamorçage fugace du motif de « mort » (22), et c'est la voix maternelle de Brangäne qui essaye de récupérer Isolde sur les motifs du « désir » (1a, 1b et 1c), mais ce sont là comme des bribes rendues incohérentes par l'atmosphère d'une texture orchestrale amaigrie, et par le rythme qui empêche aux motifs de se déployer dans le temps plus large qui leur était dévolu jusque là. Toujours cet effet du « jamais plus » subtilement distillé par Wagner.

Un nouveau réamorçage du motif 22 permet au roi Marke de compléter le récit de Brangäne et de se lamenter sur la fatalité. Cette parenthèse se développe rapidement comme un lied au moyen d'un motif qui a à voir avec le dessin du « regard » (2), la chute de septième toujours référée à Marke, mais aussi avec celui,

20.Jean MARKALE : *La femme celte*, Paris, Payot, 1972.

maternel, de Brangäne à l'acte I; donc, lieu d'effacement ambigu, où pourtant l'on retrouve à la fin ces descentes toujours rehaussées du début du monologue de la fin de l'acte II.

Un nouveau réamorçage du « chant de mort » (22) et c'est la dispersion totale, par de lents accords qui rend vain le dernier appel de Brangäne en récitatif.

Au seuil du chant final d'Isolde, quelques remarques. Wagner, c'est vrai, a subverti la légende, où la mort s'abat objectivement sur les amants, magnifiant leur amour après coup. L'agacement de Jean Markale[20] est justifié en ce sens. C'est vrai, chez Wagner, il y a ce renversement qui fait que Tristan et Isolde veulent volontairement cette mort, comme accomplissement de leur amour. Dans le duo de l'acte II, la crainte d'Isolde sur le « *und* », qui risquerait d'être lui-même dissout par la mort ne peut être dépassée que par une vision panthéiste. Elle était déjà exprimée dans le duo de l'acte II : « Ainsi, moi-même je suis le monde :...». Cette fusion panthéiste était celle aussi d'une confusion des nominations : « Privés de nom dans l'amour embrassés...» ; et encore Tristan : « Tristan toi, moi, Isolde, plus de Tristan ! » – Isolde : « Toi Isolde, Tristan moi, plus d'Isolde ! »
Plus, ce panthéisme est aussi monisme :

« Tous les deux
sans désignation,
sans séparation,
nouvelle connaissance,
nouvelle incandescence,
éternelle, infinie,
en la conscience unis,
dans un coeur embrasé,
suprême joie d'aimer ! »

Le duo était déjà exhalaison rêvée de cette unité d'où cette étrangeté d'un duo qui cesse d'être conversation. Le chant d'Isolde va incarner ce mystère de « la Sainte Dualité », pourrions-nous dire. Et c'est pourquoi y est filée la métaphore du « souffle » et de la « mer », masculin et féminin conjoints.

Musicalement, « cette extase en mouvement [21] » redéploie le matériau musical de la fin du duo de l'acte II, mais avec des aménagements subtils : la reprise du « chant de mort » (22) reproduit le début de l'hymne en *la* bémol, mais outre des variations orchestrales, la voix s'en libère par instants sur la vision cosmique de Tristan. Par un effet de condensation, c'est aussitôt la version en *si* majeur du même motif qui s'installe. *Si* majeur qui est la tonalité d'aboutissement, est l'antipode de *fa* mineur qui fut la tonalité d'ancrage du début de l'acte III. Par ailleurs les tonalités de *la* et de *mi* distillées çà et là dans l'opéra, semblent avoir préparé cette surrection finale à la quinte supérieure. L'orchestration renouvelée tend à accentuer un mouvement ininterrompu de houle (souffle et mer), que la voix d'Isolde épouse, en s'y noyant et en s'y dérobant. De nouveau sont développés les motifs 22 et 23 jusqu'au trille qui, sur cadence plagale, lance ce long tournoiement ascensionnel de la « félicité » (16), qui s'accomplit sur « *Welt-Atems* ». Différé à l'acte II, il se déploie lentement ici pendant que la voix s'y englue : « *ertrinken, versinken* », sur l'octave d'anéantissement, puis « *unbewusst* », qui répond au « *einbewusst* », du duo, enfin « *höchste lust*! », génial *Fa* dièse aigu, au lieu d'un *Si* plus systématique, qui relance et fond à la fois.

Dans la trame étirée, le thème du désir 1a, *pianissimo,* aux hautbois, trouve sa résolution dans l'accord parfait de *si* majeur, étalé trois fois comme résolution de la triade fatale.

Qu'est-ce à dire, n'était le rideau qui tombe, « la mort d'amour ? »

21. Michel CAZENAVE: *op. cit.*

RÉPERTOIRE DES LEITMOTIVE

N° 1. Désir

a

b

c

N° 2. Regard

N° 3. Philtre d'amour

N° 4. Philtre de mort

N° 5. (sans nom)

N° 6. Mer

N° 7. Colère

N° 8. Silence d'Isolde

N° 9. Mort

N° 10. Royaume de Marke

N° 11. Salut à Tristan-Héros

N° 11a. Jour

N° 12. Tristan-blessé

N° 13ab. Désir de mort

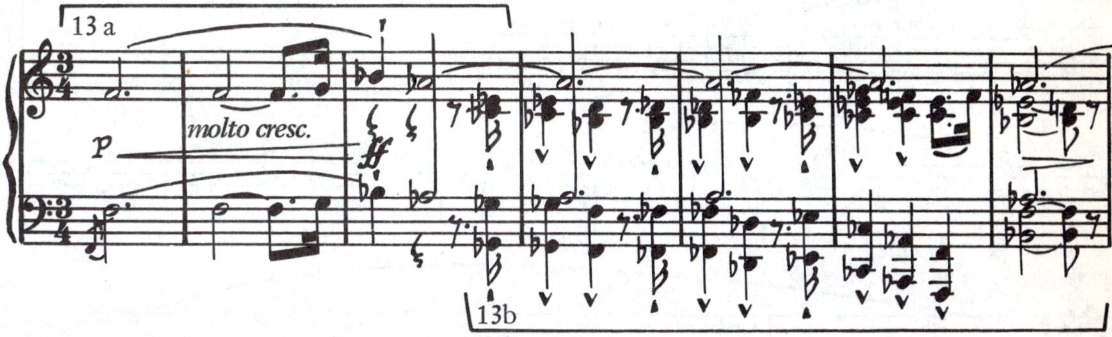

N° 14. Attente

N° 15. Ardeur

N° 16. Félicité passionnée ou Mort d'amour

N° 17. Soumission à l'amour

N° 18 Amour dans la nuit

a

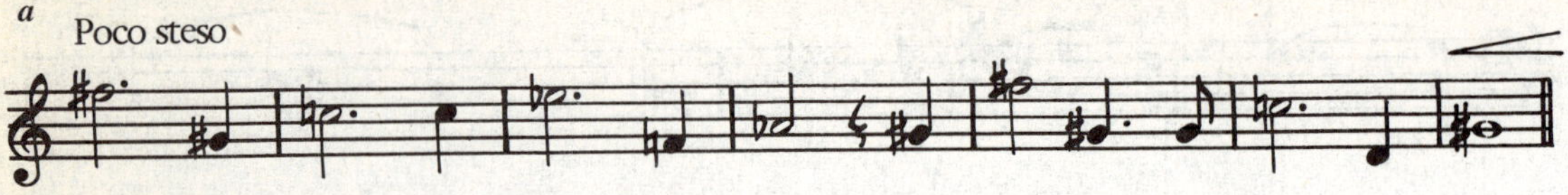

b

c

N° 19. Hymne à la nuit

N° 20. Nuit

N° 20 a

N° 21. Repos dans la nuit

N° 22. Chant de mort

N° 23. Apothéose

N° 24. Nostalgie de tendresse

N° 25. Nuit éternelle

N° 26 Perte et abandon

a

b

N° 27. Détresse

N° 28. Mélopée du cor anglais

a

b

c

N° 29. Exaltation de Kurnewald

N° 30. Karéol

N° 31. Joie désespérée

N° 32. Malédiction du philtre

N° 33. Plainte d'Isolde

Discographie

Le classement est chronologique. Le texte qui précède chaque commentaire précise dans l'ordre:

Date - Direction musicale
Les rôles: Tristan (T), Isolde (S), Brangäne (B), Kurwenal (K), le Roi Marke (M), Melot (Me), Un Jeune Marin (Ma), un Pâtre (P), un Pilote (Pi), Choeurs, Orchestre ou Théâtre.
(Edition)

Abréviations:
(L) = *enregistrement live, c'est-à-dire sur le vif: scène ou concert*
(S) = *enregistrement studio*
(e) *signifie, pour les versions studio, qu'il s'agit de la date d'enregistrement.*
(CD) *signifie que la version est déjà disponible en compact disque (à la date du bouclage du livre)*

S'il existait une trace sonore de la création, le 10 juin 1865 à Munich, de *Tristan und Isolde*, il n'est pas dit que nous apprécierions l'interprétation que donnèrent Ludwig et Malvina Schnorr von Carolsfeld des rôles éponymes, de la magicienne outragée et du fol chevalier. L'esthétique – ou plutôt le manque d'esthétique – du chant wagnérien en cette fin de XIXème siècle se réduit, d'après les témoignages qu'on a pu recueillir, à des intonations très appuyées, à un traitement souvent chaotique de la phrase. Les chanteurs ne sont pas seuls blâmables, car les chefs d'orchestre, soucieux de solenniser le flux wagnérien, ont, bien avant les divines lenteurs de Knappertsbusch, ralenti le tempo, obligeant les solistes à étirer leurs sons et à forcer sur le souffle. Wagner lui-même fut passablement éprouvé par cet état de choses et aurait peut-être rendu grâces à Richard Strauss qui, ne disposant à Weimar que de six premiers violons quand il en aurait voulu dix de plus, se résigna à présenter l'oeuvre, comme il disait lui-même, *alla breve*. Les chanteurs – pour la première fois? – « chantaient » les rôles. Notre siècle a montré, au moins pendant cinquante ans, qu'on pouvait chanter *Tristan* avec seize premiers violons et leur équivalent en cuivres. Vingt-huit intégrales et, en guise de préambule, les trois disques de Bayreuth 1928 nous racontent presque soixante ans de chant wagnérien. C'est, même avec ses moindres titulaires – car il suffit parfois d'un climat – une aventure discographique perpétuelle et une source renouvelée de plaisir.

1928 (e) – Karl Elmendorff (S)
Gunnar Graarud (T), Nanny Larsen-Todsen (I), Anny Helm (B), Rudolf Bockelmann (K), Ivar Andresen (M), Joachim Sattler (Me), Gustav Rödin (Ma), Hanns Beer (P), Choeurs et Orchestre du festival de Bayreuth.
(EMI – Electrola)

Prélude : le premier *Tristan* de l'histoire du disque est une version largement abrégée, certes, mais on ne peut la passer sous silence car elle réunit l'équipe de Bayreuth 1928. De 1952 à 1976, six vrais *live* suivront. Acte d'amour, musique en acte, ces disques sont déjà à eux seuls toute la légende de *Tristan*. On s'étonne aujourd'hui du rubato osé d'Elmendorff, de la violence des temps forts qui tirent la première section du duo de l'acte II vers une véritable frénésie érotique. Le cor anglais du III s'est en revanche démodé, à cause de son entêtement dans un *staccato* qui finit par lasser. Mais on est en présence d'un des rares *Tristan* à oser l'affrontement à la lettre : on prend ici le temps de croire à la joute du I. On le verra plus loin, la fin des années soixante, années perdantes, aube du pessimisme en matière de chant wagnérien, laissera entrer sur scène Windgassen, Vickers puis Hoffmann sans un soupçon de la morgue qu'y met déjà le seul Graarud. On perd malheureusement une bonne partie de son délire du III. Nanny Larsen-Todsen se produisit sur la colline verte de 1927 à 1931 en Isolde, Brünnhilde et Kundry. De cette première Isolde nordique, l'enregistrement électrique a su capter les frémissements liquides et les tensions dramatiques. « *O sink hernieder* » : presque une *messa di voce* infinie, à peine troublée par le doux grelot que possède Helm en fait de vibrato. Andresen déploie une grande voix, parfois un peu encombrante. Le *Liebestod* est bien cet envol de l'âme qui s'échappe à force de chromatisme du corps qui souffre de vivre encore, jusqu'au *fa* dièse sur *Lust, pianissimo* céleste et sonore, magique. Le ton est donné. Tout peut arriver...

1936 – Fritz Reiner (L)
Lauritz Melchior (T), Kirsten Flagstad (I), Sabine Kalter (B), Herbert Janssen (K), Emmanuel List (M), Choeurs et Orchestre du Royal Opera House, Covent Garden.
(Golden Age / EJS)

Tout, en effet. Et d'abord, Flagstad et Melchior. Ce premier Golden Age restitue assez fidèlement les voix mais rend l'orchestre plus discret qu'il ne l'a sûrement été. Tout au plus, peut-on reconnaître la justesse des tempi adoptés par Reiner. Un an plus tard, dans les mêmes conditions, la baguette de Beecham aura une tout autre personnalité. Et la troisième Isolde de Flagstad (car la version de Bodanzky s'intercale entre deux représentations londoniennes) une présence autrement palpable. Ici, Sabine Kalter n'impressionne pas beaucoup. On comprend déjà qu'il est difficile de rater les « Appels de Brangäne » , situés dans les notes les plus confortables de tout mezzo. C'est simplement une affaire d'âme. « *Begehrt, Herrin* » : on va entendre tant de Tristan qui forcent dès ce salut de vassal pour ne pas s'émerveiller comme des enfants de la plénitude des registres de Melchior. Le ton, apparemment dégagé, laisse poindre une « *Sehnsucht* » vraie et non pas composée, conduite avec maestria jusqu'à la mort. De Flagstad, on retiendra ici ce que l'on retrouvera décuplé avec Bodanzky, Beecham et les autres, et comme éteint avec Furtwängler : le vibrato élégiaque, au travers duquel passe le souffle de vie, la respiration exacte qui incarne Isolde.

1937 – Arthur Bodanzky (L)
Lauritz Melchior (T), Kirsten Flagstad (I), Kerstin Thorborg (B), J. Huehn (K), Ludwig Hofmann (M), Choeurs et Orchestre du Metropolitan Opera de New York.
(Golden Age/EJS)

Flagstad, justement, fut très demandée au Met jusqu'en 1941, date à laquelle elle partit rejoindre son mari en Norvège. Son aînée, Frida Leider, venait de décider de se retirer. Qui d'autre que Flagstad pouvait lui succéder? Ce premier *Tristan* de 37 est en partie disqualifié par une prise de son calamiteuse et par la direction sans histoire de Bodanzky, wagnérien à tout faire de la première scène américaine. La mythique Norvégienne montre encore une certaine réticence à se lancer dans les affres du premier acte, mais la flamme épurée rappelle aux actes suivants qu'elle préfèrera quitter la scène avec la Didon de Purcell et l'Alceste de Gluck, plutôt qu'avec Ortrud. Melchior tient la ligne de « *So stürben wir* » avec un aplomb effarant. Legato et portamento ne sont pas lettre morte pour cet authentique musicien. Gardons la sublime Thorborg pour les deux versions de Leinsdorf en 1941. Et de plus grands Kurwenal et roi Marke, en fait, nous attendent plus loin.

1937 – Thomas Beecham (L)
Lauritz Melchior (T), Kirsten Flagstad (I), Margarete Klose (B), Herbert Janssen (K), Sven Nilsson (M), B.Hitchiss (Me), Papi Jones (Ma), Octase Dua (P), L. Honman (Pi), Choeurs et Orchestre du Royal Opera House, Covent Garden.
(Anna (4 CD)/Melodram)

Le troisième enregistrement du couple Flagstad-Melchior est enfin dirigé par un chef aristocratique, même si Beecham se soucie plus de l'intonation, de la ligne et du dessin que de l'architecture et de la perspective. C'est très émouvant et comparable, en un certain sens, à ce que Sir Thomas a légué chez Berlioz : un esprit. Esprit qu'il partage avec Melchior, dont Ernest Newman aimait à dire qu'il possédait « une rare qualité spirituelle » . La gorge est très légèrement serrée, suprême artifice de qui peut le plus. Au III, il fait montre de son aptitude au plus tendre *diminuendo;* le *parlando* est mélodieux, sans commune mesure – un signe d'héroïsme – avec le faux *Sprechgesang* de qui peut le moins. Jamais, enfin, le cor anglais ne s'est mieux entendu avec une voix humaine. L'évocation passionnée de Frau Minne par Flagstad est miraculeuse : les *fa* et *sol* naturels en fin de phrase ont une couleur et un corps que ces notes peu propres à l'effet n'ont et n'auront peut-être plus après elle. Mais Flagstad est-elle une actrice? « Je ne pense pas à jouer; je m'attache à exprimer les mots du texte », avoue-t-elle dans une interview au *New York Times*. Heureusement, elle trouve en la grande Margarete Klose, qui a laissé quatre Brangäne intégrales au disque, une partenaire bien assortie, ce qui n'est pas un mince compliment. Elle « grelotte » admirablement bien dans ses « Appels », comme Helm et Kalter. Une mode chez les Brangäne d'avant-guerre... Sven Nilsson, que l'on retrouvera défait à la Scala en 1951, n'est pas irréprochable vocalement. De plus, il tombe comme tant d'autres dans le piège du chant ostentatoire. Herbert Janssen, en revanche, s'affirme, plus qu'avec Reiner, comme le Kurwenal le plus fidèlement désespéré; il échappe à son statut de témoin par un engagement dérangeant. Des voix à leur zénith, un vrai climat, loin de Bayreuth, marin et lunaire.

1941 – Erich Leinsdorf (L)
Lauritz Melchior (T), Kirsten Flagstad (I), Kerstin Thorborg (B), J. Huehn (K), Alexander Kipnis (M), E. Darcy (Me), K. Laufkoetter (Ma), J. Gurney (P), Choeurs et Orchestre du Metropolitan Opera de New York.
(Melodram Connaisseur)

1941 – Erich Leinsdorf (L)
Mêmes interprètes, sauf Helen Traubel (I).
(Golden Age/EJS)

Tout semble décidément se jouer entre Londres et New York : cinq ans plus tard au Met, la prise de son du Broadcast commence à s'améliorer, l'orchestre à ressembler à un ensemble cohérent de pupitres et non plus à une masse compacte et lointaine. Ce 8 février 1941, loin d'une Europe souffrante, Melchior et Flagstad parvenaient à une sereine maturité qui leur donnait un charisme tout à coup définitif et irrésistible. Elle, parce que le premier acte la trouvait enfin investie d'un dramatisme noble mais non retenu, même si on la sentait toisée par le « *Was schwurt Ihr, Frau*? » de Melchior. Génialement intuitive, elle était Isolde, là où les autres, mêmes géniales, s'affairent et glosent pour devenir Isolde. Lui, la voix plus sombre, rappelant le jeune baryton danois qu'il fut, meurt en héros, sans la moindre touche réaliste. Ses « *Isolde!* », pleurés sans larmes, laissent affleurer la réminiscence de toutes les trahisons. Sous la direction d'un Leinsdorf des grands jours, toujours plus à l'aise dans la fosse que sur l'estrade (de Toscanini et de Walter, il a appris l'éclectisme et la vie du répertoire lyrique, mais rien, ou peu, de Beethoven et de Brahms), les amants sont en parfaite communion par les moyens et l'intuition. L'avenir nous réserve des surprises moins agréables quant à une fusion possible entre Isolde et Tristan. Kerstin Thorborg, mieux enregistrée qu'en 37, est la plus émouvante des confidentes de Flagstad. Son intelligence du texte et la tendresse de son chant ne se comparent qu'avec les qualités d'une Christa Ludwig. En Alexander Kipnis reconnaissons le premier Marke qui prend conscience de sa solitude. Et grâce encore à Leinsdorf, l'un des plus habiles compromis entre mélodie et tragédie. Mais *Tristan* est-il fait de compromis? Il faudra attendre le Neues Bayreuth pour obtenir la réponse.

Plus tard dans la saison, presque les mêmes : la comparaison entre les deux soirées s'avèrerait oiseuse, si Flagstad, déjà en route pour l'Europe, n'y était remplacée par Helen Traubel, l'autre partenaire régulière de Melchior. Rien n'y est complètement bouleversé, puisque Traubel, *the Saint-Louis woman*, possède la robustesse et la sensibilité frénétique de la suzeraine celte. Mais le partage des thèmes musicaux entre Tristan et Isolde ne donne pas cette impression d'écho et de balancement d'une voix à l'autre qu'obtiennent, réunis, Flagstad et Melchior. CBS, pourtant, choisira le couple Traubel-Melchior pour un duo embrasé.

1946 – Fritz Busch (L)
Set Svanholm (T), Helen Traubel (I), Margaret Harshaw (B), J. Berglund (K), Deszö Ernster (M), E. Darcy (Me), Choeurs et Orchestre du Metropolitan Opera de New York.
(Golden Age/EJS)

1948 – Fritz Busch (L)
Lauritz Melchior (T), Helen Traubel (I), Blanche Thebom (B), Herbert Janssen (K), Deszö Ernster (M), E. Darcy (Me), Choeurs et Orchestre du Metropolitan Opera de New York.
(Melodram)

Le festival de Bayreuth, malencontreusement devenu la vitrine du nazisme, s'est vu réduit au silence. Le lot discographique de *Tristan*, en ces années de reconstruction, se concentre sur le continent américain, où la vie théâtrale et musicale n'a pas trop souffert du conflit mondial; elle s'est même enrichie, car beaucoup d'artistes européens se sont réfugiés dès la fin des années trente aux Etats-Unis. Flagstad a presque fait le chemin inverse, ce qui lui coûta sa fin de carrière au Met. Après avoir passé les années les plus noires à New York, elle décida, pour des raisons qu'il ne nous appartient pas de juger, de retourner en Norvège. Le Met misa alors plus régulièrement sur Traubel, qui entretenait bien plus que l'illusion du format héroïque. Les sons tubés dans le haut médium font penser à la dernière période de Flagstad. L'humanité, et comme une sorte d'indulgence dans « *Wie lachend sie mir Lieder singen* », achève de rendre cette incarnation tout à fait personnelle. En 46, Svanholm est un partenaire assez moyen, compte tenu des exigences permises et de la concurrence. Aujourd'hui, évidemment... En 48, Melchior montre – à presque soixante ans – une insolence, sur laquelle l'âge ne semble pas avoir de prise. Le reste des distributions offre ce que le Met avait alors de plus routinier, même si Blanche Thebom rejoindra le « cast » de Furtwängler chez EMI. Deszö Ernster manque d'aura, Margaret Harshaw n'en a guère plus. La direction de Fritz Busch, dont on se rappelle la ténacité à imposer *Cosi fan tutte* à Glyndebourne, quand ailleurs personne ne s'en préoccupait, ne parvient pas vraiment à rendre homogène cette disparité de talents. Les collectionneurs y trouveront un intérêt documentaire. Les fans de Traubel se dirigeront vers la version de 48, où l'on retrouve Janssen pour un ultime Kurwenal.

1948 – Erich Kleiber (L)
Set Svanholm (T), Kirsten Flagstad (I), Viorica Ursuleac (B), Hans Hotter (K), Ludwig Hoffmann (M), Choeurs et Orchestre du Teatro Colon de Buenos Aires.
(Bruno Walter Society)

La dernière Isolde sur le vif de Flagstad, mais aussi le premier – et le plus honorable – des deux

Tristan de Kleiber père. Sans chercher à donner un nouvel éclairage comme le fera son fils Carlos, il livre avec tranquillité sa lecture de l'oeuvre : aucun souci de l'effet, pas d'isolement des leitmotive à la manière d'un Knappertsbusch. Autant dire que cette direction peu spectaculaire s'apprécie, avec un intérêt constant, sur la longueur. On peut tout juste regretter qu'il soit parfois tenu d'« aligner » son tempo sur ceux de ses solistes. Comme Flagstad est encore une fois Isolde, Svanholm fait tout pour être au diapason... et y réussit presque. Lorsque Flagstad sera Fricka sous la direction de Solti pour le *Rheingold* de Decca, Svanholm sera, lui, un Loge extraordinaire. Viorica Ursuleac, Mme Clemens Krauss à la ville et créatrice d'*Arabella* de Strauss, n'est pas du tout dans son élément. Et le premier Kurwenal de Hotter montre déjà que la prise de rôle tient plus à des affinités électives qu'à une véritable adéquation vocale. A signaler, un son plus que moyen.

1949 (e) – Hans Schmidt-Isserstedt (S)
Max Lorenz (T), Paula Baumann (I), Margarete Klose (B), Karl Kronenberg (K), T. Herrmann (M), P. Markwort (Me), W. Geisler (Ma), K. Marschner (P), Gustav Neidlinger (Pi), Choeurs et Orchestre du Nordwestdeutsche Rundfunk, Hambourg.
(Melodram)

Au contraire de Leinsdorf, Schmidt-Isserstedt a toujours été plus à l'aise dans le répertoire symphonique : son *Tristan* ne nous apprend rien. Et son équipe de chanteurs frise le désastre. Lorenz fut le premier Tristan de Bayreuth en 39 : dix ans plus tard, il accuse mal son âge. Composé autour de sa personnalité, ce coffret se voulait hommage. Ses admirateurs rechercheront plutôt la version abrégée d'Acanta, consciencieusement dirigée par Robert Heger à la tête de l'orchestre de l'Opéra de Berlin (1942). Lorenz y chante Tristan avec une science étonnante du clair-obscur. En 49, des problèmes d'émission l'empêchent de parfaire un rôle qu'il possède indéniablement, au demeurant. Et son Isolde, la plus attristante de toute la discographie, ne l'aide pas à surmonter ses appréhensions. Klose, dont la voix est ici bien définie par la prise de son, existe tout aussi bien ailleurs...

1950 (e) – Franz Konwitschny (S)
Ludwig Suthaus (T), Margarete Bäumer (I), Erna Westenberger (B), Karl Wolfram (K), Gottlob Frick (M), T. Horrand (Me), G. Lutze (Ma), A. Kühnert (P), R. Kibel (Pi), Choeurs et Orchestre du Gewandhaus de Leipzig.
(Urania/Melodram)

On ne voit pas non plus de raisons de conseiller ce coffret. Les voix y sont pourtant en situation : Frau Bäumer, qui à soixante-cinq ans ne rechignait pas à entonner « *Starke Scheite* », a la voix plutôt bien accrochée. Ludwig Suthaus aura deux ans plus tard les honneurs du Kingsway Hall pour le *Tristan* « de référence » avec Flagstad et Furtwängler, honneurs qu'il n'usurpait pas forcément. Et Gottlob Frick ne démérite pas non plus en roi Marke. Mais l'intonation, mais l'absence de partage avec la fosse, qui sait son Wagner et n'en démord pas... Une nuit étoilée sur les côtes de Cornouailles? Il est permis d'en douter.

1950 – Hans Knappertsbusch (L)
Günther Treptow (T), Helena Braun (I), Margarete Klose (B), Paul Schöffler (K), Ferdinand Frantz (M), Choeurs et Orchestre de la Staatsoper de Munich.
(Bruno Walter Society / Laudis, 4 CD)

Si l'équipe vocale de cet enregistrement « date » sérieusement, il n'en annonce pas moins la prééminence grandissante du chef d'orchestre. On verra qu'il devient presque, dans le cas du Nouveau Bayreuth, un pivot entre les chanteurs et le metteur en scène. Le traitement du leitmotiv par Knappertsbusch fera école, chez Böhm en tout cas : chaque thème est appelé de loin, la tonalité s'installe dans un imperceptible *pianissimo,* jusqu'à devenir un *forte* qui lance le leitmotiv. Une analyse plus intellectuelle de la partition, phénomène nouveau, donne à ces disques un relief certain, qui n'en auraient pas eu sans cela. Knappertsbusch se précipite d'autre part avec trop d'excès dans les *crescendos* et on a l'impression qu'il cherche à escamoter la montée vers le climax. Il ne manque cependant pas à sa réputation : son dramatisme est serein, sa respiration, lente. C'est tant mieux pour Helena Braun, qu'on aurait tort, malgré son timbre et son tempérament neutres, de mépriser. Elle est assez attachante et son sens des nuances lui permet, par exemple, de respecter mieux qu'une autre l'indication « *Schmerzlich bitter* » (scène 3, acte I). En revanche, elle passe à côté de l'ironie. Treptow possède des moyens imposants, mais il a tendance à ouvrir outrageusement les voyelles. Ses aigus sont droits et contondants. De plus, la justesse n'est pas toujours au rendez-vous. Schöffler est seulement convenable, Klose, trop opulente et maternelle et Frantz n'est consterné que parce qu'il faut bien l'être. Malgré l'anachronisme de ces tempéraments et l'irrégularité de l'orchestre, il faut écouter au moins une fois ce *Tristan.*

1951 – Victor De Sabata (L)
Max Lorenz (T), Gertrud Grob-Prandl (I), Elsa

Cavelti (B), Sigurd Björling (K), Sven Nilsson (M), Choeurs et Orchestre de la Scala de Milan.
(Cetra)

Une prise de son étouffée, qui désespèrera le matériel hi-fi le plus performant, une Isolde au vibrato prononcé, une Brängane fruste, un Marke fatigué, tout cela décourage. Max Lorenz, crépusculaire, y est plus convaincant tout de même qu'avec Schmidt-Isserstedt. Est-ce la scène qui rend l'engagement plus évident? De Sabata retrouve son Tristan de Bayreuth. La valeur est donc nostalgique mais on aurait préféré Lorenz et De Sabata avec Lubin dix ans auparavant.

1952 (e) – Wilhelm Furtwängler (S)
Ludwig Suthaus (T), Kirsten Flagstad (I), Blanche Thebom (B), Dietrich Fischer-Dieskau (K), Josef Greindl (M), Edgar Evans (Me), Rudolf Schock (Ma), Rhoderick Davies (P), Choeurs et Orchestre Philharmonia.
(EMI, 4 CD)

Cet enregistrement, communément considéré comme la version de référence, est en quelque sorte un condensé, un résumé et à coup sûr la synthèse de près de vingt ans d'interprétation de *Tristan*. Parce que Flagstad en est le centre de gravité, mais aussi parce que Suthaus et Thebom nous renvoient au quotidien parfois routinier des théâtres. Et Fischer-Dieskau en Kurwenal, c'est déjà une perspective d'avenir. On eût préféré y entendre Melchior et Thorborg, mais le disque officiel ne pouvait (?) proposer toutes les faces de *Tristan* avant cette année 1952. Tel quel, il vaut avant tout pour la direction de Furtwängler. Par une concentration et une persévérance tendues, chaque séquence semble annoncer la suivante : aucune pierre de l'édifice ne résiste à l'attention du chef, tout y a nécessairement une raison d'être. Au point que les voix, dans ce déferlement orchestral, si elles sont présentes, ne s'y incarnent pas comme elles en auront le droit avec Karajan, quelques mois plus tard. Flagstad ne chante plus, à cette heure, le rôle sur scène. Et la prudence a commandé que Schwarzkopf lui prête ses *si* et ses *ut*. Mais la respiration et l'alchimie du timbre sont plus que jamais celles de la princesse magicienne. Seulement, l'humanité en est comme délibérément absente. Après avoir travaillé à incarner le rôle, Flagstad se désincarne et trouve la paix intérieure. Plus prosaïquement, ajoutons que Suthaus n'est pas dénué de la mélancolie propre à Tristan et que son moment le plus émouvant se trouve à la fin du premier acte. Et même si Fischer-Dieskau fait des premiers pas plus que prometteurs, tout semble se concentrer sur l'orchestre et les rôles-titre. Une synthèse, répétons-le, parce que les temps vont changer et un classique, dans tous les sens du terme. Excellent report sur CD, argument supplémentaire à l'acquisition de ce coffret hors du temps.

1952 – Herbert von Karajan (L)
Ramon Vinay (T), Martha Mödl (I), Ira Malaniuk (B), Hans Hotter (K), Ludwig Weber (M), Hermann Uhde (Me), Werner Faulhaber (Ma), Gerhard Unger (P), Gerhard Stolze (Pi), Choeurs et Orchestre du festival de Bayreuth 1952.
(Hunt (4 CD)/Melodram)

Bayreuth, dès sa deuxième saison, remet *Tristan* à l'affiche. Et quel *Tristan*! Le plus radical et le plus héroïque, dans le sens que Nietzsche donne à cet adjectif : « Qu'est-ce qui rend héroïque? – Aller en même temps au-devant de sa plus grande douleur et de son plus grand espoir. » *(le Gai savoir)*. Douleur, parce que Mödl et Vinay, le couple le plus humain...et le plus cher à l'auteur de ces lignes, y mettent à chaque instant leur organe à rude épreuve. Mödl redeviendra vite mezzo, Vinay sera Telramund pour le *Lohengrin* de Sawallisch, c'est-à-dire baryton. Espoir, parce qu'après la synthèse de Furtwängler, Karajan et Wieland Wagner ouvrent radicalement la voie à une autre lisibilité. En 52, comme en 53, Mödl alternait avec Varnay, qui, elle, sera enregistrée avec Jochum. Si elles sont assez proches par les moyens et la technique, Mödl a une énergie visionnaire et bouleversante qui n'appartient qu'à elle. « *Luft, Luft!* »: voilà bien la seule Isolde véritablement à bout de souffle, qui ressasse, avec une lucidité nouvelle pour elle, les outrages subis. Le ton est celui d'une comédienne plus que d'une cantatrice exhibant des dons inépuisables. Sa première Isolde, pourtant, a moins d'un an (Florence, le 6 décembre 1951). Certaines mettent dix ans à posséder le rôle, Mödl l'a fait sien, dans la douleur, en quelques mois. Elle propulse le mot et lui rend une intelligibilité que tant d'Isolde pâteuses et placides avaient laissée insoupçonnée. Dès les premiers accents, on sent une compassion et le début d'un sentiment pour lequel le philtre n'est qu'une formalité. Son évocation de Frau Minne n'a rien d'extatique. A ce point de l'action, et même sous le coup de l'élixir, Mödl est amère et sait que l'amour, qu'elle exhorte de façon si bouleversante, n'est pas de ce monde-là. C'est très pessimiste, mais plus encore, tragique. Ramon Vinay est le partenaire rêvé : le voile sombre qui recouvre sa voix et la rend si mélancolique, d'humeur noire, convient on ne peut mieux à la conception d'ensemble. L'Otello de Toscanini et de Furtwängler brûle, se consume et perd lui aussi son souffle à l'acte III. Les défauts, à ce niveau d'intelligence, deviennent des qualités. Malaniuk est empressée, mais impuissante à freiner ce mouvement irrépressible des amants. Hotter est encore plus sensible qu'à Buenos Aires, mais la voix est définitivement celle de Wotan. Enfin, les premiers comprimari que l'on a envie de citer, Stolze en tête. Karajan, sans le narcissisme de sa deuxième version, prend le relais de ses interprètes et ne s'y substitue pas. Son sens de la dynamique est remarquable. A l'acte II, il introduit la réunion du couple avec un dramatisme qui voue les êtres à la nécessité intrinsèque de leur amour. L'extase est illusoire, la nuit, sans lune. Les disques étaient moyens, le CD n'a pas effacé les distorsions et le va-et-vient du souffle de la bande. Tant pis : l'enregistrement est unique et, malgré les sensibilités de chacun, il faut quand même dire que s'il n'est pas le plus beau, il est le plus poignant.

1952 – Erich Kleiber (L)
Günther Treptow (T), Helena Braun (I), Margarete Klose (B), R. Grossmann (K), Ferdinand Frantz (M), A. Peter (Me), Richard Holm (Ma), Paul Kuen (P), R. Wünzer (Pi), Choeurs et Orchestre de la Staatsoper de Munich.
(Melodram)

Tandis qu'à Bayreuth des météores héroïques impriment leur marque indélébile dans la chair des personnages et que Wieland Wagner dépouille la scène d'un demi-siècle de traditions serviles, Munich, à quelques kilomètres de là, persiste et se répète. Kurwenal excepté, la troupe est la même qu'avec Knappertsbusch. Kleiber, tout simplement moins en situation que l'auguste « Kna », ne peut obtenir de la scène que ce qu'elle nous a déjà donné deux ans auparavant, et même moins. Le discours est fluide mais superficiel; Braun croit pouvoir compenser ses moyens entamés par une sorte d' « expressionnisme » hystérique qui fait de la magicienne une sorcière. Si Treptow est toujours plus consistant que Suthaus, la vibration est devenue tremblement et l'émission se décentre. Tout cela est bien empesé et la simultanéité des deux festivals, Munich et Bayreuth, jette un discrédit à peine nostalgique sur ces microsillons.

1953 – Eugen Jochum (L)
Ramon Vinay (T), Astrid Varnay (I), Ira Malaniuk (B), Gustav Neidlinger (K), Ludwig Weber (M), H. Eschert (Me), E. Tobin (Ma), Gerhard Stolze (P), T.heo Adam (Pi), Choeurs et Orchestre du festival de Bayreuth 1953.
(Melodram)

Astrid Varnay fut la figure féminine principale du Nouveau Bayreuth. Première Brünnhilde de l'après-guerre, après Marta Fuchs en 1942, elle alterne dans ce même rôle avec Mödl, qui ne reviendra à Isolde qu'exceptionnellement en 62. Heureux festivaliers qui ont entendu Mödl et Varnay dans *la Walkyrie* : quand l'une était Sieglinde, l'autre était Brünnhilde. Varnay, dont le registre aigu fut plus longtemps celui d'un soprano, assurera les représentations jusqu'en 62 – le sacerdoce d'une décennie – avec Kempe, tandis que Mödl retournait à sa tessiture d'origine qui est celle d'un mezzo. Varnay, c'est avant tout la prestance, le port altier de la fille d'un roi, inébranlable dans son rang princier mais tout autant bouleversée dans son coeur de femme. La ligne de chant est tenue avec une intransigeance qui se refuse tout écart expressif hors de la partition. Le haut médium et le grave sont ses registres les plus impressionnants. Au dessus du *la* aigu, la note la plus exposée pour Isolde, les cordes se tendent. Un chant élégiaque, aussi, apanage des grandes Nordiques. Vinay reste ce Tristan voilé, douloureux et violent, tâtonnant en vain vers la lumière « *Licht* ». A l'acte III, les phrases sont hachées mais l'émission retenue, comme d'une bête blessée qui se cache pour agoniser. Malaniuk est toujours aussi appliquée, Weber, aussi vieux. Hotter était Wotan, Neidlinger, autre géniale erreur de distribution, sera Alberich. Deux petits plaisirs : Stolze et le futur Wotan de Böhm, Theo Adam. En l'espace d'un an, le climat a changé : Jochum, dont on a peu de choses chez Wagner (*les Maîtres Chanteurs* de DG), sait comment l'orchestre doit sonner. N'est-il pas l'un des rares à posséder vraiment le répertoire allemand, de Bach à Bruckner? Une fausse sérénité rend chaque *forte* inquiétant. Le goût du risque, en un an, de Karajan à Jochum, s'est un peu perdu, mais l'angoisse et le désir y minent tout autant. A vrai dire, ces deux versions se complètent et constituent, en terme de théâtre, l'acmé de la discographie. Ce qui suit n'en est que le lent et irrégulier dénouement.

1957 – Arthur Rodzinsky (L)
Wolfgang Windgassen (T), Birgit Nilsson (I), Grace Hoffman (B), Gustav Neidlinger (K), Otto Rohr (M), R. Lauhofer (Me), R. Bottcher (Ma, P), E. Ferretti (Pi), Choeurs et Orchestre du Mai Musical Florentin.
(Cetra Doc.)

Cet enregistrement offre, vocalement, du neuf, et du routinier dans la fosse. L'orchestre aura malheureusement raison de la scène. On y retrouve déjà ceux qui s'apprêtent à conquérir Bayreuth : une deuxième génération. On se croirait à une répétition, voire à une générale. Les chanteurs ont-ils pris cette soirée comme telle? Nilsson et Windgassen, qui ont dix ans de vie théâtrale commune devant eux, apprennent à se connaître, et Grace Hoffman à veiller sur eux. Mais les photos de la production du Comunale de Florence laissent supposer un retard dans l'esthétique, qui ne doit rendre que plus impatients les nouveaux titulaires de rejoindre le Festspielhaus et la régie de Wolfgang Wagner. Ceux pour lesquels Nilsson et Windgassen sont le couple idéal acquerront ce premier chaînon. Ils n'y entendront pourtant pas le coup de foudre.

1957 – Wolfgang Sawallisch (L)
Wolfgang Windgassen (T), Birgit Nilsson (I), Grace Hoffman (B), Hans Hotter (K), Arnold Van Mill (M), Fritz Uhl (Me), W. Geisler (Ma), Hermann Winkler (P), E. Koch (Pi), Choeurs et Orchestre du festival de Bayreuth 1957.
(Melodram)

On a beaucoup parlé de cette rupture possible entre 53 (Vinay, Mödl / Varnay) et 57. Nilsson était déjà Sieglinde pour les festivaliers mais pas encore Brünnhilde. Et à Glyndebourne, elle avait même été Elettra d'*Idomeneo*, où il faut une virtuosité cinglante, mais surtout pas une cuirasse héroïque. Windgassen, lui, chantait Tamino, quand Vinay venait d'Otello. Sans être (loin de là!) de purs mozartiens, ces deux tempéraments vocaux avaient de quoi surprendre. Mais Wolfgang Wagner était perspicace et en persuadera son frère. Il y a encore dans ce baptême des traces de « réalisme » épars, que 62 et a fortiori 66 gommeront. L'on y sent aussi le besoin impérieux pour tous de convaincre immédiatement : Nilsson, que l'on entendra plus vaillante, se jette dans ce qui est son premier acte le plus brillant; tout ce qu'on est en droit d'attendre de son Isolde y est : l'aigu évidemment (*si* et *ut* attaqués sans ces fameux « coups de glotte » qui deviendront la règle), mais la nuance aussi, qui équilibre dans les deux actes suivants une incarnation encore extérieure et prudente. Windgassen illustre les nouveaux choix de Bayreuth. Il se présente en vassal presque soumis, dénué de la gloriole du neveu de Marke, à qui il va livrer Isolde sans broncher. C'est sans compter l'affrontement et la provocation de la scène 5. La fatalité s'installe déjà, bien avant « *Verräter! Ich trink' sie dir!* » A l'acte III, la plainte est lyrique et, malgré l'enrichissement des accents au fil des ans, elle le restera. Van Mill est un roi jeune : on le retrouvera en studio avec Solti. Hoffman est une belle Brangäne, plus qu'une servante, même si la voix vibre un peu. Hotter reste envers et contre tout un Kurwenal bouleversant. Si la cohérence est grande, c'est que Sawallisch est un disciple des anciens Kapellmeister, on a tendance à l'oublier, et que sa probité dans les répertoires romantique et post-romantique est sans conteste : pour preuve, son intégrale brucknérienne, aussi indispensable que ses symphonies de Schumann. Le prélude est pris dans un tempo large, mais pas trop lent, et s'amplifie naturellement. C'est plus hédoniste que Karajan I, avec un plus grand équilibre entre les pupitres qui fait penser par anticipation à Böhm. Précieux.

1960 (e) – Georg Solti (S)
Fritz Uhl (T), Birgit Nilsson (I), Regina Resnik (B), Tom Krause (K), Arnold Van Mill (M), Ernst Kozub (Me), Waldemar Kmentt (Ma), Peter Klein (P), T. Kirschbichler (Pi), Singverein der Gesellschaft der Musikfreunde, Orchestre Philharmonique de Vienne.
(Decca, CD annoncé)

Le *Ring* et le *Tannhäuser* de Solti sont des réussites incontestables, tant du point de vue technique – le son Decca! – que du strict point de vue musical. Solti s'y montrait wagnérien authentique. Jusqu'à un récent *Lohengrin,* le reste de son intégrale ne fut pas d'un égal bonheur : *Tristan* en est même sûrement le maillon le plus faible. Le Philharmonique de Vienne et Birgit Nilsson, qui allait se faire un monopole d'Isolde, ne pouvaient pas tout. Le parti pris de Solti, entre lyrisme tranquille et solennité hésitante, tourne court et confine à l'indécision. Les thèmes s'imbriquent avec une grande virtuosité et la stéréo spectaculaire de Decca permet de saisissants effets de dynamique, nec plus ultra que Solti semble considérer comme une fin en soi. Pressé de doter les discothèques wagnériennes d'un *Tristan* moderne, Solti n'a pas laissé mûrir sa conception de l'oeuvre. Il se réserve aujourd'hui le droit de la parfaire et de faire boire le philtre à Jessye Norman et Placido Domingo. Devant le micro, privée du défi de la scène, l'Isolde de Nilsson est un bel instrument stéréophonique. Fritz Uhl, Melot seulement chez Sawallisch, n'est qu'un ersatz et Regina Resnik voit son tempérament bridé par la placidité ambiante. Musical, beau parfois, mais peu crédible.

1962 – Karl Böhm (L)
Wolfgang Windgassen (T), Birgit Nilsson (I), Kerstin Meyer (B), Eberhard Wächter (K), Josef Greindl (M), N. Möller (Me), Georg Paskuda (Ma), Gerhard Stolze (P), H. H. Daum (Pi), Choeurs et Orchestre du festival de Bayreuth 1962.
(Melodram)

Monolithes troués, sols fissurés, banc perdu dans l'immensité de l'espace scénique, costumes et perruques stylisés, le deuxième *Tristan* de Wieland Wagner a amplement divisé : c'est le lot de toutes les grandes productions. Et pourtant, musicalement, on restait dans le bon ton bayreuthien. Anja Silja et Gerhard Stolze, pressentis par Wieland, laissèrent les rôles à Nilsson (en alternance avec Martha Mödl) et

Windgassen. Böhm s'était familiarisé avec la conception wielandienne de *Tristan* à Berlin en 1959 et dirigera cette production jusqu'à la fin, en 1970. De Berlin, il ramenait Kerstin Meyer, mezzo suédoise, qui serait Brangäne pour trois ans. Eberhard Wächter, le populaire baryton viennois, le Don Juan de Giulini, faisait partie du team de Walter Legge chez EMI et n'en était pas à son premier Bayreuth : il fut Amfortas en 1958 avec Crespin et Knappertsbusch. Le disciple de Richard Strauss allait marquer *Tristan et Isolde* avec la même force de persuasion que la *Tétralogie*. Au sens de l'architecture générale et du déroulement de l'action que Böhm, en vrai chef de théâtre, ne perd jamais de vue, s'ajoute un dramatisme de l'instant qui donne lieu à des tensions soudaines et abruptes, à des teintes sombres suggérant l'inéluctable, à une sérénité trompeuse des cordes; et lors de l'ambassade de Brangäne, l'orchestre prend des allures de musique de chambre qui coupent court à toute critique quant à la texture instrumentale. Windgassen imposera jusqu'en 70 son Tristan clair mais crédible et deviendra de plus en plus émouvant à l'acte III par un dosage habile entre ses vaines explosions de bonheur et ses plaintes lancinantes : c'est par une persévérence têtue que ce Tristan a convaincu. Nilsson est égale à elle-même, c'est-à-dire glorieuse; on la sent aussi de plus en plus à l'aise sur la scène :« Wieland Wagner a fait de moi une wagnérienne.» Wächter en fait légèrement trop : il apprendra à maîtriser un chant enthousiaste à l'excès, à alléger ses effets et gagnera en émotion quatre ans plus tard. Meyer est une Brangäne volontaire, au chant séduisant. Greindl devient une basse de caractère qui convient de moins en moins à la résignation de Marke. Le disque officiel a attendu 1966 pour enregistrer cette production : le temps nécessaire à la maturation.

1966 – Karl Böhm (L)
Wolfgang Windgassen (T), Birgit Nilsson(I), Christa Ludwig (B), Eberhard Wächter (K), Martti Talvela (M), Claude Heater (Me), Peter Schreier (Ma), Erwin Wohlfahrt (P), Gerd Nienstedt (Pi), Choeurs et Orchestre du festival de Bayreuth 1966.
(Frequenz, 3 CD)

1966 – Karl Böhm (L)
Mêmes interprètes.
(DGG, 3 CD)

Régulièrement distribué par DGG, le *Tristan* de Böhm 66 a longtemps été le *live* le plus accessible pour qui veut succomber aux sortilèges du vin herbé. A l'époque, la firme de Hambourg avait préféré remixer plusieurs représentations , pour obtenir un produit plus proche de la « perfection » d'un enregistrement de studio. En revanche, Frequenz publie la seule soirée du 4 août dans sa continuité. On y gagne l'urgence du vrai *live*, avec ses liaisons et ses ruptures, son achèvement imparfait. On s'étonnera aussi de la différence de prise de son : très analytique chez DGG, avec un étagement des plans sonores qui recrée une dynamique propre au disque, les voix y paraissent comme surdimensionnées en raison de l'importante réverbération. Sur les CD de Frequenz, on a respecté l'acoustique originale du Festspielhaus et c'est bien là qu'on peut réellement apprécier le volume et l'endurance des voix. Force est de constater, à la lumière de la comparaison, le travail de préparation de cette équipe : les différences, d'un éditeur à l'autre, tiennent plus à une fatigue passagère, à un engagement moins évident sur certaines phrases qu'au recours à d'autres intentions. Il n'est rien de moins improvisé qu'une production de Wieland Wagner. A cette date, l'heure de Nilsson est enfin venue. Dix années de fréquentation du rôle étaient parvenues à enflammer l'Isolde qu'elle avait jusqu'alors prudemment négociée comme pour mieux en venir à bout. Le premier acte, pourtant, la dépassera toujours dans le détail des intentions interprétatives. Et le grave manque définitivement de corps. Même au premier acte – où achoppent décidément beaucoup d'interprètes –, le Tristan de Windgassen ne tient plus tête à Isolde : c'est le début de la crise dont nous parlions plus haut. Il chante cependant sans tricher tout son rôle et ne se trouve jamais à la recherche de l'assombrissement qui ne lui est pas permis. Des deux Brangäne enregistrées de Ludwig – l'autre étant immergée sous le flot orchestral de Karajan –, celle-ci est la meilleure : la voix mordorée émerveille dans les « Appels », comme jamais voix ne l'a fait. Il s'agit enfin d'une presque-soeur, toute sympathie. Brangien, dans la légende, n'a-t-elle pas le même âge qu'Yseult? Wächter est cette fois étreint par une émotion contagieuse au chevet de son Tristan. Une déception de taille, en revanche, avec le roi Marke de Talvela, Fafner fourvoyé en Cornouailles. Mieux encore qu'en 62, Böhm domine ici la partition de bout en bout, en exaspère toujours à dessein le chromatisme et accentue chaque nuance avec une rare science du coloris. Le ton dramatique est une menace perpétuelle d'anéantissement. Jamais les archets des violoncelles n'ont eu cette présence inquiétante. Avec la série *Neu Bayreuth* de Melodram, l'intérêt de cette version est devenu tout relatif. Il convient à une esthétique naissante qui se résigne à ne plus considérer l'oeuvre comme héroïque. C'est ce que prouvent les enregistrements de ces dernières années, qui prennent d'autres risques, moins délibérés.

1972 (e) – Herbert von Karajan (S)
Jon Vickers (T), Helga Dernesch (I), Christa Ludwig (B), Walter Berry (K), Karl Ridderbusch (M), Bernd Weikl (Me), Peter Schreier (Ma, P), Martin Vantin (Pi), Choeurs de l'Opéra de Berlin,

Orchestre Philharmonique de Berlin.
(EMI, 3 CD)

Vingt ans après son sublime *Tristan* de Bayreuth avec Mödl et Vinay, Karajan fait sécession et se replie sur les forces de son festival salzbourgeois, augmentées du Philharmonique de Berlin. Echo des représentations de 72, ces disques rompent à tout jamais avec ce que l'on a pu connaître de l'oeuvre et prétendent se suffire à eux-mêmes. Tout ce que la scène et le disque « sur le vif » ont patiemment apporté à *Tristan* se voit englouti dans le plus bel orchestre du monde, sous la baguette du plus célèbre des chefs. En fait, jamais la musique ne fut si belle : de l'amour à la mort, le sentiment devient *son* pur car le théâtre, ses liaisons et ses nuances, ne vivent plus que dans la lecture orchestrale; la clarté du discours ouvre la voie à une lisibilité plus épurée, et par moment diaphane, du Gesamtkunstwerk wagnérien. Les solistes sont devenus des concertistes, desquels Karajan, en vrai démiurge, ne demande qu'un supplément d'âme : après une Sieglinde surexposée mais impressionnante avec Klemperer, Helga Dernesch parvient à distiller les charmes d'une *mezza voce* émouvante. Mais jamais, elle ne guide l'orchestre et ne fait que rendre plus évident le parti pris instrumental de Karajan. Ce n'est qu'en changeant de tessiture que cette grande artiste a libéré son potentiel dramatique. Ludwig, évidemment retenue, réussit à donner le meilleur d'elle-même au début du deuxième acte : soeur, servante, espionne et intrigante. Jon Vickers, Siegmund à Bayreuth en 58, ne donne ses aigus *piano* dans le duo qu'en voix de tête et ne déchire le voile de l'orchestre que pour « *Doch stürbe nie seine Liebe* » . Au III, en revanche, il est si haletant et désespéré que l'écoute en devient insoutenable, comme si nous nous rendions coupable d'une ingérence. On tient aussi dans cette version le meilleur roi Marke : sans effets et sans complaisance, Karl Ridderbusch est maître de sa ligne, avec une profonde douleur et une véritable humanité. Et si cette conception peut, à bon droit, agacer ceux pour qui *Tristan* est avant tout une affaire de chant, je dois avouer que je ne connais de cordes plus poétiques dans les trémolos qui succèdent à l'absorption du philtre. Et c'est là vraisemblablement plus qu'un détail!

1973 – Karl Böhm (L)
Jon Vickers (T), Birgit Nilsson (I), Ruth Hesse (B), Walter Berry (K), Bengt Rundgten (M), Stan Unruh (Me), Horst Laubenthal (P, Pi), Choeurs de Radio-France, Orchestre National de France au festival d'Orange.
(HRE)

On peut préférer une ambiance méditerranéenne au recueillement bayreuthien. La présence active du mistral peut donner l'illusion du souffle marin et le public dissipé et bruyant, rendre les amants moins esseulés. Mais si l'on dit encore que Böhm prend le prélude dans un tempo plus lent qu'à Bayreuth sans l'habiter vraiment, que Nilsson fait un grand « numéro » et se complaît à faire résonner ses contre-ut sur l'antique mur d'Orange, on aura compris qu'il y a des événements dont il vaut mieux garder le souvenir dans sa mémoire. Seul, Vickers mérite qu'on s'attarde au troisième acte. Cette soirée, filmée aux Chorégies de 73 par Pierre Jourdan, est l'objet d'un pressage américain assez rebutant, agrémenté de toutes sortes de parasites.

1974 – Erich Leinsdorf (L)
Jon Vickers (T), Birgit Nilsson (I), Michèle Vilma (B), William Dooley (K), Paul Plishka (M), W. Lewis (Me), Choeurs et Orchestre du Metropolitan Opera de New York.
(ERR)

Trente ans après avoir accompagné Melchior et Flagstad, Leinsdorf, qui aura décidément dirigé tout ce que ce siècle aura connu de wagnérien, retrouve Nilsson pour une sixième Isolde au disque. N'est-ce pas trop? Les fanatiques de la voix la plus insolente de ce demi-siècle ont déjà répondu non.

1976 – Carlos Kleiber (L)
Spas Wenkoff (T), Caterina Ligendza (I), Yvonne Minton (B), Donald Mc Intyre (K), Karl Ridderbusch (M), Heribert Steinbach (Me), Heinz Zednik (Ma, P), H. Feldhoff (Pi), Choeurs et Orchestre du festival de Bayreuth 1976.
(LR)

Carlos Kleiber a dirigé *Tristan* trois années de suite à Bayreuth. C'est dire tout l'intérêt de ce disque « sur le vif », intérêt plus évident que celui de l'enregistrement officiel qui suivit chez DGG. Le *live* a cette honnêteté que le disque officiel n'a pas : il rend compte de la vie même d'un monde lyrique aujourd'hui bien différent et tout à fait problématique. Problématique, car il n'est plus nécessaire pour un artiste de faire ses preuves sur scène pour prétendre laisser au disque sa conception d'un rôle qui manifestement n'est pas dans ses capacités. Le disque est devenu un produit en soi, dont la scène n'est plus le préalable *sine qua non.* Ce phénomène n'est pas nouveau en soi, mais il a tendance à se généraliser. Au bénéfice de qui? Certainement pas en faveur d'artistes qui, s'ils n'ont pas cette personnalité évidente qui assure une rentabilité immédiate des ventes, n'en ont pas moins une probité dont certains ne s'embarrassent déjà plus. Caterina Ligendza fait partie de ceux-là. DGG lui a offert une Norne dans le *Götterdämmerung* de Karajan et des *Airs allemands* de Händel qui ne sont pas vraiment son répertoire d'élection. Eva, dans les *Meistersinger* de Jochum, lui rend mieux justice. Son Isolde, en tous cas, a le geste large, le style noble et l'invective sûre. Seuls, les aigus sont trop clairs et sans vibration. Face à elle, le ténor est-allemand Spas Wenkoff, qu'on a connu plus en forme dans *Tannhäuser,* jette ses derniers feux mais a tendance à faire l'histrion à l'acte III. Yvonne Minton, comme Ludwig, laisse une Bragäne *live* et une en studio. Et bien entendu, elle est meilleure sur scène. Meilleure? Mieux encore : onirique. Car jamais la gardienne n' a eu ce chant irréel, en même temps que charnel, dans la nuit de Tristan. Mc Intyre possède déjà la sensibilité du Wotan qu'il sera pour Boulez et Chéreau : son Kurwenal n'est pourtant qu'une demi-réussite. Ridderbusch est, lui, toujours aussi intègre. Kleiber, sans publicité tapageuse, soulève les flots de l'orchestre avec un allant et une intelligence du drame qui force l'admiration. Et il y a encore peu de ces surprenantes préciosités qui surgissent dans son intégrale DGG. Au moins, ce *Tristan* a l'honnêteté de ses défauts (minimes) autant que de ses (grandes) qualités. Il faut l'écouter comme le témoignage de ce que le théâtre wagnérien peut réellement nous proposer aujourd'hui. Aucune firme n'ayant publié le dernier *Tristan* de Bayreuth, dirigé par Barenboim, avec René Kollo et Johanna Meier, autre Isolde assumée, ce *live* est actuellement l'ultime écho de Bayreuth, et vaut comme tel.

1981 – Reginald Goodall (S)
John Mitchinson (T), Linda Esther Gray (I), Anne Wilkens (B), Phillip Joll (K), Gwynn Howell (M), Nicholas Folwell (Me), John Harris (Ma), Arthur Davies (P), Geoffrey Moses (Pi), Choeurs et Orchestre de l'Opéra National Gallois.
(Decca)

Outre-Manche, Reginald Goodall enregistre régulièrement les opéras de Wagner, sans viser à une distribution de ses disques hors du territoire britannique. Les Anglo-Saxons sont restés, au contraire des Français, très attachés à l'enregistrement des grandes oeuvres lyriques en anglais. Imagine-t-on un *Ring* en français? Goodall a fait le sien en anglais, pour les Anglais! Toutefois, il a opté pour la langue originale dans le cas de *Parsifal* et de *Tristan et Isolde.* Si ces enregistrements ne remettent pas en question l'état de la discographie, ils ont quand même une couleur attachante. Il ne faut en attendre ni un drame au déroulement fatal ni un poème éperdu d'amour. Tout y serait même assez neutre : John Mitchinson « marque » plus le rôle de Tristan qu'il ne s'y engage, Phillip Joll est dépassé par les croches de Kurwenal et Anne Wilkens possède un timbre avare en colorations. Goodall se laisse porter par des tempi léthargiques et manque d'imagination. Seulement, Linda Esther Gray, qui chanta Isolde à Pleyel et Ada dans *les Fées* à Munich, possède ce clair-obscur, si appréciable chez les chanteurs wagnériens, qui lui permet un chant presque *sfumato* particulièrement bien venu pour « *Seines Elendes jammerte mich* » . Le souffle est étonnant, la ligne, rare, et si l'aigu est vite saturé et détimbré, les imprécations sont les plus rageuses que l'on ait entendu depuis longtemps. Un grand tempérament inégal qui, en l'absence de grandes titulaires – Gwyneth Jones n'ayant jamais été très phonogénique méritait un entourage plus habile.

1982 – Carlos Kleiber (S)
René Kollo (T), Margaret Price (I), Brigitte Fassbaender (B), Dietrich Fischer-Dieskau (K), Kurt Moll (M), Werner Götz (Me), Eberhard Büchner (Ma), Anton Dermota (P), Wolfgang Hellmich (Pi), Choeurs de la Radiodiffusion de Leipzig, Staatskapelle de Dresde.
(DGG, 4 CD)

Préparé dans le plus grand mystère, annoncé à grands renforts de marketing, le *Tristan* de Kleiber est l'objet d'un plébiscite quasi-unanime. Passé le premier choc, les choix de Kleiber laissent toutefois l'auditeur perplexe. Au moins, le temps du prélude et du premier acte, car, en adoptant des tempi vifs qui visent à estomper le sacro-saint « mystère » pour retrouver la seule humanité du drame, Kleiber ne peut refréner certains à-coups qui dénaturent une ligne par ailleurs extrêmement souple. Les assises orchestrales ont une puissance et en même temps une clarté qui rendent d'autant plus impressionnants ces soulèvements vertigineux des cordes dans les crescendos. Mais Kleiber est tellement assuré de renouveler la vision, de donner un autre sens, plus finement humain, au drame, qu'il en vient à négliger la respiration théâtrale qui donne toute son ampleur à *Tristan.* Margaret Price pouvait paraître insuffisante en Isolde : elle le serait certainement sur scène. Mais le disque, objet parfois énigmatique, la flatte : sans lui donner le format de l'héroïne, qu'elle n'a pas à l'évidence, il met en relief son moindre frémissement de soprano lyrique, sa vaillance à elle, qui est de croire fermement qu'Isolde est dans ses cordes. Tant de conviction ne peut que désarmer. On ne pourrait non plus lui reprocher de n'être qu' « instrumentale » , tant le contraste avec Kollo joue en sa faveur. Lui, n'est que l'ombre d'un Tristan, déjà défaillant dans « *Begehrt, Herrin...*». Très occupé à émettre toutes les notes, il n'a plus la force de chercher le personnage entre les lignes de la portée. Oncle imposant, Kurt Moll est trop assuré de réussir un morceau d'anthologie pour prétendre s'intégrer à une quelconque cohérence interne du drame. Tandis que Fischer-Dieskau, non content d'avoir été le Kurwenal du *Tristan* classique de Furtwängler, réussit l'exploit d'être celui du moderne de Kleiber, Fassbaender est une Brangäne constamment inquiète; et le partage du sentiment tragique entre Isolde et Brangäne bouleverse, tant les deux voix savent s'allier. En ces temps de « crise », cette version peut seule faire figure d'alternative. Mais elle est aussi l'un des mirages les plus trompeurs de l'histoire du disque.

1982 – Leonard Bernstein (L/S)
Peter Hoffmann (T), Hildegard Behrens (I), Yvonne Minton (B), Bernd Weikl (K), Hans Sotin (M), Heribert Steinbach (Me), Thomas Moser (Ma), Heinz Zednik (P), Raimund Grumbach (Pi), Choeurs et Orchestre de la Radio bavaroise.
(Philips, 5 CD)

Avant que de jouer *Tristan*, il semble que les chefs modernes cherchent d'abord à penser l'oeuvre. L'enregistrement de Bernstein en est la preuve la plus frappante. Plus concerné par la salle de concert que par le studio, le chef américain a opté pour une solution qui n'est en fait qu'une demi-mesure. Chaque acte fut enregistré en public, à quelques mois d'intervalle, dans la Herkulessaal de Munich. On ne peut en fait parler d'un vrai *live*, tant la scène et le public y sont absents, tant leur présence a été gommée par les raccords effectués après les prises en public. Bernstein a enfin choisi le tempo qui lui semblait le plus proche de l'original de Wagner. L'oeuvre dure près d'une heure de plus qu'avec Böhm ou Kleiber! Le premier disque commence par quinze secondes de silence, qui se veut silence « wagnérien ». Le prélude dure à peu près un quart d'heure, sans que l'auditeur y découvre des richesses insoupçonnées. Seul, le prélude de l'acte III gagne à ce ralentissement, grâce au merveilleux cor anglais de Marie-Lise Schüpbach. Behrens a le profil d'une Isolde, c'est indubitable. Mais comme trop souvent elle se montre irrégulière. Si les phrases élégiaques et le duo lui permettent de jouer sur la subtilité de ses aigus « flottants », la tension et la colère de l'acte I la laissent souvent en-deçà du dramatisme attendu. Bernstein désarticule tellement le *Liebestod* que Behrens se voit contrainte de hacher ses phrases. Peter Hoffmann est passablement éprouvé par « *O diese Sonne*", alors que sa vaillance à l'acte I ne permettait pas de prévoir cette défaillance. Minton, Weikl et Sotin, titulaires réguliers des rôles, forcent l'attention par la somptuosité de leur timbre et la justesse de leur intonation. En cherchant à retrouver une tradition perdue, Bernstein a fait preuve d'audace et d'honnêteté : il respecte à la lettre le moindre silence, la moindre inflexion, ce que personne, de l'aveu de Böhm, n'avait osé avant lui. Le pari était risqué, le résultat – une demi-réussite – est à la mesure de ce pari.

En guise de conclusion

Les disques pirates, dans leur fureur archiviste, ont immortalisé presque autant de séquences isolées de *Tristan* qu'il existe d'intégrales. Nous ne les rappellerons pas toutes, car on y trouve beaucoup de redites, surtout lorsqu'on y entend à nouveau Flagstad, Melchior, Lorenz, Thorborg et les autres grands Sociétaires de la scène wagnérienne. Quelques trésors, quand, par exemple, Melchior rencontre la flamme d'une Frida Leider [**1933 A. Bodanzky (L)/*L. Melchior, F. Leider, M. Olszewska, F. Schorr, L. Hofmann, Choeurs et Orchestre du Metropolitan Opera de New York,*** Golden Age], ou lorsque Flagstad partage son *cantabile* héroïque avec la grandiose Elisabeth Höngen, sous l'oeil vigilant de Walter Legge [**1948 (e) I. Dobrowen (S)**, EMI]. Le disque officiel a conservé un curieux album Telefunken, où la logique est malmenée (le prélude en face 3!) et où les codas douteuses de Rother constituent un véritable contresens. Mais Mödl et Windgassen, même sans la scène, c'est encore l'aventure des héros [**1953 (e) A. Rother (S)/*W. Windgassen, M. Mödl, J. Blatter, Orchestre de la Städtische Oper de Berlin***]. De même, Windgassen et Varnay, à deux reprises, dans les studios de DGG! [**1955 (e) F. Leitner (S)/*W. Windgassen, A. Varnay, M. Klose, Orchestre de Wurttenburg,*** suivi en **1959** de : ***W. Windgassen, A. Varnay, H. Töpper, Orchestre de Bamberg***] Mentionnons, pour mémoire, un duo *live* entre Eileen Farrell et Jess Thomas, dirigé par Bernstein en 69 (FWR), qui rend d'autant plus incompréhensible le fait que Thomas n'ait jamais eu droit à un Tristan intégral sur disque. Quand les titulaires d'un rôle se comptent un à un, il n'y a pas à hésiter. Et encore, Gwyneth Jones, celte comme Isolde : un signe prémonitoire que le disque ne veut – ne peut – décrypter. D'Ingrid Bjoner, si tristement méconnue de ce côté-ci du Rhin, rien. Quelques femmes raisonnables qui n'ont pas osé, de Lotte Lehmann à Leonie Rysanek : les deux héritières successives du *Ring*, l'anneau honorifique de l'Opéra de Vienne, sont presque parentes. Et Rysanek, plus émotive, n'a même pas laissé au disque le seule *Liebestod*, au contraire de Lehmann. Emotive au point d'en perdre la force de chanter, Rysanek, de son propre aveu, eût été trop bouleversée (et bouleversante) dès « *er sah mir in die Augen* » pour aller jusqu'au bout du rôle...

La discographie de *Tristan et Isolde* laisse certes quelques regrets, mais surtout, elle contient des versions nécessaires et abouties, y compris dans leurs imperfections : Karajan I, d'abord, Böhm 66 et Leinsdorf 41, ensuite, puis sans hésiter Jochum et Sawallisch. Les enregistrements récents ont des charmes plus discutables et chacun, selon sa sensibilité, ira se risquer chez Karajan II, Kleiber ou Bernstein. Mais la vérité de *Tristan* s'écoute « sur le vif ». Avouons, sans pointe d'intégrisme, que le ton et l'urgence des *live* de Bayreuth ont marqué de façon indélébile notre perception de l'extase tristanienne.

Les Maitres Chanteurs de Nuremberg

Livret *traduit par Georges Pucher*

Commentaire *par Alain Poirier*

Discographie *par Piotr Kaminski*

DIE MEISTERSINGER VON NÜRNBERG

Uraufführung : 21. Juni 1868 im Hof- und Nationaltheater zu München.

Personen

Meistersingers :
Hans Sachs, Schuster *(Baß)*
Veit Pogner, Goldschmied *(Baß)*
Kunz Vogelgesang, Kürschner *(Tenor)*
Konrad Nachtigall, Spengler *(Baß)*
Sixtus Beckmesser, Schreiber *(Baß)*
Fritz Kothner, Bäcker *(Baß)*
Balthasar Zorn, Zinngießer *(Tenor)*
Ulrich Eißlinger, Würzkrämer *(Tenor)*
Augustin Moser, Schneider *(Tenor)*
Hermann Ortel, Seifensieder *(Baß)*
Hans Schwarz, Strumpfwirker *(Baß)*
Hans Foltz, Kupferschmied *(Baß)*

Walther von Stolzing, ein junger Ritter aus Franken *(Tenor)*
David, Sach's Lehrbube *(Tenor)*
Eva, Pogners Tochter *(Sopran)*
Magdalene, Evas Amme *(Sopran)*
Ein Nachtwächter *(Baß)*

Bürger und Frauen aller Zünfte. Gesellen. Lehrbuben. Mädchen. Volk.

Schauplatz

Nürnberg. Um die Mitte des 16. Jahrhunderts.

Erster Aufzug : *Im Innern der Katharinenkirche.*
Zweiter Aufzug : *In den Straßen vor den Häusern Pogners und Sachs'.*
Dritter Aufzug : *a) Sachs' Werkstatt, b) ein freier Wiesenplan an der Pegnitz.*

Vorspiel

(1, 2, 3, 4, 4, 6)

ERSTER AUFZUG

Das Innere der Katharinenkirche in schrägem Durchschnitt Von dem Hauptschiff, welches links ab dem Hintergrunde zu sich ausdehnend anzunehmen ist, sind nur noch die letzten Reinen der Kirchenstuhlbänke sichtbar; den Vordergrund nimmt der freie Raum vor dem Chor ein; dieser wird später durch einen Vorhang gegen das Schiff zu gänzlich geschlossen.

ERSTE SZENE

In der letzten Reihe der Kirchenstühle sitzen Eva und Magdalene; Walther von Stolzing steht, in einiger Entfernung, zur Seite an eine Säule gelehnt, die Blicke auf Eva heftend, die sich mit stummem Gebärdenspiel wiederholt zu ihm umkehrt.

LES MAITRES CHANTEURS DE NUREMBERG

Création : le 21 juin 1868 au Théâtre National de la Cour à Munich.

Personnages

Maîtres chanteurs* :
Hans Sachs, cordonnier *(basse)*
Veit Pogner, orfèvre *(basse)*
Kunz Vogelgesang, pelletier *(ténor)*
Konrad Nachtigall, ferblantier *(basse)*
Sixtus Beckmesser, greffier *(basse)*
Fritz Kothner, boulanger *(basse)*
Balthasar Zorn, fondeur d'étainr *(ténor)*
Ulrich Eisslinger, épicier *(ténor)*
Augustin Moser, tailleur *(ténor)*
Hermann Ortel, savonnier *(basse)*
Hans Schwarz, bonnetier *(basse)*
Hans Foltz, chaudronnier *(basse)*

Walther von Stolzing, jeune chevalier de Franconie *(ténor)*
David, apprenti de Sachs *(ténor)*
Eva, fille de Pogner *(soprano)*
Magdalene, nourrice d'Eva *(soprano)*
Un veilleur de nuit *(basse)*

Bourgeois et femmes de toutes les corporations. Compagnons. Apprentis. Jeunes filles. Le peuple.

Lieu de l'action

Nuremberg vers le milieu du 16e siècle.

Premier acte : *l'intérieur de l'église Ste-Catherine.*
Deuxième acte : *les rues devant les maisons de Pogner et de Sachs.*
Troisième acte : *a) l'atelier de Sachs. b)Une vaste prairie sur les bords de la Pegnitz.*

Prélude orchestral

PREMIER ACTE

L'intérieur de l'église Ste-Catherine en coupe oblique. On n'aperçoit que les dernières rangées de bancs de la nef qui est supposée s'étendre à gauche vers le lointain; le premier plan est constitué par l'espace vide devant le chœur; celui-ci sera plus tard entièrement fermé du côté de la nef par un rideau.

SCÈNE I

Eva et Magdalene sont assises dans la dernière rangée de bancs. Walther von Stolzing se tient debout à une certaine distance, appuyé contre une colonne, le regard fixé sur Eva. À plusieurs reprises, Eva se retourne vers le chevalier, essayant de se faire comprendre de lui par mimiques expressives.

---

* Wagner n'eut pas besoin d'inventer ces noms, il en trouva la liste telle quelle dans l'ouvrage que Johann Christoph Wagenseil consacre en 1697 à l'art des maîtres chanteurs. Même le nom de Niklaus Vogel, excusé pour cause de maladie au premier acte de l'opéra, y figure!

CHORAL DER GEMEINDE *(vierstimmig)*
Da zu dir der Heiland kam,
(Walther drückt durch Gebärde eine schmachtende Frage an Eva aus.)
willig deine Taufe nahm,
(Evas Blick und Gebärde sucht zu antworten; doch beschämt schlägt sie das Auge wieder nieder.)
weihte sich dem Opfertod,
(Walther zärtlich, dann dringender)
gab er uns des Heils Gebot :
(Eva, Walther schüchtern abweisend, aber schnell wieder seelenvoll zu ihm aufblickend.)
daß wir durch dein' Tauf' uns weihn,
(Walther entzückt, höchste Beteuerungen, Hoffnung.)
seines Opfers wert zu sein.
(Eva selig lächelnd, dann beschämt die Augen senkend. Walther dringend, aber schnell sich unterbrechend.)
Edler Täufer, Christs Vorläufer!
(Walther nimmt die dringende Gebärde wieder auf, mildert sie aber sogleich wieder, um Eva sanft um eine Unterredung zu bitten.)
Nimm uns freundlich an, dort am Fluß Jordan.

(Die Gemeinde erhebt sich, wendet sich dem Ausgange zu und verläßt unter dem Nachspiel allmählich die Kirche. Walther heftet in höchster Spannung seinen Blick auf Eva, welche ihren Sitz ebenfalls verläßt und, von Magdalene gefolgt, langsam in seine Nähe kommt. Da Walther Eva sich nähern sieht, drängt er sich gewaltsam durch die Kirchgänger zu ihr.)

WALTHER
Verweilt! – Ein Wort! Ein einzig Wort!

EVA *(sich schnell zu Magdalene umwendend)*
Mein Brusttuch! Schau! Wohl liegt's im Ort?

MAGDALENE
Vergeßlich Kind! Nun heißt es : such!
(Sie kehrt nach den Kirchenstühlen zurück.)

WALTHER
Fräulein! Verzeiht der Sitte Bruch!
Eines zu wissen, eines zu fragen,
was müßt' ich nicht zu brechen wagen?
Ob Leben oder Tod, ob Segen oder Fluch?
Mit einem Worte sei mir's vertraut :
mein Fräulein, sagt –

MAGDALENE *(zurückkommend)*
Hier ist das Tuch.

EVA
O weh! Die Spange!

MAGDALENE
Fiel sie wohl ab?
(Sie geht, abermals suchend nach hinten.)

1b CHORAL DE L'ASSEMBLÉE *(à quatre voix)*
Quand vint vers toi le Rédempteur,
2 *(Walther suggère par gestes à Eva la question qui le fait languir.)*
Il se fit baptiser par toi,
2 *(Le regard et le geste d'Eva essayent de répondre; pourtant, gênée, elle baisse les yeux.)*
se vouant à la mort en croix,
6 *(Walther devient plus tendre, puis plus pressant.)*
il nous donna un commandement salutaire :
6 *(Eva refuse timidement les avances de Walther, puis lui lance aussitôt un regard fervent.)*
que par ton baptême, nous nous engagions
(Walther, ravi, mime une déclaration suprême et son espoir.)
à être dignes de son sacrifice.
5 *(Eva sourit avec bonheur, puis baisse les yeux pudiquement. Geste insistant de Walther, qui s'interrompt rapidement.)*
Noble Baptiste, précurseur du Christ!
(Walther renouvelle son geste pressant, mais l'atténue aussitôt pour demander humblement une entrevue à Eva.)

Accueille-nous fraternellement
là-bas, sur les rives du Jourdain.

2 *(Les fidèles se lèvent, se dirigent vers la sortie et quittent peu à peu l'église pendant le postlude. Walther, au comble de l'agitation, fixe son regard sur Eva; celle-ci quitte également son siège, suivie de Magdalene et se rapproche de lui.*
6 *Quand Walther voit Eva s'approcher de lui, il se fraye un passage vers elle à travers la foule des fidèles.)*

WALTHER
Restez donc! – Un mot! Un seul mot!

EVA *(se tournant rapidement vers Magdalene)*
Mon fichu! Va voir! Est-il à ma place?

MAGDALENE
Enfant distraite! Maintenant, il me faut chercher!
(Elle retourne vers les bancs.)

WALTHER
Mademoiselle! Pardonnez-moi de manquer aux convenances!
Mais, que n'oserais-je pour
savoir une chose, poser une question,
qu'elle m'apporte vie ou mort, bonheur ou malédiction?
En confiance*, répondez-moi d'un mot :
Mademoiselle, dites –

MAGDALENE *(revenant)*
Voici le fichu.

EVA
Oh, malheur! La broche!

MAGDALENE
Serait-elle tombée?
(Elle retourne vers le fond, cherchant la broche.)

---

* *Vertraut* appelle la rime *Braut* (= fiancée). Eva doit donc comprendre la question avant que le mot ne soit articulé.

WALTHER
Ob Licht und Lust oder Nacht und Tod?
Ob ich erfahr, wonach ich verlange,
ob ich vernehme, wovor mir graut :
Mein Fräulein, sagt –

WALTHER
M'apporterez-vous lumière et joie
ou nuit et mort? Apprendrai-je
ce que j'espère,
me direz-vous ce que je crains :
Mademoiselle, dites –

MAGDALENE *(wieder zurückkommend)*
Da ist auch die Spange.
Komm, Kind! Nun hast du Spang' und Tuch...
O weh! Da vergaß ich selbst mein Buch!
(Sie geht nochmals eilig nach hinten.)

MAGDALENE *(revenant une fois de plus)*
Voici la broche. Viens, mon enfant,
maintenant que tu as broche et fichu...
Malheur! J'ai oublié mon livre!
(Elle se hâte de regagner le banc du fond.)

WALTHER
Dies eine Wort, Ihr sagt mir's nicht?
Die Silbe, die mein Urteil spricht?
Ja oder nein! – ein flücht'ger Laut :
mein Fräulein sagt,
(entschlossen und hastig)
seid Ihr schon Braut?

WALTHER
Ce mot, ne le direz-vous pas?
La syllabe dont dépend mon sort?
Oui ou non! rien qu'un souffle :
mademoiselle, dites,
(résolu, avec hâte)
êtes-vous déjà fiancée?

MAGDALENE *(die wieder zurückgekehrt ist und sich vor Walther verneigt)*
Sieh da, Herr Ritter,
wie sind wir hochgeehrt :
mit Evchens Schutze
habt Ihr Euch gar beschwert?
Darf den Besuch des Helden
ich Meister Pogner melden?

MAGDALENE *(revient et s'incline devant Walther)*
Tiens, tiens, Chevalier,
comme nous sommes honorées :
vous daignez assurer
la protection d'Eva?
Puis-je annoncer à maître Pogner
la visite du héros?

WALTHER *(bitter, leidenschaftlich)*
Oh, betrat ich doch nie sein Haus!

WALTHER *(avec amertume, mais aussi beaucoup de passion)*
Oh si seulement je n'étais jamais entré chez lui!

MAGDALENE
Ei, Junker! Was sagt Ihr da aus?
In Nürnberg eben nur angekommen,
wart Ihr nicht freundlich aufgenommen?
Was Küch' und Keller, Schrein und Schrank
Euch bot, verdient' es keinen Dank?

MAGDALENE
Hé, gentilhomme! Que dites-vous là?
À peine arrivé à Nuremberg,
n'y fûtes-vous pas accueilli en ami?
Tout ce que contenaient la cuisine, la cave,
le coffre* et l'armoire vous fut offert.
Cela ne vaut-il pas un peu de gratitude?

EVA
Gut Lenchen, ach, das meint er ja nicht.
Doch von mir wohl wünscht er Bericht.
Wie sag ich's schnell? Versteh ich's doch kaum!
Mir ist, als wär' ich gar wie im Traum! –
Er frägt – ob ich schon Braut?

EVA
2 Ma bonne Lene, ce n'est pas ce qu'il veut dire.
C'est ma réponse qu'il attend.
Comment lui dire? Je comprends à peine moi-même!
Je me sens comme dans un rêve! –
Il demande – si je suis déjà fiancée?

MAGDALENE *(heftig erschrocken)*
Hilf Gott! Sprich nicht so laut!
Jetzt laß uns nach Hause gehn;
wenn uns die Leut' hier sehn!

MAGDALENE *(avec une vive frayeur)*
Que Dieu nous aide! Parle plus bas!
Viens, rentrons à la maison;
si les gens nous voyaient ici!

WALTHER
Nicht eh'r, bis ich alles weiß!

WALTHER
Pas avant que je ne sache tout!

EVA *(zu Magdalene)*
's ist leer, die Leut' sind fort.

EVA *(à Magdalene)*
L'église est vide, les gens sont partis.

---

* Walther, hobereau ruiné, a recouru aux bons services du riche orfèvre Pogner pour la vente de ses terres. Il a dû recevoir de

MAGDALENE
Drum eben wird mir heiß!
Herr Ritter, an andrem Ort!
(David tritt aus der Sakristei ein und macht sich darüber her, die schwarzen Vorhänge zu schließen.)

WALTHER *(dringend)*
Nein! Erst dies Wort!

EVA *(bittend zu Magdalene)*
Dies Wort!

MAGDALENE *(die sich bereits umgewendet, erblickt David und hält an.)*
David? Ei! David hier?

EVA *(zu Magdalene)*
Was sag ich? Sag du's mir!

MAGDALENE *((zerstreut, öfter nach David sich umsehend)*
Herr Ritter, was Ihr die Jungfer fragt,
das ist so leichtlich nicht gesagt;
fürwahr ist Evchen Pogner Braut –

EVA *(lebhaft unterbrechend)*
Doch hat noch keiner den Bräut'gam erschaut.

MAGDALENE
Den Bräut'gam wohl noch niemand kennt,
bis morgen ihn das Gericht ernennt,
das dem Meistersinger erteilt den Preis –

EVA *(enthusiastisch)*
Und selbst die Braut ihm reicht das Reis.

WALTHER *(verwundert)*
Dem Meistersinger?

EVA *(bang)*
Seid Ihr das nicht?

WALTHER
Ein Werbgesang?

MAGDALENE
Vor Wettgericht.

WALTHER
Den Preis gewinnt?

MAGDALENE
Wen die Meister meinen.

WALTHER
Die Braut dann wählt?

EVA *(sich vergessend)*
Euch oder keinen!
(Walther wendet sich, in großer Erregung auf und ab gehend, zur Seite.)

MAGDALENE *(sehr erschroken)*
Was, Evchen! Evchen! Bist du von Sinnen?

MAGDALENE
C'est là ce qui m'inquiète!
Chevalier, nous nous reverrons ailleurs!
(David sort de la sacristie et s'apprête à fermer les rideaux noirs.)

WALTHER *(pressant)*
Non! D'abord votre réponse!

EVA *(suppliant Magdalene)*
Ma réponse!

MAGDALENE *(qui s'est déjà retournée, aperçoit David et s'arrête.)*
1 David? Tiens! David ici?

EVA *(à Magdalene)*
Que dire? Dis-le moi!

MAGDALENE *(distraite, se retournant souvent vers David)*
Chevalier, on ne répond pas si facilement
à la question que vous posez à Mademoiselle;
en vérité, Eva Pogner est fiancée –

EVA *(l'interrompant vivement)*
Mais personne encore n'a vu le fiancé.

MAGDALENE
C'est vrai, personne ne connaîtra le fiancé
avant que demain le jury ne le nomme
et décerne le prix au maître chanteur –

EVA *(avec enthousiasme)*
Et la fiancée elle-même lui tendra la couronne.

WALTHER *(étonné)*
À un maître chanteur?

EVA *(inquiète)*
Ne l'êtes-vous donc pas?

WALTHER
Un concours de chant?

MAGDALENE
Devant un jury.

WALTHER
Qui gagnera le prix?

MAGDALENE
Celui que les maîtres désigneront.

WALTHER
Et la fiancée choisira alors?

EVA *(s'oubliant)*
Vous ou personne!
(Walther va et vient dans une grande excitation, puis se détourne.)

MAGDALENE *(très effrayée)*
8b Quoi donc, Eva, perds-tu la tête?

EVA
Gut' Lene, laß mich den Ritter gewinnen!

MAGDALENE
Sahst ihn doch gestern zum erstenmal?

EVA
Das eben schuf mir so schnelle Qual,
daß ich schon längst ihn im Bilde sah!
Sag, trat er nicht ganz wie David nah?

MAGDALENE *(höchst verwundert)*
Bist du toll? Wie David?

EVA
Wie David im Bild.

MAGDALENE
Ach, meinst du den König mit der Harfen
und langem Bart in der Meister Schild?

EVA
Nein! Der, des Kiesel den Goliath warfen,
das Schwert im Gurt, die Schleuder zur Hand,
das Haupt von lichten Locken umstrahlt,
wie ihn uns Meister Dürer gemalt.

MAGDALENE *(laut seufzend)*
Ach, David! David!

DAVID *(der hinausgegangen und jetzt wieder zurückkommt, ein Lineal im Gürtel und ein großes Stück weißer Kreide an einer Schnur schwenkend)*
Da bin ich!Wer ruft?

MAGDALENE
Ach, David! Was Ihr für Unglück schuft!
(für sich)
Der liebe Schelm! Wüßt' er's noch nicht?
(laut)
Ei seht, da hat er uns gar verschlossen?

DAVID *(zärtlich zu Magdalene)*
Ins Herz Euch allein!

MAGDALENE *(feurig)*
Das treue Gesicht! –
Ei sagt! Was treibt Ihr hier für Possen?

DAVID
Behüt es, Possen? Gar ernste Ding'!
Für die Meister hier richt ich den Ring.

MAGDALENE
Wie? Gäb' es ein Singen?

DAVID
Nur Freiung heut :
der Lehrling wird da losgesprochen,

EVA
Ma bonne Lene, aide-moi à conquérir le chevalier!

MAGDALENE
Tu l'as vu hier pour la première fois?

EVA
8b Ce qui aussitôt m'a bouleversée,
C'est que je l'ai vu depuis longtemps en portrait!
Dis, en se présentant à nous
7a ne ressemblait-il pas à David?

MAGDALENE *(extrêmement étonnée)*
Es-tu folle? à David?

EVA
Au David du tableau.

MAGDALENE
3 Ah, penses-tu au roi avec la harpe
et une longue barbe sur le blason des maîtres?

EVA
Non, celui dont les pierres ont renversé Goliath;
il porte l'épée au côté, la fronde à la main,
sa tête est auréolée de boucles blondes,
tel que maître Dürer nous l'a peint*

MAGDALENE *(avec de profonds soupirs)*
Ah, David, David!

DAVID *(qui était sorti revient maintenant, une aune à la ceinture, faisant tournoyer un grand morceau de craie blanche au bout d'une ficelle)*
7a Me voici! Qui m'appelle?

MAGDALENE
Ha, David, tu as fait un malheur!
(pour elle-même)
7b Le coquin bien-aimé! Ne se douterait-il de rien?
(à haute voix)
Voyons, tu nous a enfermées!

DAVID *(tendrement à Magdalene)*
Dans mon cœur, je n'ai enfermé que vous!

MAGDALENE *(avec flamme)*
Quel brave garçon!
Dis-moi, quelles bêtises fais-tu là?

DAVID
Des bêtises? Le ciel m'en garde!
Il s'agit de choses sérieuses!
Pour les maîtres, je prépare l'enceinte.

MAGDALENE
1 Comment? Y a-t-il un concours?

DAVID
Ce n'est aujourd'hui qu'une épreuve :
l'apprenti y sera promu

---

* Nous ne connaissons aucun tableau de Dürer sur ce sujet.

der nichts wider die Tabulatur verbrochen;
Meister wird, wen die Prob' nicht reut.

MAGDALENE
Da wär' der Ritter ja am rechten Ort. –
Jetzt, Evchen, komm, wir müssen fort.

WALTHER *(schnell sich zu den Frauen wendend)*

Zu Meister Pogner laßt mich euch geleiten.

MAGDALENE
Erwartet den hier; er ist bald da.
Wollt Ihr Evchens Hand erstreiten,
rückt Ort und Zeit das Glück Euch nah.
(Zwei Lehrbuben kommen dazu und tragen Bänke herbei.)
Jetzt eilig von hinnen!

WALTHER
Was soll ich beginnen?

MAGDALENE
Laßt David Euch lehren,
die Freiung begehren. –
Davidchen, hör, mein mein lieber Gesell,
den Ritter hier bewahr mir wohl zur Stell'!
Was Fein's aus der Küch' bewahr ich für dich;
und morgen begehr du noch dreister,
wird hier der Junker heut Meister.
(Sie drängt Eva zum Fortgehen.)

EVA
Seh ich Euch wieder?

WALTHER *(sehr feurig)*
Heut abend, gewiß! –
Was ich will wagen, wie könnt' ich's sagen?
Neu ist mein Herz, neu mein Sinn,
neu ist mir alles, was ich beginn.
Eines nur weiß ich, eines begreif ich :
Mit allen Sinnen Euch zu gewinnen!
Ist's mit dem Schwert nicht, muß es gelingen,
gilt es als Meister Euch zu ersingen.
Für Euch Gut und Blut!
Für Euch Dichters heil'ger Mut!

EVA *(mit großer Wärme)*
Mein Herz, sel'ger Glut,
für Euch liebesheil'ge Hut!

MAGDALENE
Schnell heim, sonst geht's nicht gut!

DAVID *(der Walther verwunderungsvoll gemessen)*
Gleich Meister? Oho, Viel Mut!

(Magdalene zieht Eva durch die Vorhänge mit sich fort. Walther wirft sich, aufgeregt und brütend, in einen erhöhten kathederartigen Lehnstuhl, den zuvor zwei Lehrbuben von der Wand mehr nach der Mitte zu gerückt haben.)

qui en rien n'aura transgressé la tablature;
celui qui réussit l'épreuve peut devenir maître.

MAGDALENE
Pour le chevalier ce serait l'occasion rêvée. –
Viens, Eva, nous devons partir.

WALTHER *(se retournant rapidement vers les deux femmes)*
Permettez-moi de vous accompagner chez maître Pogner.

MAGDALENE
Attendez-le ici; il ne tardera pas.
Si pour la main d'Eva, vous voulez coucourir,
voici le lieu et le moment propices.
(Deux apprentis entrent et apportent des bancs.)
Hâtons-nous de partir!

WALTHER
Que dois-je faire?

MAGDALENE
Demandez à David de vous apprendre
comment réussir l'épreuve. –
David, écoute, mon cher compagnon,
retiens le chevalier en ce lieu!
7a je garderai un bon morceau pour toi; et demain,
montre-toi plus entreprenant encore,
si aujourd'hui le gentilhommer est reçu maître.
(Elle presse Eva de partir.)

EVA
4 Vous reverrai-je?

WALTHER *(avec flamme)*
Ce soir, certainement! –
Comment vous dire tout ce que je suis prêt à risquer?
Mon cœur est neuf, neuf mon esprit,
tout ce que j'entreprends est neuf pour moi.
Je ne sais, je ne comprends qu'une chose :
2 vous conquérir par tous les moyens!
Si ce n'est par l'épée,
je vous gagnerai,
en devenant maître chanteur.
5 Pour vous, tout mon bien, tout mon sang!
Pour vous, la sainte flamme du poète!

EVA *(avec beaucoup de chaleur)*
5 Mon cœur, brûlant de bonheur,
vous protège de son saint amour!

MAGDALENE
Rentrons vite, sinon cela finira mal!

DAVID *(mesurant Walther d'un regard admiratif)*
Maître d'emblée? Oho, quel courage!

5 *(Magdalene entraîne Eva et s'éloigne avec elle entre les rideaux. Exalté et méditatif, Walther se jette dans un fauteuil surélevé, ressemblant à une chaire, que deux apprentis ont écarté du mur et poussé vers le milieu.)*

ZWEITE SZENE

Noch mehrere Lehrbuben sind eingetreten; sie tragen und stellen Bänke und richten alles zur Sitzung der Meistersinger her.

ZWEITER LEHRBUBE
David, was stehst?

ERSTER LEHRBUBE
Greif ans Werk!

ZWEITER LEHRBUBE
Hild uns richten das Gemerk!

DAVID
Zu eifrigst war ich vor euch allen;
schafft nun für euch : hab ander Gefallen!

VIER LEHRBUBEN
Was der sich dünkt!

VIER LEHRBUBEN
Der Lehrling' Muster!

VIER LEHRBUBEN
Das macht, weil sein Meister ein Schuster.

VIER LEHRBUBEN
Beim Leisten sitzt er mit *(Falsett)* der Feder.

VIER LEHRBUBEN
Beim Dichten mit Draht und Pfriem.

VIER LEHRBUBEN
Sein' Verse schreibt er auf rohes Leder.

ALLE ZWÖLF LEHRBUBEN *(mit entsprechender Gebärde)*
Das, dächt' ich, gerbten wir ihm!
(Sie machen sich lachend an die fernere Herrichtung.)

DAVID *(nachdem er den sinnenden Ritter eine Weile betrachtet)*
» Fanget an! «

WALTHER *(verwundert)*
Was soll's?

DAVID *(noch stärker)*
» Fanget an! « – So ruft der » Merker «.
Nun sollt Ihr singen! Wißt Ihr das nicht?

WALTHER
Wer ist der Merker?

DAVID
Wißt Ihr das nicht?
Wart Ihr noch nie bei 'nem Sing-Gericht?

SCÈNE II

D'autres apprentis sont entrés; ils apportent et disposent des bancs et préparent tout pour la séance des maîtres chanteurs.

DEUXIÈME APPRENTI
Alors David? Que restes-tu planté là?

PREMIER APPRENTI
Mets la main à l'ouvrage!

DEUXIÈME APPRENTI
Aide-nous à préparer le marquoir!

DAVID
J'ai travaillé avant vous tous;
à votre tour maintenant :
J'ai d'autres idées en tête!

QUATRE APPRENTIS
Pour qui se prend-il!

QUATRE APPRENTIS
L'apprenti modèle!

QUATRE APPRENTIS
C'est parce que son maître est cordonnier*

QUATRE APPRENTIS
Sur la forme, il monte les souliers (*en fausset*) avec une plume.

QUATRE APPRENTIS
Il compose ses poèmes avec l'alêne et le ligneul.

QUATRE APPRENTIS
Il écrit des vers sur du cuir brut –

TOUS LES DOUZE APPRENTIS *(avec le geste significatif correspondant)*
Que nous devrions bien lui tanner!
(En riant, ils continuent les préparatifs.)

DAVID *(après avoir regardé un moment le chevalier plongé dans ses pensées)*
« Commencez! »

WALTHER *(étonné)*
Qu'est-ce à dire?

DAVID *(encore plus fort)*
« Commencez! » Ainsi parle le « marqueur ».
C'est à vous alors de chanter! L'ignorez-vous?

WALTHER
Qu'est-ce que le marqueur?

DAVID
Vous ne le savez pas?
N'avez-vous jamais chanté devant un jury?

---

* Jeu de mots intraduisible: *Schuster* désigne en allemand aussi bien le cordonnier que le mauvais ouvrier, le gâche-métier.

WALTHER
Noch nie, wo die Richter Handwerker!

DAVID
Seid Ihr ein » Dichter «?

WALTHER
Wär' ich's doch!

DAVID
Seid Ihr ein » Singer «?

WALTHER
Wüßt' ich's noch!

DAVID
Doch » Schulfreund « wart Ihr und » Schüler « zuvor?

WALTHER
Das klingt mir alles fremd vorm Ohr.

DAVID
Und so gradhin wollt Ihr Meister werden?

WALTHER
Wie, machte das so große Beschwerden?

DAVID
O Lene! Lene!

WALTHER
Wie Ihr doch tut!

DAVID
O Magdalene!

WALTHER
Ratet mir gut!

DAVID *(setzt sich in Positur)*
Mein Herr, der Singer Meister-Schlag
gewinnt sich nicht in einem Tag.
In Nüremberg der größte Meister
mich lehrt die Kunst Hans Sachs!
Schon voll ein Jahr mich unterweist er,
daß ich als Schüler wachs'.
Schuhmacherei und Poeterei,
die lern ich da alleinerlei :
hab ich das Leder glatt geschlagen,
lern ich Vokal und Konsonanz sagen;
wichst' ich den Draht erst fest und steif,
was sich da reimt, ich wohl begreif.
Den Pfriemen schwingend,
im Stich die Ahl',
was stumpf, was klingend,
was Maß, was Zahl –
den Leisten im Schurz,
was lang, was kurz,
was hart, was lind,
hell oder blind,
was Waisen, was Milben,

WALTHER
Jamais devant des jurés artisans!

DAVID
Etes-vous « poète »?

WALTHER
Si seulement je l'étais!

DAVID
Êtes-vous « chanteur »?

WALTHER
Si je le savais!

DAVID
Avez-vous été « ami de l'école » et « élève »?

WALTHER
Ces mots me sont étrangers.

DAVID
Et d'emblée, vous voulez devenir maître?

WALTHER
Serait-ce si difficile?

DAVID
Oh Lene, Lene!

WALTHER
Pourquoi tant de manières?

DAVID
Oh, Magdalene!

WALTHER
Conseillez-moi bien!

7a DAVID *(se mettant en posture)*
7c Messire, on ne devient pas
maître chanteur en un jour.
À Nuremberg, le plus grand maître,
Hans Sachs, m'apprends cet art!
Voilà plus d'un an qu'il m'enseigne
8c afin que je progresse.
Cordonnerie et poésie,
je les apprends en même temps :
quand j'ai lissé le cuir,
7c j'apprends à distinguer voyelles et consonnes;
quand j'ai poissé le fil, pour qu'il soit bien rigide,
je comprends ce qu'est une rime.
Brandissant l'alêne,
piquant du poinçon,
j'apprends ce qui est muet et ce qui est sonore *
ce qu'est le mètre et le pied –
La forme sur mon tablier,
j'apprends ce qui est long, ce qui est bref,
ce qui est doux, ce qui est dur,
mots clairs ou mots abscons;
ce qu'on nomme un vers blanc,

* Rime sourde = masculine, rime sonore = féminine.

was Klebsilben,
was Pausen, was Körner,
was Blumen, was Dörner-

das alles lernt' ich mit Sorg' und Acht.
Wie weit nun, meint Ihr, daß ich's gebracht?

une élision, une contraction,
qu'un vers peut compter une seule syllabe,
comment les rimes se répartissent
dans deux strophes différentes,
ce que sont fioritures et épines [1], –
avec peine et grand soin, j'ai appris tout cela.
Et quel est, pensez-vous, le résultat?

WALTHER
Wohl zu 'nem Paar recht guter Schuh'?

WALTHER
Sans doute, une paire de bons souliers?

DAVID
Ja, dahin hat's noch gute Ruh'!
Ein « Bar » hat manch Gesätz' und Gebänd';
wer da gleich die rechte Regel fänd',
die richt'ge Naht und den rechten Draht,
mit gutgefügten » Stollen « den Bar recht zu versohlen.
Und dann erst kommt der » Abgesang «;
daß er nicht kurz und nicht zu lang
und auch keinen Reim enthält,
der schon im Stollen gestellt.
Wer alles das merkt, weiß und kennt,
wird doch immer noch nicht » Meister « gennent.

DAVID
Je ne suis pas prêt d'y arriver!
Un « bar » [2] est fait de plusieurs strophes
selon des schémas fort divers.
Comment retrouver, parmi tant de règles,
la couture et le fil qu'il faut
7c pour construire solidement une strophe
comme on poserait une bonne semelle?
Enfin vient le déchant [3];
il ne doit être ni trop court, ni trop long,
et ne contenir aucune rime
déjà entendue dans les strophes.
Qui connaît et sait tout cela n'est toujours pas appelé « maître ».

WALTHER
Hilf Gott! Will ich denn Schuster sein?
In die Singkunst lieber führ mich ein.

WALTHER
2a Que Dieu me soit en aide!
Dois-je devenir cordonnier!
Initie-moi plutôt à l'art du chant!

DAVID
Ja, hätt' ich's nur selbst schon zum » Singer « gebracht!
Wer glaubt wohl, was das für Mühe macht?
Der Meister Tön' und Weisen,
gar viel an Nam' und Zahl,
die starken und die leisen,
wer die wüßte allzumal!
Der » kurze«, » lang'« und » überlang « Ton,
die » schreibpapier«–, » Schwarz–Dinten«–Weis';
der » rote«, » blau'« und » grüne « Ton;
die » Hageblüh«–, » Strohhalm«–, » Fengel«–Weis';
der » zarte«, der » süße«, der » Rosen«–Ton;
der » kurzen Liebe«, der » vergeßne « Ton;
die » Rosmarin«–, » Gelbveiglein«–Weis',
die » Rogenbogen«–, die » Nachtigall«–Weis',
die » englische Zinn«–, die » Zimtröhren«–Weis',
» frisch' Pomeranzen«–, » grün Lindenblüh«–Weis',
die » Frösch'«–, die » Kälber«–, die » Stieglitz«–Weis',
die » abgeschiedene Vielfraß«–Weis',
der » Lerchen«–, der » Schnecken«–, der » Beller«–Ton,
die » Melissenblümlein«–, die » Meiran«–Weis',
» Gelblöwenhaut«–, *(gefühlvoll)* » treu Pelikan «Weis',
(prunkend)
die » buttglänzende Draht«–Weis'...

DAVID
Si j'avais réussi moi-même à devenir chanteur!
2a Qui peut imaginer la peine que cela coûte!
Les tons et mélodies des maîtres,
nombreux, portent des noms divers;
ceux qui sont forts, ceux qui sont doux,
comment les retenir tous?
Le ton bref, le ton long et l'extrêmement long,
la mélodie du papier blanc, de l'encre noire;
le ton rouge, bleu et vert;
la mélodie de l'églantier, du fétu de paille, du fenouil;
le ton tendre, le ton doux, celui des roses,
de l'amour fugitif, le ton de l'oubli;
la mélodie du romarin, de la violette jaune,
de l'arc-en-ciel, du rossignol,
de l'étain anglais, du bâton de cannelle,
des oranges fraîches, des vertes fleurs du tilleul,
des grenouilles, des veaux, du chardonneret,
du glouton défunt,
le ton des alouettes, des limaces, de l'aboiement,
la mélodie des fleurs de mélisse, de la marjolaine,
de la peau du lion jaune, (*avec sentiment*) du pélican fidèle,
(pompeusement) le ton du fil brillant comme un turbot [4]...

1. Wagenseil ne mentionne pas les «Dörner» (épines). Wagner aurait-il inventé le mot pour avoir une rime à Körner?
2. C'est le nom de la forme cultivée par les maîtres chanteurs. Comme il n'a pas d'équivalent français, je le conserve.
3. « Abgesang » est transposé par déchant plutôt que par envoi, le « bar » étant trop différent de la ballade française.
4. Wagner suit si bien la liste des tons des maîtres énumérés par Wagenseil qu'il reproduit même une faute d'impression de sa source: au lieu de *buttglänzend* (brillant comme un turbot), il faut lire *buntglänzend* (aux reflets multicolores)!

WALTHER
Hilf Himmel! Welch endlos Tönegeleis'!

DAVID
Das sind nur die Namen : nun lernt sie singen,
recht, wie die Meister sie gestellt!
Jed' Wort und Ton muß klärlich klingen,
wo steigt die Stimm' und wo sie fällt.
Fangt nicht zu hoch, zu tief nicht an,
als es die Stimm' erreichen kann;
mit dem Atem spart, daß er nicht knappt
und gar am End' Ihr überschnappt;
vor dem Wort mit der Stimme ja nicht summt,
nach dem Wort mit dem Mund auch nicht brummt.
Nicht ändert an » Blum'« und » Koloratur«,
jed' Zierat fest nach des Meister Spur.
Verwechseltet Ihr, würdet gar irr,
verlört Ihr Euch und kämt ins Gewirr :
wär' sonst Euch alles auch gelungen,
da hättet Ihr gar » versungen!«
Trotz großem Fleiß und Emsigkeit
ich selbst noch bracht' es nicht so weit.
So oft ich's versuch und 's nicht gelingt,
die » Knieriem–Schlag«–Weis' der Meister mir singt.
(Sanft)
Wenn dann Jungfer Lene nicht Hilfe weiß,
(greinend)
sing ich die » eitel Brot– und Wasser«–Weis'!–
Nehmt Euch ein Beispiel dran
und laßt vom Meister–Wahn!
Denn » Singer « und » Dichter « müßt Ihr sein,
eh' Ihr zum » Meister « kehret ein.

VIER LEHRBUBEN *(während der Arbeit)*
David!

WALTHER
Wer ist nun Dichter?

VIER LEHRBUBEN
David! Kommst her?

DAVID *(zu den Lehrbuben)*
Wartet nur, gleich! –
(Schnell wieder zu Walther)
Wer » Dichter « wär'?
Habt Ihr zum » Singer « Euch aufgeschwungen
und der Meister Töne richtig gesungen,
fügtet Ihr selbst nun Reim' und Wort',
daß sie genau an Stell' und Ort
paßten zu eines Meisters Ton,
dann trügt Ihr den Dichterpreis davon.

VIER LEHRBUBEN
He, David! Soll man's dem Meister klagen?

ALLE LEHRBUBEN
Wirst dich bald des Schwatzens entschlagen?

DAVID
Oho! – Jawohl! Denn helf ich euch nicht,
ohne mich wird alles doch falsch gericht't.
(Er will sich zu ihnen wenden.)

WALTHER
Le ciel me soit en aide! Quelle kyrielle interminable!

DAVID
Ce ne sont là que les noms : il faut apprendre à les chanter
exactement comme les maîtres les ont composés!
Chaque mot, chaque note doit sonner clairement,
il faut savoir où la voix monte, où elle descend.
Ne commencez ni trop haut, ni trop bas
pour rester dans les limites de la voix;
ménagez votre souffle, que vous n'en manquiez pas,
de peur de finir par un couac;
avant un mot, aucun bourdonnement,
après un mot, aucun bruit de bouche.
Ne changez rien aux fioritures ni aux vocalises,
que chaque ornement soit selon la règle des maîtres.
Si vous confondiez les tons, les emmêliez,
si vous vous perdiez ou que vous embrouilliez tout,
même en réussissant tout le reste,
vous seriez recalé!
Malgré toute ma peine et toute mon application,
je n'en suis pas encore arrivé là.
8a À chaque fois que j'essaie et que j'échoue,
le maître me chante l'air « des coups de lanières ».
(avec douceur)
Et si mademoiselle Lene ne m'apporte pas son aide,
(pleurnichant)
je chante l'air « du pain sec et de l'eau »!
Prenez exemple sur moi
et renoncez à devenir maître – c'est pure folie!
Car il faut que vous soyez « chanteur » et « poète »
3 avant d'accéder au titre de « maître ».

QUATRE APPRENTIS *(tout en travaillant)*
David!

WALTHER
Et qui donc est poète?

QUATRE APPRENTIS
David! Viens-tu?

DAVID *(aux apprentis)*
Attendez un peu! –
(se retournant rapidement vers Walther)
Qui est « poète »?
Si vous avez réussi l'examen de « chanteur »,
chantant correctement les tons des maîtres,
et que vous ayez assemblé les rimes et paroles
s'adaptant exactement à chaque endroit
au ton d'un maître,
3 alors vous remporterez le prix du « poète ».

QUATRE APPRENTIS
Hé, David, devrons-nous nous plaindre au maître?

TOUS LES APPRENTIS
Cesseras-tu bientôt ton bavardage?

DAVID
Oho! – Bien sûr! Car sans mon aide,
vous préparerez tout de travers.
(Il veut rejoindre les apprentis.)

WALTHER *(ihn zurückhaltend)*
Nur dies noch : wer wird » Meister « genannt?

WALTHER *(le retenant)*
Une chose encoe : qui appelle-t-on « maître »?

DAVID *(schnell wieder umkehrend)*
Damit, Herr Ritter, ist's so bewandt :
(mit sehr tiefsinniger Miene)
Der Dichter, der aus eignem Fleiße
zu Wort' und Reimen, die er erfand,
aus Tönen auch fügt eine neue Weise,
der wird als » Meistersinger « erkannt.

DAVID *(revenant rapidement vers lui)*
Pour cela, chevalier, il en va ainsi :
(Avec une mine exprimant une profonde réflexion)
Le poète qui, avec application,
a créé une mélodie nouvelle,
5b l'adaptant à des paroles et rimes inventées par lui,
3 est reconnu « maître chanteur ».

WALTHER
So bleibt mir einzig der Meisterlohn!
Muß ich singen,
kann's nur gelingen,
find ich zum Vers auch den eignen Ton.

WALTHER
2 Ma seule chance, c'est l'épreuve de maître!
Si je dois chanter ici,
je ne réussirai l'épreuve
qu'en inventant un ton nouveau pour mes vers.

DAVID *(der sich zu den Lehrbuben gewendet)*
Was macht ihr denn da? – Ja, fehl ich beim Werk,
verkehrt nur richtet ihr Stuhl und Gemerk! –
(Er wirft polternd und lärmend die Anordnungen der Lehrbuben in betreff des Gemerkes um.)
Ist denn heut » Singschul'«? – Daß ihr's wißt,
das kleine Gemerk! – Nur » Freiung « ist!

(Die Lehrbuben, welche in der Mitte der Bühne ein größeres Gerüst mit Vorhängen aufgeschlagen hatten, schaffen auf Davids Weisung dies schnell beiseite und stellen dafür (ebenso eilig) ein geringeres Brettergerüst auf; darauf stellen sie einen Stuhl mit einem kleinen Pult davor, daneben eine große schwarze Tafel, daran die Kreide am Faden aufgehängt wird; um das Gerüst sind schwarze Vorhänge angebracht, die zunächst hinten und an beiden Seiten, dann auch vorn ganz zusammengezogen werden.)

DAVID *(s'adressant aux apprentis)*
7a Que faites-vous donc là? Si je ne m'en mêle pas,
vous mettez à l'envers les chaises et le marquoir! –
(Il renverse bruyamment le marquoir préparé par les apprentis)
Avons-nous aujourd'hui une « école de chant »?
Sachez-le, il faut le petit marquoir!
Il ne s'agit que d'une « épreuve »!
(Les apprentis qui avaient construit au milieu de la scène une estrade assez grande munie de rideaux la démontent rapidement suivant les indications de David; à sa place, ils installent tout aussi rapidement un podium plus petit. Ils y posent une chaise et un pupitre, fixent à côté un grand tableau noir auquel une craie est attachée par une ficelle; des rideaux noirs sont disposés autour de ce podium, ils sont fermés d'abord sur l'arrière et les côtés, par la suite également sur le devant.)

ALLE LEHRBUBEN *(während der Herrichtung)*
Aller End' ist doch David der Allergescheit'st,
nach hohen Ehren ganz sicher er geizt :
's ist Freiung heut;
gewiß er freit,
als vornehmer » Singer « er schon sich spreizt!
Die » Schlag«–Reime fest er inne hat,
» Arm–Hunger«–Weise singt er glatt.

TOUS LES APPRENTIS *(pendant ces préparatifs)*
David en fin de compte est le plus malin de tous,
sûrement, il peut prétendre aux plus grands honneurs :
C'est jour d'examen aujourd'hui;
pour sûr il va se présenter,
il prend déjà l'attitude d'un chanteur éminent!
Il possède à fond les rimes percutantes
et chante sans faute l'air du « pauvre affamé »*

VIER LEHRBUBEN
Doch die » harte–Tritt«–Weis',
die kennt er am best' –

QUATRE APPRENTIS
Ce qu'il connaît le mieux, c'est l'air
des coups de pieds au derrière –

ALLE
Die trat ihm der Meister hart und fest!

(Mit der Gebärde zweier Fußtritte, sie lachen.)

TOUS LES APPRENTIS
Son maître le lui a appris
avec force et rudesse!
(Ils miment deux coups de pied et rient)

DAVID
Ja, lacht nur zu! Heut bin ich's nicht;
ein andrer stellt sich zum Gericht :
der war nicht » Schüler«, ist nicht » Singer«,
den » Dichter«, sagt er, überspring' er;
denn er ist Junker, und mit einem Sprung er

DAVID
Vous pouvez bien rire! Ce n'est pas mon tour aujourd'hui;
un autre se présente devant le jury :
il n'a été ni « élève », ni « chanteur »,
il prétend sauter le grade de « poète »;
car il est gentilhomme, et d'un bond,

---

* Les apprentis veulent dire que Sachs bat son apprenti et le met au pain sec. Le jeu de mots des rimes percutantes (Schlagreime = rimes des coups) est intraduisible, car les maîtres chanteurs appellent Schlagreime des vers de deux syllabes placés au début des strophes.

denkt ohne weitre Beschwerden
heut hier » Meister « zu werden.
Drum richtet nur fein das Gemerk dem ein!
(während die Lehrbuben vollends aufrichten)
Dorthin! – Hierher! Die Tafel an die Wand,
so daß sie recht dem Merker zur Hand!
(sich zu Walther umwendend)
Ja, ja, dem » Merker «! – Wird Euch wohl bang?
Vor ihm schon mancher Werber versang.
Sieben Fehler gibt er Euch vor,
die merkt er mit Kreide dort an;
wer über sieben Fehler verlor,
hat versungen und ganz vertan!
Nun nehmt Euch in acht!
Der Merker wacht.
(Derb in die Hände schlagend)
Glück auf zum Meistersingen!
Mögt Euch das Kränzlein erschwingen!
Das Blumenkränzlein aus Seiden fein
wird das dem Herrn Ritter beschieden sein?

il pense, sans autre difficulté,
devenir « maître » aujourd'hui.
Préparez donc soigneusement le marquoir pour lui!
(Pendant que les apprentis finissent le montage)
Là-bas! – Ici! – Accrochez le tableau au mur,
que le marqueur l'ait sous la main!
(se détournant vers Walther)
13b Oui, oui, le « marqueur »! Ce nom vous trouble?
Plus d'un candidat a échoué devant lui.
Il vous concède sept fautes
et les inscrit là-bas à la craie;
qui a commis plus de sept fautes
échoue irrémédiablement!
Prenez bien garde maintenant!
Le marqueur est vigilant!
(Il tape énergiquement des mains)
Bonne chance pour le concours de maîtrise!
Puissiez-vous gagner la couronne!
La belle couronne, faite de fleurs en soie,
sera-t-elle décernée à monsieur le chevalier?

DIE LEHRBUBEN *(welche zu gleicher Zeit das Gemerk geschlossen haben, fassen sich an und tanzen einen verschlungenen Reihen um dasselbe)*
Das Blumenkränzlein aus Seiden fein
wird das dem Herrn Ritter beschieden sein?
(Die Lehrbuben fahren sogleich erschrocken auseinander, als die Sakristei aufgeht und Pogner mit Beckmesser eintritt; sie ziehen sich nach hinten zurück.)

LES APPRENTIS *(qui viennent de fermer le marquoir, se donnent la main et dansent une ronde autour de celui-ci)*

La belle couronne, faite de fleurs en soie,
sera-t-elle décernée à monsieur le chevalier?
(La porte de la sacristie s'ouvre. Pogner et Beckmesser entrent; les apprentis se dispersent aussitôt, effrayés, et se retirent dans le fond.)

DRITTE SZENE

(Die Einrichtung ist nun folgendermaßen beendigt : Zur Seite rechts sind gepolsterte Bänke in der Weise aufgestellt, daß sie einen schwachen Halbkreis nach der Mitte zu bilden. Am Ende der Bänke, in der Mitte der Bühne, befindet sich das » Gemerk « benannte Gerüst. Zur linken Seite steht nun der erhöhte, kathederartige Stuhl (»der Singstuhl«) der Versammlung gegenüber. Im Hintergrunde, den großen Vorhang entlang, steht eine lange niedere Bank für die Lehrlinge. Walther, verdrießlich über das Gespött der Knaben, hat sich auf die vordere Bank niedergelassen.)

Pogner ist mit Beckmesser im Gespräch aus der Sakristei aufgetreten. Die Lehrbuben harren, ehrerbietig vor der hinteren Bank stehend. Nur David stellt sich anfänglich am Eingang der Sakristei auf.

POGNER *(zu Beckmesser)*
Seid meiner Treue wohl versehen.
Was ich bestimmt, ist Euch zu Nutz :
im Wettgesang müßt Ihr bestehen;
wer böte Euch als Meister Trutz?

BECKMESSER
Doch wollt Ihr von dem Punkt nicht weichen,
der mich – ich sag's – bedenklich macht;
kann Evchens Wunsch den Werber streichen,
was nützt mir meine Meisterpracht?

POGNER
Ei sagt! Ich mein, vor allen Dingen
sollt' Euch an dem gelegen sein :

SCENE III

(L'installation est maintenant terminée de la manière suivante : sur le côté droit des bancs rembourrés sont disposés en arc de cercle, ouvert vers le centre. À la suite des bancs, au milieu de la scène, se dresse le podium nommé « marquoir ». À gauche se trouve la chaise surélevée, semblable à une chaire, la « chaise du chanteur », face à l'assemblée. Au fond, le long du grand rideau, un banc assez bas est préparé pour les apprentis. Walther, contrarié par les moqueries des garçons, s'est assis sur le banc au premier plan.)

Pogner et Beckmesser sont entrés en parlant, venant de la sacristie. Les apprentis attendent respectueusement, debout devant le banc du fond. Seul David se tient d'abord à côté de la porte de la sacristie.

POGNER *(à Beckmesser)*
9a Soyez assuré de ma bonne foi.
Ce que j'ai décidé est à votre avantage :
il faut que vous gagniez le concours de chant;
or, parmi les maître, qui oserait vous défier?

BECKMESSER
9ab Pourtant, vous ne voulez pas céder sur un point
qui, je l'avoue, me donne à penser;
si Eva, d'un mot, peut écarter le prétendant,
que me sert ma gloire de maître?

POGNER
Eh, dites! Il me semble qu'avant tout,
vous devriez rechercher une chose :

Könnt Ihr der Tochter Wunsch nicht zwingen,
wie möchtet Ihr wohl um sie frein?

BECKMESSER
Ei ja! Gar wohl! Drum eben bitt ich,
daß bei dem Kind Ihr für mich sprecht,
wie ich geworben zart und sittig
und wie Beckmesser grad Euch recht.

POGNER
Das tu ich gern.

BECKMESSER *(beiseite)*
Er läßt nicht nach!
Wie wehrt' ich da 'nem Ungemach?

WALTHER *(der, als er Pogner gewahrt, aufgestanden und ihm entgegengegangen ist, verneigt sich vor ihm)*
Gestattet, Meister!

POGNER
Wie, mein Junker?
Ihr sucht mich in der Singschul' hie?
(Sie wechseln die Begrüßungen.)

BECKMESSER *(immer beiseite)*
Verstünden's die Frau'n! Doch schlechtes Geflunker
gilt ihnen mehr als all' Poesie.

(Er geht verdrießlich im Hintergrunde auf und ab.)

WALTHER
Hie eben bin ich am rechten Ort.
Gesteh ich's frei, vom Lande fort
was mich nach Nürnberg trieb,
war nur zur Kunst die Lieb'.
Vergaß ich's gestern Euch zu sagen,
heut muß ich's laut zu künden wagen :
ein Meistersinger möcht ich sein.
(Sehr innig)
Schließt, Meister, in die Zunft mich ein!
(Kunz Vogelgesang und Konrad Nachtigall sind eingetreten.)

POGNER *(freudig zu den Hinzutretenden)*
Kunz Vogelgesang! Freund Nachtigall!
Hört doch, welch ganz besondrer Fall!
Der Ritter hier, mir wohlbekannt,
hat der Meisterkunst sich zugewandt.
(Vorstellungen, Begrüßungen, andere Meister treten noch dazu.)

BECKMESSER *(wieder in den Vordergrund tretend, für sich)*
Noch such ich's zu wenden; doch sollt's nicht gelingen,

versuch ich des Mädchens Herz zu ersingen.
In stiller Nacht, von ihr nur gehört,
erfahr ich, ob auf mein Lied sie schwört.
(Walther erblickend)
Wer ist der Mensch?

si vous ne pouvez gagner le cœur de ma fille,
comment voulez-vous demander sa main?

BECKMESSER
Précisément! C'est pourquoi je vous prie
d'intercéder pour moi auprès de votre enfant :
j'ai fait ma cour tendrement et selon les usages,
et Beckmesser est le gendre qui vous convient.

POGNER
9ab Je le ferai bien volontiers.

BECKMESSER *(en aparté)*
Il ne veut pas céder!
Comment parer à ce danger?

WALTHER *(en apercevant Pogner, il s'est levé, s'est approché et s'incline maintenant devant lui)*
Permettez, maître!

POGNER
9ab Comment, chevalier,
9c vous me relancez ici, à l'école de chant?
(Ils échangent des salutations)

BECKMESSER *(toujours en aparté)*
Ah, si les femmes s'y connaissaient un peu!
Les pires hâbleries, elles en font plus de cas
que de la pure poésie.
(Contrarié, il va et vient à l'arrière-plan.)

WALTHER
9a Je ne me suis pas trompé d'endroit.
Vous dirai-je librement,
j'ai quitté la campagne et gagné Nuremberg
seulement par amour de l'art.
1, J'ai oublié de vous le dire hier,
5b je dois le proclamer bien haut maintenant :
je voudrais être maître chanteur.
(avec beaucoup d'ardeur)
Maître, acceptez-moi comme membre de la guilde!
(Kunz Vogelgesang et Konrad Nachtigall sont entrés.)

POGNER *(avec joie aux arrivants)*
Kunz Vogelgesang! Mon ami Nachtigall!
Écoutez ce cas vraiment particulier!
Ce chevalier, que je connais fort bien,
veut s'adonner à l'art des maîtres.
(Présentations, saluts; d'autres maîtres se joignent à eux.)

BECKMESSER *(revient au premier plan; en aparté)*

J'essaie encore de détourner ce malheur;
pourtant, si j'échoue,
j'essayerai de gagner le cœur de la belle
par mes chants. Dans le silence de la nuit,
entendu d'elle seule, je saurai si ma sérénade la touche.
(Il aperçoit Walther)
Qui est cet homme?

POGNER *(sehr warm zu Walther fortfahrend)*

Glaubt, wie mich's freut!
Die alte Zeit dünkt mich erneut.
BECKMESSER
Er gefällt mir nicht!

POGNER
Was Ihr begehrt,
soviel an mir, Euch sei's gewährt.

BECKMESSER
Was will er hier? – Wie der Blick ihm lacht!

POGNER
Half ich Euch gern bei des Guts Verkauf,
in die Zunft nun nehm ich Euch gleich gern auf.

BECKMESSER
Holla, Sixtus! Auf den hab acht!

WALTHER
Habt Dank der Güte aus tiefstem Gemüte!
Und darf ich denn hoffen, steht heut mir noch offen,
zu werben um den Preis, daß Meistersinger ich heiß'?

BECKMESSER
Oho! Fein sacht! Auf dem Kopf steht kein Kegel!

POGNER
Herr Ritter, dies geh' nun nach der Regel.
Doch heut ist Freiung : ich schlag Euch vor;
mir leihen die Meister ein willig Ohr.
(Die Meistersinger sind nun alle angelangt, zuletzt Hans Sachs.)

SACHS
Gott grüß Euch, Meister!

VOGELGESANG
Sind wir beisammen?

BECKMESSER
Der Sachs ist ja da!

NACHTIGALL
So ruft die Namen!

KOTHNER *(zieht eine Liste hervor, stellt sich zur Seite auf und ruft laut)*
Zu einer Freiung und Zunftberatung
ging an die Meister ein' Einladung :
bei Nenn' und Nam', ob jeder kam,
ruf ich nun auf als letztentbotner,
der ich mich nenn und bin Fritz Kothner.
Seid Ihr da, Veit Pogner?

POGNER
Hier zur Hand.

POGNER *(continuant de parler à Walther avec beaucoup*
9a *de chaleur)*
1, Croyez-le, j'en suis bien aise!
5b Il me semble voir renaître les temps anciens.
BECKMESSER
Il ne me plaît pas beaucoup!

POGNER
Ce que vous désirez vous sera accordé,
pour autant qu'il tienne à moi.

BECKMESSER
Que veut-il donc ici? – Avec ses yeux rieurs!

POGNER
Bien volontiers, je vous ai aidé
à vendre votre domaine;
dans la guilde, je vous recevrai tout aussi volontiers.

BECKMESSER
Holà, Sixtus! Prends bien garde à lui!

WALTHER
Du fond du cœur, je vous en remercie!
Puis-je espérer qu'il me sera permis
de concourir aujourd'hui pour le titre de maître?

BECKMESSER
Oho! Tout doux! Les quilles ne tiennent pas debout sur la tête*!

POGNER
Chevalier, nous procéderons selon la règle.
Un examen a lieu aujourd'hui : je vous présenterai;
les maîtres m'écoutent volontiers.
(Les maîtres chanteurs sont tous arrivés, Hans Sachs le dernier.)

SACHS
Maîtres, je vous salue!

VOGELGESANG
Sommes-nous au complet?

BECKMESSER
Puisque Sachs est là!

NACHTIGALL
Faites donc l'appel!

KOTHNER *(sort une liste de sa poche, se poste sur l'un des côtés et fait l'appel à haute voix)*
9ab Pour une séance d'examens et de délibérations
les maîtres ont été convoqués;
c'est pourquoi, dernier membre reçu,
je procède à l'appel,
moi qui me nomme et suis Fritz Kothner.
Êtes-vous présent, Veit Pogner?

POGNER
Me voici.

---

* Proverbe allemand. Le sens est que tout doit se faire selon l'ordre traditionnel.

(Er setzt sich.)

KOTHNER
Kunz Vogelgesang?
VOGELGESANG
Ein sich fand.
(Er setzt sich.)

KOTHNER
Hermann Ortel?

ORTEL
Immer am Ort.
(Er setzt sich.)

KOTHNER
Balthasar Zorn?

ZORN
Bleibt niemals fort.
(Er setzt sich.)

KOTHNER
Konrad Nachtigall?

NACHTIGALL
Treu seinem Schlag.
(Er setzt sich.)

KOTHNER
Augustin Moser?

MOSER
Nie fehlen mag.
(Er setzt sich.)

KOTHNER
Niklaus Vogel? – Schweigt?

EIN LEHRBUBE *(von der Bank aufstehend)*
Ist krank.

KOTHNER
Gut' Beßrung dem Meister!

DIE MEISTER *(außer Kothner)*
Walt's Gott!

DER LEHRBUBE
Schön' Dank!
(Er setzt sich wieder nieder.)

KOTHNER
Hans Sachs?

DAVID *(vorlaut sich erhebend und auf Sachs zeigend)*
Da steht er!

SACHS *(drohend zu David)*
Juckt dich das Fell?

(Il s'assied)

KOTHNER
Kunz Vogelgesang?
VOGELGESANG
Est ici.
(Il s'assied)

KOTHNER
Hermann Ortel?

ORTEL
Toujours à sa place [1].
(Il s'assied)

KOTHNER
Balthasar Zorn?

ZORN
N'est jamais absent.
(Il s'assied)

KOTHNER
Konrad Nachtigall?

NACHTIGALL
Fidèle à son chant [2].
(Il s'assied)

KOTHNER
Augustin Moser?

MOSER
N'a jamais envie de manquer.
(Il s'assied)

KOTHNER
Niklaus Vogel? – Il se tait?

UN APPRENTI *(se levant de son banc)*
Est malade.

KOTHNER
Bonne guérison au maître.

LES MAITRES *(sauf Kothner)*
Avec l'aide de Dieu!

L'APPRENTI
Merci!
(Il se rassied)

KOTHNER
Hans Sachs?

DAVID *(se lève effrontément et montre Sachs du doigt)*
Il est là!

SACHS *(avec un geste menaçant en direction de David)*
La peau te démange?

---

1. Jeu de mots intraduisible entre le nom Ortel et le substantif der Ort (la place).
2. Le nom de Nachtigall signifie «rossignol».

Verzeiht, Meister! Sachs ist zur Stell'.
(Er setzt sich.)

KOTHNER
Sixtus Beckmesser?

BECKMESSER
Immer bei Sachs *(während er sich setzt)*,
daß den Reim ich lern' von » blüh und wachs«.
(Sachs lacht.)

KOTHNER
Ulrich Eißlinger?

EIßLINGER
Hier.
(Er setzt sich.)

KOTHNER
Hans Foltz?

FOLTZ
Bin da.
(Er setzt sich.)

KOTHNER
Hans Schwarz?

SCHWARZ
Zuletzt : Gott wollt's!
(Setzt sich.)

KOTHNER
Zur Sitzung gut und voll die Zahl.
Beliebt's, wir schreiten zur Merkerwahl?

VOGELGESANG
Wohl eh'r nach dem Fest.

BECKMESSER *(zu Kothner)*
Pressiert's dem Herrn?
Mein Stell' und Amt laß ich ihm gern.

POGNER
Nicht doch, Ihr Meister! Laßt das jetzt fort.
Für wicht'gen Antrag bitt ich ums Wort.
(Alle Meister stehen auf, nicken Kothner zu und setzen sich wieder.)

KOTHNER
Das habt Ihr, Meister, sprecht!

POGNER
Nun hört und versteht mich recht! –
Das schöne Fest, Johannistag,
Ihr wißt, begehn wir morgen.
Auf grüner Au', am Blumenhag,
bei Spiel und Tanz im Lustgelag,
an froher Brust geborgen,
vergessen seiner Sorgen,
ein jeder freut sich, wie er mag.

Pardonnez, maîtres, Sachs est présent.
(Il s'assied)

KOTHNER
Sixtus Beckmesser?

BECKMESSER
Toujours au côté de Sachs, *(en se rasseyant)*
pour bien apprendre la rime de « blüh und wachs »*.
(Sachs rit)

KOTHNER
Ulrich Eisslinger?

EISSLINGER
Présent.
(Il s'assied)

KOTHNER
Hans Foltz?

FOLTZ
Je suis là.
(Il s'assied)

KOTHNER
Hans Schwarz?

SCHWARZ
Bon dernier : avec l'aide de Dieu!
(Il s'assied)

KOTHNER
Le quorum est atteint.
Voulez-vous commencer par l'élection du marqueur?

VOGELGESANG
Après la fête plutôt.

BECKMESSER *(à Kothner)*
Monsieur est pressé?
J'abandonne volontiers mon poste et mes fonctions.

POGNER
Allons, chers maîtres, laissons cela pour l'instant.
Pour une importante proposition, je demande la parole.
(Tous les maîtres se lèvent, font signe à Kothner et se rasseyent.)

KOTHNER
Vous l'avez, maître, parlez!

POGNER
Ecoutez donc et comprenez-moi bien! –
Nous célébrons demain, vous le savez,
la belle fête de la Saint-Jean.
Sur la verte prairie, le long des haies fleuries,
jouant, dansant en joyeuse compagnie,
serrant un être cher dans ses bras,
chacun oublie ses soucis
et s'amuse selon son envie.

---

* « qu'il fleurisse et prospère »; *wachs* est pratiquement la seule rime existant en allemand pour le nom de Sachs.

Die Singschul' ernst im Kirchenchor
die Meister selbst vertauschen;
mit Kling und Klang hinaus zum Tor
auf offne Wiese ziehn sie vor
bei hellen Festes Rauschen;
das Volk sie lassen lauschen
dem Freigesang mit Laienohr.
Zu einem Werb– und Wettgesang
gestellt sind Siegespreise,
und beide preist man weit und lang,
die Gabe wie die Weise.
Nun schuf mich Gott zum reichen Mann;
und gibt ein jeder, wie er kann,
so mußte ich wohl sinnen,
was ich' gäb' zu gewinnen,
daß ich nicht käm' zu Schand' :
so hört denn, was ich fand.
In deutschen Landen viel gereist,
hat oft es mich verdrossen,
daß man den Bürger wenig preist,
ihn karg nennt und verschlossen.
An Höfen wie an niedrer Statt
des bittren Tadels ward ich satt,
daß nur auf Schacher und Geld
sein Merk' der Bürger stellt.
Daß wir im weiten deutschen Reich
die Kunst einzig noch pflegen,
dran dünkt ihnen wenig gelegen.
Doch wie uns das zur Ehre gereich',
und daß mit hohem Mut
wir schätzen, was schön und gut,
was wert die Kunst und was sie gilt,
das ward ich der Welt zu zeigen gewillt.
Drum hört, Meister, die Gab',
die als Preis bestimmt ich hab.
Dem Sieger, der im Kunstgesang
vor allem Volk den Preis errang
am Sankt-Johannis-Tag,
sei er, wer er auch mag,
dem geb ich, ein Kunstgewogner,
von Nüremberg Veit Pogner,
mit all meinem Gut, wie's geh' und steh',
Eva, mein einzig Kind, zur Eh'.

L'école de chant, qui d'ordinaire s'assemble
gravement dans le chœur de l'église,
les maîtres la réunissent en d'autres lieux;
accompagnés par une fanfare, ils sortent de la ville,
défilent sur la grande prairie,
au milieu d'une fête joyeuse et bruyante;
ils font entendre leurs chants d'examen
aux oreilles profanes du peuple.
Des prix sont offerts aux vainqueurs
de ces examens et concours,
et longtemps, tout le monde parle
des prix donnés, des mélodies entendues.
Il a plu à Dieu de faire de moi un homme riche;
chacun donnant selon ses moyens,
j'ai dû réfléchir longtemps :
quel prix donner, dont je n'aie pas à rougir?
Écoutez ce que j'ai trouvé.
J'ai beaucoup voyagé par les Allemagnes,
et souvent, cela m'a contrarié
d'entendre critiquer les bourgeois
qu'on nomme avares et renfermés.
Dans les cours comme en des lieux plus humbles,
j'en eus assez de ces amers reproches :
selon lesquels les bourgeois
ne s'intéressent qu'aux affaires et à l'argent.
1, Que, dans le vaste empire allemand,
5b nous soyons les seuls à cultiver encore la poésie,
ils y attachent peu de prix.
Aussi ai-je voulu montrer au monde entier
quel honneur cela représente pour nous
qui d'un cœur noble estimons ce qui est beau et bon,
la valeur et la dignité de l'art.
C'est pourquoi, chers maîtres, sachez
le don que j'ai choisi comme prix.
10, En véritable ami des arts, je donne,
5b pour le jour de la Saint Jean,
moi Veit Pogner, de Nuremberg,
au vainqueur, qui par son art du chant,
en présence de tout le peuple aura mérité le prix,
avec tous mes biens, quels qu'ils soient,
Eva, ma fille unique, pour épouse.

SACHS UND DIE ANDEREN MEISTER *(sich erhebend und sehr lebhaft durcheinander)*
Das heißt ein Wort! Ein Wort ein Mann!
Da sieht man, was ein Nürnberger kann!
Drob preist man Euch noch weit und breit,
den wackren Bürger Pogner Veit!

9a SACHS ET LES AUTRES MAîTRES *(se lèvent et parlent tous en même temps avec vivacité)*
10 Voilà qui est bien dit! par un homme de parole!
On voit bien là de quoi un Nurembergeois est capable!
Pour cela on louera bien loin à la ronde
le vaillant bourgeois Veit Pogner!

DIE LEHRBUBEN *(lustig aufspringend)*
Alle Zeit, weit und breit :
Pogner Veit! Pogner Veit!

LES APPRENTIS *(sautant joyeusement de leurs bancs)*
Toujours et partout :
Vive Pogner! Vive Pogner!

VOGELGESANG
Wer möchte da nicht ledig sein?

VOGELGESANG
Chacun voudrait être célibataire!

SACHS
Sein Weib gäb' mancher gern wohl drein!

SACHS
J'en connais plus d'un qui donnerait
bien volontiers sa femme en prix!

KOTHNER
Auf, ledig' Mann! Jetzt macht euch dran!

KOTHNER
Allez, célibataires, vite au concours!

POGNER
Nun hört noch, wie ich's ernstlich mein!
(Die Meister setzen sich allmählich wieder nieder, die Lehrbuben ebenfalls.)
Ein' leblos' Gabe geb ich nicht :
ein Mägdlein sitzt mit zu Gericht.
Den Preis erkennt die Meisterzunft;
doch gilt's der Eh', so will's Vernunft,
daß ob der Meister Rat
die Braut den Ausschlag hat.

BECKMESSER *(zu Kothner gewandt)*
Dünkt Euch das klug?

KOTHNER *(laut)*
Versteh ich gut,
Ihr gebt uns in des Mägdleins Hut?

BECKMESSER
Gefährlich das!

KOTHNER
Stimmt es nicht bei,
wie wäre dann der Meister Urteil frei?

BECKMESSER
Laßt's gleich wählen nach Herzens Ziel
und laßt den Meistergesang aus dem Spiel!

POGNER
Nicht so! Wie doch? Versteht mich recht!
Wem Ihr Meister den Preis zusprecht,
die Maid kann dem verwehren,
doch nie einen andren begehren.
Ein Meistersinger muß er sein :
nur wen Ihr krönt, den soll sie frei'n.

SACHS *(erhebt sich)*
Verzeiht!
Vielleicht schon ginget Ihr zu weit.
Ein Mädchenherz und Meisterkunst
erglühn nicht stets in gleicher Brunst;
der Frauen Sinn, gar unbelehrt,
dünkt mich dem Sinn des Volks gleich wert.
Wollt Ihr nun vor dem Volke zeigen,
wie hoch die Kunst Ihr ehrt,
und laßt Ihr dem Kind die Wahl zu eigen,
wollt nicht, daß dem Spruch es wehrt :
so laßt das Volk auch Richter sein;
mit dem Kinde sicher stimmt's überein.

VOGELGESANG, NACHTIGALL
Oho!

ALLE MEISTER *(außer Sachs und Pogner)*
Das Volk? Ja, das wäre schön!
Ade dann Kunst und Meistertön'!

KOTHNER
Nein, Sachs! Gewiß, das hat keinen Sinn,
gäbt Ihr dem Volk die Regeln hin?

SACHS
Vernehmt mich recht! Wie Ihr doch tut!

POGNER
Ecoutez-moi encore : j'ai bien pesé ma décision :
(Les maîtres se rasseyent peu à peu, les apprentis aussi)

Ce n'est pas un objet sans vie que je donne :
la jeune fille donc fera partie du jury.
La guilde des maîtres décernera le prix;
mais comme il s'agit de mariage, la raison veut
qu'après le conseil des maîtres,
la fiancée décide en dernier ressort.

BECKMESSER *(se tournant vers Kothner)*
Cela vous semble-t-il indiqué?

KOTHNER *(d'une voix forte)*
Si je comprends bien,
vous nous placez sous le contrôle de votre fille?

BECKMESSER
C'est bien dangereux!

KOTHNER
Si elle n'approuve pas notre choix,
comment le jugement des maîtres serait-il libre?

BECKMESSER
Laissez-la choisir selon le désir de son cœur,
sans mêler à cela le chant des maîtres!

POGNER
Ce n'est pas cela! Comment donc? Comprenez-moi bien!
La jeune fille peut refuser le candidat
auquel les maîtres ont accordé le prix,
mais n'en peut pas souhaiter d'autre.
1 Il faut qu'il soit maître chanteur :
Elle n'épousera qu'un homme couronné par vous.

SACHS *(se lève)*
Pardonnez!
Vous êtes peut-être allés déjà trop loin.
Un cœur de jeune fille et l'art des maîtres
s'enflamment rarement d'une égale ardeur.
L'esprit des femmes, ignorant de tout,
me semble comparable à l'esprit du peuple.
Voulez-vous montrer au peuple
combien vous honorez la poésie?
Voulez-vous laisser libre choix à la jeune fille,
pour éviter qu'elle ne refuse notre sentence :
Que le peuple fasse partie du jury;
il sera sûrement d'accord avec la belle enfant.

VOGELGESANG, NACHTIGALL
5b Halte là!

TOUS LES MAITRES *(hormis Sachs et Pogner)*
Le peuple? Ce serait du joli!
Finis alors l'art et les tons des maîtres!

KOTHNER
Non, Sachs! Cela n'aurait vraiment aucun sens.
Comment le peuple connaîtrait-il les règles?

SACHS
Entendez-moi bien, sans vous échauffer!

Gesteht, ich kenn die Regeln gut;
und daß die Zunft die Regeln bewahr',
bemüh ich mich selbst schon manches Jahr.
Doch einmal im Jahre fänd' ich's weise,
daß man die Regeln selbst probier',
ob in der Gewohnheit trägem Gleise
ihr' Kraft und Leben nicht sich verlier' :
und ob Ihr der Natur noch seid auf rechter Spur,
das sagt Euch nur,
wer nichts weiß von der Tabulatur.
(Die Lehrbuben springen auf und reiben sich die Hände.)

BECKMESSER
Hei! Wie sich die Buben freuen!

SACHS *(eifrig fortfahrend)*
Drum mocht' es Euch nie gereuen,
daß jährlich am Sankt-Johannis-Fest,
statt daß das Volk man kommen läßt,
herab aus hoher Meister Wolk'
Ihr selbst Euch wendet zu dem Volk.
Dem Volke wollt Ihr behagen;
nun dächt' ich, läg' es nah,
Ihr ließt es selbst Euch auch sagen,
ob das ihm zur Lust geschah.
Daß Volk und Kunst gleich blüh' und wachs',
bestellt Ihr so, mein ich, Hans Sachs.

VOGELGESANG
Ihr meint's wohl recht!

KOTHNER
Doch steht's drum faul.

NACHTIGALL
Wenn spricht das Volk, halt ich das Maul.

KOTHNER
Der Kunst droht allweil Fall und Schmach,
läuft sie der Gunst des Volkes nach.

BECKMESSER
Drin bracht er's weit, der hier so dreist :
Gassenhauer dichtet er meist.

POGNER
Freund Sachs, was ich mein, ist schon neu :
zuviel auf einmal brächte Reu'!
(Er wendet sich zu den Meistern.)
So frag ich, ob den Meistern gefällt
Gab' und Regel, so wie ich's gestellt?
(Die Meister erheben sich beistimmend.)

SACHS
Mir genügt der Jungfer Ausschlagstimm'.

BECKMESSER
Der Schuster weckt doch stets mir Grimm!

KOTHNER
Wer schreibt sich als Werber ein?
Ein Junggesell muß es sein.

1 Reconnaissez que je sais bien les règles;
et depuis des années, je m'efforce
de les faire respecter par la guilde.
Mais une fois l'an, je trouverais sage
que nous éprouvions nous-mêmes les règles,
pour voir si par négligence ou routine,
elles n'ont pas perdu leur force et leur vitalité :
ne nous écartons-nous pas trop de la nature?
Seul nous le dira
qui ne sait rien de la tablature.
(Les apprentis se lèvent d'un bond et se frottent les mains.)

BECKMESSER
Ha! Voyez la joie des gamins!

SACHS *(continuant avec fermeté)*
Aussi ne regretterez-vous jamais
qu'une fois l'an, pour la fête de Saint-Jean,
au lieu d'inviter le peuple
depuis vos hautes sphères magistrales,
vous le fassiez participer.
Si vous voulez plaire au peuple,
1 il me semble indiqué
qu'il dise lui-même si votre art lui agrée.
Ainsi servirez-vous le peuple et l'art.
Voilà ce que je pense, moi, Hans Sachs.

VOGELGESANG
1 Vous avez bien raison!

KOTHNER
Cela ne tient pas debout!

NACHTIGALL
Si le peuple a la parole, je me tais.

KOTHNER
Décadence et déshonneur menacent l'art
s'il brigue les faveurs du peuple.

BECKMESSER
Il est allé bien loin sur cette voie,
celui qui vient de parler avec tant d'audace :
il ne compose que des chansons des rues!

POGNER
Sachs, mon ami, ma proposition est assez neuve :
nous nous repentirions de trop innover d'un coup.
(Il se tourne vers les maîtres)
10 Je demande donc aux maîtres s'ils approuvent
le prix et la règle que je viens de fixer.
(Les maîtres se lèvent pour exprimer leur approbation.)

SACHS
Le veto de la jeune fille me suffit.

BECKMESSER
Le cordonnier me fera toujours enrager!

KOTHNER
Qui s'inscrit comme candidat?
Il nous faut un célibataire.

BECKMESSER
Vielleicht auch ein Witwer? Fragt nur den Sachs!

SACHS
Nicht doch, Herr Merker! Aus jüngrem Wachs
als ich und Ihr muß der Freier sein,
soll Evchen ihm den Preis verleihn.

BECKMESSER
Als wie auch ich? Grober Gesell!

KOTHNER
Begehrt wer Freiung, der komm' zur Stell'!
Ist jemand gemeld't, der Freiung begehrt?

POGNER
Wohl, Meister! Zur Tagesordnung kehrt!
Und nehmt von mir Bericht,
wie ich auf Meisterpflicht
einen jungen Ritter empfehle,
der will, daß man ihn wähle
und heut als Meistersinger frei'.-
Mein Junker Stolzing, kommt herbei!

(Walther tritt hervor und verneigt sich)

BECKMESSER *(beiseite)*
Dacht' ich mir's doch! Geht's da hinaus, Veit?

(Laut)
Meister, ich mein, zu spät ist's der Zeit.

SCHWARZ UND FOLTZ
Der Fall ist neu. Soll man sich freun?

DIE ÜBRIGEN MEISTER
Ein Ritter gar?

VOGELGESANG, MOSER, EIßLINGER
Soll man sich freun?

ZORN, KOTHNER, NACHTIGALL, ORTEL
Wäre da Gefahr?

VOGELGESANG
Oder wär' Gefahr?

ALLE MEISTER
Immerhin hat's ein groß' Gewicht,
daß Meister Pogner für ihn spricht.

KOTHNER
Soll uns der Junker willkommen sein,
zuvor muß er wohl vernommen sein.

POGNER
Vernehmt mich wohl! Wünsch ich ihm Glück,
nicht bleib ich doch hinter der Regel zurück.
Tut, Meister, die Fragen!

KOTHNER
So mög' uns der Junker sagen :
ist er frei und ehrlich geboren?

BECKMESSER
Un veuf ferait aussi l'affaire. Demandez à Sachs!

SACHS
Nullement, monsieur le marqueur! Le prétendant
doit être plus jeune que vous et moi,
si Eva doit lui accorder le prix.

BECKMESSER
Plus jeune que moi? Quel grossier personnage!

KOTHNER
9a Que le candidat s'avance!
Qui s'inscrit pour l'examen?

POGNER
Eh bien, chers maîtres, revenez à l'ordre du jour!
Et apprenez comment,
en maître intègre,
je recommande un jeune chevalier
qui veut être élu et reçu
maître chanteur aujourd'hui.
Gentilhomme Stolzing, approchez-vous!

11 *(Walther s'avance et s'incline)*

BECKMESSER *(pour lui-même)*
C'est bien ce que je craignais! Est-ce là
que Veit veut en venir?
(à haute voix)
Maîtres, à mon avis, il est trop tard.

SCHWARZ ET FOLTZ
Le cas est neuf. Doit-on s'en réjouir?

LES AUTRES MAITRES
Et c'est un chevalier?

VOGELGESANG, MOSER ET EISSLINGER
Doit-on s'en réjouir?

ZORN, KOTHNER, NACHTIGALL ET ORTEL
Y aurait-il danger à cela?

VOGELGESANG
Ou y aurait-il danger à cela?

TOUS LES MAITRES
Que Pogner parle en sa faveur,
voilà un argument de poids.

KOTHNER
Si nous voulons recevoir le gentilhomme,
il faut d'abord qu'il soit interrogé.

POGNER
Ecoutez-moi bien! Je souhaite son succès,
mais je ne veux pas éluder la règle.
Maître, posez vos questions!

KOTHNER
Que le chevalier nous dise donc
s'il est né libre et d'honorable condition.

POGNER
Die Frage gebt verloren,
da ich Euch selbst des Bürge steh,
daß er aus frei' und edler Eh' :
von Stolzing Walther aus Frankenland,
nach Brief und Urkund' mir wohlbekannt.
Als seines Stammes letzter Sproß
verließ er neulich Hof und Schloß
und zog nach Nürnberg her,
daß er hier Bürger wär'.

BECKMESSER
Neu Junker-Unkraut! Tut nicht gut!

NACHTIGALL
Freund Pogners Wort Genüge tut.

SACHS
Wie längst von den Meistern beschlossen ist,
ob Herr, ob Bauer, hier nichts beschießt :
hier fragt sich's nach der Kunst allein,
wer will ein Meistersinger sein.

KOTHNER
Drum nun frag ich zur Stell' :
welch Meisters seid Ihr Gesell?

WALTHER
Am stillen Herd in Winterszeit,
wann Burg und Hof mir eingeschneit,
wie einst der Lenz so lieblich lacht'
und wie er bald wohl neu erwacht,
ein altes Buch, vom Ahn vermacht,
gab das mir oft zu lesen :
Herr Walther von der Vogelweid',
der ist mein Meister gewesen.

SACHS
Ein guter Meister!

BECKMESSER
Doch lang schon tot;
wie lehrt' ihn der wohl der Regeln Gebot?

KOTHNER
Doch in welcher Schul' das Singen
mocht' euch zu lernen gelingen?

WALTHER
Wann dann die Flur vom Frost befreit
und wiederkehrt die Sommerszeit,
was einst in langer Winternacht
das alte Buch mir kundgemacht,
das schallte laut in Waldespracht,
das hört' ich hell erklingen :
im Wald dort auf der Vogelweid',
da lernt' ich auch das Singen.

POGNER
La question est inutile,
car moi-même, je me porte garant
de sa libre et noble naissance :
Walther von Stolzing de Franconie
m'est bien connu par ses papiers et documents.
Rejeton de sa famille,
il a quitté récemment son château et ses terres;
il est venu ici, à Nuremberg
pour y devenir citoyen.

BECKMESSER
Cette maudite engeance des nouveaux noblaillons!

NACHTIGALL
La recommandation de notre ami Pogner suffit.

SACHS
Depuis longtemps, les maîtres ont tranché :
pour les candidats maîtres chanteurs,
peu importe qu'ils soient paysans ou seigneurs :
c'est uniquement d'art qu'il s'agit.

KOTHNER
C'est pourquoi, je demande aussitôt :
2 de quel maître fûtes-vous compagnon?

WALTHER
Au coin du feu, en la saison d'hiver,
12 quand la neige recouvrait le château et la campagne,
j'ai lu souvent dans un vieux livre
que m'avait légué un ancêtre
de riantes descriptions du printemps
qui bientôt devait renaître :
sire Walther von der Vogelweide [1]
c'est lui qui fut mon maître.

SACHS
12 Un bon maître!

BECKMESSER
Mais mort depuis longtemps;
comment lui aurait-il enseigné
la rigueur des règles?

KOTHNER
Mais encore : dans quelle école
avez-vous appris l'art du chant?

WALTHER
Et quand pour la campagne libérée du gel
revenait la saison d'été,
ce que le vieux livre m'avait révélé
12 pendant les longues nuits d'hiver
éclatait dans la splendeur des forêts :
partout résonnaient des voix claires
dans les bois, près du pré aux oiseaux [2];
c'est là que j'appris à chanter.

---

1. Minnesänger (poète lyrique courtois), autrichien, né vers 1165, mort vers 1230. Dans le courant souvent sclérosé du lyrisme courtois allemand, Walther von der Vogelweide est un poète authentique et novateur. Wagner l'a mis en scène dans son « Tannhäuser ».
2. Jeu de mots: Vogelweide signifie précisément «le pré aux oiseaux».

BECKMESSER
Oho! Von Finken und Meisen
lerntet Ihr Meisterweisen?
Das wird dann wohl auch danach sein!

VOGELGESANG
Zwei art'ge Stollen faßt' er da ein.

BECKMESSER
Ihr lobt ihn, Meister Vogelgesang,
wohl weil vom Vogel er lernt' den Gesang?

KOTHNER
Was meint Ihr, Meister? Frag ich noch fort?
Mich dünkt, der Junker ist fehl am Ort.

SACHS
Das wird sich bäldlich zeigen.
Wenn rechte Kunst ihm eigen
und gut er sie bewährt,
was gilt's, wer sie ihn gelehrt?

KOTHNER *(zu Walther)*
Seid Ihr bereit, ob Euch geriet
mit neuer Find' ein Meisterlied,
nach Dicht' und Weis' Eu'r eigen,
zur Stunde jetzt zu zeigen?

WALTHER
Was Winternacht, was Waldespracht,
was Buch und Hain mich wiesen;
was Dichtersanges Wundermacht
mir heimlich wollt' erschließen;
was Rosses Schritt beim Waffenritt,
was Reihentanz bei heitrem Schanz
mir sinnend gab zu lauschen :
gilt es des Lebens höchsten Preis
um Sang mir einzutauschen,
zu eignem Wort und eigner Weis'
will einig mir es fließen,
als Meistersang, ob den ich weiß,
Euch Meistern sich ergießen.

BECKMESSER
Entnahmt Ihr was der Worte Schwall?

VOGELGESANG
Ei nun, er wagt's!

NACHTIGALL
Merkwürd'ger Fall!

KOTHNER
Nun, Meister, wenn's gefällt,
werd' das Gemerk bestellt. –
(zu Walther)
Wählt der Herr einen heil'gen Stoff?

BECKMESSER
Holà! Les pinsons et les mésanges
vous ont appris les tons des maîtres?
J'imagine aisément le résultat!

VOGELGESANG
Il vient de composer deux strophes bien tournées.

BECKMESSER
Vous le louez, maître Vogelgesang*,
parce que, des oiseaux, il a appris le chant?

KOTHNER
Maîtres, que pensez-vous?
Dois-je poursuivre l'interrogatoire?
À mon avis, le gentilhomme se trompe d'adresse.

SACHS
12 Nous le verrons bientôt.
S'il est un artiste authentique
s'il fait ses preuves,
peu importe qui l'a formé.

KOTHNER *(à Walther)*
Êtes-vous prêt à faire entendre maintenant
un nouveau chant magistral
dont le poème et la mélodie
soient de votre propre invention?

WALTHER
Ce que les nuits d'hiver et la splendeur des bois,
ce que nature et livres m'ont appris,
ce qu'en secret, le pouvoir étonnant
du chant des poètes m'a révélé;
ce que j'ai ressenti en écoutant
le pas d'un cheval à la guerre
et les rondes lors de joyeuses fêtes :
12 s'il s'agit d'obtenir en échange de mon chant
la récompense la plus haute de la vie,
tout cela jaillira de moi, harmonieusement,
deviendra poème et mélodie personnels,
se répandra en un chant magistral
- on m'en a bien instruit – devant vous, les maîtres.

BECKMESSER
À cette avalanche de mots, avez-vous compris quelque chose?

VOGELGESANG
Eh bien, qu'il risque sa chance!

NACHTIGALL
Quel cas étrange!

KOTHNER
1 Maîtres, si vous le voulez bien,
qu'on prépare le marquoir. –
(à Walther)
Monsieur choisit-il un sujet sacré?

* Le nom de *Vogelgesang* signifie «chant d'oiseau».

WALTHER
Was heilig mir, der Liebe Panier
schwing und sing ich mir zu Hoff'.

KOTHNER
Das – gilt uns weltlich. Drum allein,
Meister Beckmesser, schließt Euch ein!

BECKMESSER *(erhebt sich und schreitet wie widerwillig dem Gemerke zu)*
Ein saures Amt, und heut zumal!
Wohl gibt's mit der Kreide manche Qual.
(Er verneigt sich gegen Walther.)
Herr Ritter, wißt :
Sixtus Beckmesser Merker ist.
Hier im Gemerk
verrichtet er still sein strenges Werk.
Sieben Fehler gibt er Euch vor,
die merkt er mit Kreide dort an :
wenn er über sieben Fehler verlor,
dann versang der Herr Rittersmann.
(Er setzt sich im Gemerk.)
Gar fein er hört;
doch daß er Euch den Mut nicht stört,
säht Ihr ihm zu, so gibt er Euch Ruh'
und schließt sich gar hier ein –
läßt Gott Euch befohlen sein.
(Er streckt den Kopf höhnisch freundlich nickend heraus und verschwindet hinter dem zugezogenen Vorhange des Gemerks gänzlich.)

KOTHNER *(winkt den Lehrbuben. Zu Walther)*
Was Euch zum Liede Richt' und Schnur,
vernehmt nun aus der Tabulatur.
(Die Lehrbuben haben die an der Wand aufgehängte Tafel » Leges Tabulaturae « herabgenommen und halten sie Kothner vor; dieser liest daraus.)
» Eines jedes Meistergesanges Bar
stell' ordentlich ein Gemäße dar
aus unterschiedlichen Gesätzen,
die keiner soll verletzen.
Ein Gesätz besteht aus zweenen Stollen,
die gleiche Melodei haben sollen;
der Stoll' aus etlicher Vers' Gebänd',

der Vers hat einen Reim am End'.
Darauf erfolgt der Abgesang,
der sei auch etlich' Verse lang
und hab' sein' besondre Melodei,
als nicht im Stollen zu finden sei.
Derlei Gemäßes mehre Baren
soll ein jed' Meisterlied bewahren;
und wer ein neues Lied gericht't,
das über vier der Silben nicht
eingreift in andrer Meister Weis',
des Lied erwerb' sich Meisterpreis.«
(Er gibt die Tafel den Lehrbuben zurück; diese hängen sie wieder auf.)
Nun setzt Euch in den Singestuhl!

WALTHER
Je veux brandir et chanter la bannière de l'amour;
elle est sacrée pour moi et me permet d'espérer.

KOTHNER
Pour nous, c'est un sujet profane.
Enfermez-vous donc seul, maître Beckmesser.

BECKMESSER *(se lève et se dirige comme à contrecœur vers le marquoir)*
Quel travail amer, surtout aujourd'hui!
La craie sera, hélas, souvent utilisée.
(Il s'incline en direction de Walther.)
Messire chevalier, sachez-le :
Sixtus Beckmesser est marqueur.
Ici, dans le marquoir,
il s'acquitte de son office, sévèrement et en silence.
Il vous concède sept fautes
qu'il inscrit là-bas à la craie :
11 quand il aura perdu plus de sept points,
messire chevalier aura échoué.
(Il s'assied dans le marquoir.)
13 Le marqueur a l'oreille fine;
cependant, pour que vous ne vous découragiez
point à sa vue, il vous laisse en paix
et s'enferme ici –
en vous recommandant à la grâce de Dieu.
(Avec une mine à la fois sarcastique et amicale, il sort la tête d'entre les rideaux du marquoir, qu'il vient de tirer, puis disparaît entièrement.)

KOTHNER *(fait signe aux apprentis. À Walther)*
Ecoutez les lois de la tablature
qui seront le fil conducteur de votre chant.
(Les apprentis ont décroché du mur le tableau « Leges tabulaturae » et le tiennent devant Kothner; celui-ci y lit ce qui suit.)
« Le *bar** d'un chant de maître
forme un tout complexe
constitué de parties diverses
dont personne ne doit enfreindre les règles.
La première partie se compose de deux strophes
se chantant sur la même mélodie;
chaque strophe compte plusieurs vers
et suit un schéma rythmique donné;
chaque vers se termine par une rime.
Puis vient le « déchant »
comptant également plusieurs vers;
il se chante sur une mélodie propre
qu'on ne retrouve pas dans les strophes.
Chaque chant de maître contient
plusieurs « bars » selon ce schéma;
Quiconque a composé un chant nouveau
n'empruntant pas plus de quatre syllabes
de la mélodie d'un autre maître,
son chant lui vaut le titre de maître. »
(Il rend le tableau aux apprentis qui le suspendent à nouveau au mur.)
Asseyez-vous dans la chaire du chanteur!

---

* Le nom allemand de la forme pratiquée par les maîtres chanteurs a été conservé, faute de terme français adéquat

WALTHER *(mit einem Schauer)*
Hier – in den Stuhl?

WALTHER *(frissonnant)*
11a Là – dans cette chaire?

KOTHNER
Wie's Brauch der Schul'.

KOTHNER
Selon l'usage de l'école.

WALTHER *(besteigt den Stuhl und setzt sich mit Widerstreben Beiseite)*
Für dich, Geliebte, sei's getan!

13 WALTHER*(monte sur le podium et s'assied à contrecœur dans la chaire. En aparté)*
Je le fais pour toi, ma bien-aimée!

KOTHNER *(sehr laut)*
Der Sänger sitzt.

KOTHNER *(très fort)*
Le chanteur est assis.

BECKMESSER *(unsichtbar im Gemerk, sehr grell)*
Fanget an!

BECKMESSER *(invisible dans le marquoir, d'une voix stridente)*
Commencez!

WALTHER
Fanget an!
So rief der Lenz in den Wald,
daß laut es ihn durchhallt;
und wie in fernren Wellen
der Hall von dannen flieht,
von weither naht ein Schwellen,
das mächtig näher zieht;
es schwillt und schallt,
es tönt der Wald
von holder Stimmen Gemenge;
nun laut und hell schon nah zur Stell',
wie wächst der Schwall! Wie Glockenhall
ertost des Jubels Gedränge!
Der Wald, wie bald
antwortet er dem Ruf,
der neu ihm Leben schuf,
stimmte an
das süße Lenzeslied! –
(Man hört aus dem Gemerk unmutige Seufzer des Merkers und heftiges Anstreichen mit der Kreide. Auch Walther hat es bemerkt; nach kurzer Störung fährt er fort.)
In einer Dornenhecken,
von Neid und Gram verzehrt,
mußt' er sich da verstecken,
der Winter, grimm-bewehrt.
Von dürrem Laub umrauscht
er lauert da und lauscht,
wie er das frohe Singen
zu Schaden könnte bringen. –
(Er steht vom Stuhle auf.)
Doch : fanget an!
So rief es mir in der Brust,
als noch ich von Liebe nicht wußt'.
Da fühlt' ich's tief sich regen,
als weckt' es mich aus dem Traum;
mein Herz mit bebenden Schlägen
erfüllte des Busens Raum :
das Blut, es wallt mit Allgewalt,
geschwellt von neuem Gefühle;
aus warmer Nacht mit Übermacht
schwillt mir zum Meer der Seufzer Heer
im wilden Wonnegewühle.
Die Brust mit Lust
antwortet sie dem Ruf,
der neu ihr Leben schuf;
stimmt nun an

WALTHER
Commencez!
9a C'était là l'appel du printemps
dont résonnait toute la forêt;
14 et comme l'écho par vagues
au loin se perd,
un autre chant s'approche,
s'enflant avec force;
15 le chant va croissant,
tout le bois retentit
d'un concert de douces voix.
Puissant et clair, le voici proche,
De plus en plus fort, comme un son de cloches,
la jubilation retentit à l'envi.
Aussitôt la forêt
répond à cet appel
qui lui apporte vie nouvelle,
à son tour entonnant
le doux chant du printemps! –
(Dans le marquoir, on entend les soupirs contrariés du marqueur et d'énergiques coups de craie sur le tableau. Walther l'a aussi remarqué; il se trouble un instant, puis poursuit.)
Dans une haie de ronces,
consumé par l'envie et l'ennui,
armé de sa fureur, l'hiver
a dû se réfugier.
Parmi les bruissements des feuilles mortes,
il épie et écoute, cherchant
comment faire taire ces chants joyeux. –
(Il se lève de son siège)
Cependant : commencez!
9a Cet appel résonnait dans ma poitrine
quand j'ignorais encore tout de l'amour.
14 Je l'ai senti naître
au plus profond de mon être
comme si je m'éveillais d'un rêve;
les battements, les tremblements de mon cœur
emplissaient toute ma poitrine :
tout-puissant, circulait mon sang,
gonflé d'un nouveau sentiment;
15 dans la nuit chaude, balayant tout,
l'armée de mes soupirs devient un océan,
soulevant des vagues de volupté.
Avec joie, mon cœur
répond à cet appel
qui lui apporte une vie nouvelle,

das hehre Liebeslied!

BECKMESSER *(den Vorhang aufreißend)*
Seid Ihr nun fertig?

WALTHER
Wie fraget Ihr?

BECKMESSER
Mit der Tafel ward ich fertig schier.
(Er hält die ganz mit Kreidestrichen bedeckte Tafel heraus; die Meister brechen in ein Gelächter aus.)

WALTHER
Hört doch! Zu meiner Frauen Preis
gelang ich jetzt erst mit der Weis'.

BECKMESSER *(das Gemerk verlassend)*
Singt, wo Ihr wollt! Hier habt Ihr vertan.
Ihr Meister, schaut die Tafel Euch an :
solang ich leb, ward's nicht erhört;
ich glaubt's nicht, wenn Ihr's all auch schwört!

WALTHER
Erlaubt Ihr's, Meister, daß er mich stört?
Blieb ich von allen ungehört?

POGNER
Ein Wort, Herr Merker! Ihr seid gereizt!

BECKMESSER
Sei Merker fortan, wer danach geizt!
Doch daß der Junker hier versungen hat,
beleg ich erst noch vor der Meister Rat.
Zwar wird's 'ne harte Arbeit sein :
wo beginnen, da wo nicht aus noch ein?
Von falscher Zahl und falschem Gebänd'
schweig ich schon ganz und gar;
zu kurz, zu lang, wer ein End' da fänd'!
Wer meint hier im Ernst einen Bar?
Auf » blinde Meinung « klag ich allein :
sagt, kommt ein Sinn unsinniger sein?

DIE MEISTER *(ohne Sachs und Pogner)*
Man ward nicht klug! Ich muß gestehn.
Ein Ende konnte keiner ersehn.

BECKMESSER
Und dann die Weis'!
Welch tolles Gekreis'
aus » Abenteuer«-, » blau Rittersporn«-Weis',
» hoch Tannen«– und » stolz Jüngling«-Ton!

KOTHNER
Ja, ich verstand gar nichts davon!

BECKMESSER
Kein Absatz wo, kein' Koloratur,
von Melodie auch nicht eine Spur!

entonnant à son tour
le sublime chant d'amour.

BECKMESSER *(ouvrant rapidement le rideau)*
Avez-vous fini?

WALTHER
Vous osez le demander?

BECKMESSER
Mon tableau est presque plein.
11a *(Il tend hors du marquoir son tableau couvert de signes à la craie; les maîtres éclatent de rire.)*

WALTHER
16 Ecoutez-moi! J'allais commencer maintenant
le chant d'éloge de ma dame.

BECKMESSER *(sortant du marquoir)*
11a Chantez où vous voudrez! Ici, vous avez échoué.
16 Maîtres, regardez mon tableau :
de toute ma vie, je n'ai rien entendu de tel;
je ne le croirais pas, même si tous, vous l'affirmiez!

WALTHER
11a Maîtres, permettrez-vous qu'il m'interrompe?
Personne donc ne voudrait m'écouter?

POGNER
16 Un mot, monsieur le marqueur! vous êtes énervé!

BECKMESSER
11a Dorénavant, soit marqueur qui ambitionne ce poste.
16 Mais que le nobliau a échoué,
je suis prêt à le prouver devant le conseil des maîtres.
Ce sera, je l'avoue, un rude travail :
par où commencer, quand un chant n'a ni queue ni tête?
des faux mètres et des faux rythmes,
je ne parlerai même pas;
vers trop longs, trop courts, on n'en finirait pas.
Qui pourrait sérieusement reconnaître là un « bar »?
Je me borne à l'accuser « d'opinion aveugle »* :
peut-on imaginer un sens plus insensé?

LES MAITRES *(sans Sachs et Pogner)*
Je l'avoue, on ne s'y retrouvait pas.
Comment comprendre où il voulait en venir?

BECKMESSER
16 Quant à la mélodie, quel mélange inepte
du ton de « l'aventure », de celui de »la dauphinelle »,
du ton des « hauts sapins » et du « fier jeune homme »!

KOTHNER
Je n'y ai rien compris du tout!

BECKMESSER
Aucune césure, aucune fioriture,
nulle trace de mélodie!

* Wagenseil (*op. cit.*) définit ainsi l'opinion aveugle (Blinde Meinung): « Il y a «opinion aveugle» quand on exprime ce que l'on veut dire d'une manière incomplète ou peu claire ».

ORTEL, DANN FOLTZ
Wer nennt das Gesang?

MOSER
Es ward einem bang!
NACHTIGALL
Ja, 's ward einem bang!

VOLGELGESANG
Eitel Ohrgeschinder!

ZORN
Auch gar nichts dahinter!

KOTHNER
Und gar von Singstuhl ist er gesprungen!

BECKMESSER
Wird erst auf die Fehlerprobe gedrungen?
Oder gleich erklärt, daß er versungen?

SACHS *(der vom Beginne an Walther mit wachsendem Ernst zugehört, schreitet vor)*
Halt Meister! Nicht so geeilt!
Nicht jeder Eure Meinung teilt.
Des Ritters Lied und Weise,
sie fand ich neu, doch nicht verwirrt;
verließ er unsre Gleise,
schritt er doch fest und unbeirrt.
Wollt Ihr nach Regeln messen,
was nicht nach Eurer Regeln Lauf,
der eignen Spur vergessen,
sucht davon erst die Regeln auf!

BECKMESSER
Aha, schon recht! Nun hört Ihr's doch :
den Stümpern öffnet Sachs ein Loch,
da aus und ein nach Belieben
ihr Wesen leicht sie trieben.
Singet dem Volk auf Markt und Gassen;
hier wird nach den Regeln nur eingelassen!

SACHS
Herr Merker, was doch solch ein Eifer?
was doch so wenig Ruh'?
Eu'r Urteil, dünkt mich, wäre reifer,
hörtet Ihr besser zu.
Darum, so komm ich jetzt zum Schluß,
daß den Junker man zu End' hören muß.

BECKMESSER
Der Meister Zunft, die ganze Schul',
gegen den Sachs da sind wir Null.

SACHS
Verhüt' es Gott, was ich begehr,
daß das nicht nach den Gesetzen wär'!
Doch da nun steht geschrieben :
» Der Merker werde so bestellt,
daß weder Haß noch Lieben
das Urteil trübe, das er fällt « –

ORTEL PUIS FOLTZ
6 Qui appelle cela un chant?

MOSER
C'était à prendre peur!
NACHTIGALL
Oui, à prendre peur!

VOGELGESANG
Il nous a écorché les oreilles!

ZORN
Cela manquait totalement de fond!

KOTHNER
Il a même sauté en bas de la chaire!

BECKMESSER
Demandez-vous la preuve de ses fautes?
Ou proclamons-nous immédiatement son échec?

SACHS *(qui, dès le début, a écouté Walther avec un intérêt croissant, se lève)*
Halte, chers maîtres! Pas trop de hâte!
17a Tous ne partagent pas votre avis.
18a Le chant et la mélodie du chevalier,
je les ai trouvés neufs, mais non confus;
s'il a quitté nos traditions,
il avançait fermement, sans se laisser détourner.
Si vous voulez juger d'après des règles
ce qui n'est pas conforme aux vôtres,
commencez par oublier vos habitudes
pour découvrir les règles de son art!

BECKMESSER
16 Ah! Ah! fort bien! Vous l'avez entendu :
aux incapables, Sachs donne une chance,
pour leur permettre de se déchaîner
selon leur bon plaisir.
Chantez pour le peuple, sur les places et dans les rues;
mais on ne devient maître qu'en respectant les règles!

SACHS
Monsieur le marqueur, pourquoi tant de zèle
et tant d'énervement?
Votre jugement, semble-t-il, serait plus mûr,
si vous écoutiez mieux.
C'est pourquoi, j'en conclus qu'il nous faut
entendre maintenant le chevalier
jusqu'à la fin.

BECKMESSER
La guilde des maîtres, toute l'école,
face à Sachs, comptent pour zéro.

SACHS
Dieu me garde de demander
1 quelque chose qui soit contre les règles!
Mais n'est-il pas écrit :
« Qu'on choisisse le marqueur de sorte
que ni l'amour, ni la haine ne troublent
le jugement qu'il porte »? –

Geht der nun gar auf Freiersfüßen,
wie sollt' er da die Lust nicht büßen,
den Nebenbuhler auf dem Stuhl
zu schmähen vor der ganzen Schul'?
(Walther flammt auf.)

NACHTIGALL
Ihr geht zu weit!

KOTHNER
Persönlichkeit!

POGNER
Vermeidet, Meister, Zwist und Streit!

BECKMESSER
Ei, was kümmert's doch Meister Sachsen,
auf was für Füßen ich geh?
Ließ er drob lieber Sorge sich wachsen,
daß mir nichts drück' die Zeh'!
Doch seit mein Schuster in großer Poet,
gar übel es um mein Schuhwerk steht.
Da seht, wie's schlappt und überall klappt!
All seine Vers' und Reim'
ließ ich ihm gern daheim,
Historien, Spiel' und Schwänke dazu,
brächt' er mir morgen die neuen Schuh'!

SACHS *(kratzt sich hinter den Ohren)*
Ihr mahnt mich da gar recht :
doch schickt sich's, Meister, sprecht,
daß, find ich selbst dem Eseltreiber
ein Sprüchlein auf die Sohl',
dem hochgelahrten Herrn Stadtschreiber
ich nichts drauf schreiben soll?
Das Sprüchlein, das Eu'r würdig sei,
mit all meiner armen Poeterei
fand ich noch nicht zur Stund';
doch wird's wohl jetzt mir kund,
wenn ich des Ritters Lied gehört :
drum sing er nun weiter ungestört!
(Walther steigt in großer Aufregung auf den Singstuhl und blickt stehend herab.)

BECKMESSER
Nicht weiter! Zum Schluß!

ORTEL,MOSER,VOGELGESANG, NACHTIGALL
Genug!

ZORN, EISSLINGER
Zum Schluß!

KOTHNER
Genug! Zum Schluß!

SACHS *(zu Walther)*
Singt dem Herrn Merker zum Verdruß!

18a Or, s'il a des projets matrimoniaux*,
10 comment réprimerait-il son envie
de rabaisser, face à l'école entière,
son rival sur la sellette?
(Réaction enflammée de Walther.)

NACHTIGALL
Vous allez trop loin!

KOTHNER
C'est une attaque personnelle!

POGNER
Evitez, chers maîtres, la discorde et les disputes!

BECKMESSER
Tiens, tiens, maître Sachs s'occupe-t-il
de ma démarche et de mes pieds?
S'il veillait seulement à ce que mes souliers
ne me fassent pas mal aux orteils!
Mais depuis que mon cordonnier est un grand poète,
je suis bien mal chaussé!
Voyez, tout est déformé, éculé!
Ses vers, rimes et fabliaux,
soties et farces par-dessus le marché,
il peut tous les garder,
si seulement, il me livrait demain
des souliers neufs!

8a SACHS *(se gratte derrière l'oreille)*
Vous faites bien de me le rappeler :
mais dites-moi, maître, convient-il,
Quand, même pour un ânier, je trouve une maxime
à inscrire sur ses semelles,
que je n'écrive rien sur celles
de notre docte greffier?
Une maxime qui soit digne de vous,
avec mes pauvres dons poétiques,
pour l'heure, je ne l'ai pas encore trouvée;
11a mais elle me sera sans doute révélée
quand j'aurai entendu le chant du chevalier :
qu'il chante donc sans être dérangé!
(Dans un état de grande excitation, Walther monte sur la chaire et, debout, regarde les maîtres.)

BECKMESSER
8a Qu'il s'arrête! Finissons-en!

ORTEL, MOSER, VOGELGESANG, NACHTIGALL
Assez!

ZORN, EISSLINGER
Finissons-en!

KOTHNER
Assez! Finissons-en!

SACHS *(à Walther)*
Chantez, à la barbe du marqueur!

---

* Littéralement : s'il va sur des pieds de prétendant. Huit vers plus loin, Beckmesser reprend la même formule – intraduisible mot à mot – pour reprocher à Sachs l'état de ses souliers.

BECKMESSER
Was sollte man da noch hören?
Wär's nicht Euch zu betören?
(Er holt aus dem Gemerk die Tafel herbei und hält sie während des Folgenden, von einem zum andern sich wendend, den Meistern zur Prüfung vor.)

WALTHER
Aus finstrer Dornenhecken
die Eule rauscht' hervor,
tät' rings mit Kreischen wecken
der Raben heisren Chor :
in nächt'gem Heer zu Hauf
wie krächzen all da auf
mit ihren Stimmen, den hohlen,
die Elstern, Krähn und Dohlen!
Auf da steigt
mit goldnem Flügelpaar
ein Vogel wunderbar :
sein strahlend hell Gefieder
licht in den Lüften blinkt;
schwebt selig hin und wider,
zu Flug und Flucht mir winkt.
Es schwillt das Herz
vor süßem Schmerz,
der Not entwachsen Flügel;
es schwingt sich auf
zum kühnen Lauf,
aus der Städte Gruft
zum Flug durch die Luft,
dahin zum heim'schen Hügel;
dahin zur grünen Vogelweid',
wo Meister Walther einst mich freit';
da sing ich hell und hehr
der liebsten Frauen Ehr';
auf dann steigt,
ob Meister-Krähn ihm ungeneigt,
das stolze Minnelied. –
Ade, Ihr Meister, hienied'!
(Er verläßt mit einer stolzen verächtlichen Gebärde den Stuhl und wendet sich rasch zum Fortgehen.)

BECKMESSER
Jeden Fehler groß und klein
seht genau auf der Tafel ein.
» Falsch Gebänd«, » unredbare Worte«,
» Klebsilben«, hier » Laster « gar;
» Äquivoca«, » Reim am falschen Orte«,
» verkehrt«, » verstellt « der ganze Bar;
ein » Flickgesang « hier zwischen den Stollen;
» blinde Meinung « allüberall;
» unklare Wort'«, » Differenz«, hier » Schrollen«,
da » falscher Atem«, hier » Überfall«.

Ganz unverständliche Melodei!
Aus allen Tönen ein Mischgebräu!
Scheutet Ihr nicht das Ungemach,
Meister, zählt mir die Fehler nach!
Verloren hätt' er schon mit den acht' :
doch so weit wie der hat's noch keiner gebracht!
Wohl über fünfzig, schlecht gezählt!

13b BECKMESSER
Qu'espérez-vous encore entendre là?
Pourrait-il vous induire en erreur?
(Il va chercher son tableau dans le marquoir et, pendant le chant suivant, passe d'un maître à l'autre et le leur soumet pour vérification.)

WALTHER
D'un sombre buisson d'épines,
le hibou s'est envolé;
son ululement alentour réveille
le chœur enroué des corbeaux;
comme une noire armée
se mettent à croasser
de leurs voix éraillées
les pies, choucas et corneilles!
Mais voici que s'élève
sur ses deux ailes d'or
un oiseau merveilleux;
son clair plumage resplendit
et scintille dans les airs;
heureux, il plane ci et là
m'invitant à voler et à fuir avec lui.
15 Mon cœur se gonfle
d'une douce douleur,
la souffrance lui donne des ailes;
il prend son essor
audacieusement,
quittant les cachots des villes,
il s'envole dans les airs
vers les collines de sa patrie;
il gagne le « pré aux oiseaux »*
où messire Walther autrefois m'initia;
je chanterai là-bas, d'une voix noble et claire
l'éloge de ma bien-aimée;
en dépit des maîtres croassants,
fièrement jaillira mon chant d'amour. –
Adieu, maîtres, vous qui restez ici-bas!

(Avec un geste fier et méprisant, il quitte la chaire et se dirige rapidement vers la sortie.)

BECKMESSER
Chaque faute, petite ou grande,
contrôlez-là sur le tableau!
« Faux schéma strophique », « mot imprononçable »,
« élision prohibée », « emploi d'assonances »,
« homonymes à la rime » ou « rime déplacée »,
le « bar » entier inversé, dérangé;
un « ravaudage » ici entre les strophes,
et partout des « non-sens »,
des « mots peu clairs », des « interversions de lettres »,
des « aspérités », une « fausse respiration »,
ici un « effet de surprise ».
Une mélodie absolument incompréhensible!
Quelle mixture affreuse de tous les tons!
Si vous ne craignez pas la fatigue,
maîtres, recomptez les fautes!
Huit suffiraient à le faire échouer :
on n'en a jamais encore autant totalisé!
bien plus de cinquante, et j'en passe!

* c.- à -d. le domaine du grand poète Walther von der Vogelweide.

Sagt, ob Ihr Euch den zum Meister wählt?

DIE MEISTER
Jawohl, so ist's! Ich seh es recht!
Mit dem Herrn Ritter steht es schlecht.
Mag Sachs von ihm halten, was er will,
hier in der Singschul' schweig er still!
Bleibt einem jeden doch unbenommen,
wen er sich zum Genossen begehrt!
Wär' uns der erste best' willkommen,
was blieben die Meister dann wert?
Hei, wie sich der Ritter da quält!
Der Sachs hat ihn sich erwählt! – *(Lachend)* Hahaha!
's ist ärgerlich gar! Drum macht ein End'!
Auf, Meister, stimmt und erhebt die Händ'!
(Die Meister erheben die Hände.)

SACHS *(beobachtet Walther entzückt)*
Ha, welch ein Mut!
Begeistrungsglut! –
Ihr Meister, schweigt doch und hört!
(Inständig)
Hört, wenn Sachs Euch beschwört!
Herr Merker da, gönnt doch nur Ruh'!
Laßt andre hören, gebt das nur zu!
Umsonst! All eitel Trachten!
Kaum vernimmt man sein eignes Wort!
Des Junkers will keiner achten.
Das nenn ich Mut, singt der noch fort!
Das Herz auf dem rechten Fleck :
ein wahrer Dichter-Reck'!
Mach ich, Hans Sachs, wohl Vers' und Schuh',
ist Ritter der und Poet dazu.

POGNER *(für sich)*
Jawohl, ich seh's, was mir nicht recht :
mit meinem Junker steht es schlecht!
Weich ich hier der Übermacht,
mir ahnet, daß mir's Sorge macht.
Wie gern säh' ich ihn angenommen,
als Eidam wär' er mir gar wert;
nenn ich den Sieger jetzt willkommen,
wer weiß, ob ihn mein Kind erwählt?
Gesteh ich's, daß mich das quält,
ob Eva den Meister wählt!

DAVID UND DIE LEHRBUBEN *(sind von der Bank aufgestanden und nähern sich dem Gemerk, um welches sie einen Ring schließen und sich zum Reigen ordnen)*
Glück auf zum Meistersingen,
mögt Ihr Euch das Kränzlein erschwingen!
(Sie fassen sich an und tanzen in Ringe immer lustiger um das Gemerk.)
Das Blumenkränzlein aus Seiden fein
wird das dem Herrn Ritter beschieden sein?

BECKMESSER
Nun, Meister, kündet's an!
(Die Mehrzahl hebt die Hände auf.)

DIE MEISTER *(ohne Sachs und Pogner)*
Versungen und vertan!
(Alles geht in Aufregung auseinander; lustiger Tumult der Lehrbuben, welche sich des Gemerkes, des Singstuhls und

Dites, admettrez-vous cet homme à la maîtrise?

LES MAITRES
C'est bien cela! Je le vois clairement!
Le chevalier est en mauvaise posture.
Sachs peut penser de lui ce qu'il veut,
en notre école, il ne chantera plus jamais!
Chacun est libre de choisir
celui qu'il souhaite pour compagnon!
Si nous recevions le premier venu,
quelle valeur aurait le titre de maître?
Voyez comment le chevalier se crève à chanter!
Et Sachs s'est entiché de lui! *(riant)* Hahaha!
C'est contrariant! Finissez-en!
Allons, maîtres, votez à main levée!
(Les maîtres lèvent la main)

SACHS *(observe Walther avec ravissement)*
Ha! Quel courage!
Quelle flamme et quel enthousiasme!
Maîtres, taisez-vous donc et écoutez!
(insistant)
Ecoutez donc, quand Sachs vous en conjure!
Monsieur le marqueur, laissez-le donc chanter!
ou pour le moins, laissez les autres écouter!
Peine perdue! Tous mes efforts sont vains!
On s'entend à peine parler!
Personne ne prête attention au gentilhomme!
Il fait preuve de courage en poursuivant son chant!
Il a le cœur à la bonne place :
comme poète, il se comporte en héros!
Si moi, Hans Sachs, je fais des vers et des souliers,
il est lui, à la fois, poète et chevalier.

POGNER *(pour lui-même)*
Oui, je vois bien ce qui me contrarie :
mon gentilhomme se trouve en mauvaise posture!
Si je cède à l'avis de la majorité,
je puis prévoir les ennuis qui m'attendent.
Je verrais volontiers qu'on l'agréée,
comme gendre, en effet, il me serait très cher;
si je le fais nommer vainqueur maintenant,
qui sait si mon enfant voudra de lui?
Cette idée, je l'avoue, me tourmente.
Eva l'acceptera-t-elle s'il devient maître?

DAVID ET LES APPRENTIS *(se sont levés du banc et s'approchent du marquoir, autour duquel ils forment un cercle, se plaçant pour danser une ronde.)*
Bonne chance pour le concours de chant,
puissiez-vous gagner la couronne demain!
(Ils se prennent par la main et dansent une ronde de plus en plus joyeuse autour du marquoir.)
La jolie couronne, faite de fleurs en soie,
sera-t-elle décernée à monsieur le chevalier?

BECKMESSER
Allons, maîtres, votez!
(La plupart des maîtres lèvent la main.)

LES MAITRES *(sans Sachs ni Pogner)*
Il a lamentablement échoué!
15 *(Ils se dispersent tous, très excités; joyeux tumulte des apprentis qui s'emparent du marquoir, de la chaire et des*

der Meisterbänke bemächtigen, wodurch Gedränge und Durcheinander der nach dem Ausgange sich wendenden Meister entsteht. Sachs, der allein im Vordergrunde geblieben, blickt noch gedankenvoll nach dem leeren Singestuhl, als die Lehrbuben auch diesen erfassen. Während Sachs mit humoristisch-unmutiger Gebärde sich abwendet, fällt der Vorhang.)

ZWEITER AUFZUG

Im Vordergrund eine Straße im Längendurchschnitt
Die Straße wird in der Mitte von einer schmalen Gasse, nach dem Hintergrunde zu krumm abbiegend, durchschnitten, so daß sich in Front zwei Eckäuser darbieten, von denen das eine reichere – rechts – das Haus Pogners, das andere einfachere – links – das des Hans Sachs ist. – Vor Pogners Hause eine Linde, vor dem Sachsens ein Fliederhaum.
Heiterer Sommerabend, im Verlaufe der ersten Auftritte allmählich einbrechende Nacht.

ERSTE SZENE

David ist darüber her, die Fensterläden nach der Gasse zu von außen zu schließen. Andere Lehrbuben tun das gleiche bei anderen Häusern.

LEHRBUBEN *(während der Arbeit)*
Johannistag! Johannistag!
Blumen und Bänder, so viel man mag!

DAVID *(leise für sich)*
Das Blumenkränzlein von Seiden fein
möcht' es mir balde beschieden sein!

MAGDALENE *(ist mit einem Korbe am Arm aus Pogners Hause gekommen und sucht David unbemerkt sich zu nähern)*
Pst, David!

DAVID *(nach der Gasse zu sich umwendend, heftig)*
Ruft ihr schon wieder?
Singt allein eure dummen Lieder!
(Er wendet sich unwillig zur Seite.)

LEHRBUBEN *(zuerst Magdalenes Stimme nachahmend)*
David, was soll's? Wärst nicht so stolz,
schaut'st besser um, wärst nicht so dumm!
Johannistag! Johannistag!
Wie der nur die Jungfer Lene nicht kennen mag!

MAGDALENE
David, hör doch! Kehr dich zu mir!

bancs des maîtres, ce qui produit cohue et désordre parmi ceux-ci, lorsqu'ils se dirigent vers la sortie. Sachs est resté seul au premier plan; lorsque les apprentis emportent aussi la chaire restée vide, il la regarde d'un air pensif. Tandis qu'il se détourne avec un geste à la fois contrarié et plein d'humour, le rideau tombe.)

DEUXIÈME ACTE

10 *Le décor représente une rue en coupe longitudinale, au milieu de laquelle débouche une ruelle étroite qui s'incurve vers le fond. Les deux maisons d'angle se présentent de face : l'une, la plus riche, à droite, est celle de Pogner, l'autre, plus modeste, à gauche, est la maison de Sachs. Devant la maison de Pogner, un tilleul, devant celle de Sachs, un buisson de sureau [1]. Soirée sereine d'été; au cours de la première scène, la nuit tombe peu à peu.*

SCÈNE I

David est occupé à fermer du dehors les volets côté rue. Tous les apprentis font de même devant d'autres maisons.

LES APPRENTIS *(tout en travaillant)*
10 C'est la Saint-Jean! C'est la Saint-Jean [2]!
Fleurs et rubans, autant que l'on veut!

DAVID *(pour lui-même)*
La jolie couronne, faite en fleurs de soie,
puisse-t-elle bientôt m'être décernée!

MAGDALENE *(est sortie de la maison de Pogner, un panier au bras; elle cherche à s'approcher de David sans qu'on la voie)*
Pst! David!

DAVID *(se retournant vers la rue, durement)*
Pourquoi m'appelez-vous encore?
Chantez sans moi vos stupides refrains!
(Il se détourne, contrarié.)

LES APPRENTIS *(imitant d'abord la voix de Magdalene)*
Qu'est-ce à dire, David? Ne fais donc pas le fier!
Si tu regardais mieux derrière toi,
tu serais moins bête!
C'est la Saint-Jean! C'est la Saint-Jean!
Comment fait-il pour ne pas reconnaître
Mademoiselle Lene?

MAGDALENE
3 David, écoute donc! Retourne-toi!

---

1. De nombreux dialectes allemands confondent Flieder (le lilas) et Holunder (le sureau). Comme à fin juin, la floraison du lilas est terminée depuis longtemps, nous admettrons que Wagner pense à du sureau en fleurs.
2. Il s'agit de la Nativité de Jean-Baptiste, le 24 juin.

DAVID
Ach, Jungfer Lene! Ihr seid hier?

MAGDALENE *(auf ihren Korb deutend)*
Bring dir was Gut's; schau nur hinein!
Das soll für mein lieb Schätzel sein.
Erst aber schnell, wie ging's mit dem Ritter?
Du rietest ihm gut? Er gewann den Kranz?

DAVID
Ach, Jungfer Lene! Da steht's bitter;
der hat versungen und ganz vertan!

MAGDALENE *(erschocken)*
Versungen? Vertan?

DAVID
Was geht's Euch nur an?

MAGDALENE *(den Korb, nach welchem David die Hand ausstreckt, heftig zurückziehend)*
Hand von der Taschen! Nichts zu naschen! –
Hilf Gott! Unser Junker vertan!
(Sie geht mit Gebärden der Trostlosigkeit ins Haus zurück. David sieht verblüfft nach.)

DIE LEHRBUBEN *(welche unbemerkt nähergeschlichen waren und gelauscht hatten, präsentieren sich jetzt, wie glückwünschend, David)*
Heil, Heil zur Eh' dem jungen Mann!
Wie glücklich hat er gefreit!
Wir hörten's all und sahen's an :
der er sein Herz geweiht,
für die er läßt sein Leben,
die hat ihm den Korb nicht gegeben.

DAVID *(auffahrend)*
Was steht ihr hier faul?
Gleich haltet das Maul!

DIE LEHRBUBEN *(schließen einen Ring um David und tanzen um ihn)*
Johannistag! Johannistag!
Da freit ein jeder, wie er mag.
Der Meister freit, der Bursche freit!
Da gibt's Geschlamb und Geschlumbfer.
Der Alte freit die junge Maid,
der Bursche die alte Jumbfer!
Juchhei! Juchhei! Johannistag!
(David ist im Begriff, wütend dreinzuschlagen, als Sachs, der aus der Gasse hervorgekommen, dazwischentritt. Die Lehrbuben fahren auseinander.)

SACHS *(zu David)*
Was gibt's? Treff ich dich wieder am Schlag?

DAVID
Nicht ich! Schandlieder singen die.

DAVID
Eh, Mam'selle Lene, vous ici?

MAGDALENE *(lui montrant le panier)*
Regarde mon panier! Je t'apporte de bonnes choses;
tout sera pour mon bien-aimé.
Mais d'abord, dis-moi vite :
qu'est-il advenu du chevalier?
L'as-tu bien conseillé? A-t-il gagné la couronne?

DAVID
8a Hélas, Mam'selle Lene, le résultat est pitoyable :
il a lamentablement échoué!

MAGDALENE *(effrayée)*
Echoué? Lamentablement?

DAVID
Qu'est-ce que cela peut vous faire?

MAGDALENE *(retirant vivement le panier vers lequel David tend la main)*
Bas les pattes! Tu es trop gourmand!
8b Le ciel nous soit en aide! Le chevalier a échoué!
(Elle regagne la maison avec des gestes de désespoir. David la suit des yeux sans rien comprendre.)

LES APPRENTIS *(s'étaient approchés et avaient tout écouté sans être vus; ils se mettent maintenant en rang devant David, feignant de le féliciter)*
Beaucoup de bonheur, jeune homme,
pour votre mariage!
Voyez avec quel succès il vient de faire sa cour!
Celle à qui il a voué son cœur,
pour qui il donnerait sa vie,
lui a refusé son panier [1].

DAVID
Que restez-vous là sans rien faire?
Vous feriez mieux de vous taire!

LES APPRENTIS *(ferment le cercle et dansent autour de David)*
10 C'est la Saint-Jean! C'est la Saint-Jean!
Chacun fait sa cour comme il l'entend.
Le maître et l'apprenti courent le guilledou!
Frasques et fredaines partout.
Le barbon courtise la jouvencelle
et l'apprenti [2] la vieille fille!
Hourra, hourra! C'est la Saint-Jean!
(David est sur le point de taper rageusement dans le tas quand Sachs débouche de la ruelle et s'interpose. Les apprentis se dispersent.)

SACHS *(à David)*
8a Qu'y a-t-il? Encore en train de te battre?

DAVID
Ce n'est pas moi! Ils me raillent par leurs chants!

---

1. Einen Korb geben (donner un panier): cette locution populaire signifie aussi infliger un refus. En constatant ironiquement qu'elle lui a refusé son panier, les apprentis reconnaissent que la demande de David a été agréée.
2. Allusion aux amours de David avec Magdalene, son aînée de quelques années.

SACHS
Hör nicht drauf! Lern's besser wie sie!
Zur Ruh'! Ins Haus! Schließ und mach Licht!
(Die Lehrbuben zerstreuen sich.)

DAVID
Hab ich heut Singstund'?

SACHS
Nein, singst nicht
zur Straf' für dein heutig frech' Erdreisten.
Die neuen Schuh' steck mir auf den Leisten!

(David und Sachs sind in die Werkstatt eingetreten und gehen durch eine innere Tür ab.)

ZWEITE SZENE

Pogner und Eva, vom Spaziergang heimkehrend, die Tochter leicht am Arme des Vaters eingehängt, sind beide schweigsam die Gasse heraufgekommen.

POGNER *(durch eine Klinze im Fensterladen Sachsens spähend)*
Laß sehn, ob Meister Sachs zu Haus?
Gern spräch' ich ihn. Trät' ich wohl ein?
(David kommt mit Licht aus der Kammer, setzt sich damit an den Werktisch am Fenster und macht sich über die Arbeit her.)

EVA *(spähend)*
Er scheint daheim : kommt Licht heraus.

POGNER
Tu ich's? Zu was doch? – Besser, nein!
(Er wendet sich ab.)
Will einer Seltnes wagen,
was ließ' er dann sich sagen? –
(Er sinnt nach.)
War er's nicht, der meint', ich ging' zu weit?
Und blieb ich nicht im Geleise,
war's nicht auf seine Weise?
Doch war's vielleicht auch – Eitelkeit?
(Er wendet sich zu Eva.)
Und du, mein Kind, du sagst mir nichts?

EVA
Ein folgsam Kind, gefragt nur spricht's.

POGNER
Wie klug! Wie gut! –
(sehr zart)
Komm, setz dich hier
ein' Weil' noch auf die Bank zu mir.
(Er setzt sich auf die Steinbank unter der Linde.)

EVA
Wird's nicht zu kühl?
's war heut gar schwül.

POGNER
Nicht doch, 's ist mild und labend;
gar lieblich lind der Abend.

SACHS
Ne les écoute pas! Tâche d'en savoir plus qu'eux!
Va te reposer! Dans la maison! Ferme et allume la lumière!
(Les apprentis s'égaillent)

DAVID
N'aurai-je pas de leçon de chant aujourd'hui?

SACHS
Non, tu ne chanteras pas,
pour te punir de ton insolence d'aujourd'hui.
Mets-moi les souliers neufs sur la forme!

(David et Sachs entrent dans l'atelier et sortent de scène par une porte intérieure.)

SCÈNE II

Pogner et Eva rentrent de promenade, la fille s'appuie sur le bras de son père. Ils débouchent tous deux en silence de la ruelle.

POGNER *(regarde par une fente dans le volet de Sachs)*

Voyons si maître Sachs est à la maison.
Je lui parlerais volontiers. Dois-je entrer?
(David vient de la chambre, une lumière à la main, s'installe à l'établi devant la fenêtre et se met au travail.)

8a EVA *(épiant par la fente)*
Il semble être rentré : voici de la lumière.

POGNER
Le ferai-je? À quoi bon? – Il vaut mieux renoncer!
(Il se détourne)
Quand on risque un plan audacieux,
a-t-on envie d'écouter l'avis d'autrui? –
(Après un moment de réflexion)
Et c'est lui qui me reprochait d'aller trop loin!
Si j'ai rompu avec nos traditions,
n'était-ce pas selon ses intentions?
Ou ai-je agi aussi – par vanité?
(Il s'adresse à Eva)
Et toi, mon enfant, tu ne me dis rien?

EVA
Un enfant obéissant se borne à répondre aux questions.

POGNER
Qu'elle est intelligente et bonne!
(très tendrement)
Viens, assieds-toi ici un moment
près de moi sur le banc.
(Il s'assied sur le banc de pierre sous le tilleul)

EVA
Ne crains-tu pas la fraîcheur de l'air?
Il a fait très lourd aujourd'hui.

POGNER
19 Nullement, la fraîcheur est bienfaisante,
la soirée est tiède et sereine.

(Eva setzt sich zögernd und beklommen Pogner zur Seite.)
Das deutet auf den schönsten Tag,
der morgen soll erscheinen.
O Kind, sagt dir kein Herzensschlag,
welch Glück dich morgen treffen mag,
wenn Nüremberg, die ganze Stadt
mit Bürgern und Gemeinen,
mit Zünften, Volk und hohem Rat,
vor dir sich soll vereinen,
daß du den Preis, das edle Reis,
erteilest als Gemahl
dem Meister deiner Wahl?

EVA
Lieb Vater, muß es ein Meister sein?

POGNER
Hör wohl : ein Meister deiner Wahl.
(Magdalene erscheint an der Tür und winkt Eva.)

EVA *(zerstreut)*
Ja – meiner Wahl! Doch tritt nur ein –
(Laut zu Magdalene gewandt.)
Gleich, Lene, gleich! – zum Abendmahl.
(Sie steht auf.)

POGNER *(ärgerlich aufstehend)*
's gibt doch keinen Gast?

EVA
Wohl den Junker?

POGNER *(verwundert)*
Wieso?

EVA
Sahst ihn heut nicht?

POGNER *(halb für sich, nachdenklich zerstreut)*
Ward sein nicht froh. –
(Sich zusammennehmend.)
Nicht doch! Was denn?
(Sich vor die Stirn klopfend.)
Ei, werd ich dumm?

EVA
Lieb Väterchen, komm! Geh, kleid dich um!

POGNER *(während er ins Haus vorangeht)*
Hm! – Was geht mir im Kopf doch rum?

MAGDALENE *(heimlich zu Eva)*
Hast was heraus?

EVA
Blieb still und stumm.

MAGDALENE
Sprach David : meint', er habe vertan.

EVA *(erschrocken)*
Der Ritter! Hilf Gott, was fing' ich an?
Ach, Lene, die Angst! Wo was erfahren?

(Eva s'assied, hésitante et oppressée aux côtés de Pogner.)
Tout cela annonce le plus beau jour
qui paraîtra demain.
Ma fille, aucun battement de ton cœur
ne te dit-il le bonheur qui t'attend demain,
quand Nuremberg, la ville entière,
ses bourgeois et ses habitants
avec les guildes, le peuple et le conseil municipal
devant toi se réuniront
pour te voir donner la couronne
au maître que tu auras choisi pour époux?

EVA
Cher père, faut-il vraiment un maître?

POGNER
Entends-moi bien : un maître de ton choix.
7a *(Magdalene paraît à la porte et fait signe à Eva.)*

EVA *(distraite)*
Oui – de mon choix! Mais entre donc –
(fort, en se tournant vers Magdalene)
Un instant, Lene, nous venons! – pour le repas.
(Elle se lève.)

POGNER *(se levant, contrarié)*
Y aurait-il un invité?

EVA
Le chevalier peut-être?

POGNER *(étonné)*
Pourquoi?

EVA
Ne l'as-tu pas vu aujourd'hui?

POGNER *(en partie pour lui-même, pensif et distrait)*
Il ne m'a guère fait plaisir. –
(se ressaisissant)
Mais non! Serait-ce possible?
(se frappant le front)
Comment, deviendrais-je stupide?

EVA
Cher père, viens, va te changer!

POGNER *(entrant devant elle dans la maison)*
Hum! – Que me suis-je mis en tête?

MAGDALENE *(en secret à Eva)*
As-tu tiré quelque chose de lui?

EVA
Il n'a pas dit un mot.

MAGDALENE
J'ai parlé à David. Il pense qu'il a échoué.

EVA *(effrayée)*
Le chevalier! Que Dieu me soit en aide!
Que ferais-je alors?
Lene, j'ai peur! Où avoir des nouvelles?

MAGDALENE
Vielleicht vom Sachs?

EVA *(heiter)*
Ach, der hat mich lieb!
Gewiß, ich geh hin.

MAGDALENE
Laß drin nichts gewahren!
Der Vater merkt' es, wenn man jetzt blieb'.
Nach dem Mahl : dann hab ich dir noch was zu sagen,
(im Abgehen auf der Treppe)
was jemand geheim mir aufgetragen.

EVA *(sich umwendend)*
Wer denn? Der Junker?

MAGDALENE
Nichts da! Nein, Beckmesser!

EVA
Das mag was Rechtes sein!
(Sie geht in das Haus, Magdalene folgt ihr.)

DRITTE SZENE

Sachs ist, in leichter Hauskleidung, von innen in die Werkstatt zurückgekommen. Er wendet sich zu David, der an seinem Werktische verblieben ist.

SACHS
Zeig her! – 's ist gut. – Dort an die Tür
rück mir Tisch und Schemel herfür! –
Leg dich zu Bett! Steh auf beizeit,
verschlaf die Dummheit, sei morgen gescheit!

DAVID *(während er den Tisch und Schemel richtet)*
Schafft Ihr noch Arbeit?

SACHS
Kümmert dich das?

DAVID *(für sich)*
Was war nur der Lene? Gott weiß, was! –
Warum wohl der Meister heute wacht?

SACHS
Was stehst noch?

DAVID
Schlaft wohl, Meister!

SACHS
Gut' Nacht!
(David geht in die der Gasse zu gelegene Kammer ab)
(Sachs legt sich die Arbeit zurecht, setzt sich an der Tür auf den Schemel, läßt aber die Arbeit wieder liegen und lehnt, mit dem Arm auf den geschlossenen Unterteil des Türladens gestützt, sich zurück)
Was duftet doch der Flieder
so mild, so stark und voll!
Mir löst er weich die Glieder,

MAGDALENE
Peut-être auprès de Sachs?

EVA *(rassérénée)*
Ah oui, il m'aime bien!
Certainement, j'irai chez lui.

MAGDALENE
Qu'on ne remarque rien dans la maison!
8b Si tu t'attardes maintenant, ton père aura des doutes.
Vas-y après dîner : j'ai encore autre chose à te dire,
(sur l'escalier, en sortant)
un message, dont on m'a chargée.

EVA *(se retournant)*
Qui donc? le gentilhomme?

MAGDALENE
Tu te trompes! Non, Beckmesser!

EVA
Ça ne vaut guère la peine!
(Elle entre dans la maison, suivie de Magdalene.)

SCÈNE III

Sachs, en vêtement léger, est revenu de l'intérieur de la maison dans l'atelier. Il s'adresse à David qui est resté près de l'établi.

SACHS
Montre un peu! – C'est bien; – Là-bas, devant la porte,
sors l'établi et l'escabeau. –
8a Va te coucher, et lève-toi à temps,
dans le sommeil, oublie ta bêtise,
demain sois plus intelligent!

DAVID *(tout en disposant l'établi et l'escabeau)*
Vous travaillez encore?

SACHS
Qu'est-ce que cela peut te faire?

DAVID *(pour lui-même)*
Dieu sait, ce qui a pris à Lene!
Pourquoi le maître veille-t-il aujourd'hui?

SACHS
Que fais-tu encore là?

DAVID
Dormez bien, maître!

SACHS
Bonne nuit!
(David se rend dans sa chambrette qui donne sur la rue.)
15 *(Sachs prépare son travail, s'assied sur l'escabeau devant*
8a *la porte et s'appuie d'un bras au panneau inférieur de la porte, qui est fermé.)*
14 Comme le sureau embaume
de son parfum puissant, si suave et si plein!
Il m'amollit les membres

(sehr zart)
will, daß ich was sagen soll.
(sehr leise)
Was gilt's, was ich dir sagen kann?
Bin gar ein arm einfältig Mann!
Soll mir die Arbeit nicht schmecken,
gäbst, Freund, lieber mich frei;
tät' besser, das Leder zu strecken,
und ließ' alle Poeterei.
(Er nimmt heftig und geräuschvoll die Schusterarbeit vor. Läßt wieder ab, lehnt sich von neuem zurück und sinnt nach.)
Und doch, 's will halt nicht gehn.
Ich fühl's – und kann's nicht verstehn –
kann's nicht behalten – doch auch nicht vergessen;
und faß ich es ganz – kann ich's nicht messen!
Doch wie auch wollt' ich's fassen,
was unermeßlich mir schien?
Kein' Regel wollte da passen,
und war doch kein Fehler drin.
Es klang so alt und war doch so neu
wie Volgelsang im süßen Mai!
Wer ihn hört
und wahnbetört
sänge dem Vogel nach,
dem brächt' es Spott und Schmach. –
Lenzes Gebot,
die süße Not,
die legt' es ihm in die Brust :
nun sang er, wie er mußt'!
Und wie er mußt', so konnt' er's;
das merkt' ich ganz besonders.
Dem Vogel, der heut sang,
dem war der Schnabel hold gewachsen :
macht' er den Meistern bang,
gar wohl gefiel er doch Hans Sachsen.
(Er nimmt mit heiterer Gelassenheit seine Arbeit vor.)

(très tendrement)
et me force à parler.
(très doucement)
Qu'importe ce que je peux te dire?
Je ne suis qu'un pauvre homme, sans prétentions!
Si tu m'ôtes le goût du travail,
je préfèrerais, ami, en être libéré;
Il vaudrait mieux que j'étire le cuir
et que j'abandonne la poésie.
8a *(Bruyamment et avec des gestes énergiques, il se met à son travail de cordonnier, l'interrompt aussitôt, s'adosse de nouveau à la porte et réfléchit.)*
15 Pourtant, c'est impossible.
Je le sens – et ne puis le comprendre –
ne puis le retenir – et ne puis l'oublier;
et si je le saisis entièrement, je ne peux pas le mesurer!
Cependant, comment saisirais-je
ce qui me sembla incommensurable?
Là, aucune règle n'était appliquée,
et son chant, pourtant, était sans faute,
si familier et si neuf à la fois
comme un chant d'oiseau au joli mois de mai!
Celui qui, l'entendant,
tout envoûté,
voudrait imiter cet oiseau,
se couvrirait de ridicule et de honte. –
La voix du printemps,
cette douce contrainte,
lui mit ce chant dans le cœur :
et il chanta, ne pouvant faire autrement!
et ne pouvant faire autrement, il trouva la manière;
cela, particulièrement, ne m'a pas échappé.
L'oiseau qui chanta aujourd'hui
était vraiment inspiré;
s'il a troublé les maîtres,
il a ravi Hans Sachs.
(Il reprend son travail avec une résignation sereine.)

VIERTE SZENE

Eva ist auf die Straße getreten, hat sich schüchtern der Werkstatt genähert und steht jetzt unvermerkt an der Tür bei Sachs.

EVA
Gut'n Abend, Meister! Noch so fleißig?

SACHS *(fährt angenehm überrascht auf)*
Ei, Kind! Lieb Evchen! Noch so spät?
Und doch, warum so spät noch, weiß ich :
die neuen Schuh'?

EVA
Wie fehl er rät!
Die Schuh' hab ich noch gar nicht probiert;
sie sind so schön und reich geziert,
daß ich sie noch nicht an die Füß' mir getraut.
(Sie setzt sich dicht neben Sachs auf den Steinsitz.)

SACHS
Doch sollst sie morgen tragen als Braut?

SCÈNE IV

Eva est descendue dans la rue, s'est approchée timidement
12 *de l'atelier et se tient maintenant tout près de la porte de Sachs, sans avoir été remarquée.*

EVA
Bonsoir, maître! Encore au travail?

SACHS *(sursaute, agréablement surpris)*
Tiens, enfant, chère Eva! Encore si tard?
20 Pourtant, je sais pourquoi tu viens si tard :
les souliers neufs?

EVA
Vous avez bien mal deviné!
Je n'ai pas encore essayé les souliers;
ils sont si beaux, si richement ornés,
que je n'ai pas osé les essayer.
(Elle s'assied tout près de Sachs sur le banc de pierre.)

SACHS
17b Pourtant demain, tu les porteras comme fiancée?

EVA
Wer wäre denn Bräutigam?

SACHS
Weiß ich das?

EVA
Wie wißt Ihr dann, daß ich Braut?

SACHS
Ei was! – Das weiß die Stadt.

EVA
Ja, weiß es die Stadt,
Freund Sachs gute Gewähr dann hat.
Ich dacht', er wüßt' mehr.

SACHS
Was sollt' ich wissen?

EVA
Ei seht doch! Werd ich's ihm sagen müssen?
Ich bin wohl recht dumm?

SACHS
Das sag ich nicht.

EVA
Dann wärt Ihr wohl klug?

SACHS
Das weiß ich nicht.

EVA
Ihr wißt nichts? Ihr sagt nichts? Ei, Freund Sachs,
jetzt merk ich wahrlich, Pech ist kein Wachs.

Ich hätt' Euch für feiner gehalten.

SACHS
Kind,
beid', Wachs und Pech, vertraut mir sind.
Mit Wachs strich ich die seidnen Fäden,
damit ich dir die zieren Schuh' gefaßt :
heut faß ich die Schuh' mit dichtren Drähten,
da gilt's mit Pech für den derbren Gast.

EVA
Wer ist denn der? Wohl was Rechts?

SACHS
Das mein ich!
Ein Meister, stolz auf Freiers Fuß,
denkt morgen zu siegen ganz alleinig :
Herrn Beckmessers Schuh' ich richten muß.

EVA
So nehmt nur tüchtig Pech dazu :
da kleb' er drin und lass' mir Ruh'!

SACHS
Er hofft dich sicher zu ersingen.

EVA
Qui serait le fiancé?

SACHS
Est-ce que je le sais?

EVA
Alors, comment savez-vous que je suis fiancée?

SACHS
Belle question! – Toute la ville le sait!

EVA
Oui, si toute la ville le sait,
mon ami Sachs a de sûrs répondants.
Je pensais que vous en saviez plus long.

SACHS
Comment le saurais-je?

EVA
Voyez un peu! Faudra-t-il que je lui dise?
Suis-je si bête?

SACHS
Ce n'est pas moi qui l'ai dit.

EVA
Alors, vous seriez bien malin?

SACHS
Je n'en sais rien.

EVA
Vous l'ignorez? et vous ne dites rien? Sachs, mon ami,
je me rends compte maintenant que la poix n'est pas une cire.
Je vous aurais cru plus sagace.

SACHS
Mon enfant,
la cire et la poix me sont bien connues.
À la cire, j'ai frotté les fils de soie
pour coudre tes souliers mignons;
Aujourd'hui que je couds avec un ligneul plus épais,
il me faut de la poix pour un plus rude client.

EVA
Qui est-ce donc? Sans doute, un homme important?

SACHS
20 Pour sûr! Un maître, un fier prétendant,
qui compte bien demain remporter la victoire :
je dois finir les chaussures pour maître Beckmesser.

EVA
Mettez-y une bonne couche de poix :
qu'il s'y englue et me fiche la paix!

SACHS
Il espère te conquérir.

EVA
Wieso denn der?

SACHS
Ein Junggesell :
's gibt deren wenig dort zur Stell'.

EVA
Könnt's einem Witwer nicht gelingen?

SACHS
Mein Kind, der wär' zu alt für dich.

EVA
Ei was, zu alt? Hier gilt's der Kunst;
wer sie versteht, der werb um mich!

SACHS
Lieb Evchen! Machst mir blauen Dunst?

EVA
Nicht ich! Ihr seid's; Ihr macht mir Flausen!
Gesteht nur, daß Ihr wandelbar;
Gott weiß, wer jetzt Euch im Herzen mag hausen,
glaubt' ich mich doch drin so manches Jahr.

SACHS
Wohl, da ich dich gern auf den Armen trug?

EVA
Ich seh, 's war nur, weil Ihr kinderlos.

SACHS
Hatt' einst ein Weib und Kinder genug.

EVA
Doch starb Eure Frau, so wuchs ich groß.

SACHS
Gar groß und schön!

EVA
Da dacht' ich aus,
Ihr nähmt mich für Weib und Kind ins Haus.

SACHS
Da hätt' ich ein Kind und auch ein Weib!
's wär' gar ein lieber Zeitvertreib!
Ja, ja! Das hast du dir gar schön erdacht.

EVA
Ich glaub, der Meister mich gar verlacht?
Am End' auch ließ' er sich gar gefallen,
daß unter der Nas' ihm weg vor allen
der Beckmesser morgen mich ersäng'?

SACHS
Wer sollt's ihm wehren, wenn's ihm geläng'?
Dem wüßt allein dein Vater Rat.

EVA
Wo so ein Meister den Kopf nur hat!
Käm' ich zu Euch wohl, fänd' ich's zu Haus?

EVA
Pourquoi donc lui?

SACHS
Il est célibataire :
il en est bien peu dans la guilde.

EVA
17b Un veuf, aurait-il des chances aussi?

SACHS
Mon enfant, il serait trop vieux pour toi.

EVA
Pourquoi trop vieux? Il s'agit d'art;
qui s'y entend, qu'il tente le concours!

SACHS
Ma chère Eva, tu me racontes des sornettes!

EVA
Ce n'est pas moi, mais vous : vous me contez des balivernes!
Avouez-le, vous êtes inconstant;
Dieu sait qui vous portez dans le cœur maintenant,
Tant d'années, j'ai cru y habiter.

SACHS
Sans doute parce que j'aimais te porter dans mes bras?

EVA
Le faisiez-vous seulement
parce que vous n'aviez pas d'enfant?

SACHS
J'ai eu une femme et bien assez d'enfants.

EVA
Mais votre femme est morte, et moi, j'ai grandi.

SACHS
Grandi et embelli!

EVA
Alors, j'ai pensé que vous me prendriez chez vous
comme femme et enfant à la fois.

SACHS
Ainsi j'aurais en même temps femme et enfant!
Ce serait un gentil passe-temps!
Oui, oui, tu as bien combiné tout cela.

EVA
Il me semble que le Maître se moque de moi?
En fin de compte, vous admettriez
que Beckmesser, à votre barbe et votre nez,
gagne le concours et puisse m'épouser?

SACHS
Qui l'en empêcherait, s'il remporte le prix?
Seul ton père pourrait y remédier.

EVA
8b Maître, où avez-vous donc la tête?
Viendrais-je chez vous, si je trouvais conseil à la maison?

SACHS *(trocken)*
Ach ja! Hast recht! 's ist im Kopf mir kraus.
Hab heut manch Sorg' und Wirr' erlebt :
da mag's dann sein, daß was drin klebt.

SACHS *(sèchement)*
8a Eh oui, tu as raison. Tout est confus dans ma tête.
C'est que j'ai eu bien des soucis et ennuis aujourd'hui :
je n'ai pu m'en débarrasser.

EVA *(wieder näher rückend)*
Wohl in der Singschul'? 's war heut Gebot.

EVA *(s'approchant à nouveau de lui)*
Etait-ce à l'école de chant?
Vous aviez séance aujourd'hui.

SACHS
Ja, Kind! Eine Freiung machte mir Not.

SACHS
Oui, mon enfant! Une épreuve qui m'a tourmentée.

EVA
Ja, Sachs! Das hättet Ihr gleich soll'n sagen;
quält' Euch dann nicht mit unnützen Fragen.
Nun sagt, wer war's, der Freiung begehrt?

EVA
Eh, Sachs! Que ne le disiez-vous d'emblée?
Je vous aurais épargné ces vaines questions.
Dites, qui était candidat?

SACHS
Ein Junker, Kind, gar unbelehrt.

SACHS
Un gentilhomme, mon enfant, et ignorant de tout.

EVA *(wie heimlich)*
Ein Ritter. Mein, sagt! Und ward er gefreit?

EVA *(comme en secret)*
11 Un chevalier? Dites un peu!
Et a-t-il réussi?

SACHS
Nichts da, mein Kind! 's gab gar viel Streit.

SACHS
Nullement, mon enfant! Cela causa bien des disputes.

EVA
So sagt! Erzählt, wie ging es zu?
Macht's Euch Sorg', wie ließ' mir es Ruh'?
So bestand er übel und hat vertan?

EVA
13b Racontez donc, comment cela s'est-il passé?
Si vous êtes en peine, comment trouverais-je la paix?
Il a donc échoué et perdu tout espoir?

SACHS
Ohne Gnad' versang der Herr Rittersmann.

SACHS
17 Monsieur le chevalier a échoué irrémédiablement.

MAGDALENE *(kommt zum Hause heraus und ruft leise)*
Pst! Evchen! Pst!

MAGDALENE *(s'approche de la maison et appelle à voix basse)*
Pst! Eva! Pst!

EVA *(eifrig zu Sachs gewandt)*
Ohne Gnade? Wie?
Kein Mittel gäb's, das ihm gedieh?
Sang er so schlecht, so fehlervoll,
daß nichts mehr zum Meister ihm helfen soll?

EVA *(accaparée par les mots de Sachs)*
Irrémédiablement? Comment?
N'y aurait-il aucun moyen de le tirer d'affaire?
A-t-il si mal chanté et commis tant de fautes
qu'il ne peut espérer devenir maître?

SACHS
Mein Kind, für den ist alles verloren,
und Meister wird der in keinem Land;
denn wer als Meister geboren,
der hat unter Meistern den schlimmsten Stand.

SACHS
Mon enfant, il a perdu toute chance
et ne deviendra maître nulle part;
car qui est maître de naissance
par les maîtres n'est guère apprécié.

MAGDALENE *(vernehmlicher rufend)*
Der Vater verlangt.

MAGDALENE *(appelant plus fort)*
Ton père te demande.

EVA *(immer dringender zu Sachs)*
So sagt mir noch an,
ob keinen der Meister zum Freund er gewann?

EVA *(à Sachs, toujours plus pressante)*
Mais dites-moi encore,
n'a-t-il pas pu gagner l'amitié d'un des maîtres?

SACHS
Das wär' nicht übel! Freund ihm noch sein!
Ihm, vor dem sich alle fühlten so klein!
Den Junker Hochmut, laß ihn laufen,
mag er durch die Welt sich raufen;
was wir erlernt mit Not und Müh',

SACHS
17a Que penses-tu là? Être de plus son ami,
lui, devant qui nous nous sentions tous si petits!
16 Laisse partir le hautain hobereau,
qu'il se fraye son chemin par le monde;
ce qu'à grand'peine nous avons appris,

dabei laßt uns in Ruh' verschnaufen!
Hier renn' er uns nichts übern Haufen,
sein Glück ihm anderswo erblüh'!

EVA *(erhebt sich zornig)*
Ja, anderswo soll's ihm erblühn
als bei euch garst'gen, neid'schen Mannsen;
wo warm die Herzen noch erglühn,
trotz allen tück'schen Meister Hansen! –
(Zu Magdalene)
Ja, Lene, gleich! Ich komme schon!
Was trüg' ich hier für Trost davon?
Da riecht's nach Pech, daß Gott erbarm'!
Brennt' er's lieber, da würd er doch warm!

(Sie geht sehr aufgeregt mit Magdalene über die Straße hinüber und verweilt in großer Unruhe unter der Tür des Hauses.)

SACHS *(sieht ihr mit bedeutungsvollem Kopfnicken nach)*

Das dacht' ich wohl. Nun heißt's : schaff Rat!
(Er ist während des Folgenden damit beschäftigt, auch die obere Ladentüre so weit zu schließen, daß sie nur ein wenig Licht noch durchläßt : er selbst verschwindet so fast gänzlich.)

MAGDALENE
Hilf Gott! Wo bliebst du nur so spat?
Der Vater rief.

EVA
Geh zu ihm ein :
ich sei zu Bett im Kämmerlein.

MAGDALENE
Nicht doch! Hör mich! Komm ich dazu?
Beckmesser fand mich, er läßt nicht Ruh',
zur Nacht sollst du dich ans Fenster neigen,
er will dir was Schönes singen und geigen,
mit dem er dich hofft zu gewinnen, das Lied,
ob das dir nach Gefallen geriet.

EVA
Das fehlte auch noch! – Käme nur er!

MAGDALENE
Hast du David gesehn?

EVA
Was soll mir der?
(Sie späht aus.)

MAGDALENE *(für sich)*
Ich war zu streng; er wird sich grämen.

EVA
Siehst du noch nichts?

MAGDALENE *(tut, als spähe sie)*
's ist, als ob Leut' dort kämen.

nous voudrions le considérer comme acquis!
qu'il ne bouscule pas nos traditions
et cherche son bonheur ailleurs!

EVA *(se lève avec colère)*
Oui, qu'il le cherche ailleurs,
loin des vilains envieux que vous êtes,
là où les cœurs encore s'enflamment,
en dépit de tous les perfides maîtres Hans! –
(à Magdalene)
Oui, Lene, tout de suite! je viens!
Quelle consolation puis-je trouver ici?
C'est pitié! tout sent ici la poix!
Brûlez-la plutôt! Cela vous chaufferait le cœur!

(Très excitée, elle traverse la rue avec Magdalene et s'attarde dans une grande agitation sous le porche de la maison.)

SACHS *(la suit du regard avec un hochement de tête significatif)*
C'est bien ce que je pensais. Il faut trouver une issue.
(Pendant ce qui suit, il s'occupe à fermer le panneau supérieur de la porte de manière à laisser passer encore un rai de lumière : il disparaît lui-même presque entièrement dans l'ombre.)

MAGDALENE
Dieu nous soit en aide! Où étais-tu si longtemps?
Ton père t'a appelée.

EVA
Va lui dire
que je suis couchée dans ma chambre.

MAGDALENE
16 Pas du tout! – Écoute-moi! Pourrai-je enfin parler?
Beckmesser ne cesse de me relancer,
il veut que cette nuit, tu paraisses à ta fenêtre;
pour toi, il va chanter et jouer quelque chose de beau,
la chanson par laquelle il espère te conquérir,
et se demande, si elle te plaira.

EVA
17a Comme si ça me manquait vraiment! – Si lui au moins venait!

MAGDALENE
As-tu vu David?

EVA
Qu'ai-je à faire de lui?
(en épiant la rue.)

MAGDALENE *(pour elle-même)*
J'ai été trop sévère; il va se faire du mauvais sang.

EVA
Ne vois-tu rien encore?

MAGDALENE *(faisant semblant d'épier)*
Des gens viennent là-bas, me semble-t-il.

EVA
Wär' er's?

MAGDALENE
Mach und komm jetzt hinan!

EVA
Nicht eh'r, bis ich sah den teuersten Mann!

MAGDALENE
Ich täuschte mich dort, er war es nicht.
Jetzt komm, sonst merkt der Vater die Geschicht'!

EVA
Ach, meine Angst!

MAGDALENE
Auch laß uns beraten,
wie wir des Beckmessers uns entladen.

EVA
Zum Fenster gehst du für mich.
(Sie lauscht.)

MAGDALENE
Wie, ich? – *(für sich)*
Das machte wohl David eiferlich?
Er schläft nach der Gassen! Hihi, 's wär' fein!

EVA
Da hör ich Schritte.

MAGDALENE *(zu Eva)*
Jetzt komm, es muß sein!

EVA
Jetzt näher!

MAGDALENE
Du irrst! 's ist nichts, ich wett.
Ei, komm! Du mußt, bis der Vater zu Bett.

POGNERS STIMME *(von innen)*
He! Lene! Eva!

MAGDALENE
's ist höchste Zeit!
Hörst du's? Komm! Dein Ritter ist weit.
(Sie zieht die sich sträubende Eva am Arm die Stufen zur Tür hinauf.)

FÜNFTE SZENE

Walther ist die Gasse heraufgekommen; jetzt biegt er um die Ecke herum : Eva erblickt ihn, reißt sich von Magdalene los und stürzt Walther auf die Straße entgegen.

EVA
Da ist er!

EVA
Serait-ce lui?

MAGDALENE
Dépêche-toi d'entrer!

EVA
Pas avant d'avoir vu le bien-aimé!

MAGDALENE
16 Je me suis trompée, ce n'était pas lui.
Viens à présent, sinon ton père
remarquera toute l'histoire!

EVA
Oh, que j'ai peur!

MAGDALENE
Voyons aussi comment
nous débarrasser de Beckmesser.

EVA
Tu iras à la fenêtre à ma place.
(Elle tend l'oreille.)

MAGDALENE
8a Comment, moi?
Cela rendrait David jaloux, sans doute.
Sa fenêtre donne sur la rue!
Hihi, ce serait amusant!

EVA
J'entends des pas là-bas.

MAGDALENE *(à Eva)*
Viens, maintenant, il le faut.

EVA
Les pas s'approchent!

MAGDALENE
Tu te trompes! Ce n'est rien, je parie.
Allons, viens, tu le dois,
jusqu'à ce que ton père soit couché.

LA VOIX DE POGNER *(de l'intérieur de la maison)*
Hé, Lene! Eva!

MAGDALENE
Il est grand temps!
Entends-tu? Viens! Ton chevalier est loin!
(Eva résiste, Magdalene l'entraîne par le bras et la force à monter les marches conduisant à la porte.)

SCÈNE V

Walther a descendu la ruelle, il tourne au coin de la rue; Eva l'aperçoit, se dégage de Magdalene et se précipite dans la rue au-devant de Walther.

EVA
11 Le voilà!

MAGDALENE
Da haben wir's! Nun heißt's : gescheit!
(Sie geht eilig in das Haus.)

EVA *(außer sich)*
Ja, Ihr seid es!
Nein, du bist es!
Alles sag ich,
denn Ihr wißt es;
alles klag ich,
denn ich weiß es;
Ihr seid beides,
Held des Preises
und mein einz'ger Freund!

WALTHER
Ach, du irrst! Bin nur dein Freund,
doch des Preises
noch nicht würdig,
nicht den Meistern
ebenbürtig.
Mein Begeistern
fand Verachten,
und, ich weiß es,
darf nicht trachten
nach der Freundin Hand!

EVA
Wie du irrst! Der Freundin Hand,
erteilt nur sie den Preis,
wie deinen Mut ihr Herz erfand,
reicht sie nur dir das Reis.

WALTHER
Ach nein, du irrst! Der Freundin Hand,
wär' keinem sie erkoren,
wie sie des Vaters Wille band,
mir wär' sie doch verloren.
» Ein Meistersinger muß es sein,
nur wen Ihr krönt, den darf sie frein!«
So sprach er festlich zu den Herrn,
kann nicht zurück, möcht' er auch gern!
Das eben gab mir Mut;
wie ungewohnt mir alles schien,
ich sang voll Lieb' und Glut,
daß ich den Meisterschlag verdien'.
Doch diese Meister!
(Wütend.)
Ha, diese Meister!
Dieser Reim-Gesetze
Leimen und Kleister!
Mir schwillt die Galle,
das Herz mir stockt,
denk ich der Falle,
darein ich gelockt!
Fort in die Freiheit!
Dahin gehör ich,
da, wo ich Meister im Haus!
Soll ich dich frei'n heut,
dich nun beschwör ich,
komm und folg mir hinaus!
Nichts steht zu hoffen; keine Wahl ist offen!
Überall Meister, wie böse Geister
seh ich sich rotten, mich zu verspotten :

MAGDALENE
Quelle histoire! Comment nous en tirer?
(Elle rentre hâtivement dans la maison.)

EVA *(transportée)*
17b Oui, c'est vous!
Non, c'est toi!
Je dirai tout,
car vous le savez;
je vous avoue ma souffrance,
car je le sais,
vous êtes l'un et l'autre :
héros vainqueur du concours
et mon seul ami.

WALTHER
Hélas, tu fais erreur, je ne suis que ton ami,
ils ne m'ont pas jugé
digne du prix,
je ne suis pas
l'égal des maîtres.
Mon enthousiasme
se heurta à leur mépris,
et je le sais,
je ne puis prétendre
à la main de mon amie!

EVA
Tu fais erreur! la main de ton amie,
seule à décerner le prix,
ne couronnera que ton front,
car son cœur a reconnu ton courage.

WALTHER
Hélas, tu fais erreur! la main de mon amie,
même si aucun autre n'était choisi,
liée par la volonté de son père,
me serait quand même refusée.
1 « Il faut qu'il soit maître chanteur,
elle n'épousera qu'un homme couronné par vous. »
Il l'a déclaré solennellement,
ne peut se rétracter, même s'il en avait envie!
Voilà ce qui me donna du courage;
si insolite que me semblât l'épreuve,
15 je chantai avec amour et flamme,
pour mériter le titre de maître.
Mais ces maîtres!
(rageusement)
Ha, ces maîtres!
La glu et les pièges
de leurs règles et rimes!
Ma bile s'échauffe,
mon cœur cesse de battre,
quand je pense au traquenard
où ils m'ont attiré!
Fuyons vers la liberté!
Où je suis maître chez moi,
voilà ma place!
Si tu veux que je t'épouse aujourd'hui,
je t'en conjure,
viens, suis-moi hors d'ici!
Aucun espoir, aucun choix ne me reste!
16 Je vois partout des maîtres tels des esprits malins,
1 s'attrouper pour me railler :

mit den Gewerken, aus den Gemerken,
aus allen Ecken, auf allen Flecken
seh ich zu Haufen Meister nur laufen,
mit höhnendem Nicken frech auf dich blicken,
in Kreisen und Ringeln dich umzingeln,
näselnd und kreischend zur Braut dich heischend,
als Meisterbuhle auf dem Singestuhle,
zitternd und bebend, hoch dich erhebend!
Und ich ertrüg' es, sollt' es nicht wagen,
gradaus tüchtig drein zu schlagen?
(Man hört den starken Ruf eines Nachtwächterhorns.)
Ha! ...
(Er hat mit emphatischer Gebärde die Hand an das Schwert gelegt und starrt wild vor sich hin.)

EVA *(faßt ihn besänftigend bei der Hand)*
Geliebter, spare den Zorn!
's war nur des Nachtwächters Horn.
Unter der Linde birg dich geschwinde;
hier kommt der Wächter vorbei.

MAGDALENE *(ruft leise unter der Tür)*
Evchen! 's ist Zeit : mach dich frei!

WALTHER
Du fliehst?

EVA *(lächelnd)*
Muß ich denn nicht?

WALTHER
Entweichst?

EVA *(mit zarter Bestimmtheit)*
Dem Meistergericht.
(Sie verschwindet mit Magdalene im Hause.)

DER NACHTWÄCHTER *(ist währenddem in der Gasse erschienen, kommt singend nach vorn, biegt um die Ecke von Pogners Haus und geht nach links ab)*
Hört, ihr Leut', und laßt euch sagen,
die Glock' hat zehn geschlagen :
bewahrt das Feuer und auch das Licht,
damit niemand kein Schad' geschicht!
Lobet Gott den Herrn!

SACHS *(welcher hinter der Ladentür dem Gespräche gelauscht, öffnet jetzt, bei eingezogenem Lampenlicht, ein wenig mehr)*
Üble Dinge, die ich da merk :
eine Entführung gar im Werk!
Aufgepaßt! Das darf nicht sein!

WALTHER *(hinter der Linde)*
Käm' sie nicht wieder? O der Pein! –
(Eva kommt in Magdalenes Kleidung aus dem Hause. Die Gestalt gewahrend.)
Doch ja, sie kommt doch! – Weh mir, nein!
Die Alte ist's! –
(Eva erblickt Walther und eilt auf ihn zu.)

avec leurs guildes, de leurs marquoirs,
de tous les recoins, sur toutes les places,
16 je vois accourir des maîtres en foule;
avec des hochements de tête sarcastiques,
1 ils te regardent insolemment, font cercle autour de toi,
nasillant et braillant, ils demandent ta main,
et moi, candidat-maître dans la chaire,
frémissant et tremblant, je chante ta louange!
Et je devrais le supporter, sans oser
taper dans le tas vaillamment?
(On entend très fort l'appel du cor du veilleur de nuit.)
Ha!...
(D'un geste emphatique, il met la main à son épée et lance un regard sauvage devant lui.)

EVA *(lui saisit la main pour le calmer)*
21 Mon bien-aimé, modère ta fureur!
Ce n'était que le cor du veilleur de nuit!
Cache-toi vite sous le tilleul;
le veilleur passe par ici.

MAGDALENE *(appelle doucement, de l'embrasure de la porte)*
Eva! Il est temps : libère-toi!

WALTHER
Tu me fuis?

EVA *(souriant)*
N'y suis-je pas forcée?

WALTHER
Tu te dérobes?

EVA *(avec une tendre détermination)*
Au jugement des maîtres.

LE VEILLEUR DE NUIT *(est apparu dans la ruelle, descend au premier plan, en chantant, tourne devant la maison de Pogner et sort vers la gauche.)*
Bonnes gens, écoutez bien :
il a sonné dix heures;
Prenez bien garde au feu et aux lumières,
qu'il n'arrive malheur à personne!
Louez le Seigneur!

21 8a SACHS *(a suivi le dialogue d'Eva et de Walther derrière sa porte; il l'entrouvre un peu plus maintenant en cachant sa lampe)*
Vilaine histoire que je vois là :
il prépare un enlèvement!
Prenons garde! Il faut éviter cela!

WALTHER *(derrière le tilleul)*
Ne reviendra-t-elle pas? Quelle souffrance! –
(Eva sort de la maison, portant les vêtements de Magdalene. Walther aperçoit sa silhouette.)
Mais si, la voilà! Hélas, non!
C'est la vieille*!
(Eva aperçoit Walther et court vers lui.)

* Il exagère un peu. Magdalene est l'aînée d'Eva de quelques années, elle ne doit guère avoir plus de 25 ans.

Doch aber – ja!

EVA
Das tör'ge Kind : da hast du's! Da!
(Sie wirft sich ihm heiter an die Brust.)

WALTHER *(hingerissen)*
O Himmel! Ja, nun wohl ich weiß,
daß ich gewann den Meisterpreis!

EVA
Doch nun kein Besinnen! Von hinnen! Von hinnen!
O wären wir schon fort!

WALTHER
Hier durch die Gasse : dort
finden wir vor dem Tor Knecht und Rosse vor.
(Nachtwächterhorn entfernt.)
(Als sich beide wenden, um in die Gasse einzubiegen, läßt Sachs, nachdem er die Lampe hinter eine Glaskugel gestellt, durch die wieder ganz geöffnete Ladentür einen grellen Lichtschein quer über die Straße fallen, so daß Eva und Walther sich plötzlich hell beleuchtet sehen.)

EVA *(Walther hastig zurückziehend)*
O weh, der Schuster! Wenn er uns säh'!
Birg dich! Komm ihm nicht in die Näh'!

WALTHER
Welch andrer Weg führt uns hinaus?

EVA
Dort durch die Straße : doch der ist kraus,
ich kenn ihn nicht gut; auch stießen wir dort
auf den Wächter.

WALTHER
Nun denn : durch die Gasse!

EVA
Der Schuster muß erst vom Fenster fort.

WALTHER
Ich zwing ihn, daß er's verlasse.

EVA
Zeig dich ihm nicht : er kennt dich!

WALTHER
Der Schuster?

EVA
's ist Sachs!

WALTHER
Hans Sachs? Mein Freund!

EVA
Glaub's nicht!
Von dir Übles zu sagen nur wußt' er.

Mais c'est bien elle – oui!

EVA
5 La folle enfant : la voilà dans tes bras!
(Elle se jette avec joie contre sa poitrine.)

WALTHER *(transporté)*
O ciel, oui, je sais maintenant
que j'ai gagné le prix des maîtres!

EVA
Ne nous attardons pas! Loin d'ici, loin d'ici!
Si seulement nous étions déjà partis!

WALTHER
Passons par la ruelle : devant la porte de la ville,
nous trouverons mon valet et des chevaux.
(On entend au loin le cor du veilleur de nuit.)
(Quand les deux amants se retournent pour s'engager dans la ruelle, Sachs, après avoir mis sa lampe derrière une boule de verre, fait tomber par la porte qu'il a entièrement rouverte une lumière vive dans la rue, si bien qu'Eva et Walther apparaissent en pleine clarté.)

EVA *(tirant hâtivement Walther en arrière)*
8a Malheur, le cordonnier! S'il nous voyait!
Cache-toi! Ne t'approche pas de lui!

WALTHER
21 Y a-t-il un autre chemin pour sortir d'ici?

EVA
Cette rue-là, mais elle est peu praticable
et je la connais mal*; nous y rencontrerions
aussi le veilleur de nuit.

WALTHER
Eh bien, par la ruelle!

EVA
Le cordonnier doit d'abord quitter sa fenêtre.

WALTHER
Je saurai bien l'y forcer.

EVA
Ne te montre pas : il te connaît!

WALTHER
Le cordonnier?

EVA
C'est Sachs!

WALTHER
Hans Sachs? Mon ami!

EVA
Ne le crois pas!
Il n'a cessé de me dire du mal de toi.

---

* Comment Eva peut-elle mal connaître une rue qui se trouve à quelques mètres de chez elle? Il n'y a qu'une explication: il s'agit du quartier « chaud » de Nuremberg, interdit à une jeune fille de bonne famille!

WALTHER
Wie, Sachs? Auch er? Ich lösch ihm das Licht.

SECHSTE SZENE

Beckmesser ist, dem Nachtwächter nachschleichend, die Gasse heraufgekommen, hat nach den Fenstern von Pogners Haus gespäht und, an Sachs' Haus gelehnt, stimmt er jetzt seine Laute.

EVA *(Walther zurückhaltend)*
Tu's nicht! – Doch horch!

WALTHER
Einer Laute Klang.

EVA
Ach, meine Not!

WALTHER
Wie, wird dir bang?
Der Schuster, sieh, zog ein das Licht.
So sei's gewagt!

EVA
Weh! Siehst du denn nicht?
Ein andrer kam und nahm dort Stand.

WALTHER
Ich hör's und seh's : ein Musikant.
Was will der hier so spät des Nachts?

EVA *(in Verzweiflung)*
's ist Beckmesser schon!

SACHS *(als er den ersten Ton der Laute vernommen, hat, von einem plötzlichen Einfall erfaßt, das Licht wieder etwas eingezogen, leise auch den unteren Teil des Ladens geöffnet und unvermerkt seinen Werktisch ganz unter die Tür gestellt. Jetzt erlauscht er Evas Ausruf)*
Aha, ich dacht's!
(Er setzt sich leise zur Arbeit zurecht.)

WALTHER
Der Merker? Er in meiner Gewalt?
Drauf zu! Den Lungrer mach ich kalt!

EVA
Um Gott! So hör! Willst den Vater wecken?
Er singt ein Lied, dann zieht er ab.
Laß dort uns im Gebüsch verstecken. –
Was mit den Männern ich Müh' doch hab!
(Sie zieht Walther hinter das Gebüsch auf die Bank unter der Linde.)
(Beckmesser, eifrig nach dem Fenster lugend, klimpert voll Ungeduld auf der Laute. Als er sich endlich auch zu singen rüstet, schlägt Sachs, der soeben das Licht wieder hell auf die Straße fallen ließ, sehr stark mit dem Hammer auf den Leisten.)

SACHS *(sehr stark)*
Jerum! Jerum!
Hallo hallo he!

WALTHER
8a Comment, Sachs? Je vais lui éteinde sa lumière.

SCÈNE VI

Beckmesser a descendu la ruelle, se faufilant derrière le veilleur de nuit; il regarde en direction des fenêtres de la maison de Pogner, puis, adossé à la maison de Sachs, se
24 *met à accorder son luth*

EVA *(retenant Walther)*
Ne le fais pas! – Écoute plutôt!

WALTHER
J'entends le son d'un luth.

EVA
Ah, malheur!

WALTHER
Comment, tu t'inquiètes?
Le cordonnier, tu le vois, a rentré sa lumière.
Tentons notre chance!

EVA
Hélas! Ne le vois-tu donc pas?
Un autre est arrivé et s'est posté là-bas.

WALTHER
Je l'entends et le vois : un musicien.
Que peut-il bien chercher ici, si tard le soir?

EVA *(désespérée)*
C'est déjà Beckmesser!

SACHS *(en entendant le premier accord de luth, comme pris d'une idée subite, a baissé un peu sa lumière; sans bruit, il a ouvert aussi le panneau inférieur de la porte et a placé son établi juste devant. Il entend alors l'exclamation d'Eva)*
Ha, c'est bien ce que je pensais.
(Il s'installe pour travailler.)

WALTHER
Lui, en mon pouvoir?
Qu'a-t-il à traîner là? Je vais le refroidir.

EVA
Par Dieu, écoute donc! Veux-tu réveiller mon père?
Il chante une sérénade, puis il s'en va.
Viens, cachons-nous là-bas dans le buisson.
8a, Ah, que j'ai de tracas avec les hommes!
24 *(Elle entraîne Walther derrière le buisson, sur le banc qui se trouve sous le tilleul.)*
(Beckmesser, qui ne cesse de regarder vers la fenêtre, prélude avec impatience sur son luth. Quand il s'apprête à chanter, Sachs, qui a dirigé à nouveau la lumière de sa lampe vers la rue, tape de toutes ses forces sur la forme avec le marteau.)

SACHS *(très fort)*
8a, 22a Ierum, ierum!
Hallo, hallo hé!

O ho! Trallalei! O he!

BECKMESSER *(springt ärgerlich von dem Steinsitz auf und gewahrt Sachs bei der Arbeit)*
Was soll das sein? Verdammtes Schrein!

SACHS
Oho! Als Eva aus dem Paradies
von Gott dem Herrn verstoßen,
gar schuf ihr Schmerz der harte Kies
an ihrem Fuß, dem bloßen.

BECKMESSER
Was fällt dem groben Schuster ein?

SACHS
Das jammerte den Herrn,
ihr Füßchen hatt' er gern,
und seinem Engel rief er zu :
» Da, mach der armen Sündrin Schuh'!
Und da der Adam, wie ich seh,
an Steinen dort sich stößt die Zeh',
daß recht fortan er wandeln kann,
so miß dem auch Stiefel an!«

WALTHER *(flüsternd zu Eva)*
Was heißt das Lied? Wie nennt er dich?

EVA *(flüsternd zu Walther)*
Ich hört' es schon : 's geht nicht auf mich.
Doch eine Bosheit steckt darin.

WALTHER
Welch Zögernis! Die Zeit geht hin!

BECKMESSER *(tritt zu Sachs heran)*
Wie, Meister? Auf? So spät zur Nacht?

SACHS
Herr Stadtschreiber! Was Ihr wacht?
Die Schuh' machen Euch große Sorgen?
Ihr seht, ich bin dran : Ihr habt sie morgen.
(Er arbeitet.)

BECKMESSER *(zornig)*
Hol der Teufel die Schuh'!
Hier will ich Ruh'!

SACHS
Jerum! Jerum!
Hallo hallo he!
O ho! Trallalei! O he!
O Eva, Eva! Schlimmes Weib,
das hast du am Gewissen,
daß ob der Füß' am Menschenleib
jetzt Engel schustern müssen.
Bliebst du im Paradies,
da gab es keinen Kies.
Ob deiner jungen Missetat
hantier ich jetzt mit Ahl' und Draht
und ob Herrn Adams übler Schwäch'
versohl ich Schuh' und streiche Pech.
wär' ich nicht fein ein Engel rein,

O ho, trallalei, O hé!

BECKMESSER *(contrarié, se lève d'un bond du siège de pierre et aperçoit Sachs en train de travailler)*
Qu'est-ce là? Maudites clameurs!

SACHS
22b Oho! Quand Eve fut chassée du paradis
dont Dieu l'avait bannie,
quelle douleur le gravier causa
à ses petits pieds nus.

BECKMESSER
Qu'est-ce qui prend au cordonnier?

SACHS
Alors, le Seigneur en fut attristé,
car il aimait ses petits pieds;
il appela son ange :
« Fais des souliers pour cette pauvre pécheresse!
Et comme Adam, je le vois bien,
se heurte les orteils contre toutes les pierres,
pour des bottes, prends aussi ses mesures :
ainsi dorénavant, il marchera sans peine! »

WALTHER *(dans un murmure à Eva)*
Que signifie ce chant? Pourquoi te nomme-t-il?

EVA *(dans un murmure à Walther)*
Je l'ai déjà entendu :
ce n'est pas moi qui suis visée,
pourtant, une malice y est cachée.

WALTHER
Quel retard! Le temps passe!

BECKMESSER *(s'approche de Sachs)*
16 Comment, maître? Vous êtes debout? Si tard la nuit?

SACHS
Monsieur le greffier! Comment vous veillez?
Vos souliers vous donnent tant de souci?
Voyez, j'y travaille : vous les aurez demain.
(Il travaille.)

BECKMESSER *(avec colère)*
Au diable les souliers!
Ici, je veux qu'on me fiche la paix!

SACHS
8a, 22a Ierum! Ierum!
Hallo, hallo hé!
O ho, trallalei! O hé!
22b O Eve, Eve, femme sans cœur,
c'est ta faute, si maintenant
des anges peinent à faire des souliers
pour les pieds des humains.
En restant au paradis,
tu n'aurais pas souffert du gravier.
À cause de toi, jeune pécheresse,
je manie à présent l'alêne et le ligneul;
à cause d'Adam et de sa faiblesse,
je couds des semelles et les enduis de poix.
Si je n'étais fin et pur comme un ange,

Teufel möchte Schuster sein!

WALTHER *(wie vorher)*
Uns oder dem Merker?
Wem spielt er den Streich?

EVA *(wie vorher)*
Ich fürcht, uns dreien
gilt er gleich.
O weh der Pein.
Mir ahnt nichts Gutes!

WALTHER
Mein süßer Engel,
sei guten Mutes!

EVA
Mich betrübt das Lied!

WALTHER
Ich hör es kaum!
Du bist bei mir,
welch holder Traum!
(Er zieht sie zärtlich an sich.)

BECKMESSER *(drohend auf Sachs zufahrend)*
Gleich höret auf!
Spielt Ihr mir Streich'?
Bleibt Ihr tags
und nachts Euch gleich?

SACHS
Ie… *(sich unterbrechend)*
Wenn ich hier sing,
was kümmert's Euch?
Die Schuhe sollen
doch fertig werden?

BECKMESSER
So schließt Euch ein
und schweigt dazu still!

SACHS
Des Nachts arbeiten
macht Beschwerden;
wenn ich da munter
bleiben will,
so brauch ich Luft
und frischen Gesang;
drum hört, wie der dritte
Vers gelang!
(Er wichst den Draht ersichtlich.)

BECKMESSER
Er macht mich rasend! – Das grobe Geschrei!
Am End' denkt sie gar, daß ich das sei!
(Er hält sich die Ohren zu und geht verzweiflungsvoll, sich mit sich beratend, die Gasse vor dem Fenster auf und ab.)

SACHS
Jerum! Jerum!
Hallo hallo he!
O ho! Trallalei! O he!
O Eva! Hör mein' Klageruf,

le diable pourrait bien être cordonnier!

WALTHER *(comme précédemment)*
De qui se moque-t-il?
De nous ou du marqueur?

EVA *(comme précédemment)*
Je crains qu'il ne nous vise
également tous trois.
Malheur, quelle souffrance,
cela ne présage rien de bon!

WALTHER
Mon ange adoré,
ne perds pas courage!

EVA
Ce chant m'attriste!

WALTHER
C'est à peine si je l'entends.
Être auprès de toi,
quel doux rêve!
(Il la serre tendrement contre lui.)

BECKMESSER *(s'avance vers Sachs, menaçant)*
8a, 16 Cessez tout de suite!
Est-ce à moi que vous jouez un tour?
Resterez-vous jour et nuit
semblable à vous-même?

SACHS
Je… *(Il s'interrompt)*
Si je chante ici,
qu'est-ce que cela peut vous faire?
Vous voulez bien
que je finisse vos souliers?

BECKMESSER
Alors, enfermez-vous
et travaillez en silence!

SACHS
Travailler de nuit
est pénible vraiment;
si je veux rester éveillé,
il me faut de l'air
et un chant joyeux;
Écoutez donc comment
j'ai réussi la troisième strophe!

(On le voit enduire son fil de cire.)

BECKMESSER
Il me rend fou! Ces cris vulgaires!
Finalement, elle va croire que c'est moi!
(Il se bouche les oreilles, va et vient avec désespoir dans la rue sous la fenêtre d'Eva, cherche une solution.)

SACHS
8a, 22a Ierum, Ierum!
Hallo hallo he!
22b, 23 Oho, trallalei! Ohé!
Eve! Entends ma plainte,

mein' Not und schwer Verdrüssen!
Die Kunstwerk', die ein Schuster schuf,
sie tritt die Welt mit Füßen!
Gäb' nicht ein Engel Trost,
der gleiches Werk erlost,
und rief' mich oft ins Paradies,
wie ich da Schuh' und Stiefel ließ'!
Doch wenn mich der im Himmel hält,
dann liegt zu Füßen mir die Welt,
und bin in Ruh'
Hans Sachs ein Schuh-
macher und Poet dazu.

BECKMESSER
Das Fenster geht auf!
(Er späht nach dem Fenster, welches leise geöffnet wird und an welchem vorsichtig Magdalene in Evas Kleidung sich zeigt.)

EVA *(mit großer Aufregung)*
Mich schmerzt das Lied, ich weiß nicht wie! **22b, 23**
O fort, laß uns fliehen!

WALTHER *(auffahrend)*
Nun denn : mit dem Schwert!

EVA
Nicht doch! Ach, halt!

BECKMESSER
Herrgott, 's ist sie!

WALTHER *(die Hand vom Schwert nehmend)*
Kaum wär' er's wert!

EVA
Ja, besser Geduld!

BECKMESSER
Jetzt bin ich verloren, singt der noch fort!

EVA
O bester Mann,
daß ich so Not dir machen kann!

BECKMESSER *(tritt zu Sachs an den Laden heran und klimpert, während des Folgenden mit dem Rücken der Gasse zugewendet, seitwärts auf der Laute, um Magdalene am Fenster festzuhalten)* **24**
Freund Sachs! So hört doch nur ein Wort!

WALTHER *(leise zu Eva)*
Wer ist am Fenster?

EVA
's ist Magdalene.

WALTHER
Das heiß ich vergelten! Fast muß ich lachen.

EVA
Wie ich ein End' und Flucht mir ersehne!

ma peine et ma contrariété :
les œuvres d'art que créent les cordonniers,
le monde les foule aux pieds!
Et si un ange à qui
même travail est imparti,
ne me consolai souvent, m'appelant au paradis,
je laisserais là bottes et souliers!
Mais quand il m'ouvre le ciel,
je vois le monde à mes pieds,
je suis rasséréné,
moi, Hans Sachs, un cor-
donnier et encore, poète par-dessus le marché!

BECKMESSER
La fenêtre s'ouvre!
(Il regarde en direction de la fenêtre qui s'ouvre doucement; Magdalene, qui porte les vêtements d'Eva, s'y montre prudemment.)

EVA *(dans une grande excitation)*
Son chant me peine, je ne puis dire à quel point!
O partons, fuyons!

WALTHER *(se redressant)*
Alors : ce sera l'épée en main!

EVA
Impossible! Hélas, halte!

BECKMESSER
Seigneur, c'est elle!

WALTHER *(retirant sa main de l'épée)*
Il n'en vaut guère la peine!

EVA
Oui, mieux vaut patienter!

BECKMESSER
Je suis perdu, s'il continue de chanter!

EVA
Que je puisse te causer tant de peine,
à toi, le meilleur des hommes!

BECKMESSER *(s'approche de l'échoppe de Sachs; pendant la scène qui suit, il joue des accords, le luth tourné obliquement, le dos vers la ruelle, pour retenir Magdalene à la fenêtre)*
Sachs, mon ami, écoutez moi!

WALTHER *(doucement à Eva)*
Qui est à la fenêtre?

EVA
C'est Magdalene.

WALTHER
J'appelle cela lui rendre la monnaie de sa pièce!
J'ai presque envie d'en rire.

EVA
Comme je voudrais qu'il en finisse
et que nous puissions nous enfuir!

WALTHER
Ich wünscht', er möchte den Anfang machen.
(Walther und Eva, auf der Bank sanft aneinandergelehnt, verfolgen des weiteren Sachs und Beckmesser mit wachsender Teilnahme.)

WALTHER
Et moi, je voudrais qu'il commence!
(Walther et Eva, assis sur le banc, tendrement appuyés l'un à l'autre, suivent la scène qui vient entre Sachs et Beckmesser avec un intérêt croissant.)

BECKMESSER
Wie seid Ihr auf die Schuh' versessen!
Ich hatt' sie wahrlich schon vergessen.
Als Schuster seid Ihr mir wohl wert,
als Kunstfreund doch weit mehr verehrt.
Eu'r Urteil, glaubt, das halt ich hoch;
drum bitt ich : hört das Liedlein doch,
mit dem ich morgen möcht gewinnen,
ob das auch recht nach Euren Sinnen.

(Er klimpert wiederholt seitwärts nach dem Fenster gewandt.)

BECKMESSER
Pourquoi vous obstiner à faire mes souliers?
Je les avais vraiment déjà oubliés.
Je vous estime comme cordonnier,
en tant qu'ami des arts, je vous vénère encore plus.
Je fais grand cas, croyez-le moi,
de votre jugement; c'est pourquoi,
je vous prie, écoutez la chanson par laquelle
je compte gagner demain le prix,
et dites-moi si elle vous plaît.
(Il joue encore quelques accords, tourné vers la fenêtre.)

SACHS
Oha! Wollt mich beim Wahne fassen?
Mag mich nicht wieder schelten lassen.
» Seit sich der Schuster dünkt Poet,
gar übel es um Eu'r Schuhwerk steht.«
Ich seh, wie's schlappt und überall klappt :
drum laß ich Vers und Reim'
gar billig nun daheim,
Verstand und Witz und Kenntnis dazu,
mach Euch für morgen die neuen Schuh'.

SACHS
Holà! Voulez-vous me prendre par la vanité?
Je ne veux plus entendre vos reproches.
« Depuis que le cordonnier se prend pour un poète,
vous êtes bien mal chaussé. »
Je vois, tout est déformé, éculé :
Mes rimes et mes vers, j'ai de bonnes raisons
de les garder pour moi,
ainsi que mon intelligence,
mon esprit et ma science;
et pour demain, je vous fais des souliers neufs.

BECKMESSER *(kreischend)*
Laßt das doch sein! Das war ja nur Scherz.
Vernehmt besser, wie's mir ums Herz!
Vom Volk seid Ihr geehrt,
auch der Pognerin seid Ihr wert.
Will ich vor aller Welt
nun morgen um die werben,
sagt, könnt's mich nicht verderben,
wenn mein Lied ihr nicht gefällt?
Drum hört mich ruhig an;
und sang ich, sagt mir dann,
was Euch gefällt, was nicht,
daß ich mich danach richt.

BECKMESSER *(d'une voix perçante)*
24, 8a Renoncez-y! Ce n'était là qu'une plaisanterie.
Sachez plutôt ce que mon cœur ressent pour vous!
Le peuple vous honore,
et Eva fait grand cas de vous.
Si devant tout le peuple
je veux demain concourir,
cela ne me nuirait-il pas
que mon chant lui déplaise?
Écoutez-moi donc tranquillement;
et quand j'aurai chanté, vous me direz
ce qui vous plaît et ce qui vous déplaît :
j'en tirerai mes conséquences.

SACHS
Ei, laßt mich doch in Ruh'!
Wie käme solche Ehr' mir zu?
Nur Gassenhauer dicht ich zum meisten,
drum sing ich zur Gassen und hau auf den Leisten.
Jerum! Jerum!
Hallo hallo he!
O ho! Trallalei! O he!

SACHS
Hé, laissez-moi donc en paix!
Je ne mérite pas un tel honneur.
Je n'écris que des chansons des rues,
c'est pourquoi, je chante dans la rue en tapant sur la forme.
Ierum! Ierum!
8a, 22a Hallo hallo hé!
O ho! Trallalei! O he!

BECKMESSER
Verfluchter Kerl! Den Verstand verlier ich
mit seinem Lied voll Pech und Schmierich! –
Schweigt doch! Weckt Ihr die Nachbarn auf?

BECKMESSER
Maudit soit-il! Sa chanson
16 empoissée et visqueuse me fait perdre la raison! –
Taisez-vous! Vous allez réveiller les voisins!

SACHS
Die sind's gewohnt : 's hört keiner drauf. –
» O Eva, Eva!«

SACHS
Ils sont habitués : personne n'y prête attention. –
22b « O Eva, Eva! » –

BECKMESSER *(in höchste Wut ausbrechend)*
O Ihr boshafter Geselle!
Ihr spielt mir heut den letzten Streich!
Schweigt Ihr jetzt nicht auf der Stelle,
so denkt Ihr dran, das schwör ich Euch.
(Er klimpert wütend.)
Neidisch seid Ihr, nichts weiter,
dünkt Ihr Euch auch gleich gescheiter.
Daß andre auch was sind, ärgert Euch schändlich!

Glaubt, ich kenne Euch aus– und innwendlich!
Daß man Euch noch nicht zum Merker gewählt,
das ist's, was den gallichten Schuster quält.
Nun gut! Solang als Beckmesser lebt
und ihm noch ein Reim an den Lippen klebt,
solang ich noch bei den Meistern was gelt,
ob Nürnberg » blüh' und wachs'«,
das schwör ich Herrn Hans Sachs :
nie wird er je zum Merker bestellt!
(Er klimpert in höchster Wut.)

SACHS *(der ihm ruhig und aufmerksam zugehört hat)*
War das Eu'r Lied?

BECKMESSER
Der Teufel hol's!

SACHS
Zwar wenig Regel : doch klang's recht stolz!

BECKMESSER
Wollt Ihr mich hören?

SACHS
In Gottes Namen
singt zu : ich schlag auf die Sohl' die Rahmen.

BECKMESSER
Doch schweigt Ihr still?

SACHS
Ei, singet Ihr,
die Arbeit, schaut, fördert's auch mir.

BECKMESSER
Das verfluchte Klopfen wollt Ihr doch lassen?

SACHS
Wie sollt' ich die Sohl' Euch richtig fassen?

BECKMESSER
Was? Ihr wollt klopfen, und ich soll singen?

SACHS
Euch muß das Lied, mir der Schuh gelingen.

BECKMESSER
Ich mag keine Schuh'!

BECKMESSER *(laissant exploser sa colère)*
Oh, quelle méchanceté!
C'est là le dernier tour que vous m'aurez joué!
Si vous ne vous taisez pas sur le champ,
je le jure, vous vous en souviendrez longtemps!
24 *(Il plaque des accords rageurs.)*
Vous êtes jaloux, rien de plus,
et vous croyez plus malin que moi.
Que d'autres aient du talent,
à votre grande honte, cela vous irrite!
Croyez-moi, je vous connais par cœur!
Qu'on ne vous ait, jamais encore, élu marqueur,
voilà ce qui tourmente le cordonnier bilieux!
Sachez-le bien : tant que Beckmesser vivra,
et tant que des rimes couleront de ses lèvres,
1a tant que les maîtres me respecteront,
que Nuremberg sera florissante et prospère*,
je le jure à messire Hans Sachs,
jamais, il ne sera élu marqueur!
24 *(Il joue des arpèges rageurs sur son luth.)*

SACHS *(qui l'a écouté tranquillement et avec attention)*
Etait-ce là votre chant?

BECKMESSER
Allez au diable!

SACHS
Vous respectez peu les règles, mais le ton était fier!

BECKMESSER
Voulez-vous m'écouter?

SACHS
8a Je le veux bien, chantez,
moi, j'adapte les trépointes aux semelles.

BECKMESSER
Mais vous vous tairez?

SACHS
Hé, si vous chantez,
cela fera aussi avancer mon travail!

BECKMESSER
Mais vous allez laisser
ces maudits coups de marteau?

SACHS
Comment, sans cela, clouer les semelles?

BECKMESSER
Ainsi, vous taperez, et moi, je dois chanter?

SACHS
Vous devez réussir la sérénade,
et moi, les souliers.

BECKMESSER
Je ne veux pas de souliers!

---

* Voir note p. 356

SACHS
Das sagt Ihr jetzt;
in der Singschul' Ihr mir's dann wieder versetzt. –
Doch hört! Vielleicht sich's richten läßt :
zwei-einig geht der Mensch am best.
Darf ich die Arbeit nicht entfernen,
die Kunst des Merkers möcht' ich erlernen.
Darin kommt Euch nun keiner gleich;
ich lern sie nie, wenn nicht von Euch.
Drum singt Ihr nun, ich acht und merk
und fördr' auch wohl dabei mein Werk.

BECKMESSER
Merkt immer zu; und was nicht gewann,
nehmt Eure Kreide und streicht mir's an.

SACHS
Nein, Herr! Da fleckten die Schuh' mir nicht,
mit dem Hammer auf den Leisten halt ich Gericht.

BECKMESSER
Verdammte Bosheit! – Gott, und 's wird spät :
am End' mir die Jungfer vom Fenster geht!
(Er klimpfert eifrig.)

SACHS
Fanget an! 's pressiert! Sonst sing ich für mich!

BECKMESSER
Haltet ein! Nur das nicht! – Teufel, wie ärgerlich! –
Wollt Ihr Euch denn als Merker erdreisten,
nun gut, so merkt mit dem Hammer auf den Leisten;
nur mit dem Beding, nach den Regeln scharf,
aber nichts, was nach den Regeln ich darf.

SACHS
Nach den Regeln, wie sie der Schuster kennt,
dem die Arbeit unter den Händen brennt.

BECKMESSER
Auf Meisterehr'?

SACHS
Und Schustermut!

BECKMESSER
Nicht einen Fehler : glatt und gut!
(Nachtwächterhorn sehr entfernt.)

SACHS
Dann gingt Ihr morgen unbeschuht.
(Auf den Steinsitz vor der Ladentür deutend.)
Setzt Euch denn hier!

BECKMESSER *(zieht sich nach der Ecke des Hauses zurück)*
Laßt hier mich stehen!

SACHS
Warum so weit?

SACHS
C'est ce que vous dites maintenant;
mais à l'école de chant, vous faites des remarques. –
Ecoutez, il y a un moyen de s'entendre :
c'est en s'accordant bien à deux que l'on progresse le mieux.
1a Je ne peux laisser là mon travail; par ailleurs,
j'aimerais apprendre l'art du marqueur.
Dans ce domaine, personne ne vous égale;
je n'apprendrai donc cet art que de vous.
Alors, chantez; moi, j'écoute et je marque,
et du même coup, fais avancer mon ouvrage.

BECKMESSER
Eh bien, marquez, si je commets des fautes,
prenez une craie et inscrivez vos signes.

SACHS
Ah non! Monsieur, ainsi les souliers n'avanceraient pas;
c'est à coups de marteau sur la forme
que je rends mon verdict.

BECKMESSER
Maudite perfidie! Mon Dieu, il se fait tard :
la jeune fille finira par quitter la fenêtre!
(Il s'empresse de jouer du luth.)

SACHS
Commencez! Le temps presse! Sinon
je chante de mon côté!

BECKMESSER
Arrêtez! Tout sauf cela! Diable! Est-ce contrariant!
Si vous avez l'audace de jouer le marqueur,
eh bien, marquez à coups de marteau sur la forme;
mais à la condition de respecter les règles :
vous ne signalez rien que les règles permettent.

SACHS
Je parle des règles telles que le cordonnier les connaît
quand il brûle de terminer son ouvrage.

BECKMESSER
Sur l'honneur d'un maître?

SACHS
Parole de cordonnier!

BECKMESSER
Tout sera parfait, sans une faute!
(On entend de très loin le son du cor du veilleur de nuit.)

SACHS
Alors, demain, vous marcheriez sans souliers.
(Il montre le banc de pierre devant son échoppe.)
Installez-vous donc là!

BECKMESSER *(se plaçant à l'agle de la maison)*
Je veux chanter ici, debout!

SACHS
Pourquoi si loin?

BECKMESSER
Euch nicht zu sehn, wie's Brauch der Schul' vor dem Gemerk'.

SACHS
Da hör ich Euch schlecht.

BECKMESSER
Der Stimme Stärk'
ich so gar lieblich dämpfen kann.
(Er stellt sich ganz um die Ecke, dem Fenster gegenüber, auf.)

WALTHER *(leise zu Eva)*
Welch toller Spuk! Mich dünkt's ein Traum :
den Singstuhl, scheint's, verließ ich kaum!

EVA *(sanft an Walthers Brust gelehnt)*
Die Schläf' umweht mir's wie ein Wahn :
ob Heil, ob Unheil, was ich ahn?

SACHS
Wie fein! Nun gut denn! – Fanget an!
(Beckmesser stimmt die in der Wut unversehens hinaufgeschraubte D-Saite wieder herunter.)

BECKMESSER
» Den Tag seh ich erscheinen,
(Sachs holt mit dem Hammer aus)
der mir wohl gefall'n tut...«
» Da faßt mein Herz sich einen
(Sachs schlägtauf. Beckmesser schüttelt sich.)
guten und frischen-«
(Sachs hat aufgeschlagen, Beckmesser wendet sich wütend um die Ecke herum)
Treibt Ihr hier Scherz?
Was wär' nicht gelungen?

SACHS
Besser gesungen :
» Da faßt mein Herz
sich einen guten und frischen-«

BECKMESSER
Wie soll't sich das reimen
auf » seh ich erscheinen «?

SACHS
Ist Euch an der Weise nichts gelegen?
Mich dünkt, sollt' passen Ton und Wort.

BECKMESSER
Mit Euch zu streiten?
Laßt von den Schlägen,
sonst denkt Ihr mir dran!

SACHS
Jetzt fahret fort!

BECKMESSER
Pour ne pas vous voir,
comme le veut l'usage de l'école, devant le marquoir.

SACHS
Là, je vous entends mal.

BECKMESSER
C'est que je sais nuancer finement
la puissance de ma voix.
(Il se poste au coin de la ruelle, en face de la fenêtre.)

WALTHER *(doucement à Eva)*
21 Quelle fantasmagorie! Je crois rêver :
Il me semble que j'ai à peine quitté
la chaire de chanteur!

EVA *(s'appuyant tendrement contre la poitrine de Walther)*
Un air de folie tourne autour de mes tempes :
Est-ce un bonheur ou un malheur que je pressens?

SACHS
Tout s'arrange! Fort bien! – Commencez!
24 *(Beckmesser baisse la corde de ré de son luth qu'il a remontée par mégarde dans sa colère.)*

BECKMESSER
« Je vois paraître le jour
(Sachs lève son marteau)
qui me plaît tant… »
(Sachs tape un coup. Beckmesser sursaute.)*
25a « Alors mon cœur prend,
frais et dispos – »
(Sachs a tapé. Beckmesser se retourne furieux au coin de la ruelle.)
Vous plaisantez?
Qu'y a-t-il de faux?

SACHS
Il vaudrait mieux chanter :
25b « Alors, mon cœur, frais et dispos,
prend… »

BECKMESSER
Comment voulez-vous que cela rime
avec « qui me plaît tant »?

SACHS
N'attachez-vous aucune importance à la mélodie?
Paroles et musique, il me semble, doivent s'accorder.

BECKMESSER
Je ne veux pas discuter ici avec vous!
Laissez les coups de marteau,
sinon je saurai me venger!

SACHS
Continuez!

---

* Sachs souligne par un coup de marteau chaque faute de prosodie dans la chanson de Beckmesser. Les faux accents notamment y abondent. Le style poétique de Beckmesser étant des plus guindés, nous avons essayé de conserver en Français ses maladresses d'expression.

BECKMESSER
Bin ganz verwirrt!

SACHS
So fangt noch mal an :
drei Schläg' ich jetzt pausieren kann.

BECKMESSER *(beiseite)*
Am besten, wenn ich ihn gar nicht beacht.
Wenn's nur die Jungfer nicht irre macht!
» Den Tag seh ich erscheinen,
der mir wohl gefall'n tut;
da faßt mein Herz sich einen
guten und frischen Mut.
Da denk ich nicht an Sterben,
(Sachs schlägt.)
lieber an Werben
um jung Mägdeleins Hand.
(Sachs schlägt.)
Warum wohl aller Tage
schönster mag dieser sein?
(Schlag. Ärgerlich.)
Allen hier ich es sage : *(Schlag)*
weil ein schönes Fräulein *(zwei Schläge)*
von ihrem lieb'n Herrn Vater,
(Sachs schlägt und nickt ironisch beifällig)
wie gelobt hat er, *(viele kleine Schläge)*
ist bestimmt zum Eh'stand.
(Sehr ärgerlich)
Wer sich getrau', *(Schlag)*
der komm und schau, *(Shlag)*
da stehn die hold lieblich Jungfrau, *(zwei Schläge)*
auf die ich all mein' Hoffnung bau : *(Schlag)*
darum ist der Tag so schön blau, *(viele Schläge)*
als ich anfänglich fand.«

BECKMESSER
(Er bricht wütend um die Ecke auf Sachs los.)

Sachs! Seht, Ihr bringt mich um!
Wollt Ihr jetzt schweigen?

SACHS
Ich bin ja stumm!
Die Zeichen merkt'ich; wir sprechen dann :
derweil lassen die Sohlen sich an.

BECKMESSER *(gewahrt, daß Magdalene sich vom Fenster entfernen will)*
Sie entweicht? Pst, pst! – Herrgott! Ich muß!
(Um die Ecke herum die Faust gegen Sachs ballend.)
Sachs, Euch gedenk ich die Ärgernuß!
(Er macht sich zum zweiten Vers fertig.)

SACHS *(mit dem Hammer nach dem Leisten ausholend)*
Merker am Ort! – Fahret fort!

BECKMESSER *(immer stärker und atemloser)*
» Will heut mir das Herz hüpfen, *(Schlag)*
werben um Fräulein jung, *(zwei Schläge)*
doch tät' der Vater knüpfen *(Schlag)*
daran ein' Bedingung *(mehrere Schläge)*
für den, wer ihn beerben
will und auch werben *(zwei Schläge)*

BECKMESSER
J'ai perdu le fil!

SACHS
Alors, recommencez :
je laisserai passer trois fautes.

BECKMESSER *(en aparté)*
Il vaut mieux que je l'ignore.
Pourvu qu'il n'aille pas effaroucher la belle!
24, 25a « Je vois paraître le jour
qui me plaît tant;
alors mon cœur prend,
frais et dispos, un courage nouveau.
Je ne pense pas à mourir,
(Sachs tape un coup.)
mais à concourir
pour la main d'une jeune fille.
(Sachs tape un coup.)
Pourquoi de tous les jours
celui-ci est-il le plus beau?
(Un coup. Beckmesser est contrarié.)
À tous, je le dirai sans détour : *(un coup)*
parce qu'une belle enfant *(deux coups)*
par son cher père est destinée
(Sachs tape avec des signes de tête ironiques.)
– il l'a promis solennellement – *(nombreux petits coups)*
à être mariée.
(Plusieurs petits coups. Beckmesser est vexé.)
Que celui qui l'ose *(un coup)*
s'approche pour voir : *(un coup)*
voici la mignonne enfant *(deux coups)*
en qui je fonde mon espoir : *(un coup)*
c'est pourquoi le jour est si beau, si bleu, *(plusieurs coups)*
comme je l'ai dit en commençant. »

BECKMESSER
(Tournant au coin de la ruelle, il fonce avec rage sur Sachs.)
Sachs, vous voulez ma mort!
Allez-vous vous taire maintenant?

SACHS
Je n'ai pas pipé mot!
1a je marque les signes; nous en reparlerons;
entre-temps, j'ai préparé les semelles.

BECKMESSER *(remarque que Magdalene veut s'éloigner de la fenêtre)*
Elle se retire? Pst, pst! Seigneur! Il le faut!
(Au coin de la ruelle, il fait le poing en direction de Sachs.)
Sachs, je vous revaudrai cette contrariété!
(Il s'apprête à chanter la seconde strophe.)

SACHS *(tapant du marteau sur la forme)*
Le marqueur est en place! – Continuez!

BECKMESSER *(de plus en plus fort et essoufflé)*
24, 25a « Mon cœur de joie ne se tient, *(un coup)*
car je vais briguer la main *(deux coups)*
d'une jeune demoiselle; Mais le père a posé *(un coup)*
une condition *(plusieurs coups)*
à celui qui veut hériter de ses biens,
et de la belle enfant *(deux coups)*

um sein Kindelein fein. *(Viele Schläge)*
Der Zunft ein biedrer Meister
wohl sein' Tochter er liebt, *(viele Schläge)*
doch zugleich auch beweist er,
was er auf die Kunst gibt :
(ununterbrochene Schläge)
zum Preise muß es bringen
im Meistersingen,
wer sein Eidam will sein.
(Sachs schlägt immer weiter. Er stampft wütend mit den Füßen.)
Nun gilt es Kunst, daß mit Vergunst,
ohn' all schädlich gemeinen Dunst,
(fortwährende Schläge)
ihm glücke des Preises Gewunst,
wer begehrt mit wahrer Inbrunst,
um die Jungfrau zu frein.«
(Sachs, welcher kopfschüttelnd es aufgibt, die einzelnen Fehler anzumerken, arbeitet hämmernd fort, um den Keil aus dem Leisten zu schlagen)

SACHS *(über den Laden weit herausgelehnt)*
Seid Ihr nun fertig?

BECKMESSER *(in höchster Angst)*
Wie fraget Ihr?

SACHS
(hält die fertigen Schuhe triumphierend heraus)
Mit den Schuhen ward ich fertig schier!
(Während er die Schuhe an den Bändern hoch in der Luft tanzen läßt.)
Das heiß ich mir echte Merkerschuh'!
Mein Merkersprüchlein hört dazu! *(Sehr kräftig.)*
Mit lang' und kurzen Hieben
steht's auf der Sohl' geschrieben :
da lest es klar und nehmt es wahr
und merkt's Euch immerdar :
Gut Lied will Takt, wer den verzwackt,
dem Schreiber mit der Feder
haut ihn der Schuster aufs Leder.
Nun lauft in Ruh', habt gute Schuh';
der Fuß Euch drin nicht knackt;
ihn hält die Sohl' im Takt!

BECKMESSER *(der sich ganz in die Gasse zurückgezogen hat und an die Mauer mit dem Rücken sich anlehnt, singt, um Sachs zu übertäuben, mit größter Anstrengung, schreiend und atemlos hastig, während er die Laute wütend nach Sachs zu schwingt)*
» Darf ich Meister mich nennen,
das bewähr ich heut gern,
weil ich nach dem Preis brennen
muß, dursten und hungern.
Nun ruf ich die neun Musen,
daß an sie blusen
mein dichtrischen Verstand.
Wohl kenn ich alle Regeln,
halte gut Maß und Zahl;
doch Sprung und Überkegeln
wohl passiert je einmal,
wann der Kopf, ganz voll Zagen,
zu frei'n will wagen
um jung Mägdeleins Hand.

briguer la main. *(Nombreux coups)*
Brave maître de la corporation,
il aime certes sa fille, *(nombreux coups)*
et il prouve en même temps
combien il apprécie la poésie :
(coups ininterrompus)
celui qui veut être son gendre
doit remporter le prix
dans un concours de maîtres chanteurs.
(Sachs ne cesse de donner des coups de marteau. Beckmesser tape du pied avec rage.)
Il doit prouver son art, s'il veut que lui soit accordé,
bien loin des nuisibles trivialités,
(coups continuels)
de gagner le prix
et de briguer, avec sincère ferveur,
la main de la belle.
(Hochant la tête, Sachs renonce à marquer chaque faute et continue son travail à grands coups de marteau; il retire la cale de la forme.)

SACHS *(se penche hors de son échoppe)*
8a Avez-vous fini?

BECKMESSER *(au comble de l'angoisse)*
Comment pouvez-vous le demander?

SACHS
(brandissant d'un geste triomphant les souliers terminés)
Moi, j'ai presque terminé les souliers.
(Il tient les souliers par les lanières et les fait tournoyer en l'air.)
22b Ce sont vraiment des souliers de marqueur!
Écoutez donc ma maxime de marqueur! *(avec force)*
À coups de marteau longs et courts,
je l'ai inscrite sur la semelle :
lisez-la bien, comprenez-la,
retenez-la à jamais :
À bonne chanson, il faut du rythme,
et si, plume en main, le greffier
en a manqué, le cordonnier sur le cuir l'a frappé.
Marchez en paix maintenant, vous avez de bons souliers;
vous ne vous y tordrez pas le pied :
la semelle vous donne un rythme assuré.

BECKMESSER *(s'est retiré entièrement dans la ruelle et adossé au mur; pour couvrir la voix de Sachs, il chante avec de grands efforts, il crie et s'essouffle; pendant ce temps, il brandit rageusement le luth en direction de Sachs)*

25b « Puis-je me nommer maître?
Je veux le prouver aujourd'hui,
car je languis après le prix
et brûle de l'obtenir.
J'invoque les neuf muses
pour qu'elles inspirent
mon esprit poétique.
Je connais bien toutes les règles,
je respecte la mesure et le rythme;
mais il se peut, une fois ou l'autre,
qu'on commette bévues et fautes,
quand la tête, intimidée,
se risque à demander
la main d'une jouvencelle.

(Er verschnauft sich.)
Ein Junggesell, trug ich mein Fell,
mein Ehr', Amt, Würd' und Brot zur Stell',
daß Euch mein Gesang wohlgefäll'
und mich das Jungfräulein erwähl',
wenn sie mein Lied gut fand.«

(Il souffle un moment.)
Je suis célibataire, et j'ai risqué ma peau,
mon honneur, mon poste, ma dignité, mes revenus,
pour que mon chant vous plaise;
puisse la demoiselle me choisir
si elle a aimé mon chant. »

DAVID *(hat den Fensterladen, dicht hinter Beckmesser, ein wenig geöffnet und lugt daraus hervor)*
Wer, Teufel, hier?
(Er wird Magdalene gewahr.)
Und drüben gar?
Die Lene ist's – ich seh es klar!
Herrje! Der war's, den hat sie bestellt;
der ist's, der ihr besser als ich gefällt!
Nun warte! Du kriegst's! Dir streich ich das Fell!
(Er entfernt sich nach innen.)

DAVID *(a ouvert ses volets, juste au-dessus de Beckmesser, et guigne)*
Diable, qui est ici?
(Il aperçoit Magdalene.)
Que se passe-t-il là-bas?
C'est Lene – je le vois de mes yeux!
Seigneur! C'était bien lui, elle lui a donné rendez-vous;
c'est lui qu'elle me préfère!
Attends un peu! Gare à toi! Je vais te tanner la peau!
(Il quitte la fenêtre et rentre dans la maison.)

NACHBARN *(erst einige, dann immer mehrere öffnen in der Gasse die Fenster und gucken heraus)*

LES VOISINS *(quelques uns d'abord, puis de plus en plus nombreux; ouvrant les fenêtres, partout dans la rue, ils regardent.)*

KOTHNER
Wer heult denn da?

KOTHNER
Qui hurle ainsi?

NACHTIGALL
Wer kreischt mit Macht?

NACHTIGALL
Qui braille si fort?

VOGELGESANG
Ist das erlaubt so spät zur Nacht?

VOGELGESANG
Est-ce permis, si tard la nuit?

KOTHNER, FOLTZ, VOGELGESANG, ZORN
Gebt Ruhe hier!

KOTHNER, FOLTZ, VOGELGESANG, ZORN
Du calme par ici!

ORTEL, VOGELGESANG, ZORN, NACHTIGALL, KOTHNER
's ist Schlafenszeit.

ORTEL, VOGELGESANG, ZORN, NACHTIGALL, KOTHNER
C'est l'heure de dormir!

ORTEL
Ist das erlaubt so spät zur Nacht?

ORTEL
Est-ce permis, si tard la nuit?

VOGELGESANG, FOLTZ, KOTHNER, ZORN
Mein, hört nur, wie der Esel schreit!

VOGELGESANG, FOLTZ, KOTHNER, ZORN
Dieu, écoutez braire cet âne!

VOGELGESANG, ZORN
Ihr da, seid still!

VOGELGESANG, ZORN
Vous là-bas, taisez-vous!

VOGELGESANG, ORTEL, NACHTIGALL, FOLTZ
Heult, kreischt und schreit an andrem Ort!

VOGELGESANG, ORTEL, NACHTIGALL, FOLTZ
Allez hurler, brailler et crier ailleurs!

KOTHNER
Seid still und schert euch fort!

KOTHNER
Taisez-vous et fichez-moi le camp!

DAVID *(ist, mit einem Knüppel bewaffnet, zurückgekommen)*
Zum Teufel mit dir, verdammter Kerl!

DAVID *(est revenu, armé d'un gourdin)*

Va au diable, maudit individu!

(Magdalene winkt, da sie David wiederkommen sieht, diesem heftig zurück, was Beckmesser, als ein Zeichen des Mißfallens deutend, zur äußersten Verzweiflung im Gesangsausdruck bringt. David steigt aus dem Fenster und wirft sich auf Beckmesser.)

(Magdalene, voyant David revenir, lui fait énergiquement signe de se retirer; Beckmesser y voit un signe du déplaisir causé par sa sérénade; ce qui le pousse à exprimer un extrême désespoir dans son chant. David saute par la fenêtre et se jette sur Beckmesser.)

SIEBENTE SZENE

MAGDALENE *(am Fenster, schreiend)*
Ach, Himmel! David! Gott, welche Not!
Zu Hilfe! Zu Hilfe! Sie schlagen sich tot!
(Sachs beobachtet noch eine Zeit lang den wachsenden Tumult, löscht aber alsbald sein Licht aus und schliesst den Laden soweit, daß er ungesehen stets durch eine kleine Öffnung den Platz unter der Linde beobachten kann. Walther und Eva sehen mit wachsender Sorge den anschwellenden Auflauf zu, er schliesst sie in seinen Mantel fest an sich und birgt sich hart an der Linde im Gebüsche, so daß beide fast ungesehen bleiben. Die Nachbarn verlassen die Fenster und kommen nach und nach in Nachtkleidern einzeln auf die Straße herab.)

BECKMESSER *(wehrt sich, will fliehen; David hält ihn am Kragen)*
Verfluchter Bursch! Läßt du mich los?

DAVID
Gewiß! Die Glieder brech ich dir bloß!
(Sie balgen sich fortwährend; bald verschwinden sie gänzlich, bald kommen sie wieder in den Vordergrund, immer Beckmesser auf der Flucht, David ihn einholend, festhaltend und prügelnd.)

NACHTIGALL, KOTHNER, ORTEL, FOLTZ
Seht nach! Springt zu! Da würgen sich zwei!

ORTEL
Seht nach, 's gibt Schlägerei!
(Sie kommen herab.)

VOGELGESANG, ZORN, MOSER, EIßLINGER, KOTHNER, ORTEL, NACHTIGALL, FOLTZ *(auf die Gasse heraustretend)*
Heda! Herbei! 's gibt Schlägerei.
Ihr da! Laßt los! Gebt freien Lauf!
Laßt Ihr nicht los, wir schlagen drauf!
Gleich auseinander da, Ihr Leut'!

ZORN *(auf den ersten Nachbar – Vogelgesang – stossend)*
Ei seht! Auch Ihr hier?

VOGELGESANG *(dem zweiten Nachbar – Zorn– entgegentretend)*
Was sucht Ihr hier?

ZORN
Geht's Euch was an?

VOGELGESANG
Hat man Euch was getan?

ZORN
Euch kennt man gut!

VOGELGESANG
Euch noch viel besser!

ZORN
Wieso denn?

SCÈNE VII

MAGDALENE *(criant à la fenêtre)*
26a Ah, ciel! David! Dieu, quelle détresse!
À l'aide, à l'aide! Ils s'entretuent!
(Sachs observe encore un moment le tumulte croissant, mais il éteint aussitôt sa lumière et ferme le volet de la boutique de manière à pouvoir observer par une fente la place sous le tilleul sans être vu lui-même. Walther et Eva suivent avec une inquiétude croissante l'afflux de la foule. Il la couvre de son manteau et se cache tout contre le tilleul, dans le buisson, si bien qu'ils passent tous deux presque inaperçus. Les voisins quittent leurs fenêtres et descendent peu à peu dans la rue, un à un, en vêtement de nuit.)

BECKMESSER *(se défend, veut s'enfuir; David le retient par le collet)*
26b Maudit gaillard! Me lâcheras-tu?

DAVID
Sûrement, mais d'abord, je veux te rompre les os!
(Ils continuent à se battre; tantôt, ils disparaissent entièrement, tantôt, ils reviennent au premier plan, Beckmesser est toujours en fuite, David le rattrape, le retient et le rosse.)

NACHTIGALL, KOTHNER, ORTEL, FOLTZ
Voyez, suivez-les! En voilà deux qui s'étranglent!

ORTEL
Voyez un peu, on commence à se battre!
(Ils descendent.)

VOGELGESANG, ZORN, MOSER, EISSLINGER, KOTHNER, ORTEL, NACHTIGALL, FOLTZ *(sortant dans la rue)*
Holà, accourez! On commence à se battre!
Oui, vous, lâchez-le donc! Décampez!
Si vous ne le lâchez pas, nous tapons dans le tas!
Tout de suite, dispersez-vous, bonnes gens!

ZORN *(se trouve nez à nez avec le premier voisin –Vogelgesang)*
Tiens, tiens, vous êtes là aussi?

VOGELGESANG *(se trouve nez à nez avec le second voisin – Zorn)*
Que cherchez-vous ici?

ZORN
Est-ce que ça vous regarde?

VOGELGESANG
Vous a-t-on fait quelque chose?

ZORN
On ne vous connaît que trop!

VOGELGESANG
Et vous donc!

ZORN
Pourquoi cela?

VOGELGESANG
Ei, so!
(Er schlägt zu.)

VOGELGESANG
Hé, comme ça!
(Il le frappe)

ZORN
Esel!
(Er schlägt wieder.)

ZORN
Vous êtes un âne!
(Il rend les coups)

VOGELGESANG
Dummrian!

VOGELGESANG
Imbécile!

LEHRBUBEN *(kommen einzeln)*
Herbei! Herbei! 's gibt Keilerei!

LES APPRENTIS *(viennent un à un)*
Accourez! Par ici! Il y a de la bagarre!

EINIGE
's sind die Schuster!

QUELQUES-UNS
Ce sont les cordonniers!

ANDERE
Nein, 's sind die Schneider!

D'AUTRES
Non! les tailleurs!

DIE ERSTEREN
Die Trunkenbolde!

LES PREMIERS
Les ivrognes!

DIE ANDEREN
Die Hungerleider!

LES AUTRES
Les crève-la-faim!

KOTHNER *(stößt auf einen Nachbar-Nachtigall)*
Euch gönnt' ich's lange schon!

KOTHNER *(se heurte à un voisin-Nachtigall)*
Il y a longtemps que je vous destinais ce coup!

MOSER *(in Streit mit Eisslinger)*
Wird euch wohl bange?

MOSER *(se disputant avec Eisslinger)*
Avez-vous peur?

NACHTIGALL *(schlägt Kothner)*
Das für die Klage!

NACHTIGALL *(tapant sur Kothner)*
Ça, c'est pour votre plainte!

KOTHNER *(holt einen Stock hervor)*
Seht euch vor, wenn ich schlage!

KOTHNER *(tirant un bâton de son vêtement)*
Prenez garde, je vais frapper!

EIßLINGER
Hat euch die Frau gehetzt?

EISSLINGER
C'est votre femme qui vous a envoyé?

MOSER
Schaut, wie es Prügel setzt!

MOSER
Attention, les coups vont pleuvoir!

EIßLINGER
Lümmel!

EISSLINGER
Balourd!

MOSER
Grobian!
(Sie schlagen sich.)

MOSER
Grossier personnage!
(Ils se battent)

NACHTIGALL
Seid Ihr noch nicht gewitzt?

NACHTIGALL
La leçon ne vous a pas encore profité?

KOTHNER
Nun schlagt doch!

KOTHNER
Allons, cognez donc!

NACHTIGALL *(schlägt)*
Das sitzt!

NACHTIGALL *(frappant)*
Voilà un coup bien placé!

KOTHNER *(verfolgt ihn)*
Daß dich Halunken gleich ein Donnerwetter träf'!

KOTHNER *(le poursuit)*
Gredin, puisse le tonnerre te frapper!

EIßLINGER
Wartet, Ihr Racker!

MOSER
Massabzwacker!

KOTHNER UND ORTEL
Packt euch jetzt heim, sonst kriegt ihr's von der Frau!

NACHTIGALL
Was geht's euch an, wenn ich nun grad hier bleiben will?

KOTHNER, ORTEL, FOLTZ, SCHWARZ
Schickt die Gesellen heim!

ZORN
So gut wie Ihr bin Meister ich!

EIßLINGER
Dummer Kerl!

NACHTIGALL
Schert euch heim!

ORTEL
Macht euch fort!

VOGELGESANG, EIßLINGER
Haltet's Maul!

ZORN, MOSER
Wir weichen nicht! Tuchscherer!

VOGELGESANG
Leinweber!

KOTHNER, NACHTIGALL
Schlagt sie nieder!

VOGELGESANG
Immer ran!

KOTHNER, NACHTIGALL
Wacker zu! – Immer drauf!

SCHWARZ, ORTEL, FOLTZ
Stemmt euch hier nicht mehr zuhauf!

LEHRBUBEN *(kommen von allen Seiten dazu)*
Kennt man die Schlosser nicht?
Die haben's sicher angericht'! –
Ich glaub, die Schmiede werden's sein.–
Die Schreiner seh ich dort beim Schein.–
Hei! Schau die Schäffler dort beim Tanz.–
Dort seh die Bader ich im Glanz.–
Krämer finden sich zur Hand
mit Gerstenstang' und Zuckerkand;
mit Pfeffer, Zimt, Muskatnuß,
sie riechen schön,
doch machen viel Verdruß
sie riechen schön

EISSLINGER
Attendez, pendards!

MOSER
Falsificateurs de mesures!

KOTHNER ET ORTEL
Dépêchez-vous de rentrer,
sinon gare à l'accueil de vos femmes!

NACHTIGALL
Est-ce que cela vous regarde,
si c'est précisément là que je veux rester?

KOTHNER, ORTEL, FOLTZ, SCHWARZ
Renvoyez les compagnons chez eux!

ZORN
Je suis maître aussi bien que vous!

EISSLINGER
Imbécile!

NACHTIGALL
Rentrez à la maison!

ORTEL
Trissez-vous!

VOGELGESANG, EISSLINGER
Bouclez-la!

ZORN, MOSER
Nous ne céderons pas, tondeurs de drap!

VOGELGESANG
Tisserands!

KOTHNER, NACHTIGALL
Rossez-les, qu'ils ne se relèvent plus!

VOGELGESANG
Allez-y!

KOTHNER, NACHTIGALL
Tapez vaillamment!
Pan sur la gueule!

SCHWARZ, ORTEL, FOLTZ
Arrêterez-vous de faire front?

LES APPRENTIS *(arrivent de toutes parts)*
Ne reconnaît-on pas les serruriers?
C'est sûrement eux qui ont fait le coup!
Je crois que ce sont les forgerons. –
Je vois les menuisiers, là-bas dans la lumière. –
Hé, regarde les tonneliers, en plein dans la danse. –
Je vois les barbiers, là, dans cette lueur. –
Et voilà les épiciers déjà prêts
avec sucre d'orge et sucre candi;
grâce au poivre, à la cannelle, à la noix de muscade,
ils sentent bon;
mais causent beaucoup d'ennuis.
Ils sentent bon,

und bleiben gern vom Schuß.–
Seht nur, der Has' hat überall die Nas'! –
Meinst du damit etwa mich?
Mein ich etwa dich?
Immer mehr, heran!
Lustig! Wacker! Jetzt geht's erst recht an.
(jubelnd)
Hei, nun geht's!
Plautz, hast du nicht gesehn?
Hast's auf der Schnauz'! –
Ha! Nun geht's : Krach! Hagelwetterschlag!
Wo es sitzt, da wächst so bald nichts nach!
Keilt euch wacker,]
haltet selbst Gesellen stand.
Wer wich', 's wär' wahrlich eine Schand'!
Wacker drauf und dran! Wie ein Mann
stehn wir alle fest zur Keilerei!
(Bereits prügeln sich Nachbarn und Lehrbuben fast allgemein durcheinander.)

mais se mettent volontiers à couvert. –
Voyez, le lapin fourrant son nez partout! –
Est-ce de moi que tu veux parler?
Est-ce de toi que je parle?
Toujours plus nombreux, accourez!
Gaîment, résolument! Ça ne fait que commencer!
(jubilant)
Hé, tout va bien!
tonnerre, n'as-tu pas vu?
En plein sur le museau! –
Ha, ça va à présent! Une grêle de coups!
Où elle tombe, rien ne repousse de si tôt!
Battez-vous bravement,
tenez tête même aux compagnons.
Ce serait vraiment une honte de reculer!
Tapez résolument! Comme un seul homme,
nous nous lançons dans la bagarre!
(Dans la mêlée, voisins et apprentis se rouent de coups.)

GESELLEN *(mit Knütteln bewaffnet, kommen von verschiedenen Seiten dazu)*
Heda! Gesellen ran!
Dort wird mit Streit und Zank getan.
Da gibt's gewiß gleich Schlägerei;
Gesellen, haltet Euch dabei!
's sind die Weber! 's sind die Gerber!
Die Preisverderber!
Dacht' ich mir's doch gleich!
Spielen immer Streich'! –
Dort den Metzger Klaus kenn ich heraus! –
Immer mehr, die Keilerei wird groß!
's ist morgen der fünfte!
's brennt manchem da im Haus!
Zünfte heraus! Hie setzt's Prügel!
Schneider mit dem Bügel!
Gürtler! Spengler! Zinngießer!
Leimsieder! Lichtgießer!
Tuchscherer! Leinweber!
Immer ran! Immer drauf!
Schert Euch selber fort und macht Euch heim!
Immer drauf und dran!
Jetzt gilt's, keiner weiche hier!
Zünfte! Zünfte! Heraus!

LES COMPAGNONS *(accourent de toutes parts, armés de bâtons)*
26b Hé, les compagnons, venez!
Là-bas, ils sont en pleine dispute et bagarre.
Les coups ne vont pas tarder à pleuvoir;
Compagnons, faites bloc!
Ce sont les tisserands! Ce sont les tanneurs!
Les bousilleurs de prix!
C'est bien ce que j'avais pensé!
Ils nous jouent toujours des tours! –
Je reconnais là-bas Klaus, le boucher! –
Toujours plus nombreux, la bataille se déchaîne!
C'est demain jour de paie!
Plus d'un est content de sortir de chez lui!
Sortez, les corporations! Quelle volée de coups de bâton!
Les tailleurs avec le fer à repasser!
Ceinturiers! Plombiers! Fondeurs d'étain!
Faiseurs de colle! Fabricants de chandelles!
Tondeurs de drap! Tisserands!
Allez-y! Tapez ferme!
Trissez-vous donc, rentrez à la maison!
Continuez de frapper!
C'est le moment décisif, que personne ici ne recule!
Les corporations, sortez!

MEISTER *(und ältere Bürger, von verschiedenen Seiten dazukommend)*
Was gibt's denn da für Zank und Streit?
Das tost ja weit und breit!
Gebt Ruh' und scher sich jeder gleich nach Hause heim,
sonst schlag' ein Hageldonnerwetter drein!
Stemmt Euch hier nicht mehr zuhauf,
oder sonst wir schlagen drein.–

LES MAITRES *(et des citoyens d'âge mûr viennent de divers côtés se mêler à la foule)*
25a Qu'est-ce que cette rixe et cette dispute?
Quel tumulte effrayant!
Du calme, et filez vite à la maison,
sinon gare à la volée de coups!
Cessez de faire front,
sinon nous tapons dans le tas. –

DIE NACHBARINNEN *(an den Fenstern, durcheinander)*
Was ist denn da für Zanken und Streit?
Da gibt's gewiß noch Schlägerei!
Wär' nur der Vater nicht dabei!
's wird einem wahrlich angst und bang!
Heda! Ihr dort unten,
so seid doch nur gescheit!
Seid Ihr denn alle gleich
zu Streit und Zank bereit?
Seid Ihr denn alle blind und toll?

LES VOISINES *(ont ouvert les fenêtres et regardent)*
Qu'est-ce que cette rixe et cette dispute?
Sûrement encore une bagarre!
Pourvu que le père n'y soit pas!
Il y a vraiment de quoi prendre peur!
Hé, là, en bas,
soyez donc raisonnables!
Êtes-vous donc tous si prompts
à la bisbille et aux disputes?
Êtes-vous tous aveugles et fous?

Sind Euch vom Wein die Köpfe voll?
Mein, dort schlägt sich mein Mann!
Hilfe, der Vater! Ach, sie haun ihn tot!
Hört keiner mehr sein Wort!
Seht dort den Christian, er walkt den Peter ab!
Mein, dort, der Michel, seht, er haut dem Stefen eins!
Jesus, der Hans hat einen Hieb am Kopf!
Jesus, sie schlagen meinen Jungen tot!
Gott, steh uns bei! Welche Höllennot!
Geht das noch lange hier so fort?
He, mein Mann schlägt wacker auf sie drein!
Die Köpf' und Zöpfe wackeln hin und her.
Wie soll das enden?
Auf! Schreit zu Hilfe : Mord und Zeter!
Auf, schafft Wasser her!
Wasser ist das allerbest für ihre Wut!
Da giesst's auf die Köpfe hinab!
Immer toller, wie sie lärmen, toben, schlagen!
Hier hilft einzig Wasser noch.
Topf und Hafen, Krug und Kanne!
Alles voll und giesst's ihn' auf den Kopf'!
(Die Rauferei ist allgemein geworden. Schreien und Toben.)

MAGDALENE *(am Fenster verzweiflungsvoll die Hände ringend)*
Ach Himmel! David! Gott, welche Not!
Zu Hilfe! Zu Hilfe! Sie schlagen sich tot!
Hör doch nur, David!
So laß doch nur den Herrn dort los!
Er hat mir nichts getan.
(Hinabspähend.)
Herrgott, er hält ihn noch!
Mein, David, ist er toll?
(Mit größter Anstrengung.)
Ach, David, hör! 's ist Herr Beckmesser!

POGNER *(ist im Nachtgewand oben an das Fenster getreten und zieht Magdalene herein)*
Um Gott! Eva, schließ zu!
Ich seh, ob unt' im Hause Ruh'!

WALTHER *(faßt Eva dicht in den linken Arm und zieht mit der rechten Hand das Schwert)*
Jetzt gilt's zu wagen, sich durchzuschlagen!
(Er dringt mit geschwungenem Schwerte bis in die Mitte der Bühne vor, um sich mit Eva durchzuhauen. Da springt Sachs mit einem kräftigen Satze aus dem Laden, bahnt sich mit geschwungenem Knieriemen den Weg zu Walther und packt diesen beim Arm.)

POGNER *(auf der Treppe)*
He, Lene! Wo bist du?

SACHS *(die halbohnmächtige Eva die Treppe hinaufstoßend)*
Ins Haus, Jungfer Lene!
(Pogner empfängt Eva und zieht sie am Arm in das Haus. Sachs, mit dem Knieriemen David eins überhauend und mit einem Fußtritt ihn voran in den Laden stoßend, zieht Walther, den er mit der andern Hand fest gefaßt hält, gewaltsam schnell ebenfalls mit sich hinein und schließt sogleich fest hinter sich zu. Beckmesser, durch Sachs von David befreit, sucht sich, jämmerlich zerschlagen, eilig durch die Menge zu flüchten. Im gleichen Augenblicke, wo

Le vin vous est-il monté à la tête?
Seigneur, mon mari en train de se battre là-bas!
Le père! À l'aide! Ils vont l'assommer!
On ne s'entend plus parler!
Voyez là-bas Christian en train de rosser Pierre!
Et par ici Michel, qui cogne sur Stéphane!
Jésus, Hans a reçu un coup à la tête!
Seigneur, ils assomment mon garçon!
Que Dieu nous soit en aide! Quel enfer!
Est-ce qu'ici cela va continuer longtemps?
Hé, mon mari se bat comme un grand diable!
On voit vaciller les têtes et les catogans!
Comment cela finira-t-il?
Allons, appelez à l'aide! Criez au meurtre!
Vite, apportez de l'eau!
L'eau calmera leur rage. Versez-la sur les têtes!
De plus en plus, ils se déchaînent!
Quel vacarme, quels horions et quels coups!
Avec de l'eau, nous en viendrons à bout!
Les casseroles et les pots, les cruches, les bidons,
Remplissez tout, et versez de l'eau sur les têtes!
(La bagarre est devenue générale. Cris et vacarme.)

MAGDALENE *(à la fenêtre, se tordant les mains de désespoir)*
Ciel, David! Dieu, quel malheur!
À l'aide! À l'aide! Ils s'entretuent!
Écoute-moi, David, je t'en prie!
Vas-tu lâcher ce monsieur?
Il ne m'a rien fait.
(Elle regarde dans la rue.)
Seigneur, il le tient encore!
Mon Dieu, David est-il devenu fou?
(avec de grands efforts.)
Hélas, David, écoute! C'est monsieur Beckmesser!

POGNER *(est apparu en chemise de nuit en haut à la fenêtre et tire Magdalene dans la pièce)*
Par Dieu, Eva, ferme donc la fenêtre!
Je descends voir si tout est calme au rez-de-chaussée.

WALTHER *(enlace Eva du bras gauche et tire l'épée de la main droite)*
Risquons le tout, il faut nous frayer un passage!
(En brandissant son épée, il avance jusqu'au milieu de la scène pour se frayer un passage avec Eva. Alors Sachs, d'un bond vigoureux, s'élance hors de la boutique et, à grands coups de tire-pied, arrive jusqu'à Walther qu'il empoigne par le bras.)

POGNER *(sur l'escalier)*
Hé, Lene, où es-tu?

21 SACHS *(faisant monter l'escalier à Eva, qui est à demi*
8a *évanouie)*
Rentrez dans la maison, demoiselle Lene!
26b *(Pogner reçoit Eva dans ses bras et l'entraîne dans la mai-*
25a *son. Sachs tapant du tire-pied sur David, le projette d'un coup de pied dans l'échoppe; il tire également Walther, qu'il tient solidement de l'autre main, à l'intérieur et referme aussitôt la porte derrière lui. Beckmesser, libéré de David par Sachs, cherche à s'enfuir rapidement à travers la foule; il a été rossé pitoyablement. À l'instant même où Sachs bondit dans la rue, on entend au premier plan cour*

Sachs auf die Straße sprang, hörte man, rechts zur Seite im Vordergrunde, einen besonders starken Hornruf des Nachtwächters. Gleichzeitig haben die Frauen aus allen Fenstern starke Güsse von Wasser aus Kannen, Krügen und Becken auf die Streitenden hinabstürzen lassen; dieses, mit den besonders starken Tönen des Hornes zugleich, wirkt auf alle mit einem panischen Schrecken. Nachbarn, Lehrbuben, Gesellen und Meister suchen in eiliger Flucht nach allen Seiten hin das Weite, so daß die Bühne bald gänzlich leer wird. Die Haustüren werden hastig geschlossen, und auch die Nachbarinnen verschwinden von den Fenstern, welche sie zuschlagen. Als die Straße und Gasse leer geworden und alle Häuser geschlossen sind, betritt)

une sonnerie de cor particulièrement forte du veilleur de nuit. En même temps, à toutes les fenêtres, les femmes versent sur les combattants l'eau de leurs pots, cruches et seilles. Ce déferlement, joint au son vigoureux du cor, provoque une peur panique. Voisins, apprentis, compagnons et maîtres s'enfuient rapidement dans toutes les directions, si bien que la scène est bientôt entièrement vide. Les portes des maisons se referment hâtivement, les voisines disparaissent des fenêtres qu'elles ferment rapidement. Quand la rue et la ruelle sont vides et toutes les maisons fermées, le veilleur de nuit entre au premier plan cour.)

DER NACHWÄCHTER *(im Vordergrunde rechts die Bühne, reibt sich die Augen, sieht sich verwundert um, schüttelt den Kopf und stimmt mit leiser bebender Stimme den Ruf an)*
Hört, ihr Leut', und laßt euch sagen :
die Glock' hat eilfe geschlagen.
Bewahrt euch vor Gespenstern und Spuk,
daß kein böser Geist eur' Seel' beruck'!
Lobet Gott den Herrn.
(Hornruf.)

VEILLEUR DE NUIT *(se frotte les yeux, regarde étonné autour de lui, secoue la tête et entonne son chant d'une voix douce et vibrante)*

Bonnes gens, écoutez bien :
Il a sonné onze heures.
Prenez garde aux revenants et fantômes,
qu'aucun esprit malin ne trouble vos âmes!
Louez le Seigneur!
(Il sonne du cor.)

(Der Vollmond tritt hervor und scheint hell in die Gasse hinein. Der Nachtwächter schreitet langsam dieselbe hinab. Als er um die Ecke biegt, fällt der Vorhang schnell mit dem letzten Takt.)

21 *(La pleine lune apparaît, jetant sa clarté dans la ruelle. Le*
26b *veilleur de nuit part lentement par celle-ci. Comme il tour-*
25a *ne le coin, le rideau tombe rapidement avec le dernier accord.)*

Vorspiel

Prélude orchestral

DRITTER AUFZUG

TROISIÈME ACTE

(23, 27, 22b, 8a)

In Sachs' Werkstatt
Kurzer Raum. Im Hintergrund die halb geöffnete Ladentür, nach der Straße führend. Rechts zur Seite eine Kammertür. Links das nach der Gasse gehende Fenster, mit Blumenstöcken davor, zur Seite ein Werktisch. Sachs sitzt auf einem großen Lehnstuhle an diesem Fenster, durch welches die Morgensonne hell auf ihn hereinscheint : er hat vor sich auf dem Schoße einen großen Folianten und ist im Lesen vertieft.

Dans l'atelier de Sachs.
Une pièce peu profonde. Au fond, la porte de l'échoppe, à moitié ouverte sur la rue. Sur le côté droit, la porte d'une chambre. À gauche, la fenêtre donnant sur la ruelle; elle est garnie de pots de fleurs; sur le côté un établi. Sachs est assis dans un grand fauteuil à cette fenêtre, par laquelle tombe sur lui la clarté du soleil matinal; il est plongé dans la lecture d'un gros in-folio qu'il tient sur ses genoux.

ERSTE SZENE

SCÈNE I

David zeigt sich, von der Straße kommend, unter der Ladentür, er lugt herein, und da er Sachs gewahrt, fährt er zurück. Er versichert sich aber, daß Sachs ihn nicht bemerckt, schlüpft herein, stellt seinen mitgebrachten Korb auf den hinteren Werktisch beim Laden und untersucht seinen Inhalt : er holt Blumen und Bänder und kramt sie auf dem Tische aus, endlich findet er auf dem Grunde eine Wurst und einen Kuchen und läßt sich sogleich an, diese zu verzehren, als Sachs, der ihn fortwährend nicht beachtet, mit starkem Geräusch eines der großen Blätter des Folianten umwendet.

7a *Venant de la rue, David apparaît sur le seuil, il regarde à*
7b *l'intérieur et, quand il aperçoit Sachs, recule précipitamment. Mais il s'assure que Sachs ne l'a pas remarqué, se glisse dans la pièce, pose le panier qu'il a apporté avec lui sur l'établi du fond, près de l'entrée et en inspecte le contenu; il en retire des fleurs et des rubans, qu'il déballe sur la table, découvre enfin au fond du panier une saucisse et un gâteau; il s'apprête aussitôt à en manger, quand Sachs, qui pendant tout ce temps ne l'a pas observé, tourne bruyamment une page de son gros volume.*

DAVID *(fährt zusammen, verbirgt das Essen und wendet sich zurück)*
Gleich, Meister! Hier!
Die Schuh' sind abgegeben
in Herrn Beckmessers Quartier.
Mir war's, als rieft Ihr mich eben?
(Beiseite.)
Er tut, als säh' er mich nicht?
Da ist er bös', wenn er nicht spricht! –
(Er nähert sich sehr demütig langsam Sachs.)
Ach, Meister, wollt mir verzeihn!
Kann ein Lehrbub' vollkommen sein?
Kenntet Ihr die Lene wie ich,
dann vergäbt Ihr mir sicherlich.
Sie ist so gut, so sanft für mich
und blickt mich oft an so innerlich.
Wenn Ihr mich schlagt, streichelt sie mich
und lächelt dabei holdseliglich.
Muß ich karieren, füttert sie mich
und ist in allem gar liebelich.
Nur gestern, weil der Junker versungen,
hab ich den Korb ihr nicht abgerungen.
Das schmerzte mich; und da ich fand,
daß nachts einer vor dem Fenster stand
und sang zu ihr und schrie wie toll,
da hieb ich ihm den Buckel voll.
Wie käm' nun da was Großes drauf an?
Auch hat's unsrer Liebe gar wohl getan.
Die Lene hat eben mir alles erklärt
und zum Fest Blumen und Bänder beschert.
(Er bricht in größere Angst aus.)
Ach, Meister, sprecht doch nur ein Wort!
(Beiseite.)
Hätt' ich nur die Wurst und den Kuchen erst fort!

SACHS *(hat unbeirrt weitergelesen. Jetzt schlägt er den Folianten zu. Von dem Geräusch erschrickt David so, daß er strauchelt und vor Sachs auf die Knie fällt. Sachs sieht über das Buch, das er noch auf dem Schoße behält, hinweg, über David, welcher immer auf den Knien furchtsam nach ihm hinaufblickt, hin und heftet seinen Blick unwillkürlich auf den hinteren Werktisch)*
(Sehr leise.) Blumen und Bänder seh ich dort!
Schaut hold und jugendlich aus!
Wie kamen mir die ins Haus?

DAVID *(verwundert über Sachs' Freundlichkeit)*
Ei, Meister! 's ist heut festlicher Tag;
da putzt sich jeder, so schön er mag.

SACHS *(immer leise, wie für sich)*
Wär' heut Hochzeitsfest?

DAVID
Ja, käm's erst so weit,
daß David die Lene freit!

SACHS *(immer wie zuvor)*
's war Polterabend, dünkt mich doch?

DAVID *(sursaute, cache les victuailles et se retourne)*
7a, 23 Tout de suite, maître, me voilà!
J'ai déposé les souliers
au logis de monsieur Beckmesser.
Il me semble que vous venez de m'appeler?
(en aparté)
Il fait semblant de ne pas m'entendre.
Il est fâché, quand il ne dit rien! –
(Il s'approche de Sachs très humblement et à pas lents.)
Ah, maître, veuillez me pardonner!
Un apprenti peut-il être parfait?
Si vous connaissiez Lene comme moi,
vous pardonneriez sûrement.
Elle est si bonne, si douce avec moi,
et me regarde souvent avec tant de cœur. –
Quand vous me battez, elle me caresse
et me sourit comme un ange.
Dois-je jeûner? Elle me nourrit,
elle est en tout si aimante.
Seulement hier, quand le chevalier a raté l'examen,
je n'ai pas pu lui arracher le panier.
Cela me fit mal; et comme j'observai
qu'un homme, de nuit, devant sa fenêtre,
chantait pour elle et criait comme un fou,
26b je lui flanquai une raclée.
Cela aurait-il tant de conséquences?
D'ailleurs, cela a fait du bien à notre amour.
Lene vient de tout m'expliquer;
pour la fête, elle m'a donné fleurs et rubans.
(Il montre de plus en plus de crainte.)
Ha, maître, dites-moi ne fût-ce qu'un mot!
(en aparté)
Si seulement je pouvais faire disparaître la saucisse et le gâteau!

SACHS *(a continué à lire, sans se laisser déranger. Il referme maintenant le volume. Le bruit effraye tellement David, qu'il trébuche et tombe à genoux devant Sachs. Sachs regarde par-dessus le livre, qu'il tient toujours sur ses genoux, par-dessus David, qui est toujours craintivement agenouillé et lève les yeux vers lui; involontairement le regard de Sachs s'arrête sur l'établi du fond.)*
7a *(Très doucement)* Je vois là-bas des fleurs et des rubans!
Spectacle jeune et charmant!
17b Qui les a apportés dans ma maison?

DAVID *(étonné de l'amabilité de Sachs)*
Hé, maître, c'est aujourd'hui jour de fête;
chacun se pare de son mieux.

SACHS *(toujours doucement, comme pour lui-même)*
Fêtons-nous des noces aujourd'hui?

DAVID
Si seulement nous en étions déjà
au mariage de David et de Lene!

SACHS *(comme précédemment)*
Il y eut, ce me semble, du charivari?

---

* C'est maintenant encore l'usage en Allemagne de mener grand vacarme devant la maison du fiancé, la veille des noces.

DAVID *(für sich)*
Polterabend? – Da krieg ich's wohl noch?
(Laut.)
Verzeiht das, Meister! Ich bitt, vergeßt!
Wir feiern ja heut Johannisfest.

SACHS
Johannisfest?

DAVID *(beiseite)*
Hört er heut schwer?

SACHS
Kannst du dein Sprüchlein? Sag es her!

DAVID *(ist allmählich zu stehen gekommen)*
Mein Sprüchlein? Denk, ich kann es gut.
(Beiseite.)
's setzt nichts! Der Meister ist wohlgemut! –
(Stark und grob)
» Am Jordan Sankt Johannes stand « –
(Er hat in der Zerstreuung die Worte mit der Melodie von Beckmessers Werbelied gesungen; Sachs macht eine verwundernde Bewegung, worauf David sich unterbricht.)

SACHS
Wa – was?

DAVID *(lächelnd)*
Verzeiht, das Gewirr!
Mich machte der Polterabend irr.
(Er sammelt sich und stellt sich gehörig auf.)
» Am Jordan Sankt Johannes stand,
all Volk der Welt zu taufen;
kam auch ein Weib aus fernem Land,
von Nürnberg gar gelaufen;
sein Söhnlein trug's zum Uferrand,
empfing da Tauf' und Namen;
doch als sie dann sich heimgewandt,
nach Nürnberg wieder kamen,
in deutschem Land gar bald sich fand's,
daß wer am Ufer des Jordans
Johannes war gennant,
an der Pegnitz hieß der Hans.« *(Sich besinnend.)*
Hans? Hans!
Herr! Meister! *(Feurig.)* 's ist heut Eu'r Namenstag!
Nein! Wie man so was vergessen mag!
Hier! Hier, die Blumen sind für Euch,
die Bänder – und was nur alles noch gleich?
Ja, hier schaut! Meister, herrlicher Kuchen!
Möchtet Ihr nicht auch die Wurst versuchen?

SACHS *(immer ruhig, ohne seine Stellung zu verändern)*
Schön Dank, mein Jung', behalt's für dich!
Doch heut auf die Wiese begleitest du mich.

Mit Blumen und Bändern putz dich fein;
sollst mein stattlicher Herold sein.

DAVID
Sollt' ich nicht lieber Brautführer sein?

DAVID *(pour lui-même)*
Du charivari? – Je puis sauver la mise!
(à haute voix)
Pardonnez, maître, je vous en prie, oubliez!
Nous fêtons aujourd'hui la Saint-Jean.

SACHS
La fête de Saint-Jean?

DAVID *(en aparté)*
Est-il dur d'oreille aujourd'hui?

SACHS
Sais-tu ta poésie? Récite-la!

DAVID *(s'est peu à peu remis debout)*
Ma poésie? Je pense bien la savoir.
(en aparté)
Rien à craindre! Le maître est bien luné! –
(fort, sur un ton vulgaire)
25a « Saint-Jean se tenait au bord du Jourdain » –
(Distrait, il a chanté ces paroles sur la mélodie de la sérénade de Beckmesser; Sachs fait un geste d'étonnement, David s'interrompt.)

SACHS
Comment?

DAVID *(souriant)*
Pardonnez, j'ai tout embrouillé!
C'est le charivari qui m'a troublé.
(Il se concentre et se met en posture convenable.)
« Saint-Jean se tenait au bord du Jourdain
pour baptiser tous les peuples du monde.
Une femme arriva d'un pays lointain,
venue à pied de Nuremberg;
Elle apportait son fils sur cette rive,
pour qu'il reçût le baptême et son nom.
Quand ils furent rentrés chez eux à Nuremberg,
il se trouva bientôt en pays allemand
que celui qu'on appela Jean
sur les rives du Jourdain,
fut nommé Hans
au bord de la Pegnitz*. » *(Il réfléchit.)*
Hans! Hans!
Maître! *(avec flamme)* C'est aujourd'hui votre fête!
Comment peut-on oublier une chose pareille!
7a Voyez, ces fleurs sont pour vous,
ces rubans – et tout ce que vous voudrez!
Voyez, maître, ce gâteau délicieux!
Ne voudriez-vous pas goûter cette saucisse?

SACHS *(toujours calme, sans changer de position)*
Merci, mon garçon, garde tout pour toi!
En revanche, aujourd'hui, tu m'accompagneras
sur la prairie.
De fleurs et de rubans, pare-toi au mieux;
3 car tu seras mon héraut magnifique.

DAVID
Ne vaudrait-il pas mieux que je sois garçon d'honneur?

* Affluent du Main traversant Nuremberg.

Meister, ach Meister! Ihr müßt wieder frein!

SACHS
Hätt'st wohl gern eine Meistrin im Haus?

DAVID
Ich mein, es säh' doch viel stattlicher aus.

SACHS
Wer weiß! Kommt Zeit, kommt Rat.

DAVID
's ist Zeit!

SACHS
Dann wär' der Rat wohl auch nicht weit?

DAVID
Gewiß! Gehn schon Reden hin und wieder,
den Beckmesser, denk ich, sängt Ihr doch nieder?
Ich mein, daß der heut sich nicht wichtig macht.

SACHS
Wohl möglich! Hab mir's auch schon bedacht. –
Jetzt geh und stör mir den Junker nicht!
Komm wieder, wenn du schön gericht't.

DAVID *(küßt Sachs gerührt die Hand)*
So war er noch nie, wenn sonst auch gut!
Kann mir gar nicht mehr denken,
wie der Knieriemen tut!
(Er packt seine Sachen und geht in die Kammer ab.)

SACHS *(immer noch den Folianten auf dem Schoße, lehnt sich, mit untergestütztem Arme, sinnend darauf; es scheint, daß ihn das Gespräch mit David gar nicht aus seinem Nachdenken gestört hat)*
Wahn! Wahn! Überall Wahn!
Wohin ich forschend blick
in Stadt– und Weltchronik,
den Grund mir aufzufinden,
warum gar bis aufs Blut
die Leut' sich quälen und schinden
in unnütz toller Wut!
Hat keiner Lohn noch Dank davon :
in Flucht geschlagen, wähnt er zu jagen.
Hört nicht sein eigen Schmerzgekreisch,
wenn er sich wühlt ins eigne Fleisch,
wähnt Lust sich zu erzeigen.
Wer gibt den Namen an?
's ist halt der alte Wahn,
ohn' den nichts mag geschehen,
's mag gehen oder stehen!
Steht's wo im Lauf,
er schläft nur neue Kraft sich an;
gleich wacht er auf,
dann schaut, wer ihn bemeistern kann!
Wie friedsam treuer Sitten
getrost in Tat und Werk,
liegt nicht in Deutschlands Mitten

Maître, ah maître, il faut vous remarier!

SACHS
Tu aimerais bien voir ici une maîtresse de maison?

DAVID
Cela ferait meilleure impression, je pense.

SACHS
Qui sait? Le temps porte conseil.

DAVID
Le temps est là!

SACHS
La solution, alors sans doute n'est pas loin?

DAVID
Certainement. On en parle déjà en ville :
vous l'emporterez sur Beckmesser, me semble-t-il.
Il n'aura pas, j'imagine, à se donner de grands airs.

SACHS
C'est bien possible! J'y ai déjà pensé de mon côté. –
Va, maintenant, et garde-toi de déranger le chevalier!
Tu reviendras quand tu seras endimanché.

DAVID *(baise avec émotion la main de Sachs)*
8a Il était toujours bon, mais jamais à ce point!
J'ai complètement oublié l'effet
que font les coups de tire-pied!
(Il ramasse ses affaires et entre dans la chambre.)

SACHS *(tient toujours le volume sur ses genoux; il y pose les avant-bras et s'appuie d'un air méditatif; il semble que le dialogue avec David ne l'ait pas du tout dérangé dans ses réflexions)*
23 Illusion! Leurre! Folie* partout!
où que je dirige mes recherches,
dans la chronique de la cité ou celle du monde,
pour découvrir la raison
qui pousse les gens
à se tourmenter et s'entredéchirer
dans une rage vaine et folle!
Nul n'y trouve ni salaire, ni gratitude :
pourchassé lui-même, il s'imagine être le poursuivant.
Il n'entend pas ses propres cris de douleur;
quand il retourne le couteau dans ses plaies,
il s'imagine qu'il s'occasionne du plaisir.
Qui donnera un nom à cela?
C'est sans doute l'ancienne folie
sans qui rien ne se produit,
quoi qu'il advienne!
15 Quand quelque part règne le calme,
c'est qu'elle dort pour trouver des forces nouvelles;
bientôt, elle va se réveiller,
23 veillez alors à bien la maîtriser!
19, 29 N'est-elle pas paisible, fidèle à ses traditions,
confiante en ses œuvres et ses actions,
au cœur de l'Allemagne,

* Nous essayons par plusieurs traductions de rendre le mot Wahn, quasi intraduisible, car il englobe tout l'irrationnel qui joue un rôle déterminant dans la vie des individus et des sociétés.

mein liebes Nüremberg!
(Er blickt mit freudiger Begeisterung ruhig vor sich hin.)
Doch eines Abends spat,
ein Unglück zu verhüten,
bei jugendheißen Gemüten,
ein Mann weiß sich nicht Rat;
ein Schuster in seinem Laden
zieht an des Wahnes Faden.
Wie bald auf Gassen und Straßen
fängt der an zu rasen!
Mann, Weib, Gesell und Kind
fällt sich da an wie toll und blind;
und will's der Wahn gesegnen,
nun muß es Prügel regnen,
mit Hieben, Stoß' und Dreschen
den Wutesbrand zu löschen.
Gott weiß, wie das geschah? –
Ein Kobold half wohl da!
Ein Glühwurm fand sein Weibchen nicht;
der hat den Schaden angericht't.
Der Flieder war's : Johannisnacht. –
Nun aber kam Johannistag! –
Jetzt schaun wir, wie Hans Sachs es macht,
daß er den Wahn fein lenken mag,
ein edler Werk zu tun.
Denn läßt er uns nicht ruhn
selbst hier in Nüremberg,
so sei's um solche Werk',
die selten vor gemeinen Dingen
und nie ohn' ein'gen Wahn gelingen.

ma chère Nuremberg?
(Il regarde devant lui avec un enthousiasme joyeux.)
Mais un soir, fort tard,
pour prévenir un malheur
et contenir l'ardeur de deux jeunes cœurs,
un homme ne sait que faire;
un cordonnier, dans son échoppe,
tire les fils de la folie.
Et voici que tous se déchaînent
dans les rues et les ruelles!
Hommes, femmes, compagnons et enfants,
comme des fous cognent aveuglément;
la déraison s'épanouit
et les coups de pleuvoir,
26b coups de bâton, de poing, de pied et battoir,
pour éteindre l'ardeur de cette rage.
Dieu sait comment cela est advenu,
21, 25a un farfadet sans doute l'a voulu,
un ver luisant qui cherchait sa femelle
26b est responsable des dégâts.
Ou était-ce le sureau? – La nuit de la Saint-Jean? –
Or maintenant, le jour de la Saint-Jean a paru. –
10 Voyons comment Sachs s'y prendra
pour diriger tant de folie
vers une noble fin.
Car si la déraison ne nous laisse pas en repos,
même ici à Nuremberg,
c'est pour de telles entreprises,
qui réussissent rarement dans le cours ordinaire des choses,
5, 2 et jamais sans un grain de folie.

ZWEITE SZENE

Walther tritt unter der Kammertür ein. Er bleibt einen Augenblick dort stehen und blickt auf Sachs. Dieser wendet sich und läßt den Folianten auf den Boden gleiten.

SACHS
Grüß Gott, mein Junker! Ruhtet Ihr noch?
Ihr wachtet lang : nun schlieft Ihr doch?

WALTHER *(sehr ruhig)*
Ein wenig, aber fest und gut.

SACHS
So ist Euch nun wohl baß zumut?

WALTHER *(immer sehr ruhig)*
Ich hatt' einen wunderschönen Traum.

SACHS
Das deutet Gut's! Erzählt mir den.

WALTHER
Ihn selbst zu denken wag ich kaum;
ich fürcht ihn mir vergehn zu sehn.

SACHS
Mein Freund, das grad ist Dichters Werk,
daß er sein Träumen deut' und merk'.
Glaubt mir, des Menschen wahrster Wahn
wird ihm im Traume aufgetan :

SCÈNE II

Walther apparaît sur le seuil de la chambre. Il s'y arrête un moment et regarde Sachs. Celui-ci se retourne et laisse glisser à terre le gros in-folio.

SACHS
18b Bonjour, messire chevalier!
Avez-vous fini par trouver le repos?
Vous avez veillé longtemps; avez-vous quand même dormi?

WALTHER *(très calme)*
Peu, mais profondément et bien.

SACHS
Alors, vous vous sentez mieux maintenant?

WALTHER *(toujours très calme)*
J'ai fait un rêve merveilleux.

SACHS
Bon présage! Racontez-le!

WALTHER
J'ose à peine y penser,
je crains de le voir s'évanouir.

SACHS
Ami, voilà précisément le travail du poète :
retenir et interpréter ses rêves.
Croyez m'en, la part la plus vraie de l'imagination
est révélée à l'homme dans ses rêves :

all Dichtkunst und Poeterei
ist nichts als Wahrtraumdeuterei.
Was gilt's, es gab der Traum Euch ein,
wie heut Ihr sollet Meister sein?

WALTHER *(sehr ruhig)*
Nein, von der Zunft und ihren Meistern
wollt' sich mein Traumbild nicht begeistern.

SACHS
doch lehrt' es wohl den Zauberspruch,
mit dem Ihr sie gewännet?

WALTHER *(etwas lebhafter)*
Wie wähnt Ihr doch nach solchem Bruch,
wenn Ihr noch Hoffnung kennet!

SACHS
Die Hoffnung laß ich mir nicht mindern,
nichts stieß sie noch übern Haufen.
Wär's nicht, glaubt, statt Eure Flucht zu hindern,
wär' ich selbst mit Euch fortgelaufen!
Drum bitt ich, laßt den Groll jetzt ruhn;
Ihr habt's mit Ehrenmännern zu tun;
die irren sich und sind bequem,
daß man auf ihre Weise sie nähm'.
Wer Preise erkennt und Preise stellt,
der will am End' auch, daß man ihm gefällt.
Eu'r Lied, das hat ihnen bang gemacht;
und das mit Recht : denn wohlbedacht,
mit solchem Dicht'– und Liebesfeuer
verführt man wohl Töchter zum Abenteuer;
doch für liebseligen Ehestand
man andre Wort' und Weisen fand.

WALTHER *(lächelnd)*
Die kenn ich nun auch seit dieser Nacht :
es hat viel Lärm auf der Gasse gemacht.

SACHS *(lachend)*
Ja, ja! Schon gut! Den Takt dazu
hörtet Ihr auch! – Doch, laßt dem Ruh'
und folgt meinem Rate, kurz und gut,
faßt zu einem Meisterliede Mut.

WALTHER
Ein schönes Lied, ein Meisterlied,
wie faß ich da den Unterschied?

SACHS *(zart)*
Mein Freund! In holder Jugendzeit,
wenn uns von mächt'gen Trieben
zum sel'gen ersten Lieben
die Brust sich schwellet hoch und weit,
ein schönes Lied zu singen
mocht' vielen da gelingen :
der Lenz, der sang für sie.
Kam Sommer, Herbst und Winterzeit,
viel Not und Sorg' im Leben,
manch ehlich Glück daneben,
Kindtauf', Geschäfte, Zwist und Streit :
denen's dann noch will gelingen,
ein schönes Lied zu singen,

tout art et travail poétique
est interprétation de rêves véridiques.
Parions que votre rêve vous a montré
comment vous deviendriez maître, aujourd'hui?

WALTHER *(très calme)*
Non, en rêve, j'éprouvais peu de sympathie
pour la guilde et ses maîtres!

SACHS
Votre vision au moins vous a appris
la formule magique permettant de les conquérir?

WALTHER *(avec un peu plus de vivacité)*
Après une telle rupture,
comment imaginez-vous que j'aie gardé l'espoir!

SACHS
Je n'admets pas qu'on rabaisse mon espoir,
rien encore n'a pu l'anéantir.
Au fond, croyez-moi, plutôt qu'empêcher votre fuite,
j'aurais voulu me sauver avec vous!
Je vous en prie, laissez là votre rancœur,
vous avez à faire à des hommes d'honneur;
ils se trompent, recherchent la facilité,
et veulent qu'on les prenne à leur manière.
Qui offre et décerne des prix,
en fin de compte, espère y trouver du plaisir.
Votre chant leur a fait peur, et à bon droit;
car avec une telle ardeur amoureuse et poétique,
on peut séduire des filles,
les entraîner dans des aventures;
mais pour le saint état de mariage,
il faut trouver d'autres paroles et d'autres mélodies.

WALTHER *(souriant)*
25a Je les connais aussi, depuis cette nuit :
on a fait beaucoup de bruit dans la rue.

SACHS *(riant)*
Oui, oui, c'est bon! Et vous avez aussi
entendu battre la mesure. Laissez cela,
en un mot comme en cent, suivez mon conseil :
prenez courage et composez
un chant de maître.

WALTHER
Un beau chant, un chant de maître,
comment saisir la différence?

SACHS *(tendrement)*
2a Ami, dans l'heureux temps de la jeunesse,
cédant à de fortes pulsions,
le cœur se gonfle et se dilate
pour un premier amour radieux;
ils sont nombreux, ceux qui alors parviennent
à chanter un beau chant :
15 le printemps a chanté pour eux.
Mais viennent l'été, l'automne, l'hiver,
peines et soucis de la vie,
à côté de maint bonheur conjugal,
baptêmes, affaires, désaccords et disputes :
ceux qui alors réussissent encore
à chanter de beaux chants,

seht, Meister nennt man die.

WALTHER
Ich lieb ein Weib und will es frein,
mein dauernd Ehgemahl zu sein.

SACHS
Die Meisterregeln lernt beizeiten,
daß sie getreulich Euch geleiten
und helfen wohl bewahren,
was in der Jugend Jahren
in holdem Triebe Lenz und Liebe
Euch unbewußt ins Herz gelegt,
daß Ihr das unverloren hegt.

WALTHER
Stehn sie nun in so hohem Ruf,
wer war es, der die Regeln schuf?

SACHS
Das waren hochbedürft'ge Meister,
von Lebensmüh' bedrängte Geister;
in ihrer Nöten Wildnis
sie schufen sich ein Bildnis,
daß ihnen bliebe der Jugenliebe
ein Angedenken klar und fest,
dran sich der Lenz erkennen läßt.

WALTHER
Doch, wem der Lenz schon lang entronnen,
wie wird er dem im Bild gewonnen?

SACHS
Er frischt es an, so oft er kann!
Drum möcht' ich, als bedürft'ger Mann,
will ich die Regeln Euch lehren,
sollt Ihr sie mir neu erklären.
Seht, hier ist Tinte, Feder, Papier :
ich schreib's Euch auf, diktiert Ihr mir!

WALTHER
Wie ich's begänne, wüßt' ich kaum.

SACHS
Erzählt mir Euren Morgentraum!

WALTHER
Durch Eurer Regeln gute Lehr'
ist mir's, als ob verwischt er wär'.

SACHS
Grad nehmt die Dichtkunst jetzt zur Hand;
mancher durch sie das Verlorene fand.

WALTHER
So wär's nicht Traum, doch Dichterei?

SACHS
's sind Freunde beid', stehn gern sich bei.

1 voyez, on les appelle maîtres.

WALTHER
J'aime une femme et veux l'épouser,
pour vivre avec elle ma vie entière.

SACHS
Apprenez à temps les règles des maîtres,
qu'elles vous guident fidèlement
et vous aident à conserver
ce qu'au temps de votre jeunesse
les douces pulsions du printemps et de l'amour
à votre insu ont mis dans votre cœur,
que vous puissiez le retrouver sans aucun changement.

WALTHER
Si leur renommée est si grande,
qui étaient donc les auteurs de ces règles?

SACHS
C'étaient des maîtres besogneux,
des esprits tourmentés par la vie;
dans le désert de leurs peines,
ils se sont créé une image,
leur permettant de garder,
des amours de leur jeunesse,
le souvenir clair et durable,
auquel on reconnaît le printemps.

WALTHER
Mais celui pour qui le printemps
a fui depuis longtemps,
comment en retrouvera-t-il l'image?

SACHS
18b Il la ranime, aussi souvent que possible!
C'est pourquoi, si je dois vous enseigner les règles,
je voudrais, pauvre homme que je suis,
que vous me les expliquiez à nouveau.
Voici de l'encre, une plume et du papier :
j'écrirai sous votre dictée!

WALTHER
Je sais à peine comment commencer!

SACHS
Racontez-moi votre rêve du matin!

WALTHER
J'ai si bien appris vos règles, il me semble,
que mon rêve est effacé.

SACHS
Recourez alors à l'art du poète;
grâce à lui, plus d'un déjà a retrouvé
la vision perdue.

WALTHER
Ce ne serait donc pas un rêve, mais de la poésie?

SACHS
Ils sont amis tous deux, s'entraident volontiers.

WALTHER
Wie fang ich nach der Regel an?

SACHS
Ihr stellt sie selbst und folgt ihr dann.
Gedenkt des schönen Traums am Morgen;
fürs andre laßt Hans Sachs nur sorgen!

WALTHER *(hat sich zu Sachs am Werktisch gesetzt, wo dieser das Gedicht Walthers nachschreibt)*
» Morgenlich leuchtend in rosigem Schein,
von Blüt' und Duft geschwellt die Luft,
voll aller Wonnen, nie ersonnen,
ein Garten lud mich ein, Gast ihm zu sein.«

SACHS
Das war ein Stollen : nun achtet wohl,
daß ganz ein gleicher ihm folgen soll.

WALTHER
Warum ganz gleich?

SACHS
Damit man seh',
Ihr wähltet Euch gleich ein Weib zur Eh'.

WALTHER
» Wonnig entragend dem seligen Raum
bot goldner Frucht heilsaft'ge Wucht
mit holdem Prangen dem Verlangen
an duft'ger Zweige Saum herrlich ein Baum.«

SACHS
Ihr schlosset nicht in gleichen Ton.
Das macht den Meistern Pein;
doch nimmt Hans Sachs die Lehr' davon,
im Lenz wohl müss' es so sein. –
Nun stellt mir einen Abgesang.

WALTHER
Was soll nun der?

SACHS
Ob Euch gelang,
ein rechtes Paar zu finden,
das zeigt sich an den Kinden.
Den Stollen ähnlich, doch nicht gleich,
an eignen Reim' und Tönen reich;
daß man's recht schlank und selbstig find',
das freut die Eltern an dem Kind,
und Euren Stollen gibt's den Schluß,
daß nichts davon abfallen muß.

WALTHER
» Sei Euch vertraut,
welch hehres Wunder mir geschehn :
an meiner Seite stand ein Weib,

WALTHER
Comment commencer selon les règles?

SACHS
D'abord, vous les fixez, puis vous les suivez.
Pensez à votre beau rêve du matin;
et Sachs saura veiller au reste!

WALTHER *(s'est assis près de l'établi de Sachs, où celui-ci note sous dictée le poème de Walther)*
29 « Un jardin resplendissait
dans la lueur rosée du matin.
L'air y était pénétré
du parfum de mille fleurs.
Plein d'impensables voluptés,
il m'invitait à en être l'hôte. »

SACHS
C'était une strophe : tâchez maintenant
qu'une autre identique la suive.

WALTHER
Pourquoi identique?

SACHS
Pour que l'on voie que vous avez choisi
une femme pareille à vous pour l'épouse.

WALTHER
29 « Dominant joyeusement
ce jardin bienheureux,
un arbre magnifique
offrait à mon désir la force salutaire
de ses fruits d'or brillant si doucement
au bout de ses rameaux odorants. »

SACHS
Vous avez terminé dans un ton différent.
Cela va irriter les maîtres;
mais Sachs en tire la leçon
qu'il en doit aller ainsi au printemps.
Composez maintenant votre déchant*.

WALTHER
Qu'en attendez-vous?

SACHS
Avez-vous réussi à trouver
un couple harmonieux?
C'est d'après les enfants qu'on en pourra juger.
Qu'il soit semblable aux strophes, mais non identique,
riche de rimes propres et de sa propre mélodie;
Les parents aiment que les enfants
soient agiles et autonomes.
Les strophes trouveront ainsi leur achèvement,
et rien n'en pourra être retranché.

WALTHER
5 « Je vais vous confier le miracle sublime
que j'ai vécu : à mon côté
se tenait une femme –

---

* Voir la note 3 de la p.349

so hold und schön ich nie gesehn;
gleich einer Braut
umfaßt' sie sanft meinen Leib;
mit Augen winkend,
die Hand wies blinkend,
was ich verlangend begehrt,
die Frucht so hold und wert
vom Lebensbaum.«

jamais je n'en ai vu plus douce ni plus belle –
comme une tendre fiancée,
elle enlaçait ma taille;
de l'œil et de la main, elle me désignait
ce qu'ardemment je désirais,
le fruit si doux et précieux
de l'arbre de la vie. »

SACHS *(gerührt)*
Das nenn ich mir einen Abgesang!
Seht, wie der ganze Bar gelang.
Nur mit der Melodei seid Ihr ein wenig frei;
doch sag ich nicht, da das ein Fehler sei;
nur ist's nicht leicht zu behalten,
und das ärgert unsre Alten! –
Jetzt richtet mir noch einen zweiten Bar,
damit man merk', welch' der erste war.
Auch weiß ich noch nicht, so gut Ihr's gereimt,
was Ihr gedichtet, was Ihr geträumt.

SACHS *(ému)*
Ma parole, voilà un beau déchant!
Voyez, le bar entier est réussi.
Il n'y a que la mélodie dont vous usiez un peu librement;
Je ne dis pas que ce soit une faute;
mais elle est difficile à retenir,
et cela irrite nos vieux! –
Composez maintenant un second bar,
qu'on voie bien quel était le premier.
Les rimes sont si belles, dans votre poème,
que je ne puis distinguer la part du rêve et de la poésie.

WALTHER
» Abendlich glühend in himmlischer Pracht
verschied der Tag, wie dort ich lag;
aus ihren Augen Wonne zu saugen,
Verlangen einz'ger Macht in mir nur wacht'.
Nächtlich umdämmert der Blick mir sich bricht!
Wie weit so nah beschienen da
zwei lichte Sterne aus der Ferne
durch schlanker Zweige Licht hehr mein Gesicht.
Lieblich ein Quell
auf stiller Höhe dort mir rauscht;
jetzt schwellt er an sein hold Getön',
so stark und süß ich's nie erlauscht :
leuchtend und hell,
wie strahlten die Sterne da schön;
zu Tanz und Reigen in Laub und Zweigen
der goldnen sammeln sich mehr,
statt Frucht ein Sternenheer
im Lorbeerbaum.« –

WALTHER
29 « Le jour déclinait, rougeoyant
dans une céleste splendeur; j'étais étendu là,
un seul désir puissant veillait encore en moi :
boire la volupté dans ses regards.
29 Cerné par la sombre nuit, mon regard s'éteignit.
À la fois proches et lointaines,
deux claires étoiles du firmament
illuminaient noblement mon visage
à travers de légers branchages.
D'une colline silencieuse,
j'entendis murmurer doucement une source;
elle enfla son doux chant.
Jamais je n'en ouïs plus beau ni plus puissant;
scintillantes et claires, les étoiles brillaient;
pour danser une ronde dans les rameaux et le feuillage,
toujours plus nombreuses, elles s'assemblaient :
au lieu de fruits, dans le laurier,
une armée d'étoiles d'or. » –

SACHS *(sehr gerührt)*
Freund! Euer Traumbild wies Euch wahr;
gelungen ist auch der zweite Bar.
Wolltet Ihr noch einen dritten dichten?
Des Traumes Deutung würd' er berichten.

SACHS *(très ému)*
Ami, votre rêve vous a bien inspiré;
Vous avez aussi réussi le second bar.
En voulez-vous composer un troisième?
Il proposerait l'interprétation du rêve.

WALTHER *(steht schnell auf)*
Wo fänd' ich die? Genug der Wort'!

WALTHER *(se levant rapidement)*
Où la trouver? Assez parlé!

SACHS *(erhebt sich gleichfalls und tritt mit freundlicher Entschiedenheit zu Walther)*
Dann Tat und Wort am rechten Ort!
Drum bitt ich, merkt mir wohl die Weise :
gar lieblich drin sich's dichten läßt :
und singt Ihr sie im weitren Kreise,
so haltet mir auch das Traumbild fest.

SACHS *(se lève également et s'approche de Walther avec amabilité et résolution)*
18b,10 Il est un lieu qui convient aux actes et aux paroles!
Je vous en prie : retenez bien la mélodie,
car elle porte à merveille l'improvisation poétique;
et si vous la chantez dans un cercle plus vaste,
tâchez de garder l'image du rêve.

WALTHER
Was habt Ihr vor?

WALTHER
Quel est votre plan?

SACHS
Eu'r treuer Knecht
fand sich mit Sack und Tasch' zurecht;

SACHS
Votre brave valet,
chargé de vos bagages, vous a retrouvé;

die Kleider, drin am Hochzeitfest
daheim Ihr wolltet prangen,
die ließ er her zu mir gelangen.
Ein Täubchen zeigt' ihm wohl das Nest,
darin sein Junker träumt!
Drum folgt mir jetzt ins Kämmerlein!
Mit Kleiden, wohlgesäumt,
sollen beide wir gezieret sein,
wenn's Stattliches zu wagen gilt.
Drum kommt, seid Ihr gleich mir gewillt!

les habits d'apparat
que vous comptiez porter chez vous
au jour de votre noce, il les a apportés chez moi.
Une colombe lui a montré sans doute
10, 5 le nid où rêve son chevalier!
Suivez-moi donc dans la chambrette!
Nous voulons tous deux
nous parer d'habits de fête,
car il s'agit d'une affaire importante.
Venez, si vous approuvez mon dessein!

(Walther schlägt in Sachs' Hand ein; so geleitet ihn dieser ruhig festen Schrittes zur Kammer, deren Tür er ihm ehrerbietig öffnet und dann ihm folgt. Man gewahrt.)

23 *(Walther serre la main de Sachs; celui-ci le conduit d'un pas ferme et tranquille vers la chambre dont il ouvre respectueusement la porte devant lui; puis il le suit.)*

DRITTE SZENE

BECKMESSER *welcher draußen vor dem Laden erscheint, in großer Aufregung hereinlugt und, da er die Werkstatt leer findet, hastig eintritt. Er ist reich aufgeputzt, aber in sehr leidendem Zustande. Er blickt sich erst unter der Tür nochmals genau in der Werkstatt um, dann hinkt er vorwärts, zuckt aber zusammen und streicht sich den Rücken. Er macht wieder einige Schritte, knickt aber mit den Knien und streicht nun diese. Er setzt sich auf den Schusterschemel, fährt aber schnell schmerzhaft wieder auf. Er betrachtet sich den Schemel und gerät dabei in immer aufgeregteres Nachsinnen. Er wird von den verdrießlichsten Erinnerungen und Vorstellungen gepeinigt; immer unruhiger beginnt er sich den Schweiß von der Stirne zu wischen. Er hinkt immer lebhafter umher und starrt dabei vor sich hin. Als ob er von allen Seiten verfolgt wäre, taumelt er fliehend hin und her.Wie um nicht umzusinken, hält er sich an dem Werktisch, zu dem er hingeschwankt war, an und starrt vor sich hin. Matt und verzweiflungsvoll sieht er um sich; sein Blick fällt endlich durch das Fenster auf Pogners Haus; er hinkt mühsam an dasselbe heran, und, nach dem gegenüberliegenden Fenster aussenpähend, versucht er, sich in die Brust zu werfen, als ihm sogleich der Ritter Walther einfällt. Ärgerliche Gedanken entstehen dadurch, gegen die er mit schmeichelndem Selbstgefühl anzukämpfen sucht. Die Eifersucht übermannt ihn; er schlägt sich vor de Kopf. Er glaubt die Verhöhnung der Weiber und Buben auf der Gasse zu vernehmen, wendet sich wütend ab und schmeißt das Fenster zu. Sehr verstört wendet er sich mechanisch wieder dem Werktische zu, indem er vor sich hinbrütend nach einer neuen Weise zu suchen scheint. Sein Blick fällt auf das von Sachs zuvor beschriebene Papier; er nimmt es neugierig auf, überfliegt es mit wachsender Aufregung und bricht endlich wütend aus.)*
Ein Werbelied! Von Sachs! Ist's wahr?
Ha! Jetzt wird mir alles klar!

(Da er die Kammertür gehen hört, fährt er zusammen und steckt das Blatt eilig in die Tasche.)

SACHS *(im Festgewande, tritt ein, kommt vor und hält an, als er Beckmesser gewahrt)*
Sieh da, Herr Schreiber! Auch am Morgen?
Euch machen die Schuh' doch nicht mehr Sorgen?

BECKMESSER
Zum Teufel! So dünn war ich noch nie beschuht!

SCÈNE III

13 BECKMESSER *qui apparaît à l'extérieur, devant l'échop-*
8a *pe; très énervé, il guigne à l'intérieur, et, trouvant l'atelier*
26 *vide, il entre hâtivement. Il est également richement vêtu,*
25a *mais en bien mauvaise forme physique. Du seuil, il observe*
11 *exactement l'atelier, fait quelques pas boitillants; la douleur l'arrête, il se frotte le dos. Il fait encore quelques pas : ses genoux ont peine à le porter, il les frotte aussi. Il s'assied sur l'escabeau de cordonnier, mais la douleur le force à se relever aussitôt. Plongé dans une réflexion de plus en plus agitée, il contemple l'escabeau. Les souvenirs et les images les plus pénibles le tourmentent; de plus en plus agité, il commence par s'essuyer la sueur du front. Il va de-ci de-là en boitant toujours plus rapidement, regardant fixement devant lui. Comme s'il était poursuivi de tous côtés, il fuit de part et d'autre en vacillant. Il s'agrippe à l'établi dont il s'est approché en titubant, comme pour ne pas tomber. Il regarde encore fixement devant lui. Puis, épuisé, désespéré, il observe les lieux; finalement il regarde par la fenêtre en direction de la maison de Pogner; il s'approche péniblement de la fenêtre en boitant, et, tout en regardant la fenêtre située en face, il tente de bomber le torse; aussitôt lui revient l'image du chevalier Walther. Le dépit se réveille en lui, il tente de le combattre par l'image flatteuse qu'il se fait de lui-même. La jalousie s'empare de lui; il se frappe le front. Il croit entendre les moqueries des femmes et des gamins dans la rue, se détourne et ferme énergiquement la fenêtre. Très troublé, il retourne mécaniquement à l'établi; plongé dans ses pensées, il semble chercher une mélodie nouvelle. Son regard tombe alors sur le texte que Sachs vient d'écrire; curieux, il le prend en main, le parcourt avec une exaltation croissante et finit par s'écrier avec rage :)*

Un chant de concours! De Sachs! Est-ce bien vrai?
Ha, maintenant, tout devient clair pour moi!

(Comme il entend que la porte de la chambre s'ouvre, il sursaute et met hâtivement la feuille dans sa poche.)

18b

SACHS *(en habits de fête, entre, s'avance, et s'arrête en apercevant Beckmesser)*
Tiens? monsieur le greffier! Le matin aussi?
Les souliers vous donnent donc bien du souci!

BECKMESSER
13 Au diable! Je n'ai jamais eu semelles si minces!

Fühl durch sie Sohl' den kleinsten Kies!

Je sens au travers le moindre gravier!

SACHS
Mein Merkersprüchlein wirkte dies,
trieb sie mit Merkerzeichen so weich.

SACHS
C'est là l'effet de ma maxime de marqueur;
Comme marqueur, à grands coups de marteau
je les ai assouplies!

BECKMESSER
Schon gut der Witz! Und genug der Streich'!
Glaubt mir, Freund Sachs, jetzt kenn ich Euch!
Der Spaß von dieser Nacht,
der wird Euch noch gedacht.
Daß ich Euch nur nicht im Wege sei,
schuft Ihr gar Aufruhr und Meuterei!

BECKMESSER
Assez de farces et de plaisanteries!
Croyez, ami, je vous connais par cœur!
Le tour de cette nuit,
Je ne l'oublierai pas de si tôt.
Pour que je ne sois pas un obstacle à vos plans,
vous avez provoqué la révolte et l'émeute!

SACHS
's war Polterabend, laßt Euch bedeuten;
Eure Hochzeit spukte unter den Leuten :
je toller es da hergeh',
je besser bekommt's der Eh'.

SACHS
8a Je vais vous expliquer ce grand charivari :
26b votre mariage a troublé la tête des gens :
plus il y a de vacarme,
mieux réussit le mariage.

BECKMESSER *(wütend)*
O Schuster, voll von Ränken
und pöbelhaften Schwänken,
du warst mein Feind von je :
nun hör, ob hell ich seh!
Die ich mir auserkoren,
die ganz für mich geboren,
zu aller Witwer Schmach,
der Jungfer stellst du nach.
Daß sich Herr Sachs erwerbe
des Goldschmieds reiches Erbe,
im Meisterrat zur Hand
auf Klauseln er bestand,
ein Mägdelein zu betören,
das nur auf ihn sollt' hören
und, andern abgewandt,
zu ihm allein sich fand.
Darum! Darum!
Wär' ich so dumm?
Mit Schreien und mit Klopfen
wollt' er mein Lied zustopfen,
daß nicht dem Kind werd kund,
wie auch ein andrer bestund!
Ja ja! Haha! Hab ich dich da?
Aus seiner Schusterstuben
hetzt' endlich er den Buben
mit Knüppeln auf mich her,
daß meiner los er wär'!
Au au! Au au! Wohl grün und blau,
zum Spott der allerliebsten Frau,
zerschlagen und zerprügelt,
daß kein Schneider mich aufbügelt!
Gar auf mein Leben war's angegeben!
Doch kam ich noch so davon,
daß ich die Tat Euch lohn!
Zieht heut nur aus zum Singen,
merkt auf, wie's mag gelingen;
bin ich gezwackt auch und zerhackt,
Euch bring ich doch sicher aus dem Takt!

BECKMESSER *(avec rage)*
13 Oh! cordonnier intriguant,
aimant les farces populaires,
tu as toujours été mon ennemi :
écoute-moi bien maintenant, car je t'ai démasqué!
La belle enfant que j'ai choisie
et qui, depuis sa naissance, m'est destinée,
à la grande honte de tous les veufs,
tu as des vues sur elle.
Pour hériter du riche orfèvre,
au conseil des maîtres, Sachs a fixé
des clauses propres à faire tourner
la tête de la jeune fille,
pour qu'elle n'écoute que lui,
dédaignant tous les autres,
et ne s'attache qu'à lui.

Voilà! Voilà la raison!
Je ne suis pas si bête!
À grands cris et coups de marteau,
il a voulu couvrir mon chant,
pour que la belle enfant ignore
le mérite d'un autre prétendant!
Oui, oui! Haha! T'ai-je bien attrapé?
Puis de son échoppe de cordonnier,
il lance enfin sur moi son apprenti,
armé d'un gourdin, pour se débarrasser de moi!
Aïe, aïe! aïe, aïe! Couvert de bleus,
en butte à la risée de la belle,
je suis moulu, roué de coups :
aucun tailleur, de son fer,
ne pourrait me défroisser!
Tu en voulais même à ma vie!
Mais j'en ai réchappé
et saurai bien me venger!
Allez au concours aujourd'hui :
vous verrez quel sera votre succès.
J'ai beau être éreinté et rompu :
soyez-en sûr, je vous ferai perdre le fil.

SACHS
Gut Freund, Ihr seid in argem Wahn!
Glaubt, was Ihr wollt, daß ich getan,

SACHS
Ami, qu'imaginez-vous là?
Pensez de moi tout ce qu'il vous plaira;

gebt Eure Eifersucht nur hin;
zu werben kommt mir nicht in Sinn.

BECKMESSER
Lug und Trug! Ich kenn es besser.

SACHS
Was fällt Euch nur ein, Meister Beckmesser?
Was ich sonst im Sinn, geht Euch nichts an.
Doch glaubt, ob der Werbung seid Ihr im Wahn.

BECKMESSER
Ihr sängt heut nicht?

SACHS
Nicht zur Wette.

BECKMESSER
Kein Werbelied?

SACHS
Gewißlich, nein!

BECKMESSER
Wenn ich aber drob ein Zeugnis hätte?
(Er greift in die Tasche.)

SACHS *(blickt auf den Werktisch)*
Das Gedicht? Hier ließ ich's. Stecktet Ihr's ein?

BECKMESSER *(das Blatt hervorziehend)*
Ist das Eure Hand?

SACHS
Ja – war es das?

BECKMESSER
Ganz frisch noch die Schrift?

SACHS
Und die Tinte noch naß!

BECKMESSER
's wär' wohl gar ein biblisches Lied?

SACHS
Der fehlte wohl, wer darauf riet.

BECKMESSER
Nun denn?

SACHS
Wie doch?

BECKMESSER
Ihr fragt?

SACHS
Was noch?

BECKMESSER
Daß Ihr mit aller Biederkeit

mais renoncez à votre jalousie :
je n'ai pas l'intention de concourir.

BECKMESSER
Mensonge et duperie! Je suis mieux informé.

SACHS
Qu'est-ce qui vous prend là, messire Beckmesser?
Mes projets, par ailleurs, ne vous regardent pas.
Mais croyez-moi, pour le concours,
vous êtes dans l'erreur.

BECKMESSER
Vous ne chanteriez pas aujourd'hui?

SACHS
En tous cas, pas pour le concours.

BECKMESSER
Vous ne concourrez pas pour la main de la belle?

SACHS
Sûrement pas!

BECKMESSER
Mais si j'en avais une preuve?
(Il met la main à la poche.)

SACHS *(regardant l'établi)*
Le poème?
Je l'avais laissé là. L'avez-vous empoché?

BECKMESSER *(tirant la feuille)*
N'est-ce pas votre main?

SACHS
Etait-ce donc cela?

BECKMESSER
L'écriture est encore fraîche?

SACHS
Et l'encre encore humide!

BECKMESSER
18b C'est un chant biblique, il me semble?

SACHS
Vous êtes dans l'erreur, si vous le croyez.

BECKMESSER
Alors?

SACHS
Comment donc?

BECKMESSER
Vous posez la question?

SACHS
Que voulez-vous dire?

BECKMESSER
Qu'avec vos airs bonhomme,

der ärgste aller Spitzbuben seid!

SACHS
Mag sein! Doch hab ich noch nie entwandt,
was ich auf fremden Tischen fand –
und daß man von Euch auch nichts Übles denkt,
behaltet das Blatt, es sei Euch geschenkt.

BECKMESSER *(in freudigem Schreck aufspringend)*
Heergott! ... Ein Gedicht? ... Ein Gedicht von Sachs! ...
Doch halt, daß kein neuer Schad' mir erwachs'!
Ihr habt's wohl schon recht gut memoriert?

SACHS
Seid meinethalb doch nur unbeirrt!

BECKMESSER
Ihr laßt mir das Blatt?

SACHS
Damit Ihr kein Dieb.

BECKMESSER
Und mach ich Gebrauch?

SACHS
Wie's Euch belieb'.

BECKMESSER
Doch sing ich das Lied?

SACHS
Wenn's nicht zu schwer!

BECKMESSER
Und wenn ich gefiel'?

SACHS
Das... wunderte mich sehr!

BECKMESSER *(ganz zutraulich)*
Da seid Ihr nun wieder zu bescheiden :
ein Lied von Sachs,
(gleichsam pfeifend)
das will was bedeuten!
Und seht nur, wie mir's ergeht,
wie's mit mir Ärmsten steht!
Erseh ich doch mit Schmerzen,
das Lied, das nachts ich sang –
dank Euren lust'gen Scherzen! –
es machte der Pognerin bang.
Wie schaff ich mir nun zur Stelle
ein neues Lied herzu?
Ich armer, zerschlagner Geselle,
wie fänd' ich heut dazu Ruh'?
Werbung und ehlich Leben,
ob das mir Gott beschied,
muß ich nun grad aufgeben,
hab ich kein neues Lied.
Ein Lied von Euch, des bin ich gewiß,
mit dem besieg ich jed' Hindernis!
Soll ich das heute haben,
vergessen, begraben

vous êtes le pire des coquins!

SACHS
Peut-être bien!
Mais jamais encore, je n'ai volé
ce que j'avais trouvé sur la table d'autrui –
et pour qu'on n'aille pas penser du mal de vous,
gardez la feuille, je vous en fais cadeau.

BECKMESSER *(sursaute à la fois de crainte et de joie)*
Seigneur!... Un poème!... Un poème de Sachs!...
Mais, halte, évitons de nouveaux ennuis!
Sans doute l'avez-vous déjà mémorisé?

SACHS
Soyez rassuré sur mon compte!

BECKMESSER
Vous me laissez la feuille?

SACHS
Ainsi, vous ne passerez pas pour un voleur.

BECKMESSER
Et si j'en fais usage?

SACHS
Comme vous le voudrez.

BECKMESSER
Mais si je chante ce poème?

SACHS
Peut-être est-il trop difficile!

BECKMESSER
Et si j'avais du succès?

SACHS
Cela… me surprendrait beaucoup!

BECKMESSER *(en confidence)*
18b, 24 Là, vous êtes par trop modeste :
Un poème de Sachs,
(comme s'il sifflait)
c'est quelque chose!
Voyez un peu ma situation
et combien je suis malheureux!
Avec douleur, je l'ai remarqué :
la sérénade, que j'ai chantée cette nuit,
grâce à vos plaisantes facéties,
a inquiété la fille de Pogner.
Comment me procurer sur l'heure
un autre chant?
Pauvre gaillard roué de coups,
comment trouverais-je le loisir de l'écrire?
Demande en mariage et vie conjugale,
si Dieu me les a destinées,
j'y dois renoncer maintenant,
si je ne trouve pas un nouveau chant.
Un chant de Sachs, j'en suis certain,
me fera surmonter tous les obstacles!
Si vous me le donnez aujourd'hui,
oublions, enterrons

sei Zwist, Hader und Streit
und was uns je entzweit.
(Er blickt seitwärts in das Blatt : plötzlich runzelt sich seine Stirn.)
Und doch! Wenn's nur eine Falle wär'? –
Noch gestern wart Ihr mein Feind :
Wie käm's, daß nach so großer Beschwer
Ihr's freundlich heut mit mir meint?

SACHS
Ich macht' Euch Schuh' in später Nacht :
hat man je so einen Feind bedacht?

BECKMESSER
Ja ja! Recht gut! Doch eines schwört :
wo und wie Ihr das Lied auch hört,
daß nie Ihr Euch beikommen laßt,
zu sagen, das Lied sei von Euch verfaßt.

SACHS
Das schwör ich und gelob es Euch,
nie mich zu rühmen, das Lied sei von mir.

BECKMESSER *(sich vergnügt die Hände reibend)*
Was will ich mehr? Ich bin geborgen!
Jetzt braucht sich Beckmesser nicht mehr zu sorgen!

SACHS
Doch, Freund, ich führ's Euch zu Gemüte
und rat es Euch in aller Güte :
studiert mir recht das Lied!
Sein Vortrag ist nicht leicht :
ob Euch die Weise geriet
und Ihr den Ton erreicht!

BECKMESSER
Freund Sachs, Ihr seid ein guter Poet,
doch was Ton und Weise betrifft, gesteht,
da tut's mir keiner vor!
Drum spitzt nur fein das Ohr.
Und : » Beckmesser, keiner besser!«
darauf macht Euch gefaßt,
wenn Ihr mich ruhig singen laßt.
Doch nun memorieren,
schnell nach Haus;
ohne Zeit zu verlieren
richt ist das aus.
Hans Sachs, mein Teurer!
Ich hab Euch verkannt;
durch den Abenteurer
war ich verrannt : *(sehr zutraulich)*
So einer fehlte uns bloß!
Den wurden wir Meister doch los!
Doch mein Besinnen
läuft mir von hinnen.
Bin ich verwirrt
und ganz verirrt?
Die Silben, die Reime,
die Worte, die Verse :
ich kleb wie am Leime,
und brennt doch die Ferse.
Ade, ich muß fort!

haines, différends et disputes
et tout ce qui nous a opposés.
(Il jette un coup d'œil de travers sur la feuille : brusquement il fronce les sourcils.)
Pourtant, si ce n'était qu'un piège? –
Hier encore, vous étiez mon ennemi :
comment se peut-il, qu'après tant de désagréments,
vous me traitiez aujourd'hui en ami?

SACHS
Tard dans la nuit, j'ai fini vos souliers :
est-ce ainsi que l'on traite un ennemi?

BECKMESSER
Oui, oui! C'est bon! Jurez-moi une chose :
où que vous entendiez ce chant,
que vous n'aurez jamais l'idée de déclarer
que vous en êtes l'auteur.

SACHS
Je vous le jure et le promets :
jamais je ne me vanterai
d'avoir composé ce poème.

BECKMESSER *(se frotte les mains de joie)*
Que demander de plus? Je n'ai plus rien à craindre!
À présent, Beckmesser
n'a pas de souci à se faire!

SACHS
Pourtant, très cher, pensez-y bien,
je vous donne un conseil d'ami :
étudiez bien ce chant!
Son interprétation est difficile :
trouverez-vous la mélodie
et le ton qui convient?

BECKMESSER
Sachs, mon ami, vous êtes un bon poète,
mais reconnaissez : pour la musique et le ton,
il n'est personne qui m'égale!
Dressez bien l'oreille, et avouez :
« Beckmesser est insurpassable! »
Vous verrez mon succès,
si vous me laissez chanter en paix.
Mais maintenant, mémorisons,
vite à la maison;
et sans perdre de temps,
je me mets au travail.
Hans Sachs, mon cher ami,
je vous ai méconnu;
par cet aventurier,
mon esprit fut troublé : *(en confidence)*
cet individu, vraiment, nous manquait!
Les maîtres ont su s'en débarrasser!
Mais mes pensées
s'embrouillent.
Suis-je déconcerté
et près de m'égarer?
Les syllabes et les rimes,
les mots et les vers,
je m'accroche partout,
malgré mon impatience.
Adieu, je dois partir!

An andrem Ort
dank ich Euch inniglich,
weil Ihr so minniglich;
für Euch nur stimme ich,
kauf Eure Werke gleich,
mache zum Merker Euch :
doch fein mit Kreide weich,
nicht mit dem Hammerstreich!
Merker! Merker! Merker Hans Sachs!
Daß Nürnberg schusterlich blüh' und wachs'!

(Beckmesser nimmt tanzend von Sachs Abschied, taumelt und poltert der Ladentür zu; plötzlich glaubt er das Gedicht in seiner Tasche vergessen zu haben, läuft wieder vor, sucht ängstlich auf dem Werktische, bis er es in der eigenen Hand gewahr wird; dadurch scherzhaft erfreut, umarmt er Sachs nochmals voll feurigen Dankes und stürzt dann, hinkend und strauchelnd, geräuschvoll durch die Ladentür ab.)

SACHS *(sieht Beckmesser gedankenvoll lächelnd nach)*
So ganz bos haft doch keinen ich fand,

er hält's auf die Länge nicht aus :
vergeudet mancher oft viel Verstand,
doch hält er auch damit Haus.
Die schwache Stunde kommt für jeden;
da wird er dumm und läßt mit sich reden.
Daß hier Herr Beckmesser ward zum Dieb,
ist mir für meinen Plan sehr lieb.
(Eva nähert sich auf der Straße der Ladentür. Sachs wendet sich um und gewahrt Eva.)
Sieh, Evchen! Dacht' ich doch, wo sie blieb'!

En d'autres lieux, je saurai
vous remercier de tout cœur
de votre bonté;
je ne voterai que pour vous,
Tout de suite, j'achète vos œuvres complètes;
je vous ferai nommer marqueur,
mais procédez doucement, à la craie,
et non à grands coups de marteau!
Marqueur, marqueur, marqueur, Hans Sachs,
pour que Nuremberg fleurisse et prospère,
grâce à ses vaillants cordonniers!
(Beckmesser prend congé de Sachs en dansant et titube bruyamment jusqu'à la porte de l'échoppe; il croit soudain avoir oublié le poème, s'avance en courant, cherche anxieusement sur l'établi, jusqu'à ce qu'il remarque qu'il tient la feuille dans sa propre main. Amusé par cette découverte, il embrasse Sachs encore une fois avec une gratitude ardente et sort bruyamment par la porte de l'atelier, boitant et titubant.)

SACHS *(suit pensivement Beckmesser du regard et sourit)*
8a Je n'ai jamais trouvé personne qui fût foncièrement méchant :
car il ne tiendrait pas longtemps;
plus d'un dépense à cela son esprit,
mais finit par le ménager.
Chacun connaît un moment de faiblesse,
il cède alors, prêt à transiger.
19 Que Beckmesser ici soit devenu voleur
sert admirablement mon plan.
(Dans la rue, Eva s'approche de la porte de l'échoppe. Sachs se retourne et l'aperçoit.)
5, 2 Tiens, voici Eva! Déjà, je me demandais où elle pouvait rester!

VIERTE SZENE

Eva, reich geschmückt, in glänzender weißer Kleidung, etwas leidend und blaß, tritt zum Laden herein und schreitet langsam vor.

SACHS
Grüß Gott, mein Evchen! Ei, wie herrlich
und stolz du's heute meinst!
Du machst wohl alt und jung begehrlich,
wenn du so schön erscheinst.

EVA
Meister! 's ist nicht so gefährlich :
und ist's dem Schneider geglückt,
wer sieht dann, wo's mir beschwerlich,
wo still der Schuh mich drückt?

SACHS
Der böse Schuh! 's war deine Laun',
daß du ihn gestern nicht probiert.

EVA
Merk wohl, ich hatt' zu viel Vertrau'n;
im Meister hatt' ich mich geirrt.

SACHS
Ei, 's tut mir leid! Zeig her, mein Kind,
daß ich dir helfe gleich geschwind.

SCÈNE IV

(Eva, richement parée, porte une robe blanche resplendissante. Un peu souffrante et pâle, elle entre dans l'atelier et s'avance lentement.)

SACHS
20 Bonjour, ma chère Eva! Quel air fier
et splendide tu as ce matin!
Tu vas troubler jeunes et vieux,
si tu te montres si belle.

EVA
30 Maître, il n'y a guère de danger;
si le tailleur a réussi la robe,
qui verra donc ma peine
et qu'en secret la chaussure me gêne?

SACHS
Le méchant soulier! Mais toi-même, tu as refusé
hier soir de l'essayer.

EVA
Je le vois, j'étais trop confiante,
sur le compte du maître, je me suis trompée.

SACHS
Hé, cela me navre! Montre un peu, mon enfant,
je vais de suite l'arranger.

EVA
Sobald ich stehe, will es gehn;
doch will ich gehn, zwingt's mich zu stehn.

SACHS
Hier auf dem Schemel streck den Fuß :
der üblen Not ich wehren muß.
(Sie streckt den Fuß auf den Schemel amWerktisch aus.)
Was ist's mit dem?

EVA
Ihr seht, zu weit!

SACHS
Kind, das ist pure Eitelkeit,
der Schuh ist knapp.

EVA
Das sagt' ich ja :
drum drückt er mich an den Zehen da.

SACHS
Hier links?

EVA
Nein, rechts.

SACHS
Wohl mehr am Spann?

EVA
Hier, mehr am Hacken.

SACHS
Kommt der auch dran?

EVA
Ach Meister! Wüßtet Ihr besser als ich,
wo der Schuh mich drückt?

SACHS
Ei, 's wundert mich,
daß er zu weit und doch drückt überall?
(Walther, in glänzender Rittertracht, tritt unter die Tür der Kammer. Eva stößt einen Schrei aus und bleibt, unverwandt auf Walther blickend, in ihrer Stellung, mit dem Fuße auf dem Schemel. Sachs, der vor ihr niedergebückt steht, bleibt mit dem Rücken der Tür zugekehrt, ohne Walthers Eintritt zu beachten. Walther, durch den Anblick Evas festgebannt, bleibt ebenfalls unbeweglich unter der Tür stehen.)
Aha! Hier sitzt's! Nun begreif ich den Fall!
Kind, du hast recht : 's stak in der Naht.
Nun warte, dem Übel schaff ich Rat.
Bleib nur so stehn; ich nehm dir den Schuh
eine Weil' auf den Leisten : dann läßt er dir Ruh'!

(Er hat ihr sanft den Schuh vom Fuße gezogen; während sie in ihrer Stellung verbleibt, macht er sich am Werktisch mit dem Schuh zu schaffen und tut, als beachte er nichts anderes.)

SACHS *(bei der Arbeit)*
Immer schustern, das ist nun mein Los;
des Nachts, des Tags komm nicht davon los!

EVA
Au repos, cela semble aller,
mais si je veux marcher, je dois m'arrêter.

SACHS
Etends ton pied sur l'escabeau,
je vais trouver remède à ton malheur.
(Elle pose le pied sur l'escabeau, à côté de l'établi.)
Alors, qu'y a-t-il?

EVA
Vous voyez, il est trop grand!

SACHS
C'est là pure coquetterie, enfant,
ce soulier est juste.

EVA
C'est bien ce que j'ai dit :
il me serre ici, sur les orteils.

SACHS
Là, à gauche?

EVA
Non, à droite.

SACHS
Sans doute au coup de pied?

EVA
Plutôt là au talon.

SACHS
Au talon aussi?

EVA
Maître, ne savez-vous pas mieux que moi
où le soulier me gêne?

SACHS
Cela m'étonne simplement qu'il soit trop grand
et de partout te gêne.
(Walther apparaît sur le seuil de la chambre, revêtu d'un splendide costume de chevalier. Eva pousse un cri et, sans détourner les yeux de Walther, reste dans sa position précédente, le pied sur l'escabeau. Sachs, accroupi devant elle, tourne le dos à la porte et n'a donc pas observé l'entrée de Walther. Walther, comme cloué sur place par la vue d'Eva, reste également immobile sur le seuil de la porte.)
21 Ah, voici la cause du mal!
Je comprends ce qui se passe.
Enfant, tu as raison : cela vient de la couture.
Attends un peu, je remédie au mal.
Reste debout; je remets le soulier
un moment sur la forme : après, tout ira bien!
(Il lui a délicatement retiré le soulier du pied; pendant qu'elle reste dans la même position, Sachs travaille à l'établi sur la chaussure et fait semblant de ne rien remarquer de ce qui se passe.)

SACHS *(Travaillant)*
C'est mon destin de faire toujours des souliers;
de jour, de nuit, le métier ne me lâche pas!

Kind, hör zu! Ich hab mir's überdacht,
was meinem Schustern ein Ende macht :
am besten, ich werbe doch noch um dich;
da gewänn' ich doch was als Poet für mich!
Du hörst nicht drauf? – So sprich doch jetzt!
Hast mir's ja selbst in den Kopf gesetzt.
Schon gut! – Ich merk : » Mach deinen Schuh!«...
Säng' mir nur wenigstens einer dazu!

Hörte heut gar ein schönes Lied;
wem dazu wohl ein dritter Vers geriet?

WALTHER *(den begeisterten Blick unverwandt auf Eva geheftet)*
» Weilten die Sterne im lieblichen Tanz?
So licht und klar im Lockenhaar,
vor allen Frauen hehr zu schauen,
lag ihr mit zartem Glanz ein Sternenkranz. –

SACHS *(immerfort arbeitend)*
Lausch, Kind, das ist ein Meisterlied!

WALTHER
Wunder ob Wunder nun bieten sich dar :
zwiefachen Tag ich grüßen mag;
denn gleich zwei'n Sonnen reinster Wonnen
der hehrsten Augen Paar nahm ich da wahr'. –

SACHS *(beiseite zu Eva)*
Derlei hörst du jetzt bei mir singen.

WALTHER
Huldreichstes Bild,
dem ich zu nahen mich erkühnt :
den Kranz, vor zweier Sonnen Strahl
zugleich geblichen und ergrünt,
minnig und mild,
sie flocht ihn um das Haupt dem Gemahl.
Dort Huld–geboren, nun Ruhm–erkoren,
gießt paradiesische Lust sie in des Dichters Brust
im Liebestraum.« –

SACHS *(hat den Schuh zurückgebracht und ist jetzt darüber her, ihn Eva wieder an den Fuss zu ziehen)*
Nun schau, ob dazu mein Schuh geriet?
Mein endlich doch,
es tät' mir gelingen?
Versuch's! Tritt auf! – Sag, drückt er dich noch?
(Eva, die wie bezaubert regungslos gestanden, gesehen und gehört hat, bricht jetzt in heftiges Weinen aus, sinkt Sachs an die Brust und drückt ihn schluchzend an sich. Walther ist zu ihnen getreten; er drückt begeistert Sachs die Hand. Längeres Schweigen leidenschaftlicher Ergriffenheit. Sachs tut sich endlich Gewalt an, reißt sich wie unmutig los und läßt dadurch Eva unwillkürlich an Walthers Schulter sich anlehnen.)

SACHS
Hat man mit dem Schuhwerk nicht seine Not!
Wär' ich nicht noch Poet dazu,
ich machte länger keine Schuh'!
Das ist eine Müh', ein Aufgebot!
Zu weit dem einen, dem andern zu eng;

Écoute, mon enfant! J'y ai bien réfléchi,
j'ai trouvé comment mettre un terme à ce travail :
le mieux serait encore que je brigue ta main;
j'en tirerais avantage comme poète!
Tu ne m'écoutes pas? – Parle donc maintenant!
N'est-ce pas toi qui m'as mis cette idée en tête?
C'est bon! – J'ai compris : « Fais tes souliers! »...
Si au moins, pendant que je travaille, quelqu'un voulait chanter!
Car ce matin, j'ai entendu un chant fort beau!
Aurait-il achevé son troisième poème?

WALTHER *(fixant son regard avec enthousiasme sur Eva)*
29 « Les astres auraient-il interrompu leur danse?
J'aperçois, reposant sur les cheveux bouclés
de la noble beauté
qui surpasse en grâce toute autre femme,
une couronne scintillante d'étoiles. –

SACHS *(continuant son travail)*
Écoute, mon enfant, car c'est un chant de maître!

WALTHER
29 Un prodige après l'autre paraît :
je puis saluer deux jours à la fois;
car, ravissement pareil à celui de deux soleils,
j'ai vu la noble paire de ses yeux. –

SACHS *(en aparté à Eva)*
À présent c'est ainsi que l'on chante chez moi.

WALTHER
5 Image gracieuse entre toutes
dont j'approchai avec audace :
la couronne, à la fois pâlie et reverdie
par les rayons de deux soleils,
avec tendresse, avec douceur,
elle la pose sur la tête de son époux.
Née là-bas de la grâce, élue à présent pour la gloire,
elle verse une joie édénique dans le cœur du poète
qui rêve d'amour. »

SACHS *(a rapporté le soulier et s'apprête à le remettre au pied d'Eva)*
Regarde si j'ai pu arranger ton soulier.
Je devrais enfin
y être parvenu!
Essaye! Pose le pied! Te gêne-t-il encore?
(Eva, comme clouée sur place par un enchantement, a regardé et écouté sans bouger; elle fond maintenant en larmes, pose la tête sur la poitrine de Sachs et se presse contre lui en sanglotant. Walther s'est approché d'eux; il serre avec enthousiasme la main de Sachs. Long silence
23 *d'émotion passionnée. Sachs se fait enfin violence, se dégage comme à contre-cœur; involontairement, il laisse retomber la tête d'Eva sur l'épaule de Walther.)*

SACHS
22b Que d'ennuis l'on a avec les chaussures!
Si je n'étais pas aussi poète,
je ne voudrais plus faire de souliers!
Quel tourment! Quelle perte de temps!
Trop grand pour l'un, pour l'autre trop étroit;

von allen Seiten Lauf und Gedräng' :
da klappt's, da schlappt's,
hier drückt's, da zwickt's!
Der Schuster soll auch alles wissen,
flicken, was nur immer zerrissen;
und ist er gar Poet dazu,
da läßt man am End' ihm auch da keine Ruh';
und ist er erst noch Witwer gar,
zum Narren hält man ihn fürwahr.
Die jüngsten Mädchen, ist Not am Mann,
begehren, er hielte um sie an.
Versteht er sie, versteht er sie nicht,
all eins, ob ja, ob nein er spricht :
am End' riecht er doch nach Pech
und gilt für dumm, tückisch und frech!
Ei, 's ist mir nur um den Lehrbuben leid;
der verliert mir allen Respekt;
die Lene macht ihn schon nicht recht gescheit,
daß aus Töpf' und Tellern er leckt!
Wo Teufel er jetzt nur wieder steckt?
(Er stellt sich, als wolle er nach David sehen.)

EVA *(indem sie Sachs zurückhält und von neuem an sich zieht)*
O Sachs, mein Freund! Du teurer Mann!
Wie ich dir Edlem lohnen kann?
Was ohne deine Liebe,
was wär' ich ohne dich,
ob je auch Kind ich bliebe,
erwecktest du mich nicht?
Durch dich gewann ich,
was man preist,
durch dich ersann ich,
was ein Geist!
Durch dich erwacht,
durch dich nur dacht'
ich edel, frei und kühn,
du ließest mich erblühn!
Ja, lieber Meister, schilt mich nur!
Ich war doch auf der rechten Spur :
denn, hatte ich die Wahl,
nur dich erwählt' ich mir :
du warest mein Gemahl.
Den Preis reicht' ich nur dir! –
Doch nun hat's mich gewählt
zu nie gekannter Qual :
und werd ich heut vermählt,
so war's ohn' alle Wahl!
Das war ein Müssen, war ein Zwang!
Euch selbst, mein Meister, wurde bang.

SACHS
Mein Kind :
von Tristan und Isolde
kenn ich ein traurig Stück;
Hans Sachs war klug und wollte
nichts von Herrn Markes Glück.
's war Zeit, daß ich den Rechten fand
wär' sonst am End' doch hineingerannt! –
Aha! Da streicht die Lene schon ums Haus.
Nur herein! – He, David! Kommst nicht heraus?
(Magdalene, in festlichem Staate, tritt durch die Ladentür herein; David ebenfalls im Festkleid, mit Blumen und Bändern sehr reich und zierlich herausgeputzt, kommt zu-

de toutes parts, on accourt en foule :
un soulier est déformé, l'autre est éculé,
serrant ici ou pinçant là!
30b Le cordonnier doit tout savoir,
réparer tout ce qui est déchiré.
Si, de plus, il est poète,
on ne le laisse pas en paix;
et s'il est veuf de surcroît,
on se moque ouvertement de lui.
Les plus jeunes filles, en peine de mari,
voudraient qu'il demande leur main.
Qu'il les comprenne ou ne les comprenne pas,
qu'il dise oui, qu'il dise non,
en fin de compte, on le rejette, l'accusant de sentir la poix;
il passe encore pour stupide, effronté et perfide!
Cela me gêne à cause de mon apprenti :
il perd tout respect devant moi;
Lene lui tourne assez la tête,
lui faisant lécher les pots et les assiettes!
Où diable peut-il se cacher?
(Il fait semblant de vouloir chercher David.)

EVA *(retenant Sachs et l'attirant contre elle)*
18b O Sachs, mon ami qui m'est cher!
Comment récompenser ton noble cœur?
Que serais-je sans ton amour,
que serais-je sans toi?
Ne serais-je pas restée une enfant,
si tu ne m'avais éveillée?
Par toi, j'acquis
tout ce qu'on loue,
grâce à toi, je compris
ce qu'est un esprit!
Par toi, je m'éveillai
et appris à penser
en fille noble, libre, audacieuse;
grâce à toi, je m'épanouis!
Cher maître, tu peux me gronder!
Malgré tout, j'étais sur la bonne voie :
car, aurais-je eu le choix,
je n'aurais choisi que toi;
tu serais devenu mon époux,
c'est à toi seul que je donnais le prix. –
Or, j'ai été choisie
pour un tourment qui m'était inconnu :
si aujourd'hui, l'on me marie,
ce sera sans aucun choix,
car je n'ai pu faire autrement!
Vous-même, maître, avez pris peur.

SACHS
Enfant,
je connais une triste histoire
d'Iseult et de Tristan;
Hans Sachs fut assez avisé
pour refuser le bonheur de messire Marke.
Il était grand temps que je trouve le fiancé qu'il te faut;
sinon, j'aurais finalement donné dans le panneau! –
Ha, voici Lene qui déjà tourne autour de la maison.
Qu'elle entre donc! – David, pourquoi ne sors-tu pas?
(Magdalene, en robe de fête, entre par la porte de l'échoppe; David, également endimanché, richement et gracieusement paré de fleurs et rubans, sort de la chambre.)

gleich aus der Kammer heraus.)
Die Zeugen sind da, Gevatter zur Hand;
jetzt schnell zur Taufe, nehmt euren Stand.
(Alle blicken ihn verwundert an.)
Ein Kind ward hier geboren;
jetzt sei ihm ein Nam' erkoren!
So ist' nach Meisterweis' und Art,
wenn eine Meister-Weise geschaffen ward :
daß die einen guten Namen trag',
dran jeder sie erkennen mag.
Vernehmt, respecktable Gesellschaft,
was euch hier zur Stell' schafft!
Eine Meisterweise ist gelungen,
von Junker Walther gedichtet und gesungen;
der jungen Weise lebender Vater
lud mich und die Pognerin zu Gevatter.
Weil wir die Weise wohl vernommen,
sind wir zur Taufe hierher gekommen.
Auch daß wir zur Handlung Zeugen haben,
ruf ich Jungfer Lene und meinen Knaben.
Doch da's zum Zeugen kein Lehrbube tut
und heut auch den Spruch er gesungen gut,
so mach ich den Burschen gleich zum Gesell;
knie nieder, David, und nimm diese Schell'!

(David ist niedergekniet : Sachs gibt ihm eine starke Ohrfeige.)
Steh auf, Gesell, und denk an den Streich;
du merkst dir dabei die Taufe zugleich! –
Fehlt sonst noch was, uns keiner schilt :
wer weiß, ob's nicht gar einer Nottaufe gilt.
Daß die Weise Kraft behalte zum Leben,
will nur gleich den Namen ihr geben :
» Die selige Morgentraumdeut-Weise «
sei sie gennant zu des Meisters Preise.
Nun wachse sie groß, ohn' Schad' und Bruch.
Die jüngste Gevatterin spricht den Spruch.

(Er tritt aus der Mitte des Halbkreises, der von den übrigen um ihn gebildet war, auf die Seite, so daß nun Eva in die Mitte zu stehen kommt.)

EVA
Selig, wie die Sonne
meines Glückes lacht,
Morgen voller Wonne
selig mir erwacht!
Traum der höchsten Hulden,
himmlisch Morgenglühn!
Deutung euch zu schulden,
selig süß Bemühn!
Einer Weise mild und hehr
sollt' es hold gelingen,
meines Herzens süß Beschwer
deutend zu bezwingen.
Ob es nur ein Morgentraum?
Selig deut ich mir es kaum.
Doch die Weise, was sie leise
mir vertraut, hell und laut,
in der Meister vollem Kreis
deute sie auf den höchsten Preis!

SACHS
Vor dem Kinde lieblich hold

30b Voici les témoins, et les parrains sont prêts.
procédons au baptême, mettez-vous vite en place.
(Tous le regardent avec étonnement.)
Un enfant est né ici;
1b choisissons-lui un nom maintenant!
La tradition des maîtres le veut :
lorsqu'un ton de maître a été créé,
il doit porter un beau nom
auquel on peut le reconnaître.
1a Entendez, respectable compagnie,
ce qui vous appelle en ce lieu!
Un ton de maître fut conçu,
composé et chanté par le noble Walther;
le père encore en vie de cette jeune mélodie
1b a souhaité qu'Eva et moi soyons parrains.
Nous avons entendu la mélodie
et accourons pour le baptême.
Il faut deux témoins de cet acte;
1b j'appelle donc Lene et mon apprenti.
Or, comme un apprenti ne peut être témoin
et qu'il a bien chanté son poème aujourd'hui,
je le fais compagnon sur le champ;
Viens, David, à genoux, et reçois ce soufflet!

(David s'est agenouillé, Sachs lui donne une gifle énergique.)
1ab Lève-toi, compagnon, rappelle-toi la gifle,
du même coup, tu te souviendras du baptême! –
Qu'on nous pardonne, si nous oublions quelque chose :
qui sait s'il ne s'agit d'un baptême d'urgence?
Pour que le ton trouve force et vitalité,
je vais aussitôt lui donner un nom :
« Ton bienheureux de l'interprétation du rêve matinal »;
qu'il soi ainsi nommé pour la gloire du maître.
Puisse-t-il prospérer sans dommage ni altération.
La cadette, la marraine, nous dit ce qu'elle ressent.

(Il quitte le centre du demi-cercle que les autres avaient formé autour de lui, se place de côté, si bien qu'Eva se trouve maintenant au milieu.)

EVA
Comme bienheureux, le soleil
sourit à mon bonheur,
un matin plein de joie
se lève, radieux!
Rêve de joies suprêmes,
céleste aurore!
Vous en donner l'interprétation
est une tâche heureuse et douce!
29 Une mélodie noble et tendre
devrait réussir, caressante,
à surmonter en l'expliquant
la douce peine de mon cœur.
5 N'était-ce qu'un rêve matinal?
Pour l'expliquer, je ressens trop de joie.
Mais ce que la mélodie m'a confié doucement,
me permet d'espérer le prix suprême,
quand elle sera chantée à voix claire et haute
dans l'assemblée des maîtres.

SACHS
J'aurais envie de chanter

möcht' ich gern wohl singen;
doch des Herzens süß Beschwer
galt es zu bezwingen.
's war ein schöner Morgen-Traum :
dran zu deuten wag ich kaum.
Diese Weise, was sie leise
mir anvertraut im stillen Raum,
sagt mir laut :
auch der Jugend ew'ges Reis
grünt nur durch des Dichters Preis.

WALTHER
Deine Liebe ließ es mir gelingen,
meines Herzens süß Beschwer deutend zu bezwingen.
Ob es noch der Morgentraum?
Selig deut ich mir es kaum.
Doch die Weise, was sie leise
dir vertraut im stillen Raum,
hell und laut,
in der Meister vollem Kreis
werbe sie um den höchsten Preis!

DAVID
Wach oder träum ich schon so früh?
Das zu erklären macht mir Müh' :
's ist wohl nur ein Morgentraum?
Was ich seh, begreif ich kaum!
Ward zur Stelle gleich Geselle?
Lene Braut?
Im Kirchenraum wir gar getraut?
's geht der Kopf mir wie im Kreis,
daß ich Meister gar bald heiß'!

MAGDALENE
Wach oder träum ich schon so früh?
Das zu erklären macht mir Müh' :
's ist wohl nur ein Morgentraum?
Was ich seh, begreif ich kaum!
Er zur Stelle gleich Geselle?
Ich die Braut?
Im Kirchenraum wir gar getraut?
Ja, wahrhaftig! 's geht : wer weiß,
daß ich die Meistrin bald heiß'!

SACHS *(zu den übrigen sich wendend)*
Jetzt all am Fleck!
(Zu Eva.) Den Vater grüß!
Auf, nach der Wies', schnell auf die Füß'!
(Eva und Magdalene gehen.)
(Zu Walther.)
Nun, Junker, kommt! Habt frohen Mut! –
David, Gesell! Schließ den Laden gut!
(Als Sachs und Walther ebenfalls auf die Straße gehen und David sich über das Schließen der Ladentür hermacht, wird im Proszenium ein Vorhang von beiden Seiten zusammengezogen, so daß er die Szene gänzlich verschließt. Als die Musik allmählich zu größerer Stärke angewachsen ist, wird der Vorhang nach der Höhe aufgezogen. Die Bühne ist verwandelt.)

pour cette enfant aimable et belle;
cependant, il me faut surmonter
la douce peine de mon cœur.
Ce fut un beau rêve matinal :
j'ose à peine me l'expliquer.
Ce que la mélodie m'a confié
dans le silence de cette pièce,
me dit bien fort :
l'immarcescible fleur de la jeunesse
ne peut s'épanouir que lorsqu'elle est chantée par un poète.

WALTHER
Ton amour m'a aidé
à surmonter en l'interprétant la douce peine de mon cœur.
N'était-ce qu'un rêve matinal?
Pour l'expliquer, je ressens trop de joie.
Cependant, la mélodie
murmurée par toi dans cette pièce,
briguera le prix suprême
quand elle sera chantée à voix claire et haute
dans l'assemblée des maîtres.

DAVID
Suis-je éveillé? ou ai-je encore rêvé?
Je puis à peine l'expliquer :
sans doute, ce n'est qu'un rêve matinal.
Ce que je vois, je le comprends à peine!
Me voici tout d'un coup devenu compagnon!
Lene serait ma fiancée?
Dans la nef de l'église, on va nous marier?
La tête me tourne à l'idée
d'être bientôt appelé maître!

MAGDALENE
Suis-je éveillée? ou ai-je encore rêvé?
J'ai peine à l'expliquer.
Sans doute, ce n'est qu'un rêve matinal.
Ce que je vois, je le comprends à peine!
Le voici tout d'un coup compagnon!
Et moi, je suis sa fiancée?
Dans la nef de l'église,
on va nous marier?
Tout s'arrange vraiment, et qui sait,
bientôt on va m'appeler
« madame l'épouse d'un maître »!

SACHS *(s'adressant aux autres)*
Et maintenant, partez!
(À Eva) Le bonjour à ton père!
Hâtez-vous de gagner la grande prairie!
(Eva et Magdalene s'en vont.)
(À Walther)
19, 28 Vous, messire, venez, et soyez confiant!
David, cher compagnon, ferme bien l'atelier!
19 *(Sachs et Walther sortent également dans la rue, David*
1 *s'apprête à fermer la porte de l'échoppe; à ce moment le rideau d'avant-scène est tiré de part et d'autre, de manière à fermer complètement la scène. Quand la musique de l'interlude arrive à une grande intensité sonore, on relève le rideau. Le décor a été changé.)*

Ein freier Wiesenplan, im ferneren Hintergrunde die Stadt Nürnberg

Die Pegnitz schlängelt sich durch den Plan. Buntbeflaggte Kähne setzen die Ankommenden, festlich geschmückte Bürger mit Frauen und Kindern, an das Ufer der Festwiese über. Eine erhöhte Bühne mit Bänken und Sitzen darauf ist rechts zur Seite aufgeschlagen; bereits ist sie mit Fahnen der angekommenen Zünfte geschmückt; im Verlaufe stecken die Fahnenträger der noch ankommenden Zünfte ihre Fahnen ebenfalls um die Sängerbühne auf, so daß diese schließlich nach drei Seiten hin ganz eingefaßt ist. Zelte mit Getränken und Erfrischungen aller Art begrenzen im übrigen die Seiten des vorderen Hauptraumes.

Une prairie dégagée, dans le lointain, la ville de Nuremberg.

La Pegnitz serpente à travers la plaine. Des barques ornées de fanions de toutes couleurs font passer la rivière aux arrivants, des bourgeois endimanchés avec leurs femmes et enfants.
Sur le côté droit, un podium surélevé garni de bancs et autres sièges est dressé; il est orné des drapeaux des corporations qui sont déjà arrivées; au cours de la scène suivante, les porte-drapeaux des corporations qui arrivent plantent également leurs drapeaux autour du podium, si bien qu'il en est entouré de trois côtés. Des tentes avec des boissons et des rafraîchissements de toutes sortes délimitent sur les autres côtés le devant de la scène.

FÜNFTE SZENE

Vor den Zelten geht es bereits lustig her : Bürger mit Frauen, Kindern und Gesellen sitzen und lagern daselbst. Die Lehrbuben der Meistersinger, festlich gekleidet, mit Blumen und Bändern reich und anmutig geschmückt, üben mit schlanken Stäben, die ebenfalls mit Blumen und Bändern geziert sind, in lustiger Weise das Amt von Herolden und Marschällen aus. Sie empfangen die am Ufer Aussteigenden, ordnen die Züge der Zünfte und geleiten diese nach der Sängerbühne, von wo aus, nachdem der Bannerträger die Fahne aufgepflanzt, die Zunftbürger und Gesellen sich unter den Zelten zerstreuen. Soeben, nach der Verwandlung, werden die Schuster am Ufer empfangen und nach dem Vordergrunde geleitet.

SCENE V

Joyeuse animation devant les tentes : des bourgeois avec leurs femmes, enfants et compagnons y sont assis ou étendus. Les apprentis des maîtres chanteurs, endimanchés, richement et gracieusement parés de rubans et de fleurs, avec des baguettes également garnies de rubans et de fleurs, font office de hérauts et de maîtres de cérémonie. Ils accueillent ceux qui débarquent sur la rive, ordonnent les cortèges des corporations et les guident vers le podium des maîtres; les bourgeois des corporations et les compagnons, après que les portes-drapeaux ont planté les étendards autour du podium, se dispersent sous les diverses tentes. Juste après le changement de décor, ce sont les cordonniers qu'on accueille sur la rive et qu'on escorte vers le premier plan.

DIE SCHUSTER *(mit fliegender Fahne aufziehend)*
Sankt Crispin, lobet ihn!
War gar ein heilig' Mann,
zeigt', was ein Schuster kann.
Die Armen hatten gute Zeit,
macht' ihnen warme Schuh';
und wenn ihm keiner 's Leder leiht,
so stahl er sich's dazu.
Der Schuster hat ein weit Gewissen,
macht Schuhe selbst mit Hindernissen;
und ist vom Gerber das Fell erst weg,
dann streck, streck, streck!
Leder taugt nur am rechten Fleck.
(Die Stadtwächter und Heerhornbläser mit Trompeten und Trommeln sowie die Stadtpfeifer, Lautenmacher usw. ziehen auf. Ihnen folgen Gesellen mit Kinderinstrumenten.)

LES CORDONNIERS *(défilant avec la bannière déployée)*
8a Saint-Crépin – qu'on le loue! –
était un très saint homme;
il montra le grand cœur des cordonniers.
Les pauvres gens coulaient des jours heureux :
Saint-Crépin leur faisait des chaussures bien chaudes;
quand personne ne lui prêtait le cuir,
pour cette bonne œuvre, il le volait!
Le cordonnier a une conscience élastique,
et, malgré les obstacles, fait des souliers.
Et quand il a pris le cuir au tanneur,
il l'étire, l'étire, l'étire!
Le cuir ne sert qu'au bon endroit.
(Les gardes municipaux défilent, suivis des joueurs de cor, de trompette et de tambour, des fifres municipaux et des luthiers, etc. Derrière eux marchent des compagnons avec des instruments d'enfant.)

DIE SCHNEIDER *(mit fliegender Fahne aufziehend)*
Als Nüremberg belagert war
und Hungersnot sich fand,
wär' Stadt und Volk verdorben gar,
war nicht ein Schneider zur Hand,
der Viel Mut hatt' und Verstand.
Hat sich in ein Bocksfell eingenäht,
auf dem Stadtwall da spazierengeht
und macht wohl seine Sprünge
gar lustig guter Dinge.
Der Feind, der sieht's und zieht vom Fleck :
der Teufel hol die Stadt sich weg,

LES TAILLEURS *(défilent avec la bannière déployée)*
Quand Nuremberg fut assiégée,
la famine y régnait.
La ville et le peuple auraient succombé,
si un tailleur n'était intervenu,
courageux et rusé.
Dans une peau de bouc, il se fit coudre,
se promena ainsi sur les remparts,
y gambadant,
allègrement.
Ce voyant, l'ennemi lève le camp :
Que le diable prenne la ville,

hat's drin noch so lustige Meck-meck-meck!
Meck! Meck! Meck!
Wer glaubt's, daß ein Schneider im Bocke steck'!

DIE BÄCKER *(ziehen mit fliegender Fahne auf)*
Hungersnot! Hungersnot!
Das ist ein greulich Leiden!
Gäb' euch der Bäcker nicht täglich Brot,
müßt' alle Welt verscheiden.
Beck! Beck! Beck!
Täglich auf dem Fleck!
Nimm uns den Hunger weg!

DIE SCHUSTER *(welche ihre Fahne aufgesteckt, begegnen beim Herabschreiten von der Sängerbühne den Bäckern)*
Streck! Streck! Streck!
Leder taugt nur am rechten Fleck.

DIE SCHNEIDER *(nachdem die Fahne aufgesteckt, herabschreitend)*
Meck! Meck! Meck!
Wer meint, daß ein Schneider im Bocke steck'!
(Ein bunter Kahn mit jungen Mädchen in bäuerischer Tracht kommt an.)

LEHRBUBEN *(laufen nach dem Gestade)*
Herrje! Herrje! Mädel von Fürth!
Stadtpfeifer, spielt, daß 's lustig wird!
(Sie heben die Mädchen aus dem Kahn. – Das Charakteristische des Tanzes, mit welchem die Lehrbuben und Mädchen zunächst nach dem Vordergrund kommen, besteht darin, daß die Lehrbuben die Mädchen scheinbar nur an den Platz bringen wollen; sowie die Gesellen zugreifen wollen, ziehen die Buben die Mädchen aber immer wieder zurück, als ob sie sie anderswo unterbringen wollten, wobei sie den ganzen Kreis, wie wählend, ausmessen und somit die scheinbar Absicht anmutig und Lustig verzögern.)

DAVID *(kommt vom Landungsplatz vor und sieht mißbilligend dem Tanze zu)*
Ihr tanzt? Was werden die Meister sagen?
(Die Lehrbuben drehen ihm Nasen.)
Hört nicht? – Laß ich mir's auch behagen!
(Er nimmt sich ein junges, schönes Mädchen und gerät im Tanze mit ihr schnell in großes Feuer. Die Zuschauer freuen sich und lachen.)

EINIGE LEHRBUBEN *(winken David)*
David! David! Die Lene sieht zu!

DAVID *(läßt das Mädchen erschrocken fahren, um das die Lehrbuben sogleich tanzend einen Kreis schließen. Da er Lene nirgends gewahrt, merkt David, daß er nur geneckt worden, durchbricht den Kreis, erfaßt sein Mädchen wieder und tanzt noch feuriger weiter)*
Ach, laßt mich mit euren Possen in Ruh'!
(Die Buben suchen ihm das Mädchen zu entreißen, er wendet sich mit ihr jedesmal glücklich ab, so daß nun ein ähnliches Spiel entsteht wie zuvor, als die Gesellen nach den Mädchen faßten.)

si d'autres joyeux tailleurs* y habitent!
Meck! Meck! Meck!
Qui eût cru que le bouc recelât un tailleur!

LES BOULANGERS *(défilent sous la bannière déployée)*
La famine, la famine
cause de terribles souffrances!
Et si le boulanger ne nous donnait notre pain quotidien,
le monde entier périrait.
Boulanger, boulanger,
fidèle au poste,
ôte-nous notre faim!

LES CORDONNIERS *(ont planté leur drapeau; en descendant du podium, ils se heurtent aux boulangers)*
Étire, étire, étire!
Le cuir ne sert qu'au bon endroit!

LES TAILLEURS *(redescendent du podium, après avoir planté leur drapeau)*
Meck, meck, meck!
qui eût cru que le bouc recelât un tailleur!
(Une barque décorée aborde, avec des jeunes filles en costume de paysannes.)

LES APPRENTIS *(courent vers la rive)*
Seigneur, Seigneur! les filles de Fürth!
Fifres, jouez, que l'on s'amuse!
(Ils soulèvent les jeunes filles, pour les aider à débarquer. Ce qui caractérise la danse suivante, au cours de laquelle les apprentis et les jeunes filles descendent vers le premier plan, c'est qu'ils font seulement semblant de mener les jeunes filles à leurs places; dès que les compagnons s'intéressent à elles, les apprentis ramènent les filles en arrière, comme s'ils voulaient les placer ailleurs. Ils parcourent ainsi presque tout le cercle, feignant de choisir, retardant ainsi d'une manière charmante et amusante l'intention qu'ils ont simulée au début.)

DAVID *(revient du débarcadère et regarde la danse d'un air désapprobateur)*
Vous dansez? Que diront les maîtres?
(Les apprentis lui font des pieds-de-nez.)
Vous ne m'écoutez pas? Alors, je vais aussi m'amuser!
(Il prend une jeune fille ravissante et l'entraîne dans une danse de plus en plus fougueuse; les spectateurs se réjouissent et rient.)

QUELQUES APPRENTIS *(faisant signe à David)*
David! David! Lene t'observe!

DAVID *(effrayé, lâche la jeune fille; aussitôt les apprentis ferment le cercle autour d'elle en dansant. N'apercevant nulle part Lene, David se rend compte qu'on s'est moqué de lui, se fraie un passage dans le cercle, saisit de nouveau la fille et danse avec elle avec encore plus de fougue.)*
Laissez-moi en paix! J'en ai assez de vos farces!
(Les garçons tentent à nouveau de lui arracher sa danseuse, il esquive chacune de leurs attaques, si bien que l'on assiste à un jeu semblable à celui des compagnons cherchant précédemment à saisir les jeunes filles.)

---

* L'imagerie populaire associe le tailleur au bouc. On se moque des tailleurs en criant: « *meck, meck, meck!* »

GESELLEN *(vom Ufer her)*
Die Meistersinger!

LEHRBUBEN
Die Meïstersinger!
(Sie unterbrechen schnell den Tanz und eilen zum Ufer.)

DAVID
Herrgott! – Ade, ihr hübschen Dinger!

(Er gibt dem Mädchen einen feurigen Kuß und reißt sich los. Die Lehrbuben reihen sich zum Empfang der Meistersinger. Das Volk macht ihnen willig Platz. – Die Meistersinger ordnen sich am Landungsplatze zum festlichen Aufzuge. Wenn Kothner mit der Fahne im Vordergrunde ankommt, wird die geschwungene Fahne, auf welcher König David mit der Harfe abgebildet ist, von allem Volk mit Hutschwenken begrüßt. Der Zug der Meistersinger ist nun auf der Singerbühne angelangt, wo Kothner die Fahne aufpflanzt, Pogner, Eva an der Hand führend, diese von festlich geschmückten und reich gekleideten Mädchen, unter denen auch Magdalene, begleitet, voran. Als Eva, von den Mädchen umgeben, den mit Blumen geschmückten Ehrenplatz eingenommen und alle übrigen, die Meister auf den Bänken, die Gesellen hinter ihnen stehend, ebenfalls Platz genommen, treten die Lehrbuben, dem Volke zugewendet, feierlich vor die Bühne in Reih und Glied.)

LEHRBUBEN
Silentium! Silentium!
Macht kein Reden und Gesumm'.
(Sachs erhebt sich und tritt vor. Bei seinem Anblick stößt sich alles an; Hüte und Mützen werden abgezogen. Alle deuten auf ihn.)

EINIGE IM VOLK
Ha! Sachs! 's ist Sachs!
Seht Meister Sachs!

MEHRERE
Stimmt an! Stimmt an!
(Alle Sitzenden erheben sich; die Männer mit entblößtem Haupte. Beckmesser bleibt, mit dem Memorieren des Gedichtes beschäftigt, hinter den anderen Meistern versteckt, so daß er bei dieser Gelegenheit der Beachtung des Publikums entzogen wird.)

ALLE *(außer Sachs singen alle Anwesenden diese Strophe mit.)*
» Wach auf, es nahet gen den Tag,
ich hör singen im grünen Hag
ein' wonnigliche Nachtigal,
ihr' Stimm' durchdringet Berg und Tal;
die Nacht neigt sich zum Okzident,
der Tag geht auf von Orient,
die rotbrünstige Morgenröt'
her durch die trüben Wolken geht.«
(Das Volk nimmt wieder eine jubelnd bewegte Haltung an und singt nun allein. Die Meister auf der Bühne sowie die anderen Teilnehmer am Gesange geben sich dem Schauspiele des Volksjubels hin.)

1a LES COMPAGNONS *(de la rive)*
Les maîtres chanteurs!

LES APPRENTIS
Les maîtres chanteurs!
(Ils interrompent leur danse et courent vers le rivage.)

DAVID
Seigneur! Adieu, les mignonnes!

(Il donne un baiser plein de feu à sa danseuse et se dégage. Les apprentis forment la haie pour accueillir les maîtres. Le peuple s'écarte de son plein gré. – Au débarcadère, les maîtres chanteurs forment un cortège solennel. Quand Kothner arrive au premier plan, le drapeau qu'il brandit,
3 *représentant le roi David avec sa harpe, est salué par tout le peuple qui agite les chapeaux. Quand le cortège des maîtres est arrivé au podium, Kothner y plante la bannière. Pogner est parmi les premiers, il conduit Eva par la main; elle est accompagnée de jeunes filles endimanchées et richement parées, parmi lesquelles figure Magdalene. Quand Eva, entourée des jeunes filles, a occupé la place d'honneur décorée de fleurs, tous les autres s'installent également, les maîtres sur les bancs, les compagnons debout derrière eux; les apprentis s'alignent alors solennellement devant le podium, tournés vers le peuple.)*

LES APPRENTIS
Silentium! Silentium!
Plus un mot! Plus un murmure!
(Sachs se lève et s'avance. À sa vue, les gens se font des signes, les hommes ôtent les chapeaux et les bérets. Tous regardent vers lui.)

DES GENS DU PEUPLE
Ha, Sachs! Sachs!
Voyez maître Sachs!

PLUSIEURS
Entonnons notre chant!
(Tous ceux qui étaient assis se lèvent, les hommes ont la tête nue. Beckmesser, occupé à mémoriser le poème, est caché derrière les autres maîtres, si bien qu'il échappe à ce moment à l'attention du public.)

TOUS *(En dehors de Sachs, tous chantent la strophe qui suit.)*
27 « Eveille-toi, le jour est proche,
j'entends chanter dans le bosquet
un mélodieux rossignol :
sa voix pénètre monts et vaux;
la nuit décline à l'occident,
le jour se lève à l'orient,
déjà les flammes rouges de l'aurore
traversent les sombres nuages*. »
(Le peuple, qui chante seul à partir de ce moment, bouge et acclame Sachs. Les maîtres sur le podium et tous les autres chanteurs se réjouissent devant cette jubilation populaire.)
1a Vive Sachs! Gloire à Sachs!

---

* Ce poème, œuvre du Sachs historique, salue l'apparition du réformateur Luther, le « *rossignol de Wittenberg* ».

Heil Sachs! Heil dir, Sachs!
Heil Nürnbergs teurem Sachs! Heil! Heil!
(Sachs, der unbeweglich, wie geistesabwesend, über die Menge hinweg geblickt hatte, richtet endlich seine Blicke vertrauter auf sie, verneigt sich freundlich und beginnt mit ergriffener, schnell sich festigender Stimme.)

SACHS
Euch macht Ihr's leicht, mir macht Ihr's schwer,
gebt Ihr mir Armen zuviel Ehr'.
Soll vor der Ehr' ich bestehn,
sei's, mich von Euch geliebt zu sehn!
Schon große Ehr' ward mir erkannt,
ward heut ich zum Spruchsprecher ernannt.
Und was mein Spruch Euch künden soll,
glaubt, das ist hoher Ehren voll!
Wenn Ihr die Kunst so hoch schon ehrt,
da galt es zu beweisen,
daß, wer ihr selbst gar angehört,
sie schätzt ob allen Preisen.
Ein Meister, reich und hochgemut,
der will heut Euch das zeigen :
sein Töchterlein, sein höchstes Gut,
mit allem Hab und Eigen,
dem Singer, der im Kunstgesang
vor allem Volk den Preis errang,
als höchsten Preises Kron'
er bietet das zum Lohn.
Darum so hört und stimmt mir bei :
die Werbung steht dem Dichter frei.
Ihr Meister, die Ihr's Euch getraut,
Euch ruf ich's vor dem Volke laut :
erwägt der Werbung seltnen Preis,
und wem sie soll gelingen,
daß er sich rein und edel weiß
im Werben wie im Singen,
will er das Reis erringen,
das nie bei Neuen noch bei Alten
ward je so herrlich hoch gehalten
als von der lieblich Reinen,
die niemals soll beweinen,
daß Nüremberg mit höchstem Wert
die Kunst und ihre Meister ehrt.
(Große Bewegung unter allen. Sachs geht auf Pogner zu, der ihm gerührt die Hand drückt.)

POGNER
O Sachs! Mein Freund! Wie dankenswert!
Wie wißt Ihr, was mein Herz beschwert!

SACHS *(zu Pogner)*
's war viel gewagt! Jetzt habt nur Mut!

(Beckmesser, zu dem sich jetzt Sachs wendet, hat schon während des Einzuges und dann fortwährend eifrig das Blatt mit dem Gedicht herausgezogen, memoriert, genau zu lesen versucht und oft verzweiflungsvoll sich den Schweiß getrocknet.)
Herr Merker! Sagt, wie steht es? Gut?

BECKMESSER
O dieses Lied! Werd nicht draus klug
und hab doch dran studiert genug!

Vive notre Sachs, cher à tout Nuremberg!
Qu'il vive! Qu'il vive!
(Sachs immobile, comme absent, a laissé errer ses regards par-dessus la foule; maintenant il regarde le peuple amicalement, s'incline et commence son monologue d'une voix émue, bientôt plus assurée.)

SACHS
23 Vous avez le rôle facile, le mien est bien plus difficile,
car vous m'accablez d'honneurs, pauvre homme que je suis!
Et si j'accepte cet hommage,
c'est que je vois que vous m'aimez!
C'était déjà un grand honneur
de me désigner en ce jour comme orateur.
9ab Et ce qu'en mon discours je voulais annoncer,
croyez-le, vous honore grandement!
Comme vous faites grand cas de la poésie,
il importait de démontrer
qu'un homme qui lui-même la pratique
ne saurait assez l'estimer.
Un maître, riche et magnanime,
vous le prouve aujourd'hui :
voici la récompense du chanteur
qui par son chant artistique saura
remporter le prix devant tout le peuple :
19, 1a il lui donne son trésor le plus cher,
sa fille, avec toute sa fortune.

Écoutez donc, et vous m'approuverez :
tout poète peut concourir.
Maîtres, qui êtes prêts à vous risquer,
je le proclame en présence du peuple entier :
rare est le prix, pensez-y bien;
et qui espère le gagner,
qu'il soit bien sûr de sa noblesse et pureté
comme prétendant et comme chanteur.
Ainsi il pourra mériter une couronne
si belle que jamais, chez les anciens et les modernes,
on n'en offrit de pareille à celle
que tient bien haut la pure jeune fille;
puisse-t-elle ne jamais regretter
que Nuremberg récompense du plus haut prix
la poésie et ses maîtres.
(Grand mouvement dans la foule. Pogner s'approche de Sachs et lui serre la main avec émotion.)

POGNER
19 Sachs, mon ami, comment vous remercier?
Vous saviez donc ce qui me pèse sur le cœur!

SACHS *(à Pogner)*
Le risque était fort grand,
armez-vous maintenant de courage!
(Beckmesser à qui Sachs s'adresse maintenant a tiré à plusieurs reprises le poème de sa poche pendant et après le cortège; il le mémorise, essaie de le déchiffrer et souvent, avec désespoir, essuie la sueur de son front.)

Monsieur le marqueur, comment vous sentez-vous? Bien?

BECKMESSER
Oh, ce chant, je m'y perds,
et pourtant, je l'ai assez étudié!

SACHS
Mein Freund, 's ist Euch nicht aufgezwungen.

BECKMESSER
Was hilft's? – Mit dem meinem ist doch versungen!
's war Eure Schuld! Jetzt seid hübsch für mich!
's wär' schändlich, ließt Ihr mich im Stich!

SACHS
Ich dächt', Ihr gäbt's auf.

BECKMESSER
Warum nicht gar?
Die andren sing ich alle zu Paar',
wenn Ihr nur nicht singt!

SACHS
So seht, wie's geht!

BECKMESSER
Das Lied! – bin's sicher – zwar niemand versteht;
doch bau ich auf Eure Popularität.

SACHS
Nun denn, wenn's Meistern und Volk beliebt,
zum Wettgesang man den Anfang gibt.

KOTHNER *(tritt vor)*
Ihr ledig' Meister, macht Euch bereit!
Der Ältest' sich zuerst anläßt :
Herr Beckmesser, Ihr fangt an, 's ist Zeit!
(Die Lehrbuben führen Beckmesser zu einem kleinen Rasenhügel vor der Singerbühne, welchen sie zuvor festgerammt und reich mit Blumen überdeckt haben.)

BECKMESSER *(tritt unsicher darauf und schwankt)*
Zum Teufel! Wie wackelig! Macht das hübsch fest!

(Die Buben lachen unter sich und stopfen lustig am Rasen.)

DAS VOLK *(stößt sich gegenseitig lustig an)*

Wie, der? Der wirbt? Scheint mir nicht der Rechte!
An der Tochter Stell' ich den nicht möchte.
Ach, der kann ja nicht mal stehn.
Wie soll es mit dem gehn?
Seid still! 's ist gar ein tücht'ger Meister!
Stadtschreiber ist er : Beckmesser heißt er.
Gott, ist der dumm! Er fällt fast um!
Still! Macht keinen Witz;
der hat im Rate Stimm' und Sitz.
(Viele lachen.)

DIE LEHRBUBEN *(in Aufstellung)*
Silentium! Silentium!
Macht kein Reden und kein Gesumm!

KOTHNER
Fanget an!

BECKMESSER *(der sich endlich mit Mühe auf dem Rasenhügel festgestellt hat, macht erst eine Verbeugung gegen die Meister, eine zweite gegen das Volk, dann gegen*

SACHS
Ami, il ne vous est pas imposé.

BECKMESSER
13 Que faire? Avec le mien, la partie est perdue!
C'est votre faute! Alors, soutenez-moi!
Honte à vous, si vous me laissez tomber!

SACHS
J'ai pensé que vous renonceriez.

BECKMESSER
Pourquoi cela?
Si vous ne chantez pas,
je ne crains pas les autres.

SACHS
Veillez au grain!

BECKMESSER
Ce chant, j'en suis certain, personne n'y comprendra rien;
mais je compte sur votre popularité.

SACHS
1a Eh bien, s'il plaît au peuple et aux maîtres,
qu'on commence le concours.

KOTHNER *(s'avance)*
Maîtres célibataires, préparez-vous!
Le plus âgé se présente en premier.
Messire Beckmesser, commencez, il est temps!
1a *(Les apprentis conduisent Beckmesser vers un petit tertre de gazon, qu'ils ont auparavant consolidé, devant la tribune des chanteurs. Il l'ont aussi richement couvert de fleurs.)*

BECKMESSER *(d'un pas incertain et chancelant)*
Diable! Comme c'est instable!
Consolidez-moi ça!
(Les garçons rient entre eux et tapent sur le gazon en s'amusant.)

LE PEUPLE *(ils se donnent les uns aux autres des coups dans les côtes)*
Comment? Celui-là, prétendant? Il se trompe d'adresse!
À la place d'Eva, je le refuserais.
Il tient à peine debout.
Comment cela va-t-il tourner?
Taisez-vous! C'est un maître estimable!
Il est greffier municipal : son nom est Beckmesser.
Dieu, qu'il est bête! Il ne tient pas debout!
Silence! Cessez vos plaisanteries;
il a siège et voix au Conseil.
(Beaucoup rient.)

LES APPRENTIS *(toujours alignés)*
3 Silentium! Silentium!
Plus un mot! Plus un murmure!

KOTHNER
Commencez!

BECKMESSER *(qui finalement, à grand'peine, s'est posté sur le tertre de gazon, s'incline d'abord en direction des maîtres, puis vers le peuple, enfin vers Eva, à qui il fait un*

Eva, auf welche er, da sie sich abwendet, nochmals verlegen hinblinzelt; große Beklommenheit erfaßt ihn; er sucht sich durch das Vorspiel auf der Laute zu ermutigen)
» Morgen ich leuchte in rosigem Schein,
von Blut und Duft geht schnell die Luft; –
wohl bald gewonnen wie zerronnen –
im Garten lud ich ein – garstig und fein.« –
(Er richtet sich wieder ein, besser auf den Füßen zu stehen.)
(Die Meister leise unter sich.)

FOLTZ, ORTEL
Mein! Was ist das?

KOTHNER, NACHTIGALL
Ist er von Sinnen?

MOSER, EIßLINGER
Was ist das?

VOGELGESANG, ZORN
Ist er von Sinnen?

FOLTZ, ORTEL, SCHWARZ
Höchst merkwürd'ger Fall! Was kommt ihm bei?

DIE ÜBRIGEN MEISTER
Woher mocht' er solche Gedanken gewinnen?

DAS VOLK *(leise unter sich)*
Sonderbar! Hört ihr's?
Wen lud er ein?
Verstand man recht? Wie kann das sein?

SCHWARZ *(allein)*
Verstand man recht?

BECKMESSER *(zieht das Blatt verstohlen hervor und lugt eifrig hinein; dann steckt er es ängstlich wieder ein)*

» Wohn ich erträglich im selbigen Raum,
hol Gold und Frucht – Bleisaft und Wucht.

(Er lugt in das Blatt.)
Mich holt am Pranger – der Verlanger –
auf luft'ger Steige kaum – häng ich am Baum.«
(Er wackelt wieder sehr; sucht im Blatt zu lesen, vermag es nicht; ihm schwindelt, Angstschweiß bricht aus.)

DAS VOLK
Schöner Werber! Der find't wohl seinen Lohn :
bald hängt er am Galgen; man sieht ihn schon.

KOTHNER *(zu Nachtigall)*
Was soll das heißen? Ist er toll?

clin d'œil embarrassé, voyant qu'elle se détourne. Une grande anxiété s'empare de lui; il tente de prendre courage en préludant sur le luth.)
25a « Demain, je resplendis d'une lueur rosée*
de sang et de parfum, la brise souffle vite; –
sitôt gagné, et sitôt dissipé –
j'invitais au jardin – délicat et vilain. » –
(Il cherche à trouver un meilleur équilibre.)
(Les Maîtres entre eux à voix basse)

FOLTZ, ORTEL
Seigneur! Qu'est-ce que ça?

KOTHNER, NACHTIGALL
Est-il devenu fou?

MOSER, EISSLINGER
Qu'est-ce que ça?

VOGELGESANG, ZORN
Est-il devenu fou?

FOLTZ, ORTEL, SCHWARZ
Un cas bien singulier! Qu'est-ce qui lui a pris?

LES AUTRES MAITRES
Où a-t-il pu trouver de semblables idées?

LE PEUPLE *(les uns aux autres, à voix basse)*
C'est étrange! Avez-vous bien entendu?
Qui a-t-il invité?
Avons-nous bien compris? Comment cela se fait-il?

SCHWARZ *(seul)*
Ai-je bien compris?

BECKMESSER *(tire en cachette la feuille de son vêtement, relit le texte avec application, puis il remet craintivement la feuille dans sa poche)*
25a « Si je supporte d'habiter en ce lieu,
je cherche de l'or et des fruits –
du jus de plomb, de la force.
(Il regarde la feuille.)
Le demandeur – m'appelle au pilori –
à peine sur une échelle aérienne – je pends à l'arbre. »
(Il chancelle, cherche à relire la feuille, n'y parvient pas; il est pris de vertige, inondé d'une sueur d'angoisse.)

LE PEUPLE
Beau prétendant! il sera bien récompensé :
pendu à un gibet, où déjà je le vois.

KOTHNER *(à Nachtigall)*
Cela n'a aucun sens! Est-il donc fou?

---

* Qu'on se reporte au texte tel que Walther le chante p.407 et, on comprendra que l'écriture peu lisible de Sachs est responsable des quiproquos de Beckmesser. Ainsi par exemple: au lieu de *morgenlich* (matinal) il a lu: *morgen ich* (demain, je); au lieu de *Blüt* (fleurs), il a lu: *Blut* (sang); au lieu de *geschwellt die Luft* (l'air était pénétré), il a lu: *geht schnell die Luft* (l'air va vite); au lieu de *voll aller Wonnen* (plein de voluptés), il a lu: *wohl bald gewonnen* (bientôt gagné); au lieu de *nie ersonnen* (jamais pensé), il a lu: *zerronnen* (dissipé); au lieu de *ein Garten lud mich ein* (un jardin m'invitait), il a lu: *im Garten lud ich ein* (au jardin, j'invitais); au lieu de *Gast ihm zu sein* (à être son hôte), il a lu: *garstig und fein* (vilain et délicat) etc... Tous les contresens des strophes suivantes s'expliquent de la même manière.

ZORN, EIßLINGER, NACHTIGALL
Was soll das heißen?

VOGELGESANG, MOSER
Ist er nur toll?

ZORN, EIßLINGER, VOGELGESANG, MOSER, NACHTIGALL, KOTHNER
Sein Lied ist ganz von Unsinn voll!

FOLTZ, SCHWARZ
Wie? Ist er nur toll?

ORTEL, FOLTZ, SCHWARZ
Alles von Unsinn voll!

BECKMESSER *(rafft sich verzweiflungsvoll und ingrimmig auf)*
» Heimlich mir graut,
weil hier es munter will hergehn :
an meiner Leiter stand ein Weib,
sie schämt' und wollt' mich nicht besehn.
Bleich wie ein Kraut
umfasert mir Hanf meinen Leib; –
die Augen zwinkend – der Hund blies winkend –
was ich vor langem verzehrt –
wie Frucht, so Holz und Pferd –
vom Leberbaum.«

(Alles bricht in ein dröhnendes Gelächter aus.)

BECKMESSER *(verläßt wütend den Hügel und stürzt auf Sachs zu)*
Verdammter Schuster, das dank ich dir!
Das Lied, es ist gar nicht von mir.
Von Sachs, der hier so hoch verehrt,
von Eurem Sachs ward mir's beschert!
Mich hat der Schändliche bedrängt,
sein schlechtes lied mir aufgehängt.
(Er stürzt wütend fort und verliert sich unter dem Volke.)

VOLK
Mein! Was soll das sein? Jetzt wird's immer bunter!

Von Sachs das Lied? Das nähm' uns doch wunder!

KOTHNER
Erklärt doch, Sachs!

NACHTIGALL *(zu Sachs)*
Welch ein Skandal!

VOGELGESANG *(zu Sachs)*
Von Euch das Lied?

ORTEL UND FOLTZ
Welch eigner Fall!

SACHS *(hat ruhig das Blatt, welches ihm Beckmesser hingeworfen, aufgenommen)*
Das Lied fürwahr ist nicht von mir.
Herr Beckmesser irrt wie dort so hier!
Wie er dazu kam, mag selbst er sagen;
doch möcht' ich nie mich zu rühmen wagen,

ZORN, EISSLINGER, NACHTIGALL
Cela n'a aucun sens!

VOGELGESANG, MOSER
Est-il donc fou?

ZORN, EISSLINGER, VOGELGESANG, MOSER, NACHTIGALL, KOTHNER
Son chant est plein d'extravagances!

FOLTZ, SCHWARZ
Comment? est-il donc fou?

ORTEL, FOLTZ, SCHWARZ
Tout est plein d'extravagances!

BECKMESSER *(se ressaisit avec désespoir et colère)*

« En secret je frémis,
voyant que l'on s'amuse ici :
près de l'échelle, une femme se tenait,
confuse, elle n'osait me regarder.
Blême comme un chou,
du chanvre entourait mon corps de ses fibres; –
clignant de l'œil, –
le chien soufflait, faisant des signes –
tout ce que j'avais avalé depuis longtemps –
tel que des fruits, du bois et un cheval –
de l'arbre hépatique. »
(Tous éclatent d'un rire sonore.)

BECKMESSER *(quitte le tertre avec rage et s'élance sur Sachs)*
16 Maudit savetier, je te dois cette scène!
Le chant n'est pas de moi.
Sachs, dont vous faites tant de cas,
me l'a donné!
Honteusement, il m'a manipulé,
m'a imposé son mauvais chant.
(Il se sauve avec rage et se perd dans la foule.)

LE PEUPLE
Seigneur! Qu'est-ce que ça?
Nous en voyons de toutes les couleurs!
Ce chant, de Sachs? Cela m'étonnerait!

KOTHNER
Sachs, expliquez-vous donc!

NACHTIGALL *(à Sachs)*
Quel scandale!

VOGELGESANG *(à Sachs)*
De vous, ce chant?

ORTEL ET FOLTZ
Quel cas étrange!

SACHS *(a tranquillement ramassé la feuille que Beckmesser a jetée à ses pieds)*
Le chant, à dire vrai, n'est pas de moi.
Messire Beckmesser se trompe à cet égard
comme précédemment!
18b Comment s'est-il procuré ce poème?

ein Lied, so schön wie dies erdacht,
sei von mir, Hans Sachs, gemacht.

VOGELGESANG, ZORN, KOTHNER
Wie? Schön? Dieser Unsinnswust!

NACHTIGALL
Das Lied wär' schön? Dieser Unsinnswust!

VOLK
Hört, Sachs macht Spaß! Er sagt es nur zu Lust.

SACHS
Ich sag Euch Herrn, das Lied ist schön :
nur ist's auf den ersten Blick zu ersehn,
daß Freund Beckmesser es entstellt.
Doch schwör ich, daß es Euch gefällt,
wenn richtig Wort' und Weise
hier einer säng' im Kreise.
Und wer dies verstünd', zugleich bewies',
daß er des Liedes Dichter
und gar mit Rechte Meister hieß',
fänd' er gerechte Richter.
Ich bin verklagt und muß bestehn :
drum laßt mich meinem Zeugen ausersehn!
Ist jemand hier, der Recht mir weiß,
der tret' als Zeug' in diesen Kreis!
(Walther tritt aus dem Volke hervor und begrüßt Sachs, sodann nach den beiden Seiten hin Meister und Volk mit ritterlicher Freundlichkeit. Es entsteht sogleich eine angenehme Bewegung, alles weilt einen Augenblick schweigend in seiner Betrachtung.)
So zeuget, das Lied sei nicht von mir,
und zeuget auch, daß, was ich hier
vom Lied hab gesagt, zuviel nicht sei gewagt.

ORTEL UND FOLTZ
Wie fein ist Sachs!

NACHTIGALL UND KOTHNER
Wie fein!
Doch mag es heut geschehen sein!

VOGELGESANG, ZORN, EIßLINGER
Ei Sachs, Ihr seid gar fein!
Doch mag es heut geschehen sein!

SACHS
Der Regel Güte daraus man erwägt,
daß sie auch mal 'ne Ausnahm' verträgt.

DAS VOLK
Ein guter Zeuge, stolz und kühn!
Mich dünkt, dem kann was Gut's erblühn.

SACHS
Meister und Volk sind gewillt
zu vernehmen, was mein Zeuge gilt.
Herr Walther von Stolzing, singt das Lied!
Ihr Meister lest, ob's ihm geriet.
(Er übergibt Kothner das Blatt zum Nachlesen.)

Il peut vous le dire lui-même;
Je me garderai bien de me vanter
qu'un chant si beau, si bien pensé,
fût composé par moi, Hans Sachs.

VOGELGESANG, ZORN, KOTHNER
13 Comment, beau? ce fatras extravagant!

NACHTIGALL
Il serait beau, ce chant? Ce fatras extravagant!

LE PEUPLE
Ecoutez, Sachs plaisante! Il veut nous amuser.

SACHS
Je vous le dis, messieurs, ce chant est beau :
mais on voit du premier coup d'œil
que l'ami Beckmesser l'a dénaturé.
Je vous le jure, il vous plaira
quand, dans cette assemblée, on chantera
correctement paroles et mélodie.
Qui le pourra, du même coup prouvera
qu'il est l'auteur de ce chant,
et qu'à bon droit, on le nommerait maître,
s'il trouvait des juges équitables.
On m'accuse, je me défends :
permettez-moi de produire un témoin!
5a Si quelqu'un sait que je suis dans mon droit,
qu'il témoigne dans cette assemblée!
11 *(Walther sort de la foule, salue Sachs, puis dans les deux directions les autres maîtres et le peuple avec noblesse et amabilité. Un mouvement de sympathie se produit aussitôt. Tous restent un instant silencieux et le regardent.)*

Témoignez que ce chant n'est pas de moi,
et montrez en même temps
que je n'ai pas exagéré en parlant ici de ce chant.

ORTEL ET FOLTZ
Comme Sachs est habile!

NACHTIGALL ET KOTHNER
Qu'il est habile!
Laissons-le faire aujourd'hui.

VOGELGESANG, ZORN, EISSLINGER
Eh Sachs, vous êtes très habile!
Nous vous laissons faire aujourd'hui.

SACHS
Si une règle parfois tolère une exception,
on en peut déduire qu'elle est bonne.

LE PEUPLE
Quel bon témoin, fier et audacieux!
Il me semble qu'il aura du succès.

SACHS
Les maîtres et le peuple
sont disposés à apprécier la valeur de son témoignage.
Messire von Stolzing, chantez donc votre chant!
Et vous maîtres, lisez, pour mieux juger de son succès.
(Il remet la feuille à Kothner afin que celui-ci puisse suivre.)

DIE LEHRBUBEN *(in Aufstellung)*
Alles gespannt! 's gibt kein Gesumm.
Da rufen wir auch nicht Silentium!

WALTHER *(beschreitet festen Schrittes den kleinen Blumenhügel)*
» Morgenlich leuchtend in rosigem Schein,
von Blüt' und Duft geschwellt die Luft,
voll aller Wonnen, nie ersonnen,
ein Garten lud mich ein –
(Kothner läßt das Blatt, in welchem er mit den anderen Meistern eifrig nachzulesen begonnen, vor Ergriffenheit unwillkürlich fallen; er und die übrigen hören nur noch teilnahmsvoll zu.)
Dort unter einem Wunderbaum, *(wie entrückt)*
von Früchten reich behangen,
zu schaun in sel'gem Liebestraum,
was höchstem Lustverlangen
Erfüllung kühn verhieß –
das schönste Weib,
Eva im Paradies.«

DAS VOLK *(leise flüsternd)*
Das ist was andres! Wer hätt's gedacht?
Was doch recht Wort und Vortrag macht!

DIE MEISTERSINGER *(ohne Foltz und Schwarz, leise flüsternd)*
Jawohl! Ich merk! 's ist ein ander Ding,
ob falsch man oder richtig sing'.

FOLTZ UND SCHWARZ
Das ist ein ander Ding.

SACHS
Zeuge am Ort, fahret fort!

WALTHER
» Abendlich dämmernd umschloß mich die Nacht;
auf steilem Pfad war ich genaht
wohl einer Quelle reiner Welle,
die lockend mir gelacht :
dort unter einem Lorbeerbaum,
von Sternen hell durchschienen,
ich schaut' im wachem Dichtertraum
von heilig holden Mienen,
mich netzend mit dem edlen Naß,
das hehrste Weib,
die Muse des Parnaß.«

DAS VOLK
So hold und traut, wie fern es schwebt,
doch ist es grad, als ob man selber alles miterlebt!

VOGELGESANG, ZORN, MOSER, EIßLINGER
's ist kühn und seltsam, das ist wahr;
doch wohlgereimt und singebar.

KOTHNER, NACHTIGALL
Kühn ist's und seltsam.
Doch wohlgereimt und singebar.

ORTEL
Sehr seltsam!

LES APPRENTIS *(toujours alignés)*
Tous sont attentifs! Il n'y a pas un murmure.
Pas besoin de demander le silence!

WALTHER *(monte d'un pas ferme sur le petit tertre fleuri)*
29 « Un jardin resplendissait de la lueur rosée du matin;
L'air y était pénétré du parfum de mille fleurs.
Plein d'impensables voluptés
il m'invitait à en être l'hôte. –
(Involontairement, Kothner laisse tomber d'émotion la feuille qu'il avait commencé de lire avec d'autres maîtres; lui et les autres écoutent dorénavant avec la plus grande sympathie.)
Là-bas, sous un arbre merveilleux *(comme en extase)*
ployant sous le poids de ses fruits,
l'image d'un bienheureux rêve d'amour
avec audace annonçait l'exaucement
de mon suprême désir –
la plus belle des femmes,
Eva au paradis. »

LE PEUPLE *(murmurant doucement)*
C'est autre chose! Qui l'eût pensé?
Voyez l'importance des paroles et d'une juste interprétation.

LES MAITRES *(murmurant, sans Foltz ni Schwarz)*
Oui, je le sens, c'est autre chose,
qu'on chante faux ou juste!

FOLTZ ET SCHWARZ
C'est autre chose.

SACHS
Le témoin est présent, qu'il continue!

WALTHER
29 « Le crépuscule descendit et la nuit m'entoura;
sur un sentier escarpé j'approchai
de l'onde pure d'une source
qui, riante, m'attirait.
Et là, sous un laurier, je vis
– entre les branches brillaient les étoiles –
en un rêve éveillé de poète,
m'aspergeant de cette eau sacrée
avec une sainte douceur,
une femme sublime :
la Muse du Parnasse. »

LE PEUPLE
Vision douce et familière, flottant dans le lointain,
pourtant on croirait vivre tout cela!

VOGELGESANG, ZORN, MOSER, EISSLINGER
C'est étrange et nouveau, il est vrai,
mais bien rimé et très chantant.

KOTHNER, NACHTIGALL
C'est étrange et nouveau,
mais bien rimé et très chantant.

ORTEL
Très étrange!

FOLTZ
's ist kühn und seltsam, das ist wohl wahr.

FOLTZ
C'est étrange et nouveau, il est vrai!

SCHWARZ
Sehr kühn!

SCHWARZ
Très audacieux!

SACHS
Zeuge wohl erkiest,
fahret fort und schließt!

SACHS
J'ai bien choisi mon témoin,
qu'il continue et termine.

WALTHER *(mit größter Begeisterung)*
» Huldreichster Tag,
dem ich aus Dichters Traum erwacht!
Das ich erträumt, das Paradies,
in himmlisch neu verklärter Pracht
hell vor mir lag,
dahin lachend nun der Quell den Pfad mir wies :
die dort geboren, mein Herz erkoren,
der Erde lieblichstes Bild,
als Muse mir geweiht,
so heilig hehr als mild,
ward kühn von mir gefreit,
am lichten Tag der Sonnen
durch Sanges Sieg gewonnen
Parnaß und Paradies!«

WALTHER *(transporté d'enthousiasme)*
5 « Jour béni entre tous
pour lequel je m'éveillai de mon rêve de poète!
Le paradis, que j'ai rêvé,
s'étendait devant moi,
clair, resplendissant, transfiguré.
Riante, la source m'en montrait le chemin.
Mon cœur a choisi une enfant née au paradis,
la plus charmante image de la terre.
Muse grave, sainte et douce,
elle m'est consacrée;
dans la lumière du soleil,
j'ai osé briguer sa main.
Victorieux par mon chant, j'ai gagné
le Parnasse et le Paradis. »

VOLK *(sehr leise den Schuß begleitend)*

Gewiegt wie in den schönsten Traum,
hör ich es wohl, doch faß es kaum.
(Zu Eva.)
Reich ihm das Reis! Sein sei der Preis!
Keiner wie er zu werben weiß!

LE PEUPLE *(accompagnant doucement Walther jusqu'à la fin)*
Comme bercé dans le plus beau des rêves,
j'entends, mais je comprends à peine.
(À Eva)
5 Tends-lui la couronne! Qu'il reçoive le prix!
Personne ne fait mieux sa cour que lui!

DIE MEISTER *(sich erhebend)*
Ja, holder Sänger! Nimm das Reis!
Dein Sang erwarb dir Meisterpreis!
Keiner so nur wie er zu werben weiß!

LES MAITRES *(se levant)*
Oui, aimable chanteur, prends la couronne!
Ton chant a mérité le prix des maîtres!
Personne ne fait mieux sa cour que lui!

POGNER *(mit großer Ergriffenheit zu Sachs sich wendend)*
O Sachs! Dir dank ich Glück und Ehr'!
Vorüber nun all Herzbeschwer!
(Walther wird auf die Stufen der Singerbühne geleitet und lässt sich dort vor Eva auf ein Knie nieder.)

POGNER *(s'adressant à Sachs avec une grande émotion)*
Sachs, je te dois mon bonheur, mon honneur!
Loin de moi tout ce qui m'alourdissait le cœur!
(Walther a été conduit vers les marches de l'estrade; il ploie un genou devant Eva.)

EVA *(zu Walther, indem sie ihn mit einem Kranz aus Lorbeer und Myrthen bekränzt, sich hinabneigend)*
Keiner wie du so hold zu werben weiss!

EVA *(très doucement, se penchant vers Walther, pose une couronne de laurier et de myrte sur son front)*
5 Personne n'a fait sa cour avec plus de grâce que toi!

SACHS *(zum Volk gewandt, auf Walther und Eva deutend)*
Den Zeugen, denk es, wählt' ich gut :
tragt Ihr Hans Sachs drum üblen Mut?

SACHS *(tourné vers le peuple, montrant Walther et Eva)*
23a Je crois avoir bien choisi mon témoin,
ou m'en gardez-vous rancune?

VOLK *(bricht schnell und heftig in jubelnde Bewegung aus)*
Hans Sachs! Nein! Das war schön erdacht!
Das habt Ihr einmal wieder gut gemacht!

LE PEUPLE *(avec de vifs et subits mouvements de jubilation)*
Hans Sachs! Non! C'était bien imaginé!
Une fois de plus, vous avez été admirable!

MEISTERSINGER *(sich feierlich zu Pogner wendend)*
Auf, Meister Pogner! Euch zum Ruhm
meldet dem Junker sein Meistertum.

LES MAITRES *(se tournant solennellement vers Pogner)*
3 Allons, maître Pogner, pour votre gloire
annoncez au chevalier sa maîtrise.

POGNER *(mit einer goldnen Kette, daran drei große Denkmünzen, zu Walther)*
Geschmückt mit König Davids Bild,
nehm ich Euch auf in der Meister Gild'.

WALTHER *(mit schmerzlicher Heftigkeit abweisend)*
Nicht Meister! Nein!
(Er blickt zärtlich auf Eva.)
Will ohne Meister selig sein!
(Alles blickt in großer Betroffenheit auf Sachs.)

SACHS *(schreitet auf Walther zu und faßt ihn bedeutungsvoll bei der Hand)*
Verachtet mir die Meister nicht
und ehrt mir ihre Kunst!
Was ihnen hoch zum Lobe spricht,
fiel reichlich Euch zur Gunst!
Nicht Euren Ahnen, noch so wert,
nicht Eurem Wappen, Speer noch Schwert,
daß Ihr ein Dichter seid,
ein Meister Euch gefreit,
dem dankt Ihr heut Eu'r höchstes Glück.
Drum, denkt mit Dank Ihr dran zurück,
wie kann die Kunst wohl unwert sein,
die solche Preise schließet ein?
Daß unsre Meister sie gepflegt,
grad recht nach ihrer Art,
nach ihrem Sinne treu gehegt,
das hat sie echt bewahrt.
Blieb sie nicht adlig wie zur Zeit,
wo Höf' und Fürsten sie geweiht,
im Drang der schlimmen Jahr'
blieb sie doch deutsch und wahr;
und wär' sie anders nicht geglückt,
als wie, wo alles drängt und drünckt,
Ihr seht, wie hoch sie blieb un Ehr'!
Was wollt Ihr von den Meistern mehr?
Habt acht! Uns dräuen üble Streich'!
Zerfällt erst deutsches Volk und Reich,
in falscher welscher Majestät
kein Fürst bald mehr sein Volk versteht;
und welschen Dunst mit welschem Tand
sie pflanzen uns in deutsches Land.
Was deutsch und echt, wüßt' keiner mehr,
lebt's nicht in deutscher Meister Ehr'.
Drum sag ich Euch :
ehrt Eure deutschen Meister,
dann bannt Ihr gute Geister!
Und gebt Ihr ihrem Wirken Gunst,
zerging' in Dunst
das Heil'ge Röm'sche Reich,
uns bliebe gleich
die heil'ge deutsche Kunst!

(Während des Schlußgesangs nimmt Eva den Kranz von Walthers Stirn und drückt ihn Sachs auf; dieser nimmt die Kette aus Pogners Hand und hängt sie Walther um. Nachdem Sachs das Paar umarmt, bleiben Walther und Eva zu beiden Seiten an Sachs' Schultern gestützt; Pogner läßt sich, wie huldigend, auf ein Knie vor Sachs nieder. Die

POGNER *(avec une chaîne d'or, à laquelle sont suspendues trois grandes médailles; il s'adresse à Walther)*
Paré de l'effigie du roi David,
je vous reçois dans la guilde des maîtres.

WALTHER *(avec un geste de refus véhément et douloureux)*
Moi? Maître? Non!
(Il regarde Eva tendrement.)
Je veux être heureux sans ce titre!
(Tous regardent vers Sachs, profondément consternés.)

SACHS *(se dirige vers Walther et saisit sa main d'une manière significative)*
1a Gardez-vous bien de mépriser les maîtres,
et rendez honneur à leur art!
5 Ce qu'en eux l'on admire
vous a abondamment profité!
Ce n'est pas à vos aïeux, si méritants soient-ils,
ni à vos armoiries, votre lance ou votre épée
que vous devez maintenant votre plus grand bonheur,
mais à votre qualité de poète,
reconnue par un maître.
Pensez-y avec gratitude :
comment cet art serait-il sans valeur
s'il inclut si belle récompense?
Nos maîtres l'ont cultivé
à leur manière et de leur mieux;
comme ils le concevaient,
ils l'ont fidèlement exercé :
voilà ce qui assure son authenticité.
Si pressé par la misère des temps,
il ne resta pas aristocratique,
comme à l'époque où les cours des princes le consacraient,
il n'en est pas moins demeuré authentique et allemand.
S'il n'a fleuri qu'ici, en un milieu étriqué, oppressant,
vous voyez pourtant
qu'on n'a jamais cessé de l'honorer hautement.
Que demander de plus aux maîtres?
Prenez garde! Des coups durs nous menacent!
Le peuple et l'empire allemand vont se désagréger;
à force de souverains étrangers,
aucun prince bientôt ne comprendra son peuple;
ils implanteront en terre germanique
les brumes et futilités des welches*.
Ce qui est vrai et allemand, personne ne le saurait plus,
si cela ne vivait dans l'honneur des maîtres allemands.
C'est pourquoi, je vous le dis,
honorez vos maîtres allemands;
ainsi vous retiendrez des esprits protecteurs!
Si vous soutenez leur action,
le Saint-Empire romain peut tomber en poussière;
toujours subsistera
l'art noble et saint, l'art allemand!

(Pendant le chœur final, Eva ôte la couronne du front de Walther et la pose sur la tête de Sachs; celui-ci prend le collier que Pogner lui tend et le passe au cou de Walther. Après que Sachs a embrassé le couple, Walther et Eva restent appuyés à ses épaules, chacun d'un côté. Pogner plie un genou devant Sachs, comme pour lui rendre hommage.

* L'allemand désigne du terme de welche les étrangers, avant tout ceux qui parlent une langue romane. Sachs fait sans doute allusion aux Habsbourg espagnols qui règnent alors sur le Saint-Empire.

Meistersinger deuten mit erhobenen Händen auf Sachs als auf Ihr Haupt.)

ALLE ANWESENDEN *(schließen sich dem Gesang des Volkes an)*
Ehrt Eure deutschen Meister,
dann bannt Ihr gute Geister!
Und gebt Ihr ihrem Wirken Gunst,
zerging' in Dunst
das Heil'ge Röm'sche Reich,
uns bliebe gleich
die Heil'ge deutsche Kunst!
(Das Volk schwenkt begeistert Hüte und Tücher; die Lehrbuben tanzen und schlagen jauchzend in dei Hände.)

VOLK
Heil Sachs!
Nürnbergs teurem Sachs!

Der Vorhang fällt.

Levant le bras, les maîtres chanteurs désignent Sachs comme leur chef.)

TOUS *(se joignent au chant du peuple)*
3 Honorez vos maîtres allemands,
vous retiendrez ainsi des esprits protecteurs!
Si vous soutenez leur action,
le Saint-Empire romain
peut tomber en poussière;
toujours subsistera
l'art noble et saint, l'art allemand!
(Le peuple agite chapeaux et foulards avec enthousiasme; les apprentis dansent et tapent des mains en poussant des cris de joie.)

LE PEUPLE
1 Gloire à Sachs, qui est si cher
à la ville de Nuremberg!

Le rideau tombe.

Commentaire

INTRODUCTION

En juillet 1845, alors qu'il se repose à Marienbad, Wagner découvre, dans l'*Histoire de la littérature allemande* de Gervinius, le personnage de Hans Sachs. Il reconnaît aussitôt en lui « la dernière incarnation de l'esprit populaire artistiquement créateur en art[1] » s'opposant à la suffisance des autres maîtres : « Sans en savoir plus sur Sachs, ni sur les poètes de son temps, mon esprit au cours d'une promenade, inventa une scène burlesque où le savetier frappant sur la forme avec son marteau donne, lui, l'artisan-poète issu du peuple, une leçon au « Merker » [le marqueur] qu'il a forcé à chanter pour tourner en dérision son pédantisme. Sans effort, j'imaginai une ruelle à Nüremberg, étroite, tortueuse, avec les voisins, l'alerte et une bataille de rue pour couronner un deuxième acte – et, brusquement toute ma comédie des Maîtres Chanteurs s'imposa à moi avec une telle intensité que je me sentis autorisé, malgré l'interdiction médicale, puisqu'il s'agissait d'un sujet destiné à faire rire, à en rédiger une première ébauche[2] ». *Tannhäuser* étant terminé depuis peu, ce nouveau livret se présenta rapidement comme une parodie du Tournoi de chant de la Wartburg, « de même que chez les Athéniens, un drame satirique gai succédait à la tragédie[1] ».

Ce n'est qu'après l'échec parisien du même *Tannhäuser* en 1861, point d'origine de son ressentiment envers les Français, que Wagner reprend sérieusement le projet. Ces seize années qui séparent sa première vision des *Maîtres* et sa véritable mise en chantier auront été consacrés à la composition de *Lohengrin* , d'une importante partie de *la Tétralogie* – jusqu'au premier acte de *Siegfried* –, et enfin à l'écriture de *Tristan*, sous le coup de sa passion résignée pour Mathilde Wesendonck. L'orientation initiale conçue autour d'une simple anecdote, s'en trouvera fondamentalement modifiée : c'est désormais la victoire de l'art grâce à l'amour qui y est célébrée, sur fond d'une « démocratie de liberté, d'une société où le travail et l'art sont les garants de l'autorité[3] ». La nouvelle rédaction du texte en prose, puis en vers, est terminée en janvier 1862 et, détail piquant, avant d'être définitivement baptisé Beckmesser, le marqueur se nomme alors Veit Hanslich![4].

L'assise historique de l'argument sera essentiellement fournie par l'ancienne chronique de Wagenseil, *Du ravissant art des Maîtres Chanteurs*, datant du XVIIe siècle, ainsi que l'étude *Sur la poésie des trouvères allemands du Moyen Age* de Jacob Grimm. Quant aux autres sources, on mentionnera l'influence du conte d'Hoffmann, *Maître Martin et ses compagnons*[5], celle non négligeable du poème de Goethe, *Commentaire sur une gravure ancienne représentant la mission poétique de Hans Sachs* [6], ainsi que l'opéra *Hans Sachs* de son confrère Lortzing (1840).

LA TRADITION DES MAITRES ALLEMANDS

Avant d'aborder la conception générale de la partition, il importe de donner quelques précisions sur les Maîtres Chanteurs de l'histoire[7].

Dans la lignée des poètes lyriques du Moyen Age (« Minnesänger ») – dont Walther von der Vogelweide cité en référence, par Stolzing (acte I, scène 3) –, les

1. Cf « Une communication à mes amis » (1851), *Œuvres en prose* Vol. 6, Editions d'aujourd'hui, 1976.
2. In *Ma vie*, Buchet-Chastel, 1978. On notera que les derniers mots du discours final de Sachs à propos de la pérennité du « Saint art allemand » datent de ce premier jet.
3. M. GREGOR-DELLIN, *Wagner*, Fayard, 1981, p. 478.
4. L'ironie de l'histoire fait que Wagner a rencontré pour la première fois le critique et musicologue viennois Eduard Hanslick, plus tard farouche opposant au compositeur, à Marienbad en 1845, au lendemain de la première version du texte !
5. M. Gregor-Dellin signale que Wagner avait emprunté à ce conte le nom de Junker Konrad pour le personnage du chevalier.
6. *Vermischte Gedichte* (Poésies mêlées).
7. On trouvera dans l'étude sur l'opéra de J. Tiersot un exposé complet à ce sujet (Fischerbacher, 1899). Voir également H. BRUNNER qui a rédigé l'article « *Meistergesang* » in *The New Grove dictionary* (Macmillan, 1980).

« *Meistersinger* » connaissent leur apogée à Nüremberg au XVe et XVIe siècles. Artisans de la ville issus des classes moyennes, les membres étaient regroupés en Guildes pour la composition et l'exécution des chants selon des règles strictes. C'est parmi ces maîtres que Wagner a retenu les plus célèbres, dont Nachtigall, Foltz ou Vogel, à côté du plus illustre, Hans Sachs (1494-1576) auquel on doit la période de renouveau après 1520. Pour appartenir à la Guilde, l'élève devait travailler avec l'un de ses membres – ici, David avec Sachs –, étudiant les principaux tons et formules (« *Weisen* ») – que David récitera de façon livresque à Walther, (acte I, scène 2) –, ainsi que les lois les plus importantes de la « *Tablatur* » – lues cérémonieusement par Kothner (acte I, scène 3). La Guilde de Nüremberg était constituée par les douze chanteurs les plus âgés parmi lesquels on comptait trois « Marqueurs » dont la charge était de noter la conformité du texte et de l'exécution aux règles strictes de la Tablature (cf. le catalogue de « fautes » que Beckmesser imputera à Walther à la fin de l'acte I). Les séances qui avaient lieu dans des églises désaffectées – ce que Wagner ne respectera pas pour des raisons purement scéniques –, étaient consacrées à l'audition de poèmes chantés, dont le sujet était le plus souvent emprunté aux Ecritures : là encore, le choix de l'amour par Walther pour thème de son chant permet à Wagner de justifier le recours à un seul marqueur. Enfin, le vers et la mélodie devaient répondre à la forme du *bar*, composé de trois parties suivant le schéma AAB : deux *Stollen* (« strophes ») suivis d'un *Abgesang* (« envoi »), ce dernier différant tant par la métrique que par la musique[8]. Tel que l'a retenu le compositeur, ce principe ne sera pas explicité moins de trois fois dans l'opéra (acte I, scènes 2 et 3, acte III, scène 2).

Wagner n'a pas agi en historien, mais en créateur qui *adapte* l'histoire ou, plus précisément, un matériau historique à ses besoins, greffant son propre imaginaire sur ce qui n'est plus qu'un « prétexte » : l'histoire subira donc quelques distorsions, par exemple en faisant coexister Sachs et des maîtres qu'il n'a pu rencontrer, jusqu'à même en supprimer un (Niklaus Vogel, « malade et excusé » lors de l'appel de Kothner – acte I, scène 3), pour justifier l'anachronisme et respecter l'historique nombre douze! Mais peu importe. Les livrets wagnériens nous avaient habitués à bien d'autres invraisemblances, et celui-ci a au moins le mérite de raviver une époque importante de l'histoire allemande : Nüremberg devenue le fier symbole d'une tradition revendiquée, illustrée non seulement par Sachs, mais aussi par Dürer, autre incarnation de l'esprit germanique pour les romantiques que Wagner n'oubliera pas de citer pour parfaire le tableau[9]. Du reste, ce glorieux atavisme n'est pas limité aux plus grandes figures de l'art allemand, mais touche également la culture populaire avec les *Volkslieder* (chant des apprentis à l'acte II) ou des *Ständelieder* (chansons de métiers à la scène 5 de l'acte III).

LES CONTRADICTIONS INTERNES DE L'ŒUVRE

La composition de l'œuvre s'étend de 1862 à 1867[10] ; sa création eut lieu le 21 juin 1868 au Théâtre de la Cour à Munich, sous la direction de Hans von Bülow, en présence de Louis II de Bavière. Fait exceptionnel, le prélude a été écrit en premier (entre avril et juin 1862), et créé le 1er novembre de la même année, sous la conduite de l'auteur, au Gewandhaus de Leipzig. L'accueil du public confirmera, à sept années de distance, les propres mots de Wagner se confiant à son éditeur Schott : « Je considère l'exécution de ce travail comme l'une de mes œuvres les plus originales, en tout cas comme mon œuvre la plus populaire » (20 novembre 1861).

Se réclamant dans le projet initial de la parodie, le sujet des *Maîtres Chanteurs* offre une nouvelle querelle des anciens et des modernes, où le conservatisme des uns – le critique Hanslick en fera les frais[11] – s'oppose à la créativité des autres. Plus encore, selon Michael Tanner, il s'agit du conflit entre imagination et forme, et par dessus tout, de la relation entre l'artiste et son public[12]. Par le thème (romantique par excellence) du concours[13], le héros est publiquement, et doublement mis en difficulté : la distance qui sépare le « récit dans le récit » – procédé wagnérien s'il en est, qui consiste en une récapitulation des situations précédentes à chaque nouvelle scène – et le « théâtre dans le théâtre » est aisément franchie. Le personnage princi-

---

8. La traduction par « strophes » et surtout « envoi » étant impropre nous garderons les termes originaux pour l'analyse. Il est bien évident que cette forme était infiniment plus variée et que Wagner a beaucoup contribué à en obscurcir la réalité historique. Musicologiquement, les Allemands nomment aujourd'hui ce schéma « Kanzonenform ».

9. Figure à ce point emblématique qu'elle sera célébrée jusque dans la littérature française sous la plume de Hugo dans les *Voix intérieures* (1837).

10. Le premier acte est terminé le 23 mars 1866, le second le 27 juin 1867, et le dernier le 24 octobre 1867.

11. Il semble que le critique se soit reconnu dans le personnage de Beckmesser au cours d'une lecture publique du livret. Il n'en sera que plus virulent dans son compte rendu de la création (voir M. GREGOR-DELLIN, *op. cit.*, p.581).

12. « The total Work of Art », *The Wagner Companion*, Faber and Faber, 1979, p.195.

13. dont l'origine réside incontestablement dans les épreuves de *la Flûte enchantée,* dans le sujet du *Freichütz,* ou encore dans le *Benvenuto Cellini* de Berlioz où l'on célèbre « l'art du beau chant ».

pal semble s'incarner non seulement en Walther, en proie à l'académisme hautain des maîtres, mais aussi en Sachs qui tentera de réconcilier les extrêmes en guidant le jeune chevalier dans ce débat entre liberté et contrainte : la rédemption correspondra, dans les *Maîtres Chanteurs,* à l'accession à un niveau de connaissance.

De la première version de 1845 à celle, définitive, de 1862, l'ouvrage a perdu son sous-titre de « Komische Oper » : entre ces deux dates, le personnage de Sachs s'est enrichi, après l'expérience des Wotan et autres Marke, jusqu'à devenir porteur d'un message politique (cf. discours final). *Les Maîtres Chanteurs* n'en reste pas moins une comédie, c'est-à-dire une pièce où tout est apparent, avec quiproquos, apartés, pantomimes, scènes burlesques et *happy end,* le tout en règle avec le principe des trois unités! Abandonnant – provisoirement – le monde décadent des Nibelungen, Wagner opte donc pour *l'évidence,* et délaisse la légende et le mythe au profit de l'histoire. L'histoire est toutefois érigée en symbole, tout entier exprimé dans le rituel rigide de ces maîtres laborieux.

Reste à définir, dans cet univers inhabituellement transparent, le rôle de l'inconscient dont la révélation passe surtout par l'orchestre : comme Siegfried – par coups de marteau sur l'enclume interposés –, Sachs cherche sa vérité et ne découvrira sa propre tragédie qu'au prix du renoncement. Malgré les apparences, le drame s'infiltre dans la comédie. Cette manière de jouer sur les deux tableaux réactive habilement le principe des *Noces de Figaro* : « Il fallait allier ces deux opposites, non seulement en les dosant et en ménageant le passage incessant de l'un à l'autre, mais encore – ce qui est suprêmement mozartien – en réalisant leur synthèse par surimpression et par fusion[14] ». *Les Maîtres Chanteurs* oscilleront donc entre ces deux extrêmes selon que prime l'intelligibilité du texte (monologues) ou la cohérence dramatique (ensembles). Monologues, ensembles, c'est là un vocabulaire conventionnel, issu de l'opéra dit « à numéros », et auquel il ne manque plus que les arias ! Si les six *bars* qui jalonnent la partition peuvent prétendre à ce rôle, les ensembles n'en constituent pas moins (tout aussi conventionnellement) les aboutissements de chacun des trois actes – sinon de chacune des scènes du premier acte[15]. Au prix de l'éloge de la cadence rompue, la continuité du discours musical tentera d'atténuer les articulations trop voyantes. De même, le chassé-croisé – wagnérien par définition – entre l'*évocation* d'une antériorité et la *préfiguration* d'une situation à venir, mis en évidence par la thématique, sera greffé sur ce canevas formel, archaïque en 1860. Et ce, parallèlement à un diatonisme glorifiant les vertus oubliées de l'accord parfait d'*ut* majeur. Comme le souligne Carl Dahlhaus, « le style de l'œuvre est moins une restauration qu'une reconstruction, un 'second' diatonisme au sens où Hegel parle d'une 'seconde' nature[16] ». Ce contexte harmonique est d'autant plus surprenant qu'il succède chronologiquement à celui de *Tristan,* dont la brève citation au troisième acte des *Maîtres Chanteurs* établit entre les deux partitions un lien « non seulement autobiographique, mais également esthétique : le style de *Tristan* est la précondition latente à celui des *Maîtres Chanteurs* [17] ».

Replacée ainsi dans l'ensemble de l'œuvre, la partition trouve à nouveau son meilleur avocat en Sachs lui-même, réclamant le droit à « l'exception qui confirme la règle ». Il reste à définir si ce sont les *Maîtres Chanteurs* ou *Tristan* qui constituent l'exception...

Par ailleurs, le hiatus entre le contexte historique de cette Nüremberg « gothique » et le style musical conduit, comme le formule Pierre Boulez « sous ce déguisement de convention, à la confrontation des deux langages : celui de Wagner, et l'image qu'il produit d'un académisme dont les sources ne remontent pas au-delà du XVIIIe siècle[18] ». La référence privilégiée est évidemment Bach, en tant que symbole d'une tradition d'*écriture* mise au service des textes sacrés dans lesquels « les idées de contrainte et de loi étaient toujours représentées musicalement par une rigide structure contrapunctique[19] ». Le contrepoint, dans *les Maîtres Chanteurs* n'est pas nécessairement plus élaboré que dans les autres ouvrages wagnériens, mais il est plus apparent parce que lié à des formes ou des genres – fugue, choral – au service des intentions dramatiques : ce que propose Wagner dans *les Maîtres Chanteurs,* c'est une *théâtralisation de l'écriture.*

La thématique en subit les conséquences : abondante et diversifiée, elle constitue la garantie de cette écriture en se prêtant à des superpositions virtuoses, proclamant ainsi la supériorité de l'art germanique dans le domaine de la polyphonie, alors que le sujet voudrait dénoncer l'académisme...

Au-delà de cette suprématie revendiquée et largement affichée, c'est plus encore l'Allemagne que célèbre l'œuvre, dans un nationalisme récupéré comme on sait par les options du IIIe Reich et, rapide-

14. J. V. HOCQUARD, *Les Noces de Figaro*, Aubier-Montaigne, 1979, p.173.
15. Une exploitation du conventionnel qui ne sera pas sans influencer la composition du *Crépuscule des Dieux* (1869-74).
16. CARL DAHLHAUS, *Richard Wagner Musikdramen,* Friedrich Verlag, 1973.
17. *Ibid.* Si cette relation d'opposition/complémentarité entre chromatisme et diatonisme est celle que l'on retrouvera entre Salome et Jochanaan (Dahlhaus), elle n'en est pas moins prémonitoire de l'inversion non tonal/tonal du *Wozzeck* de Berg.
18. « Style ou idée ? » repris dans *Points de repère* (Bourgois/Seuil, 1981), p.317.
19. M. BUKOFZER, *La musique baroque,* Lattès, 1982, p.302.

ment condamné par Nietzsche dans *Par-delà le bien et le mal* : « une certaine vigueur et plénitude débordante de l'âme, bien allemande, qui n'a pas peur de se cacher sous les *raffinements* de la décadence, où peut-être elle se sent mieux que partout ailleurs, pleinement à son aise » (Aphorisme 240). *Les Maîtres Chanteurs* n'en resteront pas moins l'œuvre favorite du public allemand.

Partagée entre ses contradictions internes, la partition s'impose, cultivant l'ambiguïté : c'est là incontestablement, la première, et non la moindre, de ses richesses.

ARGUMENT

L'action se situe à Nüremberg, vers le milieu du XVIe siècle.

Acte I

Dans l'église Sainte-Catherine, à la fin d'un office, Eva, fille du riche orfèvre Pogner, est approchée par Walther von Stolzing, un jeune chevalier de Franconie épris d'elle. Celui-ci lui déclare son amour, amour partagé que viendra cependant troubler Magdalene, la nourrice d'Eva, en révélant que le fiancé devra être le vainqueur du concours de chant qui se tiendra le lendemain. Walther exprimant aussitôt son désir d'être admis dans la confrérie, Magdalene charge son amoureux David, apprenti du cordonnier Hans Sachs, de préparer le jeune homme à la prochaine épreuve. Maladroitement, David tentera d'initier le chevalier aux arcanes du concours.

Parallèlement à l'arrivée des maîtres, Pogner accueille avec sympathie le jeune homme sous les commentaires inquiets et jaloux de Beckmesser, poète pédant sans inspiration qui entend également se poser en prétendant. Le début de la réunion est consacré à la proposition de Pogner d'offrir sa fille en mariage à celui qui sera sacré Maître Chanteur (*Das schöne Fest, Johannistag*), toutefois à la condition que la décision finale appartienne à Eva. Après une discussion pendant laquelle Sachs s'illustre par sa sagesse, Pogner présente Walther comme candidat au concours, malgré les interventions mesquines de Beckmesser qui redoute son rival. Après un interrogatoire concernant l'éducation poétique et musicale de Walther (*Am stillen Herd*), celui-ci entonne un chant sur le thème du printemps et de l'amour (*So rief der Lenz*), déconcertant d'autant plus son auditoire que Beckmesser, désigné en tant que « marqueur », s'emploie à relever bruyamment toutes les fautes du chanteur novice. Convaincus de l'incompétence de Walther, et malgré les appels répétés de Sachs ne cachant pas son admiration pour ce chant nouveau, les Maîtres Chanteurs rejettent la candidature de Walther.

Acte II

La scène représente une rue de la ville où l'atelier de Hans Sachs fait face à la maison de Pogner. Le soir même, après que David ait informé Magdalene de l'échec de Walther, Pogner discute, en père comblé, de l'issue du concours avec Eva qui apprend peu après la mauvaise nouvelle par sa nourrice. Seul devant son atelier, Sachs évoque la séance de l'après-midi (*Was duftet dich der Flieder*), et avoue son intérêt pour le chant qu'il a entendu. Eva, cherchant conseil, vient alors l'interroger : épris de la jeune fille, Sachs comprend les sentiments de celle-ci à sa vive réaction lorsqu'il lui fait part de ses impressions défavorables. Dominant son émotion après le départ d'Eva, il prend la décision d'aider les jeunes gens, et s'oppose à la fuite qu'ils préparaient. Contrarié par l'attitude de Sachs qu'il ne comprend pas encore, le jeune assistera à la sérénade que Beckmesser vient chanter sous la fenêtre d'Eva. Par sa chanson de cordonnier (*Jerum ! Jerum!*), Sachs perturbe le greffier qui ne lui ménage pas ses critiques acerbes. Mais croyant voir Eva à sa fenêtre – il ne s'agit que de Magdalene déguisée –, Beckmesser, tempérant ses propos, accepte le compromis que lui propose Sachs : celui-ci sera le « marqueur » de la sérénade en frappant du marteau pour chaque faute commise pendant que Eva et Walther, cachés à proximité assistent amusés à la scène. Le tapage ameutant bientôt tout le voisinage, aboutit très vite à une bagarre généralisée dont Beckmesser sera la principale victime, et qui ne prendra fin qu'à l'arrivée du veilleur de nuit qui trouvera le lieu désert...

Acte III

Le premier tableau commence avec la leçon de chant de David devant son maître. Par une nouvelle maladresse, l'apprenti blesse involontairement Sachs en l'incitant à briguer la main d'Eva. Resté seul, Sachs médite longuement sur la folie qui anime les hommes (*Wahn! Uberall Wahn!*). L'entrée de Walther lui confiant son rêve, donne l'occasion à Sachs de le guider dans les lois de la « Tablature » en l'aidant à s'en inspirer pour composer un chant. Aussitôt sortis, survient Beckmesser qui découvre le texte des premières strophes copiées par Sachs sous la dictée de Walther, et s'en empare. Sachs découvrant le méfait, le lui abandonnera pourtant, mais non sans le mettre en garde devant la difficulté à trouver la bonne mélodie. Sous prétexte de faire ajuster son soulier, Eva rend visite à Sachs. L'entrée de Walther lui permettra de chanter la troisième strophe sous les commentaires admiratifs de Sachs. Voyant le cordonnier surmonter son émotion, Eva lui avoue toute sa reconnaissance, à quoi Sachs répondra à nouveau par la sagesse en évoquant l'erreur du roi Marke face à Tristan et Isolde. En présence de David, nommé au grade de compagnon, et de Magdalene, Sachs procède aussitôt selon la tradition, au baptême du chant de Walther : le fameux quintette (*Selig wie die Sonne*) s'enchaîne ensuite en un interlude orchestral destiné à introduire le second tableau.

Sur une prairie au bord de la Pegnitz, défilent d'abord les corporations précédant l'arrivée des Maîtres Chanteurs, et en dernier lieu de Sachs, salué par la foule avec le choral dont il est l'auteur (*Wach auf*). Déclarant le concours ouvert, il en rappelle l'importance artistique et cède la place au premier candidat, Beckmesser, qui échoue pitoyablement dans la mise en musique du texte subtilisé. Ridiculisé devant tous, il accuse Sachs d'en être l'auteur, ce qui donne l'occasion à ce dernier de choisir son défenseur en la personne de Walther. Le même poème transfiguré par la qualité du chant (*Morgenlich leuchtend*) suscite l'admiration de tous et remporte la victoire pour le bonheur d'Eva et le soulagement de Pogner. Walther refusera cependant d'être nommé Maître Chanteur, se contentant de la main d'Eva : en son discours final, Sachs rappelera la mission des Maîtres qui est de célébrer l'art allemand, alors qu'Eva déposera la couronne de lauriers sur le front du cordonnier-poète, salué par les ovations des Nurembourgeois.

PROFILS MUSICAUX DES PERSONNAGES

HANS SACHS

Ecrit pour une voix de baryton-basse requérant un médium chaud et large, le rôle de Sachs est d'une extrême difficulté : il réclame à la fois homogénéité, puissance et, par-dessus tout, une endurance peu commune. Mais il est remarquablement écrit dans une tessiture centrale qui ne sollicite les registres extrêmes, en particulier l'aigu, que sur certains temps forts, et évite intelligemment de fatiguer l'organe vocal (à l'inverse du rôle de Beckmesser, somme toute plus périlleux). S'il intervient peu pendant le premier acte, c'est sur sa présence scéniques et sa stature de comédien-chanteur que reposent les deux actes suivants avec : l'aspect « bouffe » de sa chanson biblique (acte II, scène 6), l'éprouvant second monologue (acte III, scène 1) et le discours final déclamatoire pour ne citer que les passages principaux. Personnage le plus complexe de la distribution, Sachs est tout à la fois le maître respectable et respecté, et un homme blessé en lutte contre ses propres sentiments. Sa profonde sagesse en fait une noble figure à mi-chemin entre le roi Marke et Gurnemanz. C'est également le rôle qui est le mieux psychologiquement cerné et décrit, en particulier au travers du renoncement exprimé dans le remarquable Prélude du troisième acte. Bref, l'un des rôles les plus complets de la dramaturgie wagnérienne.

SIXTUS BECKMESSER

Rôle antagoniste de celui de Sachs, la partie de Beckmesser est écrite pour la même tessiture de baryton-basse avec cependant un registre aigu plus sollicité, en particulier avec les vocalises délicates de la sérénade (acte II, scène 6), véritable morceau d'anthologie qui fait de Beckmesser un équivalent grotesque de la Reine de la nuit. Maladroit et envieux, au débit vocal souvent heurté (acte III, scène 3), Beckmesser appartient à la catégorie de ces personnages voués au ridicule (cf. le chant « antimusical » de sa sérénade), mélange savoureux du Bottom du *Songe d'une nuit d'été* et du Trissotin des *Femmes savantes*. S'il est moins, comme a tenté de le mettre en scène Wieland Wagner, « un homme qui souffre » qu'un intrigant se réfugiant derrière des lois pour assouvir sa soif de pouvoir – une sorte d'Alberich en plus inoffensif –, Beckmesser n'est surtout pas un personnage comique : seule son attitude et ses déconvenues successives donneront cette dimension à ce rôle difficile.

WALTHER VON STOLZING

Seul personnage de classes aristocratique, comme le traduit la thématique qui lui est attachée, Walther doit être chanté par un ténor lyrique avec les accents d'un ténor héroïque qui se serait égaré dans une comédie. Il est également le seul, avec son « rival » Beckmesser, à chanter les fameux *bars* (quatre sur les six de la partition) qui seront évidemment d'une toute autre qualité musicale : ne pas oublier que « *stolz* » signifie « fier et orgueilleux »! Conscient de son rang, Walther est à la fois caractérisé par la dignité imposée par son titre de chevalier et par une impétuosité difficilement contenue. L'amour réciproque étant déclaré dès la première scène, c'est le chant qui sera l'objet principal d'un rôle réparti entre les premiers et troisièmes actes – le second le réduisant à celui de spectateur – avec ses interventions devant les maîtres qui le hisseront, provisoirement, au premier plan. Signalons que ce rôle exceptionnellement « belcantiste » du théâtre wagnérien se trouve régulièrement massacré par des interprètes non aguerris.

DAVID

Le rôle secondaire de l'apprenti de Sachs est tenu par un ténor léger, tout autant capable d'être brillant (cf. descriptions des formules ornementées des maîtres, acte I, scène 2), que d'entretenir le quiproquo avec le roi David – avec lequel il n'a en commun que le nom! C'est plus en amoureux maladroit de Magdalene, qui le domine incontestablement, qu'il trouve le meilleur de son rôle : celui d'un fanfaron qui tient du Leporello de Mozart.

EVA POGNER

Unique rôle féminin de la partition, mis à part celui d'ordre secondaire de Magdalene, la participation d'Eva exige une soprano lyrique, bien qu'elle ait peu l'occasion d'intervenir en tant que telle. Réclamant par ailleurs les caractéristiques du soprano léger, la voix doit être à l'aise tant dans les dialogues rapides que dans le chant pur aux aiguës limpides (acte III, scène 4). C'est la conversation avec Sachs (acte II, scène 4) qui définit le mieux, tant musicalement que psychologiquement, l'étendue et l'ambiguïté du rôle. Si elle est présentée au début de l'opéra comme l'un des principaux personnages, elle n'en reste pas moins en marge de l'action par ses interventions intermittentes : l'essentiel des problèmes des *Maîtres Chanteurs* sera réglé entre hommes!

ANALYSE

Prélude

Prélude ou Ouverture? La distinction, qui peut paraître subtile, n'est que le reflet d'une confusion passée dans les habitudes. Si ce grandiose portique est bien intitulé « Prélude », il n'en est pas moins différent, comme le note justement Paul Dukas, des introductions orchestrales en forme de progression dramatique sur un seul motif de *Tristan* ou de *Lohengrin* : « le prélude des *Maîtres Chanteurs* est ordonné en un ensemble de thèmes dont les déductions et les combinaisons contrapunctiques, rythmiques et tonales, correspondent au plan d'un morceau symphonique indépendant.[20] » Plus précisément, Carl Dahlhaus l'interprète comme un poème symphonique composé selon le modèle lisztien, dont les quatre parties – premier et second thèmes, développement et reprise – se réfèrent dans leur succession aux quatre mouvements (*Allegro, Andante, Scherzo* et *Finale*) de la symphonie classique[21].

D'un point de vue thématique, le prélude fait entendre essentiellement deux « familles » de motifs mélodiques, d'une part, ceux de la pompeuse marche des maîtres (1) et de la bannière (3), et d'autre part, ceux liés au personnage de Walther ainsi qu'accessoirement à celui d'Eva (2, 4, 5 et 6)[22]. Cette page contient ainsi en germe le conflit qui opposera tout au long de l'opéra le conservatisme à l'innovation, autant que la dernière partie en propose la synthèse dans la superposition contrapunctique des trois principaux thèmes, préfigurant le dénouement. Ce tour de force polyphonique, largement préparé par les énoncés successifs, peut expliquer, selon Dukas, que Wagner ait commencé la composition par le prélude, « sans s'occuper d'en unifier les éléments autrement que par la logique musicale pure ». Quant à la grandeur humaniste de Sachs, autre pôle fort de l'œuvre, absente de ce catalogue thématique liminaire, elle se révélera à travers le prélude dramatique du troisième acte.

La première idée qu'impose le prélude est avant tout d'ordre harmonique : l'*ut* majeur brillant qui ouvre cette page grandiose dans la descendance de l'ancienne « Intrada[23] » s'installe désormais en tonalité de référence de l'ensemble de la partition. Attachée à la thématique propre aux maîtres (1, 3), elle consacre également leur stabilité dans une somptueuse polyphonie étalant sur vingt-six mesures le thème principal qui se ressource lui-même par rebondissements successifs à partir du (1a). Au majestueux *tutti* succède le motif de « l'amour naissant » (2) aux bois solistes, en guise de pont vers celui de la « bannière » (3) qui affiche franchement son caractère processionnel. Une nouvelle transition sur le motif de « la passion » (4) mène au « mouvement lent », en *mi* majeur, où le « thème d'amour » (5) et « l'ardeur impatiente » (6) nous projettent dans le monde de Walther.

Le développement central, dans l'esprit d'un *Scherzo,* propose en *mi* bémol majeur, une alternance entre le motif des Maîtres, défiguré par le *staccato* incisif des bois, et « l'ardeur impatiente » (6) annonçant l'opposition entre Beckmesser et Walther à la fin de l'acte I. Grâce à un art consommé de la « variante[24] », Wagner parvient à donner une expression différente à une thématique qui semblait figée dans sa perfection grandiloquente, parallèlement à l'utilisation du *fugato*, prémonitoire de la bagarre généralisée qui conclura le second acte.

20. *Chroniques musicales sur deux siècles* (Stock, 1980), p.105.
21. CARL DAHLHAUS *op. cit.*, p.71.
22. Nous avons privilégié ce type de classement général dans l'analyse qui suit, plutôt qu'un « étiquetage » individuel – « n'égarez pas vos tickets de vestiaire », ironisait Debussy –, qui n'a de valeur que pour une thématique purement signalétique et invariable.
23. Pièce instrumentale destinée à introduire solennellement un cortège dans la musique germanique des XVIe et XVIIe siècles.
24. E. POIREE, dans ses *Essais de technique et d'esthétique musicales,* première série (Fromont-Schott, 1898) a proposé un recensement des nombreuses dérivations de chaque thème.

La dernière partie, signalée par un *tutti* en *ut* majeur (1 aux trombones), conduit rapidement à la fameuse superposition des motifs des « Maîtres » et du « thème d'amour » avec celui de la « bannière » en diminution aux bois, consacrant la quarte (ou son renversement la quinte), commune aux trois thèmes[25]. L'intervalle est d'autant plus marquant qu'il définit mélodiquement les premiers et cinquième degrés de la tonalité, également constitutifs du choral 1b qui ouvrira la première scène.

Acte I

Le premier acte est nettement circonscrit dans son intention : acte de présentation et d'exposition. Présentation successive des principaux personnages, exposition d'un conflit, avec au centre Walther, « l'intrus », celui qui vient troubler la vie paisible d'une jeune fille, en même temps qu'il perturbe la société de Nüremberg, ébranlée jusque dans ses traditions ancestrales. Les trois scènes décriront, dans une progression calculée, les étapes qui le mèneront rapidement de la *déclaration* d'amour à l'*initiation* jusqu'à l'*épreuve*. L'amour entre Walther et Eva, sitôt révélé, est occulté par l'accession à un titre convoité, situation dont la gravité prendra progressivement le pas sur l'aspect franchement « bouffe » de la première scène.

SCÈNE I

Si cette scène relève de la comédie, c'est en particulier grâce au procédé typique de l'*interpolation* d'un discours dans un autre, tel ce duo muet qui s'infiltre entre chaque période du choral initial (1b). La mise en évidence, par le jeu de scène entre Walther et Eva, de l'opposition entre la société et l'individu (écriture homophonique/soliste), trouve un écho dans l'accroissement de l'intensité lors de l'appartion des « thèmes d'amour » (2, 6, 5). La longue transition orchestrale sur pédale de do (2), conduit à un « faux trio », pendant lequel Eva et Walther tentent d'écarter par un stratagème amoureux (écharpe, broche) Magdalene qui parvient néanmoins à interrompre leur dialogue, jusqu'à ce que Walther puisse enfin poser sa question. Le véritable trio s'engage, alors que David – non signalé par son propre thème mais par sa fonction d'apprenti au services des maîtres (1) – est repéré par Magdalene qui répondra alors au jeune chevalier : première annonce du concours et du « prix » dans le même *fa* majeur qui sous-tendra l'épreuve (scène 3). Le désarroi que provoque la déclaration spontanée d'Eva introduit un nouvel élément d'importance sous la forme d'un accord de quinte augmentée (8b), qui restera attaché à Sachs et, par conséquent, au rôle qu'il sera amené à jouer par la suite. En réclamant la complicité de sa nourrice toute dévouée, les propos enthousiastes d'Eva débouchent sur un quiproquo dont l'élucidation – toujours en trois termes – permet d'entendre successivement les thèmes de David (7a) et de la bannière représentant le roi du même nom (3), ainsi que d'évoquer, par une première allusion biblique, la référence à Dürer en tant que source de l'art germanique[26]. La participation de l'apprenti (7a, 7b), sollicité par les apartés gourmands de Magdalene, donne moins lieu à un quatuor qu'à un double duo au cours duquel David annonce avec emphase (1, 3 en ut majeur) la prochaine épreuve (*Freiung*). En contraste total avec la simplicité naïve du thème de David, le motif de « la passion » (4) qui soutient le dialogue Eva/Walther commente l'impatience du prochain rendez-vous (acte II, scène 5). Bien que d'apparence conventionnelle, l'ensemble qui termine cette scène propose une double préfiguration en un raccourci qui semble résumer à lui seul tout l'opéra : la discrète précitation de 13b aux vents, annonçant le trouble-fête Beckmesser et le canon – symbolique – sur le « thème d'amour » (5) qui constituera le point culminant du *Preislied* de Walther au troisième acte. Cette convergence thématique et dramatique – ici encore à l'état de désir – de l'amour et de l'art, ne se fera qu'au prix d'une lente mutation au cours de laquelle les interventions tapageuses de Beckmesser tiendront lieu à leur tour d'interpolations.

Enfin, et parallèlement à la trajectoire que devra effectuer Walther pour accéder à la double reconnaissance, la gradation subtile de cette scène (duo muet/faux trio/trio/faux quatuor) a permis de parcourir tous les degrés qui séparent la pantomime du chant le plus accompli dont les échos résonnent encore à l'orchestre.

SCÈNE II

C'est par un triple glissement que s'opère la liaison entre les deux scènes : d'abord sur « l'amour naissant » (2a) marqué par le *staccato* du thème de David (7a) qui s'impose ici en acteur principal; ensuite dans le passage de la métrique binaire à une métrique

25. C. DAHLHAUS a mis en évidence cette conjonction (*op. cit.*, p.79), reprise et commentée par M. GREGOR-DELLIN (*op. cit.*, p. 488 sq.).
26. En identifiant le visage familier à un portrait, Eva s'inscrit dans la lignée des personnages romantiques marqués par le symbole de la prédestination, thème récurrent depuis *Faust* jusqu'à Senta (*le Vaisseau fantôme*) en passant par Tamino (*la Flûte enchantée*).

ternaire introduisant le rythme caractéristique des apprentis (une longue-quatre brèves), dont les ponctuations régulières constitueront les interpolations de la scène; enfin, avec la modulation d'*ut* majeur en *ré* majeur en tant que tonalité générale.

Ignorant les lazzis des apprentis, David lance d'un ton présomptueux, le rituel *Fanget an* (« Commencez) qui introduira la cérémonie du chant devant les maîtres. Face à l'innocence du chevalier s'amorce un interrogatoire qui définit la hiérarchie de haut en bas : « êtes-vous poète? chanteur? camarade d'école? écolier? ». A l'inquiétude grandissante de David va correspondre celle de Walther au cours de l'exposé qui suit. Parlant de son propre apprentissage, David décline, d'un air doctoral (7c après 7b), les règles du chant de maîtrise (le *bar*), et les mutiples tons et formules (*Tön' und Weisen*) imposés par la codification des maîtres, et dont le style emphatique est traduit par l'ornementation pittoresque du chant. Musicalement, la brève mention du nom de Hans Sachs n'est soulignée que par une thématique secondaire, d'un profil académique, symbolisant plus l'enseignant que l'homme (8c) : seule l'image « extérieure » du personnage est évoquée, de même que plus loin, lorsqu'il sera question de l'apprentissage de David, c'est Sachs en tant que cordonnier qui sera présenté à l'orchestre (8a). Entre ces deux citations apparaît en filigrane l'autre personnage, le perturbateur Beckmesser (13b), tandis que David insiste sur les difficultés de l'entreprise. Enfin, l'exposé, qui n'a été entrecoupé que par les brefs commentaires de Walther (2a), prend fin sur le sage conseil, selon David, de renoncer à la « folie » (*vom Meister-Wahn*) d'une telle ambition (3).

Le second appel des apprentis, d'abord pressant, puis réprobateur, intervient pendant les questions de Walther concernant la rigide et complexe hiérarchie : de « chanteur » on devient « poète », après assimilations des lois énoncées plus haut, et enfin « maître chanteur » en faisant preuve d'invention et d'originalité. Walther brûlera donc les étapes en briguant directement le titre (thème de « l'amour naissant » (2a) avec ornementation).

« Tempêtant et menant grand tapage », c'est David qui s'en prend à son tour aux apprentis, fort de l'assurance que semble lui donner son savoir, au travers d'un *fugato* grotesque sur 7a : premier exemple d'un type d'écriture utilisé en tant que *moyen* scénique, avant-goût lointain de la fugue magistrale du second acte (dont l'origine sera dûe au même David). N'échappant pas pour autant aux railleries des apprentis (7a, 7b), David se retourne une dernière fois vers Walther pour préciser le rôle du « marqueur » : l'élimination du *fugato* laisse apparaître de façon plus évidente l'allusion à Beckmesser avec, outre l'aspect répétitif du thème déjà entrevu par deux fois (13b), le profil mélodique de 13a effleuré aux violons. La progression dans la précision thématique du personnage depuis le début de l'acte correspond autant à sa fonction, ici évoquée, qu'à sa présence physique : il se trouve alors dans la sacristie en pleine discussion – intéressée – avec Pogner, dont on surprendra les derniers mots au début de la scène suivante.

Guidant avec autorité les derniers préparatifs tout en annonçant la décision de Walther, David entonne un refrain de « bonne chance » (*sol* majeur) au candidat audacieux, immédiatement caricaturé par les apprentis, cette fois-ci aux dépens du chevalier : ce chant semble faire écho à celui d'un autre concours – celui de tir dans le *Freischütz*[27] – et prendra une coloration analogue, bien qu'ironique, après l'échec de Walther à la fin de cet acte.

SCÈNE III

L'entrée de Pogner et de Beckmesser provoque une rapide dispersion des apprentis dont le motif rythmique cède la place, non pas à un thème véritable, mais plutôt à une ligne de basse – « l'assemblée des maîtres » (9) –, en *fa* majeur, nouvelle tonalité de référence pour cette troisième scène. C'est sur cette figure, à l'allure très répétitive, que repose toute la première moitié de la scène, ce qui a permis à A. Whittal de rapprocher ce procédé de celui de la chaconne si familière à Bach[28]. En l'examinant de plus près, on peut identifier trois éléments distincts, dont le second (9b) peut être interprété comme l'écho du « thème d'amour » (5b), Walther intervenant bientôt dans la conversation, alors que le troisième (9c) dépendant davantage du rôle de Beckmesser (cf. 13a).

Cette scène est capitale à plusieurs égards : d'une part, il s'agit de la première confrontation entre Walther et Beckmesser, ainsi que de la première apparition de Sachs; ensuite, le fameux *bar* y est donné, par deux fois; enfin, on assiste à la présentation d'une thématique nouvelle et importante dont les retombées seront nombreuses dans le second acte.

C'est donc sur la ligne de basse déjà mentionnée (9) que l'on découvre Beckmesser, confiant son anxiété au sujet de la décision de Pogner : les deux prétendants à la main d'Eva connaissent donc, avant qu'elles ne soient rendues publiques, la nature et la condition de la récompense finale. Les apartés suivants de Beckmesser révèlent clairement son opinion concernant la gent féminine, ainsi que son projet d'aller chanter une sérénade sous la fenêtre de la jeune fille (acte II, scène 6).

---

27. Weber, *Der Freichütz*, n°1 « Victoria, Victoria » .
28. *les Maîtres Chanteurs*, Opera-guide n°19 (1983).

Pogner joue ainsi le rôle d'intermédiaire ou, si l'on veut davantage noircir le trait comme le fait Wieland Wagner dans sa seconde mise en scène à Bayreuth (1963), celui d'« un orfèvre pourri d'écus qui, au nom de l'art, joue à l'entremetteur pour s'en débarrasser plus tôt! [29] ».

Le souhait de Walther d'être accueilli parmi les Maîtres est caractérisé par une combinaison thématique originale confirmant sa motivation : une identité recherchée entre l'art (1a) et l'amour (5b) qui n'aboutira qu'à l'extrême fin de l'œuvre. Quoi qu'il en soit, la bienveillance – intéressée – de Pogner, et la méfiance teintée de jalousie naissante de Beckmesser forment ici un contrepoint divergent et savoureux jusqu'à l'arrivée du dernier Maître, Hans Sachs.

Après la très officielle introduction de Kothner a lieu l'appel des Maîtres, soutenu par un orchestre gagnant en volume dans un *crescendo* sur le motif de « l'assemblée des Maîtres » (9a), couronné par le pompeux *fortissimo* que semble exiger le cérémonial. La première partie de la séance sera consacrée à la proposition de Pogner, écho lointain du discours solennel du Landgrave au second acte de *Tannhäuser*, puis d'un premier débat entre les Maîtres.

L'autosatisfaction évidente domine le début de l'intervention de Pogner avec les louanges de la fête de la Saint-Jean, « Johannistag » (10 en *fa* majeur) –, et du concours qui consacrera un nouveau Maître Chanteur (acte III, deuxième tableau). Seront successivement exposés la vision sociale de cet *ars reservata* dans le rapport entre art et peuple, ce dernier autorisé à écouter « d'une oreille profane », ainsi que le rôle des bourgeois, « les seuls à cultiver encore l'art et l'empire allemand », dans une section centrale en *ut* majeur (1 et 5b) et enfin, le retour abrégé de la première en *fa* majeur (10) – une forme *da capo*, académique par excellence – avec l'annonce officielle du « prix » qui déclenche aussitôt l'enthousiasme de l'assistance. Vient ensuite l'énoncé de la condition – sauvegarder la liberté de décision d'Eva – ponctuée par les remarques subversives de Beckmesser (pressentiment de 16), et assortie de la clause rédhibitoire : le futur gendre de Pogner devra être Maître Chanteur (1 en l'obligatoire *ut* majeur).

Si Pogner remplit parfaitement son rôle « d'entremetteur », Sachs, en revanche, se pose en médiateur, premier trait d'une riche personnalité qui se révélera par touches successives jusqu'au troisième acte. Le débat esthétique qui s'ouvre par les propos de Sachs-Wagner – celui de *l'œuvre d'Art de l'Avenir* – reprend la distinction entre art et peuple (« laissez le peuple être également juge ») qui suscite immédiatement un tollé général, réaction au sacrilège qui consisterait à « livrer les règles au peuple » (Kothner). Conscient de ne pas heurter la susceptibilité des maîtres, Sachs fait preuve à la fois de sagesse et d'habileté en insistant sur le danger de la routine et, son corollaire, la nécessité de réactualiser les règles (chant des apprentis à l'orchestre en signe d'approbation) : l'art ne sortira que grandi de cette démarche envers le peuple (1a, dépouillé de sa pompe soutient la fin du plaidoyer de Sachs).

Les derniers remous apaisés, l'évocation de la candidature (9, 10 en *ut* majeur), et les propos aigre-doux entre Beckmesser et Sachs (8a) introduisent la deuxième partie de la scène. Avec la présentation de Walther, c'est non seulement l'essentiel de l'argument qui est proposé, mais aussi le véritable début du drame psychologique qui s'achèvera avec le quintette du troisième acte : une trajectoire balisée par les deux monologues de Sachs qui s'inscrit désormais comme le personnage central de l'action.

La présentation de Walther est soulignée par un nouveau thème (11), à la fois volontaire et révélateur d'une dignité que lui confère son titre de chevalier. Ferme dans son profil mélodico-harmonique, il subira cependant des inflexions sensibles lors des commentaires caustiques de Beckmesser. Le glissement subtil qui va s'opérer du motif de Walther (11) à celui de Beckmesser (13), incontestablement plus efficace qu'une thématique contradictoire et appropriée à chacun des deux personnages, est d'autant plus symbolique de l'abîme qui les sépare. L'autre aspect du conflit qui va se nouer tient donc dans l'apparition d'un troisième degré dans la hiérarchie sociale (jusqu'ici limitée à la classe bourgeoise et au prolétariat) : cette rage proprement xénophobe du greffier à l'encontre du chevalier Walther – non seulement d'extraction nobiliaire, mais encore natif d'une autre contrée –, qui puise une sorte de légitimité, sociale également, dans les règles de la maîtrise. Règles, ici, érigées en lois de la cité pour interdire à l'« étranger » l'accès au monde fermé des Maîtres Chanteurs.

Comme dans la scène avec David, un exposé succèdera à un interrogatoire. C'est Pogner lui-même qui répondra de l'honorabilité de Walther devant les maîtres qui se contenteront de sa parole, et ce, malgré les sarcasmes de Beckmesser. Walther ne prendra la parole que pour répondre à la seconde question concernant sa formation. C'est moins par la présentation de son rang social de chevalier que par l'expression de ses sentiments – son amour pour Eva (2) – que l'orchestre introduit son chant. Particularité remarquable, celui-ci correspond à un *bar*, alors que la situation ne l'exige nullement : non pas que Walther ait tiré profit de l'enseignement confus de David, mais parce qu'il est, comme le dira Sachs au second acte, « Maître de naissance ».

---

29. A. Golea, *Entretiens avec Wieland Wagner*, Belfond, 1967, p. 180.

L'essentiel du chant, en *ré* majeur avec les *Stollen* en trois phrases, repose sur le « premier chant de Walther » (12) qui alimentera l'orchestre entre les différentes sections, ainsi que sur une marche harmonique proche du « thème d'amour » (5b), lors de la référence de Walther à Vogelweide. D'abord hésitant, le chant de Walther prend une assurance croissante, confirmée par la sonorité de plus en plus généreuse de l'orchestre (apparition de la harpe dès le second *Stollen*). Bien que déconcertés (1 en mineur), les Maîtres consentent à entendre Walther qui devra annoncer enfin le choix de son sujet pour le chant de Maître (*Meisterlied*).

La préparation au déroulement de l'épreuve débute par l'exposé du marqueur – *Messer* signifie aussi *arpenteur* en allemand! –, qui ne cache pas son antipathie (13), voire son mépris (« Monsieur le chevalier »), tandis que la confrontation entre les thèmes de Walther (11) et de Beckmesser (13) résume leur rivalité. Ensuite, Kothner entreprend la lecture des lois de la Tablature (composition du *bar*) d'un ton monocorde, en quatre strophes en *ut* majeur, avec la finale ornementée et répétée à l'orchestre, traduisant la rigidité académique du chant.

Avec le « *Fanget an* » rituel, auquel Walther donnera un écho sarcastique, débute le second *bar*, en *fa* majeur, infiniment plus développé et plus complexe que le précédent. La thématique qui le compose repose successivement sur « l'assemblée des Maîtres » (9a) soutenu à l'orchestre par « l'ardeur impatiente » (6), puis sur deux autres nouveaux éléments, l'« hymne au printemps 1 » (14) en tierces parallèles aux cors (« le son se répercute »), et l'« hymne au printemps 2 » (15) en tant que forme dérivée de « l'ardeur impatiente » (6). Pendant le chant, les interpolations de Beckmesser par ses coups de craie rageurs (13b) prennent un aspect quasi-hystérique, et le conduiront à interrompre le second *Stollen* (à nouveau enrichi par la présence de la harpe). Arguant de la non-conformité aux lois, le marqueur se déchaîne en une violente diatribe (16 se déplaçant par chromatisme ascendant, cors bouchés) contre le candidat qui tente vainement de protester (11). Seul Sachs parviendra à endiguer ce déluge de critiques en se plaçant à nouveau en médiateur (17a) : manifestant son intérêt pour le chant de Walther (thème de la bonté de Sachs, 18a), il pose à nouveau la question d'une réforme des règles et la nécessité de « comprendre avant de juger ». A l'irascibilité de Beckmesser, il répliquera, en un habile retournement de situation – c'est-à-dire *conformément* aux lois (1) –, par la mise en doute de l'intégrité du marqueur (10). La digression mesquine de ce dernier – il s'adresse au cordonnier (8a) et non pas au poète –, annonce la fameuse sixième scène de l'acte II et débouche sur l'ensemble final, exposant simultanément l'*Abgesang* du chant de Walther (15) qui crie bientôt son mépris pour les « Maîtres-Corbeaux ». Suivent alors le réquisitoire de Beckmesser et l'approbation des Maîtres, parallèlement aux propos isolés de Pogner, effrayé, et de Sachs, furieux.

Le premier acte se termine dans le plus grand désordre, auquel s'ajoute le chant des apprentis, qui, après la sanction finale (« *versungen und vertan* »), dominera la conclusion orchestrale, entrecoupé par un bref et lointain écho de l'« hymne au printemps 2 » (15), et cédant la place au motif des Maîtres (1), ironiquement privé de la dignité dont il se veut porteur.

Acte II

Autant le premier acte était centré autour de Walther, désormais évincé, autant le second sera celui de Sachs par le renversement des fonctions acteur/témoin. Reposant sur les conséquences de la confrontation entre Walther et les Maîtres – scène dont la thématique sera exploitée à nouveau point par point -, cet acte permet surtout de cerner deux autres aspects de la personnalité de Sachs au travers du monologue et de la chanson, points-clés du rôle qu'il sera amené à jouer.

La rapidité de l'enchaînement des scènes participe également de la comédie qui atteindra son sommet en évoluant du *commentaire* (scènes 2 et 3) à l'*action* (scènes 5 et 6), avec la prise de conscience pour axe central (scène 4) : la phase d'action procédera à la fois par coups de théâtre et par accumulation dans une progression en *crescendo* digne du final du second acte des *Noces de Figaro* pour cette autre « folle journée ».

SCÈNE I

La courte introduction orchestrale présente, en *sol* majeur, le motif de « la Saint-Jean » (10), musique qui servira de support à la première scène, entrecoupée à nouveau par des railleries des apprentis envers David. Sur le même chant par lequel il souhaitait à Walther de remporter l'épreuve, David espère à son tour obtenir une récompense, très précisément la seconde[30] : détail historique permettant à Wagner de situer David dans la hiérarchie des chanteurs. Au quiproquo de l'appel de Magdalene servant immédiatement de prétexte aux apprentis, succède le dialogue entre David et la « vieille fille » ainsi qu'ironiseront plus tard les mêmes apprentis. Le récit de l'échec « sans rémission » (*versungen und vertan* : sentence finale des maîtres) correspond à un décalque du motif des

30. La récompense couronnant le maître consistait en une chaîne d'argent avec l'effigie du roi David jouant de la harpe ; la seconde correspondait à une simple couronne sur laquelle des fleurs étaient brodées en fil de soie (cf. J. TIERSOT, *op. cit.*, p.45).

« Maîtres » sur celui de David, et surtout à 8b « Sachs » soulignant la tension que provoque la nouvelle. L'annonce de l'échec rejaillit directement sur les relations du couple, laissant David interloqué, privé des douceurs promises, et en proie aux remarques acides des apprentis[31]. Le brusque changement de climat musical accentue le sérieux de l'intervention de Sachs, visiblement préoccupé (8a se déplaçant sur son harmonie de quinte augmentée par chromatisme descendant), refusant même de donner la leçon de chant à David (8c).

SCÈNE II

La seconde scène, « côté rue », constitue une parenthèse (7c se prolongeant à l'orchestre). Hésitant à déranger Sachs, Pogner fait état de sa déception dans un commentaire infructueux par le fait qu'il n'a pas saisi toute la nouveauté du chant de Walther (échos déformés de « l'inquiétude d'Eva », 17a). Le dialogue entre Pogner et Eva est marqué par l'opposition entre la malléabilité de la ligne de clarinette (attitude d'Eva) et le discours emprunt de fierté du bourgeois (« motif patronal de Nüremberg » (19), seconde référence au Landgrave de la Wartburg). Seul le rappel de « l'amour naissant » (2a) traduit le désir encore secret d'Eva face à l'emphase du père. La seconde partie de la scène (passage de *si* bémol majeur à *sol* majeur) amène une autre conversation (pendant que 7a, propre à David, souligne l'apparition de Magdalene), dans laquelle la révélation de l'échec est destinée à introduire les scènes suivantes.

SCÈNE III

La parenthèse se referme (7a, 8a), et la scène 3 glisse rapidement sur le second commentaire que constitue le monologue de Sachs. Les réminiscences du chant de Walther s'imposent peu à peu (15 puis 14) : l'homme s'abandonne face à la nature – thème romantique par excellence – et se confie comme le voyageur de Schubert dans *Das Lindenbaum*. Le poète s'efface devant l'humilité du cordonnier (8a), puis cède à nouveau à ses souvenirs : en *fa* majeur, tonalité du chant d'épreuve de Walther (15), les réflexions de Sachs se précisent (6, 5 en *mi* majeur), passant de l'intérêt à la décision, et remontant le temps jusqu'au premier chant de Walther. A nouveau en *fa* majeur, c'est le printemps du premier *bar* qui conduit Sachs, contrairement à Pogner, à avouer sa conviction et à prendre position : bien qu'il ne dispose pas encore de toutes les données du problème, le cordonnier-poète fait ici le premier pas qui l'amènera à prendre en main les événements.

SCÈNE IV

L'orchestre évoque encore les pensées de Sachs (12) lorsque Eva pénètre dans l'atelier. Cette quatrième scène, aussi fondamentale que la précédente, apparaît comme le pivot de l'œuvre : à partir d'une conversation anodine, qui permettra de préciser les relations entre Sachs et Eva, jusqu'à la révélation de son amour pour Walther, se dévoile progressivement la dimension psychologique du sujet, celui de l'homme blessé.

Toute l'habileté d'Eva semble résumée dans un nouveau thème en *la* bémol majeur, le « charme d'Eva » (20), procédant à la fois de la souplesse de « l'amour naissant » (2a) et du chant de Walther (15). La conversation traite, dans un premier temps, du futur fiancé (réminiscences de la clarinette de la scène 2) avec un Sachs volontairement évasif dans ses réponses (17b), la thématique subissant peu après une inversion : 17b soutenant Eva et 20 soutenant Sachs, avec 5b accompagnant le premier reproche de la jeune fille (« je vous aurais cru plus subtil »). Lorsqu'il est question, dans une seconde section, du prétendant Beckmesser, le « charme d'Eva » (20) perd son accentuation et sa stabilité harmonique qui ne seront rétablies que dans la section suivante (*la* bémol majeur, 17b, puis 20 plus pressant). Eva envisage, malicieusement, le remariage possible de Sachs[32]. L'attitude embarrassée de ce dernier provoque l'irritation d'Eva (notes répétées de « Beckmesser marqueur », 13b) et, par un retour à la réalité (« viendrais-je chez vous si je trouvais conseil à la maison ? » : 8b), conduit à la seconde partie de la scène.

Par les syncopes et le motif de « l'inquiétude d'Eva » (17a), Sachs fait part de ses soucis à propos de la candidature d'un « jeune homme » : « un chevalier? », enchaîne spontanément Eva (11 en *mi* bémol majeur). Comme dans la confrontation entre Walther et Beckmesser, leurs thèmes (11 et 16) se succèdent rapidement pendant le récit des faits (17a). Malgré les interventions de Magdalene, Eva harcèle Sachs de questions, qui finira tout comme David (acte I, scène 2), par désapprouver l'audace de Walther à briguer le titre. Tout ce passage, ainsi que la colère d'Eva qui suit, est dominé par 16 « Beckmesser querelleur », bientôt associé au thème de Sachs (8a) lors des insultes envers le cordonnier. Seul le thème de « l'inquiétude d'Eva » (17a) marque la prise de conscience qui conditionnera l'attitude future de Sachs.

31. Par la vocalise typique du « Jodeln », la chanson des apprentis emprunte au *Volkslied*. Cf. J. A. Bizet, *La poésie populaire en Allemagne* (Aubier-Montaigne, 1959).
32. Episode historique auquel Wagner fait référence : le vrai Sachs s'est remarié à l'âge de 77 ans avec une jeune fille de 17 ans.

La scène, que l'on pourrait étudier sous l'angle de l'exaltation croissante du chant d'Eva, parallèlement à l'accélération du tempo, se termine avec l'alternance serrée entre l'harmonie de 8b et 16 pendant le bref dialogue entre Magdalene et Eva. Cette dernière est encore sous l'émotion de sa conversation avec Sachs et ne songe qu'à revoir Walther. La mise au point du stratagème d'échange pour mystifier Beckmesser (8a, 16) – dans le sillage de l'antécédent célèbre Don Giovanni/Leporello – est interrompu par l'appel de Pogner, et les pas de celui qui approche et apparaîtra au début de la cinquième scène.

SCÈNE V

L'arrivée de Walther donne lieu à des retrouvailles d'autant plus passionnées que leur amour est compromis : le parallèle avec celles de Tristan et Isolde (acte II, scène 2), d'une densité orchestrale et d'un débit vocal comparable, n'en est que plus évident (17b prenant ici une coloration proche de celle du « désir »). Les deux formes du motif de « l'inquiétude d'Eva » (17) sont associées respectivement à celle-ci (17a) et à Walther (17b) à partir de la déclaration d'Eva qui passe au tutoiement. Il s'ensuit un dialogue en rebondissements où chacun tente de convaincre l'autre (« *du irrst!* »), Eva passant outre l'échec, Walther restant sur sa désillusion jusqu'à citer les propres mots de Pogner : « l'élu devra être Maître Chanteur » (1 en *ut* majeur). Bien qu'ayant chanté « de toute son ardeur » (15), il ne contient plus sa colère et s'en prend aux Maîtres avec virulence (saut de septième diminuée aux cordes graves). L'exorcisation de l'épreuve humiliante doit donc passer par l'*action* – la fuite : « où je suis maître chez moi » (sur le premier chant devant les Maîtres). Sa fureur atteint son point maximal avec la ridiculisation des Maîtres par le procédé de la « dérision thématique »[33] dans l'alternance du motif de « Beckmesser querelleur » (16) avec celui des « Maîtres » défiguré par le *staccato* accompagnant les allitérations (« *Gewerken, Gemerken* »), etc.).

Ce torrent d'invectives est brutalement interrompu par l'innocent *fa* dièse de la trompe de veilleur de nuit : autre exemple subtil d'interpolation déclenchant ici un cri de Walther, soudain ramené à la réalité par un événement scénique extérieur à la situation, et dont le geste héroïque – « d'un geste emphatique, il met la main à son épée » – appartient à un autre monde. A partir d'un seul son, toujours étranger au contexte harmonique dans lequel il se greffe (on pense aux cloches des pèlerins dans *Harold en Italie* de Berlioz), Wagner cultive le paradoxe de lui conférer une puissance dramatique alors qu'il est annonciateur d'un message rassurant du veilleur!

La rupture est totale, le *fa* dièse provoquant, par enharmonie, le glissement d'une septième diminuée en *si* bémol à *si* majeur (tonalité importante dans *Tristan*), avec un nouveau thème, habituellement dénommé « calme de la nuit d'été ». Donné délicatement aux cordes avec sourdines, il complète la famille des « thèmes d'amour » en procédant de « l'amour naissant » (2a) et de « l'ardeur impatiente » (6). Sortant pour mettre au point le stratagème avec Magdalene (5), Eva laisse Walther caché avant l'apparition du veilleur. De *si* majeur, la musique s'oriente en *fa* majeur pour le chant de ce dernier, au diatonisme limité à quatre notes, pour retourner vers *si* majeur par le biais du *fa* dièse.

Entre les deux interventions du veilleur s'écoulera une heure pendant laquelle on assistera à un véritable « plissement » des situations parallèles, évoluant du successif vers le simultané aux dépens de l'intelligibilité du texte, mais constituant par là même un ressort éprouvé de la comédie, et pour le plus grand plaisir de l'auditeur.

Avec le bref aparté de Sachs commence la première phase de son rôle : à l'action de fuite des amoureux correspondra celle de les en empêcher (8a, 21). De fait, à la suite des secondes retrouvailles de Walther et d'Eva déguisée en Magdalene (5 en *fa* majeur), Sachs parviendra à effrayer le jeune couple (21 en *si* majeur, en tremolos *pianissimo* dans l'aigu). Par deux fois, Eva devra freiner les élans impulsifs du chevalier, craignant l'ambiguïté de l'amitié de Sachs, et furieux de l'apparition de Beckmesser (scène 6), signalé par son luth (24).

SCÈNE VI

La préparation de la sérénade, largement annoncée, constitue la seconde action contradictoire de Sachs, jouant à son tour les trouble-fête. Magistrale insertion d'une chanson dans une « sérénade interrompue » dès son premier accord! Inspirée des historiettes de l'authentique Sachs[34], la chanson – un apologue – adopte le mode strophique. Comme l'a noté Adorno[35], Sachs, en tant que représentant du peuple (cordonnier) et non de la haute société, ne chantera jamais la forme consacrée du *bar* : Sachs lui-même constatera, non sans amertume, qu'il ne chante « que pour la rue ». La chanson (avec un franc diatonisme qui renvoie à celui du chant de Kurwenal dans *Tristan*) enchaîne

33. Type de variation procédant par dégradation de l'objet dont l'identité n'est pas affectée. Nous renvoyons à notre étude concernant la *Faust-Symphonie* de Liszt, « De Mephisto à Liszt » (*Silences* n°3, 1986).
34. J. TIERSOT (*op. cit.*, p.68) en cite quelques savoureux exemples. On remarquera au passage que « Adam et Eve » est l'une des oeuvres les plus célèbres de Dürer.
35. ADORNO, *Essai sur Wagner*, Gallimard, 1966, p.48.

le refrain (22a sur 8a) à la strophe (22b), dans le ton de *si* bémol majeur, qui a donc supplanté le *sol* majeur annoncé. La première phrase de la strophe s'achève sur « Sachs professeur » (8c), repris en écho par l'orchestre avec une ornementation de plus en plus chargée au cours des strophes suivantes : traces d'un académisme volontairement simpliste en référence à la lecture de la Tablature par Kothner. Les propos parallèles révèlent une superposition de trois situations : la colère de Beckmesser, l'impatience de Walther et l'embarras croissant d'Eva. La troisième strophe, soutenue par un orchestre de plus en plus ample et par le prolongement des « petites notes »[36] apparues dans la seconde, présente surtout une nouvelle idée en superposition (motif de « l'émotion de Sachs »23), alors que l'allusion à Eva est d'autant plus déchiffrable que le chant marque des ralentissements sur les passages les plus révélateurs. L'effet de la « détresse » de Adam-Sachs est immédiat sur la jeune fille (22b, 23) qui ne cache plus son malaise.

Quant à Beckmesser, si ses deux premières interventions sont inefficaces (16) mais néanmoins révélatrices d'une couleur d'orchestre qui lui restera propre (acte III, scène 3), l'apparition de la « fausse » Eva à la fenêtre le rend subitement diplomate (thème du luth, 24). Il réclame donc l'aide bienveillante et les conseils de Sachs (1). N'obtenant pour toute réponse que la quatrième strophe de la chanson, il en vient aux menaces (16 opposé à 8a). Une fois encore, la ruse de Sachs lui permet de proposer un compromis en s'initiant à la fonction de marqueur tout en terminant les chaussures de Beckmesser : en *mi* majeur, 1a se succède à lui-même, présenté en entrées successives sur le modèle d'une exposition de fugue, première préfiguration de la septième scène et complétée bientôt par un fragment de 26b – la bastonnade qui en résultera. Le *fa* dièse de la trompe du veilleur oriente un instant l'attention vers Walther et Eva (thème 21 du « calme de la nuit d'été » en *si* majeur), désormais spectateurs attentifs autant que curieux de la suite des événements.

Après l'obligatoire « *Fanget an* » commence donc la sérénade, troisième *bar* accompagné par le luth, en *sol* majeur. La multiplication des accents mal placés dans un chant ne tenant pas compte de la prosodie donne vite lieu à un contrepoint par interpolations entre les coups de marteau et le luth. La correction du phrasé rythmique proposé par Sachs (25a/b) en est encore la meilleure démonstration. Beckmesser recommence donc son chant – les deux *Stollen* suivis de l'*Abgesang* – avec la même monotonie mélodique, la partie vocale subissant l'influence de l'écriture instrumentale du « luth de Beckmesser »(24). La deuxième section qui reprend intégralement le *bar*, est maintenant soutenue par les ponctuations ironiques de l'orchestre (bassons), dont la densité croissante évoque à nouveau le procédé de la fugue. Pris à son propre piège, Beckmesser est à son tour victime de l'interruption qu'il avait lui-même assénée à Walther : « avez-vous terminé? » (8a). Gratifiant Beckmesser de son propre verset (22b), Sachs entonne, parallèlement à une troisième section intégrale du *bar*, un chant par lequel il savoure la déconvenue du personnage ridicule : « un bon Lied est tributaire de la mesure! », le mot *Takt* (mesure) étant placé sur les contretemps! Chaque partie du *bar* de Beckmesser est doublée à l'orchestre, respectivement par les cordes et les vents pour les deux *Stollen*, l'*Abgesang* reposant sur un système de relais (entre cor/trompette avec sourdine/altos et hautbois/bassons/cor) qui prépare l'écriture chorale de la septième scène. A cet ensemble divergent progressant en *crescendo* s'ajoutent d'abord David analysant rapidement la situation, puis les voisins qui ne sont autres que les Maîtres, ameutés par le tapage.

SCÈNE VII

Le tempo atteint un nouveau palier au début de la dernière scène au moment où Magdalene assiste impuissante aux conséquences du quiproquo. Le tumulte (26a) introduit la bastonnade (26b), sujet d'une fugue grandiose, parfaitement adaptée à l'accumulation progressive des interventions chantées des personnages : ce symbole de la rigueur pour un J.S. Bach se trouve détourné ici en vue d'« organiser le désordre »![37]. Le sujet, associé à David rossant le galant est une combinaison entre le rythme de son motif (7a) et le chant de Beckmesser (24), porteur d'un dynamisme tant rythmique qu'harmonique (encore une quarte ascendante!), et alimente une polyphonie de plus en plus dense au fur et à mesure que s'ajoutent les apprentis, les compagnons, les bourgeois et les voisines aux fenêtres. La virtuosité du passage dépend moins du nombre des parties que de l'extrême fragmentation à l'intérieur de chacune d'entre elles, relevant d'une écriture fondamentalement instrumentale : le texte n'est donc plus saisi « selon sa signification conceptuelle, mais sert, dans l'esprit de l'œuvre d'art musical, uniquement de support matériel pour le chant[38] ».

---

36. Procédé de « dérision thématique » cher à Berlioz et à Liszt. Voir note 33.
37. Idée déjà exposée par Berlioz au début de *Roméo et Juliette* (« Combat tumulte »), que Wagner connaissait, et réactualisée par R. Strauss dans le quintette des Juifs dans *Salomé.* Quant à la dimension autobiographique de cette bagarre, voir GREGOR-DELLIN, *op. cit.*, p.108.
38. Remarques de Wagner au sujet de la *Missa Solemnis*, in *Beethoven* (Aubier-Montaigne, 1948), p. 169.

Aux quatre entrées du sujet (*ré* majeur, *sol* majeur, *mi* mineur, *ré* majeur) succède la voix des maîtres qui tentent de rétablir le calme en chantant..., la sérénade de Beckmesser! (cors et cordes graves en *sol* majeur). La confusion s'accroît avec les imitations dans les autres parties – (26b) par chromatisme ascendant pour amener l'*Abgesang* –, jusqu'à la strette en *mi* majeur sur la tête du sujet en une fixation harmonique sur les quartes (*mi-la-ré-sol-do*) qui reconstituent l'accord du « luth de Beckmesser » (24). Les derniers élans sur le début de la sérénade et du motif de la bastonnade (26b) juxtaposent enfin trois des quatre tonalités importantes de la scène 6 (*mi* majeur : compromis Sachs-Beckmesser; *sol* majeur : la sérénade; *si* bémol majeur : chanson strophique de Sachs), la quatrième – *si* majeur – étant brutalement imposée par le *fa* dièse *fortissimo* du veilleur (21, 8a). La dispersion est immédiate (échos de la fugue et de la sérénade), David et Walther étant récupérés par Sachs, et Eva par Pogner, cédant ainsi toute la scène déserte au veilleur peu rassuré. Toujours en *fa* majeur, il répète son message rituel, pendant que les doubles croches des flûtes et bassons, dernières traces de la bagarre, délaissent provisoirement le *staccatissimo*, aussi caractéristique des thèmes de David que de Beckmesser, au profit du *legato*. Sur le « calme de la nuit d'été » (21), qui retrouve sa sérénité initiale, résonnent, en ultime souvenir de la farce qui vient de se jouer, des bribes de la sérénade, définitivement sanctionnée par l'unanimité de l'accord final.

Si Walther avait échoué à la fin du premier acte, c'était pour non-conformité aux lois des Maîtres chanteurs; à l'inverse, Beckmesser, comme le note M. Tanner[39], a péché par excès en accordant une trop grande confiance en ces mêmes lois. Tout véritable créateur le sait : les contraintes sont une indispensable nécessité qu'il faut dépasser pour prétendre à la liberté.

Acte III

Dans le prolongement logique des deux précédents, le troisième acte consacrera la réunion de l'art et de l'amour au travers du double triomphe de Walther et de Sachs. C'est une sorte de réparation, de « remise en ordre » des épouvantables désordres antérieurs. Et il n'y faut pas moins d'un acte d'une longueur inusitée non seulement chez Wagner, mais dans toute l'histoire de l'opéra : deux heures, au minimum, de musique sans interruption. La vision de A. Lorenz d'un *bar* coiffant l'ensemble de la construction de l'œuvre – les deux échecs de Walther et de Beckmesser aboutissant à leur chant juxtaposés dans le final –, est certes séduisante, mais néanmoins trop naïve pour être réellement prise en compte[40]. Au-delà de la pyramide de la dialectique hegelienne – thèse/antithèse/synthèse – trop facilement récupérée pour illustrer des schémas simplistes, ce serait surtout accorder une importance déplacée au concours de chant et à son issue, alors qu'en fait tout est dit avec le quintette de la scène 4.

Le drame qui se joue dans le prélude – comparable en intensité à celui du troisième acte de *Tristan* – est celui de la résignation. L'orchestration est subtilement répartie entre les différents motifs attribués à Sachs, passés ici en revue dans leur intégralité. Magistrale illustration de l'art de la variation chez Wagner, grâce à l'extraordinaire malléabilité du temps, ici étale, cristallisant l'ensemble de la thématique sous le seul éclairage de l'échafaudage des cordes sur le motif de « l'émotion de Sachs » (23). D'où la tendance à un « total thématique », proposant son portrait complet, de l'humble cordonnier au poète consacré par le second choral de l'œuvre (27) : le « *Wach auf* », sur un texte attribué au véritable Sachs (intitulé « Le rossignol de Wittenberg » et dédié au réformateur Luther). Ce choral sera repris en un véritable hommage du peuple au poète (scène 5), révélant ainsi son rôle politique. Parallèlement à l'emprunt historique, la référence stylistique à Bach, ressort du prélude de choral, ainsi que des sections extrêmes bâties sur « l'émotion de Sachs » (23), encadrant les deux citations du choral, données majestueusement aux cuivres. Quant à la section centrale, elle présente successivement la chanson biblique (22b), dont le texte avait motivé l'apparition de 23, (en *mi*, *la* et *ré* majeur : quartes ascendantes!), et la tête du motif de Sachs (8a) traitée polyphoniquement dans le registre aigu des cordes (chaque entrée sur la quinte augmentée caractéristique se déplaçant par chromatisme ascendant).

Beaucoup plus qu'un simple prélude, cette page introductive est un aboutissement, un point de non-retour : « les épisodes qui formaient tout d'abord le sujet ne semblent plus en être que des répercussions fortuites [41]».

SCÈNE I

Le glissement entre la dernière et intense section sur 23 et le début de la scène 1 (7a, 7b) installe musicalement l'opposition des deux personnages en présence : la teneur des préoccupations de David (l'attitude de Magdalene, la sérénade – effets de luth (24) aux cordes, la bagarre 26b) tranchant avec la gravité de Sachs (*staccato* de 7a, *legato* de 23 aux cordes graves). Lorsque Sachs émerge de sa méditation (souvenirs de l'acte II, scène 4 : 17b), commence une dis-

39. M. Tanner (*op. cit.*, p.198).
40. Voir la discussion des théories de Lorenz par Adorno (*op. cit.* p.46 sq.)
41. P .Dukas, *op. cit.*, p.104.

cussion embarrassée, suivie du chant de David devant son maître. Après un faux départ, qui n'est autre qu'un acte manqué (25), David entonne un choral, frappant par sa simplicité (forme ABA). Enfin, l'évocation du concours (3) dérive – dernière maladresse de David (26a) – sur l'éventualité du remariage de Sachs, triomphant de Beckmesser.

La seconde partie de la scène est entièrement consacrée au monologue de Sachs, s'interrogeant, à partir des événements de la veille, sur la folie (« *Wahn* ») qui mène les hommes : « comme Schopenhauer avant lui – le "vouloir-vivre" – et Nietzsche après lui – la "volonté de puissance" –, il conçoit la vie comme réductible à une force unique[42]. »

Articulé en quatre sections, le monologue reprend les entrées successives du prélude sur le motif de « l'émotion de Sachs », jusqu'à l'évocation du chant de Walther (15), première « folie » qui conduit à un emportement de la musique (23 à la trompette), suivi d'un lourd silence. Maîtrisant sa colère, Sachs se tourne fièrement vers sa paisible Nüremberg (19 sur lequel se greffe un large contre-chant – thème de la « fierté de Sachs » (28), qui lui donne une assise plus noble). La stabilité harmonique de *fa* majeur est troublée par le glissement progressif de 19 à 26a par l'accélération du tempo : Sachs lui-même a cédé à cette folie qui a dégénérée en bagarre (26b). Ce second emportement, également suivi d'une interruption, débouche sur la troisième section dans laquelle Sachs remonte le temps (premier monologue) avec le « calme de la nuit d'été » (21) dans sa tonalité originale en *si* majeur (cordes dans l'aigu et harpe). Malgré les citations éparpillées de la sérénade et de la bastonnade, la musique conserve la même sérénité, et conduit (directement cette fois-ci) à la quatrième section par la juxtaposition de *la* bémol majeur – *mi* majeur – *ut* majeur (sur 10), modulations dont la signification apparaîtra dans la scène II. Sachs transforme ici sa conviction d'agir en faveur de Walther, exprimée à l'issue de son premier monologue, en une véritable décision : agir en faveur d'Eva. La thématique, en associant la « Saint-Jean » (10) et le « motif patronal de Nüremberg » (19) d'une part, et « l'amour naissant » (2a) et le thème d'amour (5a) d'autre part, indique clairement le but poursuivi par Sachs : faire reconnaître le chant de Walther par Nüremberg, entreprise qui ne peut réussir « sans quelque folie »...

SCÈNE II

La transition introduit *mi* bémol majeur, tonalité principale de la deuxième scène avec, tout d'abord, un dialogue entre Sachs et Walther en trois étapes, délimitées par l'harmonie et la thématique. La sollicitude de Sachs – 18b, synthèse des thèmes de la « bonté » (18a) et de « l'émotion » (23) –, accompagne l'accueil qu'il réserve au jeune homme, qui lui confie aussitôt son rêve. Elément fondamental, le rêve (cf. ceux de Senta et d'Elsa, par exemple), est symptomatique d'une idéalisation pure née du pouvoir de lucidité que les romantiques accordaient au subconscient; Sachs le rappelle en l'opposant à l'« illusion » (« *Wahn* ») : « l'art poétique n'est qu'une interprétation véridique du rêve ». Le rêve, annoncé par l'enchaînement de *mi* majeur à *la* bémol majeur, prenant désormais une valeur thématique, sera donc le moyen d'accéder à la maîtrise. Malgré l'audace de Walther qui a dérouté les Maîtres, Sachs l'incite à composer son chant. Si la première étape était marquée par l'alternance entre « la bonté » (18b) et « l'amour naissant », 2a (avec une courte citation de la « sérénade de Beckmesser » (25) en *sol* majeur), la seconde en *si* bémol majeur, repose principalement sur le même motif de « l'amour naissant » (2a), influencé par le rythme pointé de celui de Nüremberg (14), et les deux formes de « l'ardeur impatiente » (6 et 15), alors que Sachs invite Walther à étudier les lois du chant (1). Le retour de 18b associé à 2a en *mi* bémol majeur correspond à la dernière étape avec le « thème d'amour » (5a) pour aboutissement, préfigurant l'*Abgesang* du chant de Walther. La liberté doit naître de la contrainte : « D'abord, vous fixez les règles, puis vous les suivez.» Le chant – en *ut* majeur, autre signal de la proche résolution – est à nouveau introduit par les sonorités de *mi* et *la* bémol majeur, reconstituant ainsi l'harmonie de quinte augmentée (*mi– la* bémol-*do*) propre à Sachs, *révélateur* et artisan de la réussite.

La transparence de l'orchestre (division des cordes) introduit le quatrième *bar* dont les deux *Stollen* reposent sur « le récit du songe de Walther » (29) (qui procède de 6 et de 5b). Ils sont ponctués par le thème de « l'amour naissant ». Les interventions de Sachs, entre chaque partie du chant, dont la limpidité est accentuée par les cordes en sourdines, guident le chevalier pas à pas, quitte à admettre les entorses aux lois : « Vous avez terminé dans un ton différent... mais Sachs en tire la leçon ». L'émotion de Sachs (23) répond à l'*Abgesang* qui a utilisé pour la première fois, vocalement, le « thème d'amour » au complet. Une deuxième section intégrale du *bar* suivra, sur le même modèle, avec une orchestration différente (violoncelles divisés avec sourdines dans le second *Stollen*). La troisième section réclamée n'interviendra que plus tard (scène 4), et la conclusion de la scène confirme les analogies thématiques entre 18b, 19 et 11, ponctuées par 5a, et suivies par le couple triomphal (19-28) sur une cadence parfaite en *mi* bémol majeur.

---

42. Voir les judicieux commentaires de M. TANNER (*op. cit.*, p.194 sq.)

SCÈNE III

La sortie des deux personnages coïncide, dans la tradition de la comédie, avec l'entrée du personnage antinomique qu'accompagne l'élimination de la thématique précédente. Parenthèse entre deux scènes de grande intensité, la troisième scène, contrairement au prélude, ne repose sur aucun nouveau motif, mais plutôt sur un matériel réduit – issu de l'acte II –, volontairement répétitif, accentuant ainsi le grotesque du rôle de Beckmesser. L'interlude symphonique illustrant la pantomime, procède par ruptures commentant le piteux état du greffier, et relève d'un savant travail d'orchestration (utilisation du registre aigu du basson sur 13, effets de luth aux cordes, 24). Hormis la sérénade et la bastonnade (25, 26) c'est la jalousie de Beckmesser qui domine dans la superposition entre l'*Abgesang* de la sérénade et le thème du chevalier (11a), jusqu'à la découverte du poème copié par Sachs (29). Avec l'entrée de Sachs, l'opposition entre les deux discours est accentuée, par le tempo, le débit vocal parallèle à l'excitation de Beckmesser, le *staccato* et la thématique. La découverte de la subtilisation du texte confère au motif de « la bonté de Sachs » (18b) une allure particulière, égale à la malice du personnage (l'incident lui fournit l'occasion de faire triompher Walther). Malgré la mise en garde du cordonnier quant à la difficulté de trouver la mélodie juste, Beckmesser se lance dans un chant de jubilation sur le motif de la « sérénade » (25) rendu boiteux par l'alternance entre 2/4 et 3/8 jusqu'à sa sortie marquée par une grande confusion à l'orchestre où se mêlent « la bastonnade », l'ironique « chant des apprentis » et la « sérénade ».

Progressivement, la musique se calme sous les commentaires amusés de Sachs (8a), et reprend la thématique de la fin de la scène 2. De même, l'*ut* majeur référentiel qui avait clos le monologue, apparaît à nouveau pour accueillir, non plus Walther (*mi* bémol majeur, scène 2), mais Eva (*la* bémol majeur, tonalité du précédent dialogue, acte II, scène 4).

SCÈNE IV

Le texte se situe nettement en retrait derrière la musique qui exprime seule l'émotion du passage où « le charme » (20), puis « l'émotion » (30) d'Eva, alternent avec le thème de « Sachs cordonnier » (8a) puisque c'est lui qui est ici consulté. L'entrée de Walther, qui fige littéralement Eva sur place, réintroduit « le calme de la nuit d'été », dans sa tonalité originale de *si* majeur, avant de revenir en *la* bémol majeur sur « l'émotion d'Eva » (30), en guise de préparation à la troisième section du *bar* de Walther (29 en *ut* majeur) : par l'élaboration thématique et harmonique, cette scène constitue l'aboutissement des scènes 4 et 5 de l'acte II et de la scène 2 de l'acte III dans la reconnaissance de l'amour par l'art. Plus encore, c'est le drame intérieur de Sachs, jusqu'ici révélé soit indirectement (chanson biblique de l'acte II, scène 6), soit par l'orchestre seul (Prélude de l'acte III) qui éclate à la fin du chant de Walther : d'abord par le jeu de scène, Sachs « se faisant violence en s'écartant du couple » (23), puis en donnant libre cours à son amertume (22b dans sa tonalité initiale). Derrière le cordonnier (dont les coups de marteau résonnent dans les *forte-piano*), c'est le vieux Sachs qui souffre, celui « qui devrait tout savoir et rapiécer ce qui tombe en lambeaux » (30), qu'il comprenne ou non « les jeunes filles en mal de mari » (17b), tout comme celui « qui sent la poix » (8a), ainsi que lui avait lancé Eva dans sa colère.

C'est à elle qu'il appartient d'interrompre ce flot de rancœur. Sa reconnaissance – tardive – s'exprime musicalement par le conventionnel (marche harmonique, sixte et quarte) dont le seul élément remarquable se trouve dans la déformation du motif de « l'émotion » (30b) par un chromatisme caractéristique de *Tristan* : l'auto-citation du motif du « désir » soutenu par « l'accord de Tristan » aura été largement préparée[43]. Le renoncement de Sachs ne sera pas celui de Marke (« j'en connais la triste histoire ») et sa transfiguration héroïque « fait de lui un Wotan qui remporterait la victoire » (Paul Dukas).

L'arrivée de Magdalene et David interrompt les réflexions de Sachs qui surprend l'assemblée par l'annonce du baptême de la formule (*die Weise*) du chant de Walther (30). Le premier choral (1b), associé dans la toute première scène à la même idée, sert de support à la cérémonie improvisée. Introduit d'abord en *ré* majeur, il réapparaît après la citation complémentaire de 1, en *ut* majeur, avec le même caractère solennel que lors de la lecture de la Tablature par Kothner (psalmodie du chant terminé par un mélisme – les deux premières périodes du choral –, aussitôt donné en écho à l'orchestre). La seconde surprise est réservée à David, promu, par une gifle généreuse, au rang de compagnon (réunion de 1 et de 1b). La formule officiellement baptisée (sonorités de *mi* majeur – *la* bémol majeur), la musique évolue, par glissements progressifs sur « l'émotion d'Eva » (30b), d'*ut* majeur à *sol* bémol majeur, tonalité du fameux quintette.

Cet ensemble, au sens traditionnel du terme, constitue moins une plage de contemplation que le véritable *finale* de l'œuvre, ou plus précisément, *un* aboutissement du sujet. La simultanéité des situations, en ce

43. Ici encore, on pense à Mozart intégrant un air de *Figaro* dans *Don Giovanni*, avec la remarque de Leporello : « Cet air, je ne le connais que trop ! ».

magistral point de convergence, résume l'éventail des situations, de la farce bouffonne jusqu'au drame : l'union célébrée du « Parnasse et du Paradis » (29), l'accession hiérarchique de David et ses conséquences sur le couple disparate qu'il forme avec Magdalene, et, à l'autre extrême, le renoncement de Sachs. Par la tonalité de *sol bémol*, antipode d'*ut* et seule tonalité éloignée de tout l'ouvrage, le quintette consacre l'opposition à l'académisme des Maîtres, et de ce fait, nécessitera un « second finale », autant pour rétablir la tonalité de référence que pour donner à la situation actuelle son caractère officiel : au travers d'une vision politique de l'art, la « morale » sera réservée au discours final de Sachs. Sous l'apparence d'une forme conventionnelle ABA (Eva chantant seule la première partie sur 20b), le quintette fait moins référence au « Trio des masques nurembourgeois » vu par Tiersot, qu'au Sextuor qui suit la mort de Don Giovanni. Cet ensemble, tout à fait exceptionnel dans le théâtre wagnérien, voire étranger à son écriture musicale, revêt cette signification supérieure qu'on ne reconnaît qu'à de très rares pages de la scène lyrique : celle de la musique « pure » transcendant toute expression de sentiments, abolissant toute situation particulière, alors que les personnages semblent perdre leur identité, que le temps dramatique cède devant le temps musical tout puissant, sorte de célébration unanimiste de la Musique!

La conclusion orchestrale reprend les principaux éléments du quintette (29a de la partie B, 5a et 20b de la partie A), puis enchaîne sur le « motif patronal de Nüremberg » (19), contrepointé par la « fuite de Sachs » (28), pour introduire le deuxième tableau et le changement de décor. Aucun double sens dans cet interlude symphonique dont la fonction est purement illustrative, pour mieux amener le concours de chant (sur 1).

SCÈNE V

La cinquième et dernière scène se situe sur la plaine avoisinant la ville; elle commence avec le défilé des corporations[44], soutenu par les musiques militaires présentes sur scène. La succession des corps de métiers, dont sont représentatifs les Maîtres Chanteurs, est limitée musicalement aux cordonniers (8a), aux tailleurs[45] – comme Moser –, et aux boulangers – comme Kothner –, et brosse, du moins sur le plan scénique, un tableau pittoresque (avec les allitérations sur « *Streck* », « *Meck* » et « *Beck* »). L'arrivée des jeunes filles (10) donne lieu à une valse dont l'aspect populaire est signalé par le « bourdon » de la basse, et au cours de laquelle David est à nouveau en proie aux lazzis des apprentis. Sous prétexte du caractère « national » de l'argument, Wagner n'en a pas moins cédé à la grandiloquence du grand opéra historique dont les défilés et les marches restent les éléments les plus représentatifs. Enfin, l'annonce de la prochaine entrée des Maîtres Chanteurs est soulignée par la modulation en *ut* majeur (1 donné en entier), auquel succède, au sommet du *crescendo*, le solennel thème de la bannière (3). Comme dans le *Benvenuto Cellini* de Berlioz, ce sont les spectateurs qui imposent le silence général, avant de saluer Sachs par le choral « *Wach auf* »(27), dans le même *sol* majeur que dans le prélude.

La réponse de Sachs à l'honneur qui lui est fait est d'abord celle d'un homme humble et ému (23). « Si j'accepte cet hommage, c'est que je vois que vous m'aimez » : fugitive citation du « charme d'Eva » (20a), aussitôt masquée par « la bonté de Sachs » (18b), révélant l'autre sens de ces propos apparemment anodins. Parlant au nom de Pogner, il rend publique l'offre de ce dernier (10), et prend habilement le peuple à témoin de la décision finale (1a).

Le bref échange entre Sachs et Beckmesser, dont le jeu de scène trahit le malaise, a des conséquences immédiates sur la thématique : le *staccato* se greffe instantanément sur 1a, pendant que le thème de « l'assemblée des Maîtres » (9c) subit un glissement vers celui de « Beckmesser marqueur » (13) qui domine à l'orchestre. Plus encore, à l'invitation de Kothner à prendre place, la musique réagit en traitant 1 par l'ironie, en un *fugato* lourd de signification (*mi* bémol majeur), et dont le contre-sujet est constitué par les commentaires étonnés du peuple. Seul le retour en *ut* majeur sur le motif de « la bannière » permet de rétablir le silence précédant le sentencieux «*Fanget an* ». Quant à la préparation de Beckmesser (26a, 13a), elle en dit long sur l'issue de son chant.

Déjà troublé par la difficile mémorisation de son texte (voir le jeu de scène qui précède son intervention), Beckmesser, par un acte manqué qui porte en lui-même son propre échec, reprend la musique de sa peu mélodieuse sérénade (24, 25), et qui plus est, dans le mode mineur, ce qui a pour effet d'en accentuer le profond ridicule. Au-delà de l'incohérence totale du texte, on saisira d'autant mieux les distorsions subies par l'original en comparant directement les deux versions dans le livret allemand : à l'altération de la ligne mélodique par le mineur, correspond celle des sonorités de la phrase, ce qu'aucune traduction ne saurait

---

44. M. GREGOR-DELLIN (*op. cit.*, p.853, note 11) a souligné l'importance des corporations de Zürich « qui avaient joué un rôle politique beaucoup plus large qu'à Nuremberg », et qui semblent avoir marqué Wagner.
45. On peut s'interroger avec J. TIERSOT (*op. cit.*) sur les raisons de la parodie de « *Di tanti palpiti* » issu du *Tancrède* de Rossini qui apparaît dans le chant des tailleurs sur « *der viel Mutt hatt' und verstand* ».

rendre avec exactitude. L'ampleur de ce désastre musical et littéraire est progressivement commentée par l'assistance – les maîtres et le peuple –, d'abord après le premier *Stollen,* puis pendant le second et l'*Abgesang*. Au désappointement initial succède rapidement la critique (sur 13), jusqu'à l'éclat de rire général qui salue la conclusion : comme les *bars* qui ont clos les deux premiers actes, celui-ci est sanctionné par l'échec. « *Versungen und vertan!* ».

Avant de se fondre dans la foule, la fureur de Beckmesser – musique de la scène 3 (16) –, éclate avec l'accusation publique de Sachs, dernière fourberie du personnage, qui jette la plus grande confusion. Sommé de se justifier, Sachs surprend à son tour, par l'affirmation de la réelle beauté du poème, puis savoure les conséquences de son stratagème en choisissant Walther pour avocat. Les deux réactions successives des spectateurs reproduisent le même glissement thématique que dans le premier acte, mais inversé, entre les motifs de Beckmesser (13) et de Walther (11), alors que l'explication est accompagnée par les thèmes propres à Walther (5a, 11, premier « *bar* » de l'acte I), ou à Eva (17b), lors de l'appel du chevalier. Dernière touche prudente, à l'adresse des Maîtres cette fois-ci : « On reconnaît les bienfaits de la règle au fait qu'elle tolère parfois une exception ».

Le *Preislied* de Walther, sixième et dernier *bar*, reprend la musique entendue dans les scènes 2 et 4, infiniment plus développée et soutenue par un orchestre important dès le début, imposant l'évidence : la fascination croissante qu'exerce le chant conduit le chœur à intervenir, dans un premier temps, pendant l'*Abgesang* qui consacre la réunion du Paradis (*Stollen 1*) – « l'Eve au Paradis » de l'apologue de Sachs –, et du Parnasse (*Stollen 2*), pour reconnaître ensuite le triomphe de Sachs. Il ne reste plus à Pogner qu'à remettre fièrement la plus haute récompense au vainqueur (alternance des motifs de « la bannière » (3) et de « l'amour naissant » (2a), dans le même *fa* majeur qui avait supporté sa proposition au premier acte. Ultime coup de théâtre, le refus de Walther, indirectement un « non » à l'académisme, renvoie par là-même, au « véritable finale », le quintette, cité en *sol* bémol majeur.

Les arguments exposés par Sachs fournissent à nouveau l'occasion à Wagner de citer *l'Oeuvre d'Art de l'Avenir*, en posant l'art en tant qu'instrument de la rédemption : « ainsi, comme le note Martin Gregor-Dellin, *les Maîtres Chanteurs* sont-ils l'interprétation que l'art donne de lui-même, l'art qui lutte encore pour être reconnu, mais d'un double point de vue – car Wagner était, dans son individualité propre, un être divisé, aussi bien sur le plan érotique que sur le plan artistique : c'est à la fois Stolzing et Sachs, la justification de soi et la célébration de soi, une polémique qui est dirigée non seulement contre les anciens, mais aussi contre le peuple, qui, comme il est dit à la fin du poème de Goethe sur Hans Sachs, « a méconnu son maître[46] ».

Musicalement, la majeure partie de la harangue de Sachs repose sur la sévère pulsation de 1 – sur lequel se greffe symboliquement « le thème d'amour » (5) –, seul un bref, mais important passage en récitatif venant perturber la régularité de ce discours : sur l'impressionnant « *Habt acht!* », qui semble renvoyer à la mise en garde d'Alberich précédant le fatidique anathème dans *l'Or du Rhin,* Sachs exhorte le sentiment nationaliste en fustigeant les influences étrangères. Quant au mépris contenu dans le mot *welsche* , largement souligné, il a été maintes fois exprimé sous la plume de Wagner[47], et tout particulièrement dans son essai sur Beethoven : « l'Allemand n'est pas révolutionnaire, mais réformateur; et ainsi, il conserve finalement aussi pour révéler son être intime une richesse de formes dont ne dispose aucune autre nation[48]. »

La fin du discours de Sachs récupère, sur le ton héroïque qui convient (19, 28), le thème de la glorification de l'art national, auquel répond la musique par la superposition contrapunctique (1, 3 et 5), telle qu'elle est apparue dans le Prélude initial : l'art germanique a toujours revendiqué son attachement à un contrepoint savant , fût-il, par excès, académique!

Ton jupitérien par excellence, l'*ut* majeur que célèbre cette confiance inébranlable dans le « saint art allemand » – semblant même le préserver de s'abîmer dans l'écroulement de quelque Walhalla –, exprime, selon Dukas, le génial ou le banal.

Admettons que l'ambiguïté de ce pompeux finale est d'osciller entre les deux...

---

46. *Op. cit.*, p.480.
47. En rapprochant « *mit welschem Tand* » de « *dein lautrer Tand* » des filles du Rhin, R. Gray a mis en évidence l'utilisation de ce terme pour dénigrer la musique française, in *The Wagner Companion* (*op . cit.*, p.43).
48. *Op. cit.*, p.127. Suit une critique sévère de l'art français dont « la révolte est toujours dirigée seulement contre son propre naturel ». Voir également la lettre de Wagner qui atténue diplomatiquement cette position (note 59 p.236).

REPERTOIRE DES LEITMOTIVE

N° 1. Les maîtres chanteurs

N° 2. L'amour naissant

N° 3. La bannière

N° 4. La passion

N° 5. Thème d'amour

N° 6. L'ardeur impatiente

N° 7. David

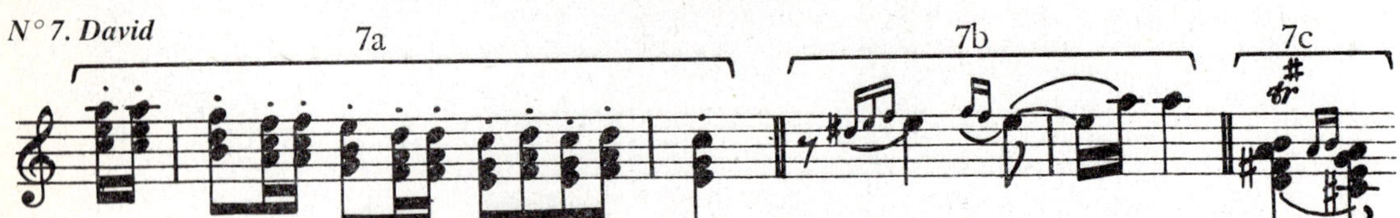

N° 8. Sachs cordonnier

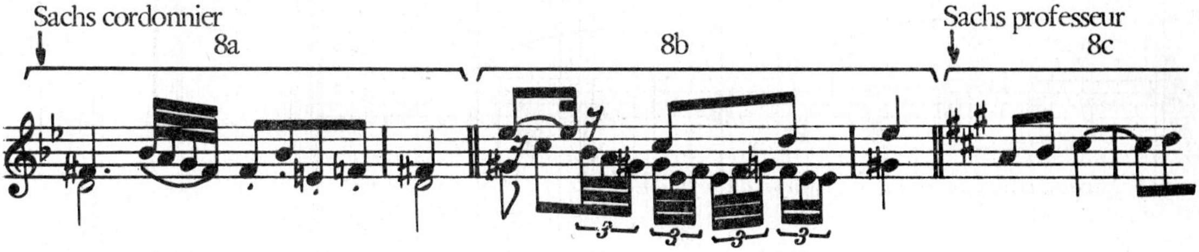

N° 9. L'assemblée des Maîtres

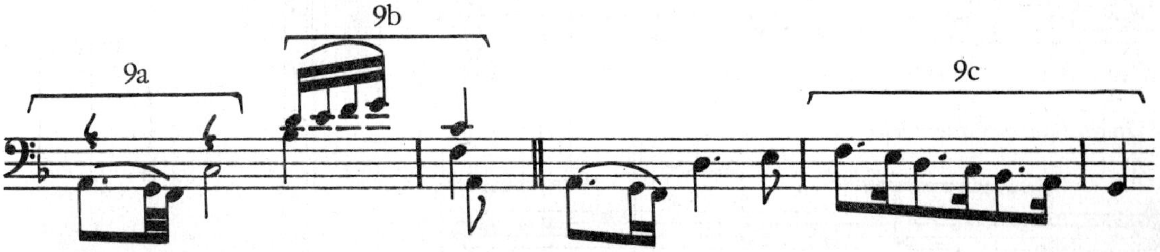

N° 10. La Saint-Jean

N° 11. Walther

N° 12. Premier chant de Walther

N° 13. Beckmesser

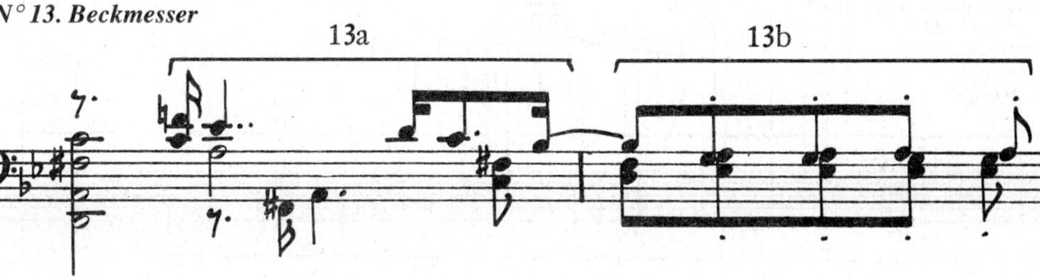

N° 14. Second chant de Walther : hymne au printemps 1

N° 15. Second chant de Walther : hymne au printemps 2

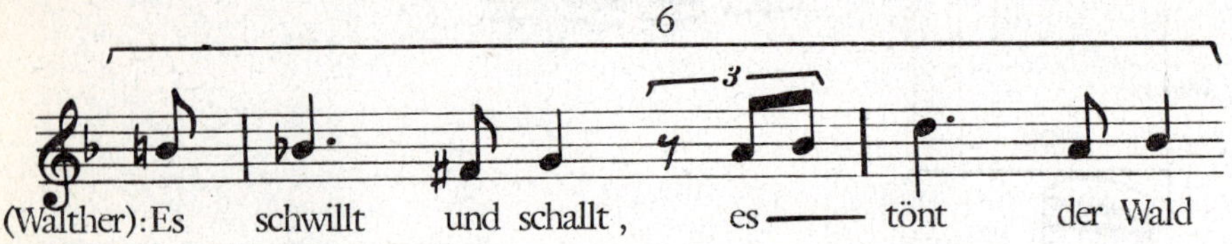

N° 16. Beckmesser querelleur

N° 17. Inquiérude d'Eva

N° 18. Bonté de Sachs

N° 19. Motif patronal de Nüremberg

N° 20. Charme d'Eva

N° 21. Calme de la nuit d'été

N° 22. Chant biblique de Sachs

N° 23. Profonde émotion de Sachs

N° 24. Luth de Beckmesser

N° 25. Sérénade de Beckmesser

N° 26. Tumulte / Bastonnade

N° 27. Choral de Sachs

N° 28. Fierté de Sachs

N° 29. Récit du songe de Walther

N° 30. Emotion d'Eva

Discographie

Le classement est chronologique. Le texte qui précède chaque commentaire précise dans l'ordre :

Date - Direction musicale
Les rôles : Hans Sachs (HS), Walther von Stolzing (W), Eva (E), Sixtus Beckmesser (B), Veit Pogner (P), David (D), Fritz Kothner (K), Magdalene (M), Veilleur de nuit (V), Choeurs, Orchestre ou Théâtre.
(Edition)

Abréviations :
(L) = *enregistrement live, c'est-à-dire sur le vif : scène ou concert*
(S) = *enregistrement studio*
(e) *signifie, pour les versions studio, qu'il s'agit de la date d'enregistrement.*
(CD) *signifie que la version est déjà disponible en compact disque (à la date du bouclage du livre)*

Si le sens de l'humour est la pierre de touche suprême du vrai génie – et j'y crois fermement – alors *les Maîtres Chanteurs* apportent la confirmation indispensable de la grandeur de Richard Wagner. Et quelle meilleure preuve du sens de l'humour que l'auto-dérision? La guerre des Chanteurs du *Tannhäuser*, les rites de cour et « l'appel au témoin » de *Lohengrin*, et jusqu'à la citation de *Tristan* (cas unique dans l'histoire de l'opéra – avec le thème de Figaro dans *Don Giovanni*), tout y passe, et tout démontre un regard ironique sur soi-même qui, soyons francs, n'est pas la première chose qui nous vient à l'esprit quand on parle du Maître. C'est également son seul opéra psychologique, où les protagonistes se fichent pas mal des impondérables, de la fatalité, ou d'une quelconque philosophie préordonnée, pour se comporter pleinement en êtres humains. Qui plus est, cette psychologie dépasse en complexité, et de très loin, la moyenne opératique. Connaissez-vous beaucoup de personnages lyriques, même en dehors de Wagner, qui ont des sautes d'humeur, des arrières-pensées, des sentiments contradictoires, et qui ne savent pas toujours ce qu'ils veulent? La relation entre Eva et Sachs, d'une subtilité tchékhovienne, est à ce titre une des plus belles choses jamais écrites, avec ou sans musique.

Aucun opéra de Wagner ne pose donc aux chanteurs de questions aussi périlleuses. Il faut, évidemment, supporter le poids vocal des rôles qui, dans le cas de Sachs, est écrasant, mais aussi leur offrir une vraie et profonde expérience humaine, palpable et frémissante. Eu égard à ces difficultés, nous ne pouvons que nous étonner que *les Maîtres Chanteurs* aient eu tant de chance au disque!...

Sachs demande une très grande voix de basse chantante, avec une très libre extension dans l'aigu : sans dépasser le *fa*, la tessiture est élevée, et les notes extrêmes cruellement sollicitées dans les culminaisons, surtout vers la fin de l'ouvrage. En dehors de ce matériau exceptionnel, le rôle exige toutes les qualités imaginables de chanteur et de comédien.

C'est à peine moins difficile dans le cas du chef de l'opposition, l'écrivain municipal Sixtus Beckmesser. Trop souvent confié (au nom du « comique »!) à des barytons sur le retour, le rôle demande au contraire une voix complète et saine, car si Wagner lui a écrit un *la* naturel tenu sur quatre mesures, et de redoutables vocalises sans concession, c'est bien pour qu'il les chante. L'expression est affaire de goût. Pour ma part, au lieu de la caricature généralement admise, je préfère y voir un personnage de Molière, un Alceste, un Arnolphe : digne, sérieux, plein de mérites, qui se croit légèrement supérieur au reste de l'humanité, et qui s'écroule devant nos yeux, balayé par sa trop humaine passion pour la robe pervenche de Mlle Pogner. Mais attention, surtout pas de « relecture tragique »!

Eva, en apparence, est moins complexe : il faut demander à un vrai soprano lyrique, plein et équilibré (pas une soubrette : l'aigu doit briller, et beaucoup de choses se passent dans le bas médium, en pleine conversation) de retrouver la pureté et l'innocence de ses quinze ans. Et pourtant le rôle a eu de la chance au disque, bien davantage que Walther qui, lui, attend toujours une grande incarnation. Il ne lui en faut pas beaucoup : juste un très grand ténor éclatant de jeunesse et de soleil, enthousiaste et insolent, et qui révèlera une belle sensibilité d'esprit et de coeur dans la scène avec Sachs. L'autre ténor, David, s'accomode assez mal des Pédrillos dont on l'accable. Il demande en réalité un vrai Belmonte, voix lyrique épanouïe à la technique infaillible et au *si* naturel bien en évidence. Si, en plus, il a de l'humour et du tempérament, il a gagné.

Pogner est une figure paternelle, et il est utile de remarquer qu'il se retire de l'intrigue lorsque Sachs s'y installe à plein temps, au second acte. Les exigences vocales sont pratiquement les mêmes (sauf la durée, et – pour le contraste – une couleur plus sombre), et plus d'un chanteur a essayé de couvrir les deux rôles. Kothner, sacrifié neuf fois sur dix, est le « dernier admis » de la Guilde, il devrait donc ne pas sonner trop vieux, avoir de l'autorité gonflée à bloc, et vocaliser son oration comme une rossinienne. Il serait bon que Magdalene ne soit pas une Erda émérite, mais une vraie mezzo de comédie, avec un *la* naturel fracassant pour la finale de l'acte II.

1928 - Leo Blech (L)
Friedrich Schorr (HS), Robert Hutt (W), Elfriede Marherr (E), Leo Schützendorf (B), Emmanuel List (P), Carl Jöken (D), Choeur et Orchestre du Théâtre Unter den Linden, Berlin.

1929/31 (e) - John Barbirolli (S)
Friedrich Schorr (HS), Rudolf Laubenthal, Lauritz Melchior (W), Göta Ljungberg, Elisabeth Rethberg, Elisabeth Schumann (E), Ben Williams (D), Gladys Parr (M), London Symphony, Dir. John Barbirolli, Albert Coates, Lawrence Collingwood, Robert Heger.
(EMI)

1939 - Erich Leinsdorf (L)
Friedrich Schorr (HS), Charles Kullmann (W), Irene Jessner (E), Walter Olitski (B), Emmanuel List (P), Karl Laufkoetter (D), Karin Branzell (M), Herbert Janssen (K), Metropolitan Opera.

Les extraits que Schorr enregistre pour HMV entre 1929 et 1931, avec pour partenaires Schumann et Melchior entre autres, constituent le témoignage le plus important de toute l'histoire enregistrée de l'oeuvre. Seul Frantz approche la gloire vocale de Schorr, seul Hotter réussit un message comparable, mais Frantz n'a pas de message, et Hotter – pas de santé vocale. Et Schorr a les deux, et plus encore : une humanité rayonnante, unique, articulée avec une science suprême, déployée sur un appareil vocal presque sans faiblesse (gloser sur les imperfections toutes relatives de l'extrême aigu serait indécent), doublée d'une musicalité toute en nuances, d'une sensibilité exceptionnelle. Tous ces adjectifs dissimulent plutôt que révèlent l'essentiel, à savoir la simplicité, l'évidence du génie. Avec Melchior, Schumann, un rare extrait avec Rethberg, l'âge d'or du chant wagnérien est là, ineffaçable. EMI serait bien inspiré de réunir tout ceci sur un seul compact, à mettre d'emblée à côté du premier acte de *la Walkyrie* de Bruno Walter. Désolé de le dire si tôt, mais aucune intégrale ne vous en apprendra autant.

Les albums Blech et Leinsdorf demeurent essentiels car ils permettent d'entendre Schorr en situation. Avec Blech, il est dans une grande forme vocale (le monologue final profite d'un son supérieur au reste). Manquent, malheureusement, le *Wahn*, et la scène avec Beckmesser de l'acte III, mais Schorr comédien, Schorr partenaire est là, et permet tous les enseignements. Ses collègues sont excellents, sauf le pourtant célèbre Beckmesser de Schützendorf, inexact musicalement et mal vocalisant. En 1939 Schorr a dépassé la cinquantaine, et arrive à la fin du spectacle assez épuisé, mais il reste éblouissant et l'on vibrera toujours à cette voix de chocolat chaud, merveilleusement naturelle d'émission, d'une régularité parfaite. C'est aussi le Sachs le plus complet du chanteur, et aucune note n'est indifférente. Certaines coupures pratiquées au Met à cette époque vous feront grimper aux murs (surtout vers la fin), mais la distribution est digne de son Sachs : Kullmann idéal, d'une merveilleuse aisance, ensoleillé, un des meilleurs; List un peu plus inégal qu'en 28, Jessner un peu trop coquette, excellente Branzell. Leinsdorf dirige un spectacle rapide, enthousiaste, toujours soucieux du détail. Un coffret précieux.

1936 - Arturo Toscanini (L) Acte I
Hans-Hermann Nissen (HS), Kullmann (W), Lotte Lehmann (E), Wiedemann (B), Alsen (P), Sallab (D), Kerstin Thorborg (M), Madin (K), Wiener Philharmoniker, Festival de Salzbourg.

1938 - Hans Weisbach (L) Acte II
Josef von Manowarda (HS), Gerhard Hoffmann (W), Margarethe Teschemacher (E),? (B), Ferdinand Frantz (P), Paul Reinecke (D), Marta Rohs (M), Berlin.

1939 (e) - Karl Böhm (S) Acte III
Hans-Hermann Nissen (HS), Torsten Ralf (W), Teschemacher (E), Eugen Fuchs (B); Opéra de Dresde.
(EMI)

De cette « intégrale en kit », seul Böhm a été enregistré dans des conditions normales, et reste donc agréablement audible. La performance n'est pas pétillante, mais extrêmement honnête et solide, comme toujours précise et bien structurée. Elle profite du vocalisme superbe de Nissen, à qui manque toutefois l'unique noblesse de Schorr. Ralf est d'une superbe tenue, Fuchs préférable à sa performance avec Furtwängler, car encore chanté, Teschemacher a comme toujours un passage bien difficile. Les documents de 36 et 38 méritent à peine qu'on s'y arrête, tellement ils sont inaudibles. Toscanini – malgré Kullmann, malgré Lehmann, infiniment regrettables – est à retrouver en 37; pour le Sachs de Manowarda (comme pour ceux de Bockelmann, Demuth, ou Journet, parmi d'autres), il vaut mieux se référer aux extraits, disponibles sous formes diverses selon les fluctuations du marché.

1937 - Arturo Toscanini (L)
Nissen (HS), Henk Noort (W), Maria Reining (E), Wiedemann (B), Alsen (P), Sallaba (D), Wiener Philharmoniker.
(Melodram)

L'édition est infiniment supérieure à celle de *la Flûte enchantée* de la même époque, et elle permet une écoute supportable, bien qu'appliquée. Evidemment, des pans entiers du spectre acoustique sont partis, et là où l'on voudrait des cordes et des hautbois, on entend obsessionnellement chaque note des cors. Mais ça avance, le mouvement est d'une régularité et d'une discipline exemplaires, et chaque parcelle de musique est construite, caractérisée, brillamment théâtrale (scène Sachs-Beckmesser à l'acte III). Les chanteurs « jouent » ensemble, réagissent l'un à l'autre, et Toscanini soutient le tout : c'est un metteur en scène, non un décorateur. Reining est adorable, fruitée et souriante, Noort très élégant – on sait que Toscanini insistait sur sa classe aristocratique. L'écoute demande, certes, bien des efforts, mais elle les mérite, et les récompense.

1943 - Wilhelm Furtwängler (L)
Jaro Prohaska (HS), Max Lorentz (W), Maria Müller (E), Fuchs (B), Josef Greindl (P), Zimmermann (D), Kallab (M), Fritz Krenn (K), Bayreuther Festspiele.
(EMI Electrola, Laudis CD)

Surtout ne regardez pas la date, au risque d'avoir quelques pensées bizarres. Le document n'est pas complet, et il manque quelques éléments essentiels : toute la première scène avant la leçon de David, ainsi que toute la fin de la scène à l'atelier de l'acte III (y compris le Quintette). Et pourtant, on donnerait cher pour entendre ce dernier par Maria Müller, une Eva exquise, ample et naturelle, au timbre ravissant, drôle, souriante, d'une séduction ravageuse. Le reste est loin d'atteindre son niveau. Lorenz hurle : pour découvrir sa conception du piano écoutez le début de « *Am stillen Herd* ». Bel argument pour tous ceux qui prétendent contre l'évidence, que les chanteurs d'autrefois avaient des voix et des techniques, mais aussi des musicalités de dinosaure. Prohaska s'économise beaucoup pour lâcher le tout – très *Germania Triumphans* – à la fin, mais il n'a ni le timbre, ni la chaleur, juste un peu d'humour. Zimmermann a de l'école, mais il en a depuis fort longtemps, ce qui vaut également pour Fuchs, chez qui l'expérience et la précision des moyens ne remplacent pas un instrument fort usé. Krenn fait un irrésistible portrait de bureaucrate buté : où a-t-il pu trouver ce modèle, en Allemagne des années 40, on se le demande... Greindl, à ses débuts, semble mort de trac, et chante *fortissimo*. Mais l'essentiel est ailleurs, on s'en douterait. C'est Furtwängler qui crée l'ambiance d'ensemble, qui donne à la partition un mouvement, un souffle épique incomparable, où aucun détail n'est sacrifié, et le tout est plus grand que la somme des parties, où l'articulation est plastique, convexe, et les culminaisons ravageuses, et où – pour ceux qui identifient Furt avec les abysses schopenhaueriennes – l'humour est omniprésent. Un témoignage indispensable sur le bon fonctionnement d'un opéra.

1949 - Otto Klemperer (L) extraits
Pal Lozonczy (HS), Jozsef Simandy (W), Julia Osvath (E), Maleczky (B), Mihaly Szekely (P), Sardy (D), Budanovits (M), Koszo (K), Opéra Hongrois de Budapest.
(Hungaroton)

Ne rêvons pas : ce n'est pas ce choix d'extraits d'un spectacle à l'opéra de Budapest, en hongrois, qui pourra nous remplacer les *Meistersinger* de Klemperer. Lui-même, on l'entend peu ici, beaucoup par contre sa distribution correcte et provinciale, dans une langue qui n'a « rien à voir ». Document à valeur locale.

1949 - Eugen Jochum (L)
Hans Hotter (HS), Günther Treptow (W), Annelies Kupper (E), Benno Kusche (B), Max Proebstl (P), Paul Kuen (D), Ruth Michaelis (M), Karl Mücke (K), Opéra de Munich.
(Melodram)

Voilà un des meilleurs documents qui nous soient parvenus. L'enthousiasme, la vie théâtrale dont toute la distribution semble habitée, sous la conduite amoureuse de Jochum, autorisent toutes les recherches. Rarement a-t-on entendu la comédie aussi présente, serrée, heureuse. La prestation de Proebstl au premier acte est une des meilleures de toute la discographie, haute, noble, vocalement irréprochable : Pogner n'aura pas toujours cette chance-là! Kusche fait son premier Beckmesser, déjà parfaitement dosé, drôle sans caricature, intelligent à ravir. Kupper manque de vraie séduction sonore, mais sa solidité est absolue, et son Quintette offre même un petit plus en soin et subtile attention. Treptow n'a pas les mêmes qualités, il lui manque et la distinction, et une solution saine du passage. Excellents David et Lene. Reste Hotter, dont l'art et la science sont époustouflants : une telle richesse, une telle précision d'accent et d'expression, on ne les trouve qu'exceptionnellement, et c'est un passeport pour l'éternité. D'un autre côté, comment ignorer ses extraordinaires problèmes de souffle, son combat incessant avec les registres supérieurs? Un Sachs torturé, donc, qui vous ferait pleurer les injustices de la nature. Recommandé.

1950 (e) - Hans Knappertsbusch (S)
Paul Schöffler (HS), Günther Treptow (W), Hilde Güden (E), Karl Dönch (B), Otto Edelmann (P), Anton Dermota (D), Else Schürhoff (M), Alfred Poell (K), Wiener Philharmoniker, Choeur de l'Opéra de Vienne.
(Decca)

AVERTISSEMENT : Dieu vous préserve de la dernière réédition, en 1967, en Ace of Diamonds, et en faux stéréo. Une abomination. Si vous trouvez une bonne copie mono, vous découvrirez un des meilleurs troisièmes actes du disque, superbement construit, avec les forces viennoises déchaînées, et un « *Wacht auf!* » presque terrifiant de puissance. Les deux premiers actes ne sont pas, à mon avis, au même niveau, un peu moins solidement charpentés, et surtout un peu trop sérieux. Schöffler n'a plus tous les moyens de sa jeunesse, la mécanique faiblit, et le souffle s'est fait un peu court, mais son intelligence, sa musicalité ne sont jamais en défaut, et – surtout au troisième acte encore – il nous livre un Sachs extrêmement attachant, un des plus satisfaisants en somme. Le David de Dermota est irremplaçable pour la beauté du timbre, pour l'excellence des moyens techniques, pour la personnalité vocale idéale – s'il avait une pointe d'humour en plus, il serait génial. Treptow semble, en comparaison, un parent pauvre, tellement il pousse sa grosse voix, efficace mais primaire. Primate, oui. Güden est délicieuse, un peu mal à l'aise dans le Quintette, où elle manque de corps, surtout dans les registres inférieurs. Je ne crois pourtant pas qu'elle possède la vraie pointure du rôle. Elle peut le chanter (comme Donath plus tard) sans y laisser la vie, mais si tout ce qui est possible était automatiquement souhaitable, le code pénal n'aurait aucun sens. Dönch est très drôle, mais trop indéfini vocalement, sans substance : est-il ténor, baryton, basse? Il chantait Monostatos ! Edelmann est solide, et mortel ; remarquable Kothner de Poell, individuel mais sans vocalise. Mérite une bonne réédition.

1951 (e) - Rudolf Kempe (S)
Ferdinand Frantz (HS), Bernd Aldenhoff (W), Tiana Lemnitz (E), Heinrich Pflanzl (B), Kurt Böhme (P), Gerhard Unger (D), Emilie Walther-Sacks (M), Opéra de Dresde.
(VOX)

Le premier enregistrement de Kempe préserve quelques trésors, dont le Sachs spectaculaire de Frantz, un des derniers grands chanteurs wagnériens de notre temps. Vocalement, c'est l'âge d'or : une voix entière, à l'émission homogène, au timbre riche et large, à la diction cristalline, et à l'intonation de rêve (le meilleur « *Sänge dem Vogel nach!* » de toute la discographie). Mais le déclin est annoncé : ni la souplesse du phrasé, ni le legato des anciens ne sont plus là, sans parler du détail musical et psychologique. Ah, si l'on pouvait avoir la base de Frantz et la superstructure de Hotter! Un Sachs monumental, marmoréen, un peu froid – nous le retrouverons en 56. Lemnitz n'a plus la jeunesse d'Eva, mais toute l'école : j'aimerais en entendre une qui à 30 ans vocaliserait le Quintette comme elle à 50, et sa diction, sa verve sont inimitables. Böhme livre ici son meilleur Pogner, jusqu'à quelques touches de noblesse, qui ne lui est pas naturelle. Pflanzl est presque bon, correctement vocalisé, très noir et méchant; Unger excellent dans son premier David, un peu léger. Et le coffret, admirablement dirigé par Kempe serait parfait s'il ne traînait une jambe en bois en la personne d'Aldenhoff, braillard et faux, intolérable. Pourtant la discographie des *Maîtres* n'est pas assez riche pour qu'on laisse au placard tant de bonnes choses : à rééditer d'urgence.

1951 - Herbert von Karajan (L)
Otto Edelmann (HS), Hans Hopf (W), Elisabeth Schwarzkopf (E), Erich Kunz (B), Friedrich Dalberg (P), Gerhard Unger (D), Ira Malaniuk (M), Heinrich Pflanzl (K), Bayreuther Festspiele.
(EMI)

La première version de Karajan demeure un classique, grâce au chef et à son Eva, à laquelle Schwarzkopf offre toutes ses richesses. Une Eva aux mille facettes, tendre, rusée, passionnée, et follement féminine. Dommage seulement que les conditions techniques nous privent de ce tranchant, et de ces couleurs que nous lui connaissons au studio, à la même époque. Mais quel art, et quel naturel! Karajan est dionysiaque, déchaîné, les cordes n'en peuvent plus de couleurs et de séduction, et la plénitude sensuelle frise l'excès : comme Héliogabale, il étouffe ses invités sous une pluie de violettes. La distribution n'est malheureusement pas à l'égal de l'orchestre : Edelmann costaud mais sans visage, Dalberg pâlot, et Kunz fait déjà un peu trop en Beckmesser, un rôle qu'il aurait pourtant dû confisquer. Dommage, car on ne fera plus jamais appel à lui. Hopf est plus honnête et professionnel que sa réputation, et certainement préférable à Treptow et Aldenhoff, mais déjà primaire. Encore un bon Unger, une excellente Malaniuk, et un impossible Pflanzl.

1952 - Hans Knappertsbusch (L)
Otto Edelmann (HS), Hans Hopf (W), Lisa della Casa (E), Heinrich Pflanzl (B), Kurt Böhme (P), Gerhard Unger (D), Ira Malaniuk (M), Bayreuther Festspiele.
(Melodram)

La reprise du même spectacle de Herrmann en 1952 bénéficie de la direction plus apollinienne, mais merveilleusement fluide et intense de Knappertsbusch, et d'un enregistrement lisible qui en révèle toute la transparence. Sur le plan vocal c'est toutefois un pas en arrière : Edelmann peine dans l'aigu, Hopf reste inflexible, et donne parfois l'impression de ne pas très bien savoir ce que Knappertsbusch lui veut. Della Casa déploie les charmes de son timbre d'argent, mais démontre que toute comparaison avec Schwarzkopf est un malentendu : frigide, elle est irrémédiablement incapable de communiquer. Böhme, très en voix, cherche Pogner quelque part entre Ochs et Fafner : un « animal fortissimo », tout sauf orfèvre. Pflanzl ne peut pas chanter les notes du rôle, Unger et Malaniuk restent eux-mêmes, bon Kothner de Faulhaber. Un coffret plutôt marginal.

1952/53 - Fritz Reiner (L)
Paul Schöffler (HS), Hans Hopf (W), Victoria de Los Angeles (E), Metropolitan Opera.

L'existence de ces deux bandes est attestée, mais nous n'avons pas pu nous les procurer. On peut imaginer Reiner magistral, gigantesque : il ne nous reste qu'un témoignage de studio, l'ouverture et un « montage » de l'acte III, sur son disque Wagner chez RCA (réédition en CD : RCD1-4738), un des plus extraordinaires jamais consacré aux extraits orchestraux de ces opéras.

1956 - Rudolf Kempe (S)
Ferdinand Frantz (HS), Rudolf Schock (W), Elisabeth Grümmer (E), Benno Kusche (B), Gottlob Frick (P), Gerhard Unger (D), Marga Höffgen (M), Gustav Neidlinger (K), Hermann Prey (V), Berliner Philharmoniker, Choeur de Ste-Hedvige de Berlin.
(EMI)

Ceci est probablement la version la plus généralement satisfaisante, malgré le son monophonique et légèrement distant : espérons qu'un bon remixage numérique pourra nous rapprocher de la magie berlinoise, ce jardin de délices. La force de l'enregistrement vient de ce « team » équilibré, sans aucune faiblesse réelle. Schock me semble le meilleur Walther « officiel » : de distinction moyenne, mais face à ses prédécesseurs il fait figure de Schipa, et son spinto colle mieux au personnage que les Siegfried-Ersatz de sa génération. Grümmer touche au rêve; le rôle est comme écrit pour elle : pure, innocente, angélique, elle ne joue pas sur le raffinement un peu retors de Schwarzkopf, mais sa nature est unique. Frantz a beaucoup perdu depuis 1951, mais demeure le dernier à pouvoir vraiment chanter le rôle, une qualité que rien ne remplace. Frick est très personnel, musicalement exemplaire, une belle performance si l'on accepte les particularités du timbre. Unger est un modèle de précision et d'humour, sinon d'ampleur, et Höffgen très surprenante en Magdalene, pas « Bach-contralto » pour un sou, gaie et séduisante. Neidlinger est correct, mais raide. Je ne partage pas l'opinion de Kusche sur Beckmesser, qu'il voit comme un personnage « buffo », mais j'admets qu'il en fait une réalisation parfaite et précise : drôle, agaçant, une vraie mouche du coche. Dans cette lecture personne ne fera mieux. Un ravissant jeune Veilleur de nuit : Hermann Prey, chanteur honteusement oublié de la discographie wagnérienne (Beckmesser tardif à Bayreuth, en 1984). Et finalement au pupitre – Kempe, menant le tout sans respect, sans complexe, avec un amour immense et évident, comme une tourbillonnante comédie de caractères. C'est très rapide, presque rossinien dans le sens du gag musical, délicieusement fouillé, et réfléchi aussi, quand la mélancolie arrête un peu nos héros dans leur « *Wahn* ». Un très grande réussite.

1957 - André Cluytens (L)
Gustav Neidlinger (HS), Walter Geissler (W), Elisabeth Grümmer (E), Karl Schmitt-Walter (B), Josef Greindl (P), Gerhard Stolze (D), Georgina Milinkovic (M), Toni Blankenheim (K), Bayreuther Festspiele.
(Melodram)

1958 - André Cluytens (L)
Otto Wiener (HS), Josef Traxel (W), Elisabeth Grümmer (E), Toni Blankenheim (B), Hans Hotter (P), Gerhard Stolze (D), Elfriede Schärtel (M), Eberhard Wächter (K), Bayreuther Festspiele.
(Melodram)

1959 - Erich Leinsdorf (L)
Otto Weiner (HS), Rudolf Schock (W), Elisabeth Grümmer (E), Toni Blankenheim (B), Josef Greindl (P), Grehard Stolze (D), Elfriede Schärtel (M), Eberhard Wächter (K), Bayreuther Festspiele.
(Melodram)

1960 Hans Knappertsbusch (L)
Josef Greindl (HS), Wolfgang Windgassen(W), Elisabeth Grümmer (E), Karl Schmitt-Walter (B), Theo Adam (P), Gerhard Stolze (D), Elfriede Schärtel (M), Ludwig Weber (K), Bayreuther Festspiele.
(Melodram)

Tous ces documents ne feront pas beaucoup avancer notre affaire, mais ils nous apprendront beaucoup sur l'état du chant wagnérien déjà à cette époque : un vrai *testimonium paupertatis*, un naufrage. Cluytens tient mieux son affaire en 1958, mais manque de conception, et son laisser-aller très latin est irritant. Leinsdorf est plus discipliné, mais aussi très pressé, sans l'enthousiasme de 1939. Neidlinger est dépassé par le rôle, Wiener est d'une confondante solidité et arrive à la fin en parfaite santé, mais vous risquez de n'en rien savoir, endormis au préalable par tant de banalité et d'indifférence. Les Walther vont du Pra-Kollo de Geissler, léger mais efficace, en passant par le génie mal employé de Traxel dans un mauvais jour (ténor d'opérette, fi donc!), certainement le meilleur Walther que Bayreuth nous aura préservé depuis la guerre. Avec Grümmer, Bayreuth tenait au moins une vraie Eva, rien d'étonnant à ce qu'ils ne l'aient pas lâchée. Ecoutez-la bien, c'est encore « la dernière »! Blankenheim est un malentendu : qui a imaginé qu'un mauvais Kothner pouvait faire un bon Beckmesser? Greindl est bien si l'on aime son timbre et ses manières ; Hotter génial, et infiniment gêné par le souffle. Schmitt-Walter sonne marginalement mieux en 1957 qu'en 1960 : il croasse gaiement, assez drôle, mais tellement insuffisant. Un excellent David de Stolze, quatre fois, avec de moins en moins d'aigu, mais beaucoup de charme juvénil, avant les ravages des Mime et Aegisth : le rôle gagne beaucoup à être chanté par une voix substantielle. En 1960 Knappertsbusch apporte l'autorité musicale et une vraie direction (dans les deux sens du terme), mais sa version de studio vous en donnera autant, avec une bien meilleure distribution. Greindl n'est en rien un Sachs : voix tendineuse et desséchée, qu'aucune gâterie de chanteur de lieder ne saurait racheter, et de graves problèmes d'aigu. Windgassen n'est pas davantage un Walther : il n'est pas né sous le signe du Soleil. Mais c'est une objection d'ordre « supérieur », que ne mériteront pas les autres : Weber amusant, mais très âgé, Adam sans couleur, grisâtre et creux. Triste voyage.

1962 - Lovro von Matacic (L)
Giuseppe Taddei (HS), Franco Infantino (W), Bruna Rizzoli (E), Renato Capecchi (B), Boris Christoff (P), Orchestre et Choeurs de la RAI de Turin.
(Melodram)

Un cas particulier : Wagner en italien et pas *Lohengrin*! Des chanteurs remarquables, et un chef expert, donc le résultat, tout marginal qu'il soit, n'est pas sans intérêt. Ce petit bain d'*italianità* donne à Wagner un je-ne-sais-quoi d'insouciant et léger, fort sympathique. On y trouve force séduction vocale, sans que personne ait vraiment le rôle dans la peau : voilà bien une production de radio, événement unique. Rien de ce que font Taddei ou Christoff n'est indifférent, même si le premier tâtonne, et le second chante un peu une note à la fois, avec une superbe voix de... Sachs! Infantino est un « vrai ténor » dans toute sa splendeur, comme le vrai Wagner n'en a plus vu depuis des lustres, et Risoli charmante. Capecchi s'étrangle dans l'aigu, et fait un grandiose numéro de Beckmesser-en-tant-que-Sacristain. Rassurant : le Kothner de Signore Susca est aussi mauvais que ses confrères allemands. Un interlude amusant.

1963 - Josef Keilberth (L)
Otto Wiener (HS), Jess Thomas (W), Claire Watson (E), Benno Kusche (B), Hans Hotter (P), Friedrich Lenz (D), Lilian Benningsen (M), Josef Metternich (K), Choeur et Orchestre de la Bayrische Staatsoper de Munich.
(RCA/Eurodisc)

Première version stéréophonique, mais un stéréo sec et sans profondeur, avec des canaux trop séparés. L'orchestre n'est pas une fête de sensualité, malgré un bon niveau général, et Keilberth mène, chose surprenante, une interprétation correcte – et absente. C'est assez rapide, assez précis, généralement sans objet, sans but. Curieusement, c'est le théâtre qui fait le plus défaut, malgré quelques bonnes prestations solistes, comme celle de Kusche : voix alourdie, mais serviable, et une identification avec le rôle comme on n'en voit pas beaucoup. Mais il n'excuse pas à lui tout seul un coffret vide. Je ne partage pas l'admiration des critiques américains pour le Walther de Thomas : sans doute un des plus musclés et sains que nous ayons eu, il n'en demeure pas moins un peu épais, surtout dans le médium, incapable de vrai legato, et d'un passage fort résistant, surtout vers la fin. Un jeune Siegfried tout au plus, bien égaré. Watson ouvre la série des Eva de remplacement, timbre intéressant, technique un peu chancelante, et absence totale de personnage. Lenz et Benningsen sont à peine suffisants, Hotter très fatigué (aucun art ne saurait dissimuler de telles carences de l'instrument), et Metternich lamentablement faux. Reste encore et toujours Wiener, qui arrive à la fin avec des réserves de dynamique assez étonnantes, mais la voix est laide et instable, le phrasé rudimentaire, et l'on chercherait en vain une étincelle d'individualité dans tout ce qu'il fait. Quatre heures assez désagréables.

1970 (e) - Herbert von Karajan (S)
Theo Adam (HS), René Kollo (W), Helen Donath (E), Geraint Evans (B), Karl Ridderbusch (P), Peter Schreier (D), Ruth Hesse (M), Zoltan Kelemen (K), Kurt Moll (V), Choeur de la Radio de Leipzig, Staatskapelle Dresden.
(EMI, CD)

Lorsque l'enregistrement est paru en 1971 –première version stéréophonique du studio, somptueuse de plus-value sonore – il a été reçu comme une révélation. Enfin pouvait-on tout entendre, et tellement bien! Quinze ans plus tard nous pouvons juger plus calmement. C'est à une série de tableaux vivants, ou plutôt de bas-reliefs que nous convie Karajan. Ce qu'il y avait de spontané et d'excessif, de dionysiaque, dans le spectacle de 1951, cède la place à une orfèvrerie de timbres et de rythmes. On ne veut plus entendre parler de théâtre, et surtout pas de comédie. Les grandes scènes chorales du troisième acte ont une richesse exceptionnelle, le choeur est incomparable, et Karajan ne laisse passer aucun détail de l'instrumentation : un régal. Mais ce sont là des scènes purement décoratives. L'entrée des Meistersinger, elle, tombe à plat : elle n'a ni caractère, ni esprit, et brille comme une surface polie. Ecoutez la petite figure des cordes qui précède « *Grüss Gott, mein Junker* »– diriez-vous qu'un fringant jeune homme est entré dans la pièce? Et le grand passage « *Sehr lebhaft* » avant la réaction de Walther « *Wo fänd ich die?* » dans la même scène avec Sachs : ce n'est ni *lebhaft* , ni passionné, c'est encore poli et inexpressif. Karajan fait des aquarelles, les chanteurs trinquent. Ridderbusch, un Pogner idéal en théorie, quoique un peu léger, est visiblement mal à l'aise dans son monologue, comme s'il cherchait encore sa vraie voix. Evans est catastophique au premier acte, un vrai crapaud écrasé, et très gêné par les tempi lents et stricts au troisième. Reste à savoir si cette voix sèche et chevrotante, à l'allemand artificiel, constituait vraiment le choix idéal. Que faisait Prey en novembre 1970? Kelemen ne se sort pas mieux de la Tabulatur que les autres, et Hesse est une autre Lene agréable et anonyme. Schreier a toute la technique pour un David idéal, le meilleur depuis Dermota – mais il faut aussi passer par la voix, pauvre en couleur, et sans résonance. De la résonance, Kollo en a à revendre, autant que de l'intelligence et d'excellentes intentions musicales. Son cas est à l'opposé de celui de Lorenz (Furtwängler, 1943) : là, nous avions une voix parfaitement maîtrisée qui, en toute conscience, faisait n'importe quoi; ici, le manque d'école torpille tous les projets : voyez ces sons gonflés, éclatés au milieu, qui tuent dans l'oeuf l'aspiration au legato. En fin de compte, la voix chante toute seule, et Kollo la regarde faire, désemparé. Donath, seule vraiment soutenue par Karajan, triche admirablement (« *O Sachs, mein Freund* » est un miracle de préparation), mais ne saurait dissimuler un manque de moyens très réel. Reste Adam. Comme Wiener, il peut chanter les notes, et survivre. Contrairement à Wiener, il sait ce qu'il chante et le prouve souvent. La dynamique est vraie, autant que la recherche des couleurs, des rythmes particuliers pour les phrases-clés, des expressions. Mais comment l'aimer, avec cette voix vilaine, ces aigus ouverts et éclatés (certains « A »), ce vibrato trop large, cette intonation souvent indéfinissable? Le bilan dépendra de votre sensibilité à ce genre de problèmes, car un personnage existe sans doute.

1974 - Silvio Varviso (L)
Karl Ridderbusch (HS), Jean Cox (W), Hannelore Bode (E), Klaus Hirte (B), Hans Sotin (P), Frieder Stricker (D), Anna Reynolds (M), Gerd Nienstedt (K), Bernd Weikl (V), Bayreuther Festspiele.
(Philips)

Tout le monde est à son meilleur dans la séquence qui suit le « *Wahnmonolog* »(raté), avant la transformation : soudain, Varviso se réveille, et conduit une belle situation de comédie lyrique, Ridderbusch retrouve sa voix, et se laisse aller au dialogue, Bode lance un joli « *O, Sachs!* », Cox peine un peu sur le Lied et dans le Quintette, mais pas autant que tout à l'heure. Le reste va moins bien, et souvent très mal. Ridderbusch marche sur les oeufs, ne pense qu'à ses aigus très précaires, souvent hurlés, oublie et la couleur et le détail, et refuse de décoller. Le studio aurait pu le sauver (il devait être le Sachs de Solti), ici on entend surtout la fin très proche d'une trop brève carrière. Cox est efficace, rudimentaire, et plafonne très vite : maintenant il faut aller aux USA pour trouver

« ça ». Bode a une octave supérieure : dans le Quintette elle râte une note sur deux, une petite féminité la rend tolérable. Stricker nous fait un autre David/Pedrillo, *leggierissimo*, mais correct. Sotin délivre un son superbe, d'une étonnante solidité et richesse, et l'émission, l'intonation, sont excellentes. Malheureusement, rien ne permet d'affirmer que cette série de fréquences provienne d'une source humaine : j'ai rarement entendu une performance aussi honteusement indifférente. On a envie de crier « Remboursez! ». La Magdalene de Reynolds est par contre très bonne, joyeuse et souriante, et nous avons aussi un excellent, très surprenant Beckmesser de Klaus Hirte : tradition de Kusche revue et corrigée « à la hausse ». Baryton très léger (il rate le *la*, le pauvre), presque un « comédien chantant », mais admirablement exact et précis, sans aucune pitrerie, et pourtant drôle ! A garder. Le Kothner de Nienstedt est correct, le Veilleur de Weikl très bon, mais Prey de 56 demeure la référence, et Varviso a certainement plus de spontanéité que Karajan en 1970, mais ne contrôle rien vraiment : très à la « va-comme-je-te-pousse », pourvu que tout tienne, et qu'on arrive ensemble jusqu'au bout.

1957 (e) - Georg Solti (S)
Norman Bailey (HS), René Kollo (W), Hannelore Bode (E), Bernd Weikl (B), Kurt Moll (P), Adolf Dallapozza (D), Julia Hamari (M), Gerd Nienstedt (K), « Werner klumlikboldt » (V), Choeurs de l'Opéra de Vienne, Orchestre Philharmonique de Vienne.
(Decca, 4 CD)

Voilà un enregistrement qui fut maudit dès le départ : les premières nouvelles donnaient Ridderbusch en Sachs, Fischer-Dieskau en Beckmesser, et Janowitz en Eva! Exactement à la même époque Solti perdait la Carmen de Berganza. On serait dépressif à moins, et cette atmosphère explique peut-être en partie un relatif échec que constitue à mes yeux cet enregistrement. Car Solti ne semble pas ici dans son meilleur jour, et accuse quelques uns de ses tics, très bien gommés dans ses deux productions wagnériennes précédentes (*Tannhäuser* et *Parsifal*) : raideur du discours, frénétisme, contrastes exacerbés, tempi parfois mal installés, mal proportionnés, une démarche générale qui fait progresser la musique à coups de boutoir, par soubresauts. Malgré les timbres de Vienne, malgré une prise de son superbe, on manque surtout de chaleur, et puis de sécurité : pas vraiment rassurant, le Maestro. La distribution, on l'a compris, constitue un « second choix ». Bailey est un Sachs à placer entre Wiener et Adam : plus de timbre que le second, beaucoup plus d'idées que le premier, mais un appareil vocal limité, sans marge de manoeuvre, et pas mal de difficultés. Kollo comprend mieux le rôle que la première fois, et fait beaucoup de gestes dans la bonne direction : dynamique, diction, caractérisation. Mais la voix ne suit pas, les rênes craquent : « *Wie er musst, so konnt's er?* » Voire! Bode est correcte, mais après Reining, Müller, Lemnitz, Schwarzkopf, Grümmer... – vraiment! Moll offre le seul grand plaisir vocal du coffret, et si son Pogner manque un peu d'humanité et de chaleur profonde, il est certainement le mieux chanté depuis... voyons... depuis Proebstl? Misère ! Weikl ne contrôle pas le timbre dans le haut médium, mais offre une bienvenue largesse vocale dans un rôle qui n'en a pas vu beaucoup. Mais il sera bientôt battu sur son propre terrain – et puis, comment échapper à l'idée de Fischer-Dieskau en Beckmesser? Peut-être est-ce mon plus grand regret de toute cette discographie. Un David d'opérette, un peu larmoyant, un Kothner banal, une Lene sympathique et légère complètent la distribution, où l'on ne s'est même pas offert un Veilleur : Moll et Weikl partagent le rôle, avec leurs voix trop caractéristiques, et forment l'anagramme.

1976 - Eugen Jochum (S)
Dietrich Fischer-Dieskau (HS), Placido Domingo (W), Catarina Ligendza (E), Roland Hermann (B), Peter Lagger (P), Horst Laubenthal (D), Christa Ludwig (M), Gerd Feldhoff (K), Victor von Halem (V), Choeur et Orchestre du Deutsche Oper Berlin.
(DGG, 4 CD)

L'enregistrement a suivi une série de spectacles à l'Opéra de Berlin, où Fischer-Dieskau présentait enfin son Sachs, qu'on n'espérait plus. Les faiblesses de cette version sont bien réelles, mais il n'en est pas moins évident que nous tenons là le seul prétendant à l'héritage des Kempe, Knappertsbusch et Furtwängler d'antan. Jochum trouve la pierre philosophale : un mouvement simple, et naturel, puissamment articulé quand il le faut, mais jamais au dépens de la ligne. Tout ceci respire la scène, l'expérience des situations vécues et répétées, et qui renvoient à la musique la vie que celle-ci leur a donnée : voilà qu'on nous raconte une histoire à nouveau! Jochum ne rate rien, ou alors si peu, qu'on se refuse de s'y arrêter (l'explosion de Beckmesser, « *Oh, ihr boshafter Geselle!* », pourrait être plus impétueuse, par exemple), et on le suit avec un sourire permanent, car tous les sourires de cette partition sont préservés. Tout ce qu'on regrette, c'est l'absence d'un très grand orchestre dans la fosse : que n'eût-on donné pour les voisins du Philharmonique! Les timbres de l'Opéra sont un peu ternes parfois – on ne peut tout avoir! Dévoilons également une erreur de distribution, en bonne et dûe forme : Ligendza qui n'a ni le timbre, ni la technique d'Eva (Popp? Varady?

Janowitz? puisqu'on invitait déjà quelqu'un d'étranger à la distribution originelle?) Domingo, lui, n'est pas une erreur, mais un pari : gagné partiellement. Les grandes envolées lyriques n'ont jamais été plus belles au disque, et c'est un bonheur de les entendre remplies à ras-bord de ce timbre ravissant. Malheureusement, Walther n'est pas qu'une vocalise, c'est aussi un rôle, une série de scènes et dialogues où les mots doivent porter l'essentiel du message. Or, l'allemand de Domingo est mort, laborieux et insignifiant : un Walther incapable de prononcer « *Eines zu wissen?* » Dans la scène du troisième acte Fischer-Dieskau parle soudain tout seul. Voilà le prix à payer – vous êtes prévenus. Surtout que – on s'en douterait – Fischer-Dieskau construit son Sachs à partir du mot, justement, de la nuance, du sens subtilement distillé! Là-dessus il déploie un appareil vocal en très grande forme, quelque peu ouvert dans le haut médium, mais encore riche en couleurs, dont il joue avec un art qui n'est qu'à lui. Un cordonnier? Vous voulez rire ! Un Florentin, un « Kissinger médiéval », comme le disait un critique après sa prestation berlinoise. Je n'oserais pas mettre ses chaussures (ses coups de marteau semblent bien timides...), mais quel poète! La comparaison avec Schorr serait incongrue, mais indéniablement le Sachs de Fischer-Dieskau n'est pas un tour de passe-passe, comme certaines de ses incarnations inutiles, mais une réalité dramatique qui, malgré une petite préciosité çà et là, s'écoute avec volupté. Nous avons commandé un grand Bordeaux – on nous sert un suprême cognac, nous n'allons tout de même pas nous plaindre!

Hermann est un Beckmesser moins caractérisé que Kusche, mais plus proche de mon idée du rôle : l'Argante fou d'amour, en quête d'une dignité introuvable! Et il est somptueusement vocalisé, avec le *la* en place, et tout ce qu'il faut de petites touches paranoïaques – excellent travail, un des meilleurs au disque. Lagger a de très belles couleurs dans le grave, mais plafonne vite dans l'aigu. Il reste acceptable, surtout entouré par la meilleure Lene de toute la discographie (avec Christa Ludwig on s'en serait douté!), par un très bon David, beau Veilleur, et, pour finir, le meilleur, par le seul vraiment bon Kothner de notre histoire : virtuose, superbement articulé, en plein de lui-même à craquer. Un succès.

Conclusion

L'enregistrement de Kempe, de 1956, constitue le meilleur choix possible. Pourtant, si le son monophonique vous fait peur, et la difficulté des recherches vous décourage, attendez une réédition en CD (qui me semble s'imposer absolument!), et tournez-vous vers Jochum de 1976, une excellente solution contemporaine, en stéréo et CD.

Vous ne pouvez pas vivre, non plus, sans les extraits classiques de Schorr, nous l'avons assez souligné. Et n'oublions pas : Leinsdorf (1939), pour Schorr le plus complet, et Kullmann ; Toscanini (1937), pour Toscanini et Reining ; Furtwängler, pour Furwängler et Müller; Jochum (1949), pour l'ensemble Hotter et Proebstl ; Knappertsbusch (1950), pour l'ensemble Schöffler et Dermota; Kempe (1951), pour Frantz et Lemnitz; Karajan (1951), pour Karajan et Schwarzkopf; Reiner, pour les extraits en compact; le Beckmesser de Hirte; le Pogner de Moll.

Une distribution idéale (personnelle, et limitée à un seul nom par rôle) : Schorr (S), Kullmann (W), Müller (E), Hermann (B), Proebstl (P), Dermota (D), Ludwig (M), Feldhoff (K), Prey (V); Choeur de la Radio de Leipzig, Orchestre Philharmonique de Vienne, direction Wilhelm Furtwängler. Mais, vous serez bien d'accord, un monde de « distributions idéales » serait invivable...

L'Anneau du Nibelung

L'Or du Rhin — La Walkyrie — Siegfried — Le Crépuscule des dieux

Livrets *traduits par Françoise* FERLAN

Commentaire *par Stéphane* GOLDET

Profil vocal des personnages *par Pierre* FLINOIS

Discographie *par Pierre* FLINOIS

DAS RHEINGOLD

vorabend zu dem Bühnenfestspiel
Der Ring des Nibelungen

Personen

Götter
Wotan *(hoher Bass)*
Loge *(Tenor)*
Donner *(hoher Bass)*
Froh *(Tenor)*

Riesen
Fasolt *(hoher Bass)*
Fafner *(tiefer Bass)*

Nibelungen
Alberich *(hoher Bass)*
Mime *(Tenor)*

Göttinnen
Fricka *(tiefer-Sopran)*
Freia *(Sopran)*
Erda *(Alt)*

Rheintöcher
Woglinde *(Sopran)*
Wellgunde *(Sopran)*
Flosshilde *(Alt)*

Nibelungen

Orchestervorspiel

ERSTE SZENE

Auf dem Grunde des Rheines

Grünliche Dämmerung, nach oben zu lichter, nach unten zu dunkler. Die Höhe ist von wogendem Gewässer erfüllt, das rastlos von rechts nach links zu strömt. Nach der Tiefe zu lösen sich die Fluten in einen immer feineren feuchten Nebel auf, so daß der Raum der Manneshöhe vom Boden auf gänzlich frei vom Wasser zu sein scheint, welches wie in Wolkenzügen über den nächtlichen Grund dahinfließt. Überall ragen schroffe Felsenriffe aus der Tiefe auf und grenzen den Raum der Bühne ab; der ganze Boden ist in ein wildes Zackengewirr zerspalten, so daß er nirgends vollkommen eben ist und nach allen Seiten hin in dichtester Finsternis tiefere Schluchten annehmen läßt.
Um ein Riff in der Mitte der Bühne, welches mit seiner schlanken Spitze bis in die dichtere, heller dämmernde Wasserflut hinaufragt, kreist in anmutig schwimmender Bewegung eine der Rheintöchter.

L'OR DU RHIN

Prologue au festival scénique
L'Anneau du Nibelung

Personnages

Les dieux
Wotan *(baryton)*
Loge *(ténor)*
Donner *(baryton)*
Froh *(ténor)*

Les géants
Fasolt *(baryton)*
Fafner *(basse)*

Les Nibelungen
Alberich *(baryton)*
Mime *(ténor)*

Les déesses
Fricka *(mezzo-soprano)*
Freia *(soprano)*
Erda *(contralto)*

Les filles du Rhin
Woglinde *(soprano)*
Wellgunde *(soprano)*
Flosshilde *(contralto)*

Nibelungen

Prélude orchestral

SCENE I

Au fond du Rhin

Pénombre verdâtre, lumineuse vers le haut, obscure vers le
1 *bas. Tout le haut du décor représente un flot ondoyant, coulant inlassablement de droite à gauche. Dans les profondeurs, les flots se transforment en un brouillard humide, de plus en plus léger; ainsi, tout en bas, jusqu'à hauteur d'homme, l'eau semble absente de l'espace scénique, celle-ci s'écoulant sur le fond ténébreux comme un cortège de nuages. Des rochers escarpés se dressent un peu partout, émergeant des profondeurs et délimitant l'espace scénique; le sol entier, hérissé en tous sens de pierres pointues est de ce fait partout inégal; il laisse supposer des gorges profondes, présentes de tous côtés dans l'épaisse obscurité.*
L'une des filles du Rhin nage en cercles gracieux autour d'un récif qui occupe le milieu de la scène et dresse sa pointe élancée jusqu'aux flots plus denses, dont les reflets sont plus clairs.

WOGLINDE
Weia! Waga!
Woge, du Welle!
Walle zur Wiege!
Wagalaweia!
Wallala weiala weia!

WELLGUNDES *(Stimme, von oben)*
Woglinde, wachst du allein?

WOGLINDE
Mit Wellgunde wär' ich zu zwei.

WELLGUNDE *(taucht aus der Flut zum Riff herab)*
Laß sehn, wie du wachst.
(Sie sucht Woglinde zu erhaschen.)

WOGLINDE *(entweicht ihr schwimmend)*
Sicher vor dir.
(Sie necken sich und suchen sich spielend zu fangen.)

FLOSSHILDES *(Stimme, von oben)*
Heiaha weia!
Wildes Geschwister!

WELLGUNDE
Floßhilde, schwimm!
Woglinde flieht :
hilf mir die Fliehende fangen!

FLOSSHILDE *(taucht herab und fährt zwischen die Spielenden)*
Des Goldes Schlaf
hütet ihr schlecht;
besser bewacht
des Schlummernden Bett,
sonst büßt ihr beide das Spiel!
(Mit muntrem Gekreisch fahren die beiden auseinander : Floßhilde sucht bald die eine, bald die andere zu erhaschen; sie entschlüpfen ihr und vereinigen sich endlich, um gemeinschaftlich auf Floßhilde Jagd zu machen; so schnellen sie gleich Fischen von Riff zu Riff, scherzend und lachend.
Aus einer finsteren Schlucht ist währenddem Alberich, an einem Riffe klimmend, dem Abgrunde entstiegen. Er hält, noch vom Dunkel umgeben, an und schaut dem Spiele der Wassermädchen mit steigendem Wohlgefallen zu.)

ALBERICH
He he! Ihr Nicker!
Wie seid ihr niedlich,
neidliches Volk!
Aus Nibelheims Nacht
naht' ich mich gern,
neigtet ihr euch zu mir.
(Die Mädchen halten, als sie Alberichs Stimme hören, mit ihrem Spiele ein.)

WOGLINDE
Hei! Wer ist dort?

WELLGUNDE
Es dämmert und ruft.

WOGLINDE
7 Weia! Waga!
Vogue la vague!
Berce et ondoie!
Wagalaweia!
Wallala weiala weia!

LA VOIX DE WELLGUNDE *(la voix venant d'en haut)*
Woglinde, veilles-tu seule?

WOGLINDE
Si tu viens, Wellgunde, nous serons deux.

WELLGUNDE (*plonge dans le flot vers le récif*)
Fais voir comment tu veilles.
(Elle essaie de saisir Woglinde)

WOGLINDE *(lui échappe en nageant)*
Hors de ta portée.
(Elles se taquinent et cherchent par jeu à s'attraper l'une l'autre.)

FLOSSHILDE *(la voix venant d'en haut)*
Heiaha weia!
Sœurs espiègles!

WELLGUNDE
Flosshilde, nage!
Woglinde s'enfuit :
aide-moi à saisir la fuyarde!

FLOSSHILDE *(plonge et s'interpose entre les deux joueuses)*
Vous gardez mal
l'or qui dort,
veillez mieux le repos
de celui qui sommeille,
sinon vous paierez cher ce jeu!
(Les deux premières se séparent en poussant des cris aigus et joyeux. Flosshilde essaie de saisir au passage tantôt l'une, tantôt l'autre. Elles lui échappent et finalement se rejoignent pour se mettre toutes deux à poursuivre Flosshilde; riant et folâtrant, elles s'élancent ainsi de récif en récif, vives comme des poissons.
Pendant ce temps, Alberich qui a surgi de l'abîme par une gorge sombre, est en train d'escalader un rocher. Encore environné d'obscurité, il s'arrête et regarde les jeux des filles des eaux avec une complaisance croissante.)

ALBERICH
Hé, Hé! Vous, les nixes!
Que vous êtes gracieuses,
filles séduisantes!
Venu du noir Nibelheim,
j'aimerais m'approcher
si vous veniez à moi.
(En entendant la voix d'Alberich, les filles du Rhin cessent de jouer.)

WOGLINDE
Eh! Qui est là?

WELLGUNDE
Une lueur, un appel.

FLOSSHILDE
Lugt, wer uns belauscht!
(Sie tauchen tiefer herab und erkennen den Nibelung.)

WOGLINDE UND WELLGUNDE
Pfui! Der Garstige!

FLOSSHILDE *(schnell auftauchend)*
Hütet das Gold!
Vater warnte
vor solchem Feind.
(Die beiden andern folgen ihr, und alle drei versammeln sich schnell um das mittlere Riff.)

ALBERICH
Ihr, da oben!

DIE DREI
Was willst du dort unten?

ALBERICH
Stör' ich eu'r Spiel,
wenn staunend ich still hier steh?
Tauchtet ihr nieder,
mit euch tollte
und neckte der Niblung sich gern!

WOGLINDE
Mit uns will er spielen?

WELLGUNDE
Ist ihm das Spott?

ALBERICH
Wie scheint im Schimmer
ihr hell und schön!
Wie gern umschlänge
der Schlanken eine mein Arm,
schlüpfte hold sie herab!

FLOSSHILDE
Nun lach' ich der Furcht :
der Feind ist verliebt.
(Sie lachen.)

WELLGUNDE
Der lüsterne Kauz!

WOGLINDE
Laßt ihn uns kennen!
(Sie läßt sich auf die Spitze des Riffes hinab, an dessen Fuße Alberich angelangt ist.)

ALBERICH
Die neigt sich herab.

WOGLINDE
Nun nahe dich mir!

ALBERICH *(klettert mit koboldartiger Behendigkeit, doch wiederholt aufgehalten, der Spitze des Riffes zu)*
Garstig glatter
glitschriger Glimmer!
Wie gleit ich aus!

FLOSSHILDE
Voyez qui nous épie!
(Elles plongent plus bas et reconnaissent le Nibelung.)

WOGLINDE ET WELLGUNDE
Pouah! C'est l'affreux!

FLOSSHILDE *(remontant rapidement)*
Veillez sur l'or!
Père nous a mis en garde
contre un tel ennemi.
(Les deux autres la suivent et toutes les trois se rassemblent rapidement autour du récif central.)

ALBERICH
Hé, vous, là-haut!

LES TROIS FILLES DU RHIN
Que veux-tu, toi là-bas?

ALBERICH
Je gêne vos jeux
en restant là, tout sidéré?
Si vous plongiez,
le Nibelung aimerait
folâtrer et lutiner avec vous!

WOGLINDE
Il veut jouer avec nous?

WELLGUNDE
Se moque-t-il?

ALBERICH
9 Vous brillez dans la lumière,
si claires et si belles!
J'aimerais tant enlacer
les formes sveltes de celle
qui se glisserait vers moi!

FLOSSHILDE
Ah! Je ris de ma peur :
l'ennemi est amoureux.
(Elles rient.)

WELLGUNDE
Ce lubrique compère!

WOGLINDE
Il va nous connaître!
(Elle se laisse glisser jusqu'à la pointe du rocher au pied duquel Alberich est arrivé.)

ALBERICH
Elle vient à moi.

WOGLINDE
A présent, approche-moi!

ALBERICH *(grimpe avec l'agilité d'un lutin vers la pointe du récif, mais il doit s'arrêter à plusieurs reprises)*
Saleté de schiste
lisse et gluant!
Comme je glisse!

Mit Händen und Füßen
nicht fasse noch halt ich
das schlecke Geschlüpfer!
(Er prustet)
Feuchtes Naß
füllt mir die Nase :
verfluchtes Niesen!
(Er ist in Woglindes Nähe angelangt.)

Je n'agrippe et ne tiens
ni des pieds, ni des mains
sur la glaise glissante!
(Il crache)
J'ai le nez
plein d'humidité :
maudit éternuement!
(Il est parvenu près de Woglinde.)

WOGLINDE *(lachend)*
Prustend naht
meines Freiers Pracht!

WOGLINDE *(riant)*
Mon splendide galant
s'avance en crachant!

ALBERICH
Mein Friedel sei,
du fräuliches Kind!
(Er sucht sie zu umfassen.)

ALBERICH
Sois mon amie,
jeune ingénue!
(Il cherche à l'enlacer.)

WOGLINDE *(sich ihm entwindend)*
Willst du mich frein,
so freie mich hier!
(Sie taucht auf einem andern Riff auf. Die Schwestern lachen.)

WOGLINDE *(se dérobant à son étreinte)*
Si tu veux faire ta cour,
viens la faire ici!
(Elle surgit sur un autre récif. Ses sœurs rient.)

ALBERICH *(kratzt sich den Kopft)*
O weh; du entweichst?
Komm doch wieder!
Schwer ward mir,
was so leicht du erschwingst.

ALBERICH *(se gratte la tête)*
Hélas, tu t'enfuis?
Ah! Reviens donc!
C'est dur pour moi,
ce qui t'est si facile.

WOGLINDE *(schwingt sich auf ein drittes Riff in größerer Tiefe)*
Steig nur zu Grund :
da greifst du mich sicher!

WOGLINDE *(s'élance sur un troisième récif situé plus bas)*
Descends vers le fond :
tu me saisis à coup sûr!

ALBERICH *(klettert hastig hinab)*
Wohl besser da unten!

ALBERICH *(dégringole à toute vitesse)*
C'est bien mieux là en bas!

WOGLINDE *(schnellt sich rasch aufwärts nach einem hohen Seitenriffe)*
Nun aber nach oben!

WOGLINDE *(remonte, rapide comme une flèche, vers un rocher élevé, sur le côté)*
Mais maintenant, c'est là-haut!

WELLGUNDE UND FLOSSHILDE
Hahahahaha!

WELLGUNDE ET FLOSSHILDE
Hahahahaha!

ALBERICH
Wie fang ich im Sprung
den spröden Fisch?
Warte, du Falsche!
(Er will ihr eilig nachklettern.)

ALBERICH
Comment prendre au bond
ce poisson farouche?
Tu vas voir perfide!
(Il s'apprête à grimper vers elle en toute hâte.)

WELLGUNDE *(hat sich auf ein tieferes Riff auf der andern Seite gesenkt)*
Heia! Du Holder!
Hörst du mich nicht?

WELLGUNDE *(s'est laissée glisser sur un récif profond du côté opposé)*
Holà! Doux ami!
Ne m'entends-tu pas?

ALBERICH *(sich umwendend)*
Rufst du nach mir?

ALBERICH *(se retournant)*
M'appelles-tu?

WELLGUNDE
Ich rate dir wohl :
zu mir wende dich,
Woglinde meide!

WELLGUNDE
Voici un conseil :
Tourne-toi vers moi,
évite Woglinde!

ALBERICH *(klettert hastig über den Bodengrund zu Wellgrunde)*
Viel schöner bist du
als jene Scheue,
die minder gleißend
und gar zu glatt –
Nur tiefer tauche,
willst du mir taugen!

ALBERICH *(accourt vers Wellgunde sur le sol rocailleux)*
Tu es beaucoup plus belle
que cette fille craintive,
qui était moins brillante
et bien trop lisse.
Mais plonge plus bas,
si tu veux me plaire!

WELLGUNDE *(noch etwas mehr zu ihm sich herabsenkend)*
Bin nun ich dir nah?

WELLGUNDE *(se laissant descendre encore un peu plus vers lui)*
Suis-je près de toi?

ALBERICH
Noch nicht genug!
Die schlanken Arme
schlinge um mich,
daß ich den Nacken
dir neckend betaste,
mit schmeichelnder Brunst
an die schwellende Brust mich dir schmiege.

ALBERICH
Pas encore assez!
Viens m'enlacer
de tes bras souples,
que je taquine
ta nuque de caresses,
et me presse plein de fougue
contre ta poitrine frémissante.

WELLGUNDE
Bist du verliebt
und lüstern nach Minne,
laß sehn, du Schöner,
wie bist du zu schaun? –
Pfui, du haariger,
höck'riger Geck!
Schwarzes, schwieliges
Schwefelgezwerg!
Such dir ein Friedel,
dem du gefällst!

WELLGUNDE
Si tu es épris
et avide de volupté,
fais voir mon beau,
quel air tu as?
Pouah, en voilà un bellâtre
velu et bossu!
Un nain noir, tout calleux
et plein de soufre!
Cherche-toi une belle
à qui tu plaises!

ALBERICH *(sucht sie mit Gewalt zu halten)*
Gefall ich dir nicht,
dich faß ich doch fest!

ALBERICH *(cherche à la retenir de force)*
Que je te plaise ou non,
je te retiens quand même!

WELLGUNDE *(schnell zum mittleren Riffe auftauchend)*
Nur fest, sonst fließt ich dir fort!

WELLGUNDE *(remontant rapidement vers le récif central)*
Tiens ferme, sinon je m'enfuis!

WOGLINDE UND FLOSSHILDE
Hahahahaha!

WOGLINDE ET FLOSSHILDE
Hahahahaha!

ALBERICH *(Wellgunde erbost nachzankend)*
Falsches Kind!
Kalter, grätiger Fisch!
Schein ich nicht schön dir,
niedlich und neckisch,
glatt und glau –
hei! So buhle mit Aalen,
ist dir eklig mein Balg!

ALBERICH *(dépité, invectivant Woglinde)*
Fille perfide!
Poisson froid plein d'arêtes!
Je ne te semble ni beau,
ni coquet et coquin,
ni pimpant et brillant!
Eh bien! Fais la cour aux anguilles,
si ma peau te répugne!

FOLSSHILDE
Was zanskt du, Alb?
Schon so verzagt?
Du freitest um zwei!
Frügst du die dritte,
süßen Trost
schüfe die Traute dir!

FLOSSHILDE
Albe, qu'as-tu à pester?
Déjà découragé?
Tu fis la cour à deux belles!
Demande à la troisième;
pleine de tendresse,
elle te consolerait!

ALBERICH
Holder Sang
singt zu mir her –

ALBERICH
Un doux chant
vient jusqu'à moi.

Wie gut, daß ihr
eine nicht seid!
Von vielen gefall ich wohl einer :
von einer kieste mich keine! –
Soll ich dir glauben,
so gleite herab!

Vous êtes plusieurs,
et c'est heureux!
Je plairai bien à l'une d'entre elles :
une seule ne m'aurait pas élu!
Pour que je te croie,
glisse-toi vers moi!

FLOSSHILDE *(taucht zu Alberich hinab)*
Wie törig seid ihr,
dumme Schwestern,
dünkt euch dieser nicht schön!

FLOSSHILDE *(plonge vers Alberich)*
Vous êtes bien sottes,
Sœurs stupides,
de ne pas le trouver beau?

ALBERICH *(hastig ihr nahend)*
Für dumm und häßlich
darf ich sie halten,
seit ich dich Holdeste seh.

ALBERICH *(se rapprochant d'elle)*
Je pense qu'elles sont
sottes et laides,
depuis que j'ai vu la plus belle.

FLOSSHILDE *(schmeichelnd)*
O singe fort
so süß und fein :
wie hehr verführt es mein Ohr!

FLOSSHILDE *(enjôleuse)*
Oh, poursuis donc
ce doux chant délicieux,
qui charme mon oreille!

ALBERICH *(zutraulich sie berührend)*
Mir zagt, zuckt
und zehrt sich das Herz,
lacht mir so zierliches Lob.

ALBERICH *(confiant, l'effleure)*
Mon cœur tremble,
tressaille et s'embrase
devant des éloges si charmants.

FLOSSHILDE *(ihn sanft abwehrend)*
Wie deine Anmut
mein Aug' erfreut,
deines Lächelns Milde
den Mut mir labt!
(Sie zieht ihn zärtlich an sich.)
Seligster Mann!

FLOSSHILDE *(le repoussant avec douceur)*
Comme ta grâce
enchante mes yeux,
et ton tendre sourire
apaise mon cœur!
(Elle l'attire tendrement contre elle.)
Homme chéri!

ALBERICH
Süßeste Maid!

ALBERICH
Fille délicieuse!

FLOSSHILDE
Wärst du mir hold!

FLOSSHILDE
Puisses-tu m'aimer!

ALBERICH
Hielt' ich dich immer!

ALBERICH
T'étreindre toujours!

FLOSSHILDE *(ihn ganz in ihren Armen haltend)*
Deinen stechenden Blick,
deinen struppigen Bart,
o säh' ich ihn, faßt' ich ihn stets!
Deines stachligen Haares
strammes Gelock,
umflöss' es Floßhilde ewig!
Deine Krötengestalt,
deiner Stimme Gekrächz,
o dürft' ich staunend und stumm
sie nur hören und sehn!

FLOSSHILDE *(le prenant complètement dans ses bras)*
Ton regard acéré,
ta barbe en broussaille,
je voudrais le voir, la tenir sans cesse!
Les boucles raides
de tes cheveux piquants,
qu'elles enveloppent Flosshilde à jamais!
Ton corps de crapaud,
ta voix de corbeau,
puissé-je, étonnée et muette,
n'entendre et ne voir qu'eux!

WOGLINDE UND WELLGUNDE *(sind nah herabgetaucht und schlagen jetzt ein helles Gelächter an)*
Hahahahahaha!

WOGLINDE ET WELLGUNDE *(sont descendues tout près et éclatent d'un rire clair.)*
Hahahahahaha!

ALBERICH *(erschreckt aus Floßhildes Armen auffahrend)*

Lacht ihr Bösen mich aus?

ALBERICH *(effrayé, sursaute et se dégage des bras de Flosshilde)*
Méchantes, vous me raillez?

FLOSSHILDE *(sich plötzlich ihm entreißend)*

Wie billig am Ende vom Lied.
(Sie taucht mit den Schwestern schnell auf.)

FLOSSHILDE *(s'arrachant brusquement à l'étreinte d'Alberich)*
Comme de juste à la fin du chant.
(Elle remonte rapidement avec ses sœurs.)

WOGLINDE UND WELLGUNDE
Hahahahahaha!

WOGLINDE ET WELLGUNDE
Hahahahahaha!

ALBERICH *(mit kreischender Stimme)*
Wehe! Ach wehe!
O Schmerz! O Schmerz!
Die dritte, so traut,
betrog sie mich auch?
Ihr schmählich schlaues,
lüderlich schlechtes Gelichter!
Nährt ihr nur Trug,
ihr treuloses Nickergezücht?

ALBERICH *(d'une voix criarde)*
Hélas! Ah! Hélas!
O douleur! O douleur!
La troisième, si tendre,
m'a donc aussi trompé?
Sales rosses, sales rouées,
perverses et perfides créatures!
Nixes sournoises,
n'êtes-vous que traîtrise?

DIE DREI RHEINTÖCHTER
Wallala! Lalaleia! Leialalei!
Heia! Heia! Haha!
Schäme dich, Albe!
Schilt nicht dort unten!
Höre, was wir dich heißen!
Warum, du Banger,
bandest du nicht
das Mädchen, das du minnst?
Treu sind wir
und ohne Trug
dem Freier, der uns fängt. –
Greife nur zu
und grause dich nicht!
In der Flut entfliehn wir nicht leicht.
Wallala! Lalaleia! Leialala!
Heia! Heia! Hahei!
(Sie schwimmen auseinander, hierher und dorthin, bald tiefer, bald höher, um Alberich zur Jagd auf sie zu reizen.)

LES TROIS FILLES DU RHIN
Wallala! Lalaleia! Leialalei!
Heia! Heia! Haha!
Albe, tu n'as pas honte!
Cesse de pester!
Ecoute nos avis!
Lâche, pourquoi n'as-tu pas
lié à toi
la fille que tu aimes?
Nous sommes fidèles,
et sans fourberie,
au galant qui nous saisit.
Attrape-nous donc
et sois sans effroi!
Dans les flots, notre fuite n'est pas facile.
Wallala! Lalaleia! Leialala!
Heia! Heia! Hahei!
(Elles se séparent et nagent en tous sens, tantôt vers le fond, tantôt vers le haut, pour inciter Alberich à leur faire la chasse.)

ALBERICH
Wie in den Gliedern
brünstige Glut
mir brennt und glüht!
Wut und Minne
wild und mächtig
wühlt mir den Mut auf! –
Wie ihr auch lacht und lügt,
lüstern lechz' ich nach euch,
und eine muß mir erliegen!
(Er macht sich mit verzweifelter Anstrengung zur Jagd auf : mit grauenhafter Behendigkeit erklimmt er Riff für Riff, springt von einem zum andern, sucht bald dieses, bald jenes der Mädchen zu erhaschen, die mit lustigem Gekreisch stets ihm entweichen; er strauchelt, stürzt in den Abgrund hinab, klettert dann hastig wieder in die Höhe zu neuer Jagd. Sie neigen sich etwas herab. Fast erreicht er sie, stürzt zurück und versucht es nochmals. Er hält endlich vor Wut schäumend atemlos an und streckt die geballte Faust nach den Mädchen hinauf.)

ALBERICH
Quelle ardeur, quel désir
dans tout mon corps
me brûlent et m'enflamment!
Rage et amour
violents et forts
s'emparent de mon âme!
Vous avez beau rire et mentir,
avide, j'ai envie de vous
et j'en aurai une, je le veux!
(Avec l'énergie du désespoir, il se met en chasse : il escalade les récifs avec une agilité terrifiante en sautant de l'un à l'autre et essaie d'attraper tantôt l'une des filles du Rhin et tantôt l'autre; celles-ci ne cessent de lui échapper en poussant des cris joyeux; il trébuche, est précipité dans l'abîme, puis se remet à grimper en hâte pour reprendre sa poursuite. Elles descendent un peu vers lui. Il est près de les atteindre, tombe encore une fois et renouvelle ses tentatives. Ecumant de rage, il s'arrête finalement hors d'haleine et montre le poing aux filles du Rhin.)

ALBERICH *(kaum seiner mächtig)*
Fing' eine diese Faust! ...
(Er verbleibt in sprachloser Wut, den Blick aufwärts gerichtet, wo er dann plötzlich von folgendem Schauspiele ange-

ALBERICH *(se maîtrisant à grand-peine)*
10a Si j'en attrapais une!...
(Muet de fureur, il garde les yeux levés et est soudain attiré et fasciné par le spectacle qui s'offre à lui. –Venue d'en

zogen und gefesselt wird. – Durch die Flut ist von oben her ein immer lichterer Schein gedrungen, der sich an einer hohen Stelle des mittelsten Riffes allmählich zu einem blendend hell strahlenden Goldglanze entzündet; ein zauberisch goldenes Licht bricht von hier durch das Wasser.)

WOGLINDE
Lugt, Schwestern!
Die Weckerin lacht in den Grund.

WELLGUNDE
Durch den grünen Schwall
den woningen Schläfer sie grüßt

FLOSSHILDE
Jetzt küßt sie ein Auge,
daß er es öffne.

WELLGUNDE
Schaut, es lächelt
in lichtem Schein.

WOGLINDE
Durch die Fluten hin
fließt sein strahlender Stern.

DIE DREI *(zusammen das Riff anmutig umschwimmend)*

Heiajaheia!
Heiajaheia!
Wallalallalala leiajahei!
Rheingold!
Rheingold!
Leuchtende Lust,
wie lachst du so hell und hehr!
Glühender Glanz
entgleißet dir weihlich im Wag!
Heiajahei
Heiajaheia!
Wache, Freund,
wache froh!
Wonnige Spiele
spenden wir dir :
flimmert der Fluß,
flammet die Flut,
umfließen wir tauchend,
tanzend und singend,
im seligen Bade dein Bett.
Rheingold!
Rheingold!
Heiajaheia!
Wallalaleia heiajahei!
(Mit immer ausgelassenerer Lust umschwimmen die Mädchen das Riff. Die ganze Flut flimmert in hellem Goldglanze.)

ALBERICH *(dessen Augen, mächtig vom Glanze angezogen, starr an dem Golde haften)*
Was ist's, ihr Glatten,
das dort so glänzt und gleißt?

DIE DREI MÄDCHEN
Wo bist du Rauher denn heim,
daß vom Rheingold nie du gehört?

haut, une clarté de plus en plus vive a pénétré le fleuve; elle va toucher le récif central dont la pointe se met à resplendir d'un éclat éblouissant d'or rayonnant; une lumière féerique et dorée irradie les flots.)

WOGLINDE
11 Sœurs, regardez!
Voici la lumière qui éveille.

WELLGUNDE
A travers les eaux vertes,
elle salue l'heureux dormeur.

FLOSSHILDE
Puis elle lui baise l'œil
pour qu'il l'ouvre.

WELLGUNDE
Voyez-le sourire
dans la claire lumière.

WOGLINDE
L'astre irradie
dans les reflets des flots.

LES TROIS FILLES DU RHIN *(nageant ensemble avec grâce autour du récif)*
Heiajaheia!
Heiajaheia!
Wallalallalala leiajahei!
Or du Rhin!
Or du Rhin!
Joie rayonnante,
noble et radieuse clarté!
Ton éclat sacré
vient enflammer les vagues!
Heiajahei!
Heiajaheia!
Veille, ami,
veille joyeux!
Vois, nous t'offrons
nos jeux exquis :
le fleuve scintille,
les flots flamboient,
et nous entourons ton lit,
dansant et chantant
10a et plongeant dans les ondes délicieuses.
Or du Rhin!
Or du Rhin!
Heiajaheia!
Wallalaleia heiajahei!
(Avec une joie toujours plus débridée, les filles du Rhin nagent autour du récif. Le flot tout entier scintille dans une éclatante lumière d'or.)

ALBERICH *(dont le regard, puissamment attiré par cet éclat, est rivé sur l'or)*
Filles fluides, qu'est-ce donc
qui brille et luit là-bas?

LES TROIS FILLES DU RHIN
D'où sors-tu, espèce de rustre,
pour tout ignorer de l'or du Rhin?

WELLGUNDE
Nichts weiß der Alb
von des Goldes Auge,
das wechselnd wacht und schläft?

WOGLINDE
Von der Wassertiefe
wonnigem Stern,
der hehr die Wogen durchhellt? -

DIE DREI MÄDCHEN
Sieh, wie selig
im Glanze wir gleiten!
Willst du Banger
in ihm dich baden,
so schwimm und schwelge mit uns!
Wallalalala leialalei!
Wallalalala leiajalei!

ALBERICH
Eurem Taucherspiele
nur taugte das Gold?
Mir gält' es dann wenig!

WOGLINDE
Des Goldes Schmuck
schmähte es nicht,
wüßte er all seine Wunder!

WELLGUNDE
Der Welt Erbe
gewänne zu eigen,
wer aus dem Rheingold
schüfe den Ring,
der maßlose Macht ihm verlieh'.

FLOSSHILDE
Der Vater sagt' es,
und uns befahl er,
klug zu hüten
den klaren Hort,
daß kein Falscher der Flut ihn entführe :
drum schweigt, ihr schwatzendes Heer!

WELLGUNDE
Du klügste Schwester,
verklagst du uns wohl?
Weißt du denn nicht,
wem nur allein
das Gold zu schmieden vergönnt?

WOGLINDE
Nur wer der Minne
Macht versagt,
nur wer der Liebe
Lust verjagt,
nur der erzielt sich den Zauber,
zum Reif zu zwingen das Gold.

WELLGUNDE
Wohl sicher sind wir
und sorgenfrei :
denn was nur lebt, will lieben;
meiden will keiner die Minne.

WELLGUNDE
Le nain ne sait rien
du regard de l'or
qui, tour à tour, veille et dort?

WOGLINDE
De l'étoile radieuse
des profondeurs
qui, splendide, illumine les vagues?

LES TROIS FILLES DU RHIN
Vois notre joie
de glisser dans son éclat!
Si tu veux, poltron,
t'y baigner,
nage et jubile avec nous!
Wallalalala leialalei!
Wallalalala leiajahei!

ALBERICH
L'or ne serait-il bon
qu'à jouer dans l'eau?
Alors, il m'importe peu!

WOGLINDE
Il aurait plus d'estime
pour cette parure d'or
s'il en connaissait tous les prodiges!

WELLGUNDE
12 La richesse du monde
appartient à celui
qui transforme l'or
en un anneau
qui lui donne un pouvoir immense.

FLOSSHILDE
Le père l'a dit
et nous a ordonné
de bien garder
le clair trésor,
pour que nul félon ne l'enlève aux flots :
silence donc, bande de bavardes!

WELLGUNDE
Sœur fort avisée,
pourquoi nous blâmer?
Ne sais-tu donc pas
à qui seul
il est donné de forger l'or?

WOGLINDE
13 Seul celui qui renie
le pouvoir de l'amour,
seul celui qui bannit
le plaisir d'aimer,
lui seul pourra par magie
imposer à l'or la forme d'anneau.

WELLGUNDE
Nous sommes donc confiantes
et sans souci :
car tout ce qui vit veut aimer;
nul ne veut fuir l'amour.

WOGLINDE
Am wenigsten er
der lüsterne Alb :
vor Liebesgier
möcht er vergehn!

FLOSSHILDE
Nicht fürcht ich den,
wie ich ihn erfand :
seiner Minne Brunst
brannte fast mich.

WELLGUNDE
Ein Schwelfelbrand
in der Wogen Schwall :
vor Zorn der Liebe
zischt er laut.

DIE DREI MÄDCHEN
Wallala! Wallaleialala!
Lieblichster Albe,
lachst du nicht auch?
In des Goldes Schein
wie leuchtest du schön!
O komm, Lieblicher, lache mit uns!
Heiajaheia! Heiajaheia!
Wallalala leiajahei!
(Sie schwimmen lachend im Glanze auf und ab.)

ALBERICH *(die Augen starr auf das Gold gerichtet, hat dem Geplauder der Schwestern wohl gelauscht)*
Der Welt Erbe
gewänn' ich zu eigen durch dich?
Erzwäng' ich nicht Liebe,
doch listig erzwäng' ich mir Lust? –
(Furchtbar laut.)
Spottet nur zu!
Der Niblung naht eurem Spiel!
(Wütend springt er nach dem mittleren Riff hinüber und klettert in grausiger Hast nach dessen Spitze hinauf. Die Mädchen fahren kreischend auseinander und tauchen nach verschiedenen Seiten hin auf.)

DIE DREI RHEINTÖCHTER
Heia! Heia! Heiajahei!
Rettet euch!
Es raset der Alb!
In den Wassern sprüht's,
wohin er springt :
die Minne macht ihn verrückt!
(Sie lachen im tollsten Übermut.)

ALBERICH *(gelangt mit einem letzten Satze zur Spitze des Riffes)*
Bangt euch noch nicht?
So buhlt nun im Finstern,
feuchtes Gezücht!
(Er streckt die Hand nach dem Golde aus.)
Das Licht lösch ich euch aus;
entreiße dem Riff das Gold,
schmiede den rächenden Ring;
denn hör' es die Flut :
so verfluch' ich die Liebe!

WOGLINDE
Et lui moins qu'un autre
l'Albe lubrique
qui défaille
de désir amoureux!

FLOSSHILDE
Tel que je l'ai vu,
je ne le crains pas :
l'ardeur de sa passion
a failli m'enflammer.

WELLGUNDE
C'est un feu de soufre
dans la houle des vagues,
qui siffle très fort
de fureur d'amour.

LES TROIS FILLES DU RHIN
Wallala! Wallaleialala!
Albe très aimable,
ris, toi aussi!
Dans l'éclat de l'or,
que tu resplendis!
Oh! Viens, être aimable, ris avec nous!
Heiajaheia! Heiajaheia!
Wallalalala leiajahei!
(Elles montent et descendent, nageant et riant dans la lumière éclatante.)

ALBERICH *(les yeux fixés sur l'or a écouté attentivement le bavardage des sœurs)*
La richesse du monde,
je la possèderais par toi?
Faute d'avoir l'amour par force,
j'aurais le plaisir par ruse?
(D'une voix formidable.)
Moquez-vous donc!
Le Nibelung approche votre jouet!
(Furieux, il saute vers le récif central et grimpe avec une hâte redoutable vers son sommet. Les filles du Rhin se dispersent en poussant des cris aigus et remontent dans différentes directions.)

LES TROIS FILLES DU RHIN
Heia! Heia! Heiajahei!
Sauve qui peut!
L'Albe est en rage!
L'eau gicle partout
où il bondit :
c'est l'amour qui le rend fou!
(Elles rient, folles de joie.)

ALBERICH *(parvient, en un dernier bond, à la pointe du récif)*
N'avez-vous pas encore peur?
Flirtez donc dans le noir,
humides créatures!
(Il étend la main vers l'or.)
J'éteins votre lumière,
j'arrache l'or au récif,
je forgerai l'anneau vengeur;
et que les flots l'entendent :
ainsi, je maudis l'amour!

(Er reißt mit furchbarer Gewalt das Gold aus dem Riffe und stürzt damit hastig in die Tiefe, wo er schnell verschwindet. Dichte Nacht bricht plötzlich überall herein. Die Mädchen tauchen jach dem Räuber in die Tiefe nach.)

FLOSSHILDE
Haltet den Räuber!

WELLGUNDE
Rettet das Gold!

WOGLINDE UND WELLGUNDE
Hilfe! Hilfe!

DIE DREI MÄDCHEN
Weh! Weh!

(Die Flut fällt mit ihnen nach der Tiefe hinab, aus dem untersten Grunde hört man Alberichs gellendes Hohngelächter. In dichtester Finsternis verschwinden die Riffe; die ganze Bühne ist von der Höhe bis zur Tiefe von schwarzem Wassergewoge erfüllt, das eine Zeitlang immer noch abwärts zu sinken scheint.)

Orchesterzwischenspiel

ZWEITE SZENE

Allmählich sind die Wogen in Gewölke übergegangen, welches, als eine immer beller dämmernde Beleuchtung dahinter tritt, zu feinerem Nebel sich abklärt. Als der Nebel in zarten Wölkchen gänzlich sich in der Höhe verliert, wird im Tagesgrauen eine freie Gegend auf Bergeshöhen sichtbar. – Der hervorbrechende Tag beleuchtet mit wachsendem Glanze eine Burg mit blinkenden Zinnen, die auf einem Felsgipfel im Hintergrunde steht; zwischen diesem burggekrönten Felsgipfel und dem Vordergrunde der Szene ist ein tiefes Tal, durch welches der Rhein fließt, anzunehmen. – Zur Seite auf blumigem Grunde liegt Wotan, neben ihm Fricka, beide schlafend. Die Burg ist ganz sichtbar geworden.

FRICKA *(erwacht; ihr Blick fällt auf die Burg; sie staunt und erschrickt)*
Wotan, Gemahl! Erwache!

WOTAN *(im Traume leise)*
Der Wonne seligen Saal
bewachen mir Tür und Tor :
Mannes Ehre,
ewige Macht
ragen zu endlosem Ruhm!

FRICKA *(rüttelt ihn)*
Auf, aus der Träume
wonnigem Trug!
Erwache, Mann, und erwäge!

WOTAN *(erwacht und erhebt sich ein wenig, sein Auge wird sogleich vom Anblick der Burg gefesselt)*

(Avec une violence terrible, il arrache l'or au récif et se rue avec lui dans les profondeurs où il disparaît rapidement. Une nuit épaisse s'étend soudain partout. Les filles du Rhin plongent vivement à la poursuite du ravisseur.)

FLOSSHILDE
Au voleur!

WELLGUNDE
Sauvez l'or!

WOGLINDE ET WELLGUNDE
A l'aide! A l'aide!

LES TROIS FILLES DU RHIN
Malheur! Malheur!

(Les flots descendent avec elles; on entend les ricanements d'Alberich au fond de l'abîme. Les récifs disparaissent dans d'épaisses ténèbres; toute la scène, du haut en bas, est envahie par des vagues noires qui, pendant quelque temps, semblent continuer à descendre.)

Interlude orchestral

SCENE II

14 *Peu à peu, les vagues se sont changées en nuages qui prennent l'aspect d'une brume légère et brillante au fur et à mesure qu'une lumière de plus en plus vive se répand au fond. Lorsque la brume se dissipe complètement vers le haut en petits nuages délicats, on aperçoit dans la clarté de l'aube : un paysage dégagé au sommet d'une montagne. Le jour naissant illumine d'un éclat grandissant un château aux créneaux étincelants, qui se dresse dans le fond, sur la cime d'un rocher; entre cette cime que couronne le château et le devant de la scène, on devine une vallée profonde dans laquelle coule le Rhin. – Sur le côté, Wotan repose sur le sol parsemé de fleurs, Fricka auprès de lui; ils dorment tous les deux. Le château est devenu entièrement visible.*

FRICKA *(s'éveille; le château frappe son regard; elle est étonnée et effrayée)*
12 Wotan! Mon époux! Réveille-toi!

WOTAN *(rêvant, à mi-voix)*
Portes et portails gardent
la demeure sacrée du bonheur :
l'honneur du maître,
la puissance éternelle
atteignent la gloire infinie!

FRICKA *(le secoue)*
Debout, sors des heureux
rêves trompeurs!
14 Réveille-toi, Wotan, réfléchis!

WOTAN *(s'éveille et se soulève un peu, son regard est aussitôt captivé par la vue du château)*

Vollendet das ewige Werk :
auf Berges Gipfel
die Götterburg,
prächtig prahlt
der prangende Bau!
Wie im Traum ich ihn trug,
wie mein Wille ihn wies,
stark und schön
steht er zur Schau;
hehrer, herrlicher Bau!

FRICKA
Nur Wonne schafft dir,
was mich erschreckt?
Dich freut die Burg,
mir bangt es um Freia.
Achtloser, laß dich erinnern
des ausbedungenen Lohns!
Die Burg ist fertig,
verfallen das Pfand :
vergaßest du, was du vergabst?

WOTAN
Wohl dünkt mich's, was sie bedangen,
die dort die Burg mir gebaut;
durch Vertrag zähmt' ich
ihr trotzig Gezücht,
daß sie die hehre
Halle mir schüfen;
die steht nun- Dank den Starken : –
um den Sold sorge dich nicht.

FRICKA
O lachend frevelnder Leichtsinn!
Liebelosester Frohmut!
Wußt' ich um euren Vertrag,
dem Truge hätt' ich gewehrt;
doch mutig entferntet
ihr Männer die Frauen,
um taub und ruhig vor uns
allein mit den Riesen zu tagen.
So ohne Scham
verschenktet ihr Frechen
Freia, mein holdes Geschwister,
froh des Schächergewerbs –
Was ist euch Harten
doch heilig und wert,
giert ihr Männer nach Macht!

WOTAN *(ruhig)*
Gleiche Gier
war Fricka wohl fremd,
als selbst um den Bau sie mich bat?

FRICKA
Um des Gatten Treue besorgt,
muß traurig ich wohl sinnen,
wie an mich er zu fesseln,
zieht's in die Ferne ihn fort :
herrliche Wohnung,
wonniger Hausrat
sollten dich binden
zu säumender Rast.
Doch du bei dem Wohnbau sannst

L'œuvre éternelle est achevée :
au sommet du roc,
le burg des dieux;
superbe et fastueux,
l'édifice resplendit!
Tel que je l'ai rêvé,
tel que je l'ai voulu,
fort et beau,
il s'offre aux regards;
noble, splendide édifice!

FRICKA
Ce qui te ravit
m'emplit de crainte!
Le burg fait ta joie,
moi, j'ai peur pour Freia.
Etourdi, souviens-toi
15 du salaire convenu!
Le burg est fini,
le gage est donc dû :
as-tu oublié ce que tu as accordé?

WOTAN
Je sais bien ce qu'exigeaient
ceux qui m'ont bâti le burg;
j'ai soumis par contrat
cette race arrogante,
pour qu'ils me construisent
la noble bâtisse;
elle est donc là, – grâce à leur force :
pour la paie, sois sans souci.

FRICKA
Quelle coupable insouciance joyeuse!
Quelle légèreté égoïste!
Si j'avais connu ce contrat,
j'aurais empêché la fraude;
mais vous, les hommes, teniez
courageusement les femmes
à l'écart, sourds et sans gêne,
pour traiter seuls avec les géants.
Insolents, ainsi
vous avez offert sans honte
Freia, ma douce sœur,
contents de ce marché de forbans.
Cruels, qu'y a-t-il pour vous
de précieux et de sacré,
quand vous désirez le pouvoir!

WOTAN *(avec calme)*
Pareil désir,
certes Fricka l'ignorait
12 lorsqu'elle même réclamait le château?

FRICKA
Soucieuse d'avoir un mari fidèle,
il me faut, hélas, songer
à le fixer près de moi,
alors qu'il aime errer au loin :
une riche demeure,
un bel intérieur
devaient t'imposer
une halte durable.
Mais toi, en construisant, tu songeais uniquement

auf Wehr und Wall allein :
Herrschaft und Macht
soll er dir mehren;
nur rastlosern Sturm zu erregen,
erstand die ragende Burg.

WOTAN *(lächelnd)*
Wolltest du Frau
in der Feste mich fangen
mir Gotte mußt du schon gönnen,
daß, in der Burg
gefangen, ich mir
von außen gewinne die Welt.
Wandel und Wechsel
liebt, wer lebt :
das Spiel drum kann ich nicht sparen.

FRICKA
Liebeloser,
leidigster Mann!
Um der Macht und Herrschaft
müßigen Tand
verspielst du in lästerndem Spott
Liebe und Weibes Wert?

WOTAN *(ernst)*
Um dich zum Weib zu gewinnen,
mein eines Auge
setzt' ich werbend daran :
wie törig tadelst du jetzt!
Ehr ich die Frauen
doch mehr, als dich freut!
Und Freia, die gute,
geb ich nicht auf :
nie sann dies ernstlich mein Sinn.

FRICKA *(mit ängstlicher Spannung in die Szene blickend)*
So schirme sie jetzt;
in schutzloser Angst
läuft sie nach Hilfe dort her!

FREIA *(tritt wie in hastiger Flucht auf)*
Hilf mir, Schwester!
Schütze mich, Schwäher!
Vom Felsen drüben
drohte mir Fasolt,
mich Holde käm' er zu holen.

WOTAN
Laß ihn drohn! –
Sahst du nicht Loge?

FRICKA
Daß am liebsten du immer
dem Listigen traust!
Viel Schlimmes schuf er uns schon,
doch stets bestrickt er dich wieder.

WOTAN
Wo freier Mut frommt,
allein frag' ich nach keinem;
doch des Feindes Neid
zum Nutz sich fügen,
lehrt nur Schlauheit und List,

aux murailles, aux remparts :
ce burg doit augmenter
ton pouvoir, ton empire;
il ne se dresse que pour susciter
des combats sans répit.

WOTAN *(souriant)*
16 Si tu voulais, femme,
m'enfermer dans la forteresse,
tu dois bien accorder au dieu
prisonnier du fort,
qu'il conquière
le monde du dehors.
Tout ce qui vit aime
le changement, la variété :
ce jeu, je ne peux m'en passer.

FRICKA
Homme sans cœur
et sans amour!
Pour les vains attraits
du pouvoir,
tu t'amuses à galvauder
20 la valeur de la femme et de l'amour?

WOTAN *(avec gravité)*
Pour faire de toi mon épouse
et te conquérir,
j'ai mis mon œil en gage :
tes reproches ne riment donc à rien!
car j'aime les femmes,
et bien trop à ton goût!
Et je ne livrerai pas
la bonne Freia :
jamais je n'y ai sérieusement songé.

FRICKA *(regardant vers la coulisse, nerveuse et inquiète)*
Alors, protège-la;
voici qu'elle accourt
affolée, en quête de secours!

FREIA *(entre, comme dans une fuite éperdue)*
A l'aide, ma sœur!
Protège-moi, mon beau-frère!
Du rocher là-bas,
Fasolt m'a menacée
moi, la douce, de venir me chercher.

WOTAN
Qu'il menace!
As-tu vu Loge?

FRICKA
Tu préfèreras donc toujours
te fier à ce fourbe!
Il nous a déjà fait bien du tort,
mais sans cesse il t'entortille encore.

WOTAN
Là où la vaillance suffit,
je ne demande l'aide de personne;
mais pour tirer parti
de la haine de l'ennemi,
il faut ruse et rouerie,

wie Loge verschlagen sie übt.
Der zum Vertrage mir riet,
versprach mir Freia zu lösen :
auf ihn verlaß ich mich nun.

FRICKA
Und er läßt dich allein.
Dort schreiten rasch
die Riesen heran :
wo harrt dein schlauer Gehilf'?

FREIA
Wo harren meine Brüder,
daß Hilfe sie brächten,
da mein Schwäher die Schwache verschenkt?
Zu Hilfe, Donner!
Hieher! Hieher!
Rette Freia, mein Froh!

FRICKA
Die im bösen Bund dich verrieten,
sie alle bergen sich nun.

(Fasolt et Fafner beide in riesiger Gestalt, mit starken Pfählen bewaffnet, treten auf.)

FASOLT
Sanft schloß
Schlaf dein Aug :
wir beide bauten
Schlummers bar die Burg.
Mächt'ger Müh
müde nie,
stauten starke
Stein' wir auf;
steiler Turm,
Tür und Tor
deckt und schließt
im schlanken Schloß den Saal.
(Auf die Burg deutend.)
Dort steht's,
was wir stemmten;
schimmernd hell
bescheint's der Tag :
zieh nun ein,
uns zahl den Lohn!

WOTAN
Nennt, Leute, den Lohn :
was dünkt euch zu bedingen?

FASOLT
Bedungen ist's,
was tauglich uns dünkt :
gemahnt es dich so matt?
Freia, die holde,
Holda, die freie –
vertragen ist's –
sie tragen wir heim.

WOTAN *(schnell)*
Seid ihr bei Trost
mit eurem Vertrag?
Denkt auf andren Dank :

et Loge en use avec adresse.
Me conseillant le contrat,
il me promit d'en délier Freia :
je compte à présent sur lui.

FRICKA
Et lui te laisse seul!
Voici les géants
qui s'avancent à grands pas :
qu'attends donc ton allié rusé?

FREIA
Qu'attendent donc mes frères
pour me venir en aide,
puisque mon beau-frère me livre sans défense?
Au secours, Donner!
Par ici, par ici!
Sauve Freia, mon Froh!

FRICKA
Ceux qui t'ont impliqué dans cette méchante alliance
se cachent tous maintenant.

17 *(Fasolt et Fafner entrent, tous deux de stature gigantesque et armés de pieux énormes.)*

FASOLT
Un doux sommeil
fermait tes yeux :
nous deux construisions
le burg sans dormir.
A grand-peine,
jamais las,
nous avons posé
pierre sur pierre;
tours élancées,
portes et portails
ferment et protègent
la salle du svelte château.
(Désignant le burg.)
Voici
ce que nous avons dressé;
le jour l'éclaire
d'une brillante lumière :
entres-y,
paie-nous le salaire!

WOTAN
Dites, gens, le salaire :
que pensez-vous exiger?

FASOLT
C'est tout exigé,
ce qui nous semble bien :
as-tu la mémoire si courte?
Freia, la douce,
Holda, la libre –
c'est le contrat –
nous l'emmenons chez nous.

WOTAN *(vivement)*
Vous êtes fous
avec votre contrat?
Cherchez un autre prix :

Freia ist mir nicht feil.

FASOLT *(steht, in höchster Bestürzung, einen Augenblick sprachlos)*
Was sagst du? Ha,
sinnst du Verrat?
Verrat am Vertrag?
Die dein Speer birgt,
sind' sie dir Spiel,
des berat'nen Bundes Runen?

FAFNER *(höhnisch)*
Getreuster Bruder!
Merkst du Tropf nun Betrug?

FASOLT
Lichtsohn du,
leicht gefügter,
hör und hüte dich :
Verträgen halte Treu!
Was du bist,
bist du nur durch Verträge :
bedungen ist,
wohl bedacht deine Macht.
Bist weiser du,
als witzig wir sind,
bandest uns freie
zum Frieden du :
all deinem Wissen fluch ich,
fliehe weit deinen Frieden,
weißt du nicht offen,
ehrlich und frei
Verträgen zu wahren die Treu! -
Ein dummer Riese
rät dir das :
du, Weiser, wiss' es von ihm!

WOTAN
Wie schlau für Ernst du achtest,
was wir zum Scherz nur beschlossen!
Die liebliche Göttin,
licht und leicht,
was taugt euch Tölpeln ihr Reiz?

FASOLT
Höhnst du uns?
Ha, wie unrecht! –
Die ihr durch Schönheit herrscht,
schimmernd hehres Geschlecht,
wie törig strebt ihr
nach Türmen von Stein,
setzt um Burg und Saal
Weibes Wonne zum Pfand!
Wir Plumpen plagen uns
schwitzend mit schwieliger Hand,
ein Weib zu gewinnen
das wonnig und mild
bei uns Armen wohne : –
und verkehrt nennst du den Kauf?

FAFNER
Schweig' dein faules Schwatzen,
Gewinn werben wir nicht :
Freias Haft

Freia n'est pas à vendre.

FASOLT *(demeure un instant muet de stupéfaction)*

Que dis-tu? Ah!
Tu songes à trahir?
Trahir le traité?
Les runes inscrites sur ta lance,
sont un jeu pour toi,
ces runes de l'alliance conclue?

FAFNER *(sarcastique)*
Mon cher nigaud de frère!
Vois-tu bien qu'on t'escroque?

FASOLT
Fils de lumière,
d'essence légère,
écoute et prends garde :
Sois fidèle aux contrats!
Ce que tu es,
tu l'es seulement par les contrats :
ton pouvoir après tout
repose sur une convention.
Tu es plus sage,
plus habile que nous,
nous étions libres
et tu nous a contraints à la paix.
Je maudis tout ton savoir,
je refuse ta paix,
si tu ne sais pas être franc,
loyal et libre
pour rester fidèle aux contrats!
Un géant stupide
te le conseille :
toi, le sage, sache-le par lui!

WOTAN
C'est rusé de prendre au sérieux
un pacte conclu pour rire!
La gracieuse déesse
claire et légère,
qu'en feraient des lourdauds comme vous?

FASOLT
Tu nous railles?
Comme c'est injuste!
Vous qui régnez par la beauté,
race noble et brillante,
quelle folie d'aspirer
à des tours de pierre,
de livrer pour un château
le charme de la femme!
Nous, gros patauds, nous peinons
suant et les mains calleuses,
pour gagner une femme
qui, aimable et douce,
habite notre pauvre demeure :
et d'après toi, c'est un mauvais marché?

FAFNER
Cesse ton vain bavardage,
nous ne cherchons pas le gain :
détenir Freia

hilft wenig;
doch viel gilt's,
den Göttern sie zu entführen.
(Leise)
Goldne Äpfel
wachsen in ihrem Garten;
sie allein
weiß die Äpfel zu pflegen!
Der Frucht Genuß
frommt ihren Sippen
zu ewig nie
alternder Jugend;
siech und bleich
doch sinkt ihre Blüte
alt und schwach
schwinden sie hin,
müssen Freia sie missen.
(Grob)
Ihrer Mitte drum sei sie entführt!

WOTAN *(für sich)*
Loge säumt zu lang'!

FASOLT
Schlicht gib nun Bescheid!

WOTAN
Fordert andern Sold!

FASOLT
Kein andrer : Freia allein!

FAFNER
Du da, folge uns!

(Donner und Froh kommen eilig. Sie dringen auf Freia zu.)

FREIA *(fliehend)*
Helft, helft vor den Harten!

FROH *(Freia in seine Arme fassend)*
Zu mir, Freia! –
Meide sie, Frecher!
Froh schützt die Schöne.

DONNER *(sich vor die beiden Riesen stellend)*
Fasolt und Fafner,
fühltet ihr schon
meines Hammers harten Schlag?

FAFNER
Was soll das Drohn?

FASOLT
Was dringst du her?
Kampf kiesten wir nicht,
verlangen nur unsern Lohn.

DONNER
Schon oft zahlt' ich
Riesen den Zoll;
kommt her! Des Lohnes Last
wäg ich mit gutem Gewicht!

est peu utile;
mais il importe
de la ravir aux dieux.
(A voix basse.)
Des pommes d'or
19 poussent dans son jardin;
elle seule
sait cultiver les pommes!
Manger ces fruits
permet à leur race
de garder toujours
une éternelle jeunesse;
languides et pâles,
ils perdront leur vigueur,
vieux et faibles,
ils s'éteindront,
si Freia vient à leur manquer.
(Brutalement.)
Qu'elle leur soit donc enlevée!

WOTAN *(à part)*
Loge tarde trop!

FASOLT
Allez, donne ta réponse!

WOTAN
Trouvez d'autres gages!

FASOLT
Pas d'autres : Freia, elle seule!

FAFNER
Toi, là, suis-nous!

(Ils se précipitent vers Freia. Donner et Froh arrivent en courant.)

FREIA *(s'enfuyant)*
A l'aide! Gardez-moi des brutes!

FROH *(prenant Freia dans ses bras)*
A moi, Freia!
Laisse-la, insolent!
Froh protège la belle.

DONNER *(se plantant devant les deux géants)*
Fasolt et Fafner,
connaissez-vous
la force de mes coups de marteau?

FAFNER
Que veut dire cette menace?

FASOLT
Pourquoi nous agresser?
Nous ne voulons pas nous battre,
nous réclamons seulement notre salaire.

DONNER
J'ai déjà souvent
payé leur dû aux géants.
Venez! Je vais peser
d'un bon poids le salaire!

(Er schwingt den Hammer.)

WOTAN *(seinen Speer zwischen den Streitenden ausstreckend)*
Halt, du Wilder!
Nichts durch Gewalt!
Verträge schützt
meines Speeres Schaft :
spar deines Hammers Heft!

FREIA
Wehe! Wehe!
Wotan verläßt mich!

FRICKA
Begreif ich dich noch,
grausamer Mann?

WOTAN *(wendet sich ab und sieht Loge kommen)*
Endlich Loge!
Eiltest du so,
den du geschlossen,
den schlimmen Handel zu schlichten?

LOGE *(ist im Hintergrunde aus dem Tale heraufgestiegen)*
Wie? Welchen Handel
hätt ich geschlossen?
Wohl was mit den Riesen
dort im Rate du dangst? –
In Tiefen und Höhen
treibt mich mein Hang;
Haus und Herd
behagt mir nicht;
Donner und Froh,
die denken an Dach und Fach!
Wollen sie frein,
ein Haus muß sie erfreun.
Ein stolzer Saal,
ein starkes Schloß,
danach stand Wotans Wunsch. –
Haus und Hof,
Saal und Schloß,
die selige Burg,
sie steht nun fest gebaut;
das Prachtgemäuer
prüft' ich selbst;
ob alles fest,
forscht' ich genau :
Fasolt und Fafner
fand ich bewährt;
kein Stein wankt im Gestemm.
Nicht müßig war ich,
wie mancher hier :
der lügt, wer lässig mich schilt!

WOTAN
Arglistig
weichst du mir aus :
mich zu betrügen
hüte in Treuen dich wohl!
Von allen Göttern
dein einz'ger Freund,
nahm ich dich auf
in der übel trauenden Troß. –

(Il brandit son marteau.)

WOTAN *(étendant sa lance entre les adversaires)*

Arrête, sauvage!
Pas de violence!
Le bois de ma lance
est garant des contrats :
ménage le manche de ton marteau!

FREIA
Hélas! Hélas!
Wotan m'abandonne!

FRICKA
Je ne te comprends plus,
homme cruel!

WOTAN *(se détourne et voit arriver Loge)*
18 Loge, enfin!
C'est là ta hâte
pour arranger le mauvais marché
que tu as conclu?

LOGE (est entré par le fond, en montant de la vallée)
Comment? Quel marché
aurais-je conclu?
Le pacte convenu
avec les géants?
Mon caprice me porte
par monts et par vaux;
une maison, un foyer
ne me conviennent pas :
Donner et Froh,
eux rêvent d'avoir un toit!
S'ils veulent prendre femme,
il leur faut une maison.
Une salle superbe,
un château fort,
c'était le désir de Wotan.
Maison et domaine,
salle et château,
le burg glorieux
est solidement bâti.
J'ai moi-même scruté
la muraille somptueuse,
j'ai bien examiné
si tout était solide,
Fasolt et Fafner
ont fait du bon travail;
pas une pierre ne branle dans les murs.
Je ne fus pas oisif
comme certains ici :
me dire négligent, c'est mentir!

WOTAN
Tu te dérobes
par des astuces,
sois bien fidèle,
garde-toi de me tromper!
Moi, ton seul ami
parmi les dieux,
je t'ai accueilli
au sein de ce clan méfiant.

Nun red und rate klug!
Da einst die Bauer der Burg
zum Dank Freia bedangen,
du weißt, nicht anders
willigt' ich ein,
als weil auf Pflicht du gelobtest,
zu lösen das hehre Pfand.

Alors, parle et conseille bien!
Quand les bâtisseurs du burg
exigèrent Freia en récompense,
tu le sais,
j'ai consenti uniquement
parce que tu m'avais promis
de racheter ce noble gage.

LOGE
Mit höchster Sorge
drauf zu sinnen,
wie es zu lösen,
das – hab ich gelobt.
Doch daß ich fände,
was nie sich fügt,
was nie gelingt,
wie ließ' sich das wohl geloben?

LOGE
De chercher avec soin
le meilleur moyen
de la racheter,
cela – je l'ai promis.
Mais de découvrir
ce qui ne se trouve pas,
ce qui n'existe pas,
comment aurais-je pu le promettre?

FRICKA *(zu Wotan)*
Sieh, welch trugvollem
Schelm du getraut!

FRICKA *(à Wotan)*
Vois à quel fieffé
roublard tu t'es fié!

FROH
Loge heißt du,
doch nenn ich dich Lüge!

FROH
Ton nom est feu,
mais moi, je te nomme fourbe!

DONNER
Verfluchte Lohe,
dich lösch ich aus!

DONNER
Maudite flamme,
je vais t'éteindre!

LOGE
Ihre Schmach zu decken
schmähen mich Dumme.
(Donner holt auf Loge aus.)

LOGE
Pour cacher leur honte,
ces sots m'insultent.
(Donner lève le bras pour frapper Loge.)

WOTAN *(tritt dazwischen)*
In Frieden laßt mir den Freund!
Nicht kennt ihr Loges Kunst :
reicher wiegt
seines Rates Wert,
zahlt er zögernd ihn aus.

WOTAN *(s'interposant)*
Laissez mon ami en paix!
Vous ignorez l'art de Loge :
la valeur de son conseil
est d'autant plus grande
qu'il tarde à le donner.

FAFNER
Nichts gezögert!
Rasch gezahlt!

FAFNER
Pas de retard!
Vite la paie!

FASOLT
Lang währt's mit dem Lohn.

FASOLT
Le salaire se fait attendre.

WOTAN *(wendet sich hart zu Loge, drängend)*
Jetzt hör, Störrischer!
Halte Stich!
Wo schweiftest du hin und her?

WOTAN *(pressant, s'adresse à Loge sur un ton rude)*
Ecoute, entêté!
A l'épreuve!
Où as-tu vagabondé?

LOGE
Immer ist Undank
Loges Lohn!
Um dich nur besorgt,
sah ich mich um,
durchstöbert' im Sturm
alle Winkel der Welt,
Ersatz für Freia zu suchen,
wie er den Riesen wohl recht;
Umsonst sucht' ich

LOGE
Loge est toujours payé
d'ingratitude!
Occupé de toi seul,
j'ai regardé partout,
j'ai fouillé avec fièvre
tous les recoins du monde,
pour trouver un équivalent à Freia
qui conviendrait aux géants.
J'ai cherché en vain

und sehe nun wohl,
in der Welten Ring
nichts ist so reich,
als Ersatz zu muten dem Mann
für Weibes Wonne und Wert.
(Alle geraten in Erstaunen und verschiedenartige Betroffenheit.)
So weit Leben und Weben,
in Wasser, Erd' und Luft,
viel frug ich,
forschte bei allen,
wo Kraft nur sich rührt
und Keime sich regen :
was wohl dem Manne
mächtiger dünk'
als Weibes Wonne und Wert?
Doch so weit Leben und Weben,
verlacht nur ward
meine fragende List :
in Wasser, Erd' und Luft
lassen will nichts
von Lieb' und Weib. –
Nur einen sah ich,
der sagte der Liebe ab :
um rotes Gold
entriet er des Weibes Gunst.
Des Rheines klare Kinder
klagten mir ihre Not :
der Nibelung,
Nacht-Alberich,
buhlte vergebens
um der Badenden Gunst;
das Rheingold da
raubte sich rächend der Dieb :
das dünkt ihm nun
das teuerste Gut,
hehrer als Weibes Huld.
Um den gleißenden Tand,
der Tiefe entwandt,
erklang mir der Töchter Klage :
an dich, Wotan,
wenden sie sich,
daß zu Recht du zögest den Räuber,
das Gold dem Wasser
wiedergebest
und ewig es bliebe ihr Eigen. –
(Hingebende Bewegung aller.)
Dir's zu melden
gelobt' ich den Mädchen :
nun löste Loge sein Wort.

WOTAN
Törig bist du,
wenn nicht gar tückisch!
Mich selbst siehst du in Not :
wie hülf ich andern zum Heil?

FASOLT *(der aufmerksam zugehört, zu Fafner)*
Nicht gönn' ich das Gold dem Alben,
viel Not schon schuf uns der Niblung,
doch schlau entschlüpfte unserm
Zwange immer der Zwerg.

et je vois bien
que dans le monde entier,
rien n'a plus de prix
pour l'homme comme récompense,
que le charme et l'attrait de la femme.
(Tous sont étonnés et troublés de différente manière.)

Partout où l'on vit et respire,
16a dans l'eau, la terre et l'air,
j'ai beaucoup questionné,
enquêté alentour,
où frémit la force,
où germe la graine :
pour savoir ce qui paraît
plus puissant à l'homme
que le charme et l'attrait de la femme?
Mais partout où l'on vit et respire,
on s'est moqué
de ma curiosité :
dans l'eau, la terre et l'air,
nul ne veut se priver
de femme et d'amour.
Je n'en vis qu'un seul
qui abjura l'amour :
pour de l'or rutilant,
il perdit les faveurs de la femme.
12 Les claires enfants du Rhin
m'ont crié leur malheur :
Le Nibelung,
Alberich le sombre
brigua en vain
les faveurs des baigneuses;
alors pour se venger,
il déroba l'or du Rhin :
12 c'est pour lui à présent
9 le bien le plus précieux,
plus cher que la grâce d'une femme.
Les filles du Rhin m'ont dit
pleurer la perte
de ce jouet brillant ravi au fleuve :
elles font appel
à toi, Wotan,
pour que tu punisses le brigand,
que tu rendes
l'or aux flots
11 et qu'il reste à jamais leur bien.
(Tous ont un mouvement de sympathie.)
J'avais promis aux filles
de t'en parler :
voilà, Loge a tenu parole.

WOTAN
Tu es stupide
ou perfide, vraiment!
Tu me vois moi-même en peine :
comment viendrais-je en aide aux autres?

FASOLT *(qui a écouté attentivement, à Fafner)*
C'est fâcheux que l'Albe ait l'or,
le Nibelung nous causa maints ennuis,
mais ce nain rusé sut toujours
esquiver nos coups.

FAFNER
Neue Neidtat
sinnt uns der Niblung,
gibt das Gold ihm Macht. –
Du da, Loge!
Sag ohne Lug :
was Großes gilt denn das Gold,
daß es dem Niblung genügt?

LOGE
Ein Tand ist's
in des Wassers Tiefe,
lachenden Kindern zur Lust :
doch, ward es zum runden
Reife geschmiedet,
hilft es zur höchsten Macht,
gewinnt dem Manne die Welt.

WOTAN *(sinnend)*
Von des Rheines Gold
hört' ich raunen :
Beute-Runen
berge sein roter Glanz,
Macht und Schätze
schüf' ohne Maß ein Reif.

FRICKA *(leise zu Loge)*
Taugte wohl
des goldnen Tandes
gleißend Geschmeid
auch Frauen zu schönem Schmuck?

LOGE
Des Gatten Treu'
ertrotzte die Frau,
trüge sie hold
den hellen Schmuck,
den schimmernd Zwerge schmieden,
rührig im Zwange des Reifs.

FRICKA *(schmeichelnd zu Wotan)*
Gewänne mein Gatte
sich wohl das Gold?

WOTAN *(wie in einem Zustande wachsender Bezauberung)*
Des Reifes zu walten,
rätlich will es mich dünken. –
Doch wie, Loge,
lernt' ich die Kunst?
Wie schüf' ich mir das Geschmeid!

LOGE
Ein Runenzauber
zwingt das Gold zum Reif.
Keiner kennt ihn;
doch einer übt ihn leicht,
der sel'ger Lieb entsagt.
(Wotan wendet sich unmutig ab.)
Das sparst du wohl;
zu spät auch kämst du :
Alberich zauderte nicht;
zaglos gewann er
des Zaubers Macht :
(Grell)

FAFNER
Le Nibelung va méditer
d'autres méfaits,
si l'or le rend puissant.
Holà, Loge!
Dis sans mentir :
quelle grande valeur a cet or
dont le Nibelung se contente?

LOGE
Au fond de l'eau,
c'est un jouet
pour la joie d'enfants rieuses :
mais si on le forge
en forme d'anneau,
12 il confère le pouvoir suprême,
son maître conquiert le monde.

WOTAN *(songeur)*
Je sais, des rumeurs courent
sur l'or du Rhin :
son rouge éclat
cacherait des runes de richesse,
un cercle donnerait
pouvoirs et trésors immenses.

FRICKA *(bas, à Loge)*
16 Le brillant joyau
de ce jouet d'or
servirait-il aussi
à la parure des femmes?

LOGE
La femme forcerait
son époux à rester fidèle,
en portant avec grâce
la parure étincelante,
forgée par des nains zélés,
sous la contrainte de l'anneau.

16 FRICKA *(enjôleuse, à Wotan)*
Et si mon époux
conquérait l'or?

WOTAN *(comme sous l'emprise grandissante d'un charme)*
Etre maître de l'anneau
me semble souhaitable.
Mais, Loge, comment
apprendre l'art
de façonner le joyau?

LOGE
Des runes magiques
font de l'or un anneau.
Nul ne les connaît;
13 mais celui qui renonce à l'amour
en use sans peine.
(Wotan se détourne avec humeur.)
C'est inutile;
tu viendrais trop tard :
Alberich n'a pas hésité;
sans crainte il a conquis
le pouvoir magique :
(d'une voix aigre)

geraten ist ihm der Ring.

DONNER *(zu Wotan)*
Zwang uns allen
schüfe der Zwerg,
würd' ihm der Reif nicht entrissen.

WOTAN
Den Ring muß ich haben!

FROH
Leicht erringt
ohne Liebesfluch er sich jetzt.

LOGE
Spottleicht,
ohne Kunst wie im Kinderspiel!

WOTAN *(Grell)*
So rate, wie?

LOGE
Durch Raub!
Was ein Dieb stahl,
das stiehlst du dem Dieb :
ward leichter ein Eigen erlangt? –
Doch mit arger Wehr
wahrt sich Alberich;
klug und fein
mußt du verfahren,
ziehst du den Räuber zu Recht,
um des Rheines Töchtern
den roten Tand,
(mit Wärme)
das Gold, wiederzugeben;
denn darum flehen sie dich.

WOTAN
Des Rheines Töchter?
Was taugt mir der Rat?

FRICKA
Von dem Wassergezücht
mag ich nichts wissen :
schon manchen Mann
- mir zum Leid –
verlockten sie buhlend im Bad.
(Wotan steht stumm mit sich kämpfend; die übrigen Götter heften in schweigender Spannung die Blicke auf ihn. – Währenddem hat Fafner beiseite mit Fasolt beraten.)

FAFNER *(zu Fasolt)*
Glaub mir, mehr als Freia
frommt das gleißende Gold :
auch ew'ge Jugend erjagt,
wer durch Goldnes Zauber sie zwingt.
(Fasolts Gebärde deutet an, daß er sich wider Willen überredet fühlt. Fafner tritt mit Fasolt wieder an Wotan heran.)
Hör, Wotan,
der Harrenden Wort!
Freia bleib' euch in Frieden;
leichtren Lohn
fand ich zur Lösung :

Il a réussi à faire l'anneau.

DONNER *(à Wotan)*
Le nain exercera
sur nous tous sa contrainte,
si on ne lui arrache l'anneau.

WOTAN
L'anneau, il me le faut!

FROH
On l'acquiert sans peine
maintenant, sans maudire l'amour.

LOGE
Sans nulle peine,
sans grand art, c'est un jeu d'enfant!

WOTAN *(d'un ton aigre)*
Dis-nous comment?

LOGE
En le volant!
Ce qu'un voleur a pris,
tu le prends au voleur :
a-t-on acquis un bien plus aisément?
Mais Alberich se tient fort
sur la défensive;
tu dois t'y prendre
avec adresse,
si tu punis le brigand
pour restituer
aux filles du Rhin
(avec chaleur.)
l'or, leur jouet vermeil;
car c'est pour cela qu'elles t'implorent.

WOTAN
Les filles du Rhin?
Que m'importe ce conseil!

FRICKA
Je ne veux rien savoir
de ces filles des eaux ;
que d'hommes déjà
– pour mon chagrin –
n'ont-elles pas séduit dans les ondes.
(Wotan se tait, en proie à une lutte intérieure; les autres dieux ont les yeux fixés sur lui dans un silence tendu. Pendant ce temps, Fafner se concerte à l'écart avec Fasolt.)

FAFNER *(à Fasolt)*
19 Crois-moi, l'or brillant
convient mieux que Freia :
en maîtrisant la magie de l'or,
11 on gagne aussi la jeunesse éternelle.
(Fafner indique par gestes qu'il se laisse convaincre malgré lui. Fafner revient vers Wotan avec Fasolt.)
Wotan, écoute
notre dernier mot!
Que Freia reste en paix parmi vous;
j'ai trouvé
un salaire plus simple :

uns rauhen Riesen genügt
des Niblungen rotes Gold.

WOTAN
Seid ihr bei Sinn?
Was nicht ich besitze,
soll ich euch Schamlosen schenken?

FAFNER
Schwer baute
dort sich die Burg :
leicht wird's dir
mit list'ger Gewalt,
was im Neidspiel nie uns gelang,
den Niblungen fest zu fahn.

WOTAN
Für euch müht' ich
mich um den Alben?
Für euch fing' ich den Feind?
Unverschämt
und überbegehrlich
macht euch Dumme mein Dank!

FASOLT *(ergreift plötzlich Freia und führt sie mit Fafner zur Seite)*
Hieher, Maid!
In unsre Macht!
Als Pfand folgst du uns jetzt,
bis wir Lösung empfahn.

FREIA *(wehklagend)*
Wehe! Wehe! Wehe!
(Alle Götter sind in höchster Bestürzung.)

FAFNER
Fort von hier
sei sie entführt!
Bis Abend, achtet's wohl,
pflegen wir sie als Pfand;
wir kehren wieder;
doch kommen wir,
und bereit liegt nicht als Lösung
das Rheingold licht und rot –

FASOLT
Zu End ist die Frist dann,
Freia verfallen :
für immer folge sie uns!

FREIA *(schreiend)*
Schwester! Brüder!
Rettet! Helft!
(Sie wird von den hastig enteilenden Riesen fortgetragen : in der Ferne hören die bestürzen Götter ihren weh ruf verhallen.) 16 19 20

FROH
Auf, ihnen nach!

DONNER
Breche denn alles!

à nous, rudes géants, suffit
l'or rutilant du Nibelung.

WOTAN
Vous perdez la tête?
Ce que je ne possède pas,
impudents, comment vous le donner?

FAFNER
Bâtir le burg
fut fort pénible :
il te sera facile,
par la force et la ruse,
de réussir où nous échouâmes dans nos luttes :
capturer le Nibelung.

WOTAN
Pour vous, je vais
me mettre en peine de l'Albe?
Pour vous, prendre l'ennemi?
Imbéciles,
ma dette vous rend
effrontés et trop exigeants!

FASOLT *(s'empare brusquement de Freia et l'entraîne à l'écart avec Fafner)*
Viens là, fille!
En notre pouvoir!
Tu vas nous suivre en otage,
en attendant la rançon.

FREIA *(gémissant)*
Hélas! Hélas! Hélas!
(Tous les dieux sont plongés dans la plus grande consternation.)

FAFNER
Loin d'ici,
enlevons-là!
Notez-le bien : jusqu'au soir
nous la traitons en otage,
puis nous reviendrons;
mais au retour,
si la rançon n'est pas prête,
l'or du Rhin pur et vermeil –

FASOLT
Le délai écoulé,
Freia nous échoit :
elle nous suivra pour toujours!

FREIA *(criant)*
Ma sœur! Mes frères!
Au secours! A l'aide!
(Les géants l'entraînent, s'éloignant à la hâte. Les dieux consternés entendent sa plainte se perdre dans le lointain.)

FROH
Vite, poursuivons-les!

DONNER
Coûte que coûte!

(Sie blicken Wotan fragend an.)

FREIA *(aus weiter Ferne)*
Rettet! Helft!

LOGE *(den Riesen nachsehend)*
Über Stock und Stein zu Tal
stapfen sie hin;
durch des Rheines Wasserfurt
waten die Riesen :
fröhlich nicht
hängt Freia
den Rauhen über dem Rücken! -
Heia! Hei!
Wie taumeln die Tölpel dahin!
Durch das Tal talpen sie schon :
wohl an Riesenheims Mark
erst halten sie Rast!
(Er wendet sich zu den Göttern.)
Was sinnt nun Wotan so wild?
Den seligen Göttern wie geht's?
(Ein fahler Nebel erfüllt mit wachsender Dichtheit die Bühne; in ihm erhalten die Götter ein zunehmend bleiches und ältliches Aussehen : alle stehen bang und erwartungsvoll auf Wotan blickend, der sinnend die Augen an den Boden heftet.)

LOGE
Trügt mich ein Nebel?
Neckt mich ein Traum?
Wie bang und bleich
verblüht ihr so bald!
Euch erlischt der Wangen Licht;
der Blick eures Auges verblitzt! -
Frisch, mein Froh,
noch ist's ja früh! –
Deiner Hand, Donner,
entsinkt ja der Hammer! –
Was ist's mit Fricka?
Freut sie sich wenig
ob Wotans grämlichem Grau,
das schier zum Greisen ihn schafft?

FRICKA
Wehe! Wehe!
Was ist geschehn?

DONNER
Mir sinkt die Hand.

FROH
Mir stockt das Herz.

LOGE
Jetzt fand ich's : hört, was euch fehlt!
Von Freias Frucht
genosset ihr heute noch nicht :
die goldnen Äpfel
in ihrem Garten,
sie machten euch tüchtig und jung,
aßt ihr sie jeden Tag.
Des Gartens Pflegerin
ist nun verpfändet;
an den Ästen darbt

(Ils regardent Wotan d'un air interrogateur.)

FREIA *(dans le lointain)*
Au secours! A l'aide!

LOGE *(suivant des yeux les géants)*
17 Les voici qui descendent
à grandes enjambées;
traversant le Rhin à gué,
les géants pataugent;
Freia pend
tristement
sur le dos de ces rustres!
Holà! Hé!
Que ces lourdauds avancent en vacillant!
Déjà ils marchent à pas lourds dans la vallée :
ils ne feront halte
qu'en vue de Riesenheim!
(Il se tourne vers les dieux.)
A quoi songe Wotan l'air si sombre?
Comment vont les dieux glorieux?
(Un brouillard blafard envahit la scène; au fur et à mesure qu'il s'épaissit, on voit les dieux pâlir et vieillir : à la fois inquiets et pleins d'espoir, ils regardent tous Wotan qui fixe obstinément le sol, plongé dans ses pensées.)

LOGE
Un brouillard m'abuse-t-il?
Suis-je le jouet d'un rêve?
Pâles et anxieux,
comme vous vous fanez vite!
L'éclat de vos joues s'efface;
l'éclair dans vos yeux s'éteint!
Allons, mon Froh,
il est encore tôt!
Donner, le marteau
s'échappe de tes mains!
Et Fricka, qu'y a-t-il?
Est-elle triste de voir
Wotan, la mine morne et grise,
ayant l'air d'un vieillard?

FRICKA
Malheur! Malheur!
Qu'est-il arrivé?

DONNER
Ma main retombe.

FROH
Mon cœur s'arrête.

LOGE
J'ai trouvé : voilà ce qui vous manque!
Nul encore ce matin
n'a goûté les fruits de Freia :
les pommes d'or
de son jardin
vous rendraient alertes et jeunes,
si vous en mangiez chaque jour.
Or la jardinière
est prise en otage;
sur les branches

und dorrt das Obst :
bald fällt faul es herab. –
Mich kümmert's minder;
an mir ja kargte
Freia von je
knausernd die köstliche Frucht :
denn halb so echt nur
bin ich wie, Selige, ihr!
Doch ihr setztet alles
auf das jüngende Obst :
das wußten die Riesen wohl;
auf euer Leben
legten sie's an :
nun sorgt, wie ihr das wahrt!
Ohne die Äpfel
alt und grau,
greis und grämlich,
welkend zum Spott aller Welt,
erstirbt der Götter Stamm.

le fruit se gâte et sèche :
puis il va tomber, pourri.
Moi, je m'en soucie moins;
envers moi, Freia
fut toujours
peu prodigue du fruit précieux :
car je ne suis qu'à demi
un vrai dieu glorieux comme vous!
Mais vous aviez tout misé
sur le fruit de jouvence :
les géants le savaient bien;
c'est à votre vie
qu'ils ont attenté :
à vous maintenant de la défendre!
Sans les pommes,
vieux et gris,
séniles et chagrins,
race raillée par le monde entier,
les dieux flétris vont périr.

FRICKA *(bang)*
Wotan, Gemahl,
unsel'ger Mann!
Sieh, wie dein Leichtsinn
lachend uns allen
Schimpf und Schmach erschuf!

FRICKA *(d'un ton anxieux)*
Wotan, mon époux,
malheureux homme!
Vois comme ton insouciance
joyeuse nous plonge tous
dans l'opprobre et la honte!

WOTAN *(mit plötzlichem Entschluß auffahrend)*
Auf, Loge,
hinab mit mir!
Nach Nibelheim fahren wir nieder :
gewinnen will ich das Gold.

WOTAN *(prenant, dans un sursaut, une résolution soudaine)*
En route, Loge,
viens, descendons!
Nous nous rendons à Nibelheim :
je veux conquérir l'or.

LOGE
Die Rheintöchter
riefen dich an :
so dürfen Erhörung sie hoffen?

LOGE
Les filles du Rhin
ont fait appel à toi :
elles ont donc l'espoir d'être entendues?

WOTAN *(heftig)*
Schweige, Schwätzer!
Freia, die gute,
Freia gilt es zu lösen.

WOTAN *(avec emportement)*
Tais-toi, bavard!
C'est Freia la douce
qu'il s'agit de libérer.

LOGE
Wie du befiehlst,
führ ich dich schnell
steil hinab :
steigen wir denn durch den Rhein?

LOGE
Selon tes ordres,
je te conduis vite
droit en bas :
descendons-nous par le Rhin?

WOTAN
Nicht durch den Rhein!

WOTAN
Pas par le Rhin!

LOGE
So schwingen wir uns
durch die Schwefelkluft;
dort schlüpfe mit mir hinein!
(Er geht voran und verschwindet seitwärts in einer Kluft, aus der sogleich ein schwefliger Dampf hervorquillt.)

LOGE
Alors élançons-nous
par la faille de soufre?
Viens t'y glisser avec moi!
(Il part le premier et disparaît dans une fissure latérale d'où jaillit aussitôt une vapeur sulfureuse.)

WOTAN
Ihr andern harrt
bis Abend hier :
verlorner Jugend
erjag ich erlösendes Gold!

WOTAN
Vous autres patientez
ici jusqu'à ce soir :
Je vais gagner l'or
qui rachètera la jeunesse perdue!

(Er steigt Loge nach in die Kluft hinab : der aus ihr dringende Schwefeldampf verbreitet sich über die ganze Bühne und erfüllt diese schnell mit dickem Gewölk. Bereits sind die Zurückbleibenden unsichtbar.)

DONNER
Fahre wohl, Wotan!

FROH
Glück auf! Glück auf!

FRICKA
O kehre bald
zur bangenden Frau!

(Der Schwefeldampf verdüstert sich bis zu ganz schwarzem Gewölk, welches von unten nach oben steigt; dann verwandelt sich dieses in festes, finstres Steingeklüft, das sich immer aufwärts bewegt, so daß es den Anschein hat, als sänke die Szene immer tiefer in die Erde hinab. Wachsendes Geräusch wie von Schmiedenden wird überallher vernommen.)

Orchesterzwischenspiel

DRITTE SZENE

Von verschiedenen Seiten her dämmert aus der Ferne dunkelroter Schein auf : eine unabsehbar weit sich dahinziehende unterirdische Kluft wird erkennbar, die nach allen Seiten hin in enge Schachte auszumünden scheint. Alberich zerrt den kreischenden Mime an den Ohren aus einer Seitenschlucht herbei.

ALBERICH
Hehe! Hehe!
Hieher! Hieher!
Tückischer Zwerg!
Tapfer gezwickt
sollst du mir sein,
schaffst du nicht fertig,
wie ich's bestellt,
zur Stund' das feine Geschmeid!

MIME *(heulend)*
Ohe! Ohe!
Au! Au!
Laß mich nur los!
Fertig ist's,
wie du befahlst;
mit Fleiß und Schweiß
ist es gefügt :
nimm nur *(grell)*
die Nägel vom Ohr!

ALBERICH *(loslassend)*
Was zögerst du dann
und zeigst es nicht?

(Il descend dans la fissure à la suite de Loge : les vapeurs sulfureuses qui s'en échappent, se répandent sur toute la scène et l'envahissent rapidement de nuages épais. Les personnages qui restent en scène sont devenus invisibles.)

DONNER
Bon voyage, Wotan!

FROH
Salut! Bonne chance!

FRICKA
Oh, reviens vite
vers ta femme anxieuse!

20 *(Les vapeurs sulfureuses s'assombrissent jusqu'à former*
11 *des nuages tout à fait noirs qui se déplacent de bas en haut;*
12 *ensuite ceux-ci se transforment en une gorge rocailleuse*
9 *aux parois dures et sombres qui ne cessent de s'élever, don-*
10b *nant ainsi l'impression que la scène s'enfonce de plus en plus dans les profondeurs de la terre. De toutes parts, on entend le vacarme grandissant de forgerons au travail.)*

Interlude orchestral

SCENE III

De différents côtés, une lueur rouge sombre commence à poindre dans le lointain : on distingue peu à peu un gouffre souterrain qui s'étend à perte de vue et sur lequel des galeries étroites semblent déboucher de tous côtés. Sortant d'une gorge latérale, Alberich amène, en le tirant par les oreilles, Mime qui pousse des cris perçants.

ALBERICH
Héhé! Héhé!
Par ici! Par ici!
Nain sournois!
Je vais te pincer,
tu vas voir ça,
si le fin joyau
que j'ai commandé
n'est pas prêt sur le champ!

MIME *(hurlant)*
Oh là! Oh là!
Aïe! Aïe!
Lâche-moi donc!
Il est prêt,
selon tes ordres;
il est ajusté,
j'ai sué sang et eau;
mais ôte *(d'une voix perçante)*
tes ongles de mon oreille!

ALBERICH *(le lâchant)*
Pourquoi tarder alors
et ne pas me le montrer!

MIME
Ich Armer zagte,
daß noch was fehle.

ALBERICH
Was wär' noch nicht fertig?

MIME *(verlegen)*
Hier... und da.

ALBERICH
Was hier und da?
Her das Geschmeid'!
(Er will ihm wieder an das Ohr fahren; vor Schreck läßt Mime ein metallenes Gewirke, das er krampfhaft in den Händen hielt, sich entfallen. Alberich hebt es hastig auf und prüft es genau.)
Schau, du Schelm!
Alles geschmiedet
und fertig gefügt,
wie ich's befahl!
So wollte der Tropf
schlau mich betrügen,
für sich behalten
das hehre Geschmeid,
das meine List
ihn zu schmieden gelehrt?
Kenn ich dich dummen Dieb?
(Er setzt das Gewirk als «Tarnhelm» auf den Kopf.)

Dem Haupt fügt sich der Helm :
ob sich der Zauber auch zeigt?
(Sehr leise.)
«Nacht und Nebel,
niemand gleich!»
(Seine Gestalt verschwindet; statt ihrer gewahrt man eine Nebelsäule.)
Siehst du mich, Bruder?

MIME *(blickt sich verwundert um)*
Wo bist du? Ich sehe dich nicht.

ALBERICH *(unsichtbar)*
So fühle mich doch,
du fauler Schuft!
Nimm das für dein Diebesgelüst!

MIME *(schreit und windet sich unter empfangenen Geißelhieben, deren Fall man vernimmt, ohne die Geißel selbst zu sehen)*
Ohe! Ohe!
Au! Au! Au!

ALBERICH *(lachend, unsichtbar)*
Hahahahahaha!
Hab Dank, du Dummer!
Dein Werk bewährt sich gut. –
Hoho! Hoho!
Niblungen all,
neigt euch nun Alberich!
Überall weilt er nun,
euch zu bewachen;
Ruh und Rast
ist euch zerronnen;

MIME
Pauvre de moi, j'avais peur
que quelque chose manque encore.

ALBERICH
Qu'est-ce qu'il y manquerait?

MIME *(embarrassé)*
Ici... et là.

ALBERICH
Quoi, ici et là?
Donne le joyau!
(Il s'apprête à le saisir de nouveau par l'oreille; dans son effroi, Mime laisse échapper un objet fait de mailles de
21 *métal qu'il serrait convulsivement dans ses mains. Alberich le ramasse en hâte et l'examine minutieusement.)*
Regarde, coquin!
Tout est forgé
et bien ajusté
selon mes ordres!
Ainsi, ce nigaud
voulait me rouler
et garder pour lui
le noble joyau,
que mon astuce
lui apprit à forger?
N'est-ce pas, stupide voleur?
(Il place l'objet sur sa tête comme un «heaume qui rend invisible».)
Le heaume s'adapte à la tête :
voyons si le charme opère?
(A voix très basse.)
«Nuit et brouillard,
plus personne!»
(Il disparaît; à sa place, on aperçoit une colonne de brouillard.)
Frère, me vois-tu?

MIME *(étonné, regarde autour de lui)*
Où es-tu? Je ne te vois pas.

ALBERICH *(invisible)*
Mais tu vas me sentir,
flemmard, fripouille!
Prends ça pour avoir voulu me voler!

MIME *(crie et se tord sous les coups de fouet reçus qu'on entend tomber, sans voir le fouet lui-même)*

Oh là! Oh là!
Aïe! Aïe! Aïe!

ALBERICH *(riant, invisible)*
Hahahahahaha!
Merci, imbécile!
Ton œuvre est bien au point.
Hoho! Hoho!
Nibelungen,
pliez tous devant Alberich!
Il est présent partout
pour vous surveiller;
repos et répit,
pour vous c'est fini;

ihm müßt ihr schaffen,
wo nicht ihr ihn schaut;
wo nicht ihr ihn gewahrt,
seid seiner gewärtig :
untertan seid ihr ihm immer!
(Grell)
Hoho! Hoho!
Hört ihn, er naht :
der Niblungen Herr!
(Die Nebelsäule verschwindet dem Hintergrunde zu : man hört in immer weiterer Ferne Alberichs Toben und Zanken; Geheul und Geschrei antwortet ihm, das sich endlich in immer weiterer Ferne unhörbar verliert. Mime ist vor Schmerz zusammengesunken. Wotan und Loge lassen sich aus einer Schlucht von oben herab.)

LOGE
Nibelheim hier :
durch bleiche Nebel
wie blitzen dort feurige Funken!

MIME
Au! Au! Au!

WOTAN
Hier stöhnt es laut :
was liegt im Gestein?

LOGE *(neigt sich zu Mime)*
Was Wunder wimmerst du hier?

MIME
Ohe! Ohe!
Au! Au!

LOGE
Hei, Mime! Muntrer Zwerg!
Was zwickt und zwackt dich denn so?

MIME
Laß mich in Frieden!

LOGE
Das will ich freilich,
und mehr noch, hör :
helfen will ich dir, Mime!
(Er stellt ihn mühsam aufrecht.)

MIME
Wer hälfe mir?
Gehorchen muß ich
dem leiblichen Bruder,
der mich in Bande gelegt.

LOGE
Dich, Mime, zu binden,
was gab ihm die Macht?

MIME
Mit arger List
schuf sich Alberich
aus Rheines Gold
einen gelben Reif :
seinem starken Zauber

il vous faut travailler
pour lui sans le voir;
sans l'apercevoir,
craignez sa présence :
vous êtes ses serfs pour toujours!
(D'une voix perçante.)
Hoho! Hoho!
Ecoutez, le voilà :
le maître des Nibelungen!
(La colonne de brouillard disparaît vers le fond : à une distance de plus en plus grande, on entend Alberich gronder et
9 *vociférer; des cris et des hurlements lui répondent et finis-*
10 *sent par se perdre dans le lointain jusqu'à devenir inau-*
18 *dibles. Mime est effondré de douleur. Venant du haut, Wotan et Loge se laissent glisser hors d'une fissure.)*

LOGE
Voici Nibelheim :
dans les pâles brouillards
jaillissent des étincelles de feu!

MIME
Aïe! Aïe! Aïe!

WOTAN
Là, on gémit :
Qu'y a-t-il dans les pierres?

LOGE *(se penchant vers Mime)*
Qu'as-tu donc à geindre ici?

MIME
Oh là! Oh là!
Aïe! Aïe!

LOGE
Hé, Mime! nain allègre!
Qu'est-ce qui te tourmente ainsi!

MIME
Laisse-moi tranquille!

LOGE
Mais oui, je veux bien
et plus encore, écoute :
Mime, je veux t'aider!
(Il le relève avec peine.)

MIME
47 Qui peut m'aider?
Je dois obéir
à mon propre frère,
qui a fait de moi son esclave.

LOGE
Toi, Mime, son esclave!
D'où tient-il ce pouvoir?

MIME
Par une ruse maléfique,
Alberich s'est fait
avec l'or du Rhin
un anneau vermeil :
étonnés, nous tremblons

zittern wir staunend;
mit ihm zwingt er uns alle,
der Niblungen nächt'ges Heer. –
Sorglose Schmiede,
schufen wir sonst wohl
Schmuck unsern Weibern,
wonnig Geschmeid,
niedlichen Niblungentand,
wir lachten lustig der Müh.
Nun zwingt uns der Schlimme,
in Klüfte zu schlüpfen,
für ihn allein
uns immer zu mühn.
Durch des Ringes Gold
errät seine Gier,
wo neuer Schimmer
in Schachten sich birgt :
da müssen wir spähen,
spüren und graben,
die Beute schmelzen
und schmieden den Guß,
ohne Ruh und Rast
dem Herrn zu häufen den Hort.

LOGE
Den Trägen soeben
traf wohl sein Zorn?

MIME
Mich Ärmsten, ach,
mich zwang er zum ärgsten :
ein Helmgeschmeid
hieß er mich schweißen;
genau befahl er,
wie es zu fügen.
Wohl merk' ich klug,
welch mächt'ge Kraft
zu eigen dem Werk
das aus Erz ich wob :
für mich drum hüten
wollt' ich den Helm,
durch seinen Zauber
Alberichs Zwang mich entziehn -
vielleicht, ja vielleicht
den Lästigen selbst überlisten,
in meine Gewalt ihn zu werfen,
den Ring ihm zu entreißen,
daß, wie ich Knecht jetzt dem Kühnen,
(Grell)
mir Freien er selber dann frön'!

LOGE
Warum, du Kluger,
glückte dir's nicht?

MIME
Ach, der das Werk ich wirkte,
den Zauber, der ihm entzuckt,
den Zauber erriet ich nicht recht!
Der das Werk mir riet
und mir's entriß,
der lehrte mich nun
– doch leider zu spät! –
welche List läg' in dem Helm :

devant son charme puissant;
par lui, il nous asservit tous,
la troupe nocturne des Nibelungen.
10 Forgerons insouciants,
nous faisions jadis
des bijoux pour nos femmes,
joyaux enchanteurs,
gracieux jouets des Nibelungen,
ce labeur était une joie.
A présent, ce cruel nous force
à nous glisser dans les failles,
à peiner sans cesse
pour lui tout seul.
Grâce à l'or de l'anneau,
son avidité devine
où de nouvelles pépites
se cachent dans les puits :
il nous faut alors fouiller,
fureter et creuser,
fondre le butin,
le couler, le forger
sans repos ni répit
pour accroître le trésor du maître.

LOGE
Il s'est mis en colère
à cause de ta paresse?

MIME
Ah, pauvre de moi,
je dus subir le pire :
il m'ordonna
de souder un heaume,
commandant point par point
comment l'ajuster.
J'ai bien sûr remarqué
quelle force immense
possédait cet objet
que je façonnais dans le minerai :
je voulus donc garder
pour moi le heaume,
grâce à sa magie
échapper au joug d'Alberich –
peut-être, oui peut-être
duper le tyran lui-même,
le faire tomber en mon pouvoir,
lui arracher l'anneau,
pour que moi, l'esclave de ce bravache,
(D'une voix perçante.)
12 je sois libre et en fasse mon esclave!

LOGE
Pourquoi, petit malin,
n'as-tu pas réussi?

MIME
Moi qui ai façonné l'objet,
je n'ai pas su deviner
le charme qui en émanait!
Celui qui le conçut
et me l'arracha,
m'apprit alors
– mais hélas trop tard! –
quel secret le heaume recelait :

meinem Blick entschwand er,
doch Schwielen dem Blinden
schlug unschaubar sein Arm.
(Heulend und schluchzend.)
Das schuf ich mir Dummen
schön zu Dank!
(Er streicht sich den Rücken. Wotan und Loge lachen.)

LOGE *(zu Wotan)*
Gesteh, nicht leicht
gelingt der Fang.

WOTAN
Doch erliegt der Feind,
hilft deine List.

MIME *(von dem Lachen der Götter betroffen, betrachtet diese aufmerksamer)*
Mit eurem Gefrage,
wer seid denn ihr Fremde?

LOGE
Freunde dir;
von ihrer Not
befrein wir der Niblungen Volk.

MIME *(schrickt zusammen, da er Alberich sich wieder nahen hört)*
Nehmt euch in acht!
Alberich naht.

WOTAN
Sein harren wir hier.
(Er setzt sich ruhig auf einen Stein; Loge lehnt ihm zur Seite. Alberich, der den Tarnhelm vom Haupte genommen und an den Gürtel gehängt hat, treibt mit geschwungener Geißel aus der unteren, tiefer gelegenen Schlucht aufwärts eine Schar Nibelungen vor sich her : diese sind mit goldenem und silbernem Geschmeide beladen, das sie, unter Alberichs steter Nötigung, all auf einen Haufen speichern und so zu einem Horte häufen.)

ALBERICH
Hieher! Dorthin!
Hehe! Hoho!
Träges Heer,
dort zu Hauf
schichtet den Hort!
Du da, hinauf!
Willst du voran?
Schmähliches Volk,
ab das Geschmeide!
Soll ich euch helfen?
Alles hieher!
(Er gewahrt plötzlich Wotan und Loge.)
He, wer ist dort?
Wer drang hier ein? –
Mime! Zu mir,
schäbiger Schuft!
Schwatztest du gar
mit dem schweifenden Paar?
Fort, du Fauler!
Willst du gleich schmieden und schaffen?
(Er treibt Mime mit Geißelhieben unter den Haufen de

il disparut à mes yeux,
son bras invisible me battait
mais je ne voyais rien.
(Hurlant et sanglotant.)
Voilà comment on remercie
le sot que je suis!
(Il se frotte le dos. Wotan et Loge se mettent à rire.)

LOGE *(à Wotan)*
Avoue-le, la capture
n'est pas facile.

WOTAN
Mais ta ruse aidant,
nous vaincrons l'adversaire.

MIME *(frappé par le rire des dieux, les considère plus attentivement)*
Que veulent dire ces questions?
Etrangers, qui êtes-vous?

LOGE
Tes amis;
nous délivrerons
de sa misère le peuple des Nibelungen.

MIME *(tressaille d'effroi en entendant revenir Alberich)*

Faites attention!
Voilà Alberich.

WOTAN
Nous l'attendons ici.
(Il s'assied tranquillement sur une pierre; Loge s'adosse près de lui. Alberich, qui a ôté le heaume de sa tête et l'a suspendu à sa ceinture, pousse devant lui, le fouet brandi, une troupe de Nibelungen remontant des tréfonds d'une
10 *galerie : ceux-ci sont chargés de joyaux d'or et d'argent;*
9 *sans cesse harcelés par Alberich, ils les entassent les uns*
2 *sur les autres pour constituer un trésor.)*

ALBERICH
9, 12 Ici! Là-bas!
Héhé! Hoho!
Fainéants,
là en pile,
entassez le trésor!
Hé toi, là-dessus!
Vas-tu avancer?
Peuple de gueux,
posez les joyaux!
Faut-il que je vous aide?
22 Tout par ici!
(Il aperçoit tout à coup Wotan et Loge.)
Hé, qui est là?
Qui s'est introduit?
Mime! Viens donc,
sale fripouille!
Tu as bavardé
avec ces deux rôdeurs?
File, flemmard!
Et va tout de suite forger et travailler!
(A coups de fouet, il oblige Mime à se joindre à la bande

Nibelungen hinein.)
He, an die Arbeit!
Alle von hinnen!
Hurtig hinab!
Aus den neuen Schachten
schafft mir das Gold!
Euch grüßt die Geißel,
grabt ihr nicht rasch!
Daß keiner mir müßig,
bürge mir Mime,
sonst birgt er sich schwer
meiner Geißel Schwunge :
daß ich überall weile,
wo keiner mich wähnt,
das weiß er, dünkt mich, genau! -
Zögert ihr noch?
Zaudert wohl gar?
(Er zieht seinen Ring vom Finger, küßt ihn und streckt ihn drohend aus.)
Zittre und zage,
gezähmtes Heer :
rasch gehorcht
des Ringes Herrn!
(Unter Geheul und Gekreisch stieben die Nibelungen, unter ihnen Mime, auseinander und schlüpfen in die Schächte hinab.)

ALBERICH *(betrachtet lange und mißtrauisch Wotan und Loge)*
Was wollt ihr hier?

WOTAN
Von Nibelheims nächt'gem Land
vernahmen wir neue Mär :
mächt'ge Wunder
wirke hier Alberich :
daran uns zu weiden,
trieb uns Gäste die Gier.

ALBERICH
Nach Nibelheim
führt euch der Neid :
so kühne Gäste,
glaubt, kenn ich gut.

LOGE
Kennst du mich gut,
kindischer Alp?
Nun sag : wer bin ich,
daß du so bellst?
Im kalten Loch,
da kauernd du lagst,
wer gab dir Licht
und wärmende Lohe,
wenn Loge nie dir gelacht?
Was hülf' dir dein Schmieden,
heizt' ich die Schmiede dir nicht?
Dir bin ich Vetter
und war dir Freund :
nicht fein drum dünkt mich dein Dank!

ALBERICH
Den Lichtalben
lacht jetzt Loge,

des Nibelungen.)
Allez, au travail!
Déguerpissez tous!
Dégringolez!
Trouvez-moi cet or
dans les nouveaux puits!
Vous tâterez du fouet
si vous ne creusez pas vite!
Mime me garantit
que personne ne flâne,
sinon il n'échappera pas
à mes coups de fouet :
car je suis partout
où on ne s'y attend pas,
et il le sait bien, je crois!
Vous tardez encore?
Et même vous traînez?
(Il retire l'anneau de son doigt, le baise et le brandit d'un geste menaçant.)
Tremble et frémis,
troupe servile :
vite, obéissez
au maître de l'anneau!
(Poussant des hurlements et des cris perçants, les Nibelungen, et Mime avec eux, se dispersent et s'engouffrent dans les galeries.)

ALBERICH *(considère longuement Wotan et Loge d'un air méfiant)*
Que venez-vous faire ici?

WOTAN
Nous avons eu de récentes nouvelles
du sombre pays de Nibelheim :
Alberich ferait ici
de grands prodiges;
le désir de les admirer
nous a poussés à venir.

ALBERICH
C'est l'envie qui vous amène
à Nibelheim :
ces hardis visiteurs,
croyez-moi, je les connais bien.

LOGE
Tu me connais bien,
mon petit gnome?
Alors dis qui je suis
pour que tu glapisses ainsi?
Dans le trou glacial
où tu te tapissais,
qui t'aurait donné la lumière
et la chaleur d'une flamme,
sans la bienveillance de Loge?
Comment pourrais-tu forger
si je ne chauffais pas ta forge?
Nous sommes cousins
et j'étais ton ami :
tu me remercies bien mal, je trouve!

ALBERICH
Loge est à présent l'allié
des Albes de lumière;

der list'ge Schelm :
bist du Falscher ihr Freund,
wie mir Freund du einst warst,
haha! Mich freut's!
Von ihnen fürcht ich dann nichts.

LOGE
So denk ich, kannst du mir traun?

ALBERICH
Deiner Untreu trau ich,
nicht deiner Treu!
(Eine herausfordernde Stellung annehmend.)
Doch getrost trotz ich euch allen.

LOGE
Hohen Mut
verleiht deine Macht :
grimmig groß
wuchs dir die Kraft.

ALBERICH
Siehst du den Hort,
den mein Heer
dort mir gehäuft?

LOGE
So neidlichen sah ich noch nie.

ALBERICH
Das ist für heut,
ein kärglich Häufchen :
kühn und mächtig
soll er künftig sich mehren.

WOTAN
Zu was doch frommt dir der Hort,
da freudlos Nibelheim
und nichts für Schätze hier feil?

ALBERICH
Schätze zu schaffen
und Schätze zu bergen,
nützt mir Nibelheims Nacht;
doch mit dem Hort,
in der Höhle gehäuft,
denk ich dann Wunder zu wirken :
die ganze Welt
gewinn ich mit ihm mir zu eigen.

WOTAN
Wie beginnst du, Gütiger, das?

ALBERICH
Die in linder Lüfte Wehn
da oben ihr lebt,
lacht und liebt :
mit goldner Faust
euch Göttliche fang ich mir alle!
Wie ich der Liebe abgesagt,
alles, was lebt,
soll ihr entsagen!
Mit Golde gekirrt,
nach Gold nur sollt ihr noch gieren.

quel rusé compère!
Traître, si tu es leur ami
comme tu fus le mien,
haha! Parfait!
Alors je n'ai rien à craindre d'eux.

LOGE
Tu peux donc, je pense, te fier à moi?

ALBERICH
Je me fie à ta mauvaise
et non à ta bonne foi.
(Prenant une attitude provocante.)
Mais vous tous, j'ose vous défier.

LOGE
Ta puissance
te remplit d'orgueil :
ta force est
devenue redoutable.

ALBERICH
Vois-tu ce trésor
que ma troupe
m'a entassé?

LOGE
Je n'ai jamais rien vu de pareil.

ALBERICH
C'est là aujourd'hui
un petit tas minable :
à l'avenir il va grandir,
énorme et insolent.

WOTAN
Mais à quoi te sert le trésor
dans ce triste endroit
où tu ne tires rien de tes richesses?

ALBERICH
Pour créer des richesses
et cacher des richesses,
la nuit de Nibelheim m'est utile;
mais grâce au trésor
entassé dans les grottes,
je pense accomplir des prodiges :
je vais, par lui,
m'approprier le monde entier.

WOTAN
Mon bon, comment vas-tu t'y prendre?

ALBERICH
Vous qui vivez là-haut,
aimez et riez
dans les zéphyrs légers,
vous les dieux,
je vous prendrai tous avec ma poigne d'or!
J'ai renoncé à l'amour
et tout ce qui vit
doit, comme moi, y renoncer!
Alléchés par l'or,
vous ne convoiterez plus que l'or seul.

Auf wonnigen Höhn
in seligem Weben
wiegt ihr euch;
den Schwarzalben
verachtet ihr ewigen Schwelger!
Habt acht! Habt acht! –
Denn dient ihr Männer
erst meiner Macht,
eure schmucken Frau'n –
die mein Frein verschmäht –
sie zwingt zur Lust sich der Zwerg,
lacht Liebe ihm nicht. –
(Wild lachend.)
Hahahaha!
Habt ihr's gehört?
Habt acht!
Habt acht vor dem nächtlichen Heer,
entsteigt des Niblungen Hort
aus stummer Tiefe zu Tag!

WOTAN *(auffahrend)*
Vergeh, frevelnder Gauch!

ALBERICH
Was sagt der?

LOGE *(ist dazwischengetreten)*
Sei doch bei Sinnen!
(Zu Alberich.)
Wen doch faßte nicht Wunder,
erfährt er Alberichs Werk?
Gelingt deiner herrlichen List,
was mit dem Hort du heischest,
den Mächtigsten muß ich dich rühmen :
denn Mond und Stern'
und die strahlende Sonne,
sie auch dürfen nicht anders,
dienen müssen sie dir. –
Doch wichtig acht ich vor allem,
daß des Hortes Häufer,
der Niblungen Heer,
neidlos dir geneigt.
Einen Reif rührtest du kühn,
dem zagte zitternd dein Volk :
doch wenn im Schlaf
ein Dieb dich beschlich',
den Ring schlau dir entriss',
wie wahrtest du, Weiser, dich dann?

ALBERICH
Der Listigste dünkt sich Loge;
andre denkt er
immer sich dumm :
daß sein ich bedürfte
zu Rat und Dienst
um harten Dank,
das hörte der Dieb jetzt gern! –
Den hehlenden Helm
ersann ich mir selbst;
der sorglichste Schmied,
Mime, mußt' ihn mir schmieden :
schnell mich zu wandeln
nach meinem Wunsch,
die Gestalt mir zu tauschen,

Sur les hauteurs plaisantes,
vous vous bercez
dans une vie délicieuse;
vous méprisez
l'Albe noir, éternels jouisseurs!
Prenez garde! Prenez garde!
Car une fois que les hommes
seront asservis,
vos femmes gracieuses –
qui ont dédaigné ma cour, –
le nain les prendra pour son plaisir,
puisque l'amour lui est refusé.
(Avec un rire sauvage.)
Hahahaha!
Vous entendez?
Prenez garde!
Prenez garde aux légions de la nuit,
quand le trésor du Nibelung surgira
du gouffre muet au grand jour!

WOTAN *(se dressant en sursaut)*
A mort, blasphémateur!

ALBERICH
Que dit-il?

LOGE *(s'interposant)*
Ne fais pas le fou!
(A Alberich.)
Qui ne serait émerveillé
face à l'œuvre d'Alberich?
Si ta ruse prodigieuse obtient
du trésor ce que tu désires,
je proclamerai ta toute-puissance :
car la lune, les étoiles
et le soleil radieux
n'auront, eux aussi, que le droit
et le devoir de te servir.
Mais surtout j'estime important
que la foule des mineurs,
la troupe des Nibelungen,
te soit dévouée sans envie.
Tu as brandi un anneau
qui a fait trembler ton peuple :
mais si, quand tu dors,
un voleur adroit t'épiait
et t'arrachait l'anneau,
comment alors saurais-tu te défendre?

ALBERICH
Loge croit être le plus rusé;
il prend toujours
les autres pour des sots :
ce voleur aimerait bien
que j'aie besoin de lui,
en payant très cher
ses conseils et ses services!
J'ai moi-même inventé
le heaume qui me cache;
le plus habile forgeron,
Mime l'a forgé sur mon ordre :
le heaume me permet
de me transformer,
vite de changer de forme

taugt mir der Helm.
Niemand sieht mich,
wenn er mich sucht;
doch überall bin ich,
geborgen dem Blick.
So ohne Sorge
bin ich selbst sicher vor dir,
du fromm sorgender Freund!

LOGE
Vieles sah ich,
Seltsames fand ich :
doch solches Wunder
gewahrt' ich nie.
Dem Werk ohnegleichen
kann ich nicht glauben;
wäre dies eine möglich,
deine Macht währte dann ewig.

ALBERICH
Meinst du, ich lüg'
und prahle wie Loge?

LOGE
Bis ich's geprüft,
bezweifl' ich, Zwerg, dein Wort.

ALBERICH
Vor Klugheit bläht sich
zum Platzen der Blöde!
Nun plage dich Neid!
Bestimm, in welcher Gestalt
soll ich jach vor dir stehn?

LOGE
In welcher du willst :
nur mach vor Staunen mich stumm!

ALBERICH *(hat den Helm aufgesetzt)*
«Riesen Wurm
winde sich ringelnd!»
(Sogleich verschwindet er : eine ungeheure Riesenchlange windet sich statt seiner am Boden; sie bäumt sich und streckt den aufgesperrten Rachen nach Wotan und Loge hin.)

LOGE *(stellt sich von Furcht ergriffen)*
Ohe! Ohe!
Schreckliche Schlange,
verschlinge mich nicht!
Schone Logen das Leben!

WOTAN *(lacht)*
Hahaha! Gut, Alberich!
Gut, du Arger!
Wie wuchs so rasch
zum riesigen Wurme der Zwerg!
(Die Schlange verschwindet; statt ihrer erscheint sogleich Alberich wieder in seiner wirklichen Gestalt.)

ALBERICH
Hehe! Ihr Klugen,
glaubt ihr mir nun?

à ma guise.
Nul ne me voit
même s'il me cherche;
mais je suis partout,
caché aux regards.
Ainsi, sans souci,
je ne te crains même pas,
mon doux et bienveillant ami!

LOGE
J'ai beaucoup vu,
trouvé bien des choses étranges :
mais je n'ai jamais contemplé
une telle merveille.
Je ne peux pas croire
à cet objet sans pareil;
s'il pouvait exister,
ton pouvoir serait éternel.

ALBERICH
Crois-tu que je mente
et me vante comme toi?

LOGE
Sans preuves, ô nain,
je doute de ta parole,

ALBERICH
L'idiot se gonfle
de sagesse à en éclater!
Crève donc d'envie!
Choisis sous quelle forme
tu veux que j'apparaisse!

LOGE
Prends celle que tu veux,
21 mais rends-moi muet de stupeur!

ALBERICH *(a mis le heaume sur sa tête)*
23 «Dragon géant,
tords tes anneaux!»
(Il disparaît aussitôt : à sa place, un reptile monstrueux se contorsionne sur le sol; il se dresse et avance sa gueule grande ouverte en direction de Wotan et de Loge.)

LOGE *(fait semblant d'être saisi d'effroi)*
Oh là! Oh là!
Serpent effrayant,
ne me dévore pas!
Épargne la vie de Loge!

WOTAN *(rit)*
Hahaha! Bien, Alberich!
Bien, mauvais drôle!
A quelle vitesse
le nain s'est changé en dragon géant!
(Le reptile disparaît; à sa place, Alberich reparaît aussitôt sous son aspect réel.)

ALBERICH
Héhé! Gros malins,
vous me croyez maintenant?

LOGE
Mein Zittern mag dir's bezeugen.
Zur großen Schlange
schufst du dich schnell :
weil ich's gewahrt,
willig glaub ich dem Wunder.
Doch, wie du wuchsest,
kannst du auch winzig
und klein dich schaffen?
Das Klügste schien' mir das,
Gefahren schlau zu entfliehn :
das aber dünkt mich zu schwer!

LOGE
La preuve : j'en suis tout tremblant.
Tu t'es vite transformé
en grand serpent :
comme je l'ai vu,
je crois de bonne grâce au prodige.
Mais peux-tu te faire
aussi menu et petit
que tu es devenu grand?
Il me semble plus habile
d'échapper aux dangers par la ruse :
mais c'est, je crois, trop difficile!

ALBERICH
Zu schwer dir,
weil du zu dumm!
Wie klein soll ich sein?

ALBERICH
Trop difficile pour toi
parce que tu es trop bête!
Quelle taille veux-tu que j'aie?

LOGE
Daß die feinste Klinze dich fasse,
wo bang die Kröte sich birgt.

LOGE
Que tu rentres dans la fente la plus fine
où se terre le crapaud apeuré.

ALBERICH
Pah! Nichts leichter!
Luge du her!
(Er setzt den Tarnhelm wieder auf.)
«Krumm und grau
krieche Kröte!»
(Er verschwindet; die Götter gewahren im Gestein eine Kröte auf sich zukriechen.)

ALBERICH
Bah! Rien de plus facile!
Regarde un peu!
(Il remet le heaume.)
«Gris et tordu,
rampe crapaud!»
(Il disparaît; les dieux aperçoivent dans les pierres un crapaud qui rampe vers eux.)

LOGE *(zu Wotan)*
Dort die Kröte,
greife sie rasch!
(Wotan setzt seinen Fuß auf die Kröte, Loge fährt ihr nach dem Kopfe und hält den Tarnhelm in der hand.)

LOGE *(à Wotan)*
Là, le crapaud,
attrape-le vite!
(Wotan pose le pied sur le crapaud, Loge le saisit par la tête et s'empare du heaume magique.)

ALBERICH *(wird plötzlich in seiner wirklichen Gestalt sichtbar, wie er sich unter Wotans Fuße windet)*
Ohe! Verflucht!
Ich bin gefangen!

ALBERICH *(réapparaît tout à coup sous son aspect réel, se tordant sous le pied de Wotan)*
Oh! Malédiction!
Me voilà pris!

LOGE
Halt ihn fest,
bis ich ihn band.
(Er hat ein Bastseil hervorgeholt und bindet Alberich damit Hände und Beine; den Geknebelten, der sich wütend zu wehren sucht, fassen dann beide und schleppen ihn mit sich nach der Kluft, aus der sie herabkamen.)

LOGE
Tiens-le bien,
je vais l'attacher.
(Il a sorti une corde en fibre d'écorce avec laquelle il ligote les mains et les jambes d'Alberich qui se débat comme un forcené; une fois le nain garrotté, ils le saisissent tous deux et le traînent après eux vers la fissure par laquelle ils étaient descendus.)

LOGE
Schnell hinauf :
dort ist er unser.

LOGE
Vite, montons :
là-haut, il est à nous.

(Sie verschwinden, aufwärts steigend.)

(Ils se mettent à monter et disparaissent.)

Orchesterzwischenspiel

Interlude orchestral

VIERTE SZENE

Die Szene verwandelt sich, nur in umgekehrter Weise, wie zuvor; die Verwandlung führt wieder an den Schmieden vorüber. Fortdauernde Verwandlung nach oben. Schließlich erscheint wieder die freie Gegend auf Bergeshöhen wie in der zweiten Szene; nur ist sie jetzt noch in fahle Nebel verhüllt, wie vor der zweiten Verwandlung nach Freias Abführung. Wotan und Loge, den gebundenen Alberich mit sich führend, steigen aus der Kluft herauf.

LOGE
Da, Vetter,
sitze du fest!
Luge, Liebster,
dort liegt die Welt,
die du Lungrer gewinnen dir willst :
welch Stellchen, sag,
bestimmst du drin mir zum Stall?
(Er schlägt ihm tanzend Schnippchen.)

ALBERICH
Schändlicher Schächer!
Du Schalk! Du Schelm!
Löse den Bast,
binde mich los,
den Frevel sonst büßest du Frecher!

WOTAN
Gefangen bist du,
fest mir gefesselt,
wie du die Welt,
was lebt und webt,
in deiner Gewalt schon wähntest,
in Banden liegst du vor mir.
Du Banger kannst es nicht leugnen!
Zu ledigen dich
bedarf's nun der Lösung.

ALBERICH
O, ich Tropf,
ich träumender Tor!
Wie dumm traut' ich
dem diebischen Trug!
Furchtbare Rache
räche den Fehl!

LOGE
Soll Rache dir frommen,
vor allem rate dich frei :
dem gebundnen Manne
büßt kein Freier den Frevel.
Drum, sinnst du auf Rache,
rasch ohne Säumen
sorg um die Lösung zunächst!
(Er zeigt ihm, mit den Fingern schnalzend, die Art der Lösung an.)

ALBERICH *(barsch)*
So heischt, was ihr begehrt!

SCENE IV

Le décor se transforme comme précédemment, mais en sens inverse; ce changement donne l'impression de repasser près des forges, puis il se poursuit vers le haut. Finalement réapparaît le paysage dégagé au sommet d'une montagne comme dans la deuxième scène : mais il est encore voilé par
20 *le brouillard blafard qui l'enveloppait après l'enlèvement*
10 *de Freia, avant le deuxième changement de tableau. Wotan*
18 *et Loge sortent de la fissure, entraînant avec eux Alberich ligoté.*

LOGE
Là, mon brave,
te voilà bien!
Regarde, mon cher,
voilà le monde
que tu veux conquérir, vagabond :
dis-moi, dans quel recoin
veux-tu que je me niche?
(Il le taquine tout en dansant.)

ALBERICH
Infâme bandit!
Fripon! Forban!
Défais la corde,
détache-moi,
sinon tu expieras ton crime, voyou!

WOTAN
Tu es prisonnier,
tes liens sont bien serrés,
tu te voyais déjà
détenir en ton pouvoir
le monde, tout ce qui vit et respire,
mais te voilà ligoté devant moi.
Poltron, tu ne peux le nier!
Pour te libérer,
il faut te racheter.

ALBERICH
Quel crétin je suis,
quel naïf rêveur!
J'ai cru bêtement
à ce tour de crapule!
Une vengeance terrible
châtiera ce forfait!

LOGE
Si tu veux te venger,
tâche avant tout de te délivrer :
nul être libre n'expie
un crime pour un captif.
Donc si tu médites vengeance,
vite, dépêche-toi,
songe d'abord à la rançon!
(Il lui indique la nature de la rançon en faisant claquer ses doigts.)

ALBERICH *(d'un ton rogue)*
Dites ce que vous désirez!

WOTAN
Den Hort und dein helles Gold.

ALBERICH
Gieriges Gaunergezücht! –
(Für sich.)
Doch behalt ich mir nur den Ring,
des Hortes entrat ich dann leicht :
denn von neuem gewonnen
und wonnig genährt
ist er bald durch des Ringes Gebot.
Eine Witzigung wär's
die weise mich macht :
zu teuer nicht zahl ich die Zucht,
laß' für die Lehre ich den Tand. -

WOTAN
Erlegst du den Hort?

ALBERICH
Löst mir die Hand,
so ruf ich ihn her.
(Loge löst ihm die Schlinge an der rechten Hand. Alberich berührt den Ring mit den Lippen und murmelt heimlich einen Befehl.)
Wohlan, die Niblungen
rief ich mir nah :
dem Herrn gehorchend
hör ich den Hort
aus der Tiefe sie führen zu Tag. -
Nun löst mich vom lästigen Band!

WOTAN
Nicht eh'r, bis alles gezahlt.
(Die Nibelungen steigen aus der Kluft herauf, mit den Geschmeiden des Hortes beladen. Während des Folgenden schichten sie den Hort auf.)

ALBERICH
O schändliche Schmach,
daß die scheuen Knechte
geknebelt selbst mich erschaun!
(Zu den Nibelungen.)
Dorthin geführt,
wie ich's befehl!
All zu Hauf
schichtet den Hort!
Helf ich euch Lahmen?
Hieher nicht gelugt!
Rasch da, rasch!
Dann rührt euch von hinnen :
daß ihr mir schafft!
Fort in die Schachten!
Weh euch, find ich euch faul!
Auf den Fersen folg' ich euch nach.
(Er küßt seinen Ring und streckt ihn gebieterisch aus. Wie von einem Schlage getroffen, drängen sich die Nibelungen – scheu und ängstlich der Kluft zu, in die sie schnell hinabschlüpfen.)

ALBERICH
Gezahlt hab' ich :
nun laßt mich ziehn!
Und das Helmgeschmeid,

WOTAN
Le trésor, ton or éclatant.

ALBERICH
Bande d'avides brigands!
(A part.)
Si je ne garde que l'anneau,
je me passe sans peine du trésor :
car il sera vite reconquis
et alimenté avec soin
à l'appel de l'anneau.
C'est là un avertissement
qui me rend prudent :
si je laisse cette babiole pour prix de la leçon,
l'épreuve n'est pas trop cher payée.

WOTAN
Tu livres ton or?

ALBERICH
Déliez-moi la main,
12 je vais le faire venir.
(Loge défait les liens qui retiennent la main droite. Alberich porte l'anneau à ses lèvres et murmure un ordre en secret.)
10 Voilà, j'ai appelé
les Nibelungen :
48 obéissant au maître,
je les entends
faire monter l'or du gouffre au grand jour.
Otez-moi donc ces liens gênants!

WOTAN
Pas avant que tout soit payé.
(Les Nibelungen émergent de la fissure, chargés des joyaux du trésor qu'ils se mettent à entasser.)

ALBERICH
Quelle honte cuisante :
ces esclaves tremblants
me voient moi-même ligoté!
(Aux Nibelungen.)
Posez ça là,
comme je l'ordonne!
Mettez en tas
tout le trésor!
Je vous aide, traînards?
Détournez les yeux!
Vite là, vite!
Et puis déguerpissez :
allez, au travail!
Tous dans les puits!
Gare à vous si vous flânez!
J'arrive sur vos talons.
(Il baise son anneau et le brandit d'un geste impératif. Frappés de terreur, les Nibelungen se pressent, effarés et tremblants, vers la fissure dans laquelle ils s'enfoncent rapidement.)

ALBERICH
J'ai payé :
laissez-moi donc partir!
Et le heaume ouvré

das Loge dort hält,
das gebt mir nun gütlich zurück!

LOGE *(den Tarnhelm zum Horte werfend)*
Zur Buße gehört auch die Beute.

ALBERICH
Verfluchter Dieb! –
(Leise.)
Doch nur Geduld!
Der den alten mir schuf,
schafft einen andern :
noch halt ich die Macht,
der Mime gehorcht.
Schlimm zwar ist's,
dem schlauen Feind
zu lassen die listige Wehr! –
Nun denn! Alberich
ließ euch alles :
jetzt löst, ihr Bösen, das Band!

LOGE *(zu Wotan)*
Bist du befriedigt?
Bind ich ihn frei?

WOTAN
Ein goldner Ring
ragt dir am Finger :
hörst du, Alb?
Der, acht ich, gehört mit zum Hort.

ALBERICH *(entsetzt)*
Der Ring?

WOTAN
Zu deiner Lösung
mußt du ihn lassen.

ALBERICH *(bebend)*
Das Leben – doch nicht den Ring!

WOTAN *(heftiger).*
Den Reif verlang' ich :
mit dem Leben mach' was du willst!

ALBERICH
Lös' ich mir Leib und Leben,
den Ring auch muß ich mir lösen :
Hand und Haupt,
Aug' und Ohr, –
sind nicht mehr mein Eigen
als hier dieser rote Ring!

WOTAN
Dein Eigen nennst du den Ring?
Rasest du, schamloser Albe?
Nüchtern sag,
wem entnahmst du das Gold,
daraus du den schimmernden schufst?
War's dein Eigen,
was du Arger
der Wassertiefe entwandt?
Bei des Rheines Töchtern
hole dir Rat,

que Loge tient là,
ayez la bonté de me le rendre!

LOGE *(jetant le heaume sur le trésor)*
Ce trophée fait aussi partie du tribut.

ALBERICH
Maudit voleur!
(A voix basse.)
Mais patience!
Celui qui m'a fait cet objet
m'en fera un autre :
je détiens encore le pouvoir
auquel Mime obéit.
Certes, c'est fâcheux
de laisser l'arme subtile
à l'ennemi rusé!
Allons! Alberich
vous a tout laissé :
à présent, gredins, défaites mes liens!

LOGE *(à Wotan)*
Es-tu satisfait?
Je le délivre?

WOTAN
Un anneau d'or
saillit à ton doigt :
tu entends, gnome?
J'estime qu'il fait partie du trésor.

ALBERICH *(épouvanté)*
L'anneau?

WOTAN
Pour te racheter,
tu dois le laisser.

ALBERICH *(tremblant)*
La vie – mais pas l'anneau!

WOTAN *(plus violent)*
J'exige l'anneau :
de ta vie, fais ce que tu veux!

ALBERICH
Si je sauve mon corps et ma vie,
je dois aussi sauver l'anneau :
la tête et les mains,
les yeux, les oreilles
ne sont pas plus mon bien
que cet anneau vermeil!

WOTAN
Tu dis que l'anneau est ton bien?
Tu déraisonnes, Albe impudent!
Mais voyons,
à qui as-tu pris l'or
dont tu fis l'anneau scintillant?
Etait-ce ton bien,
mauvais drôle,
ce que tu ravis à l'eau profonde?
Va demander
aux filles du Rhin

ob ihr Gold sie
zu eigen dir gaben,
das du zum Ring dir geraubt.

ALBERICH
Schmähliche Tücke,
schändlicher Trug!
Wirfst du Schächer
die Schuld mir vor,
die dir so wonnig erwünscht?
Wie gern raubtest
du selbst dem Rheine das Gold,
war nur so leicht
die List, es zu schmieden, erlangt?
Wie glückt' es nun
dir Gleißner zum Heil,
daß der Niblung ich
aus schmählicher Not,
in des Zornes Zwange,
den schrecklichen Zauber gewann,
des Werk nun lustig dir lacht?
Des Unseligsten,
Angstversehrten
fluchfertige,
furchtbare Tat,
zu fürstlichem Tand
soll sie fröhlich dir taugen,
zur Freude dir frommen mein Fluch? –
Hüte dich,
herrischer Gott!
Frevelte ich,
so frevelt' ich frei an mir :
doch an allem, was war,
ist und wird,
frevelst, Ewiger, du,
entreißest du frech mir den Ring!

WOTAN
Her den Ring!
Kein Recht an ihm
schwörst du schwatzend dir zu.
(Er ergreift Alberich und entzieht seinem Finger mit heftiger Gewalt den Ring.)

ALBERICH *(gräßlich aufschreiend)*
Ha! Zertrümmert! Zerknickt!
Der Traurigen traurigster Knecht!

WOTAN *(den Ring betrachtend)*
Nun halt ich, was mich erhebt,
der Mächtigen mächtigsten Herrn!
(Er steckt den Ring an.)

LOGE
Ist er gelöst?

WOTAN
Bind ihn los!

LOGE *(löst Alberich vollends die Bande)*
Schlüpfe denn heim!
Keine Schlinge hält dich :
frei fahre dahin!

si elles t'ont
fait don de leur or,
que tu dérobas pour faire l'anneau.

ALBERICH
Ignoble perfidie,
infâme duperie!
Tu me reproches,
brigand, une faute
qui t'arrange tellement bien?
Comme tu aurais aimé
dérober toi-même l'or au Rhin,
si l'art de le forger
s'obtenait sans nulle peine?
Quelle chance tu aurais
à présent, hypocrite,
si moi, le Nibelung,
dans la noire détresse,
sous l'empire de la colère,
j'avais conquis le charme terrible
pour que son œuvre fasse ta joie?
L'acte effroyable,
l'acte funeste
de l'être infortuné,
dévoré de peur,
te servirait
gaiement de jouet princier,
ma malédiction ferait ton bonheur? –
Prends bien garde,
dieu impérieux!
Si j'ai forfait,
c'est librement contre moi :
mais toi, l'éternel, tu forfais
contre tout ce qui fut,
est et sera,
si tu oses m'arracher l'anneau!

WOTAN
Donne l'anneau!
Par tes bavardages,
tu ne t'arroges nul droit sur lui.
(Il empoigne Alberich et lui arrache avec violence l'anneau du doigt.)

ALBERICH *(poussant un cri horrible)*
Ah! Abattu! Brisé!
Malheureux serf des malheureux!

WOTAN *(contemplant l'anneau)*
Je tiens là ce qui m'élève,
tout-puissant maître des puissants!
(Il passe l'anneau à son doigt.)

LOGE
Est-il quitte?

WOTAN
Délie-le!

LOGE *(dénoue totalement les liens d'Alberich)*
File donc chez toi!
Aucun lien ne te retient :
Va-t-en, tu es libre!

ALBERICH *(sich vom Boden erhebend)*
Bin ich nun frei?
(Mit wüntendem Lachen.)
Wirklich frei? –
So grüß' euch denn
meiner Freiheit erster Gruß! –
Wie durch Fluch er mir geriet,
verflucht sei dieser Ring!
Gab sein Gold
mir Macht ohne Maß,
nun zeug' sein Zauber
Tod dem – der ihn trägt!
Kein Froher soll
seiner sich freun;
keinem Glücklichen lache
sein lichter Glanz!
Wer ihn besitzt,
den sehre die Sorge,
und wer ihn nicht hat,
den nage der Neid!
Jeder giere
nach seinem Gut,
doch keiner genieße
mit Nutzen sein!
Ohne Wucher hüt' ihn sein Herr,
doch den Würger zieh' er ihm zu!
Dem Tode verfallen,
feßle den Feigen die Furcht;
solang er lebt,
sterb' er lechzend dahin,
des Ringes Herr
als des Ringes Knecht :
bis in meiner Hand
den geraubten wieder ich halte! -
So segnet
in höchster Not
der Nibelung seinen Ring! –
Behalt ihn nun,
(Lachend)
hüte ihn wohl,
(Grimmig)
meinem Fluch fliehest du nicht!
(Er verschwindet schnell in der Kluft. Der dichte Nebelduft des Vordergrundes klärt sich allmählich auf.)

LOGE
Lauschtest du
seinem Liebesgruß?

WOTAN *(in den Anblick des Ringes an seiner Hand versunken)*
Gönn ihm die geifernde Lust!
(Es wird immer heller.)

LOGE *(nach rechts in die Szene blickend)*
Fasolt und Fafner
nahen von fern;
Freia führen sie her.
(Aus dem sich immer mehr zerteilenden Nebel erscheinen Donner, Froh und Fricka und eilen dem Vordergrunde zu.)

FROH
Sie kehrten zurück.

ALBERICH *(se remettant debout)*
22c Suis-je donc libre?
(Avec un rire rageur.)
Vraiment libre? –
Alors je vous offre
mon premier hommage de liberté!
24 Comme j'ai maudit pour l'obtenir,
maudit soit cet anneau!
Son or me donnait
un pouvoir immense,
que désormais son charme engendre
la mort pour celui qui le porte!
Nul n'aura de joie
à le détenir;
son clair éclat
ne donnera nul bonheur!
Qui le possède
sera rongé de souci,
et qui ne l'a pas
sera dévoré d'envie!
Que tous convoitent
sa possession,
mais que nul n'en jouisse
avec profit!
Que son maître le garde sans bénéfice,
mais qu'il attire sur lui l'assassin!
Voué à la mort,
le lâche sera tenaillé par la peur;
tant qu'il vivra,
il dépérira de désirs,
maître de l'anneau
mais esclave de l'anneau :
jusqu'à ce que ma main
détienne de nouveau le bien volé!
Le Nibelung,
dans la pire détresse,
bénit ainsi son anneau!
Garde-le donc,
(riant.)
veille bien sur lui,
(avec férocité)
tu ne fuiras pas ma malédiction!
(Il disparaît rapidement dans la fissure. Le brouillard épais qui planait au premier plan s'éclaircit peu à peu.)

LOGE
As-tu entendu
son hommage d'amour?

WOTAN *(plongé dans la contemplation de l'anneau à son doigt)*
Laisse-lui le plaisir de baver!
16 *(La clarté se fait de plus en plus vive.)*

LOGE *(regardant vers la coulisse à droite)*
Fasolt et Fafner
reviennent au loin;
ils amènent Freia.
(Sortant du brouillard qui se déchire de plus en plus, Donner, Froh et Fricka paraissent et se dirigent en hâte vers le devant de la scène.)

FROH
Ils sont de retour.

DONNER
Willkommen, Bruder!

FRICKA *(besorgt zu Wotan)*
Bringst du gute Kunde?

LOGE *(auf den Hort deutend)*
Mit List und Gewalt
gelang das Werk :
dort liegt, was Freia löst.

DONNER
Aus der Riesen Haft
naht dort die Holde.

FROH
Wie liebliche Luft
wieder uns weht,
wonnig Gefühl
die Sinne erfüllt!
Traurig ging es uns allen,
getrennt für immer von ihr,
die leidlos ewiger Jugend
jubelnde Lust uns verleiht.
(Der Vordergrund ist wieder hell geworden; das Aussehen der Götter gewinnt wieder die erste Frische : über dem Hintergrunde haftet jedoch noch der Nebelschleier, so daß die Burg unsichtbar bleibt. Fasolt und Fafner treten auf. Freia zwischen sich führend.)

FRICKA *(eilt freudig auf die Schwester zu, um sie zu umarmen.)*
Lieblichste Schwester,
süßeste Lust!
Bist du mir wieder gewonnen?

FASOLT *(ihr wehrend)*
Halt! Nicht sie berührt!
Noch gehört sie uns. –
Auf Riesenheims
ragender Mark
rasteten wir :
mit treuem Mut
des Vertrages Pfand
pflegten wir.
So sehr mich's reut,
zurück doch bring ich's,
erlegt uns Brüdern
die Lösung ihr.

WOTAN
Bereit liegt die Lösung :
des Goldes Maß
sei nun gütlich gemessen.

FASOLT
Das Weib zu missen,
wisse, gemutet mich weh :
soll aus dem Sinn sie mir schwinden
des Geschmeides Hort
häufet denn so,
daß meinem Blick
die Blühende ganz es verdeck'!

DONNER
Bienvenue, frère!

FRICKA *(soucieuse, à Wotan)*
Apportes-tu de bonnes nouvelles?

LOGE *(désignant le trésor)*
Par la force et la ruse,
l'entreprise a réussi :
voilà ce qui libère Freia.

DONNER
Captive des géants,
la douce déesse revient.

FROH
Quelle brise aimable
souffle à nouveau,
quelle félicité
emplit nos sens!
Il était triste pour nous tous
d'être à jamais séparés d'elle
qui nous donne la joie et l'allégresse
de la jeunesse éternelle.
(Le devant de la scène est redevenu clair; la physionomie des dieux recouvre sa première fraîcheur : cependant un voile de brouillard demeure suspendu et de ce fait, le château demeure invisible. Fasolt et Fafner entrent, menant Freia entre eux deux.)

FRICKA *(se précipite au-devant de sa sœur pour la serrer dans ses bras)*
Sœur adorée,
joie infinie!
T'ai-je retrouvée?

FASOLT *(l'écartant)*
Halte! Ne la touchez pas!
Elle est encore à nous.
Là-haut, aux confins
de Riesenheim,
nous avons fait halte :
nous avons pris soin
de l'otage du pacte
en toute loyauté.
Même à grand regret,
je vous la ramène,
si vous livrez
aux deux frères la rançon.

WOTAN
La rançon est prête :
qu'on veuille bien
faire bonne mesure de l'or.

FASOLT
Perdre la femme,
sache-le, est pour moi une grande douleur :
pour qu'elle s'efface de ma pensée,
entassez donc
le trésor de telle sorte
que la belle soit
entièrement cachée à mes yeux!

WOTAN
So stellt das Maß
nach Freias Gestalt.
(Freia wird von den beiden Riesen in die Mitte gestellt. 17
Darauf stoßen sie ihre Pfähle zu Freias beiden Seiten so in 10
den Boden, daß sie gleiche Höhe und Breite mit ihrer 15
Gestalt messen.)

FAFNER
Gepflanzt sind die Pfähle
nach Pfandes Maß :
gehäuft nun füll' es der Hort.

WOTAN
Eilt mit dem Werk :
widerlich ist mir's!

LOGE
Hilf mir, Froh!

FROH
Freias Schmach
eil' ich zu enden.
(Loge und Froh häufen hastig zwischen den Pfählen die Geschmeide.)

FAFNER
Nicht so leicht
und locker gefügt!
(Er drückt mit roher Kraft die Geschmeide dicht zusammen.)
Fest und dicht
füll' er das Maß!
(Er beugt sich, um nach Lücken zu spähen.)
Hier lug ich noch durch :
verstopft mir die Lücken!

LOGE
Zurück, du Grober!

FAFNER
Hierher!

LOGE
Greif mir nichts an!

FAFNER
Hierher! Die Klinze verklemmt!

WOTAN *(unmutig sich abwendend)*
Tief in der Brust
brennt mir die Schmach.

FRICKA *(den Blick auf Freia geheftet)*
Sieh, wie in Scham
schmählich die Edle steht :
um Erlösung fleht
stumm der leidende Blick.
Böser Mann!
Der Minnigen botest du das!

FAFNER
Noch mehr! Noch mehr hierher!

WOTAN
Prenez la mesure
à la taille de Freia.
(Les deux géants placent Freia au milieu. Puis ils plantent leurs pieux de chaque côté dans le sol pour prendre, en hauteur et en largeur, la mesure correspondant à la silhouette de Freia.)

FAFNER
Les pieux sont plantés
à la taille de l'otage :
entassez le trésor dans cet espace.

WOTAN
Dépêchez-vous :
cette besogne me répugne!

LOGE
Aide-moi, Froh!

FROH
J'accours pour mettre fin
à la honte de Freia.
(Loge et Froh empilent en hâte les joyaux entre les pieux.)

FAFNER
Ne laissez pas
autant d'espaces!
(Avec une force brutale, il tasse les joyaux pour en faire une masse compacte.)
Serrez, tassez,
pour remplir la mesure!
(Il se penche pour découvrir les vides.)
Là, je vois encore au travers :
comblez-moi les vides!

LOGE
Arrière, brute!

FAFNER
Par ici!

LOGE
Ne touche à rien!

FAFNER
Ici! Bouchez la brèche!

WOTAN *(se détournant avec humeur)*
La honte me brûle
au fond du cœur.

FRICKA *(le regard fixé sur Freia)*
Vois comme la noble déesse
est couverte de honte :
muette, elle implore
du regard la délivrance.
Méchant homme!
Infliger cela à l'aimable!

FAFNER
Encore! Encore plus par ici!

DONNER
Kaum halt ich mich :
schäumende Wut
weckt mir der schamlose Wicht! –
Hieher, du Hund!
Willst du messen,
so miß dich selber mit mir!

FAFNER
Ruhig, Donner!
Rolle, wo's taugt :
hier nützt dein Rasseln dir nichts!

DONNER *(holt aus)*
Nicht dich Schmähl'chen zu zerschmettern?

WOTAN
Friede doch!
Schon dünkt mich Freia verdeckt.

LOGE
Der Hort ging auf.

FAFNER *(mißt den Hort genau mit dem Blick und späht nach Lücken)*
Noch schimmert mir Holdas Haar :
dort das Gewirk
wirf auf den Hort!

LOGE
Wie, auch den Helm?

FAFNER
Hurtig her mit ihm!

WOTAN
Laß ihn denn fahren!

LOGE *(wirft den Tarnhelm auf den Hort)*
So sind wir denn fertig.
Seid ihr zufrieden?

FASOLT
Freia, die schöne,
schau ich nicht mehr :
so ist sie gelöst?
Muß ich sie lassen?
(Er tritt nahe hinzu und späht durch den Hort.)
Weh! Noch blitzt
ihr Blick zu mir her;
des Auges Stern
strahlt mich noch an :
durch eine Spalte
muß ich's erspähn! –
(Außer sich.)
Seh ich dies wonnige Auge,
von dem Weibe laß ich nicht ab.

FAFNER
He! Euch rat ich,
verstopft mir die Ritze!

LOGE
Nimmersatte!

DONNER
J'ai peine à me contenir :
ce malotru
me fait bouillir de rage!
Par ici, chien!
Si tu veux mesurer,
mesure-toi avec moi!

FAFNER
Du calme, Donner!
Tonne quand c'est utile :
gronder, ici, ne sert à rien!

DONNER *(lève le bras pour frapper)*
Même pas à te fracasser, canaille?

WOTAN
Paix, enfin!
Freia me semble déjà cachée.

LOGE
Tout le trésor y est.

FAFNER *(jauge le trésor d'un regard attentif et le scrute pour découvrir les interstices)*
Je vois encore luire ses cheveux :
les mailles, là-bas,
jette-les sur le trésor!

LOGE
Quoi, le heaume aussi?

FAFNER
Donne-le en vitesse!

WOTAN
Abandonne-le donc!

LOGE *(jette le heaume magique sur le trésor)*
Nous en avons fini.
Etes-vous contents?

FASOLT
Freia, la belle,
je ne la vois plus :
ainsi, elle est rachetée?
Dois-je la laisser?
(Il s'approche tout près et cherche à voir à travers le trésor.)
16, 19 Hélas, son regard
brille encore jusqu'à moi;
l'éclat de ses yeux
m'éblouit encore :
A travers une fente,
je l'aperçois!
(Hors de lui.)
Tant que je verrai ces yeux charmants,
je ne quitterai pas cette femme.

FAFNER
Hé! Un conseil :
bouchez-moi la fissure!

LOGE
Insatiables!

Seht ihr denn nicht,
ganz schwand uns der Hort?

FAFNER
Mitnichten, Freund!
An Wotans Finger
glänzt von Gold noch ein Ring,
den gebt, die Ritze zu füllen!

WOTAN
Wie! Diesen Ring?

LOGE
Laßt euch raten!
Den Rheintöchtern
gehört dies Gold :
ihnen gibt Wotan es wieder.

WOTAN
Was schwatzest du da?
Was schwer ich mir erbeutet,
ohne Bangen wahr ich's für mich.

LOGE
Schlimm dann steht's
um mein Versprechen,
das ich den Klagenden gab.

WOTAN
Dein Versprechen bindet mich nicht :
als Beute bleibt mir der Reif.

FAFNER
Doch hier zur Lösung
mußt du ihn legen.

WOTAN
Fordert frech, was ihr wollt :
alles gewähr ich,
um alle Welt
doch nicht fahren laß ich den Ring!

FASOLT *(zieht wütend Freia hinter dem Horte hervor)*
Aus dann ist's,
beim Alten bleibt's :
nun folgt uns Freia für immer!

FREIA
Hilfe! Hilfe!

FRICKA
Harter Gott,
gib ihnen nach!

FROH
Spare das Gold nicht!

DONNER
Spende den Ring doch!
(Fafner hält den fortdrängenden Fasolt noch auf; alle stehen bestürzt.)

WOTAN
Laßt mich in Ruh!

Ne voyez-vous donc pas?
Tout le trésor y est passé!

FAFNER
Pas du tout, ami!
Au doigt de Wotan
brille encore un anneau d'or,
donnez-le pour remplir la fissure!

WOTAN
Quoi! Cet anneau?

LOGE
Laissez-moi vous dire!
Cet or appartient
aux filles du Rhin :
Wotan va le leur rendre.

WOTAN
Que racontes-tu là?
Sans souci je garde pour moi
ce que j'ai capturé avec peine.

LOGE
Alors c'est fâcheux
pour la promesse
que j'ai faite aux plaignantes.

WOTAN
Ta promesse ne me lie pas :
l'anneau reste mon butin.

FAFNER
Mais tu dois le livrer
là comme rançon.

WOTAN
Osez exiger ce que vous voulez :
j'accorde tout,
mais pour rien au monde,
je n'abandonnerai l'anneau.

FASOLT *(furieux, tire Freia de derrière le trésor)*
Alors, c'en est fait,
on en reste là :
Freia va nous suivre pour toujours!

FREIA
A l'aide! A l'aide!

FRICKA
Dieu cruel,
cède-leur donc!

FROH
Ne lésine pas sur l'or!

DONNER
Fais don de l'anneau!
(Fafner retient encore Fasolt qui voudrait partir; tous demeurent interdits.)

WOTAN
Laissez-moi en paix!

Den Reif geb ich nicht.
(Wotan wendet sich zürnend zur Seite. Die Bühne hat sich von neuem verfinstert; aus der Felskluft zur Seite bricht ein bläulicher Schein hervor : in ihm wird plötzlich Erda sichtbar, die bis zu halber Leibeshöhe aus der Tiefe aufsteigt; sie ist von edler Gestalt, weithin von schwarzem Haar umwallt.)

ERDA *(die Hand mahnend gegen Wotan ausstreckend)*

Weiche, Wotan, weiche!
Flieh des Ringes Fluch!
Rettungslos
dunklem Verderben
weiht dich sein Gewinn.

WOTAN
Wer bist du, mahnendes Weib?

ERDA
Wie alles war, weiß ich;
wie alles wird,
wie alles sein wird,
seh ich auch :
der ew'gen Welt
Ur-Wala,
Erda mahnt deinen Mut.
Drei der Töchter,
ur-erschaffne,
gebar mein Schoß :
was ich sehe,
sagen dir nächtlich die Nornen.
Doch höchste Gefahr
führt mich heut
selbst zu dir her :
Höre! Höre! Höre!
Alles, was ist, endet.
Ein düstrer Tag
dämmert den Göttern :
dir rat ich, meide den Ring!
(Sie versinkt langsam bis an die Brust, während der bläuliche Schein zu dunkeln beginnt.)

WOTAN
Geheimnis-hehr
hallt mir dein Wort :
weile, daß mehr ich wisse!

ERDA *(im Versinken)*
Ich warnte dich –
du weißt genug :
sinn in Sorg' und Furcht!
(Sie verschwindet gänzlich.)

WOTAN
Soll ich sorgen und fürchten –
dich muß ich fassen,
alles erfahren!
(Er will der Verschwindenden in die Kluft nach, um sie zu halten. Froh und Fricka werfen sich ihm entgegen und halten ihn zurück.)

FRICKA
Was willst du, Wütender?

Je ne donne pas l'anneau.
(Wotan se retourne, irrité. La scène s'est obscurcie de nouveau; sur le côté, une lueur bleuâtre émane d'une anfractuosité dans le rocher où Erda apparaît soudain, émergeant des profondeurs jusqu'à mi-corps; elle est de noble appa-
2 *rence, une abondante chevelure noire flotte autour d'elle.)*

ERDA *(étendant la main vers Wotan en signe d'avertissement)*
Cède, Wotan, cède!
Fuis la malédiction de l'anneau!
Sa conquête
te voue sans recours
à ta perdition.

WOTAN
Qui es-tu, femme qui me mets en garde?

ERDA
Je sais tout ce qui fut;
tout ce qui sera,
tout ce qu'il adviendra,
je le vois aussi :
déesse originelle
du monde éternel,
Erda adjure ta conscience.
Mon sein a conçu
trois filles,
créatures des origines :
ce que je vois,
les Nornes te le disent la nuit.
Mais un péril extrême
me mène aujourd'hui
moi-même à toi :
2 écoute! écoute! écoute!
6 Tout ce qui est, a une fin.
Le crépuscule
arrive pour les dieux :
je te le conseille : laisse l'anneau!
(Elle s'enfonce lentement jusqu'à la poitrine tandis que la lueur bleuâtre commence à s'assombrir.)

WOTAN
Ta parole est chargée
de mystère sacré :
reste, afin que j'en sache plus!

ERDA *(en s'enfonçant)*
Je t'ai averti –
tu en sais assez :
médite dans le souci et la crainte!
(Elle disparaît complètement.)

WOTAN
Si je dois être dans le souci et la crainte, –
il me faut te saisir
et tout apprendre!
(Il s'apprête à s'élancer dans la fissure pour retenir celle qui disparaît. Froh et Fricka se jettent en travers de son chemin et l'en empêchent.)

FRICKA
Que veux-tu, forcené?

FROH
Halt ein, Wotan!
Scheue die Edle,
achte ihr Wort!
(Wotan starrt sinnend vor sich hin.)

FROH
Arrête, Wotan!
Crains la noble déesse,
respecte sa parole!
(Wotan songeur, regarde fixement dans le vide.)

DONNER *(sich entschlossen zu den Riesen wendend)*
Hört, ihr Riesen!
Zurück und harret :
das Gold wird euch gegeben.

DONNER *(se tournant vers les géants d'un air résolu)*
Ecoutez, les géants!
Revenez, attendez :
L'or va vous être donné.

FREIA
Darf ich es hoffen?
Dünkt euch Holda
wirklich der Lösung wert?
(Alle blicken gespannt auf Wotan; dieser nach tiefem Sinnen zu sich kommend, erfaßt seinen Speer und schwenkt ihn wie zum Zeichen eines mutigen Entschlusses.)

FREIA
Puis-je l'espérer?
Freia vous semble-t-elle
vraiment digne du rachat?
(Tous attendent, les yeux fixés sur Wotan; sortant d'une méditation profonde, celui-ci se ressaisit, il s'empare de sa lance et la brandit comme pour marquer une décision courageuse.)

WOTAN
Zu mir, Freia!
Du bist befreit :
Wiedergekauft,
Kehr uns die Jugend zurück!
Ihr Riesen, nehmt euren Ring!
(Er wirft den Ring auf den Hort.)
(Die Riesen lassen Freia los; sie eilt freudig auf die Götter zu, die sie abwechselnd längere Zeit in höchster Freude liebkosen.)

(Fafner breitet sogleich einen ungeheuren Sack aus und macht sich über den Hort her, um ihn da hineinzuschichten.)

WOTAN
A moi, Freia!
Tu es libérée.
Toi rachetée,
retrouvons la jeunesse!
Les géants, prenez votre anneau!
(Il jette l'anneau sur le trésor.)
(Les géants relâchent Freia; celle-ci s'élance joyeusement vers les dieux qui tour à tour lui font longuement fête, avec la plus grande joie.)

(Fafner déploie aussitôt un sac énorme et se jette sur le trésor pour l'y enfourner.)

FASOLT *(dem Bruder sich entgegenwerfend)*
Halt, du Gieriger!
Gönne mir auch was!
Redliche Teilung
taugt uns beiden.

FASOLT *(barrant le passage à son frère)*
Arrête, glouton!
Laisse-moi ma part!
Il faut faire entre nous
un partage équitable.

FAFNER
Mehr an der Maid als am Gold
lag dir verliebtem Geck :
mit Müh zum Tausch
vermocht' ich dich Toren.
Ohne zu teilen,
hättest du Freia gefreit :
teil ich den Hort,
billig behalt ich
die größte Hälfte für mich.

FAFNER
Bellâtre amoureux, tu tenais plus
à la fille qu'à l'or :
J'ai eu du mal,
bêta, à te décider à l'échange.
Tu aurais pris Freia
pour toi sans partager :
si je partage le trésor,
il est juste que je garde
la plus grosse part pour moi.

FASOLT
Schändlicher du!
Mir diesen Schimpf?
(Zu den Göttern.)
Euch ruf ich zu Richtern :
teilet nach Recht
uns redlich den Hort!
(Wotan wendet sich verächtlich ab.)

FASOLT
Espèce de coquin!
Me faire ça à moi?
(Aux dieux.)
Je vous prie d'être juges :
faites entre nous un partage
légitime et juste du trésor!
(Wotan se détourne avec mépris.)

LOGE
Den Hort laß ihn raffen :
halte du nur auf den Ring!

LOGE
Laisse-le rafler l'or :
toi, vise seulement l'anneau!

FASOLT *(stürzt sich auf Fafner, der immerzu eingesackt hat)*
Zurück, du Frecher!
Mein ist der Ring;
mir blieb er für Freias Blick.
(Er greift hastig nach dem Reif. Sie ringen.)

FASOLT *(se précipite sur Fafner qui n'a pas cessé de remplir son sac)*
Arrière, morgueux!
A moi l'anneau,
en échange du regard de Freia.
(Il veut s'emparer vivement de l'anneau. Ils se battent.)

FAFNER
Fort mit der Faust!
Der Ring ist mein!
(Fasolt entreißt Fafner den Ring.)

FAFNER
Ouvre ton poing!
L'anneau est à moi!
(Fasolt arrache l'anneau à Fafner.)

FASOLT
Ich halt' ihn, mir gehört er!

FASOLT
Je le tiens, il m'appartient!

FAFNER *(mit einem Pfahle nach Fasolt ausholend)*
Halt ihn fest, daß er nicht fall'!
(Er streckt Fasolt mit einem Streiche zu Boden, dem Sterbenden entreißt er dann hastig den Ring.)
Nun blinzle nach Freias Blick :
an den Reif rührst du nicht mehr!
(Er steckt den Ring in den Sack und rafft dann gemächlich vollends den Hort ein. Alle Götter steben entsetzt. Langes, feierliches Schweigen.)

FAFNER *(brandissant son pieu pour frapper Fasolt)*
Tiens-le bien, qu'il ne tombe pas!
(D'un coup, il abat Fasolt, puis il arrache vivement l'anneau au mourant.)
24 Lorgne donc le regard de Freia,
tu ne toucheras plus à l'anneau!
(Il met l'anneau dans le sac et ramasse le reste du trésor sans se presser. Tous les dieux sont épouvantés. Long silence solennel.)

WOTAN
Furchtbar nun
erfind ich des Fluches Kraft!

WOTAN
Je perçois maintenant
le terrible pouvoir de la malédiction!

LOGE
Was gleicht, Wotan,
wohl deinem Glücke?
Viel erwarb dir
des Ringes Gewinn;
daß er nun dir genommen,
nütz dir noch mehr :
deine Feinde – sieh,
fällen sich selbst
um das Gold, das du vergabst.

LOGE
Qu'est-ce qui égale
ta chance, Wotan?
La conquête de l'anneau
t'apporta maint profit;
il t'est encore plus utile
qu'on te l'ait pris :
regarde, tes ennemis
s'entretuent
pour l'or que tu leur concédas.

WOTAN *(tief erschüttert)*
Wie doch Bangen mich bindet!
Sorg und Furcht
fesseln den Sinn;
wie sie zu enden,
lehre mich Erda :
zu ihr muß ich hinab!

WOTAN *(profondément bouleversé)*
Comme l'angoisse m'étreint!
Le souci et la crainte
s'emparent de mon esprit;
il faut qu'Erda m'enseigne
comment y mettre fin :
je descendrai vers elle!

FRICKA *(schmeichelnd sich an ihn schmiegend)*
Wo weilst du, Wotan?
Winkt dir nicht hold
die hehre Burg,
die des Gebieters
gastlich bergend nun harrt?

FRICKA *(se serrant contre lui d'un air enjôleur)*
A quoi penses-tu, Wotan?
Le burg sublime
ne t'invite-t-il pas?
Il attend d'accueillir
et d'abriter son maître.

WOTAN *(düster)*
Mit bösem Zoll
zahlt' ich den Bau!

WOTAN *(sombrement)*
Je paie l'édifice
24 d'un lourd tribut!

DONNER *(auf den Hintergrund deutend, der noch in Nebel gehüllt ist)*
Schwüles Gedünst
schwebt in der Luft;
lästig ist mir

DONNER *(désignant le fond de la scène, encore enveloppé de brouillard)*
De lourds brouillards
flottent dans l'air;
cette sombre masse

der trübe Druck :
das bleiche Gewölk
samml' ich zu blitzendem Wetter;
das fegt den Himmel mir hell.
(Er besteigt einen hohen Felsstein am Talabhange und schwingt dort seinen Hammer; mit dem Folgenden ziehen sich Nebel um ihn zusammen.)

DONNER
He da! He da! He do!
Zu mir, du Gedüft!
Ihr Dünste, zu mir!
Donner, der Herr,
ruft euch zu Heer.
(Er schwingt den Hammer.)
Auf des Hammers Schwung
schwebet herbei :
dunstig Gedämpf,
schwebend Gedüft!
Donner, der Herr, ruft euch zu Heer!
He da! He da! He do!
(Er verschwindet völlig in einer immer finsterer sich ballenden Gewitterwolke. Man hört Donners Hammerschlag schwer auf den Felsstein fallen; ein starker Blitz entfährt der Wolke; ein heftiger Donnerschlag folgt. Froh ist mit im Gewölk verschwunden.)

DONNER *(unsichtbar)*
Bruder, hieher!
Weise der Brücke den Weg!
(Plötzlich verzieht sich die Wolke; Donner und Froh werden sichtbar : von ihren Füßen aus zieht sich, mit blendendem Leuchten, eine Regenbogenbrücke über das Tal hinüber bis zur Burg, die jetzt, von der Abendsonne beschienen, im hellsten Glanze erstrahlt. Fafner, der neben der Leiche seines Bruders endlich den ganzen Hort eingerafft, hat, den ungeheuren Sack auf dem Rücken, während Donners Gewitterzauber die Bühne verlassen.)

FROH *(der der Brücke mit der ausgestreckten Hand den Weg über das Tal angewiesen, zu den Göttern)*
Zur Burg führt die Brücke,
leicht, doch fest eurem Fuß :
beschreitet kühn
ihren schrecklosen Pfad!
(Wotan und die andern Gotter sind sprachlos in den prächtigen Anblick verloren.)

WOTAN
Abendlich strahlt
der Sonne Auge;
in prächt'ger Glut
prangt glänzend die Burg.
In des Morgens Scheine
mutig erschimmernd,
lag sie herrenlos
hehr verlockend vor mir.
Von Morgen bis Abend
in Müh und Angst
nicht wonnig ward sie gewonnen!
Es naht die Nacht :
vor ihrem Neid
biete sie Bergung nun.
(Wie von einem großen Gedanken ergriffen, sehr entschlos-

m'est pesante :
les pâles nuées,
je les rassemble en orage plein d'éclairs
qui va clarifier le ciel.
(Il gravit un rocher élevé au bord du ravin et là, il brandit son marteau; pendant l'incantation les nuées se rassemblent autour de lui.)

DONNER
Héda! Héda! Hédo!
Venez, vous les brumes!
Vous, brouillards, venez!
Donner, le maître
vous mobilise.
(Il brandit le marteau.)
Au choc du marteau,
volez vers moi :
voiles de brouillards,
nappes de brumes!
Donner, le maître vous mobilise!
Héda! Héda! Hédo!
(Il disparaît complètement dans des nuages d'orage qui s'assombrissent au fur et à mesure qu'ils s'amoncellent. On entend le marteau de Donner s'abattre pesamment sur le rocher : un vif éclair jaillit des nuages, suivi d'un violent coup de tonnerre. Froh aussi a disparu dans la nuée.)

DONNER *(invisible)*
Frère, par ici!
Montre le chemin à l'arche!
(Tout à coup, les nuages se dissipent; Donner et Froh redeviennent invisibles : un arc-en-ciel éblouissant de lumière se déploie à leurs pieds et, pareil à un pont, enjambe la vallée jusqu'au château. Celui-ci, éclairé par le soleil couchant, resplendit dans son plus radieux éclat. Après avoir enfin ramassé tout le trésor près du cadavre de son frère, Fafner a quitté la scène avec son énorme sac sur le dos pendant l'incantation de Donner à l'orage.)

FROH *(s'adresse aux dieux après avoir, de son bras tendu, imposé à l'arche de franchir la vallée)*
Le pont mène au burg,
léger mais ferme sous vos pas :
engagez-vous sans crainte
sur ce sentier paisible!
(Wotan et les autres dieux sont perdus dans la contemplation muette de ce spectacle splendide.)

WOTAN
Le soleil couchant
darde ses rayons;
sous ses feux superbes,
le burg resplendit.
Scintillant fièrement
dans la lumière du matin,
il était sans maître,
sa majesté m'attirait.
Du matin jusqu'au soir,
il fut conquis
sans joie, dans la peine et la peur!
La nuit approche :
contre ses maux,
il nous offre un abri.
(D'un ton très résolu, comme si une pensée grandiose

sen.)
So grüß ich die Burg,
sicher vor Bang und Graun –
(Er wendet sich feierlich zu Fricka.)
Folge mir, Frau :
in Walhall wohne mit mir!

FRICKA
Was deutet der Name?
Nie, dünkt mich, hört' ich ihn nennen.

WOTAN
Was, mächtig der Furcht,
mein Mut mir erfand,
wenn siegend es lebt,
leg es den Sinn dir dar!
(Er faßt Fricka an der Hand und schreitet mit ihr langsam der Brücke zu; Froh, Freia und Donner folgen.)

LOGE *(im Vordergrund verharrend und den Göttern nachblickend)*
Ihrem Ende eilen sie zu,
die so stark im Bestehen sich wähnen.
Fast schäm ich mich,
mit ihnen zu schaffen;
zur leckenden Lohe
mich wieder zu wandeln,
spür ich lockende Lust.
Sie aufzuzehren,
die einst mich gezähmt,
statt mit den Blinden
blöd zu vergehn
und wären' es göttlichste Götter!
Nicht dumm dünkte micht das!
Bedenken will ich's :
wer weiß, was ich tu!
(Er geht, um sich den Göttern in nachlässiger Haltung anzuschließen. Aus der Tiefe hört man den Gesang der Rheintöchter heraufschallen.)

DIE DREI RHEINTÖCHTER *(in der Tiefe des Tales, unsichtbar)*
Rheingold! Rheingold!
Reines Gold!
Wie lauter und hell
leuchtest hold du uns!
Um dich, du klares,
wir nun klagen!
Gebt uns das Gold!
O gebt uns das reine zurück!

WOTAN *(im Begriff, den Fuß auf die Brücke zu setzen, hält an und wendet sich um)*
Welch Klagen klingt zu mir her?

LOGE *(späht in das Tal hinab)*
Des Rheines Kinder
beklagen des Goldes Raub.

WOTAN
Verwünschte Nicker!
(Zu Loge)
Wehre ihrem Geneck!

26 *s'était emparée de lui.)*
Ainsi, je salue le burg,
exempt d'angoisse et d'effroi. –
(Il se tourne solennellement vers Fricka.)
Suis-moi, femme :
viens vivre avec moi au Walhalla!

FRICKA
Que signifie ce nom?
Jamais, je crois, je ne l'ai entendu.

WOTAN
Maîtrisant la peur,
j'ai conçu un projet;
s'il se réalise,
son sens t'apparaîtra!
(Il prend Fricka par la main et tous deux se dirigent à pas lents vers le pont; Froh, Freia et Donner suivent.)

LOGE *(restant sur le devant de la scène et regardant les dieux s'éloigner)*
Ils courent à leur perte,
alors qu'ils se croient si sûrs de durer.
J'ai presque honte
d'avoir affaire à eux.
J'éprouve fort l'envie
de reprendre ma forme
de flamme rampante
Pour consumer
ceux qui jadis m'ont dompté,
au lieu de périr bêtement
avec ces aveugles,
seraient-ils les dieux les plus divins!
Cela ne me paraît pas sot!
Je veux y songer :
qui sait ce que je vais faire!
(Il s'avance avec nonchalance pour se joindre aux dieux. Des profondeurs, on entend s'élever le chant des filles du Rhin.)

LES TROIS FILLES DU RHIN *(invisibles, dans les profondeurs de la vallée)*
Or du Rhin! Or du Rhin!
Or pur!
Comme nous était douce
ta lumière limpide!
Nous pleurons ta perte,
astre brillant!
Donnez-nous l'or!
Oh, rendez-nous l'or pur!

WOTAN *(sur le point de mettre le pied sur l'arche, s'arrête et se retourne)*
Quelle plainte s'élève jusqu'à moi?

LOGE *(scrutant la vallée)*
Les enfants du Rhin
déplorent le rapt de l'or.

WOTAN
Maudites nixes!
(A Loge.)
Fais taire leurs agaceries!

LOGE *(in das Tal hinabrufend)*
Ihr da im Wasser,
was weint ihr herauf?
Hört, was Wotan euch wünscht.
Glänzt nicht mehr
euch Mädchen das Gold,
in der Götter neuem Glanze
sonnt euch selig fortan!
(Die Götter lachen und beschreiten dann die Brücke.)

DIE RHEINTÖCHTER *(aus der Tiefe)*
Rheingold! Rheingold!
Reines Gold!
O leuchtete noch
in der Tiefe dein lautrer Tand!
Traulich und treu
ist's nur in der Tiefe :
falsch und feig
ist, was dort oben sich freut!

(Während die Götter auf der Brücke der Burg zuschreiten, fällt der Vorhang.)

LOGE *(criant vers la vallée)*
Vous là-bas, dans l'eau,
qu'avez-vous à pleurer?
Ecoutez ce que Wotan vous souhaite.
Filles, si l'or
ne brille plus pour vous,
baignez-vous désormais
dans le nouvel éclat des dieux!
(Les dieux se mettent à rire et s'avancent ensuite sur le pont.)

LES TROIS FILLES DU RHIN *(dans les profondeurs)*
Or du Rhin! Or du Rhin!
Or pur!
Puisse le clair jouet
luire encore dans les profondeurs!
Dans ces profondeurs seules,
on est tendre et fidèle :
ce qui rit là-haut
est perfide et lâche!

(Tandis que les dieux sur le pont se dirigent vers le château, le rideau tombe.)

DIE WALKÜRE

Erster Tag aus dem Bühnenfestspiel
Der Ring des Nibelungen

Personen

Siegmund *(Tenor)*
Wotan *(Hoher Bass)*
Hunding *(Bass)*

Sieglinde *(Sopran)*
Brünnhilde *(Sopran)*
Fricka *(Tiefer Sopran)*

Walküren

Gerhilde *(Sopran)*
Ortlinde *(Sopran)*
Waltraute *(Tiefer Sopran)*
Schwertleite *(Alt)*
Helmwige *(Sopran)*
Siegrune *(Tiefer Sopran)*
Grimgerde *(Alt)*
Rossweisse *(Alt)*

ERSTER AUFZUG

Das Innere eines Wohnraumes

In der Mitte steht der Stamm einer mächtigen Esche, dessen stark erhabene Wurzeln sich weithin in den Erdboden verlieren; von seinem Wipfel ist der Baum durch ein gezimmertes Dach geschieden, welches so durchschnitten ist, das der Stamm und die nach allen Seiten hin sich ausstreckenden Äste durch genau entsprechende Öffnungen hindurchgehen; von dem belaubten Wipfel wird angenommen, daß er sich über dieses Dach ausbreite. Um den Eschenstamm, als Mittelpunkt, ist nun ein Saal gezimmert; die Wände sind aus roh behauenem Holzwerk, hier und da mit geflochtenen und gewebten Decken behangen. Rechts im Vordergrunde steht der Herd, dessen Rauchfang seitwärts zum Dache hinausführt : hinter dem Herde befindet sich ein innerer Raum, gleich einem Vorratsspeicher, zu dem man auf einigen hölzernen Stufen hinaufsteigt : davor hängt, halb zurückgeschlagen, eine geflochtene Decke. Im Hintergrunde eine Eingangstür mit schlichtem Holzriegel. Links die Tür zu einem inneren Gemache, zu dem gleichfalls Stufen hinaufführen; weiter vorne auf derselben Seite ein Tisch mit einer breiten, an der Wand angezimmerten Bank dahinter und hölzernen Schemeln davor. Ein kurzes Orchestervorspiel von hektiger, stürmischer Bewegung leitet ein. Als der Vorhang aufgeht, öffnet Siegmund von außen hastig die Eingangstür und tritt ein : es ist gegen Abend, starkes Gewitter, im Begriff, sich zu legen. — Siegmund hält einen Augenblick den Riegel in der Hand und überblickt den Wohnraum : er scheint von übermäßiger Anstrengung erschöpft; sein Gewand und Aussehen zeigen, daß er sich auf der Flucht befinde. Da er niemand gewahrt, schließt er

LA WALKYRIE

Première journée du festival scénique
L'Anneau du Nibelung

Personnages

Siegmund *(ténor)*
Wotan *(baryton)*
Hunding *(basse)*

Sieglinde *(soprano)*
Brünnhilde *(soprano)*
Fricka *(mezzo-soprano)*

Les Walkyries

Gerhilde *(soprano)*
Ortlinde *(soprano)*
Waltraute *(mezzo-soprano)*
Schwertleite *(contralto)*
Helmwige *(soprano)*
Siegrune *(mezzo-soprano)*
Grimgerde *(contralto)*
Rossweisse *(contralto)*

PREMIER ACTE

L'intérieur d'une pièce d'habitation

27 *Au milieu se dresse le tronc d'un frêne puissant dont les racines fort saillantes se perdent loin dans le sol; l'arbre est coupé de son faîte par un toit de planches taillé de manière à laisser le tronc et les branches, qui s'étendent dans toutes les directions, le traverser par des ouvertures adaptées; on devine que la cime feuillue se déploie audessus de ce toit. Une pièce est donc construite autour du tronc du frêne qui en est le centre; les murs, en pans de bois grossièrement équarris, sont recouverts çà et là d'étoffes tressées et tissées. A droite au premier plan, le foyer surmonté d'une cheminée qui s'échappe en biais à travers le toit; derrière le foyer se trouve une pièce qui ressemble à un garde-manger auquel on accède par quelques marches de bois; devant est suspendue une couverture tressée, à demi tirée. Au fond, la porte d'entrée munie d'un simple loquet de bois. A gauche, une porte menant à une chambre à laquelle conduisent également des marches; du même côté mais plus en avant, une table; derrière elle, un large banc fixé au mur et devant elle, des*
28 *tabourets de bois. Bref prélude orchestral dans un mouvement rapide et impétueux. Lorsque le rideau se lève, le soir tombe, un violent orage commence à s'apaiser. Siegmund garde un instant la main posée sur le loquet et jette un regard circulaire sur la pièce; il semble épuisé par un effort extrême; ses vêtements et son aspect montrent qu'il a dû fuir. N'apercevant personne, il s'avance vers le foyer et, à bout de forces, se jette là sur une peau d'ours.*

die Tür hinter sich, schreitet auf den Herd zu und wirft sich dort ermattet auf eine Decke von Bärenfell.

ERSTE SZENE

SIEGMUND
Wes Herd dies auch sei,
hier muß ich rasten.
(Er sinkt zurück und bleibt einige Zeit regungslos ausgestreckt. – Sieglinde tritt aus der Tür des inneren Gemaches. Sie glaubte ihren Mann heimgekehrt : ihre ernste Miene zeigt sich dann verwundert, als sie einen Fremden am Herde ausgestreckt sieht.)

SIEGLINDE *(noch im Hintergrunde)*
Ein fremder Mann?
Ihn muß ich fragen.
(Sie tritt ruhig einige Schritte näher.)
Wer kam ins Haus
und liegt dort am Herd?
(Da Siegmund sich nicht regt, tritt sie noch etwas näher und betrachtet ihn.)
Müde liegt er
von Weges Mühn :
schwanden die Sinne ihm?
Wäre er siech? –
(Sie neigt sich zu ihm herab und lauscht.)
Noch schwillt ihm der Atem;
das Auge nur schloß er. –
Mutig dünkt mich der Mann,
sank er müd auch hin.

SIEGMUND *(fährt jäh mit dem Haupt in die Höhe)*
Ein Quell! Ein Quell!

SIEGLINDE
Erquickung schaff ich.
(Sie nimmt schnell ein Trinkhorn, geht damit aus dem Hause, kommt zurück und reicht das gefüllte Trinkhorn Siegmund.)
Labung biet ich
dem lechzenden Gaumen :
Wasser, wie du gewollt!
(Siegmund trinkt und reicht ihr das Horn zurück. Als er ihr mit dem Haupte Dank zuwinkt, haftet sein Blick mit steigender Teilnahme an ihren Mienen.)

SIGMUND
Kühlende Labung
gab mir der Quell,
des Müden Last
machte er leicht;
erfrischt ist der Mut,
das Aug' erfreut
des Sehens selige Lust. –
Wer ist's, der so mir es labt?

SIEGLINDE
Dies Haus und dies Weib
sind Hundings Eigen;
gastlich gönn' er dir Rast :
harre, bis heim er kehrt!

SCENE I

SIEGMUND
Quel que soit le maître,
je dois faire halte ici.
(Il s'affaisse en arrière et demeure quelque temps étendu sans mouvement. – Sieglinde paraît sur le seuil de la chambre, croyant que son mari était de retour; son visage grave trahit alors de l'étonnement en voyant un étranger étendu près du foyer.)

SIEGLINDE *(encore au fond de la scène)*
Un étranger?
Je dois l'interroger.
(Elle fait tranquillement quelques pas vers lui.)
Qui est entré
28 pour s'étendre près de l'âtre?
(Comme Siegmund ne bouge pas, elle s'approche davantage et le comtemple.)
Il est étendu,
las des fatigues du chemin :
est-il évanoui?
29 Serait-il souffrant? –
(Elle se penche vers lui et tend l'oreille.)
Il respire encore,
mais a fermé les yeux.
L'homme paraît courageux,
même s'il est tombé de fatigue.

SIEGMUND *(levant brusquement la tête)*
Une source! Une source!

SIEGLINDE
J'apporte à boire.
(Elle prend rapidement une corne à boire et sort de la maison; elle revient et tend à Siegmund la corne pleine.)

J'offre un breuvage
à la gorge assoiffée :
de l'eau, c'est ton désir!
29 *(Siegmund boit et lui rend la corne. La remerciant d'un*
28 *signe de tête, il la dévisage avec une sympathie grandissan-*
16b *te.)*
30

SIEGMUND
La source m'a donné
un frais breuvage,
elle a soulagé
le poids de la fatigue
et rafraîchi mon coeur;
quelle félicité
de recouvrer la vue.
Qui me réconforte ainsi?

SIEGLINDE
Cette maison et cette femme
sont le bien de Hunding;
tu seras son hôte :
attends son retour!

SIGMUND
Waffenlos bin ich :
dem wunden Gast
wird dein Gatte nicht wehren.

SIEGLINDE *(mit besorgter Hast)*
Die Wunden weise mir schnell!

SIEGMUND *(springt lebhaft vom Lager zum Sitz auf)*

Gering sind sie,
der Rede nicht wert;
noch fügen des Leibes
Glieder sich fest.
Hätten halb so stark wie mein Arm
Schild und Speer mir gehalten,
nimmer floh ich dem Feind;
doch zerschellten mir Speer und Schild.
Der Feinde Meute
hetzte mich müd,
Gewitterbrunst
brach meinen Leib;
doch schneller, als ich der Meute,
schwand die Müdigkeit mir :
sank auf die Lider mir Nacht,
die Sonne lacht mir nun neu.

SIEGLINDE *(geht nach dem Speicher, füllt ein Horn mit Met und reicht es Siegmund mit freundlicher Bewegtheit)*

Des seimigen Metes
süßen Trank
mögst du mir nicht verschmähn.

SIEGMUND
Schmecktest du mir ihn zu?
(Sieglinde nippt am Horne und reicht es ihm wieder. Siegmund tut einen langen Zug, indem er den Blick mit wachsender Wärme auf sie heftet. Er setzt so das Horn ab und läßt es langsam sinken, während der Ausdruck seiner **29**
Miene in starke Ergriffenheit übergeht. Er seufzt tief auf **30**
und senkt den Blick düster zu Boden.)

SIEGMUND *(mit bebender Stimme)*
Einen Unseligen labtest du :
Unheil wende
der Wunsch von dir!
(Er bricht schnell auf, um fortzugehen.)
Gerastet hab ich
und süß geruht :
weiter wend ich den Schritt.
(Er geht nach hinten.)

SIEGLINDE *(lebhaft sich umwendend)*
Wer verfolgt dich, daß du schon fliehst?

SIEGMUND *(von ihrem Rufe gefesselt, langsam und düster)*
Mißwende folgt mir,
wohin ich fliehe;
Mißwende naht mir,
wo ich mich zeige.
Dir, Frau, doch bleibe sie fern!
Fort wend ich Fuß und Blick.

SIEGMUND
Je suis sans armes :
ton époux
ne rejettera pas l'hôte blessé.

SIEGLINDE *(avec empressement)*
Vite, montre-moi tes blessures!

SIEGMUND *(se redresse vivement et s'assied sur la couche)*
Elles sont légères,
inutile d'en parler;
mes membres sont encore
fort robustes.
Si mon bouclier et ma lance
avaient résisté autant que mon bras,
je n'aurais jamais fui l'ennemi;
mais lance et bouclier se brisèrent.
La meute des ennemis
me traqua,
le violent orage
m'épuisa;
mais la fatigue m'a fui plus vite
que je n'ai fui la meute :
la nuit avait voilé mes paupières,
le soleil luit de nouveau pour moi.

SIEGLINDE *(se dirige vers le garde-manger, remplit une corne d'hydromel et la tend à Siegmund avec une tendre émotion)*
De l'hydromel crémeux,
douce boisson,
je te prie de l'accepter.

SIEGMUND
Goûte-le la première.
(Sieglinde trempe ses lèvres dans la corne et la lui tend de nouveau. Siegmund en boit une longue gorgée tout en fixant sur elle un regard de plus en plus ardent. Il éloigne la corne de ses lèvres et l'abaisse lentement, tandis que les traits de son visage expriment une émotion intense. Il pousse un pro - fond soupir et baisse les yeux d'un air sombre.)

SIEGMUND *(D'une voix tremblante.)*
Tu as réconforté un malheureux :
sois préservée
de tout malheur!
(Il s'apprête à partir rapidement.)
J'ai fait halte,
j'ai pris un doux repos :
je continue ma route.
(Il va vers le fond.)

SIEGLINDE *(se tournant vivement)*
Qui te poursuit pour que tu fuies déjà?

SIEGMUND *(envoûté par son appel, d'une voix lente et sombre)*
La malchance me suit
partout où je fuis;
la malchance m'approche
où que je paraisse.
Mais toi, femme, qu'elle t'épargne!
Je porte ailleurs mes regards et mes pas.

(Er schreitet schnell bis zur Tür und hebt den Riegel.)

SIEGLINDE *(in heftigem Selbstvergessen ihm nachrufend)*

So bleibe hier!
Nicht bringst du Unheil dahin,
wo Unheil im Hause wohnt!
(Siegmund bleibt tief erschüttert stehen und forscht in Sieglindes Mienen; diese schlägt verschämt und traurig die Augen nieder. Langes Schweigen.)

SIEGMUND *(kehrt zurück)*
Wehwalt hieß ich mich selbst :
Hunding will ich erwarten.
(Er lehnt sich an den Herd; sein Blick haftet mit ruhiger und entschlossener Teilnahme an Sieglinde : diese hebt langsam das Auge wieder zu ihm auf. Beide blicken sich in langem Schweigen mit dem Ausdruck tiefster Ergriffenheit in die Augen.)

ZWEITE SZENE

Sieglinde fährt plötzlich auf, lauscht und hört Hunding, der sein Roß außen zum Stall führt. Sie geht hastig zur Tür und öffnet; Hunding, gewaffnet mit Schild und Speer, tritt ein und hält unter der Tür, als er Siegmund gewahrt. – Hunding wendet sich mit einem ernst fragenden Blick an Sieglinde.

SIEGLINDE *(dem Blicke Hundings entgegnend)*
Müd am Herd
fand ich den Mann :
Not führt' ihn ins Haus.

HUNDING
Du labtest ihn?

SIEGLINDE
Den Gaumen letzt' ich ihm,
gastlich sorgt' ich sein!

SIEGMUND *(der ruhig und fest Hunding beobachtet)*

Dach und trank
dank ich ihr :
willst du dein Weib drum schelten?

HUNDING
Heilig ist mein Herd :
heilig sei dir mein Haus!
(Er legt seine Waffen ab und übergibt sie Sieglinde. Zu Sieglinde.)
Rüst uns Männern das Mahl!
(Sieglinde hängt die Waffen an Ästen des Eschenstammes auf, dann holt sie Speise und Trank aus dem Speicher und rüstet auf dem Tische das Nachtmahl. – Unwillkürlich heftet sie wieder den Blick auf Siegmund.)

HUNDING *(mißt scharf und verwundert Siegmunds Züge, die er mit denen seiner Frau vergleicht; für sich)*
Wie gleicht er dem Weibe!
Der gleißendeWurm

(Il s'avance à pas rapides jusqu'à la porte et soulève le loquet.)

SIEGLINDE *(le rappelant, dans un oubli éperdu d'elle-même)*
Alors demeure!
Tu n'apporteras pas le malheur,
là où le malheur habite!
(Siegmund s'immobilise, profondément bouleversé, et scrute le visage de Sieglinde; celle-ci baisse les yeux, confuse et triste. Long silence.)

SIEGMUND *(revient sur ses pas)*
Je m'appelais moi-même Wehwalt :
je vais attendre Hunding.
(Il s'adosse au foyer; son regard se pose sur Sieglinde avec une sympathie paisible et résolue : celle-ci relève lentement
31 *les yeux vers lui. En silence, tous deux se regardent longue-*
29 *ment dans les yeux avec l'expression d'une très profonde*
32 *émotion.)*

SCENE II

Tout à coup, Sieglinde sursaute, tend l'oreille et entend Hunding qui, au dehors, mène son cheval à l'écurie. Elle se dirige en hâte vers la porte et ouvre; armé de son bouclier et de sa lance, Hunding entre et s'arrête sur le seuil en apercevant Siegmund. – Hunding adresse à Sieglinde un regard grave et interrogateur.

SIEGLINDE *(soutenant le regard de Hunding)*
J'ai trouvé cet homme
las, près du foyer :
la détresse l'a mené ici.

HUNDING
Tu l'as réconforté?

SIEGLINDE
J'ai apaisé sa soif,
je l'ai traité en hôte!

SIEGMUND *(qui observe Hunding d'un air tranquille et assuré)*
Je lui dois
boisson et toit :
vas-tu pour cela blâmer ta femme?

HUNDING
Mon foyer est sacré :
que ma maison te soit sacrée!
(Il se débarrasse de ses armes et les remet à Sieglinde. S'adressant à Sieglinde.)
Prépare le repas aux hommes.
(Sieglinde suspend les armes aux branches du frêne puis elle va chercher mets et boissons dans le garde-manger et dispose le repas du soir sur la table. – Involontairement, elle fixe de nouveau son regard sur Siegmund.)

HUNDING *(Attentif et étonné, examine les traits de Siegmund et les compare à ceux de sa femme; à part.)*
Qu'il ressemble à ma femme!
Une lueur inquiétante

glänzt auch ihm aus dem Auge.
(Er birgt sein Befremden und wendet sich wie unbefangen zu Siegmund.)
Weit her, traun,
kamst du des Wegs;
ein Roß nicht ritt,
der Rast hier fand :
welch schlimme Pfade
schufen dir Pein?

SIEGMUND
Durch Wald und Wiese,
Heide und Hain,
jagte mich Sturm
und starke Not :
nicht kenn ich den Weg, den ich kam.
Wohin ich irrte,
weiß ich noch minder :
Kunde gewänn' ich des gern.

HUNDING *(am Tische und Siegmund den Sitz bietend)*
Des Dach dich deckt,
des Haus dich hegt,
Hunding heißt der Wirt;
wendest von hier du
nach West den Schritt,
in Höfen reich
hausen dort Sippen,
die Hundings Ehre behüten.
Gönnt mir Ehre mein Gast,
wird sein Name nun mir genannt.
(Siegmund, der sich am Tisch niedergesetzt, blickt nachdenklich vor sich hin. Sieglinde, die sich neben Hunding, Siegmund gegenüber, gesetzt, heftet ihr Auge mit auffallender Teilnahme und Spannung auf diesen der beide beobachtet :)
trägst du Sorge,
mir zu vertraun,
der Frau hier gib doch Kunde :
sieh, wie gierig sie dich frägt!

SIEGLINDE *(unbefangen und teilnahmsvoll)*
Gast, wer du bist,
wüßt' ich gern.

SIEGMUND *(blick auf, sieht ihr in das Auge und beginnt ernst)*
Friedmund darf ich nicht heißen;
Frohwalt möcht' ich wohl sein :
doch Wehwalt muß ich mich nennen.
Wolfe, der war mein Vater;
zu zwei kam ich zur Welt,
eine Zwillingsschwester und ich.
Früh schwanden mir
Mutter und Maid;
die mich gebar
und die mit mir sie barg,
kaum hab ich je sie gekannt.
Wehrlich und stark war Wolfe;
der Feinde wuchsen ihm viel.
Zum Jagen zog

brille aussi dans ses yeux.
(Il dissimule sa surprise et se tourne vers Siegmund d'un air dégagé.)
Ta route fut
longue sans doute;
nul cheval n'est venu
faire halte ici :
quels chemins difficiles
te firent souffrir?

SIEGMUND
Par bois et prairies,
landes et bosquets,
tempête et grande détresse
m'ont pourchassé :
j'ignore quels chemins j'ai suivis.
Je sais encore moins
où je me suis égaré,
et j'aimerais l'apprendre.

HUNDING *(à table et invitant Siegmund à s'asseoir)*
Ce toit qui t'abrite,
ces murs qui t'accueillent,
Hunding en est le maître;
si tu diriges tes pas
vers l'ouest,
tu trouves des clans,
dans de riches domaines,
qui veillent sur l'honneur de Hunding.
Mon hôte m'honorera
s'il me dit à présent son nom.
(Siegmund qui s'est assis à la table, regarde dans le vide
31 *d'un air pensif. Sieglinde, qui s'est assise à côté de*
29 *Hunding, en face de Siegmund, fixe les yeux sur celui-ci*
30 *avec une sympathie et une attention visibles. Hunding qui les observe tous les deux :)*
Si tu crains
de te fier à moi,
informe donc cette femme :
vois comme ses yeux t'interrogent!

SIEGLINDE *(pleine de sympathie et d'un air naturel)*
Hôte, j'aimerais savoir
qui tu es.

SIEGMUND *(lève la tête, la regarde dans les yeux et commence d'un ton grave)*
31 Je ne puis m'appeler Friedmund;
je voudrais être Frohwalt :
mais je dois me nommer Wehwalt.[1]
Loup était mon père;
nous vîmes le jour à deux,
une soeur jumelle et moi.
Très tôt, je perdis
ma mère et ma soeur;
celle qui me porta
et celle qui naquit avec moi,
je ne les ai guère connues.
32 Loup était fort et combatif;
il se fit beaucoup d'ennemis.
Le père allait

---

1. : Au sens littéral, *Friedmund* = « messages de paix », *Frohwalt* = « voué à la joie », *Wehwalt* = « voué au malheur ».

mit dem Jungen der Alte :
von Hetze und Harst
einst kehrten sie heim :
da lag das Wolfsnest leer.
Zu Schutt gebrannt
der prangende Saal,
zum Stumpf der Eiche
blühender Stamm;
erschlagen der Mutter
mutiger Leib,
verschwunden in Gluten
der Schwester Spur.
Uns schuf die herbe Not
der Neidinge harte Schar.
Geächtet floh
der Alte mit mir;
lange Jahre
lebte der Junge
mit Wolfe im wilden Wald :
Manche Jagd
ward auf sie gemacht;
doch mutig wehrte
das Wolfspaar sich.
(Zu Hunding gewandt.)
Ein Wölfing kündet dir das,
den als «Wölfing» mancher wohl kennt.

HUNDING
Wunder und wilde Märe
kündest du, kühner Gast,
Wehwalt, der Wölfing!
Mich dünkt, von dem wehrlichen Paar
vernahm ich dunkle Sage,
kannt' ich auch Wolfe
und Wölfing nicht.

SIEGLINDE
Doch weiter künde, Fremder :
wo weilt dein Vater jetzt?

SIEGMUND
Ein starkes Jagen auf uns
stellten die Neidinge an :
Der Jäger viele
fielen den Wölfen,
in Flucht durch den Wald
trieb sie das Wild :
wie Spreu zerstob uns der Feind.
Doch ward ich vom Vater versprengt;
seine Spur verlor ich,
je länger ich forschte :
eines Wolfes Fell nur
traf ich im Forst;
leer lag das vor mir,
den Vater fand ich nicht.
Aus dem Wald trieb es mich fort;
mich drängt' es zu Männern und Frauen.
Wieviel ich traf,
wo ich sie fand,
ob ich um Freund',
um Frauen warb,
immer doch war ich geächtet :
Unheil lag auf mir.
Was Rechtes je ich riet,

à la chasse avec le fils;
un jour, ils rentrèrent
de la traque et de la lutte :
le gîte du loup était vide.
La pièce splendide :
réduite en cendres,
le tronc du beau chêne :
une souche;
le corps vaillant de ma mère
gisait sans vie;
disparue avec les braises,
la trace de ma soeur.
32 C'est la bande cruelle des Envieux
qui nous causa cet amer désastre.
Proscrit, mon père
s'enfuit avec moi;
le fils vécut de longues années,
avec Loup dans la forêt sauvage :
maintes fois
on les pourchassa;
mais les deux Loups luttaient
avec vaillance.

(Tourné vers Hunding.)
C'est Fils-de-Loup qui te le dit,
et beaucoup me connaissent sous ce nom.

HUNDING
Hôte intrépide, tu fais là
un récit étrange et sombre,
Wehwalt, le Fils-de-Loup!
Sur ces deux combattants, j'ai entendu,
je crois, d'obscures histoires,
sans connaître ni Loup,
ni Fils-de-Loup.

SIEGLINDE
Mais continue, étranger :
où est ton père maintenant?

SIEGMUND
32 Les Envieux nous firent
une chasse acharnée :
sous les coups des Loups,
maints chasseurs tombèrent,
traqués dans les bois
par leur gibier :
les ennemis furent dispersés.
Mais je fus séparé de mon père;
je perdis sa trace,
à force de le chercher;
je découvris seulement
dans la forêt une peau de loup,
vide devant moi,
14 sans retrouver mon père.
Je voulus sortir des bois,
30 poussé vers les hommes et les femmes.
J'eus beau en voir
et en tous lieux,
recherchant un ami
ou une compagne,
toujours j'étais rejeté :
le malheur pesait sur moi.
Ce que j'estimais bon,

andern dünkte es arg,
was schlimm immer mir schien,
andere gaben ihm Gunst.
In Fehde fiel ich,
wo ich mich fand,
Zorn traf mich,
wohin ich zog;
gehrt' ich nach Wonne,
weckt' ich nur Weh :
drum mußt' ich mich Wehwalt nennen;
des Wehes waltet' ich nur.
(Er sieht zu Sieglinde auf und gewahrt ihren teilnehmenden Blick.)

semblait mauvais à d'autres,
ce qui me semblait mal,
d'autres le jugeaient bien.
J'entrais en conflit
où que je me trouve,
la colère me frappait
partout où j'allais;
aspirant au bonheur,
je n'éveillais que douleur :
c'est pourquoi j'ai dû me nommer Wehwalt;
j'étais voué au malheur;
(Il lève les yeux vers Sieglinde et remarque son regard compatissant.)

HUNDING
Die so leidig Los dir beschied,
nicht liebte dich die Norn' :
froh nicht grüßt dich der Mann,
dem fremd als Gast du nahst.

HUNDING
Pour t'imposer un sort si funeste,
la Norne ne t'aimait pas :
l'homme qui t'accueille, étranger,
te reçoit sans plaisir.

SIEGLINDE
Feige nur fürchten den,
der waffenlos einsam fährt! –
Künde noch, Gast,
wie du im Kampf
zuletzt die Waffe verlorst!

SIEGLINDE
Les lâches seuls craignent un homme
solitaire et sans armes! –
Hôte, raconte enfin
comment tu perdis
ton arme au combat!

SIEGMUND *(immer lebhafter)*
Ein trauriges Kind
rief mich zum Trutz :
vermählen wollte
der Magen Sippe
dem Mann ohne Minne die Maid.
Wider den Zwang
zog ich zum Schutz,
der Dränger Troß
traf ich im Kampf :
dem Sieger sank der Feind.
Erschlagen lagen die Brüder :
die Leichen umschlang da die Maid,
den Grimm verjagt' ihr der Gram.
Mit wilder Tränen Flut
betroff sie weinend die Wal :
um des Mordes der eignen Brüder
klagte die unsel'ge Braut.
Der Erschlagnen Sippen
stürmten daher;
übermächtig
ächzten nach Rache sie;
rings um die Stätte
ragten mir Feinde.
Doch von der Wal
wich nicht die Maid;
mit Schild und Speer
schirmt' ich sie lang,
bis Speer und Schild
im Harst mir zerhaun.
Wund und waffenlos stand ich –
sterben sah ich die Maid :
mich hetzte das wütende Heer –
auf den Leichen lag sie tot.
(Mit einem Blicke voll schmerzlichen Feuers auf Sieglinde.)

SIEGMUND *(s'animant de plus en plus)*
Une triste enfant
m'appela à l'aide :
sa famille voulait
marier la jeune fille
à un homme qu'elle n'aimait pas.
Je m'élevai
contre cette contrainte,
je combattis
la troupe des oppresseurs :
l'ennemi céda au vainqueur.
Ses frères gisaient morts sous les coups :
la jeune fille étreignait les cadavres,
le chagrin chassa la colère.
Versant sur le champ de bataille
un flot de larmes brûlantes,
la malheureuse fiancée se lamentait
sur le meurtre de ses frères.
Les clans des tués
se précipitèrent;
venus très nombreux,
ils criaient vengeance;
les ennemis me pressaient
de toutes parts.
Mais la jeune fille
ne quittait pas les lieux;
je la protégeai longtemps
avec mon bouclier et ma lance,
mais lance et bouclier
volèrent en éclat dans la lutte.
J'étais blessé et sans armes –
je vis mourir la jeune fille;
la horde en fureur me harcelait –
sur les cadavres, l'enfant gisait morte.
(Avec un regard douloureux plein de flamme posé sur Sieglinde.)

Nun weißt du, fragende Frau,

33, 31 Femme qui m'interroge, tu sais maintenant

warum ich Friedmund – nicht heiße!
(Er steht auf und schreitet auf den Herd zu. Sieglinde blickt erbleichend und tief erschüttert zu Boden.)

HUNDING *(erhebt sich, sehr finster)*
Ich weiß ein wildes Geschlecht,
nicht heilig ist ihm,
was andern hehr :
verhaßt ist es allen und mir.
Zur Rache ward ich gerufen,
Sühne zu nehmen
für Sippenblut :
zu spät kam ich
und kehre nun heim,
des flücht'gen Frevlers Spur
im eignen Haus zu erspähn. –
(Er geht herab.)
Mein Haus hütet,
Wölfing, dich heut;
für die Nacht nahm ich dich auf;
mit starker Waffe
doch wehre dich morgen;
zum Kampfe kies ich den Tag :
für Tote zahlst du mir Zoll.
(Sieglinde schreitet mit besorgter Gebärde zwischen die beiden Männer vor.)

HUNDING *(barsch)*
Fort aus dem Saal!
Säume hier nicht!
Den Nachttrunk rüste mir drin
und harre mein zur Ruh'.
(Sieglinde steht eine Weile unentschieden und sinnend. Sie wendet sich langsam und zögernden Schrittes nach dem Speicher. Dort hält sie wieder an und bleibt, in Sinnen verloren, mit halb abgewandtem Gesicht stehen. Mit ruhigem Entschluß öffnet sie den Schrein, füllt ein Trinkhorn und schüttet aus einer Büchse Würze hinein. Dann wendet sie das Auge auf Siegmund, um seinem Blicke zu begegnen, den dieser fortwährend auf sie heftet. Sie gewahrt Hundings Spähen und wendet sich sogleich zum Schlafgemach. Auf den Stufen kehrt sie sich noch einmal um, heftet das Auge sehnsuchtsvoll auf Siegmund und deutet mit dem Blicke andauernd und mit sprechender Bestimmtheit auf eine Stelle am Eschenstamme. Hunding fährt auf und treibt sie mit einer heftigen Gebärde zum Fortgehen an. Mit einem letzten Blick auf Siegmund geht sie in das Schlafgemach und schließt hinter sich die Tür. Hunding nimmt seine Waffen vom Stamme herab.)
Mit Waffen wahrt sich der Mann.
(Im Abgehen sich zu Siegmund wendend.)
Dich, Wölfing, treffe ich morgen; –
mein Wort hörtest du –
hüte dich wohl!
(Er geht mit den Waffen in das Gemach; man hört ihn von innen den Riegel schließen.)

pourquoi je ne m'appelle pas Friedmund!
(Il se lève et se dirige vers le foyer. Sieglinde baisse les yeux, pâle et profondément bouleversée.)

HUNDING *(se mettant debout, l'air très sombre)*
Je connais une race sauvage,
elle ne respecte pas
ce que d'autres vénèrent :
tous et moi-même la haïssent.
Je fus appelé à la vengeance
pour faire expier
le sang de mon clan :
j'arrivai trop tard
et à mon retour,
je surprends dans ma maison
la trace du criminel en fuite. –
(Il s'avance vers le devant de la scène.)
Ma maison t'abrite
aujourd'hui, Fils-de-Loup;
je t'ai accueilli pour la nuit;
mais demain, munis-toi
d'une arme solide :
je choisis ce jour pour le combat :
tu me paieras tribut pour les morts.
(Sieglinde s'avance entre les deux hommes avec des gestes inquiets.)

HUNDING *(d'un ton rogue)*
Sors de la pièce!
Et sans tarder!
Prépare ma boisson du soir
et attends-moi pour la nuit.
(Sieglinde reste un moment indécise et songeuse. Elle se dirige à pas hésitants et lents vers le garde-manger. Là, elle s'arrête à nouveau et demeure immobile, perdue dans ses pensées, le visage à demi-détourné. Avec une résolution tranquille, elle ouvre une armoire, remplit une corne à boire et y verse des herbes qu'elle a prises dans une boîte. Puis elle tourne les yeux vers Siegmund pour rencontrer son regard; celui-ci n'a pas cessé de fixer ce regard sur elle. Elle s'aperçoit que Hunding les épie et se dirige aussitôt vers la chambre à coucher. Sur les marches, elle se retourne encore une fois et, fixant intensément Siegmund des yeux,
29 *indique longuement du regard, avec une insistance parlante*
30 *un point sur le tronc du frêne. Hunding sursaute et, d'un*
26` *geste violent, la presse de s'en aller. Après un dernier*
32 *regard vers Siegmund, elle entre dans la chambre et ferme la porte derrière elle. Hunding reprend ses armes accrochées à l'arbre.)*
L'homme se défend avec des armes.
(Se tournant vers Siegmund tandis qu'il sort.)
Fils-de-Loup je t'affronte demain,
tu m'as bien entendu, –
sois sur tes gardes!
(Il pénètre dans la chambre avec ses armes; on l'entend fermer le verrou de l'intérieur.)

DRITTE SZENE

Siegmund allein. Es ist vollständig Nacht geworden; der Saal ist nur noch von einem schwachen Feuer im Herd erhellt. Siegmund läßt sich, nah beim Feuer, auf dem Lager nieder und brütet in großer innerer Aufregung eine Zeitlang vor sich hin.

SCENE III

La nuit est tout à fait tombée; la pièce n'est plus éclairée que par une faible lueur du foyer. Siegmund s'assied sur la couche près de l'âtre et médite quelque temps, en proie à une grande agitation intérieure.

SIEGMUND
Ein Schwert verhieß mir der Vater,
ich fänd' es in höchster Not.
Waffenlos fiel ich
in Feindes Haus;
seiner Rache Pfand,
raste ich hier.
Ein Weib sah ich,
wonnig und hehr :
entzückend Bangen
zehrt mein Herz.
Zu der mich nun Sehnsucht zieht,
die mit süßem Zauber mich sehrt,
im Zwange hält sie der Mann,
der mich Wehrlosen höhnt!
Wälse! Wälse!
Wo ist dein Schwert?
Das starke Schwert,
das im Sturm ich schwänge,
bricht mir hervor aus der Brust,
was wütend das Herz noch hegt?
(Das Feuer bricht zusammen; es fällt aus der aufsprühenden Glut plötzlich ein greller Schein auf die Stelle des Eschenstammes, welche Sieglindes Blick bezeichnet hatte und an der man jetzt deutlich einen Schwertgriff haften sieht.)
Was gleißt dort hell
im Glimmerschein?
Welch ein Strahl bricht
aus der Esche Stamm?
Des Blinden Auge
leuchtet ein Blitz :
lustig lacht da der Blick.
Wie der Schein so hehr
das Herz mir sengt!
Ist es der Blick
der blühenden Frau,
den dort haftend
sie hinter sich ließ,
als aus dem Saal sie schied?
(Von hier an verglimmt das Herdfeuer allmählich.)

Nächtiges Dunkel
deckte mein Aug';
ihres Blickes Strahl
streifte mich da :
Wärme gewann ich und Tag.
Selig schien mir
der Sonne Licht;
den Scheitel umgliß mir
ihr wonniger Glanz,
bis hinter Bergen sie sank.
(Ein neuer schwacher Aufschein des Feuers.)
Noch einmal, da sie schied,
traf mich abends ihr Schein;
selbst der alten Esche Stamm
erglänzte in goldner Glut :
da bleicht die Blüte,
das Licht verlischt;
nächtiges Dunkel
deckt mir das Auge :
tief in des Busens Berge
glimmt nur noch lichtlose Glut.
(Das Feuer ist gänzlich verloschen : volle Nacht. – Das

SIEGMUND
26 Mon père me promit une épée,
trouvée dans la pire détresse.
Sans armes, je suis tombé
dans la maison de l'ennemi;
gage de sa vengeance,
je fais halte ici.
J'ai vu une femme
belle et sublime :
un trouble enchanteur
consume mon coeur.
Un désir m'attire vers celle
qui me tient sous son doux charme,
elle est sous l'emprise de l'homme
qui me raille, moi, sans armes!
Wälse! Wälse!
Où est ton épée?
La solide épée
que je brandirai dans l'assaut,
quand jaillira de mon coeur
la rage contenue en moi!
(Les braises s'effondrent; les étincelles qui jaillissent font soudain tomber une vive clarté sur le tronc du frêne à l'endroit que Sieglinde avait désigné du regard; maintenant on voit nettement la poignée d'une épée qui s'y trouve plantée.)

Qu'est-ce qui luit là
dans la lueur des braises?
Quel rayon jaillit
du tronc du frêne?
Mes yeux aveuglés
voient un vif éclair;
mon regard s'illumine de joie.
Cette clarté sublime
enflamme mon coeur!
Est-ce le regard
de la femme splendide
qu'elle aurait laissé
fixé là-bas,
quand elle quitta la pièce?
(A partir de ce moment, la lueur du foyer s'éteint progressivement.)
L'ombre nocturne
voilait mes yeux;
son regard rayonnant
m'effleura,
me donnant chaleur et lumière.
Le soleil brillant
m'emplit de bonheur;
son éclat radieux
m'auréola le front,
puis il disparut derrière les monts.
(Le feu se ravive faiblement.)
Au soir, en s'en allant,
sa clarté m'atteignit encore;
même le tronc du vieux frêne
resplendit d'un feu doré :
l'éclat pâlit,
la lumière s'éteint;
l'ombre nocturne
voile mes yeux :
tout au fond de mon âme
ne couve plus qu'une ardeur obscure.
(Le feu s'est complètement éteint : nuit noire. – Sur le côté,

Seitengemach öffnet sich leise : Sieglinde, in weißem Gewande, tritt heraus und schreitet leise, doch rasch, auf den Herd zu.)

SIEGLINDE
Schläfst du, Gast?

SIEGMUND *(freudig überrascht aufspringend)*
Wer schleicht daher?

SIEGLINDE *(mit geheimnisvoller Hast)*
Ich bin's : höre mich an!
In tiefem Schlaf liegt Hunding;
ich würzt' ihm betäubenden Trank :
Nütze die Nacht dir zum Heil!

SIEGMUND *(hitzig unterbrechend)*
Heil macht mich dein Nah'n!

SIEGLINDE
Eine Waffe laß mich dir weisen :
O wenn du sie gewännst!
Den hehrsten Helden
dürft' ich dich heißen :
dem Stärksten allein
ward sie bestimmt.
O merke wohl, was ich dir melde!
Der Männer Sippe
saß hier im Saal,
von Hunding zur Hochzeit geladen.
Er freite ein Weib,
das ungefragt
Schächer ihm schenkten zur Frau.
Traurig saß ich,
während sie tranken;
ein Fremder trat da herein :
ein Greis in blauem Gewand;
tief hing ihm der Hut,
der deckt' ihm der Augen eines;
doch des andren Strahl,
Angst schuf er allen,
traf die Männer
sein mächt'ges Dräu'n :
Mir allein
weckte das Auge
süß sehnenden Harm,
Tränen und Trost zugleich.
Auf mich blickt' er
und blitzte auf jene,
als ein Schwert in Händen er schwang;
das stieß er nun
in der Esche Stamm,
bis zum Heft haftet' es drin :
dem sollte der Stahl geziemen,
der aus dem Stamm es zög'.
Der Männer alle,
so kühn sie sich mühten,
die Wehr sich keiner gewann;
Gäste kamen
und Gäste gingen,
die stärksten zogen am Stahl –
keinen Zoll entwich er dem Stamm :
dort haftet schweigend das Schwert. –
Da wußt' ich, wer der war,

la porte de la chambre s'ouvre doucement : vêtue de blanc, Sieglinde sort et s'avance vers le foyer à pas légers mais rapides.)

SIEGLINDE
Hôte, dors-tu?

SIEGMUND *(se levant d'un bond, agréablement surpris)*
Qui se glisse là?

SIEGLINDE *(d'un ton pressant et mystérieux)*
C'est moi, écoute-moi!
Hunding dort profondément;
je lui ai versé un somnifère :
cette nuit, trouve ton salut!

SIEGMUND *(l'interrompant vivement)*
Mon salut est ta venue!

SIEGLINDE
Laisse-moi te montrer une arme :
Oh, si tu la conquérais,
je pourrais te nommer
le plus grand des héros :
elle fut destinée
au plus fort seul.
Oh, retiens bien ce que je t'apprends!
Le clan des hommes
était réuni dans cette pièce,
invité par Hunding à ses noces.
Il épousait une femme
que, malgré elle,
des forbans lui offraient.
J'étais là, triste,
tandis qu'ils buvaient.
14 Un étranger alors entra :
un veillard en manteau bleu;
le chapeau largement enfoncé,
cachait l'un de ses yeux;
mais l'éclat de l'autre
fit peur à tous,
lourd de menace,
il saisit les hommes,
en moi seule,
ce regard éveilla
doux espoir et affliction,
larmes et consolation aussi.
26 Il me regarda,
foudroyant les autres,
et sa main brandit une épée
qu'il enfonça
dans le tronc du frêne,
l'y fichant jusqu'à la garde :
le fer serait à celui
qui l'arracherait au tronc.
Tous les hommes vaillants
eurent beau s'y efforcer,
nul ne put conquérir l'arme;
des hôtes vinrent,
des hôtes partirent,
les plus forts tirèrent sur le fer,
26 il ne bougea pas d'un pouce :
14 l'épée est fichée là, muette.
Alors j'ai su qui était

der mich Gramvolle gegrüßt;
ich weiß auch,
wem allein
im Stamm das Schwert er bestimmt.
O fänd' ich ihn heut
und hier, den Freund;
käm' er aus Fremden
zur ärmsten Frau :
Was je ich gelitten
in grimmigem Leid,
was je mich geschmerzt
in Schande und Schmach –
süßeste Rache
sühnte dann alles!
Erjagt hätt' ich,
was je ich verlor,
was je ich beweint,
wär' mir gewonnen,
fänd' ich den heiligen Freund,
umfing' den Helden mein Arm!

celui qui m'avait salué dans la peine;
je sais aussi
à qui seul
il destina l'épée dans le tronc.
Oh, si je le trouvais ici,
aujourd'hui l'ami,
venu de l'étranger
vers la plus malheureuse;
tout ce que j'ai souffert
dans la douleur affreuse,
tout ce qui m'a meurtrie
dans l'opprobre et la honte, –
tout serait racheté
par la plus douce vengeance!
J'aurais reconquis
ce que j'ai perdu,
ce que j'ai pleuré
me serait rendu,
si je trouvais l'ami sacré,
le héros que j'enlacerais!

SIEGMUND *(mit Glut Sieglinde umfassend)*
Dich, selige Frau,
hält nun der Freund,
dem Waffe und Weib bestimmt!
Heiß in der Brust
brennt mir der Eid,
der mich dir Edlen vermählt.
Was je ich ersehnt,
ersah ich in dir;
in dir fand ich,
was je mir gefehlt!
Littest du Schmach,
und schmerzte mich Leid;
war ich geächtet,
und warst du entehrt :
freudige Rache
ruft nun den Frohen!
Auf lach ich
in heiliger Lust –
halt ich die Hehre umfangen,
fühl ich dein schlagendes Herz!
(Die große Tür springt auf.)

SIEGMUND *(étreignant Sieglinde avec ardeur)*
Femme bienheureuse,
l'ami t'étreint,
à qui sont destinées l'arme et l'épouse!
Dans mon coeur brûle
le serment ardent qui m'unit
à toi, noble femme.
Ce que je désirais,
je l'ai vu en toi;
en toi j'ai trouvé,
ce qui m'avait manqué!
Tu as subi la honte
et j'ai souffert;
je fus proscrit
et toi, déshonorée :
une joyeuse vengeance
nous rendra heureux!
Quelle joie suprême
me ravit :
ah, t'étreindre, femme sublime,
et sentir ton cœur battant!
(La grande porte s'ouvre tout d'un coup.)

SIEGLINDE *(fährt erschrocken zusammen und reißt sich los)*
Ha, wer ging? Wer kam herein?
(Die Tür bleibt weit geöffnet : außen herrliche Frühlingsnacht; der Vollmond leuchtet herein und wirft sein helles Licht auf das Paar, das so sich plötzlich in voller Deutlichkeit wahrnehmen kann.)

SIEGLINDE *(effrayée, tressaille et se dégage de ses bras)*
Ah, qui est sorti? Qui est entré?
(La porte reste grande ouverte : au dehors, splendide nuit de printemps; la pleine lune éclaire la pièce et répand sa clarté sur le couple. Tous deux peuvent ainsi s'apercevoir soudain en pleine lumière.)

SIEGMUND *(in leiser Entzückung)*
Keiner ging,
doch einer kam :
siehe, der Lenz
lacht in den Saal!
(Siegmund zieht Sieglinde mit sanfter Gewalt zu sich auf das Lager, so daß sie neben ihm zu sitzen kommt. – Wachsende Helligkeit des Mondscheines.)
Winterstürme wichen
dem Wonnemond,
in mildem Lichte
leuchtet der Lenz;

SIEGMUND *(dans une douce extase)*
Nul n'est sorti,
mais quelqu'un est entré :
vois, le printemps
égaie la pièce!
(Avec une douce violence, Siegmund attire Sieglinde à lui sur la couche, elle se trouve ainsi assise à ses côtés. – Clarté grandissante du clair de lune.)
Les tempêtes d'hiver ont fait place
au mois de mai,
dans une douce lumière
le printemps luit;

auf linden Lüften
leicht und lieblich,
Wunder webend
er sich wiegt :
durch Wald und Auen
weht sein Atem,
weit geöffnet
lacht sein Aug'.
Aus sel'ger Vöglein Sange
süß er tönt,
holde Düfte
haucht er aus :
seinem warmen Blut entblühen
wonnige Blumen,
Keim und Sproß
entspringt seiner Kraft.
Mit zarter Waffen Zier
bezwingt er die Welt;
Winter und Sturm wichen
der Starken Wehr :
Wohl mußte den tapfern Streichen
die strenge Türe auch weichen,
die trotzig und starr
uns trennte von ihm.
Zu seiner Schwester
schwang er sich her;
die Liebe lockte den Lenz :
in unsrem Busen
barg sie sich tief;
nun lacht sie selig dem Licht.
Die bräutliche Schwester
befreite der Bruder;
zertrümmert liegt,
was sie je getrennt;
jauchzend grüßt sich
das junge Paar :
vereint sind Liebe und Lenz!

SIEGLINDE
Du bist der Lenz,
nach dem ich verlangte
in frostigen Winters Frist.
Dich grüßte mein Herz
mit heiligem Grau'n,
als dein Blick zuerst mir erblühte.
Fremdes nur sah ich von je,
freundlos war mir das Nahe;
als hätt' ich nie es gekannt,
war, was immer mir kam.
Doch dich kannt' ich
deutlich und klar :
als mein Auge dich sah,
warst du mein Eigen;
was im Busen ich barg,
was ich bin,
hell wie der Tag
taucht' es mir auf,
wie tönender Schall
schlug's an mein Ohr,
als in frostig öder Fremde
zuerst ich den Freund ersah.
(Sie hängt sich entzückt an seinen Hals und blickt ihm nahe ins Gesicht.)

sur les zéphyrs,
il se berce,
léger et charmant
faisant merveille :
son souffle parcourt
les forêts et les prés,
son oeil grand ouvert
brille de joie.
Les oiseaux en fête gazouillent
son doux chant,
il exhale
des parfums suaves;
de sa chaude sève jaillissent
des fleurs exquises,
germes et pousses
naissent de sa force.
Paré de tendres armes,
il soumet le monde;
hiver et tempête ont cédé
à ses assauts :
à ses coups valeureux la porte austère
a dû céder aussi,
qui, fière et raide,
nous séparait de lui.
Il s'est élancé
vers sa soeur;
la passion a séduit le printemps :
elle était enfouie
au fond de nos coeurs;
la voici qui resplendit à la lumière.
Le frère délivra
la fiancée, sa soeur;
ce qui les séparait
s'est écroulé;
dans l'allégresse, le jeune couple
se reconnaît :
passion et printemps sont réunis!

SIEGLINDE
Tu es le printemps
auquel j'aspirais
durant l'hiver glacial.
Dans un frisson sacré,
mon coeur t'a reconnu
dès que ton regard brilla pour moi.
Je n'ai jamais vu qu'étrangers,
les proches étaient inamicaux;
tout ce qui m'advenait
me semblait inconnu.
Mais toi, je te reconnus
en toute clarté :
dès que mes yeux te virent,
tu m'appartins;
le tréfonds de mon coeur,
tout mon être
surgit en moi
en pleine lumière,
résonna à mon oreille
comme un écho sonore,
dès que j'aperçus l'ami
dans ce monde étranger, glacial.
(Elle se jette, ravie, à son cou et le regarde bien en face.)

SIEGMUND *(mit Hingerissenheit)*
O süßeste Wonne!
Seligstes Weib!

SIEGLINDE *(dicht an seinen Augen)*
O laß in Nähe
zu dir mich neigen,
daß hell ich schaue
den hehren Schein,
der dir aus Aug'
und Antlitz bricht
und so süß die Sinne mir zwingt.

SIEGMUND
Im Lenzesmond
leuchtest du hell;
hehr umwebt dich
das Wellenhaar :
Was mich berückt,
errat ich nun leicht –
denn wonnig weidet mein Blick.

SIEGLINDE *(schlägt ihm die Locken von der Stirn zurück und betrachtet ihn staunend)*
Wie dir die Stirn
so offen steht,
der Adern Geäst
in den Schläfen sich schlingt!
Mir zagt es vor der Wonne,
die mich entzückt! –
Ein Wunder will mich gemahnen :
den heut zuerst ich erschaut,
mein Auge sah dich schon!

SIEGMUND
Ein Minnetraum
gemahnt auch mich :
in heißem Sehnen
sah ich dich schon!

SIEGLINDE
Im Bach erblickt' ich
mein eigen Bild –
und jetzt gewahr ich es wieder :
wie einst dem Teich es enttaucht,
bietest mein Bild mir nun du!

SIEGMUND
Du bist das Bild,
das ich in mir barg.

SIEGLINDE *(den Blick schnell abwendend)*
O still! Laß mich
der Stimme lauschen :
mich dünkt, ihren Klang
hört' ich als Kind –
Doch nein, ich hörte sie neulich,
(aufgeregt)
als meiner Stimme Schall
mir widerhallte der Wald.

SIEGMUND
O lieblichste Laute,
denen ich lausche!

SIEGMUND *(avec exaltation)*
O délices suprêmes!
Femme divine!

SIEGLINDE *(ses yeux dans les yeux de Siegmund)*
Oh laisse-moi
me pencher vers toi,
que je voie dans la clarté
le noble éclat
qu'irradient tes yeux
et ton visage,
doux envoûtement de mes sens.

SIEGMUND
Dans la lune de printemps,
claire, tu resplendis;
ta chevelure ondoyante
t'auréole de noblesse :
ce qui m'a captivé,
je le devine sans peine –
car je te contemple avec délices.

SIEGLINDE *(écarte de son front les boucles qui l'encadrent et contemple Siegmund avec stupeur)*
Comme ton front
est dégagé,
tes veines s'entrelacent
et marbrent tes tempes!
Je frémis d'un bonheur
qui me ravit!
Un souvenir étrange me revient :
toi que j'ai découvert aujourd'hui,
mes yeux t'ont déjà vu!

SIEGMUND
Je me souviens aussi
d'un rêve d'amour :
plein d'un désir brûlant,
je t'ai déjà vue!

SIEGLINDE
Dans l'onde, j'aperçus
ma propre image –
et maintenant je la perçois encore :
tu m'offres à présent mon image,
telle qu'elle surgit de l'étang!

SIEGMUND
Tu es l'image
que je portais en moi.

SIEGLINDE *(détournant rapidement les yeux)*
Attends! Laisse-moi
écouter ta voix :
j'en ai entendu, je crois,
le timbre quand j'étais enfant –
Mais non! Je l'entendis naguère,
(excitée)
quand l'écho de ma voix
retentit dans le bois.

SIEGMUND
33 O sons délicieux
que mon oreille écoute!

SIEGLINDE *(ihm wieder in die Augen spähend)*
Deines Auges Glut
erglänzte mir schon :
So blickte der Greis
grüßend auf mich,
als der Traurigen Trost er gab.
An dem Blick
erkannt' ihn sein Kind –
schon wollt' ich beim Namen ihn nennen!
(Sie hält inne und fährt dann leise fort.)
Wehwalt heißt du fürwahr?

SIEGMUND
Nicht heiß ich so,
seit du mich liebst :
nun walt ich der hehrsten Wonnen!

SIEGLINDE
Und Friedmund darfst du
froh dich nicht nennen?

SIEGMUND
Nenne mich du,
wie du liebst, daß ich heiße :
den Namen nehm ich von dir!

SIEGLINDE
Doch nanntest du Wolfe den Vater?

SIEGLINDE
Ein Wolf war er feigen Füchsen!
Doch dem so stolz
strahlte das Auge,
wie, Herrliche, hehr dir es strahlt,
der war : Wälse genannt.

SIEGLINDE *(außer sich)*
War Wälse dein Vater
und bist du ein Wälsung,
stieß er für dich
sein Schwert in den Stamm –
so laß mich dich heißen,
wie ich dich liebe :
Siegmund –
so nenn ich dich!

SIEGMUND *(eilt auf den Stamm zu und faßt den Schwertgriff)*
Siegmund heiß ich
und Siegmund bin ich!
Bezeug' es dies Schwert,
das zaglos ich halte!
Wälse verhieß mir,
in höchster Not
fänd' ich es einst :
ich faß es nun!
Heiligster Minne
höchste Not,
sehnender Liebe
sehrende Not
brennt mir hell in der Brust,
drängt zu Tat und Tod :
Notung! Notung!
So nenn ich dich, Schwert. –

SIEGLINDE *(scrutant de nouveau son regard)*
J'ai déjà vu l'éclat
26, 14 de ce regard ardent :
c'est celui du vieillard
qui en me saluant
consola l'affligée.
A ce regard,
son enfant le reconnut, –
son nom était déjà sur mes lèvres!
(Elle s'interrompt puis poursuit à voix basse.)
T'appelles-tu vraiment Wehwalt?

SIEGMUND
Ce n'est pas mon nom
depuis que tu m'aimes :
à présent, je suis voué au bonheur suprême!

SIEGLINDE
Et Friedmund est le nom joyeux
que tu ne peux porter.

SIEGMUND
Je porterai le nom
que tu aimeras pour moi :
c'est toi qui me donnes mon nom!

SIEGLINDE
Mais ton père, tu l'appelais Loup?

SIEGMUND
C'était un Loup pour des renards peureux!
Mais celui dont les yeux
brillaient d'un air fier,
comme brillent les tiens, femme splendide,
avait pour nom – Wälse.

SIEGLINDE *(hors d'elle)*
Si Wälse était père
et si tu es un Wälsung,
s'il a planté pour toi
son épée dans le tronc –
alors laisse-moi t'appeler
selon mon amour :
Siegmund –
je te donne ce nom!

SIEGMUND *(s'élance vers le tronc et saisit la poignée de l'épée)*
Siegmund est mon nom,
et Siegmund, c'est moi!
Que cette épée le prouve,
14 je la tiens sans trembler!
Wälse me promit
que dans la pire détresse,
je la trouverais un jour :
je la saisis donc!
23 Détresse suprême
de la plus sainte passion,
détresse déchirante
de l'amour fervent,
brûle en moi d'un feu clair,
appelle lutte et mort :
Notung! Notung! –
Je te donne ce nom.

Notung! Notung!
Neidlicher Stahl!
Zeig deiner Schärfe
schneidenden Zahn :
heraus aus der Scheide zu mir! -
(Er zieht mit einem gewaltigen Zuck das Schwert aus dem Stamme und zeigt es der von Staunen und Entzücken erfaßten Sieglinde.)
Siegmund, den Wälsung,
siehst du, Weib!
Als Brautgabe
bringt er dies Schwert :
so freit er sich
die seligste Frau;
dem Feindeshaus
entführt er dich so.
Fern von hier
folge mir nun,
fort in des Lenzes
lachendes Haus :
dort schützt dich Notung, das Schwert,
wenn Siegmund dir liebend erlag!
(Er hat sie umfaßt, um sie mit sich fortzuziehen.)

SIEGLINDE *(reißt sich in höchster Trunkenheit von ihm los und stellt sich ihm gegenüber)*
Bist du Siegmund,
den ich hier sehe –
Sieglinde bin ich,
die dich ersehnt :
Die eigne Schwester
gewannst du zu eins mit dem Schwert!

SIEGMUND
Braut und Schwester
bist du dem Bruder –
so blühe denn, Wälsungenblut!

(Er zieht sie mit wütender Glut an sich, sie sinkt mit einem Schrei an seine Brust – der Vorhang fällt schnell.)

Orchestervorspiel

ZWEITER AUFZUG

Wildes Felsengebirge

Im Hintergrunde zieht sich von unten her eine Schlucht herauf, die auf ein erhöhtes Felsjoch mündet; von diesem senkt sich der Boden dem Vordergrund zu wieder abwärts.

ERSTE SZENE

Wotan kriegerisch gewaffnet, mit dem Speer; vor ihm Brünnhilde, als Walküre, ebenfalls in voller Waffenrüstung.

WOTAN
Nun zäume dein Roß,
reisige Maid!
Bald entbrennt
brünstiger Streit :

Notung! Notung!
Fer désiré!
Montre le tranchant
acéré de ta lame :
sors du fourreau, viens à moi! –
(D'une violente secousse, il arrache l'épée au tronc et la montre à Sieglinde, stupéfaite et transportée.)

Femme, tu vois là
Siegmund, le Wälsung!
En cadeau de noces,
il t'apporte cette épée :
ainsi il épouse
la plus heureuse des femmes;
et il t'enlève ainsi
au toit de l'ennemi.
Loin d'ici,
suis-moi donc,
allons dans le riant
pays du printemps :
là, l'épée Notung te protègera,
si Siegmund succombe par amour pour toi!
(Il l'a enlacée pour l'entraîner avec lui.)

SIEGLINDE *(débordante d'ivresse, s'arrache à son étreinte et se place face à lui.)*
Si c'est Siegmund
que je vois là –
C'est moi Sieglinde,
qui t'attendais :
tu as en même temps
conquis et la soeur et l'épée!

SIEGMUND
Tu es pour le frère
et l'épouse et la soeur –
que vive donc le sang des Wälsungen!

(Il l'attire à lui avec une furieuse ardeur, elle pousse un cri et tombe dans ses bras. Le rideau tombe rapidement.)

Prélude orchestral

DEUXIEME ACTE

Site sauvage de montagne rocheuse

16b *Au fond, une gorge profonde s'élève vers la scène et*
35a *débouche sur un col; de là, le sol redescend vers le devant de la scène.*

SCENE I

Wotan, en tenue guerrière, armé de sa lance; devant lui, Brünnhilde, en Walkyrie, elle aussi armée de pied en cap.

WOTAN
Allons, bride ton cheval,
fille guerrière!
Un conflit ardent
va bientôt éclater :

Brünnhilde stürme zum Kampf,
dem Wälsung kiese sie Sieg!
Hunding wähle sich,
wem er gehört;
nach Walhall taugt er mir nicht.
Drum rüstig und rasch
reite zur Wal!

BRÜNNHILDE *(jauchzend von Fels zu Fels die Höhe rechts hinaufspringend)*
Hojotoho! Hojotoho!
Heiaha! Heiaha!
Hojotoho! Heiaha!
(Sie hält auf einer hohen Felsspitze an, blickt in die hintere Schlucht hinab und ruft zu Wotan zurück.)

Dir rat ich, Vater,
rüste dich selbst;
harten Sturm
sollst du bestehn.
Fricka naht, deine Frau,
im Wagen mit dem Widdergespann.
Hei, wie die goldne
Geißel sie schwingt!
Die armen Tiere
ächzen vor Angst;
wild rasseln die Räder;
zornig fährt sie zum Zank!
In solchem Strauße
streit ich nicht gern,
lieb ich auch mutiger
Männer Schlacht.
Drum sieh, wie den Sturm du bestehst :
ich Lustige laß dich im Stich!
Hojotoho! Hojotoho!
Heiaha! Heiaha!
Heiahaha!
(Brünnhilde verschwindet hinter der Gebirgshöhe zur Seite. – In einem mit zwei Widdern bespannten Wagen langt Fricka aus der Schlucht auf dem Felsjoche an : dort hält sie rasch an und steigt aus. Sie schreitet heftig in den Vordergrund auf Wotan zu.)

WOTAN *(Fricka auf sich zuschreiten sehend, für sich)*
Der alte Sturm,
die alte Müh'!
Doch stand muß ich hier halten!

FRICKA *(je näher sie kommt, mäßigt sie den Schritt und stellt sich mit Würde vor Wotan hin)*
Wo in den Bergen du dich birgst,
der Gattin Blick zu entgehn,
einsam hier
such ich dich auf,
daß Hilfe du mir verhießest.

WOTAN
Was Fricka kümmert,
künde sie frei.

FRICKA
Ich vernahm Hundings Not,
um Rache rief er mich an :
der Ehe Hüterin

que Brünnhilde vole au combat,
et donne la victoire au Wälsung!
Hunding choisira
quel est son camp,
je n'en veux pas au Walhalla.
Chevauche donc, vive et alerte,
vers le champ de bataille!

BRÜNNHILDE *(bondissant de rocher en rocher vers la hauteur, à droite, en poussant des cris de joie)*
35 Hoïotoho! Hoïotoho!
Heiaha! Heiaha!
Hoïotoho! Heiaha!
(Elle s'arrête sur la cime d'un rocher élevé, plonge son regard dans la gorge du fond et s'écrie à l'adresse de Wotan.)
Je te conseille, père,
de t'armer toi-même,
tu vas affronter
un rude assaut.
Voici Fricka, ta femme,
dans son char tiré par les béliers.
Hé, comme elle agite
son fouet d'or!
Les pauvres bêtes
gémissent de peur;
dans un fracas de roues,
elle vient chercher querelle!
Je n'aime pas me mêler
à de telles disputes,
car j'aime les batailles
entre hommes courageux.
Tâche donc de soutenir l'assaut :
moi, gaiement, je te laisse tomber!
Hoïotoho! Hoïotoho!
Heiaha! Heiaha!
Heiahaha!
(Brünnhilde disparaît sur le côté, derrière le sommet de la montagne. – Dans un char attelé à deux béliers, Fricka sort de la gorge et arrive au col : là, elle s'arrête vivement et descend de son char. Elle s'avance d'un pas décidé vers Wotan, sur le devant de la scène.)

WOTAN *(voyant Fricka s'avancer vers lui, à part)*
Toujours sa rage,
toujours ses peines!
Pourtant, je dois y faire face!

FRICKA *(ralentit le pas au fur et à mesure qu'elle s'approche, et se place devant Wotan avec dignité)*
Dans les montagnes où tu te caches
pour fuir le regard de l'épouse,
seule ici,
je viens te trouver
pour que tu me promettes ton aide.

WOTAN
Que Fricka explique
ce qui l'inquiète.

FRICKA
Hunding m'apprit sa détresse,
il m'invoqua pour le venger :
la gardienne du mariage

hörte ihn,
verhieß streng
zu strafen die Tat
des frech frevelnden Paars,
das kühn den Gatten gekränkt.

WOTAN
Was so Schlimmes
schuf das Paar,
das liebend einte der Lenz?
Der Minne Zauber
entzückte sie :
wer büßt mir der Minne Macht?

FRICKA
Wie töricht und taub du dich stellst,
als wüßtest fürwahr du nicht,
daß um der Ehe
heiligen Eid,
den hart gekränkten, ich klage!

WOTAN
Unheilig
acht ich den Eid,
der Unliebende eint;
und mir wahrlich
mute nicht zu,
daß mit Zwang ich halte,
was dir nicht haftet :
denn wo kühn Kräfte sich regen,
da rat ich offen zum Krieg.

FRICKA
Achtest du rühmlich
der Ehe Bruch,
so prahle nun weiter
und preis es heilig,
daß Blutschande entblüht
dem Bund eines Zwillingspaars!
Mir schaudert das Herz,
es schwindelt mein Hirn :
bräutlich umfing
die Schwester der Bruder!
Wann ward es erlebt,
daß leiblich Geschwister sich liebten?

WOTAN
Heut – hast du's erlebt!
Erfahre so,
was von selbst sich fügt,
sei zuvor auch noch nie es geschehn.
Daß jene sich lieben,
leuchtet dir hell;
drum höre redlichen Rat :
Soll süße Lust
deinen Segen dir lohnen,
so segne, lachend der Liebe,
Siegmunds und Sieglindes Bund!

FRICKA *(in höchste Entrüstung ausbrechend)*
So ist es denn aus
mit den ewigen Göttern,
seit du die wilden
Wälsungen zeugtest?

l'a écouté,
a promis un sévère
châtiment pour ce couple
insolent et coupable,
qui a osé offenser l'époux.

WOTAN
Quel méfait si grave
a commis ce couple,
qu'a uni un amour printanier?
Le charme de la passion
les a emportés :
qui punira le pouvoir de l'amour?

FRICKA
Tu fais le sourd et le sot,
comme si vraiment tu ignorais
que je porte plainte
au nom du serment violé
du mariage sacré!

WOTAN
Pour moi, le serment
n'est pas sacré,
s'il unit sans amour;
et vraiment,
n'attends pas de moi
que je maintienne de force
ce qui à toi t'échappe :
car là où jaillissent des forces,
je pousse franchement à la guerre.

FRICKA
Si tu rends gloire
à l'adultère,
poursuis, vante donc
et sanctifie
l'inceste commis,
l'union du couple jumeau!
Mon coeur en frémit,
la tête me tourne :
le frère a pris
sa soeur pour femme!
A-t-on jamais vu
l'amour charnel d'un frère et d'une soeur!

WOTAN
Aujourd'hui, tu l'as vu!
Apprends ainsi
ce qui se fait tout seul,
même si cela ne s'est jamais produit.
Ces deux êtres s'aiment,
c'est clair pour toi;
aussi écoute mon conseil loyal :
si bénir doit être
pour toi source de joie,
bénis, en riant à l'amour,
l'union de Siegmund et Sieglinde!

FRICKA *(laissant éclater la plus vive indignation)*
Ainsi c'en est fait
des dieux éternels,
depuis que tu conçus
ces Wälsungen sauvages?

Heraus sagt' ich's; –
traf ich den Sinn?
Nichts gilt dir der Hehren
heilige Sippe;
hin wirfst du alles,
was einst du geachtet;
zerreißest die Bande,
die selbst du gebunden,
lösest lachend
des Himmels Haft : –
daß nach Lust und Laune nur walte
dies frevelnde Zwillingspaar,
deiner Untreue zuchtlose Frucht!
Oh, was klag ich
um Ehe und Eid,
da zuerst du selbst sie versehrt.
Die treue Gattin
trogest du stets;
wo eine Tiefe,
wo eine Höhe,
dahin lugte
lüstern dein Blick,
wie des Wechsels Lust du gewännst
und höhnend kränktest mein Herz.
Trauernden Sinnes
mußt' ich's ertragen,
zogst du zur Schlacht
mit den schlimmen Mädchen,
die wilder Minne
Bund dir gebar :
denn dein Weib noch scheutest du so,
daß der Walküren Schar
und Brünnhilde selbst,
deines Wunsches Braut,
in Gehorsam der Herrin du gabst.
Doch jetzt, da dir neue
Namen gefielen,
als «Wälse» wölfisch
im Walde du schweiftest;
jetzt, da zu niedrigster
Schmach du dich neigtest,
gemeiner Menschen
ein Paar zu erzeugen :
jetzt dem Wurfe der Wölfin
wirfst du zu Füßen dein Weib! –
So führ es denn aus!
Fülle das Maß!
Die Betrogne laß auch zertreten!

WOTAN *(ruhig)*
Nichts lerntest du,
wollt' ich dich lehren,
was nie du erkennen kannst,
eh' nicht ertagte die Tat.
Stets Gewohntes
nur magst du verstehn :
doch was noch nie sich traf,
danach trachtet mein Sinn.
Eines höre!
Not tut ein Held,
der, ledig göttlichen Schutzes,
sich löse vom Göttergesetz.
So nur taugt er
zu wirken die Tat,

J'ai parlé net;
ai-je bien compris?
La race noble et sacrée
ne compte plus pour toi;
tu rejettes tout
ce que tu respectais jadis;
tu déchires les liens
que tu nouas toi-même,
tu défais gaiement
26 les lois du ciel :
pour que règne à sa guise
ce couple de jumeaux coupables,
fruit immoral de ton inconstance!
Oh, pourquoi me plaindre :
mariage et serment,
tu fus le premier à les violer.
Tu trompas toujours
ta fidèle épouse;
et par monts,
et par vaux,
ton regard lubrique
guettait l'aventure
pour avoir le plaisir du changement
et tu narguais mon coeur meurtri.
Avec tristesse,
j'ai dû endurer
que tu ailles combattre
avec ces filles féroces,
que de folles amours
te firent engendrer :
alors tu craignais encore ta femme :
la troupe des Walkyries,
Brünnhilde elle-même,
la femme de tes rêves,
tu les plaças sous les ordres de la souveraine.
Mais ensuite de nouveaux
noms te séduisirent,
et tu courus les bois
sous le nom de Wälse, le Loup;
alors, tu te complus
dans l'abjecte infamie,
en procréant
deux vulgaires enfants d'hommes :
à présent, tu jettes ta femme
aux pieds de cette portée de louve! –
Va donc jusqu'au bout!
Achève ton oeuvre!
Et laisse piétiner ta femme trompée!

WOTAN *(avec calme)*
Tu n'apprendrais rien
si je voulais t'expliquer,
ce que tu ne pourras jamais saisir,
avant que l'acte ne s'accomplisse.
Tu ne cherches à comprendre
que les conventions :
26 mais ma pensée aspire
à l'acte nouveau.
Ecoute ceci!
Il faut un héros,
qui, sans nulle aide divine,
se délie de la loi des dieux.
Alors lui seul saura
15, 12 accomplir l'exploit

die, wie not sie den Göttern,
dem Gott doch zu wirken verwehrt.

FRICKA
Mit tiefem Sinne
willst du mich täuschen :
was Hehres sollten
Helden je wirken,
das ihren Göttern wäre verwehrt,
deren Gunst in ihnen nur wirkt?

WOTAN
Ihres eignen Mutes
achtest du nicht?

FRICKA
Wer hauchte Menschen ihn ein?
Wer hellte den Blöden den Blick?
In deinem Schutz
scheinen sie stark,
durch deinen Stachel
streben sie auf :
du reizest sie einzig,
die so mir Ew'gen du rühmst.
Mit neuer List
willst du mich belügen,
durch neue Ränke
mir jetzt entrinnen;
doch diesen Wälsung
gewinnst du dir nicht :
in ihm treff ich nur dich,
denn durch dich trotzt er allein.

WOTAN *(ergriffen)*
In wildem Leiden
erwuchs er sich selbst :
mein Schutz schirmte ihn nie.

FRICKA
So schütz auch heut ihn nicht!
Nimm ihm das Schwert,
das du ihm geschenkt!

WOTAN
Das Schwert?

FRICKA
Ja, das Schwert,
das zauberstark
zuckende Schwert,
das du Gott dem Sohne gabst.

WOTAN *(heftig)*
Siegmund gewann es sich
(mit unterdrücktem Beben)
selbst in der Not.
(Wotan drückt in seiner ganzen Haltung von hier an einen immer wachsenden tiefen Unmut aus.)

FRICKA *(eifrig fortfahrend)*
Du schufst ihm die Not
wie das neidliche Schwert.
Willst du mich täuschen,
die Tag und Nacht

si nécessaire aux dieux,
mais interdit au dieu.

FRICKA
Tu veux me leurrer
par des pensées profondes :
quel noble exploit,
interdit aux dieux,
devraient donc accomplir des héros
qui n'agissent que par faveur divine?

WOTAN
Et leur propre courage,
tu n'en tiens pas compte?

FRICKA
Qui l'insuffla aux humains?
Qui ouvrit les yeux de ces sots?
Ils semblent forts
grâce à ton aide,
sous ton impulsion
ils sont ambitieux :
toi seul excite ceux
que tu vantes à mes yeux d'immortelle.
Tu veux m'abuser
par de nouvelles ruses,
tu veux m'échapper
par de nouvelles intrigues;
mais ce Wälsung,
tu ne l'auras pas :
en lui, c'est toi seul que je trouve,
car par toi seul il me défie.

WOTAN *(ému)*
Il s'est fait lui-même,
dans d'âpres souffrances :
jamais je ne l'ai protégé.

FRICKA
Ne le protège pas non plus aujourd'hui!
Reprends-lui l'épée
que tu lui as offerte!

WOTAN
L'épée?

FRICKA
Oui, l'épée,
l'épée étincelante,
à la force magique,
que le dieu donna au fils.

WOTAN *(avec véhémence)*
Siegmund l'a conquise lui-même
(avec un frémissement contenu.)
dans la détresse.
(A partir de ce moment, Wotan exprime par toute son attitude une irritation profonde sans cesse grandissante.)

FRICKA *(poursuivant implacablement)*
Tu causas sa détresse,
tu lui donnas l'épée.
Veux-tu m'abuser
moi qui, jour et nuit,

auf den Fersen dir folgt?
Für ihn stießest du
das Schwert in den Stamm,
du verhießest ihm
die hehre Wehr :
willst du es leugnen,
daß nur deine List
ihn lockte, wo er es fänd'?
(Wotan fährt mit einer grimmigen Gebärde auf. Fricka immer sicherer, da sie den Eindruck gewahrt, den sie auf Wotan hervorgebracht hat.)
Mit Unfreien
streitet kein Edler,
den Frevler straft nur der Freie.
Wider deine Kraft
führt' ich wohl Krieg :
doch Siegmund verfiel mir als Knecht!
(Neue heftige Gebärde Wotans, dann Versinken in das Gefühl seiner Ohnmacht.)
Der dir als Herren
hörig und eigen,
gehorchen soll ihm
dein ewig Gemahl?
Soll mich in Schmach
der Niedrigste schmähen,
dem Frechen zum Sporn,
dem Freien zum Spott?
Das kann mein Gatte nicht wollen,
die Göttin entweiht er nicht so!

WOTAN *(finster)*
Was verlangst du?

FRICKA
Laß von dem Wälsung!

WOTAN *(mit gedämpfter Stimme)*
Er geh seines Wegs.

FRICKA
Doch du schütze ihn nicht,
wenn zur Schlacht ihn der Rächer ruft!

WOTAN
Ich schütze ihn nicht.

FRICKA
Sieh mir ins Auge,
sinne nicht Trug :
die Walküre wend auch von ihm!

WOTAN
Die Walküre walte frei.

FRICKA
Nicht doch; deinen Willen
vollbringt sie allein :
verbiete ihr Siegmunds Sieg!

WOTAN *(in heftigen inneren Kampf ausbrechend)*
Ich kann ihn nicht fällen :
er fand mein Schwert!

te suis pas à pas?
Tu plantas pour lui
l'épée dans le tronc,
tu lui promis
le noble glaive,
vas-tu nier
que seule ta ruse
l'attira là où il le trouva?
(Dans un sursaut, Wotan a un geste d'exaspération. Fricka, de plus en plus sûre d'elle, car elle a perçu l'effet qu'elle a produit sur Wotan :)
Nul être noble
ne lutte avec l'esclave,
seul l'être libre châtie le fautif.
Je me battrais bien
contre ta force :
mais Siegmund m'est échu comme serf!
(Nouveau geste véhément de Wotan, envahi ensuite par le sentiment de son impuissance.)
Ton épouse éternelle
doit-elle obéir
à ce valet soumis
dont tu es le maître?
Le plus indigne doit-il
me couvrir de honte,
stimulant l'insolent,
raillant l'être libre?
Mon époux ne peut vouloir cela
et profaner ainsi la déesse!

WOTAN *(l'air sombre)*
Qu'exiges-tu?

FRICKA
Abandonne le Wälsung!

WOTAN *(d'une voix étouffée)*
Qu'il aille son chemin.

FRICKA
Mais toi, ne le protège pas,
quand le vengeur l'appellera au combat!

WOTAN
Je ne le protège pas.

FRICKA
Regarde-moi dans les yeux,
ne me dupe pas :
détourne aussi de lui la Walkyrie!

WOTAN
Que la Walkyrie soit libre.

FRICKA
Mais non; elle exécute
ta seule volonté :
interdis-lui la victoire de Siegmund!

WOTAN *(donnant libre cours à une violente lutte intérieure)*
Je ne peux pas l'abattre :
il a trouvé mon épée!

FRICKA
Entzieh dem den Zauber,
zerknick es dem Knecht!
Schutzlos schau' ihn der Feind!

BRÜNNHILDE *(noch unsichtbar von der Höhe her)*
Heiaha! Heiaha! Hojotoho!

FRICKA
Dort kommt deine kühne Maid;
jauchzend jagt sie daher.

BRÜNNHILDE *(wie oben)*
Heiaha! Heiaha!
Heiohotojo! Hotojoha!

WOTAN *(dumpf für sich)*
Ich rief sie für Siegmund zu Roß!
(Brünnhilde erscheint mit ihrem Roß auf dem Felsenpfade rechts. Als sie Fricka gewahrt, bricht sie schnell ab und geleitet ihr Roß still und langsam während des Folgenden den Felsweg herab; dort birgt sie es dann in einer Höhle.)

FRICKA
Deiner ew'gen Gattin
heilige Ehre
beschirme heut ihr Schild!
Von Menschen verlacht,
verlustig der Macht,
gingen wir Götter zugrund :
würde heut nicht hehr
und herrlich mein Recht
gerächt von der mutigen Maid.
Der Wälsung fällt meiner Ehre!
Empfah ich von Wotan den Eid?

WOTAN *(in furchtbarem Unmut und innerem Grimm auf einen Felsensitz sich werfend)*
Nimm den Eid!
(Fricka schreitet dem Hintergrunde zu : dort begegnet sie Brünnhilde und hält einen Augenblick vor ihr an.)

FRICKA *(zu Brünnhilde)*
Heervater harret dein ;
laß ihn dir künden,
wie das Los er gekiest!
(Sie besteigt den Wagen und fährt schnell davon – Brünnhilde tritt mit besorgter Miene vor Wotan, der, auf 24
dem Felssitz zurückgelehnt, das Haupt auf die Hand 5
gestützt, in finsteres Brüten versunken ist.)

ZWEITE SZENE

BRÜNNHILDE
Schlimm, fürcht ich,
schloß der Streit,
lachte Fricka dem Lose.
Vater, was soll
dein Kind erfahren?
Trübe scheinst du und traurig!

WOTAN *(läßt den Arm machtlos sinken und den Kopf in den Nacken fallen)*

FRICKA
Prive-la de sa magie,
brise-la pour le serf!
Que l'ennemi le voie sans défense!

BRÜNNHILDE *(encore invisible, de la hauteur)*
Heiaha! Heiaha! Hoïotoho!

FRICKA
Voici ta fille vaillante;
elle accourt en jubilant.

BRÜNNHILDE *(comme plus haut)*
Heiaha! Heiaha!
Heiohotoïo! Hotoïoha!

WOTAN *(à part, d'une voix sourde)*
Je l'ai appelée pour Siegmund!
(Brünnhilde paraît avec son cheval sur le sentier au milieu des rochers, à droite. Apercevant Fricka, elle s'interrompt vivement et, en silence, descend le sentier à pas lents, avec son cheval; puis elle le met à l'abri dans une grotte.)

FRICKA
Qu'aujourd'hui son bouclier
préserve l'honneur sacré
de ton épouse éternelle!
Raillés des humains,
perdant le pouvoir,
nous, les dieux, péririons
si mon droit n'était pas
en ce jour hautement
vengé par la vierge valeureuse.
Le Wälsung tombera pour mon honneur!
Wotan m'en fait-il le serment?

WOTAN *(se jette sur un rocher en forme de siège, terriblement irrité, en proie à une colère intérieure)*
J'en fais serment!
(Fricka se dirige vers le fond : là, elle croise Brünnhilde et s'arrête un instant devant elle.)

FRICKA *(à Brünnhilde)*
Le maître des armées t'attend :
il t'annoncera
quel sort il a choisi!
(Elle monte dans son char et s'éloigne rapidement. Brünnhilde s'avance devant Wotan avec un air soucieux; celui-ci, adossé au rocher, la tête dans les mains, est plongé dans une sombre méditation.)

SCENE II

BRÜNNHILDE
La querelle, je le crains,
a mal fini
si l'issue a plu à Fricka.
Père, que doit
apprendre ton enfant?
Tu sembles sombre et triste!

WOTAN *(laisse tomber sans force le bras et baisse la tête)*
Je suis pris

In eigner Fessel
fing ich mich, –
ich Unfreiester aller!

BRÜNNHILDE
So sah ich dich nie!
Was nagt dir das Herz?

WOTAN *(von hier an steigert sich Wotans Ausdruck und Gebärde bis zum furchtbarsten Ausbruch)*
O heilige Schmach!
O schmählicher Harm!
Götternot!
Götternot!
Endloser Grimm!
Ewiger Gram!
Der Traurigste bin ich von allen!

BRÜNNHILDE *(wirft erschrocken Schild, Speer und Helm von sich und läßt sich mit besorgter Zutraulichkeit zu Wotans Füßen nieder)*
Vater! Vater!
Sage, was ist dir?
Wie erschreckst du mit Sorge dein Kind?
Vertraue mir!
Ich bin dir treu :
sieh, Brünnhilde bittet!
(Sie legt traulich und ängstlich Haupt und Hände ihm auf Knie und Schoß.)

WOTAN *(blickt ihr lange ins Auge; dann streichelt er ihr mit unwillkürlicher Zärtlichkeit die Locken. Wie aus tiefen Sinnen zu sich kommend, beginnt er leise)*

Laß ich's verlauten,
lös ich dann nicht
meines Willens haltenden Haft?

BRÜNNHILDE *(ihm ebenso erwidernd)*
Zu Wotans Willen sprichst du,
sagst du mir, was du willst;
wer bin ich,
wär' ich dein Wille nicht?

WOTAN *(sehr leise)*
Was keinem in Worten ich künde,
unausgesprochen
bleib es denn ewig :
mit mir nur rat ich,
red ich zu dir.
(Mit noch gedämpfterer, schauerlicher Stimme, während er Brünnhilde unverwandt in das Auge blickt)
Als junger Liebe
Lust mir verblich,
verlangte nach Macht mein Mut :
von jäher Wünsche
Wüten gejagt,
gewann ich mir die Welt.
Unwissend trugvoll,
Untreue übt' ich,
band durch Verträge,
was Unheil barg :
listig verlockte mich Loge,
der schweifend nun verschwand.

dans mes propres liens,
moi, le moins libre de tous!

BRÜNNHILDE
Jamais je ne t'ai vu ainsi!
Qu'est-ce qui te ronge le coeur?

WOTAN *(à partir de ce moment trahit, par sa physionomie et par ses gestes, des sentiments qui vont éclater avec une véhémence terrible)*
O honte sacrée!
O tourment infâme!
Détresse des dieux!
Détresse des dieux!
Courroux sans fin!
Eternel chagrin!
Je suis le plus triste d'entre tous!

BRÜNNHILDE *(effrayée, jette loin d'elle bouclier, lance et casque et s'assied aux pieds de Wotan avec une sollicitude inquiète)*
Père! Père!
Dis-moi, qu'as-tu?
Pourquoi effrayer ton enfant inquiète?
Fais-moi confiance!
Je te suis fidèle :
vois, Brünnhilde t'implore!
(Confiante et craintive, elle pose sa tête et ses mains sur la poitrine et les genoux de Wotan.)

WOTAN *(la regarde longuement dans les yeux; puis il caresse ses boucles avec une tendresse involontaire. Comme revenant à lui au sortir d'une méditation profonde, il commence à voix basse)*
Divulguer le secret,
n'est-ce pas défaire
le lien qui tient ma volonté?

BRÜNNHILDE *(lui répondant de la même manière)*
Tu parles à ta volonté
en me disant ce que tu veux;
qui suis-je
sinon ta volonté?

WOTAN *(à voix très basse)*
Que reste donc éternellement
inexprimé
ce que je tais à tous :
je ne débats qu'avec moi-même,
en te parlant.
(D'une voix encore plus sourde et sinistre, tout en fixant Brünnhilde des yeux.)
Quand pâlit le plaisir
des amours de jeunesse,
mon âme aspira au pouvoir :
poussé par la fureur
de désirs impulsifs,
je fis la conquête du monde.
Je fus par ignorance
déloyal, infidèle,
je conclus des traités
qui menaient au malheur :
Loge m'attira dans ses ruses,
puis ce vagabond a fui.

Von der Liebe doch
mocht' ich nicht lassen,
in der Macht verlangt' ich nach Minne.
Den Nacht gebar,
der bange Nibelung,
Alberich, brach ihren Bund;
er fluchte der Liebe
und gewann durch den Fluch
des Rheines glänzendes Gold
und mit ihm maßlose Macht.
Den Ring, den er schuf,
entriß ich ihm listig;
doch nicht dem Rhein
gab ich ihn zurück :
mit ihm bezahlt' ich
Walhalls Zinnen,
der Burg, die Riesen mir bauten,
aus der ich der Welt nun gebot.
Die alles weiß,
was einstens war,
Erda, die weihlich
weiseste Wala,
riet mir ab von dem Ring,
warnte vor ewigem Ende.
Von dem Ende wollt' ich
mehr noch wissen;
doch schweigend entschwand mir das Weib. –
Da verlor ich den leichten Mut,
zu wissen begehrt' es den Gott :
in den Schoß der Welt
schwang ich mich hinab,
mit Liebeszauber
zwang ich die Wala,
stört' ihres Wissens Stolz,
daß sie Rede nun mir stand.
Kunde empfing ich von ihr;
von mir doch barg sie ein Pfand :
der Welt weisestes Weib
gebar mir, Brünnhilde, dich.
Mit acht Schwestern
zog ich dich auf;
durch euch Walküren
wollt' ich wenden,
was mir die Wala
zu fürchten schuf :
ein schmähliches Ende der Ew'gen.
Daß stark zum Streit
uns fände der Feind,
hieß ich euch Helden mir schaffen :
die herrisch wir sonst
in Gesetzen hielten,
die Männer, denen
den Mut wir gewehrt,
die durch trüber Verträge
trügende Bande
zu blindem Gehorsam
wir uns gebunden –
die solltet zu Sturm –
und Streit ihr nun stacheln,
ihre Kraft reizen
zu rauhem Krieg,
daß kühner Kämpfer Scharen
ich sammle in Walhalls Saal!

Mais je ne voulais pas
renoncer à l'amour;
ayant le pouvoir, j'exigeais la passion
le fils de la nuit,
l'anxieux Nibelung,
Alberich rompit l'alliance
et maudit l'amour;
en le maudissant,
il conquit l'or brillant du Rhin
et, par lui, un pouvoir immense.
Je lui ravis par ruse
l'anneau qu'il forgea,
mais je ne le rendis
nullement au Rhin :
12 avec lui je payai
les créneaux du Wahalla,
le burg bâti par les géants,
d'où je commandai alors le monde.
Celle qui sait tout
ce qui fut jadis,
Erda, la sainte
14 et très sage déesse
2 me fit renoncer à l'anneau,
m'avertit de la fin éternelle.
Sur cette fin, je voulus
en savoir plus;
mais la femme disparut sans un mot. –
Alors je perdis mon insouciance :
le dieu désirait savoir;
je m'élançai
dans l'antre de la terre,
je soumis la Wala
5 au charme de l'amour,
je troublai son fier savoir,
la forçant à répondre.
J'acquis d'elle la connaissance
et de moi, elle eut un gage :
la plus sage des femmes
te conçut, toi, Brünnhilde.
Je t'élevai
avec tes huit soeurs;
par vous, les Walkyries,
je voulus éviter
ce que la Wala
m'avait fait craindre :
une fin honteuse des immortels.
Pour que l'ennemi
nous trouve parés,
je vous ordonnai de m'amener des héros :
ceux que jadis
nous tenions sous nos lois,
ces hommes dont
36 nous avions réprimé le courage,
qui étaient contraints
à l'obéissance aveugle,
par les liens trompeurs
d'obscurs traités –
vous deviez à présent
les pousser à se battre,
stimuler leur force
pour des guerres féroces,
afin de rassembler au Walhalla
des légions de hardis combattants!

BRÜNNHILDE
Deinen Saal füllten wir weidlich :
viele schon führt' ich dir zu.
Was macht dir nun Sorge,
da nie wir gesäumt?

BRÜNNHILDE
Je t'en ai déjà amené de nombreux,
ta salle en est remplie.
Quel est donc ton souci
puisque nous n'avons jamais failli?

WOTAN *(wieder gedämpfter)*
Ein andres ist's :
achte es wohl,
wes mich die Wala gewarnt!
Durch Alberichs Heer
droht uns das Ende :
mit neidischem Grimm
grollt mir der Niblung : –
doch scheu ich nun nicht
seine nächtigen Scharen,
meine Helden schüfen mir Sieg.
Nur wenn je den Ring
zurück er gewänne,
dann wäre Walhall verloren :
Der der Liebe fluchte,
er allein
nützte neidisch
des Ringes Runen
zu aller Edlen
endloser Schmach;
der Helden Mut
entwendet' er mir;
die Kühnen selber
zwäng' er zum Kampf;
mit ihrer Kraft
bekriegte er mich.
Sorgend sann ich nun selbst,
den Ring dem Feind zu entreißen.
Der Riesen einer,
denen ich einst
mit verfluchtem Gold
den Fleiß vergalt :
Fafner hütet den Hort,
um den er den Bruder gefällt.
Ihm müßt' ich den Reif entringen,
den selbst als Zoll ich ihm zahlte.
Doch mit dem ich vertrug,
ihn darf ich nicht treffen;
machtlos vor ihm
erläge mein Mut : –
Das sind die Bande,
die mich binden :
der durch Verträge ich Herr,
den Verträgen bin ich nun Knecht.
Nur einer könnte,
was ich nicht darf : –
ein Held, dem helfend
nie ich mich neigte;
der fremd dem Gotte,
frei seiner Gunst,
unbewußt,
ohne Geheiß,
aus eigner Not,
mit der eignen Wehr
schüfe die Tat,
die ich scheuen muß,
die nie mein Rat ihm riet,
wünscht sie auch einzig mein Wunsch!

WOTAN *(d'une voix de nouveau plus sourde)*
2 Il y a autre chose :
écoute bien
ce dont la Wala m'avertit!
Par les troupes d'Alberich,
12 la fin nous menace :
plein de rage et haine,
le Nibelung me garde rancune;
pourtant je ne crains plus
ses hordes nocturnes,
mes héros seraient victorieux.
Mais si jamais
il reconquérait l'anneau,
alors le Walhalla serait perdu :
lui qui maudit l'amour,
et lui seul,
userait avec haine
des runes de l'anneau,
pour la honte sans fin
de tous les êtres nobles;
il m'enlèverait
mes vaillants héros;
il contraindrait
ces hardis à se battre;
grâce à leur force,
il me ferait la guerre.
Soucieux, j'ai cherché le moyen
d'arracher l'anneau à l'ennemi.
L'un des géants,
dont je récompensai
jadis le zèle
avec l'or maudit,
Fafner garde le trésor,
pour lequel il tua son frère.
Il me faudrait lui ravir l'anneau,
par lequel j'ai payé le tribut.
Or je ne puis rencontrer
celui avec qui j'ai traité;
mon courage céderait,
sans force face à lui : –
15 tels sont les liens
qui me lient :
moi qui, par les contrats, suis maître.
3, 5, 26 me voici captif des contrats.
Un seul pourrait faire
ce qui m'est refusé :
un héros qui jamais
ne reçut mon aide,
étranger au dieu,
exempt de sa faveur,
inconscient,
sans directive,
par besoin personnel,
avec ses propres armes,
il accomplirait l'acte
qu'il me faut redouter,
cela sans mon conseil,
même si c'est mon voeu le plus vif.

Der, entgegen dem Gott,
für mich föchte,
den freundlichen Feind,
wie fände ich ihn?
Wie schüf' ich den Freien,
den nie ich schirmte,
der in eignem Trotze
der Trauteste mir?
Wie macht' ich den andren,
der nicht mehr ich,
und aus sich wirkte,
was ich nur will? –
O göttliche Not!
Gräßliche Schmach!
Zum Ekel find ich
ewig nur mich
in allem, was ich erwirke!
Das andre, das ich ersehne,
das andre erseh ich nie :
denn selbst muß der Freie sich schaffen;
Knechte erknet ich mir nur!

BRÜNNHILDE
Doch der Wälsung, Siegmund,
wirkt er nicht selbst?

WOTAN
Wild durchschweift' ich
mit ihm die Wälder;
gegen der Götter Rat
reizte kühn ich ihn auf :
gegen der Götter Rache
schützt ihn nun einzig das Schwert,
(gedehnt und bitter)
das eines Gottes
Gunst ihm beschied.
Wie wollt' ich listig
selbst mich belügen?
So leicht ja entfrug mir
Fricka den Trug :
zu tiefster Scham
durchschaute sie mich!
Ihrem Willen muß ich gewähren.

BRÜNNHILDE
So nimmst du von Siegmund den Sieg?

WOTAN
Ich berührte Alberichs Ring,
gierig hielt ich das Gold!
Der Fluch, den ich floh,
nicht flieht er nun mich : –
Was ich liebe, muß ich verlassen,
morden, wen je ich minne,
trügend verraten
wer mir traut!
(Wotans Gebärde geht aus dem Ausdruck des furchtbarsten Schmerzes zu dem der Verzweiflung über.)
Fahre denn hin,
herrische Pracht,
göttlichen Prunkes
prahlende Schmach!
Zusammenbreche,
was ich gebaut!

Il se battrait pour moi,
contre le dieu;
cet ennemi amical,
comment le trouver?
Comment faire naître l'homme libre,
privé de mon soutien
qui, en me défiant,
me serait le plus cher?
Comment créer cet autre,
distinct de moi,
qui ferait de lui-même
ma seule volonté? –
O détresse divine!
Honte effroyable!
Ecoeuré, je ne trouve
toujours que moi
dans tout ce que j'entreprends!
Cet autre que je désire,
je ne l'aperçois pas :
car l'homme libre doit se former lui-même;
et je ne modèle que des serfs!

BRÜNNHILDE
Mais Siegmund, le Wälsung,
n'agit-il pas seul?

WOTAN
28 J'ai parcouru les bois
en sauvage avec lui;
contre la loi des dieux,
j'ai exalté son courage :
contre la vengeance des dieux
seule le protège l'épée,
(avec lenteur et amertume)
dont le dota
la faveur d'un dieu.
J'ai voulu ruser,
me duper moi-même!
Fricka n'eut pas de peine
à me démasquer :
à ma grande honte,
elle devina ma feinte!
Je dois satisfaire sa volonté.

BRÜNNHILDE
Tu prends donc à Siegmund la victoire?

WOTAN
J'ai touché l'anneau d'Alberich,
avide, j'ai eu l'or en mains!
J'ai fui la malédiction,
mais elle ne me fuit pas :
je dois abandonner ce que j'aime,
assassiner celui que j'adore,
tromper et trahir
24, 26 qui a foi en moi!
(L'attitude de Wotan qui exprimait la plus terrible douleur, exprime à présent le désespoir.)
Que disparaissent
gloire et splendeur,
la honte éclatante
du faste divin!
Que s'effondre
ce que j'ai bâti!

Auf geb ich mein Werk;
nur eines will ich noch :
das Ende,
das Ende! –
(Er hält sinnend ein.)
Und für das Ende
sorgt Alberich!
Jetzt versteh ich
den stummen Sinn
des wilden Wortes der Wala :
«Wenn der Liebe finstrer Feind
zürnend zeugt einen Sohn,
der Sel'gen Ende
säumt dann nicht!» –
Vom Niblung jüngst
vernahm ich die Mär,
daß ein Weib der Zwerg bewältigt,
des Gunst Gold ihm erzwang :
Des Hasses Frucht
hegt eine Frau,
des Neides Kraft
kreißt ihr im Schoß :
das Wunder gelang
dem Liebelosen;
doch der in Lieb' ich freite,
den Freien erlang ich mir nicht.
(Mit bitterem Grimm sich aufrichtend.)
So nimm meinen Segen,
Niblungen-Sohn!
Was tief mich ekelt,
dir geb ich's zum Erbe,
der Gottheit nichtigen Glanz :
zernage ihn gierig dein Neid!

BRÜNNHILDE *(erschrocken)*
O sag, künde,
was soll nun dein Kind?

WOTAN *(bitter)*
Fromm streite für Fricka;
hüte ihr Eh' und Eid!
(Trocken)
Was sie erkor,
das kiese auch ich :
was frommte mir eigner Wille?
Einen Freien kann ich nicht wollen :
für Frickas Knechte
kämpfe nun du!

BRÜNNHILDE
Weh! Nimm reuig
zurück das Wort!
Du liebst Siegmund;
dir zulieb,
ich weiß es, schütz ich den Wälsung.

WOTAN
Fällen sollst du Siegmund,
für Hunding erfechten den Sieg!
Hüte dich wohl
und halte dich stark,
all deiner Kühnheit
entbiete im Kampf :
ein Siegschwert

J'abandonne mon oeuvre;
je ne veux plus qu'une chose :
la fin,
la fin! –
2 *(Il s'interrompt, songeur.)*
Et pour cette fin,
Alberich travaille!
A présent, je comprends
le sens secret
22c des dures paroles d'Erda :
"Quand le sombre ennemi de l'amour,
concevra un fils, dans sa rage,
la fin des dieux glorieux
ne tardera pas!" –
J'ai appris récemment
que le Nibelung
avait conquis une femme,
forçant ses faveurs grâce à l'or :
une femme porte
le fruit de la haine,
la force de l'envie
croît en son sein :
le nain sans amour
accomplit ce prodige;
13 mais moi qui conçus dans l'amour,
je n'ai pas su créer l'être libre.
(Se redressant avec un courroux amer.)
Je te bénis donc,
fils du Nibelung!
Ce qui m'écoeure tant,
je t'en fais l'héritier,
que ton envie dévore,
avide, le vain éclat des dieux!

BRÜNNHILDE *(effrayée)*
Oh dis, parle,
que doit faire ton enfant!

WOTAN *(d'un ton amer)*
Docile, lutte pour Fricka;
préserve mariage et serment!
(D'un ton sec)
Son choix est
également le mien :
à quoi servirait une volonté propre?
Je ne puis vouloir créer l'être libre :
alors combats
pour les serfs de Fricka!

BRÜNNHILDE
Hélas! repens-toi,
retire cet arrêt!
Tu aimes Siegmund;
par amour pour toi,
je le sais, je protègerai le Wälsung.

WOTAN
Tu dois abattre Siegmund,
lutter pour que Hunding l'emporte!
Prends bien garde
et sois forte,
dans la lutte, fais appel
à toute ta vaillance :
Siegmund brandit

schwingt Siegmund; –
schwerlich fällt er dir feig!

3 une épée de victoire,
il ne tombera pas en lâche!

BRÜNNHILDE
Den du zu lieben
stets mich gelehrt,
(sehr warm)
der in hehrer Tugend
dem Herzen dir teuer –
gegen ihn zwingt mich nimmer
dein zwiespältig Wort!

BRÜNNHILDE
Lui que tu m'as toujours
appris à aimer,
(très chaleureusement)
dont la noble valeur
est chère à ton coeur, –
jamais tes ordres contraires
ne me dresseront contre lui!

WOTAN
Ha, Freche du!
Frevelst du mir?
Wer bist du, als meines Willens
blind wählende Kür?
Da mit dir ich tagte,
sank ich so tief,
daß zum Schimpf der eignen
Geschöpfe ich ward?
Kennst du, Kind, meinen Zorn?
Verzage dein Mut,
wenn je zermalmend
auf dich stürzte sein Strahl!
In meinem Busen
berg ich den Grimm,
der in Grau'n und Wust
wirft eine Welt,
die einst zur Lust mir gelacht : –
Wehe dem, den er trifft!
Trauer schüf' ihm sein Trotz!
Drum rat ich dir,
reize mich nicht!
Besorge, was ich befahl :
Siegmund falle!
Dies sei der Walküre Werk!
(Er stürmt fort und verschwindet im Gebirge.)

WOTAN
Ah, insolente!
Tu te rebelles?
Qui es-tu, sinon l'agent aveugle
15 de ma volonté?
En discutant avec toi,
me suis-je abaissé
jusqu'à être bafoué
par celle que j'ai fait naître?
Enfant, connais-tu ma colère?
Que ton coeur tremble
si jamais ses foudres
s'abattaient sur toi!
En mon âme,
je renferme la rage
qui plongerait
dans l'effroi et le chaos
un monde qui fut jadis ma joie : -
malheur à celui qu'elle frappe!
Son défi ferait sa perte!
Aussi je te conseille
de ne pas m'irriter!
Exécute mon ordre :
que Siegmund périsse!
C'est là l'oeuvre de la Walkyrie!
(Il s'éloigne avec impétuosité et disparaît dans la montagne.)

BRÜNNHILDE *(steht lange erschrocken und betäubt)*
So sah ich
Siegvater nie,
erzürnt' ihn sonst wohl auch ein Zank!
(Sie neigt sich betrübt und nimmt ihre Waffen auf, mit denen sie sich wieder rüstet.)
Schwer wiegt mir
der Waffen Wucht. –
Wenn nach Lust ich focht,
wie waren sie leicht!
Zu böser Schlacht
schleich ich heut so bang.
Weh, mein Wälsung!
Im höchsten Leid
muß dich treulos die Treue verlassen!
(Sie wendet sich langsam dem Hintergrunde zu.)

BRÜNNHILDE *(effrayée, demeure longtemps abasourdie.)*
Jamais je n'ai vu ainsi
le maître des victoires,
même s'il s'emporta maintes fois!
(Attristée, elle se baisse et ramasse ses armes, dont elle se
5, 36 *revêt à nouveau.)*
Que le poids
des armes me pèse!
Elles étaient si légères
dans les batailles joyeuses!
Vers un combat funeste,
31 je me traîne, angoissée.
Hélas, mon Wälsung!
Dans la douleur extrême,
l'amie fidèle doit te trahir!
3 *(Elle se dirige lentement vers le fond.)*

DRITTE SZENE

Auf dem Bergjoche angelangt, gewahrt Brünnhilde, in die Schlucht hinabblickend, Siegmund und Sieglinde; sie betrachtet die Nahenden einen Augenblick und wendet sich dann in die Höhle zu ihrem Roß, so daß sie dem Zuschauer

SCENE III

Parvenue au col, Brünnhilde aperçoit, en bas dans la gorge, Siegmund et Sieglinde; elle observe un instant le couple qui s'approche et elle se dirige ensuite vers la grotte où se trouve son cheval, disparaissant ainsi complètement gänzlich verschwindet. – Siegmund und Sieglinde erscheinen auf dem Bergjoche. Sieglinde schreitet hastig voraus; Siegmund sucht sie aufzuhalten.

SIEGMUND
Raste nur hier;
gönne dir Ruh'!

SIEGLINDE
Weiter! Weiter!

SIEGMUND *(umfaßt sie mit sanfter Gewalt)*
Nicht weiter nun!
(Er schließt sie fest an sich.)
Verweile, süßestes Weib!
Aus Wonne-Entzücken
zucktest du auf,
mit jäher Hast
jagtest du fort :
kaum folgt' ich der wilden Flucht;
durch Wald und Flur,
über Fels und Stein,
sprachlos, schweigend
sprangst du dahin,
kein Ruf hielt dich zur Rast!
(Sie starrt wild vor sich hin.)
Ruhe nun aus :
rede zu mir!
Ende des Schweigens Angst!
Sieh, dein Bruder
hält seine Braut :
Siegmund ist dir Gesell!
(Er hat sie unvermerkt nach dem Steinsitze geleitet.)

SIEGLINDE *(blickt Siegmund mit wachsendem Entzücken in die Augen; dann umschlingt sie leidenschaftlich seinen Hals und verweilt so; dann fährt sie mit jähem Schreck auf)*

Hinweg! Hinweg!
Flieh die Entweihte!
Unheilig
umfängt dich ihr Arm;
entehrt, geschändet
schwand dieser Leib :
flieh die Leiche,
lasse sie los!
Der Wind mag sie verwehn,
die ehrlos dem Edlen sich gab!
Da er sie liebend umfing,
da seligste Lust sie fand,
da ganz sie minnte der Mann,
der ganz ihre Minne geweckt : –
vor der süßesten Wonne
heiligster Weihe,
die ganz ihr Sinn
und Seele durchdrang.
Grauen und Schauder
ob gräßlichster Schande
mußte mit Schreck
die Schmähliche fassen,
die je dem Manne gehorcht,
der ohne Minne sie hielt!
Laß die Verfluchte,
laß sie dich fliehn! –

16b *aux yeux du spectateur. – Siegmund et Sieglinde apparais-*
32b *sent au col. Sieglinde marche devant, à pas précipités; Siegmund cherche à la retenir.*

SIEGMUND
Fais halte ici;
prends du repos!

SIEGLINDE
Plus loin! Plus loin!

SIEGMUND *(l'étreint avec une douce violence)*
Non, pas plus loin!
(Il la serre fermement contre lui.)
34 Arrête-toi femme chérie!
Tu t'arrachas soudain
au ravissement
et tu t'enfuis
en toute hâte :
je suivais à peine ta fuite éperdue;
à travers bois et champs,
dans les pierres, les rochers,
muette, silencieuse,
tu bondissais,
nul appel ne t'arrêterait!
(Elle regarde fixement dans le vide d'un air farouche)
Repose-toi
et parle-moi!
Ton silence m'angoisse!
Vois, ton frère
30 étreint sa femme :
Siegmund est près de toi!
(Imperceptiblement, il l'a menée vers le banc de pierre.)

SIEGLINDE *(regarde Siegmund dans les yeux avec un ravissement grandissant; puis elle enlace son cou avec passion et demeure ainsi; puis elle sursaute, prise d'une terreur subite)*
Va-t'en! Va-t'en!
Fuis la femme avilie!
Ce bras
qui t'étreint est impie;
déshonoré, souillé,
ce corps s'est flétri :
fuis ce cadavre,
abandonne-le!
Que le vent emporte celle
16b qui se donna sans honneur au héros!
Quand il la prit en l'aimant,
elle trouva la volupté,
totalement aimée par l'homme
qui éveilla son amour :
34 dans cette consécration
de la plus douce extase
qui emplissait
son esprit et son âme,
effrayée, la misérable
fut saisie
d'horreur et d'effroi
devant la honte affreuse :
avoir toujours obéi à l'homme,
qui la prit sans amour!
Laisse la maudite,
laisse-la te fuir,

Verworfen bin ich,
der Würde bar!
Dir reinstem Manne
muß ich entrinnen,
dir Herrlichem darf ich
nimmer gehören.
Schande bring ich dem Bruder,
Schmach dem freienden Freund!

SIEGMUND
Was je Schande dir schuf,
das büßt nun des Frevlers Blut!
Drum fliehe nicht weiter;
harre des Feindes;
hier soll er mir fallen :
Wenn Notung ihm
das Herz zernagt,
Rache dann hast du erreicht!

SIEGLINDE *(schrickt auf und lauscht)*
Horch, die Hörner!
Hörst du den Ruf?
Ringsher tönt
wütend Getös';
aus Wald und Gau
gellt es herauf.
Hunding erwachte
aus hartem Schlaf!
Sippen und Hunde
ruft er zusammen;
mutig gehetzt
heult die Meute,
wild bellt sie zum Himmel
um der Ehe gebrochenen Eid!
(Sie starrt wie wahnsinnig vor sich hin.)
Wo bist du, Siegmund?
Seh ich dich noch,
brünstig geliebter,
leuchtender Bruder?
Deines Auges Stern
laß noch einmal mir strahlen :
wehre dem Kuß
des verworfnen Weibes nicht. –
(Sie hat ihm schluchzend an die Brust geworfen, dann schreckt sie ängstlich wieder auf.)

Horch, o horch!
Das ist Hundings Horn!
Seine Meute naht
mit mächt'ger Wehr :
Kein Schwert frommt
vor der Hunde Schwall :
wirf es fort, Siegmund!
Siegmund, wo bist du?
Ha dort! Ich sehe dich!
Schrecklich Gesicht!
Rüden fletschen
die Zähne nach Fleisch;
sie achten nicht
deines edlen Blicks;
bei den Füßen packt dich
das feste Gebiß –
du fällst –
in Stücken zerstaucht das Schwert. –

la réprouvée,
la femme indigne!
30 Je dois m'éloigner
de toi, homme très pur;
héros superbe, jamais plus
je ne dois t'appartenir.
J'apporte la honte au frère,
33 l'opprobre à l'ami, à l'amant!

SIEGMUND
Le sang du coupable expiera
ce qui causa ta honte!
Ne fuis donc pas plus loin,
attends l'ennemi;
je l'abattrai ici :
quand Notung lui
déchirera le coeur,
alors tu seras vengée!

SIEGLINDE *(sursaute, effrayée, et prête l'oreille)*
Ecoute, les trompes!
Entends-tu l'appel?
Alentour gronde
un furieux vacarme;
des sons stridents montent
des bois, des campagnes.
Hunding est sorti
d'un lourd sommeil!
Il bat le rappel
des gens et des chiens;
toute déchaînée,
la meute hurle;
féroce, elle clame vers le ciel
la violation du serment conjugal!
(Sieglinde regarde fixement devant elle, comme prise de démence.)
Où es-tu, Siegmund?
Te vois-je encore,
frère que j'adore,
toi, ma lumière?
Laisse briller pour moi
encore une fois tes prunelles :
ne refuse pas
le baiser d'une éprouvée!
(Elle s'est jetée dans ses bras en sanglotant, puis elle sursaute de nouveau, pleine d'angoisse.)
Ecoute, oh écoute!
C'est la trompe de Hunding!
Sa meute approche
avec de bonnes armes :
nulle épée ne résiste
à l'assaut des chiens :
jette-la, Siegmund!
Siegmund, où es-tu?
Ah, là-bas! Je te vois!
Vision d'horreur!
Des molosses montrant les crocs
attendent la curée;
peu leur importe
ton noble regard;
leurs solides mâchoires
te saisissent aux pieds –
tu tombes –
l'épée vole en morceaux. –

Die Esche stürzt –
es bricht der Stamm!
Bruder, mein Bruder!
Siegmund – ha! –
(Sie sinkt ohnmächtig in Siegmunds Arme.)

Le frêne s'abat –
le tronc se brise!
Frère, mon frère!
Siegmund! – Ah! –
(Elle tombe évanouie dans les bras de Siegmund.)

SIEGMUND
Schwester! Geliebte!
(Er lauscht ihrem Atem und überzeugt sich, daß sie noch lebe. Er läßt sie an sich herabgleiten, so daß sie, als er sich selbst zum Sitze niederläßt, mit ihrem Haupt auf seinem Schoß zu ruhen kommt. In dieser Stellung verbleiben beide bis zum Schlusse des folgenden Auftrittes. – Langes Schweigen, währenddessen Siegmund mit zärtlicher Sorge über Sieglinde sich hinneigt und mit einem langen Kusse ihr die Stirn küßt.)

SIEGMUND
Ma soeur! Mon amour!
(Il écoute sa respiration et s'assure qu'elle est encore en vie. Il la fait glisser contre lui; sa tête vient reposer sur les genoux de Siegmund lorsque celui-ci s'assied à son tour. Tous deux restent dans cette position jusqu'à la fin de la scène suivante. – Long silence pendant lequel Siegmund se penche avec une tendre prévenance sur Sieglinde et l'em-
30 *brasse sur le front d'un long baiser.)*

VIERTE SZENE

Brünnhilde, ihr Roß am Zaume geleitend, tritt aus der Höhle und schreitet langsam und feierlich nach vorne. Sie hält an und betrachtet Siegmund von fern. Sie schreitet wieder langsam vor. Sie hält in größerer Nähe an. Sie trägt Schild und Speer in der einen Hand, lehnt sich mit der andern an den Hals des Rosses und betrachtet so mit ernster Miene Siegmund.

SCENE IV

Brünnhilde, menant son cheval par la bride, sort de la grotte et s'avance d'un pas lent et solennel vers le devant de la scène. Elle s'arrête et contemple Siegmund de loin. Puis, elle s'avance à nouveau avec lenteur. Elle s'arrête plus près de lui. Elle porte sa lance et son bouclier d'une main et s'appuie de l'autre sur l'encolure de son cheval. Dans cette
37, 38 *attitude, elle contemple Siegmund d'un air grave.*

BRÜNNHILDE
Siegmund,
sieh auf mich!
Ich bin's,
der bald du folgst.

BRÜNNHILDE
14 Siegmund!
Regarde-moi!
C'est moi
que tu vas suivre.

SIEGMUND *(richtet den Blick zu ihr auf)*
Wer bist du, sag,
die so schön und ernst mir erscheint?

SIEGMUND *(lève le regard vers elle)*
Qui es-tu, dis,
qui m'apparaîs si belle et si grave?

BRÜNNHILDE
Nur Todgeweihten
taugt mein Anblick;
wer mich erschaut,
der scheidet vom Lebenslicht.
Auf der Walstatt allein
erschein ich Edlen :
wer mich gewahrt,
zur Wal kor ich ihn mir!

BRÜNNHILDE
Seuls me perçoivent
ceux qui vont mourir;
celui qui me voit
va quitter la vie.
Je n'apparais aux héros
que sur le champ de bataille :
celui qui m'aperçoit
est mon élu au combat!

SIEGMUND *(blickt ihr lange forschend und fest in das Auge, senkt dann sinnend das Haupt und wendet sich endlich mit feierlichem Ernste wieder zu ihr)*
Der dir nun folgt,
wohin führst du den Helden?

SIEGMUND *(lui lance un long regard ferme et inquisiteur, puis il baisse la tête, songeur, enfin il se tourne à nouveau vers elle avec une gravité solennelle)*
Où mènes-tu
le héros qui va te suivre?

BRÜNNHILDE
Zu Walvater,
der dich gewählt,
führ ich dich :
nach Walhall folgst du mir.

BRÜNNHILDE
Je te mène
au père des élus
qui t'a choisi :
tu me suivras au Walhalla.

SIEGMUND
In Walhalls Saal
Walvater find ich allein?

SIEGMUND
Au Walhalla,
le père des élus est-il seul?

BRÜNNHILDE
Gefallner Helden
hehre Schar
umfängt dich hold
mit hochheiligem Gruß.

SIEGMUND
Fänd' ich in Walhall
Wälse, den eignen Vater?

BRÜNNHILDE
Den Vater findet
der Wälsung dort.

SIEGMUND
Grüßt mich in Walhall
froh eine Frau?

BRÜNNHILDE
Wunschmädchen
walten dort hehr :
Wotans Tochter
reicht dir traulich den Trank!

SIEGMUND
Hehr bist du,
und heilig gewahr ich
das Wotanskind :
doch eines sag mir, du Ew'ge!
Begleitet den Bruder
die bräutliche Schwester?
Umfängt Siegmund
Sieglinde dort?

BRÜNNHILDE
Erdenluft
muß sie noch atmen :
Sieglinde sieht
Siegmund dort nicht!

SIEGMUND *(neigt sich sanft über Sieglinde, küßt sie leise auf die Stirn und wendet sich ruhig wieder zu Brünnhilde)*

So grüße mir Walhall,
grüße mir Wotan,
grüße mir Wälse
und alle Helden,
grüß auch die holden
Wunschesmädchen : –
(sehr bestimmt)
zu ihnen folg ich dir nicht

BRÜNNHILDE
Du sahest der Walküre
sehrenden Blick :
mit ihr mußt du nun ziehn!

SIEGMUND
Wo Sieglinde lebt
in Lust und Leid,
da will Siegmund auch säumen.
Noch machte dein Blick
nicht mich erbleichen :
vom Bleiben zwingt er mich nie!

BRÜNNHILDE
La légion sublime
des héros tombés
t'entoure de bonté,
t'accueille noblement.

SIEGMUND
Trouverai-je au Walhalla
Wälse, mon propre père?

BRÜNNHILDE
Le Wälsung trouvera
là-bas son père.

SIEGMUND
Une femme fera-t-elle
ma joie au Walhalla?

BRÜNNHILDE
16a Des filles de rêve
y règnent, superbes :
la fille de Wotan
te dispense le nectar!

SIEGMUND
Tu es sublime
et je vénère ta présence,
fille de Wotan :
mais dis-moi, déesse immortelle!
La soeur et l'épouse
accompagnera-t-elle son frère?
Siegmund et Sieglinde
s'enlaceront-ils?

BRÜNNHILDE
Elle doit vivre
encore sur terre :
là-bas, Siegmund
ne verra pas Sieglinde!

SIEGMUND *(se penche sur Sieglinde avec douceur, dépose un baiser léger sur son front et se détourne à nouveau tranquillement vers Brünnhilde)*
14 Alors salue le Walhalla,
salue pour moi Wotan,
salue pour moi Wälse
et tous les héros,
salue aussi les douces
filles de rêve :
(Avec une grande résolution.)
38b je ne te suivrai pas vers eux.

BRÜNNHILDE
Tu as vu l'oeil fatal
de la Walkyrie :
il te faut donc la suivre!

SIEGMUND
Là où vit Sieglinde,
dans la joie et dans la peine,
Siegmund veut vivre aussi.
Ton regard ne m'a pas
encore fait pâlir :
il ne m'empêchera jamais de rester!

BRÜNNHILDE
Solang du lebst,
zwäng' dich wohl nichts :
doch zwingt dich Toren der Tod : –
ihn dir zu künden,
kam ich her.

SIEGMUND
Wo wäre der Held,
dem heut ich fiel'?

BRÜNNHILDE
Hunding fällt dich im Streit.

SIEGMUND
Mit stärkrem drohe
als Hundings Streichen!
Lauerst du hier
lüstern auf Wal,
jenen kiese zum Fang :
ich denk ihn zu fällen im Kampf!

BRÜNNHILDE *(den Kopf schüttelnd)*
Dir, Wälsung,
höre mich wohl :
dir ward das Los gekiest.

SIEGMUND
Kennst du dies Schwert?
Der mir es schuf,
beschied mir Sieg :
deinem Drohen trotz ich mit ihm!

BRÜNNHILDE *(mit stark erhobener Stimme)*
Der dir es schuf,
beschied dir jetzt Tod :
seine Tugend nimmt er dem Schwert!

SIEGMUND *(heftig)*
Schweig und schrecke
die Schlummernde nicht!
(Er beugt sich mit hervorbrechendem Schmerze zärtlich über Sieglinde.)
Weh! Weh!
Süßestes Weib,
du traurigste aller Getreuen!
Gegen dich wütet
in Waffen die Welt :
und ich, dem du einzig vertraut,
für den du ihr einzig getrotzt,
mit meinem Schutz
nicht soll ich dich schirmen,
die Kühne verraten im Kampf?
Ha, Schande ihm,
der das Schwert mir schuf,
beschied er mir Schimpf für Sieg!
Muß ich denn fallen,
nicht fahr ich nach Walhall :
Hella halte mich fest!
(Er neigt sich tief zu Sieglinde.)

BRÜNNHILDE *(erschüttert)*
So wenig achtest du
ewige Wonne?

BRÜNNHILDE
Tant que tu vis,
rien ne te force :
mais, insensé, la mort le fera :
je suis venue
te l'annoncer.

SIEGMUND
Où serait le héros
qui m'abattrait aujourd'hui?

BRÜNNHILDE
Hunding va t'abattre au combat.

SIEGMUND
Cherche une menace plus forte
que les coups de Hunding!
Si tu fais là le guet,
avide de batailles,
choisis d'en faire ta proie :
je compte l'abattre au combat!

BRÜNNHILDE *(secouant la tête)*
C'est toi, Wälsung,
écoute-moi bien,
toi qu'a choisi le sort.

SIEGMUND
26 Connais-tu cette épée?
Celui qui me la donna
m'a voué à la victoire :
par elle, je défie ta menace!

BRÜNNHILDE *(élevant fortement la voix)*
Celui qui te la donna,
t'a voué désormais à la mort :
il prive l'épée de son pouvoir!

SIEGMUND *(avec violence)*
Tais-toi, n'effraie pas
celle qui dort!
(Laissant éclater sa douleur, il s'incline tendrement vers Sieglinde.)
16b Las! Las!
Femme chérie,
fidèle compagne, triste entre toutes!
Le monde en armes
fait rage contre toi :
et moi, à qui seul tu te fias,
moi pour qui seul tu le bravas,
je ne te donnerais pas
ma protection,
je trahirais l'intrépide au combat?
Ah, honte à celui
qui me donna l'épée,
pour m'infliger l'affront en guise de victoire!
Si je dois donc tomber,
je n'irai pas au Walhalla :
que Hella me retienne!
(Il se penche très bas vers Sieglinde.)

BRÜNNHILDE *(bouleversée)*
Tu fais si peu de cas
des délices éternelles?

(Zögernd und zurückhaltend)
Alles wär' dir
das arme Weib,
das müd und harmvoll
matt von dem Schoße dir hängt?
Nichts sonst hieltest du hehr?

SIEGMUND *(bitter zu ihr aufblickend)*
So jung und schön
erschimmerst du mir :
doch wie kalt und hart
erkennt dich mein Herz.
Kannst du nur höhnen,
so hebe dich fort,
du arge, fühllose Maid!
Doch mußt du dich weiden
an meinem Weh,
mein Leiden letze dich denn;
meine Not labe
dein neidvolles Herz :
nur von Walhalls spröden Wonnen
sprich du wahrlich mir nicht!

BRÜNNHILDE
Ich sehe die Not,
die das Herz dir zernagt,
ich fühle des Helden
heiligen Harm –
Siegmund, befiehl mir dein Weib :
mein Schutz umfange sie fest!

SIEGMUND
Kein andrer als ich
soll die Reine lebend berühren :
Verfiel ich dem Tod,
die Betäubte töt ich zuvor!

BRÜNNHILDE *(in wachsender Ergriffenheit)*
Wälsung! Rasender!
Hör meinen Rat :
befiehl mir dein Weib
um des Pfandes willen,
das wonnig von dir es empfing.

SIEGMUND *(sein Schwert ziehend)*
Dies Schwert,
das dem Treuen ein Trugvoller schuf;
dies Schwert ,
das feig vor dem Feind mich verrät :
frommt es nicht gegen den Feind,
so fromm es denn wider den Freund!
(Er zückt das Schwert auf Sieglinde.)
Zwei Leben
lachen dir hier :
nimm sie, Notung,
neidischer Stahl!
Nimm sie mit einem Streich!

BRÜNNHILDE *(im heftigsten Sturme des Mitgefühls)*
Halt ein, Wälsung!
Höre mein Wort!
Sieglinde lebe –
und Siegmund lebe mit ihr!
Beschlossen ist's;

(Hésitante et se contenant)
Serait-elle tout pour toi,
cette pauvre femme
lasse et affligée,
languissante dans tes bras?
Rien d'autre ne t'est cher?

SIEGMUND *(levant les yeux vers elle, plein d'amertume)*
38b Tu resplendis là,
très jeune et très belle :
mais mon coeur te trouve
très froide er très dure!
Si tu ne sais que railler,
éloigne-toi donc,
vierge insensible et cruelle!
Mais si tu dois te repaître
de ma douleur,
réjouis-toi de ma peine;
que ma détresse abreuve
ton coeur jaloux :
mais ne me parle plus
des délices austères du Walhalla!

BRÜNNHILDE
Je vois la détresse
qui te dévore le coeur,
je perçois l'affliction
sacrée du héros –
Siegmund, confie-moi ta femme :
je saurai la protéger!

SIEGMUND
Nul autre que moi
ne touchera vivante cette femme pure :
s'il faut que je meure,
je tuerai d'abord celle qui dort!

BRÜNNHILDE *(avec une émotion grandissante)*
Wälsung! Enragé!
Suis mon conseil :
confie-moi ta femme
pour l'amour du gage
qu'elle reçut de toi dans l'extase.

SIEGMUND *(tirant son épée)*
Cette épée
qu'un fourbe donna au fidèle,
cette épée
qui lâchement me trahit devant l'ennemi :
si elle ne sert pas contre lui,
qu'elle serve contre l'ami! –
(Il lève l'épée sur Sieglinde.)
Voici deux vies
qui te sourient :
prends-les, Notung,
fer jaloux!
Prends-les d'un seul coup!

BRÜNNHILDE *(dans un violent élan de compassion)*
Arrête, Wälsung!
29 Ecoute moi!
Que Sieglinde vive –
et que Siegmund vive avec elle!
C'est décidé;

das Schlachtlos wend ich :
dir, Siegmund,
schaff ich Segen und Sieg!
(Man hört aus dem fernen Hintergrunde Hornrufe erschallen.)
Hörst du den Ruf?
Nun rüste dich, Held!
Traue dem Schwert
und schwing es getrost :
treu hält dir die Wehr,
wie die Walküre treu dich schützt! –
Leb wohl, Siegmund,
seligster Held!
Auf der Walstatt seh ich dich wieder!
(Sie stürmt fort und verschwindet mit dem Rosse rechts in einer Seitenschlucht. Siegmund blickt ihr freudig und erhoben nach. Die Bühne hat sich allmählich verfinstert; schwere Gewitterwolken senken sich auf den Hintergrund herab und hüllen die Gebirgswände, die Schlucht und das erhöhte Bergjoch nach und nach gänzlich ein.)

FÜNFTE SZENE

SIEGMUND *(über Sieglinde geneigt, dem Atem lauschend)*
Zauberfest
bezähmt ein Schlaf
der Holden Schmerz und Harm.
Da die Walküre zu mir trat,
schuf sie ihr den wonnigen Trost?
Sollte die grimmige Wal
nicht schrecken ein gramvolles Weib?
Leblos scheint sie,
die dennoch lebt :
der Traurigen kost
ein lächelnder Traum. –
(Neue Hornrufe)
So schlummre nun fort,
bis die Schlacht gekämpft
und Friede dich erfreu'!
(Er legt sie sanft auf den Steinsitz und küßt ihr zum Abschied die Stirn. Siegmund vernimmt Hundings Hornruf und bricht entschlossen auf.)
Der dort mich ruft,
rüste sich nun;
was ihm gebührt,
biet ich ihm :
Notung zahl' ihm den Zoll!
(Er zieht das Schwert, eilt dem Hintergrunde zu und verschwindet, auf dem Joche angekommen, sogleich in finsterem Gewittergewölk, aus welchem alsbald Wetterleuchten aufblitzt.)

SIEGLINDE *(beginnt sich träumend unruhiger zu bewegen)*
Kehrte der Vater nur heim!
Mit dem Knaben noch weilt er im Forst.
Mutter, Mutter!
Mir bangt der Mut :
nicht freund und friedlich
scheinen die Fremden!
Schwarze Dämpfe –
schwüles Gedünst –
feurige Lohe

je change l'issue du combat :
toi, Siegmund,
sois, par moi, béni et vainqueur!
(On entend dans le lointain résonner les appels des trompes.)
Entends-tu l'appel?
Héros, prépare-toi!
Aie foi dans l'épée
et brandis-la sans crainte :
l'arme sera sûre
et la Walkyrie, fidèle, te protègera!
Adieu, Siegmund,
héros glorieux!
Je te reverrai sur le lieu du combat!
16b *(Elle s'éloigne avec impétuosité et disparaît avec son cheval*
37 *par la droite, dans une gorge latérale. Siegmund la suit des*
38b *yeux, joyeux et transporté. La scène s'est assombrie pro-*
30 *gressivement; de lourds nuages d'orage descendent vers le fond et finissent par voiler complètement les parois de la montagne, la gorge et le col élevé.)*

SCENE V

SIEGMUND *(penché sur Sieglinde, écoute sa respiration)*
Un sommeil magique
apaise la peine
et le tourment de l'aimée.
La Walkyrie lui donna-t-elle
cette paix en venant à moi?
Pour qu'un combat féroce
39 n'effraie pas une femme affligée?
Elle paraît morte
et pourtant elle vit :
un rêve agréable
effleure l'éplorée
(Nouveaux appels de trompe.)
Allons, sommeille encore
jusqu'après la bataille
16a, 32b où la paix fera ta joie!
(Il la dépose avec douceur sur le banc de pierre et lui donne sur le front un baiser d'adieu. Siegmund entend l'appel de trompe lancé par Hunding et s'éloigne avec résolution.)
Que celui qui m'appelle,
se prépare à présent;
je lui offre
ce qu'il mérite :
que Notung lui paie tribut!
(Il tire son épée et se dirige en hâte vers le fond; arrivé au col, il disparaît aussitôt dans les sombres nuages d'orage d'où jaillissent alors des éclairs.)

SIEGLINDE *(rêvant, commence à s'agiter)*
Si seulement mon père rentrait!
32b Il erre dans les bois avec mon frère.
Mère! Mère!
Je suis inquiète :
ces étrangers ne semblent
ni aimables, ni paisibles!
Noires fumées, –
lourdes vapeurs, –
des flammes ardentes
nous lèchent déjà, –

leckt schon nach uns –
es brennt das Haus –
zu Hilfe, Bruder!
Siegmund! Siegmund!
(Sie springt auf. – Starker Blitz und Donner.)
Siegmund! – Ha!
(Sie starrt in Angst um sich her : fast die ganze Bühne ist in schwarze Gewitterwolken gehüllt, fortwährender Blitz und Donner. Der Hornruf Hundings ertönt in der Nähe.)

HUNDINGS STIMME *(im Hintergrunde vom Bergjoche her)*
Wehwalt! Wehwalt!
Steh mir zum Streit,
sollen dich Hunde nicht halten!

SIEGMUNDS STIMME *(von weiter hinten her aus der Schlucht)*
Wo birgst du dich,
daß ich vorbei dir schoß?
Steh, daß ich dich stelle!

SIEGLINDE *(in furchtbarer Aufregung lauschend)*

Hunding! Siegmund!
Könnt' ich sie sehen!

HUNDING
Hieher, du frevlender Freier!
Fricka fälle dich hier!

SIEGMUND *(nun ebenfalls vom Joche her)*
Noch wähnst du mich waffenlos,
feiger Wicht?
Drohst du mit Frauen,
so ficht nun selber,
sonst läßt dich Fricka im Stich!
Denn sieh : deines Hauses
heimischem Stamm
entzog ich zaglos das Schwert;
seine Schneide schmecke jetzt du!
(Ein Blitz erhellt für einen Augenblick das Bergjoch, auf welchem jetzt Hunding und Siegmund kämpfend gewahrt werden.)

SIEGLINDE *(mit höchster Kraft)*
Haltet ein, ihr Männer!
Mordet erst mich!
(Sie stürzt auf das Bergjoch zu : ein von rechts her über den Kämpfern ausbrechender heller Schein blendet sie aber plötzlich so heftig, daß sie, wie erblindet, zur Seite schwankt. In dem Lichtglanze erscheint Brünnhilde über Siegmund schwebend und diesen mit dem Schilde deckend.)

BRÜNNHILDE
Triff ihn, Siegmund!
Traue dem Schwert!
(Als Siegmund soeben zu einem tödlichen Streiche auf Hunding ausholt, bricht von links her ein glühend rötlicher Schein durch das Gewölk aus, in welchem Wotan erscheint, über Hunding stehend und seinen Speer Siegmund quer entgegenhaltend.)

la maison brûle, –
à l'aide, frère!
Siegmund! Siegmund!
(Elle se lève d'un bond. Violents coup de tonnerre et éclairs.)
Siegmund! Ah!
(Pleine d'angoisse, elle regarde autour d'elle, l'air hagard : presque toute la scène est enveloppée de noirs nuages d'orage, éclairs et coups de tonnerre se succèdent sans arrêt. La trompe de Hunding retentit tout près.)

LA VOIX DE HUNDING *(venant du fond, derrière le col)*
Wehwalt! Wehwalt!
Viens donc te battre,
sinon les chiens vont t'arrêter!

LA VOIX DE SIEGMUND *(plus lointaine, provenant de la gorge)*
Où te caches-tu,
je t'ai croisé sans te voir?
Attends, que je t'attaque!

SIEGLINDE *(en proie à une terrible émotion, tendant l'oreille)*
Hunding! Siegmund!
Si je pouvais les voir!

HUNDING
Par là, criminel amant!
Que Fricka t'abatte ici!

SIEGMUND *(parvenu également au col)*
Tu me crois encore sans armes,
lâche gredin?
Tu menaces par les femmes,
mais combats toi-même,
ou Fricka te laissera tomber!
Car vois : j'ai arraché
sans crainte l'épée
au tronc de ta maison;
26 viens donc là tâter de sa lame!
(Un éclair illumine un instant le col sur lequel on voit maintenant combattre Hunding et Siegmund.)

SIEGLINDE *(de toutes ses forces)*
Arrêtez tous deux!
Tuez-moi d'abord!
(Elle se précipite vers le col : mais une lueur jaillissant à droite au-dessus des combattants l'éblouit soudain avec une violence telle qu'elle chancelle, comme aveuglée. Dans cette lumière éclatante, Brünnhilde apparaît planant au-dessus de Siegmund qu'elle protège de son bouclier.)

BRÜNNHILDE
Frappe-le, Siegmund!
26, 36 Aie foi dans l'épée!
(Au moment précis où Siegmund s'élance pour porter à Hunding un coup mortel, une lueur d'un rouge ardent surgit à gauche à travers les nuages; Wotan apparaît alors, debout au-dessus de Hunding, opposant sa lance à Siegmund.)

WOTAN
Zurück vor dem Speer!
In Stücken das Schwert!
(Brünnhilde weicht erschrocken vor Wotan mit dem Schilde zurück : Siegmunds Schwert zerspringt an dem vorgehaltenen Speere. Dem Unbewehrten stößt Hunding seinen Speer in die Brust. Siegmund stürzt tot zu Boden. – Sieglinde, die seinen Todesseufzer gehört, sinkt mit einem Schrei wie leblos zusammen. – Mit Siegmunds Fall ist zugleich von beiden Seiten der glänzende Schein verschwunden; dichte Finsternis ruht im Gewölk bis nach vorn : in ihm wird Brünnhilde undeutlich sichtbar, wie sie in jäher Hast sich Sieglinden zuwendet.)

BRÜNNHILDE
Zu Roß, daß ich dich rette!
(Sie hebt Sieglinde schnell zu sich auf ihr der Seitenschlucht nahe stehendes Roß und verschwindet sogleich mit ihr. – Alsbald zerteilt sich das Gewölk in der Mitte, so daß man deutlich Hunding gewahrt, der soeben seinen Speer dem gefallenen Siegmund aus der Brust zieht. – Wotan, von Gewölk umgeben, steht dahinter auf einem Felsen, an seinen Speer gelehnt und schmerzlich auf Siegmunds Leiche blickend.)

WOTAN *(zu Hunding)*
Geh hin, Knecht!
Knie vor Fricka :
meld ihr, daß Wotans Speer
gerächt, was Spott ihr schuf. –
Geh! – Geh!
(Vor seinem verächtlichen Handwink sinkt Hunding tot zu Boden. Plötzlich in furchtbarer Wut auffahrend :)
Doch Brünnhilde! –
Weh der Verbrecherin!
Furchtbar sei
die Freche gestraft,
erreicht mein Roß ihre Flucht!

(Er verschwindet mit Blitz und Donner. – Der Vorhang fällt schnell.)

Orchestervorspiel

DRITTER AUFZUG

Auf dem Gipfel eines Felsenberges

Rechts begrenzt ein Tannenwald die Szene. Links der Eingang einer Felshöhle, die einen natürlichen Saal bildet : darüber steigt der Fels zu seiner höchsten Spitze auf. Nach hinten ist die Aussicht gänzlich frei; höhere und niedere Felssteine bilden den Rand vor dem Abhange, der - wie anzunehmen ist - nach dem Hintergrunde zu steil hinabführt. - Einzelne Wolkenzüge jagen, wie vom Sturm getrieben, am Felsensaume vorbei. - Gerhilde, Ortlinde, Waltraute und Schwertleite haben sich auf der Felsspitze, an und über der Höhle, gelagert, sie sind in voller Waffenrüstung.

WOTAN
Cède devant la lance!
15 En morceaux, l'épée!
*(Brünnhilde avec son bouclier recule, effrayée, devant
Wotan : l'épée de Siegmund se brise sur la lance que lui
oppose Wotan. Hunding plonge sa lance dans la poitrine de*
9b *Siegmund qui, désarmé, tombe mort à terre. – Sieglinde, qui*
33 *a entendu son dernier soupir, pousse un cri et s'affaisse*
37 *comme inanimée. – A l'instant où Siegmund tombait, la*
38b *lueur éclatante s'est éteinte des deux côtés; une épaisse obscurité s'étend sur les nuées jusqu'au premier plan : toutefois, on aperçoit vaguement Brünnhilde qui se dirige en grande hâte vers Sieglinde.)*

BRÜNNHILDE
En selle, que je te sauve!
(Elle soulève rapidement Sieglinde, la met auprès d'elle sur son cheval qui est là, tout près de la gorge latérale et disparaît aussitôt avec elle. – Sur le champ, les nuages se déchirent en leur milieu et on distingue nettement Hunding en train de retirer sa lance de la poitrine de Siegmund mort. – Wotan, entouré de nuées, se tient derrière lui, sur un rocher, appuyé sur sa lance et jetant un regard douloureux sur le cadavre de Siegmund.)

WOTAN *(à Hunding)*
Va-t'en, serf!
A genoux devant Fricka!
Dis-lui que la lance de Wotan
a vengé son outrage. –
5, 3 Va! – Va!
(Sur un signe méprisant de sa main, Hunding tombe mort sur le sol. Soudain, Wotan est saisi d'une fureur terrible :)
Mais Brünnhilde!
Malheur à la criminelle!
Je vais châtier
durement l'effrontée!
Que mon coursier la rattrape en sa fuite!

(Il disparaît au milieu du tonnerre et des éclairs. – Le rideau tombe rapidement.)

Prélude orchestral

TROISIEME ACTE

Au sommet d'une montagne rocheuse

36 *A droite, un bois de sapin limite la scène. A gauche, dans le rocher, l'entrée d'une grotte qui forme une salle naturelle : au-dessus, les rochers s'élèvent vers le point culminant. Au fond, la vue est entièrement dégagée, des blocs de rochers plus ou moins élevés forment le rebord du versant; par derrière, on devine une pente abrupte. – Des nuages isolés, comme poussés par la tempête, passent en bordure des rochers. – Gerhilde, Ortlinde, Waltraute et Schwertleite se sont installées sur la cime, près de la grotte et au-dessus de celle-ci; elles sont armées de pied en cap.*

ERSTE SZENE

GERHILDE *(zuhöchst gelagert und dem Hintergrunde zurufend, wo ein starkes Gewölk herzieht)*
Hojotoho! Hojotoho!
Heiaha! Heiaha!
Helmwige! Hier!
Hierher mit dem Roß!

HELMWIGES STIMME *(im Hintergrunde)*
Hojotoho! Hojotoho!
Heiaha!
(In dem Gewölk bricht Blitzesglanz aus; eine Walküre zu Roß wird in ihm sichtbar : über ihrem Sattel hängt ein erschlagener Krieger. Die Erscheinung zieht, immer näher, am Felsensaume von links nach rechts vorbei.)

GERHILDE, WALTRAUTE UND SCHWERTLEITE *(der Ankommenden entgegenrufend)*
Heiaha! Heiaha!
(Die Wolke mit der Erscheinung ist rechts hinter dem Tann verschwunden.)

ORTLINDE *(in den Tann hineinrufend)*
Zu Ortlindes Stute
stell deinen Hengst :
mit meiner Grauen
grast gern dein Brauner!

WALTRAUTE *(hineinrufend)*
Wer hängt dir im Sattel?

HELMWIGE *(aus dem Tann auftretend)*
Sintolt, der Hegeling!

SCHWERTLEITE
Führ deinen Braunen
fort von der Grauen :
Ortlindes Mähre
trägt Wittig, den Irming!

GERHILDE *(ist etwas näher herabgestiegen)*
Als Feinde nur sah ich
Sintolt und Wittig!

ORTLINDE *(springt auf)*
Heiaha! Die Stute
stößt mir der Hengst!
(Sie läuft in den Tann. Gerhilde, Helmwige und Schwertleite lachen laut auf.)

GERHILDE
Der Recken Zwist
entzweit noch die Rosse!

HELMWIGE *(in den Tann zurückrufend)*
Ruhig, Brauner!
Brich nicht den Frieden.

WALTRAUTE *(auf der Höhe, wo sie für Gerhilde die Wacht übernommen, nach rechts in den Hintergrund rufend)*
Hoioho! Hoioho!
Siegrune, hier!

SCENE I

GERHILDE *(postée tout en haut et appelant vers le fond, d'où arrive un épais nuage)*
35, 36 Hoïotoho! Hoïotoho!
Heiaha! Heiaha!
Helmwige! Ici!
Amène ton cheval!

LA VOIX DE HELMWIGE *(au fond)*
Hoïotoho! Hoïotoho!
Heiaha!
(La nuée est transpercée par la lueur d'éclairs qui laissent voir une Walkyrie à cheval : en travers de la selle, pend un guerrier mort. L'apparition se rapproche et passe en bordure du rocher de gauche à droite.)

GERHILDE, WALTRAUTE ET SCHWERTLEITE *(lançant leurs appels à l'adresse de l'arrivante)*
Heiaha! Heiaha!
(Le nuage ainsi que l'apparition ont disparu à droite, derrière les sapins.)

ORTLINDE *(appelant en direction de la sapinière)*
Place ton étalon
près de ma jument :
ton cheval bai aime paître
avec ma grise!

WALTRAUTE *(l'appelant)*
Qui pend à ta selle?

HELMWIGE *(sortant du bois de sapins)*
Sintolt, le Hegeling!

SCHWERTLEITE
Emmène ton bai
loin de la grise :
la monture d'Ortlinde
porte Wittig, l'Irming!

GERHILDE *(qui est descendue un peu, s'approche)*
Sintolt et Wittig
furent toujours ennemis!

ORTLINDE *(bondit)*
Heiaha! L'étalon
bouscule ma jument!
(Elle s'élance en courant vers le bois de sapins. Gerhilde, Helmwige et Schwertleite rient aux éclats.)

GERHILDE
La querelle des héros
divise les chevaux!

HELWIGE *(s'écriant vers la sapinière)*
Du calme, cheval bai!
Ne romps pas la paix.

WALTRAUTE *(sur la hauteur où elle a relayé Gerhilde pour faire le guet, appelant vers le fond à droite)*

Hoïoho! Hoïoho!
Siegrune, ici!

Wo säumst du so lang?
(Sie lauscht nach rechts.)

SIEGRUNES STIMME *(von der rechten Seite des Hintergrundes her)*
Arbeit gab's!
Sind die andren schon da?

SCHWERTLEITE, WALTRAUTE UND GERHILDE *(nach rechts in den Hintergrund rufend)*
Hojotoho! Hojotoho!
Heiaha! Heiaha!
(Ihre Gebärden sowie ein heller Glanz hinter dem Tann zeigen an, daß soeben Siegrune dort angelangt ist. Aus der Tiefe hört man zwei Stimmen zugleich.)

GRIMGERDE UND ROßWEIßE *(links im Hintergrunde)*

Hojotoho! Hojotoho!
Heiaha!

WALTRAUTE
Grimgerd und Roßweiße!

GERHILDE
Sie reiten zu zwei.
(In einem blitzerglänzenden Wolkenzuge, der von links her vorbeizieht, erscheinen Grimgerde und Roßweiße, ebenfalls auf Rossen, jede einen Erschlagenen im Sattel führend. - Helmwige, Ortlinde und Siegrune sind aus dem Tann getreten und winken vom Felsensaume den Ankommenden zu.)

HELMWIGE, ORTLINDE UND SIEGRUNE
Gegrüßt, ihr Reisige!
Roßweiß und Grimgerde!

ROßWEIßES UND GRIMGERDES STIMMEN
Hojotoho! Hojotoho!
Heiaha!
(Die Erscheinung verschwindet hinter dem Tann.)

DIE SECHS ANDEREN WALKÜREN
Hojotoho! Hojotoho!
Heiaha! Heiaha!

GERHILDE *(in den Tann rufend)*
In' Wald mit den Rossen
zu Rast und Weid'!

ORTLINDE *(ebenfalls in den Tann rufend)*
Führet die Mähren
fern voneinander,
bis unsrer Helden
Haß sich gelegt!
(Die Walküren lachen.)

HELMWIGE *(während die anderen lachen)*
Der Helden Grimm
büßte schon die Graue!
(Die Walküren lachen.)

Où t'es-tu attardée?
(Elle tend l'oreille vers la droite.)

LA VOIX DE SIEGRUNE *(venant du fond, à droite)*

Beaucoup à faire!
Les autres sont déjà là?

SCHWERTLEITE, WALTRAUTE ET GERHILDE *(appelant vers le fond à droite)*
Hoïotoho! Hoïotoho!
Heiaha!
(Ses gestes ainsi qu'une vive clarté derrière le bois de sapins indiquent que Siegrune vient d'y parvenir. Montant des profondeurs, on entend deux voix à la fois.)

GRIMGERDE ET ROSSWEISSE *(au fond de la scène, à gauche)*
Hoïotoho! Hoïotoho!
Heiaha!

WALTRAUTE
Grimgerde et Rossweisse!

GERHILDE
Elles chevauchent à deux.
(Se déplaçant de gauche à droite dans un cortège de nuages illuminés d'éclairs brillants, Grimgerde et Rossweisse paraissent, elles aussi à cheval, portant chacune en selle un guerrier mort. – Helmwige, Ortlinde et Siegrune sont sorties du bois de sapins et, depuis le rebord rocheux, font des signes aux arrivantes.)

HELMWIGE, ORTLINDE ET SIEGRUNE
Salut, les guerrières!
Rossweisse et Grimgerde!

LES VOIX DE ROSSWEISSE ET GRIMGERDE
Hoïotoho! Hoïotoho!
Heiaha! Heiaha!
(L'apparition disparaît derrière les sapins.)

LES SIX AUTRES WALKYRIES
Hoïotoho! Hoïotoho!
Heiaha! Heiaha!

GERHILDE *(s'écriant également vers la sapinière)*
Les chevaux dans le bois,
qu'ils se reposent et paissent!

ORTLINDE *(s'écriant également vers la sapinière)*
Eloignez les cavales
les unes des autres,
jusqu'à ce que la haine
de nos héros s'apaise!
(Les Walkyries se mettent à rire.)

HELMWIGE *(pendant que les autres rient)*
La grise a déjà
subi leur courroux!
(Les Walkyries se mettent à rire)

ROẞWEIẞE UND GRIMGERDE *(aus dem Tann tretend)*

Hojotoho! Hojotoho!

DIE SECHS ANDEREN WALKÜREN
Willkommen! Willkommen! Willkommen!

SCHWERTLEITE
Wart ihr Kühnen zu zwei?

GRIMGERDE
Getrennt ritten wir
und trafen uns heut.

ROẞWEIẞE
Sind wir alle versammelt,
so säumt nicht lange :
nach Walhall brechen wir auf,
Wotan zu bringen die Wal.

HELMWIGE
Acht sind wir erst :
eine noch fehlt.

GERHILDE
Bei dem braunen Wälsung
weilt wohl noch Brünnhild.

WALTRAUTE
Auf sie noch harren
müssen wir hier :
Walvater gäb' uns
grimmigen Gruß,
säh' ohne sie er uns nahn!

SIEGRUNE *(auf der Felswarte, von wo sie hinausspäht)*

Hojotoho! Hojotoho!
(In den Hintergrund rufend.)
Hieher! Hieher!
(Zu den anderen –)
In brünstigem Ritt
jagt Brünnhilde her.

DIE ACHT WALKÜREN *(alle eilen auf die Warte)*

Hojotoho! Hojotoho!
Brünnhilde! Hei!
(Sie spähen mit wachsender Verwunderung.)

WALTRAUTE
Nach dem Tann lenkt sie
das taumelnde Roß.

GRIMGERDE
Wie schnaubt Grane
vom schnellen Ritt!

ROẞWEIẞE
So jach sah ich nie
Walküren jagen!

ORTLINDE
Was hält sie im Sattel?

ROSSWEISSE ET GRIMGERDE *(sortant du bois de sapins)*
Hoïotoho! Hoïotoho!

LES SIX AUTRES WALKYRIES
Bienvenue! Bienvenue!

SCHWERTLEITE
Filles vaillantes, étiez-vous ensemble?

GRIMGERDE
Pas pour chevaucher,
mais pour revenir.

ROSSWEISSE
Si nous sommes toutes réunies,
ne tardez donc plus :
partons pour le Walhalla,
portons les élus à Wotan.

HELMWIGE
Nous ne sommes que huit :
il en manque une.

GERHILDE
Brünnhilde doit être encore
auprès du brun Wälsung.

WALTRAUTE
Il nous faut encore
l'attendre ici :
le père des élus nous ferait
un accueil maussade
s'il nous voyait venir sans elle.

SIEGRUNE *(du promontoire rocheux où elle scrute l'horizon)*
Hoïotoho! Hoïotoho!
(Appelant vers le fond –)
Par ici! Par ici!
(Aux autres –)
Brünnhilde file vers nous
au grand galop.

LES HUIT WALKYRIES *(se précipitent toutes vers le promontoire)*
Hoïotoho! Hoïotoho!
Brünnhilde! Hé!
(Elles observent avec un étonnement grandissant.)

WALTRAUTE
3 Elle mène vers le bois
son coursier fourbu.

GRIMGERDE
Grane est tout haletant
de ce galop rapide!

ROSSWEISSE
Je n'ai jamais vu
de Walkyrie voler si vite!

ORTLINDE
Qu'a-t-elle à sa selle?

HELMWIGE
Das ist kein Held!

SIEGRUNE
Eine Frau führt sie.

GERHILDE
Wie fand sie die Frau?

SCHWERTLEITE
Mit keinem Gruß
grüßt sie die Schwestern!

WALTRAUTE *(hinabrufend)*
Heiaha! Brünnhilde!
Hörst du uns nicht?

ORTLINDE
Helft der Schwester
vom Roß sich schwingen!

DIE ACHT WALKÜREN
Hojotoho! Hojotoho!
Heiaha!
(Gerhilde und Helmwige stürzen in den Tann. – Siegrune und Roßweiße laufen ihnen nach.)

WALTRAUTE *(in den Tann blickend)*
Zugrunde stürzt
Grane, der starke!

GRIMGERDE
Aus dem Sattel hebt sie
hastig das Weib!

ORTLINDE, WALTRAUTE, GRIMGERDE UND SCHWERTLEITE
Schwester, Schwester!
Was ist geschehn?
(Alle Walküren kehren auf die Bühne zurück; mit ihnen kommt Brünnhilde, Sieglinde unterstützend und hereingeleitend.)

BRÜNNHILDE *(atemlos)*
Schützt mich und helft
in höchster Not!

DIE ACHT WALKÜREN
Wo rittest du her
in rasender Hast?
So fliegt nur, wer auf der Flucht!

BRÜNNHILDE
Zum erstenmal flieh ich
und bin verfolgt :
Heervater hetzt mir nach!

DIE ACHT WALKÜREN *(heftig erschreckend)*
Bist du von Sinnen?
Sprich! Sage uns,
verfolgt dich Heervater?
Fliehst du vor ihm?

HELMWIGE
Ce n'est pas un héros!

SIEGRUNE
16b Elle porte une femme.

GERHILDE
Comment l'a-t-elle trouvée?

SCHWERTLEITE
Elle ne salue
même pas ses soeurs!

WALTRAUTE *(appelant vers le bas)*
Heiaha! Brünnhilde!
Nous entends-tu?

ORTLINDE
Aidez notre soeur
à descendre de cheval!

LES HUIT WALKYRIES
Hoïotoho! Hoïotoho!
Heiaha!
(Gerhilde et Helmwige se précipitent vers la sapinière. – Siegrune et Rossweisse les suivent en courant.)

WALTRAUTE *(regardant vers le bois de sapin)*
Grane, le robuste,
s'écroule, harassé!

GRIMGERDE
En hâte, elle soulève
la femme de la selle!

ORTLINDE, WALTRAUTE, GRIMGERDE ET SCHWERTLEITE
Soeur! Soeur!
Qu'est-il arrivé?
(Toutes les Walkyries reviennent sur scène; Brünnhilde entre avec elles, en guidant et en soutenant Sieglinde.)

BRÜNNHILDE *(hors d'haleine)*
Protégez, aidez-moi
dans l'extrême détresse!

LES HUIT WALKYRIES
Mais d'où viens-tu donc
à cette folle allure?
Seule vole ainsi celle qui fuit!

BRÜNNHILDE
Pour la première fois je fuis
et suis poursuivie :
le maître des armées me pourchasse!

LES HUIT WALKYRIES *(saisies d'une grande frayeur)*
Tu perds l'esprit?
Parle! Dis-nous!
Le maître des armées te poursuit?
Tu fuis devant lui?

BRÜNNHILDE *(wendet sich ängstlich, um zu spähen, und kehrt wieder zurück)*
O Schwestern, späht
von des Felsens Spitze!
Schaut nach Norden,
ob Walvater naht!
(Ortlinde und Waltraute springen auf die Felsenspitze zur Warte.)
Schnell! Seht ihr ihn schon?

ORTLINDE
Gewittersturm
naht von Norden.

WALTRAUTE
Starkes Gewölk
staut sich dort auf!

DIE WEITEREN SECHS WALKÜREN
Heervater reitet
sein heiliges Roß!

BRÜNNHILDE
Der wilde Jäger,
der wütend mich jagt,
er naht, er naht von Norden!
Schützt mich, Schwestern!
Wahret dies Weib!

SECHS WALKÜREN *(ohne Ortlinde und Waltraute)*
Was ist mit dem Weibe?

BRÜNNHILDE
Hört mich in Eile :
Sieglinde ist es,
Siegmunds Schwester und Braut :
Gegen die Wälsungen
wütet Wotan in Grimm;
dem Bruder sollte
Brünnhilde heut
entziehen den Sieg;
doch Siegmund schützt' ich
mit meinem Schild,
trotzend dem Gott; –
der traf ihn da selbst mit dem Speer :
Siegmund fiel;
doch ich floh
fern mit der Frau;
sie zu retten,
eilt' ich zu euch,
ob mich Bange auch
(kleinmütig)
ihr berget vor dem strafenden Streich!

SECHS WALKÜREN *(ohne Ortlinde und Waltraute)*
Betörte Schwester,
was tatest du?
Wehe, Brünnhilde, wehe!
Brach ungehorsam
Brünnhilde
Heervaters heilig Gebot?

WALTRAUTE *(von der Warte)*
Nächtig zieht es

BRÜNNHILDE *(se retourne, angoissée, pour scruter le lointain et revient)*
Mes soeurs, guettez
au sommet du rocher!
Regardez vers le nord,
si père approche!
(Ortlinde et Waltraute bondissent vers la cime du rocher pour faire le guet.)
Vite! Le voyez-vous déjà?

ORTLINDE
Un ouragan
arrive du nord.

WALTRAUTE
D'épais nuages
s'y accumulent!

LES SIX AUTRES WALKYRIES
Le maître des armées chevauche
son coursier sacré!

BRÜNNHILDE
Le chasseur sauvage
qui me traque furieusement,
il vient, il vient du nord!
Protégez-moi, soeurs!
Veillez sur cette femme!

SIX WALKYRIES *(sauf Ortlinde et Waltraute)*
Qu'en est-il de cette femme?

BRÜNNHILDE
Ecoutez-moi vite :
c'est Sieglinde,
soeur et épouse de Siegmund :
contre les Wälsungen
Wotan gronde, en courroux;
Brünnhilde devait
aujourd'hui ôter
la victoire à son frère;
mais, défiant le dieu,
je protégeai Siegmund
de mon bouclier;
Wotan alors le frappa de sa lance :
Siegmund périt;
mais je m'enfuis,
emportant la femme;
j'accourus vers vous
pour la sauver,
et moi qui ai peur,
(humble)
me garderez-vous de ses coups?

SIX WALKYRIES *(sauf Ortlinde et Waltraute)*
Soeur insensée,
qu'as-tu fait?
Malheur, Brünnhilde, malheur!
As-tu enfreint,
Brünnhilde,
l'ordre sacré du maître des armées?

WALTRAUTE *(du promontoire)*
Voici la nuit

von Norden heran.

ORTLINDE *(ebenso)*
Wütend steuert
hieher der Sturm.

ROẞWEIẞE, GRIMGERDE, SCHWERTLEITE
Wild wiehert Walvaters Roß.

HELMWIGE, GERHILDE, SIEGRUNE
Schrecklich schnaubt es daher!

BRÜNNHILDE
Wehe der Armen,
wenn Wotan sie trifft :
den Wälsungen allen
droht er Verderben!
Wer leiht mir von euch
das leichteste Roß,
das flink die Frau ihm entführ'?

SIEGRUNE
Auch uns rätst du
rasenden Trotz?

BRÜNNHILDE
Roßweiße, Schwester,
leih mir deinen Renner!

ROẞWEIẞE
Vor Walvater floh
der fliegende nie.

BRÜNNHILDE
Helmwige, höre!

HELMWIGE
Dem Vater gehorch ich.

BRÜNNHILDE
Grimgerde! Gerhilde!
Gönnt mir eu'r Roß!
Schwertleite! Siegrune!
Seht meine Angst!
Oh, seid mir treu,
wie traut ich euch war :
rettet dies traurige Weib!

SIEGLINDE *(die bisher finster und kalt vor sich hingestarrt, fährt, als Brünnhilde sie lebhaft – wie zum Schutze – umfaßt, mit einer abwehrenden Gebärde auf)*

Nicht sehre dich Sorge um mich :
einzig taugt mir der Tod!
Wer hieß dich, Maid,
dem Harst mich entführen?
Im Sturm dort hätt' ich
den Streich empfahn
von derselben Waffe,
der Siegmund fiel :
das Ende fand ich
vereint mir ihm!
Fern von Siegmund –
Siegmund, von dir! –

qui arrive du nord.

ORTLINDE *(du même lieu)*
La tempête furieuse
vient par ici.

ROSSWEISSE, GRIMGERDE, SCHWERTLEITE
Le coursier du père hennit sauvagement.

HELMWIGE, GERHILDE, SIEGRUNE
Il approche en haletant terriblement!

BRÜNNHILDE
Malheur à cette pauvre,
si Wotan la trouve :
il voue à leur perte
tous les Wälsungen!
Qui d'entre vous me prête
le plus léger coursier
pour qu'elle s'échappe vivement?

SIEGRUNE
Tu nous conseille aussi
une folle rebellion?

BRÜNNHILDE
Rossweisse, ma soeur,
prête-moi ton coursier!

ROSSWEISSE
Rapide, il n'a jamais fui
devant le père des élus.

BRÜNNHILDE
Helmwige, écoute!

HELMWIGE
J'obéis à mon père.

BRÜNNHILDE
Grimgerde! Gerhilde!
Donnez-moi votre cheval!
Schwertleite! Siegrune!
Voyez mon angoisse!
Vous qui m'aimiez,
soyez-moi fidèles :
sauvez cette femme affligée!

SIEGLINDE *(qui est demeurée jusque là sombre et insensible, en regardant fixement devant elle, sursaute avec un geste de répulsion quand Brünnhilde la prend vivement dans ses bras, comme pour la protéger)*
Ne te tourmente pas pour moi,
la mort seule me convient!
Qui t'a donné l'ordre
de m'arracher au combat?
Là-bas, dans l'assaut,
j'aurais succombé
par l'arme même
qui fit périr Siegmund :
je trouvais la mort
unie à lui!
Loin de Siegmund –
Siegmund, loin de toi! –

O deckte mich Tod,
daß ich's denke! –
Soll um die Flucht
dir, Maid, ich nicht fluchen,
so erhöre heilig mein Flehen :
stoße dein Schwert mir ins Herz!

BRÜNNHILDE
Lebe, o Weib,
um der Liebe willen!
Rette das Pfand,
das von ihm du empfingst :
(stark und drängend)
ein Wälsung wächst dir im Schoß!

SIEGLINDE *(erschrickt zunächst heftig; sogleich strahlt aber ihr Gesicht in erhabener Freude auf)*
Rette mich, Kühne!
Rettet mein Kind!
Schirmt mich, ihr Mädchen,
mit mächtigstem Schutz!
(Immer finsteres Gewitter steigt im Hintergrunde auf : nahender Donner.)

WALTRAUTE *(auf der Warte)*
Der Sturm kommt heran.

ORTLINDE *(ebenso)*
Flieh, wer ihn fürchtet!

DIE SECHS ANDEREN WALKÜREN
Fort mit dem Weibe,
droht ihm Gefahr :
der Walküren keine
wag ihren Schutz!

SIEGLINDE *(auf den Knien vor Brünnhilde)*
Rette mich, Maid!
Rette die Mutter!

BRÜNNHILDE *(mit lebhaftem Entschluß hebt Sieglinde auf)*
So fliehe denn eilig
und fliehe allein!
Ich bleibe zurück,
biete mich Wotans Rache :
an mir zögr' ich
den Zürnenden hier,
während du seinem Rasen entrinnst.

SIEGLINDE
Wohin soll ich mich wenden?

BRÜNNHILDE
Wer von euch Schwestern
schweifte nach Osten?

SIEGRUNE
Nach Osten weithin
dehnt sich ein Wald :
der Niblungen Hort
entführte Fafner dorthin.

Que la mort m'épargne
cette pensée!
Pour ne pas te maudire
de m'avoir fait fuir,
ô vierge, exauce ma prière,
plonge ton épée dans mon coeur!

BRÜNNHILDE
Vis, ô femme,
au nom de l'amour!
Sauve le gage
que tu reçus de lui :
(d'une voix forte et pressante)
un Wälsung croît dans ton sein!

SIEGLINDE *(est d'abord saisie d'une violente frayeur; mais aussitôt, son visage rayonne d'une joie sublime)*
Sauve-moi, vaillante!
Sauvez mon enfant!
Vierges, protégez-moi
de toutes vos forces!
(Un orage de plus en plus sombre se lève au fond de la scène : les coups de tonnerre se rapprochent)

WALTRAUTE *(sur le promontoire)*
L'orage se rapproche.

ORTLINDE *(du même lieu)*
Qui le redoute doit fuir!

LES SIX AUTRES WALKYRIES
Que la femme parte
si elle court un danger :
nulle Walkyrie
n'ose la protéger!

SIEGLINDE *(à genoux devant Brünnhilde)*
Sauve-moi, vierge!
Sauve la mère!

BRÜNNHILDE *(prenant vivement un décision, relève Sieglinde)*
Alors vite, enfuis-toi
et enfuis-toi seule!
Moi, je reste ici,
je m'offre à la vengeance de Wotan :
je vais retenir
le dieu en colère,
ainsi toi, tu échappes à sa rage.

SIEGLINDE
Dans quelle direction aller?

BRÜNNHILDE
Mes soeurs, qui de vous
s'est rendue à l'est?

SIEGRUNE
Très loin à l'est
s'étend une forêt :
Fafner y emporta
12 le trésor des Nibelungen.

SCHWERTLEITE
Wurmesgestalt
schuf sich der Wilde :
in einer Höhle
hütet er Alberichs Reif!
GRIMGERDE
Nicht geheu'r ist's dort
für ein hilflos Weib.

BRÜNNHILDE
Und doch vor Wotans Wut
schützt sie sicher der Wald :
ihn scheut der Mächt'ge
und meidet den Ort.

WALTRAUTE *(auf der Warte)*
Furchtbar fährt
dort Wotan zum Fels.

SECHS WALKÜREN
Brünnhilde, hör
seines Nahens Gebraus!

BRÜNNHILDE *(Sieglinde die Richtung weisend)*
Fort denn eile,
nach Osten gewandt!
Mutigen Trotzes
ertrag alle Müh'n, –
Hunger und Durst,
Dorn und Gestein;
lache, ob Not,
ob Leiden dich nagt!
Denn eines wiss'
und wahr' es immer :
den hehrsten Helden der Welt
hegst du, o Weib,
im schirmenden Schoß! –
(Sie zieht die Stücken von Siegmunds Schwert unter ihrem Panzer hervor und überreicht sie Sieglinde.)
Verwahr ihm die starken
Schwertesstücken;
seines Vaters Walstatt
entführt' ich sie glücklich :
der neugefügt
das Schwert einst schwingt,
den Namen nehm er von mir –
«Siegfried» erfreu sich des Siegs!

SIEGLINDE *(in größter Rührung)*
O hehrstes Wunder!
Herrlichste Maid!
Dir Treuen dank ich
heiligen Trost!
Für ihn, den wir liebten,
rett ich das Liebste :
meines Dankes Lohn
lache dir einst!
Lebe wohl!
Dich segnet Sieglindes Weh!
(Sie eilt rechts im Vordergrunde von dannen. – Die Felsenhöhe ist von schwarzen Gewitterwolken umlagert; furchtbarer Sturm braust aus dem Hintergrunde daher, wachsender Feuerschein rechts daselbst.)

SCHWERTLEITE
Ce sauvage a pris
la forme d'un dragon :
dans une grotte,
il garde l'anneau d'Alberich!
GRIMGERDE
Ce n'est pas rassurant
pour une femme sans défense.

BRÜNNHILDE
Mais la forêt la protège
de la rage de Wotan :
le dieu puissant craint
et évite ces lieux.

WALTRAUTE *(sur le promontoire)*
L'air terrible, Wotan
vole vers le rocher.

SIX WALKYRIES
Brünnhilde, écoute-le
venir à grand fracas!

BRÜNNHILDE *(indiquant la direction à Sieglinde)*
Allons, fuis vite
en direction de l'est!
Endure toutes les peines
avec un fier courage,
la faim et la soif,
les épines et les pierres;
ris si la détresse
et la souffrance te rongent!
Car sache une chose
et ne l'oublie jamais :
40 le plus noble héros du monde,
femme, tu le portes
à l'abri de ton sein!
(De sous son armure, elle tire les morceaux de l'épée de Siegmund et les remet à Sieglinde.)
Garde pour lui les solides
tronçons d'épée;
par bonheur, je les ai pris
là où combattit son père :
40 celui qui brandira
l'épée reforgée,
c'est moi qui lui donne son nom –
"Siegfried", le joyeux vainqueur!

SIEGLINDE *(au comble de l'émotion)*
41 O prodige sublime!
Vierge merveilleuse!
A toi, fidèle, je dois
cet espoir sacré!
Pour celui que nous aimions,
je sauve le bien le plus cher :
que ma reconnaissance
te rende heureuse un jour!
Adieu!
La douleur de Sieglinde te bénit!
(Elle s'éloigne en hâte par le premier plan à droite. – La hauteur rocheuse est entourée de noirs nuages d'orage; venant du fond, une terrible tempête arrive en mugissant; à droite, flamboiement de plus en plus intense.)

WOTANS STIMME
Steh, Brünnhilde!
(Brünnhilde, nachdem sie eine Weile Sieglinde nachgesehen, wendet sich in den Hintergrund, blickt in den Tann und kommt angstvoll wieder vor.)
ORTLINDE UND WALTRAUTE *(von der Warte herabsteigend)*
Den Fels erreichten
Roß und Reiter!

LA VOIX DE WOTAN
Reste, Brünnhilde!
(Après avoir un moment suivi Sieglinde des yeux, Brünnhilde se tourne vers le fond, regarde vers le bois de sapins et revient vers le premier plan, pleine d'angoisse.)
ORTLINDE ET WALTRAUTE *(descendant du promontoire)*
Coursier et cavalier
ont atteint le rocher!

DIE ACHT WALKÜREN
Weh, Brünnhilde!
Rache entbrennt!

LES HUIT WALKYRIES
Crains, Brünnhilde,
les flammes de la vengeance!

BRÜNNHILDE
Ach, Schwestern, helft!
Mir schwankt das Herz!
Sein Zorn zerschellt mich,
wenn euer Schutz ihn nicht zähmt.

BRÜNNHILDE
Ah, mes soeurs, à l'aide!
mon coeur défaille!
Sa colère va me briser,
si vous ne l'apaisez pas.

DIE ACHT WALKÜREN *(flüchten ängstlich nach der Felsenspitze hinauf; Brünnhilde läßt sich von ihnen nachziehen)*
Hieher, Verlorne!
Laß dich nicht sehn!
Schmiege dich an uns
und schweige dem Ruf!
(Sie verbergen Brünnhilde unter sich und blicken ängstlich nach dem Tann, der jetzt von grellem Feuerschein erhellt wird, während der Hintergrund ganz finster geworden ist.)

Weh!
Wütend schwingt sich
Wotan vom Roß! –
Hieher rast
sein rächender Schritt!

LES HUIT WALKYRIES *(apeurées, s'enfuient vers la cime du rocher; Brünnhilde se laisse entraîner par elles)*

Viens donc, malheureuse!
Ne te fais pas voir!
Serre-toi contre nous,
ne lui réponds pas!
(Elles cachent Brünnhilde au milieu d'elles et regardent avec inquiétude en direction du bois de sapins qui est maintenant illuminé d'un vif flamboiement, tandis que le fond est devenu tout à fait sombre.)
Hélas!
Furieux, Wotan
saute de son cheval!
En rage, il approche
d'un pas vengeur!

ZWEITE SZENE

Wotan tritt in höchster zorniger Aufgeregtheit aus dem Tann auf und schreitet vor der Gruppe der Walküren auf der Höhe, nach Brünnhilde spähend, heftig einher.

SCENE II

Transporté de fureur, Wotan sort de la sapinière et s'avance à pas précipités devant le groupe des Walkyries sur la hauteur, cherchant Brünnhilde du regard.

WOTAN
Wo ist Brünnhilde,
wo die Verbrecherin?
Wagt ihr, die Böse
vor mir zu bergen?

WOTAN
Où est Brünnhilde,
où est la criminelle?
Vous osez me cacher
cette misérable?

DIE ACHT WALKÜREN
Schrecklich ertost dein Toben!
Was taten, Vater, die Töchter,
daß sie dich reizten
zu rasender Wut?

LES HUIT WALKYRIES
Ta rage est effrayante!
Père, qu'ont fait tes filles
pour te pousser
à cette folle fureur?

WOTAN
Wollt ihr mich höhnen?
Hütet euch, Freche!
Ich weiß : Brünnhilde
bergt ihr vor mir.
Weichet von ihr,
der ewig Verworfnen,
wie ihren Wert

WOTAN
Voulez-vous me railler?
Prenez garde, effrontées?
Je le sais :
vous me cachez Brünnhilde.
Cette éternelle réprouvée,
rejetez-la
comme elle a rejeté

von sich sie warf!

ROẞWEIẞE
Zu uns floh die Verfolgte.

DIE ACHT WALKÜREN
Unsern Schutz flehte sie an!
Mit Furcht und Zagen
faßt sie dein Zorn :
für die bange Schwester
bitten wir nun,
daß den ersten Zorn du bezähmst.
Laß dich erweichen für sie,
zähme deinen Zorn!

WOTAN
Weichherziges
Weibergezücht!
So matten Mut
gewannt ihr von mir?
Erzog ich euch kühn,
zum Kampfe zu ziehn,
schuf ich die Herzen
euch hart und scharf,
daß ihr Wilden nun weint und greint,
wenn mein Grimm eine Treulose straft?
So wißt denn, Winselnde,
was sie verbrach,
um die euch Zagen
die Zähre entbrennt :
keine wie sie
kannte mein innerstes Sinnen :
keine wie sie
wußte den Quell meines Willens!
Sie selbst war
meines Wunsches schaffender Schoß : –
und so nun brach sie
den seligen Bund,
daß treulos sie
meinem Willen getrotzt,
mein herrschend Gebot
offen verhöhnt,
gegen mich die Waffe gewandt,
die mein Wunsch allein ihr schuf!
Hörst du's, Brünnhilde?
Du, der ich Brünne,
Helm und Wehr,
Wonne und Huld,
Namen und Leben verlieh?
Hörst du mich Klage erheben
und birgst dich bang dem Kläger,
daß feig du der Straf' entflöhst?

BRÜNNHILDE *(tritt aus der Schar der Walküren hervor, schreitet demütigen, doch festen Schrittes von der Felsenspitze herab und tritt so in geringer Entfernung vor Wotan)*
Hier bin ich, Vater :
gebiete die Strafe!

WOTAN
Nicht straf ich dich erst :
deine Strafe schufst du dir selbst.
Durch meinen Willen

au loin sa valeur!

ROSSWEISSE
Poursuivie, elle a fui vers nous.

LES HUIT WALKYRIES
Elle implora notre secours!
Ta colère la remplit
de peur et de crainte :
pour notre soeur anxieuse,
nous te prions donc,
de modérer ton premier élan de colère.
Laisse-toi fléchir pour elle,
apaise ton courroux!

WOTAN
Bande de femelles
au coeur sensible!
Est-ce là tout le courage
que je vous ai donné?
Vous ai-je fait vaillantes
pour aller au combat,
ai-je rendu vos coeurs
durs et sans pitié,
filles farouches, pour vous voir geindre et pleurer
5 quand mon courroux châtie une rebelle?
Sachez donc, pleurnicheuses,
ce qu'a commis
celle pour qui versez
des larmes brûlantes :
nulle plus qu'elle
ne savait ma pensée intime;
nulle plus qu'elle
ne connaissait la source de mon vouloir!
Elle-même était
le centre créateur de mes voeux :
mais elle a brisé
le lien bienheureux;
rebelle, elle a bravé
ma volonté,
raillé ouvertement
mes ordres souverains,
tourné contre moi les armes
que mon voeu seul lui donna!
Brünnhilde, entends-tu?
Toi, à qui j'ai offert
arme, casque
et cuirasse,
bonheur et grâce, nom et vie?
Tu m'entends porter plainte,
et te caches, tremblante, devant le plaignant,
pour fuir lâchement le châtiment?

BRÜNNHILDE *(sort du groupe des Walkyries, descend d'un pas humble mais ferme de la cime rocheuse et s'avance à petite distance de Wotan.)*

Me voici, père :
ordonne le châtiment!

WOTAN
Je ne te châtierai pas :
tu t'es fixé toi-même ta peine.
Tu n'existais

warst du allein :
gegen ihn doch hast du gewollt;
meinen Befehl nur
führtest du aus :
gegen ihn doch hast du befohlen;
Wunschmaid
warst du mir :
gegen mich doch hast du gewünscht;
Schildmaid
warst du mir :
gegen mich doch hobst du den Schild;
Loskieserin
warst du mir :
gegen mich doch kiestest du Lose;
Heldenreizerin
warst du mir :
gegen mich doch reiztest du Helden.
Was sonst du warst,
sagte dir Wotan :
was jetzt du bist,
das sage dir selbst!
Wunschmaid bist du nicht mehr,
Walküre bist du gewesen :
nun sei fortan,
was so du noch bist!

BRÜNNHILDE *(heftig erschreckend)*
Du verstößest mich?
Versteh ich den Sinn?

WOTAN
Nicht send ich dich mehr aus Walhall;
nicht weis ich dir mehr
Helden zur Wal;
nicht führst du mehr Sieger
in meinen Saal :
bei der Götter trautem Mahle
das Trinkhorn nicht reichst
du traulich mir mehr;
nicht kos ich dir mehr
den kindischen Mund.
Von göttlicher Schar
bist du geschieden,
ausgestoßen
aus der Ewigen Stamm;
gebrochen ist unser Bund;
aus meinem Angesicht bist du verbannt.

DIE ACHT WALKÜREN *(verlassen, in aufgeregter Bewegung, ihre Stellung, indem sie sich etwas tiefer herabziehen)*
Wehe! Weh!
Schwester, ach Schwester!

BRÜNNHILDE
Nimmst du mir alles,
was einst du gabst?

WOTAN
Der dich zwingt, wird dir's entziehn!
Hieher auf den Berg
banne ich dich;
in wehrlosen Schlaf
schließ ich dich fest :

que par mon vouloir :
mais tu as voulu contre lui;
tu ne faisais
qu'exécuter mes ordres :
mais tu as ordonné contre eux;
tu étais
fille de mes voeux :
mais tu as formé des voeux contre moi;
tu étais
mon bouclier :
mais tu as levé le bouclier contre moi;
tu fixais
pour moi le sort :
mais tu as choisi le sort contre moi;
tu stimulais
pour moi les héros :
mais tu as stimulé un héros contre moi.
Ce que tu fus jadis,
Wotan te l'a dit :
ce que tu es maintenant,
à toi de le dire!
Tu n'es plus la fille de mes voeux,
tu n'es plus une Walkyrie :
sois donc dès lors
ce que tu restes encore!

BRÜNNHILDE *(épouvantée)*
Tu me répudies?
Ai-je bien compris?

WOTAN
Tu ne seras plus messagère du Walhalla;
je ne t'indiquerai plus
de héros à élire;
tu ne conduiras plus
les vainqueurs dans la salle :
au repas intime des dieux,
tu ne me serviras plus
tendrement le hanap;
je n'effleurerai plus
tes lèvres enfantines;
tu es chassée
de la légion divine,
exclue
de la lignée des éternels;
notre lien est brisé;
tu es bannie pour toujours de ma vue.

LES HUIT WALKYRIES *(dans une vive agitation abandonnent l'endroit où elles se trouvaient pour descendre un peu plus bas)*
Hélas! Las!
Soeur, ah, soeur!

BRÜNNHILDE
Me prends-tu tout
ce que tu me donnas?

WOTAN
Ton vainqueur te l'enlèvera!
Ici, sur cette montagne
je t'exile,
je t'enferme
dans un sommeil sans défense :

der Mann dann fange die Maid,
der am Wege sie findet und weckt.

DIE ACHT WALKÜREN *(kommen in höchster Aufregung von der Felsenspitze ganz herab und umgeben in ängstlichen Gruppen Brünnhilde, welche halb knieend vor Wotan liegt)*
Halt ein, o Vater,
halt ein den Fluch!
Soll die Maid verblühn
und verbleichen dem Mann?
Hör unser Flehn!
Schrecklicher Gott,
wende von ihr
die schreiende Schmach!
Wie die Schwester träfe uns selber der Schimpf.

WOTAN
Hörtet ihr nicht,
was ich verhängt?
Aus eurer Schar
ist die treulose Schwester geschieden;
mit euch zu Roß
durch die Lüfte nicht reitet sie länger;
die magdliche Blume
verblüht der Maid;
ein Gatte gewinnt
ihre weibliche Gunst;
dem herrischen Manne
gehorcht sie fortan;
am Herde sitzt sie und spinnt,
aller Spottenden Ziel und Spiel.
(Brünnhilde sinkt mit einem Schrei zu Boden; die Walküren weichen entsetzt mit heftigem Geräusch von ihrer Seite.)
Schreckt euch ihr Los?
So flieht die Verlorne!
Weichtet von ihr
und haltet euch fern!
Wer von euch wagte,
bei ihr zu weilen,
wer mir zum Trotz
zu der Traurigen hielt',
die Törin teilte ihr Los :
das künd' ich der Kühnen an!
Fort jetzt von hier!
Meidet den Felsen!
Hurtig jagt mir von hinnen,
sonst erharrt Jammer euch hier!

DIE ACHT WALKÜREN
Wehe! Wehe!
(Die Walküren fahren mit wildem Wehschrei auseinander und stürzen in hastiger Flucht in den Tann. – Schwarzes Gewölk lagert sich dicht am Felsenrande : man hört wildes Geräusch in Tann. Ein greller Blitzesglanz bricht in dem Gewölk aus; in ihm erblickt man die Walküren mit verhängtem Zügel, in eine Schar zusammengedrängt, wild davonjagen. Bald legt sich der Sturm; die Gewitterwolken verziehen sich allmählich. In der folgenden Szene bricht, bei endlich ruhigem Wetter, Abenddämmerung ein, der am Schlusse Nacht folgt.)

l'homme qui la trouve et l'éveille,
prendra alors la vierge.

LES HUIT WALKYRIES *(au comble de l'émotion, descendent au pied de la cime rocheuse et entourent, en groupes inquiets, Brünnhilde à demi agenouillée devant Wotan)*

Cesse, ô père!
Cesse ta malédiction!
La vierge doit-elle
se faner, dépérir pour l'homme?
Ecoute, notre prière!
Dieu redoutable,
ne lui fais pas subir
cet outrage criant!
l'insulte nous frapperait comme notre soeur.

WOTAN
N'avez-vous pas
entendu mon arrêt?
La soeur rebelle
est chassée de votre troupe;
elle ne chevauchera
plus avec vous par les airs;
cette fille va perdre
sa fleur virginale;
un époux aura
ses faveurs de femme;
elle obéira dès lors
aux ordres d'un homme;
elle filera, assise au foyer,
cible et jouet de tous les railleurs.
(Brünnhilde pousse un cri et tombe à terre; les Walkyries, épouvantées, s'écartent d'elle dans un violent tumulte.)
Son sort vous effraie;
fuyez donc la malheureuse!
Ecartez-vous,
éloignez-vous d'elle!
Celle qui oserait
rester auprès d'elle,
soutenir l'affligée
malgré mes ordres,
l'insensée aurait le même sort :
j'en préviens la téméraire!
Partez maintenant;
fuyez ce rocher!
Filez vivement d'ici,
sinon le chagrin vous guette!

LES HUIT WALKYRIES
Hélas! Hélas!
(Elles se dispersent avec de sauvages cris de douleur et se précipitent dans les bois de sapins, en une fuite éperdue. Des nuages noirs s'accumulent en bordure du rocher : on entend un grand tumulte dans le bois. Un éclair fulgurant sillonne les nuages, on aperçoit alors les Walkyries s'enfuir précipitamment, en rangs serrés, à bride abattue. Bientôt, la tempête s'apaise; les nuages d'orage se dissipent peu à peu. Au cours de la scène suivante, le crépuscule descend dans un ciel redevenu serein, puis à la fin, il fait nuit.)

DRITTE SZENE

Wotan und Brünnhilde, die noch zu seinen Füßen hingestreckt liegt, sind allein zurückgeblieben. – Langes, feierliches Schweigen : unveränderte Stellung.

5, 42

BRÜNNHILDE *(beginnt das Haupt langsam ein wenig zu erheben. Schüchtern beginnend und steigernd)*
War es so schmählich,
was ich verbrach,
daß mein Verbrechen so schmählich du bestrafst?
War es so niedrig,
was ich dir tat,
daß du so tief mir Erniedrigung schaffst?
War es so ehrlos,
was ich beging,
daß mein Vergehn nun die Ehre mir raubt?
(Sie erhebt sich allmählich bis zur knienden Stellung.)

O sag, Vater!
Sieh mir ins Auge;
schweige den Zorn,
zähme die Wut
und deute mir hell
die dunkle Schuld,
die mit starrem Trotze dich zwingt,
zu verstoßen dein trautestes Kind!

WOTAN *(in unveränderter Stellung, ernst und düster)*
Frag deine Tat,
sie deutet dir deine Schuld!

BRÜNNHILDE
Deinen Befehl
führte ich aus.

WOTAN
Befahl ich dir,
für den Wälsung zu fechten?

BRÜNNHILDE
So hießest du mich
als Herrscher der Wal!

WOTAN
Doch meine Weisung
nahm ich wieder zurück!

BRÜNNHILDE
Als Fricka den eignen
Sinn dir entfremdet;
da ihrem Sinn du dich fügtest,
warst du selber dir Feind.

WOTAN *(leise und bitter)*
Daß du mich verstanden, wähnt' ich
und strafte den wissenden Trotz :
doch feig und dumm
dachtest du mich!
So hätt' ich Verrat nicht zu rächen,
zu gering wärst du meinem Grimm!

BRÜNNHILDE
Nicht weise bin ich,

SCENE III

(Wotan et Brünnhilde, qui est demeurée étendue à ses pieds, restent seuls, immobiles. – Long silence solennel.)

BRÜNNHILDE *(relevant un peu la tête avec lenteur, commence d'une voix hésitante puis plus assurée)*
Etait-ce si honteux
ce que j'ai commis,
pour punir mon crime par tant de honte?
Etait-ce si vil
ce que j'ai fait,
pour m'avilir si profondément?
Etait-ce si malhonnête
ce que j'ai accompli,
pour que ma faute me prive de mon honneur?
(Elle se relève progressivement pour se trouver agenouillée.)
O dis-moi, père!
Regarde-moi dans les yeux :
fais taire ta colère,
apaise ta fureur
et indique-moi clairement
quelle faute obscure
t'oblige, avec une rigueur implacable,
à répudier ton enfant préférée!

WOTAN *(toujours immobile, d'un air grave et sombre)*
Interroge ton acte,
il t'indique ta faute!

BRÜNNHILDE
J'ai exécuté
ton ordre.

WOTAN
T'ai-je commandé
de lutter pour le Wälsung?

BRÜNNHILDE
Tel était l'ordre
du maître des combats!

WOTAN
Mais j'étais revenu
sur cette consigne!

BRÜNNHILDE
Après que Fricka
ait troublé ton esprit;
te soumettant à son avis,
tu étais ton propre ennemi.

WOTAN *(à voix basse et d'un ton amer)*
Croyant que tu m'avais compris,
j'ai puni ton défi conscient :
mais tu me pris
pour un lâche et un sot!
Je n'aurais nulle trahison à venger ;
tu serais donc indigne de mon courroux!

BRÜNNHILDE
Je ne suis pas une sage,

doch wußt' ich das eine,
daß den Wälsung du liebtest.
Ich wußte den Zwiespalt,
der dich zwang,
dies eine ganz zu vergessen.
Das andre mußtest
einzig du sehn,
was zu schaun so herb
schmerzte dein Herz :
daß Siegmund Schutz du versagtest.

WOTAN
Du wußtest es so
und wagtest dennoch den Schutz?

BRÜNNHILDE *(leise beginnend)*
Weil für dich im Auge
das eine ich hielt,
dem, im Zwange des andren
schmerzlich entzweit,
ratlos den Rücken du wandtest!
Die im Kampfe Wotan
den Rücken bewacht,
die sah nun das nur,
was du nicht sahst :
Siegmund mußt' ich sehn.
Tod kündend
trat ich vor ihn,
gewahrte sein Auge,
hörte sein Wort;
ich vernahm des Helden
heilige Not;
tönend erklang mir
des Tapfersten Klage :
freiester Liebe
furchtbares Leid,
traurigsten Mutes
mächtigster Trotz!
Meinem Ohr erscholl,
mein Aug' erschaute,
was tief im Busen das Herz
zu heil'gem Beben mir traf. –
Scheu und staunend
stand ich in Scham.
Ihm nur zu dienen
konnt' ich noch denken :
Sieg oder Tod
mit Siegmund zu teilen :
dies nur erkannt' ich
zu kiesen als Los! –
Der diese Liebe
mir ins Herz gehaucht,
dem Willen, der
dem Wälsung mich gesellt,
ihm innig vertraut –
trotzt' ich deinem Gebot.

WOTAN
So tatest du,
was so gern zu tun ich begehrt,
doch was nicht zu tun
die Not zwiefach mich zwang?
So leicht wähntest du
Wonne der Liebe erworben,

mais je savais une chose :
tu aimais le Wälsung.
Je savais quel conflit
te contraignait
d'oublier totalement cela,
pour ne plus voir
que l'autre devoir
qui meurtrissait
âprement ton coeur :
refuser ton aide à Siegmund.

WOTAN
Et sachant cela,
tu osas pourtant l'aider?

BRÜNNHILDE *(commençant à voix basse)*
Car je ne perdais
pas de vue pour toi
ce que tu refusais,
cruellement divisé,
contraint par autre chose!
Celle qui, au combat,
veillait sur Wotan,
elle fut seule à voir
ce que tu ne vis pas :
je dus voir Siegmund.
Lui annonçant la mort,
j'apparus devant lui,
j'aperçus son regard,
entendis ses paroles;
j'appris la détresse
sacrée du héros;
la plainte du plus brave
retentit jusqu'à moi :
la terrible souffrance
du plus libre amour,
le défi très puissant
d'une immense tristesse!
Mon oreille perçut,
mes yeux contemplèrent
ce qui me toucha le coeur
en un frémissement sacré.
Craintive et étonnée,
j'étais troublée.
L'aider fut alors
ma seule pensée,
partager avec lui
la victoire ou la mort :
c'est le seul destin
que je pus choisir!
Confiante en celui
qui m'insuffla cet amour,
en la volonté
qui m'alliait au Wälsung, –
j'ai bravé ton ordre.

WOTAN
Ainsi tu fis
ce que je souhaitais tant,
mais qu'une double détresse
m'interdisait de faire?
Tu crus acquérir
sans peine le bonheur de l'amour,

wo brennend Weh
in das Herz mir brach,
wo gräßliche Not
den Grimm mir schuf,
einer Welt zuliebe
der Liebe Quell
im gequälten Herzen zu hemmen?
Wo gegen mich selber
ich sehrend mich wandte,
aus Ohnmachtsschmerzen
Schäumend ich aufschoß,
wütender Sehnsucht
sengender Wunsch
den schrecklichen Willen mir schuf,
in den Trümmern der eignen Welt
meine ew'ge Trauer zu enden :
da labte süß
dich selige Lust;
wonniger Rührung
üppigen Rausch
enttrankst du lachend
der Liebe Trank,
als mir göttliche Not
nagende Galle gemischt?
Deinen leichten Sinn
laß dich denn leiten :
von mir sagtest du dich los.
Dich muß ich meiden,
gemeinsam mit dir
nicht darf ich Rat mehr raunen;
getrennt nicht dürfen
traut wir mehr schaffen :
so weit Leben und Luft,
darf der Gott dir nicht mehr begegnen!

BRÜNNHILDE
Wohl taugte dir nicht
die tör'ge Maid,
die staunend im Rate
nicht dich verstand,
wie mein eigner Rat
nur das eine mir riet :
zu lieben, was du geliebt.
Muß ich denn scheiden
und scheu dich meiden,
mußt du spalten,
was einst dich umspannt,
die eigne Hälfte
fern von dir halten,
daß sonst sie ganz dir gehörte,
du Gott, vergiß das nicht!
Dein ewig Teil
nicht wirst du entehren,
Schande nicht wollen,
die dich beschimpft :
dich selbst ließest du sinken,
sähst du dem Spott mich zum Spiel!

WOTAN
Du folgtest selig
der Liebe Macht :
folge nun dem,
den du lieben mußt!

quand une douleur ardente
me perçait le coeur,
qu'une détresse affreuse
me faisait, de rage,
tarir la source de l'amour
dans mon coeur torturé,
pour l'amour du monde!
Déchiré, je me tournai
alors contre moi-même,
écumant de colère,
20, 24 accablé d'impuissance;
plein d'un voeu ardent,
d'un désir furieux :
puiser en moi la terrible volonté
de mettre fin à mon éternelle tristesse,
en détruisant mon propre monde.
Et toi tu goûtais
un plaisir délicieux;
tu buvais avec joie
le philtre d'amour,
pleine de l'ivresse
d'une émotion heureuse,
tandis que moi, dieu en détresse,
j'étais rongé par le fiel?
Que ta légèreté
soit désormais ton guide :
tu t'es détachée de moi.
Je dois te laisser,
il m'est interdit
de délibérer avec toi;
séparés, nous ne pouvons
plus agir de concert :
nulle part, plus jamais,
le dieu ne doit plus te revoir!

BRÜNNHILDE
La fille naïve
ne t'a servi à rien,
étonnée de tes débats,
elle ne t'a pas compris;
ma propre pensée
me poussait seulement
à aimer qui tu aimais.
Si je dois te quitter,
t'éviter dans la crainte,
si tu dois diviser
ce qui fut uni,
éloigner de toi
la moitié de toi-même,
toi le dieu, n'oublie pas
que je fus tout entière à toi!
Ne déshonore pas
la part éternelle de toi-même,
ne souhaite pas
une honte qui t'outrage :
c'est toi qui t'abaisserais
si tu me voyais raillée!

WOTAN
Ravie, tu suivis
l'appel de l'amour :
suis donc à présent
qui tu dois aimer!

BRÜNNHILDE
Soll ich aus Walhall scheiden,
nicht mehr mit dir schaffen und walten,
dem herrischen Manne
gehorchen fortan :
dem feigen Prahler
gib mich nicht preis!
Nicht wertlos sei er,
der mich gewinnt.

WOTAN
Von Walvater schiedest du, –
nicht wählen darf er für dich.

BRÜNNHILDE *(leise mit vertraulicher Heimlichkeit)*
Du zeugest ein edles Geschlecht;
kein Zager kann je ihm entschlagen :
der weihlichste Held – ich weiß es –
entblüht dem Wälsungenstamm!

WOTAN
Schweig von dem Wälsungenstamm!
Von dir geschieden,
schied ich von ihm :
vernichten mußt' ihn der Neid!

BRÜNNHILDE
Die von dir sich riß,
rettete ihn.
(Heimlich.)
Sieglinde hegt
die heiligste Frucht;
in Schmerz und Leid,
wie kein Weib sie gelitten,
wird sie gebären,
was bang sie birgt.

WOTAN
Nie suche bei mir
Schutz für die Frau,
noch für ihres Schoßes Frucht!

BRÜNNHILDE *(heimlich)*
Sie wahret das Schwert,
das du Siegmund schufest.

WOTAN *(heftig)*
Und das ich ihm in Stücken schlug!
Nicht streb, o Maid,
den Mut mir zu stören;
erwarte dein Los,
wie sich's dir wirft;
nicht kiesen kann ich es dir!
Doch fort muß ich jetzt,
fern mich verziehn;
zuviel schon zögert' ich hier.
Von der Abwendigen
wend ich mich ab;
nicht wissen darf ich,
was sie sich wünscht :
die Strafe nur
muß vollstreckt ich sehn!

BRÜNNHILDE
Si je dois quitter le Walhalla,
ne plus agir ni régir avec toi,
obéir désormais
aux ordres d'un homme :
ne me livre pas
à un bravache!
Il faut qu'il soit digne
de faire ma conquête.

WOTAN
Tu t'es séparée du père des élus,
il n'a pas le droit de choisir pour toi.

BRÜNNHILDE *(à mi-voix, sur le ton mystérieux d'une confidence)*
Tu conçus une noble race;
nul lâche ne peut en sortir :
le héros suprême, je le sais,
40 naîtra de la lignée des Wälsungen!

WOTAN
Ne me parle pas des Wälsungen!
Séparé de toi,
je suis séparé d'eux :
la haine a dû les détruire!

BRÜNNHILDE
40 M'arrachant à toi,
je les ai sauvés.
(D'un ton mystérieux)
Sieglinde porte
le fruit le plus sacré;
dans des douleurs
que nulle femme ne connut,
elle mettra au monde
celui qu'elle attend, anxieuse.

WOTAN
Ne me demande jamais
de protéger cette femme,
ni le fruit de son sein!

BRÜNNHILDE *(d'un ton mystérieux)*
Elle a gardé l'épée
que tu donnas à Siegmund.

WOTAN *(avec véhémence)*
37 Et que j'ai mise en pièces!
Fille, ne cherche pas
à troubler mon coeur;
attends ton sort
tel qu'il sera;
je ne peux le choisir pour toi!
Mais je dois partir à présent,
m'éloigner;
je me suis déjà trop attardé;
je me détourne
de celle qui se détourna;
je ne saurais savoir
ce qu'elle souhaite :
je dois seulement
voir s'accomplir le châtiment!

BRÜNNHILDE
Was hast du erdacht,
daß ich erdulde?

WOTAN
In festen Schlaf
verschließ ich dich :
wer so die Wehrlose weckt,
dem ward, erwacht, sie zum Weib!

BRÜNNHILDE *(stürzt auf ihre Knie)*
Soll fesselnder Schlaf
fest mich binden,
dem feigsten Manne
zur leichten Beute :
dies eine mußt du erhören,
was heil'ge Angst zu dir fleht!
Die Schlafende schütze
mit scheuchendem Schrecken,
daß nur ein furchtlos
freiester Held
hier auf dem Felsen
einst mich fänd'!

WOTAN
Zuviel begehrst du,
zuviel der Gunst!

BRÜNNHILDE *(seine Knie umfassend)*
Dies eine
mußt du erhören!
Zerknickte dein Kind,
das dein Knie umfaßt;
zertritt die Traute,
zertrümmre die Maid,
ihres Leibes Spur
zerstöre dein Speer :
doch gib, Grausamer, nicht
der gräßlichsten Schmach sie preis!
(Mit wilder Begeisterung)
Auf dein Gebot
entbrenne ein Feuer;
den Felsen umglühe
lodernde Glut;
es leck ihre Zung',
es fresse ihr Zahn
den Zagen, der frech sich wagte,
dem freislichen Felsen zu nahn!

WOTAN *(überwältigt und tief ergriffen, wendet sich lebhaft zu Brünnhilde, erhebt sie von den Knien und blickt ihr gerührt ins Auge)*
Leb'wohl, du kühnes,
herrliches Kind!
Du meines Herzens heiligster Stolz!
Leb wohl! Leb wohl! Leb wohl!
(Sehr leidenschaftlich)
Muß ich dich meiden,
und darf nicht minnig
mein Gruß dich mehr grüßen;
sollst du nun nicht mehr
neben mir reiten,
noch Met beim Mahl mir reichen;
muß ich verlieren

BRÜNNHILDE
Qu'as-tu pensé
me faire endurer?

WOTAN
39 Je t'enferme
dans un profond sommeil :
qui éveillera la vierge sans défense
la prendra alors pour femme!

BRÜNNHILDE *(se jetant à genoux)*
Si je dois plonger
dans un lourd sommeil,
proie facile
du plus lâche des hommes :
entends au moins cette prière
née d'une terreur sacrée!
Protège l'endormie
par un danger redoutable,
pour que seul un héros
libre et sans peur
40 me trouve un jour
ici sur le rocher!

WOTAN
39 Tu demandes trop,
trop de faveur!

BRÜNNHILDE *(étreignant les genoux de Wotan)*
Tu entendras
cette prière!
Brise ton enfant
étreignant tes genoux;
piétine ta préférée,
anéantis la vierge,
que ta lance détruise
la trace de son corps :
mais, cruel, ne la livre pas
au plus horrible outrage!
36, 45 *(Avec un enthousiasme sauvage)*
Que sur ton ordre,
un feu jaillisse,
entoure le rocher
de ses flammes ardentes;
que leurs langues lèchent,
que leurs dents dévorent
le poltron qui aurait l'audace
d'approcher le rocher fatal!

WOTAN *(subjugué et profondément bouleversé, se tourne*
36 *vivement vers Brünnhilde, la relève et la regarde dans les*
39 *yeux avec émotion)*
Adieu, vaillante
et sublime enfant!
Toi, la suprême fierté de mon coeur!
Adieu! Adieu! Adieu!
(Très passionné)
S'il me faut te laisser,
si je ne peux plus te donner
un salut plein d'amour;
si tu ne dois plus
chevaucher à mes côtés,
ni m'offrir à table l'hydromel;
s'il me faut te perdre,

dich, die ich liebte,
du lachende Lust meines Auges :
ein bräutliches Feuer
soll dir nun brennen,
wie nie einer Braut es gebrannt!
Flammende Glut
umglühe den Fels!
mit zehrenden Schrecken
scheuch es den Zagen;
der Feige fliehe
Brünnhildes Fels! –
Denn einer nur freie die Braut,
der freier als ich, der Gott!
(Brünnhilde sinkt, gerührt und begeistert, an Wotans Brust; er hält sie lange umfangen. Sie schlägt das Haupt wieder zurück und blickt, immer noch ihn umfassend, feierlich ergriffen Wotan in das Auge.)
Der Augen leuchtendes Paar,
das oft ich lächelnd gekost,
wenn Kampfeslust
ein Kuß dir lohnte,
wenn kindisch lallend
der Helden Lob
von holden Lippen dir floß :
dieser Augen strahlendes Paar,
das oft im Sturm mir geglänzt,
wenn Hoffnungssehnen
das Herz mir sengte,
nach Weltenwonne
mein Wunsch verlangte
aus wild webendem Bangen :
zum letztenmal
letz es mich heut
mit des Lebewohles
letztem Kuß!
Dem glücklichern Manne
glänze sein Stern :
dem unseligen Ew'gen
muß es scheidend sich schließen.
(Er faßt ihr Haupt in beide Hände.)
Denn so kehrt
der Gott sich dir ab,
so küßt er die Gottheit von dir!
(Er küßt sie lange auf die Augen. Sie sinkt mit geschlossenen Augen, sanft ermattend, in seinen Armen zurück. Er geleitet sie zart auf einen niedrigen Mooshügel zu liegen, über den sich eine breitästige Tanne ausstreckt. Er betrachtet sie und schließt ihr den Helm : sein Auge weilt dann auf der Gestalt der Schlafenden, die er mit dem großen Stahlschilde der Walküre ganz zudeckt. Langsam kehrt er sich ab, mit einem schmerzlichen Blicke wendet er sich noch einmal um. Dann schreitet er mit feierlichem Entschlusse in die Mitte der Bühne und kehrt seines Speeres Spitze gegen einen mächtigen Felsstein.)
Loge, hör!
Lausche hieher!
Wie zuerst ich dich fand,
als feurige Glut,
wie dann einst du mir schwandest
als schweifende Lohe;
wie ich dich band,
bann ich dich heut!
Herauf, wabernde Lohe,
umlodre mir feurig den Fels!

toi que j'aimais,
toi, plaisir radieux de mes yeux :
qu'un feu nuptial
brûle pour toi,
comme jamais pour une fiancée!
45 Qu'un brasier ardent
entoure le rocher,
chasse le poltron
dévoré d'épouvante;
que le lâche fuie
le rocher de Brünnhilde!
Et seul conquerra la fiancée
40 l'être plus libre que moi, le dieu!
(Pleine d'émotion et d'enthousiasme, Brünnhilde tombe dans les bras de Wotan; il la tient longuement enlacée. Elle
42 *relève la tête et, tout en l'étreignant encore, regarde Wotan*
39 *dans les yeux avec une émotion solennelle.)*
46 Ces deux yeux étincelants
que j'effleurais en souriant
d'un baiser : récompense
de ta vaillance,
quand tes douces lèvres
d'enfant balbutiaient
l'éloge des héros :
ces deux yeux rayonnants
que je voyais luire dans l'assaut,
quand un ardent espoir
brûlait mon coeur,
quand j'aspirais
à jouir du monde,
en frémissant d'une âpre angoisse :
pour la dernière fois,
ils font ma joie,
par ce dernier baiser
d'adieu!
Que leurs prunelles brillent
pour l'homme plus heureux :
pour moi, dieu infortuné,
elles se ferment à jamais.
(Il prend la tête de Brünnhilde entre ses mains.)
Car ainsi le dieu
s'éloigne de toi,
43, 39, 46 te prend, d'un baiser, ta divinité!
(Il dépose un long baiser sur les yeux de Brünnhilde qui se laisse doucement glisser dans ses bras, les yeux fermés. Il la conduit avec tendresse pour l'allonger sur un petit tertre couvert de mousse, au-dessus duquel un sapin étend ses larges branches. Il la contemple et lui ferme son heaume : son regard se pose sur la silhouette de la Walkyrie endormie qu'il recouvre alors entièrement de son bouclier d'acier. Il se détourne avec lenteur; en jetant un regard douloureux, il se retourne encore une fois. Avec une détermination solennelle, il s'avance au milieu de la scène et tourne la
15 *pointe de sa lance vers un gros bloc de rocher.)*
Loge, écoute!
Viens, je t'appelle!
Je t'ai d'abord trouvé
sous forme de brasier,
puis tu m'as échappé
sous forme de flamme errante;
je t'ai dompté autrefois
je te saisis aujourd'hui!
Debout, flamme dansante,
45 encercle de feu le rocher!

(Er stößt mit dem Folgenden dreimal mit dem Speer auf den Stein.)
Loge! Loge! Hieher!
(Dem Stein entfährt ein Feuerstrahl, der zur allmählich immer helleren Flammenglut anschwillt. Lichte Flackerlohe bricht aus. Lichte Brunst umgibt Wotan mit wildem Flackern. Er weist mit dem Speere gebieterisch dem Feuermeere den Umkreis des Felsenrandes zur Strömung an; alsbald zieht es sich nach dem Hintergrunde, wo es nun fortwährend den Bergsaum umlodert.)
Wer meines Speeres
Spitze fürchtet,
durchschreite das Feuer nie!

(Er streckt den Speer wie zum Banne aus. Dann blickt er schmerzlich auf Brünnhilde zurück, wendet sich langsam zum Gehen und blickt noch einmal zurück, ehe er durch das Feuer verschwindet. – Der Vorhang fällt.)

(Pendant l'appel qui suit, il frappe trois fois la pierre de sa lance.)
Loge! Loge! Ici!
(De la pierre jaillit un trait de feu qui grandit peu à peu en un brasier de plus en plus clair. Des flammes lumineuses et dansantes s'élèvent et entourent Wotan d'un flamboiement sauvage. D'un geste impérieux, il indique à la mer de flammes le pourtour du rocher; aussitôt le torrent de feu se déplace vers le fond où il encercle inlassablement le bord de la montagne.)
Que celui qui craint
la pointe de ma lance,
ne franchisse jamais le feu!

(Il tend sa lance comme pour jeter un interdit. Puis, il se retourne vers Brünnhilde avec un regard douloureux, s'apprête lentement à partir et regarde encore une fois en arrière, avant de disparaître à travers le feu. – Le rideau tombe.)

SIEGFRIED

Zweiter Tag aus dem Bühnenfestspiel
Der Ring des Nibelungen.

Personen

Siegfried *(Tenor)*
Mime *(Tenor)*
Der Wanderer *(Hoher Baß)*
Alberich *(Hoher Baß)*
Fafner *(Baß)*
Erda *(Alt)*
Brünnhilde *(Sopran)*
Stimme des Waldvogels *(Sopran)*

Orchestervorspiel

ERSTER AUFZUG

Wald

Den Vordergrund bildet ein Teil einer Felsenhöhle, die sich links tiefer nach innen zieht, nach rechts aber gegen drei **47** *Viertel der Bühne einnimmt. Zwei natürlich gebildete* **48** *Eingänge stehen dem Walde zu offen : der eine nach rechts,* **22a** *unmittelbar im Hintergrunde, der andere, breitere, ebenda* **10b** *seitwärts. An der Hinterwand, nach links zu, steht ein* **9** *großer Schmiedeherd, aus Felsstücken natürlich geformt;* **12** *künstlich ist nur der große Blasebalg : die rohe Esse geht –* **26** *ebenfalls natürlich – durch das Felsendach hinauf. Ein sehr großer Amboß und andere Schmiedegerätschaften.*

ERSTE SZENE

MIME *(sitzt, als der Vorhang nach einem kurzen Orchestervorspiel aufgegangen, am Ambosse und hämmert mit wachsender Unruhe an einem Schwerte, endlich hält er unmutig ein)* **10b, 22a**
Zwangvolle Plage!
Müh' ohne Zweck!
Das beste Schwert,
das je ich geschweißt,
in der Riesen Fäusten
hielte es fest :
doch dem ich's geschmiedet,
der schmähliche Knabe,
er knickt und schmeißt es entzwei,
als schüf' ich Kindergeschmeid'!
(Mime wirft das Schwert unmutig auf den Amboß, stemmt die Arme ein und blickt sinnend zu Boden.) **47, 26a**
Es gibt ein Schwert,
das er nicht zerschwänge :
Notungs Trümmer
zertrotzt' er mir nicht,
könnt' ich die starken
Stücken schweißen,
die meine Kunst
nicht zu kitten weiß!
Könnt' ich's dem Kühnen schmieden,

SIEGFRIED

Deuxième journée du festival scénique
L'Anneau du Nibelung

Personnages

Siegfried *(ténor)*
Mime *(ténor)*
Le Voyageur *(baryton)*
Alberich *(baryton)*
Fafner *(basse)*
Erda *(contralto)*
Brünnhilde *(soprano)*
Voix de l'oiseau de la forêt *(soprano)*

Prélude orchestral

PREMIER ACTE

Une forêt

Au premier plan, une caverne dans le rocher qui se prolonge dans les profondeurs à gauche, et occupe à droite environ les trois quarts de la scène. Deux entrées naturelles donnent sur la forêt : l'une, à droite, s'ouvre directement sur le fond de la scène; l'autre, plus large, se trouve également sur le côté droit. Contre la paroi du fond, vers la gauche se trouve un grand foyer de forge, formé de blocs de rochers naturels; seul le grand soufflet est de la main de l'homme; une cheminée rudimentaire – naturelle, elle aussi – traverse la voûte rocheuse. Une énorme enclume et divers ustensiles de forge.

SCÈNE I

MIME *(lorsque le rideau se lève, après un bref prélude orchestral, est assis devant l'enclume et martèle une épée avec une fièvre grandissante; finalement, il s'interrompt, contrarié)*
J'ai beau m'échiner!
Peine perdue!
La meilleure épée
que j'aie jamais soudée,
tiendrait bon
dans les mains des géants :
mais cet odieux garçon
pour qui je l'ai forgée,
la casse en deux et la jette,
comme si c'était un jouet!
(Excédé, Mime jette l'épée sur l'enclume, met les poings sur les hanches et baisse la tête, songeur.)
Il y a une épée
qu'il ne romprait pas :
les débris de Notung
lui résisteraient,
si je pouvais souder
ces robustes fragments,
que, malgré mon art,
je ne sais pas assembler!
Si je pouvais les forger pour l'intrépide,

meiner Schmach erlangt' ich da Lohn!
(Er sinkt tiefer zurück und neigt sinnend das Haupt.)
Fafner, der wilde Wurm,
lagert im finstren Wald;
mit des furchtbaren Leibes Wucht
der Niblungen Hort
hütet er dort.
Siegfrieds kindischer Kraft
erläge wohl Fafners Leib :
des Niblungen Ring
erränge er mir.
Nur ein Schwert taugt zu der Tat;
nur Notung nützt meinem Neid,
wenn Siegfried sehrend ihn schwingt :
und ich kann's nicht schweißen,
Notung, das Schwert!
(Er hat das Schwert wieder zurechtgelegt und hämmert in höchstem Unmut daran weiter.)
Zwangvolle Plage!
Müh' ohne Zweck!
Das beste Schwert,
das je ich geschweißt,
nie taugt es je
zu der einzigen Tat!
Ich tappre und hämmre nur,
weil der Knabe es heischt :
er knickt und schmeißt es entzwei
und schmäht doch, schmied ich ihm nicht!
(Er läßt den Hammer fallen.)

SIEGFRIED *(in wilder Waldkleidung, mit einem silbernen Horn an einer Kette, kommt mit jähem Ungestüm aus dem Walde herein; er hat einen großen Bären mit einem Bastseile gezäumt und treibt diesen mit lustigem Übermute gegen Mime an)*
Hoiho! Hoiho!
Hau ein! Hau ein!
Friß ihn! Friß ihn,
den Fratzenschmied!
(Er lacht.)
Hahahaha!
(Mime entsinkt vor Schreck das Schwert; er flüchtet hinter den Herd; Siegfried treibt ihm den Bären überall nach.)

MIME
Fort mit dem Tier!
Was taugt mir der Bär?

SIEGFRIED
Zu zwei komm ich,
dich besser zu zwicken :
Brauner, frag nach dem Schwert!

MIME
He! Laß das Wild!
Dort liegt die Waffe :
fertig fegt' ich sie heut.

SIEGFRIED
So fährst du heute noch heil!
(Er löst dem Bären den Zaum und gibt ihm damit einen Schlag auf den Rücken.)
Lauf, Brauner,

alors je serais payé de ma honte!
(Il se courbe davantage et penche la tête, songeur.)
Fafner, le farouche dragon,
gîte dans la forêt obscure;
du poids de son corps formidable,
il garde là-bas
le trésor des Nibelungen.
Ce corps pourrait bien succomber
aux coups du jeune Siegfried :
il conquerrait pour moi
l'anneau du Nibelung.
Une seule épée convient pour cet exploit;
Notung seule peut servir mon désir,
brandie par un Siegfried agressif :
et je ne puis pas la souder,
Notung, l'épée!
(Il a replacé l'épée et continue de la marteler, au comble de l'irritation.)
J'ai beau m'échiner!
Peine perdue!
La meilleure épée
que j'aie jamais soudée,
ne conviendra jamais
pour cet exploit unique!
Je frappe et martèle seulement
parce que l'enfant l'exige :
il la casse en deux et la jette
et m'insulte si je ne forge pas!
(Il laisse tomber son marteau.)

SIEGFRIED *(vêtu en homme des bois, un cor d'argent pendu à une chaîne, sort de la forêt et entre avec impétuosité; au bout d'une corde en fibre d'écorce, il a muselé un grand ours qu'il excite contre Mime, avec une joie débordante)*
49a Hoïho! Hoïho!
Frappe! Frappe!
Mange-le! Mange-le,
l'affreux forgeron!
(Il rit.)
Hahahaha!
(Dans sa frayeur, Mime laisse tomber l'épée et se réfugie derrière le foyer; Siegfried lance l'ours partout à sa poursuite.)

MIME
Chasse cette bête!
Que vient faire cet ours?

SIEGFRIED
Nous venons à deux
pour mieux te tourmenter :
Ours brun, réclame l'épée!

MIME
Hé! Laisse le fauve!
Voici ton arme,
fourbie à point aujourd'hui.

SIEGFRIED
Te voilà encore sain et sauf!
(Il défait la bride de l'ours et lui donne un coup de corde dans le dos.)
Va, ours brun,

dich brauch ich nicht mehr!
(Der Bär läuft in den Wald zurück.)

MIME *(kommt zitternd hinter dem Herde hervor)*
Wohl leid ich's gern,
erlegst du Bären :
Was bringst du lebend
die Braunen heim?

SIEGFRIED *(setzt sich, um sich vom Lachen zu erholen)*
Nach beßrem Gesellen sucht' ich,
als daheim mir einer sitzt;
im tiefen Walde mein Horn
ließ ich hallend da ertönen :
ob sich froh mir gesellte
ein guter Freund,
das frug ich mit dem Getön!
Aus dem Busche kam ein Bär,
der hörte mir brummend zu;
er gefiel mir besser als du,
doch beßre fänd' ich wohl noch!
Mit dem zähen Baste
zäumt' ich ihn da,
dich, Schelm, nach dem Schwerte zu fragen.
(Er springt auf und geht auf den AmboB zu.)

MIME *(nimmt das Schwert, es Siegfried zu reichen)*
Ich schuf die Waffe scharf,
ihrer Schneide wirst du dich freun.
(Er hält das Schwert ängstlich in der Hand fest, das Siegfried ihm heftig entwindet.)

SIEGFRIED
Was frommt seine helle Schneide,
ist der Stahl nicht hart und fest!
(Das Schwert mit der Hand prüfend).)
Hei! Was ist das
für müß'ger Tand!
Den schwachen Stift
nennst du ein Schwert?
(Er zerschlägt es auf dem Amboß, daß die Stücken ringsum fliegen; Mime weicht erschrocken aus.)
Da hast du die Stücken,
schändlicher Stümper :
hätt' ich am Schädel
dir sie zerschlagen!
Soll mich der Prahler
länger noch prellen?
Schwatzt mir von Riesen
und rüstigen Kämpfen,
von kühnen Taten
und tüchtiger Wehr;
will Waffen mir schmieden,
Schwerte schaffen;
rühmt seine Kunst,
als könnt' er was Rechts :
nehm' ich zur Hand nun,
was er gehämmert,
mit einem Griff
zergreif ich den Quark!
Wär' mir nicht schier
zu schäbig der Wicht,
ich zerschmiedet' ihn selbst
mit seinem Geschmeid,

je n'ai plus besoin de toi!
(L'ours regagne vivement la forêt.)

MIME *(sort en tremblant de derrière le foyer)*
J'accepte volontiers
que tu abattes des ours :
pourquoi les amener
vivants ici?

SIEGFRIED *(s'assied pour se remettre d'avoir tant ri)*
Je cherchais un meilleur compagnon
que celui que j'ai là;
dans la forêt profonde,
j'ai fait retentir mon cor :
par ces sons, je demandais
un bon ami
qui me tiendrait joyeuse compagnie!
Un ours sortit des buissons,
qui m'écouta en grognant;
il me plut davantage que toi,
mais j'en trouverai de meilleurs!
Alors, je l'ai bridé
avec une bonne corde,
pour te réclamer l'épée, coquin.
(Il se lève d'un bond et se dirige vers l'enclume.)

MIME *(prend l'épée pour la tendre à Siegfried)*
J'ai bien affilé l'arme,
tu seras content de son tranchant.
(Anxieux, il tient à la main l'épée que Siegfried lui arrache brutalement.)

SIEGFRIED
A quoi sert sa lame claire,
si l'acier n'est pas dur et ferme!
(Il examine l'épée en la tâtant.)
Hé! Quel est donc
ce jouet futile!
Ce petit bâton,
tu appelles ça un glaive?
(Il brise sur l'enclume l'épée dont les morceaux volent tout autour; Mime s'écarte, effrayé.)
Voilà tes morceaux,
sale bon à rien :
j'aurais dû les briser
sur ton crâne!
Ce bluffeur va-t-il
me rouler encore longtemps?
Il me parle de géants
et de rudes combats,
d'intrépides exploits
et de défenses fameuses,
il va me forger des armes,
me faire des épées;
il vante son art,
comme s'il était capable :
mais si j'empoigne
ce qu'il a martelé,
d'un seul coup,
j'écrase cette cochonnerie :
s'il n'était pas
un si pauvre diable,
je l'écrabouillerais
avec sa quincaillerie,

den alten albernen Alp!
Des Ärgers dann hätt' ich ein End'!
(Siegfried wirft sich wütend auf eine Steinbank zur Seite rechts. Mime ist ihm immer vorsichtig ausgewichen.)

MIME
Nun tobst du wieder wie toll :
dein Undank, traun, ist arg!
Mach ich dem bösen Buben
nicht alles gleich zu best,
was ich ihm Gutes schuf,
vergißt er gar zu schnell!
Willst du denn nie gedenken,
was ich dich lehrt' vom Danke?
Dem sollst du willig gehorchen,
der je sich wohl dir erwies.
(Siegfried wendet sich unmutig um, mit dem Gesicht nach der Wand, so daß er Mime den Rücken kehrt.)
Das willst du wieder nicht hören!
(Er steht verlegen; dann geht er in die Küche am Herd.)
Doch speisen magst du wohl?
Vom Spieße bring ich den Braten :
versuchtest du gern den Sud?
Für dich sott ich ihn gar.
(Er bietet Siegfried Speise hin; dieser, ohne sich umzuwenden, schmeißt ihm Topf und Braten aus der Hand.)

SIEGFRIED
Braten briet ich mir selbst :
deinen Sudel sauf allein!

MIME *(mit kläglich kreischender Stimme)*
Das ist nun der Liebe
schlimmer Lohn!
Das der Sorgen
schmählicher Sold!
Als zullendes Kind
zog ich dich auf,
wärmte mit Kleidern
den kleinen Wurm :
Speise und Trank
trug ich dir zu,
hütete dich
wie die eigne Haut.
Und wie du erwuchsest,
wartet' ich dein;
dein Lager schuf ich,
daß leicht du schliefst.
Dir schmiedet' ich Tand
und ein tönend Horn;
dich zu erfreun,
müht' ich mich froh.
Mit klugem Rate
riet ich dir klug,
mit lichtem Wissen
lehrt' ich dich Witz.
Sitz' ich daheim
in Fleiß und Schweiß,
nach Herzenslust
schweifst du umher.
Für dich nur in Plage,
in Pein nur für dich
verzehr ich mich alter,
armer Zwerg!

ce vieux gnome niais!
Et c'en serait fini des ennuis!
(Furieux, Siegfried se jette sur un banc de pierre à droite de la scène. Mime se tient toujours prudemment à distance.)

MIME
Te voilà encore furibond :
c'est vraiment trop d'ingratitude!
Si je ne fais tout au mieux
10c pour ce méchant garçon,
il oublie aussitôt
le bien que je lui ai fait!
Tu ne te souviens donc jamais
que je t'ai appris la gratitude?
Tu dois obéir de bon gré à celui
qui fut toujours bon pour toi
(Siegfried se détourne, d'un air maussade, le visage vers la
50 *muraille, de manière à tourner le dos à Mime.)*
10c Tu fais encore la sourde oreille!
(Il demeure indécis; puis il va à la cuisine, près du foyer.)
Mais tu mangeras bien un peu?
Le rôti sort de la broche.
Veux-tu goûter au bouillon?
Je l'ai préparé pour toi.
(Il présente des mets à Siegfried; celui-ci, sans se retourner, lui fait tomber des mains la marmite et le rôti.)

SIEGFRIED
J'ai cuit moi-même mon rôti :
bois ton brouet tout seul!

MIME *(d'une voix grinçante et plaintive)*
C'est le triste salaire
de mon amour!
C'est la minable paie
de mes soins!
Quand tu étais marmot,
je t'ai élevé,
j'ai vêtu chaudement
le petit mioche :
je t'ai apporté
à boire et à manger,
j'ai veillé sur toi
comme sur moi-même.
Et quand tu as grandi,
j'ai pris soin de toi;
je préparais ton lit
pour que tu dormes bien.
J'ai forgé tes jouets
et ton cor sonore;
pour te faire plaisir,
je peinais avec joie :
mes sages conseils
te rendirent sage,
mon gai savoir
t'ouvrit l'esprit.
Et je suis là,
travaillant et suant,
tandis que toi
tu te promènes à ton gré :
pour toi seul tourmenté,
en peine pour toi seul,
moi, je m'épuise,
pauvre vieux nain!

(Schluchzend–)
Und aller Lasten
ist das nun mein Lohn,
daß der hastige Knabe
mich quält *(schluchzend)* und haßt!
(Siegfried hat sich wieder umgewendet und ruhig in Mimes Blick geforscht. Mime begegnet Siegfrieds Blick und sucht den seinigen scheu zu bergen.)

SIEGFRIED
Vieles lehrtest du, Mime,
und manches lernt' ich von dir;
doch was du am liebsten mich lehrtest,
zu lernen gelang mir nie :
wie ich dich leiden könnt'
Trägst du mir Trank
und Speise herbei,
der Ekel speist mich allein;
schaffst du ein leichtes
Lager zum Schlaf,
der Schlummer wird mir da schwer;
willst du mich weisen,
witzig zu sein,
gern bleib ich taub und dumm.
Seh ich dir erst
mit den Augen zu,
zu übel erkenn ich,
was alles du tust :
seh ich dich stehn,
gangeln und gehn,
knicken und nicken,
mit den Augen zwicken :
beim Genick möcht' ich
den Nicker packen,
den Garaus geben
dem garst'gen Zwicker!
So lernt' ich, Mime, dich leiden.
Bist du nun weise,
so hilf mir wissen,
worüber umsonst ich sann :
in den Wald lauf ich,
dich zu verlassen,
wie kommt das, kehr' ich zurück?
Alle Tiere sind
mir teurer als du :
Baum und Vogel,
die Fische im Bach,
lieber mag ich sie
leiden als dich :
Wie kommt das nun, kehr' ich zurück?
Bist du klug, so tu mir's kund.

MIME *(setzt sich in einiger Entfernung ihm traulich gegenüber)*
Mein Kind, das lehrt dich kennen,
wie lieb ich am Herzen dir lieg.

SIEGFRIED *(lachend)*
Ich kann dich ja nicht leiden,
vergiß das nicht so leicht!

(Sanglotant–)
Et pour tout salaire
de toutes ces charges :
ce garçon fougueux
me tourmente *(sanglotant)* et me hait!
(Siegfried s'est de nouveau retourné et s'est mis à scruter tranquillement le regard de Mime. Celui-ci rencontre le regard de Siegfried et tente craintivement de dérober le sien.)

SIEGFRIED
Tu m'as instruit de maintes choses, Mime,
et j'ai beaucoup appris de toi;
mais je n'ai jamais pu apprendre
ce à quoi tu tiens tant :
comment te supporter.
Si tu m'apportes
à boire et à manger,
le dégoût seul me nourrit;
si tu me prépares
un lit douillet,
mon sommeil est mauvais;
si tu veux m'apprendre
à être astucieux,
j'aime mieux rester sourd et sot.
Dès que je jette
les yeux sur toi,
je ne perçois que trop bien
tout ce que tu fais :
quand je te vois ainsi,
marcher et trottiner,
flageoler, dodeliner
et cligner des yeux,
je voudrais saisir
le gnome à la gorge
et faire crever
cet affreux zigoto!
Voilà, Mime, comment j'ai appris à te supporter.
Alors, si tu es sage,
aide-moi donc à savoir
ce que je n'arrive pas à comprendre :
je m'en vais dans les bois
pour te quitter,
comment se fait-il que je revienne?
Toutes les bêtes
me sont plus chères que toi :
arbres et oiseaux,
les poissons des torrents,
je les préfère
de beaucoup à toi :
comment se fait-il donc que je revienne?
Si tu le sais, dis-le moi.

MIME *(s'assied d'un air cordial en face de lui, à quelque*
51 *distance)*
Mon enfant, cela te prouve
combien je suis cher à ton coeur.

SIEGFRIED *(riant)*
Je ne peux pas te souffrir,
ne l'oublie pas si vite!

MIME *(fährt zurück und setzt sich wieder abseits, Siegfried gegenüber)*
Des ist deine Wildheit schuld,
die du, Böser, bänd'gen sollst.
Jammernd verlangen Junge
nach ihrer Alten Nest ;
Liebe ist das Verlangen :
So lechzest du auch nach mir,
so liebst du auch deinen Mime–
so mußt du ihn lieben!
Was dem Vögelein ist der Vogel,
wenn er im Nest es nährt,
eh' das flügge mag fliegen :
das ist dir kind'schem Sproß
der kundig sorgende Mime –
das muß er dir sein!

SIEGFRIED
Ei, Mime, bist du so witzig,
so laß mich eines noch wissen!
Es sangen die Vöglein
so selig im Lenz,
das eine lockte das andre :
du sagtest selbst,
da ich's wissen wollt',
das wären Männchen und Weibchen.
Sie kosten so lieblich
und ließen sich nicht;
sie bauten ein Nest
und brüteten drin :
da flatterte junges Geflügel auf,
und beide pflegten der Brut.
So ruhten im Busch
auch Rehe gepaart,
selbst wilde Füchse und Wölfe :
Nahrung brachte
zum Nest das Männchen,
das Weibchen säugte die Welpen.
Da lernt' ich wohl,
was Liebe sei :
der Mutter entwand ich
die Welpen nie.
Wo hast du nun, Mime,
dein minniges Weibchen,
daß ich es Mutter nenne?

MIME *(ärgerlich)*
Was ist dir, Tor?
Ach, bist du dumm!
Bist doch weder Vogel noch Fuchs?

SIEGFRIED
Das zullende Kind
zogest du auf,
wärmtest mit Kleidern
den kleinen Wurm :
Wie kam dir aber
der kindische Wurm?
Du machtest wohl gar
ohne Mutter mich?

MIME *(in großer Verlegenheit)*
Glauben sollst du,
was ich dir sage :

MIME *(a un mouvement de recul et va se rasseoir à l'écart, face à Siegfried)*
C'est là ton instinct sauvage,
un mal que tu dois dompter.
Les jeunes réclament en gémissant
le nid de leurs parents;
cet appel, c'est l'amour :
ainsi, tu languis après moi,
ainsi, tu aimes aussi ton Mime –
il faut l'aimer ainsi!
Ce que l'oiseau est à l'oisillon
qu'il nourrit dans le nid,
avant qu'il ne sache voler :
Mime l'est au jeune enfant
dont il sait prendre soin –
il faut qu'il en soit ainsi!

SIEGFRIED
Eh, Mime, toi qui es si sagace,
explique-moi encore une chose!
Au printemps, les oiseaux
chantaient si gaiement,
ils s'attiraient l'un l'autre :
tu as dit toi-même,
quand je voulus savoir,
qu'ils étaient mâle et femelle.
Ils se câlinaient
et ne se quittaient pas;
ils construisaient un nid
et ils y couvaient :
alors des oiselets battaient des ailes
et tous deux veillaient sur la couvée.
Les chevreuils dans les buissons
reposaient aussi par couples,
et même les loups et les renards sauvages :
le mâle apportait
à manger au gîte,
la femelle allaitait la portée.
Ceci m'a appris
ce qu'était l'amour :
jamais je n'ai ravi
la mère aux petits.
Mime, où se trouve donc
ta tendre compagne,
que je l'appelle mère?

MIME *(irrité)*
Qu'est-ce qui te prend?
Que tu es bête!
Tu n'es pourtant ni oiseau, ni renard?

SIEGFRIED
Quand j'étais marmot,
tu m'as élevé,
tu as vêtu chaudement
le petit mioche :
mais comment te vint
ce pauvre petit?
Tu m'aurais donc
fait naître sans mère?

MIME *(très embarrassé)*
Je veux que tu croies
ce que je te dis :

ich bin dir Vater
und Mutter zugleich.

SIEGFRIED
Das lügst du, garstiger Gauch!
Wie die Jungen den Alten gleichen,
das hab ich mir glücklich ersehn.
Nun kam ich zum klaren Bach :
da erspäht' ich die Bäum'
und Tier' im Spiegel;
Sonn' und Wolken,
wie sie nur sind,
im Glitzer erschienen sie gleich.
Da sah ich denn auch
mein eigen Bild;
ganz anders als du
dünkt' ich mir da :
so glich wohl der Kröte
ein glänzender Fisch;
doch kroch nie ein Fisch aus der Kröte!

MIME *(höchst ärgerlich)*
Greulichen Unsinn
kramst du da aus!

SIEGFRIED *(immer lebendiger)*
Siehst du, nun fällt
auch selbst mir ein,
was zuvor umsonst ich besann :
wenn zum Wald ich laufe,
dich zu verlassen,
wie das kommt, kehr ich doch heim?
(Er springt auf.)
Von dir erst muß ich erfahren,
wer Vater und Mutter mir sei!

MIME *(weicht ihm aus)*
Was Vater! Was Mutter!
Müßige Frage!

SIEGFRIED *(packt ihn bei der Kehle)*
So muß ich dich fassen,
um was zu wissen :
gutwillig
erfahr ich doch nichts!
So mußt' ich alles
ab dir trotzen :
kaum das Reden
hätt' ich erraten,
entwand ich's mit Gewalt
nicht dem Schuft!
Heraus damit,
räudiger Kerl!
Wer ist mir Vater und Mutter?

MIME *(nachdem er mit dem Kopfe genickt und mit den Händen gewinkt, ist von Siegfried losgelassen worden)*
Ans Leben gehst du mir schier!
Nun laß! Was zu wissen dich geizt,
erfahr es, ganz wie ich's weiß.
O undankbares,
arges Kind!
Jetzt hör, wofür du mich hassest!
Nicht bin ich Vater

je suis à la fois
ton père et ta mère.

SIEGFRIED
Tu mens, sombre crétin!
Les jeunes ressemblent aux parents,
je l'ai remarqué, heureusement.
En m'approchant d'un clair ruisseau,
j'ai vu les arbres et les bêtes
s'y refléter;
le soleil et les nuages
m'apparurent tels qu'ils sont
dans l'onde scintillante.
40, 33 J'y vis donc aussi
ma propre image;
il me sembla
être tout autre que toi :
comme si un poisson brillant
ressemblait à un crapaud;
mais jamais un poisson ne sortit d'un crapaud!

MIME *(au comble de l'irritation)*
Quelles grosses sottises
tu vas chercher là!

SIEGFRIED *(s'animant de plus en plus)*
Vois-tu, je saisis
maintenant moi-même
ce que je n'arrivais pas à comprendre.
Quand je m'en vais dans les bois
pour te quitter,
comment se fait-il que je revienne?
(Il se lève d'un bond.)
C'est à toi de m'apprendre
qui sont mon père et ma mère!

MIME *(esquivant)*
Quoi? Ton père! Quoi? Ta mère!
Vaines questions!

SIEGFRIED *(le saisit à la gorge)*
Je dois donc t'empoigner
pour savoir quelque chose :
puisque de bon gré
tu ne m'apprends rien!
Il m'a fallu ainsi
tout t'extorquer :
j'aurais à peine
appris à parler,
si je n'y avais pas contraint
ce gredin!
Allez, dis-le,
sale galeux!
Qui sont mon père et ma mère?

MIME *(ayant fait signe de la tête et des mains, Siegfried l'a relâché)*
Tu as failli me tuer!
Soit! Je vais te dire ce que je sais,
tout ce que tu désirer savoir.
Oh, méchant enfant,
coeur ingrat!
Ecoute donc pourquoi tu me hais!
Je ne suis ni ton père,

noch Vetter dir,
und dennoch verdankst du mir dich!
Ganz fremd bist du mir,
dem einzigen Freund;
aus Erbarmen allein
barg ich dich hier :
nun hab' ich lieblichen Lohn!
Was verhofft' ich Tor mir auch Dank?
Einst lag wimmernd ein Weib
da draußen im wilden Wald :
zur Höhle half ich ihr her,
am warmen Herd sie zu hüten.
Ein Kind trug sie im Schoße;
traurig gebar sie's hier;
sie wand sich hin und her,
ich half, so gut ich konnt'.
Groß war die Not! Sie starb,
doch Siegfried, der genas.

SIEGFRIED *(sinnend)*
So starb meine Mutter an mir?

MIME
Meinem Schutz übergab sie dich :
ich schenkt' ihn gern dem Kind.
Was hat sich Mime gemüht,
was gab sich der Gute für Not!
«Als zullendes Kind
zog ich dich auf»...

SIEGFRIED
Mich dünkt, des gedachtest du schon!
Jetzt sag : woher heiß ich Siegfried?

MIME
So, hieß mich die Mutter,
möcht' ich dich heißen :
als «Siegfried» würdest
du stark und schön.
«Ich wärmte mit Kleidern
den kleinen Wurm»...

SIEGFRIED
Nun melde, wie hieß meine Mutter?

MIME
Das weiß ich wahrlich kaum!
«Speise und Trank
trug ich dir zu»...

SIEGFRIED
Den Namen sollst du mir nennen!

MIME
Entfiel er mir wohl? Doch halt!
Sieglinde mochte sie heißen,
die dich in Sorge mir gab.
«Ich hütete dich
wie die eigne Haut»...

SIEGFRIED *(immer drängender)*
Dann frag ich, wie hieß mein Vater?

ni ton cousin,
et pourtant tu me dois tout!
Tu m'es totalement étranger
à moi, ton seul ami;
je t'ai recueilli
uniquement par pitié :
me voilà bien récompensé!
31, 29, 30 J'étais sot d'espérer un merci!
Un jour, une femme gémissante
gisait là-bas dans la forêt :
je l'aidai à gagner la grotte,
pour qu'elle se chauffe au foyer.
Enceinte, elle accoucha
ici, pleine de tristesse;
elle se tordait de douleur,
40 je l'aidai de mon mieux.
Grande détresse! Elle mourut,
mais Siegfried survécut.

SIEGFRIED *(songeur)*
Ainsi ma mère mourut par moi?

MIME
Elle te mit sous ma protection :
j'acceptai de bonne grâce.
Quels efforts Mime a faits,
quel mal ce brave s'est donné!
« Quand tu étais marmot,
je t'ai élevé »...

SIEGFRIED
Je crois que tu l'as déjà rappelé!
Mais dis : d'où vient mon nom, Siegfried?

MIME
Ta mère a voulu
que je te nomme ainsi :
en t'appelant Siegfried,
tu deviendrais beau et fort.
« J'ai vêtu chaudement
le petit mioche »...

SIEGFRIED
A présent, dis comment s'appelait ma mère?

MIME
Ma foi, je ne le sais guère!
« Je t'ai apporté
à boire et à manger »...

SIEGFRIED
Tu vas me dire son nom!

MIME
L'ai-je oublié? Non, attends!
Celle qui te remit à mes soins
devait s'appeler Sieglinde.
« J'ai veillé sur toi,
comme sur moi-même »...

SIEGFRIED *(de plus en plus pressant)*
Et maintenant, comment s'appelait mon père?

MIME *(barsch)*
Den hab' ich nie gesehn.

SIEGFRIED
Doch die Mutter nannte den Namen?

MIME
Erschlagen sei er,
das sagte sie nur;
dich Vaterlosen
befahl sie mir da.
«Und wie du erwuchsest,
wartet' ich dein;
dein Lager schuf ich,
daß leicht du schliefst»...

SIEGFRIED
Still mit dem alten
Starenlied!
Soll ich der Kunde glauben,
hast du mir nichts gelogen,
so laß mich Zeichen sehn!

MIME
Was soll dir's noch bezeugen?

SIEGFRIED
Dir glaub ich nicht mit dem Ohr,
dir glaub ich nur mit dem Aug' :
welch Zeichen zeugt für dich?

MIME *(holt nach einigem Besinnen die zwei Stücke eines zerschlagenen Schwertes herbei)*
Das gab mir deine Mutter :
für Mühe, Kost und Pflege
ließ sie's als schwachen Lohn.
Sieh her, ein zerbrochnes Schwert!
Dein Vater, sagte sie, führt' es,
als im letzten Kampf er erlag.

SIEGFRIED *(begeistert)*
Und diese Stücken
sollst du mir schmieden :
dann schwing ich mein rechtes Schwert!
Auf! Eile dich, Mime!
Mühe dich rasch;
kannst du was Rechts,
nun zeig, deine Kunst!
Täusche mich nicht
mit schlechtem Tand :
den Trümmern allein
trau ich was zu!
Find ich dich faul,
fügst du sie schlecht,
flickst du mit Flausen
den festen Stahl,
dir Feigem fahr ich zu Leib,
das Fegen lernst du von mir!
Denn heute noch, schwör ich,
will ich das Schwert;
die Waffe gewinn ich doch heut!

MIME *(erschrocken)*
Was willst du noch heut mit dem Schwert?

MIME *(d'un ton rogue)*
Je ne l'ai jamais vu.

SIEGFRIED
Mais ma mère t'a dit son nom?

MIME
Elle dit seulement
qu'il avait été tué;
toi, l'orphelin de père,
elle te confia à moi.
« Et quand tu as grandi,
j'ai pris soin de toi;
je te préparais ton lit
pour que tu dormes bien »...

SIEGFRIED
Arrête un peu
ta vieille rengaine!
Si tu veux que je te croie,
donne-moi la preuve tangible
que tu n'as pas menti!

MIME
Quelle preuve te donner encore?

SIEGFRIED
Je ne crois pas ce que tu me dis,
je ne crois que ce que je vois :
quel signe parle pour toi?

MIME *(après quelques instants de réflexion, va chercher les deux morceaux d'une épée brisée)*
Ta mère me donna ceci :
pour tant de peine et de soins,
elle laissa ce maigre salaire.
Regarde, une épée brisée!
Ton père, dit-elle, la tenait
49b lorsqu'il périt au combat.

SIEGFRIED *(enthousiasmé)*
Ces morceaux-là
tu vas me les forger :
je brandirai mon glaive, le vrai!
Allez! Dépêche-toi, Mime!
Vite au travail;
si tu es capable,
montre ton art!
Ne me berne pas
par de la camelote :
je ne fais confiance
qu'à ces débris-là!
Si je te vois flâner,
les assembler de travers,
si tu rafistoles n'importe comment
l'acier robuste,
lâche, gare à ta peau,
et je t'apprendrai, moi, à fourbir!
Car dès aujourd'hui,
il me faut l'épée, c'est juré;
j'aurai cette arme aujourd'hui même!

MIME *(effrayé)*
Que vas-tu en faire aujourd'hui?

SIEGFRIED
Aus dem Wald fort
in die Welt ziehn :
nimmer kehr ich zurück!
Wie ich froh bin,
daß ich frei ward,
nichts mich bindet und zwingt!
Mein Vater bist du nicht;
in der Ferne bin ich heim;
dein Herd ist nicht mein Haus,
meine Decke nicht dein Dach.
Wie der Fisch froh
in der Flut schwimmt,
wie der Fink frei
sich davon schwingt :
flieg ich von hier,
flute davon,
wie der Wind übern Wald
weh ich dahin,
dich, Mime, nie wieder zu sehn!
(Er stürmt in den Wald fort.)

MIME *(in höchster Angst)*
Halte! Halte! Halte! Wohin?
(Er ruft mit der größten Anstrengung in den Wald.)
He! Siegfried!
Siegfried! He!
(Er sieht dem Fortstürmenden eine Weile staunend nach; dann kehrt er in die Schmiede zurück und setzt sich hinter den Amboß.)
Da stürmt er hin!
Nun sitz ich da :
zur alten Not
hab ich die neue;
vernagelt bin ich nun ganz!
Wie helf ich mir jetzt?
Wie halt ich ihn fest?
Wie führ ich den Huien
zu Fafners Nest?
Wie füg ich die Stücken
des tückischen Stahls?
Keines Ofens Glut
glüht mir die echten :
keines Zwergen Hammer
zwingt mir die harten.
(Grell)
Des Niblungen Neid,
Not und Schweiß
nietet mir Notung nicht,
schweißt mir das Schwert nicht zu ganz!
(Mime knickt verzweifelnd auf dem Schemel hinter dem Amboß zusammen.)

SIEGFRIED
Sortir des bois,
courir le monde :
ne jamais revenir!
Je suis heureux
d'être enfin libre,
sans liens et sans entraves!
Ce n'est pas toi mon père;
ma patrie est au loin;
ton foyer n'est pas le mien,
mon toit n'est pas le tien.
Comme le poisson
heureux dans l'onde,
comme le pinson
libre s'envole :
je prends mon essor,
me jette dans le courant,
je m'en vais comme le vent
soufflant sur la forêt,
pour ne jamais te revoir, Mime!
(Il s'élance avec impétuosité dans la forêt.)

MIME *(au comble de l'angoisse)*
Arrête! Arrête! Arrête! Où vas-tu?
(Il appelle de toutes ses forces en direction de la forêt.)
Hé! Siegfried!
Siegfried! Hé!
(Etonné, il suit un moment des yeux Siegfried qui s'éloigne; puis il revient vers la forge et s'assied derrière l'enclume.)

Il a filé!
Et moi, je suis là :
de nouveaux soucis
s'ajoutent aux anciens;
me voilà complètement coincé!
Comment m'en sortir?
Comment le retenir?
10b, 49 Comment mener ce fougueux
à l'antre de Fafner?
Comment assembler les morceaux
de cet acier perfide?
Nulle flamme de foyer
ne chauffera ce vrai fer :
nul marteau de nain
n'en viendra à bout.
(D'une voix perçante)
La haine du Nibelung,
sa détresse, sa sueur
ne riveront pas Notung,
n'en feront pas une épée entière!
(Mime se recroqueville, désespéré, sur le tabouret derrière l'enclume.)

ZWEITE SZENE

Der Wanderer (Wotan) tritt aus dem Wald an das hintere Tor der Höhle heran. Er trägt einen dunkelblauen langen Mantel, einen Speer führt er als Stab. Auf dem Haupte hat er einen großen Hut mit breiter runder Krempe, die über das fehlende eine Auge tief hereinhängt.

WANDERER
Heil dir, weiser Schmied!

SCÈNE II

Le Voyageur (Wotan) sort de la forêt et s'avance vers l'entrée au fond de la grotte. Il est vêtu d'un long manteau bleu sombre, une lance lui sert de bâton. Sur la tête, il porte un grand chapeau à larges bords arrondis, profondément
44 *enfoncé sur l'oeil qui lui manque.*

LE VOYAGEUR
Salut, sage forgeron!

Dem wegmüden Gast
gönne hold
des Hauses Herd!

MIME *(erschrocken auffahrend)*
Wer ist's, der im wilden
Walde mich sucht?
Wer verfolgt mich im öden Forst?

WANDERER *(sehr langsam, immer nur einen Schritt sich nähernd)*
«Wandrer» heißt mich die Welt;
weit wandert' ich schon :
auf der Erde Rücken
rührt' ich mich viel.

MIME
So rühre dich fort
und raste nicht hier,
nennt dich «Wandrer» die Welt!

WANDERER
Gastlich ruht' ich bei Guten,
Gaben gönnten viele mir :
denn Unheil füchtet
wer unhold ist.

MIME
Unheil wohnte
immer bei mir :
willst du dem Armen es mehren?

WANDERER *(langsam immer näher schreitend)*
Viel erforscht' ich,
erkannte viel :
wicht'ges konnt' ich
manchem künden,
manchem wehren,
was ihn mühte,
nagende Herzensnot.

MIME
Spürtest du klug
und erspähtest du viel,
hier brauch ich nicht Spürer noch Späher.
Einsam will ich
und einzeln sein,
Lungerern lass' ich den Lauf.

WANDERER *(tritt wieder etwas näher)*
Mancher wähnte
weise zu sein,
nur was ihm not tat,
wußte er nicht;
was ihm frommte,
ließ ich erfragen :
lohnend lehrt' ihn mein Wort.

MIME *(immer ängstlicher, da er den Wanderer sich nahen sieht)*
Muß'ges Wissen
wahren manche :
ich weiß mir grade genug.
(Der Wanderer schreitet vollends bis an den Herd vor.)

Offre à l'hôte fatigué
de la route
l'accueil de ton foyer!

MIME *(sursautant, effrayé)*
Qui me cherche
dans la forêt sauvage?
Qui me poursuit dans les bois déserts?

LE VOYAGEUR *(très lentement, ne s'approchant que pas à pas)*
Le monde m'appelle « Voyageur »;
j'ai fait de longs voyages :
j'ai beaucoup parcouru
la surface de la terre.

MIME
Alors continue,
ne t'arrête pas ici,
si le monde te nomme « Voyageur »!

LE VOYAGEUR
De bonnes gens m'ont accueilli,
beaucoup m'ont offert des présents :
car les malveillants
craignent le malheur.

MIME
Le malheur fut
toujours mon lot :
pauvre de moi, veux-tu l'accroître encore?

LE VOYAGEUR *(s'approchant de plus en plus, à pas lents)*
J'ai beaucoup cherché,
et beaucoup appris :
j'ai révélé à certains
des choses essentielles,
et soulagé certains
d'un tourment
qui leur rongeait le coeur.

MIME
Tu as deviné,
épié maintes choses,
mais je n'ai nul besoin de devin, ni d'espion.
Je veux être seul
et solitaire,
que les vagabonds traînent ailleurs.

LE VOYAGEUR *(s'avance encore un peu)*
Plus d'un croyait bien
être sage,
mais il ignorait
ses besoins;
je lui fis demander
ce qu'il lui fallait :
mes paroles lui furent profitables.

MIME *(de plus en plus inquiet en voyant s'approcher le Voyageur)*
Certains possèdent
un savoir inutile :
ma foi, j'en sais juste assez.
(Le Voyageur finit par atteindre le foyer.)

Mir genügt mein Witz,
ich will nicht mehr :
dir Weisem weis ich den Weg!

WANDERER *(am Herd sich setzend)*
Hier sitz ich am Herd
und setze mein Haupt
der Wissenswette zum Pfand :
Mein Kopf ist dein,
du hast ihn erkiest,
entfrägst du mir nicht,
was dir frommt,
lös ich's mit Lehren nicht ein.

MIME *(der zuletzt den Wanderer mit offenem Munde angestarrt hat, schrickt jetzt zusammen; kleinmütig für sich)*
Wie werd' ich den Lauernden los?
Verfänglich muß ich ihn fragen.
(Er ermannt sich wie zur Strenge.)
Dein Haupt pfänd' ich
für den Herd :
nun sorg, es sinnig zu lösen!
Drei der Fragen
stell' ich mir frei.

WANDERER
Dreimal muß ich's treffen.

MIME *(sammelt sich zum Nachdenken)*
Du rührtest dich viel
auf der Erde Rücken,
die Welt durchwandert'st du weit. –
nun sage mir schlau,
welches Geschlecht
tagt in der Erde Tiefe?

WANDERER
In der Erde Tiefe
tagen die Nibelungen :
Nibelheim ist ihr Land.
Schwarzalben sind sie;
Schwarz-Alberich
hütet' als Herrscher sie einst!
Eines Zauberringes
zwingende Kraft
zähmt' ihm das fleißige Volk.
Reicher Schätze
schimmernden Hort
häuften sie ihm :
der sollte die Welt ihm gewinnen. –
Zum zweiten was frägst du, Zwerg?

MIME *(versinkt in immer tieferes Nachdenken)*
Viel, Wanderer,
weißt du mir
aus der Erde Nabelnest :
nun sage mir schlicht,
welches Geschlecht
ruht auf der Erde Rücken?

WANDERER
Auf der Erde Rücken
wuchtet der Riesen Geschlecht :
Riesenheim ist ihr Land.

Mon esprit me suffit,
je n'en veux pas plus :
toi, le sage, poursuis ta route!

15 LE VOYAGEUR *(s'asseyant près du foyer)*
Me voici au foyer,
je mets ma tête en gage
au pari du savoir :
ma tête est à toi,
tu l'auras gagnée,
si mes réponses ne t'apprennent pas
ce qui t'est utile,
si mon enseignement ne la rachète pas.

MIME *(qui a fixé bouche bée le Voyageur, tressaille alors d'effroi; d'un air craintif, à part)*
Comment me défaire de cet espion?
Posons-lui des questions insidieuses.
(Il s'efforce de prendre un air sévère.)
Ta tête est le gage
de mon accueil :
tâche de la sauver par ton bon sens!
Je me permets
trois questions.

LE VOYAGEUR
Je dois trouver trois réponses.

MIME *(se concentre pour réfléchir)*
Tu as beaucoup parcouru
la surface de la terre,
tu as voyagé de par le monde;
alors dis-moi un peu
quelle race vit
dans les profondeurs de la terre?

LE VOYAGEUR
Dans les profondeurs de la terre
vivent les Nibelungen :
Nibelheim est leur pays.
Ce sont les Albes noirs;
Alberich le sombre
régnait jadis sur eux!
La force coercitive
d'un anneau magique
asservit ce peuple laborieux.
Pour lui, ils amassèrent
les riches joyaux
du trésor étincelant
qui devait lui conquérir le monde. –
Nain, quelle est ta deuxième question?

MIME *(s'absorbe de plus en plus dans ses réflexions)*
Tu en sais long,
Voyageur,
sur les entrailles de la terre :
à présent, dis-moi donc
quelle race repose
sur la surface de la terre?

LE VOYAGEUR
Sur la surface de la terre,
pèse la race des géants :
Riesenheim est leur pays.

Fasolt und Fafner,
der Rauhen Fürsten,
neideten Nibelungs Macht;
den gewaltigen Hort
gewannen sie sich,
errangen mit ihm den Ring.
Um den entbrannte
den Brüdern Streit;
der Fasolt fällte,
als wilder Wurm
hütet nun Fafner den Hort. –
Die dritte Frage nun droht.

Fasolt et Fafner,
les princes de ces rustres
envièrent le pouvoir du Nibelung;
ils conquirent pour eux
l'énorme trésor,
et acquirent aussi l'anneau.
Pour l'avoir, les frères
se querellèrent;
Fafner, qui tua Fasolt,
garde le trésor,
sous la forme d'un féroce dragon. –
Et maintenant, la troisième question.

MIME *(der ganz in Träumerei entrückt ist)*
Viel, Wanderer,
weißt du mir
von der Erde rauhem Rücken.
Nun sage mir wahr,
welches Geschlecht
wohnt auf wolkigen Höhn?

MIME *(qui est tout à fait absorbé dans sa rêverie)*
Tu en sais long,
Voyageur,
sur la rude surface de la terre.
Eh bien, dis-moi vraiment
quelle race habite
sur les cimes nuageuses?

WANDERER
Auf wolkigen Höhn
wohnen die Götter :
Walhall heißt ihr Saal.
Lichtalben sind sie;
Licht-Alberich
Wotan, waltet der Schar.
Aus der Welt-Esche
weihlichstem Aste
schuf er sich einen Schaft :
dorrt der Stamm,
nie verdirbt doch der Speer;
mit seiner Spitze
sperrt Wotan die Welt. **4**
Heil'ger Verträge
Treue-Runen
schnitt in den Schaft er ein.
Den Haft der Welt
hält in der Hand,
wer den Speer führt,
den Wotans Faust umspannt.
Ihm neigte sich
der Niblungen Heer;
der Riesen Gezücht
zähmte sein Rat :
ewig gehorchen sie alle
des Speeres starkem Herrn.
(Er stößt wie unwillkürlich mit dem Speer auf den Boden, ein leiser Donner läßt sich vernehmen, worüber Mime heftig erschrickt.) **15**
Nun rede, weiser Zwerg :
wußt' ich der Fragen Rat?
Behalte mein Haupt ich frei?

LE VOYAGEUR
Sur les cimes nuageuses
habitent les dieux :
Walhalla est leur séjour.
Ce sont les Albes de lumière;
Alberich le clair,
Wotan règne sur cette légion.
Avec la branche sacrée
du frêne du monde,
il se fit un épieu :
même si le tronc dessèche,
la lance demeure intacte;
Wotan avec sa pointe
a barre sur le monde.
Dans son bois, il grava
les runes de fidélité
aux pactes sacrés.
Celui qui tient la lance,
que Wotan serre dans son poing,
détient également
la maîtrise du monde.
La troupe des Nibelungen
se soumit à lui;
sa loi dompta
l'espèce des géants :
ils obéissent tous à jamais
au puissant maître de la lance.
(Comme par un mouvement involontaire, il frappe le sol de sa lance; léger coup de tonnerre qui terrifie Mime.)
Allons parle, sage nain,
ai-je bien répondu?
Ma tête est-elle sauve?

MIME *(nachdem er den Wanderer mit dem Speer aufmerksam beobachtet hat, gerät nun in große Angst, sucht verwirrt nach seinen Gerätschaften und blickt scheu zur Seite)* **10b**
Fragen und Haupt
hast du gelöst :
nun, Wandrer, geh deines Wegs!

MIME *(après avoir absorbé attentivement le Voyageur et sa lance, est pris d'une grande frayeur; troublé, il cherche ses ustensiles et jette de côté des regards inquiets)*
Bonnes réponses :
ta tête est sauve;
maintenant, Voyageur, passe ton chemin!

WANDERER
Was zu wissen dir frommt, **44**

LE VOYAGEUR
Tu devais demander

solltest du fragen :
Kunde verbürgte mein Kopf.
Daß du nun nicht weißt,
was dir frommt,
des faß ich jetzt deines als Pfand.
Gastlich nicht
galt mir dein Gruß,
mein Haupt gab ich
in deine Hand,
um mich des Herdes zu freun.
Nach Wettens Pflicht
pfänd ich nun dich,
lösest du drei
der Fragen nicht leicht.
Drum frische dir, Mime, den Mut!

MIME *(sehr schüchtern und zögernd, endlich in furchtsamer Ergebung sich fassend)*
Lang schon mied ich
mein Heimatland,
lang schon schied ich
aus der Mutter Schoß;
mir leuchtete Wotans Auge,
zur Höhle lugt' er herein :
vor ihm magert
mein Mutterwitz.
Doch frommt mir's nun, weise zu sein,
Wandrer. frage denn zu!
Vielleicht glückt mir's, gezwungen
zu lösen des Zwergen Haupt.

WANDERER *(wieder gemächlich sich niederlassend)*
Nun, ehrlicher Zwerg,
sag mir zum ersten :
welches ist das Geschlecht,
dem Wotan schlimm sich zeigte
und das doch das liebste ihm lebt?

MIME *(sich ermunternd)*
Wenig hört' ich
von Heldensippen;
der Frage doch mach ich mich frei.
Die Wälsungen sind
das Wunschgeschlecht,
das Wotan zeugte
und zärtlich liebte,
zeigt' er auch Ungunst ihm.
Siegmund und Sieglind,
stammten von Wälse,
ein wild-verzweifeltes
Zwillingspaar :
Siegfried zeugten sie selbst,
den stärksten Wälsungensproß.
Behalt ich, Wandrer,
zum ersten mein Haupt?

WANDERER *(gemütlich)*
Wie doch genau
das Geschlecht du mir nennst :
schlau eracht ich dich Argen!
Der ersten Frage
wardst du frei.
Zum zweiten nun sag mir, Zwerg :
ein weiser Niblung

ce qui t'était utile :
ma tête était le garant de ma science.
Mais comme tu ne sais pas
ce qui t'est utile,
je mets donc la tienne en gage.
Tu m'as fait
mauvais accueil,
j'ai mis ma tête
à ta merci,
pour prendre place à ton foyer.
Selon la loi du pari,
je mets ta vie en gage,
si tu ne résous pas
sans peine trois questions.
Allons donc, Mime, du courage!

MIME *(d'un ton timide et hésitant, se résignant finalement avec appréhension)*
Depuis déjà longtemps,
j'ai quitté ma patrie
et suis venu au monde
depuis déjà longtemps;
l'oeil de Wotan se posa sur moi,
il vint épier dans la grotte :
mon vieux savoir
fond devant lui.
Mais puisqu'il me faut être sage,
Voyageur, pose tes questions!
Peut-être saurai-je sous la contrainte
sauver ma tête de nain.

LE VOYAGEUR *(se rassied, en s'installant à son aise)*
Eh bien, brave nain,
dis-moi tout d'abord
33 envers quelle race,
pourtant chère à son coeur,
Wotan se montra-t-il cruel?

MIME *(ragaillardi)*
Je sais peu de choses
des lignées de héros,
mais je réponds à cette question.
Les Wälsungen sont
cette race de rêve
que Wotan engendra
et aima tendrement,
même s'il lui fut hostile.
Siegmund et Sieglinde
naquirent de Wälse,
jumeaux sauvages unis
40 dans le désespoir.
A leur tour, ils conçurent Siegfried,
le plus fort des Wälsungen.
Voyageur, ai-je sauvé
cette fois ma tête?

LE VOYAGEUR *(débonnaire)*
Tu m'as donné
le nom exact de cette race,
tu es, je trouve, un rusé compère!
Tu as résolu
la première question.
Pour la deuxième, dis-moi, nain :
un sage Nibelung

wahret Siegfried;
Fafnern soll er ihm fällen,
daß den Ring er erränge,
des Hortes Herrscher zu sein.
Welches Schwert
muß Siegfried nun schwingen,
taug' es zu Fafners Tod?

MIME *(seine gegenwärtige Lage immer mehr vergessend und von dem Gegenstande lebhaft angezogen, reibt sich vergnügt die Hände)*
Notung heißt
ein neidliches Schwert;
in einer Esche Stamm
stieß es Wotan :
dem sollt' es geziemen,
der aus dem Stamm es zög'.
Der stärksten Helden
keiner bestand's :
Siegmund, der Kühne,
konnt's allein :
fechtend führt' er's im Streit,
bis an Wotans Speer es zersprang.
Nun verwahrt die Stücken
ein weiser Schmied;
denn er weiß, daß allein
mit dem Wotansschwert
ein kühnes dummes Kind,
Siegfried, den Wurm versehrt.
(Ganz vergnügt.)
Behalt ich Zwerg
auch zweitens mein Haupt?

WANDERER *(lachend)*
Der witzigste bist du
unter den Weisen :
wer käm' dir an Klugheit gleich?
Doch bist du so klug,
den kindischen Helden
für Zwergenzwecke zu nützen,
mit der dritten Frage
droh ich nun!
Sag mir, du weiser
Waffenschmied :
wer wird aus den starken Stücken
Notung, das Schwert, wohl schweißen?

MIME *(fährt in höchstem Schrecken auf)*
Die Stücken! Das Schwert!
O weh! Mir schwindelt!
Was fang ich an?
Was fällt mir ein?
Verfluchter Stahl,
daß ich dich gestohlen!
Er hat mich vernagelt
in Pein und Not!
Mir bleibt er hart,
ich kann ihn nicht hämmern;
Niet' und Löte
läßt mich im Stich!
(Er wirft wie sinnlos sein Gerät durcheinander und bricht in helle Verzweiflung aus.)
Der weiseste Schmied
weiß sich nicht Rat!

veille sur Siegfried
qui, pour lui, doit tuer Fafner,
pour conquérir l'anneau
et régner sur le trésor.
Quelle épée
doit donc brandir Siegfried,
pour mettre Fafner à mort?

MIME *(oubliant de plus en plus sa situation présente et vivement attiré par le sujet, se frotte les mains d'un air réjoui)*
Notung est le nom
d'une précieuse épée;
Wotan l'enfonça
dans le tronc d'un frêne,
la destinant à celui
qui l'arracherait au tronc.
Des héros les plus forts,
nul n'y réussit :
26 le vaillant Siegmund
seul y parvint :
ce fut son arme au combat,
mais la lance de Wotan la brisa.
Un sage forgeron
garde les morceaux;
car lui sait que seulement
par l'épée de Wotan,
un enfant sot et vaillant,
Siegfried, blessera le dragon.
(Tout réjoui)
Ai-je sauvé ma tête de nain
cette fois encore?

LE VOYAGEUR *(riant)*
Tu es le plus malin
parmi les sages :
qui t'égalerait en prudence?
Si tu es assez habile
pour user, à tes fins de nain,
du héros enfantin,
alors gare
à la troisième question!
Dis-moi, toi le sage
armurier :
avec les solides morceaux,
qui soudera Notung, l'épée?

10c, 47, 50 MIME *(sursaute, au comble de l'effroi)*
Les morceaux! L'épée!
Malheur! La tête me tourne!
Que vais-je faire?
Qu'imaginer?
Maudit acier,
pourquoi l'ai-je dérobé!
Il m'a cloué ici
dans la peine, la détresse!
Il reste rigide,
je ne puis le marteler;
rivets et soudures
refusent tout service!
(Il lance, comme un fou, ses ustensiles en tous sens et laisse éclater tout son désespoir.)
Le plus sage forgeron
ne sait que faire!

Wer schweißt nun das Schwert,
schaff ich es nicht?
Das Wunder, wie soll ich's wissen?

Qui va forger l'épée,
si je n'y arrive pas?
Comment trouver par quel prodige?

WANDERER *(ist ruhig vom Herd aufgestanden)*
Dreimal solltest du fragen,
dreimal stand ich dir frei :
nach eitlen Fernen
forschtest du;
doch was zunächst dir sich fand,
was dir nützt, fiel dir nicht ein.
Nun ich's errate,
wirst du verrückt :
gewonnen hab'ich
das witzige Haupt!
Jetzt, Fafners kühner Bezwinger,
hör', verfall'ner Zwerg :
«Nur wer das Fürchten
nie erfuhr,
schmiedet Notung neu.»
(Mime starrt ihn groß an : er wendet sich zum Fortgang.)

Dein weises Haupt
wahre von heut :
verfallen laß ich es dem,
der das Fürchten nicht gelernt!
(Er wendet sich lächelnd ab und verschwindet schnell im Walde. Mime ist wie vernichtet auf den Schemel hinter dem Amboß zurückgesunken.)

LE VOYAGEUR *(s'est levé tranquillement du foyer)*
Trois fois tu m'as interrogé,
trois fois je t'ai été livré :
tu étais en quête
de vains lointains;
mais ce qui te touchait de près
et t'est utile, t'a échappé.
Comme je le devine,
cela te rend fou :
et j'ai gagné
ta tête maligne!
Eh bien, hardi vainqueur de Fafner,
écoute, nain déchu :
23, 26 « Seul celui qui jamais
ne connut la peur,
reforgera Notung. »
(Mime regarde avec de grands yeux le Voyageur qui s'apprête à s'en aller.)
Veille, de ce jour,
40 sur ta sage tête :
je l'abandonne à celui
qui n'a pas appris la peur!
(Il se détourne en souriant et disparaît rapidement dans la forêt. Mime est retombé, comme anéanti, sur le tabouret derrière l'enclume.)

DRITTE SZENE

MIME *(stiert, grad vor sich aus in den sonnig beleuchteten Wald hinein und gerät zunehmend in heftiges Zttern)*

Verfluchtes Licht!
Was flammt dort die Luft?
Was flackert und lackert,
was flimmert und schwirrt,
was schwebt dort und webt
und wabert umher?
Dort glimmert's und glitzt's
in der Sonne Glut!
Was säuselt und summt
und saust nun gar?
Es brummt und braust
und prasselt hieher!
Dort bricht's durch den Wald,
will auf mich zu!
(Er bäumt sich vor Entsetzen auf.)
Ein gräßlicher Rachen
reißt sich mir auf :
der Wurm will mich fangen!
Fafner! Fafner!
(Er sinkt laut schreiend hinter dem breiten Amboß zusammen.)

SIEGFRIED *(bricht aus dem Waldgesträuch hervor und ruft noch hinter der Szene, während man seine Bewegung an dem zerkrachenden Gezweige des Gesträuches gewahrt)*
Heda, du Fauler!
Bist du nun fertig?
(Er tritt in die Höhle herein und hält verwundert an.)

SCÈNE III

MIME *(regarde fixement droit devant lui vers la forêt éclairée par le soleil et est pris de tremblements de plus en plus violents)*
45, 18, 23 Maudite lumière!
Pourquoi l'air flamboie?
Qu'est-ce qui danse et sautille,
qui vibre et scintille,
qui flotte et frémit
et vacille alentour?
Ça brille et étincelle
dans les feux du soleil!
Qu'est-ce qui murmure et bruit
et mugit maintenant?
Ça gronde et ronfle
et crépite par ici!
Ça s'élance dans les bois,
vient se ruer sur moi!
(Il se dresse, épouvanté.)
Une gueule monstrueuse
s'ouvre devant moi :
le dragon veut me prendre!
26 Fafner! Fafner!
(Il s'affaisse derrière l'enclume en poussant un cri perçant.)

SIEGFRIED *(surgit des fourrés et appelle de la coulisse, tandis qu'on perçoit son approche au bruit des branches qui craquent dans les buissons)*
Holà, fainéant!
As-tu terminé?
(Il entre dans la grotte et s'arrête, surpris.)

Schnell, wie steht's mit dem Schwert?
Wo steckt der Schmied?
Stahl er sich fort?
Hehe, Mime, du Memme!
Wo bist du? Wo birgst du dich?

MIME *(mit schwacher Stimme hinter dem Amboß)*
Bist du es, Kind?
Kommst du allein?

SIEGFRIED *(lachend)*
Hinter dem Amboß?
Sag, was schufest du dort?
Schärftest du mir das Schwert?

MIME *(höchst verstört und zerstreut hervorkommend)*
Das Schwert? Das Schwert?
Wie möcht' ich's schweißen?
(Halb für sich.)
«Nur wer das Fürchten
nie erfuhr,
schmiedet Notung neu.»
Zu weise ward ich
für solches Werk!

SIEGFRIED *(heftig)*
Wirst du mir reden?
Soll ich dir raten?

MIME *(wie zuvor)*
Wo nähm' ich redlichen Rat?
Mein weises Haupt
hab ich verwettet :
(vor sich hin starrend)
verfallen, verlor ich's an den,
«der das Fürchten nicht gelernt».

SIEGFRIED *(ungestüm)*
Sind mir das Flausen?
Willst du mir fliehn?

MIME *(allmählich sich etwas fassend)*
Wohl flöh' ich dem,
der's Fürchten kennt!
Doch das ließ ich dem Kinde zu lehren!
Ich Dummer vergaß,
was einzig gut :
Liebe zu mir
sollt' er lernen;
das gelang nun leider faul!
Wie bring ich das Fürchten ihm bei?

SIEGFRIED *(packt ihn)*
He! Muß ich helfen?
Was fegtest du heut?

MIME
Um dich nur besorgt,
versank ich in Sinnen,
wie ich dich Wichtiges wiese.

SIEGFRIED *(lachend)*
Bis unter den Sitz
warst du versunken :

Vite, où en est l'épée?
Où est donc le forgeron?
Il s'est enfui?
Ohé, Mime, poltron!
Où es-tu? Où te caches-tu?

MIME *(derrière l'enclume, d'une voix faible)*
C'est toi, mon enfant?
Tu es seul?

SIEGFRIED *(riant)*
Derrière l'enclume?
Dis donc, qu'y faisais-tu?
Tu aiguisais mon épée?

MIME *(sort, l'air complètement hagard et absent)*
L'épée? L'épée?
Comment la souder?
(Presque à part)
« Seul celui qui jamais
ne connut la peur,
reforgera Notung. »
J'en sais trop long
pour une telle tâche!

SIEGFRIED *(avec violence)*
Vas-tu parler?
Veux-tu mon avis?

MIME *(comme précédemment)*
Où prendre un avis sincère?
J'ai mis à prix
ma tête avisée :
(le regard fixe)
je l'ai perdue, elle échoit à celui
« qui n'a pas appris la peur ».

SIEGFRIED *(avec fougue)*
Qu'est-ce que tu me racontes?
Tu veux m'échapper?

MIME *(se ressaisissant peu à peu)*
Certes, j'échapperais à celui
qui connaît la peur!
Mais je ne l'ai pas enseignée à l'enfant!
Comme un sot, j'ai omis
la seule chose utile :
j'ai voulu lui apprendre
à m'aimer;
hélas, j'ai fort mal réussi!
Comment lui apprendre la peur?

SIEGFRIED *(l'empoigne)*
Hé, faut-il que je t'aide?
Qu'as-tu fait aujourd'hui?

MIME
Me souciant de toi seul,
j'ai songé au moyen
de te montrer une chose importante.

SIEGFRIED *(riant)*
Et tu y songeais
jusque sous ton siège :

Was Wichtiges fandest du da?

MIME *(sich immer mehr fassend)*
Das Fürchten lernt' ich für dich,
daß ich's dich Dummen lehre.

SIEGFRIED *(mit ruhiger Verwunderung)*
Was ist's mit dem Fürchten?

MIME
Erfuhrst du's noch nie
und willst aus dem Wald
doch fort in die Welt?
Was frommte das festeste Schwert,
blieb dir das Fürchten fern?

SIEGFRIED *(ungeduldig)*
Faulen Rat
erfindest du wohl?

MIME *(immer zutraulicher Siegfried näher tretend)*

Deiner Mutter Rat
redet aus mir;
was ich gelobte,
muß ich nun lösen :
in die listige Welt
dich nicht zu entlassen,
eh' du nicht das Fürchten gelernt.

SIEGFRIED *(heftig)*
Ist's seine Kunst,
was kenn ich sie nicht?
Heraus! Was ist's mit dem Fürchten?

MIME
Fühltest du nie
im finstren Wald
bei Dämmerschein
am dunklen Ort,
wenn fern es säuselt,
summst und saust,
wildes Brummen
näher braust,
wirres Flackern
um dich flimmert,
schwellend Schwirren
zu Leib dir schwebt :
fühltest du dann nicht grieselnd
Grausen die Glieder dir fahen?
Glühender Schauer
schüttelt die Glieder,
in der Brust bebend und bang
berstet hämmernd das Herz?
Fühltest du das noch nicht,
das Fürchten blieb dir noch fremd.

SIEGFRIED *(nachsinnend)*
Sonderlich seltsam
muß das sein!
Hart und fest,
fühl ich, steht mir das Herz.
Das Grieseln und Grausen,
das Glühen und Schauern,

qu'as-tu trouvé là d'important?

MIME *(se ressaisissant de plus en plus)*
J'ai appris la peur pour toi,
pour pouvoir te l'enseigner, ignorant.

SIEGFRIED *(avec un étonnement tranquille)*
La peur, de quoi s'agit-il?

MIME
Sans l'avoir éprouvée
tu veux sortir des bois,
t'élancer dans le monde?
A quoi bon la plus solide épée,
si tu ignores la peur?

SIEGFRIED *(impatienté)*
Tu inventes là
31 de mauvais conseils?

MIME *(s'approchant de Siegfried, d'un air de plus en plus affable)*
Le conseil de ta mère
parle par ma voix;
je dois à présent
tenir ma promesse
de ne pas te lâcher
dans le monde perfide,
avant que tu n'aies appris la peur.

SIEGFRIED *(avec violence)*
Si c'est un art,
pourquoi l'ignoré-je?
Parle! De quoi s'agit-il?

MIME
18 N'as-tu jamais senti,
dans la forêt obscure,
au demi-jour,
dans un lieu sombre,
quand au loin ça murmure,
mugit et bruit :
un sourd bourdonnement
s'approche en grondant,
un flamboiement confus
vibre autour de toi,
un frémissement croissant
se glisse en toi;
n'as-tu pas senti un frisson
39 d'effroi s'emparer de tes membres?
Une terreur ardente
secouer ton corps,
tremblant d'angoisse en toi,
ton coeur cogner à en éclater?
Si tu n'as pas senti cela,
la peur te reste inconnue.

SIEGFRIED *(réfléchissant)*
Quel drôle d'effet
ça doit faire!
Je sens que j'ai
le coeur solide et sûr.
Le frisson et l'effroi,
l'ardeur et la terreur,

Hitzen und Schwindeln,
Hämmern und Beben :
gern begehr ich das Bangen,
sehnend verlangt mich's der Lust!
Doch wie bringst du,
Mime, mir's bei?
Wie wärst du, Memme, mir Meister?

MIME
Folge mir nur,
ich führe dich wohl :
sinnend fand ich es aus.
Ich weiß einen schlimmen Wurm,
der würgt' und schlang schon viel :
Fafner lehrt dich das Fürchten,
folgst du mir zu seinem Nest.

SIEGFRIED
Wo liegt er im Nest?

MIME
Neidhöhle
wird es gennant
im Ost, am Ende des Walds.

SIEGFRIED
Dann wär's nicht weit von der Welt?

MIME
Bei Neidhöhle liegt sie ganz nah.

SIEGFRIED
Dahin denn sollst du mich führen :
lernt' ich das Fürchten,
dann fort in die Welt!
Drum schnell! Schaffe das Schwert,
in der Welt will ich es schwingen.

MIME
Das Schwert? O Not?

SIEGFRIED
Rasch in die Schmiede!
Weis, was du schufst!

MIME
Verfluchter Stahl!
Zu flicken versteh ich ihn nicht :
den zähen Zauber
bezwingt keines Zwergen Kraft.
Wer das Fürchten nicht kennt,
der fänd' wohl eher die Kunst.

SIEGFRIED
Feine Finten
weiß mir der Faule;
daß er ein Stümper,
sollt' er gestehn :
nun lügt er sich listig heraus!
Her mit den Stücken,
fort mit dem Stümper!
(Auf den Herd zuschreitend.)
Des Vaters Stahl
fügt sich wohl mir :

la fièvre et le vertige,
le coeur qui tremble et cogne :
j'aimerais cette angoisse,
j'aspire à ce plaisir!
Mais comment, Mime,
me l'apprendras-tu?
Poltron, comment serais-tu mon maître?

MIME
Suis-moi donc,
je vais te guider :
en réfléchissant, j'ai trouvé.
Je connais un dragon terrible,
qui en égorgea et dévora plus d'un :
Fafner t'enseignera la peur,
si tu me suis jusqu'à son antre.

SIEGFRIED
Où se trouve son antre?

MIME
On le nomme
« Grotte de l'envie » :
à l'est, au bout du bois.

SIEGFRIED
Alors, ça n'est pas loin du monde?

MIME
Il est tout près de la Grotte de l'envie.

SIEGFRIED
Tu vas donc m'y conduire :
une fois la peur apprise,
alors, en route pour le monde!
Allez vite! Fabrique l'épée,
je veux la brandir dans le monde.

MIME
L'épée? Misère!

SIEGFRIED
En vitesse, à la forge!
Montre ce que tu as fait!

MIME
Maudit acier!
Je ne sais pas le réparer :
nulle force de nain
ne peut dompter son charme tenace.
Celui qui ignore la peur,
trouverait mieux le moyen.

SIEGFRIED
Ce paresseux
trouve de bonnes excuses;
au lieu d'avouer
qu'il est un vaurien,
il s'en tire par des ruses, des mensonges!
Donne-moi les morceaux,
va-t'en, propre à rien!
(S'avançant vers le foyer)
Le fer de mon père
me cédera bien :

ich selbst schweiße das Schwert!
(Er macht sich, Mimes Gerät durcheinander werfend, mit Ungestüm an die Arbeit.)

MIME
Hättest du fleißig
die Kunst gepflegt,
jetzt käm' dir's wahrlich zugut :
doch lässig warst du
stets in der Lehr';
was willst du Rechtes nun rüsten?

SIEGFRIED
Was der Meister nicht kann,
vermöcht'es der Knabe,
hätt'er ihm immer gehorcht?
(Er dreht ihm eine Nase.)
Jetzt mach dich fort,
misch dich nicht drein :
sonst fällst du mir mit ins Feuer!
(Er hat eine große Menge Kohlen auf dem Herd aufgehäuft und unterhält in einem fort die Glut, während er die Schwertstücke in den Schrausbstock einspannt und sie zu Spänen zerfeilt.)

MIME *(der sich etwas abseits niedergesetzt hat, sieht Siegfried bei der Arbeit zu)*
Was machst du denn da?
Nimm doch die Löte :
den Brei braut' ich schon längst.

SIEGFRIED
Fort mit dem Brei!
Ich brauch' ihn nicht :
mit Bappe back' ich kein Schwert!

MIME
Du zerfeilst die Feile,
zerreibst die Raspel :
wie willst du den Stahl zerstampfen?

SIEGFRIED
Zersponnen muß ich
in Späne ihn sehn :
was entzwei ist, zwing ich mir so.
(Er feilt mit großem Eifer fort.)

MIME *(für sich)*
Hier hilft kein Kluger,
das seh ich klar :
hier hilft dem Dummen
die Dummheit allein!
Wie er sich rührt
und mächtig regt!
Ihm schwindet der Stahl,
doch wird ihm nicht schwül!
(Siegfried hat das Herdfeuer zur hellsten Glut angefacht.)
Nun ward ich so alt
wie Höhl' und Wald
und hab nicht so was gesehn!
(Während Siegfried mit ungestümem Eifer fortfährt, die Schwertstücken zu zerfeilen, setzt sich Mime noch mehr beiseite.)
Mit dem Schwert gelingt's,

52 c'est moi qui souderai l'épée!
(Jetant pêle-mêle les ustensiles de Mime, il se met au travail
10 *avec fougue.)*

MIME
Si tu avais pris soin
d'apprendre le métier,
là, tu en profiterais :
mais tu ne te donnas
jamais de mal;
que veux-tu faire de bon maintenant?

SIEGFRIED
Ce que le maître ignore,
l'élève le saurait-il,
s'il lui avait toujours obéi?
(Il lui fait un pied de nez.)
Oust, disparais,
ne te mêle pas de ça :
sinon je te jette dans le feu!
(Après avoir entassé une grande quantité de charbon sur le foyer, il entretient sans cesse le brasier et serre les morceaux de l'épée dans un étau, puis se met à les limer pour les réduire en copeaux.)

MIME *(qui s'est assis un peu à l'écart, regarde travailler Siegfried)*
Mais que fais-tu là?
Prends donc la soudure :
j'ai préparé le magma.

SIEGFRIED
Au diable ta bouillie!
Je n'en ai pas besoin :
je n'y ferai pas cuire l'épée!

MIME
Tu réduis la lime en poudre,
tu uses la râpe :
crois-tu qu'on triture l'acier?

SIEGFRIED
Il faut que je le voie
réduit en limaille :
je dompterai ainsi les morceaux.
(Il continue de limer avec une grande application.)

MIME *(à part)*
Ici, l'habileté ne peut rien,
je le vois bien :
ici, seule la sottise
vient en aide au sot!
Comme il s'agite,
comme il se démène!
Le fer se défait,
mais lui n'est pas inquiet!
(Siegfried a attisé un grand feu clair dans le foyer.)
Me voici aussi vieux
que la grotte et les bois,
et je n'ai jamais rien vu de pareil!
(Tandis que Siegfried, avec une fougueuse ardeur, continue de limer les morceaux de l'épée, Mime va s'asseoir encore plus à l'écart.)
Il va y arriver,

das lern' ich wohl :
furchtlos fegt er's zu ganz.
Der Wandrer wußt' es gut!
Wie berg ich nun
mein banges Haupt?
Dem kühnen Knaben verfiel's,
lehrt' ihn nicht Fafner die Furcht!
(Mit wachsender Unruhe aufspringend und sich beugend.)
Doch weh mir Armen!
Wie würgt' er den Wurm,
erführ' er das Fürchten von ihm?
Wie erräng' er mir den Ring?
Verfluchte Klemme!
Da klebt' ich fest,
fänd' ich nicht klugen Rat,
wie den Furchtlosen selbst ich bezwäng'.

je m'en rends compte :
sans peur, il assemble le glaive.
Le Voyageur le savait!
Comment sauver
40 ma tête inquiète?
Elle échoit au hardi garçon,
si Fafner ne lui enseigne pas la peur!
(Bondissant, puis se courbant avec une fièvre croissante)
Mais pauvre de moi!
Comment égorgerait-il le dragon,
si celui-ci lui apprenait la peur?
Comment obtiendrais-je l'anneau?
Maudit embarras!
Me voilà coincé,
si je ne trouve pas un bon moyen
pour soumettre à mon tour l'intrépide.

SIEGFRIED *(hat nun die Stücken zerfeilt und in einem Schmelztiegel gefangen, den er jetzt in die Herdglut stellt)*
He, Mime! Geschwind!
Wie heißt das Schwert,
das ich in Späne zersponnen?

SIEGFRIED *(a limé à présent les morceaux et a recueilli la limaille dans un creuset qu'il place alors sur le feu)*
Hé, Mime! Dis vite!
Comment s'appelle l'épée,
que j'ai réduite en limaille?

MIME *(fährt zusammen und wendet sich zu Siegfried)*
Notung nennt sich
das neidliche Schwert :
deine Mutter gab mir die Mär.

MIME *(tressaille et se tourne vers Siegfried)*
Notung est le nom
de la précieuse épée :
c'est ta mère qui me l'apprit.

SIEGFRIED *(nährt unter dem folgenden die Glut mit dem Blasebalg)*
Notung! Notung!
Neidliches Schwert!
Was mußtest du zerspringen?
Zu Spreu nun schuf ich
die scharfe Pracht,
im Tiegel brat ich die Späne.
Hoho! Hoho!
Hohei! Hohei! Hoho!
Blase, Balg!
Blase die Glut!
Wild im Walde
Wuchs ein Baum,
den hab ich im Forst gefällt :
die braune Esche
brannt' ich zur Kohl',
auf dem Herd nun liegt sie gehäuft.
Hoho! Hoho!
Hohei! Hohei! Hoho!
Blase, Balg!
Blase die Glut!
Des Baumes Kohle,
wie brennt sie kühn;
wie glüht sie hell und hehr!
In springenden Funken
sprühet sie auf :
Hohei! Hoho! Hohei!
zerschmilzt mir des Stahles Spreu.
Hoho! Hoho!
Hohei! Hohei! Hoho!
Blase, Balg!
Blase die Glut!

SIEGFRIED *(durant tout le passage, attise le brasier à l'aide du soufflet)*
53 Notung! Notung!
Précieuse épée!
Pourquoi t'être brisée?
J'ai réduit en poudre
ta lame splendide,
dans le creuset, je chauffe la limaille.
Hoho! Hoho!
Hohei! Hohei! Hoho!
Souffle, soufflet!
Souffle sur le feu!
Un arbre croissait,
sauvage, dans le bois,
je l'ai abattu en forêt :
du frêne brun,
j'ai fait du charbon,
le voilà entassé sur le feu.
Hoho! Hoho!
Hohei! Hohei! Hoho!
Souffle, soufflet!
Souffle sur le feu!
Le charbon de bois
brûle avec entrain
et lance de belles flammes claires!
Il jaillit en gerbes
d'étincelles dansantes :
Hohei! Hoho! Hohei!
Il fait fondre la limaille de fer.
Hoho! Hoho!
Hohei! Hohei! Hoho!
Souffle, soufflet!
Souffle sur le feu!

MIME *(immer für sich, entfernt sitzend)*
Er schmiedet das Schwert

MIME *(toujours à part, assis à distance)*
Il va forger l'épée

und Fafner fällt er :
das seh ich nun deutlich voraus.
Hort und Ring
erringt er im Harst :
wie erwerbt ich mir den Gewinn?
Mit Witz und List
gewinn' ich beides
und berge heil mein Haupt.

SIEGFRIED *(nochmals am Blasebalg)*
Hoho! Hoho!
Hohei! Hohei! Hohei!

MIME *(im Vordergrunde für sich)*
Rang er sich müd mit dem Wurm,
von der Müh' erlab' ihn ein Trunk :
aus würz'gen Säften,
die ich gesammelt,
brau ich den Trank für ihn;
wenig Tropfen nur
braucht er zu trinken,
sinnlos sinkt er in Schlaf.
Mit der eignen Waffe,
die er sich gewonnen,
räum ich ihn leicht aus dem Weg,
erlange mir Ring und Hort.
(Er reibt sich vergnügt die Hände.)
Hei! Weiser Wandrer!
Dünkt' ich dich dumm?
Wie gefällt dir nun
mein feiner Witz?
Fand ich mir wohl
Rat und Ruh?

SIEGFRIED
Notung! Notung!
Neidliches Schwert!
Nun schmolz deines Stahles Spreu!
Im eignen Schweiße
schwimmst du nun.
(Er gießt den glühenden Inhalt des Tiegels in eine Stangenform und hält diese in die Höhe.)
Bald schwing ich dich als mein Schwert!
(Er stößt die gefüllte Stangenform in den Wassereimer. Dampf und lautes Gezisch der Kühlung erfolgen.)
In das Wasser floß
ein Feuerfluß :
grimmiger Zorn
zischt' ihm da auf!
Wie sehrend er floß,
in des Wassers Flut
fließt er nicht mehr.
Starr ward er und steif,
herrisch der harte Stahl :
heißes Blut doch
fließt ihm bald!
(Er stößt den Stahl in die Herdglut und zieht die Blasebälge mächtig an.)
Nun schwitze noch einmal,
daß ich dich schweiße,
Notung, neidliches Schwert!
(Mime ist vergnügt aufgesprungen; er holt verschiedene Gefäße hervor, schüttet aus ihnen Gewürz und Kraüter in einen Kochtopf und sucht, diesen auf dem Herd anzubrin-

et abattre Fafner :
je le prévois bien, c'est clair.
12 Il gagnera au combat
le trésor et l'anneau :
comment obtenir ce butin?
10 Par l'astuce et la ruse,
je conquerrai les deux
et je sauverai ma tête.

SIEGFRIED *(actionnant encore le soufflet)*
53 Hoho! Hoho!
Hohei! Hohei! Hohei!

MIME *(sur le devant de la scène, à part)*
48 Fatigué de sa lutte avec le dragon,
il boira pour se remettre :
je vais lui préparer ce breuvage,
fait de sucs d'aromates
que j'ai recueillis;
il lui suffit
d'en boire quelques gouttes
pour s'endormir sans connaissance.
Avec l'arme même
qu'il a conquise,
je le fais aisément disparaître,
j'acquiers l'anneau et le trésor.
(Il se frotte les mains d'un air réjoui.)
Hé! Sage Voyageur!
Tu me croyais sot?
Eh bien, que penses-tu
de mon astuce?
Ai-je trouvé le moyen
d'avoir la paix?

SIEGFRIED
Notung! Notung!
Précieuse épée!
La limaille de ton fer a fondu!
Tu baignes là
dans ta propre sueur.
(Il verse le contenu incandescent du creuset dans un moule en forme de barre, qu'il tient en l'air.)
Bientôt je te brandirai!
(Il plonge le moule qu'il a rempli, dans un seau d'eau. Jet de vapeur et sifflement sonore du métal qui se refroidit.)
Dans l'eau a coulé
un fleuve de feu :
lançant de colère
des sifflements,
il coulait, très violent!
Mais dans le flot,
il ne s'écoule plus.
Le voici raide et rigide,
cet acier fier et dur :
mais il fera bientôt
couler du sang brûlant!
(Il plonge l'acier dans le brasier et actionne vigoureusement les soufflets.)
Exsude donc encore,
que je te soude,
Notung, précieuse épée!
(Mime, tout réjoui, a bondi sur des pieds. Il sort divers récipients, verse des épices et des herbes qu'ils contiennent dans une marmite et essaie de poser celle-ci sur le foyer.

gen. Siegfried beobachtet während der Arbeit Mime, welcher vom andern Ende des Herdes her seinen Topf sorgsam an die Glut stellt.)
Was schafft der Tölpel
dort mit dem Topf?
Brenn ich hier Stahl,
braust du dort Sudel?

MIME
Zuschanden kam ein Schmied;
den Lehrer sein Knabe lehrt;
mit der Kunst nun ist's beim Alten aus,
als Koch dient er dem Kind.
Brennt es das Eisen zu Brei,
aus Eiern braut
der Alte ihm Sud.
(Er fährt fort zu kochen.)

SIEGFRIED
Mime, der Künstler,
lernt jetzt kochen;
das Schmieden schmeckt ihm nicht mehr.
Seine Schwerter alle
hab ich zerschmissen;
was er kocht, ich kost es ihm nicht!
(Unter dem folgenden zieht Siegfried die Stangenform aus der Glut, zerschlägt sie und legt den glühenden Stahl auf dem Amboß zurecht.)
Das Fürchten zu lernen,
will er mich führen;
ein Ferner soll es mich lehren;
was am besten er kann,
mir bringt er's nicht bei :
als Stümper besteht er in allem!
(Während des Schmiedens.)
Hoho! Hoho! Hohei!
Schmiede, mein Hammer,
ein hartes Schwert!
Hoho! Hahei!
Hoho! Hahei!
Einst färbte Blut
dein falbes Blau;
sein rotes Rieseln
rötete dich :
kalt lachtest du da,
das warme lecktest du kühl!
Heiaho! Haha!
Haheiaha!
Nun hat die Glut
dich rot geglüht :
deine weiche Härte
dem Hammer weicht :
zornig sprühst du mir Funken,
daß ich dich Spröden gezähmt!
Heiaho! Heiaho!
Heiahohoho!
Hahei!

MIME *(beiseite)*
Er schafft sich ein scharfes Schwert,
Fafner zu fällen,
der Zwerge Feind :
ich braut' ein Truggetränk,
Siegfried zu fangen,

Tout en s'activant, Siegfried observe Mime qui, à l'autre extrémité du foyer, expose avec soin sa marmite au feu.)

Que fait ce nigaud,
avec sa marmite?
Quand je fonds de l'acier,
toi, tu fais du brouet?

MIME
Voilà un forgeron fichu;
l'élève enseigne au maître :
c'en est fini de l'art du vieux,
il sert l'enfant comme cuisinier.
Quand l'enfant réduit le fer en bouillie,
le vieux lui mijote
du bouillon aux oeufs.
(Il continue de cuisiner.)

SIEGFRIED
Voilà que Mime, l'artiste,
apprend à cuisiner;
forger ne lui dit plus rien.
Je lui ai cassé
toutes ses épées;
je ne goûterai pas à sa cuisine!
(Au cours de ce qui suit, Siegfried retire le moule du feu, le brise et place l'acier incandescent sur l'enclume.)

Pour m'apprendre la peur,
il veut être mon guide;
un étranger doit m'en instruire :
ce qu'il sait le mieux faire,
il ne peut me l'apprendre :
il n'est en tout qu'un propre à rien!
(Tout en forgeant.)
Hoho! Hoho! Hohei!
Forge, mon marteau,
une dure épée!
Hoho! Hahei!
Hoho! Hahei!
Jadis le sang colora
ta lueur bleutée;
les gouttes écarlates
t'ont empourprée :
tu riais dans ta froideur,
fraîche, tu léchais sa chaleur!
Heiaho! Haha!
Haheiaha!
A présent, le brasier
t'a fait rougeoyer;
ta trempe souple
cède sous le marteau :
furieuse, tu me lances des étincelles,
parce que je t'ai domptée, farouche épée!
Heiaho! Heiaho!
Heiahohoho!
Hahei!

MIME *(à part)*
Il se fait une épée tranchante
pour abattre Fafner,
l'ennemi des nains :
j'ai préparé un breuvage empoisonné
pour prendre Siegfried,

dem Fafner fiel.
Gelingen muß mir die List;
lachen muß mir der Lohn!
(Er beschäftigt sich während des folgenden damit, den Inhalt des Topfes in eine Flasche zu gießen.)

SIEGFRIED
Hoho! Hoho!
Hohei!
Schmiede, mein Hammer,
ein hartes Schwert!
Hoho! Hahei!
Hoho! Hahei!
Der frohen Funken
wie freu' ich mich;
es ziert den Kühnen
des Zornes Kraft :
Lustig lachst du mich an,
stellst du auch grimm dich und gram!
Heiaho, haha,
haheiaha!
Durch Glut und Hammer
glückt' es mir;
mit starken Schlägen
streckt' ich dich :
Nun schwinde die rote Scham;
werde kalt und hart, wie du kannst.
Heiaho! Heiaho!
Heiahohoho!
Heiah!
(Er schwingt den Stahl und stößt ihn in den Wassereimer. Er lacht bei dem Gezisch laut auf. Während Siegfried die geschmiedete Schwertklinge in dem Griffhefte befestigt, treibt sich Mime mit der Flasche im Vordergrunde umher.)

MIME
Den der Bruder schuf,
den schimmernden Reif,
in den er gezaubert
zwingende Kraft,
das helle Gold,
das zum Herrscher macht,
ihn hab ich gewonnen!
Ich walte sein!
(Er trippelt, während Siegfried mit dem kleinen Hammer arbeitet und schleift und feilt, mit zunehmender Vergnügtheit lebhaft umher.)
Alberich selbst,
der einst mich band,
zur Zwergenfrone
zwing ich ihn nun;
als Niblungenfürst
fahr ich danieder ;
gehorchen soll mir
alles Heer!
Der verachtete Zwerg,
wie wird er geehrt!
Zu dem Horte hin drängt sich
Gott und Held :
(Mit immer lebhafteren Gebärden.)
vor meinem Nicken
neigt sich die Welt,
vor meinem Zorne
zittert sie hin!

qui tua Fafner.
Ma ruse doit réussir;
j'aurai ma récompense!
(Pendant ce qui suit, il s'occupe à verser le contenu de la marmite dans un flacon.)

SIEGFRIED
54 Hoho! Hoho!
Hahei!
Forge, mon marteau,
une dure épée!
Hoho! Hahei!
Hahei! Hoho!
Quel plaisir de voir
ces joyeuses étincelles;
la violente colère
honore l'intrépide :
tu me souris gaiement,
même si tu feins la peine et la rage!
Heiaho, haha,
Haheiaha!
Par le feu et le marteau,
j'ai réussi;
je t'ai étirée
à grands coups :
maintenant, cesse de rougir;
fais-toi aussi dure et froide que possible.
Heiaho! Heiaho!
Heiahohoho!
Heiah!
(Il brandit le fer et le plonge dans le seau d'eau. En entendant le sifflement, il part d'un grand rire. Pendant que Siegfried ajuste la lame de l'épée forgée, dans la poignée, Mime va et vient sur le devant de la scène, avec son flacon.)

MIME
Cet anneau brillant
que fit mon frère,
qu'il chargea par magie
d'une force souveraine,
cet or clair
qui rend tout-puissant,
ça y est, je l'ai gagné!
J'en suis le maître!
(Tandis que Siegfried s'affaire avec le petit marteau, affile et lime, il trottine vivement en tous sens, avec une satisfaction grandissante.)
Alberich lui-même,
qui m'asservit jadis,
je vais le contraindre
à la corvée des nains;
je descends et m'avance
en prince des Nibelungen;
toute la troupe
doit m'obéir!
Le nain méprisé,
comme on va l'honorer!
Héros et dieux
se presseront vers le trésor :
(Avec des gestes de plus en plus vifs.)
le monde s'incline
sur un signe de moi,
il tremble d'effroi
devant ma colère!

Dann wahrlich müht sich
Mime nicht mehr :
ihm schaffen andre
den ew'gen Schatz.
Mime, der kühne,
Mime ist König,
Fürst der Alben,
Walter des Alls!
Hei, Mime! Wie glückte dir das!
Wer hätte wohl das gedacht?

SIEGFRIED *(hat während Mimes Lied mit den letzten Schlägen die Nieten des Griffheftes geglättet und faßt nun das Schwert)*
Notung! Notung!
Neidliches Schwert!
Jetzt haftest du wieder im Heft.
Warst du entzwei,
ich zwang dich zu ganz;
kein Schlag soll nun dich mehr zerschlagen.
Dem sterbenden Vater
zersprang der Stahl,
der lebende Sohn
schuf ihn neu :
nun lacht ihm sein heller Schein,
seine Schärfe schneidet ihm hart.
(Das Schwert vor sich schwingend.)
Notung! Notung!
Neidliches Schwert!
Zum Leben weckt' ich dich wieder.
Tot lagst du
in Trümmern dort,
jetzt leuchtest du trotzig und hehr.
Zeige den Schächern
nun deinen Schein!
Schlage den Falschen,
fälle den Schelm!
Schau, Mime, du Schmied :
(Er holt mit dem Schwert aus.)
so schneidet Siegfrieds Schwert!
(Er schlägt auf den Amboß,dieser zerspaltet in zwei Stücken, von oben bis unten, so daß er unter großen Gepolter auseinander fällt. Mime, der in höchster Verzückung sich auf einen Schemel geschwungen hatte, fällt vor Schreck sitzlings zu Boden. Siegfried hält jauchzend das Schwert in die Höhe. – Der Vorhang fällt.)

Orchestervorspiel

ZWEITER AUFZUG

Tiefer Wald

Ganz im Hintergrunde die Öffnung einer Höhle. Der Boden hebt sich bis zur Mitte der Bühne, wo er kleine Hochebene bildet; von da senkt er sich nach hinten, der Höhle zu, wieder abwärts, so daß von dieser nur der obere Teil der Öffnung dem Zuschauer sichtbar ist. Links gewahrt man durch Waldbäume eine zerklüftete Felswand. Finstere Nacht, am dichtesten über dem Hintergrunde, wo anfänglich der Blick der Zuschauers gar nichts zu unterscheiden vermag.

Dès lors, vraiment, Mime
ne se donne plus de peine :
d'autres lui procurent
le trésor éternel.
Mime le hardi,
Mime est roi,
souverain des Albes,
maître de l'univers!
Hé, Mime! En voilà un succès!
Qui donc aurait cru cela?

SIEGFRIED *(qui, pendant la tirade de Mime, a maté la poignée par quelques ultimes coups de marteau, saisit alors l'épée)*
Notung! Notung!
Précieuse épée!
Tu es de nouveau fixée dans ta garde.
Cassée en deux,
tu fus reconstituée;
nul coup ne doit plus te briser.
L'arme se rompit aux mains
de mon père mourant,
mais le fils vivant
l'a refaite toute neuve :
son éclat joyeux brille pour lui,
pour lui son tranchant coupe net.
(Brandissant l'épée devant lui.)
Notung! Notung!
Précieuse épée!
Je t'ai fait revenir à la vie.
Tu gisais morte,
en débris,
maintenant tu luis noble et fière.
Montre donc ton éclat
aux forbans!
Frappe le fourbe,
tue le fripon!
Regarde, Mime, ô forgeron :
(Il lève l'épée pour frapper.)
vois comment tranche l'épée de Siegfried!
(Il frappe sur l'enclume qu'il casse en deux du haut en bas, chacun des morceaux tombant à grand fracas. Mime, au comble du ravissement, s'était juché sur un tabouret mais, de frayeur, il tombe assis par terre. Rempli d'allégresse, Siegfried brandit l'épée à bout de bras. – Le rideau tombe.)

Prélude orchestral

DEUXIÈME ACTE

Forêt profonde

17b *Tout au fond s'ouvre une caverne. Le sol s'élève jusqu'au*
22c *milieu de la scène où il constitue une petite plate-forme; de*
24 *là, il redescend vers l'arrière plan, en direction de la caver-*
2 *ne, de sorte que le spectateur ne peut voir que la partie*
9 *supérieure de son ouverture. A gauche, on aperçoit à travers les arbres une paroi rocheuse coupée de fissures. Nuit profonde, très épaisse dans le fond de la scène où, au début l'oeil du spectateur ne distingue absolument rien.*

ERSTE SZENE

ALBERICH *(an der Felswand gelagert, düster brütend)*

In Wald und Nacht
vor Neidhöhl' halt ich Wacht :
es lauscht mein Ohr,
mühvoll lugt mein Aug'.
Banger Tag,
bebst du schon auf?
Dämmerst du dort
durch das Dunkel her?
(Aus dem Walde von rechts her erhebt sich ein Sturmwind; ein bläulicher Glanz leuchtet von ebendaher.)
Welcher Glanz zittert dort auf?
Näher schimmert
ein heller Schein;
es rennt wie ein leuchtendes Roß,
bricht durch den Wald
brausend daher.
Naht schon des Wurmes Würger?
Ist's schon, der Fafner fällt?
(Der Sturmwind legt sich wieder; der Glanz verlischt.)
Das Licht erlischt,
der Glanz barg sich dem Blick :
Nacht ist's wieder.
(Der Wanderer tritt aus dem Wald und hält Alberich gegenüber an.)
Wer naht dort schimmernd im Schatten?

DER WANDERER
Zur Neidhöhle
fuhr ich bei Nacht :
wen gewahr ich im Dunkel dort?
(Wie aus einem plötzlich zerreißenden Gewölk bricht Mondschein und beleuchtet des Wanderes Gestalt.)

ALBERICH *(erkennt den Wanderer, fährt erschrocken zurück, bricht aber sogleich in höchste Wut aus)*
Du selbst läßt dich hier sehn?
Was willst du hier?
Fort, aus dem Weg!
Von dannen, schamloser Dieb!

WANDERER *(ruhig)*
Schwarz-Alberich,
schweifst du hier?
Hütest du Fafners Haus?

ALBERICH
Jagst du auf neue
Neidtat umher?
Weile nicht hier,
weiche von hinnen!
Genug des Truges
tränkte die Stätte mit Not.
Drum, du Frecher,
laß sie jetzt frei!

WANDERER
Zu schauen kam ich,
nicht zu schaffen :
Wer wehrte mir Wandrers Fahrt?

SCÈNE I

ALBERICH *(tapi contre la paroi rocheuse, méditant som-*
22c *brement)*
Dans le bois et la nuit,
je monte la garde devant la Grotte de l'envie:
je tends l'oreille,
mes yeux guettent à grand peine.
Jour d'angoisse
tressailles-tu déjà?
Est-ce l'aube
à travers les ténèbres?
(Venant de la forêt, à droite, un vent de tempête se lève; des lueurs bleuâtres brillent dans cette direction.)
Quelle lueur tremble là-bas?
Voici qu'approche
une vive lumière;
comme si un coursier étincelant
accourait en trombe
à travers le bois.
24 Est-ce l'égorgeur du dragon qui vient?
Celui qui tuera Fafner?
(Le vent de tempête s'apaise; les lueurs disparaissent.)
La lumière s'éteint,
la lueur s'évanouit:
il refait nuit.
(Le Voyageur sort de la forêt et s'arrête en face d'Alberich.)

Qui s'approche tout scintillant dans l'ombre?

LE VOYAGEUR
Je suis venu la nuit
14 à la Grotte de l'envie:
qui aperçois-je là-bas dans le noir?
(Comme sortant de nuages qui se déchirent soudain, la lune paraît, éclairant la silhouette du Voyageur.)

ALBERICH *(qui reconnaît le Voyageur, recule effrayé, mais laisse aussitôt éclater une violente fureur)*
Toi, tu te montres ici?
Que viens-tu faire?
File, va-t'en!
Disparais, voleur impudent!

LE VOYAGEUR *(avec calme)*
Sombre Alberich,
tu rôdes ici?
Gardes-tu l'antre de Fafner?

ALBERICH
Es-tu en quête
de nouveaux méfaits?
Ne reste pas,
retire-toi d'ici!
Assez de duperies
ont chargé ce lieu de détresse.
Alors, insolent,
laisse le champ libre!

LE VOYAGEUR
Je suis venu pour voir,
pas pour agir;
qui barrerait la route au Voyageur?

ALBERICH *(lacht tückisch auf)*
Du Rat wütender Ränke!
Wär' ich dir zulieb
doch noch dumm wie damals,
als du mich Blöden bandest,
wie leicht geriet' es,
den Ring mir nochmals zu rauben!
Hab acht! Deine Kunst
kenne ich wohl;
doch wo du schwach bist,
blieb mir auch nicht verschwiegen.
Mit meinen Schätzen
zahltest du Schulden;
mein Ring lohnte
der Riesen Müh',
die deine Burg dir gebaut.
Was mit den trotzigen
einst du vertragen,
des Runen wahrt noch heut
deines Speeres herrischer Schaft.
Nicht du darfst,
was als Zoll du gezahlt,
den Riesen wieder entreißen :
du selbst zerspelltest
deines Speeres Schaft;
in deiner Hand
der herrische Stab,
der starke, zerstiebte wie Spreu!

ALBERICH *(éclate d'un rire méchant)*
Passé maître en intrigues,
tu aimerais que je sois
aussi bête qu'autrefois
quand je me fis prendre comme un sot;
ce serait facile pour toi
de me ravir encore l'anneau!
Prends garde! Ton adresse,
je la connais;
mais je n'ignore pas
non plus tes faiblesses.
Tu payas tes dettes
avec mes richesses,
l'anneau fut le salaire
du labeur des géants
qui te bâtirent ton burg.
Ce pacte conclu jadis
15 avec ces orgueilleux,
est encore gravé en runes
sur le bois souverain de ta lance.
Tu n'as pas le droit
de reprendre aux géants
ce que tu as payé comme dû:
tu briserais toi-même
le bois de ta lance;
dans ta main,
l'insigne de ta puissance
serait réduit en poussière!

WANDERER
Durch Vertrages Treue-Runen
band er dich
Bösen mir nicht :
dich beugt' er mir durch seine Kraft;
zum Krieg drum wahr ich ihn wohl.

LE VOYAGEUR
44 Gnome pervers, la lance
ne t'a pas lié
par un pacte de respect aux runes,
mais sa force te ferait plier;
je la garde donc pour la guerre.

ALBERICH
Wie stolz du dräust
in trotziger Stärke,
und wie dir's im Busen doch bangt!
Verfallen dem Tod
durch meinen Fluch
ist des Hortes Hüter :
Wer wird ihn beerben?
Wird der neidliche Hort
dem Niblungen wieder gehören?
Das sehrt dich mit ew'ger Sorge!
Denn faß ich ihn wieder
einst in der Faust,
anders als dumme Riesen
üb' ich des Ringes Kraft :
dann zittre der Helden
ewiger Hüter!
Walhalls Höhen
stürm ich mit Hellas Heer :
der Welt walte dann ich!

ALBERICH
Imbu d'une puissance
arrogante, tu menaces,
mais au fond de toi, tu as peur!
Par ma malédiction,
le gardien du trésor
est voué à la mort;
qui en sera l'héritier?
Le trésor envié
va-t-il appartenir au Nibelung?
Tel est ton éternel souci!
Car si jamais il revient
un jour dans ma main,
j'userai du pouvoir de l'anneau
autrement que ces stupides géants:
que tremble alors l'éternel
gardien des héros!
J'attaquerai le Walhalla
avec l'armée de Hella:
je serai maître du monde!

WANDERER *(ruhig)*
Deinen Sinn kenn' ich wohl;
doch sorgt er mich nicht.
Des Ringes waltet,
wer ihn gewinnt.

LE VOYAGEUR *(avec calme)*
Je connais ton dessein;
mais il ne m'inquiète pas.
Est maître de l'anneau,
celui qui le conquiert.

ALBERICH
Wie dunkel sprichst du,
was ich deutlich doch weiß!
An Heldensöhne
hält sich dein Trotz,
(höhnisch)
die traut deinem Blute entblüht,
Pflegtest du wohl eines Knaben,
der klug die Frucht dir pflücke,
(immer heftiger)
die du nicht brechen darfst?

WANDERER
Mit mir nicht,
hadre mit Mime :
dein Bruder bringt dir Gefahr;
einen Knaben führt er daher,
der Fafner ihm fällen soll.
Nichts weiß der von mir;
der Niblung nützt ihn für sich.
Drum sag ich dir, Gesell,
tue frei, wie dir's frommt!
(Alberich macht eine Gebärde heftiger Neugierde.)
Höre mich wohl,
sei auf der Hut!
Nicht kennt der Knabe den Ring;
doch Mime kundet ihn aus.

ALBERICH *(heftig)*
Deine Hand hieltest du vom Hort?

WANDERER
Wen ich liebe,
laß ich für sich gewähren;
er steh' oder fall',
sein Herr ist er :
Helden nur können mir frommen.

ALBERICH
Mit Mime räng' ich
allein um den Ring?

WANDERER
Außer dir begehrt er
einzig das Gold.

ALBERICH
Und dennoch gewänn' ich ihn nicht?

WANDERER *(ruhig näher-tretend)*
Ein Helde naht,
den Hort zu befrein;
zwei Niblungen geizen das Gold;
Fafner fällt,
der den Ring bewacht :
wer ihn rafft, hat ihn gewonnen.
Willst du noch mehr?
Dort liegt der Wurm.
(Er wendet sich nach der Höhle.)
Warnst du ihn vor dem Tod,
willig wohl ließ' er den Tand.
Ich selber weck ihn dir auf.
(Er stellt sich auf die Anhöhe vor der Höhle und ruft hinein.)

ALBERICH
Tu dis en termes obscurs
ce que je sais parfaitement!
Ton orgueil s'attache
aux fils de héros
(sarcastique)
que tu aimes, issus de ton sang.
N'as-tu pas pris soin d'un garçon
pour qu'il sache te cueillir le fruit,
(de plus en plus violent)
qu'il t'est interdit de prendre?

LE VOYAGEUR
Cherche querelle à Mime,
pas à moi:
le danger vient de ton frère;
il amène ici un garçon
qui, pour lui, doit tuer Fafner
et ne sait rien de moi;
le Nibelung se sert de lui.
Je te le dis, l'ami,
agis donc à ta guise!
(Alberich manifeste une vive curiosité.)
Ecoute-moi bien,
sois sur tes gardes!
L'enfant ne connaît pas l'anneau;
mais Mime le recherche.

ALBERICH *(avec véhémence)*
Tu ne toucherais pas au trésor?

LE VOYAGEUR
Celui que j'aime,
je le laisse libre d'agir;
qu'il vainque ou qu'il tombe,
il est son maître:
seuls les héros peuvent m'être utiles.

ALBERICH
Je lutterais seulement
avec Mime, pour l'anneau?

LE VOYAGEUR
A part toi, lui seul
désire l'or.

ALBERICH
Et pourtant il m'échapperait?

LE VOYAGEUR *(s'approchant calmement)*
Un héros arrive
pour sauver le trésor;
deux Nibelungen convoitent l'or;
Fafner va mourir,
qui veille sur l'anneau:
celui qui le ravit, l'a gagné.
Que veux-tu de plus?
Le dragon est là.
(Il se tourne vers la caverne.)
Si tu l'avertis de la mort,
il te laissera bien le jouet.
Je vais l'éveiller moi-même.
(Il se poste sur le tertre, devant la caverne et appelle vers l'intérieur.)

Fafner! Fafner!
Erwache, Wurm!

ALBERICH *(in gespanntem Erstaunen, für sich)*
Was beginnt der Wilde?
Gönnt er mir's wirklich?
(Aus der finstern Tiefe des Hintergrundes hört man Fafners Stimme durch ein starkes Sprachrohr.)

FAFNER
Wer stört mir den Schlaf?

WANDERER *(der Höhle zugewandt)*
Gekommen ist einer,
Not dir zu künden :
er lohnt dir's mit dem Leben,
lohnst du das Leben ihm
mit dem Horte, den du hütest?
(Er beugt sein Ohr lauschend der Höhle zu.)

FAFNER
Was will er?

ALBERICH *(ist zum Wanderer getreten und ruft in die Höhle)*
Wache, Fafner!
Wache, du Wurm!
Ein starker Helde naht,
dich heil'gen will er bestehn.

FAFNER
Mich hungert sein.

WANDERER
Kühn ist des Kindes Kraft,
scharf schneidet sein Schwert.

ALBERICH
Den goldnen Reif
geizt er allein :
laß mir den Ring zum Lohn,
so wend ich den Streit;
du wahrest den Hort
und ruhig lebst du lang!

FAFNER
Ich lieg und besitz –
(gähnend)
laßt mich schlafen!

WANDERER *(lacht auf und wendet sich wieder zu Alberich)*
Nun, Alberich, das schlug fehl.
Doch schilt mich nicht mehr Schelm!
Dies eine, rat ich,
achte noch wohl!
(Vertraulich zu ihm tretend.)
Alles ist nach seiner Art,
an ihr wirst du nichts ändern.
Ich laß dir die Stätte,
stelle dich fest!
Versuch's mit Mime, dem Bruder,
der Art ja versiehst du dich besser.
(Zum Abgange gewendet.)

17b Fafner! Fafner!
Réveille-toi, dragon!

ALBERICH *(à part, avec un vif étonnement)*
Que fait le bandit?
Me le laisse-t-il vraiment?
(Des profondeurs obscures, à l'arrière-plan, on entend la voix de Fafner à travers un puissant porte-voix.)

FAFNER
Qui trouble mon sommeil?

LE VOYAGEUR *(tourné vers la caverne)*
Quelqu'un est venu
pour t'annoncer le malheur:
il te sauve la vie,
si, en échange, tu lui donnes
le trésor que tu gardes?
(Il tend l'oreille vers la caverne.)

FAFNER
Que veut-il?

ALBERICH *(a rejoint le Voyageur et s'écrie en direction de la caverne)*
Alerte, Fafner!
Alerte, dragon!
Un grand héros arrive,
toi, le sacré, il veut te vaincre.

FAFNER
J'ai faim de lui.

LE VOYAGEUR
L'enfant est fort et hardi,
son épée est tranchante.

ALBERICH
Il convoite uniquement
la bague d'or:
fais-moi don de l'anneau,
et j'empêche la lutte;
tu conserves le trésor
et vis longtemps en paix!

FAFNER
Je possède et me vautre, –
(bâillant)
laissez-moi dormir!

LE VOYAGEUR *(éclate de rire et se tourne vers Alberich)*
Eh bien, Alberich, c'est raté.
Mais ne me traite plus de coquin!
Un conseil encore,
médite-le bien!
2 *(S'approchant de lui, d'un ton confidentiel)*
Toute chose suit sa loi,
tu ne la changeras en rien.
Je te laisse la place,
installe-toi!
Essaie avec Mime, ton frère,
tu t'y prendras mieux avec ta race.
(Prêt à partir)

Was anders ist,
das lerne nun auch!
(Er verschwindet im Walde. Sturmwind erhebt sich, heller Glanz bricht aus; dann vergeht beides schnell.)

Découvre donc aussi
ce qui est autre!
(Il disparaît dans la forêt. Un vent de tempête se lève, une vive lumière se répand; puis l'un et l'autre s'évanouissent rapidement.)

ALBERICH *(blickt dem davonjagenden Wanderer nach)*

Da reitet er hin
auf lichtem Roß;
mich läßt er in Sorg' und Spott.
Doch lacht nur zu,
ihr leichtsinniges,
lustgieriges
Göttergelichter!
Euch seh ich
noch alle vergehn!
Solang das Gold
am Lichte glänzt,
hält ein Wissender Wacht.
Trügen wird euch sein Trotz!
(Er schlüpft zur Seite in das Geklüft. Die Bühne bleibt leer. Morgendämmerung.)

ALBERICH *(suit des yeux le Voyageur qui s'éloigne à toute allure)*
Le voilà qui s'éloigne,
sur son brillant coursier;
46 il me laisse soucieux, humilié.
Mais riez toujours,
espèces de dieux
frivoles et avides
de jouissances!
Je vous verrai
tous disparaître!
Tant que l'or brille
à la lumière,
celui qui sait, monte la garde.
Il vous bravera, vous dupera!
(Il se glisse de côté dans la fissure du rocher. La scène reste
22c, 17b *vide. L'aube point.)*

ZWEITE SZENE

Bei anbrechendem Tage treten Mime und Siegfried auf. Siegfried trägt das Schwert in einem Gehenke von Bastseil. Mime erspäht genau die Stätte; er forscht endlich dem Hintergrunde zu, welcher – während die Anhöhe im mittleren Vordergrunde später immer heller von der Sonne beleuchtet wird – in finsterem Schatten bleibt; dann bedeutet er Siegfried.

SCÈNE II

Mime et Siegfried entrent tandis que le jour se lève. Siegfried porte l'épée attachée à un ceinturon de corde. Mime inspecte attentivement les lieux; finalement, il examine le fond qui demeurera plongé dans l'obscurité lorsque plus tard, le tertre central sera de plus en plus éclairé par le
50a *soleil; puis il fait signe à Siegfried.*

MIME
Wir sind zur Stelle!
Bleib hier stehn!

MIME
Voilà, nous y sommes!
Arrête-toi!

SIEGFRIED *(setzt sich unter einer großen Linde nieder und schaut sich um)*
Hier soll ich das Fürchten lernen?
Fern hast du mich geleitet :
eine volle Nacht im Walde
selbander wanderten wir.
Nun sollst du, Mime,
mich meiden!
Lern' ich hier nicht,
was ich lernen muß,
allein zieh ich dann weiter :
dich endlich werd ich da los!

SIEGFRIED *(s'assied sous un grand tilleul et regarde autour de lui)*
39 Je vais apprendre la peur ici?
Tu m'as emmené très loin:
nous avons cheminé ensemble
toute une nuit dans les bois.
A présent, Mime,
tu dois me quitter!
Si je n'apprends pas là
ce que je dois savoir,
je continuerai tout seul,
enfin débarrassé de toi!

MIME *(sitzt sich ihm gegenüber, so daß er die Höhle immer noch im Auge behält.)*
Glaube, Liebster,
lernst du heut und hier
das Fürchten nicht,
an andrem Ort,
zu andrer Zeit
schwerlich erfährst du's je.
Siehst du dort
den dunklen Höhlenschlund?
Darin wohnt
ein greulich wilder Wurm :

MIME *(s'assied en face de lui, de manière à pouvoir sans cesse surveiller la caverne)*
Crois-moi, très cher!
Si tu n'apprends pas la peur
ici, aujourd'hui,
tu ne l'éprouveras guère
en un autre lieu,
à un autre moment.
Vois-tu là-bas
le sombre gouffre de la grotte?
Dedans habite
un dragon terrifiant:

unmaßen grimmig
ist er und groß;
ein schrecklicher Rachen
reißt sich ihm auf;
mit Haut und Haar
auf einen Happ
verschlingt der Schlimme dich wohl.

il est énorme
et féroce à l'extrême;
il ouvre toute grande
une gueule effrayante;
d'une seule bouchée,
ce monstre peut
te dévorer tout entier.

SIEGFRIED
Gut ist's, den Schlund ihm zu schließen;
drum biet ich mich nicht dem Gebiß.

SIEGFRIED
Il est bon de lui fermer sa gueule;
ainsi, j'éviterai sa mâchoire.

MIME
Giftig gießt sich
ein Geifer ihm aus :
wen mit des Speichels
Schweiß er bespeit,
dem schwinden wohl Fleisch und Gebein.

MIME
Il répand une bave
empoisonnée:
s'il crache sur quelqu'un
un jet de venin,
c'en est fait de sa chair et ses os.

SIEGFRIED
Daß des Geifers Gift mich nicht sehre,
weich ich zur Seite dem Wurm.

SIEGFRIED
Pour que le venin ne m'atteigne pas,
je me mettrai de côté.

MIME
Ein Schlangenschweif
schlägt sich ihm auf :
wen er damit umschlingt
und fest umschließt,
dem brechen die Glieder wie Glas!

MIME
Il peut dresser une queue de serpent:
celui qu'il enlace
et enserre bien fort,
a les membres brisés comme du verre!

SIEGFRIED
Vor des Schweifes Schwang mich zu wahren,
halt' ich den Argen im Aug'.
Doch heiße mich das :
hat der Wurm ein Herz?

SIEGFRIED
33 Pour parer ses coups de queue,
j'aurai le monstre à l'oeil.
Mais explique-moi,
le dragon a-t-il un coeur?

MIME
Ein grimmiges, hartes Herz!

MIME
Un coeur cruel et dur.

SIEGFRIED
Das sitzt ihm doch,
wo es jedem schlägt,
trag' es Mann oder Tier?

SIEGFRIED
Mais il est placé
là où il bat pour tous,
homme ou animal?

MIME
Gewiß, Knabe,
da führt's auch der Wurm.
Jetzt kommt dir das Fürchten wohl an?

MIME
Bien sûr, mon garçon,
c'est pareil pour lui.
Alors, sens-tu venir la peur?

SIEGFRIED *(bisher nachlässig ausgestreckt, erhebt sich rasch zum Sitz)*
Notung stoß ich
dem Stolzen ins Herz!
Soll das etwa Fürchten heißen?
He, du Alter!
Ist das alles,
was deine List
mich lehren kann?
Fahr deines Weges dann weiter;
das Fürchten lern, ich hier nicht.

SIEGFRIED *(qui était jusqu'alors étendu avec nonchalance, s'assied vivement)*
Je plongerai Notung
dans le coeur de l'arrogant!
C'est cela qu'on nomme la peur?
Eh bien, mon vieux!
Est-ce là tout
ce que ta ruse
peut m'enseigner?
Alors poursuis ton chemin;
je n'apprendrai pas la peur ici.

MIME
Wart es nur ab!
Was ich dir sage,

MIME
Attends un peu!
Tu trouves peut-être

dünke dich tauber Schall :
ihn selber mußt du
hören und sehn,
die Sinne vergehn dir dann schon!
Wenn dein Blick verschwimmt,
der Boden dir schwankt,
im Busen bang
dein Herz erbebt :
(sehr freundlich)
dann dankst du mir, der dich führte,
gedenkst, wie Mime dich liebt.

SIEGFRIED
Du sollst mich nicht lieben!
Sagt' ich dir's nicht?
Fort aus den Augen mir!
Laß mich allein :
sonst halt ich's hier länger nicht aus,
fängst du von Liebe gar an!
Das eklige Nicken
und Augenzwicken,
wann endlich soll ich's
nicht mehr sehn,
wann werd ich den Albernen los?

MIME
Ich laß dich schon.
Am Quell dort lagr' ich mich;
steh du nur hier;
steigt dann die Sonne zur Höh',
merk auf den Wurm :
aus der Höhle wälzt er sich her,
hier vorbei
biegt er dann,
am Brunnen sich zu tränken.

SIEGFRIED *(lachend)*
Mime, weilst du am Quell,
dahin laß ich den Wurm wohl gehn :
Notung stoß ich
ihm erst in die Nieren,
wenn er dich selbst dort
mit weggesoffen.
Darum, hör meinen Rat,
raste nicht dort am Quell;
kehre dich weg,
so weit du kannst,
und komm nie mehr zu mir!

MIME
Nach freislichem Streit
dich zu erfrischen,
wirst du mir wohl nicht wehren?
(Siegfried wehrt ihn heftig ab.)
Rufe mich auch,
darbst du des Rates –
(Siegfried wiederholt die Gebärde mit Ungestüm.)
oder wenn dir das Fürchten gefällt.
(Siegfried erhebt sich und treibt Mime mit wütender Gebärde zum Fortgehen.)

MIME *(im Abgehen für sich)*
Fafner und Siegfried,
Siegfried und Fafner –

que je raconte des blagues:
il faut que tu le voies
et l'entendes toi-même,
39 alors tu en perdras la tête!
Que ta vue se brouille,
que le sol se dérobe,
que ton coeur frémisse
d'angoisse dans ta poitrine:
(très aimable)
et tu me remercieras de t'avoir guidé,
tu penseras à Mime qui t'aime.

SIEGFRIED
Défense de m'aimer!
Ne te l'ai-je pas dit?
Disparais de ma vue!
Laisse-moi seul:
ou je ne me contiens plus,
surtout si tu recommences à parler d'amour!
Ces hochements écoeurants
et ces clignements d'yeux,
quand pourrai-je enfin
ne plus les voir,
et être débarrassé de ce nigaud?

MIME
55a Bon, je te laisse.
Je m'installe près de la source;
toi, attends là;
quand le soleil sera haut,
attention au dragon:
il va ramper hors de son antre,
passer ici,
tourner ensuite
pour aller boire à la source.

SIEGFRIED *(riant)*
Mime, si tu restes à la source,
je laisserai le dragon s'y rendre:
je ne lui plongerai
Notung dans les reins,
que lorsqu'il t'aura
avalé d'un trait.
Alors, suis mon conseil,
ne t'arrête pas à la source;
pars aussi loin
que tu pourras
et ne reviens jamais!

MIME
Après la lutte farouche,
tu ne refuseras pas
que je te rafraîchisse?
(Siegfried le repousse avec violence.)
Et puis, appelle-moi,
s'il te faut un conseil –
(Siegfried réitère son geste avec brusquerie.)
ou bien si la peur te prend.
(Siegfried se lève et, d'un geste furieux, pousse Mime à s'en aller.)

MIME *(à part, en s'éloignant)*
Fafner et Siegfried,
Siegfried et Fafner, –

oh, brächten beide sich um!
(Er verschwindet rechts im Walde.)

SIEGFRIED *(streckt sich behaglich unter der Linde aus und blickt dem davongehenden Mime nach)*
Daß der mein Vater nicht ist,
wie fühl ich mich drob so froh!
Nun erst gefällt mir
der frische Wald;
nun erst lacht mir
der lustige Tag,
da der Garstige von mir schied
und ich gar nicht ihn wiederseh!
(Er verfällt in schweigendes Sinnen.)
Wie sah mein Vater wohl aus?
Ha, gewiß, wie ich selbst!
Denn wär' wo von Mime ein Sohn,
müßt er nicht ganz
Mime gleichen?
Grade so garstig,
griesig und grau,
klein und krumm,
höckrig und hinkend
mit hängenden Ohren,
triefigen Augen –
Fort mit dem Alp!
Ich mag ihn nicht mehr sehn.
(Er lehnt sich tiefer zurück und blickt durch den Baumwipfel auf. Tiefe Stille. Waldweben.)
Aber – wie sah
meine Mutter wohl aus?
Das kann ich
nun gar nicht mir denken!
Der Rehhindin gleich
glänzten gewiß
ihr hellschimmernde Augen,
nur noch viel schöner!
Da bang sie mich geboren,
warum aber starb sie da?
Sterben die Menschenmütter
an ihren Söhnen
alle dahin?
Traurig wäre das, traun!
Ach, möcht' ich Sohn
meine Mutter sehen!
Meine Mutter
ein Menschenweib!
(Er seufzt leise und streckt sich tiefer zurück. Große Stille.Wachsendes Waldweben. Siegfrieds Aufmerksamkeit wird endlich durch den Gesang der Waldvögel gefesselt. Er lauscht mit wachsender Teilnahme einem Waldvogel in den Zweigen über ihm.)
Du holdes Vöglein!
Dich hört' ich noch nie :
bist du im Wald hier daheim?
Verstünd' ich sein süßes Stammeln,
gewiß sagt' es mir was
vielleicht von der lieben Mutter?
Ein zankender Zwerg
hat mir erzählt,
der Vöglein Stammeln
gut zu verstehn,
dazu könnte man kommen.
Wie das wohl möglich wär?

oh, s'ils pouvaient s'entretuer!
(Il disparaît à droite, dans la forêt.)

SIEGFRIED *(s'étend confortablement sous le tilleul et suit*
55b *des yeux Mime qui s'éloigne)*
Il n'est pas mon père
et je m'en réjouis!
La fraîcheur du bois
commence à me plaire;
la joyeuse journée
se met à me sourire,
depuis que cet affreux m'a quitté
et que je ne le reverrai plus!
(Il s'abandonne en silence à sa méditation.)
Comment était donc ton père?
Ah, bien sûr, comme moi-même!
Car si Mime avait un fils,
ne devrait-il pas
lui ressembler?
Tout aussi laid,
blafard et blême,
petit et tordu,
bossu et boiteux,
les oreilles pendantes,
les yeux chassieux, –
au diable le gnome!
Je ne veux plus le voir.
(Il s'allonge davantage et lève les yeux vers la frondaison.
31 *Profond silence. Murmures de la forêt.)*
Mais – comment
était donc ma mère?
Cela je ne puis
vraiment pas l'imaginer!
Pareille à la biche,
elle avait sûrement
des yeux étincelants,
mais bien plus beaux encore!
Quand elle m'enfanta dans l'angoisse,
pourquoi mourut-elle alors?
Les mères des hommes
meurent-elles toutes
par leurs fils?
Cela serait bien triste!
51 Ah, comme le fils
aimerait voir sa mère!
Ma mère –
une femme!
(Il pousse un léger soupir et s'étend davantage. Grand silence. Murmures grandissants de la forêt. L'attention de Siegfried est finalement attirée par le chant des oiseaux de la forêt. Il écoute avec une sympathie croissante un oiseau
16, 8 *dans les branches, au-dessus de lui.)*
Gentil petit oiseau!
Je ne t'ai jamais entendu:
es-tu chez toi dans ce bois?
Si je comprenais son doux gazouillis,
il me parlerait sans doute
de ma mère chérie?
Un nain hargneux
m'a raconté
qu'on pouvait parvenir
à bien comprendre
le gazouillis des oiseaux.
Comment est-ce donc possible?

(Er sinnt nach. Sein Blick fällt auf ein Rohrgebüsch unweit der Linde.)
Hei! ich versuch's,
sing ihm nach :
auf dem Rohr tön ich ihm ähnlich!
Entrat ich der Worte,
achte der Weise,
sing ich so seine Sprache,
versteh ich wohl auch, was er spricht.
(Er springt an den nahen Quell, schneidet mit dem Schwerte ein Rohr ab und schnitzt sich hastig eine Pfeife daraus. Währenddem lauscht er wieder.)
Er schweigt und lauscht :
so schwatz ich denn los!
(Er bläst auf dem Rohr, setzt ab, schnitzt wieder, bessert und bläst wieder. Er schüttelt mit dem Kopfe und bessert nochmals. Erwird ärgerlich, drückt das Rohr mit der Hand und versucht wieder. Schließlich setzt er ganz ab.)
Das tönt nicht recht;
auf dem Rohre taugt
die wonnige Weise mir nicht.
Vöglein, mich dünkt,
ich bleibe dumm :
von dir lernt sich's nicht leicht!
(Er hört den Vogel wieder und blickt zu ihm auf.)
Nun schäm ich mich gar
vor dem schelmischen Lauscher :
er lugt und kann nichts erlauschen.
Heida! So höre
nun auf mein Horn.
(Er schwingt das Rohr und wirft es weit fort.)
Auf dem dummen Rohre
gerät mir nichts
Einer Waldweise,
wie ich sie kann,
der lustigen sollst du nun lauschen .
Nach liebem Gesellen
lockt' ich mit ihr :
nichts Beßres kam noch
als Wolf und Bär.
Nun laß mich sehn,
wen jetzt sie mir lockt :
ob das mir ein lieber Gesell?
(Er nimmt das silberne Hifthorn und bläst darauf. Bei den lang gehaltenen Tönen blickt Siegfried immer erwartungsvoll auf den Vogel. Im Hinter grunde regt es sich. – Fafner, in der Gestalt eines ungeheuren eidechsenartigen Schlangenwurms, hat sich in der Höhle von einem Lager erhoben; er bricht durch das Gesträuch und wälzt sich aus der Tiefe nach der höheren Stelle vor, so daß er mit dem Vorderleibe bereits auf ihr angelangt ist, als er jetzt einen starken gähnenden Laut ausstößt.)

SIEGFRIED *(sieht sich um und heftet den Blick verwundert auf Fafner)*
Haha! Da hätte mein Lied
mir was Liebes erblasen!
Du wärst mir ein saubrer Gesell!

FAFNER *(hat beim Anblick Siegfrieds auf der Höhe angehalten und verweilt nun daselbst.)*
Was ist da?

(Il réfléchit. Son regard tombe sur une touffe de roseaux, non loin du tilleul.)
Eh bien, j'essaie,
je chante comme lui:
sur le pipeau, j'imite ses sons!
Si je me passe des mots
et suis la mélodie,
je chanterai dans sa langue
et comprendrai ce qu'il dit.
(Il court vers la source proche, coupe avec son épée un roseau dans lequel il se taille en hâte un pipeau. Pendant ce temps, il écoute de nouveau.)
Il se tait, il m'écoute:
à moi de bavarder!
(Il souffle dans le chalumeau, s'interrompt, le retaille, l'améliore et souffle à nouveau. Il secoue la tête et l'améliore encore. Irrité, il presse le roseau dans ses doigts et essaie de nouveau. Finalement, il abandonne complètement.)
Cela sonne mal;
le pipeau ne peut rendre
la douce mélodie.
Petit oiseau, je crois
que je resterai sot:
tes leçons ne sont pas faciles!
(Il écoute à nouveau l'oiseau et lève les yeux vers lui.)
Voilà que j'ai honte
devant cet espiègle qui m'écoute:
il guette et ne peut rien saisir.
Allons, entends
donc mon cor.
(Il brandit le chalumeau et le jette au loin.)
Je n'ai rien tiré
de ce stupide roseau.
Maintenant tu vas entendre
une gaie mélodie des bois
comme je sais en jouer.
Je voulais attirer
un gentil compagnon:
mais rien de mieux ne vint
que des loups et des ours.
Voyons aujourd'hui
qui elle va attirer:
si c'est un gentil compagnon?
49 *(Il prend son cor de chasse et se met à en jouer. Sur les*
40 *notes tenues, Siegfried, plein d'espoir, regarde sans cesse*
49 *l'oiseau. Au fond de la scène, on perçoit un mouvement. — Sous l'aspect d'un monstrueux reptile saurien, Fafner a quitté son gîte; se frayant un chemin à travers les buissons, il monte en rampant, des profondeurs vers la plate-forme, de telle sorte que l'avant de son corps y est déjà parvenu, lorsqu'il émet un son puissant proche du bâillement.)*

SIEGFRIED *(se retourne et fixe sur Fafner un regard surpris)*
Tiens, tiens! Mon chant m'a valu
un joli camarade!
Tu ferais un fier compagnon!

FAFNER *(à la vue de Siegfried, s'est arrêté sur la plate-forme et y demeure alors)*
Qu'est-ce que c'est?

SIEGFRIED
Ei, bist du ein Tier,
das zum Sprechen taugt,
wohl ließ sich von dir was lernen?
Hier kennt einer
das Fürchten nicht :
kann er's von dir erfahren?

FAFNER
Hast du Übermut?

SIEGFRIED
Mut oder Übermut,
was weiß ich!
Doch dir fahr ich zu Leibe,
lehrst du das Fürchten mich nicht!

FAFNER *(stößt einen lachenden Laut aus)*
Trinken wollt' ich :
nun treff ich auch Fraß!
(Er öffnet seinen Rachen und zeigt die Zähne.)

SIEGFRIED
Eine zierliche Fresse
zeigst du mir da,
lachende Zähne
im Leckermaul!
Gut wär' es, den Schlund dir zu schließen;
dein Rachen reckt sich zu weit!

FAFNER
Zu tauben Reden
taugt er schlecht :
dich zu verschlingen,
frommt der Schlund.
(Er droht mit dem Schweife.)

SIEGFRIED
Hoho! Du grausam
grimmiger Kerl!
Von dir verdaut sein
dünkt mich übel :
rätlich und fromm doch scheint's.
du verrecktest hier ohne Frist.

FAFNER *(brüllend)*
Pruh! Komm,
prahlendes Kind!

SIEGFRIED
Hab acht, Brüller!
Der Prahler naht!
(Er zieht sein Schwert, springt Fafner an und bleibt herausfordernd stehen. Fafner wälzt sich weiter auf die Höhe **26**
herauf und sprüht aus den Nüstern auf Siegfried. Siegfried **49**
weicht dem Geifer aus, springt näher zu und stellt sich zur **23**
Seite. Fafner sucht ihn mit dem Schweife zu erreichen. **26**
Siegfried, welchen Fafner fast erreicht hat, springt mit einem Satze über diesen hinweg und verwundet ihn an dem Schweife. Fafner brüllt, zieht den Schweif heftig zurück und bäumt den Vorderleib, um mit dessen voller Wucht sich auf Siegfried zu werfen; so bietet er diesem die Brust dar : Siegfried erspäht schnell die Stelle des Herzens und stößt sein Schwert bis an das Heft hinein. Fafner bäumt sich vor

SIEGFRIED
Hé, si tu es une bête
qui sait parler,
peut-être pourras-tu m'instruire?
Voici quelqu'un
qui ignore la peur:
pourra-t-il l'éprouver par toi?

FAFNER
As-tu de l'audace?

SIEGFRIED
Courage ou audace,
je ne sais pas!
Mais je vais t'attaquer,
si tu ne m'enseignes pas la peur!

FAFNER *(émet une sorte de rire)*
Je voulais boire:
et je trouve aussi à manger!
(Il ouvre sa gueule et montre les dents.)

SIEGFRIED
Quel museau charmant
tu me montres là,
des dents rieuses
dans une bouche gourmande!
Il serait bon de te fermer la gueule;
ton gosier me paraît trop ouvert!

FAFNER
Il convient mal
à de vains discours:
ma gueule va servir
à t'engloutir.
(Sa queue s'agite, menaçante.)

SIEGFRIED
Hoho! En voilà un cruel
et féroce gaillard!
Je n'ai nulle envie
que tu me digères:
mais il me semble utile et sage
que tu crèves ici sans tarder.

FAFNER *(rugissant)*
Peuh! Viens,
jeune vantard!

SIEGFRIED
Prends garde, braillard!
Le vantard approche!
(Il tire son épée, bondit vers Fafner et s'arrête dans une attitude provocante. Fafner achève son avance rampante vers la plate-forme et crache par ses naseaux un jet de venin sur Siegfried. Celui-ci évite la bave, fait un bond en avant et se place de côté. Fafner cherche à l'atteindre avec sa queue. Siegfried, que Fafner a failli toucher, saute par dessus le monstre et le blesse à la queue. Fafner pousse un hurlement, ramène vivement sa queue et dresse son buste pour se jeter de tout son poids sur Siegfried; de cette façon, il lui présente sa poitrine: Siegfried repère vite l'emplacement du coeur et y plonge son épée jusqu'à la garde. Fafner se cabre plus encore de douleur, puis s'affaisse sur sa bles-

Schmerz noch höher und sinkt, als Siegfried das Schwert losgelassen und zur Seite gesprungen ist, auf die Wunde zusammen.)
Da lieg, neidischer Kerl :
Notung trägst du im Herzen!

FAFNER *(mit schwächerer Stimme)*
Wer bist du, kühner Knabe,
der das Herz mir traf?
Wer reizte des Kindes Mut
zu der mordlichen Tat?
Dein Hirn brütete nicht,
was du vollbracht.

SIEGFRIED
Viel weiß ich noch nicht,
noch nicht auch, wer ich bin.
Mit dir mordlich zu ringen,
reiztest du selbst meinen Mut.

FAFNER
Du helläugiger Knabe,
unkund deiner selbst,
wen du gemordet,
meld ich dir.
Der Riesen ragend Geschlecht,
Fasolt und Fafner,
die Brüder fielen nun beide.
Um verfluchtes Gold,
von Göttern vergabt,
traf ich Fasolt zu Tod.
Der nun als Wurm
den Hort bewachte,
Fafner, den letzten Riesen,
fällte ein rosiger Held.
Blicke nun hell,
blühender Knabe;
der dich Blinden reizte zur Tat,
berät jetzt des Blühenden Tod!
(Ersterbend)
Merk, wie's endet!
Acht auf mich!

SIEGFRIED
Woher ich stamme,
rate mir noch;
weise ja scheinst du,
Wilder, im Sterben;
rat es nach meinem Namen : –
Siegfried bin ich genannt.

FAFNER
Siegfried... !
(Er seufzt, hebt sich und stirbt.)

SIEGFRIED
Zur Kunde taugt kein Toter.
So leite mich denn
mein lebendes Schwert!
(Fafner hat sich im Sterben zur Seite gewälzt. Siegfried zieht ihm jetzt das Schwert aus der Brust : dabei wird seine Hand vom Blute benetzt : er fährt heftig mit der Hand auf.)
Wie Feuer brennt das Blut!
(Er führt unwillkürlich die Finger zum Munde, um das Blut

sure au moment où Siegfried lâche l'épée et se jette de côté.)
Etale-toi, bête haineuse:
tu as Notung en plein coeur!

FAFNER *(d'une voix plus faible)*
22c Qui es-tu, hardi garçon,
qui m'a frappé au coeur?
Qui incita cet enfant
à commettre ce meurtre?
24, 40 Ton cerveau n'a pas
prémédité cet acte.

SIEGFRIED
J'ignore encore beaucoup,
et même qui je suis.
C'est toi qui m'incita
à te combattre à mort.

FAFNER
Garçon aux yeux clairs,
qui t'ignore toi-même,
je vais t'apprendre
qui tu as tué.
Fasolt et Fafner
de la race altière des géants,
les frères ont péri tous deux.
Pour avoir l'or maudit
dispensé par les dieux,
j'ai mis Fasolt à mort.
Celui qui gardait l'or,
sous la forme d'un dragon,
Fafner, le dernier géant,
un héros naïf l'abattit.
Ouvre donc l'oeil,
jeune et beau garçon;
celui qui t'incita à cet acte aveugle
médite à présent ta mort!
24 *(Expirant)*
Vois comment cela finit!
Fais attention!

SIEGFRIED
Révèle-moi aussi
mon origine;
tu sembles sage,
monstre, en mourant;
découvre-la d'après mon nom:
je me nomme Siegfried.

FAFNER
Siegfried... !
(Il soupire, se lève et meurt.)

SIEGFRIED
On apprend rien d'un mort.
Alors guide-moi donc,
épée pleine de vie!
(En mourant, Fafner a roulé sur le flanc. Siegfried lui arrache alors l'épée de la poitrine; en faisant cela, du sang coule sur sa main qu'il secoue vivement.)
Le sang brûle comme du feu!
55 *(Il porte involontairement les doigts à sa bouche pour en*

von ihnen abzusaugen. Wie er sinnend vor sich hinblickt, wird seine Aufmerksamkeit immer mehr von dem Gesange der Waldvögel angezogen.)
Ist mir doch fast,
als sprächen die Vöglein zu mir!
Nützte mir das
des Blutes Genuß?
Das seltne Vöglein hier,
horch, was singt es mir?

STIMME EINES WALDGVOGELS *(aus den Zweigen der Linde über Siegfried)*
Hei! Siegfried gehört
nun der Niblungen Hort!
O fänd in der Höhle
den Hort er jetzt!
Wollt' er den Tarnhelm gewinnen,
der taugt' ihm zu wonniger Tat :
doch wollt'er den Ring sich erraten,
der macht' ihn zum Walter der Welt!

SIEGFRIED *(hat mit verhaltenem Atem und verzückter Miene gelauscht)*
Dank, liebes Vöglein,
für deinen Rat!
Gern folg' ich dem Ruf!
(Er wendet sich nach hinten und steigt in die Höhle hinab, wo er alsbald gänzlich verschwindet.)

DRITTE SZENE

Mime schleicht scheu umherblickend heran, um sich von Fafners Tod zu überzeugen. – Gleichzeitig kommt von der anderen Seite Alberich, aus dem Geflückt hervor; er beobachtet Mime genau. Als dieser Siegfried nicht mehr gewahrt und vorsichtig sich der Höhle zuwendet, stürzt Alberich auf ihn zu und vertritt ihm den Weg.

ALBERICH
Wohin schleichst du
eilig und schlau,
schlimmer Gesell?

MIME
Verfluchter Bruder,
dich braucht' ich hier!
Was bringt dich her?

ALBERICH
Geizt es dich, Schelm,
nach meinem Gold?
Verlangst du mein Gut?

MIME
Fort von der Stelle!
Die Stätte ist mein :
was stöberst du hier?

ALBERICH
Stör ich dich wohl
im stillen Geschäft,
wenn du hier stiehlst?

8 *sucer le sang. Tandis qu'il regarde devant lui, songeur, son attention est de plus en plus attirée par le chant des oiseaux de la forêt.)*
J'ai l'impression
que les petits oiseaux me parlent!
Est-ce pour avoir
goûté le sang?
Cet étrange petit oiseau,
écoutons, que me chante-il?

LA VOIX DE L'OISEAU DE LA FORÊT *(venant des branches du tilleul, au-dessus de Siegfried)*
Hé! Siegfried possède à présent
le trésor des Nibelungen!
Oh, puisse-t-il trouver
le trésor dans la grotte!
S'il voulait conquérir le heaume,
il accomplirait des exploits merveilleux:
mais s'il devinait le sens de l'anneau,
il deviendrait maître du monde!

SIEGFRIED *(a écouté en retenant son souffle et avec un expression ravie)*
Cher petit oiseau,
merci de ton conseil!
Je suis volontiers ton appel!
(Il se tourne vers le fond et descend dans la grotte où il disparaît aussitôt complètement.)

SCÈNE III

Jetant des regards craintifs autour de lui, Mime s'avance furtivement pour s'assurer que Fafner est bien mort. Au même moment, Alberich sortant de la fissure arrive du côté opposé; il observe Mime attentivement. Dès que celui-ci perd Siegfried de vue, il se dirige prudemment vers la caverne, mais Alberich se précipite vers lui pour lui barrer la route.

ALBERICH
Où te glisses-tu,
vif et rusé,
vilain compère?

MIME
Maudit frère,
pas besoin de toi ici!
Qu'est-ce qui t'amène?

ALBERICH
Convoites-tu
mon or, gredin?
Tu désires mon bien?

MIME
Fiche le camp!
L'endroit est à moi:
qu'as-tu à fureter là?

ALBERICH
Je te dérange
dans tes intrigues,
et en pleine fauche?

MIME
Was ich erschwang
mit schwerer Müh',
soll mir nicht schwinden.

ALBERICH
Hast du dem Rhein
das Gold zum Ringe geraubt?
Erzeugtest du gar
den zähen Zauber im Reif?

MIME
Wer schuf den Tarnhelm,
der die Gestalten tauscht?
Der sein bedurfte,
erdachtest du ihn wohl?

ALBERICH
Was hättest du Stümper
je wohl zu stampfen verstanden?
Der Zauberring
zwang mir den Zwerg erst zur Kunst.

MIME
Wo hast du den Ring?
Dir Zagem entrissen ihn Riesen!
Was du verlorst,
meine List erlangt es für mich.

ALBERICH
Mit des Knaben Tat
will der Knicker nun knausern?
Dir gehört sie gar nicht,
der Helle ist selbst ihr Herr!

MIME
Ich zog ihn auf;
für die Zucht zahlt er mir nun :
für Müh' und Last
erlauert' ich lang meinen Lohn!

ALBERICH
Für des Knaben Zucht
will der knickrige
schäbige Knecht
keck und kühn
wohl gar König nun sein?
Dem räudigsten Hund
wäre der Ring
geratner als dir :
nimmer erringst
du, Rüpel, den Herrscherreif!

MIME *(kratzt sich den Kopf)*
Behalt ihn denn,
und hüt ihn wohl,
den hellen Reif!
Sei du Herr :
doch mich heiße auch Bruder!
Um meines Tarnhelms
lustigenTand
tausch ich ihn dir :
uns beiden taugt's,
teilen die Beute wir so.

MIME
Ce que j'ai acquis
à grand-peine
ne m'échappera pas.

ALBERICH
As-tu volé au Rhin
l'or pour faire l'anneau?
As-tu doté la bague
de son charme tenace?

MIME
Qui fabriqua le heaume
qui change les formes?
Toi qui en avais besoin,
tu l'as donc inventé?

ALBERICH
Propre à rien qu'aurais-tu
jamais su façonner?
C'est l'anneau magique
qui assujettit l'art du nain.

MIME
22c, 47 Où as-tu mis l'anneau?
Poltron, les géants te l'ont ravi!
Ce que tu as perdu,
je l'obtiendrai par la ruse.

ALBERICH
Ce radin veut profiter
de l'exploit du garçon?
Ce n'est nullement le tien,
le héros radieux en est le maître!

MIME
10 Je l'ai élevé;
il va payer cette éducation:
mes peines et mes charges,
j'en guette depuis longtemps le prix!

ALBERICH
Parce qu'il l'a élevé,
voilà que ce valet
pingre et minable
prétend être un roi
fier et hardi?
L'anneau conviendrait mieux
au chien
le plus galeux:
butor, tu n'auras
jamais l'anneau du maître!

MIME *(se gratte la tête)*
Garde-le donc
et veille bien
sur l'anneau brillant!
Sois le maître:
mais traite-moi aussi en frère!
Je te l'échange
contre mon heaume,
ce gai hochet:
pour nous, c'est mieux
de partager ainsi le butin.

(Er reibt sich zutraulich die Hände.)

ALBERICH *(mit Hohnlachen)*
Teilen mit dir?
Und den Tarnhelm gar?
Wie schlau du bist!
Sicher schlief' ich
niemals vor deinen Schlingen!

MIME *(außer sich)*
Selbst nicht tauschen?
Auch nicht teilen?
Leer soll ich gehn?
Ganz ohne Lohn?
(Kreischend)
Gar nichts willst du mir lassen?

ALBERICH
Nichts von allem!
Nicht einen Nagel
sollst du dir nehmen!

MIME *(in höchster Wut)*
Weder Ring noch Tarnhelm
soll dir denn taugen!
Nicht teil ich nun mehr!
Gegen dich doch ruf ich
Siegfried zu Rat
und des Recken Schwert;
der rasche Held,
der richte, Brüderchen, dich!
(Siegfried erscheint im Hintergrunde.)

ALBERICH
Kehre dich um!
Aus der Höhle kommt er daher!

MIME
Kindischen Tand
erkor er gewiß

ALBERICH
Den Tarnhelm hält er!

MIME
Doch auch den Ring!

ALBERICH
Verflucht! Den Ring!

MIME *(hämisch lachend)*
Laß ihn den Ring dir doch geben!
Ich will ihn mir schon gewinnen.
(Er schlüpft in den Wald zurück.)

ALBERICH
Und doch seinem Herrn
soll er allein noch gehören!
(Er verschwindet im Geklüft.)
(Siegfried ist mit Tarnhelm und Ring während des letzteren langsam und sinnend aus der Höhle vorgeschritten : er betrachtet gedankenvoll seine Beute und hält, auf der Höhe des Mittelgrundes wieder an.) 12

(Il se frotte les mains, plein de confiance.)

ALBERICH *(avec un ricanement)*
Partager avec toi?
Et le heaume en plus?
Comme tu es malin!
Dans mon sommeil, je ne serais
jamais à l'abri de tes pièges!

MIME *(hors de lui)*
Même pas échanger?
Ni partager?
Je m'en irais les mains vides?
Sans nul salaire?
(D'une voix grinçante)
Tu ne veux rien me laisser?

ALBERICH
Rien du tout!
Tu n'emporteras
pas un clou!

MIME *(au comble de la fureur)*
Tu n'auras donc
ni heaume, ni anneau!
Je ne partage plus!
Mais je vais faire appel
à Siegfried contre toi,
à son épée de brave.
Que vivement le héros
te liquide, petit frère!
(Siegfried apparaît au fond.)

ALBERICH
Retourne-toi!
Le voilà qui sort de la grotte!

MIME
Il a sûrement choisi
des jouets d'enfant.

ALBERICH
Il tient le heaume!

MIME
Mais aussi l'anneau!

ALBERICH
Malédiction! L'anneau!

MIME *(avec un rire mauvais)*
Fais-toi donc donner l'anneau!
Je saurai bien le conquérir.
(Il repart furtivement dans la forêt.)

ALBERICH
Et pourtant, il n'appartiendra
qu'à son maître seul!
(Il disparaît dans la fissure.)
(Sur ces entrefaites, Siegfried s'est avancé, songeur, à pas lents, hors de la grotte: il considère son butin d'un air pensif et fait halte de nouveau sur le tertre central.)

SIEGFRIED
Was ihr mir nützt,
weiß ich nicht;
doch nahm ich euch
aus des Horts gehäuftem Gold,
weil guter Rat mir es riet.
So taug' eure Zier
als der Tages Zeuge,
es mahne der Tand,
daß ich kämpfend Fafner erlegt,
doch das Fürchten noch nicht gelernt!
(Er steckt den Tarnhelm in den Gürtel und den Reif an den Finger. Stillschweigen. Wachsendes Waldweben. Siegfried achtet wieder des Vogels und lauscht ihm mit verhaltenem Atem.

STIMME DES WALDVOGELS
Hei! Siegfried gehört
nun der Helm und der Ring!
O traute er Mime,
dem treulosen, nicht!
Hörte Siegfried nur scharf
auf des Schelmen Heuchlergered'!
Wie sein Herz es meint,
kann er Mime verstehn :
so nütz' ihm des Blutes Genuß.
(Siegfrieds Miene und Gebärde drücken aus, daß er den Sinn des Vogelgesanges wohl vernommen. Er sieht Mime sich nähern und bleibt, ohne sich zu rühren, auf sein Schwert gestützt, beobachtend in seiner Stellung auf der Anhöhe bis zum Schlusse des folgenden Auftrittes.)

MIME *(schleicht heran und beobachtet vom Vordergrunde aus Siegfried)*
Er sinnt und erwägt
der Beute Wert :
weilte wohl hier
ein weiser Wandrer,
schweifte umher,
beschwatzte das Kind
mit list'ger Runen Rat?
Zwiefach schlau
sei nun der Zwerg :
die listigste Schlinge
leg ich jetzt aus,
daß ich mit traulichem
Truggerede
betöre das trotzige Kind.
(Er tritt näher an Siegfried heran und bewilllkommnet diesen mit schmeichelnden Gebärden.)
Willkommen, Siegfried!
Sag', du Kühner,
hast du das Fürchten gelernt?

SIEGFRIED
Den Lehrer fand ich noch nicht!

MIME
Doch den Schlangenwurm,
du hast ihn erschlagen?
Das war doch ein schlimmer Gesell?

SIEGFRIED
So grimm und tückisch er war;

SIEGFRIED
A quoi servez-vous,
je n'en sais rien;
mais je vous ai pris
parmi l'or amoncelé,
grâce à un bon conseil.
Que votre éclat soit
le témoin de ce jour,
que ce jouet rappelle
que j'ai vaincu Fafner au combat,
mais sans avoir appris la peur!
(Il passe le heaume à sa ceinture et l'anneau à son doigt. Silence. Murmures grandissants de la forêt. Siegfried est de nouveau attentif à l'oiseau et l'écoute en retenant sa respiration.)

LA VOIX DE L'OISEAU DE LA FORÊT
Hé! Siegfried possède à prèsent
le heaume et l'anneau!
Surtout qu'il se méfie
de Mime le perfide!
Que Siegfried écoute bien
les discours hypocrites du gredin!
Il pourra comprendre
le dessein secret de Mime:
goûter le sang sert à cela.
(Les gestes et la physionomie de Siegfried expriment qu'il a bien perçu le sens du chant de l'oiseau. Il voit approcher Mime et l'observe, appuyé sur son épée; il demeurera dans cette position, impassible sur la plate-forme, jusqu'à la fin de la scène qui suit.)

MIME *(s'avance à pas furtifs et observe Siegfried depuis le premier plan)*
Il médite et pèse
la valeur du butin.
Un sage Voyageur
est-il passé par là,
a-t-il rôdé ici,
inspirant à l'enfant
un savoir insidieux?
Le nain va être
deux fois plus malin:
je vais tendre
le plus rusé des pièges,
pour étourdir l'enfant
arrogant par d'aimables
paroles mensongères.
(Il se rapproche de Siegfried et lui adresse la bienvenue par des gestes flatteurs.)
Bienvenue, Siegfried!
Dis-moi, intrépide,
as-tu appris la peur?

SIEGFRIED
Je n'ai pas encore trouvé mon maître!

MIME
Pourtant, ce reptile,
tu l'as abattu?
C'était vraiment une vilaine bête?

SIEGFRIED
Si fourbe et féroce qu'il fût,

sein Tod grämt mich doch schier,
da viel üblere Schächer
unterschlagen noch leben!
Der mich ihn morden hieß,
den haß ich mehr als den Wurm!

MIME *(sehr freundlich)*
Nur sachte! Nicht lange
siehst du mich mehr :
zum ew'gen Schlaf
schließ ich dir die Augen bald!
Wozu ich dich brauchte,
(wie belobend)
hast du vollbracht;
jetzt will ich nur noch
die Beute dir abgewinnen.
Mich dünkt, das soll mir gelingen;
zu betören bist du ja leicht!

SIEGFRIED
So sinnst du auf meinen Schaden?

MIME *(verwundert)*
Wie, sagt' ich denn das?
Siegfried! Hör doch, mein Söhnchen!
Dich und deine Art
haßt' ich immer von Herzen;
(zärtlich)
aus Liebe erzog ich
dich Lästigen nicht :
dem Horte in Fafners Hut,
dem Golde galt meine Müh'.
(Als verspräche er ihm hübsche Sachen.)
Gibst du mir das
gutwillig nun nicht –
(als wäre er bereit, sein Leben für ihn zu lassen.)
Siegfried, mein Sohn,
das siehst du wohl selbst,
(mit freundlichem Scherze)
dein Leben mußt du mir lassen!

SIEGFRIED
Daß du mich hassest,
hör ich gern :
doch auch mein Leben muß ich dir lassen?

MIME *(ärgerlich)*
Das sagt' ich doch nicht?
Du verstehst mich ja falsch!
(Er sucht sein Fläschchen hervor und gibt sich die ersichtlichste Mühe zur Verstellung.)
Sieh, du bist müde
von harter Müh';
brünstig wohl brennt dir der Leib :
dich zu erquicken
mit queckem Trank
säumt' ich Sorgender nicht.
Als dein Schwert du dir branntest,
braut' ich den Sud;
trinkst du nun den,
gewinn ich dein trautes Schwert
und mit ihm Helm und Hort.
(Er kichert dazu.)

sa mort me chagrine plutôt,
car maints larrons pires que lui
sont encore en vie!
Celui qui m'ordonna de tuer,
je le hais plus que ce dragon!

MIME *(très aimable)*
Tout doux! tu ne me verras
plus bien longtemps:
je vais fermer tes yeux
pour l'éternel sommeil!
J'avais besoin de toi
(sur un ton louangeur)
pour cet exploit;
maintenant je veux seulement
te prendre le butin.
Je devrais réussir, je crois,
tu es si facile à duper!

SIEGFRIED
Ainsi tu songes à me nuire?

MIME *(étonné)*
Quoi, j'ai donc dit cela?
Siegfried! Ecoute, mon fiston!
toi et ton espèce,
je vous ai toujours haïs de tout coeur;
(avec tendresse)
Toi, le gêneur, je ne t'ai pas
élevé par amour:
mes efforts tendaient vers l'or,
vers le trésor que gardait Fafner.
(Comme s'il lui faisait de belles promesses)
Si tu ne me le donnes
pas de bon gré –
(comme s'il était prêt à donner sa vie pour lui)
Siegfried, mon fils,
tu le vois toi-même,
(comme une aimable plaisanterie)
tu dois me donner ta vie!

SIEGFRIED
J'aime entendre
que tu me hais:
mais je dois en plus te donner ma vie?

MIME *(irrité)*
Je n'ai pas dit cela!
Tu me comprends mal!
(Il sort son petit flacon et se donne toutes les peines du monde pour dissimuler.)
Vois, tu es fatigué
d'un rude effort;
ton corps doit être tout brûlant:
pour te rafraîchir,
j'ai bien pris soin
de te préparer ce cordial.
Pendant que tu fondais ton fer,
j'ai brassé ce bouillon;
si tu le bois maintenant,
j'aurai ta chère épée,
et avec elle, heaume et trésor.
(En disant cela, il rit sous cape.)

SIEGFRIED
So willst du mein Schwert
und was ich erschwungen,
Ring und Beute, mir rauben?

MIME *(heftig)*
Was du noch falsch mich verstehst!
Stamml' ich, fasl' ich wohl gar?
Die größe Mühe
geb ich mir doch,
mein heimliches Sinnen
heuchelnd zu bergen,
und du dummer Bube
deutest alles doch falsch!
Öffne die Ohren
und vernimm genau :
Höre, was Mime meint!
(Wieder sehr freundlich, mit ersichtlicher Mühe.)
Hier nimm und trinke dir Labung!
Mein Trank labte dich oft :
tatst du auch unwirsch,
stelltest dich arg :
was ich dir bot,
erbost auch, nahmst du noch immer.

SIEGFRIED *(ohne eine Miene zu verziehen)*
Einen guten Trank
hätt' ich gern :
wie hast du diesen gebraut?

MIME *(lustig scherzend, als schildere er ihm einen angenehm berauschten Zustand, den ihm der Saft bereiten soll)*
Hei! So trink nur,
trau meiner Kunst!
In Nacht und Nebel
sinken die Sinne dir bald :
ohne Wach' und Wissen
stracks streckst du die Glieder.
Liegst du nun da,
leicht könnt' ich
die Beute nehmen und bergen :
doch erwachtest du je,
nirgends wär' ich
sicher vor dir,
hätt' ich selbst auch den Ring.
Drum mit dem Schwert,
das so scharf du schufst,
(mit einer Gebärde ausgelassener Lustigkeit)
hau ich dem Kind
den Kopf erst ab :
dann hab ich mir Ruh' und auch den Ring!
(Er kichert wieder.)

SIEGFRIED
Im Schlafe willst du mich morden?

MIME *(wütend ärgerlich)*
Was möcht' ich? Sagt' ich denn das?
(Er bemüht sich, den zärtlichsten Ton anzunehmen.)
Ich will dem Kind
(mit sorglichster Deutlichkeit)
nur den Kopf abhaun!
(Mit dem Ausdruck herzlicher Besorgtheit für Siegfrieds Gesundheit.)

SIEGFRIED
Ainsi, tu veux me ravir
mon épée et mes conquêtes:
l'anneau et le butin?

MIME *(avec véhémence)*
Comme tu me comprends mal!
Je bredouille et divague?
Je me donne pourtant
la plus grande peine
pour dissimuler
mon dessein secret,
et toi, stupide gamin,
tu interprètes tout de travers!
Ouvre tes oreilles
et comprends-moi bien:
écoute ce que Mime veut dire!
(Faisant un effort visible pour être de nouveau très amical)
Allons, prends ce rafraîchissement!
Mes breuvages t'ont souvent réconforté:
même avec humeur
et en te fâchant,
même avec colère,
tu as toujours pris ce que je t'offrais.

SIEGFRIED *(avec un visage impassible)*
J'aimerais bien
une bonne boisson:
comment as-tu fait celle-ci?

MIME *(plaisantant gaiement, comme s'il lui décrivait l'effet d'ivresse agréable que provoquera le breuvage)*
Allons! Bois donc,
fie-toi à mon art!
Tes sens vont sombrer
dans la nuit et le brouillard:
sans réveil ni conscience,
tes membres se raidiront.
Quand tu seras étendu,
je pourrai sans peine
prendre et cacher le butin:
mais si tu t'éveillais,
nulle part je ne serais
en sûreté devant toi,
même en ayant l'anneau.
Donc avec l'épée
que tu fis si tranchante,
(avec des gestes de gaieté débridée)
je vais d'abord couper
la tête de l'enfant:
alors j'aurai la paix et l'anneau aussi!
(Il rit de nouveau sous cape.)

SIEGFRIED
Tu veux me tuer dans mon sommeil?

MIME *(furieux et irrité)*
Je voudrais quoi? Ai-je dit cela?
(Il s'efforce de prendre un ton très tendre.)
Je veux seulement couper
(aussi distinctement que possible)
la tête de l'enfant!
(Avec l'expression d'une cordiale sollicitude pour la santé de Siegfried.)

Denn haßte ich dich
auch nicht so sehr,
und hätt' ich des Schimpfs
und der schändlichen Mühe
auch nicht so viel zu rächen :
(sanft)
aus dem Wege dich zu räumen,
darf ich doch nicht rasten :
Wie käm' ich sonst anders zur Beute,
da Alberich auch nach ihr lugt?
(Er gießt den Saft in das Trinkhorn und führt dieses Siegfried mit aufdringlicher Gebärde zu.)
Nun, mein Wälsung,
Wolfssohn du!
Sauf und würg dich zu Tod :
nie tust du mehr'nen Schluck!
Hihihihi!
(Siegfried holt mit dem Schwert aus. Er führt, wie in einer Anwandlung heftigen Ekels, einen jähen Streich nach Mime; dieser stürzt sogleich tot zu Boden.)

SIEGFRIED
Schmeck du mein Schwert,
ekliger Schwätzer!
(Auf den am Boden Liegenden blickend, hängt er ruhig sein Schwert wieder ein.)

ALBERICH STIMME *(hohnlachend aus dem Geklüft)*

Haha! Haha! Haha!

SIEGFRIED
Neides Zoll
zahlt Notung :
dazu durft' ich ihn schmieden.
(Er rafft Mimes Leichnam auf, trägt ihn auf die Anhöhe vor den Eingang der Höhle und wirft ihn dort hineim.)
In der Höhle hier
lieg auf dem Hort!
Mit zäher List
erzieltest du ihn :
jetzt magst du des wonnigen walten!
Einen guten Wächter
geb ich dir auch,
daß er vor Dieben dich deckt.
(Er wälzt mit großer Anstrengung den Leichnam des Wurmes vor den Eingang der Höhle, so daß er diesen ganz damit verstopft.)
Da lieg auch du,
dunkler Wurm!
Den gleißenden Hort
hüte zugleich
mit dem beuterührigen Feind :
So fandet beide ihr nun Ruh'!
(Er blickt eine Weile sinnend in die Höhle hinab und wendet sich dann langsam, wie ermüdet, in den Vordergrund. Er führt sich die Hand über die Stirn.)
Heiß ward mir
von der harten Last!
Brausend jagt
mein brünst'ges Blut;
die Hand brennt mir am Haupt.
Hoch steht schon die Sonne :
aus lichtem Blau

Car même si je ne te haïssais
pas autant
et si je n'avais pas à venger
tant d'injures
et de peines outrageantes,
(avec douceur)
je ne dois pas tarder
à te faire disparaître:
sinon comment aurais-je le butin
que guigne aussi Alberich?
(Il verse le breuvage dans la corne à boire et le tend à Siegfried avec un geste insistant.)
Allons, mon Wälsung,
toi, Fils-de-loup!
Bois ça et étrangle-toi:
c'est ta dernière gorgée!
Hihihihi!
(Siegfried lève son épée. Comme dans un accès de violent dégoût, il porte un coup brutal à Mime; celui-ci tombe aussitôt mort à terre.)

SIEGFRIED
Déguste mon épée,
bavard infect!
(Regardant le corps étendu sur le sol, il replace tranquillement l'épée à son ceinturon.)

LA VOIX D'ALBERICH *(dans un ricanement venant de la fissure)*
Haha! Haha! Haha!

SIEGFRIED
Notung fait
payer l'envie:
24 c'est pourquoi je l'ai forgée.
(Il ramasse le cadavre de Mime, le porte jusqu'à la plateforme devant l'entrée de la grotte et le jette à l'intérieur.)
Là, dans la grotte,
repose sur le trésor!
Tu as rusé sans cesse
pour l'obtenir:
puisses-tu en jouir à présent!
Je te donne aussi
un bon gardien
pour te protéger des voleurs.
(A grand peine, il fait rouler le cadavre du dragon jusqu'à la caverne dont l'entrée se trouve ainsi totalement obstruée.)
Repose là aussi,
sombre dragon!
Sois le gardien
du trésor étincelant,
avec ton ennemi avide:
dormez ainsi tous deux en paix!
(Songeur, il regarde un instant, vers l'intérieur de la caverne et, comme fatigué, il se dirige lentement vers le premier plan. Il passe la main sur son front.)
Ce dur labeur
m'a donné chaud!
Mon sang ardent
bouillonne en moi;
mon front me brûle la main.
Le soleil est déjà haut:
dans le ciel bleu,

blickt ihr Aug'
auf den Scheitel steil mir herab. -
Linde Kühlung
erkies ich unter der Linde!
(Er streckt sich unter der Linde aus und blickt wieder durc h die Zweige hinauf.)
Noch einmal, liebes Vöglein,
da wir so lang
lästig gestört,
lauscht' ich gerne deinem Sange :
auf dem Zweige seh ich
wohlig dich wiegen;
zwitschernd umschwirren
dich Brüder und Schwestern,
umschweben dich lustig und lieb!
Doch ich – bin so allein,
hab' nicht Brüder noch Schwestern :
Meine Mutter schwand,
mein Vater fiel :
nie sah sie der Sohn!
Mein einziger Gesell
war ein garstiger Zwerg;
Güte zwang
(warm)
uns nie zu Liebe;
listige Schlingen
warf mir der Schlaue;
nun mußt' ich ihn gar erschlagen!
(Er blickt schmerzlich bewegt wieder nach den Zweigen auf.)
Freundliches Vöglein,
dich frage ich nun :
gönntest du mir
wohl ein gut Gesell?
Willst du mir das Rechte raten?
Ich lockte so oft
und erlost' es mir nie :
Du, mein Trauter,
träfst es wohl besser,
so recht ja rietest du schon.
Nun sing! Ich lausche dem Gesang.

STIMME DES WALDVOGELS
Hei! Siegfried erschlug
nun den schlimmen Zwerg!
Jetzt wüßt ich ihm noch
das herrlichste Weib :
auf hohem Felsen sie schläft,
Feuer umbrennt ihren Saal :
Durchschritt' er die Brunst,
weckt' er die Braut,
Brünnhilde wäre dann sein!

SIEGFRIED *(fährt mit jäher Heftigkeit vom Sitze auf.)*
O holder Sang!
Süßester Hauch!
Wie brennt sein Sinn
mir sehrend die Brust!
Wie zückt er heftig
zündend mein Herz!
Was jagt mir so jach
durch Herz und Sinne?
Sag es mir, süßer Freund!

il darde ses rayons
à l'aplomb de ma tête.
Sous le tilleul,
cherchons une douce fraîcheur!
(Il s'étend sous le tilleul et lève à nouveau les yeux vers les branches.)
Encore une fois, cher oiselet,
après ces tracas
longs et fâcheux,
j'aimerais écouter ton chant:
je te vois te bercer
gaiement sur la branche;
des frères et des soeurs
t'entourent en gazouillant,
tendres et gais, ils volent à la ronde!
Mais moi – je suis si seul,
je n'ai ni frères, ni soeurs:
ma mère est morte,
mon père a péri:
leur fils ne les a jamais vus!
Mon unique compagnon
fut un nain répugnant;
entre nous nulle bonté,
(avec chaleur)
l'amour ne put naître;
ce rusé me tendit
des pièges perfides;
il fallut même que je l'abatte;
55 *(Il regarde à nouveau vers les branches, plein d'une émotion douloureuse.)*
Aimable oiselet,
je te demande donc:
m'accorderais-tu
un bon compagnon?
Veux-tu m'être de bon conseil?
J'ai si souvent tenté,
sans jamais réussir:
toi, mon ami,
tu le trouverais mieux,
tu m'as déjà bien conseillé.
Oh, chante! J'écoute ton ramage.

LA VOIX DE L'OISEAU DE LA FORÊT
8 Hé! Siegfried a tué
le méchant nain!
Pour lui, je connais
la plus splendide des femmes:
elle dort sur un haut rocher,
un feu entoure son séjour:
s'il franchit le brasier,
éveille la fiancée,
Brünnhilde sera sienne!

SIEGFRIED *(se met debout avec une soudaine vivacité)*
Chant délicieux!
Souffle très doux!
Comme ces mots brûlent,
dévorent mon âme!
Comme ils font frémir,
s'embraser mon coeur!
Qu'est-ce qui s'empare soudain
de mon coeur, de mes sens?
Dis-le moi, doux ami!

STIMME DES WALDVOGELS
Lustig im Leid
sing ich von Liebe;
wonnig aus Weh
web ich mein Lied :
nur Sehnende kennen den Sinn!

LA VOIX DE L'OISEAU DE LA FORÊT
Joyeux dans la peine,
je chante l'amour;
ma chanson charmante
naît de la douleur:
seuls ceux qui désirent
la comprennent!

SIEGFRIED
Fort jagt mich's
jauchzend von hinnen,
fort aus dem Wald auf den Fels!
Noch einmal sage mir,
holder Sänger :
werd ich das Feuer durchbrechen?
Kann ich erwecken die Braut?

SIEGFRIED
En avant,
l'allégresse me pousse
hors du bois, vers le rocher!
Encore une fois, dis-moi,
gentil chanteur:
40 traverserai-je le feu?
Saurai-je éveiller la vierge?

STIMME DES WALDVOGELS
Die Braut gewinnt,
Brünnhilde erweckt
ein Feiger nie :
nur wer das Fürchten nicht kennt!

LA VOIX DE L'OISEAU DE LA FORÊT
55, 20 Jamais un lâche
ne conquerra la vierge:
seul celui qui ignore la peur
éveillera Brünnhilde!

SIEGFRIED *(lacht auf vor Entzücken)*
Der dumme Knab',
der das Fürchten nicht kennt,
mein Vöglein, der bin ja ich!
Noch heute gab ich
vergebens mir Müh',
das Fürchten von Fafner zu lernen :
nun brenn ich vor Lust,
es von Brünnhild' zu wissen!
Wie find ich zum Felsen den Weg?
(Der Vogel flattert auf, kreist über Siegfried und fliegt ihm zögernd voran.)

SIEGFRIED *(rit de ravissement)*
Le sot garçon
qui ignore la peur,
mon petit oiseau, c'est moi!
Aujourd'hui encore,
j'ai tenté en vain
d'apprendre la peur avec Fafner:
je brûle donc d'envie,
de la connaître par Brünnhilde!
Comment trouver le chemin du rocher?
(L'oiseau s'envole, tournoie au-dessus de Siegfried et le précède, d'un vol indécis.)

SIEGFRIED *(jauchzend)*
So wird mir der Weg gewiesen :
wohin du flatterst,
folgt' ich dic nach!
(Er läuft dem Vogel, der ihn neckend eine Zeitlang nach verschiedenen Richtungen hinleitet, nach und folgt ihm endlich, als dieser mit einer bestimmten Wendung nach dem Hintergrunde davonfliegt. Der Vorhang fällt.)

SIEGFRIED *(plein d'allégresse)*
Ainsi on me montre le chemin:
là où tu voltiges,
je te suivrai!
(Il court à la suite de l'oiseau qui, durant quelque temps, le taquine en le menant dans différentes directions; finalement, il le suit quand celui-ci, d'un coup d'aile résolu, s'envole vers le fond. Le rideau tombe.)

Orchestervorspiel

DRITTER AUFZUG

Wilde Gegend am Fuße eines Felsenberges, welcher links nach hinten steil aufsteigt. Nacht, Sturm und Wetter, Blitz und heftiger Donner, welcher letztere dann schweigt, während Blitze noch längere Zeit die Wolken durchkreuzen.

Prélude orchestral

TROISIÈME ACTE

Région sauvage au pied d'une montagne rocheuse, qui s'élève en pente abrupte, au fond à gauche. Il fait nuit. Tempête et ouragan, éclairs et violents coups de tonnerre. Ceux-ci finissent par s'apaiser, tandis que les éclairs sillonnent les nuages encore un certain temps.

ERSTER SZENE

WANDERER *(schreitet entschlossen auf ein gruftähnliches Höhlentor in einem Felsen des Vordergrundes zu und nimmt dort, auf seinen Speer gestützt, eine Stellung ein, während er das Folgende dem Eingange der Höhle zuruft)*
Wache, Wala!
Wala, erwach!

SCÈNE I

37
15
LE VOYAGEUR *(s'avance vers l'entrée d'une sorte de crypte creusée dans un rocher, au premier plan et demeure posté là, appuyé sur sa lance, tandis qu'il appelle vers l'intérieur de la caverne)*
Éveille-toi, Wala!
Wala, éveille-toi!

Aus langem Schlaf
weck ich dich Schlummernde auf.
Ich rufe dich auf:
Herauf! Herauf!
Aus nebliger Gruft,
aus nächtigem Grunde herauf!
Erda! Erda!
Ewiges Weib!
Aus heimischer Tiefe
tauche zur Höh'!
Dein Wecklied sing ich,
daß du erwachest;
aus sinnendem Schlafe
weck ich dich auf.
Allwissende!
Urweltweise!
Erda! Erda!
Ewiges Weib!
Wache, erwache,
du Wala! Erwache!

(Die Höhlengruft erdämmert. Bläulicher Lichtschein: von ihm beleuchtet steigt Erda allmählich aus der Tiefe auf. Sie erscheint wie von Reif bedeckt; Haar und Gewand werfen einen glitzernden Schimmer von sich.)

ERDA
Stark ruft das Lied;
kräftig reizt der Zauber.
Ich bin erwacht
aus wissendem Schlaf.
Wer scheucht den Schlummer mir?

WANDERER
Der Weckrufer bin ich
und Weisen üb' ich,
daß weithin wache,
was fester Schlaf verschließt.
Die Welt durchzog ich,
wanderte viel,
Kunde zu werben,
urweisen Rat zu gewinnen.
Kundiger gibt es
keine als dich;
bekannt ist dir,
was die Tiefe birgt,
was Berg und Tal,
Luft und Wasser durchwebt.
Wo Wesen sind,
wehet dein Atem;
wo Hirne sinnen,
haftet dein Sinn:
alles sagt man,
sei dir bekannt.
Daß ich nun Kunde gewänne,
weck' ich dich aus dem Schlaf!

ERDA
Mein Schlaf ist Träumen,
mein Träumen Sinnen,
mein Sinnen Walten des Wissens.
Doch wenn ich schlafe,
wachen Nornen:
sie weben das Seil
und spinnen fromm, was ich weiß.

Toi qui dormais,
je t'éveille d'un long sommeil.
Entends mon appel:
Viens, monte! Viens, monte!
Sors de ta crypte brumeuse,
de l'abîme nocturne!
2 Erda! Erda!
Femme éternelle!
Des profondeurs, ton séjour,
surgis vers les hauteurs!
Je chante l'incantation
qui te réveille;
je t'arrache
à ton sommeil méditatif.
Omnisciente!
Sagesse des origines!
Femme éternelle!
Debout, réveille-toi!
Wala! Réveille-toi!

15 *(A l'intérieur de la crypte, apparaît une vague clarté. Dans*
37 *une lueur bleuâtre qui l'éclaire, Erda émerge lentement des profondeurs. Elle semble couverte de givre; sa chevelure et ses vêtements sont tout scintillants.)*

ERDA
2 L'appel est fort;
le charme est puissant.
Je me réveille
d'un sommeil conscient.
Qui chasse ma torpeur?

LE VOYAGEUR
Je suis l'éveilleur
et je sais des chants
qui font veiller partout
les êtres plongés dans un lourd sommeil.
J'ai parcouru le monde,
j'ai beaucoup voyagé
pour acquérir le savoir
et les conseils de l'antique sagesse.
Nul au monde n'en sait
plus que toi;
tu connais
ce que l'abîme recèle
et tout ce qui anime
les monts et les vallées, l'air et l'eau.
Là où il y a de la vie,
ton souffle passe;
là où l'on pense,
ton esprit est présent:
on dit que tu as
toute la connaissance.
15 C'est pour acquérir le savoir
que je t'arrache au sommeil!

ERDA
43 Mon sommeil est songe,
mon songe est pensée,
ma pensée, maîtrise du savoir.
Mais quand je dors,
les Nornes veillent:
elles tissent la corde
et filent, dociles, ce que je sais.

Was fragst du nicht die Nornen?

WANDERER
Im Zwange der Welt
weben die Nornen:
sie können nichts wenden noch wandeln.
Doch deiner Weisheit
dankt' ich den Rat wohl,
wie zu hemmen ein rollendes Rad?

ERDA
Männertaten
umdämmern mir den Mut:
mich Wissende selbst
bezwang ein Waltender einst.
Ein Wunschmädchen
gebar ich Wotan:
der Helden Wal
hieß für sich er sie küren.
Kühn ist sie
und weise auch:
was weckst du mich
und fragst um Kunde
nicht Erdas und Wotans Kind?

WANDERER
Die Walküre meinst du,
Brünnhild', die Maid?
Sie trotzte dem Stürmebezwinger:
wo er am stärksten selbst sich bezwang.
Was den Lenker der Schlacht
zu tun verlangte,
doch dem er wehrte
- zuwider sich selbst,
allzu vertraut
wagte die Trotzige
das für sich zu vollbringen,
Brünnhild in brennender Schlacht.
Streitvater
strafte die Maid:
in ihr Aug drückte er Schlaf;
auf dem Felsen schläft sie fest.
Erwachen wird
die Weihliche nur,
um einen Mann zu minnen als Weib.
Frommten mir Fragen an sie?

ERDA *(ist im Sinnen versunken und beginnt erst nach längerem Schweigen)*
Wirr wird mir,
seit ich erwacht:
wild und kraus
kreist die Welt!
Die Walküre,
der Wala Kind,
büßt' in Banden des Schlafs,
als die wissende Mutter schlief?
Der den Trotz lehrte,
straft den Trotz?
Der die Tat entzündet,
zürnt um die Tat?
Der die Rechte wahrt,
der die Eide hütet,
wehret dem Recht,

Pourquoi ne pas questionner les Nornes?

LE VOYAGEUR
Les Nornes tissent,
soumises au monde:
elles ne peuvent rien dévier ni changer.
Mais j'aimerais
que ta sagesse me dise
comment arrêter une roue qui tourne?

ERDA
2 Les actes des hommes
obscurcissent mon âme:
moi qui sais,
un maître m'a jadis soumise.
J'ai conçu de Wotan
une fille de rêve:
il lui ordonnait de choisir
pour lui des héros au combat.
39 Elle est vaillante
et sage aussi:
37 pourquoi m'éveiller
et ne pas interroger
le fille d'Erda et de Wotan?

LE VOYAGEUR
Tu veux dire la Walkyrie,
Brünnhilde, la vierge?
Elle a défié le maître des tempêtes,
là où il se maîtrisait le plus.
Ce que le chef des batailles
aspirait à faire,
mais qu'il s'interdisait
malgré son désir,
Brünnhilde, la rebelle,
trop informée, osa
l'accomplir pour elle-même,
36 au cours d'une lutte ardente.
Le père des combats
châtia la vierge:
il l'enferma dans le sommeil;
sur le roc, elle dort profondément.
L'enfant divine,
devenue femme,
ne s'éveillera que pour aimer un homme.
46 A quoi bon lui poser des questions?

ERDA *(plongée dans sa méditation, ne reprend qu'après un long silence)*
Depuis mon réveil,
je suis troublée:
le monde tourne,
confus et agité!
La Walkyrie ..
fille de Wala,
expiait en proie au sommeil,
tandis que sa sage mère dormait?
Celui qui apprit à défier,
punit le défi?
Celui qui incite à l'exploit
s'irrite de l'exploit?
Le protecteur du droit,
le gardien des serments,
s'oppose au droit

herrscht durch Meineid?
Laß mich wieder hinab!
Schlaf verschließe mein Wissen!

WANDERER
Dich, Mutter, laß ich nicht ziehn,
da des Zaubers mächtig ich bin.
Urwissend
stachest du einst
der Sorge Stachel
in Wotans wagendes Herz:
mit Furcht vor schmachvoll
feindlichem Ende
füllt' ihn dein Wissen,
daß Bangen band seinen Mut.
Bist du der Welt
weisestes Weib,
sage mir nun:
wie besiegt die Sorge der Gott?

ERDA
Du bist – nicht,
was du dich nennst!
Was kamst du, störrischer Wilder,
zu stören der Wala Schlaf?

WANDERER
Du bist – nicht,
was du dich wähnst!
Urmütter-Weisheit
geht zu Ende:
dein Wissen verweht
vor meinem Willen.
Weißt du, was Wotan will?
(Langes Schweigen.)
Dir Unweisen
ruf ich's ins Ohr,
daß sorglos ewig du nun schläfst!
Um der Götter Ende
grämt mich die Angst nicht,
seit mein Wunsch es will!
Was in des Zwiespalts wildem Schmerze
verzweifelnd einst ich beschloß,
froh und freudig
führe frei ich nun aus.
Weiht' ich in wütendem Ekel
des Niblungen Neid schon die Welt,
dem herzlichsten Wälsung
weis ich mein Erbe nun an.
Der von mir erkoren,
doch nie mich gekannt,
ein kühnester Knabe,
bar meines Rates,
errang des Niblungen Ring.
Liebesfroh,
ledig des Neides,
erlahmt an dem Edlen
Alberichs Fluch;
denn fremd bleibt ihm die Furcht.
Die du mir gebarst,
Brünnhild,
weckt sich hold der Held:
wachend wirkt
dein wissendes Kind

et règne par le parjure?
Laisse-moi redescendre!
43 Que le sommeil ensevelisse mon savoir!

LE VOYAGEUR
O mère, tu ne partiras pas,
car je suis maître du charme.
Par ton savoir,
tu plantas jadis
l'aiguillon du souci
dans le coeur hardi de Wotan:
ta science fit naître
la peur d'une fin
honteuse et cruelle,
et la crainte envahit son âme.
Si tu es la femme
la plus sage du monde,
dis-moi donc
comment le dieu peut vaincre l'angoisse?

ERDA
Tu n'es – pas
ce que tu prétends être!
Barbare entêté, que viens-tu
troubler le sommeil de Wala?

LE VOYAGEUR
Tu n'es – pas
ce que tu crois être!
La sagesse des mères
touche à sa fin:
ton savoir s'efface
devant mon vouloir.
Sais-tu ce que Wotan veut?
2, 6 *(Long silence.)*
A toi, l'ignorante,
je te le dis à l'oreille,
pour que tu dormes pour toujours en paix!
La fin des dieux
ne m'angoisse pas,
depuis que je la veux!
Ce que je décidai par désespoir,
jadis déchiré par une violente douleur,
je l'accomplis
librement, dans la joie.
56 Si, en proie au dégoût, j'ai voué
le monde à la haine du Nibelung,
je lègue aujourd'hui mon héritage
au sublime Wälsung.
Celui que j'ai élu,
ne m'a jamais connu;
garçon très audacieux,
privé de mes conseils,
il a conquis l'anneau.
Heureux d'aimer,
dépourvu de haine,
ce noble cœur rend vaine
la malédiction d'Alberich,
car la peur lui est inconnue.
Le héros va éveiller tendrement
Brünnhilde,
que tu conçus de moi:
en toute conscience,
ta sage fille accomplira

erlösende Weltentat.
Drum schlafe nun du,
schließe dein Auge;
träumend erschau mein Ende!
Was jene auch wirken,
dem ewig Jungen
weicht in Wonne der Gott.
Hinab denn, Erda!
Urmütterfurcht!
Ursorge!
Hinab! Hinab
zu ew'gem Schlaf!
(Nachdem Erda bereits die Augen geschlossen hat und allmählich tiefer gesunken ist, verschwindet sie jetzt gänzlich; auch die Höhle ist wiederum durchaus verfinstert. Monddämmerung erhellt die Bühne; der Sturm hat aufgehört.)

l'acte rédempteur du monde.
Aussi endors-toi,
ferme tes yeux;
vois ma fin dans ton rêve!
Quoi qu'ils fassent tous deux,
le dieu, ravi, cède la place
à la jeunesse éternelle.
Descends donc, Erda!
Crainte originelle!
Source d'inquiétude!
Descends! Sombre dans
le sommeil éternel!
(Erda, qui avait déjà fermé les yeux et commencé à s'enfoncer peu à peu, disparaît alors totalement; la caverne est redevenue tout à fait sombre. Un pâle clair de lune éclaire la scène; la tempête a cessé.)

ZWEITE SZENE

Der Wanderer ist dicht an die Höhle getreten und lehnt sich dann mit dem Rücken an das Gestein derselben, das Gesicht der Szene zugewandt.

WANDERER
Dort seh ich Siegfried nahn.
(Er verbleibt in seiner Stellung an der Höhle. Siegfrieds Waldvogel flattert dem Vordergrunde zu, Plötzlich hält der Vogel in seiner Richtung ein, flattert ängstlich hin und her und verschwindet hastig dem Hintergrunde zu.)

SIEGFRIED *(tritt rechts im Vordergrunde auf und hält an)*

Mein Vöglein schwebte mir fort!
Mit flatterndem Flug
und süßem Sang
wies es mich wonnig des Wegs:
nun schwand es fern mir davon!
Am besten find ich mir
selbst nun den Berg.
Wohin mein Führer mich wies,
dahin wandr' ich jetzt fort.
(Er schreitet weiter nach hinten.)

WANDERER *(immer in seiner Stellung verbleiberd)*

Wohin, Knabe,
heißt dich dein Weg?

SIEGFRIED *(hält an und wendet sich um)*
Da redet's ja;
wohl rät das mir den Weg.
(Er tritt dem Wanderer näher.)
Einen Felsen such ich,
von Feuer ist der umwabert:
Dort schläft ein Weib,
das ich wecken will.

WANDERER
Wer sagt' es dir,
den Fels zu suchen?
Wer, nach der Frau dich zu sehnen?

SCÈNE II

Le Voyageur s'est avancé jusqu'à la caverne et s'adosse au rocher, le visage tourné vers la scène.

LE VOYAGEUR
Je vois venir Siegfried.
(Il demeure dans cette position près de la caverne. L'oiseau de Siegfried vole vers le premier plan. Soudain, il change de direction; inquiet, il volète de-ci de-là et disparaît en hâte vers le fond.)

SIEGFRIED *(entre par le premier plan, à droite et s'arrête.)*
Mon oiselet a disparu!
Il voltigeait
et gazouillait
pour me montrer gaiement la route:
voilà qu'il s'en est allé au loin!
Le mieux est que je trouve
moi-même la montagne.
Je prends la direction
indiquée par le guide.
(Il se dirige vers le fond.)

LE VOYAGEUR *(demeurant toujours dans la même attitude)*
Garçon, où veux-tu
donc aller?

SIEGFRIED *(s'arrête et se retourne)*
J'entends parler;
cela m'indique la route.
(Il s'approche du Voyageur.)
Je cherche un rocher,
il est entouré de flammes;
là, dort une femme
que je veux réveiller.

LE VOYAGEUR
Qui t'a dit
de chercher ce rocher
et de désirer cette femme?

SIEGFRIED
Mich wies ein singend
Waldvöglein,
das gab mir gute Kunde.

WANDERER
Ein Vöglein schwatzt wohl manches;
kein Mensch doch kann's verstehn.
Wie mochtest du Sinn
dem Sang entnehmen?

SIEGFRIED
Das wirkte das Blut
eines wilden Wurms,
der mir vor Neidhöhl' erblaßte.
Kaum netzt' es zündend
die Zunge mir,
da verstand ich der Vöglein Gestimm'.

WANDERER
Erschlugst den Riesen du,
wer reizte dich,
den starken Wurm zu bestehn?

SIEGFRIED
Mich führte Mime,
ein falscher Zwerg;
das Fürchten wollt' er mich lehren.
Zum Schwertstreich aber,
der ihn erschlug,
reizte der Wurm mich selbst,
seinen Rachen riß er mir auf.

WANDERER
Wer schuf das Schwert
so scharf und hart,
daß der stärkste Feind ihm fiel?

SIEGFRIED
Das schweißt' ich mir selbst,
da 's der Schmied nicht konnte:
schwertlos noch wär' ich wohl sonst.

WANDERER
Doch, wer schuf
die starken Stücken,
daraus das Schwert du dir geschweißt?

SIEGFRIED
Was weiß ich davon?
Ich weiß allein,
daß die Stücken mir nichts nützten,
schuf ich das Schwert mir nicht neu.

WANDERER *(bricht in ein freudig gemütliches Lachen aus)*
Das – mein ich wohl auch!
(Er betrachtet Siegfried wohlgefällig.)

SIEGFRIED *(verwundert)*
Was lachst du mich aus?
Alter Frager!
Hör' einmal auf:
laß mich nicht länger hier schwatzen!
Kannst du den Weg

SIEGFRIED
Un petit oiselet qui chantait
m'a informé,
c'était une bonne nouvelle.

LE VOYAGEUR
Un oiseau babille beaucoup,
mais nul homme ne comprend.
Comment as-tu pu saisir
le sens de son chant?

SIEGFRIED
C'est grâce au sang
d'un féroce dragon
qui périt devant la Grotte de l'envie.
Dès que ce sang brûlant
humecta ma langue,
je compris le chant des oiseaux.

LE VOYAGEUR
Tu abattis le géant,
mais qui t'incita
à vaincre le puissant dragon?

SIEGFRIED
Mime, un nain perfide
me conduisit à lui;
il voulait m'enseigner la peur.
Mais c'est le dragon lui-même
qui suscita
le coup d'épée qui le tua,
il ouvrit toute grande sa gueule.

LE VOYAGEUR
Qui fit cette épée
si tranchante et dure,
que le plus fort adversaire succomba?

SIEGFRIED
Le forgeron ne savait pas,
je l'ai donc forgée moi-même:
sinon je n'aurais toujours pas d'épée.

LE VOYAGEUR
Mais qui fit
les solides morceaux
que tu pris pour forger ton épée?

SIEGFRIED
Ça, je ne sais pas!
Je sais seulement
qu'ils ne me servaient à rien,
si je ne refaisais pas l'épée.

LE VOYAGEUR *(éclate d'un rire gai et cordial)*
C'est – ce que je pense aussi!
(Il contemple Siegfried avec bienveillance.)

SIEGFRIED *(surpris)*
31b Pourquoi me railles-tu?
Vieux questionneur!
Arrête enfin:
cesse de me faire bavarder!
Si tu peux me montrer

mir weisen, so rede:
vermagst du's nicht,
so halte dein Maul!

WANDERER
Geduld, du Knabe!
Dünk' ich dich alt,
so sollst du Achtung mir bieten.

SIEGFRIED
Das wär' nicht übel!
Solang' ich lebe,
stand mir ein Alter
stets im Wege;
den hab' ich nun fortgefegt.
Stemmst du dort länger
steif dich mir entgegen –
sieh dich vor, sag ich,
daß du wie Mime nicht fährst!
(Er tritt noch näher an den Wanderer heran.)
Wie siehst du denn aus?
Was hast du gar
für 'nen großen Hut?
Warum hängt er dir so ins Gesicht?

WANDERER *(immer ohne seine Stellung zu verlassen)*

Das ist so des Wand'rers Weise,
wenn dem Wind entgegen er geht.

SIEGFRIED *(immer näher ihn betrachtend)*
Doch darunter fehlt dir ein Auge;
das schlug dir einer
gewiß schon aus,
dem so zu trotzig
den Weg vertratst?
Mach' dich jetzt fort,
sonst könntest du leicht
das andere auch noch verlieren.

WANDERER
Ich seh, mein Sohn,
wo du nichts weißt,
da weißt du dir leicht zu helfen.
Mit dem Auge,
das als andres mir fehlt,
erblickst du selber das eine,
das mir zum Sehen verblieb.

SIEGFRIED*(der sinnend zugehört hat, bricht jetzt unwillkürlich in helles Lachen aus)*
Hahahaha!
Zum Lachen bist du mir lustig!
Doch hör, nun schwatz ich nicht länger:
geschwind, zeig mir den Weg,
deines Weges ziehe dann du;
zu nichts andrem
acht ich dich nütz:
drum sprich, sonst spreng' ich dich fort!

WANDERER *(weich)*
Kenntest du mich,
kühner Sproß,
den Schimpf spartest du mir!

la route, eh bien parle:
si tu ne peux pas,
alors ferme ton bec!

LE VOYAGEUR
Patience, mon garçon!
Si tu me trouves vieux,
tu me dois le respect.

SIEGFRIED
Ça, c'est un peu fort!
Toute ma vie,
un vieillard s'est mis
en travers de ma route;
je m'en suis débarrassé.
Si tu persistes encore
à me barrer le chemin –
fais attention, te dis-je,
de ne pas finir comme Mime!
(Il se rapproche encore du Voyageur.)
De quoi as-tu l'air?
Qu'est-ce que
ce grand chapeau?
Pourquoi le porter si enfoncé?

LE VOYAGEUR *(demeurant toujours dans la même position)*
Ainsi le porte le voyageur
quand il marche contre le vent.

SIEGFRIED *(l'observant de plus en plus près)*
Mais en dessous, il te manque un oeil;
quelqu'un a dû
te le crever,
à qui tu barrais la route
avec trop d'aplomb?
Allez, va-t'en,
sinon tu pourrais
bien perdre l'autre également.

LE VOYAGEUR
14 Quand tu ne sais rien,
je vois, mon fils,
que tu sais te tirer d'affaire.
Grâce à cet oeil
qui me manque, tu peux
apercevoir celui
qui m'est resté pour voir.

SIEGFRIED *(qui a écouté songeur, laisse échapper un éclat de rire)*
Hahahaha!
Tu me fais vraiment bien rire!
Mais écoute, trêve de bavardages:
vite, montre-moi le chemin
et toi ensuite, poursuis le tien;
tu n'es bon, je crois,
à rien d'autre:
allons parle, ou je te flanque en l'air!

5 LE VOYAGEUR *(avec douceur)*
Si tu me connaissais,
enfant audacieux,
tu m'épargnerais tes injures!

Dir so vertraut,
trifft mich schmerzlich dein Dräuen.
Liebt' ich von je
deine Lichte Art,
Grauen auch zeugt' ihr
mein zürnender Grimm.
Dem ich so hold bin,
Allzuhehrer,
heut nicht wecke mir Neid:
er vernichtete dich und mich!

SIEGFRIED
Bleibst du mir stumm,
störrischer Wicht?
Weich von der Stelle,
denn dorthin, ich weiß,
führt es zur schlafenden Frau.
So wies es mein Vöglein,
das hier erst flüchtig entfloh.
(Es wird schnell wieder ganz finster.)

WANDERER *(in Zorn ausbrechend und in gebieterischer Stellung)*
Es entfloh dir zu seinem Heil!
Den Herrn der Raben
erriet es hier:
weh ihm, holen sie's ein!
Den Weg, den es zeigte,
sollst du nicht ziehn!

SIEGFRIED *(tritt mit Verwunderung in trotziger Stellung zurück)*
Hoho, du Verbieter!
Wer bist du denn,
daß du mir wehren willst?

WANDERER
Fürchte des Felsens Hüter!
Verschlossen hält
meine Macht die schlafende Maid:
wer sie erweckte,
wer sie gewänne,
machtlos macht' er mich ewig!
Ein Feuermeer
umflutet die Frau,
glühende Lohe
umleckt den Fels:
wer die braut begehrt,
dem brennt entgegen die Brunst.
(Er winkt mit dem Speere nach der Felsenhöhe.)
Blick nach der Höh'!
Erlugst du das Licht?
Es wächst der Schein,
es schwillt die Glut;
sengende Wolken,
wabernde Lohe
wälzen sich brennend
und prasselnd herab:
ein Lichtmeer
umleuchtet dein Haupt:
(Mit wachsender Helle zeigt sich von der Höhe des Felsens her ein wabernder Feuerschein.)
Bald frißt und zehrt dich
zündendes Feuer.

Tu m'es cher
et tes menaces me font de la peine.
J'ai toujours aimé
ta race brillante,
mon courroux cependant
l'emplissait d'effroi.
Tu as les faveurs
de l'être auguste,
ne m'irrite pas aujourd'hui:
toi et moi serions anéantis!

SIEGFRIED
Vas-tu te taire,
bonhomme têtu?
Laisse-moi passer,
car le chemin, je le sais,
mène à la femme endormie.
L'oiselet le montrait
avant de s'enfuir d'ici.
(La scène s'assombrit de nouveau rapidement.)

LE VOYAGEUR *(laissant exploser sa colère et prenant une attitude impérieuse)*
Il t'a fui pour se sauver!
Devinant là
le maître des corbeaux:
s'ils le rattrapent, il est perdu!
15 Le chemin qu'il a montré,
tu ne dois pas le suivre.

SIEGFRIED *(recule avec surprise, dans une attitude arrogante)*
Hoho! Tu me l'interdis?
Qui es-tu donc
pour vouloir m'en empêcher?

LE VOYAGEUR
Crains le gardien du rocher!
Je tiens en mon pouvoir
la vierge endormie:
la réveiller,
la conquérir,
m'ôte ce pouvoir à jamais!
45, 18 Une mer de feu
encercle la femme,
des flammes ardentes
lèchent le rocher:
le brasier vient brûler
celui qui désire la vierge.
(Il pointe sa lance vers le sommet du rocher.)
36 Regarde là-haut!
Vois-tu cette lumière?
La lueur grandit,
le foyer enfle;
des nuées embrasées,
des flammes dansantes
roulent vers nous,
brûlantes et crépitantes:
ta tête est baignée
d'un flot de lumière:
(On voit s'amplifier la lueur dansante d'un brasier venant du sommet du rocher.)
Cet embrasement
va te consumer.

Zurück denn, rasendes Kind!

SIEGFRIED
Zurück, du Prahler, mit dir!
Dort, wo die Brünste brennen,
zu Brünnhilde muß ich dahin!
(Er schreitet weiter, der Wanderer stellt sich ihm entgegen.)

WANDERER
Fürchtest das Feuer du nicht,
(den Speer vorhaltend)
so sperre mein Speer dir den Weg!
Noch hält meine Hand
der Herrschaft Haft:
das Schwert, das du schwingst,
zerschlug einst dieser Schaft:
noch einmal denn
zerspring es am ew'gen Speer!
(Er streckt den Speer vor.)

SIEGFRIED *(das Schwert ziehend)*
Meines Vaters Feind!
Find ich dich hier?
Herrlich zur Rache
geriet mir das!
Schwing deinen Speer:
in Stücken spalt' ihn mein Schwert!
(Er haut dem Wanderer mit einem Schlage den Speer in zwei Stücken; ein Blitzstrahl fährt daraus nach der Felsenhöhe zu, wo von nun an der bisher mattere Schein in immer helleren Feuerflammen zu lodern beginnt. Starker Donner, der schnell sich abschwächt, begleitet den Schlag. Die Speerstücke rollen zu des Wanderers Füßen. Er rafft sie ruhig auf.)

WANDERER *(zurückweichend)*
Zieh hin! Ich kann dich nicht halten!
(Er verschwindet plötzlich in völliger Finsternis.)

SIEGFRIED
Mit zerfochtner Waffe
floh mir der Feige?
(Die wachsende Helle der immer tiefer sich senkenden Feuerwolken trifft Siegfrieds Blick.)
Ha! Wonnige Glut!
Leuchtender Glanz!
Strahlend nun offen
steht mir die Straße.
Im Feuer mich baden!
Im Feuer zu finden die Braut!
Hoho! Hahei!
Jetzt lock' ich ein liebes Gesell!
(Siegfried setzt sein Horn an und stürzt sich, seine Lockweise blasend, ins wogende Feuer, das sich, von der Höhe herabdringend, nun auch über den Vordergrund ausbreitet. Siegfried, den man bald nicht mehr erblickt, scheint sich nach der Höhe zu entfernen. Hellstes Leuchten der Flammen. Danach beginnt die Glut zu erbleichen und löst sich allmählich in immer feineres, wie durch die Morgenröte beleuchtetes Gewölk auf.)

Recule donc, jeune forcené!

SIEGFRIED
Recule toi-même, vantard!
Il faut que je m'élance là
où brûlent les flammes, vers Brünnhilde!
(Il continue de s'avancer, le Voyageur s'oppose à son passage.)

LE VOYAGEUR
Puisque tu ne crains pas le feu,
(tenant sa lance en travers)
que ma lance te barre la route!
Ma main tient encore
le signe du pouvoir:
ce bois rompit jadis
l'épée que tu brandis:
qu'elle se brise de nouveau
sur la lance éternelle!
(Il brandit sa lance en avant.)

SIEGFRIED *(tirant son épée)*
L'ennemi de mon père!
Je le trouve ici?
Belle occasion
pour ma vengeance!
Brandis ta lance:
et mon épée la fait voler en éclats!
(D'un seul coup, il brise la lance du Voyageur en deux mor-
15 *ceaux; la foudre en jaillit, allant frapper le sommet du*
2 *rocher où dès ce moment, les flammes, pâles jusqu'alors,*
6 *jettent une clarté de plus en plus vive. Un violent coup de*
tonnerre, qui faiblit rapidement, accompagne la foudre. Les
morceaux de la lance roulent aux pieds du Voyageur qui les
ramasse tranquillement.)

LE VOYAGEUR *(reculant)*
Passe! Je ne puis te retenir!
(Il disparaît soudain dans une obscurité totale.)

SIEGFRIED
Le lâche s'est enfui
avec une arme rompue?
(L'éclat grandissant des nuages embrasés, qui descendent
31 *de plus en plus, attire le regard de Siegfried.)*
Ah! Flammes délicieuses!
Eclat lumineux!
La voie rayonnante
m'est donc ouverte.
Me baigner dans le feu!
Dans le feu trouver la vierge!
Hoho! Hahei!
Appelons un bon compagnon!
(Siegfried embouche son cor et se précipite, en sonnant son
49 *appel, dans la mer de flammes qui dévale du sommet et se*
45 *répand maintenant jusque sur le devant de la scène.*
40 *Siegfried, qu'on n'aperçoit bientôt plus, semble s'éloigner*
39 *vers le sommet. Flamboiement intense du brasier. Après*
quoi, l'éclat du feu commence à pâlir et se dissout peu à peu
en nuages de plus en plus légers qui semblent illuminés par
l'aurore.)

DRITTE SZENE

Das immer zarter gewordene Gewölk hat sich in einen feinen Nebelschleier von rosiger Färbung aufgelöst und zerteilt sich nun in der Weise, daß der Duft sich gänzlich nach oben verzieht und endlich nur noch den heiteren, blauen Tageshimmel erblicken läßt, während am Saume der nun sichtbar werdenden Felsenhöhe – ganz die gleiche Szene wie im dritten Aufzug der « Walküre » : – ein morgenrötlicher Nebelscheier haften bleibt, welcher zugleich an die in der Tiefe noch lodernde Zauberlohe errinnert. – Die Anordnung der Szene ist dieselbe wie am Schlusse der « Walküre »: im Vordergrunde, unter der breitästigen Tanne, liegt Brünnhilde in vollständiger glänzender Panzerrüstung, mit dem Helm auf dem Haupte, den langen Schild über sich gedeckt, in tiefem Schlafe.

SIEGFRIED *(gelangt von außen her auf den felsigen Saum der Höhe und zeigt sich dort zuerst nur mit dem Oberleibe: so blickt er lange staunend um sich)*
Selige öde
auf sonniger Höh'!
(Er steigt vollends herauf und betrachtet, auf einem Felsensteine des hinteren Abhanges stehend, mit Verwunderung die Szene. Er blickt zur Seite in den Tann und schreitet etwas vor.)
Was ruht dort schlummernd
im schattigen Tann?
Ein Roß ist's,
rastend in tiefem Schlaf!
(Langsam näherkommend, hält er verwundert an, als er noch aus einiger Entfernung Brünnhildes Gestalt wahrnimmt.)
Was strahlt mir dort entgegen?
Welch glänzendes Stahlgeschmeid?
Blendet mir noch
die Lohe den Blick?
(Er tritt näher hinzu.)
Helle Waffen!
Heb' ich sie auf?
(Er hebt den Schild ab und erblickt Brünnhildes Gestalt, während ihr Gesicht jedoch noch zum großen Teil vom Helm verdeckt ist.)
Ha, in Waffen ein Mann!
Wie mahnt mich wonnig sein Bild!
Das hehre Haupt
drückt wohl der Helm?
Leichter würd' ihm,
löst' ich den Schmuck.
(Vorsichtig löst er den Helm und hebt ihn der Schlafenden vom Haupte ab: langes lockiges Haar quillt hervor. – Siegfried erschrickt.)
Ach! Wie schön!
(Er bleibt in den Anblick versunken.)
Schimmernde Wolken
säumen in Wellen
den hellen Himmelssee;
leuchtender Sonne
lachendes Bild
strahlt durch das Wogengewölk!
(Er neigt sich tiefer zu der Schlafenden hinab.)
Von schwellendem Atem
schwingt sich die Brust!
Brech ich die engende Brünne?

SCÈNE III

Les nuages de plus en plus délicats se sont résorbés en un léger voile de brume teinté de rose. En se dissipant, la brume se retire vers le haut et ne laisse finalement apercevoir qu'un ciel bleu et serein; sur le bord du rocher qui devient à présent visible – c'est exactement le même décor qu'au troisième acte de la « Walkyrie » – une écharpe de brouillard colorée par l'aurore demeure suspendue, rappelant en même temps la présence du feu magique qui flambe encore au pied du rocher. – La disposition de la scène est le même qu'à la fin de la « Walkyrie » : au premier plan, sous le sapin aux larges branches, Brünnhilde repose dans un
37 *profond sommeil, vêtue de son armure étincelante, coiffée*
57 *de son heaume et recouverte de son long bouclier.*

SIEGFRIED *(arrivant par le fond, parvient sur le rebord rocheux du sommet; on ne voit d'abord que son buste: il lance autour de lui de longs regards étonnés)*
Divine solitude
58 sur la cime radieuse!
(Il achève sa montée puis, immobile sur un rocher du versant, à l'arrière-plan, il contemple la scène avec stupéfaction. Il regarde sur le côté vers le bois de sapins et fait quelques pas.)
Qu'est-ce qui repose là-bas
36 à l'ombre des sapins?
46 C'est un cheval,
dormant profondément!
(Il s'approche lentement et s'arrête, surpris, lorsqu'il découvre, à quelque distance encore, la silhouette de Brünnhilde.)
Quel éclat vient me frapper?
Quelle brillante parure d'acier?
Serais-je encore
ébloui par les flammes?
(Il se rapproche encore.)
Des armes luisantes!
Vais-je les soulever?
(Il ôte le bouclier et aperçoit la silhouette de Brünnhilde, dont le visage demeure cependant en grande partie dissimulé par le heaume.)
Ah, un homme en armes!
Comme sa vue évoque le bonheur!
Le heaume enserre
sa noble tête?
Il serait plus à l'aise
sans cette parure.
(Il défait le heaume avec précaution et l'ôte de la tête de Brünnhilde endormie dont les longs cheveux bouclés se déroulent. Siegfried est saisi.)
58 Que c'est beau!
(Il reste en contemplation.)
Des nuages scintillants
ourlent de leurs vagues
le clair lac du ciel;
l'image radieuse
du soleil rayonnant
brille à travers les nuées ondoyantes!
(Il se penche davantage sur la femme endormie.)
La poitrine se gonfle
du souffle qui l'anime!
Vais-je briser la cuirasse qui l'oppresse?

(Er versucht mit großer Behutsamkeit die Brünne zu lösen.)
Komm, mein Schwert,
schneide das Eisen!
(Er zieht sein Schwert, durchschneidet mit zarter Vorsicht die Panzerringe zu beiden Seiten der ganzen Rüstung und hebt dann die Brünne und die Schienen ab, so daß nun Brünnhilde in einem weichem, weiblichem Gewande vor ihm liegt. Er fährt erschreckt und staunend auf.)
Das ist kein Mann! –
(Er starrt mit höchster Aufgeregtheit auf die Schlafende hin.)
Brennender Zauber
zuckt mir ins Herz;
feurige Angst
faßt meine Augen:
mir schwankt und schwindelt der Sinn!
(Er gerät in höchste Beklemmung.)
Wen ruf ich zum Heil,
daß er mir helfe?
Mutter, Mutter!
Gedenke mein!
(Er sinkt, wie ohnmächtig, an Brünnhildes Busen. – Langes Schweigen. – Er fährt seufzend auf.)
Wie weck ich die Maid,
daß sie ihr Auge mir öffne?
Das Auge mir öffne?
Blende mich auch noch der Blick?
Wagt' es mein Trotz?
Ertrüg' ich das Licht?
Mir schwebt und schwankt
und schwirrt es umher!
Sehrendes Sehnen
zehrt meine Sinne;
am zagenden Herzen
zittert die Hand!
Wie ist mir Feigem?
Ist dies das Fürchten?
O Mutter, Mutter!
Dein mutiges Kind!
Im Schlafe liegt eine Frau:
die hat ihn das Fürchten gelehrt!
Wie end' ich die Furcht?
Wie faß' ich Mut?
Daß ich selbst erwache,
muß die Maid ich erwecken!
(Indem er sich der Schlafenden von neuem nähert, wird er wieder von zarteren Empfindungen an ihren Anblick gefesselt. Er neigt sich tiefer hinab.)
Süß erbebt mir
ihr blühender Mund.
Wie mild erzitternd
mich Zagen er reizt!
Ach! Dieses Atems
wonnig warmes Gedüft!
(Wie in Verzweiflung.)
Erwache! Erwache!
Heiliges Weib!
(Er starrt auf sie hin.)
Sie hört mich nicht.
(Gedehnt mit gepreßtem, drängendem Ausdruck.)
So saug ich mir Leben
aus süßesten Lippen,
sollt' ich auch sterbend vergehn!
(Er sinkt, wie ersterbend, auf die Schlafende und heftet mit

(Avec d'infinies précautions, il tente de défaire la cuirasse.)
Viens, mon épée,
tranche le fer!
(Il tire son épée; avec une délicate prudence, il coupe de part en part les anneaux qui, des deux côtés, retiennent l'armure et il enlève la cuirasse et les brassards; alors Brünnhilde lui apparaît, étendue dans un souple vêtement féminin. Il tressaille, effrayé et surpris.)
Ce n'est pas un homme!
(Au comble de l'émotion, il fixe les yeux sur celle qui dort.)

Un charme brûlant
fait frémir mon coeur;
une angoisse ardente
voile mon regard:
la tête me tourne, je chancelle!
(Il est en proie à une anxiété extrême.)
Qui appeler au secours,
pour me venir en aide?
Mère! Mère!
Pense à moi!
(Il s'affaisse, comme sans connaissance, sur la poitrine de Brünnhilde. – Long silence. – Il se relève en soupirant.)
Comment éveiller la vierge
pour qu'elle ouvre ses yeux?
Qu'elle ouvre pour moi les yeux?
Son regard dût-il m'aveugler!
En aurai-je l'audace?
59 Soutiendrai-je l'éclat?
Tout flotte et vacille
et vibre autour de moi!
Un désir douloureux
consume mes sens;
mon coeur frémissant
fait trembler ma main!
Qu'y a-t-il, lâche?
Serait-ce la peur?
O mère! Mère!
Ton fils courageux!
Une femme repose endormie:
elle lui a appris la peur!
Comment la faire cesser?
Comment prendre courage?
Pour m'éveiller moi-même,
je dois réveiller la vierge!
(Tandis qu'il s'approche une fois encore de la femme endormie, il est de nouveau envahi, a sa vue, d'une douce émotion. Il se penche davantage vers elle.)
Un doux frisson passe
58 sur ses lèvres exquises.
Craintif et captivé,
j'en frémis de tendresse!
Ah! Cette haleine
au parfum enivrant!
(Comme désespéré.)
Eveille-toi! Eveille-toi!
Femme divine!
(Il la regarde fixement.)
Elle ne m'entend pas.
37 *(D'une voix ample, sur un ton insistant et oppressé.)*
Alors j'aspire la vie
sur les lèvres adorables,
16 dussé-je en mourir!
(Il s'affaisse, comme à l'agonie, sur la femme endormie et,

geschlossenen Augen seine Lippen auf ihren Mund. Brünnhilde schlägt die Augen auf. Siegfried fährt auf und bleibt vor ihr stehen. Brünnhilde richtet sich langsam zum Sitze auf. Sie begrüßt mit feierlichen Gebärden der erhobenen Arme ihre Rückkehr zur Wahrnehmung der Erde und des Himmels.)

BRÜNNHILDE
Heil dir, Sonne!
Heil dir, Licht!
Heil dir, leuchtender Tag!
Lang war mein Schlaf;
ich bin erwacht.
Wer ist der Held,
der mich erweckt?

SIEGFRIED *(von ihrem Blick und ihrer Stimme feierlich ergriffen, steht wie festgebannt)*
Durch das Feuer drang ich,
das den Fels umbrann;
ich erbrach dir den festen Helm:
Siegfried bin ich,
der dich erweckt.

BRÜNNHILDE *(hoch aufgerichtet sitzend)*
Heil euch, Götter!
Heil dir, Welt!
Heil dir, prangende Erde!
Zu End' ist nun mein Schlaf;
erwacht, seh ich:
Siegfried ist es,
der mich erweckt!

SIEGFRIED *(in erhabenste Verzückung ausbrechend)*
O Heil der Mutter,
die Dich gebar;
Heil der Erde,
die Dich genährt!
Daß ich das Aug' erschaut,
das jetzt mir Seligem lacht!

BRÜNNHILDE *(mit größter Bewegheit)*
O Heil der Mutter,
die Dich gebar;
Heil der Erde,
die Dich genährt!
Nur dein Blick durfte mich schaun,
erwachen durft' ich nur dir!
(Beide bleiben voll strahlenden Entzückens in ihren gegenseitigen Anblick verloren.)
O Siegfried! Siegfried!
Seliger Held!
Du Wecker des Lebens,
siegendes Licht!
O wüßtest du, Lust der Welt,
wie ich dich je geliebt!
Du warst mein Sinnen,
mein Sorgen du!
Dich Zarten nährt' ich,
noch eh du gezeugt;
noch eh du geboren,
barg dich mein Schild:
so lang lieb' ich dich, Siegfried!

les yeux fermés, presse ses lèvres sur la bouche de Brünnhilde. Celle-ci ouvre les yeux. Siegfried se relève en sursaut et se tient immobile devant elle. Brünnhilde se redresse lentement pour s'asseoir. Les bras levés, d'un geste solennel, elle salue le ciel et la terre, consciente de son
60 *retour à la vie des sens.)*

BRÜNNHILDE
Salut à toi, soleil!
Salut à toi, lumière!
Salut, jour rayonnant!
Mon sommeil fut long;
je suis réveillée.
40 Qui est le héros
qui m'a éveillée?

SIEGFRIED *(bouleversé par son regard et par sa voix, semble paralysé)*
J'ai traversé le feu
qui encerclait le roc;
j'ai ouvert ton heaume solide:
c'est moi Siegfried
qui t'ai éveillée.

BRÜNNHILDE *(assise, très droite)*
Salut à vous, dieux!
Salut à toi, monde!
Salut, terre splendide!
Mon sommeil a pris fin;
mes yeux s'ouvrent:
c'est toi Siegfried
qui m'a éveillée!

SIEGFRIED *(laissant éclater un sublime enthousiasme)*
61 O gloire à la mère
qui m'a fait naître;
gloire à la terre
qui m'a nourri!
Pour voir à présent ces yeux
rire pour moi, bienheureux!

BRÜNNHILDE *(avec la plus grande émotion)*
O gloire à la mère
qui t'a fait naître!
Gloire à la terre
qui t'a nourri!
Seul tes yeux pouvaient me voir,
pour toi seul, je devais m'éveiller!
(Pleins d'une extase rayonnante, tous deux demeurent per-
62, 61 *dus dans une contemplation mutuelle.)*
O Siegfried! Siegfried!
Héros bienheureux!
Toi qui suscites la vie,
lumière triomphante!
Si tu savais, joie du monde,
comme je t'ai toujours aimé!
Tu fus ma pensée,
et mon souci!
Je te nourris, faible,
avant que tu sois conçu;
avant que tu naisses,
mon bouclier t'abrita:
56 je t'aime depuis ce temps, Siegfried!

SIEGFRIED *(leise und schüchtern)*
So starb nicht meine Mutter?
Schlief die minnige nur?

BRÜNNHILDE *(lächelnd, freundlich die Hand nach ihm ausstreckend)*
Du wonniges Kind!
Deine Mutter kehrt dir nicht wieder.
Du selbst bin ich,
wenn du mich Selige liebst.
Was du nicht weißt,
weiß ich für dich;
doch wissend bin ich
nur – weil ich dich liebe!
O Siegfried! Siegfried!
Siegendes Licht!
Dich liebt' ich immer;
denn mir allein
erdünkte Wotans Gedanke:
Der Gedanke, den ich nie
nennen durfte;
den ich nicht dachte,
sondern nur fühlte;
für den ich focht,
kämpfte und stritt;
für den ich trotzte
dem, der ihn dachte;
für den ich büßte,
Strafe mich band,
weil ich nicht ihn dachte
und nur empfand!
denn der Gedanke –
dürftest du's lösen! –
mir war er nur Liebe zu dir!

SIEGFRIED
Wie Wunder tönt,
was wonnig du singst;
doch dunkel dünkt mich der Sinn.
Deines Auges Leuchten
seh ich licht;
deines Atems Wehen
fühl ich warm:
deiner Stimme Singen
hör' ich süß:
doch was du singend mir sagst,
staunend versteh ich's nicht.
Nicht kann ich das Ferne
sinnig erfassen,
wenn alle Sinne
dich nur sehen und fühlen!
Mit banger Furcht
fesselst du mich:
du einz'ge hast
ihre Angst mich gelehrt.
Den du gebunden
in mächtigen Banden,
birg meinen Mut mir nicht mehr!
(Er verweilt in großer Aufregung, den sehnsuchtsvollen Blick auf sie heftend.)

BRÜNNHILDE *(wendet sanft das Haupt zur Seite und richtet ihren Blick nach dem Tann)*
Dort seh ich Grane,

SIEGFRIED *(timidement, à mi-voix)*
Ma mère chérie n'est donc pas morte?
Elle dormait seulement?

BRÜNNHILDE *(tendant amicalement la main vers lui en souriant)*
Enfant merveilleux!
Ta mère ne reviendra pas.
Je serai ton moi,
bienheureuse si tu m'aimes.
Ce que tu ne sais pas,
je le sais pour toi;
mais j'ai ce savoir,
seulement – parce que je t'aime!
Oh, Siegfried! Siegfried!
Lumière triomphante!
Je t'aime de toujours;
car moi seule
ai saisi l'idée de Wotan.
Cette idée que jamais
je ne devais nommer;
que je n'ai pas pensée,
mais seulement ressentie;
pour laquelle j'ai lutté,
combattu, bataillé;
pour laquelle j'ai bravé
celui qui la pensait;
pour laquelle j'ai expié,
soumise au châtiment,
42 car je ne la pensais pas
et l'éprouvais seulement!
Car cette idée –
puisses-tu comprendre! –
c'était tout mon amour pour toi!

SIEGFRIED
Quels sons merveilleux
rend ton chant;
mais le sens me semble obscur.
Je vois le clair éclat
de tes yeux;
je sens le souffle tiède
de ton haleine:
j'entends le doux son
de ta voix:
mais, surpris, je ne comprends pas
ce que me dit ton chant.
Je ne puis percevoir
ces choses lointaines,
quand tout mon être
ne voit et ne sent que toi!
59 Tu me paralyses
d'épouvante:
toi seule m'as
enseigné cette angoisse.
Tu m'as rendu captif
de liens puissants,
ne m'ôte pas plus mon courage!
(Rempli d'une grande émotion, il fixe sur elle un regard chargé de désir.)

BRÜNNHILDE *(tourne avec douceur la tête de côté et*
36b *porte ses regards vers le bois de sapins)*
Je vois là Grane,

mein selig Roß:
Wie weidet er munter,
der mit mir schlief!
Mit mir hat ihn Siegfried erweckt.

SIEGFRIED *(in der vorigen Stellung verbleibend)*
Auf wonnigem Munde
weidet mein Auge:
in brünstigem Durst
doch brennen die Lippen,
daß der Augen Weide sie labe!

BRÜNNHILDE *(deutet ihm mit der Hand nach ihren Waffen, die sie gewahrt)*
Dort seh ich den Schild,
der Helden schirmte;
dort seh ich den Helm,
der das Haupt mir barg:
er schirmt, er birgt mich nicht mehr!

SIEGFRIED
Eine selige Maid
versehrte mein Herz;
Wunden dem Haupte
schlug mir ein Weib:
ich kam ohne Schild und Helm!

BRÜNNHILDE *(mit gesteigerter Wehmut)*
Ich sehe der Brünne
prangenden Stahl:
ein scharfes Schwert
schnitt sie entzwei;
von dem maidlichen Leibe
löst' es die Wehr;
ich bin ohne Schutz und Schirm,
ohne Trutz ein trauriges Weib!

SIEGFRIED
Durch brennendes Feuer
fuhr ich zu dir!
Nicht Brünne noch Panzer
barg meinen Leib:
Nun brach die Lohe
mir in die Brust.
Es braust mein Blut
in blühender Brunst;
ein zehrendes Feuer
ist mir entzündet:
die Glut, die Brünnhilds
Felsen umbrann,
die brennt mir nun in der Brust!
O Weib, jetzt lösche den Brand!
Schweige die schäumende Glut!
(Er hat sie heftig umfaßt: sie springt auf, wehrt ihm mit der höchsten Kraft der Angst und entflieht nach der anderen Seite.)

BRÜNNHILDE
Kein Gott nahte mir je!
Der Jungfrau neigten
scheu sich die Helden:
heilig schied sie aus Walhall!
Wehe! Wehe!
Wehe der Schmach,

mon coursier glorieux:
lui qui dormit aussi,
il broute avec joie!
Comme moi, Siegfried l'a éveillé.

SIEGFRIED *(toujours dans la même attitude)*
Mon regard se pose
sur ta bouche merveilleuse:
et mes lèvres brûlent
d'une soif ardente
de s'abreuver à cette splendeur!

BRÜNNHILDE *(lui désigne de la main les armes qu'elle aperçoit alors)*
Je vois là le bouclier
qui protégeait les héros;
je vois là le casque
qui abritait ma tête:
il ne me protège, ne m'abrite plus!

SIEGFRIED
Une vierge glorieuse
me blessa le coeur;
une femme me porta
des coups à la tête:
j'étais sans bouclier ni casque!

BRÜNNHILDE *(avec une mélancolie accrue)*
Je vois l'acier
brillant de ma cuirasse:
une épée tranchante
l'a fendue en deux,
privant de protection
le corps virginal;
je suis sans secours ni défense,
une femme triste et désarmée!

SIEGFRIED
Je suis venu à toi
à travers le feu!
Ni armure ni cuirasse
ne protègeaient mon corps:
maintenant les flammes
brûlent en ma poitrine.
Mon sang bouillonne
d'une ardeur qui m'emporte;
un foyer dévorant
s'est allumé en moi:
le brasier, encerclant
le rocher de Brünnhilde,
flambe à présent dans mes veines!
O femme, éteins l'incendie!
Apaise l'ardeur débordante!
(Il l'a étreinte avec passion: elle se dresse d'un bond et, en proie à l'angoisse, le repousse de toutes ses forces et s'enfuit vers le côté opposé.)

BRÜNNHILDE
Nul dieu ne m'approcha jamais!
Les héros s'inclinaient
avec respect devant la vierge:
elle quitta pure le Walhalla!
Malheur! Malheur!
Hélas, quelle honte,

der schmählichen Not!
Verwundet hat mich,
der mich erweckt!
Er erbrach mir Brünne und Helm:
Brünnhilde bin ich nicht mehr!

SIEGFRIED
Noch bist du mir
die träumende Maid:
Brünnhildes Schlaf
brach ich noch nicht.
Erwache, sei mir ein Weib!

BRÜNNHILDE
Mir schwirren die Sinne,
mein Wissen schweigt:
soll mir die Weisheit schwinden?

SIEGFRIED
Sangst du mir nicht,
dein Wissen sei
das Leuchten der Liebe zu mir?

BRÜNNHILDE *(vor sich hinstarrend)*
Trauriges Dunkel
trübt meinen Blick;
mein Auge dämmert,
das Licht verlischt:
Nacht wird's um mich.
Aus Nebel und Grau'n
windet sich wütend
ein Angsgewirr:
Schrecken schreitet
und bäumt sich empor!
(Sie birgt heftig die Augen mit beiden Händen.)

SIEGFRIED *(indem er ihr sanft die Hände von den Augen löst)*
Nacht umfängt
gebundne Augen.
Mir den Fesseln schwindet
das finstre Grau'n.
Tauch aus dem Dunkel und sieh:
sonnenhell leuchtet der Tag!

BRÜNNHILDE *(in höchster Ergriffenheit)*
Sonnenhell
leuchtet der Tag meiner Schmach! –
O Siegfried! Siegfried!
Sieh meine Angst!
(Ihre Miene verrät, daß ihr ein anmutiges Bild vor die Seele tritt, von welchem ab sie den Blick mit Sanftmut wieder auf Siegfried richtet.)
Ewig war ich,
ewig bin ich,
ewig in süß
sehnender Wonne,
doch ewig zu deinem Heil!
O Siegfried! Herrlicher!
Hort der Welt!
Leben der Erde!
Lachender Held!
Laß, ach laß,

quelle peine humiliante!
Celui qui m'a éveillée
m'a porté atteinte!
Il ouvrit ma cuirasse et mon casque:
je ne suis plus Brünnhilde!

SIEGFRIED
Tu es encore pour moi
une vierge rêveuse:
je n'ai pas encore brisé
le sommeil de Brünnhilde.
Eveille-toi, sois une femme!

BRÜNNHILDE
Mes sens frémissent,
ma science se tait:
ma sagesse va-t-elle s'effacer?

SIEGFRIED
Ne m'as-tu pas chanté
que ton savoir était
l'éclat de ton amour pour moi?

BRÜNNHILDE *(regardant fixement devant elle)*
De tristes ténèbres
24 troublent ma vue;
mes yeux se voilent,
la lumière s'éteint:
la nuit m'environne.
Des brumes, de l'horreur,
une angoisse confuse
jaillit en convulsions:
l'effroi progresse
et monte à l'assaut!
(Dans un geste violent, elle cache son visage dans ses mains.)

SIEGFRIED *(lui écartant doucement les mains du visage)*

La nuit effraie
les yeux aveuglés.
L'obscure terreur s'efface
quand tombent les liens.
Sors de l'ombre et regarde:
le jour brille d'un clair éclat!

BRÜNNHILDE *(au comble de l'émotion)*
D'un clair éclat
brille le jour de ma honte! –
O Siegfried! Siegfried!
Vois mon angoisse!
(L'expression de son visage révèle qu'une image aimable est née dans son âme, après quoi elle porte de nouveau sur Siegfried un regard plein de douceur.)
63 J'étais éternelle,
je suis éternelle,
éternelle dans l'enchantement
d'un doux désir,
mais toujours pour ton salut!
64 O Siegfried! Etre splendide!
Trésor du monde!
Vie de la terre!
Héros radieux!
Ah, laisse-moi,

lasse von mir!
Nahe mir nicht
mit der wütenden Nähe!
Zwinge mich nicht
mit dem brechenden Zwang,
zertrümmre die Traute dir nicht!
Sahst du dein Bild
im klaren Bach?
Hat es dich Frohen erfreut?
Rührtest zur Woge
das Wasser du auf,
zerflösse die klare
Fläche des Bachs:
dein Bild sähst du nicht mehr,
nur der Welle schwankend Gewog'.
So berühre mich nicht,
trübe mich nicht!
Ewig licht
lachst du selig dann
aus mir dir entgegen,
froh und heiter ein Held!
O Siegfried!
Leuchtender Sproß!
Liebe dich
und lasse von mir:
vernichte dein Eigen nicht!

SIEGFRIED
Dich lieb' ich:
o liebtest mich du!
Nicht hab' ich mehr mich:
o hätte ich dich!
Ein herrlich Gewässer
wogt vor mir;
mit allen Sinnen
seh ich nur sie,
die wonnig wogende Welle.
Brach sie mein Bild,
so brenn ich nun selbst,
sengende Glut
in der Flut zu kühlen;
ich selbst, wie ich bin,
spring in den Bach:
o daß seine Wogen
mich selig verschlängen,
mein Sehnen schwänd' in der Flut!
Erwache, Brünnhilde!
Wache, du Maid!
Lache und lebe,
süßeste Lust!
Sei mein! Sei mein! Sei mein!

BRÜNNHILDE *(sehr innig)*
O Siegfried! Dein
war ich von je!

SIEGFRIED *(feurig)*
Warst du's von je,
so sei es jetzt!

BRÜNNHILDE
Dein werd ich
ewig sein!

éloigne-toi!
Ne m'approche pas
avec ces élans farouches!
Ne me force pas,
ta violence me brisera,
ne détruis pas celle que tu aimes!
As-tu vu ton image
dans le clair ruisseau?
En as-tu été heureux?
Si tu agitais l'eau
pour faire des ondes,
si la claire surface
du ruisseau frissonnait:
tu ne verrais plus ton image,
seulement l'ondulation des vagues!
Ne me touche donc pas,
ne me trouble pas!
Alors je te renverrai
ton image radieuse,
héros gai et serein,
lumineux à jamais!
Oh, Siegfried!
Enfant rayonnant!
Aime-toi
et laisse-moi:
ne détruis pas ton être!

SIEGFRIED
Moi, je t'aime:
oh, si tu m'aimais!
Je ne suis plus moi-même:
oh, si je t'avais!
Des eaux merveilleuses
ondoient devant moi;
de tous mes sens,
je ne vois qu'elle,
la vague mouvante, délicieuse.
Si elle brisa mon image,
je brûle à présent
d'éteindre dans le flot
le feu flamboyant;
moi-même, tel que je suis,
je saute dans l'onde:
oh, puissent ses vagues
m'engloutir, bienheureux,
56 mon désir se noierait dans le flot!
Réveille-toi, Brünnhilde!
Eveille-toi, vierge!
Ris et vis,
plaisir suprême!
Sois mienne! Sois mienne! Sois mienne!

BRÜNNHILDE *(très intensément)*
Oh Siegfried! Je fus
toujours tienne!

SIEGFRIED *(avec feu)*
Si tu le fus toujours,
sois-le maintenant!

BRÜNNHILDE
Je serai tienne
éternellement!

SIEGFRIED
Was du sein wirst,
sei es mir heut!
Faßt dich mein Arm,
umschling ich dich fest;
schlägt meine Brust
brünstig die deine;
zünden die Blicke,
zehren die Atem sich;
Aug' in Auge,
Mund an Mund:
dann bist du mir,
was bang du mir warst und wirst!
Dann brach sich die brennende Sorge,
ob jetzt Brünnhilde mein?
(Er hat sie umfaßt.)

BRÜNNHILDE
Ob jetzt ich dein?
Göttliche Ruhe
rast mir in Wogen;
keuschestes Licht
lodert in Gluten:
himmlisches Wissen
stürmt mir dahin,
Jauchzen der Liebe
jagt es davon!
Ob jetzt ich dein?
Siegfried! Siegfried!
Siehst du mich nicht?
Wie mein Blick dich verzehrt
er blindest du nicht?
Wie mein Arm dich preßt,
entbrennst du mir nicht?
Wie in Strömen mein Blut
entgegen dir stürmt,
das wilde Feuer,
fühlst du es nicht?
Fürchtest du, Siegfried,
fürchtest du nicht
das wild wütende Weib?
(Sie umfaßt ihn heftig.)

SIEGFRIED *(in freudigem Schreck)*
Ha!
Wie des Blutes Ströme sich zünden,
wie der Blicke Strahlen sich zehren,
wie die Arme brünstig sich pressen,
kehrt mir zurück
mein kühner Mut,
und das Fürchten, ach!
das ich nie gelernt,
das Fürchten, das du
mich kaum gelehrt:
das Fürchten – mich dünkt,
ich Dummer vergaß es nun ganz!
(Er hat bei den letzten Worten Brünnhilde unwillkürlich losgelassen.)

BRÜNNHILDE *(im höchsten Liebesjubel wild auflachend)*

O kindischer Held!
O herrlicher Knabe!
Du hehrster Taten

SIEGFRIED
Ce que tu seras,
sois-le à présent!
Mon bras t'enlace,
je t'étreins avec force;
mon coeur bat
plein d'ardeur sur le tien;
les regards s'embrasent,
les souffles se confondent;
les yeux dans les yeux,
bouche contre bouche:
alors tu es pour moi,
ce que, anxieuse, tu fus et seras!
Alors je ne brûlerai plus de savoir
si Brünnhilde est mienne?
(Il l'a enlacée.)

BRÜNNHILDE
Si je suis tienne?
Le calme divin
devient vagues violentes;
la plus chaste lumière:
des flammes ardentes;
le savoir céleste
me quitte en hâte,
l'allégresse d'amour
le chasse au loin!
Si je suis tienne?
Siegfried! Siegfried!
Tu me vois bien!
Mon regard te dévore,
n'es-tu pas aveuglé?
Mes bras t'étreignent,
n'es-tu pas embrasé?
Mon sang coule vers toi
en flots impétueux;
le feu sauvage,
tu le sens bien!
As-tu peur, Siegfried,
ne crains-tu pas
la femme déchaînée?
(Elle l'enlace avec passion.)

SIEGFRIED *(avec un joyeux effroi)*
Ah!
Quand les flots de sang s'enflamment,
quand les yeux brillants se dévorent,
quand les bras s'étreignent avec ardeur,
mon fier courage
me revient alors,
et la peur, ah!
que je n'ai pu apprendre,
la peur que toi,
tu m'as à peine enseignée:
la peur – je crois,
moi, le sot, je l'ai oubliée!
(Sur ces derniers mots, il a lâché Brünnhilde, sans y prendre garde.)

BRÜNNHILDE *(au comble de l'allégresse amoureuse, éclatant d'un rire sauvage)*
O jeune héros!
O garçon splendide!
Toi, naïf trésor

töriger Hort!
Lachend muß ich dich lieben,
lachend will ich erblinden,
lachend laß uns verderben,
lachend zugrunde gehn!
Fahr hin, Walhalls
leuchtende Welt!
Zerfall in Staub
deine stolze Burg!
Leb wohl, prangende
Götterpracht!
End in Wonne,
du ewig Geschlecht!
Zerreißt, ihr Nornen,
das Runenseil!
Götterdämm'rung,
dunkle herauf!
Nacht der Vernichtung,
neble herein!
Mir strahlt zur Stunde
Siegfrieds Stern;
er ist mir ewig,
ist mir immer,
Erb' und Eigen,
ein und all:
leuchtende Liebe,
lachender Tod!

SIEGFRIED
Lachend erwachst
du Wonnige mir:
Brünnhilde lebt,
Brünnhilde lacht!
Heil dem Tage,
der uns umleuchtet!
Heil der Sonne,
die uns bescheint!
Heil dem Licht,
das der Nacht enttaucht!
Heil der Welt,
der Brünnhilde lebt!
Sie wacht, sie lebt,
sie lacht mir entgegen.
Prangend strahlt
mir Brünnhildes Stern!
Sie ist mir ewig,
ist mir immer,
Erb' und Eigen,
ein und all:
leuchtende Liebe,
lachender Tod!
(Brünnhilde stürzt sich in Siegfrieds Arme.)

d'exploits sublimes!
Radieuse, je dois t'aimer,
radieuse, je veux m'aveugler,
radieux, succombons tous deux,
50b radieux, périssons!
Disparais, monde
rayonnant du Walhalla!
Que ton fier burg
tombe en poussière!
Adieu, faste
éclatant des dieux!
Meurs dans la joie,
race éternelle!
Nornes, rompez
le fil des runes!
Crépuscule des dieux,
surgis du gouffre!
Nuit du néant,
répands tes brumes!
Pour moi brille Siegfried,
mon astre à présent;
pour l'éternité,
il est à moi, pour toujours,
mon bien, mon héritier,
l'unique et le tout:
56 amour rayonnant,
mort radieuse!

SIEGFRIED
Radieuse et heureuse,
tu t'éveilles pour moi:
Brünnhilde vit,
Brünnhilde rit!
Gloire au jour
qui nous illumine!
Gloire au soleil
qui brille sur nous!
Gloire à la lumière
jaillie de la nuit!
Gloire au monde
où vit Brünnhilde!
Elle veille, elle vit,
elle rayonne pour moi.
Pour moi brille Brünnhilde,
mon astre éclatant!
Pour l'éternité,
elle est à moi, pour toujours,
mon bien, mon héritière,
l'unique et le tout:
amour rayonnant,
mort radieuse!
(Brünnhilde se jette dans les bras de Siegfried. Le rideau tombe.)

GÖTTERDÄMMERUNG

Dritter Tag aus dem Bühnenfestspiel
Der Ring des Nibelungen

Personen

Siegfried *(Tenor)*
Gunther *(hoher Baß)*
Hagen *(Baß)*
Alberich *(hoher Baß)*

Brünnhilde *(Sopran)*
Gutrune *(Sopran)*
Waltraute *(tiefer Sopran)*
Die erste Norn *(Alt)*
Die zweite Norn *(tiefer Sopran)*
Die dritte Norn *(Sopran)*

Die Rheintöchter
Woglinde *(Sopran)*
Wallgunde *(tiefer Sopran)*
Floßhilde *(Alt)*

Mannen/Frauen *(Chor)*

Vorspiel

Auf dem Walkürenfelsen

Die Szene ist dieselbe wie am Schlusse des zweiten Tages. - Nacht. Aus der Tiefe des Hintergrundes leuchtet Feuerschein.
Die drei Nornen, hohe Frauengestalten in langen, dunklen und schleierartigen Faltengewändern. Die erste (älteste) lagert im Vordergrunde rechts unter der breitästigen Tanne; die zweite (jüngere) ist an einer Steinbank vor dem Felsengemache hingestreckt; die dritte (jüngste) sitzt in der Mitte des Hintergrundes auf einem Felssteine des Höhensaumes. – Düsteres Schweigen und Bewegungslosigkeit.

DIE ERSTE NORN
Welch Licht leuchtet dort?

DIE ZWEITE
Dämmert der Tag schon auf?

DIE DRITTE
Loges Heer
lodert feurig um den Fels.
Noch ist's Nacht.
Was spinnen und singen wir nicht?

DIE ZWEITE *(zu der ersten)*
Wollen wir spinnen und singen,
woran spannst du das Seil?

DIE ERSTE NORN *(während sie ein goldenes Seil von sich löst und mit dem einen Ende es an einen Ast der Tanne knüpft)*

LE CRÉPUSCULE DES DIEUX

Troisième journée du festival scénique
L'Anneau du Nibelung

Personnages

Siegfried *(ténor)*
Gunther *(baryton)*
Hagen *(basse)*
Alberich *(baryton)*

Brünnhilde *(soprano)*
Gutrune *(soprano)*
Waltraute *(mezzo-soprano)*
Première Norne *(contralto)*
Deuxième Norne *(mezzo-soprano)*
Troisième Norne *(soprano)*

Les Filles du Rhin
Woglinde *(soprano)*
Wellgunde *(mezzo-soprano)*
Flosshilde *(contralto)*

Hommes/Femmes *(choeur)*

Prologue

Sur le rocher des Walkyries

Le décor est le même qu'à la fin de la deuxième journée. - Il fait nuit. A l'arrière-plan, les lueurs des flammes montent
60 *des profondeurs.*
1 *Femmes de haute stature, les trois Nornes, sont drapées*
37 *dans de longs vêtements sombres à larges plis, pareils à des*
65 *voiles. La première (l'aînée) est étendue au premier plan à droite, sous le sapin aux larges branches; la deuxième (plus jeune) est allongée sur un banc de pierre devant la grotte creusée dans le rocher; à l'arrière-plan, au centre, la troisième (la cadette) est assise sur un rocher du rebord. Silence pesant et immobilité.*

LA PREMIÈRE NORNE
Quelle lumière brille là-bas?

LA DEUXIÈME NORNE
Le jour se lève-t-il déjà?

LA TROISIÈME NORNE
L'armée de Loge
flamboie autour du rocher.
Il fait encore nuit.
Pourquoi ne pas filer et chanter?

LA DEUXIÈME NORNE *(à la première)*
Si nous voulons filer et chanter,
où tendras-tu la corde?

LA PREMIÈRE NORNE *(détachant de sa ceinture une corde d'or dont elle noue l'une des extrémités à une branche du sapin)*

So gut und schlimm es geh',
schling ich das Seil und singe.
An der Weltesche
wob ich einst,
da groß und stark
dem Stamm entgrünte
weihlicher Äste Wald.
Im kühlen Schatten
rauscht' ein Quell,
Weisheit raunend
rann sein Gewell';
da sang ich heil'gen Sinn.
Ein kühner Gott
trat zum Trunk an den Quell;
seiner Augen eines
zahlt' er als ewigen Zoll.
Von der Weltesche
brach da Wotan einen Ast;
eines Speeres Schaft
entschnitt der starke dem Stamm.
In langer Zeiten Lauf
zehrte die Wunde den Wald;
falb fielen die Blätter,
dürr darbte der Baum,
traurig versiegte
des Quelles Trank:
trüben Sinnes
ward mein Gesang.
Doch, web ich heut'
an der Weltesche nicht mehr,
muß mir die Tanne
taugen zu fesseln das Seil:
singe, Schwester,
dir werf ich's zu.
Weißt du, wie das wird?

Quoi qu'il puisse advenir,
j'enroule la corde et je chante.
Jadis je tissais
près du frêne du monde,
quand s'élançait du tronc
une ramure sacrée,
vaste et vigoureuse.
Dans l'ombre fraîche
bruissait une source,
ses eaux coulaient,
murmurant la sagesse;
et mon chant révélait le sacré.
Un dieu plein d'audace
vint boire à la source;
l'un de ses yeux
en fut l'éternel tribut.
Wotan rompit alors
une branche du frêne du monde;
15 le dieu puissant se tailla
le bois d'une lance dans le tronc.
Au cours des temps, la blessure
fit périr la frondaison;
jaunies, les feuilles tombèrent,
l'arbre se dessécha,
le flot de la source
tarit tristement:
mon chant devint
mélancolique.
Si aujourd'hui je ne tisse plus
près du frêne du monde,
que le sapin me serve
à fixer la corde:
chante, ma soeur,
je te la lance.
38 Sais-tu ce qu'il advint?

DIE ZWEITE NORN *(windet das ihr zugeworfene Seil um einen hervorspringenden Felsstein am Eingange des Gemaches)*
Treu berat'ner
Verträge Runen
schnitt Wotan
in des Speeres Schaft:
den hielt er als Haft der Welt.
Ein kühner Held
zerhieb im Kampfe den Speer;
in Trümmer sprang
der Verträge heiliger Haft.
Da hieß Wotan
Walhalls Helden
der Weltesche
welkes Geäst
mit dem Stamm in Stücke zu fällen :
die Esche sank,
ewig versiegte der Quell!
Feßle ich heut
an den scharfen Fels das Seil:
singe, Schwester,
dir werf ich's zu.
Weißt du, wie das wird?

LA DEUXIÈME NORNE *(enroule la corde qui lui a été lancée autour d'un rocher en saillie à l'entrée de la grotte)*
Wotan grava
sur le bois de la lance
4 les runes de traités
conclus loyalement:
il détenait les lois du monde.
Un héros hardi
brisa la lance au combat;
l'ordre sacré des traités
vola en éclats.
Alors Wotan
ordonna aux héros
d'abattre et de couper
les branches flétries
et le tronc du frêne:
le frêne tomba,
la source tarit pour toujours.
65 Ainsi j'attache aujourd'hui
la corde au rocher pointu:
chante, ma soeur,
je te la lance.
Sais-tu ce qu'il adviendra?

DIE DRITTE NORN *(das Seil auffangend und dessen Ende hinter sich werfend)*
Es ragt die Burg,

LA TROISIÈME NORNE *(attrapant la corde et jetant l'extrémité derrière elle)*
Le burg se dresse,

von Riesen gebaut:
mit der Götter und Helden
heiliger Sippe
sitzt dort Wotan im Saal.
Gehau'ner Scheite
hohe Schicht
ragt zuhauf
rings um die Halle:
die Weltesche war dies einst!
Brennt das Holz
heilig brünstig und hell,
sengt die Glut
sehrend den glänzenden Saal,
der ewigen Götter Ende
dämmert ewig da auf.
Wisset ihr noch,
so windet von neuem das Seil;
von Norden wieder
werf ich's dir nach.
(Sie wirft das Seil der zweiten Norn zu.)

bâti par les géants:
avec la race sacrée
des dieux et des héros,
4 Wotan siège en ce lieu.
Un grand tas
de bûches coupées
est empilé
autour de la salle:
ce fut jadis le frêne du monde!
Que le bois brûle
d'une ardeur claire et sacrée,
que le feu consume
4, 14 le séjour resplendissant,
le crépuscule sans fin poindra
pour les dieux éternels.
37 Si vous en savez plus,
65 déroulez de nouveau la corde;
du nord, encore une fois,
je la lance vers toi.
(Elle jette la corde à la deuxième Norne.)

DIE ZWEITE NORN *(schwingt das Seil der ersten hin, die es vom Zweige löst und es an einen andern Ast wieder anknüpft)*
Spinne, Schwester, und singe!

LA DEUXIÈME NORNE *(relance la corde à la première qui la détache et la renoue à une autre branche)*
File, ma soeur, et chante!

DIE ERSTE NORN *(bei ihrer Beschäfligung nach hinten blickend)*
Dämmert der Tag?
Oder leuchtet die Lohe?
Gertrübt trügt sich mein Blick;
nicht hell eracht ich
das heilig Alte,
da Loge einst
entbrannte in Lichter Brunst.
Weißt du was aus ihm ward?

LA PREMIÈRE NORNE *(regarde vers le fond tout en nouant la corde)*
Est-ce l'aube qui point?
18 Ou bien est-ce la flamme qui luit?
Ma vue troublée se brouille;
je perçois mal
ce passé sacré,
où Loge jadis
flamba en un clair brasier.
Sais-tu ce qu'il lui advint?

DIE ZWEITE NORN *(das zugeworfene Seil wieder um den Stein windend)*
Durch des Speeres Zauber
zähmte ihn Wotan;
Räte raunt'er dem Gott.
An des Schaftes Runen,
frei sich zu raten,
nagte zehrend sein Zahn:
Da, mit des Speeres
zwingender Spitze
bannte ihn Wotan,
Brünnhildes Fels zu umbrennen.
Weißt du, was aus ihm wird?
(Sie wirft das Seil der dritten Norn zu; diese wirft es wieder hinter sich.)

LA DEUXIÈME NORNE *(enroulant de nouveau autour de la pierre la corde qui lui est lancée)*
15 Par le charme de sa lance,
Wotan le dompta;
il chuchota des conseils au dieu.
Pour se libérer,
ses dents rongèrent les runes
gravées dans le bois:
de la pointe de sa lance,
Wotan le contraignit
par magie, à cerner
de feu le rocher de Brünnhilde.
38 Sais-tu ce qu'il deviendra?
(Elle lance la corde à la troisième Norne; celle-ci la jette encore une fois derrière elle.)

DIE DRITTE NORN
Des zerschlagnen Speeres
stechende Splitter
taucht' einst Wotan
dem Brünstigen tief in die Brust:
zehrender Brand
zündet da auf;
den wirft der Gott
in der Weltesche
zuhauf geschichtete Scheite.
(Sie wirft das Seil zurück, die zweite Norn windet es auf und

LA TROISIÈME NORNE
4 Wotan plongera
les éclats coupants
de la lance brisée
au fond du coeur de l'ardent:
des brandons dévorants
se mettront à flamber;
le dieu les jettera
dans les bûches amoncelées
du frêne du monde.
(Elle renvoie la corde, la deuxième Norne la love et la ren-

wirft es der ersten wieder zu.)

DIE ZWEITE NORN
Wollt ihr wissen,
wann das wird?
Schwinget, Schwestern, das Seil?

DIE ERSTE NORN *(das Seil von neuem anknüpfend)*
Die Nacht weicht;
nichts mehr gewahr ich:
des Seiles Fäden
find ich nicht mehr;
verflochten in das Geflecht.
Ein wüstes Gesicht
wirrt mir wütend den Sinn.
Das Rheingold
raubte Alberich einst.
Weißt du, was aus ihm ward?

DIE ZWEITE NORN *(mit mühevoller Hast das Seil um den zackigen Stein des Gemaches windend)*
Des Steines Schärfe
schnitt in das Seil;
nicht fest spannt mehr
der Fäden Gespinst;
verwirrt ist das Geweb'.
Aus Not und Neid
ragt mir des Niblungen Ring:
ein rächender Fluch
nagt meiner Fäden Geflecht.
Weißt du, was daraus wird?
(Das Seil der dritten Norn zuwerfend)

DIE DRITTE NORN *(das zugeworfene Seil hastig fassend)*

Zu locker das Seil,
mir langt es nicht.
Soll ich nach Norden
neigen das Ende,
straffer sei es gestreckt!
(Sie zieht gewaltsam das Seil an; dieses reißt .)
Es riß!

DIE ZWEITE
Es riß!

DIE ERSTE
Es riß!
(Sie fassen die Stücke des zerrissenen Seiles und binden damit ihre Leiber aneinander.)

DIE DREI NORNEN
Zu End' ewiges Wissen!
Der Welt melden
Weise nichts mehr.

DIE DRITTE NORN
Hinab!

DIE ZWEITE NORN
Zur Mutter!

DIE ERSTE NORN
Hinab!

voie de nouveau à la première.)

LA DEUXIÈME NORNE
44, 37 Voulez-vous savoir
quand ce sera?
Mes soeurs, lancez la corde!

LA PREMIÈRE NORNE *(attachant de nouveau la corde)*
La nuit s'achève;
je ne discerne plus rien:
je ne trouve plus
les brins de la corde;
12 les réseaux s'enchevêtrent.
Une vision désolée
envahit mon esprit troublé.
Alberich a jadis
ravi l'or du Rhin.
Sais-tu ce qu'il lui advint?

LA DEUXIÈME NORNE *(se hâte d'enrouler avec peine la corde autour de la pierre acérée près de la grotte)*
Le tranchant de la pierre
a entaillé la corde;
les cordons ne sont plus
solidement tendus;
la tresse est emmêlée.
Je vois surgir l'anneau,
9 de la peine et de la haine:
une malédiction vengeresse
12 ronge le réseau des fils.
26 Sais-tu ce qu'il en adviendra?
(Lançant la corde à la troisième Norne)

LA TROISIÈME NORNE *(attrapant précipitamment de la corde qui lui est lancée)*
49 La corde est trop lâche,
pas assez longue pour moi.
Pour envoyer
l'extrémité vers le nord,
il faut qu'elle soit plus tendue!
24 *(Elle tire avec force sur la corde; celle-ci se rompt .)*
Cassée!

LA DEUXIÈME NORNE
Cassée!

LA PREMIÈRE NORNE
Cassée!
(Elles saisissent les morceaux de la corde rompue qu'elles
20 *utilisent pour s'attacher l'une à l'autre.)*

LES TROIS NORNES
C'est la fin du savoir éternel!
Les sages ne diront
plus rien au monde.

LA TROISIÈME NORNE
Descendons!

LA DEUXIÈME NORNE
Vers notre mère!

LA PREMIÈRE NORNE
Descendons!

(Sie verschwinden.)

Orchesterzwischenspiel

Tagesgrauen – Wachsende Morgenröte, immer schwächeres Leuchten des Feuerscheines aus der Tiefe. Sonnen Aufgang. Voller Tag.
Siegfried und Brünnhilde treten aus dem Steingemach auf. Er ist in vollen Waffen,; sie führt ihr Roß am Zaume.

BRÜNNHILDE
Zu neuen Taten,
teurer Helde,
wie liebt' ich dich,
ließ ich dich nicht?
Ein einzig' Sorgen
läßt mich säumen:
daß dir zu wenig
mein Wert gewann!
Was Götter mich wiesen,
gab ich dir:
heiliger Runen
reichen Hort;
doch meiner Stärke
magdlichen Stamm
nahm mir der Held,
dem ich nun mich neige.
Des Wissens bar,
doch des Wunsches voll:
an Liebe reich,
doch ledig der Kraft,
mögst du die Arme
nicht verachten,
die dir nur gönnen,
nicht geben mehr kann!

SIEGFRIED
Mehr gabst du, Wunderfrau,
als ich zu wahren weiß.
Nicht zürne, wenn dein Lehren
mich unbelehret ließ!
Ein Wissen doch wahr ich wohl:
(feurig) daß mir Brünnhilde lebt;
eine Lehre lernt' ich leicht:
Brünnhildes zu gedenken!

BRÜNNHILDE
Willst du mir Minne schenken,
gedenke deiner nur,
gedenke deiner Taten:
gedenk' des wilden Feuers,
das furchtlos du durchschrittest,
da den Fels es rings umbrann.

SIEGFRIED
Brünnhilde zu gewinnen!

BRÜNNHILDE
Gedenk' der beschildeten Frau,
die in tiefem Schlaf du fandest,
der den festen Helm du erbrachst.

(Elles disparaissent.)

Interlude orchestral

L'aube point. Clarté grandissante de l'aurore; l'éclat du feu faiblit graduellement. Le soleil se lève. Plein jour.

Siegfried et Brünnhilde sortent du logis creusé dans la pierre; Siegfried tout armé, Brünnhilde menant son cheval par la bride.

BRÜNNHILDE
Serait-ce t'aimer,
héros très cher,
que ne pas te laisser
partir pour de nouveaux exploits?
Une seule crainte
me fait hésiter:
c'est de t'avoir
trop peu donné!
Ce que les dieux m'ont appris,
je te l'ai transmis:
le riche trésor
des runes sacrées;
mais le héros
devant qui je m'incline,
m'a pris le fond
virginal de ma force.
Dénuée de savoir,
mais pleine de désir,
je suis riche d'amour,
mais privée de pouvoir:
puisses-tu ne pas
mépriser la pauvre femme
qui peut seulement souhaiter,
sans plus rien te donner!

SIEGFRIED
Femme sublime, tu m'as donné plus
que je ne puis garder.
Ne t'irrite pas si tes leçons
m'ont laissé ignorant!
(avec feu) Pourtant j'ai retenu une chose:
Brünnhilde vit pour moi;
j'ai appris sans peine cette leçon:
me souvenir de Brünnhilde!

BRÜNNHILDE
Si tu veux m'offrir ton amour,
pense seulement à toi,
souviens-toi de tes exploits:
souviens-toi du feu sauvage
que tu traversas sans peur,
quand il encerclait le roc.

SIEGFRIED
C'était pour te conquérir!

36 BRÜNNHILDE
Souviens-toi de la femme au bouclier
40 plongée dans un profond sommeil,
dont tu ouvris le heaume solide.

SIEGFRIED
Brünnhilde zu erwecken!

BRÜNNHILDE
Gedenk' der Eide,
die uns einen;
gedenk' der Treue,
die wir tragen;
gedenk' der Liebe,
der wir leben:
Brünnhilde brennt dann ewig
heilig dir in der Brust!
(Sie umarmt Siegfried.)

SIEGFRIED
Laß ich, Liebste, dich hier
in der Lohe heiliger Hut,
(Er hat den Ring Alberichs von seinem Finger gezogen und reicht ihn jetzt Brünnhilde dar.)
zum Tausche deiner Runen
reich' ich dir diesen Ring.
Was der Taten je ich schuf,
des Tugend schließt er ein.
Ich erschlug einen wilden Wurm,
der grimmig lang ihn bewacht.
Nun wahre du seine Kraft
als Weihegruß meiner Treu'!

BRÜNNHILDE *(voll Entzücken den Ring sich ansteckend)*

Ihn geiz' ich als einziges Gut!
Für den Ring nimm nun auch mein Roß!
Ging sein Lauf mit mir
einst kühn durch die Lüfte,
mit mir
verlor es die mächt' ge Art;
über Wolken hin
auf blitzenden Wettern
nicht mehr
schwingt es sich mutig des Wegs;
doch wohin du ihn führst
– sei es durchs Feuer –,
grauenlos folgt dir Grane;
denn dir, o Helde,
soll er gehorchen!
Du hüt' ihn wohl;
er hört dein Wort:
o bringe Grane
oft Brünnhildes Gruß!

SIEGFRIED
Durch deine Tugend allein
soll so ich Taten noch wirken?
Meine Kämpfe kiesest du,
meine Siege kehren zu dir;
auf deines Rosses Rücken,
in deines Schildes Schirm,
nicht Siegfried acht ich mich mehr,
ich bin nur Brünnhildes Arm.

BRÜNNHILDE
O wäre Brünnhild' deine Seele!

SIEGFRIED
C'était pour t'éveiller!

BRÜNNHILDE
Souviens-toi des serments
qui nous unissent,
et de la fidélité
que nous nous portons;
souviens-toi de l'amour
pour lequel nous vivons:
alors ton coeur brûlera toujours
56 pour Brünnhilde d'un feu sacré!
(Elle étreint Siegfried.)

SIEGFRIED
Bien-aimée, s'il me faut te laisser
sous la sainte garde des flammes,
(Il a retiré de son doigt l'anneau d'Alberich et le tend à présent à Brünnhilde.)
je t'offre cet anneau,
en échange de tes runes.
En lui réside la vertu
des exploits que j'ai accomplis.
49c J'abattis un dragon féroce,
qui fut longtemps son gardien.
Préserve à ton tour sa force,
comme gage sacré de ma fidélité!

BRÜNNHILDE *(passe l'anneau à son doigt avec ravissement)*
C'est le seul bien que je désire!
Et pour l'anneau, prends mon coursier!
Il s'envolait jadis avec moi
sans peur à travers les airs,
comme moi,
il a perdu son pouvoir;
il ne s'élancera plus,
plein de vaillance,
par dessus les nuages,
dans les éclairs et l'orage;
mais où que tu le mènes,
– fût-ce à travers le feu –,
Grane te suivra sans effroi;
qu'il t'obéisse,
à toi, mon héros!
Veille bien sur lui,
il t'écoutera:
oh, donne-lui souvent
le salut de Brünnhilde!

SIEGFRIED
Je n'accomplirai donc d'autres exploits
que par ta seule valeur?
Tu choisiras mes combats,
mes victoires te reviendront:
chevauchant ton coursier,
protégé par ton bouclier,
je ne suis plus Siegfried,
mais seulement le bras de Brünnhilde.

BRÜNNHILDE
Oh, puisse Brünnhilde être ton âme!

SIEGFRIED
Durch sie entbrennt mir der Mut.

BRÜNNHILDE
So wärst du Siegfried und Brünnhild'?

SIEGFRIED
Wo ich bin, bergen sich beide.

BRÜNNHILDE *(lebhaft)*
So verödet mein Felsensaal?

SIEGFRIED
Vereint faßt er uns zwei!

BRÜNNHILDE *(in großer Ergriffenheit)*
O heilige Götter,
hehre Geschlechter!
Weidet eu'r Aug'
an dem weihvollen Paar!
Getrennt - wer will es scheiden?
Geschieden - trennt es sich nie!

SIEGFRIED
Heil dir, Brünnhilde,
prangender Stern!
Heil, strahlende Liebe!

BRÜNNHILDE
Heil dir, Siegfried,
siegendes Licht!
Heil, strahlendes Leben!

BEIDE
Heil! Heil! Heil! Heil!
(Siegfried geleitet schnell das Roß dem Felsenabhange zu, wohin ihm Brünnhilde folgt. Siegfried ist mit dem Rosse hinter dem Felsenvorsprunge abwärts verschwunden, so daß der Zuschauer ihn nicht mehr sieht: Brünnhilde steht so plötzlich allein am Abhange und blickt Siegfried in die Tiefe nach. Brünnhildes Gebärde zeigt, daß jetzt Siegfried ihrem Blicke entschwindet. Man hört Siegfrieds Horn aus der Tiefe. Brünnhilde lauscht. Sie tritt weiter auf den Abhang hinaus, erblickt Siegfried nochmals in der Tiefe und winkt ihm mit entzückter Gebärde zu. Aus ihrem freudigen Lächeln deutet sich der Anblick des lustig davonziehenden Helden. Der Vorhang fällt schnell.)

SIEGFRIED
Par elle, mon courage s'enflamme.

BRÜNNHILDE
Ainsi tu serais Siegfried et Brünnhilde?

SIEGFRIED
Là où je suis, tous deux s'y trouvent.

BRÜNNHILDE *(vivement)*
Alors mon rocher devient désert?

SIEGFRIED
Il nous unit tous deux!

BRÜNNHILDE *(avec grande émotion)*
O dieux souverains!
Race sublime!
Que vos yeux contemplent
le couple sacré!
Désuni - qui les séparerait?
Séparé - il n'est jamais désuni!

SIEGFRIED
Salut à toi, Brünnhilde,
étoile étincelante!
Salut, amour rayonnant!

BRÜNNHILDE
Salut à toi, Siegfried,
lumière triomphante!
Salut, vie rayonnante!

ENSEMBLE
Salut! Salut! Salut! Salut!
(Siegfried mène rapidement le cheval vers le versant de la montagne où Brünnhilde l'accompagne. Siegfried, qui commence à descendre avec le cheval, a disparu derrière le promontoire, de sorte que le spectateur ne le voit plus:
61 *Brünnhilde demeure donc soudain seule sur le versant, sui-*
66 *vant des yeux Siegfried qui descend. Les gestes de Brünnhilde manifestent que Siegfried échappe maintenant à sa vue. On entend l'appel de cor monter de la vallée. Brünnhilde écoute attentivement. Elle fait quelques pas dans la pente, aperçoit encore une fois Siegfried dans le bas et lui fait des signes enthousiastes. Son sourire indique qu'elle voit le héros qui s'éloigne gaiement. Le rideau tombe rapidement.)*

Orchesterzwischenspiel

Siegfrieds Rheinfahrt

Interlude orchestral

Voyage de Siegfried sur le Rhin

ERSTER AUFZUG

Die Halle der Gibichungen am Rhein

Diese ist dem Hintergrund zu ganz offen; den Hintergrund selbst nimmt ein freier Uferraum bis zum Flusse hin ein; felsige Anhöhren umgrenzen das Ufer.

PREMIER ACTE

Le palais des Gibichungen au bord du Rhin.

Ce palais s'ouvre tout grand sur le fond de la scène; celui-ci est occupé par une esplanade qui s'étend jusqu'au fleuve; des hauteurs rocheuses encadrent et limitent le rivage.

ERSTE SZENE

(Gunther und Gutrune auf dem Hochsitze zur Seite, vor welchem ein Tisch mit Trinkgerät steht; davor sitzt Hagen.)

GUNTHER
Nun hör, Hagen,
sage mir, Held:
sitz ich selig am Rhein.
Gunther zu Gibichs Ruhm?

HAGEN
Dich echt gennanten
acht ich zu neiden:
die beid' uns Brüder gebar,
Frau Grimhild' ließ mich's begreifen.

GUNTHER
Dich neide ich,
nicht neide mich du!
Erbt' ich Erstlingsart,
Weisheit ward dir allein:
Halbbrüderzwist
bezwang sich nie besser.
Deinem Rat nur red' ich Lob,
frag' ich dich nach meinem Ruhm.

HAGEN
So schelt' ich den Rat,
da schlecht noch dein Ruhm;
denn hohe Güter weiß ich,
die der Gibichung noch nicht gewann.

GUNTHER
Verschwiegst du sie,
so schelt' auch ich.

HAGEN
In sommerlich reifer Stärke
seh ich Gibichs Stamm,
dich, Gunther, unbeweibt,
dich, Gutrun', ohne Mann.
(Gunther und Gutrune sind in schweigendes Sinnen verloren.)

GUNTHER
Wen rätst du nun zu frein,
daß unsrem Ruhm es fromm'?

HAGEN
Ein Weib weiß ich,
das herrlichste der Welt:
auf Felsen hoch ihr Sitz,
ein Feuer umbrennt ihren Saal;
nur wer durch dasFeuer bricht,
darf Brünnhildes Freier sein.

GUNTHER
Vermag das mein Mut zu bestehn?

HAGEN
Eimem Stärkren noch ist's nur bestimmt.

SCÈNE I

(Sur le côté, Gunther et Gutrune sont assis sur leur trône, devant une table où se trouvent des cornes à boire; Hagen est assis devant cette table.)

GUNTHER
67a Eh bien, Hagen,
68 dis-moi, héros:
suis-je au bord du Rhin
l'heureux Gunther, gloire de Gibich?

HAGEN
Toi, le fils légitime,
tu es digne d'envie:
celle qui nous engendra tous deux,
12 dame Grimhilde me le fit comprendre.

GUNTHER
C'est moi qui t'envie,
toi, ne m'envie pas!
Si j'eus le droit d'aînesse,
toi seul eus la sagesse:
jamais querelle de demi-frères
ne s'est mieux résolue.
T'interroger sur ma gloire,
c'est rendre hommage à tes conseils.

HAGEN
Alors je blâme ces conseils,
16 puisque ta gloire est médiocre;
en effet, je connais de grands biens
que le Gibichung n'a pas conquis.

GUNTHER
Comme tu ne m'as rien dit,
je te blâme aussi.

HAGEN
Je vois la lignée de Gibich
au zénith de sa force,
mais toi, Gunther, sans épouse,
et toi, Gutrune, sans mari.
(Gunther et Gutrune demeurent silencieux, perdus dans leur méditation.)

GUNTHER
Quels mariages conseilles-tu,
qui servent notre gloire?

HAGEN
36 Je connais une femme,
la plus splendide du monde:
45 elle vit sur un rocher élevé,
8 un feu entoure son séjour;
seul celui qui traverse le feu
peut être l'époux de Brünnhilde.

GUNTHER
Aurai-je courage de passer?

HAGEN
C'est réservé à plus fort que toi.

GUNTHER
Wer ist der streitlichste Mann?

HAGEN
Siegfried, der Wälsungen Sproß:
der ist der stärkste Held.
Ein Zwillingspaar,
von Liebe bezwungen,
Siegmund und Sieglinde,
zeugten den echtesten Sohn.
Der im Walde mächtig erwuchs,
den wünsch' ich Gutrun' zum Mann.

GUTRUNE *(schüchtern beginnend)*
Welche Tat schuf er so tapfer,
daß als herrlichster Held er genannt?

HAGEN
Vor Neidhöhle
den Niblungenhort
bewachte ein riesiger Wurm:
Siegfried schloß ihm
den freislichen Schlund,
erschlug ihn mit siegendem Schwert.
Solch ungeheurer Tat
enttagte des Helden Ruhm.

GUNTHER *(in Nachsinnen)*
Vom Niblungenhort vernahm ich:
er birgt den neidlichsten Schatz?

HAGEN
Wer wohl ihn zu nützen wüßt',
dem neigte sich wahrlich die Welt.

GUNTHER
Und Siegfried hat ihn erkämpft?

HAGEN
Knecht sind die Niblungen ihm.

GUNTHER
Und Brünnhild' gewänne nur er?

HAGEN
Keinem andren wiche die Brunst.

GUNTHER *(unwillig sich vom Sitze erhebend)*
Was weckst du Zweifel und Zwist!
Was ich nicht zwingen soll,
darnach zu verlangen
machst du mir Lust?
(Er schreitet bewegt in der Halle auf und ab. Hagen, ohne seinen Sitz zu verlassen, hält Gunther, als dieser wieder in seine Nähe kommt, durch einen geheimnisvollen Wink fest.)

HAGEN
Brächte Siegfried
die Braut dir heim,
wär' dann nicht Brünnhilde dein?

GUNTHER *(wendet sich wieder zweifelnd und unmutig ab)*
Wer zwänge den frohen Mann,
für mich die Braut zu frein?

GUNTHER
Qui est ce guerrier hardi?

HAGEN
Siegfried, fils du Wälsung:
33 c'est lui le plus fort des héros.
Un couple de jumeaux
unis par l'amour,
Siegmund et Sieglinde
conçurent ce fils de pure race.
Cet homme fort qui grandit dans les bois,
qu'il devienne l'époux de Gutrune.

GUTRUNE *(commençant timidement)*
Quels exploits audacieux lui valurent
d'être appelé le plus grand des héros?

HAGEN
Devant la Grotte de l'envie,
un énorme dragon veillait
sur le trésor des Nibelungen:
Siegfried lui ferma
sa gueule terrifiante,
l'abattit de son épée triomphante.
Cet exploit prodigieux
fit la gloire du héros.

GUNTHER *(reste pensif)*
12 Le trésor des Nibelungen, dit-on,
recèle le plus précieux joyau?

HAGEN
Celui qui saurait en user
pourrait soumettre le monde.

GUNTHER
Et Siegfried l'a gagné au combat?

HAGEN
9, 26 Les Nibelungen sont ses esclaves.

GUNTHER
Et lui seul conquerrait Brünnhilde?

HAGEN
Le brasier n'en laisserait passer nul autre.

GUNTHER *(irrité, se levant de son siège)*
Pourquoi susciter le doute et la querelle?
Tu me fais
désirer en vain
ce que je ne puis obtenir?
(En proie à l'agitation, il fait les cent pas dans la salle. Hagen, sans quitter son siège, saisit le moment où Gunther
21b *passe près de lui pour le retenir, d'un signe mystérieux.)*

HAGEN
Et si Siegfried t'amenait
la fiancée chez toi,
alors Brünnhilde serait tienne?

GUNTHER *(se détourne à nouveau, maussade et indécis)*
Qui obligerait cet homme heureux
à quérir une épouse pour moi?

HAGEN *(wie vorher)*
Ihn zwänge bald deine Bitte,
bänd' ihn Gutrun' zuvor.

GUTRUNE
Du Spötter, böser Hagen,
wie sollt' ich Siegfried binden?
Ist er der herrlichste
Held der Welt,
der Erde holdeste Frauen
friedeten längst ihn schon.

HAGEN *(sich vertraulich zu Gutrune hinneigend)*

Gedenk' des Trankes im Schrein;
(heimlicher)
vertraue mir, der ihn gewann:
den Helden, des du verlangst,
bindet er liebend an dich.
(Gunther ist wieder an den Tisch getreten und hört, auf ihn gelehnt, jetzt aufmerksam zu.)
Träte nun Siegfried ein,
genöss' er des würzigen Tranks,
daß vor dir ein Weib er ersah,
daß je ein Weib ihm genaht,
vergessen müßt er des ganz.
Nun redet,
wie dünkt euch Hagens Rat?

GUNTHER *(lebhaft auffahrend)*
Gepriesen sei Grimhild',
die uns den Bruder gab!

GUTRUNE
Möcht' ich Siegfried je ersehn!

GUNTHER
Wie suchten wir ihn auf?
(Ein Horn klingt aus dem Hintergrunde von links her. Hagen lauscht.)

HAGEN *(wendet sich zu Gunther)*
Jagt er auf Taten
wonnig umher,
zum engen Tann
wird ihm die Welt:
wohl stürmt er in rastloser Jagd
auch zu Gibichs Strand an den Rhein.

GUNTHER
Willkommen hieß' ich ihn gern.
(Horn näher, aber immer noch fern . Beide lauschen.)

Vom Rhein her tönt das Horn.

HAGEN *(eilt nach dem Ufer, späht den Fluß hinab und ruft zurück)*
In einem Nachen Held und Roß!
Der bläst so munter das Horn!
(Gunther bleibt auf halbem Wege lauschend zurück.)
Ein gemächlicher Schlag,
wie von müßiger Hand,
treibt jach den Kahn
wider den Strom;

HAGEN *(comme précédemment)*
Il le ferait vite, à ta demande,
si Gutrune savait d'abord lui plaire.

GUTRUNE
69 Tu railles, méchant Hagen,
comment saurais-je lui plaire?
S'il est le plus grand
héros du monde,
les plus gracieuses femmes de la terre
le comblent depuis déjà longtemps.

HAGEN *(se penchant vers Gutrune, comme pour faire une confidence)*
Pense au philtre dans le coffret;
(d'un ton plus mystérieux)
fie-toi à moi qui l'ai préparé:
il t'assurera l'amour
du héros que tu désires.
(Gunther s'est de nouveau approché de la table; il s'y
26b *accoude et écoute désormais avec attention.)*
Si Siegfried entrait maintenant,
21b ce breuvage savoureux qu'il goûterait,
lui ferait oublier totalement
toute femme qu'il vit avant toi
21c et toute femme qu'il approcha.
Alors, que dites-vous
des conseils de Hagen?

GUNTHER *(se redressant vivement)*
Louée soit Grimhilde,
qui nous donna ce frère!

GUTRUNE
24 Comme je voudrais voir Siegfried un jour!

GUNTHER
Comment faire pour le trouver?
(On entend sonner un cor dans le fond à gauche. Hagen
49a *tend l'oreille.)*

HAGEN *(se tourne vers Gunther)*
S'il est en quête
d'exploits enivrants,
le monde lui semblera
une petite sapinière,
et cette quête effrénée le mènera
un jour au rivage des Gibichungen.

GUNTHER
Je l'accueillerais volontiers.
(Encore lointain, le son du cor se rapproche. Tous deux prêtent l'oreille.)
Le son du cor vient du Rhin.

HAGEN *(court vers la berge, il scrute le fleuve en aval et s'écrie en se retournant)*
Dans une barque, un cheval, un héros!
49a, 9 C'est lui qui sonne si gaiement du cor!
(Gunther s'arrête à mi-chemin pour écouter.)
D'un geste tranquille,
comme d'une main nonchalante,
il lance le canot
à contre-courant;

so rüstiger Kraft
in des Ruders Schwung
rühmt sich nur der,
der den Wurm erschlug.
Siegfried ist es, sicher kein andrer!

GUNTHER
Jagt er vorbei?

HAGEN *(durch die hohlen Hände nach dem Flusse rufend)*

Hoiho! Wohin,
du heitrer Held?

SIEGFRIED STIMME *(aus der Ferne, vom Flusse zu her)*
Zu Gibichs starkem Sohne.

HAGEN
Zu seiner Halle entbiet' ich dich.
(Siegfried erscheint im Kahn am Ufer.)
Hieher! Hier lege an!

ZWEITE SZENE

Siegfried legt mit dem Kahne an und springt, nachdem Hagen den Kahn mit der Kette am Ufer festgeschlossen hat, mit dem Rosse auf den Strand.

HAGEN
Heil! Siegfried, teurer Held!
(Gunther ist zu Hagen an das Ufer getreten. Gutrune blickt vom Hochsitze aus in staunender Bewunderung auf Siegfried. Gunther will freundlichen Gruß bieten. Alle sind in gegenseitiger stummer Betrachtung gefesselt.)

SIEGFRIED *(auf sein Roß gelehnt, bleibt ruhig am Kahne stehen)*
Wer ist Gibichs Sohn?

GUNTHER
Gunther, ich, den du suchst.

SIEGFRIED
Dich hört' ich rühmen
weit am Rhein:
nun ficht mit mir
oder sei mein Freund!

GUNTHER
Laß den Kampf!
Sei willkommen!

SIEGFRIED *(sieht sich ruhig um)*
Wo berg ich mein Roß?

HAGEN
Ich biet ihm Rast.

SIEGFRIED *(zu Hagen gewendet)*
Du riefst mich Siegfried:
sahst du mich schon?

HAGEN
Ich kannte dich nur

seul le vainqueur du dragon
peut se glorifier
d'une telle vigueur
pour manier la rame.
Ce ne peut être que Siegfried!

GUNTHER
Passe-t-il sans s'arrêter?

HAGEN *(s'écriant en direction du fleuve, les mains en porte-voix)*
Hoïho! Où vas-tu,
joyeux héros?

LA VOIX DE SIEGFRIED *(lointaine, venant du fleuve)*
Chez le puissant fils de Gibich.

HAGEN
Je te convie en sa demeure.
(Siegfried apparaît en barque, près de la rive.)
Par là! Accoste ici!

SCÈNE II

La barque accoste et, après que Hagen l'ait solidement amarrée par une chaîne, Siegfried saute sur la berge avec son cheval.

HAGEN
24, 40 Salut Siegfried, cher héros!
(Gunther a rejoint Hagen sur la rive. De son trône, Gutrune regarde Siegfried avec un étonnement admiratif. Gunther esquisse un salut cordial . Tous demeurent muets et figés, s'observant mutuellement.)

SIEGFRIED *(tranquillement appuyé sur son cheval, s'immobilise près de la barque)*
Qui est le fils de Gibich?

GUNTHER
C'est moi, Gunther, que tu cherches.

SIEGFRIED
J'ai entendu tes louanges
tout le long du Rhin:
alors, bats-toi avec moi
ou sois mon ami!

GUNTHER
Non, pas de lutte!
Sois le bienvenu!

SIEGFRIED *(regardant tranquillement autour de lui)*
Où mettre mon cheval?

HAGEN
Je m'en occupe.

SIEGFRIED *(s'adressant à Hagen)*
24 Tu m'as appelé « Siegfried »:
m'as-tu déjà vu?

HAGEN
Je t'ai reconnu

an deiner Kraft.

SIEGFRIED *(indem er an Hagen das Roß übergibt)*
Wohl hüte mir Grane!
Du hieltest nie
von edlerer Zucht
am Zaume ein Roß.
(Hagen führt das Roß rechts hinter die Halle ab. Während Siegfried ihm gedankenvoll nachblickt, entfernt sich auch Gutrune, durch einen Wink Hagens bedeutet, von Siegfried unbemerkt, nach links durch eine Tür in ihr Gemach. Gunther schreitet mit Siegfried, den er dazu einlädt, in die Halle vor.)

GUNTHER
Begrüße froh, o Held,
die Halle meines Vaters;
wohin du schreitest,
was du ersiehst,
das achte nun dein eigen:
dein ist mein Erbe,
Land und Leut' –
hilf, mein Leib, meinem Eide!
Mich selbst geb ich zu Mann.

SIEGFRIED
Nicht Land noch Leute biete ich,
noch Vaters Haus und Hof:
einzig erbt' ich
den eignen Leib;
lebend zehr ich den auf.
Nur ein Schwert hab ich,
selbst geschmiedet:
hilf, mein Schwert, meinem Eide!
Das biet' ich mit mir zum Bund.

HAGEN *(der zurückgekommen ist und jetzt hinter Siegfried steht)*
Doch des Niblungenhortes
nennt die Märe dich Herrn?

SIEGFRIED *(sich zu Hagen umwendend)*
Des Schatzes vergaß ich fast:
so schätz' ich sein müß' ges Gut!
In einer Höhle ließ ich's liegen,
wo ein Wurm es einst bewacht'.

HAGEN
Und nichts entnahmst du ihm?

SIEGFRIED *(auf das stählerne Netzgewirk deutend, das er im Gürtel hängen hat)*
Dies Gewirk, unkund seiner Kraft.

HAGEN
Den Tarhelm kenn' ich,
der Niblungen künstliches Werk:
er taugt, bedeckt er dein Haupt,
dir zu tauschen jede Gestalt;
verlangt dich's an fernsten Ort,
er entführt flugs dich dahin.
Sonst nichts entnahmst du dem Hort?

rien qu'à ta force.

SIEGFRIED *(tandis qu'il confie son cheval à Hagen)*
Prends bien soin de Grane!
66 Jamais tu ne tins
la bride d'un coursier
de plus noble race.
(Hagen emmène le cheval vers la droite, derrière le palais. Pensif, Siegfried le suit des yeux; pendant ce temps, sur un signe de Hagen qui échappe à Siegfried, Gutrune se retire également, par une porte à gauche, dans sa chambre. Gunther invite Siegfried à s'avancer avec lui dans la salle.)
67b

GUNTHER
O héros, salue gaiement
le palais de mon père;
quel que soit le lieu,
ce que tu vois,
considère-le comme ton bien:
mon patrimoine est tien,
- terres et gens -
mon corps sera gage de mon serment!
71 Moi, je suis ton homme lige.

SIEGFRIED
Je n'offre ni terres, ni gens,
33 ni domaine de mon père:
mon seul patrimoine
est mon propre corps;
à vivre, je le consume.
Je n'ai qu'une épée
que j'ai moi-même forgée:
mon épée sera gage de mon serment!
Avec moi, je te l'offre pour alliance.

HAGEN *(qui est revenu et se tient à présent derrière Siegfried.)*
10 Mais on te dit le maître
du trésor des Nibelungen?

SIEGFRIED *(se retournant vers Hagen)*
J'ai presque oublié le trésor:
pour moi, ses richesses sont vaines!
Je l'ai laissé dans une grotte
où jadis un dragon le gardait.

HAGEN
Et tu n'as rien emporté?

SIEGFRIED *(désignant les mailles d'acier qui pendent à sa ceinture)*
Ces mailles, dont j'ignore le pouvoir.

HAGEN
Je connais le heaume,
chef d'oeuvre des Nibelungen:
21a il peut, si tu t'en coiffes,
te faire prendre n'importe quelle forme;
si tu veux te rendre au loin,
il t'y transporte sur le champ.
Tu n'as rien pris d'autre dans le trésor?

SIEGFRIED
Einen Ring.

SIEGFRIED
12 Un anneau.

HAGEN
Den hütest du wohl?

HAGEN
Tu le gardes bien?

SIEGFRIED *(zart)*
Den hütet ein hehres Weib.

SIEGFRIED *(avec tendresse)*
Une noble femme le garde.

HAGEN *(für sich)*
Brünnhild'! ...

HAGEN *(à part)*
Brünnhilde! ...

GUNTHER
Nicht, Siegfried, sollst du mir tauschen:
Tand gäb' ich für dein Geschmeid',
nähmst all mein Gut du dafür.
Ohn' Entgelt dien ich dir gern.
(Hagen ist zu Gutrunes Tür gegangen und öffnet sie jetzt. Gutrune tritt heraus, sie trägt ein gefülltes Trinkhorn und naht damit Siegfried.)

GUNTHER
66 Tu n'as rien à me donner en échange:
tous mes biens, même si tu les prenais,
seraient une babiole face à tes joyaux.
Je te sers sans condition.
(Hagen s'est dirigé vers la porte de Gutrune et l'ouvre à ce moment. Celle-ci sort et s'avance vers Siegfried en portant une corne pleine.)

GUTRUNE
Willkommen, Gast,
in Gibichs Haus!
Seine Tochter reicht dir den Trank.

GUTRUNE
72 Bienvenue, hôte,
dans la demeure de Gibich.
Sa fille t'offre à boire.

SIEGFRIED *(neigt sich ihr freundlich und ergreift das Horn; er hält es gedankenvoll vor sich hin und sagt leise doch sehr bestimmt)*
Vergäß' ich alles,
was du mir gabst,
von einer Lehre
laß ich doch nie!
Den ersten Trunk
zu treuer Minne,
Brünnhilde, bring ich dir!
(Er setzt das Trinkhorn an und trinkt in einem langen Zuge. Er reicht das Horn an Gutrune zurück, die verschämt und verwirrt ihre Augen vor ihm niederschlägt. Siegfried heftet den Blick mit schnell entbrannter Leidenschaft auf sie.)
Die so mit dem Blitz
den Blick du mir sengst,
was senkst du dein Auge vor mir?
(Gutrune schlägt errötend das Auge zu ihm auf.)
Ha, schönstes Weib!
Schließe den Blick;
das Herz in der Brust
brennt mir sein Strahl:
zu feurigen Strömen fühl ich
ihn zehrend zünden mein Blut!
(Mit bebender Stimme.)
Gunther, wie heißt deine Schwester?

SIEGFRIED *(s'incline avec amabilité vers elle et prend la corne à boire; il la tient, pensif, devant lui et dit à mi-voix, mais d'un ton très ferme)*
61, 56 Même si j'oubliais
tout ce que tu m'as donné,
il me restera pourtant
toujours un message!
Ce premier toast
à l'amour fidèle,
Brünnhilde, je te le porte!
(Il porte la corne à ses lèvres et y boit longuement d'un trait. Il rend la corne à Gutrune qui, confuse et troublée, baisse les yeux devant lui. Siegfried fixe sur elle un regard
21c, 72 *soudain plein de passion brûlante.)*
Toi dont l'éclat
enflamme mon regard,
pourquoi baisser les yeux devant moi?
(Gutrune lève les yeux vers lui en rougissant.)
Ah, belle femme!
Ferme tes yeux;
ses rayons brûlent
mon coeur dans ma poitrine:
je les sens embraser mon sang,
en flots d'un feu dévorant!
(D'une voix tremblante.)
69 Gunther, comment s'appelle ta soeur?

GUNTHER
Gutrune.

GUNTHER
Gutrune.

SIEGFRIED *(leise)*
Sind's gute Runen,
die ihrem Aug' ich entrate?
(Er faßt Gutrune feurig bei der Hand.)
Deinem Bruder bot ich mich zum Mann:
der Stolze schlug mich aus;
trügst du, wie er, mir Übermut,
böt' ich mich dir zum Bund?

SIEGFRIED *(à voix basse)*
Est-ce de bons signes
que je lis dans ses yeux?
(Il saisit la main de Gutrune avec ardeur)
J'ai offert d'être l'homme lige de ton frère:
il m'a opposé un fier refus;
aurais-tu la même arrogance,
si je t'offrais alliance avec moi?

(Gutrune trifft unwillkürlich auf Hagens Blick. Sie neigt demütig das Haupt, und mit einer Gebärde, als fühle sie sich seiner nicht wert, verläßt sie schwankenden Schrittes wieder die Halle.) 72, 24

SIEGFRIED *(von Hagen und Gunther aufmerksam beobachtet, blickt ihr, wie festgezaubert, nach; dann, ohne sich umzuwenden)*
Hast du, Gunther, ein Weib?

GUNTHER
Nicht freit' ich noch,
und einer Frau
soll ich mich schwerlich freun!
Auf eine setzt' ich den Sinn,
die kein Rat mir je gewinnt.

SIEGFRIED *(wendet sich lebhaft zu Gunther)*
Was wär' dir versagt,
steh ich zu dir?

GUNTHER
Auf Felsen hoch ihr Sitz;
ein Feuer umbrennt den Saal -

SIEGFRIED *(mit verwunderungsvoller Hast einfallend)*
«Auf Felsen hoch ihr Sitz;
ein Feuer umbrennt den Saal»...?

GUNTHER
Nur wer durch das Feuer bricht –

SIEGFRIED *(mit der heftigsten Anstrengung, um eine Erinnerung festzuhalten)*
«Nur wer durch das Feuer bricht»...?

GUNTHER
– darf Brünnhildes Freier sein.
(Siegfried drückt durch eine Gebärde aus, daß bei der Nennung von Brünnhildes Namen die Erinnerung ihm vollends ganz schwindet.)

GUNTHER
Nun darf ich den Fels nicht erklimmen;
das Feuer verglimmt mir nie!

SIEGFRIED *(kommt aus einem traumartigen Zustand zu sich und wendet sich mit übermütiger Lebhaftigkeit zu Gunther)*
Ich - fürchte kein Feuer,
für dich frei' ich die Frau;
denn dein Mann bin ich
und mein Mut ist dein,
gewinn ich mir Gutrun' zum Weib.

GUNTHER
Gutrune gönn' ich dir gerne.

SIEGFRIED
Brünnhilde bring ich dir.

GUNTHER
Wie willst du sie täuschen?

(Gutrune croise involontairement le regard de Hagen. Baissant la tête avec humilité, elle semble indiquer par un geste, qu'elle ne se sent pas digne de lui et quitte de nouveau la salle en chancelant.)

SIEGFRIED *(sous le regard attentif de Hagen et de Gunther, la suit des yeux comme sous l'emprise d'un charme; puis, sans se retourner)*
Gunther as-tu une femme?

GUNTHER
Non, pas encore
et je serai
difficile à contenter!
Car celle que je recherche,
nul moyen ne peut me l'obtenir.

SIEGFRIED *(se tourne vivement vers Gunther)*
Qu'est-ce qui t'est impossible,
si je suis à tes côtés?

GUNTHER
Elle vit sur un rocher élevé;
un feu entoure son séjour –

SIEGFRIED *(l'interrompant avec une vivacité étonnée)*
« Elle vit sur un rocher élevé;
un feu entoure son séjour »...?

GUNTHER
Seul celui qui traverse le feu –

SIEGFRIED *(faisant un violent effort pour retenir un souvenir)*
« Seul celui qui traverse le feu... »?

GUNTHER
– peut être l'époux de Brünnhilde.
(Siegfried manifeste par un geste qu'en entendant le nom de Brünnhilde, le souvenir de celle-ci s'efface complètement.)

GUNTHER
Or je n'ai pas accès au rocher:
21c le feu me barrerait le passage!

SIEGFRIED *(sortant de sa rêverie, se tourne vers Gunther avec une vivacité débordante)*

Moi - je ne crains pas le feu,
pour toi, je vais chercher cette femme;
car je suis ton homme lige
et mon courage est tien,
si je puis avoir Gutrune pour femme.

GUNTHER
Je t'accorde volontiers Gutrune.

SIEGFRIED
Je t'amènerai Brünnhilde.

GUNTHER
Comment veux-tu la duper?

SIEGFRIED
Durch des Tarnhelms Trug
tausch' ich mir deine Gestalt.

GUNTHER
So stelle Eide zum Schwur!

SIEGFRIED
Blut-Brüderschaft
schwöre ein Eid!
(Hagen füllt ein Trinkhorn mit frischem Wein; dieses hält er dann Siegfried und Gunther hin, welche sich mit ihren Schwertern die Arme ritzen und diese eine kurze Zeit über die Öffnung des Trinkhorns halten. Beide legen zwei ihrer Finger auf das Horn, welches Hagen fortwährend in ihrer Mitte hält.)

SIEGFRIED
Blühenden Lebens
labendes Blut
träufelt' ich in den Trank.

GUNTHER
Bruder-brünstig
mutig gemischt,
blüh' im Trank unser Blut.

BEIDE
Treue trink ich dem Freund.
Froh und frei
entblühe dem Bund
Blut-Brüderschaft heut!

GUNTHER
Bricht ein Bruder den Bund:

SIEGFRIED
Trügt den Treuen der Freund:

BEIDE
Was in Tropfen heut
hold wir tranken,
in Strahlen ström' es dahin,
fromme Sühne dem Freund!

GUNTHER *(trinkt und reicht das Horn Siegfried)*
So – biet ich den Burd!

SIEGFRIED
So – trink' ich die Treu'
(Er trinkt und hält das geleerte Trinkhorn Hagen hin. Hagen zerschlägt mit seinem Schwerte das Horn in zwei Stücke. Siegfried und Gunther reichen sich die Hände.)

SIEGFRIED *(betrachtet Hagen, welcher während des Schwures hinter ihm gestanden)*
Was nahmst du am Eide nicht teil?

HAGEN
Mein Blut verdürb' euch den Trank;
nicht fließt mir's echt
und edel wie euch;
störrisch und kalt
stockt's in mir;

SIEGFRIED
Par le pouvoir du heaume,
je prendrai ton apparence.

GUNTHER
Prête-moi donc serment!

SIEGFRIED
Qu'une fraternité du sang
scelle notre serment!
(Hagen emplit de vin frais une corne à boire et la présente
24 *à Gunther et à Siegfried. Avec leurs épées, ceux-ci s'en-*
15 *taillent le bras qu'ils tiennent un bref instant au-dessus de*
26 *la corne. Puis Siegfried et Gunther mettent deux doigts sur*
67b *la corne que Hagen continue de tenir entre eux deux.)*

SIEGFRIED
Sève de vie,
mon sang frais a coulé
goutte à goutte dans le vin.

GUNTHER
Que nos sangs mêlés
dans l'ardeur fraternelle
vivent dans ce breuvage.

TOUS LES DEUX
A toi, ma fidélité!
Qu'une fraternité du sang
naisse aujourd'hui
de cette alliance libre et gaie!

GUNTHER
25 Si un frère rompt l'alliance:

SIEGFRIED
Si l'ami est trahi:

TOUS LES DEUX
Que ces gouttes bues
aujourd'hui dans la joie,
se changent en flots
24 qui vengeront l'ami!

GUNTHER *(boit et tend la corne à Siegfried)*
Ainsi – je t'offre l'alliance.

SIEGFRIED
73 Ainsi - je te voue fidélité!
(Il boit et donne la corne vide à Hagen. Avec son épée, Hagen la brise en deux. Siegfried et Gunther se tendent la main.)

SIEGFRIED *(observe Hagen qui, pendant le serment, s'est tenu derrière lui.)*
Pourquoi n'as-tu pas pris part au serment?

HAGEN
Mon sang aurait troublé le breuvage;
il ne coule pas pur
et noble comme le vôtre;
il stagne en moi,
lourd et froid;

nicht will's die Wange mir röten.
Drum bleib ich fern
vom feurigen Bund.

GUNTHER *(zu Siegfried)*
Laß den unfrohen Mann!

SIEGFRIED *(hängt sich den Schild wieder über)*
Frisch auf die Fahrt!
Dort liegt mein Schiff;
schnell führt es zum Felsen.
(Er tritt näher zu Gunther und bedeutet diesen.)
Eine Nacht am Ufer
harrst du im Nachen;
die Frau fährst du dann heim.
(Er wendet sich zum Fortgehen und winkt Gunther, ihm zu folgen.)

GUNTHER
Rastest du nicht zuvor?

SIEGFRIED
Um die Rückkehr ist mir's jach!
(Er geht an das Ufer, um das Schiff loszubinden.)

GUNTHER
Du, Hagen, bewache die Halle!
(Er folgt Siegfried zum Ufer. - Während Siegfried und Gunther, nachdem sie ihre Waffen darin niedergelegt, im Schiff das Segel aufstecken und alles zur Abfahrt bereitmachen, nimmt Hagen seinen Speer und Schild. Gutrune erscheint an der Tür ihres Gemachs, als soeben Siegfried das Schiff abstößt, welches sogleich der Mitte des Stromes zutreibt.)

GUTRUNE
Wohin eilen die Schnellen?

HAGEN *(während er sich gemächlich mit Schild und Speer vor der Hall niedersetzt)*
Zu Schiff - Brünnhild' zu frein.

GUTRUNE
Siegfried?

HAGEN
Sieh, wie's ihn treibt,
zum Weib dich zu gewinnen?

GUTRUNE
Siegfried - mein!
(Sie geht, lebhaft erregt, in ihr Gemach zurück. Siegfried hat das Ruder erfaßt und treibt jetzt mit dessen Schlägen den Nachen stromabwärts, so daß dieser bald gänzlich außer Gesicht kommt.)

HAGEN *(sitzt mit dem Rücken an den Pfosten der Halle gelehnt, bewegungslos)* **49a, 67b, 22b, 22c**
Hier sitz ich zur Wacht,
wahre den Hof,
wehre die Halle dem Feind. **9**
Gibichs Sohne
wehet der Wind,
auf Werben fährt er dahin.

il ne vient pas rosir mes joues.
Donc je reste à l'écart
de cette alliance ardente.

GUNTHER *(à Siegfried)*
Laisse cet homme sans joie!

SIEGFRIED *(reprend son bouclier)*
Eh bien, partons!
Mon bateau est là;
nous serons vite au rocher.
(Il s'approche davantage de Gunther pour lui préciser:)
Attends-moi au rivage,
une nuit dans la barque;
et puis tu ramèneras la femme.
(Il s'apprête à s'en aller et fait signe à Gunther de le suivre.)

GUNTHER
Tu ne te reposes pas d'abord?

SIEGFRIED
J'ai hâte de revenir!
(Il se dirige vers la berge pour détacher le bateau.)

GUNTHER
Toi, Hagen, garde le palais!
(Il suit Siegfried vers la berge. - Après avoir déposé leurs armes dans le bateau, Gunther et Siegfried hissent la voile et préparent le départ. Pendant ce temps, Hagen prend sa lance et son bouclier. Gutrune apparaît sur le seuil de sa chambre, juste au moment où Siegfried repousse le bateau qui gagne aussitôt le milieu du fleuve.)

GUTRUNE
Où donc vont-ils si vite?

HAGEN *(tandis qu'il s'assied confortablement devant le palais, armé de sa lance et de son bouclier)*
En barque - conquérir Brünnhilde.

GUTRUNE
Siegfried?

HAGEN
Vois comme il est pressé
de t'avoir pour épouse!

GUTRUNE
Siegfried - à moi?
(Elle retourne dans sa chambre, en proie à une vive émotion. Siegfried a saisi l'aviron et entraîne la barque à grands coups, dans le sens du courant si bien qu'on la perd bientôt de vue.)

HAGEN *(est assis immobile, le dos appuyé à un pilier de la salle)*
Ici, je monte la garde,
veille sur la demeure,
la défends contre l'ennemi.
Le fils de Gibich
a le vent en poupe,
il va briguer la main d'une femme.

Ihm führt das Steuer
ein starker Held,
Gefahr ihm will er bestehn.
Die eigne Braut
ihm bringt er zum Rhein;
mir aber bringt er den Ring!
Ihr freien Söhne,
frohe Gesellen,
segelt nur lustig dahin!
Dünkt er euch niedrig,
ihr dient ihm doch,
des Niblungen Sohn.
(Ein Teppich, welcher dem Vordergrunde zu die Halle einfaßte, schlägt zusammen und schließt die Bühne vor dem Zuschauer ab)

Orchesterzwischenspiel

DRITTE SZENE

Die Felsenhöhle
(wie im Vorspiel.)

Brünnhilde sitzt am Eingange des Steingemachs, in stummem Sinnen Siegfrieds Ring betrachtend; von wonniger Erinnerungen überwältigt, bedeckt sie ihn mit Küssen. –Ferner Donner läßt sich vernehmen, sie blickt auf und lauscht. Dann wendet sie sich wieder zu dem Ring. Ein ferner Blitz. Sie lauscht von neuem und späht nach der Ferne, von woher eine finstre Gewitterwolke dem Felsensaume zuzieht.

BRÜNNHILDE
Altgewohntes Geräusch
raunt meinem Ohr die Ferne.
Ein Luftroß jagt
im Laufe daher;
auf der Wolke fährt es
wetternd zum Fels.
Wer fand mich Einsame auf?

WALTRAUTES STIMME *(aus der Ferne)*
Brünnhilde! Schwester!
Schläfst oder wachst du?

BRÜNNHILDE *(fährt vom Sitze auf)*
Waltrautes Ruf,
so wonnig mir kund!
(In die Szene rufend)
Kommst du, Schwester?
Schwingst dich kühn zu mir her?
(Sie eilt nach dem Felsrande.)
Dort im Tann
– dir noch vertraut –
steige vom Roß
und stell den Renner zur Rast!
(Sie stürmt in den Tann, von wo ein starkes Geräusch, gleich einem Gewitterschlage, sich vernehmen läßt. Dann kommt sie in heftiger Bewegung mit Waltraute zurück; sie bleibt freudig erregt, ohne Waltrautes ängstliche Scheu zu beachten.)
Kommst du zu mir?
Bist du so kühn,

40 A la barre, un héros
plein de force le mène,
9 il vaincra le péril à sa place.
C'est pour lui livrer
sa propre femme;
67b, 20, 11 mais moi, j'aurai l'anneau!
Vous, les fils libres,
joyeux compagnons,
12 voguez donc gaiement!
Même s'il vous paraît vil,
vous servez quand même
9, 12, 49a, 15 le fils du Nibelung.
(Une tenture, qui encadrait la salle au premier plan, se ferme et dissimule la scène au spectateur.)

Interlude orchestral

SCÈNE III

Le sommet du rocher
(comme dans le prologue.)

Brünnhilde est assise, songeuse, à l'entrée de son logis creusé dans le roc, contemplant en silence l'anneau de Siegfried; envahie par des souvenirs heureux, elle le couvre
66 *de baisers. Un lointain coup de tonnerre se fait entendre,*
24 *elle lève les yeux et tend l'oreille. Puis elle se remet à*
63 *contempler l'anneau. Éclair lointain. Elle écoute encore et scrute l'horizon où un sombre nuage d'orage se dirige vers le rebord du rocher.*

BRÜNNHILDE
36 Mon oreille perçoit au loin
un bruit familier.
Un coursier ailé
arrive au galop;
sur le nuage, il accourt
tout fringant vers le rocher.
Qui vient me trouver dans ma solitude?

LA VOIX DE WALTRAUTE *(dans le lointain)*
Brünnhilde! Ma soeur!
Dors-tu ou veilles-tu?

BRÜNNHILDE *(se dressant en sursaut)*
L'appel de Waltraute,
quel doux souvenir!
(Appelant vers le fond de la scène)
Viens-tu, ma soeur?
Hardie, t'élances-tu vers moi?
(Elle court vers le bord du rocher.)
Là-bas, dans le bois de sapins,
– que tu connais –
mets pied à terre
et fais reposer ton coursier!
(Elle se précipite vers la sapinière d'où s'élève un grand fracas pareil à un coup de tonnerre. Puis, en proie à une violente agitation, elle revient avec Waltraute; tout à sa joyeuse émotion, elle ne remarque pas l'anxiété de celle-ci.)

Viens-tu me voir?
Es-tu assez hardie

magst ohne Grauen
Brünnhild' bieten den Gruß?

WALTRAUTE
Einzig dir nur
galt meine Eil'!

BRÜNNHILDE *(in höchster freudiger Aufgeregtheit)*
So wagtest du, Brünnhild' zulieb,
Walvaters Bann zu brechen?
Oder wie – o sag –
wär' wider mich
Wotans Sinn erweicht?
Als dem Gott entgegen
Siegmund ich schützte,
fehlend – ich weiß es –
erfüllt' ich doch seinen Wunsch.
Daß sein Zorn sich verzogen,
weiß ich auch;
denn verschloß er mich gleich in Schlaf,
fesselt' er mich auf den Fels,
wies er dem Mann mich zur Magd,
der am Weg mich fänd' und erweckt' –
meiner bangen Bitte
doch gab er Gunst:
mit zehrendem Feuer
umzog er den Fels,
dem Zagen zu wehren den Weg.
So zur Seligsten
schuf mich die Strafe:
der herrlichste Held
gewann mich zum Weib!
In seiner Liebe
leucht' und lach' ich heut' auf.
(Sie umarmt Waltraute unter stürmischen Freudenbezeigungen, welche diese mit scheuer Ungeduld abzuwehren sucht.)
Lockte dich, Schwester, mein Los?
An meiner Wonne
willst du dich weiden,
teilen, was mich betraf?

WALTRAUTE *(heftig)*
Teilen den Taumel,
der dich Törin erfaßt?
Ein andres bewog mich in Angst,
zu brechen Wotans Gebot.
(Brünnhilde gewahrt hier erst mit Befremdung die wildaufgeregte Stimmung Waltrautes.)

BRÜNNHILDE
Angst und Furcht
fesseln dich Arme?
So verzieh der Strenge noch nicht?
Du zagst vor des Strafenden Zorn?

WALTRAUTE *(düster)*
Dürft' ich ihn fürchten,
meiner Angst fänd' ich ein End'!

BRÜNNHILDE
Staunend versteh ich dich nicht!

pour vouloir saluer
Brünnhilde sans crainte?

WALTRAUTE
Je ne me suis hâtée
que pour toi seule!

BRÜNNHILDE *(pleine d'une joyeuse excitation)*
Par amour pour moi, tu as donc osé
braver l'interdit du père des combats?
Ou bien – oh, dis-moi –
Wotan serait-il
plus clément envers moi?
Lorsque, malgré le dieu,
je protégeai Siegmund,
j'ai fauté – je le sais –
mais j'ai accompli son voeu.
Je sais aussi
que sa colère s'est apaisée;
certes, il m'enferma dans le sommeil,
me cloua sur le rocher,
faisant de moi la servante de l'homme
qui passerait et m'éveillerait;
pourtant il accéda
à ma prière inquiète:
il entoura le rocher
d'un feu dévorant
pour barrer le passage au lâche.
Ainsi le châtiment
me rendit bienheureuse:
61, 40 le plus splendide héros
m'a conquise pour épouse!
Par son amour,
je rayonne aujourd'hui, radieuse.
(Dans sa joie débordante, elle étreint Waltraute qui cherche à l'écarter avec une impatience mêlée de crainte.)

Soeur, mon sort t'a-t-il tentée?
Viens-tu contempler
ma félicité,
partager ce qui m'a touché?

WALTRAUTE *(avec véhémence)*
Insensée, partager
le vertige qui t'a saisie?
Autre chose m'a fait, dans l'angoisse,
enfreindre les ordres de Wotan.
(Brünnhilde commence seulement à s'apercevoir, avec surprise, dans quelle violente agitation se trouve Waltraute.)

BRÜNNHILDE
L'angoisse et la peur
t'habitent, malheureuse?
Le dieu reste donc implacable?
Tu crains son courroux vengeur?

WALTRAUTE *(d'un air sombre)*
Si je pouvais le craindre,
mon angoisse prendrait fin!

BRÜNNHILDE
Surprise, je ne te comprends pas!

WALTRAUTE
Wehre der Wallung,
achtsam höre mich an!
Nach Walhall wieder
drängt mich die Angst,
die von Walhall hieher mich trieb.

BRÜNNHILDE *(erschrocken)*
Was ist's mit den ewigen Göttern?

WALTRAUTE
Höre mit Sinn, was ich sage!
Seit er von dir geschieden,
zur Schlacht nicht mehr
schickte uns Wotan;
irr und ratlos
ritten wir ängstlich zu Heer;
Walhalls mutige Helden
mied Walvater.
Einsam zu Roß,
ohne Ruh noch Rast,
durchschweift' er als Wandrer die Welt.
Jüngst kehrte er heim;
in der Hand hielt er
seines Speeres Splitter:
die hatte ein Held ihm geschlagen.
Mit stummem Wink
Walhalls Edle
wies er zum Forst,
die Weltesche zu fällen.
Des Stammes Scheite
hieß er sie schichten
zu ragendem Hauf
rings um der Seligen Saal.
Der Götter Rat
ließ er berufen;
den Hochsitz nahm
heilig er ein:
ihm zu Seiten
hieß er die Bangen sich setzen,
in Ring und Reih'
die Hall' erfüllen die Helden.
So sitzt er,
sagt kein Wort,
auf hehrem Sitze
stumm und ernst,
des Speeres Splitter
fest in der Faust;
Holdas Äpfel
rührt er nicht an.
Staunen und Bangen
binden starr die Götter.
Seine Raben beide
sandt' er auf Reise:
kehrten die einst
mit guter Kunde zurück,
dann noch einmal,
zum letztenmal,
lächelte ewig der Gott.
Seine Knie umwindend,
liegen wir Walküren;
blind bleibt er
den flehenden Blicken;
uns alle verzehrt

WALTRAUTE
Calme ton émotion
et écoute-moi avec soin!
L'angoisse, qui me fit venir,
me pousse aussi
à retourner au Walhalla.

BRÜNNHILDE *(effrayée)*
Qu'arrive-t-il aux dieux éternels?

WALTRAUTE
Ecoute bien ce que je dis!
Depuis qu'il t'a quittée,
Wotan ne nous a plus
envoyées au combat;
errantes et indécises,
nous chevauchions ensemble;
5 le père des élus évitait
les vaillants héros du Walhalla.
3 Sans repos ni répit,
chevauchant solitaire,
il parcourait le monde en voyageur.
Naguère il revint,
tenant dans sa main
les débris de sa lance:
un héros l'avait brisée.
D'un geste, sans un mot,
il envoya dans la forêt
les nobles du Walhalla
pour qu'ils abattent le frêne du monde.
Il commanda d'empiler
les bûches du tronc
en un tas immense
4 autour du séjour des dieux.
Il convoqua
le conseil des éternels
et prit place, solennel,
sur son trône:
il donna l'ordre aux dieux inquiets
de s'asseoir à ses côtés;
rangés en cercle,
les héros emplissent la salle.
Ainsi, il siège,
sans mot dire,
sur le noble trône,
muet et grave,
les débris de sa lance
19 serrés dans son poing;
il ne touche pas
aux pommes de Holda.
Stupeur et effroi
pétrifient les dieux.
Il a envoyé
au loin ses deux corbeaux:
s'ils revenaient
un jour, portant de bonnes nouvelles,
14 alors une fois encore,
une ultime fois,
le dieu sourirait à jamais.
Les Walkyries, à ses pieds,
enlacent ses genoux;
il demeure aveugle
à leurs regards suppliants;
la crainte et une angoisse sans fin

Zagen und endlose Angst.
An seine Brust
preßt' ich mich weinend:
da brach sich sein Blick –
er gedachte, Brünnhilde, dein!
Tief zeufzt' er auf,
schloß das Auge,
und wie im Traume
raunt' er das Wort:
«Des tiefen Rheines Töchtern
gäbe den Ring sie wieder zurück,
von des Fluches Last
erlöst wär' Gott und die Welt!»
Da sann ich nach:
von seiner Seite
durch stumme Reihen
stahl ich mich fort;
in heimlicher Hast
bestieg ich mein Roß
und ritt im Sturme zu dir.
Dich, o Schwester,
beschwör' ich nun:
was du vermagst,
vollend' es dein Mut!
Ende der Ewigen Qual!
(Sie hat sich vor Brünnhilde niedergeworfen.)

BRÜNNHILDE *(ruhig)*
Welch banger Träume Mären
meldest du Traurige mir!
Der Götter heiligem
Himmelsnebel
bin ich Törin enttaucht:
nicht faß ich, was ich erfahre.
Wirr und wüst
scheint mir dein Sinn;
in deinem Aug',
– so übermüde,
glänzt flackernde Glut.
Mit blasser Wange,
du bleiche Schwester,
was willst du Wilde von mir?

WALTRAUTE *(heftig)*
An deiner Hand, der Ring, –
er ist's; – hör' meinen Rat:
für Wotan wirf ihn von dir!

BRÜNNHILDE
Den Ring? Von mir?

WALTRAUTE
Den Rheintöchtern gib ihn zurück!

BRÜNNHILDE
Den Rheintöchtern, ich den Ring?
Siegfried Liebespfand?
Bist du von Sinnen?

WALTRAUTE
Hör' mich, hör' meine Angst!
Der Welt Unheil
haftet sicher an ihm.
Wirf ihn von dir,

nous dévorent toutes.
Je me suis pressée
46 en pleurs sur sa poitrine;
alors son regard s'est brouillé –
c'est à toi qu'il pensait, Brünnhilde!
Avec un profond soupir,
79 il ferma les yeux
et comme en songe,
24 il murmura ces mots:
« si elle rendait l'anneau
aux filles du Rhin profond,
5 le dieu et le monde seraient délivrés
du poids de la malédiction! »
Alors, je réfléchis
et je le quittai
en m'esquivant,
parmi les rangs muets;
j'enfourchai mon cheval
furtivement,
pour m'élancer vers toi à toute allure.
O soeur, à présent,
je t'en conjure:
accomplis avec courage
ce que tu peux faire!
Mets fin aux tourments des éternels!
(Elle s'est jetée aux pieds de Brünnhilde.)

BRÜNNHILDE *(avec calme)*
Quel récit de cauchemar
tu me fais, malheureuse!
Moi, l'insensée,
je suis sortie
des brumes sacrées du ciel des dieux:
j'écoute sans comprendre.
Ton esprit me semble
confus et troublé;
dans ton regard
plein de lassitude,
brille une flamme vacillante.
Soeur nerveuse et pâle,
aux joues blêmes,
qu'attends-tu de moi?

WALTRAUTE *(avec véhémence)*
Là, à ton doigt: l'anneau,
c'est lui; suis mon conseil:
pour Wotan, jette-le loin de toi!

BRÜNNHILDE
L'anneau? Le jeter?

WALTRAUTE
Rends-le aux filles du Rhin!

BRÜNNHILDE
Aux filles du Rhin, moi, l'anneau?
Le gage d'amour de Siegfried?
Tu perds la tête?

WALTRAUTE
Cède-moi, cède à mon angoisse!
Le mal du monde, c'est sûr,
est lié à lui.
Jette-le loin de toi,

fort in die Welle!
Walhalls Elend zu enden,
den verfluchten wirf in die Flut!

BRÜNNHILDE
Ha, weißt du, was er mir ist?
Wie kannst du's fassen,
fühllose Maid!
Mehr als Walhalls Wonne,
mehr als der Ewigen Ruhm
ist mir der Ring:
ein Blick auf sein helles Gold,
ein Blitz aus dem hehren Glanz
gilt mir werter
als aller Götter
ewig währendes Glück!
Denn selig aus ihm
leuchtet mir Siegfrieds Liebe,
Siegfrieds Liebe!
O ließ' sich die Wonne dir sagen!
Sie wahrt mir der Reif.
Geh hin zu der Götter
heiligem Rat!
Von meinem Ringe
raun ihnen zu:
die Liebe ließe ich nie,
mir nähmen nie sie die Liebe,
stürzt' auch in Trümmern
Walhalls strahlende Pracht!

WALTRAUTE
Dies deine Treue?
So in Trauer
entlässest du lieblos die Schwester?

BRÜNNHILDE
Schwinge dich fort!
Fliege zu Roß!
Den Ring entführst du mir nicht!

WALTRAUTE
Wehe! Wehe!
Weh dir, Schwester!
Walhalls Göttern weh!
(Sie stützt fort. Bald erhebt sich unter Sturm eine Gewitterwolke aus dem Tann.)

BRÜNNHILDE *(während sie der davon ziehenden, hell erleuchteten Gewitterwolke, die sich bald gänzlich in der Ferne verliert, nachblickt)*
Blitzend Gewölk,
vom Wind getragen,
stürme dahin:
zu mir nie steure mehr her!
(Es ist Abend geworden. Aus der Tiefe leuchtet der Feuerschein allmählich heller auf. Brünnhilde blickt ruhig in die Landschaft hinaus.)
Abendlich Dämmern
deckt den Himmel;
heller leuchtet
die hütende Lohe herauf.
(Der Feuerschein nähert sich aus der Tiefe. Immer glühendere Flammenzungen lecken über den Felsensaum auf.)

au loin dans les vagues!
Mets fin aux malheurs du Walhalla,
jette dans les flots l'objet maudit!

BRÜNNHILDE
Ah, sais-tu ce qu'il est pour moi?
Comment peux-tu comprendre,
vierge insensible!
L'anneau est pour moi
plus que les délices du Walhalla
et plus que la gloire des éternels:
un regard sur son or clair,
un éclair de son noble éclat
a plus de prix pour moi
que le bonheur
56 sans fin de tous les dieux!
Car de lui émane,
radieux, l'amour de Siegfried,
l'amour de Siegfried!
Oh, si je pouvais te dire cette félicité!
C'est elle que l'anneau recèle.
Retourne près du conseil
sacré des dieux!
Parle-leur à voix basse
de mon anneau:
13 jamais je n'abandonnerai l'amour
et ils ne me le prendront jamais,
l'éclatante splendeur du Walhalla
dût-elle s'écrouler!

WALTRAUTE
C'est là ta fidélité?
Ainsi sans amour,
tu laisses partir ta soeur affligée?

BRÜNNHILDE
Va-t'en bien vite!
Vole à cheval!
Tu ne me l'enlèveras pas l'anneau!

WALTRAUTE
Hélas! Hélas!
Ma soeur, malheur à toi!
Malheur aux dieux du Walhalla!
(Elle se précipite vers le bois de sapins d'où s'élève bientôt, dans la tourmente, un nuage d'orage.)

BRÜNNHILDE *(tandis qu'elle suit des yeux le nuage d'orage, zébré d'éclairs, qui se perd très vite dans le lointain)*

Nuage fulgurant,
porté par le vent,
36 fuis dans l'ouragan:
ne reviens plus jamais ici!
(Le soir est tombé. Le feu, dans les profondeurs, commence à lancer des lueurs plus vives. Brünnhilde regarde le paysa-
45 *ge, l'âme en paix.)*
Le crépuscule
enveloppe le ciel;
les flammes qui veillent
lancent des lueurs plus vives.
(La lumière flamboyante monte et se rapproche, des flammes de plus en plus ardentes viennent lécher le bord du rocher.)

Was leckt so wütend
die lodernde Welle zum Wall?
Zur Felsenspitze
wälzt sich der feurige Schwall.
(Man hört aus der Tiefe Siegfrieds Hornruf nahen. Brünnhilde lauscht und fährt entzückt auf.) 40

Siegfried!
Siegfried zurück?
Seinen Ruf sendet er her!
Auf! – Auf, ihm entgegen!
In meines Gottes Arm!
(Sie eilt in höchstem Entzücken dem Felsrande zu. Feuerflammen schlagen herauf, aus ihnen springt Siegfried auf einen hochragenden Felsstein empor, worauf die Flammen sogleich wieder zurückweichen und abermals nur aus der Tiefe heraufleuchten. Siegfried, auf dem Haupte den Tarnhelm, der ihm bis zur Hälfte das Gesicht verdeckt und nur die Augen freiläßt, erscheint in Gunthers Gestalt.)

BRÜNNHILDE *(voll Entsetzen zurückweichend)*
Verrat! – Wer drang zu mir? **21a, 21c, 68**
(Sie flieht bis in den Vordergrund und heftet von da aus in sprachlosem Erstaunen ihren Blick auf Siegfried.)

SIEGFRIED *(im Hintergrunde auf dem Steine verweilend, betrachtet sie lange, regungslos auf seinen Schild gelehnt; dann redet er sie mit verstellter rauherer Stimme an)*

Brünnhild'! Ein Freier kam,
den dein Feuer nicht geschreckt.
Dich werb ich nun zum Weib:
du folge willig mir!

BRÜNNHILDE *(heftig zitternd)*
Wer ist der Mann,
der das vermochte,
was dem Stärksten nur bestimmt?

SIEGFRIED *(unverändert wie zuvor)*
Ein Helde, der dich zähmt,
bezwingt Gewalt dich nur.

BRÜNNHILDE *(von Grausen erfaßt)*
Ein Unhold schwang sich
auf jenen Stein!
Ein Aar kam geflogen,
mich zu zerfleischen!
Wer bist du, Schrecklicher?
(langes Schweigen)
Stammst du von Menschen?
Kommst du von Hellas
nächtlichem Heer?

SIEGFRIED *(wie zuvor, mit etwas bebender Stimme beginnend, alsbald aber wieder sicherer fortfahrend)*

Ein Gibichung bin ich,
und Gunther heißt der Held,
dem, Frau, du folgen sollst.

BRÜNNHILDE *(in Verzweiflung ausbrechend)*
Wotan! Ergrimmter,
grausamer Gott!

Pourquoi ces vagues ardentes
lèchent-elles mon rempart?
Les flammes roulent en torrents
vers la cime du rocher.
(Montant de la vallée, on entend se rapprocher l'appel du cor de Siegfried. Brünnhilde tend l'oreille et tressaille, transportée.)
Siegfried!
Siegfried de retour?
Il m'envoie son appel!
Allons! – Vite, à sa rencontre!
Dans les bras de mon dieu!
(Au comble du ravissement, elle se dirige en courant vers le bord du rocher. Des flammes jaillissent, Siegfried en surgit et saute sur une pierre élevée; alors les flammes reculent aussitôt et se remettent simplement à briller au pied du rocher. Coiffé du heaume qui lui dissimule à moitié le visage et ne laisse à découvert que les yeux, Siegfried apparaît sous les traits de Gunther.)

BRÜNNHILDE *(reculant, épouvantée)*
Trahison! Qui est l'intrus?
(Elle se réfugie sur le devant de la scène et, muette de stupeur, fixe son regard sur Siegfried.)

SIEGFRIED *(toujours au fond de la scène, immobile debout sur la pierre, la regarde longuement, appuyé sur son bouclier; puis il s'adresse à elle d'une voix plus rude qu'il déguise)*
Brünnhilde! Un époux est venu
qui n'a pas craint ton feu.
Je te prends donc pour femme:
toi, suis-moi de plein gré!

BRÜNNHILDE *(prise d'un tremblement violent)*
Quel est l'homme
capable de faire
ce qui n'est destiné qu'au plus fort?

SIEGFRIED *(comme précédemment)*
Un héros qui te soumettra
par la violence, s'il le faut.

BRÜNNHILDE *(saisie de terreur)*
Un démon a sauté
sur cette pierre!
Un aigle est venu
déchirer ma chair!
Qui es-tu, barbare?
(Long silence)
Es-tu un humain?
Viens-tu des hordes
nocturnes de Hella?

SIEGFRIED *(comme précédemment, commençant d'une voix un peu tremblante, mais poursuivant bientôt d'une voix plus assurée)*
Je suis un Gibichung,
Gunther est le nom
du héros que tu vas suivre.

BRÜNNHILDE *(laissant éclater son désespoir)*
Wotan! Dieu cruel
et courroucé!

Weh! Nun erseh ich
der Strafe Sinn;
zu Hohn und Jammer
jagst du mich hin!

SIEGFRIED *(springt vom Stein herab und tritt näher heran)*
Die Nacht bricht an:
in deinem Gemach
mußt du dich mir vermählen!

BRÜNNHILDE *(indem sie den Finger, an dem sie Siegfrieds Ring trägt, drohend ausstreckt)*
Bleib fern! Fürchte dies Zeichen!
Zur Schande zwingst du mich nicht,
solang der Ring mich beschützt.

SIEGFRIED
Mannesrecht gebe er Gunther,
durch den Ring sei ihm vermählt!

BRÜNNHILDE
Zurück, du Räuber!
Frevelnder Dieb!
Erfreche dich nicht, mir zu nahn!
Stärker als Stahl
macht mich der Ring:
nie – raubst du ihn mir!

SIEGFRIED
Von dir ihn zu lösen,
lehrst du mich nun!
(Er dringt auf sie ein; sie ringen miteinander. Brünnhilde windet sich los, flieht und wendet sich um, wie zur Wehr. Siegfried greift sie von neuem an. Sie flieht, er erreicht sie. Beide ringen heftig miteinander. Er faßt sie bei der Hand und entzieht ihrem Finger den Ring. Sie schreit heftig auf. Als sie wie zerbrochen in seinen Armen niedersinkt, streift ihr Blick bewußtlos die Augen Siegfrieds.)

SIEGFRIED *(läßt die Machtlose auf die Steinbank vor dem Felsengemach niedergleiten)*
Jetzt bist du mein,
Brünnhilde, Gunthers Braut,
Gönne mir nun dein Gemach!

BRÜNNHILDE *(starrt ohnmächtig vor sich hin, matt)*
Was könntest du wehren,
elendes Weib?
(Siegfried treibt sie mit einer gebietenden Gebärde an. Zitternd und wankenden Schrittes geht sie in das Gemach.)

SIEGFRIED *(das Schwert ziehend, mit seiner natürlichen Stimme)*
Nun, Notung, zeuge du,
daß ich in Züchten warb.
Die Treue wahrend dem Bruder,
trenne mich von seiner Braut!
(Er folgt Brünnhilde nach. Der Vorhang fällt.)

Hélas! Je perçois maintenant
le sens du châtiment;
tu me plonges ici
dans la peine et la honte!

SIEGFRIED *(saute de la pierre et s'avance vers elle)*
Voici la nuit:
dans ta demeure,
tu dois t'unir à moi!

BRÜNNHILDE *(étendant, d'un geste menaçant, le doigt qui porte l'anneau de Siegfried)*
N'avance pas! Crains ce signe!
Je ne subirai pas d'outrage
tant que l'anneau me protège.

SIEGFRIED
Qu'il donne à Gunther les droits du mari,
par l'anneau, sois unie à lui!

BRÜNNHILDE
Arrière, bandit!
Infâme voleur!
Garde-toi de m'approcher!
L'anneau me rend
plus forte que le fer:
jamais – tu ne me voleras!

SIEGFRIED
24 Tu me pousses donc
à te l'arracher!
(Il se rue sur elle; ils se battent. Brünnhilde se dégage en se débattant, s'enfuit et se retourne, sur la défensive.Siegfried
24 *l'attaque de nouveau. Elle lui échappe, il la rattrape. Tous*
36 *deux se battent avec violence. Il la saisit par la main et lui*
66 *retire l'anneau du doigt. Elle pousse un cri terrible. Comme brisée, elle s'effondre dans ses bras, son regard rencontre alors inconsciemment celui de Siegfried.)*

SIEGFRIED *(laisse glisser Brünnhilde, inerte, sur le banc de pierre devant le logis creusé dans le roc)*
Et voilà, tu es mienne,
Brünnhilde, femme de Gunther,
22c ouvre-moi ta demeure!

BRÜNNHILDE *(à bout de forces, regardant fixement devant elle d'un air accablé)*
Que peux-tu empêcher,
pauvre fille!
(Siegfried la fait avancer d'un geste impérieux. Tremblante et d'un pas chancelant, elle entre dans le logis.)

SIEGFRIED *(tirant son épée et reprenant sa voix naturelle)*
Notung, sois témoin
que ma conquête fut loyale.
Fidèle à mon frère,
sépare-moi de sa femme!
15, 73 *(Il suit Brünnhilde. Le rideau tombe.)*

Orchestervorspiel

ZWEITER AUFZUG

Uferraum

Vor der Halle der Gibichungen; rechts der offene Eingang zur Halle; links das Rheinufer; von diesem aus erhebt sich eine durch verschiedene Bergpfade, gespaltene, felsige Anhöhe quer über die Bühne, nach rechts dem Hintergrunde zu aufsteigend. Dort sieht man einen der Fricka errichteten Weihstein, welchem höher hinauf ein größerer für Wotan, sowie seitwärts ein gleicher dem Donner geweihter entspricht. Es ist Nacht.

ERSTE SZENE

Hagen, den Speer im Arm, den Schild zur Seite, sitzt schlafend an einen Pfosten der Halle angelehnt. Hier tritt der Mond plötzlich hervor und wirft ein grelles Licht auf ihn und seine nächste Umebung; man gewahrt Alberich vor Hagen kauernd, die Arme auf dessen Knie gelehnt.

ALBERICH *(leise)*
Schläfst du, Hagen, mein Sohn? –
Du schläfst und hörst mich nicht,
den Ruh' und Schlaf verriet?

HAGEN *(leise, ohne sich zu rühren, so daß er immerfort zu schlafen scheint, obwohl er die Augen starr offen hat)*
Ich höre dich, schlimmer Albe:
was hast du meinem Schlaf zu sagen?

ALBERICH
Gemahnt sei der Macht,
der du gebietest,
bist du so mutig,
wie die Mutter dich mir gebar!

HAGEN *(immer wie zuvor)*
Gab mir die Mutter Mut,
nicht mag ich ihr doch danken,
daß deiner List sie erlag:
frühalt, fahl und bleich,
haß ich die Frohen,
freue mich nie!

ALBERICH *(wie zuvor)*
Hagen, mein Sohn!
Hasse die Frohen!
Mich Lustfreien,
Leidbelasteten
liebst du so, wie du sollst!
Bist du kräftig,
kühn und klug:
die wir bekämpfen
mit nächtigem Krieg,
schon gibt ihnen Not unser Neid.
Der einst den Ring mir entriß,
Wotan, der wütende Räuber,
vom eignen Geschlechte
ward er geschlagen:
an den Wälsung verlor er

Interlude orchestral

DEUXIÈME ACTE

Rivage du Rhin

Devant le palais des Gibichungen; à droite s'ouvre l'entrée du palais; à gauche la rive du Rhin; de là, une hauteur rocheuse, parcourue de sentiers escarpés s'élève en travers de la scène, vers le fond à droite. On y aperçoit un autel dédié à Fricka, plus haut un autel plus grand en l'honneur
22d *de Wotan et sur le côté, un autre semblable au premier, voué*
9b *à Donner. Il fait nuit.*

SCÈNE I

Hagen, la lance à la main, le bouclier à son côté, est assis et sommeille, appuyé contre un pilier du palais. La lune paraît soudain et jette une lumière crue sur lui et sur l'espace qui l'environne; on distingue Alberich, accroupi devant
22d, 12 *Hagen, les bras appuyés sur les genoux de son fils.*

ALBERICH *(à voix basse)*
Dors-tu, Hagen, mon fils?
Tu dors et ne m'entends pas,
moi que fuient le sommeil et la paix?

HAGEN *(à voix basse et immobile, si bien qu'il semble continuer à dormir, tout en ayant les yeux grands ouverts)*
Je t'entends, Albe funeste:
qu'as-tu à dire à mon sommeil?

ALBERICH
N'oublie pas le pouvoir
dont tu disposes,
si tu es aussi brave
que la mère qui te conçut par moi!

HAGEN *(toujours comme précédemment)*
Si ma mère me fit brave,
je lui en veux pourtant
d'avoir cédé à ta ruse:
tôt vieilli, le teint blême,
je hais les gens gais,
j'ignore la joie!

ALBERICH *(comme précédemment)*
Hagen, mon fils!
Hais les gens gais!
Moi, l'être sans joie,
accablé de peines,
tu m'aimes alors comme il se doit!
Tu es fort,
hardi, avisé:
déjà notre haine
cause le malheur de ceux
à qui nous faisons une guerre sourde.
Wotan, ce bandit coléreux,
qui m'arracha jadis l'anneau,
a été vaincu
par sa propre race:
le Wälsung lui ôta

Macht und Gewalt;
mit der Götter ganzer Sippe
in Angst ersieht er sein Ende.
Nicht ihn fürcht ich mehr:
fallen muß er mit allen!
Schläfst du, Hagen, mein Sohn?

HAGEN *(unverändert wie zuvor)*
Der Ewigen Macht,
wer erbte sie?

ALBERICH
Ich – und du!
Wir erben die Welt,
trüg' ich mich nicht
in deiner Treu',
teilst du meinen Gram und Grimm.
Wotans Speer
zerspellte der Wälsung,
der Fafner, den Wurm,
im Kampfe gefällt
und kindisch den Reif sich errang.
Jede Gewalt
hat er gewonnen;
Walhall und Nibelheim
neigen sich ihm.
(Immer heimlich)
An dem furchtlosen Helden
erlahmt selbst mein Fluch:
denn nicht kennt er
des Ringes Wert,
zu nichts nützt er
die neidlichste Macht.
Lachend in liebender Brunst,
brennt er lebend dahin.
Ihn zu verderben,
taugt uns nun einzig!
Hörst du, Hagen, mein Sohn?

HAGEN *(wie zuvor)*
Zu seinem Verderben
dient er mir schon.

ALBERICH
Den goldnen Ring,
den Reif gilt's zu erringen!
Ein weises Weib
lebt dem Wälsung zulieb:
riet es ihm je,
des Rheines Töchtern,
die in Wassers Tiefen
einst mich betört,
zurückzugeben den Ring,
verloren ging' mir das Gold,
keine List erlangte es je.
Drum ohne Zögern
ziel auf den Reif!
Dich Zaglosen
zeugt' ich mir ja,
daß wider Helden
hart du mir hieltest.
Zwar stark nicht genug,
den Wurm zu bestehn,
was allein dem Wälsung bestimmt,

puissance et pouvoir;
avec toute la clique des dieux,
il voit venir sa fin dans l'angoisse.
Je ne le crains plus:
il doit tomber comme eux tous!
Dors-tu, Hagen, mon fils?

HAGEN *(toujours comme précédemment)*
Qui hériterait
du pouvoir des éternels?

ALBERICH
74 Moi – et toi!
Nous aurons le monde,
si je suis sûr
que tu m'es fidèle,
si tu partages mon chagrin et ma rage.
Le Wälsung a brisé
la lance de Wotan,
après avoir tué
le dragon Fafner
et acquis l'anneau ingénument.
Il a conquis
la toute-puissance;
le Walhalla et Nibelheim
lui sont soumis.
(Toujours d'un ton mystérieux)
Même ma malédiction ne peut rien
contre ce héros sans peur.
Car il ignore
la valeur de l'anneau,
il n'use pas
de son précieux pouvoir.
Il consume sa vie
dans la joie et l'ardeur amoureuse.
Notre seul but
est de le perdre!
Entends-tu Hagen, mon fils?

HAGEN *(comme précédemment)*
Pour sa propre perte,
74 il me sert déjà.

ALBERICH
C'est l'anneau d'or,
la bague, qu'il s'agit d'obtenir!
Une femme avisée
vit pour le Wälsung:
si elle lui disait
de rendre l'anneau
aux filles du Rhin,
qui m'ont jadis séduit
au fond de l'eau,
l'or serait perdu pour moi,
à jamais hors d'atteinte des ruses.
Alors sans tarder,
vise l'anneau!
J'ai voulu un fils
rempli d'audace,
qui tienne tête
face aux héros.
N'étant pas assez fort
pour vaincre le dragon,
– tâche destinée au Wälsung seul –

zu zähem Haß doch
erzog ich Hagen;
der soll mich nun rächen,
den Ring gewinnen
dem Wälsung und Wotan zum Hohn!
Schwörst du mir's, Hagen, mein Sohn?
(Von hier an bedeckt ein immer finsterer werdender Schatten wieder Alberich. Zugleich beginnt das erste Tagesgrauen.)

HAGEN *(immer wie zuvor)*
Den Ring soll ich haben:
harre in Ruh'!

ALBERICH
Schwörst du mir's, Hagen, mein Held?

HAGEN
Mir selbst schwör' ich's;
schweige die Sorge!

ALBERICH *(wie er allmählich immer mehr dem Blicke entschwindet, wird auch seine Stimme immer unvernehmbarer)*
Sei treu, Hagen, mein Sohn!
Trauter Helde! – Sei treu!
Sei treu! – Treu!
(Alberich ist gänzlich verschwunden. Hagen, der unverändert in seiner Stellung verblieben, blickt regungslos und starren Auges nach dem Rheine hin, auf welchem sich die Morgendämmerung ausbreitet. Der Rhein färbt sich vom immer stärker erglühenden Morgenrot.)

ZWEITE SZENE

Hagen macht eine zuckende Bewegung. Siegfried tritt plötzlich, dicht am Ufer, hinter einem Busche hervor. Er ist in seiner eigenen Gestalt; nur den Tarnhelm hat er noch auf dem Haupte. Er zieht ihn jetzt ab und hängt ihn, während er hervorschreitet, in den Gürtel.

SIEGFRIED
Hoiho, Hagen!
Müder Mann!
Siehst du mich kommen?

HAGEN *(erhebt sich gemächlich)*
Hei, Siegfried!
Geschwinder Helde!
Wo brausest du her?

SIEGFRIED
Vom Brünnhildenstein!
Dort sog ich den Atem ein,
mit dem ich dich rief:
so rasch war meine Fahrt!
Langsamer folgt mir ein Paar:
zu Schiff gelangt das her!

HAGEN
So zwangst du Brünnhild'?

SIEGFRIED
Wacht Gutrune?

j'ai élevé Hagen
dans une haine tenace
pour qu'il me venge maintenant
et me conquière l'anneau,
14c en bafouant le Wälsung et Wotan!
Tu me le jures, Hagen, mon fils?
(A partir de ce moment, une ombre grandissante dissimule à nouveau Alberich. En même temps, le jour commence à poindre.)

HAGEN *(toujours comme précédemment)*
L'anneau, je l'aurai:
attends en paix!

ALBERICH
Tu me le jures, Hagen, mon héros?

HAGEN
24 Je le jure à moi-même;
sois sans souci!

ALBERICH *(à mesure qu'il disparaît aux regards, sa voix se fait de plus en plus imperceptible)*
Sois fidèle, Hagen, mon fils!
Cher héros! – Sois fidèle!
Sois fidèle! – Fidèle!
(Alberich a complètement disparu. Hagen, demeuré dans la même attitude, regarde immobile, les yeux fixes en direction du Rhin où grandit la clarté de l'aube. Progressivement, le fleuve se colore du rougeoiement de l'aurore.)

SCÈNE II

Hagen tressaille. Siegfried surgit soudain de derrière un buisson, tout près de la rive, sous ses propres traits; mais il est encore coiffé du heaume. Il le retire alors et le suspend à sa ceinture tout en s'avançant.

SIEGFRIED
Hoïho, Hagen!
Homme fatigué!
Me vois-tu? J'arrive!

HAGEN *(se levant paisiblement)*
Hé, Siegfried!
Héros fougueux!
D'où accours-tu?

SIEGFRIED
18 Du roc de Brünnhilde!
J'en suis revenu
sans reprendre haleine:
tant ma course fut rapide!
Un couple me suit plus lentement:
une barque l'amène!

HAGEN
Tu as donc soumis Brünnhilde?

SIEGFRIED
72 Gutrune est-elle éveillée?

HAGEN *(in die Halle rufend)*
Hoiho, Gutrune,
komm heraus!
Siegfried ist da:
was säumst du drin?

SIEGFRIED *(sich zur Halle wendend)*
Euch beiden meld' ich,
wie ich Brünnhild' band.
(Gutrune tritt ihm aus der Halle entgegen.)

SIEGFRIED
Heiß mich willkommen,
Gibichskind!
Ein guter Bote bin ich dir.

GUTRUNE
Freia grüße dich
zu aller Frauen Ehre!

SIEGFRIED
Frei und hold
sei nun mir Frohem:
zum Weib gewann ich dich heut.

GUTRUNE
So folgt Brünnhild' meinem Bruder?

SIEGFRIED
Leicht ward die Frau ihm gefreit.

GUTRUNE
Sengte das Feuer ihn nicht?

SIEGFRIED
Ihn hätt' es auch nicht versehrt,
doch ich durchschritt es für ihn,
da dich ich wollt' erwerben.

GUTRUNE
Und dich hat es verschont?

SIEGFRIED
Mich freute die schwelende Brunst.

GUTRUNE
Hielt Brünnhild' dich für Gunther?

SIEGFRIED
Ihm glich ich auf ein Haar:
der Tarnhelm wirkte das,
wie Hagen tüchtig es wies.

HAGEN
Dir gab ich guten Rat.

GUTRUNE
So zwangst du das kühne Weib?
SIEGFRIED
Sie wich – Gunthers Kraft.

GUTRUNE
Und vermählte sie sich dir?

HAGEN *(s'écriant vers le palais)*
Hoïho, Gutrune,
sors, viens ici!
Siegfried est là:
pourquoi tarder?

SIEGFRIED *(se tournant vers le palais)*
Je vais vous dire à tous deux
comment j'ai dompté Brünnhilde.
(Gutrune sort du palais et va à sa rencontre.)

SIEGFRIED
Souhaite-moi la bienvenue,
fille de Gibich!
Je suis pour toi un bon messager.

GUTRUNE
Que Freia te bénisse,
en l'honneur de toutes les femmes!

SIEGFRIED
Sois libre et douce
pour moi, l'homme heureux:
aujourd'hui, je t'ai conquise pour femme.

GUTRUNE
Ainsi Brünnhilde suit mon frère?

SIEGFRIED
Les fiançailles furent faciles.

GUTRUNE
Le feu ne l'a pas brûlé?

SIEGFRIED
Il y aurait échappé,
mais je l'ai franchi pour lui,
car je voulais te gagner.

GUTRUNE
Toi, le feu t'a épargné?

SIEGFRIED
Ce brasier ardent m'enchantait.

GUTRUNE
Brünnhilde te prit pour Gunther?

SIEGFRIED
J'étais tout son portrait
grâce à l'effet du heaume,
Hagen l'avait bien expliqué.

HAGEN
Je t'ai bien conseillé.

GUTRUNE
Ainsi tu soumis cette femme fière?
SIEGFRIED
Elle céda – à la force de Gunther.

GUTRUNE
Et elle s'est unie à toi?

SIEGFRIED
Ihrem Mann gehorchte Brünnhild'
eine volle bräutliche Nacht.

GUTRUNE
Als ihr Mann doch galtest du?

SIEGFRIED
Bei Gutrune weilte Siegfried.

GUTRUNE
Doch zur Seite war ihm Brünnhild'?

SIEGFRIED *(auf sein Schwert deutend)*
Zwischen Ost und West der Nord:
so nah – war Brünnhild' ihm fern.

GUTRUNE
Wie empfing Gunther sie nun von dir?

SIEGFRIED
Durch des Feuers verlöschende Lohe
im Frühnebel vom Felsen
folgte sie mir zu Tal;
dem Strande nah,
flugs die Stelle
tauschte Gunther mit mir:
durch des Geschmeides Tugend
wünscht' ich mich schnell hieher.
Ein starker Wind nun treibt
die Trauten den Rhein herauf:
drum rüstet jetzt den Empfang!

GUTRUNE
Siegfried, mächtigster Mann!
Wie faßt mich Furcht vor dir!

HAGEN *(vom Ufer her zufend)*
In der Ferne seh ich ein Segel.

SIEGFRIED
So sagt dem Boten Dank!

GUTRUNE
Lasset uns sie hold empfangen,
daß heiter sie und gern hier weile!
Du, Hagen, minnig
rufe die Mannen
nach Gibichs Hof zur Hochzeit!
Frohe Frauen
ruf ich zum Fest:
der Freudigen folgen sie gern.
(Nach der Halle zuschreitend, wendet sie sich wieder um.)

Rastest du, schlimmer Held?

SIEGFRIED
Dir zu helfen, ruh ich aus.
(Er reicht ihr die Hand und geht mit ihr in die Halle.)

SIEGFRIED
Brünnhilde obéit à l'époux
toute une nuit nuptiale.

GUTRUNE
Mais tu t'es fait passer pour son époux?

SIEGFRIED
Siegfried était près de Gutrune.

GUTRUNE
Mais Brünnhilde était à ses côtés?

SIEGFRIED *(montrant son épée)*
Entre l'est et l'ouest, le nord:
si proche – Brünnhilde était lointaine.

GUTRUNE
Et comment l'as-tu remise à Gunther?

SIEGFRIED
Dans les brumes matinales, elle me suivit
à travers les flammes mourantes,
du rocher vers la vallée;
près de la rive,
Gunther changea
vite de place avec moi:
par la vertu des mailles,
je fis le voeu d'être ici aussitôt.
Un vent violent pousse à présent
les amants à contre-courant:
apprêtez-vous donc à les recevoir!

GUTRUNE
Siegfried, homme tout puissant!
Tu me remplis de crainte!

HAGEN *(s'écriant de la rive)*
Dans le lointain, je vois une voile.

SIEGFRIED
Rendez grâce au messager!

GUTRUNE
Recevons-la aimablement,
que son séjour soit gai et plaisant!
Toi, Hagen convoque
les vassaux pour la noce,
au palais de Gibich!
J'appelle à la fête
des femmes joyeuses,
contentes de partager mon bonheur.
(Elle fait quelques pas vers le palais, puis se retourne de nouveau.)
Un peu de repos, héros terrible?

SIEGFRIED
Je me reposerai en t'aidant.
(Il lui donne la main et entre avec elle dans le palais.)

DRITTE SZENE

(Hagen hat einen Felsstein in der Höhe des Hintergrundes erstiegen; dort setzt er, sein Stierhorn zum Blasen an)

HAGEN
Hoiho! Hoihohoho!
Ihr Gibichsmannen,
machet euch auf!
Wehe! Wehe!
Waffen! Waffen!
Waffen durchs Land!
Gute Waffen!
Starke Waffen,
Scharf zum Streit.
Not ist da!
Not! Wehe! Wehe!
Hoiho! Hoihohoho!
(Hagen bleibt immer in seiner Stellung auf der Anhöhe. Aus den verschiedenen Höhnenpfaden stürmen in Hast und Eile gewaffnete Mannen herbei, erst einzelne, dann immer mehrere zusammen, welche sich dann auf dem Uferraum vor der Halle anhäufen.)

DIE MANNEN *(erst einzelne, dann immer neu hinzukommende)*
Was tost das Horn?
Was ruft es zu Heer?
Wir kommen mit Wehr,
wir kommen mit Waffen!
Hagen! Hagen!
Hoiho! Hoiho!
Welche Not ist da?
Welcher Feind ist nah?
Wer gibt uns Streit?
Ist Gunther in Not?
Wir kommen mit Waffen,
mit scharfer Wehr.
Hoiho! Ho! Hagen!

HAGEN *(immer von der Anhöhe herab)*
Rüstet euch wohl
und rastet nicht;
Gunther sollt ihr empfahn:
ein Weib hat der gefreit.

DIE MANNEN
Drohet ihm Not?
Drängt ihn der Feind?

HAGEN
Ein freisliches Weib
führet er heim.

DIE MANNEN
Ihm folgem der Magen
feindliche Mannen?

HAGEN
Einsam fährt er:
keiner folgt.

SCÈNE III

(Hagen a gravi un rocher sur la colline au fond; là, il se met à souffler dans sa trompe.)

9c HAGEN
Hoïho! Hoïhohoho!
Vassaux de Gibich,
apprêtez-vous!
Malheur! Malheur!
Des armes! Des armes!
Armez-vous tous!
De bonnes armes!
De fortes armes,
tranchantes pour se battre.
Le péril est là!
Danger! Malheur! Malheur!
Hoïho! Hoïhohoho!
(Hagen demeure dans la même position sur la hauteur. Par les sentiers de montagne accourent en hâte des hommes en armes, d'abord isolés, puis arrivant en groupes; ils se massent sur l'esplanade devant le palais.)

LES VASSAUX *(d'abord quelques-uns, puis de plus en plus nombreux)*
Pourquoi la trompe mugit?
Pourquoi l'appel aux armes?
Nous voici pour la défense,
nous voici avec des armes!
Hagen! Hagen!
Hoïho! Hoïho!
Quel péril est là?
Quel ennemi approche?
Qui nous attaque?
Gunther est-il en danger?
Nous voici avec des armes
tranchantes pour la défense.
Hoïho! Ho! Hagen!

HAGEN *(toujours du haut de la colline)*
Soyez bien prêts
et faites vite;
vous accueillerez Gunther
qui vient de prendre femme.

LES VASSAUX
Est-il menacé?
L'ennemi le presse?

HAGEN
Il ramène ici
une femme redoutable.

LES VASSAUX
Des parents hostiles
le poursuivent-ils?

HAGEN
Il vient seul:
nul ne le suit.

DIE MANNEN
So bestand er die Not?
So bestand er den Kampf?
Sag es an!

LES VASSAUX
Il vainquit donc le péril?
Il triompha au combat?
Dis-le nous!

HAGEN
Der Wurmtöter
wehrte der Not:
Siegfried, der Held,
der schuf ihm Heil!

HAGEN
Le tueur du dragon
écarta le danger:
Siegfried, le héros,
fut son sauveur!

DIE MANNEN
Was soll ihm das Heer nun noch helfen?
Was hilft ihm nun das Heer?

LES VASSAUX
A quoi va lui servir l'armée?
A quoi bon notre armée?

HAGEN
Starke Stiere
Sollt ihr schlachten;
am Weihstein fließe
Wotan ihr Blut!

HAGEN
Vous allez immoler
de puissants taureaux;
et que leur sang coule
sur l'autel de Wotan!

DIE MANNEN
Was, Hagen, was heißest du uns dann?
Was soll es dann?

LES VASSAUX
Et puis, Hagen, que nous commandes-tu?
Qu'allons-nous faire?

HAGEN
Einen Eber fällen
sollt ihr für Froh!
Einen stämmigen Bock
stechen für Donner!
Schafe aber
schlachtet für Fricka,
daß gute Ehe sie gebe!

HAGEN
Vous allez abattre
un sanglier pour Froh!
Saigner un bouc robuste
pour plaire à Donner!
Mais pour Fricka
immolez des brebis,
pour qu'elle accorde un mariage heureux!

DIE MANNEN *(in immer mehr aus brechender Heiterkeit)*
Schlugen wir Tiere,
was schaffen wir dann?

LES VASSAUX *(avec une gaieté de plus en plus grande)*
Une fois les bêtes tuées,
que faut-il faire ensuite?

HAGEN
Das Trinkhorn nehmt,
von trauten Fraun
mit Met und Wein
wonnig gefüllt!

HAGEN
Prenez les cornes à boire,
emplies avec grâce
d'hydromel et de vin
par d'aimables femmes!

DIE MANNEN
Das Trinkhorn zur Hand,
wie halten wir es dann?

LES VASSAUX
La corne à la main,
qu'en ferons-nous alors?

HAGEN
Rüstig gezecht,
bis der Rausch euch zähmt!
Alles den Göttern zu Ehren,
daß gute Ehe sie geben!

HAGEN
Buvez copieusement
jusqu'à l'ivresse complète!
Toujours en l'honneur des dieux,
pour qu'ils accordent un mariage heureux!

DIE MANNEN *(brechen in ein schallendes Gelächter aus)*
Groß Glück und Heil
lacht nun dem Rhein,
da Hagen, der Grimme,
so lustig mag sein!
Der Hagedorn
sticht nun nicht mehr;
zum Hochzeitsrufer
ward er bestellt.

LES VASSAUX *(éclatent d'un rire retentissant)*
Grand bien et bonheur
règnent au bord du Rhin,
quand le farouche Hagen
se met à être gai!
Hagen, l'épineux,
ne pique donc plus;
il est devenu
héraut de la noce.

HAGEN *(der immer sehr ernst geblieben, ist zu den Mannen herabgestiegen und steht jetzt unter ihnen)*
Nun laßt das Lachen,
mut'ge Mannen!
Empfangt Gunthers Braut!
Brünnhilde naht dort mit ihm.
(Er deutet die Mannen nach dem Rhein hin; diese eilen zum Teil nach der Anhöhe, während andere sich am Ufer aufstellen, um die Ankommenden zu erblicken. Näher zu einigen Mannen tretend.)
Hold seid der Herrin,
helfet ihr treu:
traf sie ein Leid,
rasch seid zur Rache!
(Er wendet sich langsam zur Seite, in den Hintergrund. Während des Folgenden kommt der Nachen mit Gunther und Brünnhilde auf dem Rheine an.)

DIE MANNEN *(erst einer, dann mehrere, schließlich alle)*

Heil! Heil!
Willkommen! Wilkommen!
(Diejenigen, welche von der Höhe ausgeblickt hatten, kommen zum Ufer herab. Einige der Mannen springen in das Wasser und ziehen den Kahn an das Land. Alles drängt sich immer dichter an das Ufer.)
Willkommen! Gunther!
Heil! Heil!

VIERTE SZENE

Gunther steigt mit Brünnhilde aus dem Kahn; die Mannen reihen sich ehrerbietig zu ihrem Empfange. Während des Folgenden geleitet Gunther Brünnhilde feierlich an der Hand.

DIE MANNEN
Heil dir, Gunther!
Heil dir und deiner Braut!
Willkommen!
(Sie schlagen die Waffen tosend zusammen.)

GUNTHER *(Brünnhilde, welche bleich und gesenkten Blickes ihm folgt, den Mannen vorstellend)*
Brünnhild', die hehrste Frau,
bring ich euch her zum Rhein.
Ein edleres Weib
ward nie gewonnen.
Der Gibichungen Geschlecht,
gaben die Götter ihm Gunst,
zum höchsten Ruhm
rag' es nun auf!

DIE MANNEN *(feierlich an ihre Waffen schlagend)*

Heil! Heil dir,
glücklicher Gibichung!
(Gunther geleitet Brünnhilde, die nie aufblickt, zur Halle, aus welcher jetzt Siegfried und Gutrune, von Frauen begleitet, heraustreten.)

HAGEN *(qui est demeuré toujours aussi grave, est descendu et se mêle alors aux vassaux)*
Maintenant cessez de rire,
vaillants guerriers!
Accueillez l'épouse de Gunther!
Brünnhilde arrive avec lui.
(Il indique aux vassaux la direction du Rhin; certains gravissent en hâte la colline, tandis que d'autres se placent sur la berge pour apercevoir les arrivants. S'avançant vers quelques vassaux.)
Soyez dévoués
à votre souveraine:
si on l'offensait,
vengez-la vivement!
(Il se dirige lentement vers le fond de la scène, sur le côté. Au cours de ce qui suit, la barque portant Gunther et Brünnhilde s'avance sur le Rhin.)

LES VASSAUX *(un seul d'abord, puis quelques-uns, enfin tous)*
Gloire! Gloire!
Bienvenue! Bienvenue!
(Ceux qui avaient guetté du haut de la colline descendent vers la rive. Quelques-uns des vassaux s'élancent dans le fleuve et tirent la barque sur le rivage où se presse une foule de plus en plus dense.[1]
Bienvenue! Gunther!
Gloire! Gloire!

SCÈNE IV

Gunther descend de la barque en compagnie de Brünnhilde; les vassaux se rangent respectueusement pour les accueillir. Au cours de ce qui suit, Gunther s'avance à pas solennels, en conduisant Brünnhilde par la main.

LES VASSAUX
Gloire à toi, Gunther!
Gloire à toi, à ton épouse!
Bienvenue!
(Ils frappent à grand bruit leurs armes les unes contre les autres.)

GUNTHER *(présentant aux vassaux Brünnhilde qui le suit, pâle et les yeux baissés)*
Je vous amène au bord du Rhin
Brünnhilde, la femme sublime.
Jamais plus noble femme
ne fut conquise.
Les dieux furent favorables
à la race des Gibichungen,
qu'elle accède donc
à la gloire suprême!

LES VASSAUX *(entrechoquant solennellement leurs armes)*
Gloire! Gloire à toi,
heureux Gibichung!
36b *(Gunther mène Brünnhilde, qui ne lève jamais les yeux, vers*
36a *le palais d'où sortent alors Siegfried et Gutrune, suivis d'un*
75 *cortège de femmes.)*

GUNTHER *(hält vor der Halle an)*
Gegrüßt sei, teurer Held;
gegrüßt, holde Schwester!
Dich seh ich froh ihm zur Seite,
der dich zum Weib gewann.
Zwei sel'ge Paare
seh ich hier prangen:
(Er führt Brünnhilde näher heran.)
Brünnhild' und Gunther,
Gutrun' und Siegfried!
(Brünnhilde schlägt erschreckt die Augen auf und erblickt Siegfried; wie in Erstaunen bleibt ihr Blick auf ihn gerichtet. Gunther, welcher Brünnhildes heftig zuckende Hand losgelassen hat, sowie alle übrigen zeigen starre Betroffenheit über Brünnhildes Benehmen.)

EINIGE MANNEN
Was ist ihr? Ist sie entrückt?
(Brünnhilde beginnt zu zittern.)

SIEGFRIED *(geht einige Schritte auf Brünnhilde zu)*
Was müht Brünnhilden Blick?

BRÜNNHILDE *(kaum ihrer mächtig)*
Siegfried... hier...! Gutrune...?

SIEGFRIED
Gunthers milde Schwester:
mir vermählt
wie Gunther du.

BRÜNNHILDE *(furchtbar heftig)*
Ich... Gunther...? Du lügst!
(Sie schwankt und droht umzusinken; Siegfried, stützt sie.)

Mir schwindet das Licht...
(Sie blickt in seinen Armen matt zu ihm auf.)
Siegfried – kennt mich nicht?

SIEGFRIED
Gunther, deinem Weib ist übel!
(Gunther tritt hinzu.)
Erwache, Frau!
Hier steht dein Gatte.

BRÜNNHILDE *(erblickt am Finger Siegfrieds den Ring und schrickt mit furchtbarer Heftigheit auf)*
Ha! – Der Ring
an seiner Hand!
Er? Siegfried?

EINIGE MANNEN
Was ist? Was ist?

HAGEN *(aus dem Hintergrunde unter die Mannen tretend)*

Jetzt merket klug,
was die Frau euch klagt!

BRÜNNHILDE *(sucht sich zu ermannen, indem sie die schrecklichste Aufregung gewaltsam zurückhält)*
Einen Ring sah ich
an deiner Hand.
Nicht dir gehört er,

GUNTHER *(s'arrête devant le palais)*
Salut, héros très cher;
Salut, aimable soeur!
Je te vois avec joie aux côtés
de celui qui te conquit pour femme.
Je vois resplendir ici
deux couples heureux:
(Il fait quelques pas avec Brünnhilde.)
Brünnhilde et Gunther,
Gutrune et Siegfried!
75 *(Epouvantée, Brünnhilde lève les yeux et aperçoit Siegfried;*
37 *son regard, comme hébété, demeure fixé sur lui. Gunther a*
21a *lâché la main toute frémissante de Brünnhilde; toute l'assis-*
21c *tance et lui-même sont figés de stupeur devant l'attitude de Brünnhilde.)*

QUELQUES VASSAUX
Qu'a-t-elle? Perd-elle le sens?
(Brünnhilde se met à trembler.)

SIEGFRIED *(fait quelques pas en direction de Brünnhilde)*
Qu'est-ce qui trouble la vue de Brünnhilde?

BRÜNNHILDE *(se maîtrisant à grand-peine)*
72 Siegfried... ici...! Gutrune...?

SIEGFRIED
La douce soeur de Gunther:
unie à moi,
comme tu l'es à Gunther.

BRÜNNHILDE *(avec une violence terrible)*
37 Moi... à Gunther... ? Tu mens!
(Elle chancelle et est sur le point de défaillir; Siegfried, la soutient.)
Je vais m'évanouir...
(Dans ses bras, elle lève les yeux vers lui, accablée.)
66 Siegfried – ne me reconnaît pas?

SIEGFRIED
Gunther, ta femme se trouve mal!
(Gunther le rejoint.)
Réveille-toi, femme!
Voici ton époux.

BRÜNNHILDE *(aperçoit l'anneau au doigt tendu de Siegfried et a un violent sursaut)*
12 Ah! – L'anneau,
à son doigt!
24 Lui? Siegfried?

QUELQUES VASSAUX
Qu'y a-t-il? Qu'y a-t-il?

HAGEN *(s'avançant du fond de la scène, parmi les vassaux)*
67c Et maintenant notez bien,
ce dont la femme se plaint!

BRÜNNHILDE *(faisant un violent effort pour contenir son intense émotion)*
22c J'ai vu un anneau
à ton doigt.
Il n'est pas à toi,

ihn entriß mir
(auf Gunther deutend)
dieser Mann!
Wie mochtest von ihm
den Ring du empfahn?

SIEGFRIED *(betrachtet aufmerksam den Ring an seiner Hand betrachtend)*
Den Ring empfing ich
nicht von ihm.

BRÜNNHILDE *(zu Gunther)*
Nahmst du von mir den Ring,
durch den ich dir vermählt;
so melde ihm dein Recht,
fordre zurück das Pfand!

GUNTHER *(in großer Verwirrung)*
Den Ring? Ich gab ihm keinen:
doch kennst du ihn auch gut?

BRÜNNHILDE
Wo bärgest du den Ring,
den du von mir erbeutet?
(Gunther schweigt in höchster Betroffenheit.)

BRÜNNHILDE *(fährt wütend auf)*
Ha! – Dieser war es,
der mir den Ring entriß:
Siegfried, der trugvolle Dieb!
(Alles blickt erwartungsvoll auf Siegfried, welcher über der Betrachtung des Ringes in fernes Sinnen entrückt ist.)

SIEGFRIED
Von keinem Weib
kam mir der Reif;
noch war's ein Weib,
dem ich ihn abgewann:
genau erkenn ich
des Kampfes Lohn,
den vor Neidhöhl' einst ich bestand,
als den starken Wurm ich erschlug.

HAGEN *(zwischen sie tretend)*
Brünnhild', kühne Frau,
kennst du genau den Ring?
Ist's der, den du Gunther gabst,
so ist er sein,
und Siegfried gewann ihn durch Trug,
den der Treulose büßen sollt'!

BRÜNNHILDE *(in furchtbarstem Schmerze aufschreiend)*
Betrug! Betrug!
Schwändlichster Betrug!
Verrat! Verrat!
Wie noch nie er gerächt!

GUTRUNE
Verrat? An wem?

FRAUEN
Verrat? An wenn?

c'est cet homme-là
(désignant Gunther)
qui me l'arracha.
Comment as-tu pu
l'obtenir de lui?

SIEGFRIED *(considérant attentivement l'anneau à son doigt)*
Je ne l'ai pas
reçu de lui.

BRÜNNHILDE *(à Gunther)*
Si tu m'as pris l'anneau
qui m'a unie à toi,
fais-lui valoir ton droit,
réclame-lui ton gage!

GUNTHER *(très embarrassé)*
Je ne lui ai pas donné d'anneau:
mais – le connais-tu bien?

BRÜNNHILDE
11 Où cacherais-tu l'anneau
que tu m'as dérobé?
(Profondément troublé, Gunther garde le silence.)

BRÜNNHILDE *(dans un élan de fureur)*
Ah! – Le voilà celui
qui m'arracha l'anneau:
Siegfried, voleur, menteur!
(Tous posent un regard attentif sur Siegfried qui, à force de contempler l'anneau, est perdu dans une songerie lointaine.)

SIEGFRIED
75 L'anneau ne me vint
pas d'une femme;
et je ne l'ai pas
22c pris à une femme:
je reconnais vraiment
le prix du combat,
livré jadis devant la Grotte de l'envie,
quand j'abattis le puissant dragon.

HAGEN *(s'interposant entre eux)*
Brünnhilde, femme vaillante,
le connais-tu vraiment?
Si c'est l'anneau qu'eut Gunther,
il est à lui,
et Siegfried l'obtint par une ruse
que ce fourbe devrait expier!

BRÜNNHILDE *(se mettant à crier, au comble de la douleur)*
Mensonge! Mensonge!
Ignoble mensonge!
Trahison! Trahison!
9c Comme jamais il n'y en eut à venger!

GUTRUNE
Trahison? Envers qui?

DES FEMMES
Trahison? Envers qui?

MANNEN
Verrat? Verrat? An wem?

BRÜNNHILDE
Heil'ge Götter,
himmlische Lenker!
Rauntet ihr dies
in eurem Rat?
Lehrt ihr mich Leiden,
wie keiner sie litt?
Schuft ihr mir Schmach,
wie nie sie geschmerzt?
Ratet nun Rache,
wie nie sie gerast!
Zündet mir Zorn,
wie noch nie er gezähmt!
Heißet Brünnhild',
ihr Herz zu zerbrechen,
den zu zertrümmern,
der sie betrog!

GUNTHER
Brünnhild', Gemahlin!
Mäß'ge dich!

BRÜNNHILDE
Weich fern, Verräter!
Selbst Verratner!
Wisset denn alle:
nicht ihm –
dem Manne dort
bin ich vermählt.

FRAUEN
Siegfried? Gutruns Gemahl?

MANNEN
Gutruns Gemahl?

BRÜNNHILDE
Er zwang mir Lust
und Liebe ab.

SIEGFRIED
Achtest du so
der eignen Ehre?
Die Zunge, die sie lästert,
muß ich der Lüge zeihen?
Hört, ob ich Treue brach!
Blutbrüderschaft
hab ich Gunther geschworen:
Notung, das werte Schwert,
wahrte der Treue Eid;
mich trennte seine Schärfe
von diesem traur'gen Weib.

BRÜNNHILDE
Du listiger Held,
sieh, wie du lügst!
Wie auf dein Schwert
du schlecht dich berufst!
Wohl kenn' ich seine Schärfe,
doch kenn' auch die Scheide,
darin so wonnig

DES VASSAUX
Trahison? Trahison? Envers qui?

BRÜNNHILDE
Dieux sacrés,
guides célestes!
72, 22c Avez-vous comploté cela
en votre assemblée?
M'apprenez-vous à souffrir
comme nul ne souffrit?
M'imposez-vous une honte
comme nul n'en subit?
Inspirez-moi une vengeance
comme jamais on n'en vit éclater!
Allumez en moi une colère
comme jamais on n'en sut apaiser!
Commandez à Brünnhilde
de se briser le coeur,
et de détruire
celui qui l'a trompée!

GUNTHER
Brünnhilde, mon épouse!
Modère-toi!

BRÜNNHILDE
Arrière, traître,
toi-même trahi!
car sachez-le tous:
76 je suis mariée
non pas à lui –
mais à cet homme-là.

DES FEMMES
Siegfried? L'époux de Gutrune?

DES VASSAUX
L'époux de Gutrune?

BRÜNNHILDE
Il m'extorqua
plaisir et amour.

SIEGFRIED
Fais-tu si peu de cas
de ton propre honneur?
J'accuse de mensonge
cette bouche qui le bafoue!
Jugez si je fus infidèle!
Un serment par le sang
m'a fait frère de Gunther:
Notung, la fière épée
26 fut garante du pacte;
sa lame m'a séparé
de cette triste femme.

BRÜNNHILDE
Oh, héros plein de ruse,
vois comme tu mens!
Tu te réclames en vain
de ton épée!
Je connais bien sa lame,
mais aussi le fourreau,
où Notung, l'amie fidèle

ruht' an der Wand
Notung, der treue Freund,
als die Traute sein Herr sich gefreit.

DIE MANNEN *(in lebhafter Entrüstung zusammentretend)*
Wie? Brach er die Treue?
Trübte er Gunthers Ehre?

DIE FRAUEN
Brach er die Treue?

GUNTHER *(zu Siegfried)*
Geschändet wär' ich,
schmählich bewahrt,
gäbst du die Rede
nicht ihr zurück!

GUTRUNE
Treulos, Siegfried,
sannest du Trug?
Bezeuge, daß jene
falsch dich zeiht!

DIE MANNEN
Reinige dich,
bist du im Recht!
Schweige die Klage!
Schwöre den Eid!

SIEGFRIED
Schweig' ich die Klage,
Schwör' ich den Eid:
wer von euch wagt
seine Waffe daran?

HAGEN
Meines Speeres Spitze
wag ich daran:
sie wahr' in Ehren den Eid.
(Die Mannen schließen einen Ring um Siegfried und Hagen. Hagen hält den Speer hin; Siegfried legt zwei Finger seiner rechten Hand auf die Speeresspitze.)

SIEGFRIED
Helle Wehr!
Heilige Waffe!
Hilf meinem ewigen Eide!
Bei des Speeres Spitze
sprech ich den Eid:
Spitze, achte des Spruchs!
Wo Scharfes mich schneidet,
schneide du mich;
wo der Tod mich soll treffen,
treffe du mich:
klagte das Weib dort wahr,
brach ich dem Bruder die Treu'!

BRÜNNHILDE *(tritt wütend in den Ring, reißt Siegfrieds Hand vom Speere hinweg und faßt dafür mit der ihrigen die Spitze)*
Helle Wehr!
Heilige Waffe!
Hilf meinem ewigen Eide!
Bei des Speeres Spitze

reposait heureuse,
contre la paroi,
quand son maître conquit l'aimée.

LES VASSAUX *(se regroupant avec une vive indignation)*
Quoi? Fut-il infidèle?
A-t-il souillé l'honneur de Gunther?

LES FEMMES
Fut-il infidèle?

GUNTHER *(à Siegfried)*
Je serais déshonoré
et couvert de honte,
si tu ne répondais
à ses calomnies!

GUTRUNE
Siegfried, déloyal?
As-tu voulu tromper?
Prouve que cette femme
t'accuse à tort!

LES VASSAUX
Disculpe-toi,
si tu es dans ton droit!
Fais taire cette accusation!
Prête serment!

SIEGFRIED
Pour faire taire cette accusation
et prêter serment:
qui d'entre vous osera
m'offrir son arme?

HAGEN
9 J'ose t'offrir
la pointe de ma lance,
25 garante du serment, dans l'honneur.
(Les vassaux font cercle autour de Siegfried et de Hagen. Celui-ci présente sa lance; Siegfried pose deux doigts de sa main droite sur la pointe de l'arme.)

SIEGFRIED
75, 67b Arme claire!
Lance sacrée!
Veille sur mon serment éternel!
Par la pointe de la lance,
je prononce le serment:
fer, entends mes paroles!
74 Là où un tranchant peut me déchirer,
déchire-moi;
là où la mort doit me frapper,
frappe-moi;
si cette femme a dit vrai,
si je fus infidèle à mon frère!

BRÜNNHILDE *(pleine de fureur, s'avance au milieu du cercle, écarte la main de Siegfried qui tient la lance et saisit à son tour la pointe)*
Arme claire!
Lance sacrée!
Veille sur mon serment éternel!
Par la pointe de la lance,

sprech ich den Eid:
Spitze, achte des Spruchs!
Ich weihe deine Wucht,
daß sie ihn werfe!
Deine Schärfe segne ich,
daß sie ihn schneide:
denn, brach seine Eide er all,
schwur Meineid jetzt dieser Mann!

je prononce le serment:
fer, entends mes paroles!
75 Je consacre ta force
pour qu'elle le frappe!
Je bénis ton tranchant
pour qu'il le déchire:
ayant rompu tous ses serments,
cet homme vient de faire un parjure.

DIE MANNEN *(im höchsten Aufruhr)*
Hilf, Donner,
tose dein Wetter,
zu schweigen die wütende Schmach!

LES VASSAUX *(dans une grande agitation)*
A l'aide, Donner,
déchaîne ton orage,
pour apaiser l'affront rageur!

SIEGFRIED
Gunther, wehr deinem Weibe,
das schamlos Schande dir lügt!
Gönnt ihr Weil' und Ruh',
der wilden Felsenfrau,
daß ihre freche Wut sich lege,
die eines Unholds
arge List
wider uns alle erregt!
Ihr Mannen, kehret euch ab!
Laßt das Weibergekeif!
Als Zage weichen wir gern,
gilt es mit Zungen den Streit.
(Er tritt dicht zu Gunther.)
Glaub, mehr zürnt es mich als dich,
daß schlecht ich sie getäuscht:
der Tarnhelm, dünkt mich fast,
hat halb mich nur gehehlt.
Doch Frauengroll
friedet sich bald:
daß ich dir es gewann,
dankt dir gewiß noch das Weib.
(Er wendet sich wieder zu den Mannen.)
Munter, ihr Mannen!
Folgt mir zum Mahl!
(Zu den Frauen)
Froh zur Hochzeit
helfet, ihr Frauen!
Wonnige Lust
lache nun auf!
In Hof und Hain,
heiter vor allen
sollt ihr heute mich sehn.
Wen die Minne freut,
meinem frohen Mute
tu es der Glückliche gleich!
(Er schlingt in ausgelassenem Übermute seinen Arm um Gutrune und zieht sie mit sich in die Halle fort. Die Mannen und Frauen, von seinem Beispiele hingerissen, folgen ihm nach. Die Bühne ist leer geworden. Nur Brünnhilde, Gunther und Hagen bleiben zurück. Gunther hat sich in tiefer Scham und furchbaren Verstimmung mit verhülltem Gesichte abseits niedergesetzt. Brünnhilde, im Vordergrunde stehend, blickt Siegfried und Gutrune noch eine Zeitlang schmerzlich nach und senkt dann sinnend das Haupt.)

SIEGFRIED
9 Gunther, empêche ta femme
de mentir effrontément!
Accordez quelque repos
à la femme sauvage du rocher,
pour apaiser cette rage éhontée
que la ruse odieuse
d'un démon
suscite contre nous tous!
Vous, les vassaux, dispersez-vous!
Laissez glapir cette femme!
Nous préférons céder lâchement
quand il s'agit de lutte verbale.
(Il s'approche tout près de Gunther.)
18 Crois-moi, je suis plus furieux que toi
de l'avoir mal dupée.
Il me semble bien que le heaume
ne m'a caché qu'à moitié.
Mais rancune de femme
se calme vite:
elle te saura gré, c'est sûr,
d'être ta femme grâce à moi.
(Il se tourne de nouveau vers les vassaux.)
Allons, les hommes!
Suivez-moi au festin!
(S'adressant aux femmes.)
Soyez gaies, les femmes,
préparez la noce!
Que dès lors la joie
et les rires éclatent!
70 Vous verrez, partout,
je serai aujourd'hui
le plus enjoué de tous.
Que le bienheureux
qui est amoureux,
imite ma joyeuse humeur!
70 *(Avec une joie débordante, il enlace Gutrune et l'entraîne*
24 *avec lui vers le palais. Les vassaux et les femmes, emportés*
20 *par son exemple, le suivent. La scène s'est vidée.*
22c *Brünnhilde, Gunther et Hagen demeurent seuls en scène.*
25 *Gunther, profondément mortifié et terriblement contrarié,*
9c *s'est assis à l'écart, le visage caché dans les mains.*
Brünnhilde, debout au premier plan, suit un moment
Siegfried et Gutrune d'un regard douloureux, puis elle baisse la tête, songeuse.)

FÜNFTE SZENE

BRÜNNHILDE *(in starrem Nachsinnen befangen)*
Welches Unholds List
liegt hier verhohlen?
Welches Zaubers Rat
regte dies auf?
Wo ist nun mein Wissen
gegen dies Wirrsal?
Wo sind meine Runen
gegen dies Rätsel?
Ach Jammer, Jammer!
Weh, ach Wehe!
All mein Wissen
wies ich ihm zu!
In seiner Macht
hält er die Magd;
in seinen Banden
faßt er die Beute,
die, jammernd ob ihrer Schmach,
jauchzend der Reiche verschenkt!
Wer bietet mir nun das Schwert,
mit dem ich die Bande zerschnitt'?

HAGEN *(dicht an sie herantretend)*
Vertraue mir,
betrogne Frau!
Wer dich verriet,
das räche ich.

BRÜNNHILDE *(matt sich umblickend)*
An wem?

HAGEN
An Siegfried, der dich betrog.

BRÜNNHILDE
An Siegfried? ... Du?
(Bitter lächelnd.)
Ein einz'ger Blick
seines blitzenden Auges,
das selbst durch die Lügengestalt
erstrahlte zu mir,
deinen besten Mut
machte er bangen!

HAGEN
Doch meinem Speere
spart' ihn sein Meineid?

BRÜNNHILDE
Eid und Meineid,
müßige Acht!
Nach Stärkrem späh,
deinen Speer zu waffnen,
willst du den Stärksten bestehn!

HAGEN
Wohl kenn ich Siegfrieds
siegende Kraft,
wie schwer im Kampf er zu fällen;
drum raune nun du
mir klugen Rat,
wie doch der Recke mir wich'?

SCÈNE V

74 BRÜNNHILDE *(sous l'emprise d'une pesante méditation)*
75 Quelle ruse de démon
se dissimule ici?
Quel dessein maléfique
a provoqué cela?
A quoi sert mon savoir
37 face à cette confusion?
Que peuvent mes runes
face à cette énigme?
Ah, misère! Misère!
Douleur! Oh douleur!
56 Je lui ai donné
tout mon savoir!
Il tient la jeune femme
en son pouvoir;
il capte sa proie
dans ses filets;
ravi, cet homme comblé livre
74, 9c la femme affligée de honte!
Qui m'offrira donc l'épée
capable de trancher mes liens?

HAGEN *(s'approchant tout près d'elle)*
Fais-moi confiance,
femme trompée!
Je vengerai
la trahison.

BRÜNNHILDE *(se retournant d'un air accablé)*
De qui?

HAGEN
De Siegfried qui t'a trompée.

BRÜNNHILDE
De Siegfried? .... Toi?
(Avec un sourire amer.)
Un seul regard
de ses yeux étincelants,
dont je vis l'éclat,
même sous la forme trompeuse,
ferait faiblir
tout ton courage!

HAGEN
Mais son parjure
l'a voué à ma lance?

BRÜNNHILDE
Serment ou parjure.
Quel intérêt?
Cherche plus de force
pour brandir ta lance,
si tu veux vaincre le plus fort!

HAGEN
Je connais bien la force
invincible de Siegfried,
qui le rend imbattable au combat;
indique-moi tout bas
comment faire alors
pour triompher du héros?

BRÜNNHILDE
O Undank, schändlichster Lohn!
Nicht eine Kunst
war mir bekannt,
die zum Heil nicht half seinem Leib!
Unwissend zähmt' ihn
mein Zauberspiel,
das ihn vor Wunden nun gewahrt.

HAGEN
So kann keine Wehr ihm schaden?

BRÜNNHILDE
Im Kampfe nicht; doch
träfst du im Rücken ihn...
Niemals, das wußt' ich,
wich' er dem Feind,
nie reicht' er fliehend ihm den Rücken:
an ihm drum spart' ich den Segen.

HAGEN
Und dort trifft ihn mein Speer!
(Er wendet sich rasch von Brünnhilde ab zu Gunther.)

Auf, Gunther,
edler Gibichung!
Hier steht dein starkes Weib;
was hängst du dort in Harm?

GUNTHER *(leidenschaftlich auffahrend)*
O Schmach!
O Schande!
Wehe mir,
dem jammervollsten Manne!

HAGEN
In Schande liegst du;
leugn' ich das?

BRÜNNHILDE *(zu Gunther)*
O feiger Mann!
falscher Genoss'!
Hinter dem Helden
hehltest du dich,
daß Preise des Ruhmes
er dir erränge!
Tief wohl sank
das teure Geschlecht,
das solche Zagen gezeugt!

GUNTHER *(außer sich)*
Betrüger ich – und betrogen!
Verräter ich – und verraten!
Zermalmt mir das Mark!
Zerbrecht mir die Brust!
Hilf, Hagen!
Hilf meiner Ehre!
Hilf deiner Mutter,
die mich auch ja gebar!

HAGEN
Dir hilft kein Hirn,
dir hilft keine Hand:
dir hilft nur – Siegfried Tod!

BRÜNNHILDE
Ingratitude, récompense ignoble!
Chacun des arts
que je connais
servit à préserver son corps.
A son insu,
mes charmes ont agi
pour le rendre invulnérable.

HAGEN
Alors, nulle arme ne peut l'atteindre?

BRÜNNHILDE
22c Pas au combat; mais
en le frappant dans le dos...
Jamais, je le savais,
il ne céderait à l'ennemi,
lui présentant le dos dans sa fuite:
là je n'ai pas prodigué mes soins.

HAGEN
9c, 75 Et ma lance le frappera là!
(Il se détourne vivement de Brünnhilde pour s'adresser à Gunther.)
Debout, Gunther,
noble Gibichung!
25 Voici une femme vaillante:
qu'as-tu à t'affliger?

GUNTHER *(avec emportement)*
Quel outrage!
Quelle honte!
Malheur à moi,
homme misérable entre tous!

HAGEN
Tu es couvert de honte,
je ne le nie pas!

BRÜNNHILDE *(à Gunther)*
Quel lâche tu fais!
Quel faux ami!
Tu t'es abrité
derrière le héros,
pour qu'il te conquière
les marques de la gloire!
La noble lignée
est tombée bien bas
pour engendrer de tels couards!

GUNTHER *(hors de lui)*
75, 9c J'ai trompé – et je suis trompé!
J'ai trahi – et je suis trahi!
Broyez-moi la moelle!
Brisez-moi le coeur!
A l'aide, Hagen!
Secours mon honneur!
Secours ta mère
qui est la mienne aussi!

HAGEN
Nul esprit, nul bras
ne te secourront:
mais seulement – la mort de Siegfried!

GUNTHER *(von Grausen erfaßt)*
Siegfrieds Tod?

HAGEN
Nur der sühnt deine Schmach!

GUNTHER *(vor sich hinstarrend)*
Blutbrüderschaft
schwuren wir uns!

HAGEN
Des Bundes Bruch
sühne nun Blut!

GUNTHER
Brach er den Bund?

HAGEN
Da er dich verriet?

GUNTHER
Verriet er mich?

BRÜNNHILDE
Dich verriet er,
und mich verrietet ihr alle!
Wär' ich gerecht,
alles Blut der Welt
büßte mir nicht eure Schuld!
Doch des einen Tod
taugt mir für alle:
Siegfried falle
zur Sühne für sich und euch!

HAGEN *(zu Gunther gewendet)*
Er falle –*(heimlich)* dir zum Heil!
Ungeheure Macht wird dir,
gewinnst von ihm du den Ring,
den der Tod ihm wohl nur entreißt.

GUNTHER *(leise)*
Brünnhildes Ring?

HAGEN
Des Nibelungen Reif.

GUNTHER *(schwer seufzend)*
So wär' es Siegfrieds Ende!

HAGEN
Uns allen frommt sein Tod.

GUNTHER
Doch Gutrune, ach,
der ich ihn gönnte!
Straften den Gatten wir so,
wie bestünden wir vor ihr?

BRÜNNHILDE *(wild auf fahrend)*
Was riet mir mein Wissen?
Was wiesen mich Runen?
Im hilflosen Elend
achtet mir's hell:
Gutrune heißt der Zauber,

GUNTHER *(saisi de terreur)*
La mort de Siegfried!

HAGEN
Elle seule expiera ton courage!

GUNTHER *(regardant fixement devant lui)*
Nous nous sommes juré
fraternité du sang!

HAGEN
L'alliance rompue
réclame son sang!

GUNTHER
L'a-t-il rompue?

HAGEN
Puisqu'il t'a trahi!

GUNTHER
M'a-t-il trahi?

BRÜNNHILDE
Il t'a trahi,
et vous m'avez tous trahie!
Pour me faire justice,
tout le sang du monde
ne réparerait pas votre faute!
74 Mais la mort d'un seul
vaudra pour moi celle de tous:
que Siegfried meure
pour son rachat et le vôtre!

HAGEN *(se tournant vers Gunther)*
Qu'il meure – *(d'un air mystérieux)* pour ton salut!
12 Ton pouvoir sera immense,
si tu lui prends l'anneau,
que la mort seule lui arrachera.

GUNTHER *(à voix basse)*
L'anneau de Brünnhilde?

HAGEN
L'anneau du Nibelung.

GUNTHER *(avec un profond soupir)*
Ce serait donc la fin de Siegfried!

HAGEN
Sa mort nous arrange tous.

GUNTHER
Mais Gutrune hélas,
que je lui ai accordée!
Si nous châtions ainsi son époux,
comment nous justifier face à elle?

BRÜNNHILDE *(dans un élan de fureur)*
Que m'a dit mon savoir?
Que m'ont appris les runes?
Du fond de ma détresse,
les choses deviennent claires:
Gutrune est le nom du charme

der den Gatten mir entzückt!
Angst treffe sie!

HAGEN *(zu Gunther)*
Muß sein Tod sie betrüben,
verhehlt sei ihr die Tat.
Auf muntres Jagen
ziehen wir morgen:
der Edle braust uns voran,
ein Eber bracht' ihn da um.

GUNTHER UND BRÜNNHILDE
So soll es sein!
Siegfried falle!
Sühn' er die Schmach,
die er mir schuf!
Des Eides Treue
hat er getrogen:
mit seinem Blut
büß' er die Schuld!
Allrauner,
rächender Gott!
Schwurwissender
Eideshort!
Wotan!
Wende dich her!
Weise die schrecklich
heilige Schar,
hieher zu horchen
dem Racheschwur!

HAGEN
Sterb' er dahin,
der strahlende Held!
Mein ist der Hort,
mir muß er gehören.
Drum sei der Reif
ihm entrissen,
Alben-Vater,
gefallner Fürst!
Nachthüter!
Niblungenherr!
Alberich!
Achte auf mich!
Weise von neuem
der Niblungen Schar,
dir zu gehorchen,
des Ringes Herrn!
(Als Gunther mit Brünnhilde heftig der Halle sich zuwendet, tritt ihnen der von dort herauschreitende Brautzug entgegen. Knaben und Mädchen, Blumenstäbe schwingend, springen lustig voraus. Siegfried wird auf einem Schilde, Gutrune auf einem Sessel von den Männern getragen. Auf der Anhöhe des Hintergrundes führen Knechte und Mägde auf verschiedenen Bergpfaden Opfergeräte und Opfertiere zu den Weihsteinen herbei uns schmücken diese mit Blumen. Siegfried und die Männer blasen auf ihren Hörnern den Hochzeitsruf. Die Frauen fordern Brünnhilde auf, an Gutrunes Seite sie zu geleiten. Brünnhilde blickt starr zu Gutrune auf, welche ihr mit freundlichem Lächeln zuwinkt. Als Brünnhilde heftig zurücktreten will, tritt Hagen rasch dazwischen und drängt sie an Gunther, der jetzt von neuem ihre Hand erfaßt, worauf er selbst von den Männern sich auf den schild heben läßt. Während der Zug, kaum unter-

qui a envoûté mon époux!
Qu'elle soit saisie d'angoisse!

HAGEN *(à Gunther)*
Si sa mort doit l'attrister,
dissimulons-lui notre acte.
Nous partirons demain
joyeusement à la chasse:
dans sa fougue, le héros nous devance,
un sanglier l'aura tué.

GUNTHER ET BRÜNNHILDE
Qu'il en soit ainsi!
Que Siegfried meure
et expie l'outrage
qu'il m'infligea!
Il a trahi
la foi jurée:
qu'il rachète
la faute par son sang!
Dieu vengeur,
inspirateur de tout!
Garant des pactes,
gardien des serments!
Wotan!
Regarde vers moi!
Commande à la légion
terrible et sacrée
d'écouter le serment
de ma vengeance!

HAGEN
Qu'il meure donc
le héros radieux!
Le trésor est le mien,
il faut qu'il m'appartienne.
Que l'anneau lui soit
donc arraché.
Père des Albes,
prince déchu!
Gardien de la nuit!
Seigneur des Nibelungen!
Alberich!
Veille sur moi!
Ordonne de nouveau
à la troupe des Nibelungen
de venir obéir
au maître de l'anneau!
(Tandis que Gunther se dirige vivement avec Brünnhilde vers le palais, le cortège nuptial qui en sort, s'avance à leur rencontre. Des filles et des garçons, brandissant des baguettes ornées de fleurs, le précèdent joyeusement. Des hommes portent Siegfried sur un bouclier et Gutrune sur un siège. Sur la hauteur au fond, des valets et des servantes apportent par les sentiers escarpés les instruments de sacrifice et mènent les animaux près des autels qu'ils parent de fleurs. Siegfried et les hommes sonnent dans leurs cors les fanfares nuptiales. Les femmes invitent Brünnhilde à se joindre au cortège, aux côtés de Gutrune. Brünnhilde jette un regard fixe à Gutrune qui lui répond par un sourire aimable. Brünnhilde a un violent mouvement de recul, mais Hagen s'interpose vivement et la pousse vers Gunther qui lui reprend la main, (et la mène vers les femmes) après quoi il se laisse soulever à son tour par les hommes sur le

brochen, schnell der Höhe zu sich wieder in Bewegung setzt, fällt der Vorhang.)

Orchestervorspiel

DRITTER AUFZUG

Wildes Wald – und Felsental am Rheine der im Hintergrunde an einem steilen Abhange vorbeifließt.

ERSTE SZENE

49a
Die drei Rheintöchter, Woglinde, Wellgunde und Floßhilde, 9c
tauchen aus der Flut auf und schwimmen, wie im 70
Reigentanze, im Kreizse umher. 1

DIE DREI RHEINTÖCHTER *(im Schwimmen mäßig einhaltend)* 77, 78
Frau Sonne
sendet lichte Strahlen;
Nacht liegt in der Tiefe:
einst war sie hell,
da heil und hehr
des Vaters Gold noch in ihr glänzte.
Rheingold,
klares Gold!
Wie hell du einstens strahltest,
hehrer Stern der Tiefe!
(Sie schließen wieder den Schwimmreigen.)
Weialala leia,
wallala leialala.
(Ferner Hornruf. Sie lauschen. Sie schlagen jauchzend das Wasser.)
Frau Sonne,
sende uns den Helden,
der das Gold uns wiedergäbe!
Ließ' er es uns,
dein lichtes Auge
neideten dann wir nicht länger.
Rheingold,
klares Gold!
Wie froh du dann strahltest,
freier Stern der Tiefe!
(Man hört Siegfrieds Horn von der Höhe her.)

WOGLINDE
Ich höre sein Horn.

WELLGUNDE
Der Helde naht.

FLOßHILDE
Laßt uns beraten!
(Sie tauchen alle drei schnell unter. Siegfried erscheint auf dem Abhange in vollen Waffen.)

SIEGFRIED
Ein Albe führte mich irr,
daß ich die Fährte verlor.
He, Schelm, in welchem Berge
bargst du schnell mir das Wild?

bouclier. Tandis que le cortège, à peine interrompu, reprend rapidement sa marche en direction de la hauteur, le rideau tombe.)

Prélude orchestral

TROISIÈME ACTE

Site sauvage de forêt et de rochers, dans la vallée du Rhin. Celui-ci coule à l'arrière-plan, au pied d'un versant abrupt.

SCÈNE I

Les trois filles du Rhin, Woglinde, Wellgunde et Flosshilde, émergent des flots et nagent en cercle, comme si elles dansaient une ronde.

LES TROIS FILLES DU RHIN *(cessant un instant de nager)*
Ah, le soleil
darde ses clairs rayons;
la nuit règne au fond,
jadis lumineux,
quand l'or de notre père
y brillait encore intact et pur.
Or du Rhin!
Or clair!
Comme tu rayonnais autrefois,
noble étoile des profondeurs!
(Elles se remettent à nager en cercle.)
Weialala leia,
walla leialala.
(Lointain appel de cor. Elles tendent l'oreille. Elles battent l'eau en poussant des cris de joie.)
Ah, toi, soleil,
envoie-nous le héros
qui peut nous rendre l'or!
S'il nous le laissait,
nous n'envierions plus
ton regard lumineux.
Or du Rhin!
Or clair!
Alors tu rayonnerais de joie,
libre étoile des profondeurs!
(On entend le cor de Siegfried venant de la hauteur.)

WOGLINDE
J'entends son cor.

WELLGUNDE
Le héros approche.

FLOSSHILDE
Concertons-nous!
(Toutes trois plongent rapidement. Siegfried apparaît sur le versant, tout armé.)

SIEGFRIED
Un gnome m'a égaré
et j'ai perdu la piste:
hé, coquin, dans quel creux
as-tu vite caché le gibier?

DIE DREI RHEINTÖCHTER *(tauchen wieder auf und schwimmen im Reigen)*
Siegfried!

FLOßHILDE
Was schiltst du so in den Grund?

WELLGUNDE
Welchem Alben bist du gram?

WOGLINDE
Hat dich ein Nicker geneckt?

ALLE DREI
Sag es, Siegfried, sag es uns!

SIEGFRIED *(sie lächelnd betrachtend)*
Entzücktet ihr zu euch
den zottigen Gesellen,
der mir verschwand?
Ist's euer Friedel,
euch lustigen Frauen
laß ich ihn gern.
(Die Mädchen lachen.)

WOGLINDE
Siegfried, was gibst du uns,
wenn wir das Wild dir gönnen?

SIEGFRIED
Noch bin ich beutelos;
so bittet, was ihr begehrt.

WELLGUNDE
Ein goldner Ring
glänzt dir am Finger!

DIE DREI MÄDCHEN
Den gib uns!

SIEGFRIED
Einen Riesen wurm
erschlug ich um den Reif:
für eines schlechten Bären Tatzen
böt' ich ihn nun zum Tausch?

WOGLINDE
Bist du so karg?

WELLGUNDE
So geizig beim Kauf?

FLOßHILDE
Freigebig
solltest Frauen du sein.

SIEGFRIED
Verzehrt' ich an euch mein Gut,
des zürnte mir wohl mein Weib.

FLOßHILDE
Sie ist wohl schlimm?

LES TROIS FILLES DU RHIN *(émergent à nouveau et nagent en cercle)*
Siegfried!

FLOSSHILDE
Qu'as-tu à pester dans ce val?

WELLGUNDE
A quel gnome en veux-tu donc?

WOGLINDE
Un ondin t'a-t-il nargué?

LES TROIS FILLES DU RHIN
Dis-le, Siegfried, dis-le nous!

SIEGFRIED *(les contemplant en souriant)*
Auriez-vous séduit
le compère velu
qui m'a échappé?
S'il est votre galant,
filles rieuses,
je vous le laisse de bon gré.
(Les filles éclatent de rire.)

WOGLINDE
Siegfried que nous offres-tu,
si nous te rendons ton gibier?

SIEGFRIED
Je n'ai encore rien pris;
11, 12 mais dites ce que vous désirez.

WELLGUNDE
Un anneau d'or
brille à ton doigt!

LES TROIS FILLES DU RHIN
Donne-le nous!

SIEGFRIED
Pour cet anneau j'ai tué
un dragon géant:
je l'offrirais en échange
de méchantes pattes d'ours?

WOGLINDE
Es-tu si avare?

WELLGUNDE
Si âpre au gain?

FLOSSHILDE
Tu devrais être
généreux envers les femmes.

SIEGFRIED
Si je gaspillais mon bien pour vous,
ma femme m'en voudrait.

FLOSSHILDE
Elle est si méchante?

WELLGUNDE
Sie schlägt dich wohl?

WOGLINDE
Ihre Hand fühlt schon der Held!
(Sie lachen unmäßig.)

SIEGFRIED
Nun lacht nur lustig zu!
In Harm laß ich euch doch:
denn giert ihr nach dem Ring,
euch Nickern geb ich ihn nie!
(Die Rheintöchter haben sich wieder zum Reigen gefaßt.)

FLOẞHILDE
So schön!

WELLGUNDE
So stark!

WELLGUNDE
So gehrenswert!

DIE DREI
Wie schade, daß er geizig ist!
(Sie lachen und tauchen unter.)

SIEGFRIED *(tiefer in den Grund hinabsteigend)*
Wie leid ich doch
das karge Lob?
Laß ich so mich schmähn?
Kämen sie wieder
zum Wasserrand,
den Ring könnten sie haben.
He! he, he, ihr muntren
Wasserminnen!
Kommt rasch! Ich schenk euch den Ring!
(Er hat den Ring vom Finger gezogen und hält ihn in die Höhe. Die drei Rheintöchter tauchen wieder auf. Sie zeigen sich ernst und feierlich.)

FLOẞHILDE
Behalt' ihn, Held,
und wahr ihn wohl,
bis du das Unheil errätst –

WOGLINDE UND WELLGUNDE
Das in dem Ring du hegst.

ALLE DREI
Froh fühlst du dich dann,
befrein wir dich von dem Fluch.

SIEGFRIED *(steckt gelassen den Ring wieder an seinen Finger)*
So singet, was ihr wißt!

DIE RHEINTÖCHTER
Siegfried! Siegfried! Siegfried!
Schlimmes wissen wir dir.

WELLGUNDE
Zu deinem Unheil
wahrst du den Ring!

WELLGUNDE
Elle te bat alors?

WOGLINDE
Le héros sent déjà sa main!
(Elles s'esclaffent.)

SIEGFRIED
Riez donc aux éclats!
Mais je vous laisse en peine:
car l'anneau que vous convoitez,
naïades, je ne vous le donnerai jamais!
(Les filles du Rhin ont repris leur ronde.)

FLOSSHILDE
Si beau!

WELLGUNDE
Si fort!

WOGLINDE
Si désirable!

LES TROIS FILLES DU RHIN
Dommage qu'il soit avare!
(Elles plongent en riant.)

SIEGFRIED *(descendant un peu plus bas)*
Vais-je tolérer
ces piètres éloges?
Me laisser insulter ainsi?
Si elles revenaient
vers le rivage,
elles pourraient avoir l'anneau.
Hé! Holà! Fringantes
ondines! Venez vite!
Je vous offre l'anneau!
(Il a retiré l'anneau de son doigt et le tient en l'air. Les trois filles du Rhin réapparaissent. Elles prennent un air grave et solennel.)

FLOSSHILDE
Héros, garde-le
et veille bien sur lui,
jusqu'à ce que tu pressentes...

WOGLINDE ET WELLGUNDE
le malheur que tu portes par lui.

TOUTES LES TROIS
Alors tu seras heureux
si nous te délivrons de la malédiction.

SIEGFRIED *(remet tranquillement l'anneau à son doigt)*
Chantez donc ce que vous savez!

LES FILLES DU RHIN
20, 9 Siegfried! Siegfried! Siegfried!
Pour toi, nous savons le pire.

WELLGUNDE
Tu gardes la bague
pour ton malheur!

WELLGUNDE ET FLOßILDE
Aus des Rheines Gold

ALLE DREI
ist der Ring geglüht.

WELLGUNDE
Der ihn listig geschmiedet

WOGLINDE
und schmählich verlor –

WOGLINDE UND WELLGUNDE
Der verfluchte ihn,

ALLE DREI
in fernster Zeit
zu zeugen den Tod
dem, der ihn trüg .

FLOßHILDE
Wie den Wurm du fälltest,

WELLGUNDE UND FLOßHILDE
so fällst auch du,

ALLE DREI
und heute noch;
so heißen wir's dir,
tauschest den Ring du uns nicht.

WELLGUNDE UND FLOßHILDE
Im tiefen Rhein
ihn zu bergen:

ALLE DREI
Nur seine Flut
sühnet den Fluch!

SIEGFRIED
Ihr listigen Frauen,
laßt das sein!
Traut' ich kaum eurem Schmeicheln,
euer Drohen schreckt mich noch minder!

DIE RHEINTÖCHTER
Siegfried! Siegfried!
Wir weisen dich wahr.
Weiche, weiche dem Fluch!
Ihn flochten nächtlich
webende Nornen
in des Urgesetzes Seil!

SIEGFRIED
Mein Schwert zerschwang einen Speer:
des Urgesetzes
ewiges Seil,
flochten sie wilde
Flüche hinein,
Notung zerhaut es den Nornen!
Wohl warnte mich einst
vor dem Fluch ein Wurm,
doch das Fürchten lehrt' er mich nicht!
(Er betrachtet den Ring.)

WELLGUNDE ET FLOSSHILDE
L'anneau fut fondu

TOUTES LES TROIS
avec l'or du Rhin.

WELLGUNDE
Le rusé qui le forgea

WOGLINDE
et le perdit piteusement...

WOGLINDE ET WELLGUNDE
l'a maudit, le vouant

TOUTES LES TROIS
24 jusqu'au fond des temps
à causer la mort
de qui le porterait.

FLOSSHILDE
17b Comme tu as tué le dragon...

WELLGUNDE ET FLOSSHILDE
tu seras tué à ton tour...

TOUTES LES TROIS
et aujourd'hui même,
– tu es averti –
si tu n'échanges pas l'anneau...

WELLGUNDE ET FLOSSHILDE
que nous cacherons
au fond du Rhin.

TOUTES LES TROIS
Seul le flot lavera
37 la malédiction!

SIEGFRIED
Filles rusées,
c'en est assez!
Je me méfiais de vos flatteries,
et vos menaces ne m'effraient pas!

LES FILLES DU RHIN
9 Siegfried! Siegfried!
Nous disons vrai.
Fuis, fuis la malédiction!
65 Les Nornes l'ont tressée
la nuit, dans la corde
de la loi originelle!

SIEGFRIED
Mon épée brisa une lance:
si elles ont tressé
de sombres malédictions
dans la corde éternelle
de la loi originelle,
Notung tranchera la corde des Nornes!
Certes, un dragon me mit en garde
jadis contre la malédiction,
mais il ne m'apprit pas la peur!
(Il contemple l'anneau.)

Der Welt Erbe
gewänne mir ein Ring:
für der Minne Gunst
miß ich ihn gern;
ich geb ihn euch, gönnt ihr mir Lust.
Doch bedroht ihr mir Leben und Leib:
faßte er nicht
eines Fingers Wert,
den Reif entringt ihr mir nicht!
Denn Leben und Leib,
seht: – so –
werf ich sie weit von mir!
(Er hebt eine Erdscholle vom Boden auf, hält sie über seinem Haupte und wirft sie mit den letzten Worten hinter sich.)

DIE RHEINTÖCHTER
Kommt, Schwestern!
Schwindet dem Toren!
So weise und stark
verwähnt sich der Held,
als gebunden und blind er doch ist.
(Sie schwimmen, wild aufgeregt, in weiten Schwenkungen dicht an das Ufer heran.)
Eide schwur er –
und achtet sie nicht!
(Wieder heftige Bewegung)
Runen weiß er –
und rät sie nicht!

FLOßHILDE
Ein hehrstes Gut
ward ihm gegönnt:

ALLE DREI
Daß er's verworfen,
weiß er nicht.

FLOßHILDE
Nur den Ring,

WELLGUNDE
der zum Tod ihm taugt,

ALLE DREI
den Reif nur will er sich wahren!
Leb' wohl, Siegfried!
Ein stolzes Weib
wird noch heut dich Argen beerben.
Sie beut uns beßres Gehör.
Zur ihr! Zu ihr! Zu ihr!
(Sie wenden sich schnell zum Reigen, mit welchem sie gemächlich dem Hintergrunde zu fortschwimmen. Siegfried sieht ihnen lächelnd nach, stemmt ein Bein auf ein Felsstück am Ufer und verweilt mit auf der Hand gestütztem Kinne.)

DIE RHEINTÖCHTER
Weialala leia,
Wallala leialala.

SIEGFRIED
Im Wasser wie am Lande
lernt' nun ich Weiberart:

Un anneau me donnerait
la possession du monde:
je m'en passe volontiers,
au profit de l'amour;
je vous l'offre, en échange du plaisir.
Mais si vous menacez ma vie et mon corps,
l'anneau n'eût-il
pas la moindre valeur,
vous ne me l'arracherez pas,
car ma vie et mon corps
voyez: – comme ça –
je les jette loin de moi!
(Il a ramassé au sol une motte de terre, la tient au-dessus de sa tête et, en disant ces mots, la jette derrière lui.)

LES FILLES DU RHIN
77, 78 Venez, mes soeurs!
Fuyez ce fou!
Le héros s'imagine
être sage et fort,
alors qu'il est captif et aveugle.
(En proie à une violente agitation, elles nagent en décrivant de larges cercles tout près de la rive.)
Il fit des serments –
et ne les respecte pas!
(Elles s'agitent de nouveau violemment.)
Il connaît des runes –
et ne s'y réfère pas!

FLOSSHILDE
66 Un bien suprême
lui fut accordé.

TOUTES LES TROIS
Il ne sait pas
qu'il l'a galvaudé.

FLOSSHILDE
Seul l'anneau...

WELLGUNDE
qui le mène à la mort...

TOUTES LES TROIS
il veut le garder pour lui!
Adieu, Siegfried!
Mauvais drôle, une femme fière
héritera de toi aujourd'hui:
elle nous écoutera mieux.
Vers elle! Vers elle! Vers elle!
(Elles reforment rapidement un cercle et se dirigent vers le fond de la scène en nageant paisiblement. Siegfried les suit des yeux en souriant, un pied posé sur un rocher de la rive et le menton appuyé sur la main.)

LES FILLES DU RHIN
Weialala leia,
Wallala leialala.

SIEGFRIED
Dans l'eau comme sur la terre,
je connais maintenant les femmes:

wer nicht ihrem Schmeicheln traut,
den schrecken sie mit Drohen;
wer dem kühnlich trotzt,
dem kommt dann ihr Keifen dran.
(Die Rheintöchter sind hier gänzlich verschwunden.)
Und doch,
trüg' ich nicht Gutrun' Treu',
der zieren Frauen eine
hätt' ich mir frisch gezähmt!
(Er blickt ihnen unverwandt nach.)

DIE RHEINTÖCHTER *(werden aus gr'ßerer Entfernung nur gehört)*
La, la!

quand on se méfie de leurs flatteries,
elles vous effraient par des menaces;
et quand on les défie hardiment,
elles vous harcèlent de leurs cris.
(Les filles du Rhin ont alors complètement disparu.)
Et pourtant,
si je n'étais fidèle à Gutrune,
je me serais bien pris
une de ces jolies filles!
(Il ne cesse de regarder dans leur direction.)

LES FILLES DU RHIN *(à grande distance)*
La, la!

24, 70, 9

ZWEITE SZENE

HAGENS STIMME *(von fern)*
Hoiho!
(Siegfried fährt aus seiner Entrücktheit auf und antwortet dem vernommenen Rufe auf seinem Horne.)

SIEGFRIED *(antwortend)*
Hoiho! Hoiho! Hoihe!

MANNEN *(außerhalb der Szene)*
Hoiho! Hoiho!

HAGEN *(kommt auf der Höhe hervor. Gunther folgt ihm. Siegfried erblickend.)*
Finden wir endlich,
wohin du flogest?

SIEGFRIED
Kommt herab! Hier ist's frisch und kühl!
(Die Mannen kommen alle auf der Höhe an und steigen nun mit Hagen und Gunther herab.)

HAGEN
Hier rasten wir
und rüsten das Mahl.
(Jagdbeute wird zuhauf gelegt.)
Laßt ruhn die Beute
und bietet die Schläuche!
(Schläuche und Trinkhörner werden hervorgeholt. Alles lagert sich.)
Der uns das Wild verscheuchte,
nun sollt ihr Wunder hören,
was Siegfried sich erjagt.

SIEGFRIED
Schlimm steht es um mein Mahl:
von eurer Beute
bitte ich für mich.

HAGEN
Du beutelos?

SIEGFRIED
Auf Waldjagd zog ich aus,
doch Wasserwild zeigte sich nur.
War ich dazu recht beraten,
drei wilde Wasservögel

SCÈNE II

LA VOIX DE HAGEN *(dans le lointain)*
Hoïho!
(Brusquement tiré de sa songerie, Siegfried répond à l'appel sur son cor.)

SIEGFRIED *(répondant)*
Hoïho! Hoïho! Hoïhé!

DES VASSAUX *(dans la coulisse)*
Hoïho! Hoïho!

HAGEN *(paraît sur la hauteur, Gunther à sa suite Apercevant Siegfried.)*
Nous trouvons enfin
où tu étais passé?

SIEGFRIED
Descendez! Ici il fait bien frais!
(Tous les vassaux arrivent sur la hauteur et descendent ensuite en compagnie de Hagen et de Gunther.)

HAGEN
Faisons halte ici
et préparons le repas.
(On entasse le butin de la chasse.)
Laissez-là le butin
et portez les outres!
(On sort des cornes à boire et des outres. Tout le monde s'installe.)
Celui qui a fait fuir notre gibier
va maintenant vous raconter
sa chasse miraculeuse.

SIEGFRIED
Mon repas est compromis,
je demande une part
de votre butin.

HAGEN
Toi, bredouille?

SIEGFRIED
Je partis à la chasse en forêt,
mais seul du gibier d'eau s'est montré.
Si j'avais été avisé,
je vous aurais bien attrapé

hätt' ich euch wohl gefangen,
die dort auf dem Rhein mir sangen,
erschlagen würd' ich noch heut.
(Er lagert sich zwischen Gunther und Hagen. Gunther erschrickt und blickt düster auf Hagen.)

HAGEN
Das wäre üble Jagd,
wenn den Beutelosen selbst
ein lauernd Wild erlegte!

SIEGFRIED
Mich dürstet!

HAGEN *(indem er für Siegfried ein Trinkhorn füllen läßt und es diesem dann darreicht)*
Ich hörte sagen, Siegfried,
der Vögel Sangessprache
verstündest du wohl.
So wäre das wahr?

SIEGFRIED
Seit lange acht' ich
des Lallens nicht mehr.
(Er erfaßt das Trinkhorn und wendet sich damit zu Gunther. Er trinkt und reicht das Horn Gunther hin.)
Trink, Gunther, trink!
Dein Bruder bringt es dir!

GUNTHER *(blickt mit grausen in das Horn; dumpf)*

Du mischtest matt und bleich: –
(noch gedämpfter)
dein Blut allein darin!

SIEGFRIED *(lachend)*
So misch ich's mit dem deinen!
(Er gießt aus Gunthers Horn in das seine, so daß dieses überläuft.)
Nun floß gemischt es über:
der Mutter Erde
laß das ein Labsal sein!

GUNTHER *(mit einem heftigen Seufzer)*
Du überfroher Held!

SIEGFRIED *(leise zu Hagen)*
Ihm macht Brünnhilde Müh'?

HAGEN *(leise zu Siegfried)*
Verstünd' er sie so gut
wie du der Vögel Sang!

SIEGFRIED
Seit Frauen ich singen hörte,
vergaß ich der Vöglein ganz.

HAGEN
Doch einst vernahmst du sie?

SIEGFRIED *(sich lebhaft zu Gunther wendend)*
Hei! Gunther,
grämlicher Mann!
Dankst du es mir,

trois sauvages oiseaux aquatiques;
là, sur le Rhin, ils m'ont conté
qu'aujourd'hui même je serais abattu.
(Il s'installe entre Gunther et Hagen. Gunther, effrayé, lance un regard sombre à Hagen.)

HAGEN
Ce serait une triste chasse
si un gibier à l'affût
tuait le chasseur bredouille!

SIEGFRIED
J'ai soif!

HAGEN *(tout en faisant remplir pour Siegfried une corne qu'il lui tend ensuite)*
Siegfried, j'ai entendu dire
que tu comprenais bien
le langage des oiseaux:
serait-ce donc vrai?

SIEGFRIED
Voilà longtemps, que je ne prête plus
l'oreille à leurs gazouillis.
(Il prend la corne et se tourne vers Gunther. Il boit puis la lui tend.)
Bois, Gunther, bois!
Ton frère boit à ta santé!

GUNTHER *(regardant d'un air lugubre le fond de la corne, dit d'une voix sourde)*
Terne et pâle mélange:
(d'une voix encore plus sourde)
9 tu n'y as mis que ton sang!

SIEGFRIED *(riant)*
Alors mêles-y le tien!
(Il prend la corne de Gunther et verse une partie du contenu dans la sienne, jusqu'à la faire déborder.)
Le mélange a débordé:
pour la terre, notre mère,
que cela soit un régal!

GUNTHER *(avec un profond soupir)*
Héros débordant de joie!

SIEGFRIED *(bas à Hagen)*
Brünnhilde lui cause du souci?

HAGEN *(bas à Siegfried)*
S'il la comprenait aussi bien
que toi le chant des oiseaux!

SIEGFRIED
A entendre chanter les femmes,
j'ai tout à fait oublié les oiseaux.

HAGEN
Mais jadis tu les comprenais?

SIEGFRIED *(se tournant vivement vers Gunther)*
Hé, Gunther,
homme chagrin!
Si tu veux bien,

so sing ich dir Mären
aus meinen jungen Tagen.

GUNTHER
Die hör' ich gern.
(Alle lagern sich nah an Siegfried, welcher allein aufrecht sitzt, während die andern tiefer gestreckt liegen.)

HAGEN
So singe, Held!

SIEGFRIED
Mime hieß
ein mürrischer Zwerg:
in des Neides Zwang
zog er mich auf,
daß einst das Kind,
wann kühn es erwuchs,
einen Wurm ihm fällt' im Wald,
der faul dort hütet einen Hort.
Er lehrte mich schmieden
und Erze schmelzen;
doch was der Künstler
selber nicht konnt',
des Lehrlings Mute
mußt' es gelingen:
eines zerschlagnen Stahles Stücken
neu zu schweißen zum Schwert.
Des Vater Wehr
fügt' ich mir neu:
nagelfest
schuf ich mir Notung.
Tüchtig zum Kampf
dünkt' er dem Zwerg;
der führte mich nun zum Wald;
dort fällt' ich Fafner, den Wurm.
Jetzt aber merkt
wohl auf die Mär:
Wunder muß ich euch melden.
Von des Wurmes Blut
mir brannten die Finger;
sie führt' ich kühlend zum Mund:
kaum netzt' ein wenig
die Zunge das Naß,
was da die Vöglein sangen,
das konnt' ich flugs verstehen.
Auf den Ästen saß es und sang:
«Hei! Siegfried gehört nun
der Nibelungen Hort!
O fänd' in der Höhle
den Hort er jetzt!
Wollt' er den Tarnhelm gewinnen,
der taugt' ihm zu wonniger Tat!
Doch möcht' er den Ring sich erraten,
der macht' ihn zum Walter der Welt!»

HAGEN
Ring und Tarnhelm
trugst du nun fort?

EIN MANNE
Das Vöglein hörtest du wieder?

je vais te conter l'histoire
de mes jeunes années.

GUNTHER
Avec plaisir.
(Tous se groupent près de Siegfried qui est le seul à être assis, tandis que les autres sont allongés.)

HAGEN
8 Raconte, héros!

SIEGFRIED
10b Mime était le nom
d'un nain grincheux:
poussé par l'envie,
il m'éleva
pour qu'un jour l'enfant,
quand il serait grand et vaillant,
abatte pour lui un dragon dans le bois,
qui gardait là paresseusement un trésor.
Il m'apprit à forger,
à fondre les minerais;
mais ce que l'artiste
lui-même ne sut faire,
l'apprenti valeureux
devait y parvenir:
avec les morceaux d'un fer brisé,
refondre une épée.
Je reforgeai
l'arme de mon père:
je fis de Notung
une épée solide.
47 Le nain la trouva
bonne pour le combat;
il me conduisit donc dans le bois:
là, j'abattis Fafner, le dragon.
Mais maintenant
suivez-moi bien,
que je vous narre les prodiges.
Le sang du dragon
me brûlait les doigts;
pour les rafraîchir, je les portai à mes lèvres:
à peine eurent-ils
humecté ma langue,
que je compris soudain
ce que chantait l'oiseau.
55, 8 Sur une branche, il chantait:
« Hé! Siegfried possède à présent
le trésor des Nibelungen!
Oh, puisse-t-il trouver
le trésor dans la grotte!
S'il voulait conquérir le heaume,
il accomplirait des exploits merveilleux!
Mais s'il devinait le sens de l'anneau,
il deviendrait maître du monde! »

HAGEN
Tu emportas alors
le heaume et l'anneau?

UN VASSAL
Tu entendis encore l'oiseau?

SIEGFRIED
Ring und Tarnhelm
hatt' ich gerafft:
da lauscht' ich wieder
dem wonnigen Laller;
der saß im Wipfel und sang:
«Hei! Siegfried gehört nun
der Helm und der Ring.
O traute er Mime,
dem Treulosen, nicht!
Ihm sollt' er den Hort nur erheben;
nun lauert er listig am Weg:
nach dem Leben trachtet er Siegfried:
O traute Siegfried nicht Mime!»

HAGEN
Es mahnte dich gut?

VIER MANNEN
Vergaltest du Mime?

SIEGFRIED
Mit tödlichem Tranke
trat er zu mir;
bang und stotternd
gestand er mir Böses:
Notung streckte den Strolch!

HAGEN *(grell lachend)*
Was nicht er geschmiedet,
schmeckte doch Mime!

ZWEI MANNEN *(nacheinander)*
Was wies das Vöglein dich wieder?

HAGEN *(läßt ein Trinkhorn neu füllen und träufelt den Saft eines Krautes hinein)*
Trink erst, Held,
aus meinem Horn:
ich würzte dir hold den Trank,
die Erinnerung hell dir zu wecken,
(Er reicht Siegfried das Horn.)
daß Fernes nicht dir entfalle.

SIEGFRIED *(blickt gedankenvoll in das Horn und trinkt dann langsam)*
In Leid zu dem Wipfel
lauscht' ich hinauf;
da saß es noch und sang:
«Hei, Siegfried erschlug nun
den schlimmen Zwerg!
Jetzt wüßt' ich ihm noch
das herrlichste Weib.
Auf hohem Felsen sie schläft,
Feuer umbrennt ihren Saal;
durchschritt' er die Brunst,
weckt' er die Braut,
Brünnhilde wäre dann sein!»

HAGEN
Und folgtest du
des Vögleins Rate?

SIEGFRIED
J'avais ramassé
le heaume et l'anneau,
et j'écoutai de nouveau
le charmant chanteur;
du haut de l'arbre, il chantait:
« Hé! Siegfried possède à présent
le heaume et l'anneau.
31 Surtout qu'il se méfie
de Mime, le perfide
qui voulait s'emparer du trésor grâce à lui;
maintenant le nain le guette
pour lui ôter la vie.
Oh, que Siegfried se méfie de Mime! »

HAGEN
Un bon avertissement?

QUATRE VASSAUX
Tu t'es vengé de Mime?

SIEGFRIED
Il s'avança vers moi,
avec un breuvage mortel;
tremblant et bafouillant,
il m'avoua son forfait:
Notung étendit raide cette crapule!

HAGEN *(avec un rire grinçant)*
Mime a donc goûté
ce qu'il n'avait pas forgé!

DEUX VASSAUX *(l'un après l'autre)*
Que t'indiqua encore l'oiseau?

HAGEN *(fait remplir à nouveau une corne et y verse goutte à goutte le suc d'une plante)*
Bois d'abord,
héros, dans ma corne:
j'ai composé un doux breuvage
pour éveiller des souvenirs clairs,
21c *(il tend la corne à Siegfried.)*
sans rien oublier du passé!

SIEGFRIED *(pensif, regarde dans la corne, puis bois lentement)*
66
Attristé, je tendis
l'oreille vers la cime;
toujours là, il chantait:
« Hé, Siegfried a tué
le méchant nain!
Pour lui, je connais
la plus splendide des femmes.
Elle dort sur un haut rocher,
un feu entoure son séjour;
s'il franchit le brasier,
éveille la fiancée,
Brünnhilde sera sienne! »

HAGEN
Et tu suivis
le conseil de l'oiseau?

SIEGFRIED
Rasch ohne Zögern
zog ich nun aus,
(Gunther hört mit wachsendem Erstaunen zu.)
bis den feurigen Fels ich traf: –
die Lohe durchschritt ich
und fand zum Lohn –
(in immer größere Verzückung geratend)
schlafend ein wonniges Weib
in lichter Waffen Gewand.
Den Helm löst' ich
der Herrlichen Maid;
mein Kuß erweckte sie kühn: –
oh, wie mich brünstig da umschlang
der schönen Brünnhilde Arm!

GUNTHER *(in höchstem Schrecken aufspringend)*
Was hör' ich?
(Zwei Raben fliegen aus einem Busche auf, kreisen über Siegfried und fliegen dann, dem Rheine zu, davon)

HAGEN
Erräst du auch
dieser Raben Geraun'?
(Siegfried fährt heftig auf und blickt, Hagen den Rücken zukehrend, den Raben nach.)
Rache rieten sie mir!
(Er stößt seinen Speer in Siegfrieds Rücken. Gunther und die Mannen stürzen sich über Hagen. Siegfried schwingt mit beiden Händen seinen Schild hoch empor, um ihn nach Hagen zu werfen : die Kraft verläßt ihn, der Schild entsinkt ihm rückwärts; er selbst stürzt über dem Schilde zusammen.)

VIER MANNEN *(welche vergebens Hagen zurückzuhalten versucht)*
Hagen, was tust du?

ZWEI ANDERE
Was tatest du?

GUNTHER
Hagen, was tatest du?

HAGEN *(auf den zu Boden Gestreckten deutend)*
Meineid rächt' ich!
(Er wendet sich ruhig zur Seite ab und verliert sich dann über die Höhe, wo man ihn langsam durch Dämmerung von dannen schreiten sieht.- Gunther beugt sich schmerzergriffen zu Siegfried nieder. Die Mannen umstehen teilnahmsvoll den Sterbenden.)

SIEGFRIED *(von zwei Mannen sitzend erhalten, schlägt die Augen glanzvoll auf)*
Brünnhilde,
heilige Braut!
Wach auf! Öffne dein Auge!
Wer verschloß dich
wieder in Schlaf?
Wer Band dich in Schlummer so bang'? –
Der Wecker kam;
er küßt dich wach,
und aber – der Braut
bricht er die Bande; –

SIEGFRIED
Vite, sans tarder,
je me mis en route;
(Gunther écoute avec un étonnement grandissant.)
arrivé au rocher flamboyant,
je traversai les flammes
et trouvai en récompense
(emporté par un ravissement de plus en plus grand)
une merveilleuse femme endormie,
revêtue d'armes brillantes.
J'ouvris le heaume
de la vierge splendide;
mon baiser hardi l'éveilla:
avec quelle ardeur m'enlaça
le bras de la belle Brünnhilde!

GUNTHER *(bondissant, au comble de l'effroi)*
Qu'entends-je?
(Deux corbeaux s'envolent d'un buisson, décrivent un cercle autour de Siegfried et s'éloignent ensuite en direction du Rhin.)

HAGEN
24 Et comprends-tu
ce que disent ces corbeaux?
9c *(Siegfried se dresse brusquement et, tournant le dos à Hagen, suit des yeux les corbeaux.)*
« Vengeance » me crièrent-ils!
(Il plonge sa lance dans le dos de Siegfried. Gunther et les vassaux se précipitent sur Hagen. Des deux mains, Siegfried brandit très haut son bouclier pour écraser
38b *Hagen: ses forces l'abandonnent, le bouclier lui échappe vers l'arrière; et lui-même s'écroule sur le bouclier.)*

QUATRE VASSAUX *(qui ont vainement cherché à retenir Hagen)*
Hagen, que fais-tu?

DEUX AUTRES VASSAUX
Qu'as-tu fait?

GUNTHER
Hagen, qu'as-tu fait?

HAGEN *(désignant Siegfried, étendu à terre)*
J'ai vengé le parjure!
(Il se détourne tranquillement, en direction de la hauteur où on le voit s'éloigner, à pas lents, se perdant dans le crépuscule qui descend. Frappé de douleur, Gunther se penche sur Siegfried. Pleins de compassion, les vassaux s'empressent
37 *autour du mourant.)*

SIEGFRIED *(assis, soutenu par deux hommes, ouvre des*
60 *yeux étincelants)*
Brünnhilde,
sainte épouse!
Réveille-toi! Ouvre les yeux!
Qui te rendormit
une fois encore?
Qui te plongea dans ce sommeil inquiet?
Il est venu celui
dont le baiser t'éveille;
de nouveau il brise
les liens de l'épouse:

da lacht ihm Brünnhildes Lust! -
Ach, dieses Auge, –
ewig nun offen!
Ach, dieses Atems
wonniges Wehen! –
Süßes Vergehen,
seliges Grauen –
Brünnhild' bietet mir – Gruß!
(Er sinkt zurück und stirbt. Regunglose Trauer der Umstehenden. Die Nacht ist hereingebrochen. Auf die stumme Ermahnung Gunthers erheben die Mannen Siegfrieds Leiche und geleiten sie in feierlichem Zuge über die Felsenhöhe langsam von dannen. Gunther folgt der Leiche zunächst.)

et Brünnhilde rayonne de joie pour lui!
Ah ! Ces prunelles
ouvertes à jamais!
Ah! Le souffle enivrant
de cette haleine!
Douce agonie,
effroi béni:
38b, 31 Brünnhilde m'offre – le salut!
(Il retombe et meurt. Ceux qui l'entourent demeurent figés de douleur. La nuit est tombée. Sur un signe de Gunther, les vassaux soulèvent le cadavre de Siegfried et l'emmènent lentement, formant un cortège solennel qui gravit la hauteur. Gunther suit le corps en premier.)

Orchesterzwischenspiel

Trauermusik

(Der Mond bricht durch die Wolken hervor und beleuchtet immer heller den die Berghöhe erreichenden Trauerzug Dann steigen Nebel aus dem Rheine auf und erfühlen allmällich die ganze Bühne, auf welcher der Trauerzug bereits unsichtbar geworden ist, bis nach vorne, so daß diese während des Zwischenspiels gänzlich verhüllt bleibt. Als sich die Nebel wieder verteilen, tritt die Halle der Gibichungen, wie im ersten Aufzuge, immer erkennbarer hervor.)

Interlude orchestral

Marche funèbre

(La lune paraît à travers les nuages et illumine d'une clarté grandissante le cortège funèbre qui atteint la hauteur montagneuse. Des brouillards montent alors du Rhin et envahissent progressivement toute la scène, jusqu'au premier plan; déjà le cortège n'est plus visible; la scène demeure voilée durant tout l'interlude. Lorsque les brouillards se dissipent de nouveau, on distingue de plus en plus nettement le palais des Gibichungen, comme au premier acte.)

(38b, 33, 29, 30, 38b, 26, 40, 49c)

DRITTE SZENE

Die Halle der Gibichungen

Es ist Nacht. Der Mondschein spiegelt sich auf dem Rheine. Gutrune tritt aus ihrem Gemache in die Halle heraus.

SCÈNE III

Le palais des Gibichungen

Il fait nuit. Le clair de lune se reflète dans le Rhin. Sortant de sa chambre, Gutrune entre dans la salle.

(66, 38b, 9c, 72, 24, 49a)

GUTRUNE
War das sein Horn?
(Sie Lauscht.)
Nein! Noch
kehrt er nicht heim.
Schlimme Träume
störten mir den Schlaf!
Wild wieherte sein Roß;
Lachen Brünnhildes
weckte mich auf.
Wer war das Weib,
das ich zum Ufer schreiten sah?
Ich fürchte Brünnhild'! –
Ist sie daheim?
(Sie lauscht an der Tür rechts und ruft dann leise.)
Brünnhild'! Brünnhild'!
Bist du wach?
(Sie öffnet schüchtern und blickt in das innere Gemach.)
Leer das Gemach.
So war es sie,
die ich zum Rheine schreiten sah?

War das sein Horn?
Nein!
Öd alles!
(Sie blickt ängstlich hinaus.)

GUTRUNE
Etait-ce son cor?
(Elle tend l'oreille.)
Non! Il n'est
pas encore rentré.
De mauvais rêves
ont troublé mon sommeil!
36, 78, 66 Son cheval hennissait farouchement;
le rire de Brünnhilde
m'a réveillée.
Qui était cette femme
que j'ai vu aller vers la rive?
J'ai peur de Brünnhilde!
37 Est-elle chez elle?
(Elle écoute à la porte de droite et appelle à mi-voix.)
Brünnhilde! Brünnhilde!
Tu es éveillée?
(Elle ouvre timidement et regarde l'intérieur de la pièce.)
La pièce est vide.
C'était donc elle
que j'ai vu aller vers le Rhin!
(Effrayée, elle écoute les sons dans le lointain.)
Etait-ce son cor?
Non!
Tout est désert!
(Aissée, elle regarde au dehors.)

Säh' ich Siegfried nur bald!
(Als Gutrune Hagens Stimme hört, bleibt sie, von Furcht gefesselt, eine Zeitlang unbeeglich stehen.)

HAGENS STIMME *(von außen sich nähernd)*

Hoiho! Hoiho!
Wacht auf! Wacht auf!
Lichte! Lichte!
Helle Brände!
Jagdbeute
bringen wir heim.
Hoiho! Hoiho!
(Wachsender Feuerschein von außen.)

HAGEN *(tritt in die Halle)*
Auf, Gutrun'!
Begrüße Siegfried!
Der starke Held,
er kehret heim!

GUTRUNE *(in großer Angst)*
Was geschah? Hagen!
Nicht hört' ich sein Horn!
(Männer und Frauen, mit Lichtern und Feuerbränden, geleiten in grosser Venwirrung den Zug der mit Siegfrieds Leiche Heimkehrenden, unter denen Gunther.)

HAGEN
Der bleiche Held,
nicht bläst er es mehr;
nicht stürmt er zur Jagd,
zum Streite nicht mehr,
noch wirbt er um wonnige Frauen.

GUTRUNE *(mit wachsendem Entsetzen)*
Was bringen die?
(Der Zug gelangt in die Mitte der Halle, und die Mannen setzen dort die Leiche auf einer schnell errichteten Erhöhung nieder.)

HAGEN
Eines wilden Ebers Beute:
Siegfried, deinen toten Mann.
(Gutrune schreit auf und stürzt über die Leiche hin. Allgemeine Erschütterung und Trauer.)

GUNTHER *(bemüht sich um die Ohnmächtige)*
Gutrun'! holde Schwester,
hebe dein Auge,
schweige mir nicht!

GUTRUNE *(wieder zu sich kommend)*
Siegfried – Siegfried erschlagen!
(Sie stößt Gunther heftig zurück.)
Fort, treuloser Bruder,
du Mörder meines Mannes!
O Hilfe! Hilfe!
Wehe! Wehe!
Sie haben Siegfried erschlagen!

GUNTHER
Nicht klage wider mich!

Vivement que je revoie Siegfried!
(Entendant la voix de Hagen, elle demeure un certain temps immobile, paralysée par la peur.)

LA VOIX DE HAGEN *(venant du dehors et se rapprochant)*

9c, 75 Hoïho! Hoïho!
Réveillez-vous! Réveillez-vous!
Lumières! Lumières!
Des torches claires!
Nous rapportons
le butin de la chasse.
Hoïho! Hoïho!
(A l'extérieur, clarté grandissante des torches.)

HAGEN *(pénétrant dans la salle)*
Debout, Gutrune!
Salue Siegfried!
Le fort héros
est de retour!

GUTRUNE *(saisie d'angoisse)*
Qu'est-il arrivé, Hagen?
Je n'ai pas entendu son cor!
(Des hommes et des femmes, portant des lumières et des flambeaux allumés accompagnent, dans une grande confusion, le cortège de ceux qui ramènent le cadavre de Siegfried.)

HAGEN
Le pâle héros
n'en sonnera plus;
25 il ne s'élancera plus
à la chasse, au combat,
ne conquerra plus de belles femmes.

GUTRUNE *(avec un effroi grandissant)*
40 Qu'apportent-ils?
(Le cortège parvient au milieu de la salle où les vassaux déposent le cadavre sur une éminence rapidement dressée.)

HAGEN
La proie d'un sanglier sauvage:
Siegfried, ton mari défunt.
(Gutrune pousse un cri et s'affaisse sur le cadavre. Emotion et affliction de toute l'assistance.)

GUNTHER *(s'efforçant de ranimer Gutrune évanouie)*
Gutrune, ma douce soeur,
rouvre les yeux
et parle-moi!

GUTRUNE *(revenant à elle)*
Siegfried – Siegfried abattu!
(Elle repousse Gunther avec violence.)
Va-t'en, frère déloyal,
assassin de mon mari!
Oh, à l'aide! A l'aide!
Malheur! Malheur!
Ils ont abattu Siegfried!

GUNTHER
Ne m'accuse pas, moi!

Dort klage wider Hagen;
er ist der verfluchte Eber,
der diesen Edlen zerfleischt'.

HAGEN
Bist du mir gram darum?

GUNTHER
Angst und Unheil
greife dich immer!

HAGEN *(mit furchtbarem Trotze herantretend)*
Ja denn! Ich hab ihn erschlagen.
Ich Hagen
schlug ihn zu Tod.
Meinem Speer war er gespart,
bei dem er Meineid sprach.
Heiliges Beuterecht
hab' ich mir nun errungen:
drum fordr' ich hier diesen Ring.

GUNTHER
Zurück! Was mir verfiel,
sollst nimmer du empfahn.

HAGEN
Ihr Mannen, richtet mein Recht!

GUNTHER
Rührst du an Gutrunes Erbe,
schamloser Albensohn?

HAGEN *(zieht sein Schwert)*
Des Alben Erbe
fordert so sein Sohn!
(Er dringt auf Gunther ein, dieser wehrt sich; sie fechten. Mannen werfen sich dazwischen. Gunther fällt von einem Streiche Hagens dornieder.)
Her den Ring!
(Er greift nach Siegfried Hand; diese hebt sich drohend empor. Gutrune hat bei Gunthers Fall entsetzt aufgeschrien. Alles bleibt in Schauder regungslos gefesselt. – Aus dem Hintergrunde schreitet Brünnhilde fest und feierlich dem Vordergrunde zu.)

BRÜNNHILDE *(noch im Hintergrunde)*
Schweigt eures Jammers
jauchzenden Schwall!
Das ihr alle verrietet,
zur Rache schreitet sein Weib.
(Sie schreitet ruhig weiter vor.)
Kinder hört' ich
greinen nach der Mutter,
da süße Milch sie verschüttert:
doch nicht erklang mir
würdige Klage,
des hehrsten Helden wert.

GUTRUNE *(vom Bodem heftig sich auftrichtend)*
Brünnhilde! Neiderboste!
Du brachtest uns diese Not:
die du die Männer ihm verhetztest,
weh, daß du dem Haus genaht!

Mais accuse Hagen;
c'est lui le sanglier maudit
qui massacra ce noble héros.

HAGEN
M'en gardes-tu rancune?

GUNTHER
Que la peur et le malheur
soient à jamais ton lot!

HAGEN *(s'avançant avec un air de défi redoutable)*
Eh bien, oui! Je l'ai abattu.
Moi, Hagen,
je l'ai tué.
Il était voué à ma lance,
sur laquelle il s'est parjuré.
Ainsi me suis-je assuré
un droit sacré au butin:
donc, j'exige cet anneau.

GUNTHER
Arrière! Ce qui me revient,
tu ne l'auras jamais.

HAGEN
Vassaux, rendez-moi justice!

GUNTHER
Tu touches à l'héritage de Gutrune,
ignoble fils de l'Albe?

HAGEN *(tirant son épée)*
L'héritage de l'Albe,
son fils le réclame!
(Il attaque Gunther qui se met en garde; tous deux se bat-
24 *tent à l'épée. Des vassaux s'interposent. Gunther tombe d'un coup porté par Hagen.)*
A moi l'anneau!
(Il veut saisir la main de Siegfried; celle-ci se dresse, menaçante. Au moment où Gunther est tombé, Gutrune a poussé des cris d'épouvante. Tous demeurent figés d'horreur. Arrivant par le fond, Brünnhilde s'avance d'un pas ferme et solennel vers le devant de la scène.)

BRÜNNHILDE *(encore au fond de la scène)*
6, 2 Taisez vos jérémiades,
cessez ces cris perçants!
Celle que vous avez tous trahie,
sa femme s'avance pour la vengeance.
(Elle continue de s'avancer avec tranquillité.)
J'ai entendu des enfants
pleurnicher parce que leur mère
a répandu le bon lait.
Mais je n'ai perçu
nulle plainte digne
du sublime héros.

GUTRUNE *(se relevant brusquement)*
Brünnhilde, furie haineuse!
C'est toi la cause de nos maux,
toi, qui excitas ces hommes contre lui.
Tu nous a porté malheur!

BRÜNNHILDE
Armsel'ge, schweig!
Sein Eheweib warst du nie,
als Buhlerin
bandest du ihn.
Sein Mannesgesmahl bin ich,
der ewige Eide er schwur,
eh Siegfried je dich ersah.

GUTRUNE *(in jähe Verzweiflung ausbrechend)*
Verfluchter Hagen,
daß du das Gift mir rietest,
das ihr den Gatten entrückt!
Ach, Jammer!
Wie jäh nun weiß ich's,
Brünnhild' war die Traute,
die durch den Trank er vergaß!
(Sie hat sich voll Scheu von Siegfried ab gewerdet und beugt sich, ersterberd, über Gunthers Leiche; so verbleibt sie regungslos bis zum Ende. – Hagen steht, trotzig auf Speer und Schild gelehnt, in finsteres Sinnen versunken, auf der entgegengesetzten Seite.)

BRÜNNHILDE *(allein in der Mitte; nachdem sie lange in dem Anblick Siegfrieds versunken gewesen, wendet sie sich mit feierlicher Erhebung an die Männer und Frauen. Zu den Mannen.)*
Starke Scheite
schichtet mir dort
am Rande des Rheins zuhauf!
Hoch und hell
lodre die Glut,
die den edlen Leib
des hehrsten Helden verzehrt.
Sein Roß führet daher,
daß mit mir dem Recken es folge;
denn des Helden heiligste
Ehre zu teilen,
verlangt mein eigener Leib.
Vollbringt Brünnhildes Wunsch!
(Die jungen Männer errichten während des Folgenden vor der Halle nahe am Rheinufer einen mächtigen Scheithaufen, Frauen schmücken ihn mit Decken, auf die sie Kräuter und Blumen streuen. Brünnhilde versinkt von neuem in die Betrachtung der Leiche Siegfrieds. Ihre Mienen nehmen eine immer sanftere Verklärung an.)
Wie Sonne lauter
strahlt mir sein Licht;
der Reinste war er,
der mich verriet!
Die Gattin trügend,
treu dem Freunde,
von der eignen Trauten,
einzig ihm teuer,
schied er sich durch sein Schwert.
Echter als er
schwur keiner Eide;
treuer als er
hielt keiner Verträge;
lautrer als er
liebte kein andrer.
Und doch, alle Eide,
alle Verträge,
die treueste Liebe –

BRÜNNHILDE
Misérable, tais-toi!
Jamais tu ne fus sa femme,
tu l'as séduit
comme maîtresse.
Sa seule épouse, c'est moi;
il me fit des serments éternels,
avant de t'avoir jamais vue.

GUTRUNE *(laissant éclater soudain son désespoir)*
Hagen, sois maudit,
pour m'avoir conseillé le poison
qui lui ravit son époux!
Ah, misère!
Soudain je comprends,
Brünnhilde était la bien-aimée
37 que le philtre lui fit oublier!
(Accablée de honte, elle s'est détournée de Siegfried et se penche, éperdue, sur le cadavre de Gunther; elle demeurera ainsi immobile jusqu'à la fin. Du côté opposé, Hagen, appuyé sur sa lance et sur son bouclier, dans une attitude de défi, est plongé dans une sombre méditation.)

BRÜNNHILDE *(seule au milieu; après avoir été longuement plongée dans la contemplation de Siegfried, elle s'adresse aux femmes et aux hommes avec des accents d'une grande solennité. Aux vassaux.)*
4 Dressez-moi là-bas
un grand bûcher,
sur la rive du Rhin!
Que le brasier
40 flambe haut et clair,
pour consumer le noble corps
36 du sublime héros.
Amenez son coursier,
40 qu'il suive son maître avec moi,
car mon propre corps
aspire à partager
l'honneur suprême du héros.
Accomplissez mon voeu!
(Au cours de ce qui suit, les hommes jeunes érigent devant le palais, près de la rive du Rhin, un bûcher imposant; des femmes l'ornent de draperies qu'elles parsèment de feuillage et de fleurs. Brünnhilde se plonge une nouvelle fois dans la contemplation du cadavre de Siegfried. Une douce extase transfigure peu à peu ses traits.)
61 Il resplendit pour moi
comme un clair soleil;
il était le plus pur,
celui qui me trahit!
Trompant son épouse,
fidèle à l'ami,
son épée le sépara
de sa bien-aimée,
qui seule lui fut chère.
Nul ne jura
de serments plus sincères;
nul ne resta
plus fidèle à ses pactes;
et nul n'aima
d'un amour plus intense:
pourtant nul ne manqua comme lui
à tous les serments
et à tous les pactes,

trog keiner wie er! –
Wißt ihr, wie das ward?
(Nach oben blickend.)
O ihr, der Eide
heilige Hüter!
Lenkt euren Blick
auf mein blühendes Leid,
erschaut eure ewige Schuld!
Mein Klage hör'
du hehrster Gott!
Durch seine tapferste Tat,
dir so tauglich erwünscht,
weihtest du den,
der sie gewirkt,
dem Fluche, dem du verfielest.
Mich mußte
der Reinste verraten,
daß wissend würde ein Weib!
Weiß ich nun, was dir frommt?
Alles, alles,
alles weiß ich,
alles ward mir nun frei!
Auch deine Raben
hör' ich rauschen;
mit bang ersehnter Botschaft
send' ich die beiden nun heim.
Ruhe, ruhe, du Gott!
(Sie winkt den Mannen, Siegfrieds Leiche auf den Scheithaufen zu tragen; zugleich zieht sie von Siegfrieds Finger den Ring ab und betrachtet ihn sinnend.)
Mein Erbe nun
nehm ich zu eigen.
Verfluchter Reif!
Furchtbarer Ring!
Dein Gold faß ich
und geb' es nun fort.
Der Wassertiefe
weise Schwestern,
des Rheines schwimmende Töchter,
euch dank ich redlichen Rat.
Was ihr begehrt,
ich geb es euch:
aus meiner Asche
nehmt es zu eigen!
Das Feuer, das mich verbrennt,
rein'ge vom Fluche den Ring!
Ihr in der Flut
löset ihn auf,
und lauter bewahrt
das lichte Gold,
das euch zum Unheil geraubt.
(Sie hat sich den Ring angesteckt und wendet sich jetzt zu dem Scheiterhaufen, auf dem Siegfrieds Leiche ausgestreckt liegt. Sie entreißt einem Manne den mächtigen Feuerbrand., schwingt diesen und deutet nach dem Hintergrund)
Fliegt heim, ihr Raben!
Raunt es eurem Herren,
was hier am Rhein ihr gehört!
An Brünnhildes Felsen
fahrt vorbei.
Der dort noch lodert,
weiset Loge nach Walhall!
Denn der Götter Ende
dämmert nun auf.

38 à l'amour le plus fidèle!
37 Savez-vous comment cela advint?
(Levant les yeux.)
14 O vous, gardiens
sacrés des serments!
Portez vos yeux
sur ma vive souffrance,
voyez votre faute éternelle!
Entends ma plainte,
37 ô dieu suprême!
Par cet acte héroïque
que tu souhaitais tant,
tu vouas celui
qui l'accomplit
à la malédiction qui pesait sur toi:
l'homme très pur
dut me trahir,
pour qu'une femme comprît enfin!
Ai-je donc appris ce qu'il te faut?
Tout, tout,
je sais tout,
tout devient clair pour moi!
79 J'entends aussi
bruire tes corbeaux;
je les renvoie tous deux
avec le message attendu dans la crainte?
14 Paix, sois en paix, ô dieu!
(Elle fait signe aux vassaux de porter la dépouille de Siegfried sur le bûcher; en même temps, elle retire l'anneau du doigt de Siegfried et le considère, songeuse.)
4, 12, 1 Ainsi je recueille
mon héritage.
Bague maudite!
Anneau effroyable!
Je saisis ton or
7 et je vais le rendre.
O sages soeurs
des eaux profondes,
filles ondoyantes du Rhin,
je vous dois un conseil loyal.
Ce que vous désirez,
je vous le donne:
venez le prendre
dans mes cendres!
Que le feu qui me consumera,
purifie l'anneau maudit!
Vous, dans les flots,
77 dissolvez-le
et gardez pur
l'or lumineux
24 qu'on vous ravit pour notre perte.
(Elle a passé l'anneau à son doigt et se tourne maintenant vers le bûcher sur lequel est étendu le cadavre de Siegfried. Elle arrache à l'un des hommes un grand flambeau et le **15, 45** *brandit en direction du fond de la scène.)*
Corbeaux, rentrez!
Confiez à votre maître,
les paroles dites au bord du Rhin!
Passez devant
le rocher de Brünnhilde.
Loge y flamboie encore,
18, 6 envoyez-le au Walhalla!
2 Car voici l'heure
du crépuscule des dieux.

So – werf ich den Brand
in Walhalls prangende Burg.
(Sie schleudert den Brand in den Holzstoß, der sich schnell hell entzündet. Zwei Raben sind vom Felsen am Ufer aufgeflogen und verschwinden nach dem Hintergrunde. Brünnhilde gewahrt ihr Roß, welches soeben zwei junge Männer hereinführen. Sie ist ihm entgegengesprungen, faßt es und entzäumt es schnell; dann neigt sie sich traulich zu ihm.
Grane, mein Roß,
sei mir gegrüßt!
Weißt du auch, mein Freund,
wohin ich dich führe?
Im Feuer leuchtend,
liegt dort dein Herr,
Siegfried, mein seliger Held.
Dem Freunde zu folgen,
wieherst du freudig?
Lockt dich zu ihm
die lachende Lohe?
Fühl' meine Brust auch,
wie sie entbrennt;
helles Feuer
das Herz mir erfaßt,
ihn zu umschlingen,
umschlossen von ihm,
in mächtigster Minne
vermählt ihm zu sein!
Heiajoho! Grane!
Grüß' deinen Herren!
Siegfried! Siegfried! Sieh!
Selig grüßt dich dein Weib!
(Sie hat sich auf das Roß geschwungen und hebt es jetzt zum Sprunge. Sie sprengt es mit einem Satze in den brennenden Scheithaufen. Sogleich prasselt der Brand hoch auf, so daß das Feuer den ganzen Raum vor der Halle erfüllt und diese selbst schon zu ergreifen scheint. Entsetzt drängen sich die Männer und Frauen nach dem äußersten Vordergrunde. Als der ganze Bühnenraum nur noch von Feuer erfüllt erscheint, verlischt plötzlich der Glutschein, so daß bald bloß ein Dampfgewölk zurückbleibt, welches sich dem Hintergrunde zu verzieht und dort am Horizont sich als finstere Wolkenschicht lagert. Zugleich ist vom Ufer her der Rhein mächtig angeschwollen und hat seine Flut über die Brandstätte gewälzt. Auf den Wogen sind die drei Rheintöchter herbeigeschwommen und erscheinen jetzt über der Brandstätte. Hagen, der seit dem Vorgange mit dem Ringe Brünnhildes Benehmen mit wachsender Angst beobachtet hat, gerät beim Anblick der Rheintöchter in höchsten Schreck. Er wirft hastig Speer, Schild und Helm von sich und stürzt wie wahnsinnig sich in die Flut.)

HAGEN
Zurück vom Ring!
(Woglinde und Wellgunde umschlingen mit ihren Armen seinen Nacken und ziehen ihn so, zurückschwimmend, mit sich in die Tiefe. Floßhilde den anderen voran dem Hintergrunde zuschwimmend, hält jubelnd den gewonnenen Ring in die Höhe. Durch die Wolkenschicht, welche sich am Horizont gelagert, bricht ein rötlicher Glutschein mit wachsender Helligkeit aus. Von dieser Helligkeit beleuchtet, sieht man die drei Rheintöchter auf den ruhigeren Wellen des allmählich wieder in sein Bett zurückgetretenen Rheines, lustig mit dem Ringe spielend, im Reigen schwimmen. Aus

Je jette donc la torche
sur le Walhalla, burg éclatant.
(Elle lance la torche dans le bûcher qui s'embrase rapidement en flammes claires. Deux corbeaux, posés sur un rocher près du rivage, se sont envolés et disparaissent vers le fond. Brünnhilde aperçoit son cheval amené par deux jeunes gens. Elle bondit à sa rencontre, l'attrape et lui ôte promptement sa bride; puis elle se penche vers lui avec tendresse.)
36, 45 Grane, mon coursier,
je te salue!
Sais-tu bien mon ami,
où je te conduis?
41 Brillant dans le feu,
ton maître repose là,
Siegfried, mon héros bienheureux.
Tu hennis joyeusement
pour suivre l'ami?
Le brasier radieux
t'attire vers lui?
Sens comme s'embrase
aussi mon sein;
une flamme claire
me saisit le coeur;
pouvoir l'enlacer,
étreinte en ses bras,
être unie à lui
dans l'amour infini!
Heiaïoho! Grane!
Salue ton seigneur!
Siegfried! Siegfried! Vois!
Ta femme te salue dans l'extase!
(Elle est montée sur le cheval et s'apprête à s'élancer avec lui. Elle le fait sauter d'un bond dans le bûcher ardent. Aussitôt, de hautes flammes s'élèvent en crépitant; l'incendie envahit toute l'esplanade devant le palais et semble déjà atteindre celui-ci. Epouvantés, les hommes et les femmes se pressent vers le devant de la scène. Lorsque tout l'espace scénique semble totalement envahi par le feu, l'éclat du brasier s'éteint subitement et il ne reste bientôt plus que des nuages de fumée, qui s'accumulent vers le fond et demeurent suspendus sur l'horizon en couches de sombres nuées. En même temps, le Rhin a débordé largement sur ses rives et a déversé ses flots sur les lieux de l'incendie. Les trois filles du Rhin, sur les vagues, s'approchent en nageant et apparaissent maintenant là où était le brasier. Hagen qui, depuis l'épisode de l'anneau, a observé l'attitude de Brünnhilde avec une angoisse grandissante, est saisi d'une terreur panique à la vue des filles du Rhin. Il se débarrasse en hâte de sa lance, de son bouclier et de son casque et se rue comme un fou dans les flots.)

HAGEN
24 Laissez l'anneau!
(Woglinde et Wellgunde le saisissent par le cou et l'entraînent ainsi dans les profondeurs, en s'éloignant à la nage. Flosshilde qui précède ses soeurs en nageant vers le fond de la scène, brandit en l'air, avec allégresse, l'anneau reconquis. A travers la couche de nuages accumulés à l'horizon, s'élève une lueur rougeâtre de plus en plus vive. Dans cette clarté, on voit les filles du Rhin nager en cercle et jouer gaiement avec l'anneau, sur les vagues apaisées du fleuve qui est peu à peu rentré dans son lit. Le palais s'est écroulé; par delà les décombres, les hommes et les femmes,

den Trümmern der zusammen gestürzten Halle sehen die Männer und Frauen in höchster Ergriffenheit dem wachsenden Feuerschein am Himmel zu. Als dieser endlich in lichtester Helligkeit leuchtet, erblickt man darin den Saal Walhalls, in welchem die Götter und Helden, ganz nach der Schilderung Waltrautes im ersten Aufzuge, versammelt sitzen. Helle Flammen scheinen in dem Saal der Götter aufzuschlagen. Als die Götter von den Flammen gänzlich verhüllt sind, fällt der Vorhang.)

saisis d'une violente émotion, regardent l'incendie qui se propage dans le ciel. Lorsque finalement le brasier brille de son éclat le plus intense, on aperçoit au milieu de la salle du Walhalla, où les dieux et les héros sont rassemblés, tels que Waltraute les a décrits au premier acte. Des flammes
7 *claires semblent faire irruption dans le séjour des dieux.*
14 *Lorsque les dieux sont entièrement enveloppés par les*
4 *flammes, le rideau tombe.)*

Commentaire

INTRODUCTION

Projeté dans ses grandes lignes dès 1851, le *Ring* ne voit le jour qu'un quart de siècle plus tard, lors de sa création à Bayreuth en 1876. Durant ces vingt-cinq ans, Wagner en aura rédigé les poèmes dans un certain ordre (*Le Crépuscule*, *Siegfried*, puis *l'Or du Rhin*, enfin *la Walkyrie*), puis la musique dans un autre (*l'Or du Rhin*, *la Walkyrie*, *Siegfried*, puis *le Crépuscule*), non sans s'être interrompu une douzaine d'années, à la fin de *Siegfried*, pour écrire *Tristan*, *les Maîtres Chanteurs*, ainsi que la version parisienne de *Tannhäuser* : c'est peu dire que le *Ring* est l'œuvre d'une vie. Comme le résume Marcel Beaufils, « après 1850, [Wagner] a, si l'on ose dire, toute son œuvre sur les bras, la *Tétralogie* en travers ».

GENÈSE DU RING

Août 1843 : Découverte par Wagner de la *Mythologie allemande* de Jakob Grimm, parue en 1835 : « J'étais sous l'empire d'un étrange sortilège; ces lambeaux de tradition, c'était le passé qui remontait de la nuit des temps, et bientôt, j'eus conscience d'être le siège d'une résurrection, et d'être en quelque sorte investi malgré moi d'ombres surgies d'une mémoire profonde et qui peu à peu me devinrent familières. »

Eté 1847 : A Dresde, Wagner lit les classiques grecs (*Prométhée* et l'*Orestie* d'Eschyle), ainsi que les sagas germano-scandinaves à travers les études de Franz-Joseph Mone (*Introduction au chant du Nibelung*, paru en 1818, et *Recherches sur les traditions héroïques des Germains*, paru en 1836). « Petit à petit se fortifiait en moi la conviction que les grandes images de ce monde mythologique étaient inscrites en nous depuis l'origine des temps. »

Fin été 1848 : Wagner abandonne son projet de drame sur Frédéric Barberousse, mais esquisse un parallèle entre le héros historique et le mythe des Nibelungen dans l'essai *les Wibelungen, histoire universelle tirée de la légende*.

4 octobre : Esquisse le *Mythe des Nibelungen, projet de tragédie*, premier avant-projet en prose du *Ring*.

20 octobre : A Dresde, entouré de Bakounine et de Röckel, termine l'esquisse en prose de *la Mort de Siegfried* (futur *Crépuscule*).

12-28 novembre : Rédige en vers allitérés et rythmes libres la version primitive de *la Mort de Siegfried*, « grand opéra héroïque », très influencé par Feuerbach.

1850

12 août : Ebauche la composition de deux scènes de la *Mort de Siegfried*, et se trouve rapidement dans une impasse : « J'esquissai les grandes lignes de la musique du chant des Nornes [...], mais quand je composai les premières paroles adressées par Brünhilde à Siegfried pour en faire un chant, tout mon courage m'abandonna, car je ne pouvais imaginer de chanteuse capable d'incarner cette héroïne féminine. »

1851

3-10 mai : Conçoit et rédige la première esquisse en prose du *Jeune Siegfried*, « une œuvre héroïque que je voulais placer, pour la compléter, devant la tragédie *la Mort de Siegfried*. »

3-24 juin : Ecrit le livret du *Jeune Siegfried*.

2 juillet : Lors d'un voyage en Suisse, note sur une feuille d'album le thème de la chevauchée des Walkyries, sans doute le leitmotiv le plus ancien du *Ring*.

Fin août : Passant de l'opéra héroïque au mythe, modifie radicalement son approche de *la Mort de*

Siegfried, et opte pour le dispositif suivant : « C'est dans le cadre d'une fête spécialement destinée à cet effet que je me propose de représenter tôt ou tard, au cours de trois journées précédées d'une veille, ces trois drames (*l'Anneau*), outre le prologue » (*Une communication à mes amis*).

3-11 novembre : Premières esquisses en prose de *l'Or du Rhin*.

11-20 novembre : Premières esquisses en prose de *la Walkyrie*. A Theodor Uhlig : « Par la conception nouvelle que voici, je sors complètement hors de tout ce qui se rapporte à notre théâtre et à notre public d'aujourd'hui : je romps catégoriquement et pour toujours avec le présent formel. »

21 novembre : Le plan détaillé des représentations de *l'Anneau*, tel qu'il sera effectivement réalisé vingt-cinq ans plus tard, est exposé en détail dans une lettre à Liszt.

1852

23-31 mars : Rédige le scénario en prose de *l'Or de Rhin*.

17-26 mai : Commence à mettre en forme le scénario en prose de *la Walkyrie*.

31 mai : A Theodor Uhlig : « A présent, j'ai terminé aussi l'ébauche complète de *la Walkyrie*. Dès demain, ce sera l'attaque des vers. Me voici de nouveau plus ému que jamais par la magnificience et la beauté si vastes de mon sujet; toute ma vision du monde y a trouvé son expression artistique la plus parfaite [...]. Une fois les vers prêts, je redeviendrai à partir de ce moment-là entièrement musicien. »

1er juin-1er juillet : Compose le livret original de *la Walkyrie*.

2 juillet : A Theodor Uhlig : « Maintenant il faut retoucher fortement les deux *Siegfried*, notamment en tout ce qui concerne le mythe des dieux proprement dit, car celui-ci a en effet acquis maintenant une physionomie beaucoup plus précise et émouvante. »

15 septembre-3 novembre : Rédige le manuscrit original de *l'Or du Rhin*.

novembre-décembre : Refond le *Jeune Siegfried* et surtout *la Mort de Siegfried*, pour mieux les ajuster l'un à l'autre.

18 décembre : Donne la première lecture privée du texte intégral des quatre poèmes du *Ring* (cercle d'amis à Mariafeld).

1853

Mi-février : Parution hors commerce du poème du *Ring des Nibelungen (l'Anneau du Nibelung)* tiré à cinquante exemplaires, et publié à compte d'auteur.

16-19 février : Durant quatre soirées, Wagner donne lecture publique de son poème dans la salle de réception de l'hôtel Baur à Zurich.

5 septembre : A La Spezia, Wagner commence à songer à la composition de *l'Or* : « Je m'allongeai sur un lit de repos, et ne tardai pas à sombrer dans une espèce de somnambulisme habité de l'accord parfait en mi bémol majeur, souligné de motifs mélodiques. Ces motifs mélodiques allaient en s'accélérant, mais l'accord parfait de mi bémol majeur, immuable, semblait vouloir donner un sens à mon cauchemar. Une frayeur soudaine me fit sortir de la semi-torpeur avec la sensation que des vagues, à présent, passaient avec fracas au-dessus de ma tête. Et là, soudain, je sus que je détenais le prélude orchestral de *l'Or du Rhin*, et, du même coup, je compris aussi que c'était en moi et en moi seul que je devais puiser des forces vives. »

1854

1er février-18 mai : Travaille au manuscrit originel de *l'Or du Rhin*.

fin juin-début juillet : Travaille à l'ébauche du 1er acte de *la Walkyrie*.

3 août-1er septembre : Termine à Zurich le 1er acte de *la Walkyrie*.

4 septembre-18 novembre : Achève l'ébauche de la composition du 2e acte de *la Walkyrie*.

Automne : Se plonge dans la lecture du *Monde comme Volonté et comme Représentation* de Schopenhauer : « En parcourant mon texte du Nibelung, je m'aperçus avec étonnement que ce qui me rendait maintenant si perplexe devant la théorie de Schopenhauer m'était devenu familier depuis bien longtemps déjà dans mes propres créations artistiques. »

26 septembre : Termine la mise au net de la partition de *l'Or du Rhin*.

20 novembre-27 décembre : Esquisse de composition du 3e acte de *la Walkyrie*.

1855

Janvier-avril : Travaille la partition du 1er acte de *la Walkyrie*.

18 août-20 septembre : Commence la mise au net des parties instrumentées de *la Walkyrie*.

6 décembre : A Liszt : « Ce n'est qu'en le mettant en musique que je commence à voir clair dans l'essence véritable de mon poème. »

1856

22 mars : Termine le manuscrit originel du 3e acte de *la Walkyrie*

Début septembre : Commence l'ébauche de composition du 1er acte de *Siegfried* (qui acquiert ici désormais son titre définitif) : « Un chaudronnier venait de s'installer en face de notre maison, et, à longueur de journées, il m'assourdissait de son martèlement. Exaspéré, j'étais sur le point de renoncer à toute composition quand justement ma colère contre le chaudronnier m'inspira le motif de l'accès de fureur de Siegfried contre le forgeron Mime. »

22 septembre : commence l'ébauche d'orchestration du 1er acte de *Siegfried*.

22 octobre : Célébration à l'hôtel Baur de Zurich du 45e anniversaire de Liszt, avec l'audition du 1er acte de *la Walkyrie* ainsi que d'une scène du 2e. Wagner chante Siegmund et Hunding, et Liszt est au piano.

1er décembre : Wagner se remet à la composition du 1er acte de *Siegfried*.

1857

20 janvier-5 février : Termine l'ébauche de composition du 1er acte de *Siegfried*.

31 mars : Achève, lors d'une visite à Mathilde Wesendonk, le manuscrit originel du 1er acte de *Siegfried*.

12 mai : Commence la mise au net des éléments achevés de *Siegfried*.

22 mai : Parallèlement à des promenades dans la vallée de la Sihl, ébauche la composition du 2e acte de *Siegfried* : « Dans les bois, j'écoutais avec attention le chant des oiseaux; c'est avec étonnement que je découvrais les airs nouveaux pour moi que chantaient des êtres dont je ne connaissais ni l'aspect ni le nom. J'ai transposé une imitation inspirée de leurs chants dans la scène des « murmures de la forêt » de *Siegfried*. »

18 juin : Ebauche l'orchestration du 2e acte de *Siegfried*.

9 août : Met de côté le *Ring*, pour se lancer dans *Tristan*.

1864

4 mai : Louis II reçoit Wagner en audience privée au palais de la Résidence à Munich. Il lui promet de tout mettre en œuvre pour lui faciliter matériellement l'achèvement de la composition du *Ring*. Wagner, aux abois depuis plusieurs années, n'en revient pas.

27 septembre : Wagner se met au travail sur la seconde scène du premier acte de *Siegfried*.

7 octobre : Reçoit de Louis II l'ordre officiel de terminer le *Ring*.

14 novembre : Note les esquisses pour un quatuor à cordes (*Idylle de Stranberg*). Le quatuor sera abandonné, mais les thèmes seront remployés, dans le *Siegfried-Idyll*, ainsi que dans la scène finale de *Siegfried*.

22 décembre : Commence le manuscrit originel du 2e acte de *Siegfried*.

1868

19 novembre : Wagner ressort de ses cartons la partition de *Siegfried* dont il achève la mise au net du 1er acte, douze ans après l'avoir commencée.

1869

10 février : Louis II annonce à Wagner son intention de faire créer *l'Or du Rhin* à Munich. Quoique maintenant opposé aux exécutions fragmentées, Wagner ne peut s'opposer au désir du roi.

23 février : Termine sa mise au net du 2e acte de la partition de *Siegfried*. A Louis II : « Le dernier développement très poussé du 2e acte m'a particulièrement fasciné d'une manière telle qu'il m'a fallu souvent m'arrêter dans le ravissement [...]. Il me faudrait vous dire aussi le sombre, sublime et terrible tremblement avec lequel je pénètre dans l'empire de mon troisième acte. Nous découvrons là, comme les Hellènes dans la vallée fumante de Delphes, le centre nerveux de la grande tragédie de l'univers. La fin d'un monde approche. »

1er mars : Débute l'ébauche de composition du 3e acte de *Siegfried.*

14 juin : Termine l'esquisse de composition du 3e acte de *Siegfried.*

25 juin-3 août : Ebauche de l'orchestration du 3e acte de *Siegfried.*

25 août : Commence l'orchestration du 3e acte de *Siegfried.*

22 septembre : Malgré ses tentatives, Wagner ne peut empêcher la création de *l'Or du Rhin* à Munich (direction : Franz Wüllner).

2 octobre : Commence à composer la scène des Nornes du *Crépuscule des Dieux.*

1870

9-11 janvier : Commence la composition du prélude du *Crépuscule.*

5 mai : Commence la composition de la scène entre Waltraute et Brünnhilde (acte I/scène 3). Hans Richter attire l'attention de Wagner sur le Théâtre des Margraves à Bayreuth.

5 juin : Termine l'ébauche de composition du 1er acte du *Crépuscule.*

26 juin : Contre la volonté expresse de Wagner, création de *la Walkyrie* à Munich (direction : Franz Wüllner).

2 juillet : Termine l'ébauche d'orchestration du 1er acte du *Crépuscule.* Les représentations de *l'Or du Rhin* et de *la Walkyrie* se poursuivent à Munich.

1871

5 février : Wagner termine la partition du 3e acte de *Siegfried.*

16-20 avril : Visite du Théâtre des Margraves à Bayreuth. Décide de construire son théâtre sur la colline qui domine la ville.

24 juin-25 octobre : Ebauche la composition du 2e acte du *Crépuscule*, et pense déjà à certaines pages du 3e : « J'ai composé un chœur grec, mais un chœur grec qui est pour ainsi dire chanté par l'orchestre, après la mort de Siegfried, pendant le changement de tableau; on entendra le motif de Siegmund, comme si le chœur disait que c'était son père, puis le motif de l'épée, enfin son propre thème [...]. Comment les mots pourraient-ils jamais donner l'impression que ces thèmes graves susciteront à nouveau ici? En effet, la musique exprime toujours la présence immédiate. »

7 novembre : La municipalité de Bayreuth met à la disposition de Wagner un terrain pour y faire construire, conformément au plan dessiné dès 1851 dans *Une communication à mes amis*, son Festspielhaus (maison des festivals).

1872

4 janvier-10 avril : Début de l'ébauche de la composition du 3e acte du *Crépuscule.*

février : Constitution du 1er conseil d'administration du festival.

9 février-22 juillet : Ebauche d'orchestration du 3e acte du *Crépuscule.*

22 mai : Le jour même où il entre dans sa soixantième année, Wagner pose la première pierre de son Festspielhaus. Nietzsche : « Tout ce qui s'était passé dans sa vie jusqu'alors n'avait servi qu'à la préparation de cet instant-là. » (*Richard Wagner à Bayreuth*).

1873

3 mai : Commence l'orchestration du *Crépuscule* (scène des Nornes).

2 août : Achèvement de la charpente du Festspielhaus.

24 décembre : Achèvement du 1er acte du *Crépuscule.*

1874

6 janvier : L'entreprise de Bayreuth est au bord de la faillite.

20 février : Bayreuth est sauvé grâce à la générosité de Louis II, pourtant « séparé » de Wagner depuis 1865.

26 juin : Wagner termine chez lui, à Bayreuth, la partition du 2e acte du *Crépuscule.*

27 juin-25 juillet : Début des répétitions du *Ring*, sous la direction de Hans Richter.

21 novembre : La partition du *Crépuscule* est définitivement achevée.

1875

juillet-août : Achèvement des travaux du théâtre. Début des répétitions d'orchestre sous la direction de Hans Richter, en vue du festival de 1876.

30 août : Le chef d'orchestre Hermann Levi écrit à son père : « Du 9 au 13, étant à Bayreuth, j'ai écouté les répétitions de *Siegfried* et du *Crépuscule des Dieux*. Je te dis que ce qui va s'accomplir l'an prochain à Bayreuth produira un chambardement radical dans notre vie artistique. »

1876

20 mars : Guillaume I offre au festival de Bayreuth la recette de la création berlinoise de *Tristan*.

3 juillet-4 août : Trois filages successifs du *Ring*.

6-9 août : Répétition générale.

13 août : Création à Bayreuth de *l'Or du Rhin*.

14 août : Création à Bayreuth de *la Walkyrie*.

16 août : Création de *Siegfried*.

17 août : Création du *Crépuscule des Dieux*. La direction du *Ring* est assurée par Hans Richter (33 ans)[1].

ORGANISATION DE L'ŒUVRE

Cette seule chronologie apporte une première évidence : l'œuvre, analogue en cela à *la Recherche du temps perdu* de Proust, assume une double dimension de construction gigantesque et de journal intime. Le *Ring* est construction gigantesque, non seulement par la taille, mais par l'ampleur ainsi que la multitude des matériaux qui façonnent son architecture, où l'idée d'un drame bâti sur l'exploitation d'un mythe, venue du théâtre grec[2] s'édifie sur socle de légendes germaniques, mâtiné d'ingrédients tant venus de contes de fées que du grand opéra romantique « à la Verdi »; comme il est journal intime par le fini de son détail musical.

Malgré l'hétérogénéité du matériau de départ, on ne sera étonné de n'y percevoir nulle dispersion. L'organisation générale du *Ring* met en lumière une grande cohésion du noyau central, formé de ses deux premières journées (*la Walkyrie* et *Siegfried*), comportant entre elles de nombreux éléments de symétrie structurelle qui se répondent acte à acte : les actes I sont focalisés sur trois personnages, et tendus vers l'entrée en possession de l'épée; les actes II plus diversifiés (nombre de personnages accru, action plus extériorisée); les actes III, plus resserrés, culminent sur la grande scène d'amour et du feu. Ce noyau est enveloppé à son tour d'un côté par un vaste prologue (*l'Or du Rhin*), de l'autre par une gigantesque catastrophe terminale (*le Crépuscule*). On notera la fonction ellemême nucléaire du Prologue, où chacune des quatre scènes présente, dans l'ordre, le microcosme du drame macrocosmique[3], ainsi que la spécificité du *Crépuscule*, dont la dramaturgie reflète une époque (1848), et la musique une autre (1870).

L'histoire du *Ring* est celle d'un déclin : celui-là même entamé, non avec le vol de l'or, mais avec l'acte criminel de Wotan lorsque voulant assouvir sa soif de pouvoir, il but à la source qui coulait au pied de l'Arbre du monde, et y cassa une branche pour y inscrire les traités grâce auxquels il s'asservirait désormais la nature et les races. Une des grandes originalités de la dramaturgie est la suivante : ce déclin, progressant de drame en drame, est narré non seulement de manière linéaire, mais également de manière circulaire, par le jeu des récits, des réminiscences, des révélations tardives et des prophéties mêlées. Une nouvelle dimension du mouvement théâtral s'invente ici, infiniment mobile, qu'on pourrait comparer à celui de la mer, de ses marées qui montent et descendent, malgré ses vagues qui avancent toujours…

Aussi est-il essentiel d'avoir constamment présent à l'esprit, au-delà de la césure entre les journées, le devenir de chaque relation importante (Wotan/Alberich, Wotan/Brünnhilde, Brünnhilde/Siegfried), et de percevoir ce perpétuel devenir dans le cadre, grec, de la dramaturgie globale de l'œuvre : chaque drame est tendu vers l'accomplissement d'un seul (mé)fait, crucial, qui – soigneusement préparé – arrive environ aux deux tiers de la pièce (malédiction de l'anneau, trans-

1. Chronologie établie à partir de Martin GREGOR DELLIN : *Wagner au jour le jour* (trad. Raymond BARTHE, Paris, Gallimard, 1976), et de Richard WAGNER : *Ma vie* (trad. Martial HULOT, Paris, Buchet-Chastel, 1983). L'auteur tient à remercier Martine KAUFMANN pour la communication de son travail.

2. Sur la dette de Wagner envers Eschyle, cf. Michæl EWANS (cité dans la bibliographie ci-jointe).

3. Scène 1 avec vol de l'or (*l'Or du Rhin*), scène 2 avec dispute au Walhalla (*la Walkyrie*), scène 3 avec violences au Nibelheim (*Siegfried*), scène 4 avec malédiction et meurtre (*le Crépuscule*). Nous devons à Michel FANO (communication au colloque de Nice, mars 88) d'avoir attiré notre attention sur ce point.

gression de Brünnhilde, mort de Fafner, mort de Siegfried), le tiers restant étant consacré à l'exploitation des conséquences de ce seul fait sur les protagonistes. Ces (mé)faits doivent être vus en parallèles, et en séquence progressive. Nul doute que cette manière de traiter son mythe n'ait été soufflée à Wagner par Eschyle. Solidement tenu par cette dramaturgie de la nécessité, le *Ring* n'est pourtant en rien une architecture rigide. Elaborée au fur et à mesure de la rencontre de la musique et du drame, la partition est comme une vaste coulée de lave, fluide et nourrissante à la fois, dont la vie organique et la cohésion sont assurées par le leitmotiv.

LE RUBAN DES LEITMOTIVE

Rien n'est plus malaisé à cerner que ces leitmotive du *Ring*. Certains sont attachés à des objets, généralement définis dans le monde primitif de *l'Or* (« l'épée », « le Tarnhelm ») : ceux-ci resteront fixes (« l'épée »), ceux-là évolueront (« le Tarnhelm »). D'autres, plus mobiles dès l'origine, souvent liés à des affects, posent avec la plus grande insistance la question de leur nomination – relevant parfois de l'indicible (« annonce d'une nouvelle vie », « rédemption du monde par l'amour »). Si certains sont (presque) invariants (« la malédiction »), ou si fortement typés qu'on les reconnaît aisément (« le rythme de la forge »), d'autres, pour peu que le compositeur les enfouisse dans sa trame sonore, ne se laissent plus guère saisir *consciemment* par l'auditeur. Certains sont fugitifs, disparaissant du drame une fois leur mission accomplie sur la scène (la plupart des motifs attachés à la scène finale de *Siegfried* sont dans ce cas), d'autres au contraire circulent d'un drame à l'autre, d'un personnage à l'autre, et nécessitent plusieurs appellations, au fur et à mesure de leurs transformations (« Wehe »). En état de régénération permanente, tous liés les uns aux autres comme s'ils étaient attachés à un véritable « ruban génétique »[4], ils s'offrent à nous comme autant de métamorphoses d'un état originel que, faute de mieux, l'usage a identifié au premier d'entre eux (« le Rhin »[5]). Insensiblement, enfin, s'accomplit au plan des motifs une sorte de « dérive des continents » : il n'est, pour s'en convaincre, que de comparer l'harmonie, les rythmes et la pâte motivique sommaire, essentiellement diatonique et frustre de *l'Or*, à celle du *Crépuscule*, où s'opère une véritable « mise en scène compositionnelle » des motifs, dans une harmonie gangrenée. Partant, vouloir les fixer est une opération de même nature que celle qui consiste à fixer par une photo l'instant d'un film... Mais de quel autre moyen dispose notre mémoire, constamment sollicitée, pour se repérer dans l'océan de la forme tétralogique?

LA MOBILITÉ DES VOIX

A conception si nouvelle d'un drame musical, ne pouvait que correspondre une analogue révolution dans la conception du chant. Si les voix sont avant tout « la partie de l'orchestre autorisée à chanter », n'oublions pas qu'elles sont chargées de délivrer un texte dont l'intelligibilité était le premier souci de Wagner : celui-ci n'a jamais fait mystère de préférer entendre des acteurs capables de chanter plutôt que l'inverse[6]. Comme pour le reste, nous sommes ici dans le domaine de la plus grande mobilité : « la grande subtilité de cette langue qui s'élabore est dans la manière dont le lyrique et l'agi s'interpénètrent, l'air restant « ouvert », et débouchant continuellement sur le récit; le récit de son côté, tendant indéfiniment vers des formes mélodiques expressives, qui par instants reprennent galbe d'arias. Il se forme ici une matière intermédiaire dans laquelle, presque invisiblement, l'accent est donné tantôt sur le récit, et tantôt sur la récapitulation ou l'évasion passionnelle » (Marcel Beaufils). A une virtuosité vocale résiduelle (les « hojotoho » des Walkyries, ou la fin de *Siegfried*) se substitue une virtuosité dramatique nouvelle, où l'intelligence du rôle compte plus que tout.

Pour l'essentiel, en effet, les rôles échappent à la caractérisation traditionnelle. Ainsi, par exemple, Alberich (baryton : il est *double* de Wotan) et Mime (ténor : il est l'*envers* de Siegfried) sont avant tout *caractère* et *couleur* : la force et la noirceur seront l'apanage d'Alberich, le manque de grâce du timbre allié à la fausseté des intonations celui de Mime. De même, pour Wotan, Siegfried, et Brünnhilde (pour ne parler que des trois rôles nécessitant le plus d'endurance) toute caractérisation de la voix devra se déduire *d'abord* de la psychologie du rôle. Il faudrait à Siegfried tant de vaillance (*Siegfried* : acte I/scène 3; acte II/scène 3) que de désinvolture (*Siegfried*, acte II/scène 2; *le Crépuscule*, acte II/scène 1), ainsi qu'une grande capacité à muer, à l'intérieur d'une même scène (*le Crépuscule*, acte III/scène 2); à Brünnhilde autant de timidité et de gravité (*la Walkyrie*), que de virtuosité et de brillant (*Siegfried*), sans parler de l'hallucinante endurance nécessaire aux exploits des deux derniers actes du *Crépuscule*! A Wotan, enfin, il faut une voix rarissime, devant, outre l'endurance, obéir à deux impératifs morphologiques précis : il lui faudrait posséder « un médium et un grave conséquents, suffisamment timbrés pour donner l'illusion

4. Expression utilisée par André BOUCOURECHLIEV au colloque de Nice, mars 1988.
5. Notre présentation des six premiers motifs musicaux donne un aperçu de certaines de ces métamorphoses.
6. C'est un de ses rares points communs avec... OFFENBACH!

du pouvoir, de la grandeur, même menacés, mais par-dessus tout l'aigu souple et facile du baryton, sans lequel l'aspect désespérément humain, vulnérable du dieu ne peut être totalement restitué[7].

Wagner ne demande-t-il pas l'impossible? Le *Ring* n'est pas une œuvre de Wagner comme les autres : ici le compositeur a inventé une formule dramatique et musicale qui dimensionne l'espace et le temps dans des proportions jusque-là inédites. Ailleurs, il explore des terres nouvelles (*Tristan, Parsifal*); ici, ici un continent. L'exploit, plus d'un siècle après, n'a pas encore été réédité.

SOURCES BIBLIOGRAPHIQUES

Marcel BEAUFILS : *Wagner et le Wagnérisme*. Paris, Aubier-musique, 1980.
Michel GUIOMAR : *Imaginaire et utopie, I. Wagner*. Paris, Libraire José Corti, 1976.
Philippe GODEFROID : *Le jeu de l'écorché, dramaturgie wagnérienne*. Paris, Papiers, 1986.
Pierre BOULEZ : *Parcours, variations, digressions*, in BOULEZ/CHÉREAU/PEDUZZI/SCHMIDT : *Histoire d'un Ring*. Paris, Robert Laffont, 1980.
Pierre BOULEZ : *Points de repères*. Paris, Christian Bourgois et Le Seuil, 1980.
Francesco ORLANDO : *Le mythe et l'histoire dans le Ring de Wagner*, in : *Littérature et opéra*, textes recueillis par P. Berthier et K. Ringger. Grenoble, PUG, 1987.
André BOUCOURECHLIEV : *Commentaire littéraire et musical*, in l'Avant-Scène Opéra : le Ring (n° 6-7 : *l'Or du Rhin*, n° 8 : *la Walkyrie*, n° 12 : *Siegfried*, n° 13-14 : *le Crépuscule des dieux*), Paris, 1976-78.
Robert DONINGTON : *Wagner's « Ring » and its symbols*. Londres, Faber & Faber, 1979.
Michæl EWANS : *Wagner and Aeschylus, the Ring and the Oresteia*. Londres, Faber & Faber, 1982.
Dieter SCHICKLING : *Abschied von Walhall*. Stuttgart, Knaur, 1983.

ARGUMENT

L'OR DU RHIN

SCÈNE 1

L'action se passe dans les profondeurs du Rhin.

Les trois filles du Rhin, gardiennes de l'or qui sommeille au fond du fleuve, folâtrent dans les flots. Surgit un membre de la tribu des Nibelungen qui habitent les entrailles de la terre, Alberich. C'est un gnome repoussant, en quête d'un peu d'amour. Cruelles, les Filles s'amusent à exaspérer son désir, sans songer un seul instant à le satisfaire. Tout-à-coup, un rayon de soleil couchant éclaire l'or qu'Alberich n'avait pas encore remarqué. Sans réfléchir, les Filles lui en révèlent le secret: tel quel, l'or ne sert à rien, mais celui qui renoncera à l'amour pourra le forger en anneau. Cet anneau le rendra maître de l'univers. Après un instant de réflexion, Alberich maudit l'amour, s'empare de l'or et s'enfuit.

SCÈNE 2

L'action se passe dans les cieux, au royaume des dieux, devant le Walhalla.

Wotan et son épouse Fricka s'éveillent et contemplent la demeure qu'ils viennent juste de faire construire par les géants, Fasolt et Fafner. Mais Fricka est inquiète: Wotan a promis en salaire aux géants bâtisseurs rien moins que la déesse Freïa, la sœur de Fricka. Grâce aux pommes d'or qu'elle seule sait cultiver, Freïa est la source de l'immortalité des dieux. Que Fricka se rassure: Wotan, qui n'a nulle intention d'honorer sa parole, a envoyé son compère Loge, l'habile dieu du feu, en mission sur terre. Il reviendra, assure Wotan, avec quelque chose qui vaudra Freïa, et qu'on proposera aux géants en échange. Mais Loge se fait attendre, et les géants menacent de partir avec la déesse.

Sur ces entrefaites, Loge arrive. Hélas, il n'a rien trouvé su terre qui puisse remplacer l'amour (c'est-à-dire Freïa). Un seul être semble pouvoir s'en passer, et y a renoncé, pour se rendre maître de l'or (Alberich). Intéressés par le récit de Loge, les géants décident de demander l'or à la place de Freïa. D'ici là –et puisque personne au Walhalla ne possède cet or– ils partent avec leur «salaire». Devant le spectaculaire dépérissement des dieux, Wotan et Loge se voient contraints de partir en toute hâte vers le Nibelheim, pour s'emparer du trésor d'Alberich et libérer Freïa.

SCÈNE 3

L'action se passe au plus profond des entrailles de la terre, au Nibelheim.

Alberich fait maintenant régner la terreur sur son peuple. Personne n'y échappe –même son propre frère, l'habile forgeron Mime. Alberich l'a chargé de la confection d'un heaume magique (le Tarnhelm). En arrivant au royaume d'Alberich, Mime est la première

7. Jean-Louis DUTRONC : *Cris et chuchotements, deux constantes du chant wagnérien*, in: L'Avant-Scène Opéra, n° 13/14, Paris, 1977.

personne que les dieux rencontrent. Celui-ci se plaint amèrement des changements intervenus au Nibelheim depuis que son frère est maître de l'or.

L'anneau de la toute puissance au doigt, voici justement que paraît Alberich: les dieux peuvent constater combien Mime a dit vrai. Habilement provoqué par Loge, aveuglé par son nouveau pouvoir et voulant montrer qu'il peut tout grâce au Tarnhelm, Alberich se transforme, à la demande, en un dragon hideux, puis en un petit crapaud. Alors, Loge et Wotan n'ont aucune peine à s'emparer de lui.

SCÈNE 4

L'action se passe à nouveau devant le Walhalla.

A peine remontés du Nibelheim, Wotan et Loge commencent à dépouiller leur victime. Pour reconquérir sa liberté, le prix que doit payer Alberich est élevé: le trésor, puis le heaume, et enfin l'anneau lui sont arrachés. Au comble de la rage, celui-ci maudit son talisman, et voue à la mort tous ceux qui le passeront un jour à leur doigt. Mais, fasciné par la possession de l'anneau, Wotan l'entend à peine. Alberich quitte le Walhalla, tandis que les géants reviennent.

Voici venir l'heure de la rançon de Freïa. On convient d'un règle: l'or sera compté aux géants, à la mesure exacte du corps de la déesse. Le trésor entier y passe, mais cela ne suffit pas. Le heaume doit faire partie du butin, et puisque l'œil de Freïa luit encore, les géants réclament l'anneau. «La vie, mais pas l'anneau» leur répond un Wotan qui ne se contrôle plus.

Alors paraît un personnage mystérieux, Erda. Montée des profondeurs sans que personne ne l'ait appelée, elle vient avertir Wotan du danger qu'il y aurait à garder l'anneau. Troublé cette fois, Wotan jette l'anneau sur le butin des géants. Dépouillés l'un comme l'autre de ce qu'ils considèrent valoir plus que leur vie, Wotan et Alberich sont désormais à égalité. Tout de suite, l'anathème d'Alberich agit: pour s'emparer de l'anneau, Fafner tue son frère Fasolt devant les dieux horrifiés. Combien Erda a parlé juste! Un orage vient détendre l'atmosphère. Invités par Wotan, les dieux font alors leur entrée solennelle dans le Walhalla. Seul Loge, persuadé que les dieux courent à leur perte, fait bande à part. Sur la scène, seul reste le cadavre de Fasolt.

LA WALKYRIE

Acte I : l'inceste

L'acte se déroule sur terre, dans la demeure de Hunding. Le décor représente la pièce principale, bâtie autour d'un grand frêne.

SCÈNE 1

La scène est vide. Dehors, la tempête fait rage. Un homme épuisé, visiblement en fuite et sans armes, entre et s'écroule. Croyant avoir à faire à son époux, une femme entre à son tour dans la pièce. Elle s'empresse à soigner cet inconnu. Remis sur pied, celui-ci la remercie –non sans quelque trouble intérieur. Il veut partir, persuadé de n'apporter que le malheur avec lui. «Reste donc, tu n'apporteras pas le malheur là où il a déjà élu domicile.» Intrigué, le fugitif décide d'attendre le retour de l'époux.

SCÈNE 2

Hunding rentre. Après s'être assuré que les lois de l'hospitalité avaient été respectées par son épouse, lui aussi s'intéresse à cet étranger, dont la ressemblance avec son épouse l'a frappé.

L'étranger raconte sa vie: son éducation, par un père batailleur, courageux, et habile à courir les bois avec lui. Sa sœur leur fut enlevée un jour par un clan ennemi, et, peu après, son père disparut mystérieusement. Il narre ensuite sa dernière aventure. S'étant porté au secours d'une jeune fille que son clan mariait à un homme qu'elle n'aimait pas, il fut seul à défendre l'infortunée, ne put empêcher sa mort, et dut fuir devant un ennemi supérieur en nombre, qui l'avait désarmé. Dans cet ennemi, Hunding reconnaît un clan allié au sien. Sans hésiter, il convoque celui qu'il hébergera pour la nuit, au combat, le lendemain matin. Les époux partent se coucher –non sans que la femme ait jeté à l'inconnu des regards pleins d'émotion.

SCÈNE 3

Resté seul, l'étranger se rappelle une promesse de son père: il trouverait une épée s'il était en grave danger. N'est-ce pas le moment? Quelque chose ne brille-t-il pas dans l'arbre? Mais la scène s'assombrit, et la nuit tombe complètement.

L'épouse de son hôte revient : elle a versé un narcotique dans la boisson d'un mari qu'elle exècre, pour avoir la possibilité de parler à l'étranger. En grande hâte, elle raconte son mariage –opéré aussi contre son gré. Le jour de la noce, un vieillard fit subitement irruption dans la pièce, et, la regardant avec une infinie tendresse, planta sans mot dire une épée dans l'arbre que voici. Aucun invité de la noce ne put arracher l'épée. Mais l'épouse de Hunding sait depuis ce jour que celui à qui l'épée est destinée sera son sauveur. Convaincu qu'il est celui à qui l'épée est promise, l'étranger enlace amoureusement la femme, pendant que le printemps fait irruption dans la pièce. Le frère alors reconnaît sa sœur, qui reconnaît aussi son frère et lui donne un nom, Siegmund, puis se nomme à son tour : Sieglinde. Siegmund baptise alors l'épée qui lui est si nécessaire (Notung), et l'arrache du frêne. Dans un état de surexcitation intense, Siegmund enlace Sieglinde qui s'offre à lui sans retenue.

Acte II : le combat

L'action est située sur terre, dans les montagnes.

SCÈNE 1

Wotan ordonne à sa fille préférée, la Walkyrie Brünnhilde, de protéger son fils Siegmund, le Wälsung, dans son combat contre Hunding.

Arrive Fricka, venue demander la victoire pour Hunding, au nom du respect du lien sacré du mariage. Wotan commence par faire le sourd: Siegmund, l'être libre, est nécessaire aux dieux pour accomplir l'«exploit rédempteur» (récupérer l'anneau), que les dieux ne peuvent accomplir eux-mêmes, puisqu'ils sont liés aux Géants (Fafner) par les traités. Mais la logique de Fricka à l'encontre de son époux est imparable: Siegmund est ton propre fils, élevé par toi, et ne saurait en aucun cas être considéré comme un être libre; si de plus, toi le dieu, laisses si ouvertement un couple interdit (incestueux) bafouer les lois sacrées du mariage par toi-même instituées, la fin des dieux est proche. Acculé, Wotan cède et accorde la victoire à Hunding.

SCÈNE 2

Devant Brünnhilde, le dieu suprême se laisse aller à un grand accès de désespoir: « Je me suis pris à mes propres fers, moi le moins libre de tous! ». Wotan raconte alors à sa fille, en termes vagues, comment, dès avant *l'Or du Rhin*, il s'était mis en quête d'asservir la nature et le monde par ses traités, puis en termes plus précis, l'ensemble des événements de *l'Or*, enfin ce qu'il fit entre *l'Or* et *la Walkyrie* : courir le monde pour retrouver Erda, dont la prophétie l'avait tant intrigué. Elle lui conseilla d'éviter que les Nibelungen ne remettent la main sur l'anneau: ce serait à coup sûr la fin des dieux. Avec Erda, il fit un enfant, Brünnhilde, puis engendrer, cette fois avec une femme ordinaire, la race des Wälsungen, dont le fils Siegmund serait ce héros libre destiné à accompli l'«exploit rédempteur». Mais Fricka a mis la fraude à jour : Siegmund n'est pas libre. Il doit donc mourir. Brünnhilde, qui connaît l'amour de son père pour les Wälsungen, part le cœur lourd exécuter ce contre-ordre.

SCÈNE 3

Siegmund et Sieglinde sont épuisés après une longue fuite dans la forêt. Sieglinde est en transes, mortifiée d'avoir appartenu à un autre homme qu'à celui auquel elle était destinée: son frère. Elle dit voir Hunding – pourtant loin – s'apprêter pour le combat, et prédit la mort de son bien-aimé. Epuisée, elle s'évanouit.

SCÈNE 4

Brünnhilde arrive à son tour, et contemple longuement le couple qui s'offre à sa vue. La vierge guerrière est venue s'acquitter de sa mission: annoncer au héros dont la mort est certaine qu'il la suivra au Walhalla. Toutefois Siegmund refuse de la suivre si Sieglinde ne vient pas avec eux. La vierge se fâche : ce n'était pas une invitation, mais un ordre. Il est sans appel: celui qui a donné son pouvoir à l'épée le lui a retiré. Siegmund doit mourir. Dans un accès de désespoir, le Wälsung veut sacrifier sa sœur et se tuer ensuite. Bouleversée, la Walkyrie prend alors fait et cause pour celui qui est son demi-frère, et lui annonce qu'elle transgressa l'ordre de son père. Que Siegmund vive, et soit vainqueur!

SCÈNE 5

Le combat. Tout s'y passe très vite. La Walkyrie s'essaye à protéger la victime de son père. Fou de rage, Wotan intervient, et brandit sa lance contre laquelle se brise l'épée de son fils. Hunding tue Siegmund. D'un regard méprisant Wotan foudroie le meurtrier de son fils, et jure de punir sa fille.

Acte III : la séparation

Ailleurs, dans les montagnes.

SCÈNE 1

Les Walkyries sont au travail, rassemblant les cadavres des héros tombés au combat avant de les ramener au Walhalla. Leur mission y sera de défendre la citadelle contre les éventuels assauts des Nibelungen. Arrive Brünnhilde, hors d'haleine, Sieglinde en croupe sur son cheval. Horrifiés autant qu'apeurées, aucune des Walkyries n'ose protéger une sœur qui a enfreint un ordre du père. Mais Brünnhilde veut surtout épargner Sieglinde, qui ignore être enceinte et à qui la Walkyrie annonce la venue d'un fils. Après avoir remercié et béni Brünnhilde, Sieglinde s'enfuit, sûre de trouver un refuge là où

Wotan ne va jamais : près de l'antre de Fafner, maintenant devenu dragon, afin de mieux veiller sur son or. Avant son départ, Brünnhilde baptise l'enfant à venir du nom de Siegfried, et confie les débris de Notung à sa mère.

SCÈNE 2

Wotan, au comble de la fureur, rejoint ses filles. Malgré une timide tentative, les Walkyries ne peuvent protéger leur sœur contre ce qui l'attend: la destitution. Elles s'enfuient, épouvantées.

SCÈNE 3

Restés seuls, le père et la fille sont face à face pour la dernière fois. Calme, Brünnhilde ne sait dire qu'une chose : elle est sûre d'avoir été fidèle aux sentiments profonds de son père. Le contre-ordre n'était venu que de l'époux de Fricka –qui n'est pas le même homme. Wotan avoue : «Ainsi tu as accompli ce que j'aurais tant aimé pouvoir faire!». Le dieu se reprend vite: un ordre est un ordre, et la Walkyrie n'est rien d'autre qu'une exécutante. Puisqu'elle a voulu suivre la loi de l'amour, qu'elle suive donc le destin des mortels. Il la destitue de sa divinité, et lui annonce qu'elle sera abandonnée, endormie sur un rocher.

Brünnhilde se rebelle : je suis toujours ta fille! Si tu m'abandonnes au premier venu, la honte rejaillira aussi sur toi. Qu'au moins seul un être d'exception puisse me conquérir! Après avoir refusé, le dieu finit par céder. Il endort sa fille, s'en sépare le cœur déchiré, puis entoure le rocher d'un cercle de flammes en prononçant ces mots: « Que celui qui craint la pointe de ma lance ne traverse jamais le feu », tandis que résonne solennellement le thème de Siegfried.

SIEGFRIED

Acte I : l'enfant

L'acte se déroule dans la caverne de Mime, située dans une forêt.

SCÈNE 1

Le rideau s'ouvre alors que le forgeron Mime, qui a recueilli l'orphelin Siegfried à la mort de sa mère, s'escrime à la confection d'une épée. Il est déçu, amer, tout autant que perplexe : comment obtenir de Siegfried que celui-ci aille combattre Fafner pour lui rapporter l'anneau de la toute puissance, si, d'une pichenette, le jeune garçon casse chaque épée qu'il forge pour lui? Sortant du bois, accompagné d'un ours, Siegfried fait une entrée peu discrète – qui terrifie Mime autant qu'elle amuse Siegfried. Doué d'une force hors du commun, le garçon casse en effet l'épée que Mime vient de forger. Mime, que son pupille ne se cache pas détester, se lance dans sa rengaine favorite: je t'ai élevé, j'ai veillé sur toi comme sur moi-même, et voilà ma récompense! Siegfried rétorque: puisque tu m'as beaucoup appris, d'où vient que tu n'aies jamais su m'apprendre à t'aimer? De fil en aiguille, le jeune rejeton de la lignée des Wälsungen finit par arracher à Mime le nom de sa mère, qu'il ignorait jusque là, et surtout l'existence des débris de l'épée de son père. Comme Siegmund à l'acte I de *la Walkyrie*, Siegfried ne doute pas un instant que cette épée lui est destinée. Il ordonne à Mime de la reforger, et retourne jouer dans les bois.

SCÈNE 2

Avec la plus grande solennité, un étrange voyageur fait alors son entrée chez le forgeron: c'est Wotan (Wanderer), maintenant errant sur terre. A son hôte récalcitrant, le voyageur propose de se livrer au jeu des énigmes et, à la manière d'Oedipe et du Sphinx, de mettre sa tête en jeu. Mime commence par poser trois questions, dont, pour plus de sûreté, il connaît les réponses. Mais Wotan les connait aussi – et le voyageur sauve sa tête. Vient le tour de Mime : aux deux premières questions de son interrogateur, il sait répondre, car elles concernent des événements du passé *(l'Or, la Walkyrie*, le début de *Siegfried)*, mais à la troisième, qui appartient au futur (« Qui forgera Notung? »), le Nibelung échoue. Wotan lui donne la réponse : « Seul celui qui ne connaît pas la peur ». Et à celui-là, le Wanderer cède, en riant, la tête du Nibelung.

SCÈNE 3

Mime est terrifié, jusqu'à perdre tout contrôle de lui-même. Il est sûr d'une chose : il n'est pas celui-là! Il délire un instant, mais le retour de Siegfried a vite fait de le remettre en selle. Bien entendu, « l'habile forgeron » n'a pas reforgé Notung. Il y a maintenant pour lui urgence à enseigner la peur à Siegfried : il y va de sa vie. Mais si Siegfried s'intéresse à la peur que Mime essaye de lui décrire, il s'intéresse bien davantage à son épée. C'est elle qui lui permettra de conquérir sa liberté, et d'échapper à son éducateur. Devant l'incapacité du forgeron, Siegfried décide de la reforger lui-même. Le jeune garçon se met au travail. Pendant qu'il réduit les débris en poussière, puis frappe et cogne tant qu'il peut, il n'entend pas ce que Mime médite en même temps à voix haute : l'amener à Fafner pour que Siegfried le tue, puis, grâce au narcotique que le vilain est en train de confectionner, l'endormir et le tuer – suprême jouissance – avec Notung. Mime est sûr de son plan. Siegfried parachève son épée : les deux hommes finissent l'acte en triomphe.

Acte II : l'adolescent

Au coeur de la forêt, devant l'antre de Fafner.

SCÈNE 1

Alberich est là, qui monte la garde devant l'antre de Fafner. Arrive le Voyageur, en qui le Nibelung reconnaît tout de suite son ennemi: Wotan. Côté Nibelung, la haine est intacte. Le gnome défie le dieu – mais celui-ci n'en a cure. Wotan n'est venu, ni récupérer l'anneau, ni même aider Siegfried à le faire, mais seulement observer. Aussi passif que son partenaire est agressif, Wotan se permet d'avertir le Nibelung de ce que celui-ci semble ignorer: le dessein de son frère Mime. Tous deux alors décident de réveiller Fafner, pour l'avertir de ce qui le menace. La réaction du monstre tient en un bâillement: « je suis là et je possède – laissez-moi dormir ». Fafner rentre dans sa tanière; Alberich et Wotan s'éloignent. La nuit s'achève.

SCÈNE 2

Au petit matin, voici Mime et Siegfried. Mime s'essaye une dernière fois à terrifier Siegfried en lui décrivant le dragon. D'abord indifférent, puis exaspéré une fois qu'il a appris la seule chose qui lui fût utile (la localisation du coeur de Fafner), le jeune adolescent chasse Mime, et s'étend sous un tilleul. La forêt commence à bruire. Siegfried songe, ne peut répondre aux questions qu'il se pose (Comment était mon père? A quoi ressemblait ma mère?), et finit par se taire pour s'abîmer dans une profonde rêverie (murmures de la forêt). Haut perché dans une branche, un oiseau vient distraire le cours de ses pensées. Siegfried s'amuse à essayer de l'imiter sur un roseau: vaine tentative. Il se saisit alors d'un instrument qu'il connaît (le sien : un cor), dont la puissante mélodie réveille Fafner.

Pesamment, le monstre sort de son logis. Il n'est guère agressif, mais Siegfried le provoque, et un combat s'engage. Au grand étonnement de Fafner, son jeune adversaire, dont il pensait ne faire qu'une bouchée, a rapidement le dessus, et lui plante l'épée en plein coeur. En retirant l'épée, Siegfried porte la main à sa bouche et goûte, involontairement, le sang du dragon. Tout-à-coup, comme par enchantement, le chant de l'oiseau lui parle, et délivre à Siegfried un premier message : que le vainqueur de Fafner pénètre dans son repère, et prenne, parmi le trésor, le heaume et l'anneau. Siegfried s'exécute.

SCÈNE 3

Pendant que Siegfried s'est absenté, Mime et Alberich ont resurgi. Les frères ennemis se chamaillent à perdre haleine. L'un ne veut rien partager (Alberich), l'autre prétend contrôler la situation (Mime), mais ni l'un ni l'autre ne possèdent quoi que ce soit. Siegfried ressort de la caverne, le heaume à la ceinture et l'anneau au doigt. Les deux Nibelungen se séparent sur un match nul.

Deuxième avertissement de l'oiseau: que Siegfried se méfie de Mime. Grâce au sang auquel il a goûté, il est à même d'entendre le sens caché de sa trompeuse parole. Toute séduction dehors, en effet, Mime s'avance à la rencontre de son jeune pupille. Faisant tout pour cacher son véritable dessein, il est trahi par son langage: croit-il dire « boisson », ou « repos », Siegfried entend « poison », ou « meurtre ». Intrigué, Siegfried fait durer le manège, forçant son ennemi à dévoiler l'intégralité de son projet, jusqu'au moment où, brusquement, il lui passe l'épée au travers du corps. Au loin, on entend résonner le rire sardonique d'Alberich.

Fatigué de tant d'« exploits » réalisés en une même journée, Siegfried s'allonge à nouveau sous son tilleul, et demande à l'oiseau de lui fournir un compagnon. C'est le troisième avertissement, qui informe Siegfried de l'existence de Brünnhilde, et des conditions de l'accès à son rocher: ne pas connaître la peur. Ne doutant pas un instant être l'homme de la situation, c'est un Siegfried ivre de joie qui s'élance vers le rocher de Brünnhilde.

Acte III : l'homme

Au pied (scène 1 et 2), puis sur le rocher de Brünnhilde (scène 3)

SCÈNE 1

Wotan est là, qui appelle Erda. Non sans réticences, ce personnage qu'on n'a pas revu depuis *l'Or*, revient. Un dialogue s'engage alors, difficile, pénible même. Wotan veut forcer Erda à parler; Erda clame ne plus rien savoir, et dit vrai. C'est Wotan qui l'informe, du destin passé de leur fille commune Brünnhilde comme de ce qu'il voit se profiler: la fin des dieux, et la rédemption du monde par le couple non encore formé de Siegfried et de Brünnhilde. Ce n'est plus Erda qui prophétise. Son règne s'achève, et elle s'abîme dans les profondeurs de la terre.

SCÈNE 2

C'est avec un certain plaisir que le Voyageur voit s'approcher, guidé par l'oiseau, ce petit-fils qu'il n'a encore jamais vu. Le plus légèrement du monde, il engage la conversation avec lui. Aux questions du vieillard, qui remontent progressivement le temps de son histoire, Siegfried répond volontiers, tant qu'il est en mesure de le faire. L'oiseau m'a guidé jusqu'ici, j'ai pu le comprendre parce que j'ai goûté le sang du dragon; j'ai tué Fafner parce que Mime m'a mis face à lui, j'ai une épée qui m'a permis un tel exploit, parce que j'en ai reforgé les morceaux, et au delà, je ne sais rien. Laisse-moi passer! Le ton monte. Le Voyageur ne s'amuse plus, et, redevenant de plus en plus Wotan, brandit sa lance pour s'opposer au passage de celui qui lui enlèvera définitivement sa fille. D'un coup net cette fois, Notung brise la lance du dieu. Wotan en ramasse soigneusement les morceaux, et disparaît tranquillement. De son côté, Siegfried se jette dans le feu, pour monter jusqu'à Brünnhilde.

SCÈNE 3

Arrivé au sommet, il contemple la vue magnifique qui s'offre à lui. Siegfried aperçoit un « homme en armes » endormi, s'approche, « le » contemple, l'admire, puis décide de lui ôter sa cuirasse, afin qu'"il" soit plus à l'aise. Un cri lui échappe: « Ce n'est pas un homme! ». C'est la panique. Lucide, Siegfried comprend qu'il est en train d'expérimenter la peur, et décide, pour mettre un terme à un sentiment si intolérable, de réveiller celle qui dort. Il lui donne un long baiser. La jeune déesse s'éveille. Sûre de l'identité de celui qui l'a tirée de son profond sommeil, ivre de joie, Brünnhilde se jette dans un premier duo avec celui qu'elle dit aimer depuis toujours. Mais peu à peu, ses esprits lui reviennent. Elle était fille de dieu, et vierge divine; qu'est-elle maintenant? A son tour d'avoir peur. Elle demande à Siegfried de ne pas la toucher, et de l'aimer comme elle l'aime : pour l'éternité et de loin. Mais Siegfried ne connaît qu'une seule loi : celle que lui dicte, dans une urgence croissante, son désir charnel. Peu à peu, les réticences de Brünnhilde tombent. Elle accepte sa féminité comme Siegfried accepte de se conduire en homme, et, pour clore l'acte final de cette journée centrale, le nouveau couple se jette dans un duo des plus enflammés.

LE CRÉPUSCULE DES DIEUX

Prologue

L'action se déroule au rocher de Brünnhilde.

PREMIÈRE PARTIE

C'est la nuit. Ayant dû quitter le pied du Frêne du monde, les Nornes viennent de s'installer au rocher de Brünnhilde. Elles tressent la trame des destinées, et se racontent l'histoire du monde. Trois récits vont successivement alimenter leur dire : un premier narre les épisodes les plus marquants du destin de Wotan, depuis les événements des origines, bien antérieurs à *l'Or*, jusqu'au retour du dieu au Walhalla après *Siegfried* ; un deuxième se centre sur Loge, dont on apprend à cette occasion qu'il s'est progressivement détaché de toute attache avec les dieux; un troisième enfin s'achève à peine commencé, brisé net par la rupture de la corde. Les Nornes, dont le savoir touche à son terme, s'enfouissent au creux de la terre rejoindre leur mère Erda dans son sommeil éternel.

DEUXIÈME PARTIE

Le jour se lève. Brünnhilde et Siegfried sont éveillés. Conformément à son tempérament, Siegfried songe à repartir, afin d'accomplir de nouveaux exploits. Son épouse ne songe nullement à le retenir. De part et d'autre, on échange des gages de fidélité : Brünnhilde reçoit l'anneau dont les deux héros ignorent l'origine, tandis que Siegfried reçoit Grane, le cheval divin. Siegfried jure de ne jamais oublier Brünnhilde.

Un interlude orchestral permet, sans interruption, le passage du prologue au premier acte (Voyage de Siegfried sur le Rhin).

Acte I : le philtre

L'action a lieu au palais des Gibichungen (scènes 1 et 2), puis à nouveau au rocher du prologue (scène 3).

SCÈNE 1

Voici, trois nouveaux personnages. Gunther et Gutrune, de race seigneuriale, sont frère et soeur, adultes, et encore célibataires. Hagen est leur demi-frère. Ce dernier, auxquels Gunther et Gutrune reconnaissent une intelligence supérieure à la leur, leur conseille de songer à épouser des héros dignes de leur rang : Siegfried, dont la renommée est déjà immense, serait idéal pour Gutrune, Brünnhilde pour Gunther. Mais conquérir la Walkyrie est impossible à Gunther, à cause du rideau de feu qui la rend inatteignable. Hagen suggère de rendre Siegfried prisonnier des charmes de Gutrune grâce à un philtre, et de l'envoyer conquérir Brünnhilde pour Gunther. Hagen ne révèle, ni que Siegfried est l'époux légitime de Brünnhilde, ni quel est le but exclusif de cette manoeuvre : récupérer l'anneau du Nibelung.

SCÈNE 2

Justement, Siegfried est en vue. Au palais des Gibichungen, on s'apprête à l'accueillir. Gutrune lui offre une boisson de bienvenue, où, sur ordre de Hagen, elle a versé un philtre à la fois aphrodisiaque (attacher Siegfried à Gutrune), et amnésiaque (lui faire oublier Brünnhilde). L'action en est immédiate: Siegfried prend feu pour Gutrune, et propose à Gunther, en échange de la main de sa soeur, de s'en aller sur le champ lui conquérir cette épouse dont Gunther dit rêver, et qu'il ne peut conquérir. De fait, le nom de Brünnhilde ne dit plus rien à Siegfried. Les deux hommes scellent, sous le regard de Hagen, un pacte d'amitié dans le sang. Une fois Gunther et Siegfried partis, Hagen, seul, à qui on a confié la garde du château, révèle ouvertement son obsession : récupérer l'anneau pour lui-même.

SCÈNE 3

Sur son rocher, Brünnhilde rêve en contemplant son anneau. Survient sa soeur Waltraute, au comble de la détresse. Celle-ci lui révèle le désespoir qui règne au Walhalla, depuis que Wotan y est revenu. Seule Brünnhilde, a-t-il confessé dans un sanglot, serait en mesure de délivrer les dieux et le monde de la malédiction, en rendant l'anneau à son propriétaire légitime (les Filles du Rhin). Brünnhilde est horrifiée par ce que lui demande Waltraute: se séparer de l'anneau, gage de l'amour de Siegfried? Jamais! Epouvantée par tant d'incompréhension, Waltraute s'enfuit.

Le calme n'est pas revenu depuis bien longtemps que Brünnhilde croit entendre Siegfried. Au comble de l'exaltation, elle se précipite: trahison! Un inconnu au regard curieusement dissimulé par un casque, a réussi à franchir le feu. Il demande à Brünnhilde, à qui, au terme d'un inégal combat, il a réussi à arracher l'anneau, de le suivre sans résister. Brünnhilde ne peut que s'incliner. La nuit étant tombée, le faux Gunther demande à Brünnhilde asile pour la nuit. Plantée entre eux, Notung sera témoin de la fidélité de Siegfried à Gutrune.

Acte II : le complot

L'acte entier a lieu devant le palais des Gibichungen.

SCÈNE 1

Hagen a veillé toute la nuit (cf. acte I/scène 2, fin). L'aube n'a pas encore pointé que son père lui apparaît, afin de l'exhorter à la fidélité. Apparition superflue : tout, dans l'opaque passivité d'un fils qui répond à peine, montre, en fait, que sa volonté pour récupérer l'anneau est désormais plus forte encore que celle de son père.

SCÈNE 2

Siegfried est de retour. Hagen réveille Gutrune, qui interroge son futur époux. Lui a-t-il été fidèle pendant son équipée? Siegfried est formel: il a conquis Brünnhilde, mais ne l'a pas touchée. Soulagée, Gutrune demande à Hagen de sonner le rassemblement des vassaux en vue de la noce.

SCÈNE 3

Que fait Hagen? Sonne-t-il le rassemblement en vue d'une réjouissance ou donne-t-il l'alarme comme si un danger menaçait? La foule hésite, avant de convenir qu'aucun danger ne menace les Gibichungen. Hagen demande qu'on accueille dignement l'épouse de Gunther, et qu'on veille surtout à ce que celle-ci ne soit pas outragée.

SCÈNE 4

Gunther et Brünnhilde accostent à la rive. Eperdue de douleur, Brünnhilde est traumatisée en apercevant Siegfried, promis à Gutrune, et l'anneau au doigt. Tout de suite, elle contre-attaque : puisque Gunther lui a arraché la nuit dernière, pourquoi cet anneau est-il maintenant au doigt de Siegfried? Ce dernier s'empêtre dans des explications guère convaincantes. Brünnhilde poursuit, et clame – devant la foule à qui Hagen recommande la plus grande vigilance –, être l'épouse légitime de Siegfried. Sommé par Gunther de s'expliquer, Siegfried jure, sur la pointe d'une lance tendue par Hagen, n'avoir pas trahi le serment qui le lie à Gunther. Brünnhilde jure que Siegfried vient de se parjurer.

SCÈNE 5

La foule se retire. Brünnhilde, Gunther et Hagen restent seuls. Hagen s'offre d'emblée à aider Brünnhilde à se venger d'un homme qui l'a trompée aussi ignominieusement. Aveuglée de colère, celle-lui livre le secret de l'invulnérabilité de Siegfried, tandis que Hagen convainc Gunther de rentrer dans le complot. Que Siegfried meure, pour avoir trahi Brünnhilde, pour avoir rompu son pacte avec Gunther, pour que Hagen arrive à ses fins: récupérer l'anneau. Pour ne pas éveiller les soupçons, on déguisera le meurtre en accident de chasse. Dans le fond de la scène, passe le cortège des noces de Siegfried et de Gutrune.

Acte III : la mise à mort

L'action a lieu à l'extérieur, dans une forêt des bords du Rhin (scène 1 et 2), et devant le palais des Gibichungen (scène 3).

SCÈNE 1

Quelque part en forêt, on entend une partie de chasse. Les Filles du Rhin évoluent à la surface du fleuve, en déplorant la perte de leur or. Survient Siegfried, prêt à jouer avec elles. Les Filles lui demandent l'anneau qu'il porte au doigt. Siegfried refuse. Elles lui apprennent alors la malédiction qui y est attachée, et lui prédisent sa mort pour aujourd'hui. Par courage ou par inconscience, Siegfried ne prend guère l'avertissement au tragique. Les Filles s'éloignent, décidées à aller demander l'anneau à Brünnhilde, à qui elles savent que l'anneau reviendra très bientôt.

SCÈNE 2

La chasse a rejoint Siegfried. On décide de faire une halte, au cours de laquelle Hagen pousse Siegfried à raconter ses exploits. Celui-ci s'exécute, et commence la narration de sa jeunesse. Arrivé au moment où, en toute logique, le héros doit buter sur une Brünnhilde dont il a perdu tout souvenir, Hagen lui propose une boisson où il a versé un philtre antidote du premier. Extasié, Siegfried raconte alors la conquête de la Walkyrie. Devant l'évidence de la « trahison », Hagen se jette sur Siegfried et le tue, à la désapprobation générale.

Un cortège se forme, pour ramener le corps du Wälsung chez les Gibichungen, et permettre la transition vers la scène finale (Marche funèbre de Siegfried).

SCÈNE 3

Au petit matin, Gutrune qui, comme Brünnhilde, a passé une nuit blanche, a de sinistres pressentiments. Si seulement Siegfried rentrait! Aussi ne lui faut-il pas longtemps, au retour de la chasse, pour comprendre que son époux est mort, et que, malgré ce qu'on tente de lui cacher, il a été assassiné. Arrivé si prêt du but, Hagen ne ménage même plus les apparences: oui, il a tué Siegfried! Désormais, l'anneau lui appartient. Gunther, qui tente de l'empêcher de s'en saisir, est tué sur le coup, mais le bras de Siegfried mort se dresse pour empêcher Hagen de lui enlever l'anneau.

Alors paraît Brünnhilde. Elle ordonne qu'on prépare un bûcher, où elle s'immolera avec le corps de son époux. L'immensité de sa souffrance lui a fait tout comprendre: elle sait désormais le sens de l'anneau, le destin des dieux, et la raison de l'apparente trahison de Siegfried. Consciente de l'ensemble des événements du *Ring*, comme personne n'avait pu l'être avant elle, c'est dans un geste de réconciliation qu'elle se jette dans le brasier. L'incendie fait rage. Le Rhin déborde. Conformément au souhait émis par Brünnhilde, c'est dans ses cendres que les Filles retirent un anneau vers lequel se précipite Hagen. Il est inexorablement entraîné au fond de l'eau. Le rideau tombe sur la vision d'un ultime brasier : celui du Walhalla.

PROFIL PSYCHOLOGIQUE DES PRINCIPAUX PERSONNAGES

ALBERICH

C'est le double noir de Wotan : au méfait initial du dieu des dieux narré par les Nornes au *Crépuscule des dieux*, répond celui d'Alberich à la première scène de *l'Or du Rhin*. Après sa transformation de nain impuissant (scène 1) en despote hystériqque (scène 3), puis sa perte de l'anneau (scène 4), le personnage se fige sur son obsession : récupérer son anneau.

Après *l'Or*, on le voit, de loin en loin, charrier sa haine des dieux. On sait par Wotan qu'in conçoit un fils dans ce seul but (*la Walkyrie*, acte II/scène 2), puis on le voit se quereller avec Wotan et avec son frère Mime à ce même propos (*Siegfried*, acte II), enfin venir exhorter son fils Hagen à ne pas faillir à sa tâche de Nibelung (*Crépuscule*, acte II). Cette obsession confère à ce monomaniaque une fixité qui semble lui épargner les outrages du temps : présent, comme les Filles du Rhin, de *l'Or* au *Crépuscule des dieux*, il semble plus immortel que les dieux eux-mêmes.

BRÜNNHILDE

Comme Wotan dont elle est tout à la fois la fille et le contrepoint féminin, elle est personnage premier. Son évolution (une des plus complète qu'ait à vivre un personnage lyrique) la voit passer de l'immature adolescence où Wagner ne lui accorde que d'être une partie de son père (*la Walkyrie*, acte II/scène 2) à l'autonomie (*la Walkyrie*, acte II/scène 4), mais surtout de la divinité (*la Walkyrie*) à l'humanité (*Siegfried*), puis à un statut qui réconcilie les deux aspects (*le Crépuscule*). Prise au piège de Hagen dans *le Crépuscule*, elle saura, par le seul travail de dépassement de la souffrance occasionnée par la trahison de Siegfried, retrouver son statut divin dans la dignité de son humanité. C'est le seul personnage du *Ring* auquel il est donné, à la fin de tout comprendre.

ERDA

Mère des Nornes et des Walkyries, oracle de la terre (*Or*, scène 4), elle est sans doute la figure la plus poétique du *Ring*. On mesure la trajectoire déclinante de l'œuvre à la perte de son pouvoir de prophétesse, que l'on constate dans *Siegfried* (acte III/scène 1). Il est à noter que le personnage symbolise en outre un état : le sommeil, dont la fonction est importante (Fafner, Brünnhilde, Hagen sont également concernés).

FAFNER

Plus intelligent que son frère, il comprend en écoutant Loge (*Or*, scène 2) tout le parti qu'il pourrait tirer de la possession de l'anneau. Toutefois, après l'avoir obtenu et avoir assassiné son frère pour en jouir seul, il ne sait plus qu'en faire : on le retrouve dans *Siegfried*, transformé en dragon, assoupi et débonnaire comme l'était Fasolt, dans un face à face où sa taille ne lui tient lieu ni de force, ni surtout de légitimité. Avant de mourir, il reprend son apparence première (géant) et absoud Siegfried du crime qu'il vient de commettre.

FASOLT

Figure issue d'un univers plus archaïque que les hommes, ce géant bâtisseur du Walhalla avec son frère Fafner est d'un naturel plutôt placide. Il est à la fois soumis (aux dieux, à son frère), amoureux transi (de Freïa), et première victime de la malédiction de l'anneau proféré par Alberich.

FRICKA

Epouse de Wotan au Walhalla, abondamment trompée sur terre par son époux, elle incarne la légitimité, le respect des lois et de la parole donnée. Rôle ingrat, elle n'intervient que pour mettre en lumière les contradictions de Wotan (*Or*, scène 2, *Walkyrie*, acte II/scène 1).

GUNTHER

Passif autant que son demi-frère Hagen est actif en dépit de ses apparences, il incarne la proie idéale : sans personnalité, sans désir, sans volonté, il ne jouit d'aucune autonomie à aucun moment du drame.

GUTRUNE

Quoique fort peu différente de son frère dont elle partage les valeurs et avec lequel elle forme un « vrai couple », elle est, à la différence de Gunther, sincèrement attachée à Siegfried qu'elle admire, et dont elle sait qu'il lui a été attaché par trahison. Pâle face à Siegfried, elle est inexistante face à Brünnhilde, dont elle renforce, *a contrario*, la personnalité dans *le Crépuscule*.

HAGEN

Fils d'Alberich annoncé par Wotan dès *la Walkyrie* (acte II/scène 2), il n'apparaît toutefois que dans *le Crépuscule*, dont il tire les ficelles. Manipulant à ses seules fins tant Gunther et Gutrune que Siegfried ou l'ensemble des vassaux de Gunther, il met en œuvre, à la deuxième génération, l'obsession nibelungienne. Sinistre personnage d'envergure, sans Brünnhilde, il serait parvenu à ses fins.

LOGE

Dieu du feu, il manipule Wotan auquel il souffle le vol de l'or. Personnage insaisissable, il reprend dès *la Walkyrie* sa forme première, élémentaire, et devient, à l'orchestre, la figure de proue de chaque finale des trois journées de *l'Anneau*.

MIME

Frère d'Alberich, il est habité de la même volonté de puissance, sans en avoir les moyens. Dans *l'Or* et dans *Siegfried*, il serait pitoyable figure d'échec, s'il n'était avant tout incarnation de traître. S'il réussit à faire match nul contre Alberich (*Siegfried*, acte II/scène 3), et à sauver les apparences face au jeune Siegfried du premier acte, il n'en va plus de même à l'acte suivant une fois que Siegfried est devenu plus mûr. Son assassinat est ressenti par le spectateur comme une juste fin.

SIEGFRIED

Ce fils de Siegmund et Sieglinde, physiquement présent dans les deux dernières journées de l'Anneau (mais musicalement présent dans les trois) était à l'origine le personnage central du mythe. Wotan et Brünnhilde l'auront en partie détrônné.

Omniprésent dans *Siegfried* où on le voit gravir avec succès toutes les étapes de son développement, mais victime à la fois d'une trahison et de son inconscience naturelle, on le voit sombrer dès le premier acte du *Crépuscule*. Autant il agit dans *Siegfried*, autant il subit dans *le Crépuscule*, où, face à Hagen, la force agissante est indéniablement Brünnhilde.

SIEGLINDE

Fille terrestre de Wotan, elle semble avoir été conçue « en plus » de Siegmund (par hasard ?). D'abord victime (enlevée jeune, mariée contre son gré), elle incarne le premier mouvement de révolte dans *le Ring*. Quittant son rôle d'épouse soumise, elle accepte d'être attirée par un inconnu (*la Walkyrie*, acte I), et de ne pas reculer – bien au contraire ! – lorsqu'elle apprend qu'il s'agit de son propre frère jumeau.

Le couple qu'elle forme avec Siegmund à l'acte suivant est si fort qu'il agit sur Brünnhilde à la manière d'un révélateur, lui permettant à son tour de se révolter contre l'ordre de son père (*la Walkyrie*, acte II/scène 4). Après une présence concentrée sur un acte et demi, Sieglinde quitte l'œuvre en léguant sa capacité d'amour à Brünnhilde, et en lui prédestinant son fils.

SIEGMUND

Rejeton terrestre de Wotan, conçu entre *l'Or* et *la Walkyrie* pour réaliser, grâce à son épée, l' « exploit rédempteur » nécessaire aux dieux (récupérer l'anneau), il est la première victime des contradictions de son père, qui réalise sur la personne de ce fils, par mari de Sieglinde interposé, un infanticide.

WOTAN

Même si *le Ring* commence par une action d'Alberich et s'achève par une de Brünnhilde, même si l'œuvre commença d'être conçue autour du seul Siegfried (La mort de Siegfried), Wotan est bien le personnage central. Toute l'action découle de ses actes : de ses crimes, de ses revirements, de ses abandons successifs.

Humain par excellence, sa trajectoire le présente oscillant entre volonté de puissance et lâcheté (*l'Or*, *la Walkyrie* : acte II), entre brutalité, fureur et débordements affectifs (*la Walkyrie*, acte III), puis lui fait prendre figure plus symbolique dans *Siegfried*. Capitale dans *l'Or* et dans l*a Walkyrie*, sa présence est plus ponctuelle -quoique décisive encore- dans *Siegfried*, puis apparemment résiduelle dans *le Crépuscule*, où elle s'impose toutefois d'autant plus fortement qu'elle n'existe que par tiers interposés (les Nornes, Waltraute).

PROFIL VOCAL DES PRINCIPAUX PERSONNAGES

ALBERICH

Un baryton, à la voix mordange et suffisamment forte, moins lyrique que d'autres barytons wagnériens (Kurwenal, Amfortas). Il peut n'exprimer que haine et colère, rien qu'avec le timbre (Gustav Neidlinger en est l'extraordinaire prototype). Mais si celui-ci est beau, il y ajoutera impérativement la souffrance et le regret d'amour (Zoltan Kelemen réussissait cette prouesse). Son morceau de bravoure, la malédiction de l'Anneau, doit être proprement cosmique par le ton et l'ampleur : tout le drame découlera de ces quelques phrasse hallucinées.

BRÜNNHILDE

Avec Isolde, le plus immense rôle féminin écrit par Wagner, et matériellement le plus long de tout le répertoire lyrique, même s'il est réparti sur trois opéras. Son évolution doit pouvoir se traduire vocalement : vaillance et virginité (le métal), féminité éveillée (la chair), victime sacrifiée et déesse retrouvée (le ton, l'ampleur). L'habitude s'est prise de voix de poids, (une Kirsten Flagstad, une Birgit Nilsson), alors que Wagner y voulait clarté et juvénilité avant tout (une Amélie Materna, la créatrice). Rares sont les cantatrices qui s'y trouvent à l'aise d'un bout à l'autre : le modèle wagnerien épais peine dans les aigus et les déliés du troisième acte de *Siegfried*, et une voix trop légère s'essoufle dans les grands éclats du *Crépuscule des dieux*. L'interprète idéale reste sans doute une Frida Leider, alliant la noblesse du ton à la clarté de l'émission et à un art réel d'alléger la voix.

ERDA

Un vrai contralto, dont le timbre doit compter plus que l'éclat : passive par nature, rêveuse par essence, elle ne s'emporte qu'un seul instant, rude d'aigus, pour bien des interprètes ; elle se doit donc d'imposer le ton du mythe plus que de dire les faits. L'ampleur n'est pas nécessaire dans *l'Or du Rhin*, où l'orchestre s'incline pour elle, mais *Siegfried*, l'affronte à de vrais tempêtes.

FAFNER

Une basse profonde, pouvant aller jusqu'à la brutalité monolythique : Fafner, immobiliste de la pensée, conservateur n'est qu'une voix des puissances originelles. Masqué sous la peau du dragon, il s'exprimait autrefois par porte-voix interposé. Mais dans *l'Or du Rhin*, pour exprimer sa taille de géant, l'ampleur du grave s'impose avant tout.

FASOLT

A l'inverse de son frère, Fasolt est plus baryton que basse (Wagner dit *hoher Bass*). Rude de timbre certes, mais capable d'exprimer l'émoi amoureux par une vraie sensitivité lyrique. Mais là aussi l'ampleur est nécessaire.

FRICKA

Maratre et acariatre, l'épouse de Wotan, baffouée, n'a vraiment rien pour plaire. Mezzo, l'Or du Rhin ne lui offre guère que des phrases sans lyrisme vrai. Mais *la Walkyrie* au contraire, en une scène, peut la faire reine : elle s'y doit intense, impérieuse et déchirée. Alors la voix se veut grande : une Ludwig, une Klose y dominaient. Mais bien plus légère, une Veasey y bouleversait.

GUNTHER

Un baryton, plus classique qu'Alberich : un Wotan des journées précédentes souvent. Mais pour caractériser sa veulerie, le timbre et le ton seront primordiaux. Le plus délicat pour lui est de se faire entendre dans le trio final de l'acte II du *Crépuscule* face aux puissances vocales que déchaînent Hagen et Brünnhilde.

GUTRUNE

Rôle ingrat s'il en est. Seule la personnalité d'un timbre peut le sauver de l'inexistance réelle où Wagner l'a cantonnée. Alors qu'elle soit interprétée par un soprano dramatique ou un lyrique importe peu.

HAGEN

La basse classique – qui chante auparavant Fafner et Hunding – avec un timbre noir : l'impression globale doit être celle d'une machine de haine, mais pleine de subtilité. Le format s'impose avant tout pour la scène avec les vassaux. Un Greindl par la présence terrifiante, un Frick par la profondeur y ont imposé des modèles pour longtemps.

LOGE

Loge peut être confié à deux voix totalement différentes : un ténor héroïque (Fritz Wolff autrefois, Svanholm, Windgassen plus récemment s'y sont montrés admirable de supériorité quasi divine), comme un ténor de caractère (un Zimmermann, un Stolze, un Zeldnick y ont fait chacun un numéro formidable). Le rôle y gagne à chaque fois autant qu'il perd, sans que l'on puisse dire si l'un vaut mieux que l'autre : question de réponse des autres protagonistes, et donc de conception d'ensemble avant tout.

MIME

Un ténor de caractère, mais doté d'une voix puissante, pour ne pas se faire écraser par la voix de Siegfried. Mariage délicat également de timbres de deux ténors, nécessairement très distincts.

SIEGFRIED

Le Heldentenor (ténor héroïque) par excellence, capable avant tout d'endurance (pour le troisième acte de *Siegfried*). La voix forte par nécessité, pour affronter un orchestre souvent puissant (la scène de la forge) doit être aussi capable d'allègement pour les fameux « Murmures de la forêt ». Plus difficile encore à trouver, le caractère juvénile du timbre, porté par des bouffées d'enthousiasme parfois brutales autant que par un sérieux, une intériorité même devant les évocations féminines notamment. Personne aujourd'hui ne possède cette qualité incarnée particulièrement par un Melchior, un Lorenz ou même un Windgassen jeune.

SIEGLINDE

La voix la plus lyrique du *Ring*, pour le rôle le plus payant sans doute. Un grand soprano lyrique est indispensable, encore que des voix plus légères (une Janowitz, une Varady) puissent y faire passer la clarté du timbre comme moteur d'émotion. Mais un aigu déployé et chalaureux, et un grave réel sont requis pour séduire et s'y déchire.

SIEGMUND

S'il est héroïque, c'est bien plus par le destin que par la voix : ténor certes, il est idéalement portraituré par des voix lyrique au timbre assombri. Les prouesses y sont possibles (*Wälse!*), mais non indispensables, et ce qui importe surtout pour lui c'est d'imposer un ton.

WOTAN

Un baryton basse, de grande envergure. *L'Or du Rhin* peut être confié à un baryton, les deux grandes journées lui demanderont des ressources importantes dans le grave. Les éclats lui sont propres, (n'est-il pas le dieu des armées), mais aussi, et c'est plus une plus grande prouesse quand la voix est énorme, l'intériorité projetée en parlando, au second acte de *la Walkyrie*. Indispensable, la beauté du timbre, car Wagner lui a réservé la plus belle scène lyrique de sa partition : « les adieux de Wotan ».

ANALYSE

L'OR DU RHIN

SCÈNE 1

Dans l'histoire du monde, les eaux –réservoir infini de toute possibilité d'existence– précèdent la création qui en procède et finira par s'y dissoudre : le Prélude de *l'Or du Rhin*, qui s'ouvre dans un monde encore sans temporalité définie[1] propose la narration d'une genèse imaginaire. Sur fond de paix paradigmatique, l'auditeur est invité à faire silence en lui-même, et à entrer dans un temps sacré. Ainsi, de même que la matière se crée en ne se diversifiant qu'elle-même, et que la vie procède de la division d'une seule cellule d'origine, le célèbre *mi* bémol, d'abord immobile et seul durant quatre mesures,

1. Il ne faut guère plus de quelques mesures pour que l'auditeur ne sache déjà plus depuis quand il écoute.

engendre, par simple « division harmonique »[2], sa vie propre.

Mi bémol de départ, quintes, puis octaves et tierces cascadent maintenant en un mouvement toujours recommencé de notes progressivement agrégées en arpèges. Sur le fond de ce magma d'abord indistinct, ce sont les différents registres instrumentaux qui, par seule différenciation du timbre, viennent poser les premières figures identifiables. Retenons cette importance accordée au timbre : elle ira croissant durant tout le *Ring*.

Le premier motif est –dans les deux sens du terme– élémentaire : simple figure montante d'un accord parfait déployé en arpège, sereine, fluide et continue, elle est liée au « Rhin », et est donnée par huit cors divisés se déployant en éventail dans l'orchestre (1 a). Cette figure est elle-même dynamisée à son tour par démultiplication rythmique aux cordes médianes (1 b). « Ici se manifeste une des constantes de Wagner : son extraordinaire capacité à construire une scène, ou tout au moins une grande partie de cette scène, sur la base d'une seule figure rythmique, qui n'a rien d'un ostinato paralysant et obsessif, qui irrigue et vivifie au contraire les autres éléments du langage. Ce motif d'arpège –même réduit à sa substance rythmique– auquel nous a habitué le Prélude, va caractériser le fleuve, présent d'un bout à l'autre de ce tableau, en gardant une exemplaire ductilité. » (Pierre Boulez)

Les figures fluides se répètent en se tuilant les unes sur les autres, de plus en plus animées, de plus en plus vigoureuses, de plus en plus claires et dans une dynamique ne croissant que de l'entrée progressive de tous les pupitres (pas de *crescendo*) jusqu'au lever du rideau et à l'irruption, comme l'écume à la crête de la vague, de la voix –qu'on n'osera encore ici qualifier d'humaine (7).

Une première modulation (*la* bémol majeur) vient modifier l'éclairage –mais non le tableau, qui reste diatonique jusqu'à l'entrée en scène d'Alberich. Les Filles du Rhin font corps avec l'eau, leur élément naturel, comme en témoigne leur nom, où dominent les phonèmes liquides, ainsi que le premier langage qu'elles emploient –un langage imaginaire, plus musical que verbal, et qui reviendra en refrain de la scène entière. Il fournira ici, comme dans maints passages du *Ring*, « la plus violente matière d'allitérations qu'ait jamais tiré de son fonds l'onomatopée allemande » (Marcel Beaufils).

Tout change avec l'irruption d'Alberich. Cette intrusion casse l'harmonie, qui devient chromatique, et fracture les rythmes, qui s'en vont claudiquer en figures disgracieuses. Alberich est le nain, le gnome, symboliquement issu des profondeurs, que sa laideur naturelle voue à la raillerie. Acteur premier dans le *Ring*, au même titre que Wotan, il importe, dans cette scène initiale, de le percevoir dans un premier temps comme victime : victime d'instincts sexuels difficiles à maîtriser, victime de sa quête d'amour –une caractéristique commune à tous les héros wagnériens– victime de l'eau qui n'est pas son élément (écoutez comme l'orchestre suggère l'eau qui lui rentre dans le nez, la roche qui se dérobe sous ses pieds), victime enfin de la cruauté (inconsciente?) des Filles du Rhin, dans leur jeu de provocations et de dérobades savamment graduées.

Notez surtout la progression rapide et efficace de cette première partie de la scène : voici d'abord Woglinde, qui –tout en prétendant le contraire– ne se laisse pas même approcher, puis Welgunde, qui ne se laisse approcher que pour mieux montrer son dégoût. Flossilde enfin, la plus déliée –la plus raisonnable et la plus perverse à la fois, assurément– qui se joue du laid sur un registre musical envoûtant : celui de *Tristan*. En effet, dès la montée de harpe qui précède son entrée en lice dans le jeu de la « séduction » (« *Was zankst du, Alb?* »), la musique se transmue et l'ondine déploie exactement les mêmes sortilèges de séduction que la Vénus de *Tannhäuser* (version de Paris). Le chant est trompeur, aussi mélodieux que maquillé (paroles abominables sur musique exquise), tandis que dans un orchestre d'une suavité toute nouvelle se glisse, comme par effraction, l'anticipation de quelques motifs liés au Nibelung, non destinés à être perçus comme tels. Notons toutefois que c'est ici qu'apparaissent l'amorce du « rythme des Nibelungen » associé dès la scène 3 à leur travail de la forge (10 a), et surtout celui dit traditionnellement de la « servitude », qu'on préfère ici appeler « plainte » (9). Telle la vague sur le rocher, tout ce jeu se brise sans cesse sur le refrain : les mille éclats de rire des sirènes, qui doivent pénétrer le cœur d'Alberich comme autant de coups de poignard. Ici, la stratégie de Wagner est claire : il faut pousser le nain à bout, pour que son méfait paraisse inéluctable. Submergeant les voix, l'orchestre, qui accompagne les ébats des ondines, dit l'impossible communication entre créatures issues de deux mondes si dissemblables; dit aussi les affects débordants, ainsi que l'irrépressible colère née de la frustration. C'est alors le pivot de la scène, menant à l'apostrophe du Nibelung hors de lui : « *Fing eine diese Faust!* » (« Si j'en attrapais une!... »). Changement musical « à vue » : sous le « rythme du Nibelung » qui hoquète (bois), voici que se glisse soudainement une fanfare –encore lointaine, quoique fort distincte– mais si peu impérieuse et si douce qu'elle semble rêvée. « L'or » (11), révélé par un rayon de soleil s'est mis à miroiter. L'instrument choisi pour le caractériser, le cor, voile ce premier énoncé de poésie, tandis que sa ligne mélodique (un simple accord parfait), l'affilie au motif du

2. Les notes progressivement ajoutées ne sont rien d'autres que les harmoniques naturels du *mi* bémol.

« Rhin » : tous deux sont thèmes de nature, purs, inviolés encore.

Sur ce chatoiement orchestral d'où toute tension s'est brusquement retirée, nous entrons dans la deuxième partie de la scène, qui culmine avec le méfait d'Alberich. Rapidement, la matière sonore s'extasie, éclabousse tout alentour, et sertit l'hymne jubilatoire des trois naïades. A peine plus perceptible qu'auparavant, voici à nouveau le « rythme du Nibelung » (cors et hautbois) qui dit la présence fascinée du nain. Si sûres de l'inviolabilité du trésor dont elles ont la garde, et comme enivrées par leur propre chant, les Filles lui livrent, une à une, les réponses aux questions qu'Alberich n'a même pas le temps de formuler : non, l'or ne sert pas qu'aux jeux des naïades, et celui qui saura en forger un anneau s'assurera la maîtrise du monde, dit la première, tandis qu'apparaît, « à l'état légendaire » (André Boucourechliev), la première expression du thème lié à la puissance de « l'anneau » (12, bois et ligne de chant). Sa figure musicale est intéressante, qui dessine une sorte de demi-cercle refermé sur lui-même, à la fois éminemment figuratif de son objet, et sans caractéristique expressive propre[3]. Puisqu'il n'existe encore que dans les limbes, ne peut-il pas appartenir à tous? Tout de suite après, voici Woglinde qui, sans plus se faire prier que ses sœurs, énonce les conditions qui permettent de forger l'anneau : « Seul celui qui renonce à l'amour... » et ce thème du « renoncement à l'amour » (13) qui n'est ni un interdit, ni un arrachement, mais bien plutôt une superbe déploration, résonne de loin en loin dans *la Tétralogie*[4], toujours immuable. Notons l'apparition de cette notion fondamentale, sur le plan psycho-dramatique, du renoncement au plaisir de la chair comme voie d'accès au pouvoir dans l'œuvre de Wagner : on la retrouve dans *Parsifal*.

Durant tout ce bavardage des imprudentes gardiennes, il faut prêter attention au silence d'Alberich, tandis que l'orchestre, charriant « l'anneau » comme une obsession (12, plusieurs fois de suite par les bois), nous indique sans ambiguïté le poids de ce silence : désir sexuel, besoin d'amour, et frustration se sont évaporés, pour faire place au processus de convoitise d'une puissance de remplacement. En un éclair, la décision est prise : Alberich sort enfin de son mutisme et, devant les Filles toujours inconscientes, se précipite à l'assaut de la roche, maudit l'amour[5] et arrache son butin. Ainsi Wagner, établissant d'emblée l'identité de l'or et du vol, pose une fois encore, la maléficité de l'univers comme donnée fondamentale de sa cosmogonie. Tandis que le Nibelung s'enfuit, selon une expression empruntée au cinéma, *hors du champ*, le rideau tombe.

Dans la foulée du geste criminel, c'est comme si l'espace entier s'était mis en mouvement. Figuré par des gammes en folie aux cordes, un flot déchaîné semble vouloir porter les Nixes à la poursuite du voleur. Les lignes qui chutent disent l'impossibilité de l'entreprise : ni le Rhin ne peut sortir de son lit (encore), ni les sirènes vivre hors de l'eau. Le tumulte s'apaise peu à peu, laissant place à l'expression du deuil des Filles du Rhin et au « renoncement à l'amour », par le cor et le cor anglais. Alors, aussi imperceptiblement que rapidement, la texture symphonique se détend et s'allège. De l'eau privée de lumière désormais où nous étions il y a encore un instant, nous voici arrivés plus haut, dans les nuées (montée dans l'aigu des violons et des bois clairs). La transition est si rapide qu'elle suggère une métamorphose magique de la matière. Tout se suspend alors à trois énoncés de « l'anneau », subtilement différents (1. clarinette, cor et cor anglais; 2.basson et cor; 3. alto). L'auditeur se sent en attente, pris ici comme dans une transsubstantation progressive du thème de « l'anneau » (un balancement de tierces *très doux* par deux cors), engendrant à son tour –par « court-circuit » (Pierre Boulez)– le thème du « Walhalla » (14), sur lequel s'ouvre le rideau de la scène suivante. « L'anneau » a engendré le « Walhalla » par analogie d'intervalles et de lignes sur glissement kaléidoscopique de timbres : retenons à nouveau le procédé –le plus simple qui soit– de différenciation des motifs par modification d'un seul élément. De ces glissements progressifs de tel ou tel paramètre du son naîtront, comme par engendrement spontané, tous les motifs du *Ring*.

SCÈNE 2

On dit le thème du « Walhalla » majestueux. Bâti de fait sur un mastic énorme de puissance et de vent (7 tubas, 2 trombones, 4 trompettes), il concrétise l'apparence divine de Wotan. *Très doux* demande le compositeur pour son premier énoncé –et Marcel Beaufils en remarque le côté plus chamarré, plus sensuel et velléitaire, plus encombrant que véritablement puissant, et surtout la fin, étrangement dépressive. Toutefois, poursuit ce grand wagnérien français[6], ce motif prend une efficacité presque terrifiante si on se le représente comme le rêve vain (*très doux*), la toquade du dieu, qui lui servira de personnalité durant toute la scène.

---

3. Ce sont des intervalles de tierces étagées, sur accord de neuvième, dans un climat d'incertitude harmonique.
4. Toujours clairement audible, et toujours poignant. Exemples: lorsque Siegmund arrache l'épée de son arbre (*Walkyrie*, acte I / scène 3), lorsque Wotan avoue à sa fille son échec avec Siegmund (*Walkyrie*, acte III/scène 3).
5. Renoncer à l'amour n'empêchera pas Alberich de concevoir —sans amour— un fils: Hagen.
6. Dans ses présentations radiodiffusées des représentations de *la Tétralogie* en 1963 (archives INA).

Motif qui n'accompagnera jamais que des illusions, des déceptions, des échecs; motif qui cerne une forteresse impayée, une hypothèque : une chimère. L'anneau a-t-il été obtenu par vol de l'un? Certes, mais le Walhalla fait mieux encore : il repose sur un méfait, qui ne sera révélé qu'au prologue du *Crépuscule* (casser un branche du Frêne du Monde, pour s'y tailler une lance où s'inscriront les traités asservissant la nature et les races), doublé d'une duperie (ne pas vouloir respecter une parole donnée : Wotan n'a pas l'intention de payer). Dès lors on perçoit la subtilité de la ruse musicale wagnérienne : le « court-circuit » motivique entre « l'anneau » et le « Walhalla » (même mouvement rythmique, même jeu d'arpèges en « v ») signale le jeu de double entre les deux figures-clé de *la Tétralogie* que sont les détenteurs respectifs de l'anneau et de la forteresse, bien avant que le texte ne dise explicitement la parenté des deux figures[7].

Première des deux scènes ayant le Walhalla pour cadre, la scène 2 introduit progressivement huit personnages nouveaux dans *l'Or du Rhin* : ce sont tout d'abord Wotan et Fricka (qu'on retrouvera dans *la Walkyrie* dans un antagonisme qui ne fera que développer celui présenté ici), puis Freïa, la déesse source de vie et objet du traité conclu avec les géants bâtisseurs, Donner et Froh –les impuissants comparses du clan–, Loge enfin, qui constitue le personnage-clé de toute l'action tétralogique[8]. Méphistophélès plus encore qu'Apollon, « commensal des Dieux sans être leur égal, et en pratique leur supérieur » (Marcel Beaufils), ce personnage incarne, avec causticité et astuce, mobilité et originalité, perversité et sens aiguisé du jeu, ce qu'on pourrait appeler la limite supérieure de l'intelligence dans le *Ring*. Avant son arrivée, Wotan, impuissant sans conseil, ne cherche qu'à gagner du temps. Après son arrivée, la scène prend progressivement sa direction et son sens : Loge conduit l'action parce qu'il mène Wotan. C'est lui qui indique le moyen de sortir de l'impasse où le dieu s'est fourré par lâcheté, souffle le but à atteindre (obtenir l'or), indique le moyen (le vol) et trace la voie. Le tout, sans avoir l'air d'y toucher, encore moins de donner des directives.

En guise de prologue à la scène, voici d'abord un échange vif-amer entre Wotan et son épouse. Le style récitatif s'impose : il importe de saisir les termes de ce premier dialogue, où s'opposent loi d'ordre social, fondée sur le respect de la parole donnée (Fricka), et loi de plaisir et d'instant (Wotan). Ce même antagonisme se retrouvera sur plus vaste échelle, dans *la Walkyrie* (acte II/scène 2). De manière générale (à l'exception de la partie centrale du récit de Loge), le style récitatif dominera largement cette scène, avec, ici ou là, une bouffée de lyrisme occasionnée par un sentiment extrême (peur panique de Freïa, ou colère de Fasolt rappelant à un Wotan désireux de le duper que ce dernier n'est rien sans ses traités).

L'haleine portante de ce chant est l'orchestre. Charriant les thèmes comme un fleuve en hiver ses blocs de glace, travaillant plus ou moins secrètement et les désirs des personnages et nos affects personnels, il sait à l'occasion ménager les indispensables plages interstitielles. Tel la marée alors, l'orchestre se retire au fond du paysage, et joue la simple gratuité (un trémolo, un trait de flûte non directement signifiant, etc.). Cette primauté de la matière instrumentale se fait sentir dès les tous premiers mots du dialogue entre Wotan et Fricka : à peine l'épouse a-t-elle ouvert la bouche que c'est le thème de « l'anneau » (12, *très doux*, par les violoncelles divisés) qui lui répond –et non celui de la forteresse– avant même que Wotan se soit éveillé –mais le Walhalla n'est-il pas justement né de son rêve? Le couple évoque la forteresse, sur fond de court-circuit permanent entre « anneau » et « Walhalla » : pour l'heure, il ne s'agit encore de guère plus que d'une insinuation (nuance générale : *pianissimo* à *piano*). Le dialogue est intéressant, qui permet de cerner la rectitude, la logique et l'inquiétude pleinement justifiée de l'une[9], contre l'inconscience et la malhonnêteté de l'autre. Dans une logique imperturbable, on entendra dans cet échange, les mots « Freïa » et « *Vertrag* » déclencher le péremptoire et tranchant motif des « traités » (15)[10]. Mais on entendra aussi le musical anticiper le verbal, lorsque le mot de pouvoir (« *Macht* », à la fin de l'intervention de Fricka se plaignant d'avoir été écartée des discussions avec les géants), déclenche, au cor, puis au violoncelle, le thème de « l'anneau ».

Dès l'entrée de Freïa, le climat vire à la panique. La ligne de chant de l'innocente modèle une magnifique courbe en « v » renversé (un galbe souvent lié, dans

---

7. Dans *Siegfried* (I/2), ils sont respectivement nommés *Licht-Alberich* (Wotan) et *Schwarz-Alberich* (Alberich). Il n'est pas indifférent de se rappeler, avec Philippe Godefroid, que dans certaines légendes germaniques, l'ombre de Wotan s'est un jour détachée de lui, pour errer —non sur terre où le dieu vagabonde de temps à autre— mais sous la terre, où elle prit l'apparence d'un nain.

8. A la question: « Qui est pour vous le personnage le plus important de toute *la Tétralogie*? » Marek Janowski répondit sans hésiter: « Loge bien sûr » (interview réalisée à l'occasion de la production Radio-France du *Ring*, en janvier 1986).

9. On aimerait ici contribuer à la réhabilitation de la trop honnie Fricka, en faisant remarquer qu'elle n'intervient que dans la mesure où Wotan triche avec les règles qu'il a lui-même édictées.

10. Comme on l'entendra, un peu plus avant dans le même échange entre les époux, au moment de l'allusion à la raison de l'expédition au pied du Frêne du Monde (expédition révélée par les scènes des Nornes au début du *Crépuscule*) : il s'agissait de conquérir Fricka. Où l'on retrouve toujours la quête d'amour.

l'opéra romantique, à l'expression de la séduction et de la passion amoureuse) communément appelé « thème de Freïa » : on lui préfèrera le terme plus général « séduction » (16)[11]. La deuxième partie de ce thème, associée plus précisément à son mouvement de peur, et à sa fuite sera, dans *la Walkyrie*, associée à la « fuite » de Siegmund et Sieglinde devant Hunding. Lieu de tous les désirs, Freïa est objet de première nécessité pour les dieux –parce que source de leur immortalité, objet d'admiration et d'amour pour le doux Fasolt, objet de convoitise enfin pour Fafner qui ne désire que d'en priver les dieux. Sur les talons de la jeune déesse, l'entrée des géants met fin à toute subtilité orchestrale. Par le quintette à cordes au complet, les cuivres et les timbales, *fortissimo*, leur thème écrase tout sur son passage (17). Avec ses simples octaves, il dit la massivité des géants, leur dimension fruste et leur gaucherie[12].

L'heure des comptes a donc sonné. Il va falloir payer[13] –respecter la parole donnée, ou se dédire. Capital est l'avertissement de Fasolt à Wotan : « *Was du bist, bist du nur durch Verträge; bedungen ist, wohl bedacht deine Macht* » (« Ce que tu es, tu l'es seulement par les traités; ton pouvoir après tout repose sur une convention. »), comme est émouvante, parce que si légitime, la demande d'amour et de présence féminine au foyer du même Fasolt (16 a, au hautbois). Juste avant l'arrivée de Loge, dans cette même scène, lorsque Froh et Donner menaceront les Géants, Wotan se souviendra de l'avertissement de Fasolt. En attendant, on ne manquera pas d'admirer les qualités du maître de l'univers, où indécision, mauvaise foi et manque d'initiative se disputent la palme. Finalement excédés par tant de tergiversations, les géants se saisissent de leur « salaire » : il n'en fallait pas plus pour faire surgir le dieu du feu.

Aux motifs dominants, simples, solides et compacts (« géants », « traités »), fleurant bon leur matériau d'origine, et scandés par des timbres appuyés (cuivres, cordes graves), se substitue un véritable courant d'air. Voici, en avant-coureur, le motif de Loge : un furet aux cordes, constitué par une chaîne chromatique brisée et fuyante (jamais la même et pourtant toujours reconnaissable à sa plastique si singulière), insaisissable comme le personnage qu'il fait tournoyer en scène. De même que l'Eau est le contraire du Feu, ce motif est aussi chromatique qu'étaient diatoniques toutes les figures associées aux Filles du Rhin, aux géants ou aux traités. Non sans s'être fait désirer et sans avoir pris le temps de railler son clan, Loge finit par accepter de s'engager dans le compte-rendu de sa mission : trouver pour les géants, quelque part sur la terre, quelque chose qui puisse remplacer Freïa. Nous voici face au premier des grands récits de *la Tétralogie*.

Trois parties : pour la première, un constat de départ (« *Immer Ist Undank Loges Lohn* ») en récitatif sobrement accompagné (pas de soutien motivique dans la symphonie); pour la deuxième (« *So weit Leben un Weben* ») une magnifique bouffée d'aria, où s'épanouit, au premier violon et à la clarinette, le thème de « séduction » (16 a); pour la troisième enfin, où Loge livre les informations décisives (« *Nur einen sah ich* ») quelque chose d'entièrement nouveau, dont il importe de cerner les contours. Un contrepoint s'instaure, subtil, entre une ligne de chant qui délivre un récitatif modelé sur l'accentuation naturelle de la langue, et une ligne motivique à l'importance non moins essentielle que les mots. Ecoutez, tandis que Loge raconte avec sobriété les événements de la première scène de *l'Or* (ignorés des dieux), la finesse du tuilage instrumental. Isolés par un timbre nu, les motifs semblent ici polis comme le diamant. Les bassons et le cor anglais cisèlent la « plainte », le cor puis les bassons encore, associés maintenant aux clarinettes et aux cors anglais, auxquels, dans une suggestive ascension des registres se joignent les flûtes, sculptent un « anneau » si désirable, tandis qu'un cor mélancolique sonne la « fanfare » endeuillée de l'or. Certes, le texte du poème fut écrit avant la partition proprement musicale, mais un tel ajustement de l'un à l'autre rend la question de la primauté du premier sur le second ou du second sur le premier tout à fait insoluble.

Loge a à peine terminé son récit que tout bascule. Le mécanisme fatal de la convoitise se met en marche, auquel n'échappe aucun des présents. L'interrogation (les géants, puis Fricka) fait place à la séduction (thème de la « séduction » juste après la réponse de Loge à Fricka) jusqu'à l'envoûtement (thème de « l'or », dans une instrumentation magique de trompettes et de cors en *mi*) : tout s'enclenche ici aussi inéluctablement que dans la scène précédente. Après avoir corrompu les habitants souterrains, le hochet maléfique harponne à son tour ceux de la terre (les géants), puis ceux du ciel (Fricka, enfin Wotan).

Il ne reste plus à Loge qu'à porter l'estocade à ce qui restait de scrupules dans l'assemblée. Réitération de l'identité déjà signalée de l'or et du vol : sa réplique (« *Durch Raub!* ») est accueillie par une minute d'un silence éloquent. En une mesure : stupeur, consentement, soulagement. Il ne reste plus qu'à agir.

---

11. Son remploi, en plus d'un point de la partition où Freïa n'est pas directement en cause (exemple : l'évocation des bijoux à la scène 4) justifie davantage le terme plus général de thème de séduction.

12. On relativisera cette gaucherie –où le bon sens et une indéniable droiture (pour Fasolt), tiennent lieu d'intelligence. Les Géants ne parlent en tout cas jamais pour ne rien dire.

13. « Problème de Wotan –mais n'est-ce pas déjà celui, obsédant, de Wagner? Payer, payer le rêve d'un théâtre consacré. » (A. Boucourechliev)

Malgré les réticences de Fasolt –et tandis que le glissement du motif des « pommes » de Freïa (19) à celui de « l'or » a déjà indiqué la voie, Fafner décide : ce sera l'or –ou bien Freïa.

Ultime sursaut de résistance : Wotan commence par refuser l'odieux marché. Freïa est emmenée en otage. Privés d'elle, les dieux dépérissent à vue d'œil : cet instant –entièrement vu par le filtre de la « caméra » que tient Loge– est un des grands moments du cinéma imaginaire de *la Tétralogie*. On y voit littéralement les enjambées pataudes des géants qui s'éloignent (rythme), tandis que la grisaille envahit la scène (trémolo des cordes, et thème de « séduction » qui n'est plus qu'un souvenir au hautbois, puis au cor anglais, enfin à la flûte). La transformation à vue des êtres passe par celle de la matière motivique : « Freïa s'évapore dans les hauteurs d'un hautbois ou d'une flûte, les « pommes » (cors, bassons, clarinettes) ne sont plus que « résignation » (20) par les mêmes pupitres, tandis que Loge ricanant ostensiblement, se plaît à souligner combien sa condition de demi-dieu lui épargne cette déchéance. Tout se brouille, et plus rien ne semble avoir de visage; dans un instant, si la métamorphose se poursuit, on ne reconnaîtra même plus les thèmes. Tout est alors joué : dans un sursaut, tant de vaillance physique que de lâcheté morale, Wotan prend sa décision, et, précédé par Loge, quitte le Walhalla en toute hâte. « Des vapeurs vénéneuses s'élèvent, qui s'épaississent peu à peu en nuages noirs. Ceux-ci se dissipent progressivement vers le haut, découvrant une sombre caverne de pierre qui s'élève continuellement, donnant l'impression que la scène s'enfonce dans la terre » (Richard Wagner).

Des trois interludes symphoniques de *l'Or du Rhin*, où Wagner, selon l'expression de Marcel Beaufils, met son « espace en mouvement », celui qui accompagne la descente de Loge et de Wotan du Walhalla au Nibelheim est, à juste titre, le plus réputé. Il commence dans un grand tumulte, né de la superposition de traits chromatiques montants et descendants, joués simultanément par tous les pupitres. But : brouiller notre perception d'espace. Puis le bouillonnement semble vouloir s'organiser, se ralentir et scander solennellement une quadruple sonnerie de trombones, figée sur un énigmatique motif en tierces descendantes, difficile à caractériser. Galbé en descente par degrés conjoints, celui-ci rappelle « l'anneau » –mais son début préfigure aussi celui du « crépuscule des dieux » (6) : c'est ici que le traditionnel « regret de l'amour » (20) –qu'on préfèrera lier à l'idée d'acceptation de la destinée (« résignation »)– se formule à plein. Il résonnera encore dans *le Crépuscule*. « L'or » (cuivres), puis « l'anneau » (cordes) passent alors, sous une nouvelle organisation de la matière sonore, dominée cette fois par ses impulsions rythmiques. Tout se soumet alors au seul « rythme de la forge » (10 b) : couleur, timbre, mélodie, harmonie plient sous son joug. Par une sorte de vaste mouvement de *travelling*, Wagner donne l'impression de faire passer sa forge de la fosse (*tutti*), à l'espace scénique (enclumes[14]), puis à la fosse à nouveau. Derrière le rideau, dans la fosse, sur la scène, la forge est là, omniprésente et prête à tout absorber. Wagner l'a installée, plus réelle que si nous l'avions effectivement sous les yeux, par le triomphe de sa toute puissante magie sonore.

SCÈNE 3

La scène se joue en deux temps. Le premier expose la relation de maître à esclave des deux frères, Mime et Alberich; le second expose la tactique de Loge, aboutissant à la capture d'Alberich. Si la dimension purement théâtrale de cette scène semble plus sobre que celle des deux scènes qui l'encadrent (nombre de personnages plus restreint, action plus simple et plus unifiée), la dramaturgie sonore y est plus épanouie, plus puissante qu'à la scène précédente. Des quatre tableaux de *l'Or du Rhin*, chacun ayant son caractère et sa couleur, c'est dans celui-ci que Wagner utilise le plus l'orchestre, à la fois en masse et en finesse : ici se préfigure toute l'économie de *Siegfried*.

Mime-Alberich. Chez Wagner, point de demi-mesures : les fratries ne sont que potentielles rivalités mortelles (Mime-Alberich, Fasolt-Fafner), qui savent exceptionnellement être passion effrénée (Siegmund-Sieglinde). D'entrée, la règle de haine est exposée ici sans la moindre ambiguïté. Tout le premier échange est basé, à l'orchestre, sur l'alternance entre un accompagnement de petits motifs hérissés par les cordes (22, travail de « destruction des Nibelungen »), et d'un nouveau motif, exclusivement orchestré aux vents, attaché à l'objet de leur dispute. En effet, le paranoïaque qu'est devenu l'Alberich maître de l'or, soupçonne Mime de vouloir garder par devers lui l'accessoire indispensable à la conservation de l'anneau, dont Alberich lui-même a eu l'idée, et dont il a confié la réalisation au forgeron le plus habile de sa tribu : son propre frère. Le heaume magique (Tarnhelm) métamorphose librement celui qui s'en revêt.

« Quant au thème du Tarnhelm, qui apparaît pour la première fois dans ce tableau du Nibelheim, il est sans doute celui qui m'a le plus frappé quand j'ai abordé la partition du *Ring*, et je lui garde une prédilection particulière. Ses deux premières apparitions, précédées chaque fois d'un silence comme pour avertir que l'on est en présence d'un motif essentiel, la couleur instru-

---

14. « Ce petit morceau de Varèse en miniature me fait toujours l'effet d'une contrebande du XXe siècle, à la fois incongrue et parfaitement en situation...» (Pierre BOULEZ)

mentale des cors avec sourdine qui contribuent à renforcer l'incertitude de l'oscillation harmonique, la suspension du premier énoncé à mi-course, sur la quinte à vide, la phrase entière concluant sur l'harmonie initiale dans la seconde exposition seulement, tout contribue à attirer l'attention, à polariser l'intérêt, à faire entrevoir les prestiges maléfiques d'une puissance que nous ne faisons que soupçonner. Il est là comme un corps étranger, indécis, inquiétant, interrogateur : il est construit et il est situé de façon à s'imprimer profondément dans notre mémoire; impossible d'oublier ni son profil, ni sa couleur première » (Pierre Boulez).

Retenons-en les trois dimensions frappantes : le long silence de mise en garde qui en précède l'énoncé; l'orchestration (cors avec sourdine), qui demeurera invariante sur l'ensemble du *Ring*, et toujours étrangère au contexte où elle viendra s'incruster; la formulation, enfin, en deux sections nettement différentes (21). Notons enfin que, simple gadget dans *l'Or du Rhin* où il n'apparaît que de manière conjoncturelle, le Tarnhelm changera de fonction dans *le Crépuscule des dieux*, où, lié à la notion de trahison, il deviendra structurel.

Alberich quitte la scène, pour aller tout de suite vérifier l'efficacité de son terrifiant joujou. Despote régnant par la terreur, il est plus sûr encore de sa domination désormais qu'il possède son heaume. Effet de masse impressionnant : l'orchestre éclate en un tutti fracassant, avec stridences criardes et « asservissement » par les bois se surimprimant au « rythme des Nibelungen » par les cordes. Et chaque fois qu'elle revient (par exemple, à la scène suivante, lorsqu'il fera monter son trésor au Walhalla), cette vision musicale du gnome à la tête de son armée d'esclaves est un authentique cauchemar.

Une mesure du thème de Loge (18) suffit à nous avertir que les dieux sont là. Ils abordent Mime, pour lui proposer assistance. D'entrée, Mime a un sursaut de méfiance instinctive[15], que souligne, pour tout accompagnement, un jeu répété de deux tierces descendantes, situées à intervalle de quinte diminuée, au basson. C'est l'ébauche des « ruminations de Mime », qui seront omniprésentes au 1er acte de *Siegfried*. Du récit de Mime (« *Mit arger List…* »), on retiendra la spectaculaire transformation d'Alberich et de son peuple, sous l'effet de l'acquisition de l'or. Qui nous le dit? une simple métamorphose de timbre sur le « thème des Nibelungen », entre le moment où Mime évoque l'état d'innocence et d'insouciance des Nibelungen avant l'intrusion de l'or (« *Sorglose Schmiede* » : la « forge » au cor), et celui où Alberich martyrise les siens, depuis qu'il s'est rendu maître de l'anneau (la « forge » au violoncelle). Même nuance (*piano*), même effectif (un seul pupitre), mêmes notes, même rythme. Mais Wagner *pense* timbre, et infléchit, par cette seule métamorphose, le sens de nos émotions. Retenons également l'impuissance de ce forgeron –pourtant réputé habile– face à l'objet (même par lui fabriqué), cause de son endémique jalousie : nous la retrouverons dans les mêmes termes, face à l'épée de Siegmund, au 1er acte de *Siegfried*.

Revenant avec son heaume bien en évidence, voici Alberich à la tête d'un peuple muet de terreur[16]. En masse compacte, l'orchestre se rue en une mêlée qui rappelle l'interlude, et où se chevauchent « thème des Nibelungen », « plainte », « anneau », ainsi qu'un nouveau motif syncopé, qui saisit l'orchestre comme d'une crampe, où l'on ne tardera pas à reconnaître un des éléments du thème de « destruction des Nibelungen » (22). Mêlée effroyable, culminant sur la dernière apostrophe du despote avant qu'il ne s'aperçoive de la présence des dieux sur son territoire, et qui porte à son sommet l'hystérie délirante du Nibelung. L'accompagnement, par les seuls vents, renforcés par les timbales, développe, dans une dynamique à la puissance terrifiante, les deux motifs enchaînés de « l'esclavage » à « l'anneau ». Ils disent, sur les vociférations du dément, la terrible déchéance, et de l'or désormais asservi, et de son possesseur.

Après de tels échauffements, il fallait une rupture. Dès l'entrée en lice de Loge, l'orchestre se métamorphose, et joue sur les registres du *scherzando* bien dans la manière du dieu. D'emblée, il est à son affaire –ne s'agit-il pas de jouer au plus fin avec un ennemi qui a montré à quel point il était sur ses gardes? En style récitatif, accompagné de simples ponctuations d'orchestre, Loge conduit la scène. Il engage l'échange avec son « cousin », le flatte et l'étourdit de bonnes paroles, virevolte avec pour seuls partenaires un gnome méfiant, et son propre motif, qui témoigne de sa constante agilité mentale. Quant à Wotan –observateur peu subtil que Loge n'hésitera pas à gourmander lorsque, sous la menace clairement formulée par un Alberich ivre de sa nouvelle puissance, celui-ci voudra sur le champ réduire son ennemi en poussière– il inaugure ici son rôle passif, qui trouvera dans *Siegfried* ses plus belles retombées. Le dieu du feu progresse vite : un vaniteux ne résiste jamais à un défi dont il se croit sûr de sortir à son avantage. Le jeu grâce auquel Loge finit par mettre la main sur un Alberich ayant mordu à son appât par aveugle vanité est un *locus classicus* du

15. Exactement comme il en aura à nouveau un lorsqu'il sera une fois encore face à Wotan (*Siegfried*, acte I/scène 2)

16. L'effet de masse du chœur est d'autant plus saisissant dans *le Crépuscule* que l'auditeur a —inconsciemment?— pris l'habitude de se passer de chœur depuis le début du *Ring*. Notons ici que c'est l'orchestre qui, dans sa toute puissance, a endossé une partie de la fonction traditionnellement dévolue au chœur.

conte de fées[17]. Les transformations en infiniment grand, puis en infiniment petit sont évidemment précédées par le thème du « Tarnhelm » (21); l'apparition du dragon engendre un thème très imagé, lourd, rampant et menaçant –sans réelle agressivité toutefois– qui sera le thème du dragon « Fafner » (23) dans *Siegfried*; celle du crapaud enfin n'engendre que de petites tierces à la clarinette, image furtive de petits bonds bien impropres à échapper au geste de Wotan, qui n'a plus –sur ordre de Loge– qu'à se saisir d'un inoffensif rival.

Puisque le retour au Walhalla ne peut que s'effectuer par le même chemin[18] faut-il faire entendre la même musique, par exemple en en inversant les termes (commencer par le double fondu-enchaîné sur « rythme des Nibelungen », etc.)? Non, bien sûr. En homme pratique ayant beaucoup randonné lui-même, Wagner sait que lorsque l'on revient par le même chemin, la perception est différente. Aussi prend-il soin de ne reprendre que quelques éléments de l'interlude précédent (la séquence des enclumes n'est plus qu'un appel), et de les intégrer à un matériel neuf. « C'est un très bel essai de *poème symphonique*, conception toute jeune encore, conquête des romantiques, de Berlioz et de Liszt dans le domaine orchestral, maintenant de Wagner sur la scène. Peinture musicale, « musique à programme »? On a longuement débattu de l'efficacité du bien-fondé, de la réalité même de cette conception. Que le débat ainsi posé soit vain, nous le savons aujourd'hui. Mais nous savons également que c'est sur la scène wagnérienne que cette conception musicale revêt son aspect le plus convaincant –le temps de l'illusion théâtrale et de notre complicité qui lui confèrent vérité et vie. Nous savons, enfin, que cette musique « engagée » dans une représentation du monde et des affects, dans la mesure même où elle fut inspirée et belle chez les grands romantiques, n'a jamais abdiqué, par-delà tout « programme », sa propre indépendance; et qu'elle a engendré, jalon historique vivant, un renouveau fondamental des formes musicales héritées, en les assujettissant non plus à un schème préexistant, mais à une intention poétique. Une esthétique de la convention s'abolit ici, non seulement dans le domaine de l'opéra, mais à travers une conception nouvelle des pouvoirs même de la musique, fussent-ils réels ou illusoires, au niveau de la pensée musicale même, désormais libérée. » (André Boucourechliev)

SCÈNE 4

Nous voici à l'orée de la scène la plus longue et la plus riche en événements de *l'Or du Rhin*. A l'exception de Mime, elle réunit et confronte tour à tour tous les personnages, en un vaste panneau dramatique où se distinguent trois grands moments, dont les points forts se répondent rigoureusement :

1. Le retour de Loge et de Wotan avec leur prisonnier; le dépouillement progressif d'Alberich de tous ses biens, se terminant avec l'arrachement de l'anneau, et culminant avec la malédiction de l'anneau par son premier propriétaire.
2. Le paiement de la rançon de Freïa, sur fond de dispute entre dieux et Géants, aboutissant à l'oracle d'Erda.
3. Conséquence directe et inéluctable de la malédiction et de l'oracle, la bagarre entre Géants s'achève sur le meurtre de Fasolt par son frère : l'anneau fait sa première victime.

Pour ménager tensions et détente durant une scène de si grandes proportions, Wagner prend soin de commencer dans la légèreté. Le ton badin de Loge se communique à la matière sonore, et lui imprime le cachet de *scherzo* qui est la caractéristique déjà signalée de ce personnage. Petits motifs de rien, sautillants et dansés, interrompus à peine commencés, petites notes piquées ici ou là, sans grande signification, constituent l'essentiel de l'accompagnement instrumental, où s'incruste la partie de ping-pong entre Alberich, son « cousin » Loge et, dans une moindre mesure, Wotan. Bien sûr, ces parties de scène (cf. début de la scène 2) où le chant s'effectue en récitatif ont une mission musicale précise : créer une forme d'attente –plus ou moins consciemment ressentie par l'auditeur– destinée à valoriser les plages de lyrisme qu'elles sertissent (éclat d'Alberich dans la première partie, prophétie d'Erda dans la deuxième, incantation à l'orage dans la troisième : on trouvera une économie comparable du chant au premier acte de *la Walkyrie*). Il est, dans cette première séquence de la scène, avant que la dispute familiale ne s'envenime autour des ingrédients constitutifs de la rançon[19], un moment terrible : celui où le maître des Nibelungen ordonne la montée de son trésor et la commente à voix haute[20]. C'est une véritable vision de cauchemar, suscitée par un orchestre travaillé en pleine pâte de ses timbres, se fixant aux cordes et à la percussion sur le « rythme des Nibelungen », qui va *crescendo*, tandis que l'ensemble des vents, progressivement agglutinés

---

17. Comme le seront plus tard : le sommeil enchanté de Brünnhilde, l'oiseau qui parle, l'apprentissage de la peur pour Siegfried.
18. Toujours pour les mêmes raisons : éviter le Rhin, et ses ondines culpabilisantes.
19. On admirera au passage la tactique des dieux, qui feignent jusqu'à l'ultime moment de ne pas s'intéresser à l'anneau. Où les nécessités d'une organisation ritualisée (d'abord le trésor, puis le heaume, enfin l'anneau) rencontrent celles de la perversité…

les uns aux autres, et où domine la puissance des cuivres, énonce, terrifiant maintenant, la « plainte » souffrante, qui se mue ici en thème d'« esclavage ». En effet ce thème –sans doute l'un des plus « circulants » de toute *la Tétralogie*– sait prendre, au gré de ses revêtements de timbre, de sa proéminence ou de son enfouissement, de sa présence dans de si nombreuses situations tout au long du *Ring*, des significations si diverses, qu'un seul énoncé ne réussirait en aucun cas à cerner. Du simple soupir d'un père (Alberich : « *Wehe, Wehe* », à la scène 1), à l'appel au meurtre d'un fils (Hagen : « *Hoïho, Hoïho* » au premier acte du *Crépuscule*), dans ces demi-tons descendants, passeront des mondes d'horreur qui iront toujours croissant.

La manifestation de son pouvoir a redonné à Alberich l'illusion qu'il retrouvait la puissance. Il demande son heaume –que Loge s'empresse de jeter négligemment sur le tas que constitue sa rançon. Vient alors le moment décisif de l'anneau, demandé lui aussi négligemment, par Wotan. « La vie –mais pas l'anneau! », répond un Alberich tétanisé. Il faut prêter attention à l'échange des trois répliques qui suivent. On y voit l'anneau, dont on sait les effets ravageurs sur la personnalité de son propriétaire depuis la scène précédente, s'être non seulement substitué à la personnalité morale d'Alberich, mais même à sa personnalité physique[21]. Cette redoutable dépersonnalisation ne guette-t-elle pas aussi Wotan? On y entend ensuite Alberich nommer le désir de Wotan qu'il a senti être égal au sien, puis –d'un escroc à l'autre– le mettre en garde contre la tricherie qui consisterait à ne même pas avoir à maudire l'amour pour se rendre maître de l'anneau, enfin terminer par une prophétie dont la suite de *la Tétralogie* ne fera que prouver la validité : « Si tu m'arraches l'anneau, toi l'Eternel, tu attentes à tout ce qui fut, est et sera ». Excédé –tant il est vrai qu'il n'y a que la vérité d'insupportable– Wotan se jette sur son adversaire et, dans une noire précipitation, lui arrache son talisman.

Sur le sinistre soubassement du motif de « haine des Nibelungen » (22, par violoncelles et bois), le volé à peine délivré adresse au voleur le long anathème de la malédiction. Identité de l'or et du vol : dieu noir et dieu blanc sont désormais à égalité. Cette spirale de vols enchaînés trouve ici sa fatale consécration : la « malédiction de l'anneau »[22] (un des seuls motifs de toute *la Tétralogie* présenté à nu par la voix seule) est non seulement l'épicentre dramatique de tout le séisme que dépeint *l'Or du Rhin*, mais, en fait, la donnée fondamentale des trois journées à venir. Partie agissante du méfait premier (le vol), la malédiction est désormais consubstantielle à l'objet. L'anneau est désormais empoisonné, et quiconque l'acquiert signe son arrêt de mort. C'est la première prophétie du *Ring*, dont les événements des trois journées à venir ne feront que prouver la solidité. Rien, jusqu'à l'immolation finale de Brünnhilde, n'altèrera jamais la « malédiction ». Comme la citation de quelque chose qui serait coulé dans le bronze pour l'éternité, la « malédiction » (24) est l'un des quelques thèmes les plus fixes de *l'Anneau*, résonnant toujours à nu sur un simple trémolo ou une simple tenue d'une note (souvent dans le même revêtement brutal des cuivres), aride comme une *Ile des morts* du paysage tétralogique. Désormais, à la personnalité d'Alberich se substitue son obsession : celle de la reconquête. Par tous les moyens, à tous les prix, durant les trois journées consécutives du *Ring*.

Wotan ne semble guère perturbé par ce qu'il vient d'entendre. Comme il convient de reprendre son souffle, après un moment d'une telle intensité, tout se transfigure à vue : en guise de noirceurs lourdes, voici la claire et chaude lumière des thèmes associés à « Freïa », déjà entendus dans la scène 2, sur laquelle vient s'épanouir une bouffée d'un lyrisme plus que bienvenu (Froh : « *Liebliche Luft...* »). Mais, avec Freïa, les Géants sont de retour, et l'heure du paiement de sa rançon a sonné.

Admirable encore est la mesure avec laquelle, sur le double plan dramatique et musical, Wagner fait monter la tension au cours de ce nouvel entassement du trésor. En effet, dans le domaine de la symphonie, l'empilement se traduit... par l'empilement correspondant des motifs construisant, pour la première fois dans *l'Or du Rhin*, une trame polyphonique, avec « géants », « rythme des Nibelungen » et traces des « traités », sautant sans cesse d'un pupitre à l'autre, auxquels d'adjoignent pour finir les thèmes de Freïa (« séduction » et « pommes » dans les registres élevés des bois). Aucun commentaire des protagonistes ne nous est épargné; la séance semble interminable. Le temps pour Fasolt de montrer son attachement à la déesse, et pour Wotan de laisser éclater, à plusieurs reprises, un mélange de culpabilité et de honte : honte d'être la cause d'un si sordide marché, ou honte de voir le trésor lui filer entre les doigts (exactement comme il filait entre les doigts d'Alberich au début de la scène)? L'astuce dramatique du regard de Freïa,

20. La fonction de ce moment, ainsi que le type de « vision cinématographique » que Wagner y engage, n'est pas sans analogie avec celui de la scène 2 où Loge commentait le dépérissement des dieux.

21. « *Hand und Haupt, Aug' une Ohr, sind nicht mehr mein Eigen als hier dieser Ring* »: (« Main et tête, œil et oreille ne sont pas plus miens que cet anneau ».)

22. La malédiction est, en termes de mythe, la punition envoyée par les dieux pour un ancien crime. Elle poursuit obstinément, aveuglément, jusqu'à ce que quelqu'un réussisse, en pleine conscience de ses actes, à laver le crime.

qu'il faut à tout prix cacher à un Fasolt transi d'amour, n'a d'autre fonction que de rendre inéluctable –il ne reste plus rien d'autre– la demande de l'anneau. Wotan, hors de lui, se conduit exactement comme Alberich dans les mêmes circonstances (« La vie, mais pas l'anneau! »).

C'est alors que se situe l'un des deux grands coups de théâtre de *la Tétralogie* –un de ces instants magiques comme il n'en existe jamais plus d'un par ouvrage, et où tout semble suspendu, arrêté, figé sur un éclat d'éternité[23]. Appuyée sur une note-pédale des trombones, monte, venue d'on ne sait quelles profondeurs, une énigmatique créature, la pythie Erda, accompagnée de son thème, fait de lentes et régulières montées arpégées aussi élémentaires que celles du Rhin dont il est la simple démarque rythmique, mais cette fois dans une sonorité mate et sourde (bassons et tubas, auxquels se joignent progressivement d'autres pupitres de bois) qui lui confère une solennité bien réelle –qu'on opposera à la solennité onirique du Walhalla. Thème exposé aux seuls vents (2) : quelque chose là s'associe, dans l'histoire de la musique occidentale, au religieux (par opposition au profane des cordes) qui trouve peut-être son origine (au moins à l'opéra) dans *la Flûte enchantée* de Mozart, et qu'on retrouve chez Wagner fréquemment.

« Il est curieux de noter la persistance de Wagner à associer la solennité, la prière, le mystère – ce qui est au-delà de l'humain– avec les instruments à vent; de *Lohengrin* à *Parsifal*, les exemples abondent de cette symbolique instrumentale précise (...). Est-ce une référence –consciente ou inconsciente– à l'orgue, instrument traditionnel de la religiosité? Est-ce le fait que tout instrument à vent a un contact plus distant avec l'expressivité, que la technique instrumentale met à la disposition de l'exécutant un registre plus spécifique, plus restreint, plus épuré en quelque sorte? » (Pierre Boulez). Ecoutez le thème « d'Erda » (2) avec ses majestueuses volutes en perpétuelle ascension, et écoutez ses paroles : comme tous les oracles, le sien est simple et troublant. Son clair-obscur parle d'éternité –non d'éternité fallacieusement acquise (grâce à des traités asservissant la nature, ou grâce à des pommes magiques), mais d'éternité « véritable » : de celle qui est – et qui n'a besoin de rien pour simplement être. Son chant hiératique, simple et droit, est magnifique, en parfaite harmonie avec les coulées immuables de son thème. Elle est le Temps, l'éternité en sommeil, dans sa dimension la plus accomplie –l'*inconscient* d'une affaire dont Loge, à l'autre extrémité, serait le *conscient*–; elle sait le passé, voit l'avenir, et conseille de rendre l'anneau, sans dire que cela changera en quoi que ce soit le cours des événements qui doivent inéluctablement se produire. C'est dans cette perspective qu'il faut entendre son « *Alles, was ist endet* » (« Tout ce qui est a une fin ») –paroles sous lesquelles son thème bascule, et engendre celui, descendant, du « crépuscule des dieux » (6), donné cette fois (inversion oblige) dans la lumière séculaire des alti divisés, *pianissimo*. Et ce moment du retournement, où la courbe dessine sa parfaite complétude marque, mieux encore que les mots employés, la parfaite acceptation de la destinée dont Erda est messagère.

La parenthèse d'Erda est à peine refermée que Wotan veut poursuivre cette femme, afin d'en savoir plus[24]. Pour l'heure, il est détourné de son projet, et retenu par ses pairs là où le devoir l'appelle. Troublé par ce qu'il vient d'entendre et retrouvant peu à peu ses esprits, le dieu jette l'anneau aux Géants. Tout de suite, l'anneau exerce son charme corrupteur sur le plus intéressé des deux frères. Fou comme l'ont été avant lui Alberich et Wotan, aveuglé et dépersonnalisé tout autant qu'eux[25], Fafner se rue sur son frère pour lui ravir sa part de butin. Sur une simple battue de timbales et de contrebasses, Fasolt s'écroule, tué net. Alors, devant les dieux interdits, et sur un simple trémolo de percussion, trois trombones s'avancent pour proférer, à deux reprises, la « malédiction », dont c'est le premier énoncé instrumental : on le reconnaît tout aussitôt. Son parfum, incarné en scène par la présence de ce cadavre, flottera jusqu'au tomber du rideau. C'est peu dire que Wotan, troublé, réfléchit. Une pause s'imposait, avant l'entrée dans la dernière partie de la scène.

Après la parole (prophétie d'Erda), puis le geste (le meurtre de Fasolt) : la musique. En maître de ses grands équilibres, Wagner, pour dissiper les miasmes d'une journée si chargée, introduit, avant de conclure, la diversion symphonique d'un immatériel orage. La simplicité des moyens est à la mesure de l'efficacité. Dans un climat de grande stabilité harmonique, un fond de cordes divisées à l'extrême dessinant d'incessantes volutes arpégées dans l'aigu donne l'illusion d'un miroitement lumineux, tel qu'on pourrait le percevoir en imaginant un paysage encore tout imprégné d'humidité, sur lequel serait déjà dessiné un impalpable arc-en-ciel (arpèges). Au sommet de l'édifice symphonique, la voix de Donner, dont les onomatopées (*He da, he da he do* ») semblent se démultiplier en écho par simples figures de cor, tou-

23. L'autre est l'entrée dans la *Todverkundigung* (*la Walkyrie*, acte II/scène 4).
24. Entre *l'Or du Rhin* et *la Walkyrie*, il entreprendra cette longue équipée sur terre afin de retrouver Erda. De là naîtront les Walkyries, ainsi que Siegmund et Sieglinde (narré par Wotan à sa fille Brünnhilde, dans *la Walkyrie*, acte II/scène 2).
25. Tout prouve en effet que les Géants sont d'un naturel plutôt débonnaire et pacifique (ils refusent le combat avec les Dieux à la scène 2, alors que leur avantage physique est évident).

jours arpégées, mais en valeurs plus longues, permettent d'entrer dans l'apaisement terminal : une coda tout naturellement élémentaire –comme l'était le début de l'ouvrage, dont elle referme provisoirement, la spirale entrouverte–; élémentaire comme le seront, dans la flamme, les fins des trois drames suivants, faisant, dans un vaste *crescendo* d'intensité dramatique, écho à celle-ci. Retour des volutes d'arpèges analogues à celles du début, cette fois-ci aux cordes seules (très divisées), dans un mouvement de détail à l'extrême mobilité, où « l'on entend plus la figuration arpégée comme telle, mais comme une variation infinitésimale du timbre, à une vitesse qui dépasse la perception précise, sur un soubassement harmonique qui, lui, se déroule au contraire dans un tempo plus lent. » (Pierre Boulez). Miroitements timbriques sur tenues d'harmonie; mobilité sur immobilité : voilà bien la magie wagnérienne...[26]

En contemplant sa forteresse, Wotan fait savourer aux dieux un moment de paix, sur lequel va s'achever ce Prologue aux trois journées de *l'Anneau*. Mais, un instant avant qu'il ne baptise sa demeure, et dans une position où il doit paraître (Wagner *dixit*) « comme saisi d'une grande idée », il se tait un instant, pendant que l'orchestre énonce un motif qui ne prendra son sens que dans *la Walkyrie* et *Siegfried* : celui de « l'épée » (26). Ainsi le dieu conçoit-il –du moins en est-il persuadé– l'idée qui lui permettra de se lancer à la reconquête de l'anneau, tandis qu'en prophète-musicien, le compositeur jette dans sa marmite un des ingrédients essentiels des drames à venir, qui sera le véritable instrument de la continuité génétique entre Wotan, Siegmund et Siegfried : l'épée de la nécessité, autrement dit le symbole terrestre du chimérique Walhalla.

Mais il ne pouvait pas appartenir au dieu manipulé de conclure. Renchérissant sur la prophétie d'Erda, Loge, renforcé par le rappel du leurre que représente cette paix aussi momentanée que trompeuse par l'intervention des Filles du Rhin, dont la voix monte jusqu'au Walhalla, commente en raillant l'entrée des dieux dans leur demeure, et conclut en *a parte* : « les dieux courent à leur perte. L'envie me prend de reprendre ma forme première, et de consumer ceux qui m'ont jadis dompté ». Qu'il soit encore soumis à la loi de Wotan, ou libéré de toute attache (*le Crépuscule*), Loge, aura en tout état de cause, dans chaque drame, le mot de la fin. En attendant, avec Eau (les Filles du Rhin), Feu (Loge), et Terre (Erda), ainsi qu'avec lance des « traités », « épée », « heaume » et « anneau », le tout sur toile de fond de la « malédiction », le décor fondamental de *l'Anneau* est désormais planté. Sur les trois journées qui viennent, le rideau n'a plus qu'à se lever.

LA WALKYRIE

Acte I

Le premier acte de *La Walkyrie* est un modèle d'unité dramaturgique. En un lieu unique, trois personnages en situation classiquement triangulaire sont au service d'une action : la constitution progressive du couple incestueux du frère et de la sœur, que contrepointe la montée du conflit entre le mari et l'amant. Sous-tendu par un vaste *crescendo* dramatique autant que vocal, l'acte repose avant tout sur la complémentarité de deux éléments, dont l'équilibre est dosé à la perfection : les récits, et les silences.

Récits : puisque la loi tétralogique grecque est celle de la nécessité, et que, pour reprendre l'image employée par Pierre Boulez, on n'imagine pas un arbre sans racines, ces récits, reliant le présent aux différentes couches du passé dont il est issu, donnent aux personnages leur cohérence dramatique. En cet acte et en ce lieu, où tout objet est destiné à mettre Siegmund sur la voie de lui-même (la maison, l'arbre qui en est le centre, l'épée), les récits sont au nombre de trois : les deux premiers pour Siegmund et le dernier pour Sieglinde. Seul être ici sans récit, Hunding ne représente qu'une butée pour les deux autres personnages.

Silences : ou plutôt regards. L'amour entre Siegmund et Sieglinde naît de ces échanges muets, qui sont la permanence interstitielle des récits, et dont l'acte entier regorge. Pour cet éveil de la vie intérieure des hommes, Wagner fait taire les voix, et laisse parler un orchestre qui se conduit comme un véritable corps d'homme, qui appartiendrait de manière indifférenciée à l'un ou à l'autre de ceux qui échangent ces regards, et qui secrèterait les pensées et les sentiments –fussent-ils embryonnaires. Ainsi, c'est à l'orchestre qu'il est réservé de deviner, de s'effarer, de s'enhardir ou de se désespérer, au rythme infiniment souple de sensations qui, jamais, avant la toute fin de l'acte, ne seront exprimées autrement. Notons enfin que cette dramaturgie des regards est un puissant ciment unificateur dans *la Walkyrie* : Wagner l'exploite durant l'acte entier, puis ne manquera pas d'y revenir à chaque moment crucial des actes suivants (annonce de la mort à l'acte II, adieux de Wotan à l'acte III). Enfin les regards seront également essentiels, à la deuxième génération, entre Brünnhilde et Siegfried durant les péripéties du *Crépuscule des dieux* (acte II et III).

---

26. N'est-ce pas là le triomphe de l'illusion sonore, que les ennemis de Wagner n'ont eu de cesse de dénoncer comme une des grandes mystifications du « sorcier de Bayreuth »?

PRÉLUDE

On ne peut pas rêver meilleur contraste que celui entre les débuts respectifs de *l'Or du Rhin* et de *la Walkyrie*. Dans *l'Or*, l'immobilité de la matière était suggérée par la mobilité d'arpèges toujours ascendants et constamment réitérés; dans *la Walkyrie*, l'extrême agitation des éléments naturels déchaînés par l'orage est rendue par la réitération d'un motif sinon immobile, du moins complètement fermé sur lui-même, âprement bloqué sur la même harmonie et dans le même registre grave où il se répète sans relâche[1], dans une dynamique épuisante (soufflets continuels) (27). Pour accroître le sentiment d'insécurité, Wagner y ajoute, en surimpression, le motif de l'« orage » entendu à la fin de *l'Or du Rhin* (Donner : « He da, he da, he do »), qu'il répète plusieurs fois, dans des tonalités différentes, jusqu'à saturation et rupture. Tout se disloque alors, sur les restes d'un « orage » qui, avant de se résorber totalement, jette sur la scène un être épuisé. Le thème de sa « lassitude » (28), directement issu de l'« orage », indique néanmoins l'essence tempestueuse de son origine : Wotan. Siegmund[2], fils du dieu des tempêtes, a en outre été mené en cette demeure précise par Wotan[3].

SCÈNE 1

L'entrée de Sieglinde éveille d'emblée l'intérêt. Au lieu de l'effroi auquel on pourrait s'attendre, ou pour le moins d'une crainte bien légitime devant un étranger entré sans crier gare –surtout dans cet état– elle manifeste d'emblée une curiosité où perce une étrange avidité : « Je dois l'interroger ». Sur quoi au juste? Nous comprendrons bien plus loin dans l'acte le sens complet de cette phrase. C'est l'éventuel sauveteur –attendu depuis son mariage, comme le révèlera le récit dans la scène 3– qu'elle voit ici entrer chez elle. Tandis que Sieglinde s'approche de ce nouveau venu, un thème, timide, aux violons (l'instrument humain par excellence chez Wagner), dit toute la « compassion » suscitée par la « lassitude » de celui qu'elle contemple si intriguée. Remarquons, avec l'apparition de ce nouveau thème, comment s'opère le passage du monde sans humanité de *l'Or*, où les motifs étaient autant d'objets bruts, à celui d'un monde nourri de densité émotionnelle : par la différenciation motivique. Ici (*l'Or*) un simple accord parfait, le plus souvent isolé par un timbre nu; là (*la Walkyrie*) une petite symphonie, infiniment plus ample, sertie dans un alliage de plusieurs timbres chatoyants. Ainsi « le Rhin », « l'or », « l'anneau » s'enfoncent dans la trame sonore de *la Tétralogie*, pour céder la place de premier plan à une nouvelle pâte thématique, faite du tissage des motifs humains, infiniment plus complexes, engendrés, non plus par des objets[4], mais par des situations émotionnelles : la « lassitude », la « compassion », bientôt l'« amour ». Ces motifs caractérisent-ils des héros destinés à vaincre? André Boucourechliev est ici formel : « L'inflexion vers le grave du motif mineur de Siegmund, avec sa presque douloureuse suspension rythmique, le tendre balancement du motif de la compassion lié à Sieglinde, ce ne sont pas là des thèmes qui ont un avenir; ils caractérisent des apparitions expiatoires, des victimes prédestinées, des personnages voués à la mort. Siegmund, au reste, semble déjà connaître son destin : il se comporte en désespéré; et son amour même, désespéré, interdit, ne s'épanouira-t-il pas avec cette violence que seuls connaissent ceux qui, comme *Tristan et Isolde* sont promis à la mort? »

Durant cette première scène, quelques mots sont échangés, dont la signification est encore brumeuse. Nul récit encore. Les paroles ne sont rien; les silences disent tout. Un premier long regard est échangé tandis que Sieglinde tend l'eau à cet inconnu qui le lui a demandé; un deuxième, plus soutenu encore, alors que la femme tend, de sa propre initiative, un plus substantiel hydromel; un troisième –le plus long jusque là– alors que Siegmund décide de rester dans cette demeure parce que Sieglinde le lui demande. Ecoutons, dans ces silences, se tramer la destinée de ce couple.

Premier regard (Sieglinde : « *Labung biet ich...* ») : premiers sentiments, hésitants encore. Dans le silence de cet instant mystérieux, un violoncelle seul, parlant pour Siegmund (sa « lassitude », à trois reprises) dit timidement, mais avec l'indéniable certitude d'être entendu (contre-chant harmonieux des autres violoncelles) la naissance d'un amour encore bien inconscient de lui-même. Et le chant de Siegmund, qui ici (« *Kühlende Labung...* ») s'échappe un instant du récitatif, en est transfiguré. Retenons la discrétion significative de l'orchestre : tout ceci est dit dans la chaude humanité des cordes graves, sans nul autre soutien. Dans le premier acte de *la Walkyrie*, les hommes sont seuls. Après l'eau demandée à l'hôtesse, l'hydromel qu'elle propose à son tour nous vaut un deuxième échange de regards, combien plus chargé déjà! Une magnifique « compassion » (Siegmund : « *Die Sonne lacht...* »), d'emblée par tout le quatuor à corde, puis par les clarinettes amoureuses et les cors, se mue en « amour » (30) par les violoncelles. Dès ce deuxième regard s'instituent les échanges de timbres, qu'illustreront sans relâche tous les échanges affectifs –si fugitifs soient-ils. Est-ce alors le Wagner dramaturge qui s'appuie sur les ressources que lui offre le musicien,

1. Ce mouvement de tempête n'est pas sans évoquer le début de l'*Erlkonig* de Schubert, que Wagner connaissait bien.
2. Ce nom, censé ne nous être révélé que par Sieglinde, à la toute fin de l'acte, devrait rester ignoré jusque-là.
3. Cf. Fricka à Wotan, à l'acte suivant: « *Du schufst ihm die Not* » (« Tu créas le danger pour lui »).

ou le Wagner musicien qui souffle au dramaturge les buts et les moyens de son action scénique?

Ragaillardi, Siegmund fait mine de vouloir quitter la place –sûr de l'éternel échec auquel sont vouées ses tentatives salvatrices. Des bribes « d'amour », par les cors puis les violoncelles disent alors ses secrètes motivations : la peur de s'attacher à quelqu'un qu'il aime déjà et à qui il prévoit de porter malheur. Sieglinde n'a qu'un cri : « Alors demeure! Tu n'apporteras pas le malheur, là où le malheur habite! ». Alors naît le troisième et dernier regard de la scène : si poignant lorsqu'il résonnera dans la marche funèbre de Siegfried (*le Crépuscule*), le « malheur des Wälsungen » (31) naît ici, monte du fond de l'orchestre (contrebasses et violoncelles), s'élève en « compassion » par les violons d'abord (notez la proximité des timbres, infiniment suggestive), par les féminines clarinettes ensuite, accroche au passage le motif de Hunding qui n'est plus loin, et s'épanouit enfin en une magnifique polyphonie, où cordes et bois tissent la symphonie d'un amour naissant.

SCÈNE 2

Voici Hunding. Il est le seul ici, à être doté d'un motif sans états d'âme, un de ces motifs-objets qu'on dirait droit sorti de *l'Or*. Rappelant à la fois la carrure des « géants » et utilisant les « rythmes des Nibelungen », ce motif dessine sans ambiguïté un archétype de brute. Comme les Géants, Hunding est massif –mais observateur (« Qu'il ressemble à ma femme! » dit-il en *a parte* en regardant tour à tour sa femme et le nouveau venu). Comme Fricka il incarne des valeurs de soumission à la règle sociale et à la coutume établie, contraires à celles de liberté transmises par Wotan à son rejeton terrestre. Sans complexité affective, Hunding est, comme eux, étranger aux états d'âmes wotaniens. Tranchant et puissant est son motif, lourd de son instrumentation de trombones, et menaçant de sa double butée initiale (cf. la mort de Siegfried, dans *le Crépuscule*). Tout, dans cette scène où les récits de Siegmund tiennent la première place, est destiné à la construction graduelle, consciente de part et d'autre, de l'antagonisme entre les deux hommes. Et toujours, dans une intensité croissante entre Siegmund et Sieglinde, et par la présence exclusivement muette de sentiments que Wagner ne cesse de distiller dans les interstices des récits : les regards. Ce seront, une fois encore, juste avant que les récits commencent, ce magnifique épanchement de « douleur des Wälsungen » à la clarinette basse puis au violoncelle, se muant en « compassion » aux clarinettes pour se transfigurer, selon un schéma presque obligé, en « amour » par les hautbois. Dans cet harmonieux fondu-enchaîné des timbres, que de certitudes, déjà d'autant plus fortes que muettes!

Récits. Commencés en style récitatif, et conçus avec un lyrisme qui ne cesse d'aller croissant l'acte durant, ils culmineront en vocalité quand ils s'aboliront, une fois leur tâche accomplie, dans l'hymne au printemps. D'ici là, Wagner maintient à dessein leur potentiel expressif en réserve.

Voici le premier, consacré au récit de l'enfance sauvage de Siegmund. Dans sa première partie (« *Friedmund darf ich nich heissen...* ») on apprend l'existence d'une sœur jumelle, tôt enlevée, conséquence directe d'une permanente et obscure guerre de clans de ces époques troublées (et de la persistance sourde du thème de « Hunding » lorsque Siegmund mentionne l'enlèvement de sa sœur est instructive, cf. acte II/scène 5). On notera, dans cette première partie de récit, la présence mentionnée du chêne, centre de la demeure terrestre des jumeaux et de leur père. Avant-hier un frêne[5], hier un chêne, aujourd'hui un frêne encore : encore une allusion à l'univers sacré –donc wotanien, d'où le drame procède, et où l'arbre est le pilier cosmique qui organise le centre du monde[6].

L'intervention de Sieglinde (« *Gast, wer du bist...* ») convainc Siegmund de sortir de sa réserve. Comme le récit de son père au deuxième acte (cf. *la Walkyrie*, acte II/scène 1), celui-ci commence dans le passé le plus lointain dont Siegmund puisse se souvenir, pour narrer des événements non représentés en scène, mais qu'il est décisif que l'auditeur connaisse. Le récit arrivera graduellement, par étapes bien distinctes, jusqu'à l'*ici et maintenant*. Comme Wotan, Siegmund cherche au fond de sa mémoire : dans une économie musicale minimale, la voix est réservée, et délivre ses informations en un récitatif entrecoupé de nombreux silences. Aussi économe de ses gestes à la voix qu'à l'orchestre, Wagner ne compose pour lui, ici ou là, que des scansions ou des tenues d'appui pour le chanteur. Cette première partie s'achève par une montée de tension. Bassons et cors scandent la chasse à l'homme (« *manche Jagd ward auf sie gemacht* »), tandis que la voix s'épanouit, à deux reprises avec émotion sur la seule identité (« Wolfing ») dont Siegmund soit à la fois sûr et fier : elle est liée à la victoire sur l'ennemi.

4. Ces objets resteront présents dans les trois journées du *Ring*, mais ils appartiennent tous au monde défini par *l'Or* (l'épée dans *la Walkyrie* et *Siegfried*, le Tarnhelm dans *le Crépuscule*). Aucun des trois drames suivants *l'Or* n'en introduit de fondamentalement nouveau.

5. Le Frêne du monde, auquel Wotan cassa une branche pour s'en faire sa lance, où sont inscrits les traités par lesquels il règne sur l'univers: ce fut son premier méfait (narré par les Nornes dans le prologue du *Crépuscule*).

6. Sur cette question cf. Mircea ELIADE, : *Le sacré et le profane* (Paris, Gallimard, collection Idées, 1965).

Durant la deuxième partie de ce même récit (« *Ein starkes Jagen auf uns...* ») Siegmund narre son passage à l'adolescence. L'évocation de la disparition de ce père qui s'évapore, à laquelle fait écho une bouffée d'un « Walhalla » par les trombones, plus onirique que jamais (*triple piano*) doit convaincre les derniers sceptiques : Wotan est bien le père de Siegmund. Il a élevé son fils terrestre dans un idéal d'anarchie et de liberté. De cette liberté, le lieu –désormais inscrit dans les gènes de la race– est la forêt. Mais la liberté mène les entreprises sociales à l'échec, et le « Wolfing » ne rencontre que rebuffades dans ses tentatives pour se conquérir un peu d'amitié –voire d'amour. Toujours en récitatif –mais grâce à des phrases plus longues qui atteignent désormais des notes plus élevées dans la tessiture (*fa*), il s'échauffe. En même temps que les sentiments qu'il décrit se font plus douloureux (sentiment d'échec), par le retour des regards (« amour », par les clarinettes, puis les hautbois), nous l'entendons changer progressivement d'interlocuteur. Sieglinde alors s'enhardit jusqu'à, par un geste délibérément provoquant, marquer à l'attention de son époux, son changement de camp : « *Feige nur fürchte den...* » (Les lâches seuls craignent un homme solitaire et sans armes! »)

Avec le deuxième récit de Siegmund (« *Ein trauriges Kind...* ») nous nous rapprochons du moment présent[7]. Fort des enseignements de son père, le voici qui raconte s'être porté au secours d'une jeune fille que son propre clan mariait contre son gré : combien l'épisode est habile, qui sous couvert d'anonymat, profile le propre récit de Sieglinde... Les objectifs ici sont clairs : esquisser pour Siegmund une configuration où amour et combat se mêlent, sans pouvoir être dissociés –et d'où le combattant sort immanquablement perdant. Ainsi achèvera-t-on ici de cerner les valeurs de Siegmund (le sentiment, la liberté) et celles de Hunding (la coutume et l'obéissance à la règle). Dans l'orchestre, « lassitude », « tempête » et « douleur des Wälsungen », tous les trois par violoncelles et contrebasses, campent l'espace chaleureux et grave réservé au Wälsung, tandis que c'est à la présence du motif de « Hunding », réduit à son ossature rythmique (32 b) qu'il est réservé d'engendrer le sentiment d'insécurité qui se développe durant la séquence du récit où les proches des frères tués de la jeune fille donnèrent l'assaut contre un Siegmund qu'ils réussirent enfin à désarmer (« *Des Erschlagnen Sippe...* »). C'est par cette présence motivique –et elle seule– que nous savons, désormais avec certitude, à quel clan appartient l'hôte de Siegmund. Sur la route de Siegmund, que ce soit dans son passé lointain (l'enlèvement de sa sœur), ou dans sa mésaventure de la veille : le clan de Hunding. Où qu'il se tourne, Siegmund leur est insulte. Rencontrer le champion de ce clan en combat singulier est désormais inévitable.

Le récit de Siegmund s'achève. Tandis que le narrateur revient avec nostalgie sur le nom avec lequel il ouvrait son premier récit, et qu'il aimerait pouvoir se donner (Friedmund : celui qui porte la paix)[8], on remarque que ce n'est plus à Hunding que Siegmund s'adresse désormais, mais à son épouse. L'orchestre se dresse alors pour une sombre prophétie : une coda de huit mesures où à la fois tempo très retenu, couleur instrumentale grave et cuivrée (violoncelles et alti, cors et bassons), et thème de « l'héroïsme des Wälsungen » (33) –héroïsme douloureux et meurtri, héroïsme funèbre– font un pré-écho saisissant à la marche funèbre de Siegfried.

Un très long silence, lourd de regards, clôt la scène. Dans la superbe symphonie walsungienne (« compassion », « héroïsme », « amour »), au son de laquelle, après les derniers mots de son époux, Sieglinde, avant de se retirer, verse calmement le narcotique dans la boisson qu'elle lui destine, on voit littéralement, *piano* mais distinctement, le regard de Sieglinde indiquer avec insistance –une première fois par la trompette basse, une deuxième fois par le hautbois, une troisième par le cor anglais– « l'épée » à Siegmund. Magnifique est ici l'invention poétique wagnérienne, entièrement au service d'une dramaturgie musicale du *silence*. On admirera la progression suivante : née de la pensée de Wotan, l'épée « salvatrice » transite par le regard de Wotan à Sieglinde (cf. récit de Sieglinde à la scène suivante), puis dans celui de Sieglinde à Siegmund, avant d'être admise –mais à la toute fin de l'acte seulement– à sa pleine existence scénique.

SCÈNE 3

Au cours de cette scène, Siegmund et Sieglinde s'avouent leur amour, avant de se reconnaître comme frère et sœur. Retrouvailles, sentiments avoués et partagés, présence de l'épée salvatrice : tout ici va *crescendo*, dans une matière sonore de fièvre, pour s'achever dans la frénésie et l'ivresse de la conquête de la liberté.

Profilée dans l'ombre de la coda de la scène précédente, « l'épée » (la « grande idée » de la fin de *l'Or*) habite la scène. Elle se nomme d'abord, avant d'être réalité, ombre ou désir. Néanmoins, sa seule présence motivique n'en rend sa présence physique que plus

7. On aura remarqué que Wagner emploie, parmi ses différentes dynamiques de récits, soit une dynamique qui part du passé le plus lointain pour arriver à l'ici et maintenant (*la Walkyrie*, acte I/scène 2, acte II/scène 2; *Siegfried*, acte I/scène 2, acte III/scène 2), soit une dynamique exactement inverse (*Siegfried*, acte III/scène 2).
8. On notera la structure «en anneau» de ces récits de Siegmund.

forte : avant le retour de Sieglinde, par exemple, flottante, impalpable autour de Siegmund, glissant sans cesse d'un pupitre à l'autre, on ne l'entend pas moins de dix fois –et fort distinctement, quoique dans la nuance *piano*. Point de nouveau motif durant cette scène, mais des permanences qui hantent. Wagner –suivant en cela l'exemple des Grecs– prépare toujours l'élément dramaturgique essentiel de l'acte à venir dans la dernière scène de l'acte qui précède. Ici, le combat entre les deux hommes se profile. On entendra donc, au cours de cette dernière scène, outre « l'épée », un corps à corps entre ombre de « Hunding » (32 b) et « héroïsme des Wälsungen » (33). Point de nouveau motif, parce que la pâte symphonique perd sa primauté : les voix ne sont plus désormais seulement la partie de l'orchestre autorisée à délivrer une parole mais, pour la première fois dans le *Ring*, les moteurs premiers de la dramaturgie. Il fallait, en effet, sous peine que les retrouvailles amoureuses du frère et de la sœur manquent de chair, que le chant, enfin, quitte le rivage du récitatif pour aborder le grand large de l'aria. Au sommet de ces développements vocaux, encadré par deux cris (Siegmund : « *Wälse, Wälse* » et « *Notung, Notung* »), s'épanouit le pur lyrisme de l'hymne au printemps.

Le lyrisme se manifeste tout de suite, dans la partie de scène où Siegmund n'a pas encore été rejoint par Sieglinde. C'est pure merveille d'entendre ce chant naître, croître, s'épanouir puis décliner au rythme exact de la lumière sur une épée que Siegmund, sans l'aide de Sieglinde, ne saurait encore voir. Son cri « *Wälse, Wälse* », a libéré et sa voix, et « l'épée ». Pour la première fois, « l'épée » surgit *forte* en un clair *do* majeur, au moment où elle devrait se faire plus visible, grâce à l'éclat de l'âtre qui l'illumine. Par le hautbois, puis la trompette, puis le cor à nouveau, la voici qui se met à danser avec un Siegmund dont le chant (« *Nachtiges Dunkel deckte mein Aug* ») s'envole en une première bouffée de *belcanto* wagnérien. La voix dessine une courbe magnifique, ascendante puis descendante par paliers, non seulement dans le registre, mais dans l'expressivité, puis s'éteint peu à peu, comme les braises du foyer.

Dans le silence revenu, Sieglinde entre –toute tendue par le message qu'elle sait avoir à délivrer : révéler l'existence de l'épée. Simple révélation factuelle, ou annonciation amoureuse? Ce troisième récit de l'acte (« *Der Männer Sippe sass...* ») vient tout naturellement compléter les deux précédents, auxquels il ajoute la révélation du dessein wotanien. Pris dans ce mouvement d'accélération très typique des fins d'acte (plus rapide, plus concentré, plus chantant : plus urgent), il est en fait le pendant dramatique du deuxième récit de Siegmund[9]. De fait, les éléments d'analogie sont frappants : voilà à nouveau une noce sans amour, et voici encore un sauveteur –mais potentiel– venu planter une épée aux charmes mystérieux[10] dans l'arbre central de la demeure de Hunding. A son regard, Sieglinde dit avoir reconnu son père. Dans la symphonie, du « Walhalla » (bassons et cors) naît « l'épée » (cors), et « l'épée » (trompette) engendre à son tour le « Walhalla » (cors). Le récit s'est rapidement échauffé et gonflé d'espoir, ivre déjà d'une destinée nouvelle à peine entrevue et déjà pourtant si certaine (« *O fand' ich inh Heut* »); Sieglinde *voit* que son partenaire sait que l'épée lui est destinée. Alors, à peine le récit de son hôtesse terminé, au son de « l'héroïsme des Wälsungen » par trompettes et trombones, et dans l'urgence de ceux qui pressentent que le futur ne leur appartient pas, Siegmund l'enlace fougueusement. L'épée –désormais tenue pour acquise– peut attendre. Cet amour était-il dans le plan de Wotan? Toujours est-il que le couple ainsi formé sort de la loi des pactes structuraux de l'univers, en instituant une loi parfaitement inédite dans le *Ring* : celle de l'amour. Cet amour est instinct pur, liberté : inceste[11]. Dans le *Ring*, la liberté n'a qu'un espace –mais il est infini– : la nature, que symbolise l'irruption soudaine de ce printemps incongru. Cette nature s'incarnera aussi dans une forêt, où se précipiteront les parents de Siegfried à la toute fin de l'acte. Là –et nulle part ailleurs– pourront-ils concevoir un fils.

A cet endroit précis de l'acte se place un des « morceaux » wagnériens les plus célèbres de tout le répertoire –premier arrêt de la progression dramatique de l'acte– : l'hymne au printemps. Reprenant son souffle avant les envolées terminales, l'orchestre tresse des guirlandes arpégées sans grande signification, les mots perdent leur primauté, et le chant s'épanouit en quelque chose d'à la fois traditionnel dans son apparence –mais d'unique dans son essence : « cadences perpétuellement refusées, fluidité des accords qui s'enchaînent sans fin– nous allons de surprise en surprise, toujours vers l'inattendu. Là sans doute, dans cet inattendu constant du lied wagnérien, gît sa différence avec l'aria traditionnelle, harmoniquement si stable, mélodiquement si prévisible » (André Boucourechliev). A ce point de l'acte, se révèle toute la subtilité de la vocalité wagnérienne : les récits, à la fois réservés –mais ouverts– ont constitué le réservoir énergétique indispensable à cette « évasion passionnelle » de l'hymne au printemps. Pris en « morceau choisi », l'hymne, avec ses longues phrases mélodiques galbées à l'italienne peut sembler regarder du

9. En toute logique, point n'est besoin du premier récit, puisque les deux enfances sont confondues.
10. Une épée ordinaire se serait laissée saisir par le premier venu, ce qui n'est pas le dessein de Wotan.
11. Pour qu'il soit plus parfait encore (plus pur), Wagner l'invente gémellaire.

côté de la Romance à l'étoile de *Tannhäuser*. Ecouté en revanche dans la continuité de l'acte, on réalise qu'il en constitue l'indispensable nouveau tremplin mélodique, qui permet au compositeur d'aller *crescendo* jusqu'à sa fin d'acte.

La réponse de Sieglinde est toute énamourée. Notons que le don de soi se fait avant la reconnaissance des identités : personne ici ne s'est encore nommé. Siegmund a pourtant reconnu sa sœur dès le début de son hymne (le texte est clair) –mais Sieglinde n'a pas entendu ses paroles (« *Zu seiner Schwester schwang er sich her* » : « Il s'est élancé vers sa sœur »), comme le prouvera son étonnement, un peu plus loin (« *Ein Wunder will mich gemahnen* » : « Un souvenir étrange me revient : toi que j'ai découvert aujourd'hui, mes yeux t'ont déjà vu! »[12]).

Dans *la Walkyrie*, la reconnaissance de son frère par Sieglinde est infiniment troublante, parce que se faisant par la reconnaissance progressive de l'identité gémellaire, tandis que passe l'ombre du vieillard à l'épée, et que l'identité des regards entre celui-ci (Wotan) et celui-là (Siegmund), sur « héroïsme des Wälsungen » aux cordes basses, « Walhalla » (cor) et « épée » (trompette) embrassés, signifie à Sieglinde ce que maintenant elle ne peut plus ne pas voir : son frère est son sauveteur. Le rite initiatique du baptême pour Siegmund s'estompe –dans un *crescendo* d'un érotisme de moins en moins contenu– devant le rite du baptême de l'épée née de la nécessité (Notung). Mais les signes tétralogiques, eux, ne s'effaceront pas. Qui veut le pouvoir (fut-ce seulement celui qu'accorde l'épée), ici où tout est compromis par les tricheries commises dans *l'Or*, renonce, conscient ou non, à l'amour. Aussi est-ce dans le « renoncement » (13) que Siegmund arrache une épée pourtant si phallique, avec laquelle il conquiert tout naturellement sa sœur, autorisée enfin à révéler son nom, maintenant que Siegmund a le sien. Wagner leur accordera juste le temps de s'unir –mais guère davantage : ainsi le prophétise le mot de (« *Wälsungenblut* » : « le sang des Wälsungen »). Parce qu'épée et amour ne sont pas autorisées en même temps dans le *Ring*, l'acte s'achève en des transes qu'une déchirure brutale de toute la matière orchestrale sur le même accord dissonant casse net. Le temps de l'illusion est achevé; celui de la vérité tétralogique reprend sa course dès l'ouverture de l'acte suivant.

Acte II

PRÉLUDE

Le prélude le dit sans ménagements : tout va mal. Dans une matière symphonique saisie de soubresauts et de hoquets, les motifs de « l'amour », reconnaissables mais ô combien transformés, courrent en déroute, semblant comme s'accrocher dans les ronces, et fuyant éperdument les uns devant les autres. « Fuite » (16 b) : celle des amants devant le mari, comme celle de la fille devant son père, à l'acte suivant –mais surtout celle de Wotan devant lui-même. Wagner ici ne dynamise pas seulement l'acte qui s'ouvre, mais prépare aussi le suivant : dès ce prélude apparaît le thème de la « chevauchée » (36), prépondérante au début de l'acte III, et qui ici ramasse l'orchestre pour, exactement comme l'orage crachait Siegmund à l'acte I, propulser un être sur la scène : Brünnhilde.

Si l'acte I est celui des récits et des regards, l'acte II est celui des revirements. Dans la première journée du *Ring*, cette « deuxième journée de la passion du seigneur Wotan » (Marcel Beaufils) qui commence ici, n'est marque par rien que des renoncements. Après avoir cédé à Loge, puis cédé devant Fafner dans *l'Or*, Wotan est ici, dès la première scène, forcé de reconnaître l'échec de sa tentative de reconquête de l'anneau[13]. De ce seul fait, découlent l'abandon et le meurtre de son fils (acte II), puis le rejet de sa fille (acte III), enfin la transformation en profondeur de tout son être dans *Siegfried*. Remarquons enfin, à la différence de celle du premier acte, la structure dramatique très éclatée de cet acte, constituée par un enchaînement de quatre scènes de dialogue à deux personnages, que vient couronner, aussi brève qu'intense, l'action catastrophique finale (scène 5 : le combat).

SCÈNE 1

Des deux scènes de Wotan avec lui-même –la première avec ses propres lois (Fricka), la deuxième avec ses propres sentiments (Brünnhilde)– la première, dans son implacable logique et son impérieuse nécessité dramatique (puisque tous les événements découleront du revirement qui y a lieu), est indéniablement la

12. Dans son économie entre tension et détente, l'ensemble qui va du début de l'hymne à la fin de l'acte préfigure l'acte II de *Tristan*: même envolée initiale (de « *Winterstürme* » à « *zuerst ich den Freund ersah* », correspondant à l'enthousiasme amoureux à partir de l'arrivée de Tristan jusqu'à l'entrée dans le duo proprement dit, même repos médian, apaisé, où le monde est aboli (dans *Tristan*: « *O sink hernieder...* », dans *la Walkyrie*: « *O susseste Wonne...* »), et se constituant dans les deux cas un finale à la tension croissante (*Tristan*: début de la scène 3; *la Walkyrie*: « *Nenne mich du wie du liebst...* ». Différence essentielle: l'action du finale de ce premier acte de *la Walkyrie*, qui commence avec la nomination d'un Siegmund enfin identifié par sa sœur se jouera à l'intérieur même de l'identité gémellaire, à laquelle la nature offre sa généreuse participation; celle de *Tristan* se jouera dans l'anéantissement du couple par irruption d'un extérieur brutalement socialisé.

13. Dès lors Wotan sera condamné à seulement essayer d'empêcher sa reconquête par le camp d'Alberich (*Siegfried*).

plus ingrate à entendre. Afin, en effet, de ne pas porter ombrage à la première scène de Wotan avec sa fille, qui vient juste après, et pour ménager la nécessaire progression musicale d'un acte qui culminera en expressivité avec la scène du revirement de Brünnhilde (scène 4), il était indispensable que le compositeur maintînt, la scène durant, une pression musicale aussi faible que possible.

Loi des contrastes –qui est encore une loi d'espace : avant Fricka, voici Brünnhilde. C'est justice : Brünhilde n'est-elle pas le personnage-clé des deux actes qui viennent? Wagner *cadre* l'acte sur la Walkyrie en lui demandant, dès son entrée sur scène, une prouesse vocale (du *la* grave au contre-*ut*), qui, tout à la fois marque l'ampleur vocale du rôle, et suggère l'ampleur du travail dramatique. En effet, on notera la prédilection du compositeur pour ces entrées onomatopéiques (les Filles du Rhin, Brünnhilde, Siegfried), où l'infantilisme de la matière linguistique a d'indéniables connotations psychologiques. La Walkyrie qui nous est montrée ici est encore une gamine! Dans une scène qui sera toutefois aussi concentrée sur son texte que celle-ci, cette entrée chevauchant d'extravagantes vocalises (35) a aussi pour fonction, sur le plan strictement musical, d'agrandir l'espace : le même geste reviendra pour *cadrer* à nouveau l'espace récitatif, à la fin de la scène. En Seigneur de guerre, Wotan ordonne tout net à sa fille : que Siegmund sorte vainqueur de son combat contre Hunding.

Brünnhilde partie, Fricka s'avance. Epouse légitime et déesse du foyer, elle incarne les valeurs grâce auxquelles Wotan a établi la suprématie des dieux sur les hommes. Sous peine de céder tout-à-coup à l'ennui devant une argumentation qui peut sembler trop longue, il est essentiel d'en saisir le mécanisme logique. L'orchestre est maintenu, la scène entière, en état d'« abstinence », et ne se voit gratifier d'aucun développement qui pourrait donner de la chair à la parole de l'épouse. Dans l'optique de la cohérence divine, Fricka vient ici tendre, sans complaisance, un miroir à Wotan, afin que s'y révèle l'ampleur de la supercherie nichée derrière Siegmund et son épée. Landes musicales que les deux scènes qui viennent? En un sens, oui. Mais aussi : heures de vérité. Car ici, le monde, dans son vertige tourbillonnant, s'arrête et réfléchit.

Fricka raisonne en ces termes : 1. « *So ist denn aus mit den ewigen Göttern...* » : si tu permets à deux humains de bafouer la loi du mariage, serment institué par les dieux, si « tu déchires les liens que tu nouas toi-même », tu les affranchis de la loi divine avec ta bénédiction : la prochaine étape, inévitable, est notre chute. Réponse d'un Wotan qui porte encore beau : puisqu'il n'est pas encore réalisé, tu ignores mon secret dessein (que rappelle à l'auditeur « l'épée » par une trompette basse, puis « l'anneau », par une clarinette). Mais saches ceci : « Il faut un héros, qui, sans nulle aide divine, se délie de la loi des dieux. Alors lui seul saura accomplir l'exploit si nécessaire aux dieux, mais interdit au dieu », à cause des « traités » (par violoncelles et contrebasses) qui me lient au Géant possesseur de l'anneau. Réponse de Fricka : le Wälsung n'est pas ce héros. « En lui c'est toi seul que je trouve, car pour toi seul il me défie. »

2. « *Nimm ihm das Schwert...* ». C'est le tournant majeur de la scène, car Fricka abat ici son atout-maître. Ne me dis pas que c'est là ton héros libre : « tu causas sa détresse, tu lui donnas l'épée ». La supercherie de l'épée « trouvée par hasard » dévoilée, Wotan est battu. Un nouveau motif vient, sur son crâne incliné, planter un drapeau noir. Comme le « Walhalla » qu'il complète, cette fois de l'intérieur, il est motif de Wotan. Motif une fois encore dépressif, sans énergie propre malgré son tressaillement initial, il n'accompagnera jamais que des colères plus ou moins bien contenues (« une sorte de rugissement » écrit Lavignac), des mouvements de rage devant sa propre impuissance. Communément appelé « courroux de Wotan », on préfèrera ici l'appeler « défaite » (5, par clarinettes et bassons). Devant l'implacable logique d'un raisonnement qui l'a, pour la première fois depuis que l'action tétralogique a commencé, mis face à lui-même, Wotan ne peut que céder. Fricka n'a plus qu'à ordonner : que Wotan retire son pouvoir à l'épée, qu'il ordonne à la Walkyrie de ne pas aider Siegmund dans son combat contre Hunding. Dans un tel paysage, le dernier mensonge de Wotan –« que la Walkyrie soit libre »– est pitoyable. Ici, Fricka met un point d'arrêt au mécanisme des mensonges et des fraudes divines, enclenchées sans discontinuité depuis *l'Or*. Désormais, trahisons et duperies conscientes seront l'apanage de la famille d'Alberich. Aussi est-ce dans la plus grande noblesse de ton que Wagner permet à l'épouse de conclure (« *Deiner ew'gen Gattin...* »); aussi est-ce avec la plus grande honnêteté qu'on lui ait encore vue, que Wotan s'apprête à ouvrir son cœur devant sa fille.

SCÈNE 2

Comme la précédente, cette scène met Wotan face à lui-même. Monologue bien plus que dialogue, c'est cette fois le premier moment de lucidité de Wotan face à cette partie de lui-même qu'est encore Brünnhilde.

En préambule aux récits de Wotan, le premier échange entre père et fille donne le ton, si différent de celui de la scène précédente. Ce sera à l'honnêteté, avec soupape de fureur, de prendre maintenant ses droits. « Je suis pris dans mes propres liens, moi, le moins libre de tous! » : cette première affirmation, essentielle, souligne avec insistance l'ampleur de la

« défaite » (violoncelles) devant la « malédiction » (trompette). Mais ce sera aussi, pour les habitants du Walhalla, la naissance de quelque chose qui jusque là n'était que l'apanage des hommes : l'expression de sentiments. Et dans l'univers si particulier de *la Walkyrie*, qui dit sentiments, dit regards. En voilà tout aussitôt un, qui naît entre père et fille, où passent, ralentis, les thèmes « d'amour » (de Siegmund et Sieglinde) à la clarinette basse. Et ce regard prophétise : les sentiments de Siegmund et Sieglinde seront appelés à jouer un grand rôle dans les relations de Wotan et de sa fille.

Après le récit de Loge, et les trois récits du premier acte de *la Walkyrie*, nous voici maintenant confrontés à une nouvelle variante de récit wagnérien. Définissons-en le cadre : à la différence des récits précédents, le récitant, ici, n'est pas un nouveau venu. Mieux : une partie de son dire est déjà connue –que ce soient les événements de *l'Or du Rhin* auxquels le spectateur a déjà assisté (« *Den Nacht gebar... doch schweigend entschwand mir das Weib* »)[14], ou bien la portion qui narre à nouveau l'éducation de Siegmund, connue depuis le premier récit de Siegmund à l'acte précédent (Wotan : « *Wild durchschweift' ich mit ihm die Wälder...* »). Ce que ce récit –« véritable mystère, au sens *religieux*, auquel nous allons être initiés par le protagoniste lui-même » (Pierre Boulez)– propose d'entièrement neuf, est d'offrir, non une portion (ou une succession de portions) d'un temps limité, mais une vision qui embrasse la continuité événementielle tétralogique, depuis avant *l'Or*, jusqu'à l'étrange préfiguration d'un monde légué au fils d'Alberich (*le Crépuscule*). Même si certains n'y sont encore qu'en pointillé (*Siegfried* : « *Der entgegen dem Gott... was ich nur will* »), les événements s'y succèdent dans une continuité plus linéaire que dans *la Tétralogie* elle-même (exemple : récit du chaînon manquant entre *l'Or* et *la Walkyrie*, avec la poursuite d'Erda, et la révélation du projet des Walkyries[15]). Ici donc se dévoile à plein le temps wotanien, dans sa dimension spécifique et sacrée : sorte d'« éternel présent mythique » (Mircea Eliade) qui, pour l'instant lui est réservé. A la fin du *Ring*, seule Brünnhilde, parce qu'elle sera devenue femme, sera capable d'une vision d'une ampleur plus grande encore.

Gigantesque récit proliférant, délivré par un Wotan au comble de l'abattement, et que la douleur rendra visionnaire, il commence dans le désert d'avant *l'Or*, sans autre accompagnement que la tenue d'une seule note, sans motif conducteur, et s'achève en apocalypse : la bénédiction, dans une transe paranoïaque, de ce fils d'Alberich appelé à mettre fin au règne des dieux. Comme l'écrivit Wagner à son ami Rockel (lettre du 25 janvier 1854), Wotan devra s'élever jusqu'à vouloir sa propre destruction. C'est une des leçons que Wagner a retenue des anciens Grecs : apprendre à vouloir ce que nécessité vous impose. Progressif dans les faits, le renoncement de Wotan ne sera effectif que lorsque l'épée brisera sa lance (*Siegfried*, acte III/scène 2).

Une fois de plus, l'invention musicale est, dans son économie même, exemplaire. Ecoutez les motifs à nu irriguer le chant : la « défaite », frissonner au diapason de Wotan (« *Von der Liebe, doch mocht ich nicht lassen* »), « l'anneau », s'imposer par les bassons avant que Wotan le mentionne (« *Den Ring, den er schuf* »), ou encore le « Walhalla » (cuivres), ou « Erda » (cordes et bois), accompagner leur évocation. Tour à tour, Wagner prend soin de mettre en évidence ses thèmes –surtout lorsque ceux-ci sont présentés dans la nuance *piano*– ou bien tout au contraire de les enfouir, comme pour mieux les ancrer dans notre inconscient (un exemple : « l'anneau », quand Wotan chante : « *Ein andres ist's : achte es wohl...* »). Le motif peut être isolé par un timbre nu, à l'appel d'un mot –et même présenté à l'état allusif, il est alors parfaitement reconnaissable[16]– ou tout au contraire s'enfoncer dans la trame sonore pour nous gouverner plus secrètement encore. « Défaite », « anneau », « Walhalla », « Erda », « traités », « chevauchée », « destruction des Nibelungen », défilent ainsi, au gré des allusions du texte, ou semblant comme souffler à Wotan le cours de ses pensées. Dans une logique comparable à celle de la scène précédente, un seul thème est nouveau. Analogue à celui d'Erda, dont il est la simple démultiplication rythmique; il est lié à l'indicible « angoisse » (3) de Wotan devant sa propre fin. Il apparaît pour la première fois avec la réplique suivante : « *Der durch Vertrage ich Herr, den Vertragen bin ich nun Knecht* » : « Moi qui, par les contrats, suis maître, me voici captif des contrats » et innerve toute la fin de cette tirade.

Mais, plus stupéfiante, pour une fois, que le travail motivique est ici l'invention vocale. Intensité maximale d'un chant maintenu instable en permanence durant une vingtaine de minutes, et qui oscille sans relâche entre contrôle et délire, entre murmure et cri, et ne relève ni

14. Il ne faut pas considérer, comme c'est l'usage, qu'il s'agit là seulement d'un simple résumé à destination de ceux qui n'auraient pu assister aux épisodes précédents (*l'Or du Rhin*), mais qu'il s'agit aussi de donner à l'auditeur les moyens de «tester» l'honnêteté de Wotan dans d'autres parties du récit.

15. « *Der Welt weisestes Weib gebar mir, Brünnhilde dich. Mit acht Schwestern...* » : « La suprême sagesse du monde me fit don de toi, Brünnhilde. Je t'élevais avec huit sœurs... ». On émettra ici l'hypothèse qui veut qu'Erda ne soit la mère que de la seule Brünnhilde (hypothèse émise également par Philippe Godefroid et Dieter Schickling, cf. bibliographie).

16. Un exemple : les deux premières notes de « l'épée » lorsque Wotan chante: « *Gegen der Götter Rache schutzt ihn nur einzig das Schwert* » (« Contre la colère des dieux, il n'y a que l'épée »).

d'une démarque de l'aria traditionnelle (comme le récit de Loge), ni du simple récitatif (comme les récits de Siegmund au premier acte), mais plutôt d'un chant autonome, *mutant*, véritable concentré du chant wagnérien pris dans sa totalité, où abondent –le fait est trop rare pour ne pas être souligné– les indications expressives à son seul usage. Ainsi peut-on citer, dès le début, le *crescendo* aboutissant à un *piano* (de honte?) lorsque Wotan avoue avoir aspiré à l'amour dans la puissance, ou encore le *pianissimo* (de honte?) pour souligner que l'on ne rendit pas l'anneau aux Filles du Rhin. Le débit est haletant, précipité, comme contenu en permanence sous l'effet d'une grande tension intérieure, mais avec quelques soupapes dont la plus explosive –placée sous les auspices de la « malédiction »– est la dernière, criée à pleins poumons (« *So fahre denn hin…* »). Wotan y atteint une des notes les plus hautes de sa tessiture (*fa*), et y délivre, comme sous l'empire d'un *delirium tremens*, son aspiration à la fin (« *das Ende* »). Consternée, Brünnhilde n'en croit pas ses oreilles. Mais la sentence tombe dru : que Siegmund meure au combat, que Brünnhilde –qui n'est rien d'autre que le bras de son père– exécute la sentence.

SCÈNE 3

Une transition orchestrale est indispensable, pour permettre le passage entre la scène qui vient de s'achever sur une brève déploration de Brünnhilde, et la scène suivante. Elle s'effectue, dans une fébrilité croissante sur « fuite » (cordes) devant « Hunding » (cuivres), qu'entrecoupent à peine quelques souvenirs de la volupté passée. Harassé (cf. acte I), Siegmund désire s'arrêter. Hagarde, Sieglinde ne pense qu'à continuer. A la différence du premier acte, le frère et la sœur ne se meuvent plus sur le même plan. A Siegmund, l'*ici* et *maintenant*; à Sieglinde désormais le plan de la *prophétie*, qui irradie de sa lumière si particulière le cœur de toute cette seconde partie d'acte. Interrogeons-nous à partir d'un simple constat : Sieglinde prophétise à la scène 3, Brünnhilde à la scène 4. Ne peut-on pas dire que l'humanité de Sieglinde, ses sentiments pour Siegmund, « déteignent » sur Brünnhilde? A Sieglinde, en fait, en ce point décisif de l'action tétralogique, Wagner a dévolu la fonction de la Cassandre grecque[17].

Comme Cassandre, Sieglinde, s'étant mise hors-la-loi (rupture du mariage et inceste), est jetée dans son destin de prophétesse parce qu'il y a urgence dramatique (le combat) –ce qui se traduit par le maëlstrom des affects qu'elle traverse en une scène assez brève. Comme Cassandre, Sieglinde accomplit le cycle complet de la prophétie : le présent (Hunding éveillé, qu'elle voit –malgré la distance– à leur poursuite), le futur (l'épée en éclats, la mort de Siegmund), le passé (incendie de la maison de son enfance, à la scène 5). Comme Cassandre, enfin, elle n'est pas écoutée : Siegmund ne croit pas à la prophétie de sa sœur. Enfin, celle-ci se révèle bien ici fille du Wotan de la scène précédente –aussi imprévisible et déroutante dans ses excès. Siegmund, qui n'est que tendresse pure (« *Verweile süssestes Weib* ») tente vainement de rappeler son épouse à une réalité de l'instant qui semble moins menaçante que celle que vit, dans la transe, Sieglinde (« *Sieh, dein Bruder halt seine Braut* », sur tuilage d'« amour » par cors et cordes). Mais cette dernière a quitté ce rivage : les regards sont désormais échangés avec une douloureuse intensité, qui dit l'imminence de leur achèvement.

La partition de cette scène hallucinée est un vertige, un abîme où, au-dessus des motifs entrechoqués timbre contre timbre (« volupté », « amour », « fuite »), et contre la constance de la calme certitude du frère, Sieglinde passe sans relâche d'un état à l'autre, de la honte[18] à la panique puis à l'abattement, de la transe à la folle douleur, pour finir par s'évanouir. Son chant ivre est prophétique dans sa formulation même : derrière ses « *Hinweg, hinweg* » se profile déjà Kundry[19].

SCÈNE 4

Selon la logique funèbre de l'acte, après la prophétie, voici le temps de l'annonciation. Sieglinde s'est évanouie, pour glisser dans un sommeil d'où elle ne sortira qu'à la scène suivante. Durant la scène entière, sa tête repose sur la poitrine de son frère. Longuement, par bois ou cordes graves en alternance, l'« amour » s'enroule sur lui-même puis cède devant le « sort » (tubas). En douceur, la Walkyrie, sort progressivement de l'ombre. Sans se presser : l'éternité lui appartient. La jeune déesse guerrière vient exécuter la mission que lui a confiée Wotan : annoncer à Siegmund sa mort dans le combat. Longuement, la Walkyrie commence par contempler la scène sans rien dire.

Dans ce silence si solennel sourdent deux des plus beaux motifs du *Ring*. Le premier, l'annonce du « sort » (37 a : infime mouvement mélodique, nuance minimale, sobre harmonisation) est confié à cinq tubas, et pulsé par les timbales; le second, qui en émane, par les trombones et les trompettes, est chant

---

17. C'est Michael EWANS (cf. bibliographie) qui a attiré notre attention sur ce point.
18. La raison qu'elle donne à son frère de ce sentiment de honte est l'exacte inversion de ce que serait la culpabilité engendrée par la conscience de l'inceste (= avoir appartenu à Hunding). C'est cette culpabilité qui, sans doute, crée la transe nécessaire à l'état de voyance.
19. Et même Elektra (Richard Strauss).

de « mort » (38 a). Thèmes invariants, confiés aux seuls instruments à vent (cf. à ce sujet le thème « d'Erda », in *l'Or du Rhin*), magnifiques dans leur sobriété expressive (*pianissimo, crescendo* aboutissant à chaque fois à un nouveau *pianissimo*) tous deux enveloppent la scène et la baignent de leur mystère. Avant que ne commence cette première confrontation dans le *Ring* entre un dieu et un mortel, véritable croix dramatique de l'édifice tétralogique entier, Wagner choisit de camper un espace unique, sis entre Ciel et Terre, d'où toute notion de temps et de mouvement semble bannie. Nous sommes comme suspendus dans ce lieu étrange, dans l'attente d'un événement dont on pressent, dès les premières mesures, qu'il est d'une autre nature que tout ce à quoi nous avons assisté depuis le début de *la Tétralogie*. Ecoutons cette ouverture : deux fois le « sort », toujours pulsé par les timbales et chaque fois un demi-ton plus haut, une fois la « mort ». Deux fois le « sort » encore, toujours un demi-ton plus haut, encore la « mort »; puis, tout-à-coup, par un magnifique enchaînement enharmonique (*do* dièse = *ré* bémol) le lieu de prédestination du héros : le « Walhalla », par les cors et les bassons. Toute la poésie de ce passage vers l'insolite tient en grande partie à son harmonie, d'où le compositeur a banni tout sentiment de certitude. D'accord incertain en accord incertain (septièmes de dominante), les tonalités se dérobent –quittées sitôt qu'elles sont effleurées. A cette errance, seule l'arrivée sur le « Walhalla », dans « sa » tonalité (*ré* bémol majeur), cette fois clairement affirmée, met un terme.

On le sait, Siegmund est, dans *la Walkyrie*, l'être des regards. Après Sieglinde, c'est le tour de Brünnhilde : « Siegmund, regarde-moi! ». Dans un premier temps de la scène, le rituel funéraire s'instrumente en un jeu de six questions et réponses. Les deux personnages s'observent : rien ne bouge. Sous les questions d'un Siegmund « entré de plein gré dans son destin » (André Boucourechliev), et les réponses d'une Brünnhilde en mission officielle, un peu réservée –sinon raide– dans sa tenue vocale, et toujours dans une nuance qui en accroît la charge de mystère (*pianissimo*) : le « sort », la « mort », le « Walhalla ». Ces trois motifs sont d'abord seuls, et occupent tout l'espace symphonique. Dans son illusoire mouvement de la mort vers la vie, la scène consacrera leur progressive disparition. Pour les deux dernières questions de Siegmund (« Y aura-t-il une femme là-bas? Y trouverai-je Sieglinde? ») le même thème d'une « mort » qui semble acceptée passe même dans la ligne de chant. Toutefois, à ce paradis militaire où le plaisir a droit de cité –mais non l'amour– Siegmund n'hésite pas à dire non. Après un long solo « d'amour » à l'alto pendant lequel Siegmund embrasse sa sœur-épouse, il se retourne vers la Walkyrie et lui donne tranquillement sa réponse : c'est non. Et ce « *nicht* » qui s'est fait attendre est salué par le premier *forte* (*fortissimo*) de la scène. En même temps, un nouveau motif de « mort » apparaît ici. A la sereine beauté du premier, celui-ci oppose un sursaut de panique, un drame de quelques secondes. Cette cellule-crampe (38 b), qui refera parler d'elle au moment de la mort de Siegfried (*Crépuscule*), dynamise maintenant le dialogue, qui s'accélère, change de ton, et vire à la dispute.

Brünnhilde ne l'entend pas de cette oreille. Elle qui a toujours dicté sa loi aux mortels, qui vit encore sans sentir et sans s'émouvoir des autres, se braque contre cette offense à sa loi. Qui l'a vu, doit mourir : ce n'était pas une invitation, c'était un ordre. Dès ce refus de Siegmund (Brünnhilde : « *Du sahst der Walküre sehrenden Blick* »), la scène passe de la solennité partagée, à la révolte –singulière avant d'être partagée elle aussi. Déjà, « sort » et « mort » (cuivres) ne sont plus hégémoniques, maintenant que le second motif de « mort » (ex. 38 b) a fait son entrée. Révolte singulière : Siegmund se tourne vers sa sœur endormie (« *Weh! weh! sussestes Weib* »), au son d'une magnifique symphonie de « fuite » par les cordes graves. La Walkyrie est stupéfaite de voir un héros refuser le Walhalla pour de si étranges motifs (« une pauvre femme »). Avec cette franchise de ceux qui n'ont plus rien à perdre, la « mort » dans la voix, Siegmund lui renvoie son manque complet de sensibilité (Siegmund : « *So jung und schön...* »). Mais déjà, sans en être encore consciente, la vierge a changé : au lieu de ses phrases pétrifiées, la voici qui reprend la « mort » de son partenaire dans son propre chant, non comme son ordre précédent, mais comme une compassion vivement ressentie (« *ich sehe die Not...* »). Apprenant que son épée est désormais sans pouvoir, Siegmund a le réflexe des désespérés. Si le Wälse est celui qui regarde, il est aussi celui qui n'entend pas, et l'annonce prophétique de Brünnhilde (« *Befiehl mir dein Weib um des Pfandes willen das wonnig von dir es empfing* » : « confie-moi ta femme pour l'amour du gage qu'elle reçut de toi dans l'extase ») est sans effet sur lui. Alors, au sommet d'un échauffement d'où « sort », « mort » et « Walhalla » ont maintenant disparu, cette déesse qui jusqu'à présent n'a vécu que dans l'univers indifférent des immortels *voit* à son tour, –ressent– une « compassion » exaltée *fortissimo* en *tutti* d'orchestre pour un homme qui aime et souffre. N'y tenant plus, elle décide alors, au mépris de sa mission, et portée par l'ivresse d'un paroxysme orchestral (*avec une voix de feu*, précise Wagner), de transgresser l'ordre de son père : que Siegmund vive! Prendre parti pour les hommes contre les dieux coûtera à Brünnhilde son statut. Comme Siegmund, comme Sieglinde dont elle est désormais solidaire, ivre d'une autonomie qu'elle découvre, Brünnhilde devient désormais une hors-la-loi. Son châtiment sera, à l'acte suivant, à la mesure du « crime » qu'elle décide ici de commettre.

SCÈNE 5

Brünhilde partie, Siegmund demeure seul avec Sieglinde endormie. Sous son apparence anodine, ce moment (dont Siegmund ignore qu'il est celui de l'adieu) est bouleversant. La transe qui a saisi tout à la fois Brünnhilde et l'orchestre à la fin de la scène 4 n'a pas réveillé Sieglinde. Le calme revient (« sort » aux trombones, « amour » aux violoncelles, « fuite » aux clarinettes), sous les premières paroles de Siegmund. Attendri autant qu'étonné par un sommeil d'une telle force (« *Zauberfest* » : y aurait-il là quelque surnaturel?), c'est bercé par un rappel de l'hymne au printemps que Siegmund regarde son épouse rêver. Cet étrange sommeil est souligné –mais comme en pointillés– par un motif qui ne fait que transiter ici (alto, puis violon). Ce « sommeil magique » (39) –qui sera celui de Brünnhilde en punition, ici « appliqué » à Sieglinde, tisse un lien, qui n'existe encore qu'en potentialité, entre deux femmes qui ne se sont même pas encore adressé la parole.

Le rythme de « Hunding » sonne le départ pour Siegmund. Au son d'une étrange litanie d'alto (un groupe de trois fois trois tierces montantes), Sieglinde émerge. Complétant les deux premières, voici qu'est venu le temps de sa prophétie rétrospective (cf. scène 3). Voici en effet une étrange vision (Sieglinde est-elle vraiment éveillée?) qu'elle tire du fond de son passé, et qui révèle l'enlèvement mentionné par son frère (cf. acte I/scène 2) dont, enfant, elle fut la victime. Et le rythme de « Hunding » qui la scande au violoncelle assure le lien entre passé de la prophétie (Sieglinde), et réalité du combat qui se rapproche (Siegmund).

L'heure du combat a sonné. Ce qui n'était que menace, puis prévision, est maintenant imminent. Hunding fait une entrée fracassante –d'autant plus terrifiante pour le spectateur qu'elle est, avec son allusion aux chiens voraces, conforme à la première prophétie de Sieglinde. A une si longue attente, Wagner, en dramaturge consommé, juxtapose une scène de rapidité extrême : autant l'attente était étirée dans le temps, autant le geste lui-même sera bref. Ce combat, prévu depuis le milieu de l'acte I, et auquel Wagner a pris bien soin de faire allusion régulièrement depuis, en disposant, périodiquement ses « pierres d'attente », a lieu en un éclair. Voici, plus rapidement que les mots ne peuvent le dire, le corps à corps des deux hommes dont l'un est protégé par celle qui se prend encore pour une Walkyrie (« chevauchée », par les trombones, surimprimée à « l'épée » par cors et trompettes), la fracassante irruption du père, sa lance toute puissante au point (« traités », par violoncelles et contrebasses) sur laquelle se brise l'épée du fils qui meurt (« plainte » en tutti de vents, « héroïsme des Wälsungen » et « sort » par les cuivres, enfin « pulsation de mort » à l'alto constituent ses huit mesures de marche funèbre), le légitime époux désintégré à son tour par un seul geste (un regard?) de Wotan (dont c'est néanmoins une « défaite »), puis la fuite de Brünnhilde, sa demi-sœur en croupe sur son cheval, en un « kaléidoscope bousculé, forcené » (Pierre Boulez) de brève durée et de grande efficacité théâtrale. Désobéissance et promesse d'un châtiment exemplaire par un Wotan abattu et au comble de la fureur, annonce d'une vie nouvelle chez les Wälsungen, sommeil magique : sur les ruines de l'acte II, l'acte III peut s'édifier.

ACTE III

SCÈNE 1

A rideau encore fermé, voici la célèbre chevauchée des Walkyries. Simple de moyens, constituée par la réitération constante du même motif aux vents (36) –sur fusées de cordes lui-même formé par une seule cellule arpégée, rythmée de manière vigoureuse et toujours identique– sur fusées de cordes, la chevauchée est d'une efficacité à toute épreuve –cause de son universelle popularité. Aucune différence ne s'effectue, ni par la dynamique (qui ne s'accroît que des différences de timbres), ni par l'harmonie, (bloquée), ni par aucune autre modification. Comme un gigantesque manège, la chevauchée tourne sur elle-même, semblant ne jamais devoir s'arrêter. Même le timbre tourne en cercle fermé : cors et bassons pour l'essentiel, puis trompettes et trombones redonnent sans cesse la « chevauchée », jusqu'à saturation. Dans cette matière exclusivement dynamique, bruyante, d'où tout autre motif que la « chevauchée » est absent jusqu'à l'arrivée de Brünnhilde, s'inscrit tout naturellement, à l'ouverture du rideau, le célèbre cri des Walkyries (« *Ho-jo-to-ho* »), connu depuis l'acte précédent, où il était présenté en réserve de ses propres potentialités : ces onomatopées caractéristiques ne prennent qu'ici où elles sont déployées par les huit Walkyries ensemble, leur véritable dimension d'espace. En effet, « *Ho-jo-to-ho* » et « chevauchée », parfois discrets –voire résorbés– mais toujours présents –même dans leur absence momentanée parce que graves dans notre mémoire– offrent à l'ensemble des deux scènes où les Walkyries sont présentes, tremplin d'espace et réservoir d'énergie[20].

La dynamique du prélude l'a dit sans détours : ce nouveau groupe de femmes n'est qu'énergie sauvage, brutale force de vie affirmée goulûment face à la mort. « Des hyènes hystériques, dont on ne sait si elles rient

20. Sur le plan sonore l'effet est si spectaculaire, que sa représentation scénique s'avère souvent décevante.

ou si elles sanglotent, qui flairent le cadavre avec une irrésistible sauvagerie dans leur joie et la détermination de leur fonction de croque-morts divins, fournisseurs de la morgue officielle, c'est ainsi que je vois les Walkyries : glorieuse chevauchée, fameuse gorgée de poison, infâme cheval de bataille, ce morceau de bravoure, terrain de contestation dès l'origine, ne pose pas de problème d'exécution particulier » (Pierre Boulez).

A l'arrivée de Brünnhilde dans le plus grand affolement général, tout change. Dans l'intensité de la panique et de l'effroi que leur cause la bravade de leur sœur, les Walkyries interrompent leur cri de victoire, et la chevauchée se dissout. C'est que la pause dramatique –si agitée en surface fût-elle– s'est achevée avec le retour de Brünnhilde.

Dans son essence tempestueuse, le Wotan hors de lui de la fin de l'acte II est en vue, et s'approche au grand galop. De son côté –avant même de se protéger elle-même– Brünnhilde ne pense qu'à une chose : sauver Sieglinde des conséquences funestes de sa terrible colère. Le geste –généreux jusqu'à l'altruisme– de cette Walkyrie à l'égard de Sieglinde prouve que sa solidarité est désormais plus forte avec cette femme qu'avec ses propres sœurs. Ayant enfreint les règles de sa charge (avoir désobéi à un ordre du maître de la guerre, et ramener une femme vivante au lieu d'un héros mort : double transgression), elle n'appartient déjà plus au groupe. Aussi aucune de ses sœurs n'imagine-t-elle lui prêter son cheval, pour l'aider à mettre Sieglinde à l'abri, ni même pouvoir lui porter le moindre secours pour elle-même. On réalise alors que seule Brünnhilde a parlé, et que l'épouse de Siegmund est restée jusqu'à présent étrangement muette.

Le moment où Sieglinde sort de son hébétude est, sur le plan sonore, un bien étrange coup de théâtre : dans cette matière qui, depuis le début de l'acte, n'a été que jubilation bruyante ou affolement paroxystique, voici tout d'abord, non un creux, mais une véritable dépression, qu'accompagne l'expression dénuée de toute ambiguïté d'un désir de mort, soutenue par la même ligne d'accords parfaits hypnotiques qu'on avait entendue lors de la « prophétie rétrospective » de la dernière scène de l'acte précédent. Wagner y juxtapose, en maître de l'accélération dramatique, la deuxième annonciation de Brünnhilde (plus entendue par la mère qu'elle ne semblait l'avoir été par le père), dans une spectaculaire surenchère vocale jubilatoire entre les deux femmes, puis la quête d'une issue géographique pour Sieglinde (vers l'Est[21] où se trouve Fafner : une région que Wotan évite avec soin), enfin un double choc musical de grande allure. Soigneusement préparé par l'annonciation, voici tout d'abord la présentation du thème de « Siegfried » (40), tout en noblesse et en retenue (*piano* au cor), accompagnant la dernière prophétie de celle qui est encore une déesse : « *den hehrsten Helden der Welt hegst du, o Weib, im schirmenden Schoss!* » (« Le plus noble héros du monde, femme, tu le portes au creux de ton sein! »), puis la réponse extasiée et délirante, ô combien prophétique[22] de Sieglinde, qui livre un nouveau thème expansif à souhait (41), appelé en France « rédemption du monde par l'amour »[23], qu'on ne retrouvera qu'à la toute fin du *Crépuscule*. « Cri tragique, plainte magnifique » (Michel Guiomar) toute tournée vers l'avenir, ce thème ne recouvrira jamais rien de scéniquement palpable (ni affect, ni situation) : c'est en fait une vraie prophétie de l'*indicible*. Dans ce bref moment du *Ring*, on ne manquera pas d'être attentif à l'enchaînement polyphonique de ces prophéties, ainsi qu'à la grande économie de leur présentation. Récapitulons : annonce de la venue d'un nouveau personnage dans la ligné des Wälsungen, puis naissance du thème de ce héros –tel qu'il dominera musicalement toute la fin de l'acte–, annonce de la reforge de l'épée –non sur son thème, mais sur le thème de celui qui la fera renaître (Siegfried)– puis baptême de Siegfried[24], et enfin réponse de Sieglinde, léguant et sa capacité d'un amour régénérateur et déjà son fils à cette femme qu'elle connaît à peine, en une énigmatique bénédiction. Ayant accompli sa mission, Sieglinde disparaît de *la Tétralogie*. Ainsi, telle une sorte de catastrophe nucléaire, la transgression de l'acte précédent (la désobéissance de Brünnhilde) aura irradié de la prophétie tout alentour.

SCÈNE 2

Du point de vue de la construction de l'acte et de son équilibre général, cette scène est à la fois d'une extrême violence sur le plan extérieur (effet de masse impressionnant entre l'orchestre et le chœur des Walkyries), et de pure transition sur le plan dramatique. L'arrivée tant crainte de Wotan jette le troupeau des Walkyries dans la panique la plus totale. Jusqu'à leur dispersion sur un dernier retour d'une « chevau-

21. EST : lieu symbolique de la naissance.
22. La capacité de Sieglinde à entrer en transes, à passer instantanément d'un extrême à l'autre, est une des caractéristiques essentielles de sa fonction de prophétesse.
23. Le terme peut sembler grandiloquent et vague. Il s'agit là néanmoins d'une des notions les plus importantes de toute la dramaturgie wagnérienne, présente dans toute son œuvre, du *Vaisseau fantôme* à *Parsifal*.
24. Siegfried reçoit ici son nom de Brünnhilde, comme Siegmund reçut le sien de Sieglinde. De là à déduire une analogie dans ces deux couples, il n'y a qu'un pas que nous n'hésiterons pas à franchir.

chée » qui sonnera davantage comme un ordre de dispersion exécuté en déroute, les Walkyries sont déchirées entre un reste de solidarité vis-à-vis de leur sœur, et une totale soumission à la fureur paternelle. Sur le double plan musical et spatial, Wagner traduit cette oscillation par une alternance entre des interventions en rang serré, où les Walkyries tâchent de parler d'une seule voix, et des interventions dispersées, où leur fourmilière éventrée préfigure celle des Filles-Fleurs dans *Parsifal*. Quant à Wotan, sa fureur est à son comble –ce qui souligne la violence avec laquelle est asséné et réasséné, avec accent sur chaque note, le motif de sa « défaite » aux cordes[25]. Ne perdons pas de vue ceci : violence de perdant, soupape de fureur d'un faible, cette défaite est véritable renoncement à soi-même, qui s'est déjà soldé par le meurtre du fils, et se marquera par la décision d'abandon de la fille préférée.

Pour sa désobéissance –qui n'a fait que révéler la lâcheté transcendante du dieu– Brünnhilde sera châtiée. La Walkyrie le sait, et ne songe plus (maintenant que Sieglinde est en sécurité) à se dérober. Devant les Walkyries une dernière fois au grand complet, le verdict tombe –que nous pressentons depuis la défaite de Siegmund– : Brünnhilde n'appartient plus au monde des immortels. Pour avoir compati avec des humains, contre l'ordre du divin, elle sera faite femme à son tour. Transition : en un mouvement d'espace effectué sur une vaste déflagration, les sœurs épouvantées prennent la fuite. La « chevauchée » résonne une dernière fois, et se défait en lambeaux sonores, par un cor et un basson, puis un violoncelle et un alto qui se perdent dans le lointain où le troupeau apeuré s'est dispersé.

SCÈNE 3

Durant une quarantaine de minutes, le père et la fille vont donc être seuls. Toutefois il ne s'agira plus, comme c'était le cas lors de leur première scène commune, d'un moment où Wotan pense tout haut en présence d'un tiers, mais d'un long déchirement à deux. Trois éléments convergent ici : une construction dramatique rigoureuse –étayant l'extrême diversité d'un « grief dramatique » (Pierre Boulez) aux nombreux méandres, un épanouissement symphonique de grande ampleur, qui s'autorise des épanchements mélodiques aussi nouveaux qu'inattendus, enfin une conduite vocale d'une extrême ductilité. Progressant par poussées de sève sonore, avec de constants aller et retour du récitatif à l'aria, épousant les mouvements d'aller et retour de la discussion, la scène a néanmoins une direction : les adieux de Wotan. Scène de rupture? Certes, mais on verra qu'il s'agit aussi, en dépit des apparences, d'une forme de réconciliation progressive, qu'on peut aussi entendre comme une des plus belles scènes d'amour de tout le répertoire lyrique.

1. Brünnhilde : Je n'ai fait qu'accomplir ton désir le plus authentique : « War es so schmählich... »

Dès l'entrée en matière, Wagner fait entendre du nouveau. Un long silence est rendu par une véritable symphonie, déployant, en une ample mélodie de couleur de timbres, un tissage du reste de « défaite » (5) avec une ébauche d'un nouveau thème, dont le sens ne se révèlera que peu à peu (42). Ce thème inconnu, mystérieux encore, et qu'on ne sait pas à quoi relier, passe de la clarinette basse au cor anglais puis au hautbois, en un fondu-enchaîné troublant, sensuel, d'une indicible beauté. Le *passage* est fondamental. Ces passages de timbres incarnent à nos yeux une imaginaire prophétie du contenu dramatique : le *passage* de Brünnhilde d'un statut divin à un statut humain, et le *passage* inverse de Wotan d'un statut divin à un statut différent. Faisant son deuil, en renonçant à Brünnhilde, de sa part d'humanité, Wotan dont la stature est si forte dans le prologue et la première journée deviendra, après cette scène, symbole (*Siegfried*), puis ombre portée sans plus de présence physique (*Crépuscule*).

Parlant la première, Brünnhilde rompt le silence. Notons son initiative : en dépit de ses apparences de soumission, c'est bien elle qui conduit la scène. Timide, elle commence dans son registre le plus grave, comme pour mieux s'ajuster à la phrase de clarinette basse qui vient de mourir dans le silence. Toute cette première partie de l'argumentation est dominée par l'opposition de deux façons d'être musicales : une musicalité chaleureuse et débordante pour Brünnhilde, et une expression sombre et laconique, sèche et cassante pour Wotan. Son chant tombe à vide, tandis que celui de sa fille concerte avec le tissage des motifs signalés en ouverture de la scène, et qui prennent maintenant une place signifiante. On l'entend par exemple au cor anglais (son instrument de prédilection), juste avant que Brünnhilde ne développe l'argument selon lequel l'amour de son père pour son fils Siegmund lui semblait devoir primer sur son devoir envers Fricka (« *Nicht weise bin ich...* »). On l'entendra encore, plus épanoui (clarinette basse, hautbois, cor anglais) sur la magnifique tenue sur le mot « *Liebe* », lorsque Brünnhilde suggère à son père que c'est lui-même qui lui a planté cet attachement pour les Wälsungen dans le cœur (« *Der diese Liebe mir ins Herz gelegt...* »). On préfèrera donc résolument ici pour ce thème (42) la nomination germanique

25. Qui ici –et seulement ici– justifie son appellation usuelle de «courroux».

« d'amour des Wälsungen », à la française, à nos yeux trop vague, d'« annonce d'une nouvelle vie ». Amour des Wälsungen : amour malgré tout de Wotan pour ses rejetons terrestres, transmis à sa fille Brünnhilde, qui le transforme d'abord en compassion pour les deux membres d'un couple maudit par leur père commun, avant de le métamorphoser en amour pour leur fils. Avec ses multiples modulations d'une génération à l'autre, cette notion d'un amour qui *passe*, nous semble l'expression même de l'essence affective de cette scène. Ce thème est très présent (plus souvent aux bois qu'aux cordes), et domine les deux premières parties de l'échange, avant de céder la place au thème de « Siegfried ».

2. Brünnhilde : Lui annonçant la mort [...] j'aperçus son regard, entendis ses paroles [...] : « Die im Kampfe Wotan ...».

Ce mouvement d'une sincérité si manifeste de sa fille déclenche en retour la première confession honnête de Wotan depuis le début de l'acte : « Ainsi tu fis ce que je souhaitais tant mais qu'une double détresse m'interdisait de faire ». Mais le répit est de courte durée, et on retrouve vite le Wotan paranoïaque de l'acte II, qui passe sans transition de la violence (« *Wo gegen mich selber...* ») à l'acalmie (« *Da labte süss dich selige Lust* »). « Malédiction », « renoncement à l'amour » : le destin du dieu semble inexorablement scellé.

3. Brünnhilde : Si je dois te quitter [...] ne déshonore pas la part éternelle de toi-même, ne souhaite pas une honte qui t'outrage [...] : « Muss ich denn scheiden... ».

Après avoir parlé pour Wotan (1ère partie), puis pour elle-même, voici Brünnhilde qui emploie une argumentation qu'on lui dirait soufflée par... Fricka! Ici débute le premier mouvement de panique provoqué par l'approche de l'exécution de la sentence paternelle, qui lui fera implorer –en fait, exiger– la présence d'un feu protecteur. Essentielle, dans cette dernière partie, est la prégnance de *Siegfried*, qui constitue la « grande idée » de cette fin d'acte exactement dans les termes où l'était « l'épée » dans *l'Or du Rhin*, c'est-à-dire le profilage de l'œuvre suivante. Chacune de ses apparitions, toujours clairement isolée dans le tissu orchestral, marque par la musique, la progression d'une idée que le texte n'avoue pas encore : Wotan lègue sa fille à Siegfried. En effet, entre les quatre manifestations de ce thème, la progression de cette idée est fulgurante. Voici « Siegfried », une première fois par deux cors, tandis qu'il accompagne la troisième annonciation de Brünnhilde[26], et qu'il provoque un refus véhément de Wotan, qui bannit Siegfried exactement comme il avait névrotiquement béni Hagen à l'acte II[27]; puis une deuxième fois, par quatre cors cette fois à l'unisson du chant de Brünnhilde : « Que seul un héros libre et sans peur me trouve un jour ici sur le rocher ». Cette manifestation siegfriedienne-là précipite tout, et après un triple énoncé du « sort » (cordes basses, puis cuivres à deux reprises), le dieu annonce son départ. Mais auparavant, la sentence tombe : dans les bois une « dormition » (43) dira la filiation divine[28], tandis que dans les cordes, un « sommeil » permettra la renaissance de la femme dans *Siegfried*. Vient ensuite, sous la dernière injonction de Brünnhilde, un ultime tour de piste par les trompettes d'une « chevauchée » déjà ralentie et prête à se figer, qui se détache désormais, sur les flammes, de celle qui fut une Walkyrie. N'y tenant plus, Wotan se laisse aller, pour la première fois depuis le début de *la Tétralogie*, à l'expression de véritables sentiments d'amour. Avec l'inceste du premier acte et cette ombre d'inceste au dernier, se referme la boucle des attirances amoureuses de *la Walkyrie*. Mais de ce véritable meurtre symbolique de sa fille divine, le père ne sortira pas inchangé. A cette cérémonie wotanienne des adieux, Wagner a assigné la fonction de crête expressive non seulement de *la Walkyrie*, mais en fait du premier plan du *Ring*. Lui répondront –toujours dans la flamme– les épousailles de Brünnhilde et de Siegfried à l'issue de la deuxième journée de *l'Anneau*, et l'immolation de Brünnhilde à la fin de la troisième.

Le premier moment de ces adieux (« *Leb wohl...* ») n'est que le débordement des sentiments de quelqu'un qui fut trop longtemps contraint. Ici, pour la toute première fois Wotan laisse parler en lui le père aimant. Sur un orchestre largement expansif, Wotan délivre, à pleine voix, une mélodie qu'en peintre de vastes espaces, Wagner brosse à larges traits. Nous respirons ici l'oxygène des sommets. En valeurs longues, le « sommeil » (cors, bassons et cor anglais), cède devant la « magie des flammes » en tutti (45), tandis que le dieu confirme à sa fille –désormais muette– qu'il accède à sa demande. Alors vient le point culminant de cette première partie : « Et seul conquerra la fiancée, l'être plus libre que moi, le dieu! ». Tandis que

26. Trois annonciations, trois réactions : 1. l'indifférence (Siegmund, acte II / scène 4), 2. l'extase (Sieglinde, acte II / scène 1), 3. le rejet (Wotan, acte III / scène 3).

27. Ici se préfigure l'antagonisme Siegfried-Hagen, qui rejoue l'antagonisme Wotan-Alberich.

28. Notez la proximité de ce thème avec celui de Wotan errant au premier acte de *Siegfried* (ex. 43 et 44).

Wotan prononce ces paroles –ô combien rassurantes pour Brünnhilde– en pleine gloire de cuivres, Wagner sous-titre : « Siegfried » sera celui-là.

Par vagues « d'amour des Wälsungen » (bois) cédant au « sommeil » (tutti) de celle qui, éperdue de reconnaissance, regarde encore son père au fond des yeux, nous entrons dans la deuxième partie (« *Der Augen leuchtendes Paar...* ») (46). Le tempo en est plus lent, le climat musical plus introverti, et seul le « sommeil », en un fin tuilage d'alti et de violoncelles, est autorisé à accompagner un chant fait de longues phrases au galbe parfait. Lancées dans des dynamiques inverses l'une de l'autre, les trajectoires du père et de la fille se croisent alors, s'immobilisant sur un baiser, non d'éternité, mais d'une humanité un instant sublimée : la « dormition » (par les bois) s'empare de la vierge. Les deux personnages en sont un instant transfigurés; le temps s'arrête. Brünnhilde commence ici son existence de femme, et Wotan, se séparant de sa fille, se coupe de sa part propre d'humanité. Autant qu'à sa fille, c'est à lui-même que le dieu dit ici adieu. Et tout, dès ce moment (le feu, le sommeil) prend valeur de symbole.

Il faut conclure, et concrétiser la décision prise. Convoqué par les « traités » qui le lient encore (cuivres), Loge ne peut que s'exécuter. Encerclées par les « flammes » plus protectrices que menaçantes (45), voici que se dessinent, par la seule suggestion motivique, les épousailles de la vierge maintenant endormie (« sommeil » de Brünnhilde, doucement, aux bois), et du jeune « Siegfried », auquel tout (ligne de chant, cor, trompettes, trombones) dit maintenant que le dieu lègue sa fille.

Sur le drame alors, la musique pure reprend le pas, pour le poème du feu terminal. « Jamais encore l'orchestre n'a connu cette prodigieuse différenciation sonore : ou plutôt jamais elle n'a été disposée avec tant d'habileté au-dessus d'un champ passionnel, chacune des deux couleurs jouant dans l'autre, l'approfondissant et l'illuminant. Cette page n'est pas restée pour rien une page d'anthologie. Elle spécule sur trop de fibres à la fois, et avec trop d'astuce et de violence, pour ne pas donner à la fois l'illusion de la passionnalité humaine et de la transcendance, dans le cadre d'une vision qui respire incontestablement la grandeur » (Marcel Beaufils).

L'œuvre s'achève sur une prophétie d'une grande évidence musicale, tant elle est imprégnée de « Siegfried » : « Que celui qui craint la pointe de ma lance ne traverse jamais le feu! ». Ainsi se dessine, déjà bien caractérisé en force et en vaillance, ce nouveau personnage de Siegfried, premier être « libre » de *la Tétralogie*, qui devra briser la lance de Wotan, pour franchir le feu qui entoure la femme, qui en retour lui apprendra la peur –le seul sentiment qu'il ignore.

SIEGFRIED

Acte I

Du plus profond de la forêt où commence *Siegfried,* jusqu'au sommet du rocher où l'oeuvre s'achève, de l'obscurité de la caverne de Mime à la lumière qui irradie la scène finale, de l'ignorance à la connaissance : cette dynamique globalement ascensionnelle de *Siegfried* se rejoue à l'intérieur même de chaque acte. On dit dans l'introduction générale l'analogie des structures d'actes entre *la Walkyrie* et *Siegfried.* Dans les deux cas, le premier acte réunit en lieu clos trois personnages, au service de la même action, toute entière tendue vers l'entrée en possession de l'épée, qui en constitue le but dramatique et l'apogée musicale; dans les cas, une présence – même ombrée – est capitale : celle de Wotan.

Mais, plus encore que *la Walkyrie*, et surtout de manière plus rigoureuse et systématique sur l'ensemble des trois actes, *Siegfried* est un opéra d'apprentissage, où tous les protagonistes sont entraînés dans le mécanisme pédagogique. Ainsi, à l'acte I, Siegfried arrache à Mime le nom de sa mère, ce qui lui ouvre un premier accès à l'épée en débris (scène 1), puis Mime est instruit à son tour par Wotan (scène 2), enfin par Siegfried lui-même, sur son propre terrain : l'art de la forge. Sur le plan vocal, où ne son requises que des voix masculines, on remarquera avec intérêt la constance du souci de différenciation vocale, que Wagner manifeste dans chaque scène [1].

PRÉLUDE

Avec *Siegfried,* nous repartons à neuf. *Pianissimo,* du plus profond de l'orchestre, commence par sourdre un simple tremblement de timbales. Sombre doit être la caverne de Mime sur laquelle s'ouvrira le rideau après le prélude, obscures doivent être ses « ruminations » : noir est en conséquence ce prélude, d'où tous les timbres clairs sont éliminés. Ici, Wagner fait converger, dans le même enfouissement sonore, l'illustration des désirs encore informulés de Mime, et des ténèbres où se trouve plongé son « héros rédempteur ».

A rideau fermé, voici tout d'abord deux thèmes, déjà fugitivement entendus dans *l'Or du Rhin.* Le premier, associé aux « ruminations de Mime », se présen-

1. On se démarquera ici de Pierre BOULEZ pour penser que cette différenciation ne s'opère pas que sur la scène 2, mais bien sur l'ensemble de l'acte.

te sous la forme d'un simple intervalle de tierces, longuement posé par le même instrument grave (basson), puis, après un assez long silence, répété à l'identique une septième diminuée plus bas. En comparant les « ruminations » et « l'anneau » (47 et 12), on s'aperçoit que les « ruminations » couvrent exactement l'ambitus de « l'anneau ». Sans grâces ni apprêts, ces ruminations ne sont ni dynamiques, ni inventives, et seront toujours redonnées identiques à elles-mêmes. Ruminations d'une obsession, fermées sur leur objet (l'anneau), elles semblent vouées à l'échec (lignes de chute). Mini structure en boucle, les « ruminations » sont l'image même de la dramaturgie de la scène qui s'enchaînera au prélude. L'échange entre Siegfried et son éducateur s'y trouve enchâssé entre deux monologues d'impuissance de Mime ruminant le même échec : il ne peut (ouverture de la scène), ni ne sait (fin de la scène) reforger Notung. En d'autres termes, qu'auront prédit ses ruminations : il tourne en rond.

Non moins sinistre (tuba contre-basse), le second motif a déjà été en tendu dans *l'Or* (scène 3), au moment où Alberich commentait pour Loge le pouvoir de son futur trésor (« menace », 48). Voici maintenant, sur simple roulement de timbales, ces « menaces » plus clairement formulées. Insensiblement, passant des tubas aux trombones, elles vont croître, s'enfler sur « plainte », « haine » et « rythme de la forge » joués simultanément, jusqu'à une terrifiante explosion des vents en tutti de « plainte », débouchant net sur le *corpus delicti,* enfin formulé en clair : « l'anneau », par les timbres les plus clairs de tout ce prélude (clarinettes, cor anglais, bassons). Durant une quinzaine de mesures, voici, pour finir, « l'anneau » seul en piste, serpent monstrueux s'enroulant sur lui-même, pupitre après pupitre, en chacune de ses deux formulations, maladivement ressassées en un *crescendo* jusqu'à l'enchaînement, *cut,* avec un seul énoncé de « l'épée » (*pianissimo,* par une trompette basse). En une véritable symphonie de l'obscur – Wagner affectionnera désormais dans *le Ring* ce genre de prélude –, cette pièce au contenu si exclusivement programmatique s'offre comme une véritable plongée dans les pensées du seul personnage qui sera en scène du début à la fin de l'acte, et sur lequel s'ouvre maintenant le rideau : Mime.

SCÈNE 1

La situation où se trouve notre forgeron, si habile de réputation, n'est pas sans évoquer celle où il se trouvait dans *l'Or du Rhin.* Là, le Nibelung cachait une puissance intellectuelle (à quoi sert le heaume?) derrière un savoir technique; ici, devant la connaissance intellectuelle (connaître l'utilité de l'épée), surgit l'impuissance technique. Dans un cas comme dans l'autre : toujours l'échec, que commentent, sèches comme l'évidence, les « ruminations ». Encadré par deux monologues de Mime, dont le premier ne fait qu'expliciter ce que le prélude avait déjà implicitement révélé (Mime ne songe qu'à se rendre maître de l'anneau que détient Fafner, grâce à Siegfried, dont la force serait suffisante, si seulement il était à même de lui fournir une épée que l'enfant ne brise pas d'une pichenette), le coeur de la scène est constitué par l'échange entre Siegfried et le gnome.

Surgissant d'une forêt dont on dit au premier acte de *la Walkyrie* à quel point elle faisait partie de son bagage génétique, voici Siegried, annoncé par son « appel de cor » (49) – une simple « fanfare qui semble s'arracher à quelque secrète tristesse pour voler à son triomphe » (Marcel Beaufils, cf. note 6, in *l'Or du Rhin*). Motif clair, franc, total et diatonique, ici donné par les cordes, cette fanfare qui annonce Siegfried contraste avec les données nibelungiennes torturées qui prévalaient dans le symphonie jusqu'à son arrivée. Une entrée aussi peu policée que la sienne ne risque pas de passer inaperçue : Siegfried est autant fougue, impétuosité et inconscience, que son père était, dans les mêmes circonstances (et au même âge), prématurément mûri par l'épreuve. De manière générale, la scène accentue les contrastes : musique nouvelle, exubérante et vigoureuse, dans la chaleur des cordes, ainsi que la ligne vocale dégagée et fluide pour Siegfried, contre « ruminations » sur motifs déjà anciens (rythmique apeurée de « forge », 10 c), et ligne vocale fléchissante, souvent heurtée, pour Mime.

Dans le cours de ce long dialogue « d'une force innocente, exaspérée, et d'une traîtrise exaspérante » (Marcel Beaufils), il faut isoler les deux récits de Mime, celui de l'enfance de Siegfried, véritable rengaine que Siegfried semble connaître par coeur (Mime : « *Als zullendes Kind zog ich dich auf...* »), puis celui de sa naissance qu'en revanche, le jeune garçon entend ici pour la première fois.

Conformément aux prévisions de Mime, Siegfried a commencé par briser net la nouvelle épée forgée par le nain. Sa « force » (ou « joie de vivre », 50) éclate sur un motif carré, frustre et un peu rageur, cascadant par quartes descendantes, et le plus souvent dévolu aux cordes. Force pour l'instant destructrice – que Mime redoute autant qu'il en a besoin –, mais qui, une fois dûment instruite de l'existence de Notung, saura se faire créatrice : en effet, ce motif engendra à son tour, non seulement les deux thèmes du travail de Siegfried sur les débris de l'épée à la scène 3 (« fonte », puis « force » 53 et 54), mais le tout dernier à apparaître dans l'oeuvre, (« décision d'aimer » 50). L'entrée de Siegfried accompagnée d'un ours, n'est pas gratuite. Elle donne le ton, à la fois des préoccupations de Siegfried dans l'existence en ce début de premier acte (jouer), de son aisance à se mouvoir dans le monde de la nature, et de l'agressivité permanente qui sous-tend tous ses échanges avec Mime. Siegfried une fois bien défoulé, sa « force » calmée, l'ours dûment renvoyé, le Nibelung qui s'était mis à l'abri, refait craintivement surface (le « rythme des Nibelungen », sous sa forme « dégénérée », se répète avec une précautionneuse insistance). Mime propose un met – que Siegfried refuse comme il refuse tout ce qui vient de son éducateur, puis se lance dans sa « complainte de l'éducation » (« *Als zullendes Kind...* »). Sous son apparence populaire et candide, cette mélodie révèle toute l'hypocrisie du personnage. Siegfried – quoiqu'encore inconsciemment – le sait; mais il lui faudra attendre les révélations de l'oiseau à l'acte II pour en être conscient.

Toutefois un déclic s'est produit et, au lieu de réagir intempestivement, pour la première fois, il réfléchit et commence à raisonner tout haut (« force » calmée). Siegfried déteste Mime, et tout ce qu'il sait, il le tient de l'observation de la nature et des animaux de la forêt qui, tous, lui sont plus chers que ce nain repoussant. D'où vient alors, se demande Siegfried, qu'il revient toujours au nid de Mime? Un beau thème, parfaitement étranger au contexte de la scène, lui répond avant que Mime n'ouvre même la bouche : riche « mélodie d'amour » (51) (filial? parental?) donnée par le quatuor à cordes, et longuement réitéré durant tout ce passage, ce thème prépare le retour de ceux qui sont liés aux parents de Siegfried. Le dialogue se poursuit, selon la même modalité siegfriedienne, logique et *naturelle* : j'ai observé les couples dans la nature (notez la dimension encore enfantine de son langage : « *Männchen und Weibchen* »), j'ai remarqué que les enfants ressemblaient toujours à leurs parents et, en observant mon reflet dans l'onde, j'ai vu à quel point... je ne te ressemblais pas. Wagner isole cette phrase précise (« *Da sah ich denn auch mein eigen Bild* ») du contexte de la « mélodie d'amour », la faisant précéder d'un énoncé clairement articulé du thème de « Siegfried » par « son » instrument (le cor), puis la faisant suivre du magnifique et poignant « héroïsme des Wälsungen », par cors et clarinettes, place cette phrase sur un véritable piédestal. Cet instant est à rapprocher de celui où sa mère reconnaissait son frère dans l'homme qu'elle avait en face d'elle et qu'elle commençait à aimer (« *Im Bach erblickt' ich mein eigen Bild* », *la Walkyrie*, acte I/scène 3 [2]).

C'est le moment que Wagner choisit pour faire formuler par son héros la première question sur ses origines. Question essentielle, cruciale, qui taraudera Siegfried sa vie durant. Mais nous sommes dans un opéra initiatique de type héroïque, où le vainqueur ne peut obtenir sa victoire que par la violence : Siegfried arrachera à un Mime récalcitrant le nom de sa mère – ce qui lui ouvrira l'accès à l'épée (acte I), comme il arrachera, en tuant Fafner, l'accès à la connaissance de l'existence d'un nouvel objet à conquérir (acte II), comme enfin il arrachera, en brisant la lance de l'aïeul, l'accès à l'amour (acte III).

Le récit de la naissance de Siegfried (Mime : « *Einst lag wimmernd ein Weib...* ») constitue la seule page authentiquement émouvante de la scène. « Récit lent comme la remontée des souvenirs » (André Boucourechliev), d'une durée aussi brève (30 mesures) qu'elle semble longue par son ampleur affective, baignant tout entier dans le mystère qu'engendre son accompagnement de vents (cf. *l'Or du Rhin*). Ce n'est du reste pas tant la sèche parole du nain, que le poignant retour, pour tout accompagnement de son récit, des motifs wälsungiens, qui recrée le monde réel qui fut celui des parents de Siegfried. En quelques mesures, le musicien « résume » tout le premier acte de *la Walkyrie* : dans une ascension graduelle de timbres, ce sont les « malheurs des Wälsungen » à la clarinette basse, puis la « compassion » au basson, et enfin « l'amour » par les bois aigus. On remarquera incidemment que cette plongée dans l'émotion, que dégage la naissance des êtres, projette Wagner dans le futur de son oeuvre : on dirait la dernière question de Siegfried (« *so starb meine Mutter an mir?* ») posée par Parsifal (scène avec Kundry à l'acte II).

Fonction dramatique nodale que celle qu'assume ce récit, qui oblige Mime à révéler l'existence – jusque là tenue secrète – de Notung, qu'il présente hypocritement comme un « maigre salaire ». Mais Siegfried, qui vient de franchir une étape décisive de son apprentissage, n'hésite pas une seconde, au son d'un motif qui mixe habilement son présent et son futur, mais aussi son présent et son passé (son père), c'est-à-dire « l'appel de cor » et « l'épée » (49 b), à reconnaître comme l'épée qu'il lui faut (« *mein rechtes Schwert* »). Son naturel reprend tout aussitôt le dessus : il veut son nouveau jouet tout de suite, pour pouvoir fuir Mime, et courir le monde. Joignant, avec son impétuosité coutumière, le geste à la parole, il s'élance « chez lui », c'est-à-dire dans la forêt. Accablé, Mime reste seul – avec sa forge, ses ruminations, et son impuissance.

SCÈNE 2

Accompagné par l'entrée solennelle autant que chargée de mystère (présence dominante des vents) d'un thème nouveau, voici Wotan. Son entrée dans la demeure du forgeron change brusquement tout. De cru qu'il était, l'éclairage change, et le temps se ralentit, semblant presque vouloir se figer. Nous entrons dans le temps du rite.

Aussi éloigné des « ruminations » de Mime que proche de la « dormition » de Brünnhilde, déployant

2. Il y a ainsi, épars dans *La Tétralogie*, quelques leitmotive verbaux.

comme ce dernier une vaste action harmonique linéaire, le thème de « Wotan errant » (thème du « Wanderer », 44), semble avoir l'éternité pour lui. Thème d'accords, fait de trois mini-structures de deux mesures, religieusement répétées, il installe – par le discours musical d'abord – le chiffre symbolique s'il en fut qu'est le chiffre 3 [3] au plan phénoménal de la scène. Ces accords qu'il déploie n'ont rien d'affirmatif. Ni leur posture harmonique [4], ni leur couleur vaporeuse (due à l'absence de cordes), ni leur ligne qui flotte (elle ne monte ni ne descend), ni surtout leurs tonalités (sans lien entre elles) ne définissent la moindre certitude. Wotan est devenu « le vagabond neurasthénique du Ciel » (Marcel Beaufils), errant sur la Terre en une sorte de tournée d'inspection désabusée de son monde en déclin.

Le jeu des énigmes auquel vont se livrer les deux protagonistes durant toute la scène, instrumente – au plan dramatique cette fois – cette symbolique du chiffre : on échangera de part et d'autre trois questions et trois réponses. Wagner joue ici, à nouveau, sur la différenciation maximale : les deux plans psychologiques distincts – l'humain à la vision temporelle limitée, et divin qui embrasse la totalité temporelle dans une vision dynamique des événements – sont rendus par deux écritures vocales distinctes : mesurée et un peu solennelle pour le dieu, animée pour le nain. Entre ces deux musiques, il n'y a ni conflit ni rencontre, mais juxtaposition, dans le même théâtral, de deux mondes étrangers l'un à l'autre. Ce procédé musico-dramatique se retrouvera plus loin dans l'acte, au moment de la forge de l'épée.

Pour débuter, le dieu a mis sa tête en jeu. Méfiant comme à l'accoutumé, Mime commence par poser trois questions dont il connaît la réponse : questions géographiques, posées dans un ordre précis (1. Qu'y a-t-il sous la terre? 2. Sur la terre? 3. Au-dessus de la terre?), et dont les contours cernent la symbolique non-humaine qui est celle du seul drame que Mime connaît pour y avoir pris part *(l'Or du Rhin)*. Question rituelles, qui apportent, à l'appel du texte, leur dose de motifs signifiants, paraissant pour la première fois peut-être, comme autant de citations d'un monde maintenant révolu. En effet, si jusqu'à présent les motifs nous propulsaient vers l'avant de l'oeuvre, voici que ceux-ci, désormais, nous tirent vers l'arrière : c'est ici, dans cette scène décisive à plus d'un titre, que nous prenons conscience d'être entrés dans le second volet du *Ring*. Mais il y a plus : un des buts de cette scène est de montrer que Mime – à la différence d'Alberich – n'est pas à armes égales avec Wotan et que, face au dieu (comme à la scène suivante face à son petit-fils), le nain, décidément, ne fait pas le poids. Car, le fait qu'il n'ait rien recherché à apprendre à Wotan, illustre l'incapacité du personnage à aller de l'avant. On notera, lors de la réponse de Wotan à le dernière question de Mime, que l'identité entre l'objet de la question et celui qui y répond se marque par la naissance d'un thème nouveau – plus énergique que tous ceux liés jusqu'à présent aux habitants du Walhalla : c'est lui lié à la « puissance divine » (4), un des thèmes premiers du *Ring,* qui sera aussi un des derniers à être employés lors de l'immolation de Brünnhilde.

Toute différente est l'attitude du dieu, dont les questions s'inscrivent dans une dynamique temporelle destinée à faire avancer l'action. Avec leur cortège wälsungien (« héroïsme des Wälsungen, « Siegfried », « épée »), elles repartent d'un passé qu'elles traversent à grandes enjambées (premier acte de *la Walkyrie*), font halte au *présent*, pour dévoiler un instant la réalité des désirs de Mime, ainsi que la nécessité cruciale de la reforge de l'épée, pour arriver à leur but : l'ouverture sur le *futur* – indispensable tremplin d'où pourra repartir l'acte. « Qui saura reforger Notung? » : voilà la question qu'aurait dû poser Mime! Alors, s'affolant avec lui, et en utilisant au lieu du « rythme des Nibelungen » et des « ruminations », le thème de la « force » de la jeunesse, la musique anticipe sur une réponse que Wotan fait sonner comme une arrêt de mort, en la délivrant sur le thème de « Siegfried » (trompettes)– ce qui le dispense de prononcer son nom : « Seul celui qui n'a jamais éprouvé la peur reforgera Notung ». Et le dieu cède en riant, la tête de Mime à celui qui a tué Fafner.

SCÈNE 3

En guise de prologue au second grand échange de l'acte entre Mime et Siegfried, qui consacrera, outre une significative inversion des rôles dans la relation pédagogique, la passage de Siegfried de l'enfance à l'adolescence, et dans un véritable « feu d'artifice d'orchestration, d'harmonie et de rythme » (Pierre Boulez), Wagner fait crépiter le texte ivre d'allitérations et d'assonances qui constitue le monologue halluciné de Mime (« *Verfluchtes Licht* »...) [5]. Dès le début, en un éclair, tout est brouillé. Ce second « moment de feu » du *Ring* (après la finale de *la Walkyrie*) plus bref, plus dense, est sans doute plus original encore. Se faisant et

3. Symbole spirituel bien repéré, le chiffre trois est signe d'accomplissement spirituel. Il revoit ici - entre autres - à la trajectoire éminemment symbolique qu'effectue désormais Wotan dans le Ring.

4. Ce sont des accords de sixte, moins affirmés que les accords de quinte.

5. Ce comment n'est pas sans préfigurer celui des hallucinations de Wozzeck dans la lande, aussi au soir tombant (*Wozzeck,* acte I/scène II).

se défaisant à chaque instant, l'harmonie entre en fusion, tandis que – présence aussi réelle qu'impalpable – les rythmes rapides et fluides des motifs de feu (« Loge + flammes ») flottent dans l'air. Sous la terre gronde le tuba de « Fafner », dont la présence sourde et quasi-constante durant la scène profile, comme « l'épée » à la fin de *l'Or du Rhin*, et « Siegfried » à la fin de *la Walkyrie*, l'action-clé de l'acte suivant : le combat de Siegfried et de Fafner.

Mais, tout-à-coup, celui qui n'est encore qu'un jeune garçon est là à nouveau. Retour à la réalité : dans l'orchestre, à l'exception d'un trombone fafnérien résiduel, l'on ne trouve plus aucune trace de cette première « symphonie de la peur » de l'acte. Le nain se répète pour lui l'information qui vient de le mettre en transes : « Seul celui qui n'a jamais éprouvé la peur reforgera Notung » – réplique qu'un cor sous-titre à nouveau : ce sera Siegfried. Parmi les quelques premières répliques où la tension musicale est ramenée à nouveau à son plus faible, on relèvera la phrase de Mime : « *Liebe zu mir soll'ter lernen; das gelang nun leider faul! – Wie bring ich das Fürchten ihm bei?* » (« j'ai voulu lui apprendre à m'aimer; hélas j'ai fort mal réussi! »), où Wagner établit un bien intriguant court-circuit entre amour et peur. Pour tenter de sortir du piège où il est enfermé, et sauver sa tête, Mime invente : « Je dois à présent tenir ma promesse [envers ta mère] de ne pas te lâcher dans le monde perfide, avant que tu n'aies appris la peur. » Parce que l'ignorant a soif de connaissance, parce que sous l'écorce de l'enfant perce déjà l'adolescent, Siegfried se laisse facilement intéresser : « Si c'est un art, comment se fait-il que je ne le connaisse pas? ».

Alors commence, – toujours commentée par le pleutre –, la seconde « symphonie de la peur » plutôt ici « symphonie du vouloir faire peur ». Il s'agit ici, non plus d'une prolifération sonore sans incidence sur le cours de l'action, mais d'une véritable « leçon », comme Wagner commence à les affectionner[6], destinée à prouver que Siegfried n'apprendra plus rien d'important de Mime. « Cela vient de loin, des grondements profonds de l'orchestre et du grave de la voix; cela monte et s'enfle dans un flamboiement oppressant; cela vous étreint dans un étau d'un mouvement contraire qui se resserre et vous prend à la gorge.» (André Boucourechliev). Cette seconde « symphonie de la peur » est à la fois proche de la première, et pourtant si différente! On reconnaît en effet à nouveau « Loge », avec ses flammèches suraigües. Puis y apparaît, tout d'abord noyée parmi les souvenirs sonores de la fin de *la Walkyrie*, mais de plus en plus nette, l'image du « sommeil » de Brünnhilde, qui, en quelques mesures avant la fin de la « leçon », devient hégémonique (*tutti*). Siegfried réplique à son professeur : c'est alors que Wagner réalise, par un simple fondu-enchaîné de timbres d'une renversante beauté entre cor et hautbois sur le « sommeil » de Brünnhilde, le pendant musical du court-circuit entre amour et peur préalablement signalé dans le seul texte. Mais, là où le texte, sans appui motivique, demeurait énigmatique, il est dévolu à la musique d'en dévoiler le sens. Car Wagner dit, avant que son chant ne le formule en clair (« *Sonderlich seltsam...* »), que Siegfried *désire* éprouver la peur. Mieux : que pour lui peur et désir se confondent, et que cette peur et ce désir s'incarnent dans un être dont il ignore jusqu'à l'existence : Brünnhilde[7]. Souveraine est ici la maîtrise du temps : un simple énoncé d'un motif tiré du *passé* et injecté dans le *présent,* projette l'oeuvre dans son *futur* (acte III). En conclusion de sa « leçon », le « maître » propose de mener Siegfried à Fafner, le redoutable dragon. Avec une insistance non dénuée de malice, le tissu motivique ne dit qu'une chose : ce n'est pas Fafner – dont justement le motif est absent – qui apprendra la peur à Siegfried, mais Brünnhilde endormie, dont le motif, caracolant avec une belle obstination du cor (l'instrument de Siegfried!) au violoncelle, en un aller et retour insistant, achève de nous éclairer sur le sens du rapprochement entre peur et amour. On ne saurait ici qu'insister sur la solidité de la charpente dramaturgique : dès avant la reforge de Notung, se profilent l'acte II (combat avec Fafner), et l'acte III (rencontre avec l'amour, incarné par Brünnhilde).

Avec la décision de Siegfried de reforger lui-même l'épée [8], une seconde partie de la scène commence, toute entière tendue par le labeur acharné du héros. Dans un premier temps (« chant de la fonte »), il lui faut pulvériser les débris de Notung [9], pour, dans le second, la reforger à neuf (« chant de la forge »). « Toute la scène est rythmée par les conseils techniques de Mime, contredits par les actes inconscients, triomphants de Siegfried, contraste reproduit par les styles vocaux : celui de Mime est très proche du *Sprechgesang,* tandis que Siegfried, à deux reprises, chante de véritables « airs » (chant de la fonte, chant de la forge) : comme si, opposée à la nullité du bavar-

6. cf. *Meistersinger* et *Parsifal* : deux opéras d'apprentissage.
7. Car si Wagner avait voulu être moins précis, il aurait utilisé ici la « dormition » au lieu du « sommeil ». Quoiqu'il en soit, ce geste *timbrique* est typiquement wagnérien.
8. « Il y a dans tout vrai Allemand un mineur à côté d'un forestier. Ils ont le travail des métaux dans le sang. » (Paul CLAUDEL, *Rêverie d'un poète français*, in Avant-Scène Opéra, n° *Götterdämmerung*, p. 204)
9. Ce qui, dans l'optique feuerbachienne, signifie faire table rase du passé de l'épée (y abolir la part attachée à l'inceste parental, qui l'a rendue inoffensive face à Wotan)

dage (« *schwatzen* »), le chant était efficience : parole magiquement transformée en acte, enfin créatrice. Premier signe du mépris, en tout cas de la méfiance de Siegfried à l'égard du langage, contrebalancée par sa croyance dans le pouvoir du Nom (quête du Nom du père; nécessité de nommer l'épée pour la forger) qu'on retrouve évidemment chez Wagner. (...) Mais cet épisode fonctionne surtout métaphoriquement : il détermine la création (littéraire ou artistique) comme écart, subversion de la méthode, nécessaire infraction aux « règles de l'art ». Mime incarne l'expérience : « *So was habe ich nie gesehen* »; « je n'ai jamais rien vu de pareil », la tradition et le savoir-faire, l'intelligence : « *Hier hilft kein Kluger, das seh ich klar* »; « Ici, l'habileté ne sert à rien, je le vois bien », disqualifiés par le « génie » de Siegfried. Ce qui nous renvoie à une théorie romantique de la création, à une mythologie de l'"inspiration » : pour créer, il vaut mieux ne pas trop en savoir, on ne peut réussir qu'en ignorant ce qu'on fait. Conception « magique » du travail de l'artiste : ici, c'est en ne forgeant pas qu'on devient forgeron. Que la création soit une activité naïve, non critique, exactement antithétique du talent et de la culture, c'est un thème privilégié de l'opéra wagnérien » (Alain Satgé [10]).

Toute la scène va maintenant se ruer vers sa cime, dans un délire apparent, tout à la fois supérieurement construit et conduit. Sur le plan symphonique, du fait de l'accélération typique de la fin d'acte chez Wagner, il y a perte de finesse et gain de force. Ce ne sont plus ni la couleur ni le timbre qui travaillent la matière sonore, mais les rythmes. De nouveaux motifs s'emparent de l'orchestre, le saisissant en pleine masse : ce sont d'abord le motif du « travail » (52), empoignant l'orchestre à la manière d'un homme retroussant ses manches, et qui sera répété à satiété; puis le chant de la « fonte » (53), formée d'une mélodie puissante et lourde par les basses contrepointant la ligne vocale, et entourée des éclats et des étincelles que Siegfried fait jaillir tout autour de lui (fusées des bois, et vagues déferlantes des cordes élevées), enfin le thème de la « forge » (« *Hoho, Hoho, Hohei, schmiede mein Hammer...* »), dont les appuis brutaux et réitératifs accompagnent le martèlement d'un jeune forgeron qui, loin d'en être harassé, semble au contraire y puiser, dans une régénération complète de son être, de nouvelles forces.

Mais toute l'astuce de la construction de cette fin de scène consiste à éviter la monotonie en y distillant l'incessant contrepoint du jeu de Mime. Comme la franchise est séparée de la traîtrise par un mur infranchissable, tout sépare les deux hommes : l'ample lyrisme du *Heldentenor* qui abandonne à son partenaire le chant récitatif pour explorer un *cantabile* à la redoutable difficulté (endurance, longues tenues dans l'aigu, registres parfois incommodes); la rythmique à 3/2, ample et généreuse, attribuée à Siegfried, contre celle, plus étriquée, à 2/2 pour Mime.

Pendant le chant de la fonte, qu'il interrompt à deux reprises, Mime chante en même temps que Siegfried la satisfaction que lui procure sa trouvaille du narcotique. Etonnant moment que celui qu'a choisi Wagner pour faire chanter Siegfried et Mime simultanément : le premier croit avoir trouvé le moyen de la mort du second, tandis que le second ne sait pas qu'il est en train de se forger l'outil de la mort du premier... Une fois sorti de son impasse (comment apprendre la peur à Siegfried, puisque j'ai besoin qu'il ne la connaisse pas tant qu'il n'a pas tué Fafner?) pendant le chant de la forge, Mime livre par bribes bienvenues – car alors la matière sonore s'allège un peu, permettant à Siegfried de reprendre son souffle – l'essentiel de son plan pour le deuxième acte : 1. faire combattre Siegfried (l'intérêt pour lui est maintenant double : récupérer le butin de Fafner, et apprendre la peur à Siegfried pour rompre l'enchantement wotanien), 2. lui faire boire un narcotique, 3. suprême délice : le tuer avec sa propre arme. Plus la scène s'approche de terme, plus la surdité des partenaires l'un à l'autre devient spectaculaire. L'acte se termine en apothéose, sur deux triomphes parallèles. Brisant un objet désormais inutile, le premier coup de Notung tranchant net l'enclume du nain, prédit, et l'anéantissement de son funeste projet, et la mort du forgeron. Toutefois le solitaire délire de feu du héros ayant accompli son premier exploit n'est qu'une étape : deux actes plus loin, les épousailles, dans la flamme, d'un jeune homme et d'une jeune déesse devenue femme, lui donneront sa véritable portée.

Acte II

Si l'acte I est conçu comme un vaste *crescendo* dramatique, culminant avec la forge d'une nouvelle épée, l'acte II, avec son nombre accru de personnages (six au total : Alberich, Wotan, Siegfried, Mime, Fafner, L'Oiseau) et l'imbrication de ses nombreux épisodes, est de nature différente. Derrière son apparente complexité se cache une articulation simple, autour d'un double pivot. Au plan intérieur – qui baigne tout – l'élément fondamental est le grand rendez-vous de Siegfried avec lui-même, symboliquement situé au plus profond de la nature (murmures de la forêt); au plan extérieur, l'action essentielle est le combat de Siegfried et de Fafner, culminant avec la mort de Fafner. Le reste de l'acte n'est que prologue (scène 1 : Wotan/Alberich), épisode secondaire (début de la

10. Alain Satgé : *Les circuits du savoir* (in : Avant-Scène Opéra n° 12, *Siegfried*). L'article serait à citer *in extenso*.

scène 3 : Alberich/Mime), ou conséquence de ce double essentiel, marquant la nouvelle étape de l'apprentissage de Siegfried, et préparant l'acte suivant (prophéties de l'Oiseau).

PRÉLUDE

Selon la formule qu'il a mise au point à l'acte précédent, et qui prévaut désormais dans le *Ring*, le prélude informe. Mime et Alberich sont frères : la texture timbrique du prélude est opaque, proche de celle du prélude du premier acte (absence des cordes et de timbres clairs, du type de celui de la flûte) [11]. Mais tout y sera plus lourd encore de menaces : Alberich – sur qui Wagner braque désormais son projecteur – n'est-il pas à la fois frère de Mime et double de Wotan?

Nous sommes devant l'antre de Fafner, le Géant qui, grâce au Tarnhelm, s'est transformé en dragon pour mieux protéger un or sur lequel il se contente de dormir. Une significative altération, de quarte en quarte diminuée, de l'intervalle des « Géants » (17) suffit à transformer ce motif, placide et plutôt pataud à l'origine, en objet étrange. Simple distorsion d'intervalle, cette première modification sensible d'un motif auquel nous étions accoutumés sous une autre forme agit ici à un niveau plus profond de perception, comme un signe : quelque chose commence à s'altérer dans le *Ring*. « Ce thème, aux contrebasses, s'associe à celui de Fafner le dragon, dévolu par privilège au tuba : ainsi le passé et le présent du personnage de Fafner sont thèmatiquement et instrumentalement cernés par quelques touches, comme est cerné le champ musical où l'action va évoluer. Tout le drame antérieur s'y engouffre : par l'évocation des thèmes de « l'anneau » (cors, clarinettes et bassons), de la « malédiction », de la « plainte », qui traversent le présent suspendu, aboutissant au motif du « travail destructeur » des Nibelungen (violoncelles et clarinettes)– motif syncopé dont l'accord caractéristique est précisément défini par la quarte augmentée : la liaison se fait automatiquement, comme si Wagner, dès *l'Or du Rhin,* avait en tête le tableau complet des thèmes de « *l'Anneau* » (André Boucourechliev).

SCÈNE 1

Ce prélude s'ouvre sur la première confrontation, depuis *l'Or du Rhin,* de Wotan et de son double noir. Tout de suite, on mesure le chemin parcouru : autant ces personnages étaient premiers dans la dramaturgie de *l'Or,* autant ils paraissent ici secondaires. Acteurs du passé, leur règne est révolu : spectateurs impuissants d'une action qu'ils ne peuvent ni éviter, ni même infléchir, leur confrontation sert de prologue à un acte dont la matière n'est plus leur fait.

Sur le plan thématique, rien de neuf. Mais l'information en elle-même est précieuse : comme dans le prélude, les éléments commencent à s'altérer, s'effriter, et leur ruine à se profiler. « La symphonie roule ainsi un éparpillement de miettes, au nom de motifs qui ne comportent pas plus de renouvellement que n'en comporte lui-même le monde condamné des Dieux. Un parti pris sonore : toute la scène gravite dans la tessiture basse. Basse de Wotan, basse d'Alberich, basse de Fafner, sans équilibration de l'orchestre vers les hauteurs. Le monde qui ne comporte plus d'espoir se résorbe dans son obscurité. Même le chant perd valeur lyrique, et s'échoue en permanence sur des cadences de récitatifs. Ce monde ne se propulse plus. Il faut sans cesse le ranimer, lui insuffler quelque vélléité de reprise (Marcel Beaufils) [12].

Sur le plan psychologique, il importe avant tout au compositeur de rappeler, en cette journée médiane, que la haine d'Alberich est intacte, et que son obsession s'est maintenue au point maximal d'intensité depuis que l'anneau lui a été dérobé. Le Nibelung qui veille (cf. *Crépuscule,* acte II/scène 1) ne connaît qu'un seul Wotan – qu'il reconnaît sans peine sous son apparence actuelle : le voleur. Sa haine se traduira, à chaque prise de parole, par de violents éclats. Côté wotanien, en revanche, quelle métamorphose! Il n'est plus le dieu ladre, supérieur au Nibelung, et qui voulait l'écraser lorsque celui-ci proférait ses menaces paranoïaques (*Or,* scène 3), mais le personnage, transformé dans son essence, portraituré à l'acte précédent. D'agir, il ne saurait plus être question pour lui : « *Zu schauen kam ich, nicht zu schaffen* » (« je suis venu pour voir, pas pour agir »). Ce n'est pas une impossibilité, mais un choix : celui de l'acceptation de son propre destin, que traduit, la scène durant, son calme imperturbable. Dans son renoncement même, l'errant qu'il est devenu n'est-il pas plus fort que le dieu éruptif qui faisait trembler l'univers dans *la Walkyrie* ?

Notons, enfin, que dans ce match nul entre dieu blanc et dieu noir, Wagner est fidèle à sa dramaturgie d'apprentissage : Wotan y instruit Alberich du projet de Mime. Mieux : à la fin de la scène, en lui prédisant que, quoi qu'il tente de faire pour contrer son frère, cela ne changera rien au cours des choses (« *Alles ist nach seiner Art; an ihr wirst du nicht ändern* »), il s'y conduit exactement comme Erda à la fin de *l'Or,* ce que le musicien Wagner confirme (« Erda » à tous les pupitres), à l'appui de son dire de dramaturge. Il faut être attentif à cette métamorphose de Wotan : il est

11. Du reste la structure même de la scène qui s'ouvre, avec, en introduction et en conclusion, ses deux brefs monologues d'Alberich n'est pas sans évoquer celle de la 1ère scène de l'acte I. Simple coïncidence?

12. Marcel BEAUFILS : *Wagner et wagnérisme* (Paris, Aubier-Montaigne)

désormais le prophète, peut-être l'égal d'Erda, même déjà prêt à l'instruire... A ce qui n'est encore qu'une suggestion, Wagner ajoute une révélation. Lorsque sonne pour Wotan l'heure du départ, un cortège symphonique l'accompagne, ou résonne, magnifiquement expressif, une citation de son chant d'adieu à Brünnhilde (46, par trompettes et cor anglais). Comme on l'entend ici pour la première fois hors de son contexte, on réalise qu'en choisissant de se séparer de sa fille, c'est à une part essentielle de lui-même que le dieu renonçait. Quittant ici son double noir, qu'il ne reverra plus, c'est à la part restant en lui de divinité que Wotan dit adieu. Wotan ici achève le dépouillement progressif de son statut divin, tel qu'il est amorcé depuis ses adieux à Brünnhilde. La vérification en sera complète à l'acte suivant, lorsqu'il tendra sa lance à Siegfried pour que celui-ci la brise.

SCÈNE 2

La nuit s'achève. Wotan disparaît, tandis qu'Alberich s'éclipse. Avec le jour, ce sont Siegfried et Mime qui arrivent à leur tour devant l'antre de Fafner. Toute l'action qui commence maintenant, et qui va du petit jour au midi où s'achève l'acte, appartient au même vaste panneau dramatique, qui couvre les scènes 2 et 3. Sa colonne vertébrale est constituée par les murmures de la forêt dont la présence enveloppante hante ces quelques trois quarts d'heure de musique, et son coeur est le combat de Siegfried et Fafner. Du début de la scène 2 à la fin de l'acte, de multiples épisodes se succèdent et s'interpénètrent continûment, qui peuvent engendrer, à première écoute, l'impression d'une certaine confusion. Mais il s'agit en fait d'un des épisodes dramatiques le plus originalement construit du *Ring*. Jusqu'à la fin de l'acte, une seule organisation prévaut celle du dramatique *par* le musical, que justifie, précisément, le dramatique... ou le musical (l'Oiseau) prend une place de première importance. En effet la partition des différents épisodes de ces deux scènes s'effectue clairement, dès lors que l'on en envisage le partage, entre séquences baignées de murmures de la forêt, à la crête desquelles parlera l'Oiseau, et interpolations, d'où ces murmures sont absents.

Après le prologue (1er épisode Mime/Siegfried), la construction met en lumière l'enchaînement de trois épisodes majeurs (1. Siegfried avant le combat, 2. Siegfried combat Fafner, 3. Siegfried après le combat), où le volet central a fonction d'interpolation. A cheval sur les scènes 2 et 3, le troisième épisode met lui-même en lumière une articulation tripartite, rythmée par les trois avertissements de l'Oiseau, eux-mêmes séparés les uns des autres par deux nouvelles interpolations (2e interpolation : épisode Mime/Alberich, 3e interpolation : épisode Mime/Siegfried).

Prologue : Siegfried et Mime

Comme toujours lorsqu'il s'agit de repartir à neuf, le compositeur commence par placer un épisode de tension minimale. On peut remarquer à présent que, si les leçons de Mime se révèlent assez systématiquement inopérantes, Siegfried sait néanmoins toujours tirer du gnôme l'information qui lui sert à aller de l'avant : hier l'existence de Notung, aujourd'hui l'endroit exact où il lui faudra planter l'épée dans le corps de Fafner. Intuitivement, toutefois, l'acte en soi lui semble tout aussi nécessaire qu'inutile (« *das Fürchten lern' ich hier nicht* »; « je n'apprendrai pas la peur ici »). Dans la texture symphonique allégée de cette introduction (motifs donnés par touches, peu de timbres « gras », prédominence des registres élevés), ce qui nous le dit – avec une belle obstination depuis l'acte précédent – est la réitération, dans de magnifiques tissages de timbres , du motif prophétique du « sommeil » de Brünnhilde que le mot peur déclenche maintenant automatiquement (hautbois, cor anglais, puis clarinettes, enfin violoncelles, ou bien cor anglais, puis clarinettes et hautbois, enfin violons). On reconnaît dans ces différents énoncés les altérations d'intervalles (ou de tempo) déjà signalées, qui sont la grande nouveauté de *Siegfried* par rapport aux deux drames précédents, et qui prépare la matière harmonique épaissie du *Crépuscule*.

Chassé par Siegfried, Mime annonce qu'il va partir. Par un de ces fondu-enchaînés dont il a le secret, Wagner glisse sous l'avant-dernière intervention du Nibelung une métamorphose subtile du « rythme de la forge » : ce sont les prémisses des « murmures de la forêt » (55).

1. *Siegfried avant le combat*

Le Nibelung parti, Siegfried se retrouve seul, pour la première fois depuis le début de l'oeuvre. Soudainement, c'est comme si le silence se faisait en lui. Un simple chatoiement d'un petit mouvement de cordes, appuyé sur une longue tenue de cor (l'instrument, à la fois de la forêt depuis Weber, et de Siegfried) sourd, *pianissimo*, de l'orchestre. Instantanément, tout est transfiguré par la poésie de ce frémissement volupteux, enveloppant et mystérieux à la fois, que l'usage a baptisé « murmures de la forêt ».

La richesse en est immense. D'abord perçus comme simple « bruit de la nature », ces murmures, après les miroitements du Rhin et les flammes de Loge, complètent, en y apportant la dimension toute à la fois terrienne (les arbres) et aérienne (l'Oiseau), la panoplie symbolique des Eléments dans le *Ring*. Mais ils assument une autre fonction encore : celle d'incarner, en le spatialisant, le premier grand moment, qui ne peut qu'être celui des grandes interrogations, où le regard de Siegfried se retourne sur lui-même. Notons enfin que cette page est aussi prophétique dans son coloris pré-impressionniste, que dans l'utilisation qui en faite. Car, à l'image de la vie qui coule et transforme tout, les murmures ne cesseront, les deux scènes durant, de s'interrompre pour reprendre, toujours eux-mêmes et toujours variés. Impénétrables tant que Siegfried n'aura pas accompli le passage de l'épreuve initiatique (le meurtre de Fafner), ces murmures sauront à leur tour, par l'intermédiaire de l'Oiseau, instruire le héros de ce qui lui est nécessaire pour aller de l'avant. Dans Siegfried, avec la genèse des murmures, un règne s'achève : celui de la pédagogie par le verbe, tandis qu'un autre se profile autrement plus essentiel : celui de la pédagogie par la musique. Comment alors s'étonner que Wagner se soit imposé, pour charpenter son théâtre, une discipline strictement musicale?

La première phase de cette pédagogie aboutit à un échec. A trois reprises, les « murmures » vont sourdre de la fosse, puis s'interrompre. D'abord Siegfried ne peut évoquer son père, court-circuité par l'image de Mime, ni imaginer sa mère, dont l'idée pourtant l'attire bien davantage encore. Vibrant de séduction, dans une mobilité extrême de l'aria au récitatif puis à l'aria encore, son chant, pour la première fois, devient émotion pure. Aux « murmures » s'adjoignent alors, outre le cor de Siegfried, la clarinette basse de sa mère (« douleur des Wälsungen »), qui cède à son tour devant le violon si séduisant de Freïa (16), au moment où Siegfried nomme enfin l'objet de son aspiration : « *ein Menschenweib* » (« une femme »). En quelques secondes d'une page à l'indicible beauté, quelque chose de psychiquement essentiel se trame derrière cet affect d'adolescent, que Wagner sculpte, avec infiniment de subtilité, entre silence vocal et exhalaison d'orchestre. Ce n'est qu'à la troisième édition des « murmures » qu'intervient le pédagogue musical naturel par excellence qu'est l'Oiseau, que Siegfried cherche immédiatement à imiter. Mais celui qui sera prophète[13], se doit pour l'instant d'être encore muet, et son langage de demeurer indéchiffrable. Il était juste qu'à une pédagogie musicale correspondit un échec musical : les fausses notes du roseau s'effacent devant une tentative sur l'instrument favori de Siegfried, dont la phrase provocatrice, en sa triple formulation d'identité (1. « appel de cor » de Siegfried, 2. « motif de Siegfried », 3. « appel de cor ») réveille Fafner.

2. *Siegfried combat Fafner*

Si le premier habitant des bois était indéchiffrable, le second, habile mélange de nature et de culture (un animal – mais doué de parole), se présente tout d'abord sous un aspect plus débonnaire que réellement terrifiant. Au demeurant, Siegfried n'est-il pas légitimement convaincu qu'il n'en apprendra pas la peur? Provoqué comme il l'est par le héros intrépide, sa « nature » de dragon finit néanmoins par l'emporter : Fafner accepte le combat. Moment bref et intense, qui se traduit, comme chaque meurtre du *Ring*, par une crampe d'orchestre. Pour ce second combat du *Ring* (après celui de Siegmund et de Hunding dans *la Walkyrie*), Wagner fait aussi bref que pour le premier : en 45 mesures, dans un tempo rapide, voici Siegfried qui s'engage dans la lutte, son « épée » à la main (cors et trombones). Le voici encore qui se donne du courage (sa « fanfare », par trompettes, cors et bois) contre le « dragon » qui rampe lourdement (tubas, trombones, bassons et clarinettes basses), découvre sa poitrine, menace : Siegfried lui plante sans tergiverser « Notung » en plein coeur (trompettes, *fortissimo*).

Fafner toutefois ne meurt pas sur le coup, et le dialogue du dragon agonisant avec son meurtrier est d'une saisissante beauté. De part et d'autre, toute agressivité a disparu. Lucide – voyant même –, Fafner, dénonçant la manipulation dont son assassin est l'objet, a le geste qui lave le criminel de son crime. Ses dernières paroles, évoquant la fin de sa propre race, sont inutiles à un Siegfried qui ne demande qu'à être instruit sur les origines de la sienne propre. Remarquons bien ici cette inutilité des mots : Siegfried ne peut entendre Fafner, parce que le temps de la pédagogie par le verbe seul est révolu. Dommage que le jeune adolescent ne puisse entendre encore les sens de la musique : il entendrait, sous son échange avec Fafner, résonner son identité (« Siegfried » au cor), ainsi que la cause profonde de son acte (« la malédiction » par les trompettes), et l'ennemi auquel il faut veiller (« le travail de destruction des Nibelungen » aux cordes). En prononçant le nom de Siegfried comme s'il se frappait le front d'une révélation qui expliquait tout, Fafner meurt. Siegfried goûte son sang. Par ce geste au sens symbolique évident, le héros engrange le bénéfice de son exploit, et accède instantanément à un nouvel ordre de connaissance. Le contact édénique par le sang rétablit ici la circulation naturelle, mais cette fois à un niveau de profondeur nouveau. Désormais, l'important ne sera plus ce que disent les personnages, mais ce qu'ils révèlent, parfois sans le savoir (Mime), à Siegfried.

3. *Après la mort de Fafner*

A l'insu d'un Siegfried toujours aussi inconscient de ses actes, les plans ont basculé. Le voici désormais non plus en harmonie superficielle avec la nature, mais en harmonie profonde avec elle – c'est-à-dire

13. On songe ici à « L'Oiseau-prophète » des *Scènes de la forêt* de Robert SCHUMANN.

avec lui-même. Ce n'est plus seulement son oeil qui sait observer, mais son oreille qui sait entendre. Maintenant, enfin, la musique lui parle : c'est d'abord la musique de l'Oiseau qui, illuminant une première fois la crête des « murmures » transfigurés (*staccato*), lui ouvre l'accès à la part significative du trésor de Fafner (anneau + Tarnhelm). Thème *naturel* pour un phénomène extra-naturel : le babil de l'oiseau (8) est une simple décalque rythmique de celui des Filles du Rhin (7).

SCÈNE 3

Siegfried s'étant momentanément absenté pour quérir son butin, le compositeur en profite pour introduire sa deuxième interpolation importante : la dispute entre Mime et Alberich. Dans un climat de haine et de ruse, cette dernière entrevue des deux frères est marquée par l'urgence où se trouvent les protagonistes à conclure un accord avant le retour de Siegfried. A l'harmonie cosmique universelle des murmures, et à sa fluidité intemporelle, s'oppose une musique fracturée, hérissée, hachée, toute en arêtes vives, où tous les motifs Nibelungiens (« travail de destruction », « rythme de la forge », « ruminations ») s'entrechoquant sans relâche, sont empilés les uns sur les autres, concassés et broyés d'une manière dont on a déjà souligné à quel point elle annonçait le travail motivique du *Crépuscule*. C'est une véritable danse infernale qui entoure le chant acide, heurté, hystérique des deux frères : une véritable page de musique du XXe siècle! Comme celle entre Wotan et Alberich, cette dispute sans issue se conclut par un match nul, au retour de Siegfried. Quoique résolu à avoir le dernier mot, Alberich trouve plus expédient de disparaître.

Le climat est à nouveau transfiguré : six cors, *pianissimo*, viennent chanter l'innocence de l'or (cf. « Rheingold, Rheingold! », dans *l'Or du Rhin*, scène I), tandis que Siegfried s'interroge sur cet anneau et ce heaume que l'oiseau l'a envoyé quérir sans explications. La forêt recommence à murmurer, et sur son doux balancement, l'oiseau vient à nouveau instruire Siegfried. Enigmatique est l'oracle de l'air, un peu à la manière de l'oracle de la terre : l'oiseau met Siegfried en garde contre Mime, sans pour autant lui révéler son projet meurtrier, que Siegfried devra découvrir par ses propres moyens.

Le long dialogue entre Siegfried et Mime (troisième interpolation des murmures) et une des inventions dramatiques et musicales les plus originales et modernes du *Ring*. Comme si le pouvoir du sang, révélé par l'oiseau médiateur, l'avait muni d'un appareil de traduction simultanée, Siegfried est maintenant à même de saisir l'envers des mots : d'entendre, à la manière du psychanalyste, la véritable parole, derrière celle qui est chargée de la masquer. Les signes se sont inversés : le gnome ne peut plus désormais que révéler à Siegfried le fond de sa nature, trahir malgré lui son dessein superficiel (la parole avenante et trompeuse) et révéler son dessein fondamental (le meurtre). Le Nibelung tente d'opérer une véritable « danse de la séduction » (A. Boucourechliev) autour d'un Wälsung nonchalant, décontracté, qui laisse venir à lui son adversaire. Mime est accompagné d'une dernière ronde de ses motifs, tour à tour fielleux, grimaçants, ou faussement guillerets. Le jeu se prolonge : sûr de son impunité, Mime se vautre dans sa haine et étale sa traîtrise; Siegfried, répétant « tout haut » ce que Mime croyait ne s'être dit que « tout bas », feint à chaque fois l'étonnement, et relance le nain, qui dénie vigoureusement... pour s'enfoncer davantage à chaque reprise de son manège. Puis le jeu cesse d'amuser Siegfried : sans autre forme de procès, celui-ci lui passe l'épée au travers du corps.

Il est midi, et temps de conclure l'acte. Siegfried revient s'allonger sous son arbre, et voici que la troisième et dernière édition des « murmures » parlants vient couronner la trajectoire d'apprentissage de cet acte II : Siegfried est informé de l'existence de Brünnhilde. Notons la puissante charge de symboles de ce troisième avertissement de l'Oiseau (délivré en trois temps distincts), et la puissance de la réaction de Siegfried. Le jeune adolescent s'enflamme, et avec lui c'est tout l'orchestre qui jubile et s'embrase. Siegfried sait – comme il savait à l'acte précédent que Notung était son épée – que cette femme lui est destinée, que lui seul peut franchir le rideau de feu qui l'entoure, et que là, il apprendra ce qui lui est nécessaire pour devenir enfin un homme : le désir, c'est-à-dire la peur.

Acte III

Une décennie de la vie compositionnelle de Wagner sépare l'acte II de l'ensemble de ce qui précède. De la transe érotique de *Tristan,* comme de la virtuosité contrapuntique acquise avec *les Maîtres chanteurs,* composés dans l'intervalle, cet acte III porte les traces les plus évidentes. Qu'il nous soit également permis de suggérer de l'entendre aussi comme le vaste portique d'entrée du *Crépuscule,* dont il forme, sous bien des aspects, le « prologue du prologue ».

Wagner revient à son articulation dramatique de prédilection : un acte formé en trois scènes de deux personnages (cf. acte I). Tout en restant fidèle à la dramaturgie d'apprentissage qui définit *Siegfried,* il couronne la trajectoire ascendante de son ouvrage par l'un des plus longs duos d'amour du répertoire, véritable hymne à la gloire de l'amour humain. Au sens cinématographique, l'acte est « cadré » dans le sommeil : dans ses fondements dort Erda (scène 1), sur ses hauteurs sommeille Brünnhilde (scène 3). Mais cette apogée de la journée médiane des trois journées de l'*Anneau* n'est que duperie profonde : l'épopée de l'homme et de la divinité déchue, qui commence à l'acte III de *Siegfried* en triomphe, s'abîmera dans la trahison la plus sordide dès l'acte d'ouverture du drame suivant.

PRÉLUDE

Formidable prélude! Bâti sur une accumulation de proliférations (instrumentale, polyphonique, thématique), il rappelle de loin, par son énergie, la fièvre de la Chevauchée (*La Walkyrie,* acte III), mais annonce déjà la pâte lourde et noire du *Crépuscule* : avec ce changement d'acte, s'est opéré un changement de monde. Dans une masse impressionnante de cuivres (trompettes, trombones, et tubas au grand complet), à grand renfort d'éclat de la dynamique, le thème d'« Erda » (2) monte en vagues incessantes. *Ostinato* présent durant tout le prélude, ses énoncés, par les cordes graves et les bois, enchâssent un mouvement de chevauchée par les violons et les altos. « Erda » se répète et s'inverse en « crépuscule » (6), selon le schéma existentiel qui est le sien, révélé dès sa première apparition dans *l'Or du Rhin* (cf. scène 4). La chevauchée, qui ne marque aucun répit, fouette sans relâche la symphonie; sous son piétinement sauvage se déroule et s'enroule, comme une obsession qui ne saurait s'assouvir que de sa propre répétition, « Erda – le crépuscule ». L'anxiété monte. Au sommet de l'éruption symphonique, éclate, par trois fois, la « plainte », terrifiante, en un *fortissimo* strident des bois aigus. Le prélude se dissout alors, non sans avoir livré son dernier message : une version torturée [14] du « sort », qu'on n'avait pas entendu depuis la scène de l'annonce de la mort (*la Walkyrie,* acte II/scène 4), enchaînée net aux « traités » de Wotan.

SCÈNE 1

La scène d'ouverture de l'acte a souvent semblé si obscure aux commentateurs, qu'ils se sont montrés peu soucieux de s'y arrêter. Remarquons d'abord qu'elle répond à une double nécessité dramatique : 1. donner à l'acte un fondement wotanien, qui lui assure le tremplin nécessaire d'où Siegfried puisse rebondir jusqu'à Brünnhilde, 2. dresser, du côté d'Erda, un ultime état des lieux avant sa disparition. Mais surtout dans la durée tétralogique, il s'agit essentiellement de marquer l'étape intermédiaire entre *l'Or du Rhin* (prophétie de la scène 4) et *le Crépuscule* (scène des Nornes).

Scène abstraite, où Wotan, en fait, interroge sa conscience (1. « Comment arrêter une roue qui tourne? », 2. « Comment le dieu peut vaincre l'angoisse? ») pour finir par endosser, à son tour, l'habit du prophète (3. « La fin des dieux ne m'angoisse pas, depuis que je la veux! »), ce moment de *la Tétralogie* consacre d'emblée l'inversion des signes, signalée à l'acte précédent. En effet, si l'on en compare le déroulement à ce qui s'est passé lors de la dernière apparition d'Erda, on remarque les faits suivants : 1. Erda n'intervient plus parce qu'elle le veut, mais parce qu'elle y est contrainte, 2. Elle n'est plus en mesure d'instruire Wotan, mais est au contraire instruite par lui (du sort actuel de Brünnhilde, du désir de Wotan), 3. le don de prophétie l'a quitté, et c'est Wotan qui, arrivé à ce point ultime de sa trajectoire, en est momentanément le dépositaire. Délivré de sa paranoïa (cf. *la Walkyrie,* acte II/scène 2), le dieu qu'il redevient ici, est en mesure de prophétiser, en dépit d'erreurs intermédiaires (Siegfried ne fera que temporairement « échec par sa noblesse à l'anathème d'Alberich »), la juste fin des choses : l'exploit rédempteur de Brünnhilde, à la fin du *Crépuscule* : le voici arrivé au sommet de son ascension personnelle : il veut désormais ce que la nécessité lui impose [15].

Dans l'opposition permanente du lent (Erda), et de l'agité (Wotan), qui réfléchit au plan musical les dispositions psychiques réciproques de passivité (Erda) et d'éveil (Wotan) incarnées par les deux personnages, la trame symphonique assume, à sa manière, la mue opérée dans la dramaturgie. Ainsi, tout au long de l'échange, on entendra les thèmes s'enfoncer dans la pâte sonore (« l'anneau »), ou bien être plus présents mais à l'état de fantômes de réalités dont on sent qu'elles sont déjà passées (le « Walhalla »), ou encore n'être plus qu'allusions furtives (« chevauchée », « sommeil »). Deux thèmes toutefois, assurent la solidité de la charpente motivique et reviennent en refrain : ce sont les immuables « traités » de Wotan, et la « dormition », qui lie si poétiquement le destin de la fille à celui de sa mère, le sommeil magique de l'une, au désir de régression au royaume de l'inconscient de l'autre. Si l'on considère avant tout la scène comme dialogue de Wotan avec lui-même, un peu à la manière de sa première scène avec Brünnhilde (*la Walkyrie,* acte II/scène 2), le *climax* en révèle toute la formidable puissance. Au lieu d'une troisième question, Wotan s'apostrophe en termes enfin clairs (« Sais-tu ce que Wotan veut? ») et marque une pause. Erda se tait. Après un silence, dans une couleur qu'on n'avait pas réentendue depuis *l'Or*, les clarinettes, les hautbois et les flûtes déroulent, en une seule fois, la courbe parfaite « Erda-crépuscule », dans un climat de quiétude (*do* majeur) qui faisait défaut au prélude, et qui dit,

14. L'analyse harmonique en révèle une économie analogue de septièmes diminuées, toutefois beaucoup plus lourdement appoggiaturées et retardées qu'auparavant (*la Walkyrie*, acte II/scène 4, cf. 36 a et 36 b)
15. Cf. lettre de Wagner à Röckel du 25/1/54, citée dans la *Walkyrie*, acte II/scène 2.

mieux que les mots et avant eux, que Wotan accepte enfin sa destinée. L'angoisse a disparu, et s'inversant à nouveau, les signes se remettent enfin en place. Au lieu de léguer masochistement l'univers à Hagen (cf. *la Walkyrie*, acte II/scène 2), Wotan est désormais en mesure de le tendre triomphalement à Siegfried. Enoncé avec emphase, un thème nouveau, appelé à revenir dans le *Crépuscule*, vient couronner, dans le prophétie de Wotan, ce moment décisif (« héritage du monde », 56). Sa mission achevée dans l'oeuvre, Erda disparaît.

SCÈNE 2

Voici Siegfried. La métamorphose est spectaculaire : avec lui, reviennent des souvenirs des « murmures » (cordes), et des échos du dire de l'Oiseau (cor anglais, clarinette). Ce dernier l'a guidé jusqu'au rocher de Brünnhilde. Mais devant Wotan, l'Oiseau prend la fuite. Dans la continuité tétralogique, il est essentiel de percevoir la spécificité du personnage de Siegfried, tel qu'il se présente à l'orée de cette scène. Acteur de la deuxième génération, maintenu volontairement par Wotan dans l'ignorance totale de sa propre généalogie, il se trouve, *ipso facto*, hors-jeu des pactes structuraux de l'univers. A la différence de son père, qui, comme il tenait la composante anarchisante de son éducation directement de Wotan, se trouvait être le hors-la-loi *culturel*, Siegfried est le véritable hors-la-loi *naturel*. Dans l'exacte mesure où son père ne pouvait agir que « pour » Wotan, Siegfried ne peut, lui, qu'agir « contre » la volonté de l'aïeul. La même épée qui, entre les mains du père ne pouvait que se briser contre la lance, ne peut désormais, dans les mains du fils, que briser à son tour la lance de Wotan.

Dans cette scène qui oppose un « rédempteur-voyou » (Marcel Beaufils) à un grand-père malhonnête, Wotan, pour tester l'étoffe du rejeton à qui il s'est autrefois laissé aller à léguer sa fille, tente de rejouer le jeu de questions-réponses qui a fait ses preuves à l'acte I. Ainsi, questionné par Siegfried, Wotan reprend l'initiative en interrogeant à son tour. (1. Qui t'a indiqué le rocher? 2. Comment as-tu pu comprendre l'oiseau? 3. Pourquoi as-tu abattu le géant?, etc...) Mais Siegfried est tout le contraire de Mime : ne l'intéresse que ce qui lui est utile. D'abord, il ne se prête au jeu... que tant qu'il s'agit du champ de *Siegfried* : le jeune homme sait remonter ainsi de l'Oiseau à Fafner, puis de Fafner à Mime – mais pas au-delà. De *la Walkyrie*, il ignore tout. Wotan peut rire tout à son aise : avec ses seules actions personnelles pour bagage, Siegfried est bien l'inconscient nécessaire au dieu, et que celui-ci appelle de ses voeux depuis longtemps [16].

A partir du moment où Siegfried ne sait plus répondre, parce que la question est hors de son champ de vie (« Qui a le premier créé cette épée? »), la scène prend une autre direction. Impatient d'aller de l'avant, Siegfried se détourne avec humeur de quelqu'un qui ne lui apprend rien. Mais, provoquant à son tour, le vieillard s'obstine à rester en travers de son chemin. A l'orchestre, les souvenirs de l'acte II de *Siegfried* s'estompent, pour faire place à ceux de *la Walkyrie* – autrement plus chargés. Voici tout d'abord une variante du « malheur des Wälsungen » (31 b, par violoncelles et hautbois), dont la fin, nouvelle, dit bien tout ce qui sépare le monde d'échec des parents, du monde plus dynamique de leur fils, puis le « Walhalla » (cors et cordes), tandis que le Wanderer devient de plus en plus ouvertement Wotan. Le dieu se fait plus menaçant, ce qui ramène la « défaite de Wotan », qu'on n'avait pas encore entendue dans *Siegfried*. Ce retour est intéressant – qui signale que, redevenant lui-même, le dieu redevient par là même... humain! Tout s'accélère alors très vite : entre les rivaux autour de Brünnhilde, le ton monte, les « traités » entraînent dans leur sillage le retour des thèmes de feu (« Loge », « magie des flammes » en *tutti*) qui, réactivant la symphonie, jettent un pont entre passé lointain (fin de *la Walkyrie*) et futur proche. Au sommet de l'échauffourée, Wotan brandit sa lance pour que son petit-fils la lui brise : « Siegfried a pris le relais de Siegmund, l'acte humain est devenu plus fort que les lois divines. » (Alain Satgé). L'inversion des signe tétralogiques est consommée; le crépuscule du dieu commence.

Interlude

Avec la plus grande détermination, Siegfried se jette dans le feu, pour franchir le rideau de flammes qui le sépare de Brünnhilde. Dans sa double dimension physique et symbolique [17], cette traversée constitue, avec les adieux de Wotan à sa fille et l'immolation finale de Brünnhilde, et à mi-parcours entre elles deux, la deuxième grande symphonie du feu de *la Tétralogie* (si l'on exclut la « petite » entrée en matière que constitue celle de l'acte I/scène 3). Comme dans les interludes de *l'Or*, pour illustrer un déplacement, on trouve une véritable mise en mouvement de tout l'espace sonore, dans un agencement symphonique relati-

16. *La Walkyrie*, acte II/scène 2 : « *Der entgegen dem Gott für mich föchte...* » (« Celui qui, contre le dieu, combattrait pour moi, l'ennemi aux dispositions amicales, comment le trouverais-je? Comment susciterais-je l'être libre que je ne protégerais jamais et qui, dans son propre esprit d'indépendance, me serait le plus cher de tous? »)
17. Mort et résurrection.

vement figuratif, et à la puissante efficacité. Là encore, c'est en maître absolu de la transition qu'il faut admirer Wagner. Siegfried va à la rencontre de Brünnhilde : après une première partie, dominée par les thèmes de Siegfried, largement proférés par bois et cuivres (sa « fanfare » au cor, son thème aux trompettes), surnageant dans le mer de flammes figurée par les cordes, et où l'intensité maximale est maintenue sans relâchement, une mue s'opère avec le « sommeil » de Brünnhilde (bois). Dans la seconde partie, de plus en plus apaisée, ce sera aux thèmes associés à Brünnhilde de se faire proéminents. C'est maintenant sans violence, comme une vie qui coule sans heurts, que son « sommeil » émerge au premier plan, occupant les registres aigus de l'orchestre. Siegfried est arrivé au sommet de son ascension.

SCÈNE 3

Apaisé, l'orchestre se métamorphose, donnant l'impression du « calme soudain après le cataclysme » (Pierre Boulez). C'est tout d'abord une longue phrase, lente, souple et libre (57), qu'on dirait dérivée davantage d'imaginaires esquisses de *Parsifal* que du thème de « Freïa », qui s'élève par les violons complètement à découvert. Lentement, la phrase monte jusqu'à un *do* extrêmement aigu (une octave au-dessus du contre-ut), pour redescendre par paliers, avec le « sommeil » de Brünnhilde. Cette phrase se laisse mourir afin que Siegfried exprime, doucement, toute l'admiration que lui inspire la vision du lever de soleil à cette hauteur. C'est à dessein qu'on a évoqué ici *Parsifal* car, jusqu'à la découverte du sexe de Brünnhilde (« *Das ist kein Mann!* »), toute l'entrée en matière de la scène est comme réservée. Son intensité et son tempo sont retenus, et l'écriture est, dans l'esprit même, celle de *Parsifal* : elle tisse un fin maillage contrapuntique, où la ligne de chant de Siegfried n'est qu'une ligne de la polyphonie qui dialogue avec les autres – et plus particulièrement deux d'entre elles. L'une dit son « émerveillement » (58, à la clarinette), l'autre, toute « parfumée de Tristan » (André Boucourechliev) est associée à la naissance d'un trouble inconnu (59). On remarque, malgré la liberté qui semble guider toute cette séquence initiale, jusqu'au réveil de Brünnhilde, une articulation tripartite. (1. l'émerveillement, 2. la découverte de la peur, 3. l'amorce du réveil), où la symphonie domine encore, mais dans l'agencement nouveau préalablement signalé.

Siegfried défait la cuirasse de « l'homme en armes ». Tout-à-coup, son univers s'écroule. Les violons n'ont qu'un cri, proche de celui de Kundry, qui fuse comme l'éclair en gammes descendantes, et son trouble qu'il nommera lui-même « peur »[18], se cristallise désormais sur le thème tristanesque et torturé (59). Point de passage obligé du développement du jeune héros, cet apprentissage correspond à une nécessité du premier ordre. Pour être pleinement un homme, il lui faut, non seulement prendre conscience de sa dimension non-héroïque, mais aussi convenir que ce compagnon qui lui manque est du sexe complémentaire au sien. Peur et désir fusionnent ici et ne seront disjoints qu'à la toute fin de la scène.

Pour faire taire la peur, une seule solution : affronter le danger. Pour réveiller celle dont le sommeil l'angoisse, Siegfried donne un baiser. La « séduction » (16), d'abord timide, monte, pupitre après pupitre, tandis que le « sort » (bassons, cors, clarinettes et hautbois) se glisse en contrepoint. Tout aboutit rapidement à un gigantesque fracas. C'est alors que commence le réveil de Brünnhilde. C'est comme si, tout-à-coup, le rideau s'ouvrait sur une nouvelle scène.

Un accord parfait, en mi mineur, fouetté par les bois, mime l'effroi de cette Belle au bois dormant qui s'éveille. Cette panique initiale se transforme tout de suite (modulation en *do* majeur) en un élan de douceur sensuelle qu'accompagnent des guirlandes d'arpèges s'envolant par les harpes, et se termine par le grattement aérien des violons divisés (60). A l'autre extrémité de l'épopée du couple, se situera la mort de Siegfried, sur le même accord de départ, avec la même réponse énamourée des harpes, et le même achèvement en plein ciel : « Siegfried s'éveillera à la mort comme Brünnhilde à la vie de l'amour. » (Marcel Beaufils).

Afin de ne pas s'y noyer, il importe de poser clairement les enjeux de la longue scène d'amour qui s'ouvre maintenant. Mesurée à l'aune d'une seule oeuvre (*Siegfried*), la scène peut sembler monstrueuse, mais mesurée à l'échelle de *la Tétralogie* entière, ses proportions sont justes. Un règne s'achève ici, définitivement brisé depuis la scène précédente : celui de Wotan (on entendra ce qu'il advient, dans cette scène-ci, des motifs qui lui sont attachés). Un autre se dessine : celui des hommes aux actes non téléguidés par Wotan. Tout est nouveau désormais aussi bien dans le théâtre, dans la symphonie (motifs), que dans le traitement de la voix. Siegfried doit apprendre de Brünnhilde comment se comporter en homme : comment assumer son désir et vaincre sa peur; Brünnhilde doit apprendre de Siegfried comment renoncer à sa part de divinité, et comment accepter son humanité comme le contraire d'une déchéance. La primauté accordée à l'homme libre [19] entraîne pour la première fois dans le *Ring* sur

18. Le sentiment de panique devant une femme endormie, de quelqu'un qui ne craint pas un dragon crachant le feu peut faire sourire. Reconnaissons-lui néanmoins, dans une visée symbolique, une très grande justesse.
19. C'est dans cette liberté que gît toute la différence entre le couple Siegfried-Brünnhilde et le couple Siegmund-Sieglinde.

si vaste échelle, la primauté des voix. Pendant la demi-heure que dure cette fin d'acte elles devront s'imposer, face à un orchestre dilaté jusqu'à être parfois lourd : le défi est redoutable pour les deux interprètes – sans commune mesure avec celui de la fin du premier acte. Comme toujours, l'organisation formelle assure à ce vaste ensemble une cohésion exceptionnelle. On y distingue à nouveau trois parties (1. réveil de Brünnhilde, et premier duo, 2. résistances de Brünnhilde et difficultés de Siegfried, 3. Siegfried convainc Brünnhilde, et second duo), avec de nombreux éléments d'analogie musicale entre les parties extrêmes.

1. *Réveil*

Dans une réalité encore teintée de rêve, la voix encore toute embrumée de sommeil (phrases courtes), Brünnhilde doit s'éveiller avec la plus grande timidité [20], et ne donner la pleine mesure de sa voix que lorsque Siegfried se sera nommé. On a dit la primauté des voix : les deux héros se jettent sans attendre dans un duo enflammé, où les lignes de chant délivrent, comme message premier, un des thèmes essentiels : le « ravissement amoureux » (61) – thème dont le douloureux souvenir hantera *le Crépuscule*. Tout de suite après, l'orchestre, jubilant avec pompe, répond par l' « enthousiasme »(62). Notons l'immédiateté de cette première reconnaissance amoureuse – au demeurant basée sur un malentendu, que la scène devra dissiper : l'amour dont Brünnhilde salue son partenaire est celui d'une vierge divine; celui de Siegfried, celui d'un inconscient qui ne sait guère ce qui lui arrive (Il s'imagine que Brünnhilde est sa mère?).

2. *Résistance de Brünnhilde*

L'orchestre se calme et perd toute lourdeur. Evoquant Wotan, Brünnhilde regagne, pour la première fois depuis son réveil, la zone grave de sa tessiture. Est-ce le retour sur la vie antérieure qui se prête à ce redéploiement de vie intérieure? Quoiqu'il en soit, les motifs spécifiques de la scène s'estompent, et laissent place à ceux de Wotan. Moments éloquents que ceux où la vierge constate le réveil de son cheval [21], et l'absence d'armure pour la défendre : la « chevauchée » se fige, réduite à une seule cellule – qui ne sera pas répétée, mais qui est donnée par l'instrument de Siegfried (le cor) –, tandis que, parfaitement identifiable, la « défaite » se bloque sur sa cellule de départ (violoncelle et alti). Eloquent « état des lieux » (36 b) : ce monde qui appartient à l'univers de *La Walkyrie* et non à celui de *Siegfried* tire Brünnhilde en arrière, la bloque dans son élan vers Siegfried (le cor); mais il ne dégage plus d'énergie, et, déjà lézardé, s'apprête à tomber en ruines. Inhibition, blocage : on retrouvera Brünnhilde dans un moment de régression analogue, lors de son arrivée chez les Gibichungen au *Crépuscule* (acte II/scène 4) : Wagner y utilisera exactement la même mini-symphonie motivique. Les motifs wotaniens sont ici certes présents, mais comme témoins d'une réalité passée, aujourd'hui moribonde.

De son côté, Siegfried fait une expérience inverse de celle qu'il a faite à l'acte précédent, où la musique de l'oiseau lui parlait. On a dit le temps de la pédagogie du verbe révolu : la parole toute « wotanisée » de sa partenaire s'offre à lui comme un « continent noir » : « Une série d'antithèses (...) se cristallise en jeu de mots : « *Nicht kann ich das Ferne sinnig erfassen wenn alle Sinne dich nur sehen und fühlen* », qui passe directement en français : « Je ne puis percevoir ces choses lointaines, quand tout mon être ne voit et ne sent que toi! » (...) Dramatiquement, Siegfried, avec une feinte naïveté, surenchérit ici sur le discours de Brünnhilde : elle oppose l'amour au savoir, il lui parle de désir; elle invoque la sensibilité, il répond par la sensualité. » (Alain Satgé). Métaphoriquement, le feu se déplace vers l'intérieur du corps de Siegfried... A l'orée de ce passage décisif de la divinité à l'humanité, de cette épreuve vécue dans un premier temps, comme une déchéance, la vierge se révolte : « *Kein Gott nahte mir!* » (« Nul dieu ne m'approcha jamais!! »). Alors, celle qui est la fille d'Erda s'essaye à parler le langage de sa mère : si ses paroles sont obscures encore (elles le seront moins à la fin de la scène), le message de Wagner est clair (« malédiction »). Mais on le sait depuis *l'Or* : l'amour dans le *Ring* passe par une série de renoncements. Brünnhilde ne veut encore s'y résoudre, et la situation se bloque.

C'est le moment qu'a choisi Wagner pour introduire une vaste parenthèse symphonique (Brünnhilde : « *Ewig war ich...* »). Judicieusement placée, elle permet, à l'interprète comme à l'auditeur, un grand repos avant l'excitation terminale. Parenthèse : comment ne pas voir, dans ce *lied* de Brünnhilde situé en plein coeur de cette grande scène d'amour, et composée au moment précis de l'union définitive de Richard Wagner et de Cosima von Bülow, mais où tout (matière, forme, timbres) est étranger au contexte de l'oeuvre, la signature d'un homme qui, s'étant plus que d'autres identifié aux figures de sa création, aura fait passer ici un moment de sa vie dans sa oeuvre? Orchestrée essentiellement pour les cordes, la pièce reprend les thèmes d'une esquisse pour quatuor composée à l'attention de Louis II en 1864 (*Idylle de Starnberg*), appelés à devenir ceux de la *Siegfried-Idyll*. Entonné tant par le quatuor que par la ligne de chant, en parallèle ou en écho

20. Combien d'interprètes, hélas, en claironnant cette triple invocation, en tuent toute la poésie.
21. C'est bien sûr un symbole: celui du réveil des instincts de Brünnhilde.

(63 et 64), l'un comme l'autre étrangement pacifiés, ces deux thèmes sont liés à l'accord intérieur que Brünnhilde est en train de trouver en se fantasmant intouchable. Enchanteresse et illusoire perspective, que trahissent les vocalises sur « *ewig in süss* », ou « *lachender Held* », mais que brisera, en un figuralisme dont le sens est repéré en musique depuis l'âge baroque, le retour d'un chromatisme menaçant comme la réalité (« *Rührtest zur Woge...* »).

3. *Siegfried convainc Brünnhilde*

Dès la réponse de Siegfried au contre-ut de Brünnhilde, les thèmes spécifiques de la scène font leur retour. Siegfried s'impatiente, sûr maintenant que la seule loi à observer est celle qui dicte, dans l'urgence, son désir. A cette « éternité » où Brünnhilde voudrait qu'on se cantonne, il oppose, lucide et de plus en plus impatient, l'*ici et maintenant* de son désir physique. A mi-pente de cette ultime et symbolique montée, la peur se sépare du désir. Brünnhilde peut se laisser aller sans crainte désormais : au thème de Siegfried dans le chant de Siegfried répond le thème de Siegfried dans le chant de Brünnhilde (Brünnhilde : « *O herrliche Knabe! Du hehrster Taten töriger Hort!* »). Un duo de feu conclut l'acte sur une transe érotique partagée « à l'italienne » (lignes de chant conjointes et parallèles), s'achevant avec le contre-ut de Brünnhilde sur le mot « *Tod* » (« mort »). Et si *Siegfried* se conclut musicalement dans une euphorie très proche de celle des *Meistersinger* (thème de la « décision d'aimer », dérivée de la « joie de vivre », cf. 50), ce n'est sans doute que pour mieux détourner l'attention de l'essentiel. Car sous la dernière prophétie de Brünnhilde, ordonnant la rupture de la trame des Nornes, et l'écroulement du Walhalla, on voit *le Crépuscule* se dessiner ici tout entier, de la première à sa dernière scène : *Siegfried*, que d'aucuns persisteront sans doute à percevoir comme la parenthèse heureuse du *Ring*, est bien l'indispensable prélude à la catastrophe terminale.

LE CRÉPUSCULE DES DIEUX

Prologue

La dernière journée du *Ring* commence par développer un des pans dramatiques les plus vastes de tout le répertoire lyrique. L'ensemble du prologue et du premier acte qui s'y enchaîne sans interruption constitue, après *l'Or du Rhin*, la plus grande durée musicale continue du *Ring* (près de deux heures de musique enchaînées). Modelé sur un immense aller et retour du rocher de Brünnhilde (Prologue et scène finale) au palais des Gibichungen (scènes 1 et 2), ce premier volet du *Crépuscule* voit la mise en place du piège de Hagen, et consacre la tragique dépersonnalisation de Siegfried.

PREMIÈRE PARTIE

Dans le vaste édifice tétralogique, la scène des Moires tisseuses des destinées que sont les Nornes germaniques, occupe une place à tout point de vue unique. C'est une scène capitale qui, pour la première fois, met à jour sur la scène les fondements mythiques du *Ring*, et, accomplissant le dernier souhait de Brünnhilde dans *Siegfried* (« *Zerreist ihr Nornen...* »), fournit sa perspective à l'ensemble des événements passés, présents et à venir. Elle ouvre la porte à l'ultime issue du drame : l'effondrement du Walhalla dans le brasier.

Située au coeur de l'épopée de Siegfried, cette scène doublement nocturne (nuit réelle et nuit mythique), qui brasse à elle seule une des plus vastes durées jamais évoquées au théâtre en quinze minutes de musique, est située au milieu des deux scènes lumineuses, dévolues au couple « rédempteur ». A scène unique, personnages uniques : les Nornes sont les seules figures importantes de toute *la Tétralogie* à n'apparaître qu'une fois durant toute l'oeuvre. Ayant élu domicile au rocher de Brünnhilde, elles n'apparaissent ici que dans la mesure où elles ont dû quitter leur lieu naturel : le pied du Frêne du monde[1]. Remontant dans le passé plus loin que quiconque dans l'oeuvre, dévoilant un présent qui ne sera pas montré en scène (cf. schéma), prophétisant un avenir qui se rapproche *dans le même temps* où se déroule la scène (incendie du Walhalla), elles incarnent le temps, à la fois comme *éternité* – certes au bord de la fracture – mais aussi comme *passage*, c'est-à-dire dans sa dimension pleine et entière. Cette scène est, par excellence, celle du dire prophétique dans sa dimension la plus totale[2].

Trois Nornes, trois temps (passé, présent, futur), trois récits tripartites, trois thèmes musicaux fondamentaux : ici encore, après le grand tête à tête de Siegfried avec la nature, le chiffre 3 est porteur de symbole et organisateur de structures. Voici l'articulation des différents récits qui tissent cette scène,ainsi que le résumé synthétique de ses arguments :

1. Toutes les issues catastrophiques du *Crépuscule* sont précédées de tels déplacements : les Nornes ont dû quitter leur place naturelle, comme Waltraute le Walhalla (acte I/scène 3), ou encore les Filles du Rhin le fond du fleuve (acte III/scène 1).
2. Triple révélation du passé, du présent, du futur: cf. Sieglinde à l'acte II de *la Walkyrie*.

Récitante	Texte	Temps
	RÉCIT 1 : WOTAN	
1ère Norne	1. Avant l'irruption de Wotan: l'harmonie cosmique au pied du Frêne sacré	Passé *hors-champ* (avant l'*Or du Rhin*)
	2. Le méfait fondamental de Wotan: boire à la source, et casser une branche	
	3. Les conséquences: l'harmonie brisée, la source tarie, et l'arbre progressivement desséché	
2ème Norne	1. La branche devient lance des traités	Passé *hors-champ*
	2. La lance est brisée par Siegfried	Passé récent (*Siegfried*)
	3. Le retour de Wotan au Walhalla: l'ordre de couper l'arbre sacré et de l'entasser au pied de la forteresse.	Passé *hors-champ* (entre *Siegfried* et *le Crépuscule*)
3ème Norne	1. Le Walhalla aujourd'hui : le dieu, les héros inactifs, le bûcher prêt.	Présent hors-champs
	2. Si ce bûcher s'embrase un jour, c'est la fin des dieux.	Futur prophétique
	RÉCIT 2 : LOGE	
1ère Norne	Question : et Loge?	Passé
2ème Norne	Réponse: il fut soumis au dieu, puis s'est libéré, mais fut cloué ensuite au rocher de Brünnhilde.	Passé plus récent (entre *la Walkyrie* et *Siegfried*)
3ème Norne	Réponse: allumé par Wotan, le brasier a commencé au Walhalla.	Présent *hors-champ*
	RÉCIT 3 : L'OR	
1ère Norne	Question: Et l'Or du Rhin?	Passé
2ème Norne	Réponse: trouble, malédiction, montée des forces de l'obscur, et approche de la fin	
3ème Norne	Réponse: le fil se rompt.	Présent *ici*

Tout de suite, l'accord d'ouverture du *Crépuscule* électrise : c'est l'accord initial, en fouet, du réveil de Brünnhilde, énoncé à trois reprises. Mais autant il semblait lumineux et ouvert dans *Siegfried,* autant il semble ici opaque et sourd[3], chargé de pressentiments. C'est que son développement s'opère, les deux premières fois, non sur les glorieux arpèges de Brünnhilde, mais sur le motif originel du « Rhin ». Ce retour des origines du *Ring* vaudrait-il comme retour aux origines? Marcel Beaufils indique le sens caché de ce prélude : « Un accord prophétique, nu, menaçant, qui par trois fois émerge comme une lune borgne au ciel d'orage, puis débouche sur le thème de l'annonciation de la mort, parmi les houles du Rhin et les fusées

3. La modulation y passait de *mi* mineur à *do* majeur, elle est ici de *mi* bémol mineur à *do* bémol majeur.

d'arpèges : la couleur de l'oeuvre est donnée : couleur anangkienne d'anéantissement. C'est la couleur du rythme par lequel, d'un bout à l'autre de l'oeuvre, s'amorce la détermination de Brünnhilde ».

Dans une couleur musicale nouvelle, glauque et lourde d'harmonies qui se dérobent, parmi des thèmes connus immergés dans les profondeurs symphoniques (« lance », « traités », « puissance des dieux », « Loge », « magie du feu »), trois thèmes émergent – plus particulièrement sollicités dans les pages interstitielles des récits, et auxquels le compositeur a assigné une fonction de refrain. Dans une scène où, avant la rupture finale de la corde, rien n'existe hors le récit, les « refrains » marquent le moment où passe le présent, *ici et maintenant*. Le premier motif est nouveau : c'est le thème des « Nornes » (65). Par son jeu harmonique de septièmes et de neuvièmes diminuées tissées par un mouvement contraire des cordes graves avec sourdine, il figure à la fois l'activité réelle des Nornes (le tissage), et le monde nouveau où nous entrons : un monde où à la fois êtres et motifs se désagrégent. Les deux autres thèmes sont connus, et leur retour n'a rien pour rassurer : ce sont le « sort » (37), et la « mort » (38), guère entendus en couple depuis la scène de l'annonce de la mort dans *la Walkyrie*. Chaque fois que Wagner sort, l'espace d'une phrase, de ses récits rituels, que ce soit, s'il y a lieu, dans les pages interstitielles d'un même récit, lorsqu'une Norne achève, et que la suivante n'a pas encore pris le relais, ou pour scander le passage d'un grand massif à l'autre (récit 1, récit 2, récit 3) le « sort » ou la « mort » reviennent, alternativement. Sort et mort ici conduisent tout, dominent tout, et révèlent le sens trop longtemps caché des vieilles énigmes. A chaque *passage*, l'un ou l'autre de ces motifs signalent que nous sommes ici comme suspendus au-dessus du vide.

La progression de la scène s'effectue exclusivement par les avancées du temps (remémoration, présent, prophétie du futur), ainsi que par le raccourcissement progressif des durées de chaque dire : l'imminence du danger est ainsi soulignée, non par l'insistance sur une quelconque donnée agissante, mais par la sensation que le temps « rattrape » les Nornes. Dans cette perspective il importe d'avoir présent à l'esprit un fait trop souvent passé sous silence : dès cette scène, on apprend que le feu commence au Walhalla. Dès lors, son écroulement ne résultera pas du seul geste de Brünnhilde, mais parce que le brasier qu'elle aura allumé sur terre rejoindra celui allumé au ciel sur ordre de Wotan. Alors, au cours de leur dernier récit, les Nornes évoquent l'Or du Rhin, jadis volé par Alberich : l' « anneau », devenu maléfice vivant (« *Ein rächender Fluch nagt meiner Fäden...* ») entraîne dans la symphonie l'« épée » par la trompette, puis la « fanfare de Siegfried » par le cor. La « malédiction » alors est réactivée : c'est sur cette seule allusion musicale que le fil de la vie se tend à l'extrême et rompt. Arrêtée dans son cours, l'éternité éclate en mille fragments (« *Es riss* »), et la prophétie des Nornes s'achève (« *Zu End' ewiges Wissen* »). S'enfouissant à leur tour, elles partent rejoindre Erda au plus profond de la terre.

DEUXIÈME PARTIE

Un interlude symphonique accompagne le lever du jour et marque le passage entre deux mondes : celui des éternels à celui des vivants, qui est aussi celui de l'irréel à celui du réel. Aux deux protagonistes sont attachées, pour cette scène, deux nouvelles figures motiviques : Siegfried se voit conférer un thème carré et puissant, qui élargit sa fanfare d'enfant aux dimensions de sa vaste et désormais virile poitrine (49 c), tandis que Brünnhilde se voit attribuer un thème tout au contraire arrondi et alangui, développé dans la sensuelle lumière des clarinettes (66). Tout ce qui est passé (« le ravissement », « la chevauchée ») s'estompe, au profit de ces deux thèmes, que vient couronner celui de leur « amour héroïque » (67).

Sur le plan dramatique, la scène est indispensable. Cet amour, solaire et extraverti, est tout le contraire d'un amour tristanien. On ne s'y contemple pas, on n'y est pas abîmé dans l'inaction, mais on y puise, une fois l'*échange* amoureux réalisé, l'énergie de nouveaux exploits : l'échange des gages, à la fin de la scène, vient concrétiser cet échange énergétique. En prologue à l'action du *Crépuscule*, il faut montrer la femme épanouie qu'est devenue Brünnhilde depuis la fin de *Siegfried*, ainsi que la conscience qu'elle a de la perte de son savoir divin (Brünnhilde : « *Des Wissens bar...* »). Sur le même registre dramatique, il importe également de montrer l'assurance de Siegfried proclamant la force des liens qui l'attachent à Brünnhilde (« *Eine Lehre lernt' ich leicht : Brünnhilde zu gedenken!* ») au moment même où il s'apprête à la quitter. L'anneau, symbole d'une puissance dont son propriétaire est inconscient, est transformé en alliance nuptiale [4], tandis que Grane, le cheval de Brünnhilde, sera le souvenir de l'ex-Walkyrie partout où Siegfried sera. La scène se conclut sur un duo à l'apparence conventionnelle : montrer un couple comblé a rarement inspiré à un compositeur d'opéra autre chose que des clichés. Prêtons toutefois une oreille attentive au message des compositeurs romantiques : si un couple est ainsi glorifié, c'est qu'il est au seuil de la mort.

Du *regard* de Brünnhilde suivant son époux qui s'éloigne, naît la mise en mouvement de l'espace sonore dont *l'Or du Rhin* nous a rendus coutumiers.

4. Perversion contre nature dans *le Ring*.

Le « ravissement » (61) se mêle au nouveau thème de « Brünnhilde » (66), dont l'intensité décroît au fur et à mesure que Siegfried s'éloigne. Alors qu'il n'est déjà plus visible sur scène, Siegfried adresse un dernier signe à son épouse, non sur son thème, mais à nouveau sur sa « fanfare », dans sa forme primitive (49 a). Cette régression thématique est prophétique : dès l'instant où il aura mis pied à terre, Siegfried, sans Brünnhilde, ne redeviendra-t-il pas, l'inconscient qu'il était avant de la connaître?

VOYAGE DE SIEGFRIED SUR LE RHIN

Voici maintenant, à rideau fermé, une des pages symphoniques les plus prisées du public – lorsqu'on la joue séparée de son contexte dramatique. Plus que d'une simple pièce de musique descriptive à écouter pour elle-même, il s'agit de l'indispensable transition entre l'ancien monde du *Ring,* et le nouvel univers où nous pénétrons. Nous quittons un monde de *nature* où les personnages ont évolué jusqu'à maintenant (fleuve, ciel, montagnes, forêt), pour entrer dans le monde de *culture* et de civilisation qui consommera leur perte.

Avant de plonger définitivement dans les noirceurs du *Crépuscule* – et peut-être pour figurer la régression psychique de Siegfried – Wagner compose une page symphonique tout à la fois plus tonale que l'ensemble du *Ring,* (plus « fraîche »), plus claire de timbre, et où se trahit en lui l'admirateur de Beethoven. Trois « mouvements » la composent : le premier, en *fa* majeur (le plus beethovénien par son tonus, et son orchestration : quatuor à cordes et bois exclusivement), est bâti sur des figures rythmiques dérivées de la « fanfare de Siegfried » (bois) et du thème de « Loge » (cordes); le deuxième, en *la* majeur puis en *mi bémol* majeur, nous immerge brusquement dans le « Rhin » vierge du début de *l'Or* (1b, par les cuivres, qui font une entrée remarquée); la troisième anime le Rhin, en évoquant son histoire (« fanfare de l'or », « anneau »). Mais le registre instrumental sollicité s'abîme progressivement – pour arriver, à l'ouverture du rideau, comme par un *fondu au noir,* sur la « plainte » nibelungienne, par trois trompettes.

Acte I

Pour la première fois dans *le Ring,* la théâtralité romantique, avec son cortège de philtres, serments, complots, trahisons et vengeances, prend le pas sur le mythe. Différent de tout ce qui a précédé, l'espace dramatique des actes I et II est paradoxal : nouveau dans l'oeuvre, il porte la marque d'un théâtre révolu, au moment où Wagner en compose la partie musicale (cf. chronologie, et introduction générale). Sa partition, avec ses zones d'archaïsme (serment d'amitié à l'acte I, serment du complot à l'acte II), et la nouveauté de son écriture motivique néanmoins, en assume pleinement cette dimension paradoxale.

Malgré sa division en trois scènes, l'acte I est en deux grands volets, eux-mêmes bipartites. Les scènes 1 et 2, qui présentent le clan des Gibichungen avant l'arrivée de Siegfried (scène 1), puis après (scène 2), ont pour apogée, au plan extérieur, le serment d'amitié entre Gunther et Siegfried (« *Blutbruderschaft* »), et au plan intérieur le monologue de Hagen (« *Hier sitz' ich...* »). Quant à la scène 3, située, comme le prologue, au rocher de Brünnhilde, elle se divise en une partie dont l'apogée est un récit (celui de Waltraute), et une brève action, au cours de laquelle Siegfried ayant pris les apparences de Gunther conquiert Brünnhilde. Un élément nouveau domine la théâtralité de l'acte : la magie. Philtre et Tarnhelm sont manipulés par une seule et même figure : Hagen, le fils d'Alberich [5]. Waltraute exceptée, tous les personnages de l'acte se révèlent n'être que marionnettes entre ses mains.

SCÈNE 1

L'exposition de l'acte a le mérite de la clarté – sinon de l'expressivité Gunther et Gutrune nous sont présentés comme incomplets (encore célibataires), et préoccupés par leur apparence sociale (un signe de faiblesse qui ne trompe pas). Manipulés par un demi-frère à qui ils reconnaissent volontiers une intelligence supérieure à la leur, ils laissent Hagen disposer de leur sort à sa guise. Le plan visible de ce dernier (marier Gunther et Gutrune à des héros de valeur), n'est que le moyen d'un but – invisible pour l'instant- obsessionnellement poursuivi : récupérer l'anneau.

Hagen mène la scène : même si c'est Gunther qui parle en premier le motif de Hagen est néanmoins le premier à entrer en jeu (68). Epaisseur (multiplicité des lignes), et force (cordes, dans le grave) le caractérisent. Avec sa dimension asphyxiante, c'est toute la complexité du monde sonore du *Crépuscule* qui semble par avance s'y refléter . En regard, la figure attachée aux « Gibichungen » – qu'on préférera ici attacher spécifiquement à « Gunther » -, sautillant dans un registre plus élevé, semble falote, et sans réelle énergie (69). Quant à celle attachée à « Gutrune », fichée plus loin dans les vents, tout à la fois molle et creuse, sa légèreté et sa clarté (flûte et clarinette, 73), signalent sans équivoque le personnage le moins crédible du *Crépuscule*. De manière générale, cette scène initiale, avec son cortège de nouveaux motifs, développe un style de « conversation en musique » d'allure

5. On a dit précédemment que la trahison était, à partir du IIe acte de *la Walkyrie*, l'apanage du seul clan nibelungien (cf. *la Walkyrie*, acte II/scène 1).

pré-straussienne, où la pâte motivique fait apparaître sa spécificité crépusculaire, qui est d'être plurielle.

En effet, pour la première fois dans le *Ring* sur si vaste échelle, plusieurs strates de motifs agissent simultanément. Nouveaux, infiniment plus complexes que ceux apparus dans les trois drames précédents, travaillés en permanence comme par leur propre cancer, ces motifs (67 et 75), rarement cités tels quels, semblent – tant est grande la métamorphose qu'ils sont amenés à subir – mettre l'auditeur au défi permanent de les reconnaître. Gardons-nous toutefois de céder au découragement : dans le même temps où Wagner complexifie sa démarche, il en simplifie la lecture. Le compositeur aime, par exemple, à réduire ses motifs à leur cellule initiale – voire à leur intervalle initial. Ainsi une foule de simples intervalles descendants, tous dérivés des accords de Hagen (68), se voient hissés au rôle de matériel signifiant. Dans une autre strate de la trame d'orchestre, se glissent des vestiges de motifs issus des drames passés, ici liés aux différentes évocations : la « chevauchée », pour Grane et la Walkyrie, la musique de « l'oiseau » quand Hagen informe Gunther et Gutrune de l'existence de Brünnhilde, enfin la pensée de « Brünnhilde » (ex. 66 a), pour le petit laps de temps où Siegfried l'autorisera à vivre dans son souvenir. Enfin, aussi perceptible que le brassage précédemment décrit est enfoui, à la crête de l'orchestre, paraissent quelques motifs immuables, où l'on reconnaîtra sans peine les « traités » lors du pacte entre Gunther et Siegfried, le « Tarnhelm » – dont la signification est maintenant plus importante que dans *l'Or*, ou la « malédiction », dont aucun énoncé, que ce soit dès l'arrivée de Siegfried chez les Gibichungen, ou au moment de sceller le pacte, ne laisse l'auditeur indifférent.

Hagen développe la partie visible de son plan, en alléchant son frère et sa soeur, par le récit des exploits des deux héros auxquels il pense les marier. Au moment où Gunther semble prêt à renoncer – tant les moyens de la conquête de Brünnhilde sont au-delà des capacités de l'homme ordinaire qu'il est –, Hagen révèle un des aspects de son projet. Appâter Siegfried : avant même que Hagen ne développe son plan, le retour d'une version modifiée du « Tarnhelm » (21 b), toutefois clairement reconnaissable à sa couleur particulière due aux cors bouchés, signale à l'auditeur la trahison qui se profile. Il s'agit de forcer Siegfried à aller conquérir Brünnhilde, en s'étant auparavant assuré son attachement exclusif à Gutrune. Cette dernière doute-t-elle de ses propres charmes? Un thème nouveau charrie ce scepticisme, appelé tantôt « amitié perfide de Hagen », tantôt « piège d'amour » (70), mais en tout état de cause clairement inscrit par son saut initial d'un intervalle descendant son « juridiction » de Hagen. De ce plan, seul le « philtre », qui mêlera aphrodisiaque et amnésique, peut-être le moyen. Ce breuvage est associé à un thème, clairement dérivé à son tour de celui du « Tarnhelm » (21 c). Le piège est prêt. Par une de ces coïncidences qui n'arrivent qu'au théâtre, voici justement la proie qui s'annonce.

SCÈNE 2

Hélé par un Hagen maître de lui (sa jubilation intérieure se « trahit » à l'orchestre par son « appel » aux cors, tandis que gambade, à différents pupitres, la « fanfare de Siegfried », noyée dans une grande effervescence générale), voici que Siegfried met pied sur le sol. Que ne peut-il entendre alors la fracassante « malédiction » aux trombones, qui sous-titre le salut que lui adresse Hagen! Les saluts respectifs de Gunther et de Gutrune se voient eux aussi gratifiés dans la partition de thèmes nouveaux. A la proposition initiale d'amitié de Gunther, répond un thème donné par le quatuor à cordes (72), où se remarque, bien en évidence, un saut initial de quinte descendante. N'ouvrant la bouche qu'au moment de tendre à Siegfried le philtre, Gutrune salue son hôte sur un thème, lui aussi marqué par un saut initial de quinte descendante (73) : Gunther et Gutrune sont frère et soeur, mais cette filiation thématique signale avant tout l'emprise de Hagen (quintes diminuées).

Moment bouleversant que celui où Siegfried, juste avant de sombrer dans l'oubli (21 c) dédie sa boisson à Brünnhilde. Il lui adresse ce qui se révélera être sa dernière pensée avant d'être à l'agonie : sa ligne de chant (« *Vergäss' ich alles...* ») dialogue avec deux des thèmes associés à leur couple depuis *Siegfried* (« héritage du monde » (56), par le hautbois et « salut à l'amour » (61), par la clarinette). Siegfried boit la coupe qu'on lui tend. L'orchestre se sature tout à coup de répétitions de motifs liés à la traîtrise (débuts des 70, 71 et 72), tandis que ses ennemis s'assurent, par leurs questions insistantes, de l'efficacité de leur philtre. Sommet bien visible de ce premier pan d'acte, un pacte de sang est alors scellé entre Gunther et Siegfried, qui fait songer, dans son extraversion mélodramatique, au pacte de Iago et d'Otello dans l'*Otello* de Verdi. Le thème associé à ce « pacte », souvent appelé « justice de l'expiation » (25), descendant par intervalles de tierces, est à la fois lié à « l'anneau » (12), et à la « malédiction » (24), dont il n'est que l'inversion. Une fois encore, si le pacte se scelle entre Siegfried et Gunther, la partition se charge de marquer à quel point Hagen en est l'instigateur. En toute hâte, Gunther et Siegfried partent pour le rocher de Brünnhilde.

Parlant pour lui-même, et mettant pour la première fois son coeur de Nibelung à nu, Hagen dévoile ici son obsession : son motif se fixe désormais sur une figure formée d'un simple intervalle de quinte descendante.

Sous cette forme, sinistre et concentrée, le plan de Hagen hante désormais la partition entière. Malgré sa brève durée (six phrases en tout et pour tout, moins de cinq minutes de musique au total), la veille de Hagen est un des moments les plus forts du *Crépuscule*. Prolongée et amplifiée à l'acte suivant par la scène de confrontation avec son père (acte II/scène 1), ce bref fragment scénique établit sur vaste échelle la crédibilité du dessein nibelungien. Ces quelques minutes de musique sont un des hauts lieux d'une concentration expressive propre à cette fin du *Ring*. « Et voici l'admirable monologue de Hagen (« *Hier sitz' ich zur Wacht...* »), si frappant dans son statisme, son monolithisme, contrastant avec l'agitation des scènes précédentes; monologue d'une intensité sombre, tout intérieure, d'un repliement sur soi, qui définissent totalement le caractère de Hagen, créature solitaire, irréductible au monde qui l'entoure, soumettant tout à sa volonté unique de vengeance. Rien de plus crépusculaire, à vrai dire, que l'harmonie somptueuse de ce passage – que reprendra et développera l'interlude suivant – annonçant, dans des couleurs excessivement sombres et tragiques, les profondeurs les plus désespérées de *Parsifal*. » (Pierre Boulez).

INTERLUDE ET SCÈNE III

La transition qui permet de passer du palais des Gibichungen au rocher de Brünnhilde est à nouveau une page orchestrale d'une saisissante efficacité. Le *passage* d'un monde à l'autre est rendu par un passage de registres (du grave à l'aigu), qu'assure un relais de timbres (les cuivres dominent pour Hagen, les cordes et les bois pour Brünnhilde). La pâte cuivrée et noire des tensions nibelungiennes, avec pour refrain les quintes diminuées de « Hagen » (68), et pour soubassement les syncopes de la « destruction » (22 b et c), cèdent insensiblement devant l'insistance chaude et lumineuse des cordes et bois clairs. Quand le rideau s'ouvre à nouveau, Brünnhilde est perdue dans la contemplation de son anneau.

Brünnhilde-Waltraute. Elles ont été soeurs au point de n'être qu'un : la volonté de Wotan. Et pourtant, dès l'arrivée inopinée de la Walkyrie chez Brünnhilde, l'incompréhension entre elles deux éclate. Tant d'événements ont pris place depuis qu'elles se sont quittées (*la Walkyrie*, acte III, scène 1) Brünnhilde, tout à la fois à sa joie d'ex-Walkyrie à revoir une soeur qu'elle n'a pas revue depuis si longtemps, et à son nouvel épanouissement, ne perçoit pas l'état d'anxiété où est Waltraute. Avant de laisser sa soeur parler, elle éprouve le besoin de lui narrer ce que nous connaissons, mais que Waltraute est censée ignorer : son destin depuis l'acte III de *la Walkyrie*, ainsi que son bonheur à être devenue femme. Mais Waltraute manifeste une impatience que finit par remarquer sa soeur, à qui la Walkyrie demande de l'écouter maintenant avec la plus grande attention.

Bien isolé dans le contexte théâtral, le récit de Waltraute (« *Höre mit Sinn...* ») est, sur le plan vocal un parangon de récit wagnérien, très similaire au récit de Loge dans la scène II de *l'Or du Rhin*. Symbolisant la dernière irruption du monde de Wotan sur la scène du *Ring*, il permet de mesurer l'ampleur de son retrait : à Wotan se substitue désormais l'une de ses filles; à l'autorité légitime, l'infraction; à l'action, l'inaction.

Sur le plan des informations qu'il délivre, ce récit opère une sorte de *gros plan* sur celui des Nornes – pour la partie qui concernait le Walhalla. Mais, si la position des Nornes demeurait extérieure au Walhalla, il s'agit ici, en revanche, d'un récit fait de l'intérieur de la citadelle. Des précisions émotionnelles sont apportées. Dans la partie médiane du récit (« *So sitzt er, und sagt kein Wort...* »), l'accompagnement se retire un peu, à la manière de la circulation sanguine dans un organisme mourant. Par un chant sobre et retenu, Waltraute évoque l'émotion qui règne au coeur du silence imposé par le mutisme du dieu, puis les larmes des Walkyries et celles de Wotan (sur un rappel de son chant d'adieux à sa fille) enfin mime ce soupir où s'exhale, par la bouche du dieu, l'information maîtresse de tout ce premier acte : « Si elle pouvait restituer l'anneau aux Filles du Rhin, le dieu et le monde seraient délivrés du fardeau de la malédiction. » Ce moment, qui est le plus apaisé de tout le récit a fonction prémonitoire : on le retrouvera, dans le même climat, et avec la même parure motivique (la fin du « Walhalla », par les cors et les bois réunis au complet), dans l'immolation terminale de Brünnhilde (« *Ruhe, ruhe, du Gott...* »). Le motif du « Walhalla » revient ici, sous une forme très adoucie (14 b), nimbée de rêve, conforme à son essence et non plus à son apparence : la chimère redevient chimère. Par cette pré-citation musicale, ce récit prend son sens fondamental, qui est d'articuler tout le passé de l'oeuvre ignoré de Brünnhilde (la signification de l'anneau), à son futur. Car ce récit rendra possible l'ultime geste de Brünnhilde : elle saura alors qu'en rendant l'anneau aux Filles du Rhin, c'est aussi aux souffrances du Walhalla qu'elle met un terme. Mais, si l'information vaut pour le futur, elle ne peut valoir pour le présent. Brünnhilde n'est plus ni soeur de Waltraute, ni fille de Wotan, et n'a jamais été plus loin qu'en cet instant du monde des immortels. C'est en femme qu'elle est, c'est-à-dire exclusivement en épouse de Siegfried qu'elle réagit : « [Rendre l'anneau?] Le gage d'amour de Siegfried? Tu perds la tête? ». Epouvantée, Waltraute s'enfuit.

Parmi les « flammes » de Loge revenues faire muraille autour de Brünnhilde, tout à coup l'orchestre n'a qu'un cri (au cor) : « Siegfried! » Certes, le héros est encore invisible, mais sa présence musicale, affirmée sans la moindre ambiguïté, envahit déjà

Brünnhilde, la scène, et l'espace tout entier. Sa « fanfare », puis son thème au cor, puis à nouveau sa « fanfare » à la trompette, proclament le retour d'un aimé vers lequel Brünnhilde se précipite, tandis que l'orchestre se rue vers un *clash* d'intensité sur une modulation abrupte. « Siegfried ayant, grâce au Tarnhelm, revêtu l'apparence de Gunther, vient conquérir Brünnhilde : la musique transforme une anecdote dramatique qui eût pu, chez un compositeur de moindre envergure, être désolante de puérilité (...). En fait, l'accessoire de Tarnhelm en lui-même n'a guère d'importance : c'est Siegfried qui a profondément changé d'identité en quittant Brünnhilde; dans le même temps où il ne peut s'assumer responsable de cette déficience, pas plus qu'il ne le sera des conséquences qui en résultent, et donc de ses comportements ultérieurs; l'utilisation à ce propos des thèmes du Tarnhelm et de la malédiction me semble dépasser largement la simple signalétique et signifier la duperie profonde qui marque la destinée de Siegfried. » (Pierre Boulez). Ainsi peut-on entendre désormais le Tarnhelm être l'emblème de la dramaturgie du *Crépuscule* -tant sur le plan dramatique (métamorphose de Siegfried), que sur le plan musical (métamorphose des motifs).

Au sommet de l'échauffement orchestral, Siegfried est apparu. Certes en chair et en os – mais masqué par son heaume maléfique, ayant les apparences de Gunther. Instantanément, l'orchestre a fait le vide, et laissé, pour toute présence « Tarnhelm », « philtre » et « Gunther » (vents). « Ces trois thèmes forment un ensemble de menaces, d'une identité à deux tendances, envahissant Siegfried qui s'en revêt, et Brünnhilde qui en est cernée. » (Michel Guiomar [6]). Trahison : Siegfried a quitté Brünnhilde dans la loyauté; il y revient dans la déloyauté. Trahison encore : Siegfried, qui se prétend ici Gunther – tout en sachant qu'il ne l'est pas – a néanmoins perdu toute conscience de sa propre identité. Cruauté, enfin, de la situation : deux amants sont face à face, sans se reconnaître. L'un a la vue nette et la mémoire abolie, l'autre a la vue troublée par les apparences (un *regard* de son adversaire, néanmoins, trouble Brünnhilde), mais la mémoire intacte. Un signe ne trompe pas : les thèmes de Siegfried sont désormais tragiquement absents. Wagner leur a substitué l'effroyable cortège nibelungien, de « Tarnhelm », « philtre », « Gunther » et « Hagen ». C'est que tout, ici, trahit l'acte contre nature : l'aridité des lignes vocales, l'ingratitude de la matière symphonique qui semble vouloir marquer sa désapprobation par les nombreux silences qui donnent l'impression de tenter d'arrêter ce cauchemar dans lequel l'œuvre s'engouffre désormais. Une lutte physique s'engage pour l'anneau, au cours de laquelle se consomme « la dégradation de Siegfried en pantin sans mémoire ni volonté » (Francesco Orlando). Sur le crâne incliné de Brünnhilde, le travail de « destruction » des Nibelungen vient planter son drapeau noir. Les derniers mots de Siegfried reprenant sa propre voix sont pour clamer sa loyauté vis-à-vis de son frère d'armes. Les octaves péremptoires de Notung – dont les deux premières sont situées à intervalle de quinte diminuée –, les « traités » [7] – sur l'instrument de Siegfried, (mais installées sur les quintes diminuées aux violoncelles et aux contrebasses), disent mieux que les mots ce qu'il en est désormais du libre-arbitre du héros.

Acte II

Non moins théâtral que le précédent, cet acte, avec ses choeurs et ses ensembles, est toutefois caractérisé par une montée de violence plus unifiée.Dans ce premier acte du *Ring* à exploiter les ressource d'un choeur, la tension – du fait d'un très grand nombre de personnages qui chantent pour la première fois sur la scène en même temps – n'est dispersée qu'en apparence. Après le vaste préambule que constitue l'ensemble du prélude et de la première scène, la construction, plus subtile qu'il n'y paraît à première vue, fait se succéder une scène de transition (scène 2 : le retour de Siegfried), une scène en foule, dont il n'est pas gratuit de constater qu'elle constitue la pièce centrale de l'acte central, puis les deux scènes finales, où se joue, dans la *concentration* dramatique spécifique au *Crépuscule* (cf. veille de Hagen à l'acte I), le volet crucial de la passion de Brünnhilde.

SCÈNE 1

Il n'est pas indifférent de noter que Wagner choisit, une fois encore, après la scène des Nornes, d'ouvrir un acte du *Crépuscule* par une scène nocturne. Du reste, la précédente apparition d'Alberich s'effectuait aussi la nuit (*Siegfried,* acte II/scène 1). De fait c'est par une nuit noire que s'effectue la « montée des forces de l'obscur » tant redoutée par les Nornes.

Entièrement voué aux Nibelungen, et miné par leur « haine » éternelle, sous sa forme la plus lourde, écrasée par les cordes dans le grave (22 d), sur lequel vient s'incruster le cri de leur « obsession » (9 b), ce prélude de trente mesures vient couronner l'ensemble des préludes nibelungiens de l'oeuvre (cf. *l'Or du Rhin*, entrée dans la scène 3, et *Siegfried*, préludes aux actes I et II).

6. Michel GUIOMAR : *Imaginaire et utopie, I. Wagner* (Paris, Librairie José Corti, 1976).
7. Wotan n'y serait donc pas étranger après tout? N'oublions pas que ce dernier a légué le monde Hagen (*la Walkyrie*, acte II/scène 2) avant de le léguer à Siegfried (*Siegfried*, acte III/scène 2).

Etrange musique, étranges personnages, dont on ne sait plus désormais à quelle réalité ils appartiennent, étrange relation d'un père fantomatique et d'un fils somnambulique : cette scène proprement *innommable* est le socle sur lequel Wagner choisit d'édifier l'acte entier.

Hagen dort. Par ce seul fait, il appartient à cette cohorte de personnages du *Ring* (Erda, Brünnhilde, Fafner, les Nornes) à laquelle l'état de sommeil confère un étrange pouvoir, qui agirait à la manière d'un puissant révélateur psychique : n'oublions pas qu'"un homme qui dort tient autour de lui le fil des heures, l'ordre des années et des mondes » [8]. A quel monde Hagen, qui, selon les indications scéniques du compositeur, « semble dormir bien qu'il ait les yeux ouverts », et dont la musique tout au long de la scène dit l'engourdissement, appartient-il? Alberich, « accroupi aux pieds de son fils », est-il encore vivant? Son apparition ne serait-elle pas plutôt la projection de l'espace onirique de son fils? « Cosima rapporte dans son Journal que Wagner comparait ce dialogue à celui d'animaux antédiluviens : il y a là, en effet, une dimension complètement étrangère à la dimension humaine, une sorte d'immense projection hors temps et hors espace. » (Pierre Boulez).

La scène se joue dans un espace dramatique d'autant plus fossilisé qu'il musicalement insaisissable. Dans l'orchestre se sont enfoncés d'antiques motifs – fantômes de réalités passées, et non destinées à être perçues autrement. Ecoutez, juste au lever du rideau, « l'anneau » en notes piquées, glisser dans l'aigu des violons divisés avec sourdine : ne dirait-on pas qu'il n'est plus que pur produit de l'imagination d'un hystérique? Du côté du prince des ténèbres (Alberich), la volonté de puissance est à la mesure d'une impuissance déjà constatée dans *Siegfried* (acte II/scène 1). Mieux : elle semble naître de son impuissance même. Sur fond obsédant de « haine » (cordes), Alberich ressasse, dûment comptabilisés, l'ensemble des échecs de Wotan et de lui-même. Cette négativité s'illustre particulièrement en deux points précis de la partition. Ainsi, lorsque le gnome revendique pour les Nibelungen l'héritage du monde (« *Ich und du!* »), il naît le seul thème nouveau de la scène. Encore impossible à rattacher à quelque chose de précis, il se fixera définitivement à la fin de l'acte : ce sera l'appel au « meurtre » de Siegfried (75), qui passera dans le chant de Brünnhilde (Brünnhilde : « *Doch des einen Tod* », scène 5). A la fin de cette scène, il se profile même – suprême ambition que les mots n'osent espérer, mais que disent les clarinettes, les cors et les bassons – la destruction d'un « Walhalla » défiguré, comme rongé par un cancer qui le rendrait méconnaissable même aux yeux de celui qui y rêve (14 c). Du côté du fils, l'identification est si totale avec le projet du père (Hagen : (« *mir selbst schwör' ich's* », « *den Ring soll ich haben* ») qu'elle renvoie sans cesse le père à son inutilité. Apparition désormais superfétatoire dans un monde appartenant à une autre génération (Siegfried, Hagen), Alberich, en créature venue d'ailleurs et d'une autre époque (*l'Or du Rhin*), qui semble ignorer les derniers développements du drame que son fils se garde bien de lui révéler, ne peut que lancer, lancinante, son angoissante question : « *Schläfst-du, Hagen, mein Sohn?* » – un refrain similaire à celui des Nornes (« *Weisst-du wie das wird* », etc), qui se transforme en « *Schwörst-du mir's, Hagen, mein Sohn?* », avant de mourir sur un « *Sei treu -treu* », en un écho progressivement résorbé par la nuit. Pierre Boulez extrapole : « Cette scène me touche sans doute pour des raisons autres que dramatiques et musicales; je vois dans l'interrogation d'Alberich celle du compositeur – celle de tout créateur – sur le futur de son oeuvre : sera-t-elle entendue par les générations suivantes? Le « sois fidèle » sur lequel s'en va Alberich me semble chargé, à travers la confiance qu'il voudrait exprimer, d'une déchirante incertitude...»

SCÈNE 2

Pour le bonheur d'une nouvelle transition instrumentale, aussi bien que pour l'indispensable oxygène que toute page de ce type apporte – particulièrement bien venue dans une oeuvre aussi noire, Wagner « croque » un « lever du jour » d'une vingtaine de mesures, d'abord réservées aux seuls cors : c'est tout à la fois l'instrument du Rhin, et celui de Siegfried. Comme le début du prélude de *l'Or du Rhin*, – quoique sur une figure thématique différente (ce sera un des motifs scandant le choeur de la scène 3) -, la dynamique ne se nourrit que des entrées successives, d'abord nettement identifiables, puis rapidement indiscernables l'une de l'autre. Espace, temps, lignes, volume, tout se brouille et se fond pour venir buter sur un fragment du « Tarnhelm », par quatre cors avec sourdine. Le casque magique encore sur la tête, Siegfried est de retour.

Le Wälsung n'est pas un être qui doute : content d'avoir accomplie une mission dont il est fier, ce dernier semble surtout désireux de retrouver Gutrune. La jubilation de son ton se marque par l'irruption d'un climat musical spécifique à l'orchestre (celui des *Maîtres Chanteurs*), auquel Wagner a déjà eu recours, à la toute fin de *Siegfried*, lorsque le héros se réjouissait d'autres noces... Mais c'est au tour de Gutrune de s'avancer à sa rencontre, au son d'un thème donné aux clarinettes, clairement dérivé du sien propre, et qui sera bientôt lié à son « mariage » (71). Dans un pre-

8. Marcel PROUST, cité par Fernandez RAMON : *Proust et la généalogie du roman moderne* (Paris, Grasset, réédition 1979).

mier temps, il convient de s'assurer que rien ne viendra s'y opposer. Gutrune sait une partie de la trahison (le philtre), et ignore l'autre (le Tarnhelm), que Siegfried lui révèle peu à peu. Posant question sur question, elle ne trahit pas tant des scrupules, qu'une lâche inquiétude quant à son honneur de futur épousée : et si Siegfried avait profité de la situation pour lui être infidèle? Wagner ne manque pas de charger ce personnage, dont c'est là la seule « scène » véritable, de tous les pêchés... vocaux : son style, léger, brillant, orné, facile [9] fait à dessein hiatus dans l'oeuvre. La primauté accordée à son chant le dit mieux que tout : la trame motivique en devient, elle aussi, insignifiante. Pour finir, plus rassurée par la franchise gaillarde de son ton (*les Maîtres Chanteurs*), que par la clarté des réponses de Siegfried, Gutrune se laisse aller à sa joie à l'idée du « mariage », qui vient inonder sa ligne de chant. C'est alors tout naturellement que la scène qui vient se greffe à celle qui s'achève : Hagen est chargé de « donner aux vassaux le signal des noces ». On ne peut toutefois rêver plus saisissant contraste que celui entre deux scènes pourtant si logiquement enchaînées.

SCÈNE 3

Voici, dans un *crescendo* de volume et d'espace dosé avec soin, le premier choeur de tout le *Ring*. Formidable effet [10]! Le compositeur offre ici à son espace dramaturgique un cadre entièrement nouveau, et, à son espace musical, un nouveau tremplin qui lui permet de rebondir, en une montée continue de violence, jusqu'à la fin de l'acte. Depuis *Tannhaüser*, Wagner manie le choeur avec autant de parcimonie que de génie : ses rares apparitions sont autant d'irruptions d'un nouvel espace scénique, dont la singularité est d'être toujours présenté en *mouvement*, dans une dynamique que chaque ouvrage réinvente à neuf. Sur le plan de l'intrigue, la pertinence de son emploi, en cet instant du drame, est indéniable. Il s'agit pour Hagen, d'organiser une alerte, et de mettre la foule en tension. But secret : mettre en place un amplificateur pour le forfait que l'on n'aura plus qu'à constater, *en public*, à la première occasion.

Répondant à l'appel du fils d'Alberich sur un « Hoïho » qui sera désormais confondu dans le *Crépuscule* avec « l'obsession » (9 c), de tous les coins de la scène retentissent, selon un procédé coutumier de Wagner [11], des fanfares, cette fois, dissonantes entre elles, qui déclenchent l'alarme. Sur un socle de carrures rythmiques franches (ici revient le thème de cor entendu au lever du jour), les hommes arrivent de partout, par petits groupes, formant d'abord autant de tâches vocales dispersées, dont la totalité réunie finit par bâtir, non pas tant un choeur policé, qu'une horde qui, peu à peu, est engagée dans une aventure qui la dépasse. Appelée dans l'urgence comme elle l'a été par Hagen, il lui faut un certain temps pour réaliser qu'il n'y a, *ici et maintenant*, aucun danger. L'appel au mariage résonne de partout, et scande progressivement l'allégresse de cette foule soulagée, qui finit même mar railler un Hagen, à l'humeur si sombre. Mais il faut prêter attention à la dernière exhortation de Hagen – but unique de toute cette mise en condition. Cette dernière harangue vise un futur dont seul le traître soupçonne à quel point il est imminent : « Soyez dévoués à votre souveraine [Brünnhilde], si on l'offensait, vengez-la vivement! » Ainsi, de la scène suivante, cadre et décors sont plantés, et sur Siegfried, devant le peuple tout entier, peut fondre l'accusation de trahison. Sur la passion de Brünnhilde, le rideau n'a plus qu'à se lever.

SCÈNE 4

Voici la scène la plus longue de l'acte. Puisqu'il convient de ramener la tension à son point zéro, c'est sur une phrase de choeur banale que Brünnhilde et Gunther font leur entrée dans le palais. Voici maintenant face à face les nouveaux couples « légitimes » du *Ring*, crucifiés par Hagen à son obsession : Brünnhilde et Gunther, Siegfried et Gutrune. L'entrée d'une Brünnhilde livide et hagarde, figée dans sa détresse, est immédiatement soulignée par le retour d'un petit « moment musical » (36 b), dont on a souligné dans *Siegfried* (acte III/scène III) à quel point il dépeignait une Brünnhilde inhibée. Ce remploi à l'identique (même tonalité, mêmes notes, mêmes instruments à une légère variante près) suggère, au-delà de la différence de situations dramatiques, que dans ces deux moments-là, Brünnhilde est tirée en arrière par des éléments qu'elle ne maîtrise pas. Dans un cas comme dans l'autre, l'ex-Walkyrie est seule, et il n'y a qu'en elle-même qu'elle pourra trouver les moyens de sortir de l'impasse où elle se trouve; dans un cas comme dans l'autre, le travail qu'elle aura à accomplir sur elle-même est immense.

Premier *regard* de Brünnhilde, premier effroi : Siegfried est là! Un nouveau thème, essentiel dans les deux scènes à venir, s'installe dans le grave de l'or-

---

9. Ce qui ne veut en aucun cas dire que le role soit en lui-même facile. Wagner a néanmoins souvent déclaré avoir songé à l'opéra en français (Auber) en écrivant le rôle de Gutrune. C'est dire en quelle estime il tenait le personnage.

10. Dont tout metteur en scène scrupuleux aurait tort de se priver: par exemple en ayant fait intervenir auparavant sur son plateau une masse intempestive de figurants qui n'auraient rien à y faire...

11. Procédé analogue au Ier acte de *Tannhäuser*, au IIe acte de *Tristan*.

chestre (violoncelles et contrebasses). Bientôt reliable à la notion de « complot de vengeance » (76), il hante toute cette fin d'acte. En cet instant de stupeur collective, ce motif encore sans attaches s'enchaîne au « sort », puis au « Tarnhelm » (tous par les trombones), et au « philtre », par cordes et bois réunis, tandis que le choeur, en idéal résonateur du drame, ne peut que s'interroger sur l'état mental de sa nouvelle souveraine. Deuxième découverte, deuxième choc pour Brünnhilde : Siegfried ne la reconnaît plus. Il ne connait que l'"épouse » de Gunther : le *regard* du fils de Siegmund est mort. La clarinette ou le violoncelle[12] peuvent bien essayer de venir à son secours, pour rappeler les serments du premier acte, rien ne semble y faire : le cerveau de Siegfried est mort. C'est alors l'instant du troisième regard de Brünnhilde : l'anneau est au doigt de Siegfried! La « malédiction » (trompette basse) ponctue cet instant tragique que Hagen attendait. Le musicien insiste, car pour le plan du Nibelung, ce passage est capital. Lorsque, sortant de sa réserve naturelle, Hagen s'adresse au choeur (« *Jetzt merket klug* », 68 c), sa ligne de chant est formée de quintes diminuées – à l'exclusion de tout autre intervalle. Tout, désormais, porte la marque du Nibelung.

C'est alors, scandant l'échange à trois, entre Brünnhilde, Siegfried et Gunther, en « rythme que l'on perçoit comme un battement de coeur » (André Boucourechliev), le retour du travail de sape de la « haine » (22 c aux violoncelles et aux clarinettes : deux instruments significatifs). Brünnhilde cherche à comprendre pourquoi l'anneau de « Gunther » lui a arraché se trouve maintenant au doigt de Siegfried; Gunther tremble que la supercherie de sa « conquête » soit découverte; Siegfried ne se souvient que du moment où il s'est conquis l'anneau pour la première fois, après avoir combattu Fafner. Ment-il consciemment? Pris au sens anecdotique, le philtre « amnésiaque » qui lui a obscurci l'esprit n'aurait pas dû agir sur les événements postérieurs à son absorption. Mais dans une couche plus profonde de signification de l'oeuvre, ne s'agit-il pas pour Wagner de marquer la dimension plus réelle du pouvoir du philtre : faire oublier à Siegfried tout ce qui l'empêcherait de désirer « sereinement » Gutrune? N'oublions pas que la régression de Siegfried a commencé à l'instant même où il a quitté Brünnhilde (cf. fin prologue, deuxième partie), et son retour à son inconscience *naturelle* dès qu'il a eu foulé le sol des Gibichungen. De cette régression, le philtre n'est que l'amplificateur – magique et *naturel* à la fois. Donc Siegfried conclut n'avoir rien à se reprocher, et soutient le *regard* de Brünnhilde. Alors, tout à coup, c'est un rayon de lumière dans les ténèbres. Par le souvenir que ce regard évoque (cf. acte I/scène III), Brünnhilde comprend, et accuse publiquement : c'est Siegfried, et non Gunther, qui lui a arraché l'anneau. Désormais, Siegfried peut nier, Hagen a une brèche : il y a bien eu trahison. Par les cordes, « vengeance » (contrebasses et violoncelles), et « haine » (violons et alti) s'enflent, et mènent rapidement la scène à un premier *climax* sur un hurlement de Brünnhilde : « *Betrug!* ».

Alors, « servitude », « vengeance », « haine », quintes diminuées de Hagen, « meurtre » enfin s'emparent, dans la symphonie déchaînée, de tous les pupitres, à tous les registres, dans tous les *tempi,* et entraînent un véritable maelström de violence, qui culminera, à la fin de la scène, sur les deux serments successifs de Siegfried et Brünnhilde. La partie vocale de Brünnhilde est d'une vertigineuse difficulté. Il lui faut affronter ces éléments en furie, les dominer de sa puissance, contrer un choeur maintenant au grand complet, qui vient battre son chant en rafales de violences. Elle doit maintenir sur une longue période une ligne de chant tendue à l'extrême, qui vient constamment atteindre les notes les plus hautes de la tessiture (*la, si* bémol).

Immergée dans le mensonge, la duperie et la trahison, telle l'Albatros de Baudelaire, seule, au milieu de cette foule qui ne comprend guère à quoi elle assiste, de quelle arme dispose Brünnhilde? Dans l'unique quasi-silence d'orchestre de toute la scène, brisée par l'émotion et la colère, la fille de Wotan, en femme que la vie est en train de rouer de coups, s'avance dans la foule, et énonce clairement ce que son chant, troué de silence, écartelé, comme crucifié (deux écarts de plus d'une octave en quatre mesures), égrène note à note : la pure vérité (« *Dem Manne dort, bin ich vermählt* » : « C'est de celui-là que je suis l'épouse », 77). On mesurera, en comparant ses vocalises d'entrée dans le *Ring* (« Hoïhotoho », 35), à ces quelques mots-ci, l'ampleur du chemin que sa souffrance lui aura déjà fait accomplir.

Sûr de n'avoir pas trahi Gunther lors de son équipée de la nuit précédente (qu'il se rappelle tout à coup!) poussé par tous, Siegfried n'a plus qu'à fuir en avant, et prêter serment. Au son de son « obsession », sur l'instrument même de Siegfried (le cor), Hagen lui tend son épée. Au tuba, la « justice de l'expiation » vient rappeler sur quel serment celui-ci surenchérit, et c'est en toute logique prophétique que Wagner fait revenir, avec le serment de Siegfried, le motif du « meurtre » au cor, entrelacé à la « vengeance » et aux intervalles descendants qui désignent, encore en filigrane, le futur assassin. Dans un climat que n'eut pas désavoué Verdi, Siegfried jure : que je meure si j'ai un jour possédé cette femme. A l'identique, Brünnhilde : qu'il meure, puisqu' après avoir manqué à tous ses ser-

12. Cf. le rôle de ces instruments dans les échanges de regards entre Sieglinde et Siegmund au premier acte de *la Walkyrie*.

ments, cet homme vient de se parjurer ». A l'orchestre, et maintenant dans le chant de ces deux serments musicalement identiques : le « meurtre ». La péroraison terminale, avec sa fausse jovialité (retour des thèmes associés à Gutrune, dans des registres plus clairs que ceux qui ont prévalu durant toute la scène), et la moralité machiste et douteuse exprimée par Siegfried, ne font qu'accroître l'intensité du malaise sur lequel se clôt la scène.

SCÈNE 5

Brünnhilde, Hagen et Gunther restent seuls. Une énergie musicale plus féroce encore qu'à la scène précédente se concentre sur les trois personnages, dont l'un n'est qu'un comparse (Gunther). Mais, réduction de durée et d'effectifs vont ici de pair avec un accroissement de violence : trois personnages complètement étrangers les uns aux autres, vont, en une dizaine de minutes, s'accorder autour d'un projet de meurtre.

1. *Brünnhilde face à Hagen (Brünnhilde : « Welch Unholds List... »)*

Abasourdie par le cauchemar qu'elle vient de vivre, Brünnhilde ne sait tout d'abord plus où elle en est. Seule, se dit-elle, une « ruse démoniaque » peut-être à l'origine d'une situation aussi folle. Sa première phrase, bien encadrée par deux énoncés du « meurtre » (clarinettes et cor anglais), puis sa deuxième, campées maintenant dans le grave de sa tessiture, se calquent sur le motif d'un « complot » qui reste à faire. Comme, dans le même temps, le brasier du Walhalla faisant, en silence encore, et *hors-champ*, son effroyable ravage (cf. scène des Nornes), « complot de vengeance » et « meurtre » font ici-bas le leur, saturant progressivement la trame symphonique de la scène entière. Le meurtre éclate à toute puissance, *sauvagement* précise Wagner sur la partition (« *wild* »), en un tutti de vents, suivi crûment, aux mêmes pupitres, par « l'appel » de Hagen (9 c) qui maintenant, sous la question de Brünnhilde en appelant à une épée vengeresse, désigne le futur assassin. La musique a tout profilé : il ne reste au théâtre qu'à l'instrumenter.

Pour Hagen, la détresse de Brünnhilde n'est guère une surprise. Il lui suffit de *radicaliser*, en le rendant effectif, le désir de vengeance de cette femme outragée et partiellement aveuglée. Hagen entre dans le jeu de Brünnhilde, y cherchant une ouverture. Malgré le mépris qu'elle lui témoigne, il n'est pas long à la trouver : c'est une Brünnhilde bien inconsciente à son tour qui se laisse manipuler. La douleur l'a dépersonnalisée. Par bribes où, égarée, elle oscille entre attitude amoureuse (« *O Undank, schändlichster Lohn!* »), attitude « nibelunguisée » (c'est sur leur « destruction » qu'elle livre les informations capitales pour Hagen : « *im Kampfe nicht...* »), puis à nouveau attitude amoureuse (« *Niemals, das wusst' ich* »), elle se livre entièrement à Hagen, lui permettant de concevoir immédiatement la réalisation de la vengeance (Siegfried est invulnérable partout, sauf dans le dos). Entre l'amour et le haine, on le sait, la frontière est parfois instable, et sur ce sable mouvant, Hagen construit son plan : son épée abattra Siegfried entre les deux omoplates [13].

2. *Gunther (Hagen : « Auf, Gunther, edler Gibichung! »)*

Hagen ne devant apparaître que comme personnage de l'ombre, il faut « mouiller » impérativement maintenant son demi-frère et souverain. Après avoir manipulé Brünnhilde, il faut maintenant manipuler Gunther. La tâche, effectuée sur fond de « complot de vengeance » par violoncelles et contrebasses, avec simple rappel du « pacte » qui lie Gunther à Siegfried, qui, sur l'instrument de Siegfried (le cor), vient torturer le sentimental velléitaire qu'est Gunther, est considérablement plus aisée : Hagen sait parfaitement où le bât blesse (l'honneur). Le complot s'enfle *crescendo* et gagne, par les violons puis les hautbois, les régions plus élevées de l'orchestre, pour mener au point crucial de la scène, à l'énoncé par Hagen, de ce qui était à l'origine le titre même du *Crépuscule* : « *Siegfried Tod* ». « Nibelunguisé » comme Brünnhilde, c'est en zombie que Gunther répète ces deux mots, sur une simple quinte diminuée. A l'orchestre, sinistres, « vengeance » par contrebasses et bassons et « obsession » de Hagen, par bassons et cors, s'entremêlent. En cet instant, la victoire du Nibelung semble totale.

3. *La mort de Siegfried décidée (Hagen : « Nur der suhnt deine Schmach! »)*

Seule Brünnhilde n'a pas encore acquiescé. Tandis que Hagen ravive la mémoire de Gunther (« *Blutbrüderschaft* » et « expiation » insistent, aux cuivres), Brünnhilde vient couper court à tout atermoiement. Dans le climat de radicalisation extrême qui est celui de cette scène, et au terme du conflit intérieur qu'on imagine, sa décision est prise. Présent dans son chant même, nommé par elle, le « meurtre » s'accomplira (75). Dès cet instant, les trois personnages aux motifs si divergents sont d'accord : Siegfried doit mourir pour avoir trahi Brünnhilde, pour avoir rompu le pacte de sang qui le liait à Gunther, et pour que Hagen, qui s'en cache à peine désormais tant il est sûr de sa victoire, récupère l'anneau.

---

13. N'est-ce pas le lieu *naturel* de la traîtrise?

4. *Gutrune (Gunther : « Doch, Gutrune... »)*

Les derniers scrupules de Gunther, quant à la douleur de sa soeur, ont une double fonction dramatique indispensable. Arrivée à ce haut moment de sa souffrance, Brünnhilde comprend enfin la « ruse démoniaque » sur laquelle elle butait au début de la scène : Siegfried ne la reconnaît plus parce que Gutrune l'a aveuglé. Ce qu'elle ne pouvait saisir en arrivant dans le palais des Gibichungen – quoique le fait lui eût été montré en pleine lumière (présence de Gutrune au bras de Siegfried au début de la scène IV), elle peut le comprendre maintenant, puisque la mort de ce Siegfried-là a été décidée, et acceptée *par elle*. Dès lors, en apportant sa caution au crime qui se prépare, Brünnhilde a-t-elle régressé, ou tout au contraire accédé à un autre niveau de perception?

Enfin, cette évocation de Gutrune permet à Hagen de révéler le plan qu'il a conçu pour la mort de Siegfried : il est indispensable, en effet, que la dramaturgie de l'acte suivant n'apparaisse en aucun cas comme une surprise, mais bien comme l'implacable déroulement d'un plan dessiné à l'avance. C'est dans une trame saturée de « complot » et de « cri » de Hagen (cuivres) que se scelle, à nouveau dans un climat qui rappelle Verdi, le trio de la vengeance. Pour parachever le tableau sur une de ces notes de cruauté que le théâtre affectionne, passe, la noce de Gutrune et de Siegfried. Qui a jamais pu croire à la réalité de ce couple-là?

Acte III

En cet acte conclusif de sa journée conclusive, Wagner, à l'instar des Grecs, resserre les fils épars de son drame. Après la longue exposition (prologue + acte I), et les péripéties, qui incluaient le plus grand nombre de personnages jamais rencontrés dans un acte du *Ring* (acte II), voici, dans une logique de concentration dramatique et d'épuration de l'expression, la catastrophe terminale. Elle est centrée sur la mort des deux héros : morts tragiques, fort différentes l'une de l'autre, immenses et belles toutes deux, et qui portent à son sommet tout le potentiel expressif de ces quelques quinze heures de musique. Toutefois, fidèle jusqu'au bout de sa dramaturgie élémentaire, ces deux morts sont encadrées par un retour des premières figures à être apparues dans l'oeuvre : les Filles du Rhin, à qui, au terme de ce gigantesque cataclysme, finira par revenir l'anneau.

SCÈNE 1

A rideau fermé, un prélude « minimal », constitué par de simples sonneries venues des quatre coins de la scène donne le climat, et brosse le cadre des deux premières scènes de l'acte. Dans une forêt, quelque part, une chasse est en cours. Entre « fanfare de Siegfried » et « appel au mariage », tous deux par les cors, l' « appel de Hagen », par les trombones, rappelle sans ménagements quelle chasse se joue ici...

Mais, tout à coup, par huit cors, le « Rhin » fait une entrée majestueuse. Avec ses coulées qui semblent immuables, c'est comme si le monde inaltéré encore du début de *l'Or du Rhin* faisait irruption dans le *Crépuscule*. Hélas, l'identique qu'il symbolise est néanmoins bien altéré. Certes, les immuables Filles du Rhin sont là [14], et avec elles, le cortège familier d'onomatopées, de plongeons et de glissades sonores. Mais en fait, tout a changé : les « Weialala » sont chromatiques, au lieu d'être diatoniques, les lignes vocales sont moins franchement épanouies, leur dessin moins ample. Irrésistiblement, toutes les lignes – tant vocales qu'instrumentales – sont attirées vers le bas. De sommaire qu'il était dans *l'Or*, le tissu musical « s'irradie en combinaisons harmoniques inédites, d'un charme ensorcelant, qui annoncent l'arabesque sonore des Filles-fleurs. » (Marcel Beaufils). Des deux motifs de la scène (78 et 79); le second en est la meilleure illustration. Le cancer crépusculaire semble s'être généralisé : en cet acte terminal, plus rien ne lui échappe. Les Filles ne retrouveront leur innocence, et leur musique d'origine, qu'une fois la restitution de l'anneau décidée.

Tel Parsifal entrant chez Klingsor, voici Siegfried. Les nixes, qui ne l'ont jamais vu, le reconnaissent tout de suite, mais il en faudrait bien davantage pour étonner un Siegfried à l'esprit à nouveau si enfantin[15]. Une conversation s'engage. L'humeur y est légère, et le ton badin, l'esprit ludique. Entre les quatre personnages, dont les voix s'entrelacent avec grâce, un jeu s'installe, où l'élégance raffinée des formules musicales masque bien ce que le contenu a néanmoins de tragique : les Filles ont perdu leur or – et gagné en sagesse. D'inconscientes qu'elles étaient face au père (Alberich, cf. *l'Or*, scène I), les voici désormais bien conscientes de ce qui guette Siegfried par les manigances du fils.

Entre les Filles et Siegfried, c'est un véritable dialogue de sourds. Lui demandent-elles l'anneau (leur appel « Siegfried! » étant alors modelé sur « l'appel » de Hagen), il le refuse – puisqu'elles le demandent...

14. Le temps semble n'avoir sur elles aucune prise. Alberich mis à part, quel personnage présent dans *le Ring* sur une si grande distance, a leur immuabilité?

15. Ne fait-il pas allusion à l'animal qu'il poursuivait exactement comme il parlait de son ami l'ours (« *Gesell* ») au premier acte de *Siegfried* ?

Leur propose-t-il à son tour? Elles commencent par le refuser, pour qu'il apprenne la « malédiction » qui lui est cosubstantielle (« *In fernster Zeit zu zeugen den Tod* »), et qu'il apprenne ce que, savantes, elles sont capables de lui prédire : sa mort « et aujourd'hui encore ». A aucun moment de ce dialogue n'apparaîtra la moindre tension. Fluides, les motifs flottent, passent et repassent en coulant comme une vie sans heurts. Quelle illusion! Les motifs étrangers à la scène, suscités à l'occasion par le texte (« Fafner », « Brünnhilde », quand ils sont évoqués) glissent eux aussi, allusifs, quittés sitôt qu'abordés, parce que dérobés à d'autres mondes. Attristés, languissants, eux aussi ont perdu toute fraîcheur – et donc tout pouvoir. Ainsi, les Filles prédisent-elles en vain. Siegfried – qui n'a connu la peur que pour désirer Brünnhilde – reste de marbre. *Inconscient* il est redevenu : en inconscient il se conduit. Pour finir, mi-sérieux, mi-plaisantin, le jeune homme avoue qu'il céderait bien l'anneau contre « des faveurs », mais si, on le menace, on obtient à coup sûr l'effet contraire de l'effet escompté : Siegfried ne connaît plus la peur, puisqu'il ne désire plus Brünnhilde... Alors, lassées d'un jeu inutile, les Filles décident de mettre un terme à une scène douce-amère qui n'a déjà que trop duré, et annoncent qu'elle se tournent désormais vers Brünnhilde. Et leur deuxième prédiction (Brünnhilde, qui héritera de toi aujourd'hui même, saura nous entendre), laisse Siegfried plus de marbre encore que la première. Le regard voilé et le coeur obscurci, Siegfried ne connaît plus en ce jour qu'une seule « fidélité » : celle qui le lie à Gutrune. Dès lors, le Wälsung est prêt pour l'accomplissement d'un destin par lui-même défini : jeter sa vie en l'air comme une motte de terre.

SCÈNE 2

Plus insistante, la chasse se fait entendre à nouveau, avec la même préface de sonneries qu'en ouverture de l'acte. Voici maintenant qu'une troupe d'hommes rejoint Siegfried. On relèvera, malgré le climat festif qui règne à l'arrivée de cette communauté, quelques signes musicaux qui en troublent l'harmonie, telle la présence entêtée de « l'appel » de Hagen, toujours sinistre, ou la présence de quelques double scansions, isolées par les timbales ou les cuivres, et dont nous ne tarderons pas à identifier la mortelle signification, telle enfin la permanences d'intervalles descendants (octaves, septièmes ou quintes diminuées), dont on a dit au premier acte à quel point ils étaient « hagenisés ».

Siegfried a soif. Hagen se saisit du prétexte de cette halte pour amener sa victime à l'idée de raconter son passé : plage de transition qui permet à Wagner de préparer, par quelques notes de clarinettes ou de hautbois, qui rappellent instantanément « l'Oiseau » de la forêt, le grand récit du héros. Dans un orchestre plus léger qu'au tout début de la scène (*tempo* plus calme, timbres plus clairs, écriture par taches), Wagner maintient sa tension par la simple ombre projetée de « l'appel » de Hagen, par exemple lorsque Gunther évoque « le sang » de Siegfried sur « l'appel » lui-même. Pris en filet entre l'habile insistance de Hagen (texte) et les tendres sollicitations de l'Oiseau (musique), Siegfried s'exécute. Sur le plan théâtral, par la présence d'une assistance nombreuse à qui le locuteur va conter une vie qu'elle ne connaît pas, ainsi que par sa nécessité dans le plan de Hagen, nul récit dans tout le *Ring* n'est mieux venu que celui-ci.

Par choeur imposé, nous sommes conviés à assister au dévoilement progressif de la destinée du héros. Certes, nous la connaissons – d'une part pour avoir assisté, dans *Siegfried*, à la totalité de ce qui y est narré; mais d'autre part parce que nous savons, par les deux actes précédents du *Crépuscule*, ce qui attend Siegfried au terme de son récit. De notre savoir, ainsi sollicité par notre mémoire, viennent nos sentiments : nous savons qu'aussi sûrement que Siegfried volait dans une réalité qu'il narrera avec allégresse, de triomphe en triomphe, il va désormais vers sa propre mort. De ce gouffre entre son *inconscience* actuelle et notre *conscience* de l'articulation entre son passé et son présent *ici et maintenant*, naît un curieux désir : celui que ce récit ne s'achève jamais!

Jusqu'au combat avec Fafner (de « *Mime hiess ein mürrischer Zwerg* » à « *fäll' ich Fafner den Wurm* »), le récit, qui couvre exactement la première moitié des événements de *Siegfried*, progresse rapidement : Siegfried ne s'apesantit guère sur une enfance où il ne fut pas heureux. Les motifs liés à Mime (« forge », « ruminations ») font un dernier tour de piste, aisément reconnaissables parce que non gangrenés par la pâte du *Crépuscule*. Tout bascule avec l'évocation du moment où Siegfried fut en contact avec le sang de Fafner (« *Jetzt aber merkt wohl auf die Mähr* ») : on a dit alors de quelle inversion – que Wagner remet fidèlement en scène ici – ce geste initiatique était porteur (cf. *Siegfried*, acte II/scène 2). Transfiguration à vue : sur un simple fond d'arpèges par les cordes, monte, du fond de notre mémoire, fluide et belle, insistant par une clarinette, puis une autre, un cor anglais, puis un violoncelle, la révélation musicale de la réelle identité de celui qui chante et qui l'ignore : Siegfried est un « Wälsung » (31). Imperceptiblement, tandis que Siegfried raconte le premier avertissement de l'Oiseau – et les événements qui s'y rattachent, puis le deuxième, le temps – miroir parfait de notre subjectivité – se ralentit, comme s'il voulait s'arrêter avant que l'ultime et fatidique révélation ne se produise.

Le choeur scande ces différents épisodes, relançant Siegfried, et marquant par là même l'intérêt qu'il prend à ce surprenant récit. Présent dans le choeur, Gunther se tait, tandis que Hagen, sûr désormais de sa victoire, ne cesse de se manifester, ici par un sarcasme au moment de l'évocation de la mort de Mime [16], là par un geste qui dut sembler naturel à l'assistance (verser à boire à celui qui parle), la part active qu'il prend à cette narration. Au moment où, en toute logique, Siegfried devrait s'arrêter, Hagen, versant à boire, donne à Siegfried le philtre antidote du premier (point n'est besoin de nouveau motif : « Tarnhelm » et « philtre » suffisent à dire sur quel registre Hagen agit). Aussitôt, avant même que Siegfried ne mentionne le troisième avertissement de l'Oiseau, *pianissimo*, par les violoncelles, « Brünnhilde » jaillit. Alors, de ralentissement en ralentissement, et tandis que Siegfried évoque son ascension, le temps se suspend un instant, sur une profération, longuement savourée du mot « *Weib* » : ce sera le dernier mot que prononcera Brünnhilde. Enfin, sur un simple unisson de la voix et des violons, seuls dans la symphonie, le temps s'arrête en s'enroulant autour du mot cristallin qui déclenchera le meurtre : « *Brünnhilde* ». Le destin de Siegfried est parvenu à son sommet.

Gunther tressaille (« *Was hör' ich* »). *Fortissimo*, par tous les instruments à vents en furie, « malédiction » et « appel » de Hagen s'entrechoquent. Arrivé à ce moment de son récit où Siegfried devrait raconter qu'il crut mourir, la mort frappe : deux corbeaux [17] passent. Ce qui n'était qu'une sensation dans le passé est métamorphosé en réalité du présent, et Siegfried s'écroule, sur un motif, trois fois répété, formé d'une double scansion et d'une montée en gamme de toutes les cordes, *fortissimo*, que Wagner installe ici, en attente de la marche funèbre. Dans le silence de la foule consternée, le « sort » (trombones), la double scansion funèbre (timbales), à nouveau le « sort » (cor), puis à nouveau la pulsion funèbre, se font entendre. Tandis que l'on s'attendrait à un troisième énoncé du sort, ou à un énoncé de la mort, qu'aura suggéré, dans ce court prélude, l'analogie avec la *Todesverkündigung* (*la Walkyrie*, acte II/scène 4), le musicien réalise un authentique coup de théâtre : voici, dans la même tonalité, la même instrumentation et au même tempo que dans *Siegfried*, la musique associée au réveil de Brünnhilde, avec sa panique initiale et ses guirlandes de sensualité (60). Peut-on imaginer intention dramatique plus dépouillée que la simple mise en *regard* de ces deux moments du *Ring* que sont l'éveil de Brünnhilde à la vie de l'amour, et celui de Siegfried à la mort? Le voile de la trahison déchiré, un autre voile tombe sur le héros : celui du délire. En cet instant suprême où ne subsiste que l'essentiel, il n'existe plus qu'une seule réalité pour lui : Brünnhilde. Alors, entre récit et réalité, passé et présent, extase de vie et entrée dans la mort, toutes les frontières sont abolies. Le Wälsung redit, revoit et revit l'ivresse du sentiment qui l'avait saisi au moment de son premier baiser [18]. De ce *regard* de Brünnhilde qu'il est seul à voir (« *Ach dieses Auge ewig nun offen* »), et alors qu'elle est parvenue à son terme, renaît la vie intérieure de Siegfried. Sans faute intérieure – mais avec faute apparente, coupable vis-à-vis de l'extérieur – mais sans rien à se reprocher vis-à-vis de sa conscience, ne se voyant pas mourir, tel Tristan, Siegfried tombe inconscient et meurt.

Marche funèbre de Siegfried

A une mort si sobre, la marche funèbre qui accompagne le retour du cortège au palais des Gibichungen vient élever, en guise d'oraison funèbre, un monumental blason. Quelle différence avec la mort de Siegmund! C'est sur le *Ring* entier que passe alors le souffle de l'épopée. Grâce à un mouvement de *travelling* arrière, conçu non aux dimensions du drame du seul Siegfried (*le Crépuscule*), mais aux dimensions du mythe (le *Ring*), le compositeur choisit de brosser une vaste fresque récapitulative de ce que fut le destin du dernier Wälsung. Délivrée par ce substitut de choeur antique qu'est l'orchestre, la marche funèbre fait revenir, en les mortaisant solidement les uns aux autres par le thème mortuaire, avec sa double scansion, l'ensemble des thèmes qui leur sont liés. Faisant ici pour la plupart une ultime apparition, ceux-ci sont, désormais, pour l'éternité, comme coulés dans le bronze (prééminence de cuivre). On ne sera donc pas surpris de n'y retrouver, ni la souplesse, ni le délié, ni l'aspect si organiquement vivant qui étaient leurs caractéristiques jusque là. Comme tous les Wälsungen, les thèmes sont maintenant morts : les carrures sont de pierre – et non plus de chair, la découpe en est nette, le ton solennel [19].

Une première partie, grandiose autant que retenue (« *feierlich* »), donne le cadre avec, en alternance régulière, « malheur » et « héroïsme des Wälsungen » par les cuivres, et thème funèbre par les cordes. Une deuxième partie anime l'intérieure du tableau, en évoquant, dans l'agencement thématique ritualisé de *la Walkyrie*, le monde de parents que Siegfried n'aura jamais connus (« compassion » par cor anglais puis clarinette, s'épanouissant en « amour » par les hautbois, cf. *la Walkyrie*, acte I/scène 1). Le « thème funèbre » prend alors le dessus, s'enfle par vagues, et fait jaillir en sa crête, à plusieurs reprises, « Siegfried », par cors et trompettes, puis sa « fanfare », qui semble maintenant se dresser non comme le héros, lorsque, jeune, il bondissait dans la forêt, mais

16. Son père avait agi exactement de même au moment de la mort de Mime (cf. *Siegfried*, acte II/scène 3).
17. Les corbeaux - comme les corneilles ou les vautours – sont des animaux intersigne (qui mettent en rapport avec la mort).
18. La voix de l'interprète devrait muer ici, tant est grand le bouleversement qui affecte la personnalité entière de Siegfried.
19. Toutefois sans être lourd pour peu que la pièce soit exécutée avec le respect scrupuleux des dynamiques indiquées.

comme une statue à son image : c'est l'apogée de la marche funèbre. Tout alors se décongestionne. En coda, l'image glisse de Siegfried à « Brünnhilde », par les instruments « parentaux » que sont le hautbois, la clarinette et le cor anglais. Lamentation, déploration « impressionnante cérémonie de la pensée et du souvenir » (Thomas Mann), ou « chant profond de la désillusion » (Pierre Boulez). Dans cet hymne à la mémoire à l'immense résonance (et dont un Alban Berg saura se souvenir [20]), se joignent, se confortent et se confondent, les ressources du théâtre imaginaire et de la musique pure, qui sont celles de l'exprimé et de l'inexprimable. Pièce commémorative, certes, mais aussi pièce *ouverte* sur un avenir dont personne ne peut dire de quoi il sera fait, et qu'une trop longue habitude d'exécution sous forme de « morceau séparé » aura injustement trahie.

SCÈNE 3

Par un de ces renversements ironiques dont l'opéra a parfois le secret, la marche funèbre a également permis, le temps d'une nuit, notre retour à la vie. Nous voici de retour au palais des Gibichungen où, dans l'aube blafarde, Gutrune attend son époux. Comme Hagen au premier acte, elle *veille*.

Le vide règne au début de la scène. Dans la nuance *piano*, Wagner isole, au sein d'un orchestre éteint, et dans des formulations frileuses, « Gutrune » (bois, registre élevé), qu'il coince entre « malédiction » (trompette) et « renoncement à l'amour » (violoncelles avec sourdine) d'une part,« fanfare de Siegfried » et fantomatique « chevauchée » (toutes deux au cor, réduites à leur cellule initiale) de l'autre : aux espoir de futur qu'il reste à Gutrune, la partition dit le peu d'espace qui reste... A juste titre, Gutrune, s'inquiète, non seulement de ne pas entendre son époux rentrer, mais également de ne pas voir Brünnhilde. Cependant, le motif de « Brünnhilde » (une clarinette) qui vient de s'enchaîner à un souvenir musical des « Filles du Rhin » (78) signale que la mission de ces dernières s'étaient assignée à la première scène a été accomplie [21].

Tout change avec le retour de Hagen. Désormais, et jusqu'à l'entrée en scène de Brünnhilde, Wagner, désireux de liquider tous les éléments purement théâtraux de l'intrigue, accélère l'allure. Réveillé, l'orchestre s'ébroue lourdement. L'« appel » du meurtrier (voix et trombones) s'allie à la « vengeance » (cordes graves et bassons), pour clamer son dû à la face de tous. Tout se passe rapidement : le mensonge du sanglier assassin de Siegfried est renié sitôt qu'énoncé; la « justice de l'expiation » (clarinettes, cors et bassons), dont Gunther et Gutrune comprennent maintenant le fondement (« l'anneau », par cordes et bois réunis), est battue en brèche par la « malédiction » (trombones), au moment même où Hagen abat Gunther; enfin « l'épée », aussi claire qu'au jour de sa naissance, se dresse avec la main de Siegfried pour empêcher le Nibelung de s'emparer de l'anneau[22]. Alors, telle Erda dans *l'Or*, accompagnée des mêmes enroulements motiviques que sa mère, paraît Brünnhilde : l'heure de la réalisation de la prophétie de *l'Or* a désormais sonné.

Dès ses premières paroles (« *Schweigt eures Jammers* »), tandis que les enroulements d'« Erda » avec le « crépuscule », appuyés maintenant sur « sort » (tubas, puis violons) et « mort » (trompettes), préparent le rituel terminal, un voile de paix et de grandeur tombe sur le *Crépuscule*. Sort et mort : arrivée à l'apogée d'une souffrance maintenant identifiée, qu'elle va nommer et par là même dépasser, l'épouse de Siegfried va devenir sous nos yeux, en une *Liebstod* (mort d'amour) clairement articulée en six sections distinctes, ce qu'elle devait être à l'issue de ces trois journées : une femme et une déesse tout à la fois. Pour fondre ainsi les deux aspects fondamentaux de son héroïne, Wagner réconcilie chant et symphonie durant une dizaine de minutes où, pour une fois, ni l'un ni l'autre n'auront jamais la prééminence sur l'autre.

1. « *Starke Schreite...* »

C'est en fille de dieu que Brünnhilde donne ses ordres : qu'on dresse le bûcher qui purifiera le corps de Siegfried, et où elle s'immolera vivante. D'emblée, le registre de grandeur requis est présent, tout à la fois à l'orchestre, par l'autorité que dégage, puissamment scandé, le motif premier de la « puissance divine » (cordes) et dans le chant, par la hauteur du registre et l'intense épanouissement de la mélodie qui absorbe même, en l'embellissant, le thème de l'époux (40 : « *Leib des hehresten Helden verzehrt* »). Sur les « flammes », de Loge, « Siegfried » (trompette) et « la Walkyrie » (violoncelle, trombone, basson, cor), s'épousent déjà, dans l'allégresse d'une éternité qui bientôt leur appartiendra.

2. « *Wie Sonne lauter strahlt...* »

En Brünnhilde, l'épouse de Siegfried reprend le dessus. Sa ligne de chant se recentre sur les registres médians, tandis que, dans un magnifique tuilage de

---

20. Dans l'interlude en ré mineur de *Wozzeck*, qui a une fonction de même nature.
21. Au seul moment plausible – qui accroît respectivement la force de leur prédiction: celui de la mort de Siegfried.
22. On peut voir dans ce geste trop théâtral, soit en termes de mythe une dénonciation, soit une preuve qu'il fallait que Siegfried mourût pour comprendre la destinée de l'anneau, qu'il n'avait pas été à même de saisir de son vivant.

pupitres, se succèdent par clarinette, violoncelle, violon, hautbois, et cor anglais, émouvants et discrets, fugace comme seuls le sont les souvenirs heureux, les énoncés de leur « salut d'amour » (61). Depuis le début du *Ring*, tout ce que Brünnhilde a fait a été réalisé par amour : par amour pour son père, qui lui a transmis des sentiments pour les Wälsungen qu'elle n'aura pas trahis; par compassion pour Sieglinde et Siegmund s'aimant; par amour enfin pour leur fils à qui elle doit, arrivée à ce point extrême de sa trajectoire d'être devenue ce qu'elle est : une femme.

3. « *O, ihr der Eide ewige Hutter!* »

Située au coeur de cette *Liebestod*, la troisième partie en est à la fois la plus belle, et la plus éclairante. Dans un climat musical de la plus grande intériorité, tout est ici révélé : en Brünnhilde se rejoignent – désormais définitivement – la fille de Wotan et l'épouse de Siegfried. Le « *durch Mitleid wissend* » de *Parsifal* est dans le *Ring* un bien plus humain et autrement plus émouvant « *durch Liebe wissend* », par lequel Brünnhilde comprend et résoud, à elle seule, l'énigme de l'apparente trahison de Siegfried. Grâce au travail opéré sur elle-même par l'action de sa seule souffrance, elle est à même de comprendre le destin de Wotan, et d'expliquer la « trahison » de Siegfried (« *mich musste der Reinste verraten, das wissend würde ein Weib* »). Alors Brünnhilde, ayant acquis une conscience que personne n'a jamais possédée avant elle dans le *Ring*, est de nouveau capable de s'adresser au dieu en fille aimante, et de l'aider à réaliser son désir. Plus que le texte allusif, c'est encore ici la musique qui le révèle : enfin Brünnhilde fait sien le vœu exprimé par Waltraute au premier acte. Son chant de soprano dramatique se moule à la perfection sur celui de la mezzo-soprano (80), et la musique de toute la fin de ce passage (« *Auch seine Raben... Ruhe, ruhe du Gott* ») avec son Walhalla cuivré, immobile, plus onirique qu'il ne l'aura jamais été, est en résonance profonde avec celle de Waltraute lorsqu'elle rapportait la demande de son père (« *des tiefen Rheines... erlöst war Gott und Welt* »). On en réalise alors la nécessité, et toute la prophétique portée.

4. « *Meine Erbe nun nehm ich zu Eigen.*»

Dramatiquement, tout est joué; il ne reste qu'à réaliser. Avec sérénité, assurance et autorité, Brünnhilde s'empare solennellement de l'anneau, qu'elle rendra aux Filles du Rhin, afin qu'elles le dissolvent dans les flots. Son chant, progressivement descendu de ses hauteurs initiales dans les trois premières parties, repart de son grave « *waltrautien* » pour commencer une ascencion qui le mènera, dans sa dernière partie, à nouveau dans ses hauteurs extrêmes. L'orchestre marque un nouveau départ. Le voici qui réentonne, comme en sa première partie, la « puissance divine », liée maintenant à la réconciliation de Wotan avec lui-même. Arrivée à un sommet en quatre mesures de *tutti*, celle-ci se métamorphose en « anneau », toujours en *tutti*, se dissout dans le « Rhin » (clarinettes), et revient aux « Filles », dont on réentend pour la première fois le motif sous sa forme première (7), par clarinettes, cors et violons.

5. « *Fliegt heim ihr Raben !*»

Les corbeaux émissaires, annoncés par Waltraute, puis vus par Siegfried à l'instant de sa mort, sont maintenant réexpédiés vers leur maître : ainsi se marque la venue du temps de la mort des dieux. Comme son père à la fin de *la Walkyrie*, c'est grâce aux « traités », calmés à grands renforts de trompettes et tubas que Brünnhilde convoque Loge à son tour. Tout de suite, les « flammes » jaillissent en *tutti*. Comme Brünnhilde, Loge est arrivé au sommet de sa capacité naturel d'Elément. Du personnage méphistophélien, « prêt à reprendre sa forme première » qu'il était à la fin de *l'Or du Rhin*, il s'était d'abord fait protecteur (fin de *la Walkyrie*), puis feu menaçant, dangereux – passant même, métaphoriquement, dans le corps des hommes (fin de *Siegfried*). Dès le début du *Crépuscule*, les Nornes avaient prévenu : détaché de Wotan, Loge avait commencé à embraser le Walhalla. Sous la dernière phrase de Brünnhilde demandant aux corbeaux de guider son brasier vers le Walhalla, « Loge » (cordes) se charge du « crépuscule » (vents).

6. « *Grane, mein Ross...*»

Au son de sa « chevauchée » sur les « flammes », ivre d'une joie qui n'est déjà plus de ce monde, la Walkyrie retrouve son coursier. Dans une transe érotique où son chant, venant maintenant constamment heurter les notes les plus hautes de la tessiture (*si* bémol, *si* naturel), rappelle celui de la toute fin de *Siegfried* (« *leuchtende Lieben lachender Tod* »; « amour resplendissant, mort pleine de joie »), elle s'apprête à sauter dans le brasier. Alors, Wagner fait revenir le thème prophétique de Sieglinde la bénissant (dit de « la rédemption du monde par l'amour »). Ce qui s'esquisse ici : tout le *passage* d'une réalité qui s'achève (la vie de Sieglinde, celle de Brünnhilde), à un fantasme d'avenir qu'on voudrait irradiant, transfigurant, mais totalement inconnu, et donc *ouvert*, est de l'ordre de indicible. Tandis que le thème prophétique envahit peu à peu l'orchestre par les registres supérieurs des bois, se répète, insiste et gagne enfin les cordes où il s'épanouit tout à loisir, Brünnhilde enfourche son cheval et, sur le mot « *Weib* », se jette dans le brasier pour rejoindre Siegfried.

Loge aura-t-il le dernier mot? Dans sa dimension la

plus totale maintenant, à la fois destructrice (le brasier allumé de Brünnhilde rejoint celui du Walhalla) et purificatrice, le voici qui se déchaîne, en un *tutti* fracassant. Hors de lui, plus rien n'existe. « Quand toute la scène semble en flammes, l'éclat du feu s'affaiblit tout à coup, et il ne reste bientôt plus qu'un nuage de fumée qui s'étend jusqu'à l'horizon. En même temps, le Rhin a débordé, et il envahit tout le site. Les trois Filles du Rhin nagent à présent là où s'élevait le bûcher. » (Wagner). Voyant les filles sur le point de s'emparer de leur bien, Hagen se jette dans le fleuve : une dernière « malédiction » dit ce qu'il advient du Nibelung... Tandis que la nature reprend ses droits (musique de la première scène de *l'Or*, avant le rapt), et que Wagner calme sa symphonie en la noyant sous les réitérations du thème prophétique légué par Sieglinde, le rideau tombe doucement. Le feu et l'eau ont joint leurs forces : tout est revenu à l'état de pure nature. Une révolution complète du cycle s'est achevée : tout est consommé. Tout peut-il recommencer? Sachons seulement ceci : quelque part, Alberich *veille*.

REPERTOIRE DES LEITMOTIVE

N° 1. Le Rhin

b

N° 2. Erda

N° 3. Angoisse, ou détresse des dieux

N° 4. Puissance des dieux

N° 5. Défaite de Wotan dit « Colère de Wotan »

N° 6. Crépuscule des dieux

N° 7. Les Filles du Rhin

N° 8. L'oiseau de la forêt

N° 9. Plainte, esclavage, obsession, appel de Hagen dit « Servitude »

a

b

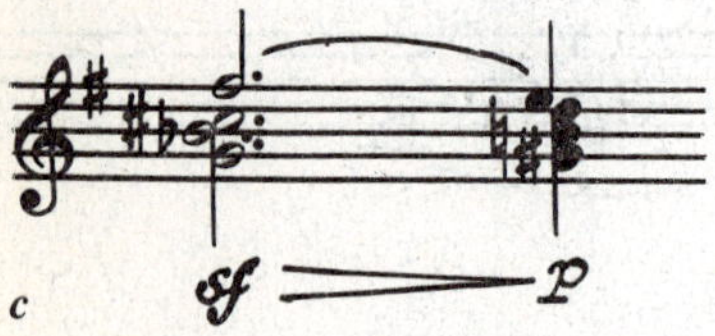

c

N° 10. Rythme des Nibelungen, motif de la forge

a

b

c

N° 11. L'or

N° 12. L'anneau

N° 13. Renoncement à l'amour

N° 14. La Walhalla
ab

c

N° 15. Les traités

N° 16. Freïa (a = séduction, b = fuite)

N° 17. Les Géants

a

Or du Rhin (scène 2)

b

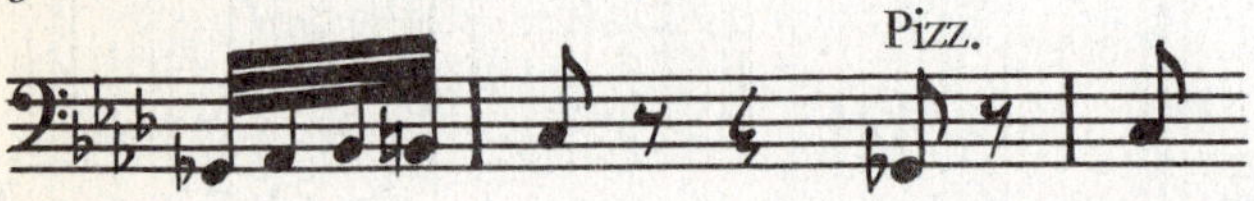

Siegfried(acte II,prélude)

N° 18. Loge

a

b

N° 19. Les pommes de Freïa

N° 20. Résignation, dit « regret de l'amour »

N° 21. Tarnhelm (a, b), trahison par la magie (c)

a

Or du Rhin,scène 3

Crépuscule I / 1

c

Crépuscule I / 1

N° 22. Haine, un travail de destruction des Nibelungen

a

Or du Rhin, scène 3 (début)

b

Or du Rhin, scène 3 (milieu)

c

Or du Rhin, scène 4

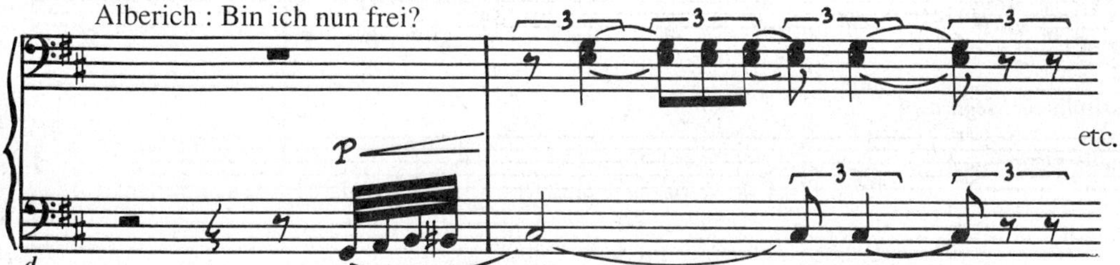

d

N° 23. Fafner

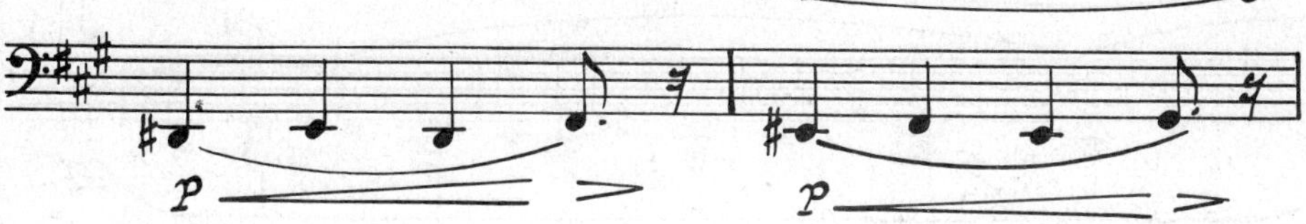

N° 24. Malédiction de l'anneau

N° 25. Justice de l'expiation

N° 26. L'épée

a

b

N° 27. L'orage

N° 28. Lassitude de Siegmund

N° 29. Compassion

N° 30. Amour

N° 31. Malheur des Wälsungen

a

b

Siegfried III / 2

N° 32. Hundig

a

b

N° 33. Héroïsme des Wälsungen

N° 34. Volupté

Siegmund

N° 35. Cri de la Walkyrie

N° 36. Chevauchée

a Cuivres

Siegfried III / 3
Crépuscule II / 4

b Violons + Alti

N° 37. Le sort

Sehr feierlich und gemessen

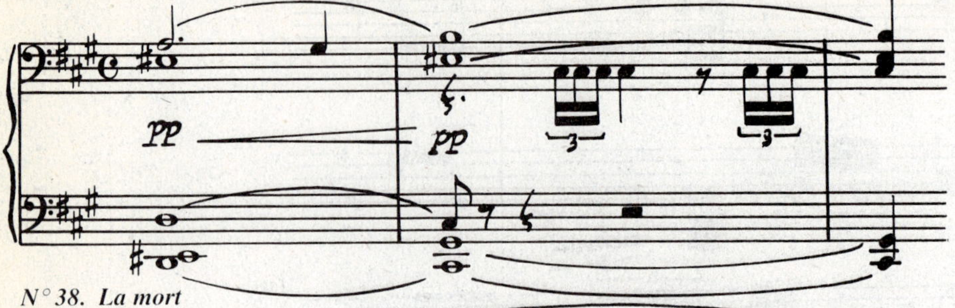

N° 38. La mort

a

b

1/ Walkyrie

c

2/ Crépuscule

N° 39. Le sommeil

a

a Walkyrie II / 5

alti

b

b Walkyrie III

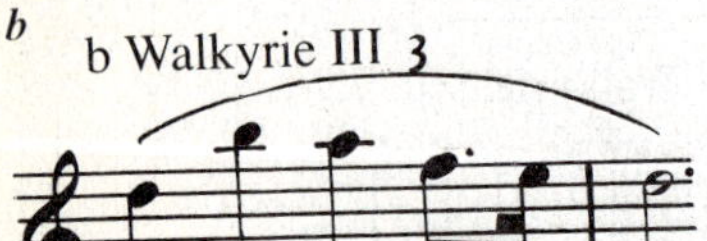

c

c Siegfried II / 1

N° 40. Siegfried

N° 41. Motif dit de « la rédemption du monde par l' amour »

N° 42. Amour des Wälsungen (dit « annonce d'une nouvelle vie »)

N° 43. Dormilin (dit « sommeil magique »)

N° 44. Wanderer (dit « Wotan errant »)

N° 45. Les flammes

N° 46. Les adieux

N° 47. Ruminations de Mime

N° 48 Menace (dit « montée du trésor »)

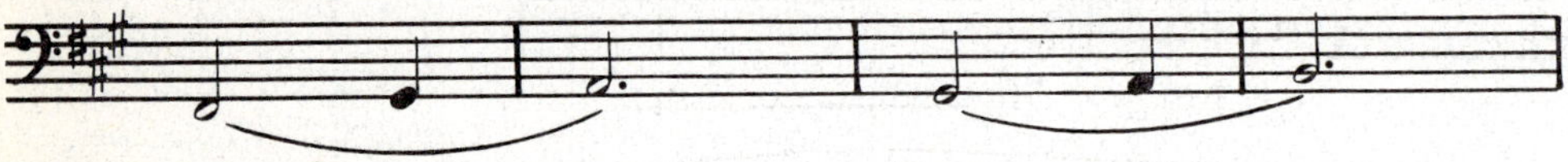

N° 49. Fanfare de Siegfried, un appel de cor

a

b

c

N° 50. Force de la jeunesse

a

b

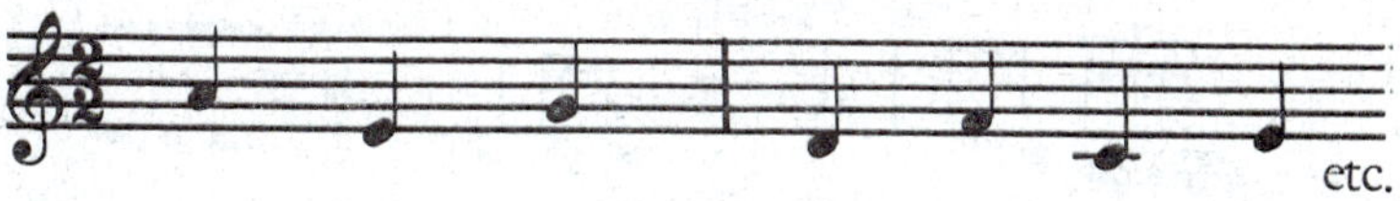

N° 51. Mélodie d'amour

N° 52. Travail

N° 53. Fonte de l'acier

N° 54. Chant de la forge

N° 55. Murmures de la forêt

a

b

a / Alti

N° 56. Héritage du monde

N° 57.

N° 58. Emerveillement

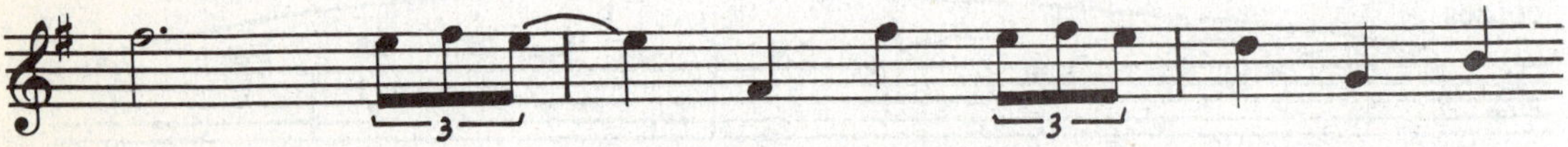

N° 59. Peur

N° 60. Réveil de Brünhilde

N° 61. Ravissement amoureux (dit « Salut à l'amour »)

N° 62. Enthousiasme

N° 63. Mélodie de paix (ex. Siegfried Idyll)

N° 64. Trésor du monde (ex. Siegfried Idyll)

N° 65. Les Nornes

N° 66. Brünhilde

N° 67. Amour héroïque

N° 68. Hagen

a

b

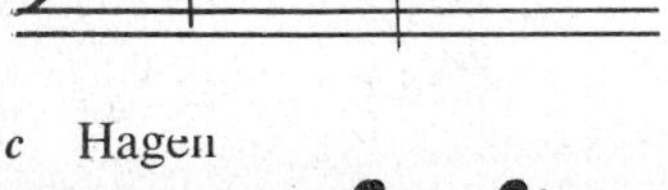

c

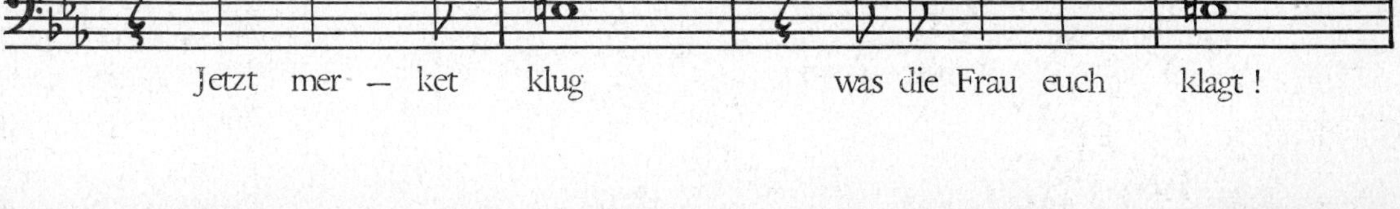

N° 69. Gunther (dit « Gibichungen »)

N° 70. Piège d'amour (dit « amitié perfide de Hagen »)

N° 71. Appel au mariage

N° 72. Amitié Gunther-Siegfried

N° 73. Gutrune

N° 74. Fidélité

N° 75. Meurtre

N° 76. Complot de vengence

N° 77.

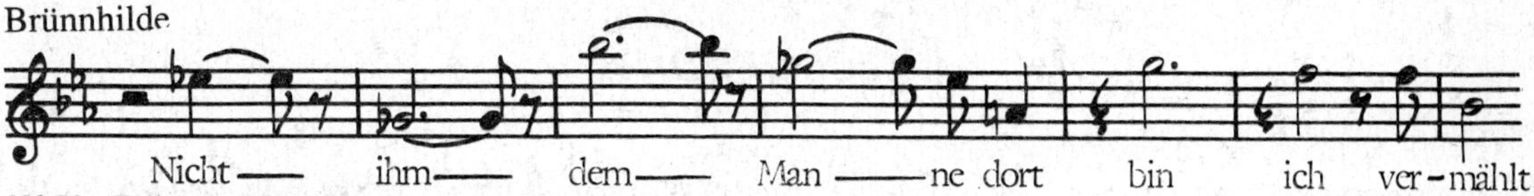

N° 78. Filles du Rhin (2)

N° 79. Filles du Rhin (3)

N° 80.

Discographie

Le classement est chronologique. Sont commentées d'abord les versions intégrales des Ring complets, ensuite les quatre opéras en versions isolées, enfin les actes enregistrés séparément. Les distributions sont données dans l'ordre suivant:

Date - Direction musicale

L'OR DU RHIN
Date. ***Les rôles: Wotan (W), Loge (L), Alberich (A), Mime (M), Fasolt (Fs), Fafner (Ff), Donner (D), Froh (Fh), Fricka (Fk), Freia (Fr), Erda (E), Woglinde (Wog), Wellgunde (Wel), Flosshilde (Flo).***

LA WALKYRIE
Date. ***Les rôles: Siegmund (S), Wotan (W), Hunding (Hu), Sieglinde (Sg), Brünnhilde (B), Fricka (Fk), Gerhilde (Ge), Ortlinde (Or), Waltraute (Wa), Schwertleite (Sch), Helmwige (He), Siegrune (Sie), Grimgerde (Gr), Rossweisse (Ro).***

SIEGFRIED
Date. ***Les rôles: Siegfried (Sgf), le Wanderer (Wa), Mime (M), Alberich (A), Fafner (Ff), Brünnhilde (B), Erda (E), L'Oiseau (O).***

LE CREPUSCULE DES DIEUX
Date. ***Les rôles: Siegfried (Sgf), Hagen (Ha), Gunther (Gu), Alberich (A), Brünnhilde (B), Gutrune (Gn), Waltraute (Wa), Première Norne (1° N), Deuxième Norne (2° N), Troisième Norne (3° N), Woglinde (Wog), Wellgunde (Wel), Flosshilde (Flo).***
Choeurs, Orchestre, Théâtre.
(Edition)

Abréviations:
(L) = *enregistrement live, réalisé sur le vif: scène ou concert*
(S) = *enregistrement studio*
(CD) *signifie que la version est déjà disponible en compact disque (à la date du bouclage du livre)*

INTRODUCTION

Qui aurait imaginé lors de la naissance du microsillon, voilà quarante ans que la *Tétralogie* se trouverait représentée dans les catalogues de disques de la fin des années 80 par près de quinze versions complètes, sans compter de très nombreuses versions isolées des différentes journées? Consultez la discographie annexée au Wagner de Marcel Schneider paru en 1960 aux Editions du Seuil : pas de *Siegfried,* une unique version pour *l'Or du Rhin* et *le Crépuscule des dieux*, tout comme pour *la Walkyrie*, pourtant le plus populaire de tous les drames du *Ring*! La première intégrale du *Ring* disponible en disques et due à l'équipe Solti-Culshaw-Decca ne paraîtra en fait qu'en 1966, *la Walkyrie* achevant alors l'enregistrement du cycle commencé en 1958, huit ans plus tôt, avec *l'Or du Rhin* : une première mondiale à laquelle, à l'image de Walter Legge, peu de professionnels du disque de l'époque avaient cru; le célèbre producteur d'EMI prédisait en effet un échec cuisant à cette initiative, qui devait pourtant s'avérer une des plus grandes réussites commerciales (et artistiques) de l'histoire du disque, et un véritable événement dont l'abondance de biens d'aujourd'hui tend à estomper l'importance historique.

Pourtant plusieurs tentatives visant à graver une *Tétralogie* pour le disque avaient déjà été lancées, sans succès toutefois. Certes, il n'est pas sûr que dans les années 30 un Ring entier n'ait pas été envisagé par HMV sous la baguette de Bruno Walter : les événements politiques limitèrent le projet de *la Walkyrie* au seul premier acte et à quelques fragments du deuxième qu'il fallut compléter quelques années plus tard avec une équipe différente; mais surtout la technique du 78 tours, avec sa courte durée, restait fondamentalement incompatible avec l'ampleur de l'ouvrage. Aussi est-ce l'avènement du microsillon qui permit aux firmes HMV et Decca, lors de la réouverture du Festival de Bayreuth en 1951, d'envisager d'enregistrer et de publier parallèlement les deux *Ring* dirigés cet été-là en alternance par Herbert von Karajan et Hans Knappertsbusch. En subsiste, seul aboutissement, le troisième acte de *la Walkyrie* de Karajan : le reste devait achopper sur le délicat problème des exclusivités d'artistes et ne devenir partiellement disponible qu'avec l'avènement du *live*. Enfin, pour léguer à la postérité l'interprétation de Wilhelm Furtwängler, HMV gravait au studio en 1954, à Vienne, une *Walkyrie* que les autres éléments de la *Tétralogie* devaient suivre rapidement. Cette *Walkyrie* s'avéra en fait le dernier enregistrement du chef qui disparut peu de temps après son achèvement. C'est ainsi que, par défaut, le projet Solti deviendrait chronologiquement le premier enregistrement historique de la *Tétralogie*, alors qu'en parallèle, plusieurs enregistrements séparés de *la Walkyrie* et du *Crépuscule des dieux* tentaient de faire patienter l'amateur insatisfait.

Sitôt paru ce *Ring* de Solti commençait l'édition (sur quatre ans) de celui de Karajan, reflet de ses productions wagnériennes de Salzbourg. Mais il faudrait attendre les années 70 pour que se multiplient les parutions, désormais plus axées sur les ressources offertes par les archives des différents théâtres wagnériens, à commencer par le festival de Bayreuth, que sur les enregistrements de studio. Ainsi vit-on pour des raisons de politique commerciale (la nécessité pour chaque grande maison d'édition phonographique d'avoir un *Ring* à son catalogue, les relations privilégiées de ces maisons avec un chef ou son héritage artistique...) Philips ou EMI mettre sur le marché les versions de Böhm et de Furtwängler, vieilles déjà à leur parution de sept ans pour la première, de vingt ans pour la seconde.

La décennie qui suivit fut pour le monde du disque celle du *live*; son extraordinaire développement permit la mise à disposition du public de formidables documents historiques, depuis les souvenirs de la glorieuse épopée wagnérienne des années 30 et 40 jusqu'à la non moins passionnante époque du Neues Bayreuth, cette grande aventure du Festival des années 50 et 60. Multipliant ainsi de façon considérable les possibilités de choix entre les diverses interprétations wagnériennes et réduisant de façon considérable la proportion des enregistrements studio et leur influence, les éditeurs parallèles mettront alors sur le marché, mais rarement dans un son excellent, le *Ring* de Furtwängler à la Scala, plusieurs *Ring* de Bayreuth signés Clemens Krauss, Joseph Keilberth, Hans Knappertsbusch, Rudolf Kempe, et de nombreuses versions des différentes journées. Dans le même temps les firmes officielles se concentraient sur un piètre *live* de Prague (Swarowsky), une excellente production, mais en anglais, de l'English National Opera (Goodall), et l'édition du fameux *Ring* du centenaire de Bayreuth, confirmant ainsi qu'il était désormais impensable d'éditer une *Walkyrie* ou un *Crépuscule des dieux* isolément, et que le standard *Ring* avait définitivement imposé une réalité au marché.

Parallèlement, l'accentuation du déclin général du chant wagnérien, et en corollaire, l'intérêt nouveau porté à l'aspect visuel de la production d'opéra, aujourd'hui concrétisé par le développement de la vidéo, ouvraient à nouveau singulièrement le débat : au *Ring* du centenaire, disponible en disque depuis quelques années s'opposera d'ici peu son parallèle vidéo qui expose, autant que la leçon de Boulez, les images merveilleuses et déjà légendaires de Chéreau. Et si l'échec du *Ring* de Solti à Bayreuth a fait capoter le projet de film-vidéo du spectacle, le *Ring* signé Kupfer-Baremboïm sera le second à bénéficier de l'image et du son, alors que les circonstances (l'absence de ténor et de soprano pour les principaux rôles notamment) auront limité Herbert von Karajan dans la réalisation du tournage de sa *Tétralogie* de Salzbourg au seul *Or du Rhin*. De ce fait même, le projet de la DG d'enregistrer uniquement le son (sans l'image donc) du nouveau *Ring* que produit James Levine au Met de New York, comme celui d'EMI de réaliser en studion un nouveau *Ring* avec l'orchestre de la Radio Bavaroise et Bernard Haitink apparaissent (sans préjuger de leurs qualités artistiques) dépassés sur le plan du principe, autant que l'intégrale réalisée en studio voici peu d'années par Marek Janowski à Dresde pour Eurodisc.

Sur le plan de la qualité sonore, on peut parler de trois époques distinctes dans la discographie de la *Tétralogie*. Il est bien évident que tous les *Ring* de studio, datant de l'époque de la stéréophonie, possèdent une qualité sonore indiscutable. Il n'en est pas de même pour les enregistrements *live* ou pirates généralement plus anciens. Toutefois il faut reconnaître à tout ce qui vient du Bayreuth des années 50 une surprenante présence sonore (en mono, bien sûr), due autant à la qualité des prises de son radio originales qu'aux particularités acoustiques du Théâtre des festivals. Le report numérique de certains de ces enregistrements a d'ailleurs extraordinairement bien servi ces qualités de sons mono. Tout ce qui date au contraire d'avant-guerre nous est parvenu souvent en lambeaux et toujours dans des sons qui réclament de l'auditeur un véritable effort d'accoutumance, que justifie impérieusement toutefois le génie qui transparaît au travers de ces brumes sonores.

On remarquera en parallèle qu'à ces trois époques correspondent pratiquement deux générations d'interprètes (une trentaine de noms tout au plus) : ils servent de vivier pour la quasi-totalité de la production discographique, qui dans le domaine wagnérien reste d'une qualité d'ensemble assez rare pour être notée. Le *live* a multiplié ainsi des présences (Flagstad, Mödl, Greindl, Hotter) en nous les rendant à leur zénith tout en réparant des injustices criantes, comme pour Astrid Varnay, scandaleusement oubliée par les maisons de disque de son temps, et qui chante Brünnhilde dans non moins de cinq *Ring* et ... quelques journées de plus!

Au total, sans préjuger des parutions futures ni surtout des nombreuses bandes magnétiques en circulation (tout Bayreuth depuis 1951, plusieurs *Ring* du Met, de Vienne, de Munich, de Londres... et de Radio-France même), on peut avec plus ou moins de facilité disposer en 1988 de 18 enregistrements de *l'Or du Rhin*, 23 de *la Walkyrie*, 17 de *Siegfried* et 18 du *Crépuscule des dieux*, l'ensemble pouvant être recoupé en 14 *Ring* complets et cohérents et 20 intégrales des différentes journées de l'oeuvre! Et on ne compte ici ni les sélections historiques importantes que l'on signalera au passage, ni les cas particuliers des enregistrements séparés des trois actes de *la Walkyrie* (popularité de l'oeuvre oblige), au nombre de 11 pour le premier, de 2 pour le deuxième, et de 5 pour le dernier, auxquels il convient d'associer encore un seul troisième acte du *Crépuscule des dieux*. Ni les deux intégrales nouvelles à paraître sous peu.

Pour faciliter l'analyse, il nous a semblé préférable de regrouper chaque intégrale du Ring pour mettre en valeur cohérence, continuité, globalité de l'interprétation et éviter de trop nombreuses répétitions sur tel chef ou tel interprète principal, tout en précisant successivement les caractères de chaque journée. Sont ensuite analysées, dans l'ordre des quatre opéras, les versions isolées, ainsi que les actes séparés de *la Walkyrie* et du *Crépuscule des dieux*.

LES RINGS INTEGRAUX

1950 – Wilhelm Furtwängler (L)

4/3/1950 (L). ***Ferdinand Frantz (W), Joachim Sattler (L), Aloïs Pernerstorfer (A), Peter Markwort (M), Ludwig Weber (Fs), Albert Emmerich (Ff), Angello Mattiello (D), Günther Treptow (Fh), Elisabeth Höngen (Fk), Walburga Wegener (Fr), Margret Weth-Falke (E), Magda Gabory (Wog), Margherita Kenney (Wel), Sieglinde Wagner (Flo).***

9/3/1950 (L). ***Günther Treptow (S), Ferdinand Frantz (W), Ludwig Weber (Hu), Hilde Konetzni (Sg), Kirsten Flagstad (B), Elisabeth Höngen (Fk), Walburga Wegener (Ge), Karen Marie Crkall (Or), Dagmar Schmedes (Wa), Polly Batic (Sch), Ilona Steingruber (He), Margherite Kenney (Sie), Sieglinde Wagner (Gr), Margret Weth-Falke (Ro).***

22/3/1950. ***Set Svanholm (Sgf), Josef Herrmann (Wd), Peter Markwort (M), Aloïs Pernerstorfer (A), Ludwig Weber (Ff), Kirsten Flagstad (B), Elisabeth Höngen (E), Julia Moor (O).***

4/4/1950. ***Max Lorenz (Sgf), Ludwig Weber (Ha), Josef Herrmann (Gu), Aloïs Pernerstorfer (A), Kirsten Flagstad (B), Hilde Konetzni (Gr, 3° N), Elisabeth Höngen (Wa), Margret Weth-Falke (1° N), Margherita Kenney (2° N, Wel), Magda Gabory (Wog), Sieglinde Wagner (Flo).***

Choeurs et Orchestre de la Scala de Milan.
(Fonit Cetra, CD)

Il existe deux intégrales de la *Tétralogie* sous la baguette de Wilhelm Furtwängler. Aucune n'était prévue pour la réalisation d'un enregistrement sur disques, et c'est l'impossibilité d'en réaliser un en studio du fait de la mort du chef en 1954 juste après l'enregistrement de la seule *Walkyrie* pour HMV qui est à l'origine de leur parution, bien des années après. Elles reprennent les dernières apparitions du chef au pupitre pour diriger l'intégrale de l'oeuvre, à la Scala de Milan en 1950 et à Rome, en concert, avec l'orchestre de la RAI, en 1953. Conséquence principale pour ces deux *Ring*, une prestation d'orchestre très en dessous de ce que l'on peut attendre (et ce tout particulièrement pour le *Ring* de la RAI) d'autant qu'on possède, pour mesurer l'impact réel sur la couleur et la matière orchestrale de la direction du plus grand wagnérien de l'époque, *la Walkyrie* entière enregistrée avec le Philharmonique de Vienne, et surtout divers extraits *live* d'avant-guerre, de Londres ou de Bayreuth. On mesurera à l'écoute de ces fragments absolument envoûtants (le 3e acte de la *Walkyrie* entier, 1h40 d'extraits du *Crépuscule* de Covent Garden le 1 juin 1937 avec Flagstad, Melchior, Janssen, Thorborg, Weber (BWS RR 429), et des fragments des 2e et 3e actes du *Crépuscule* de Bayreuth deux mois plus tard, avec cette fois Leider, Lorenz, Hoffmann, Prohaska (BWS RR 540), et encore cette scène centrale du 2e acte de 1938, toujours à Bayreuth, mais avec cette fois Melchior pour répondre aux imprécations de Leider (BAFS HB 22863) à quel point Furtwängler n'est plus après guerre que l'ombre de lui même : dans les deux cas, la tension demeure, immense, arc-boutée comme un pont, jetée même en avant avec un sentiment de certitude qui mène à l'aboutissement ce qui reste avant tout un drame aux dimensions cosmiques. Ce qui a disparu, c'est l'énergie, le souffle, l'impérieuse intensité, et toutes les formes de jubilation, jusqu'à celle des vagues de cordes de la Chevauchée des Walkyries.

En fait, l'Orchestre de la Scala s'en tire avec les honneurs, et comme la direction et la distribution fusionnent ici et là dans le génie, on oubliera vite les failles pour s'attacher à une présence incontestable, qui tend une architecture de bout en bout de l'oeuvre, généreuse, ample et très naturelle. Le travail effectué sur les cordes est particulièrement remarquable : animées, fougueuses, bousculées parfois, et la matière orchestrale vit surtout dans *Rheingold* (là où les prestations vocales restent en deçà de l'ensemble) et *Siegfried* (là où le tissu wagnérien atteint à son plus grand raffinement).

Car la distribution est loin d'être unitaire : dans le Prologue, l'ensemble des filles du Rhin pourrait inciter à arrêter l'écoute aussitôt, le Loge fort insupportable de Joachim Sattler aussi. Bien sûr, il y a Elisabeth Höngen, une Fricka claire, impérieuse, mais limitée vocalement sinon dramatiquement. Mais un bon Alberich, un Froh élégant, un Wotan sans ampleur, une Erda à vibrato prononcé, tout cela ne répond pas vraiment à l'investissement du chef qui du coup paraît rester tout un temps extérieur à l'action. Dans *la Walkyrie*, malgré une Sieglinde à peine supportable, et un Wotan seulement adéquat, tout change : les géants sont là à nouveau, ceux qui firent leur nom avant la déchirure de la guerre : il y a Treptow, Siegmund d'une détresse continue, Höngen encore, intense, Weber terrifiant comme toujours dans ce type de rôle, et surtout une Flagstad qui se fera le miroir des tons de l'orchestre, le répondant, le témoin d'un travail qui ne l'empêche en rien de briller de toute son absolue maturité vocale. La jeunesse physique n'est plus; mais reste, contrairement au chef, la jubilation, la radiance. Et malgré certaines précarités sonores, malgré les incidents du direct, et les défauts réels, cette rencontre de dieux se fait aussitôt mémorable. C'est mieux encore dans *Siegfried*, car Set Svanholm, avec son timbre d'une franchise, d'une netteté si caractéristique la rejoint sur le point de l'évidence. Et comme là l'orchestre rit, et comme d'Alberich à Mime en passant par Erda et le Wanderer de Josef Hermann, tout le monde est au même diapason, on trouve là l'une des plus étonnantes, des plus vivifiantes versions de la seconde journée. Au *Crépuscule*, la vision, l'anéantissement joyeux de Furtwängler s'est éteint, on l'a dit; reste l'épique, impressionnant : les affrontements, les vertiges, les anéantissements sont à l'orchestre d'abord, aux solistes ensuite. Avec un Max Lorenz électrisant, extasié : même si la voix commence à accuser de sérieuses défaillances dans la tenue de l'aigu, il y a chez lui une façon de désinvolture, une précipitation joyeuse à l'amour comme à la mort qui le rendent irrésistible. Avec une Flagstad grandiose de ton, immense de vision : prête à mener l'oeuvre à son achèvement avec un regard sur le monde d'une tendresse, d'un sourire qu'on n'imaginerait pas à cette voix, elle déchaînait une ire sacrée de toute la puissance de sa soufflerie, mais accusant ici et là, les premières rides de son âge (attention, c'est sans commune mesure avec Lorenz). Il y a à nouveau Höngen à bout de voix, mais en rien à bout des mots, et Weber, sinistre, et Herrmann. Malgré des Nornes et des Filles du Rhin à nouveau secondaires, un *Crépuscule* d'une hauteur de propos qui rend encore plus regrettables les intégrales qu'on ne possède pas. Les dernières gravures (Fonit Cetra), réalisées à partir des bandes originales conservées par la famille Furtwängler et non de quelque copie radio ont en outre rendu plus que décent un son *live* qu'initialement on croyait condamné au brouillard; de ce fait la gravure EMI de Rome passe désormais définitivement au second plan.

1953. Joseph Keilberth (L)

25/7/1953 Hans Hotter (W), Erich Witte (L), Gustav Neidlinger (A), Paul Kuen (M), Ludwig Weber (Fs), Josef Greindl (Ff), Hermann Uhde (D), Gerhard Stolze (Fr), Ira Malaniuk (Fk), Bruni Falcon (Fr), Maria von Ilosvay (E), Erika Zimmerman (Wog), Hetty Plümacher (Wel), Gisela Litz (Flo).

26/7/1953 Ramon Vinay (S), Hans Hotter (W), Josef Greindl (Hu), Regina Resnik (Sg), Martha Mödl (B), Ira Malaniuk (Fk), Brünnhilde Friedland (Ge), Bruni Falcon (Or), Lise Sorrell (Wa), Maria von Ilosvay (Sch), Lieselotte Thomamüller (He), Gisela Litz (Sie), Sibylla Plate (Gr), Erika Schubert (Ro).

27/7/1953 Wolfgang Windgassen (Sgf), Hans Hotter (Wa), Paul Kuen (M), Gustav Neidlinger (A), Josef Greindl (Ff), Martha Mödl (B), Maria von Ilosvay (E), Rita Streich (O).

27/7/1953 Wolfgang Windgassen (Sgf), Josef

Greindl (Ha), Hermann Uhde (Gu), Gustav Neidlinger (A), Martha Mödl (B), Natalie Hinsch-Gröndahl (Gn), Ira Malaniuk (Wa, 2° N), Maria von Ilosvay (1° N), Regina Resnik (3° N), Erika Zimmermann (Wog), Hetty Plümacher (Wel), Gisela Litz (Flo).

Festival de Bayreuth
(Melodram)

C'est en 1952 que Josef Keilberth monte pour la première fois au pupitre de Bayreuth, pour y diriger la *Tétralogie* cinq étés durant, parfois en alternance avec Krauss ou Knappertsbusch. C'est donc lui qui servira à Wieland Wagner pour la mise en place définitive de ses conceptions du *Ring*, après l'année 1951 qui n'imposait pas encore une globalité de la vision théorique comme esthétique aussi marquante que dans *Parsifal*. La direction de Keilberth, qui n'évoluera guère avec les années, n'est pas sans charme : *la Walkyrie*, avec sa flamme et ses tourments, lui réussit même particulièrement bien, à lui qui sait écouter et relancer même les emportements des solistes, qui joue avec plaisir à l'orchestre le jeu des couleurs plus que la recherche architecturale. Mais ses *Ring*, non négligeables, passent sans cette unité profonde de la vision et cette tension générale qui en font l'évidence et le poids : ils apparaissent aujourd'hui comme une parenthèse, intéressante plus à titre documentaire que comme référence ou comme ouverture à la connaissance approfondie de l'ouvrage. En 1953, Karajan (pour incompatibilité d'humeur avec Wieland Wagner) et Knappertsbusch (par opposition farouche à ses principes scéniques) ont tous deux quitté Bayreuth. Keilberth partagera donc la direction du *Ring* avec Clemens Krauss, et ces deux interprétations ont depuis été publiées intégralement. On retrouvera donc la même distribution chez Krauss, à l'exception de la Brünnhilde de Martha Mödl. Ce qui ne veut pas dire identité de chant ou de jeu : Vinay débute et connaît à peine son rôle, Windgassen se jette tant dans Siegfried (son premier) qu'il l'achève à bout (mais avec quelle joie) et en restera pratiquement absent pour *le Crépuscule*. D'autres s'ennuient (Hotter surtout, Greindl, Uhde) qu'on retrouvera une quinzaine plus tard survoltés par la direction de Krauss. Keilberth lui, souvent rapide, jamais impressionnant rend *l'Or du Rhin* d'une traite, sans métaphysique, réussit avec *la Walkyrie* (au 3e acte surtout), fait vivre et chanter tout Siegfried sans le faire jubiler, mais laisse du *Crépuscule* une image bruyante et sans imagination. Mais il y a Mödl, qu'on ira toutefois écouter chez Furtwängler – question de réponse du chef à un art des sons (plus qu'à une technique souvent défaillante) – qui emporte par son enthousiasme primaire, ses raucités félines, sa présence presque a-musicale, sa sensualité pleine. On y gagnera une indispensable scène finale du *Crépuscule*, superbe par les regards intérieurs, les tourments, les regrets, la déchirure, la détente, puis la sérénité : un sommet car la cantatrice parvient en plus à réveiller un orchestre qui sommeillait depuis le premier acte.

1953. Clemens Krauss (L)
8/8/1953. ***Hans Hotter (W), Erich Witte (L), Gustav Neidlinger (A), Paul Kuen (M), Ludwig Weber (Fs), Josef Greindl (Ff), Hermann Uhde (D), Gerhard Stolze (Fr), Ira Malaniuk (Fk), Bruni Falcon (Fr), Maria von Ilosvay (E), Erika Zimmermann (Wog), Hetty Plümacher (Wel), Gisela Litz (Flo).***

9/8/1953. ***Ramon Vinay (S), Hans Hotter (W), Josef Greindl (Hu), Regina Resnik (Sg), Astrid Varnay (B), Ira Malaniuk (Fk), Brünnhilde Friedland (Ge), Bruni Falcon (Or), Lise Sorrell (Wa), Maria von Ilosvay (Sch), Lieselotte Thomamüller (He), Gisela Litz (Sie), Sibylla Plate (Gr), Erika Schubert (Ro).***
10/8/1953. ***Wolfgang Windgassen (Sgf), Hans Hotter (Wa), Paul Kuen (M), Gustav Neidlinger (A), Josef Greindl (Ff), Astrid Varnay (B), Maria von Ilosvay (E), Rita Streich (O).***

12/8/1953. ***Wolfgang Windgassen (Sgf), Josef Greindl (Ha), Hermann Uhde (Gu), Gustav Neidlinger (A), Astrid Varnay (B), Natalie Hinsch-Gröndahl (Gn), Ira Malaniuk (Wa, 2° N), Maria von Ilosvay (1° N), Regina Resnik (3° N), Erika Zimmermann (Wog), Hetty Plümacher (Wel), Gisela Litz (Flo).***

Festival de Bayreuth
(Laudis, 15 CD; Rodolphe, 7 CD; Foyer, 15 CD)

L'apparition de Clemens Krauss au pupitre du Festival en 1953 (pour *Parsifal* et pour le 2e *Ring*) reste un événement considérable (et hélas unique), et sa seule mort dans le courant de l'année suivante empêcha qu'il ne devienne le chef fétiche de Bayreuth. Car, pour Wieland Wagner, sa présence figure comme un premier aboutissement : il voit en effet dans ses lectures « latines », fraîches, légères, toutes de touches, de nuances, sans que se perde jamais pour autant le dramatisme de l'action (ce qui est bien d'un chef directeur de théâtre), le support musical idéal à ses conceptions scéniques basées sur la mise en perspective de l'élément humain par rapport à l'univers tout entier. Comme en parallèle, l'équipe de chanteurs-acteurs s'est mise en place autour d'une dizaine de noms aptes à des leçons musicales qui ne demandent qu'une direction de génie pour s'affirmer les égaux des grands anciens, les éléments sont réunis pour une très grande interprétation, et c'est effectivement le cas.

Krauss d'abord. Une direction d'un seul tenant, avec simplement une fatigue sensible au prologue et au premier acte du *Crépuscule*, où plane une sorte d'indifférence que les chocs du 2e acte, survolté par les chanteurs autant que par le chef, rendent plus nette encore. *L'Or du Rhin* est projeté d'un trait dans la lumière, *la Walkyrie*, sans que ses jumeaux soient de vraies torches, est d'un feu continu; *Siegfried*, lui, est absolument éblouissant de fraîcheur, d'allant, et comme tout le monde s'y trouve d'une liberté de chant et d'un investissement incroyables, c'est assurément cette journée-là, vivante, excitée, irradiante de joie, qui est le sommet de ce *Ring*, et l'une des plus belles versions de l'oeuvre. Tout le travail de Krauss rappelle, mais en moins analytique (un chef de théâtre, répétons-le) celui de Boulez, avec comme résultat de dégraisser, d'alléger et, du fait d'une battue extraordinairement rapide et tenue, de dynamiser complètement le tissu orchestral : sa fluidité, son animation, son exubérance et sa clarté sont extraordinaires. Or le chef a en plus la chance insigne de trouver cet été-là l'équipe non seulement formée et accomplie déjà, mais en plus au meilleur de sa forme vocale, et l'on comprend soudain la réputation de ces géants que trop de fois on a entendu usés (les années 60) ou simplement fatigués par tant de loyale et intense présence (les années 50) : Hans Hotter d'abord, immense bien sûr, sans le chevrotement et le vibrato marqués à venir. On découvre un Wotan viveur, gai parfois, avide de l'existence. Ramon Vinay, avec cette ombre sur le timbre qui en fait le Siegmund d'une génération. Wolfgang Windgassen, en revanche, d'une lumière dans le timbre, d'une mâle prestance, d'une rondeur de chant (on l'entendra fissuré avec Böhm), et d'une honnêteté qui éclatent d'autant plus qu'il débutait cet été là en *Siegfried*, et ayant donc une difficile partie à gagner, s'y donnait à fond. Josef Greindl, effrayant de puissance, bien plus royal par la morgue que dans ses rôles de noble rang. Et par parenthèses Ludwig Weber, à bout certes, mais d'une brutalité insoutenable dans Fasolt. Gustav Neidlinger aussi, tellement évident qu'on l'oublierait : il n'incarne pas Alberich, il l'est, et définitivement. Rarement artiste se sera imposé ainsi sans faire évoluer un rôle dont il maîtrise toutes les facettes dès sa première apparition! Et Uhde, et Kuen et Stolze déjà (dans Froh!). Il n'y a guère que le Loge net et sans relief d'Erich Witte qui dépare au tableau d'excellence. Côté héroïnes, Astrid Varnay avant toute autre, pour ses déchirements d'humanité (son cri à Wotan quand le faux Günther se révèle son maître!), par la vaillance, par la chaleur, et aussi par l'état somptueux de la voix. La voix, c'est ce que Regina Resnik a de plus proche de Varnay à l'époque, vaillante, engagée, étonnante même de mimétisme. Elle n'est pourtant pas la plus convaincante des Sieglinde : manque de lyrisme ébloui, manque l'aigu aussi; sitôt après, elle deviendra mezzo. Hors cela, on est un cran en dessous de la distribution masculine : Malaniuk est une bonne Fricka, Ilosvay une Erda de grand ton, Hinsch-Gröndahl une Gutrune sans trop de tenue, mais assez concernée (mais après tout, autour d'elle il y a le feu). Et si les Nornes sont sans vertige, et les Filles du Rhin sans prestige, l'Oiseau est à ramage : c'est Rita Streich, rien moins!

L'ensemble s'inscrit définitivement parmi les interprétations fondamentales de l'oeuvre.

1953. Wilhelm Furtwängler (L)

26/10/1953. ***Ferdinand Frantz (W), Wolfgang Windgassen (L), Gustav Neidlinger (A), Julius Patzak (M), Josef Greindl (Fs), Gottlob Frick (Ff), Alfred Poell (D), Lorenz Fehenberger (Fh), Ira Malaniuk (Fk), Elisabeth Grümmer (Fr), Ruth Siewert (E), Sena Jurinac (Wog), Magda Gabory (Wel), Hilde Rössl-Majdan (Flo).***

29/10, 3/11, 6/11/1953. ***Wolfgang Windgassen (S), Ferdinand Frantz (W), Gottlob Frick (Hu), Hilde Konetzni (Sg), Martha Mödl (B), Elsa Calveti (Fk, Gr), Gerda Scheyer (Ge), Magda Gabory (Or), Dagmar Schmedes (Wa), Hilde Rössl-Majdan (Sch), Judith Hellwig (He), Olga Bennings (Sie), Ira Malaniuk (Ro).***

10/11, 13/11, 17/11/1953.
Ludwig Suthaus (Sgf), Ferdinand Frantz (Wa), Julius Patzak (M), Aloïs Pernerstorfer (A), Josef Greindl (Ff), Martha Mödl (B), Margarete Klose (E), Rita Streich (O).

20/11, 24/11, 27/11/1953. ***Ludwig Suthaus (Sgf), Josef Greindl (Ha), Alfred Poell (Gu), Aloïs Pernerstorfer (A), Martha Mödl (B), Sena Jurinac (Gr, 3° N, Wog), Margarete Klose (Wa, 1° N), Hilde Rössl-Majdan (2° N, Flo), Magda Gabory (Wel).***

Choeurs et Orchestre de la RAI, Rome.
(EMI)

Réalisé dans les meilleures conditions possibles d'enregistrement (acte par acte, à trois jours de distance, ce qui permet à chacun un investissement vocal que la représentation n'autorise guère), avec une équipe choisie par Furtwängler lui-même, ce *Ring*, on l'a déjà dit, souffre désespérément de la médiocrité de l'orchestre de la radio romaine : des cuivres plats, des bois sans timbre, des cordes sans chair et courtes d'expression multiplient les « pains » et malgré leur bonne volonté ne peuvent rendre sa dimension à l'immensité de l'oeuvre et son aura à la puissance de la conception du chef. Celle-ci reste parfaitement cohérente avec celle qu'il offrait à la Scala, mais sans obtenir de ses solistes l'investissement que faisait naître la scène : l'ensemble de ce fait paraîtra moins fulgurant, moins définitif. Il faut préciser qu'à l'inverse de la Scala, c'est la nouvelle génération qu'on entend ici chanter dans ce *Ring* : Windgassen, dont ce sera, au disque, le premier Loge, et déjà le second Siegmund, Mödl, Greindl, Neidlinger côtoient encore une Klose défaite, une Konetzni à bout, un Patzak étonnant. Mais il y a, dans l'ombre presque, bien des gloires à venir : Jurinac en Woglinde, en Gutrune surtout, survoltée, Grümmer en Freia, Hilde Rössl-Majdan, Rita Streich : des wagnériennes certainement pas, mais d'immenses chanteuses classiques qui savent donner un autre ton à Wagner quand il est mené par l'esprit ouvert d'un tel chef; ce que ne peuvent plus les anciens, fatigués, ou ne peuvent pas, manque d'esprit justement, le Wotan de Frantz, la Fricka de Calveti, et étonnamment le Hagen de Greindl, et son Fafner aussi. On revient alors surtout à Mödl, fauve autant que feu dans *la Walkyrie*, moins présente dans *Siegfried*, et moins investie dans *le Crépuscule* qu'avec Keilberth quelques mois plus tôt, ici comme retenue par le pesant de la direction qui lui impose des tenues bien pénibles. Et à Suthaus, dont le Siegfried, sombre, pénétré est à l'opposé de celui, histrionique, de Lorenz, sans que cela gêne en rien l'allure que Furtwängler donne aux dernières journées.

Difficile donc de ne pas s'y référer mais avec tant de défauts et tant de nécessaires qualités, cet enregistrement restera comme l'illustration d'une occasion manquée.

1957. Hans Knappertsbusch (L)

14/8/1957. ***Hans Hotter (W), Ludwig Suthaus (L), Gustav Neidlinger (A), Gerhard Stolze (M), Arnold van Mill (Fs), Josef Greindl (Ff), Toni Blankenheilm (D), Josef Traxel (Fh), Georgine von Milinkovic (Fk), Elisabeth Grümmer (Fr), Maria von Ilosvay (E), Dorothea Siebert (Wog), Paula Lenchner (Wel), Elisabeth Schärtel (Flo).***

15/8/1957. ***Ramon Vinay (S), Hans Hotter (W), Josef Greindl (Hu), Birgit Nilsson (Sg), Astrid Varnay (B), Georgine von Milinkovic (Fk, Gr), Paula Lenchner (Ge), Gerda Lammers (Or), Elisabeth Schärtel (Wa), Maria von Ilosvay (Sch), Hilde Scheppan (He), Helena Bader (Sie), Hetty Plümacher (Ro).***

17/8/1957. ***Bernd Aldenhoff (Sgf), Hans Hotter (Wa), Paul Kuen (M), Gustav Neidlinger (A), Josef Greindl (Ff), Astrid Varnay (B), Maria von Ilosvay (E), Ilse Hollweg (O).***

19/8/1957. ***Wolfgang Windgassen (Sgf), Josef Greindl (Ha), Hermann Uhde (Gu), Gustav Neidlinger (A), Astrid Varnay (B), Elisabeth Grümmer (Gn), Maria von Ilosvay (Wa, 1° N), Elisabeth Schärtel (2° N, Flo), Birgit Nilsson (3° N), Dorothea Siebert (Wog), Paula Lenchner (Wel).***

Festival de Bayreuth
(Music & Arts, 15 CD; Melodram)

Knappertsbusch, reprenant l'oeuvre à Bayreuth au deuxième cycle de l'été 1956, conduira les dernières années de la première production de Wieland Wagner à une hauteur de vue marmoréenne, passant de lenteurs imposantes et calculées (en 1951, la plus lente de toutes les directions du *Ring* jamais enregistrée à Bayreuth) à une vision tellurique des profondeurs, qui n'est pas sans harmonie avec les images gigantesques – en noir et blanc en tout cas – que l'on conserve des visions scéniques de Wieland Wagner.

Mais il convient de connaître à fond son *Ring* pour suivre son parcours. On savourera alors d'autant mieux sa façon de prendre le produit et de l'asservir à une vision grandiose et unificatrice; on y découvrira un travail sur la matière, une mise en strates du matériau orchestral, un découpage de la phrase qui n'est plus rythmes et chant, mais soubresauts, grondements, souffle. Le Monde est ici en éveil, indompté encore, et c'est le chef qui joue au démiurge. *Siegfried* s'y perd un peu (mais se retrouve au IIIe acte), question d'interprète du rôle-titre aussi. *L'Or du Rhin* en fait ne s'éveille qu'au retour de Nibelheim, et c'est dommage car la leçon pouvait y être confondante de réalisme. *La Walkyrie* se tend tout de suite, et atteint à des sommets de beauté purement esthétique. L'ensemble toutefois peut se considérer comme une esquisse d'intention par rapport à ce qui sortira de l'abîme mystique l'été suivant. Ainsi *le Crépuscule* n'est ici que secouant : il sera, en 1958, dévastateur. Enfin, la maîtrise intellectuelle du chef, l'intérêt du propos font qu'on oublie bien des dérapages (le prélude au fond du

Rhin, pas vraiment en place, les cafouillages au prélude du IIIe acte de *Siegfried*). Mais on se reprend vite, et avec quel chant d'orchestre alors! Knappertsbusch était homme de vision plus que de détails. Et cette vision, il a contrairement à tous les chefs d'aujourd'hui le bonheur de la voir prise en charge par des chanteurs prêts à la faire leur. En fait, ce sont les mêmes que chez Krauss et Keilberth, c'est bien dire leur grandeur. Visiblement plus fatigués qu'en 1953 (on est à mi-Festival, Windgassen chante Tristan et partage Walther avec Traxel, Neidlinger est aussi Sachs et Kurwenal; Grümmer Eva; Vinay achève de se brûler en Parsifal..., Varnay partage Kundry!), ils assument toutefois sans peine. Seul vrai raté : Aldenhoff dans le jeune Siegfried, dont la forte voix convenait – sans regard poétique, il est vrai – au rôle quelques années plus tôt, mais qui ici, à bout d'aigu, se déclare vaincu au 1er acte devant les restes triomphants de la voix de Kuen. Suthaus aussi, Siegmund au 1er *Ring*, et Loge ici, tranchant, froid, mais bien éraillé, pourra paraître une gêne. A l'opposé, parmi les splendeurs, il y a la Sieglinde de Birgit Nilsson, un feu de glace, sans doute, mais d'un chant coupant, net, incontestable, écrasant son Siegmund, écrasant un instant Brünnhilde. Dommage que le rayonnement ne soit pas encore à son fort. Elle assure en tout cas la plus éblouissante Troisième Norne de toute la discographie. Il y a Grümmer aussi, une bien jolie Freia, une ravissante Gutrune : pas vraiment des incarnations (on aura Silja pour cela), mais les rôles sont tels... Il y a Ilosvay encore, une vraie Erda (le format), une vraie Waltraute (l'émoi). On ne pourra pas vraiment dire la même chose de Milinkovic qui n'est qu'une forte Fricka. Il y a encore les autres, Neidlinger constant comme jamais, Greindl porté par le chef, Blankenheim égaré dans Donner, Traxel délicieux dans Froh, van Mill qui chante Fasolt là où Weber l'aboyait. Car on chante ici : c'est malgré des pailles chez les uns, des failles chez les autres, le maître mot : une volonté qu'impose le chef, malgré des tempi parfois cruels : mais se sentant ainsi porté, qui ne s'essayerait à chanter?

1958. Hans Knappertsbusch (L)
27/7/1958. ***Hans Hotter (W), Fritz Uhl (L), Franz Andersson (A), Gerhard Stolze (M), Theo Adam (Fs), Josef Greindl (Ff), Erik Saedén (D), Sandor Konya (Fh), Rita Gorr (Fk), Elisabeth Grümmer (Fr), Maria von Ilosvay (E), Dorothea Siebert (Wog), Claudia Hellmann (Wel), Ursula Boese (Flo).***

28/7/1958. ***Jon Vickers (S), Hans Hotter (W), Josef Greindl (Hu), Leonie Rysanek (Sg), Astrid Varnay (B), Rita Gorr (Fk), Marlies Siemeling (Ge), Hilde Scheppan (Or), Elisabeth Schärtel (Wa), Maria von Ilosvay (Sch), Lotte Rysanek (He), Grace Hoffmann (Sie), Rita Gorr (Gr), Ursula Boese (Ro).***

30/7/1958. ***Wolfgang Windgassen (Sgf), Hans Hotter (Wa), Gerhard Stolze (Mime), Franz Andersson (A), Josef Greindl (Ff), Astrid Varnay (B), Maria von Ilosvay (E), Dorothea Siebert (O).***

1/8/1958. ***Wolfgang Windgassen (Sgf), Josef Greindl (Ha), Otto Wiener (Gu), Franz Andersson (A), Astrid Varnay (B), Elisabeth Grümmer (Gn), Jean Madeira (Wa, 1° N), Ursula Boese (2° N), Rita Gorr (3° N), Dorothea Siebert (Wog), Claudia Hellmann (Wel), Ursula Boese (Flo).***

Festival de Bayreuth
(Melodram)

Dernière année du 1er *Ring* de Wieland Wagner. Chef et metteur en scène auraient pu se contenter de répéter ce qui avait assuré les triomphes des années précédentes. Avec une distribution fortement renouvelée (il ne reste guère que les piliers : Hotter, Varnay, Windgassen, Greindl), Wieland Wagner avoue son goût pour la remise en question, tente des solutions de rechange, et retravaille l'intensité du jeu scénique autant que Knappertsbusch reprend son façonnage du matériau orchestral. Le résultat est confondant d'intensité : le chef pousse en effet son propos plus avant dans l'obstination, dans la volonté : la vision s'est précisée, s'ancrant sur tout un jeu de nuances, de détails inouïs l'année précédente, quand bien même les tempi restent aussi larges, le geste aussi imposant. L'architecture est d'une tension formidable, les couleurs, les rythmes sont comme arrachés à un tissu originel incandescent et brûlé : *la Walkyrie* emporte, *le Crépuscule* anéantit. Et contrairement à 1957, *l'Or du Rhin* est d'un seul jet. *Siegfried* seul restera en retrait, ne trouvant pas la jubilation qu'on rencontre chez Krauss : car Windgassen qui a appris à s'économiser pour *le Crépuscule* – où il est magique – refuse l'ampleur suicidaire qu'imposerait à sa voix la tenue logique de la direction. Pour le reste, hors une fatigue sensible de Varnay aux troisièmes actes de *la Walkyrie* et de *Siegfried,* c'est la fête vocale : Hotter est immense, maître des colères comme des tendresses, mais plus du tout ce dieu jeune de 1953, ivre de jouissance. Varnay a tant mûri son rôle qu'elle y marque fortement l'évolution de la vierge à la femme, Greindl reste lui-même : une incarnation dans Hagen, une leçon dans Hunding.

Le sang neuf, c'est avant tout le couple des Wälsungen : Leonie Rysanek, éblouissante d'aigus (la couleur, la liquidité, la douceur, les piani), autant que d'investissement proprement physique, et Jon Vickers splendide, absolu – si l'on accepte l'accent, véritablement gênant, – totalement investi, visionnaire autant en Wehwalt que lyrique en amoureux; et d'une franchise de chant qui ne s'autorise aucun des maniérismes qu'on entendra se développer de Leinsdorf à Karajan. Rita Gorr crie comme toujours un peu pour impressionner, mais son timbre est à lui seul une présence, Franz Anderson est un Alberich très musical, et Otto Wiener un Gunther très présent. Au bénéfice de *l'Or du Rhin*, on compte aussi le Froh élégant et charnu de Konya, le timbre racé de Jean Madeira, et surtout le Fasolt somptueux de Theo Adam. Mais Fritz Uhl, à mi-chemin du dieu et du bouffon, n'impose rien en Loge.

Gageons qu'une prochaine édition CD magnifiera encore ce monument, et lui rendra une place (fondamentale) que le pressage Melodram fort moyen lui retire actuellement par rapport aux autres versions CD.

1958 à 1966 – Georg Solti (S)

1958. ***George London (W), Set Svanholm (L), Gustav Neidlinger (A), Paul Kuen (M), Walter Kreppel (Fs), Kurt Boehme (Ff), Eberhard Waechter (D), Waldemar Kmentt (Fh), Kirsten Flagstad (Fk), Claire Watson (Fr), Jean Madeira (E), Oda Balsborg (Wog), Hetty Plümacher (Wel), Ira Malaniuk (Flo).***

1965. ***James King (S), Hans Hotter (W), Gottlob Frick (Hu), Regine Crespin (Sg), Birgit Nilsson (B), Christa Ludwig (Fk), Vera Schlosser (Ge), Helga Dernesch (Or), Brigitte Fassbaender (Wa), Helen Watts (Sch), Berit Lindholm (He), Vera Little (Sie), Marilyn Tyler (Gr), Claudia Hellmann (Ro).***

1963. ***Wolfgang Windgassen (Sgf), Hans Hotter (Wa), Gerhard Stolze (M), Gustav Neidlinger (A), Kurt Boehme (Ff), Birgit Nilsson (B), Marga Höffgen (E), Joan Sutherland (O).***

1964. ***Wolfgang Windgassen (Sgf), Gottlob Frick (Ha), Dietrich Fischer-Dieskau (Gu), Gustav Neidlinger (A), Birgit Nilsson (B), Claire Watson (Gn), Christa Ludwig (Wa), Helen Watts (1° N), Grace Hoffmann (2° N), Anita Välkki (3° N), Lucia Popp (Wog), Gwyneth Jones (Wel), Maureen Guy (Flo).***

Choeurs de la Staatsoper de Vienne, Orchestre Philharmonique de Vienne.
(Decca, 15 CD)

On a déjà dit l'importance historique de ce *Ring*, premier réalisé, ou plutôt premier abouti pour une industrie qui n'osait guère y croire. Son rang n'est plus pour autant premier aujourd'hui, ne serait-ce que par ses « qualités » sonores, attachées plus à l'effet qu'à l'honnêteté. Il y a Solti avant tout, attentif à un Wagner grandiose, mais sans les arrières-plans d'un Furtwängler, ni les sous-entendus d'un Knappertsbusch. Plus sensible à faire briller l'admirable capacité sonore du Phiharmonique de Vienne, il crée du son avant tout, illustre, étincelant, parfois trivial, bruyant même ici et là (et surtout, à la longue, banalement obsédant, et donc tout simplement fatiguant), sans que l'action en souffre jamais (*la Walkyrie* est à ce point de vue une totale réussite), mais sans que l'intérêt véritable puisse se porter sur un quelconque dessein orchestral (*Siegfried*, par exemple) : la Saga se fait illustrative, avec bonheur, car elle s'y prête admirablement (*l'Or du Rhin*), et Solti sait lui insuffler humanité et sensibilité (*la Walkyrie* encore). Cela pouvait suffire quand on n'avait pour la découvrir que cette unique version univoque. Cela ne peut plus être aujourd'hui. D'autant que le « sonicstage » de Decca a bien mal vieilli : que nous importent les bruitages (Hunding fermant sa chambrette au loquet, Siegfried coupant son roseau, ou le palais de Gunther s'écroulant avec un lourd bruit de jeu de cubes) et les trucages; c'est la voix de Neidlinger qui fait la puissance évocatrice d'Alberich, et non le halo sonore qui l'entoure quand il porte le Tarnhelm, c'est celle de Windgassen qui nous retient quand on le « barytonise » artificiellement pour jouer les faux Gunther.

Par chance, Solti dispose encore d'une équipe capable d'un chant incontestable autant que d'une imposante interprétation de l'oeuvre. Et c'est en fait cette équipe qui fait toute la force d'un *Ring* qui reste parmi les mieux chantés de tous. On ne s'étonnera pas, ce sont les mêmes qu'à Bayreuth, entendus avec Krauss, Knappertsbusch ou bientôt avec Böhm. Que leur apporte le studio? La sécurité? Ils n'ont rien à en faire. Le repos? Ils ont prouvé maintes fois qu'ils en riaient. La cohérence? Certainement pas : qui pourrait la maintenir à huit ans d'intervalle. Tous en fait sont à différents degrés des bêtes de scène, même une Nilsson, dont on dit souvent la placidité. Et tous ne gagnent pas sur ce plan-là rien aux tripatouillages sonores (de la croche à la scène entière) de John Culshaw, non plus qu'à l'obstination sonore de Solti : reste qu'ils sont excellents, puisqu'ils sont les seuls et les premiers, et toute une génération à la fois : regardez les distributions de *la Walkyrie*, du *Crépuscule* : imbattables. Pourtant, un Hotter (admirable dans son déchirement, dans la douleur de son vouloir) vient là vraiment trop tard, un Windgassen (unique par la clarté de la diction, l'élégance et la culture) presque autant, une Flagstad même, qui pour son timbre assombri acceptait de conclure sa carrière discographique avec un rôle nouveau pour elle, Fricka, où elle est dame patronnesse plus que déesse est l'inverse de Ludwig, éblouissante et de voix et de divinité huit ans plus tard.

Et pour quelques curiosités (Fischer-Dieskau assurément, Flagstad en un sens, Sutherland naturellement), que de splendeur étalée, que de moments éblouissants : Crespin et King, jumeaux énamourés dans une clarté de voix et une chaleur de timbre qu'ils transforment en torche, les affrontements de Fricka et de Brünnhilde au dieu, les instants de folie de Crespin, l'indispensable Mime de Stolze, criaillant, glapissant comme personne, tout le deuxième acte du *Crépuscule*, noyé de brume, et puis cratère de passions où passent la délicate veulerie d'un Fischer-Dieskau, la noirceur profonde d'un Frick, l'angoisse d'un Neidlinger, et la splendeur des choeurs de Vienne : la scène avec Hagen reste un sommet de stéréo, et de fidélité sonore aux intentions jamais réalisées d'un compositeur! Et Nilsson toute entière, indécente d'aigus dardés dans *Siegfried,* vaillante mais aussi interrogative, retenue, angoissée, lorsqu'elle est mesurée à Hotter, à Ludwig qui la transcendent, tragédienne même quand elle jure à mort sur la lance de Hagen, et quand elle pleure sa rage un instant plus tard.

Ring sonore et dramatique plus qu'il n'y paraît (au *Crépuscule* surtout), fête vocale avant tout, et non comme on le croirait de prime abord fête orchestrale, cette admirable réalisation reste pour qui voudrait – curieusement – se passer de la vie de la scène pour préférer le studio, la référence nécessaire : ni Karajan dans un tout autre esprit, ni surtout Janowski n'en atteindront les sommets.

1960. Rudolf Kempe (L)
26/7/1960. ***Hermann Uhde (W), Gerhard Stolze (L), Ottakar Kraus (A), Herold Kraus (M), Arnold van Mill (Fs), Peter Roth-Erang (Ff), Thomas Stewart (D), Georg Paskuda (Fh), Herta Töpper (Fk), Ingrid Bjoner (Fr), Marga Höffgen (E), Dorothea Siebert (Wog), Claudia Hellmann (Wel), Sona Cervena (Flo).***

27/7/1960. ***Wolfgang Windgassen (S), Jerome Hines (W), Gottlob Frick (Hu), Aase Nordmo-Lövberg (Sg), Astrid Varnay (B), Herta Töpper (Fk), Gertraud Hopf (Ge), Frances Martin (Or), Claudia Hellmann (Wa), Rut Siewert (Sch), Ingrid Bjöner (He), Grace Hoffmann (Sie), M. Kobeck-Peters (Gr), D. von Stein (Ro).***

28/7/1960. ***Hans Hopf (Sgf), Hermann Uhde (Wa), Herold Kraus (M), Ottakar Kraus (A), Peter Roth-Ehrang (Ff), Birgit Nilsson (B), Marga Höffgen (E), Dorothea Siebert (O).***

30/7/1960. ***Hans Hopf (Sgf), Gottlob Frick (Ha), Thomas Stewart (Gu), Ottakar Kraus (A), Birgit Nilsson (B), Ingrid Bjoner (Gn), Grace Hoffmann (Wa, 2° N), Rut Siewert (1° N), Aase Nordmo-Lövberg (3° N), Dorothea Siebert (Wog), Claudia Hellmann (Wel), Sona Cervena (Flo).***

Festival de Bayreuth
(Melodram)

Premier *Ring* signé Wolfgang Wagner à Bayreuth, cette version dirigée par Rudolf Kempe présente plus d'intérêt relatif que d'intérêt propre, dans ce sens qu'elle témoigne par sa distribution de l'impossibilité où Bayreuth était déjà à la fin des années cinquante de proposer une alternative valable à ses propres distributions. Les deux frères Wagner se faisant un point d'honneur à ne pas utiliser les mêmes interprètes, on pouvait ainsi attendre de ce *Ring* la découverte d'une nouvelle génération de chanteurs. Il n'en est rien : la distribution – qui notons-le – ne se fixera jamais au long des cinq années de ce *Ring* (3 Brünnhilde, 7 Wotan pour un bien banal et unique Siegfried), tient plus de l'expérimentation que de la leçon : peu de personnalités, pas vraiment de parcours scénique à transcender, et pour certains, les premiers pas dans leur rôle, avec l'impression de ne pas vraiment y être guidé. On retiendra de *l'Or du Rhin* le Loge de Stolze, une incarnation plus pittoresque que classique, mais aboutie et cohérente; d'une *Walkyrie* sans feu interne, un ensemble de solistes sans périls, mais sans gloire : Windgassen, Nordmo-Loovberg, Hines (qui cède Wotan à Uhde, bien terne, pour les autres journées), Varnay même. Le Siegfried de Hans Hopf n'est que fort, la Brünnhilde de Nilsson n'est que froide, comme le *Crépuscule des dieux* qui ne donne en rien l'impression de choc des mondes qu'on lui entendait deux ans plus tôt. Bien maigre moisson (il y a toutefois Frick, mais Solti le déifiera).

Quant à Rudolf Kempe, qui aborde la fosse pour la première fois, il n'y trouve pas l'équilibre si subtil, non plus que le ton ni l'activité : c'est aéré sans respirer, c'est élégant sans éblouir. Mais c'est rarement prenant. Une version secondaire, en fait.

1966 à 1967 – Karl Böhm (L)
1966. ***Theo Adam (W), Wolfgang Windgassen (L), Gustav Neidlinger (A), Erwin Wohlfarth (M), Martti Talvela (Fs), Kurt Boehme (Ff), Gerd Nienstedt (D), Hermin Esser (Fh), Annelies Burmeister (Fk), Anja Silja (Fr), Vera Soukupova (E), Dorothea Siebert (Wog), Helga Dernesch (Wel), Ruth Hesse (Flo).***

1967. ***James King (S), Theo Adam (W), Gerd Nienstedt (Hu), Leonie Rysanek (Sg), Birgit Nilsson (B), Annelies Burmeister (Fk), Danica Mastilovic (Ge), Helga Dernesch (Or), Gertraud Hopf (Wa), Sieglinde Wagner (Sch), Lyane Synek (Helmwige), Annelies Burmeister (Sie), Elisabeth Schärtel (Gr), Sona Cervena (Ro).***

1966. ***Wolfgang Windgassen (Sgf), Theo Adam (Wa), Erwin Wohlfarth (M), Gustav Neidlinger (A), Kurt Boehme (Ff), Birgit Nilsson (B), Vera Soukupova (E), Erika Köth (O).***

1967.***Wolfgang Windgassen (Sgf), Josef Greindl (Ha), Thomas Stewart (Gu), Gustav Neidlinger (A), Birgit Nilsson (B), Ludmilla Dvorakova (Gn), Martha Mödl (Wa), Marga Höffgen (1° N), Annelies Burmeister (2° N), Anja Silja (3° N), Dorothea Siebert (Wog), Helga Dernesch (Wel), Sieglinde Wagner (Flo).***

Festival de Bayreuth
(Philips, 14 CD)

C'est en 1965 que Wieland Wagner monte son second *Ring* bayreuthien; il le confie à la baguette lumineuse et alerte de Karl Böhm. L'événement scénique est considérable, le principe du dépouillement du geste et de sa mise en place dans une densité spatiale et lumineuse directement suscité par le contenu dramatique de la partition atteignant ici à la perfection, d'autant que la traduction musicale de Böhm, très vivante, légère et théâtrale – au sens du drame grec ancien, puissant, élevé, créatif – permet aux incarnations une existence humaine plus approfondie qu'avec Keilberth ou surtout Knappertsbusch. Sans jamais atteindre aux vertiges de l'un, aux éblouissements de l'autre, subtil sans être maniériste (merci Mozart), jouant à son tour le jeu des leitmotive, mais sans travailler la matière de la partition dans ses profondeurs, allégeant le tissu au maximum, Böhm va de l'avant avec une énergie, une tension qui jamais ne cesse. Et son *Ring*, enregistré sur deux étés (en 1967, malade lors des répétitions, il ne dirigea que la première et la troisième journée), reste le plus unitaire, le plus cohérent de tous (ce à quoi la puissance de la mise en scène n'est pas étrangère), celui qui rend après tout le plus justice à l'oeuvre. Mais fidélité et humilité à son égard ne signifie en rien démission de l'imaginaire : Böhm qui conçoit à la même époque *Tristan* comme une irruption continue et ménagée en arc de toute tension envisage le *Ring* comme une fresque, un « dit », où la narration globale prime sur le moment, qu'on trouvera parfois singulièrement essoufflé. Mais symptomatiquement, de par son honnêteté, ce *Ring* des années 60 a bien moins vieilli que les versions plus engagées de l'époque (Solti, Karajan).

Avec ce témoin apparaît toutefois clairement l'impasse où Bayreuth et le monde lyrique se sont engagés, en ne suscitant qu'une seule équipe d'interprètes sans pouvoir lui donner de rechange. A la scène, pour le futur, cela imposera la résurgence du théâtre. Au disque, l'incontournable évidence de l'impossibilité de distribuer correctement l'ouvrage. Ici, on retrouve dans les rôles principaux Windgassen, Greindl, Neidlinger, fatigués si on les mesure à leurs prestations d'une décennie antérieure, mais plus investis encore, plus incontestables quant à leur maîtrise des personnages : Greindl, le timbre éraillé, est le plus fascinant des Hagen; Windgassen, Loge impressionnant, demi-dieu hautain, supérieur, et supérieurement vocaliste, s'engage encore dans Siegfried avec une franchise qui fait paraître sa jeunesse plus crédible que celle de James King, Siegmund bien plus jeune pourtant, mais passablement plus sage; Neidlinger semble défier les ans. La palme revient à Martha Mödl dont la Waltraute, à bout de voix, est la plus bouleversante de toutes. Nilsson refait en scène, plus présente, mais plus prudente aussi, ses Brünnhilde de Solti : souveraine, altière, pas vraiment femme, elle laisse la fin de *Siegfried* comme glacée, la fin du *Crépuscule* comme béante : mais sa santé vocale domine outrageusement le spectre d'une génération qui passe (le 3e acte de *Siegfried*, bien sûr), et qui la bat sur le terrain de la fascination. Rysanek, femelle éblouissante, d'emportement viscéral, de chant électrisant tant par la liquidité des mots que par la luminosité des aigus, domine *la Walkyrie* de toute son incandescence, qu'elle communique à King pour le temps du duo, à Nilsson le temps d'une rencontre au 3e acte. Marquante, la Gutrune de Dvorakova, par le timbre très sombre, et le ton, très vamp. Magistral aussi, le Mime d'Erwin Wohlfarth, premier témoin de cette génération des seconds plans qui s'imposeront désormais en avant même des premiers, comme ce sera définitivement le cas chez Boulez. Car si Burmeister, Esser, Nienstedt ne marquent guère, ce qui n'est pas irrémédiable, si les Géants, les Filles du Rhin, les Nornes imposent des qualités d'ensemble que leur nom explicitent (Talvela, Boehme, Silja, Dernesch, Hoeffgen...), la prestation de Theo

Adam qui débute presque en Wotan laisse, malgré une longue habitude de Bayreuth, une impression d'inaboutissement que la maturité vocale du chanteur, élégant, sonore, ne peut compenser : dix ans plus tard, avec l'argent de ses tempes, il trouvera un ton plus mordant, et surtout une présence plus consistante. Mais George London pressenti par ce *Ring* avait renoncé pour des raisons médicales, et Thomas Stewart, ici Gunther avec tourments et veulerie, futur dernier grand Wotan n'en avait pas encore la carrure et le ton. Bref, l'ère ne permet plus les choix : on saluera, alors, avec d'autant plus de respect, une porte qui se ferme, hélas, définitivement.

1967 à 1970 – Herbert von Karajan (S)
1968. ***Dietrich Fischer-Dieskau (W), Gerhard Stolze (L), Zoltan Kelemen (A), Erwin Wohlfahrt (M), Martti Talvela (Fa), Karl Ridderbusch (Ff), Robert Kerns (Do), Donald Grobe (Fh), Josephine Veasey (Fk), Simone Mangelsdorff (Fr), Oralia Dominguez (E), Helen Donath (Wog), Edda Moser (Wel), Anna Reynolds (Flo).***

1967. ***Jon Vickers (S), Thomas Stewart (W), Martti Talvela (Hu), Gundula Janowitz (Sg), Regine Crespin (B), Josephine Veasey (Fk), Liselotte Rebmann (Ge), Carlotta Ordassy (Or), Ingrid Steger (Wa), Lilo Brockaus (Sch), Danica Mastilovic (He), Barbro Ericson (Sie), Cvetka Ahlin (Gr), Helga Jenckel (Ro).***

1969. ***Jess Thomas (Sgf), Thomas Stewart (Wa), Gerhard Stolze (M), Zoltan Kelemen (A), Karl Ridderbusch (Ff), Helga Dernesch (B), Oralia Dominguez (E), Catherine Gayer (O).***

1970. ***Helge Brilioth (Sgf), Karl Ridderbusch (Ha), Thomas Stewart (Gu), Zoltan Kelemen (A), Helga Dernesch (B), Gundula Janowitz (Gn), Christa Ludwig (Wa, 2° N), Lili Chookasian (1° N), Catarina Ligendza (3° N), Liselotte Rebmann (Wo), Edda Moser (Wel), Anna Reynolds (Flo).***

Choeurs de la Deutsche Oper Berlin, Orchestre Philharmonique de Berlin
(DG, 15 CD)

Conscient de l'impasse du chant wagnérien, désireux tout autant de marquer son temps par des interprétations lumineuses (et enluminées, à la scène, par une imagerie de bon aloi dont il réglera jusqu'au moindre frémissement d'éclairage depuis son pupitre de chef, et pour laquelle il créera le Festival de Pâques à Salzbourg), Karajan révolutionna le monde wagnérien en imposant en 1967, à trois mois de la « tonitruante » *Walkyrie* de Solti, une interprétation de la même oeuvre façon « musique de chambre ». Le propos, passionnant, justifiable aussi, ne tiendrait pas les quatre années de sa réalisation, et son *Crépuscule*, parfois étrangement bruyant, n'a plus rien à voir, hors le parti pris de chanteurs un cran en dessous de la norme, avec sa merveilleuse conception initiale. Précisons d'ailleurs (et il en existe des bandes en circulation) que les représentations, cohérentes avec les partis des disques qui les précédaient d'un hiver, n'en atteignaient jamais ni la subtilité, ni surtout la virtuosité d'intimité sonore, impossible à rendre à la scène : Karajan, prince de la technique d'enregistrement passait dans ces années soixante d'une immédiateté du son à une artificialité de celui-ci (fabuleusement efficace certes, mais qui irait bientôt jusqu'à la stérilisation) : il mettait ainsi dans *la Walkyrie* toute de confessions, d'échanges murmurés, mais aussi dans un *Or du Rhin* moins déclamatoire qu'à l'habitude, et surtout dans les moires orchestrales de *Siegfried* où son alchimie des sonorités fait merveille, une légèreté de touche, une luminosité, un intimisme, et un dramatisme naturel aussi qu'on n'avait pas jusqu'à présent su y manifester : refus de l'emphase, fluidité du discours, malgré une battue assez lente en général, plasticité de la matière, absolue maîtrise des timbres instrumentaux, et surtout dialogue perpétuel des timbres vocaux avec leurs supports orchestraux, autant de qualités qui font le prix de cette version, autant de parti pris qui peuvent en affaiblir l'impact, et en rendre l'écoute irritante si l'on ne se laisse pas prendre au jeu du chef-enchanteur.

Dans ce contexte, des voix qui ne peuvent assumer effectivement le rôle de la scène imposent des leçons précieuses à plus d'un titre : leur poésie, leur souplesse, leur luminosité, leur imagination aussi. Ainsi, la plus étonnante création de *la Walkyrie* (incontestablement la plus réussie des quatres intégrales) reste la Sieglinde de Gundula Janowitz, timbre qui peine à se faire chair, mais dont la fragilité, l'émoi constant, l'émerveillement de sa propre création (comme extasiée d'y parvenir) se fondent admirablement dans le jeu des timbres orchestraux dont joue à l'envi le Philharmonique de Berlin, le plus fabuleux des orchestres, lui aussi neuf à cette partition. Il y a encore Dietrich Fischer-Dieskau, esprit romantique, et non dieu créateur, dépassé par le ton de Wotan, mais intellectuellement brillant, Veasey, admirable Fricka sans en avoir les moyens, Brilioth, qui ne dura que quelques étés, et dont le Siegfried, musical, poétique, ne dépasse guère l'honnêteté. Les quelques vrais wagnériens, sans avoir jamais à forcer, se permettent alors subtilité autant qu'aisance : Wohlfarth encore, que la mort empêchera de graver le Mime de *Siegfried;* Stolze, dont le Loge grimaçant, goguenard est le type même du valet de comédie; Vickers, poète comme jamais, Jess Thomas, un vrai Siegfried, plein de vaillance, et capable de tous les murmures pour converser avec l'oiseau; Kelemen, Alberich déchiré, humain, bien moins monolithique que Neidlinger. Thomas Stewart, sans avoir la puissance d'Adam, compose un dieu déchiré, impulsif, bouillonnant de rage ici, élégiaque là, comédien même, vocalement toujours d'une richesse de sonorités qu'on ne retrouvera plus non plus après lui. Helga Dernesch, que ces expériences scéniques détruiront, est au disque une Brünnhilde jeune, au timbre très chaud, qui convient particulièrement au réveil de Siegfried, et qui donne au *Crépuscule* une leçon de fragilité, de féminité intense par la taille même de la voix. Sa confrontation avec la Waltraute anéantie, implorante mais divine et visionnaire de Christa Ludwig est un sommet de fragilité dans l'immensité. A même degré, la Brünnhilde de Régine Crespin, moins jeune peut-être, mais plus féminine encore, et plus enfantine parfois : une tendresse, une écoute de son père, de son frère qu'on n'imaginait pas possible, tant elle est compatissante, tant la voix lumineuse et chaleureuse se prête à autre fait que la tragédie profonde.

Avec ses incontestables maniérismes, avec ses innovations comme ses ruptures, avec ses seconds plans luxueux (une Ludwig en Norne, une Moser en fille du Rhin) ou parfois insuffisants (Mangelsdorff, Ligendza, Chookasian), un *Ring* qu'il faut connaître, pour approfondir, et non pour s'initier.

1971 – Hans Swarowsky (L)
Rolf Polke (W), Fritz Uhl (L), Rolf Kühne (A), Herold Kraus (M), Otto von Rohr (Fs), Tatao Okamura (Ff), Rudolf Knoll (D), Herbert Doussant (Fh), Ruth Hesse (Fk), Heide-Maria Ferch (Fr), Ursula Boese (E), Liselotte Becker-Egner (Wog), Angelika Berger (Wel), Hilde Roser (Flo).

Gerald McKee (S), Rolf Polke (W), Otto von Rohr (Hu), Ditha Sommer (Sg), Nadezna Kniplova (B), Ruth Hesse (Fk), Heide-Maria Ferch (Ge), Liselotte Becker-Egner (Or), Angelika Berger (Wa), Hilde Roser (Sch), Bella Jasper (He), Ingrid Goeritz (Sie), Margit Kobeck (Gr), Erika Schubert (Ro).

Gerald McKee (Sgf), Rolf Polke (Wa), Herold Kraus (M), Rolf Kühne (A), Tatao Okamura (Ff), Nadezna Kniplova (B), Ursula Boese (E), Bella Jasper (O).

Gerald McKee (Sgf), Otto von Rohr (Ha), Rudolf Knoll (Gu), Rolf Kühne (A), Nadezna Kniplova (B), Ditha Sommer (Gr), Ruth Hesse (Wa), Ingrid Goeritz (1° N), Margit Kobeck (2° N), Siw Ericsdotter (3° N), Bella Jasper (Wog), Liselotte Becker-Egner (Wel), Erika Schubert (Flo).
Suddeutsche Philharmonie
(Westminster)

Bien sûr, certains solistes (Uhl, Kraus, Boese, Hesse, Kühne) ont chanté à Bayreuth, bien sûr, Kniplova alternait avec Crespin à Salzbourg dans *la Walkyrie* de Karajan. Il n'empêche, malgré la direction tout à fait compétente de Swarowsky, et un orchestre honnête, on ne peut vraiment écouter une distribution aussi délabrée : l'usure (von Rohr), l'insuffisance technique (Kniplova), la laideur (McKee), aucun des principaux rôles n'est seulement tenu décemment. Et pour quelques seconds rôles honnêtes, sans plus, il n'y a pas à faire le détour. Ce *Ring* témoigne plus de la décadence d'un éditeur (en 1971, il y avait mieux à éditer comme *live*) que la création wagnérienne. A ne chercher que pour les pochettes, plus invraisemblables de mauvais goût les unes que les autres!

1973 à 1977 – Reginald Goodall (L)
10, 19, 25, 29/3/1975. ***Norman Bailey (W), Emile Belcourt (L), Derek Hammond-Stroud (A), Gregory Dempsey (M), Robert Lloyd (Fs), Clifford Grant (Ff), Norman Welsby (D), Robert Fergusson (Fh), Katherine Pring (Fk), Lois McDonall (Fr), Anne Collins (E), Valerie Masterson (Wog), Shelagh Squires (Wel), Helen Attfield (Flo).***

18, 20, 23/12/1975. ***Alberto Remedios (S), Norman Bailey (W), Clifford Grant (Hu), Margaret Curphley (Sg), Rita Hunter (B), Ann Howard (Fk), Katie Clarke (Ge), Anne Conoley (Or), Elisabeth Connell (Wa), Helen Attfiels (Sch), Anne Evans (He), Sarah Walker (Sie), Shelagh Squires (Gr), Anne Collins (Ro).***

2, 8, 21/8/1973. ***Alberto Remedios (S), Norman Bailey (Wa), Gregory Dempsey (M), Derek Hammond-Stroud (A), Clifford Grant (Ff), Rita Hunter (B), Anne Collins (E), Maurine London (O).***

6, 13, 27/8/1977. ***Alberto Remedios (S), Aage Haugland (Ha), Norman Welsby (Gu), Derek Hammond-Stroud (A), Rita Hunter (B), Margaret Curphey (Gn), Katherine Pring (Wa), Anne Collins (1° N), Gillian Knight (2° N), Anne Evans (3° N), Valerie Masterson (Wog), Shelagh Squires***

(Wel), Helen Attfield (Flo).
Choeurs et Orchestre de l'English National Opera
(EMI)

Fruit d'une audacieuse et très efficace politique artistique de l'English National Opera qui joue tout son répertoire en anglais, cette version reste malheureusement limitée dans son aura par le simple fait de la « curiosité » de la langue. C'est fort dommage, car la direction de Sir Reginald Goodall peut être saluée comme un dernier témoignage des grandes visions historiques de Wagner aujourd'hui hors mode : une lenteur toute mesurée, un sous-entendu très classique, mais réel, un poids, une pensée, une profondeur; il y a là une leçon. Mais aussi un goût prononcé et omniprésent pour le fini, le léché qui s'impose d'autant plus qu'il s'agit de représentations : une qualité certes, mais aussi un handicap pour ce qui marque pour cette forme de refus de l'engagement dramatique si caractéristique du théâtre lyrique anglais, jamais mauvais, jamais vraiment investi, dont le *Ring* de Solti-Hall à Bayreuth a donné une image typique. Donc, malgré de réelles et constantes beautés, une vision un peu trop uniforme de l'univers wagnérien.

Dommage encore, la distribution s'affirme plus que valeureuse, surtout si l'on considère qu'on se trouve dans les années 70. Au sommet, le Siegfried d'Alberto Remedios, le seul Heldentenor véritable de l'époque, que son incapacité à maîtriser la langue allemande a tenu définitivement éloigné des grandes scènes wagnériennes : l'ampleur vocale, la santé et l'héroïsme, la mâle beauté du timbre, voici des qualités qu'on chercherait en vain ailleurs à l'époque. De même pour les splendeurs déployées par Rita Hunter, véritable soprano dramatique au timbre clair et chaleureux, ample, techniquement irréprochable et très musical. Qui hésitera devant le *Ring* entier pourra d'ailleurs juger de ce couple dans une sélection fort heureuse du *Crépuscule des dieux*, en allemand cette fois, très posément dirigée par Sir Charles Mackerras (EMI). De l'intégrale, on dira encore que tous les autres rôles y sont tenus de la façon la plus « convenient », sans que s'y impose toutefois une personnalité de niveau international. Malgré cela, on ne pourra nier un certain plaisir à l'écoute de cette version.

1979 à 1980 – Pierre Boulez (L)

1980. ***Donald McIntyre (W), Heinz Zednik (L), Hermann Becht (A), Helmut Pampuch (M), Matti Salminen (Fs), Fritz Hübner (Ff), Martin Egel (D), Siegfried Jerusalem (Fh), Hanna Schwarz (Fk), Carmen Reppel (Fr), Ortrun Wenkel (E), Norma Sharp (Wo), Ilse Gramatzki (Wel), Marga Schiml (Flo).***

1980. ***Peter Hofmann (S), Donald McIntyre (W), Matti Salminen (Hu), Jeannine Altmeyer (Sg), Gwyneth Jones(B), Hanna Schwarz (Fk), Carmen Reppel (Ge), Karen Middleton (Or), Katie Clarke (He), Gabriele Schnaut (Wa), Marga Schiml (Sie), Ilse Gramatzki (Gr), Gwendolyn Killebrew (Sch), Elisabeth Glauser (Ro).***

1980. ***Manfred Jung (Sgf), Donald McIntyre (Wa), Heinz Zednik (M), Hermann Becht (A), Fritz Hübner (Ff), Gwyneth Jones (B), Ortrun Wenkel (E), Norma Sharp (O).***

1979. ***Manfred Jung (Sgf), Fritz Hübner (Ha), Franz Mazura (Gu), Hermann Becht (A), Gwyneth Jones (B), Jeannine Altmeyer (Gn), Gwendolyn Killebrew (Wa), Ortrun Wenkel (1° N), Gabriele Schnaut (2° N), Katie Clarke (3° N), Norma Sharp (Wo), Ilse Gramatzki (Wel), MargaSchiml (Flo).***

Festival de Bayreuth
(Philips)

C'était le *Ring* du centenaire, un des événements culturels les plus considérables de l'après guerre, et une révolution interprétative – à la scène surtout – aussi considérable que celle de Wieland Wagner, mais hélas sans suite réelle, sans école. Un instant historique, étalé sur cinq ans, et dont le sommet absolu demeure les représentations de l'année 1977. On fixerait l'événement trop tard, hélas (en 1979 et 1980), pour conserver le Siegfried de Kollo (musical, élégant sinon parfait), le Hagen de Ridderbusch, perdu dès la seconde année, l'Alberich de Kelemen, le plus humain de tous, la Waltraute de Minton, et surtout une joie de l'aboutissement qui ne serait plus, après, que le plaisir de la répétition. Mais on fixerait l'Image, pour la première fois. et c'est toute sa force, tout son impact qui avait fait le triomphe de ce *Ring*. Dire alors que les disques seuls sont indispensables serait mentir. Spectacle cohérent grâce à l'exceptionnelle entente entre le chef et le metteur en scène, le *Ring* de Chéreau-Boulez ne peut s'envisager que comme un tout, et c'est au vidéo disque de nous le rendre demain. Car le disque, qui narre parfaitement la maîtrise sonore de Boulez, met aussi en relief le dramatique état des forces vocales de Bayreuth, que seul l'investissement scénique renversant qu'elles surent atteindre lors de ces représentations historiques et uniques put faire accepter. En dix ans, le laminage s'est fait par le bas, et si certains seconds plans s'imposent au niveau de leurs prédécesseurs (il y a le Mime de Zednik, les basses Huebner et Salminen, le Froh de Siegfried Jerusalem, et c'est tout), le reste de la distribution étale des voix insuffisantes (Wenkel, Killebrew) ou trop poussées (Schwarz, Altmeyer) ou en fait trop justes (Hoffman, Becht) ou trop laides (Jung), ou simplement délabrées (McIntyre, Mazura, Jones). Le constat est simplement effrayant, et même parmi les plus brillants, on trouvera à critiquer une atonie de la phrase musicale, une placidité de l'expression, une absence de la personnalisation qui les rendraient tous impossibles à distribuer s'il fallait revenir vingt ans en arrière. Que reste-t-il alors, hors le théâtre de Chéreau qu'on sent omniprésent? La direction et l'orchestre de Boulez bien sûr, qui en paraissent encore plus essentiels : le chef, à l'égal de Knappertsbusch prend la matière orchestrale pour la travailler dans toute sa trame, lui imposant une fluidité de la forme, une variété de la couleur, de l'intensité, du contenu, une liberté dans l'expression qui s'en viennent naître d'un simple rapport vitesse, rythmique, dynamique. Jamais la tension de la battue ne se relâche, quand même il s'agit de porter les phrases les plus lyriques. Ainsi le silence, le désarroi ne sont jamais des arrêts, mais bien des suspensions, et le discours reste en perpétuel progrès. D'où l'éblouissante réussite de *l'Or du Rhin* : l'enjeu n'étant plus celui d'un épisode dramatique, mais bien celui d'une symphonisation de la matière lyrique en pulsations continues, il apparaît aussitôt le plus vivant, certes, mais aussi, musicalement, le plus chatoyant, le plus frémissant de toute la discographie. Le miracle de cette palpitation sonore se reproduit, mais avec moins de constance dans les trois journées; les droits du lyrisme le plus pur (une chaleur, un rayonnement que Boulez ne veut pas laisser passer) y vont manquer parfois, quand les soubresauts du drame et de l'horreur y marqueront plus facilement leur empreinte (la faute en est aussi à Chéreau, cet animateur d'éruptions dramatiques plus que de langoureuses afféteries). S'il est une joie à chercher dans ces sillons, ce sera donc celle d'un orchestre jamais entendu, et qui pourrait, lui, être une leçon pour demain. Mais le traditionnalisme wagnérien ne meurt pas aussi facilement; à Bayreuth, pour le *Ring*, sitôt après, on aurait Solti, et, au disque Janowski!

1980 à 1984 – Marek Janowski (S)
1980. ***Theo Adam (W), Peter Schreier (L), Siegmund Niemsgern (A), Christian Vogel (M), Roland Bracht (Fs), Matti Salminen (Ff), Karl-Heinz Stryczek (Fh), Yvonne Minton (Fk), Marita Napier (Fr), Ortrun Wenkel (E), Lucia Popp (Wog), Uta Priew (Wel), Hanna Schwarz (Flo).***

1981. ***Siegfried Jerusalem (S), Theo Adam (W), Kurt Moll (Hu), Jessye Norman (Sg), Jeannine Altmeyer (B), Yvonne Minton (Fk), Eva Maria Bundschuh (Ge), Cheryl Studer (Or), Ortrun Wenkel (Wa), Anne Gjevang (Sch), Ruth Falcon (He), Christel Borchers (Sie), Kathleen Kuhlmann (Gr), Uta Priew (Ro).***

1982. ***René Kollo (Sgf), Theo Adam (Wa), Peter Schreier (M), Siegmund Nimsgern (A), Matti Salminen (Ff), Jeannine Altmeyer (B), Ortrun Wenkel (E), Norma Sharp (O).***

1983. ***René Kollo (Sgf), Matti Salminen (Ha), Hans Günther Nöcker (G), Siegmund Niemsgern (A), Jeannine Altmeyer (B), Norma Sharp (Gn), Ortrun Wenkel (Wa), Anne Gjevang (1° N), Daphné Evangelatos (2° N), Ruth Falcon (3° N), Lucia Popp (Wog), Uta Priew (Wel), Hanna Schwarz (Flo).***

Choeurs de la Radio de Leipzig et de la Staatsoper de Dresde, Staatskapelle Dresde
(Eurodisc, CD)

Troisième *Ring* intégral réalisé en studio, la version Janowski ne présente aucun des intérêts de ses rivales. Atout majeur, certes, que la Staaskapelle de Dresde qui file là l'un des tissus orchestraux les plus raffinés qui soient : couleurs, matières, il y avait de quoi rêver à un éclairage du *Ring* au jour de la donnée symphonique. Hélas, la direction de Marek Janowski, précise, dense et grasse, fort respectueuse de la lettre de la partition, n'y ajoute aucun plus. Jamais un moment ne s'impose à l'oreille comme un renouvellement de notre connaissance : ni tension, ni dynamique, ni grande construction; ni imagination même, et parfois un prosaïsme de bon aloi qui effraie quand même quand on réalise l'apport des précédentes versions.

D'autant que du côté du chant, on ne peut guère pavoiser non plus; les seconds plans sont pour la plupart des habitués du Bayreuth des années 1980, et les premiers y chantaient en général aussi, mais des rôles plus légers : pour les premiers, on entend à quel point la simplification de l'expression, l'immédiateté du propos, le nivellement des personnifications sont devenus règle commune comme un peu partout dans le chant contemporain. Pour les seconds, les résultats sont pires encore, tant les incertitudes techniques de certains, les angoisses même, imposent un carcan qui ne saurait briser la moindre idée d'incarnation. Bref, on est assurément au creux de la vague.

Ajoutons que l'édition CD comporte autant de

disques que l'édition microsillon, dont un *Crépuscule* en 6 disques, quand toutes les autres versions sont en 4; on aura précisé ainsi que le *Ring* le moins passionnant de la discographie reste aussi le plus cher...

Le prologue coule sans surprise ni excitation, laissant à l'orchestre le soin de briller par sa rutilance plus que par son expression, très fin de siècle. La leçon vaut toutefois d'être écoutée pour son unité globale, ce qu'on ne retrouve pas du côté du chant. Parce que, si la première scène est magnifique (immergée dans le flot orchestral), Theo Adam n'est plus au faîte de ses moyens, le Loge de Schreier n'est qu'une intéressante curiosité (mais, à Salzbourg, Karajan l'avait métamorphosé); parce que Minton fait regretter que le *Ring* de Boulez n'ait pas été enregistré quand elle y chantait, que Niemsgern, Alberich concerné, assez imposant de ton, reste comme toujours un peu aboyant. Pour les trois journées, le bilan est maigre : prosaïsme total de la direction, inadéquation des chanteurs principaux. De *la Walkyrie*, on sauvera Jessye Norman, pour la rondeur de la voix, et pour sa lumière, mais pas pour son interprétation, très artificielle. Et Kurt Moll, immense mais peu impliqué.

Le Siegfried de René Kollo, admirablement servi par les micros, est léger, musical, un peu plus strict de chant que de coutume et donc convainquant plus qu'à l'habitude. La poésie, l'intériorité passent, d'autant que les moires orchestrales, superbes de drapé, de profondeur, se prêtent sans peine (mais vraiment sans arrière plan) au jeu. Mais au *Crépuscule*, dépassé par l'héroïsme du rôle, il a perdu et son ton juvénile, et sa franchise vocale. La plus grande faiblesse de ce *Ring* reste toutefois Jeannine Altmeyer, aussi éprouvée par la Brünnhilde des grandes clameurs que par celle du réveil à la vie : une présence très féminine certes, mais trop d'inconsistance vocale. Certes, les Géants sont impeccables, les seconds rôles de Siegfried plutôt bons, le Hagen de Salminen possible, sinon convainquant. Mais à quoi sert d'avoir une Popp en Woglinde quand l'ensemble reste sans vérité vraie du chant aussi bien que du théâtre.

RHEINGOLD

1937 – Arthur Bodanzky (L)
9/2/1937. ***Friedrich Schorr (W), René Maison (L), Eduard Habich (Al), Karl Laufkoetter (M), Norman Cordon (Fs), Emanuel List (Ff), Julius Hühn (D), Hans Clemens (Fh), Karin Branzell (Fk), Dorothee Manski (Fr), Doris Doe (E), Stella Andreva (Wog), Irra Petina (Wel), Doris Doe (Flo), Metropolitan Opera de New York.***
(Golden Age of Opera)

Chronologiquement le plus ancien des Prologues publiés jusqu'à présent, cette émanation d'une représentation du Metropolitan de New York réunit quelques-uns des noms les plus légendaires de l'âge d'or wagnérien des années trente : Friedrich Schorr, qui fut le Wotan de l'époque, à Bayreuth notamment de 1925 à 1931, Emanuel List, l'une des plus grandes basses du temps, autre habitué du Festival, Eduard Habich, Alberich à Bayreuth dès avant la première guerre mondiale, et aussi célèbre dans ce rôle que Gustav Neidlinger après guerre, Karin Branzell, l'un des mezzos les plus imposants de l'époque. Le Loge de René Maison apparaîtra plus comme une curiosité d'une incontestable tenue.

Mais si l'ensemble est mené avec énergie par Arthur Bodanzky, qui fut en son temps le prédécesseur de Furtwängler à Mannheim, et qui devait diriger toutes les représentations de *l'Or du Rhin* au Met entre 1916 et 1938, il est impossible toutefois de recommander l'écoute de cet enregistrement, tant le son évoque l'expression « Nacht und Nebel » (Nuit et brouillard) d'Alberich : il s'agit en effet d'une bande radio piratée à l'époque et non de l'original des archives du Met. Pour spécialiste passionné seulement, d'autant que les enregistrements publiés sous le label EJS sont depuis longtemps introuvables.

En attendant peut-être une édition plus conforme aux normes acoustiques d'aujourd'hui.

1951 – Herbert von Karajan (L)
31/7/1951. ***Sigurd Björling (W), Walter Fritz (L), Heinrich Pflanz (A), Paul Kuen (M), Ludwig Weber (Fs), Friedrich Dalberg (Ff), Werner Faulhaber (D), Wolfgang Windgassen (Fh), Ira Malaniuk (Fk), Paula Brivkalne (Fr) Ruth Siewert (E), Elisabeth Schwarzkopf (Wog), Lore Wissmann (Wel), Herta Töpper (Flo), Festival de Bayreuth.***
(Melodram)

C'était, le 31 juillet 1951, le troisième jour du Neues Bayreuth, inauguré par une *IXe Symphonie* de Beethoven où Furtwängler célébrait le culte de l'humain, et disait son renoncement à Wagner, à Bayreuth en tout cas, et suivi le lendemain par un Parsifal qui renouvelait définitivement l'univers scénique wagnérien en imposant comme un coup de poing les conceptions scéniques de Wieland Wagner. Des conceptions qui seraient bien moins radicalement exprimées dans la *Tétralogie*, qui ne prendrait son aspect véritable qu'en 1953. En cette première année, jouée deux fois, et confiée successivement aux baguettes de Karajan et de Knappertsbusch, elle devait faire l'objet d'une double publication : il n'en fut hélas rien. On en possède toutefois depuis quelques années le Prologue et la Deuxième Journée, sans compter le IIIe acte de *la Walkyrie* publié officiellement par HMV dès les années cinquante, tous sous la direction d'Herbert von Karajan.

Dès le prélude de *l'Or du Rhin*, on est frappé par la clarté du tissu orchestral, la légèreté de la touche, les transparences des couleurs, la fluidité des lignes. En ce sens, cette direction rompait bien avec une tradition d'épaisseur de la matière orchestrale wagnérienne que Wieland Wagner s'efforcerait au long de sa courte vie de proscrire en recherchant la présence au pupitre de chefs « latins » comme Clemens Krauss, Karl Böhm ou Pierre Boulez. Une grande rapidité, bouillonnante parfois, souligne à propos le dramatisme des confrontations entre Wotan et Fricka, entre dieux et géants, ou les luttes autour de l'anneau à la dernière scène, sans toutefois sortir d'une certaine convention théâtrale que Karajan remettrait en question seulement lors des représentations de Salzbourg en 1968.

La distribution, d'une grande honnêteté, fait appel à des noms nouveaux au panthéon du chant wagnérien : Wieland Wagner était en effet à l'époque fort peu désireux de réemployer à Bayreuth des chanteurs largement impliqués dans l'image de marque du Bayreuth nazi (le seul survivant dans ce *Ring* de 1951 en serait Friedrich Dahlberg). Il passerait les premières années du nouveau *Ring* à tester ces éléments vocaux qui deviendraient rapidement une équipe indissociable de son travail scénique et musical. Les principaux protagonistes des *Ring* futurs n'apparaissent ainsi pratiquement pas dans cet *Or du Rhin* : le Wotan au timbre somptueux, mais à la présence un peu lointaine de Sigurd Björling, l'Alberich à l'émission pâteuse et au lyrisme presque bonhomme de Heinrich Pflanz (un formidable Beckmesser), le Fafner de Dahlberg, le Loge clair timbré mais sans mordant de Walter Fritz, la Freia bien moyenne de Paula Brivkalne, mais aussi la pureté, le maniérisme et le rayonnement de l'aigu de la Woglinde d'Elisabeth Schwarzkopf ne résonneraient plus sur la colline sacrée passé cet été 1951.

En revanche, avec le Mime triomphant (l'éclat de la voix!) de Paul Kuen, le Fasolt imposant dans sa brutalité primaire de Ludwig Weber, le Froh de Wolfgang Windgassen, d'une élégance de ton et d'une clarté de timbre qu'on ne lui retrouvera plus quand il aura abordé Siegfried, Tannhäuser et Tristan, c'est bien cette équipe qui se met en place. Si l'on ajoute que la Fricka d'Ira Malaniuk est excellemment chantée, et que le trio des filles du Rhin fait partie des meilleurs ensembles que l'on entendra dans toute la discographie, on précise que cette soirée de réouverture vaut d'être écoutée.

D'autant que la prise de son est de bonne qualité, équilibrant parfaitement l'orchestre et les voix, et ne trahissant que certains ensembles dans l'aigu et les tutti sans que cela apporte une véritable gêne, sauf pour l'entrée des dieux au Walhall.

1951 – Fritz Striedry (L)
Hans Hotter (W), Set Svanholm (L), L. Davidson (A), L. Chabray (M), Jerome Hines (Fs), Deszö Ernster (Ff), Clifford Harvuot (D), J. Sullivan (Fh), Margaret Harshaw (Fk), Jarmila Novotna (Fr), Karin Branzell (E), Erna Berger (Flo), Lucine Amara (Wel), Herta Glätz (Flo), Metropolitan Opera de New York.
(Unique Opera records)

Une autre version issue des "broadcasts" du Met de New York, dans un son à peine supérieur à celui de 1937, et dans une édition aussi rare. L'intérêt n'est pas dans la direction de Fritz Stiedry, le wagnérien de service dans les années quarante, mais dans quelques noms de la distribution. On réentendra dans de meilleures conditions Hans Hotter et Set Svanholm, mais le curieux s'attachera aux pas des géants de Jerome Hines (bien avant son Wotan insipide de Bayreuth) et de Deszö Ernster, ainsi qu'aux présences féminines : Branzell en Erda cette fois, Margarete Harshaw en Fricka, Jarmila Novotna en Freia, et Erna Berger en Woglinde, à la rencontre de deux générations, toutes adeptes d'un chant ample, stable et généreux. Dommage que pour tous, on devine plus qu'on entende.

1952 – Josef Keilberth (L)
Hermann Uhde (W), Erich Witte (L), Gustav Neidlinger (A), Paul Kuen (M), Ludwig Weber (Fs), Josef Greindl (Ff), Werner Faulhaber (D), Wolfgang Windgassen (Fh), Ira Malaniuk (Fk), Inge Borkh (Fr), Melanie Bugarinovic (E), Erika Zimmermann (Wog), Hanna Ludwig (Wel), Herta Töpper (Flo), Festival de Bayreuth
(Melodram)

Josef Keilberth paraît pour la première fois en cet été 1952 au pupitre de Bayreuth, où il dirigea le *Ring* jusqu'en 1956. Sa lecture, engagée, énergique n'a pourtant en rien les qualités de légèreté de celle de son prédécesseur, et il n'arrive pas à insuffler cette tension indispensable pour éviter l'ennui d'une oeuvre où l'action s'efface souvent devant la discussion... D'autant que la distribution vocale ne présente pas de leçon particulière : Hermann Uhde qui sera un Günther fascinant, ou un Klingsor rageur n'a ni la voix ni le ton nécessaires pour Wotan; Inge Borkh, Melanie Bugarinovic, Les Filles du Rhin sont sans particularité, et le Loge d'Erich Witte est sans grand intérêt. Mais il est intéressant d'entendre pour la première fois deux des voix fondamentales de l'équipe bayreuthienne : Gustav Neidlinger et Josef Greindl. L'Alberich de Neidlinger, à travers une voix dure mais extrêmement riche dans la noirceur du timbre et une caractérisation du personnage d'une brutalité et d'une volonté tenace, d'un déchirement mortel aussi (quand Wotan lui vole l'anneau) s'impose immédiatement comme l'une des interprétations les plus maîtrisées et les plus confondantes du Nibelung : une domination incontestable qui durera plus de vingt ans et qui se manifestera par une présence cinq fois répétée dans les intégrales. Le Fafner de Josef Greindl est aussi fondamental, puisqu'il inaugure une série de personnages sinistres et brutaux (Hunding, Hagen) qui trouveront à travers lui une présence théâtrale fantastique, si fantastique qu'elle survivra à son déclin vocal. Ici le grave est somptueux, le mordant efficace. D'autres chefs toutefois pousseront simplement plus loin ces qualités.

Une version pour passionné de l'amassage.

LA WALKYRIE

1940 – Erich Leinsdorf (L)
17/2/1940. ***Lauritz Melchior (S), Julius Huehn (W), Emanuel List (Hu), Marjorie Lawrence (Sg), Kirsten Flagstad (B), Karin Branzell (Fk), Thelma Votipka (Ge), Maxine Stellman (Or), Doris Doe (Wa), Anna Kaskas (Sch), Dorothee Manski (He), Helen Olheim (Sie), Irra Petina (Gr), Lucielle Browning (Ro), Metropolitan Opera de New York***
(Unique Opera)

1940 – Erich Leinsdorf (L)
30/3/1940. ***Lauritz Melchior (S), Friedrich Schorr (W), Emanuel List (Hu), Lotte Lehman (Sg), Marjorie Lawrence (B), Kerstin Thorborg (Fk), Thelma Votipka (Ge), Irène Jessner (Or), Doris Doe (Wa), W. Heidt (Sch), Dorothee Manski (He), Helen Olheim (Sie), Maxine Stellman (Gr), Lucielle Browning (Ro), Metropolitan Opera de New York***
(Golden Age of Opera)

1941 – Erich Leinsdorf (L)
6/12/1941. ***Lauritz Melchior (S), Friedrich Schorr (W), Alexander Kipnis (Hu), Astrid Varnay (Sg), Helen Traubel (B), Kerstin Thorborg (Fk), Thelma Votipka (Ge), Maxine Stellman (Or), Doris Doe (Wa), Anna Kaskas (Sch), M. van Delden (He), Helen Olheim (Sie), M. van Kirk (Gr), Lucielle Browning (Ro), Metropolitan Opera de New York***
(ERR)

Trois versions indispensables pour découvrir ce qu'était l'âge d'or du chant wagnérien à son stade final : sa survie au Metropolitan de New York pendant la guerre. Les sons sont bien sûr très lointains, (et les disques actuellement introuvables) mais voyez : Melchior 3 fois, List, Thorborg, Schorr 2 fois, et Marjorie Lawrence 2 fois aussi, mais alternant Sieglinde et Brünnhilde, et Lehmann, et Flagstad et Kipnis. Chacun de ces noms est une légende en soi, et même si pour certains c'est l'heure de la relève, leur formidable rassemblement sur le plateau (égaux sans rivalité, mais au contraire se stimulant tous), l'habitude pour tous d'alterner les rôles comme les partenaires en font une équipe comme on n'en retrouvera qu'à Bayreuth du temps de Wieland Wagner : le résultat est à chaque fois confondant d'énergie, d'effet, de plénitude. Une époque se dévoile là (se devine parfois, hélas, dans le brouillard sonore) qu'on ne retrouvera jamais plus.

En cela, la troisième soirée est la plus intéressante : elle montre la relève, avec Varnay à son initium (elle remplaçait Lehmann, et faisait ses débuts au Met), et Traubel à peine sortie de Sieglinde : voix somptueuses, radieuses. Varnay d'une légèreté, d'une fragilité qu'elle perdra vite à chanter des rôles plus lourds, et dramatiquement plus dans la nature de sa voix; et Traubel, malgré une apparente retenue, une presque constante froideur, d'une splendeur de la chair, d'une puissance de la voix, d'une noblesse de l'expression, d'une pénétration qui en font une immense Brünnhilde. Et il y a Kipnis, fascinant, et Melchior, et Thorborg!

La seconde est la plus éblouissante, avec Lehmann, incendiée, dont on entendra ici le seul enregistrement existant du 3e acte, avec Lawrence, qui campe une Brünnhilde radieuse, avec l'imposante Thorborg, avec surtout un Melchior indécent de forme vocale, et cependant un Schorr dont l'aigu reste définitivement éteint. Le feu est partout, le triomphe aussi, fulgurant. Du coup, la première version apparaît presque sage, avec une Flagstad étale, et une Laurence tout aussi irradiante dans Sieglinde.

Dans chaque cas un triomphe du chant, car si Leinsdorf, jeune encore, joue la flamme et le vertige sans s'embarrasser de contenu ni de message, l'orchestre reste toutefois très en retrait, faute de micros, certes, mais faute de qualités intrinsèques surtout.

1954 – Wilhelm Furtwängler (S)
Ludwig Suthaus (S), Ferdinand Franz (W), Gottlob Frick (Hu), Leonie Rysanek (Sg), Martha Mödl (B), Margarete Klose (Fk), Gerda Schreyrer (Ge), Judith Hellwig (Or), Dagmar Schmedes (Wa), Ruth Siewert (Sch), Erika Köth (He), Hertha Töpper (Sie), Johanna Blatter (Gr), Dagmar Hermann (Ro), Orchestre Philharmonique de Vienne
(EMI)

Bien sûr, on saluera la réussite de ce testament, ne serait-ce que pour la pure beauté obtenue par le chef de ses chers Wiener Philharmoniker. Ne fût-ce pas là longtemps le seul témoin intégral de l'art de Furtwängler dans le *Ring,* pour lui voir tendre ces immenses architectures, et soulever ces pulsions lentes, généreuses autant que chargées de sens? On a depuis retrouvé tant, et dans des sons si décents, qu'on mesurera alors la distance qui sépare le chef de studio du chef de salle. Trop tard, dira-t-on alors une fois de plus, comme pour *Tristan* : comparée à la chevauchée de Londres 1937, celle-ci, imposante, semble plate de ton, ou plutôt désincarnée, abstraite presque, mais sans ce regard tourné vers la mort qu'on entend dans le *Don Giovanni* de l'été qui précède, par exemple. Comme si *la Walkyrie* échappait en fait au chef, non dans son aspect musical, mais dans son contenu. La réserve (elle ne s'exprime que par rapport à Furtwängler lui-même, dont la vision globale domine tant d'autres versions) pourra paraître osée; elle expliquera pourquoi cet enregistrement n'est pas de ceux auxquels on retournera souvent. La distribution en est d'ailleurs l'autre raison. Entre une Klose très fatiguée, un Frantz toujours aussi terne, une Rysanek qui cherche son grave, (mais quel engagement!), un Frick sonore mais un peu creux, on ira surtout à la rigueur, à la sobriété de Suthaus, et une fois encore à la voix sensuelle de Mödl qui joue, au mépris de toute rigueur vocale, mais avec un génie le jeu des sonorités plus encore que celui du théâtre.

25/7/1954 _ Josef Keilberth (L)
Max Lorenz (S), Hans Hotter (W), Josef Greindl (Hu), Martha Mödl (Sg), Astrid Varnay (B), Georgine von Milinkovic (Fk, Gr), Herta Wilfert (Ge), Birgit Nilsson (Or), Elisabeth Schärtel (Wa), Maria von Ilovay (Sch), Hilde Scheppan (He), Gisela Litz (Sie), Hetty Plumacher (Ro), Festival de Bayreuth
(Melodram)

Une soirée d'improvisation à Bayreuth, c'est rare : là est l'un des « intérêts » de cet album, puisque Max Lorenz arrivé le jour même se jette sans répétition dans la production de Wieland Wagner et la battue du chef (plus que prudente, certes) et sauve la représentation : et même si la voix s'en va dans l'aigu, il y a un ton, une hauteur, un vertige presque, un histrionisme enfin, mais dans le sens le plus noble du terme, et des « *Wälse* » ahurissants de puissance (ce qu'on ne retrouvera pas au 2e acte, plus réservé). En réponse, Martha Mödl, dont ce sera la seule Sieglinde à Bayreuth, tendue, outrée même, joue des couleurs sombres de sa voix rauque sans pouvoir maîtriser son rôle qui dépasse par ses exigences les capacités intuitives de sa technique vocale, fort sommaire il en faut convenir. On trouvera donc ici la confrontation de deux monuments du chant plutôt que Siegmund et Sieglinde. Autour d'eux, un Greindl exceptionnel, un Hotter très sombre, très introverti, une Varnay lumineuse, et un chef qui sait allumer les embrasements de l'orchestre : une grande soirée, sinon une grande *Walkyrie.*

1955 – Joseph Keilberth (L)
25/7/1955 ***Ramon Vinay (S), Hans Hotter (W), Josef Greindl (Hu), Astrid Varnay (Sg), Martha Mödl (B), Georgine von Milinkovic (Fk, Gr), Herta Wilfert (Ge), Gerda Lammers (Or), Elisabeth Schärtel (Wa), Maria von Ilosvay (Sch), Hilde Scheppan (He), Jean Watson (Sie), Maria Graf (Ro), Festival de Bayreuth***
(Melodram)

Soirée inverse de la précédente, avec cette fois Mödl en Brünnhilde et Varnay en Sieglinde, une rareté encore; le rôle ne lui convient pas plus qu'à Mödl, pour des raisons bien moins techniques : la taille de la voix, la dureté du métal n'y sont tout simplement plus adéquats. Mais il y a des élans, des phrases d'une probité, d'un emportement aussi, d'une classe qui ouvrent le personnage à un héroïsme vrai (le 2e acte halluciné, le 3e intense), sans qu'on y perçoive toutefois le terrible destin de victime qui en accroît la féminité. Mödl "fait un tabac" au 3e acte, mais ne s'investit guère auparavant, et se bat toujours autant avec la technique. Vinay est éblouissant dans la douleur rentrée, dans le déchirement, dans l'introversion qui soudain se libère. De plus, il chante de façon plus égale que d'habitude. Le reste de la distribution, ainsi que l'excellente direction de Keilberth, ardente, enflammée, est bien sûr de haut niveau.

1956 – Hans Knappertsbusch (L)

14/8/1956. ***Wolfgang Windgassen (S), Hans Hotter (W), Josef Greindl (Hu), Gré Brouwenstijn (Sg), Astrid Varnay (B), Georgine von Milinkovic (Fk, Gr), Paula Lenchner (Ge), Gerda Lammers (Or), Elisabeth Schärtel (Wa), Maria von Ilosvay (Sch), Hilde Scheppan (He), Luise Charlotte Kamps (Sie), Jean Madeira (Ro), Festival de Bayreuth***
(Melodram)

En 1956, Hans Knappertsbusch revient à la *Tétralogie* qu'il n'a pas dirigée à Bayreuth depuis la réouverture. Face aux emportements de Keilberth, sa manière, très lente, monumentale, le regard sur quelque horizon lointain font de ce *Ring* un monument de réaction. Il y manque partout la liberté, l'allant. Mais quelle beauté plastique! Ainsi le premier acte de *la Walkyrie* passe, chaleureux, étale, mais sans autre vraie vigueur que celle du ténor : Vinay ayant déclaré forfait, c'est Windgassen qui débutait ainsi à l'improviste dans Siegmund, au déboulé en fait, puisqu'il passa directement de sa voiture à la scène : d'où peut-être cet emportement, cette jeunesse, ce feu, cette franchise enfin qui s'opposent à la direction même, et sont à l'opposé de son Siegmund avec Leitner.

Malheureusement, Gré Brouwenstijn reste cantonnée dans une Sieglinde retenue, toute axée sur la splendeur de son timbre, charnu, épais, au lyrisme éblouissant. L'acte restera ainsi déséquilibré; et à l'acte suivant, le duo des jumeaux, trop lent pour passionner ses interprètes, ne décollera pas. Pour le reste, hors la Fricka, franchement mauvaise de Milinkovic, Hotter, Varnay, Greindl répètent des prestations admirables et qu'on connaît bien : la battue les handicape parfois; il leur faudra un été de plus pour s'y habituer.

1957 – Dimitri Mitropoulos (L)
2/2/1957. ***Ramon Vinay (S), Otto Edelmann (W), Kurt Boehme (Hu), Marianne Schech (Sg), Margaret Harshaw (B), Blanche Thebom (Fk), Metropolitan Opera de New York***
(Melodram)

Certes, il y a la direction de Mitropoulos, exacerbée, d'une rapidité de battue qui emporte tout, y compris parfois l'émotion. Mais l'orchestre est laid, et la soirée vocalement bien basse de niveau : fatigue générale (Vinay surtout, et Thebom, et Edelmann). Et Schech est la plus plate des Sieglinde, dont le timbre accuse des fatigues que la nature ne compense pas par quelques beautés; Edelmann, tendu dans l'aigu, n'est que sage, Harshaw est insupportable de clinquant. Le Met, mais bien après son heure de gloire...

1961 – Erich Leinsdorf (S)
Jon Vickers (S), George London (W), David Ward (H), Gré Brouwenstijn (Sg), Birgit Nilsson (B), Rita Gorr (Fk), Marie Collier (Ge), Julia Malyon (Or), Margreta Elkins (Wa), Joan Edwards (Sch), Judith Pierce (He), Noreen Berry (Sie), Maureen Guy (Gr), Josephine Veasey (Ro), London Symphony Orchestra
(RCA)

Un vétéran de la baguette wagnérienne au Met, et ce qu'on pouvait choisir de mieux pour la distribution, hors l'équipe de Bayreuth (que Solti avec son intégrale en cours semblait partiellement reprendre) : voici la première *Walkyrie* de l'ère stéréophonique. Or la vedette, c'est bien le son, avec une incroyable perspective de cathédrale : la réverbération, l'impression d'écho presque sont omniprésentes, au détriment de scènes dont on oublie souvent qu'elles sont d'intimité, pour ne pas dire de simple projection intérieure. Bien sûr, cela sied à la chevauchée, mais il faudrait alors une direction moins pesante, moins monolithique que celle de Leinsdorf dont on dira qu'elle n'est qu'efficace. Le Siegmund de Vickers reste magistral d'angoisse, d'interrogation, mais sans le soutien d'orchestre que lui apportent Knappersbusch (pour le ton), ou plus tard Karajan (pour la poésie). Brouwenstijn se trouve en revanche plus libre d'épanchements que dans la battue de Knappertsbusch qui la paralysait. Quand à Nilsson, elle s'impose immédiatement par le métal de la voix (de l'airain a-t-on coutume de lire, pour caractériser sa robustesse) plus que par la pénétration du rôle, sommaire encore. Gorr crie, plus qu'à Bayreuth, mais cela se noie dans l'aura sonore générale. Ward, lui, n'est qu'un Hunding genre deuxième couteau. London enfin propose sans doute la seule véritable incarnation de Wotan de l'époque si l'on excepte Hotter. La rudesse de la voix, le bousculement des syllabes, l'épaisseur du timbre en font plus un dieu de colère qu'un philosophe. Mais ces Adieux emportent autant par leur véritable splendeur que par leur émotion réelle : l'effet d'une voix, en fait, mais après tout, c'est une vertu que dans ce rôle, on ne retrouvera plus dans la discographie postérieure.

1988– James Levine (S)
Gary Lakes (S), James Morris (W), Kurt Moll (Hu), Jessye Norman (Sg), Hildegard Behrens(B), Christa Ludwig (Fk), Marita Napier (Ge), Marilyn Mims (Or), Reinhild Runkel (Wa), Ruthild Engert (Sch), Linka Helm (He), Diane Kesling (Sie), Meredith Parsons (Gr), Anne Wilkens (Ro), Metropolitan Opera de New York
(DG, CD)

Cette vingt-quatrième version discographique de *la Walkyrie*, est l'ébauche d'une quinzième intégrale du *Ring*, à paraître en 1988–1990. Sur le papier l'affiche est éblouissante. Celle de la version concurrente à paraître chez EMI l'est à peine moins (Marton, Studer, Meier), mais – preuve de pénurie réelle – offre Wotan au même interprète!

Or les promesses ici sont tenues, et cette intégrale renouvelle le débat par le simple fait qu'elle est, aux standards d'aujourd'hui, admirablement chantée : ce premier *Ring* intégralement fabriqué aux USA est un produit du Metropolitan de New York dont la réputation tient plus à la splendeur de ses affiches qu'à la qualité de ses prestations scéniques et orchestrales. Réputation tenue ici encore, car ce sont les solistes qui de loin font la réussite du morceau. Non que l'orchestre soit indigne : il est loin le temps des *live* où sonnait la grande casserole du Met, et le temps des médiocres prestations de l'ère Bing. Ici, c'est même du très beau matériau : leçon bien apprise, bien rendue, mais pas vraiment vécue du dedans : manque un certain naturel (une habitude peut-être, on n'ose pas dire une tradition), une chaleur, et cette émotion orchestrale qui fait que soudain les solistes vocaux eux aussi écoutent, et répondent. Ecoutez les célèbres phrases de violoncelle alors que se dévisagent les jumeaux : fort beau, mais où sont la poésie vraie, l'émotion? On sent bien Levine attentif, amoureux de cette musique, souriant au plaisir qu'il donne avec sa conception plus musicale que dramatique. Certes, il y a de forts belles envolées (la fin de l'acte I, les Adieux...), et tout autant des pesanteurs – et les lenteurs cohérentes–, une lecture impeccable, mais pas vraiment une leçon.

Les chanteurs, admirablement soutenus, ne sont pas pour autant portés.

Mais quelle splendeur!

Or, il y aura bien à redire ici où là, mais si peu : l'aigu de Jessye Norman par exemple, au vibrato plus nettement perceptible, et de plus en plus tendu; il se détimbre légèrement (de simples nuances de gris sur la voix). Et sa Sieglinde reste toujours un peu maniérée, sans ce déboutonnage que la scène offrait à quelques monstres autrefois, de Mödl à Rysanek, et que Levine n'a pas pu susciter. Mais quels détails parfois, quelles présences spirituelles, quels soupirs (la réponse au chant du printemps, par exemple). Garry Lakes avec ses accents vrais, cette ombre qui plane aussi sur le timbre, cette sûreté, mais pas vraiment cette splendeur (une légère tendance à nasiller dans le chant du printemps, par exemple) fait quand même de Siegmund un portrait puissant et intense, bien au-delà des actuels tenants du rôle.

Kurt Moll demeure, lui, inchangé, immense et toujours avec ces douceurs dans la voix, même quand le rôle lui impose de jouer les méchants. Point de douceur chez Christa Ludwig, dont la Fricka est une leçon de longévité. Certes, à l'écouter chez Solti, on regrettera une magnificence passée. Le vibrato s'est marqué, le timbre s'est vraiment altéré dans les aigus, mais la présence demeure toujours royale, plus artistique encore dans le tourment de la voix vieillie.

Hildegard Behrens est comme toujours impeccable, et ici parfaitement crédible : sa Brünnhilde est de chair, féminine, jeune, vaillante, plus proche de Crespin que de Nilsson, de Varnay que de Mödl. On aimerait simplement plus de véhémence, plus d'engagement physique.

Et puis il y a James Morris, dont le Wotan justifierait à lui seul qu'on écoute cette version : la présence immédiate, tangible, renversante du timbre, la puissance de la voix, l'ampleur du personnage : il y a tout, et c'est avec raison que la rumeur le salue comme le digne successeur de Hotter. Las, Hotter avait Kraus, Knappertsbusch, ou Solti pour amplifier son aura. Attendons, en nous délectant, d'avoir enfin à critiquer du Wagner sans déplorer : voilà vraiment une fête du chant, même si c'est *sans* l'absolu de l'engagement. Il manque vraiment cette superbe *Walkyrie* d'aujourd'hui, qui s'inscrira dans les discographies comme un classique de studio.

1987 - Bernard Haitink (S)
Reiner Goldberg (S), James Morris (W), Matti Salminen (Hu), Cheryl Studer (Sg), Eva Marton (B), Waltraud Meier (Fk), Anita Soldh (Ge), Sylvia Herman (Or), Ute Walther (Wa), Ursula Kunz (Sch), Ruth Falcon (He), Margaretha Hintermeier (Sie), Carolyn Watkinson (Gr), Margarita Lilova (Ro), Orcehsetre Symphonique de la Radio Bavaroise
(EMI, CD)

C'est également par *la Walkyrie* que débute l'intégrale que Bernard Hatink réalise actuellement en studios à Munich. Parution prévue, automne 1988, les autres journées devant suivre régulièrement. Affiche à peine moins éblouissante que celle de sa rivale directe.

LES ACTES SEPARES DE LA WALKYRIE

ACTE I

1935 – Artur Bodanzky (L)
2/2/1935. ***Paul Althouse (S), Emanuel List (Hu), Kirsten Flagstad (Sg), Metropolitan Opera de***

New York
(Golden Age Opera)

Véritable intérêt de ce direct du Met, au son épouvantable, la prise de rôle de Sieglinde par Kirsten Flagstad, dont c'est aussi la soirée de début sur cette scène : une Star était ainsi consacrée, qui ferait le lendemain la une de la presse new-yorkaise : quatre jours plus tard, elle serait Isolde, puis Brünnhilde, Elisabeth, Elsa et Kundry en moins d'un mois et demi! On trouvera dans ses Brünnhilde futures plus d'adéquation à son type de voix que dans Sieglinde, dont elle n'exprimera jamais la liberté et le lyrisme, mais il faut dire ici la beauté de la voix, la jeunesse du timbre (ce qui n'enlève rien à sa vaillance et à son volume), sa capacité de coloration, d'adoucissement, de souplesse, d'infinie variété alors que le métal reste uniformément d'une pureté de glace.

1935 – Bruno Walter (S)
20, 22/6/1935. *Lauritz Melchior (S), Emanuel List (Hu), Lotte Lehmann (Sg), Orchestre Philharmonique de Vienne*
(EMI, CD; Danacord, CD)

Un miracle, toujours aussi présent : s'il ne vous fallait qu'un disque, un seul, pour connaître Wagner, le voici : à la veille de l'holocauste, Bruno Walter et les deux plus grands chanteurs wagnériens de son temps offraient la vision la plus humaine, joyeuse autant que mortelle, du drame de l'amour le plus interdit et le plus passionné. A l'heure où Wagner s'interprétait large, épais, majestueux, germanique enfin, Walter imposait une clarté, une légèreté, une diligence, une émotion qu'on ne retrouverait plus, même aujourd'hui où un Wagner « dégraissé » est de mise. Le prélude donne le ton : l'orage est celui des âmes, la fuite est devant le destin, et non devant les hommes. Et le Philharmonique de Vienne dès le premier instant joue de diaprures, de soieries qu'on ne retrouvera pas chez lui quand il sera dirigé par Solti, alors que de cet hédonisme orchestral, pure source d'émotion, un Böhm, un Boulez, un Karajan surtout, avec d'autres orchestres se souviendront. Pour les voix, l'évidence est totale. Emanuel List est immense, froid, net, mais aussi attentif, jaloux, supérieur. Lauritz Melchior, au chant mâle, puissant, imposant, peut oser toutes les tendresses, toutes les vulnérabilités : sa voix éclatante se plie à toutes les ombres comme à toutes les subtilités. Lotte Lehmann a la voix qui se fait chair, incarnant tout aussi définitivement la souffrance rentrée, l'espoir, l'éblouissement. Un homme, une femme : leur lente découverte, approche délicate autant que sensuelle demeure un monument de l'histoire du chant. Indispensable, à jamais.

1938 – Carl Leonhart (L)
3/4/1938. *Fritz Krauss (S), Josef von Monawarda (Hu), Maria Reining (Sg), Orchester des Senders Stuttgart*
(Acanta)

Du bon Wagner, incontestablement, même si Krauss a un timbre un peu pâteux et nasillard, et si Reining joue plutôt Gretchen que Sieglinde : bref, toute une époque, révolue hélas (pour la qualité d'ensemble), et heureusement aussi (pour le vieillissement de l'interprétation!)

1944 – Karl Elmendorff (L)
Max Lorenz (S), Kurt Boehme (Hu), Margarethe Teschemacher (Sg), Sächsiche Staatskapelle
(Preiser)

Pour Max Lorenz, bien sûr, le plus grand Heldentenor allemand des années trente et quarante. Son Siegmund est idéalement héroïque et mâle, d'une voix plus franche, plus brutalement nette que celle de Melchior, et tout aussi porteuse d'enthousiasme; le ton est plus que noble, un peu hautain et lointain, avec toujours un soupçon d'étonnement, un rien d'ombre : voilà bien un fils divin, et non un quelconque fuyard. En face de cette splendeur, la Sieglinde de Teschemacher est bien mûre (trop même, en ce qui concerne la voix), et bien terre à terre. Le Hunding de Boehme, lui, est beau, profond et rude. L'ensemble toutefois n'est pas vraiment marquant, malgré la direction volontaire et très dramatique de Karl Elmendorff.

En couplage, les adieux de Wotan par Josef Hermann : bon, sans plus.

1952 – Joseph Keilberth (L)
25/7/1952. *Günther Treptow (S), Josef Greindl (Hu), Inge Borkh (Sg), Festival de Bayreuth*
(Melodram)

En 1951, les jumeaux offraient une des révélations du Festival : Leonie Rysanek, qui ne trouvait pas dans Günther Treptow un partenaire de son éclat.L'année suivante, Wieland Wagner, brouillé avec Rysanek, cherche à la remplacer : hors Brouwenstijn en 1956, aucune des chanteuses ainsi essayées n'arrive vraiment à s'imposer. Ainsi, Inge Borkh avec son timbre sombre et flou si particulier a déjà cette façon de hacher et de projeter le mots qui fera fureur dans ses immenses Elektra : dans Sieglinde, cela donne une composition vocale un peu trop uniforme, que le personnage, monolithique, très victime du destin, vient renforcer.

Günther Treptow, lui, s'il a l'héroïsme sombre et engagé, a aussi un timbre nasillard assez caricatural qui disqualifie son Siegmund d'ailleurs un peu simpliste. Greindl par contre est parfait. Et Keilberth dirige avec toute la flamme et la passion nécessaires, sans qu'il s'en impose la leçon mémorable, faute d'interprètes plus ouverts en fait.

L'édition Melodram comporte en complément des extraits des autres actes enflammés par la battue du chef : toute la fin du II, à partir de l'arrivée des jumeaux (Varnay, Hotter y sont des partenaires de choc) et les interventions de Sieglinde au III, où l'hallucination, la défaite conviennent bien au timbre de Borkh, et l'enthousiasme aussi.

1952 – Ferdinand Leitner (S)
Wolfgang Windgassen (S), Josef Greindl (Hu), Maria Müller (Sg), Württembergisches Staatsorchester Stuttgart
(DG; Heliodor)

Une direction bien monotone et sans envolée, un Siegmund (Wolfgang Windgassen) paresseux d'émission, un peu court d'aigu, et qu'on retrouvera bien plus concerné avec Knappertsbusch, une Sieglinde (Maria Müller, l'une des stars du chant wagnérien du Berlin et du Bayreuth des années 30 et 40, une Elsa, une Sieglinde de rêve alors), qui avec l'âge a perdu l'admirable rayonnement de son timbre lumineux, et dont l'aigu terni bouge beaucoup, un Hunding (Josef Greindl) trop uniformément sinistre, réservent cette version au seul collectionneur. Mais tout est relatif, et comparé aux meilleures productions d'aujourd'hui, ce premier acte reste digne d'écoute.

1955 – Hans Schmidt-Isserstedt (L)
Set Svanholm (S), Josef Greindl (Hu), Birgit Nilsson (Sg), Orchestre de la Radio de Hambourg
(HRE)

Pas vraiment enthousiasmant, ce concert que le renom de Birgit Nilsson nous vaut sans doute de connaître : un poids, une mesure, tout cela est « echt », mais on trouvera chacun mieux ailleurs, et la direction de Schmidt-Isserstedt dont c'est pratiquement le seul témoignage wagnérien de longue durée ni plus ni moins wagnérienne que beaucoup d'autres.

1958 – Hans Knappersbusch (S)
Set Svanholm (S), Arnold van Mill (Hu), Kirsten Flagstad (Sg), Orchestre Philharmonique de Vienne
(Decca)

Bien vieux, les héros, mais pas fatigués pour autant : Decca s'apprêtait à réaliser le premier *Ring* de l'histoire et s'essayait au fragment avant de s'y engager vraiment : on y gagnera un 1er et un 3e acte de *la Walkyrie* qui furent en leur temps une vitrine pour la stéréo naissante, et nous laissent un témoignage de la longévité de la génération d'avant-guerre : un souffle, une intensité, un engagement qui ne sont pas ceux du théâtre, mais ceux des moyens vocaux, combien même on peut entendre les mêmes timbres plus tôt dans leur rayonnement et leur splendeur. Knappertsbusch en profite pour imposer une tenue, un martèlement musical, une dimension que seules ces voix pouvaient tenir. C'est univoque, et en un sens, démodé. Mais c'est aussi une leçon.

1960 – Thomas Jensen (L)
31/3/1960. ***Lauritz Melchior (S), Mogens Wedel (Hu), Dorothy Larsen (Sg), Danish Radio Symphony Orchestra***
(Danacord, CD)

Bien sûr, c'est une prouesse, à son âge, et c'est plus pour rendre hommage à sa longévité qu'à celle de sa voix que ce concert fut organisé : Melchior avait 70 ans! Et pour cette simple raison, c'est absolument prodigieux! Par ailleurs, le timbre s'est irrémédiablement défait, et la technique a suivi, même s'il reste des qualités de ton et de tenue que pourraient envier bien des chanteurs d'aujourd'hui. On sourira, en pensant au 1er acte de Bruno Walter. L'accompagnement, de second ordre, est cependant de qualité. Une absolue curiosité, pour fidèles.

Mais l'édition Danacord qui regroupe, parmi d'autres coffrets, l'acte 1 de Walter et l'acte 2 de Walter et Seidler-Winkler, avec tout ce que Melchior a laissé de Siegfried au studio, vaut par son principe même : « Tout Melchior » : une leçon, définitive.

1969 – Otto Klemperer (S)
William Cochran (S), Hans Sotin (Hu), Helga Dernesch (Sg), New Philharmonia Orchestra
(EMI)

Reflet d'une intégrale de *la Walkyrie* qui ne put se faire faute de temps, faute surtout de la force nécessaire au chef déclinant, ce premier acte complété des Adieux de Wotan par un Norman Bailey bien placide, témoigne de l'irresponsabilité des éditeurs anglais qui se sont avérés tout aussi incapables d'enregistrer à temps un *Ring* de Klemperer qu'un *Ring* de Furtwängler.

En 1969, la battue d'Otto Klemperer a atteint l'extrême d'un ralentissement qui n'a fait que s'accentuer avec l'âge : elle est ici d'une lenteur pesante, non sans effet (l'orage initial, le chant de Siegmund, le mouvement final...) Mais sans enthousiasme : pas de théâtre, rien qu'une démonstration de musique, qui n'aide en rien des chanteurs qui n'ont pas vraiment les moyens d'une telle option. La chaleur du timbre d'Helga Dernesch ne peut racheter ni ses propres difficultés, ni les faiblesses insignes du ténor. A ranger au rayon des regrets.

1985 – Zubin Mehta (S)
Peter Hofmann (S), Martti Talvela (Hu), Eva Marton (Sg), Orchestre Philharmonique de New York
(CBS, CD)

Une version de luxe pour aujourd'hui, avec ces trois grands noms du panthéon, et un chef qu'on avait remarqué pour son *Ring* de Florence. Et pourtant, voici un premier acte sans éclat, sans tension, sans vie. Et même s'il paraît avec Eva Marton d'une sûreté et d'une évidence totale (ce que ni Hofmann, ni Talvela ne laissent comme impression) le chant n'apporte pas plus d'élan à ce qui restera un témoignage peu utile.

ACTE II

1935 à 1938 – Bruno Walter/Bruno Seidler-Winkler (S)
26/6/1935; 9/1938. ***Lauritz Melchior (S), Hans Hotter/Alfred Jerger (W), Lotte Lehmann (Sg), Marta Fuchs/Elsa Flesch (Br), Margarete Klose (Fk), Orchestre Philharmonique de Vienne/Orchestre de la Staatsoper Berlin***
(EMI; Danacord, CD)

On a dit le rang du premier acte de Walter, au-dessus de tous les autres. En 1935, dans la foulée du premier, ses héros eurent encore le temps de graver les scènes de Siegmund et de Sieglinde (bouleversant : Lehmann est hors d'elle, affolée, Melchior est une caresse, un pleur) et l'ensemble final, d'une vivacité exaltante autant que d'un réalisme morbide.

Et le monde bascula dans la barbarie. Sans honte, on achéverait ce deuxième acte, ailleurs, et avec d'autres : visiblement, l'unité de conception restait encore un concept à créer. Ainsi, en 1938, Bruno Seidler-Winkler, glorieux accompagnateur au piano comme à la baguette de tant d'extraits du catalogue 78 tours remplaça Bruno Walter; personne n'eut à remplacer Lehmann, irremplaçable, et heureusement totalement enregistrée, pour cet acte tout au moins, ni Melchior, qui continuait encore alors à chasser en Allemagne. On imposa au lieu de Elsa Flesch, Marta Fuchs, une Brünnhilde vaillante mais parfois un peu enfantine, et au lieu d'Alfred Jerger un jeune baryton plein de qualités, à la voix nerveuse et splendide, mais qui n'est pas encore vraiment le Wotan qu'il serait plus tard : Hans Hotter. Le tout, malgré les coupures traditionnelles dans la scène Brünnhilde-Wotan, s'impose comme une des meilleures démonstrations de classicisme wagnérien. Mais quand dans la continuité du discours, les scènes 3 et 5 surgissent, la rupture de ton, l'enthousiasme sont tels qu'il n'est point alors besoin de discourir sur la différence entre génie créateur et engagement respectueux : elle s'impose d'elle-même.

1936 – Fritz Reiner (L)
12/11/1936 ***Lauritz Melchior (S), Friedrich Schorr (W), Emanuel List (H), Lotte Lehmann (Sg), Kirsten Flagstad (Br), Kathryn Meisle (Fk), Opéra de San Francisco***
(Recital Records/Edizione Lirica)

Une bombe incendiaire, cette soirée du 12 novembre 1936, sous la baguette impérieuse, enthousiasmante de Fritz Reiner. Certes, l'orchestre est vraiment de deuxième ordre, le public bruyant (on le comprend), les coupures trop nombreuses, la prise de son un peu lointaine (mais très claire), et la speakrine de la NBC réapparaît un peu trop tôt en surimpression du final! Mais les voix, autant survoltées par leur nature même que par la battue du chef sont la légende saisie en plein rayonnement : Melchior et Lehmann répètent leurs admirables jumeaux avec une présence scénique faite de murmures et de fascination plus encore qu'en studio : le raptus de Sieglinde, la désolation de Siegmund. Friedrich Schorr est impérial, même s'il n'a plus d'aigu du tout, et Kirsten Flagstad est d'une présence vocale confondante de beauté : comme toujours, la voix est pleine, sans effort et jamais utilisée à fond. Sa Brünnhilde est encore d'une jeunesse éblouissante, et devant Siegmund d'une douceur apaisante. Enfin, il n'est pas jusqu'à la Fricka de Kathryn Meisle qui ne soit d'un niveau supérieur.

Une référence, qui malgré ses imperfections sert d'aune de mesure à toutes les autres, et expose clairement ce que fut l'âge d'or du chant wagnérien.

A noter que l'édition italienne offre comme couplage une scène 3 du premier acte dirigée en 1947 par Toscanini avec Rose Bampton et Set Svanholm :

solide, incontestable même, mais pas vraiment prenant.

ACTE III

1937 – Wilhelm Furtwängler (L)
26/5/1937. ***Rudolf Bockelmann (W), Maria Müller (Sg), Kirsten Flagstad (B), Mae Craven (Ge), Thelma Bardsley (Or), Linda Seymour (Wa), Gladys Ripley (Sch), Elsa Stenning (He), Edith Coates (Sie), Gladys Garside (Gr), Evelyn Arden (Ro), Orchestre Philharmonique de Londres***
(Golden Age of Opera, Discocorp..)

S'il fallait ne connaître qu'un seul disque de Furtwängler, c'est à celui là qu'il faudrait aller : malgré un son bien plat, on reste affolé par la matière de la pâte orchestrale, soufflée, levée en permanence, avec une énergie globale, un emportement massif, un sens de l'arche confondants : la Chevauchée, râpeuse, mais riante, déferle, les moments d'Adieux irradient. Il faut préciser qu'à la fin des années trente, Londres connut (probablement) les plus brillantes soirées wagnériennes du siècle, avec des *Ring*, des *Tristan*, des *Lohengrin*, où Beecham, Furtwängler et quelques autres grands échangeaient leurs baguettes en dirigeant les éternels Melchior, Leider, Lehmann, Lubin, Lorenz... On sc précipitera alors sur le moindre reste (les bouffées des *Ring* de Beecham surtout, ahurissantes d'impact tant la tension y est faite de retenue). C'est dire en fait si les orchestres locaux sont à même alors de répondre aux intentions des chefs qui les mènent, bien mieux en tout que l'orchestre du Met, perpétuelle « casserolle» que les hasards *live* nous offrent hélas bien plus souvent qu'un London Philharmonic, ici survolté. De plus Maria Müller et Kirsten Falgstad sont au faîte de leur rayonnement vocal, et savent ce que répondre à la vibration d'un orchestre veut dire. Et comme Rudolf Bockelmann, qui n'est en rien inférieur vocalement à ses partenaires féminines est à l'époque (et plus durablement que Friedrich Schorr) le plus fascinant des Wotan qui soit, on a là un must malgré le son. Précisons : on ne réentendra plus cela, même avec les mêmes, dans les versions futures, intégrales on non : une guerre aura passé entre temps, pour leur briser, quelque part, l'âme.

1938 – Wolfgang Brückner (L)
9/3/1938. ***Wilhelm Rode (W), Elisabeth Friedrich (Sg), Gertrude Rünger (B), Thea Consburg (Ge), Rita Weise (Or), Elisabeth Aldor (Wa), Gerda Heuer (Sch), Lotte Fischbach (He), Charlotte Bonsa-Piratzky (Sie), Erna Westenberger (Gr), Margarete Krämer-Bergau (Ro), Opéra de Königsberger***
(Preiser)

Rode, Runger, des artistes de premier plan, certes. L'Allemagne nazie avait toutefois et à cette époque encore bien plus exceptionnel : Bockelmann, Fuchs, Leider, la Sieglinde de Maria Müller... On rêvera plutôt sur leurs trop rares restes, et réservera cet excellent et classique 3e acte, qui ne manque absolument pas de ton, aux Fafners de la collection wagnérienne.

1945 – Arthur Rodzinski (L)
Herbert Janssen (W), Irène Jessner (Sg), Helen Traubel (B), Maxine Stellmann, Anna Kaskas, Jeanne Palmer, Herta Glätz, Martha Lipton, Doris Doe, Irène Jessner, Orchestre Philharmonique de New York
(CBS Odyssey)

Le prix de ce troisième acte américain? La façon, en forme de leçon, dont Herbert Janssen, sans en avoir jamais eu les moyens, aborde Wotan. Une erreur dans la fin de carrière du plus grand des Wolfram d'avant-guerre, mais aussi une démonstration de technique vocale, de registration des couleurs (bien pâlies pourtant), des respirations, des retenues : du grand art, mais à contre emploi. Le reste de la distribution est authentiqucment wagnérien, et Helen Traubel laisse toujours à qui l'écoute le souvenir d'une Brünnhilde d'exception : la splendeur de la chair vocale, la puissance de la voix, la noblesse de l'expression, et la pénétration de l'interprétation en firent malgré une apparente retenue, une presque constante froideur, la remplaçante attitrée de Flagstad au Met pendant les années de guerre : ce 3e acte montre que ce n'était que justice.

1951 – Herbert von Karajan (L)
1/8/1951. ***Sigurd Björling (W), Leonie Rysanek (Sg), Astrid Varnay (Br), Brünnhilde Friedland (Ge), Eleanor Lausch (Or), Elfriede Wild (Wa), Ruth Siewert (Sch), Lieselotte Thomamüller (He), Hertha Töpper (Sie), Ira Malaniuk (Gr), Hanna Ludwig (Ro), Festival de Bayreuth***
(EMI)

Un 3e acte qui fait toujours regretter la non publication du *Ring* entier de 1951. L'orchestre est magnifique, avec ces mêmes qualités de clarté et de lisibilité qu'on vantait dans *l'Or du Rhin* : il vit en plus d'une activité phénoménale, dans la tempête comme dans les flammes, mêlant un pathétisme allégé à un lyrisme emporté; et l'investissement de chacun est en proportion : même Sigurd Björling perd de sa placidité pour laisser pleurer son émotion, sans rien perdre du moelleux de son timbre. Astrid Varnay donne sa première Brünnhilde au disque officiel, et la seule. Il faudra attendre tous les *live* de Bayreuth pour retrouver cette Walkyrie d'une folle énergie, immensément humaine, déchirée et toujours jeune. Le métal du timbre est somptueux, et colle bien en ces premières années aux leçons « légères » du type Karajan ou Krauss. Autre splendeur, la Sieglinde de Leonie Rysanek, radieuse d'aigus, engagée déjà à fond dans un rôle qui sera marquée par elle trente ans durant.

1957 – Georg Solti (S)
Otto Edelmann (W), Marianne Schech (Sg), Kirsten Flagstad (Br), Odda Balsborg (Ge), Ilona Steinburger (Or), Grace Hoffman (Wa), Margarete Bence (Sch), Claire Watson (He), Anny Delorie (Sie), Frieda Roesler (Gr), Hetty Plumacher (Ro), Orchestre Philharmonique de Vienne
(Decca)

Avant de se lancer dans l'aventure du *Ring* entier, Decca testait et Solti et la stéréo dans Wagner. A l'époque, ce fut un choc : pour la première fois, le son enregistré offrait un répondant réel à l'ampleur d'une partition wagnérienne. D'autant qu'avec des Wiener Philharmoniker somptueux de pâte et de couleur, Solti jouait déjà l'expression sonore dans tout son éclat bien plus que l'émotion ou la clarté raffinée : la Chevauchée est énorme, incontestablement bruyante, les voix des Walkyries même imposantes, les effets appuyés, le tout plus qu'ostentatoire : démonstratif.

Otto Edelmann est un Wotan sobre au chant élégant sinon passionnant, Marianne Schech ne fait rien passer dans sa courte apparition, et Kirsten Flagstad ne peut cacher le lent affaissement de son timbre dans l'aigu : imposante encore, mais sans cette clarté, cette fraîcheur qui font ailleurs tout son prix, elle ne trouve pas non plus dans la battue de Solti le support idéal à son rayonnement. Un témoin encore, pour collectionneur.

SIEGFRIED

1937 – Arthur Bodanzky (L)
22/1/1937. ***Lauritz Melchior (Sgf), Friedrich Schorr (Wa), Karl Laufkötter (M), Eduard Habich (A), Emanuel List (Ff), Kirsten Flagstad (B), Kerstin Thorborg (E), Stella Andreva (O), Metropolitan Opera de New York***
(Golden Age)

Le seul enregistrement de *Siegfried* qui nous reste de la glorieuse époque du Met. Le son très lointain permet seulement de deviner l'impact extraordinaire d'une équipe formidable : Kirsten Flagstad rayonnante de jeunesse, Kirsten Thorborg, la plus extraordinaire Erda jamais enregistrée, Friedrich Schorr, impressionnant malgré son aigu absent. Et surtout le Siegfried du plus grand ténor wagnérien de tous les temps, Lauritz Melchior, devant qui, définitivement, tous pâlissent : le lyrisme de Lorenz, l'engagement de Suthaus, la hauteur de ton de Svanholm, la légèreté de Windgassen, il a tout. En fait, entendre une fois Melchior revient à se condamner désormais à le regretter en permanence. On possède heureusement dans un son très supérieur pratiquement tout le rôle de Siegfried gravé par lui pour différents labels entre 1923 et les années trente, et repiqué en CD depuis. Indispensable pour l'énergie et le naturel, jamais égalés, pour la beauté et l'élégance, pour l'évidence en fait. Et comme les partenaires (Bockelmann, Schorr, Habich, Olszewska) sont, hors Florence Easton, ce qu'on peut considérer comme le Gotha vocal d'alors, ces extraits font partie de l'indispensable wagnérien.

1951 – Herbert von Karajan (L)
2/8/1951. ***Bernd Aldenhoff (Sgf), Sigurd Björling (Wa), Paul Kuen (M), Heinrich Pflanz (A), Friedrich Dalberg (Ff), Astrid Varnay (B), Ruth Siewert (E), Wilma Lipp (O), Festival de Bayreuth***
(Foyer)

On l'a dit pour *l'Or du Rhin*, la direction de Karajan est exceptionnelle de clarté, de luminosité, de théâtralité, et ce malgré une prise de son plus plate que dans le Prologue. Krauss pourtant y mettra plus de jubilation : Karajan ne peut s'empêcher une certaine retenue, un rien trop de sagesse qui ne convient guère en cette occasion (la réouverture de Bayreuth). Il faut dire à sa décharge que son Siegfried (Aldenhoff) est bien prosaïque, que Bjoerling ne fait que chanter, sans programme presque, et que le reste de la distribution se cherche encore. Quand on sait le miraculeux équilibre sonore atteint par Karajan dans sa version de studio, on ne pourra guère considérer cette version que comme une esquisse.

1952 – Josef Keilberth (L)
27/7/1952. ***Bernd Aldenhoff (Sgf), Hans Hotter***

(Wa), Paul Kuen (M), Gustav Neidlinger (A), Kurt Boehme (Ff), Astrid Varnay (B), Melanie Bugarinovic (E), Rita Streich (O), Festival de Bayreuth
(Melodram)

Pas vraiment d'inspiration dans cette soirée, bien dirigée, mais pas vraiment bien chantée par un Siegfried correct, mais sans rien de plus. Pour les autres, qu'on entendra mieux servis par le chef quand il s'appelle Kraus ou Knappertsbusch, rien d'indispensable non plus : même s'il s'agit du premier Wanderer de Hotter à Bayreuth...

LE CREPUSCULE DES DIEUX

1952 – Josef Keilberth (L)
16/8/1952. ***Max Lorenz (Sgf), Josef Greindl (Ha), Hermann Uhde (Gu), Gustav Neidlinger (A), Astrid Varnay (B), Martha Mödl (Gn), Ruth Siewert (Wa, 1° N), Melanie Bugarinovic (2° N), Martha Mödl (3° N), Erika Zimmermann (Wog), Hanna Ludwig (Wel), Herta Töpper (Flo), Festival de Bayreuth***
(Melodram)

Le premier *Crépuscule* de Keilberth à Bayreuth (mais celui du 2e cycle en fait), qui vaut d'être écouté pour la prestation d'orchestre, sous une baguette d'un allant, d'une brutalité presque, très efficiente, qu'on ne retrouvera plus les années suivantes. Elle porte cette fois une joie de chanter qu'à l'inverse du *Siegfried* du premier cycle l'équipe de Bayreuth impose ce soir-là à l'envi. En paragon de ces vertus, bien qu'en opposition d'esprit, le Siegfried de Max Lorenz, vieilli certes, mais capable encore de tous les engagements, jusqu'au débordement même : la poésie du chant est intacte, l'héroïsme mâle ne se retrouvera plus jamais ainsi.

1955 – Hans Knappertsbusch (L)
Bernd Aldenhoff (Sgf), Gottlob Frick (Ha), Hermann Uhde (Gu), Ottakar Kraus (A), Birgit Nilsson (B), Leonie Rysanek (Gn), Ira Malaniuk (W), Irmgard Barth (1° N), Herta Töpper (2° N), Marianne Schech (3° N), Gerda Sommerschuch (Wog), Elisabeth Lindermeier (Wel), Ruth Michaelis (Flo), Choeurs de la Staatsoper Munich, Orchestre de la Radio Bavaroise
(Melodram)

Abondance de biens... certes, mais cette version du *Crépuscule* de Knappertsbusch à Munich ne s'imposait guère : le chef est plus que lent, l'orchestre gronde, mais n'est pas vraiment beau, les solistes restent impossibles (Aldenhoff, Schech) ou tout à fait inférieurs à ce qu'ils offriront en d'autres circonstances (Frick, Uhde, Kraus, Nilsson même), question de battue avant tout. Alors, pour la seule Gutrune rayonnante de Rysanek, éventuellement...

1955 – Oivin Fjeldstad (L)
Set Svanholm (Sgf), Egil Norsjö (Ha), Waldemar Johnsen (Gu), Per Grönnenberg (A), Kirsten Flagstad (B), Ingrid Bjoner (Gn, 3° N), Eva Gustavson (Wa, 1° N), Karen Marie Flagstad (2° N, Wel), Unni Bugge-Hanssen (Wog), Beate Asserson (Flo), Choeurs de la Radio Norvégienne, Philharmonique d'Oslo
(Decca)

Ce fut le premier enregistrement du *Crépuscule* disponible, réalisé à partir d'une bande de la Radio Norvégienne, reproduisant un concert donné en l'honneur de l'enfant du pays par les meilleurs éléments du chant norvégien d'alors. En fait, l'orchestre est de troisième ordre, les choeurs impossibles, les seconds plans corrects, les premiers sans relief. On peut désormais entendre Flagstad ailleurs et plus tôt (ou se limiter à la sélection en deux disques qui regroupe toutes ses interventions). Reste Set Svanholm : pour lui aussi, c'est un peu tard. Un document donc, mais bien dépassé.

1956 – Hans Knappertsbusch (L)
17/8/1956. ***Wolfgang Windgassen (Sgf), Josef Greindl (Ha), Hermann Uhde (Gu), Gustav Neidlinger (A), Astrid Varnay (B, 3° N), Gré Brouwenstijn (Gn), Jean Madeira (Wa, 1° N), Maria von Ilosvay (2° N), Lore Wissmann (Wog), Paula Lenchner (Wel), Maria von Ilosvay (Flo), Festival de Bayreuth***
(Melodram)

Au retour de Knappertsbusch au *Ring*, fin de parcours. Une direction aux lenteurs parfois irritantes, au contenu au poids qu'on ne peut guère contester, même si ce qu'on entendra dans les deux années suivantes dépasse intellectuellement de beaucoup cette démonstration d'écrasement de l'oeuvre. Résultat, bien sûr, des difficultés pour les chanteurs, à suivre simplement ces tempi étalés. C'est pourtant une équipe en grande forme que dirige Knappertsbusch (l'année suivante on ne les trouvera pas aussi éclatants) et une équipe qui répond avec générosité plus encore qu'avec courage : Windgassen est éblouissant, Varnay se paye le luxe de remplacer au pied levé Mödl défaillante en 3e

Norne avant d'endosser le costume de Brünnhilde un instant après et de s'y engager à fond, Greindl, Brouwenstijn, Uhde, tous font des tempêtes du 2e acte un moment incandescent, et du 3e une formidable démonstration de ce qu'est Wagner quand il s'en impose une lecture magique. A connaître, bien sûr, pour s'y perdre, fasciné.

ACTE III

1953 – Wilhelm Furtwängler (L)
31/5/1952. ***Ludwig Suthaus (Sgf), Josef Greindl (Ha), Josef Hermann (Gu), Kirsten Flagstad (B), Hilde Konetzni (Gn), Julia Moor (Wog), Elisabeth Lindermeier (Wel), Ruth Michaelis (Flo), Choeurs et Orchestre Symphonique de la Radio Italienne à Rome.***
(Fonit Cetra)

C'est au succès de ce concert que l'on doit l'enregistrement intégral du *Ring* réalisé un an et demi plus tard avec la même équipe romaine. Principale différence, Flagstad, pour la scène finale, dont elle donne une magistrale leçon de puissance autant que de retenue, malgré une légère fatigue de l'aigu. Quant à l'entente avec le chef, aux réponses, aux écoutes, aux respirations, aux couleurs communes... il n'y a que dans les deux enregistrements de studio de cette scène avec le Philharmonia, le plus beau des orchestres en matière de timbres pour dépasser cette intimité. On signalera pour mémoire la scène finale enregistrée à la même époque par la même Flagstad avec Bruno Walter, où l'ombre sonore ne sert ni l'interprète, ni la direction dont la clarté se perd sans montrer l'impact. Et encore celle de ses adieux à Carnegie Hall en 1955, sous la direction d'Edwin McArthur.

PARSIFAL

Livret *traduit par Dominique* SILA

Commentaire *par Fernand* LECLERCQ

Discographie *par Philippe* GODEFROID

PARSIFAL

Ein Bühnenweihfestspiel
in drei akten

Personen

Amfortas *(Baryton)*
Titurel *(Bass)*
Gurnemanz *(Bass)*
Parsifal *(Tenor)*
Klingsor *(Bass)*
Kundry *(Sopran)*
Erster und Zweiter
Gralsritter *(Tenor, Bass)*
Vier Knappen *(Sopran und Tenor)*

Klingsor's Zaubermädchen
Sechs Einzel–Sängerinnen
(Sopran und Alt)
Zwei Chören, 24 Damen
(Sopran und Alt)

Vorspiel

ERSTER AUFZUG

Im Gebiete des Grals.
Wald, schattig und ernst, doch nicht düster. Eine Lichtung in der Mitte. Links aufsteigend wird der Weg zur Gralsburg angenommen. Der Mitte des Hintergrundes zu senkt sich der Boden zu einem tiefer gelegenen Waldsee hinab. Tagesanbruch. Gurnemanz (rüstig greisenhaft) und zwei Knappen (von zartem Jünglingsalter) sind schlafend unter einem Baume gelagert. Von der linken Seite, wie von der Gralsburg her, ertönt der feierliche Morgenweckruf der Posaunen.

GURNEMANZ *(erwachend und die Knappen rüttelnd).*
He! Ho! Waldhüter ihr,
Schlafhüter mitsammen,
so wacht doch mindest am Morgen!
(Die beiden Knappen springen auf.)
Hört ihr den Ruf? Nun danket Gott,
dass ihr berufen, ihn zu hören!
(Er senkt sich mit den Knappen auf die Knie und verrichtet mit ihnen gemeinschaftlich stumm das Morgengebet; sobald die Posaunen schweigen, erheben sie sich langsam.)
Jetzt auf, ihr Knaben! Seht nach dem Bad.
Zeit ist's, des Königs dort zu harren.
(Er blickt nach links in die Szene.)
Dem Siechbett, das ihn trägt, voraus
seh ich die Boten schon uns nahn!
(Zwei Ritter treten auf.)
Heil euch! Wie geht's Amfortas heut?
Wohl früh verlangt' er nach dem Bade:
das Heilkraut, das Gawan

PARSIFAL

Un festival scénique sacré en trois actes
Création : Festspielhaus de Bayreuth
le 26 juillet 1882

Personnages

Amfortas *(baryton)*
Titurel *(basse)*
Gurnemanz *(basse)*
Parsifal *(ténor)*
Klingsor *(basse)*
Kundry *(soprano)*
Premier et Deuxième Chevalier
du Graal *(ténor et basse)*
Quatre écuyers *(2 sopranos et 2 ténors)*

Les Filles-Fleurs de Klingsor
Six solistes
(sopranos et altos)
Deux chœurs de 12 chanteuses chacun
(sopranos et altos)

Prélude orchestral

PREMIER ACTE

Dans le domaine du Graal.
1 *Une forêt ombragée, sévère, mais qui n'a rien de lugubre.*
2 *Une clairière au milieu d'un paysage rocheux. À gauche, on*
3 *aperçoit le chemin qui monte au château du Graal. À*
4 *l'arrière de la scène, vers le centre, le sol s'incline en direc-*
5 *tion d'un lac de forêt situé plus bas. C'est l'aube.*
1 *Gurnemanz, un robuste vieillard, et deux écuyers, encore*
adolescents, reposent, endormis sous un arbre. Du côté
gauche monte l'appel matinal des trompes, qui semble pro-
venir du château-fort.

GURNEMANZ *(s'éveillant et secouant les écuyers)*
1 Hé! Ho! Gardiens de la forêt!
Vous qui êtes aussi les gardiens du sommeil!
Veillez au moins dès le matin!
(Les deux écuyers se lèvent précipitamment.)
2 Entendez-vous l'appel? Eh bien, remerciez Dieu
d'être vous-mêmes appelés à l'entendre!
(Il s'agenouille avec les écuyers; sans mot dire les hommes
3 *font ensemble leur prière matinale; dès que les trombones*
2 *se taisent ils se relèvent.)*
1 À présent, debout, enfants; veillez au bain;
6 il est l'heure d'attendre là-bas votre roi :
(Il regarde vers la gauche.)
Précédant la litière qui le porte,
je vois déjà les messagers qui s'approchent de nous.
(Deux chevaliers font irruption sur la scène.)
Salut à vous! Comment se porte aujourd'hui Amfortas?
L'heure est bien matinale pour le bain :
l'herbe miraculeuse que pour lui Gawan

mit List und Kühnheit ihm gewann,
ich wähne, dass es Lind'rung schuf?

ZWEITER RITTER.
Das wähnest du, der doch alles weiss?
Ihm kehrten sehrender nur
die Schmerzen bald zurück:
schlaflos von starkem Bresten,
befahl er eifrig uns das Bad.

GURNEMANZ *(das Haupt traurig senkend)*
Toren wir, auf Lind'rung da zu hoffen,
wo einzig Heilung lindert!
Nach allen Kräutern, allen Tränken forscht
und jagt weit durch die Welt:
ihm hilft nur eines –
nur der Eine.

ZWEITER RITTER.
So nenn' uns den!

GURNEMANZ *(ausweichend).*
Sorgt für das Bad!
(Die beiden Knappen haben sich dem Hintergrunde zugewendet und blicken nach rechts.)

ZWEITER KNAPPE.
Seht dort, die wilde Reiterin!

ERSTER KNAPPE.
Hei!
Wie fliegen der Teufelsmähre die Mähnen!

ZWEITER RITTER.
Ha! Kundry dort.

ERSTER RITTER.
Die bringt wohl wicht'ge Kunde?

ZWEITER KNAPPE.
Die Mähre taumelt.

ERSTER KNAPPE.
Flog sie durch die Luft?

ZWEITER KNAPPE.
Jetzt kriecht sie am Boden hin.

ERSTER KNAPPE.
Mit den Mähnen fegt sie das Moos.
(Alle blicken lebhaft nach der rechten Seite.)

ZWEITER RITTER.
Da schwingt sich die Wilde herab!
(Kundry stürzt hastig, fast taumelnd herein. Wilde Kleidung, hoch geschürzt; Gürtel von Schlangenhäuten lang herabhängend; schwarzes, in losen Zöpfen flatterndes Haar; tief braunrötliche Gesichsfarbe; stechende schwarze Augen, zuweilen wild aufblitzend, öfters wie todesstarr und unbeweglich. Sie eilt auf Gurnemanz zu und dringt ihm ein kleines Kristallgefäss auf.)

obtient avec sa ruse et son courage
lui sera, je crois bien, de quelque réconfort.

DEUXIÈME CHEVALIER
Le crois-tu? Toi qui pourtant sais tout!
Ses souffrances auront tôt fait
de revenir, plus torturantes encore;
ne pouvant dormir, trop meurtri dans sa chair,
il a vite ordonné de préparer le bain.

GURNEMANZ *(baissant tristement la tête)*
7 Bien fous d'espérer par là quelque apaisement,
quand seule la guérison peut apaiser!
Cherchez toutes les herbes, tous les philtres,
et courez à travers le vaste monde :
7 une seule chose peut le secourir,
un seul être.

DEUXIÈME CHEVALIER
Dis-nous son nom, alors!

GURNEMANZ *(se dérobant)*
Veillez au bain!
(Les deux écuyers se tournent vers l'arrière de la scène et regardent vers la forêt.)

DEUXIÈME ÉCUYER
Regardez là-bas, la farouche cavalière!

PREMIER ÉCUYER
Hei!
Voyez voler la crinière de la jument du diable!

DEUXIÈME ÉCUYER
Oui! c'est Kundry là-bas.

PREMIER CHEVALIER
Elle porte sans doute un message important!

DEUXIÈME ÉCUYER
8 La jument chancelle.

PREMIER ÉCUYER
A-t-elle volé dans les airs?

DEUXIÈME ÉCUYER
La voici glissant sur le sol.

PREMIER ÉCUYER
8 De sa crinière elle fouette la mousse.
(Tous regardent attentivement vers la droite.)

DEUXÈME CHEVALIER
La fille farouche a mis pied à terre.
9 *(Kundry se précipite sur la scène, trébuchant presque. Elle est vêtue d'une courte pièce d'étoffe, à la manière des sauvages; une longue ceinture en peau de serpent traîne derrière elle; ses cheveux noirs flottent en tresses dénouées; son teint est brun foncé, avec des nuances rougeâtres, ses yeux perçants, qui jettent parfois des lueurs sauvages, restent le plus souvent fixes, immobiles comme ceux d'une morte. Elle court vers Gurnemanz et lui tend une fiole en cristal.)*

KUNDRY
Hier! Nimm du! – Balsam...

GURNEMANZ
Woher brachtest du dies?

KUNDRY
Von weiter her als du denken kannst.
Hilft der Balsam nicht,
Arabia birgt
dann nichts mehr zu seinem Heil. –
Fragt nicht weiter!
(Sie wirft sich an den Boden.)
Ich bin müde.
(Ein Zug von Knappen und Rittern, die Sänfte tragend und geleitend, in welcher Amfortas ausgestreckt liegt, gelangt, von links her, auf die Bühne. – Gurnemanz hat sich, von Kundry ab, sogleich den Ankommenden zugewendet.)

GURNEMANZ *(während der Zug auf die Bühne gelangt).*
Er naht, sie bringen ihn getragen. –
Oh weh! Wie trag' ich's im Gemüte,
in seiner Mannheit stolzer Blüte
des siegreichsten Geschlechtes Herrn
als seines Siechtums Knecht zu seh'n!
(zu den Knappen.)
Behutsam! Hört, der König stöhnt.
(Die Knappen halten an und stellen das Siechbett nieder.)

AMFORTAS *(erhebt sich ein wenig).*
Recht so! – Habt Dank! Ein wenig Rast. –
Nach wilder Schmerzensnacht
nun Waldesmorgenpracht!
Im heil'gen See
wohl labt mich auch die Welle:
Es staunt das Weh,
die Schmerzensnacht wird helle. –
Gawan!

ZWEITER RITTER
Herr! Gawan weilte nicht.
Da seines Heilkrauts Kraft,
wie schwer er's auch errungen,
doch deine Hoffnung trog,
hat er auf neue Sucht sich fortgeschwungen.

AMFORTAS
Ohn' Urlaub? – Möge das er sühnen,
dass schlecht er Gralsgebote hält!
Oh wehe ihm, dem trotzig Kühnen,
wenn er in Klingsors Schlingen fällt!
So breche keiner mir den Frieden;
Ich harre des, der mir beschieden:
«Durch Mitleid wissend» –
War's nicht so?

GURNEMANZ
Uns sagtest du es so.

AMFORTAS.
«Der reine Tor!»
Mich dünkt, ihn zu erkennen:
dürft' ich den Tod ihn nennen!

KUNDRY
Tiens, prend! Le baume!

GURNEMANZ
D'où as-tu apporté ceci?

KUNDRY
10 De plus loin que tu ne peux penser;
si ce baume n'est d'aucun secours,
l'Arabie ne cache
plus rien qui puisse le guérir.
Ne demande rien d'autre!
(Elle se jette à terre.)
Je suis lasse.
(Une longue file d'écuyers et de chevaliers portant et escortant la litière où repose Amfortas, débouche sur la scène du côté gauche. Gurnemanz s'est détourné de Kundry et fait face aux arrivants.)

GURNEMANZ *(tandis que le cortège arrive sur la scène)*
6 Il approche : ils le portent sur sa litière.
Hélas! comment supporter en mon cœur,
voir dans le fier éclat de sa virilité
1 le maître d'une race de vainqueurs
rendu esclave de sa propre infirmité!
(aux écuyers.)
Prenez garde! Écoutez : le roi gémit.
(Ils font halte et posent sur le sol la litière d'Amfortas.)

AMFORTAS *(se soulevant légèrement)*
C'est bien! Soyez remerciés! Soufflons un peu.
6 Au terme d'une âpre nuit de souffrances,
11 voici la splendeur matinale des bois;
dans le lac sacré
la vague me rafraîchira sans doute;
la douleur s'estompe, surprise,
6 la nuit de souffrances s'éclaire.
Gawan!

DEUXIÈME CHEVALIER
Seigneur, Gawan n'est pas resté.
Voyant que la vertu de son herbe magique
– bien qu'il ait tant lutté pour l'acquérir –
avait trompé ton espérance
ilest reparti pour une autre quête

AMFORTAS
2 Sans congé? Puisse-t-il expier
sa désobéissance aux règles du Gral!
Malheur à lui, au présomptueux héros
s'il tombe dans les pièges de Klingsor!
Que nul ne trouble plus ma paix :
j'attends elui qui m'est destiné.
7 « par la pitié devenu sage »,
N'était-ce pas ainsi?

GURNEMANZ
C'est toi-même qui nous l'a dit.

AMFORTAS
« Le pur et le fol » :
il me semble le reconnaître
si je pouvais l'appeler : trépas!

GURNEMANZ *(indem er Amfortas das Fläschchen Kundrys überreicht)*
Doch zuvor versuch' es noch mit diesem!

AMFORTAS *(es betrachtend).*
Woher dies heimliche Gefäss?

GURNEMANZ
Dir ward es aus Arabia hergeführt.

AMFORTAS
Und wer gewann es?

GURNEMANZ
Dort liegt's, das wilde Weib. –
Auf, Kundry! Komm!
(Kundry weigert sich und bleibt am Boden.)

AMFORTAS
Du, Kundry?
Muss ich dir nochmals danken,
du rastlos scheue Magd? –
Wohlan!
Den Balsam nun versuch' ich noch:
es sei aus Dank für deine Treue!

KUNDRY *(unruhig und heftig am Boden sich bewegend)*
Nicht Dank! – Haha! Was wird es helfen?
Nicht Dank! Fort, fort! Ins Bad!
(Amfortas gibt das Zeichen zum Aufbruch. Der Zug entfernt sich nach dem tieferen Hintergrunde zu. – Gurnemanz, schwermütig nachblickend, und Kundry, fortwährend auf dem Boden gelagert, sind zurückgeblieben. – Knappen gehen ab und zu.)

DRITTER KNAPPE *(junger Mann).*
He, du da!
Was liegst du dort wie ein wildes Tier?

KUNDRY
Sind die Tiere hier nicht heilig?

DRITTER KNAPPE.
Ja; doch ob heilig du,
das wissen wir grad' noch nicht.

VIERTER KNAPPE *(ebenfalls junger Mann).*
Mit ihrem Zaubersaft, wähn' ich,
wird sie den Meister vollends verderben.

GURNEMANZ.
Hm! – Schuf sie euch Schaden je?
Wann alles ratlos steht,
wie kämpfenden Brüdern in fernste Länder
Kunde sei zu entsenden,
und kaum ihr nur wisst, wohin –
Wer, ehe ihr euch nur besinnt,
stürmt und fliegt dahin und zurück,
der Botschaft pflegend mit Treu und Glück?
Ihr nährt sie nicht, sie naht euch nie,
nichts hat sie mit euch gemein:
Doch wann's in Gefahr der Hilfe gilt,
der Eifer führt sie schier durch die Luft,
die nie euch dann zum Danke ruft.

GURNEMANZ *(il lui tend la fiole de Kundry)*
Mais d'abord essaie encore ceci!

AMFORTAS *(l'examinant)*
10 D'où vient ce vase mystérieux?

GURNEMANZ
Il fut apporté pour toi d'Arabie.

AMFORTAS
8 Et qui donc l'a conquis?

GURNEMANZ
9 Celle qui git ici, la fille farouche.
Debout, Kundry! Approche!
(Elle se dérobe.)

AMFORTAS
Kundry, toi?
Dois-je une fois de plus te remercier,
toi, servante farouche, infatigable?
Eh bien!
Ce baume, je l'essaierai encore;
que ce soit mon remerciement pour ta fidélité.

9 KUNDRY *(s'agitant, toujours couchée à terre)*
Pas de remerciement! Ha ha! À quoi bon?
Pas de remerciement! Va, va! Au bain!
6 *(Amfortas donne le signal du départ; le cortège s'ébranle et se dirige vers le fond de la scène. Gurnemanz, qui le suit*
11 *des yeux, avec mélancolie, et Kundry, toujours couchée sur le sol, sont restés. Des écuyers vont et viennent.)*

TROISIÈME ÉCUYER *(un tout jeune homme).*
Hé! Toi, là-bas!
Que fais-tu, couchée comme une bête?

KUNDRY
2 Les bêtes ici ne sont-elles pas saintes?

TROISIÈME ÉCUYER
8 Certes! Mais si toi-même tu es sainte,
nous l'ignorons encore.

QUATRIÈME ÉCUYER *(tout jeune lui aussi).*
Je crois qu'avec tous ses sucs de sorcière
9 elle va faire périr tout à fait notre maître.

GURNEMANZ
Hum! Vous a-t-elle jamais causé des torts?
Quand tous, indécis, se demandent
comment aux frères luttant dans les contrées lointaines
faire porter quelque message
et que vous savez à peine en quel lieu,
qui donc, avant que nous n'ayez pris le temps de songer,
s'élance, va et revient en volant,
remplissant sa mission avec bonheur, avec fidélité?
Vous n'avez pas à la nourrir, elle ne vous approche guère,
elle n'a donc avec vous rien de commun!
Mais quand dans le danger il faut quelque secours,
le dévouement l'emporte presque dans les airs
et jamais elle ne cherche votre gratitude.

Ich wähne, ist dies Schaden,
so tät er euch gut geraten.

DRITTER KNAPPE
Doch hasst sie uns; –
sieh nur, wie hämisch dort nach uns sie blickt!

VIETER KNAPPE
Eine Heidin ist's, ein Zauberweib.

GURNEMANZ
Ja, eine Verwünschte mag sie sein.
Hier lebt sie heut' –
vielleicht erneut,
zu büssen Schuld aus früh'rem Leben,
die dorten ihr noch nicht vergeben.
Übt sie nun Buss in solchen Taten,
die uns Ritterschaft zum Heil geraten,
gut tut sie dann und recht sicherlich,
dienet uns – und hilft auch sich.

DRITTER KNAPPE
Sie ist's wohl auch jen' ihre Schuld,
die uns so manche Not gebracht?

GURNEMANZ *(sich besinnend)*
Ja, wann oft lange sie uns ferne blieb,
dann brach ein Unglück wohl herein.
Und lang' schon kenn' ich sie:
doch Titurel kennt sie noch länger.
Der fand, als er die Burg dort baute,
sie schlafend hier im Waldgestrüpp,
erstarrt, leblos, wie tot.
So fand ich selbst sie letztlich wieder,
als uns das Unheil kaum geschehn,
das jener Böse über den Bergen
so schmählich über uns gebracht. –
(zu Kundry)
He! Du! – Hör' mich und sag':
wo schweiftest damals du umher,
als unser Herr den Speer verlor? –
(Kundry schweigt düster.)
Warum halfst du uns damals nicht?

KUNDRY
Ich – helfe nie.

VIERTER KNAPPE
Sie sagt's da selbst.

DRITTER KNAPPE
Ist sie so treu, so kühn in Wehr,
so sende sie nach dem verlornen Speer!

GURNEMANZ *(düster)*
Das ist ein andres :
Jedem ist's verwehrt. –
(mit grösster Ergriffenheit)
O wunden-wundervoller
heiliger Speer!
Ich sah dich schwingen
von unheiligster Hand! –
(in Erinnerung sich verlierend)
Mit ihm bewehrt, Amfortas allzukühner,

Si c'est là un tort, je crois
que c'est tant mieux pour vous.

TROISIÈME ÉCUYER
Pourtant, elle vous hait.
Vois donc le regard sournois qu'elle nous jette!

QUATRIÈME ÉCUYER
8, 9 C'est une païenne, une sorcière.

GURNEMANZ
Oui, peut-être est-ce une damnée :
elle vit ici aujourd'hui,
qui sait – une seconde vie
1, 9 pour expier la faute d'une autre existence,
qui ne lui fut pas alors pardonnée.
1, 7 Si elle se repent à présent par ces actes
qui pour notre ordre sont d'un grand secours,
3 alors elle agit bien, la chose est sûre,
9 car elle nous sert en s'aidant elle-même.

TROISIÈME ÉCUYER
Alors, c'est bien sa faute
qui nous valut tant de détresse?

GURNEMANZ *(réfléchissant)*
Oui, quand souvent elle demeurait loin de nous
un malheur advenait presque toujours.
D'ailleurs, je la connais depuis longtemps;
Titurel depuis plus longtemps encore :
12 il la trouva, consacrant alors le château,
endormie en ce lieu dans l'épaisse forêt,
engourdie, inanimée, comme morte.
12 Plus tard, je l'ai moi-même retrouvée ainsi,
alors que venait de s'abattre le malheur
que là-bas ce maudit, par-delà les montagnes,
avait, pour notre honte, déchaîné sur nous.
(à Kundry)
9 Hé! Toi! Écoute-moi et dis :
où errais-tu en ce temps-là
lorsque notre seigneur perdit la lance?
(Kundry se tait)
12 Pourquoi ne nous aidais-tu pas?

KUNDRY
Je n'aide jamais.

QUATRIÈME ÉCUYER
C'est elle-même qui le dit!

TROISIÈME ÉCUYER
Puisqu'elle est si fidèle et prompte à vous défendre,
qu'elle envoie chercher la lance perdue!

GURNEMANZ *(sombre)*
13 C'est autre chose!
Nul n'en a le pouvoir.
14 *(avec une intense émotion.)*
Lance de meurtrissures et de miracles,
oh, lance sacrée!
Je t'ai vue brandie
13 par une main impie!
14 *(se perdant dans ses souvenirs.)*
Avec cette arme, Amfortas, par trop téméraire,

wer mochte dir es wehren,
den Zaub'rer zu beheeren? –
Schon nah dem Schloss wird uns der Held entrückt :
ein furchtbar schönes Weib hat ihn entzückt;
in seinen Armen liegt er trunken,
der Speer ist ihm entsunken. –
Ein Todesschrei! – Ich stürm' herbei : –
von dannen Klingsor lachend schwand,
den heil'gen Speer hatt' er entwandt.
Des Königs Flucht gab kämpfend ich Geleite;
doch eine Wunde brannt' ihm in der Seite :
die Wunde ist's, die nie sich schliessen will.
(Die erste und zweite Knappe kommen vom See her zurück.)

DRITTER KNAPPE
So kanntest du Klingsor?

GURNEMANZ *(zu den zurückkommenden beiden Knappen).*
Wie geht's dem König?

ERSTER KNAPPE
Ihn frischt das Bad.

ZWEITER KNAPPE.
Dem Balsam wich das Weh.

GURNEMANZ *(für sich)*
Die Wunde ist's, die nie sich schliessen will! –
(Der dritte und vierte Knappe hatten sich zuletzt schon zu Gurnemanz' Füssen niedergesetzt; die beiden anderen gesellen sich jetzt gleicherweise zu ihnen unter dem grossen Baum.)

DRITTER KNAPPE
Doch, Väterchen, sag' und lehr' uns fein :
Du kanntest Klingsor – wie mag das sein?

GURNEMANZ
Titurel, der fromme Held,
der kannt' ihn wohl.
Denn ihm, da wilder Feinde List und Macht
des reinen Glaubens Reich bedrohten,
ihm neigten sich in heilig ernster Nacht
dereinst des Heilands selige Boten :
daraus der trank beim letzten Liebesmahle,
das Weihgefäss, die heilig edle Schale,
darein am Kreuz sein göttlich' Blut auch floss,
dazu den Lanzenspeer, der dies vergoss –
der Zeugengüter höchstes Wundergut –
das gaben sie in unsres Königs Hut.
Dem Heiltum baute er das Heiligtum.
Die seinem Dienst ihr zugesindet
auf Pfaden, die kein Sünder findet,
ihr wisst, dass nur dem Reinen
vergönnt ist, sich zu einen
den Brüdern, die zu höchsten Rettungswerken
des Grales Wunderkräfte stärken.
Drum blieb es dem, nach dem ihr fragt, verwehrt,
Klingsorn, wie hart ihn Müh' auch drob beschwert.
Jenseits im Tale war er eingesiedelt;
darüberhin liegt üpp'ges Heidenland :
unkund blieb mir, was dorten er gesündigt,
doch wollt' er büssen nun, ja heilig werden.

qui pouvait t'interdire
d'aller assaillir le sorcier?
12 Déjà près du château, le héros nous est enlevé :
une femme d'une beauté terrible l'a envoûté :
dans ses bras il repose, enivré,
13, 14 la lance lui est dérobée;
9 un cri de mort! J'accours au grand galop :
14 mais déjà Klingsor en riant fuyait,
13 il avait détourné la sainte lance.
13 En luttant, je protégeai la fuite du roi;
14 mais une plaie brûlait déjà son flanc :
cette plaie qui jamais plus ne va se refermer.
6 *(Le premier et le deuxième écuyers reviennent du lac.)*

TROISIÈME ÉCUYER
Ainsi, tu as connu Klingsor?

GURNEMANZ *(au premier et au second écuyers qui arrivent, venant du lac)*
Comment se porte le roi?

PREMIER ÉCUYER
11 Le bain rafraîchit.

DEUXIÈME ÉCUYER
Le baume a fait céder la douleur.

GURNEMANZ *(après un moment de silence)*
Cette plaie qui jamais plus ne va se refermer.
6 *(Les troisième et quatrième écuyers ont fini par s'asseoir aux pieds de Gurnemanz sous le grand arbre; les deux autres se joignent à eux de la même façon.)*

TROISIÈME ÉCUYER
Mais, petit père, dis, instruis-nous pour de bon :
tu connaissais Klingsor, comment est-ce possible?

GURNEMANZ
3 Titurel, le pieux héros
le connaissait fort bien.
Car contre lui, quand la ruse et la force des adversaires
menacèrent le royaume de la foi pure,
3b devant lui s'inclinèrent, par une nuit sainte et austère
2, 1 jadis, les bienheureux messagers du Sauveur :
le récipient sacré, saint et noble calice,
1 où il but au dernier festin d'amour,
2, 15 dans lequel, sur la croix, son sang divin coula
14 ainsi que la lance qui le répandit –
3b témoins miraculeux entre tous les témoins –
ils les donnèrent à la garde du roi.
Pour ce trésor sacré il bâtit un sanctuaire.
2 Vous qui vous étiez joints à lui pour le servir,
sur des sentiers que nul pêcheur ne trouve,
vous savez que seul un homme pur
peut s'unir aux frères que,
les vertus miraculeuses du Graal confortent
2 pour les œuvres suprêmes du salut :
cet honneur fut refusé à celui dont vous êtes curieux,
à Klingsor, malgré le dur labeur dont il s'accabla.
16 Dans la vallée, en face, il s'était établi;
12 par-delà s'étend l'opulent pays des païens;
je ne sus jamais quel péché il commit là-bas,
mais il voulut alors expier et devenir saint.

Ohnmächtig, in sich selbst die Sünde zu ertöten,
an sich legt' er die Frevlerhand,
die nun, dem Grale zugewandt,
verachtungsvoll des' Hüter von sich stiess.
Darob die Wut nun Klingsorn unterwies,
wie seines schmähl'chen Opfers Tat
ihm gäbe zu bösem Zauber Rat;
den fand er nun. –
Die Wüste schuf er sich zum Wonnegarten,
drin wachsen teuflisch holde Frauen;
dort will des Grales Ritter er erwarten
zu böser Lust und Höllengrauen :
wen er verlockt, hat er erworben :
schon viele hat er uns verdorben.
Da Titurel, in hohen Alters Mühen,
dem Sohn die Herrschaft hier verliehen :
Amfortas liess es da nicht ruhn,
der Zauberplag' Einhalt zu tun.
Das wisst ihr, wie es dort sich fand :
der Speer ist nun in Klingsors Hand;
kann er selbst Heilige mit dem verwunden,
den Gral auch wähnt' er fest schon uns entwunden!

VIERTER KNAPPE
Vor allem nun : der Speer kehr' uns zurück!

DRITTER KNAPPE
Ha! Wer ihn brächt', ihm wär's zu Ruhm und Glück!

GURNEMANZ
Vor dem verwaisten Heiligtum
in brünst'gem Beten lag Amfortas,
ein Rettungszeichen bang erflehend :
ein sel'ger Schimmer da entfloss dem Grale
(leise)
ein heilig' Traumgesicht
nun deutlich zu ihm spricht
(immer leiser)
durch hell erschauter Wortezeichen Male :
(sehr leise.)
«Durch Mitleid wissend,
der reine Tor;
harre sein,
den ich erkor.»

DIE VIER KNAPPEN *(in grosser Ergriffenheit).*
«Durch Mitleid wissend,
der reine Tor –»
(Vom See her vernimmt man Geschrei und das Rufen der Ritter und Knappen. – Gurnemanz und die vier Knappen fahren auf und wenden sich erschrocken um.)

KNAPPEN UND RITTER
Weh! Weh! Hoho!
Auf! – Wer ist der Frevler?
(Ein wilder Schwan flattert matten Fluges vom See daher; die Knappen und Ritter folgen ihm nach auf die Szene.)

GURNEMANZ
Was gibt's?

VIERTER KNAPPE.
Dort!

Impuissant à détruire en son cœur le péché,
il se mutila lui-même d'une main sacrilège
et se tourna vers le saint Graal, que désormais
ses gardiens méprisants repoussaient;
12 alors, la fureur instruisit Klingsor,
montrant comment ce honteux sacrifice
pouvait servir à quelque dessein maléfique.
9 Il y parvint bientôt :
16, 17 il fit d'un désert un jardin de délices
où fleurissent des filles au charme diabolique,
il y veut entraîner les chevaliers du Graal
9 à de mauvaises joies, d'infernales terreurs :
17 ceux qu'il attire deviennent sa proie;
9 Nombreux sont ceux qu'il a déjà perdus.
16 Quand Titurel, accablé par les ans,
2 conféra à son fils enfin la royauté,
Amfortas ne prit point de repos
qu'il n'ait mis fin à ce fléau magique!
14 Vous savez bien ce qui advint alors :
9, 12 la lance passa aux mains de Klingsor;
puisqu'avec elle il peut même blesser des saints,
16 il croit pouvoir bientôt nous prendre le saint Graal!

QUATRIÈME ÉCUYER
14 Avant tout donc : que cette lance nous revienne!

TROISIÈME ÉCUYER
Ah! qui l'apporterait gagnerait renom et bonheur!

GURNEMANZ
2 Devant le sanctuaire désolé
Amfortas gisait, priant avec ferveur,
implorant ardemment un signe de salut;
2 un céleste reflet alors coula hors du calice;
(à voix basse.)
une sainte apparition, comme en songe,
s'adressa à lui en termes clairs,
(toujours plus doucement.)
1 traçant des signes qu'il put voir distinctement :
(très doucement.)
7 «Par la pitié devenu sage,
le pur et le fol,
attends celui
que j'ai élu.»

LES QUATRE ÉCUYERS *(profondément émus).*
7 «Par la pitié devenu sage,
le pur et le fol –»
(Du lac on entend soudain des cris et l'appel des Chevaliers et Écuyers. Gurnemanz et les Écuyers se lèvent d'un bond et se retournent, effrayés.)

LES QUATRE ÉCUYERS ET LES CHEVALIERS
23, 22 Malheur! Malheur! Hoho!
Debout! Qui est l'infâme?
(Un cygne sauvage arrive du lac, volant à grand peine; Écuyers et Chevaliers le suivent en scène.)

GURNEMANZ *(pendant ce temps)*
Qu'y a-t-il?

QUATRIÈME ÉCUYER
Là-bas!

DRITTER KNAPPE
Hier!

ZWEITER KNAPPE
Ein Schwan!

VIERTER KNAPPE
Ein wilder Schwan!

DRITTER KNAPPE
Er ist verwundet!

ALLE RITTER UND KNAPPEN
Ha! Wehe! Wehe!

GURNEMANZ
Wer schloss den Schwan?
(Der Schwan sinkt, nach mühsamem Fluge, matt zu Boden; der zweite Ritter zieht ihm den Pfeil aus der Brust.)

ERSTER RITTER
Der König grüsste ihn als gutes Zeichen,
als überm See kreiste der Schwan :
da flog ein Pfeil. –

KNAPPEN UND RITTER *(führen Parsifal herein)*

Der war's! Der schoss!
(auf Parsifals Bogen hinweisend)
Hier der Pfeil, den seinen gleich!

GURNEMANZ *(zu Parsifal)*
Bist du's, der diesen Schwan erlegte?

PARSIFAL
Gewiss! Im Fluge treff' ich, was fliegt.

GURNEMANZ
Du tatest das? Und bangt' es dich nicht vor der Tat?

KNAPPEN UND RITTER
Strafe dem Frevler!

GURNEMANZ
Unerhörtes Werk!
Du konntest morden, hier, im heil'gen Walde,
des stiller Friede dich umfing?
Des Haines Tiere nahten dir nicht zahm?
Grüssten dich freundlich und fromm?
Aus den Zweigen was sangen die Vöglein dir?
Was tat dir der treue Schwan?
Sein Weibchen zu suchen flog der auf,
mit ihm zu kreisen über dem See,
den so er herrlich weihte zum Bad.
Dem stauntest du nicht? Dich lockt' es nur
zu wild kindischem Bogengeschoss?
Er war uns hold : was ist er nun dir?
Hier – schau her! – hier trafst du ihn,
da starrt noch das Blut, matt hängen die Flügel,
das Schneegefieder dunkel befleckt -
gebrochen das Aug', siehst du den Blick?
(Parsifal hat Gurnemanz mit wachsender Ergriffenheit zugehört : jetzt zerbricht er seinen Bogen und schleudert die Pfeile von sich.)

TROISIÈME ÉCUYER
Là!

DEUXIÈME ÉCUYER
Ici! Un cygne!

QUATRIÈME ÉCUYER
Un cygne sauvage!

TROISIÈME ÉCUYER
Il est blessé.

D'AUTRES ÉCUYERS *(accourant, depuis le lac).*
Ha! Malheur! Malheur!

GURNEMANZ
Qui a tiré sur le cygne?
(Après un vol pénible, le cygne s'abat, mourant, sur le sol. Le Deuxième Chevalier tire une flèche de sa poitrine.)

PREMIER CHEVALIER
Le roi saluait comme un bon présage
ce cygne tournoyant au-dessus du lac,
alors une flèche vola…

DES CHEVALIERS ET DES ÉCUYERS *(amenant Parsifal)*
C'est lui! C'est lui qui a tiré!
(Montrant l'arc de Parsifal.)
Voyez la flèche, pareille aux siennes!

GURNEMANZ *(à Parsifal)*
Est-ce toi qui a tué ce cygne?

PARSIFAL
23 Certes! J'atteins en plein vol ce qui vole.

GURNEMANZ
Tu as fait cela? Et tu ne trembles pas devant ce crime?

LES ÉCUYERS ET LES CHEVALIERS
Châtie l'infâme!

GURNEMANZ
Méfait inouï!
Tu as pu tuer? Ici, dans la forêt sacrée
dont la paix sereine t'entourait?
Les bêtes des bocages n'étaient-elles pas venues,
11 amicales, innocentes, te saluant?
Dans les branches quel chant te chantaient les oiseaux?
22 Que t'avait donc fait le cygne fidèle?
Il s'était envolé afin de chercher sa femelle,
2 pour tournoyer avec elle au-dessus du lac
que, majestueux, il transformait en bain sacré :
mais, loin de l'admirer, tu ne cherchais
23 que ce jeu sauvage et puéril.
4 Il nous était propice : qu'est-il pour toi à présent?
Regarde ici! Tu l'as touché à cet endroit :
le sang se fige encore, les ailes pendent, lasses;
le plumage de neige est maintenant tout maculé,
l'œil est brisé, vois-tu donc ce regard?
23 *(Parsifal l'a écouté avec une émotion croissante : il brise*
4 *son arc et jette au loin les flèches.)*

Wirst deiner Sündentat du inne?
(Parsifal führt die Hand über die Augen.)
Sag', Knab', erkennst du deine grosse Schuld?
Wie konntest du sie begehn?

PARSIFAL
Ich wusste sie nicht.

GURNEMANZ
Wo bist du her?

PARSIFAL
Das weiss ich nicht.

GURNEMANZ
Wer ist dein Vater?

PARSIFAL
Das weiss ich nicht.

GURNEMANZ
Wer sandte dich dieses Weges?

PARSIFAL
Das weiss ich nicht.

GURNEMANZ
Dein Name denn?

PARSIFAL
Ich hatte viele,
doch weiss ich ihrer keinen mehr.

GURNEMANZ
Das weisst du alles nicht?
(für sich)
So dumm wie den
erfand bisher ich Kundry nur! –
(zu den Knappen, deren sich immer mehr versammelt haben)
Jetzt geht!
Versäumt den König im Bade nicht! – Helft!
(Die Knappen heben den toten Schwan ehrerbietig auf eine Bahre von frischen Zweigen und entfernen sich mit ihm dann nach dem See zu. – Schliesslich bleiben Gurnemanz, Parsifal und – abseits – Kundry allein zurück. Gurnemanz wendet sich wieder zu Parsifal.)
Nun sag'! Nichts weisst du, was ich dich frage :
jetzt meld', was du weisst;
denn etwas musst du doch wissen.

PARSIFAL
Ich hab' eine Mutter, Herzeleide sie heisst :
Im Wald und auf wilder Aue waren wir heim.

GURNEMANZ
Wer gab dir den Bogen?

PARSIFAL
Den schuf ich mir selbst,
vom Forst die wilden Adler zu verscheuchen.

GURNEMANZ
Doch adelig scheinst du selbst und hochgeboren :

Es-tu conscient de ton péché?
(Parsifal porte la main à ses yeux.)
Enfant, dis-moi! Reconnais-tu la grandeur de ta faute?
Comment as-tu pu la commettre?

PARSIFAL
Je ne savais pas.

GURNEMANZ
23 D'où viens-tu?

PARSIFAL
13 Je n'en sais rien.

GURNEMANZ
Qui est ton père?

PARSIFAL
Je n'en sais rien.

GURNEMANZ
Qui donc t'as mis sur ce chemin?

PARSIFAL
Je ne sais pas.

GURNEMANZ
Ton nom, alors?

PARSIFAL
24 J'en avais plus d'un,
mais je n'en sais plus aucun.

GURNEMANZ
23 Tu ne sais donc rien?
(à part soi)
D'aussi sot, ma foi,
6 je n'avais vu jusque-là que Kundry.
(Aux Écuyers qui, de plus en plus nombreux, se sont attroupés autour de lui.)
Allez, maintenant!
Ne délaissez pas le roi dans son bain! Aidez-le!
(Les écuyers ont relevé le cygne avec vénération et, le portant
22 *s'éloignent en direction du lac. – Finalement, seuls Gurnemanz, Parsifal, et à l'écart Kundry, restent en scène.*
24 *Gurnemanz se tournant à nouveau vers Parsifal.)*

Parle, à présent! Si tu ne sais rien de ce que je demande :
dis-moi au moins ce que tu sais!
Car tu dois bien savoir quelque chose.

PARSIFAL
24 J'ai une mère; Herzeleid est son nom :
23 nous habitons dans la forêt et les prairies sauvages.

GURNEMANZ
Qui t'a donné cet arc?

PARSIFAL
8 Je l'ai confectionné moi-même
pour chasser les aigles sauvages de la forêt.

GURNEMANZ
Mais tu parais pourtant noble et bien né :

Warum nicht liess deine Mutter
bessere Waffen dich lehren?

pourquoi ta mère ne t'a-t-elle point
appris à manier de meilleures armes?

KUNDRY *(welche während der Erzählung des Gurnemanz von Amfortas' Schicksal oft in wütender Unruhe heftig sich umgewendet hatte, nun aber, immer in der Waldecke gelagert, den Blick scharf auf Parsifal gerichtet hat, ruft jetzt, da Parsifal schweigt, mit rauher Stimme daher)*
Den Vaterlosen gebar die Mutter,
als im Kampf erschlagen Gamuret;
vor gleichem frühen Heldentod
den Sohn zu wahren, waffenfremd
in Öden erzog sie ihn zum Toren –
die Törin! *(Sie lacht.)*

KUNDRY *(qui s'est retournée souvent avec agitation et violence pendant que Gurnemanz racontait le destin d'Amfortas, s'est couchée maintenant dans un coin de la forêt avec un regard fixé sur Parsifal; comme Parsifal se tait, elle crie d'une voix rauque).*
La mère a mis au monde l'orphelin
24 quand Gamuret périt en combattant :
pour garder le fils d'une telle mort,
héroïque et trop prompte, à l'écart de toute arme,
7 en l'élevant dans ce désert, folle, elle en fit un fol.

PARSIFAL *(der mit jäher Aufmerksamkeit zugehört hat)*
Ja! Und einst am Waldessaume vorbei,
auf schönen Tieren sitzend,
kamen glänzende Männer;
ihnen wollt' ich gleichen :
sie lachten und jagten davon.
Nun lief ich nach, doch konnt' ich sie nicht erreichen;
durch Wildnisse kam ich, bergauf, talab;
oft ward es Nacht, dann wieder Tag :
mein Bogen musste mir frommen
gegen Wild und grosse Männer...

9 PARSIFAL *(qui l'a écoutée avec une attention soutenue).*
8 Oui! Puis un jour, passant à l'orée de nos bois,
perchés sur leurs magnifique montures,
vinrent des hommes au costume éclatant :
je voulus alors leur ressembler;
ils rirent et s'enfuirent au galop.
23 Je courus après eux mais ne pus les rejoindre;
8 j'errai dans des régions sauvages, par monts et par vaux;
la nuit tomba souvent; puis le jour vint :
mon arc devait me défendre
contre les fauves et les hommes à cheval.

KUNDRY *(eifrig)*
Ja! Schächer und Riesen traf seine Kraft;
den freislichen Knaben lernten sie fürchten.

KUNDRY *(vivement)*
Oui, sa force abattit des brigands, des géants :
23 ils craignent tous le terrible enfant.

PARSIFAL *(verwundert)*
Wer fürchtet mich? Sag!

PARSIFAL
Qui donc me crains? Dis!

KUNDRY
Die Bösen.

KUNDRY
Les méchants.

PARSIFAL
Die mich bedrohten, waren sie bös?
(Gurnemanz lacht.)
Wer ist gut?

PARSIFAL
Ceux qui me menaçaient étaient-ils méchants?
(Gurnemanz rit.)
Qui est bon?

GURNEMANZ *(wieder ernst)*
Deine Mutter, der du entlaufen,
und die um dich sich nun härmt und grämt.

GURNEMANZ *(grave)*
24 Ta mère que tu as fuie
et qui pleure et s'afflige à présent pour toi.

KUNDRY
Zu End' ihr Gram : Seine Mutter ist tot.

KUNDRY
8 Son chagrin a pris fin : sa mère est morte.

PARSIFAL *(in furchtbarem Schrecken)*
Tot? – Meine Mutter? Wer sagt's?

PARSIFAL *(saisi et terrifié).*
9 Morte? Ma mère? Qui te l'a dit?

KUNDRY
Ich ritt vorbei und sah sie sterben;
dich Toren hiess sie mich grüssen.
(Parsifal springt wütend auf Kundry zu und fasst sie bei der Kehle)

KUNDRY
8 Je passais à cheval et je l'ai vu mourir :
elle m'a dit de te saluer, toi le fol.
(Parsifal bondit sur Kundry et la saisit à la gorge.)

GURNEMANZ *(hält ihn zurück)*
Verrückter Knabe! Wieder Gewalt?
(Nachdem Gurnemanz Kundry befreit, steht Parsifal wie erstarrt)
Was tat dir das Weib? es sagte wahr;
denn nie lügt Kundry, doch sah sie viel.

23 GURNEMANZ *(le retenant)*
Enfant insensé! Encore une violence?
(Après que Gurnemanz ait délivré Kundry, Parsifal demeu-
24 *re longtemps comme engourdi.)*
Que t'a fait cette femme? Elle a dit vrai.
Jamais Kundry ne ment, et elle a vu beaucoup.

PARSIFAL *(der in ein heftiges Zittern gerät)*
Ich verschmachte! –
(Kundry ist sogleich, als sie Parsifals Zustand gewahrte, nach einem Waldquell geeilt, bringt jetzt Wasser in einem Horne, besprengt damit zunächst Parsifal und reicht ihm dann zu trinken.)

PARSIFAL *(pris de violents tremblements)*
Je… meurs de soif!
8 *(Dès qu'elle a vu l'état de Parsifal, Kundry s'est précipitée vers une source et apporte de l'eau dans une corne; elle en*
9 *asperge d'abord Parsifal, puis la lui tend pour boire.)*

GURNEMANZ
So recht! So nach des Grales Gnade :
das Böse bannt, wer's mit Gutem vergilt.

GURNEMANZ
10a C'est bien! Selon la grâce du saint Graal,
2, 10 qui rend le bien chasse le mal.

KUNDRY *(düster)*
Nie tu ich Gutes; – nur Ruhe will ich.
(Sie wendet sich traurig ab, und während Gurnemanz sich väterlich um Parsifal bemüht, schleppt sie sich, von beiden unbeachtet, einem Waldgebüsch zu.)
Nur Ruhe! Ach, der Müden! –
Schlafen! – O, dass mich keiner wecke!
(scheu auffahrend)
Nein! Nicht schlafen! – Grausen fasst mich!
(Sie verfällt in heftiges Zittern; dann lässt sie die Arme matt sinken.)
Machtlose Wehr! Die Zeit ist da.
Schlafen – schlafen – ich muss.
(Sie sinkt hinter dem Gebüsch zusammen und bleibt von jetzt an unbemerckt. Vom See her gewahrt man Bewegung und endlich den im Hintergrunde sich heimwendenden Zug der Ritter und Knappen mit der Sänfte des Amfortas.)

KUNDRY *(se détournant avec tristesse)*
Je ne fais jamais le bien; je veux seulement me reposer.
(Elle se détourne, attristée et tandis que Gurnemanz s'empresse paternellement auprès de Parsifal, Kundry, à l'abri des regards, se traîne vers un buisson.)
12 Me reposer seulement! Ah, de tant de fatigues!
Dormir! Oh que personne ne me réveille!
(Tressaillant tout à coup, effrayée.)
Non! Pas dormir! L'horreur me saisit!
(Elle se met à trembler violemment, puis laisse retomber ses
16 *bras, épuisée.)*
Inutile défense! L'heure est venue.
12 Dormir. Dormir : il le faut.
(Elle s'affaisse derrière un fourré et y reste désormais, à l'abri des regards. Du lac on entend le bruit des hommes qui s'agitent et l'on aperçoit alors, à l'arrière-plan, le cortège des chevaliers et des écuyers qui revient, portant la litière.)

GURNEMANZ
Vom Bade kehrt der König heim;
hoch steht die Sonne :
nun lass zum frommen Mahle mich dich geleiten;
denn bist du rein,
wird nun der Gral dich tränken und speisen.
(Er hat Parsifals Arm sich sanft um den Nacken gelegt und dessen Leib mit seinem eigenen Arme umschlungen; so geleitet er ihn bei sehr allmählichem Schreiten.)

GURNEMANZ
25 Le roi rentre du bain;
2 Le soleil est haut dans le ciel :
25 laisse-moi donc t'accompagner au saint repas;
car si tu es pur,
2 le Graal va t'abreuver et te nourrir.
(Il a mis doucement autour de son cou le bras de Parsifal et, le tenant ainsi enlacé, l'accompagne à pas très lents.)

PARSIFAL
Wer ist der Gral?

PARSIFAL
2 Qui est le Graal?

GURNEMANZ
Das sagt sich nicht;
doch, bist du selbst zu ihm erkoren,
bleibt dir die Kunde unverloren. –
Und sieh!
Mich dünkt, dass ich dich recht erkannt :
kein Weg führt zu ihm durch das Land,
und niemand könnte ihn beschreiten,
den er nicht selber möcht' geleiten.

GURNEMANZ
Je ne puis te le dire;
mais s'il t'a élu toi-même,
tu ne peux manquer d'en être averti.
Et vois!
25 Il me semble t'avoir reconnu;
aucun chemin n'y mène par les terres
et nul n'y pourrait cheminer,
2 qu'il n'ait voulu lui-même accompagner.

PARSIFAL
Ich schreite kaum,
doch wähn' ich mich schon weit.

PARSIFAL
25 Je marche à peine,
et pourtant, je me sens déjà loin.

GURNEMANZ
Du siehst, mein Sohn,
zum Raum wird hier die Zeit.
(Allmählich, während Gurnemanz und Parsifal zu schreiten scheinen, hat sich die Szene bereits immer merklicher verwandelt; es verschwindet so der Wald, und in Felsenwänden öffnet sich ein Torweg, welcher die beiden jetzt einschliesst.

GURNEMANZ
Tu vois, mon fils,
ici le temps devient espace.
(Tandis que Gurnemanz et Parsifal semblent marcher, le décor change peu à peu, de gauche à droite, de façon
25 *imperceptible : la forêt disparaît ainsi; une porte s'ouvre dans la paroi rocheuse, engloutissant les deux hommes. Ils*

Durch aufsteigende gemauerte Gänge führend, hat die Szene sich vollständig verwandelt. Gurnemanz und Parsifal treten jetzt in den mächtigen Saal der Gralsburg ein.)

3 *montent par des couloirs ascendants, bordés de murs : le*
5 *décor a complètement changé. Gurnemanz et Parsifal*
1 *entrent dans l'immense salle de la forteresse du Graal.)*

GURNEMANZ *(sich zu Parsifal wendend, der wie verzaubert steht)*
Nun achte wohl und lass mich seh'n :
bist du ein Tor und rein,
welch Wissen dir auch mag beschieden sein. –

GURNEMANZ *(se tournant vers Parsifal qui reste immobile, comme envoûté)*
25 Prends bien garde à présent; laisse-moi voir
si tu es fol et pur,
quel que soit le savoir qui t'est donné.

(Szene : Säulenhalle mit Kuppelgewölbe, den Speiseraum überdeckend. Auf beiden Seiten des Hintergrundes werden die Türen geöffnet : von rechts schreiten die Ritter des Grales herein und reihen sich um die Speisetafeln.)

2 *(Décor : une vaste salle dont les colonnes supportent une coupole couvrant l'espace destiné aux repas. De deux côtés au fond, les portes s'ouvrent : par la droite s'avancent les Chevaliers du Graal qui prennent place le long des tables.)*

DIE GRALSRITTER
Zum letzten Liebesmahle
gerüstet Tag für Tag,
gleich ob zum letzten Male
es heut uns letzten mag.
Wer guter Tat sich freut,
ihm wird das Mahl erneut :
der Labung darf er nah'n,
die hehrste Gab' empfahn.
(Die versammelten Ritter stellen sich an den Speisetafeln auf. Hier wird von Knappen und dienenden Brüdern durch die entgegengesetzte Türe Amfortas auf einer Sänfte hereingetragen; vor ihm schreiten die vier Knappen, welche den verhängten Schrein des Grales tragen. Dieser Zug begibt sich nach der Mitte des Hintergrundes, wo ein erhöhtes Ruhebett aufgerichtet steht, auf welches Amfortas von der Sänfte herab niedergelassen wird; hiervor steht ein länglicher Steintisch, auf welchen die Knaben den verhängten Gralsschrein hinstellen.)

25 LES CHEVALIERS DU GRAAL
À ce dernier repas d'amour
apprêté là jour après jour,
si c'est la dernière heure, qu'importe,
qu'il peut s'en réjouir de la sorte,
à celui qui fait bonne action
qu'il soit toujours bénédiction,
il peut s'en conforter soi-même
et recevoir le don suprême.
(Les Chevaliers réunis restent debout près des tables. Par la porte de gauche des Écuyers et des Frères servants apportent Amfortas sur sa civière. Quatre Écuyers le précèdent, en portant le reliquaire voilé du Graal. Ce cortège se
2 *dirige vers le fond de la scène où se trouve un lit de repos surélevé, sur lequel on installe Amfortas qui a quitté sa civière. Devant le lit, se trouve une longue table en pierre, sur laquelle les Garçons posent le reliquaire voilé.)*

STIMMEN DER JÜNGLINGE *(aus der mittleren Höhe der Kuppel)*
Den sündigen Welten,
mit tausend Schmerzen,
wie einst sein Blut geflossen –
dem Erlösungshelden
sei nun mit freudigem Herzen
mein Blut vergossen.
Der Leib, den er zur Sühn' uns bot,
er lebt in uns durch seinen Tod.

5 VOIX DE JEUNES HOMMES *(que l'on entend à mi-hauteur de la coupole)*
Comme pour tous les mondes pécheurs
qui endurent mille tourments,
25 son sang autrefois a coulé,
Pour le héros rédempteur.
5 Que désormais d'un cœur content,
mon sang soit à son tour versé.
Et que le corps offert pour notre expiation
en nous revive par sa mort.

25, 2

KNABENSTIMMEN *(aus der äussersten Höhe der Kuppel)*
Der Glaube lebt;
die Taube schwebt,
des Heilands holder Bote.
Der für euch fliesst,
des Weines geniesst
und nehmt vom Lebensbrote!
(Nachdem alle ihre Stelle eingenommen haben und ein allgemeiner Stillstand eingetreten war, vernimmt man vom tiefsten Hintergrunde her aus einer gewölbten Nische hinter dem Ruhebette des Amfortas die Stimme des alten Titurel wie aus einem Grabe heraufdringend.)

VOIX DE GARÇONS *(du sommet de la coupole).*
3 La foi revit;
la colombe vole,
gracieuse messagère du Sauveur.
Réjouissez-vous du vin
qui coule ici pour vous,
et prenez du pain de la vie!
(Lorsque tous les chevaliers ont pris place à table, un long
3 *silence se fait. Tout au fond, provenant d'une niche voûtée placée derrière la couche d'Amfortas, on entend la voix de Titurel qui semble provenir d'un tombeau.)*

TITUREL.
Mein Sohn Amfortas, bist du am Amt?
(Langes Schweigen.)
Soll ich den Gral heut noch erschau'n und leben?

TITUREL
Amfortas, mon fils! Es-tu à ton office?
(Silence.)
Vais-je aujourd'hui encore contempler le Graal et vivre?

(Langes Schweigen.)
Muss ich sterben, vom Retter ungeleitet?

(Silence.)
Dois-je mourir sans être accompagné par le Sauveur?

AMFORTAS *(im Ausbruche qualvoller Verzweiflung sich halb aufrichtend)*
Wehe! Wehe mir der Qual! –
Mein Vater, o! noch einmal
verrichte du das Amt!
Lebe, leb' – und lass mich sterben!

AMFORTAS *(se redresse à demi dans une explosion de*
5 *douleur et de désespoir)*
Malheur! Malheur à moi, oh! quel supplice!
Mon père, oh! une fois encore
célèbre toi-même l'office!
Vis! Vis et laisse-moi mourir!

TITUREL
Im Grabe leb' ich durch des Heilands Huld :
Zu schwach doch bin ich, ihm zu dienen.
Du büss im Dienste deine Schuld! –
Enthüllet den Gral!

TITUREL
2 Je vis dans le tombeau par la grâce du Rédempteur
mais je suis trop faible pour le servir :
toi, en servant expie ta faute!
2 Dévoilez le Graal!

AMFORTAS *(gegen die Knaben sich erhebend)*
Nein! Lasst ihn unenthüllt! – Oh! –
Dass keiner, keiner diese Qual ermisst,
die mir der Anblick weckt, der euch entzückt! –
Was ist die Wunde, ihrer Schmerzen Wut,
gegen die Not, die Höllenpein,
zu diesem Amt – verdammt zu sein! -
Wehvolles Erbe, dem ich verfallen,
ich, einz'ger Sünder unter allen,
des höchsten Heiligtums zu pflegen,
auf Reine herabzuflehen seinen Segen!
O Strafe, Strafe ohnegleichen
des – ach! – gekränkten Gnadenreichen! –
Nach ihm, nach seinem Weihegrusse,
muss sehnlich mich's verlangen;
aus tiefster Seele Heilesbusse
zu ihm muss ich gelangen. –
Die Stunde naht : –
ein Lichtstrahl senkt sich auf das heilige Werk :
die Hülle fällt.
(Vor sich hinstarrend.)
Des Weihgefässes göttlicher Gehalt
erglüht mit leuchtender Gewalt;
durchzuckt von seligsten Genusses Schmerz,
des heiligsten Blutes Quell
fühl' ich sich giessen in mein Herz :
des eig'nen sündigen Blutes Gewell'
in wahnsinniger Flucht
muss mir zurück dann fliessen,
in die Welt der Sündensucht
mit wilder Scheu sich ergiessen;
von neuem sprengt es das Tor,
daraus es nun strömt hervor,
hier, durch die Wunde, der seinen gleich,
geschlagen von desselben Speeres Streich,
der dort dem Erlöser die Wunde stach,
aus der mit blut'gen Tränen
der Göttliche weint' ob der Menschheit Schmach,
in Mitleids heiligem Sehnen –
und aus der nun mir, an heiligster Stelle,
dem Pfleger göttlichster Güter,
des Erlösungsbalsams Hüter,
das heisse Sündenblut entquillt,
ewig erneut aus des Sehnens Quelle,
das, ach! keine Büssung je mir stillt!
Erbarmen! Erbarmen!
Du Allerbarmer! Ach, Erbarmen!
Nimm mir mein Erbe,

AMFORTAS *(arrêtant les enfants)*
9 Non! Ne le dévoilez pas! Oh!
Nul, nul ne peut mesurer le tourment
que ce spectacle éveille en moi, alors qu'il nous ravit!
9 Qu'est la plaie, que sont les douleurs qu'elle déchaîne
devant le désarroi et l'infernal supplice
d'être moi-même condamné à cet office!
Douloureux héritage qui m'est dévolu,
à moi, seul pécheur entre tous :
devoir garder la suprême relique,
9 implorer sa bénédiction pour les purs!
5 Oh châtiment! châtiment sans égal infligé
9 par celui que j'ai offensé, le Seigneur plein de grâce!
2 À lui, à son salut divin,
il me faut aspirer :
5 du plus profond de l'âme, par le repentir,
je dois jusqu'à lui parvenir :
l'heure est proche :
2 un rayon lumineux descend sur l'œuvre sainte;
le voile tombe
1 *(Il regarde fixement devant lui.)*
le divin contenu du vase sacré
rougit d'une clarté puissante,
traversé par les affres d'une joie céleste,
6 je sens la source du sang si sacré
se déverser tout au fond de mon cœur :
mais le flux de mon propre sang pécheur,
12 dans sa fuite insensée,
doit refluer encore vers moi,
dans l'univers où le péché fait rage
se répandre avec un sauvage effroi :
9 le voici de nouveau, forçant les portes
13 hors desquelles, impétueux, son flot s'élance,
traversant la plaie pareille à la sienne,
5 infligée par les coups de la même lance,
qui là-bas ouvrit la plaie du Sauveur,
d'où coulèrent les larmes de sang
que l'homme-dieu versa sur la honte de l'homme,
plein du désir sacré de la compassion,
2 et d'où désormais, au lieu saint entre tous,
dans le corps du gardien des richesses divines,
9 protecteur du baume de délivrance,
le sang brûlant du pêché sourd
16 sans cesse de la source du désir,
sans qu'aucun repentir, hélas, ne le tarisse!
Pitié! Pitié!
4 Oh toi! qui eut pitié de tous, pitié!
14 Prends-moi cet héritage,

schliesse die Wunde,
dass heilig ich sterbe,
rein Dir gesunde!
(Er sinkt wie bewusstlos zurück.)

13 referme la blessure,
14 que je meure en ta grâce,
d'une âme saine et pure!
(Il s'affaisse, comme évanoui.)

KNABEN UND JÜNGLINGE *(aus der mittleren Höhe)*
« Durch Mitleid wissend,
der reine Tor :
harre sein',
den ich erkor.»

GARÇONS ET JEUNES GENS *(du haut de la coupole).*
7 « Par la pitié devenu sage,
le pur et le fol,
attends celui
que j'ai élu».

DIE RITTER
So ward es dir verheissen :
harre getrost,
des Amtes walte heut!

LES CHEVALIERS
Ainsi te fut-il annoncé,
attends, aie confiance :
2 célèbre aujourd'hui le saint office!

TITUREL
Enthüllet den Gral!
(Amfortas erhebt sich langsam und mühevoll. Die Knaben nehmen die Decke vom goldnen Schreine, entnehmen ihm eine antike Kristallschale, von welcher sie ebenfalls eine Verhüllung hinwegnehmen und setzen diese vor Amfortas hin.)

VOIX DE TITUREL
2 Dévoilez le Graal!
(Amfortas s'est redressé en silence, les enfants découvrent le reliquaire d'or et en ôtent le "Graal" – un calice ancien
13 *en cristal – qu'ils dévoilent également et posent devant Amfortas.)*

STIMMEN *(aus der Höhe)*
Nehmet hin meinen Leib,
nehmet hin mein Blut,
um uns'rer Liebe willen!
(Während Amfortas andachtsvoll in stummem Gebet zu dem Kelch sich neigt, verbreitet sich eine immer dichtere Dämmerung über die Halle. Entritt der vollsten Dunkelheit.)

VOIX D'ENFANTS *(de la coupole)*
1 « Prenez mon corps,
prenez mon sang,
pour l'amour de notre amour!»
(Pendant qu'Amfortas se recueille en une prière muette, incliné devant le calice, une ombre toujours plus dense s'étend sur la salle. L'obscurité complète s'établit.)

KNABEN *(aus der Höhe)*
Nehmet hin mein Blut,
nehmet hin meinen Leib,
auf dass ihr mein gedenkt!
(Hier dringt ein blendender Lichtstrahl von oben auf die Kristallschale herab; diese erglüht sodann in leuchtender Purpurfarbe, alles sanft bestrahlend. Amfortas, mit verklärter Miene, erhebt den «Gral» hoch und schwenkt ihn sanft nach allen Seiten, worauf er damit Brot und Wein segnet. Alles ist auf den Knien.)

LES GARÇONS *(du haut de la coupole)*
1 «Prenez mon sang,
prenez mon corps,
en souvenir de moi.»
(Un rayon de lumière aveuglant descend de la coupole sur
14 *le calice qui s'embrase de plus en plus, prenant une teinte pourpre lumineuse. Amfortas, le visage transfiguré, lève le*
4 *Graal et le présente doucement de tous les côtés; puis il bénit le pain et le vin. Tous sont à genoux.)*

TITUREL
O heilige Wonne!
Wie hell grüsst uns heute der Herr!
(Amfortas setzt den Gral wieder nieder, welcher nun, während die tiefe Dämmerung wieder entweicht, immer mehr erblasst; hierauf schliessen die Knaben das Gefäss wieder in den Schrein und bedecken diesen wie zuvor. – Hier tritt die frühere Tageshelle wieder ein).

VOIX DE TITUREL
5 Oh divin bonheur!
1 Avec quelle splendeur aujourd'hui nous salue le Seigneur!
2 *(Amfortas repose le Graal dont l'éclat s'estompe peu à peu, à mesure que l'obscurité se dissipe : les enfants replacent*
25 *alors le vase à l'intérieur du reliquaire et le recouvrent comme précédemment. La clarté du jour revient comme au début.)*

KNABENSTIMMEN *(aus der Höhe)*
Wein und Brot des letzten Mahles
wandelt' einst der Herr des Grales
durch des Mitleids Liebesmacht
in das Blut, das er vergoss,
in den Leib, den dar er bracht'.
(Die vier Knaben, nachdem sie den Schrein verschlossen, nehmen nun die zwei Weinkrüge sowie die zwei Brotkörbe, welche Amfortas zuvor durch das Schwenken des Gralskelches über sie gesegnet hatte, von dem Altartische, verteilen das Brot an die Ritter und füllen die vor ihnen ste-

VOIX D'ENFANTS *(de la coupole)*
1 Le vin et le pain du dernier repas
jadis furent changés par le maître du Graal,
grâce au pouvoir d'amour et de pitié,
en ce sang qu'il versa,
en ce corps qu'il offrit.
(Les quatre garçons après avoir refermé le reliquaire, prennent sur l'autel les deux cruches de vin, ainsi que les deux corbeilles de pain, qu'Amfortas a bénies auparavant en présentant la coupe du Graal. Ils distribuent le pain aux Chevaliers et remplissent de vin les coupes placées devant

henden Becher mit Wein. Die Ritter lassen sich zum Mahle nieder, so auch Gurnemanz, welcher einen Platz neben sich leer hält und Parsifal durch ein Zeichen zur Teilnehmung am Mahle einlädt : Parsifal bleibt aber starr und stumm, wie gänzlich entrückt, zur Seite stehen.)

JÜNGLINGE *(aus der mittleren Höhe der Kuppel)*
Blut und Leib der heil'gen Gabe
wandelt heut zu eurer Labe
sel'ger Tröstung Leibesgeist
in den Wein, der euch nun floss,
in das Brot, das heut ihr speist.

DIE RITTER *(erste Hälfte)*
Nehmet vom Brot,
wandelt es kühn
in Leibes Kraft und Stärke;
treu bis zum Tod;
fest jedem Mühn,
zu wirken des Heilands Werke.

DIE RITTER *(zweite Hälfte)*
Nehmet vom Wein,
wandelt ihn neu
zu Lebens feurigem Blute,
froh in Verein,
brudergetreu
zu kämpfen mit seligem Mute.

ALLE RITTER
Selig im Glauben
Selig in Lieb' und Glauben –

JÜNGLINGE *(aus mittlerer Höhe)*
Selig in Liebe!

KNABEN *(aus oberster Möhe)*
Selig im Glauben!
(Während des Mahles, an welchem er nicht teilnahm, ist Amfortas aus seiner begeisterungsvollen Erhebung allmählich wieder herabgesunken : er neigt das Haupt und hält die Hand auf die Wunde. Die Knaben nähern sich ihm, ihre Bewegungen deuten auf das erneuerte Bluten der Wunde : sie pflegen Amfortas, geleiten ihn wieder auf die Sänfte und, während alle sich zum Aufbruch rüsten, tragen sie, in der Ordnung wie sie kamen, Amfortas und den heiligen Schrein wieder von dannen. Die Ritter ordnen sich ebenfalls wieder zum feierlichen Zug und verlassen langsam den Saal. Verminderte Tageshelle tritt ein. Knappen ziehen wieder schnelleren Schrittes durch die Halle. – Die letzten Ritter und Knaben haben den Saal verlassen : die Türen werden geschlossen. – Parsifal hatte bei dem vorangegangenen stärksten Klagerufe des Amfortas eine heftige Bewegung nach dem Herzen gemacht, welches er krampfhaft eine Zeitlang gefasst hielt; jetzt steht er noch wie erstarrt, regungslos da. Gurnemanz tritt missmutig an Parsifal heran und rüttelt ihn am Arme.)

GURNEMANZ
Was stehst du noch da?
Weisst du, was du sahst?
(Prasifal fasst sich krampfhaft am Herzen und schüttelt dann ein wenig mit dem Haupte.)

chacun d'eux. Les Chevaliers s'installent pour le repas, tout comme Gurnemanz, qui a laissé une place vide à côté de lui, après avoir invité Parsifal d'un geste à participer au repas; mais Parsifal reste immobile, muet et comme ravi en extase.)

VOIX DE JEUNES GENS *(à mi-hauteur de la coupole)*
1 Le sang et le corps de ce don sacré
aujourd'hui sont changés pour votre réconfort
par l'esprit d'amour et de consolation divine
en ce pain qu'aujourd'hui vous goûtez.

LES CHEVALIERS *(premier demi-chœur)*
25 Prenez de ce pain,
changez le hardiment
en force et puissance du corps;
jusqu'à la mort fidèlement
demeurez fermes dans l'effort
pour œuvrer à l'œuvre du Rédempteur.

LES CHEVALIERS *(second demi-chœur)*
Prenez de ce vin,
et changez-le nouvellement
25 en sang ardent de vie,
bienheureux dans l'union
et fraternellement
25 pour combattre d'un cœur serein.

TOUS LES CHEVALIERS
2 Bienheureux dans la foi!
Bienheureux dans l'amour!

LES JEUNES GENS *(à mi-hauteur)*
Bienheureux dans l'amour!

LES ENFANTS *(du haut de la coupole)*
2 Bienheureux dans la foi!
(Prenant le repas auquel il n'a guère pris part, Amfortas est
3 *redescendu peu à peu des sommets de son exaltation; il*
incline la tête et met la main sur sa blessure. Les enfants
s'approchent de lui; leurs gestes laissent deviner que la
5 *plaie s'est remise à saigner; ils soignent Amfortas, l'accom-*
pagnent à nouveau jusqu'à sa litière et, tandis que tous se
préparent à quitter la salle, ils portent à nouveau, mais
dans l'ordre inverse, Amfortas, puis le saint reliquaire; che-
valiers et écuyers forment un cortège solennel et quittent
25 *lentement la salle d'où la clarté se retire peu à peu. Les*
cloches se sont remises à sonner. En entendant la plainte
déchirante d'Amfortas, Parsifal a porté convulsivement la
2 *main à son cœur et la tient ainsi un long moment, crispée; il*
5 *demeure ensuite comme engourdi, immobile. Tandis que les*
7 *derniers chevaliers quittent la salle et que les portes se*
25 *referment, Gurnemanz s'approche de Parsifal avec humeur*
2 *et le secoue par le bras.)*

25 GURNEMANZ
7 Que fais-tu là encore?
Sais-tu ce que tu a vu?
(Parsifal porte la main convulsivement à son cœur, puis secoue légèrement la tête)

GURNEMANZ *(sehr ärgerlich)*
Du bist doch eben nur ein Tor!
(Er öffnet eine schmale Seitentür.)
Dort hinaus, deinem Wege zu!
Doch rät dir Gurnemanz :
lass du hier künftig die Schwäne in Ruh'
und suche dir, Gänser, die Gans!
(Er stösst Parsifal hinaus und schlägt mürrisch hinter ihm die Türe stark zu, und folgt dann den Ritten).

4 GURNEMANZ *(très contrarié)*
Tu n'es donc qu'un fol!
23 *(Il ouvre une porte étroite sur le côté.)*
Sors d'ici, reprends ton chemin!
Mais, Gurnemanz t'en avise,
22 laisse ici désormais les cygnes en paix,
et va plutôt, oison, chercher ton oie!
(Il pousse Parsifal hors de la salle et claque la porte derrière lui. Tandis qu'il rejoint les autres chevaliers le rideau tombe sur la dernière mesure.)

EINE ALTSTIMME *(aus der Höhe)*
«Durch Mitleid wissend,
de Reine Tor.»

UNE VOIX D'ALTO *(du haut de la coupole)*
7 «Par la pitié devenu sage,
le pur et le fol.»

SOPRAN, ALT UND EINIGE TENORE *(aus der mittleren und höchsten Höhe)*
Selig im Glauben!

SOPRANI, ALTI, QUELQUES TÉNORS *(du milieu et du haut de la coupole)*
2 «Bienheureux dans la foi»

(Glocken auf dem Theater).
(Der Vorhang schliesst sich auf dem letzten Takte mit der Fermate.)

25 *(Cloches sur scène.)*
(Le rideau se referme sur le point d'orgue de la dernière mesure.)

Vorspiel

Prélude orchestral

ZWEITER AUFZUG

DEUXIÈME ACTE

Klingsors Zauberschloss – am Südabhang derselben Gebirge, dem arabischen Spanien zugewandt anzunehmen. – Im inneren Verliesse eines nach oben offenen Turmes. Steinstufen führen nach dem Zinnenrande der Turmmauer; Finsternis in der Tiefe, nach welcher es von dem Mauervorsprunge, den der Bühnenboden darstellt, hinabführt. Zauberwerkzeuge und nekromantische Vorrichtungen. Klingsor auf dem Mauervorsprunge zur Seite, vor einem Metallspiegel sitzend.

16 *Le château magique de Klingsor qu'on supposera situé sur*
12 *le versant sud du même massif et orienté vers l'Espagne*
5 *maure. Pièce à l'intérieur d'une tour ouverte vers le haut.*
9 *Des marches de pierre mènent en haut, jusqu'au mâchicou-*
16 *lis. Le plancher de scène représente une saillie en muraille,*
5 *de laquelle on peut accéder à un sombre souterrain.*
9 *Instruments divers servant à la magie et à la nécromancie.*
Klingsor est assis à côté, sur l'avancée du mur, devant un miroir métallique.

KLINGSOR
Die Zeit ist da. –
Schon lockt mein Zauberschloss den Toren,
den, kindisch jauchzend, fern ich nahen seh'. –
Im Todesschlafe hält der Fluch sie fest,
der ich den Krampf zu lösen weiss. –
Auf denn! Ans Werk!
(Er steigt, der Mitte zu, etwas tiefer herab und entzündet dort Räucherwerk, welches alsbald den Hintergrund mit einem bläulichen Dampf erfüllt. Dann stetzt er sich wieder vor die Zauberwerkzeuge und ruft, mit geheimnisvollen Gebärden, nach dem Abgrunde :)
Herauf! Herauf! Zu mir!
Dein Meister ruft dich, Namenlose,
Urteufelin! Höllenrose!
Herodias warst du, und was noch?
Gundryggia dort, Kundry hier!
Hieher! Hieher denn, Kundry!
Dein Meister ruft : herauf!
(In dem bläulichen Lichte steigt Kundrys Gestalt herauf. Sie scheint schlafend. – Allmählich aber macht sie die Bewegungen einer Erwachenden. – Schliesslich stösst sie einen grässlichen Schrei aus.)
Erwachst du? Ha!

12 KLINGSOR
7 L'heure a sonné,
12 déjà mon château enchanté attire le fol
9 que je vois approcher, exultant comme un enfant.
Mon sortilège la maintient dans un sommeil de mort
dont je sais relâcher la roideur.
Allons! Debout! À l'ouvrage!
(Il commence à descendre vers le milieu de la scène et allu-
12 *me une cassolette d'herbes à brûler qui remplit aussitôt une partie de l'arrière-scène avec une vapeur bleuâtre. Puis il retourne à sa place et, avec des gestes mystérieux, lance un appel vers le fond :)*
16 Émerge! Apparais! Monte vers moi!
Ton seigneur appelle l'innomée,
démone primordiale! Rose d'enfer!
Tu étais Hérodias, et qui encore?
12 Là-bas Grundyggia, Kundry ici :
16 apparais, apparais donc, Kundry,
monte vers ton seigneur, émerge!
(Dans l'éclat bleuâtre de la fumée on voit apparaître la
12 *forme de Kundry. On l'entend pousser un cri effrayant,*
9 *comme si elle s'éveillait en sursaut, passant d'un sommeil profond à un état de torpeur somnambulique.)*
25b T'éveilles-tu? ha!

Meinem Banne wieder
verfallen heut zur rechten Zeit.
(Kundry lässt ein Klagegeheul, von grösster Heftigkeit bis zu bangem Wimmern sich abstufend, vernehmen.)

Sag', wo triebst du dich wieder umher?
Pfui! Dort bei dem Rittergesipp,
wo wie ein Vieh du dich halten lässt!
Gefällt dir's bei mir nicht besser?
Als ihren Meister du mir gefangen –
haha – den reinen Hüter des Grales –
was jagte dich da wieder fort?

KUNDRY *(rauh und abgebrochen, wie im Versuche, wieder Sprache zu gewinnen)*
Ach! – Ach!
Tiefe Nacht! –
Wahnsinn! – O! – Wut! –
Ach! – Jammer! –
Schlaf! – Schlaf –
Tiefer Schlaf! – Tod!

KLINGSOR
Da weckte dich ein and'rer? He?

KUNDRY *(wie zuvor)*
Ja – Mein Fluch! –
O! – Sehnen – Sehnen!

KLINGSOR
Haha! – Dort, nach den keuschen Rittern?

KUNDRY
Da! Da – dient' ich.

KLINGSOR
Ja, ja, den Schaden zu vergüten,
den du ihnen böslich gebracht?
Sie helfen dir nicht :
feil sind sie alle,
biet' ich den rechten Preis :
der festeste fällt,
sinkt er dir in die Arme,
und so verfällt er dem Speer,
den ihrem Meister selbst ich entwandt. –
Den Gefährlichsten gilt's nun heut zu bestehn :
ihn schirmt der Torheit Schild.

KUNDRY
Ich – will nicht! Oh! – Oh!

KLINGSOR
Wohl willst du, denn du musst!

KUNDRY
Du – kannst mich – nicht – halten.

KLINGSOR
Aber dich fassen.

KUNDRY
Du?

Te voici aujourd'hui retombée à temps
au pouvoir de mon sortilège.
(La forme fait entendre un hurlement plaintif qui retentit d'abord avec une extrême violence, puis s'abaisse peu à peu jusqu'à n'être plus qu'un gémissement angoissé.)
25b Dis-moi, en quels lieux rôdais-tu encore?
Pouah! là, près de la clique des chevaliers
où tu te laisses entretenir comme une bête?
9 N'es-tu pas mieux chez moi?
Après m'avoir capturé leur maître,
ha ha! Le gardien pur du Graal –
quel désir t'a chassée de nouveau en ces lieux?

KUNDRY *(d'une voix rauque, entrecoupée, comme si elle luttait pour retrouver l'usage de la parole)*
Ah! ah!
12 Nuit profonde!
9 Démence! Oh! Fureur!
Oh! Tourment!
Sommeil! Sommeil!
Sommeil profond! Mort!

KLINGSOR
Un autre alors t'a éveillée? Hé?

KUNDRY *(Comme avant)*
9 Oui! Ma malédiction!
5 Oh! Désir! Désir!

KLINGSOR
Ha ha! là, des chastes chevaliers?

KUNDRY
9 Là… là… je servais.

KLINGSOR
25b Oui, oui! pour réparer les torts
que tu leur infligeas perfidement?
Ils ne seront pour toi d'aucun secours :
tous sont à vendre
si j'offre le bon prix;
le plus ferme a failli
s'il tombe dans tes bras :
et alors il échoit au pouvoir de la lance
14, 16 que j'ai dérobée moi-même à leur maître.
7 C'est le plus dangereux qu'il faut aujourd'hui vaincre :
le bouclier de l'innocence le protège.

KUNDRY
4 Je… ne veux pas! Oh! Oh!

KLINGSOR
9 Tu le veux, car tu dois.

KUNDRY
Tu ne peux… me… tenir.

KLINGSOR
25b Mais je puis te saisir.

KUNDRY
Toi?

KLINGSOR
Dein Meister.

KUNDRY
Aus welcher Macht?

KLINGSOR
Ha! Weil einzig an mir
deine Macht – nichts vermag.

KUNDRY *(grell lachend)*
Haha! – Bist du keusch?

KLINGSOR *(wütend)*
Was frägst du das, verfluchtes Weib? –
(Er versinkt in finstres Brüten.)
Furchtbare Not! –
So lacht nun der Teufel mein,
dass einst ich nach dem Heiligen rang?
Furchtbare Not!
Ungebändigten Sehnens Pein,
schrecklichster Triebe Höllendrang,
den ich zum Todesschweigen mir zwang –
lacht und höhnt er nun laut
durch dich, des Teufels Braut? –
Hüte dich!
Hohn und Verachtung büsste schon einer :
der Stolze, stark in Heiligkeit,
der einst mich von sich stiess;
sein Stamm verfiel mir,
unerlöst
soll der Heiligen Hüter mir schmachten;
und bald – so wähn ich –
hüt ich mir selbst den Gral –
Haha!
Gefiel er dir wohl, Amfortas, der Held,
den ich zur Wonne dir gesellt?

KUNDRY
O! – Jammer! – Jammer!
Schwach auch er! – schwach, – alle -
Meinem Fluche mit mir
alle verfallen! –
O ewiger Schlaf,
einziges Heil,
wie, wie dich gewinnen?

KLINGSOR
Ha! Wer dir trotzte, löste dich frei :
versuch's mit dem Knaben, der naht!

KUNDRY
Ich – will nicht!

KLINGSOR *(steigt hastig auf die Turmmauer)*
Jetzt schon erklimmt er die Burg.

KUNDRY
O! Wehe! Wehe!
Erwachte ich darum?
Muss ich? – Muss?

KLINGSOR *(hinabblickend)*
Ha! Er ist schön, der Knabe!

KLINGSOR
Moi, ton maître.

KUNDRY
Par quel pouvoir?

KLINGSOR
Ha! parce que sur moi seul
9 ton pouvoir ne peut rien.

KUNDRY *(avec un rire aigu)*
Ha! ha! serais-tu chaste?

KLINGSOR *(avec rage)*
Que demandes-tu là, fille maudite?
(il s'abîme dans une sombre méditation.)
Oh détresse effroyable!
À présent, le diable me raille
12 d'avoir jadis lutté pour devenir un saint!
5 oh détresse effroyable!
16 Tourment d'un désir indomptable!
Infernal aiguillon d'un instinct terrifiant
auquel j'ai imposé un silence de mort,
est-ce lui qui rit et raille tout haut
à travers toi, oh fiancée du diable?
9 Prends garde!
16 L'un a déjà expié sa morgue et son mépris :
l'orgueilleux, fort en sainteté,
qui autrefois m'a repoussé,
6 sa race est tombée en mes mains;
sans rachat,
2 le protecteur des saints va dépérir;
et bientôt, je crois,
5, 6 je garderai moi-même le Graal!
Ha! Ha!
Était-il à ton goût, Amfortas le héros
dont j'ai fait ton compagnon de plaisir?

KUNDRY
9 Oh! Désespoir! Désespoir!
Faible, lui aussi! Faibles… tous!
5, 9 Au pouvoir qui me tient, avec moi
ils sont tous tombés!
Oh! sommeil éternel,
seul salut,
comment… comment te trouver?

KLINGSOR
Ha! Qui saurait te défier te délivrerait :
essaie avec l'enfant qui vient vers nous!

KUNDRY
Je… ne veux pas.

23 KLINGSOR *(monte avec hâte sur la muraille de la tour)*
Le voici déjà qui gravit la route du fort.

KUNDRY
Oh malheur! Malheur!
Me suis-je éveillée pour cela?
9 Le faut-il donc? Le faut-il?

KLINGSOR *(regardant en bas)*
Ha! Le bel enfant que voilà!

KUNDRY
O! O –! Wehe mir! –

KUNDRY
Oh! oh! Malheur à moi!

KLINGSOR *(stösst, nach aussen gewandt, in ein Horn)*
Ho! Ihr Wächter! Ho! Ritter!
Helden! – Auf! – Feinde nah!
Ha! Wie zur Mauer sie stürmen,
die betörten Eigenbolde,
zum Schutz ihres schönes Geteufels! –
So! Mutig! Mutig! –
Haha! Der fürchtet sich nicht :
dem Helden Ferris entwand er die Waffe;
die führt er nun freislich wider den Schwarm. –
(Kundry gerät in unheimliches ekstatisches Lachen bis zu krampfhaftem Wehegeschrei.)
Wie übel den Tölpeln der Eifer gedeiht!
Dem schlug er den Arm, jenem den Schenkel!
(Kundry schreit auf und verschwindet.)
Haha! – Sie weichen. Sie fliehen.
Seine Wunde trägt jeder nach heim!
Wie das ich euch gönne!
Möge denn so das ganze Rittergezücht
unter sich selber sich würgen!
Ha! Wie stolz er nun steht auf der Zinne!
Wie lachen ihm die Rosen der Wangen,
da kindisch erstaunt
in den einsamen Garten er blickt!
(Er wendet sich nach der Tiefe des Hintergrundes um.)
He! Kundry! *(Da er sie nicht erblickt)*
Wie? Schon am Werk? –
Haha! Den Zauber wusst' ich wohl,
der immer dich wieder zum Dienst mir gesellt!
Du da, kindischer Spross,
was auch
Weissagung dich wies,
zu jung und dumm
fielst du in meine Gewalt :
die Reinheit dir entrissen,
bleibst mir du zugewiesen!
(Er versinkt schnell mit dem ganzen Turme; zugleich steigt der Zaubergarten auf und erfüllt die Bühne gänzlich. Tropische Vegetation, üppigste Blumenpracht; nach dem Hintergrunde zu Abgrenzung dur die Zinne der Burgmauer, an welche sich seitwärts Vorsprünge des Schlossbaues selbst, arabischen reichen Stiles, mit Terrassen anlehnen. Auf der Mauer steht Parsifal, staunend in den Garten hinabblickend. Von allen Seiten her, zuerst aus dem Garten, dann aus dem Palaste, stürzen wirr durcheinander, einzeln, dann zugleich immer mehr schöne Mädchen herein; sie sind mit flüchtig übergeworfenen, zartfarbigen Schleiern verhüllt, wie soeben aus dem Schlafe aufgeschreckt.)

KLINGSOR *(tourné vers l'extérieur, il souffle dans un cor)*
8 Ho! Ho! Gardes! Chevaliers!
Héros! Debout! L'ennemi est en vue!
Hei! comme ils accourent vers les murs,
les orgueilleux, les insensés,
pour défendre leurs belles diablesses!
Bien! Courage! Courage!
8 Haha! Il n'a pas peur :
il a dérobé l'arme du preux Ferris;
terrible, il la tourne à présent contre la horde.
(Kundry éclate d'un rire inquiétant, effrayant, qui s'amplifie en hurlement convulsif.)
Comme l'ardeur profite mal à tous ces rustres!
9 Il frappe l'un au bras, l'autre à la cuisse.
(Kundry pousse un cri et disparaît.)
23 Haha! ils faiblissent… ils s'enfuient!
7 Chacun rentre chez soi soigner ses plaies!
Ma foi, tant mieux pour vous!
Puisse ainsi
toute la race des chevaliers s'entretuer!
23 Ha! comme il est fier à présent, debout sur les créneaux!
Comme les roses de ses joues sont épanouies,
tandis qu'émerveillé, pareil à un enfant,
il regarde là-bas le jardin solitaire!
(Il se retourne vers les profondeurs.)
9 Hé! Kundry! *(ne la voyant pas)*
9 Comment? À l'ouvrage, déjà?
Haha! Je connais bien le charme
16 qui chaque fois te pousse à me servir.
7 Et toi, là-bas, fragile rejeton!
Quelque soit
ce que la prophétie a proclamé,
par ta jeunesse et ta sottise,
tu es tombé en mon pouvoir :
quand la pureté te sera dérobée
tu me seras soumis à tout jamais!
(Il disparaît lentement avec la tour; aussitôt le jardin
16 *enchanté surgit, occupant toute la scène. Végétation tropicale, luxuriance des fleurs qui s'épanouissent; au fond le*
23 *jardin est limité par les créneaux de la muraille auxquels s'adossent, latéralement, les parties avancées du château*
8 *lui-même édifié dans le style somptueux de l'architecture sarrasine, avec ses terrasses.*
Parsifal se tient debout sur le mur, jetant des regards étonnés sur le jardin. De tous les coins du jardin, comme du château, accourent de belles filles, dans le plus complet désordre, d'abord une à une, puis de plus en plus nombreuses; elles sont vêtues de voiles jetés à la hâte, comme si on venait de les réveiller en sursaut.)

2., 3., 5., 6. MÄDCHEN
Hier! Hier war das Tosen!

8 DEUXIÈME, TROISIÈME, CINQUIÈME, SIXIÈME FILLE-FLEUR
Le vacarme venait d'ici!

1. UND 4. MÄDCHEN
Waffen!

PREMIÈRE et QUATRIÈME FILLE-FLEUR
Des armes!

3. UND 6. MÄDCHEN
Wehe!

TROISIÈME et SIXIÈME FILLE-FLEUR
Malheur!

1. UND 4. MÄDCHEN
Wer ist der Frevler?

2., 3., 5., 6. MÄDCHEN
Wo ist der Frevler?

1. HALBCHOR
Wilde Rüfe!

2. HALBCHOR
Wer ist der Frevler?

ALLE
Auf zur Rache!

1. MÄDCHEN
Mein Geliebter verwundet!

4. MÄDCHEN
Wo find ich den meinen?

2. MÄDCHEN
Ich erwachte alleine!

ALLE
Wohin entflohn sie?

4. MÄDCHEN
Wo ist mein Geliebter?

3. MÄDCHEN
Wo find ich den meinen?

5. MÄDCHEN
Ich erwachte alleine!

1. MÄDCHEN
Oh! Weh, ach, wehe!

ALLE
Wo sind unsre Liebsten?
Drinnen im Saale!
Wir sah'n sie mit blutender Wunde.
Auf zur Hilfe!
Wer ist unser Feind?

6. MÄDCHEN
Da steht er!

CHOR
Seht ihn dort! Da steht er! Wo? Dort!

1. MÄDCHEN
Meines Ferris Schwert in seiner Hand!

2. MÄDCHE
Meines Liebsten Blut hab ich erkannt!

ALLE.
Ich sah's! Der stürmte die Burg!

6. MÄDCHEN
Ich hörte des Meisters Horn.

PREMIÈRE et QUATRIÈME FILLE-FLEUR
Qui est l'infâme?

DEUXIÈME, TROISIÈME, CINQUIÈME, SIXIÈME FILLE-FLEUR
Où est l'infâme?

PREMIER DEMI-CHŒUR
8 Des cris sauvages!

DEUXIÈME DEMI-CHŒUR
Où est l'infâme?

TOUTES
Vengeance! Accourons!

PREMIÈRE FILLE-FLEUR
18 Mon bien-aimé blessé…

QUATRIÈME FILLE-FLEUR
Où est le mien?

DEUXIÈME FILLE-FLEUR
J'étais seule en m'éveillant!

TOUTES
Où se sont-ils enfuis?

QUATRIÈME FILLE-FLEUR
Où est mon bien-aimé?

TROISIÈME FILLE-FLEUR
Où trouverai-je le mien?

CINQUIÈME FILLE-FLEUR
Je me suis éveillée seule!

PREMIÈRE FILLE-FLEUR
Oh! malheur, ah, malheur!

TOUTES
18 Où sont nos bien-aimés
Là, dans la salle?
Nous avons vu leurs plaies sanglantes.
À l'aide!
18 Qui est notre ennemi?

SIXIÈME FILLE-FLEUR
Le voilà!

LE CHŒUR
19 Voyez-le debout! Où est-il! Là-bas!

PREMIÈRE FILLE-FLEUR
L'épée de mon Ferris dans sa main!

DEUXIÈME FILLE-FLEUR
J'ai reconnu le sang du bien-aimé!

TOUTES
Je l'ai vu assaillir le fort!

SIXIÈME FILLE-FLEUR
J'ai entendu le cor du maître!

3. UND 5. MÄDCHEN
Ja, wir hörten sein Horn!

1., 4., 6., MÄDCHEN
Mein Held lief herzu.

2. UND 3. MÄDCHEN
Sie kamen alle herzu.

ALLE
Weh! Weh ihm, der sie uns schlug!

2. CHOR *(Altstimmen)*
Sie kamen alle,
doch jeden empfing seine Wehr.

2. MÄDCHEN UND TEIL VOM CHOR
Der schlug meinen Liebsten.

1. MÄDCHEN UND TEIL VOM CHOR
Mir traf er den Freund.

5. MÄDCHEN UND TEIL VOM CHOR
Noch blutet die Waffe.

4. MÄDCHEN UND TEIL VOM CHOR
Meines Liebsten Feind!

ALLE
Weh! Ach wehe!
Du dort! Was schufst du uns solche Not?
Verwünscht, verwünscht sollst du sein!
(Parsifal springt tiefer in den Garten herab – Die Mädchen weichen jäh zurück. Jetzt hält er voll Verwunderung an.)

ALLE
Ha, Kühner!

1., 4., 5. MÄDCHEN
Wagst du zu nah'n?

2., 3., 6. MÄDCHEN
Was schlugst du unsre Geliebten?

PARSIFAL
Ihr schönen Kinder, musst' ich sie nicht schlagen?
Zu euch, ihr Holden, ja wehrten sie mir den Weg.

4. MÄDCHEN
Zu uns wolltest du?

1. MÄDCHEN
Sahst du uns schon?

PARSIFAL
Noch nie sah ich solch zieres Geschlecht :
nenn' ich euch schön, dünkt euch das recht?

2.MÄDCHEN
So willst du uns wohl nicht schlagen?

PARSIFAL
Das möcht' ich nicht.

TROISIÈME et CINQUIÈME FILLE-FLEUR
Toutes, nous avons entendu son cor!

PREMIÈRE, QUATRIÈME, SIXIÈME FILLE-FLEUR
Mon héros accourut.

DEUXIÈME et TROISIÈME FILLE-FLEUR
Ils sont tous accourus.

TOUTES
Malheur, malheur à lui, qui les frappa!

DEUXIÈME DEMI-CHŒUR *(alti)*
Ils accourent tous,
mais il les a repoussés.

DEUXIÈME FILLE-FLEUR et VOIX DU CHŒUR
18 Il frappa mon bien-aimé.

PREMIÈRE FILLE-FLEUR et VOIX DU CHŒUR
Il blessa mon ami.

CINQUIÈME FILLE-FLEUR et VOIX DU CHŒUR
Son arme saigne encore.

QUATRIÈME FILLE-FLEUR et VOIX DU CHŒUR
L'ennemi du bien-aimé!

TOUTES
Malheur! Ah malheur!
Pourquoi nous infliger pareil chagrin?
Maudit, sois donc maudit!
(Parsifal saute d'un bond dans le jardin. Les filles reculent brusquement – il s'arrête alors, plein d'étonnement.)

TOUTES
23 Ha! L'audacieux!

PREMIÈRE, QUATRIÈME, CINQUIÈME FILLE-FLEUR
Oses-tu nous défier?

DEUXIEME, TROISIEME, SIXIEME FILLE-FLEUR
Pourquoi avoir frappé nos amants?

PARSIFAL
23 Ne fallait-il point les frapper, belles enfants?
Ils me barraient la route jusqu'à vous, filles gracieuses.

QUATRIÈME FILLE-FLEUR
C'est donc vers nous que tu voulais venir?

PREMIÈRE FILLE-FLEUR
Nous avais-tu déjà vues?

PARSIFAL
19 Je n'avais jamais vu race si séduisante.
Si je vous disais belles, seriez-vous contentes?

DEUXIÈME FILLE-FLEUR
Alors, tu ne veux pas nous battre?

PARSIFAL
Je ne le voudrais pour rien au monde.

4. MÄDCHEN
Doch Schaden schufst du uns so vielen.

2., 3., 5., 6. MÄDCHEN
Grossen und vielen!

1. UND 4. MÄDCHEN
Du schlugest unsre Gespielen!

2., 3., 5., 6. MÄDCHEN UND CHOR
Wer spielt nun mit uns?

(Die Mädchen sind von Verwunderung in Heiterkeit übergegangen und brechen jetzt in lustiges Gelächter aus. Während Parsifal immer näher zu den aufgeregten Gruppen tritt, entweichen unmerklich die 1., 2. und 3. Mädchen und der erste Chor hinter den Blumenhag, um ihren Blumenschmuck zu vollenden.)

PARSIFAL
Das tu ich gern.

SOLI UND CHOR DER 2. GRUPPE
Bist du uns hold, so bleib nicht fern von uns.

4. MÄDCHEN
Und willst du uns nicht schelten –

5. MÄDCHEN
– wir werden dir's entgelten.

4. MÄDCHEN
Wir spielen nicht um Gold.

6. MÄDCHEN
Wir spielen nicht um Gold.

5. MÄDCHEN
Wir spielen nicht um Gold.

4. MÄDCHEN
Wir spielen um Minnesold.

5. MÄDCHEN
Willst auf Trost du uns sinnen –

4. MÄDCHEN
– sollst den du uns abgewinnen!
(Die Mädchen der ersten Gruppe und des ersten Chors kommen, in ihren Blumengewändern selbst als Blumen erscheinend, zurück und stürzen sich auf Parsifal.)

2. MÄDCHEN
Lasset den Knaben!

1. MÄDCHEN
Er gehöret mir!

3. MÄDCHEN
Nein!

1. MÄDCHEN
Nein!

QUATRIÈME FILLE-FLEUR
18 Mais tu nous as causé

DEUXIÈME, TROISIÈME, CINQUIÈME, SIXIÈME FILLE-FLEUR
De nombreux torts, des torts considérables.

PREMIÈRE et QUATRIÈME FILLE-FLEUR
Tu as frappé nos compagnons de jeu!

DEUXIÈME, TROISIÈME, CINQUIÈME, SIXIÈME FILLE-FLEUR
Qui jouera désormais avec nous?
(L'étonnement des filles est devenu gaieté et elles éclatent maintenant en rires joyeux. Tandis que Parsifal s'approche toujours plus des groupes en effervescence, les filles du premier groupe et du premier chœur disparaissent brusquement derrière la haie fleurie, pour revenir dans des costumes fleuris.)

PARSIFAL
Je le ferai bien volontiers.

SOLISTES ET CHŒURS DU DEUXIÈME GROUPE
23 Si tu nous veux du bien ne reste pas si loin;

QUATRIÈME FILLE-FLEUR
Si tu ne cherches pas à sévir contre nous –

CINQUIÈME FILLE-FLEUR
Nous saurons te récompenser.

QUATRIÈME FILLE-FLEUR
19 Nous ne jouons pas pour de l'or.

SIXIÈME FILLE-FLEUR
Nous ne jouons pas pour de l'or.

CINQUIÈME FILLE-FLEUR
Nous ne jouons pas pour de l'or.

QUATRIÈME FILLE-FLEUR
Nos jeux ont pour gage l'amour.

CINQUIÈME FILLE-FLEUR
Si de nous tu espères quelques faveurs –

QUATRIÈME FILLE-FLEUR
Il te faudra toi-même la gagner!
(Les filles du premier groupe et du premier chœur reviennent vêtues comme des fleurs, semblables elles-mêmes à des fleurs; elles se précipitent vers Parsifal.)

DEUXIÈME FILLE-FLEUR
Laissez ce garçon!

PREMIÈRE FILLE-FLEUR
Il m'appartient!

TROISIÈME FILLE-FLEUR
Non!

PREMIÈRE FILLE-FLEUR
Non!

CHOR DER 1. GRUPPE
Nein, mir!

CHŒUR DU PREMIER GROUPE
Non, à moi!

3., 4., 5., MÄDCHEN UND CHOR DER 2. GRUPPE
Ha, die Falschen!
Sie schmückten heimlich sich!
(Während sie Zurückgekommenen sich um Parsifal drängen, verlassen die Mädchen der zweiten Gruppe und des zweiten Chors hastig die Szene, um sich ebenfalls zu schmücken.)

SOLISTES ET CHŒUR DU DEUXIÈME GROUPE
Ha, les méchantes!
Elles se sont parées en secret.
(Pendant que celles qui sont revenues se pressent autour de Parsifal, les filles du deuxième groupe et deuxième chœur quittent rapidement la scène, pour se parer à leur tour.)

DIE MÄDCHEN DER 1. GRUPPE *(während sie, wie in anmutigem Kinderspiele, in abwechselndem Reigen um Parsifal sich drehen)*
Komm, komm, holder Knabe!

LES FILLES DU PREMIER GROUPE *(tournent autour de Parsifal pendant que la musique suit, comme en un gracieux jeu d'enfant).*
17 Viens, viens! gracieux jeune homme

1. MÄDCHEN
Komm, o holder Knabe!

PREMIÈRE FILLE-FLEUR
Viens, ô gracieux jeune homme!

DIE ÜBRIGEN MÄDCHEN
Lass mich dir blühen!
Dir zu Wonn' und Labe
gilt mein minniges Mühen.

LES AUTRES FILLES
Laisse-moi fleurir pour toi!
Mes peines d'amour te vaudront
volupté et réconfort!

1. MÄDCHEN
Komm, holder Knabe!
(Die zweite Gruppe und der zweite Chor kommen, ebenfalls geschmückt, zurück und gesellen sich zum Spiele.)

PREMIÈRE FILLE-FLEUR
21 Viens, gracieux jeune homme!
(Le deuxième groupe et deuxième chœur reviennent, toutes également parées, et se mêlent au jeu.)

1. UND 4. MÄDCHEN
Lass mich dir erblühen!

PREMIÈRE et QUATRIÈME FILLE-FLEUR
Laisse-moi fleurir pour toi!

ALLE
Dir zu Wonn' und Labe
gilt mein minniges Mühen!

TOUTES LES FILLES
17 Mes peines d'amour te vaudront
volupté et réconfort!

PARSIFAL *(heiter, ruhig in der Mitte der Mädchen.)*
Wie duftet ihr hold!
Seid ihr denn Blumen?

21 PARSIFAL *(restant au milieu d'elles sans perdre sa gaieté ni son calme).*
Quel doux parfum vous exhalez!
Êtes-vous donc des fleurs?

1. MÄDCHEN
Des Gartens Zier –

PREMIÈRE FILLE-FLEUR
Parure du jardin –

4. MÄDCHEN
– und duftende Geister!

QUATRIÈME FILLE-FLEUR
et esprits parfumés!

1. UND 4. MÄDCHEN
Im Lenz pflückt uns der Meister.

PREMIÈRE et QUATRIÈME FILLE-FLEUR
Le maître nous cueille au printemps.

2. UND 5. MÄDCHEN
Wir wachsen hier –

DEUXIÈME et CINQUIÈME FILLE-FLEUR
Ici nous nous épanouissons –

1. UND 4. MÄDCHEN
– in Sommer und Sonne –

PREMIÈRE et QUATRIÈME FILLE-FLEUR
21 Avec le soleil de l'été

1., 2., 4., 5. MÄDCHEN
– für dich erblühend in Wonne!

PREMIÈRE, DEUXIÈME, QUATRIÈME, CINQUIÈME FILLE-FLEUR
fleurissant pour toi dans la volupté!

3. UND 6. MÄDCHEN
Nun sei uns freund und hold!

TROISIÈME et SIXIÈME FILLE-FLEUR
Et bien sois notre tendre ami!

2. UND 5. MÄDCHEN
Nicht karge den Blumen den Sold!

ERSTER CHOR
Nun sei freund uns und hold!

2. CHOR
Nicht karge den Sold!

CHOR
Kannst du uns nicht lieben und minnen,
wir welken und sterben dahin.

4. MÄDCHEN
An deinen Busen nimm mich!

CHOR
Komm, holder Knabe!

1. MÄDCHEN
Die Stirn lass mich dir kühlen!

CHOR
Lass mich dir erblühen!

2. MÄDCHEN
Lass mich die Wange dir fühlen!

5. MÄDCHEN
Den Mund lass mich dir küssen.

1. MÄDCHEN
Nein, ich! Die Schönste bin ich!

2. MÄDCHEN
Nein, ich bin die Schönste!

1., 3., 5., MÄDCHEN
Ich bin schöner!

4. MÄDCHEN
Nein! Ich dufte süsser!

1. UND 2. MÄDCHEN
Nein, ich!

3., 5., 6. MÄDCHEN
Ich!

CHOR
Ich! Ja, ich!

PARSIFAL *(ihrer anmutigen Zudringlichkeit sanft wehrend)*
Ihr wild holdes Blumengedränge,
soll ich mit euch spielen, entlasst mich der Enge!

4. MÄDCHEN
Was zankest du?

PARSIFAL
Weil ihr euch streitet.

DEUXIÈME et CINQUIÈME FILLE-FLEUR
Ne refuse pas aux fleurs le gage d'amour!

PREMIER DEMI-CHŒUR
Sois notre tendre ami!

DEUXIÈME DEMI-CHŒUR
Ne refuse pas aux fleurs le gage d'amour!

TOUTES
21 Si tu ne peux nous aimer ni nous faire la cour
nous nous fanons et mourons ici-même.

QUATRIÈME FILLE-FLEUR
Prends-moi sur ton cœur!

LE CHŒUR
17 Viens, gracieux garçon!

PREMIÈRE FILLE-FLEUR
Laisse-moi rafraîchir ton front!

LE CHŒUR
Je veux fleurir pour toi!

DEUXIÈME FILLE-FLEUR
21 Permets-moi de sentir ta joue!

CINQUIÈME FILLE-FLEUR
Me laisseras-tu baiser ta bouche?

PREMIÈRE FILLE-FLEUR
17 Non! Moi! Je suis la plus belle!

DEUXIÈME FILLE-FLEUR
Non, c'est moi la plus belle!

PREMIÈRE, TROISIÈME, CINQUIÈME FILLE-FLEUR
Je suis plus belle!

QUATRIÈME FILLE-FLEUR
Non, mon parfum est plus doux!

PREMIÈRE et DEUXIÈME FILLE-FLEUR
Non, moi!

TROISIÈME, CINQUIÈME, SIXIÈME FILLE-FLEUR
Moi!

LE CHŒUR
Moi, oui, moi

PARSIFAL *(se défendant doucement contre leur charmante*
23 *insistance)*
Vous, foule de fleurs charmantes et sauvages,
s'il me faut jouer avec vous, desserrez votre étreinte.

QUATRIÈME FILLE-FLEUR
20 Pourquoi nous grondes-tu?

PARSIFAL
Parce que vous vous querellez.

1. MÄDCHEN
Wir streiten nur um dich.

5. MÄDCHEN
Wir streiten nur um dich.

PARSIFAL
Das meidet!

2. MÄDCHEN
Du lass von ihm; sieh, er will mich!

3. MÄDCHEN
Mich Lieber!

6. MÄDCHEN
Nein, mich!

5. MÄDCHEN
Nein, lieber will er mich!

4. MÄDCHEN
Du wehrest mich von dir?

1. MÄDCHEN
Du scheuch est mich fort?

2., 3. UND 6. MÄDCHEN
Du wehrest mir?

1. CHOR
Wie, bist du feige vor Frauen?

4., 5. UND 6. MÄDCHEN
Magst dich nicht getrauen?

2. HALBCHOR
Magst dich nicht getrauen?

1. MÄDCHEN
Wie schlimm bist du, Zager, und Kalter!

4. MÄDCHEN
Wie schlimm bist du, Zager, und Kalter!

1. HALBCHOR
Wie schlimm!

2. HALBCHOR
So zag?

1. MÄDCHEN
Die Blumen lässt du umbuhlen den Falter?

CHOR
So zag und kalt!

5. UND 6. MÄDCHEN
Wie ist er kalt!

1. HALBCHOR
Auf! Weichet dem Toren!

PREMIÈRE FILLE-FLEUR
Nous nous querellons pour toi!

CINQUIÈME FILLE-FLEUR
Nous querellons pour toi!

PARSIFAL
Renoncez-y!

DEUXIÈME FILLE-FLEUR
Renonce à lui! C'est moi qu'il veut!

TROISIÈME FILLE-FLEUR
Moi plutôt!

SIXIÈME FILLE-FLEUR
20 Non, moi!

CINQUIÈME FILLE-FLEUR
Il me préfère!

QUATRIÈME FILLE-FLEUR
Tu me repousses?

PREMIÈRE FILLE-FLEUR
Tu me chasses?

DEUXIÈME, TROISIÈME, SIXIÈME FILLE-FLEUR
Tu ne veux pas de moi?

PREMIER DEMI-CHŒUR
Crains-tu donc les femmes?

QUATRIÈME, CINQUIÈME, SIXIÈME FILLE-FLEUR
Est-ce que tu n'oses pas?

DEUXIÈME DEMI-CHŒUR
Est-ce que tu n'oses pas?

PREMIÈRE FILLE-FLEUR
Comme tu es peureux et froid!

QUATRIÈME FILLE-FLEUR
Comme tu es méchant, peureux et froid!

PREMIER DEMI-CHŒUR
18 Si peureux!

DEUXIÈME DEMI-CHŒUR
Si méchant!

PREMIÈRE FILLE-FLEUR
Laisserais-tu les fleurs faire la cour au papillon?

CHŒUR
Si peureux et méchant!

CINQUIÈME et SIXIÈME FILLE-FLEUR
Qu'il est froid!

PREMIER DEMI-CHŒUR
20 Allez, laissez le fol!

1., 2., 3. MÄDCHEN
Wir geben ihn verloren.

2. HALBCHOR
Doch sei er uns erkoren!

1. HALBCHOR
Nein, uns!

4., 5., 6. MÄDCHEN
Nein, mir gehört er an!

2. HALBCHOR
Nein, uns gehöret er!

1. HALBCHOR
Nein, uns gehöret er!

ALLE
Auch mir! Ja, mir! Ja, uns!

PARSIFAL *(halb ärgerlich die Mädchen abscheuchend)*
Lasst ab! Ihr fangt mich nicht!
(Er will fliehen, als er aus einem Blumenhage Kundrys Stimme vernimmt und betroffen still steht.)

KUNDRY
Parsifal! – Weile!
(Die Mâdchen sind bei dem Vernehmen der Stimme Kundrys erschrocken und haben sich alsbald von Parsifal zurückgehalten.)

PARSIFAL
Parsifal...?
So nannte träumend mich einst die Mutter. –

KUNDRY
Hier weile! Parsifal! –
Dich grüsset Wonne und Heil zumal. -
Ihr kindischen Buhlen, weichet von ihm;
früh welkende Blumen,
nicht euch ward er zum Spiele bestellt!
Geht heim, pfleget der Wunden :
einsam erharrt euch mancher Held.
(Die Mädchen entfernen sich zaghaft und widerstrebend von Parsifal und ziehen sich allmählich nach dem Schlosse zurück.)

4. MÄDCHEN
Dich zu lassen!

6. MÄDCHEN
Dich zu meiden!

5. MÄDCHEN
Dich zu meiden!

3. MÄDCHEN
O, wie wehe!

1. MÄDCHEN
O, wehe!

PREMIÈRE, DEUXIÈME, TROISIÈME FILLE-FLEUR
Je renonce à lui!

DEUXIÈME DEMI-CHŒUR
Qu'il soit donc à nous!

PREMIER DEMI-CHŒUR
Non, à nous!

QUATRIÈME, CINQUIÈME, SIXIÈME FILLE-FLEUR
Non, c'est à moi qu'il appartient!

DEUXIÈME DEMI-CHŒUR
Non, c'est à nous!

PREMIER DEMI-CHŒUR
Non, c'est à nous!

TOUTES
À moi aussi! Oui, à moi! À nous!

PARSIFAL *(mi-fâché, il tente de les écarter)*
23 Laissez! Vous ne me prendrez pas!
(Il veut s'enfuir; à cet instant on entend, provenant d'un buisson de fleurs sur le côté, la voix de Kundry.)

KUNDRY
Parsifal! – Reste!
(Les filles s'arrêtent aussitôt, effrayées. Parsifal demeure immobile, interdit.)

PARSIFAL
Parsifal…?
Ainsi ma mère un jour en songe m'appela.

KUNDRY
24 Reste ici, Parsifal!
Bonheur et salut t'accueillent en même temps.
Et vous, enfants de l'amour, écartez-vous de lui
18 fleurs tôt flétries,
il n'est pas venu ici pour vos jeux!
Rentrez chez vous, soignez les plaies;
plus d'un héros vous attend, solitaire.
(Les filles, hésitantes, s'éloignent de Parsifal à contre-cœur et se retirent dans le palais.)

QUATRIÈME FILLE-FLEUR
18 T'abandonner!

SIXIÈME FILLE-FLEUR
Te laisser!

CINQUIÈME FILLE-FLEUR
T'abandonner!

TROISIÈME FILLE-FLEUR
20 Oh douleur!

PREMIÈRE FILLE-FLEUR
Oh douleur!

2. MÄDCHEN
O! Wehe der Pein!

CHOR
O, wehe!

1., 2., 3., MÄDCHEN
Von allen möchten gern wir scheiden,
mit dir allein zu sein.

2. UND 5. MÄDCHEN
Leb wohl!

CHOR
Leb wohl, leb wohl!

ALLE
Leb wohl, du Holder, du Stolzer, du – Tor!
(Mit dem letzten sind die Mädchen unter Gelächter im Schlosse verschwunden.)

PARSIFAL
Dies alles – hab' ich nun geträumt?
(Er sieht sich schüchtern nach der Seite hin um, von welcher die Stimme kam. Dort ist jeztz, durch Enthüllung des Blumenhages, ein jugendliches Weib von höchster Schönheit – Kundry, in durchaus verwandelter Gestalt – auf einem Blumenlager, in leicht verhüllender, phantastischer Kleidung, annähernd arabischen Stiles – sichtbar geworden.)

PARSIFAL *(noch ferne stehend)*
Riefest du mich Namenlosen?

KUNDRY
Dich nannt' ich , tör'ger Reiner,
« Fal parsi »,
Dich reinen Toren : « Parsifal ».
So rief, als in arab'schem Land er verschied,
dein Vater Gamuret dem Sohne zu,
den er, im Mutterschoss verschlossen,
mit diesem Namen sterbend grüsste.
Ihn dir zu künden, harrt' ich deiner hier :
was zog dich her, wenn nicht der Kunde Wunsch?

PARSIFAL
Nie sah ich, nie träumte mir, was jetzt
ich schau, und was mit Bangen mich erfüllt. –
Entblühtest du auch diesem Blumenhaine?

KUNDRY
Nein, Parsifal, du tör'ger Reiner!
Fern – fern ist mein Heimat.
Dass du mich fändest, verweilte ich nur hier.
Von weit her kam ich, wo ich viel ersah.
Ich sah das Kind an seiner Mutter Brust,
sein erstes Lallen lacht mir noch im Ohr;
das Leid im Herzen,
wie lachte da auch Herzeleide,
als ihren Schmerzen
zujauchzte ihrer Augen Weide!
Gebettet sanft auf weichen Moosen,
den hold geschläfert sie mit Kosen,

DEUXIÈME FILLE-FLEUR
Oh, hélas, quel supplice!

LE CHŒUR
Oh, douleur!

PREMIÈRE, DEUXIÈME, TROISIÈME FILLE-FLEUR
20 Nous nous éloignerions bien volontiers des autres
pour demeurer seules avec toi.

DEUXIÈME et CINQUIÈME FILLE-FLEUR
Adieu!

LE CHŒUR
Adieu! Adieu!

TOUTES
Adieu, toi, le tendre! toi, l'orgueilleux!
Toi… le fol!
(À ce dernier mot elles disparaissent vers le château avec des rires étouffés.)

PARSIFAL
7 Tout cela… était-ce un rêve?
(Il tourne timidement les yeux vers l'endroit d'où semble provenir la voix. Alors, écartant le buisson, une jeune femme d'une grande beauté apparaît; c'est Kundry, entière - ment transfigurée. Elle est étendue sur un lit de fleurs et vêtue d'une légère draperie aux formes fantaisistes, évoquant le costume porté par les Maures.)

PARSIFAL *(restant à l'écart)*
M'as-tu appelé, moi qui n'ai pas de nom?

KUNDRY
Je t'ai appelé, fol et pur,
7 « Fal parsi »,
toi, pur et fol, « Parsifal ».
Ainsi lorsqu'il mourut en terre sarrasine,
Gamuret ton père t'appela, toi, son fils
qu'il salua, encore dans le sein maternel,
avec ce nom, au moment d'expirer.
24, 26 Je t'attendais ici pour te l'apprendre :
14 Quel désir t'attira ici, sinon celui de l'entendre?

PARSIFAL
21 Je n'ai jamais vu ni rêvé ce qu'à présent
je contemple et qui m'emplit de crainte.
T'es-tu épanouie toi aussi à ce buisson de fleurs?

KUNDRY
12 Non, Parsifal, toi, pur et fol!
Loin – loin d'ici est mon pays natal!
Je ne suis demeurée que pour te rencontrer.
Je suis venue de loin, où j'ai vu bien des choses.
J'ai vu l'enfant sur le sein de sa mère,
son premier balbutiement rit encore à mes oreilles;
24 la souffrance au cœur
Herzeleid rit aussi
lorsqu'à ses tourments
répondit le cri joyeux de l'enfant dont se repaissaient ses yeux
doucement étendu sur des mousses moelleuses,
elle l'endort, tendre, avec des caresses,

dem, bang in Sorgen,
den Schlummer bewacht' der Mutter Sehnen,
den weckt' am Morgen
der heisse Tau der Muttertränen.
Nur Weinen war sie, Schmerzgebaren,
um deines Vaters Lieb' und Tod.
Vor gleicher Not dich zu bewahren,
galt ihr als höchster Pflicht Gebot.
Den Waffen fern, der Männer Kampf und Wüten,
wollte sie still dich bergen und behüten.
Nur Sorgen war sie, ach! und Bangen :
nie sollte Kunde zu dir hergelangen.
Hörst du nicht noch ihrer Klage Ruf,
wann spät und fern du geweilt?
Hei! Was ihr das Lust und Lachen schuf,
wann sie suchend dann dich ereilt;
wann dann ihr Arm dich wütend umschlang,
ward dir es wohl gar beim Küssen bang?
Doch ihr Wehe du nicht vernahmst,
nicht ihrer Schmerzen Toben,
als endlich du nicht wiederkamst
und deine Spur verstoben!
Sie harrte Nächt' und Tage,
bis ihr verstummt' die Klage,
der Gram ihr zehrte den Schmerz,
um stillen Tod sie warb :
ihr brach das Leid das Herz,
und – Herzeleide – starb.

24 pleins de l'angoisse des soucis,
les soupirs de la mère veillent sur son sommeil;
et au matin il s'éveillait,
sentant la brûlante rosée des larmes maternelles.
Elle n'était plus que pleurs, étant toute douleur
pour l'amour et la mort de ton père;
et t'éviter pareil tourment lui sembla
l'injonction du plus sacré devoir :
loin des armes, des fureurs et des combats humains,
24a elle voulut te cacher, te tenir sous sa garde.
Elle n'était que souci, ah! et qu'angoisse :
jamais le bruit du monde ne devait t'atteindre.
N'entends-tu pas encore son cri plaintif
lorsque tu t'attardais loin d'elle?
Ha! comme elle rayonnait de bonheur et de rire
quand, te cherchant, elle te retrouvait!
Qu'enfin ses bras furieux se refermaient sur toi,
ses baisers ne te troublaient-ils pas?
27 Mais tu es resté sourd à sa douleur,
sourd au cri déchirant de ses souffrances,
et lorsqu'enfin tu ne revins plus,
que ta trace fut égarée :
elle t'attendis jour et nuit,
jusqu'à ce que sa plainte s'éteignit;
le chagrin épuisa la douleur,
elle aspira à une mort paisible :
la souffrance lui brisa le cœur
et Herzeleid mourut.

PARSIFAL *(immer ernsthafter, endlich furchtbar betroffen, sinkt, schmerzlich überwältigt, zu Kundrys Füssen nieder)*

Wehe! Wehe! Was tat ich? Wo war ich?
Mutter! Süsse, holde Mutter!
Dein Sohn, dein Sohn musste dich morden!
O Tor! Blöder, taumelnder Tor.
Wo irrtest du hin, ihrer vergessend, –
deiner, deiner vergessend?
Traute, teuerste Mutter!

PARSIFAL *(de plus en plus grave, enfin profondément bouleversé, s'affaisse douloureusement, comme terrassé, aux pieds de Kundry)*

27 Malheur! Malheur! Qu'ai-je fait? Où étais-je?
Mère, oh ma douce, oh ma gracieuse mère!
Ton fils, ton fils devait donc te tuer?
Oh fol! Aveugle, faible fol!
où errais-tu ainsi, oublieux d'elle?
Oublieux de toi, de toi,
27 mère chérie, mère adorée?

KUNDRY *(immer noch in halb liegender Stellung, beugt sich über Parsifals Haupt, fasst sanft seine Stirn und schlingt traulich ihren Arm um seinen Nacken)*
War dir fremd noch der Schmerz,
des Trostes Süsse
labte nie auch dein Herz;
das Wehe, das dich reut,
die Not nun büsse
imTrost, den Liebe dir beut!

KUNDRY *(toujours étendue, se penche sur la tête de Parsifal, saisit doucement son front et passe familièrement son bras autour de sa nuque)*
Si la douleur t'était encore inconnue,
la douceur de la consolation
n'a pas non plus soulagé ton cœur,
le mal dont tu te repens,
la détresse, expie-la maintenant
dans la consolation que l'amour t'offre!

PARSIFAL *(im Trübsinn immer tiefer sich sinken lassend).*
Die Mutter, die Mutter konnt ich vergessen!
Ha! Was alles vergass ich wohl noch?
Wes war ich je noch eingedenk?
Nur dumpfe Tortheit lebt in mir!

PARSIFAL *(de plus en plus tristement).*
27 Ma mère, comme ai-je pu oublier ma mère!
4, 14 Ha! qu'ai-je dû oublier encore?
Me restait-il quelque autre souvenir?
9 Seule une obscure folie vit en moi!

KUNDRY
Bekenntnis
wird Schuld in Reue enden,
Erkenntnis
in Sinn die Torheit wenden.
Die Liebe lerne kennen,
die Gamuret umschloss,
als Herzeleids Entbrennen

KUNDRY
La confession
mettra fin au péché, au repentir,
9 la connaissance
changera la folie en savoir.
9 Connais à présent l'amour
qui enveloppa Gamuret
24 lorsque l'ardeur de Herzeleid

ihn sengend überfloss!
Die Leib und Leben
einst dir gegeben,
der Tod und Torheit weichen muss,
sie beut
dir heut,
als Muttersegens letzten Gruss,
der Liebe – ersten Kuss.
(Sie hat ihr Haupt völlig über das seinige geneigt und heftet nun ihre Lippen zu einem langen Kuss auf seinen Mund.)

l'inonda d'un flot ardent!
Celle qui jadis te donna
corps et vie,
12 devant qui mort et folie doivent céder,
elle t'offre
27 aujourd'hui
12 – signe dernier de bénédiction maternelle –
13 le premier baiser... de l'amour.
14 *(Elle a penché sa tête sur la sienne et pose à présent ses*
5 *lèvres sur sa bouche en long baiser.)*

PARSIFAL *(fährt plötzlich mit einer Gebärde des höchsten Schreckens auf : seine Haltung drückt eine furchtbare Veränderung aus; er stemmt seine Hände gewaltsam gegen das Herz, wie um einen zerreissenden Schmerz zu bewältigen).*
Amfortas! –
Die Wunde! – Die Wunde! –
Sie brennt in meinem Herzen. –
O, Klage! Klage!
Furchtbare Klage!
Aus tiefstem Herzen schreit sie mir auf.
O! – O! –
Elender! Jammervollster!
Die Wunde sah ich bluten : –
nun blutet sie in mir! –
Hier! – hier!
Nein! Nein! Nicht die Wunde ist es.
Fliesse ihr Blut in Strömen dahin!
Hier! Hier, im Herzen der Brand!
Das Sehnen, das furchtbare Sehnen,
das alle Sinne mir fasst und zwingt!
O! – Qual der Liebe! –
Wie alles schauert, bebt und zuckt
in sündigem Verlangen!...
(Während Kundry in Schrecken und Verwunderung auf Parsifal hinstarrt, gerät dieser in völlige Entrücktheit; schauerlich leise.)
Es starrt der Blick dumpf auf das Heilsgefäss :
Das heil'ge Blut erglüht;
Erlösungswonne, göttlich mild,
durchzittert weithin alle Seelen :
nur hier, im Herzen, will die Qual nicht weichen.
Des Heilands Klage da vernehm ich,
die Klage, ach! die Klage
um das entweihte Heiligtum :
«Erlöse, rette mich
aus schuldbefleckten Händen!»
So rief die Gottesklage
furchtbar laut mir in die Seele.
Und ich – der Tor, der Feige,
zu wilden Knabentaten floh ich hin!
(Er stürzt verzweiflungsvoll auf die Knie.)
Erlöser! Heiland! Herr der Huld!
Wie büss ich, Sünder, meine Schuld?

PARSIFAL *(il sursaute, en proie à une grande frayeur : on peut lire sur ses traits la terrible métamorphose qui a lieu en lui : il presse violemment les mains contre son cœur, comme pour surmonter une douleur déchirante; enfin, il éclate).*
9 Amfortas!
La blessure! La blessure!
6 Elle brûle dans mon cœur!
5 Oh, plainte! plainte!
Plainte effroyable!
Du tréfonds de mon être son cri surgit.
Oh! Oh!
9 Malheureux! Le plus misérable des hommes!
13 J'ai vu saigner la plaie :
5 elle saigne en moi à présent –
Ici... ici!
9, 12 Non, non! Ce n'est pas la plaie :
6, 12 que son sang se répande à flots!
C'est ici! Ici, dans mon cœur l'incendie!
Le désir, le désir effrayant
5 qui saisit tous mes sens et les dompte!
9 Oh – tourment de l'amour!
Comme tout tremble, frissonne et palpite
d'une impure passion!
2 *(Tandis que Kundry, effrayée et stupéfaite, le fixe des yeux, Parsifal poursuit dans une sorte d'extase; à voix basse, avec terreur.)*
Son œil terne est fixé sur le calice saint :
1 le sang sacré s'empourpre;
14, 4 l'ivresse du rachat, d'une douceur divine,
traverse en frémissant toutes les âmes :
5, 9 dans un cœur seulement le tourment s'obstine.
14, 5 J'entends là-bas la plainte du Sauveur,
la plainte! ah! la plainte
clamant la trahison de la relique sainte :
1 «délivre-moi, sauve-moi
de ces mains souillées par la faute!»
9 Ainsi appelait la plainte du Seigneur,
résonnant, terrifiante, dans mon âme :
et moi? Moi, le fol, moi le lâche!
8 J'ai fui pour de sauvages jeux d'enfant!
(Il tombe sur les genoux, désespéré.)
4, 14, 13 Rédempteur! Seigneur du salut! oh Sauveur!
Comment le pécheur peut-il payer son erreur?

KUNDRY *(deren Erstaunen in leidenschaftliche Bewunderung übergegangen, sucht schüchtern sich Parsifal zu nähern).*
Gelobter Held! Entflieh dem Wahn!
Blick auf! Sei hold der Huldin Nahn!

KUNDRY *(dont l'étonnement se mue en une admiration passionnée, essaie timidement de s'approcher de Parsifal).*
28 Héros promis! Échappe à ce mirage!
Lève les yeux! Sois favorable à mes faveurs!

PARSIFAL *(immer in gebeugter Stellung, starr zu Kundry aufblickend, während diese sich zu ihm neigt und die lieb-*

29 PARSIFAL *(le corps toujours ployé, il lève les yeux sur Kundry qu'il regarde fixement, tandis qu'elle se penche*

kosenden Bewegungen ausführt, die er mit dem Folgenden bezeichnet)
Ja! Diese Stimme! So rief sie ihm; –
und diesen Blick, deutlich erkenn ich ihn –
auch diesen, der ihm so friedlos lachte;
die Lippe – ja – so zuckte sie ihm,
so neigte sich der Nacken –
so hob sich kühn das Haupt; –
so flatterten Lachend die Locken –
so schlang um den Hals sich der Arm –
so schmeichelte weich die Wange –!
Mit aller Schmerzen Qual im Bunde,
das Heil der Seele
entküsste ihm der Mund! –
Ha! –Dieser Kuss! –
Verderberin! Weiche von mir!
Ewig – ewig – von mir!
(Er hat sich allmählich erhoben und stösst Kundry von sich.)

KUNDRY *(in höchster Leidenschaft)*
Grausamer!
Fühlst du im Herzen
nur andrer Schmerzen,
so fühle jetzt auch die meinen!
Bist du Erlöser,
was bannt dich, Böser,
nicht mir auch zum Heil dich zu einen?
Seit Ewigkeiten – harre ich deiner,
des Heilands, ach! So spät!
Den einst ich kühn geschmäht. –
O! –
Kenntest du den Fluch,
der mich durch Schlaf und Wachen,
durch Tod und Leben,
Pein und Lachen,
zu neuem Leiden neu gestählt,
endlos durch das Dasein quält! –
Ich sah ihn – ihn –
und... lachte...!
da traf mich sein Blick! –
Nun such' ich ihn von Welt zu Welt,
ihm wieder zu begegnen.
In höchster Not
wähn' ich sein Auge schon nah,
den Blick schon auf mir ruh'n.
Da kehrt mir das verfluchte Lachen wieder :
ein Sünder sinkt mir in die Arme!
Da lach' ich – lache –
kann nicht weinen,
nur schreien, wüten,
toben, rasen
in stets erneueter Wahnsinns Nacht,
aus der ich büssend kaum erwacht.
Den ich ersehnt in Todesschmachten,
den ich erkannt, den blöd Verlachten,
lass mich an seinem Busen weinen,
nur eine Stunde mich dir vereinen,
und, ob mich Gott und Welt verstösst,
in dir entsündigt sein und erlöst!

PARSIFAL.
Auf Ewigkeit
wärst du verdammt mit mir

vers lui et reprend ses caresses que Parsifal commente de la façon suivante)
Oui! Cette voix! C'est bien ainsi qu'elle l'appela;
et ce regard, je le reconnais sans erreur,
le même qui fiévreusement riait,
la lèvre, oui, la lèvre lui tremblait :
ainsi, sa nuque se penchait,
ainsi, la tête se levait, hardie,
ainsi, les boucles riantes flottaient,
ainsi, le bras enlaçait son cou,
ainsi, la joue, soyeuse, caressait!
29 Alors les maux les plus terribles se conjurèrent,
afin que le salut de l'âme
lui soit ravi par les lèvres qui l'embrassèrent,
ha, ce baiser!
9, 12 Séductrice! Fuis loin de moi!
Pour toujours, pour toujours – loin de moi!
9 *(S'étant redressé peu à peu en prononçant ces mots il bondit à présent et repousse violemment Kundry.)*

KUNDRY *(au comble de la passion)*
28 Cruel! Ha!
Si tu sens dans ton cœur
26 seulement les souffrances d'autrui,
sens maintenant aussi la mienne.
Si tu es rédempteur,
qu'est-ce qui t'interdit, perfide,
de t'unir à moi pour mon salut?
9, 5 Depuis l'éternité je t'attends,
j'attends le sauveur, hélas! si tard,
que j'ai jadis, insolente, bafoué.
9 Oh!
Si tu connaissais la malédiction
qui à travers sommeil et veille,
12 à travers mort et vie,
torture et rire,
sans cesse me renforce pour d'autres souffrances,
5, 9 me tourmente sans fin à travers l'existence!
1, 15 Je l'ai vu – lui – lui –
9 et j'ai ri.
5 Alors, son regard m'a rencontrée.
5 Et dès lors je le cherche de monde en monde,
dans l'espoir de le retrouver :
au comble même de la détresse,
je crois avoir son œil près de moi,
2 son regard déjà se poser sur le mien :
9 alors revient en moi le rire maudit,
un pécheur tombe dans mes bras!
6, 9 Et je ris, je ris,
je ne puis pleurer :
16 Seulement crier, hurler,
gémir, délirer,
dans la nuit toujours renouvelée de la démence
5 d'où je m'éveille à peine, repentante.
Celui qu'en proie à l'agonie j'ai désiré,
celui qu'aveugle, j'ai raillé puis reconnu,
26 laisse-moi pleurer sur son sein,
26 m'unir à toi une heure seulement,
et même si Dieu, le monde entier, me chassaient,
être en toi rachetée et délivrée!

PARSIFAL
28 Toute l'éternité
tu serais damnée avec moi,

für eine Stunde
Vergessens meiner Sendung
in deines Arms Umfangen! –
Auch dir bin ich zum Heil gesandt,
bleibst du dem Sehnen abgewandt.
Die Labung, die dein Leiden endet,
beut nicht der Quell, aus dem es fliesst :
das Heil wird nimmer dir gespendet,
eh jener Quell sich dir nicht schliesst.
Ein andres ist's – ein andres, ach!
nach dem ich jammernd schmachten sah
die Brüder dort, in grausen Nöten,
den Leib sich quälen und ertöten.
Doch wer erkennt ihn klar und hell,
des einz'gen Heiles wahren Quell?
O Elend, aller Rettung Flucht!
O, Weltenwahns Umnachten :
in höchsten Heiles heisser Sucht
nach der Verdammnis Quell zu schmachten!

KUNDRY *(in wilder Begeisterung)*
So war es mein Kuss,
der welthellsichtig dich machte?
Mein volles Liebesumfangen
lässt dich dann Gottheit erlangen.
Die Welt erlöse, ist dies dein Amt : –
schuf dich zum Gott die Stunde,
für sie lass mich ewig dann verdammt,
nie heile mir die Wunde!

PARSIFAL
Erlösung, Frevlerin, biet' ich auch dir.

KUNDRY *(drängend)*
Lass mich dich Göttlichen lieben,
Erlösung gabst du dann auch mir.

PARSIFAL
Lieb' und Erlösung soll dir werden,
zeigest du
zu Amfortas mir den Weg.

KUNDRY *(in Wut ausbrechend)*
Nie – sollst du ihn finden!
Den Verfallnen, lass ihn verderben,
den Unsel'gen,
Schmachlüsternen,
den ich verlachte – lachte – lachte!
Haha! Ihn traf ja der eigne Speer!

PARSIFAL
Wer durft' ihn verwunden mit der heil'gen Wehr?

KUNDRY
Er – Er –
der einst mein Lachen bestraft.
Sein Fluch – ha! – mir gibt er Kraft;
gegen dich selbst ruf' ich die Wehr,
gibst du dem Sünder des Mitleids Ehr'! –
Ha! Wahnsinn! – *(flehend)*
Mitleid! Mitleid mit mir!
Nur eine Stunde mein! –
nur eine Stunde dein –
und des Weges

si pour une heure
7 j'oubliais ma mission,
dans l'étreinte de tes bras!
Je suis venu te sauver toi aussi,
si tu restes éloignée de ton désir,
le réconfort qui mettra fin à tes souffrances
ne peut venir de la source qui les déverse,
le salut te sera toujours prodigué
si en ton âme sourd une source nouvelle.
C'est bien d'une autre, d'un autre, hélas!
5 que j'ai vu assoiffés, se lamentant
là-bas les frères en de cruels tourments,
se torturant, se meurtrissant la chair.
9 Mais qui la reconnaît d'un œil lucide et clair,
3 la vraie source du seul salut?
9 Oh misère! Déroute de la délivrance!
5 Oh nuit profonde où vit le mirage du monde :
dans la quête fiévreuse du salut suprême,
9, 12 assoiffé, rechercher la source de la perdition!

KUNDRY *(dans une exaltation sauvage)*
21 Ainsi, ce fut mon baiser
qui te rendit clairvoyant à ce monde?
C'est donc que ma pleine étreinte amoureuse
te fera parvenir à la divinité!
7 Rachète l'univers, si c'est là ton office :
pourtant, si l'heure a fait de toi un dieu,
que pour elle à jamais je sois damné,
renonce à guérir ma blessure!

PARSIFAL
23, 2 À toi aussi, impie, j'offre la délivrance.

KUNDRY *(pressante)*
Laisse-moi donc t'aimer, être divin,
alors, tu m'auras délivrée.

PARSIFAL
23 Amour et délivrance seront ton salaire,
si tu me montres
le chemin d'Amfortas.

KUNDRY *(dans un accès de rage)*
9 Jamais tu ne le trouveras!
Laisse-le dépérir, ce chevalier déchu,
ce malheureux,
cette âme en proie aux turpitudes
que j'ai raillée, raillée, raillée!
14 Haha! sa propre lance l'a frappé!

PARSIFAL
9 Qui donc put le blesser avec l'arme sacrée?

KUNDRY
Lui… lui…
9 qui jadis me châtia pour ce rire :
8 sa malédiction – ha! me confère la force;
18 j'invoquerai contre toi-même l'arme
si tu fais au pécheur l'honneur de la pitié.
Ha! Démence! *(suppliante)*
Aie pitié! Aie pitié de moi!
18 Sois seulement une heure à moi,
seulement une heure être à toi!
Alors, sur le chemin

sollst du geleitet sein!
(Sie will ihn umarmen. Er stösst sie heftig von sich.)

PARSIFAL
Vergeh, unseliges Weib!

KUNDRY *(rafft sich mit wildem Wutrasen auf und ruft nach dem Hintergrunde zu)*
Hilfe! Hilfe! Herbei!
Haltet den Frechen! Herbei!
Wehrt ihm die Wege!
Werht ihm die Pfade!
Und flöhest du von hier, und fändest
alle Wege der Welt,
den Weg, den du suchst,
des Pfade sollst du nicht finden :
denn Pfad' und Wege,
die dich mir entführen,
so verwünsch' ich sie dir :
Irre! Irre!
Mir so vertraut –
dich weih' ich ihm zum Geleit!

KLINGSOR *(ist auf der Burgmauer herausgetreten und schwenkt eine Lanze gegen Parsifal)*
Halt da! Dich bann' ich mit der rechten Wehr!
Den Toren stelle mir sienes Meisters Speer!
(Er schleudert auf Parsifal den Speer, welcher über dessen Haupte schweben bleibt.)

PARSIFAL *(erfasst den Speer mit der Hand und hält ihn über seinem Haupte).*
Mit diesem Zeichen bann' ich deinen Zauber :
Wie die Wunde er schliesse,
die mit ihm du schlugest,
in Trauer und Trümmer
stürz' er die trügende Pracht!
(Er hat den Speer im Zeichen des Kreuzes geschwungen : wie durch ein Erdbeben versinkt das Schloss. Der Garten ist schnell zur Einöde verdorrt; verwelkte Blumen verstreuen sich auf dem Boden. – Kundry ist schreiend zusammengesunken. – Parsifal hält im Enteilen noch einmal an und wendet sich von der Höhe der Mauertrümmer zu Kundry zurück.)

PARSIFAL
Du weisst –
wo du mich wiederfinden kannst!
(Er enteilt. – Kundry hat sich ein wenig erhoben und nach ihm geblickt.)

je t'accompagnerai!
(Elle veut l'enlacer, mais il la repousse brutalement.)

PARSIFAL
9 Disparais, malheureuse!

KUNDRY *(elle se frappe violemment la poitrine et crie dans un accès de fureur sauvage)*
À l'aide! À l'aide! Accourez!
Arrêtez l'insolent! Accourez!
Barrez-lui les chemins!
Barrez-lui les sentiers!
9, 8 Même si tu trouvais en fuyant loin d'ici
tous les chemins de l'univers,
le seul chemin que tu recherches,
Tu n'en trouveras pas la trace.
12 Car sentiers et chemins
qui t'éloignent de moi,
je les maudis!
16 Errance, errance
5 dont j'ai le secret,
12 je te voue à l'accompagner!

KLINGSOR *(est sorti sur la muraille du château et brandit une lance contre Parsifal)*
9, 16 Halte-là! Je t'arrête avec l'arme qu'il faut :
14 la lance de son maître va dompter le fol!
(Il jette sur Parsifal la lance qui plane un instant au-dessus de sa tête.)

2 PARSIFAL *(la saisissant d'une main la brandit au-dessus de sa tête).*
Avec ce signe j'abolis tes charmes :
2 si elle doit refermer la blessure
que tu infligeas avec elle,
qu'en décombres et en deuil
cette splendeur mensongère s'écroule!
(De la lance il fait un signe de croix. Le château disparaît,
9 *comme englouti par un tremblement de terre; le jardin flétrit et devient désert; comme des fleurs fanées les filles*
16 *gisent, éparpillées sur le sol. Kundry s'est affaissée avec un*
18 *grand cri. En s'éloignant Parsifal se retourne encore une fois vers elle, du haut d'un pan de mur croulé.)*

PARSIFAL
Tu sais
18 quel est l'unique lieu où tu me reverras!
5 *(Il disparaît. Kundry se soulevant un peu, le suit des yeux.)*

Vorspiel

Prélude orchestral

DRITTER AUFZUG

TROISIÈME ACTE

Im Gebiete des Grales.
Freie, anmutige Frühlingsgegend mit nach dem Hintergrunde zu sanft ansteigender Blumenaue. Den Vordergrund nimmt der Saum des Waldes ein, der sich nach rechts zu aufsteigendem Felsengrund ausdehnt. Im Vordergrunde, an der Waldseite, ein Quell; ihm gegenüber, etwas tiefer, eine

Dans le domaine du Graal.
30 *Un paysage gai et printanier, à l'horizon découvert, une*
31 *prairie en fleurs qui monte doucement vers le fond. Tout le*
9 *premier plan est occupé par la lisière d'un bois qui s'étend*
7 *vers le côté droit. Au premier plan, du côté de la forêt, une*
30b *source; en face d'elle, un peu plus bas, une simple hutte*

schlichte Einsiedlerhütte, an einen Felsblock gelehnt. Frühester Morgen. Gurnemanz, zum hohen Greise gealtert, als Einsiedler, nur in das Hemd der Gralsritter gekleidet, tritt aus der Hütte und lauscht.

GURNEMANZ
Von dorther kam das Stöhnen.
So jammervoll klagt kein Wild,
und gewiss gar nicht am heiligsten Morgen heut. –
(Dumpfes Stöhnen von Kundrys Stimme.)
Mich dünkt, ich kenne diesen Klageruf.
(Gurnemanz schreitet entschlossen einer Dornenhecke auf der Seite zu : diese ist gänzlich überwachsen; er reisst mit Gewalt das Gestrüpp auseinander, dann hält er plötzlich an.)
Ha! Sie – wieder da?
Das winterlich rauhe Gedörn'
hielt sie verdeckt : wie lang schon? -
Auf! – Kundry! – Auf!
Der Winter floh, und Lenz ist da!
(Er zieht Kundry, ganz erstarrt und leblos, aus dem Gebüsch hervor und trägt sie auf einen nahen Grashügel.)
Erwache! Erwache dem Lenz!
Kalt und starr!
Diesmal hielt ich sie wohl für tot : –
doch war's ihr Stöhnen, was ich vernahm?
(Gurnemanz reibt der erstarrt vor ihm ausgestreckten Kundry stark die Hände und Schläfe und bemüht sich in allem, die Erstarrung von ihr weichen zu machen. Allmählich scheint das Leben in ihr zu erwachen. Als sie die Augen endlich öffnet, stösst sie einen Schrei aus. Kundry ist in rauhem Büssergewande, ähnlich wie im ersten Aufzuge; nur ist ihre Gesichtsfarbe bleicher; aus Miene und Haltung ist die Wildheit entschwunden. – Sie starrt lange Gurnemanz an. Dann erhebt sie sich, ordnet sich Kleidung und Haar und lässt sich sofort wie eine Magd zur Bedienung an.)

GURNEMANZ
Du tolles Weib!
Hast du kein Wort für mich?
Ist dies der Dank,
dass dem Todesschlafe
noch einmal ich dich entweckt'?

KUNDRY *(neigt langsam das Haupt; dann bringt sie, rauh und abgebrochen, hervor)*
Dienen... Dienen! –

GURNEMANZ *(den Kopf schüttelnd)*
Das wird dich wenig mühn!
Auf Botschaft sendet sich's nicht mehr :
Kräuter und Wurzeln
findet ein jeder sich selbst.
Wir lernten's im Walde vom Tier.
(Kundry hat sich währenddem umgesehen, gewahrt die Hütte und geht hinein. Gurnemanz blickt ihr verwundert nach.)
Wie anders schreitet sie als sonst!
Wirkte dies der heilige Tag?
O! Tag der Gnade ohnegleichen!
Gewiss zu ihrem Heile
durft' ich der Armen heut
den Todesschlaf verscheuchen.
(Kundry kommt wieder aus der Hütte; sie trägt einen

30 *d'ermite adossée au roc. Les premières heures du matin.*
18 *Gurnemanz, à présent très vieux, sous l'apparence d'un*
12 *ermite, vêtu de la simple tunique des chevaliers du Graal, sort de la hutte et tend l'oreille.*

GURNEMANZ
16 C'est de là-bas qu'est venu le gémissement.
Nulle bête ne geint si pitoyablement,
et surtout aujourd'hui, en ce matin sacré,
(on entend un sourd gémissement de Kundry.)
12 il me semble que je reconnais ce cri plaintif!
(Gurnemanz s'avance résolument vers une haie de ronces touffue, située sur le côté; il en écarte brusquement les branches et s'arrête aussitôt.)
26 Ha! c'est elle... encore là?
12 Les rudes brousailles hivernales
la recouvraient : depuis combien de temps?
Debout! Kundry! Debout!
L'hiver a fui, le printemps est venu!
(Il traîne Kundry hors du buisson, engourdie et inerte, la porte sur un tertre de gazon.)
Réveille-toi, revis à ce printemps!
Froide... et figée!
Cette fois je la tiendrais pour morte :
mais je l'ai bien entendu gémir!
(Gurnemanz lui frotte vigoureusement les mains et les
18 *tempes, souffle sur son visage et s'efforce par tous les moyens de la ranimer. Enfin elle se réveille. Comme au pre-*
2 *mier acte, elle porte les vêtements sauvages de messagère du Graal : seul son visage est plus pâle, ses traits, son*
9 *maintien ont perdu leur sauvagerie. Elle fixe longuement les yeux sur Gurnemanz. Puis elle se relève, met de l'ordre dans sa tenue et ses cheveux, et se tient prête, comme une servante.)*

GURNEMANZ
10 Oh folle femme!
Pas un mot pour moi?
10a Est-ce ainsi que tu me remercies
de t'avoir une fois de plus réveillée
du sommeil de la mort?

KUNDRY *(elle incline lentement la tête; puis profère d'une voix rauque et entrecoupée)*
10 Servir... Servir!

GURNEMANZ *(secouant la tête)*
30 Cela te coûtera bien peu d'efforts!
Car nous n'envoyons plus de messagers :
herbes et racines,
chacun les trouve désormais lui-même,
les bêtes des bois nous instruisent.
(Pendant ce temps Kundry a observé les alentours, elle aperçoit la hutte et y pénètre. Gurnemanz la suit du regard, étonné.)
Sa démarche n'est plus la même qu'autrefois!
2 Est-ce là l'effet du jour saint?
14, 4 Oh! jour de grâce inégalé!
Sans doute est-ce pour son salut
qu'il me fallait aujourd'hui arracher
la pauvre créature au sommeil de la mort.
33 *(Kundry ressort de la hutte : elle porte une cruche et se*

Wasserkrug und geht damit zur Quelle. Sie gewahrt hier, nach dem Walde blickend, in der Ferne einen Kommenden und wendet sich zu Gurnemanz, um ihn darauf hinzudeuten.)

GURNEMANZ *(in den Wald blickend)*
Wer nahet dort dem heil'gen Quell
in düstrem Waffenschmucke?
Das ist der Brüder keiner!
(Während des folgenden Auftretens des Parsifal entfernt sich Kundry mit dem gefüllten Kruge in die Hütte, wo sie sich zu schaffen macht.)
(Parsifal tritt aus dem Walde auf; er ist ganz in schwarzer Waffenrüstung : mit geschlossenem Helme und gesenktem Speer schreitet er, gebeugten Hauptes, träumerisch zögernd, langsam daher und stezt sich auf dem kleinen Rasenhügel am Quell nieder.)

GURNEMANZ *(nachdem er Parsifal staunend lange betrachtet hat, tritt nun nährer zu ihm)*
Heil dir, mein Gast!
Bist du verirrt, und soll ich dich weisen?
(Parsifal schüttelt sanft das Haupt.)
Entbietest du mir keinen Gruss?
(Parsifal neigt das Haupt.)
Hei! – Was? –
Wenn dein Gelübde
dich bindet, mir zu schweigen,
so mahnt das meine mich,
dass ich dir sage, was sich ziemt. –
Hier bist du an geweihtem Ort :
da zieht man nicht mit Waffen her,
geschlossnen Helmes, Schild und Speer;
und heute gar! Weisst du denn nicht,
welch heil'ger Tag heut ist?
(Parsifal schüttelt mit dem Kopfe.)
Ja! Woher kommst du denn?
Bei welchen Heiden weiltest du,
zu wissen nicht, dass heute
der allerheiligste Karfreitag ist?
(Parsifal senkt das Haupt noch tiefer.)
Schnell ab die Waffen!
Kränke nicht den Herrn, der heute,
bar jeder Wehr, sein heilig' Blut
der sündigen Welt zur Sühne bot!
(Parsifal erhebt sich nach einem abermaligen Schweigen, stösst den Speer vor sich in den Boden, legt Schild und Schwert davor nieder, öffnet den Helm, nimmt ihn vom Haupte und legt ihn zu den anderen Waffen, worauf er dann zu stummem Gebete vor dem Speer niederkniet.)
(Gurnemanz betrachtet Parsifal mit Staunen und Rührung. Er winkt Kundry herbei, welche soeben wieder aus der Hütte getreten ist. Parsifal erhebt jetzt seinen Blick andachtsvoll zu der Lanzenspitze auf.)

GURNEMANZ *(leise zu Kundry)*
Erkennst du ihn?
Der ist's, der einst den Schwan erlegt.
(Kundry bestätigt mit einem leisen Kopfnicken.)
Gewiss, 's ist er,
der Tor, den ich zürnend von uns wies.
Ha! Welche Pfade fand er?
Der Speer – ich kenne ihn.
(in grosser Ergriffenheit.)

dirige vers la source. En attendant qu'elle s'emplisse, elle regarde en direction des bois et, au loin, aperçoit un homme qui s'approche; elle se tourne vers Gurnemanz afin d'attirer son attention.)

GURNEMANZ *(tournant les yeux vers la forêt)*
23 Qui s'approche là-bas de la source sacrée?
Paré de cette sombre armure,
30 ce n'est pas un de nos frères.
(Kundry revient lentement, cruche en main, vers la hutte où
23 *elle s'affaire. Étonné, Gurnemanz fait quelques pas de côté pour mieux observer le nouvel arrivant.*
30 *Parsifal sort de la forêt. Il est vêtu d'une armure toute noire : visière baissée, tenant sa lance point en bas, il avance lentement, la tête inclinée, hésitant, comme perdu dans un rêve, et s'assied finalement sur le petit tertre de gazon près de la source.)*

GURNEMANZ *(l'observe longuement puis fait quelques pas en avant)*
Que Dieu te bénisse, mon hôte!
Es-tu perdu? Me faut-il te montrer la route?
(Parsifal secoue doucement la tête.)
Tu ne réponds donc pas à mon salut?
(Parsifal incline la tête.)
Hé? Quoi?
Si quelque vœu
te contraint au silence,
le mien m'ordonne
de t'instruire de nos usages,
2 tu es ici en terre consacrée :
15 nul n'y pénètre avec des armes,
heaume baissé, écu et lance.
2, 15 En ce jour surtout! Ne sais-tu pas
quel jour sacré c'est aujourd'hui?
(Parsifal secoue la tête.)
Eh bien! D'où viens-tu donc?
Auprès de quels païens demeurais-tu,
pour ne point savoir qu'aujourd'hui
2 c'est le vendredi saint, le plus sacré des jours?
15 *(Parsifal incline la tête encore plus bas.)*
1 Défais-toi vite de ces armes!
N'offense pas notre Seigneur qui ce jour même
sans se défendre offrit son sang sacré
pour expier tous les péchés du monde!
(Parsifal se lève après un long silence, fiche la lance dans le sol, en face de lui, pose devant elle épée et bouclier, relève sa visière, ôte son casque et le met au même endroit, après quoi il s'agenouille devant la lance en une prière silencieuse.
23 *Gurnemanz l'observe avec étonnement et émotion. Il fait signe à Kundry qui vient de sortir de la hutte. Profondément recueilli, Parsifal lève alors le regard, dans une prière fervente, vers la pointe de la lance.)*

GURNEMANZ *(doucement, à Kundry)*
Le reconnais-tu?…
C'est lui qui jadis tua le cygne.
1, 4 *(Kundry acquiesce d'un léger mouvement de tête.)*
Nul doute, c'est bien lui!
1 Ce fol qu'avec fureur j'ai chassé loin de nous!
14, 7 Ha! Quels sentiers a-t-il donc découverts?
La lance… je la connais.
4 *(En proie à une violente émotion.)*

O! – Heiligster Tag,
an dem ich heut erwachen sollt'!
(Kundry hat ihr Gesicht abgewendet.)

PARSIFAL *(erhebt sich langsam vom Gebete, blickt ruhig um sich, erkennt Gurnemanz und reicht diesem sanft die Hand zum Gruss.)*
Heil mir, dass ich dich wiederfinde!

GURNEMANZ
So kennst auch du mich noch?
Erkennst mich wieder,
den Gram und Not so tief gebeugt?
Wie kamst du heut? Woher?

PARSIFAL
Der Irrnis und der Leiden Pfade kam ich;
soll ich mich denen jetzt entwunden wähnen,
da dieses Waldes Rauschen
wieder ich vernehme,
dich guten Greisen neu begrüsse?
Oder – irr' ich wieder?
Verändert dünkt mich alles.

GURNEMANZ
So sag', zu wem den Weg du suchtest?

PARSIFAL
Zu ihm, des tiefe Klagen
ich törig staunend einst vernahm,
dem nun ich Heil zu bringen
mich auserlesen wähnen darf.
Doch – ach! –
den Weg des Heiles nie zu finden,
in pfadlosen Irren
trieb ein wilder Fluch mich umher :
zahllose Nöte,
Kämpfe und Streite
zwangen mich ab vom Pfade,
wähnt' ich ihn recht schon erkannt.
Da musste mich Verzweiflung fassen,
das Heiltum heil mir zu bergen,
um das zu hüten, das zu wahren
ich Wunden jeder Wehr mir gewann;
denn nicht ihn selber
durft' ich führen im Streite;
unentweiht
führ' ich ihn mir zur Seite,
den ich nun heim geleite,
der dort dir schimmert heil und hehr :
des Grales heil'gen Speer.

GURNEMANZ *(in höchstes Entzücken ausbrechend)*
O Gnade! Höchstes Heil!
O! Wunder! Heilig hehrstes Wunder! –
(Nachdem er sich etwas gefasst, zu Parsifal.)
O Herr! War es ein Fluch,
der dich vom rechten Pfad vertrieb,
so glaub', er ist gewichen.
Hier bist du; dies des Grals Gebiet,
dein harret seine Ritterschaft.
Ach, sie bedarf des Heiles,
des Heiles, das du bringst! –
Seit dem Tage, den du hier geweilt,

14, 5 Oh! jour saint entre tous
auquel il a fallu s'éveiller aujourd'hui!
(Kundry a détourné le visage.)

PARSIFAL *(il se relève lentement, sa prière achevée, regar-*
2 *de avec calme autour de lui, reconnaît Gurnemanz et lui tend la main en guise de salut).*
Dieu m'a béni de t'avoir retrouvé!

GURNEMANZ
Ainsi donc toi aussi tu me connais?
Tu reconnais celui
que le chagrin et la misère ont fait ployer?
30a Comment es-tu venu aujourd'hui? d'où?

PARSIFAL
31 Je suis venu par des chemins d'errance et de douleur;
dois-je enfin m'en croire éloigné,
puisque j'entends pour la seconde fois
11 le murmure de la forêt
et te salue de nouveau, bon vieillard?
Ou bien erré-je encore?
Tout me semble changé.

GURNEMANZ
Dis-moi, de qui cherches-tu le chemin?

PARSIFAL
6, 7 De celui dont les plaintes profondes
14 jadis parvinrent au fol tout étonné;
à lui porter enfin la délivrance
je puis me croire destiné.
Mais… hélas!
31 Longtemps sans retrouver le chemin du salut,
égaré dans maintes impasses,
je dus errer pris par un maléfice :
des misères sans nombre,
des luttes, des combats,
31 m'ont détourné de force du sentier
à chaque fois qu'il me semblait le reconnaître.
14, 7 Et j'en vins alors à désespérer
de pouvoir garder sauf l'objet sacré,
14, 7 et pour le préserver, pour le défendre
je reçus les blessures de toutes les armes,
car je ne pouvais moi-même
au combat le brandir;
immaculée,
je l'ai portée à mes côtés,
2 je l'ai ramenée maintenant chez elle,
regarde-la briller, sainte et superbe,
la lance sacrée du Graal.

GURNEMANZ *(ravi, en extase)*
15 Oh grâce! Salut suprême!
14, 4 Oh merveille! Sublime et sainte merveille!
3b *(dominant son émotion.)*
11 Oh maître! si c'était une malédiction
qui te tenait loin du juste chemin,
crois-moi, elle est abolie.
2, 30 C'est bien ici, et voici la terre du Graal,
ses chevaliers t'attendent, réunis.
Ah! comme ils ont besoin de ton salut,
du salut que tu leur apportes!
Depuis le jour où tu vins en ce lieu,

die Trauer, so da kund dir ward,
das Bangen – wuchs zur höchsten Not.
Amfortas, gegen seiner Wunde,
seiner Seele Qual sich wehrend,
begehrt' in wütendem Trotze nun den Tod.
Kein Flehn, kein Elend seiner Ritter
bewog ihn mehr, des heil'gen Amts zu walten.
Im Schrein verschlossen bleibt seit lang' der Gral :
so hofft sein sündenreu'ger Hüter,
da er nicht sterben kann,
wann je er ihn erschaut,
sein Ende zu erzwingen
und mit dem Leben seine Qual zu enden.
Die heil'ge Speisung bleibt uns nun versagt,
gemeine Atzung muss uns nähren;
darob versiegte uns'rer Helden Kraft.
Nie kommt uns Botschaft mehr,
noch Ruf zu heil'gen Kämpfen aus der Ferne;
bleich und elend wankt umher
die mut – und führerlose Ritterschaft.
In dieser Waldeck'barg ich selber mich,
des Todes still gewärtig,
dem schon mein alter Waffenherr verfiel.
Denn Titurel, mein heil'ger Held,
den nun des Grales Anblick nicht mehr labte,
er starb – ein Mensch wie alle!

PARSIFAL *(vor grossem Schmerz sich aufbäumend)*
Und ich, ich bin's,
der all dies Elend schuf!
Hal Welcher Sünden,
welches Frevels Schuld
muss dieses Torenhaupt
seit Ewigkeit belasten,
da keine Busse, keine Sühne
der Blindheit mich entwindet,
zur Rettung selbst ich auserkoren,
in Irrnis wild verloren
der Rettung letzter Pfad mir schwindet!
(Er droht ohnmächtig umzusinken. Gurnemanz hält ihn aufrecht und senkt ihn zum Sitze auf den Rasenhügel nieder. Kundry holt hastig ein Becken mit Wasser, Parsifal damit zu besprengen.)

GURNEMANZ *(Kundry sanft abweisend)*
Nicht so! –
Die heil'ge Quelle selbst
erquicke unsres Pilgers Bad.
Mir ahnt, ein hohes Werk
hab'er noch heut zu wirken,
zu walten eines heil'gen Amtes :
So sei er fleckenrein,
und langer Irrfahrt Staub
soll nun von ihm gewaschen sein.
(Parsifal wird von den beiden sanft zum Rande des Quelles gewendet. Unter dem Folgenden löst ihm Kundry die Beinschienen, Gurnemanz aber nimmt ihm den Brustharnisch ab.)

PARSIFAL *(sanft und matt)*
Werd' heut zu Amfortas ich noch geleitet?

GURNEMANZ *(während der Beschäftigung)*
Gewisslich; unsrer harrt die hehre Burg :

le deuil qui te fut révélé,
l'angoisse, ont cru jusqu'au sommet de la souffrance.
6, 5 Amfortas, prêt à se rebeller
9 contre sa plaie, le tourment de son âme,
ne désirait, dans son défi sauvage, que la mort.
30a Nulle supplication, nulle plainte des chevaliers
ne purent le contraindre à célébrer le saint office,
depuis longtemps le Graal est resté dans sa châsse :
ainsi, son gardien, pécheur repentant, espère,
puisqu'il ne peut mourir
tout en le contemplant,
forcer Dieu à mettre un terme à ses jours
et voir s'achever avec la vie son supplice.
30a Dès lors le saint aliment nous est refusé,
nous devons nous nourrir d'une vile pâture;
ainsi languit la vigueur des héros.
25 Aucun message ne nous parvient plus,
du lointain nul appel aux saints combats :
25 blême et affligée, la race des chevaliers,
erre, privée de son courage et de son guide.
30 Ici, au coin du bois, seul, je me suis caché,
attendant calmement la mort
qui a déjà sonné pour mon vieux maître d'armes,
2 car Titurel, le saint héros
qui par la vue du Graal n'était plus conforté,
30 est mort, devenu semblable au reste des hommes!

PARSIFAL *(se cabrant contre la douleur)*
Et c'est moi... c'est moi
qui ai suscité ce malheur!
Ha! Quels péchés,
quelles fautes criminelles
ont accablé depuis l'éternité
cette tête de fol
pour que nulle expiation, nul repentir
n'arrachent la taie de mes yeux
7 et que, voué à leur porter la délivrance,
je voie, égaré dans une sauvage errance,
disparaître l'ultime chemin du salut!
(Il manque défaillir. Gurnemanz le soutient et l'aide à s'asseoir sur le tertre de gazon. Kundry a apporté un bassin d'eau pour en asperger Parsifal.)

GURNEMANZ *(écartant Kundry)*
26, 25 Non pas!
34 Que la source sacrée elle-même
baigne le pèlerin et lui rende vigueur.
Je pressens qu'aujourd'hui il lui faudra
accomplir une tâche élevée
et célébrer un office sacré :
32b qu'il soit donc sans tache,
que de la poussière des longs chemins
32c il soit à présent lavé.
(Tous deux conduisent doucement Parsifal jusqu'au bord de la source. Tandis que Kundry défait ses jambières et lui baigne les pieds, Gurnemanz lui enlève sa cotte d'armes.)

PARSIFAL *(d'une voix douce et lasse)*
Serai-je aujourd'hui même conduit vers Amfortas?

GURNEMANZ *(pendant qu'ils s'affairent).*
35 Certes, la noble forteresse nous attend;

die Totenfeier meines lieben Herrn,
sie ruft mich selbst dahin.
Den Gral noch einmal uns da zu enthüllen,
des lang versäumten Amtes
noch einmal heut zu walten –
zur Heiligung des hehren Vaters,
der seines Sohnes Schuld erlag,
die der nun, also büssen will –
gelobt' Amfortas uns.
(Kundry badet Parsifal mit demutsvollem Eifer die Füsse. Parsifal blickt mit stiller Verwunderung auf sie.)

PARSIFAL *(zu Kundry)*
Du wuschest mir die Füsse,
nun netze mir das Haupt der Freund.

GURNEMANZ *(schöpft mit der Hand aus dem Quell und besprengt Parsifals Haupt)*
Gesegnet sei, du Reiner, durch das Reine!
So weiche jeder Schuld
Bekümmernis von dir!
(Während Gurnemanz feierlich das Wasser sprengt, zieht Kundry ein goldenes Fläschchen aus ihrem Busen und giesst seinen Inhalt auf Parsifals Füsse aus; jetzt trocknet sie diese mit ihren schnell aufgelösten Haaren.)

PARSIFAL *(nimmt Kundry sanft das Fläschchen ab und reicht es Gurnemanz)*
Du salbtest mir die Füsse,
das Haupt nun salbe Titurels Genoss,
dass heute noch als König er mich grüsse!

GURNEMANZ *(schüttet mit dem Folgenden das Fläschchen vollends auf Parsifals Haupt aus, reibt dieses sanft und faltet dann die Hände darüber)*
So ward es uns verheissen;
so segne ich dein Haupt,
als König dich zu grüssen.
Du – Reiner! –
Mitleidvoll Duldender,
heiltatvoll Wissender!
Wie des Erlösten Leiden du gelitten,
die letzte Last entnimm nun seinem Haupt!

PARSIFAL *(schöpft unvermerkt Wasser aus dem Quell neigt sich zu der vor ihm noch knienden Kundry und netzt ihr das Haupt)*
Mein erstes Amt verricht' ich so :
Die Taufe nimm
und glaub' an den Erlöser!
(Kundry senkt das Haupt tief zur Erde; sie scheint heftig zu weinen. Parsifal wendet sich um und blickt mit sanfter Entzückkung auf Wald und Wiese, welche jetzt im Vormittagslichte leuchten)
Wie dünkt mich doch die Aue heut so schön! –
Wohl traf ich Wunderblumen an,
die bis zum Haupte süchtig mich umrankten;
doch sah ich nie so mild und zart
die Halme, Blüten und Blumen,
noch duftet' all so kindisch hold
und sprach so lieblich traut zu mir.

GURNEMANZ.
Das ist Karfreitagszauber, Herr!

les funérailles de mon cher seigneur
m'appellent moi-même en ce lieu.
24a Le Graal nous sera une fois de plus dévoilé,
l'office longtemps négligé
aujourd'hui encore sera célébré
pour sanctifier le noble père
mort par la faute de son fils
– faute qu'il veut enfin expier –
Amfortas nous l'a promis.
(Kundry baigne avec zèle et humilité les pieds de Parsifal qui la regarde calme, étonné.)

PARSIFAL *(regardant Kundry avec étonnement)*
Tu m'as lavé les pieds,
que l'ami à présent verse l'eau sur ma tête.

GURNEMANZ *(puisant de l'eau dans ses mains et en aspergeant la tête de Parsifal)*
34 Sois béni, toi le pur, par le pur élément!
Que l'angoisse de toute faute
32c s'écarte de toi!
(Tandis que Gurnemanz répand l'eau solennellement, Kundry tire de son sein une fiole et en répand le contenu
34 *sur les pieds de Parsifal qu'elle sèche ensuite avec sa chevelure dénouée à la hâte.)*

PARSIFAL *(il lui ôte la fiole des mains et la tend à Gurnemanz)*
18 Si tu m'as oint les pieds,
que le compagnon de Titurel m'oigne à présent le front,
afin qu'il me salue dès aujourd'hui comme son roi.

GURNEMANZ *(verse le reste du flacon sur la tête de Parsifal, la frotte doucement et joint les mains au-dessus d'elle)*
Ainsi qu'il nous fut promis,
23 ainsi, je bénis ton front
pour te saluer comme roi,
toi – le pur! –
23 par la compassion souffrant,
par les saints actes connaissant,
7 comme tu enduras les maux du délivré,
de sa tête ôte encore le dernier fardeau!
23
2 PARSIFAL *(sans être remarqué il puise de l'eau à la source, se penche vers Kundry toujours agenouillée devant lui et*
34 *répand le liquide sur sa tête)*
J'accomplis de la sorte mon premier office :
3 reçois donc le baptême,
et crois au Rédempteur!
5 *(Kundry incline la tête vers le sol et paraît sangloter. Parsifal se retourne et jette un regard extasié sur les bois et les prés.)*
33
Comme aujourd'hui les prés me semblent beaux!
32 Certes, j'ai rencontré des fleurs magiques
qui, lascives, m'ont enlacé des pieds jusqu'à la tête;
32 mais je n'en vis jamais de si douces et si suaves,
tiges, corolles et fleurs
n'embaumèrent jamais avec cette grâce enfantine,
ni ne parlèrent avec ces accents tendres et familiers!

GURNEMANZ
C'est la magie du Vendredi saint, seigneur!

PARSIFAL
O wehe des höchsten Schmerzentags!
Da sollte, wähn' ich, was da blüht,
was atmet, lebt und wieder lebt,
nur trauern, ach! und weinen!

GURNEMANZ
Du siehst, das ist nicht so.
Des Sünders Reuetränen sind es,
die heut mit heil'gem Tau
beträufen Flur und Au' :
der liess sie so gedeihen.
Nun freut sich alle Kreatur
auf des Erlösers holder Spur,
will ihr Gebet ihm weihen.
Ihn selbst am Kreuze kann sie nicht erschauen :
da blickt sie zum erlösten Menschen auf;
der fühlt sich frei von Sündenlast und Grauen,
durch Gottes Liebesopfer rein und heil.
Das merkt nun Halm und Blume auf den Auen,
dass heut des Menschen Fuss sie nicht zertritt,
doch wohl, wie Gott mit himmlischer Geduld
sich sein erbarmt' und für ihn litt,
der Mensch auch heut in frommer Huld
sie schont mit sanftem Schritt.
Das dankt dann alle Kreatur,
was all da blüht und balb erstirbt,
da die entsündigte Natur
heut ihren Unschuldstag erwirbt.
(Kundry hat langsam wieder das Haupt erhoben und blickt feuchten Auges, ernst und ruhig bittend, zu Parsifal auf.)

PARSIFAL
Ich sah sie welken, die einst mir lachten :
ob heut sie nach Erlösung schmachten? –
Auch deine Träne ward zum Segenstaue :
du weinest – sieht! es lacht die Aue.
(Er küsst sie sanft auf die Stirne.)
(Fernes Glockengeläute, sehr allmählich anschwellend.)

GURNEMANZ
Mittag. –
Die Stund' ist da.
Gestatte, Herr, dass dein Knecht dich geleite! –
(Gurnemanz hat seinen Gralsrittermantel herbeigeholt; er und Kundry bekleiden Parsifal damit. Parsifal ergreift feierlich den Speer und folgt mit Kundry dem langsam geleitenden Gurnemanz. – Die Gegend verwandelt sich sehr allmählich, ähnlicherweise wie im ersten Aufzuge, nur von rechts nach links. Nachdem die drei eine Zeitlang sichtbar geblieben, verschwinden sie gänzlich, als der Wald sich immer mehr verliert und dagegen Felsengewölbe näher rücken. In gewölbten Gängen stets anwachsend vernehmbares Geläute. Es öffnen sich die Felsenwände, und die grosse Gralshalle, wie im ersten Aufzuge, nur ohne die Speisetafeln, stellt sich wieder dar. Düstere Beleuchtung. Von der einen Seite ziehen die Titurels Leiche im Sarge tragenden Ritter herein, von der anderen Seite die Amfortas im Siechbette geleitenden, vor diesem der verhüllte Schrein mit dem Grale.)

1 PARSIFAL
Oh! douleur, jour suprême de la souffrance!
15 Tout ce qui fleurit là, me semble-t-il,
tout ce qui respire, vit et revit,
ne devrait qu'être en deuil, ah! et en pleurs!

GURNEMANZ
Tu le vois, il n'en est pas ainsi,
33 ce sont les larmes repentantes du pécheur
qui aujourd'hui, formant cette rosée sacrée,
s'égouttent au-dessus des champs et des prés :
elle les fait ainsi prospérer.
Toutes les créatures à présent se réjouissent
de voir la trace bénie du Sauveur,
33 et veulent lui consacrer leur prière.
1, 4 Si elles ne peuvent le contempler sur la croix :
14 du moins lèvent-elles leurs regards sur l'homme racheté
qui se sent libre de la peur du péché, de l'horreur,
32 devenu pur et sain par le divin sacrifice d'amour :
sur les prés désormais, tiges et fleurs voient bien
qu'aujourd'hui nul pied humain ne les foulera,
et que, pareil à Dieu en sa sainte patience,
qui le prit en pitié et qui souffrit pour lui,
33 l'homme aujourd'hui aussi, en sa clémence pieuse,
l'épargnera avec son pas léger.
Et toute créature lui est reconnaissante,
tout ce qui fleurit là et se fane bientôt,
car la nature rachetée
32d peut aujourd'hui retrouver son jour d'innocence.
(Kundry a redressé la tête lentement et, grave et paisible, lève à présent ses yeux humides sur Parsifal.)

PARSIFAL
18 Je vis flétrir les fleurs qui riaient près de moi :
5 aspirent-elles aujourd'hui à la rédemption?
33 Tes larmes aussi sont une rosée de bénédiction;
tu pleures… vois le pré qui rit!
32 *(Il l'embrasse doucement au front. On entend au loin le bruit d'un carillon qui s'enfle peu à peu.)*

GURNEMANZ
35 Midi.
L'heure est venue :
permets, seigneur, que ton serviteur t'accompagne!
35 *(Gurnemanz est allé chercher sa cotte d'armes et son manteau de chevalier du Graal; Kundry et lui en revêtent*
23 *Parsifal. Le paysage se transforme progressivement, de la même façon qu'au premier acte, mais, cette fois, de droite à*
27 *gauche. Parsifal saisit solennellement la lance et, lentement, avec Kundry, suit Gurnemanz qui les précède. Alors,*
35 *la forêt disparaît entièrement et l'on voit s'ouvrir les portes taillées dans le roc où tous trois disparaissent. Puis, au*
30 *milieu du vacarme croissant des carillons, on aperçoit des cortèges de chevaliers vêtus de deuil, défilant le long des*
25 *galeries voûtées. Enfin, c'est la grande salle que l'on peut voir entièrement comme au premier acte, mais sans les tables, à peine éclairée. Les portes s'ouvrent à nouveau. D'un côté, des chevaliers entrent, portant dans un cercueil*
35 *le corps de Titurel. De l'autre on amène Amfortas sur sa litière, précédé du reliquaire voilé contenant le Graal. Au centre on a dressé un catafalque et derrière lui la couche surmontée d'un baldaquin sur laquelle on place de nouveau Amfortas.)*

ERSTER ZUG DER RITTER *(mit Amfortas)*
Geleiten wir im bergenden Schrein
den Gral zum heiligen Amte,
wen berget ihr im düst'ren Schrein
und führt ihr trauernd daher?

ZWEITER ZUG DER RITTER *(mit Titurels Leiche).*
Es birgt den Helden der Trauerschrein,
er birgt die heilige Kraft;
der Gott einst selbst zur Pflege sich gab :
Titurel führen wir her.

ERSTER ZUG DER RITTER
Wer hat ihn gefällt, der, in Gottes Hut,
Gott selbst einst beschirmte?

ZWEITER ZUG DER RITTER
Ihn fällte des Alters siegende Last,
da den Gral er nicht mehr erschaute.

ERSTER ZUG DER RITTER
Wer wehrt ihm des Grales Huld zu erschauen?

ZWEITER ZUG DER RITTER
Den dort ihr geleitet, der sündige Hüter.

ERSTER ZUG DER RITTER
Wir geleiten ihn heut, weil heut noch einmal
zum letzten Male –
will des Amtes er walten.
Ach, zum letzten Mal!
(Amfortas ist jetzt auf das Ruhebett hinter dem Gralstische niedergelassen, der Sarg davor niedergesetzt worden; die Ritter wenden sich an ihn.)

SÄMTLICHE RITTER
Wehe! Wehe! Du Hüter des Grals!
Ach, zum letzten Mal,
sei deines Amtes gemahnt!
Zum letzten Mal! Zum letzten Mal!

AMFORTAS *(sich matt ein wenig aufrichtend)*
Ja, wehe! Wehe! Weh' über mich! -
So ruf' ich willig mit euch.
Williger nähm' ich von euch den Tod,
der Sünde mildeste Sühne!
(Der Sarg wird geöffnet. Beim Anblick der Leiche Titurels bricht alles in einen jähen Wehruf aus.)

AMFORTAS *(richtet sich hoch von seinem Lager auf und wendet sich zur Leiche)*
Mein Vater!
Hochgesegneter der Helden!
Du Reinster, dem einst die Engel sich neigten!
Der einzig ich sterben wollt',
dir – gab ich den Tod!
O! Der du jetzt in göttlichem Glanz
den Erlöser selbst erschaust,
erflehe von ihm, dass sein heiliges Blut,
wenn noch einmal heut sein Segen
die Brüder soll erquicken,
wie ihnen neues Leben
mir endlich spende – den Tod!
Tod! – Sterben!

35 PREMIER CORTÈGE *(portant Amfortas)*
Nous apportons dans la chasse secrète
2 le Graal, pour célébrer le saint office;
35 qui cachez-vous dans ce sombre écrin
et qui menez-vous là-bas en grand deuil?

SECOND CORTÈGE *(portant le cercueil de Titurel)*
Il abrite un héros, ce sombre écrin de deuil;
il cache la force sacrée;
celui qui s'offrit lui-même à veiller sur Dieu :
c'est Titurel que nous portons.

PREMIER CORTÈGE
Qui fit choir celui que sous la garde du Seigneur,
2 le Seigneur même jadis protégea?

SECOND CORTÈGE
2 Le poids fatal de l'âge l'a fait choir,
car il ne pouvait plus contempler le saint Graal.

PREMIER CORTÈGE
Qui l'empêcha de contempler la grâce du saint Graal?

SECOND CORTÈGE
Celui que vous portez là, le gardien pécheur.

PREMIER CORTÈGE
30 Nous le portons, car aujourd'hui encore
– pour la dernière fois –
il va célébrer son office.
Hélas, pour la dernière fois!
(Amfortas a été installé sur le lit de repos derrière l'autel du Graal, le cercueil a été placé devant cet autel. Avec le chœur suivant ,les chevaliers s'adressent à Amfortas.)

SECOND CORTÈGE
25 Malheur! Malheur! Toi, gardien du salut!
Pour la dernière fois
souviens-toi de ton office!

AMFORTAS *(se soulève un peu à bout de force)*
30 Oui, malheur! Malheur! Malheur à moi!
Ainsi, je crie volontiers avec vous :
30a plus volontiers encore je recevrais de vous la mort,
la plus douce expiation du péché!
(On a ouvert le cercueil. À la vue du corps de Titurel tous
6 *éclatent en un cri de douleur déchirant.)*

36 AMFORTAS *(se redressant sur sa couche, tourné vers le corps de son père)*
Mon père!
Le plus saint des héros!
Toi, le plus pur, devant qui jadis les anges s'inclinèrent :
alors que je voulais mourir,
c'est à toi, à toi seul que j'ai donné la mort!
36 Oh! toi qui désormais, dans son éclat divin,
va contempler le Rédempteur lui-même,
supplie-le, afin que son sang sacré –
si cette fois encore sa bénédiction
1 doit rendre vigueur à mes frères
2 en leur dispensant une vie nouvelle –
me fasse enfin don… de la mort!
La mort! Mourir!

Einz'ge Gnade!
Die schreckliche Wunde, das Gift, ersterbe,
das es zernagt, erstarre das Herz!
Mein Vater! Dich – ruf' ich,
rufe du ihm es zu :
Erlöser, gib meinem Sohne Ruh'!

Unique grâce!
Que la terrible plaie, que le poison s'effacent
et que le cœur par lui rongé se fige!
Mon père! C'est toi que j'appelle,
crie toi-même vers lui :
Sauveur, accorde à mon fils le repos!

DIE RITTER *(drängen sich näher an Amfortas heran)*

Enthüllet den Gral! –
Walte des Amtes!
Dich mahnet dein Vater :
Du musst! Du musst!

LES CHEVALIERS *(se pressant auprès d'Amfortas, en*
25 *désordre)*
Dévoilez, ouvrez le reliquaire!
Et célébrez le saint office!
Ton père te l'ordonne :
il le faut, il le faut!

AMFORTAS *(springt in wütender Verzweiflung auf und stürzt sich unter die zurückweichenden Ritter)*

Nein! – Nicht mehr! – Ha!
Schon fühl' ich den Tod mich umnachten
und noch einmal sollt' ich ins Leben zurück?
Wahnsinnige!
Wer will mich zwingen zu leben?
Könnt ihr doch Tod mir nur geben!
(Er reisst sich das Gewand auf.)
Hier bin ich – die offne Wunde hier!
Das mich vergiftet, hier fliesst mein Blut.
Heraus die Waffe! Taucht eure Schwerter,
tief – tief, bis ans Heft!
Auf! Ihr Helden!
Tötet den Sünder mit seiner Qual,
von selbst dann leuchtet euch wohl der Gral!
(Alles ist scheu vor Amfortas gewichen, welcher in furchtbarer Ekstaze einsam steht. Parsifal ist, von Gurnemanz und Kundry begleitet, unvermerkt unter den Rittern erschienen, tritt jetzt hervor und streckt den Speer aus, mit dessen Spitze er Amfortas' Seite berührt.)

AMFORTAS *(en proie à un terrible désespoir, il bondit de sa couche et se précipite au milieu des chevaliers qui reculent,*
6 *effrayés)*
Non! Jamais plus! Ha!
Déjà je sens la mort m'étreindre de son ombre,
et je devrais encore retourner à la vie?
Insensés!
Qui donc veut me contraindre à vivre?
Mais pouvez-vous seulement me donner la mort?
(il arrache son vêtement.)
6 Me voici – voyez la plaie ouverte
qui m'empoisonne, ici coule mon sang.
16 Sortez vos armes! Plongez vos épées
12 au fond, tout au fond, jusqu'à la garde!
Debout, héros!
Tuer le pécheur avec son supplice,
alors pour vous le Graal luira tout seul!
(Tous se sont écartés avec terreur; Amfortas se tient debout, à l'écart, dans une sorte d'extase; sans être aperçu, Parsifal, accompagné de Gurnemanz et de Kundry, s'est glissé parmi les chevaliers; il s'avance et étend la lance avec l'extrémité de laquelle il touche le flanc d'Amfortas.)

PARSIFAL
Nur eine Waffe taugt : –
die Wunde schliesst
der Speer nur, der sie schlug.
(Amfortas' Miene leuchtet in heiliger Entzückung auf; er scheint vor grosser Ergriffenheit zu schwanken; Gurnemanz stützt ihn.)
Sei heil, entsündigt und gesühnt,
denn ich verwalte nun dein Amt.
Gesegnet sei dein Leiden,
das Mitleids höchste Kraft,
und reinsten Wissens Macht
dem zagen Toren gab!
(Er schreitet nach der Mitte, den Speer hoch vor ich erhebend.)
Den heil'gen Speer –
ich bring' ihn euch zurück!
(Alles blickt in höchster Entzückung auf den emporgehaltenen Speer, zu dessen Spitze aufschauend Parsifal in Begeisterung fortfährt.)
O! Welchen Wunders höchstes Glück! –
Der deine Wunde durfte schliessen,
ihm seh' ich heil'ges Blut entfliessen
in Sehnsucht nach dem verwandten Quelle,
der dort fliesst in des Grales Welle,
Nicht soll der mehr verschlossen sein :
Enthüllet den Gral, öffnet den Schrein!

PARSIFAL
2 Une arme seule vaut :
la plaie ne peut être fermée
que par la lance qui l'a faite.
6 *(Les traits d'Amfortas s'illuminent en une sorte d'extase; il semble défaillir sous le poids de l'émotion; Gurnemanz le soutient.)*
Sois guéri, racheté et pardonné!
Car à présent c'est moi qui célèbre l'office.
7 Que ta souffrance soit bénie,
qui donna la force suprême
de la pitié et du pur savoir
à ce fol au cœur timoré.
29 *(Il s'avance vers le milieu, élevant la lance haut devant lui.)*

1 La lance sacrée –
je vous la rapporte aujourd'hui.
3b *(Au comble du ravissement tous lèvent les yeux vers la lance brandie par Parsifal; le regard fixé sur sa pointe, celui-ci poursuit avec exaltation.)*
Oh! quel bonheur plus grand que ce miracle!
4 De celle qui devait fermer ta plaie
14 je vois couler un sang sacré,
vif et ardent, vers la source parente,
5 qui se fond là dans la vague du Graal!
7 Que plus jamais il ne soit refermé :
dévoilez donc le Graal! Ouvrez le reliquaire!

(Parsifal besteigt die Stufen des Weihtisches, entnimmt dem 2
von den Knaben geöffneten Schrein den Gral und versenkt 3
sich, unter stummen Gebete, kniend in seinen Anblick. – 2
Allmähliche sanfte Erleuchtung des Grales. – Zunehmende 1
Dämmerung in der Tiefe, bei wachsendem Lichtschein aus 3
der Höhe.)

ALLE *(mit Stimmen aus der mittleren sowie der obersten Höhe kaum hörbar leise)*
Höchsten Heiles Wunder!
Erlösung dem Erlöser! 1
(Lichtstrahl : hellstes Erglühen des Grales. Aus der Kuppel
schwebt eine weisse Taube herab und verweilt über
Parsifals Haupt. – Kundry sinkt, mit dem Blicke zu ihm auf, 3
langsam vor Parsifal entseelt zu Boden. Amfortas und 2
Gurnemanz huldigen kniend Parsifal, welcher den Gral 3
segnend über die anbetende Ritterschaft schwingt.) 2
(Der Bühnenvorhang wird langsam geschlossen.) 1

(Parsifal monte les marches de l'autel, retire le Graal et priant silencieusement à genoux se perd dans sa contemplation. Le Graal s'empourpre; une lumière surnaturelle se répand sur l'assemblée, obscurité dans le bas de la salle et un éclat lumineux toujours plus intense éclaire le haut.)

TOUS *(accompagnés par les voix à peine perceptibles qui proviennent du milieu et du haut de la coupole).*
Miracle du salut suprême
Rédemption au rédempteur!
(Un rayon de lumière fait resplendir le Graal dans toute sa clarté. De la coupole une colombe blanche descend et vole au-dessus de la tête de Parsifal. Kundry, le regard fixé sur lui, s'affaisse lentement sur le sol, devant Parsifal, et expire. Amfortas et Gurnemanz agenouillés, rendent hommage à Parsifal; qui présente le Graal de tous côtés, bénissant les chevaliers en adoration.)

Commentaire

INTRODUCTION

Aux sources littéraires de *Parsifal,* un roman, le plus inventif du cycle breton, *Perceval,* commencé en vers par Chrétien de Troyes (v. 1135 – v. 1183) et sans doute demeuré inachevé par la mort de l'écrivain. L'ouvrage, déjà considérable (prés de 45000 octosyllabes), fut complété ensuite par différentes mains et adapté sous de nombreuses formes. Si l'on y retrouve des faits et gestes très proches des épisodes narrés par Wagner, les multiples aventures vécues par le héros, les nombreuses digressions et le foisonnement des personnages secondaires composent une fresque où l'héroïsme, les faits d'armes contés avec une fantaisie arborescente ont au moins autant d'importance que la quête mystique du Graal (n'ouvrons pas ici l'important registre de la multiplicité symbolique du Graal – talisman, corne d'abondance, dispensateur de force, de courage et de jeunesse... – associons-le, selon l'image traditionnelle, au sang du Christ en croix recueilli dans un vase par Joseph d'Arimathie). On y retrouve notamment toute une « geste » parallèle du chevalier Gauvin et le mariage de Parsifal (que Wagner nous présente comme « chaste fol ») et de Blanchefleur. Le personnage central y est déjà présenté comme le héros au coeur pur se fortifiant le corps et l'esprit au rythme des étapes d'une véritable initiation.

Le contact de Wagner avec la légende celtique se fit par la puissante adaptation allemande de Wolfram von Eschenbach, Parzifal (orthographe que le compositeur gardera jusqu'en 1877) datant des premières années du treizième siècle. S'il se montre soucieux de suivre son modèle, surtout dans les deux premiers livres, il détaille davantage certains épisodes comme l'enfance du héros et accentue la sacralisation de l'héroïsme chevaleresque. Ce récit, plus sobre, plus méditatif, insistant parfois lourdement sur l'opposition du bien et du mal avec un sens de l'allégorie propre à son époque, introduit le personnage de Lohengrin (le fils de Parsifal, ainsi que Wagner l'avait annoncé dans le livret de l'opéra homonyme en 1845) et celui du magicien Klingsor. La quête du héros revêt une importance plus profonde, plus spirituelle, car le Graal y est présenté comme un médium de l'ascèse et du renoncement.

LA CHRONOLOGIE DE LA COMPOSITION

La fréquentation du texte médiéval et de certaines de ses résonances modernes (comme l'ouvrage de Hans von Wolzogen et l'édition de Görres) remonte à 1845, lors d'un séjour de Wagner à Marienbad. Le thème de l'héroïsme rédempteur et du salut, hantera le compositeur à plus d'une reprise (du Hollandais à Siegfried), et l'on se souviendra que les esquisses de Tristan prévoyaient une intervention de Parsifal, en chevalier salvateur, durant l'agonie du héros abandonné : un chaste contrepoint à sa faveur amoureuse!

Situons rapidement la chronologie de l'ouvrage. Dans *Ma Vie*, son autobiographie, Wagner a raconté que la douceur d'une matinée printanière perçue comme un enchantement du Vendredi Saint (à Zurich en 1857), lui avait ramené à l'esprit le roman de Wolfram; il en aurait même rédigé une rapide esquisse en prose (ce que le *Journal* de Cosima contredit et qu'Oswald Bauer[1] appelle un « mythe d'inspiration »). La première preuve irréfutable du long travail de gestation semble remonter au 1er octobre 1858 à l'époque où, dans une lettre adressée à Mathilde, Wagner annonce des éléments du futur troisième acte, au matin du Vendredi Saint. C'est elle qui lui enverra à la même époque l'édition de San Marte du roman. Dès lors, le sujet ne le quittera plus. Pestant d'abord contre le fatras d'épisodes qui, à son sens, appesantissaient le roman, Wagner va l'élaguer jusqu'à ne plus en conserver qu'un livret linéaire, débarrassé de toute digression ne servant pas sa vision téléologique du récit. Dès 1865, il annonce à Louis II la création de l'ouvrage pour 1872 et il se met immédiatement à la rédaction de la première esquisse complète du texte. Mais il doit d'abord terminer le *Ring* et les *Maîtres Chanteurs*. L'élaboration définitive commence donc en 1877, juste après l'aboutissement de la *Tétralogie* et le premier

---

1. Oswald Georg Bauer : *Richard Wagner, Opéras de la création à nos jours*, Office du Livre, Fribourg, Ed. Vilo, Paris, 1983.

festival de Bayreuth. Bien que les esquisses musicales initiales datent du 9 février 1876, le poème n'est achevé qu'en avril 1877. L'élaboration est longue, passant par les stades habituels de la conception, mais traitant les différents actes en simultanéité : les ébauches à l'encre sur deux portées, les brouillons crayonnés avec les premières lignes vocales, les brouillons développés avec les différentes voix et une particelle orchestrale, enfin le brouillon au crayon de la partition instrumentée. Les trois actes se précisent ainsi au fil des retraites à Bayreuth et des longs séjours en Italie. C'est d'ailleurs à Palerme que le point d'orgue final est écrit et daté du 25 décembre 1881 (en fait le 13 janvier 1882) pour correspondre sans doute à la fête chrétienne mais aussi à l'anniversaire de Cosima. Le journal de sa femme a suivi pas à pas l'itinéraire de la composition par le biais des annotations tatillonnes ou hagiographiques, bribes fugaces, parfois niaises, qui montrent surtout l'ambiance relativement détendue et apaisée de toute cette époque.

LA PREMIERE SCÈNIQUE

La création de l'ouvrage eut lieu à Bayreuth, le 26 juillet 1882 (pour 16 représentations) sous la direction de Hermann Levi avec une distribution qui faisait alterner trois Parsifal (Winckelmann, Gudehus et Jäger), trois Kundry (Materna, Brandt et Malter), deux Gurnemanz (Scaria et Siehr), deux Klingsor (Hillet et Fuchs) et un seul Amfortas (Reichmann). Wagner s'était soucié comme pour le *Ring* de tous les détails des décors et costumes et réglé la mise en scène. Ce passage de l'oeuvre, du cocon de la partition à la réalisation scénique, inquiéta Wagner, plus soucieux de présenter un drame cosmique libéré des réalités du théâtre que d'utiliser ce théâtre dans sa nature et son fonctionnement. Le *Journal* de Cosima[2] porte la trace des « scrupules » du maître : « Comme j'ai peur de toutes ces histoires de costumes et de maquillages. Quand je songe que des personnages comme Kundry vont devenir des mascarades, je repense à toutes ces répugnantes fêtes que font les artistes... Après avoir inventé l'orchestre invisible, je voudrais avoir inventé le théâtre invisible! » Le choix du décorateur pose aussi problème. Approché parmi d'autres, Arnold Böcklin décline l'offre. C'est finalement un jeune peintre d'origine russe Paul von Joukowsky qui tente de réaliser graphiquement les visions de Wagner qui demandait surtout à ses collaborateurs de comprendre ses idées plutôt que d'apporter les leurs... Pour le temple du Graal, Wagner avait été si impressionné par le dôme roman de Sienne que le premier décor de Bayreuth stylise à peine. Le point de départ du jardin de Klingsor vient de la végétation foisonnante de la villa Rufolo près de Naples qui avait enchanté Wagner. Joukowsky dut en dessiner moult esquisses avant de trouver un début d'assentiment. Deux moments particulièrement périlleux restaient à concevoir techniquement : la progression de Parsifal et de Gurnemanz passant de la clairière initiale au lieu saint et la transformation du jardin enchanté en désert. Si l'anéantissement de l'empire du mal trouva sans trop de problèmes une solution avec la chute d'une toile peinte, la réalisation scénique de la promenade au son des cloches de Montsalvat déclencha l'ire du créateur confronté à des problèmes de minutage : l'audacieux cyclorama imaginé par le scénographe Carl Brandt (une toile se déroulant sur des cylindres) demandait trop de temps. Wagner s'indignant qu'il ne pouvait « composer de la musique au mètre », c'est presque par devers lui qu'on augmenta le nombre de volées de cloches : la partition en porte encore la trace aujourd'hui. Quant aux costumes dessinés par Rudolf Seitz, ils reçurent plus de reproches blessants que de félicitations : le compositeur, tout en voulant suivre le réalisme ou le style décoratif alors en vogue dans les opéras historiques ou légendaires, désirait une image sobre, une solennité digne, une piété austère, que l'on a parfois opportunément rapprochée du goût nazaréen (première moitié du XIXe siècle) des peintres comme Carolsfed ou Overbeck dont le retour à un art purifié et au mysticisme n'étaient pas étrangers à Wagner. C'est Joukowsky qui imagina le costume étrange et sensuel de Kundry et des Filles-fleurs... reste à savoir si Wagner était satisfait de ces fleurs irréelles et criardes, si elles correspondaient au moins en partie à sa demande de créateur ou si elles ne furent qu'un ersatz obligé par les contingences et par l'époque.

UN FESTIVAL SCÈNIQUE SACRÉ

La spiritualité de *Parsifal*, sa place, voulue unique, dans l'opéra wagnérien et dans l'histoire du genre, allait être la source de quelques malentendus, dépassant souvent les intentions du compositeur-librettiste-metteur en scène. Bühnenweihfestspiel (festival pour une consécration dans un théâtre, si l'on s'en tient à l'une des traductions littérales possibles de la « qualification » de l'ouvrage) illustre chez Wagner une volonté peu courante à son époque, celle de formuler une antithèse historique à la laïcisation de l'opéra et du théâtre, à leur distance prise par rapport à la célébration du culte (voir l'évolution de la tragédie classique grecque ou les mystères médiévaux, pour nous en tenir à la tradition occidentale). Cette forme d'art entièrement profane, il voulut la revêtir de sa religiosité. Bien

2. Cosima WAGNER : *Journal* IV, 1881-1883, Gallimard, Paris, 1979.

qu'il ait affirmé avec une grande force que *Parsifal*, dans ses scènes du Graal, ne constitue pas une réplique de la messe et du sacrifice eucharistique, la confusion guette en permanence (le pain, le vin, le calice, la communion, la musique, et la dualité Amfortas-Parsifal, comme une allégorie du Christ souffrant et rédempteur). La représentation (dans l'univers « frelaté » du théâtre, même sacralisé comme à Bayreuth, par des chanteurs que l'imaginaire collectif n'associe pas toujours avec des vies de saints) une action fort proche des premiers oratorios italiens ou des grandes fresques haendeliennes a pu choquer ou faire rire. Pour le croyant, le Graal peut être perçu comme une inconvenance. Pour l'agnostique, il peut sembler ridicule.

Heureusement, l'ouvrage s'ouvre sur d'autres perspectives. Cependant on ne résistera pas à épingler les commentaires d'un témoin lucide comme Stravinsky racontant, non sans humour, dans un passage célèbre de sa *Chronique de ma vie* comment il avait fui Bayreuth, ses pompes et ses oeuvres, et « cette singerie inconsciente du rite sacré ». Deux autres « traditions » singularisèrent encore l'ouvrage : l'exclusivité bayreuthienne et l'absence d'applaudissements. Lors de la première représentation, Wagner demanda au public de s'abstenir de manifester trop bruyamment ses bravos aux chanteurs... Pour le premier festival, on s'en tint à des applaudissements à l'issue de chaque acte. L'année suivante, Wagner était mort. Par déférence, on s'abstint de tout applaudissement... et cette tradition s'imposa à Bayreuth et ailleurs pendant des décennies à tel point que des « chut! » accompagnent encore aujourd'hui les bravos lors de certaines représentations de l'ouvrage.

Wagner souhaitait que son oeuvre ne subît pas la même « contamination » publique que les autres opéras. Un privilège d'exclusivité liant *Parsifal* au Festspielhaus pour une durée de trente ans fut accordé par Louis II qui, seul, pouvait en organiser des représentations en un autre lieu (le roi fit exécuter trois fois l'ouvrage à Munich pour son propre plaisir en mai 1884). Ce mystère entourant une oeuvre réservée à un public sélectionné (initié!) renforçait l'intérêt des grandes maisons d'opéra qui tentèrent, dès la mort de Wagner, de produire l'ouvrage. Cosima, s'accrochant de toutes ses forces au privilège accordé par le roi fou, mobilisant les politiques, rassemblant des pétitions et plaidant pour le respect du testament wagnérien, sut garder pendant vingt ans l'exclusivité de l'ouvrage, malgré quelques exécutions fragmentaires en concert. Mais en 1903, le Met de New York décida d'enfreindre les interdictions. Aidé par la non-adhésion des Etats-Unis à la convention de Berne sur la protection des oeuvres d'art, le viennois Heinrich Conried, l'intendant du Metropolitan, osa le sacrilège le 24 décembre 1903, dans une production voulue plus riche et avec quelques « titulaires » des rôles à Bayreuth et des décors peints à Vienne. Cosima fit un procès qu'elle perdit. Ce « vol de *Parsifal* » n'était que le premier. Une tournée américaine de 224 représentations en anglais suivit. Le combat pour l'exclusivité dura jusqu'en 1913 avec des accents de plus en plus nationalistes mais le Reichstag y apporta un point final en laissant chacun libre de représenter l'opéra.

TRADITIONS COMME ÉLÉMENTS MOTEURS

Aboutissement de l'oeuvre wagnérien, *Parsifal* a longuement mûri. Le trajet qu'il décrit est aussi plus net, moins buissonnant, que la théogonie narrée par le *Ring*, dont l'accumulation d'épisodes n'évite pas une certaine confusion (ce qui peut également réjouir exégètes et metteurs en scène qui parleront alors de sa « richesse interprétative »...). Comme dans le *Ring*, la rédemption en constitue la thèse centrale : un acte honteux a été commis; il importe de l'effacer, de restaurer l'ordre et la pérennité du monde. Le héros montre plus d'une ressemblance avec Siegfried : sa vaillance, sa prédestination (Wotan dans le *Ring*, l'Oracle dans le cas présent) mais aussi sa « nature » naïve opposée à la culture (là celle de Mime et de Wotan, ici celle de Gurnemanz et de Kundry).

L'intrigue de *Parsifal* repose principalement sur l'interaction de trois traditions : la religion chrétienne, la geste chevaleresque et l'ésotérisme occidental. La composante chrétienne fournit de nombreux éléments moteurs : la faute et son rachat par un sauveur, l'attente de ce sauveur comme un Messie, sa non-reconnaissance par le groupe qu'il vient de racheter, la liaison explicite entre le Moyen Age, le temps de l'action, et l'époque des Evangiles à travers les multiples réincarnations de Kundry, la cérémonie du Graal avec le partage du pain et du vin, le baptême de Parsifal et celui de Kundry... Wagner s'est approprié ces éléments (ce qui lui valut l'ironie de Nietzsche et la réponse indirecte à *Parsifal* qu'est son ouvrage philosophique *Ainsi parla Zarathoustra,* qu'il a transmuté en ce qu'on interpréterait volontiers comme une hérésie au sens religieux, une perversion interprétative de la religion si *Parsifal* fonctionnait comme rituel, comme messe. Mais, malgré toute l'ambiguïté entretenue par le compositeur et ses successeurs, il n'en est rien, *Parsifal* n'est un culte que pour les wagnériens, c'est une autre forme d'adulation...

Par son exaltation de l'idéal chevaleresque, du combat du bien contre le mal, par la catharsis, l'errance qu'il impose à son héros, *Parsifal* reprend une thématique chevaleresque et même courtoise. Ce héros pourtant n'est pas un homme à part entière (du moins, dans le cadre strict de cet opéra), car il devra refuser le sexe pour accomplir sa mission salvatrice. Héros adolescent, tendrement lié à sa mère, il refuse la femme fatale mais ne trouve pas l'épouse ailleurs. La régression enfantine signe à plus d'une reprise ses attitudes et sa conversation!

L'ésotérisme se manifeste à la fois par le chemin initiatique du héros (soumis à de multiples épreuves, se gardant de toute souillure, passant aux frontières de la mort : ne nous apparaît-il pas en armure noire, au début du troisième acte?) et son admission dans la confrérie (le baptême et l'onction par Gurnemanz). D'autres traces d'hermétisme sont visibles : les routes secrètes qui entourent Montsalvat (dont le nom renvoie autant à Monségur qu'à Montserrat) que seuls connaissent les initiés, la magie blanche des gardiens du Graal à la magie noire de Klingsor le nécromant.

De multiples approches de l'ouvrage sont possibles. Wagner y questionne en permanence les valeurs essentielles de notre civilisation. Cependant, il est impossible d'évacuer certains traits de *Parsifal,* certaines conceptions qui ne sont pas dénuées de connotations fascistes et sexistes; ce n'est pas dévaluer les qualités musicales et dramatiques de Parsifal que de les signaler brièvement. Le « couronnement » de Parsifal, rejetant Amfortas, le souverain en place, est cautionné plus par l'immanence d'une mission que par un choix effectif de la communauté. C'est un prise de pouvoir qui s'autojustifie par un acte salvateur extraordinaire et non par un acte « politique » de concertation : on comprend que Parsifal fut une figure héroïque encore plus appréciée par Hitler que Siegfried. Il est celui qui reconstitue le cercle d'hommes rompu par la faute d'Amfortas (Hitler ne parlait-il pas de son sang corrompu qu'il fallait régénérer?) en annulant la catastrophe. Est-il exagéré de voir également en Kundry (l'émissaire, l'être double, tantôt ange, tantôt démon) une figure de Juif errant, annihilée par cette société de purs guerriers? Le ravalement de la femme à la perversion et à l'érotisme lubrique dans *Parsifal* ne plaide pas en faveur d'un Wagner moderne et éclairé. Quelles y sont les apparitions féminines. Les Filles-fleurs dans leur aguichant et dangereux babil et surtout Kundry, le seul personnage de cette fiction réellement créé par Wagner et qui renvoie surtout à des fantasmes multiples, ceux de la femme dans toute son altérité dérangeante et vampirique : Lulu et Salomé ou encore les Ménades dans leur furia dionysiaque.

LA CONSTRUCTION ET LA TECHNIQUE DES LEITMOTIVE

Soucieux de symétrie, Wagner a admirablement soigné la forme générale de l'ouvrage. Le premier acte appelle le troisième (même lieu, même structure dramatique avec une première grande scène de « reconnaissance » avec les mêmes personnages, la transition et l'office de Montsalvat). Le deuxième acte adopte la même structure (récit initial, action et gradation vers le sommet), mais il s'en distingue par sa progression paroxystique (climax avec le baiser, certes, mais ce climax est un tremplin pour toute la progression vers la fin) alors que les deux actes extrêmes se construisent en forme d'arche. La symétrie de l'ouvrage est sensible dans quelques autres signes dont le moins visible n'est pas la circularité : le même motif ouvre et termine l'opéra dans la même tonalité. Le langage musical souligne aussi la symétrie : le vocabulaire des actes extrêmes s'assortit de tournures volontiers modales, de tempi plus lents, alors que l'épisode central, d'un mouvement plus rapide, recroqueville les cellules thématiques dans un chromatisme abrupt, guère plus extrémiste que celui de *Tristan* mais plus imprévisible dans ses chemins tortueux et ses intervalles mélodiques déchiquetés.

L'action statique de *Parsifal* (longs récits, parfois verbeux, avec une qualité littéraire qui n'est pas présente à chaque ligne : le génie de Wagner, pesamment didactique, ne pratique guère l'ellipse) est conforté par une musique qui joue volontiers sur le registre de la suspension du temps et de l'hypnose (mouvements étirés, répétitions des mêmes motifs) avec l'intention probable de plonger le spectateur dans un état de réception mystique, de le conditionner. Les leitmotive sont utilisés de manière assez semblable à *Tristan* ou au *Ring.* S'ils sont en général plus longs, ils fournissent ici, par bribes, par reconstruction, la quasi-totalité de la matière musicale. Pierre Boulez[3] a d'ailleurs mis en évidence l'extraordinaire mécanique de cette « matrice autocréatrice » qu'est le système de leitmotive de *Parsifal.* Contentons nous de signaler les rapports que les leitmotive entretiennent entre eux, soit en faisant des motifs par fragmentation d'un autre motif (la « cène » générant la « souffrance » et la « lance »), soit en jouant sur l'ambiguïté de certains communs entre motifs (la « lance » et « l'accablement », par exemple) ou en les transformant de manière sensible (le motif de la « foi » au gré des situations).

ARGUMENT

Acte I

A quelques pas de la forteresse médiévale des gardiens du Graal, à Montsalvat en Espagne, à la lisière de la chrétienté et du monde des croyants, nous assistons à l'éveil et à la prière des écuyers, paternellement surveillés par le chevalier Gurnemanz. Des serviteurs

3. Pierre BOULEZ, Commentaire accompagnant son enregistrement de l'ouvrage chez CBS.

nous renseignent sur la santé défaillante d'Amfortas, le maître (« roi ») du lieu, blessé au flanc dont on va tenter d'adoucir les souffrances par un bain. Kundry, une cavalière, rapporte, au terme d'une chevauchée épuisante un baume qui devrait soulager le malade. Celui-ci arrive alors, porté sur une civière, et s'inquiète du sort d'un de ses frères d'armes. Nous apprenons ainsi qu'un magicien, Klingsor, menace la tranquillité de la communauté. Le cortège du roi s'éloigne et les écuyers houspillent Kundry dont la présence dérangeante (elle a refusé le merci d'Amfortas!) les irrite. Gurnemanz prend sa défense et raconte alors les divers épisodes qui ont conduit au déclin du roi. Succédant à son père Titurel, il voulut détruire le monde maudit de Klingsor, un ancien chevalier chassé de Montsalvat parce qu'il s'était infligé la castration. Dans son repaire, il attirait les chevaliers par des sortilèges. Mais Amfortas lui-même ne put y résister : succombant au baiser d'une créature sensuelle (il s'agit de Kundry mais nous ne l'apprendrons que plus tard), il fut blessé par Klingsor qui lui vola par la même occasion un bien infiniment précieux, la sainte lance qui toucha le Christ. Cette plaie incurable ne pourra être cicatrisée que par la même lance et l'entremise d'un pur innocent qui vaincra Klingsor : une prophétie recueillie par Amfortas l'assure.

Un tumulte agite la confrérie. En cette période de trêve, un jeune inconnu a tué un cygne sacré. Semblant tout ignorer du monde, le chasseur écoute, de plus en plus troublé, les reproches de Gurnemanz et, contrit par sa faute, brise son arc. Encouragé à s'expliquer, Parsifal (restituons lui son nom bien qu'il ne le dise à quiconque) ne peut donner que quelques vagues réponses sur ses origines, sur sa mère, sur sa fugue. Pour compléter son récit, Kundry intervient et lui apprend la mort de sa mère, provoquant la violence du fougueux enfant. Mais voilà que s'annonce la célébration de l'office. Pressentant que le jeune homme pourrait être le sauveur attendu, Gurnemanz l'introduit dans le temple. Solennité des cloches, irisations des voix angéliques... Titurel, de sa sombre retraite, demande à Amfortas de célébrer le Graal. Sachant que cette offrande sacrée lui causera une torture physique et morale, le chevalier fautif se plaint et refuse. Mais forcé par son besoin de salut, aidé par les écuyers, il découvre le Graal qui embrase le temple et la musique. Parsifal reste comme prostré et ne veut pas prendre part à la célébration. Resté seul avec lui, Gurnemanz croit qu'il s'est trompé et le chasse de Montsalvat.

Acte II

Nous sommes dans le château de Klingsor. Un miroir magique avertit le magicien de l'arrivée de Parsifal. Des profondeurs de la terre, l'évoquant par des noms démoniaques, il fait émerger sa créature Kundry. Etre double, jouet de Klingsor qui l'ensorcelle, autant qu'aide inespérée des chevaliers, elle est la victime d'un sortilège et souhaite le repos, l'anéantissement. Sa révolte contre son maître est inutile; elle devra obéir même si, perfidement, elle le torture en l'interrogeant sur sa castration. Mais l'étranger approche. Klingsor lance contre lui ses troupes (les chevaliers qu'il a jadis capturés) que Parsifal met aussitôt en pièces. La scène se transforme alors en un jardin enchanté peuplé de Filles-Fleurs qui pleurent d'abord leurs amants tués mais, séduites par le bel arrivant, elles lui trouvent beaucoup de charme et lui font fête. Kundry tente aussitôt de le suborner par ses caresses. Le baiser, contrairement à toute attente, provoque une intense douleur et agit en révélateur : Parsifal comprend tout, la blessure d'Amfortas, la duplicité de Kundry et son devoir de résister aux avances de la pécheresse pour leur salut mutuel. Courroucée par son échec, elle appelle Klingsor à l'aide. Le magicien apparaît et veut tuer Parsifal avec la sainte lance. Par miracle, elle se fige au-dessus de la tête du héros. Il s'en empare et fait le signe de la croix. Tremblement de terre; disparition du magicien; le jardin enchanté se change en un désert. A Kundry, effondrée, il annonce qu'elle le reverra.

Acte III

Vendredi Saint. Gurnemanz vieilli et devenu ermite ranime Kundry, engourdie dans un buisson. Sa nature farouche a fait place à l'humilité et elle sert maintenant avec dévouement la confrérie du Graal. Un chevalier silencieux en armure noire approche. Gurnemanz, étonné de son mutisme et de son ignorance, lui rappelle la trêve pascale. Enlevant son heaume, Parsifal s'agenouille en prière face à la lance qu'il a plantée devant lui. Au comble de l'émotion, l'ermite et sa servante reconnaissent alors l'homme et l'arme. Parsifal raconte que, longtemps, le sort l'a égaré du bon chemin et qu'aujourd'hui, gardien de la lance sacrée, il est là pour mettre fin aux douleurs d'Amfortas. Gurnemanz et Kundry le débarrassent de sa cuirasse et l'oignent. Investi d'une nouvelle dignité royale, Parsifal baptise Kundry. Les deux hommes s'extasient devant la nature dans l'enchantement du Vendredi Saint. Les cloches les appellent à la cérémonie.

Nous retrouvons la salle du premier acte. Mais Titurel est mort et Amfortas a promis, comme acte de piété filiale, de célébrer le culte trop longtemps négligé. Vêtu du manteau de chevalier, Parsifal assiste au désespoir d'Amfortas meurtri, ployant sous sa faute, demandant à ses frères d'armes de le tuer. Parsifal s'avance et, touchant la blessure avec la lance, le guérit et le lave de toute faute. Dans la ferveur et le ravissement, Parsifal célèbre lui-même le culte du Graal dans l'extase unanime. Kundry tombe lentement, sans vie. Hommage, bénédiction, adoration.

PROFILS MUSICAUX DES PERSONNAGES

Vocalement, *Parsifal* privilégie nettement les voix masculines. Une seule femme donc, Kundry, si l'on excepte les ondoyantes mélodies des Filles-fleurs, pour contraster avec cinq rôles masculins, la masse chorale des chevaliers parfois rehaussée du soprano et de l'alto des Knaben.

PARSIFAL

Le seul ténor tient le rôle-titre. Comme son fils Lohengrin, comme son lointain cousin en bravoure, Siegmund, il requiert plus un timbre de ténor lyrico-dramatique que la puissance tétanisante d'un grand Heldentenor. Parsifal peut être chanté par un futur Siegfried, un jeune Tristan : le rôle est moins lourd (quelques phrases au premier acte, les deux derniers dans une progression admirablement conçue), bien centré dans sa tessiture, sans les exigences plus aiguës de Lohengrin; des voix qui ne pourraient pas résister à certaines épreuves d'endurance (Siegfried, Tristan) y brilleraient plus aisément. Les premières distributions nous montrent que Wagner s'est plus soucié d'une vérité dramatique et d'une intensité d'expression que d'un timbre spécifique; les Parsifal d'alors (Jäger était un grand Siegfried; Winkelmann chantait Lohengrin) ne semblent pas avoir privilégié une couleur unique.

Si l'on excepte Titurel dont les trois phrases sépulcrales sont dévolues à une basse noble dont on entend plus une voix rugueuse qu'un grain bien rond (le personnage parvenu au terme de sa vie ne doit pas apparaître physiquement selon les indications du livret mais il doit imposer une « présence »; impossible donc de le confier à une simple utilité...), les trois autres chanteurs ont sensiblement la même tessiture, celle du grand baryton-basse, excepté les deux dernières notes graves de Gurnemanz qui doit descendre jusqu'au sol bémol. Cependant les personnages ont un caractère fort différent.

KLINGSOR ET AMFORTAS

Amfortas est un Wotan douloureux. Sa prestation est assez brève mais intense dans ses deux scènes. Comme pour Sachs, c'est surtout le registre médium qui est sollicité mais dans une expression de souffrance que l'on ne trouve nulle part ailleurs chez Wagner, sauf peut-être, de manière plus prosaïque et épisodique chez Kurwenal.

Un peu plus aiguë, la voix de Klingsor a traditionnellement un caractère plus noir : un compromis entre un baryton traître de Verdi et l'expressionnisme d'un Wozzeck : l'esprit du mal dans sa sinistre majesté, davantage Alberich que Telramund, avec une connotation cosmique. C'est un rôle plus complexe qu'il n'y paraît si l'on ne veut pas maintenir la composition dramatique dans des ornières souvent acceptées comme collant au personnage. Ce double maléfique est un chevalier deux fois blessé par lui-même et par les autres. Il véhicule les images des nabots destructeurs ou des dictateurs fous de la science fiction, de *Docteur Folamour*, à *James Bond contre Docteur No*, de *l'Ombre jaune* à *Star Treck*. Une autre lecture de l'opéra nous montrera peut-être un jour Klingsor incarné par le même chanteur qu'Amfortas (plausible sur le plan vocal et dramatique) comme une variation mythique sur le même thème que *Docteur Jekill et Mr Hyde*.

GURNEMANZ

C'est un personnage plus aisé qui demande une grande noblesse et une rudesse un peu paternelle. On le rapprocherait volontiers du roi Marke, de Sachs (en un peu plus grave) avec quelques inflexions de Daland mais sans la roture de ce dernier. Le long récit du premier acte demande plus une imagination dramatique qu'une véritable résistance physique : il s'agit de narrer avec une éloquence animée une véritable histoire; il faut aussi trouver les accents de reproches qui troublent Parsifal et la déclamation extatique présidant au baptême du dernier acte.

KUNDRY

C'est le personnage qui pose quant à la caractérisation vocale le plus de problème; une héroïne double, oscillant entre Marie-Madeleine et la grande Prostituée, navigant entre la mezzo noire et le grand soprano dramatique, accentuant une dualité vocale déjà observée dans le rôle d'Ortrude. Kundry n'est pas une Falcon (La Valentine des Huguenots demande plus de brillant et moins de largeur) et la difficulté du rôle (pensons aux grandes interprétations de Mödl ou de Varnay) vient aussi des brusques écarts de tessiture et des contorsions dans l'extrême grave (le rôle descend jusqu'au sol), presque une Erda meurtrie. Comme Parsifal, Kundry se ménage au premier acte, le rôle atteind abruptement son incandescence dans le tête-à-tête érotique du deuxième acte après l'épisode « de caractère » avec Klingsor.

PROFILS PSYCHOLOGIQUES DES PERSONNAGES

La couleur locale, conjointement aux traits plus ou moins esquissés dans le livret, nous dépeint le caractère de chacun des protagonistes principaux. Parsifal est le héros, pur et intransigeant, dans les méandres d'un chemin initiatique. L'origine de cette progression dans la connaissance de lui-même et des autres est antérieure à son apparition sur scène : nous le rencontrons longtemps après sa première rupture (il a quitté sa mère Herzeleide) et il a fait l'apprentissage de l'aventure, des combats et de la solitude. Il est chaste et fol. Chaste : vierge de toute souillure et apte à résister aux avances de Kundry (si l'on en croit les révélations de Lohengrin, Parsifal devra bien connaître plus tard le corps d'une femme mais cet épisode se déroule dans les limbes séparant les deux opéras...). Fol : Parsifal est l'être instinctif, vierge de routine, l'homme jeune, sensible et émotif. Cette folie, qui le distingue de Gurnemanz tout pétri de science, lui permettra la clairvoyance : il comprendra l'enjeu de sa position historique, vaincra le mal et s'imposera comme roi et rédempteur.

Gurnemanz, l'homme des récits, gardien de la foi et de l'histoire, a le regard fixé sur le passé. S'il a l'intuition de croire un instant à la mission de Parsifal, cette pré-science s'obscurcit à la première difficulté, sans doute parce qu'une partie de lui-même, sa conception du monde s'est trop cristallisée pour croire au Sauveur sous les traits de cet adolescent stupide. Il est l'image de la respectabilité, le dispenseur d'une bonté bourrue. Il représente l'ordre et la tradition.

Amfortas est le roi-pécheur, une des images les plus fortes de l'homme dans sa dualité souffrante, au coeur de cette fable et de l'opéra wagnérien en général. Il fut preux et connut l'appel de l'amour. La connaissance l'a meurtri. Oscillant entre la révolte et le désespoir, il résiste au bord du suicide. A la fermeté un peu obtuse de Gurnemanz, il s'impose comme homme dans toute sa dignité prométhéenne.

Son double inverse, Klingsor, incarne une autre dialectique. Il fut pur et même brûlé par sa propre grande pureté puisqu'il voulut l'inscrire de manière indélébile dans sa chair. Il est le réceptacle de la jalousie et de l'envie. Posé en négatif d'Amfortas, de Gurnemanz et de Parsifal, il campe aussi l'homme dans son machisme immonde (ne se conduit-il pas en proxénète qui trafique également du côté des paradis artificiels?). Comme Lucifer, il est le mal en tant que dégénérescence du bien. Une histoire sordide, mêlant sexe, dévotion et magie (bons ingrédients dramatiques!) attise dès le début du drame notre curiosité et l'apparition du nécromant dans l'acte central sature en quelques minutes sa dimension maléfique bien que sa longue plainte hargneuse, réponse à l'opprobre de Kundry, dévoile la blessure de l'homme que cache le magicien. Est-elle si différente de celle d'Amfortas?

La figure de Titurel est trop elliptique; le vieux roi assis aux portes de la mort reste d'ailleurs invisible. Il représente la conscience morale d'Amfortas et, pour nous donner quelques éclats de sa personnalité, Gurnemanz nous en esquisse à peine l'histoire : Titurel ne sera pour nous qu'une voix d'outre-tombe imposant la sacro-sainte coutume.

Kundry, personnage richement ambigu, a reçu bien plus de soin dans sa complexité. Au premier acte, servante hautaine de la confrérie des chevaliers (partageant la connaissance du monde avec Gurnemanz mais dans des sphères bien plus mystérieuses : elle nous revient d'Arabie et sait tout de l'enfance Parsifal...), elle ne semble pourtant pas connaître précisément son propre destin. Elle ne souffre que du rejet des autres et n'aspire, Wanderer sans repos, qu'à se fondre dans le sommeil. L'être révolté du second acte, luttant contre son double asservissement, celui de son maître Klingsor (on ne nous dit rien sur la cause de cette dépendance) et celui de sa destinée (la punition d'avoir ri à la face du Sauveur traîné au supplice), terminera sa confrontation avec Parsifal dans l'hystérie. Point d'interaction de forces opposées (sa mission de séduire le chevalier, son amour sans doute véritable pour lui, son désir d'échapper au cycle infernal de ses réincarnations), son moi profond s'exprime en un discours tiraillé qui n'a de logique que celle de la folie et de la passion. L'acte ultime sanctionne l'inversion : l'anti-Marie-Madeleine devient Marie-Madeleine et, récupérée dans le giron de la foi, désormais inutile, elle peut se dissoudre dans le néant. Toute une trajectoire qui, nous l'avons dit, n'est guère valorisante pour l'image de sa femme, mais c'est bien celle qui s'inscrit dans le triangle wagnérien, amante-mère-putain.

ANALYSE

PRÉLUDE

Au narthex de cette cérémonie sacrée, le prélude édifié par Wagner se proportionne à l'ampleur de la narration allégorique qui va suivre : un quart d'heure, dans un mouvement très lent (qui commence, étale, comme le Rhin aux origines du *Ring*) présentant quatre motifs dont trois constituent des piliers porteurs de l'immense temple qui va s'ériger.

Le premier motif émerge de l'orchestre dans une instrumentation douce et pénétrante, très élaborée dans son dosage : cordes avec sourdines, doublées par un basson et une clarinette auxquels se joint ensuite un cor anglais, avec une liberté rythmique digne de Berlioz (celle des thèmes lyriques de la nuit d'amour de Roméo et Juliette : même fluidité de la métrique avec ces liaisons enjambant la barre de mesure, mêmes répétitions subtilement modifiées d'une cellule...). Ce motif est généralement associé au sacrifice de la « cène » et de sa célébration à Montsalvat bien que Wagner, dans un texte du 12 novembre 1880 adressé à Louis II, l'appelle l'Amour (*Liebesmahl*). Reprenons ici le découpage en quatre sections de ce motif, tel que Jacques Chailley[4] l'a rapporté dans ses écrits : 1a, un appel préfigurant le motif de Parsifal; 1b lié à la « souffrance » ou au « sang », celui du Christ et du pécheur Amfortas (13); 1c anticipant le motif de la « lance » (14); 1d une formule conclusive stabilisant la courbe mélodique par une clausule quasi-liturgique. Symboliquement donc, les éléments essentiels du drame sont condensés au seuil de l'ouvrage.

L'envol initial du motif de la « cène » impose le ton de *la* bémol majeur, tonalité principale de ce prélude, confirmée immédiatement dans une ferveur accrue par la reprise de ce motif dans une instrumentation plus exaltée, plus lumineuse (hautbois, trompette et violons) sur des arpèges extatiques des cordes, culminant, legatissimo et longuement répété, sur un accord parfait réduit à son essence, par trois flûtes et une clarinette : toute une catharsis musicale!

La section suivante du prélude assombrit ce motif d'une tonalité poignante d'*ut* mineur, sur une ossature rythmique plus tendue : un cerne oblitère l'extase! Les volutes orchestrales confirment cette inflexion tonale avant que, dans la rondeur cuivrée des trompettes et trombones, le motif du « *Graal* » (2) ne dise sa ferveur dans le *la* bémol majeur retrouvé. Ce thème magnifique a souvent été rapproché de son double très semblable, écrit par Mendelssohn dans la *Symphonie Réformation* et d'aussi d'un Amen antérieur de J-B Naumann, connu sous le nom d'Amen de Dresde, que Wagner croyait d'origine plus ancienne encore : le besoin de trouver une idée musicale profondément ancrée dans l'histoire autant que la convergence significative de trois compositeurs sur le même motif.

Après un bref silence suspensif retentit aux trompettes et aux cors un nouveau motif (3) que le compositeur a lui-même désigné par le motif de la « foi ». Sa vigueur appelle des échos dans des tons clairs avant de s'infléchir sombrement, comme par le poids de la fatalité, en mi bémol mineur. Le rappel du « Graal » qui suit dans le ton plus tendre de *do* bémol agit alors comme un baume.

Une progression canonique multiplie bientôt la « foi » dans des tonalités et des instrumentations variées et la ramène, bientôt glorieuse puis plus humble, dans un *la* bémol majeur retrouvé; une fois encore et à de multiples niveaux, il apparaît que la composition de ce prélude s'impose donc comme une prémonition du drame, non seulement dans cette section mais à la fin de ce prélude.

Ainsi, par ce développement, un trémolo (*la* bémol des timbales, immédiatement contrecarré par un *fa* inattendu des cordes graves) introduit un développement plus dramatique, essentiellement sur la partie 1b du « Graal », associée au « sang » et à la « souffrance », dans des enchaînements harmoniques et des modulations proches de *Tristan* : préfiguration du drame futur, une fois encore, ce que confirme d'abord la présence du motif de « l'accablement » (4) et, à la fin de ce prélude, d'un nouvel élément thématique désigné sous le nom de « plainte » du « Sauveur » (5) dont nous verrons toute la richesse interprétative plus loin. L'apaisement renaît par un rappel éthéré du motif initial, transfiguré et confié aux voix aiguës de l'orchestre (clarinette, hautbois, flûte), qui ramène cycliquement le ton principal de *la* bémol majeur, planant sur une dominante doucement insistante, comme pour symboliser que l'espoir n'est pas vain.

Acte I

Le premier tableau de l'acte s'enrichit de quelques motifs aussi importants que les cinq premiers que nous connaissons déjà. Montsalvat s'éveille dans des sonneries éloignées des trombones qui reprennent les trois premiers motifs suivies de la marche canonique de la « foi ». Le recueillement de cet épisode fait place à un rythme pointé, presque joyeux (toujours sur la « foi ») quand Gurnemanz donne ses directives pour le bain royal. Le tempo altier laisse quand même filtrer un moment plus poignant avec une première citation affermie du motif « d'Amfortas » souffrant (6). Le salut de Gurnemanz adressé à l'avant-garde du roi (« *Heil euch!* ») se colore du même motif avec sa sixte baissée et douloureuse. Parfaitement en situation, le commentaire du deuxième Chevalier sur les vertus curatives des plantes prépare l'émergence d'un motif pour l'instant secondaire, mais bien audible sous « *Toren wir...* » (7) que nous associons à la « promesse » (ou encore à « l'oracle ») avec les sauts mélodiques de quintes bien caractéristiques. Mais rien n'accomplit cet oracle. Fatalité assumée, le basson s'en plaint dans son soupir caverneux. Un changement de tempo commente l'arrivée – telle une Walkyrie – de Kundry dont la course effrénée est annoncée de loin par des trémolos rageurs accompagnant de petits groupes-fusées et la « chevauchée » (8) par une phrase au rythme pointé en accords (cordes et fond d'harmonie). Les écuyers décrivent l'action tandis que ce motif mis en progression dramatique se fait haletant. L'arrivée de la cavalière et sa chute sont soulignés par une descente vertigineuse des cordes (thème de « Kundry », 9). Doté d'un profil très reconnaissable, ce thème descendant par à-coups, torturé, traverse toute l'oeuvre : chute au sens biblique de Kundry, flétrissure de son âme et fierté arrogante qui s'estompe dans le grave. Certains commentateurs l'associent au rire impudent de cette créature double.

4. Jacques CHAILLEY : *Parsifal de Richard Wagner, Opéra initiatique*, Buchet-Chastel, Paris 1979.

Le tumulte s'apaise avec la sonorité magique des clarinettes exposant la « soumission » (9) qui peut être comprise aussi, dans ce contexte, comme le motif d'un « baume ». Même la brusquerie de Kundry se pare de quelques sonorités presque aimables (ou mystérieuses, tels les mystères de l'Arabie...).

Entre alors Amfortas agonisant, escorté par les affres de son thème. Le rythme et le caractère de cette marche (« lourd et sans élargir », demande Wagner) s'apesantit de massifs contretemps. Un accent martial (que l'on rapprochera de la « cène »), contrepointe les mots « maître d'une race de vainqueurs », rapidement anéanti par le « *Knecht zu sehen* ». En une phrase pathétique, la clarinette basse nous dépeint la compassion de l'orchestre.

Comme une brise venue de la forêt, un thème pastoral, évoquant la calme serein de la cime des arbres rafraîchit les plaies (11) comme une onde calmant les terreurs nocturnes. Toute la musique se pare de teintes idylliques, et le nouveau motif s'enroule souplement parmi les clarinettes. Mais, finalement, c'est une sombre phrase issue du thème « d'Amfortas » qui termine la terrible entrée du chevalier fautif : les effets bénéfiques du bol d'air s'estompent car la souffrance est si vive...

Les quelques vers concernant la désobéissance de Gawan, un des chevaliers qui s'est aventuré hors du « périmètre de sécurité » de Montsalvat, n'appelle guère de commentaires si ce n'est son accompagnement syncopé (trace d'une préoccupation supplémentaire pour Amfortas) ou une citation tronquée du « Graal » quand il en fait mention, ou encore l'annonce du simple au coeur pur qui s'accompagne tout naturellement de « l'oracle », bien audible.

Un trémolo de cordes et le motif de la « soumission » matérialisée par le « baume » nous ramènent vers l'ultime soulagement rapporté à Kundry. Des fragments de la « chevauchée » et de la « chute », réminiscence de son arrivée courroucée, escortent les questions d'Amfortas et génèrent un élément thématique gravement lyrique, d'un chromatisme torturé, aux violons : toute la lourdeur d'une fatigue inexorable contrepointant des remerciements contrits. D'autres fragments du motif de « Kundry » attisent sa réponse blessante avant que le cortège ne s'éloigne dans la désolation. La disparition du roi détend l'atmosphère avec un bref interlude orchestral semblable aux douceurs sylvestres de la « forêt ». Mais la question méprisante de l'écuyer rompt le charme. Kundry y répond ironiquement (cors bouchés!) sur le « Graal » et Gurnemanz se voit obligé de calmer les ardeurs des jeunes pour éviter l'affrontement. En pimentant les réponses du chevalier, Wagner les accompagne de phrases montantes et de petites ponctuations rapides des trombones avant que des fusées en triolet vers l'aigu ne nous dépeignent l'envol zélé de Kundry. Le dégoût (qui est aussi une peur) des écuyers ravive des cellules tirées des motifs associés à cette sorcière de femme si peu docile. La pause de l'orchestre et le noir commentaire de la clarinette basse mettent bien en valeur l'expiation de Kundry (« *Hier lebt sie heute...* ») et le « Graal » lié à son motif nominal évoque musicalement la dimension de la faute. Passent alors d'autres signaux (« l'oracle », la « soumission », la « foi »...) : dans une habile succession de thèmes souplement liés les uns aux autres, les interrogations fusent... qui est cette femme, servante et dominatrice, insidieusement placée sur la route des Chevaliers? Sous le voile de l'orchestre, la musique formule à la fois le présent et le futur. Gurnemanz explique maintenant les événements essentiels de la faute en évoquant, tout d'abord, la face maléfique de Kundry. Un motif sibyllin, « magique » (12) remémore la première rencontre entre le chevalier fondateur, Titurel et Kundry. Au moment où Gurnemanz mentionne le jour tragique où le destin d'Amfortas fut scellé, son thème s'emballe dans une progression, comme une machine infernale mise en action.

Le refus de Kundry n'admet aucune réplique. Un mot, prononcé par un écuyer (« *Speer* » : la lance sacrée), plonge Gurnemanz dans ses sombres pensées qui s'accompagnent d'un élément thématique nouveau (13, la « souffrance », mais aussi le « sang », qui est le fragment 1b de la « cène »); il s'enchaîne naturellement au 1c, associé à la « lance » (14).

L'émotion du chevalier culmine avec une exaltation de la « lance » tombée aux mains d'un impur. Un accent guerrier (rythmes pointés) nous peint Amfortas arrivé près du but mais les manigances « magiques » ont raison de lui. Un bref fragment du motif de « Kundry » nous indique en filigrane que Kundry n'est peut-être pas étrangère à cet échec. Mais cette hypothèse reste informulée, souterraine. La blessure du chevalier ensorcelé s'accompagne des deux motifs attendus du « sang » et de la « lance ».

Le retour des écuyers s'escorte de la pesante mélodie d'Amfortas mais la jeunesse et l'espoir de la génération montante réveille à l'orchestre le climat paisible, associé aux vertus calmantes de la « forêt ». Gurnemanz arrache alors à sa mémoire les événements douloureux qui forment l'histoire de son clan dans son long monologue parcouru par les motifs du prélude et tissés en une somptueuse nappe orchestrale. Wagner introduit une forme nouvelle, adoucie et articulée dans un rythme pointé du motif de la « foi » (3b : il s'agit d'évoquer le vol éthéré des anges. Le motif traditionnellement associé au « Vendredi Saint » (15) fait une furtive apparition sur des trémolos de cordes, pour accompagner les paroles « *am Kreuz sein göttlich Blut...* »; il ne sera repris qu'au troisième acte.

Un changement d'éclairage (« *Drum blies es dem...* ») présente pour la première fois le motif de

« Klingsor » (16, qui nourrira tout le deuxième acte) ébranlé par de sombres trémolos de cordes. Les maléfices de la « magie » lui prêtent main forte (« *undkund blieb mir* »). Son autocastration n'appelle aucune dramatisation particulière : les sortilèges de la « magie » continuent à gonfler l'orchestre de leurs tourbillons infernaux, mais la descente caractéristique du thème de « Kundry » l'arrête brusquement : la musique nous signe la preuve de la collusion de Klingsor et de Kundry. Elle restera dans le non-dit tout au long de l'acte.

Gurnemanz décrit alors le piège de Klingsor. Précédé d'un résumé de son motif, le magicien induit à l'orchestre des balancements voluptueux avec de caressantes clarinettes, nous les retrouverons au deuxième acte quand nous visiterons son jardin enchanté et ses Filles-Fleurs à la « séduction vénéneuse » (17). De façon insistante, la musique accumule les rappels de Kundry qui arrête cette évocation sensuelle... tandis que « Klingsor » complote dans l'ombre des violoncelles. La fin du monologue ramène, en résumé, toute la « problématique » de la situation par le « Graal », la « lance », la « chute », la « magie » et le spectre de « Klingsor ».

L'ardeur des écuyers contraste avec le mysticisme de Gurnemanz. Grâce au motif du « Graal » irisé de mystère, il leur donne la clé de la rédemption. Les cordes extatiques, une citation transfigurée de la « cène », repas en commun mais aussi sacrifice, dans un éclairage pénétrant (hautbois et cor anglais sur un lit de trémolos aigus des violons), conduisent à la révélation explicite de « l'oracle » repris, émerveillés, par les quatre jeunes gens.

Contraste théâtral nécessaire, après ce long tableau statique qui précède, un nouveau motif, celui de « Parsifal » (23) claironnant et fier, annonce l'arrivée du héros tant attendu mais que nul encore ne connaît. Le tumulte joyeux de son entrée fait place à l'insistance douloureuse en progression sur une cellule trochaïque (longue accentuée suivie d'une brève, motif du « cygne », 22). La musique suit le vol anéanti de l'animal blessé à mort. Les reproches des chevaliers n'effraient nullement le tireur adolescent dont le motif orne les premières paroles bien hardies. Aux appels à la vengeance, Gurnemanz répond par un doux sermon : un rythme berceur, la tonalité calme de *la* bémol majeur parsemée de cellules embryonnaires qui nourriront le troisième acte, ramènent le motif champêtre de la « forêt » et le « cygne », dans une version apaisée sur le balancement de deux accords. Explicitement, Wagner relie Parsifal au cygne de Lohengrin : affirmation musicale de la paternité du premier! Gurnemanz trouble la belle assurance du naïf tueur. Une discrète allusion au Graal (« *den so er herrlich weihte...* ») s'enchaîne à des phrases plus martelées, figuration du jeu cruel de la chasse que ponctue le motif altier de Parsifal. L'accablement frappe alors le jeune homme. Comme le sang qui s'est figé, la musique s'arrête sur un contretemps pathétique. L'allusion au regard anéanti de l'oiseau mortifie le héros qui brise son arc : son glorieux motif se fond de manière déchirante dans « l'accablement » (4) et la compassion.

Sur un tapis des cordes graves, le chevalier commence l'interrogatoire du jeune homme contrit : le support musical dérive son motif ralenti et privé de son allégresse auquel les cordes, poignantes, ajoutent la « souffrance ». Aux « *Das weiss ich nicht* » succède, quand il s'agit de dire son nom, un thème lyrique aux quatre violoncelles solos (24 : « *Herzeleide* »). Comme Siegfried, troublé au souvenir de sa mère, Parsifal s'émeut tendrement. Sa figuration musicale se hasarde encore quelques secondes à l'orchestre alors que Gurnemanz ne renvoie l'apprenti-héros à sa niaiserie (« *dumm* » : « fol que tu es »). Presque par inadvertance, Gurnemanz associe la stupidité du jeune homme à « Kundry »...

Il se débarrasse de la présence curieuse des écuyers en leur rappelant le service royal, ce qui nous ramène la navrante musique « d'Amfortas ». Ils sortent, emportant le cygne dans une expression désolée, sur quelques battements de timbale voilée. Le motif de la « mère » précède une nouvelle question de Gurnemanz. Parsifal rehausse d'éclats assourdis le début de ses souvenirs orchestraux, la « mère » et « l'oracle » : première manoeuvre d'approche qui ne sera concrétisée qu'au deuxième acte.

Le rythme pointé de la « chevauchée », épaulé par le motif du « héros », dépeint une exaltation croissante. Le dialogue suivant s'articule sur un tissu de motifs imbriqués : Gurnemanz évoque la solitude d'Herzeleide; la véhémence de Kundry ramène la « chevauchée » et la nouvelle de sa mort tombe comme la « chute ». La réaction violente de Parsifal charge son motif d'une septième diminuée, symbolisant la douleur depuis l'esthétique baroque. La figure thématique du héros anéanti par cette nouvelle s'abîme dans le grave : une cellule chromatique rampante (bassons et violoncelles) évoque rumination et affliction. La « soumission » de Kundry ramène adéquatement le « Graal », mais les cercles « magiques » des cordes assourdies nous imprègnent de la lassitude mystérieuse qui s'empare de cette troublante créature, désirant le sommeil et l'oubli, le retour au végétatif et à la terre. Klingsor la tient en son pouvoir (« *Grausen fasst mich!... Schlafen, ich muss* »).

Débute ici une grande scène de plus d'une demi-heure où le point focal, l'aria centrale et tourmentée d'Amfortas, est encadré d'imposants tableaux de groupe : d'abord marche et entrée dans le sanctuaire, ensuite célébration « eucharistique » et culmination extatique avant que Parsifal, jugé indigne par Gurnemanz, ne soit rejeté dans les ténèbres extérieures.

Escortés par le motif des « cloches » de Montsalvat (25), qui point parmi les cordes généreuses de l'orchestre, bientôt rejoint par la musique du « Graal » sur un rythme *langsam* et *feierlich*, les deux hommes s'avancent sur le chemin lumineux de tonalités changeantes. « Musique de transformation », marche vers le destin et parcours tonal : le *la* majeur s'infléchit vers le ton plus fervent de *mi* bémol qui s'éclaircit en un *mi* étincelant (« *wer ist der Graal* »). Le néophyte et son guide échangent ici quelques paroles célèbres et commentées : « Je marche à peine et pourtant je me sens déjà loin. – Tu vois, mon fils, ici, le temps devient espace »...

Les voix se taisent. L'orchestre seul s'empare de la « foi » (3) et la nourrit de ses sonorités les plus ferventes. Le tissu mélodique s'alourdit cependant que se profilent quelques réminiscences : les cuivres, dans un spasme douloureux, clament la « plainte du sauveur » (5). Les cordes le développent dans une spirale montante : un véritable gonflement pathétique culminant dans un *fortissimo* grandiose. Dans un sursaut pudique, fortifiées par la « cène », des fanfares de trombones clamées sur le théâtre ramènent la sérénité.

Sur cette résonance cuivrée, la profonde vibration des cloches s'impose dans la nudité de leurs quatres noires en lente volée. Modalité réduite à l'essentiel par sa succession de deux quartes justes : hypnose et plénitude. Gurnemanz introduit le profane dans le saint lieu; les cloches se parent progressivement de tous les atours de l'orchestre au moment où éclate le « Graal » dans un embrasement doré. Les chevaliers entrent en chantant, joyeux et solennels à la fois. D'habiles modulations relancent les motifs vers des horizons nouveaux et le « Graal » s'exhale à nouveau au moment où le cercle se forme.

Cet anneau soude la communauté d'hommes que le contact avec une femme, naguère, ébranla. Cette malandre gangrène leur chef au fil du temps et l'heure n'est pas entièrement à la joie. Des voix plus jeunes, venant de la mi-coupole, soutiennent la pénible entrée d'Amfortas : les cuivres clament pathétiquement son « accablement » et l'orchestre, consterné, développe comme un exorcisme, le motif des « cloches ». Au sommet de l'édifice, planent les voix d'anges des chantres, *a cappella*. A l'affliction succède le réconfort de la « foi » que l'orchestre ponctue de douces harmonies.

Contraste saisissant, venue d'une voûte sépulcrale, la voix de Titurel, proche de la mort et rongée de silences, dérangeante par ses intervalles inattendus et soutenue par de simples roulements de timbales, fige le mouvement de la musique : il réclame l'eucharistie.

A l'exorde de son père, Amfortas demande grâce et crie son « accablement ». Du tréfonds de l'orchestre, le « Graal » retentit comme voilé. Titurel presse Amfortas de s'exécuter. Une déchirante page (les plaintes d'Amfortas) met le roi face à sa déchéance et ses douleurs. Le débit en est d'abord haletant, comme un récitatif d'opéra. Le foisonnement orchestral organise la thématique en une marqueterie savamment agencée, fondant les motifs l'un dans l'autre : imploration, prière, remords... tout le passé ressurgit et le roi revit son calvaire ponctué d'allusions à Kundry (cette « chute » de la femme fatale qui sonne parfois comme un rire grinçant!). L'aria (pratiquement la seule de l'opéra) est lancée par un thème tragique en mineur, d'abord à l'orchestre. Les « plaintes du sauveur » sont là pour nous dire que le roi est pécheur, mais, selon Wagner il peut être racheté : la rédemption, clé de voûte de la morale religieuse du compositeur, trouve ici une illustration aussi frappante que le sacrifice de Brünnhilde.

La descente fiévreuse de la « chute » de Kundry amène une accalmie (« *langsamer werdened* »). Taraudé par un accord de quinte augmentée, le « Graal » soutient quand même Amfortas qui redoute les terribles souffrances physiques et morales qu'il va devoir encourir. Très doucement, le motif initial s'élève (« *Des weihgeflässes...* »). L'élément thématique de la « souffrance » qui lui est associé insiste, intense, dans un tremblement de violons. Le débit s'anime, attisé par la douleur. Une incantation « magique » des clarinettes et des violons happe l'esprit d'Amfortas. Comme le sang convulsé qu'il décrit, ses paroles grondent et s'épanchent dans de grands fracas douloureux. Le mouvement s'accélère à nouveau, emportant le « Graal » dans une progression sur un rythme pointé : le spectre de « Klingsor » traverse les cordes, mais rien ne répond aux cris d'agonie (« *Erbarmen* ») qui se meurent sur les motifs de la « souffrance » et de la « lance ». Exténué, Amfortas offre sa propre vie en échange de la sérénité, mais, comme Prométhée, le Graal assure conjointement sa survie et sa douleur.

Les écuyers et les chevaliers rappellent « l'oracle » dans un double choeur presque murmuré. Titurel commande alors le sacrifice sur le « Graal », clamé, requis comme une espérance. Un trémolo de timbales et des contrebasses soutient l'effort d'Amfortas. L'extase mystique se répand à la fin de ce premier acte comme elle était apparue durant le prélude, d'abord en *la* bémol majeur par la bouche des écuyers et dans une envolée orchestrale qui gonfle la grande voile de l'orchestre pour le sacrifice du corps, ensuite, plus dramatiquement, en *ut* mineur, pour l'offrande du « sang ». L'émotion atteint son climax, souffrance et exaltation réunies, lors de la consécration du pain et du vin par le roi extasié. La thématique meurtrie de « l'accablement » et des « plaintes » nous ramène sur terre. De son obscure alcôve, Titurel, soulagé, rend grâce à Dieu. Le mystère se dissout; les « cloches » aux cordes graves annoncent la fin de la cérémonie de leur voix profonde; il reste à partager le pain et le vin consacrés. Sur des accords serrés des cordes, le suave cantique des chantres et la réponse des jeunes gens introduit le chant plus résolu, aux accents héroïques, des chevaliers fortifiés par la communion. Divisés en deux demi-choeurs, ils se rejoignent aux accents glorieux de la marche. Frappé de stupeur autant qu'émerveillé, Parsifal reste étranger à la cérémonie malgré l'invite de Gurnemanz. Le « Graal » pénètre en chacun, une version éthérée de son motif sanctifie l'échange des baisers fraternels. La « foi » lance un développement instrumental marquant le départ des chevaliers et des écuyers. Les « cloches » s'estompent dans l'obscurité naissante.

Déçu par la prostration de Parsifal, Gurnemanz le gourmande, sans entendre l'orchestre qui lui dit, par le rappel de « l'oracle », que ce benêt est bien le futur héros, pour l'instant tout abîmé par « l'accablement » d'Amfortas à qui il s'identifie, comme il s'identifiera plus tard à lui au moment du baiser. Le thème altier du jeune homme est moqué par les cors avec sourdine et, sur fond de motif du « cygne », le rude chevalier le renvoie... à la stupidité des oies. Une voix solo de chantre, dans les hauteurs, rappelle à propos la prophétie, les chorales d'enfants lui font écho tandis que se ferme le rideau.

Acte II

La durée d'un entracte, nous voici sur un autre versant de la montagne, du côté des infidèles car Montsalvat est à la lisière de deux mondes. A l'exaltation du Graal succède le tumulte et l'angoisse. Le grondement annonciateur d'un tonnerre approche et la tempête déferle comme à la première page de *la Walkyrie*. Nul doute, un monstre hante ces lieux et il nous est désigné dès la cinquième mesure par son motif : « Klingsor », dans la tortueuse courbe de son élan contrarié (16). Ce bref prélude est écrit en *si* mineur et, pour figurer le monde démoniaque, Wagner oppose ici la mobilité chromatique, le bouillonnement irrité des motifs à la simplicité solennelle qui avait présidé à l'édification des grandes arches du prélude initial.

Dans ce maelström, on reconnaîtra aisément les éléments apportés par l'acte précédent : outre le thème de « Klingsor » présenté dans le registre grave de l'orchestre sur des cuivres menaçants et ensuite sous diverses formes déchiquetées par des doubles croches, celui de la « magie » règne en maître tout comme celui rageur et descendant de « Kundry » qui souligne son être écartelé. Les multiples crispations qui secouent ce thème, de plus en plus exaspéré par la progression tétanisante de « Klingsor », annonce la lutte que Kundry va, du moins dans le premier tableau, livrer au magicien. Le rythme pointé qui secoue l'orchestre durant cet épisode provient de la deuxième mesure du motif de « Klingsor » qui essaie de contrarier une série de syncopes : Klingsor est le maître ici, mais son pouvoir pourrait être controversé!

Au lever du rideau, l'orchestre se raréfie en quelques phrases suspensives et lourdes de menaces. La douceur presque irréelle des cordes avec sourdine rend encore plus glapissantes les premières paroles du magicien. « L'oracle » et « Parsifal » cités dans la fosse résument en une mesure la situation : la promesse rédemptrice pourrait être tenue par Parsifal... Il est donc temps pour le maître des lieux de sortir de son poste d'observation; la « magie » (12) s'opposera donc à la progression du héros. Par quel médium? Un accent sur « *der Fluch* » (la malédiction) nous ramène à « Kundry » que les passes et les invocations répétées vont livrer au caprice de Klingsor. Pour un auditeur attentif, tout a été dit en huit mesures, au moins autant par les leitmotive instrumentaux que par le soliloque du personnage!

L'orchestre redevient tumultueux, gonflé par les aller et retour de la « magie », tandis que les vagues mystérieuses des violons et des bois simulent les cercles grandissants des maléfices. Une descente des trombones se colore d'un accord de septième diminuée. Dans son incantation, les noms sataniques qu'il utilise nous disent que Kundry est l'aboutissement d'une suite de réincarnations successives de figures diaboliques, de démones originelles (« *Urteufelin* »!). L'orchestre se rétracte sur un *mi* bémol grave pulsé du rythme pointé sur un dernier « *Herauf* » auquel font écho de sinistres cors bouchés.

La magie agit en douceur sur des trémolos persuasifs et force Kundry à paraître dans l'hurlement d'une nouvelle naissance. Un bref « sarcasme » (25 bis) assis sur un accord dissonant, symbolisant la perfide ironie du magicien et déjà esquissé dans les pages précédentes, grince aux violons (« *Erwachst du?* »). Sa raillerie punit la femme et met à nu sa blessure : elle est sommée d'obéir. Elle et lui le savent mais, comme dans un couple maudit à la Strindberg, ils vont se torturer. Cas clinique d'un dialogue teinté d'hystérie (Kundry) et de schizophrénie (Klingsor) mué en une parabole maléfique!

Un second mugissement plus plaintif s'étrangle dans la gorge de la pécheresse. Comme Erda, elle émerge de la terre. L'animalité de cette bête hibernante se réveille en pleine souffrance.

La moquerie de Klingsor se double de contre-chants louvoyants et persifleurs de l'orchestre. Enfin, après ses deux cris, la créature réanimée par le nécromant articule quelques mots. Du minéral, à l'avatar animal (Klingsor, comme d'ailleurs à l'acte précédent Gurnemanz et les écuyers, insiste sur les images bestiales : « *wie ein Vieh* »), elle redevient humaine. Face blanche et noire, Kundry est aussi la créature de tous les règnes! Son expression d'abord balbutiante et contrastée, du sombre registre de gorge aux accents plus aiguës pour « *Wanhsinn, Wut* ». La « plainte du sauveur » passe au violon comme dans un souvenir. Ponctué par des « sarcasmes », « Klingsor » badine en montrant les dents. Il a le pouvoir, l'or peut-être : « *beit' ich den rechten preis* »! Rien ne doit lui résister : le danger arrive (« l'Oracle » aux cors et bassons!), je t'ordonne, créature, de te préparer à le contrer!

« L'accablement » de Kundry pèse sur l'orchestre mais la sorcière se réveille dans l'esclave que l'on veut soumettre. Elle va frapper à l'endroit où Klingsor est le plus sensible. Vaniteux, sûr de son pouvoir, Klingsor tombe dans le piège : compensant la contrainte physique par un venin psychologique, la femme force cet être déchu à dire pourquoi elle, séductrice patentée, n'a pas de prise sur lui.

Un solo hargneux qui fait, par antithèse, écho aux plaintes d'Amfortas au premier acte (une blessure infligée par la volupté d'une part contre une mutilation volontaire pour se mortifier dans la sainteté de l'autre; de plus les deux « arias », précédés tous deux d'un épisode plus « récitatif », commencent pratiquement de la même façon, avec un pré-écho à l'orchestre – Wagner n'hésite donc pas à présenter le parallélisme entre les deux personnages) débute dans une torsion mélodique juste après un rappel des « plaintes du sauveur » : on ne peut être plus clair « *Ungebändigten Sehens Pein* ». Le motif de « Klingsor » et le « sarcasme » alternent; le magicien compense, comme plus d'un dictateur, son impuissance (physique ou autre) par la mégalomanie : il se voit déjà le maître du Graal, piétinant Amfortas (le motif 6 sous « *sein Stamm verfil mir* » et termine, avec une suffisance factice, dans l'ivresse rayonnante d'un « Graal » artificiel curieusement privé de son repos sur la tonique. La dernière rosserie sur le destin d'Amfortas plonge Kundry dans la plus noire affliction.

Honte, faiblesse, damnation : lugubre avenir, le sien, celui des autres, qui ne voit pas sa fin. Une poignante progression sur les syncopes du « sauveur » conduit à une infinie détresse d'un chromatisme poignant porté dans un écheveau de cordes souffrantes. Klingsor y répond par la plus cinglante dérision (« sarcasme » anéantissant « l'oracle »!). Le refus catégorique de Kundry n'y changera rien... Déjà s'avance le bel éphèbe; les cors nous en avertissent. Klingsor, sensible à la beauté du jeune homme, glisse un regard vers le bas; Wagner l'accompagne d'un mouvement de basse chromatique que l'on a parfois rapproché du motif du « désir » de Tristan (fascination homosexuelle transparente : envie, jalousie et rapports sado-masochistes...)

Klingsor appelle ses troupes, la horde de tous ces chevaliers qui ont déjà succombé aux charmes de Kundry (cors et bois) : nous retrouvons une musique tumultueuse, le rythme pointé qui avaient accompagné la « chevauchée » de Kundry. L'orchestre résonne de ce galop obstiné et des appels de trompe. Le magicien encourage Parsifal, trop heureux de voir les gardes mis en déroute.

L'approche du jeune mâle transforme Kundry, secouée d'un spasme convulsif. L'excitation au sommet de la bataille fait presque hoqueter le magicien sur des intervalles allègres de quartes et quintes. La victoire de Parsifal éclate aux pupitres de cuivres conservant le même rythme de chevauchée. « L'oracle » nous rappelle la mission du héros (en fait il n'y a ici qu'une errance aventureuse sans but, si ce n'est la prédestination) mais les « sarcasmes » le ponctuent (sur « *Seine Wunde* »). Bientôt, les éclats guerriers hissent le héros au bord du jardin tandis que quelques variations sur son motif escortent les derniers mots envieux de Klingsor.

L'épisode suivant tient autant du ballet que de l'opéra. Les Filles-Fleurs apparaissent dans un bocage enchanté qui a pris la place du donjon magique. Elles sont trente au total, quinze dans chacun des deux choeurs subdivisés d'où émergent deux groupes de trois voix solistes. Comme les filles du Rhin, la naïveté, le jeu et la volupté guident leurs ondulations lumineuses. Capiteuses beautés parfumées, leurres que Klingsor dispose sur le chemin des voyageurs et que Wagner chatouille d'un orchestre fluide de cordes satinées, parées de reflets de bois clairs, de quelques rehauts de cuivres dans leurs plus limpides sonorités et des arabesques de harpe. Dans ce scherzo central de l'opéra, Wagner semble oublier la face funeste de ces créatures perverses. Peut-être fut-il lui-même séduit par leur charme plus innocent que démoniaque? Leur flirt avorté avec Parsifal s'échelonne en quatre volets : la peur devant l'inconnu qui a agressé leurs amants, l'intérêt subit pour le bel inconnu, les manoeuvres de séduction et le reproche de ne pas y céder.

Le rythme de galop tumultueux accompagne la peur et la récrimination de ces donzelles en fleurs. Monté en une progression haletante, un bref motif pointé d'une mesure issu de la « chevauchée » témoigne de leur émoi. Vibrant sur une pédale de timbale, il s'enchaîne et circule parmi les différents « bouquets » de fleurs sous diverses formes mais conserve son squelette rythmique. A l'étonnement, succède « les plaintes » de ces bavardes corolles (18). Une réprobation unanime suivie d'un mauvais sort et même d'un défi termine ce choeur agité, distribué dans douze parties séparées.

La réponse aimable de Parsifal modifie sensiblement l'attitudes des fleurs effarouchées. La musique escorte l'arrivée avantageuse du bel adolescent et l'émoi s'apaise sur de rapides guirlandes avenantes des violons : ces jolies filles ne seront guère difficiles à consoler de la perte de leurs amants. Sur « *Sah' st du uns Schon* », un nouveau motif révèle le « désir » (19) naissant de ces fleurs volages. Parsifal propulse son motif parmi un éclat de rire général des parterres colorés. La vive animation se calme progressivement, préparant la danse de séduction centrale. L'harmonie cajoleuse se meut dans un diatonisme vaporeux parsemé de quelques agrégats parfumés : grisante modulation glissant par un accord inattendu de neuvième vers le *la* bémol majeur de la séduction. Des fleurs plus franches tentent déjà de séduire l'arrivant par un petit solo mais le tendre assaut se fera en ordre groupé, du moins au départ.

Quelques pas légers comme une saltarelle montrent les coquettes du jardin en train de se chamailler et amènent une danse enjôleuse dans un rythme ternaire de valse lente et berceuse, c'est le motif des Filles-Fleurs avec sa neuvième en appoggiature que le premier acte nous avait déjà annoncé. La tonalité bien stabilisée en *la* bémol majeur, bientôt des voix solistes viennent apporter leur touche parfumée à la suavité des autres fleurs. Les exégètes wagnériens ont fait remarquer que ce beau thème portait en lui des traces du « Graal ». Acceptons-en le symbolisme! Une seconde phrase descendante, plus langoureuse, chantée par la première d'entre elles (21, thème de « l'adulation »), bientôt infléchie chromatiquement renforce la griserie érotique. Les pensionnaires du jardin racontent leur destin éphémère à Parsifal dans un mélange de touchante naïveté et de rouerie charmeuse dans tous les tons du « désir »; les cercles de la séduction se resserrent au plus près de l'appétissant *Knabe* au grès de louvoiements tonaux alanguis. L'érotisme se précise et la « rivalité » point (17) quand ces belles de jour veulent toucher la joue, puis la bouche du jeune homme : la musique l'enveloppe par des langueurs plus appuyées. On pourrait penser ici autant à l'orientalisme de Rimski-Korsakov et de Moussorgsky qu'aux fascinantes sirènes des *Nocturnes* de Debussy.

Le chaste héros, un peu trop sollicité à son goût, veut se dégager : son motif, avec d'amusants glissements harmoniques, lutte contre la turbulence des fleurs, de plus en plus chattes. Les amoureuses répliquent par la provocation : «Est-ce que tu n'oses pas? », se font pressantes, sortent une dernière fois leurs mélodies vaporeuses et leurs chamailleries de plus en plus caquetantes. Réplique presque courroucée du héros exaspéré dans ce babil vain et impudique, au moment où la voix de Kundry s'impose dans son fruité le plus sensuel : elle est invisible et, comme une sirène, c'est par le chant qu'elle va tenter de le soumettre. Climax dramatique de l'ouvrage, éprouvant et fascinant duo d'une lente progression par paliers vers le dénouement de l'acte, la rencontre-tentation débute chargée d'un chromatisme tristanien : Kundry nomme Parsifal par son nom (qu'il avait oublié) sur un fragment « l'oracle ». Des cordes en trémolos accentuent le charme maléfique de l'instant et les violons susurrent le motif de « Herzeleide », la mère de Parsifal sous la deuxième réplique de Kundry : la manoeuvre sera « oedipienne » ainsi qu'elle avait débuté lors de la rencontre du premier acte, par association de la femme et de la mère. Siegfried découvre aussi Brünnhilde comme une image de sa mère. Le lent balancement de la danse des Filles-Fleurs réapparaît : la Reine du jardin congédie les sans-grades qui esquissent rapidement mais sans y croire réellement quelques manifestations d'humeur sur leur musique précédente et, frivoles et oublieuses, elles disparaissent en riant.

Lentement, le jeune homme découvre la créature de rêve dans un déshabillé oriental suggestif que Wagner avait imaginé, à défaut d'une nudité sortie d'une Vénus du Titien, comme en témoigne son premier projet. Le thème de « l'oracle » serpente sous les curieuses paroles de Kundry qui tente une étymologie arabe purement fantaisiste pour expliquer à Parsifal l'origine de son nom... Sa tactique est simple : elle se raccroche à ce que Parsifal connaît et aime, son père et surtout sa mère pour créer une confiance, une connivence. Le tapis orchestral présente pour la première fois à la clarinette un motif qui peint sa « résignation » (26) immédiatement reprise au violon avant que, voix subconsciente de Kundry, le cor ne rappelle sombrement le motif de la « lance ». Les doutes de Parsifal s'assortissent de la « séduction des Filles-Fleurs », timidement aux violons voilés de sourdine : il croit Kundry issue de la même flore...

Quelques effluves « magiques » entourent le début du récit. Le mystère fait place à la description, puis à la compassion. Très modérée et tranquille (c'est le caractère de cet épisode réclamé par Wagner). Kundry reprend une mélodie ébauchée auparavant, quand elle renvoya les Filles-Fleurs. Rythme berceur, infantilisant : l'hypnose va appuyer la fluidité des paroles et les insinuations musicales et psychologiques qui plongent dans ce que Parsifal a de plus intime. Ce retour à l'enfance s'appuie surtout, dans les teintes les plus douces et insinuantes, sur le motif maternel. La tonalité initiale de *sol* majeur n'est bientôt plus qu'un souvenir : l'ébranlement agit par ondes successives. Tantôt précautionneux, tantôt amoureux, l'accompagnement entoure une voix excessivement mobile aux arcs imprévisibles. Première approche de baiser par le biais maternel, le « *beim Küssen bang...* ».

Deux trouvailles entre cent : les notes répétées, d'une exaltation nostalgique des violons sous les mots « *wann dann ihr Arm dir wütend umschlang* », et le surplace, en secondes répétées, quand elle parle de la trace perdue.

Deux éléments neufs s'insèrent ici, une figure rapide de quatre notes insistantes (la première fois sur « *doch, ihe Wehe* ») à laquelle s'ajoute un thème douloureux de « l'angoisse maternelle » (27) puisque Kundry joue sur le registre de la commisération. Avant que le baiser révélateur ne déchire tout le voile, Parsifal progresse dans sa connaissance du monde tout en régressant dans propre sa histoire. Sur des dissonances déchirantes et les motifs douloureux, il revit son passé, conjuguant remords et regrets. Parsifal devient l'enfant qui pleure au pied de sa mère.

Kundry enchérit en modifiant très peu son support musical, avec à peine quelques tournures chromatiques plus appuyées qui augmentent l'abattement de Parsifal. Pourtant à l'orchestre, le cor anglais, puis le cor et la flûte, enfin d'autres instruments disent le motif de la « lance »!

Dernier assaut : des tenues répétées sur des accords de neuvième (même arme que les Filles-Fleurs), tendres et dangereuses dont le poison est à peine troublé par le motif « Kundry » sur « *Schuld in Reue enden* », ramènent la « magie ». La progression tristanienne de l'orchestre se fige, arrêtée par l'hypnose. Le chalumeau de la clarinette (« *die Lieb und Leben* ») ramène l'angoisse et les harmonies suspensives inclinent au baiser. La « magie » y installe son venin. Dans une hybridation thématique stupéfiante, Wagner glisse les « plaintes du sauveur ».

« Amfortas! » Bouleversement des paroles et de la musique : hurlement terrible de Parsifal sur les deux premières notes du thème de « Kundry » qu'instinctivement, dès ce moment, il appréhende. Transmutation de corps! Le baiser donne la science complète, ravive les souvenirs et les inscrit dans la chair comme un électrochoc. Parsifal, dans un discours par bribes se mue en Amfortas tandis que l'orchestre s'emballe et démultiplie ses cris déchirants : chaque mot explose en éclats orchestraux jusqu'au moment où, comme sorti d'une nuée, à la faveur d'une éclaircie, d'abord hésitant dans le contexte harmonique, s'affirme le « Graal » (temps suspendu à l'aide d'un stupéfiant enchaînement par une quinte augmentée) immédiatement suivi de la « cène » émergeant, espressivo, dans le registre médium. L'orchestre le réplique, dans ses trois éléments, dont le dernier surtout génère le motif de la « lance ».

L'extase a ralenti fortement le débit musical. Kundry tente sur le mode affectueux une autre approche tandis que deux nouveaux motifs prennent la voix du cor anglais (la « passion de Kundry » (28), mystérieusement proche de la montée du « Graal ») accompagné aussitôt du motif secondaire de la « tentation » (29, qui débute comme le thème de « Kundry ») sous l'archet du premier violon. Répercuté d'instrument en instrument et soutenu par des cordes haletantes, le thème accompagne le refus de plus en plus horrifié du « chaste fol ». Résonne la « plainte du sauveur » et ses syncopes suffocantes, la hargne de Kundry et l'orchestre sanctionne le rejet définitif; la « magie » n'y pourra rien!

La « passion de Kundry » (28) renforce sa combativité en une longue tirade hésitant entre l'aveu paroxystique et le plaidoyer. Elle tente de paralyser l'attaque de Parsifal par la compassion. Aux motifs connus s'ajoutent les quartes de la « résignation ». Désespérée, elle demande assistance. Parsifal est son sauveur; il l'aidera à racheter sa faute, celle qui souille son âme au fil de ses multiples réincarnations magiques. Mystérieusement, le mouvement se fige car elle va nous avouer cette faute. Ce sera par un grand cri hurlé au sommet d'une stridente fusée (avec un saut de près de deux octaves sur « *lachte!* ») cinglant le motif de la « cène ». La créature maudite a donc ri du Christ, ce que confirment les « plaintes du sauveur » dont la pleine résonance sonne à nos oreilles.

La contrition emporte la pécheresse dans une tumultueuse progression sur ces « plaintes » qui gémissent toujours à ses oreilles et ce regard qui l'avait pétrifiée. L'enchaînement par quinte augmentée réintroduit le « Graal », ce sang qui coula de la blessure. Secouée par la stridence de son rire, une mortification violente la relance dans la spirale sans fin de sa destinée (payer sa faute en flétrissant son possible sauveur...), ce que rappelle la marque d'Amfortas et que décrivent les courbes répétées des thèmes et des modulations emportés par la « magie ». Extasiée par son propre aveu, prisonnière de son dilemme, amoureuse sans aucun doute de l'homme-enfant qu'elle est prête à adorer comme le Christ, Kundry pourtant veut l'entraîner dans sa « chute ». Mais le ton vire à la prière, avec un bref développement de plus en plus martelé sur le motif de la « résignation » (« *Lass mich...* »).

Le refus radical du héros est fortifié par le retour de « l'oracle » qui lui confirme clairement sa mission, et, un peu plus tard, par celui de la « foi » dans des répliques ardentes, contrecarrées par la douloureuse « chute » du motif de Kundry. Parsifal renonce à l'union oedipienne; il refuse la femme pour leur salut mutuel.

Dernier changement de tactique : toute rédemption oubliée, des ondes langoureuses venues de « l'adulation » des Filles-Fleurs transforment Kundry en un animal purement érotique, en une Salomé tenace : dans sa folie aveugle, blasphématoire, telle une Ménade en pleine bacchanale, elle offre la révélation de la sexualité comme tremplin à la divinité dans un spectre vocal distendu, charriant au passage « l'oracle », sacrifiant sa destinée à la possession amoureuse du jeune dieu.

Affermi par son motif, Parsifal se montre encore plus intraitable. Au comble de la provocation et de la fureur, elle moque de son rire sardonique la déchéance d'Amfortas. Les répliques s'entrecroisent dans une tension croissante. Dernière révélation pour Parsifal, le rôle de la lance, instrument maudit et rédempteur à la fois, et l'existence de l'esprit malin qui domine Kundry. Sur le rythme de la « chevauchée », Kundry tente l'ultime assaut sur la « plainte des Filles-

Fleurs » : la sensualité incandescente a brûlé tout autre désir. Sur le point de la tuer, Parsifal est arrêté par ses appels à l'aide : piétinement hystérique et progression d'une chevauchée imaginaire..., elle fermera toutes les issues à cet orgueilleux qui l'a refusée. Comme une nouvelle Médée au comble de la haine, la voilà Magicienne! Proféré au sommet du registre un double « *Irre* » (fou, vagabond) invoque Klingsor (cors et cordes graves) et ramène, par dérision, les syncopes du motif du « sauveur » (5)!

Avec un art consommé du théâtre, Wagner ne va pas tarder à faire éclater les tensions et terminer l'acte. Sur la « chute » de Kundry (qui, on s'en souvient, est aussi le rire méprisant de la créature maléfique), Klingsor apparaît : son thème se mélange à celui de la « lance » proféré par les bois de l'orchestre. La tonalité est toute remuée par les tournures chromatiques tortueuses de l'esprit du mal. Jet de la lance : glissando de harpe sur une assise superbe (trompettes et trombones) en *ré* majeur, la tonalité victorieuse et militaire depuis la renaissance. Le début du thème du « Graal » s'impose, dans une progression modulante avant de trouver, extatique, ses quatre dernières notes montantes dans le blanc lumineux d'ut majeur... qui n'aboutit pas : ellipse magistrale sur fond de tonnerre pour le château magique qui s'écroule. Klingsor s'anéantit dans l'abîme des cordes graves. Parsifal ne s'attarde pas. Il part. Un dernier rappel dissonant de la « plainte des Filles-Fleurs » accompagne le « congé » qu'il accorde à Kundry. Il reste à l'orchestre de conclure sur les « plainte du sauveur ». Le mal est anéanti; il reste maintenant à reconstruire le bien.

Acte III

La ferveur mystique préludait au premier acte, le tumulte haineux au deuxième. Pour ouvrir le dernier rideau de son « mystère » initiatique, Wagner nous plonge dans l'affliction la plus profonde : les sombres cordes graves, voilées, endeuillées, sans aucune touche claire de bois, revêtent une polyphonie de lignes souffrantes, dans le ton particulièrement lourd de *si* bémol mineur. Jour de mort, c'est aujourd'hui le Vendredi Saint. Ecrite à quatre voix, pesant de toute se chape de douleur, une polyphonie assemble en écho ses quintes bientôt flétries en fausses quintes. C'est le motif de la « détresse » (30), parfois aussi associé au « désert » avec son pénible cheminement parsemé de poignantes appoggiatures et ses vaines tentatives de s'en extraire (ainsi que le compositeur le manifeste dans l'implacable mesure et sa répétition, juste avant les deux syncopes du motif suivant!). Ces syncopes ponctuées de soupirs haletants animent bientôt un motif issu du « galop », désigné comme thème des « errements » (31). Il prolifère bientôt en doubles croches toujours dans les mêmes noires sonorités toutes engluées dans leur inertie. Mais l'affliction et la « détresse » reviennent, encore plus languissantes; elles n'arrêtent les les « errements » qui, peu à peu, se transforment par l'alchimie du travail thématique en quête du « Graal », dont le thème émerge dans une naissance douloureuse... bientôt suivie de la « chute » de Kundry et du motif de la « lance » aux trombones : Parsifal erre sans fin dans le labyrinthe que ses épreuves privent provisoirement d'issue. Le flash-back voulu par Wagner en ce début d'acte fait apparaître, comme une prémonition, insistant, dans sa tonalité majeure qui choque presque dans ce contexte, « l'oracle » : cette errance aura donc une fin, suggère la musique!

Pas pour l'instant : la « lance », reconquise, et l'implacable répétition d'un bref motif (30 bis le « malheur ») s'infiltrent dans les tenues de cordes qui préludent à l'émergence d'abord furtive, puis plus insinuante de la « magie » par la clarinette. Un gémissement... Klingsor serait-il ressuscité comme nous indique son thème, en tapinois, *pianissimo* par les violons sur la première phrase de Gurnemanz? Non, c'est l'écume du passé qui nimbe le matin et les interrogations du vieux chevalier devenu ermite trouveront vite une réponse. Kundry gémit et expie comme nous le confie, de façon très expressive, le cor solo par un nouveau motif, celui de l'expiation ou encore de la « purification » (32). Mais la « magie » persiste, suivie d'une seconde plainte qui incite Gurnemanz à quitter sa retraite : rythme pointé (figuralisme semblable au motif des « errements ») ponctué de quelques rapides grondements des violoncelles. Ce rythme pointé asservit le motif de la « résignation », juste avant que l'ermite n'aperçoive le corps hibernant de Kundry dans les ronces.

Le spirales « magiques » font place à un motif altier (« *Auf! Kundry!* »), admirablement ajusté sur un vivace et paternel accord de neuvième suivi d'une joyeuse fanfare de cors. Les trois lentes rondes des bois suivies des pizzicati des contrebasses décrivent le regard interrogatif du vieil homme, face à la créature sans vie. La « magie » rode encore, souvenir du précédent avatar de Kundry, mais Gurnemanz entreprend de réanimer la « bête » engourdie. Un bref développement coloré d'une harmonie tristanienne (se laisserait-il séduire ?) suit les premiers mouvements et les étirements de la créature endormie qui nous revient de l'antichambre de la mort. La musique du « Graal » la gifle et la ramène à la réalité : son thème fougueux, percé d'un cri, l'arrache d'un coup des soins du chevalier...

Kundry commence une de ses réincarnations, la dernière, et, comme au premier acte, elle se mure dans une attitude servile, toutefois moins hautaine : ses premiers mots, appuyés sur la « soumission », disent sa volonté de servir. Eclairés par le « Graal », les commentaires de Gurnemanz s'accompagnent des motifs du « Vendredi Saint » et de la « lance ». Un fondu de sonorités soutient un nouveau repère musical, celui du « printemps » (33) dont les fluides syncopes aux cordes anticipent rêveusement sur le futur Enchantement du Vendredi Saint sur une tenue de la bémol grave par les cordes. La fin de ce bref, vaporeux et très habile passage rappelle de manière inattendue, presque en filigrane, le balancement extatique des Filles-Fleurs... Timbale mystérieuse et inattendue... le chevalier noir, en armes, s'avance vers la source. Parsifal, sans nul doute, mais le chevalier est sombre comme son armure, fatigué, comme son motif en mineur (aboutissant sur une harmonie dissonante et secrète), qu'accompagnent de pizzicati funestes et suspensifs venant de la « détresse ». Au troisième énoncé de « Parsifal » ainsi alourdi, Gurnemanz accueille le visiteur. Des motifs morcelés, des ponctuations crispées accompagnent ses remontrances : comme au premier acte, Parsifal est un marginal, un ignorant des usages sociaux et religieux confronté à la dignité de celui qui sait et qui juge. Asocial mais souffrant, il nous dira bientôt que c'est l'accablement d'Amfortas qui l'a frappé et guidé sa conduite; chez lui, la compassion humaine prime pour l'instant le rituel religieux.

Les énoncés successifs du « Graal » et du « Vendredi Saint » dans des tonalités changeantes rappellent la fonction de gardien de Gurnemanz. Le taciturne visiteur se tait toujours mais se dévoile physiquement sur deux lentes arches lyriques des cordes à l'unisson. Son thème, toujours bistré et lointain, se colore du cuivre des cors : une toute autre magie sonore que celle de Kundry! Wagner le relie à « l'accablement ». Pourtant, les souvenirs affluent : planant dans une instrumentation poignante, la « cène » gonfle intensément le voile de son thème et la « lance » y inscrit ses quatre notes insistantes. Les dernières réticences de Gurnemanz meurent au bord des lèvres. Espoir, enfin... le calvaire du clan et de son roi va finir et les « plaintes du sauveur » (glorieux aboutissement de toute cette progression) vont disparaître à jamais.

Salut chaleureux de Parsifal, l'adolescent turbulent des deux premiers actes a mûri. Une nouvelle forme du motif de la « détresse » (30a) accompagne la question et la reconnaissance de Gurnemanz. « L'errance » et sa basse chromatique, comme accablée, apporte la réponse nostalgique dont le climat va trouver des teintes encore plus adoucies avec le rappel du clair motif de la « forêt ». « Tout me semble changé » remarque l'arrivant : l'orchestre, sur une harmonie louvoyante, traduit cette métamorphose qui n'est, hélas, que décrépitude. Le changement de tempo et la fusée des cordes graves veulent illustrer la réminiscence du tragique destin d'Amfortas qui a tant marqué Parsifal : les deux motifs liés au pécheur précèdent la quête errante et le destin malencontreux qui a éloigné si longtemps le sauveur de sa destinée. Les poignants appoggiaturés qui renforçaient par leurs élancements l'affliction du prélude, soulignent les trébuchements du héros racontant les atermoiements de sa quête. Bientôt les puissantes notes ascendantes des cors montrent son obstination à garder la lance pure de toute souillure. Progressivement les tonalités se teintent en majeur au fil des motifs qui complètent par leur présence souterraine les propos du héros, pour éclater enfin dans le « Graal ».

Préludant aux paroles exaltées de Gurnemanz qui attaque, *forte*, au sommet de sa tessiture, le thème de la « cène » (ici dans une formulation partielle mais concluante alors que dans sa forme complète ce thème restait ouvert : un des signes que le calvaire touche à sa fin...) mêlé à celui du « Vendredi Saint » exprime directement la pensée du chevalier : ce messie va pouvoir raviver le sacrifice trop longtemps interrompu! Calmant son enthousiasme, l'homme de savoir, la mémoire de Montsalvat qu'est Gurnemanz, va entamer un de ses monologues narratifs et paternels clairement structurés par l'orchestration et l'utilisation des leitmotive.

A l'exaltation reconnaissante fait place l'accueil déférent : motif de la « forêt » pour rappeler les errances qui enfin se terminent et une avancée vers celui que le « Graal » qui s'arrête avant la péroraison de ses croches montantes : sur un lourd silence de l'orchestre, l'ermite laisse tomber quelques accents pesants; les cordes de la détresse enchaînent leurs sinistres quintes et infusent dans la partie vocale leurs ondulations chromatiques désespérées. C'est l'heure de la décrépitude et de la déception sur une musique tournant en rond par le ressac des appoggiatures qui n'aboutissent pas. Les bois qui s'étaient tus depuis le début du récit rentrent sur le mot Amfortas et donnent un accent de douleur sur le « *Wunden* » (les motifs 5 et 6 attendus sont présents ainsi que les dégringolades du thème de « Kundry » qui se répercute jusqu'au sommet de la tessiture (le *mi* sur « *wehrend* » : luttant!) avant de plonger dans le grave sur un sinistre «*Tod* ».

Les cordes reprennent leur sempiternelle rumination de la « détresse » comme pour endeuiller plus encore le récit : le refus d'accomplir le sacrifice, la décrépitude physique et morale par manque d'aliment magique (comme le panthéon privé des pommes de Freia au centre de *l'Or du Rhin*). Les « cloches de Montsalvat » ne sonnent plus que pour des fantômes : elles apparaissent au plus grave des cordes et leur profil caractéristique rappelle un instant les premières notes de la « détresse ». Le ton s'assombrit encore, par la tessiture de la voix devenue caverneuse, d'outre-tombe, par la raréfaction du tissu musical comme figé par le gel. Titurel est mort privé du « Graal », dont l'écho se brise une fois encore avant son terme.

Un cri aussi déchirant que celui qui repoussait l'étreinte diabolique de Kundry vrille les trémolos de violoncelle et de contrebasse. La masse instrumentale soutient les remords du héros, dans une ligne vocale déchiquetée par des bribes de motifs peu perceptibles mais, qui se résolvent en une citation presque dérisoire de « l'oracle » au cor. Parsifal se pose de plus en plus en sauveur au sens chrétien, il prend sur lui les péchés des autres; en cela, sa contrition violente s'oppose à la fatalité résignée, engoncée dans la routine de son aîné dont le manque de lucidité avait rejeté Parsifal du premier acte. Le tumulte arrivé au paroxysme dans un douloureux spasme se fond en *si* bémol aigu de la clarinette, la pointe de douleur, qui dans son expressive trajectoire descendante va coïncider avec le geste secourable de Kundry. Elle apporte l'eau de la source au jeune homme que sa sensibilité et sa commisération ont conduit au bord de l'évanouissement, marque d'une pitié et d'une compassion exacerbée plus que d'une faiblesse passagère.

Nimbé d'une simplicité toute pré-raphaélite, le tableau suivant est celui du baptême, l'un des plus proches (et, sans doute, les plus discutés) dans sa paraphrase chrétienne (le Jourdain, Marie-Madeleine...). Doucement, la « résignation » fait entendre à deux reprises sa voix meurtrie (hautbois, puis clarinette). Les paroles solennelles de Gurnemanz s'incrustent dans les lentes volées du thème des « cloches » tenu par les basses. En même temps que la « purification » déjà énoncée dans le prélude, apparaissent deux nouveaux motifs. Le premier s'alimente aux aliments thématiques du « Graal », et on le désigne généralement comme celui de la « bénédiction » et du « baptême » (34), confié aux cors et aux bois dans une instrumentation chaleureuse et caractéristique par sa modalité affirmée. Il se fond dans la « purification » dans le même essor lyrique des violoncelles, suivie de ses propres avatars thématiques. Le deuxième motif quitte le rythme ternaire lent et contemplatif pour le binaire solennel d'une marche funèbre, celle qui accompagnera la mise en terre de Titurel au tableau suivant dans son pesant rythme pointé et obstiné (35). On se rappelera que le même mot désigne la cérémonie funèbre, du mouvement initial de la *Symphonie « Résurrection »* de Mahler.

Avant de retourner vers l'église devenue chapelle ardente, il reste à accomplir la cérémonie du baptême. Ramenant le rythme ternaire, un arpège ascendant de la clarinette basse, se coulant dans des harmonies voluptueusement chromatiques (qui auraient pu draper un chant amoureux au jardin des Filles-Fleurs) prélude à l'ondoiement (Parsifal a-t-il reconnu la pécheresse repentante? Sans nul doute puisqu'il lui donnera fraternellement le baptême). Parsifal articule quelques mots; maintenant métamorphosé, c'est lui qui ordonne. La bénédiction baptismale est accordée par le vieillard dans une ample phrase montante, reprise par le choeur de toutes les cordes animées par des arpèges de clarinette. Kundry embaume alors les pieds de son sauveur. La musique a marqué d'un point plus douloureux, attisé par le solo de clarinette chromatique, ce geste de déférence, cette prosternation que Parsifal accepte. Un rappel nostalgique de la « plainte des Filles-Fleurs » montre que Parsifal a bien reconnu Kundry/Marie-Madeleine, mais Wagner veut ici garder dans le texte un brin d'ambiguïté. Il récupère le précieux flacon et s'en fait oindre la tête. Le sauveur veut devenir roi, ce que légitime aussitôt Gurnemanz par la prédestination de « l'oracle » et que sanctionne le thème de « Parsifal » porté en apothéose par tout un orchestre rutilant. « L'oracle », mis en progression chromatique ascendante, soutient les paroles sacrales de plus en plus extasiées de Gurnemanz. Soumis à une révélation supra-humaine, il est implicitement l'ambassadeur des autres chevaliers et agit par une sorte de procuration. Son intervention se clôt symboliquement par une reprise appuyée du thème de « Parsifal », dans un *si* majeur exultant, télescopé avec celui du « Graal » magnifié par l'orchestration. L'apothéose se fond en une série d'accords de plus en plus doux, au cheminement harmonique nouveau, inscrivant dans la musique toutes les transformations du héros. Comme premier geste royal (acte de commisération et de piété), la bénédiction est accordée maintenant à Kundry... pendant que la flûte chante, en contrepoint le motif de la « foi » dans toute sa candeur. Les cordes claires avec sourdine le soutiennent jusqu'à un fléchissement ponctué par les pizzicati des violoncelles et des contrebasses : les « plaintes du sauveur » pourront s'effacer de la mémoire de Kundry, puisque la voilà lavée de toute souillure.

Très calme et sans élargir, demande alors Wagner pour l'épisode agreste et rêveur parfois joué sous le titre de « l'Enchantement du Vendredi Saint » (il rappelle « les Murmures de la forêt » dans *Siegfried*, un autre tableau idyllique et naïf jouant le même rôle de respiration musicale). C'est le thème du « printemps » (33), qui souligne l'intérêt du jeune roi pour la nature environnante à laquelle il avait jusqu'alors prêté peu d'attention. La ligne vocale trouve un naturel expressif quasi-classique, à peine troublé par l'allusion aux corolles capiteuses des Filles-Fleurs, que l'orchestre esquisse à peine... Ce temps est révolu et la « purification » trouve l'éloquence gracile de la flûte, du hautbois et des violons. Gurnemanz rompt l'enchantement : il rappelle la célébration tragique de ce jour particulier! Tout culbute à nouveau : sous les paroles modifiées de Parsifal abandonnant son attitude contemplatrice, la « cène » s'endeuille et s'allonge, gonflée de sanglots (les *sforzando* des violons) dans le motif du « Vendredi Saint ». Gurnemanz entreprend à cet instant son dernier monologue explicatif. Comme les précédents, clairement structurés et sobres de ton, apportant la connaissance du passé ou de l'immuable... (tout à l'opposé des paroles intuitives ou poignantes de Parsifal!), il s'articule en quatre sections.

D'abord le « printemps » enchanté conforte l'analogie des paroles : les larmes sont une sainte rosée qui fit reverdir les prés et les forêts... La musique s'exalte et répète une séquence de croches montantes (avec une insistance qui rappelle une progression célèbre de la *Siegfried-Idyll*) qui propulsent la ligne vocale sur une longue note tenue dans l'aigu sur le mot crucial « *Gebet* » : prière. Ensuite, le vocabulaire musical de la souffrance (le « Vendredi Saint », la « lance ») escortent les paroles sur le rachat et la libération. A la fin de cette section, la « purification » gagne tous les pupitres et emplit de confiance l'orchestre, amenant de pieux propos (presque écologiques) sur la nature. La dernière partie, dans un lyrisme rayonnant, conclut cette effusion piétiste sur la rédemption transfigurant nature et créature dans une sensibilité que Jean de Solliers[5] qualifiait de franciscaine. Une transformation de la « purification » apaise le climat tout vibrant d'émotion. Une dernière allusion de Parsifal à la « plainte des Filles-Fleurs » réoriente toute la sensualité érotique de ce thème vers un chaste amour et le pardon : les « plaintes du sauveur » donnent la mémoire de l'événement tandis que Parsifal baise chastement la tête de Kundry et lui donne la dimension cosmique de sa faute.

Les « cloches » dans le lointain appellent à la triste cérémonie. Elles sonnent de manière bien plus sinistre qu'au premier acte et ne trouvent pas dès le départ leur pleine volée de quatre notes.

La lente marche à la mort, implacable et fatale, que constitue cette « musique de transformation » ne s'impose que graduellement. Gurnemanz et Kundry revêtent d'abord Parsifal d'un manteau de chevalier; son thème lent et gonflé par les trompettes et trombones a perdu tout caractère altier : le chaste fol est maintenant investi d'une mission sacerdotale. L'impressionnante page funèbre qui accompagne le changement de tableau utilise la matière thématique des nombreux motifs : d'abord le thème « d'Herzeleide » et ses sauts caractéristiques (ce motif est ici inattendu : pensée nostalgique du héros à sa mère?), la « détresse », les basses funèbres et les « cloches » qui scandent la musique comme un glas. Héroïsme anéanti, oppressante présence des cuivres, obsession de ce pesant rythme binaire : nous assistons à la montée progressive de l'angoisse, à son cri tragique et son effroi, toute une mise en condition avant qu'on ne retrouve la salle du premier acte, frappée par le deuil. La tonalité s'impose par grands pans : *si* bémol mineur, puis, au triton, *mi* mineur (imposé par les « cloches » dont les quatre notes n'appartiennent qu'à quelques tonalités) et retour en *si* bémol mineur. Le chromatisme est présent mais la relative fixité tonale renforce l'effet hypnotique et morbide de cette page.

Au rythme de leur procession, les chevaliers entrent en deux colonnes. Ils se renvoient dans une digne affliction, une hymne presque psalmodiée. Contrebasses et violoncelles répètent inlassablement dans les tréfonds de l'orchestre l'oppressante antienne funèbre dans une insinuation chromatique qui la rend plus inexorable. Les deux cortèges alternent leur plainte, dans le même style cérémonieux et contrit, à l'unisson, jusqu'au dernier vers précédant l'entrée d'Amfortas (« *Wehe!* » : Honte!), au moment précis du retour des « cloches ». Le « Graal » douloureusement cité n'est plus vecteur d'espoir, puisqu'il est aussitôt enseveli par ces plaintes funèbres. Pessimisme impérieux, fatalité assumée, soutenue par la rudesse stoïque de sourds appels guerriers. Le rythme de marche, la répétition des motifs s'exaspèrent avec une intensité insoutenable, mettant en progression croisée les deux choeurs sur des volées de « cloches » : saturation de l'espace sonore, sommet du désespoir, que seule peut apaiser une ultime vision du Graal. L'apparition du roi-pêcheur, au comble de la souffrance physique et morale, fait pendant à son grand monologue du premier acte. Celui-ci sera plus concis et interrompu en son milieu par l'appel pressant des chevaliers qui lui demandent de dévoiler le Graal. Dans la même tessiture que Gurnemanz, l'expression d'Amfortas tranche par son style plus narratif et marque ainsi la différence de destinée et de tempérament : d'une part, le vieux serviteur de l'ordre blanchi sous le harnais, de l'autre, l'homme blessé et à bout de forces qui, dans une vocalité plus lyrique, traduit son tourment. La « détresse », dans ses deux formulations thématiques, renforce sa honte. La ligne vocale se mortifie à plusieurs reprises sur l'intervalle saillant du triton. Soudain, un brusque gonflement cuivré dépeint l'horreur de l'assistance face au cadavre de Titurel. Une simple esquisse des premières notes du motif d'Amfortas introduit le dernier élément thématique de l'opéra, « l'offrande expiatoire » (36), qui peut être interprété comme une adaptation du motif de la « foi » en rythme pointé et intervalles agrandis. Ce motif prend possession, dans ses larges replis modulants, de toute la gravité des cordes. Un accent particulièrement aigu de la mortification (sur « *Tod* ») conduit à une cadence franche dans *ré* bémol majeur, purifié un instant de ses insinuations chromatiques : on évoque ici le paradis, la vision angélique du sauveur dont le nom (« *Erlöser* ») est marqué d'une modulation imprévue, extatique, vers le ton éloigné de *ré* majeur et ensuite, de la même manière, en *fa* majeur. L'exaltation gagne

5. Jean de SOLLIERS : « Commentaire musical et littéraire », *l'Avant-Scène Opéra n° 38/39*, Parsifal, Paris 1981.

Amfortas. Le motif de la « cène », appelé par le mot « *Blut* », déploie sa courbe extasiée mais, succèdant au mot « *Leben* » amené comme une prière, la mort, une fois encore, infléchit, de son incoercible impulsion, vers de sombres modulations la voix de l'orchestre. Comme la douleur est sans fin, la musique repart, faussement réconfortante, sur une formule mélodique proche du thème de « l'angoisse » maternelle, qui symbolise ici à la fois la souffrance et le désir de réconfort qu'Amfortas recherche de plus en plus dans la mort. Sommet lyrique et aspiration au repos éternel... le glas des « cloches » résonne des ses premières notes et les chevaliers, accentuant le rythme de la marche funèbre, de plus en plus pressants, menaçants, imposent à Amfortas le rituel qu'il veut à nouveau refuser.

La réponse est aussi violente que le « *du muss!* » répété à quatre voix. Dans une envolée terrible qui le conduit jusqu'aux cimes de sa tessiture, soutenu par de puissants contretemps des cordes colériques, et par son motif que l'orchestre développe dans une spirale ascendante, Amfortas, dans un geste suprême de contrition, dénude sa plaie et s'offre à l'épée de ses chevaliers, espérant à la fois la paix retrouvée dans la mort et la survie de Montsalvat par la puissance du Graal dont le motif, brusquement clivé de fa majeur vers la tonalité plus lumineuse de la majeur, introduit, tel un *deus ex machina*, Parsifal.

A l'agitation désespérée répond maintenant la sûreté et le calme de la conscience purifiée. Lentement, le « baptême » d'Amfortas s'effectue par l'application symbolique de l'épée sur la plaie sanglante, la tache laissée par le péché. Sur des tenues répétées de bois clairs qui illuminent les voûtes séculaires de Montsalvat, nous assistons au pardon accordé par le nouveau maître de lieu et à ce qu'il faut bien appeler sa prise de pouvoir, justifiée par une immanence divine. Le motif « d'Amfortas », décanté, accompagne les paroles du nouveau guide. Le relais est pris par « l'oracle » démultiplié et par le motif de « Parsifal » décuplé en puissance et en magnificence par un orchestre grandiose. Devant l'assemblée des chevaliers, Parsifal se sacre lui-même en écartant le roi fautif et incapable de tenir le sceptre. Face à cette autorité qui ne souffre pas de contradiction, heureux d'avoir récupéré la lance sacrée, les chevaliers ratifient implicitement de nouveau venu, hissé directement du rang du profane au grade de maître suprême. La « cène » et la « foi » impriment ces paroles dans l'esprit de chacun et semblent annihiler une timide apparition de « l'accablement » vaincue par la « lance ». Suivent les « plaintes du sauveur », « l'oracle », le début de la « cène », et, par la magie d'une modulation amortie sur les dernières paroles de Parsifal, la « cène » dans une irisation de harpes et la ferme douceur des cors et des trompettes.

Le dernier tableau de l'ouvrage sanctifiera le sacrifice réinstauré par Parsifal, sauveur et rédempteur. La « cène » trouve une clausule conclusive, fermant le doute qu'elle portait depuis le prélude initial. Les choeurs embrasent d'une lumière dorée l'arche ultime du temple en une courte péroraison hymnique aux différents niveaux de la chapelle. Sur une harmonie de *ré* bémol, un instant infléchie vers la quinte augmentée (la mort de Kundry qui trouve le repos éternel au terme de ses réincarnations maléfiques), la communauté retourne à la sérénité de la prière. La « foi » apaisée prélude au retour confiant du « Graal » sur lequel se greffe, une ultime fois, la « cène », nous renvoyant ainsi cycliquement aux premières mesures du prélude dans le ton de *la* bémol majeur qui l'ouvrait et s'estompe dans la grâce lumineuse d'une orchestration se fondant dans l'immensité du silence retrouvé.

REPERTOIRE DES LEITMOTIVE

N° 1. La Cène

ab.

cd.

N° 2. Graal

N° 3. Foi

a.

b.

c.

N° 4. Accablement

N° 5. Plainte du sauveur

N° 6. Amfortas

N° 7. Oracle

N° 8. Chevauchée

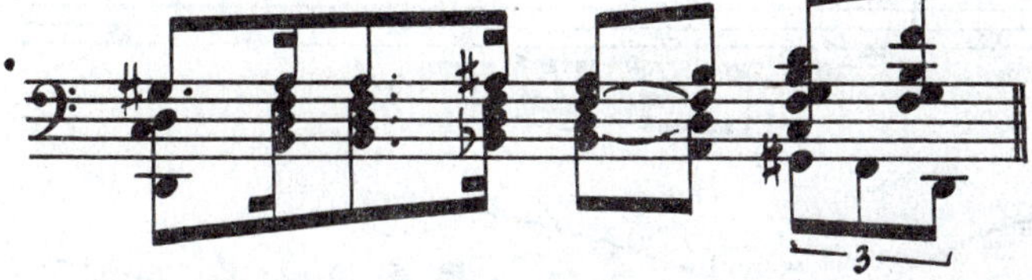

N° 9. Kundry

N° 10. Soumission

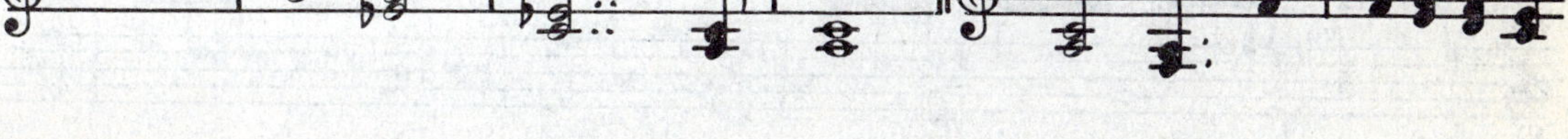

N° 11. Forêt

N° 12. Magie

N° 13. Souffrance

N° 14. Lance

N° 15. Vendredi saint

N° 16. Klingsor

N° 17. Séduction

N° 18. Plaintes de Filles-Fleurs

N° 19. Désir

N° 20. Rivalité

N° 21. Adulation

N° 22. Cygne

N° 23. Parsifal

N° 24. Herzeleid

a.

N° 25. Cloches de Monsalvat

N° 25bis. Sarcasme

N° 26. Résignation

N° 27. Angoisse

N° 28. Passion de Kundry

N° 29. Tentation

N° 30. Détresse

N° 30a.

N° 30bis. Malheur

N° 31. Errement

N° 32. Purification

a.

b.

c.

d.

N° 33. Printemps

N° 34. Bénédiction

N° 35. Funérailles

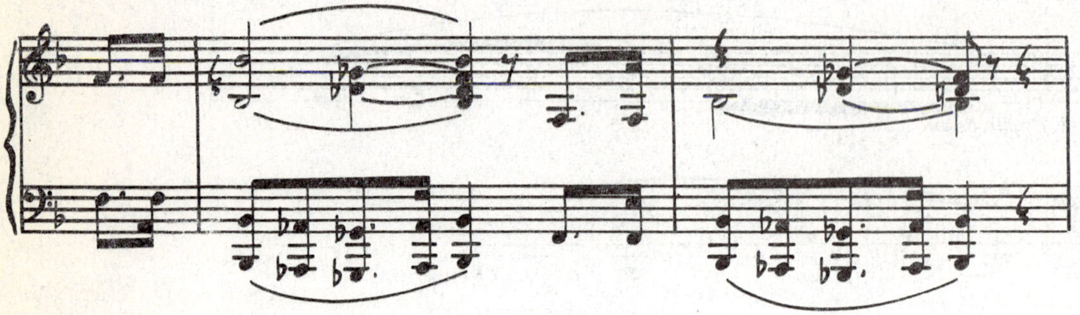

N° 36. Offrande expiatoire

Discographie

Le classement est chronologique. Le texte qui précède chaque commentaire précise dans l'ordre :

Date - Direction musicale
Les rôles : Parsifal (P), Kundry (K), Gurnemanz (G), Amfortas (A), Klingsor (Kl), Titurel (T), Choeurs, Orchestre ou Théâtre.
(Edition)

Abréviations :
(L) = *enregistrement live, c'est-à-dire sur le vif: scène ou concert*
(S) = *enregistrement studio*
(e) *signifie, pour les versions studio, qu'il s'agit de la date d'enregistrement.*
(CD) *signifie que la version est déjà disponible en compact disque (à la date du bouclage du livre)*

Dès les origines réservé au Festspielhaus, dont les caractéristiques acoustiques en guidèrent l'orchestration et où il revêt tout son sens musical et métaphysique, *Parsifal* a peu connu hors Bayreuth et hors scène les honneurs de la cire. La discographie débute ainsi réellement sur la colline en 1951, cadre de neuf versions *live* sur quatorze. Six fois, dans ce cadre, Hans Kappertsbusch est au pupitre; c'est dire le poids, au disque (et là seulement), de cette tradition. Les bribes que l'on possède d'avant 51, pour exceptionnelles qu'elles soient, ne nous consoleront pourtant jamais d'absences d'intégrales très cruelles : Furtwängler (longtemps annoncé...), Toscanini, Böhm, Klemperer, Kleiber, Reiner pourquoi pas, Jochum (dont le Bayreuth 71 est exceptionnel), Sawallisch (à Orange avec Talvela et Rysanek)... Pour ne rien dire des solistes : Lubin, Roswaenge, en échange desquels j'aurais donné mille Callas. Les scènes américaines, ici encore et bien que les USA aient été les auteurs du « rapt » de *Parsifal* avant le délai « légal », n'ont guère fourni de joyaux. Ce n'est peut-être tout de même pas un hasard, finalement, si hors Bayreuth on ne trouve point les chemins de Montsalvat...

1938 – Artur Bodanzky (actes I, III), Erich Leinsdorf (acte II) (L)
Lauritz Melchior (P), Kirsten Flagstad (K), Emmanuel List (G), Friedrich Schorr (A), Arnold Gabor (Kl), Norman Cordon (T), Metropolitan de New York.
(Golden Age)

Il y a des limites à l'historique : le son de ce repiquage est vraiment impossible. Tant pis pour la distribution, prometteuse surtout sur le papier : même à un tel niveau, il arrivait que l'on n'ait rien à dire...

1950 – Vittorio Gui (L)
Africo Baldelli (P), Maria Callas (K), Boris Christoff (G), Rolando Panerai (A), Giuseppe Modesti (Kl), Dimitri Lopatto (T), Choeur et Orchestre de la RAI de Rome.
(Foyer Musidisc, CD)

Décidément, le rythme de la langue wagnérienne ne convient pas à l'italien, de phrasé trop peu large. A qui la faute, donc, si on ne parvient pas à prendre au sérieux des chanteurs pourtant aussi louables que Christoff, Modesti, Panerai? L'incarnation de Kundry par Callas génère un autre type de malaise; la voix, qui est la grande voix des tout-débuts, avec une éloquence incantatoire forgée dans la masse du timbre, n'est pas en cause : un tempérament est à l'oeuvre, évidemment, mais comme culturellement, sinon techniquement, décalé. Baldelli est en revanche détestable, et le chef scrupuleux.

1951 – Hans Knappertsbusch (L)
Wolfgang Windgassen (P), Martha Mödl (K), Ludwig Weber (G), George London (A), Hermann Uhde (Kl), Arnold van Mill (T). Festival de Bayreuth
(Decca)

Soirées historiques : Bayreuth ouvrait à nouveau ses portes et Wieland Wagner imposait au monde une nouvelle manière de concevoir la scène wagnérienne. Au pupitre, Hans Knappertsbusch inaugurait (dans la lenteur) le rituel dont il deviendrait, contre vents et marées, l'exécuteur en titre. Il faut prêter l'oreille à cette méditation dont la densité est palpable, à cette rigueur refusant les facilités du théâtre immédiat et renvoyant chaque instant comme devant le juge de l'Heure Dernière. L'émotion qui en naît, hypnotique, avait bien sûr son revers : des sautes de tension (Knappertsbusch répétait peu, s'abandonnait à son inspiration), passages inhabités, solistes parfois désarçonnés ou négligés. Le climat de 51 ne ressemble pourtant à aucun autre : sans doute en raison des qualités de l'orchestre, fin et scintillant, léger et profond, comme de tempis très ductiles et variés. On sent aussi (surtout) la mort rôder partout, y compris au jardin. Ce *Parsifal* est celui de l'errance, d'un désespoir trop faible déjà pour s'autoriser la violence, de l'agonie possible d'un monde au bord du gouffre. Tous les solistes, scrupuleusement attentifs à bien chanter (l'habitude se relâchera), constituent à l'évidence une équipe, peut-être plus proche du metteur en scène que soudée au chef. Mödl, parfois hachée, comme à bout de souffle, délivre ses raucités et ses cris comme si très longtemps elle avait appelé au désert. London, superbe de stature, de repli, dresse avec une froide épouvante le constat de son mal. Weber, bouleversant et inspiré, s'efforce d'aller jusqu'au bout de l'ouvrage sans renoncer à une musicalité dont il n'a plus tous les moyens. Windgassen campe un Reine Tor un peu lourd dans son énergie comme dans sa ferveur de commande, incapable de célébrer à l'acte III l'élévation accomplie par le chef. Mais nul ne peut se passer de ces disques.

1953 – Clemens Krauss (L)
Ramon Vinay (P), Martha Mödl (K), Ludwig Weber (G), George London (A), Hermann Uhde (Kl), Josef Greindl (T). Festival de Bayreuth
(Melodram ou Laudis, CD)

Année de crise au Festspielhaus. Déjà en froid avec Karajan, Wieland Wagner s'est heurté à Hans Knappertsbusch qui claque la porte du Nouveau Bayreuth pour protester contre ses orientations scéniques. Wieland le remplace par Clemens Krauss pour *Parsifal* et un cycle du *Ring*. Le destin veut que Krauss s'éteigne quelques mois plus tard. Du coup, ces représentations qui constituent son testament wagnérien en deviennent mythiques. Knappertsbusch reviendra et, s'installant pour dix ans au pupitre de *Parsifal*, établira la tradition que deux saisons n'avaient pas encore instituée et dont la « lenteur » ne se rattache à aucune règle bayreuthienne. Pour s'en convaincre, il suffira d'écouter Muck, Strauss ou même Furtwängler. Sur la « rapidité » de Krauss, il faut d'ailleurs en rabattre : trente-cinq minutes gagnées sur « Kna » 51, certes, mais à peine une dizaine sur les versions 60 et 62, lesquelles sont elles-mêmes plus vives que Solti ou Karajan, et presque vingt de plus que Boulez ou Leinsdorf. La juste moyenne, en somme, mais surtout, à deux minutes près, la durée de Levi à la création. Sur ces bases, peut-on continuer à prétendre, selon un mot mal expliqué de Wieland, Krauss « latin »? Assurément il n'est pas « germain » si germain signifie alourdir, diluer, figer : mais Knappertsbusch se rattachait-il à cette tradition là? Quoiqu'il en soit, ici la grandeur est sobre, naturelle, aérée. On respire au jardin, comme au début de l'acte III; on y étouffe aussi, comme sous la coupole; on entend la nudité des âmes et des lieux, la violence des chairs; les visages sont aigus, les corps palpables, la couleur sensuelle sans outrance, la douleur éclatante et terrible. Sublime efficacité théâtrale de cette lecture évidente de simplicité, constamment animée, inquiète, respirant avec le plateau, et qui n'est pas une lecture profane! La distribution n'est pas, quant à elle, aussi irréprochable qu'on l'eût souhaité. Weber termine tôt en bout de course, en dépit d'une gamme d'expressions puisées au meilleur de lui-même. Vinay, encore raide, de couleur sombre et d'aigu écrêté, tâtonne un peu en quête de ses « repères de rupture » par lesquels il créait, en Siegmund et Tristan tout pareil, la dynamique fabuleuse de ses incarnations. London manque d'invention, au contraire de Uhde qui, paradoxe, trouve pour Klingsor des accents rares et complexes, ceux d'un blessé à la torture dont les plaisirs de haine cachent l'attrait originel pour la pureté. Et puis il y a Mödl, subversive techniquement, mais qui chante Kundry comme on devrait chanter le Hollandais; Mödl et ses feulements légendaires, sa sensualité à fleur de voix, son tempérament tragique, son énergie fragile. Elle n'est pas constamment à son meilleur niveau expressif, mais la valeur de la soirée tient plus à l'esprit qui l'anime qu'à l'addition de qualités individuelles. On évitera le repiquage Rodolphe, infidèle totalement à la beauté sonore des bandes d'origine, que Laudis a su retrouver.

1954 – Fritz Stiedry (L)
Set Svanholm (P), Astrid Varnay (K), Hans Hotter (G), George London (A), Lawrence Davidson (Kl), Lubomir Vichegorov (T), Metropolitan Opera de New York.
(Melodram)

Un son détestable (sauf à l'acte III) n'empêchera pas ce document de passionner les vrais amateurs. Pas à cause du chef, dont la principale qualité est la rapidité, mais en raison du plateau, où se presse du beau monde, y compris pour les petits rôles (Madeira, Mc

Cracken). Il est ainsi intéressant d'entendre le Gurnemanz de Hotter en 54 (année où, à Bayreuth, il interprétait Amfortas : expérience médiocre dont Melodram a conservé les traces essentielles). On se rend compte que le personnage est déjà entièrement construit, en voix moins obstruée de surcroît qu'à Bayreuth. Déjà, donc, on vibre à cette pâte pétrie de vérité, de simplicité, d'intelligence théâtrale, de piété. London, pas très respectueux des notes mais plus déchiré sur la colline et d'émission moins statufiée, mérite d'être entendu. L'évènement vient toutefois de Varnay, exceptionnelle à quelques détails près, dont le Festspielhaus ne nous a rien conservé en ce rôle. Femelle vidée de force a l'acte I, avec quelque chose de bestial dans le repli sur soi, farouche, elle apparaît a l'acte II douce et vibrante, sensuelle et tendue jusqu'au cri (son apparition chez Klingsor). Svanholm, hélas, ne situe pas à ce niveau : notes escamotées, couleur incertaine, timbre pincé, élocution sélective... tous les symptômes d'une voix qui se délabre. Sachons pourtant écouter ce qui mérite de l'être.

1956 – Hans Knappertsbusch (L)
Ramon Vinay (P), Martha Mödl (K), Josef Greindl (G), Dietrich Fischer-Dieskau (A), Toni Blankenheim (Kl), Hans Hotter (T). Festival de Bayreuth
(Cetra ou Melodram)

Etrange soirée : fascinante, alors que objectivement on peut trouver beaucoup à redire. Knappertsbusch oeuvre dans la lenteur, proche de 51 par l'esprit mais aussi la clarté de l'instrumentation. La lumière qui nimbe ce *Parsifal* est d'un sentiment très froid, la perspective immense laisse l'oreille humble devant cette immobilité apparente et pourtant vivante, riche, mystérieuse. Des solistes, on va surtout relever les défauts, en soulignant pourtant d'emblée que leur tout vaut mieux que leur somme. Greindl, voix dure (moins qu'en d'autres occasions) et rugueuse, écuyer sans onction ni spiritualité, ne peut s'inventer rondeur et legato alors qu'il écourte toutes les durées. Vinay chante à son habitude, contracté, en soubresauts et hachures du souffle, avant de phraser enfin l'acte III dans le phrasé de Knappertsbusch, comme s'il y trouvait une paix soudaine. Certes il se tord le nez pour s'arracher les aigus du II, mais le médium est de toute beauté et son incarnation cahotique, tourmentée, d'une virilité et d'une maturité cherchant à percer la gangue de la Torheit, atteint ici peut-être son sommet. Même remarque en ce qui concerne Mödl, laquelle transpose tous les aigus difficiles (ce qui vaut mieux que les hurler) mais fait merveille par la richesse des intonations, le soin mis à la ligne du chant (ce n'était pas automatique), la beauté des sons filés et la douceur maternelle de la séduction.

Fischer-Dieskau joue un Amfortas exclusivement dolorosif, un personnage faible dépassé par l'héroïsme de sa charge, désespérément humain et (qualité unique dans la discographie), authentiquement *Schmachlüsterner*, jouisseur de sa honte, jusqu'à l'écoeurement. C'est là son génie, mais sa limite vocale aussi : le grave, insuffisant, reste coincé, l'ampleur et la sonorité (à Bayreuth pourtant) manquent d'assise. Et puis on peut haïr cette onctuosité morbide, encore qu'elle soit sans doute très fidèle à la haine éprouvée par Wagner, maintes fois avouée et tout particulièrement à l'époque de *Parsifal*, pour les attraits charnels de l'existence. Blankenheim d'ailleurs, trainard et comme épuisé, en porte à sa manière les stigmates. En définitive, il s'agit là peut-être de la version la plus angoissée, la plus pessimiste, la moins préoccupée d'arracher l'adhésion du public, et donc la plus authentiquement wagnérienne, à sa façon, que l'on possède de l'ouvrage.

1958 – Hans Knappertsbusch (L)
Hans Beirer (P), Régine Crespin (K), Jerôme Hines (G), Eberhard Wächter (A), Toni Blankenheim (Kl), Josef Greindl (T). Festival de Bayreuth
(Melodram)

C'est la fin d'une époque. Wieland disperse sa première équipe et cherche à faire évoluer sa conception scénique en essayant de jeunes solistes. Mais Knappertsbusch est toujours là, alternant sublimes beautés et tunnels d'ennui, improvisant sa méditation sans se préoccuper de soutenir les premiers pas de ses chanteurs. Wächter (qui n'avait pas trente ans) peine à trouver l'homogénéité de sa voix, la logique de son phrasé et de son ton (il joue terriblement mélo), sinon les notes justes. Hines chante bien mais platement. Blankenheim campe une sorte de Samiel couineur et excité tandis que Beirer, auquel le souffleur doit tout hurler, fait preuve d'un style déplorable (le timbre et le volume sont d'un fort ténor, mais l'aigu court et poussé, la tenue sans grâce). On s'intéresse davantage aux débuts de Crespin, à l'attention qu'elle porte aux mots, au soin mis à la ligne, à la belle projection du son : le tout selon une technique authentiquement française. Mais on entend aussi ses aigus contractés et ses maladresses respiratoires. Surtout, elle est ici bien isolée.

1960 – Hans Knappertsbusch (L)
Hans Beirer (P), Régine Crespin (K), Josef Greindl (G), Thomas Stewart (A), Gustav Neidlinger (Kl), David Ward (T). Festival de Bayreuth
(Melodram)

Deux ans plus tard, la surprise vient de Knappertsbusch en pleine évolution. L'architecture est toujours aussi vaste, aussi exigeante pour les solistes, mais offre des angles plus acérés, une finition plus élégante et plus constante, notamment dans le contrepoint des cordes et des bois qui se nourrit d'une belle sensualité. Les solistes nous font aussi bien mieux prêter l'oreille qu'en 58. Stewart débutait : regard fixe et béant, il chante une détresse encore raidie théâtralement mais où la qualité de voix et de style compense tout : le Bayreuth d'après-guerre trouve sans doute là, et pour de nombreuses saisons, son meilleur interprète du rôle. Crespin, à quelques détails près (l'aigu, toujours dur), est au même niveau. Il faut pour elle réviser tout ce qu'on a appris d'une certaine tradition « démoniaque » de Kundry. La lumière du médium, la souplesse du phrasé, la légèreté à poser les sons et les mots comme une caresse (l'accueil de Parsifal!), font une délicatesse et une féminité inconnue à ce rôle, une manière aussi de regarder aux cieux qui n'appartient peut-être qu'à une familière du répertoire latin. Ajoutons que Beirer, toujours seulement ténor, est moins débraillé qu'en 58, et que Neidlinger est excellent. Seule ombre au tableau : le Gurnemanz rêche de Greindl, dont la voix bouge et blanchit dans l'aigu.

1960 – André Cluytens (L)
Sandor Konya (P), Rita Gorr (K), Boris Christoff (G), Gustav Neidlinger (A), Josef Stern (Kl), Silvano Majonica (T), Scala da Milan.
(Melodram)

Cluytens, tout auréolé de la considération obtenue à Bayreuth, où il finissait par diriger plus « germain » que les germains eux-mêmes, conduit noblement et maîtrise fort bien les milanais, peu familiers on s'en doute des extases métaphysiques. Mais, faute d'un lieu plus oraculaire que la Scala en pleine saison, il ne se passe sur le plateau rien d'inouï. Konya se surveille bien peu, Neidlinger s'essaie à Amfortas sans démériter musicalement mais sans génie théâtral particulier, Gorr enfin se fatigue perceptiblement, tandis que son tempérament, formé au grand opéra, contribue au conventionnel de l'expression générale. Christoff, sociétaire de la Scala connaissant son Gurnemanz en plusieurs langues, lui prête d'ailleurs main forte sous ce rapport.

1962 – Hans Knappertsbusch (L)
Jess Thomas (P), Irene Dalis (K), Hans Hotter (G), George London (A), Gustav Neidlinger (Kl), Marti Talvela (T). Festival de Bayreuth
(Philips, CD)

Encore deux ans. L'orchestre cette fois s'envole, et sous les voûtes de la cathédrale Knappertsbusch apparaissent des volutes, des arabesques, des moiteurs, surprenantes d'invention et de liberté (notamment chez les Filles-Fleurs, enfin dotées d'un parfum et d'une séduction). Mais le dialogue, cette année-là, ne s'instaure qu'avec le seul Hotter. En bonne voix (l'allergie rituelle aux foins de la colline l'avait épargné!), il met dans le moindre récit une variété, une piété, une sagesse, une chaleur et une force qui font de lui le plus complet des Gurnemanz, assez à part il est vrai des basses authentiques : et sans doute son habitude des emplois de baryton, aux personnalités plus complexes, contribue-t-elle à déséquilibrer l'intérêt du plateau à son avantage. Le reste de la distribution n'est cependant pas de taille à lui disputer cette suprématie. London, marmoréen et ni très juste, ni très varié, ennuie. Thomas, débutant naturellement ingénu, demeure appliqué ou sans grand relief. Dalis use efficacement d'un matériau vocal de second ordre, dans le genre expressionniste agité ancré sur les facilités de la voix de poitrine. Neidlinger enfin aboie plus qu'il ne chante. Le tout mériterait une (improbable) édition économique.

1964 – Hans Knappertsbusch (L)
Jon Vickers (P), Barbro Ericson (K), Hans Hotter (G), Thomas Stewart (A), Gustav Neidlinger (Kl), Heinz Hagenau (T). Festival de Bayreuth
(Melodram)

13 août 1964. Hans Knappertsbusch *zum letzten Mahl, zum letzten Mal*. Pour la dernière Cène, pour la dernière fois. Ultime Parsifal du festival 1964, ultime représentation dirigée par le chef. Une soirée qui ne ressemble à aucune autre : il y règne une inquiétude, une fièvre des tempi, une soudaine nudité du drame, qui achèvent fabuleusement une longue série de cérémonies non point sereines, certes, mais dont le mystère et la foi s'imposaient comme un recul, une méditation tendue jusqu'à perdre de vue, parfois (mais, on l'a vu, de moins en moins) les nécessités immédiates. Ici les chairs se resserrent soudain en une interrogation plus intense et plus vivement exposée : les accords finaux se suspendent sans apporter la paix, après un silence que jamais « Kna » n'avait à ce point laissé béant. Ce finale est d'ailleurs à lui seul d'anthologie, en raison de l'engagement théâtral et vocal supérieur des meilleurs protagonistes du plateau : les choeurs, exemplaires d'autorité et de présence, Stewart et Vickers. Thomas Stewart a peut-être été l'Amfortas le plus absolu du Nouveau Bayreuth. Il en avait d'abord les moyens, exactement et totalement requis par la tessiture; l'art du souffle et de la couleur, génialement inspiré par un talent rare de tragédien lyrique : espèce rare de chanteur chez qui le jeu de la voix rend presque inutile, parce qu'indéniablement réducteur, le jeu scénique.

Toutes ces qualités ont abouti à une synthèse difficilement approchable entre un style classique très pur et une expression riche de conscience. Le cas de Vickers est différent. Il faut d'abord aimer ce timbre et cet accent particuliers, et plus encore la personnalité de ce wagnérien épisodique. Il n'appartient pas, on s'en doute, à la lignée des Parsifal adolescents, ni bien sûr à celle des gros garçons balourds. Mais un Melchior, savait rester juvénile, un Lorenz bouleversé et exalté, un Vinay tourmenté, intérieur. Vickers paraîtra paradoxalement plus dense et plus abstrait. L'ampleur de la déclamation lui est nécessaire (la voix n'est pas souple) mais, assurée par le chef, lui permet une exemplaire tenue, un travail de souffle et des nuances superbes. Son Parsifal est grand, large, pensé avec une autorité dans le dépassement de soi qu'aucun autre interprète du rôle n'a su y mettre. Le reste du plateau n'est pas tout à fait à ce niveau. Hotter, souffrant, donne malgré tout à Gurnemanz l'allure qu'on imagine (y compris dans l'humilité face à un Parsifal pour une fois plus « sachant » que lui), même si le phrasé, parfois, est contenancé. Ericson peine dans l'aigu, en dépit d'une technique efficace et d'un registre bas de grain assez prenant. Mais qu'importe? Voici des faces indispensables.

1970 – Pierre Boulez (L)
James King (P), Guyneth Jones (K), Franz Crass (G), Thomas Stewart (A), Donald Mc Intyre (Kl), Karl Ridderbusch (T). Bayreuth
(DGG)

Il convient sans doute de s'attarder sur cette version, moins en raison de ses qualités intrinsèques (le plateau vocal est relativement médiocre) que de son importance historique. Hans Knappertsbusch a dirigé Parsifal pour la dernière fois en 64. La mort l'emporte avant le festival suivant et il paraît alors difficile de rompre si vite avec une telle tradition. Cluytens le remplace donc en 65, rendant involontairement hommage à la légende selon laquelle, à Bayreuth, *Parsifal* est une messe : direction stupéfiée, compacte et lente. Wieland Wagner, de toute façon, a mis avec Karl Böhm un nouveau *Ring* en chantier, réservant la refonte du Bühnenweihfestspiel pour la saison d'après. Coup d'éclat : il obtient l'engagement de Pierre Boulez, dont les déclarations sur le genre lyrique et notamment le répertoire du XIXe accréditent l'idée qu'un iconoclaste majeur va s'emparer du « Saint des Saints ». On ne pouvait rêver rupture plus affirmée, et la différence de durée entre le français et Toscanini (une heure et quart!) établira un record légendaire. Performance insignifiante au demeurant, tant compte davantage la pulsation interne d'une battue... Du coup, on en passa à la trappe les approches d'un Strauss, d'un Furtwängler, d'un Krauss, et l'on ne fera pas à Jochum l'aumône d'une intégrale – même « pirate ». Indépendemment de ces mauvaises raisons musicales, on oublia aussi que cette production ne put tenir, scéniquement, ses promesses : pendant les répétitions, Wieland était hospitalisé pour le cancer qui devait l'emporter en quelques mois. Il n'y eu donc pas révolution complète, la fidélité de quelques assistants ne remplaçant jamais le génie propre du créateur. Boulez assura donc, seul, le « dépoussiérage », quitta la fosse en 69 et n'y revint peut-être que pour les besoins de l'enregistrement (la transition par Horst Stein indique clairement qu'il n'y avait plus de continuité dans les choix artistiques). Mais, si la scène stagna dès 67, le Boulez de 70 n'était plus celui de 66 : et l'on a souvent prêté au disque des qualités qui furent celles des premières représentations, dont circulent d'excellentes bandes privées d'origine radiophonique. La clarté du discours boulézien (et l'on préferera ce terme à celui de transparence) est indéniable, tout comme l'ancrage historique de la partition à l'orée du XXe siècle. « L'objectivité critique » du chef consiste alors à refuser à *Parsifal* tout un parfum romantique tardif comme à vouloir en ignorer l'aspect cérémonial lié à une tradition d'exégèse qu'il n'entend pas assumer sans la vérifier musicalement. Priorité à la partition, donc, dont jamais peut-être le contrepoint, les glissements de timbre et de motifs, n'ont été rendus avec une simplicité si savante. Ce qui frappe, alors, c'est l'absolue narativité, mobilité, ductilité, de cette direction. L'impression unique d'un pas à pas, d'un motif à motif, geste à geste, qui n'exclut nullement la cohérence réfléchie de l'ensemble (et doublement réfléchie, tant elle procède par jeux de miroirs), mais se situe totalement à l'opposé de l'école allemande d'interprétation. Pour reprendre un conseil de Wagner à ses solistes, Boulez s'occupe des petites notes, et les grandes lui sont données de surcroît. Il parvient aussi à recréer l'innocence d'un discours spontané et complexe, foisonnant de pistes, et nous empêche de rester les spectateurs passifs d'un rituel décidé hors de notre assistance.

Boulez connaît aussi son répertoire motivique : il l'utilise, le restitue, comme le compositeur lui-même l'a imbriqué, comme le vocabulaire essentiel des rythmes, des couleurs, du théâtre, en un commentaire authentique du drame. Ici, nulle « pure » jouissance sonore : nulle facile séduction des timbres orchestraux qui, tous, ont leur mission. Qu'opposer à cet art du musicien-conteur, que l'on retrouvera dans le *Ring* aux côtés d'un théâtre lui-même autrement narratif que celui de Wieland? D'abord, qu'à varier sans fin les climats, Boulez n'en crée pas pour autant une dimension spirituelle. Il manque ici, non pas une religiosité, mais le souffle de l'intemporel. Le théâtre est crû, immédiat, violent et frénétique; certaines scènes en deviennent inouïes : les récits de Gurnemanz, de larges passages de l'acte II, la déploration d'Amfortas sur le cadavre de Titurel. Mais tout cela se situe trop sur le même plan. Boulez s'est dit profane : on ne l'entend guère dans les scènes du temple, et de toute façon on aurait quelque audace à trouver orthodoxe la cérémonie wagnérienne; il n'empêche que *Parsifal* traite du sacré et que tous ses héros tournent autour de la foi, d'une foi moins douloureuse pour l'humain que les rituels erratiques, pervertis, montrés sur scène. Sous ce rapport, on pourra trouver Boulez un peu court, alors que tout ce qui concerne les corps et la nature est d'une richesse discrète étonnante.

En 66, pourtant, comme en 67, on avait trouvé cette direction plus complète, avec, à défaut d'une foi, un meilleur sens du mystère, et un raffinement encore supérieur dans les jeux instrumentaux ou les respirations. Incriminons l'orchestre et surtout les solistes, tout en disant que Boulez n'a peut-être jamais prêté assez d'attention à l'art des voix, au dialogue avec elles. Jones s'engage, certes, mais nantie d'un matériau vocal inacceptable, au point que son engagement reste lui-même bien univoque. Crass est un Gurnemanz monotone, agressif ou bougon. La grâce et le savoir n'illuminent guère King, dont les aigus restent durs. Mc Intyre fait un Klingsor noir et violent. Au milieu de ces incarnations d'un dramatisme bien excessif, l'Amfortas de Stewart paraîtra à la fois plus réservé et plus musical : sachons l'entendre chanter comme si toute parole, tout geste, risquait de réveiller le mal. A l'écoute, cet Amfortas l'est de lui comme de l'orchestre, dont il reprend les sonorités éteintes, étouffées, en un dialogue qu'aucun autre soliste (même Crass, pourtant superbement sollicité) n'a les moyens de nouer.

Au total, et comme pour le *Ring*, on a un peu le sentiment que le rendez-vous discographique est venu trop tard. Avez-vous un pirate dans vos relations?

1972 (e) – Georg Solti (S)
René Kollo (P), Christa Ludwig (K), Gottlob Frick (G), Dietrich Fischer-Dieskau (A), Zoltan Kelemen (Kl), Hans Hotter (T), Choeur de l'Opéra de Vienne, Orchestre Philharmonique de Vienne.
(Decca, CD)

La Philharmonie de Vienne est un orchestre exceptionnellement doué. Elle peut tout imiter : la fin du monde, le vent sur le lac, l'orage et les galops, et même la voix de Notre Seigneur. Solti, on le sent aussitôt, rêve de nous refaire la crucifixion de Ben Hur. Dans cet acharnement à faire rendre couleurs et contrastes à la partition (ou parfois seulement à l'orchestre...), la cohérence intellectuelle et sensible du drame aurait tendance à disparaître, au profit de moments dignes du grand opéra religieux romantique, luxuriants plus que pécheurs, bourrés d'énergie plus que de torture, de raffinement plus que d'extase mystique. Mais ces climats brillants, où la jouissance sonore l'emporte aussitôt sur le sens, surviennent trop souvent à contretemps ou demeurent sans suite. La distribution manque pareillement d'unité de vision. Frick, étonnamment conservé grâce au micro, trouve des accents simples et chargés d'émotion, avec une voix noire épurée de toute vulgarité. Mais ce n'est jamais là qu'un bon vieillard, auquel sa diction rocailleuse donne du « terroir », pas de spiritualité. Ludwig est évidemment racée : ni folle, ni éperdue, ni fatale. Distinguée. Fischer-Dieskau multiplie les maniérismes de studio et les erreurs flagrantes de ton : cette esbrouffe psychologique ne lui confère naturellement pas l'étoffe vocale du rôle. Kollo est un vaillant petit garçon, au timbre frais encore préservé; mais la jeunesse, au disque, est une vision courte qui laisse démuni a l'acte III. Signalons l'un des harems de Filles Fleurs les plus côtés, mais pas des plus pervers. Est-ce tout? Non : on ne parvient jamais, avec Solti, à se convaincre qu'on ne pourrait pas l'apprécier davantage. A moins qu'il ne bénéficie tout simplement de l'absence de concurents « modernes ».

1980 (e) – Herbert von Karajan (S)
Peter Hofmann (P), Dunja Vejzovic (K), Kurt Moll (G), José Van Dam (A), Siegmund Nimsgern (Kl), Victor von Halem (T), Choeur de l'Opéra de Berlin, Orchestre Philharmonique de Berlin.
(DGG, 4 CD)

On peut présenter ce coffret de façon positive : voici une sublime symphonie avec voix, exceptionnelle de latences, de hiératisme, de fusion mélodique et instrumentale. Tout, ici, procède par agglomérations : des timbres, des motifs, des choeurs, des voix, en une accumulation de somptuosités sonores inouïes. Les solistes rivalisent de musicalité (ou d'intentions...), chacun avec ses moyens bien entendu, qui sont ceux de simples humains : l'orchestre seul voit Dieu en face. Et nous, qu'on nous pardonne, avons le sentiment que le dialogue s'est noué en dehors de notre présence, et que nous faisons antichambre. Monumental écho de la rencontre, mais longuet. Pas de cri, pas de chair, pas de sang, ni poison, ni tentation : et donc ni rédemption? Aucun théâtre à l'oeuvre. Les voix? Elles sont limitées ou contraintes. Ainsi Kurt Moll, doté d'un timbre fort jeune, ne reçoit pas l'autorisation d'en jouer en ce sens, et perd du coup tout caractère, hormis une sorte de réserve douceâtre. Hofmann et Vejzovic s'appliquent (on les comprend), Nimsgern tâche de faire le moins de bruit possible (mais comme il n'a vraiment que le bruit dans la voix...) et Van Dam prend les poses meurtries les plus avantageuses vocalement. Quelques pinailleurs relèveront bien, de ci, de là, fautes de justesse et de tempo, mais quelle importance? Si, les cloches de Montsalvat sont géniales pour tester votre chaîne.

1981 (e) – Amin Jordan (S)
Reiner Goldberg (P), Yvonne Minton (K), Robert Lloyd (G), Wolfgang Schöne (A), Aage Haugland (Kl), Hans Tschammer (T), Orchestre Philharmonique de Monte Carlo.
(Erato)

Enregistré pour servir de bande sonore au film de Hans Jürgen Syberberg, ce coffret vaut d'abord pour la direction de Jordan, fluide et lumineuse, procédant par touches plus que par affirmations dramatiques. Lloyd, voix superbe, ému et jeune de ton, conte admirablement mais conte tout. Minton, prise en défaut trop souvent sur la hauteur des notes, manifeste une sensibilité intéressante sans être vraiment attachante ou tragique. Schöne est plus chaleureux, Goldberg fort de la quinte mais dépourvu d'élégance technique comme de charisme. Le choeur est soigné, traité à l'inverse de Bayreuth sous la coupole où voix et plans sont moins nettement détachés. L'ensemble, qui cherche à renouveler l'approche du Bühnenweihfestspiel, donne le sentiment d'une fraîcheur insuffisamment travaillée pour être à elle seule convaincante.

1985 (e) – Reginald Goodall (S)
Warren Ellsworth (P), Waltraud Meier (K), Donald Mc Intyre (G), Pilipp Joll (A), Nicholas Folwell (Kl), David Gwynne (T), Welsh National Opera.
(EMI)

Encore un témoignage de la chapelle wagnérienne animée par Goodall. Bien entendu l'ambiance est à la célébration, sans hélas que solistes et orchestre puissent soutenir un pareil rêve d'ampleur. Mc Intyre en profite pour donner une leçon d'économie vocale et d'intelligence textuelle.

1985 – James Levine (L)
Peter Hofmann (P), Waltraud Meier (K), Hans Sotin (G), Simon Estes (A), Franz Mazura (Kl), Matti Salminen (T). Festival de Bayreuth
(Philips, 4 CD)

Sous la baguette solennellement statique de Levine, pris dans l'illusion d'une grandeur pesée, des solistes sans inspiration particulière à la recherche de sons, de souffle ou de notes. A ce jeu, le Gurnemanz de Sotin, mieux doté et mieux résistant que ses camarades, gagne haut la main la palme des chanteurs fonctionnaires.

Divers

On trouve là des références absolument indispensables.

Chez HMV, Widdop (P) et Ljungberg (K), sous la baguette toujours inspirée de Coates et, repris dans la plupart des anthologies, le Vendredi Saint de Bayreuth, en 1924, dirigé par Siegfried Wagner mais conduit par Karl Muck, avec Kipnis et Wolff. Surtout, de Berlin 1928, le III complet par Muck (qui fut, au Festspielhaus et plus que Knappertsbusch ultérieurement, LE chef de *Parsifal*) avec Hofmann (G), Pistor (P) et Bronsgeest (A). Indispensable (HMV et Lebendige Vergangenheit).

Tout aussi exemplaires, les extraits de Bayreuth 1931, 1933 et 1937 réunis par M.P.P sous les baguettes de Muck, Strauss et Furtwängler, essentiellement tirés du III, avec Janssen (A), Lorenz (P), Pistor (P), Kipnis et Andresen (G). Superbes, toujours, les larges pans conservés chez UORC d'une représentation londonienne conduite par Reiner en 1937 avec Janssen (A), Ralf (P), et, hélas trop peu, Weber (G). S'agissant de ce dernier, il faut essayer de trouver la bande Vienne 1948, direction Moralt, avec Treptow (P), Konetzi (K) et Schöffler (A). A défaut, entendre le IIIe acte complet sous la baguette de Knappertsbusch (Acanta, Berlin 1943), où Weber est entouré de Karl Hartmann (P) et Hans Reinmar (A). On ne doit pas non plus négliger l'acte III pris à Covent Garden en 1951 sous la baguette de Karl Rankl, avec Flagstad (K), Kraus (Kl) et Lechleitner (P) (Golden Age).

Le reste (Stokowski-UORC, en dépit de Bampton, ou Schreiber-Allegro, fait en 1950 à Dresde), ne retiendra pas davantage que le duo du II gravé tardivement par Nilsson et Brilioth(Philips). A fuir, la sélection HRE d'un concert Radio-France, dont la qualité technique est scandaleuse (et pourtant : Rysanek, Moll, Jerusalem, Weikl, Becht, Rydl ... quel plateau!).

Annexes

Les Gravures d'archives par Philippe Godefroid

Chronologie de la vie de Wagner

Les gravures d'archives

AIRS ET SCÈNES ISOLÉS

Aucune discothèque ne peut ignorer le 78 tours et plus généralement les gravures d'archives. C'est là que l'on apprend l'histoire, là que l'on se forme l'oreille pour savoir entendre les chefs et chanteurs d'aujourd'hui. C'est là, souvent, que gisent les plus imcomparables trésors d'intreprétation, tant il est vrai que la période 1920-1940 fut, pour Wagner, une époque bénie.

Afin de ne pas surcharger les discographies par ouvrage et de permettre une approche plus aisée de ces trésors, on a réuni ici un certain nombre de solistes ou de coffrets anthologiques considérés comme essentiels.

Tout d'abord, publiés pour la plupart dans la foulée du Centenaire du Festspielhaus de Bayreuth:

- « Sänger auf den grünen Hügel », dix disques EMI retraçant les distributions à Bayreuth depuis les âges permis par la mémoire phonographique jusqu'à 1945. Une somme.

- pour la compléter, les deux premiers albums (1900-1930 et 1930-1944) de l'édition DGG du Jubilée (« Grosse Sänger der Bayreuther Festspiele »), le coffret Acanta publié à la même occasion, qui donne les extraits les plus complets du *Vaisseau* 1939; les deux disques « Stätte der Tradition »(EMI) consacrés à Bayreuth, avec des commentaires dits par Winifred Wagner.

- dans un esprit différent, le coffret EMI « les Introuvables du chant wagnérien », accompagné d'un remarquable numéro de *L'Avant-Scène Opéra*. Compilation due à André Tubeuf, comprenant des « must » absolus dont le deuxième acte de *la Walkyrie* dirigé par Bruno Walter et Seidler-Winkler. Ici, l'essentiel provient de l'Age d'Or.

- les quatre faces Berlin 1933 - Bayreuth 1936, essentiellement dirigées par Tietjen et Furtwängler, avec notamment de beaux extraits de *Lohengrin* et *la Walkyrie*, centrées sur la dizaine de solistes qui assurèrent les représentations wagnériennes en Allemagne à cette époque (« Berühmte Wagner-Interpreten », Telefunken).

- on peut encore essayer de dénicher le coffret RCA « Inoubliables Interprètes » où l'on retrouve inversement ceux des chanteurs dont la carrière, à partir de 1933, se déroulera essentiellement outre-Atlantique, et des pages symphoniques dirigées par Toscanini.

- s'agissant de Toscanini, se référer à l'édition intégrale RCA Toscanini/Wagner.

- son rival Furtwängler a un coffret spécial chez Acanta (« Furtwängler dirigiert Wagner ») où l'on entend des merveilles, dont des extraits de *Tristan* en 1947 avec Ludwig Suthaus.

- enfin, pour *Parsifal,* l'album en deux disques EMI (« Hundert Jahre Parsifal in Bayreuth »), souvent doublonnant avec les précédents.

En ce qui concerne les solistes, plutôt que de dresser un catalogue des faces indispensables, et sans vouloir écrire ici une histoire du chant wagnérien ni oublier qu'il est fondamental, à nos oreilles, d'entendre ces interprètes dans Wagner à la lumière de ce qu'ils savaient faire ailleurs, voici une liste de chanteurs dont les repiquages se retrouveront aisément dans les différentes collections spécialisées: Références, Lebendige Vergangenheit, Court Opera Classic, Preiser, Club 99, Oasi, Pearl, Rubini, M.D.P, Discophilia, Albums-portraits EMI, Dacapo, Melodram, Acanta (...) ou encore, pour les plus récents d'entre-eux, chez les éditeurs « modernes ». Leur fréquentation, pour peu qu'il prenne garde à la qualité variable des repiquages, comblera l'auditeur.

IMMORTELS

Friedrich Schorr (bar)
Lauritz Melchior (t)
Kirsten Flagstad (s)
Max Lorenz (t)
Nanny Larsen-Todsen (s)
Frida Leider (S)
Helen Traubel (s)
Rudolf Bockelmann (bar)
Alexander Kipnis (b)
Ivar Andresen (b)
Herbert Janssen (bar)
Margarete Klose (ms)
Lotte Lehmann (s)

MYTHIQUES

Delia Reinhardt (s)
Maria Reining (s)
Maria Müller (s)
Elisabeth Rethberg (s)
Tiana Lemnitz (s)
Germaine Lubin (s)
Karin Branzell (ms)
Kerstin Thorborg (ms)
Gertrud Kappell (s)
Maria Olzewska (ms)
Elisabeth Ohms (s)
Meta Seinemeyer (s)
Hans-Hermann Nissen (bar)
Emannuel List (b)
Fritz Wolff (t)
Gerhard Hüsch (bar)
Nicolas Figner (t)
Sigrid Onégin (ms)
Gotthelf Pistor (t)
Marcel Journet (b)

LÉGENDAIRES

Maria Nemeth (s)
Lily Hafgren (s)
Melanie Kurt (s)
Emmy Bettendorf (s)
Gunnar Graarud (t)
Francisco Vignas (t)
Paul Franz (t)
Ludwig Hoffmann (b)
Martha Fuchs (s)
Florence Austral (s)
Göta Ljungberg (s)
Maria Jeritza (s)
Franz Völker (t)
Helene Wildbrunn (s)
Josef von Manowarda (b)
George Thill (t)
Helge Roswaenge (t)
Marjorie Lawrence (S)
Sabine Kalter (ms)
Emmy Leisner (ms)

PROPHÉTIQUES

Jean François Delmas (b)
Ernst Kraus (t)
Paul Küpfer (b)
Karl Burrian (t)
Michael Bohnen (b)
Walter Soomer (b)
Emmy Destinn (s)
Margarete Matzenauer (ms)
Ernestine Schumann-Heink (ms)
Olive Fremstad (s)
Giuseppe Borgatti (t)
Jacques Urlus (t)
Johanna Gadski (s)

EN COURS DE CANONISATION

Christa Ludwig (ms)
Astrid Varnay (s)
Martha Mödl (s)
Leonie Rysanek (s)
Hans Hotter (bar)
Dietrich Fischer-Dieskau (bar)
Elisabeth Grümmer (s)
Birgit Nilsson (s)

Chronologie de la vie de Wagner

1813 Naissance de Richard Wagner à Leipzig, le 22 mai. Baptême à Teplitz, le 16 août. Mort de Friedrich Wagner, père de Richard, le 23 novembre.

1814 Ludwig Geyer épouse le 28 août la mère de Richard, Johanna Rosine. Départ avec Richard pour Dresde.

1815 Dresde. Naissance de Cäcilie, la demi-soeur de Richard, le 16 février.

1817 Richard va à l'école pour la première fois.

1819 Maladie de Ludwig Geyer, son beau-père.

1821 Mort de Ludwig Geyer le 30 septembre à Dresde. Départ de Richard pour Eisleben.

1822 Inscription de Richard à l'école de la croix de Dresde sous le nom de Richard Geyer.

1826 Premier voyage en Bohême de Richard, qui rend visite à sa famille à Prague.

1827 Deuxième voyage en Bohême. Noël en famille à Leipzig.

1828 Inscription de Richard au collège Saint-Nicolas sous le nom de Wagner.

1829 Richard Wagner voit Wilhelmine Schröder-Devrient au théâtre et décide de devenir musicien.

1830 Etudes musicales. 16 juin: inscription au collège Saint-Thomas.

1831 Devient étudiant en musique. Suit les cours de Theodor Weinlig.

1832 *Symphonie en ut majeur.* Troisième voyage en Bohême.

1833 Wagner à Würzburg. Composition de l'opéra *les Fées.*

1834 Quatrième voyage en Bohême avec Theodor Apel. Nommé directeur de la musique à Bad Lauchstädt et Magdeburg. Relations avec Minna Planer.

1835 Travaille à son opéra *la Défense d'aimer.* Deuxième saison de Magdeburg.

1836 Création le 29 mars à Magdeburg de *la Défense d'aimer.* Voyage à Königsberg, par Berlin. 24 novembre, mariage avec Minna Planer.

1837 Directeur de la musique à Riga. Mort de sa soeur Rosalie, le 12 octobre. Naissance de Cosima le 25 décembre à Bellagio, sur le lac de Côme.

1838 Début du travail sur *Rienzi.*

1839 Fuite vers Londres: Mitau, Pillau puis traversée de la mer du Nord, Bordeaux, Paris.

1840 Paris. Fréquente Heinrich Heine. Première rencontre avec Liszt.

1841 Début de la composition du *Vaisseau fantôme.*

1842 Wagner quitte Paris. Retour à Dresde. Juin à Teplitz-Schönau. Ebauche de *Tannhäuser* sur le Schreckenstein. Création de *Rienzi* à Dresde, le 20 octobre.

1843 Création du *Vaisseau fantôme* le 2 janvier à Dresde. Wagner nommé maître de chapelle de la cour à Dresde.

1844 Travail sur *Tannhäuser.* Naissance de Friedrich Nietzsche le 15 octobre.

1845 Juillet à Marienbad. Esquisse des *Maîtres Chanteurs* et travail sur *Lohengrin.* Naissance de Louis II de Bavière le 25 août. Création de *Tannhäuser* le 19 octobre à Dresde.

1846 Début de travail de composition de *Lohengrin.*

1848 8 janvier: mort de la mère de Wagner. Révolution de mars et chute de Metternich à Vienne.

Wagner a des aspirations révolutionnaires. Amitié avec Liszt, qui s'est fixé à Weimar. Conception du *Ring*. Voyage à Vienne.

1849 Amitié avec Mikhaïl Bakounine. Articles révolutionnaires et participation au soulèvement de mai à Dresde. Fuite, Zurich, Paris.

1850 Exil à Zurich. Ecrits sur l'art. Aventure avec Jessie Laussot à Bordeaux. Création de *Lohengrin* à Weimar le 28 août. Article sur le judaïsme.

1852 Wagner termine le poème du *Ring* à Zunich.

1853 Visite de Liszt à Wagner, à Zurich. Voyage en Italie. Conception du Prélude de *l'Or du Rhin*. Rencontre de Cosima, 16 ans, à Paris, chez Liszt. Début de la composition de *l'Or du Rhin*.

1854 Wagner lit l'oeuvre maîtresse de Schopenhauer. Il conçoit *Tristan*.

1855 Concerts à Londres.

1856 Requête pour rentrer en grâce.

1857 Asile près de la villa Wesendonck. Interruption de la composition du *Ring*. Mariage de Cosima et de Hans von Bülow le 18 août à Berlin. Voyage de noce à Zurich. Wagner commence *Tristan et Isolde*. Wesendonck-Lieder.

1858 L'aventure avec Mathilde Wesendonck prend des allures de crise. Les Bülow en sont témoins. Wagner à Venise, Minna à Dresde.

1859 Lucerne. Achèvement de *Tristan*. Paris, Minna l'accompagne.

1860 Concerts à Paris et Bruxelles.

1861 Le scandale de *Tannhäuser* à Paris. Wagner à Karlsruhe, Vienne, Venise, Mayence, Paris. Début du travail sur *les Maîtres Chanteurs*.

1862 Wagner et Minna à Biebrich. Séparation définitive. Juillet avec les Bülow. Wagner à Vienne.

1863 Voyage en Russie. Naissance de la deuxième fille de Cosima, Blandine von Bülow, le 29 mars. Wagner à Berlin, le 28 novembre, avec Cosima, «promesse d'appartenir l'un à l'autre».

1864 Guerre germano-danoise. Fuite de Wagner hors de Vienne. Reçu le 4 mai par le roi Louis II à Munich. Visite de Cosima en juin-juillet à la maison Pellet au bord du Starnbergersee, le pacte est définitivement scellé.

1865 Isolde, le premier enfant de Cosima et de Richard, naît le 10 avril à Munich. Création de *Tristan et Isolde* le 10 juin à Munich. Début de l'autobiographie *Ma Vie*. Wagner est contraint de quitter la Bavière le 10 décembre.

1866 Mort de Minna Wagner le 25 janvier. Wagner et Cosima en Suisse. Installation à Tribschen.

1867 Cosima à Tribschen. Naissance d'Eva, le deuxième enfant de Cosima et de Richard, le 17 février.

1868 Création des *Maîtres Chanteurs* le 21 juin à Munich. Voyage dans le Tessin avec Cosima. Le 8 novembre à Leipzig, première rencontre avec Nietzsche. Cosima arrive la nuit à Tribschen le 16 novembre et s'installe définitivement auprès de Wagner.

1869 Le 1er janvier, début du*Journal* de Cosima. Nietzsche nommé professeur à Bâle. Début de ses visites à Tribschen. Naissance de Siegfried le 6 juin à Tribschen. Création le 22 septembre de *l'Or du Rhin* à Munich.

1870 Création de *la Walkyrie* à Munich le 26 juin. Divorce de Cosima et de Hans von Bülow le 18 juillet. Mariage de Cosima et de Richard à Lucerne le 25 août. *Siegfried-Idyll*.

1871 Wagner choisit Bayreuth comme lieu de son festival et annonce la première saison.

1872 Le 3 janvier, mort de sa soeur Luise. Déménagement de la famille Wagner à Bayreuth. Pose de la première pierre du Festspielhaus le 22 mai.

1873 Premier accès de la grave maladie de Nietzsche.

1874 Installation à Wahnfried le 28 avril. Mort d'Albert, le frère de Wagner, le 31 octobre. Achèvement le 21 novembre à Wahnfried de la partition de la *Tétralogie*.

1875 Le17 mars, mort de sa soeur Klara. Répétitions à Bayreuth.

1876 Premier festival de Bayreuth avec *l'Anneau du Nibelung* à partir du 13 août. Amour pour Judith Gautier. Voyage en Italie en septembre. Dernière rencontre avec Nietzsche à Sorrente.

1877 Début du travail sur *Parsifal*. Séjour à Londres.

1878 Composition de *Parsifal.*

1879 Début de la rédaction de la partition de Parsifal.

1880 Wagner en Italie. Rencontre avec Arthur Gobineau.

1881 Wagner en Sicile.

1882 Achèvement de *Parsifal,* le 13 janvier. Deuxième festival de Bayreuth à partir du 26 juillet avec *Parsifal.* Départ pour Venise en septembre. Derniers écrits.

1883 Mort de Wagner le 13 février au Palazzo Vendramin. Son corps est transféré le 16 février à Bayreuth, l'enterrement a lieu le 18 février.

TABLE DES MATIERES

AVANT-PROPOS par *Michel* PAZDRO **5**

LE LIVRE WAGNÉRIEN par *Dominique* JAMEUX **7**

LE TRIPTYQUE DE JEUNESSE **19**
Les Fées, La Défense d'aimer, Rienzi
Commentaire par *Fernand* LECLERCQ 20
Discographie par *Philippe* GODEFROID 28

LE VAISSEAU FANTOME **31**
Livret traduit par *Philippe* GODEFROID 33
Commentaire par *Michel* DEBROCQ 62
Répertoire des leitmotive 77
Discographie par *Philippe* GODEFROID 81

TANNHÄUSER **87**
Livret traduit par *Philippe* GODEFROID 89
Commentaire par *Lucie* KAYAS 124
Répertoire des leitmotive 144
Discographie par *Jean* CABOURG 150

LOHENGRIN **159**
Livret traduit par *Dennis* COLLINS 161
Commentaire par *Pascale* SAINT-ANDRÉ 199
Répertoire des leitmotive 226
Discographie par *Philippe* GODEFROID 231

TRISTAN ET ISOLDE **239**
Livret traduit par *Dominique SILA* 241
Commentaire par *François GRANDSIR* 296
Répertoire des leitmotive 321
Discographie par *Christophe CAPACCI* 327

LES MAITRES CHANTEURS DE NUREMBERG **339**
Livret traduit par *Georges PUCHER* 341
Commentaire par *Alain POIRIER* 432
Répertoire des leitmotive 450
Discographie par *Piotr KAMINSKI* 455

L'ANNEAU DU NIBELUNG **465**
Livrets traduits par *Françoise FERLAN*
L'Or du Rhin 467
La Walkyrie 517
Siegfried 573
Le Crépuscule des dieux 635
Commentaire par *Stéphane GOLDET* 692
Profils musicaux des personnages par *Pierre FLINOIS*
Répertoire des leitmotive 763
Discographie par *Pierre FLINOIS* 778

PARSIFAL **807**
Livret traduit par *Dominique SILA* 809
Commentaire par *Fernand LECLERCQ* 850
Répertoire des leitmotive 870
Discographie par *Philippe GODEFROID* 877

ANNEXES **885**
Gravures d'archives par *Philippe GODEFROID* 887
Chronologie de la vie de Wagner 889

Aubin Imprimeur
LIGUGÉ, POITIERS

35-56-7848-01
ISBN 2-213-02076-0

Achevé d'imprimer en octobre 1988
N° d'édition 964 / N° d'impression L 29085
Dépôt légal, octobre 1988
Imprimé en France

35-7848-1